ADVANCED
LEARNER'S ENGLISH - HINDI DICTIONARY

•

बृहत्
शिक्षार्थी अंग्रेज़ी-हिन्दी शब्दकोश

RAJPAL ADVANCED LEARNER'S ENGLISH-HINDI DICTIONARY

Dr. Hardev Bahri
M.A., M.O.L., Ph.D., D.Litt, Shastri

rajpal

राजपाल
बृहत्
शिक्षार्थी
अंग्रेज़ी-हिन्दी शब्दकोश

डॉ. हरदेव बाहरी

एम.ए., एम.ओ.एल., पीएच.डी., डी.लिट्, शास्त्री

राजपाल

डॉ. हरदेव बाहरी के अन्य शब्दकोश

- राजपाल बृहत् शिक्षार्थी हिन्दी-अंग्रेज़ी शब्दकोश (दो भागों में)
- राजपाल बृहत् शिक्षार्थी अंग्रेज़ी-हिन्दी शब्दकोश
- राजपाल हिन्दी शब्दकोश
- राजपाल अंग्रेज़ी-हिन्दी शब्दकोश
- राजपाल हिन्दी-अंग्रेज़ी शब्दकोश
- राजपाल संक्षिप्त हिन्दी शब्दकोश
- राजपाल संक्षिप्त अंग्रेज़ी-हिन्दी शब्दकोश
- राजपाल संक्षिप्त हिन्दी-अंग्रेज़ी शब्दकोश
- राजपाल पॉकेट हिन्दी शब्दकोश
- राजपाल पॉकेट अंग्रेज़ी-हिन्दी शब्दकोश
- राजपाल पॉकेट हिन्दी-अंग्रेज़ी शब्दकोश

1912-2012
100
वर्षों की
श्रेष्ठ प्रकाशन परम्परा
राजपाल

मूल्य : ₹ 500/- (पांच सौ रुपये)

ISBN : 978-81-7028-290-7
RAJPAL ADVANCED LEARNER'S ENGLISH-HINDI DICTIONARY
Edited by Dr. Hardev Bahri
Printed at V.K. Printers, New Delhi

राजपाल एण्ड सन्ज़, कश्मीरी गेट, दिल्ली-6

website : www.rajpalpublishing.com
e-mail : sales@rajpalpublishing.com

"It is wrongly believed that a bilingual dictionary aims to teach the target language. I believe that it should teach both the languages. This Dictionary has been designed with this purpose in view. It is meant to improve the linguistic knowledge of an English reader and a Hindi reader alike."

—Hardev Bahri

"कोशकार केवल शब्दों और अर्थों का संकलन नहीं करता, वह अपने ग्रंथ में बहुत कुछ अपने ज्ञान और अनुभव से भी जोड़ देता है। वह एक-एक शब्द को लेकर उसके अर्थ या नाना अर्थों का मंथन करता है, शब्द में कोई व्याकरणिक परिवर्तन होता है या व्युत्पन्न शब्द मिलता है, तो उसका अर्थ और प्रयोग भी बताता चलता है, उस शब्द के पर्याय, विलोम सब गिना देता है, और इस प्रकार किसी शब्द का पूरा भाषापन समझा देता है। यही शिक्षार्थी कोश की विशेषता है।

मेरी यह मान्यता है कि इस शिक्षार्थी कोश के माध्यम से हिन्दी-अंग्रेज़ी दोनों भाषाओं के समुचित ज्ञान में वृद्धि होगी।"

–हरदेव बाहरी

CONTENTS
विषय सूची

INTRODUCTION

The **Learner's Hindi-English Dictionary** (Ist edition, published 1982) has been so very popular that it has encouraged and emboldened the editor, in spite of his old age and decayed health, to prepare a **Learner's English-Hindi Dictionary** also. It contains many more words and much more lemmata.

It is wrongly believed that a bilingual dictionary aims to teach the target language. But the editor believes that it should teach both the languages. This one has been designed with this purpose in view. It is meant to improve the linguistic knowledge of an English reader and a Hindi reader alike.

Most dictionaries give pronunciation, grammar and meanings. But modern trend in lexicography is to provide a great deal more, particularly in a bilingual dictionary. It has to illustrate declensions of nouns and pronouns, and if necessary, as in Sanskrit or Hindi, of adjectives, and inflections of verbs. It should cover all the grammatical forms and categories, and show their uses in phrases and/or sentences. In fact, it is a usage dictionary. Read within, for examples, turn, great, good, help. This dictionary gives copious examples of declensions and inflections, in Hindi and English.

Which nouns take particular adjectives or verbs, which adjectives collocate particular nouns, which verbs have particular adverbs to qualify them — this kind of information should be provided. See, for examples, colour, fruit, good, go, cost, hide.

Even some latest monolingual dictionaries just list compounds and derivatives at the end of a lemma. But a bilingual dictionary treats them fully. Most dictionaries do give various shades of meanings. But in a learner's dictionary, the reader expects to know the nuances in both the languages. This dictionary provides this information either within round brackets or in illustrative phrases and sentences.

Additional information, usually lexical (antonyms, feminine genders) is given, where necessary, at the end of a lemma.

Meanings of a word have been arranged according to their frequency in English.

More salient features of this work will be detailed in the following pages.

Spelling वर्ण विन्यास

Spellings of all words in this dictionary are based chiefly on British dictionaries — the Oxford Modern English Dictionary and Longman's Dictionary of Contemporary English.

Proper nouns and their derivatives have been spelt with capital initials. If any word is spelt with small initials in some senses and with capital initials in other senses, this is indicated.

Variant spellings which are still recognised in standard English, are given.

Attempt is made to give also American (Am.) spelling. Also see below.

Plural forms of words, excepting those ending in -s and -es, are always shown.

For example, scarf—scarves, studio—studios, but cargo—cargoes, index—indices, crisis—crises, duty—duties. Straightforward forms are, of course, given in illustrative phrases and sentences.

Verb forms in present participle, past tense and past participle are generally indicated in examples, but when the last consonant of the verbal root is doubled, it is shown (as sitting, admitted) after the headword. Strong or irregular verbs are also shown there.

It would be noted that most of the verbs are alternately spelt in -ise or -ize. The American prefer -ize, the British -ise.

Some adjectives, ending in single consonant in positive degree get the final letter doubled in comparative and superlative degrees, e.g., hot, hotter, hottest; sad, sadder, saddest; big, bigger, biggest. They are invariably indicated.

Some agentive nouns, formed from verbs ending in single consonant, are also doubled and shown. For example, run—runner, cut—cutter, sit—sitter, grip—gripper.

American Spelling अमेरिकी हिज्जे

An attempt to economise spelling, e.g., bilt for built, bred for bread, color for traditional English colour. The following are prominent differences—

Traditional Eng.	*American Eng.*	*Traditional Eng.*	*American Eng.*
-ae	-e	-re-	–er-
anaemia	anemia	centre	center
archaeology	archeology	litre	liter
encyclopaedia	encyclopedia	meagre	meager
aesthetics	esthetics	metre	meter
heaemoglobin	hemoglobin	saltpetre	saltpeter
haemorhage	hemorhage	theatre	theater
mediaeval	medieval		
paediatrics	pediatrics	-ice (n.)	-ise (n.)
		advice	advise
-oe-	-e-	device	devise
diarrhoea	diarrhea	practice	practise
foetus	fetus		
-enc-	-ens-		
defence	defense		
licence	license		
offence	offense		
pretence	pretense		

-ise-	-ize-
authorise	authorize
characterise	characterize
minimise	minimize
specialise	specialize
terrorise	terrorize
etc.	

-ll-	-l-
enrollment	enrolment
fulfillment	fulfilment
installment	instalment
levelled	leveled
skillful	skilful
traveller	traveler
willful	wilful.

-ou-	-o-
fount	font
mould	mold
smoulder	smolder

-ogue	-g
catalogue	catalog
dialogue	dialog
epilogue	epilog

-our	-or
armour	armor
candour	candor
colour	color
favour	favor
harbour	harbor
honour	honor
labour	labor
neighbour	neighbor
odour	odor
rumour	rumor

Sporadic

cosy	cozy
draught	draft
gaol	jail
grey	gray
nett	net
plough	plow
programme	program
sulphur	sulfur
thorough	thoro
through	thru

English Writing अंग्रेज़ी लेखन

There are, generally, three forms of written letters of English alphabet—(1) Capital letters (practically the same in printing and handwriting), (2) small letters or lower case letters in print, and (3) small letters in handwriting. A list is given below in this order.—

A	a	a	B	b	b	D	d	d	E	ε	e
F	f	f	G	g	g	H	h	h	I	i	i
J	j	j	L	l	l	M	m	m	N	n	n
P	p	p	Q	q	q	R	r	r	S	s	s
T	t	t	X	x	x	Y	y	y	Z	z	z

c k o u v w are just big or small in size. There is no difference in handwriting.

Pronunciation उच्चारण

The model for pronunciation in this dictionary has been the one to be found in Longman's Dictionary of Contemporary English and the Oxford Modern Dictionary of English Language, both published from Great Britain. Broad hints about American pronunciation are given on the next pages and individual words have been so marked in the body of the dictionary.

Devanagari symbols, which are quite exhaustive and scientific, have been employed. The script of the International Phonetic Association (IPA) are international only in American and European sense. It has not been popular in Asian countries.

Key to Pronunciation उच्चारण की कुंजी

1. Simple vowels सादा स्वर

IPA (Modified)	*Devanagari (with Matras)*	*Examples*
æ	ऐ, ॅ	at, rat ऐट, रैट
a:	आ, ा	after, bath आफ़्टर, बाथ
e	ऍ, ॅ	egg, men ऍग, मॅन
i	इ, ि	ill, mill इल, मिल
i:	ई, ी	ease, fees ईज़, फीस
o	ऑ, ॉ	ox, box ऑक्स, बॉक्स
u	उ, ु	umlaut उमलाउट, good गुड
u:	ऊ, ू	ooze ऊज़, fool फूल
Λ	अ*	under अन्डर, love लव

* अ is inherent in consonant form as ज = ja.

2. Diphthongs द्विस्वर

IPA	*Devanagri*	*Examples*
ai	अइ	ice आइस, kite काइट
au	अउ	ounce, अउन्स, south सउथ
ei	ऍइ	eight ऍइट, mate मॅइट
ia	इअ	ear इअर, fear फ़िअर
oi	ऑइ	oil ऑइल, toil टॉइल
ua	उअ	sure सुअर
ou	o	owe ओ, boast बोस्ट

3. Consonants व्यंजन

IPA	*Devanagari*	*Examples*
b	ब	bad बैड
d	ड	dad डैड
δ	द	then दॆंन
θ	थ	thin थिन
f	फ़	for फ़ार
ɡ	ग	go गो
h	ह	hut हट
dʒ	ज	judge जज
k	क	kill किल
l	ल	leg लॆंग
m	म	man मैन
n	न	nice नाइस
ŋ	ङ	ink इङ्क
p	प	poor पुअर
r	र	rear रिअर
s	स	said सॆंड
t	ट	teach टीच
v	व़	very वॆंरि
w	व	when वॆंन
x	क्स	ox ऑक्स
y	य	yes यॆंस
ʃ	श	ship शिप
tʃ	च	chat चैट
Z	ज़	zeal ज़ील
z	य़	measure मॆंय़र

Examples of conjunct consonants संयुक्ताक्षर

clean क्लीन	throw थ्रो	strong स्ट्रॉङ्ग
quarter क्वार्टर	present प्रेज़न्ट	suspect सस्पॆंक्ट
cross क्रॉस	plank प्लैङ्क	worst वर्स्ट
grade ग्रेड	stop स्टॉप	surprise सर्प्राइज़
glean ग्लीन	storm स्टॉर्म	surface सर्फ़िस
train ट्रेन	shrug श्रग/श्रग	volcano वाल्कैनो
drama ड्रामॅ	scrap स्क्रैप	vacuum वैक्यूम
block ब्लॉक	flower फ़्लाउर	

Notes: Regarding k p t, it should be noted that they take mild aspiration in R.P. (received pronunciation) which is not to be transcribed in Hindi.

r after a vowel is not a full consonant but just a glide अ or a minute pause.

Several letters are silent in English, and many a time spellings mislead, e.g., b in debt, c in victuals, d in judge, gh in fight or neighbour, h in honour, k in known, l in palm, m in condemn, t in pitcher, w in who, etc.

S has several different sounds as in case, cause, casual, sure.

The five vowels a e i o u have more than sixteen varieties of pronunciation.

The word put is पुट, but but is बट (not बुट), although they have exactly the same structure. Similarly, heal is हील, but head is हैंड (not हीड).

The English alphabet, taught in the first primary class, has twenty-one characters of consonants, including q which has no definite value, and c has not been recognized by pronouncing dictionaries as an independent phonetic symbol. And the chart above gives 25 symbols.

On the whole it may be said, that no hard and fast rules can be given about English pronunciation. The student is advised to learn pronunciation of every individual word from this or any other standard dictionary for a correct use of English language.

Stress बलाघात

Stress is very important in English. There is many a word in which a shift in stress effects change in meaning. For example, pre'sent प्रें'ज़न्ट as noun is a 'gift', as adjective 'existing now', and present' प्रि ज़ें'न्ट' as verb is 'to introduce', 'to offer'.

Some words have their stress accent shifted. Such words, e.g., those ending in the sound 'shun', i.e,-ation, -cation, -ssion as indication, expression, medication or those in -ity as ability, fertility, hostility.

Nouns ending in -ment, -ness or -ship preserve the stress of their parent words. So also words forming adverb with -ly.

This dictionary should not only be consulted when you come across a difficult word, idiom or phrase. It has to be studied daily. Even one page.

An unstressed vowel, i.e., one in pre-stressed or post-stressed position, becomes so weak that it changes into weakest अ इ उ. Thus, 'basin' may be pronounced as बे'सन् or बे'सिन.

In this dictionary, stress, a small vertical line, is given after the stressed syllable.

Stress of compounds is indicated only when necessary. Stress of derivatives is given when there is a shift from the parent word. Thus history हिस'टरि, historical हिस' टॉ'रिकल, indicate इन'डिकेट, indication इनडिके'शन.

American Pronunciation अमेरिकी उच्चारण

The following special points have to be noted about the American pronunciation.

1. medial a : is often pronounced as æ (as in hat)
   bath बाथ, Am. बैथ
   advance ऐडवान्स, Am. ऐडवैन्स

2. O is heard as a : got गॉट, Am. गाट
sought सॉट, Am. साट
top, टॉप, Am. टाप

But, when -o- is followed by f, r, s, th, it is ऑ, as in RP,

dog डॉग
coffee कॉफ़ि
moth मॉथ
cost कॉस्ट
for फ़ॉर

3. Greater stress is given on words ending -ary, -ery, -ory, as monastery, ordinary, confectionery, stationery, obligatory.

4. Words ending in -ile, end in -इल —against RP -आइल.

fragile फ्रैजिल	juvenile जुविनिल
hostile हॉसटिल	missile मिसिल
infantile इन्फ़ैन,टिल	

5. r after vowels is clearly audible in Am. pronunciation, as in aboard, hard, require, sort, torture.

Devanagari (Hindi) Writing देवनागरी (हिन्दी) लेखन

There are no such varieties as are found in English. The list of alphabets is given below with English pronunciation.

1. स्वर (Vowels) अ a, आ a:, इ i, ई i:, उ oo, ऊ oo, ऋ (r. ri) it has lost its purely vowel value, ऐ e a; ऐ ai, ओ o, औ au.]

2. व्यंजन (Consonants), pronounced as

क ka	क़ qa	ख kha	ख़ <u>kh</u>a	ग ga	ग़ g̣a,	घ gh	ङ
च cha	छ chh	ज j	ज़ za,	झ jh	ञ		
ट ṭa	ठ ṭha	ड ḍa,	ड़ ṛa	ढ ḍha	ढ़ ṛha	ण ṇa	
त ta	थ tha	द da	ध dha	न na			
प pa	फ pha	फ़ fa	ब ba	भ bha	म ma		
य ya	र ra	ल la	व va				
श sha	ष ṣa	स sa	ह ha				

ख़ ग़ ज़ and फ़ are properly pronounced by most of the Hindi speakers especially in cities and generally by Urdu-knowing persons. ज़ and फ़ are also used in English words.

3. Conjunct Consonants संयुक्ताक्षर

Simple consonants

ख ग घ च ज ञ न ण त थ ध न प ब म य ल व श स

These letters cut their last vertical stroke called पाई (ा)

Thus ख्याति, मुख्य; ग्यारह, भाग्य; घ्राण, व्याघ्र; ज्वर, राज्य; ध्वनि, साध्य; न्यास, सन्त; स्कूल, रस्सी.

क and फ shorten their last hook as, in क्या, अक्ल, कोफ़्ता.

ङ छ ट ठ ड ढ द have rounded forms. They preserve their shape. Only a small stroke (हल् चिह्न) is given at the bottom, as in द्‌वार, अङ्‌क. Traditionally, however, the following letter is cut in form, as in ट्रेन, पाठ्य, ड्रामा, द्वार।

In place of ङ and ञ anusvar is preferred, as in अंग for अङ्ग, मंच for मञ्च.

र assumes several forms as in अग्र, मूर्त, छ्र, ड्रामा, द्रव्य, व्रत, त्राता.

PLAN OF THE DICTIONARY

कोश की रूपरेखा

The learner is advised that before consulting the Dictionary, he must first read the plan.

Take one noun.

1. ***colour*** (Am. color) क'लर **I** *n*^{c}. **1.** रंग, वर्ण [black काला, bright चमकीला, fast पक्का, green हरा, light हलका, white सफ़ेद]......'

(1) The headword is printed in bold type. In the entry, it always projects out from the rest of the lines. There are such ten thousand words here. Collocations, derivates and compounds which number about twelve thousand, are given in their order, within the body of the lemma.

(2) Alternative or varying spelling is given immediately.

(3) The headword is followed by its pronunciation in Devanagari script. It is very easy for the learner. The stress mark is placed after the stressed syllable.

Indian speakers, unless trained in British accent, usually pronounce r almost as well as the Americans do.

(4) If the word has more than one grammatical designation or part of speech. Roman numbers (I II III...) are employed.

(5) Grammatical design is printed in italics. Thus for nouns n^{c}. n^{u}. or n^{cu}. Super c means that it is countable and therefore, it can be formed in plural, and can take articles a and the. See 'Grammatical Formations' (Appendix **ix**) for the phenomena of plurals.

(6) Then follow meanings in Hindi, illustrated by examples. If the word has more than one meaning each in its order is numbered in Arabic figures, called international figures in India.

(7) Colour is a noun. What adjectives, for example, can it take? It is shown in square brackets after the meaning. Thus, the learner has more vocables and usages to add to his vocabulary.

Declensions of nouns are used in illustrative examples within the body of the lemma.

Now take an adjective.

2. ***good*** गुड **I.** *a.* (better, best) **1.** अच्छा [friend मित्र, man आदमी suggestion सुझाव, teacher अध्यापक, way रास्ता, weather मौसम, writer लेखक]; ~ advice अच्छी सलाह^{F}; ~ story अच्छी कहानी^{F}; ~quality अच्छी गुणवत्ता^{F}; ~ teeth अच्छे दाँत; ~people अच्छे लोग; ~ideas अच्छे विचार . . .

(8) Degress of comparison of adjectives, especially of irregular formation, are stated.

(9) Use of adjectives is shown with noun collocations in square brackets.

(10) Note that in Hindi, if an adjective in masculine ends in आ, as अच्छा, भला, पुराना,

it changes its आ to ए in masculine plural, and to ई in feminine singular as well as in feminine plural. Note the feminine nouns in Hindi are marked in the dictionary with diacritical F, except when की and an adjective in fem. ई is there to denote it. This is also the case with present and past particles, which, in fact, are adjectives, e.g. जलता मकान burning house, जला घर burnt house.

To clear some other points, *one more adjective*—

3. ***mad*** मैड **1.** (insane) पागल (dog कुत्ता, man आदमी, woman औरत); he went ~ after the death of his son अपने बेटे की मृत्यु F के बाद वह ≈ हो गया . . . . . . **2.** (very angry) अत्यंत क्रुद्ध, गुस्से. . . . . **3.** (foolish) मूर्खतापूर्ण [desire इच्छा F, idea विचार plan योजना F, thing बात F] **4.** (having a great liking) दीवाना, लट्टू : he is ~ after that girl वह उस लड़की पर ~ है.

(11) When a word has multiple meanings, each is given, where essential, first in English and then in Hindi. Mad has four meanings. And of course, their use in sentences is invariably shown.

Here is a verb.

4. ***hide*** हाइड **I.** *n*c. **1.** खाल F . . . . **II.** *v.t.i. (hid, hidden)* छिपाना, छिपना, गुप्त रखना, गुप्त करना [badly बुरी तरह, completely पूर्ण रूप से, cunningly चालाकी F से, entirely पूरी तरह से, instantly जल्दी से, तुरंत. . . .].

(12) Verbs may be used as transitive or intransitive. To sleep सोना, to go जाना, to come आना and to bow झुकना, e.g., are intransitive (*v.i.*) and खाना to eat, लेना to take, सुलाना to make/cause one sleep, and देना to give, e.g., are transitive (*v.t.*). Hide and bend, as examples, are intransitive as well as transitive (*v.t.i.*).

(13) Irregular or strong forms of verbs are indicated after the grammatical label. Simple forms (walk, walked, walking) are shown in examples.

Lastly, an indeclinable.

5. **as** ऐज **I.** *adv* **1.** उठना . . . . **2.** जैसे . . . . . . **3.** (in contexts)..... **II.** *prep.* **1.** की तरह F..... के रूप में . . . . . . **III.** *conj.* **1.** क्योंकि . . . . . **2.** जब . . . . **3.** जैसे ही, ज्यों ही it is the same as above यह ऐसा ही है जैसा ऊपर, *as before* जैसा पहले, पहले की तरह F, all the members as *a body* सब सदस्य सामूहिक रूप से; I could not walk as far as the bus stand मैं बस अड्डे की दूरी तक न चल सका; *as for* my qualifications मेरी योग्यताओं के बारे में; the work was *as good as* finished काम लगभग समाप्त हो गया था; they acted as one man उन्होंने मिलकर काम किया; as a rule he was in time सामान्यत: वह समय पर आता है; come *as soon as* possible यथाशीघ्र जल्दी आना; *as to* my qualification मेरी योग्यताओं के बारे में; *as usual* the school is closed on Sunday सदा की तरह स्कूल इतवार को बंद रहता है; I shall go *as well* मै भी जाऊंगा; I am not quite well as yet मैं अभी ठीक नहीं हूं.

(14) All idiomatic phrases and idioms printed in bold type are arranged in their alphabetical order. They are always illustrated in Hindi in appropriate sentences.

Meanings अर्थ

(15) The reader will find herein a full list of meanings of all the words which he needs: headwords, their collactions, derived words, compounds and idioms.

(16) Each such meaning is cleared by giving English equivalents as shown about 'mad' above.

(17) If the meaning is clear in simple Hindi or in usage, its equivalent in English is avoided.

(18) For a bilingual learner, it is important to note contrasts in the two languages under study.

Contrasts विपरीत प्रयोग

Some examples are given below—

at a distance दूरी^{F} पर
at the expense of के खर्च पर
at the top चोटी^{F} पर
at hand पास में
at length अंत में
at will इच्छा से
at the rate of की दर^{F} से
at ease आराम से
at midnight आधी रात को
at noon दोपहर को
at daybreak तड़के
at last अंततः
not at all बिलकुल नहीं

at a stretch लगातार
at most अधिक से अधिक
—for के लिए
for ten rupees दस रुपये में
for Mr. H कृते श्री ह
—before is आगे, but
before two o'clock दो बजे से पहले
—by is से, but
by his side उसकी पहलू में
by two o'clock दो बजे तक
—to is को but
the way to his house उसके घर का रास्ता
went to London लंदन गया

Pronouns have no gender in Hindi. It is indicated in the verb used in a sentence, as

he goes वह जाता है
he went वह गया
he had gone वह गया था
I love him मैं उससे प्यार करता हूँ
I believe him मैं उस पर विश्वास करता हूँ
It is snowing बर्फ पड़ रही है

she goes वह जाती है
she went वह गई
she had gone वह गई थी.
I hate her मैं उससे घृणा करता हूँ
It is raining बारिश हो रही है

Honorific *pl.* for singular

पिताजी, आप दिल्ली कब जाएँगे Father, when will you go to Delhi? Use of जी, श्री, श्रीमान्, साहब entails verb or adjective (ending -आ) in plural : आप अब अच्छे हैं you are better now.

I feel hungry मुझे भूख लगी है
I feel feverish मुझे बुखार-सा लग रहा है

English has no causal form of verb, Hindi has :

किया कराया करवाया (करवाना to cause or to do)
सोना to sleep सुलाना to make (a child) sleep

I have to go मुझे जाना है.

he had to go उसे जाना था.

let me go मुझे जाने दो.

Hair, sheep etc. do not change in plural form. All words in Hindi do.

Negative form of a verb is split with do/did in the beginning.

In Hindi न/नहीं is adverb. Examples—

वह नहीं जाता he does not go

वह नहीं गया he did not go

Note the use of जाना in passive voice in Hindi, and 'to be' in English :

It was said यह कहा गया था.

Ram was arrested by the police राम पुलिस द्वारा पकड़ा गया.

I take meal मैं खाना खाता हूँ.

I take medicine मैं दवा खाता/पीता हूँ.

He takes after his father वह अपने बाप पर गया है.

Note the several meanings of निकलना to come out as expressed in English —

procession was taken out	जुलूस निकला
small pox erupted	चेचक निकली
new law was promulgated	नया कानून निकला
the chance slipped	अवसर निकल गया
eggs were hatched	अंड़े निकले
two years passed	दो साल निकल गए
he died	उसकी जान निकल गई
the newspaper issued	अखबार निकला
get out	निकल जाओ
the prisoners escaped from the jail	कैदी जेल से निकल भागे

1 January 1999 —**Hardev Bahri**

10, Darbhanga Castle

Allahabad-211 002

भूमिका

कोशकला में एक भारी परिवर्तन हुआ है, जिससे शब्दकोशों का सम्पादन एक मौलिक सृजन में गिना जाने लगा है। कोशकार केवल शब्दों और अर्थों का संकलन नहीं करता, वह अपने ग्रंथ में बहुत कुछ अपने ज्ञान और अनुभव से भी जोड़ देता है। वह एक-एक शब्द को लेकर उसके अर्थ या नाना अर्थों का मंथन करता है, शब्द में कोई व्याकरणिक परिवर्तन होता है या व्युत्पन्न शब्द मिलता है, तो उसका अर्थ और प्रयोग भी बताता चलता है; उस शब्द के पर्याय, विलोम सब गिना देता है; और इस प्रकार किसी शब्द का पूरा भाषापन समझा देता है। यही शिक्षार्थी कोश की विशेषता है। शिक्षार्थी कोशकार किसी कवि या लेखक की तरह अर्थों को साकार और सजीव कर देता है।

अनेक शब्द बहुअर्थक होते हैं। नए-नए शब्द गढ़ना और फिर उन्हें प्रचारित करना बहुत कठिन कार्य है। शायद पंचाब्दी में एक-आध नया शब्द गढ़कर प्रचारित होता है, वह भी शिक्षित वर्ग में कम आ पाता है। शिक्षित वर्ग में वैज्ञानिक और विद्वान् कुछ अधिक शब्द गढ़ लेते हैं, पर उनका प्रचार नहीं हो पाता, अथवा एक सीमित क्षेत्र में ही हो पाता है। प्रायः वर्तमान शब्दों में ही हेर-फेर करके एक उपसर्ग, दो उपसर्ग, एक और उपसर्ग या प्रत्यय, और एक और प्रत्यय जोड़कर–यों शब्द का विस्तार करके–नए शब्दों की सृष्टि होती जाती है। अथवा, वर्तमान शब्दों ही के समास अथवा संक्षेपण और जोड़-तोड़ से शब्दों का निर्माण हो जाता है। कोशकार इन सब पर नज़र रखता है। brunch (breakfast + lunch), smog (smoke+fog) आदि ऐसे शब्द हाल ही में बने हैं।

परन्तु, इस प्रक्रिया का कुछ बहुत महत्व नहीं है। शब्दों को नए-नए अर्थ दे देना आसान है। Oxford Modern Dictionary (1992) में 50% शब्द अनेकार्थक हैं। good के 17 और fill के 13 अर्थ दिए हुए हैं। go के 50 और put, stand आदि क्रियाओं के अर्थ भी गिन लीजिए। बहुत-से शब्दों की व्याकरणिक कोटि भी बहुविध है। यह सारा पसारा Learner's Dictionary के लेखक-सम्पादक को वाक्यांश या पदबंध अथवा वाक्यों का प्रमाण देकर समझाना होता है। a अंग्रेज़ी शब्दकोश का पहला ही शब्द है। पाठक शायद इतना तो जानता है कि इसका अर्थ है 'एक'। परन्तु इसके चार अर्थ हैं–0, कोई, एक और प्रति। 'प्रति' तो अच्छे-अच्छे विद्यार्थी नहीं जान पाते, लेकिन जब उदाहरण देकर बताया जाए–he earns 60 rupees a day–वह साठ रुपए प्रति दिन कमाता है, तो उसे विश्वास हो जाता है। अर्थ का इस ढंग से विश्वास दिला देना ही शिक्षार्थी शब्दकोश का कार्य है। present के संज्ञा और विशेषण में तीन-तीन और क्रिया में ग्यारह अर्थ दिए गए हैं। इन सबके उदाहरण-सहित

प्रयोग स्पष्ट करना इसका कर्तव्य है।

जापान की Institute for Research in English Teaching में तीन अंग्रेज़ अध्यापक काम करते थे। उन्हें कुछ युवकों के लिए अंग्रेज़ी का एक द्रुत पाठ्यक्रम तैयार करना था। उन्हें अनुभव से लगा कि शब्दों का प्रयोग सिखाए बिना भाषा में दक्षता प्राप्त नहीं होती। तब उन्होंने एक छोटा-सा व्यावहारिक कोश तैयार किया। इस कोश के आधार पर अन्य देशों में अपनी-अपनी भाषा के प्रयोग कोश प्रकाशित होने लगे। सबसे महत्वपूर्ण कार्य इंग्लैंड और सोवियत रूस में हुआ। 1948 में ऑक्सफ़ोर्ड यूनिवर्सिटी प्रेस ने एक Elementary Learner's English Dictionary का और फिर Advanced Learner's Dictionary का प्रकाशन किया। दोनों कोशों का भरपूर प्रचार हुआ। इनके परिवर्धित संस्करण वर्ष प्रतिवर्ष प्रकाश में आते रहते हैं। अब तो लांगमैन, चैम्बर्स, कालिन्स आदि अनेक प्रकाशकों ने शिक्षार्थी कोश प्रकाशित कर दिए हैं। सबसे अधिक माँग इन्हीं कोशों की है।

1966-67 में मुझे सोवियत रूस के एक रूसी-हिन्दी शब्दकोश के सम्पादन में सहायता करने के लिए मास्को में रहना पड़ा। तब मैंने इस विधा का अध्ययन किया। भारत लौटकर मैं किन्हीं भाषावैज्ञानिक कार्यों में और घर-गृहस्थी के झंझटों में फँसा रहा। 1970 में मेरे ज्येष्ठ पुत्र, देवेन्द्र का कार-दुर्घटना में देहान्त हो गया। इस सदमे से मैं वर्षों सँभल नहीं सका। महात्मा आनंदस्वामी मुझे न उबारते तो मैं आज से बहुत पहले ही ख़त्म हो गया होता। वे मेरे पास रहकर अनुप्रेरित और प्रोत्साहित करते रहे। पुनः सुध-बुध सँभालने पर और स्वस्थचित्त होकर 'शिक्षार्थी हिन्दी-अंग्रेज़ी शब्दकोश' लिख डाला जिसे इस कोश के ही प्रकाशक, राजपाल एंड सन्ज़ ने 1982 में प्रकाशित किया। इन 16 वर्षों में उसके 18 संस्करण हो चुके हैं। इससे प्रोत्साहित होकर मैंने प्रस्तुत कोश का लेखन-संपादन किया है। इसमें शब्द संख्या ही नहीं, अर्थों की छटाएँ भी अधिक हैं। अनुभव भी अधिक प्रौढ़ हुआ है और साधन भी भरपूर जुट गए हैं। पाठक ही इसका मूल्यांकन करें।

II
प्रविष्टियों का क्रम

शब्दकोश का मुख्य अवयव है शब्द। नाम से ही है शब्दों का कोष। ऋग्वेद के वाक् सूक्त में अनेक पर्यायवाची शब्द एक-एक मंत्र में एकत्रित मिलते हैं। 'अमरकोश' इसका महत्वपूर्ण उदाहरण है। हिन्दी कोशों के इतिहास में भी पहले ऐसे ही कोश थे—नाममालाएँ, धातुपाठ इत्यादि। अंग्रेजी पद्धति से हमारी जानकारी होने लगी तो इस कला में परिवर्तन हुआ और शब्दों को अकारादि क्रम से संजोकर साथ-साथ अर्थ दिए जाने लगे, मुख्य-मुख्य व्याकरणिक शब्दभेद के संकेत भी—सं. (संज्ञा), वि. (विशेषण),

क्रि. (क्रिया), सर्व. (सर्वनाम) और अ. (अव्यय)—बस, इतना भर। आज भी अव्यय के भेद कई कोशों में नहीं दिए जा रहे। राजपाल एंड सन्ज़ द्वारा प्रकाशित हमारे कोशों में कुछ अतिरिक्त जानकारियाँ हैं। यहाँ इस कोश में कुछ और भी जोड़ा गया है जिसका उल्लेख आगे चलकर किया जा रहा है।

1. शब्द-चयन

ध्यान रहे कि यह शिक्षार्थी शब्दकोश है, उनके लिए जो थोड़ी बहुत अंग्रेज़ी और हिन्दी पढ़ सकते हैं और दोनों भाषाओं को और आगे सीखना चाहते हैं। अतः इस कोश की अपनी सीमाएँ हैं। इसमें न पूरे शब्द दिए जा सकते हैं, न पूरे अर्थ ही। शब्दों का चयन भाषा में उनकी बारंबारता के क्रम से किया गया है। थार्नडाइक ने ऐसे ही अपनी कोश गणना करके पहले एक हज़ार बहुप्रचलित शब्दों की, दूसरे एक हज़ार कुछ कम प्रचलित शब्दों की, फिर तीसरी से दसवीं तक बारंबारता के क्रम के शब्दों की सूची बना रखी है। अधिक उच्चतर शब्दावली की कई जूनियर-सीनियर इंग्लिश डिक्शनरियों में विद्यार्थियों के स्तर के शब्द संगृहीत हैं। हमने इन्हीं स्रोतों से शिक्षार्थियों के स्तर के लगभग 16,000 शब्दों का संकलन करके इस शब्दकोश की सामग्री तैयार की है।

पुराने कोशों में सब शब्द बड़े अक्षर (capital letters) से आरम्भ किए जाते थे। आधुनिक अंग्रेज़ी कोशों में ऐसा नहीं है; अब केवल व्यक्तिवाचक संज्ञाओं और उनसे व्युत्पन्न शब्दों ही के आदि में बड़ा अक्षर रहता है, शेष सब शब्दों में छोटा अक्षर रहता है। यही पद्धति आप इस शब्दकोश में देखेंगे।

मुख्य शब्द काले (bold) टाइप में और पैराग्राफ़ के बाहर निकला रहता है, जिससे पूरे पृष्ठ के नए शब्द एक दृष्टि में अलग-अलग दिखाई देते हैं। व्युत्पन्न शब्द और मुहावरे पेटे में दिए गए हैं और वे भी काले टाइप में हैं।

2. उच्चारण और वर्तनी

मुख्य शब्द के उपरांत उसका उच्चारण देवनागरी अक्षरों में दिया गया है। उच्चारण की शुद्धता जितनी संभव हो, हमारे परिश्रम का विशिष्ट अंग रही है। देवनागरी लिपि अन्य प्रकार की लिपियों की अपेक्षा अधिक वैज्ञानिक और उपयुक्त है, और आसान भी है। इसमें सब ध्वनियाँ आ जाती हैं, और इसमें थोड़े से अतिरिक्त चिह्न जोड़कर किसी भी भाषा का उच्चारण शुद्ध रूप में अंकित किया जा सकता है।

हमने अंग्रेज़ी शब्द की वर्तनी मुख्यतः ब्रिटिश इंग्लिश के अनुरूप रखी, इसे Oxford Modern Dictionary और Longman's Dictionary of Contemporary English से लिया है। अमरीकन वर्तनी को यथास्थान कोष्ठक में बता दिया है।

इस विषय की किंचित विस्तृत चर्चा अगले खंडों में की गई है।

3. व्याकरण

व्याकरणिक शब्दभेद इटैलिक टाइप में हैं जिनका संक्षेप निम्नलिखित रूप में किया गया है–

n. noun, संज्ञा

n^c noun countable, अर्थात् इस शब्द का बहुवचन हो सकता है।

n^u noun uncountable, अर्थात इस शब्द का बहुवचन नहीं होता।

n^{cu} noun countable in some senses and uncountable in some others.

a. adjective

a. *(no com. sup.)* adjective which can have no comparative and superlative forms,

vi. verb intransitive

vt. verb transitive

v.t.i. verb which can he used both transitively and intransitively.

adv. adverb

conj. conjunction

prep. preposition

conj. conjunction

You will note what new grammatical categories we have added.

4. और इसके प्रयोग और उदाहरण सहित शब्दों के नाना अर्थ हैं, जो शिक्षार्थी कोश के अत्यन्त महत्वपूर्ण अंग हैं। इसीलिए उनकी चर्चा बाद में की गई है। देखिए प्रकरण IV।

III
उच्चारण और वर्तनी
(क) अंग्रेज़ी

अंग्रेज़ी भाषा का उच्चारण बहुत अटपटा है। थोड़े से नियम तो हैं, क्योंकि कोई भाषा अनियमित नहीं होती। मूल अवस्था में भाषा एक ढर्रे पर चलती है, परन्तु जब युग बदलते हैं, तो भाषा भी अवश्य बदलती है, विशेष करके उच्चारित भाषा। उच्चारण बदलता जाता है, परंतु वर्तनी या अक्षर नहीं बदलते। उदाहरणस्वरूप, soldier में अथवा graduate में, ज ध्वनि मूलतः नहीं थी। इसी प्रकार cough, rough में gh का फ़ उच्चारण किसी बाद के युग में आया। debt और comb में b का लोप कभी

मुखसुख के नाते हो गया। c का उच्चारण कभी एक ही था, क; k तो प्रायः उधार के शब्दों में पाया जाता था। celt का उच्चारण आज भी कैल्ट है, भले ही बाद में स उच्चारण करने का नियम बन गया। ae की वर्तनी e में बदल रही है, जैसे archaeology → archeology, orthopaedics → orthopedics, कल इसका उच्चारण आर्केआलोजी और आर्थोपें डिक्स होने लगेगा।

वैज्ञानिकता की दृष्टि से एक वर्ण चिह्न की एक ध्वनि, और एक ध्वनि एक ही चिह्न होना चाहिए, जैसे संस्कृत में है। हिन्दी में भी कुछ अनियमितताएँ हैं अवश्य, जैसे अ स्वरसहित व्यंजन का, कर्ता और करता उच्चारण एक-सा है। मिलना = मिल्ना है, अंग्रेज़ी और अंगरेज़ी दोनों ठीक हैं। श ष की ध्वनि एक-सी हो गई है, भले ही वर्तनी में दोनों चल रहे हैं। ऋ अब स्वर नहीं रह गया। ओ का उच्चारण मूलतः अउ, और ऐ का अइ। बाद में यह हुआ कि संस्कृत शब्दों में अइ और हिन्दी शब्दों में औ, ऐ (संयुक्त स्वर नहीं) चलता था, अब सुनते हैं दोनों भाषाओं में एकस्वरता आ गई है—अब ये संयुक्त स्वर नहीं, सामान्य दीर्घ स्वर हो गए हैं। लगता है कि व की जगह ब, श ष की जगह स व्याप्त हो जाएगा।

परन्तु, अंग्रेज़ी में बहुत अधिक जटिलता आ गई है। सैकड़ों शब्द ऐसे हैं जिनकी वर्तनी प्राचीन युग से सुरक्षित है, पर उच्चारण बदल गया है।

उदाहरणस्वरूप, निम्नलिखित शब्दों में किसी अक्षर का लोप होने से—

ब	bomb बॉम, debt डेट	c	victual विटल
e	money मनि	h	ghost गोस्ट honour ऑनर
k	know नो, knuckle नकल	l	palm, balm पॉम, बाम
n	condemn कॉनडेम	w	write राइट

h और r धीरे-धीरे स्वर हो रहे हैं, उनका व्यंजनत्व समाप्तप्राय है। द्वित्व व्यंजन वर्तनी में तो प्रचलित है, पर उच्चारण द्वित्व नहीं होता। इसके सैकड़ों उदाहरण हैं—

babble, succour, sudden, suffer, beggar, bell, common, dinner, supper, curry, guess, little

निम्नलिखित में अक्षर एक, परन्तु उच्चारण की ध्वनियाँ अनेक हैं—

a—bat, farm, frame, call, fear

e—pen, scene

u—but, put, build, busy, fuse

y—busy, reply

o—go, got, govern

s—sit, is, vision

ch—chip, cholera, chagrin

निम्नलिखित में उच्चारणगत ध्वनि एक है और उसके लिए अक्षर अनेक हैं—

ज—j, dg, dj, ge, gi, di, du; as in jet, judge, gem, gist, soldier, educate

फ़—f, ph, gh; as in full, phrase, cough.

क—c, k, ch; as in cat, kite, cholera

स—s, ce, ci; as in sit, cell, circle

निम्नलिखित शब्दों में अक्षर तो एक से हैं, परन्तु उनका उच्चारण कितना भिन्न है—

gh—tough, enough, cough—फ़

though, through—0, शून्य

th— thing, bath, thank—थ

then, this, wither—द

Thomas, Thames—ट

Z— pizza, prize—ज़

azure—य

Nazi—त्ज़, त्स

निम्नलिखित शब्दों में मानो स्वरों का कोई मूल्य नहीं रह गया :

colonel (कर्नल), quay (की)

आदि, आदि

इस तथ्य को बहुत कम लोग जानते हैं कि अंग्रेज़ी की K P T ध्वनियाँ हमारी क प ट ध्वनियों से भिन्न हैं। उनमें थोड़ा महाप्राणत्व है जिसे हम महसूस नहीं कर पाते। अंग्रेज़ी s में थोड़ी सीत्कार है, उसका d हमारे ड और ज के बीच का व्यंजन है, f और z हमारी वर्णमाला में कोई स्थान नहीं रखते। थोड़ी-बहुत अंग्रेज़ी जानने वाले और देसी स्कूलों में पढ़े अनेकानेक लोग इनका उच्चारण क्रमशः फ और ज करते हैं। अंग्रेज़ी स्वर ध्वनियाँ हिन्दी ध्वनियों की अपेक्षा कुछ ह्रस्व और संवृत हैं।

कुल मिलाकर, कहना पड़ता है कि अंग्रेज़ी उच्चारण मुख्यतः देवनागरी अक्षरों में अंतरित करना संभव नहीं है। फिर भी मोटे तौर पर इन ध्वनि-चिह्नों से उस भाषा की सुबोधता में बहुत व्यवधान नहीं पड़ता, देवनागरी वर्णमाला से काम चल जाता है।

(ख) अंग्रेज़ी से देवनागरी में उच्चारण की कुंजी

(क) Vowels

स्वर		मात्रा		स्वर		मात्रा	
A	अ		up अप, gun गन	i	इ	ि	ill इल, mill मिल
ae	ऐ	ॅ	at ऐट, bat बैट	i:	ई	ी	eat ईट, meat मीट
a:	आ	ा	after आफ़्टर, bath बाथ	o	ऑ	ॉ	on ऑन, cot कॉट

				u	उ	ु	umlaut उमलउट, book बुक
e	ऍ	ॅ	end एन्ड, bell बैल	u:	ऊ	ू	ooze ऊज़, boot बूट

(matra is inherent in अ)

(ख) Diphthongs स्वरगुच्छ

ai	अइ	ice आइस, mice माइस
ou	अउ	ounce अउन्स, south साउथ
ei	ऍइ	eighth ऍइट्थ, mate मॅ`ट
ia	इअ	ear इअर, fear फ़िअर
oi	ऑइ	oil ऑइल, boil बॉइल
ua	उअ	sure शुअर
ou	ओ	owe ओ, coat कोट

(ग) Consonants व्यंजन

b	ब	बैन	p	प	pen
d	ड	don	r	र	run
δ	द	then	s	स	son
θ	थ	thin	t	ट	ten
f	फ़	fun	v	व़	van
g	ग	gun	w	व	when
h	हे	hen	x	क्स्	box
dʒ	ज	judge	y	य	yes
k	क	kin	ʃ	श	shin
l	ल	line	tʃ	च	chain
m	म	mine	z	ज़	zone
n	न	nun	j	य़	measure
ṇ	ङ	song			

(घ) Consonant Clusters व्यंजन-गुच्छ

bl	ब्ल	blow	pr	प्र	praise
br	ब्र	brave	sc	स्क	scar
cl	क्ल	close	sl	स्ल	slow
cr	क्र	cream	sm	स्म	small

dr	ड्र	dream	sn	स्न	snow
fl	फ़्ल	floor	sp	स्प	spin
fr	फ़्र	frame	squ	स्क्व	square
gl	ग्ल	glow	st	स्ट	stage
gr	ग्र	great	sw	स्व	switch
pl	प्ल	plain	tr	ट्र	train

(ग) देवनागरी वर्णमाला

Vowels स्वर

short	(ह्रस्व)	long	(दीर्घ)
अ	a	आ	ए
इ	i	ई	ऐ
उ	u	ऊ	ओ
ऋ	ri	—	औ

(नोट : Consonants व्यंजन का चार्ट अगले पृष्ठ पर देखें।)

टिप्पणियाँ :

1. ञ, ङ का व्यवहार हिन्दी में अब प्रायः नहीं होता।
2. ड़ ढ़ ण शब्द के आदि में नहीं आते।
3. ऐसे शब्द जिनके मध्य या अन्त में उ हो, बहुत कम हैं।
4. विदेशी पाठकों को महाप्राण ध्वनियों का उच्चारण विशेष प्रयत्न से सीखना चाहिए।
5. क़, ख़, ग़, ज़, फ़ are used in Arabic and Persian words, and ज़ फ़ in English words, and that too by educated people.

glossary—अघोष =voiceless, अल्पप्राण = unaspirated
नासिक्य = nasal, etc.

abbreviations—cer = cerebral; s.p. = soft palate; pal = palatal; d. = dental; d.l. = labio-dental; l. = labial;

Consonant Clusters व्यंजन गुच्छ

1. पहले आने वाले व्यंजन की पाई (ा) हट जाती है, ऐसे वर्ण 21 हैं–ख्, ग्, घ्, च्, ज्, ञ्, ण्, त्, थ्, ध्, न्, प्, ब्, भ्, म्, य्, ल्, श्, ष्, स्

2. व्यंजन के नीचे हल् चिह्न लगाने से भी वह आधा माना जाता है, जैसे सत्कार।

3. ङ छ ट ठ ड ढ ड़ ढ़ द ह में पाई नहीं है। इनको आधा करने के लिए या तो हल् चिह्न लगाते हैं या दूसरे व्यंजन को उनके पैरों में जोड़ देते हैं, जैसे–अड्डा, अड्डा। हृ, ह्य, ह्म और भद्दा, वृद्ध, विद्या, पद्म का रूप भी देखिए।

Consonants classified वर्गीकृत व्यंजन

स्पर्श							स्पर्श संघर्षी		नासिक्य		लुंठित	पार्श्विक	उत्क्षिप्त		संघर्षी		अंतःस्थ
स्पर्श	अघोष		सघोष		अघोष		सघोष		सघोष		सघोष	सघोष	सघोष		अघोष	सघोष	सघोष
प्राण	अल्प	महा	अल्प	महा	अल्प	महा	अल्प	महा	अल्प	महा			अल्प	महा			
स्थान															ह		
कोमल तालु p.p	क	ख	ग	घ					ङ						ख़	ग़	
तालु pal					च	छ	ज	झ	ञ						श		य
मूर्धा cer.	ट	ठ	ड	ढ					ण		र		ड़	ढ़	ष		
वर्त्स									न	न्ह		ल			स	ज़	
दन्त	त	थ	द	ध													
दन्तोष्ठ d.l															फ़		व
ओष्ठ l.	प	फ							म	म्ह							व़

4. क ज़ और फ का अंकुड़ा थोड़ा कट जाता है, जैसे क्लास, दफ्तर आदि में।

5. र यदि संयोग में पहला व्यंजन हो तो अगले अक्षर (syllable) के सिर पर लिखा जाता है, जैसे–कर्ता। और यदि दूसरा हो तो पहले व्यंजन के पैर में लिखा जाता है–जैसे ड्रामा, ह्रस्व, दरिद्र में।

6. नासिका व्यंजन यदि पहले अंग में प्रयुक्त हों, तो अपने ही उच्चारण-स्थान के साथी के साथ लिखे जाते हैं, जैसे सन्त, मङ्गल, कण्ठ, पम्प। अब इनके स्थान पर अनुस्वार का प्रचलन है।

घ. बलाघात

अंग्रेज़ी भाषा में बलाघात (stress accent) का बड़ा महत्व है। इसके हेरफेर से शब्दों के अर्थ परिवर्तित हो जाते हैं, उनकी व्याकरणिक कोटि बदल जाती है, और कई स्थितियों में वक्ता की बात भी समझ में नहीं आती। दो सरल से शब्द हैं–absent और present। सामान्य पाठक जानते हैं कि इनका अर्थ है–अनुपस्थित/ग़ैरहाज़िर और उपस्थित/हाज़िर। ऐसे में ab' अक्षर (syllable) पर और क्रमशः pre' पर बल है। इस कोश में अक्षर के बाद बलाघात-चिह्न दिया गया है। absent और present के एक-एक अर्थ क्रिया में भी हैं–अनुपस्थित होना और पेश/प्रस्तुत करना। परन्तु, तब sent' पर बल पड़ेगा–अन्यथा अंग्रेज़ी अंग्रेज़ी नहीं रह जाएगी। शुद्ध अंग्रेज़ी उच्चारण का कोशों में बहुत सावधानी से अंकन करना पड़ता है।

हम भारतीय अंग्रेज़ों के सम्पर्क में न रहने के कारण अशुद्ध उच्चारण करने लगे हैं, जैसे–

psychology	साइकोलॉजी–शुद्ध साइको'लॅजी
expression	इक्स' प्रॅ शन–शुद्ध इक्स'प्रे'शन
beautiful	ब्यूटिफ़ुल'–शुद्ध ब्यू'टिफुल
beautification	ब्यूटिफ़िकेशन–शुद्ध ब्यूटिफ़िके'शन
monopoly	मोनोपोली–शुद्ध मनॉ'पलि

एकाक्षरी शब्दों में ऐसा प्रश्न ही नहीं उठता, किंतु अनेकाक्षरी शब्दों में इसका ध्यान रखना चाहिए। इस कोश में सभी ऐसे शब्दों की ब्रिटिश-इंग्लिश प्रणाली को अपनाया है। उन्हीं कोशों से लेकर नागरी लिपि में उतारा है।

IV
अर्थ

द्विभाषी कोश लिखना और वह भी उन दो भाषाओं का जिनकी संस्कृतियों में इतना भारी अंतर है, एक अत्यन्त कठिन कार्य है। इसलिए कि भाषा किसी देश की संस्कृति

और विचारधारा का दर्पण ही होती है, वह उन संस्कारों और मान्यताओं का रिकार्ड होती है जो उस देश ने युग-युग से सँजो रखे हैं। दो भाषाओं के अनेक तत्व सामान्य भी हो सकते हैं, और विषम भी। 'आहार, निद्रा, भय, मैथुनं च। सामान्यमेतत् पशुभिर्नराणाम्', इसलिए जो मनुष्य का पशुत्व है, उससे सम्बद्ध भाषा और उसके अंग (शब्द, पदबंध, वाक्यादि) विश्वव्यापी हो सकते हैं। खाना-पीना, सोना-जागना, जीना-मरना, खेलना-कूदना, लड़ना-झगड़ना, डरना-डराना, बैठना-उठना आदि जीव-जगत के व्यापारों के शब्द सभी भाषाओं में होते हैं, और उनका भाषांतर करना भी सरल होता है। इसी प्रकार घर-गृहस्थी के बहुत से सामान सब घरों में होते हैं, कहीं कम, कहीं अधिक। सरदी, गरमी सबको सताती है; बच्चे, जवान, बूढ़े सभी देशों में होते हैं। प्राकृतिक घटनाएँ सब देशों में होती हैं, कहीं थोड़ी, कहीं बहुत—जैसे, बारिश, सूखा आदि। इन तत्वों से संबद्ध शब्दावली में समानता होती है, इस दृष्टि से कि उनका अनुवाद अपनी-अपनी भाषा में हो जाता है। शरीर के अंगों के लिए सब भाषाओं में शब्द हैं। यह भाषा की विश्वव्यापकता है।

परन्तु, इसमें मनुष्य ने जो कुछ जोड़ा है, वह उसका सांस्कृतिक विकास है। मामूली घरौंदे की बनावट हो, चाहे राजमहल की; बिना पहिया स्लेज हो, चाहे वायुयान; कपड़े हों, चाहे खाने-पीने की अनेक वस्तुएँ; छोटे-छोटे यंत्र हों, चाहे बहुत बड़े-बड़े; सबके लिए विशिष्ट शब्दावली है, जिसका प्रायः पर्याय नहीं मिलता।

विदेशी शासन-काल में विदेशी भाषा का प्रभाव अवश्य पड़ता है। मध्यकाल में हिन्दी पर अरबी-फ़ारसी का इतना दबदबा रहा कि लगभग दो हज़ार अरबी-फ़ारसी के शब्द हिन्दी के ही हो गए हैं। अब उनमें से कुछ कम हो रहे हैं। अंग्रेज़ी राज में और उसके बाद भी, अंग्रेज़ी भाषा का प्रभाव बहुत व्यापक रहा है, और हमारे शब्दकोशों में अनेक शब्द जुड़ते रहे हैं। अरबी-फ़ारसी शब्दों की अपेक्षा इनकी संख्या कई गुना अधिक है। भारतीय जीवन के प्रत्येक क्षेत्र में इनका प्रवेश हुआ है और हो रहा है। अपने घर में ही निगाह दौड़ाइए—किचन, ड्राइंगरूम, बाथरूम या बैडरूम जैसी कितनी वस्तुओं के नाम अंग्रेज़ी में हैं। अपनी देह पर देखिए। किसी कार्यालय, बाज़ार, अस्पताल, स्कूल-कालेज अथवा विश्वविद्यालय में जाकर देखिए, खेल का मैदान देख आइए...भरपूर अंग्रेज़ी शब्दभंडार पाएँगे। और सैकड़ों शब्द ऐसे हैं जिनका अनुवाद नहीं हो सकता। पश्चिमी संस्कृति के साथ और इस मशीनी युग की अपनी प्रकृति के कारण ऐसे शब्द ढेरों की संख्या में आमफ़हम हो गए हैं। कुछ का अनुवाद हिन्दी में हुआ है पर बहुत कम ऐसे हैं जिनके पर्याय संस्कृत के उपसर्गों और प्रत्ययों की सम्पन्नता के कारण बने तो हैं, पर आम लोगों के गले से उतरे नहीं और कोशों में ही पड़े हुए हैं।

कहने का तात्पर्य यह है कि इतिहास साक्षी है कि जिस संस्कृति की शक्ति अधिक होती है, उसकी भाषा की व्याप्ति भी अधिक होती है। कोशकार को आनेवाले शब्दों और उनके अर्थों पर, एवं अपने शब्दों और अर्थों की जीवन लीला पर ध्यान

रखना चाहिए।

ऊपर की विस्तृत चर्चा का संदर्भ यह भी है कि जब वर्तमान काल में अंग्रेज़ी का ज़ोर बढ़ता जा रहा है, तो उसकी शिक्षा का भी अच्छा प्रबंध होना चाहिए। इतना समझ लें कि द्वितीय भाषा के रूप में अंग्रेज़ी का अब सारे देश में बोलबाला है। इसी उद्देश्य से यह 'अंग्रेज़ी-हिन्दी शिक्षार्थी कोश' लिखा गया है।

इसके सबसे महत्वपूर्ण अंग हैं अर्थ। शब्द मिलकर यदि भाषा के शरीर का गठन करते हैं तो अर्थ उसकी आत्मा हैं। आत्मा के बिना शरीर निर्जीव है, मुर्दा है। लोग कोश में किसी शब्द का अर्थ ही तो देखने के लिए उसका उपयोग करते हैं। अतः हमने इस कोश के स्टैंडर्ड के अनुसार अर्थों का चयन भी बारंबारता के आधार पर किया है। अर्थ की महत्ता को समझते हुए ही इसके 11-12 सौ पृष्ठों में लगभग 16,000 शब्द हैं जो औसतन 12 शब्द प्रतिपृष्ठ रहते हैं। ऐसा क्यों ?

जैसा कि पहले कहा गया है, शिक्षार्थी कोश का उद्देश्य है–भाषा सिखा देना, और द्विभाषी शिक्षार्थी कोश अपने ऊपर और अधिक भार ले लेता है, दो भाषाएँ सिखा देने का। अर्थात् वह उसे दो भाषाओं की बृहत् पाठ्यपुस्तक बना देता है, जो भाषाविज्ञान और शिक्षणशास्त्र द्वारा संपुष्ट आधारों पर प्रणीत होती है। वह शब्द के एक-एक अर्थ को लेकर उदाहरणों द्वारा पाठक के मन में बिठा देता है। जब तक उस शब्द को अन्य शब्दों अथवा/ और पदबंधों तथा वाक्यों द्वारा प्रमाणित न कर दिया जाए, तब तक पाठक को विश्वास नहीं हो पाता कि यही अर्थ सचमुच सही है।

a एक छोटा-सा शब्द है। इसके चार अर्थ हैं–(1) एक (2) कोई (3) शून्य (हिन्दी में कभी-कभी इसका अनुवाद नहीं भी होता), और (4) प्रति। आप शायद पहला ही अर्थ जानते हैं। आप किसी पुस्तक-विक्रेता की दुकान पर जाते हैं और कहते हैं–Give me a book on hygeine यहाँ 'एक'-दो का सवाल नहीं है; अर्थ है–इस विषय पर 'कोई' किताब दे दें। And he was a very great thinker और वे बहुत बड़े विचारक थे, इसमें a का अनुवाद करने की आवश्यकता नहीं है। किन्तु प्रति भी ? हाँ हाँ। He earns fifty rupees a day वह पचास रुपए प्रतिदिन कमाता है। बैठा न इन चार अर्थों पर विश्वास !

act और interest की दो-दो व्याकरणिक कोटियाँ (क्रिया *v*, और संज्ञा n^c .) एवं एक-एक कोटि के अंतर्गत अनेक अर्थ। देखिए इस कोश के अंदर और प्रयोग द्वारा समझिए। इस तरह के अन्य प्रयोग अभ्यासार्थ कीजिए।

हम इस बात को दोहराना चाहते हैं कि किसी शब्द का सटीक अर्थ देकर उसका सटीक प्रयोग भी सिखा देना, वर्तमान काल के शब्दकोश, विशेषतया इस प्रकार के द्विभाषी कोश, का अनिवार्य कर्तव्य है। वाक्य भाषा की सार्थक इकाई है और कभी वाक्यखंड या पदबंध (phrase) भी वाक्य का काम दे जाता है। केवल शब्द अमूर्त होता है। उसके साथ ज्यों-ज्यों अन्य साथी तत्व जुड़ते जाते हैं, उसकी मूर्ति

(5) इसके उपरांत अर्थ दिए हैं। एकाधिक अर्थ 1, 2, 3 अंक देकर, अलग-अलग उनका प्रयोग समझाते हुए, तथाकथित अंतर्राष्ट्रीय अंकों में अंकित हैं।

(6) अर्थों और प्रयोगों के पश्चात् बहुत सी अतिरिक्त जानकारी रहती है, जैसे इस शब्द के पर्याय, विलोम आदि।

विशेषण-1

good गुड I *a.* (better, best) 1. अच्छा [friend मित्र, man आदमी, suggestion सुझाव, teacher अध्यापक, way रास्ता, weather मौसम, writer लेखक]; ~ aavice अच्छी सलाह; ~ story अच्छी कहानी; ~ quality अच्छी गुणवत्ता; ~ teeth अच्छे दाँत; ~ people अच्छे लोग; ~ ideas अच्छे विचार

(1) विशेषण के साथ लगने वाले संज्ञात्मक सहप्रयोग और आकारान्त अच्छा का लिंग-परिवर्तन, जो अंग्रेज़ी में नहीं होता, दिखाया गया है।

(2) विशेषणों की तुलनावस्था में जब अनियमितता होती है, जैसे good से better, best तो उसका उल्लेख सारे कोश में किया गया है। केवल -er अथवा - est से बननेवाले रूप, जैसे smaller, smallest को दिखाने की आवश्यकता नहीं है।

(3) काला रोमन अंक (I) संकेत करता है good की अन्य व्याकरणिक कोटियाँ हैं, पर उद्धृत नहीं की गईं।

विशेषण-2

mad मैड **1.** (insane) पागल (dog कुत्ता, man आदमी, woman औरत); he went ~ after the death of his son अपने बेटे की मृत्यु के बाद वह ~ हो गया... **2.** (very angry) अत्यंत क्रुद्ध, गुस्से... **3.** (foolish) मूर्खतापूर्ण [desire इच्छा^{F}, idea विचार plan योजना, thing बात^F] **4.** (having a great liking) दीवाना, लट्टू : he is – after that girl वह उस लड़की पर ~ है।

(1) mad किसी अन्य कोटि में नहीं आता। कहीं और कभी आया हो तो उसकी चिंता शिक्षार्थी को नहीं करनी।

(2) अंतर्राष्ट्रीय अंक काले टाइप में दिये गए हैं जिनसे संकेत मिलता है कि इस शब्द के एक से अधिक अर्थ दिये जा रहे हैं।

(3) प्रत्येक अर्थ पहले अंग्रेज़ी में और साथ हिन्दी में दिया गया है ताकि अर्थों का अन्तर स्पष्ट हो जाए।

(4) उसके बाद सहप्रयोग दिए गए हैं, यहाँ केवल पहले अर्थ के साथ, परन्तु ...से प्रकट है कि यहाँ उन्हें उद्धृत नहीं किया गया।

(5) प्रत्येक अर्थ की पुष्टि सहप्रयोगी शब्दों, पदबंधों अथवा/तथा वाक्यों से की जाती है।

I have to go	**मुझे** जाना है
let me go	**मुझे** जाने दीजिए
I take tea	मैं चाय **पीता** हूँ
He takes meal	वह खाना **खाता** है
It is snowing	बर्फ़ **पड़ रही** है
It is raining	बारिश हो रही है
There is no hope	कोई आशा नहीं है
I feel sleepy	मुझे नींद आ रही है
Please come in	
(or only) come in	भीतर पधारिए

संपूर्ण रूपरेखा

इस कोश का पारायण आरम्भ करने से पहले पाठक इसकी रूपरेखा को अच्छी तरह समझ लें। उदाहरण-स्वरूप हम एक संज्ञा, दो विशेषण और एक क्रिया को अंशों में उद्धृत कर रहे हैं, जिससे प्रक्रिया स्पष्ट हो सकेगी।

संज्ञा

colour (Am. color) क'लर **I** *n*ᶜ 1. रंग, वर्ण [black काला, bright चमकीला, fast पक्का, green, हरा, light हलका, white सफ़ेद]...

(1) मुख्य शब्द काले टाइप में मुद्रित रहता है। पैरा की शेष पंक्तियों से थोड़ा बाहर निकला रहता है। इसके साथ प्रयुक्त होने वाले विशेषण आदि सहप्रयोग, व्युत्पन्न शब्द और समास आदि दिए जाते हैं। कोश में इनकी संख्या लगभग बारह हज़ार है।

(2) किसी शब्द की वर्तनी अन्य प्रकार से हो तो उसका संकेत तुरंत कर दिया जाता है।

(3) इसका शब्द का उच्चारण देवनागरी अक्षरों में बलाघात-चिह्न (') के साथ रहता है। यह चिह्न उस अक्षर के बाद होता है, जैसे क'लर में क पर बल है, लर पर नहीं।

(4) यदि कोई शब्द एकाधिक व्याकरणिक शब्दभेदों में प्रयुक्त होता है, जैसे कलर संज्ञा भी है, क्रिया भी, तो रोमन अंक I II III देकर वह अलग लिखा मिलेगा। व्याकरण शब्दभेद इटैलिक टाइप में रहता है, जैसे *n*ᶜ (अर्थात् संज्ञा गण्य)। *n*ᶜ का अर्थ है कि इस संज्ञा का बहुवचन हो सकता है। कोश में सभी अनियमित बहुवचन (अर्थात् जिनमें -s नहीं लगता) दिए जा रहे हैं।

है; जैसे—

मैं (masc.) जाता हूँ—मैं (fem.) जाती हूँ

वह (masc.) गया था—वह (fem.) गई थी

तू (masc.) आया होगा—तू (fem.) आई होगी

4. यदि क्रिया पु. में अकारान्त या (बहुव.) एकारान्त हो, तो संदिग्धता बनी रहती है और उस प्रसंग से ही अर्थ स्पष्ट होता है, जैसे—

वह जाए—he may go, she may go

वह बीमार है—he is ill, she is ill

अब इसे कर लो—now do it (you boy or you girl)

5. अंग्रेजी में सम्मानार्थक बहुवचन नहीं होता। उदाहरण—

Father has come	पिताजी आ गए हैं
our teacher was on leave	हमारे अध्यापक या गुरुजी छुट्टी पर थे
आप कल यहाँ नहीं थे	you were not here yesterday

अंग्रेज़ी में भी अब 'thou' नहीं है और you बहुवचन में प्रचलित होता है। परंतु you के पुरुष या स्त्री के प्रति सम्मान दिखाने में आप का प्रयोग किया जाता है, और तुम का साधारण you के अर्थ में।

6. अंग्रेज़ी में प्रेरणार्थक क्रिया का निर्माण make one do, cause one to get it done आदि पदबंधों से किया जाता है, हिन्दी में पढ़ा से पढ़ाया, पढ़वाया आदि रूप बहुत सटीक और वैज्ञानिक हैं।

7. अंग्रेज़ी में क्रिया का निषेधात्मक स्वरूप do not, did not, will not , shall not, has not आदि से बनता है, हिन्दी में सीधे क्रियाविशेषण मानकर होता है, जैसे—

he will not go	वह नहीं जाएगा
she does not work	वह काम नहीं करती
you have not done it	तुमने यह नहीं किया है

8. अंग्रेज़ी का कर्मवाच्य 'be' के रूपों से बनता है, हिन्दी का 'जा' क्रिया से। जैसे—

it **is** done like this	यह ऐसे किया **जाता** है
he has been cheated	उसे धोखा दिया **गया** है

9. The following contrasts are notable—

I love him	मैं **उससे** प्यार करता हूँ
She hates her	वह **उससे** घृणा करती है
I believed him	मैंने **उसपर** विश्वास किया
I feel hungry	**मुझे** भूख **लगी** है
I feel feverish	**मुझे लगता है बुख़ार** है

निखरती जाती है। 'तार' का अपने में कोई अर्थ नहीं है। यह शब्द सुनकर आपके मन में आया 'धातु का तार', उनके मन में 'गुड़ की चाशनी का तार', किसी तीसरे व्यक्ति के मन में टेलीग्राम, इत्यादि। लेकिन जब कहा जाए–तार घर से आया, तो अर्थ सीमित होकर स्पष्ट होता है। एक और सीमा लगा देने से 'लड़के के पास होने का तारघर से तार'–तो चित्र अधिक स्पष्ट हो जाता है, और फिर जोड़ दें 'मेरे पास आया था, पुनः ...कल आया था' तो बात और अधिक स्पष्ट हो जाती है। अतः प्रयोग जानने और करने के सिवाय भाषा की शिक्षा का कोई उपाय नहीं है।

अर्थ के लिए यदि लक्ष्यभाषा में कोई पर्याय नहीं मिलता तो वर्णनात्मक अर्थ दे दिया जाता है, परंतु ऐसा अर्थ देना जिससे मन में कल्पना ही न बने, कोई चित्र (image) ही न उभरे, बेकार है। आज भी हम कोशों में ऐसे अर्थ पा रहे हैं–एक प्रकार का फूल, एक प्रकार का जीव, आदि। उसके साथ देश, काल, उसके परिवार, रंग-रूप बता दें तो वह शब्द मूर्तिमान् हो जाएगा।

अंग्रेज़ी-हिन्दी शिक्षार्थी की एक भारी समस्या यह है कि इन दोनों भाषाओं में अभिव्यक्ति या शैली का इतना अन्तर हो जाता है कि शिक्षार्थी को दिक़्क़त होती है। ऐसी व्यतिरेकी अभिव्यक्तियों का कोई कोश नहीं है। किंतु इस पुस्तक में इनके बहुत उदाहरण मिलेंगे। वे भरपूर तो नहीं हैं, पर इस स्थिति में पर्याप्त हैं। दो देशों की भिन्न विचारधारा का ये प्रमाण हैं। केवल उदाहरण ही इस भूमिका में दिए जा सकते हैं।

तुलना कीजिए

1.

English	**Hindi**	**English and Hindi**
at the top	चोटी पर	for a day एक दिन के लिए
at hand	पास में	for ten rupees दस रुपए में
at will	इच्छा से	for Secretary कृते सचिव
at the rate of	की दर से	before him उसके आगे
at ease	आराम से	before ten o'clock बारह बजे से पहले
at noon	दोपहर को	by God परमात्मा की क़सम
at daybreak	तड़के	by his side उसके पहलू में
at a stretch	लगातार	by two o'clock दो बजे से पहले
not at all	बिल्कुल नहीं	the way to his house उसके घर का रास्ता
at last	अंततः	went to London लंदन गया
at most	अधिक-से-अधिक	

2. हिन्दी में definite और indefinite articles नहीं हैं। इन्हें छोड़ दिया जाता है अथवा 'वह/वही' और 'एक' से काम चलाया जाता है।

3. हिन्दी सर्वनाम में लिंगभेद नहीं है। यह भेद क्रिया में लिंगभेद करने से स्पष्ट होता

क्रिया

hide हाइड **I.** *n*^c. **1.** खाल^F... **II.** v.t.i. (hid, hidden) छिपाना, छिपना, गुप्त रखना, गुप्त करना [badly बुरी तरह, completely पूर्ण रूप से, cunningly चालाकी^F से, entirely पूरी तरह से, instantly जल्दी से, तुरंत...].

(1) यहाँ एक ऐसा शब्द है जिसकी एकाधिक व्याकरणिक कोटियाँ हैं जिनके लिए रोमन अंक I II III... दिए जाते हैं।

(2) हिन्दी में जो संज्ञाएँ स्त्रीलिंग में प्रयुक्त होती हैं, उन पर डिग्रीदार F (for feminine) का संकेत है। सारे कोश में स्त्रीलिंग संज्ञाओं के ऊपर यह संकेत है। यह इसलिए आवश्यक है कि ऐसे शब्दों के साथ कुछ विशेषणों और वर्तमानकालिक तथा भूतकालिक कृदंतों का ईकारांत रूप उन्हीं के अनुसार हो जाता है।

(3) भूतकाल और भूतकालिक कृदंत में जिन क्रियाओं का रूप अनियमित होता है, उनके इस रूप को शुरू में ही बता दिया जाता है।

(4) क्रिया के सहप्रयुक्त क्रिया विशेषण या और कोई शब्द हो तो उनको अवश्य दिया जाता है।

अव्यय

as ऐज़ **I.** *adv.* (1) उठना... (2) जैसे... (3) (in contexts)... **II.** *prep.* **1.** की तरह^F... के रूप में... **III.** *conj.* **1.** क्योंकि... **2.** जब... **3.** जैसे ही, ज्यों ही it is the same as above यह ऐसा ही है जैसा ऊपर, as before जैसा पहले, पहले की तरह^F, all the members as a body सब सदस्य सामूहिक रूप से; I could not walk as far as the bus stand मैं बस अड्डे की दूरी तक न चल सका। *as for* my qualifications मेरी योग्यताओं के बारे में; the work *was as good as* finished काम लगभग समाप्त हो गया था; they acted as one man उन्होंने मिलकर काम किया; *as a rule* he was in time सामान्यतः वह समय पर आता है; come *as soon as* possible यथाशीघ्र जल्दी आना; *as to* my qualification मेरी योग्यताओं के बारे में; *as usual* the school is closed on Sunday सदा की तरह स्कूल इतवार को बंद रहता है; I shall go *as well* मैं भी जाऊंगा; I am not quite well *as yet* मैं अभी ठीक नहीं हूँ–

1. इस शब्द की तीन व्याकरणिक कोटियाँ, और प्रत्येक कोटि के अंतर्गत एक से अधिक अर्थ हैं–यह अंकों की प्रकृति से स्पष्ट है।

2. As के साथ अनेक मुहावरे और मुहावरेदार पदबंध बनते हैं। सबको अंग्रेज़ी वर्णक्रम से लिया गया है और साथ ही हिन्दी में अर्थ दिए गये हैं।

–हरदेव बाहरी

Abbreviations
संकेताक्षर

a. adjective
abbr. abbreviation
adj. adjective
adv. adverb
Am. American
ant. antonym
attr. attributive (use)
cf. compare, L. confer
conj. conjunction
deriv. derivative
derog. derogatory
e.g. for example
Eng. English
esp. especially
^{F}. feminine
fig. figurative
i.e. that is
interj. interjection
lit. literary, literally
masc. masculine
n^c. noun countable
$n^{c/u}$ noun countable as well as uncountable
n^u noun uncountable
neut. neuter
p. past tense
phr. phrase
pl. plural
p.p. past participle
pre. preposition
pred. predicative
pref. preferably
pron. pronoun
ref. reference
suff. suffix
syn. synonym
usu. usually
v.i. verb intransitive
v.t. verb transitive
v.t.i. verb transtive and also intransitive

Advanced
Learner's English-Hindi Dictionary

•

बृहत्
शिक्षार्थी अंग्रेज़ी-हिन्दी शब्दकोश

Advanced Learner's

English-Hindi Dictionary

A, a

a अ, ए [used before a consonant sound] **I.** *article* **1.** (no translation) he is a good man वह अच्छा आदमी है; a one-rupee note एक रुपये का नोट; such a one ऐसा एक; she is a teacher वह अध्यापिका^{F} है. *phr.* a few chairs थोड़ी-सी कुर्सियाँ^{F}; a lot of money बहुत पैसा; a little more sugar थोड़ी और चीनी^{F}; half a minute आधा मिनट; hour and a half डेढ़ घंटा; such a nice man इतना अच्छा आदमी. **2.** एक : I want a cup of tea मुझे एक चाय^F का प्याला चाहिए; a friend of mine मेरा एक दोस्त/मित्र. **3.** कोई : give me a book मुझे कोई पुस्तक दे दो. **4.** प्रति, हर : he earns thirty rupees a day वह प्रति/हर दिन तीस रुपये कमाता है; three pounds a week तीन पौंड प्रति सप्ताह. **5.** में : twice a day दिन में दो बार^F. [see an]

a. = adjective वि. विशेषण.

a. *pref.* **1.** न, नहीं : atheist नास्तिक. **2.** (अ-) पर : abed बिस्तर पर, ashore तट पर; afire आग^F पर, जलता. **3.** में : asleep नींद^F में, सोया. **4.** से : aloud ज़ोर से.

A.A. Automobile Association.

A1 ए वन' *a.* बढ़िया : ~condition बढ़िया हालत^F; how do you feel? आप का क्या हाल है ? A1 बढ़िया.

ab- ऐब, अब; *pref.* से (दूर) : abnormal, abbreviation, abstain *q.v.*

aback अबैक' *adv.* taken ~ चकित : I was taken ~at/by his rudeness मैं उसकी अशिष्टता^{F} देखकर ~ रह गया.

abandon अबैन्'डन **I.** *v.t.* छोड़ देना, (का) परित्याग करना : he ~ed his family (his house, his opinion) temporarily, suddenly उसने अस्थायी रूप से, अचानक अपना परिवार (अपना घर, अपना मत) छोड़ दिया. **II.** *v. self.* आत्मसमर्पण करना : she ~ed herself to grief उसने अपने को दुःख के हवाले कर दिया. **abandoned** *a.* **1.** परित्यक्त : ~ car (child, wife) ~ कार^F (बच्चा, पत्नी^{F}). [*ant.* held] **2.** निर्लज्ज : ~ girl ~ लड़की. **II. abandon** *n*^{u}. असंयम : to speak with ~ ~ से बोलना; he drank with ~ उसने असंयत होकर पी.

abate अबेट' **I.** *v.i.* [~d, abating] कम होना, घट जाना : the (flood, heat has ~d बाढ़^{F}, गरमी^{F} कम हो गई है) **II.** *v.t.* कम करना, घटाना : ~rent किराया ~. [*n.* abatement कमी^{F}; *ant.* increase]

abbr., abbreviation अब्रीविएशन **I.** *n*^{c}. संक्षेप, संक्षिप्त रूप : Dr. is ~ for/of doctor डॉक्टर का संक्षिप्त रूप डॉ० है; list of ~s संक्षेपों की सूची^{F}. **II.** *n*^{u}. (act) संक्षेपण : I do not like the ~ of my name मुझे अपने

नाम का ≈ पसंद नहीं है. [*ant.* amplification]

ABC ए बी सी n^u. 1. क ख ग : the child is learning ~ बच्चा ≈ सीख रहा है. 2. साधारण ज्ञान : ~ of arithmatic अंकगणित का ≈; he does not know even the ABC of politics उसे राजनीति^{F} का आरम्भिक ज्ञान तक नहीं है, क ख ग भी नहीं जानता.

A.B.C. American Broadcasting Company.

abdicate ऐब'डिकेट **I.** *v.i.* गद्दी^{F} छोड़ देना : the king ~d राजा ने गद्दी छोड़ दी. **II.** *v.t.* छोड़ देना, त्याग देना : ~ rights, responsibility अधिकार, उत्तरदायित्व ≈. [*n.* abdication त्याग]

abeyance अ बे'अन्स n^u. आस्थगन : the question, rule was in ~ यह प्रश्न, नियम आस्थगित था.

abhor अब हॉर' *v.t.* (-rr-) (से) घृणा^{F} करना : I ~snakes, violence, war मैं सांपों, हिंसा^{F}, युद्ध से घृणा करता हूँ. [*ant.* like; *n.* ~rence घृणा^{F}]

abide अ बाइड' ~ *v.t.* (~s, abode, abiding) 1. (by) (पर) पाबंद रहना, (का) पालन करना : ~ firmly by promise, rules दृढ़ता^{F} से वचन, नियमों ≈. 2. (bear) सहन/बरदाश्त करना : I cannot ~ a cheat, noise मैं धोखेबाज़ को, शोर को सहन/बरदाश्त नहीं कर सकता. 3. (stay, live) रहना : She made his hut her abode वह उसके साथ एक झोंपड़ी^{F} में रहती थी. [use to live]

ability अ बि'लिटि n^u. (from able) 1. योग्यता^{F} [limited सीमित, natural स्वाभाविक, rare असामान्य]; the ~ to read and write लिखने-पढ़ने की ≈; ~ test ≈ परीक्षण. 2. सामर्थ्य : ~ to pay भुगतान करने की ≈ Δ to the best of one's ~ यथासामर्थ्य. [from able]

-ability अ बि' लिटि *suff.* (from able *q.v.*), as in probability, readability, suitability *q.v.*

ablaze अ ब्लेज़' *adv.* जलता हुआ : the house was ~ मकान जल रहा था; (fig.) her face got ~ उसका चेहरा जगमगा उठा.

able ए'बल *a.* 1. योग्य [lawyer वकील, leader नेता, teacher अध्यापक] 2. समर्थ : I am ~ to walk मैं चलने में ≈ हूँ, मैं चल सकता हूँ; he has not been ~ to help us वह हमारी सहायता^{F} नहीं कर सका. [*n.* ability; *v.* enable, *adv.* ably, *ant.* unable, *cf.* capable].

-able अबल *suff.* योग्य (with verbs) agreeable, believable, curable, desirable, eatable, lovable, payable, regrettable, taxable, (with nouns) comfortable, fashionable, peaceable, objectionable, profitable.

abnormal अबनॉर' मल *a.* अपसामान्य [behaviour व्यवहार, condition दशा^{F}]; slightly ~ थोड़ा-थोड़ा ≈. **abnormally** *adv.* अपसामान्यत : ~ late ≈ देर से. [*ant.* normal]

aboard अ बोर्ड', अ बॉर्ड' *prep.* (जहाज़ आदि) के ऊपर, पर : the captain was ~ (the ship) for several days कप्तान कई दिन ≈ था; he had gone ~ the train, aeroplane वह रेलगाड़ी, हवाई जहाज़ पर गया था. [*ant.* ashore]

abode अ बोड' **I.** *v.i.* रहा, रहता था (past form abide *q.v.*) **II.** n^c. (*use* sing.) आवास, निवास- स्थान [peaceful शान्त, wood-cutter's लकड़हारे का]; you could see him at his ~ तुम उससे उसके ≈ पर मिल सकते थे.

abolish अ बॉ'लिश *v.t.* अन्त कर देना, उन्मूलन करना : ~ death penalty (capital punishment) मृत्युदंड का ≈; this custom must be ~ed इस प्रथा^{F} का अन्त कर देना होगा. **abolition** ऐबॅ लि'शन n^u. उन्मूलन : ~ of slavery दास-प्रथा^{F} का ≈. [*ant.* establish]

A bomb ए' बॉम n^c. ऐटम बम : ~ burst ≈ फटा.

abortion अ बॉर'शन $n^{u/c}$. गर्भपात : the girl wanted (to have) an ~ लड़की ≈ कराना चाहती थी; the doctor performed the ~ डाक्टर ने ≈ किया. **abortive** अ बॉर' टिव *a.* 1. निष्फल [attempt प्रयत्न, scheme योजना^{F}]. 2. अकालप्रसूत (child बच्चा). (*v.* abort गर्भपात, निष्फल हो जाना).

abound अ बाउंड' *v.i* ढेरों/भरपूर होना : the hill ~s in sheep, sheep ~ on the hill पहाड़ी[F] पर ढेरों भेड़ें[F] हैं. [*n.* abundance बहुतायत[F], *a.* abundant[F]; *ant.* lack.]

about अ बाउट' **I.** *prep.* **1.** (concerning) के बारे में : to talk ~smb किसी ≈ बात करना; I am anxious ~ him मैं उसके ≈ चिंतित हूँ; to think, know ~ smth किसी चीज़[F] ≈ सोचना, जानना; what ~ that उसका क्या हुआ? **2.** (all around) के इर्द-गिर्द, के आस-पास : there are trees all ~ the house घर ≈ पेड़ ही पेड़ हैं. **3.** (here and there) सब जगह[F] : he walked ~ the town वह नगर में ≈ चलता रहा. **II.** *adv.* **1.** (here and there) इधर-उधर : to look, run ~≈ देखना, दौड़ना. **2.** (ready) वाला : she is ~ to go वह जाने वाली है. **3.** (nearly) लगभग : ~ three hours ≈ तीन घंटे, तीन घंटे के ≈; he is ~fifty वह ≈ पचास वर्ष का है; he lives ~ three kilometres from here वह यहाँ से ≈ तीन किलोमीटर पर रहता है.

above अ बव' **I.** *prep.* **1.** (over, higher, than) के ऊपर : ~ the clouds, trees बादलों, पेड़ों ≈; (fig.) he puts honesty ~ all things वह ईमानदारी[F] को सब बातों[F] के ≈ रखता है. **2.** (over, more than) के/से ऊपर, से अधिक : not ~two pounds दो पौंड ≈ नहीं. **3.** से परे : ~ doubt संदेह ≈; ~ criticism आलोचना[F] ≈; ~ one's understanding समझ[F] के बाहर **II.** *adv.* ऊपर : kites are flying ~ पतंगें ≈ उड़ रहीं हैं; I live in the room ~ मैं ≈ (के) कमरे में रहता/रहती हूँ; please see ~ कृपया ऊपर देखें; ~mentioned ≈ उल्लिखित; ~ said ≈ कहा गया, उपर्युक्त Δ ~ **all** सब से बढ़कर; ~ **board** ईमानदार : ~board in dealings व्यवहार में ≈. **III.** *a.* ऊपर का : see the ~ sentence ≈ वाक्य देखो; at the ~ address ऊपर के पते पर. **IV.** *n*[u]. ऊपर : rain comes from ~ वर्षा[F] ≈ से आती है. [*ant.* below]

abreast अ ब्रेस्ट' *adv.* साथ-साथ, अगल-बग़ल : they walked three ~ वे तीन-तीन ≈ चल रहे थे. Δ **keep ~ of times** ज़माने/समय के साथ चलना.

abridge अ ब्रिज' *v.t.* संक्षिप्त करना : ~ a story/book किसी कहानी,[F] पुस्तक[F] को ≈. **abridged** संक्षिप्त : ~ edition संक्षिप्त संस्करण. [*syn.* shorten, *ant.* enlarge; *n.* ~ment संक्षेप]

abroad अ ब्रॉड' **I.** *adv.* **1.** विदेश (में) : he has returned from ~ वह ≈ से लौट आया है; to go, send ~ विदेश जाना, भेजना.; he lives ~ वह ≈ में रहता है. **2.** इधर-उधर, दूर-दूर, बाहर : Δ news, witch goes ~ खबर[F], चुड़ैल[F] ≈ निकल जाती है. **II.** *n.* विदेश : a letter from ~ ≈ से एक पत्र.

abrupt अब्रप्ट' *a.* **1.** (unexpected) आकस्मिक, एकदम [change परिवर्तन, turn मोड़]. **2.** (rough) रूखा [behaviour व्यवहार, reply उत्तर] **abruptly** *adv.* एकदम : the car stopped ~ कार ≈ रुक गई.

absence ऐब'सन्स *n*[u]. **1.** अनुपस्थिति[F], ग़ैरहाज़िरी[F] [prolonged लंबी]; ~ of the student विद्यार्थी की ≈; during her ~ उसकी ≈ में. **2.** अभाव : ~ of evidence, noise गवाही[F], शोर का ≈; ~ of mind अनमनापन . [*ant.* presence] **absent** ऐब' सन्ट **I.** *a.* **1.** अनुपस्थित, ग़ैर-हाज़िर : usually ~ from school, office स्कूल, कार्यालय से प्राय: ≈. **2.** (lacking) गायब : tail, voice is ~ पूँछ[F], आवाज़[F] ≈ है. **3.** (inattentive) बेध्याना : ~**minded** अनमना. **II.** *v. refl.* अनुपस्थित/गैर-हाज़िर रहना : she ~ed herself from school वह स्कूल से ≈ रही. [*ant.* present]

absolute ऐब' सॅलूट *a.* **1.** (complete) पूरा, पूर्ण [control नियन्त्रण, majority बहुमत, right अधिकार]. **2.** (certain) पूरा पक्का [lie झूठ, promise वादा, proof प्रमाण]. **3.** (without limit) परम, असीम [power शक्ति[F], satisfaction संतोष]. **absolutely** *adv.* पूर्णतया, बिल्कुल [false मिथ्या/झूठा, impossible असंभव, necessary आवश्यक/ज़रूरी]; he had ~ nothing to say उसे बिल्कुल कुछ नहीं कहना था.

absorb अब सार्ब' *v.t.* **1.** सोख लेना : plants ~ moisture पौधे नमी सोख लेते हैं. **2.** चूस लेना : blotting paper ~s ink सोख़्ता काग़ज स्याही[F] चूस लेता है. **3.** समा लेना, खपा

लेना : little shops are ~ed into/by big businesses छोटी-छोटी दुकानें[F] बड़े-बड़े व्यवसायों में समा/खप जाती हैं. **absorbed** *a.* मग्न, लीन : ~ in studies, thought अध्ययन, विचार में ≈.

abstain अब स्टेन' *v.i.* दूर रहना : ~from election, wine चुनाव, शराब[F] से ≈; I ~ed from voting this time मैंने इस बार मतदान नहीं किया. [*ant.* indulge]

abstract ऐब' स्ट्रैक्ट. **I.** *a.* अमूर्त [art कला[F], beauty सुन्दरता[F], idea विचार]; ~noun भाववाचक संज्ञा[F]; light, disease, idea are ~ nouns प्रकाश, रोग, विचार भाववाचक संज्ञाएं हैं. **II.** n[c]. सार : ~ of a story कहानी[F] का ≈. **III.** *v.t.* (to take out) निकालना : ~ six from nine नौ में से छह ≈; can you ~ smth. from this debate इस वाद-विवाद से क्या तुम कुछ निकाल सकते हो? [*ant.* concrete]

absurd अब सर्ड' *a.* बेतुका, ऊल-जलूल, ऊट-पटांग [argument तर्क, scheme योजना[F]]; his demand was ~ उसकी माँग अयुक्तियुक्त थी. [*n.* ~ity बेतुकापन]

abundance अ बन' डन्स *n*[u]. बहुतायत[F], प्रचुरता[F] : ~of food खाद्य की ≈; food in ~ प्रचुर मात्रा में खाद्य. [*n.* from abound; *ant.* scarcity] **abundant** अबन्' डन्ट *a.* प्रचुर, भरपूर [crop फसल[F], proof प्रमाण]. *adv.* ~ly. [*ant.* scarce]

abuse **I.** अ ब्यूज़' **1.** *n*[u]. गाली[F], अपशब्द : a stream of ~s गालियों की बौछार[F]. **2.** *n*[u/c]. दुरुपयोग : ~ of rights, power अधिकारों, शक्ति[F] का ≈. **3.** *(pl.)* बुराइयाँ : ~ in a society समाज की ≈. **II.** *v.t.* **1.** गाली[F] देना : she ~d the servant उसने नौकर को गालियाँ दीं. **2.** दुरुपयोग करना : she did not ~ her privileges उसने अपने विशेषाधिकरों का ≈ नहीं किया. **abusive** अ ब्यू'सिव *a.* गालीभरा [letter पत्र, tone लहजा स्वर]; ~language गाली[F].

A.C. Alternating Current प्रत्यावर्ती धारा[F] (बिजली[F] की).

A/C account लेखा.

academic ऐ कॅडें'मिक **a.** [*usu.* attr.] **1.** शैक्षिक [life जीवन, qualifications योग्यताएं[F], subject विषय] **2.** सैद्धान्तिक [discussion परिचर्चा, question प्रश्न]; this proposal has an ~ importance इस सुझाव का एक ≈ महत्त्व है. **academy** अकै'ड मी *n*[c]. अकादमी[F] [military सैनिक, science विज्ञान].

accede ऐक/अक सीड'*v.i.* (~ to)(acceding) **1.** मान लेना : he acceded to my request उसने मेरी प्रार्थना[F] मान ली. **2.** पद सँभालना : ~ to the throne राजसिंहासन संभालना, राजा बनना.

accent **I.** ऐक' सेंन्ट *n.* (no *pl.*) **1.** बल, बलाघात : in 'accept' the ~ is on the second syllable, *i.e.,* cept अकसेंप्ट में दूसरे अक्षर अर्थात् सेंप्ट पर ≈ है. **2.** बलाघात-चिह्न (') : put the ~ on the first syllable पहले अक्षर पर ≈ लगाओ. **3.**लहजा : he speaks, with German ~ वह जर्मन लहज़े में बोलता है. **II.** अक सेंप्ट' *v.t.* बल देना : the last syllable is ~ed अन्तिम अक्षर पर बल (दिया गया) है. [*syn.* stress].

accept अक सेंप्ट' *v.t.* स्वीकार करना : ~ invitation, plan, responsibility निमन्त्रण, योजना[F], उत्तरदायित्व ≈ : he ~ed our help gratefully, readily उसने हमारी सहायता[F] साभार, तुरन्त स्वीकार कर ली. [*as distinct from* except; *ant.* reject]. **acceptable** अक सेपॅ'टॅबल *a.* स्वीकार्य : your gift, work is of course ~तुम्हारा उपहार, कार्य निःसदेह ≈ है. [*ant.* un ~] **acceptance** *n*[u]. स्वीकृति[F] [general सामान्य, public सार्वजनिक]; to confirm ~ ≈ की पुष्टि[F] करना; ~ of/to a resolution प्रस्ताव की ≈ : ~ note ≈ पत्र. [*ant.* rejection, *v.* accept]

access ऐक' सस *n*[u]. पहुँच[F] : to gain ~to a person or place किसी व्यक्ति अथवा स्थान तक ≈पाना, he has ~ to the Chief Minister उसकी मुख्यमंत्री तक ≈ है. [*as distinct from* excess]

accident ऐक'सिडन्ट **1.** *n*[c]. दुर्घटना[F] [fatal घातक, serious गंभीर]; there was a road ~ एक सड़क ≈ हो गई; ~ happens ≈ हो जाती है; to meet with an~ दुर्घटनाग्रस्त होना; scene of ~ ≈ स्थल. **2.** संयोग : I met her by ~ मैं उससे ≈ वश से मिला . [*cf.* incident]

accidental ऐकसि'डेन्'टल *a.* आकस्मिक [event घटना^{F}, omission छूट^{F}, profit लाभ]; the meeting was ~ मुलाक़ात ≈ थी. **accidentally** अचानक, संयोगवश : he left, fell ~ वह ≈ चला गया, गिर पड़ा.

accommodate अ कॉ 'मॅडेट *v.t.* **1.** स्थान देना : this house can ~ two families इस मकान में दो परिवार आ सकते हैं. **2.** देना : the bank ~d me with a loan बैंक ने मुझे उधार दिया. **3.** अनुगृहीत करना : will you ~ me क्या आप मुझे अनुगृहीत करेंगे ?

accommodation अकॉमॅ डे'शन *n*^{u}. स्थान, जगह^{F} [modern आधुनिक, spacious खुला]; ~ for travellers यात्रियों के लिए ≈; ~ in a hotel होटल में ≈.

accompany अकम'पॅनि *v.t.* **1.** (accompanies, -ied.) (के) साथ आना/जाना : I accompanied my grandfather to the post office मैं अपने दादा के साथ डाकघर गया; she came accompanied by her husband वह अपने पति के साथ आई. **2.** (का) साथ देना : she accompanies him on the piano वह पियानो पर उसका साथ देती है. **~ing** साथ का : ~ persons साथ के लोग.

accomplish अकम्'प्लिश *v.t.* पूरा करना, कर दिखाना : ~ a task काम ≈; he accomplished a miracle उसने चमत्कार कर दिखाया. **~ed** *a.* **1.** निपुण, कुशल [scholar विद्वान्, singer गायक]. **~ed** *a.* पूरा [fact तथ्य]. **accomplishment** ≈मन्ट **1.** *n*^{u}. समाप्ति^{F}, पूरा करना : ~ of task कार्य की समाप्ति. **2.** *n*^{c}. कौशल [cultural सांस्कृतिक, mental मानसिक]; he is a man of many ~s उसमें अनेक ≈ हैं.

accord अ कॉर्ड' **I.** *v.i.* (~with) (से) मेल खाना : your account does not ~ with facts तुम्हारा विवरण तथ्यों से मेल नहीं खाता. **II.** *v.t.* देना : they ~ed him respect उन्होंने उसे आदर दिया; she was ~ed permission उसे आज्ञा^{F} दी गई. **III.** *n*^{c}. **1.** मेल : in ~ with smth किसी बात^{F} के ≈ में. **2.** मतैक्य, एकमत : with one ~ एकमत होकर, मिलकर; of one's own ~ अपनी ही इच्छा^{F} से! [*ant. n.* discord] **accordance** अ कॉर'डन्स *n*^{u}. अनुरूपता^{F} : in ~ with your order आपके आदेश के अनुरूप; in ~ with good taste सुरुचिपूर्ण. **according** अ कॉर'डिंग *prep.* ~ as : जैसा कि : they pass or fail ~ as they work वे सफल या असफल हो जाते हैं जैसा कि वे काम करते हैं. ~ to के अनुसार : ~ to your statement, my watch, his ability तुम्हारे कथन, मेरी घड़ी, उसकी योग्यता^{F} ≈. ~ly तदनुसार.

account अ कॉउन्ट' **I.** *n*^{c}. **1.** लेखा, हिसाब [current चालू, savings बचत^{F}]; to clear, keep, open, close an ~ ≈ चुकाना, रखना, खोलना, बंद करना; to square ~ with the Co. कंपनी^{F} का ≈ चुकता करना : to take ~ हिसाब लेना; to render ~ हिसाब देना; ~s department लेखा विभाग. **2.** विवरण [brief संक्षिप्त, detailed ब्योरेवार]; write an ~ of your journey अपनी यात्रा^{F} का ≈ लिखो. Δ **of no** ~ बेकार, नगण्य; **on ~ of** (illness) (बीमारी)^{F} के कारण; **on any** ~ किसी भी तरह; **on no** ~ should you go कदापि नहीं जाना; take (his helplessness) **into** ~ उसकी (विवशता को) ध्यान में रखें. **II.** *v.i.* हिसाब देना : ~ to **a person** for money किसी को रुपये-पैसे का ≈. **accountant** *n*^{c}. लेखापाल : ~ in an office किसी कार्यालय में ≈; ~ **general** महा≈.

accurate ऐ'क्युरिट *a.* सही, ठीक [answer उत्तर, solution हल, time समय/वक्त, watch घड़ी]. [*syn.* correct, *ant.* in ~; *adv.* ~ly सही, ठीक].

accuse अ क्यूज़' *v.t.* [~d, accusing] अभियोग/आरोप लगाना : he accuses everybody वह हर आदमी पर आरोप लगाता है; the police ~d him of theft पुलिस^{F} ने उस पर चोरी^{F} का अभियोग लगाया. ~**d**, the ~d (person) अभियुक्त (व्यक्ति).

accustomed अ कस्'टम्ड *a.* (~to) (का) आदी, अभ्यस्त : to be/get ~ ≈ होना; he was not ~ to hard work वह परिश्रम का ≈ नहीं था; ~to get up early सवेरे उठने का ≈. he soon ~ himself to that climate उसने अपने को उस जलवायु^{F} का ≈ बना लिया.

ace एस *n*^{c}. **1.** एक्का; ~of spades हुकुम का ≈.

2. *n*^c. *a*. कुशल (व्यक्ति) : he is an ~ airman, rifleman वह ≈ हवाबाज़, राइफ़लची है.

ache एक **I.** *n*^c. [usu. in compounds] दर्द, पीड़ा : headache सिर दर्द, stomachache पेट दर्द, toothache दांत दर्द; I have ~ in my back मेरी पीठ में ≈ है. **II.** *v.t.* (~s, ~d, aching) दर्द करना : my eyes ~ मेरी आँखें^F दर्द करती हैं; I ~d all over मेरे सारे शरीर में दर्द था, मेरा सारा शरीर दर्द कर रहा था.

achieve अ चीव' *v.t.* (~ed, achieving) पाना, प्राप्त करना : ~aim, ambition, success, victory ध्येय, आकांक्षा^F,सफलता^F, विजय^F ≈. [*ant.* fail] ≈**ment** -मन्ट **1.** *n*^c. उपलब्धि [great बड़ी]; we are proud of his ~ हमें उसकी ≈ पर गर्व है; the ~s of science विज्ञान की उपलब्धियाँ^F. **2.** *n*^u. पूर्ति : ~of ambition आकांक्षा^F की ≈.

acid ऐ'सिड **I.** *n*^c. तेज़ाब, अम्ल [sulphuric गंधक का, hydrochloric नमक का]; vinegar contains ~ सिरके में ≈ होता है. **II.** *a*. अम्लमय, खट्टा : lemon is an ~ fruit नीबू ≈ होता है. Δ **~comment** तीखी टीका-टिप्पणी^F.

acknowledge अकनॉ'लिज *v.t.* **1.** मानना, कबूल करना : ~defect, mistake दोष, गलती^F(मूल^F) ≈. **2.** प्राप्ति ^F स्वीकार करना : ~gift (invitation, payment) उपहार (निमन्त्रण, भुगतान) की ≈; ~ receipt पहुँच^F/पावती^F की सूचना देना ~**d** *a*. माना हुआ [scholar विद्वान्]. [*ant.* deny]

acquaint अ क्वेन्ट' *v.t.* (से) अवगत कराना, (की) जानकारी^F कराना : ~smb with fact, plans किसी को तथ्यों, योजनाओं से अवगत कराना; **be** ~ed with जानना : they are ~ed with each other वे एक-दूसरे को जानते हैं. **acquaintance 1.** *n*^u जानकारी^F : ~ with the works of Shaw शॉ की कृतियों^F की ≈; ~ with a language किसी भाषा^F की जानकारी. **2.** *n*^u. जान-पहचान^F [new नयी, old पुरानी]; to make ~of smb किसी से ≈ होना; I made his ~in a hotel मेरी उससे एक होटल में ≈ हो गई. **3.** *n*^c. परिचित (व्यक्ति) : I have many ~s here मेरे यहाँ अनेक ≈ हैं.

acquire अ क्वाइर' *v.t.* (~d, acquiring) पाना, उपार्जित करना : ~knowledge, property, reputation ज्ञान, सम्पत्ति^F, ख्याति^F ≈. ~**d** *a*. उपार्जित [interest रुचि^F, habits आदतें^F]. [*ant.* lose]

acquit अ क्विट' *v.t.* (-tt-) बरी/दोषमुक्त करना : the judge ~ted him न्यायाधीश ने उसे बरी कर दिया; he was ~ted **of** murder वह हत्या^F के दोष से मुक्त किया गया. [*ant.* convict, charge]

acre ए'कर *n*^c. एकड़ = 4047 वर्ग मीटर, 43560 sq. ft.; a field of 15 ~s 15 एकड़ खेत. Δ **God's** ~ कब्रिस्तान.

across अ क्रॉस' **I. 1.** *prep.* के पार : he went ~ the bridge वह पुल ≈ गया; he took her ~ the road वह उसे सड़क^F ≈ ले गया. **2.** के आर-पार : a tree lay ~ the street एक पेड़ गली^F ≈ पड़ा था. **II.** *adv.* पार : to go ~ पार जाना; to jump ~ उछलकर ≈ जाना. Δ to **come ~a person** किसी से भेंट हो जाना. [*ant.* along]

act ऐक्ट **I.** *n*^c. **1.** कार्य [brave वीरतापूर्ण, hostile शत्रुतापूर्ण]; an act of heroism वीरता^F का ~; in the act of (stealing) (चोरी^F) करते हुए, **2.** अंक : a play in five ~s पाँच अंकों का नाटक. **3.** अधिनियम : the Parliament passed an Act संसद^F ने एक ≈ पारित किया. Δ ~ **of God** दैवी संकट. **II.** *v.i.* (~s, ~ed, ~ing) कार्य करना : **1.** ~as I advise ऐसा (कार्य) करो जैसी मैं राय^F दूँ; she ~s from a sense of duty वह कर्तव्य-भावना^F से कार्य करती है. **2.** कार्रवाई^F करना : the police should ~ at once पुलिस^F को तुरन्त कार्रवाई करनी चाहिए. **3.** अभिनय करना : she is always seen ~ing वह सदा अभिनय करती दिखाई देती है. Δ **~as** किसी के स्थान पर काम करना : she ~s as Secretary वह सचिव का काम करती है.; the sofa also ~s as a bed सोफा पलंग का भी काम देता है. [see acting, actor, actress]. **acting** ऐक्'टिंग **I.** *n*^u. अभिनय [excellent बढ़िया]. **II.** *a*. कार्यकारी [head अध्यक्ष, secretary सचिव]; she is ~ principal in a college वह एक

महाविद्यालय में ≈ प्राचार्या है. **action** ऐक'शन **1.** n^c. कर्म [courageous साहसपूर्ण, sinful पापमय]; responsible for his ~s अपने कर्मों का उत्तरदायी; to know a person by his ~s किसी व्यक्ति को उसके कर्मों से जानना; to put a scheme into ~ किसी योजना^{F} को कार्यान्वित करना. **2.** n^u. कार्रवाई^F : to take ~ ≈ करना. **3.** a machine in ~ चालू हालत^F में मशीन^F; a soldier died in ~ एक सिपाही लड़ाई^F में मारा गया; the machine is out of ~ मशीन^F बिगड़ी पड़ी है; a man of ~ कर्मठ व्यक्ति. **active** ऐक'टिव *a.* **1.** सक्रिय [member सदस्य, person व्यक्ति, support समर्थन]; the volcano is not ~ ज्वालामुखी ≈ नहीं है. **2.** in ~ service सेना^{F} में; ~voice [gram.] कर्तृवाच्य. [*ant.* inactive, passive] **activity** ऐक'टिविटि *n.* **1.** [usu. sing.] सक्रियता^{F} [physical शारीरिक, political राजनीतिक] **2.** (*pl.* activities) क्रियाकलाप : activities of dacoits डाकुओं का ≈;. her activities include shopping and household chores उसके ≈ में सौदा लाना और गृहस्थी के काम करना शामिल है. **actor** ऐक' टर n^c. अभिनेता [popular लोकप्रिय, renowned प्रसिद्ध]; to choose an ~ ≈ का चुनाव करना; ~'s part, role ≈ की भूमिका^{F}. [*fem.* actress अभिनेत्री]

actual ऐक चुअल *a.* [usu. attr.] वास्तविक, असली [cost लागत^F, life जीवन, sale बिक्री^{F}]; ~ly *adv.* वस्तुतः, वास्तव में, सचमुच : ~he had no plans ≈ उसके पास कोई योजना नहीं थी; he ~ thought so उसने ≈ सोचा था.

acute अ क्यूट' *a.* तीव्र [disappointment निराशा^{F}, eyesight दृष्टि^{F}, pain पीड़ा^{F}].

ad ऐड *n.* advertisement विज्ञापन, इश्तिहार.

ad ऐड *pref.* [takes various forms] accede, adhere, administer, affect, aggrieve, allot.

A.D. Anno Domini, in the year of our Lord, ई०.

Adam's apple n^c. टेंटुआ : ~is a part seen sticking out from the front of the neck ≈ एक अंग है जो गरदन^F के आगे से निकला हुआ देखा जा सकता है.

add ऐड *v.t.* **1.** (~to) जोड़ना : ~ three more names to the list सूची^{F} में तीन नाम और जोड़ लो; ~four to five पाँच में चार जोड़ो; ~four and five together चार और पाँच को इकट्ठा जोड़ो **2.** मिलाना : ~salt to the soup शोरबा में नमक ≈. **3.** (~to) बढ़ाना : ~ to difficulty, experience, wealth कष्ट, अनुभव, धन ≈. **4.** कुछ और कहना : I have nothing to ~ मुझे कुछ और नहीं कहना है. Δ **~insult to injury** कटे पर नमक छिड़कना. [*ant.* subtract] **addition** अ डि'शन n^u. योग, जोड़, जमा : sum of ~ ≈ के सवाल ; in ~ (to) के अतिरिक्त/अलावा, और भी : I have many things to do in ~ मुझे और भी बहुत-सी चीज़ें^{F} करनी है; in ~to this इसके अतिरिक्त. [as distinct from edition; *ant.* subtraction]

additional अ' डिश नल *a* अतिरिक्त [income आमदनी^{F}/आय^F, pay वेतन/तनख़्वाह^F, tax, कर]; ~ judge; अपर न्यायाधीश ; he was given some ~ work उसे कुछ ≈ काम दिया गया.

address अ ड्रेस' **I.** n^c. **1.** पता [correct सही, short छोटा-सा]; write your name and ~ अपना नाम और ≈ लिखो ; on the above ~ ऊपर के पते पर. **2.** भाषण : he gave/delivered a long ~ उसने एक लम्बा-सा ≈ दिया. **II.** *v.t.* **1.** पते पर भेजना : to ~ a letter or parcel to Mr. B श्री ब के पते पर पत्र या पार्सल भेजना. **2.** संबोधित करना : to ~ a meeting सभा^{F} को ≈; he ~ed himself to me and said उसने मुझे संबोधित करके कहा. to ~ oneself to smb or smth किसी व्यक्ति या बात^F की ओर ध्यान देना.

adequate ऐडिक्विट *a.* पर्याप्त, उपयुक्त [knowledge ज्ञान, means साधन, reason कारण, salary वेतन]; you should prove ~ to the job तुम्हें इस काम के उपयुक्त सिद्ध होना चाहिए; ~to your needs तुम्हारी आवश्यकताओं^{F} के लिए पर्याप्त. [*ant.* in ~]

adhere अड् हियर' *v.i.* (~to) **1.** (person) दृढ़ रहना : ~to one's opinion, plan अपने मत, अपनी योजना^{F} पर ≈. **2.** (thing) clothes ~

to the body कपड़े शरीर से चिपकते हैं; creeper ~s to the tree लता[F] पेड़ से चिपकती है; this tape does not ~ यह टेप चिपकता नहीं है.

adj. adjective.

adjective ऐड' जेक्टिव n^c. विशेषण, as 'red' in 'red shirt' जैसे 'लाल कमीज़[F]' में 'लाल'. long लंबा, acquainted परिचित, ugly गंदा, fifth पाँचवाँ are ~s ≈ हैं.

adjoining अजॉइ'निंग *a* लगा हुआ, संलग्न, बगल का [house मकान, garden बाग].

adjourn अ जर्न' **I.** *v.t.* स्थगित करना : ~a journey, यात्रा[F], meeting बैठक[F] ≈. **II.** *v.i.* **1.** स्थगित होना : the Parliament ~ed at 10 p.m. संसद[F] दस बजे रात स्थगित हुई : ~sine die (indefinitely) अनिश्चित काल के लिए ≈. **2.** चले जाना : let us now ~ to the adjoining room अब बगल के कमरे में चलें.

adjust अजस्ट' *v.t.* **1.** ठीक-ठाक कर लेना : ~your watch अपनी घड़ी[F] ठीक कर लो; he has ~ed the accounts, difference उसने लेखा, अंतर ठीक-ठाक कर लिया है. **2.** अनुकूल बनाना : he ~ed himself to new environment उसने अपने-आपको नये पर्यावरण के अनुकूल ढ़ाल लिया.

administer अड मि'निस्टर *v.t.* **1.** प्रबन्ध करना, प्रशासन करना : he ~ed his friend's estate वह अपने मित्र की संपदा[F] का प्रबन्ध करता था, उसने . . . . प्रबन्ध किया; the principal ~s the college प्राचार्य महाविद्यालय का प्रबंध/प्रशासन करता है. **2.** to ~ medicine दवाई[F] देना/पिलाना/खिलाना; the courts ~ justice न्यायालय न्याय दिलाता है; to ~ oath शपथ[F] दिलाना. **administration** अड् मिनिस ट्रे'शन **I.** n^c. (the) **1.** प्रशासन [clean स्वच्छ, corrupt भ्रष्ट]; ~ of law, a college, the railway, a country विधि[F], महाविद्यालय, रेलवे, देश का ≈; ~ of justice न्याय ≈. **2.** सरकार[F] : I have written to the ~ मैने ≈ को लिखा है. **II.** *n.(pl.)* प्रशासक : the ~ have decided प्रशासकों ने निश्चय किया है. **administrative** अड् मि'निस्ट्रेटिव *a.* प्रशासनिक [ability योग्यता[F], control नियन्त्रण, officer अधिकारी, responsibility उत्तरदायित्व]. **~ly** *adv.* प्रशासनिक दृष्टि से. **administrator** अड् मि'निस्ट्रेटर n^c. प्रशासक : ~of a corporation निगम का ≈.

admirable ऐड'मरॅबल *a.* प्रशंसनीय [behaviour व्यवहार, knowledge ज्ञान, meal भोजन, progress प्रगति[F]]; his courage was ~ उसका साहस ≈ था.

admiral ऐड' मरॅल n^c. नौसेनापति : Sir B was an ~ in the Indian navy सर ब भारतीय नौसेना[F] में ≈ थे; ~Sethi ≈ सेठी.

admiration ऐड मॅरे'शन n^u. प्रशंसा[F] [excessive अत्यधिक, general सामान्य]; I have great ~ for his achievements मैं उसकी उपलब्धियों[F] की बड़ी प्रशंसा करता हूँ; she was full of ~ at the wedding वह शादी[F] पर भरपूर ≈ कर रही थी. **admire** अड् माइअर' *v.t.* प्रशंसा[F] करना : to ~ a building, a lady, a picture भवन, महिला, चित्र की ≈; I ~d her acting मैंने उसके अभिनय की प्रशंसा की; she was just admiring him for his courage वह अभी-अभी उसके साहस के लिए उसकी प्रशंसा कर रही थी. [*ant.* despise] **admirer** अड् माइअ'रर n^c. ≈ : ~ of music संगीत का प्रशंसक; I am one of the ~s of Nehru मैं नेहरूजी के प्रशंसकों में हूँ.

admission अड्मि'शन n^u. **1.** प्रवेश, दाखिला : ~ into/to a place किसी जगह[F] में ≈; ~ to a school, cinema स्कूल, सिनेमा, में ≈; ~ into a territory किसी क्षेत्र के भीतर ≈. **2.** प्रवेश शुल्क : ~ to the museum is 50 paisa अजायब घर का ≈ पचास पैसा है. **3.** इकबाल, स्वीकार : ~ of a mistake ग़लती[F] का ≈.

admit v.t. (*-tt-*) **1.** दाखिल करना, प्रवेश देना : ~ a student into a school, to an examination किसी विद्यार्थी को स्कूल में, परीक्षा[F] में ≈; we do not ~ children below five years हम पाँच साल से छोटे बच्चों को दाखिल नहीं करते. **2.** जाने/आने देना : he was admitted into the room उसे कमरे में जाने/आने दिया गया; to ~ light and air रोशनी और हवा आने देना. **3.** मान लेना, इकबाल करना : I ~ that I was wrong, I admit being wrong मैं मानता (इकबाल करता) हूँ कि

मैं गलती^F पर था. 4. ~ of गुंजाइश^F होना : it ~s of no doubt इसमें संदेह की कोई ≈ नहीं है. [*n*. admission; *ant*. deny]

admonish अड् मॉ 'निश *v.t.* 1. डाँटना, डाँट-फटकार^F सुनाना : the teacher ~ed the boy for coming late अध्यापक ने लड़के को देर^F से आने पर डांटा. 2. चेतावनी देना : ~ a person as a friend किसी को मित्र के नाते ≈; ~ smb not to be late किसी को चेतावनी देना कि फिर देर से न आना. [*n*. admonition डाँट-फटकार^F, चेतावनी]

adopt अ डॉप्ट' *v.t.* 1. अपनाना : ~ new ways, ideas नये ढंग, विचार ≈. 2. निश्चित करना : the government ~ed a new policy सरकार^F ने एक नयी नीति^F निश्चित की. 3. अंगीकार करना : they ~ed his suggestion उन्होंने उसका सुझाव अंगीकार कर लिया; the resolution was ~ed प्रस्ताव स्वीकार किया गया. 4. गोद लेना : to ~ a son, daughter कोई लड़का, लड़की ≈. [*n*. adoption] **adopted** अ डॉप'टिड *a*. गोद^F लिया हुआ, दत्तक [child बच्चा, son बेटा]. [*ant*. un ~]

adore अ डोर' *v.t.* 1. आराधना^F करना : she ~s God वह ईश्वर की आराधना करती है. 2. बेहद चाहना : he ~d going to cinema उसे सिनेमा जाना बेहद पसंद था; he ~s his wife and children वह अपनी पत्नी और अपने बच्चों को बेहद चाहता है. [*ant*. despise]

adorn अ डॉर्न' *v.t.* सजाना : you ~ a wall **with** pictures तुम चित्रों से दीवार^F सजाते हो : the bride was ~ed with silken clothes and flowers दुल्हिन^F को रेशमी कपड़ों और फूलों से सजाया गया; a golden necklace ~ed her neck एक सोने का कंठा उसके गले में सज रहा था.

adult ऐ' डल्ट *a*. *n*^c. 1. वयस्क, बालिग़ [franchise मताधिकार]; for ~s only केवल वयस्कों के लिए; an ~ must accompany the children बच्चों के साथ एक ≈ अवश्य जाये. 2. प्रौढ़ [education शिक्षा^F, wolf भेड़िया]. [*ant*. child]

adulterated अ डल्'ट्रेटिड *a*. मिलावटी [milk दूध, oil तेल, sugar चीनी^F] **adulteration** अ डल्' ट्रेशन *n*^u. मिलावट^F : ~ of food खाद्य में ≈. [*v*. adulterate मिलावट^F करना]

advance अड्वान्स' I. *v.i.* 1. आगे बढ़ना : they advanced very far वे बहुत दूर (आगे) बढ़ गये; I ~d along the road मैं सड़क^F पर आगे बढ़ता गया. [*ant*. retreat] 2. उन्नति^F करना : she is advancing in her studies वह अपनी पढ़ाई^F में उन्नति कर रही है. II. *v.t.* 1. बढ़ाना : ~ a hand, prices हाथ, कीमतें^F ≈; ~ the date तारीख ≈. 2. आगे रखना, प्रस्तुत/पेश करना : ~ an opinion, a scheme मत/योजना^F ≈. 3. अग्रिम/पेशगी^F देना : I can ~ you £ 10 मैं तुम्हें दस पौंड पेशगी दे सकता हूँ. 4. उधार देना : the bank has refused to ~ money बैंक ने रुपया उधार देने से इन्कार कर दिया है. II. 1. *n*^u. अग्रिम धन, पेशगी^F : I received an ~ of £ 12 on my pay मैंने अपने वेतन से बारह पौंड पेशगी लिये; in ~ अग्रिम, पहले से : pay in ~ पेशगी दे दो : he reached there in ~ वह वहाँ पहले से पहुँच गया 2. उन्नति^F, प्रगति^F : ~ in health, knowledge, science स्वास्थ्य, ज्ञान, विज्ञान में ≈. 3. बढ़ती^F, वृद्धि^F : ~ in wages मज़दूरी^F में ≈. III. *n*^c. प्रेम-निवेदन : ~ made to किसी लड़की से किया गया ≈. IV. *a* 1. आगे का, अग्रवर्ती : [guard रक्षक, party दल]. 2. अग्रिम, पेशगी [copy प्रति^F, payment भुगतान, receipt रसीद^F]. **advanced** अड्वॉन्स्ड *a*. [several meanings in contexts] ~ **nations** विकसित/उन्नत जातियाँ^F; ~ **age** वृद्धावस्था^F; ~ stage बढ़ी हुई अवस्था^F; ~ **rate** प्रवृद्ध दर^F; ~ **training** उच्च प्रशिक्षण; ~ **dictionary** प्रौढ़तर शब्दकोश. **advancement** -मन्ट *n*^u. उन्नति^F : ~ in science विज्ञान में ≈ : his ~ in business व्यवसाय में उसकी ≈.

advantage अड् वान' टिज *n*^c. लाभ [great भारी]; many ~**s** बहुत-से ≈; he had this much ~ over others औरों की अपेक्षा^F उसे इतना ≈ था : this is of no ~ to me इसका मुझे कोई ≈ नहीं है; to understand one's own ~ अपना लाभ समझना; to one's ~ अपने ≈ के लिए, Δ **to take** ~ ≈ उठाना :

he took ~ of this opportunity उसने इस अवसर का ≈ उठाया; she takes ~ of my kindness वह मेरी कृपा[F] का ≈ उठाती है. [*a.* ~**ous** लाभदायक; *ant.* dis ~]

adventure अड् वेन् चर **1.** *n*[u]. साहस [extra-ordinary असाधारण, fatal घातक, queer विचित्र]; stories of ~ ≈ की कहानियाँ[F]. **2.** *n*[c]. साहसिक कार्य : mountain climbing is an ~, indeed पहाड़ पर चढ़ना (पर्वतारोहण) सचमुच एक ≈ है; to hunt after ~s साहसिक कार्यों की खोज[F] में रहना; I had read a book about A's ~s मैंने अ के साहसिक कार्यों के बारे में एक पुस्तक[F] पढ़ी थी. **adventurer** अड् वेंन्'चरर *n*[c]. साहसिक [skilful कुशल, uncommon असामान्य]; don't lend him money, he is just an ~ उसे रुपया उधार न देना, वह एक ≈ ही तो है.

adventurous अड् वेन्' चरॅस *a.* साहसपूर्ण, साहसिक; (person) साहसी : ~ journey साहसपूर्ण यात्रा[F]; ~ child साहसी बच्चा; the ~ boy met with an accident ≈ लड़के के साथ दुर्घटना हो गई. [*ant.* un ~]

adverb ऐड' वर्ब *n*[c]. क्रिया विशेषण : here, there, now, then, merrily are ~s यहाँ, वहाँ, अब, तब, हँसी-खुशी से ≈ हैं. 'very' in very good, very mercilessly is an adverb बहुत अच्छा, बहुत निर्दयतापूर्वक में 'बहुत' क्रिया विशेषण है.

advertise, - ze ऐड' वर्टाइज़ *v.i.* and *t.* विज्ञापन/इश्तिहार देना, विज्ञापित करना : to ~ for a life companion एक जीवन साथी के लिए ≈; they ~d on TV for peons उन्होंने टीवी पर चपरासियों के लिए विज्ञापन दिया; he ~d his house for sale उसने अपना घर बेचने के लिए विज्ञापन दिया. **advertised** एड्' वर्टाइज़्ड *a.* विज्ञापित [goods माल, machines मशीनें]. [*ant.* un ~] **advertisement** अड् वर्' टिस्मन्ट *n*[c/u]. विज्ञापन, इश्तिहार [extensive व्यापक]; ~ in a newspaper समाचारपत्र में ≈; ~ has proved successful ≈ सफल सिद्ध हुआ है; an ~ for tooth-powder दंतमंजन के लिए ≈; by ~ ≈ से; rates of ~s विज्ञापनों की दरें[F].

advice अड् वाइस' **I.** *n*[u]. सलाह[F], राय[F], परामर्श [bad बुरी, friendly मैत्रीपूर्ण/दोस्ताना]; to forget/remember one's ~ किसी की ≈ भूल जाना /याद रखना; to give ~ (or a piece of ~) = to advise; I need legal ~ मुझे कानूनी ≈ की आवश्यकता[F] है; to follow doctor's ~ डाक्टर की ≈ पर चलना; take my ~ मेरी ≈ मानो. **II.** *n.* (*pl.*) सूचना[F] : to receive ~s सूचना प्राप्त करना; to confirm ~s सूचना की पुष्टि[F] करना. [*v.* advise]

advise अड् वाइज़' *v.t.* **1.** सलाह[F]/राय[F] देना : he ~d buying the house उसने मकान खरीदने की सलाह दी; what did he ~ you to do उसने तुम्हें क्या करने की सलाह दी? **2.** सूचना[F] देना, सूचित करना : ~ the police पुलिस[F] को ≈; do ~ me by the returning post मुझे वापसी डाक[F] से अवश्य ≈; this letter is to ~ you that... यह पत्र तुम्हें यह सूचित करने के लिए है कि . . . [*n.* advice with 'c'] **adviser** अड् वाइ'ज़र *n*[c]. सलाहकार, परामर्शदाता [legal कानूनी, sensible समझदार]; foreign language ~ विदेशी भाषा[F] के ≈; to appoint a committee of ~s सलाहकार समिति[F] की नियुक्ति[F] करना; a meeting of the ~s सलाहकारों की बैठक[F]. **advisory** अड् वाइ'ज़री *a.* सलाहकार, परामर्शी [committee समिति[F], council परिषद[F]]; he acted in an ~ capacity उसने सलाहकार की हैसियत[F] से कार्य किया.

advocate ऐड' वॅकेट **I.** *n*[c]. **1.** एडवोकेट, अधिवक्ता; ~s of Allahabad High Court इलाहाबाद हाई कोर्ट के ≈. **2.** (पक्ष) समर्थक : an ~ of reform सुधार के ≈. **II.** *v.t.* (पक्ष) समर्थन करना : he ~ed increasing the tax उसने कर वृद्धि[F] (पक्ष) का समर्थन किया.

advt. advertisement विज्ञापन, इश्तिहार

adze ऐड्ज़ *n*[c]. बसूला, तेशा : the carpenter chops wood with an ~ बढ़ई बसूले से लकड़ी[F] छीलता है.

aerial ऍअ' रिअल **I.** *n*[c]. एरियल, आकाशी तार : a radio ~ रेडियो का ≈; to fit an ~ ≈ लगाना. **II.** *a* **1.** हवाई : ~ **flight** उड़ान[F]; ~ **voyage** ≈ यात्रा[F]. **2.** आकाशी [map मानचित्र, photography फ़ोटोग्राफ़ी[F], ropeway रज्जु मार्ग].

aero - एँ' अरॅ - *pref.* हवाई; aeroplane, aerodrome.

aerodrome एँ' अरड्रम n^c. छोटा हवाई अड्डा, विमान-क्षेत्र : aeroplanes are kept in ~s हवाई जहाज़ हवाई अड्डों में रखे जाते हैं; we were about to land on the ~ हम ≈ पर उतरने वाले थे.

aeronaut एँ' अरॅ नॉट n^c. हवाबाज़, वैमानिक [daring दिलेर, fearless निडर]; the ~ undertook a long voyage ≈ लंबी यात्रा^F पर चल पड़ा; two Indians have been trained as ~s दो भारतीयों को ≈ के रूप में प्रशिक्षित किया गया है. **aeronautics** ऐंय' रॅनॉटिक्स n^u. विमान-विज्ञान, वैमानिकी^F, हवाबाज़ी^F, training in ~ ≈ का प्रशिक्षण; ~ is becoming popular विमान-चालन लोकप्रिय हो रहा है

aeroplane ऐंअ' रॅप्लेन n^c. हवाई जहाज़, विमान, वायुयान [big बड़ा, military फ़ौजी]; flight of an ~ ≈ की उड़ान^F; an ~ flies, rises up, hides in clouds ≈ उड़ता है, ऊपर चढ़ता है, बादलों में छिप जाता है; to mount an ~ ≈ पर सवार होना.

afar अ फ़ार' *adv.* दूर : from ~ दूर से : he saw, recognised me from ~ उसने मुझे दूर से देखा, पहचान लिया; ~ he saw the spires of the city उसने दूर नगर की मीनारें^F देखीं ~ off दूर तक : he went ~ off वह दूर तक चला गया; [*ant.* near]

affair अ फ़ेअर' n^c. मामला : ~s of a house, of a state घर के, राज्य के मामले; it's none of my ~ यह कोई मेरा ≈ नहीं है; where I go is entirely my own ~ मैं कहाँ जाता/जाती हूँ, यह मेरा निजी ≈ है; to settle the ~ ≈ तय करना; to meddle in others' ~s दूसरों के मामलों में टाँग^F अड़ाना.

affect अ फ़ेक्ट' *v.t.* **1.** (को) प्रभावित करना, (पर) प्रभाव, असर डालना : that does not ~ you इसका तुम पर कोई प्रभाव नहीं; tea ~s the heart चाय^F का दिल पर असर पड़ता है, चाय^F दिल पर प्रभाव डालती है, चाय दिल/हृदय को प्रभावित करती है; he was ~ed with cold उस पर सर्दी का असर पड़ा; this music ~s my feelings यह संगीत मेरी भावनाओं^F पर प्रभाव डालता है; to ~ public opinion लोकमत को प्रभावित करना. **2.** ढोंग रचना : she ~ed illness उसने बीमारी^F का ढोंग रचा. [*cf.* effect (*v.*)] **affectation** ऐफ़ेक् टे'शन n^u. बनावट^F, ढोंग [extreme अत्यन्त, foolish मूर्खतापूर्ण]; to sing with ~ बनावट^F के साथ गाना; there is much ~ in his behaviour उसके व्यवहार में बहुत कुछ ≈ है; her ~ annoys me उसके बनावटी व्यवहार से मुझे चिढ़^F होती है. [*cf.* affection] **affected** अ फ़ेक्'टिड *a.* बनावटी, दिखावटी [behaviour व्यवहार, speech वाणी^F]; he has an ~ way of talking उसकी बातचीत^F का ढंग ≈ है. [*ant.* natural]

affection अ फ़ेक्'शन n^c. स्नेह, प्यार [lasting पक्का, natural स्वाभाविक, reciprocal परस्पर/आपसी]; his ~ for his friend, sister उसका अपने मित्र, अपनी बहन के प्रति ≈; ~ grows ≈ बढ़ता है; to show ~ for/towards smb किसी के प्रति ≈ दिखाना : [*cf.* affectation] **affectionate** अ फ़ेक्'शनिट *a.* **1.** प्यारा, प्रिय [brother भाई, son बेटा]; ~ sister प्यारी/प्रिय बहन; yours ~ly आपका/तुम्हारा प्यारा. **2.** स्नेहपूर्ण, प्यारभरा [behaviour व्यवहार, letter पत्र, words शब्द]; he is very ~ towards me उसका मेरे प्रति बड़ा स्नेह है.

affirm अ फ़र्म' *v.t. & i.* दृढ़तापूर्वक कहना; to ~ a fact किसी तथ्य को ≈; he ~ed that he did not do it उसने दृढ़तापूर्वक कहा कि मैंने यह नहीं किया [note direct narration only in Hindi]; ~ upon oath शपथ^F खाकर ≈; to ~ before a magistrate मजिस्ट्रेट के सामने ≈. (*n.* affirmation; *ant.* deny)

affirmative अ फ़र'मटिव **I.** *a.* सकारात्मक, स्वीकारात्मक [answer उत्तर, nod सिर का संकेत]. **II.** *n.* हाँ : to answer in the ~ ≈ में उत्तर देना; fifty votes in the ~, twenty in the negative पचास वोट/मत 'हाँ' में और बीस 'नहीं' में. [*ant.* negative]

affix अ फ़िक्स' *v.t.* **1.** लगाना, जोड़ना : to ~ a bill with a letter पत्र के साथ बिल ≈. **2.** लगाना, चिपकाना : to ~ a stamp on an envelope लिफ़ाफ़े पर टिकट ≈.

afflict अ फ़्लिक्ट' *v.t.* पीड़ा/दुःख देना : she was ~ed by/with grief वह शोक से दुःखी

थी; to ~ a person किसी को दु:ख देना या दु:खी करना; he looks ~ed वह दु:खी/पीड़ित दिखाई देता है. ~**ed** *a.* दु:खी, पीड़ित [person व्यक्ति]. **affliction** अ फ्लिक्'शन *n.* (usu. sing.) दु:ख, पीड़ा[F] : to be in ~ दु:खी/पीड़ित होना; to lighten one's ~ अपनी पीड़ा (अपने दु:ख) को हलका करना; an ~ of the mind मानसिक पीड़ा, व्यथा[F].

afford अ फ़ॉर्ड **I.** *v.i.* **1.** (usu. with can, could) सामर्थ्य होना, कर सकना : I can't ~ to spend so much money मैं इतना पैसा ख़र्च नहीं कर सकता, मुझ में इतना पैसा ख़र्च करने की सामर्थ्य[F] नहीं है. **2.** ख़र्च उठाना/करना : I cannot ~ to keep a car मैं कार रखने का ख़र्च नहीं उठा सकता. **II.** *v.t.* **1.** देना : a good action ~s satisfaction अच्छा कर्म संतोष देता है, अच्छे कर्म से संतोष मिलता है; I ~ my son £ 15 every week मैं अपने बेटे को 15 पौंड प्रति सप्ताह देता हूँ. **2.** (का) ख़र्च उठाना : I cannot ~ a car मैं कार[F] का ख़र्च नहीं उठा सकता.

afire अ फ़ाइअर' *adv.* जलता हुआ : the house was ~ मकान जल रहा था.

aflame अ फ़्लेम *adv.* जलता : the house is ≈ घर जल रहा है; (fig.) she was ~ with anger वह गुस्से से भड़क उठी; to be ~ जलना; to set ~ जलाना.

afloat अ फ़्लोट' *adv.* **1.** तैरता : a ship is ~ जहाज़ तैर रहा है; to get a boat ~ नाव[F] तैराना. **2.** समुद्र में, जहाज़ पर : how many days did you spend ~ तुमने ≈ कितने दिन बिताये. **3.** प्रचलित : rumours were ~ अफ़वाहें[F] चल रही थीं.

afoot अ फुट' *adv.* **1.** पाँव पर : to get ~ again अपने ≈ फिर (खड़े) हो जाना. **2.** पैदल : to walk ~ ≈ चलना. **3.** प्रचलित/चालू : set an affair ~ कोई मामला चालू करना; there is a scheme ~ एक योजना[F] चालू है.

afraid अ फ्रेड' *a.* (~ of) डरा हुआ, भयभीत : a child ~ of the dark अंधेरे से ≈ बच्चा; I am ~ of death मैं मौत[F] से ≈ हूँ; she is ~ to go alone वह अकेले जाने में डरती है; I am ~ you won't find his house मुझे डर है कि तुम्हें उसका घर नहीं मिलेगा. [*ant.* bold, un~]

afresh अ फ़्रेश' *adv.* फिर से : we will start ~ हम ≈ शुरू करेंगे.

after आफ़्'टर **I.** *adv.* पीछे, बाद (में) : Jack came tumbling ~ जैक पीछे लुढ़कता आया; it happened six years ~ यह घटना छह वर्ष ≈ हुई; coffee was given immediately ~ कॉफ़ी तुरन्त बाद दी गई. **II.** *prep.* **1.** के पीछे, के बाद/पश्चात् : I will come ~ James मैं जेम्स ≈ आऊंगा; to run ~ a person किसी के पीछे पड़ना/दौड़ना; ~ that उसके बाद/पश्चात्; ~ dinner खाने के बाद; ~ages युगों बाद; one ~ another एक-दूसरे ≈; ~ that day उस दिन के पश्चात्; ~ May comes June मई[F] के बाद जून आता है; ~ three o'clock तीन बजे के बाद; day ~ tomorrow परसों; ~ the lesson is over पाठ समाप्त होने के बाद. [*ant.* before] **2.** के बारे में : ask ~ smb किसी ≈ पूछना; to enquire ~ smth किसी चीज़[F] ≈ पूछताछ[F] करना. **3.** के अनुसार : ~ a model नमूने ≈; ~ the old fashion पुराने फ़ैशन ≈; this poem is ~ my heart यह कविता[F] मेरे मन के अनुरूप है. **4.** [misc.] this picture is ~ Robert यह तस्वीर[F] राबर्ट से मिलती-जुलती है; the boy takes ~ his father लड़का बाप पर गया है; day ~ day दिन पर/ब दिन. Δ ~ **all** (a) आख़िर : ~ all he is just a child ≈ वह है तो बच्चा ही; ~ all he had to go ≈ उसे जाना ही पड़ा; (b) बहरहाल : ~ all he was right ≈ वह सही था; what are you ~ तुम किस फेर में हो ? ~ **death the doctor!** मरने के बाद डाक्टर क्या करे; ~ us the deluge आप मरे जग प्रलय. **III.** *a.* बाद का : ~ care (बीमारी के) बाद की सावधानी; ~ -dinner speech भोजन के बाद का भाषण; you will feed it in ~ years तुम इसे अगले वर्षों में महसूस करोगे. **IV.** *conj.* जब बाद में : I shall tell you ~ I get back home जब घर वापस आऊंगा उसके बाद तुम्हें बताऊंगा, घर लौटूँगा तो बाद में तुम्हें बताऊंगा. [*ant.* before]

afternoon आफ़्टर-नून' *n*[c]. बाद दोपहर, तीसरा पहर, अपराह्न : after 12 o'clock noon, it is ~ बारह बजे दोपहर के बाद तीसरा पहर (अपराह्न) होता है; tomorrow ~ कल बाद दोपहर (तीसरे पहर); he arrived in the ~ वह

बाद दोपहर (तीसरे पहर) पहुँचा; the meeting will be held at 3 o'clock in the ~ बैठक तीन बजे अपराह्न (बाद दोपहर, तीसरे पहर) होगी. [*ant.* forenoon] **afterwards** आफ़्' टरवर्ड्ज़, Am. **afterward** *adv.* बाद में, इसके पश्चात् : we work first and play ~ हम पहले काम करते हैं और ≈ खेलते हैं; he told me ~ उसने मुझे बाद में बताया.

A.G. Accountant General महालेखाकार.

ag- ऐग (=ad-, before g-) aggravate, aggregate, aggression.

again अ गेन' *adv.* **1.** फिर : don't go there ~ वहाँ ≈ न जाना; you will be well ~ तुम ≈ ठीक/चंगे हो जाओगे; I brought her ~ मैं उसे ≈ ले आया. **2.** (एक बार) फिर, दुबारा : read it ~ इसे ≈ पढ़ो; I shall try ~ मैं ≈ कोशिश^F करूँगा. **3.** और, इसके अतिरिक्त/अलावा : ~ he is absent too ≈ वह ग़ैरहाज़िर भी है; as much ~ इतना और; twice as much ~ इससे दुगुना और. *Phr.* **~ and ~** बार-बार, फिर-फिर : **do it ~ and ~** इसे ≈ करो; **she beat the child ~ and ~** उसने बच्चे को ≈ पीटा. **never ~** फिर कभी नहीं; **now and ~** कभी-कभी : he may be coming here now and ~ वह यहाँ ≈ आता रहेगा; **over ~** एक बार फिर : write these words over ~ इन शब्दों को ≈ लिखो. **over and over ~** बार-बार, फिर-फिर : do this exercise over and over ~ यह अभ्यास ≈ करो.

against अ गेन्स्ट' *prep.* **1.** के विरुद्ध/खिलाफ़ : ~ the enemy, rules शत्रु, नियमों ≈; I am not ~ it मैं इस ≈ नहीं हूँ; ~ my will मेरी इच्छा^{F} ≈; I have to say nothing ~ him/her मुझे उस ≈ कुछ नहीं कहना है; he spoke ~ the resolution वह प्रस्ताव के विरोध में बोला. [*ant.* for] **2.** के विपरीत, की विपरीत दिशा^{F} में : ~ the current धारा^{F} ≈. **3.** के सहारे : put the ladder ~ the pole सीढ़ी^{F} को खम्भे ≈ लगा दो; put your cycle ~ the wall अपनी साइकिल^F दीवार^F ≈ खड़ी कर दो या लगा दो. **4.** के लिए : vaccination ~ small-pox चेचक^F का टीका; money kept ~ the rainy day दुर्दिन ≈ रखा पैसा. **5.** waves are striking ~ the shore लहरें तट से टकरा रही हैं; I ran up ~ Mr. C श्री स से मेरी अचानक मुलाक़ात^F हो गई.

-age इज *suff.* **1.** कार्य : haulage. **2.** स्थान : orphanage. **3.** अवस्था^{F} : marriage, parentage, shrinkage. **4.** शुल्क : cartage, postage, breakage, wastage, mileage.

age एज **I.** n^u. उम्र^F, अवस्था^{F} [advanced बड़ी, middle अधेड़, young छोटी]; old ~ बुढ़ापा; what is your ~? तुम्हारी ≈ क्या/कितनी है? what ~ is your son? तुम्हारा बेटा कितनी उम्र का है? old in ~ बूढ़ा; at the ~ of six छह साल की ≈ में; we are of the same ~ हम एक उम्र के हैं; he is my ~ वह मेरी ≈ का है; he does not look his ~ वह इतनी उम्र का नहीं लगता; ~ **limit** उम्र की सीमा^{F}; ~ **long** चिरकालीन, चिरंतन [friendship मैत्री^{F}/दोस्ती^{F}]; over-age निर्धारित उम्र से बड़ा; under-age (*a*) निर्धारित उम्र से छोटा; (*b*) नाबालिग, अवयस्क; to come of ~ बालिग हो जाना; he will be of ~ next June वह अगले जून में बालिग हो जाएगा. **II.** n^c. काल, युग [atomic परमाणु, middle/mediaeval मध्य, stone पाषाण]; greatest scientist of his ~ अपने युग का सब से महान् वैज्ञानिक; I have not seen him for ~s मैंने उसे युगों से नहीं देखा. **III. 1.** *v.i.* (aging) बुढ़ाना, बूढ़ा होना : he is ageing fast वह जल्दी-जल्दी बूढ़ा हो रहा है. **2.** *v.t.* बुढ़ा देना, बूढ़ा कर देना : his worries have ~d him उसकी चिन्ताओं^{F} ने उसे बूढ़ा कर दिया. **aged** एजिड *a.* **1.** बूढ़ा, वृद्ध : ~ man ≈ आदमी, the ~ बूढ़े लोग; ~ parents बूढ़े/वृद्ध माता-पिता. **2.** उम्र का : a young man ~ twenty बीस वर्ष (की उम्र) का नवयुवक; middle- ~ अधेड़ (उम्र^F का). **ageless** एज' लस *a.* **1.** चिरयुवा [actress अभिनेत्री, god देवता]. **2.** चिरनूतन [hills पहाड़ियाँ^{F}, building भवन].

agency ए' जन्सि n^c. (pl. agencies) **1.** एजेंसी^{F}, अभिकरण : employment ~ सेवायोजन/रोज़गार ≈. **2.** माध्यम : I got service through the ~ of a friend मुझे एक मित्र के माध्यम से नौकरी^{F} मिल गई.

agenda अ जेन् डॅ n^c. (pl.) एजंडा, कार्यसूची^{F} : ~ for today's meeting आज की बैठक^F का

एजंडा, की कार्यसूची; it was not on the ~ यह ≈ में नहीं था; what is on the ~ ≈ में क्या-क्या है ?

agent ए' जन्ट *n*[c]. **1.** एजेन्ट, अभिकर्ता [active सक्रिय, busy व्यस्त, secret गुप्त]; ~ of a company कंपनी[F] का ≈. **2.** house ~ मकानों का दलाल. **3.** साधन, कारण : she was the ~ of his troubles वह उसके कष्टों का कारण थी. **4.** (secret) ~ जासूस : an ~ for Pakistan पाकिस्तानी ≈.

aggravate ऐ' ग्रवेट *v.t.* **1.** बिगाड़ देना, बदतर कर देना : his foolishness ~d the situation उसकी मूर्खता[F] ने स्थिति[F] को बिगाड़ दिया; the medicine ~d the disease दवाई[F] ने रोग को और ख़राब कर दिया. **2.** तबियत[F] बिगड़ना : noise ~s me शोर से मेरी तबियत बिगड़ जाती है; don't ~ the dog कुत्ते की तबियत मत बिगाड़ो; she was ~d by his behaviour उसके व्यवहार से वह बिगड़ गई.

aggregate ऐ' ग्रिगिट **I.** *n*[u]. पूर्ण योग : the ~ of his debts उसके ऋणों का ≈ ; ~ of his centuries in cricket क्रिकट में उसके शतकों का कुल योग. in the ~ कुल मिलाकर; I pass in the ~ कुल मिलाकर मैं पास हूँ. **II.** *a.* कुल [goals गोल, marks अंक].

aggression अग्रे' शन *n*[u]. **1.** आक्रमण (में पहल), हमला [political राजनीतिक, unjust अनुचित, violent हिंसात्मक]; ~ against neighbours पड़ोसियों पर ≈; an act of ~ आक्रमण; to repulse an ~ हमले को निष्फल बना देना. **2.** (hostility) शत्रुभाव : his attitude showed ~ उसके रुख़ से ≈ दिखाई देता था. **aggressive** अग्रे' सिव *a.* **1.** आक्रमणकारी [dog कुत्ता, policy नीति[F], state राज्य]; he was ~ in his behaviour उसका व्यवहार ≈ था; to take the ~ आक्रमण/हमला करना. **2.** उद्यमशील [businessman व्यापारी]; he was never ~ in his work वह अपने काम में कभी ≈ नहीं रहा. **aggressor** अग्रे' सर *n*[c]. लड़ाका, आक्रामक : John was found ~ as he started the fight जॉन को ≈ पाया गया क्योंकि उसने लड़ाई[F] शुरू की थी.

aggrieved अ ग्रीव्ड' *a.* दुखी, व्यथित [party पक्ष]; he is the ~ party वह ≈ पक्ष का है; he is ~ over/at her behaviour वह उसके व्यवहार से ≈ है.

aghast अ गास्ट' *a.* भौंचक्का : he was ~ at the sight of that accident उस दुर्घटना को देखकर वह ≈ रह गया; she stared ~ at the scene वह इस दृश्य को ≈ होकर टकटकी[F] बाँधे देखती रही. [*ant.* calm]

agile ऐ' जाइल *a.* फुर्तीला [animal पशु, dancer नचैया]; ~ as a squirrel गिलहरी की तरह[F] ≈; he is ~ in mind and body वह मस्तिष्क और शरीर से ≈ है. [*n.* agility फुर्ती[F]]

agitate ऐ' जिटेट **I.** *v.i.* आंदोलन करना : they were agitating for more allowance वे और अधिक भत्ते के लिए आंदोलन कर रहे थे. **II.** *v.t.* **1.** हिलाना, उद्वेलित करना : the wind ~s the sea हवा[F] समुद्र को उद्वेलित कर देती है; ~ the arms, hand बाँहें[F], हाथ हिलाना; ~ the mixture घोल/मिक्सचर को हिलाओ. **2.** क्षुब्ध करना : the news ~d her heart इस समाचार ने उसके हृदय को क्षुब्ध कर दिया. **agitated** ऐ' जिटेटिड *a.* क्षुब्ध [crowd भीड़[F], mind मन, soul आत्मा[F]]. **agitation** ऐजिटे' शन *n*[u]. **1.** आंदोलन [great भारी, sudden आकस्मिक, violent हिंसात्मक]; ~ for reforms सुधारों के लिए ≈; ~ starts/escalates ≈ छिड़ता है, ज़ोर पकड़ता है; ~ is suppressed ≈ दबाया जाता है. **2.** क्षोभ, उत्तेजना[F]; to calm one's ~ किसी के क्षोभ को शान्त करना; to be in ~ क्षुब्ध होना; he beat the boy in a state of ~ उसने क्षोभावस्था[F] में लड़के को पीट दिया. **agitator** ऐ' जिटेटर *n*[c]. आंदोलनकर्ता [political राजनीतिक, violent हिंसक]; sabotage by ~s आंदोलनकर्ताओं की तोड़-फोड़[F]; ~s sometimes mislead the public ≈ कभी-कभी जनता[F] को गुमराह करते हैं.

ago अगो' *adv.* पहले (अतीत में) : two days ~ दो दिन पहले; I saw him a year ~ मैंने उसे एक साल पहले देखा था; years ~ when I was a child.... वर्षों पहले जब मैं बच्चा था.... **long ago** बहुत पहले : I knew her/him long ~ मैं उसे बहुत ≈ जानता था; I met him long long ~ मैं उससे बहुत-बहुत ≈ मिला था; father died a long time ~ पिताजी बहुत समय ≈ मर गये. [*cf.* before]

agony ऐ' गॅनि *n*^c^. पीड़ा^F^, व्यथा^F^ [acute तीव्र, mental मानसिक, physical शारीरिक]; he was in ~ with tooth-ache वह दाँत-दर्द से पीड़ित था; agonies of death, separation मृत्यु^F^, वियोग की ≈एँ [*ant.* ease]

agree *v.i.* (~ to, with) **1.** मानना : I agreed at once मैं तुरन्त मान गया; the boys did not ~ लड़के नहीं माने; he agreed **to** my request, opinion उसने मेरी प्रार्थना^F^, राय^F^ मान ली; they ~d to come उन्होंने आना मान लिया. **2.** सहमत होना : he ~**s with** me वह मुझसे सहमत है; I cannot ~ **with** you in this मैं इस बात में आप/तुम से सहमत नहीं हूँ; they all ~d **on** the plan वे सब इस योजना^F^ के बारे में सहमत हो गये. **3.** एकमत होना : Henry and his wife did not ~ हेनरी और उसकी पत्नी एकमत नहीं थे; we ~ in everything हम हर बात^F^ में एकमत हैं. **4.** अनुकूल होना : the climate here does not ~ **with** me यहाँ की जलवायु^F^ मेरे अनुकूल नहीं है (मुझे अनुकूल नहीं पड़ती) **5.** मेल खाना, ताल-मेल होना, मिलना : these stories ~ ये कहानियाँ^F^ मिलती-जुलती हैं; these accounts do not ~ ये लेखे (आपस में) मेल नहीं खाते; the verb should ~ with the subject क्रिया और कर्ता में ताल-मेल होना चाहिए [*ant.* dis ~; *as tistinct from* ~ *with* a person, *to* a request, *in/on* smth] **agreeable** अग्री'अबल *a.* **1.** अनुकूल [climate जलवायु^F^/आब-हवा^F^, terms शर्तें^F^]; to make oneself ~ to a person or place अपने को किसी व्यक्ति या स्थान के ≈ बनाना. **2.** सुखद [conversation बातचीत^F^, smell सुगन्ध^F^]; this fruit is ~ to taste यह फल स्वाद में ≈ है. **3.** सहमत : is she ~ to this? क्या वह इस (बात^F^) से ≈ है? **agreement** -मन्ट **I.** *n*^u^. **1.** करार, समझौता [written लिखित]; a trade ~ व्यापारिक ≈; ~ between parties दो पक्षकारों के बीच ≈; to come to an ~ ≈ करना; you broke the ~ तुमने ≈ भंग किया; I did not observe, violate the ~ मैंने ≈ का पालन, उल्लंघन नहीं किया; they struck on ~ उन्होंने समझौता कर लिया. **2.** सहमति : he gave his ~ उसने अपनी सहमति दे दी; we are **in** ~ **with** their decision हम उनके निर्णय से सहमत हैं. **II.** *n*^c^. करारनामा : to sign an ~ ≈ पर हस्ताक्षर करना. [*ant.* dis ~]. **agricultural** ऐग्रिकल्'चैरल *a.* कृषि- [college महाविद्यालय, department विभाग, machinery यंत्र]; ~ **country** कृषि-प्रधान देश; ~ **class** खेतिहर वर्ग; ~ **land** खेती की ज़मीन^F^; ~ **problems** कृषि^F^/खेती^F^ संबंधी समस्याएँ^F^. **agriculture** ऐ'ग्रिकल्चर *n*^u^. कृषि^F^, खेती^F^ [mechanised मशीनी, modern आधुनिक, developed विकसित]; Ministry of ~ कृषि मंत्रालय; to improve ~ ≈ में सुधार करना; to study ~ कृषि-विज्ञान का अध्ययन करना. **agriculturist** ऐग्रिकल्'चॅरिस्ट *n*^c^. किसान, खेतिहर, कृषक; he is ~ by profession वह पेशे से ≈ है.

ah आ *interj.* आह, हा ! ~, how are you here! ≈, तुम कैसे? ~, my foot is paining ≈ मेरे पैर में दर्द हो रहा है !

aha आहा *interj.* आहा ! ~, I get it ≈, मैंने पा लिया; ~, it is OK now आहा, अब सब ठीक-ठाक हो गया !

ahead अहेड' *adv.* (से) आगे, (के) आगे-आगे : the girl is ~ *of* the boy लड़की लड़के से ≈ है; to go, move, run ~ ≈ जाना, सरकना/चलना, भागना; go ~ बढ़ते चलो; there was a car ~ of us हमारे आगे-आगे एक कार^F^ थी; far ~ of others दूसरों से बहुत ≈; we finished our work ~ of time हमने समय से ≈ कार्य समाप्त कर दिया.

aid एड **I.** *n.* सहायता : to request smb for ~ किसी से ≈ के लिए प्रार्थना^F^ करना; to come to one's ~ किसी की सहायता^F^ करने पहुँचना; he studies geography with the ~ of an atlas वह मानचित्रावली^F^/एटलस की ≈ से भूगोल पढ़ता है; a show in ~ of the orphans अनाथों के सहायतार्थ प्रदर्शन; first aid प्राथमिक उपचार. **II. 1.** *n*^u^. सहायक साधन : audio-visual ~s श्रव्य-दृश्य ≈. **III.** *v.t.* सहायता^F^ देना : he ~ed his assistant उसने अपने सहायक को सहायता^F^ दी. [*syn.* help] **aid-de-camp**(A.D.C.) एड ड कां *n*^c^. (*pl.* aides de camp) एडीकांग, परिसहायक : ~ is a military officer ≈

सैनिक अधिकारी होता है. **aided** ए'डिड *a.* सहायताप्राप्त [school विद्यालय, institution संस्था^F]. [*ant.* un ~].

ail एल I. *v.i.* बीमार, अस्वस्थ रहना; the old lady has been ailing for some time बुढ़िया^F कुछ समय से बीमार चली आ रही है. II. *v.t.* कष्ट देना : what ~s you तुम्हें क्या ≈ है ? something ~s him/her उसे कुछ कष्ट है. **ailing**ए'लिंग *a.* बीमार, अस्वस्थ [friend मित्र, wife पत्नी]. [*ant.* healthier] **ailment** एल्'मन्ट *n*^c. बीमारी^F : he is suffering from some ~ उसे कोई ≈ है; she always complains of some ~ or other वह किसी-न-किसी ≈ की शिकायत^F करती ही रहती है. [*syn.* illness; *ant.* health]

aim एम **I. 1.** *n*^c. लक्ष्य, उद्देश्य [basis मूल, definite निश्चित, main मुख्य]; money is not the ~ रुपया ≈ नहीं है; he has no ~ in life उसका जीवन में कोई ≈ नहीं है; my ~ is to become a Vice-Chancellor मेरा ≈ कुलपति बनने का है; ~s and objects of the institute संस्थान के लक्ष्य और उद्देश्य : attain an ~ लक्ष्य की प्राप्ति^F करना. **2.** *n*^u. लक्ष्य, निशाना : take good ~ ठीक ≈ लगाना; ~ of an arrow तीर का निशाना; gunman's ~ तोपची का ≈. **II.** *v.t.i.* निशाना बाँधना/बनाना : ~ a rifle राइफ़ल^F का ≈; ~ at a bird किसी पक्षी को निशाना बनाना; to ~ **at** a target लक्ष्य पर निशाना लगाना, निशाने पर मारना; he is ~ing **for** the first position वह प्रथम स्थान पाने का लक्ष्य बनाए हुए है. **aimless** एम'लस *a.* लक्ष्यहीन, निरुद्देश्य [life जीवन, agitation आंदोलन].

air एअर **I.** *n*^c. हवा^F, वायु^F [clean स्वच्छ, cold ठंडी, cool शीतल, fresh ताज़ा, pure शुद्ध]; in the open ~ खुले में. by ~ हवाई डाक^F से; on the ~ रेडियो पर प्रसारित. **II.** *n.* दिखावटी रूप : don't give yourself an ~ of importance अपने रूप को दिखावटी महत्व का मत बनाओ; (*pl.*) अकड़^F, ऐंठ^F : he gives himself ~s वह अकड़ता रहता है. **III.** *a.* हवाई, वायु- : ~-bath वायु-स्नान; ~ passage/route ≈ मार्ग; ~ raid हवाई हमला. [see the next few entries]. IV. **1.** हवा लगाना : ~ these rooms इन कमरों को हवा^F लगवाओ. **2.** हवा में सुखाना : to ~ clothes कपड़ों को ≈. **3.** व्यक्त करना : to ~ one's opinion अपना मत ≈. [*as distinct from* heir] **air-circulation** -सर्क्युले'शन *n*^u. हवा^F का संचार/आना-जाना : there are no windows, therefore no ~ खिड़कियाँ^F नहीं है, इसलिए ≈ नहीं है. **air-conditioned** -कन्डि'शन्ड *a.* वातानुकूल [building भवन, compartment डिब्बा]. **aircraft** -क्राफ़्ट/क्रैफ़्ट *n*^c. (*pl.* aircraft) वायुयान [friendly मित्र, hostile शत्रु, military सैनिक]; to go by ~ ≈ से जाना; enemy ~ were seen शत्रु के ≈ देखे गये. **air-field** -फ़ील्ड *n*^c. हवाई मैदान, विमान-क्षेत्र [vast लंबा-चौड़ा]; the aeroplane reached the ~ before taking off उड़ने से पहले हवाई जहाज़ ≈ में आया/पहुँचा. **air force** -फ़ॉर्स *n*^c. वायु-सेना^F [active सक्रिय, efficient कुशल, trained प्रशिक्षित] Indian Air Force (IAF) भारतीय ≈; army, navy and ~ थल-सेना^F, जल-सेना^F तथा वायु-सेना^F. **air hostess** -होस्'टिस *n*^c. विमान परिचारिका^F [agile फुर्तीली, polite शिष्ट]; ~es look after the comforts of passengers in an aircraft ≈एँ वायुयान के यात्रियों की सुविधाओं^F की देखभाल^F करती हैं. **air letter** -लेटर *n*^c. हवाई पत्र : an ~ is without an envelope ≈ बिना लिफ़ाफे के होता है; ~ is sent by air ≈ हवाई डाक^F से भेजा जाता है. **airline** -लाइन *n*^c. विमान कंपनी^F : Indian ~s भारतीय ≈; an ~ has a fleet of aircraft ≈ के पास हवाई जहाज़ों का बेड़ा होता है; by which ~ are you travelling आप किस ≈ के द्वारा यात्रा^F कर रहे हैं ? **airmail** -मेल *n*^u. हवाई डाक^F : ~ bag, service ≈ थैला, व्यवस्था^F; I sent a letter by ~ मैंने एक पत्र ≈ से भेजा. **air-plane** -प्लेन *n*^c. = aeroplane *q.v.* **airport** -पोर्ट *n*^c. हवाई पत्तन : an ~ is larger than an aerodrome ≈ हवाई अड्डे से बड़ा होता है; ~ has several buildings ≈ में कई इमारतें^F होती हैं. **air-raid** -रेड *n*^c. हवाई हमला : the enemy made an ~ on the city शत्रु ने नगर पर ≈किया. **air-tight**-टाइट *a.* वायुरुद्ध

[bottle बोतल^F, compartment रेल का डिब्बा, room कमरा]. **airways** -वेज़ *n.* हवाई जहाज़ की कंपनी = airlines. **airy** एअ'रि *a.* हवादार [room कमरा]; this verandah is ~ यह बरामदा ≈ है.

ajar अजार' *adv.* अधखुला : I found the door ~ मैंने दरवाज़ा ≈ पाया.

akin अकिन' *a.* **1.** सजातीय : these two families are ~ ये दो परिवार सजातीय हैं. **2.** (~ *to*) तरह का, प्रकार का : this problem is ~ to that यह समस्या^F उसी तरह की है; these problems are ~ ये समस्याएँ^F एक ही तरह^F की हैं.

al- अल- *pref.* [= ad-, before l] allot, allocate, allure, etc.

-al -अल *suff.* **1.** [makes adjectives, as] constitutional, continental, natural, central, national, social, territorial, etc. **2.** [makes nouns from verbs, as] arrival, survival, removal, withdrawal, approval, betrothal, dismissal, refusal, renewal.

alarm अलार्म' **I.** *n*^c. खतरे का संकेत, चेतावनी^F : to give/raise an ~ चेतावनी देना, खतरे का संकेत करना; fire ~ आग के खतरे का संकेत; **air-raid** ~ हवाई हमले के खतरे का संकेत (की चेतावनी). **II.** *n*^u. भय, डर : she rushed out in ~ वह ≈ से भाग निकली. **III.** *a.* ख़तरे का : ~ **bell** ख़तरे की घंटी^F; ~ **chain]** खतरे की ज़ंजीर^F. **IV.** *v.t.* चौंका देना : we ~ed the villagers हमने गाँववालों को चौंका दिया; the passengers were ~ed यात्री डर गये. **alarming** अलार्'मिङ्ग *a.* डरनाक, चौंकाने वाला : ~ news ≈ समाचार; ~ rise in accidents दुर्घटनाओं^F की चौंकाने वाली वृद्धि^F.

alas अलैस' *interj.* हाय ! अफसोस ! ~ she is no more ≈ अब वह नहीं रही.

album ऐल'बम *n*^c. ऐलबम, चित्राधार : I have two ~s, one for stamps and the other for photographs मेरे पास दो ≈ हैं, एक टिकटों का, दूसरा फ़ोटो का.

ale एल *n*^u. एल बिअर^F [bitter कड़वी]; ~ intoxicates ≈ नशा ला देती है; he poured two pints of ~ into the glass उसने गिलास में दो पिंट ≈ ढाल दी.

alert अलर्ट' **I.** *a.* सजग, सतर्क, चौकन्ना [administrator प्रशासक]; a watch-dog is always ~ रखवाला कुत्ता सदा ≈ रहता है; she is old but ~ वह बूढ़ी है पर है सजग; be ~ to the danger खतरे से ≈ रहो. *v.t.* सजग/सचेत करना : an alarm ~ed us *to* the danger चेतावनी ने हमें खतरे से सजग/सचेत कर दिया. *phr.* **on the** ~ चौकन्ना, सचेत : the watchman was on the ~ all the time चौकीदार सारे समय चौकन्ना/सजग रहा.

algebra ऐल'जिबरॅ *n*^u. अलजबरा, बीजगणित : he is good in ~ and arithmetic वह बीजगणित और गणित में अच्छा है.

alias ए'लिअस *n*^c. उपनाम, उर्फ़ : William Bruce ~ Tom विलियम ब्रूस ≈ टॉम; he gave an ~ to the police उसने पुलिस^F को उपनाम/छद्मनाम बताया.

alien ए'लिअन **I.** *a.* **1.** पराया : ~ land पराया देश, विदेश. **2.** विदेशी, अजनबी, परदेसी : ~ people ≈ लोग. **3.** प्रतिकूल : cruelty is ~ *to* his nature अत्याचार उसके स्वभाव के ≈ है. **II.** *n*^c. विदेशी, परदेशी : ~s are not welcome there विदेशियों का वहाँ स्वागत नहीं होता.

alight अलाइट' **I.** *v.i.* उतरना : the bird ~ed on the branch पक्षी टहनी^F पर उतरा, चिड़िया^F टहनी पर उतरी; to ~ *from* the train, horse गाड़ी से, घोड़े से ≈ [*ant.* ascend] II. *a.* जलता : the lamp, stove was still ~ लैंप, स्टोव अभी जल रहा था; to set ~ जलाना.

alike अलाइक' **I.** *a.* एक-सा : the boy and his father are ~ लड़का और उसका पिता एक-से हैं; these trees are much ~ ये पेड़ बहुत कुछ एक-से हैं. **II.** *adv.* एक-सा, समान : twin brothers often look ~ जुड़वाँ भाई प्राय : एक-से लगते हैं; he treats all his children ~ वह अपने सब बच्चों से ≈ व्यवहार करता है. [*ant.* unlike]

alive अलाइव' *a.* & *adv.* **1.** जीवित, ज़िंदा : the queen was then ~ रानी^F तब ≈ थी; the child was burnt ~ बच्चे को ≈ जला दिया गया. **2.** चौकस : I was ~ *to* the danger मैं

ख़तरे से ≈ था. Δ **more dead than** ≈ न मरा न जिया. [*ant.* dead]

all ऑल **I.** *a.* सारा : ~ day (the money, the time) ≈ दिन (पैसा, समय); ~ his life अपना सारा जीवन; we waited ~ night हम सारी रात^F प्रतीक्षा^{F}/इंतज़ार^F करते रहे; ~ men, rooms सारे आदमी, कमरे. **II.** सब : ~ this यह ≈; ~ of us, we ~ हम सब; they were ~ present वे ≈ उपस्थित/हाज़िर थे; ~ is lost ≈ खो गया; I know ~ मैं ≈ जानता हूँ; that's ~ बस; we are ~ ready हम सब तैयार हैं (*cf.* already). **III.** *adv.* सारा, सब : we shall use it ~ हम इस सारे का उपयोग करेंगे; they ~ wept वे सब रोये; he lives ~ alone वह बिलकुल अकेला रहता है. **IV.** n^c. सब : they robbed him of his ~ उन्होंने इसका सब लूट लिया. *phr.* ~ **along** (a) शुरू से आख़ीर तक, आदि से अंत तक : I knew it ~ along मैं इसे ≈ जानता था; (b) बराबर सारा रास्ता : there were flags ~ along the road सड़क^F के सारे रास्ते झंडियाँ^{F} थीं; ~ **at once** एक बारगी, एक दम : the students ran out of gate ~ at once विद्यार्थी ≈ फाटक से बाहर भाग गये; ~ **in all** सर्वेसर्वा ; he is ~ in all in the family परिवार में वह ≈ है; ~ **of a sudden** अचानक : she came in ~ of a sudden वह ≈ भीतर आ गई; ~**-out** भरसक : they made an ~-out effort उन्होंने भरसक प्रयत्न किया; ~ **over** (a) सब जगह : ~ over the world दुनिया^{F} में ≈; (b) सब समाप्त : it was ~ over in an hour सब एक घंटे में समाप्त हो गया; ~ **right** बहुत अच्छा : ~ right, I shall go ≈ मैं जाऊंगा; ~ **the same** सब बराबर : it is ~ the same to me मुझे कोई अंतर नहीं पड़ता; ~ **through** पूरा का पूरा : I read the book ~ through मैं पूरी की पूरी किताब^F पढ़ गया; ~ **together** कुल मिलाकर : it was a success ~ together ≈ सफलता^{F} थी. [in combination] ~-India अखिल भारतीय : ~-India Conference अखिल भारतीय सम्मेलन; ~-knowing सर्वज्ञ : God is ~-knowing ईश्वर ≈ है; ~-powerful सर्वशक्तिमान; ~ round बहुमुखी, चौतरफा : an ~-round player ≈ खिलाड़ी. [*ant.* some, none, nil]

allay अले' *v.t.* कम करना : he ~ ed her fears उसने इसके भय कम कर दिये; the ointment will ~ your pain मरहम तुम्हारी पीड़ा^{F} को कम करेगी. [*ant.* aggravate]

allegation ऐलिगे'शन n^c. आरोप : his ~s about the girl's behaviour are untrue लड़की के व्यवहार के बारे में उसके आरोप झूठे हैं; she presented her ~s in the court उसने न्यायालय में अपने ≈ प्रस्तुत किये. **allege** अलेज *v.t.* आरोप लगाया : I ~d that he/she had stolen the watch मैंने आरोप लगाया कि उसने घड़ी^{F} चुराई है. **alleged** अलेज्ड *a.* तथाकथित, आरोपित [statement कथन].

allergy ऐ'लर्जि n^u. **1.** अलर्जी^{F} : he has an ~ to eggs उसे अंडों से ≈ है; smoke causes ~ to some persons धुआँ कई व्यक्तियों में ≈ पैदा करता है. **2.** अरुचि^{F} : you seem to have an ~ to hard work लगता है कि तुम्हें परिश्रम से ≈ है.

alley ऐ'लि (often ~ way) n^c. गली^{F} [narrow तंग, shady छायादार]; an ~ may be in a town or in a garden ≈ शहर में भी हो सकती है, बाग़ में भी.

alliance अला'इन्स $n^{u/c}$. **1.** (मैत्री^{F}) संबंध : matrimonial ~ विवाह-संबंध; to form an ~ ≈ बनाना; ~ between France and England फ्रांस और इंग्लैण्ड के बीच ≈. **2.** संबंध, साथ; in ~ with the government सरकार^F के साथ (सरकार^F से संबद्ध होकर). **3.** सन्धि^{F}, समझौता : this ~ ended the war इस ≈ से युद्ध समाप्त हो गया. [दे० ally]. **allied** ऐ'लाइड, अलाइड' *a.* **1.** संबद्ध [cultures संस्कृतियाँ^{F}, subjects विषय]; India and Nepal are closely ~ भारत और नेपाल घनिष्ठता^{F} से ≈ हैं; cat is ~ *to* a tiger बिल्ली^{F} का संबंध बाघ से है. **2.** मित्र : the ~ forces, nations ≈ सेनाएँ^{F}, राष्ट्र. **3.** ~ with के साथ : beauty ~ with wisdom बुद्धिमानी^{F} के साथ सुन्दरता^{F}, बुद्धिमानी से मिलकर सुन्दरता.

alligator ऐलिगेटर n^c. घड़ियाल : ~s live in water ≈ पानी में रहते हैं; an ~ is like a crocodile ≈ मगरमच्छ जैसा होता है.

allocate ऐ'लॅकेट *v.t.* अलग रखना, निर्धारित

करना : they ~d a room to each guest उन्होंने प्रत्येक अतिथि के लिए एक कमरा अलग रख दिया (निर्धारित कर दिया); I shall ~Rs. 50 to this fund मैं इस फ़ंड/निधि[F] के लिए 50 रु०. अलग से दे दूंगा. **allocation** ऐलॅके'शन *n*[u]. बंटवारा : ~ of money धन का ≈; she got the ~ of ancestal property उसे पैतृक संपत्ति[F] का ≈ मिल गया.

allopathy ऐलॉ'पॅथी *n*[u]. डाक्टरी चिकित्सा[F] : treatment of diseases by ~ ≈ से बीमारियों[F] का इलाज.

allot अलॉट' *v.t.* (-tt-) = allocate : he was ~ted a house, a house was ~ted to him उसके लिए एक मकान निर्धारित/आबंटित किया गया (दिया गया); they ~ted him/her some work उन्होंने उसे कुछ काम दे दिया. **allotment** अलॉट'मन्ट *n*[u]. आबंटन, निर्धारण : ~ of land (money) भूमि (धन) का ≈.

allow अलाउ' *v.t.* **1.** (आज्ञा[F]) देना : mother did not ~ me to go माँ ने मुझे जाने नहीं दिया (जाने की आज्ञा[F] नहीं दी); smoking is not ~ed धूम्रपान की आज्ञा नहीं है. **2.** (करने/होने) देना : ~ a person to enter किसी को भीतर आने देना. [*ant.* dis~] **3.** (ख़र्चा) देना : ~ a boy Rs. 2 per week लड़के को प्रति सप्ताह दो रु० देना. **4.** मानना, स्वीकार करना : I shall not ~ that argument मैं यह तर्क नहीं मानूंगा (स्वीकार नही करूंगा); I ~ that you are right मैं मानता हूँ कि तुम सही हो. **5.** ध्यान/गुंजाइश[F] रखना : you must ~ **for** the train being late : आपको गाड़ी[F] के देर से आने का ध्यान रखना होगा; it ~s **of** no explanation इसमें व्याख्या की कोई गुंजाइश नहीं है. [*ant.* dis~] **allowance** अलाउअन्स **1.** *n*[c]. भत्ता [daily दैनिक, dearness महँगाई, travelling यात्रा[F]]; to sanction all ~s सारे भत्ते मंज़ूर करना. **2.** छूट; an ~ of 5% for cash नक़द पर 5 प्रतिशत की ≈. **3. to make** ~ गुंजाइश[F]/ध्यान रखना : we should make ~ for his illness हमें उसकी बीमारी[F] को ध्यान में रखना चाहिए.

all right ऑल राइट' *adv.* **1.** ठीक-ठाक : he is now ~ अब वह ≈ है. **2.** बहुत अच्छा : ~ you should not go there. ≈ तुम्हें वहाँ नहीं जाना चाहिये ≈. [alright is wrong]

allure अलुअर' *v.t.* लुभाना, फुसलाना; to ~ a child, woman किसी बच्चे, स्त्री को ≈. **allurement**अलुअर'मन्ट *n*[c/u]. प्रलोभन : ~ of a city नगर के ≈.

ally I. ऐ'लाइ *n*[c]. (*pl.* allies) साथी, मित्र : America & England are old allies अमेरिका और इंग्लैण्ड पुराने ≈ हैं. **II.** अलाइ' *v.t.* (*p.* & *p.p.* allied) संबद्ध करना, जोड़ना : the companies allied with each other कंपनियाँ[F] एक-दूसरे से जुड़ गईं (संबद्ध हो गईं); the smaller parties should ~ themselves with the major party छोटे दलों को बड़े दल से जुड़ जाना चाहिए.

almighty ऑल माई टि *a.* **1.** सर्वशक्ति-संपन्न : an ~ headmaster ≈ प्रधानाचार्य. **2.** the Almighty सर्वशक्तिमान् ईश्वर.

almond आ'मन्ड *n*[c]. बादाम; ~ blossoms, trees ≈ के फूल, पेड़; the cake had walnuts, ~s and raisins in it केक में अखरोट, बादाम और किशमिश[F] था; the kernel of the ~ is nutritious बादाम की गिरी[F] पौष्टिक होती है.

almost ऑल'मोस्ट *adv.* लगभग, करीब-करीब : she is ~ five years वह लगभग पाँच साल की है; he is ~ completely recovered वह ≈ पूर्णतया स्वस्थ हो गया है; ~ all the actors ≈ सारे अभिनेता; ~ every day ≈ हर रोज़.

alms आम्ज़ *n.* (*pl.* only) भीख[F] : to live on ~ भीख माँगकर खाना; ~ were distributed भीख बाँट दी गई; give ~ to the poor ग़रीब लोगों को ख़ैरात[F] दिया करो.

aloft अलॉफ़्ट' *adv.* **1.** ऊंचे : the snake rose ~ सांप ऊंचा उठा; the flag was flying ~ झंडा ऊंचा उड़ रहा था. **2.** ऊपर (डेक पर) : the sailors went ~ नावक ≈ चले गये. [*ant.* below]

alone अलोन' **I.** *adv.* **1.** अकेला, अकेले : leave me ~ मुझे अकेला रहने दो; she lives ~ वह अकेली/अकेले रहती है. **2.** अकेले, केवल : he ~ can do it ≈ वही इसे कर सकता है. **II.** *a.* अकेला : she was ~ वह अकेली थी; he was all/quite ~ वह बिलकुल ≈ था. [*ant.* together; *cf.* lonely]

along अलॉङ्' *adv.* & *prep.* **1.** साथ : I always

take ~ an umbrella with me मैं अपने साथ सदा छाता ले जाता हूँ; send the books ~ with clothes कपड़ों के साथ पुस्तकें^{F} भेज देना. **2.** साथ-साथ : the road runs ~ the river सड़क^F नदी^{F} के साथ-साथ जाती है. **3.** आगे : push ~ आगे धकेलो. **4.** [compound verbs in Hindi] come ~ चले आओ; how are you getting ~ कैसे चल रहे हो ? **5.** से होकर : he went ~ the street वह गली से होकर चला गया. **alongside** अलॉङ्गसाइड' *adv.* & *prep.* पास-पास : the two ships anchored ~ (each other) दोनों जहाज़ (एक-दूसरे के) ≈ लंगर डाले हुए थे.

aloof अलूफ़' *adv.* अलग (-थलग) : the girls stood ~ from their companions लड़कियाँ अपने साथियों से ≈ खड़ी थीं; he kept ~ from the whole affair वह इस सारे धंधे-से ≈ रहा. [*ant.* together]

aloud अलाउड' *adv.* ऊंचे, ज़ोर से : speak, read ~ ≈ बोलो, पढ़ो; she cried ~ वह ≈ चिल्लाई; I was just thinking ~ मैं बस ऊंचे (स्वर में) सोच रहा था. [*cf.* allowed, *ant.* silently]

alphabet ऐल्'फ़ॅबेट n^c. वर्णमाला^{F} [Arabic अरबी, Greek यूनानी]; I have learnt old Egyptian ~ मैंने पुरानी मिस्री ≈ सीख ली है; there are several ~s in India भारत में कई वर्णमालाएँ हैं; Nagari ~ has fifty-two letters नागरी ≈ में बावन वर्ण या अक्षर होते हैं. **alphabetic (al)** ऐल्फ़ॅबेटिक (ल) *a.* ~ order अकारादि क्रम; in ~ order अकारादि क्रम से. [*adv.* alphabetically]

already ऑलरे'डि *adv.* **1.** पहले ही, पहले से ही : Guests were ~ there अतिथि ≈ वहाँ पर थे; it is ~ late पहले ही देर^F हो गई है; we have ~ had our meal हम पहले ही खाना खा चुके हैं; he had ~ gone वह पहले ही जा चुका था. [*cf.* all ready] **2.** अभी : are you leaving ~ क्या तुम ≈ जा रहे हो ? [*cf.* all ready सब तैयार]

also औल्'सो *adv.* भी : our son was ~ with us हमारा बेटा भी हमारे साथ था; they ~ agreed with me वे भी मुझसे सहमत थे; will you ~ come क्या तुम भी आओगे ? I know him/her ~ मैं उसे भी जानता हूँ; I ~ know him/her मैं भी उसे जानता हूँ.

altar ऑल्'टर n^c. वेदी^{F} [adorned सजी हुई, high ऊंची, simple सादा]; to set up an ~ ≈ खड़ी करना; to lead a bride to the ~ दुल्हन^F को ≈ में ले जाना; when will you lead her to the ~ तुम उसका पाणिग्रहण कब करोगे ? [*as distinct from* alter]

alter ऑल्'टर **I.** *v.t.* बदलना, अदल-बदल करना : the tailor ~s the clothes दर्ज़ी कपड़ों में अदल-बदल करता है; a word ~s the sense of a sentence एक शब्द वाक्य का अर्थ बदल देता है; that has ~ed the situation इसने स्थिति^{F} को बदल दिया है. **II.** *v.i.* बदल जाना : Delhi has ~ed a lot दिल्ली^{F} बहुत बदल गई है; the weather is ~ing मौसम बदल रहा है. [*as distinct from* altar] **alteration** आल्टॅरे'शन n^c. परिवर्तन, हेर-फेर : ~s made in the house, story मकान, कहानी^{F} में किये गये ≈.

alternate I. ऑलटर'निट *a.* **1.** हर तीसरा : he came to visit us on ~ Tuesdays वह हम से हर तीसरे मंगलवार को मिलने आता था; he goes to work on ~ days वह हर तीसरे दिन काम पर जाता है. **2.** बारी-बारी : it was a week of ~ rain and sunshine यह सप्ताह ≈ बारिश^F और धूप^F वाला था. **II.** ऑल्'टरनेट **1.** *v.t.* (with, between) बारी-बारी^{F} से होना : work ~d with sleep काम और नींद^F बारी-बारी से होते रहे; my day ~d between work and sleep मेरा दिन बारी-बारी से काम और नींद^F में बीता. **2.** *v.t.* बारी-बारी से करना : we ~ work and rest हम बारी-बारी से काम और आराम करते हैं. **alternately** ऑलटर्'नॅटलि *adv.* बारी-बारी^{F} से : summer and winter come ~ गर्मी और सर्दी ≈ आती हैं; she was ~ pleased and angry वह बारी-बारी खुश और नाराज़ थी. **alternative** ऑलटर्'नॅटिव **I.** n^c. विकल्प : this is the only ~ यह एकमात्र ≈ है; work or starve; there is no other ~ काम करो या भूखे मरो; कोई दूसरा ≈ नहीं है. **II.** *a.* वैकल्पिक, कोई और; ~ arrangement ≈ व्यवस्था^{F}; we come by the ~ road हम किसी और सड़क^F से आये. [*cf.* alternate]

although ऑलदो' *conj.* यद्यपि, हालांकि : ~

they tried hard, (yet) he failed = उसने बहुत कोशिश[F] की, तथापि वह असफल रहा; he is honest ~ poor वह यद्यपि ग़रीब है पर है ईमानदार.

altogether ऑलटॅगे'दर *adv.* **1.** पूर्णतया, पूरी तरह [foolish मूर्ख, surprised आश्चर्य-चकित]; I am not ~ satisfied मैं = संतुष्ट नहीं हूँ; this is not ~ what I desired to say यह = वह नहीं जो मैं कहना चाहता था. **2.** कुल मिलाकर : there were ten of us ~ = हम दस थे; ~ it was a nice play = यह अच्छा खेल था. [*cf.* all together सब इकट्ठे, they came all together]

always ऑल'वेज़/विज़ *adv.* सदा, हमेशा : I ~ get up at seven मैं = सात बजे उठता हूँ; I shall ~ remember you मैं तुम्हें/आपको = याद रखूँगा; he is ~ making mistakes वह = ग़लतियाँ[F]/भूलें[F] करता रहता है. [*ant.* never]

am अम (strong ऐम) *v.* हूँ [only with 'I']; I am a good bowler मैं अच्छा गेंदबाज हूँ; I ~ going मैं जा रहा हूँ; I ~ late मुझे देर[F] हो गई है. [note is, are ; see 'be']

a.m. ए ऍम = ante meridian(before noon) प्रातः, पूर्वाह्न : at 6 a.m. छह बजे =.

amass अमैस' *v.t.* इकट्ठा/जमा करना : he ~ed information उसने सूचना[F] इकट्ठी/जमा की; I could not ~ many words मैं बहुत शब्द जमा न कर पाया. [*ant.* scatter]

amateur ऐ'मॅचुअर **I.** *n*[c]. & *a.* अव्यवसायी : ~ in painting चित्रकारी[F] में =; ~ painter = चित्रकार. **II.** *a.* **1.** शौकिया : ~ play = खेल. **2.** अनाड़ी : ~ actor = अभिनेता.

amaze अमेज़' *v.t.* चकित/हैरान करना : his success ~d me उसकी सफलता[F] ने मुझे चकित/हैरान कर दिया; I was ~d to see her there मैं उसे वहाँ देखकर चकित/हैरान रह गया; I was ~d at this इस पर मुझे हैरानी हुई. **amazement** अमेज़'मन्ट *n*[u]. हैरानी[F], आश्चर्य : they heard the news with ~ उन्होंने = से यह समाचार सुना; to my ~ मेरी हैरानी[F] की हद[F] न थी. **amazing** अमे'ज़िङ्ग *a.* आश्चर्यजनक [ability योग्यता[F], strength शक्ति[F], success सफलता[F]]; his story was ~ उसकी कहानी[F] = थी.

ambassador ऐमबै'सॅडर *n*[c]. **1.** राजदूत : the Indian ~ in London लंदन में भारत के =; to appoint an ~ किसी को = नियुक्त करना; to recall an ~ = को वापस बुलाना. **2.** (representative) प्रतिनिधि : he is our institute's ~ वह हमारे संस्थान का = है.

ambiguous ऐमबि'ग्युअस *a.* संदिग्ध, अस्पष्ट [language भाषा[F], reply उत्तर]; yours is an ~ statement तुम्हारा कथन = है; some sentences are ~ कुछ वाक्य = होते हैं. [*ant.* un-, lucid]

ambition ऐमबि'शन *n*[c]. महत्वाकांक्षा[F] [great भारी, insane मूर्खतापूर्ण, senseless निरर्थक]; the ~ to be a minister मंत्री बनने की =; he has no ~s in life जीवन में उसकी कोई महत्वाकांक्षाएँ नहीं हैं; her ~ was fulfilled उसकी = पूरी हो गई; he realised his ~ उसकी = पूरी हो गई. **ambitious** ऐमबि'शस *a.* **1.** महत्वाकांक्षी [person व्यक्ति]; more ~ of fame than money धन की अपेक्षा[F] यश का अधिक =. **2.** महत्वाकांक्षापूर्ण [plan योजना[F]]. [*ant.* un ~]

ambulance ऐम्'ब्युलन्स *n*[c]. ऐंबूलेंस, अस्पताली गाड़ी[F] : we called for an ~ हमने एक = मँगा भेजी; the wounded were carried away in ~s आहतों को अस्पताली गाड़ियों में उठा ले जाया गया.

ambush ऐम्'बुश **I.** *n*[c]. **1.** घात[F] : soldiers' ~ सिपाहियों की =; to lie in ~ घात लगाकर बैठना. **2.** घात-स्थान : they attacked the enemy from the ~ उन्होंने = से शत्रु पर आक्रमण किया. **II.** *v.t.* घात से आक्रमण/हमला करना : the enemy ~ed शत्रु ने घात[F] से आक्रमण किया.

amen आमेन', एमेन' *interj.* [at the end of a prayer] आमीन, एवमस्तु.

amend अमेन्ड' *v.t.* **1.** संशोधन/सुधार करना : to ~ a law, rule कानून, नियम का सुधार/संशोधन करना; the law, rule was ~ed कानून, नियम का संशोधन/सुधार किया गया; the author is ~ing his book लेखक अपनी पुस्तक[F] का संशोधन/सुधार कर रहा है. **2.** सुधारना : ~ your habits, ways अपनी आदतें[F], ढंग से सुधारो; you can ~ your error yourself तुम अपने-आप अपनी ग़लती[F]

सुधार सकते हो. Δ **make ~s** (स्थिति^{F}) सुधार लेना (क्षतिपूर्ति^{F} करके) : he made ~ by giving him gifts उसने उसे उपहार देकर स्थिति^{F} में सुधार कर लिया.

amendment अमेन्ड'मन्ट n^{c}. संशोधन, सुधार : ~ to the book, resolution पुस्तक^{F}, प्रस्ताव में ≈; to reject an ~ ≈ अस्वीकार करना; to make an ~ ≈ करना.

amenity अमे'(मि')निटि *n.* (often *pl.*) सुख-सुविधा^{F}; we have so many amenities in the house हमारे मकान में इतनी सारी सुख-सुविधाएँ हैं.

American अमे'रिकन n^{c}. & *a.* अमरीकी, अमरीका का (निवासी) : ~s are very rich अमरीकी बहुत अमीर/धनी होते हैं; ~ goods अमरीकी/अमरीका का माल; ~ government अमरीकी सरकार^{F}.

amiable ए'मिअबल *a.* **1.** प्यारा [child बच्चा, youngman नवयुवक]. **2.** मिलनसार : [woman स्त्री]; she seems ~ to him वह उससे ≈ दिखाई देती है. [*adv.* amiably मिलनसारी^{F} से; *as distinct from* amicable]

amicable ऐ'मिकॅबल *a.* मैत्रीपूर्ण [relations संबंध]; in an ~ manner ≈ ढंग से. [*adv.* amicably मित्रतापूर्वक; *as distinct from* amiable; *ant.* hostile]

amid अमिड', **amidst** अमिड्स्ट' *prep.* में, के बीच में : ~ all the confusion सारी गड़बड़^{F} ≈; ~ the vast crowd भारी भीड़^{F} ≈.

amiss अमिस' *adv.* खराब, बुरा : what's ~ with you today आज क्या ख़राबी^{F} है? nothing comes ~ to a hungry person भूखे आदमी के लिए कुछ भी ≈ नहीं है; it is not ~ कोई बुरा नहीं है; to take ~ बुरा मानना : she took it ~ that I did not accept his invitation उसने इस बात^{F} का बुरा माना कि मैंने उसका आमंत्रण स्वीकार नहीं किया.

ammunition ऐम्युनि'शन n^{u}. गोला-बारूद : they were short of ~ उनका ≈ कम पड़ गया; soldiers' ~ lasted two months सिपाहियों का ≈ दो महीने चला.

among अमङ्ग', **amongst** (especially British) अमङग्स्ट' *prep.* **1.** (अनेक) में : divide the cake ~ six boys छः लड़कों में केक बाँट दो; Sita was also ~ the guests अतिथियों में सीता^{F} भी थी; one ~ many बहुतों में एक. **2.** के बीच में : ~ the trees पेड़ों ≈. [*cf.* between (दो) में, (दो) के बीच में]

amount अमाउन्ट **I.** n^{c}. **1.** राशि^{F} : total ~ कुल राशि^{F}; ~ of debt ऋण की ≈; ~ of money रकम/धनराशि^{F}; ~ of water जलराशि^{F}. **2.** कुल जोड़, योग : add up these figures and tell me the ~ ये अंक जोड़ो और मुझे कुल योग बताओ. **II.** *v.i.* **1.** कुल जोड़ बनना : how much does it ~ to कुल जोड़ कितना बनता है? the bill ~ed to Rs. 5 बिल का कुल जोड़ पाँच रु० हुआ. **2.** बराबर होना : borrowing money and not returning it ~s to stealing रुपया उधार लेकर न लौटाना चोरी^{F} के बराबर है. **3.** मतलब होना : it ~s to the same thing इसका यही मतलब है.

ample ऐम्'पल *a.* **1.** खुला, लंबा-चौड़ा : ~ **room** खुली/लंबी-चौड़ी जगह^{F}. **2.** खुला, पर्याप्त : ~ time ≈ समय; ~ food ≈ भोजन. [*ant.* meagre, scarce, scanty] **amplifier** ऐम्'प्लिफ़ाइअर n^{c}. ध्वनि विस्तारक, भोंपू : a mike is an ~ माइक ≈ होता है; an ~ is a loudspeaker ≈ लाउडस्पीकार होता है. **amplify** ऐम्'प्लिफ़ाइ *v.t.* विस्तार देना, बढ़ाना : ~ your story अपनी कहानी^{F} को विस्तार दो (बढ़ाओ); to ~ the voice स्वर को ≈. [*ant.* abbreviate]

amuck अमक' (also *amok*) *adv.* **1.** he ran ~ वह पागल हो गया. **2.** expenditure ran ~ ख़र्च काबू से बाहर हो गया.

amulet ऐ'म्युलिट n^{c}. तावीज़, कवच : she is wearing an ~ वह एक ≈ धारण किये हुई है; can an ~ protect smb from bad luck क्या ≈ किसी को दुर्भाग्य से बचा सकता है?

amuse अम्यूज़' *v.t.* **1.** जी बहलाना : to ~ oneself अपना ≈; ~ a person by crecking jokes चुटकुले सुनाकर किसी का ≈; ~ a person with jokes चुटकुलों से किसी का ≈; ~ the children बच्चों को बहलाना, बच्चों का जी बहलाना; to keep smb ~d किसी को बहलाये रखना. **2.** हँसाना : the joker has been amusing us for an hour जोकर/मज़ाकिया हमें एक घंटा हँसाता रहा. **amusement** अम्यूज़'मन्ट **1.** n^{u}. मनोविनोद,

मनोरंजन, मनबहलाव [childish बचकाना, endless अनन्त, wholesome स्वस्थ]; for one's own ~ अपने ≈ के लिए; means of ~ ≈ का साधन. **2.** मनोरंजन, मनबहलाव का सामान : there are many ~s in the nursery school शिशु विद्यालय में बहुत से ≈ हैं. **amusing** *a.* मनोरंजक [incident घटना^F, scene दृश्य, story कहानी^F].

an अन (strong ऐन) [before a vowel sound] a, एक, कोई, प्रति [see a]; ~ apple is red सेब लाल होता है; I have ~ apple मेरे पास एक सेब है; give me an apple मुझे कोई सेब दे दो; he earns Rs. 10 an hour वह प्रति घंटा दस रु० कमाता है.

an- *pref.* = ad-, before n-, as in annex, announce.

-(a)n -अन *suff.* [makes nouns and adjectives] as in African, American, Indian, Shakespearean, Bolivian, Candian.

anaemia अनी'मिअ *n*^u. खून की कमी^F : ~ is common during pregnancy गर्भावस्था^F में ≈ आम होती है; he was suffering from ~ वह ≈ के कारण कष्ट में था.

anaesthesia ऐनिसथी'ज़िअ *n*^u. बेहोशी^F : the operation was performed under ~ ऑपरेशन बेहोश कराके किया गया.

analyse, (Am.) **-ze** ऐ'नॅलाइज़ *v.t.* विश्लेषण करना : the facts were ~d तथ्यों का विश्लेषण किया गया; the students are analysing complex sentences छात्र मिश्र वाक्यों का विश्लेषण कर रहे हैं; you should ~ the data obtained तुम्हे प्राप्त तथ्यों और आँकड़ों का विश्लेषण करना चाहिए.

analysis अनै'लिसिस *n.*^{u/c} (*pl.* -ses सीज़) विश्लेषण [profound गहन, superficial सतही]; the doctor made an ~ of the poison डाक्टर ने ज़हर/विष का ≈ किया; testing the food by ~ खाने का ≈ करके परीक्षण करना. [*pl.* analyses; *ant.* synthesis] **analytical** ऐनॅलि'टिकल *a.* विश्लेषणात्मक [classification वर्गीकरण, problem समस्या^F, study अध्ययन]; he presented an ~ report on the riot उसने दंगे की ≈ रिपोर्ट^F प्रस्तुत की.

anarchy ऐ'नरकि *n*^u. अराजकता^F : there was complete ~ after the defeat of the BJP भारतीय जनता पार्टी^F की पराजय^F के बाद पूरी ≈ थी. **2.** अव्यवस्था^F : ~ in the class room कक्षा^F में ≈. [*ant.* order]

anatomy अनै'टॅमि *n*^u. **1.** शरीर-रचना-शास्त्र : ~ is the study of the body parts of animals ≈ जीवों के शारीरिक अंगों का अध्ययन होता है; ~ is a course in medicine ≈ चिकित्साशास्त्र के अन्तर्गत एक पाठ्यक्रम है. **2.** चीर-फाड़^F : ~ of the parts of a body शरीर के अंगों की ≈.

-ance -अन्स *suff.* (makes abstract nouns), as annoyance, compliance, conveyance, brilliance, ignorance, radiance, hindrance, assistance, conveyance, inheritance, repentance, resemblance, resistance, significance.

ancestor ऐन्'सस्टर, (Am.) एनसेस्'टर *n*^c. पूर्वज, पुरखा; Edward was an ~ of Elizabeth एडवर्ड इलिज़बेथ के ≈ थे; our ~s built high traditions हमारे पूर्वजों/पुरखों ने उच्च मर्यादाएँ^F स्थापित कीं. [*ant.* descendant] **ancestral** ऐनसेस्'ट्रल *a.* पैतृक, पुश्तैनी [estate जागीर^F, home घर, property सम्पत्ति^F, rights अधिकार]. **ancestry** ऐन्'ससट्रि *n*^u. **1.** वंश-परंपरा^F : his ~ goes back to Mughal Kings उसकी ≈ पीछे मुग़ल बादशाहों तक जाती है. **2.** कुल : a man of noble ~ कुलीन.

anchor ऐङ्'कर **I.** *n*^c. लंगर : steadfast ~ पक्का ≈; a ship lies at ~ जहाज़ ≈ डाले खड़ा है; **to cast/drop** ~ ≈ डालना; **to weigh** ~ ≈ उठा लेना. **II. 1.** *v.t.* लंगर डालकर खड़ा करना; to ~ a ship जहाज़ को ≈. **2.** *v.i.* लंगर डालकर खड़ा होना : the ship ~ed जहाज़ लंगर डालकर खड़ा हो गया.

ancient एन'शन्ट *a.* प्राचीन, पुराना [city नगर, history इतिहास, monument स्मारक]; ruins of the ~ period प्राचीन काल के खंडहर; this was the custom among the ~ Greeks प्राचीन यूनानियों में यह रिवाज था; **the ~s** पुराने ज़माने के लोग. [*ant.* modern]

and अन्ड (strong ऐन्ड) *conj.* **1.** और : John ~ Henry जॉन ≈ हेनरी; strong ~ healthy

हृष्टपुष्ट ≈ स्वस्थ; read ~ write पढ़ो ≈ लिखो; two ~ three make five दो और तीन पाँच होते हैं. **2.** (omitted in numerals & in compounding) three ~ a half साढ़े तीन; five hundred ~ sixty पाँच सौ साठ; mother ~ father माता-पिता, day ~ night दिन-रात. **3.** तो : ~ why not तो क्यों नहीं; ~ now तो अब ! ~ yet तो भी. **4.** (special constructions in Hindi) miles ~ miles मीलों; ~ others, ~ so on इत्यादि.

anecdote ऐ'निकडोट *n*ᶜ. क़िस्सा : amusing ~ मनोरंजक ≈; a collection of ~s क़िस्सों का संग्रह; ~s about politicians राजनेताओं के क़िस्से; some ~s make you laugh कुछ क़िस्से आपको हँसाते हैं; there are several ~s about Maharaja of Patiala पटियाला के महाराजा के बारे में कई ≈ हैं.

anemia = anaemia *q.v.*

anew अन्यू' *adv.* फिर से, नये सिरे से; write the essay ~ निबंध ≈ लिखो; in spring, the world seems to be born ~ वसन्त में लगता है कि दुनिया[F] ≈ पैदा हुई है; tell the story ~ कहानी[F] ≈ सुनाओ.

angel एञ्'जल *n*ᶜ. फ़रिश्ता, देवदूत; ~ of death मौत[F] का फ़रिश्ता, यमदूत; to have the patience of an ~ फ़रिश्ते/देवदूत जैसा धैर्य रखना; he is more than a man, he is an ~ वह मनुष्य से बढ़कर है, वह तो फ़रिश्ता है. [*ant.* devil; *as distinct from* angle]

anger ऐङ्'गर *n*ᵘ. क्रोध, गुस्सा [excessive अतिशय]; he was filled with ~ वह गुस्से/क्रोध से भरा था; she is easily moved to ~ उसे जल्दी[F] से ≈ आ जाता है; to give vent to ~ ≈ निकालना/उतारना. [*a.* angry]

angle ऐङ्'गल **I.** *n*ᶜ. **1.** कोण : an ~ of 90° 90° का ≈; right ~ समकोण; acute ~ न्यून ≈; obtuse ~ अधिक ≈; 90° से बड़ा कोण. **2.** दृष्टिकोण : from an other ~ दूसरे ≈ से. **3.** बंसी[F] : to fish with an ~ ≈ से मछली[F] पकड़ना. **II.** *v.i.* **1.** बँसी[F] लगाना, मछली[F] फँसाना : ~ for a trout ट्राउट मछली[F] फँसाना. **2.** युक्ति[F] खोजना : to ~ for an invitation निमन्त्रण पाने के लिए ≈.

anglicize ऐङ्'ग्लिसाइज़ **1.** *v.t.* अंग्रेज़ी रूप देना : to ~ the pronunciation of a Hindi word हिन्दी शब्द को अंग्रेजी उच्चारण का रूप देना. **2.** *v.i.* अंग्रेज़ी ढंग का बनना : he has become ~d वह अंग्रेज़ी ढंग का बन गया है.

Anglo- ऐङ्'ग्लो comb. form ऐंग्लो-, ~-Indian, ~-American.

angry ऐङ्'ग्रि *a.* [angrier, angriest] **1.** गुस्से, क्रुद्ध : ~ person क्रुद्ध व्यक्ति; to be ~ *with* a person *at* his behaviour किसी व्यक्ति से उसके आचरण पर ≈ होना; he became/got ~ वह ≈ हो गया, उसे गुस्सा/क्रोध आ गया; this made me ~ इससे मुझे गुस्सा/क्रोध आ गया. **2.** क्रोधपूर्ण, गुस्से में भरा : ~ looks, voice, words क्रोधपूर्ण दृष्टि[F], स्वर, शब्द. [*adv.* angrily गुस्से से; *ant.* pleased]

anguish ऐङ्'ग्विश *n*ᵘ. दर्द, व्यथा[F] : he was in ~ उसे दर्द था (व्यथा थी); her heart was torn with ~ उसका दिल ≈ से फट गया; she suffered terrible ~ उसे घोर व्यथा हुई. [*a.* ~*ed* दर्दभरा]

animal ऐ'निमल *n*ᶜ. **1.** पशु, जानवर [domestic पालतू, hungry भूखा, wild जंगली]; four-footed ~s चौपाये; to break in a wild ~ जंगली पशु/जानवर को सिधाना; an ~ lives, breathes, dies ≈ जीता है, साँस लेता है, मर जाता है. **2.** जीव : snakes, fish and birds are all ~s साँप, मछलियाँ[F] और पक्षी सब ≈ हैं. **II.** *a.* पशु-, पशु का : ~ **breeding** पशुओं की नस्ल बढ़ाना; ~ **husbandry** पशु-पालन; ~ **spirits** चंचलता[F]; ~ desires भौतिक इच्छाएँ[F]; ~ **kingdom** पशु जगत्, जीव जगत्. **animate** ऐ'निमिट **I.** *a.* सजीव, जानदार; ~ objects ≈ पदार्थ; even plants are ~ पौधे भी ≈ होते हैं. [*ant.* in-~] **II.** ऐ'निमेट *v.t.* **1.** सजीव बनाना, जान डाल देना; jokes ~d his speech चुटकुलों ने उसके भाषण में जान डाल दी (भाषण को सजीव बना दिया). **2.** अनुप्राणित करना : his actions were ~d by revenge उसकी क्रियाएँ[F] प्रतिशोध/बदले की भावना[F] से अनुप्राणित थीं. [*ant.* in~]

ankle ऐङ्'कल *n*ᶜ. टखना : the ~ of my right foot was hurt मेरे दाहिने पैर के टखने में चोट[F] लग गई; she has broken her left ~ उसका

बायाँ ≈ टूट गया है.

annex अनेक्स' *v.t.* **1.** मिला लेना : the king ~ed the entire territory to his kingdom राजा ने सारा क्षेत्र अपने राज्य में मिला लिया. **2.** जोड़ देना : she was ~ing a form to her letter वह अपने पत्र के साथ एक फार्म जोड़ रही थी. **3.** हथिया लेना : someone has ~ed my pencil किसी ने मेरी पेंसिल[F] हथिया ली है. **annexation** ऐनेक्'से'शन *n*[u]. समामेलन मिला लेना : ~ of land भूमि[F] का ≈; usurpation and ~ of a province किसी प्रांत को हड़प लेना और अपने राज्य में मिला लेना.

annexe ऐ'नेक्स *n*[c]. उपभवन : a hotel, hospital ~ होटल, अस्पताल का ≈; I live in the ~ of the bungalow मैं बंगले के ≈ में रहता/रहती हूँ.

anniversary ऐनिवर्'सरि *n*[c]. वर्षगाँठ[F], जयन्ती[F] [happy शुभ, joyful हर्षपूर्ण]; in honour of the first wedding ~ विवाह की पहली वर्षगाँठ के उपलक्ष्य में; this is the tenth ~ of his birthday यह उसके जन्मदिन की दसवीं ≈ है.

announce अनॉउन्स' *v.t.* (-ed, announcing) (की) घोषणा[F] करना, (को) विज्ञापित करना : to ~ one's death/arrival किसी की मृत्यु[F] (किसी के आगमन) ≈; ~ by beat of drum ढिंढोरा पीटकर घोषणा करना; the new rates were ~d yesterday नई दरें[F] कल विज्ञापित की गईं he ~d the programme at the meeting उसने बैठक[F] में कार्यक्रम की घोषणा की; the name of every guest was ~d प्रत्येक अतिथि का नाम घोषित किया गया. **announcement** -मन्ट *n*[c]. घोषणा[F], विज्ञप्ति[F]: I have an important ~ to make मुझे एक महत्वपूर्ण ≈ करनी है; ~ of their engagement उनकी सगाई[F] की घोषणा; that ~ had appeared in newspaper वह ≈ समाचार-पत्रों में निकली थी. **announcer** अनाउन्'सर *n*[c]. घोषक : a TV ~ दूरदर्शन का ≈/ उद्घोषक; he is the best ~ on the radio रेडियो पर वह सर्वश्रेष्ठ उद्घोषक है.

annoy अनाइ' *v.t.* **1.** तंग करना, सताना : we are ~ed with the bad weather हम इस गंदे मौसम से तंग आ गये हैं; go away, don't ~me चले जाओ, मुझे तंग मत करो (मुझे मत सताओ). **2.** खिझाना : all these things are ~ing इन सारी बातों[F] से खीझ[F] होती है; noise ~s me शोर से मुझे खीझ[F] होती है. **annoyance**-अन्स *n*[u]. **1.** खीझ[F] : to show ~ ≈ प्रकट करना; his face was red with ~ उसका चेहरा ≈ से लाल हो गया. **2.** खीझ का कारण : that dog is an ~ वह कुत्ता ≈ है.

annual ऐ'न्युअल **I.** *a.* वार्षिक, सालाना [examination परीक्षा[F]/इम्तहान, sports खेलें[F], exhibition नुमाइश[F]/प्रदर्शनी[F], meeting बैठक[F]]; what is his ~ salary उसका वार्षिक वेतन (उसकी सालाना तनख्वाह) कितनी है ? **II.** *n*[c]. वार्षिकी, वार्षिक प्रकाशन : many ~s are published near Diwali दीवाली[F] के आस-पास कई वार्षिक प्रकाशन प्रकाशित होते हैं.

annul अ नल' *v.t.* (-ll-) रद्द करना, ख़त्म कर देना : the decision, rule was ~led निर्णय, नियम रद्द/ख़त्म कर दिया गया; the bishop ~led their marriage बिशप ने उनका विवाह रद्द कर दिया. [*ant.* confirm]

anon., anonymous अनॉ'निमस *a.* अनाम, गुमनाम [author लेखक, letter पत्र]; the donor wants to remain ~ (दान) दाता गुमनाम रहना चाहता है.

another अनें'दर *a.* **1.** दूसरा, अन्य : we were in ~ room हम (एक) दूसरे/अन्य कमरे में थे; this egg is bad, give me ~ यह अंडा ख़राब है, मुझे ≈ दीजिए; one after ~ एक-दूसरे के पीछे/बाद : they came into the room one after ~ वे एक-दूसरे के पीछे कमरे में आ गये; one another एक-दूसरे का, परस्पर : we helped one ~ हमने एक-दूसरे की सहायता[F] की; houses are close to one another मकान एक-दूसरे के निकट/पास-पास हैं. **2.** एक और : give me ~ cup of tea मुझे एक प्याला चाय[F] और दो; have ~ biscuit ≈ बिस्कुट लीजिए; the author of this book is ~ Tulsidas इस पुस्तक के रचयिता कोई और तुलसीदास हैं.

answer आन्'सर, (Am. ऐन् सर) **I.** *n*[c/u]. उत्तर, जवाब [clear स्पष्ट/साफ़, correct सही, quick तुरन्त]; to receive, send an ~ ≈ पाना, भेजना; his ~ did not satisfy me उसके ≈

से मुझे संतोष नहीं हुआ; she made/gave no ~ उसने कोई ≈ नहीं दिया; what is the ~ to this sum इस सवाल का क्या जवाब है? **II.** *v.t.i.* **1.** उत्तर/जवाब देना; ~ my question, please कृपया मेरे प्रश्न का उत्तर दीजिए; mother called her, but she did not ~ माँ ने उसे बुलाया, पर उसने ≈ नहीं दिया. [*ant.* question] **2.** उत्तर/जवाब देने जाना : ~ the bell, telephone घंटी[F], टेलीफ़ोन का ≈. **3.** मेल खाना : this man ~s the description यह आदमी हुलिया से मेल खाता है. Δ to ~ **back** मुँह पर जवाब देना. ~ **for** (i) उत्तरदायी होना : I'll ~ **for** your safety मैं तुम्हारी रक्षा[F] का उत्तरदायी हूँगा. (ii) दंडित होना : she will ~ **for** this mischief वह इस शरारत[F] के लिए दंडित होगी. [*ant.* question]**answerable** आन्'सरबल *a.* उत्तरदायी, जवाबदेह : I can't be ~ **to** you for his fault मैं उसके दोष के लिए आपको ≈ नहीं हो सकता; he/she is ~ for this scheme इस योजना[F] के लिए वह ≈ है.

ant ऐन्ट n^c. चींटी[F] : ~s live in groups चींटियाँ दल बनाकर रहती हैं; ~s never sleep चींटियाँ कभी सोती नहीं हैं. Δ **the ant grows wings but to die** चींटी के पर निकले कि मौत[F] आई.

-ant -अन्ट *a. suff.* (करने वाला) as in applicant, dependant, ignorant, confidant, assistant, inhabitant, repentant.

antagonist ऐनटै'गॅनिस्ट n^c. विरोधी, प्रतिद्वन्द्वी : to close with one's ~ अपने ≈ से समझौता कर लेना; they overcame their ~s उन्होंने अपने विरोधियों को मात कर दिया. [*ant.* protagonist]

ante- ऐन्'टि *pref.* पूर्व, पहले; as in ~ room, ~dated, anterior.

antedated ऐन्'टिडेटिड *a.* पूर्वदिनांकित, पहले की तारीख़[F] का [cheque चेक, receipt रसीद[F]]; Shakespeare's plays are ~ शेक्सपियर के नाटक पहले की तारीख़ (पूर्व काल) के हैं.

antelope ऐन्'टिलोप n^c. चौसिंगा हिरन : a herd of ~s चौसिंगा हिरनों का झुन्ड; I shot two ~s मैंने दो चौसिंगा हिरनों को गोली[F] से मारा.

antenna ऐन्'टे'नॅ n^c. (*pl.* antennae, ~s) एरियल [see aerial]

anterior ऐन्टिअ'रिअर *a.* पूर्ववर्ती, पिछला : ~ position पूर्ववर्ती/पिछली स्थिति[F]. [*ant.* posterior]

anthem ऐन्'थम n^c. **1.** भजन : ~ is sung in a temple, church भजन मंदिर, गिरजाघर में गाया जाता है. **2.** गान, गीत, तराना : **national** ~ राष्ट्रीय गान/गीत, क़ौमी तराना; 'God save the king' is British national ~ 'परमात्मा राजा की रक्षा करे' यह बरतानवी राष्ट्रीय गीत है; 'jan-gan-man adhinayak jai hay' is Indian national ~ जन-गण-मन अधिनायक जय है, यह भारतीय राष्ट्रीय ≈ है.

anthology ऐनथॉ'लॅजि n^c. संग्रह, चयनिका[F] : ~ of poems कविता- ≈; ~ of ballads गाथा- ≈ an ~ of anecdotes was published क़िस्सों का एक संग्रह प्रकाशित हुआ था.

anti- ऐन्'टि *pref.* विरोधी; ~ aircraft; ~ corruption भ्रष्टाचार-विरोधी; ~dote प्रतिविष, प्रतिकारक; ~ national राष्ट्रविरोधी; ~septic पीपरोधी; ~ social (*q.v.*).

anticipate ऐनटि'सिपेट *v.t.* **1.** प्रत्याशा[F] करना, पहले से जान लेना : we were not anticipating any trouble हम किसी कठिनाई[F] की प्रत्याशा[F] नहीं करते थे; to ~ success सफलता[F] की ≈ **2.** पेशबंदी[F] करना : the enemy ~d us by reaching the bridge शत्रु ने पुल पर पहुँचने में हमारी पेशबंदी की. **anticipated** *a.* प्रत्याशित [cost लागत[F], expenditure] खर्च/व्यय, meeting मुलाक़ात]. **anticipation**ऐनटिसिपे'शन n^u. **1.** प्रत्याशा[F]; to rejoice in ~ of journey यात्रा[F] की ≈ में ख़ुशी[F] मनाना; we waited in ~ of her arrival हमने उसके आने की ≈ में प्रतीक्षा[F] की. **2.** पहले से जानना : to draw salary in ~ पहले से जानकर वेतन पा लेना.

antimony ऐन्'टिमॅनि n^u. सुरमा : ~ is a white metal सुरमा एक सफ़ेद धातु[F] है.

antipathy ऐनटि'पॅथि n^u. विद्वेष, वैरभाव : he has great ~ towards the Chinese उसका चीनियों के प्रति बड़ा ≈ है; there is a great deal of ~ among them उनमें परस्पर बड़ा ≈ है; previously I had some ~ towards her/him पहले उसके प्रति मेरा कुछ ≈ था. [*ant.* sympathy]

antiquated ऐन्'टिक्वेटिड *a.* पुराना, अप्रचलित; ~ car पुरानी मोटरकार^F; ~ design ≈ नमूना; it is rather ~ these days इन दिनों यह कुछ पुराना पड़ गया है (अप्रचलित हो गया है). **antique** ऐनटिक' **I.** *a.* पुराना, पुरातन [dress पहनावा, statue मूर्ति^{F}, temple मंदिर]. **II.** n^c. पुरानी वस्तु^{F} : that chair is ~ वह कुर्सी^{F} ≈ है; he collects ~s वह पुरानी वस्तुएँ^{F} इकट्ठी करता रहता है. **antiquity** ऐनटि'क्विटि **1.** n^c. पुरावशेष, प्राचीन वस्तु^{F} : an exhibition of Indian antiquities भारतीय पुरावशेषों की प्रदर्शनी^{F}. **2.** n^u. प्राचीन काल : a monument of great ~ बहुत प्राचीन काल का स्मारक; smth come down from ~ ≈ से चली आ रही कोई वस्तु^{F}.

anti-social ऐन्टिसो'शल *a.* समाज-विरोधी [activities कार्यकलाप, behaviour व्यवहार, elements तत्व]; to spit pan saliva on a street is ~ पान की लार गली^{F} में थूकना ≈ है.

anti-tank ऐन्टि टैंक' *a.* टैंकतोड़ [gun तोप^F, shell गोला].

antonym ऐन्'टॅनिम n^c. विपरीतार्थ, विलोम, उलटा; good is the ~ of bad बुरा का ≈ अच्छा है; big and small are ~s बड़ा और छोटा ≈ हैं. [*syn.* opposite]

anvil ऐन्'विल n^c. निहाई^F, सँदान : to beat with a hammer on an ~ ≈ पर हथौड़े से पीटना; the blacksmith's ~ लोहार का ≈ Δ **on the** ~ विचाराधीन : the resolution is still on the ~ प्रस्ताव अभी विचाराधीन है.

anxiety ऐङ्ज़ा'इटि n^c. चिन्ता^{F}, फ़िक्र^F : that is a great ~ to me इसकी मुझे बहुत ≈ है; his illness caused ~ उसकी बीमारी^{F} ने चिन्ता पैदा कर दी; all his anxieties are now over उसकी सब चिन्ताएँ^{F} अब समाप्त हो गईं; full of ~ चिंतित. **anxious** ऐङ्क्'शस *a.* **1.** चिन्तित [person व्यक्ति]; mother was ~ about you माँ तुम्हारे बारे में ≈ थी; I am ~ about the future मैं भविष्य के बारे में ≈ हूँ. **2.** चिन्ताजनक [moment क्षण] **3.** उत्सुक : I am ~ to know मैं जानने को ≈ हूँ; he is not ~ to get this prize वह यह पुरस्कार (इनाम) पाने को ≈ नहीं है. [*ant.* careless]

any ऐ'नि **I.** *pron.* कोई : he has three brothers, I haven't ~ उसके तीन भाई हैं, मेरा ≈ नहीं; so many books are lying here, you can take ~ इतनी किताबें^{F} वहाँ पड़ी हैं, तुम ≈ ले सकते हो; there were very few people there; if ~ वहाँ यदि कोई थे भी तो बहुत थोड़े-से लोग थे. **II.** *a.* कोई [bus बस^F, colour रंग, trouble कष्ट]; have you ~ wool आपके पास ≈ ऊन है? we did not tell it to ~ boy हमने किसी लड़के को नहीं बताया; ask ~ clerk किसी क्लर्क से पूछो. **~body, ~ one** कोई (व्यक्ति) :~one can do it इसे ≈ कर सकता है; ~ one of us can do it हममें से कोई इसे कर सकता है; I didn't see ~ one coming मैंने किसी को आते नहीं देखा; I understand it better than ~ else मैं किसी और (व्यक्ति) की अपेक्षा^{F} इसे अधिक अच्छा समझता हूँ. [*cf.* anybody] ~ **thing** कोई चीज़^{F}, कुछ भी; I don't need ~ मुझे ≈ नहीं चाहिए; do not write ~ on the board तख़्ते पर ≈ मत लिखो; is there ~ new क्या कोई नयी बात^F है? **III.** *adv.* कोई, ज़रा; is it ~ better क्या यह ≈ उससे अच्छा है? I don't think his writing has improved मैं नहीं समझता कि उसका लेख ≈ सुधरा है. ~ **how** बहरहाल, किसी भी तरह; it may rain, but ~ I shall go out हो सकता है कि बारिश^F हो ≈ मैं तो बाहर जाऊंगा; ~ you can try ≈ तुम कोशिश^F कर देखो. ~ **more** फिर कभी : I won't do that ~ मैं ≈ ऐसा नहीं करूँगा. ~ **way** = anyhow. ~ **where** कहीं; he lives ~ near here वह यहीं ≈ पास में रहता है; are you going ~ tomorrow क्या तुम कल ≈ जा रहे हो? you won't get it ~ else तुम्हें यह कहीं और नहीं मिलेगा. Δ **at** ~ **rate** = anyhow; **in** ~ **case** किसी हालत^F में, बहरहाल; ~, the problem is serious ≈, समस्या^{F} गंभीर है.

A.P. Associated Press.

apace अपेस' *adv.* तेज़ी-से; grass grows ~ घास^F ≈ उगती है; he ran ~ वह ≈ भाग गया; it rains ~ बारिश^F ≈ होती है. [*ant.* slowly]

apart अपार्ट' *adv.* **1.** अलग : she was standing a little ~ from other girls वह दूसरी लड़कियों से कुछ ≈ खड़ी थी; put your clothes ~ अपने कपड़े अलग रखो;

the trees were planted three metres ~ पेड़ एक-दूसरे से 3 मीटर = लगाये गये. 2. =-अलग : I can't tell them ~ मैं उन्हें = नहीं बता सकता. 3. छोड़कर; ~ from the car, I need nothing कार^F को = मुझे कुछ नहीं चाहिए jesting ~ मज़ाक छोड़िए. 4. Δ to **set** ~ अलग रखना; set a portion of your house ~ अपने मकान का एक हिस्सा अलग रख छोड़िए; to **take apart** टुकड़े अलग करना; to take the engine ~ इंजन के पुर्ज़े अलग करना. [*ant.* together]

apartment अपार्ट'मन्ट *n*^c. कमरा [clean साफ़, new नया, spacious खुला]; to let, rent an ~ = किराये पर देना, किराये पर लेना; a set of ~s फ्लैट, क्वार्टर.

ape एप I. *n*^c. बानर, बंदर : ~ is a monkey without tail यह ऐसा = है जिसकी पूँछ^F नहीं होती. II. *v.t.* नकल करना : children often ~ their parents बच्चे प्रायः/अक्सर माँ-बाप की नकल करते हैं; girls are aping new fashions लड़कियाँ नये-नये फ़ैशनों की नक़ल करती हैं.

apiece अ पीस' *adv.* प्रति, प्रत्येक, एक-एक : these shirts cost Rs. 100 ~ इन कमीज़ों^F में प्रत्येक (एक-एक) की कीमत^F रु० 100 है, एक-एक कमीज़^F पर रु० 100 लगते हैं.

apologise, -ze *v.i.* खेद प्रकट करना, माफ़ी^F माँगना : you should have ~d **to** him तुम्हें उससे माफ़ी माँगनी चाहिए थी (खेद प्रकट करना चाहिये था); the boy ~d **for** his rudeness लड़के ने अपनी अशिष्टता के लिए माफ़ी माँगी; I ~ **for** coming late मैं देर से आने की माफ़ी/क्षमा चाहता हूँ. **apology** अपॉ'लॅजि *n*^c. 1. क्षमा-याचना^F, माफ़ी^F : to make an ~ to a person for a mistake किसी से ग़लती^F के लिए क्षमा याचना करना; to grant, accept माफ़ी देना, मान लेना. 2. नमूना : this is but an ~ **for** a car यह कार का बस = है.

apostrophe अपॉस्'ट्रॅफ़ि *n*^c. वर्णलोप का चिह्न ('); as in let's go, he'll come, e'er (ever); ~ess = 's (का, के, की), my brother's hat मेरे भाई की टोपी^F; [only ~ if a noun ends in -s] brothers' wives भाइयों की पत्नियाँ; but children's toys बच्चों के खिलौने.

apparatus ऐपॅरेटस *n*^c. (*pl.* apparatuses) 1. मशीन^F [complex जटिल, simple आसान]; to buy, instal, use an ~ = खरीदना, लगाना, इस्तेमाल करना. 2. साधन : ~ of a municipal corporation नगर निगम के =.

apparel अपै'रल *n*^u. पहरावा, पोशाक^F [new नया/नयी, rich अमीराना]; to wear the ~ = पहनना; the actress appeared in her gaudy ~ अभिनेत्री अपनी भड़कीली = में सामने आई.

apparent अपै'रन्ट *a.* 1. प्रकट, स्पष्ट, साफ़ [error भूल^F, fraud छल]; it is so ~ that a child can understand यह इतना = है कि बच्चा भी समझ सकता है. 2. ऊपरी : his honesty is more ~ than real उसकी ईमानदारी^F सच्ची होने की अपेक्षा ऊपरी-ऊपरी है. [*ant.* hidden]

appeal अपील' I. *n*^c. 1. अपील^F : ~ against an order किसी आदेश के विरुद्ध =; to file, admit an ~ = दायर करना, मंज़ूर करना; ~ for peace शांति^F की =; the ~ was signed by several hundred people कई सौ लोगों ने = पर हस्ताक्षर/दस्तख़त किये. 2. अपील^F, अनुरोध : he made an ~ for help उसने सहायता^F के लिए अनुरोध किया (अपील की). 3. आकर्षण : the cinema has lost its ~ for me मेरे लिए सिनेमा का कोई = नहीं रह गया. II. *v.i.* 1. अपील^F करना : he ~ed **against** the sentence उसने दण्डादेश के विरुद्ध अपील की. 2. अनुरोध करना : we ~ed **to** the people for help हमने लोगों से सहायता^F के लिए अनुरोध किया. 3. अच्छा लगना : this place does not ~ to me यह जगह^F मुझे अच्छी नहीं लगती.

appear अपिअर' *v.i.* 1. दिखाई देना, सामने आना : the moon ~ed at 9 o'clock चाँद नौ बजे दिखाई दिया (सामने आया); the aeroplane ~ed at last आख़िरकार हवाई जहाज़ सामने आ गया (दिखाई दे गया); a man suddenly ~ed एक आदमी अचानक दिखाई दिया. 2. दिखाई देना, लगना, प्रतीत होना : it ~s unnecessary यह अनावश्यक दिखाई देता है (लगता है, प्रतीत होता है); he appeared sad वह उदास दिखाई देता था

(लगता था); it ~s so, it so ~s ऐसा ही लगता है. **3.** उपस्थित/पेश होना; he is appearing before the judge वह जज के सामने पेश हो रहा है. **4.** निकलना : the stars ~ed तारे निकले; a new book ~s every month एक नयी किताब^{F} हर महीने निकलती है. **5.** to ~ at an exam परीक्षा^{F} में बैठना. [*ant.* disappear] **appearance** अपिअ'रन्स $n^{u/c}$. **1.** शक्ल^{F}, रूपरंग [simple सादा, ugly गंदी]; he seemed poor by ~ वह ≈ से ग़रीब लगता था. **2.** उपस्थिति^{F} : make one's ~ at the meeting बैठक^{F} में उपस्थित होना. **3.** दिखावा : it has the ~ of truth इसमें सच्चाई^{F} का ≈ भर है. **keep up ~s** ≈ बनाये रखना : he spent a few lakhs on the wedding of his son just to keep ~s उसने ≈ बनाये रखने के लिए अपने बेटे की शादी^{F} में कुछ लाख खर्च कर दिये. [*ant.* dis~] **4.** दिखाई देना : the thief ran away at the ~ of the police पुलिस^{F} के दिखाई देने पर चोर भाग गया; all the houses were alike in ~ सारे मकान देखने में एक-से हैं. **Δ to all ~s** देखने में : to all ~s he is a rich man देखने में वह अमीर है.

appease अपीज़' *v.t.* **1.** तुष्ट करना, ख़ुश रखना : I could ~ him with difficulty मैं उसे कठिनाई^{F} से तुष्ट कर सका; the money ~d her पैसे से वह संतुष्ट हो गई. **2.** शांत करना : to ~ hunger, anger, thirst भूख^{F}, क्रोध, प्यास^{F} ≈; she ~d her curiosity उसने अपनी जिज्ञासा^{F} को शांत किया; to ~ a mad man किसी पागल आदमी को शांत करना (ख़ुश रखना). **appeasement**-मन्ट n^{u}. तुष्टि^{F} : for the ~ of a community/person किसी सम्प्रदाय/ व्यक्ति की ≈ के लिए, किसी. . . को ख़ुश रखने के लिए.

append अपें'न्ड' *v.t.* **1.** जोड़ना, नत्थी करना : ~ s list of books to a letter पत्र के साथ पुस्तकों^{F} की सूची^{F} ≈. **2.** ~ your signature अपने हस्ताक्षर साथ में कर दो. **appendix** अपें'न'डिक्स n^{c}. (*pl.* -dixes, -dices) परिशिष्ट : ~ at the end of a book पुस्तक^{F} के अन्त में ≈.

appetite ऐ'पिटाइट n^{u}. **1.** भूख^{F}, रुचि^{F} : I have no ~ मुझे ≈ नहीं है; to excite, quiet ~ ≈ जगाना, मिटाना (शांत करना). **2.** (fig.) भूख^{F} : ~ for fame यश की ≈.

applaud अप्लॉड' *v.t.* **1.** वाह-वाह^{F} करना; शाबाशी^{F} देना : to ~ an actor किसी अभिनेता को ≈; ~ one's art किसी की कला^{F} पर ≈. **2.** तालियाँ^{F} बजाना : to ~ a speech किसी के भाषण पर ≈. **applause** अप्लॉज़' n^{u}. **1.** वाह-वाह^{F}, शाबाशी^{F} [loud ऊंची, tremendous ज़ोर की]; to receive ~ ≈ पाना. **2.** तालियाँ^{F} : peals of ~ तालियों की गड़गड़ाहट^{F}; to receive a dancer with ~ किसी नाचने वाले का तालियों से स्वागत करना.

apple ऐ'पल n^{c}. **1.** सेब [hard कड़ा, sour खट्टा, sweet मीठा]; ~s are good to eat ≈ खाने में अच्छे होते हैं; to pluck, pick up, cut an ~ सेब तोड़ना, चुनना, काटना; ~ jam ≈ का मुरब्बा. **2.** ~ of one's eye आँख^{F} का तारा; ~ of discord फूट^{F} की जड़^{F}.

applicable अप्लि'कॅबल *a.* लागू : this rule is not ~ to all cases यह नियम सभी मामलों में ≈ नहीं होता. [*ant.* in~] **applicant** ऐ'प्लिकन्ट n^{c}. प्रार्थी : there were three hundred ~s for one post एक पद के लिए तीन सौ ≈ थे. **application** ऐप्लिके'शन **1.** n^{c}. प्रार्थना-पत्र^{F}, अर्ज़ी^{F} : your ~ has been received, accepted, rejected तुम्हारा प्रार्थना-पत्र मिला, स्वीकृत हुआ, अस्वीकृत हुआ; we have had several ~s for the job हमारे पास इस काम के लिए कई अर्ज़ियाँ आ गई हैं; ~ for leave छुट्टी^{F} के लिए ≈. **2.** अनुप्रयोग : practical ~ of law, science क़ानून, विज्ञान का व्यावहारिक ≈. **applied** अप्लाइड' *a.* अनुप्रयुक्त [linguistics भाषाविज्ञान, physics भौतिकी^{F}, psychology मनोविज्ञान]. [also see 'apply'; *ant.* theoretical] **apply** अप्लाइ' [applies, applied, applying] **I.** *v.t.* लगाना : to ~ ointment to a sore फोड़े पर मरहम ≈; ~ paint पेंट/रंग ≈; ~ oneself to work काम में लगना; **to ~ one's mind** to a job किसी काम में अपना मन लगाना. **II.** *v.i.* **1.** लगना, लागू होना : the rule does not ~ **to** you यह नियम तुम पर लागू नहीं होता. **2.** निवेदन करना : ~ for help सहायता^{F} के लिए ≈.

3. प्रार्थना-पत्र देना : ~ for a post किसी पद के लिए ≈.

appoint अप्वाइन्ट' *v.t.* **1.** लगाना, नियुक्त करना : he was ~ed secretary, clerk उसे सचिव, लिपिक नियुक्त किया गया; they ~ed Miss J as personal assistant उन्होंने कु० ज को निजी सहायक के रूप में नियुक्त किया. **2.** निश्चित/नियत करना : the manager ~s a day for disbursing salary प्रबंधक वेतन बाँटने के लिए दिन निश्चित कर देता है; the time for our meeting has been ~ed हमारी बैठक^F के लिए समय निश्चित/नियत कर दिया गया है. **appointment** -मन्ट **1.** *n*^{c}. नियुक्ति^{F} : the ~ of Henry as director निदेशक के रूप में हेनरी की ≈; his ~ was for one year only उसकी ≈ केवल एक वर्ष के लिए थी. **2.** (भेंट^F) तय : I made an ~ to see him मैंने उससे भेंट करना तय कर लिया था; to keep one's ~ तय की हुई भेंट करना. **3.** ~**s** अचल फ़र्नीचर

appreciable अप्री'शॅबल *a.* पर्याप्त, अच्छा-खासा : there has been ~ improvement ≈ सुधार हुआ है; ~ increase in population आबादी^{F} में अच्छी-ख़ासी बढ़ोत्तरी^{F}. **appreciate** अप्री'शिएट **1.** *v.t.* सराहना, क़द्र^F करना : ~ merity गुणों को सराहना, गुणों की क़द्र करना; she does not ~ music वह संगीत की क़द्र/सराहना नहीं करती; I was not ~d मेरी (मेरे काम की) क़द्र नहीं की गई. **2.** अच्छी तरह समझना : I ~ your difficulties मैं तुम्हारी कठिनाइयों को अच्छी तरह समझता हूँ. **3.** *v.i.* भाव/मूल्य बढ़ना; the land has ~d ज़मीन^F का भाव बढ़ गया है. [*ant.* depreciate] **appreciation** अप्रीशिए'शन *n*^{u}. **1.** सराहना^{F} : a line of ~ for his art उसकी कला^{F} की ≈ में एक पंक्ति^{F}. **2.** गुणग्रहण : she has a deep ~ of poetry उसमें कविता^{F} का भारी ≈ है. **3.** समझ^F, जानकारी^{F} : I have some ~ of your problems मुझे तुम्हारी समस्याओं^{F} की ≈ है. **4.** मूल्य वृद्धि^{F} : ~ of property संपत्ति^{F} की ≈. [*ant.* depreciation]

apprehend ऐप्रिहेंन्ड' *v.t.* **1.** [old use] समझना : I ~ the meaning of your words मैं आपके शब्दों का अर्थ समझता हूँ; he ~s the intentions of the author वह लेखक के आशय को समझता है. **2.** की आशंका^{F} होना : we ~ some trouble हमें कुछ गड़बड़ी^{F} की आशंका है. **3.** पकड़ना, गिरफ़्तार करना : the police ~ed the thief पुलिस^F ने चोर को पकड़ लिया (गिरफ़्तार कर लिया).

apprehension ऐप्रिहेंन्'शन **1.** *n*^{u}. समझ : she has a clear ~ of the problem उसे समस्या^{F} की साफ़ ≈. है **2.** *n*^{c}. (*pl.* with sing. meaning) आशंका^{F}, चिन्ता^{F} : ~s for the safety of his son अपने बेटे की सुरक्षा^{F} के लिए उसकी ≈. **3.** गिरफ़्तारी^{F} : ~ of the culprits अपराधियों की ≈.

apprentice अप्रें'न्'टिस *n*^{c}. प्रशिक्षु, शिक्षार्थी, नौसिखिया : he is only an ~ in the factory वह कारख़ाने में सिर्फ़ ≈ है; his son is an ~ to an engineer उसका बेटा इंजीनियर के पास ≈ है.

apprise, -ze अप्राइज़' *v.t.* अवगत कराना, जताना : he ~d the manager of the latest situation उसने प्रबंधक को अब तक की स्थिति^{F} से अवगत करा दिया; we have the pleasure of apprising you of the change in our address हमें आपको अपने पते में परिवर्तन से अवगत कराने में प्रसन्नता^{F} हो रही है.

approach अप्रोच' **I.** *v.t.* & *i.* **1.** (के) पास आना : when they ~ed me जब वे मेरे पास आये; winter is ~ing सर्दी^{F} पास आ रही है. **2.** पहुँचना : the train ~ed Mumbai गाड़ी^{F} मुम्बई^F पहुँची. **3.** के पास तक पहुँचना, लगभग होना : his enthusiasm ~es madness उसका जोश पागलपन के लगभग है; no writer ~es Kalidas कोई लेखक कालिदास के बराबर नहीं है. **II.** *n*^{c}. **1.** पहुँच, पहुँचना : the boys ran away at the ~ of the police पुलिस^F के पहुँचने पर लड़के भाग गये. **2.** पहुँच, मार्ग : all the ~es to the village नगर तक पहुँचने के सब मार्ग. **3.** पहुँच^F, रुख़ : his ~ to the subject विषय तक उसकी पहुँच, विषय के बारे में उसका रुख़.

appropriate अप्रो'प्रिअट I *a.* उपयुक्त, सही [example उदाहरण, reply उत्तर, speech भाषण]; songs were ~ to the occasion गाने अवसर के उपयुक्त थे (अवसर के

लिए सही थे). [*ant.* in ~]. **II.** अप्रो'प्रिएट *v.t.* **1.** हथियाना : he ~d my seat उसने मेरी सीट^F हथिया ली. **2.** अलग रख देना : ~ this money for marriage यह पैसा शादी^F के लिए अलग रख दो.

approval अप्रू'वल *n*^u. अनुमोदन, मंज़ूरी^F : to act with one's ~ किसी की मंज़ूरी लेकर काम करना, किसी के अनुमोदन से काम करना; I'll give my ~ मैं अपनी मंज़ूरी दे दूँगा; I hope this plan will receive (meet with) your ~ आशा^F है कि इस योजना^F के लिए आपका अनुमोदन प्राप्त हो जायगा. [*ant.* dis~] **approve** अप्रूव' *v.t.i.* **1.** पसंद करना : I ~ **of** your idea मुझे तुम्हारा विचार पसंद है. **2.** अनुमोदन करना : the committee ~d the scheme समिति^F (कमेटी) ने योजना^F का अनुमोदन किया. [*ant.* dis~] **approver** *n*^c. इकबाली गवाह, राजसाक्षी : one of the culprits turned an ~ अपराधियों में से एक ≈ बन गया.

Apr. = April.

approximate अप्रॉ'क्सिमिट **I.** *a.* लगभग [cost लागत^F, distance दूरी^F]; what can be the ~ answer to this इसका ≈ उत्तर क्या हो सकता है; I can tell you the ~ number of people मैं आपको लोगों की ≈ संख्या^F बता सकता हूँ. [*adv.* ~ly]. **II.** *v.i.* लगभग/आसपास होना : your statement ~s to the truth तुम्हारा कथन सच्चाई^F के लगभग/आस-पास है.

apricot ऐ'प्रिकॉट *n*^c. खूबानी^F : we get ~s from Kashmir हमें खूबानियाँ कश्मीर से मिलती हैं; ripe ~ is sweet पकी ≈ मीठी होती है.

April ए'प्रल *n.* अप्रैल : ~ has thirty days ≈ में तीस दिन होते हैं; today is the 10th of ~ आज ≈ की दस तारीख़^F है; on the 10th of ~ 10 ≈ को; it will be warm by ~ ≈ तक गर्मी हो जायगी; she died on ~ 23 or the 23rd of ~ वह 23 ≈ या ≈ की 23 तारीख़ को मरी.

apron ए'प्रन *n*^c. एप्रन, पेटबंद [new नया, cotton सूती, white सफ़ेद]; to put on an ~ ≈ पहनना; take off the ~ after preparing the dinner खाना तैयार करने के बाद ≈ उतार दो.

apt ऐप्ट *a. prep.* **1.** प्रवीण, सुयोग्य [student छात्र]; that boy is ~ with figures वह लड़का अंकगणित में ≈ है. **2.** संगत, उपयुक्त [remark टिप्पण, reply उत्तर]. **3.** सक्षम; ~ *to* learn सीखने में सक्षम. **4.** रुझान वाला; he is ~ to get angry वह गुस्से के रुझान वाला है. [*n.* aptitude क्षमता^F, रुझान; *ant.* in~]

aquarium अक्वें'रिअम *n*^c. (*pl.* -riums, -ria) मछली घर : ~ can be a building ≈ एक मकान हो सकता है; aquarias are generally made of glass ≈ प्राय : शीशे के बने होते हैं.

ar- -अर *pref.* = ad - before r-, as in arrive, arrest, array, arrange.

-ar अर *suff.* **1.** (forms adjectives), as in linear, polar, popular. **2.** (makes nouns) as in beggar, liar, registrar.

arbiter आर'बिटर *n*^c. **1.** नियंत्रक : he has been an ~ of fashions for a century वह एक शती^F फ़ैशनों का ≈ रहा है. **2.** (rare) = arbitrator. **arbitrary** आर'बिट्रेरी *a.* **1.** मनमाना [decision निर्णय/फ़ैसला]; ~ punishment मनमानी सज़ा^F; in an ~ manner मनमाने ढंग से. **2.** निरंकुश : ~ ruler is never popular ≈ शासक कभी लोकप्रिय नहीं होता. **arbitration**आर्बिट्रे'शन *n*^u. मध्यस्थता^F : a decision by ~ ≈ द्वारा निर्णय; the dispute was taken to ~ झगड़ा ≈ के लिए छोड़ा गया; to go to ~ मध्यस्थता कराना, पंचों के फ़ैसले के लिए छोड़ देना. **arbitrator** आर्'बिट्रेटर *n*^c. पंच, मध्यस्थ; both the parties appointed their ~s दोनों पक्षों ने अपने-अपने ≈ नियुक्त कर दिये; I acted as ~ मैंने ≈ का काम किया. [*fem.* arbitress]

arc आर्क *n*^c. अधगोला, चाप; to draw an ~ ≈ खींचना; rainbow makes an ~ of colours इंद्रधनुष रंगों का ≈ बनाता है.

arch आर्च **I.** *n*^c. डाट^F, महराब^F : the bridge with three ~es तीन डाटों वाला पुल; the marble ~ in London लंदन में संगमरमर की ≈. **II.** *a.* धूर्ततापूर्ण [look दृष्टि^F, smile हँसी^F]. **III.** *v.t.i.* डाट^F बनाना : the cat ~es its back बिल्ली^F अपनी पीठ^F की ≈ बना लेती है; they have ~ed the passage उन्होंने गलियारे के ऊपर ≈ बना ली है : the trees

~ ed over the path पेड़ों ने रास्ते पर ≈ बना रखी थी.

arch- आर्च, आर्क *pref.* प्रधान, बड़ा : ~ bishop ≈ बिशप; ~ angel ≈ देवदूत; ~ enemy बड़ा दुश्मन; ~ traitor, ~ liar.

archaeology आर्किऑ'लॅजि n^{u}. पुरातत्व : ~ studies buried remains ≈ दबे पड़े खंडहरों का अध्ययन करता है.

archer आर्'चर n^{c}. तीरन्दाज़, धनुर्धर : the ~ shot a bird with his arrow ≈ ने अपने तीर/वाण से एक पक्षी को निशाना बनाया; Arjun was the most famous ~ अर्जुन सर्वाधिक प्रसिद्ध ≈ थे. **archery** आर्'चरि n^{u}. तीरन्दाज़ी^{F}, धनुर्विद्या^{F} : ~ is no more practised ≈ का अभ्यास अब नहीं होता; some wild people are expert in ~ कुछ जंगली लोग ≈ में कुशल होते हैं.

architect आर्'किटॅक्ट n^{c}. **1.** वास्तुकार, भवन-विशेषज्ञ : an ~ designed the new school एक ≈ ने नये स्कूल का ख़ाका तैयार किया था. **2.** निर्माता : every man is the ~ of his own fortune मनुष्य अपने भाग्य का आप ही निर्माता है; ~ of a scheme योजना^{F} का ≈. **architecture** आर्'किटॅक्चर n^{u}. वास्तुकला^{F}, भवन निर्माण [Persian ईरानी, Egyptian मिस्री, Indian भारतीय]; studying ~ वास्तुकला^{F} का अध्ययन; he does not like modern ~ उसे आधुनिक ≈ पसन्द नहीं है.

archway आर्च'वे n^{c}. तोरणद्वार, महराबी गलियारा : they made an ~ for the hero's reception उन्होंने वीर पुरुष के स्वागत के लिए ≈ बनाया.

ardent आर्'डन्ट *a.* **1.** प्रबल, ज़ोरदार [love प्रेम, wishes इच्छाएँ^{F}/कामनाएँ^{F}]; it was an ~ race यह ज़ोरदार दौड़^{F} थी. **2.** जोशीला [speaker वक्ता, supporter समर्थक]. **3.** चमकदार [eyes आँखें^{F}]. **ardour** आर्'डरn^{u}. जोश, उत्साह : to fight with ~ ≈ से लड़ना; he has great patriotic ~ उसमें बहुत देशभक्तिपूर्ण ≈ है. he was full of ~ उसमें ≈ भरा था; the lover's ~ impressed the girl प्रेमी के ≈ ने लड़की को प्रभावित किया. **arduous** आर्'डयुअस *a.* **1.** कड़ा, कठिन [duty कर्तव्य, task काम]; it was an ~ climb over the hill पहाड़ी^{F} पर की चढ़ाई^{F} कड़ी थी. **2.** दुर्गम [path रास्ता]. [*ant.* easy].

are आर present t. *pl.* of *is,* है we/you/they ~ going हम/आप/वे जा रहे हैं; they are silent वे चुप हैं; shops ~ in the centre दुकानें^{F} केन्द्र में हैं; we ~ all ready हम सब तैयार हैं; they are known वे जाने हुए हैं; we are late हमें देर^{F} हो गई है; how many persons are you तुम कितने व्यक्ति हो ?

area ऍ'रिअ **1.** n^{c}. क्षेत्र, इलाक़ा : there are no tigers in this ~ इस ≈ में बाघ नहीं होते; the ~ under cultivation खेती^{F} वाला≈; do you live in this ~ क्या तुम इस इलाक़े में रहते हो ? **2.** n^{u}. क्षेत्रफल : the ~ of this field is 6000 sq. metres इस खेत का ≈ 6000 वर्ग मीटर है.

arena अरी'नॅ n^{c}. अखाड़ा [modern आधुनिक, political राजनीतिक]; to enter the ~ अखाड़े में घुसना; ~ for amusements and fights मनोरंजनों और लड़ाइयों^{F} का अखाड़ा; the Legislative Assembly is an ~ for debate विधानसभा^{F} वादविवाद का ≈ है.

are n't आरेन्ट *v.* = are not नहीं हैं; they ~ here वे यहाँ नहीं हैं.

argue आर्'ग्यु **1.** *v.t.* & *i.* बहस^{F} करना : he argued well उसने अच्छी बहस की; they argued the matter all day वे सारा दिन इस मामले पर बहस करते रहे; two brothers are arguing दो भाई बहस कर रहे हैं; don't ~ **with** me मेरे साथ बहस मत करो; why ~ बहस करने की आवश्यकता^{F} नहीं है. **2.** *v.i.* दलील^{F}/तर्क देना : to ~ **for or against** पक्ष या विपक्ष में ≈; the scientist ~d that his theory was acceptable वैज्ञानिक तर्क देता था कि उसका सिद्धान्त स्वीकार करने योग्य है; they are arguing about smth वह किसी बात^{F} पर बहस कर रहे हैं. **argument** आर्'ग्युमन्ट **1.** n^{u}. बहस^{F} [interesting दिलचस्प, long लंबी, useless बेकार]; to begin an ~ ≈ शुरू करना; they are having an ~ about/ over it वे इस पर ≈ कर रहे हैं. **2.** n^{c}. तर्क, दलील^{F} [effective प्रभावपूर्ण, weighty वज़नदार]; there are many ~s about/ co-education सहशिक्षा के बारे में कई तर्क/दलीलें हैं; he gave several

~s for, against the resolution प्रस्ताव के पक्ष में, विरुद्ध उसने कई तर्क दिये.

arid ऐ'रिड *a.* **1.** रूखा-सूखा [season मौसम, soil मिट्टी[F], subject विषय]; ~ conversation रूखी-सूखी बातचीत[F]; the discussion was ~ चर्चा[F] नीरस/ रूखी-सूखी थी. **2.** सूखा, अनुर्वर [region क्षेत्र]; ~ **land** सूखी/ अनुर्वर भूमि[F]. [*ant.* fertile]

aright अराइट' *adv.* सही, ठीक : I said ~ मैंने ≈ कहा; he did not understand it ~ वह इसे ≈ नहीं समझा.

arise अराइज़' *v.i.* [~s, arose, arisen, arising] उठना; [various shades in context] the sun ~s सूर्य निकलता है; a strong wind arose ज़ोर की आँधी[F] उठी/चली; the problem ~s समस्या[F] उठ खड़ी होती है; certain difficulties have arisen कुछ कठिनाइयाँ[F] उठ खड़ी हुई हैं (पैदा हो गई है); doubts arise संदेह खड़े हो जाते हैं; ~, my boy उठो, मेरे लड़के; several ideas ~ from/out of this discussion इस चर्चा[F] से कई विचार सामने आते हैं.

aristocracy ऐरिसटॉ'क्रसि *n*[u]. **1.** अभिजात वर्ग, रईस तबका; princes and lords are members of the ~ राजकुमार और सामन्त ≈ के सदस्य हैं. **2.** अमीरी, रईसी : ~ of intellect बुद्धि[F] की ≈. **aristocrat** ऐ'रिस्टॅक्रैट *n*[c]. कुलीन, रईस : ~s live in luxury ≈ लोग विलास में रहते हैं; ~s are usually title-holders ≈ प्रायः उपाधिकारी होते हैं. **aristocratic** ऐरिस्टॅक्रै'टिक *a.* अमीराना, रईसी [bearing बनठन[F], manner ढंग, family खानदान]; ~ people रईस लोग.

arithmetic अरिथ'मॅटिक *n*[u]. [only sing.] हिसाब, गणित : we learnt ~ upto tenth class हमने दसवीं कक्षा[F] तक ≈ सीखा; I was weak in ~ मैं ≈ में कमज़ोर था; my ~was weak मेरा ≈ कमज़ोर था.

arm आर्म **I.** *n*[c]. **1.** बाँह[F] [left बाईं, right दाहिनी, long लंबी, short छोटी, thin पतली]; we have two ~s हमारी दो बाँहें हैं; I have broken his ~ मैंने उसकी ≈ तोड़ दी है; to take smb by the ~ किसी की ≈ पकड़ना; with open ~s बाँहें खोलकर; **go ~ in ~** बाँह में ~ डाले चलना; **keep smb. at ~s length** दूर रखना : he keeps his relatives at ~s length वह रिश्तेदारों को अपने से दूर-दूर रखता है; take the child in one's ~s बच्चे को गोद में लेना; ~ of the chair कुर्सी[F] की ≈; ~s of law कानून की बाँहें. **2.** (*pl.*) हथियार, अस्त्र-शस्त्र [old पुराने, modern आधुनिक, military सैनिक]; inspection of ~s हथियारों का निरीक्षण; ~ of destruction नाश के ≈; tears are the ~s of a woman आँसू औरत के हथियार हैं; to bear ~s शस्त्र धारण करना; to carry ~s ≈ उठाना; to lay down ~s ≈ डाल देना; **to take up ~s** हथियार उठाना; to wield ~s हथियार चलाना; to be **up in ~s** लड़ने को तैयार हो जाना. **II.** *v.t.* **1.** हथियार/शस्त्र लगाना; to ~ the police पुलिस[F] को हथियारों से लैस करना; they ~ed themselves for the battle उन्होंने लड़ाई[F] के लिए हथियार उठा लिये. [*ant.* dis~]. **2.** लैस होना (fig.) : he was armed with a knife (all the facts) वह चाकू से (सभी तथ्यों से) लैस था. **armed**आर्म्ड *a.* हथियारबंद [forces सेना[F], gang गिरोह, resistance प्रतिरोध, vessel जहाज़]. **armour** आर्'मर *n*[u]. बख्तर, कवच [shining चमकता, steel इस्पाती]. **armpit**आर्म'पिट *n*[c]. काँख[F], बग़ल[F]; a sore in the ~ ≈ में फोड़ा.

army आर्'मि *n*[c]. (*pl.* armies) सेना[F] फ़ौज[F]; the ~ defends the country ≈ देश की रक्षा करती है; the armies retreated सेनाएँ पीछे हटीं; my brother is a captain in the ~ मेरा भाई ≈ में कप्तान है; the Indian ~ turned the enemy to flight भारतीय ≈ ने शत्रु को भगा दिया. (fig.) an ~ of labourers/ insects मज़दूरों/ कीड़े-मकोड़ों की ≈.

arose अरोज़' (past of arise) उठा.

around अराउन्ड' **I.** *adv.* **1.** चारों ओर : to look ~ ≈ देखना; why are the books lying ~ पुस्तकें[F] ≈ क्यों पड़ी हैं ? **2.** इधर-उधर : to go ~ ≈ जाना; she travelled ~ for years उसने बरसों यात्रा[F] की. **3.** लगभग : ~ three o'clock ≈ तीन बजे. Δ **I have been ~** मैंने बहुत दुनिया[F] देखी है. **II.** *prep.* के चारों ओर : to look ~ the place किसी जगह[F] ≈ देखना;

why are the books lying ~ the room पुस्तकें^{F} कमरे में ≈ क्यों पड़ी हैं ? she travelled ~ the world for years उसने बरसों दुनिया^{F} की ≈ यात्रा की. [also all around]

arouse अराउज़' 1. जगाना : to ~ a person with a shake किसी व्यक्ति को हिलाकर ≈; she was ~d from a deep sleep उसे गहरी नींद^F से जगाया गया. **2.** भड़काना : to ~ anxiety, excitement चिन्ता^{F}, जोश ≈. **3.** to ~ attention ध्यान दिलाना; ~ interest दिलचस्पी^{F} पैदा करना. [*cf.* arise]

arr. arrival.

arrange अरेन्ज' *v.t.* **1.** क्रम से लगाना : ~ one's papers अपने कागज़ ≈; they ~d flowers उन्होंने फूलों को क्रम से लगाया. **2.** की व्यवस्था^{F} करना : to ~ a meeting, symposium बैठक^F, संगोष्ठी^{F} ≈. **3.** सँजोना : I have been arranging ideas मैं विचारों को सँजो रहा था. **4.** सँवारना : to ~ hair बाल ≈. **5.** तय करना : the marriage was ~d शादी^{F} तय की गई. [*ant.* dis~] **arrangement** -मन्ट **1.** *n*^{u}. क्रम, तरतीब^F : ~ of goods in a shop दुकान^F में माल की तरतीब; ~ of chairs in rows पंक्तियों^{F} में कुर्सियों^{F} का क्रम. **2.** *n*^{c}. व्यवस्था^{F}, प्रबन्ध : ~ of a function समारोह की व्यवस्था (का प्रबन्ध). **3.** *n*^{c}. समझौता : according to our ~ हमारे समझौते के अनुसार : to make ~s with a bank for advance बैंक से उधार के लिए ≈ करना.

array अरे' **I.** *n.*^{a} **1.** क्रम, व्यवस्था^{F} : ~ of facts and figures तथ्यों और आँकड़ों का क्रम; an ~ of soldiers सिपाहियों का व्यवस्था-क्रम (व्यूह). **2.** सजधज^F, सजावट^F : she looked beautiful in her bridal ~ वह दुल्हन की ≈ में सुन्दर लग रही थी. **II.** *v.t.* **1.** व्यवस्थित करना : to ~ troops सेना^{F} की ≈. **2.** सजाना : the king was ~ed in his splendid robes राजा अपनी शानदार पोशाक^F में सजा हुआ था.

arrears अरिअर्ज़' *n pl.* अवशेष, बक़ाया (रक़म^F या काम) : you must pay the ~ of rent तुम्हें किराये के बक़ाया का भुगतान कर देना होगा; my work is badly in ~ मेरा बहुत काम ≈ पड़ा है; the corporation could not collect ~s of taxes निगम करों का ≈ वसूल न कर सकी.

arrest अरे'स्ट' **I.** *v.t.* **1.** गिरफ़्तार करना; to ~ a person for a crime किसी व्यक्ति को अपराध के कारण ≈; the police ~ed a thief पुलिस^F ने एक चोर को गिरफ़्तार किया. **2.** रोकना : the doctor ~ed the disease डाक्टर ने बीमारी^{F} को रोक लिया. **3.** ~one's attention किसी का ध्यान आकर्षित करना. **II.** *n*^{c}. गिरफ़्तारी^{F} : the police made several ~s पुलिस^F ने कई गिरफ़्तारियाँ कीं; to order the ~ of a criminal किसी अपराधी की ≈ का आदेश देना; he is **under** ~ वह गिरफ़्तार है. [*ant.* release]

arrival अराइ'वल **1.** *n*^{u}. आना, आगमन, पहुँचना [safe सकुशल, sudden अचानक, unexpected अप्रत्याशित]; the ~ of a person, train किसी व्यक्ति, गाड़ी^{F} का ≈; on the day of our ~ in Delhi दिल्ली^{F} में हमारे आगमन/पहुँचने के दिन. [*ant.* departure] **2.** *n*^{c}. आगन्तुक, पहुँचने वाला व्यक्ति या पदार्थ : new ~s नये आगन्तुक. **arrive** अराइव' *v.i.* आना, पहुँचना : to ~ home घर ≈; to ~ *at* the sea-port बंदरगाह^F पर पहुँचना; he had ~d last Monday वह पिछले सोमवार पहुँच गया था; the train was then arriving गाड़ी^{F} तब आ/पहुँच रही थी; we could not ~ *at* a decision हम किसी निर्णय पर नहीं पहुँच सके. [*ant.* depart]

arrogance ऐ'रॅगन्स *n*^{u}. गुस्ताख़ी^{F}, धृष्टता^{F} : to speak with ~ ≈ से बोलना; please excuse his ~ कृपया उसकी ≈ क्षमा^{F} कर दीजिए. [*ant.* humility] **arrogant** ऐ'रॅगन्ट *a.* **1.** धृष्टतापूर्ण [behaviour व्यवहार, words शब्द]. **2.** धृष्ट [person व्यक्ति, worker कार्यकर्ता]. [*ant.* humble, polite]

arrow ऐ'रो *n*^{c}. तीर, वाण [deadly घातक, pointed नुकीला, poisoned विषैला]; to shoot an ~ from one's bow अपनी कमान^F से तीर चलाना; to pierce with ~s वाणों से छेदना; ~ **head** तीर की नोक^F. **arrowroot** ऐ'रॅरूट *n*^{u}. अरारोट : porridge of ~ ≈ का दलिया; ~ for the patient रोगी के लिए ≈.

arsenal आर्'सॅनल *n*[c]. तोपख़ाना : weapons are made and stored in an ~ तोपख़ाने में अस्त्र-शस्त्र बनाये और भंडारित किये जाते हैं.

art आर्ट *n*[c/u]. **1.** कला[F] [ancient प्राचीन, mediaeval मध्यकालीन, modern आधुनिक]; ~ **exhibition** ≈ प्रदर्शनी[F]; a work of ~ कलाकृति[F]; **fine** ~**s** ललित-कलाएँ[F]; useful ~s उपयोगी कलाएँ[F]; **black** ~ जादू-टोना; the ~ of painting चित्रकला. **2.** कारीगरी[F] : potter's ~ कुम्हार की ≈. **3.** चालाकी[F] : his ~ could not convince him उसकी ~ इसे संतुष्ट न कर सकी. **4.** कला-विषय (साहित्य, इतिहास, आदि); faculty of ~s कला-संकाय. **artful** चालाक; **artless** भोला-भाला [man आदमी].

artery आर्'टरि *n*[c]. (*pl.* arteries) धमनी[F], रग[F]: hardened arteries कड़ी धमनियाँ/रगें ; his arteries have been normal उसकी रगें सामान्य रही हैं.

article आर्'टिकल *n*[c]. **1.** वस्तु[F], चीज़[F]; ~s of clothing पहनने की चीज़ें[F]; household ~s घर की चीज़ें, घर का सामान. **2.** लेख : leading ~ अग्रलेख; to read, write an ~ ≈ पढ़ना, लिखना; a political ~ in a magazine पत्रिका[F] में राजनीतिक ≈. **3.** (*pl.*) नियमावली[F]: ~s of a company किसी कंपनी[F] की ≈.

articulate आर्टि'क्युलिट **I.** *v.t.i.* साफ़ बोलना, स्पष्ट उच्चारण करना : the teacher ~s every word carefully अध्यापक सावधानी[F] से प्रत्येक शब्द का स्पष्ट उच्चारण करता है. **II.** *a.* स्पष्ट [speaker वक्ता, speech वाणी[F]]; ~ **man** स्पष्ट बोलने वाला आदमी.

artificial आर्टिफ़ि'शल *a.* बनावटी, नक़ली, कृत्रिम [lake झील[F], flowers फूल, light प्रकाश, document दस्तावेज़, teeth दाँत]; are these pearls ~ or real ये मोती नक़ली हैं या असली ? [*ant.* real, natural]

artisan आर्टिज़न' *n*[c]. कारीगर, शिल्पी [clever होशियार]; blacksmiths, masons and carpenters are ~s लोहार, राजगीर और बढ़ई ≈ होते हैं. [*cf.* artist]

artist आर्'टिस्ट *n*[c]. (common) कलाकार [great महान, well-known विख्यात]; a poet, painter or a sculptor is an ~ कवि, चित्रकार या मूर्तिकार ≈ होता है. [*cf.* artisan]

-ary -अरि *suff.* **1.** [makes *adj.*, as] arbitrary, customary, examplary, primary, secondary, honorary, monetary, unitary. **2.** [makes nouns, as] boundary, commentary, dictionary, library.

as अज़, strong ऐज़ **I.** *adv.* **1.** उतना : George runs fast but I can run as fast जार्ज तेज़ दौड़ता है, परन्तु मैं ≈ ही तेज़ दौड़ सकता हूँ. **2.** जैसे : various birds as crows and pigeons कई तरह के पक्षी जैसे कौवे और कबूतर; as you like जैसे चाहो. **3.** it is the same **as above** यह वैसा ही है जैसा ऊपर; **as before** जैसा पहले, पहले की तरह[F]; all the members **as a body** सब सदस्य सामूहिक रूप से; I could not walk **as far as** the bus stand मैं बस[F] अड्डे की दूरी तक न चल सका; **as far** my qualifications मेरी योग्यताओं[F] के बारे में; the work was **as good as** finished काम लगभग समाप्त हो गया था; they acted **as one man** उन्होंने मिलकर काम किया; **as a rule** he comes in time सामान्यत: वह समय पर आता है; come **as soon as possible** यथाशीघ्र आ जाना; **as to** my qualifications मेरी योग्यताओं[F] के बारे में; **as usual** the school closes on Sunday सदा की तरह स्कूल इतवार को बंद रहता है; I shall go **as well** मैं भी जाऊंगा; I am not quite well **as yet** मैं अभी ठीक नहीं हूँ. **II.** *prep.* **1.** की तरह[F] : he loves me as a brother वह मुझे भाई की तरह प्रेम करता है; he was dressed as a woman वह स्त्री की तरह[F] कपड़े पहने था. **2.** के रूप में : I am talking as a friend मैं मित्र के रूप में बात[F] कर रहा हूँ. **3.** इतना/ जितना : the boy is not as big as the girl लड़का इतना बड़ा नहीं है जितनी लड़की; the bread is as hard as a brick रोटी[F] इतनी सख़्त है जितनी ईंट[F]. **III.** *conj.* **1.** क्योंकि : as you are tired, you should take rest, ≈ तुम थके हुए हो, तुम्हें आराम करना चाहिये. **2.** जब : as I was coming here, I found this purse जब मैं यहाँ आ रहा था, तो मुझे यह बटुआ मिला. **3.** जैसे ही, ज्योंही : as I was leaving the office, it started raining ≈ मैं दफ्तर से निकला, वर्षा[F]

शुरू हो गई. **4.** जैसे : leave them as they are इन्हें जैसे हैं रहने दो. **5.** जैसा कि : as has been said before ≈ पहले कहा गया है. **6.** भले ही, यद्यपि : dark as it was ≈ अंधेरा था. **7.** जैसा कि : as you all know जैसा कि आप सब जानते हैं. **8.** जैसा : ~ you sow so shall you reap जैसा बोओगे वैसा काटोगे; as is the tree so is the fruit जैसा पेड़ वैसा फल. **9.** जो : I have the same trouble as you had मुझे वही कष्ट है जो तुम्हें था. **10. as if** मानो, जैसे : he is running as if he were mad वह ऐसे दौड़ता है ≈ पागल हो; he stood as if to leave वह खड़ा हो गया ≈ जाने ही वाला हो. **as many as** जितने : take as many as you like जितने चाहो ले लो. **as much as** जितना : I did as much as I could मैं जितना कर सकता था किया; **as well as** और, भी : Rajoo as well as his friend has come राजू और उसका दोस्त भी आ गया है.

as- अस- = ad- before s, as in asset, assign, association, assure.

asafoetida ऐसॅफ़ें'टिडॅ n^u. हींग^F : ~ is a kind of bitter gum ≈ एक तरह की कड़वी गोंद^F होती है.

ascend असेंन्ड' *v.t.i.* चढ़ना : a balloon/aeroplane ~s to the sky गुब्बारा/ हवाई जहाज़ आकाश की ओर^F चढ़ता है; they ~ed the hill वे पहाड़ी^{F} पर चढ़ गये; ~the throne राजगद्दी^{F} पर बैठना. [*ant.* descend] **ascent** असेंन्ट' n^c. चढ़ाई^F : ~ of a mountain पहाड़ की ≈; to make ~ चढ़ना; ~ of a bird in flight उड़ान^F में पक्षी की ऊपर की ओर ≈. [*ant.* descent; *cf.* assent]

ascertain ऐसर्टेन' *v.t.* पता लगाना : to ~ the name of a bank किसी बैंक के नाम का ≈; is there any way of ~ing the truth क्या सच्चाई^F का पता लगाने का कोई रास्ता है ? how to ~ whether he is honest or not कैसे पता लगाया जाये कि वह ईमानदार है या नहीं ?

ascetic असें'टिक n^c. संन्यासी : ~s generally live in forests ≈ आमतौर पर जंगलों में रहते हैं; an ~ gives up material pleasures ≈ भौतिक सुखों को छोड़ देता है.

ash ऐश n^c. **1.** राख^F, भस्म^F; **cigar-~** सिगार की ≈; sweep away the ~es from the fire-place अंगीठी^{F} से ≈ बुहार देना; house was reduced to ~es मकान ≈ कर दिया गया; **~-tray** राख़दानी^{F}. **2.** (*pl.*) भस्मी^{F}, फूल; after cremation, the ashes were taken to the Ganga दाह के बाद फूल गंगा ले जाये गये. **3.** अंगू (पेड़); a table made of ~ wood अंगू की लकड़ी^{F} की बनी मेज़^{F}; an ~ stick ≈ की छड़ी^{F}.

ashamed अशेम्ड' *a.* शर्मिंदा, लज्जित : you should be/feel ~ of your conduct तुम्हें अपने आचरण पर ≈ होना चाहिए; she felt ~ of herself वह अपने से ≈ हुई; I am ~ to tell you that. . . मुझे यह बताने में शर्मिंदगी^{F} हो रही है कि . ., to make smb ~ किसी को ≈ करना. [*ant.* un ~]

ashore अशॉर' *adv.* समुद्र के किनारे (पर), तट पर : the sailors went ~ मल्लाह ≈ गये ; many people are still ~ बहुत से लोग अभी ≈ हैं. [*ant.* afloat]

aside असाइड' *adv.* एक ओर^F, किनारे, अलग : he was sitting ~ from others वह दूसरों से अलग बैठा था; he put the books ~ उसने किताबें^{F} ≈ रख दीं; to push smth ~ किसी चीज़^{F} को ≈ धकेल देना; he took her ~ वह उसे ≈ ले गया. [*cf.* we sat ~ हम किनारे/अलग बैठ गये; we sat three aside हम हर तरफ़^{F} तीन बैठ गये].

ask आस्क *v.t.* **1.** पूछना : I'll ~ my mother मैं माँ से पूछूँगा; ~ the way to the station स्टेशन का रास्ता ≈; may I ~ you a question क्या मैं आपसे एक सवाल पूछूँ ? ~ her the time उससे टाइम पूछो. **2.** कहना; to ~ smb to do smth किसी से कुछ करने को ≈; I was asked to go मुझे जाने को कहा गया. **3.** बुलाना; I ~ed him to dinner मैंने उसे खाने पर बुलाया. **4.** ~ **after/for** के बारे में पूछना; did anybody ~ after/for me? किसी ने मेरे बारे में पूछा तो नहीं ? ~ **for** माँगना; ~ing for money पैसा, माँगना; ~ **for trouble** मुसीबत मोल लेना.

asleep अ स्लीप' *a.* सोया हुआ; he was still ~ वह अभी ≈ था; I could not fall ~ मैं सो न सका; they remained ~ वे सोये रहे; she is lying fast ~ वह गहरी नींद^F में सोई पड़ी है. [*ant.* awake]

aspect ऐस्'पॅक्ट n^c. **1.** पक्ष, पहलू : we have to consider every ~ of the plan हमें योजना^{F} के हर ≈ पर विचार करना है. **2.** (मकान का) मुख : this building has a northerly ~ इस भवन का मुख उत्तर की ओर^F है. **3.** रूप : his face had a dreadful ~ उसके चेहरे का रूप डरावना था.

aspiration ऐस्पिरे'शन n^c. चाह^F/आकांक्षा^{F} : he has ~s to become an artist उसकी आकांक्षाएँ कलाकार होने की हैं. **aspire** असपाइर' *v.i.* **1.** आकांक्षा^{F}/चाह^F रखना; to ~ **to** honours सम्मान की ≈; to ~ **after** glory प्रतिष्ठा^{F} की ≈; he is aspiring to become a minister वह मंत्री बनने की चाह रखता है. **2.** ऊपर जाना : as high as fancy can ~ इतना ऊंचा जितनी ऊंची कल्पना^{F} जा सके.

ass ऐस n^c. **1.** गधा : ~es bray गधे ढींचू-ढींचू करते हैं; **he-ass** गधा; **she-ass** गधी; young of an ~ गधे का बच्चा. **2.** गधा, बेवकूफ़; to make an ~ of smb किसी को ≈ बनाना; he is an ~ वह ≈ है.

assail असेल' *v.t.i.* **1.** हमला/आक्रमण करना; to ~ the enemy शत्रु पर ≈; ~ smb with blows किसी पर घूँसों से ≈. **2.** (fig.) बौछार करना : he was ~ed with demands, questions उस पर माँगों, सवालों की बौछार^F की गई. [*ant.* defend] **assailant** असे'लन्ट n^c. हमलावर, आक्रमणकारी : the ~s stormed the fortress आक्रमणकारियों ने किले पर धावा बोल दिया; his ~ was captured उस पर हमला करने वाला पकड़ा गया.

assassin असै'सिन n^c. हत्यारा : after the murder the ~ attempted to flee away हत्या^{F} के बाद हत्यारे न भाग जाने की कोशिश^F की; the ~ was hanged हत्यारे को फाँसी^{F} पर लटकाया गया. **assassinate** असै'सिनेट *v.t.* हत्या^{F} करना, मार डालना : the leader was ~d by terrorists नेता की आतंकवादियों ने हत्या कर दी; नेता को आतंकवादियों ने मार डाला; he was ~d when he was fast asleep जब वह गहरी नींद^F सोया था तब उसे मार डाला गया.

assassination असैसिने'शन $n^{c/u}$. हत्या^{F}, क़त्ल : assassination of U.S. President अमेरिका के राष्ट्रपति की हत्या. [see murder].

assault असॉल्ट' **I.** n^c. **1.** प्रहार : an ~ on smb किसी पर ≈; ~ on principles सिद्धान्तों पर ≈; to make an ~ प्रहार करना. **2.** बलात्कार : he was sent to jail for making an ~ on a girl एक लड़की पर ≈ करने पर उसे जेल भेज दिया गया. **II.** *v.t.* **1.** प्रहार करना : the boy ~ed the peon लड़के ने चपरासी पर प्रहार किया. **2.** बलात्कार करना : he was found guilty of ~ing a girl उसे एक लड़की पर बलात्कार करने का दोषी ठहराया गया.

assay **I.** असे', ऐ'से n^c. परख^F, जाँच^F : to make an ~ of pearls मोतियों की ≈ करना; on ~ the bangle was found to be made of impure gold ≈ करने पर कड़ा खोटे सोने का बना हुआ पाया गया. **II.** असे' *v.t.* परखना, जाँचना : the gold was ~ed and found pure सोना परखा गया और खरा पाया गया.

assemble असॅम्'बल **I.** *v.i.* इकट्ठा/जमा होना : the boys ~d in the hall लड़के हॉल में इकट्ठे हो गये. [*ant.* disperse] **II.** *v.t.* इकट्ठा/जमा करना **1.** : he is assembling his followers वह अपने अनुयायियों को इकट्ठा/जमा कर रहा है; she ~d the facts उसने तथ्य इकट्ठा किये. **2.** (पुर्ज़े) जोड़ना : the boy ~d a toy car लड़के ने एक खिलौना कार^F जोड़ी. [*ant.* disperse] **assembly** असे'म्'ब्लि **1.** n^c. सभा^{F}, जमाव [legislative विधान, political राजनीतिक]; to call a meeting of the ~ सभा^{F} की बैठक^F बुलाना; ~ of men पुरुषों का जमाव. **2.** n^u. जुड़ाई^F : the ~ of the parts of a machine मशीन^F के पुर्जों की ≈.

assent असॅन्ट' **I.** n^u. अनुमति^{F} : to give one's ~ अपनी ≈ प्रदान करना; to receive the ~ of one's parents अपने माता-पिता की ≈ प्राप्त करना. **II.** *v.i.* अनुमति देना, मानना : to ~ **to** one's opinion किसी की राय^F को मानना. I ~ed listen to her मैंने उसकी बात^F सुनने की अनुमति दे दी. [*ant.* dissent; *cf.* ascent]

assert असर्ट' *v.t.* **1.** ज़ोर से कहना : she ~ed her opinion उसने ज़ोर से अपना मत व्यक्त

किया; he ~ed that he would stay there उसने दृढ़ता^F से कहा कि मैं वहीं ठहरूँगा [Note that there is no difference in direct and indirect narration in Hindi]. **2.** दावा बताना : he ~ed his right उसने अपने अधिकार का दावा बताया; **to ~ oneself** अपना अधिकार जताना : you must ~ yourself to get justice न्याय पाने के लिए तुम्हें अपना अधिकार जताना होगा.

assess असे'स *v.t.* **1.** मूल्यांकन करना : to ~ the nature of jewellery आभूषणों/ ज़ेवरों की प्रकृति[F] का ≈. **2.** निर्धारित करना : the magistrate ~ed the fine at Rs. 200 मजिस्ट्रेट ने दो सौ रुपए दण्ड निर्धारित किया. **3.** कर निर्धारण करना : his income has been ~ed उसकी आय[F] पर कर निर्धारण हो गया है.

assessment -मन्ट n^u. **1.** निर्धारण : ~ of tax कर-निर्धारण. **2.** मूल्यांकन : ~ of importance महत्व का ≈. **3.** निर्धारित कर/मूल्य : the ~ of the house has been fixed at Rs. 300 मकान का ≈ 300 रुपए निश्चित किया गया है.

assiduous असि'ड्युअस *a.* उद्योगी, उद्यमी [worker कार्यकर्ता, student विद्यार्थी]; he is not at all ~ वह ≈ बिलकुल नहीं है. [*ant.* indolent]

assign असाइन' *v.t.* **1.** नियत/निश्चित करना : the teacher ~ed work to the students अध्यापक ने विद्यार्थियों के लिए कार्य नियत कर दिया; to ~ a day for the function समारोह के लिए दिन ≈. **2.** लगाना : they ~ed several workers to entertain guests उन्होंने अतिथियों की ख़ातिरदारी[F] करने के लिए कई कर्मी लगा दिये.

assignment -मन्ट **1.** n^c. कार्य, कार्यभार : you should complete this ~ तुम्हें यह ≈ पूरा कर लेना चाहिए; I have an ~ in London लंदन में मेरा एक कार्य है. **2.** ~ of work काम देना.

assimilate असि'मिलेट *v.t.* आत्मसात् करना, पचा लेना : plants ~ food from earth पौधे मिट्टी[F] से खाद्य पचाते हैं; I cannot ~ all this knowledge मैं यह सारा ज्ञान आत्मसात् नहीं कर सकता (पचा नहीं सकता).

assist असिस्ट' *v.t.* सहायता[F]/मदद[F] करना : please ~ us with a grant of money कृपया धन का अनुदान देकर हमारी सहायता करें; I assisted my sick mother to go into the room मैंने अपनी बीमार माँ को कमरे में जाने में सहायता की; your presence will ~ us आपकी उपस्थिति[F] से हमें सहायता मिलेगी. **assistance** असिस्'टन्स n^u. सहायता[F], मदद[F] : render/receive ~ ≈ (करना) देना/पाना; thank you for your ~ आपकी ≈ के लिए धन्यवाद; they came to my ~ वे मेरी ≈ के लिए आए. [*syn.* help] **assistant** n^c. सहायक [director निदेशक, manager प्रबन्धक]; an ~ headmaster ≈ प्रधानाचार्य; all the ~s in this factory इस कारख़ाने के सारे ≈.

associate I. असो'शिएट *v.t.* (~ with) **1.** सम्पर्क/लगाव रखना : to ~ with a company किसी कंपनी[F] से ≈; he was closely ~d **with** the institution उसका इस संस्था[F] के साथ घनिष्ठ सम्पर्क/लगाव था. **2.** मिलना-जुलना, संग रखना : David does not ~ **with** bad boys डेविड बुरे लड़कों से नहीं मिलता-जुलता. **3.** जोड़ना : to ~ smb's name with a business किसी कारोबार के साथ किसी का नाम ≈. [*ant.* dis~]. **II.** असो'शिइट n^c. संगी, साथी : I do not like his ~s मुझे उसके ≈ पसंद नहीं हैं. **III.** *a.* सम्बद्ध [members सदस्य, organisation संगठन]. **association** असोसिए'शन **1.** n^c. सभा[F], सोसाइटी[F] [literary साहित्यिक, science विज्ञान]; to join an ~ ≈ में सम्मिलित होना; many ~s break up for lack of money धन के अभाव के कारण बहुत-सी सभाएँ टूट जाती हैं. **2.** n^u. सम्बन्ध, संसर्ग : my ~ with the University विश्वविद्यालय के साथ मेरे ≈. **in ~ with** से मिलकर के साथ; I worked in ~ with my colleagues मैं अपने सहयोगियों के साथ काम करता था.

assorted असॉर्'टिड *a.* कई मेल के [chocolates चाकलेट, colours रंग]; ~ sweets कई मेल की मिठाइयाँ[F]; well-~ सुमेल; poorly ~ बेमेल; that husband and wife are an ill-couple~pair वह पति और उसकी पत्नी बेमेल जोड़ी[F] है. [*ant.* un~]

asst. assistant सहायक

assume अ स्यूम' *v.t.* **1.** ग्रहण करना, हाथ में लेना : he ~d charge, office उसने कार्यभार, पद ग्रहण किया; she ~d the role of a guardian उसने संरक्षक की भूमिका[F] ग्रहण की. **2.** धारण करना : to ~ one's original form अपना मूल रूप ≈. **3.** मान लेना, कल्पना[F] करना : let us ~ that everything goes well मान लें कि सब कुछ ठीक-ठाक होगा. **4.** रूप/स्वांग भरना : if he claims friendship with me, he ~s यदि वह मेरे साथ मित्रता[F]/दोस्ती[F] का दावा करता है, तो वह स्वांग भरता है. **assumption** असम्प्'शन **1.** n^c. धारणा[F] : I am working on this ~ मैं इस ≈ से काम कर रहा हूँ; our ~ is that we would win हमारी ≈ है कि हम जीत जायेंगे. **2.** ग्रहण : ~ of responsibility उत्तरदायित्व का ग्रहण करना.

assurance अशुअ'रन्स **1.** n^c. विश्वास, भरोसा, आश्वासन : I envy his ~ मुझे उसके विश्वास पर ईर्ष्या[F] होती है; he gave me his ~s उसने मुझे विश्वास दिलाया (आश्वासन दिया). **2.** n^u. बीमा; life ~ company जीवन बीमा कंपनी[F]. **assure** अशुअर' *v.t.* **1.** विश्वास दिलाना : I ~d him that there was no danger मैंने उसे विश्वास दिलाया कि कोई ख़तरा नहीं है; I ~ you that the payment will be made in time मैं आपको विश्वास दिलाता हूँ कि भुगतान समय पर कर दिया जाएगा. **2.** बीमा करना; the policy ~s you against accident इस पालिसी[F] के द्वारा दुर्घटना[F] से तुम्हारा बीमा हो गया.

asthma ऐस्'मॅ, ऐस्'टमॅ n^u. दमा : he cannot climb the hill as he is suffering from ~ वह पहाड़ी[F] पर नहीं चढ़ सकता क्योंकि वह ≈ से पीड़ित है.

astir अस्टर' *a.* **1.** जाग उठा : the whole village was ~ सारा गाँव जाग उठा था. **2.** उत्तेजित : the chairman was ~ अध्यक्ष ≈ हो उठा.

astonish अस्टॉ'निश *v.t.* दंग कर देना, आश्चर्यचकित करना : I was ~ed to know that मैं यह जानकर दंग रह गया; he was ~ed at your behaviour वह तुम्हारे व्यवहार से इसे चकित हो गया; his behaviour ~ed her उसके व्यवहार ने उसे चकित कर दिया. **astonishing** असटॉ'निशिङ्ग *a.* आश्चर्यजनक: a man of ~ memory ≈ स्मरणशक्ति[F] वाला व्यक्ति; he has shown ~ progress उसने ≈ प्रगति[F] दिखाई है. **astonishment** -मन्ट n^u. हैरानी[F], आश्चर्य : to my ~ he broke into tears मुझे हैरानी हुई (आश्चर्य हुआ) कि वह रो पड़ा; I looked at her in ~ मैं ≈ से उसे देखता रहा.

astound अस्टाउन्ड' *v.t.* हक्का-बक्का कर देना : my sudden arrival will ~ them अचानक मेरा पहुँच जाना उन्हें हक्का-बक्का कर देगा; I was ~ed to hear of his death उसका स्वर्गवास सुनकर मैं हक्का-बक्का रह गया.

astray असट्रे' *a.* & *adv.* **1.** भूला-भटका, गुमराह : we lost the way and went ~ हम रास्ता खो बैठे और भटक गये (गुमराह हो गये). **2. to lead ~** बहकाना : his friends led him ~ उसके मित्रों ने उसे बहका दिया; attractions of a city often lead a young man ~ नगर के आकर्षण किसी नवयुवक को प्राय: बहका देते हैं.

astrologer असट्रॉ'लॅजर n^c. ज्योतिषी : can an ~ tell your future क्या कोई ≈ तुम्हारा भविष्य बता सकता है ? the ~ made my horoscope ≈ ने मेरी जन्मपत्री[F] बनाई. **astrology** असट्रॉ'लॅजि n^u. फलित ज्योतिष : he does'nt believe in ~ ≈ में उसका कोई विश्वास नहीं है; ~ studies the influence of planets on persons ≈ व्यक्तियों पर नक्षत्रों के प्रभाव का अध्ययन करता है. [*cf.* astronomy]

astronaut ऐस'ट्रॅनॉट n^c. अन्तरिक्ष-यात्री : he was the first ~ to land on the moon चन्द्रमा पर उतरने वाला वह पहला ≈ था.

astronomer अस्ट्रॉनॅमर n^c. ज्योतिर्विद्, खगोल-शास्त्री : an ~ studies the stars scientifically ≈ ताराओं का वैज्ञानिक अध्ययन करता है. **astronomy** गणित ज्योतिष, खगोल-विज्ञान : he studies ~ वह ≈ का अध्ययन करता है; ~ sneers at astrology गणित ज्योतिष फलित ज्योतिष का मज़ाक उड़ाता है; ~ studies stars and their movements ≈ तारों और उनकी गतियों का अध्ययन करता है.

asunder असन्'डर *adv.* **1.** अलग-अलग : circumstances forced the lovers ~ परिस्थितियों^{F} ने प्रेमियों को ≈ कर डाला. **2.** टुकड़े-टुकड़े : the boat was torn ~ नाव^F ≈ हो गई.

asylum असाइ'लम n^c. **1.** शरण-स्थान : an ~ for the poor निर्धनों का ≈; he found an ~ in the thick forest उसे घने जंगल में एक ≈ मिला. **2.** शरण^F : he was granted ~ उसे ≈ दी गई. **3.** (becoming rare) पागलख़ाना; an ~ is now called mental hospital ≈ को अब मानसिक रोगों का अस्पताल कहते हैं.

at अट (strong ऐट) *prep.* **1.** पर : ~ dinner खाने पर; ~ a distance दूरी^{F} पर; ~ the door द्वार पर; ~ the end सिरे पर; **~ the expense of** के ख़र्च पर; ~ this place इस स्थान पर; **~ any price** किसी भी कीमत^F पर; **~ the top** चोटी^{F} पर; ~ the window खिड़की^{F} पर. [other uses] bark ~, look ~, knock ~, pleased ~ को भोंकना, को देखना, पर खटखटाना, पर प्रसन्न. **2.** में : ~ the age of (ten years) (दस साल) की उम्र में; ~ a disadvantage घाटे में; ~ the beginning शुरू/आरंभ में; **~ the end** अन्त में; ~ first sight पहली नज़र^F में; **~ hand** पास में; ~ last अन्त में; ~ length अन्त में; he is good ~ algebra वह अंकगणित में अच्छा है. **3.** से : **~ ease** आराम से; ~ leisure फ़ुरसत^F से; ~ **length** विस्तार से; ~ so much speed इतनी रफ़्तार^F/गति^{F} से; **~ will** इच्छा^{F} से; ~ the rate of Rs. 10 per person दस रुपए प्रति व्यक्ति की दर^F से; ~ 4 quintals per acre 4 क्विंटल प्रति एकड़ के हिसाब से. **4.** [re some arts] good at swimming तैरने में अच्छा^{F}; clever at sewing सिलाई^F में होशियार. **5.** [governing certain verbs] aim ~ smth किसी चीज़^{F} को लक्ष्य बनाना; bark ~ smb किसी व्यक्ति को भौंकना; dash ~ smth किसी चीज़^{F} पर टूट पड़ना; laugh at smb or smth किसी व्यक्ति या वस्तु^{F} पर हंसना; knock ~ the door दरवाज़ा खटखटाना; shout ~ किसी पर/से चिल्लाकर बोलना; surprised at smth किसी बात^F पर/से हैरान. **6.** [time] को : ~ midnight आधी रात^F को; ~ night रात^F को; at noon दोपहर को; ~ twilight संध्या को. **7.** [no postposition in Hindi] ~ all बिलकुल, he is not careful ~ all वह बिलकुल सावधान नहीं है; **~ all events** हर हालत^F में; ~ daybreak तड़के; ~ fault दोषी; ~ large मुक्त [criminal ~ large मुक्त फ़रार अपराधी]; **~ least** कम-से-कम; **~ length** (i) विस्तार से : he explained it ≈ length उसने इसकी ≈ व्याख्या की; (ii) अंततः : ~ length he did come ≈ वह आ ही गया; set ~ liberty आज़ाद कर देना; ~ long last अंततः ; I am **~ a loss** understand मैं समझ नहीं पा रहा; **~ this moment** इस क्षण; **~ the most** अधिक से अधिक; **~ (three) o'clock** (तीन) बजे; **~ once** तुरन्त; **~ present** इस समय, फ़िलहाल; **~ random** बिना सोचे-विचारे; **~ any rate** बहरहाल; **~ a stretch** लगातार; **~ any time** किसी समय; ~ the same time उसी समय; **~ the top of one's voice** बहुत ज़ोर से; ~ work चलता हुआ (machine ~ work चलती हुई मशीन^F).

ate एट *v.t.* past of eat *q.v.* खाया.

-ate 1. -इट *suff.* [makes adjectives] affectionate, fortunate, passionate. **2.** -एट [makes verbs] activate, circulate, separate.

atheist ए'थिइस्ट n^c. अनीश्वरवादी : an ~ does not believe in the existence of God ≈ ईश्वर/परमात्मा के अस्तित्व में विश्वास नहीं रखता. [*ant.* theist].

athlete ऐ'थ्लीट n^c. कसरती : An ~ is good at running and jumping ≈ दौड़ने और कूदने में अच्छा होता है; ~s practise boxing ≈ मुक्केबाज़ी^{F} का अभ्यास करते हैं. **athletic** ऐथलें'टिक *a.* **1.** कसरती, खेल-कूद का [meet समागम, programme कार्यक्रम] **2.** कसरती, हृष्टपुष्ट [young man नवयुवक]; he takes interest in ~ events वह ≈ मुकाबलों में दिलचस्पी^{F} रखता है. **athletics** ऐथलें'टिक्स *n. pl.* खेलकूद^F; to take part in ~ ≈ में भाग लेना; he won a prize in ~ उसने ≈ में पुरस्कार जीता.

-ation -ऐशन *suff.* makes nouns, as adoration, agitation, consideration, conversation, excavation, botheration, invitation, organisation, plantation, starvation.

-ative -अटिव *suff.* makes adjectives, as affirmative, authoritative, deliberative, talkative.

atlas ऐट्'लस *n*[c]. एटलस[F], मानचित्रावली[F] [geographical भौगोलिक, historical ऐतिहासिक]; my ~ contains maps of India only मेरी ≈ में केवल भारत के मानचित्र हैं.

atmosphere ऐट्'मस्फ़िअर *n.* [usu. sing.] वातावरण [pure शुद्ध, suffocating दमघोटू, sultry उमसदार]; ~ of peace शान्ति[F] का ≈; ~ of the room कमरे का ≈; he was brought up in an ~ of religion उसका पालन-पोषण धार्मिक ≈ में हुआ था; there was an amicable ~ in the town कस्बे में मैत्रीपूर्ण ≈ था.

atom ऐ'टम *n*[c]. अणु : ~ bomb ≈ बम; he did not give an ~ of help उसने अणु-भर सहायता[F] नहीं की; there is not an ~ of truth in this rumour इस अफ़वाह[F] में ≈ भर सच्चाई[F] नहीं है. **atomic** अटॉ'मिक *a.* अणु- [age युग, power शक्ति[F], weapon अस्त्र, war युद्ध].

atone अटोन' *v.i.* प्रायश्चित्त/ प्रतिकार करना : he ~ed **for** his fault by apologizing उसने क्षमा[F] माँग कर अपने दोष का ≈ किया; he tried to ~ **for** his sins उसने अपने पापों पर ≈ करने का यत्न किया.

atrocious अट्रो'शस *a.* **1.** क्रूर, निर्दय [act कार्य, behaviour व्यवहार, murder हत्या[F]]. **2.** भीषण, बुरा [weather मौसम, writing लेखन].

attach अटैच' *v.t.* **1.** लगाना, जोड़ना : a list is ~ed **to** this letter एक सूची[F] इस पत्र के साथ लगी/जुड़ी है; I'll ~ my comments **to** this note मैं इस नोट के साथ अपनी टिप्पणी[F] जोड़ दूँगा; we were ~ed **to** that group हम उस समूह के साथ जोड़े गये थे. **2.** कुर्क करना : to ~ smb's property किसी की सम्पत्ति[F] ≈. **3.** to ~ importance to smth किसी बात[F] को महत्व देना. [*ant.* detach] **attachment** -मन्ट **1.** *n*[u]. लगाव : to have a strong ~ to one's country अपने देश से पक्का ≈ रखना. **2.** *n*[c]. जुड़ी वस्तु[F] : there are several ~s for this machine इस मशीन[F] की कई जुड़ी हुई वस्तुएँ[F] हैं.

attack अटैक' **I.** *n*[c]. हमला, आक्रमण [direct सीधा, open खुला, sudden अचानक]; make a violent ~ on the government सरकार[F] पर प्रबल ≈ करना; an ~ of malaria मलेरिया का ≈; there have been many ~s against mill-owners मिल-मालिकों के विरुद्ध अनेक आक्रमण होते रहे हैं. **II.** *v.t.* हमला/ आक्रमण करना; to attack an enemy (one's religion) शत्रु (किसी के धर्म) पर ≈; he ~ed me with a knife उसने चाकू से मेरे ऊपर आक्रमण/हमला किया; the prime minister's foreign policy was ~ed प्रधान मन्त्री की विदेश नीति[F] पर आक्रमण किया गया. [*ant.* defend]

attain अटेन' *v.t.* **1.** पाना, प्राप्त करना : to ~ one's aim अपना लक्ष्य ≈; he ~ed the age of 80 years उसने 80 वर्ष की आयु[F] पाई; I could not ~ the rank of captain मैं कप्तान की पदवी[F] प्राप्त न कर सका. **2.** पहुँचना : he ~ed the shore वह समुद्र-तट पर पहुँच गया. [*ant.* lose] **attainment**-मन्ट **1.** *n*[u]. प्राप्ति[F] : ~ of wealth धन की ≈; ~ of goal लक्ष्य की ≈. **2.** *n*[c]. उपलब्धि[F] : mastery of Chinese language was one of his ~s चीनी भाषा[F] पर अधिकार उसकी उपलब्धियों में था.

attempt अटें'म्प्ट' **I.** *n*[c]. कोशिश[F], प्रयास : I made an ~ मैंने कोशिश की; she failed in her ~ to swim वह तैरने के प्रयास में असफल रही; an ~ on smb's life किसी की जान[F] लेने का प्रयास. **II.** *v.t.i.* कोशिश[F]/प्रयास करना : he ~ed to swim the river उसने नदी[F] तैर जाने की कोशिश की; to ~ a deed एक काम करने की कोशिश करना; she thought of attempting the crossword उसने वर्गपहेली[F] हल करने का प्रयास करने का विचार किया; she did not ~ one question उसने एक सवाल छोड़ दिया.

attend अटें'न्ड' **I.** *v.t.* **1.** (में) उपस्थित/हाज़िर रहना : He ~ed a meeting, lecture वह बैठक, व्याख्यान में ≈. **2.** सेवा[F] में रहना : the doctor ~ed the patient डाक्टर मरीज़ की

सेवा में रहा; the lady was ~ed by the nurses महिला की सेवा में नर्सें रहीं. **II.** *v.i.* (~ **to**) ध्यान देना : ~ **to** what I say जो मैं कहता हूँ उस पर ध्यान दो; ~ **to** the rules नियमों का ध्यान रखो; a clerk has to ~ **to** the public क्लर्क को जनता[F] का ध्यान रखना होता है. **attendance** अटें'न'डन्स *n*[u]. हाज़िरी[F], उपस्थिति[F] : ~ at the lecture व्याख्यान में ≈; there was a large ~ at the meeting सभा[F] में भारी ≈ थी; ~ is compulsory in a class कक्षा[F] में ≈ आवश्यक है. Δ **in** ~ सेवा[F] में, सहायता[F] के लिए : the servant in ~ सहायता/सेवा के लिए नौकर; **to dance** ~ हाज़िरी[F] भरना. **attendant** अटें'न्'डन्ट *n*[c]. सेवक, परिचारक : ~ in a hospital अस्पताल में ≈.

attention अटें'न्'शन *n*[u]. **1.** ध्यान : he called drew my ~ to this question उसने इस प्रश्न की ओर मेरा ≈ दिलाया; her dress attracted my ~ उसकी पोशाक[F] ने मेरा ≈ आकृष्ट किया; pay ~ to what I say मैं जो कहता हूँ उस पर ध्यान दो; I listened with great ~ मैंने बहुत ≈ से सुना. **2.** सावधानी[F], चौकसी[F]; attention! सावधान ! we were all ~ हम चौकन्ना थे. [*ant.* in ~] **attentive** अटें'न्'टिव *a.* सावधान : the children were all ~ सब बच्चे ≈ थे; to be ~ ध्यान देना; an ~ student दत्तचित्र विद्यार्थी. [*ant.* in ~]

attest अटेंस्ट' *v.t.* प्रमाणित करना : to ~ a copy, fact किसी प्रतिलिपि[F], तथ्य को प्रमाणित करना; the witness ~ed to his good character गवाह ने उसके सच्चरित्र को प्रमाणित किया.

attic ऐ'टिक *n*[c]. अटारी[F] : we lodge our guests in the ~ हम अपने अतिथियों को ≈ में ठहराते हैं.

attire अ टाइअर **I.** *n*[u]. पोशाक[F] : to put on one's best ~ अपनी बढ़िया-से-बढ़िया ≈ पहनना. **II.** *v.t.* पहनना : the thief ~d himself in the uniform of a constable चोर ने कान्स्टेबल की वरदी[F] पहन ली.

attitude ऐ'टिट्यूड *n*[c]. (usu. sing.) रुख़, रवैया : what is your ~ to/towards religion मज़हब के बारे में तुम्हारा क्या ≈ है ? his ~ was friendly, hostile towards me मेरे प्रति उसका ≈ मित्रतापूर्ण, शत्रुतापूर्ण था.

attract अट्रैक्ट' *v.t.* **1.** खींचना, आकृष्ट करना : a magnet ~s iron चुम्बक लोहे को खींचता है; he was ~ed by her beauty वह उसकी सुन्दरता[F] से आकृष्ट हुआ; to ~ smb's attention किसी का ध्यान ≈. **2.** लुभाना : flowers ~ bees फूल भँवरों को लुभाते हैं. [*ant.* repel] **attraction** अट्रैक'शन *n*[c]. आकर्षण : ~ of a city नगर के ≈; work has no ~ for me काम में मेरे लिए कोई ≈ नहीं है; her greatest ~ for me is her voice मेरे लिए उसका सबसे बड़ा ≈ उसकी आवाज़[F] है. [*ant.* repulsion] **attractive** अट्रैक'टिव *a.* आकर्षक : the idea is very ~ यह विचार बहुत ≈ है; she is an ~ lady वह एक ≈ महिला है. [*neg.* un ~, *ant.* repulsive].

attribute ऐ'ट्रिब्यूट **I.** *n*[c]. लक्षण : crown is an ~ of a king मुकुट राजा का ≈ है; mercy is an ~ of God दया[F] ईश्वर का एक ≈/गुण है. **II.** *v.t.* कारण ठहराना : John ~s his failure **to** illness जॉन बीमारी[F] को अपनी असफलता[F] का कारण ठहराता है.

auction आक'शन **I.** *n*[c]. नीलाम : they held an ~ उन्होंने ≈ किया; the house was sold by ~ मकान नीलाम द्वारा बिक गया; ~ bid नीलामी बोली[F]. **II.** *v.t.* नीलाम करना; to ~ furniture फ़र्नीचर ≈; he ~ed all his land उसने अपना सारा खेत नीलाम कर दिया. **auctioneer** ऑकशॅनिअर' *n*[c]. नीलाम करने वाला : the ~ accepted the bid नीलाम करने वाले ने बोली[F] मंज़ूर कर ली.

audacious ऑडे'शस *a.* **1.** निर्लज्जतापूर्ण [proposal सुझाव, reply उत्तर]. **2.** निर्लज्ज, ढीठ [boy लड़का, girl लड़की]. [*ant.* afraid]

audible ऑ'डिबल *a.* जो सुना जा सके [remark टिप्पण, voice आवाज़[F]]; his speech was ~ throughout the room उसका भाषण सारे कमरे में सुना जा सकता था. **audience** ऑड्यिन्स **1.** *n*[c]. श्रोता, दर्शक : the ~ liked the play श्रोताओं/दर्शकों ने नाटक को पसंद किया; a TV ~ दूरदर्शन के ≈. **2.** मुलाक़ात[F], दर्शन : he desired ~ with the President वह राष्ट्रपति से मुलाक़ात चाह रहा था.

audit ऑ'डिट **I.** *n*[c]. लेखा-परीक्षा[F] : the annual

~ वार्षिक ≈; the ~ of the books बही-खातों की ≈. **II.** *v.t.* लेखा-परीक्षा^F करना : the accounts of the company were ~ed in May last कंपनी^F की लेखा-परीक्षा^F पिछली मई में हो गई थी. **auditor** ऑ'डिटर *n*^c. लेखा-परीक्षक : the ~ raised several objections in the accounts ≈ ने हिसाब में कई आपत्तियाँ^F उठाईं.

auditorium ऑडिटॉ'रिअम *n*^c. (*pl.* ~s, -ria) सभागृह : the play was staged in the ~ of the All India Radio नाटक का मंचन आकाशवाणी के ≈ में हुआ.

aught ऑट *pron.* [old use] कुछ : do you know ~ about it क्या तुम इसके बारे में कुछ जानते हो ? Δ for ~ I know मैं कुछ नहीं जानता. [*as distinct from* ought]

August ऑ'गस्ट *n.* अगस्त : the University will reopen on the 16th ~ विश्वविद्यालय फिर 16 ≈ को खुलेगा; it happened in ~ last यह घटना^F पिछले ≈ में हुई थी; on ~ 10 दस ≈ को, on the 12th of Aug. अगस्त की बारह तारीख़ को.

aunt आन्ट (also **auntie, aunty**) आन्टी : father's sister बुआ, फूफी; mother's sister मौसी; paternal uncle's wife (elder) ताई, (younger) चाची, काकी; maternal uncle's wife मामी.

auspices ऑस्'पिसिज़ *n. pl.* तत्वावधान : the exhibition was held under the ~ of the Fine Art Academy प्रदर्शनी^F ललित कला अकादमी^F के ≈ में हुई. **auspicious** ऑसपि'शस *a.* शुभ [day दिन, marriage विवाह, start आरम्भ]. [*ant.* in ~]

austere ऑस टिअर' *a.* **1.** कठोर : Cromwell was very ~ क्रामवेल बड़ा ≈ था. **2.** संयमी : our teacher was simple and ~ हमारा अध्यापक सादा और ≈ था. **3.** संयत [life जीवन, manner रीति^F]. **4.** सादा [building भवन, style शैली^F].

authentic ऑथें'न्'टिक *a.* प्रामाणिक [news समाचार, documents काग़ज़ात, painting चित्र]; his certificates are not ~ उसके प्रमाण-पत्र ≈/ असली नहीं हैं.

author ऑ'थर *n*^c. [common gender] **1.** लेखक; well-known ~ सुप्रसिद्ध ≈; my favourite ~ मेरा प्रिय ≈; ~ of a book, story पुस्तक^F, कहानी^F का ≈ **2.** कर्ता : ~ of a joke, plan मज़ाक, योजना^F का ≈. [*fem.* authoress] **authorise** vide autharize. **authoritative** ऑथॉ'रिटॅटिव *a.* **1.** प्रामाणिक [translation अनुवाद, writing लेख]. **2.** अधिकृत [opinion मत, person व्यक्ति]. **authority** ऑथॉ'रिटि **1.** *n*^u. प्राधिकार : ~ to negotiate बातचीत^F करने का ≈; the captain has complete ~ in his ship कप्तान को अपने जहाज़ में पूरा-पूरा अधिकार होता है. **2.** *n*^c. प्राधिकारी : the authorities banned public meetings प्राधिकारियों ने सार्वजनिक सभाओं^F पर प्रतिबंध लगा दिया; he is a noted ~ on Indian history वह भारतीय इतिहास का एक प्रसिद्ध विद्वान् है. **authorize** ऑ'थॅराइज़ *v.t.* **1.** अधिकार देना : I ~d my son to sign the application मैंने अपने बेटे को प्रार्थना-पत्र पर हस्ताक्षर करने का अधिकार दिया. **2.** अनुमति^F/आज्ञा^F देना : he had ~d the payment of Rs. 400 to Smith उसने स्मिथ को चार सौ रुपये का भुगतान करने की अनुमति/आज्ञा दी थी. [*ant.* farbid] **authorized** -ज़्ड *a.* अधिकृत [capital पूँजी^F, edition संस्करण, translation अनुवाद]. [*ant.* un ~]

auto ऑ'टो- *n*^c. (*pl.* -s) कार^F; आटो रिक्शा. = automobile.

auto- ऑ'टो- ऑ'टॅ *comb.* स्व-, अपना, as in autobiography, autograph, automatic, auto suggestion.

autobiography आटॅबाइऑ'ग्रफ़ि *n*^c. आत्म-चरित, आत्मकथा^F : ~ of Gandhiji गाँधीजी की आत्मकथा; autobiographies so far published अब तक प्रकाशित आत्मचरित/ आत्मकथाएँ.

autocracy ऑटॉ'क्रसि *n*^u. स्वेच्छाचारी शासन, एकतन्त्र : ~ is the rule by one person with unlimited powers ≈ असीमित शक्तियों^F वाले एक व्यक्ति का राज्य होता है. **autocrat** ऑ'टॅक्रैट *n*^c. स्वेच्छाचारी शासक : is there any difference between a dictator and an ~ क्या अधिनायक और ≈ के बीच में कोई अन्तर होता है ? he is an ~ in his house वह अपने घर में≈ है. **autocratic** ऑटॅक्रै'टिक *a.* स्वेच्छाचारी, निरंकुश

[government शासन/सरकार^F, ruler शासक].

autograph ऑ'टग्राफ़ *n*^{c}. स्वाक्षर : I had an ~ from Mr. B मैंने श्री ब से उनका ≈ लिया; she collected ~s of the players उसने खिलाड़ियों के ≈ जमा किये.

automatic ऑटॅमै'टिक *a.* **1.** अपने-आप चलने वाला, स्वचालित; ~ machine स्वचालित मशीन^F. **2.** अपने-आप होने वाला [control नियंत्रण]; ~ saving अपने-आप होने वाली बचत^F.

automobile ऑ'टॅमॅबील *n*^{c}. कार^F, मोटरगाड़ी^{F}.

autonomy अटॉ'नॅमि *n*^{u}. स्वशासन : the universities have ~ विश्वविद्यालयों में ≈ है. [*adj.* autonomous स्वायत्त]

autumn ऑ'टम (Am. fall) *n* $^{u/c}$ पतझड़^{F}, शरद ऋतु^{F} : leaves fall off the trees in ~ पत्ते ≈ में पेड़ों पर से गिर जाते हैं; in ~ this year इस वर्ष ≈ में; ~ is my favourite season ≈ मेरा प्रिय मौसम है; ~ comes before winter ≈ सर्दी^{F} से पहले आता है.

auxiliary ऑगज़ि'ल्यरि **I.** *a.* सहायक [organisation संगठन, troops सेनाएँ^{F}, verb क्रिया^{F}]; she is employed as ~ nurse वह ≈ नर्स^F लगी हुई है; ~ verb ≈ क्रिया जैसे है, था. **II.** *n*^{c}. **1.** सहायक : she is working as ~ वह सहायक के रूप में काम कर रही है. **2.** (*pl.*) auxiliaries सेनाएँ^{F}.

avail अवेल' **I.** *n*^{u}. लाभ : **of**/to no ~ व्यर्थ, बेफ़ायदा; argument is of no ~ तर्क/बहस^F का कोई ≈ नहीं है, बहस^F व्यर्थ है; he tried but to no ~ उसने कोशिश^F तो की पर व्यर्थ. **II.** *v.t.* लाभ उठाना, काम लेना : ~ yourself **of** the use of the library पुस्तकालय के उपयोग से लाभ उठाइए; science could not ~ him विज्ञान से उसे कोई लाभ न हो सका. **availability** अवेलॅबि'लिटि *n*^{u}. उपलब्धता^{F}, प्राप्यता^{F} : it depends on the ~ of electricity यह बिजली^{F} उपलब्ध होने पर निर्भर है. **available** अवे'लॅबल *a.* उपलब्ध, प्राप्य, सुलभ : books are ~ here पुस्तकें^{F} यहाँ से मिल सकती हैं, पुस्तकें^{F} यहाँ ≈ हैं; all the ~ money has been used सारा ≈ धन लगा दिया गया है; the new fridge will be ~ in a month नया फ्रिज एक महीने में ≈ हो जाएगा. [*ant.* un ~]

ave. avenue.

avenge अवें'न्ज *v.t.* बदला लेना : he ~d his father's murder उसने अपने बाप की हत्या^{F} का बदला लिया; he ~d his brother उसने अपने भाई का बदला लिया; he ~d his brother's death अपने भाई की मौत का बदला ले लिया

avenue ऐ'विन्यू *n*^{c}. **1.** रास्ता, मार्ग : his address is 10-A, Gandhi ~ उसका पता है 10-A गाँधी मार्ग; stately ~s शानदार रास्ते. **2.** रास्ता, उपाय, चारा : he had no ~ of escape उसके पास बच निकलने का कोई ≈ नहीं था.

average ऐ'वॅरिज **I.** *n*^{c}. औसत : the ~ of numbers 4, 5 and 6 is 5 4, 5 और 6 संख्याओं^{F} का ≈ 5 होता है; to find out the ~ ≈ निकलना; **on an ~** औसतन : I write, on an ~, three pages a day मैं औसतन तीन पृष्ठ प्रतिदिन लिखता हूँ. **II.** *a.* औसत [cost लागत, expenditure ख़र्च, income आय^F, price क़ीमत^F, student विद्यार्थी, temperature तापमान]; his work is just ~ उसका काम बस ≈ दर्जे का है; he got leave on ~ pay उसने ≈ वेतन पर छुट्टी^{F} ली.

avert ऐवर्ट' **1.** टालना, निवारण करना : accidents can be ~ed दुर्घटनाएँ^{F} रोकी जा सकती हैं, दुर्घटनाओं^{F} का निवारण किया जा सकता है; his alertness ~ed the danger उसकी चौकसी^{F} से ख़तरा टल गया. **2.** फेर लेना, मोड़ लेना : she ~ed her eyes from the dreadful scene उसने उस भयानक दृश्य से अपनी आँखें^{F} फेर/मोड़ लीं.

aviation ऐविए'शन *n*^{u}. विमान-चालन [civil नागरिक]; ~ in India has great future ≈ का भारत में बड़ा भविष्य है; ~ has developed rapidly ≈ का विकास बहुत तेज़ी^{F} से हुआ है.

avoid अ वॉइड' *v.t.* **1.** से बचना : to ~ danger/difficulty ख़तरे/कठिनाई^F से ≈. he wanted to ~ the crowd वह भीड़^{F} से बचना चाहता था. **2.** से दूर रहना; to ~ certain persons or places किन्हीं लोगों या जगहों^{F} से दूर रहना; he ~ed her eyes वह उसकी नज़र^F से दूर रहा; she could not ~ laughing वह हँसी^{F} दूर/रोक न सकी.

await अवेट' *v.t.* = wait for; प्रतीक्षा^{F} करना, राह

देखना; he was ~ing her arrival with patience वह धैर्य से उसके आने की प्रतीक्षा[F] कर रहा था; success ~s your efforts सफलता[F] तुम्हारे प्रयत्नों की प्रतीक्षा कर रही है (प्रतीक्षा[F] में है); you must ~ your sister तुम्हें अपनी बहन की प्रतीक्षा करनी होगी.

awake अवेक' **I.** *v.t.* (past awoke, *pp.* awoke/awaked/awoken) जगाना : the noise awoke me शोर ने मुझे जगा दिया; the villagers were awoken by dacoits गाँववालों को डाकुओं ने जगाया. (fig.) the poem ~s sad memories यह कविता[F] दुःखद स्मृतियों[F] को जगाती है. **II.** *v.i.* जागना : I ~ at seven मैं सात बजे जागता हूँ; I have awoken मैं जग गया हूँ. **III.** *a.* जागा हुआ : baby is ~ बच्चा जागा हुआ है; I was wide ~ मैं बिलकुल जागरूक (जगा हुआ) था. [*ant.* asleep] **awaken** अवे'कन *v.t.* **1.** जगाना : the servant ~ed me late नौकर ने मुझे देर में जगाया; I was ~ed by the song of the bird मुझे चिड़िया[F] के गाने ने जगा दिया; (fig.) to ~ ambition, jealousy महत्वाकांक्षा[F], ईर्ष्या[F] ≈. **2.** सतर्क करना; to ~ a person **to** some danger किसी को ख़तरे से ≈. **awakening** अवे'कॅनिङ्ग n^u. जागरण, जागृति[F] : ~ from sleep नींद[F] से जागना; watch the world's ~ दुनिया[F] की जागृति को ध्यान से देखना; there is ~ in India भारत में ≈ है.

award अवॉर्ड' **I.** n^c. **1.** पुरस्कार : he received an ~ from the government उसे सरकार[F] से ≈ मिला. **2.** निर्णय : an ~ from the court न्यायालय का ≈. **II.** *v.t.* देना : to ~ a prize, title इनाम, उपाधि[F] देना. [*cf.* reward]

aware अवेअर' *a.* (used predicatively) **1.** परिचित : I am now ~ of my errors अब मैं अपनी भूलों[F] से ≈ हूँ; as far as I am ~ जहाँ तक मेरा परिचय है, मुझे मालूम है. **2.** सचेत : I am fully ~ of the danger मैं पूरी तरह[F] ख़तरे के प्रति सचेत हूँ. [*ant.* un ~]

away अवे' *adv.* **1.** बाहर : the teams are playing ~ टीमें[F] ≈ खेल रही हैं; the manager is ~ मैनेजर साहब ≈ हैं; he is ~ on journey वे यात्रा[F] पर ≈ हैं. **2.** परे, दूर : ~ from the city नगर से दूर; ~ I threw the ball ~ मैंने गेंद[F] ≈ फेंक दी; it is 60 Kilometres ~ यह 60 किलोमीटर दूर है; keep ~ ≈ रहो; take it ~ इसे ≈ ले जाओ; stand ~ दूर/परे खड़े रहो; keep ~ ≈ हटो. **3.** धीरे-धीरे : the noise died ~ शोर ≈ समाप्त होता गया. **4.** (misc.) come ~ चले आओ; go ~ चले जाओ; call smb ~ किसी को बुला ले जाओ; give ~ बाँट देना; run ~ भाग जाओ; to make ~ with the child बच्चे को जान[F] से मार डालना; right ~ तुरंत; to sign ~ हस्ताक्षर करके दे देना; take it ~ इसे ले जाओ; ~ with it हटाओ परे; they worked ~ all night वे सारी रात[F] लगातार काम करते रहे.

awe ऑ n^u. **1.** धाक[F], दबदबा, रौब : he holds the teacher in ~ वह अध्यापक या अध्यापिका का रौब मानता है. **2.** भय : the boy looked in ~ लड़का ≈ से ताकता रहा. **awful** ऑ'फुल *a.* **1.** भयानक [accident दुर्घटना[F]]. **2.** घोर [disorder अव्यवस्था]. **3.** बहुत ज़्यादा [rush भीड़[F]]; she had an ~ pain उसे ≈ दर्द था.

awhile अवाइल' *adv.* थोड़ी देर (के लिए) : let us wait ~ ≈ प्रतीक्षा[F] कर लें; can you wait here ~ क्या आप ≈ यहाँ प्रतीक्षा[F] कर सकते हैं ?

awkward ऑक्'वर्ड *a.* **1.** बेढंगा, भद्दा [behaviour व्यवहार, man आदमी, girl लड़की]; ~ in walk or movement चलने या हिलने-डुलने में ≈. **2.** कष्टकर [moment क्षण, situation स्थिति[F]]; it's a bit ~ to reach there वहाँ पहुँच पाना थोड़ा ≈ है.

awoke अवोक' past of awake *q.v.*

axe ऐक्स **I.** n^c. कुल्हाड़ा, (smaller) कुल्हाड़ी[F] : we cut wood with an ~ हम कुल्हाड़े से लकड़ी[F] काटते हैं; Δ have an ~ to grind अपना स्वार्थ साधना. **II.** *v.t.* काटना : Government budget on education has been ~d शिक्षा[F] का सरकारी बजट काट दिया गया है; they have ~d 50% of their staff उन्होंने 50% कर्मचारियों को छाँट दिया है.

axle ऐक'सल n^c. धुरा [front अगला, back पिछला]; the ~ of the wheel पहिये का ≈; ~ oil धुरे का तेल.

ay, aye आइ n^c. **1.** हाँ; ~, I'll do it हाँ, मैं कर दूँगा. **2.** पक्ष-मत : the ~s have it पक्ष वाले बहुमत पा गये. [*ant.* nay]

B, b

B बी letter ब.

b. born, b. 1907 जन्म 1907.

B.A. Bachelor of Arts, बी.ए.

babble बै'बल **I.** *n*[u]. ~ of a child बच्चे की तुतलाहट[F]; ~ of voices आवाज़ों[F] की गड़बड़[F]; ~ of a brook नाले की सरसराहट[F]. **II.** *v.t.i.* the patient ~s in sleep मरीज़ सोते में बड़बड़ाता है; the baby ~ed for hours बच्चा घंटों तुतलाता रहा; she was babbling her secret वह अपना भेद बक देती थी; the stream ~d over the stones नाला पत्थरों पर सरसर करता बहता था.

babe बेब *n*[c]. = baby *q.v.*

baboon बबून' *n*[c]. बैबून, बानर : ~ is a kind of large monkey ≈ एक तरह का बड़ा-सा बंदर होता है.

baby बे'बी *n*[c]. (*pl.* babies) **1.** शिशु, बच्चा [little नन्हा, pretty सुंदर, small छोटा; the ~ is crying ≈ रो रहा है; the ~ is hungry ≈ भूखा है; you bathe, feed babies तुम शिशुओं/बच्चों को नहलाते, खिलाते हो. **2.** बच्चा : ~ monkey बंदर का बच्चा; ~ buggy/carriage ≈ गाड़ी[F]. **3.** छोटा; ~ car छोटी कार[F]. **4.** भोला : don't be such a ~ इतने भोले मत बनो.

baby-sitter बे'बि-सिटर *n*[c]. दाई[F] : I could go out, but the ~ has not turned up मैं चली जाती पर ≈ नहीं आई.

bachelor बै'चॅलर *n*[c]. कुंवारा, अविवाहित [jovial ख़ुशदिल, poor ग़रीब, lonely अकेला]; a ~ is generally an odd fellow कुँवारा प्राय: अजीब आदमी होता है. [*fem.* virgin, spinster maid]

back बैक **I.** *n*[c]. **1.** पीठ[F] : the ~ of a man/horse आदमी/घोड़े की ≈; to turn one's ~ मोड़ लेना; lie on one's ~ ≈ के बल लेटना/सोना; to carry load on one's ~ अपनी ≈ पर बोझ ढोना; ~ of a chair कुर्सी की ≈; behind one's ~ ≈ पीछे ~ **-ache** ≈ का दर्द. **2.** पिछला हिस्सा : the ~ of a village गाँव का ≈; the ~ of one' head सिर का ≈; **3.** ~ of the house, building मकान, भवन का पिछवाड़ा. [*ant.* front] Δ **he is on his back** वह बिस्तर में (बीमार) पड़ा है; you should really **put your backs into** the job तुम्हें सचमुच काम में परिश्रम करना चाहिये. **II.** *a.* पिछला [door दरवाज़ा, number अंक, payment भुगतान]; ~-dated पिछली तारीख़[F] का. Δ ~ **door** चोर दरवाज़ा. **III.** *adv.* **1.** पीछे : to push, fall ~ ≈ धकेलना, हटना; he looked ~ उसने पीछे/मुड़कर देखा. **2.** हटकर : stand ~ हटकर खड़े रहो. **3.** वापस : come, go ~ ≈ आओ, जाओ; take this book ~ यह किताब[F] ≈ ले लो; call the peon ~ चपरासी को ≈ बुला लो; to give ~ one's papers किसी के कागज़ ≈ देना; to pay ~ one's debt अपना कर्ज़/ऋण अदा कर देना. **4.** पीछे/पहले : three years ~ तीन वर्ष ≈. Δ **to go ~ on one's word** मुकर जाना. **IV.** *v.t.i.* **1.** पीछे जाना : the car ~ed कार[F] पीछे गई. **2.** समर्थन करना : they ~ed the government उन्होंने सरकार[F] का समर्थन किया; to back a plan किसी योजना[F] का समर्थन करना; Δ **to ~ the wrong horse** हारे हुए को सहारा देना. **3.** Δ **to ~ out** मुकर जाना : you said that you would help me, don't ~ out तुमने कहा था कि मैं तुम्हारी सहायता[F] करूँगा, मुकरो मत. **to ~ up** प्रोत्साहन देना : he ~ed up the players उसने खिलाड़ियों को प्रोत्साहित किया.

backbite बैक्'बाइट *v.i.* चुगली[F] करना : ~ an absent person किसी अनुपस्थित व्यक्ति की ≈. **backbone** बैक्'बोन **1.** *n*[c]. रीढ़[F] की हड्डी[F] : my ~ is paining मेरी ≈ में दर्द है. **2.** बल, सहारा : he is the ~ of our society वह हमारे समाज का ≈.है. **3.** आत्मबल, मनोबल : this student has no ~ इस विद्यार्थी में ≈

नहीं हैं. **background** बैक्‌'ग्राउन्ड *n*[u]. पृष्ठभूमि[F]: on against the ~ of the sky आकाश की ≈ पर; there is a house in the ~ of the picture चित्र की ≈ में एक मकान है; to stay in the ~ ≈ में रहना; the ~ of a subject किसी विषय की ≈. **backing** बै'किङ्ग *n*[u]. प्रोत्साहन, सहारा : the plan had the ~ of the general public योजना[F] को जनसाधारण का ≈ मिला था; he had the ~ of his parents उसे माता-पिता का ≈ था. **backward** बैक्‌'वर्ड **I.** *a.* **1.** वापसी : ~ journey ≈ यात्रा[F]. **2.** पिछड़ा (हुआ); ~ boy ≈ लड़का; ~ classes पिछड़े वर्ग; ~ country ≈ देश. **II.** *adv.* (Am) = ~s. [*ant.* forward] **backwards** बैक'वर्ड्ज़ *adv.* **1.** पीछे : he looked ~ उसने ≈ देखा; she moved ~ वह ≈ मुड़ी. **2.** उलटे : you have put on the hat ~ तुम ने हैट ≈ पहन रखा है; count 1 to 10 ~ एक से दस तक उलटे गिनती[F] करो. **~ woods** ≈ वुड्ज़ *n. pl.* जंगल : they live in the ≈ of Jagdalpur वे जगदलपुर के जंगल में रहते हैं. **backyard** बैकयार्ड *n*[c]. पीछे का आँगन : ~ may be covered with grass ≈ घास से ढ़का हो सकता है; she sits in the ~ वह पीछे के आँगन में बैठा करती है.

bacon बे'कन *n*[u]. सुअर का मांस : slice of ~ सुअर के मांस का टुकड़ा; ~ is usually salted ≈ प्राय: नमकीन होता है. Δ **I saved my ~** मैं हानि[F] से बच गया.

bacteria बैकटिअ'रिअ *n.* (*pl.*) (*sing.* -rium) जीवाणु, बैक्टीरिया : ~ exist in water or in living beings ≈ पानी में या प्राणियों में होते हैं; some ~ cause disease कुछ ≈ बीमारी[F] का कारण होते हैं.

bad बैड *a.* (worse, worst) **1.** ख़राब [boy लड़का, teeth दाँत, work काम]. **2.** बुरा [behaviour बर्ताव, effect असर, times ज़माना]; ~ habit, news बुरी आदत[F], ख़बर[F]. **3.** [misc.] ~ grammar अशुद्ध व्याकरण; ~ coin खोटा सिक्का; ~ name बदनामी[F]; ~ egg गंदा अंडा; ~ person दुष्ट व्यक्ति; Δ ~ **heart** रुग्ण हृदय: ~ **accident** भारी दुर्घटना[F]; **I felt ~** about missing the train गाड़ी[F] छूट जाने से मुझे परेशानी हुई. the food **goes ~** in summer गर्मियों में खाना ख़राब हो जाता है. ~ **blood** कटुता; ~ **debt** डूबी रक़म[F]; ~ **need** अधिक आवश्यकता[F]. [*as distinct from* bade; *ant.* good]

bade बैड, बेड *v.t.* past of bid *q.v.*

badge बैज *n*[c]. बिल्ला, बैज : the ~ of a party किसी दल का ≈; wear the ~ on your right arm ≈ दाहिनी बाँह[F] पर लगाओ; the policeman had a ~ on his cap also पुलसिया की टोपी[F] पर भी एक ≈ था.

badly बैड्'लि *adv.* **1.** बुरी तरह[F] : ~ beaten/burnt ≈ पीटा गया/जला हुआ; ~ defeated ≈ हराया गया. **2.** बहुत अधिक : I badly need your help मुझे तुम्हारी सहायता[F] की ≈ आवश्यकता[F] है.

badminton बैड्'मिन्टन *n*[u]. बैडमिन्टन : ~ is a tennis-like game ≈ टेनिस की तरह का खेल होता है; we play ~ with rackets and shuttle cock हम रैकिट और चिड़िया से ≈ खेलते हैं; we played a ~ match हमने एक ≈ का मैच खेला.

baffle बै'फ़ल *v.t.* हक्का-बक्का कर देना : the examination paper ~d me परीक्षा-पत्र ने मुझे हक्का-बक्का कर दिया.

bag बैग *n*[c]. बैग, थैला [empty ख़ाली, full भरा हुआ, heavy भारी]; there was nothing in my ~ मेरे बैग/थैले में कुछ भी नहीं था; paper ~ काग़ज़ की थैली[F]; ~ for sugar चीनी[F] का बोरा; ~ and baggage बोरिया-बिस्तर समेत; **~-pipe** मशकबीन[F]; **~-piper** मशकबीन बजाने वाला : the ~ player the ~-pipe मशकबीन बजाने वाले ने मशकबीन बजाई.

baggage बै'गिज् *n*[u]. सामान [extra फ़ालतू, personal निजी]; the porter put the ~ in the train कुली ने गाड़ी[F] में ≈ रख दिया; he came away with bag and ~ वह बोरिया-बिस्तर लेकर चला आया.

baggy बै'गि *a.* थैला-सा, ढीला-ढाला [pyjama पाजामा, trousers पैंट].

bail बेल **I.** *n*[u]. ज़मानत[F] : to forfeit one's ~ अपनी ≈ ज़ब्त कराना; he was out on ~ वह ≈ पर रिहा हो गया : **to go/stand ~ for smb** किसी को ≈ देना. **II.** *v.t.* जमानत देना; **to ~ smb out** किसी को ~ पर छुड़ाना. [*as distinct from* bale]

bait बेट I. n^{u}. **1.** चारा : ~ to catch fish मछली^{F} पकड़ने का ≈; a worm as ~ कीड़े का ≈; to put ~ on a hook काँटे पर ≈ लगाना. **2.** प्रलोभन : he was attracted by the ~ advanced by the police पुलिस^{F} द्वारा बढ़ाये गये ≈ से वह खिंच गया. **II.** *v.t.* **1.** चारा लगाना/डालना : he ~ed the fishing hook with a fly उसने बंसी^{F} पर मक्खी^{F} का चारा लगाया. **2.** चिढ़ाना : they baited the new boy उन्होंने नये-नये लड़के को चिढ़ाया.

bake बेक **I.** *v.i.* **1.** पकना : bricks ~ in the kiln ईंटें^{F} भट्ठे में पकती हैं; a cake is baking in the oven ओवन में केक पक रहा है. **2.** (सूखकर) कड़ा होना : the ground ~d in the sun ज़मीन धूप^{F} में कड़ी हो गई. **II.** *v.t.* **1.** पकाना : to ~ bread, biscuits रोटी^{F}, बिस्कुट पकाना. **2.** (सुखाकर) कड़ा कर देना : the sun ~s the field धूप^{F} खेत को कड़ा कर देती है. **bakery** बेक्'रि n^{u}. बेकरी^{F} : I brought bread from the ~ मैं ≈ से (डबल) रोटी^{F} लाया/लाई; there was no strike at the ~ ≈ में कोई हड़ताल^{F} नहीं थी.

bal., balance बै'लन्स **I. 1.** n^{c}. तराज़ू, तुला^{F} : a ~ for weighing तौलने के लिए ≈; tongue/pan of a ~ ≈ का काँटा/पलड़ा. **2.** n^{c}. शेष (राशि^{F}) बकाया; the ~ of an account हिसाब/लेखे का बकाया; ~ in a bank बैंक में ≈. **3.** n^{u}. संतुलन [physical शारीरिक, mental मानसिक]; to lose one's ~ अपना ≈ खो बैठना; ~ of payments देने-पावने का अन्तर; ~ of power शक्ति-संतुलन; **~-sheet** आय-व्यय विवरण, तुलन-पत्र. **II. 1.** *v.i.* संतुलित रहना : the girl balanced on her toes लड़की पंजे के भार पर संतुलित रही. **2.** *v.t.* (i) संतुलित रखना : to ~ a jug on one's head अपने सिर पर जग को ≈. (ii) to ~ account लेखे बराबर करना. (iii) to balance pros and cons पक्ष-विपक्ष को मन में तौलना. [*ant.* upset] **balanced**-स्ड *a.* संतुलित [budget बजट, development विकास, diet आहार, sentence वाक्य, style शैली].

balcony बैल्'कॅनि n^{c}. (-ies) बारजा, बालकनी^{F} : ~ of the cinema सिनेमा की बालकनी; most houses have balconies बहुत-से मकानों में बालकनियाँ होती हैं; we could see the procession from the ~ हम ≈ पर से जुलूस देख सकते थे.

bald बॉल्ड *a.* **1.** गंजा, चाँदला [head सिर, person आदमी]; he is going ~ वह ≈ होता जा रहा है. **2.** नंगा [mound टीला, mountain पहाड़]. **3.** रूखा [account विवरण, statement बयान]. (of bird) बेपर, पंखहीन. [*n.* ~ness गंजापन, रूखापन]

bale बेल **I.** n^{c}. गाँठ, गड्डी^{F} : a ~ of cloth, grass कपड़े, घास^{F} की≈ **II.** *v.t.* गाँठ^{F}/गड्डी^{F} बाँधना : she baled cotton उसने कपास की गाँठ बाँधी. [*as distinct from* bail]

ball बॉल n^{c}. **1.** गेंद^{F}, बॉल [hard कड़ा, hollow खोखला, solid ठोस]; cricket ~ क्रिकेट की गेंद; football फुटबॉल; tennis ~ टेनिस बॉल; leather, rubber ~ चमड़े, रबड़ की गेंद; a ~ rolls गेंद लुढ़कती है; the ~ bounced into the wicket गेंद टप्पा खाकर विकिट में जा लगी; we throw, catch the ≈ हम गेंद फेंकते, कैच करते हैं; we hit the ~ with a bat, racket हम गेंद को बल्ले या रैकिट से मारते हैं. **2.** गोला : a ~ of yarn, snow धागे, बर्फ़^{F} का ≈; ~-cock गोला टोंटी^{F}; eye-ball आँख^{F} का ≈ (डेला). **3.** बॉल नाच [charming आकर्षक, splendid शानदार]; an invitation to a ~ ≈ का आमन्त्रण. Δ **to have a** ~ मज़े उड़ाना.

ballet बै'ले', (Am. बै'ले') n^{c}. **1.** बैले नाच, रास : a ~ also tells a story ≈ कोई कहानी^{F} भी बताता जाता है. **2.** बैले नर्तक मंडली^{F} : she is a member of the Royal ~ वह शाही ≈ की सदस्या^{F} है.

balloon बॅलून' n^{c}. बैलून, गुब्बारा [barometer पवनसूचक, dangling लटकता हुआ]; there were ~s before aeroplanes हवाई जहाज़ों से पहले बैलून/गुब्बारे होते थे; to let loose a ~ ≈ छोड़ना; a ~ flies in the air ≈ हवा^{F} में उड़ता है.

ballot बै'लट **I.** n^{c}. परची^{F}, मत-पत्र : to elect by ~ ≈ द्वारा चुनाव करना; ~-box मत-पेटी^{F}. **II.** *v.i.* परची^{F} डालना, मत/वोट देना : they ~ed for a chairman of the committee उन्होंने समिति^{F} का अध्यक्ष चुनने के लिए वोट डाले.

ballyhoo बैलिहू' n^u. हुल्लड़ : ~ at the polling station मतदान-केन्द्र में ≈.

balm बाम *n.* (usu. sing.) बाम^F, सुगंधित मलहम^F : apply ~ on forehead माथे पर ≈ लगाना; a ~ sooths pain ≈ दर्द को कम करती है.

bamboo बैम्बू' **1.** $n^{u/c}$. बाँस : a ~ has joints ≈ की गाँठें^{F} होती हैं; furniture made of ~ or ~ furniture बाँस का (बना) फ़र्नीचर.

ban बैन **I.** n^c. प्रतिबन्ध, मनाही^{F} : ~ on smoking सिगरेट आदि पीने की मनाही; ~ on taking out processions जुलूस निकालने पर प्रतिबन्ध; to defy a ~ प्रतिबन्ध तोड़ना. **II.** *v.t.* (-nn-) प्रतिबन्ध/रोक^F लगाना : his book was ~ned उसकी किताब^F पर प्रतिबन्ध लगा दिया गया; he was ~ned from entering the city उस पर नगर में प्रवेश करने का निषेध/प्रतिबन्ध लगा दिया गया.

banana बॅनै'ना n^c. **1.** केला (फल) : he ate two ~s उसने दो केले खाये; a ~ skin केले का छिलका; ~s are sold by dozens केले दर्जन के हिसाब से बिकते हैं. **2.** केले का पेड़.

band बैन्ड **I.** n^c. **1.** पट्टी^{F} : a ~ on the left arm बाईं बाँह^F की ≈; she had a ~ on her forehead उसके माथे पर ≈ थी. **2.** (music) बैंड : a ~ at a marriage party बरात^F पर ≈. ~ **master** बैंडनायक. **3.** टोली^{F}, मंडली^{F} : a ~ of musicians, soldiers, robbers गवैयों, सिपाहियों, लुटेरों की ≈. **4.** बन्धन [fraternal भ्रातृ-, mental मानसिक]; ~ broken forever ≈ जो सदा-सदा के लिए टूट गया. **5.** धारी^{F}, पट्टी^{F} : his shirt had red ~s उसकी कमीज़^{F} पर लाल धारियाँ थीं. **II.** *v.i.* दलबंदी करना, दल बनाना : the teachers banded together against the head master अध्यापकों ने प्रधानाचार्य के विरुद्ध दलबंदी की. [*ant.* dis ~]

bandage बैन्'डिज **I.** n^c. पट्टी^{F} : she had a ~ on her wound उसने घाव पर ≈ बाँध रखी थी; a ~ for the broken bone टूटी हड्डी^{F} के लिए ≈; wrist, head ~ कलाई^F, सिर की ≈. **II.** *v.t.i.* पट्टी^{F} बाँधना : the nurse ~d his wrist नर्स^F ने उसकी कलाई पर पट्टी बाँधी; his right eye was ~d उसकी दाहिनी आँख^F पर पट्टी बँधी थी.

bandit बैन्'डिट n^c. (सशस्त्र) डाकू : the ~s raided his house डाकुओं ने उसके मकान पर धावा बोल दिया; they were attacked by a ~ उन पर एक डाकू ने आक्रमण कर दिया; Phoolan was once a ~ फूलन कभी डाकू थी.

bang बैङ्ग **I.** n^c. धमाका : ~ of a cannon तोप^F का ≈; he shut the door with a ~ उसने धमाके के साथ दरवाज़ा बंद किया. **II.** *v.t.* **1.** धमाके के साथ बंद करना she ~ed the door उसने धमाके के साथ दरवाज़ा बंद किया. **2.** धमाका करना; to ~ with the fist on the table मेज़ पर मुक्का मारकर ≈.

bangle बैङ्'गल n^c. चूड़ी^{F}, कड़ा : silver, gold ~s चाँदी^{F}, सोने की चूड़ियाँ (के कड़े); she wore a ~ on her right arm वह दाहिनी बाँह^F में ≈ पहने थी.

banish बै'निश *v.t.i.* **1.** देश निकाला देना : he was banished for treason उसे देशद्रोह के कारण देश निकाला दिया गया. **2.** निकाल देना : ~ evil thoughts from your mind अपने मन से बुरे विचारों को निकाल दो. [*n.* ~ment देश निकाला].

banjo बैन्'जो n^c. [*pl.* ~(e)s] बैंजो (बाजा) : the ~ is the favourite instrument of the negroes ≈ हबशी लोगों का प्रिय वाद्य है; to play the ~ ≈ बजाना; the ~ has fine strings ≈ के महीन तार होते हैं.

bank बैङ्क n^c. **1.** बैंक [international अन्तर्राष्ट्रीय, national राष्ट्रीय, scheduled अनुसूचित, central केन्द्रीय]; branch of a ~ ≈ की शाखा^{F}; to keep an account in a ~ ≈ में हिसाब रखना; to deposit money in a ~ ≈ में पैसा जमा करना; to borrow money from a ~ ≈ से रुपया उधार लेना. **2.** किनारा [high ऊंचा, low नीचा, steep ढलवाँ]; ~ of a river or canal नदी^{F} या नहर^F का ≈; swim to the ~ तैरकर किनारे पर जाना; both ~s दोनों किनारे. **banker** बैङ्'कर n^c. महाजन, साहूकार : ~s' association महाजनों की सभा^{F}; money lent by a ~ ≈ द्वारा उधार में दिया गया धन. **banking** बैङ्'किङ्ग n^u. साहूकारा, बैंक व्यवसाय : ~ house बैंक घर. **bankrupt** बैङ्क'रप्ट n^c. & *a.* **1.** दिवालिया : to turn/become ~ ≈ हो जाना; he was declared ~ उसे ≈ घोषित किया गया. **2.** (fig.) दिवालिया : he was ~ of original ideas वह मौलिक विचारों से दिवालिया था. [*n.* ~**cy** दिवाला, दिवालियापन]

banner बै'नर *n*ᶜ. फरहरा, ध्वज : their ~ had a slogan उनके ध्वज/फरहरे पर एक नारा था; two persons carried a ~ दो आदमी ≈ उठाये हुए थे.

banquet बैङ्'क्विट *n*ᶜ. भोज, दावत^F : the President gave a ~ in honour of the Queen राष्ट्रपति ने महारानी के सम्मान में ≈ दिया.

banter बैन्'टर *n*ᶜ. हँसी-दिल्लगी^F : noisy ~ शोर-शराबे की ≈; ~ at the marriage party बरात^F में ≈.

banyan बै'न्यन *n*ᶜ. बरगद, वटवृक्ष [huge विशाल, tall लंबा]; some branches of a ~ tree grow downwards and become roots ≈ की कुछ शाखाएँ^F नीचे की ओर बढ़ कर जड़ें^F बन जाती हैं.

baptize, -ise *v.i.* & *t.* **1.** बपतिस्मा देना, ईसाई धर्म में दीक्षित करना : the bishop ~d him लाट पादरी ने उसे बपतिस्मा दिया; she was ~d a Catholic उसे कैथलिक पंथ में दीक्षित किया गया. **2.** ईसाई नाम देना : he was ~d James उसका ईसाई नाम जेम्स रखा गया.

bar बार **I.** *n*ᶜ. **1.** छड़ : gold, iron ~ सोने, लोहे का ≈; ~s on a window खिड़की^F के ≈. **2.** डंडा; a ~ of soap, chocolate साबुन, चाकलेट का ≈. **3.** अर्गला : there is a ~ on the door दरवाज़े पर एक ≈ है. **4.** धारी^F, पट्टी^F : ~s of red and blue on a cloth कपड़े पर लाल और नीली धारियाँ. **5.** कटघरा : a prisoner at the ~ of the court कचहरी^F के कटघरे में कैदी. **6.** पेयगृह : coffee, milk ~ कॉफी, दूध पान-गृह. **7.** बाधा^F, रुकावट^F : poverty is a ~ in his progress ग़रीबी^F उसकी प्रगति^F में ≈ है. **8.** the Bar वकालत : he was called to the ~ वह वकील बन गया. **9.** behind bars जेलख़ाने में. **II.** *v.i.* (-rn-) **1.** धारियाँ^F लगाना : the flag was ~red in red and white झंडे पर लाल और सफ़ेद धारियाँ बनी थीं. **2.** रोकना : he was ~red from the club उसे क्लब से रोका गया. [*ant.* admit]. **III.** *v.t.* **1.** रोक^F लगाना : they ~red themselves उन्होंने अपने ऊपर रोक लगाई; my father ~red smoking मेरे पिता ने धूम्रपान पर रोक लगा दी. **2.** अर्गला लगाना; ~ the door and lock it दरवाज़े पर अर्गला लगाकर ताला लगा दो.

bar. barometer.

barb बार्ब *n*ᶜ. काँटा : the ~ of a fishing angle बंसी^F का ≈; ~ed wire काँटेदार तार; a ~ed wire on all sides of the field खेत के चारों ओर काँटेदार तार.

barbarian बार्बे'रिअन *n*ᶜ. & *a.* बर्बर, वहशी, जंगली : the ~s attacked our city ≈ लोगों ने हमारे नगर पर आक्रमण कर दिया; the ~s committed atrocities ≈ लोगों ने ज़ुल्म किये. ~ tribes, customs ≈ जातियाँ^F, रिवाज़. **barbarism** बार्'बॅरिज़्म *n*ᵘ. बर्बरता^F, वहशीपन : several tribes still live in ~ कई कबीले अब भी ≈ में जी रहे हैं. **barbarity** बार्बे'रिटि *n*ᶜ. क्रूरता^F, ज़ुल्म : barbarities committed by the enemy शत्रु द्वारा किये गये ज़ुल्म. **barbarous**बार्'बॅरस *a.* जंगली, असभ्य [habits आदतें^F, practices रिवाज].

barber बार्'बर *n*ᶜ. नाई : ~ cuts hair ≈ बाल काटता है; ~ shaves the head, beard ≈ सिर, दाढ़ी^F मूँड़ता है; barber's shop नाई की दुकान^F; he is going to the ~'s वह ≈ की दुकान पर जा रहा है.

bard बार्ड *n*ᶜ. **1.** भाट [famous प्रसिद्ध, marry प्रसन्नचित्त]; ~s sang the praises of the prince भाटों ने राजकुमार के गीत गाये. **2.** कवि : the Bard of Avon Shakespeare शेक्सपियर

bare बेंअर **I.** *a.* **1.** नंगा [body शरीर, floor फ़र्श, head सिर]; ~ arm नंगी बाँह^F; to ride a horse's ~back घोड़े की नंगी पीठ^F पर सवार होना; ~ walls नंगी दीवारें^F; ~ footed नंगे पैर; ~ headed नंगे सिर. ~ **2.** ख़ाली : field ~ of grass घास से ख़ाली खेत; ~ almirah ख़ाली अ:लमारी^F; killed him with ~ hands उसे ख़ाली हाथों मार डाला; ~-faced निर्लज्ज, बेशर्म. **3.** मात्र, केवल : ~ necessity of life जीवन की आवश्यकता^F मात्र; ~ possibility संभावना^F मात्र. **II.** *v.t.* **1.** नंगा करना : the boxer ~d his chest मुक्केबाज़

ने अपनी छाती^F नंगी कर दी; ~ one's head अपना सिर नंगा करना. 2. खोलना : ~ one's heart अपना दिल खोल देना. [*as distinct from* bear] **barely** -लि *adv.* मुश्किल से : ~ enough food ≈ काफ़ी खाना; I could ~ save ten rupees मैं ≈ दस रुपये बचा सका.

bargain बार्'गिन I. *n*^c. 1. सौदा [advantageous लाभकारी, cheap सस्ता, bad/losing घाटे का]; you should stand by your ~ तुम्हें सौदे में पक्का रहना चाहिये; they made a number of ~s with her उन्होंने उसके साथ कई सौदे किये; to settle a ~ ≈ तय करना/पटाना. 2. सस्ता सौदा : it was a ~, indeed यह तो सचमुच ≈ था; a ~ price सस्ती क़ीमत^F. I wasted time and had headache **into the** ~ मैंने समय तो नष्ट किया, साथ में सिरदर्द भी मोल लिया. **to make the best of a bad** ~ विरोधी परिस्थितियों^F में भी कुछ पा लेना. II. *v.i.* सौदेबाज़ी करना; I do not like ~ing मुझे ≈ पसंद नहीं है; there are shops where you can ~ ऐसी दुकानें^F हैं जहाँ तुम ≈ मोलभाव कर सकते हो; we ~ed with her about the price हमने उसके साथ क़ीमत^F का सौदा कर लिया (मोलभाव कर लिया).

barge बार्ज *n*^c. बजरा, नाव^F : a ~ floating in the river नदी^F में तैरता बजरा; coal was carried on barges कोयला बजरों पर ढोया जाता था.

bark बार्क I. *v.i.* 1. भौंकना : the dog ~s at the cat कुत्ता बिल्ली^F को भौंकता है; the dogs ~ed all the night कुत्ते सारी रात^F भौंकते रहे; ~ing dogs do not bite जो भौंकते हैं वे काटते नहीं हैं. 2. भौंकना, बकना; she ~ed a reply उसने उत्तर में (कुछ) बक दिया; keep quiet, don't ~ चुप रहो, भौंको/बको मत. 3. छाल उतारना : to ~ a tree पेड़ की ≈. II. *n*^c. 1. भौंकना; my dog's ~ is worse than his bite मेरे कुत्ते का ≈ उसके काटने से बुरा है. 2. बकबक^F : old man's ~ बुड्ढे की ≈. 3. छाल^F : the ~ of a tree पेड़ की ≈.

barley बार्'लि *n*^u. जौ : ~ is a grain जौ एक अनाज है; ~ is also a plant ≈ भी एक पौधा होता है; the farmer harvested his ~ किसान ने जौ की फ़सल^F काट ली है. ~ water जौ का पानी, बारली वाटर.

barn बार्न *n*^c. 1. चारा-घर : ~ for the cattle मवेशियों का ≈; the farmer's ~ किसान का ≈; ~-yard खलिहान. 2. हवेली^F : they lived in a great ~ वे एक बड़ी-सी ≈ में रहते थे.

barometer बरॉ'मिटर *n*^c. 1. वायुदाब मापी : at what point is the ~ ≈ किस निशान पर है ? ~ is falling हवा का दबाव कम हो रहा है. 2. (fig.) माप : public opinion is the ~ of a party's position जनमत किसी दल की स्थिति^F की माप^F होती है.

baron बै'रन *n*^c. 1. सामन्त [*fem.* ~ess]; he was made a ~ उसे ≈ बना दिया गया. 2. सेठ; oil, steel ~ तेल, लोहे का सेठ व्यापारी.

barrack बै'रक I. *v.i.* चिल्लाते रहना : they ~ed during the meeting वे बैठक में चिल्लाते रहे. II. ~s बैरक^F : he was confined to ~s उसे बैरक में बंद कर दिया गया; soldiers' ~s सिपाहियों की बारक.

barrel बै'रल *n*^c. 1. ड्रम, पीपा [heavy भारी, round गोल, wooden लकड़ी^F का]; a ~ of beer बियर का ≈; this ~ contains toddy इस ड्रम/पीपे में ताड़ी^F है. 2. नाल^F : ~ of a gun बंदूक^F की ≈.

barren बै'रन *a.* ~ land, field बंजर/ऊसर भूमि^F, खेत; ~ tree अफल वृक्ष; ~ argument निष्फल तर्क. 2. वन्ध्या, बाँझ : that woman is ~ वह स्त्री ≈ है.

barricade बै'रिकेड, बैरिकेड' *n*^c. मोर्चाबंदी^F, नाकाबंदी^F : the police put up ~s पुलिस^F ने ≈ कर दी. *v.t.i.* बंद करना : he ~d himself in his room उसने अपने को कमरे में बंद कर रखा; he was ~d उसे बंद कर दिया गया.

barrier बै'रिअर *n*^c. 1. नाका, रोक^F : the town committee put up a ~ नगरपालिका ने नाका बना दिया; a ~ between two things दो चीज़ों^F के बीच में रोक. 2. रुकावट^F : his deafness was a ~ to success उसका बहरापन सफलता^F में रुकावट था. 3. **toll** ~ चुंगी फाटक, चुंगी चौकी. 4. **trade** ~ व्यापारिक प्रतिबंध.

barter बार्'टर **I.** n^{u}. (वस्तु) विनिमय, (चीज़ों^{F} की) अदला-बदली^{F}; ~ of gold for gems सोने से रत्नों का विनिमय. **II.** *v.t.* विनिमय/अदला-बदली^{F} करना : they ~ed grain for machinery उन्होंने अनाज से मशीनों^{F} की अदला-बदली की.

base बेस **I.** n^{c}. **1.** मूल : ~ of the thumb, hill अंगूठे, पहाड़ी^{F} का ≈. **2.** आधार : ~ of statue, pillar मूर्ति^{F}, खम्भे का ≈; founded on a sound ~ पक्के आधार पर नींव रखी गई; your idea is off the ~ तुम्हारा विचार निराधार है. **3.** अड्डा [air हवाई, military सैनिक]; the ~ of operations कार्रवाई^{F} का ≈. **4.** पेंदा : ~ of a utensil बर्तन का ≈. [*adj.* basic] **II.** *v.t.* आधारित करना : the castle is ~d on a rock गढ़ चट्टान^{F} के आधार पर बना है; I ~ my opinion on evidence मैं साक्ष्य के आधार पर अपना मत बनाता हूँ. **III.** *a.* **1.** नीच [act कर्म, mind मन, conduct आचरण, desires इच्छाएँ]. **2.** घटिया : ~ estate ≈ जागीर^{F}; ~ fellow नीच/घटिया आदमी; ~ metal ≈ धातु^{F}. **3.** खोटा [coin सिक्का]. *vide* basis also. **baseless** -लस *a.* निराधार, बेबुनियाद [charges आरोप, doubts शंकाएँ, objection आपत्ति^{F}]. **basement** -मन्ट n^{c}. तहख़ाना : he lived in a ~ वह तहख़ाने में रहता था; I have two rooms in the ~ तहख़ाने में मेरे दो कमरे हैं. **baseness** -नस n^{u}. नीचता^{F} : his ~ is deplorable उसकी ≈ शोचनीय है.

bashful बैश'फुल *a.* शर्मीला, लजीला [child बच्चा, boy लड़का]; ~ girl [eye, smile] ≈ लड़की (आँखें, मुस्कुराहट).

basic बे'सिक *a.* मूल, आधारभूत [industry उद्योग, knowledge ज्ञान, rules नियम, salary वेतन]; ~ education बुनियादी शिक्षा^{F}; **basically** he is a nice man मूलत : वह अच्छा आदमी है.

basin बे'सिन n^{c}. **1.** चिलमची : a ~ of water पानी की ≈; wash ~ मुँह-हाथ धोने की ≈. **2.** कुंड : ~ of a fountain फ़ौवारे का ≈. **3.** घाटी^{F} : the ~ of a river नदी^{F} ≈.

basis बे'सिस n^{c}. [*pl.* bases] आधार : on the ~ of these facts इन तथ्यों के ≈ पर; ~ of an argument तर्क का ≈; on a scientific ~ वैज्ञानिक आधार पर; on the ~ of his pomise उसके वायदे के ≈ पर.

bask बास्क *v.i.* धूप तापना : the children were basking on the shore बच्चे समुद्र-तट पर धूप^{F} ताप रहे थे; they bask in the sun वे धूप^{F} तापते हैं.

basket बास्'किट n^{c}. टोकरी^{F}, डलिया^{F} : a ~ of vegetables सब्ज़ियों^{F} की ≈; a ~ful of fruit टोकरीभर फल; with a ~ on her head सिर पर ≈ उठाये; waste-paper ~ रद्दी^{F} की ≈; **~-ball** बास्कट बॉल; to play ~-ball बास्कटबॉल खेलना.

bastard बास'टर्ड *a.* & n^{c}. हरामी, दोग़ला; a ~ child ≈ बच्चा; you ~ अरे हरामी ! he is a mean ~ वह कमीना ≈ है. [*ant.* legitimate]

bat बैट **I.** n^{c}. **1.** बल्ला, बैट : to hit with a ~ बल्ले/बैट से मारना. **2.** (also batsman) बल्लेबाज; he is the best ~ in the team वह टीम में सबसे अच्छा ≈ है. **3.** चमगादड़ : ~s fly at night चमगादड़ रात में उड़ते हैं; as blind as a ~ ≈ की तरह अंधा. **II.** *v.i.* & *t.* (-tt-) बल्लेबाज़ी^{F} करना : he bats with his left hand वह बायें हाथ से बल्लेबाज़ी^{F} करता है; he batted the ball उसने गेंद^{F} को बल्ले से मार दिया. [batting बल्लेबाज़ी^{F}]

batch बैच n^{c}. **1.** टोली^{F} : the children arrived in ~s बच्चे टोलियाँ बनाकर पहुँचे. **2.** गड्डी^{F} : ~ of documents कागज़ात की ≈; ~ of biscuits बिस्कुटों का पैकिट.

bath बाथ $n.^{c/u}$ **1.** स्नान, गुसल : to have/take a ~ ≈ करना; to give ~ नहलाना; a cold ~ ठंडे पानी का ≈; air, sun ~ हवा^{F}, धूप^{F} में ≈; ~ **room** स्नानागार, गुसलख़ाना; ~ **towel** नहाने का तौलिया. **2.** हमाम; to fill the ~ with hot water गर्म पानी से ≈ भरना.

bathe बेद **1.** *v.i.* नहाना : we bathed in the Ganga हम गंगा^{F} में नहाये; I ~ in the tank मैं तालाब में नहाता हूँ. **2.** *v.t.* नहलाना : she is bathing the baby वह बच्चे को नहला रही है; to ~ one's eyes, feet अपनी आंखें, अपने पैर धोना.

baton बै'टन n^{c}. डंडा : the policeman's, headmaster's ~ पुलिसवाले, प्रधानाचार्य का ≈; the use of ~ in a relay race रिले दौड़^{F} में डंडे का प्रयोग.

batter बै'टर **I.** *v.t.* कूटना-पीटना : he was ~ed to death उसे कूटपीट कर मार डाला गया; the ship was ~ed to pieces जहाज़ को कूटपीट कर टुकड़े कर डाला गया. **II.** *v.i.* ज़ोर से खटखटाना : he battered at the door उसने ज़ोर-ज़ोर से दरवाज़ा खटखटाया.

battery बै'टरि n^c. **1.** तोपख़ाना : ~ consists of guns तोपख़ाने में तोपें^{F} होती हैं. **2.** बैटरी^{F} : your torch needs a ~ तुम्हारी टार्च^F में ≈ की ज़रूरत^F है. **3.** ~ of questions प्रश्नों की बौछार^F; ~ of utensils बर्तनों का ढेर. **4.** ~ of tests परीक्षणों का सिलसिला.

battle बै'टल **I.** n^c. लड़ाई^F [dreadful भयानक, great भारी, naval समुद्री]; ~ of Panipat पानीपत की ≈; to win, lose a ~ ≈ जीतना/हारना; the ~ is over ≈ समाप्त हो गई है; he fought in the ~ वह लड़ाई में लड़ा; a ~ took place ≈ हुई; drawn ~ बराबर की ≈; pitched ~ घमासान ≈; ~-array युद्धव्यूह; ~-field रणक्षेत्र, ~ का मैदान; ~-front ≈ का मोर्चा; ~ ship युद्धपोत; last three ~s पिछली तीन लड़ाइयाँ. **II.** *v.i.* लड़ाई लड़ना : they ~d with each other वे आपस में लड़ाई लड़ते रहे; (fig.) he ~d against ill-health वह अस्वस्थता के विरुद्ध लड़ता रहा (संघर्ष करता रहा); she was battling for first division in the examination वह परीक्षा^{F} में प्रथम श्रेणी^{F} में आने के लिए संघर्ष कर रही थी.

bay बे n^c. **1.** खाड़ी^{F} : the ~ of Bengal बंगाल की ≈; we went sailing in the ~ हम नाव^F चलाते ≈ में जा पहुँचे. **2.** Δ **to hold at ~** आक्रमण बचाना; to stand at ~ आक्रमण के लिए तैयार हो जाना.

bayonet बे'अनिट n^c. संगीन; a ~ at the end of the rifle राइफ़ल^F के सिरे पर की ≈; to fix a ~ ≈ चढ़ाना.

B.C. बी'सि = Before Christ ईसापूर्व.

B.B.C. बी'बीसी = British Broadcasting Corporation.

B.C.L. Bachelor of Civil Law.

B.Com. बी'कॉम = Bachelor of Commerce.

B.D. Bank draft.

be बि, strong बी *v.i.* होना; what is your son going to be तुम्हारा बेटा क्या होने वाला है? be quick जल्दी करो (से जाओ); be silent चुप हो जाओ; **be off** दूर हो/हटो; [after shall, should, will, would, can, must, let]; how can it be यह कैसे हो सकता है? we shall be there हम वहाँ होंगे; there will be many people वहाँ बहुत लोग होंगे; he must be a rich man वह अमीर आदमी होगा ही; let it be so ऐसे होने दो; I won't be **away** मैं बाहर नहीं हूँगा; to ~ **up** जाग उठना. **to-be** होनेवाला, भावी; mother-in-law to-be होनेवाली सास^F. [see am, are, is, was, were, been]

be- बि *pref.* **1.** बहुत अधिक करना; as become, befit, besmear, bedeck. **2.** बनाना, as befriend, belittle, becalm, bedim. **3.** (makes adverb) because, beside.

B.E. बि'इ = Bachelor of Engineering.

beach बीच n^c. समुद्रतट, रेती^{F} [lovely रमणीक, vast लंबा-चौड़ा]; children play on the ~ बच्चे ≈ पर खेलते हैं; swimmers bask in the sun on the ~ तैराक ≈ पर धूप^F तापते हैं.

beacon बी'कन n^c. **1.** प्रकाश-स्तम्भ : a ~ in the sea समुद्र में ≈; ~s send out signals of danger ≈ ख़तरे के संकेत भेजते हैं. **2.** (also ~ light) संकेत-दीप : ~s were lit on the hill पहाड़ी^{F} पर ≈ जलाये गये.

bead बीड n^c. मनका, माला का दाना [wooden लकड़ी^{F} का, glass काँच का]; she was wearing a string of ~s वह मनकों की माला पहने हुए थी.

beak बीक n^c. **1.** चोंच^F : a bird has a ~ चिड़िया^{F} की ≈ होती है; the duck has a worm in its ~ बतख^F की ≈ में एक कीड़ा है. **2.** ~ of a teapot चायदानी^{F} की टोंटी^{F}.

beam बीम **I.** n^c. **1.** किरण^F : moon ~ चन्द्रमा की ≈; ~s of the sun सूरज की किरणें; (fig.) ~ **of pleasure,** hope सुख, आशा^{F} की ≈; [*syn.* may] **2.** शहतीर, धरन^F; a ~ is used to support the roof ≈ का उपयोग छत^F को सहारा देने के लिए होता है. **3.** डंडी; ~ of a pair of scales तराज़ू की ≈. **II.** *v.i.* चमकना : the moon is ~ing brightly चंद्रमा ख़ूब चमक रहा है; she ~ed with delight वह ख़ुशी^{F} से चमक उठी.

bean बीन n^c. सेम : we use ~s for vegetable हम ≈ का प्रयोग सब्जी के तौर पर करते हैं; ~ pod ≈ की फली^{F}. [*as distinct from* been]

bear बेंअर **I.** [*p.* bore, *p.p.*. borne, passive born] **I.** *v.t.* & *i.* [usu. negative] सहना, सहन/ बरदाश्त करना : this chair cannot ~ your weight यह कुर्सी^{F} तुम्हारा भार नहीं सह सकती; I cannot ~ this odour मैं यह बू सहन/बरदाश्त नहीं कर सकता; she has borne the pain bravely उसने वीरतापूर्वक पीड़ा^{F} को सहन किया है; I cannot ~ to look at that man मैं उस आदमी को देखना नहीं सह सकता. **II.** *v.t.* **1.** उठाना, झेलना : to ~ a burden बोझ ≈; to ~ expense, loss ख़र्च, हानि^{F} ≈. **2. to ~ smb company** किसी का साथ देना; **~ down on** दबाना, नीचा दिखाना; **to ~ fruit** फल देना; **~ a name** नाम होना; **~ in mind** याद रखना; she ~s this name उसका यह नाम है; **~ out** समर्थन करना; you will ~ me out that he was wrong आप मेरा समर्थन करेंगे कि वह ग़लती^{F} पर था; **to ~ with** धैर्य से काम लेना; please ~ with me मेरी बात^F धैर्य से सुनें; **to ~ witness to** का साक्षी होना. **III.** *v.t.* जनना, जन्म देना : she bore a son उसने बेटे को जन्म दिया; I was born on Sunday मैं इतवार को पैदा हुआ था. **IV.** n^c. भालू, रीछ [black काला, crafty मक्कार, tame पालतू]; a ~ is trapped भालू को फंदे में फँसाया जाता है; a ~ dances, growls, plays ≈ नाचता है, गुर्राता है, खेलता है; ~'s skin ≈ का चमड़ा; ~'s cub ≈ का बच्चा; she-~ रीछनी^{F}. [*as distinct from* bare]

beard बिअर्ड n^c. दाढ़ी^{F} [full पूरी, long लंबी, short छोटी, trimmed कतरी हुई, white सफ़ेद]; an old man with a ~ दाढ़ीवाला बूढ़ा (आदमी); to wear a ~ ≈ रख लेना; to grow a ~ ≈ बढ़ाना; this young man has no ~ इस नवयुवक के ≈ नहीं है. **bearded** दाढ़ीवाला : bearded lady दाढ़ीवाली महिला.

bearer बेंअ'रर n^c. **1.** बैरा : ~ in a hotel होटल का ≈. **2.** उठानेवाला : the ~ will carry your luggage ≈ तुम्हारा सामान उठा ले जायेगा.

beast बीस्ट n^c. **1.** पशु, जानवर [meek दब्बू, wild जंगली]; a ~ of prey शिकारी ≈; ~s of burden लद्दू ≈; to hunt ~s पशुओं/जानवरों का शिकार करना; king of ~s सिंह, शेर. **2.** ज़ालिम/नृशंस व्यक्ति; you ~ तुम ≈! he is a ~ attacking children बच्चों पर आक्रमण करनेवाला वह ≈ है.

beat बीट **I.** *v.t.* & *i.* [*p.* beat, *p.p.* beaten] **1.** पीटना : to ~ a child, dog बच्चे, कुत्ते को ≈; he was often ~en by his father वह अपने पिता द्वारा अक्सर पीटा गया था; to ~ one's breast अपनी छाती ≈; they ~ gold into thin leaves वे सोने को पीटकर वर्क बनाते हैं. **2.** मात करना, हराना : they ~ the enemy उन्होंने दुश्मन को हरा दिया; to ~ a chess-player शतरंज के खिलाड़ी को ≈. **3.** [various meanings in context] the heart ~s दिल धड़कता है; to ~ an egg अंडा फेंटना; to ~ the drum ढोल पीटना/बजाना; to ~ an animal out of the field किसी पशु को खेत से खदेड़ना; to ~ time अवसर ताकना; **to ~ retreat** मैदान छोड़ जाना; **to ~ down** the price क़ीमत^F घटाना; ~ the attack **off** आक्रमण का निवारण करना; ~ up a person किसी को खूब पीटना; a bird ~s its wings पक्षी अपने पर/पंख फड़फड़ाता है; the waves ~ against the ship लहरें^{F} जहाज़ से टकराती हैं. **II.** n^c. **1.** धड़कन^F; ~s of the heart दिल की धड़कनें. **2.** ताल : ~ of a song गीत का ≈. **3.** हलका : a postman's ~ डाकिये का ≈; by ~ of drum ढिंढोरा पीटकर. [*as distinct from* beet] **beating** बी'टिङ *n.* मार^F, पिटाई^F : the boy was given a severe ~ लड़के की सख़्त पिटाई की गई; ~ of the rain on the window खिड़की^{F} पर बारिश^F की मार. **to take a ~** मार^F खा जाना, हार जाना.

beautiful ब्यू'टिफुल *a.* सुंदर, ख़ूबसूरत [eyes आँखें^{F}, flowers फूल, place स्थान/जगह^F, woman स्त्री]; her hair is ~ उसके बाल ≈ हैं; how ~ she is वह कितनी ≈ है; love for the ~ सुन्दर का प्रेम; more ~ सुन्दरतर; most ~ सुन्दरतम. **~ly** *adv.* ख़ूबसूरती से. [*ant.* ugly] **beautify** -फ़ाइ *v.t.* सुंदर बनाना : she beautified herself उसने अपने को सुंदर बनाया; we were beautifying our room

हम अपने कमरे को सुन्दर बना रहे थे. **beauty** ब्यू'टि 1. n^u. सुन्दरता^F, सौन्दर्य, ख़ूबसूरती^F [surprising आश्चर्यजनक, physical शारीरिक, uncommon असाधारण]; ~ of form (nature, hair, a woman) रूप (प्रकृति, बालों, स्त्री) का सौन्दर्य; to admire the ~ of the sunset सूर्यास्त की सुन्दरता की सराहना करना. 2. n^c. 1. सुन्दरी^F : she was a ~ in her youth वह अपनी जवानी^F में एक ≈ थी; ~ queen सुन्दरी^F; ~ spot रमणीय स्थान. 2. सुन्दर वस्तु : his scooter is a ~ उसका स्कूटर सुंदर है. [*ant.* ugliness]

beaver बी'वर n^c. ऊदबिलाव : ~ lives in land and water ≈ जल-थल में रहता है; ~s have strong teeth ऊदबिलावों के पक्के दाँत होते हैं.

became बिकेम' past of become *q.v.*

because बिकॉज़' *conj.* 1. क्योंकि : I can't go ~ I am ill मैं नहीं जा सकता ≈ मैं बीमार हूँ; ~ I was ill, I took leave ≈ मैं बीमार था, (इसलिए) मैंने छुट्टी^F ले ली. 2. इसलिए कि : I went late not ~ I was tired, but. . . . मैं देर से इसलिए नहीं गया कि मैं थका था अपितु.... 3. ~ **of** के कारण : It is all ~ of you यह सब तुम्हारे कारण है; I could not go ~ *of* ill-health मैं अस्वस्थता^F के कारण न जा सका.

become बिकम' [becomes, became, becoming, *p.p.* become] *v.i.* 1. होना, हो जाना : (governing a noun) he became a doctor, soldier वह डाक्टर, सिपाही हो गया. (governing an adjective) she has ~ weak, rich वह कमज़ोर, अमीर हो गई है; it has ~ dark अंधेरा हो गया है; it is becoming warmer now अब थोड़ा गरम होता जा रहा है. (governing a participle) it became known यह मालूम हो गया. 2. ~ *of* का होना : what became *of* her son उसके बेटे का क्या हुआ ? 3. सजना, शोभा^F देना : it is not becoming a person यह किसी व्यक्ति को शोभा नहीं देता; this dress becomes the baby यह पहनावा बच्चे को सजता है. **becoming** बिकें'मिङ *a.* शोभायमान, सजती हुई : she wore a ~ dress वह ≈ पोशाक^F पहने थी; your hat is very ~ तुम्हारा हैट बहुत सजता है. [*ant.* ugly]

B.Ed. Bachelor of Education.

bed बेंड n^c. 1. (also ~stead) पलंग, खाट^F : the doctor sat on the bed to examine the patient डाक्टर मरीज़ को देखने ≈ पर बैठ गया; child's small ~ बच्चे की खटिया^F. 2. बिस्तर, बिछौना [comfortable आरामदेह, soft नरम]; to make ~ ≈ लगाना; to rise from one's ~ ≈ से उठना; to go to ~ सोने जाना; the servant makes the bed नौकर ≈ लगाता है; ~ **cover** पलंगपोश; ~ **fellow** साथी; ~**-room** सोने का कमरा; ~**-time** सोने का समय. 3. ~ of a river नदी का तल^F; ~ of flowers फूलों की क्यारी^F; ~ **of roses** आराम की ज़िंदगी^F. **bedding** बें'डिङ n^u. 1. बिस्तर, बिछौना : pack up your ~ अपना ≈ बाँध लो. 2. बिछाली^F : ~ for the cattle मवेशियों के लिए ≈. 3. क्यारी^F बनाना : ~ of plants पौधों को क्यारियों में लगाना.

bee बी n^c. मधुमक्खी^F : a ~ is a four-winged insect ≈ चार पंखों वाला कीड़ा है; the queen ~ रानी मधुमक्खी; ~'s sting ≈ का डंक; busy, industrious like a ~ ≈ की तरह व्यस्त, परिश्रमी; ~s make honey मधुमक्खियाँ शहद/मधु बनाती हैं; ~**-hive** छत्ता; ~**-keeping** ≈-पालना.

beef बीफ़ n^u. गोमांस [boiled उबला हुआ, roasted भुना हुआ]; Hindus do not take ~ हिन्दू ≈ नहीं खाते; Europeans like ~ यूरोपीय लोग ≈ पसंद करते हैं. [beeves = गाय, भैंस]

been बिन, strong बीन [*p.p.* of be, used usu. after has, have] he has been invited उसे आमंत्रित किया गया है; you have been using my knife तुम मेरा चाकू इस्तेमाल करते रहे हो; I had been to school मैं स्कूल गया था; we have been together हम इकट्ठे रहे हैं. [*as distinct from* bean]

beer बिअर n^u. बियर [light हलका, bitter कड़वा]; a glass of ~ ≈ का गिलास; he abstains from ~ वह ≈ से परहेज़ करता है; ~ intoxicates ≈ नशा लाता है. [beers = बियर के गिलास].

beet बीट [also ~-root] n^c. चुकंदर : ~ is used in salad ≈ का प्रयोग सलाद में होता है;

his face was as red as a ~ उसका चेहरा ऐसा लाल था जैसा ≈. [as distinct from beat]

befall बिफ़ाल *v.t.* [befell, befallen]; **1.** आ पड़ना; a calamity has ~en her उस पर आफ़त[F] आ पड़ी है. **2.** होना : it so befell that he died ऐसा हुआ कि वह मर गया.

befitting बिफ़ि'टिङ्ग *a.* उपयुक्त [reply उत्तर, occasion अवसर, speech भाषण].

befool बिफ़ूल' *v.t.* बुद्धू बनाना : you cannot ~ a person every time तुम किसी को हर समय बुद्धू नहीं बना सकते. [see fool]

before बिफ़ोर' **I.** *adv.* **1.** पहले; the place where I lived ~ वह स्थान जहाँ मैं ≈ रहता था; I have never been there ~ मैं वहाँ ≈ कभी नहीं गया. **long** ~ बहुत पहले; I knew him long ~ मैं उसे बहुत ≈ जानता था. **2.** सामने look ~ ≈ देखो. **II.** *prep.* **1.** से पहले : ~ six o'clock छह बजे ≈; ~ 1917 1917 ≈; they got there ~ us वे हम ≈ वहाँ पहुँच गये; ~ Christ (B.C.) ईसा ≈, ईसा पूर्व; ~ time समय ≈; two hours ~ time समय से दो घंटे पहले; ~ going out बाहर जाने ≈. **2.** के सामने : to depose ~ the judge जज ≈ बयान देना; he had to appear ~ the principal उसे प्राचार्य के ≈ पेश होना था; this is the problem ~ us हमारे सामने यह समस्या[F] है. **3.** के आगे : his name comes ~ me उसका नाम मेरे आगे आता है. **III.** *conj.* पूर्व/पहले इसके कि : I'll finish it ~ I go ≈ मैं जाऊं, मैं इसे समाप्त कर दूंगा or जाने से पहले मैं इसे समाप्त कर दूंगा; he always comes ~ I do वह सदा मेरे आने से पहले आ जाता है. Δ **look ~ you leap** पहले तोलो पीछे बोलो. [*ant.* after] **beforehand** -हैन्ड *adv.* पहले से : we got everything ready ~ हमने ≈ सबकुछ तैयार कर लिया; I knew it ~ मैं यह ≈ जान गया था; get the tickets ~ टिकट ≈ ले रखिए.

befriend बिफ़्रेंन्ड *v.t.* **1.** मित्र बनाना : ~ smb किसी को ≈. **2.** साथ/सहारा देना : the uncle ~ed her when she was sad जब वह उदास थी तब चाचा ने उसका साथ (उसे सहारा) दिया.

beg बेंग [-gg- in begged, begging] **I.** *v.i.* भिक्षा[F]/भीख[F] मांगना : to ~ *for* money पैसे की ≈, पैसा माँगना; he is poor but he does not beg वह गरीब तो है पर भीख नहीं माँगता. **II.** *v.t.* **1.** निवेदन करना : I ~ you to let me go मैं आपसे निवेदन करता हूँ कि मुझे जाने दें. **2.** (क्षमा) माँगना : I beg your pardon (i) मैं क्षमा चाहता हूँ. (ii) कृपया फिर कहिए. **3.** विनयपूर्वक चाहना : I beg to say मैं विनयपूर्वक कहना चाहता हूँ; I beg to inform you मैं विनयपूर्वक आपको सूचित करना चाहता हूँ; I beg to differ मेरा मत और है.

began बिगैन' *v.* past of begin *q.v.*

beget बिगेंट *v.t.* [begot, begotten] जन्म देना, पैदा करना; Parvati begot Ganesh पार्वती ने गणेश को जन्म दिया; war begets misery युद्ध, दुःख विपत्ति[F] को जन्म देता है, युद्ध से विपत्ति पैदा होती है.

beggar बें'गर *n*[c]. **1.** भिखारी, भिक्षुक : the ~ asked for food ≈ ने खाना माँगा; I never give anything to a ~ मैं किसी ≈ को कुछ नहीं देता; a ~'s purse is always empty ≈का ख़ीसा सदा ख़ाली. **2.** (गाली[F]) you ~! अरे बदमाश !

begin बिगिन' **I.** *v.t.* [beginning, *p.* began, *p.p.* begun] शुरू/आरंभ करना : ~ at the beginnng फिर से शुरू करो; I began the book yesterday; मैंने कल किताब[F] शुरू की; it is time to ~ work काम शुरू करने का समय है; he began laughing (to laugh) उसने हँसना शुरू कर दिया; what shall we ~ with किस बात[F] से शुरू/आरंभ करें. **II.** *v.i.* शुरू/आरंभ होना : the holidays have begun छुट्टियाँ शुरू हो गई हैं; at what time does the meeting ~ बैठक[F] कितने बजे शुरू/आरंभ होती है; she began talking उसने बोलना शुरू कर दिया; it is beginning to rain बारिश शुरू हो रही है. [*ant.* finish, end] **beginner** बिगि'नर *n*[c]. नौसिखिया : a course for ~s नौसिखियों के लिए पाठ्यक्रम; ~s are generally lucky ≈ प्राय: ख़ुशक़िस्मत होते हैं. [*ant.* end] **beginning** बिगि'निङ्ग *n*[uc]. आरंभ, शुरू : ~ of the month महीने का ≈; in the ~ ≈ में; at the ~ of the summer गर्मियों[F] के ≈ में; from the ~ to the end आरंभ से अन्त तक; from the very ~ ≈ ही से. [*ant.* end]

behalf बिहाफ़' n^u. **on ~ of 1.** की ओर[F] से; I am speaking on ~ of all the members मैं सभी सदस्यों की ओर से बोल रहा हूँ : she replied on Mary's ≈ उसने मेरी की ओर से उत्तर दिया. **2.** के पक्ष में : he argues on my ~ वह मेरे पक्ष में बहस करता है.

behave बिहेव' *v.i.* बरताव/व्यवहार करना : she ~s like a child वह बच्चे का-सा व्यवहार करती है; he ~d well in the meeting उसने सभा[F] में अच्छा व्यवहार किया; to ~ towards smb. किसी के प्रति ≈; ~ yourself ठीक तरह से व्यवहार करो. **behaviour** बिहे'विअर n^u. बरताव, व्यवहार [bad बुरा, good अच्छा, proper उचित, shameful शर्मनाक, strange विचित्र]; to condemn one's ~ किसी के ≈ की निन्दा[F] करना; his ~ towards his servants उसका अपने नौकरों के प्रति ≈. [*ant.* misbehaviour]

behead बिहें'ड' *v.t.* सिर काट देना : he was ~ed उसका सिर काट दिया गया; he had his wife ~ed उसने अपनी पत्नी का सिर कटवा दिया (मरवा डाला).

beheld बिहें'ल्ड' *v.* past of behold *q.v.*

behind बिहाइन्ड' **I.** *adv.* पीछे : he stayed ~ वह ≈ रुक गया; she was walking a little ~ वह कुछ ≈ चली आ रही थी; they left their children ~ वे अपने बच्चों को ≈ छोड़ गये. **II.** *prep.* के पीछे : ~ the door दरवाज़े ≈; he sat ~ me वह मेरे पीछे बैठा था; leave nothing ~ you अपने पीछे कुछ मत छोड़ो; ~ time-late, the train was ~ time गाड़ी देर से आ रही थी; ~ smb's back किसी की पीठ[F] के पीछे; ~ the scenes परदे के पीछे सामने नहीं); she remains ~ the scenes वह परदे के पीछे (सामने नही) रहती है; **~ hand** पिछड़ा हुआ; the boy is a ~ with his work लड़का अपने काम में पिछड़ा हुआ है. [*ant.* before]

behold बिहोल्ड' [*p. & p.p.* beheld, not used with is/was etc.] देखना; ~ ! देखो ! what a sight to ~ देखने में कितना अच्छा दृश्य है.

being बी'इङ **1.** n^u. अस्तित्व : new cities have come into ~ नये नगर ≈ में आ गये हैं. **2.** n^c. जीव, प्राणी; human ~s मनुष्य; helpless ~s लाचार ≈; supreme ~ परमात्मा; living ~s जीव.

belated बिले'टिड *a.* देर से आनेवाला [reply उत्तर, thanks धन्यवाद].

belch बें'ल्च **I.** n^c. डकार : he gave a loud ~ उसने ज़ोर का ≈ लिया. **II.** डकार लेना : he ~ed after eating उसने खाने के बाद डकार लिया.

belief बिलीफ़' **I.** n^u. विश्वास [firm पक्का/दृढ़, unshaken अटल]; I have no ~ in this man मुझे इस आदमी पर ≈ नहीं है; to the best of my ~ जहाँ तक मेरा ≈ है. **II.** n^c. विश्वास, मत : ~s of the Hindus हिन्दुओं के ≈; in my ~ he is still alive मेरे मत में वह अभी जीवित है. [*ant.* dis~]. **believe** बिलीव' *v.i.t.* विश्वास करना : I ~ you मुझे तुम पर विश्वास है, मैं तुम्हारा विश्वास करता हूँ; to ~ **in** God ईश्वर में विश्वास रखना; I ~ so मुझे ऐसा विश्वास है; no one ~s his word कोई उसकी बात[F] का विश्वास नहीं करता; I ~ not मुझे विश्वास नहीं होता; he ~d what they said उन्होंने जो कुछ कहा इसने विश्वास कर लिया. [*ant.* dis~, doubt]

belittle बिलिटल' *v.t.* तुच्छ बताना/समझना : she belittled my achievements उसने मेरी उपलब्धियों[F] को तुच्छ बताया/समझा.

bell बें'ल n^c. घंटी[F] (bigger one घंटा) : dinner-~ खाने की घंटी; call-~ बुलाने की ~; alarm-~ ख़तरे की घंटी; the telephone ~ टेलीफ़ोन की ≈; ring the ~ ≈ बजाओ; a ~ jingles घंटी बजती है; the ~ has gone घंटी बज/हो गई, घंटा बज/हो गया.

bellows बें'लोज़ *n. pl.* धौंकनी[F] : to blow with ~ ≈ से धौंकना; the ~ make a current of air ≈ हवा[F] की लहर[F] पैदा करती है; ~ are used to kindle fire ≈ आग[F] को भड़काने के लिए इस्तेमाल की जाती है.

belly बें'लि n^c. (*pl.* bellies) पेट; I have a pain in my ~ मेरे ≈ में दर्द है; horse's ~ घोड़े का ≈. **Δ the ~ teaches all arts** पेट जो चाहे सो कराए.

belong बिलॉङ' *v.i.* **1.** का होना : this book ~s *to* him/her यह किताब उसकी है; I don't know *to* whom this house ~s मैं नहीं जानता यह मकान किसका है; I belong *to* this family मैं इस परिवार का हूँ; he ~s *to* Delhi वह दिल्ली का (रहनेवाला) है. **2.** ~ **with** साथ

का होना; this shoe belongs with that one यह जूता उस दूसरे के साथ का है. **belongings** बिलाङ्गिङ्ग्ज़ *n. pl.* सामान : I have left all my ~ in the clock room मैंने अपना ~ सामान-घर में छोड़ दिया है.

beloved बिलॅ'विड *a.* & n^c. प्यारा : ~ child, country ≈ बच्चा, देश; my ~ मेरा प्रियतम/प्यारा, मेरी प्यारी/प्रेमिका; flowers for his ~ अपनी प्यारी/प्रेयसी के लिए फूल.

below बिलो' **I.** *adv.* नीचे : they live ~ somewhere वे कहीं ≈ रहते हैं; write your name ~ ≈ अपना नाम लिखो. **II.** *prep.* **1.** के नीचे; ~ the line लाइन^F/रेखा^{F} के ≈; ~ the bridge पुल के ≈. **2.** से नीचे/कम; ~ a hundred सौ ≈; ~ zero शून्य से नीचे. it is ~ my dignity यह मेरी प्रतिष्ठा^{F} के अनुकूल नहीं है. [*ant.* above]

belt बॆल्ट **I.** n^c. **1.** पेटी^{F} : ~ of leather round the waist कमर के इर्द-गिर्द चमड़े की ≈; a ~ for cartridges कारतूसों की ≈. **2.** पट्टा : ~ of a machine मशीन^F का ≈. **3.** क्षेत्र : the industrial ~ औद्योगिक ≈. **II.** *v.t.* **1.** पेटी^{F} से मारना : the teacher ~ed the boy अध्यापक ने लड़के को पेटी से पीटा. **2.** पेटी^{F} बाँधना : he ~ed (up) his trousers उसने पैंट पर पेटी बाँध ली.

bench बॆन्च n^c. बेंच [long लंबा, small छोटा, wooden लकड़ी^{F} का]; he sat down on the ~ वह ≈ पर बैठ गया; stand up on the ~ ≈ पर खड़े हो जाओ; there are several ~es in the park पार्क में कई ≈ हैं. the Bench न्यायपीठ; you have to appear before the ~ तुम्हें ≈ के रूबरू पेश होना है.

bend बॆन्ड **I.** *v.i.* [*p.* & *p.p.* bent] **1.** झुकना : it ~s easily यह आसानी^{F} से झुक जाती है; she bent down to pick up the fruit वह फल चुनने को नीचे झुकी. **2.** मुड़ना : the road ~s to the right सड़क^F दाहिनी ओर मुड़ती है; bent branch झुकी हुई शाखा^{F}. [*ant.* straighten] **II.** *v.t.* झुकाना : ~ your arm अपनी बाँह^F झुकाओ; he has bent the iron bar उसने लोहे का छड़ झुका दिया; he/she bent her head in shame उसने शर्म^F से अपना सिर झुका लिया. **III.** n^c. **1.** झुकाव : ~ of the body शरीर का ≈. **2.** मोड़ : there are many ~s in the road सड़क^F में कई ≈ हैं. **3.** (*pl.*) जोड़ों का दर्द.

beneath बिनीथ' **1.** *adv.* नीचे : from the hill we saw the river ~ पहाड़ी^{F} से हमने ≈ नदी^{F} देखी. **2.** *prep.* के नीचे : there is a chair ~ the window खिड़की^{F} ≈ कुर्सी है. [*ant.* above]

beneficial हितकर, लाभदायक [business व्यवसाय, climate जलवायु^{F}, medical treatment चिकित्सा^{F}, system प्रणाली^{F}].

benefit बॆ'निफ़िट **I.** n^c. लाभ : the ~ of doubt, experience संदेह, अनुभव का ≈; that is of no ~ to me इसका मुझे कोई ≈ नहीं है; to derive ~ from smth. किसी चीज़^{F} से ≈ उठाना; for the ~ of the poor ग़रीबों के ≈ के लिए. **II.** *v.i.* लाभ पाना : he ~ed by/from the advice उसने इस सलाह^F से लाभ पाया. **III.** *v.t.* लाभ पहुँचाना : the medicine ~ed her/him दवा ने उसे लाभ पहुँचाया.

benevolent बिनॆ'वॅलन्ट *a.* परोपकारी [person व्यक्ति, organization संगठन]; to be ~ to the poor ग़रीबों का उपकारी होना. [*n.* benevolence परोपकार; *ant.* malevolent].

benign बिनाइन' *a.* **1.** कृपालु, मेहरबान [man पुरुष, woman स्त्री]; his uncle was ~ उसका चाचा/मामा ≈ था. **2.** सुहावना : the weather is ~ मौसम ≈ है.

bent बॆन्ट **I.** *v.* past & *p.p.* of bend *q.v.* **II.** *a.* तुला हुआ : he is ~ on running the race वह यह दौड़^{F} दौड़ने पर ≈ है. [*ant.* straight] **III.** n^c. रुझान; he has a bent for science उसका ≈ विज्ञान की तरफ़ है; ~ of mind मन का ≈.

benumb. बिनम' *v.t.* & *i.* सुन्न करना, सुन्न होना : his hands were ~ed with cold उसके हाथ सर्दी^{F} से सुन्न हो गये.

bereaved बिरीव्ड' *a.* शोकसंतप्त, दु:खी [family परिवार, mother माता]. [*cf.* bereft वंचित]

berry बॆ'रि [often in compounds, *pl.* berries] n^c. बेर [green हरे, ripe पके]; strawberry स्ट्राबरी; to pick berries ≈ चुनना; some berries are poisonous कुछ ≈ ज़हरीले होते हैं. [*as distinct from* bury]

berth बर्थ *n*ᶜ. **1.** बर्थ : we had six ~s booked हमने छह ≈ पक्की करा लीं; we had a ~ reserved हमने ≈ आरक्षित करा ली थी. **2.** लंगरगाहᶠ : ~ for ships जहाज़ों की ≈. [*as distinct from* birth]

beside बिसाइड' *prep.* के पास/निकट : he sat ~ me वह मेरे पास बैठा; the house stands ~ a lake मकान झीलᶠ ≈ स्थित है. ~ **oneself** आपे से बाहर : she was getting ~ herself with rage वह रोष के मारे आपे से बाहर हो रही थी. ~ **the point** तर्क से दूर. [*cf.* besides]

besides बिसाइड्ज़ **I.** *adv.* इसके अतिरिक्त/अलावा, साथ ही : I did not like it, ~ it was expensive मुझे वह पसन्द नहीं था, ≈ महँगा था. **II.** *prep.* के अतिरिक्त : there were many others ~ him उसके अतिरिक्त और बहुत लोग थे; what did you buy ~ these books? इन पुस्तकों ≈ तुमने क्या खरीदा. [*cf.* beside]

besiege बिसीज' *v.t.* **1.** घेरा डालना : to ~ a town with an army नगर का सेनाᶠ द्वारा ≈. **2.** घेर लेना : the boys ~d the winner लड़कों ने विजेता को घेर लिया. **3.** बौछाड़ᶠ करना : ~ smb with questions किसी पर प्रश्नों की ≈.

best बेॅस्ट *a.* [good, better, best] **I.** *a.* सब-से अच्छा, सर्वोत्तम [book पुस्तकᶠ, market बाज़ार, person व्यक्ति]; that is the ~ of all वह ≈ (सब से अच्छा) है; that road is the ~ वह सड़कᶠ सब से अच्छी है. **II.** *n.* **to do one's ~** भरसक प्रयत्न करना; **to get/make the ~ of smth** किसी चीज़ᶠ का पूरा-पूरा लाभ उठाना; **at ~** अधिक-से-अधिक; **to the ~ of my knowledge** जहाँ तक मेरी जानकारीᶠ है. ~ **man** शहबाला; ~ **seller** सब-से अधिक बिकने वाली पुस्तकᶠ.

bestow बिस्टो' *v.t.* प्रदान करना, देना : to ~ a title on smb किसी को उपाधिᶠ ≈; ~ one's daughter **on/upon** smb किसी को अपनी बेटी ब्याह देना.

bet. between.

bet बेॅट **I.** *n*ᶜ. शर्तᶠ, बाज़ीᶠ : heavy ~s भारी-भारी शर्तें; he said it on a ~ उसने यह शर्त बदकर कहा; I won my ~ मैंने ≈ जीत ली. **II.** *v.i.* & *t.* [betted, betting] [also to take a ~] शर्तᶠ बदना/लगाना : I did not ~ on that horse मैंने उस घोड़े पर शर्त नहीं बदी; come on, bet आओ, शर्त बदो/लगाओ; I bet three dollars मैं तीन डालर की शर्त लगाता हूँ; I ~ you he won't come मैं तुमसे शर्त बदता हूँ कि वह नहीं आयेगा.

betel बी'टल *n*ᶜ. पान : ~ leaves पान के पत्ते; ~-nut सुपारी; people in India chew ~ leaves भारत में लोग पान चबाते हैं.

betray बिट्रे' *v.t.* **1.** विश्वासघात करना : to ~ a friend मित्र के साथ ≈; to ~ one's country अपने देश के साथ ≈ करना, देश-द्रोह करना. **2.** to ~ a secret भेद खोल देना. **3.** प्रकट करना : her eyes betrayed her anxiety उसकी आँखोंᶠ ने उसकी चिन्ताᶠ को प्रकट कर दिया; his face ~s his fear उसके चेहरे से प्रकट है कि वह डरा हुआ है. [*ant.* conceal]

betroth बिट्रोद' (Am. बिट्रोथ) *v.t.* सगाईᶠ करना : she/he was ~ed उसकी ≈ कर दी गई, उसकी सगाई हो गई. ~**ed** मंगेतर; my ~ मेरी ≈. [*n.* betrothal सगाईᶠ, मंगनीᶠ]

better बेॅ'टर **I.** *a.* [from 'good'] अधिक अच्छा [life जीवन, future भविष्य, treatment व्यवहार, world संसार]; this is ~ यह ≈ है; I am ~ today मैं आज पहले से अच्छा हूँ; this room is ~ than that यह कमरा उससे अच्छा है. **II.** *adv.* **1.** अधिक अच्छा : he knows ~ than you वह तुम्हारी अपेक्षाᶠ ≈ जानता है; she sings ~ than him वह उससे अच्छा गाती है; you had ~ go अच्छा है कि जाओ; she played a little ~ this time वह इस बार कुछ अच्छा खेली. **III.** *v.t.* सुधारना, पहले से अच्छा बनाना : she has ~ed her position उसने अपनी स्थितिᶠ को पहले से अच्छा बना लिया है.

betterment -मन्ट *n*ᵘ. भला, सुधार : for the ~ of society समाज के भले/ ~ के लिए.

between बिट्वीन' *prep.* (दो) के बीच, दरमियान; a fight ~ two animals दो पशुओं ≈ लड़ाईᶠ; ~ the door and the window दरवाज़े और खिड़कीᶠ ≈; between 2 and 3 o'clock दो और तीन बजे ≈; ~ **ourselves** आपस में; the secret should remain ~

ourselves यह रहस्य हम दोनों के आपस में रहे. Δ ~ **two stools** दुविधा में.

beware बिवें'अर' *v.i.* सावधान, ख़बरदार : I told him to be ~ मैंने उसे बताया कि ≈ रहो; ~ **of** dogs, thieves कुत्तों, चोरों से ≈.

bewilder बिविल्'डर *v.t.* भौंचक्का/हक्का-बक्का करना : to ~ smb. किसी को ≈; he was ~ed to see the question paper वह प्रश्नपत्र देखकर भौंचक्का/हक्का-बक्का रह गया.

beyond बियान्ड' *prep.* **1.** के पार : there is a river ~ the hill, forest पहाड़ी[F], जंगल ≈ एक नदी[F] है. **2.** से परे : I can't see ~ that point मैं उस बिन्दु ≈ नहीं देख सकता. **3.** ~ doubt संदेह से दूर : nothing ~ my pension मेरी पेंशन को छोड़कर कुछ नहीं; he has prospered ~ me वह मुझ से बढ़कर समृद्ध हो गया है; ~ my power मेरी शक्ति[F] से बाहर; it is ~ comparison इसकी तुलना[F] नहीं हो सकती. [*ant.* near]

bi- बाई- *prep.* द्वि, दो : as in biannual द्विवार्षिक, दोसाला; bimonthly द्विमासिक, bipartite द्विपक्षीय : biweekly द्विसाप्ताहिक; bisexual दो तरह के यौन कार्य करने वाला.

bias बाइ'अस **I.** *n*[u]. पक्षपात, पूर्वाग्रह : ~ in favour of or against smb किसी के साथ या किसी के विरुद्ध ≈; he is free from ~ वह ≈ से मुक्त है; his choice had a ~ उसके चुनाव में ≈ था. **II.** he is ~ed वह पक्षपातपूर्ण है; ~ed judgment पक्षपातपूर्ण निर्णय.

bib बिब *n*[c]. बिब : the mother tied a ~ under the child's chin माँ ने बच्चे की ठोड़ी[F] के नीचे ≈ बाँध दिया.

bibliography बिबलिऑ'ग्रफ़ि *n*[c]. (*pl.* -phies) ग्रंथसूची; a ~ of Indian linguistics भारतीय भाषाविज्ञान की ≈; there is a ~ at the end of this book इस पुस्तक[F] के अंत में एक ≈ है.

bicker बि'कर *v.i.* झगड़ते रहना : these children ~ constantly ये बच्चे लगातार झगड़ते रहते हैं. [*n.* bickering झगड़ा]

bicycle बाइ'सिक्ल *n*[c]. [often **bike** बाइक, or **cycle** साइ'कल] बाइसिकल, साइकल [new नया, old पुराना]; to hire a ~ ≈ भाड़े पर लेना; to ride a ~ ≈ पर चढ़ना; he fell off his ~ वह ≈ पर से गिर पड़ा; she came by ~ वह ≈ से आई.

bid बिड **I.** *v.t.i.* [*p.* & *p.p.* bid] **1.** बोली लगाना : he ~ £ 15 for the table उसने मेज़[F] की 15 पौंड बोली लगाई. **2.** हाथ बदना : to ~ four shades of cards ताश[F] में हुकुम की चौकी[F] बदी. **II.** *v.t.* [*p.* bade, *p.p.* bidden] John bade her good-bye जॉन ने उसे 'विदा' कहा; he bade me enter उसने मुझे भीतर जाने को कहा.

bier बिअर *n*[c]. अरथी[F] : the dead body was carried on a ~ शव को ≈ पर ले गये.

big बिग *a.* [bigger, biggest] **1.** बड़ा [city नगर, house मकान, ship जहाज़]; ~ amount (mistake, window) बड़ी रकम[F] (भूल[F], खिड़की[F]); ~ rooms बड़े-बड़े कमरे; ~ shops बड़ी-बड़ी दुकानें; ~ game बड़ा शिकार; how ~ is that वह कितना बड़ा है ? this bag is bigger than that यह बैग उससे ≈ है. **2.** महान् [country देश, person व्यक्ति] [*ant.* small]

bigoted बि'गॉटिड *a.* कट्टर, धर्मान्ध : she is a ~ Hindu वह ≈ हिन्दू है; a ~ person does not like people of other religions ≈ व्यक्ति दूसरे धर्मों के लोगों को पसन्द नहीं करता. [*ant.* tolerant]

bike बाइक *n*[c]. = bicycle *q.v.*

bill बिल *n*[c]. **1.** बिल, विधेयक : the ~ was introduced in Parliament ≈ संसद में पेश किया गया; the legislative assembly passed/rejected the ~ विधानसभा[F] ने ≈ पास/नामंज़ूर कर दिया. **2.** बिल, बीजक : electricity ~ बिजली[F] का ≈; I have paid the ~ मैंने ≈ का भुगतान कर दिया है. **3.** [also ~ of exchange] हुंडी : ~ on a bank बैंक के नाम ≈. **4.** चोंच[F] : the duck has a yellow ~ बत्तख की चोंच पीली होती है. **5.** ~ **of fare** भोजन सूची[F]; ~ **of lading** लदानपत्र, बिल्टी[F].

billion बि'ल्यन *n*[c]. (अमरीकी) एक अरब, 1 और 9 शून्य; (अन्य) दस खरब, 1 और 12 शून्य; seven ~ dollars सात अरब डालर; two ~ pounds बीस खरब पौंड; several ~(s) कई अरब/खरब.

bin बिन *n*[c]. (often in compounds) डिब्बा : waste paper ~ रद्दी कागज़ का ≈; dust ~ कूड़ादान.

bind बाइन्ड *v.t.* (*p.* & *p.p.* bound) **1.** बाँधना : to ~ hands and feet हाथ-पैर ≈; they bound him with a rope उन्होंने उसे रस्सी^{F} से बाँध दिया; ~ fast कसकर ≈. **2.** जिल्द^F बनाना/बाँधना : the book was bound किताब^F की जिल्द बाँधी गई; to ~ in leather चमड़े की जिल्द स्बनाना. **3.** (law) मुचलका लेना : to ~ smb to keep peace शांति^{F} बनाये रखने के लिए ≈. **binder**बाइन्'डर n^c. जिल्दसाज़ : the ~ has bound all the books ≈ ने सब पुस्तकों की जिल्द^F बना दी है. **binding** बाइन्'डिङ **1.** n^c. जिल्द^F : leather ~ चमड़े की ≈. **2.** बाध्यता^{F}, बंधन : contractor's ≈ ठेकेदार पर ≈; it is ~ इस बात^F की बाध्यता^{F} है (अवय करनी होगी).

binoculars बाइनॉ'क्युलर्ज़ *n. pl.* दूरबीन^F : the hunter saw through the ~ शिकारी ने ≈ से देखा.

bio- बाइओ- (in compounds) जीव, प्राणि-; biochemistry जीवरसायन; biography जीवनी; biology जीवविज्ञान.

biog. biography.

biol. biology.

bird बर्ड n^c. चिड़िया^{F}, पक्षी : crow, cock, pigeon and kite are ~s कौवा, मुर्गा, कबूतर और चील पक्षी/चिड़ियाँ हैं; flying ~s उड़ने वाले पक्षी; a ~ chirps, sings चिड़ियाँ चहचहाती है, गाती है; to catch a ~ चिड़िया पकड़ना; ~ of night रात^F का पक्षी, उल्लू; ~ **of peace** शांति की चिड़िया, फ़ाख़्ता. Δ **~s of a feather** एक ही तराज़ू के चट्टे-बट्टे; **to kill two ~s with one stone** एक तीर से दो शिकार करना. **fine feathers make fine ~s** होनहार बिरवान के होत चीकने पात.

birth बर्थ n^c. जन्म : ~ of a child बच्चे का ≈; she gave ~ to a son उसने बेटे को ≈ दिया; six ~s in the family परिवार में छः ≈; he was a Christian by ~ वह ≈ से ईसाई था; ~ **day** ≈ दिन; to celebrate a ~-day ≈ दिन मनाना; ~ **place** जन्मस्थान : Kalidas' ~-place कालिदास का ≈ स्थान; ~**-rate** ≈ दर^F; date of ~ जन्मतिथि^{F}. [*as distinct from* berth; *ant.* death]

biscuit बिस्'किट n^c. **1.** बिस्कुट : ~s for children बच्चों के लिए ≈; sweet and salty ~s मीठे और नमकीन ≈. **2.** (Am.) छोटा केक : delicious ~ स्वादु ≈.

bishop बि'शप n^c. ईसाई धर्माध्यक्ष, बिशप : ~ of Lucknow/London लखनऊ/लंदन का ≈.

bit बिट **I.** n^c. **1.** टुकड़ा : a ~ of bread, meat रोटी^{F}, मांस का ≈; give me two ~s of cake मुझे केक के दो टुकड़े दे दो. [*ant.* whole] **2.** हिस्सा, भाग : I have done my ~ मैंने अपना ≈ कर लिया है. **3. a bit** थोड़ा, कुछ : a ~ of advice थोड़ी-सी सलाह^F; wait a (little) ~ थोड़ी प्रतीक्षा^{F} कर लो; **not a** ≈ कुछ भी नहीं; it is not a ~ cold सर्दी^{F} कुछ भी नहीं है; not a ~ of it बिलकुल नहीं; I am a ~ tired मैं कुछ/थोड़ा थका हुआ हूँ; ~ **by** ~ थोड़ा-थोड़ा करके. **II.** *v.t.* past of bite *q.v.*

bitch बिच n^c. कुतिया [black काली, pet पालतू]; bitches bark, bite कुतियाँ भौंकती हैं, काटती हैं; that woman is a real ~ वह औरत सचमुच ≈ है.

bite बाइट **I.** *v.t.i.* (*p.* bit, *p.p.* bitten) **1.** काटना : the dog bit his leg कुत्ते ने उसकी टाँग^F काट ली; he was bitten by a mosquito उसे मच्छर ने काटा; we ~ with our teeth हम दाँतों से काटते हैं; to ~ one's nails अपने नाख़ून काटना. **2.** काटना, डंक मारना : a snake, wasp bites साँप, बर्रें काटता है (डंक मारता है). **II.** n^c. काटा; the ~ of a dog कुत्ते का ≈; there is a mosquito ~ on my arm मेरी बाँह पर मच्छर के काटे का निशान है. **biting** बाइ'टिङ *a.* **1.** चुभती/काटती : ~ wind ≈ हवा^{F}; ~ remark ≈ टिप्पणी. **2.** ~ cold कड़ाके की सर्दी^{F}.

bitter बि'टर *a.* **1.** कड़वा [taste स्वाद, truth सच, fruit फल]; ~ pill कड़वी गोली^{F}. **2.** ~ experience कटु अनुभव; ~ disappointment, enemy घोर निराशा^{F}, शत्रु; ~ opposition, struggle कड़ा विरोध, संघर्ष. [*n.* ~ness कड़वापन, कटुता^{F}; *ant.* sweet]

bi-weekly बाइवीक्'लि *a.* & *adv.* **1.** पाक्षिक [magazine पत्रिका, exam परीक्षा]. **2.** अर्ध-साप्ताहिक, सप्ताह में दो बार.

B. J. Bachelor of Journalism.

B. L. Bachelor of Law.

black ब्लैक **I.** *a.* **1.** काला [flag झंडा, market बाज़ार, suit सूट]; ~ hair काले बाल; ~ eyes, sheep काली आँखें^{F}, भेड़ें^{F}; ~ as a crow कौवे की तरह ≈; coal is ~ कोयला ≈ होता है. [*ant.* white] **2.** ~ night अंधेरी रात^F; ~ hands गंदे हाथ; ~ coffee बिना दूध की कॉफ़ी^{F}; ~ **art** जादू-टोना; **blackboard** ब्लैक'बॉर्ड *n*^{c}. काला तख़्ता, श्यामपट्ट : write with chalk on the ~ श्यामपट्ट पर चॉक से लिखो. ~ **diamond** कोयला; ~ **guard** गुंडा; ~ **leg** हड़ताल^F तोड़नेवाला; ~ **list** काली सूची^{F}; ~ **market** काला बाज़ार; ~ **smith** लोहार. **II.** *n*^{c}. **1.** काला रंग : ~ and white are opposites ≈ और सफ़ेद रंग विलोम हैं; in ~ and white लिखित. **2.** नीग्रो, हबशी : the ~s of America or Africa अमेरिका या अफ़्रीका के ≈.

blacken ब्लै'कन **1.** *v.t.* काला करना : to ~ a wall दीवार^F को ≈; to ~ shoes जूता (पालिश से) ≈. **2.** *v.i.* काला होना : his face ~ed उसका चेहरा काला हो गया.

bladder ब्लै'डर *n*^{c}. **1.** मसाना, मूत्राशय : urine collects in the ~ ≈ में पेशाब जमा होता है. **2.** ब्लैडर : the ~ in the football फुटबाल का ≈.

blade ब्लेड *n*^{c}. **1.** फल : ~ of a knife चाकू का ≈. **2.** पत्ती : ~ of grass घास की ≈; ~ for shaving दाढ़ी^{F} बनाने की ≈.

blame ब्लेम **I.** *n*^{u}. दोष : to put the ~ on smb किसी को ≈ देना; किसी पर ≈ मढ़ना; to take the ~ on oneself अपने ऊपर ≈ लेना. **II.** *v.t.* दोष देना : he blamed me **for** the accident उसने दुर्घटना के लिए मुझे दोष दिया; you have to ~ yourself तुम्हें अपने को ही दोष देना है; I am not to ~ *for* this इसमें मेरा दोष नहीं है; I am not blaming you मैं तुम्हें दोष नहीं दे रहा. ~ **less** *a.* निर्दोष.

blank ब्लैङ्क **I.** *a.* **1.** ~ paper कोरा काग़ज; ~ **cartridge** ख़ाली कारतूस; ~ **cheque** कोरा चेक. **2.** शून्य [face मुखड़ा, look दृष्टि^{F}]. **3.** ~ verse अतुकांत कविता^{F}. **II.** *n*^{c}. **1.** रिक्त स्थान, ख़ाली जगह : fill up the ~s ≈ भरो. **2.** (Am.) फ़ार्म : ~ for application प्रार्थना-पत्र का ≈.

blanket ब्लैङ'किट *n*^{c}. कंबल [thin पतला, thick मोटा, warm गर्म]; cover the child with a ~ बच्चे को कंबल ओढ़ा दो.

blast ब्लास्ट **I.** *n*^{c}. **1.** झोंका : a ~ of wind हवा^{F} का ≈. **2.** धमाका : the ~ of explosion विस्फोट का ≈. **3.** नाद : ~ of a trumpet तूर्यनाद. **II.** *v.t.* (विस्फोट से) उड़ा देना : the house was ~ed मकान को उड़ा दिया गया.

blaze ब्लेज़ I. *n*^{c}. ~ of fire आग^F की ज्वाला^{F}/धधक^F; ~ of light, colour प्रकाश, रंग की चमक-दमक^F; ~ of fury गुस्से की भभक^F. **II.** *v.i.* **1.** धधकना, भड़कना : the fire was blazing आग^F धधक/भड़क रही थी. **2.** चमकना : the sun blazed over their heads सूर्य उनके सिर पर चमक रहा था.

blazing ब्ले'ज़िङ *a.* ~ fire धधकती आग^F; ~ sun चमकता सूरज; ~ person भड़कता हुआ आदमी.

bldg. = building भवन.

bleach ब्लीच *v.t.* रंग उड़ाना : ~ the colour of a cloth कपड़े का रंग उड़ाना; ~ing powder रंग उड़ाने का पाउडर.

bleat ब्लीट *v.i.* मिमियाना : a goat, sheep ~s बकरी^{F}, भेड़^{F} मिमियाती है; the lamb ~ed for its mother मेमना माँ के लिए मिमियाता था.

bleed ब्लीड (*p. & p.p.* bled) **1.** *v.i.* ख़ून बहना : he was ~ing उसका ख़ून बह रहा था. **2.** *v.t.* ख़ून बहाना/निकालना : in old times doctors bled their patients पुराने ज़माने में डाक्टर मरीज़ों का ख़ून बहाते/निकालते थे.

blemish ब्लें'मिश **I.** *n*^{c}. **1.** दाग़ : ~ on an apple सेब का ≈; ~ on the skin चमड़ी^{F} पर ≈. **2.** दाग़, लांछन : ~ on one's reputation किसी की प्रतिष्ठा/नाम पर ≈. **II.** *v.t.* दाग़/लांछन लगाना : to ~ smb's character किसी के चरित्र पर ≈; her prestige was ~ed उसकी प्रतिष्ठा^{F} पर दाग लग गया.

blend ब्लें'न्ड **I.** *v.i.* मिल जाना : the colours ~ed well रंग अच्छी तरह मिल गये. **II.** *v.t.* मिला देना : to ~ Darjeeling tea with some inferior tea दार्जिलिंग चाय^F को किसी घटिया चाय^F से ≈. [*ant.* separate] **III.** *n*^{c}. मेल, मिश्रण : ~ of severity with kindness कृपालुता^{F} के साथ कठोरता^{F} का ≈.

bless ब्लॅस *v.t.* **1.** आशीर्वाद देना : I ~ you, my boy बेटे, मैं तुम्हें आशीर्वाद देता हूँ. **2.** God ~ you परमात्मा तुम पर कृपा^{F} करे; my father of blessed memory पुण्यस्मरणीय पिताजी; he was ~ed with a son सौभाग्य से उसे पुत्र की प्राप्ति^{F} हुई. [*ant.* curse] **blessing** ब्लॅ'सिङ्ग *n*^{c}. **1.** आशीर्वाद : convey my ~s to the children बच्चों को मेरा ≈ देना. **2.** वरदान : television is a ~ to old people दूरदर्शन बूढ़ों के लिए ≈ है; a ~ in disguise अप्रत्यक्ष ≈. [*ant.* curse]

blew ब्लू past of blow [*as distinct from* blue]

blind ब्लाइन्ड **I.** *a.* अंधा : ~ man ≈ आदमी; ~ woman अंधी औरत; is he ~ क्या वह ≈ है ? ~ **alley** बंद गली^{F}; ~ **faith** अंधविश्वास; ~ **turning** अंधा मोड़; she has become ~ वह अंधी हो गई है. **II.** *v.t.* अंधा करना : he was ~ed in the war वह युद्ध में ~ हो गया था. **III.** *n*^{c}. परदा; pull the ~ down ≈ गिरा दो. [*n.* blindness अंधापन]

blink ब्लिङ्क **1.** *v.t.* & *i.* आँख^F झपकना, आँख^F झपकाना; you cannot see for a long time without ~king तुम देर तक आँख झपकाये बिना नहीं देख सकते. **2.** *v.i.* the light ~s रोशनी^{F} टिमटिमाती है.

bliss ब्लिस *n*^{u}. परमानन्द : heavenly ~ स्वर्ग का ≈; the saint enjoys the ≈ सन्त परमानन्द भोगता है; the ~ of married life विवाहित जीवन का आनन्द.

blister ब्लिस्'टर *n*^{c}. फफोला, छाला : the new shoe caused ~s on my feet नये जूते से पैरों में छाले पड़ गये हैं.

B. Litt. Bachelor of Literature.

block **I.** ब्लॉक *n*^{c}. खण्ड : ~s of stone for building भवन के लिए पत्थर के खंड; ~ of wood लकड़ी^{F} के खंड; ~ of houses भवन-खण्ड, ब्लाक; ~ **head** मूर्ख. **II.** *v.t.* रोकना : to ~ the street गली^{F} रोक देना; the road was ~ed for repairs सड़क^F को मरम्मत^F के लिए रोक (बंद कर) दिया गया; the road is ~ed सड़क^F बंद है.

blockade ब्लॉकेड' **I.** *n*^{c}. नाकेबंदी^{F} : to put up a ~ ≈ करना; to raise the ~ ≈ उठा लेना. **II.** *v.t.* नाकेबंदी करना, घेर लेना : the enemy tanks ~ed the fort शत्रु के टैंकों ने किले को घेर लिया.

blood ब्लड *n*^{u}. लोहू, ख़ून [cold ठंडा, warm गर्म, red लाल, white सफ़ेद]; ~ begins to boil ≈ खौलने लगता है; his hands were stained with ~ उसके हाथ ≈ से भरे थे; to shed/spill ~ ≈ बहाना; he was covered with ~ वह ≈ से लथपथ था; it is in his ~ यह उसके ख़ून में है; his ~ was up उसका (क्रोध से) ≈ खौल उठा. ~ **bath** ख़ून-खराबा; ~ **pressure** रक्तचाप; ~**-shed** ख़ून-ख़राबा, रक्तपात; ~ **thirsty** ख़ून का प्यासा; **to create bad** ~ दुर्भावना^{F} पैदा करना. **bloody** ब्ल'डि *a.* **1.** ख़ूनी [battle लड़ाई^F]. **2.** ख़ून से लथपथ : ~ clothes ≈ कपड़े. **3.** बदबख़्त [fellow आदमी]; that ~ house वह ≈ मकान.

blond(e) ब्लॉन्ड *a.* & *n*^{c}. हलके रंग के बालों वाली (युवती). blond boy हल्के रंग के बालों वाला लड़का.

bloom ब्लूम **I.** *n*^{c}. फूल : the ~s withered ≈ कुम्हला गये. **II.** *n*^{u}. बहार : the roses are in ~ गुलाब ≈ पर हैं; to be in the ~ of youth जवानी^{F} की ≈ में होना. **II.** *v.i.* फूलना, खिलना : roses ~ in spring गुलाब बसन्त में खिलते/फूलते हैं; (fig.) that lady is ~ing वह महिला फल-फूल रही है.

blossom ब्लॉ'सम **I.** *n*^{c}. फूल, बौर (esp. of fruit trees); apple ~s सेब के ≈; petals of a ~ ≈ की पंखुड़ियाँ^{F}; the trees are in ~ पेड़ों पर नौर आ गया है. **II.** *v.i.* फूलना, खिलना : my plants have ~ed मेरे पौधे फूल आये हैं; the bud ~s into a flower कली^{F} खिलकर फूल बन जाती है.

blot ब्लॉट **I.** *n*^{c}. **1.** दाग़, धब्बा [big बड़ा, small छोटा, ugly गंदा]; ink-~s on the child's book बच्चे की किताब^F पर स्याही^{F} के धब्बे. **2.** कलंक : a ~ on his name उसके नाम पर ≈. **II.** *v.t.* (*p.* & *p.p.* blotted) **1.** (स्याही के) धब्बे डाल देना; I blotted the paper मैंने काग़ज़ पर धब्बे डाल दिये. **2.** स्याही^{F} चूस लेना : to blot out a letter with a blotting paper स्याहीचूस काग़ज़ से स्याही सुखा देना. **~ out** (i) छिपाना : this tree ~s out the view यह पेड़ दृश्य को छिपा देता है. (ii) मिटा देना : to ~ out the event from memory उस घटना^{F} को याद्दाश्त से मिटा देना.

blouse ब्लाउज़ *n*^{c}. ब्लाउज़, चोली^{F} [clean साफ़, thin पतला, yellow पीला]; she wore a saree and a ~ वह साड़ी^{F} और ≈ पहने थी.

blow ब्लो (*p.* blew, *p.p.* blown) **I.** *v.i.* **1.** बहना, चलना : the wind in ~ing हवा बह रही है. **2.** फूँक^F, हवा^{F} भरना : to ~ into a tube नली^{F} में ≈. **3.** उड़ जाना : the clouds have blown **over** बादल उड़ गये हैं. **II.** *v.t.* **1.** उड़ा देना : the wind blew my hat off हवा^{F} ने मेरा हैट उड़ा दिया; the soldiers have blown **up** the bridge सिपाहियों ने पुल उड़ा दिया है. **2.** बुझाना : blow **out** a candle मोमबत्ती^{F} बुझा दो. **3.** बजाना : he blew the whistle, horn उसने सीटी^{F} बजाई, हार्न बजाया. **4.** to ~ one's nose नाक छिनकना. **II.** *n*^{c}. **1.** घूँसा : to deal ~s घूँसे मारना : I gave a heavy ~ on his head मैंने उसके सिर पर एक भारी ≈ मारा. **2.** वार, प्रहार : the elephant strikes ~s with its trunk हाथी अपनी सूंड़^{F} से ≈ करता है. **3.** ठेस^F : her death was a heavy ~ to him उसकी मौत से इसे भारी ≈ लगी.

blue ब्लू **I.** *a.* **1.** नीला [flower फूल, sky आकाश, suit सूट]; ~ eyes, saree नीली आँखें^{F}, साड़ी^{F}; dark, light ~ गहरा, हलका ≈; his face turned ~ with cold उसका चेहरा सर्दी^{F} से नीला पड़ गया; **~-blooded** कुलीन; ~ book सरकारी रिपोर्ट^F; ~-eyed boy कृपापात्र; ~ joy नीलकंठ; ~ print पक्का नक़्शा. Δ **a bolt from the blue** अप्रत्याशित घटना; once in a ~ moon कभी-कभार; he came out of the ~ moon वह अचानक आ गया. **II. 1.** *n*^{c}. नीला रंग. **2.** *n*^{u}. आकाश, समुद्र. [*as distinct from* blew]

bluff ब्लफ़ **I.** *a.* रूखा; a ~ person ≈ व्यक्ति; his/her behaviour was ~ उसका व्यवहार ≈ था. **II.** *n*^{c}. झांसा : her ~ could not mislead me उसका ≈ मुझे गुमराह नहीं कर सका. **III.** *v.t.* & *i.* झाँसा देना : he ~ed the examiner and passed वह परीक्षक को झाँसा देकर पास हो गया. he is ~ing वह झूठा रौब जमा रहा है.

blunder ब्लन्'डर **I.** *n*^{c}. भद्दी भूल^F : they made a ~ and later repented उन्होंने ≈ की और बाद में वे पछताये. **II.** *v.i.* भारी भूल^F करना : he blundered when he did not apologize माफ़ी^{F} न मांगकर उसने भारी भूल^F/ग़लती^{F} की.

blunt ब्लन्ट **I.** *a.* **1.** भोथरा [knife चाकू, razer उस्तरा]. **2.** रूखा [behaviour व्यवहार, reply जवाब/उत्तर] [*ant.* sharp] **II.** *v.t.* भोथरा करना : the knife was ~ed by use छुरी^{F} इस्तेमाल से भोथरी हो गई.

blur ब्लर **I.** *n*^{c}. धुँधली चीज़^{F} : everything is a ~ without glasses चश्मे/ऐनक के बिना सब कुछ धुँधला है. **II.** *v.t.i.* (-rr-) धुँधला करना/होना : the rain has ~red my vision बारिश^F ने मेरी दृष्टि^{F} को धुँधला कर दिया है.

blush ब्लश *v.i.* झेंपना : the girl ~ed when I addressed her जब मैंने लड़की को संबोधित किया तो वह झेंप गई.

bluster ब्लस्'टर *v.i.* घुड़कना, धौंस^F दिखाना : he only ~s and does not harm anybody वह बस धौंस दिखाता है, किसी को हानि^{F} नहीं पहुँचाता.

B. N., b. n. bank note.

B. O. Branch Office.

boar बॉर *n*^{c}. सुअर, वराह : wild ~ जंगली ≈; ~'s lair ≈ की माँद^F; ~ or ~'s skin ≈ का चमड़ा. [*as distinct from* bore]

board बॉर्ड, बोर्ड **I.** *n*^{c}. **1.** तख़्ता, पट्ट, फलक : a ~ of wood लकड़ी^{F} का ≈; black ~ श्यामपट्ट; notice ~ सूचना-पट्ट; a wall made of ~s तख़्तों की (बनी) दीवार^F. **2.** (जहाज़ का) तख़्ता : we went on ~ हम (जहाज़ के) तख़्ते पर चले गये. **3.** भोजन : ~ and lodging भोजन और रिहाइश^F; what will you charge for the ~ ≈ का ख़र्च क्या लोगे ? **4.** परिषद्^{F}, बोर्ड : ~ of education शिक्षा-परिषद्^{F}; a meeting of the ~ ≈ की बैठक^F; district ~ ज़िला ≈. **5.** दफ़्ती : ~

for binding books किताबों^{F} की जिल्द^F के लिए ≈. **II. 1.** *v.t.* चढ़ना : to ~ a train, ship गाड़ी^{F}, जहाज़ पर ≈. **2.** *v.i.* भोजन और आवास करना : ~ with an English family किसी अंग्रेज़ परिवार के यहाँ ≈. [*as distinct from* bored] **boarder** बॉर्'डर n^c. बोर्डर; छात्रावासी [disciplined अनुशासित, free निःशुल्क]. [*as distinct from* border] **boarding-house** बॉर्'डिङ्ग-हाउस n^c. आवासगृह, छात्रावास : she runs a ~ वह एक ≈ चलाती है; I lived in the school ~ मैं विद्यालय के छात्रावास में रहता था.

boast बोस्ट **I.** n^c. डींग^F : a foolish ~ मूर्खतापूर्ण ≈; he makes a ~ of his riches वह अपनी अमीरी^{F} की ≈ मारता है. **II.** *v.i.* डींग मारना : he loves to ~ **of** his son's success उसे अपने बेटे की सफ़लता^{F} की डींग मारना अच्छा लगता है; I have nothing to ~ **of** मेरे पास डींग मारने को कुछ नहीं है.

boat बोट **I.** n^c. **1.** नाव^F, बोट^F [heavy भारी, light हल्की, small छोटी]; to build a ~ ≈ बनाना; we hired two ~s हमने दो नावें किराये पर लीं; they crossed the river in a ~ उन्होंने नाव से नदी^{F} पार की. Δ **we are all in the same** ~ हम सब एक ही नाव के सवार हैं. **2.** [loosely] जहाज़ : to cross the sea in a ~ ≈ से समुद्र पार करना. **II.** *v.i.* नाव चलाना : I am fond of ~ing मुझे नाव खेने/चलाने का शौक़ है; we ~ on the Yamuna हम यमुना^{F} में नाव चलाते हैं. **boatman**-मन n^c. नाववाला, मल्लाह [deft निपुण, cautions सावधान, veteran पुराना].

bode बोड *v.i.* शकुन होना : it ~s ill, well for the future भविष्य के बारे में यह बुरा, अच्छा शकुन है.

bodice बॉ'डिस n^c. अंगिया^{F} [nylon नायलन की, silk रेशमी]; a ~ under her blouse उसके ब्लाउज़ के नीचे की एक ≈; to wear a ~ ≈ पहनना.

bodily बॉ'डिलि **I.** *a.* शारीरिक [ailments रोग, needs आवश्यकताएँ]. **II.** *adv.* सशरीर; he has ~ lifted उसे ≈ उठा लिया गया.

body बॉडि n^c. (*pl.* bodies) **1.** शरीर, तन [fat मोटा, slim छरहरा, naked नंगा, well-formed सुघड़]; ~ and soul शरीर और आत्मा; human ~ मनुष्य का ≈. Δ **sound mind in a sound** ~ तन सुखी तो मन सुखी. **2.** धड़ : a ~ without arms and legs बिना बाँहों और टाँगों का ≈. **3.** मिट्टी, मुरदा, शव : the battlefield was covered with bodies रणक्षेत्र शवों से पट गया; they carried the ~ to the graveyard वे शव/मिट्टी^{F} कब्रिस्तान ले गये. **4.** कलेवर : the ~ of the letter, report पत्र, रिपोर्ट^F का ≈. **5.** समूह : a ~ of ships पोत-समूह. **6.** निकाय: local ~ स्थानीय ≈; he is a member of several bodies वह कई निकायों का सदस्य है. **7.** in a ~ सब मिलकर; they proceeded in a ~ वे ≈ आगे बढ़े. **bodyguard** -गार्ड n^c. अंगरक्षक : the President's ~s राष्ट्रपति के ≈.

bogey, bogie बो'गि n^c. बोगी^{F}; छकड़ा; रेल का डिब्बा : a ~ was attached to the train गाड़ी^{F} के साथ एक बोगी जोड़ दी गई.

bogey, bog बो'गि n^c. हौआ : 'Our religion is in danger', is a ~ to some people 'हमारा धर्म ख़तरे में है' यह कुछ लोगों का ≈ खड़ा किया हुआ है.

bogus बो'गस *a.* नक़ली, बनावटी [identity card पहचान-पत्र, claim दावा, accent लहजा, person आदमी]; he was arrested with a ~ ticket उसे ≈ टिकट के साथ गिरफ़्तार कर लिया गया. [*ant.* genuine]

boil बॉइल **I.** *v.i.* **1.** उबलना, खौलना : the water ~s पानी उबलता/खौलता है. ~ing water उबलता/खौलता पानी. **2.** उबलना : potatoes, eggs have boiled आलू, अंडे उबल गये हैं; ~ed vegetables उबली हुई सब्ज़ियाँ^{F} **3.** उफनना : the kettle ~s **over** केतली^{F} उफनती है. **II.** *v.t.* **1.** उबालना, खौलाना : we ~ed water हमने पानी उबाला/खौलाया. **2.** उबालना : to ~ meat मांस ≈. **III.** n^c. फोड़ा : he has a ~ on his cheek उसके गाल पर ≈ है. **boiling** बॉइ'लिङ *a.* **1.** क्वथन : ~ point क्वथनांक. **2.** उफनता : ~ waves उफनती लहरें.

bold बोल्ड *a.* **1.** दिलेर, निधड़क : ~ person ≈ व्यक्ति : be make ~ to refuse ≈ होकर इन्कार कर दो. **2.** ~ type मोटा टाइप; ~ stripes मोटी धारियाँ^{F}. **3.** निधड़क [plan योजना^{F}, step कदम]. **~-faced** बेशर्म,

निर्लज्ज. [*ant.* timid] *adv.* ~ly दिलेरी^{F} से. *n.* --~**ness** दिलेरी^{F}].

bolster बोल्'स्टर **I.** n^c. मसनद, तकिया : they keep several ~s in their drawing room वे अपनी बैठक^F में कई ≈ रखते हैं; I lay on the bed against a ~ मैं मसनद/तकिये के सहारे पलंग पर खड़ा था. **II.** *v.t.* सहारा देना : grant to ~ (up) our plan हमारी योजना^{F} को सहारा देने के लिए अनुदान.

bolt बोल्ट **I.** n^c. **1.** चटखनी^{F}, सिटकनी^{F} : ~s were fitted on the doors and windows दरवाज़ों और खिड़कियों^{F} पर सिटकनियाँ लगाई गई थीं. **2.** काबला, बोल्ट : nut and ~ ढिबरी^{F} और ≈. **3.** वज्रपात : a ~ from the blue अप्रत्याशित घटना^{F}. **II.** *v.t.* **1.** सिटकनी^{F} लगाना : ~ the door behind you अपने पीछे दरवाज़े की सिटकनी लगा दो. **2.** गटक जाना : the child ~ed the food बच्चा खाना गटक गया. **3.** भाग निकलना : the thief ~ed (away) with all the money चोर सारा पैसा लेकर भाग निकला; the mare ~ed in terror घोड़ी आतंक से भाग गई.

bomb बॉम **I.** n^c. बम, गोला : the terrorists threw ~s into the factory आतंकवादियों ने कारखाने के भीतर ≈ फेंके; ~shell बम का गोला (also fig.) his death was a ~ उसकी मौत^F ≈ थी. **II.** *v.t.* (पर) बम गिराना : they ~ed the factory उन्होंने कारखाने पर बम गिराये. **bombard** बमबार्ड' *v.t.* **1.** (पर) बममारी^{F} करना, गोलाबारी^{F} करना : the enemy ~ed the secretariat शत्रु ने सचिवालय पर गोलाबारी की. **2.** (प्रश्नों की) बौछाड़^{F} करना : the journalists ~ed the minister with questions पत्रकारों ने मन्त्री पर प्रश्नों की बौछाड़ की. [*n.* ~ment गोलाबारी^{F}] **bomber** बॉ'मर n^c. बममार (विमान या पुरुष) : the ~s destroyed the entire fort बममारों ने सारे किले को नष्ट कर दिया.

bona fide बोनॅफ़ाइ'डि **I.**, *a.* सद्भावपूर्ण [compromise समझौता, agreement करार, argument तर्क]. **II.** *n. pl.* सद्भावना : his ~s are not doubted उसकी ≈ पर सन्देह नहीं है.

bond बॉन्ड n^c. **1.** इकरारनामा : a ~ to pay money पैसे का भुगतान करने का ≈. **2.** बन्धन : ~ of love, friendship प्रेम, मित्रता^{F} का ≈; prisoner was released from the ~s क़ैदी/बंदी को ≈ से मुक्त कर दिया गया; to break a ~ ≈ तोड़ना.

bone बोन **1.** n^c. हड्डी^{F} [broken टूटी हुई, dry सूखी, old पुरानी]; my ~s ache मेरी हड्डियाँ^{F} दुखती हैं; to set a ~ ≈ बैठाना; a bone stuck in his throat उसके गले में एक ≈ फँस गई. **2.** n^u. पिंजर, हड्डियों का ढाँचा : he is all ~s वह बस ≈ है. ~ **of contention** झगड़े की जड़^{F}.

bonfire बॉन्'फ़ाइअर n^c. अलाव, होली^{F} : Indians have ~s in March भारतीय मार्च में होली मनाते हैं; they made a ~ of Bhutto's effigy उन्होंने भुट्टो के पुतले का अलाव जलाया.

bonnet बॉ'निट n^c. **1.** टोप : ~ on the old woman's head बुढ़िया^{F} के सिर पर ≈. **2.** इंजन का ढक्कन : do not sit on the ~ ढक्कन/बॉनेट पर मत बैठो; the driver lifted the ~ ड्राइवर ने ≈ उठाया.

bonus बो'नस n^c. बोनस, लाभांश : ~ declared by the company कंपनी द्वारा घोषित ≈; they received one month's pay as ~ उन्हें ≈ के रूप में एक महीने का वेतन मिला.

bony बॉनि, बोनि *a.* **1.** हड्डीदार : ~ fish ≈ मछली. **2.** हड्डी-जैसा : a ~ substance ≈ पदार्थ. **3.** दुबला-पतला : ~ girl दुबली-पतली लड़की.

book बुक **I.** n^c. **1.** किताब^F, पुस्तक^F, ग्रन्थ [interesting रोचक, illustrated सचित्र, religious धार्मिक, useful उपयोगी]; a ~ is written, published पुस्तक लिखी जाती है, प्रकाशित की जाती है; to bring out a new ~ नई किताब निकालना; we buy, sell, read ~s हम पुस्तकें खरीदते, बेचते, पढ़ते हैं; this is an abridged, enlarged edition of the book यह पुस्तक का संक्षिप्त, परिवर्धित संस्करण है. exercise ~ अभ्यास ≈. **2.** बही^{F} : my account in your ~s आपकी बहियों में मेरा हिसाब. **3.** (*pl.*) बही-खाता, हिसाब-किताब : the accountants look after the ~s लेखाकार ≈ की देख-रेख^F करते हैं. Δ **to be in one's good ~s** : किसी का कृपापात्र होना; **to**

bring to ~ स्पष्टीकरण माँगना. **II.** *v.t.* बुक करना : to have one's luggage ~ed अपना सामान बुक कराना; seats were ~ed सीटें[F] बुक थीं. book binding see binding. **booking** बु'किङ *n*[u]. बुक करना, टिकट देना : advance ~ अगाऊ ≈; ~ clerk टिकट बाबू; ~-office टिकट घर .**bookish** बु'किश *a.* किताबी [knowledge ज्ञान, person आदमी]. **book-keeper**-कीपर *n*[c]. मुनीम, लेखाकार : the ~ keeps the account ≈ हिसाब रखता है. **book-keeping** -कीपिङ *n*[u]. मुनीमी[F], लेखाकारी : ~ is a subject in commerce ≈ वाणिज्य का एक विषय है; the manager also knows ~ प्रबंधक ≈ भी जानता है. **booklet** बुक'लिट *n*[c]. पुस्तिका[F]; this ~ has only 32 pages इस ≈ में केवल 32 पृष्ठ हैं. **book-stall** बुक'स्टॉल *n*[c]. बुकस्टाल : you will get a copy of this booklet at the railway ~ तुम्हें इस पुस्तिका[F] की प्रति[F] रेलवे ≈ से मिलेगी. **book-worm** बुक'वर्म *n*[c]. किताबी कीड़ा : she reads a lot, she is a ~ वह बहुत पढ़ती रहती है, ≈ है.

boom बूम **I.** *n*[c]. तेज़ी[F], गरमबाज़ारी[F] : there is ~ in the sale of T.V. टी.वी. की बिक्री[F] में ≈ है. **II.** *v.i.* दनदनाना, गरजना : guns ~ तोपें[F] दनदनाती हैं; his voice ~ed in the hall हॉल में उसकी आवाज गरजती थी.

boon बून *n*[c]. वरदान : the garden is a ~ to the people यह बाग़ लोगों के लिए ≈ है. [*ant.* curse]

boorish बुअ'रिश *a.* उजड्ड [man पुरुष, woman स्त्री, behaviour व्यवहार].

boot बूट *n*[c]. बूट [leather चमड़े का, small छोटा]; to put on, to put off one's ~s अपने ≈ पहनना, उतारना; he was wearing ~s वह ≈ पहने था; a ~ is higher than a shoe ≈ जूते से ऊंचा होता है.

booth बूथ *n*[c]. **1.** गुमटी[F], छोटी दुकान[F] : barber's ~ नाई की ≈. **2.** polling ~ मतदान का स्थान; a telephone ~ टेलीफ़ोन की गुमटी[F].

booty बू'टि *n*[u]. लूट[F] का माल : burglar's ~ सेंधमार के पास का ≈; the soldiers received their share of the ~ सिपाहियों को लूट के माल का अपना-अपना हिस्सा मिल गया.

border बॉर्'डर *n*[c]. **1.** किनारा : the ~ of a garment कपड़े का ≈. **2.** सीमा[F] : the ~ between two countries दो देशों के बीच की ≈; there is a village on the ~ ≈ पर एक गाँव है; we crossed the ~ हम ≈ पार कर गये; ~ districts/outpost सीमान्त ज़िले/चौकी[F]. *v.i.* किनारे पर होना : trees ~ed the road for miles मीलों तक सड़क[F] के किनारे-किनारे पेड़ थे; our garden ~s **on** the lake हमारा बाग़ झील[F] के किनारे पर है. [*as distinct from* boarder]

bore बॉर **1.** *v.t.* छेदना : they ~d a hole, tunnel उन्होंने छेदकर सूराख़ बनाया, सुरंग[F] बनाई. **2.** *v.t.* उबा देना : he ~s everyone वह सब को उबा देता है; to be bored ऊब/ उकता जाना; I feel ~d in his company मैं उसकी संगति[F] में ऊब/उकता जाता हूँ. [*n.* boredom ऊब[F], उकताहट[F]] **3.** past of bear *q.v.* [*as distinct from boar*]

born बॉर्न *p.p.* of bear *q.v.* उत्पन्न : where were you born तुम कहाँ ≈ हुए थे? a new-born child नवजात शिशु; a born poet जन्मजात कवि.

borne बॉर्न *p.p.* of bear *q.v.* उठाया/सहा गया : seeds ~ by the wind हवा[F] के द्वारा उठाये गये बीज; troubles ~ by the citizens नागरिकों द्वारा सहे गये कष्ट.

borough ब'रँ, (Am. ब'रो) *n*[c]. उपनगर : London is divided into ~s लंदन उपनगरों में बँटा हुआ है. ~ **council** ≈ परिषद्.

borrow बॉ'रो *v.t.* & *i.* उधार (में) लेना : he ~ed money उसने पैसा उधार (में) लिया; Hindi has ~ed words *from* English हिन्दी[F] ने अंग्रेजी[F] से शब्द उधार (में) लिये हैं; some people neither borrow nor lend कुछ लोग न उधार लेते हैं न देते हैं; he ~s books वह मंगनी[F] (उधार) की पुस्तकें लेता है [*ant.* lend]

bosom बु'ज़म *n*[c]. **1.** छाती[F] : woman's ~ स्त्री की ≈; she held the child to her ~ उसने बच्चे को ≈ से लगा लिया. **2.** दिल, हृदय: there is pity within his ~ उसके ≈ में दया[F] है; ~ **friend** जिगरी/दिली दोस्त.

boss बॉस **I.** *n*[c]. मालिक, बड़ा साहब : the ~ of

the factory कारख़ाने का ≈; our ~ हमारे बड़े साहब. **II.** *v.t.* आदेश देना : stop ~ing everyone about/around हर एक को आदेश देना बंद करो.

Bot., botany बॉ'टॅनि n^u. वनस्पति-विज्ञान : ~ studies plants ≈ पौधों का अध्ययन करता है. [botanist वनस्पति विज्ञानी].

both बोथ *pron.* & *a.* दोनों : ~ (the) brothers/sisters ≈ भाई/बहनें^{F}; he had parcels in ~ hands उसके ≈ हाथों में पार्सल थे; on ~ sides of the road सड़क^F के ≈ ओर; ~ these men ये दोनों आदमी; ~ of these men इन आदमियों में दोनों; my brother and I ~ went there मेरा भाई और मैं वेनों वहाँ गये. **Δ to burn the candle at ~ ends** ≈ हाथ से लुटाना. [*ant.* neither]

bother बॉ'दर *v.t.* & *i.* परेशान होना/करना : don't ~ परेशान न हों; is the child ~ing you क्या बच्चा तुम्हें परेशान कर रहा है ? [*n.* botheration परेशानी^{F}, झमेला].

bottle बॉ'टल **I.** n^c. बोतल^F, (smaller) शीशी^{F} [empty ख़ाली, full भरी हुई]; ink/milk ~ स्याही^{F}/दूध की ≈; scent ~ इत्र की शीशी^{F}; this ~ has a narrow neck इस ≈ का गला तंग है; to fill a ~ with water ≈ में पानी भरना; he drank a ~ of milk वह दूध की एक ≈ पी गया. **II.** *v.t.* बोतल में भरना : they ~ed milk उन्होंने बोतल में दूध भरा. **Δ ~ up your anger** अपना गुस्सा पी जाओ. **~ green** गाढ़ा हरा : a cloth of ~ colour गाढ़े हरे रंग का कपड़ा.

bottom बॉ'टम **1.** n^u. तल, तली^{F} : at the ~ of the sea, river समुद्र, नदी^{F} की तली में; ~ of a building भवन की ≈. **2.** n^u. at the ~ of the page, stairs पृष्ठ, सीढ़ियों^{F} के नीचे; he is at the ~ of the class वह कक्षा^{F} में सबसे नीचे है. **3.** तह^F : from the ~ of one's heart दिल की ≈ से; who is at the ~ of this mischief इस शरारत^F की ≈ में कौन है ? I'll get to the ~ of this mystery मैं इस रहस्य की तह तक पहुँचूंगा. [*ant.* top]

bough बाउ n^c. (lit.) डाल^F, शाखा^{F} [green हरी, long लंबी]; a ~ laden with fruit फलों से लदी ≈; low hanging ~s of an apple tree सेब के पेड़ की नीचे झुकी हुई डालियाँ/शाखाएँ. [*as distinct from* bow]

bought बॉट past *p.p.* of buy *q.v.*

bounce बाउन्स **I.** *v.i.* उछलना : ball, girl was bouncing गेंद^F, लड़की^{F} उछल रही थी. **II.** *v.t.* उछालना : I bounced the ball on the ground मैंने ज़मीन पर गेंद को उछाला. **III.** *v.i.* आ घुसना : a person bounced into my room एक व्यक्ति मेरे कमरे में आ घुसा. **IV.** *n.* उछाल^F : with one ~ the ball went over the net एक ही उछाल में गेंद जाल के पार हो गई.

bound बाउन्ड **I.** *v.t.* past of bind *q.v.*; to be ~ बाध्य होना; he is ~ to do it वह ऐसा करने को बाध्य/मजबूर है. **II.** *v.i.* उचकना, उछलना : the horse ~s घोड़ा उचकता/उछलता है; the dog ~ed before his master कुत्ता मालिक के आगे उचका/उछला. **III.** n^c. **1.** उछाल^F, कूद^F : I reached there in one ~ मैं एक उछाल में वहाँ जा पहुँचा. **Δ by leaps and bounds** बहुत तेज़ गति^{F} से. **2.** (usu. *pl.*) सीमा^{F}, हद^F : his happiness knew no ~s उसकी ख़ुशी^{F} की कोई हद नहीं थी; out of ~s ≈ से बाहर, निषिद्ध : this area is **out of ~s** for soldiers यह क्षेत्र सिपाहियों के लिए ≈ है. **boundary** बाउन्'डॅरि n^c. चौहद्दी^{F}, सीमा^{F} : the ~ of a village किसी गाँव की ≈; to look beyond one's boundaries अपनी सीमाओं के पार देखना; ~-mark सीमा-चिह्न. **boundless** -लिस *a.* बेहद, अपार, असीम [faith विश्वास, favour कृपा^{F}, pity दया^{F}]; she had ~ energy उसमें ≈ ऊर्जा थी.

bouquet बु'के n^c. पुष्प-गुच्छ, गुलदस्ता [charming मनोहर, splendid शानदार]; to put a ~ in the vase गुलदान में ≈ लगाना; I presented a ~ of roses to the guest मैंने अतिथि को गुलाब का ≈ भेंट किया.

bourgeois बुअर्'ख़्वा (*pl.* -ie. बुअर्ज़्वा'ज़ी) **I.** *n.* **1.** मध्यवर्गीय व्यक्ति. **2.** (derog.) गँवार. **II.** *a.* मध्यवर्गीय : ~ country, taste ≈ देश, रुचि^{F}.

bow I. बो n^c. **1.** धनुष [flexible लचकदार, heavy भारी, light हलका, strong पक्का]; to bend, draw a ~ ≈ झुकाना, खींचना (चढ़ाना); ~s and arrows धनुष-वाण; to shoot with a ~ धनुष से निशाना मारना. **2.** गज़ : ~ of a violin वाइलन का ≈. **3.** बो : I use ~ instead of a necktie मैं नकटाई[F] की जगह[F] ≈ का इस्तेमाल करता हूँ. **II.** बाउ n^c. झुकना, नमस्कार : I greeted the lady with a ~ मैंने उस महिला को झुककर नमस्कार किया; a ~ of humility नम्रता[F] के लिए ≈. **III.** *v.i.* झुकना : he ~ed *to*/**before** him वह उसके सामने झुक गया; he ~ed to the ladies उसने महिलाओं को नमस्कार किया. **IV.** *v.t.* झुकाना : he ~ed his head, knees उसने अपना सिर झुकाया, अपने घुटने टेक दिये. [*as distinct from* bough]

bowel बाउ'अल n^c. (usu. *pl.*) बड़ी आँत : ~ is below the stomach ≈ पेट/मेदे के नीचे होती है; have your ~s moved today क्या आज टट्टी[F] आई ?

bowl बोल **I.** n^c. कटोरा [deep गहरा, metal धातु[F] का, wodden लकड़ी[F] का]; a ~ of milk दूध का ≈. **II.** *v.t.i.* गेंद फेंकना, बॉल देना : he ~ed two overs उसने दो ओवर बॉल दिये; Rathore was ~ed out for 60 runs राठौर साठ रन बनाकर आउट हो गया.

bowler बो'लर n^c. गेंदबाज़ : the ~ finished his first over ≈ ने अपना पहला ओवर समाप्त कर दिया.

box बॉक्स **I.** n^c. **1.** बक्स, संदूक़ [empty ख़ाली, heavy भारी, light हलका]; to carry, open the ~ ≈ उठाना, खोलना; to put clothes in the ~ ≈ में कपड़े डालना. **2.** डिब्बा, (smaller) डिबिया[F] : a ~ of matches दियासलाई[F] की डिबिया; a ~ of sweets मिठाई का डिब्बा; colour-~ रंगों का डिब्बा. **II.** n^c. मुक्का : to give a ~ on the ear कान पर ≈ मारना. **III.** *v.t.i.* मुक्का मारना, मुक्केबाज़ी[F] करना : he ~ed his son's ears उसने बेटे के कानों पर मुक्के मारे; he ~ed without gloves वह बिना दस्ताने पहने मुक्केबाज़ी करता था. ~ **office** (सिनेमा का) टिकट-घर; my scooter was **~ed in** between a car and a tonga मेरा स्कूटर कार और टाँगे के बीच फँस गया. **boxer** बॉक्'सर n^c. मुक्केबाज़ [stout हट्टा-कट्टा, victorious विजयी]. **boxing** बॉक्'सिङ n^u. मुक्केबाज़ी[F] [nimble चुस्त, superb बढ़िया]; the Russian boxer was defeated in ~ रूसी मुक्केबाज़ ≈ में हार गया.

boy बॉइ n^c. लड़का [bold दिलेर, kind कृपालु, talented प्रतिभाशाली, talkative बड़बोला]; he is an obedient ~ वह आज्ञाकारी ≈ है; boys are generally mischievous लड़के आमतौर पर शरारती होते हैं; boys are learning their lessons लड़के अपना-अपना पाठ याद कर रहे हैं. [*fem.* girl] **boyhood** ≈हुड n^u. लड़कपन : he was very naughty in his ~ वह ≈ में बड़ा नटखट था; ~ memories ≈ की स्मृतियाँ[F].

boycott बॉइ'कॉट **I.** n^u. बहिष्कार, बायकाट [personal व्यक्तिगत, rigid कड़ा]; trade with Pakistan was under ~ पाकिस्तान के साथ व्यापार का ≈ था. **II.** *v.t.* बहिष्कार/बायकाट करना : we had to ~ foreign goods हमें विदेशी माल का ≈ करना था.

brace ब्रेस **I.** n^c. (*dim.* ~let) पट्टी[F], टेक[F] : she wears a ~ on her head वह अपने सिर पर ≈ लगाती है. [*pl.* ~s गैलस] **II.** *v.t.* to ~ oneself up तैयार हो जाना. **bracelet** ब्रेस्'लिट n^c. कंगन : she wears a gold ~ वह सोने का ≈ पहनती है; there are ~s in both of her wrists उसकी दोनों कलाइयों[F] में ≈ हैं.

bracket ब्रै'किट **I.** n^c. **1.** ब्रैकेट, कोष्ठक (चिह्न)- simple/round गोल/लघु (), square वर्गाकार/गुरु [], middle/curly धनु {}. **II.** *v.t.* **1.** ब्रैकेट के अंदर रखना : ~ these words in इन शब्दों को ब्रैकेट के अंदर रखो. **2.** (also ~ together) एक समूह में रखना : to ~ several books under history इतिहास के अन्तर्गत कई पुस्तकों[F] को ≈; we should not ~ Mr. A with B हमें श्री अ को ब के साथ एक समूह में नहीं रखना चाहिए.

brag ब्रैग **I.** n^c. डींग[F], शेखी[F] : his ~ proved false उसकी ≈ झूठी सिद्ध हुई. **II.** *v.i.* (-gg-) डींग मारना/हाँकना; he was ~ging that he was the richest man in the village वह डींग हाँक रहा था कि मैं गाँव में सब से धनी आदमी हूँ. **braggart** ब्रै'गर्ट n^c. डींगमार, शेख़ीबाज़ : ~s are liars ≈ झूठे होते हैं.

braid ब्रेड **I.** n^c. वेणी[F], चोटी[F] : her mother

tied her ~ with a ribbon माँ ने उसकी ≈ रिबन से बाँध दी. **II.** *v.t.* गूँथना : mother ~ed her hair माँ ने उसके बाल गूँथे.

brain ब्रेन *n*^c^. **1.** दिमाग़, मस्तिष्क : the doctor operated on his/her ~ डाक्टर ने उसके ≈ का आपरेशन किया; ~ surgery दिमाग़ की चीर-फाड़. **2.** (often *pl.*) दिमाग़, बुद्धि^F^; a man of good ~(s) अच्छी बुद्धि (अच्छे दिमाग़) वाला आदमी; that is beyond my ~s यह मेरी बुद्धि से परे है. Δ **to rack the ~** मग़ज़पच्ची^F^ करना, दिमाग़ लड़ाना; **to tax smb's ~s** किसी का दिमाग़ खाना/चाटना. **~less** boy बुद्धू लड़का.

brake ब्रेक **I.** *n*^c^. ब्रेक : to apply the ~ ≈ लगाना; my bicycle has a strong ~ मेरे बाइसिकल की ≈ तगड़ी है. **II.** *v.t.* ब्रेक लगाना : I could not ~ the car मैं कार^F^ को ब्रेक न लगा सका. [*as distinct from* break]

branch ब्रान्च **I.** *n*^c^. **1.** शाखा^F^ : ~ of a tree, bank पेड़, बैंक की ≈; ~ office ≈ कार्यालय; science has many ~es विज्ञान की अनेक शाखाएँ हैं. **2.** टहनी^F^ : this tree has many knotty ~es इस पेड़ की अनेक गाँठदार टहनियाँ हैं; he cut off a ~ of the mango tree उसने आम के पेड़ की एक टहनी काट दी. **II.** *v.t.* (out, off) नई शाखा में (बँट) जाना : the railway line ~es out here रेलवे लाइन यहाँ नई शाखा में निकल जाती है.

brand ब्रैन्ड **I. 1.** *n*^c^. छाप^F^, मार्का : a good ~ of tea चाय का अच्छा ≈, अच्छे मार्के की चाय; it has the company's ~ इस पर कंपनी की छाप है. **2.** दाग़; a ~ on our horse's leg हमारे घोड़े की टांग^F^ पर का ≈. **3.** लुकाठी^F^ : we kindled fire with ~s हमने लुकाठियों से आग^F^ प्रज्वलित की. **II.** *v.t.* दाग़ना; to ~ a horse घोड़े को ≈. **III.** दाग़/कलंक लगाना : to ~ a person as a thief किसी व्यक्ति पर चोरी^F^ का ≈. ~ **new** बिलकुल नया.

brass ब्रास *n*^u^. पीतल : our utensils are made of ~ हमारे बर्तन ≈ के बने हुए हैं.

brave ब्रेव **I** *a.* **1.** बहादुर, वीर [man आदमी/पुरुष, soldier सिपाही, woman नारी]; be ~ ≈ बनो; he was the bravest scout वह सब से ≈ स्काउट/बालचर था. **2.** वीरतापूर्ण [deed कार्य, answer उत्तर]. **II.** *v.t.* वीरता^F^/बहादुरी^F^ से सामना करना; to ~ the enemy शत्रु का ≈, to ~ the danger, weather ख़तरे, मौसम का ≈. [*ant.* timid] **bravely** -लि *adv.* बहादुरी^F^ से, वीरतापूर्वक : he fought ~ वह ≈ से लड़ा. **bravery** -रि *n*^u^. बहादुरी^F^, वीरता^F^ : he showed great ~ उसने बड़ी ≈ दिखाई; we admired his ~ हमने उसकी ≈ की सराहना की.

bravo ब्रावो' (Am. ब्रा'वो) *inter.* शाबाश, वाह-वाह ! ~, well done! ≈, बहुत अच्छे !

brawl ब्रॉल **I.** *n*^c^. झगड़ा, झड़प^F^ : some women had a ~ कुछ औरतों में झगड़ा हो गया (झड़प हो गई). **II.** *v.i.* झगड़ा करना : some men were ~ing in the street कुछ आदमी गली^F^ में झगड़ा कर रहे थे.

bray ब्रे *v.i.* रेंकना : an ass ~s गधा रेंकता है; he ~s like an ass वह गधे की तरह चिल्लाता है.

brazier ब्रे'ज़िअर *n*^c^. अंगीठी^F^ [electric बिजली^F^ की, iron लोहे की]; to warm oneself at the ~ ≈ पर गर्म होना.

breach ब्रीच *n*^c^. **1.** भंग : ~ of law, promise विधि, वचन-भंग; there was danger of ~ of peace शांति-भंग का ख़तरा था. **2.** दरार : there are ~es in the wall दीवार^F^ में ≈ हैं.

bread ब्रॅड **1.** *n*^c^. (पाव) रोटी [dry सूखी, fresh ताज़ा, soft नरम]; to buy (cut, eat) ~ खरीदना (काटना, खाना); ~ and butter रोटी, मक्खन-डबलरोटी, (fig.) रोज़ी^F^, आजीविका^F^; a piece/slice of ~ ≈ का टुकड़ा. **2.** *n*^u^. रोटी, रोज़ी, जीविका : to earn one's ~ अपनी ≈ कमाना. [*as distinct from* bred]

breath ब्रॅड्थ *n*^u^. चौड़ाई^F^ : ~ of a street गली की ≈; the ~ of this table is two feet इस मेज़ की चौड़ाई दो फुट है; not a hand ~ बित्ता भर भी नहीं; hair's ~ बाल-बाल; I escaped by a hair's ~ मैं बाल-बाल बच गया.

break ब्रेक (*p.t.* broke, *p.p.* broken) **I.** *v.i.* **1.** टूटना, फूटना : my stick has broken मेरी छड़ी^F^ टूट गई है; glass ~s easily शीशा आसानी^F^ से टूट जाता है. **2.** (other contexts) **war broke out** युद्ध छिड़ गया; small pox broke out चेचक फूट पड़ा; the clouds

broke up बादल छितरा गये; the moon broke **through** the clouds चाँद बादलों में से निकल पड़ा. **II.** *v.t.* **1.** तोड़ना : to ~ stones पत्थर तोड़ना; they did not ~ law उन्होंने क़ानून नहीं तोड़ा; to ~ one's promise अपना वचन तोड़ना (भंग करना); ~ journey यात्रा भंग करना. **2.** (other contexts) to **break in** a horse घोड़े को सिधाना; robbers **broke into** the house लुटेरे घर में घुस आये; the war **broke out** युद्ध छिड़ गया; the prisoner **broke out of** the prison कैदी जेल से भाग निकला; to ~ **off** one's relations अपने संबंध तोड़ देना; ~ **off** a marriage विवाह-विच्छेद करना; to ~ **open** a chest पेटी^{F} खोल डालना; to ~ **up** a meeting सभा^{F} विसर्जित करना. **III.** n^{c}. **1.** भंग : ~ in journey यात्रा- ≈. **2.** विराम : without a ~ बिना विराम के. [*as distinct from* brake] **breakage** ब्रे'किज n^{cu}. टूटफूट^{F} : who is responsible for ~(s) ≈ का ज़िम्मेदार कौन है? the car is insured against ~ कार^{F} की ≈ का बीमा है.

breakfast ब्रें'क्'फ़स्ट **I.** *n.* कलेवा, सुबह का नाश्ता [heavy भारी, light हलका]; it is time to take ~ ≈ करने का समय है; I had bread, butter and milk for ~ मैंने रोटी^{F}, मक्खन और दूध का ≈ किया. **II.** *v.i.* कलेवा करना : we ~ed on porridge हमने दलिया का कलेवा किया.

breast ब्रें'स्ट n^{c}. **1.** छाती^{F}, सीना : he held the child to his ~ उसने बच्चे को छाती/सीने से लगा लिया; smb plunged a knife into his ~ किसी ने उसकी ≈ (उसके सीने) में चाकू/छुरा घोंप दिया. **2.** स्तन [left बायाँ, right दाहिना]; she fed the child from her ~s वह बच्चे को ≈ पिलाती थी; ~fed स्तन के दूध से पोषित (जैसे child). Δ **to make a clean ~ of** अपनी भूल तुरंत मान लेना.

breath ब्रें'थ n^{c}. **1.** साँस^{F}, श्वास : to draw ~ साँस लेना; to be out of ~ ≈ उखड़ना, फूलना; to hold one's ~ साँस बंद कर लेना; he said yes and no in the same ~ वह एक ही साँस में हाँ और न कह गया; **to hold one's ~** अपनी साँस रोक लेना; to take a deep ~ गहरी साँस लेना; **out of ~ - ~** *q.v.* to recover ~ साँस में साँस आना; to till the last ~ आखिरी ≈ रहने तक, अंतिम ~ तक. **2.** हलका झोंका : there is not a ~ of wind हवा^{F} का ≈ तक नहीं है. **breathe** ब्रीद *v.t.i.* **1.** साँस लेना : to ~ in the fresh air ताज़ा हवा^{F} में ≈; to ~ fast तेज़ ≈; I could not ~ मैं साँस न ले सका. **2.** don't ~ a word of this secret to anything इस रहस्य की बात^{F} किसी को न बताना. **breathless** ब्रें'थ'लस *a.* बेदम, हाँफता-हाँफता : asthama made him ~ दमा ने उसे बेदम कर दिया; he was ~ when he ran जब वह दौड़ा तो हाँफ रहा था.

bred ब्रें'ड *pl.* of breed *q.v.* [*as distinct from* bread]

breed ब्रीड **I.** *v.t.i. pl. & p.p.* bred [usu. of animals, derog. of people] **1.** बच्चे जनना, बच्चे पैदा करना : dogs & cats ~ often कुत्ते-बिल्लियाँ ज्यादा बच्चे जनते हैं; that woman ~s like a rabbit वह औरत खरगोशनी^{F} की तरह बच्चे देती है. **2.** पालना : to ~ cattle, fish ~ मवेशी, मछलियाँ^{F} ≈. **3.** पैदा/उत्पन्न करना : your attitude has ≈ hatred तुम्हारे रुख़ ने घृणा पैदा कर दी है. **II. 1.** n^{c}. नस्ल^{F}, प्रजाति^{F} : a new ~ of sheep भेड़ों^{F} की नयी ≈. **2.** नस्ल^{F}, प्रकार : the modern ~ of youngmen नवयुवकों का नया प्रकार.

breeze ब्रीज़ n^{c}. बयार, मंद पवन [cool ठंडी-ठंडी, light हलकी-हलकी]; the ~ stirred the branches ≈ ने टहनियों^{F} को छेड़ दिया.

brethren ब्रें'द्'रन *n. pl.* (from brother, old use) भाई-बन्धु : all the ~ accompanied the funeral सब ≈ अरथी^{F} के साथ गये.

brevity ब्रें'विटि n^{u}. (from brief) संक्षिप्तता^{F} : we like the ~ of his talk हमें उसकी बातचीत^{F} की ≈ पसंद आई. ~ is the soul of humour ≈ हंसी-मज़ाक की जान^{F} है.

bribe ब्राइब **I.** n^{c}. घूस^{F}, रिश्वत^{F} : to offer, to take, to accept ~s ≈ देना, लेना, खाना, स्वीकार करना; that clerk is above taking a ~ वह क्लर्क ≈ लेने से दूर रहता है. **II.** *v.t.* घूस^{F}/रिश्वत^{F} देना : he ~d the conductor and got a berth उसने कंडक्टर को घूस/रिश्वत देकर बर्थ^{F} प्राप्त कर ली. **bribery**

ब्राइ'बरि n^u. घूसखोरी[F], रिश्वतखोरी[F] : you find ~ in all departments तुम्हें ≈ सभी विभागों में मिलेगी; by ~ he could get cement वह रिश्वत देकर सीमेंट पा सका.

brick ब्रिक n^c. ईंट : a pile of ~s ईंटों का ढेर/चट्टा; this house was made of ~s यह मकान ईंटों का बना हुआ था; to lay ~s ईंटें चुनना; baked, mud ~ पक्की, कच्ची ≈; ~-bat रोड़ा; ~-kiln ईंटों का भट्टा; ~layer राज मिस्तरी.

bride ब्राइड n^c. दुलहिन [happy ख़ुश/प्रसन्न, blushing शर्माती हुई, shy लज्जालु]; the ~ was led to the altar ≈ को वेदी[F] पर लाया गया; the father gave away the ~ बाप ने ≈ को ब्याह दिया; friends and relatives gave many presents to the ~ मित्रों और संबंधियों ने ≈ को बहुत-से उपहार दिये. [*adj.* bridal] **bridegroom** -'ग्रूम n^c. दूल्हा, वर : the ~ led the marriage procession ≈ बरात के आगे-आगे था; the ~ first put a ring on the bride's finger ≈ ने पहले दुलहिन की उंगली[F] में अंगूठी[F] डाली/पहनाई; ~'s companion शहबाला. [*fem.* bride]

bridge ब्रिज I. n^c. 1. पुल [new नया, old पुराना, high ऊंचा, temporary अस्थायी]; railway ~ रेल का ≈; pontoon ~ पीपों का ≈; suspension ~ झूलता ≈; a ~ over the river नदी के आर-पार ≈; to build a ~ ≈ बनाना; we crossed the ~ हमने ≈ पार किया; the enemy blew up several ~s शत्रु ने कई ≈ उड़ा दिये. 2. (of nose) बाँसा : spectacles held on the ~ बाँसे पर थमी ऐनक[F]. 3. ब्रिज : to play ~ ≈ खेलना; he is an expert ~-player वह ≈ का निपुण खिलाड़ी है. II. *v.t.* (पर) पुल बनाना/बाँधना : the villagers ~d the stream गाँववालों ने नाले पर पुल बना दिया.

bridle ब्राइ'डल I. n^c. (घोड़े के सिर का) साज़, लगाम : to put a ~ on the horse's head घोड़े के सिर पर ≈ लगाना; to take off the ~ साज़/लगाम उतारना. II. *v.t.* लगाम लगाना : to ~ a horse घोड़े को ≈. (fig.) **to ~ one's tongue** ज़बान को लगाम देना, (बन्द करना); ~ **your passions** अपनी वासनाओं[F] को नियन्त्रित रखो. [*as distinct from* bridal]

brief ब्रीफ़ I. *a.* संक्षिप्त [account वर्णन, edition संस्करण, history इतिहास]; the story was ~ कहानी[F] ≈ थी; be ~ संक्षेप में कहिए; **in ~** संक्षेप में. II. n^c. 1. विवरण-पत्र : lawyer's ~ वकील का ≈. 2. निर्देश : the officer's ~ अधिकारी का ≈. 3. (*pl.*) जाँघिया : a pair of ~s under the pant पैंट के नीचे का ≈. III. *v.t.* निर्देश देना : the scouts were briefed before they left जाने से पहले स्काउटों को निर्देश दिये गये. [*n.* briefness = brevity *q.v.*, *[ant.* lengthy] **briefcase** -'केस *n.* ब्रीफ़केस : business-man's ~ for papers व्यापारी का काग़ज़ों के लिए ≈.

Brig. = brigade, brigadier.

bright ब्राइट *a.* 1. चमकीला, चमकदार [gold सोना, floor फ़र्श]; ~ eyes, light चमकीली/चमकदार आँखें[F], रोशनी[F]; ~ hair चमकीले/चमकदार बाल. 2. ~ colour चटकीला/चटकदार रंग. 3. ~ future उज्ज्वल भविष्य. 4. तेज़, तीव्रबुद्धि [boy लड़का, student विद्यार्थी]. [*ant.* dull] **brighten** ब्राइ'टन I. *v.i.* (often with *up*) चमकना, चमक उठना : her face ~ed up उसका चेहरा चमक उठा; the sun is ~ing (up) सूरज चमक रहा है. II. *v.t.* चमकाना, चमका देना; hopes ~ our lives आशाएँ[F] हमारे जीवन को चमका देती हैं.

brilliant ब्रि'लिअन्ट *a.* 1. चमकीला, चटकीला [colour रंग, diamond हीरा, star तारा]. 2. प्रतिभाशाली [scientist वैज्ञानिक, speaker वक्ता]. [*n.* brilliance चमक[F]; प्रतिभा[F]; *ant.* dull]

brim ब्रिम, I n^c. किनारा : ~ of a cup, jug, hat प्याले, जग, टोप का ≈; the container was full to the ~ पात्र किनारे तक भरा था. II. *v.i.* भर जाना : his eyes ~med with tears उसकी आँखें[F] आँसुओं से भर गईं. **~ over** छलक जाना : the jug was ~ming over with water जग में पानी छलक रहा था.

bring ब्रिङ्ग *v.t.* (*p.t.* & *p.p.* brought) 1. लाना (i) [with single object] ~ him/her here उसे यहाँ लाओ; he brought my luggage वह मेरा सामान लाया (ले आया); (ii) [with double object] ~ me some books मुझे कुछ किताबें[F] ला दो; his work brought him fame उसका कार्य उसके लिए यश लाया. **2.** पहुँचाना : to ~ smb to the grave किसी को कब्र^F तक ≈; to ~ smth to an end किसी चीज़^{F}/बात^F को सिरे तक ≈. Δ ~ **about** उत्पन्न करना; ~ about a change of plan योजना^{F} में परिवर्तन लाना; ~ **around** मनवा लेना : ~ a person round to one's point of view किसी को अपना दृष्टिकोण मनवा लेना; ~ **down prices** कीमतें^{F} घटाना/गिराना; ~ **forth** पैदा करना; ~ forth children बच्चे पैदा करना; ~ **forward** प्रस्तुत करना; ~ **forward a proof** प्रमाण प्रस्तुत करना; ~ **in a bill** विधेयक लाना; ~ **into being** अस्तित्व में लाना; ~ **into play** लागू करना; ~ **into the world** जन्म देना; ~ **off** पूरा करना; ~ **on** उत्पन्न करना, बढ़ाना; his illness was brought on by tiresomeness थकावट^F ने उसको बीमार कर दिया; ~ **out a magazine** पत्रिका^{F} निकालना; ~ **round** होश^F में लाना; = ~ round *q.v.* ~ a person through illness किसी को बीमारी^{F} से बचा निकालना; ~ **to book** स्पष्टीकरण माँगना; ~ **to an end** सिरे चढ़ाना; ~ **to mind** स्मरण/याद कराना; ~ **to pass** घटित करना; ~ **under** वश में लाना; ~ **up** पालन-पोषण करना : I was brought up in a village मेरा पालन-पोषण एक गाँव में हुआ था.

brinjal ब्रिन्'जॉल n^c. बैंगन : to grow, cook ~s ≈ उगाना, पकाना.

brink ब्रिङ्क n^c. (usu. sing.) किनारा, कगार : ~ of a rock, river चट्टान^F, नदी^{F} का ≈; she stood at the ~ of ruin वह विनाश के कगार पर खड़ी थी.

brisk ब्रिस्क *a.* तेज़ [walk चाल^F, business व्यापार]. [*ant.* slow]

Brit. Britain, British.

broad ब्रॉड *a.* **1.** चौड़ा : ~ river, street चौड़ी नदी^{F}, गली^{F}; how ~ is the space कितनी चौड़ी जगह^F है. [*ant.* narrow] **2.** उदार : ~ ideas, opinion ≈ विचार, मत. **3.** मोटा-मोटा, साधारण : ~ outlines, hints ≈ रूपरेखा^{F}, संकेत. **4.** ~ daylight दिन-दिहाड़े; ~ guage बड़ी (रेल) लाइन^F. [*n.* breadth *q.v.; ant.* narrow] **broadcast** ब्रॉड्'कास्ट **I.** n^c. प्रसारण : radio ~ रेडियो ≈; I enjoyed his ~ on TV मैंने टी.वी. पर उसके प्रसारण का आनंद उठाया. **II.** *v.t.* [*p.* & *p.p.* broadcast, ~ed] प्रसारित करना : to ~ news, talk समाचार, वार्ता^{F} ≈; the music was ~ संगीत प्रसारित किया गया. **broadly** ब्रॉड्'लि *adv.* मोटे तौर पर : ~ speaking मोटे तौर पर; there were ~ forty people there ≈ वहाँ चालीस लोग थे. broke ब्रोक *v.t.* past tense of break *q.v.* टूटा, तोड़ा. **broken** ब्रो'कन *p.p.* of break *q.v.* टूटा हुआ, तोड़ा गया [glass शीशा, hand हाथ]; ~ chair, stairs टूटी हुई कुर्सी^{F}, सीढ़ियाँ^{F}; ~**-hearted** टूटे दिल वाला, भग्नहृदय, दुःखी : ~ Hindi, English टूटी-फूटी हिन्दी, अंग्रेज़ी.

broker ब्रो'कर n^c. दलाल : I brought the house through a ~ मैंने ≈ के द्वारा मकान ख़रीदा; he is a stock-~ वह शेयरों का ≈ है. [*n.* brokerage दलाली^{F}]

bronze ब्रॉन्ज़ n^u. काँसा : medal made of ~ काँसे का (बना) पदक/तमग़ा; a ~ bowl काँसे का कटोरा; ~ is an alloy of copper and tin ≈ ताँबे और राँगे का मिश्रण होता है.

brook ब्रुक **I.** n^c. नाला [small छोटा, clear साफ़]; to cross a ~ ≈ पार करना; this ~ rises in rainy season यह ≈ वर्षा-ऋतु^{F} में चढ़ता है; the ~ has dried up ≈ सूख गया है. **II.** *v.t.* सहना : she does not ~ any criticism वह कोई आलोचना^{F} बरदाश्त नहीं करती.

broom ब्रूम n^c. झाड़ू बुहारी^{F} : ~ to sweep the room कमरा बुहारने के लिए ≈; some ~s have long handles कुछ झाड़ुओं के हैंडल लंबे होते हैं. ~ **stick** झाड़ू का हैंडल.

Bros. abbr. Brothers, Rama and Bros. राम एंड ब्रदर्स.

broth ब्रॉथ n^{uc}. रसा, शोरबा : ~ of meat, fish, vegetables मांस, मछली, सब्ज़ियों^{F} का ≈.

brother ब्र'दर n^c. भाई [younger छोटा, elder बड़ा, affectionate प्यारा, real सगा]; step ~ सौतेला ≈; we are four ~s हम चार ≈ हैं; I have three ~s मेरे तीन ≈ हैं; all men are ~s सब लोग भाई-भाई हैं. [*fem.* sister] **brother-in-law** n^c. **1.** sister's husband

बहनोई; wife's brother साला; husband's brother (elder) जेठ, (younger) देवर.

brought ब्रॉट *v.t.* past tense of bring *q.v.*

brow ब्राउ n^c. **1.** मत्था : ~ of a hill पहाड़ी^{F} का ≈; her ~ feels hot उसका ≈ गर्म लगता है. **2.** त्योरी^{F} : to knit one's ~s ≈ चढ़ाना. **3.** eye-brow भौंह^F [black काली, white सफ़ेद]. **4.** to ~-beat धौंस^F देकर डराना.

brown ब्राउन *a.* भूरा [coat कोट, suit सूट]; ~ eyes/skin भूरी आँखें^{F}/चमड़ी^{F}; leaves are turning ~ पत्ते भूरे पड़ रहे हैं; ~ is the colour of earth मिट्टी^{F} का रंग है भूरा; dark ~ गहरा ≈.

brunch ब्रन्च n^u. = breakfast + lunch ब्रंच; I had my ~ at 10 A.M. मैंने 10 बजे प्रात: ब्रंच खा लिया था.

brush ब्रश **I.** n^c. ब्रुश [hard/stiff कड़ा, soft नरम]; tooth ~ दाँतों का ≈; ≈ for clothes कपड़ों का ≈; painting ~ कूँची^{F}; to clean with a ~ ≈ से साफ़ करना. **II.** *v.t.* ब्रुश करना : ~ your hair, clothes अपने बालों, कपड़ों पर ≈ करो/मारो. Δ ~ **aside** हटा देना, किनारे कर देना : I ~ed aside his arguments मैंने उसके तर्कों को किनारे कर दिया; ~ **away** पोंछ देना : ~ away your tears अपने आँसू पोंछ लो; ~ **up** ताज़ा करना; she ~ed up her geography उसने अपना भूगोल ताज़ा कर लिया.

brute ब्रूट n^c. **1.** पशु, जानवर [cunning मक्कार, lazy आलसी, wild जंगली]; my dog was a lovely ~ मेरा कुत्ता एक प्यारा ≈ था; ~ force पशु-बल. **2.** (fig.) क्रूर व्यक्ति : this ~ beats his wife यह ≈ अपनी पत्नी को पीटता है. [*adj.* brutal पाशविक; निर्दयतापूर्ण as, ~treatment].

B. Sc. बी. एँस-सी. Bachelor of Science.

B. Tech. बी. टॅक Bachelor of Technology.

bubble ब'बल **I.** n^c. बुलबुला, बुदबुदा : there are ~s in the boiling water उबलते पानी में बुलबुले हैं; to blow ~s बुलबुले उड़ाना. **II.** *v.i.* बुलबुले उठना; lemonade ~s लेमनेड में बुलबुले उठते हैं. Δ ~ **over** (also fig.) उबल पड़ना; the milk ~ed over दूध उबल पड़ा; she was bubbling over with joy वह ख़ुशी^{F} से उबल पड़ी.

buck बक n^c. **1.** young male of deer मृगछौना. **2.** young of a hare or rabbit खरगोश का बच्चा. [*fem.* doe]

bucket ब'किट n^c. बाल्टी^{F}, डोल [iron लोहे की, copper ताँबे की]; ~ is used for carrying water ≈ का इस्तेमाल पानी ढोने के लिए होता है; three ~s of water तीन ≈ पानी; ~ful of water बाल्टीभर पानी.

buckle ब'कल n^c. **I.** बकसुआ : a belt with a ~ बकसुए वाली पेटी^{F}; to fasten with a ~ बकसुए से बाँधना. **II.** *v.t.* बकसुआ कसना : he ~d his sword, shoes उसने अपनी तलवार^F (अपने जूते) का बकसुआ कस दिया.

bud बड **I.** n^c. कली^{F} : rose-~ गुलाब की ≈; bursting ~ फूटती हुई ≈; a ~ grows into a leaf or flower ≈ की बढ़कर पत्ता या फूल बन जाती है; Δ **to nip smth in the ~** उभरते ही नष्ट कर देना. **II.** *v.i.* (-dd-) कली^{F} फूटना : the tree is ~ding पेड़ से कलियाँ फूट रही हैं; ~ding youth उठती जवानी^{F}.

budge बज *v.i.* हिलना : he did not ~ an inch वह इंच भर भी नहीं हिला.

budget ब'जिट n^c. बजट, आयव्ययक [ordinary साधारण, extra-ordinary असाधारण, deficit घाटे का, balanced संतुलित, annual वार्षिक]; to prepare a ~ ≈ बनाना.

buffalo ब'फ़ॅलो n^c. [*pl.* -os, oes] ~ male भैंसा, female भैंस^F : ~ bellows fiercely भैंसा ज़ोर से रँभाता है; a she-~ gives thick milk भैंस मोटा दूध देती है; ~es are reared in Asia and Africa भैंसें एशिया और अफ्रीका में पाली जाती हैं.

buffet **I.** बु'फ़े, (Am.) बॅफ़े' n^c. खड़ा खाना, बुके : ~ at the wedding शादी^{F} पर ≈; we had coffee at the ~ हमें ≈ में कॉफ़ी^{F} मिली. **II.** ब'फ़िट n^c. थप्पड़; he gave a ~ on his face उसने उसके मुँह पर ≈ मारा.

buffoon बफ़ून' n^c. भाँड़, विदूषक : the ~ made us laugh ≈ हमें हँसाता रहा.

bug बग **I.** n^c. खटमल : a ~ is a small insect ≈ एक छोटा-सा कीड़ा है; there are ~s in the chair कुर्सी^{F} में ≈ हैं; ~s kept biting me all night ≈ रात^F भर मुझे काटते रहे.

II. *v.t.* (-gg-) चिढ़ाना : she often bugs me वह मुझे प्रायः चिढ़ाती है. **bugbear** बग्'बेंअर n^c. हौवा : unions are ~s to the industrialists संघ उद्योगपतियों के लिए ≈ हैं; the ~ of rising prices चढ़ती क़ीमतों^{F} का ≈.

buggee, buggy ब'गि n^c. बग्घी^{F} : to travel in a ~ ≈ में यात्रा^{F} करना; English ~ is one-horse vehicle अंग्रेज़ी ≈ एक घोड़े की सवारी^{F} होती है.

bugle ब्यू'गल n^c. बिगुल; military ~ फ़ौजी ≈; ~ is a musical instrument ≈ एक संगीत-वाद्य होता है; he blows/plays ~ वह ≈ बजाता है; a ~ awakens ≈ जगा देता है.

build बिल्ड I. *v.t.* [*p.* & *p.p.* built] बनाना : we ~ houses, factories, roads हम मकान, कारख़ाने, सड़कें^{F} बनाते हैं; to -castles in the air हवाई क़िले बनाना; they ~ a library so quickly उन्होंने इतनी जल्दी^{F} एक पुस्तकालय बना लिया; the bird was ~ing a nest पक्षी एक घोंसला बना रहा था; built (-up) area वह क्षेत्र जहाँ मकान बन गये हैं; ~ up one's strength, business अपना बल, व्यापार बढ़ाना. II. n^u. काठी^{F}, गठन^F : a man of heavy ~ भारी ≈ का आदमी. **building** बिल्'डिङ्ग n^c. इमारत^F, भवन [ancient प्राचीन, multi-storeyed बहुमंजिली, public सार्वजनिक]; the ~ faces the river भवन का मुख नदी^{F} की ओर है; the new market is an ugly ~ नई मंडी की इमारत^F गंदी है.

bulb बल्ब n^c. 1. बल्ब : electric ~ बिजली का ≈; the ~ has burnt out ≈ जल गया है. 2. कंद, गँठी^{F} : a ~ of onion, garlic प्याज, लहसुन की गँठी.

bulky बल्'कि *a.* भारी भरकम [parcel पार्सल, tummy तोंद].

bull बुल n^c. साँड़ : a ~ among cows गायों के बीच में ≈; bulls graze in the field ≈ खेत में चरते हैं. **bullock** छोटा साँड़; बधिया साँड़; bullock-cart बैल-गाड़ी^{F}. [*fem.* cow]

bullet बु'लिट n^c. गोली^{F} : to shoot with a ~ गोली मारना; the ~ hit him in the leg ≈ उसकी टाँग में लगी; he was killed by a ~ वह ≈ से मारा गया.

bulletin बु'लॅटिन n^c. 1. बुलेटिन : ~ about the minister's health मंत्री के स्वास्थ्य के बारे में ≈. 2. पत्रिका : news ~ समाचार ≈.

bullock बु'लक n^c. [see bull.]

bully बु'लि I. *v.t.* (bullied) पर धौंस^F जमाना : he is always ~ing younger boys वह सदा छोटे लड़कों पर धौंस जमाता रहता है. II. n^c. (*pl.* bullies) धौंस जमाने वाला : that fat boy is a ~ वह मोटा लड़का ≈ है.

bump बम्प I. n^c. टक्कर^F : there was a loud ~ ज़ोर की ≈ हुई; the car had a ~ कार^F की ≈ हो गई. II. *v.t.i.* टकराना, टक्कर खाना : a car ~ed into ours एक कार^F हमारी कार^F से टकरा गई; our car ~ed the tree हमारी कार पेड़ से टकरा गई; my head ~ed against the wall मेरा सिर दीवार^F से टकरा गया.

bun बन n^c. बन, गुलगुला, केक [sweet मीठा, current किशमिश^F वाला]; we bake, eat, like ~s हम ≈ पकाते, खाते, पसंद करते हैं.

bunch बन्च n^c. गुच्छा : a ~ of bananas, grapes, flowers, keys केलों, अंगूरों, फूलों, चाबियों^{F} का ≈; I plucked several ~es of lilies मैंने सोसन/कुमुदिनी^{F} के कई गुच्छे तोड़े.

bundle बन्'डल I. n^c. बंडल, गठरी^{F}, गट्ठा : a ~ of grass, wood घास, लकड़ियों^{F} का बंडल/गट्ठा; two ~s of books, clothes किताबों^{F}, कपड़ों के दो बंडल (की दो गठरियाँ); to make into ~s बंडलों में बाँधना. II. 1. *v.t.* गठरी^{F}/बंडल बनाना : I ~ed the papers मैंने काग़ज़ों के बंडल बना दिये; ~ **up** all your things अपनी सारी चीज़ों की गठरी बना लो. 2. *v.i.* गठरी बनाना : we all ~ed into the car हम सब कार में गठरी बन गये.

bungalow बङ्'ग्लो n^c. बंगला, कोठी^{F} : ~ is usually a single-storey house बंगला आमतौर पर एक-मंजिला मकान होता है; we have specious rooms in our ~ हमारे बंगले में खुले-खुले कमरे हैं.

bungling बङ्'ग्लिंग n^c. घपला, गोलमाल : I know all his ~s in this business इस व्यापार में उसके सारे घपले/गोलमाल को मैं जानता हूँ.

bunting बन्'टिङ n^u. झंडियाँ^{F} : ~ was hung in the school स्कूल में ≈ लटकाई गई; ~ of various colours विविध रंगों की ≈.

burden बर्'डन **I.** n^c. बोझ, भार [heavy भारी, intolerable असह्य, light हलका]; ~ of the entire family सारे परिवार का ≈; to be a ~ to smb किसी पर ≈ होना; I could not bear the ~ मैं ≈ न सह सका; to put on, to throw off ~ ≈ डालना, फेंक देना; he bent under the ~ वह ≈ से दब/झुक गया; help him carry the ~ भार उठाने में उसकी सहायता^{F} कर दो; ~ of proof प्रमाण देने का उत्तरदायित्व; ~ of taxes करों का ≈. **II.** *v.t.* बोझ डालना : she was ~ed with cares उस पर चिंताओं^{F} का बोझ पड़ गया. [*ant.* dis~] **burdensome** बर्'डनसम *a.* बोझिल : ~ duty ≈ ड्यूटी^{F}; ~ job ≈ काम.

bureau ब्युअ'रो n^c. (*pl.* -x, -s) कार्यालय; information ~ सूचना ≈; employment ~ रोज़गार ≈.

burglar बर्'ग्लर n^c. सेंधमार [cautious सावधान, cunning मक्कार, professional पेशेवर]; the ~ broke into her house at night सेंधमार ने रात^F को उसके घर में सेंध^F लगाई; two ~s were apprehended and imprisoned दो सेंधमारों को पकड़ कर जेल में डाल दिया गया. **burglary** बर्'ग्लरि n^{cu}. सेंधमारी^{F} : he was suspected of ~ उस पर ≈ का सन्देह/शक था; the police charged him with ~ पुलिस ने उस पर ≈ का आरोप लगाया; insurance against ~ ≈ का बीमा.

burial बे'रिअल n^u. [from bury] दफ़न, गाड़ना : ~ place/ground कब्रिस्तान; ~ of his father उसके बाप का ≈; they took the body to the ~ ground वे शव को कब्रिस्तान ले गये. [see bury]

burn बर्न **I.** *v.i.* (~t, ~ed) जलना : fire ~s आग^F जलती है; the fire burnt up suddenly आग^F अचानक जल उठी; the candle burnt brightly बत्ती^{F} चमककर जली; dry wood ~s easily सूखी लकड़ी^{F} आसानी से जलती है; he was ~ing with anger वह गुस्से से जल रहा था. Δ **to throw oil into burning fire** जलती^{F} आग पर तेल डालना. **II.** *v.t.* जलाना : to ~ wood लकड़ी^{F} ≈; the houses were ~t down by the enemy शत्रु द्वारा घर जला दिये गये; I have ~t all the papers मैंने सब काग़ज़ जला दिये हैं. **III.** n^c. फफोला : he had a ~ on his finger उसकी उंगली^{F} में ≈ था; the ~s will take some time to heal फफोले ठीक होने में कुछ समय लगेगा.

burning बर्'निंग *a.* जलता : ~ fire, wood जलती आग^F, लकड़ी^{F}; ~ question ज्वलन्त प्रश्न.

burst बर्स्ट *v.i.* (*p.* & *p.p.* burst) **1.** फटना : the bubble, tyre ~ बुलबुला, टायर फट गया. **2.** फूटना : a bud ~s कली^{F} फूटती है; a spring ~s forth सोता फूट निकलता है; ~ into tears फूट-फूट कर रोना. **3.** he ~ **into** the room वह कमरे में आ घुसा; ~ **into flames** अचानक जल उठना; the door ~ **open** दरवाज़ा एकदम खुल गया; she ~ **out laughing** वह ठठाकर हँसने लगी.

bury बे'रि *v.t.* [buried] दफ़नाना, गाड़ना : he was buried alive उसे ज़िन्दा गाड़ दिया गया; to ~ the dead मुरदे को ≈; he buried the box under a tree उसने बक्स को एक पेड़ के नीचे गाड़ दिया; he was buried in thoughts वह विचारों में मग्न/डूबा था. [*as distinct from* berry]

bus बस n^c. बस^F [crowded भीड़वाली, empty ख़ाली]; you can go there by ~ तुम वहाँ ≈ से जा सकते हो; I am waiting for ~ No. 11 मैं ≈ नं. 11 की प्रतीक्षा^{F} कर रहा/रही हूँ; she got on, off the ~ वह ≈ पर चढ़ गई, ≈ से उतरी; buses between Delhi and Ambala run fast दिल्ली और अम्बाला के बीच में बसें तेज़ चलती हैं; the ~ does not stop here ≈ यहाँ नहीं रुकती है.

bush बुश n^c. झाड़ी^{F} [thick घनी, wild जंगली]; to plant/grow ~es झाड़ियाँ उगाना; a ~ is taller than a plant ≈ पौधे से लंबी होती है. Δ **to beat about the** ~ विषयेतर बातें करते जाना. **bushy** बु'शि : झाड़दार, घना : ~ eyebrows घनी भौंहें.

business बिज़्'निस n^u. व्यापार, कारोबार, धंधा [brisk तेज़, dull मंदा, private निजी, profitable लाभप्रद]; retail ~ फुटकर/खुदरा व्यापार; to do ~ with a country किसी देश के साथ व्यापार करना; it is no ~ of mine यह

मेरा धंधा नहीं है; managing a ~ कारोबार का प्रबन्ध करना; to set up a ~ कारोबार जमाना; to be engaged in a ~ किसी कारोबार में लगना; mind your own ~ अपना धंधा देखो, अपना काम करो; ~ **man** व्यापारी, कारोबारी आदमी.

busy बि'ज़ि **I.** *a.* व्यस्त [man पुरुष, woman स्त्री]; I am very ~ today आज मैं बहुत ≈ हूँ; she was ~ **at** work वह काम में ~ थी; I am ~ **with** my lessons मैं अपने पाठों में ≈ हूँ; to keep smb ~ किसी को काम में लगाये रखना; she was ~ in writing वह लिखने में व्यस्त/लगी थी; the line is ~ लाइन ख़ाली नहीं है. [*ant.* idle, free] **II.** *v.* (अपने को), काम में लगाना; she busied herself preparing meals वह खाना पकाने में लगी रही.

but बट **I.** *conj.* पर, परन्तु, लेकिन : I am ready ~ you aren't मैं तो तैयार हूँ ≈ तुम नहीं; it will be done ~ how and when यह हो तो जाएगा ≈ कैसे और कब ? **II.** *prep.* के सिवाय, छोड़कर : last ~ one एक छोड़कर आख़िरी, अंतिम से पहला; you can't find it ~ in England इंग्लैंड ≈ तुम इसे कहीं नहीं पा सकते; I can come any day ~ Sunday इतवार ≈ मैं किसी दिन आ सकता हूँ; all ~ one एक ≈ सब. ~ **for** your his help I could not finish the work उसकी सहायता^{F} के बिना मैं इस काम को ख़त्म नहीं कर सकता.

butcher बु'चर **I.** n^c. बूचड़, कसाई [cruel ज़ालिम, stone-hearted संगदिल]; a ~ kills animals and sells their flesh ≈ पशुओं को मारता और उनका मांस बेचता है; that dacoit is a ~ वह डाकू ≈ है. **II.** *v.t.* (चाकू/छुरी^{F} से) मार डालना : all the villagers were ~ed सब गाँववालों को मार डाला गया.

butter बॅ'टर **I.** n^u. मक्खन [fresh ताज़ा, salt नमकीन, stale बासी]; a kilogram of ~ एक किलो ≈; she spread/lay ~ on the bread उसने रोटी^{F} पर ≈ लगाया; ~ melts ≈ पिघल जाता है. **II.** *v.t.* मक्खन लगाना : she ~ed her bread उसने अपनी पावरोटी^{F} पर ≈ लगाया. **buttermilk** -मिल्क n^u. छाछ^F, लस्सी^{F} [sweet मीठी, sour खट्टी].

butterfly बॅ'टर्फ़्लाइ n^c. तितली^{F} [beautiful सुंदर, bright चमकदार, variegated रंगबिरंगी]; a ~ eats leaves and grows ≈ पत्ते खाती है और बढ़ती जाती है; butterflies flutter from flower to flower तितलियाँ एक फूल से दूसरे फूल तक फुदकती फिरती हैं.

button ब'टन **I.** n^c. बटन [flat चपटा, round गोल]; to sew on a ~ ≈ सीकर लगाना; a ~ came off my coat मेरे कोट का एक ≈ निकल गया; push/press the ~ of the bell घंटी^{F} का ≈ दबाओ. **II.** *v.t.i.* बटन लगाना : ~ your jacket (up) जैकेट के ≈ लगा लो.

buy बाइ *v.t.* (*p. & p.p.* bought) ख़रीदना : to ~ a new hat नया हैट ≈; he buys things for cash वह नकद देकर चीज़ें^{F} ख़रीदता है; he used to ~ clothes from this shop वह इस दुकान^F से कपड़े ख़रीदा करता था; we bought flowers cheap हमने फूल सस्ते ख़रीदे; he bought **up** all the books उसने सारी पुस्तकें^{F} ख़रीद डालीं. [*ant.* sell]

buzz बज़ *v.i.* **1.** भिनभिनाना : the bees were buzzing मधुमक्खियाँ^{F} भिनभिना रही थीं. **2.** भन्नाना : my ears are ~ing मेरे कान भन्ना रहे हैं. **3.** शोर मचाना : the crowd was ~ing in the hall भीड़^{F} हाल में शोर मचा रही थी.

by बाइ *prep.* **1.** पास, समीप : ~ the window, fire खिड़की^{F}, आग^F के ≈; sit ~ me मेरे ≈ बैठो. **2.** के पास से, से होकर : he walked ~ me वह मेरे पास से चला गया; we went ~ the gate हम फाटक से होकर गये थे. **3.** से : ~ ship (car, train) जहाज़ (कार^F, गाड़ी^{F}) से; devide ~ two दो से भाग दो; it was done ~ him यह काम उससे किया गया था; catch ~ hand हाथ से पकड़ना; hang ~ a thread तागे से लटकाना; ~ post डाक से; I know him ~ name मैं उसे नाम से जानता हूँ; he is a Brahmin ~ birth वह जन्म से ब्राह्मण है; ~ such means ऐसे साधनों से; he has two children ~ his first wife पहली पत्नी से उसके दो बच्चे हैं; ~ order of के आदेश से; ~ appearance शक्ल^F से; ~ mistake ग़लती^{F} से. **4.** तक : ~ then तब ≈; ~ now अब ≈; ~ five o'clock पाँच बजे ≈; ~ that date उस तारीख़ तक. **5.** का : a play ~ Kalidas कालिदास का नाटक; a picture ~ Jain जैन का चित्र. **6.** [various other meanings in contexts]; to pay ~ weight or ~ the week वज़न के हिसाब से या सप्ताह के हिसाब से भुगतान करना; he is taller ~ 10 centimetres वह 10 सेंटीमीटर और लंबा है; I travel ~ night मैं रात-रात यात्रा[F] करता हूँ; I learnt the song ~ heart मैंने गीत ज़बानी याद कर लिया; I could do it ~ myself मैं इसको अपने-आप कर सकता था; he is ~ far the best tailor वह किसी से भी बढ़कर अच्छा दर्ज़ी है; ~ all means अवश्य, क्यों नहीं. Δ ~ **and** ~ क्रमशः, धीरे-धीरे; ~ **chance** अचानक, संयोग से; **day** ~ **day** दिन-ब-दिन; **by degrees** क्रमशः; ~ **force** ज़बरदस्ती; ~ **God** परमात्मा की शपथ; ~ **means of** के द्वारा; 6 **by** 4 चार गुणा छह; **put smth** ~ कुछ बचा रखना; ~ **the** ~ यों ही; ~ **the way** प्रसंगवश.

C, c

c. Centigrade (*q.v.*), centum (100)
c. cent, cubic, centimetre.
C.A. Chartered Accountant शासपत्रित लेखाकार
cab कैब n^c. बग्घी^{F}, गाड़ी^{F} [empty खाली, engaged लगी हुई]; to hire a ~ ≈ किराये पर लेना; call a four-wheeler ~ चार पहिये वाली ≈ मँगाओ.
cabbage कै'बिज n^c. बंद गोभी^{F}, करमकल्ला : ~ has green leaves ≈ के पत्ते हरे होते हैं; I bought two ~s मैंने दो बंद गोभी खरीदी; I like ~ soup मैं ≈ का रसा/शोरबा पसंद करता हूँ.
cabin कै'बिन n^c. **1.** कोठरी^{F} : a two-roomed ~ दो कमरे वाली ≈; he lives in a mud-~ वह कच्ची कोठरी में रहता है. **2.** (in a ship or train जहाज़ या गाड़ी में) केबिन; I had two berths in the ~ ≈ में मेरे पास दो बर्थ^F थीं; I slept in ~ F मैं एफ़ ≈ में सोया; eight passengers can sit in this ~ इस ≈ में आठ यात्री बैठ सकते हैं.
cabinet कै'बिनिट n^c. **1.** आलमारी^{F}; the ~ in your room has several drawers तुम्हारे कमरे की ≈ के कई दराज़ हैं; my ~ is made of teak wood मेरी ≈ सागवान की बनी हुई है. **2.** मंत्रिमण्डल : the P.M. has formed a new ~ प्रधानमन्त्री ने नया ≈ बनाया; ~ council मंत्रिपरिषद्; ~ has been reshuffled ≈ में हेरफेर किया गया है; minister of ~ rank मंत्रिमण्डल का सदस्य.
cable कें'बल **I.** n^c. **1.** तार; telephone ~s टेलीफ़ोन के ≈; they laid a new ~ उन्होंने नया ≈ बिछाया; a ~ length = 180 मीटर. **2.** लोहे का रस्सा; they keep a ~ to tie the ship जहाज़ को बाँधने के लिए वे ≈ रखते हैं. **II.** *v.t.i.* तार भेजना; I'll ~ when I reach there जब मैं वहाँ पहुँचूंगा तो तार भेजूँगा; he ~d to India उसने भारत में तार भेजा.
cackle कै'कल **I.** n^c. कुड़कुड़^{F} : a ~ of a hen मुर्गी^{F} की ≈. **II.** *v.i.* कुड़कुड़ करना; a goose ~s मुर्गाबी कुड़कुड़ करती है.
cactus कैक्'टस n^c. (*pl.* ~es, cacti) नागफनी^{F}; ~ is a prickly plant ≈ काँटेदार पौधा है; we have a variety of ~es हमारे पास ≈ की बानगियाँ^{F} हैं.
c.a.d. cash against documents.
cadet कॅ डें ट' n^c. कैडेट, छात्रसैनिक; he is in the school ~ force वह स्कूल के ≈ बल में है : a military officer gives training to ~s एक सैनिक अधिकारी कैडेटों को प्रशिक्षण देता है.
cafe कै'फ़े n^c. जलपानगृह : we can have tea or coffee with biscuits and cakes in this ~ हम इस ≈ से बिस्कुट और केक के साथ चाय^F या काफ़ी ले सकते हैं.
cafeteria कैफ़ॅटीअ'रिअॅ n^c. उपाहार गृह, जलपानगृह; ~ is a small restaurant ≈ एक छोटा-सा रेस्तरां होता है.
cage केज n^c. पिंजरा : a lion- ~ शेर का ≈; there is a parrot in the ~ पिंजरे में एक तोता है; in the circus tigers are kept in ~s सरकस में बाघ पिंजरों में रखे जाते हैं.
cake केक n^c. **1.** केक [fresh ताज़ा, simple सादा, sweet मीठा]; a piece of ~ ≈ का टुकड़ा : they bought, cut and ate ~s उन्होंने ≈ खरीदे और काटकर खाए. **2.** टिकिया^{F} : a ~ of soap साबुन की ≈.
calamity क लै'मॅटि n^c. मुसीबत^F, विपत्ति^{F} [heavy भारी, sudden अचानक]; a ~ befell the family परिवार पर ≈ आ पड़ी; calamities are produced by war, flood and earth-quake विपत्तियाँ/मुसीबतें युद्ध, बाढ़^{F} और भूचाल से पैदा होती हैं; it will be a ~ if he fails यदि वह असफल रहा तो मुसीबत होगी. [*ant.* blessing]
calculate कै ल'क्युलेट **I.** *v.t.* हिसाब लगाना : to ~ expenses ख़र्च/व्यय का ≈; ~ how long it will take to reach there हिसाब लगाओ कि वहाँ पहुँचने में कितना समय लगेगा;

I ~d the number of days मैंने दिनों का हिसाब लगाया. **calculation** कैल् क्युले'शन् *n*ᶜ. हिसाब (-किताब) : his ~s are never accurate उसका ≈ कभी ठीक नहीं होता; there is a fault in your ~ तुम्हारे ≈ में दोष है.

cal., calendar कै'लन्डर *n*ᶜ. कैलंडर, पंचांग [pocket जेबी, wall दीवारी]; ~ for the new year नये साल का ≈; to look for dates in a ~ ≈ में तारीख़[F] देखना; red figures in this ~ show holidays ≈ में लाल अंक छुट्टियाँ[F] बताते हैं.

calf काफ़ *n*ᶜ. (*pl.* calves) **1.** बछड़ा : the young of a cow is called a ~ गाय[F] के बच्चे को ≈ कहते हैं; an elephant ~ हाथी का बच्चा. **2.** पिंडुली[F] : ~ is the fleshy part of the leg below the knee ≈ घुटने के नीचे टाँग का एक मांसवाला भाग होती है; he has fat calves उसकी पिंडलियाँ मोटी हैं. [see *v.* calve]

calico कै'लिको *n*ᵘ. छींट[F] [cotton सूती, printed छपी हुई]; ~ quilt ≈ की रज़ाई[F]; three metres of ~ तीन मीटर≈.

call कॉल **I.** *v.t.* **1.** बुलाना; to call a meeting बैठक[F] ≈; they ~ed me in उन्होंने मुझे भीतर बुला लिया; your mother is calling you तुम्हारी माँ तुम्हें बुला रही है **2.** कहकर बुलाना what do you ~ her at home तुम उसे घर पर क्या कहकर (नाम से) बुलाते हो; she is called Pinky उसे पिंकी कहकर (नाम से) बुलाया जाता है. **3.** कहना : she is called Pinky उसे पिंकी कहा जाता है; we ~ it a 'cake' हम इसे 'केक'कहते हैं; do you ~ English an easy language क्या तुम अंग्रेज़ी[F] को सरल भाषा[F] कहते हो ? he ~ed good night उसने शुभरात्रि[F] कहा; I have nothing to ~ my own मेरे पास ऐसा कुछ नहीं है जिसे मैं अपना कहूँ. **4.** we stopped at a place ~ed Dumri हम डुमरी नाम के एक स्थान पर रुके. **5.** ~ me at 6 *p.m.* मुझे छह बजे शाम टेलीफ़ोन करना. **6.** Δ ~ **at** भेंट करने जाना; I called at his house मैं उसके घर पर भेंट करने गया; ~ **attention to** something किसी बात[F] की ओर ध्यान दिलाना; ~ **for** (i) माँग[F] करना : his crime ~s for punishment उसका अपराध दंड की माँग करता है; (ii) जाकर लेना ! : we have to ~ for lugguage हमें जाकर सामान लेना है; ~ **forth** पैदा करना; you have to ~ forth courage तुम्हें साहस उत्पन्न करना होगा; ~ **in** वापस माँगना; the librarian called in all books, पुस्तकाध्यक्ष ने सारी पुस्तकें[F] वापस माँग लीं; ~ **in question** आपत्ति[F]/एतराज़ करना; his behaviour was ~ed in question उसके व्यवहार पर आपत्ति उठाई गई; ~ **off** वापस लेना, बंद कर देना; the strike was ~ed off हड़ताल[F] बंद कर दी गई; ~ **on/upon** मिलने जाना; अनुरोध करना; to ~ on/upon a friend किसी मित्र से मिलने जाना; to ~ upon a speaker किसी वक्ता से अनुरोध करना; ~ **out** पुकारना; he ~ed out for help उसने सहायता[F] के लिए पुकारा; ~ **to account** हिसाब तलब करना; the clerk was ~ed to account क्लर्क से हिसाब तलब किया गया; ~ **up** बुलाना, आमन्त्रित करना; men were ~ed up for military service पुरुषों को सैनिक सेवा[F] के लिए बुलाया गया; ~ **to mind** स्मरण/याद करना; **to ~ a halt** रोकना, बंद करना; **to ~ a spade a spade** खरी-खरी[F] कह देना. compounds ~-girl वारांगना, वेश्या; roll- ~ हाज़िरी. **II.** *n*ᶜ. **1.** बुलावा, पुकार[F]; his ~ for help सहायता के लिए उसकी पुकार; listen to your mother's ~ अपनी माँ के बुलावे को सुनो; to come at one's ~ किसी के बुलावे/की पुकार पर आ जाना. **2.** आमंत्रण : the ~ of the hills पहाड़ियों[F] का आमन्त्रण/बुलावा. **3.** भेंट[F]; morning ~s सुबह की भेंट; to make/pay a ~ भेंट करने जाना.

callous कै'लस *a.* निर्मम, बेदर्द, निर्दय [attack आक्रमण, person व्यक्ति]; he is so ~ that he will not listen to any appeal वह इतना ≈ है कि किसी अपील[F] को नहीं सुनेगा. [*n.* ~ness निर्ममता, निर्दयता, बेदर्दी]

calm काम **I.** *a.* शान्त [day दिन, sea समुद्र, town नगर, weather मौसम]; he is ~ and quiet वह ≈ और मौन/चुप है; please keep ~ कृपया ≈ रहिए; he tried to be ~ उसने ≈ रहने का प्रयत्न किया. **II. 1.** *v.t.* शान्त करना; ~ yourself शान्त रहिए; to ~ down an angry person क्रोधित व्यक्ति को ~; mother ~ed the child माँ ने बच्चे को शान्त किया. 2. *v.i.* she ~ down at last अन्ततः / आख़िर वह शान्त हो गई. III. *n*ᵘ. शान्तिᶠ; I liked the ~ of the library मुझे पुस्तकालय की ~ पसन्द थी; in the ~ of the countryside देहात की ~ में. [*n.* ~ness शान्तिᶠ; *ant.* disturbed]

calve काव *v.i.* ब्याना, बच्चा देना : (limited use) the cow ~d last night गाय पिछली रातᶠ ब्याई थी, गाय ने पिछली रात बच्चा दिया.

came केम *v.i.* (past tense of come *q.v.*)

camel कैʼमल *n*ᶜ. ऊँट; ~ is called the ship of the desert ~ को रेगिस्तान का जहाज़ कहा जाता है; ~s can go a long time without drinking water ~ पानी पिये बिना बहुत दिनों तक चले जा सकते हैं; a ~has usually one hump on its back प्रायः ~ की पीठᶠ पर एक कोहान होता है; a she- ~ carries less load than a he- ~ ऊंटनीᶠ ~ की अपेक्षा कम बोझ उठाती है.

camera कैʼमॅरा *n*ᶜ. 1. कैमरा [cheap सस्ता, expensive महँगा]; a ~ takes photographs ~ फ़ोटो खींचता है; a ~ hung from his shoulder उसके कंधे से लटकता हुआ ~. 2. in ~ बंद कमरे में; the case was heard in ~ मामले की सुनवाईᶠ ~ हुई.

camp कैम्प *n*ᶜ. कैम्प, शिविर : Mughal ~ मुग़ल ~; scouts' ~ बालचर~; ~ life शिविर-जीवन; political ~s राजनीतिक ~; we spent the summer in a ~ हमने गर्मियाँᶠ एक ~ में बिताईं; we held a ~ for learners हमने शिक्षार्थियों के लिए ~ लगाया. ~ bed सफ़री पलंग; the traveller had to sleep on a ~- bed यात्री को सफ़री पलंग पर सोना पड़ा.

campaign कैम् पेनʼ *n*ᶜ. 1. अभियान [election निर्वाचन, political राजनीतिक, social सामाजिक]; a ~ against smoking तम्बाकू पीने के विरुद्ध ~; ~ to raise money for a hospital अस्पताल के लिए पैसा इकट्ठा करने का ~. 2. चढ़ाईᶠ; military ~ सेनाᶠ की ~; Burma ~ बर्मा पर ~.

can कैन I. *aux.v.* (*pt.* could) सकना; you ~ go now तुम अब जा सकते हो; I can't/cannot read मैं नहीं पढ़ सकता; I could not see anything मैं कुछ नहीं देख सका; he ran as fast as he could वह जितना तेज़ दौड़ सकता था दौड़ा. II. *v.t.* (*p.t. p.p.* canned) डिब्बे में बंद करना; they are canning apples वे सेबों को डिब्बों में बंद कर रहे हैं; canned peaches डिब्बाबंद आड़ू. III. *n*ᶜ. डिब्बा : milk- ~ दूध का ~; oil- ~ तेल का ~; to pour water into a ~ डिब्बे में पानी डालना; to empty a ~ ~ ख़ाली करना.

canal कʼनाल, कनैलʼ *n*ᶜ. नहरᶠ : to cut/dig a ~ ~ काटना/खोदना; there is a barge on the ~ ~ पर एक बजरा है; Suez ~ नहर स्वेज़ this ~ joins two seas यह ~ दो समुद्रों को मिलाती है; ~ **department** ~ विभाग.

cancel कैन्ʼसल *v.t.* (*-ll-*) रद्द/निरस्त करना : he has ~led my appiontment उसने मेरी नियुक्तिᶠ रद्द कर दी है; the game was ~led खेल रद्द कर दिया गया. 2. काट देना; I shall ~ his name from the list मैं उसका नाम सूचीᶠ में से काट दूँगा. 3. she has ~led her subscription to the magazine उसने अपना पत्रिका का चंदा बंद कर दिया है. [*n.* cancellation निरसन, रद्द करना; काटना; *ant.* confirm]

cancer कैन्ʼसर *n.*ᵘ कैन्सर, कर्कटरोग : ~ is a fatal disease ~ एक घातक रोग है; she died of ~ वह ~ से मरी; ~ spread to his heart ~ उसके दिल तक फैल गया; (fig.) dowry system is the ~ in our society दहेज प्रथाᶠ हमारे समाज का कैंसर (घातक रोग) है.

candidate कैन्ʼडिडेट (Am.-डेट) *n*ᶜ. (general) उम्मीदवार; ~ for examination परीक्षार्थी; ~ for a post किसी पद का प्रत्याशी; ~ for election चुनाव का उम्मीदवार; there are two ~s for the President's office राष्ट्रपति पद के लिए दो ~ हैं.

candle कैन्ʼडल *n*ᶜ. (मोम) बत्तीᶠ [flickering टिमटिमाती, half-burnt अधजली]; ~-**light** ~ की रोशनीᶠ; dinner by ~- light बत्ती की रोशनीᶠ में खाना; we lighted a ~ हमने एक ~ जलाई; blow out the ~ ~ बुझा दें; the

~ melts ≈ पिघलती है; put the ~ in the ~-stick ≈ को बत्तीदान में रखो.

candy कैन्'डि **1.** n^u. मिस्री^{F}; the child eats too much ~ बच्चा बहुत ज़्यादा ≈ खाता है. **2.** n^c. मिठाई^F; chocolate ~ चाकलेट की ≈; a box of candies मिठाइयों का डब्बा.

cane केन **I.** n^c. बेंत : ~-stick ≈ की छड़ी^{F}; to beat someone with a ~ किसी को ≈ मारना; this chair is made of ~ यह कुर्सी^{F} ≈ की बनी हुई है; sugar - ~ गन्ना; we chew ~cane हम गन्ना चूसते हैं; they extract sugar from sugar-cane वे गन्ने से चीनी^{F} निकालते हैं. **II.** *v.t.* बेंत लगाना; the headmaster ~d the boy प्रधानाचार्य ने लड़के को बेंत लगाए.

canister कै'निस्टर n^c. कनस्तर : tea-~ चाय^F का≈; ~ is made of metal ≈ धातु^{F} का बना होता है; the shop has only two ~s of biscuits दुकान^F में केवल दो ≈ बिस्कुट हैं.

cannot कै'नट *v. aux.* [see can]

canoe क नू' **I.** n^c. डोंगी^{F}: ~ is a light boat ≈ एक हल्की-सी नाव^F होती है; they went to the town by a ~ वे ≈ से शहर गये. **II.** *v.i.* डोंगी^{F} चलाना : he ~d across the river वह नदी पार डोंगी चलाकर गया.

cant कैन्ट = cantonment *q.v.*

can't = cannot.[see can]

canteen कैन् टीन' n^c. कैंटीन^F [clean and tidy साफ़-सुथरी, departmental विभागीय]; the factory runs this ~ कारख़ाना यह ≈ चलाता है; usually meals are sold in ~s प्रायः कैंटीनों में भोजन बिकता है; Indian ~s also sell a large number of articles भारतीय कैंटीनें बहुत-सी चीज़ें^{F} बेचती हैं.

cantonment कन् टून'मन्ट n^c. छावनी^{F} : Ambala ~ अम्बाला ≈; troops are stationed in a ~ सेनाओं^{F} को ≈ में ठहराया जाता है; the bomber destroyed several buildings in the ~ बममार विमान ने ≈ के कई भवन नष्ट कर दिये.

canvas कैन्'वस n^u किरमिच, कैनवस : ~ sails ≈ के पाल; ~ shoes ≈ के जूते; ~ is also used for tents ≈ का प्रयोग तंबुओं के लिए भी होता है.

canvass कैन्'वस *v.i.* (अपने पक्ष में) मत इकट्ठा करना, वोट माँगना; we did not ~ for this candidate हमने इस उम्मीदवार के लिए वोट नहीं माँगे; ~ing is prohibited from today आज से ≈ मना है. [*as distinct from* canvas]

cap कैप **I.** n^c. टोपी^{F} [knitted बिनी हुई : red लाल, woollen ऊनी]; the boy wore a ~ on his head लड़के ने सिर पर ≈ पहन रखी थी; put on your ~ अपनी टोपी पहन लो; he took off his ~ उसने अपनी ≈ उतार ली. **II.** *v.t.* ढँकना; ~ the roof with tiles छत^F को टाइलों से ढँक दो.

cap. कैप = capital letter, capacity.

capable के'पॅबल *a.* समर्थ [person व्यक्ति, student विद्यार्थी]; he is ~ of doing better वह और अच्छा करने में ≈ है; a car ~ of doing 100 k.m. per hour प्रतिघंटा 100 किलोमीटर करने में ≈ मोटरकार^F. [*ant.* incapable]

capacity क पै'सिटि n^u. **1.** समाई^F, गुंजाइश^F : the ~ of a can कनस्तर में की ≈; this tank has the ~ of 30,000 gallons इस टैंकी की 30 हज़ार गैलन समाई है. **2.** हैसियत^F : in what ~ किस ≈ से; to act in one's ~ as a magistrate मजिस्ट्रेट की ≈ से कार्य करना. **3.** क्षमता; he has a great ~ for working उसमें काम करने की बड़ी ≈ है.

capital कै'पिटल **I.** n^u. **1.** पूँजी^{F} [authorized अधिकृत, floating अस्थायी, fixed स्थिर]; to invest ~ in business व्यापार में ≈ लगाना; the Company has a ~ of 30 million rupees कंपनी^{F} के पास 3 करोड़ की पूँजी है; ~ and interest मूल (पूँजी) और ब्याज. **2.** राजधानी^{F}; Delhi is the ~ of India दिल्ली भारत की ≈ है; the population of the ~ of Japan जापान की ≈ की आबादी^{F}. **II.** *a.* (various meanings in contexts) ~ idea उत्कृष्ट विचार; ~ joke बढ़िया मज़ाक; ~ cost पूँजीगत लागत; ~ offence मृत्युदण्ड के योग्य अपराध; ~ punishment मृत्युदण्ड, प्राणदण्ड; ~ letter बड़ा अक्षर.

capsize कैप् साइज़' *v.i.* उलटना; the boat ~d नाव^F उलट गई.

capsule कैप्'स्यूल (Am.-सल) n^c. कैपसूल, पुटी^{F}; a ~ contains one dose ≈ में एक

ख़ूराक होती है; a ~ of vitamin A विटामिन ए की ≈; take two ~s after meals खाना खाने के बाद दो ≈ ले लेना.

Capt. = Captain (in titles), Capt. Khanna.

captain कैप्'टन *n*^c. कप्तान [experienced अनुभवी, retired अवकाशप्राप्त]; ~ of army, ship, team सेना, जहाज़, टीम/टोली^F का ≈; Mr. A was appointed ~ of the school श्री अ को स्कूल का ≈ नियुक्त किया गया; the soldiers obeyed their ≈ सिपाहियों ने अपने ≈ की आज्ञा^F का पालन किया.

captivate कैप्'टिवेट *v.t.* मोहित/मुग्ध करना; his speech ~d the assembly उसकी वाणी^F ने सभा^F को मोहित/मुग्ध कर दिया; he was ~d by her beauty उसकी सुंदरता ने इसे मोहित कर दिया, उसकी सुंदरता से यह मुग्ध हो गया.

captive कैप्'टिव *n*^c. बंदी, कैदी [hard कड़ा, obstinate ज़िद्दी]; a war ~ युद्ध बंदी, जंगी क़ैदी; two of the ~s escaped बंदियों/क़ैदियों में से दो निकल भागे; the ~ was brought before a magistrate ≈ को मजिस्ट्रेट के सामने लाया गया. [*n.* captivity कैद; *ant.* freedom]

capture कैप'चर *v.t.* **1.** पकड़ना : the animal was ~d पशु को पकड़ लिया गया; to ~ a ship जहाज़ पकड़ना. **2.** पकड़ना, गिरफ़्तार करना (a person) : the criminal could not be ~d अपराधी पकड़ा नहीं जा सका (गिरफ्तार नहीं किया जा सका). **3.** जीत लेना; the enemy ~d the fortness शत्रु ने गढ़ जीत लिया. [*ant.* release]

car कार (Am. automobile) **1.** (मोटर) कार [fast तेज़, new नयी, private निजी]; the ~ has stopped ≈ रुक गई है : he goes by his ~ वह अपनी ≈ से जाता है; she got out of the ~ वह ≈ से निकली; the ~ was put in the garage ≈ गैरेज में रख दी गई. **2.** (of train) डब्बा; a porter came into our ~ एक कुली हमारे डब्बे के अंदर आया; we shall be in the last ~ हम आख़िरी डब्बे में होंगे; dining ~ खाने का ≈, डाइनिंग कार^F.

caravan कै'रॅवैन *n*^c. कारवां, क़ाफ़िला : a ~ of camels, merchants ऊँटों, सौदागरों का ≈; ~ crossed the desert/pass ≈ रेगिस्तान. दर्रे से पार हो गया.

carbon कार'बन **1.** *n*^u. कार्बन : coal contains ~ कोयले में ≈ होता है. **2.** *n*^c. कार्बन (पेपर); three sheets of ~ ≈ के तीन ताव; put a ~ in the typewriter टाइपराइटर में ≈ डालो; I want a ~ copy मुझे ≈ प्रति चाहिए. (fig.) he is a ~ copy of his brother यह हूबहू अपने भाई जैसा है.

carcass कार'कस (also carcase) *n*^c. मुरदार, लाश^F (not human) [swollen फूली-फूली, putrefying सड़ी हुई]; they took the cow's ~ away वे गाय की लाश ले गये; two ~es were found under the debris मलबे में दो मुरदार (जानवर) पाये गये.

card कार्ड **I.** *n*^c. **1.** कार्ड, पत्र : admission ~ प्रवेश - पत्र; a birthday/wedding ~ जन्मदिन/विवाह का कार्ड. **2.** पत्ता (also playing card) : a pack of ~s ताश^F; a game of ~s ताश की बाज़ी^F; to play the ~s ताश खेलना; to cut and deal with ~s पत्ते काटना और बाँटना. **3.** कार्ड (also post-card); to write, to post a ~ ≈ लिखना, डाक^F में डालना **~board** दफ़्ती^F, गत्ता; ~board for binding जिल्दबंदी^F के लिए दफ़्ती/गत्ता. Δ **to lay one's ~s on the table** अपनी बात खोलकर रख देना; the election is on the ~s चुनाव होने वाला है **II.** *v.t.* धुनना; ~ cotton रुई^F ≈; carding machine धुनकी^F.

care केंअर **I.** *n*^u. **1.** ध्यान, सावधानी^F : do your work with ~ अपना काम ≈ से करो; take ~ ध्यान रखो, सावधान ! please take ~ of my child कृपया मेरे बच्चे का ध्यान रखिए; to use something with ~ किसी वस्तु^F का सावधानी से प्रयोग करना. **2.** देखभाल^F; under doctor's ~ डाक्टर की ≈ में; these things must be taken ~ of इन चीज़ों की देखभाल^F करनी ही होगी; ~ of the children बच्चों की ≈. **3.** चिन्ता^F : her face was full of ~s उसका चेहरा चिन्ताओं से भरा था; he is free from ~ वह ~- मुक्त है; all the ~s of the household are on her shoulder घर-गृहस्थी^F की सब चिन्ताएँ उसके कंधों पर हैं. **II.** *v.i.* परवाह^F करना; I don't ~ मैं परवाह

नहीं करता; she does not ~ much **about/for** her husband वह अपने पति की बहुत परवाह नहीं करती; I don't care what happened मैं परवाह नहीं करता कि क्या हो गया. ~ful सावधान; ~fully सावधानी से, ध्यानपूर्वक; ~less ला-परवाह; ~ of (c/o) के द्वारा.

caricature कै'रिकॅच्युअर n^c. व्यंग्यचित्र, अतिचित्र : I saw a ~ of a leader मैंने नेता का एक ≈ देखा; he made ~s of dogs उसने कुत्तों के ≈ बनाये; to draw a ~ ≈ खींचना/बनाना.

carpenter कार'पिंटर n^c. बढ़ई [clever होशियार, veteran पुराना]; a ~ made doors and windows ≈ ने दरवाज़े और खिड़कियाँ[F] बनाईं; I employed two ~s to make furniture मैंने दो ≈ फ़र्नीचर बनाने के लिए लगाये.

carpet कार'पिट n^c. **1.** दरी[F] [small छोटी, torn फटी हुई, woollen ऊनी]; ~ for a bed बिस्तर की ≈; to fold/spread a ~ ≈ तह करना/बिछाना. **2.** कालीन [huge बहुत बड़ा, soft नरम, Persian ईरानी]; a ~ decorates the room ≈ कमरे को सजाता है; I bought a ~ at Rs. 600 per square foot मैंने एक ≈ छह सौ रुपये प्रति वर्ग फुट के हिसाब से ख़रीदा; floors were covered with thick ~s फ़र्शों को मोटे-मोटे कालीनों से ढँक दिया गया.

carriage n^c. **1.** गाड़ी[F], वाहन [fine बढ़िया, new नयी, grand शानदार]; he has his own ~ उसके पास अपनी गाड़ी है; the ~ is at the door ≈ दरवाज़े पर है; to drive (in) a ~ ≈ चलाना; her ~ had four wheels उसकी गाड़ी के चार पहिये थे. **2.** (of train) सवारी डिब्बा : first-class ~ प्रथम श्रेणी[F] का ≈. **3.** दुलाई[F] : ~ was paid ≈ का भुगतान कर दिया गया; ~ free ≈ मुफ़्त; cost of ~ ≈ का ख़र्च.

carrier कै'रिअर n^c. **1.** ले जाने वाला; mosquito is a ~ of malaria मच्छर मलेरिया ले जाने वाला होता है. **2.** उठाने वाला : ~s of burden बोझ उठाने वाले. **3.** (of cycle) कैरियर; you may sit on the ~ तुम ≈ पर बैठ जाओ.

carrot कै'रट n^c. गाजर[F] [big बड़ी, small छोटी]; ~s usually have orange colour गाजरों का रंग प्रायः नारंगी होता है; we made ~ soup हमने गाजरों का शोरबा/झोल बनाया; do you like to eat ~s क्या आप गाजरें खाना पसंद करते हैं ?

carry कै'रि *v.t.* (*p. & p.p.* carried) **1.** उठाना : porters ~ trunks on their back/heads कुली अपनी पीठ[F]/अपने कंधों पर ट्रंक उठाते हैं; he carried a stick in his hand उसने अपने हाथ में छड़ी उठाई हुई थी; the mother did not ~ the child माँ ने बच्चे को नहीं उठाया. **2.** उठा ले जाना; they carried everything from the room वे कमरे से सब कुछ उठा ले गये; ~ this cup to her यह प्याला उस स्त्री तक उठा ले जाओ. **3.** ले जाना, पहुँचाना : the bus carries him to school बस[F] उसे स्कूल ले जाती है; ~ my luggage to the station मेरा सामान स्टेशन तक पहुँचा दो. **4.** पार कराना, पास कराना; to ~ a bill/motion बिल/प्रस्ताव ≈. **5.** Δ ~ **away** उठा ले जाना, ले भागना; she was carried away उसे उठा ले गये; she was carried away by emotion वह भावावेश में बह गई; ~ **forward** आगे ले जाना; the amount may be carried forward इस धनराशि[F] को आगे ले जाया जाये; ~ **into effect** अमल में लाना, कार्यान्वित करना : he tried to carry his ideas into effect उसने अपने विचारों को कार्यान्वित करने का प्रयत्न किया. ~ **off** उठा ले जाना; to ~ off a child किसी बच्चे को उठा ले जाना; ~ **on** करते चलना; ~ on (with) your work अपना काम करते चलो; ~ **out** पूरा करना, पालन करना : ~ an order, a plan, a promise आदेश, योजना[F], वचन पूरा करना; ~ **over** पार/परे ले जाना : ~ over this word to the next page यह शब्द अगले पृष्ठ पर ले जाओ. ~ **the day** सफलता[F] प्राप्त करना; John's argument carried the day जॉन की दलील[F] सफल हुई; ~ **through** अंत को पहुँचाना, पूरा करना; you should ~ your plans through तुम्हें अपनी योजनाओं को अंत तक पहुँचाना चाहिए; ~**weight** महत्त्व/वज़न रखना : his opinion carries some weight उसकी राय[F] कुछ महत्त्व/वज़न तो रखती है.

cart कार्ट n^c. ठेला (गाड़ी[F]) : bullock ~ बैल-

गाड़ी; coal - ~ कोयले का ठेला; a ~ has usually two wheels ≈ के प्राय: दो पहिये होते हैं; we use ~s for carrying loads हम बोझ ढोने के लिए ≈ का प्रयोग करते हैं; a ~ - load गाड़ी-भर बोझा; Δ **to put the ~ before the horse** उल्टी गंगा बहाना.

cartoon कार्टून' *n*ᶜ. व्यंग्यचित्र, कार्टून [realistic वास्तविक, true सच्चा, ugly गंदा]; a ~ of the Prime Minister प्रधानमन्त्री का ≈; there are two ~s in every issue of the newspaper अख़बार^F के प्रत्येक अंक में दो ≈ होते हैं.

cartridge कार्'ट्रिज *n*ᶜ. कारतूस : the ~ has explosive matter ≈ में स्फोटक पदार्थ होते हैं; ~s are used in guns ≈ बंदूकों^F में प्रयुक्त होते हैं; his belt had eleven ~s उसकी पेटी^F में ग्यारह ≈ थे.

carve कार्व *v.t.* उत्कीर्ण करना, खोदना; to ~ in stone/wood पत्थर/लकड़ी पर ≈; he ~d his name on the tree उसने पेड़ पर अपना नाम उत्कीर्ण किया; the artist ~d a picture कलाकार ने एक चित्र खोदा.

case केस *n*ᶜ. **1.** मामला [interesting दिलचस्प, the same वही, similar ऐसा ही]; do you remember any such ~ क्या आपको कोई ऐसा ≈ याद है ? **2.** दशा^F, स्थिति^F : **in ~** (इस) स्थिति में, यदि; **in any ~** हर दशा^F में, जो भी हो; **in ~ of** need आवश्यकता^F होने पर; **in no ~** किसी दशा/स्थिति में नहीं, कभी नहीं. **3.** मुकदमा, केस; a ~ of forgery जालसाज़ी^F का ≈; to win/lose one's ~ ≈ जीतना/हारना; who was the judge in this ~ इस मुकद्दमे में न्यायाधीश कौन था ? **4.** घटना^F : three ~s of theft चोरी^F की तीन घटनाएँ : we had many such ~s हमारे यहाँ ऐसी कई घटनाएँ हुईं. **5.** रोगी, केस : the doctor's ~ डाक्टर का ≈; there have been two ~s of cholera हैज़े के दो ≈ हुए हैं. **6.** (Gramm.) कारक : subjective/objective ~ कर्ता/कर्म ≈. **7.** (printing) केस : they keep types in ~s वे केसों में टाइप रखते हैं.

cash कैश **I.** *n*ᵘ. नक़दी^F, रोकड़^F, नक़द पैसा : he has plenty of ~ उसके पास ढेर ≈ है; I am short of ~ मुझे ≈ की कमी^F पड़ गई है; to deliver goods for ~ ≈ लेकर माल देना; I paid ~ मैंने नक़द पैसा दिया; ~ book/register रोकड़ बही^F; ~ price ≈ क़ीमत; in ~ नक़द. **II.** *v.t.* भुनाना, तुड़ाना : to ~ a cheque चेक ≈. Δ **~ in on** से लाभ उठाना; he cashes in on other people's weaknesses वह दूसरे लोगों की कमज़ोरियों^F से लाभ उठाता है.

cashier कै शि'अर *n*ᶜ. खज़ांची, रोकड़िया [inexperienced अनुभवहीन, clever होशियार]; ~ in a bank or super market बैंक या सुपर बाज़ार का ≈.

cast कास्ट **I.** *v.t.* (*p.* & *p.p.* cast) **1.** फेंकना: to ~ a stone into the water पानी में पत्थर फेंकना; he ~ the book away उसने किताब^F दूर फेंक दी; ~ the dice पांसा ≈. [*ant.* keep] **2.** [various usages] ~ light, anchor, net प्रकाश, लंगर, जाल डालना; ~ a glance/eye दृष्टि^F/निगाह^F डालना; the serpents ~ their skin साँप अपनी केंचुली^F छोड़ते हैं; trees ~ their leaves पेड़ पत्ते गिराते हैं; the metal is molted and ≈ धातु^F को पिघलाया और ढाला जाता है; the statue is ~ in copper मूर्ति^F पीतल में ढली है; she was ~ as lady Brown उसे लेडी ब्राउन की भूमिका^F दी गई; you are ~ as Ravana तुम्हें रावण की भूमिका^F दी गई है. to ~ one's vote अपना वोट/मत देना; ~ a shadow छाया^F पड़ना; ~a boat ashore नाव^F को किनारे लगा देना : **~aside** एक तरफ़ हटा देना; Δ **~ away** हटा देना; **~ blame upon smb** किसी पर दोष मढ़ना; **~ lots** पर्ची^F निकालना; **~ one's lot with somebody** किसी का पल्ला पकड़ना. **II.** *n*ᶜ. **1.** mould साँचा : a plaster ~ प्लस्तर का ≈. **2.** ~ in a drama नाटक के पात्र : the ~ was made up of well-known actors नाटक के पात्रों में अच्छे जाने-माने अभिनेता थे. **III.** *n.*ᵘ **1.** form or hue रंग-रूप : a gloomy ~ of her face उसके चेहरे का ≈ . **2.** फेंकाव = a ~ of the dice पाँसे का ≈; ~ of the fishing line बंसी^F का ≈. **3.** गठन, बनावट^F : he has a strange ~ of mind उसके मन की ≈ विचित्र है. [*as distinct from* caste]

caste कास्ट n^c. जाति^{F}, जात^F, जात-पाँत^F : he is a Brahmin by ~ वह जात/जाति का ब्राह्मण है; ~ does not matter now a days आजकल जात-पाँत का कोई विचार नहीं होता; she belongs to a low ~ वह दलित जाति की औरत है; to lose ~ जाति-च्युत होना, जात बाहर होना. **~system** n^u. जाति व्यवस्था^{F}, जात-पाँत^F : ~ system exists among Hindus in India ≈ भारत में हिन्दुओं के अंदर विद्यमान है. [*as distinct from* cast]

castigate कैस'टिगेट *v.t.* फटकारना : the boy was ~d for lying लड़के को झूठ बोलने पर फटकारा गया; the officer ~d the soldier for leaving the camp without permission अधिकारी ने सिपाही को बिना आज्ञा^{F} शिविर छोड़ने पर फटकारा.

castle का'सल, कै'सल n^c. **1.** कोट, गढ़ [ancestral पैतृक, magnificent शानदार, old पुराना, ruined उजड़ा हुआ, vast लंबा- चौड़ा]; to build (fortify, visit) a ~ ≈ बनाना (की कलाबंदी^{F} करना, देखने जाना); my home is my ~ मेरा घर मेरा ≈ है. **2.** (in chess) rook फ़ीला, हाथी : the castle is first placed in the corner square of the chess board फ़ीले को शतरंज के कोनेवाले ख़ाने में रखा जाता है; ~ is a chess piece ≈ शतरंज का एक मोहरा होता है.

castor oil कैस्'टर ऑइल n^u. अरंडी^{F} का तेल, कस्ट्रैल : ~ is thick and yellowish ≈ गाढ़ा और पीला-सा होता है; ~ is laxative ~ हलका रेचक (कब्ज़कुशा) होता है.

castrate कैस'ट्रेट, कैस् ट्रेट' *v.t.* बधिया करना, ख़स्सी करना : the bull has been ~d बैल को बधिया/ख़स्सी कर दिया गया है.

casual कै'युयल *a.* **1.** आकस्मिक [leave छुट्टी^{F}, meeting भेंट^F/मुलाकात^F]. **2.** occasional सामयिक : ~ labour ≈ मज़दूर. **3.** careless लापरवाह : in a ~ manner लापरवाह ढंग से, लापरवाही^{F} से. *adv.* **~ by** अचानक, संयोग से; I see him ~ by मैं संयोग से (कभी-कभार) उससे मिल लेता हूँ.

casualty कै'युअल्टि n^c. (*pl.* casualities) **1.** हताहत : ~figures ≈ संख्या^{F}, मरने और घायल होने वालों की संख्या; ~roll ≈ सूची^{F} : ~ ward (अस्पताल में) घायलों का कक्ष. **2.** दुर्घटना^{F}, वारदात^F [serious गंभीर, fatal घातक]; when the aircraft crashed there was only one ~ जब वायुयान धड़ाम से गिरा तो केवल एक ≈ हुई. (*pl.*) हताहत संख्या^{F}, हताहत सूची^{F} : heavy casualities भारी ≈; a few casualities हताहतों की थोड़ी संख्या^{F}.

cat कैट n^c. बिल्ली [hungry भूखी, wild जंगली]; we keep a pet ~ to catch mice हम चूहे पकड़ने के लिए पालतू ≈ रखते हैं : the cat mews बिल्ली मियाऊं-म्याऊं^{F} करती है. Δ (she was) **like a ~ on the hot bricks** (वह) घबड़ा रही थी; **to bell the ~** शत्रु को द्वेषरहित करना; **a ~-and - dog life** झगड़े-बखेड़े का जीवन, कलहपूर्ण जीवन; **let the ~ out of the bag** भांडा फोड़ना; भेद खोल देना; **no room to swing a ~** बहुत तंग जगह; **a ~ crossed his way** ≈ उसका रास्ता काट गई (अपशकुन हुआ); **see which way the ~ jumps** देखें ऊंट किस करवट^F बैठता है. [*masc.* tom-cat बिल्ला]

cat., catalogue कै'टॅलॉग **I.** n^c. सूची-पत्र [complete संपूर्ण, detailed विस्तृत]; ~ of books, articles for sale पुस्तकों^{F}, बिक्री की वस्तुओं^{F} का ≈; to prepare, distribute, buy a ~ ≈ तैयार करना, बाँटना, .ख़रीदना. **II.** *v.t.* सूची^{F} बनाना : to ~ books and magazines पुस्तकों^{F} और पत्रिकाओं^{F} की सूची बनाना.

catapult कै'टॅपल्ट n^c. गुलेल^F : boys use ~s for throwing small stones at birds लड़के पक्षियों पर छोटे-छोटे पत्थर फेंकने के लिए ≈ का इस्तेमाल करते हैं; he aimed his ~ at a pigeon उसने एक कबूतर को अपनी ≈ का निशाना बनाया.

cataract कै'टैरैक्ट **I.** n^u. मोतियाबिंद [advanced बढ़ा हुआ, mature पका हुआ, painful पीड़ाजनक]; ~ has developed in both of my eyes ≈ मेरी दोनों आँखों^{F} में उतर आया है : ~ can be cured by surgical operation ≈ का इलाज शल्यक्रिया से हो सकता है. **II.** n^c. (a big waterfall) महाजलप्रपात [furious भीषण, roaring कोलाहलपूर्ण, tremendars ज़बरदस्त]; ~s of the Nile नील नदी^{F} के ≈.

catastrophe कटैस'ट्रफ़ि *n.* महाविपत्ति^{F}

[sudden अचानक, violent हिंसात्मक]; floods in Punjab were a great ~ पंजाब की बाढ़^{F} भारी ≈ थी; sinking of the ship led to this ~ जहाज़ के डूब जाने से यह ≈ हुई.

catch कैच **I.** *v.t.i* (caught, catching) **1.** seize पकड़ना : to ~ a ball, fish गेंद, मछलियाँ^{F} ≈; we caught a thief हमने एक चोर पकड़ा. **2.** overtake आ/जा पकड़ना, आ/जा पहुँचना : go ahead, I'll ~ you आगे चलो, मैं तुम्हें आ पकड़ूँगा. **3.** attract आकर्षित करना : a stanza in that poem caught my eye उस कविता^{F} में एक छंद ने मेरी आँखों को आकर्षित किया. **4.** reach in time : समय से पहुँचना/पाना : we caught the last bus हम समय पर आख़िरी बस^F पा गए. **5.** understand समझना : do you ~ my meaning क्या तुम मेरा मतलब समझते हो? [*ant.* miss] **6.** (misc. meanings in context) the house caught fire मकान में आग^F लग गई; the child caught cold बच्चे को सरदी^{F} लग गई; lion's fear caught his breath शेर के डर से उसकी सांस^F रुक गई. Δ ~ **at** सहारा लेना : to catch at a straw तिनके का सहारा लेना; **catch on to an idea** किसी विचार को ग्रहण करना; a song has recently caught on एक गीत हाल ही में लोकप्रिय हो गया; the batsman **was caught out** बल्लेबाज़ कैच होकर आउट हो गया; ~ **sight of** निगाह^F पड़ना : this picture caught my sight इस चित्र पर मेरी निगाह पड़ी : ~ **up** = (i) overtake (see above) पकड़ लेना; (ii) छीनना : to ~ up a person's turban किसी व्यक्ति की पगड़ी^{F} छीनना. **II.** n^c. **1.** पकड़न^F : a good ~ of fish मछलियों^{F} की अच्छी ≈. **2.** कैच (in cricket) : it was an easy ~ यह आसान ≈ था : ~ **word** चालू नारा : your country needs you, was a ~-word in war देश को तुम्हारी आवश्यकता^{F} है — यह युद्ध काल में ≈ था.

categorical कैटॅगॉरिकल *a.* **1.** unconditional बिना शर्त^F, अप्रतिबंधित : ~ contract ≈ संविदा. **2.** explicit : स्पष्ट, सीधा : ~ promise ≈ वचन/वादा; ~ statement ≈ कथन/वक्तव्य.

category कैटॅगरि n^c. (*pl.* categories) कोटि^{F}, श्रेणी^{F} [different भिन्न, higher उच्चतर, second द्वितीय]; what ~ does this come in? यह किस ≈ में आता है; boys may be divided into three categories—learners, sportsmen and talkers लड़के तीन श्रेणियों में विभक्त किये जा सकते हैं — शिक्षार्थी, खिलाड़ी और वक्ता.

cater *v.i.* **1.** भोजन देना : ~ *for* a banquet महाभोज में खिलाना-पिलाना; ~ for a school party स्कूल की पार्टी^{F} में भोजन देना. **2.** प्रबंध करना : this shop ~s for all of your requirements यह दुकान^F आपकी सब आवश्यकताओं^{F} का प्रबंध करती है.

caterer कैटॅरर n^c. (भोजन आदि का) प्रबंध करने वाला [clever होशियार, careful सतर्क] : this ~ has a good team of workers इस प्रबंधक के पास कर्मियों^{F} की एक अच्छी टोली^{F} है.

caterpillar काटरपिलर, कैटरपिलर n^c. इल्ली^{F}, सूँड़ी^{F} [green हरी, yellowish पीली-सी]; ~ is a larva of a butterfly ≈ तितली^{F} या पतंगे का लार्वा (डिंभ) होती है; ~ has several pairs of legs ≈ की कई जोड़े टाँगें^{F} होती हैं.

cathedral कथीड्रल n^c. (ईसाई) महामंदिर; Paul's grove ~ in London लंदन में सन्त पाल का भव्य ≈; a ~ contains the bishop's throne ≈ में बिशप का सिंहासन होता है.

cattle कैटल *n.pl.* मवेशी, गाय-बैल [domestic पालतू, peaceful शान्त, wild जंगली]; there are hundreds of ~ in some pasture fields कुछ चरागाहों^{F} में सैकड़ों ≈ होते हैं; farmers keep several breeds of ~ किसान मवेशियों की कई नस्लें^{F} रखते हैं. ~ **lifter** मवेशी चोर; ~ pen मवेशियों/गाय-बैलों का बाड़ा; ~ **pound** कांजी हाउस; ~ **show** पशु-प्रदर्शनी^{F}.

cauldron कॉल्ड्रन n^c. कड़ाह, देग [large बड़ा, small छोटा, metal धातु^{F} का]; we had boiled soup in a big ~ हमने एक बड़े ≈ में सूप उबाला था; witches used ~s for their victims of incantations जादूगरनियाँ^{F} अपने (जादू-टोने के) शिकारों के लिए ≈ का इस्तेमाल करती थीं.

cauliflower कॉ'लि फ़्लॉउअर *n*[c]. फूलगोभी[F] : some ~s weigh two kilograms or more गोभी के कुछ फूल दो किलो या अधिक तौल में होते हैं; ~ is eaten as a vegetable ≈ सब्ज़ी[F] के रूप में खाई जाती है.

cause कॉज़ **I.** *n*[c]. **1.** (reason) कारण [important महत्त्वपूर्ण main मुख्य, unknown अज्ञात]; poverty is one of the ~s of crime गरीबी[F] अपराध के कारणों में से एक है; you have no ~ to treat your wife so badly तुम्हें अपनी पत्नी से ऐसा बुरी तरह बर्ताव करने का कोई ≈ नहीं है; the ~ of the fire was a cigarette end आग[F] (लगने) का ≈सिगरेट का एक सिरा था; show ~ ≈ बताओ. **2.** (object) उद्देश्य [principal मुख्य/प्रधान, real वास्तविक, true सही]; for a good ~ अच्छे उद्देश्य से, के लिए; for this ~ I solicit your help इस ≈ के लिए मैं आपसे सहायता[F] की याचना[F] करता हूँ; why did you beat the dog without any ~ ? तुमने बिना किसी ≈/मतलब के कुत्ते को क्यों पीटा? **3.** पक्ष : to make common ~ with someone किसी का ≈ लेना, साथ देना; to take up smb's ~ किसी के पक्ष का समर्थन करना. **II.** *v.t.* **1.** (make smb do) कराना; to ~ to be beaten पिटवाना; he ~d him to be killed उसने उसको मरवा डाला. **2.** कारण होना : what ~d his death; उसकी मौत[F] का क्या कारण था? the news ~d a sensation इस समाचार से सनसनी[F] पैदा हो गई.

caution कॉ'शन **I.** *n*[u]. **1.** (carefulness) सावधानी[F], सतर्कता[F] [extreme अत्यन्त, necessary आवश्यक]; proceed with ~ ≈ से आगे बढ़ो; drive with ~ ≈ से गाड़ी[F] चलाओ; accident was the result of his lack of ~ दुर्घटना[F] उसकी अ ≈ के कारण हुई. **2.** (warning) चेतावनी[F] [general सामान्य, timely वक्त पर]; he gave us ~ against copying उसने हमें नकल[F] करने से ≈ दी; to give one a ~ to do or not to do this ≈ देना कि यह करो और यह न करो. **II.** *v.t.* चेतावनी[F] देना : I ~ed you against/for not going deep into the tank मैंने तुम्हें तालाब की गहराई[F] में जाने की ≈ दी थी.

cautious कॉ'शस *a.* सावधान, सतर्क [cyclist साइकल सवार, diver गोताखोर, driver चालक]; he ~ ≈ रहो; you must be ~ when you cross the road तुम्हें सड़क[F] पार करते समय ≈ रहना चाहिए. [*ant.* careless]

cautiously कॉ'शसलि *adv.* सावधानी[F] से, सतर्कता[F] से : proceed ~ ≈ आगे बढ़ो; walk ~ last you should fall सँभल कर चलो कहीं गिर न जाओ.

cavalier कैवॅ लि'अर *n*[c]. घुड़सवार, अश्वारोही [cautious सावधान, gallant शूरवीर, haughty अक्खड़].

cavalry कै'वॅलरि *n.* (collective) घुड़सवार दस्ता, रसाला : a strong ~ सशक्त ≈; ~ corps घुड़सवार पलटन; ~ officer रसालदार; ~ and infantry घुड़सवार और पैदल सेना[F]; ~ was ordered to proceed घुड़सवार दस्ते/रसाले को आगे बढ़ाने का आदेश दिया गया. [*as distinct from* chivalry]

cave केव **I.** *n*[c]. गुफा[F], गुहा[F], कंदरा[F] [deep गहरी, empty खाली, spacious खुली, vast विशाल]; ~ **dweller** ≈ वासी; ~ **man** गुहामानव; a wolf uses this ~ for its den एक भेड़िया इस ~ को अपनी मांद[F] के लिए इस्तेमाल करता है; a lion and a lioness dwell in the ~ ≈ में एक शेर और शेरनी रहते हैं. **II.** *v.i.* धँस जाना : the tunnel caved in सुरंग[F] (अंदर को) धँस गई; ceiling ~d in on the labourers छत[F] मज़दूरों पर आ गिरी, मज़दूर छत के नीचे दब गए.

cavity कै'विटि *n*[c]. (*pl.* cavities) खोल, विवर : mouth ~ मुख-विवर; the dentist found a ~ in my tooth दाँतों के डाक्टर ने मेरे दाँत में एक खोल पाया; the thief hid the necklace in the ~ of a wall चोर ने कंठहार को दीवार[F] के कोटर में छिपा दिया.

C B I Central Bureau of Investigation.

C C. cubic centimetre. **C.C.** chief clerk.

cease सीस **I.** *v.i.* **1.** बंद होना, रुक जाना : the rain has ~d बारिश[F] बंद हो गई है; that department has ~d to exist वह विभाग अब बंद हो गया है; this kind of foolishness must ~ immediately इस प्रकार की मूर्खता[F] तुरंत बंद होनी चाहिए. **2.** समाप्त होना : all hostilities have ~d सब वैर विरोध समाप्त हो गया है. **3.** बाज़ आना, हट जाना : it is necessary for a gentleman to ~ **from** quarrels एक भद्र पुरुष के लिए आवश्यक है कि झगड़ों से बाज़ आए. **II.** *v.t.* **1.** बंद करना, रोकना : ~ your noise अपना शोर बंद करो; they were ordered to ~ firing उन्हें गोलीबारी^F बंद करने या रोकने का आदेश दिया गया; boys, cease shouting लड़कों, चिल्लाहट^F बंद कर दो. **2.** समाप्त/ख़त्म करना : they had to ~ work उन्हें काम समाप्त करना पड़ा. [*ant.* start] **~-fire** युद्ध-विराम. **~less** *a.* अविरत, लगातार; ~ rain ≈ बारिश^F/वर्षा^F; ~ stream of traffic यातायात का ≈ प्रवाह/ताँता; there was a ~ noise वहाँ ≈ शोर होता रहा. **ceaselessly** *adv.* निरन्तर, लगातार : it rained ~ ≈ बारिश^F/वर्षा^F हुई. [*as distinct from* seize]

cede सीड *v.t.* **1.** (give up) सौंपना, अर्पित करना : to ~ one's territory **to** another country अपना भूभाग किसी दूसरे देश को ≈; they were not ceding their lands to the government वे सरकार^F को अपने खेत नहीं सौंप रहे थे. **2.** (admit) हार^F मानना^F : he ~d a point in discussion वह चर्चा^F में एक बिंदु पर हार मान गया; he ~ed himself before his opponents वह अपने विरोधियों के आगे हार मान गया. [*n.* cession *q.v.*]

ceiling सी'लिंग *n.* **1.** (अंदर की) छत^F [low नीची, concrete ठोस/पक्की]; ~ **fan** छत का पंखा; there were bookshelves upto the ~ पुस्तकों^F के रैक छत तक (लगे) थे; paint the ~ before you paint the wall दीवार^F रंगने से पहले छत रंगो; electric light hangs from the ~ बिजली की बत्ती^F छत पर से लड़कती है. **2.** सीमा^F : ~ on land भूमि^F पर लगी सीमा : there is a ten per cent ~ on wages मज़दूरी^F पर 10% सीमा है; ~ price अधिकतम मूल्य. [*as distinct from* sealing मोहर^F लगाना]

c f. compare.

c.f. carried forward अग्रसरित.

celebrate सें' लॅब्रेट *v.t.* (समारोह) मनाना : to ~ one's birthday अपना जन्मदिन मनाना; they ~d their silver wedding last year उन्होंने पिछले वर्ष विवाह की रजत गाँठ^F मनाई; they were celebrating New Year day वे नववर्ष का पहला दिन मना रहे थे. **celebrated** से'लिब्रेटिड *a.* प्रसिद्ध, सुविख्यात, नामवर [author लेखक, artist कलाकार, statesman राजनीतिज्ञ] : Kalidasa was a ~ poet of Sanskrit कालिदास संस्कृत के ≈ कवि थे. **celebration** सेलि ब्रे'शन *n.* समारोह, उत्सव [great भारी, joyful हर्षोल्लासमय, solemn विधिवत्]; ~ of festival पर्वोत्सव; ~ at the baby's birthday बच्चे के जन्मदिन का समारोह.

celibacy ≈सें'लिबॅसि *n*^u. ब्रह्मचर्य, अविवाहित जीवन : most Sadhus in India live in ~ भारत में अधिकतम साधु अविवाहित जीवन बिताते हैं. [*n. & a.* celibate ब्रह्मचारी]

cell सॅल *n*^c. **1.** कोठरी^F [dark अँधेरी, lonely एकांत, solitary अकेली]; prisoners live in ~s कैदी कोठरियों में रहते हैं. **2.** सेल, बैटरी^F [electric वैद्युत्, transistor ट्रांज़िस्टर का, used पुराना] : we bought three ~s and put them in our torch हमने तीन सेल खरीदकर टार्च में डाल दिये. **3.** कोशिका^F; ~s of the brain दिमाग़ की कोशिकाएँ; a honeycomb contains many ~s मधुमक्खी के छत्ते में बहुत-सी कोशिकाएँ होती हैं. [*as distinct from* sell]

celsius सॅल्'सिअस = centigrade *q.v.*

cement सि मेन्ट **I.** *n*^u. **1.** सीमेंट [grey स्लेटी रंग का, white सफ़ेद, dark काला]; ~ is composed of powdered stone, clay and coal ≈ पत्थर, मिट्टी^F और कोयले को पीसकर बनाया जाता है; a bag of ~ ≈ का बोरा; ~ is used for binding masonry brick-work ≈ का प्रयोग पक्की जुड़ाई^F में इस्तेमाल किया जाता है; a kind of ~ is used to repair broken chinawares एक प्रकार का ≈ चीनी मिट्टी^F के टूटे-फूटे बरतनों में काम आता है : a dentist also uses another kind of ~ to fill holes in the teeth दंदानसाज़ भी एक अन्य प्रकार का ≈ दांतों के खोल भरने के लिए इस्तेमाल करता है. **2.** (fig.) जोड़ने का साधन : it worked as a ~ for union इसने मेल-मिलाप दृढ़ करने का काम किया. **II.** *v.t.* **1.** सीमेंट भर कर जोड़ना; to ~ the cracks in stonework प्रस्तरकार्य में दरज़ों^F को ≈ भर कर जोड़ना. **2.** (fig.) पक्का

करना, दृढ़ करना : this agreement ~ed our friendship इस करार ने हमारी मित्रता[F] को दृढ़/पक्का कर दिया.

cemetry सें'मिट्रि *n*[c]. (*pl.* cemetries) क़ब्रिस्तान (ईसाई) : the funeral procession started for the ~ शवयात्रा[F] ≈ के लिए शुरू हो गई : they bury their dead in a ~ वे अपने मृतकों को ≈ में दफ़नाते है; Mrs. Charles goes to the ~ each week to place a wreath on her husband's grave श्रीमती चार्ल्स हर हफ़्ते अपने पति की क़ब्र[F] पर फूलमाला चढ़ाने जाती है; there are cemetries outside the town क़ब्रिस्तान शहर के बाहर है. [*as distinct from* symmetry]

censor सें न्'सर **I.** *n*[c]. सेंसर [critical छिद्रान्वेषी, alert सतर्क, expert कुशल]; ~ examins films, plays, books, etc. ≈ फ़िल्मों[F], नाटकों, पुस्तकों[F] आदि की जाँच करता है; the ~ sees that the news is fit to be published ≈ देखता है कि कोई समाचार प्रकाशित करने योग्य है या नहीं; his novel was banned by the ~ ≈ ने उसके उपन्यास पर रोक[F] लगा दी; the film-~ removed the immoral scenes फ़िल्म-≈ने अनैतिक दृश्यों को हटा दिया. **II.** *v.t.* सेंसर करना : prisoners' letters are being ~ed क़ैदियों के पत्र सेंसर किये जा रहे हैं; the film was ~ed by a board फ़िल्म[F] एक परिषद् द्वारा सेंसर की गई. ~ship सेंसर कार्य; सेंसर का पद. [*as distinct from* censure]

censure सें न्'शर **I.** *n*[u]. निंदा[F] [preventive निषेधात्मक, scathing कठोर, unfair अनुचित]; ~ **motion** निंदा-प्रस्ताव; a vote of ~ निंदा-मत; ~ by parliament संसद् द्वारा ≈. **II.** *v.t.* निंदा[F] करना; [justly उचित रूप से, properly ठीक तरह, without any reason बिना कारण]; he was ~d **for** being dishonest बेईमान होने के कारण उसकी निंदा की गई. newspapers ~ the conduct of leaders समाचार-पत्र नेताओं के आचरण की निंदा करते है. [*ant.* praise]

census सें न्'सस *n*[c]. (*pl.* censuses) जनगणना[F], मर्दुमशुमारी[F] : industrial ~ औद्योगिक गणना; ~ of lions सिंहों की गणना; official ~ सरकारी ≈; periodical ~ आवधिक ≈; In India ~ is conducted every ten years भारत में ≈ हर दस साल में होती है; ~ provides information about sex, education, age, occupation, etc. of a population ≈ से आबादी[F] के लिंग-भेद, शिक्षा[F], उम्र[F], पेशे आदि की जानकारी मिलती है.

cent सें न्ट *n*[c]. **1.** सैकड़ा, सौ, शत : ~ per ~ शत प्रतिशत : सौ फ़ीसदी. **2.** सेंट (एक अमरीकी सिक्का :) a ~ is a hundredth part of a dollar सेंट डालर का सौवाँ भाग होता है. [*as distinct from* scent, sent]

centenarian सें न्टें ने'रिअन *n*[c]. शतवर्षीय व्यक्ति : there are three ~s in Allahabad city इलाहाबाद नगर में तीन ≈ हैं; in the region about Caucassus, there are scores of ~s कोहकाफ़ के आस-पास के इलाके में बीसियों ≈ है.

centenary सें न् टी'नरि *n*[c]. (*pl.* centenaries) शती[F], शताब्दी[F] : the Institute is celebrating its ~ this year संस्थान अपनी शताब्दी मना रहा है; third birth ~ of Guru Gobind Singh गुरु गोबिंद सिंह की तीसरी शती[F]. [*cf.* century]

centi - pref. शत, सौ

centigrade सें न्'टिग्रेड *a.* सौ अंश/डिग्री का, सेंटीग्रेड : ~ thermometer ≈ थर्मामीटर/तापमापी; the night temperature was 12° ~/celsius रात[F] का तापमान 12° सेंटीग्रेड था; the maximum temperature today was 40° ~ आज अधिकतम तापमान 40° सेंटीग्रेड था; normal temperature of a person is 37° ~ or 98°.6 Fahrenheit किसी व्यक्ति का सामान्य तापमान 37° सेंटीग्रेड या 98°.6 फ़ारनहाइट होता है.

centimetre, centimeter सें न्'टिमिटर *n*[c]. सेंटीमीटर : there are a hundred ~s in a metre मीटर में एक सौ ≈ होते हैं; 2.5 ~s make an inch ढाई ≈ का इंच बनता है; I am three ~s taller than you मैं तुमसे तीन ≈ लंबा हूँ.

central सें न्'ट्रल *a.* केंद्रीय [administration प्रशासन, ~ board of revenue राजस्व परिषद्[F], committee समिति[F]]; the prime minister is the head of ~ government

प्रधानमंत्री ≈ शासन का अध्यक्ष होता है; the offices of the ~ secretariat are in Delhi ≈ सचिवालय के कार्यालय दिल्ली[F] में हैं. ~ Jail मुख्य कारागार; ~ railway मध्य रेलवे[F]. [*from* centre]

centralization सें'न्ट्रॅलाइज़े'शन *n.* केंद्रीयकरण : ~ of administration, organization, power प्रशासन, संगठन, शक्ति[F] का ≈. **centralize** *v.t.* केन्द्रित करना : to ~ capital, administration, resources पूँजी[F], प्रशासन, संसाधन केंद्रित करना. **centrally** *adv.* केन्द्र में : ~ located केंद्र में स्थित; ~ heated अंतःस्तापित

centre सें'न्‌टर **I.** *n*[c]. **1.** केन्द्र [commercial वाणिज्यिक, cultural सांस्कृतिक, industrial औद्योगिक]; ~ of a circle वृत्त का ≈; ~ of gravity गुरुत्वाकर्षण ≈; health ~ स्वास्थ्य ≈; ~ of trade व्यापार ~ ≈; she was the ~ of attraction वह आकर्षण का ≈ थी; you should sit in the ~ तुम्हें केन्द्र/मध्य में बैठना चाहिए. **II.** *v.i.* केंद्रित होना : her love ~s at/in/on her daughter उसका प्यार अपनी बेटी[F] पर केंद्रित रहता है; all eyes centred on the speaker सभी की निगाहें[F] अध्यक्ष पर केंद्रित हो गईं; the entire discussion ~d around/on one point सारी बहस[F] एक बिंदु पर केंद्रित रही. **III.** *v.t.* केंद्रित करना : to ~ one's hopes on/in smb or smth किसी व्यक्ति या वस्तु[F] पर अपनी आशाएँ[F] केंद्रित करना. a businessman usually ~s his interest in money व्यापारी सामान्यतः अपना हित पैसे में केंद्रित कर देता है.

century सें'न्‌च्युरि *n*[c]. (*pl.* centuries) **1.** शती[F], शताब्दी[F], सदी[F] : the 20th ≈ is the period from 1901 to 2000 A.D. बींसवीं ≈ 1901 से 2000 ई. की अवधि[F] तक है; he was born many centuries ago उसका जन्म कई शताब्दियों[F] पहले हुआ था; Asoka the Great, ruled over India in the third century *B.C.* अशोक महान् ने तीसरी ≈ ई. पू. में भारत पर राज्य किया. **2.** (in cricket) शतक : Kamble hit three centuries this year काम्बले ने इस वर्ष तीन शतक बनाए; Kapil Dev made a double ~ in the last match कपिल देव ने पिछले मैच में दोहरा शतक बनाया.

cereal सिअ'रिअल **I.** *n*[c]. (usu. *pl.*) अनाज, अन्न : wheat, barley, maize and millet are ~s गेहूँ, जौ, मक्का और बाजरा ≈ हैं : we grow, grind and eat ~s हम ≈ उगाते, पीसते और खाते हैं; rice is also a ~ used as a food mostly in eastern and southern parts of India चावल भी एक ≈ है जो खाद्य के रूप में अधिकतर भारत के पूर्वी और दक्षिणी भागों में इस्तेमाल किया जाता है. **II.** *a.* अनाज का : ~ crops अनाज की फ़सलें[F]; ~ plants अनाज के पौधे. [*as distinct from* serial]

ceremony सें'रिमनि *n*[c]. (*pl.* ceremonies) **1.** संस्कार, अनुष्ठान [funeral अंत्येष्टि[F], interesting मनोरंजक, religious धार्मिक]; marriage ~ takes place in a temple विवाह-संस्कार मंदिर में होता है. **2.** समारोह : opening ~ उद्घाटन ≈; the ~ of investiture of an Acharya किसी आचार्य के प्रतिष्ठापन का ≈.

certain सर'टन *a.* **1.** (sure) निश्चित [day दिन, school स्कूल/विद्यालय, time समय]; it is ~ that the world is round यह ≈ है कि दुनिया गोल है; I think he is dead but it is not ~ मेरा ख़्याल है कि वह मर गया है, परन्तु यह ≈ नहीं है; I am ~ मुझे निश्चय है· have you got a ~ proof of your servant's honesty क्या आपके पास नौकर की ईमानदारी[F] का कोई निश्चित प्रमाण है ? to make ~ of smth किसी बात[F] का निश्चय कर लेना. [*ant.* doubtful] **2.** (any) कोई, कुछ : a ~ Mr. Alok came here कोई साहब श्री आलोक के यहाँ आये थे; he made certain remarks उसने कुछ टिप्पण किये; he made a ~ statement ~ उसने कोई वक्तव्य/बयान दिया था. ~ people think that कुछ लोग सोचते हैं कि . . . **3.** ख़ास : under ~ conditions ख़ास शर्तों के तहत; for a ~ reason विशेष कारण से. for ~ निश्चित रूप से : she knows, for ~. that he is dead वह ≈ जानती है कि वह मर गया है. **certainly** सर'टन्लि *adv.* : निश्चय, अवश्य : will you come? yes ~ क्या तुम आओगे ? हाँ ≈; I shall ~ write to you मैं तुम्हें अवश्य लिखूँगा; if you poke your finger in fire, you will ~ get burnt यदि तुम आग[F] में उंगली[F] डालोगे तो निश्चय ही जल जाओगे. **certainty** *n.* निश्चय, विश्वास : there is no ~ of his arrival in time उसका वक्त पर पहुँचने का कोई विश्वास/निश्चय नहीं है; it is a ~ that he will win यह निश्चय है कि वह जीतेगा; death is a ~ मृत्यु[F] अवश्यंभावी है; for a ~ निश्चय, निस्संदेह; that is a ~ यह निश्चित/पक्की बात[F] है; his success was a ~ उसकी सफलता[F] निश्चित थी. [*ant.* uncertainty]

certificate सर्टि'फ़िकट n^c. प्रमाण-पत्र, सर्टिफ़िकेट [birth जन्म का, death मृत्यु का, character चरित्र का, health स्वास्थ्य का, transfer स्थानान्तरण का]; you need several ~s at the time of admission प्रवेश के समय तुम्हें कई प्रमाण-पत्रों की आवश्यकता[F] होती है; I got a doctor's ~ मैंने डाक्टरी सर्टिफ़िकेट प्राप्त किया; the principal provided me with a ~ प्रिंसिपल ने मुझे ≈ दिया. **certify** सर्'टिफ़ाइ *v.t.* (certified, certifying) प्रमाणित करना : certified that Mr.... passed his B.A. examination in first division प्रमाणित किया जाता है कि श्री... ने बी. ए. की परीक्षा[F] प्रथम श्रेणी में उत्तीर्ण की; he is not insane but I can't ~ to that effect वह पागल नहीं है परन्तु मैं यह प्रमाणित नहीं कर सकता; ~ smb as perfectly healthy किसी को पूर्णतया स्वस्थ ≈.

cess सेंस n^c. उपकर : district board's ~ ज़िला परिषद् का ≈.

cessation सेंसे'शन n^u. (*from* cease) विराम, ठहराव : temporary ~ अस्थायी ≈; ~ of hostilities लड़ाई बंदी[F], युद्ध-विराम, वैर का ठहराव; ~ of noise शोर समाप्त; ~ of pain पीड़ा-निवारण.

cession सें'शन n^u. (from cede) अर्पण, सौंप देना : ~ of right, property अधिकार, संपत्ति[F] का अर्पण या छोड़ देना; ~ of territory to the victorious power विजेता राष्ट्र को भूभाग सौंप देना. [*as distinct from* session]

chafe चेफ़ **I.** *v.t.* रगड़ना : to ~ the skin त्वचा[F]/चमड़ी[F] को रगड़ देना. this stiff collar ~s my neck यह कड़ा कालर मेरी गरदन को छील रहा है. **II.** *v.i.* **1.** छिल जाना : a child's skin ~s easily बच्चे की त्वचा/चमड़ी आसानी[F] से छिल जाती है **2.** खीझना, झुंझलाना : pupils ~ **at** being detained in school स्कूल में रोके जाने पर छात्र खीझते/तिलमिलाते हैं : everybody was chafing **at** the delay हर आदमी विलम्ब के कारण खीझ रहा था; he ~d under restraint वह पाबंदी[F] के कारण झुंझला रहा था.

chaff चैफ़ **I.** n^u. **1.** (husk of grain) भूसी : winnow the corn and the ~ is separated from grains अनाज को फटको तो दानों से भूसी अलग हो जाती है. **2.** (chopped hay or straw) भूसा : ~ for fodder चारे के लिए ≈. **3.** ठठोली[F] : he resents ~ वह ठठोली से बुरा मान जाता है. **II.** *v.t.* चिढ़ाना, मज़ाक उड़ाना : her brothers ~d her about her shyness उसके भाई उसके शर्मीलेपन पर उसे चिढ़ाते थे : he ~s me unmercifully about my mistakes वह मुझे अशुद्धियों[F] पर बेरहमी[F] से चिढ़ाता है या मज़ाक उड़ाता है.

chain चेन **I.** n^c. चेन[F], ज़ंजीर **1.** [heavy भारी, gold सोने की, iron लोहे की, long लंबी]; ~ of a bicycle बाइसिकल की चेन; ~ of a dog कुत्ते की ≈; the elephant was fastened by a ~ हाथी ≈ से बँधा था; she wore a silver ~ round her neck उसने अपने गले में चाँदी[F] की ≈ पहनी थी; the anchor was attached to a ~ लंगर ज़ंजीर से बँधा था. **2.** series सिलसिला, शृंखला[F] : ~ of ideas/thoughts विचारों का सिलसिला, विचारों की शृंखला[F]/लड़ी[F]; ~ of mountains पर्वत-शृंखला[F], पर्वतमाला : ~ of stores भंडारों का सिलसिला (बहुत-से भंडार). ~ reaction प्रतिक्रिया का सिलसिला : this strike will start a ~ reaction all over the country इस हड़ताल[F] से सारे देश में प्रतिक्रिया का एक सिलसिला शुरू हो जाएगा. **II.** *v.t.* ज़ंजीर लगाना, बाँधना : ~ the door दरवाज़े पर जंजीर लगा दो; ~ that terrible dog उस भयानक कुत्ते को बाँध दो; the thief was ~ed चोर को हथकड़ी[F]/बेड़ी[F] लगा दी गई.

chair चेअर **I.** n^c. **1.** कुर्सी[F] [broken टूटी हुई, comfortable आरामदेह]; arm ~ बाज़ूवाली

≈; easy ~ आराम ≈. portable ~ टुटवाँ ≈; baby's ~ बच्चे की≈; we sit on a ~ हम ≈ पर बैठते हैं : please, take your ~ कृपया बैठिए; he did not care to offer me a ~ उसने मुझे ≈ तक पेश करने की परवाह[F] नहीं की. **2.** प्रोफ़ेसर का पद : he holds the ~ of history at the University वह विश्वविद्यालय में प्रोफ़ेसर के पद पर है. **3.** सभापति का आसन या पद : to be in the ~ सभापतित्व करना, to take the ~ सभापति का आसन ग्रहण करना; please address the ~ कृपया सभापति को संबोधित कीजिए; you should obey/respect the ~ तुम्हें सभापति की आज्ञा[F] का पालन करना चाहिए, उसका सम्मान करना चाहिए. **II.** *v.t.* सभापतित्व करना, अध्यक्ष पद ग्रहण करना : Mr.... chaired the meeting last night कल रात[F] श्री ... ने बैठक में अध्यक्ष पद ग्रहण किया या बैठक की अध्यक्षता[F] की. **chairman** (*pl.* chairmen), for ladies generally chairperson (*pl.* chairpersons) सभापति, अध्यक्ष, सदर : ~ of a meeting सभाध्यक्ष, सभापति : ~ of a committee समिति[F] का अध्यक्ष; in the absence of the chairman the vice-chairman presides सभापति की अनुपस्थिति[F] में उपसभापति अध्यक्षता[F] करता है; she was elected chairperson उसे अध्यक्ष निर्वाचित किया गया. **chairmanship** *n*[u]. अध्यक्षता[F], सभापतित्व : under the ~ of Dr. Dev डॉ. देव की अध्यक्षता में.

chalk चॉक *n*[u]. खड़िया[F], चाक (brown भूरा, colour रंगीन, soft नरम, white सफ़ेद); our teacher writes with a piece of ~ on the black board हमारे अध्यापक चाक के टुकड़े से श्यामपट्ट पर लिखते हैं; I have ~-dust all over my coat मेरे सारे कोट पर ≈ की धूल[F] है. **Δ not to know ~ from cheese** घटिया-बढ़िया का अंतर न जानना : **as like as chalk and cheese** नितान्त भिन्न. *v.t.* **~out** रूपरेखा बनाना : out your plan, programme अपनी योजना[F], अपने कार्यक्रम की रूपरेखा[F] बना लो.

challenge चै'लिन्ज **I.** *n*[c]. चुनौती[F], चैलेंज [insolent धृष्ट, justified उचित, threatening धमकी भरी/भरा]; he gave me a ~ to a duel उसने द्वंद्व युद्ध के लिए मुझे चेतावनी दी; a ~ to a wrestling match दंगल के लिए ≈; to accept a ~ ≈ स्वीकार करना; the examination is a real ~ परीक्षा[F] सचमुच एक ≈ है. **II.** *v.t.* **1.** चुनौती देना : I ~d him to fight मैंने लड़ने के लिए उसे चुनौती दी; to ~ one's enemy अपने शत्रु को चुनौती देना; are you challenging the President's authority क्या तुम अध्यक्ष के प्राधिकार को चुनौती दे रहो हो? **2.** आपत्ति[F] उठाना/करना : the President ~ the statement of a member सभापति ने एक सदस्य के वक्तव्य पर आपत्ति उठाई/की; his allegation was ~d उसके आरोप पर आपत्ति की गई; to ~ one's right to vote किसी के मताधिकार पर आपत्ति उठाना. **challenging** *a.* कठिन : ~ problem, task ≈ समस्या[F], कार्य.

chamber चेम्'बर *n*[c]. **1.** कमरा, कक्ष [comfortable आरामदायक, spacious खुला, sick रोगी का]; advocate's, doctor's ~ अधिवक्ता, डाक्टर का ≈; ~-maid (होटल में) परिचारिका[F]; to steal into one's ~ किसी के कमरे में चोरी[F] से घुस जाना. **2.** (विधान मंडल का) सदन. upper ~ प्रवर सदन, (केन्द्र में) राज्यसभा[F], (राज्यों में) विधान परिषद; lower ~ अवर सदन; (केन्द्र में) लोकसभा[F], (राज्यों में) विधान सभा[F]. **3.** ~of commerce व्यापार-मंडल. **4.** (विधि) the case was heard in ~ मामले की सुनवाई[F] जज के निजी कमरे में हुई.

chameleon कमी'लिअन **I.** *n*[c]. गिरगिट : a ~ changes its colour according to its surroundings ≈ अपने परिवेश के अनुरूप अपना रंग बदल लेता है; he changes his loyalty like a ~ वह ≈ की तरह अपनी निष्ठा[F]/वफ़ादारी[F] बदलता रहता है; he is a real ~ वह सचमुच ≈ है. **II.** (*attri.*) बहुरूपिया : he is a real ~ वह सचमुच ≈ है; he can easily adjust himself in this ~ world वह इस बहुरूपी संसार में आसानी[F] से अपने को ढाल लेता है.

champion चैम्'पिअन **I.** *n*[c]. **1.** विजेता (खिलाड़ी) [former पहले का, भूतपूर्व, future भावी, new नया]; tennis ~ टेनिस ≈; ~ wrestler ≈ पहलवान. **2.** हिमायती, समर्थक :

~s of peace शांति[F] के ≈; ~ of human rights मानवाधिकारों का ≈; ~ of smb's cause किसी के पक्ष का समर्थक. **II.** *v.t.* समर्थन करना, पक्ष लेना, हिमायत[F] करना; he ~s freedom of speech वह भाषण की स्वतंत्रता[F] का समर्थन करता है : he is ~ing my cause वह मेरे पक्ष का समर्थन कर रहा है. [*n.* championship पक्षसमर्थन, हिमायत[F]]

chance चान्स *n*[c]. **1.** अवसर, मौका [good अच्छा, rare दुर्लभ, unexpected अप्रत्याशित]; to give one a ~ किसी को ≈ देना; I cannot afford to lose such a good ~ मैं इतना अच्छा मौका नहीं खो सकता; he has a good ~ to succeed उसे सफलता[F] पाने का अच्छा ≈ है; we gave him another ~ हमने उसे दूसरा (एक और) मौका दिया. **2.** संयोग : I met him **by** ~ संयोग से वह मुझसे मिल गया; by any ~ संयोगवश : I found the medicine by ~ मुझे यह दवा[F] ≈ से मिल गई. **3.** भाग्य, किस्मत[F] : game of ~ भाग्यपरीक्षा[F] का खेल; **leave it to** ~ भाग्य पर छोड़ दो; **to take one's** ~ आज़माना. **4.** संभावना[F] (सफलता की) : I came here on the ~ of seeing him मैं उससे भेंट[F] करने की संभावना से यहां आया; he stands a good ~ उसकी सफलता[F] की बड़ी संभावना है; I have n't the ghost of a ~ of succeeding मेरी सफलता[F] की ज़रा-भर संभावना नहीं है. **5.** जोखिम : he is taking a ~ by driving his car so fast इतनी तेज़ गाड़ी[F] चलाकर वह जोखिम उठा रहा है; don't take ~≈ मत उठाओ. **II.** *a.* अचानक : a ~ meeting ≈ मुलाकात[F]; ~ acquaintance अचानक परिचय. **III.** *v.i.* संयोगवश (घटित) होना : I ~d to meet him मुझे उससे मिलने का संयोग प्राप्त हुआ; I ~d to be there संयोगवश मैं वहां था; ~ **upon** संयोग से पाना : he ~d upon smth संयोग से उसे कोई वस्तु[F] मिल गई; he ~d upon smb संयोगवश उससे एक व्यक्ति मिल गया.

chancellor चान्स'लर *n*[c]. **1.** (इंग्लैंड में) मंत्री-पद का अधिकारी : Lord ~ प्रधान न्यायाधीश; ~ of Exchequer वित्त मंत्री. **2.** (जर्मनी और आस्ट्रिया में) प्रधानमंत्री. **3.**(विश्वविद्यालय में) कुलाधिपति; vice-~ कुलपति.

change चेन्ज **I.** *n*[c]. **1.** परिवर्तन, बदलाव [complete पूर्ण, important महत्वपूर्ण : rapid द्रुत/तेज़, sudden अचानक]; a ~ in the weather मौसम में ≈; ~s is one's feelings भावों के ≈; ~ of heart हृदय- ≈; I have seen many ~s in the village मैंने गाँव में कई ≈ देखे हैं; to make a ~ in the programme कार्यक्रम में कोई ≈ करना; this city is constantly undergoing ~ यह नगरी लगातार बदल रही है : the ~ was effected without any trouble ≈ बिना किसी दिक्कत[F] के हो गया. **2.** *c*[u]. (money in small coins) रेज़गारी[F], छुट्टा : I gave him a ten-rupee note and he gave me a five-rupee note and some ~ मैंने उसे दस रुपए का नोट दिया और उसने मुझे एक पाँच का नोट और कुछ रेज़गारी दी; he took some ~ out of his pocket उसने अपनी जेब[F] से कुछ रेज़गारी निकाली (छुट्टा निकाला). **3.** (*misc.* uses) you need a ~ तुम्हें स्थान (आब-हवा[F]) बदलने की आवश्यकता है; you should go to hills for a ~ तुम्हें हवा[F] (जलवायु[F]) बदलने के लिए पहाड़ पर जाना चाहिए : ~ of clothes कपड़ों का दूसरा जोड़ा. **II.** *v.t.* **1.** बदलना, परिवर्तित करना; ~ appearance, direction शक्ल[F], दिशा[F] ≈; religious views cannot be ~d धार्मिक मतों को बदला नहीं जा सकता; we have ~d our address हमने अपना पता बदल दिया है. to ~ train गाड़ी[F] बदलना; ~ a house मकान बदलना; ~ sides पक्ष बदलना; ~ **one's mind** इरादा बदलना. **2.** विनिमय करना, अदला-बदली[F] करना : to ~ rupees for dollors रुपयों का डालर में विनिमय करना : to to ~ places स्थान की (आपस में) अदला-बदली करना. **III.** *v.i.* **1.** बदल जाना/परिवर्तित होना : times have ~d समय बदल गया है; the town has ~d since I was a child जब मैं बच्चा था तब से यह शहर बदल गया है. **2.** कपड़े बदलना : he changed when he arrived from school जब वह स्कूल से आया तो उसने अपने कपड़े बदले. **3.** गाड़ी[F] बदलना : you will have to ~ at Allahabad तुम्हें इलाहाबाद में गाड़ी बदलनी पड़ेगी. **4.** he has ~d greetly वह बहुत बदल

गया है : the weather is changing मौसम बदल रहा है. [*a.* changeable परिवर्तनीय; changeless अपरिवर्तनशील]

channel चै'नल **I.** *n*^{c}. **1.** नाला : sewage ~ गंदा नाला. **2.** : they cut a ~ from the river उन्होंने नदी^{F} से एक नहर निकाली. **3.** चैनल : English C ~ इंग्लिश चैनल (फ्रांस और इंग्लैंड के बीच). T.V. channel टी. वी. चैनल. **4.** साधन, माध्यम : ~s of communication संचार-साधन/माध्यम. secret ~s of information सूचना^{F} के गुप्त ≈;the news was conveyed to us through several ~s यह समाचार हमें कई माध्यमों से पहुँचाया गया; post office is the ~ for letters and parcel डाकघर पत्रों और पार्सलों के लिए ≈ है : through proper ~ नियत/उपयुक्त माध्यम द्वारा. **II.** *v.t.* दिशा^{F} बनाना : he ~led all his energies into the project उसने अपनी सब शक्तियाँ^{F} इस परियोजना^{F} में लगा दीं; they ~ led the water towards the fields उन्होंने पानी की दिशा^{F} खेतों की ओर बना ली : the Ganga ~s its way through rocks गंगा अपना रास्ता चट्टानों^{F} में से बनाती है. [*as distinct from* canal]

chant चान्ट **I.** *n*^{c}. गीत [solemn धार्मिक, sweet मधुर]; they gave several ~ in the temple उन्होंने मंदिर में कई ≈ सुनाए. **II.** *v.i.* गाना, अलापना : to ~ aloud ऊंचे स्वर में ≈; they were ~ing hymns in divine service वे दैवी पूजा में गाने अलाप रहे थे. **III.** *v.t.* अलापना, गाना : the monks are chanting prayers साधु प्रार्थनाएँ गा/अलाप रहे हैं; I don't ~ anybody's praises मैं किसी का गुण-गान नहीं करता.

chaos के'ऑस *n*^{u}. अव्यवस्था^{F}, अस्तव्यस्तता^{F} : the room in a state of ~ ≈ की दशा^{F} में कमरा : there was ~in the town after the hurricane तूफ़ान के बाद शहर में ≈ थी; the place was in utter ~ वह जगह^{F} अव्यवस्थित थी; my mind is in ~ मेरा मन अस्तव्यस्त है. [*ant.* order] *a.* **choatic** अव्यवस्थित, गड़बड़ [mind मन, place स्थान]; the traffic near the chowk is ~ चौक के पास यातायात ≈ रहता है.

chap चैप **I.** *v.t.* (chapped, chapping) फाड़ना : the cold winds ~s the skin ठंडी हवा^{F} चमड़ी^{F} को फाड़ देती है. **II.** *v.i.* फटना : my hands ~ due to frost पाले के मारे मेरे हाथ फटते हैं; her skin ~ped in cold weather जाड़े में उसकी चमड़ी^{F} फट गई. **III.** *n*$^{u/c}$. फटन, (पैरों में) बिवाई^{F} : I suffer from ~s मैं फटन/बिवाई से पीड़ित हूँ. **IV.** *n*^{c}. आदमी [dear प्यारा, good अच्छा, nice बढ़िया]; he is a jolly young ~ वह एक हँसमुख युवक है; every one likes this ~ इस आदमी को हर कोई चाहता है.

chapter चैप्'टर *n*^{c}. अध्याय [first प्रथम/पहिला, last अंतिम, long लंबा, short छोटा, interesting मनोरंजक]; open your book at ~ four अपनी पुस्तक^{F} में अध्याय 4 खोलिए; read paragraph two of the third ~ तीसरे ≈ का दूसरा परिच्छेद/पैरा पढ़ो; a ~ in her life उसके जीवन का एक अध्याय; with his death a ~ of our social history has closed उसकी मृत्यु^{F} के साथ हमारे सामाजिक इतिहास का एक ≈ बंद हो गया है; there are fifteen ~s in this book इस पुस्तक^{F} में पंद्रह ≈ हैं.

char *v.* (charred, charring) *v.i.* जलकर स्याह हो जाना/झुलसंना : the wood was ~red by the intense heat सख्त गर्मी^{F} से लकड़ी^{F} जलकर स्याह हो गई या झुलस गई; her hands were ~red in fire उसके हाथ आग^{F} में झुलस गए. **II.** *v.t.* जलाकर स्याह करना, झुलसना; the burning coals ~ her skin जलते कोयलों ने उसकी चमड़ी^{F} को जलाकर स्याह कर दिया. **III.** झाड़-पोंछ करना : the woman went on ~ ring औरत झाड़-पोंछ करती रही. ~**woman** झाड़-पोंछ करने वाली औरत.

character कै'रक्टर **I.** *n*^{u}. **1.** चरित्र, चाल-चलन [moral नैतिक, national राष्ट्रीय, personal व्यक्तिगत, social सामाजिक]; ~-building चरित्र-निर्माण; ~ assassination चरित्र-हनन; ~ certificate चरित्र-प्रमाणपत्र; ~ sketch चरित्र-चित्रण; he is a man of ~ वह चरित्रवान व्यक्ति है; his ~is unquestionable उसका ≈ अविवादित है. **2.** विशेषता^{F} : ~ of a place or thing किसी

स्थान या वस्तु^{F} की ≈. **II.** *n*^{c}. **1.** पात्र [strong ज़ोरदार, weak कमज़ोर]; male ~s पुरुष-पात्र; female ~ स्त्री-पात्र. the number of ~s in this novel is large इस उपन्यास में पात्रों की संख्या^{F} बहुत बड़ी है. **2.** अक्षर : Roman, Nagari, Persian ~s रोमन, नागरी, फ़ारसी ≈; I can read Arabic ~s मैं अरबी ≈ पढ़ सकता हूँ; German is now written in Roman ~ जर्मन^F अब रोमन अक्षरों में लिखी जाती है. **3.** लक्षण : the vegetable here is of different ~s यहाँ सब्जी^{F} भिन्न लक्षणों वाली होती है; the two articles differ greatly in ~ दोनों वस्तुओं^{F} के लक्षण बहुत भिन्न हैं. ~ **less** *a.* चरित्र-हीन.

characteristic कैरक्टॅ रिस्' टिक **I.** *n*^{c}. लक्षण, विशेषता^{F} [main/principal मुख्य, leading प्रधान]; kindness is one of his ~s दयालुता^{F} उसकी एक विशेषता है; that kind of behaviour is a notable ~ of that lady इस तरह का व्यवहार उस महिला का जाना-माना लक्षण है. **II.** *a.* विशिष्ट; ~ features ≈ लक्षण/विशेषता; he showed his ~ unwillingness उसने अपनी स्वाभाविक अनिच्छा प्रकट की.

charcoal *n.* (no *pl.*) (लकड़ी का) कोयला : ~ is made by burning wood लकड़ी^{F} जला कर ≈ बनाया जाता है; we no longer burn ~ अब हम कोयला नहीं जलाते; in villages they still make, buy, burn ~ गाँवों में अब भी वे लोग कोयला बनाते, खरीदते, जलाते हैं.

charge चार्ज **I.** *n*^{u}. **1.** भार, कार्यभार [heavy भारी, personal व्यक्तिगत]; he is in ~ of the shop when I come away जब मैं चला आता हूँ तो दुकान^F का ≈ उस पर होता है; hand over ~ ≈ सौंपना. **2.** पदभार, प्रभार : officer in ~ प्रभारी अधिकारी; **to take** ~ ≈ ग्रहण करना; the department was in chaos until I took over ~ जब तक मैंने ≈ ग्रहण नहीं किया, विभाग अव्यवस्थित दशा^{F} में था; to resume ~ पुनः ≈ सँभालना **3.** देखरेख^F, निगरानी^{F} : to put smth. under smb's ~ किसी वस्तु^{F} को किसी व्यक्ति की ≈ में रखना है : these children are in my ~ ये बच्चे मेरी ≈ में हैं; I was in ~ of my grandson मैं अपने पोते/पौत्र की देखरेख करता था; this ward is under the ~ of Dr. Gupta यह कक्ष डॉ. गुप्त की ≈ में है. **4.** *n.*^{c} आरोप, अभियोग : a ~ of theft चोरी^{F} का ≈; there are three ~ against that criminal उस अपराधी पर तीन ≈ हैं : ~ sheet अभियोग-पत्र. **5.** *n.*^{c} खर्च : hotel ~s होटल का खर्च; what is the ~ for a telephone call? टेलीफ़ोन कॉल पर कितना खर्च पड़ता है ? I had to pay a lumpsum ~ for this service मुझे इस सेवा^{F} के लिए एकमुश्त खर्च देना पड़ा. free of ~ बिना मूल्य, मुफ्त. **6.** आदेश; judge's ~ to the jury न्यायसमिति^{F} को न्यायाधीश का ≈. **7.** चढ़ाई^F धावा : a ~ with guns तोपों से धावा/चढ़ाई; ~ of the soldiers on the enemy सैनिकों का शत्रु पर धावा. **II.** *v.i.* **1.** (कीमत) लगाना : this restaurant ~es rather high यह रेस्तरां कुछ ज़्यादा (खर्च) लगाता है या चार्ज करता है; what do you ~ for a bottle of syrup शर्बत की बोतल^F का कितना पैसा लेते हो ? **2.** चढ़ाई^F करना, धावा बोलना : ~ with guns तोपों^{F} से धावा बोलना : they ~d at the enemy's fast उन्होंने शत्रु के किले पर चढ़ाई कर दी. आ/जा धमकना : the boy charged into the room लड़का कमरे में आ/जा धमका. **3.** पिल पड़ना, **III.** *v.t.* **1.** खर्च लेना : ~ the bill to my account बिल मेरे खाते में डाल दो; to ~ postage डाकखर्च लेना : **2.** as no. 1 above; please ~ me lowest price कृपया कम-से-कम कीमत लगाइए : I was ~d Rs. 6 for this pen इस पेन के लिए मुझसे छह रुपए की कीमत लगाई गई. **3.** दोष लगाना, आरोप लगाना : to ~ a person for murder किसी पर हत्या^{F} का ≈; he was ~d **with** theft उस पर चोरी^{F} का इलज़ाम लगाया गया. **4.** आज्ञा^{F} देना; I ~ you to go away मैं तुम्हें आदेश देता हूँ कि चले जाओ. **5.** भार डालना : a student should not ~ his memory विद्यार्थी को अपनी याददाश्त^F पर बोझ नहीं डालना चाहिए, **chargeable** *a.* (person) दोष/आरोप लगाने योग्य : (thing) दाम लगाने योग्य.

charitable चै'रिटॅबल *a.* **1.** (of persons) दानी, परोपकारी : Dhanna Seth was a ~ Hindu धन्ना सेठ ≈ हिन्दू था : she has a ~

disposition वह परोपकारी वृत्ति^F की महिला है. **2.** (of institution) धर्मार्थ; ~ orphanage ≈ अनाथालय; ~ endowment ≈ निधि; ~ institution ≈ संस्था^F; ~ hospital ≈ चिकित्सालय.

charity चै'रिटि **I.** *n*^u. दान : good men often give their money in ~ भद्र पुरुष प्राय: अपना धन दान में देते हैं : give smth out of ~ ≈ के रूप में कुछ देना. **II.** *n*^c. charities भले काम : he is known for his ~ वह भले कामों के लिए जाना जाता है. Δ **out of ~** दया^F की भावना^F से; ~ **begins at home** पहले अपने, पीछे पराये.

charm चार्म **I.** *n*^c. **1.** (incantation) टोना-टोटका, ताबीज़; the boy wore a ~ round his neck लड़के ने गले में ≈ डाल रखा था. **2.** (spell) जादू : this medicine acted like a ~ इस दवा^F ने ≈ का काम किया. **3.** (attractiveness) आकर्षण, मनोहरता^F : a woman of great ~ अत्यंत मनोहारी स्त्री; ~ of manners आचरण का आकर्षण; ~ of nature प्रकृति^F की मनोहरता. **II.** *v.i.* **1.** आकर्षित करना; natural beauty ~s more than physical beauty प्राकृतिक सुंदरता^F शारीरिक सुंदरता^F की अपेक्षा^F अधिक आकर्षित करती है. **2.** मोहित होना : he was ~ed to see her वह उसे देखकर मोहित हो गया. **III.** *v.t.* **1.** जादू कर देना : the ointment ~ed away the pain मरहम^F ने दर्द हटाने में जादू कर दिया. **2.** मोहित करना : he can ~ any woman वह किसी स्त्री को मोहित कर सकता है. **charming** *a.* मनोहारी [manners आचरण, smile मुस्कान, hostess परिचारिका, personality व्यक्तित्व]; it was an extremely ~ scene यह एक अत्यंत ≈ दृश्य था.

chart चार्ट **I.** *n*^c. मानचित्र, नक्शा, चार्ट : weather ~ मौसम का ≈; to make a ~ ≈ बनाना; sailors have a ~ of their own ~ नाविकों के पास एक अपना ≈ होता है : that ~ showed the patient's temperature उस ≈ में रोगी का तापमान दिखाया गया है. **II.** *v.t.* (चार्ट या मानचित्र) बनाना : the seamen ~ed the Black Sea नाविकों ने काले सागर का चार्ट बनाया; to ~ a plan, programme कोई योजना^F, कार्यक्रम बनाना.

charter चार्'टर **I.** *n*^c. शासनपत्र, अधिकारपत्र [written लिखित, printed मुद्रित]; the great C~ महाशासनपत्र; the rights of citizens are secured by a ~ नागरिकों के अधिकार ≈ द्वारा सुरक्षित होते हैं; the government issued the ~ सरकार^F ने ≈ जारी किया; the ~ of a company कम्पनी का ≈. **II.** *a.* chartered शासपत्रित, अधिकृत [rights अधिकार, flight उड़ान^F]; ~ accountant ≈ लेखाकार. **III.** *v.t.* भाटक पर लेना; the teacher ~ed a bus for the school picnic स्कूली पिकनिक के लिए अध्यापक ने एक बस^F किराये पर ली.

chase चेस **I.** *v.t.* (chased, chasing) **1.** पीछा करना : to ~ a ship जहाज़ का ≈; he ~d (after) then but could not catch them. उसने उनका पीछा किया लेकिन उन्हें पकड़ न सका; he is chasing girls वह लड़कियों के पीछे पड़ा है. **2.** खदेड़ना : the dog ~d the cat कुत्ते ने बिल्ली^F को खदेड़ा; they ~d the thief उन्होंने चोर को खदेड़ा; to ~ away a dog कुत्ते को खदेड़कर भगा देना; **II.** *n*^u. **1.** पीछा : to insist on the ~ ≈ करने की ज़िद^F करना; he caught him after a long ~ उसने दूर तक ≈ करने के बाद उसे पकड़ लिया; the old lady saw the thief running up the street and gave the ~ on her bicycle बूढ़ी औरत^F ने चोर को गली^F में भागते हुए देखा और अपनी साइकिल से ≈ किया. wild goose ~ मूर्खतापूर्ण दौड़^F. **2.** शिकार; to be fond of the ~ ≈ का शौकीन होना; the pleasure of the ~ ≈ का आनन्द.

chaste चेस्ट *a.* **1.** (pure) विशुद्ध, शुद्ध : a ~ mind ≈ मन. **2.** (of language) प्रांजल. **3.** (lady) साध्वी, सती, पवित्र : ~ woman ≈ स्त्री; brides were expected to be ~ before marriage आशा^F की जाती थी कि शादी^F से पहले दुलहनें पवित्र रहें.

chastise चैस् टाइज़' *v.t.* (chastised, chastising) दण्ड देना, मारना-पीटना [duly उचित ढंग से, seriously गंभीर रूप से]; to ~ one for one's haughtiness/falsehood किसी को उसकी धृष्टता^F झूठ के लिए ≈; the boy was ~d by the master for telling a lie झूठ बोलने पर अध्यापक ने लड़के को दण्डित दिया. [*ant.* caress] **chastisement** n^u. दण्ड, सज़ा^{F}; severe ~ कड़ा/कठोर ≈.

chat चैट **I.** n^u. बातचीत^F, गपशप^F [nice अच्छी, long लम्बी]; let us have a ~ with our friend हम अपने मित्र से ≈ कर लें; we had a ~ over a tea हमने चाय पर ≈ कर ली; you need less ~ if you want success सफलता^{F} चाहते हो तो तुम्हें बातें कम करने की ज़रूरत^F है. **II.** *v.i.* (chatted, chatting) बातचीत^F करना, गपशप^F करना; they ~ted about the weather उन्होंने मौसम के विषय में गपशप^F की; they were ~ting at the gate वे फाटक पर गपशप^F कर रहे थे.

chatter चै'टर **I.** n^u. **1.** चहक^F, चहचहाहट^F : ~ of birds पक्षियों की ≈; the ~ of guns could be heard in the village too तोपों^{F}/बन्दूकों^{F} की चहक गाँव में भी सुनी जा सकती थी. **2.** (of men) बक-बक^F, चौं-चौं^{F}; ~ of old women बूढ़ी औरतों की ≈ ~ box बातूनी, गप्पी (व्यक्ति); stop ~ and listen to what I say बक-बक^F बन्द करो और मैं जो कहता/कहती हूँ सुनो. ~ of the teeth दाँतों की कटकट. **II.** *v.i.* (chattered, chattering) **1.** चहचहाना, चहकना : the sparrows were ~ing in the trees गौरैयाँ^{F} वृक्षों पर चहचहा रही थीं. **2.** चौं-चौं^{F} या बक-बक^F करना : the children started ~ing when the teacher left the room जब अध्यापक ने कमरा छोड़ा तो बच्चे चौं-चौं करने लगे; they sat and ~ed वे बैठ कर बक-बक करते रहे. **3.** (click) कटकटाना; my teeth were ~ing with/in terror मेरे दाँत भय से कटकटा रहे थे.

chauffeur शो'फ़र n^c. (*fem.* chauffeuse) शोफ़र, चालक [see driver]

cheap चीप **I.** *a.* (cheaper, cheapest) **1.** सस्ता [dinner भोजन, fruit फल, house मकान]; 2nd class tickets are ~er द्वितीय श्रेणी^{F} का टिकट कुछ/अधिक होता है; eggs are very ~ here अंडे यहाँ बहुत सस्ते हैं; this is the ~est restaurant in this city इस शहर में यह सबसे ≈ रेस्तरां है; ~ and speedy justice कम ख़र्चीला और शीघ्र न्याय; dirt ~ मिट्टी^{F} के माल **2.** घाटया, तुच्छ, क्षुद्र [literature साहित्य, show प्रदर्शन]; that was a ~ trick by him उसकी यह ≈ चालाकी^{F} थी; to make oneself ~ by ill-behaviour दुर्व्यवहार से क्षुद्र बनना; to hold something ~ किसी वस्तु को तुच्छ समझना. **II.** *adv.* सस्ते दामों में; to get ~ सस्ता पाना; we are selling off these books ~ हम इन किताबों^{F} को ≈ बेच डाल रहे हैं. [*ant.* dear; *n.* cheapness]

cheat चीट **I.** *v.t.* छलना, ठगना; [dishonestly बेइमानी से, unfairly ग़लत ढंग से]; the shopkeeper ~ed me दुकानदार ने मुझे ठग लिया ; he ~ed him out of ten dollars उसने उससे दस डालर ठग लिये; to ~ a person (out) of something किसी व्यक्ति से कुछ छल से ले लेना. **II.** (passive) छला जाना, ठगा जाना : he was ~ वह ठगा गया; both the friends were ~ed easily दोनों मित्र आसानी से ठगे गये. **III.** n^c. **1.** ठग, छली, कपटी [notorious कुख्यात, strange विचित्र]; he wins the match only because he is a ~ वह इसलिए मैच जीता है क्योंकि वह ≈ है; the police has failed to catch the ~s पुलिस^F ठगों को पकड़ने में असफल रही है. **2.** छल, चालाकी^{F} : that was a ~ वह एक ≈ था; many players try to win by ~ बहुत-से खिलाड़ी ≈ से जीतने का प्रयत्न करते हैं. **cheating** n^u. छल; नकल : a boy was caught ~ एक लड़का नकल मारते पकड़ा गया.

check चेक **I.** *v.t.* **1.** रोकना, रोकथाम^F करना : to ~ the undesirable activities अवांछित गतिविधियों^{F} पर रोक^F लगाना; ~ the naughty boys दुष्ट लड़कों की रोकथाम करो; we have ~ed the flow of water from the burst pipe फटे पाइप से पानी के बहाव को हमने रोक दिया है. **2.** (to control) नियन्त्रित करना; to ~ the traffic यातायात को ≈; ~ the speed of the car कार^F की गति^{F} नियन्त्रित करो. **3.** जाँचना, परीक्षण करना; I have not ~ed the answerbooks yet अभी मैंने कापियाँ नहीं जाँची हैं; when I ~ed the list. I found one thing missing जब मैंने सूची^{F} की जाँच की तो मुझे एक चीज़^{F} नहीं मिली; the driver checked the cars ड्राइवर ने कारों^{F} की जाँच की. **4.** मिलाना, मिलान करना; ~ all the figures सभी अंकों को मिलाओ; you have not ~ed the account तुमने हिसाब नहीं मिलाया है. time for ~**in** होटल में आकर नाम दर्ज कराने का समय; time for ~**-out** होटल छोड़कर जाने का समय **II.** *n*ᵘ. **1.** नियन्त्रण : to keep one's temper in ~ अपना मिज़ाज ≈ में रखना. **2.** *n*ᶜ. रोक^F, रुकावट^F : to proceed without a ~ ≈ बिना ≈ के आगे बढ़ना; to keep/hold the enemy in ~ शत्रु को रोके रखना; the river was a ~ in his way to the city नदी^F उसके शहर के मार्ग में रुकावट^F थी. **3.** *n*ᶜ. जाँच-पड़ताल^F, परीक्षण : a ~on the quality of goods माल क़ी गुणवत्ता^F का परीक्षण; a ~ of bank accounts बैंक के खातों की जाँच-पड़ताल. **4.** *n*ᶜ. चारख़ाना [black काला, red लाल]; the cloth has ~s on it कपड़े पर चारख़ाने हैं; she wears a shirt with ~s वह चारख़ानों वाली कमीज़^F पहनती है. **5.** *n*ᶜ. (in chess) शह : ~ to the king बादशाह को शह. Δ ~ **in** (होलट में) पंजीकृत होना : we ~ed in last night in the hotel पिछली रात^F हम लोग होटल में पंजीकृत हुए; ~ **out** होटल छोड़ना : you must ~ out before 10 a.m. तुम्हें प्रात: 10 बजे से पहले होटल छोड़ देना होगा; ~**-up** परीक्षण; I have had my ~-up and I am completly healthy मेरा परीक्षण हुआ है और मैं पूरी तरह स्वस्थ हूँ. [*as distinct from* cheque]

cheek चीक *n*ᶜ. **1.** गाल, कपोल [rosy गुलाबी, soft कोमल, sunken धँसा हुआ]; the fresh bloom was on her ~s उसके गालों पर ताज़गी^F खिली थी; the child often kisses his mother's ~s बच्चा अक्सर अपनी माँ के गालों को चूमता है. **2.** *n*ᵘ. धृष्टता^F, गुस्ताख़ी^F; he had the ~ to refuse my entrance उसने मेरा प्रवेश रोककर ≈ की. Δ **turn** the other ~ हिंसा^F का जवाब अहिंसा^F से देना; ~ **by jowl** पास-पास : the chums were sitting ~ by jowl साथी पास-पास बैठे थे.

cheer चियर **I.** *n*ᶜ. **1.** जय-जय कार^F, हर्षध्वनि^F, वाह-वाह^F : three ~s तीन बार हर्षध्वनि करो : we gave the winners a ~ हमने विजेताओं की ≈ की; you can hear the ~s of the people तुम लोगों की ≈ सुन सकते हो. **2.** खुशी^F, प्रसन्नता^F; be of good ~s खुश रहो; to be filled with ~s खुशी^F से भर जाना. **II.** *v.t.* **1.** सान्त्वना^F देना, दिलासा देना; good news ~ed her सुसमाचार से उसे दिलासा मिला; he ~ed the drowning man उसने डूबते आदमी को दिलासा दिया. **2.** (~**up**) खुश करना; my laughter ~ed (up) the old woman मेरे हास्य ने बूढ़ी औरत को खुश कर दिया; **3.** जयकार^F करना, वाह-वाह^F करना; the crowd ~ed the champion भीड़^F ने चैम्पियन का जय-जयकार किया. **4.** ताली बजाकर स्वागत करना; they ~ed the speaker loudly उन्होंने ज़ोर से ताली^F बजाकर वक्ता का स्वागत किया. **III.** *v.i.* (~ up) खुश होना; we ~ed (up) at the teacher's arrival अध्यापक के आने पर हम खुश हो गये. **cheerful** चिअर्'फुल *a.* प्रसन्न, खुश [face चेहरा, person व्यक्ति, voice आवाज^F]; his ~ smile pleased everyone उसकी प्रसन्न मुस्कान^F ने सब लोगों को खुश कर दिया; Ramu is ~ today रामू आज ≈ है; we all felt more ~ when the rain stopped जब बारिश^F बन्द हुई तो हम अधिक आनन्दित हुए, [*ant.* dull] **cheerfully** चिअर्'फुलि *adv.* खुशी-खुशी, खुशी^F से, सहर्ष [receive अगवानी^F करना, help सहायता करना]; I'll ~ do your work मैं ≈ आपका काम करुंगा.

cheese चीज़ *n*ᵘ. पनीर [fresh ताज़ा, soft कोमल, tasty स्वादिष्ट]; ~ is full of protein ≈ में भरपूर प्रोटीन होता है.; do you like bread and ~ क्या तुम ब्रेड और ≈ पसन्द करते हो ? ~ is made from milk ≈ दूध से बनाया जाता है.

chem. chemical, chemistry.

chemical के'मिकल **I.** *a.* रासायनिक [plant कारख़ाना, industry उद्योग, fertilizer उर्वरक]; a ~ reaction ≈ प्रतिक्रिया; ~ experiment ≈ प्रयोग; a ~ change takes place when paper burns जब काग़ज़ जलता है तो ≈ परिवर्तन होता है. **II.** *n*ᶜ. (often *pl.*) रासायनिक पदार्थ : poisonous ~ विषैला ≈; fine ~s लघु रसायन; heavy ~s गुरु/भारी ≈; some ~s give off harmful fumes कुछ ≈ हानिकारक दुर्गन्ध निकालते हैं. **chemist** ≈ के'मिस्ट *n*ᶜ. **1.** रसायनज्ञ, रसायनी : a famous ~ एक प्रसिद्ध ≈. 2. (druggist) औषधि-विक्रेता, औषधकार [experienced अनुभवी, old पुराना]; a ~'s shop ≈ की दुकान; if you can not find a doctor, the ~ will tell you the medicine यदि डाक्टर से न मिल सको तो ≈ तुम्हें दवा बता देगा.

chemistry के'मिस्ट्रि n^c. रसायन विज्ञान, रसायन शास्त्र : bio-~ जैव-रसायन; experiments in ~ ≈ के प्रयोग; he was enrolled in the ~ department वह रसायन-विभाग में भर्ती हुआ; ~ was his favourite subject ≈ उसका प्रिय विषय था.

cheque चेक n^c. चेक, धनादेश [bearer वाहक, blank कोरा crossed रेखित]; the ~ was cashed ≈ भुनाया गया; take this ~ to the bank यह ≈ बैंक में ले जाओ; give me a ~ **for** Rs. 1000 मुझे एक हज़ार रुपये का ≈ दे दो; I need a ~ book मुझे एक चेक-बुक^F की ज़रूरत^F है; I would like to pay by ~ मैं ≈ द्वारा भुगतान करना चाहूँगा. [*as distinct from* check]

chequered चे'कर्ड *a.* 1. रंग-बिरंगा [cloth कपड़ा, paper कागज़]; he wears a ~ shirt वह रंग-बिरंगी कमीज़^{F} पहनता है. 2. उतार-चढ़ाव का : he led a ~ life till he was appointed administrator वह ≈ का जीवन व्यतीत करता रहा जब तक कि वह प्रशासक नियुक्त नहीं किया गया; his career was a ~ one उसके जीवन (कार्यकाल) में कई उतार-चढ़ाव थे.

cherish चे'रिश *v.t.* 1. पालना, पोसना [lovingly प्यार से, carefully सावधानीपूर्वक]; he ~ed the boy as if he were his own son उसने लड़के को ऐसे पाला-पोसा मानो वह उसका अपना बेटा हो; he ~ed him during his illness उसने उसकी बीमारी^{F} के दौरान पालना^{F} की. 2. कदर^F/कद्र^F करना : to ~ one's father अपने पिता की ≈; husband and wife ~ each other पति-पत्नी एक-दूसरे की कद्र करते हैं. 3. दिल में रखना, चाहना, सँजोए रखना; to ~ the hope आशा^{F} सँजोए रखना; he ~ed the memory of his dead wife वह अपनी मृत पत्नी की याद सँजोए रहा.

cherry चेरि n^c. (*pl.* cherries) चेरी (फल) [ripe पकी, red लाल, sour खट्टी, sweat मीठी]; ~ orchard ≈ का बगीचा; ~ies of Kashmir taste good कश्मीर की ≈ स्वादिष्ट होती है; to pluck, sell, buy ~ ies ≈ तोड़ना, बेचना, खरीदना.

chess चेस n^u. शतरंज; ~ **man** ≈ की गोट^F या शतरंज का मोहरा; ~ tournament ≈ प्रतियोगिता^{F}; ~ is played by two persons with 16 pieces on each side of a chessboard ≈ दोनों तरफ़ सोलह-सोलह मोहरों से दो व्यक्तियों द्वारा फलक पर खेला जाता है; let us have a game of ~ आओ ≈ का खेल (की एक बाजी^{F}) खेलें.

chest चेस्ट n^c. 1. छाती^{F}, सीना, वक्ष : स्थल [broad चौड़ा, strong मज़बूत, weak कमज़ोर]; to have a cold/pain in the ~ ≈ में ठंड/दर्द होना; to expand the chest by systematic breathing सुनियन्त्रित श्वास द्वारा ≈ फुलाना. Δ **to get something off your ~** मन का बोझ हलका करना. 2. पेटी^{F}, संदूक [deep गहरी, strong मज़बूत, wooden लकड़ी^{F} की]; tea ~ चाय की पेटी; a ~ for tools औज़ारों के लिए ≈; the miser had kept his money in an old ~ कंजूस अपने धन को एक पुराने ≈ में रखता था.

chew चू *v.t.* (chewed, chewing) 1. चबाना : to ~ one's food भोजन ≈; I ~ed a toffee मैंने टाफ़ी चबाई; ~ the cud जुगाली करना. 2. (think over) ऊहापोह करना, चिन्तन करना : he ~**ed over** the problems उसने समस्याओं^{F} पर चिन्तन किया. Δ **to ~ the rag** पुरानी शिकायत^F दोहराना.

chicken चि'किन n^c. चूज़ा, चिगना (विशेषतः मुर्गी) [boiled उबला हुआ, fried तला हुआ]; she keeps ~s वह चूज़े (मुर्गियाँ) पालती है; ≈ a ~ feed चूज़ों का भोजन; ~ lay no eggs चूज़े अंडे नहीं देते; ~-hearted कायर, डरपोक, बुज़दिल. ≈ pox छोटी माता^{F} he/she is not a ~ वह बच्चा नहीं है.

chide चाइड *v.t.* (chided or chid, chiding) डाँटना, फटकारना, झिड़कना; ~ angrily क्रुध होकर डाँटना; the teacher ~d the lazy boy अध्यापक ने सुस्त लड़के को डाँटा; he ~d me for having been late लेट होने पर उसने मुझे डाँटा/फटकारा; don't ~ your brothers and sisters अपने बहन-भाइयों को मत

डाँटो-फटकारो. [*ant.* applaud]

chief चीफ़ **I.** *n*^c. (*pl.* chiefs) सरदार, प्रधान [elected निर्वाचित, nominated नामित, party दल का]; ~ of army थलसेनाध्यक्ष; ~ of naval staff नौसेनाध्यक्ष; ~ of police staff पुलिस प्रधान **commander-in-~** सर्वोच्च सेनापति; ~-of the dacoits डाकुओं का सरदार; he is the ~ of the tribe वह जनजाति^F का सरदार है. **II.** *a.* मुख्य [engineer अभियन्ता, justice न्यायमूर्ति, secretary सचिव, topic प्रसंग]; the ~ minister of a state राज्य का मुख्यमंत्री; ~ crop of the year साल की ≈ फ़सल^F; ~ of protocol नयाचार-प्रमुख; ~ cause of the trouble कठिनाई^F का ≈कारण; the ~ city of India भारत का ≈ नगर **chiefly** चीफ़'लि *adv.* मुख्यतया, मुख्यत: the chief food of the Chinese is ~ rice चीनियों का भोजन ≈ चावल है; this rule applies ~ to teachers and students यह नियम ≈ अध्यापकों और छात्रों पर लागू होता है; the audience consisted ~ of children श्रोतागण ≈ बच्चे थे.

child चाइल्ड *n*^c. (*pl.* children, common gender) बच्चा, बच्ची^F, शिशु [healthy स्वस्थ, intelligent बुद्धिमान/सयाना, lovely प्यारा, shy शर्मीला, weak कमज़ोर]; male ~ बच्चा; female ~ बच्ची^F; new born ~ नवजात शिशु; ~ in arm गोद^F का ≈; they have three children उनके तीन बच्चे हैं; ~ stammers बच्चा तुतलाता है; her eldest ~ is ten and the youngest two years old उसका सबसे बड़ा ≈ दस साल का और छोटा दो साल का है; you must not spoil the child तुम्हें बच्चे को बिगाड़ना नहीं चाहिए. Δ to be with ~ गर्भवती होना; she is with ~ वह गर्भवती है; **~s play** बायें हाथ का खेल, आसान काम; it is not a ~'s play to climb that hill उस पहाड़ी^F पर चढ़ना कोई आसान काम नहीं है. **childhood** चाइल्ड्'हुड *n*^u/c. बाल्यावस्था^F, बचपन [happy प्रसन्न/सुखी, joyless नीरस]; I know him since ~ मैं उसे ≈ से जानता हूँ; he spent his ~ in a little village उसने अपना बचपन एक छोटे-से गाँव में व्यतीत किया Δ **second** ~ बुडभस; he is in his second ~ वह सठिया गया है. **childish** चाइल्'डिश *a.* बचकाना [argument दलील^F/तर्क, behaviour बर्ताव, game खेल, idea विचार]; ~ habits ≈ आदतें^F; stop being ~ बचकानापन छोड़ो. **childlike** *a.* भोला-भाला, निरीह, मासूम [person व्यक्ति, behaviour व्यवहार]; she is a faithful and ~ lady वह एक निष्ठावान् और भोली-भाली महिला है.

chill चिल **I.** *n.* (coldness) जूड़ी, ठंड^F, शीत [autumnal पतझड़ी, severe तेज़]; a ~ in the air हवा^F में ठंड; guard against the ~ of the night रात^F की ठंड से बचे रहो; I felt a ~ in the morning मुझे सुबह ठंड लगी थी; I had a ~ because I was sneezing मुझे ठंड लगी थी क्योंकि मैं छींक रहा था ; Δ **to take the ~ off water** पानी थोड़ा गर्म कर लेना. **II.** *a.* ठंडा, अतिशीत : ~ wind ठंडी हवा^F don't take the child in the ~ night बच्चे को ठंडी रात^F में मत ले जाओ. **III.** *v.t.* 1. ठंडा करना; have you ~ed the coffee क्या तुमने काफ़ी^F को ठंडा किया है ? **2.** निरुत्साहित करना : the news ~ed me इस समाचार ने मुझे निरुत्साहित कर दिया. Δ **it ~s my blood to think of this murder** इस हत्या^F के विचार से मेरा मन बैठा जाता है. **chilly** चि'लि *a.* ठंडा [day दिन, weather मौसम]; I feel ~ मुझे ठंड लग रही है; it is too ~ today आज बहुत ठंड है. ~ **welcome** रूखा स्वागत. [*ant.* -warm]

chime चाइम **I.** *n*^c. घंटियों^F की आवाज़, झंकार^F [continuous लगातार, magnificent शानदार, sweet मधुर]; ~s' from the tower clock घंटाघर की झंकार^F; ~s of the church bells गिरजाघर की घंटियों^F की आवाज़^F. **II.** *v.i.* (chimed, chiming) बजना; the church bells ~d गिरजाघर की घंटियाँ^F बजीं; the clock ~s every half-hour घंटी^F प्रत्येक आधे घंटे पर बजती है; the clock ~d three घड़ी^F ने तीन बजाये.

chimney चिम'नि *n*^c. (*pl.* chimneys) **1.** धुआँकश, चिमनी^F : factory ~s कारख़ाने की चिमनियाँ^F; a ~ carries off the smoke चिमनी^F धुएँ को ऊपर ले जाती है. **2.** ~ in the oil-lamp तेलदीप की चिमनी^F.

chin चिन n^c. ठुड्डी^{F}, ठोड़ी^{F} [round गोल, sharp नोकदार]; a bearded ~ दाढ़ीदार ≈; ~-deep water ≈ तक (गहरा) पानी; while shinking he had rested his ~ on his hand सोचते समय वह अपनी ≈ हाथ पर रखे था; his beard completely covers his ~ दाढ़ी^{F} ने उसकी ≈ को पूरी तरह ढक दिया है.

china चाइ'ना n^u. चीनी बर्तन [expensive महँगे, old पुराने] ~ **clay** चीनी मिट्टी^{F}; ~ **factory** चीनी बर्तनों का कारखाना; ~ **ware** चीनी मिट्टी के बर्तन; put the ~ pots on the table चीनी मिट्टी के बर्तन मेज पर रख दो, ~ cups, saucers and plates चीनी मिट्टी के प्याले, पिरचें^{F} और प्लेटें^{F}.

chink चिङ्क n^c. **1.** छेद, दरार^F [narrow तंग, slight हल्की]; a ~ in the curtain परदे में ≈; I looked through a ~ in the door मैंने दरवाज़े के एक छिद्र में से देखा. **2.** खनक^F, ठनकार^F : the ~ of coins सिक्कों की ≈^{F}; she could hear the ~ of crockery coming from the kitchen वह रसोई से आती चीनी के बर्तनों की ≈ सुन सकती थी.

chip चिप **I.** n^c. **1.** चिप्पी^{F}, टुकड़ा [small छोटा, dry सूखा]; ~ of wood लकड़ी^{F} की चिप्पी^{F}; it is a ~ of glass यह काँच का टुकड़ा है. **2.** चिप : fried ~s of potatoes तले हुए आलू के ≈ Δ ~ **of the old block** बाप-दादा पर गया बेटा. **II.** *v.t.* (chipped, chipping) **1.** काटना; he ~ped it with an axe उसने इसे कुल्हाड़ी^{F} से काटा. **2.** फोड़ना; you have ~ped the saucer तुमने तश्तरी फोड़ दी है. **III.** *v.i.* (i) फूटना : the glass ~ped when I knocked it over जब मैंने इसे खटखटाया तो गिलास फूट गया; (ii) the paint is ~ping off पेंट उतर रहा है, छिल रहा है.

chirp चर्प **I.** *v.i.* चीं-चीं करना : sparrows ~ गौरैयाँ^{F} चहचहाती हैं. crickets are ~ing झींगुर चीं चीं कर रहे हैं. **II.** n^c. चहक^F, चहचहाहट^F; ~s of the birds पक्षियों की ≈.

chisel चि'ज़ल **I.** n^c. छेनी^{F} [big बड़ी, small छोटी, sharp तेज़]; how to cut with a ~ ≈ से कैसे काटा जाय; it is not blacksmith's ~ यह लोहार की ≈ नहीं है. **II.** *v.t.* (chiselled, chiselling) ≈ से काटना : he ~led the wood into a shape उसने लकड़ी^{F} को ≈ से काटकर रूप दे दिया.

chit चिट n^c. पुरज़ा, पर्ची^{F}, चिट^F : the ~ of paper कागज़ की पर्ची; to write on a ~ ≈ पर लिखना; give this ~ inside to the officer यह ≈ भीतर अधिकारी को दे दो.

chivalry शि'वल्रि n^c. बहादुरी^{F}, वीरता^{F}, शौर्य : the ~ of Indian soldiers भारतीय सैनिकों की वीरता; Rana Pratap was noted for his ~ राणा प्रताप अपनी ≈ के लिए विख्यात थे; the golden age of ~ वीरता का स्वर्ण-युग. [*as distinct from* cavalry]

chloroform क्लॉ'रॅफ़ॉर्म n^u. क्लोरोफ़ार्म [poisonous विषैला]; the vapour from ~ puts people to sleep ≈ की वाष्प^F लोगों को नींद^F ला देती है; ~ is not much use by doctors now अब डाक्टर ≈ का बहुत इस्तेमाल नहीं करते; the kidnappers put a cloth soaked in ~ over the boy's face अपहरणकर्ताओं ने ≈ से तर कपड़ा लड़के के मुँह पर डाल दिया.

chocolate चॉ'कॅलट **I.** n^c. चाकलेट : milk ~ दूधवाला ≈; ~ has dark brown colour ≈ का रंग गहरा-भूरा होता है, would you like to have some ~s क्या तुम कुछ ≈ लेना चाहोगे ? I like to chew a bar of ~ मुझे ≈ की टिकिया^{F} चूसना अच्छा लगता है. **II.** *a.* कत्थई रंग का : ~ colour कत्थई रंग; ~ mouse ≈ चूहा, walls are ~ दीवारें^{F} कत्थई रंग की हैं.

choice चॉइस **I.** n^u. **1.** चुनाव, वरण [ample बहुत, large बड़ा, limited सीमित]; ~ of books किताबों का ≈; you made a careful ~ आपने सावधानीपूर्वक ≈ किया. **2.** n^u. पसंद^F : the girl of one's ~ अपनी ≈ की लड़की^{F}; to take one's ~ ≈ करना; this book is my ~ यह पुस्तक मेरी ≈ की है; I had no ~ मेरी कोई ≈ नहीं थी; this shop has good carpets of your ~ इस दुकान में आपकी ≈ की अच्छी दरियाँ^{F} हैं. **3.** n^c. (alternative) विकल्प : you have several ~s available आपके पास बहुत-से ≈ हैं; I had no ~, I had to do it मेरे पास कोई ≈ नहीं था, मुझे यह करना पड़ा. **II.** *a.* (choicest) **1.** श्रेष्ठ, उत्तम, बढ़िया [example उदाहरण,

orange संतरा, plums आलू बुखारे]; he was selling ~ things वह ≈ वस्तुएँ^F बेच रहा था. **2.** पसंद^F का : ~ language पसंद की भाषा^F; ~ vegetables पसंदीदा सब्जियाँ^F; the ~ suit पसंद का सूट.

choke चोक **I.** *v.t.* (choked, choking) **1.** गला घोंटना : he seized him by the throat and ~ed him उसने उसका गला पकड़कर उसे घोंट दिया; he ~d her to death उसने उसका गला घोंटकर मार डाला. **2.** दबा देना : he ~d his anger उसने अपना गुस्सा दबा लिया. **3.** रुद्ध होना, बन्द होना : the pipe was ~d with rubbish पाइप कूड़े से रुद्ध था : the chimney was ~d with soot चिमनी^F कालिख^F से रुकी पड़ी थी. **II.** *v.i.* I am choking मेरा गला बन्द हो रहा है.

cholera कॉ'लरा *n*^u. हैज़ा, विसूचिका^F [fatal घातक, horrible भयंकर]; an attack of ~ हैज़े का दौरा; epidemic of ~ हैज़े की महामारी^F; ~ is a deadly disease हैज़ा एक जानलेवा बीमारी^F है; he died of ~ वह हैज़े से मर गया.

chop चॉप **I.** *v.t.* (chopped, chopping) काटना, चीरना, टुकड़े करना : to ~ the wood लकड़ी^F चीरना; to ~ a tree down पेड़ काट गिराना; she ~ped the vegetables उसने सब्जियाँ काटीं; the husband ~ped off her nose पति ने उसकी नाक^F काट दी; to ~ **up** meat in pieces माँस का कीमा बनाना. Δ ~ **at smth** कुल्हाड़ी से चोट करना; ~ **off** काट कर अलग कर देना. **II.** *n*^c. **1.** (a sharp blow) वार, काट : he ~ped **down** the tree with one ~ उसने पेड़ को एक बार में काट दिया **2.** कतला : potato ~ आलू का कतला; ~ of meat कटलट, मांस का कतला. Δ **get the** ~ : (be dismissed from work) काम से निकाला जाना, निरस्त किया जाना : he got the ~ for being late लेट होने के कारण उसे काम से हटा दिया गया; this project will get the ~ because it is too expensive यह योजना^F निरस्त कर दी जायेगी, क्योंकि यह अत्यधिक ख़र्चीली है. **chopsticks** चॉप'स्टिक्स *n*^c. चीनी काँटा : in Chinese restaurants they use ~ instead of knife and fork चीनी रेस्तरां में छुरी^F-काँटे के स्थान पर चीनी कांटे का प्रयोग करते हैं.

chore कॉर *n*^c. काम : (*pl.* domestic ~s) घर का काम काज; she always does her ~s in the morning वह अपना काम-काज सुबह^F कर लेती है; writing letters is a ~ to him पत्र लिखना उसका एक ≈ है.

chorus कॉ'रस *n*^c. (*pl.* choruses) **1.** (trained group of persons) गायकवृन्द, गायकदल, कोरस [competent दक्ष, experienced अनुभवी, old पुराना]; previously she was a member of the ~ but now she is star of the show पहले वह कोरस की एक सदस्या थी लेकिन अब वह उस प्रदर्शन की तारिका है; they all were good ~es वे सभी अच्छे गायक थे. **2.** सहगान, समूहगान, वृंदगान, कोरस : to sing in a ~ मिलकर गाना : they sang ~es round the camp fire वे शिविराग्नि के चारों ओर बैठकर कोरस गाते थे; ~ of birds पक्षियों का सहगान.

chose, chosen *v.t.* (*p. p.p.* of choose) चुना, चुना हुआ. [see choose]

Christian क्रिस्'चन *a.* ईसाई, मसीही [beliefs विश्वास, doctrine सिद्धान्त]; name ~ era ईस्वी सन. ~ name ईसाई पहला नाम; a true ~ life सच्चा ≈ जीवन; he had a ~ upbringing उसका ≈ ढंग से पालन हुआ; ~ people of England must speak against this इंग्लैण्ड के ≈ लोगों को इसके विरुद्ध बोलना चाहिए. **Christianity** क्रिस्टिऐ'निटि ईसाई धर्म : I do not doubt his ~ मुझे उसके ≈ पर शक नहीं है. **Christmas** *n*^c. क्रिसमस; ~ day बड़ा दिन; ~ eve 24 दिसंबर; ~ holidays ≈ की छुट्टियाँ^F; ~ **tide** 24 दिसंबर के बाद का सप्ताह; ~ is the Christ's birthday festival ≈ येसु के जन्म दिन का त्यौहार है; x mas is celebrated on the 25th December बड़ा दिन 25 दिसम्बर को मनाया जाता है. Δ ~ **comes but once a year** हर रोज उत्सव नहीं होता.

chronic क्रॉ'निक *a.* चिरंतन, पुराना, जीर्ण [disease बीमारी^F, fever बुख़ार, invalid रोगी].

chronicle क्रॉ'निकल **I.** *n*^c. इतिवृत्त : historical ~ ऐतिहासिक ≈, personal ~ व्यक्तिगत ≈; ~s of Mughal times मुगल युग के ≈. **II.** *v.t.* ≈ लिखना : he ~d the events of his time उसने अपने युग की घटनाओं[F] का इतिवृत्त लिखा.

chuckle च'कल **I.** *v.t.* मन-ही-मन हँसना : he ~d with glee at winning the prize पुरस्कार जीतने पर वह उल्लास से मन ही मन हँसा : she was chuckling at this funny story वह इस विचित्र कथा[F] पर अन्दर-ही-अन्दर हँस रही थी. **II.** *n*[u]. दबी हँसी[F] : we dared not laugh aloud but we enjoyed a ~ to ourselves हम ज़ोर से हँसने का साहस न कर सके लेकिन हमने ≈ का आनन्द लिया. ~ **headed** बुद्धू.

chum चम **I.** *n*[c]. **1.** सखा, यार, साथी. **2.** ~s room ~s कमरे में एक साथ रहने वाले; we were ~s in that hostel हम उस छात्रावास में एक साथ रहते थे. **II.** *v.i.* **1.** ~ up) (chummed, chumming) मित्रवत् होना : his son has ~med up with some very ill-behaved children उसका बेटा कुछ बहुत बुरे आचरण वाले बच्चों का मित्र बन गया है. **2.** (occupy same room) एक साथ रहना; we ~d together in the lodge हम लॉज में एक साथ रहते हैं.

church चर्च *n*[c]. गिरजा, गिरजाघर [Catholic कैथलिक, nice सुन्दर, vast विशाल]; Protestant ~ प्रोटेस्टैन्ट गिरजाघर : Roman ~ रोमन ≈; ~ music ≈ का संगीत; old village ~ गाँव का पुराना ≈ : St. Paul's ~ संत पाल का चर्च : do you go to ~ every Sunday? क्या आप प्रति रविवार गिरजाघर जाते हैं? to attend the ~ services regularly ≈ की उपासना[F] में नियमित रूप से हाज़िर होना. **Δ to go into or enter the Church** पादरी बन जाना.

churn चर्न *v.t.i.* **1.** मथना, बिलोना : ~ to make butter from cream क्रीम से मक्खन बनाने के लिए मथो; the girl helps the mother in ~ing the curd लड़की दही मथने में माँ की सहायता[F] करती है. **2.** ज़ोर से टकराकर हटना : waves are ~ing round the rocks लहरें[F] चट्टानों[F] के इर्द-गिर्द टकराकर हटती हैं. **3.** ज़ोर से हिलाना (stir by violent motion) : to ~ something vigorously किसी चीज़ को ≈. **Δ to ~ out** निकालना; to ~ out the result परिणाम निकालना; he should ~ out so much work in a day उसे दिन में इतना काम निकालना चाहिए.

cigar सि गार' *n*[c]. चुरुट, सिगार [mild नरम, strong तेज़]; ~ maker ≈ बनाने वाला; ~ box ≈ का डब्बा; to enjoy one's ~ अपने ≈ का आनन्द लेना; to smoke ~ ≈ पीना; to have a ~ in one's mouth मुँह में ≈ लेना.

cigarette सिगॅरेट' *n*[c]. सिगरेट [mild नरम, un lighted अनजला, white सफ़ेद]; a packet of ~s ≈ का पैकेट; a ~ case ≈ केस; put out the ~ ≈ बुझा दो; have a ~ एक ≈ लो; many people have stopped ~ smoking बहुत-से लोगों ने ≈ पीना बन्द कर दिया है.

C-in-C Commander-in- Chief.

cinema सि'नॅमा *n*[c]. **1.** (also ~ house) सिनेमाघर : we went to ~ and saw an exciting film हम ≈ गये और एक उत्तेजनात्मक फ़िल्म[F] देखी; a new ~ is being built एक नया ≈ बन रहा है **2.** चलचित्र, सिनेमा : they have gone to ~ today वे आज ≈ देखने गये हैं.

cipher साइ'फ़र **I.** *n*[c]. **1.** (a zero) शून्य, सिफ़र : ~ code गूढ़लिपि[F]/संकेत लिपि[F]; Indian scientists invented ~ system भारतीय वैज्ञानिकों ने शून्यप्रणाली[F] की खोज[F] की. **2.** बेकार वस्तु; I do not mind it, it is just a ~ मैं इसकी परवाह[F] नहीं करता, यह बस ≈ है. **3.** नगण्य व्यक्ति : he is a ~ in the council वह परिषद् में किसी गिनती[F] में नहीं है. **4.** (secret writing) (usu. *pl.*) बीजलेख, संकेताक्षर : the message was in ~s संदेश संकेताक्षरों में था; he has invented a new ~ उसने एक नयी संकेत-लिपि[F] की खोज की है. **II.** *v.t.i.* बीजांक में लिखना, बीजांकन करना : to ~ a message संदेश को ≈.

circle सर्'कल **I.** *n*[c]. **1.** वृत्त : this ~ is 10 inches in circumference इस ≈ की परिधि[F] दस इंच है. **2.** (compass) घेरा : magic ~ जादुई ≈; ~ of trees पेड़ों का ≈; we sat in a ~ round the fire हम लोग आग के चारों ओर ≈ बनाकर बैठ गये; form a ~ ≈ बनाओ. **3.** चक्र, चक्कर; ~ of seasons ऋतु ≈; they went round in a ~ वे चक्कर लगाने लगे; to come full ~ पूरा चक्कर

लगाना. **4.** मंडली, समुदाय [literary साहित्यिक, Punjabi पंजाबी]; a ~ of friends मित्र मंडली[F]; she was surrounded by a ~ of admirers वह अपने प्रशंसक समुदाय से घिरी थी; the family ~ परिवार के लोग. **II.** *v.t.i.* **1.** चक्कर लगाना; मंडराना : the earth ~s about the sun सूर्य के चारों ओर चक्कर लगाती है. **2.** घेरना, गोला लगाना : please ~ the word which you think is wrong कृपया उस शब्द को घेरा लगा दीजिए जिसको आप गलत समझते हैं. [*a.* circular; *v.* circulate]

circuit सर्'किट *n*[c/u]. चक्कर, परिक्रमा, परिपथ; ~ of journey यात्रा[F] का परिपथ; make a ~ परिक्रमा करना/चक्कर लगाना; ~ of electric current बिज़ली[F] की धारा[F] का परिपथ; runners make a ~ of the arena धावक अखाड़े के परिपथ पर दौड़ते हैं, the earth's ~ round the sun सूरज के इर्द-गिर्द पृथ्वी का चक्कर.

circular सर्'क्युलर **I.** *n*[c]. गश्ती चिट्ठी[F], सरकुलर, परिपत्र : printed ~ मुद्रित परिपत्र; ~ letter गश्ती चिट्ठी; we often get ~s advertising machines हमें मशीनों[F] का विज्ञापन करने वाले परिपत्र प्रायः मिलते रहते हैं. **II.** *a.* **1.** वृत्ताकार, वृत्तीय, गोल [area क्षेत्र, road सड़क[F]]; a wheel is ~ in shape पहिया ≈ होता है; an egg is not ~ अंडा गोल नहीं होता. **2.** (fig.) घुमावदार : your argument seems to be rather ~ आपका तर्क कुछ ≈ लगता है. **3.** (other uses) ~ letter गश्ती चिट्ठी[F]; send a ~ letter to each of the subordinate officers सब अधीनस्थ अधिकारियों को गश्ती चिट्ठी[F] भेज दो; ~ tour चक्रयात्रा; ~ ticket चक्रयात्रा[F] का टिकट.

circulate सर्'क्युलेट **I.** *v.t.* (circulated, circulating) **1.** प्रचारित करना, घुमाना : he ~s information about holidays वह छुट्टियों[F] की सूचना[F] घुमाता है; to ~ a bill बिल प्रचारित करना. **2.** फैलाना : the rumour of her marriage was ~d उसकी शादी[F] की अफवाह[F] फैलायी गयी. **II.** *v.i.* **1.** प्रचलित करना : money ~s पैसा प्रचलित होता रहता है. **2.** चक्कर लगाना, घूमना : the aeroplane ~d above the city हवाई जहाज़ ने शहर के ऊपर चक्कर लगाये. **3.** दौरा करना, परिसंचरित होना : blood ~s through the body खून शरीर में परिसंचरित होता है; water ~s in the pipes पानी पाइपों में परिसंचरित होता है.

circulation सर् क्युले'शन *n*[u]. **1.** प्रचार, प्रचलन, प्रसार : ~ of money पैसे का प्रचलन; ~ of currency मुद्रा का ≈/प्रसार; the school magazine has a ~ of 5000 copies विद्यालय की पत्रिका[F] की पाँच हजार प्रतियाँ[F] प्रसारित होती हैं; to be out of ~ प्रचलन न रहना; forged notes are in ~ जाली नोटों का ≈ हो रहा है. **2.** परिसंचरण, दौरा : ~ of blood खून का ≈.

circum- *pref.* चारों ओर

circumference सर् कम्' फ़रन्स *n*[c]. घेरा परिधि[F]; ~ of the earth is about 40,000 kms. धरती की परिधि लगभग 40,000 किमी. है; ~ of the circle वृत्त की परिधि; ~ of a wheel पहिये का घेरा.

circumstance सर्' कम्स्टैन्स, सर्' कम्सटन्स *n*[c]. (usu. *pl.*) परिस्थिति[F]: consider every ~ of the case मामले की प्रत्येक ≈ पर विचार करो; he resigned in/under peculiar ~s उसने विचित्र परिस्थितियों में त्यागपत्र दिया; she is in very bad ~s वह बहुत बुरी ≈ में है. Δ**to be in easy ~s** संपन्न होना; **to be in straitened ~s** गरीब होना; **in/under no ~s** किसी भी हालत में नहीं; **in/under these ~s** इन हालात/परिस्थितियों में.

circus सर्'कस *n*[c]. **1.** सरकस : ~ performers ≈ में प्रदर्शन करने वाले; we went to see the clowns and performing animals हम लोग विदूषकों/मसखरों एवं तमाशा करने वाले जानवरों को देखने ≈ गये; the ~ opens at 7 o'clock ≈ सात बजे खुलता है; we bought tickets to the ~ हमने ≈ जाने के लिए टिकट ख़रीदे. **2.** (open place) चौक : Connaught ~ in Delhi. दिल्ली में कनाट ≈ है.

cite साइट *v.t.* (cited, citing) **1.** उद्धरण देना, उद्धृत करना, हवाला देना, उल्लेख करना : to ~ an example कोई उदाहरण उद्धृत करना; he ~d Socrates as an example of wisdom उसने सुकरात को बुद्धिमत्ता के उदाहरण के रूप में उल्लिखित/उद्धृत किया; he is ~d in history books इतिहास की

पुस्तकों[F] में उसका उल्लेख हुआ है. 2. तलब करना : to ~ a person किसी व्यक्ति को ≈; he was ~d as co-respondent उसे सह-प्रतिवादी के रूप में तलब किया गया. [*as distinct from* site, sight]

citizen सि'टिज़न *n*[c]. नागरिक, नगरवासी [law-abiding शान्तिप्रिय, great महान, old पुराना, real वास्तविक, senior वरिष्ठ, true सच्चा]; ~s of India भारत के नागरिक; the duties of ~s नागरिकों के कर्तव्य; she is ~ of India वह भारत की नागरिक है; all ~s are equal before law. विधि[F] के समक्ष सभी नागरिक समान हैं. [*ant.* alien] ~ **ship** *n*[u/c]. नागरिकता[F]: to acquire ~ ≈ ग्रहण करना; he has applied for ~ of India उसने भारतीय ≈ के लिए आवेदन किया है.

city सि'टि *n*[c]. (*pl.* cities) शहर, नगर [ancient प्राचीन, industrial औद्योगिक, large विशाल, modern आधुनिक, noisy शोरयुक्त]; ~life नगरीय जीवन; ~**folk** शहर के लोग; ~ father नगरपालिका का सदस्य; what ~ do come from? तुम किस ≈ से आये हो ? an attractive feature of a ~ शहर का आकर्षणयुक्त लक्षण; London is the largest ~ of England लन्दन इंग्लैण्ड का सबसे बड़ा ≈ है; Hyderabad and Secunderabad are twin ~ies हैदराबाद और सिकन्दराबाद जुड़वाँ ≈ हैं.

civ. civil, civilian.

civic सि'व़िक *a.* नागरिक, शहरी : ~ centre नगर केन्द्र, नगरपालिका का मुख्यालय; ~ rights नागरिक अधिकार; ~ sense नागरिक भावना[F]; ~ virtues नागरिक गुण; it is my ~ duty to vote at elections चुनावों में मत देना मेरा नागरिक कर्तव्य है. [*ant.* rural]

civil सि'व़िल *a.* 1. नागरिक, असैनिक; ~ **administration** ≈ प्रशासन; ~ **aviation** ≈ विमान-चालन **civil defence** ≈ रक्षा या प्रतिरक्षा; ~ disobedience movement सविनय अवज्ञा आन्दोलन; ~ **liberty** ≈ स्वतन्त्रता; ~ **list** राज्याधिकारी सूची; ~ **marriage** न्यायालय द्वारा प्रमाणित विवाह; to be selected for ~ service नागरिक सेवा[F] के लिए चुना जाना. 2. दीवानी[court अदालत, suit मुकदमा]; ~ **law** ≈ कानून, व्यवहार विधि; ~ **offence** व्यवहार अपराध, दीवानी के जुर्म; ~ **procedure code** व्यवहार प्रक्रिया संहिता; ~ **war** ख़ानाजंगी[F]. 3. शिष्ट, सभ्य; he was not at all ~ उसका व्यवहार कतई ≈ नहीं था; she made a ~ answer उसने ≈ उत्तर दिया; be ~ to your elders अपने-से बड़ों के प्रति ≈ व्यवहार करो. **civilian** सिवि'ल्यन *n*[c]. असैनिक, असैनिक पदाधिकारी : ~ dress असैनिक परिधान; he left the army and became a ~ again वह सेना[F] छोड़कर पुन: असैनिक हो गया. **civilization** सिव़िलाइज़े'शन *n*[u]. सभ्यता, तहज़ीब : the process of ~ ≈ की प्रक्रिया[F]; effect of ~ सभ्यता का प्रभाव; benefits of ~ ≈ सभ्यता के लाभ; the ancient ~s of Egypt and India मिश्र और भारत की प्राचीन ≈एँ they studied the ~ of backward tribes उन्होंने पिछड़ी जनजातियों[F] की ≈ का अध्ययन किया. **civilize** सि'व़िलाइज़ *v.t.* (civilized, civilizing) सभ्य बनाना, सुधारना : the missionaries are ~ing the savages ईसाई प्रचारक जंगली लोगों को सभ्य बना रहे हैं; Public schools claim to ~ their pupils पब्लिक स्कूल अपने छात्रों को सभ्य बनाने का दावा करते हैं.

claim क्लेम **I.** *n*[c]. 1. दावा [false झूठा, rightful सच्चा]; you must assert your ~s तुम्हें अपने दावों पर ज़ोर देना चाहिए; she made a ~ for higher pay उसने अधिक वेतन (पाने) का ≈ किया; she has put forwards a ~ for damages उसने हरजाने का ≈ पेश किया है. **2.** हक : to give up all ~s कुल ≈ छोड़ देना; have I no ~ on you क्या आप पर मेरा कोई ≈ नहीं है. **II.** *v.t.* (claimed, claiming) 1. दावा करना : to ~ an inheritance उत्तराधिकार का ≈ करना; he ~ed to be the owner उसने मालिक होने का दावा किया; I do not ~ to know everything मैं सब कुछ जानने का दावा नहीं करता; ~ something to one's advantage अपने लाभ के लिए≈. 2. माँगना : ~ attention ध्यान आकर्षित करना; to ~ one's due अपना हक ≈. [*ant.* dis ~]

clamour क्लै'मर **I.** *n*[c]. शोर, कोलाहल, हल्ला-गुल्ला [confused अस्पष्ट, loud ज़ोर

का]; to make a ~ शोर मचाना; ~ of the mob भीड़^{F} का ≈; there was a ~ for his acquittal उसकी रिहाई^F के लिए ≈ था. **II.** शोर मचाना, दुहाई^F देना : they were ~ing for justice वे न्याय की दुहाई^F दे रहे थे.

clamp क्लैम्प **I.** *n*^{c}. शिकंजा, जोड़ने का काँटा : bind it with a ~ इसे शिकंजे से बाँध दो. **II.** *v.t.* (शिकंजे में) जकड़ना, कसना : they ~ed the iron rods together उन्होंने लोहे के छड़ों को आपस में कस दिया. Δ ~ down अनुचित दबाव डालना : the public ~ed down on the newspaper जनता^{F} ने समाचार-पत्रों पर अनुचित प्रभाव डाला; curfew has been ~ed down on the entire city सारे शहर में दबावपूर्वक कर्फ़्यू लगा दिया गया है.

clan क्लैन *n*^{c}. कबीला, बिरादरी^{F} : a ~ of a tribe किसी जनजाति^{F} का कबीला; all the higher-grade engineers have formed a little ~ of their own सभी उच्च-श्रेणी के अभियन्ताओं ने अपनी एक बिरादरी^{F} बना ली है.

clap क्लैप **I.** *n*^{c}. **1.** (blow) थप्पड़, तमाचा; he gave a ~ on my back उसने मेरी पीठ^F पर एक ≈ मारा. **2.** (applause) करतल ध्वनि^{F}, ताली^{F} : a thunderous ~ तालियों की गड़गड़ाहट^F. **II.** *v.t.i.* (clapped, clapping) **1.** ताली^{F} बजाना : ~ your hands ताली बजाओ; the audience started ~ping loudly श्रोताओं ने ज़ोर से ताली बजाना शुरू कर दिया; when the singer finished her song, we ~ped जब गायिका ने गाना ख़त्म किया तो हमने तालियाँ बजायी. **2.** थपकना : he ~ped him on his back and congratulated him उसने उसकी पीठ^F थपथपाई और उसे बधाई^F दी. **3.** (other uses) Δ **~ up a bargain** झट से सौदा पटा लेना : **to ~ duty on goods** माल पर कर लगा देना; the bird ~ped its wings पक्षी ने पंख फड़फड़ाये.

clarification क्लैरिफ़िके 'शन *n*$^{u/c}$. स्पष्टीकरण, सफ़ाई^F : ~ of one's real position वास्तविक स्थिति^{F} का स्पष्टीकरण; ~ of a statement बयान का स्पष्टीकरण. **clarify** क्लै'रि फ़ाइ *v.t.* (clarified, clarifying) **1.** स्पष्ट करना : would you please ~ your last statement? क्या आप अपना पिछला कथन स्पष्ट करेंगे. ? **2.** साफ़ करना, शुद्ध करना : have you ~fied the fat, water क्या तुमने चरबी^{F}, पानी^{F} साफ़ किया है; we ~fied the butter हमने मक्खन का शोधन किया; the honey is ~fied as it gets hot गर्म होने पर शहद शुद्ध हो जाता है. **clarity** क्लै'रिटि *n*^{u}. **1.** स्पष्टता^{F}, प्रांजलता^{F} : the ~ of her speech उसके भाषण की ≈. **2.** शुद्धता^{F}, स्वच्छता^{F} : ~ of air हवा^{F} की शुद्धता; ~ of mind मन की ≈ .

clash क्लैश **I.** *n*^{c}. **1.** टक्कर^F, मुठभेड़^{F} : the ~ of metal on the metal धातुओं की टकराहट^F; the noise ended in a ~ शोर टकराहट के साथ समाप्त हुआ. **2.** संघर्ष, टकराव : ~ with the police पुलिस^F से ≈; the ~ of views विचारों का ≈; ~ of personalities व्यक्तियों का ≈; there was a ~ of opinion between the players खिलाड़ियों में वैचारिक ≈ हो गया. [*ant.* harmony] **II.** *v.i.* (clashed, clashing) **1.** टकराना, टक्कर^F/मुठभेड़^{F} होना : the two armed forces ~ed outside the town दोनों सशस्त्र सेनाओं की नगर के बाहर मुठभेड़ हो गयी. **2.** विरोध होना, मेल न होना : the two lecturers ~ed दोनों व्याख्याताओं में विरोध था; his shirt ~ed with the coat उसकी कमीज़^{F} कोट से मेल नहीं थीं. the dates ~ दोनों की तारीख़^{F} एक ही है; the date of my wedding clashes with his मेरी और उसकी शादी एक ही तारीख़ को पड़ती है. [*ant.* agree]

clasp क्लास्प **I.** *v.t.* (clasped, clasping) **1.** कसना, जकड़ना : to ~ a belt पेटी^{F} कसना; to ~ one's hands together in prayer प्रार्थना^{F} करते हाथ जोड़ना; to ~ somebody's hands किसी से हाथ मिलाना. **2.** आलिंगन करना, गले लगाना : she ~ed her child to her breast उसने बच्चे को छाती^{F} से लगा लिया; the friends ~ed eachother मित्र आपस में गले मिले. **3.** कसकर पकड़ लेना, मुट्ठी^{F} में लेना : he ~ed a rupee in his hand उसने एक रुपया अपनी मुट्ठी^{F} में ले लिया; she ~ed my arm with fear उसने डर के मारे मेरी बाँह^F कसकर पकड़ ली. **II.** *n*^{c}. **1.** खटका, बकसुआ : the ~ of my necklace is broken मेरे हार का ≈ टूट गया है.

2. आलिंगन : the ~ of the child with its mother बच्चे का माँ से ≈.

class क्लास *n*[c]. 1. (division) वर्ग [low निम्न, middle मध्यम, upper उच्च, working मज़दूर]; a fashionable ~ of society समाज का शौकीन ≈; a ~ war युद्ध; ~es of animals जानवरों की जातियाँ. 2. श्रेणी[F] : he passed in the second ~ वह द्वितीय ≈ में पास हुआ; we travelled IIIrd ~ हमने तृतीय ≈ में यात्रा[F] की. 3. कक्षा[F] : there are 30 children in my class मेरी ≈ कक्षा में तीस लड़के हैं; I have English ~ at 3 o' clock तीन बजे अंग्रेज़ी[F] की ≈ है; the level of this ~ is rather low इस ≈ का स्तर कुछ निम्न है; let us go to the pictures after ~es हम लोग क्लास के बाद सिनेमा जाएँ. ~ **fellow/mate** सहपाठी. 4. (kind) प्रकार[F], किस्म[F] : plants can be divided into various ~es पौधे विभिन्न किस्मों में बाँटे जा सकते हैं; it is a strange ~ of building यह अजीब किस्म की इमारत[F] है.

classification क्लैसिफ़ि के'शन *n*[c]. वर्गीकरण [regular नियमित, scientific वैज्ञानिक]; ~ of books, subjects, workmen पुस्तकों[F], विषयों, कर्मियों का ≈. **classify** क्लै'सिफ़ाइ *v.t.* (classifies, classified, classifying) वर्गीकरण करना : to ~ the books according to subjects किताबों[F] का विषय के अनुसार ≈. **classless** *a.* वर्गहीन : ~ society ≈ समाज.

clatter क्लै'टर I. *n*[u]. 1. खड़खड़ाहट[F] : a ~ of falling utensils गिरते बर्तनों की ≈; ~ of breaking crockery चीनी के बर्तनों की टूटने की ≈; the ~ came from the kitchen ≈ की आवाज रसोई घर से आई. 2. कोलाहल : a ~ of children in the class-room कक्षा में बच्चों का ≈; boys, stop the ~ लड़कों, ≈ बंद करो. II. *v.t.i.* 1. खड़खड़ाना : they ~ed down the stairs वे खड़खड़ाकर सीढ़ियों[F] से नीचे उतर गये. 2. खटपट[F] करना : they were ~ing with each other लड़के आपस में खटपट कर रहे थे.

clause क्लॉज़ *n*[c]. 1. उपवाक्य [explicit स्पष्ट, principal प्रधान, subordinate अधीन]; to break a complex sentence into clauses मिश्र वाक्य को उपवाक्यों में विभक्त करना : there are three ~s in the sentence : I have a cow which grazes grass and gives milk मेरे पास एक गाय[F] है जो घास[F] चरती है और दूध देती है; इस वाक्य में तीन ≈ हैं. 2. खण्ड, धारा[F], दफ़ा[F] : saving ~ अपवाद धारा, अपवाद : ~ by ~ एक-एक ≈ करके; the ~s of a contract संविदा[F] की धाराएँ; this ~ means that you can not receive the money इस धारा[F] का मतलब है कि तुम पैसा नहीं प्राप्त कर सकते.

claw क्लॉ I. *n*[c]. पंजा; firm ~ पक्का ≈; cat's ~ बिल्ली[F] का ≈; the ~s of a crow कौए के पंजे; the lion sharpened its ~s शेर ने अपने पंजे तेज़ किए; the owl held the mouse in its ~s उल्लू ने चूहे को अपने पंजों में पकड़ रखा. II. *v.t.* नोचना : the cat ~s the dog's eyes बिल्ली कुत्ते की आँख[F] नोच लेती है. *v.i.* ~(at, away) पंजे से पकड़ना; he ~ed at the rope उसने रस्सी को कसकर पकड़ लिया.

clay क्ले *n*[u]. मिट्टी[F], चिकनी मिट्टी[F] [hard सख़्त, soft मुलायम] ~ dishes ≈ की तश्तरियाँ; ~ soil चिकनी ≈; he likes to make pots from ~ वह ≈ से बर्तन बनाना चाहता है; he works in ~ वह मिट्टी का काम करता है.

clean क्लीन I. *a.* (cleaner, cleanest) साफ़, स्वच्छ [body शरीर, books किताबें[F], conscience आत्मा[F], face चेहरा, heart हृदय, sheet of paper ताव]; clean handed निर्दोष; ~ fingered कभी न रिश्वत लेने वाला; we want everything to be clean हम सब कुछ ≈ चाहते हैं; if your hands are not ~ go and wash them यदि तुम्हारे हाथ ≈ नहीं हैं तो जाओ और धो लो; he has ~ record उसका रिकार्ड ≈ है. [*ant.* dirty] Δ **come** ~ साफ़ -साफ़ कहना : at first he lied to the police but later came ~ पहले वह पुलिस[F] से झूठ बोला लेकिन बाद में साफ़ - साफ़ कह दिया; Δ ~ **sweep** बिल्कुल सफ़ाया : the new manager made a ~ sweep of all the lazy people in the department नये मैनेजर ने विभाग में सभी सुस्त लोगों का बिल्कुल सफाया कर दिया; ~ **slate** नये सिरे से : after being in prison he started job with ~

slate जेल में रहने के बाद उसने नये सिरे से काम शुरू किया. **II.** *v.t.* साफ़ करना : ~ the windows, house, face खिड़कियाँ^{F}, मकान, चेहरा साफ़ करो; to have one's watch ~ ed घड़ी^{F} की सफ़ाई^F कराना; you must ~ your teeth every morning हर सुबह तुम्हें अपने दाँत अवश्य साफ़ करने चाहिए; she was then ~ ing the room तब वह कमरा साफ़ कर रही थी; ~ oneself हाथ-मुँह धो लेना. ~ **up** ~ (thoroughly) पूरी सफ़ाई करना, साफ़ कर डालना : she ~ ed up after they went home उनके घर चले जाने के बाद उसने सफ़ाई कर डाली; ~ **out** साफ़ कर डालना; I must ~ out this cup-board मुझे इस आलमारी^{F} को साफ कर डालना होगा; we shall ~ out he sitting room tomorrow कल हम बैठक^F को साफ़ कर डालेंगे. **III.** *adv.* साफ़ - साफ़ : ~ bowled साफ़ विकेट आउट; ~ mad बिल्कुल पागल; ~ shaven दाढ़ी-मूँछ सफ़ाचट; he jumped ~ across the stream वह ≈ नदी^{F} पार गया; he got ~ away वह ≈ निकल गया; I had ~ forgotten मैं साफ़ (बिल्कुल) भूल गया था. **cleaner** क्ली'नर *n*^{c}. क्लीनर : bus ~ बस ≈; room ~ रूम ≈; he engaged two ~ s at the vehicle उसने गाड़ी^{F} पर दो ≈ लगा दिये. **cleanliness** क्ले'नलिनेस *n*^{u}. सफ़ाई^F, स्वच्छता^{F} : boys of this school are noted for their ~ इस स्कूल के लड़के ≈ के लिए जाने जाते हैं.

clear क्लिअर **I.** *a.* (clearer, clearest) **1.** (pure) स्वच्छ, निर्मल, साफ़ [day दिन, liquid द्रव, sky आकाश, weather मौसम]; it is as ~ as day-light यह दिन के प्रकाश की तरह ≈ है. **2.** स्पष्ट, साफ़ [problem समस्या^{F}, voice आवाज़^{F}]; ~ **cut** तेज़; ~ features ≈ नैन नक्श ~ **headed** समझदार, सुलझा हुआ; ~ **majority** स्पष्ट बहुमत; this passage is not ~ यह गद्यांश स्पष्ट नहीं है; the matter is ~ मामला ≈ है; it is not quite ~ to me यह मुझे बिल्कुल स्पष्ट नहीं है. **Δ as ~ as crystal, crystal ~** बिल्कुल स्पष्ट; **to stand ~ of others** औरों से अलग खड़े होना; **steer ~ of difficulties** कठिनाइयों^{F} को पार करके बच निकलना. **3.** (whole) पूरा : we have a ~ month for work हमारे पास काम के लिए ≈ महीना है. **4.** शुद्ध : ~ profit ≈ लाभ. **II.** *v.t.i.* **1.** स्पष्ट करना : a teacher must ~ the answer अध्यापक को उत्तर स्पष्ट करना चाहिए. **2.** (make ~) साफ़ करना, साफ़ हो जाना : ~ a room कमरा साफ़ करो; he ~ ed the table उसने मेज़^{F} साफ की; the weather soon ~ ed up मौसम शीघ्र ही साफ़ हो गया; to ~ one's throat गला साफ़ करना. **3.** मुक्त करना; to ~ from blance कलंक से ≈; he was ~ ed of all the charges वह सभी आरोपों से मुक्त हो गया है. **4.** ख़ाली करना : ~ the room and leave me alone कमरा ख़ाली करो (जाओ) और मुझे अकेले छोड़ दो; to ~ the way रास्ता छोड़ना या ≈. **5.** चुकाना; you must ~ the debt before the next year तुम्हें निश्चित रूप से नये साल से पहले कर्ज़ चुका देना चाहिए; to ~ the payment पूरा भुगतान कर देना. **6.** पार करना, लाँघना; to ~ the road across carefully सड़क को सावधानी^{F} से पार करो ~ **Δ away** papers from here कागज़ यहाँ से हटा दें; **to ~ off the debt** ऋण चुका देना; ~ **off** हट जाओ; ~ **out this room** यह कमरा ख़ाली करो; ~ **up** सुलझाना, हल करना; you have ~ ed up the misunderstanding तुमने ग़लतफ़हमी^{F} सुलझा दी है, दूर कर दी है.; ~ **up a mystery** रहस्य खोल देना. **III.** *adv.* साफ़, स्पष्ट : he got ~ away वह साफ़ निकल गया; to say ~ साफ़ - साफ़ कहना; stand ~ बच के खड़े होना. **clearance** क्लिअ'रन्स *n*^{u}. सफ़ाई. ~ **certificate** भरपाई का प्रमाण-पत्र, टैक्स आदि कुल देय अदा करने का प्रमाण-पत्र, निकासी प्रमाण-पत्र; ~ **centre** भुगतान केन्द्र; ~ **sale** बचे-खुचे माल की बिक्री^{F}. **clearing** क्लिअ'रिंग : *a.* चुकता करने का : ~ **agent** चुंगी आदि से माल छुड़ाने वाला एजेंट या अभिकर्ता; ~ **bank** चैक विनिमय केन्द्र; ~ **house** भुगतान गृह या केन्द्र. **clearly** *adv.* साफ़ - साफ़, स्पष्ट रूप से : we could ~ see the ship wreck हम जहाज़ की टूटफूट^F (पोतभंग) ≈ देख सकते थे; they advanced smilingly ~ they were friends वे मुस्कराते हुए आगे बढ़े, स्पष्टत: वे मित्र थे.

clerical क्ले'रिकल *a.* **1.** लिपिकीय : a ~ job

≈ काम; ~ error ≈ अशुद्धि^{F} या भूल^{F}, लिखाई^{F} की भूल^{F}; the fact that wrong bill was sent to you was the result of a ~ error जो गलत बीजक भेजा गया था वह ≈ भूल का परिणाम था. **2.** पुरोहिती, याजिकीय : a clergyman wears a ~ collar, which fastens at the back ईसाई पुरोहित ≈ पट्टा पहनता है जो पीछे बँधा होता है.

clerk क्लर्क n^{c}. **1.** लिपिक, क्लर्क [efficient दक्ष, intelligent समझदार, lazy आलसी]; he is employed as a ~ in the civil service वह असैनिक सेवा में ≈ के रूप में काम पर लगा है; she is a ~ in the super market वह सुपर मार्केट में क्लर्क है; the ~ of works was told that our roof was in need of repair निर्माण ≈ को बताया गया कि हमारी छत^{F} में मरम्मत^{F} की जरूरत^{F} है. **2.** (of court) पेशकार [*adj.* clerical]

clever क्ले'व़र *a.* **1.** (intelligent) होशियार, चतुर [boy लड़का, artisan शिल्पी, driver चालक]; ~ writer ≈ लेखक; a ~ student मेधावी छात्र; I am not ~ enough to come first in the class कक्षा^{F} में प्रथम स्थान पाने के लिए मैं इतना ≈ नहीं हूँ; he is ~ at mathematics वह अंकगणित में होशियार है. **2.** (skilful) दक्ष, प्रवीण, निपुण : ~ device सूझ-बूझ^{F} की युक्ति^{F}; to be ~ at something किसी बात^{F} में ≈ होना; he is very ~ at translation वह अनुवाद में ≈ है; he is ~ with his hands वह हाथ की कला में ≈ है; he is a ~ carpenter वह ≈ बढ़ई है. **cleverly** *adv.* चतुराई^{F} से, चालाकी^{F} से, होशियारी^{F} से : Joe ~ eluded the bandits by dodging down a side street जो डकैतों को चकमा देते हुए पास की गली^{F} से ≈ बचकर निकल गया. **cleverness** क्ले'वरनिस n^{u}. होशियारी, चालाकी^{F}; I was surprised at his ~ मैं उसकी ≈ से चकित हो गया.

client क्लाइ'अन्ट n^{u}. **1.** (customer) ग्राहक [casual आकस्मिक, regular नियमित]; the bank manager is very polite to all his ~ s बैंक प्रबन्धक अपने सभी ग्राहकों के प्रति बहुत नम्र है. **2.** (of lawyer) मुवक्किल : the advocate charged his fee from his ~ एडवोकेट ने अपने ≈ से अपनी फ़ीस ले ली : a lawyer advises his ~s वकील अपने ≈ को सलाह^{F} देता है; lawyers represent their ~ s in court वकील कचहरी^{F} में अपने मुवक्किलों का प्रतिनिधित्व करते हैं.

climate क्लाइ'मट n^{u}. जलवायु^{F}, आबोहवा^{F} [cold ठन्डी, damp आर्द्र, dry शुष्क, hot गर्म, mild नर्म]; the effect of ~ ≈ का प्रभाव; the ~ of Calcutta is hot and wet कलकत्ता की ≈ गर्म और आर्द्र है; he must live in sunnier ~ उसे गर्म ≈ में रहना चाहिए; there is nothing like a change of ~ ≈ बदलने से बढ़कर कुछ नहीं है; better leave this ~ अच्छा है कि इस ≈ को छोड़ दो; the ~ agreed with her ≈ उसके अनुकूल थी; she left Cuttack because the ~ did not suit her उसने कटक छोड़ दिया क्योंकि ≈ उसके अनुकूल नहीं थी; Britain has a temperate ~ ब्रिटेन की ≈ शीतोष्ण है. **climatic** क्लाइ मै'टिक *a.* जलवायु-विषयक, जलवायु-संबंधी : the ~condition जलवायु की दशा^{F} : ~ situation ≈ स्थिति^{F}.

climb क्लाइम **I.** *v.t.i.* चढ़ना, ऊपर जाना : to ~ a tree पेड़ पर चढ़ना; a bear ~ s up a hill भालू पहाड़ी^{F} पर चढ़ जाता है; the creeper ~ ed up the wall लता^{F} दीवार^{F} पर चढ़ गई; for ~ ing a mountain you have to use your hands and feet पर्वत पर चढ़ने के लिए आपको हाथ और पैर का इस्तेमाल करना होता है : the road ~ s सड़क^{F} पर चढ़ाई^{F} है; the road ~ s over a mound यह सड़क^{F} एक भीटे के ऊपर चढ़ जाती है; the plane began to ~ हवाई जहाज़ ने ऊपर चढ़ना शुरु किया. Δ **~ down** उतरना : it was difficult to ~ down उतरना कठिन था; he ~ ed down the trees carefully वह पेड़ पर से सावधानी^{F} से उतरा. **II.** n^{c}. चढ़ाई, चढ़ाव [difficult कठिन, easy आसान]; his ~ to the top of his profession was very fast अपने व्यवसाय के शिखर तक उसका चढ़ाव तेज़ था; the hill road is a steep ~ पहाड़ी सड़क^{F} की खड़ी चढ़ाई है.

cling क्लिङ्. *v.i.* (*p* : & *p.p.* clung) **1.** (stick) चिपकना, चिमटना : the bits of my hair ~ **to** my coat बाल के टुकड़े मेरे कोट में चिपके हैं; wet clothes ~ **to** the body भीगे कपड़े

शरीर से चिपकते है; limpets ~ to the rocks so tightly that you cannot get them off घोंघे[F] चट्टानों से इतनी मज़बूती से चिमटे रहते हैं कि उन्हें छुड़ाया नहीं जा सकता. 2. लगे रहना, जमे रहना : he clung to his friend वह अपने मित्र का साथ निभाता रहा; she ~ s to a belief that she was faithful उसका यह विश्वास जम गया है कि वह निष्ठावान् थी. 3. लिपटना, लिपट जाना : the creeper ~ s to the trees लता[F] पेड़ से लिपटी रहती है; I shall get separated in the crowd if you do not cling to my arm यदि तुम मेरी बाँह[F] से लिपटे न रहोगे तो मैं भीड़[F] में अलग छूट जाऊँगा; she clung to her husband as he said goodbye जैसे ही उसके पति ने 'विदा' कहा, वह उससे लिपट गयी. Δ ~ **together** साथ निभाना.

clinic क्लि'निक *n*[c]. उपचारगृह, क्लिनिक [dental दाँत का, new नया, school विद्यालय का]; he is being treated at the skin ~ उसका उपचार (इलाज) चर्म ≈ में हो रहा है; there are very good doctors in this ~ इस ≈ में बड़े अच्छे-अच्छे डॉक्टर हैं. [*a*. clinical]

clip क्लिप I. *v.t.* (clipped, clipping) 1. कतरना, काटना : to ~ the wings of a pigeon कबूतर के पंख ≈; Auntie has ~ ped her daughter's curly hair चाची ने अपनी बेटी के घुँघराले बाल कतर दिये; the gardener has been ~ ping the garden hedges माली बाग की झाड़ियों[F] को काट रहा है; the shepherd ~ ped the sheep गड़रिये ने भेड़ों[F] का ऊन कतरे. 2. चुटकी[F] से बाँधना [properly उचित ढंग से, tightly कसकर]; to ~ papers together कागज़ों को एक साथ ≈. II. *n*[c]. 1. कतरन[F] : ~ s of paper कागज़ की कतरनें; ~ s of the tangled wool उलझे ऊन की ≈. 2. क्लिप, चुटकी[F] [diamond हीरे का, silver चाँदी[F] का]; a hair ~ बालों का क्लिप; a ~ for holding bandage on the wound घाव पर की पट्टी को थामने का ≈.

cloak क्लोक I. *v.t.* पर्दा डालना, छिपाना : their discussions were ~ ed in secrecy रहस्य में उनकी बातें छिप गयीं; to ~ disloyalty with flattery अनिष्ठा[F] को चापलूसी[F] करके छिपाना; to ~ one's purpose अपना प्रयोजन छिपाना. II. *n*[c]. 1. लबादा : woolen ~ ऊनी ≈; to wear a ~ over one's clothes कपड़ों के ऊपर ≈ पहनना; it is a ~ with loose sleeves यह खुली बाँहों[F] वाला ≈ है; a ~ is without sleeves ≈ बिना बाँहों[F] का होता है. 2. (pretext) पर्दा, : his pleasant manner was a ~ for his evil designs उसका भद्र आचरण उसके बुरे इरादों पर एक ≈ था. 3. (disguise) आड़[F], ओट[F] : they arrived under the ~ of darkness वे अन्धकार के पर्दे में आ गये; under the ~ of religion मज़हब की ≈ में. **cloak-room** *n*[c]. यात्री सामानघर : I leave my luggage in the ~ मैं अपना सामान सामानघर में रख जाता हूँ; there is a ~ just outside the platform no. one एक नंबर प्लेटफ़ार्म के ठीक बाहर सामानघर है.

clock क्लॉक *n*[c]. (दीवार वाली) घड़ी[F] [beautiful सुन्दर, electric बिजली की, Japanese जापानी, old पुरानी]; it is two o'clock by this ~ इस ≈ में दो बजे हैं; the ~ struck twelve ≈ ने बारह बजाए; today the school ~ was ten minutes fast आज स्कूल की ≈ दस मिनट तेज़ थी; we have two ~ s in our office हमारे कार्यालय में दो घड़ियाँ है; put the ~ back ≈ पीछे कर दो; as regular as ~ ≈ की तरह नियमनिष्ठ; the ~ needs repairing ≈ को मरम्मत[F] की जरूरत[F] है; wind up the ~ ≈ में चाबी[F] भरो. ~ **tower** घंटाघर : there is a ~ tower in the church building गिरजाघर की इमारत[F] में घंटाघर है; ~ **wise** दक्षिणावर्त, बायें-से-दायें घूमते हुए : see these pictures ~ wise इन चित्रों को दक्षिणावर्त देखिए; **anti-~ wise** वामावर्त, दाहिने से बायें घूमते हुए; **round the ~** चौबीसों घंटे, रात-दिन : this shop remains open round the ~ यह दुकान ≈ खुली रहती है; round the ~ curfew दिन-रात का कर्फ़्यू.

clog क्लॉग I. *n*[c]. 1. अर्गला, अड.डंडा [iron लोहे का, wooden लकड़ी[F] का]; a ~ on the gate for safety सुरक्षा के लिए फाटक पर का ≈. 2. कुंदा : a ~ in the legs of a calf बछड़े की टाँगों में लगा ≈. 3. (fig.) बाधा[F], अड़ंगा, विघ्न : he is a ~ on my activities वह मेरे

कार्यकलाप में ≈ है. **II.** *v.t.* रोकना, रुकावट[F] डालना, बाधा[F] डालना : to ~ the wheels of administration प्रशासन कार्य में बाधा डालना; ignorance ~ s progress अज्ञानता[F] उन्नति[F] में बाधा डालती है; the drain is ~ ged with mud कीचड़ से नाली[F] रुक गयी है; many laws ~ the progress of a country बहुत कानून किसी देश की प्रगति[F] में रुकावट[F] डालते हैं. **III.** *v.i.* रुकना, बंद होना : the waterpipe of our house ~ s easily हमारे मकान में पानी का पाइप आसानी[F] से बंद हो जाता है.

close क्लोज़ **I.** *v.t.* **1.** बंद करना : ~ the gate दरवाज़ा बन्द करो; to ~ one's business अपना धन्धा ≈; to ~ an opening सुराख बंद करना. **2.** समाप्त करना, पूरा करना : to close one's career जीवनक्रम समाप्त करना. [*ant.* open] Δ **close down** बंद करना; he ~ d down his firm उसने अपना प्रतिष्ठान बंद कर दिया; ~ **in** घेरना, पास आना : the enemy soldiers are ~ ing in शत्रु सैनिक पास आ रहे हैं या घेर रहे हैं; ~ **up** पास-पास खड़े हो जाओ. **II.** *a.* **1.** पास, समीप, निकट : bus stop is ~ to my house बस स्टाप मेरे घर के ≈ है; at ~ quarters ≈ से : I have seen her at ~ quarters मैंने उसे ≈ से देखा है. [*ant.* distant] **2.** आस-पास, लगभग : it was ~ to five o'clock लगभग पाँच बजे थे; he will be ~ to sixty वह साठ के ≈ होगा. [*ant.* far] **3.** छिपा हुआ, गुप्त : ~ secret गुप्त रहस्य. **4.** बंद [air हवा[F], house मकान, room कमरा]; to ~ gently सावधानी[F] से ≈ करना; ~ door meeting गुप्त बैठक[F], बंद कमरे में बैठक[F] या सभा[F]. **5.** काँटे का : that was a ~ contest वह काँटे की भिड़त[F] थी (का मुकाबला था). **6.** (intimate) घनिष्ठ, गहरा : to be in ~ connection ≈ संबंध होना; Ram and Shyam are ~ friends राम और श्याम घनिष्ठ मित्र हैं. **7.** नज़दीकी, करीब का : ~ relative ≈ रिश्तेदार. **8.** सूक्ष्म : a ~ examination of facts तथ्यों का ≈ परीक्षण. **9.** उमसदार : the weather was ~ मौसम ≈ था. **10.** (misc. uses) ~ argument अकाट्य तर्क; ~ attention पूरा ध्यान; ~ examination सूक्ष्म परीक्षण; ~ finish (दौड़ में) बराबर की जीत[F]; ~ fisted कंजूस; ~ proximity अत्यन्त निकटता[F]; ~ season/time निषेधकाल : the ~ season for peasants ends in October in Britain ब्रिटेन में किसानों का निषेधकाल अक्टूबर में समाप्त होता है; ~ translation हूबहू अनुवाद. **III.** *n*[u]. अन्त, समाप्ति[F] : at the ~ of the year वर्ष के अन्त में; ~ of the lesson पाठ का अन्त. **IV.** क्लोज़ *adv.* पास-पास, पास : the houses are very ~ (together) घर बहुत पास-पास हैं; their birthdays are very close उनके जन्मदिन बहुत नज़दीक हैं; to stand ~ by the horse घोड़े के पास खड़े होना; to sit ~ round the fire आग को घेर कर पास बैठना. **V.** *prep.* के पास, के निकट : put the table ~ **to** the window मेज़ की खिड़की[F] ≈ रखिए; he lives ~ **to** my house वह मेरे घर के ≈ रहता है. **closed** *a.* बंद [door दरवाज़ा, house मकान, shop दुकान].

clot क्लॉट **I.** *n*[c]. **1.** थक्का [big बड़ा, small छोटा]; ~ of blood खून का ≈; he died of a ~ of blood on the brain वह मस्तिष्क में खून का ≈ जमने के कारण मर गया; don't disturb the ~ on the wound घाव पर जमे थक्के को मत छेड़ो; ~ of curd दही का ≈. **2.** (~ted hair) जटा[F] : some sadhus in India have clotted hair भारत में कुछ साधु जटाएं रखते हैं. **II.** *v.t.i.* थक्का जमना, बनना : acid ~ s milk अम्ल दूध का थक्का बना देता है; most people's blood ~ s quite easily बहुत से लोगों का खून आसानी[F] से थक्का बन जाता है.

cloth क्लॉथ *n*[c]. (*pl.* clothes) (अनसिला) कपड़ा, वस्त्र [cheap सस्ता, cotton सूती, expensive महँगा, thick मोटा, thin पतला, white सफ़ेद]; a shirt made of the finest ~ सबसे महीन कपड़े की बनी कमीज़[F]; a length of ~ for a suit एक सूट के लिए कपड़े की लम्बाई[F]; a ~ weaver जुलाहा; the ~ merchant कपड़े का सौदागर. Δ **cut your coat according to your ~** जितनी चादर[F] है उतना ही पैर फैलाओ. **clothe** क्लोद् *v.t.* (~ed, clad) **1.** कपड़ा पहनाना या पहनना :

the widow did not have enough money to ~ her children विधवा के पास अपने बच्चों को कपड़ा पहनाने के लिए काफ़ी पैसा नहीं था; she was ~ d in silk वह सिल्क का कपड़ा पहने थी. [*ant.* strip] 2. ढँकना, ढाँकना : the mountains were clothed with snow पर्वत बर्फ से ढके हुए थे, the field are clothed with flowers खेत फूलों से ढके हैं; to ~ one from head to heel किसी को सिर से एड़ी^{F} तक ≈. 3. किसी के लिए कपड़ा देना : to ~ someone to wear किसी को पहनने के लिए कपड़ा देना. **clothes** (*pl.*) क्लोद्ज़, क्लोज़ *n.* (*pl.*) पोशाक^F, पहनावा, कपड़े [fashionable शौकीनी, summer गर्मी के, warm गर्म, woollen ऊनी]; he pays no attention to his ~ वह अपने कपड़ों के प्रति कुछ ध्यान नहीं देता; I must change my ~ मुझे अपने कपड़े ज़रूर बदलने चाहिए; mother can sew all her ~ माँ अपने सब कपड़े सी सकती है; the child's ~ are tight बच्चे के कपड़े तंग हैं.

clothing क्लो'दिंग n^u. 1. पहनावा, पोशाक^F [men's पुरुषों का, warm गर्म]; to spend much money on one's ~ पहनावे पर बहुत पैसे खर्च करना; to be careful about one's ~ अपने पहनावे के प्रति सतर्क होना. 2. आवरण, भेष : beware of false prophets who come to you in sheep's ~ झूठे पैगम्बरों से सावधान रहो जो भेड़ों के वेष में तुम्हारे पास आते हैं.

cloud क्लाउड I. $n^{u/c}$. 1. बादल, मेघ, घटा^{F} [heavy भारी, light हल्का]; mountains of ~ s were piled up in the sky आकाश में बादलों के पहाड़ इकट्ठे हो गये; the rain is falling from that big grey ~ उस बड़े भूरे बादल से बारिश^F हो रही है. 2. समूह, भीड़^{F} : ~ of birds, horsemen चिड़ियों^{F}, घुड़सवारों का दल-बादल : the gathering ~ s of revolution क्रान्ति^{F} के जमा दल-बादल. 3. (dimness) धुँधलापन; he disappeared in a ~ of dust वह धूल^F के (बादल) धुँधलेपन में ग़ायब हो गया. 4. (darkness) अंधकार : a ~ of suspicion शंका^{F} का ≈; the ~ of dispair निराशा रूपी ≈; his business dealings are under a ~ उसका व्यावसायिक कारोबार अंधकार में है. 6. (other uses) he has his head in the ~ वह अन्यमनस्क है; she is under a ~ these days आजकल उसके बुरे दिन हैं. Δ **every ~ has a silver lining** निराशा में आशा की किरण रहती है. II. *v.t.* 1. अंधेरा कर देना, धुंधला कर देना : life ~ ed with sorrow दुःख से धुँधला जीवन; tears ~ ed her eyes आँसुओं से उसकी आँखों में अंधेरा छा गया. 2. उदास होना : illness ~ ed his life बीमारी^{F} से उसका जीवन उदास था; his face ~ ed at the unhappy news बुरे समाचार से उसका चेहरा उदास हो गया. 3. बादल घिरना, छाना : the sun ~ ed over धूप छायी थी; the sky was ~ ed आकाश पर बादल घिर गये : the sky ~ ed over and it began to rain आकाश बादलों से घिर गया और बारिश^F शुरू हो गई. 4. दूषित या ख़राब करना : dirt ~ ed the window खिड़कियाँ^{F} धूल से दूषित हो गईं; old age ~ ed his judgement वृद्धावस्था^{F} ने उसकी धारणा^{F} को खराब कर दिया. ~ **burst** बादल का फट पड़ना, एकदम मूसलाधार वर्षा^{F}. **cloudy** *a.* 1. मेघाच्छन, ~ weather मेघाच्छन्न मौसम. 2. धुँधला : ~ ideas धुंधले विचार. [*ant.* clear]

clown क्लॉउन n^c. 1. विदूषक, भाण्ड, मसख़रा : a clown in the circus makes the people laugh सरकस का विदूषक लोगों को हँसाता है. 2. गँवार : a country ~ देहाती.

club क्लब I. n^c. 1. क्लब [cricket क्रिकेट, literary साहित्यिक, worker's मज़दूरों का]; I shall meet you at the ~ मैं आपको ≈ में मिलूँगा; to be a member of a ~ किसी ≈ का सदस्य होना; a meeting of the ~ क्लब की बैठक^F. 2. गदा, मुग्दर, डण्डा, लाठी^{F} : a golf ~ गोल्फ़ खेलने का डंडा; he uses a ~ to defend himself against the fierce of a dog वह कुत्ते के भय से रक्षा के लिए डंडे का प्रयोग करता है. 3. चिड़िया^{F} या चिड़ी^{F} का पत्ता : which card of ~ will you use तुम चिड़ी के किस पत्ते का प्रयोग करोगे; seven of ~ चिड़ी की सत्ती. 4. (of rifle) कुंदा. II. *v.t.* 1. मिलकर कुछ करना, सम्मिलित हो जाना : to ~ together to buy a new football नया

फुटबाल खरीदने के लिए साथ मिलना; they have ~ bed together to buy her a present वे उसको उपहार खरीदकर देने के लिए मिल गए हैं; all my shares were ~ bed by the company कंपनी ने मेरे शेयर इकट्ठे कर दिये. **2.** डंडे या लाठी से मारना : he ~ bed him to death उसने उसे डंडे से मार डाला.

cluck क्लक **I.** n^c. कुट-कुट, किड़-किड़ : the ~ of a hen मुर्गी[F] की ≈. **II.** *v.t.* कुटकुटाना, किड़किड़ाना : the hen ~ ed to her chicks मुर्गी अपने चूज़ों के लिए कुटकुटाई; the old woman ~ ed at the children's behaviour बच्चों के व्यवहार पर बूढ़ी औरत किड़किड़ाई.

clue क्लू n^c. सूत्र, सुराग़ : the ~ which led detectives to the solution of the mystery सुराग़ जो कि भेदिया लोगों को रहस्य के समाधान तक ले गया; foot prints served as a ~ पदचिन्हों ने ≈ का काम किया; there is no ~ to his whereabouts उसके बारे में कोई सुराग़ नहीं है.

clump क्लम्प **I.** n^c. **1.** पिण्ड, खण्ड : a ~ of earth भूखण्ड. **2.** झुरमुट : ~ of trees वृक्षों का ≈; we hid behind a ~ of bushes हम झाड़ियों[F] के ≈ में छिप गये. **II.** *v.i.* भदभदाते चलना : the workman ~ ed up the stairs कामगार सीढ़ियों से भदभदाते गया.

clumsy क्लम्'ज़ि *a.* **1**. अनाड़ी, फूहड़, अदक्ष [gesture हाव-भाव, man आदमी, workman कामगार]; Ehsan is too ~ to be a dancer एहसान इतना अनाड़ी है कि नर्तक नहीं हो सकता; the ~ boy could not walk in the room फूहड़ लड़का कमरे में नहीं चल सकता था. **2.** भद्दा, बेडौल, बेढंगा [furniture फ़र्नीचर, sentence वाक्य]; a ~ shape भद्दी आकृति[F]; ~ movement बेढंगी चाल[F]; he did his work in a ~ fashion उसने बेढंगा काम किया.

clung क्लङ्ग *v.i.* (past tense of verb 'cling')

cluster क्लस्'टर **I.** n^c. **1.** (bunch) गुच्छा : ~ of flowers फूलों का ≈; a ~ of grapes अंगूरों का ≈; a ~ of trees पेड़ों का झुरमुट. **2.** समूह, झुण्ड, भीड़[F] : ~ of people लोगों का समूह; children stood in ~ round the injured dog बच्चे घायल कुते के चारों ओर झुण्ड में खड़े थे; ~ of stars तारापुंज. **II.** *v.i.* इकट्ठा होना, जमा होना; they ~ ed round the fire वे आग के चारों ओर इकट्ठे हो गये; you boys are not to ~ round the notice-board and block the corridor तुम लड़कों को सूचना-पट्ट के सामने इकट्ठा नहीं होना है और न गलियारा बन्द करना है. **III.** *v.t.* इकट्ठा/जमा करना : to ~ people लोगों को ≈.

clutch क्लच **I.** n^c. **1.** चंगुल : the bear had him in it ~ es भालू ने उसको अपने ≈ में ले लिया; the ~ es of the lion शेर का ≈; the ~ es of poverty गरीबी का ≈; the boy fell into the ~ es of a thug लड़का एक ठग के ≈ में फँस गया. **2.** (grip) जकड़[F], पकड़[F] the ~ es of law कानून की ≈; to be in a person's ~ es किसी व्यक्ति की ≈ (के चंगुल) में होना; to be in a person's ~ es is to be in his power किसी व्यक्ति की ≈ में होना उसकी शक्ति के अधीन होना है. **3.**(of car) कलच : he put his foot on the ~ उसने अपना पैर ≈ पर रखा. **4.** (of crane) शिकंजा. **II.** *v.t.* **1.** पकड़ना, जकड़ना : he ~ ed the money I offered उसने पैसा पकड़ लिया जो मैंने दिया; I ~ ed at a floating piece of wood to save myself from drowning मैंने अपने को डूबने से बचाने के लिए तैरते हुए लकड़ी के टुकड़े को पकड़ लिया. [*ant.* release] **2.** छीनना : he ~ ed the book from me उसने मुझसे किताब[F] छीन ली; he ~ ed the revolver from the intruder and threw him down the stairs उसने घुसपैठिये से रिवाल्वर छीन लिया और उसे सीढ़ियों से नीचे गिरा दिया. **3.** झपटना, झपट्टा मारना : to ~ at smth. किसी चीज़[F] पर ≈.

cm. centimetre.

co. (company) कंपनी.

c/o care of द्वारा.

co- को *pref.* सह- : co-editor सहसंपादक, co-accused सहाभियुक्त, co-education[F] सहशिक्षा[F]; ~existence ≈-अस्तित्व, co-operation सहयोग.

coach कोच **I.** n^c. **1.** (railway) डिब्बा, सवारी डिब्बा [reserved आरक्षित, mail मेल का];

the ~ was full ≈ भरा था; the last two ~es of the train were derailed गाड़ी के अंत के दो डिब्बे पटरी^F से उतर गये थे. 2. बग्घी^F : the Seth's ~ is out of sight सेठजी की ≈ आंखों से ओझल है; the travelling by road is much pleasanter in a motor ~ मोटर-≈ में सड़क^F से यात्रा^F करना अधिक आनन्दकर है; the President rode in a ~ drawn by six horses राष्ट्रपति छ : घोड़ों द्वारा खींची जाने वाली बग्घी^F में सवार थे. 3.कोचवान : ~ box ≈ के बैठने की जगह^F. 4. शिक्षक : he is the swimming team's ~ वह तैराकी की टीम^F का ≈ है; they employed a ~ to improve their son's knowledge of Sanskrit उन्होंने अपने बेटे की संस्कृत के ज्ञान के सुधार के लिए एक ≈ नियुक्त किया. II. *v.t.* सिखाना, पढ़ाना, शिक्षा देना : he ~es me in mathematics वह मुझे गणित पढ़ाता है; he ~ed his friend in Hindi उसने अपने मित्र को हिन्दी^F पढ़ायी. **coaching** *n.* अनुशिक्षण; ~ **institute** ≈ संस्थान; to have ~ at some centre किसी केन्द्र पर ≈ प्राप्त करना.

coal कोल I. *n*^u. कोयला [black काला, brownish भूरा, hard सख्त]; ~ **bed** कोयले की परत^F; ~ **dust** कोयले का चूरा; ~ **mine** कोयले की खान^F; ~**tar** तारकोल, डामर; to draw ~ from the pit खदान^F से ≈ निकालना; ~ is no longer popular as a fuel ईंधन के रूप में ≈ अब लोकप्रिय नहीं रह गया; put some ~ on the fire आग पर थोड़ा ≈ डालो. ~ gas कोयले की गैस^F. does your cooker use ~ gas or natural gas क्या आपके कुकर को कोयले की गैस लगती है या प्राकृतिक गैस. Δ **to haul over the ~s** डाँटना : the headmaster hauled the boy over the ~s for being absent without permission प्रधानाचार्य ने लड़के को बिना आज्ञा अनुपस्थित होने पर डाँटा; **to carry ~s to New Castle** उल्टे बाँस बरेली को. II. *v.t.* कोयला भरना; to ~ a ship जहाज़ में कोयला भरना.

coarse कॉर्स *a.* 1. मोटा, घटिया [grain अनाज, sand बालू^F]; this coat is made of ~ material यह कोट मोटे कपड़े का बना है. 2. अपरिष्कृत [metal धातु, salt नमक]; ~ voice भद्दी आवाज़^F; ~ wood खुरदरी लकड़ी^F. 3. (uneven) रूखा; her skin is ~ उसकी चमड़ी^F रूखी है. 4. गँवारु : ~ language ≈ भाषा^F; a ~ sense of humour ≈ मसखरापन; ~ jokes ≈ मज़ाक. 5. (person) असभ्य, गँवार : don't be so ~ इतने ≈ न बनो. [*as distinct from* course]

coast कोस्ट I. *n*^c. (समुद्र) -तट, किनारा [charming सुन्दर, flat चौरस, rocky चट्टानी]; the road runs up to the ~ सड़क तट तक जाती है; the ~ of India भारत का ≈; we went down to the ~ for a day हम एक दिन के लिए समुद्र तट पर गए; the storm dashed a vessel on the ~ तूफ़ान ने एक नाव^F को तट पर पटक दिया. ~ **guard** समुद्री-चौकी^F, तटरक्षक. ~ **line** तटरेखा^F : ~ line is rugged तटरेखा^F कटी-फटी है. II. *v.i.* उतरना : we ~ed down the hill हम पहाड़ी^F से उतरे; he ~ed for two miles after the car was out of petrol कार^F में पेट्रोल समाप्त होने के बाद वह दो मील तक उतरकर गया. **coastal** कोस्'टल *a.* तटवर्ती, तटीय, समुद्रतटीय : ~ shipping तट की जहाज़रानी^F; ~ trade समुद्रतट का व्यापार, तटीय या तटवर्ती व्यापार.

coat कोट I. *n*^c. 1. कोट [light हल्का, summer गर्मी^F का, torn फटा हुआ, warm गर्म, winter जाड़े का]; I must have my ~ cleaned मुझे अपना ≈ साफ़ करा लेना चाहिए; what colour is your new ~ आपका नया ≈ किस रंग का है ? you must cut your ~ according to your cloth तुम्हें अपना ≈ कपड़े के अनुसार काटना चाहिए, आमदनी^F के हिसाब से खर्च करना चाहिए; long haired ~ of Angora goat अंगोरा बकरे का लम्बे बालों का ≈. 2. (of animals) लोमचर्म [soft मुलायम, white सफ़ेद]; a ~ of bear भालू का ≈. 3. (covering) आवरण : over ~ लबादा. 4. (coating) तह, परत, लेप : three ~s of paint तीन ≈ पेंट. II. *v.t.* (colour) (पेंट आदि की) परत^F चढ़ाना, रंगना, पोतना : to ~ the wood with varnish लकड़ी^F पर वार्निश करना; the wood was ~ed with special paint लकड़ी^F पर एक विशेष रंग चढ़ाया गया था.

coax कोक्स *v.t.* 1. फुसलाना, बहकाना, मनाना : mother has to ~ the baby to drink milk because he does not like it बच्चे को दूध पीने के लिए माँ को फुसलाना पड़ता है क्योंकि वह इसे पसंद नहीं करता; he ~ed her to dance by saying, she was the best dancer उसने उसे नाचने के लिए यह कहकर मना लिया कि तुम सबसे अच्छी नर्तकी हो. she ~ed her husband to purchase (in purchasing) her a new dress नयी पोशाक[F] ख़रीदने के लिए उसने अपने पति को मनाया. 2. (flatter) खुशामद[F] करना : the child ~ed me to give her sweets बच्चे ने मिठाई देने के लिए उसकी ख़ुशामद की; I cannot ~ anyone मैं किसी की ख़ुशामद नहीं करता. Δ **~ smb into doing smth** चिकनी-चुपड़ी बातें[F] करके किसी से कोई काम कराना; **~ smth out of smb** खुशामद[F] करके किसी से कोई चीज़[F] ले लेना.

cobbler काब्'लर *n*[c]. मोची [experienced अनुभवी, village ग्रामीण]; a ~ repairs shoes ≈ जूतों की मरम्मत[F] करता है.

cobra को'ब्रा *n*[c]. नाग, फणी (*fem*. नागिन) : ~ is a poisonous snake found in Africa and Asia कोब्रा (नाग) अफ़्रीका और एशिया में पाया जानेवाला एक ज़हरीला साँप है.

cock कॉक I. *n*[c]. 1. मुरगा, कुक्कुट; the ~ was crowing early in the morning ≈ सुबह-सवेरे बाँग[F] दे रहा था; the old man kept a ~ and three hens बूढ़े आदमी के पास एक ≈ और तीन मुर्गियाँ[F] थीं; he gets up at ~-crow वह मुर्गे के बाँग[F] देने पर उठता है. 2. ~ sparrow नर चिड़िया; ~ fighting मुर्गे लड़ाना; ~ of the walk मुखिया. 3. (spout) टोंटी[F]; stop ~ नल बंद करने की ≈. Δ **~-and-bull story** कपोल-कल्पना[F], झूठी कथा[F]; all that he says is a ~-and-bull story वह जो कुछ कहता है सब कपोल-कल्पना[F] है; **a ~ fights best on his own dung hill** अपनी गली[F] में कुत्ता भी शेर होता है. [*fem*. hen मुर्ग़ी] II. *v.t.* 1. घोड़ा चढ़ाना : to ~ a gun बन्दूक[F] का ≈. 2. तिरछा करना, बाँका करना : to ~ one's hat हैट तिरछा रखना या पहनना. 3. खड़ा करना : the dog ~ its leg to urinate कुत्ते ने पेशाब करने के लिए अपनी टाँग[F] उठाई; to ~ the ears चौकन्ना होना, कान खड़े होना; the dog ~ed its ears कुत्ता चौकन्ना हो गया.

cockroach कॉ' क्रोच *n*[c]. तिलचट्टा : ~ is a black beetle ≈ एक काला कीड़ा है; ~ es live in houses and come out at night to feed तिलचट्टे घरों में रहते हैं और रात में भोजन के लिए बाहर निकलते हैं.

coconut को कॅ'नट *n*[c]. नारियल; ~ fibre ≈ की जटा[F]; ~ palm ≈ का पेड़; she put some ~ in the biscuits उसने बिस्कुट में कुछ ≈ डाला; we offered a ~ at the idol हमने मूर्ति[F] पर ≈ चढ़ाया.

code कोड I. *n*[c]. 1. संहिता[F], विधि-संग्रह, नियमावली[F] [penal दण्डीय, religious धार्मिक, social सामाजिक]; the ~ of behaviour व्यवहार संहिता; ~of conduct आचार संहिता; Manusmriti is a ~ of conduct मनुस्मृति[F] एक आचार संहिता है; there are a number of ~s for puting English into a form usable by computer कम्प्यूटर में अंग्रेजी के प्रयोगात्मक रूप को भरने के लिए बहुत-सी नियमावलियां हैं. 2. (a system of signals) संकेत-पद्धति[F]; **Morse ~** मोर्स ≈ (तार की); the message was in ~ संदेश कूट संकेत में था; the telegram was in ~ टेलिग्राम ≈ में था. II. *v.t.* (to translate into a ~) कूटबद्ध करना; have you ~d the material for the computer क्या आपने सामग्री[F] को कम्प्यूटर के लिए कूटबद्ध कर लिया है.

co-existence कोइग् ज़िस्'टन्स *n*[u]. सह-अस्तित्व, सहजीवन : peaceful ~ of countries with different political systems भिन्न-भिन्न राजनैतिक व्यवस्था[F] वाले देशों का शांतिपूर्ण ≈.

coffee कॉ'फ़ि *n*[u]. कहवा, कॉफ़ी[F] [black काली, fresh ताज़ा, hot गर्म, strong तेज़]; ~ is a powder of ~beans कॉफ़ी कॉफ़ी के दानों का चूर्ण है; will you have a cup of ~ क्या आप एक कप ≈ लेंगे ? I have/take ~ with sugar but without cream मैं चीनीयुक्त किन्तु क्रीमरहित ≈ पीता हूँ; some children don't drink ~ कुछ बच्चे ≈ नहीं पीते; we can buy hot ~ in coffee bars हम काफ़ी-गृहों से गर्म ≈ ख़रीद सकते हैं.

coffin कॉ'फ़िन *n*[c]. ताबूत, शवपेटी[F] : they

carried the ~ to the graveyard वे ≈ को कब्रिस्तान उठा ले गये; the ~ was placed in the grave ≈ कब्र में रखा गया; the body of the dead person is put in a ~ before being buried एक मृत व्यक्ति का शरीर दफ़नाए जाने से पहले ≈ में रखा जाता है. Δ **a nail into smb's ~** किसी की मौत को बुलावा देना.

coil कॉइल **I.** *n*^c. कुंडली^F, कुंडल : a ~ of rope रस्सी^F का कुंडल; to wind up a rope in a ~ रस्सी^F को ≈ करके लपेटना; a snake held a sheep in its ~ एक साँप ने भेड़^F को अपनी कुंडली में जकड़ लिया. **II.** *v.t.* कुण्डल बनाना, कुंडलाकार लपेटना : to ~ a rope रस्सी^F लपेटना; to ~a rope is to arrange it in a ~ रस्सी को लपेटना उसे कुंडलाकार करना है; the cobra ~ed round the antelope's trembling body नाग काँपते बारहसिंगा के शरीर में कुंडलाकार लिपट गया.

coin कॉइन **I.** *n*^c. सिक्का, रुपया, नक़दी, रोकड़ [copper तांबे का, gold सोने का, false खोटा, silver चांदी]; small ~s छोटे सिक्के, रेज़गारी^F; counterfeit ~s कूट/जाली सिक्के; a handful of ~s मुट्ठीभर सिक्के; he who clips ~s robs the coffer of the state जो सिक्के काटता है राज्य के ख़ज़ाने को लूटता है. Δ **to pay smb in his own ~** जैसे को तैसा निपना. **II.** *v.t.* **1.** सिक्का ढालना : to ~ money पैसा बनाना; he is really ~ing the money these days वास्तव में वह इन दिनों खूब पैसा बना (कमा) रहा है. **2.** गढ़ना : to ~ new words नये शब्द ≈; the scientists ~ several words वैज्ञानिक कई शब्द गढ़ते हैं. **coinage** कॉइ'निज *n*^u. **1.** मुद्रा^F, सिक्का ढलाई : the work of ~ सिक्के की ढलाई का काम. **2.** कपोल-कल्पना^F : the ~ of one's brain मनगढ़ंत बात^F, कपोल कल्पना^F; किसी के दिमाग़ की गढ़न.

coincide कोइन्"साइड' *v.i.* **1.** एक ही समय में पड़ना, एक साथ होना : my time does not ~ **with** yours मेरा और तुम्हारा समय एक-साथ नहीं पड़ता; their holidays ~ उनकी छुट्टियाँ एक साथ पड़ती हैं. **2.** मेल रखना : अनुरूप होना; (agree) मेल खाना : his opinion ~ed with mine उसकी राय^F मेरी राय से मेल खा गई. [*ant.* clash] **coincidence** कोइन्'सिडन्स *n*^c. संयोग, दैवयोग [happy अच्छा, surprising आश्चर्यजनक]; it is difficult to believe that it was merely a ~ यह विश्वास करना कठिन है कि यह केवल संयोग था; ~ of unexpected events अप्रत्याशित घटनाओं^F का ≈; I was also there by ~ ≈ से मैं भी वहाँ था.

coke कोक *n*^u. कोक [hard सख़्त, smokeless धूम्ररहित]; we buy and burn ~ ≈ हम खरीद कर जलाते हैं; coal is turned into ~ and coal gas कोयला ≈ और कोयले की गैस में बदला जाता है. ~is a slow burning ~ ≈ धीमा जलने वाला ईंधन है.

col *pref.* from of co सह -l से पहिले : colleague सहयोगी, colloquial *q.v.*

Col. colonel.

cold कोल्ड **I.** *a.* **1.** ठंडा, शीतल, सर्द [dinner भोजन, night रात^F, water जल, weather मौसम, winter जाड़ा]; it is ~ outside बाहर ठंड है; my feet are ~ मेरे पैर ठंडे है; your dinner is getting ~ आपका भोजन ठंडा हो रहा है; as ~ as marble संगमरमर की तरह ठंडा. [*ant.* hot] **~ storage** शीतागार; to put in ~ storage खटाई में डालना, अनिश्चित काल के लिए टाल देना; **~ war** शीत युद्ध; **~ wave** शीत^F लहर^F, चिल्ला जाड़ा. **2.** रूखा, निरुत्साह [behaviour व्यवहार, reception स्वागत]; the whole idea leaves me ~ संपूर्ण विचार मुझे निरुत्साह छोड़ देता है; he has a~ heart वह रूखे हृदय का आदमी है; to give a person ~ reception किसी व्यक्ति का रूखा स्वागत करना. **3.** (*misc.* uses) **~ blooded** नृशंस, निष्ठुर : ~ blooded murder नृशंस हत्या^F; **~ comfort** रूखी-सूखी सांत्वना^F; **~ feet** कायरता; **~ news** अरुचिकर समाचार; Δ **to give ~ shoulder to smb** किसी के साथ रुखाई से पेश आना. **II.** *n*^u. **1.** ठंड^F, सर्दी^F [dreadful भयंकर, dry शुष्क, sharp तेज़]; a very severe ~ बहुत कड़ी ≈; the ~ was intense ≈ बहुत कड़ी थी; he cannot stand the ~ of winter वह जाड़े की ठंड सह नहीं सकता. **2.** जुकाम : to catch ~ जुकाम होना : I have caught bad ~ मुझे तेज़ ≈ लग

गया; if you keep sneezing and have a running nose, you probably have a ~ यदि तुम छींकते रहे और नाक[F] बहती रही तो समझो तुम्हें ≈ है; she has had bad ~ for three days उसे तीन दिन से तेज़ ≈ रहा है. **coldly** *adv.* रुखाई से, उपेक्षा से : he met him ~ वह उससे ≈ मिला. **coldness** *n*[u]. **1**. ठंड[F], सर्दी[F] : unbearable ~ असहनीय ≈. **2**. रुखाई[F], उदासीनता[F] : due to his ~ उसकी ≈ के कारण; ~ of welcome स्वागत की ≈.

collapse कॅ लैप्स' **I**. *v.i.* **1**. भंग होना, गिर जाना, ढह पड़ना : if the walls of the trench ~, the men digging it will be buried यदि खाई[F] की दीवारें गिरेंगी तो इसे खोदने वाले आदमी दब जायेंगे; the house ~d घर गिर गया; the roof has ~d छत टूट गयी है; the bridge ~d under the weight of the traffic यातायात के बोझ के कारण पुल टूट गया. **2**. विफल होना : our plans have ~d हमारी योजनाएँ[F] विफल हो गयीं हैं. **3**. शिथिल हो जाना, अचानक बीमार पड़ना : after the operation he ~d आपरेशन के बाद वह अचानक बीमार हो गया; she ~d with heart-attack दिल का दौरा पड़ने से वह शिथिल हो गयी. he ~d on hearing the news of the accident दुर्घटना[F] का समाचार पाने के बाद वह बीमार पड़ गया. [*ant*. recover] **II**. *n*[u]. **1**. ढहना, भंग, नाश : ~ of a roof छत[F] का ढहना. **2**. विफलता[F] : the ~ of the government सरकार[F] की ≈. **collapsible** कलैप्'सबल *a.* दबने वाला, सिमटने वाला (boat नाव[F], chair कुरसी[F], table मेज़).

collar कॉ'लर **I**. *n*[c]. **1**. कालर : ~ of coat, jacket, shirt कोट, जैकिट, कमीज़[F] का ≈; your ~ is too tight round your neck तुम्हारे गले में ≈ अत्यन्त तंग है; ~bone हँसुली; he fell down and broke his ~bone वह गिरा और उसकी हँसुली टूट गई. **2**. (of a dog) पट्टा : dog's name was on its ~ कुत्ते का नाम उसके पट्टे पर था. **3**. छल्ला (neck.); he turned up his ~ उसने अपना छल्ला बदला. **II**. **1**. *v.t.* पट्टा लगाना; he collard the dog उसने कुत्ते को पट्टा पहनाया. **2**. पकड़ना : he ~ed the thief and held on to him until the police arived उसने चोर को पकड़ा और उसे तब तक पकड़े रखा जब तक कि पुलिस नहीं आ गयी; they ~ed the entire market with their new product उन्होंने अपने नए उत्पाद से संपूर्ण बाज़ार को अपनी गिरफ़्त में ले लिया.

colleague कॅ लीग' *n*[c]. सहयोगी : he is my ~ in the department विभाग में वह मेरा ≈ है.

collect क लेक्ट' **I**. *v.i.* इकट्ठा या एकत्र होना, जमा होना : a crowd ~ed at once भीड़[F] तुरंत इकट्ठी हो गयी; dust ~s in the corners कोनों में धूल इकट्ठी हो जाती है; people are ~ing in front of their houses लोग अपने घरों के सामने इकट्ठा हो रहे हैं. [*ant*. scatter] **II**. *v.t.* **1**. इकट्ठा/जमा करना; I ~ stamps as a hobby मैं शौकिया टिकट इकट्ठे करता हूँ; she was ~ing the kids from the school वह विद्यालय से बच्चों को इकट्ठा कर रही थी. **2**. वसूल करना, उगाहना; to ~ tax कर ≈; you are to ~ a rupee from each boy तुम्हें प्रत्येक लड़के से एक रुपया वसूलना है; the conductor has to ~ fares परिचालक को भाड़ा ≈ है; **3**. संग्रह करना, संग्रहीत करना : he is trying to ~ his thoughts वह अपने विचारों का संग्रह करने का प्रयास कर रहा है; to ~ books किताबों[F] का संग्रह करना. **4**. (other uses) ~ oneself होश[F] में आना; to ~ one's thoughts चित्त को एकाग्र करके सोचना; to ~ courage साहस बटोरना. **collection** कॅलेक्'शन *n*[uc]. **1**. संचय [large बड़ा, precious क़ीमती, rich भरपूर, unique अद्वितीय]; unusual ~ असाधारण ≈. **2**. संग्रह : ~ of letters पत्रों का संग्रह; a fine ~ of pictures चित्रों का अच्छा ≈; come and see my ~ of good things आओ और मेरी अच्छी-अच्छी वस्तुओं[F] का संग्रह देखो. **3**. समूह, समुदाय : a strange ~ of people लोगों का अजीब ≈. **collective** कॅ लेक्'टिव़ *a.* सामूहिक [action कार्रवाई[F], agreement समझौता, ownership स्वामित्व, property संपत्ति[F], punishment दण्ड, responsibility ज़िम्मेदारी[F]/दायित्व, saving बचत[F]]; peasants have just returned from a ~ farm किसान अभी-अभी ≈ कृषिक्षेत्र से लौटे हैं; we must take ~ action

हमें ≈ कार्रवाई करनी चाहिए; this was the result of ~ effort यह ≈ प्रयत्न का परिणाम था. (gram.) ~ noun समूहवाचक संज्ञा^{F}, as जैसे army सेना^{F}, class कक्षा^{F}.
collector क् लेक्'टर n^c. **1.** समाहर्ता : excise ~ उत्पादन- शुल्क ≈; zealous उत्साही ≈. **2.** ticket ~ टिकट संग्राहक; stamp ~ स्टाम्प संग्राहक. **3.** ज़िलाधीश, कलक्टर : patriotic ~ देशभक्त कलेक्टर.
collectorate कॅ लेक्'टरिट *n.* कलेक्टर का पद या दफ्तर, कलक्टरी^{F} : his appeal is pending in the ~ उसकी अपील^F कलक्टरी में पड़ी है.

college कॉ 'लिज n^c. **1.** कालेज, महाविद्यालय [agricultural कृषि, engineering यान्त्रिकी, medical चिकित्सकीय, science विज्ञान, training प्रशिक्षण]; he goes to ~ वह ≈ जाता है; in Oxford 21 ~s are affiliated to the university ऑक्सफ़र्ड में विश्वविद्यालय से 21 ≈ संबद्ध है; to admit a student into a ~ किसी छात्र को ≈ में प्रवेश देना; the students of all ~s are bound to attend a certain percentage of lectures सभी कालेजों के छात्र निश्चित प्रतिशत लेक्चरों में उपस्थित होने के लिए बाध्य हैं; when I shall leave school, I shall be able to continue my education at a ~ जब मैं स्कूल छोड़ूँगा, तो ≈ में पढ़ाई^F जारी रखने के योग्य हूँगा. **2.** गण, मण्डल, परिषद : the ~ of surgeons सर्जन गण; electoral ~ निर्वाचकगण, निर्वाचक मण्डल.

collide कॅ लाइड' *v.i.* (collided, colliding) **1.** टक्कर^F लगना, टकराना, मुठभेड़^{F} होना : the cars ~d on the road कारें^{F} सड़क^F पर टकरा गयीं; the motor van ~ed with a lorry मोटरगाड़ी और लारी^{F} में टक्कर हो गई, मोटरगाड़ी^{F} लारी^{F} से टकरा गयी. **2.** विरोध होना, खटपट होना, मतभेद होना : the views of the two politicians ~ violently दो राजनीतिज्ञों के विचारों में उग्र मतभेद होता है. **collision** कॅ लि'ज़न n^u. **1.** संघर्ष, विरोध : ~ of interests हितों का ≈; ~ of ideals आदर्शों का ≈; to come into ~ with smb's aims किसी के ध्येय से विरोध होना. **2.** टक्कर^F, मुठभेड़^{F} : as a result of the ~ between the two cars he had to be taken to hospital दो कारों^{F} में ≈ के फलस्वरूप उसे अस्पताल ले जाना पड़ा; railway ~ रेलगाड़ी^{F} की टक्कर.

colon को'लन n^c. **1.** (gram.) अपूर्ण विराम (:): ~ is heavier than semi-colon ≈ अर्द्धविराम से भारी होता है. **2.** (anat.) बृहदान्त्र, कोलन : an enlarged ~ बढ़ी हुई बृहदान्त्र^F; ~ is the end piece of the intestive कोलन आंत का अंतिम भाग होता है.

colonel कर्'नल n^c. कर्नल : her son rose to the rank of ~ उसका बेटा ≈ के रैंक तक पहुँच गया; ~ is a military officer ≈ एक सेनाधिकारी होता है. [*as distinct from* Kernel]

colonial क्लो'न्यल **I.** *a.* उपनिवेशी, औपनिवेशिक ~ **office** (ब्रिटेन का) उपनिवेश मंत्रालय; ~ **powers** उपनिवेश स्थापित करने वाले देश; ~ **war** ≈ युद्ध; a ~ office is the government department concerned with colonies ≈ कार्यालय उपनिवेशों से संबंधित सरकारी विभाग है. **II.** n^c. उपनिवेशक [awarded पुरस्कृत, esteemed सम्मानित]; a ~ is a person from one of the colonies ≈ किसी उपनिवेश का व्यक्ति है.
colonization कॉलेनाइज़े'शन n^u. उपनिवेशन, नई बस्ती^{F} बसाना; ~ of South Africa दक्षिण-अफ्रीका का उपनिवेशीकरण. **colony** कॉ'लॅनि n^c. (*pl.* colonies) **1.** उपनिवेश [agricultural कृषीय, important महत्वपूर्ण, military सैन्य, prosperous समृद्ध, rich समृद्ध]; many colonies have gained independence बहुत-से ≈ स्वतन्त्रता^{F} प्राप्त कर चुके हैं; France used to have many ~ies in Africa फ्रांस के अफ्रीका में बहुत से ≈ थे. **2.** नई बस्ती [large बड़ी, small छोटी]; colonies in Delhi देहली^{F} की नई बस्तियाँ.

colour कॅ'लर **I.** n^c. **1.** वर्ण, रंग [black काला, bright चमकीला, fast पक्का, green हरा, light हल्का, white सफ़ेद]; red is the ~ of blood ख़ून का ≈ लाल होता है; the people of all ~s सभी वर्णों के लोग; there are several ~s here, choose as you like यहाँ बहुत सारे रंग हैं, अपनी पसंद^F का चुन लो; ~ bar ≈ भेद, काले-गोरे का भेद. ~**blind**

वर्णांध : a ~-blind person cannot distinguish between red and yellow वर्णांध व्यक्ति लाल और पीले रंग में भेद नहीं कर सकता. ~ **scheme** रंग-योजना^F : the curtains do not match the ~ scheme परदे रंग योजना से मेल नहीं खाते. Δ **to change** ~ रंग फीका पड़ना : **to gain** ~ लाली आना; his face has gained ~ उसके चेहरे पर लाली आ गयी है; **to lose** ~ रंग उड़ना. **2.** रूप-रंग, शक्ल-सूरत, रंगढंग [beautiful सुन्दर, delicate कोमल, ugly कुरूप]; she has plenty of ~s वह बहुरूप ≈ वाली है; of what ~ is he वह किस ≈ का है. Δ **to give** ~ रूप देना; to give a false ~ ग़लत रूप में पेश करना; **lose** ~ सुंदरता^F खो देना; in its true ~ अपने वास्तविक रूप में. **3.** (usu *pl.*) झंडा, ध्वजा^F, पताका : India has a tri-~ भारत का तिरंगा; regimental ~s रजमंट का झंडा; (*pl.*) फ़ौजी झंडा : Δ **to come off with flying** ~ विजयी होना; our team came off with flying ~s हमारी टीम विजयी रही. **4.** सजीवता^F : she talked ~ उसने सजीव बातें^F कीं; there is plenty of ~ in his description उसके वर्णन में बहुत-सी सजीवता है. **5.** ~s पुरस्कार (award in sports) : he won his cricket ~s in the last tournament पिछली प्रतियोगिता में उसे क्रिकेट में पुरस्कार मिला; to get one's ~s टीम^F में शामिल होना. Δ **paint in bright** ~ बढ़ा- चढ़ाके दिखाना, सुहावने रूप में पेश करना. **II.** *v.t.* **1.** रंगना, रंग भरना : he ~ed the walls yellow उसने दीवारों को पीला रंग दिया; to ~ a sketch किसी रुपरेखा में रंग भरना. **2.** नया रंग चढ़ाना, मिलावट^F करना, नमक-मिर्च लगाना : he ~ed the story to suit his own purpose उसने अपने उद्देश्य की पूर्ति^F के लिए कहानी^F में नया रंग चढ़ाया; she ~ed all her compliments उसने उसकी झूठी प्रशंसा की.

coloured कॅ' लर्ड *a.* **1.** रंगीन, रंजित [photo फ़ोटो, cloth कपड़ा]. **2.** (of people) अश्वेत : there are only two white families here, the rest are ~ यहाँ केवल दो श्वेत परिवार हैं शेष ≈ हैं. **3.** अत्युक्तिपूर्ण : ~ statement ≈ वक्तव्य. **colourful** कॅ' लरफ़ुल *a.* रंगीन, रंगबिरंगा : ~s scene ≈ दृश्य. **2.** शानदार [exhibition प्रदर्शनी^F, festival त्यौहार]. **3.** सजीव : ~description ≈ वर्णन; he gave a ~ account of his journey उसने अपनी यात्रा^F का ≈ लेखा-जोखा सुनाया.

colt कोल्ट *n*^c. 1. बछेड़ा : this ~ is only two years old यह ≈ केवल दो साल का है; this is the picture of a mare and her ~ यह तस्वीर एक घोड़ी^F और उसके बछेड़े की है. **2.** (inexperienced person) अनाड़ी : he is not in the senior team for he plays as a ~ वह सीनियर टीम में नहीं है क्योंकि वह ≈ जैसा खेलता है. [fem. filly बछेड़ी]

column कॉ' लम *n*^c. **1.** (arch.) स्तंभ, खंभा : behind a ~ खंभे के पीछे; the carned ~ in the temple मंदिर में नक्काशदार ≈. **2.** (writing) स्तंभ, कालम : in the second ~ of the newspaper अखबार के दूसरे ≈ में; he writes up a ~ about commerce वाणिज्य से संबंधित वह एक कालम लिखता है. **3.** (mil.) दस्ता, सैन्यदल : they marched in ~s वे दस्तों में आगे बढ़े.

com- *suff.* = co सह : comemmorate, compend, compact, compress.

coma को' मा *n.* बेहोशी^F : to go/fell into ~ अचेत/बेहोश हो जाना : the sickman had fallen/gone into ~ रुग्ण आदमी को ≈ आ गयी; he was in ~ for several days after the accident दुर्घटना^F के बाद वह कई दिनों तक ≈ में था; he has now recovered from ~ अब वह ≈ से ठीक हो गया है.

comb कोम **I.** *n*^c. **1.** कंघी^F, कंघा [small छोटा, white सफ़ेद]; I need a ~ so that I can set my hair मुझे एक कंघे की ज़रूरत है जिससे मैं अपने बालों को जमा सकूं; a ~ with dense teeth घने दांतों वाला कंघा; will you lend me your ~ for a minute क्या आप एक मिनट के लिए अपना कंघा देंगे. **2.** (of a cock) कलगी : **3.** (of bees) छत्ता : honey ~ मधु का ≈. **II.** *v.t.* **1.** कंघा करना : to ~ the hair बालों में ≈; she ~ed the hair and was ready to go to cinema उसने बालों में कंघा किया और सिनेमा के लिए तैयार हो गयी. **2.** (search) छानना, छान डालना, चुन-चुन के निकालना : they ~ed the hill for the missing scout खोये हुए स्काउट (बालचर) को पाने के लिए उन्होंने पहाड़ी^{F} छान मारी; the police ~ed the entire colony in order to catch the terrorists आतंकवादियों को पकड़ने के लिए पुलिस^F ने सारी बस्ती^{F} छान मारी. **3.** साफ़ करना : to ~ wool ऊन ≈; she ~ed the dirt out of her hair उसने अपने बालों से गंदगी^{F} साफ़ की. Δ **~out** छाँटना : the police ~ed out the ward पुलिस^F ने (अवांछनीय तत्वों को) वार्ड से छाँट लिया.

combat कॉम्' बैट **I.** *n*^{c}. लड़ाई^F, मुठभेड़^{F}, टक्कर^F, भिड़न्त^F [cruel क्रूर, furious ज़ोरदार, long लम्बी, uncertain अनिश्चित, unequal असमान]; a ~ to death मृत्युपर्यन्त लड़ाई; to offer a ~ लड़ाई का प्रस्ताव करना, to engage in a ≈ में संलग्न होना; to avoid a ~ ≈ से बचना. **II.** *v.t.* लड़ना, सामना करना, विरोध करना : the goods ~ the evil अच्छे बुरों का विरोध करते हैं; she ~ed her cold with large doses of vitamin C उसने विटामिन सी की अच्छी ख़ुराकों से ज़ुकाम से जूझा (का सामना किया); the residents of the town tried to ~ the government's plans कस्बे के रहने वाले लोगों ने सरकार की योजना^{F} का विरोध करने का प्रयास किया; ~ing troops योधन सैन्यदल, सेना^{F} की ऐसी टुकड़ियाँ^{F} जिनका मुख्य काम शत्रुदल के ठिकानों व अड्डों का नाश करना होता है, विध्वंसक दल. **combatant** कॉम्' बॅटन्ट *n*^{c}. योद्धा, लड़ने वाला, युद्ध में भाग लेने वाला (person व्यक्ति).

combination काम् बि ने' शन *n*^{c}. योग, संगम, मेल, एका, मिलना [happy अच्छा, lucky भाग्यशाली, rare दुर्लभ]; the town was a ~ of old and new architecture कस्बा नई और पुरानी स्थापत्य कलाओं का मेल (संगम) था; he is working on the ~ of two fast colours वह दो पक्के रंगों के मेल पर काम कर रहा है; ~ of words शब्दों का मेल. Δ **in ~ with** से मिलकर : the congress fought the election in ~ with another party कांग्रेस ने एक दूसरी पार्टी^{F} से मिलकर चुनाव लड़ा; **to enter into ~ with** के साथ मिल जाना : BJP entered into ~ with Bajrang Dal भाजपा बजरंग दल से मिल गई. **combine** कम् बा' इन **I.** *v.t.i.* **1.** मिलाना, मिलना, जोड़ना, जुड़ना, एक कर देना, एक हो जाना, संयुक्त करना [prudently बुद्धिमता से, safely सुरक्षित रूप से]; to ~ two sections of a class कक्षा के दो वर्गों को एक कर देना; they ~d to fight the enemy वे शत्रु से लड़ने के लिए एक हो गये; the chemist ~d calcium and carbon रसायनशास्त्री ने कैल्शियम और कार्बन मिला दिये; two parties ~d दो दल मिल गये; the two old schools are to ~ to form a new school दो पुराने स्कूल एक नया स्कूल बनाने के लिए एक हो जाने को हैं. **II.** *n*^{c}. एका, जत्था, धड़ा, व्यापारसंघ : a large manufacturing ~ बड़े निर्माताओं का एक संघ.

Cmdr. commander

come कम **I.** *v.t.i.* (*p.* came, *p.p.* come, *pr.p.* coming) आना : ~ here यहाँ आओ; he came last night वह पिछली रात^F आया; I will ~ to you in the evening मैं शाम^F को तुम्हारे पास आऊंगा; where do you ~ from तुम कहाँ से आये हो ? the ship came into sight जहाज़ दिखायी दिया; summer has ~ गर्मी आ गयी है; when will you ~ again तुम दुबारा कब आओगे ? visitors are coming from abroad दर्शक विदेशों से आ रहे हैं; she came today वह आज आई; they never came वे कभी नहीं आये; the election day has come चुनाव का दिन आ गया; where has he ~ from वह कहां से आया है ? he came first वह पहले आया; I can come whenever you say जब कभी तुम कहो मैं आ सकता हूं; he came to my friend वह मेरे मित्र के पास आया; it came to my mind यह बात मेरे जी में आयी; she came out of the room वह कमरे से बाहर आयी; he came to see her वह उसे देखने/मिलने आया; to ~ to work काम पर ≈; a man has come to repair the window आदमी खिड़की^{F} की मरम्मत^F करने आया है; the little girl came to help us छोटी लड़की हमारी सहायता करने आयी; she came to see her the next day वह उसे अगले दिन देखने (मिलने) आया; he often ~s to town वह अक्सर शहर आता है;

what are the things ~ing to कैसा ज़माना आ गया है; it never came to my head/mind मेरे जी में कभी नहीं आया; ~ what may चाहे जो कुछ भी हो; I have ~ to believe मैं मानने लगा हूँ; I have ~ to like him वह मुझे अच्छा लगने लगा है. [*ant.* go] Δ. ~ about घटित होना : a tragedy has ~ about एक दु:खद घटना[F] हो गयी है; to ~ **across** अचानक मिलना : he came across a tame dog उसे एक पालतू कुत्ता मिला; **to ~ at** a truth सच्चाई[F] जान लेना; ~ back (i) लौटना : the actress came back after years of not appearing on the stage वर्षों से स्टेज पर न आने के बाद अभिनेत्री वापस आई; (ii) स्मरण हो आना : the accident ~s back to me again and again वह दुर्घटना[F] फिर-फिर मुझे याद आ जाती है; ~ **between** अलग कर देना, फूट डालना : we should not let such little things ~ between us हमें अलग कर देने वाली ऐसी छोटी-छोटी बातें[F] हमारे बीच नहीं आनी चाहिए; ~ **by** पाना, मिलना : he came by these books in London उसे लंदन में किताबें[F] मिलीं; ~ **down** (i) गिरना : prices are ~ing down कीमतें[F] गिर रहीं हैं; this custom has ~ down of us यह रिवाज़ हमें परंपरा[F] से मिला है; ~ **forward** आगे बढ़ना : he came forward and gave us an information उसने आगे बढ़कर हमें एक सूचना[F] दी; ~ **from** का होना : she ~s from Italy वह इटली[F] की है; ~ **home to smb** समझ में आना : that boy's mischief came home quite late उस लड़के की शरारत[F] बहुत देर में समझ में आयी; ~ **in** प्राप्त होना : results of B.A. exams are ~ing in बी.ए. की परीक्षा[F] के परिणाम प्राप्त हो रहे हैं ? where do I ~ in मुझे क्या मिलेगा ? **to ~ in for** मिलना : he came in for severe criticism उसकी कड़ी आलोचना हुई; ~ **into** मिलना : she will ~ into all her father's money when he dies जब उसका बाप मरेगा तब उसका संपूर्ण धन उसे मिल जायेगा; ~ **into force operation** लागू होना : this Act will ~ into operation from ... यह ऐक्ट . . . .से लागू होगा; ~ **into sight** दिखाई देना : the moon came into sight after a fortnight चन्द्रमा एक पखवारे के बाद दिखायी दिया; ~ **of** (i) से होना : he ~s of a noble family वह एक भद्र परिवार से है; to ~ of age वयस्क होना; (ii) परिणाम होना : whatever may ~ of her plans उसकी योजनाओं[F] का जो भी परिणाम हो; ~ **off** (i) पूरा होना : my efforts to meet the officer did not ~ off अधिकारी से मिलने का मेरा प्रयास सफल न हुआ; (ii) उखड़ना : this button will ~ off यह बटन उखड़ जायेगा; ~ **out** (i) प्रकट हो जाना : the truth finally came out सत्य अन्त में प्रकट हो गया; (ii) प्रकाशित होना; the paper ~s out on Monday अखबार सोमवार को निकलता है या प्रकाशित होता है; ~ **over** (i) आ मिलना : some members of that party came over to our party उस दल के कुछ सदस्य हमारी पार्टी में आ मिले; ~ over to my residence मेरे निवास-स्थान पर आ जाना; (ii) काबू पाना : it is hard to ~ over difficulties कठिनाइयों[F] पर काबू पाना कठिन है; ~ **round** (i) स्वस्थ हो जाना : the patient has ~ round बीमार स्वस्थ हो गया है; (ii) होश में आना : the fainting girl came round बेहोश लड़की होश में आ गई; (iii) मान लेना : now he is coming round to my suggestion अब वह मेरा सुझाव मान रहा है; ~ **through** सफल होना : my brother has ~ through his examination मेरा भाई अपनी परीक्षा[F] में सफल हो गया है; ~ **to** कुल जोड़ होना : the total ~s to 120 कुल जोड़ 120 है; ~ **to blows** हाथापाई[F] करना : at this point the two came to blows इस बिंदु पर दोनों हाथापाई करने लगे; ~ **to a close** समाप्त होना : the meeting came to a ~ at 7 बैठक[F] सात बजे समाप्त हुई; ~ **to hand** हाथ आना/प्राप्त होना : the postcard came to my hand today पोस्टकार्ड आज मेरे हाथ आया; ~ **to one's knowledge** जानना, विदित होना : his illness came to my knowledge late उसकी बीमारी[F] की जानकारी[F] मुझे देर में मिली; ~ **to light** प्रकाश में आना : his plans have come to light उसकी योजानाएं प्रकाश में आई हैं; ~ **to oneself or ~ to senses** होश[F] में आना : the fainted person came to oneself/senses बेहोश आदमी होश में आ गया; ~ **to terms** समझौता करना : the parties came to terms दोनों पक्षों ने समझौता कर लिया; ~ **true** सच निकलना : his prophecy came true उसकी भविष्यवाणी^{F} सच निकली; ~ **up** (i) आगे बढ़ना, साथ आ मिलना : while they were waiting, a bus came up जब वे इन्तज़ार कर रहे थे (तो) एक बस आ गई; (ii) प्रस्तुत होना : she came up with great ideas वह अच्छे विचारों के साथ आगे बढ़ी; ~ **upon** (संयोगवश) मिलना या पाना : she came upon a solution to the problem उसे समस्या^{F} का समाधान मिल गया; ~**what may** चाहे जो हो : ~ what may I must leave for Nagpur today चाहे जो हो मुझे आज नागपुर चले जाना चाहिए.

comedy कॉ'मडि n^c. सुखान्त, सुखान्त नाटक, कामदी : in ~ a play finishes with a happy ending सुखान्त नाटक खुशी में संमाप्त होता है; we went to see a ~ last night पिछली रात हम एक ≈ देखने गये.

comely कम्' लि *a.* सुहावना, मनोरम : a ~ girl मनोरम लड़की^{F}.

comfort कम्' फ़र्ट **I.** n^c. **1.** आराम, सुख, चैन, (*pl.*) सुख-साधन; they live in ~ वे आराम से रहते हैं; to be surrounded with ~ सुखों से ओत-प्रोत होना; to be habituated to the ~s सुख-सुविधाओं का अभ्यास्त होना. सुख या सुविधा का कारण : he has been a great ~ to me वह हमारे लिए बहुत सुख का साधन था. **2.** सांत्वना^{F} दिलासा : his kind words gave me ~ उसके दयालुतापूर्ण शब्दों ने मुझे सांत्वना दी; she did it for his ~ उसने इसे उसकी सांत्वना के लिए किया; her presence was a ~ to him in his grief वह उसके दुःख में उसके लिए सांत्वना रूप थी; the minister said a few words of ~ मंत्री ने सांत्वना के कुछ शब्द कहे. [*ant.* discomfort, trouble] **II.** *v.t.* आराम पहुंचाना, सुख देना; दिलासा देना : he ~ed the sick उसने रोगियों को दिलासा दिया. **comfortable** कम्' फ़र्टबल *a.* **1.** सुखद, आरामदेह : a ~ chair आरामदेह कुर्सी^{F}; a ~ dressing gown ≈ अधोवस्त्र; a ~ standard of living रहने का एक ≈ स्तर; a ~ bed ≈ बिस्तर; a ~ income अच्छी-ख़ासी आमदनी^{F}; make yourself ~ आराम से बैठिए. **2.** निश्चिन्त, सुखी : are you ~ क्या तुम ≈ हो?; I am quite ~ मैं बहुत आराम/सुख से हूँ; make yourself ~ about the affair उस मामले के बारे में निश्चिंत रहिए. **comfortably** *adv.* आराम से : he is ~ off वह आराम से रहता है, मज़े में है.

comic कॉ' मिक **I.** *a.* **1.** हास्यकर, हास्यजनक : a ~ actor हास्य अभिनेता; a ~ song ≈ गीत; he made some ~ remarks about the food उसने भोजन के बारे में कुछ ≈ टिप्पण/उल्लेख किए; the ~ books हास्य पुस्तकें. **2.** सुखान्त, प्रहसन संबंधी, हास्यास्पद : ~ opera ≈ गीतिनाट्य; he always speaks comic dialogues वह हमेशा हास्यास्पद कथन बोलता है. **II.** n^c. (*pl.* ~s) **1.** विनोदपूर्ण चित्रावली^{F}, मज़ाकिया चित्रकथाएं^{F}. **2.** हँसोड़ आदमी : there is a ~ who tells funny stories एक ≈ है जो अजीब कहानियाँ सुनाता है.

comity कॉ' मिटि n^c. शिष्टाचार, शिष्टता^{F}, सौजन्य, सौहार्द : ~ of nations राष्ट्रों का सौजन्य, राष्ट्रों की बिरादरी^{F}.

Comm. Commission

comma कॉ'मा n^c. अल्प विराम (,) : there should be no ~ in the sentence : he came and stayed there वह आया और वहाँ ठहर गया— इस वाक्य में ≈ नहीं होना चाहिए; inverted ~s उद्धरण चिन्ह (" ") : his speech was quoted in inverted ~s उसकी वक्तृता^{F} उद्धरण चिन्हों के अंदर उद्धृत की गई.

command क मान्ड' **I.** n^c. **1.** आदेश, हुक्म [express अभिव्यक्त/स्पष्ट, special विशेष, urgent अत्यावश्यक]; obey my ~ मेरी आज्ञा का पालन करो; a royal ~ must be obeyed शाही ≈ का पालन होना ही चाहिए; the ~ was signed by the general आदेश जनरल द्वारा हस्ताक्षरित था; at/by smb's ~ किसी के आदेश से. **2.** शासन, नियंत्रण : he was in ~ of the whole situation संपूर्ण स्थिति^{F} उसके नियंत्रण में थी; under the ~ of smb किसी के अधीन. **3.** a captain is in ~ of his ship जहाज कैप्टन के अधिकार में होता है; she has a good ~ over English उसका

अंग्रेजी^F पर अच्छा अधिकार है. **4.** कमान : he has the ~ of all the forces उसके पास सभी सेनाओं^F का कमान है. high ~ हाई कमान, सर्वोच्च कमान : Congress high ~ कांग्रेस हाई कमान; Army high ~ सर्वोच्च सैनिक कमान. **II.** *v.t.* **1.** आज्ञा देना, आदेश देना : I ~ you to do it मैं तुम्हें इसे करने का आदेश देता हूं; ~ smb to do smth किसी को कुछ करने का आदेश देना; I ~ you to leave the room immediately मैं तुम्हें तुरंत कमरा छोड़ने का आदेश देता हूं. **2.** क़ाबू पाना, क़ाबू में रखना, नियंत्रित करना : a colonel ~s a regiment कर्नल रेजिमंट पर नियंत्रण रखता है; fire brigade ~ed the fire अग्निशामक ने आग^F पर काबू पा लिया. **3.** शासन करना, शासक होना : a king ~s over his subjects एक राजा अपनी प्रजा^F पर शासन करता है. **4.** पाना, पात्र होना : the hero ~s respect and admiration नायक आदर और प्रशंसा^F का पात्र है. **commandant** कमान् डैन्ट *n*^c. कमान अफ़सर; कमांडेंट : ~ of an ordnance depot तोपख़ाने का कमान अफ़सर. **commander** क मान्' डर *n*^u. सेनापति : ~ of Indian army भारतीय सेना^F का ≈; ~-in-chief (*pl.* ~s in chief) प्रधान ≈; ~ of navy प्रधान पोताध्यक्ष.

commence क मेंन्स' **I.** *v.t.* प्रारंभ करना, शुरू करना : he ~d his work उसने अपना कार्य प्रारंभ किया; we will ~ the lesson हम अपना पाठ शुरू करेंगे; the minister ~d the service with a hymn याजक ने मंत्र के साथ सेवा (पूजा^F) शुरू की; we ~d sweeping the room हमने कमरे में झाड़ लगाना शुरू कर दिया. [*ant.* end]**II** *v.i.* शुरू होना, आरंभ होना : the summer vacation has ~d गर्मी^F की छुट्टी^F शुरू हो गयी है; the worship in the temple ~d with a hymn मंदिर में पूजा^F एक भजन के साथ शुरू हुई. [*ant.* end] commencement क मेंन्स' मन्ट *n*^uc. प्रारंभ, शुरुआत : at the very ~ ≈ में ही.

comment क' मेंन्ट **I.** *v.i.* **1.** टीका-टिप्पणी^F करना : I cannot ~ on his works मैं उसकी कृतियों पर टीका-टिप्पणी नहीं कर सकता; he was ~ed for his misbehaviour उसके दुर्व्यवहार के लिए उसकी टीका-टिप्पणी की गयी. **2.** आलोचना या समालोचना करना : he ~ed **on** smb's dirty shoes उसने किसी के गंदे जूतों की ≈ की; to ~ **on** smb's किसी के आचरण की ≈. **3.** मत प्रकट करना : to ~ **on** some proposal or resolution किसी सुझाव या प्रस्ताव पर ≈. **II.** *n*^c. **1.** (talk) टीका-टिप्पणी^F : did he make any ~ on my statement क्या मेरे वक्तव्य पर उसने कोई ≈ की; no ~s कोई ≈ नहीं; no ~ मुझे कुछ नहीं कहना. **2.** (criticism) आलोचना^F, समीक्षा^F : he made no ~ on the speech उसने भाषण की ≈ नहीं की. **3.** टिप्पणी^F, टीका^F : are there any ~s on the plan क्या योजना^F पर किसी को कोई ≈ करनी है. this poem is a ~ on present day values यह कविता^F वर्तमान मूल्यों पर एक ≈^F है. **commentary** कॉ' मेंन्टरि *n*^c. **1.** टीका^F, भाष्य : a ~ on the Bible बाइबिल^F का भाष्य; there is a good ~ on Ramayana रामायण पर एक अच्छी टीका^F है; no good ~ available on Kadambari कादम्बरी पर कोई अच्छी टीका^F उपलब्ध नहीं है; a ~ is given at the end of the book किताब^F के अंत में टीका दी गई है. **2.** विवरण, वर्णन, आँखों देखा हाल : a broadcast ~ on the footbal match described every movement in the game फुटबाल मैच के प्रसारण में खेल की प्रत्येक गतिविधि का विवरण दिया गया.

commentator कॉ'मन् टेटर *n*^c. **1.** टीकाकार, भाष्यकार : a ~ writes or makes comments on a book or subject ≈ किसी पुस्तक अथवा विषय पर टीका-टिप्पणी^F लिखता है या करता है. **2.** विवरणकार, वृत्तकार : a ~ broadcasts a commentary on radio ≈ रेडियो पर विवरण प्रसारित करता है.

commerce कॉ' मर्स *n*^u. वाणिज्य [maritime समुद्री, extensive विस्तृत]; ~ department in the university विश्वविद्यालय का ≈ विभाग; a chamber of ~ ≈ मंडल; bank of ~ वाणिज्यिक बैंक; articles of ~ व्यापार के नियम; freedom of ~ वाणिज्यिक स्वतंत्रता^F. [*cf.* trade]

commercial कमर्' शल *a.* वाणिज्य-संबंधी, व्यापारिक, व्यावसायिक, तिजारती [art कला^F, enterprise धंधा]; ~ basis व्यावसायिक या

व्यापारिक या वाणिज्यिक आधार; ~ broadcast व्यावसायिक प्रसारण; ~ **crisis** वाणिज्य संकट; private cars are allowed to use this road but not ~ vehicles व्यक्तिगत कारों को इस सड़क[F] के प्रयोग की अनुमति[F] है पर वाणिज्यिक वाहनों को नहीं.

commission क मि' शन **I.** *n*[c]. **1.** (body of persons) आयोग, कमीशन : language ~ भाषा ≈; ~ on education शिक्षा ≈; public service ~ लोक सेवा आयोग. **2.** (remuneration) दलाली[F], आढ़त[F], बट्टा कमीशन : he gets his ~ regularly वह अपना बट्टा नियमित रूप से ले लेता है; the insurance salesman does not earn a large salary but he gets a lot of ~ एक बीमा सेल्समैन अधिक वेतन नहीं पाता लेकिन ढेर सारी दलाली पाता है. ~ **agent** दलाल, आढ़तिया **3.** आदेश, आज्ञापत्र : he has the ~ to paint the president's portrait उसके पास राष्ट्रपति के चित्र को चित्रित का ≈ है. **4.** कमीशन, सैनिक अधिकारी का पद : he received a ~ in the army उसने सेना में ≈ प्राप्त किया; regular ~ नियमित कमीशन या सैनिक नियुक्ति[F]; ~ed officer आयुक्त अधिकारी. **5.** सौंपा गया कार्य : I could not carry out the ~ मैं ≈ पूरा न कर सका; to put a plant into ~ कारख़ाना चालू करना; to put out of ~ किसी काम को ठप कर देना. **II.** *v.t.* **1.** नियुक्त करना; he was ~ed an officer in the railway board वह रेलवे बोर्ड में अधिकारी नियुक्त किया गया. **2.** अधिकार देना; he was ~ed to write a book on this subject उसे इस विषय पर एक किताब[F] लिखने का अधिकार दिया गया. **3.** कार्य सौंपना : to ~ an artist to make a painting किसी कलाकार को चित्र बनाने का ≈; I ~ed him to work for me उसे मैंने अपने स्थान पर काम करने पर लगाया. **4** आदेश देना, हुक्म देना : to ~ a ship जहाज़ को यात्रा[F] का ≈. **commissioner** कमि'शनर *n*[c]. आयुक्त, कमिश्नर; high ~ for Canada कनाडा में उच्चायुक्त; ~ for oaths ओथ कमिश्नर, शपथ दिलाकर बयान लेने वाला अधिकारी.

commit क मिट' *v.t.* (committed) **1.** करना (विशेषतः कोई गलत काम) : he ~ted the murder when he was drunk उसने हत्या की, जब वह नशे में था; we punish people who commit crime हम उन लोगों को दण्डित करते हैं जो अपराध करते हैं; to ~ a fatal error घातक भूल ≈; to ~ adultery व्यभिचार ≈; the ~ted suicide उसने आत्महत्या की. **2.** सौंपना, सुपुर्द करना : he ~ted the peon to the police उसने चपरासी को पुलिस[F] के सुपुर्द किया; I ~ the child to your care मैं बच्चे को देखभाल[F] के लिए तुम्हारे सुपुर्द करता हूं; to ~ one's child to the care of a nurse अपने बच्चे को नर्स के सुपुर्द करना. **3.** वायदा करना, वचनबद्ध होना : I ~ted myself to do it मैंने इसे करने का वायदा किया; he refused to ~ himself उसने वायदा करने से इंकार कर दिया. **4.** गिरफ़्तार करना : he was ~ted to prison वह गिरफ़्तार करके जेल भेज दिया गया. **5.** (various other meanings) ~ted to sessions सेशन अदालत के सुपुर्द किया गया; to ~ to memory कंठस्थ/याद कर लेना; to ~ to writing लेखबद्ध करना; ~ted for trial सुनवाई[F] के लिए कानून के सुपुर्द किया गया.

committee कॅ मि' टि *n*[c]. समिति[F], कमेटी[F] [district ज़िला, executive कार्यकारी, organising व्यवस्था-संबंधी]; ~ of action कार्य समिति, आन्दोलन ≈; ~ of privileges विशेषाधिकार ≈; negotiating ~ समझौता ≈; select ~ प्रवर समिति; steering ~ कर्णधार या संचालन ≈; sub ~ उप ≈; joint ~ संयुक्त ≈; standing ~ स्थायी ≈; Mr. M. should be on this ~ श्री म. को इस ≈ में होना चाहिए; member of the ~ ≈ का सदस्य; secretary of the ~ ≈ का सचिव; a college ~ विद्यालय की ≈; the ~ meets today ≈ की आज बैठक[F] होगी.

commodity क मॉ' डिटि *n*[F]. (*pl.* commodities) **1.** उपयोगी वस्तु : a place remarkable for various ~ies विभिन्न प्रकार की वस्तुओं[F] का उल्लेखनीय स्थान; household commodities include soap, brush, etc. घर की उपयोगी वस्तुओं में साबुन, ब्रश इत्यादि शामिल हैं. **2.** पण्य पदार्थ जिंस, माल : valuable ~ कीमती माल; the prices of these commodities are going up इन जिंसों/पण्य पदार्थों के मूल्य बढ़ रहे हैं.

commodore कॉ मॅडॉर *n*^{c}. कमाडोर, कप्तान (a noval officer of a high rank) नौ सेना^{F} का एक उच्च अधिकारी : he is ~ these days वह आजकल नौसेना^{F} का ≈ है; he has been promoted to the rank of ~ उसकी नौ सेना के ≈ के पद पर तरक्की हुई है.

common कॉ' मन **I.** *a.* **1.** सामान्य, सबका; ~ cause सामान्य उद्देश्य; ~ experience ≈ अनुभव; ~ factor सामान्य तत्व, (maths) समापवर्तक; ~ friend सामान्य (दोनों का) मित्र; ~ good सार्वजनिक कल्याण, सबका भला; ~ ground ≈ आधार; ~ knowledge ≈ ज्ञान; ~ land सार्वजनिक/सामान्य भूमि^{F}; ~ law ≈ विधि^{F}, देशाचार; ~ market area ≈ बाज़ार क्षेत्र, निर्बाध व्यापार क्षेत्र; ~ people जनता^{F}, जन-सामान्य, जन-साधारण; ~ place ≈ स्थान; ~ place *a.* तुच्छ; ~ sense सामान्य बुद्धि^{F}, व्यावहारिक बुद्धि; ~ table ≈ भोजन; ~ use ≈ प्रयोग; ~ weal लोक कल्याण; ~ wealth राष्ट्रमंडल. [*ant.* private] **2.** साधारण, आम : he is a ~ fellow वह एक साधारण-सा व्यक्ति है; ~ occurrence ≈ घटना^{F}; rose is a ~ flower in India भारत में गुलाब एक आम फूल है; it is ~ that he is an unreliable person यह आम है कि वह अविश्वस्त व्यक्ति है. [*ant.* rare] **3.** सामूहिक (joint) [desire इच्छा, effort प्रयास, interest हित, property संपत्ति^{F}]; a ~danger ≈ खतरा; to maintain peace is a ~ liability शान्ति^{F} बनाए रखना ≈ उत्तरदायित्व है. **4.** (other uses) ~ gender उभयलिंग : minister, child and secretary are ~ gender nouns मंत्री, शिशु और सचिव ≈ संज्ञाएं हैं; ~ material घटिया माल/कपड़ा; ~ noun जातिवाचक संज्ञा^{F}; ~ room आमोद कक्ष, कामन रूम. **II.** *n*^{c}. **1.** परती, पड़ती : cows use to graze on the village ~ गायें गाँव की ≈ भूमि^{F} में चरा करती थीं. **2.** जन-साधारण : he is quite out of the ~ वह ≈ से बिल्कुल अलग है (असाधारण) है. **Δ in ~ with** सब के साथ : in common with all the boys सब लड़कों के साथ; **to have smth in ~** (i) किसी वस्तु^{F} पर समान अधिकार होना. **II** कोई सामान्य लक्षण होना. **commonly** *adv.* प्रायः आमतौर पर : such a thing does not happen ~ ऐसी घटना^{F} ≈ नहीं होती.

commotion क मो' शन *n*^{c}. हलचल^F, खलबली^{F}, गड़बड़^{F} [civil गृह, frightful डरावनी, political राजनीतिक, popular जनता^{F} की, terrible भयंकर]; wind and sea made a great ~ वायु^{F} और समुद्र में बड़ी हलचल हुई; a strange ~ in the air हवा^{F} में एक अजीब हलचल; to look into the ~ of the foaming waves उफनती लहरों में हलचल देखना; to enquire into the reason of a ~ ≈ के कारण की जाँच^F करना; they were awakened by the ~ in the street गली में ≈ ने उन्हें जगा दिया; there was a great ~ outside बाहर बहुत ≈ थी. [*ant.* calm]

communal कॉ' म्यूनल *a.* **1.** (sectarian) सांप्रदायिक : ~ riots ≈ दंगे; ~ bitterness ≈ कड़वापन या कटुता^{F}, ≈ विद्वेष; ~ disturbances ≈ उथल-पुथल^F. **2.** सामुदायिक, सामूहिक, पंचायती; ~ election पंचायती चुनाव; ~ feeling सामूहिक भावना^{F}; ~ land पंचायती/सामूहिक भूमि^{F}; ~meals सामूहिक भोजन; the ~ life suited them सामुदायिक जीवन उन्हें अच्छा लगा. **communalism** कॉ' म्युनॅलिज़म *n*^{u}. सांप्रदायिकता^{F}, फ़िरकापरस्ती^{F}, फ़िरकाबंदी^{F} : ~ is harming our relations ≈ हमारे संबंधों को बिगाड़ रही है.

communicate क म्यू' निकेट **I.** *v.t.* **1.** भेजना, पहुंचाना : to ~ one's feelings अपनी भावनाएँ^{F} ≈; ~ heat गरमी^{F} पहुँचाना; to ~ news समाचार ≈; he was ~d by letter पत्र द्वारा उसे सूचित किया गया; it is difficult to ~ with her now that she has left the country अब जबकि उसने देश छोड़ दिया है उसे सूचना ≈ कठिन है. **2.** बताना : she reluctantly ~d the fact उसने अनिच्छापूर्वक तथ्य बता दिया; he ~d his fear to her उसने उससे अपना भय बताया. **II.** *v.i.* संपर्क रखना : these rooms ~ with one another ये कमरे एक दूसरे में खुलते हैं; she and I do not ~ anymore now वह और मैं अब कोई संपर्क नहीं रखते; to ~ with the culprit अपराधी से संपर्क करना; he often ~s with us by telegram वह अक्सर हमसे टेलीग्राम द्वारा संपर्क करता है.

communication कॅम्यूनि के' शन n^c. **1.** सूचना^{F}, संदेश, खबर^F : to receive an interesting ~ मनोरंजन सूचना प्राप्त करना, I received your ~ this morning मैंने आज सुबह^F आपका समाचार पाया. **2.** पत्र-व्यवहार : to have no ~ with her उससे कोई ≈ न रहना. **3.** संपर्क, संगति : evil ~s corrupt good manners बुरी संगति से अच्छे तौर-तरीके भ्रष्ट हो जाते हैं. **4.** संचार-व्यवस्था^{F} : means of ~ संचार के साधन; there is no news from the Island because ~ had been cut by the severe storm द्वीप से कोई खबर^F नहीं है, क्योंकि ≈ तेज़ तूफ़ान से कट गई है. **5.** आवागमन, यातायात : lines of ~ ≈ के मार्ग : ~ by rail रेल द्वारा ≈; ~ is difficult in some parts of the country देश के कुछ भागों में ≈ कठिन है.

community कॅम्यू' निटि n^c. **1.** समुदाय, समाज, समूह [composite सामासिक, ethnic जातीय, political राजनैतिक]; Indian ~ in Manchester मानचेस्टर में भारतीय ≈; he did it for the good of the ~ उसने इसे ≈ के हित में किया; ~ of a race एक जाति का ≈; the poorer class of the ~ ≈ के अधिक निर्धन लोगों का ≈; the interest of the ~ सामुदायिक हित; ~ singing सहगान. **2.** संप्रदाय : a ~ of various religious people विभिन्न धर्म के लोगों का ≈. **3.** समता^{F}, समानता^{F} : ~ of thoughts and feelings विचारों और भावनाओं की ≈^{F}. **4.** मठ, मठवासी समूह : ~ of monks भिक्षुओं का ≈.

commute कॅम्यूट' *v.t.* **1.** बदलकर घटाना : his pension was ~d into lump sum उसकी पेंशन एकमुश्त करके कम की गई. **2.** विनिमय करना, बदल देना : the death sentence was ~d into life imprisonment मृत्युदण्ड आजीवन कारावास में बदल दिया गया; grains were ~d into/for money अनाज का विनिमय नकद पैसे से किया गया. **3.** दैनिक यात्रा करना : he ~s between Allahabad and Kanpur वह इलाहाबाद और कानपुर के बीच दैनिक यात्रा^{F} करता है; **commuter** कम्यू'टर n^c. दैनिक यात्री; lakhs of ~s were stranded due to strike by railwaymen रेलवे कर्मचारियों की हड़ताल^F के कारण लाखों ≈ कष्टग्रस्त हो गये.

compact कॉम्' पैक्ट **I.** n^c. **1.** समझौता : general ~ आम समझौता; a family ~ पारिवारिक ≈; the management and the trade union leaders finally signed a ~ प्रबन्धन और व्यापार-संघ के नेताओं ने ≈^{F} पर हस्ताक्षर किए; they made ~ to meet every week उन्होंने प्रति सप्ताह मिलने का ≈ किया. to enter into a ~ ≈ करना. **2.** डिब्बा: the lady keeps a mirror, a comb and some powder in her ~ यह महिला अपने डिब्बे में एक आइना, एक कंघी^{F} और कुछ पाउडर रखती है *a.* **II.** कम् पैक्ट' *a.* **1.** सुसंहत, ठस, ~ material सुसंहत पदार्थ; our new house is very ~ हमारा नया मकान बहुत ठसाठस भरा है. **2.** सुसंबद्ध, कसा हुआ : a ~ style of writing लिखने की सुसंबद्ध शैली; a ~ statement सुसंबद्ध कथन, चुस्त-दुरुस्त बयान. **III.** कम् पैक्ट' *v.t.* ठस कर देना : the snow on the road was quickly ~ed by the heavy traffic भारी गाड़ियों^{F} से सड़क^F पर की बर्फ^F तेजी से ठस हो गई.

companion कम् पै' नॅयन n^c. साथी, संगी, सखा, सखी^{F} [faithful वफ़ादार, good अच्छा, noble भद्र, old पुराना]; a travel ~ यात्री साथी; ~ in distress दुःख का साथी; a lady's ~ स्त्री का साथी या की साथिन; they are very happy to see their son and his ~s वे अपने बेटे और उसके साथियों को देखकर बहुत प्रसन्न हैं; I could not find any ~, so I went alone मुझे कोई साथी नहीं मिला इसलिए मैं अकेला चला गया; the youth and his ~s ran away when the police arrived जब पुलिस^F पहुंची तो युवक और उसके साथी भाग गये; her ~ does all her shoppings उसकी सखी^{F} सब ख़रीदारी^{F} करती है. [*ant.* foe]

company कम्' पनि n^c. **1.** संगति^{F}, साथ [dull नीरस, influential प्रभावशाली, pleasant सुखद]; I do not enjoy myself in his company मैं उसके साथ आनन्द नहीं पाता; keep ~ with smb किसी के साथ रहना; to feel at ease in one's ~ किसी के संग आनंद की अनुभूति करना; he wants more ~

in his lovely life वह अपने एकाकी जीवन में और अधिक ≈ चाहता है; he has got into bad ~ वह बुरे लोगों की संगति^F में पड़ गया है; I want you to stay and keep my ~ मैं चाहता हूं कि तुम रुको और मेरा साथ दो; her ~ was a great help उसका साथ बहुत सहयोगात्मक था; he keeps good ~ वह अच्छे लोगों की संगति^F में रहता है; he is a good ~ वह अच्छा साथी है; to part ~ with smb किसी का संग छोड़ देना. **2.** मंडली^F, टोली^F, दल, : there was a large ~ at the lecture व्याख्यान के समय लोगों का भारी दल था; ~ of actors अभिनेताओं की मंडली^F. **3.** (mili.) दल कंपनी^F : a military ~ सैनिक कंपनी; there is a large ~ at our neighbourhood हमारे पड़ोस में एक बड़ी सैनिक कंपनी है. **4.** (comm.) कंपनी^F; insurance ~ बीमा कंपनी; a coal mining ~ कोयला खनन ≈; dad had a letter from insurance ~ about the damage to the car पिताजी के पास कार^F के नुकसान के बारे में बीमा कम्पनी का एक पत्र था; shareholders of a ~ किसी ≈ के हिस्सेदार; trading ~ व्यापारिक कंपनी; ~ law कंपनी कानून; limited ~ सीमित समवाय, लिमिटेड कंपनी.

comparative कम् पै' रॅटिव **I.** *a.* **1.** तुलनात्मक [law विधि/कानून, study अध्ययन]; a ~ study of plants पौधों का अध्ययन. **2.** (relative) सापेक्ष, आपेक्षिक : a man of ~ wealth अपेक्षया धनी आदमी; ~ comfort अपेक्षाकृत सुख. **II.** *n*^c. उत्तरावस्था^F : 'better' is the ~ of the word 'good' बैटर गुड शब्द की ≈ है. **comparatively** *adv.* तुलनात्मक दृष्टि^F से, अपेक्षाकृत : ~new अपेक्षाकृत नया; ~ cheap अपेक्षया सस्ता; our school is ~ small हमारा स्कूल ≈ (थोड़ा) छोटा है. **compare** कम् पॆंअर *v.t.* **1.** तुलना^F करना : ~ **with** (समान वस्तुओं की) ≈; ~ to (असमान वस्तुओं की) तुलना करना; if you ~ your son **with** mine you will find that yours is a little taller and darker यदि तुम अपने बेटे की तुलना मेरे बेटे से करो तो तुम पाओगे कि तुम्हारा बेटा कुछ बड़ा और अधिक सांवला है; to ~ life to a journey जीवन की तुलना यात्रा^F से करना; ~ kalidas with Shakespeare कालिदास की तुलना शैक्सपियर से करो; he cannot ~ **with you** वह तुम्हारी तुलना^F नहीं कर सकता है; to ~ the aeroplane to a bird वायुयान की तुलना पक्षी से करना; as ~ed to/with it उसकी तुलना में; ~ the two radio sets दोनों रेडियो सेट की तुलना करो; ~ colours रंगों की तुलना करो; she ~d him to a monkey उसने उसकी बन्दर से तुलना की. **2.** साम्य रखना, बराबर होना : this book ~s favourably with that one यह किताब^F उससे साम्य रखती है, बहुत दूर तक उसके समान है. [*ant.* contrast] **comparison** कम् पै'रिसन *n*^c. **1.** अपेक्षा^F' तुलना^F [fair उचित, favourable अनुकूल]; this play is poor in ~ with other ones यह नाटक अन्य दूसरे नाटकों की ≈ में घटिया है; her ~ of sarees, was unfair उसकी साड़ियों की ≈ पक्षतापूर्ण थी; shoes in India are cheap in ~ with Russia रूस की अपेक्षा (तुलना में) भारत में जूते सस्ते हैं. it is beyond or without यह ≈ से परे है; the building seem small in ~ with those in the capital ये इमारतें^F राजधानी की इमारतों^F की ≈ में छोटी लगती थी. [*ant.* contrast] **2.** मिलान : draw a comparision between their works उनकी कृतियों^F का ≈ करो; to find something on a careful ~ सावधानीपूर्वक ≈ करने पर कुछ पाना. **3.** (similarity) साम्य, सादृश्य : she is quite pretty but she does not stand ~ with her beautiful older sister वह बहुत सुंदर है लेकिन अपनी बड़ी बहन के समान नहीं है.

compartment कम् पार्ट' मन्ट *n*^c. **1.** (use. *pl.*) (मकान का) उपखंड : they live in new ~s वे नये ≈ में रहते हैं. **2.** खाना, उपखंड : the watertight ~ in a ship जहाज़ में जलरुद्ध ≈. **3.** there was a special ~ for dangerous drugs in the medicine cupboard दवाइयों^F की आलमारी^F में खतरनाक दवाओं का एक विशेष ख़ाना था. **4.** (of railway) डिब्बा [empty ख़ाली, occupied भरा हुआ]; second class ~ दूसरे दर्जे का ≈; enter into a ~ डिब्बे में प्रवेश करना; the ~ of a railway carriage रेलगाड़ी^F का ≈; we could not find any empty ~ in the train गाड़ी[F] में हमें कोई ख़ाली ≈ नहीं मिला.

compass कम्' पस I. *n*[c]. 1. (boundary) घेर, घेरा, परिधि[F] [large बड़ा, small छोटा]; keep within the ~ of the school grounds विद्यालय के मैदानों की परिधि[F] के अन्दर रहो; within the ~ of a province किसी प्रांत की परिधि में. 2. (range) क्षेत्र, सीमा[F] : this matter is not within the ~ of my department यह मामला मेरे विभाग के क्षेत्र में नहीं आता; that was beyond his ~ वह उसके क्षेत्र (की सीमा) से बाहर था; beyond my ~ मेरी सीमा[F] के परे; within my ~ मेरी[F] सीमा के भीतर. 3. (mariner's) दिक्सूचक, कुतुबनुमा, कंपास : a pocket ~ छोटा कंपास, जेबी दिक्सूचक; the ~ is used to determine horizontal directions कम्पास का प्रयोग क्षैतिज दिशाएं निश्चित करने के लिए किया जाता है; the needle of the mariner's ~ is attached to a card नाविकों के कम्पास की सुई[F] एक कार्ड से जुड़ी होती है; to follow the ~ कम्पास को मानना; to read a ~ कम्पास पढ़ना; ~ needle always points north कम्पास की सुई[F] हमेशा उत्तर की ओर संकेत करती है. II. *v.t.* 1. उपाय निकालना : he has ~ed the death of his enemy उसने अपने शत्रु की मृत्यु[F] का उपाय निकाल लिया है. 2. घेर लेना, परिक्रमा[F] करना : to ~ a field खेत को घेर लेना.

compassion कम् पै' शन *n*[u]. दया[F], करुणा[F] [deep गहरी, heartfelt हार्दिक]; he had ~ on the poor गरीबों पर उसकी ≈ थी; he showed his ~ by gifts to the poor उसने गरीबों को उपहार देकर अपनी ≈ प्रदर्शित की; to feel compassion for the people who have lost their property उन लोगों पर ≈ करना जो अपनी संपत्ति[F] खो चुके हैं; to inspire ~ in everyone प्रत्येक व्यक्ति में दयाभाव उत्पन्न करना; to be worthy of ~ का पात्र (के योग्य) होना; we were moved with compassion हम सब ≈ से द्रवित थे; she was full of ~ for the orphans वह अनाथों के प्रति ≈ से युक्त थी. **compassionate** कम् पै' शॅनिट *a.* 1. दयालु, सदय, दयावंत, रहमदिल : ~ to suffering दुःख के प्रति दयार्द्र; to be ~ to/towards smb किसी के प्रति दयालु होना. 2. दयानिष्ठ; ~ allowance ≈ भत्ता; ~ leave ≈ छुट्टी[F]; on ~ grounds दया[F] के आधार पर, दया करके.

compel कम पेॅल' *v.t.* (-ll-)बाध्य करना, विवश करना, लाचार कर देना, मजबूर कर देना : nothing could ~ him to change his opinion उसे अपनी राय बदलने के लिए कोई बात[F] बाध्य न कर सकी; they were ~led to take the decision वे निर्णय लेने के लिए बाध्य/मजबूर किए गये; circumstances ~led him to accept परिस्थितियों[F] ने उसे स्वीकार करने के लिए बाध्य कर दिया; the general was ~led to give up his first plan जनरल को अपनी पहली योजना[F] छोड़ने के लिए विवश होना पड़ा; they ~led me to betray my country उन्होंने मुझे देश के साथ विश्वासघात करने के लिए मजबूर या बाध्य किया; her beauty ~s admiration उसकी सुंदरता[F] प्रशंसा[F] करने के लिए मजबूर करती है; honesty ~s me to say that I do not like him ईमानदारी[F] मुझे यह कहने के लिए बाध्य करती है कि मैं उसे पसंद नहीं करता. [*n.* compulsion, *a.* compulsory [*ant.* coax]

compensate कॉम्' पन्सेट *v.t.* 1. क्षतिपूर्ति[F] करना, मुआवज़ा देना : I must ~ the man whose car I damaged जिसकी कार[F] का मैंने नुकसान किया है उसको मुझे मुआवज़ा देना ही चाहिए; to ~ someone for a loss (हानि[F] के लिए) किसी की क्षतिपूर्ति करना. 2. पूर्ति करना, बराबर कर देना : may this success ~ your earlier failure यह सफलता[F] पूर्ववर्ती असफलताओं[F] की पूर्ति करे; success ~s for hardwork सफलता[F] कठिन श्रम की पूर्ति कर देती है. **compensation** कॉम् पन् से' शन *n*[c]. क्षतिपूर्ति[F], हरजाना, मुआवज़ा : to give something as ~ for the loss नुकसान के लिए किसी को ≈ के रूप में कुछ देना; he received a large sum of money as ~ when he was injured at work जब वह काम करते समय घायल हो गया था तब उसने मुआवज़े के रूप में बड़ी धनराशि[F] प्राप्त की.

compete कम् पीट' *v.i.* मुकाबला करना, होड़ करना, प्रतियोगिता में भाग लेना : to ~ in examination किसी परीक्षा[F] में ≈; Ajay could not ~ in the race because he had twisted his ankle अजय दौड़-प्रतियोगिता[F] में भाग नहीं ले सका क्योंकि उसके टखने में मोच[F] आ गई थी; to ~ **with** a person for prize पुरस्कार के लिए किसी व्यक्ति से होड़ करना; ten teams ~d for the cup कप के लिए दस टीमों ने प्रतियोगिता[F] की; are you ~ting with/against her for the job ? क्या तुम नौकरी के लिए उससे होड़ कर रहे हो; competing for swimming cup तैराकी-कप की प्रतियोगिता. [*n.* competition *q.v.*]

competent कॉम्' पॅटन्ट *a.* **1.** सक्षम, समर्थ[F] : ~ authority समर्थ अधिकारी; ~ court ≈ न्यायालय. [*ant.* weak] **2.** सुयोग्य, कार्यक्षम : ~ driver ≈ चालक; she was a ~ pianist वह सुयोग्य पियानोवादक थी. she is not ~ to drive such a big vehicle वह इतनी बड़ी गाड़ी[F] चलाने योग्य नहीं है. **3.** (legitimate) वैध : she is the ~ wife to receive his property वह उसकी संपत्ति पाने के लिए वैध पत्नी है. **4.** उचित : it was ~ of him to accept the request उसके लिए प्रार्थना[F] स्वीकार करना ≈ था.

competition कॉम्पॅ टि' शन *n*[c]. **1.** प्रतियोगिता[F], होड़[F], मुकाबला [free मुक्त, keen कड़ा, open खुला]; my sister won a prize in beauty ~ last year पिछले वर्ष मेरी बहन ने सौन्दर्य प्रतियोगिता[F] में पुरस्कार जीता; ~ makes children try harder प्रतियोगिता बच्चों को अधिक प्रयत्न करने के योग्य बनाती है. boxing ~ मुक्केबाजी का मुकाबला. **2.** (rivalry) प्रतिस्पर्द्धा[F], प्रतिद्वन्द्विता[F] : a foreign company tried to crush all the companies in the ~ विदेशी कंपनी ने प्रतिस्पर्द्धा में सभी कम्पनियों को कुचल देने की कोशिश[F] की. there is a lot of ~ for this job इस नौकरी[F] के लिए बहुत बड़ी प्रतिस्पर्धा है. **competitive** कम् पें 'टिटिव *a.* प्रतियोगी : ~ examination ≈ परीक्षा[F]; ~ prices लागडॉट की कीमतें[F]. **competitor** कम् पें' टिटिर *n*[c]. प्रतियोगी, प्रतिद्वन्दी [clever होशियार/चतुर, successful सफल, weak कमज़ोर]; all the ~s finished the race सभी प्रतियोगियों ने दौड़[F] खत्म कर दी; they had been ~s for the directorship for a long time वे लम्बे समय तक निदेशक बनने के लिए ≈ रहे.

compilation कॉम्पि ले' शन *n*[uc]. **1.** (act) संग्रहण, संकलन, संचयन : they were busy in the ~ of samples वे नमूनों का ≈ करने में व्यस्त थे. **2.** संग्रह, संकलन : ~ of books किताबों[F] का ≈; ~ of poems कविताओं[F] का ≈; ~ of stories कहानी-संग्रह; ~ of words for a dictionary शब्दकोश के लिए शब्दों का ≈. **compile** कम् पाइल' *v.t.* **1.** संग्रह करना, संकलन करना : to ~ a dictionary शब्दकोश संकलित करना; to ~ a new history book इतिहास की नई किताब[F] संकलित करना. **2.** इकट्ठा करना, जमा करना : to ~ facts to prove a point किसी वादबिन्दु को सिद्ध करने के लिए तथ्य ≈. **3.** बटोरना, बनाना : to ~ runs in a cricket match क्रिकेट के मैच में रन ≈.

complain कम् प्लेन' *v.i.* **1.** शिकायत[F] करना : he ~ed about the weather उसने मौसम के बारे में शिकायत की; the servant ~ed of ill-treatment नौकर ने दुर्व्यवहार की शिकायत की; they are always ~ing about something वे हमेशा किसी-न-किसी बात[F] की शिकायत करते रहते हैं; she ~ed of the servant's laziness उसने नौकर के आलसीपन की शिकायत की; we were at the party, but he did not ~ हम पार्टी में थे लेकिन उसने शिकायत नहीं की; I have nothing to ~ मुझे कोई शिकायत[F] नहीं है; did you ~ **of** a headache क्या तुमने सिरदर्द की शिकायत की थी. **2.** फ़रियाद[F] करना, परिवाद करना : the employees ~ed **to** the manager of negligence कर्मचारियों ने मैनेजर से लापरवाही[F] की फ़रियाद[F] की. **complaint** कॅम् प्लेन्ट' *n*[c]. **1.** शिकायत[F] [forceful ज़ोरदार, old पुरानी, reasonable उचित]; do you wish to make a ~ क्या तुम ≈ करने की इच्छा करते हो we have never received any ~s हमने कभी कोई ≈ नहीं प्राप्त की; she came with a ~ against one of the salesmen वह एक बिक्री कर्मचारी के विरुद्ध ≈ लेकर आई; to lodge a ~ ≈ दर्ज कराना.

2. (sickness) बीमारी^F : heart ~ दिल की ≈^F; she suffers from a troublesome ~ वह कष्टदायक ≈ से पीड़ित है; John had serious ~ so we took him to the doctor जॉन गंभीर रूप से बीमार था इसलिए हम उसे डाक्टर के पास ले गए.

complement कॉम् पलॅमन्ट *n*^c. **1.** (of ship) कर्मिमंडल : the ship's ~ is the full number of officers जहाज का ≈ अधिकारियों की पूर्ण संख्या होता है. **2.** पूरी संख्या^F : bus with full ~ of passengers बस^F यात्रियों से पूरी भरी हुई. (cf. compliment) **complementary** कॉम्पलॅ मेन्'टरि *a.* पूरक : ~ angle ≈ कोण; ~ amount ≈ राशि^F; ≈; this money is ~ to the one my brother gave you यह पैसा उस पैसे के पूरक के रूप में है जो मेरे भाई ने तुम्हें दिया था. [*as distinct from* complimentary)

complete कम् प्लीट' **I.** *a.* **1.** पूर्ण, पूरा [failure असफलता, ruin नाश, satisfaction संतोष, success सफलता^F, victory विजय^F]; with ~ assurance पूर्ण आश्वासन के साथ; the ~ works of Shakespeare शैक्सपिअर की संपूर्ण रचनाएँ^F; the number is ~ संख्या^F पूरी है; a ~ collection of coins सिक्कों का ≈ संग्रह; I want to give you a ~ picture of the situation मैं आपको स्थिति^F का ≈ विवरण देना चाहता हूँ; my case needs a ~ overhaul हमारे मामले को पुन: पूर्ण जाँच की जरूरत है. **2.** समाप्त : my work of collecting stamps is ~ now मेरा टिकटों के संग्रह करने का काम ≈ है. **3.** (other uses) ~ surprise नितांत आश्चर्य; ~ artist, horseman सिद्धहस्त कलाकार, घुड़सवार. **II.** *v.t.* पूरा करना : first try to ~ your work पहले अपना काम पूरा करने की कोशिश^F करो; we cannot ~ these conditions हम इन शर्तों^F को पूरा नहीं कर सकते. when you have ~d this piece of work, please tell me जब तुम इस काम को पूरा कर लो तो कृपया मुझे बताओ. to ~ a literary work साहित्यिक रचना^F पूरी करना; the news of his success ~d her happiness उसकी सफलता^F के समाचार ने उसकी प्रसन्नता^F को पूरा कर दिया.

completely कम् प्लीट्' लि *adv.* पूर्णतया, पूरी तरह : the town was ~ destroyed कस्बा ≈ नष्ट हो गया था; that person could not be ~ convinced उस व्यक्ति को ≈ आश्वस्त नहीं किया जा सका; you are ~ wrong तुम ≈ गलती पर हो; I am not ~ satisfied मैं ≈ संतुष्ट नहीं हूं; he is ~ aware of the situation वह ≈ स्थिति^F से अवगत है.

complex कॉम' प्लॅक्स **I.** *a.* **1.** जटिल, उलझा हुआ [problem समस्या^F, question प्रश्न, situation परिस्थिति^F]; a petrol engine is a ~ piece of machinery पेट्रोल इंजन मशीनरी का एक जटिल पुरज़ा होता है; this puzzle is too ~ for children यह पहेली^F बच्चों के लिए अत्यन्त जटिल है. **2.** (gram.) ~ sentence मिश्र वाक्य, [*cf.* complicated; *ant.* simple] **II.** *n*^c. **1.** मनोग्रंथि^F; she has a ~ about her family being very rich उसे अपने परिवार के बहुत धनी होने का वहम है; he has an oedipus ~ उसे मातृ या पितृ कामवासना ≈ है; inferiority ~ हीनंमन्यता^F, हीनभावना^F; superiority ~ श्रेष्ठंमन्यता, वरिष्ठ भावना^F. **2.** समूह, समवाय : petroleum ~ पेट्रोल ≈; a housing ~ गृह ≈; ~of buildings भवन ≈.

complexion काम् पलॅक् शन *n*^c. **1.** मुखराग, रूप-रंग [bronze कांस्य, clear स्पष्ट, fair गोरा/साफ़, सुंदर, rosy गुलाबी]; brightness of ~ मुखराग की चमक^F; to have a beautiful ~ सुन्दर ≈ होना; his ~ is dark उसका रंग साँवला है. **2.** स्वरूप : this gives a different ~ to the case यह मामले को एक भिन्न ≈ देता है.

complicated कॉम्' प्लिकेटिड *a.* उलझनदार, पेचीदा, उलझा हुआ [matter मामला, personality व्यक्तित्व, question प्रश्न, subject विषय]; the whole matter is getting ~ पूरा मामला अधिक पेचीदा हो रहा है; these are ~ instructions ये ≈ निर्देश हैं. [*cf.* complex]

compliment कॉम्' प्लिमन्ट **1.** *n*^c. **1.** प्रशंसा^F, बड़ाई : to play a ~ to smb किसी की ≈ करना; she accepted his ~ about her dress with a smile उसने अपनी ड्रेस के बारे में उसकी प्रशंसोक्ति^F को मुस्कराकर स्वीकार

किया. **2.** (*pl.*) शुभकामनाएँ : give my ~s to your master अपने मालिक को मेरी ≈ देना; she is always paying her ~ s on Diwali दीवाली^{F} पर वह हमेशा अपनी ≈ देती रहती है; will you kindly convey my ~s to Mrs. D. क्या तुम कृपया श्रीमती डी. को मेरी ≈ पहुंचा दोगे ? ~s of the season इस ऋतु की ≈. **II.** *v.t.* **1.** सम्मान करना, अभिनन्दन करना, प्रशंसा^{F} करना : to ~ smb on his manners किसी की उसके रंग-ढंग के बारे में प्रशंसा^{F} करना; I must ~ you on your speech मुझे तुम्हारे भाषण की प्रशंसा करनी चाहिए. **2.** बधाई^F देना : he ~ed him on his batting उसने उसकी बल्लेबाज़ी^{F} पर उसे बधाई^F दी; he ~ed her on her winning उसने उसकी जीत^F पर उसे बधाई दी. **3.** उपहार देना : to ~ smb with smth किसी को कुछ ≈. [*as distinct from* complement]

compose कम् पोज़' *v.t.* **1.** रचना^{F} करना, बनाना : to ~ a book किताब^F की रचना करना; to ~ a verse कविता^{F} लिखना; I wish I could ~ music like Kumar मैं चाहता हूं कि कुमार की तरह संगीत की रचना कर सकूं. **2.** (usu. passive) घटित होना, बनना : air is ~d of nitrogen and oxygen वायु^{F} नाइट्रोजन और आक्सीजन से बनी होती है; a word is ~d of several letters शब्द कई अक्षरों से बनता है; our team was ~d of experienced players हमारी टीम^F अनुभवी खिलाड़ियों से घटित थी. **3.** सुव्यवस्थित करना : ~ the word order शब्दों का क्रम सुव्यवस्थित करो. **4.** निबटाना : you must ~ the quarrel तुमको झगड़ा निबटाना चाहिए. **5.** शांत करना : she ~d the child's fear उसने बच्चे के भय को शांत किया; stop crying and ~ yourself चिल्लाना बंद करो और शांत हो जाओ. **6.** (printing) टाइप जोड़कर शब्द बनाना. **composer** कम् पो'ज़र n^c. (संगीत) रचयिता, स्वरकार, गीतकार [classical शास्त्रीय, modern आधुनिक]; Pyarelal was a famous ~ of music प्यारेलाल संगीत के प्रसिद्ध ≈ थे. **composition** कॉम्पॅज़ि'शन n^c. **1.** रचना^{F}, कृति^{F} [brilliant शानदार; difficult कठिन, dull नीरस]; to hear a ~ ≈ सुनना; to enjoy a ~ ≈ का आनंद लेना; he spent six months on the ~ of the symphony स्वरसंगीत की ≈ में उसने छह महीने ख़र्च किए; a book of grammar and ~ व्याकरण और ≈ की पुस्तक^F; do your ~ exercises रचना^{F} के अपने अभ्यास करो. **2.** निपटारा, समझौता : to make ~ with *smb* किसी से ≈ करना; the ~ of quarrels is the need of the day झगड़ों का ≈ आज की आवश्यकता^{F} है. **3.** (constitution) संघटन, बनावट : ~ of ministry मंत्रिमंडल का ≈; to get aquainted with the ~ of smth किसी चीज़^{F} की बनावट^F से परिचित होना; have you studied the ~ of the chemicals क्या तुमने रसायनों के ≈ के बारे में अध्ययन किया है ? ~ of air, water वायु, जल की बनावट.

compound कम् पॉउन्ड' **I.** n^c. **1.** (enclusure) अहाता, चौहद्दी^{F} : ~ of a mansion^F हवेली^{F} का अहाता, की चौहद्दी; children play in the ~ of their house बच्चे अपने घर के अहाते में खेलते हैं. **2.** (mixture) मिश्रण : this cough mixture is a ~ of honey, glycerine and orange juice यह खांसी-घोल शहद, ग्लिसरीन^F और सन्तरे के रस का ≈ है. **3.** यौगिक (substance) : water is the ~ of oxygen and hydrogen जल आक्सीजन और हाइड्रोजन का ≈ है; baking powder is ~ of sodium bicarbonate and tartar cream पाक-चूर्ण सोडियम बाइकार्बोनेट और टार्टर क्रीम का ≈ होती है. **II.** *a.* **1.** यौगिक : a ~ substance ≈ पदार्थ; ~ interest सूद पर सूद, चक्रवृद्धि ब्याज; ~ fracture कई जगह हड्डियों का टूटना जिसमें मांसपेशियाँ^{F} ज़ख्मी हो जायें. **2.** समास : education minister, oil lamp and airways are ~ words शिक्षा मंत्री, तैलदीप और विमानमार्ग समास हैं. **III.** *v.t.* **1.** (mix) मिलाना : to ~ parts into a whole अवयवों को मिलाकर संपूर्ण पदार्थ बनाना. **2.** (make) संयोजित करना, बनाना : the pain killing drug was ~ed of two different chemicals पीड़ा-नाशक दवा^{F} दो भिन्न रसायनों से बनी थी; chemist ~s drugs केमिस्ट रसायनशास्त्री दवाएँ बनाता है. **3.** (compromise) समझौता करना, निपटाना : to ~ a dispute झगड़ा निबटाना; to ~ with a person for an offence अपराध के बारे में किसी से समझौता कर लेना.

comprehension कॉम्प्रिहें न्' शन n^u. **1.** समझ^F, बुद्धि^F, बोध : a human being must have ~ मानव प्राणी में समझ होनी चाहिए; this problem is beyond my ~ यह समस्या मेरी समझ^F के बाहर है. **2.** व्यापकता^F : a technical term of wide ~ बहुत व्यापक पारिभाषिक शब्द. **comprehensive** कॉम्प्रि हें न' सिव *a.* व्यापक, विस्तृत : ~ details ≈ ब्यौरा; ~ statement ≈ कथन; he gave a ~ account of the conference उसने सम्मेलन का विस्तृत विवरण प्रस्तुत किया. **2.** विचक्षण : ~ idea ≈ विचार **3.** लम्बा-चौड़ा; a ~ school caters for children of all grades of ability एक ≈ विद्यालय सभी स्तर/श्रेणी^F के बच्चों की योग्यता^F के अनुसार व्यवस्था^F करता है.

compress काम् प्रें स' **I.** *v.t.* **1.** दबाना, सिकोड़ना : all his belongings were ~ed into a very small suitcase उसका सारा सामान बहुत छोटे सूटकेस में सिकुड़ कर आ गया; tobacco was compressed into small packets तम्बाकू को दबाकर छोटे डिब्बों में रखा गया. **2.** संक्षिप्त करना : he ~ed his lectures into ten minutes उसने अपना व्याख्यान दस मिनट में संक्षिप्त करके दिया. **II.** n^c. पट्टी^F, गद्दी^F, कोम्प्रेस^F : apply a cold ~ to your injured ankle अपने घायल टखने पर ठंडी ≈ लगाओ. [*ant.* expand]

compromise कॉम्' प्रॅमाइज़ **I.** *v.t.* समझौता करना, संधि^F करना, राज़ीनामा करना : they ~d by going to the cinema although she wanted to go to the theatre उन्होंने सिनेमा जाने का समझौता किया यद्यपि वह थियेटर जाना चाहती थी; he refused to ~ उसने समझौता करने से इंकार कर दिया. **II.** *v.i.* संकट में या जोखिम में डालना : to ~ oneself अपने को संकट में डालना; if you go there, you will be ~ed यदि तुम वहाँ जाओगे तो संकट में पड़ोगे. **III.** n^c. **1.** समझौता : dispute settled by ~ instead of going to the court न्यायालय में जाने के बजाय ≈ से हल किया गया झगड़ा. **2.** मध्यमार्ग : a ~ between conflicting opinions परस्पर विरोधी मतों के बीच का रास्ता.

compulsory कम् पल' सरि *a.* अनिवार्य, नितांत आवश्यक, बाध्यकारी [attendance हाज़िरी^F, education शिक्षा^F, service सेवा^F, subjects विषय]; school attendance is ~ for children विद्यालय में उपस्थिति बच्चों के लिए ≈ है; it is ~ for me to attend the meeting सभा में मुझे उपस्थित रहना ≈ है; a ~ examination ≈ परीक्षा^F. [*ant.* voluntary]

compute कम् प्यूट' *v.t.* गणना^F करना, गिनती^F करना : he ~d the crowd at a thousand उसने भीड़ की गणना एक हजार की; he ~ed that the project would cost Rs. 5 lakhs उसने हिसाब लगाया कि इस परियोजना^F पर पांच लाख रुपया लगेगा. **computer** कम् प्यू'टर n^c. (कम्प्यूटर, परिकलक, संगणक : private ~ (PC) निजी संगणक/कम्प्यूटर) super ~ बड़ा संगणक/कम्प्यूटर

comrade कॉम्' रिड n^c. साथी, संगी, कामरेड [loyal वफ़ादार, real वास्तविक, true सच्चा]; the soldier stayed with his wounded ~ सैनिक अपने घायल ≈ के साथ रुका रहा; some people especially Russians call a man ~ instead of Mr. कुछ लोग विशेषकर रूसी किसी आदमी को मिस्टर के बजाय कामरेड कहकर पुकारते हैं.

con. *pref.* = co-सह : concede, concentrate condense, contribute, convocation.

conceal कन् सील' *v.t.* छिपाना, गुप्त रखना : he ~ed the novel under his pillow उसने उपन्यास को अपने तकिये के नीचे छिपा दिया; he ~ed his disappointment from his friends उसने अपनी निराशा^F को अपने मित्रों से छिपाया; to ~ smb behind oneself किसी को अपने पीछे ≈; she ~ed what had happened with her जो कुछ उसके साथ घटित हुआ था उसने छिपा लिया; he was ~ing the fact from me वह तथ्य को मुझसे छिपा रहा था; the spy tried to ~ message inside his tie भेदिया ने संदेश को अपनी टाई^F के अंदर छिपाने का प्रयत्न किया; to ~smth from curious eyes किसी वस्तु को ललकती आँखों से छिपाना. [*ant.* reveal]

concede कन् सीड' *v.t.* **1.** मान लेना, स्वीकार करना [gladly खुशी-खुशी, wilfully स्वेच्छा^F से]; to ~ the argument as right तर्क को

सही ≈; he ~d that he had been wrong उसने मान लिया कि वह गलती^F पर था. 2. प्रदान करना, देना : the Head ~d a holiday अध्यक्ष ने छुट्टी^F प्रदान की; he did not ~ the right of way to anybody उसने किसी को रास्ते से गुजरने का हक नहीं दिया. 3. हार मानना : to ~ a game खेल^F में ≈. [*n.* concession *q.v.*; *ant.* deny]

conceit कन् सीट' *n*^u. 1. दंभ, अहंकार, गर्व, घमंड : false ~ झूठा ≈; to say that he is the best player is just his ~ उसका यह कहना कि मैं सबसे अच्छा खिलाड़ी हूं मात्र अहंकार है; he is full of ~ about his good appearance वह अपने अच्छे रूप-रंग के बारे में अहंकार से भरा है. the worst thing about Vijay is his ~ विजय की सबसे बुरी बात^F यह है कि उसमें ≈ है. 2. *n*^c. (whim) वहम, सनक^F : baseless ~ निराधार ≈; he is a man of ~s वह वहमी/सनकी आदमी है.

conceited कन् सीटि'ड *a.* दम्भी, घमंडी, गर्वीला : a ~ youngman ≈ नवयुवक; she is a very ~ lady वह बहुत घमंडी महिला है; he is ~ if he thinks that he can do everything better than anyone else वह दंभी है यदि वह यह सोचता है कि वह सब कुछ किसी से अच्छा कर सकता है.

conceive कन् सीव' *v.t.* 1. कल्पना^F करना : to ~ an idea of things which one has never seen ऐसी चीज़ों^F की कल्पना^F करना जो किसी ने कभी न देखी है. 2. सोचना, विचार करना, समझना : the architect ~s the idea of a building शिल्पी किसी इमारत^F के बारे में विचार करता है; it is difficult to ~ of journey to the moon चन्द्रमा की यात्रा^F का विचार करना कठिन है; I cannot ~ how this has happened मैं नहीं समझ सकता कि यह कैसे हुआ है; I could not ~ why he did it मैं नहीं समझ पाया कि उसने यह क्यों किया; who ~ed the idea of coming here for a holiday छुट्टी^F बिताने यहाँ आने का विचार किसे आया ? 3. प्रकट करना : to ~ a feeling भावना^F ≈; we can hardly ~ the effect of old Greek music हम शायद ही पुराने ग्रीक संगीत के प्रभाव को प्रकट कर सकें; it was ~d in plain words इसे स्पष्ट शब्दों में प्रकट किया गया था. 4. गर्भ धारण करना : my first child was ~d in January मेरा पहला बच्चा जनवरी में गर्भ में आया था; this woman ~ed four years after her marriage इस स्त्री ने शादी^F के चार वर्ष बाद गर्भ धारण किया. [*ant.* mis~]

concentrate कॉन्' सन्ट्रेट *v.t.* 1. एकत्र करना, संचित करना, इकट्ठा करना : ~ all the boys in the hall सभी लड़कों को हाल में इकट्ठा करो; to ~ all power पूर्ण शक्ति संचित करना; he ~d his soldiers उसने अपने सैनिकों को इकट्ठा किया. 2. केन्द्रित करना, एकाग्रचित होना : if you ~ on your work you will not notice other things यदि तुम अपने काम में एकाग्रचित्त होगे तो तुम्हें दूसरी चीज़ों^F का ध्यान नहीं आयेगा; to ~ one's mind on a problem किसी समस्या^F पर अपना मन एकाग्र करना; to ~ on a single end एक लक्ष्य पर ध्यानावस्थित होना; ~ your thoughts अपने विचारों को केन्द्रित करो; I could not ~ my mind मैं अपने मन को एकाग्र न कर सका. 3. गाढ़ा करना : to ~ linseed oil अलसी के तेल को ≈.

concentration कॉन्सन् ट्रे'शन *n*^c. 1. केन्द्रीकरण : the ~ of our resources हमारे संसाधनों का ≈. 2. जमाव : ~ of troops सेनाओं^F का ≈. 3. एकाग्रता^F, मनोयोग : mental ~ मनोयोग; the study requires ~ अध्ययन के लिए ≈ चाहिए; he lacks ~ उसमें एकाग्रचित्तता की कमी है. 4. ~ camp : नज़रबंदी^F कैम्प या शिविर.

concept कॉन् सेंप्ट *n*^c. धारणा^F : his design was a new ~ in town-planning नगर-योजना के अन्तर्गत उसकी परिकल्पना^F एक नयी ≈ थी; his ~ of a woman's place in society is outdated औरतों के समाज में स्थान के बारे में उसकी ≈ पुरानी है; what is your ~ of democracy लोकतंत्र के बारे में आपकी क्या ≈ है ?

concern कन् सर्न' I. *v.t.* 1. से संबंधी/वास्ता रखना : so for as I am ~ed जहाँ तक मेरा संबंध है; it does not ~ me मेरा इससे कोई संबंध नहीं है; traders and common people were equally ~d to protest against this tax व्यापारी और आम आदमी कर का विरोध प्रकट करने में बराबर संबंधित थे (वास्ता रखते थे); to ~ oneself chiefly with literature मुख्यतः साहित्य से वास्ता रखना; he is no longer ~ed with us वह अब हमसे कोई संबंध नहीं रखता. **2.** महत्व/मतलब रखना : this question ~s me यह प्रश्न मेरे लिए महत्व रखता है; I am not ~ed to enquire about it इसकी जाँच^F करना मेरा काम नहीं है; you should not ~ yourself in other's affair तुम्हें दूसरों के मामले से कोई काम/मतलब नहीं होना चाहिए. **3.** चिंता^{F} करना : my brother's illness ~s me अपने भाई की बीमारी^{F} मुझे चिन्तित करती है; I am ~ed for his studies मुझे उसकी पढ़ाई की चिंता^{F} है. **II.** n^{uc}. **1.** (anxiety) चिंता^{F} : serious ~ गंभीर ≈; the patient is giving rise to our ~ रोगी हमारी ≈ को बढ़ा रहा है; there is no cause for ~ ≈ का कोई कारण नहीं है. **2.** n^{u}. (affair) मामला : this is my ~, so I will do as I like यह मेरा ≈ है, इसलिए जो मैं चाहूंगा करूंगा; what I do is my own ~ मैं क्या करता हूँ यह मेरा निजी ≈ है; do not interfere in our ~s हमारे मामलों में दखल मत दो. **3.** (relation) संबंध : to express intimate ~ घनिष्ठ ≈ बताना; I have no ~ with such things ऐसी बातों से मेरा कोई ≈ नहीं है; this is no ~ of mine यह मेरा काम नहीं है. **4.** (importance) महत्व; it is of much ~ to me इसका मेरे लिए बहुत ≈ है. **5.** (interest) दिलचस्पी^{F}, रुचि^{F} : to have much ~ in smb's matter किसी के मामले में अधिक ≈ लेना; to hear something with ~ कुछ बातें^{F} ≈ से सुनना. **6.** n^{c}. व्यवसाय, धंधा, फ़र्म : there are two manufacturing ~s in this town इस शहर में दो निर्माण फ़र्म हैं; it is a paying ~ यह कमाई वाला धंधा है.

concerned कन् सर्न्ड' *a.* चिन्तित : I am ~ about Shila मैं शीला के बारे में ≈ हूं; I am ~ for/about my health मैं अपने स्वास्थ्य के बारे में ≈ हूं; he was not ~ about what people would say लोग क्या कहेंगे, इसकी मुझे कोई चिंता^{F} नहीं है; we should be ~ about her studies हमें उसकी पढ़ाई^F की चिंता^{F} करनी चाहिए. **concerning** कन् सर्' निङ्ग *prep.* के विषय में, के बारे में : I have no doubt ~ the way to be chosen चुने जाने के ढंग ≈ मुझे कोई संदेह नहीं है; ~ your letter तुम्हारे पत्र ≈; I am a little worried ~ your business मैं तुम्हारे धंधे ≈ कुछ चिंतित हूं; he wrote me ~ his business arrangement उसने मुझे अपने धंधे की व्यवस्था ≈ लिखा; I have nothing to say ~ your marriage मुझे तुम्हारे विवाह के विषय में कुछ नहीं कहना है.

concert कॉन्' सर्ट **1.** n^{u}. मेल, सहमति^{F}: they act in ~ with others वे दूसरों से ≈ के साथ काम करते हैं I give a ~ of one's own अपनी सहमति देना; to co-operate in ~ सहमति से सहयोग करना; they sang in ~ उन्होंने मिलकर गाया; they raised their voices in ~ उन्होंने एक साथ आवाज़^{F} उठाई. **2.** n^{c}. (संगीत) समारोह, संगीत-गोष्ठी^{F} : magnificent ~ शानदार ≈; they sang in the ~ उन्होंने ≈ में गाया; at our school ~ there was singing, dancing and music हमारे स्कूल की संगीत-गोष्ठी में गाना, नाचना और संगीत था; a ~ for the benefit of the poor गरीबों के लाभ के लिए ≈ का आयोजन; we sheldom go to ~s हम संगीत-समारोहों में कभी-कभार ही जाते हैं. we heard the ~ over radio हमने संगीत-गोष्ठी को रेडियो पर सुना; did you enjoy the ~ क्या तुमने ≈ का आनंद लिया; the ~ was broadcast ≈ का प्रसारण हुआ था. concerted कन्सर' टिड *a.* सम्मिलित : a ~ attack on the government सरकार^F पर ≈ आक्षेप; to take ~ action मिलकर कार्रवाई^F करना; out ~ effort हमारा ≈ प्रयास.

concession कन् सें' शन n^{c}. **1.** रिआयत^F, छूट^F : full ~ पूरी ≈; ~ in railway fare रेलभाड़े में ≈; ~ ticket रियायती टिकट; as a ~ we were given a day off work to join the wedding रिआयत के तौर पर शादी^{F} में सम्मिलित होने के लिए हमें काम से एक दिन की छुट्टी^{F} दी गई. **2.** दी गई वस्तु^{F} : the government's ~ of land to the peasants सरकार^F द्वारा किसानों को दी गई

भूमि^{F}. **3.** अधिकार : oil ~ तेल निकालने का अधिकार; mining ~ खनिज निकालने का अधिकार.

concise कन् साइस' *a.* संक्षिप्त : ~ report ≈ रिपोर्ट; deliver a ~ speech ≈ भाषण देना; this is a ~ edition of the dictionary शब्दकोश का यह ≈ संस्करण है.

conclude कन् क्लूड' **I.** *v.t.* **1.** समाप्त करना, पूरा करना : to ~ a series of lectures व्याख्यान-माला^{F} पूरा होना; to ~ a speech भाषण समाप्त करना; to ~ a meeting सभा समाप्त करना; to ~ a business धंधा ख़त्म करना; we will ~ our function with the national anthem हम अपना समारोह राष्ट्रगीत के साथ समाप्त करेंगे; we ~d our work by thanking everyone हमने हर एक को धन्यवाद देकर अपना काम समाप्त कर दिया. **2.** (other meanings) to ~ a treaty संधि^{F} तय करना; to ~ an affair मामला निपटाना. **II.** *v.i.* निष्कर्ष या परिणाम या नतीजा निकालना : I ~d from your remarks that you do not like our dog तुम्हारे टिप्पणों से मैंने यह निष्कर्ष निकाला कि तुम हमारे कुत्ते को पसंद नहीं करते; I ~ that he will come मैं इस नतीजे पर पहुंचा हूं कि वह आयेगा. [*ant.* begin]

conclusion कन् क्लू' ज़न *n*^{c}. **1.** समाप्ति, अंत : at the ~ of the meeting सभा के ≈ में; there was applause at the ~ of his speech उसके भाषण के ≈ में वाह-वाह^F की गई; to bring a business to a ~ धंधे का अंत करना; in ~ I would like to say that ...... अंत में मैं यह कहना चाहूंगा कि...... **2.** (decision) निश्चय : we have come to the ~ हम इस ≈ पर पहुंचे हैं. **3.** (concluding) समापन : your composition needs a better ~ तुम्हारी रचना^{F} में कुछ अच्छे ≈ की आवश्यकता^{F} है. **4.** निष्कर्ष, परिणाम, नतीजा : to arrive at a ~ किसी निष्कर्ष पर पहुंचना; what ~ can be drawn from these facts इन तथ्यों से क्या ≈ निकाला जा सकता है ? I came to the ~ that the house was empty मैं इस नतीजे पर पहुंचा कि मकान खाली था; I hope you will carry your project to a favourable ~ मैं आशा^{F} करता हूँ कि तुम अपनी परियोजना^{F} को अच्छे परिणाम तक ले जाओगे; after considering the matter Dad came to the ~ that Deepak was to blame मामले पर विचार करने के बाद पिताजी इस निष्कर्ष पर पहुंचे कि दीपक दोषी है; it was a foregone ~ इसका ≈ पहले से मालूम था.

concoct कन् कॉक्ट' *v.t.* **1.** (काढ़ा) पकाना या तैयार करना : the physician ~ed a medicine वैद्य ने दवा^{F} का काढ़ा तैयार किया. **2.** गढ़ना, कल्पना^{F} करना : they ~ed a story उन्होंने एक कहानी^{F} गढ़ ली; to ~ an excuse बहाना गढ़ लेना. **concocted** *a.* ~ evidence गढ़ी गयी गवाही^{F}, झूठी गवाही, गढ़ंत साक्ष्य; ~ed story गढ़ंत/कल्पित कहानी^{F}.

concord कॉन्' कॉर्ड *n*^{c}. **1.** मेल, एकता^{F} : there is no ~ among the leaders नेताओं में कोई ≈ नहीं है; the two communities lived in ~ दोनों संप्रदाय मेल-मिलाप से रहते थे. **2.** संधि^{F} : the two parties signed a ~ दोनों पक्षों ने एक ≈ पर हस्ताक्षर किए. [*ant.* discord]

concrete कॉङ्' क्रीट **I.** *n*^{u}. (a building material) कंकरीट : ~ is made by mixing sand, small stones, cement and water ≈, बालू^{F}, रोड़ी^{F}, सीमेन्ट और पानी मिलाकर बनाया जाता है; the workman mixed the concrete for our new garden path मज़दूरों ने हमारे नये उद्यान-पथ के लिए ≈ मिलाया; ~ pillar ≈ का खंभा. **II.** *a.* **1.** (not abstract) मूर्त, ठोस : a rose being an actual flower is ~ but redness being only a quality is abstract गुलाब वास्तविक होने से ≈ है किन्तु उसकी लालिमा एक गुण होने से अमूर्त है; light is not ~ प्रकाश नहीं है. **2.** ठोस : ~example ठोस उदाहरण; a wooden table is a ~ object लकड़ी^{F} की मेज़ एक ≈ वस्तु^{F} है; a ~ suggestion ≈ सुझाव. ~ task ≈ काम. [*ant.* abstract] **3.** कंकरीट का : **III.** *v.t.* कंकरीट बिछाना : a ~ surfacing रोड़ी बिछाना; we shall have to ~ the garden path हमें बाग के रास्ते पर ≈ होगा.

condemn कन् डेम' *v.t.* **1.** निन्दा^{F} करना

willingly ~ स्वेच्छा[F] से ≈ his extravagance is to be ~ed उसकी फ़िज़ूलखर्ची[F] की निन्दा करनी है; his action was ~ed by everyone उसके कार्य की हर एक ने निंदा की; we ~ violence हम हिंसा[F] की निंदा करते हैं. **2.** (convict) दोषी या अपराधी ठहराना : he was ~ed by the judge जज ने उसे दोषी ठहराया. **3.** दण्डाज्ञा[F] देना, दण्ड देना : the jury found the prisoner guilty and the judge ~ed him to a year's imprisonment जूरी ने कैदी को दोषी ठहराया और जज ने उसे एक वर्ष की कैद[F] का दण्ड दे दिया; he was ~ed to death उसे मृत्युदण्ड दिया गया; मौत[F] की सज़ा[F] दी गई. [*ant.* acquit] **condemnable** कन् डॅम'नॅबल *a.* **1.** निंदनीय : ~ action कार्य. **2.** दण्डनीय : ~ guilt अपराध.

condense कन् डॅन्स' *v.t.* **1.** संक्षिप्त करना : they ~ed the book for children उन्होंने पुस्तक[F] को बच्चों के लिए संक्षिप्त किया; to ~ a report रिपोर्ट[F] को ≈. [*ant.* amplify] **2.** गाढ़ा करना : ~ a gas into a liquid गैस को द्रव में संहनित करो; to ~ the milk दूध को ≈.

condition कन् डि' शन **I.** *n*[c]. **1.** शर्त[F] : ~s of service नौकरी की शर्तें; to reject the ~s of peace शांति[F] की शर्तों से इंकार करना; what are the ~s of the agreement इकरारनामे की शर्तें क्या हैं? to change one's अपनी ≈ बदलना; to reveal one's plan to a person on the ~ that he would keep it secret किसी को कोई योजना[F] इस ≈ पर बताना कि वह इसे गोपनीय रखेगा; he gave me this book on the ~ that I shall return it by Monday next उसने मुझे यह पुस्तक[F] इस ≈ पर दी कि मैं इसे अगले सोमवार तक लौटा दूंगा. **2.** दशा[F], हालत[F], अवस्था[F], स्थिति[F] [favourable अनुकूल, good अच्छी, miserable दयनीय, unsatisfactory असंतोषजनक]; financial ~ आर्थिक दशा[F]; the present ~ of our trade हमारे व्यापार की वर्तमान स्थिति; your cycle is in such a bad ~ that you must not ride it तुम्हारी साइकिल इतनी ख़राब[F] ≈ में है कि तुम्हें इस पर सवार नहीं होना चाहिए; the house is not in a very good ~ मकान कोई बहुत अच्छी ≈ में नहीं है; he is in no ~ to leave the hospital वह अस्पताल छोड़ने की ≈ में नहीं है; the books are in poor ~ किताबें ख़राब हालत में हैं; living under the pleasant ~s सुखद स्थितियों में रहना. **3.** *n*[c]. (*pl.*) परिस्थितियाँ : all ~s seem to be favourable सभी ≈ अनुकूल जान पड़ती हैं; according to one's ~s अपनी परिस्थितियों के अनुसार; under existing ~s वर्तमान परिस्थितियों में. **II.** *v.t.* निर्भर होना : his behaviour was ~ed by his circumstances उसका व्यवहार उसकी परिस्थितियों पर निर्भर था; the expenditure is ~ed by income व्यय आय पर निर्भर होता है.

conduct कॉन् डक्ट' **I.** *n*[u]. **1.** आचरण, चाल-चलन [courageous साहसिक, honourable सम्माननीय, prudent बुद्धिमतापूर्ण, shameful लज्जापूर्ण, silly मूर्खतापूर्ण]; **bad** ~ दुराचार, good ~ सदाचार; rules of ~ आचरण के नियम; to blame one's ~ किसी के ≈ की निंदा[F] करना; we were surprised at his ~ हम उसके ≈ पर चकित थे; I cannot excuse his ~ मैं उसके ≈ को माफ नहीं कर सकता; his ~ at school was disgraceful विद्यालय में उसका ≈ अपमानजनक था; he got a medal for good ~ उसे अच्छे ≈ के लिए पदक मिला; the captain's ~ towards the team was found to be good टीम[F] के प्रति कप्तान का ≈ अच्छा पाया गया. [*ant.* misconduct] **2.** (handling) संचालन : ~ of affairs कार्य-≈; the government's ~ of affairs was not satisfactory सरकार[F] का कार्य- ≈ संतोषजनक नहीं था. **II.** *v.t.* **1.** संचालन करना : the minister for foreign affairs ~s the foreign policies of his country विदेशी मामलों का मंत्री देश की विदेशनीति का संचालन करता है; electricity ~s along a wire बिजली किसी तार के साथ संचालित होती है; most metals ~ electricity बहुत-सी धातुओं में बिजली संचालित होती है. **2.** मार्ग

दिखाना, ले चलना : the pipe ~s the water to a nullah यह पाइप पानी को नाले तक ले जाता है; he ~ed the visitors till the hall उसने दर्शकों का हाल तक मार्गदर्शन किया; he ~ed me to the station उसने मुझे स्टेशन का मार्ग दिखाया; the chief guest was ~ed to the dais मुख्य अतिथि को मंच पर ले जाया गया. **3.** प्रबंध करना : I praised the director of the museum for so ~ing the affairs मैंने संग्रहालय के निदेशक को प्रबन्ध के लिए साधुवाद दिया; he ~ed well all the reception उसने स्वागत का अच्छा प्रबन्ध किया. **conductor** कॉन् डक्' टर n^c. (*fem.* conductress) **1.** संवाहक : heat ~ ताप- ≈; copper is a good ~ of heat ताँबा उष्मा[F] का अच्छा ≈ है; wood is a bad ~ of electricity लकड़ी[F] बिजली[F] की ≈ नहीं है; lightening ~ बिजली[F] का ≈. **2.** चालक : a ~ of omnibus बस[F] का ≈; the bus ~ gave me a ticket बस कन्डक्टर ने मुझे एक टिकट दिया.

confectioner कन् फ़ेक्'शनर n^c. हलवाई [clever होशियार, dirty गंदा]; a ~'s shop ≈ की दुकान.

confer कन् फ़र' **I.** *v.t.* (conferred) देना, प्रदान करना : to ~ an honour सम्मान ≈ ; the university ~red honorary degrees on two scientists विश्वविद्यालय ने दो वैज्ञानिकों को मानद उपाधियाँ[F] प्रदान कीं; to ~ some title *on* a person किसी व्यक्ति को कोई उपाधि[F] ≈. **II.** *v.i.* **1.** परामर्श करना, सलाह[F] करना; ~ **with** somebody **on** an important matter किसी से महत्वपूर्ण विषय पर ≈. **2.** वार्तालाप करना, बातचीत[F] करना : the management ~red about the new plans प्रबंधक मंडल ने नई परियोजनाओं[F] के बारे में बातचीत[F] की. **conference** कॉन्' फ़ॅरन्स n^c. **1.** सम्मेलन, कान्फ्रेन्स [annual वार्षिक, bienuial द्विवार्षिक, important महत्वपूर्ण]; to take part in a ~ सम्मेलन में भाग लेना; to appoint a day for a ~ कान्फ्रेन्स के लिए दिन निश्चित किया; the ~ of AIDS specialists was held last week एड्स विशेषज्ञों का सम्मेलन पिछले सप्ताह हुआ; an organisation calls a ~ so that its members may come together to discuss matters एक संगठन ≈ बुलाता है जिससे उसके सदस्य मामलों पर चर्चा करने के लिए इकट्ठे हो सकें. **2.** परामर्श, सलाह[F]; he must have ~ on important matters उसे महत्वपूर्ण विषयों पर ≈ लेनी चाहिए.

confess कन् फ़ेंस *v.t.* **1.** मानना, स्वीकार करना, कबूल करना : I ~ my mistake मैं अपनी गलती[F] मानता हूँ; he ~ed that he had known it उसने कबूल किया कि वह इसे जानता था; I ~ that I was astonished मैं स्वीकार करता हूं कि मैं आश्चर्यचकित रह गया; he ~ed to the theft उसने चोरी[F] स्वीकार की; he ~ed that he did it उसने स्वीकार किया कि मैंने यह किया. **2.** अपराध/पाप स्वीकार करना : he ~ed to the crime उसने अपराध स्वीकार किया; some people go to a priest to ~ their sins कुछ लोग अपने पाप स्वीकार करने के लिए पादरी के पास जाते हैं. [*ant.* deny] **confession** कन् फ़ें' शन n^{uc}. इकबाल, अपराध स्वीकृति[F] : I have to make a ~ मुझे अपराध स्वीकारोक्ति करनी है; he made a ~ of his fault उसने अपना दोष कबूल किया.

confide कन् फ़ाइड' **I.** *v.i.* विश्वास करना : a prince ~s *in* his ministers एक राजा अपने मंत्रियों पर विश्वास करता है; I ~ in your honesty मैं तुम्हारी ईमानदारी[F] पर विश्वास करता हूँ; he ~d in his brother उसने अपने भाई पर विश्वास किया. **II.** *v.t.* **1.** सौंप देना : I will ~ my child to your care मैं अपना बच्चा तुम्हारे संरक्षण में सौंप दूंगा. **2.** भेद बताना : he ~d the secret to his friend उसने अपने मित्र को रहस्य बताया. **confidence** कॉन फ़िडन्स n^u. विश्वास, भरोसा : there was much ~ in his tone उसके स्वर में बहुत आत्मविश्वास था; he began to lose ~ वह विश्वास खोता गया; I have much ~ in him मुझे उस पर बहुत ≈ है; she showed a great deal of self ~ for her age उसने अपनी उम्र[F] के हिसाब से बहुत आत्म ≈ दिखाया; I have no ~ in this car मुझे इस कार[F] पर कोई ≈ नहीं है; he looks forward to the result with ~ वह विश्वास के साथ परीक्षाफल

की प्रतीक्षा^F कर रहा है; I can say with ~ that you have done a mistake मैं विश्वास के साथ कह सकता हूँ कि तुमने गलती^F की है; **vote of no-** ~ अविश्वास प्रस्ताव; **to take smb into** ~ (गोपनीयता के लिए) किसी को विश्वास में लेना; किसी को अपना भेद बताना.

confident कॉन्' फ़िडन्ट *a.* भरोसा रखने वाला, आत्मविश्वासी.: I am ~ that you will not improve yourself मुझे विश्वास है कि तुम अपने को सुधारोगे नहीं; I am ~ of winning मैं जीत^F का विश्वासी हूँ; he was a ~ competitor वह आत्मविश्वासी प्रतियोगी था; I am absolutely ~ मुझे पूरा विश्वास है; he is ~ of success उसे सफलता^F का विश्वास है; ~ voice विश्वस्त स्वर.

confidential कॉन्फ़ि डें'न् शल *a.* गोपनीय; ~ document ≈ दस्तावेज़; ~ letter. ≈ पत्र; ~ report गुप्त प्रतिवेदन या रिपोर्ट^F [*ant.* public]

confine कन् फ़ाइन' *v.t.* **1.** सीमित करना या रखना : the damage was ~d **to** one room नुकसान एक कमरे तक सीमित था; they succeeded in ~ing the fire in a small area वे आग को बहुत थोड़े क्षेत्र तक सीमित रखने में सफल हुए. I cannot ~ myself to the study of history मैं केवल इतिहास का अध्ययन करता नहीं रह जाऊंगा. **2.** बंद करना, अंदर रखना, क़ैद रखना : lion ~d in cage पिंजरे में बंद शेर; the leader was ~d in his own house for three years नेता तीन साल तक अपने ही मकान में क़ैद/बंद रहा; I remained ~ed to my bed मैं अपने बिस्तर में पड़ा रहा.

confirm कन्‌फ़र्म' *v.t.* पुष्टि^F करना, पक्का करना : unless someone ~s that we have a holiday tomorrow, I shall go to school as usual जब तक कोई कल की छुट्टी^F की पुष्टि नहीं करता, मैं हमेशा की तरह स्कूल जाऊंगा; this incident ~s my previous opinion of his character यह घटना^F उसके चरित्र के बारे में मेरे पूर्व मत की पुष्टि^F करती है; this letter is to ≈ your dismissal यह पत्र तुम्हारी बरख़ास्तगी^F की पुष्टि के लिए है; I ~ed that there was nobody thereby looking in the room मैंने पुष्टि की कि कमरे में कोई नहीं देख रहा था; to ~ a treaty संधि^F की पुष्टि करना; will you please ~ this statement कृपया इस वक्तव्य की पुष्टि कीजिएगा; the news was ~ed समाचार की पुष्टि हो गई; please ~ it in writing कृपया लिखित पुष्टि^F करें. [*ant.* refute] **confirmation** कॉन्‌फ़र् मे'शन *n*^c. **1.** पुष्टिकरण : ~ of news, statement समाचार, कथन का ≈. **2.** पुष्टि^F, तसदीक^F : there is no ~ of the truth of the rumour इस अफ़वाह की सच्चाई^F के बारे में कोई ≈ नहीं है : I can come on Tuesday but I will send you ~ by post मैं मंगलवार को आ सकता हूँ लेकिन इसकी तसदीक मैं डाक^F द्वारा भेजूँगा; I cannot believe Jain's story without some ~ of it मैं बिना किसी तसदीक के जैन की कहानी^F पर विश्वास नहीं कर सकता. **confirmed** कन् फ़र्म्ड' *a.* पक्का [bachelor क्वारा, drunkard पियक्कड़].

confiscate कॉन्'फ़िस् केट *v.t.* ज़ब्त करना [property संपत्ति^F, rights अधिकार]; the student's radio was ~d छात्र का रेडियो ज़ब्त कर लिया गया.

conflict कॉन्'फ़िलक्ट **I.** *n*^c. **1.** द्वंद्व, संघर्ष : mental ~ मानसिक द्वन्द्व; internal ~ between right and wrong सही और गलत के बारे में आंतरिक द्वन्द्व; to come into ~ with smb किसी के साथ संघर्ष हो जाना. **2.** (opposition) विरोध : ~ between religion and science धर्म और विज्ञान में ≈; ~ between two accounts of the same happening एक ही घटना^F के दो विवरणों में ≈. **3.** खटपट^F, लड़ाई^F, झगड़ा : ~ between father and son पिता और पुत्र में ≈; in the ~ many soldiers on both sides were killed लड़ाई में दोनों तरफ़ के बहुत-से सिपाही मारे गये. **II.** *v.i.* **1.** में टक्कर होना : their interests ~ उनके हितों में टक्कर^F है; to ~ with someone's duties किसी के कर्तव्यों से टक्कर होना. **2.** विरोध संघर्ष होना : the two politicians ~ed with each other दोनों राजनीतिज्ञों में विरोध हो गया; their statements ~ उनके वक्तव्यों में विरोध है.

conform कन्फ़ॉर्म' *v.i.* मेल होना, अनुरूप होना : he ~ed himself **to** the society उसने स्वयं को समाज के अनुरूप बनाया; the two scientists stopped working together because their theories did not ~ दो वैज्ञानिकों ने साथ-साथ काम करना बंद कर दिया क्योंकि उनके सिद्धान्तों में मेल नहीं था; he ~s himself to the rules of religion उसने अपने को धार्मिक नियमों के अनुरूप ढाला है. [*as distinct from* confirm]

confront कन् फ्रन्ट' *v.t.* **1.** सामना करना, मुकाबला करना : to ~ an enemy शत्रु का≈; the police ~ed a burglar पुलिस^F ने एक सेंधमार से सामना किया; ~ a danger ख़तरे का सामना करो. **2.** सामने खड़ा करना; to ~ him with the proof of his guilt उसके अपराध का प्रमाण सामने लाना; to ~ a culprit with his accuser अपराधी को उसके अभियोक्ता के सामने लाना; to ~somebody with witness किसी के सामने गवाहों को लाना.

confuse कन् फ़्यूज' *v.t.* **1.** अस्त-व्यस्त कर देना, क्रम-भंग करना, अव्यवस्थित करना : he ~ed the arrangements by arriving late उसने विलम्ब से पहुँचकर व्यवस्था को अस्त-व्यस्त कर दिया. **2.** भ्रम में डालना, उलझाना, घबराना, गड़बड़ा देना : he completely ~d me by his questions उसने प्रश्न करते-करते मुझे भ्रम में डाल दिया (घबड़ा/गड़बड़ा दिया); to ~ a pupil by a too difficult problem छात्र को कठिन समस्या^{F} द्वारा उलझाना; I always ~ Sheela and her twin sister मैं हमेशा शीला और उसकी जुड़वीं बहन के बारे में भ्रम में पड़ जाता हूँ; if you give people too many instructions at once, you will ~ them यदि तुम लोगों को एक-साथ बहुत से निर्देश दे दोगे तो उन्हें भ्रम में डाल दोगे; do not ~ meakness with weakness नम्रता को भ्रम से कमज़ोरी न समझें; he is ~d वह भ्रम में पड़ा है.

confusion कन् फ़्यू'ज़न n^u. **1.** घबराहट^F, उलझन^F : the running horse threw the crowd into ~ दौड़ते घोड़े ने भीड़^{F} को ≈ में डाल दिया; people often do wrong in ~ लोग प्रायः घबराहट में गलती करते हैं. **2.** भ्रांति^{F} : there was ~ in my mind मेरे मन में ≈ थी. **3.** (disorder) अव्यवस्था^{F}, गड़बड़^{F} : ~ worse confounded पहले से भी अधिक ≈; the utensils in the kitchen lay in ~ रसोईघर में बर्तन अस्त-व्यस्त पड़े थे.

Cong. congress

congratulate कन् ग्रै'च्युलेट *v.t.* **1.** बधाई^F देना, मुबारकबाद^F देना : ~ heartily हार्दिक ≈; they ~d him **on** winning the prize उन्होंने उसे पुरस्कार जीतने पर बधाई दी; let me be first to ~ you मुझे पहले बधाई देने दो; she ~d him on passing the test उसके परीक्षा पास करने पर उसने बधाई दी; to ~ one by letter किसी को पत्र द्वारा≈; I ~d him on his birthday मैंने उसके जन्मदिन पर उसे बधाई दी. **2.** ~ oneself अपने को सौभाग्यशाली मानना; I ~ myself on coming out safe सही-सलामत निकल आने पर मैंने स्वयं को सौभाग्यशाली माना.

congratulation कङ्‌ग्रैच्यु ले'शन n^c. बधाई^F, मुबारकबाद^F [best शुभ, cordial हार्दिक]; ~s on the birthday of your baby तुम्हारे बच्चे के जन्मदिन पर ≈; I send you my warmest ~ मैं तुम्हें अपनी हार्दिक बधाई भेजता हूँ; accept my ~s on your wedding अपनी शादी पर मेरी शुभकामनाएँ^{F} स्वीकार करो; ~ on your recovery तुम्हारे स्वास्थ्यलाभ होने की मुबारकबाद.

congress कॉङ्'ग्रेस n^c. महासभा^{F}, कांग्रेस^F : American ~ अमरीकी संसद^F या कांग्रेस; Indian National ~ भारतीय राष्ट्रीय ≈, इंडियन नेशनल कांग्रेस; a ~ man कांग्रेसी; resolution before the ~ ≈ के सामने एक प्रस्ताव; he has been elected to the American ~ वह अमरीकी संसद के लिए चुना गया है.

conjunction कन् जङ्‌क्'शन n^c. **1.** मेल, योग : the ~ of planets ग्रहयोग, ग्रहों का मेल; in ~ with से मिलकर; they always work in ~ with others वे अन्य के मेल से काम करते हैं; these sections always work in ~ ये अनुभाग हमेशा मिलकर काम करते हैं. **2.** संगम : ~ of circumstances परिस्थितियों^{F} का ≈.

connect क नेक्ट' *v.t.* **1.** जोड़ना, मिलाना, मिला देना : the pipe to the tap पाइप को टोंटी^{F} से जोड़ो; we must have a wire to ~ the battery to the bell घंटी^{F} से बैटरी^{F} को जोड़ने के लिए हमें तार चाहिए; to ~ two towns by railway line रेल लाइन द्वारा दो शहरों को ≈; this road ~s the two farms यह सड़क^F दो फार्मों को मिलाती है. [*ant*. disconnect] **2**. संबंध होना/रखना : the events are not ~ed in any way घटनाएँ^{F} किसी प्रकार^F से संबंधित नहीं हैं; he is no longer ~ed with us now अब वह हमसे कोई संबंध नहीं रखता है; I have never been ~ed with immoral boys चरित्रहीन लड़कों से मैंने कभी संबंध नहीं रखा है. **connection** क नेक्'शन n^c. **1**. (relation) संबंध, रिश्ता, नाता [close नज़दीकी, direct सीधा, firm दृढ़, strong मज़बूत]; to have ~ with smb किसी से ≈ होना; in this ~ I have nothing to say इस संबंध में मुझे कुछ नहीं कहना है; to have business ~ with smb किसी से व्यापार-संबंध रखना; his ~ with the family is very slight परिवार से उसका ≈ बहुत हल्का-सा है; family ~s पारिवारिक ≈; my ~ with him began long ago उससे मेरा संबंध बहुत पहले शुरू हुआ था; I wish to talk to you **in ~ with** my daughter's marriage मैं आपसे अपनी लड़की^{F} के विवाह के बारे/संबंध में बात करना चाहता हूँ; to have no ~ between them उनके बीच में कोई संबंध नहीं होगा. **2**. (acquantance) परिचय; he has a lot of ~s with traders उसका व्यापारियों से बहुत ≈ है. **3**. जोड़ : ~ of pipes नलों का ≈. **4**. (other uses) as the local train was late, I missed the ~ to Jabalpur नगरीय गाड़ी^{F} में विलम्ब होने के कारण मैं जबलपुर की गाड़ी^{F} नहीं पकड़ सका.

conquer कॉङ्'कर *v.t.* विजय^F पाना, जीतना, मैदान मारना : to ~ obstacles अड़चनों^{F} पर विजय पाना; ~ an enemy शत्रु को जीतना; they vowed to fight and to ~ उन्होंने लड़कर जीतने का प्रण किया; you must ~ your ambitions तुम्हें अपनी आकांक्षाओं पर विजय पानी चाहिए; he resolved to ~ or to die उसने जीतने अथवा मरने का दृढ़ संकल्प किया; to ~ smb's heart किसी का दिल जीत लेना; to ~ a mountain top पर्वत की चोटी पर चढ़ने में सफल होना. [*ant*. surrender] **conqueror** कॉङ्'कॅरर n^c. विजेता, विजयी [formidable दुर्जेय, famous प्रसिद्ध, great महान, mighty शक्तिशाली, proud घमण्डी]; Alexander the great was a great ~ सिकन्दर महान् महान् ≈ था; William **I** who conquered the enemy at the battle of Hastings became known as William the ~ विलियम प्रथम जिसने हेस्टिंग्ज़ के युद्ध में शत्रु पर विजय^F पाई थी 'विलियम विजेता' के नाम से प्रसिद्ध हुआ. **conquest** कॉङ्'क्वेस्ट n^c. विजय^F, जीत^F [easy आसान, glorious शानदार, important महत्त्वपूर्ण]; the ~ of the province किसी प्रांत पर ≈; desire for ~ ≈ की इच्छा^{F}; to plot the ~ of a state किसी राज्य को जीतने का षड्यंत्र रचना; to make a ~ of somebody किसी का दिल जीत लेना. [*ant*. defeat]

conscience कॉन्'शन्स n^u. अंतःकरण, आत्मा^{F} [calm शांत, delicate कोमल, good/clear स्वच्छ, in different तटस्थ]; question of ~ ≈ का प्रश्न; the voice of ~ ≈ की आवाज़^{F}: to listen to the voice of one's ~ अपने ≈ की आवाज़^{F} सुनना; my ~ condemns मेरी अंतरात्मा मुझे कोसती है; you may do that with a good ~ तुम उसे स्वच्छ ≈ के साथ कर सकते हो; do nothing against your better judgement and ~ अपनी अच्छी धारणा^{F} और आत्मा^{F} के विरुद्ध कुछ मत करो; to make something a matter of one's ~ किसी बात^F को अंतरात्मा का प्रश्न बनाना; my ~ is clear मेरी अंतरात्मा स्वच्छ है; his ~ bothered him उसकी अंतरात्मा ने उसे परेशान किया; I did it to satisfy my ~ मैंने इसे अपनी ≈ को संतुष्ट करने के लिए किया; she had a bad ~ about the injured man घायल आदमी के प्रति उसका अंत :करण भ्रष्ट था; an evil deed pricks one's ~ afterwards दुष्कर्म किसी की ≈^{F} को बाद में चुभता रहता है. Δ ~ **money** अंतःकरण को तुष्ट करने के लिए लौटाई जाने वाली छिपाई या चुराई राशि^{F}. **conscientious** कॉन्शि ऍन्'शस n^c. ईमानदार, धर्मपरायण, विवेकशील : he is too ~ to neglect his duties वह इतना ≈ है कि अपने

कर्तव्य की उपेक्षा[F] नहीं कर सकता; a ~ worker एक ≈ कर्मी; a ~ person is one who works as hard as he can even though no one else is likely to know about it एक ≈ आदमी वह है जो उतना परिश्रम करता है जितना कर सकता है यद्यपि कोई इसके बारे में न जाने. [*cf*. conscious]

conscious कॉन्'शस *a*. **1**. अभिज्ञ, जानकार : he is ~ of his strength वह अपनी शक्ति से ≈ है; to be ~ of smb's innocence किसी के निर्दोषता से ≈ होना; I am not ~ of any guilt मैं किसी अपराध से ≈ नहीं हूँ; he was ~ that they were wrong वह जानता था कि वे गलती[F] पर थे; I was not ~of his presence मैं नहीं जानता था कि वह उपस्थित है.; to be ~ of his faults उसकी गलतियों[F] से ≈ होना (जानना); the leader was ~ of the fact that he had many enemies नेता इस तथ्य से अभिज्ञ था कि उसके बहुत से शत्रु हैं. **2**. सचेत, चेतन, होश में : the patient was ~ रोगी सचेत (होश में) था; the man was still ~ after the accident आदमी दुर्घटना[F] के बाद अभी होश में था; he became ~ वह होश में आया. [*cf*. conscientious] **consciousness** कान्'शसनेस n^u. **1**. चेतना[F], होश[F] : he lost his ~ उसने अपने होश खो दिए; he regained ~ उसे पुन: ≈ आ गई/वह फिर ≈ में आ गया; we lose ~ when we go to sleep जब हम सोते हैं तो होश खो देते हैं. **2**. बोध : class ~ जातिगत- ≈; moral ~ नैतिक ≈; his consciousness of urgency अत्यावश्यकता के बारे में उसका ≈.

consent कन् सेन्ट' **I**. n^u. सहमति[F], रज़ामंदी[F] : a universal ~ सार्वभौमिक ≈; to gain smb's ~ to marriage शादी[F] के लिए किसी की ≈ पाना; get your master's ~ अपने मालिक की ≈ प्राप्त करो; before Jack can marry Jill, he has to have her father's ~ इससे पहले कि जैक मेरी से शादी[F] करे उसे उसके पिता की ≈ प्राप्त करनी है; this was done by common ~ यह सबकी सहमति से किया गया था. [*ant*. refusal] **II**. *v.i*. राज़ी होना, सहमति देना [gladly प्रसन्नता से, readily खुशी-खुशी, willingly इच्छापूर्वक]; to ~ **to** a proposal किसी सुझाव पर ≈; will you ~ to your daughter's marriage to me ? क्या तुम मुझसे अपनी पुत्री की शादी[F] की सहमति दोगे ? he ~ed **to** go with him उसके साथ जाने को वह रज़ामंद हो गया; he refused to ~ to my going abroad उसने मेरे विदेश जाने को सहमति देने से इंकार कर दिया; I ~ed to sell the shares मैंने शेयरों को बेचने की मंजूरी[F] दे दी; she ~ed to help me वह मेरी सहायता[F] करने पर राज़ी हो गई. [*ant*. refuse]

consequence कॉन्'सिक्वन्स n^c. **1**. परिणाम, फल, नतीजा [inevitable अनिवार्य, serious गंभीर, terrible भयंकर]; Radha was sick as a ~ of eating too much cream राधा बहुत ज़्यादा क्रीम खाने के परिणामस्वरूप बीमार हो गई; failure is the ~ of laziness असफलता[F] सुस्ती का ≈ है; this decision will have important or serious ~s इस निर्णय के महत्वपूर्ण या गंभीर परिणाम होंगे; take the ~ अपने किए का फल पाओ; in ~ of hardwork परिश्रम के फलस्वरूप; he was turned out in ~ of his mischief उसे शरारत[F] के परिणामस्वरूप निकाल दिया गया. **2**. (importance) महत्व : a man of ~ महत्वपूर्ण व्यक्ति; a small error is of no ~ छोटी-सी गलती[F] का कोई ≈ नहीं है; it is of no ~ इसका कोई ≈ नहीं है; it is of much ~ यह बहुत महत्वपूर्ण है. **consequently** कॉन्सि'क्वेन् ट्लि *adv*. फलस्वरूप, फलत:, इसलिए, अत: : she did not explain it clearly, ~ I could not understand उसने इसे स्पष्ट रूप से व्याख्यायित नहीं किया, परिणामस्वरूप (इसलिए) मैं इसे समझ नहीं पाया.

conservative कन् सर्'व़टिव *a*. **1**. रूढ़िवादी, दकियानूसी : a ~ opinion ≈ मत; a ~ party अनुदार दल; a ~ politician दकियानूस राजनीतिज्ञ; ~ person ≈ व्यक्ति. [*ant*. liberal] **2**. (moderate) संतुलित : a ~ estimate मर्यादित या ≈ अनुमान; he tends to be ~ वह संतुलित होने का रुझान रखता है. **conservator** कॉन्'सर्वेटर n^c. संरक्षक; ~ of forests वन ≈; ~ of a museum संग्रहालय ≈. **conserve** कन् सर्व़' *v.t*. **1**. सुरक्षित रखना, बचाना : we must ~

the country's natural resources हमें देश के प्राकृतिक संसाधनों को सुरक्षित रखना चाहिए; we must ~ the nature of old monuments हमें पुराने स्मारकों के स्वरूप को बनाये रखना चाहिए; ~ your energy अपनी ऊर्जा[F] को बचा रखो; to ~ foreign exchange resources विदेशी मुद्रा संसाधनों को बचाये रखना. 2. मुरब्बा बनाना या डालना; to ~ fruit फल का ≈.

consider कन् सि'डर *v.t.* 1. विचार करना, सोचना [attentively ध्यान से, rightly ठीक से]; ~ how to do it विचार करो कि इसे कैसे किया जाय; we are ~ing going हम जाने का विचार कर रहे हैं; ~ carefully before doing anything कुछ करने के पहले सावधानी[F] से सोचो; let me ~ a little मुझे थोड़ा सोचने दो; his request was ~ed उसकी प्रार्थना[F] पर विचार किया गया; we must ~ ways and means हमें उपायों और साधनों के बारे में सोचना होगा. 2. का ध्यान रखना : ~ others in your actions अपने मामलों में दूसरों ≈; you must ~ other people's feelings तुम्हें दूसरे लोगों की भावनाओं[F] ≈ चाहिए. [*ant*. ignore] 3. मानना, समझना : he ~ed our comments उसने हमारी टिप्पणियों को माना; I ~ you very foolish मैं तुमको बहुत मूर्ख समझता हूँ : they ~ him unfit for that job वे उसे उस काम के लिए अयोग्य मानते हैं; you may ~ yourself lucky तुम अपने को भाग्यशाली समझो; ~ing the importance of this question इस प्रश्न के महत्व को समझते हुए; I ~ it my duty to tell you तुम्हें बताना मैं अपना कर्तव्य समझता हूँ; I do not ~ that he is the best person for the work मैं नहीं समझता कि इस काम के लिए वह सबसे अच्छा व्यक्ति है; I do not ~ that Mr. H would be a good administrator मैं नहीं समझता कि श्री ह एक अच्छे प्रशासक होंगे.

considerable कन् सि'डरॅबल *a.* 1. पर्याप्त, ख़ासा [doubt संदेह, hardwork परिश्रम/मेहनत[F], sum रकम[F]/राशि[F]]; it will take a ~ time यह बहुत समय लेगा; the number is ~ संख्या[F] पर्याप्त है; a man of ~ wealth बहुत धनी आदमी; to a ~ extent बहुत हद[F] तक; ~ business अच्छा-ख़ासा कारोबार. 2. विचारयोग्य, ध्यान देने योग्य, सोचने लायक : a ~ question ≈ प्रश्न.

considerate कन् सि'डॅरट *a.* 1. दूसरे का ध्यान या लिहाज़ रखने वाला : ~ act ≈ काम; he is always ~ वह हमेशा दूसरों का ख़्याल रखता है. 2. विचारशील : a ~ man always cares for others inconveniences एक ≈ व्यक्ति सदा दूसरों की असुविधाओं[F] का ध्यान रखता है. [*ant*. careless] **consideration** कन् सिडॅ रे'शन *n*[c]. 1. विचार : under ~ विचाराधीन; ~ motion विचारार्थ प्रस्ताव; before punishing the boy you should take into ~ his good लड़के को दण्डित करने से पहले उसकी भलाई[F] का ≈ करना चाहिए. 2. लिहाज़, मुलाहज़ा : for ~ I let him go ≈ के कारण मैंने उसे जाने दिया; he has no ~ for others वह दूसरों का ≈ नहीं करता; **to take into** ~ का ≈ रखना. 3. (esteem) सम्मान : he treats me with great ~ वह मुझसे बहुत सम्मानपूर्वक व्यवहार करता है; to show ~ to the eldermen बड़े लोगों का ≈ करना. 4. महत्व : in this affair money is of no ~ इस मामले में धन का कोई ≈ (सवाल) नहीं है. 5. प्रतिफल : he will do it for a ~ वह इसे ≈ के लिए करेगा; I gave him a prize in ~ of his services उसकी सेवाओं[F] के प्रतिफल-स्वरूप मैंने उसे इनाम दिया. 6. निमित्त, कारण : lack of money was the chief ~ धन की कमी मुख्य कारण था; he stayed at home out of ~ for his mother's illness वह अपनी माँ की बीमारी[F] के कारण घर पर रुका रहा; there were several ~s कई कारण थे.

consist कन् सिस्ट' *v.i.* 1. का/से बना होना : football team ~s of eleven players फुटबाल टीम[F] ग्यारह खिलाड़ियों से बनी होती है; a week ~s **of seven days** एक सप्ताह में सात दिन होते हैं; **water ~s of hydrogen and oxygen** पानी हाइड्रोजन और आक्सीजन से मिलकर बना होता है; **the delegation ~ed** *of* five people प्रतिनिधिमण्डल में पाँच लोग थे; the course ~ed of 30 lessons पाठ्यक्रम 30 पाठों का था; this house ~ed of four rooms इस मकान में चार कमरे थे.

2. to ~ **in** पर आधारित होना : true freedom ~s in absence of controls सच्ची आज़ादी नियंत्रणों के अभाव पर आधारित होती है.

consistency कन् सिस'टन्सि *n*^u^. संगति^F^, स्थिरता^F^ : your style lacks ~ तुम्हारी शैली में ≈ नहीं है. **consistent** कन् सिस्'टन्ट *a.* **1.** संगत, मेल खानेवाला : the second statement is not ~ with the first दूसरा वक्तव्य पहले से मेल नहीं खाता; the two accounts are not ~ दोनों खातों में मेल नहीं है. **2.** एक-सा, स्थिर : in politics he has been ~ throughout राजनीति^F^ में वह हमेशा ≈ रहा है. he has ~ style of writing उसकी लेखन-शैली^F^ स्थिर है. **3.** युक्तिसंगत : ~ in argument युक्तिसंगत तर्क; he was ~ in his attitudes उसका रुख युक्तिसंगत था.

console कन् सोल' *v.t.* सांत्वना^F^ या दिलासा देना : he ~d me in my sorrow उसने मुझे शोक में सांत्वना दी; nothing could ~ Urmil उर्मिल को कोई बात^F^ सांत्वना नहीं दे सकी; to ~ one for a loss किसी को नुकसान होने पर ≈; she could not ~ herself for her husband's sudden departure वह अपने पति के अचानक चले जाने पर अपने को सांत्वना न दे सकी; a gift to ~ him for his disappointment उसको निराशा^F^ में सांत्वना के लिए एक उपहार; she could not ~ the weeping child वह रोते बच्चे को दिलासा न दे सकी; ~ yourself with the thought that you do not have to work tomorrow स्वयं को यह विचार करके दिलासा दो कि तुम्हें कल काम नहीं करना है.

consonant कॉन्'सॅनन्ट **I.** *a.* संगत, अनुरूप : his behaviour is ~ with his character उसका व्यवहार उसके चरित्र के अनुरूप है; an act ~ with one's opinion किसी के मत के अनुरूप काम; actions ~ with one's principles किसी के सिद्धान्तों के अनुरूप कर्म. **II.** *n*^c^. व्यंजन : every letter of the English alphabet is ~ except the five vowels a, e, i, o, u पाँच स्वरों (a, e, i, o,u) के अतिरिक्त (अंग्रेजी) वर्णमाला का प्रत्येक अक्षर व्यंजन है.

conspicuous कन्स् पि'क्युअस *a.* **1.** स्पष्ट, सुस्पष्ट, सुप्रकट : he was ~ by his absence उसकी अनुपस्थिति^F^ ≈ थी; signboards should be ~ नामपट्ट ≈ होने चाहिए, **2.** (eminent) विशिष्ट, आकर्षक, नुमायां : she always makes herself ~ by wearing very colourful clothes वह स्वयं को हमेशा रंग-बिरंगे कपड़े पहनकर ≈ बनाती है; his red hat was very ~ in the meeting उसका लाल हैट सभा^F^ में ≈ था; John's house is very ~ because it is the only coloured one in the neighbourhood जॉन का मकान नुमायां (आकर्षण का केन्द्र) है क्योंकि पड़ोस में यह रंगा हुआ अकेला मकान है; a ~ mistake नुमायां गलती^F^.

conspiracy कन्स् पि'रॅसि *n*^c^. षड्यंत्र, साज़िश^F^, साठगाँठ [criminal आपराधिक, terrible भयंकर, vast बड़ी]; the government discovered the ~ in time सरकार^F^ ने समय से षड्यंत्र का पर्दाफ़ाश कर दिया; they were arrested for ~ वे षड्यंत्र के लिए पकड़े गये; ~ against government सरकार^F^ के विरुद्ध षड्यंत्र. **conspirator** कन्स् पि'रॅटर *n*^c^. षड्यंत्रकारी, साजिश^F^ करने वाला [eager उत्सुक, violent उग्र, zealous उत्साही]; the ~ was put to death षड्यंत्रकारी को मृत्युदण्ड दिया गया; the ~s met secretly under the bridge षड्यंत्रकारी चोरी-छिपे पुल के नीचे मिले; to offer a reward to any one who would seize a ~ जो भी षड्यंत्रकारी को पकड़े, उसे पुरस्कार देना.

conspire कन् स्पाइअर' *v.i.* **1.** षड्यंत्र करना, साज़िश^F^ करना : to ~ against के विरुद्ध ≈; two boys ~d to steal दो लड़कों ने चोरी^F^ करने की साज़िश् की; they ~d with terrorists to overthrow the government सरकार^F^ को उखाड़ फेंकने के लिए उन्होंने आतंकवादियों के साथ षड्यंत्र रचा. **2.** मिल जाना : events ~d to ruin him or make him rich घटनाएँ^F^ ऐसे मिलीं कि वह बरबाद या अमीर हो गया.

constable कन्'स्टॅबल *n*^c^. कान्स्टेबल, सिपाही : a police ~ सिपाही ≈; he has been promoted from ~ to head ~ वह

सिपाही से प्रधान ≈ के पद पर प्रोन्नत हुआ है; if you have been robbed tell the police constable यदि तुम लूटे गये हो तो ≈ को बताओ; a police ~ is sometimes called ~ simply पुलिस कांस्टेबल को कभी-कभी केवल कांस्टेबल कहा जाता है. **constabulary** कन् स्टै'ब्युलरि n^c. पुलिसदल : he joined the ~ वह ≈ में शामिल हो गया.

constant कॉन्स्'टन्ट *a.* **1.** (unchanging) स्थिर, पक्का : the force of gravity is ~ गुरुत्वाकर्षण का बल ≈ होता है; his driving speed was ~ उसकी चालन-गति[F] स्थिर थी; ~ temperature स्थिर तापमान : it must be kept at a ~ temperature इसे स्थिर तापमान पर रखा जाना चाहिए. **2.** (uninterrupted) निरन्तर, अविरत, सतत्, लगातार [argument बहस[F], complaint शिकायत[F], noise शोरगुल, quarrel झगड़ा]; ~ chatter लगातार बकवाद; ~ in his love of sports खेल का ≈ लगाव; there is ~ noise in this place इस स्थान में लगातार शोर रहता है. [*ant.* fickle] **constantly** कॉन्स्'टॅन्टलि *adv.* बराबर, लगातार, निरंतर : she was ~ interrupted उसे ≈ टोका गया; he is ~ late वह ≈ विलंब से आता है; I am ~ giving him good advice मैं उसे बराबर अच्छी सलाह[F] देता रहता हूँ; I ~ chased that cat off our garden मैंने बग़ीचे के बाहर तक बराबर उस बिल्ली का पीछा किया.

constipation कान्सटिपे'शन n^u. कब्ज़[F], मलावरोध : she suffers from ~ वह ≈ से पीड़ित है; he complains of ~ उसे ≈ की शिकायत[F] है.

constituency कन्स् टि'ट्युअन्सि n^c. (constituencies) निर्वाचन-क्षेत्र, चुनाव-इलाका : Amethi ~ covers a large part of Raibareli अमेठी निर्वाचन क्षेत्र में रायबरेली का बहुत-सा भाग सम्मिलित है; Bombay is the ~ of four members बम्बई चार सदस्यों का ≈ है.

constitute कान्'स्टिट्यूट *v.t.* **1.** नियत करना, नियुक्त करना : to ~ one's representative अपना प्रतिनिधि ≈; to ~ smb a judge किसी को न्यायाधीश ≈. **2.** गठित करना, स्थापित करना : the government ~d a commission सरकार[F] ने एक आयोग गठित/स्थापित किया; municipal body is ~d by the will of the people नगर सभा[F] लोगों की इच्छा से गठित/स्थापित की जाती है. **3.** बनाना : what ~s my fault मेरा दोष कैसे बनता है; seven days ~ a week सात दिन से एक हफ़्ता बनता है; to ~ a law कानून बनाना.

constitution कॉन्स् टि ट्यू'शन n^c. **1.** संविधान : republican ~ गणतंत्रीय ≈; to give a country a ~ देश को ≈ देना; the ~ was adopted ≈ स्वीकार किया गया; according to the ~ ≈ के अनुसार; the ~ of United States was written in 1787 संयुक्त राज्य अमेरिका का ≈ 1787 में लिखा गया था; the ~ of India came into force on the 26th Jan. 1950 भारत का ≈ 26 जनवरी, 1950 से लागू हुआ. **2.** गठन, संरचना[F] : he was responsible for the ~ of a new committee वह नई समिति[F] के ≈ के लिए ज़िम्मेदार था. **3.** (of body) शारीरिक ≈ : to have an excellent ~ बढ़िया शारीरिक गठन होना : the boast of a good ~ अच्छे शारीरिक गठन का घमंड करना. **constitutional** कॉन्स्टि ट्यू'शनल *a.* **1.** सांविधानिक, संवैधानिक : ~ **crisis** ≈ संकट; ~ form of government ≈ शासन; ~ law ≈ विधि[F]; ~ **monarchy** ≈ राजतंत्र; ~ privileges ≈ विशिष्ट अधिकार या विशेषाधिकार; this is not ~ यह ≈ नहीं है. **2.** संविधान सम्मत : ~ government ≈ शासन. **3.** सहज, स्वाभाविक : one's ~ weakness किसी की ≈ दुर्बलता[F]. [*ant.* un ~]

constrain कन् स्ट्रेन' *v.t.* बाध्य/मजबूर करना : to ~ smb to sign किसी को हस्ताक्षर करने पर ≈; I am ~ed to write this मैं यह लिखने के लिए बाध्य हूँ. **constraint** कन् स्ट्रेन्ट' n^{uc}. **1.** दबाव : to speak without ~ बिना ≈ के बोलना; to put a strong ~ upon smb किसी पर अधिक ≈ डालना. **2.** विवशता[F] : he agreed to go only under ~ वह मात्र विवश होकर जाने को सहमत हुआ. **3.** कैद[F], बंधन : to put smb under ~ किसी को कैद कर रखना; lawful ~ वैध ≈.

construct कन्स् ट्रक्ट' *v.t.* **1**. निर्माण करना, बनाना, तैयार करना [firmly दृढ़ता से, well ठीक से]; to ~ an aeroplane हवाई जहाज़ बनाना; they are trying to ~ a new super market near our house वे हमारे घर के समीप एक बड़ा बाज़ार बनाने की कोशिश^F में हैं; they are ~ing a bridge over that river वे उस नदी^{F} पर पुल बना रहे हैं. **2**. (math. or gram.) रचना^{F} करना : ~ a triangle inside the circle वृत्त के अंदर त्रिभुज की रचना करो; to ~ a simple sentence एक सरलवाक्य की ≈. [*ant*. destroy] **construction** कन्स ट्रक्'शन *n*^{u}. **1**. रचना^{F} : ~ of a sentence वाक्य की ≈ : ~ of a right angle समकोण की रचना^{F}; he finds the ~ of English sentences difficult उसे अंग्रेजी वाक्यों की ≈ कठिन लगती है. **2**. निर्माण : a building of peculiar ~ एक अजीब बनावट^F की इमारत^F; he is engaged in ~ job वह निर्माण कार्य में लगा है; the ~ of that factory will take several months उस कारख़ाने के निर्माण में कई महीने लगेंगे; the bridge is still under ~ पुल अब भी निर्माणाधीन है; the ~ of the house took a long time मकान के निर्माण में लम्बा समय लगा : the bridge is a strong ~ पुल एक मजबूत ≈ कार्य होता है. [*ant*. destruction] **constructive** कन्स् ट्रक'टिव़ *a*. रचनात्मक : ~suggestion रचनात्मक सुझाव : ~ work ≈ कार्य; ~ criticism tells you both what is wrong and also what to do about it ≈ आलोचना^{F} तुम्हें सिखाती है कि क्या गलत है और इसके बारे में क्या करना चाहिए, [*ant*. destructive]

consul कॉन्'सल *n*^{c}. कौंसल, वाणिज्यदूत : ~ general महावाणिज्य दूत; of USA in India भारत में संयुक्त राज्य अमेरिका का ≈. **consular** कॉन्'सुलर *a*. वाणिज्य-संबंधी, कौंसली : ~agent वाणिज्य दूतावास अधिकारी, कौंसली अभिकर्ता; ~ corps विदेशी व्यापार प्रतिनिधिगण, वाणिज्यदूत. **consulate** कॉन्'स्युलट *n*^{c}. वाणिज्य दूतावास, कौंसलावास, कौंसलेट : ~ of India भारत का ≈; ~general महावाणिज्य-दूतावास.

consult कन् सल्ट' *v.t.* **1**. सलाह^F लेना, परामर्श करना [hastily जल्दी से, separately अलग से]; ~ for a long time देर तक ≈; to ~ about resolution प्रस्ताव के बारे में ≈; to ~ with a person about smth किसी से किसी बात^F के बारे में ≈; he ~s a doctor वह डॉक्टर से सलाह लेता है; I shall have to ~ my father before I can say anything कुछ कहने से पहले मुझे पिताजी से पूछना होगा; he ~ed me about everything उसने हर बात^F के बारे में मुझसे सलाह^F ली. **2**. (other uses) : to ~ a dictionary शब्दकोश देखना; to ~ one's watch अपनी घड़ी मिलाना; to ~ somebody's feelings किसी की भावनाओं का ध्यान रखना. **consultation** कांसल् टे'शन *n*^{uc}. परामर्श, विचार-विमर्श, सलाह-मशविरा : how much does he charge for a ~ वह ≈ के लिए कितना पैसा लेता है; ~ of a doctor about a case किसी केस के बारे में डॉक्टर का परामर्श : to hold a ~ सलाह-मशविरा करना : in ~ with smb. किसी से सलाह-मशविरा करके. **consultative** कन् सल्'टेटिव़ *a*. परामर्शदाता, राय देने वाला, सलाहकार : a ~ committee परामर्शदात्री समिति^{F}.

consume कन् स्यूम' *v.t.* **1**. उपभोग करना : these hungry boys can ~ the whole bread ये भूखे लड़के पूरी ब्रेड^F का उपभोग कर सकते हैं; he ~ ed his provisions उसने अपनी खाद्यसामग्री का उपभोग कर डाला. **2**. (spend) खर्च करना : how much gas, coal do you ~ तुम कितनी गैस^F, कितना कोयला खर्च करते हो ? this consultation ~d two hours इस सलाह-मशविरे में दो घंटे खर्च हो गये या लग गये; he ~d all his money उसने अपना सारा पैसा खर्च कर दिया. **3**. (destroy) नष्ट करना : fire can ~ the whole forest आग^F पूरे जंगल को नष्ट कर सकती है; Illness ~s one's force बीमारी^{F} किसी के बल को नष्ट कर देती है. **4**. (waste away) क्षीण होना, घुलना (passive) : to be ~d with thirst प्यास से क्षीण होना. **5**. जलना, जलाना : fire ~s coal आग^F कोयले को जलाती है; flames can ~ a building आग की लपटें^{F} किसी इमारत^F को जला सकती हैं.

consumer कन् सयू'मर *n*^c. उपभोक्ता : ~ goods उपभोक्ता वस्तुएँ^F, आम इस्तेमाल की चीज़ें^F; ~ protection ≈ का संरक्षण; the ~ must be protected against the poor quality of goods उपभोक्ता का माल की गुणात्मकता^F की कमी से संरक्षण किया जाना चाहिए; electricity ~ विद्युत-उपभोक्ता; a producer is someone who makes smth and a ~ who buys it उत्पादक वह है जो कुछ बनाता है और उपभोक्ता वह जो इसे खरीदता है.

consumption कन् सम्प्'शन *n*^u. **1.** उपभोग, खपत^F : the ~ of coffee has increased काफ़ी^F की खपत^F बढ़ गई है; ~ of eatables खाद्यपदार्थों की खपत^F; last year's ~ was three crore tons पिछले साल तीन करोड़ की खपत हुई. **2.** (old use) क्षय, यक्ष्मा (disease): he was suffering from ~ उसे ≈ रोग था.

contact कॉन्'टैक्ट **I.** *n*^u. **1.** (physical) स्पर्श, संस्पर्श : Billy has measles and if you have been in her ~ you may have caught it बिली को छोटी माता^F है और यदि तुमने उसका ≈ किया है तो तुम्हें छोटी माता हो सकती है. **2.** *n*^c. (connection) संपर्क : immediate ~ सीधा ≈; I am in ~ with him मैं उसके ≈ में हूँ; you can ~ me on the telephone तुम मुझसे टेलीफोन पर ≈ कर सकते हो; to find a point of ~ ≈ बिन्दु पाना; avoid ~ with vulgar people गँवार लोगों से ≈ न रखना; her hands came into ~ with acid उसके हाथ तेज़ाब (एसिड) के ≈ में आये, उसके हाथों में तेज़ाब लग गया; do you keep in ~ with your old school friends? क्या तुम विद्यालय के पुराने मित्रों से ≈ रखते हो; I have lost ~ with my relatives मैंने रिश्तेदारों से संपर्क नहीं रखा है; **II.** *v.t.* मिलना : I could not ~ him on telephone वह मुझे टेलीफोन पर नहीं मिल सका.

ontagion कन् टे'जन *n*^u. **1.** छूत^F, संसर्ग : fear of ~ संसर्ग का भय; cholera spreads by ~ हैज़ा ≈ से फैलता है. **2.** (disease) संक्रामक रोग : the ~ is spreading ≈ फैल रहा है. **3.** (fig.) लहर^F : ~ of terror is spreading in the city भय की लहर नगर में फैल रही है.

contagious कन् टे'जस *a.* **1.** छुतहा, संक्रामक : ~ disease संक्रामक (या छूत का) रोग : ~ disease is one caught through contagion with someone who has the disease संक्रामक रोग वह है जो इस रोग से बीमार व्यक्ति से छूत द्वारा लग जाता है. **2.** (fig.) संक्रमणशील, संक्रामक : bad manners are ~ दुराचरण ≈ होता है; rumours are also ~ अफवाहें^F भी ≈ होती हैं.

contain कन् टेन' *v.t.* **1.** अंतर्विष्ट होना, अंतर्गत होना, में आना/होना : this bottle ~s nothing but water बोतल में पानी के अलावा कुछ नहीं है; the book ~s useful information किताब में उपयोगी जानकारी^F (अंतर्विष्ट) है; bowl ~s water कटोरे में पानी है; how much wine does a bottle ~ बोतल में कितनी शराब आती है? this phial ~s a strong poison इस शीशी^F में विष है? a pound ~s 16 ounces एक पौंड में सोलह औंस आते हैं. **2.** नियन्त्रित करना, दबाना : Jeevan could not ~ his anger जीवन अपने क्रोध को नियंत्रित नहीं कर सका; he could hardly ~ excitement वह मुश्किल से अपने जोश को नियंत्रित कर सका; they did not succeed in ~ing the epidemic वे महामारी^F को नियंत्रित करने में सफल नहीं रहे; this demand cannot be ~ed now अब इस माँग को दबाया नहीं जा सकता. **container** कन् टे'नर *n*^c. **1.** आधान, पात्र [empty ख़ाली, full भरा हुआ, heavy भारी]; you can buy special ~s for storing food खाद्यान्न रखने के लिए तुम विशेष ≈ खरीद सकते हो. **2.** (box) डिब्बा : they bring their school lunches in ~s वे स्कूल में दोपहर का भोजन डिब्बों में लाते हैं; oil ~s are loaded on trucks तेल के डिब्बे ट्रकों में लादे जाते हैं.

contaminate कन् टै'मिनेट *v.t.* **1.** दूषित करना : to ~ water जल (को) दूषित करना; to ~ character चरित्र को ≈; water is ~d by poisonous gas पानी विषैली गैस^F से दूषित होता है; the cook has typhoid she will ~ the food महराजिन^F को मियादी बुखार है वह भोजन को दूषित कर देगी; don't ~ milk with water दूध में पानी मिलाकर उसे दूषित मत करो; food is ~d by flies खाना मक्खियों^F द्वारा

दूषित होता है. **2.** (fig.) girls are being ~d by foreign fashion विदेशी फ़ैशनों से लड़कियों में बिगाड़ आ रहा है; sin ~s the soul पाप आत्मा में विकार ला देता है. **contaminated** कन् टै'मिनेटिड *a.* दूषित, भ्रष्ट, गंदा [air वायु^{F}, eatables सब्जियाँ^{F}, fruit फल, water जल]. **contamination** कन्टैमि ने'शन *n*^{c}. दूषण, विकार; ~ of river by waste कूड़े-करकट से नदी^{F} का दूषण.

contd. continued.

contemplate कॉन्'टम् प्लेट *v.t.* **1.** (meditate) ध्यान लगाना : to ~ anything is to think seriously about it किसी चीज़^{F} पर ध्यान लगाने का अर्थ है उस पर गंभीरता से सोच-विचार करना; when I ~ on God I feel calm जब मैं ईश्वर में ध्यान लगाता हूँ तो मुझे शांति^{F} मिलती है. **2.** (look) अवलोकन करना, ध्यान से देखना : to ~ a fact तथ्य का अवलोकन करना; she was ~ting the mountain scenery वह पर्वतीय दृश्यावली^{F} को ध्यान से देख रही थी. **3.** (consider) सोचना, विचार करना : I was ~ting having a holiday मैं छुट्टी^{F} लेने के लिए सोच रहा था; she ~d her future gloomingly वह सोच रही थी कि मेरा भविष्य अंधकारमय है. **4.** (intend) इरादा करना : to ~ to do smth कुछ करने का इरादा रखना; no change is ~d कोई परिवर्तन करने का विचार नहीं है; I ~ to go on a journey मैं यात्रा^{F} पर जाने का इरादा रखता हूँ. **contemplation** कॉन् टेम्प् ले'शन *n.* ध्यान : he spends two hour s in ~ वह ≈ में दो घंटे लगाता है; the Sadhu was lost in ~ साधु ≈ में लीन/मग्न हो गया.

contemporary कन् टेम्'पॅररि *a.* **1.** समकालीन : Kalidas was ~ with King Vikramaditya कालिदास राजा विक्रमादित्य का ≈ था; king Akbar and Queen Elizabeth were contemporaries बादशाह अकबर और महारानी^{F} एलिज़ाबेथ ≈ थे; Shakespeare's contemporaries include Marlowe and Jonson शैक्सपियर के समकालीनों में मार्लो और जानसन थे; old ladies detest ~ fashions बूढ़ी औरतें समकालीन फैशनों से घृणा^{F} करती हैं. **2.** (same age) समवयस्क : she was one of my ~ies at University वह विश्वविद्यालय में हमारे समवयस्कों में से थी; you and your two school friends are ~ies तुम और तुम्हारे दो स्कूली मित्र ≈ हैं. **3.** वर्तमानकालीन [art कला, fashion फ़ैशन, history इतिहास].

contempt कन् टेम्प्ट' *n*^{u}. **1.** तिरस्कार, अवज्ञा^{F} [profound भारी, unutterable अकथ्य, vivid स्पष्ट]; ~ of court न्यायालय की अवज्ञा^{F} या अवमानना^{F} : he was charged with ~ of court उसे न्यायालय की अवमानना के लिए अभियोजित किया गया; to see a person with a look of ~ ≈ की दृष्टि^{F} से किसी को देखना; I show ~ for smth because I despise it मैं किसी वस्तु^{F} का तिरस्कार करता हूँ क्योंकि मैं उससे घृणा करता हूँ; she replied with utter ~ उसने अत्यंत तिरस्कारपूर्वक उत्तर दिया. **2.** घृणा^{F} : to hold smb in ~ किसी से ≈ करना. **contemptible** कान् टेम्'टिबल *a.* घृणित, घृण्य [conduct आचरण, trick चालाकी^{F}]; [*cf.* contemptuous] **contemptuous** कॅन् टेम्'ट्यूअस *a.* **1.** तिरस्कारपूर्ण [behaviour व्यवहार, look दृष्टि^{F}]; she dismissed his advice with a ~ toss of her head उसने तिरस्कारपूर्वक सिर झटककर उसकी सलाह^{F} को नकार दिया. **2.** तिरस्कारकर्ता ~ fellow ≈ व्यक्ति. [*cf.* contemptible]

contend कन् टेन्ड' **I.** *v.i.* **1.** जूझना, लड़ना : to ~ with illness बीमारी^{F} से ≈; ~ing parties लड़नेवाले पक्ष; he is ~ing with problems of all kinds वह सभी प्रकार की समस्याओं से जूझ रहा है. **2.** विवाद करना, तर्क करना : you must not ~ in vain तुम्हें व्यर्थ में विवाद/तर्क नहीं करना चाहिए; do not ~ the elders for it dishonours them बड़ों से विवाद न करो क्योंकि इससे उनका अपमान होता है. **3.** *v.t.* दावा करना, कह देना : he ~s that your plant is still faulty वह दावा करता है कि तुम्हारा कारख़ाना अब भी दोषपूर्ण है; he ~s that his answer is right वह दावा करता है कि उसका उत्तर सही है. **4.** (compete) मुकाबला करना : to ~ with smb for control of smth किसी वस्तु^{F} पर नियंत्रण पाने के लिए किसी से ≈; to ~ with an enemy शत्रु का ≈.

content कन् टेन्ट' **I.** *n*^{c}. **1.** संतोष, संतुष्टि^{F} : she smiled with ~ वह ≈ के साथ मुस्कराई; you can lie in the sun to your heart's ~ तुम अपने हृदय की संतुष्टि^{F} तक धूप में लेट सकते हो. **2.** (usu. *pl.*) विषयवस्तु^{F} : the ~ of a story कहानी की ≈; to refer to the ~ of a letter पत्र की विषय-वस्तु बताना; the ~ of the chapter is read अध्याय की कथावस्तु पढ़ ली गई है. **3.** (amount) मात्रा^{F} : oranges have a high ~ of Vitamin 'C' संतरे में अधिक ≈ में विटामिन 'सी' होता है. **4.** (capacity) धारिता^{F} : the ~ of a cask पीपे की धारिता^{F}; the ~ of a box संदूक की ≈. **5.** (*pl.* ~s) विषयसूची^{F} : the ~ of book किताब^F की ≈; we discussed both the form and the ~s of the play हमने नाटक के रूप और विषय के बारे में चर्चा^{F} की. **II.** *v.t.* संतोष होना, संतुष्ट करना : to be ~ with what he has जो कुछ है उससे संतुष्ट होना; I shall try to ~ you मैं तुमको संतुष्ट करने का प्रयत्न करूँगा; nothing will ~ him किसी भी चीज^F से वह संतुष्ट न होगा; we are accostomed to ~ ourselves with a little हम थोड़े में ही संतुष्ट हो जाने के अभ्यस्त हैं; that baby will not be ~ed until he gets enough milk वह बच्चा पर्याप्त दूध पाये बिना संतुष्ट न होगा. **III.** (~ed also) *a.* संतुष्ट, राज़ी : to be ~ संतुष्ट होना; she looks very ~/~ed now अब वह बहुत ≈ जान पड़ती है; to be ~ with smth किसी चीज से ≈ हो जाना; a ~ed man gets success एक संतुष्ट आदमी सफलता^{F} पाता है; I am ~ to live here मैं यहाँ रहने में संतुष्ट हूँ. [*ant.* dis ~]

contention कन्टेन्'शन *n*^{c}. **1.** (dispute) झगड़ा, विवाद : a bone of ~ ≈ की जड़^{F}; there is no scope for ~ झगड़े की कोई गुंजाइश^F नहीं है. **2.** (claim) दावा : his ~ was found wrong उसका ≈ गलत पाया गया; my ~ is that it is all humbug मेरा दावा है कि यह सब ढकोसला है. **3.** आपत्ति^{F}, ऐतराज़ : his ~ was that the penalty was too heavy उसने आपत्ति^{F} की कि जुर्माना बहुत ही अधिक था; there is great ~ in the town over the idea of a new motor Act नये मोटर कानून पर शहर में काफी आपत्ति हो रही है.

contentment कन् टेन्ट'मन्ट *n*^{u}. संतोष : complete ~ पूर्ण ≈. Δ **~ is better than the riches** संतोष धन से अच्छा होता है. **~ is the best happiness** संतोष में बड़ी प्रसन्नता है.

contest कॉन्'टेस्ट **I.** *n*^{c}. **1.** (competition) प्रतियोगिता^{F}, मुकाबला [equal बराबर का, interesting मनोरंजक]; beauty ~ सौंदर्य-प्रतियोगिता^{F}; a close ~ बराबर का मुकाबला; sports ~ खेल प्रतियोगिता^{F}; the second international ~ was held in Delhi दूसरी अन्तर्राष्ट्रीय प्रतियोगिता दिल्ली में आयोजित की गयी. **2.** (dispute) विवाद, झगड़ा : to engage in a ~ झगड़े में पड़ना; a ~ developed during discussion चर्चा^{F} के दौरान ≈ उठ खड़ा हुआ; the English civil war was a ~ between King Charles and parliament अंग्रेजी गृह-युद्ध बादशाह चार्ल्स और संसद के बीच का ≈ था; to conquer or die in a ~ झगड़े में जीतना या मारा जाना. **II.** *v.t.i.* **1.** मुकाबला करना, लड़ना; to ~ with a person for a thing किसी चीज^F के लिए किसी व्यक्ति से लड़ना; he is ~ing the election next time वह अगली बार चुनाव लड़ रहा है. **2.** आपत्ति उठाना : to ~ a statement किसी बयान पर ≈. **3.** प्रतियोगिता में भाग लेना : to ~ in the competition प्रतियोगिता में भाग लेना; he is ~ing the game expecting to come first वह खेल प्रतियोगिता में प्रथम आने की आशा^{F} में भाग ले रहा है. **contestant** कॉन् टेस्'टन्ट *n*^{c}. प्रतियोगी : she is the youngest ~ in the swimming contest वह तैराकी प्रतियोगिता^{F} में सबसे छोटी प्रतियोगिनी है; both the ~s were equally contesting दोनों मुकाबले में बराबर-बराबर थे.

context कॉन्'टैक्स्ट *n*^{u}. प्रसंग, प्रकरण : you cannot understand that passage apart from its ~ तुम उस गद्यांश को बिना ≈ के नहीं समझ सकते; this couplet is from Tulsidas but I do not know the exact ~ यह दोहा तुलसीदास का है लेकिन मैं ठीक-ठीक प्रसंग नहीं जानता; in this ~ 'mad' means 'angry' इस प्रसंग में 'पागल' का अर्थ है 'क्रुद्ध'.

continent कॉन्'टिनन्ट **I.** *n*[c]. महाद्वीप [large बड़ा/विस्तृत, southern दक्षिणी]; ~ of Europe यूरोप ≈; the American ~ अमरीका ≈; the ~ of Asia lies to the east of the ~ of Europe एशिया ≈ यूरोप महाद्वीप के पूर्व में है; Greenland is not a ~ ग्रीनलैण्ड ≈ नहीं है. **II.** *a.* संयमी, जितेन्द्रिय : the old man is no longer ~ बूढ़ा आदमी अब ≈ नहीं रह गया है.

continual कन्[टि'न्यूअल *a.* (of bad things) लगातार, सतत : ~ interruptions ≈ बाधा[F]/रुकावट[F] : I have to face ~ interruptions throughout the day मुझे दिनभर लगातार बाधाओं[F] का सामना करना पड़ता है; state of ~ warfare ≈ युद्ध की स्थिति[F]; I hate his ~ misbehaviour मुझे उसकी ≈ अनाज्ञाकारिता[F] से घृणा[F] है. [*cf.* continuous; *ant.* fitful] **continuation** कन्टि न्यु ए'शन *n*[u]. **1.** क्रम, सिलसिला, लड़ी[F]; ~ of a story कहानी[F] का ≈. **2.** जारी रखना, चालू रखना : the ~ of his studies is now a problem उसकी पढ़ाई[F] जारी रहना अब एक समस्या है. **continue** कन् टि'न्यू *v.i.t.* **1.** जारी रखना, बनाये रखना; [regularly नियमित रूप से, steadily स्थिरता[F] से]; he ~d working उसने काम जारी रखा; I shall ~ shouting until you let me out of this room जब तक तुम मुझे इस कमरे से बाहर नहीं जाने देते, मैं चिल्लाता रहूँगा; meeting ~d सभा[F] चलती रही; he ~d to hope उसने आशा[F] बनाये रखी; discussion ~d चर्चा[F] चलती रही; the children ~ playing in spite of rain बच्चों ने बारिश[F] के बावजूद खेलना जारी रखा; this story ~s on page 23 यह कहानी[F] पृष्ठ 23 पर जारी है; to ~ doing smth कुछ करते रहना. **2.** दुबारा प्रारंभ करना : he will ~ his present job after vacation छुट्टियों के बाद वह वर्तमान काम को पुनः प्रारंभ करेगा; the noise ~d in the house next time मकान में शोरगुल अगली बार फिर प्रारंभ हो गया; he ~d writing after dinner खाना खाने के बाद उसने फिर लिखना आरंभ कर दिया. [*ant.* cease, dis ~] **continuity** कॉन्टि न्यू'इटि *n*[u]. **1.** निरंतरता[F], अविच्छिन्नता[F] : irrelevant episodes destroy the ~ in the main story असंगत कथांश मुख्य कथा[F] की ≈ को नष्ट कर देते हैं; there should be some ~ in tradition परंपरा में कुछ ≈ होनी ही चाहिए. **2.** क्रम : to break the ~ ≈ क्रम भंग करना. **continuous** कन् टि'न्युअस *a.* अविराम, अनवरत, लगातार, निरंतर : ~ rain ≈ वर्षा[F]; hope for ~ happiness सतत सुख/प्रसन्नता[F] की आशा[F]; a ~ series सतत शृंखला[F]; ~ performance अनवरत प्रदर्शन. [*cf.* continual; *ant.* broken]

contraband कॉन्'ट्रॅबैन्ड *n*[u]. निषिद्ध व्यापार, चोरी[F] या तस्करी[F] का माल : a ~ of war युद्धरत देश को भेजा जाने वाला निषिद्ध माल. *a.* निषिद्ध, वर्जित : ~ goods ≈ माल, चोरी[F] से लाया गया माल : the custom officers seized the ~ goods सीमाशुल्क अधिकारियों ने ≈ माल पकड़ा; business in smuggled and ~ goods तस्करी और ≈ वस्तुओं का व्यापार.

contract कॉन्'ट्रैक्ट **I.** *n*[c]. **1.** ठेका : the firm won a ~ for government buildings कंपनी ने सरकारी इमारतों[F] का ≈ प्राप्त किया; the government does most of its constructive work on ~ सरकार[F] अपना अधिकांश निर्माण कार्य ठेके पर करवाती है. **2.** (agreement) अनुबंध, संविदा[F] [lawful कानूनी/वैधानिक, mutual आपसी, simple साधारण]; to engage smb bound by ~ ≈ द्वारा बाध्य किसी को काम पर लगाना; to sign a ~ ≈ पर हस्ताक्षर करना; to enter into a ~ ≈ करना; he has four years' ~ with the company उसका कंपनी से चार वर्ष का अनुबंध है; a marriage ~ शादी[F] की संविदा[F]; the clause of a ~ ≈ की धारा[F]; to break the ~ ≈ भंग करना. **II.** *v.t.i.* **1.** *v.i.* ठेका लेना : he ~ed to work on the bridge उसने पुल पर काम करने का ठेका लिया. **2.** संविदा[F] करना : to ~ with smb for axchange of rights and duties अधिकार और कर्तव्यों के आदान-प्रदान के लिए किसी से ≈. **3.** सिकुड़ना, सिकोड़ना, संकुचित होना : most things expand when they are heated and ~ again on cooling बहुत-सी चीज़ें[F] गर्म करने पर फैलती हैं और ठंडी होने पर पुनः सिकुड़ती हैं. **3.** में पड़ना : to ~ an illness

बीमार पड़ना; to ~ a habit आदत[F] पड़ जाना; to ~ a doubt शंका ≈. **4.** (other uses) to ~ friendship दोस्ती[F] कर लेना; to ~ marriage विवाह करना; to ~ debt ऋणग्रस्त होना. **contractor** कन् ट्रैक्'टर *n*[c]. ठेकेदार, संविदाकार [honest ईमानदार, rich धनी, successful सफल]; ~ of military supplies सैनिक आपूर्ति ≈; building ~ निर्माण संविदाकार, भवन बनाने का ठेकेदार.

contradict कॉन् ट्रॅ डिक्ट' *v.t.* खंडन करना, प्रतिवाद करना [always हमेशा, boldly साहसपूर्वक, impudently धृष्टता[F] से, modestly नम्रतापूर्वक]; do not ~ me मेरी बात[F] का खंडन मत करो; I hate being ~ed मुझे खंडन किए जाने से घृणा होती है; to ~ a remark किसी टिप्पण का ≈; when I said that it was too late he ~ed me जब मैंने कहा कि अत्यधिक विलंब हो गया है तो उसने मेरा प्रतिवाद किया; these newspapers ~ each other ये समाचार-पत्र एक-दूसरे का खंडन करते हैं; his second statement ~s the first उसका दूसरा वक्तव्य पहले का प्रतिवाद करता है; it is unwise for children to ~ their elders बड़ों का प्रतिवाद करना बच्चों की समझदारी[F] नहीं है. [*ant.* confirm] **contradiction** कॉन् टॅ डिक्'शन *a.* खंडन, प्रतिवाद : ~ of statement, rumour, fact किसी कथन, अफ़वाह[F] तथ्य का ≈. **contradictory** कॉन्ट्र डिक्'टॅरि *a.* परस्पर विरोधी : news in this paper is ~ to the one on the radio इस पत्र के समाचार और रेडियो समाचार ≈ हैं.

contrary कॉन्'ट्रॅरि **I.** *a.* **1.** विरुद्ध, विरोधी, विपरीत [direction दिशा[F], news समाचार, order आदेश]; ~ winds विरोधी हवाएँ[F]; he cannot prove his ~ statements for he is nervous वह परस्परविरोधी कथनों को सिद्ध नहीं कर सकता क्योंकि वह घबराया है; it was ~ to my nature यह मेरे स्वभाव के विपरीत था; ~ to this इसके ≈. **2.** (of persons) हठीला : his ~ view may harm him उसका ≈ विचार उसका नुकसान कर सकता है; my friend is too ~ to accept it मेरा मित्र इतना ≈ है कि इसे स्वीकार नहीं करेगा. **II.** *n*[c]. (the ~) विपरीत, उल्टा : **on the** ~ दूसरी ओर/इसके विपरीत : to do the ~ of what ~ one is told to do जो बताया गया है उससे ≈ करना; **to the** ~ के प्रतिकूल : I have nothing to say to the ~ मुझे इसके विपरीत कुछ नहीं कहना है; it may be true that there is no evidence to the ~ यह सही हो सकता है कि कोई प्रतिफल साक्ष्य नहीं है; this is ~ to what I said before जो मैंने पहले कहा था यह उसके ≈ है. (*pl.*) by contraries आशा के विरुद्ध : the affair seems to go by contraries मामला आशा के विरुद्ध जाता दिखाई देता है.

contrast कॉन्'ट्रास्ट **I.** *n*[c]. **1.** विषमता[F], विरोध, भेद [complete पूर्ण, sharp भारी, striking ध्यानाकर्षक]; ~ between two things दो वस्तुओं में ≈; the ~ between these buildings is very clear इन दो इमारतों में भिन्नता[F] स्पष्ट है; a ~ between two sisters दो बहनों में भिन्नता[F]; he is a complete ~ to his brother वह अपने भाई से पूरी तरह[F] भिन्न है; the ~ between the light and the shade प्रकाश और छाया में भेद. **2.** तुलना[F] : in ~ with/to की ≈ में : in ~ with/to Yash Naresh is a clever person यश की ≈ में नरेश होशियार आदमी है. **II.** *v.i.t.* **1.** तुलना[F] करना : to ~ two things दो वस्तुओं में ≈; to ~ finally with अंतिम ≈. **2.** भिन्नता होना, भेद होना [strongly बिल्कुल, well अच्छा]; your big house ~s with my small cottage तुम्हारा बड़ा मकान मेरी छोटी कुटिया[F] से भिन्न है; his words ~ with his actions उसकी कथनी[F] और करनी[F] में वैषम्य है.

contribute कन् ट्रि'ब्यूट *v.t.i.* **1.** अंशदान करना : have you ~d **to** this charity क्या तुमने इस धमार्थ के लिए चंदा दिया है; we must ~ literally **to** the famine relief fund हमें उदारता[F] से अकाल राहत निधि[F] में अंशदान करना चाहिए. **2.** मदद[F] देना, सहायता[F] देना, सहायक होना : his hard work ~d **to** his success उसका परिश्रम उसकी सफलता में सहायक हुआ; fresh air ~ to health ताज़ा हवा[F] स्वास्थ्य में सहायक होती है. **3.** शामिल होना, शिरकत[F] करना : I ~d to the picnic because of good weather अच्छा मौसम होने से मैंने पिकनिक में शिरकत की (मैं शामिल

हुआ). **4.** लेख लिखना : I have been ~ing to this magazine for several years मैं इस पत्रिका[F] के लिए कई वर्षों से लेख लिख रहा हूँ.

contribution कॉन्ट्रि ब्यु'शन *n*[c]. **1.** चंदा, अंशदान, [annual वार्षिक, considerable समुचित, heavy भारी]; I give some ~ to Arya Samaj मैं आर्य समाज को कुछ ≈ देता हूँ to levy a ~ *from* a company किसी कंपनी से ≈ लेना; to fix a ~ to any orphanage किसी अनाथालय को देने के लिए ≈ निश्चित करना. **2.** सहयोग, योगदान : the ~ of physical services श्रम का ≈; his ~ to Hindi leterature was very great हिन्दी साहित्य में उसका महान योगदान था. **3.** लेख : his ~ for the paper is often praiseworthy समाचार-पत्र में उसका ≈ प्राय: प्रशंसनीय होता है. **contributor** कॉन् ट्रि'ब्युटर *n*[c]. **1.** अंशदाता, चंदा देने वाला [liberal उदार, regular नियमबद्ध]. **2.** पत्रिका के लिए लेख लिखने वाला : ~ of poems कविताएँ लिखकर भेजने वाला.

control कन् ट्रोल' **I.** *n*[uc]. **1.** नियंत्रण, काबू, अंकुश [full पूर्ण, relaxed ढीला, remote दूरस्थ]; lose ~ ≈ खोना; ~ room नियंत्रणकक्ष; circumstances **beyond my ~** prevented me from writing earlier परिस्थितियाँ मेरे नियंत्रण के बाहर होने से मुझे पहले लिखने में रुकावट रही; he/she has no ~ over that boy उस लड़के पर उसका कोई ≈ नहीं है; the situation is **under ~** स्थिति[F] नियंत्रण में है : to get **out of ~** ≈ काबू से बाहर हो जाना. **2.** अधिकार, शासन, संचालन [direct सीधा, established व्यवस्थित, poor कमजोर]; railways are under the ~ of the ministry रेलवे मंत्रालय के ≈ में है; he has ~ over all the decisions in that section अनुभाग में सभी निर्णयों पर उसका ≈ है. **II.** *v.t.* **1.** अंकुश लगाना, नियंत्रण या नियंत्रित करना : he could not ~ his temper वह अपने क्रोध पर नियंत्रण न कर सका; to ~ one's spending खर्च पर नियंत्रण पाना; ~ your rage क्रोध पर अपना अंकुश रखो; the government is ~ing prices सरकार कीमतों[F] पर नियंत्रण रख रही है. **2.** संयम करना, संयम में रखना, काबू पाना, नियमन करना : ~yourself स्वयं पर संयम रखो. **3.** संचालन करना, शासन करना : the captain ~ the whole ship कप्तान पूरे जहाज़/पोत का संचालन करता है.

controversial कॉन्ट्रॅ व़र्'शल *a.* **1.** विवादास्पद [affair मामला, article लेख, decision निर्णय, subject विषय]; his new statement is very ~ उसका नया वक्तव्य बहुत ≈ है. **2.** विवादी [person व्यक्ति, Politician राजनीतिज्ञ]; **controversy** कन् ट्रॉ'व़र्सि *n*[u]. मतभेद, विवाद [ardent ज़ोरदार/प्रचंड, exciting उत्तेजक, long लंबा, religious धार्मिक, scientific वैज्ञानिक]; a point of ~ ≈ बिन्दु; there was much ~ before the family agreed to my suggestion मेरे सुझावों पर सहमत होने से पहले परिवार में बहुत ≈ रहा; we can settle this without ~ हम इसे बिना ≈ के तय कर सकते हैं; his decision to marry a girl of Dalit class gave rise to much ~ दलित जाति की लड़की से शादी[F] करने के उसके निर्णय से बहुत बड़ा ≈ खड़ा हो गया; the ~ over the promotion of a lecturer lasted for several weeks किसी व्याख्याता की प्रोन्नति[F] पर उठा ≈ कई सप्ताह तक चला.

convenience कन् वी'न्यन्स **I.** *n*[u]. **1.** सुविधा[F] : it is a great ~ to have a bathroom एक स्नानागार होना बहुत बड़ी ≈ है; we have got a lift in our house for the ~ of our guests अपने मेहमानों की ≈ के लिए हमारे मकान में लिफ़्ट है; I hope that this arrangement will suit your ~ मैं आशा[F] करता हूँ कि यह व्यवस्था[F] तुम्हारी ≈ के अनुकूल होगी; it is a ~ to live near the school विद्यालय के निकट रहना एक ≈ है; please clean the motor-car at your ~ कृपया अपनी ≈ के अनुसार कार[F] को साफ करें; the office will remain open on Sunday for the ~ of tax payers करदाताओं की ≈ के लिए कार्यालय रविवार को खुला रहेगा; he thinks only of his own ~s वह केवल अपनी ≈ का ध्यान रखता है. **2.** *n*[c]. (of articles) सुविधाएँ[F] : this flat has all the up-to-date ~s इस फ़्लैट में सब अद्यतन ≈ हैं. [*ant.* in ~] **convenient** कन् व़ी'न्यन्ट *a.*

सुविधाजनक [hour घंटा/समय, place स्थान, rooms कमरे, time समय]; it is very ~ to have electric light in the rooms कमरों में विद्युत-प्रकाश होना बहुत ≈ है; if it is ~ for/to you, I will come to see you यदि यह आपके लिए ≈ हो तो मैं आपसे मिलने आऊंगा; it will be very ~ to go there वहाँ जाना बहुत ≈ होगा. [*ant.* in~] (other meanings) this house is ~ for children's school बच्चों के स्कूल के लिए यह मकान सुविधापूर्ण है (यह मकान बच्चों के स्कूल के पास है); keep this in a ~ place इसे किसी सुविधापूर्ण स्थान पर रखो; it is not ~ for you to see Dad now because he is having bath तुम्हें अभी डैड से मिलना आसान नहीं होगा क्योंकि वे स्नान कर रहे हैं; please make it ~ to come to our office कृपया हमारे कार्यालय आने का कष्ट करें.

convention कन् वेन्'शन n^c. **1.** समझौता, करार, संधि^{F} : a businessman's ~ एक व्यापारी का करार; ~ with various nations is the essential part of our national foreign policy विभिन्न राष्ट्रों से ≈ (रखना) हमारी राष्ट्रीय विदेशनीति^{F} का मुख्य अंग है; the two countries signed the ~ दोनों देशों में ≈ पर हस्ताक्षर किए. **2.** सम्मेलन : ~ of specialists विशेषज्ञों का ≈; ~ of a political party किसी राजनैतिक दल का ≈; ~ of delegates of various countries विभिन्न देशों के प्रतिनिधियों का ≈; national ~ राष्ट्रीय ≈. **3.** रिवाज, चलन : shaking of hands while meeting people is a normal ~in many countries बहुत-से देशों में लोगों से मिलने पर हाथ मिलाना एक सामान्य ≈ है; you must observe local ~s when visiting a foreign country विदेश जाने पर तुम्हें वहाँ के स्थानीय ≈ करने चाहिए.

conventional कॉन् वे़न्'शॅनल *a.* रूढ़िगत, पारम्परिक, परंपरागत : ~ customs रूढ़िगत रिवाज; ~ weapons पारंपरिक अस्त्र-शस्त्र, आम हथियार; I do not like his ~ opinions मैं उसके ≈ मतों को पसंद नहीं करता.

conversation कॉन् व़र् से'शन n^c. बातचीत^F, वार्तालाप [amusing मनोरंजक, interesting दिलचस्प, private व्यक्तिगत, serious गंभीर]; to hold a~ ≈ करना; topic of ~ ≈ का विषय; to have a ~ with smb किसी से ≈ करना; to gain the advantage of five minutes ~ पांच मिनट के ≈ का लाभ लेना; I have had two ~s with him over the telephone टेलीफ़ोन पर उससे मेरी दो बार ≈ हो चुकी है; we enjoyed the ~ हमने ≈ का आनंद लिया; they were deep in ~ वे ≈ में मग्न थे; we had a long ~ till late into the night हम लोगों की देर रात तक लंबी ≈ हुई.

conversion कन् व़र्'शन n^c. परिवर्तन : his ~ to Christianity ईसाई मत में उसका ≈; ~ of religion धर्म ≈; ~ of a cinema house into flats किसी सिनेमाघर को बदलकर फ़्लैट बनाना. **1. convert** कन् व़र्ट' *v.t.* **1.** परिवर्तन करना, बदलना : I ~ed him to liberalism मैंने उसके विचार उदारवाद में बदल दिये; to ~ liquid into gas द्रव को गैस में बदलना; he ~ed his house into flat उसने अपने मकान को बदलकर फ्लैट बना दिये; in Bombay they ~ their sofas into beds बम्बई में लोग सोफ़ों को बदलकर पलंग बना लेते हैं. **2.** धर्म परिवर्तन करना : to ~ somebody to Islam किसी का धर्मपरिवर्तन करके मुस्लिम बनाना; Ambedkar was ~ed to Buddhism अम्बेदकर का बौद्ध-धर्म में परिवर्तन हुआ. **3.** मत परिवर्तन करना : I'll ~ Mr. L to our party मैं श्री ल का मत परिवर्तन करके उन्हें अपने दल में ले आऊंगा.

convey कन् वे़' *v.t.* **1.** ले जाना, ढोना, पहुँचाना : to ~ goods by boat or rail माल को नाव^F अथवा रेल^F द्वारा ≈; tramways or omnibus will ~ you from this square to the station ट्रामगाड़ी^{F} या बस^F तुम्हें इस चौराहे से स्टेशन तक पहुँचा देगी. **2.** बताना, व्यक्त करना : ~ my regards to your brother अपने भाई को मेरा प्रणाम कहना; this book ~s his ideas rather well यह पुस्तक^F उसके विचारों को अपेक्षाकृत अच्छे ढंग से व्यक्त करती है; I could not ~ my feelings in words मैं अपनी भावनाएँ^{F} शब्दों में न व्यक्त कर सका; this sentence ~s no meaning यह वाक्य कोई अर्थ व्यक्त नहीं करता. **3.** (law) हस्तांतरित करना, सौंपना : he ~ed his property to his son उसने अपनी संपत्ति[F] अपने पुत्र को हस्तांतरित कर दी/सौंप दी. **conveyance** कन्‌वे'अन्स *n*[c]. **1.** (vehicle) सवारी[F], वाहन : can I get some ~ from this place to the bus station क्या मुझे यहाँ से बस स्टेशन तक की कोई सवारी मिलेगी. **2.** *n*[u]. (transference) हस्तांतरण (पत्र) : ~ of property संपत्ति का ≈.

convict कन्‌ विक्ट' **I.** *v.t.* दोषी ठहराना : to ~ someone **of** forgery किसी को जालसाजी[F] के लिए ≈; he was ~ed **of** this crime उसे इस अपराध के लिए दोषी ठहराया गया; the jury ~ed him ज्युरी ने उसे दोषी सिद्ध किया; she stood ~ed वह दोषी सिद्ध हो गयी; you own statement is enough to ~ you तुम्हारा अपना बयान दोषी ठहराने को काफी है. [*ant.* acquit] **II.** *n*[c]. (prisoner) अपराधी, मुजरिम : the ~ escaped from the jail ≈ जेल से भाग गया; an escaped ~ भागा हुआ ≈. **conviction** कन्‌ विक्‌'शन *n*[c]. **1.** (belief) दृढ़ विश्वास, धारणा[F] : my ~ is that ..... मेरी धारणा है कि...; she said it with complete ~ उसने यह पूर्ण/दृढ़ विश्वास से कहा. **2.** दोष-सिद्धि[F] : he has had two ~ उसे दो बार दोषी पाया जा चुका है; ~ of an accused अभियुक्त/मुलज़िम की ≈. [*ant.* acquittal]

convince कन्‌ विन्स्' *v.t.* मनवाना, विश्वास कराना [fully पूरी तरह, duly विधिवत्, immediately तुरंत]; to be ~d **of** one's innocence किसी की निर्दोषता पर विश्वस्त होना; to ~ the judge and the jury जज और ज्युरी को विश्वास दिलाना; have I ~d you that the bicycle is too dear क्या मैंने तुम्हें विश्वास करा दिया है कि साइकिल बहुत महँगी है ? she was ~d that the book was mine उसे विश्वास कराया गया कि पुस्तक[F] मेरी है; I am ~d that she is dead मेरा विश्वास है कि वह मर गई है; he was still not ~d वह अब भी विश्वस्त नहीं था. **convincing** कन्‌ विन्'सिङ्ग *a.* **1.** निश्चायक, मानने लायक [evidence साक्ष्य, proof प्रमाण, speech भाषण]; your arguments are not ~ तुम्हारे तर्क ≈ नहीं हैं. **2.** (person) ~ speaker = विश्वस्त करने वाला वक्ता.

convocation कॉन्‌वॅ के'शन *n*[c]. दीक्षान्त समारोह : ~ address दीक्षांत भाषण, उपाधिदान या पदवीदान के अवसर पर दिया गया भाषण; ~ of Allahabad University was not held for years इलाहाबाद विश्वविद्यालय का ≈ वर्षों नहीं हुआ.

convoy कॉन्‌'व्राइ *n*[c]. **1.** संरक्षण : under ~ ≈ में : to sail under ~ जहाज़ी बेड़े के ≈ में जहाज़ चलाना. **2.** रक्षक दल : an army ~ फौजी ≈; a police ~ पुलिस ≈; we travelled in a ~ हमने एक ≈ बनाकर यात्रा[F] की.

cook कुक **I.** *v.t.i* पकाना, भोजन बनाना : to ~ one's dinner अपना भोजन ≈; to ~ rice and pulse चावल और दाल[F] पकाना; none of us can cook हम लोगों में कोई भोजन नहीं बना सकता; she ~ed a meal for them उसने उनके लिए भोजन बनाया; your vegetables are ~ed तुम्हारी सब्जियाँ पक गयी हैं. **II.** *v.i.* पकना : this kind of rice ~s more quickly than that इस प्रकार का चावल उसकी अपेक्षा जल्दी पकता है. Δ **~ up** गढ़ना : I ~ed up a story मैने एक कहानी[F] गढ़ ली; **to ~ accounts** झूठा हिसाब-किताब बनाना; **to ~ smb's goose** किसी का काम बिगाड़ना : you have ~ed my goose तुमने मेरा काम बिगाड़ दिया है. **II.** *n*[c]. रसोइया, बावरची [clever होशियार, careless लापरवाह] : female ~ महराजिन, स्त्री ≈; he was employed as a cook at the mayor's house मेयर के घर में वह रसोइये के रूप में नियुक्त था; Mary is such a bad ~ that she cannot ~ even an egg मैरी इतनी ख़राब महराजिन है कि वह अंडे तक नहीं पका सकती. Δ **too many ~s spoil the broth** दो मुल्लाओं में मुर्गी हराम. **cooker** कु'कर *n*[c]. कुकर : she has an electric ~ but she prefers a gas one उसके पास बिजली[F] वाला ≈ है लेकिन वह गैस वाला पसंद करती है. **cookery** कु'करि *n*[u]. **1.** पाक-विधि[F], पाक-कला[F] : she was taught ~ at school उसने विद्यालय में ≈ सीखी थी. **2.** पाकशास्त्र : ~classes ≈ की कक्षाएँ[F]; in ~ lessons girls learn how to cook पाकशास्त्र के पाठों में लड़कियाँ सीखती हैं कि भोजन कैसे पकाया जाय; ~ book पाक-विधि सिखाने की पुस्तक[F].

cool कूल' **I.** *a.* (cooler, coolest) **1.** शीतल, हल्का ठंडा [day दिन, evening शाम^F, place स्थान, wind हवा^F]; I feel ~er here मुझे यहाँ कुछ हल्की ठंड^F लगती है; it was ~ in the shade छाया^F में हल्की ठंड^F थी; it is the ~est place in the city शहर में यह सबसे ठंडा स्थान है. **2.** (composed) शांत, धैर्यवान् : a ~ player ≈ खिलाड़ी; he looked ~ after the meeting वह बैठक^F के बाद शांत दिखाई पड़ा; **keep** ~ शांत रहिए; ~ **headed** शांत स्वभाव (person व्यक्ति); she is always ~ in the crisis वह संकट की स्थिति^F में शांत रहती है. **3.** रुखा : ~ reception ≈ स्वागत; he was very cool towards his wife वह अपनी पत्नी के प्रति बहुत रुखा था. **4.** उत्साह-रहित : he was ~ towards my resolution वह मेरे प्रस्ताव के प्रति ≈ था. [*ant.* warm] **II.** *v.t.* **1.** ठंडा होना : drink the tea before it cools चाय ठंडी होने से पहले पी लो; the custard will ~ quickly in the fridge. फिरनी^F फ्रिज (प्रशीतक) में जल्दी ठंडी होगी; do not let the meal ~ (down) भोजन ठंडा न होने दीजिए; she ~ed her feet in the Ganga उसने गंगा में अपने पैर ठंडे किए. **2.** ~ it शांत रहिए. **cooler** *n*^c. कूलर : room ~ रूम ≈; exhaust fan in the ~ ≈ का निकास-पंखा; ~ is used in summer गर्मियों में ≈ का इस्तेमाल होता है; a ~ cools the room ≈ कमरे को ठंडा करता है.

coolie कू'लि *n*^c. कुली : ~s at the railway station रेलवे स्टेशन पर के ≈; a ~ carries your luggage ≈ तुम्हारा सामान उठाता/ढोता है; a ~ charges five rupees per trip ≈ एक फेरे का पाँच रुपये लेता है.

co-operate को-ऑ'पॅरेट *v.i.* सहयोग करना [half-heartedly बेदिली^F से, willingly इच्छा^F से]; they are ready to ~ with us in our new project वे हमारी नई परियोजना^F में हमसे सहयोग करने को तैयार हैं; to ~ is to work together सहयोग करना साथ-साथ काम करना है; let us ~ to finish the work सहयोग करके काम ख़त्म करें. **co-operation** को ऑपरे'शन *n*^u. सहयोग, सहकारिता^F : I need your ~ मैं आपका सहयोग चाहता हूँ; I will be grateful for your ~ मैं आपके सहयोग के लिए कृतज्ञ रहूँगा; a driver cannot win a motor race without the ~ of machines चालक बिना मशीन के सहयोग के मोटर दौड़^F नहीं जीत सकता. **co-operative** को आप्'रेटिव़ *a.* सहयोगी, सहकारी [attitude रुख, society संस्था^F, institution संस्था^F]; (of person) he is always ~ वह सदा सहयोगशील रहता है.

co-op. Co-operative Society.

cope कोप' **I.** *v.i.* **1.** सामना करना : to ~ **with** an enemy शत्रु का ≈; you are big enough to ~ **with** him तुम उसका सामना करने के लिए काफ़ी बड़े हो. **2.** निभाना, निपटाना, सँभालना : you cannot ~ with all this work तुम इतने सारे काम को निपटा/सँभाल नहीं सकते; to ~ with a situation किसी स्थिति^F को सँभाल लेना. **3.** काबू पाना : to ~ with a difficulty कठिनाई^F पर ≈. **II.** *n*^c. चोगा : Sadhus wear ~s साधु ≈ पहनते हैं; many clergymen wear a ~ when they walk round the church in procession बहुत-से पादरी चोगे पहनते हैं जब वे जुलूस में चर्च के चारों ओर चलते हैं.

copper कॉ'पर **I.** *n*^u. **1.** ताँबा, ताम्र : a penny is a ~ पैसा ताँबा है; it is made of ~ यह ताँबे का बना है; this pipe is made of ~ यह नल ताँबे का बना है; ~ plate ताम्र पत्र. **2.** (only *pl.*) ताँबे का सिक्का, पैसा : he had a few ~s with him उसके पास थोड़े से पैसे थे. **II.** *a.* ताम्र : a ~ pipe ताँबे का पाइप.

copy कॉ'पि **I.** *n*^c. (*pl.* copies) **1.** प्रतिलिपि^F, नकल^F : this is not the original picture but just a ~ of it यह मूलचित्र नहीं है केवल एक ≈ है; did you make ~ies of these documents क्या तुमने इन आलेखों की प्रतिलिपियाँ तैयार कीं ? [*ant.* original मूल] **2.** प्रति^F : typewritten ~ टंकित ≈; to make a fair ~ of an essay किसी निबन्ध की स्वच्छ ≈ तैयार करना; write a rough ~ of your article अपने लेख की कच्ची ≈ लिखो; I have two ~pies of the book किताब^F की मेरे पास दो प्रतियाँ हैं; I purchased six ~ies of this dictionary मैंने इस शब्दकोश की छह प्रतियाँ ख़रीदीं; a ~ of magazine पत्रिका^F की एक प्रति.

3. पाण्डुलिपि^{F}, हस्तलेख : this is the ~ of my new book यह मेरी नयी पुस्तक^{F} की ≈ है. ~ book कापी : school-children used to have ~ books स्कूली छात्र कापियाँ रखा करते थे. **II.** *a.* सामान्य, है घिसा-पिटा ~ **cat** : नकलची : she is a ~ cat who imitates my style of clothes वह ≈ है जो मेरे कपड़ों का फ़ैशन अपनाती है. ~ **right** प्रकाशनाधिकार, स्वामित्व : this book is many ~ right इस पुस्तक^{F} पर मेरा ≈ है; ~ right rules are not hard these days आजकल ≈ संबंधी नियम कड़े नहीं हैं; he has ~ right on this work उसका इस रचना पर स्वत्वाधिकार है. **II.** *v.t.* **1.** प्रतिलिपि^{F} करना, उतारना : I have to ~ the whole letter मुझे पूरे पत्र की प्रतिलिपि तैयार करनी है; he ~pied the names into his notebook उसने नामों को अपने नोटबुक में उतारा; ~ this passage into your note book इस गद्यांश को अपनी नोटबुक में उतारो. **2.** (imitate) अनुकरण करना, नकल^{F} उतारना/करना : please ~ my action कृपया मेरे कृत्यों का अनुसरण करें; do not ~ others दूसरों की नकल मत करो; it is just dishonest to ~ your neighbour's answers अपने पड़ोसी के उत्तर की नकल करना महज़ बेइमानी है; she copies everything what her friend does वह सब कुछ का अनुकरण करती है; जो उसकी सहेली करती है; ~ the way I speak जैसे मैं बोलता हूँ वैसे अनुकरण करो.

coral कॉ'रल **I.** *n*^{u}. **1.** प्रवाल, मूँगा : a ~ necklace मूँगे का हार; a ~ reef मूँगे/प्रवाल की चट्टान^{F}; ~island मूँगे/प्रबाल का टापू. **2.** *a.* मूँगिया : a ~ saree ≈ रंग की साड़ी^{F}.

cord कॉर्ड *n*^{c}. **1.** रस्सी^{F}, रज्जु^{F}, डोरी^{F} : to hold fast a ~ कसकर ≈ पकड़े रखना; to loose the ~ ≈ ढीली करना; the burglars tied up the night watchman with a ~ सेंधमारों ने रात^{F} के पहरेदार को एक ≈ से बाँध दिया. **2.** नाड़ी^{F} : spinal ~ रीढ़^{F} की ≈. **3.** तंत्री^{F} : vocal ~ (गले की) स्वर≈ (also chord). **4.** तार : ~ of a telephone टेलीफ़ोन का ≈. **5.** (fig.) बंधन : ~ of affection प्यार का ≈; ~ of discipline अनुशासन का ≈.

cordial कार्'डिअल *a.* **1.** हार्दिक, दिली : a ~ welcome हार्दिक स्वागत; ~ greetings ≈ बधाई. **2.** प्रेमपूर्ण : ~ relations ≈ संबंध; a ~ smile ≈ मुस्कराहट; ~ inivitation ≈ आमंत्रण. **3.** पौष्टिक, शक्तिवर्द्धक : ~ medicine ≈ दवाई^{F}; ~ food ≈ भोजन; lime juice is ~ नीबू का जूस ≈ होता है.

cordially *adv.* हृदय से : welcome ~ हृदय से स्वागत करना; hate ~ ≈ घृणा^{F} करना.

core कॉर *n*^{c}. **1.** सार, गूदा, गरी^{F} : this is the ~ of the argument यह बहस^{F} का सार है; ~ of an apple सेब का गूदा; ~ of walnut अखरोट की गरी. **2.** मर्म : we must get to the ~ of the quarrel हमें झगड़े के ≈ तक जाना चाहिए. **3.** भीतरी भाग, गर्भ, हृदय : the ~ of the earth पृथ्वी^{F} का ≈; this fruit is rotten to the ~ यह फल भीतर तक सड़ा-गला है; he is selfish to the ~ वह निपट/सरासर स्वार्थी है.

cork कार्क **I.** *n*^{c}. डाट, काग, कार्क : a ~ closes the bottle tightly काग बोतल^{F} को पक्का बंद कर देता है; put the ~ out of the bottle ≈ को बोतल^{F} से बाहर निकालो; ~ floats very well ≈ अच्छी तरह तैरता है; ~ screw कार्कपेच. **II.** *v.t.* काग या डाट लगाना; ~ the bottle बोतल^{F} में डाट लगाओ; he has ~ed the bottles उसने बोतलों^{F} में डाट लगा दिया है.

corn कॉर्न *n*^{u}. **1.** अनाज, अन्न : wheat, barley etc. are ~ गेंहूँ, जौ इत्यादि ≈ हैं : field of ~ ≈ का खेत. **2.** (U.S.A.) Indian ~ मक्का; she uses ~ flour to thicken the sauce चटनी^{F} को गाढ़ा करने के लिए वह मक्के के आटे का प्रयोग करती है. **3.** *n*^{c}. घट्टा : there is a ~ on his left foot उसके बायें पैर पर ≈ है; the tight shoe caused a painful ~ on my toe सख़्त जूते ने मेरे पैर की उंगली^{F} पर कष्टदायक ≈ बना दिया है; he suffers a lot from ~s वह घट्टों से बहुत अधिक पीड़ित है.

Δ **to tread on smb's ~s** किसी की भावनाओं^{F} को ठेस^{F} पहुँचाना.

corner कॉर्'नर **I.** *n*^{c}. **1.** कोना, नुक्कड़ : she sat in a ~ वह एक कोने में बैठ गई; from the four ~s of the earth धरती^{F} के चारों कोनों से; ~ of a room कमरे का ≈. **2.** मोड़ :

right hand ~ दाहिने हाथ का मोड़; he lives round the ~ वह मोड़ के बगल में रहता है; there is a dangerous ~ on this road इस सड़क[F] पर एक खतरनाक मोड़ है. ~ stone कोने का पत्थर; आधारशिला[F] : the general manager laid the ~ stone of the new hall महाप्रबंधक ने नये हाल की आधारशिला[F] रखी. (fig.) **our laws are the ~ stone of our government** हमारे कानून हमारी सरकार[F] के आधार हैं; **hardwork is the ~ stone of success** परिश्रम सफलता[F] का आधार है. Δ **to be in a tight corner** मुश्किल[F] में होना : the manager is in tight ~ these days प्रबंधक इन दिनों मुश्किल[F] में पड़ा है; **drive/put smb into a ~** किसी को मुश्किल[F] या कठिन स्थिति[F] में डाल देना; **to turn the ~** दशा[F]/हालत[F] सुधरना; we have truned the financial ~ हमने वित्तीय दशा[F] सुधार ली है; **he** was very ill but he has turned the ~ now वह बहुत बीमार था लेकिन अब उसकी दशा[F] सुधर गयी है. **II.** *a.* कोने का : ~ table कोने की मेज़[F]; ~ seat कोने वाली सीट[F]; ~ shop कोने वाली दुकान[F]. **III.** *v.t.* **1.** घेरना, घेर लेना : the thief was ~ed in an alley चोर को तंग गली[F] में घेर लिया गया. **2.** कठिन स्थिति[F] में डालना : he ~ed the witness in cross examination जिरह[F] में उसने साक्षी को कठिन स्थिति में डाल दिया. **3.** मोड़ मुड़ना : this car ~s very well यह कार[F] बहुत अच्छी तरह मोड़ में मुड़ जाती है. **cornered** *a.* **1.** कोणीय : three ~ contest त्रिकोणीय मुकाबला. **2.** घिरा हुआ बेबस : ~ animal घिरा हुआ/बेबस पशु.

Corp. Corporation निगम.

corporal कॉर्'परॅल **I.** *a.* शारीरिक : ~ punishment is caning बेंत लगाना ≈ दण्ड है; ~ punishment means the beating of the criminal ≈ दंड का अर्थ है अपराधी को पीटना. [*cf.* corporeal] **II.** *n*[c]. कॉरपरल, दफ़ादार, नायक : he is a ~ in the army वह सेना में ≈ है; he has been promoted as ~ ≈ के पद पर उसकी प्रोन्नति हुई है.

corporation कॉर् पॅरे'शन *n*[c]. निगम, कार्पोरेशन : **trade ~** व्यापार निगम : food ~ खाद्य निगम; municipal ~ नगर निगम, नगर महापालिका : ~ tax ≈ कर; a town is governed by its mayor and ~ कोई शहर उसके नगर-प्रमुख और नगर-निगम द्वारा शासित होता है; the B.B.C. means the British Broadcasting Corporation बी.बी.सी. का मतलब है ब्रिटिश-ब्राडकास्टिंग कार्पोरेशन. **corporator** *n*[c]. नगर निगम का सदस्य, कार्पोरेटर.

corporeal कॉर् पॉ'रिअल *a.* **1.** शरीरधारी : ~ beings ≈ जीव. **2.** भौतिक : ~ pleasures ≈ सुख; ~ property ≈ संपत्ति[F].

corps कॉर *n*[c]. (*pl.* corps कॉर्ज़) **1.** निकाय, दल : diplomatic ~ राजनियक दूतवर्ग; medical ~ डाक्टरों का दल; press ~ पत्रकारों के ≈. **2.** (milit.) अनीकिनी[F], कोर; **cadet ~** सैन्य छात्र ≈[F]; army ~ सेना ≈. [*cf.* corpse, core]

corpse कॉर्पस *n*[c]. लाश[F], शव : his ~ was carried to the cremation ground उसकी लाश को श्मशान तक ले गये; do not move the ~ before the arrival of the police पुलिस[F] के पहुँचने से पहले ≈ को मत हटाओ. [*cf.* corps]

correct क रेक्ट' *a.* **1.** ठीक, सही [answer उत्तर, direction दिशा[F], sentence वाक्य]; if a sum is ~ , mark it यदि यह राशि ≈ है तो इसे चिन्हित करो; is this the ~ number (telephone) क्या यह (टेलीफोन) नंबर ≈ है ? **2.** सटीक : ~ expression सटीक अभिव्यक्ति[F]; his speech was ~ उसका भाषण ≈ था. **3.** शुद्ध : ~ spelling ≈ वर्तनी[F]. **3.** (proper) उचित : ~ behaviour ≈ व्यवहार : ~ conduct ≈ आचरण. [*ant.* in~, wrong] **II.** *v.t.* **1.** सुधारना : ~ the boy's bad behaviour लड़के के दुर्व्यवहार को सुधारो; I have to ~ my son for his idleness मुझे अपने बेटे की निष्क्रियता को सुधारना है; to ~ a faulty pronunciation दोषपूर्ण उच्चारण को ≈. **2.** ठीक करना : have you ~ed everything क्या तुमने सब कुछ ठीक कर दिया है ? **3.** संशोधन करना : ~ this edition इस संस्करण को संशोधित करो; ~ these proofs इन प्रूफ़ों का संशोधन कर दो. **4.** शुद्ध करना : ~ this sentence इस वाक्य को शुद्ध करो; ~ my spelling मेरी वर्तनी[F]

शुद्ध कर दो. 5. डाँटना, झिड़कना : please ~ me if I am wrong यदि मैं गलती[F] पर हूँ तो मुझे झिड़क दीजिए; I will ~ you मैं तुम्हें डाँट दूँगा. **correction** करेक्'शन *n*[c]. **1.** संशोधन, सुधार : after the books have been marked we have to write our ~s (जब) ये कापियाँ जाँची जाएँगी तो हमें अपने संशोधनों को लिखना है; a copy disfigured by numerous ~s विविध संशोधनों से विरूपित प्रति[F]/कापी[F]; ~ of an exercise अभ्यास का सुधार; the ~ of this essay will take a long time इस निबंध के ≈ में लंबा समय लगेगा; he made several ~s उसने बहुत-से संशोधन किए. **2.** शुद्धि[F] : look at the ~s and write them again शुद्धियों को देखो और उन्हें फिर से लिखो. **3.** दण्ड : the policeman was sent to lines for ~ पुलिसिया को ≈ पाने के लिए लाइन भेज दिया गया.

correspond कॉरस् पॉण्ड' *v.i.* **1.** (with) (से) पत्र-व्यवहार करना, (से) लिखापढ़ी[F] करना : he ~ed **with** his son in America उसने अमेरिका में अपने लड़के से पत्र-व्यवहार किया; to ~ with a friend मित्र से ≈; she has been ~ing **with** my sister for many years वह कई वर्षों से मेरी बहन से पत्र-व्यवहार करती रही है; do they often ~ with each other क्या वे आपस में प्राय: पत्र-व्यवहार करते हैं? **2.** (~with/to) से मेल खाना, अनुरूप होना : his actions ~ed with his beliefs उसके कार्य उसके विश्वासों से मेल खाते थे; the two answers ~ **with** each other दोनों उत्तर एक-दूसरे से मेल खाते हैं; his position does not fully ~ to his designation उसकी स्थिति[F] उसके पद के अनुरूप नहीं बैठती. **3.** (~to) समान होना, जोड़ का होना : the word 'available' in English does not ~ to the Hindi word 'upalabdha' अंग्रेजी का 'अवेलेबल' शब्द हिन्दी के 'उपलब्ध' का समानार्थक नहीं है.

correspondence कॉरस् पॉन्'डन्स *n*[u]. **1.** पत्र-व्यवहार, लिखा-पढ़ी[F], पत्राचार, चिट्ठी-पत्री[F] : to carry on a secret ~ for several years कई वर्षों तक गुप्त पत्र-व्यवहार चलाना; to give up ~ with smb किसी से पत्र-व्यवहार छोड़ देना; to commence ~ with a stranger किसी अजनबी से पत्र-व्यवहार शुरु करना; I was in ~ with him for years मेरा उसके साथ वर्षों पत्र-व्यवहार था. **2.** समानता[F] : there is a marked ~ between these two murders इन दो हत्याओं[F] में प्रत्यक्ष ≈ है. **correspondent** कारस् पॉन'डन्ट *n*[u]. **1.** पत्र-लेखक : I am a bad ~ मैं पत्र लिखने में ठीक नहीं हूँ. **2.** संवाददाता : this news is from a local ~ of the "Leader" यह समाचार लीडर के स्थानीय ≈ से है.

corridor कॉ'रिडॉर *n*[c]. गलियारा [dark अंधेरा, long लंबा, narrow सँकरा, wide चौड़ा]; a ~ train गलियारे वाली गाड़ी[F]; rooms on both sides of the ~ ≈ के दोनों तरफ़ के कमरे; they were standing in the ~ of the school वे स्कूल के गलियारे में खड़े थे; go along the ~ गलियारे से होकर जाओ.

corrode कॅ रोड' *v.t.i.* संक्षारित करना, खाना : acid ~s iron अम्ल लोहे को खा जाता है; metal ~s by rust धातु मोर्चे से संक्षारित हो जाती है. [*n.* corrosion]

Cr. creditor.

corrugated कॉ'रॅगेटिड *a.* नालीदार, धारीदार : ~ iron sheet ≈ लोहे की चादर[F]; use ~ card-board to wrap round the books पुस्तकों[F] को चारों-तरफ लपेटने के लिए ≈ दफ़्ती का प्रयोग करो.

corrupt कॅ रप्ट' **I.** *a.* **1.** गंदा, भ्रष्ट : ~ practices भ्रष्टाचार/बेईमानी[F]; ~ film गंदी फिल्म[F]; their government is ~ उनकी सरकार[F] भ्रष्ट है; ~ idea ≈ विचार; he speaks a ~ form of Hindi वह हिंदी के भ्रष्ट रूप में बात[F] करता है. **2.** घूसख़ोर, रिश्वतख़ोर : officers are too ~ these days अधिकारी आजकल बहुत ही ज़्यादा ≈ हैं. **II.** *v.t.* **1.** ख़राब करना, बिगाड़ना : to ~ water पानी ख़राब करना; ~ morals चरित्र ≈; evil communications ~ good ways बुरे संपर्क अच्छे तौर-तरीकों को ख़राब कर देते हैं; flies ~ food मक्खियाँ[F] भोजन को ख़राब करती हैं. **2.** घूस[F] देना, रिश्वत[F] देना : he ~ed policeman उसने एक पुलसिया को घूस दी; to ~ an officer with a bribe किसी अधिकारी

को ≈. **corruption** कॅ रॅप्'शन n^u. **1.** भ्रष्टाचार, घूसखोरी^{F} : that state is not noted for the ~ of its officers उस राज्य के अधिकारी भ्रष्टाचार के लिए बदनाम नहीं हैं. **2.** विकार : ~ of body after death शव में मृत्यु के बाद ≈; the ~ of a girl's mind लड़की का मानसिक ≈.

cosmetics कॉज़् मे'टिक्स *n. pl.* प्रसाधन सामग्री^{F}, शृंगार-सामग्री^{F} : face powders and creams are ~ चेहरे के पाउडर और क्रीम ≈ हैं; she is quite pretty , she does not need to use so many ~ वह बहुत सुन्दर है उसे इतनी ≈ के प्रयोग की आवश्यकता नहीं है.

cosmopolitan कॉज़ मॅ पॉ'लिटन *a.* सर्वदेशीय, सार्वभौमिक : Delhi is a ~ city दिल्ली (की जनसंख्या) ≈ है : his ideas are ~ उसके विचार सार्वभौमिक हैं; the gathering at the international conference was quite ~ अंतर्राष्ट्रीय सम्मेलन में पूरा ≈ जमघट था.

cost कॉस्ट' **I.** n^c. **1.** लागत^F, ख़र्चा [heavy भारी, little थोड़ी]; production ~ उत्पादन ≈^{F}; factory ~ कारखाने में पड़ी लागत^F; prime ~ व्यापारी की लागत, उत्पादन की लागत/उत्पादन मूल्य; ~ of living निर्वाह खर्चा, रहन-सहन का खर्च; ~ of living bonus रहन-सहन के खर्च का बोनस; what is the ~ of a visit to the circus सरकस देखने का खर्च क्या है ? the ~ of erecting a building इमारत^F खड़ी करने की लागत. **2.** मूल्य, कीमत^F : he may succeed only at the cost of his health वह केवल अपने स्वास्थ्य की कीमत पर सफल हो सकता है; what would be the ~ of a motor-car of this type इस प्रकार की मोटरकार^F की कीमत क्या होगी ? Δ **at any ~** किसी कीमत पर; **at the ~ of life** जीवन देकर, प्राण गँवाकर : **we must prevent the inroad at all ~s** हमें इस धावे को हर हालत या हर कीमत पर रोकना होगा; **to one's ~** अपनी हानि^{F} उठकार : **I learnt mountaineering to my ~** मैंने कीमत चुकाकर (हानि^{F} उठाकर) पर्वतारोहण सीखा है. **3.** (law) वाद-व्यय : he won his case and was awarded ~s वह अपना मुकदमा जीत गया और उसे ≈ दिया गया. **II.** *v.i.* (*p., p.p.* cost) **1.** मूल्य होना, कीमत^F पड़ना : to ~much अधिक ≈; what does it ~ इसकी क्या कीमत है ? it will ~ five rupees to go to the circus सर्कस जाने के लिए पाँच रुपये ख़र्च होंगे; this coat ~s Rs. 500 इस कोट की कीमत पाँच सौ रुपए है; the wedding ~ two thousand rupees शादी^{F} पर दो हजार रुपए लगे. **2.** हानि^{F} होना, नुकसान होना : that mistake will ~ you your job इस गलती^{F} से तुम्हें नौकरी^{F} का नुकसान हो जायेगा. **III.** *v.t.* लागत लगाना : how to ~ a product उत्पाद की लागत^F का हिसाब कैसे लगाया जाए, **costly** कॉस्ट'लि *a.* (costlier, costliest) कीमती, महँगा : a diamond ring is very ~ हीरे की अंगूठी^{F} बहुत कीमती होती है; a ~ victory मँहगी विजय^F; I can afford quite a ~ bracelet but not one as this मैं एक काफ़ी कीमती बाज़ूबंद ले सकता हूँ लेकिन इस जैसा नहीं; a ~ wedding reception शादी का महँगा स्वागत समारोह. [*ant*. cheap]

costume कॉस'ट्यूम n^c. पोशाक^F, बाना, वेशभूषा^{F} [bright चमकीली, national राष्ट्रीय]; actor in a Raja's ~ राजा के बाने में अभिनेता; lady's ~ ज़नाना ≈; we are going to the fair in the latest ~ हम मेले में नवीनतम पहनावे में जा रहे हैं; Zamin has new bathing ~ ज़ामिन के पास एक नयी स्नान करने वाली वर्दी है; mother has a new ~ to wear at my sister's wedding माँ के पास मेरी बहन की शादी में पहनने के लिए एक नयी ≈ है.

cosy को'ज़ि **I.** *a.* **1.** गर्म और सुखद/आरामदेह [chair कुरसी^{F}, corner कोना, place जगह/स्थान]; we had a ~ chat हमने सुखद बातचीत^F की; this sweater will keep you ~ यह स्वेटर तुम्हें गर्म और आरामदेह होगा. the bed was ~ बिस्तर गर्म और सुखद था. **2.** (of person) सुखी : I am quite ~ here मैं यहाँ पूर्णतया ≈ हूँ. **II.** n^c. टोप, टोपी : put the ~ on the tea-pot to keep it warm चाय^F की केतली^{F} को गर्म रखने के लिए उस पर ≈ रख दो.

cot कॉट n^c. खटिया^{F}, खाट^F, चारपाई^F : one of the legs of the ~ is broken चारपाई^F की एक टाँग^F टूटी है; the child sleeps on a ~ बच्चा ≈ पर सोता है.

cottage कॉ'टिज n^c. 1. कुटीर^F, कुटिया^{F} [clean साफ़, cosy आरामदेह, small छोटी]; to live in a ~ ≈ में रहना; my aunt lives in a pretty thatched ~ मेरी चाची एक सुन्दर छप्पर वाली ≈^{F} में रहती हैं; we made a ~ for summer हमनें गर्मियों^{F} के लिए एक ≈ बनवाई; they came to see us in our ~ वे हमारी कुटिया में हमसे मिलने आये^{F}; ~ **hospital** देहाती अस्पताल; ~ **industry** कुटीर-उद्योग. 2. छोटी कोठी^{F} : a ~ near the main bungalow बड़े बंगले के निकट एक ≈.

cotton कॉ'टन n^u. 1. कपास^F, रुई^F : ~ plant ≈ का पौधा; a field of ≈ का खेत; they grow ~ in Andhra Pradesh आंध्र-प्रदेश में ≈ की खेती^{F} होती है; ~ cake बिनौले की खली^{F}; ~ **seed** बिनौला; ~seed oil बिनौले का तेल. 2. सूत : ~ spinning सूत कातने का काम; white ~ सफ़ेद ≈; reel of ~ सूत लपेटने की फिरकी^{F}; these socks are made of ~ ये मोज़े सूती हैं. **II.** *a.* सूती [blanket कंबल, shirt कमीज़^{F}, suit सूट]; ~ thread is used for sewing ≈ धागा सिलाई के काम आता है; buttons are sewn on with ~ thread बटन ≈ धागे से लिए जाते हैं; ~ wool बिना धुनी रुई^F; she dressed the wound with ~ wool उसने घाव को रुई से धोया.

couch कॉउच **I.** n^c. सोफा, कोच [big बड़ा, comfortable आरामदेह, wide चौड़ा]; sit down on a ~ सोफे पर बैठ जाओ; there was an old-fashioned ~ there वहाँ एक पुराने ढंग का सोफ़ा था. **II.** *v.t.* **1.** (lay) लेटाना; to be ~ed on a cot खटिया^{F} पर लिटाया जाना. **2.** (express) व्यक्त करना : he ~ed his letter in polite terms उसने अपना पत्र विनम्र शब्दों में लिखा; to ~ a request in writing लिखित निवेदन करना.

cough कॉफ़ **I.** n^c. खाँसी^{F}, खखारना : whooping ~ कुकुरखाँसी; she has a bad ~ which keeps everyone in the house awake उसे बुरी तरह खांसी आती है जो घर में हर आदमी को जगाए रखती है; I heard his ~ मैंने उसका खखारना सुना; irritation in the throat can cause a ~ गले में खारिश^F खाँसी का कारण बन सकती है. **II.** *v.t.* खाँसना : cover your mouth when you ~ जब तुम खाँसो तो अपना मुँह ढँक लो; she began to ~ वह खांसने लगी; he is ~ing badly because he has a cold वह बुरी तरह^F खांस रहा है क्योंकि उसे ज़ुकाम है. Δ ~ **down a speaker** वक्ता को खाँस-खाँस कर चुप करा देना; ~ **out phlegm** खाँसकर कफ बाहर निकालना; ~ **up** खांसते हुए निकालना : he must be very ill, he is ~ing up blood वह बहुत बीमार होगा उसे खाँसी के साथ खून आता है.

could कुड *aux.v.* (*past* of 'can') सका, सकता था : he ~ not do it वह उसे नहीं कर सका; he ~ not walk वह चल नहीं ≈; they asked if I could write English उन्होंने पूछा कि क्या तुम अंग्रेज़ी लिख सकते हो; he asked if he ~ go उसने पूछा कि क्या मैं जा सकता हूँ; I ~ do it then मैं इसे तब कर सकता था; you ~ have met me there तुम मुझे वहाँ मिल सकते थे; if I ~ run as fast as you यदि मैं इतना तेज़ दौड़ सकता जितना तुम : he told his father that he ~ not lift the box so heavy उसने अपने पिता को बताया कि मैं इतना वज़नी बाक्स नहीं उठा सकता; I ~ n't get the pass मुझे पास नहीं मिल सका.

council कॉउन्'सल n^c. परिषद्^{F}, महासभा : ~ of states राज्य परिषद्; ~ of war युद्ध-परिषद्; legislative ~ विधान-परिषद्; ~ of ministers मंत्रि-परिषद्; ~ chamber परिषद् भवन, कौंसिल चैंबर; ~ of action कार्य-परिषद्, कार्यकारी या कार्यवाहक परिषद्; ~ of advisors सलाहकार परिषद्; ~ in-charge प्रभारी परिषद्; he is a member of the ~ वह परिषद् का सदस्य है. [*as distinct from* counsel] **councillor** कॉ'उन्सिलर n^c. पार्षद : a member of a council is called ~ परिषद् के सदस्य को ≈ कहा जाता है. [*as distinct from* counsel]

counsel कॉ'उन्सल **I.** n^c. **1.** वकील, परामर्शदाता : we shall take you to our ~ हम तुम्हें अपने ≈ के पास ले जाएँगे; ~ for the defence of the prisoner कैदी के सफ़ाई^F के ≈ . **2.** सलाह^F, मशविरा, परामर्श : to take ~ with smb किसी की सलाह^F लेना; let me give you some good ~ मुझे कुछ अच्छा-सा परामर्श देने दो. [*as distinct from* council]

II. *v.t.* (-ll-) सलाह देना, परामर्श देना : I ~led him to take immediate action मैंने उसे तुरंत कार्रवाई[F] करने की सलाह[F] दी; I ~ you to wait मैं तुमको इंतजार करने की सलाह[F] देता हूँ.

count कॉउन्ट **I.** *v.i.* **1.** गिनना, हिसाब लगाना : ~ your money carefully अपने पैसे सावधानी[F] से गिन लो; my sister cannot ~ up to ten मेरी बहन दस तक नहीं गिन सकती; you cannot ~ the stars in the sky तुम आकाश में तारों को नहीं गिन सकते; I ~ed two hundred people in the hall मैंने हाल में दो सौ लोगों को गिना. **2.** महत्व रखना, गिनती[F] में होना : that does not ~ वह किसी गिनती में नहीं है; money always ~s पैसे का हमेशा महत्व रहता है; every second ~s हर सेंकड का महत्व है; it ~s for nothing इसका कोई महत्व नहीं है. **3.** (consider) समझना : you should ~ yourself lucky that you escaped punishment तुम अपने को भाग्यशाली समझो कि दंड पाने से बच गये. Δ ~ **down** उलटी गिनती[F] करना. ~ **on/upon** किसी पर भरोसा रखना : I ~ on/upon your support मैं तुम्हारे समर्थन पर भरोसा रखता हूँ; ~ **on** (rely) निर्भर रहना : I am ~ing on you to persuade her उसे मनाने के लिए मैं आप पर निर्भर हूँ; we ~ed on him to finish the job हमने उस पर काम समाप्त करने का भरोसा किया; ~ **out** गिनती में न लेना : ~ out three boys who are going separately तीन लड़कों को न गिनें जो अलग से जा रहे हैं. **II.** n^c. **1.** गणना[F], गिनती[F] : the teacher took a ~ of all the students who attended his class अध्यापक ने उन छात्रों की ≈ की जो उसकी कक्षा[F] में उपस्थित थे; what was the ~ at the last meeting पिछली सभा[F] में संख्या[F] कितनी थी ? I lost all ~ मैं गिनती भूल गया. **2.** (कानून में) अपराध : he was sentenced to three years imprisonment on each ~ उसे प्रत्येक अपराध पर तीन वर्ष कैद का दंड दिया गया. **3.** (Count) सामंत, काउन्ट : she is married to a German ~ वह एक जर्मन ≈ को ब्याही है.

countenance कॉउन्'टिनन्स **I.** n^c. **1.** मुखमंडल, मुखाकृति[F], मुखड़ा, चेहरा [fair सुन्दर, noble भद्र]; a sorrowful ~ दुखी चेहरा. : saintly ~ साधु ≈; to change one's ~ अपनी ≈ बदलना. **2.** समर्थन [full पूर्ण, open खुला]; to give ~ to a plan किसी योजना[F] का ≈ करना : **to give one's ~ to smb** किसी को अपना समर्थन देना. **3.** धैर्य, शांति[F] : the whole ~ of the country has been ruined पूरे देश की शांति नष्ट हो चुकी है. **II.** *v.t.* अनुमोदन करना/समर्थन करना; he ~d the dead उसने विलेख का अनुमोदन कर दिया; we cannot ~ such changes in our syllabus हम अपने पाठ्यक्रम में इस प्रकार के परिवर्तनों का समर्थन नहीं कर सकते; you must not ~ these rumours तुम्हें इन अफ़वाहों को प्रोत्साहित नहीं करना चाहिए.

counter कॉउन्'टर **I.** *a.* प्रतिकूल, विपरीत, उल्टा : the result is ~ to our expectation परिणाम हमारी आशा[F] के विपरीत है; he acted ~ to my advice उसने मेरी सलाह[F] के विपरीत काम किया. **II.** *pref.* प्रति, विरुद्ध : ~**act** प्रतिक्रिया करना; ~**action** जवाबी कार्यवाही, प्रतिकार; ~**attack** प्रत्याक्रमण, जवाबी हमला; ~**charge** प्रत्यारोप ~**clockwise** घड़ी[F] की गति से उल्टे; ~**espionage** जवाबी जासूसी[F]; ~**feit** झूठा, खोटा, नकली, बनावटी, जाली; ~feit coin जाली सिक्का; ~**foil** प्रतिरूप नकल[F], अद्धा; ~**mand** प्रत्यादेश; ~**measure** जवाबी उपाय, तोड़, काट; ~**offensive** प्रत्याक्रमण; ~**offer** जवाबी प्रस्ताव, प्रति-प्रस्ताव; ~ **part** प्रतिवस्तु, प्रतिरूप, प्रतिलिपि, समान दर्जे वाला उच्चाधिकारी; ~poison विषहर; ~**revolution** विरोधी क्रांति[F], प्रतिक्रान्ति[F] : ~**sign** प्रतिहस्ताक्षर करना; you have to ~ the cheque तुम्हें चेक पर प्रतिहस्ताक्षर करने हैं. **III** n^c. मेज़ जैसा तख्ता, काउन्टर : the shopkeeper put my groceries on the ~ दुकानदार ने मेरा पंसारी सामान काउन्टर पर रखा; there is a ~ on the side of this machine इस मशीन के किनारे पर काउन्टर है; she is counting her notes on the bank ~ वह बैंक के काउन्टर पर अपने नोट गिन रही है. Δ **under the ~** चोरी-छिपे : the Director accepted the money under the ~

निदेशक ने चोरी-छिपे रुपये ले लिए. **IV**. *v.t.* **1**. विरोध करना : he ~ed my proposal with his own उसने अपना सुझाव रखकर मेरे सुझाव का विरोध किया. **2**. प्रत्युत्तर देना : to ~ a blow with a blow घूँसे का जवाब घूँसे से देना; he ~ed my attempts to defeat him उसने उसको हराने के मेरे सभी प्रयासों के विरुद्ध जवाबी कार्रवाई^F की. **V**. *adv.* के प्रतिकूल/विपरीत : the election is running ~ to all the forecastes चुनाव सभी भविष्यवाणियों^{F} के ≈ चल रहा है.

countless कॉउन्ट'लेस *a.* असंख्य, अनगिनत [abuses गालियाँ^{F}, attempts प्रयास, leaves पत्ते, stars तारे]; there were ~ number of locusts like dark clouds काले बादलों की तरह असंख्य टिड्डियां^{F} थीं; ~ people thronged the play ground असंख्य लोगों ने खेल के मैदान पर भीड़^{F} लगा दी. [*ant*. few]

country कन्'ट्री **I**. *n*^{c}. **1**. देश [beautiful सुन्दर, flourishing समृद्ध, rich धनी]; my ~ मेरा ≈; mother ~ मातृभूमि^{F}; ~of origin मूल ≈; to love one's ~ अपने ≈ से प्रेम करना; every ~ has its customs प्रत्येक ≈ के अपने रीतिरिवाज़ होते हैं; India is my ~ भारत मेरा ≈ है; England is a small ~ इंग्लैण्ड एक छोटा-सा ≈ है; our ~ is rich in iron and coal हमारा ≈ लोहा और कोयला में धनी है; India is the largest democratic ~ in the world भारत संसार में सबसे बड़ा लोकतांत्रिक ≈ देश है. **2**. देहात : (the ~) to live in the ~ during summer months गर्मियों के महीनों में ≈ में रहना; we spend a few days in the ~ हम लोग ≈ में कुछ दिन बिताते हैं; she prefers living in the ~ to a city वह शहर की अपेक्षा^{F} ≈ में रहना पसंद करती है; **a ~man** ≈ का आदमी, हमवतन. **~side** देहात **II**. *a.* देशी [craft पोत, liquor शराब^F]

county कॉउन्'टि *n*^{c}. (*pl.* counties) ज़िला; a ~ council ≈ परिषद्; there are fifty-three counties in England इंग्लैंड में तरेपन ज़िले हैं; Yorkshire is a large ~ यार्कशायर एक बड़ा ≈ है; a ~ is governed by its ~ council ≈ इसकी परिषद् द्वारा शासित होता है.

coup कू *n*^{c}. **1**. (move) चाल^F : to win first prize in a competition is a wonderful ~ प्रतिस्पर्धा में प्रथम पुरस्कार जीतना एक आश्चर्यजनक ≈ है. **2**. **~d'etat** सिंहासन या तख़्ता पलटना : there has been a ~ in Pakistan पाकिस्तान में एक तख़्ता पलट हो चुका है. **3**. **~degrace** सांघातिक प्रहार, प्राणान्तक आघात. **4**. ~ de theatre नाटकीय कृत्य.

coupe कू'पे *n*^{c}. (ट्रेन में) दो सवारियों के लिए डिब्बा : there is reservation in a first class ~ for me and my wife पहले दर्जे के कूपे में मेरे लिए और मेरी पत्नी के लिए आरक्षण है.

couple कॅ'पल **I**. *n*^{c}. **1**. दंपती, वर-वधू, जोड़ी^{F} : a loving ~ प्रेमी दम्पति; a married ~ एक विवाहित ≈. **2**. (two) जोड़ा, दो : to order a ~ of boiled eggs उबाले हुए एक जोड़ा अंडे के लिए आदेश देना; bring a ~ of bottles of beer बियर की दो बोतलें ला दो; to spend a ~ of hours for reading पढ़ने के लिए दो घंटे ख़र्च करना; can I lend you a ~ of chairs क्या मैं आपकी दो कुर्सियाँ उधार ले सकता हूँ; he will be here in a ~ of days वे दो दिन में यहाँ आ जाएगा. **II**. *v.t.* जोड़ना, मिलाना : the coaches are not yet ~ed कोच अभी जोड़े नहीं गये.

coupen कू'पॉन *n*^{c}. कूपन : write your name and address on the ~ ≈ पर अपना नाम और पता लिखो; ~s were distributed for rations राशन के लिए कूपन बांटे गए थे. I have a ~ for a free cake of soap मेरे पास साबुन की एक बट्टी^{F} का मुफ़्त ≈ है.

courage क'रिज *n*^{c}. साहस, हिम्मत^F [firm दृढ़, great महान, wild बेकाबू]; want of ~ ≈ की कमी^{F}; to lose ~ ≈ छोड़ना; to inspire courage in smb. किसी की हिम्मत बढ़ाना; I have not the ~ to tell her the truth उससे सच-सच कहने का मेरे पास ≈ नहीं है; the explorer showed great ~ in tackling the lion which was mauling his comrade खोजी ने उस शेर से भिड़ने में बहुत बड़े साहस का प्रदर्शन किया जो उसके साथी को क्षत-विक्षत कर रहा था; I plucked/mustered up ~ and frankly said this on his face

मैंने साहस बटोरकर उसके मुँह पर यह कह दिया; she has not yet lost ~ उसने अभी हिम्मत नहीं हारी. [*adj.* courageous]

course कॉर्स **I.** *n*^{c}. **1.** पाठ्यक्रम : ~ of studies पाठ्यक्रम; what ~ should we select in the university विश्वविद्यालय में हमें कौन-सा ≈ चुनना चाहिए. **2.** अंदर, दौरान : during the ~ of his illness उसकी बीमारी^{F} के दौरान; in the ~ of this event इस घटना^{F} के दौरान; he will succeed in the ~ of this year वह इस साल के अंदर सफल हो जाएगा. **3.** चलन, व्यवहार : dangerous ~ ख़तरनाक आचरण; follow the casual ~ साधारण ≈ का पालन करो. **4.** तरीका : the best ~ would be to resign सबसे अच्छा ≈ यही होगा कि इस्तीफ़ा दे दें; that is the right ~ वही सही ≈ है; let things take their own ~ बातों को अपने ढ़ंग से चलने दें. **5.** दिशा^{F}; to change the ~ of the river नदी^{F} की दिशा बदलना. **6.** (series) माला : ~ of lectures by the teachers अध्यापकों द्वारा व्याख्यान ≈. **7.** (other uses) race ~ दौड़^{F} का मैदान; in due ~ उचित समय पर; of ~ अवश्य; a matter of ~ स्वाभाविक बात^F. **II.** *v.i.* दौड़ना, बहना : blood ~s in our veins हमारी नाड़ियों^{F} में खून बहता/दौड़ता है; vapours were ~ing down the bottle बोतल^F में वाष्पकण चले आ रहे थे. [*as distinct from* coarse]

court कोर्ट **I.** *n*^{c}. **1.** कचहरी^{F}, न्यायालय, अदालत^F : **lower ~** निचली अदालत; **civil ~** दीवानी अदालत; **criminal ~** फौजदारी अदालत; **principal ~** मुख्य न्यायालय; **high ~** उच्च न्यायालय; the right to appear at ~ न्यायालय में उपस्थित होने का अधिकार; **~ of justice** न्यायालय; a **~ of appeal** अपीलीय न्यायालय; **~-martial** कोर्ट-मार्शल/सैन्य-न्यायालय; a **~ of arbitration** पंच न्यायालय; he gave evidence in the ~ उसने न्यायालय में साक्ष्य दिया या गवाही^{F} दी; settle your case out of ~ अपना मामला कचहरी के बाहर (आपस में) निपटा लो. Δ **to take smb to ~** किसी पर मुकदमा चलाना. **2.** दरबार, राजसभा^{F} : to live at the ~ of the prince राजा के दरबार में रहना; the king held the ~ बादशाह ने राजसभा^{F} लगाई; the ~ rose at five o'clock राजसभा^{F} पाँच बजे उठ गई. **3.** (also see courtyard) प्रांगण, मैदान; tennis ~ टेनिस का ≈; we want to play badminton but there is not a vacant ~ हम बैडमिंटन खेलना चाहते हैं लेकिन ख़ाली ≈ नहीं है; we can play safely in the back ~ हम पीछे के मैदान में आराम से खेल सकते हैं. **II.** *v.t.* **1.** प्रेम जताना, रिझाना, लुभाना : Jack has been ~ing Jill for some months जैक जिल से कुछ महीने से प्रेम जताता रहा है; Jack and Jill are ~ing each other जैक और जिल एक-दूसरे को लुभा/रिझा रहे हैं; he ~ed the voters उसने मतदाताओं को लुभा लिया. **2.** दरबारदारी^{F} करना; खुशामद^F करना; they ~ed and were successful in their aim उन्होंने खुशामद^F की और अपने उद्देश्य में सफल हो गये. **courtship** *n*^{u}. प्रणयलीला^{F}, प्रणय-निवेदन^F : Jack and Jill's ~ was at last successful जैक और जिल की प्रणय-लीला अंततः सफल हो गई.

courteous कर्'टिअस *a.* शिष्ट, भद्र : a ~ young man एक ≈ नवयुवक; it was ~ of him to visit us हमसे मुलाकात^F करने आना उसकी भद्रता^{F}/शिष्टता^{F} थी; a ~ person is polite एक ≈ व्यक्ति नम्र होता है; a ~ reply एक शिष्ट उत्तर; you should be ~ to/towards ladies in particular तुम्हें महिलाओं के प्रति विशेषतः शिष्टता^{F}/भद्रता^{F} का व्यवहार करना चाहिए. [*ant.* dis ~] **courtesy** कॅर्'टॅसि *n*^{c}. शिष्टाचार, भद्रता^{F}, सौजन्य : his ~ is to be greatly appreciated उसके शिष्टाचार की बहुत प्रशंसा^{F} की जाने को है; this photo is being given by the ~ of the club यह फ़ोटो क्लब के सौजन्य से दिया जा रहा है.

courtyard कोर्ट'यार्ड *n*^{c}. आंगन, सेहन [open खुला, wide चौड़ा]; front ~ सामने का ≈; the ~ of the house मकान का ≈.

cousin क'ज़न *n*^{c}. paternal uncle's son चचेरा भाई; maternal uncle's son ममेरा भाई; paternal aunt's son फुफेरा भाई; maternal aunt's son मौसेरा-भाई; (female चचेरी बहन, ममेरी बहन etc.); the son of my father's brother is my ~ मेरे पिता के भाई (चाचा या ताया) का लड़का मेरा चचेरा-भाई है; a distant ~ दूर का भाई.

cover कॅ'व़र **I.** *v.t.* **1.** ढाँपना, ओढ़ाना : ~ the child with a blanket बच्चे को कंबल ओढ़ा दो; ~ the table with a cloth मेज़ को कपड़े से ढाँप दो; if we ~ the entrance to the cave, no one will find it यदि हम गुफा[F] के प्रवेशद्वार को ढाँप दें तो उसे कोई नहीं पायेगा; ~ the path with sand रास्ते को बालू से ढाँक दो. **2.** छिपाना : she ~ed her eyes with her hands उसने हाथों से अपनी आँखों को छिपा लिया. **3.** बचाना, रक्षा करना : the lamb ~ed its life by running way मेमने ने भागकर अपने जीवन की रक्षा[F] की; the cavalry ~ed the retreat घुड़सवार सेना[F] ने पीछे हटती टुकड़ी की रक्षा की. **4.** पूरा करना, पार करना : to ~ one's expenses अपने ख़र्च पूरे करना; to ~ deficit घाटा पूरा करना; he ~ed a mile on his bicycle उसने अपनी साइकल[F] पर एक मील की दूरी पूरी की. **5.** समाविष्ट/शामिल करना : he has ~ed all the points in his speech उसने अपने भाषण में सभी बातों[F] को शामिल किया है. **6.** ~ up परदा डालना : she tried to ~ up her fault उसने अपने दोष पर परदा डालने की कोशिश[F] की. **II.** *n*[c]. **1.** चादर, कवर : put this ~ on your bed अपने बिस्तर पर यह ≈ डाल दो; he bought a ~ for he was in need of it उसने एक ≈ खरीदा क्योंकि उसे इसकी आवश्यकता[F] थी. **2.** आवरण, परदा : a ~ over a painting चित्र पर का ≈; under ~ of darkness अंधेरे के आवरण/परदे में. **3.**(envelope) लिफ़ाफ़ा : put the letter in the ~ and post it पत्र को लिफ़ाफ़े में रखो और इसे डाक[F] में डाल दो; I am sending her photograph under separate ~ मैं उसका फ़ोटो अलग-लिफ़ाफ़े में भेज रहा हूँ. **4.** जिल्द[F] (of a book); there was a picture of a girl on the ~ ≈ पर एक लड़की का चित्र था; to read a book from ~ to cover किताब ≈ से ≈ तक पढ़ना (आदि से अंत तक पढ़ना). **5.** परदा : you must hang a ~ on the front door तुम्हें सामने के दरवाज़े पर एक ≈ लटकाना होगा. **6.** (shelter) आड़[F], ओट[F] : the army is under ~ सेना[F] ≈ में है; **under the ~ of** friendship दोस्ती[F] की आड़ में; the hare sought ~ when our dog was chasing it जब कुत्ता उसका पीछा कर रहा था तो उस ख़रगोश ने ≈ ढूँढ़ ली. **(other uses) insurance ~** बीमा की व्यवस्था[F]; ~s for guests अतिथियों के लिए खाने की मेज[F] लगाना.

covet क'व़िट *v.t.* ललचाना, लालसा[F] रखना : never ~ undue power अनुचित शक्ति[F] की लालसा[F] मत करो; he ~s my new bat वह मेरा नया बल्ला प्राप्त करने की लालसा करता है; I ~ a new coat मैं एक नये कोट को ललचाता हूँ. **covetous** क'व़िटिअस *a.* लोलुप, लोभी : ~ of wealth धन का ≈; he is a ~ person वह एक ≈ व्यक्ति है.

cow कॉउ **I.** *n*[c]. गाय[F], गौ[F] [beautiful सुन्दर, black काली, useful लाभदायक]; **milch ~** दुधारु ≈; he has ten ~s and a bull उसके पास दस गायें और एक बैल हैं; how much milk do these ~s give ये गायें कितना दूध देती हैं? **~-boy** चरवाहा छोकरा; **~ dung** गोबर; **~elephant** हथिनी[F]; **~ herd** ग्वाला; **~ pen** गोशाला[F]; **~ pox** गो-चेचक; **~ slaughter** गौ-हत्या[F]. **II.** *v.t.* डराना, भयभीत करना : he looked ~ed after his interview साक्षात्कार के बाद वह भयभीत लगता था; his father ~ed him उसके पिता ने उसे डरा दिया.

coward कॉउ'अर्ड *n*[c]. कायर, बुज़दिल, डरपोक : ~s fear all dangers ≈ सभी ख़तरों से डरते हैं; Ahmed is such a ~ that at the first sight of a mouse he runs away अहमद इतना ≈ है कि चूहे को देखते ही वह भाग जाता है; what a ~ you are ! तुम कितने ≈ हो; don't be a ~ ≈ मत बनो; he is too much of a ~ to go alone वह इतना अधिक ≈ है कि अकेले नहीं जा सकता. [*ant.* brave; *n.* cowardice कायरता[F]]

crab क्रैब *n*[c]. **1.** केकड़ा, कर्कट : a ~ has ten legs केकड़े की दस टाँगें होती हैं. **2.** (Astron.)

Crab कर्क (राशि^{F}). **3.** (instru.) काँटा : a ~ lifts heavy things ≈ भारी वस्तुएँ^{F} उठाता है. **4.** (person) तुनुकमिज़ाज, चिड़चिड़ा : Raman is a ~ in his behaviour रामन व्यवहार में ≈ है.

crack क्रैक **I.** n^c. **1.** (noise) कड़क^F, चटाका : the glass broke with a ~ शीशा चटाके से टूट गया; the ~ of a whip कोड़े की कड़क^F; ~ of a gun तोप^F का तड़ाका; at the ~ of the dawn पौ फटने पर. **2.** (fracture) दरार^F : I looked through a ~ in the door मैंने दरवाजे की ≈ से देखा; there is a ~ in the wall दीवार^F में ≈ है; there is a ~in the cup प्याले में एक ≈ है. **3.** ~-brained सनकी ~-player बढ़िया खिलाड़ी. **II.** *v.i.* तड़कना, फूटना, दरार पड़ना : the plate ~ed प्लेट^F फूट/ तड़क गई; the window ~ed down खिड़की^{F} टूटकर गिर पड़ी; her bone has ~ed उसकी हड्डी^{F} तड़क गई है. **III.** *v.t.* फोड़ना, तोड़ना, चटकाना : who ~ed the glass गिलास किसने फोड़ा? to ~ nuts अखरोट तोड़ना; why did you ~ her pen तुमने उसकी कलम^F क्यों तोड़ दी?; **to ~ smb's skull** किसी का सिर फोड़ना. Δ **to ~ a joke** मज़ाक करना. **cracker** क्रै'कर n^c. **1.** पटाखा : ~s should be banned on Diwali दीवाली^{F} पर पटाखों पर पाबंदी^{F} लगनी चाहिए **2.** कुरकुरा बिस्कुट : ~s and cheese कुरकुरे बिस्कुट और पनीर; we enjoyed the ~ and toffees हमने कुरकुरे बिस्कुटों और टाफ़ियों^{F} का आनंद लिया.

cradle क्रे'डल **I.** n^c. **1.** पालना : mother put the baby in a ~ माँ ने बच्चे को पालने में रखा. **2.** बचपन : from the ~ to the coffin ≈ से मृत्यु तक. **3.** (~ of Indian culture) भारतीय संस्कृति का जन्म स्थान/पालना. **II.** *v.t.* **1.** पालने में रखना या झुलाना : the mother ~ed the child to sleep माँ ने बच्चे को पालने में झुलाकर सुला दिया. **2.** गोद^F में रखना : she ~ed her child in her arms उसने अपने बच्चे को गोद में ले लिया. **3.** पालन-पोषण करना : I was ~ed in luxury मुझे विलास के वातावरण में पाला-पोसा गया.

craft क्राफ़्ट n^c. **1.** दस्तकारी^{F}, शिल्प : **handicraft** हस्तशिल्प; ~ of a potter कुम्हार की दस्तकारी; the ~ of woodcarving काष्ठ नक्काशी^{F} की कारीगरी; in ~ lessons we make things with our hand शिल्प के पाठों में हम अपने हाथ^F से चीजें^{F} बनाते हैं. **2.** (no *pl.*) नौका^{F}, जलयान; **air ~** वायुयान; **country ~** देशी नौका; a strange ~ sailed into the harbour and dropped anchor एक विचित्र जलयान बंदरगाह^F तक आया और लंगर डाल दिया. **craftsman** क्राफ़्ट्स'मन n^c. शिल्पी, शिल्पकार, कारीगर, दस्तकार [famous प्रसिद्ध, ordinary साधारण]; the carpenter who made our almirah was a good ~ बढ़ई जिसने हमारी अलमारी^{F} बनाई थी अच्छा ≈ था. **craftsmanship** क्राफ़्ट्स्'मनशिप n^c. कारीगरी^{F}, शिल्पकौशल : his ~ is simply wonderful उसकी कारीगरी बस अद्‌भुत है; the ~ of the engraver can be seen in his work नक्काश की कारीगरी^{F} उसके काम में देखी जा सकती है. **crafty** क्राफ़्'टि *a.* धूर्त, मक्कार, चालबाज़ : he is a ~ old rascal वह एक ≈ पुराना बदमाश है; he was ~ like a fox वह एक लोमड़ी^{F} की तरह ≈ था.

cram क्रैम (crammed, cramming) **I.** *v.t.* (fill) ठूँसकर भरना, ठूँसना, ठसाठस भरना : he ~ed his clothes into a suitcase उसने अपने कपड़े सूटकेस में ठूँसकर भर दिए; he ~med food into his mouth उसने अपने मुँह में भोजन ठूँसा; to ~ people in a bus बस^F में लोगों को ≈. **II.** *v.i.* (learn) रटना, घोटा लगाना : to ~ for examination परीक्षा^{F} के लिए रटना; he ~med (up) several lessons during the summer holidays उसने गर्मी^{F} की छुट्टियों^{F} के दौरान कई पाठ रट डाले.

crane क्रेन **I.** n^c. **1.** सारस (पक्षी) : a ~ has long legs ≈ की टाँगें^{F} लंबी होती हैं; a could be seen flying in the sky आकाश में उड़ते ≈ को देखा जा सकता था. **2.**(instru.) क्रेन, उत्तोलक : a ~ lifts heavy objects ≈ भारी चीजों^{F} को उठाता है; the ~ has very strong ropes ≈^{F} के रस्से बहुत मज़बूत होते हैं. **II.** *v.t.i.* उठाना : he ~d his head to look over the crowd उसने भीड़[F] को देखने के लिए अपना सिर ऊपर उठाया.

crash क्रैश **I.** *n*[c]. **1.** धमाके से गिरकर टूटना : the aeroplane ~ed हवाई-जहाज़ धड़ाम से गिरकर टूट-फूट गया; the glass ~ed down to the floor गिलाश फ़र्श पर गिरकर टूट गया; his car ~ed into/against a wall उसकी कार[F] दीवार[F] से टकराकर टूट गई; we saw the aircraft ~ and burst into flames हमने हवाई जहाज को धड़ाम से गिरते और आग[F] की लपटों में जलते देखा. **2.** the thunder ~d बिजली[F] कड़की. **3.** (of building) ढह जाना : his house ~ed in the rain उसका मकान बरसात में ढह गया. **II.** *v.t.* she ~ed the cup angrily उसने गुस्से में प्याला पटक दिया. **III.** *n*[c]. **1.** धमाका : ~ of something breaking कुछ टूटने का ≈; I heard a ~ and saw that she had dropped all the cups मैंने एक ≈ सुना और देखा कि उसने सभी प्याले गिरा दिये थे. **2.** टक्कर[F] : a train ~ गाड़ियों की ≈; there was a ~ between two cars दो कारों में ≈ हुई. **IV.** *a.* ज़ोरदार[F] : a ~ programme ज़ोरदार कार्यक्रम : a ~ course of Hindi हिन्दी का ≈ पाठ्यक्रम.

crate क्रेट *n*[c]. क्रेट, पेटी[F] : a ~ of bottles बोतलों का क्रेट.

crater क्रे'टर *n*[c]. ज्वालामुखी : smoke, flames and lava poured from the ~ of the volcano ज्वालामुखी के मुख से धुआँ, लपटें और लावा निकले.

crave क्रेव़ *v.t.i.* माँगना, याचना[F] करना, अनुनय-विनय करना : I ~ed the permission to go abroad मैंने विदेश जाने की अनुमति[F] के लिए अनुनय-विनय की (अनुमति माँगी); he ~d for some food उसने कुछ भोजन के लिए याचना[F] की; we ~ your help in this matter हम इस मामले में आपकी सहायता[F] के लिए याचना[F] करते हैं; to ~ mercy दया की याचना[F] करना. Δ ~ **after** भूख[F]/उत्कट इच्छा[F] : he ~s after money उसे धन की भूख/चाह है. [*n.* craving]

crawl क्रॉल *v.i.* **1.** रेंगना : the wounded cat crawled away घायल बिल्ली रेंगती हुई चली गयी; the baby ~s everywhere बच्ची हर जगह घिसटती या रेंगती फिरती है; the baby ~ed under the table बच्चा मेज़ के नीचे रेंग गया. **2.** धीरे-धीरे सरकना : the procession was ~ing along the streets जलूस गलियों में धीरे-धीरे खिसक रहा था. **3.** भरा होना : his hair was ~ing with lice उसके बालों में जुएँ भरी थीं; the market is always ~ing with customers in the evening शाम[F] को बाज़ार ग्राहकों से सदा भरा रहता है. **4.** गिड़गिड़ाना : he ~ed to the tyrant's feet वह अत्याचारी के पैरों पर गिड़गिड़ाया.

crayon क्रे'अन *n*[c]. (a coloured pencil) रंगदार चाक : the teacher writes with a ~ on the blackboard अध्यापक ≈ से श्यामपट्ट पर लिखता है.

craze क्रेज़ *n*[c]. ख़ब्त, सनक[F] : ~ for flying उड़ान[F] की ≈; the latest ~ among girls is to have pictures painted on their nails लड़कियों में नवीनतम ≈ है अपने नाखूनों पर चित्र रंगना; dancing is the ~ of the moment नाचना आजकल के समय की ≈ (आजकल का ख़ब्त) है; it is the current ~ to have short hair छोटे बाल रखना एक वर्तमान ≈ है. **crazy** क्रे'ज़ि *a.* ख़ब्ती, सनकी [fellow आदमी, old man बूढ़ा आदमी]; he is ~ about watching cricket match उसे क्रिकेट मैच देखने की सनक[F] सवार है; she is ~ about her lover वह अपने प्रेमी पर दीवानी है; she is ~ about filmstars वह फिल्मी-सितारों की दीवानी है; she is ~ about dancing उसे नाचने की सनक[F] है.

creak क्रीक **I.** *n*[c]. चरचराहट[F], चरमराहट[F] (आवाज़[F]) : strange ~s were heard from this old building इस पुरानी इमारत[F] से एक विचित्र ≈ सुनाई देती थी; we heard the ~ and knew that someone had come हमने ≈ सुनी और जाना कि कोई आया है. **II.** *v.i.* चरचराना, चरमराना : this chair is ~ing beneath your weight आपके भार से यह कुर्सी चरमरा रही है; the stairs ~ed as I went up मेरे ऊपर जाने से सीढ़ियाँ[F] चरमराईं; a badly oiled door ~s दरवाज़े में अच्छी तरह[F] तेल न दिया हो तो वह चरमराता है.

cream क्रीम **I.** *n*[u]. **1.** मलाई[F], क्रीम[F] [fresh ताज़ा, thick मोटी]; the ~ turned sour क्रीम खट्टी हो गई; the coffee with ~ ≈ के

साथ कॉफ़ी; do you take ~ in tea क्या तुम चाय^F में ≈ लेते हो? face ~ चेहरे के लिए क्रीम; shaving ~ हजामत^F के लिए क्रीम; cold ~ for skin चमड़ी के लिए कोल्ड क्रीम; we will skim the ~ off the milk हम दूध से ≈ उतारेंगे (निकालेगें). 2. सर्वोत्तम अंश या व्यक्ति : our leader is the ~ of our society हमारा नेता हमारे समाज का सर्वश्रेष्ठ व्यक्ति है; the boy is the ~ of the class वह लड़का कक्षा में सर्वोत्त्म है. II. *v.t.* 1. मलाई^F उतारना : she ~ed the milk उसने दूध से मलाई^F उतारी.

crease क्रीस I. *n*^{c}. चुन्नट^F : the crease on his trousers is smart उसकी पैंट में सजीली ≈ है; my dress is full of ~s मेरे कपड़ों में भरपूर चुन्नटें हैं; a ~ is made when you fold a paper कागज को मोड़ा जाए तो ≈ पड़ जाती है. II. *v.t.* चुन्नट^F डालना : I have ~d my dress badly मैंने अपनी पोशाक^F में चुन्नटें डाल दी हैं.

create क्रि एट' *v.t.* 1. बनाना : how was the world created दुनिया^{F} कैसे बनी? Sir Tek Chand of Lahore was ~ d a Knight in 1943 लाहौर के सर टेकचंद 1943 में नाइट (सर) बनाये गये थे; in the beginning God ~d the heaven and earth शुरू में ईश्वर ने स्वर्ग और पृथ्वी^{F} बनाई; a new department was ~d एक नया विभाग बनाया गया. [*ant.* destroy] 2. उत्पन्न करना, पैदा करना : it ~d some difficulty इससे कुछ कठिनाई^F पैदा हो गई; the election created great excitement चुनाव ने बहुत उत्तेजना^{F} उत्पन्न की; do not ~ disturbence in the classroom कक्षा^{F} में हुल्लड़ मत मचाओ; the experts ~ new dress styles for ladies every season विशेषज्ञ हर मौसम में औरतों के लिए वस्त्रों के नये फ़ैशन निकालते रहते हैं. **creation** क्रि ए'शन *n*^{c}. 1. (universe) सृष्टि^{F}: the Bible story of the ~ describes how plants, animals and human beings were created बाइबिल में ≈ की कहानी में आता है कि कैसे पौधे, जानवर और मानव बनाए गए (पैदा हुए). 2. रचना^{F}, निर्माण, कृति^{F} : this is a ~ of your own यह तुम्हारी निजी रचना^{F} है; the ~ of Roman Empire took many years रोमन साम्राज्य का निर्माण कई वर्षों में जा हुआ; the dress designer is showing his latest ~s वस्त्र-रूपकार अपनी नवीनतम कृतियाँ दिखा रहा है. **creative** क्रि ए'टिव़ *a.* रचनात्मक : ~ imagination ≈ कल्पना^{F}; ~ thinking ≈ चिंतन; the ~ power of man आदमी की ≈ शक्ति^{F}; her work is ~ उसका काम ≈ है. **creator** क्रि ए'टर *n*^{c}. बनाने वाला, स्रष्टा; God is the ~ who has made everything ईश्वर स्रष्टा है जिसने सब कुछ बनाया है; the ~ of this new lady's fashion is a Frenchman औरतों के इस नए फ़ैशन का बनाने वाला एक फ्रांसीसी है; the Romans were the ~ of a great empire रोमन एक महान साम्राज्य के निर्माता थे (स्थापित करने वाले थे). **creature** क्री'चर *n*^{c}. प्राणी, जीव [gentle सज्जन, mean तुच्छ, poor बेचारा, pretty सुन्दर]; men, animals, birds, insects, etc. are ~s आदमी, पशु, पक्षी, कीड़े आदि ≈ हैं; a miserable ~ एक दुखी ≈ है; look at this poor ~ इस बेचारे ≈ को देखो; don't let the house to this dirty ~ उस गंदे आदमी को मकान किराए पर न दो; the explorers did not know whether the strange creature was human or animal खोजी यह नहीं जानते थे कि वह विचित्र ≈ आदमी है या जानवर. Δ **man is the ~ of circumstances** मनुष्य परिस्थितियों^{F} का दास है.

creche क्रेश *n*^{c}. शिशु सदन : they have ~s for the children of their employees अपने मुलाज़िमों के बच्चों के लिए उनके पास ≈ हैं; babies in the ~ are cared for by trained people ≈ में शिशुओं की देखभाल^F प्रशिक्षित लोग करते हैं.

credible क्रे'डबल *a.* विश्वसनीय [person व्यक्ति, statement कथन]; it is scarcely ~ that he did it यह बात^F मुश्किल से ही ≈ है कि उसने यह किया; the account he gave was not ~ जो विवरण उसने दिया वह ≈ नहीं था. [*as distinct from* credulous] **credit** क्रे'डिट I. *n*^{u}. 1. विश्वास : I cannot give ~

to this news मैं इस समाचार पर ≈ नहीं कर सकता; this story is gaining ~ इस कहानी पर विश्वास जम रहा है. 2. (reputation) नाम, साख[F]; ~ **note** साख-पत्र; letter of ~ हुंडी, साख-पत्र; to have a good ~ in business व्यापार में अच्छी साख होना; to use one's ~ किसी की साख का लाभ उठाना. 3. श्रेय (bringing honour) : I give him ~ for the success मैं उसे सफलता[F] का ≈ देता हूँ; he was given ~ for the work उसे काम का ≈ दिया गया; to take ~ for some achievement किसी उपलब्धि[F] का ≈ पाना. [*ant*. dis ~] 4. उधार : ~ control ऋण-नियंत्रण; to sell on ~ ≈ पर बेचना; to buy goods on ~ ≈ पर माल खरीदना; this shop does not give ~ यह दुकान[F] ≈ नहीं देती. 5. (cause of honour) प्रतिष्ठा[F] का कारण; he is a ~ to our family उससे हमारे परिवार की प्रतिष्ठा है; it does him ~ or it reflects a ~ on him इस बात[F] से उसकी प्रतिष्ठा बढ़ती है. 6. (account) जमा : to open a ~ account with a bank बैंक में ≈ खाता खोलना. Δ **to smb's ~** किसी के हक में. [*ant*. debit] **II.** *v.t.* 1. विश्वास करना, भरोसा करना : I can ~ all he says जो कुछ वह कहता है मैं उस पर विश्वास कर सकता हूँ; I don't ~ her with honesty मैं उसकी ईमानदारी[F] का विश्वास नहीं करता; I ~ you with good intention मैं तुम्हारे सदाशय पर विश्वास करता हूँ. 2. श्रेय देना : will you ~ that क्या तुम उसका श्रेय दोगे ? 3. जमा खाते लिखना, जमा करना; his cheque was ~ed to your account उसका चेक तुम्हारे खाते में जमा कर दिया गया था; please ~ my account with Rs. 200 कृपया मेरे खाते में दो सौ रुपए और जमा कर दें. **creditable** क्रे'डिटॅबल *a.* प्रशंसनीय, सराहनीय [achievement उपलब्धि[F], success सफलता[F], work कार्य]. 1. **creditor** क्रे'डिटर n^c. ऋणदाता, लेनदार : ~s often exploit the poor ≈ प्रायः गरीबों का शोषण करते हैं. [*ant*. debtor] **credulous** क्रे'ड्यूलस *a.* भोला-भाला, विश्वास कर लेने वाला : only a ~ person would believe such an story about flying saucers उड़नतश्तरियों[F] की कहानी पर केवल भोला-भाला व्यक्ति विश्वास कर सकता है : he is so ~ that he believes anything इतना ≈ है कि किसी बात पर विश्वास कर लेता है. [*as distinct from* credible]

creed क्रीड n^c. 1. मत, पंथ : he is a believer of Hindu ~ वह हिंदू ≈ में विश्वास करता है; there is no prejudice against any ~ or race किसी ≈ या जाति के विरुद्ध कोई पूर्वाग्रह नहीं है. 2. विश्वास : wearing a sword is a part of a Sikh's religious ~ कृपाण[F] पहनना, किसी सिख के धार्मिक ≈ का एक अंग है : a political ~ एक राजनीतिक ≈.

creep क्रीप *v.i.* (*p.* & *p.p.* crept) 1. रेंगना, सरकना, पेट के बल सरकना : no one will see us if we ~ along with our bodies हमें कोई देख नहीं सकेगा यदि हम शरीर से सरकते चलें. 2. (move slowly) धीरे से जाना : ~ into the room कमरे में धीरे से चले जाओ; the cat crept towards the mouse बिल्ली चूहे की ओर खिसक चली. 3. ऊपर चढ़ना; a vine ~s up a wall अंगूर की बेल[F] दीवार[F] के ऊपर चढ़ती है. **creeper** क्री'पर n^c. बेल[F] : there are various kinds of ~s in the garden बाग में विविध प्रकार की लताएँ हैं; pumpkin plant is a ~ कोहड़े/पेठे का पौधा एक लता है.

cremate क्रि'मेट *v.t.* दाह-संस्कार करना, जलाना : she wanted to be ~d when she dies वह चाहती थी कि जब वह मरे तब उसे जलाया जाए; the dead body has been ~d शव का दाह संस्कार कर दिया गया है. **cremation** क्रि मे'शन n^c. दाह, दाह-संस्कार; ~ **ground** मरघट/श्मशान : his ~ took place at the ~ ground उसका दाह-संस्कार श्मशान घाट पर हुआ.

crept क्रेप्ट *v.i. p.p.* of creep. (देखो).

crescent क्रे'सन्ट **I.** n^c. दूज का चाँद, नया चाँद, बाल चन्द्र : see the silver ~ in the sky आकाश में चाँदी[F]-सा ≈ देखो; Muslim countries have the sign of ~ on their flags मुस्लिम देशों के झंडों पर बालचंद्र का निशान होता है. **II.** *a.* अर्द्ध-चन्द्राकार : the ~ moon अर्द्ध चंद्र;

crest क्रेस्ट 'n^c. 1. शिखा^F, कलगी^F : the ~ of a cock मुर्गे की ≈; some birds have ~s of red colour on their heads कुछ पक्षियों के सिर पर लाल रंग की शिखा होती है; Rajahs had ~s over their coronets राजाओं के मुकुट पर ≈ होती थी. 2. चोटी^F, शिखर : the crest of a mountain पहाड़ की चोटी, पहाड़ का शिखर; ~ of a wave लहर का शिखर.

crew क्रू n^c. 1. कर्मीदल : the ~ consisted of ten men ≈ में दस व्यक्ति थे. 2. नाविक दल : a ship's ~ पोत का ≈ ; the ship was lost but the ~s were saved जलयान नष्ट हो चुका था लेकिन नाविकगण बच गये. 3. विमान के कर्मचारी : the ~ on a plane वायुयान के कर्मचारी.

crib क्रिब I. n^c. 1. नाँद, चरनी^F : ~ for the cattle मवेशियों के लिए ≈. 2. (bed) खटोला : the baby was put to bed in his ~ शिशु को अपने खटोले में सुला दिया गया. 3. नकल^F : all his answers were ~s उसके सब उत्तर नकल किए हुए थे. II. *v.t.* (-bb-) चोरी^F करना : he ~bed the answer उसने उत्तर चोरी से नकल कर लिया; he ~bed that exercise from my copy-book उसने चोरी^F से उस अभ्यास को मेरी कापी से नकल कर लिया.

cricket क्रि'किट n^c. 1. (insect) झींगुर, झिल्ली : lively as a ~ ≈ की तरह खुश और चुस्त; a ~ is an insect like a grasshopper or locust झींगुर एक टिड्डे अथवा टिड्डी^F की तरह होता है. 2. गेंद-बल्ला, क्रिकेट : ~club क्रिकेट क्लब; a ~ team क्रिकेट टीम^F; the ~ is played in spring and winter क्रिकेट वसन्त और जाड़े में खेला जाता है; we won the ~ match by ten runs हमने दस रन से क्रिकेट मैच जीत लिया.

crime क्राइम n^c. अपराध [great बड़ा, heinous घोर, serious गंभीर]; the scene of crime ≈ होने का घटना-स्थल; to commit a ~ ≈ करना; an accused in a ≈ का दोषी/अभियुक्त; to involve smb. in a crime किसी को ≈ में फँसाना; ~s against humanity मानवता के विरुद्ध ≈; he confessed his ~ उसने अपना ≈ कबूल किया; he was punished for ~ उसे ≈ के लिए दण्डित किया गया; ~ is on the increase ≈ बढ़ रहा है; the police should prevent ~ पुलिस^F को ≈ की रोकथाम^F करनी चाहिए. **criminal** क्रि'मिनल I. *a.* 1. पापमय, अनुचित : theft is a ~ offence चोरी एक पापपूर्ण अपराध है; it was ~ to fell that tree down उस पेड़ को गिराना अनुचित था. 2. फ़ौजदारी, दण्डविधि-संबंधी : a ~ case फ़ौजदारी का मुकदमा; ~ **court** फ़ौजदारी न्यायालय; ~ **offence** दण्डनीय अपराध; ~ **breach of trust** दण्डनीय-विश्वासघात; ~ **law** दंड-विधि, फ़ौजदारी कानून; ~ **procedure code** दंड प्रक्रिया संहिता^F; it is ~ यह अपराध है. II. n^c. अपराधी, मुजरिम [bold साहसी, dangerous ख़तरनाक, impudent निर्लज्ज, insolent ढीठ, vile नीच]; the police arrested the ~ पुलिस ने ≈ को गिरफ़्तार किया; the ~ was awarded life imprisonment ≈ को उम्रकैद^F का दंड दिया गया; to find out the ~ ≈ का पता लगाना; to handover a ~ to the police ≈ को पुलिस^F के हवाले करना.

crimson क्रिम्'ज़न n^u. गहरा लाल [colour रंग, dress पोशाक^F]; he was ~ with excitement वह उत्तेजना^F से लाल हो गया था.

cripple क्रि'पल I. *v.t.* 1. अपांग करना, लूला-लंगड़ा कर देना : the accident ~d the boy दुर्घटना ने लड़के को अपंग बना दिया; he was ~d when he fell down from the balcony जब वह बारजा पर से गिरा तो (वह) लूला-लंगड़ा हो गया. 2. बिगाड़ना : poor output of factories has ~d the country's economy कारख़ानों के अत्यल्प उत्पाद ने देश की अर्थ-व्यवस्था^F को बिगाड़ दिया है. II. n^c. लूला-लंगड़ा, विकलांग : he has been a ~ since the road accident सड़क दुर्घटना^F के बाद वह ≈ हो गया.

crisis क्राइ'सिस n^c. (*pl.* crises) 1. संकट, संकट-स्थिति^F [economic आर्थिक, financial वित्तीय, industrial औद्योगिक, political राजनीतिक]; ~ in his career जीवन का संकट; a crisis such as recent flooding can result in many tragic situations हाल की बाढ़^F की तरह की संकट-स्थिति^F कई दुःखपूर्ण

स्थितियाँ उत्पन्न कर सकती है. 2. गंभीर दशा^F, नाज़ुक घड़ी^F : she is now out of danger. as she has passed the ~ वह अब ख़तरे से बाहर है क्योंकि उसने संकट की स्थिति^F पार कर ली है. [*a.* critical]

crisp क्रिस्प I. *a.* 1. (brittle) मुरमुरा, खस्ता, कुरकुरा : ~lettuce ≈ सलाद; these biscuits are delicious and ~ ये बिस्कुट स्वादिष्ट और कुरकुरे/ख़स्ता हैं; a ~ samosa ≈ समोसा; a ~ toast ≈ टोस्ट. 2. (clear) सुस्पष्ट, विषद : his style of speech is ~ इस की भाषण-शैली ≈ है. 3. (lively) फुर्तीला, चुस्त : ~player ≈ खिलाड़ी. 4. (bracing) स्फूर्तिदायक; ~ air ≈ वायु^F; ~ climate जलवायु. 5. (curly) घुँघराले : ~ hair घुँघराले बाल.

critic क्रि'टिक *n*^c. आलोचक, समालोचक, समीक्षक [honest ईमानदार, impartial निष्पक्ष, serious गंभीर, stern कड़ा]; a literary ~ साहित्य ≈; an art ~ कला-समीक्षक; his ~s believe that he is unfit for this post उसके आलोचक मानते हैं कि वह इस पद के लिए अनुपयुक्त है. **critical** क्रि'टिकल *a.* 1. आलोचनात्मक; ~ attitude ≈ दृष्टिकोण; ~ essay ≈ निबन्ध; he has been writing ~ essays on one-act plays वह एकांकी नाटकों पर ≈ निबंध लिखता रहा है. 2. संकटमय, संकटपूर्ण : the situation during the strike became ~ हड़ताल^F के दौरान स्थिति^F ≈ हो गई. 3. ख़तरनाक, गंभीर : her condition became ~ उसकी हालत ≈ हो गई; a ~ operation एक ≈ आपरेशन. 4. छिद्रान्वेषी, आलोचक : he is very ~ about women's dress वह स्त्रियों की पोशाक^F के बारे में बहुत ≈ है; he was ~ of my efforts वह मेरे प्रयासों में छिद्र निकालता रहता था; a ~ person is one who finds fault ≈ व्यक्ति वह है जो दोष ढूँढता रहता है. **criticise** क्रि'टिसाइज़ *v.t.* 1. आलोचना^F करना, समीक्षा करना [impartially निष्पक्ष रूप से, lightly हल्के ढंग में, mercilessly निर्दयतापूर्वक]; he ~d my work and said that it was no good उसने मेरे काम की समीक्षा की और कहा कि अच्छा नहीं है; he ~d Betty's painting, although he can do nothing himself उसने बैटी की चित्रकारी की आलोचना^F की जबकि वह स्वयं कुछ नहीं कर सकता. 2. छिद्रान्वेषण करना, ऐब निकालना : he ~d my writing उसने मेरे लेखन में ऐब निकाले; she is always ~ing him वह उसमें हमेशा ऐब निकालती रहती है. **criticism** क्रि'टिसिज़म *n*^u. 1. आलोचना^F, समालोचना^F, समीक्षा^F [bitter कटु, flattering चाटुकारितापूर्ण, justified न्यायपूर्ण, meaningless व्यर्थ की, unfavourable निंदात्मक, wise बुद्धिमत्तापूर्ण]; to be severe in one's literary ~ साहित्य आलोचना में कड़ाई^F करना; your ~ of my work shows that I can do better next time मेरी कृति^F की आपकी समीक्षा^F दर्शाती है कि मैं अगली बार^F इससे अच्छा कर सकता हूँ. 2. छिद्रान्वेषण, निंदा^F : to say something by the way of ~ ≈ के रूप में कुछ कहना.

croak क्रोक *v.i.* 1. टर्राना : a frog ~s मेंढक टर्राता है. 2. कुभाखा बोलना : she ~ed that he will fail वह कुभाखा (अशुभ वाणी) में बोली कि वह फ़ेल हो जायेगा.

crochet क्रो'शे I. *v.t.* करोशिया से बुनाई करना, बुनना : to ~ a muffler गलूबंद बुनना. II. *n.* 1. करोशिया : she carries her ~ in her basket वह अपना ≈ अपनी टोकरी में उठाये रहती है. 2. करोशिए का काम : old ladies enjoy doing ~ बूढ़ी औरतें करोशिए का काम करने में आनंद पाती हैं.

crocodile क्रॉ'कॅडाइल *n*^c. मगरमच्छ, घड़ियाल : the travellers took the ~ for a floating log until he opened his enormous mouth यात्रियों ने ≈ को एक तैरता लट्ठा समझा जब तक कि उसने अपना विशालकाय मुँह नहीं खोला. Δ ~ **tears** घड़ियाली आँसू, झूठ-मूठ के आँसू, दिखावे के आँसू : she only shed ~ tears for she was not sorry at all उसने बस घड़ियाली आँसू बहाये क्योंकि उसे बिल्कुल खेद नहीं था.

crook क्रुक I. *n*^c. 1. हुक, कँटिया : he threw the ~ in the river and the fish was netted उसने नदी^F में कँटिया फेंकी और मछली^F जाल में फँस गई. Δ **by hook or by** ~ सीधे तरीके से या टेढ़े तरीके से, किसी भी तरह. 2. लाठी^F : a shepherd's ~ गडरिए की ≈. 3. धोखेबाज़, बदमाश : two ~s stole the old woman's jewels दो धोखेबाज़ों ने बूढ़ी औरत के आभूषणों को चुराया. **II.** *v.t.* मोड़ना : he ~ed his finger to stop the taxi उसने टैक्सी रुकवाने के लिए अपनी उंगली मोड़ी. **crooked** क्रु'किड **1.** *a.* टेढ़ा : a ~ stick टेढ़ी छड़ी^F : that photograph is ~ वह फ़ोटो टेढ़ा है; ~ lives टेढ़ी रेखाएँ. **2.** कुटिल : he is a ~ and dishonest man वह कुटिल और बेईमान आदमी है.

crop क्रॉप **I.** *n*^c. फ़सल^F, पैदावार^F, उपज^F [average औसत, big भारी, unusual असाधारण, poor बहुत थोड़ी]; there is a good ~ of tomatoes this year इस साल टमाटर की अच्छी ≈ हुई है; we grow varied kinds of ~s हम विभिन्न प्रकार की फ़सलें उगाते हैं; this field is under ~ इस खेत में खेती^F की जा रही है; that field was out of ~ उस खेत में फ़सल नहीं उगाई गई. **II.** *v.t.* (cropped, cropping) **1.** फ़सल काटना : they ~ped potatoes whole of the day वे सारा दिन आलू की फ़सल काटते रहे. **2.** फसल^F उगाना या बोना : we ~ped the field for wheat हमने खेत में गेहूँ की फ़सल बोई. **3.** काटना, कतरना : ~ ears, hair tail of a dog कुत्ते के कान, बाल, उसकी पूँछ^F ≈; horses ~ the grass घोड़े घास^F कतरते हैं; the girl had her hair ~ped लड़की ने अपने बाल कटवा दिये. **III.** *v.i.* (**~up**) प्रकट या घटित होना : all of a sudden, smth important ~ped up अचानक ही , कोई महत्वपूर्ण घटना^F घटित हो गई; a new difficulty has ~ ped up एक नई कठिनाई^F उत्पन्न हो गई है.

cross क्रॉस **I.** *v.t.* **1.** काटना : your name was ~ed out तुम्हारा नाम काट दिया गया; ~ out what is unnecessary जो अनावश्यक है उसे काट दो. **2.** पार करना : ~ the road सड़क^F पार करो; take care when you ~ the road सड़क^F पार करते समय सावधानी बरतो; let us ~ to the other side हमें उस तरफ़ पार जाने दो. **3.** (अचानक) भेंट होना, मिलना : ~ a person किसी से अचानक भेंट होना. **4.** विरोध करना : to ~ smb's views किसी के विचारों का ≈. **5.** रेखित करना : to ~ a cheque चेक को ≈. **6.** संकरण करना : to ~ one breed of dog with another कुत्ते की एक नस्ल^F को दूसरी नस्ल^F से संकरित करना. **7.** (other uses) to ~ one's mind मन में आना, सूझना; to ~ smb किसी का विरोध करना; to ~ swords with smb किसी से लड़ाई^F या वाद-विवाद करना; to ~ over पार करके दूसरी ओर जाना; to ~ the floor दूसरे दल में जा मिलना. **II.** *a.* **1.** (transverse) उलटा, विपरीत; **~ examination** जिरह^F, प्रतिपृच्छा^F; **2.** आड़ा : **~ bar** ≈ डंडा : ~ bar of a bicycle बाइसिकल का ≈ डंडा; **~ bones** आड़ी-तिरछी (दो) हड्डियाँ; **~cut** आड़ी काट^F; **~ section** आड़ी काट^F. **3.** संकर, दोगला. **~ breed** संकर; **~ child** दोगला बच्चा. **4.** अप्रसन्न, चिड़चिड़ा : why are you so ~ with me तुम मुझसे इतने ≈ क्यों हो ? a ~ old man ≈ बूढ़ा आदमी; he made me ~ उसने मुझे नाराज़ कर दिया. **5. (other uses) ~ bench** (विधान सभा^F में) निर्दलीय सदस्यों का स्थान; **~ country race** क्षेत्र पार की दौड़^F; **~ reference** दूसरे स्थान पर होने का संकेत; **~ traffic** पारगामी यातायात, आर-पार यातायात; **~ ventilation** हवा का आर-पार आना-जाना; **~ roads** चौराहा : at the ~ roads, you turn to the left सड़क के चौराहे पर आप बायें मुड़ जाएँ. (fig.) we are at the ~ roads हम एक निर्णायक मोड़ पर (खड़े) हैं. **III.** *n.* **1.** (stake) सूली^F, क्रूस, सलीब : the ~ of Christ ईसा की सूली^F; the ~ of Christ was the result of religious fanaticism ईसा की सूली^F धार्मिक कट्टरता^F का परिणाम थी. **2.** क्रूस (सूली का चिन्ह) : Christians generally wear a ~ ईसाई प्रायः ≈ पहनते हैं; a ~ is shaped like the sign of addition + क्रूस का रूप जमा के निशान + जैसा होता है. **3.** संकट, कष्ट : we must all bear our ~s हमें अपने कष्टों को सहन करना चाहिए. **4.** वर्णसंकर, दोगला : the mule is a ~ between a horse and a donkey खच्चर घोड़े और गधे का वर्णसंकर होता है. **5.** मिश्रण : a ~ between two things दो वस्तुओं का ≈. **crossing** क्रॉ'सिंग n^c. चौराहा : it is advised to be cautious at the railway ~ रेल और सड़क के चौराहे पर खबरदार रहने की सलाह^F दी जाती है; a level ~ सपाट पारपथ; this ~ is too dangerous यह ≈ बहुत अधिक ख़तरनाक है.

crouch क्रॉउच *v.i.* **1.** (of animal) दबकना; lion ~es शेर दबकता है; the lion was ~ing under the bushes शेर झाड़ियों में दुबका बैठा था. **2.** (of person) झुकना : he ~ed behind वह पीछे झुका; I had to ~ to get into that small car उस छोटी-सी कार^F में घुसने के लिए मुझे झुकना पड़ा.

crow क्रो **I.** n^c. **1.** कौआ : ~'s claws कौए के पंजे : ~'s nest कौए का घोंसला. Δ **as the ~ flies** बिल्कुल सीध^F में. **2.** ~(bar) रम्बा, सब्बल : the labourers are digging with a ~ मजदूर ≈ से खोद रहे हैं. **II.** *v.i.* **1.** बांग देना, कुकड़ू कूँ करना : the cock ~s early in the morning मुर्गा तड़के बाँग देता है. **2.** किलकारी^F करना : the baby ~s with delight बच्चा ख़ुशी से किलकारी मारता है. **3.** हर्ष ध्वनि करना, जय घोष करना : he is ~ing over his success वह अपनी सफलता^F पर हर्षध्वनि कर रहा है (खुश है); now we have won the cup, we have something to ~ about हमारे पास अब जय-जय करने को कुछ तो है (क्योंकि) हमने कप जीत लिया है. **crowbar** क्रो'बार n^c. सब्बल, रम्भा : they use a ~ to lift up heavy stones वे भारी पत्थरों को उठाने के लिए ≈ से काम लेते हैं.

crowd क्रॉउड **I.** *n.* **1.** भीड़^F, जमघट, जनसमूह : there was a large ~ at the fair मेले में भारी भीड़^F थी; I could see a large ~ of people near the cinema मैं सिनेमा के पास लोगों का भारी जमघट देख सकता था; there was a ~ of 20,000 people at the football match फुटबाल मैच में 20,000 लोंगों की भीड़^F थी; the ~ crushed a child ≈ ने बच्चे को कुचल दिया (भीड़ में बच्चा कुचला गया). Δ **it will pass the ~** कुछ अच्छा तो नहीं पर चल जाएगा. **2.** ढेर : a ~ of books and papers on the table मेज़ पर किताबों^F और कागज़ों का ढेर. **II.** *v.i.* **1.** भीड़ करना, धक्कम-धक्का होना : the strikers ~ed the streets हड़तालियों ने गलियों में भीड़ कर रखी थी; the demonstrators ~ed outside the factory प्रदर्शनकारियों ने कारखाने के बाहर भीड़ कर दी. **2.** भरना (passive) : the train was ~ed गाड़ी^F भरी थी. **3.** ठूँसकर भरना : he ~ed many books in his bag उसने बहुत-सी किताबें ठूँसकर बैग में भर ली. **4.** (other uses) the boys ~ed in the hall लड़के हाल में इकट्ठे हो गये; the people ~ed together in the square लोग चौक में एकत्रित हुए. Δ **to follow/go with the ~** वही करना जो आम लोग करते हैं; **raise oneself or rise above the ~** आम लोगों से अच्छा होना. **crowded** क्रॉउ'डिड *a.* भरा हुआ [bus बस^F, hall हाल, room कमरा, tram ट्राम गाड़ी^F]; ~ street जनसंकुल गली^F; the streets were ~ गलियाँ भरी थीं; the train was not so ~ this night आज रात गाड़ी^F इतनी भरी-भरी नहीं थी.

crown क्रॉउन **I.** n^c. **1.** मुकुट, ताज : the king wore his ~ राजा ने अपना ≈ पहना; the queen's ~ is smaller रानी का ≈ कुछ छोटा होता है. **2.** राजा, सम्राट : how much authority does the ~ have in Nepal नेपाल में ≈ को कितने अधिकार हैं? the land belongs to the ~ भूमि^F ≈ की है. **3.** राजपद : to win the ~ ≈ पाना. **4.** शिखर, चोटी^F : we reached the ~ of the mound हम भींटे के शिखर पर पहुँच गये; ~ of road सड़क^F का (मध्य) ऊंचा भाग. **5.** खोपड़ी^F : Jack fell down and broke his ~ जैक गिरा और उसकी ≈ फूट गई. **II.** *a.* सर्वोच्च : ~ **land** ≈ भूमि; **the ~ prince** of Japan जापान का युवराज; a ~ **colony** सम्राट् के अधीन उपनिवेश; ~ **princess** युवराज्ञी. **III.** *v.t.* **1.** गद्दी पर बिठाना, राजतिलक करना : the arch bishop ~s the prince महाधर्माध्यक्ष युवराज का अभिषेक करता है; he was ~ed as the new king नये राजा के रूप में उसका राजतिलक हुआ. **2.** अंत को पहुँचाना, सफल होना : our efforts were ~ed with success हमारे प्रयास अंततः

सफल हो गए, Λ **to ~ it all** सबसे अच्छी या बुरी बात^F यह है कि.....

crude क्रूड *a.* **1.** कच्चा. ~ **oil** कच्चा तेल : ~ oil needs refining before use प्रयोग से पहले कच्चे तेल के शोधन की आवश्यकता^{F} होती है; ~ colour कच्चा रंग; ~ **rubber** कच्चा रबड. **2.** भद्दा : ~ **idea** ≈ विचार; ~ methods of cataract operation मोतियाबिंद के आपरेशन के भद्दे उपाय. **3.** (fig.) असभ्य, अशिष्ट [behaviour व्यवहार, people लोग]; do not be so ~ इतने ≈ मत बनो; a ~ way of expressing oneself आत्माभिव्यक्ति^{F} का अशिष्ट तरीका. [*ant.* refined]

cruel क्रू'अल *a.* क्रूर, निर्दय, ज़ालिम [person व्यक्ति, master मालिक/स्वामी]; he was ~ to her वह उसके प्रति ≈ था; do not be so ~ इतने ≈ न बनो; a ~ man beat his wife एक ज़ालिम आदमी ने अपनी पत्नी को पीटा; they were ~ to their servants वह अपने नौकरों के प्रति ≈ था. **2.** कड़ा, कठोर [decision निर्णय, punishment दंड, treatment व्यवहार]. [*ant.* benign, kind] **cruelty** क्रू'अल्टि *n*^{c}. ज़ुल्म, क्रूरता^{F}, निर्दयता^{F} : ~ is contrary to kindness ≈ दयालुता का विलोम है; ~ to children or animals is a crime in India भारत में बच्चों और जानवरों के प्रति ≈ अपराध है; it is ~ to keep a dog in a short chain कुत्ते को एक छोटी ज़ंजीर में रखना ≈ है.

cruise क्रूज़ *v.i.* **1.** गश्त^F लगाना : we often ~ along the street after dinner हम रात के खाने के बाद प्रायः गली में गश्त लगाते हैं. **2.** (समुद्री) पर्यटन करना; to ~ among the islands जहाज़ में द्वीपों में ≈; we are ~ing for our holidays हम छुट्टियों में समुद्री पर्यटन कर रहे हैं; we ~ed in the Indian Ocean हमने हिन्द-महासारग में पर्यटन किया. **3.** यों ही चक्कर लगाना : we were ~ing in a motor-car हम कार^F में यों ही चक्कर लगा रहे थे.

crumb क्रम *n*^{c}. **1.** टुकड़ा, किनका : she puts ~s of bread for the birds चिड़ियों के लिए रोटी^{F} के टुकड़े रखती है; **2.** (fig.) ~ of comfort थोड़ा-सा सुख; ~ of knowledge थोड़ा-थोड़ा ज्ञान.

crumble क्रम'बल **I.** *v.t.* टुकड़े-टुकड़े कर देना : to ~ stones पत्थरों के टुकड़े करना; she ~s the bread for her cat वह अपनी बिल्ली के लिए रोटी^{F} के टुकड़े करती है. **II.** *v.i.* गिरना : the old building is now crumbling यह पुरानी इमारत^F अब गिर रही है; (fig.) her ambitions have ~d उसकी महत्वाकांक्षाएँ नष्ट हो गई हैं; the Mughal empire finally ~ed in 1857 मुगल-साम्राज्य अंत में 1857 में नष्ट हो गया.

crumple क्रम्'पल **I.** *v.t.* **1.** सिकोड़ना, मरोड़ना : he ~d the paper उसने कागज़ को मरोड़ डाला. **2.** सिलवट^F डालना : she did not sit because she did not want to ~ her dress वह बैठी नहीं क्योंकि वह अपनी पोशाक^F में सिलवटें नहीं पड़ने देना चाहती थी. **II.** *v.i.* **1.** झुर्रियाँ पड़ना : her face ~d उसके चेहरे पर झुर्रियाँ पड़ गईं. **2.** सिलवट^F पड़ना : my trousers ~d मेरी पैंट में सिलवट पड़ गई.

crunch क्रन्च **I.** *n*^{c}. **1.** चबाना : to ~ an apple सेब ≈; he ~ed sweets in the class room वह कक्षा में मिठाई^F चबाता रहा; some members were ~ing peanuts in the parliament during its session संसद् सत्र के दौरान कुछ सदस्य मूँगफली^{F} चबा रहे थे. **2.** कुचलना : she ~ed a walnut under her heel उसने अपनी एड़ी^{F} के नीचे एक अखरोट कुचल दिया; to ~ the snow बर्फ ≈; you should not ~ fruit under your feet तुम्हें फलों को अपने पैरों तले ≈ नहीं चाहिए.

crusade क्रू सेड' *n*^{c}. धर्मयुद्ध, जिहाद : king Richard, the Lion Heart went on a ~ to drive the Mohammedans out of the Holy Land सिंहहृदय बादशाह रिचर्ड ने मुसलमानों को पवित्र भूमि^{F} से बाहर निकालने के लिए ≈ छेड़ दिया.

crush क्रश *v.t.* **1.** कुचलना : he ~ed the flower उसने फूल कुचल दिया; he accidently ~ed the child's toy उसने एकदम बच्चे का खिलौना रौंद दिया; ~ it so that it is powdered इसे कुचलो जिससे यह चूरा हो जाय. **2.** पीसना, पेरना : to ~ to powder पीसकर चूरा कर देना. **3.** (overwhelm) अभिभूत कर देना : he ~ed the enemy very easily उसने बड़ी आसानी^{F} से शत्रु को अभिभूत कर दिया; he was ~ed with grief वह शोकाभिभूत था. **4.** दबा देना : the woman was ~ed with grief औरत दुःख से दब गई थी; to ~ a revolt विद्रोह दबा देना. **II.** n^c. **1.** फूल का रस : lemon ~ नीबू का रस. **2.** भीड़-भाड़ : there was such a ~ in the room that no one could move कमरे में इतनी ≈ थी कि कोई हिल नहीं सकता था; I was delayed in the ~ at the shop दुकान^F पर भीड़-भाड़ के कारण मुझे विलम्ब हुआ. **3.** पेल^F : he was killed by the ~ of the bear's paws वह भालू के पंजों से पेले जाने से मारा गया. **4.** रस **crushing** क्र'शिंग *a.* **1.** ~ defeat भारी हार^F. **2.** ~ mill पेरने वाली मशीन^F, रस निकालने वाली मशीन^F : ~ season गन्ना पेरने का मौसम.

crust क्रस्ट n^c. **1.** परत^F : earth's ~ पृथ्वी^{F} की ≈. **2.** पपड़ी^{F} : ~ found on the field खेत पर पाई गई ≈. **3.** (of bread) छिलका : the ~ of the bread is hard रोटी^{F} का ≈ कड़ा है; the child did not like the ~s बच्चे को ब्रेड के छिलके पसंद नहीं आए; the poor fellow has not a ~ to eat इस गरीब आदमी (बेचारे) के पास खाने को ≈ तक नहीं है. **4.** (of wound) खुरंड : there is a ~ on my wound मेरे घाव पर ≈ है.

crutch क्रच n^c. (usu. a pair of ~es) बैसाखी : the lame man can walk only by using ~es लंगड़ा आदमी केवल ≈ का ही प्रयोग करके चल सकता है; the lame had a ~ to support him लंगड़े आदमी के पास एक ≈ का सहारा था. (fig.) **she uses religion as a ~** for her insecurity वह अपनी असुरक्षा के लिए धर्म की वैसाखी (का सहारा) लेती है.

cry क्राइ **I.** *v.i.* (cried, crying) **1.** रोना : she began to ~ वह रोने लगी; don't ~ रोओ मत; I refused and he started ~ing मैंने इंकार किया और वह रोने लगा. **2.** चिल्लाना, पुकारना : we cried loudly to stop the bus हम बस^F रोकने के लिए ज़ोर से चिल्लाए; I cried for help मैंने सहायता^{F} के लिए पुकारा; she cried with pain वह दर्द से चिल्लाई; he cried at the top of his voice वह बहुत ऊंचे स्वर से चिल्लाया. Δ **to ~ one's heart out** फूट-फूट कर रोना; **to ~ for the moon** असंभव की चाह^F करना; **to ~ smth/smb down** किसी वस्तु/व्यक्ति की निंदा करना; **to ~ smth up** किसी वस्तु की प्रशंसा^{F} करना. **II.** n^c. चीख^F, चिल्लाहट^F : the ~ of a child बच्चे की ≈; he gave a ~ of triumph उसने विजय की ≈ की; the ~ of a wolf भेड़िये की ≈. Δ **that place is a far ~** वह स्थान बड़ी दूरी^{F} पर है; it is a far ~ from being a clerk to **being a secretary** लिपिक का सचिव होने तक बड़ी दूरी^{F} है; **much ~ and little wool** खोदा पहाड़ निकली चुहिया^{F}.

crystal क्रिस्'टल **I.** n^c. **1.** (quartz) स्फटिक : the bowl is made of ~ कटोरा स्फटिक का बना है. **2.** रवा : ~s of sugar चीनी^{F} के रवे. **II.** *a.* **1.** क्रिस्टलीय, रवेदार : ~ glass ≈ शीशा. **2.** स्वच्छ : ~ water of stream नदी का ≈ जल. **3.** ~ clear अत्यन्त स्पष्ट.

cub. cubic.

cub कब **I.** n^c. **1.** बच्चा, शावक : the ~ of a bear, fox, lion or wolf भालू, लोमड़ी या भेड़िये का ≈. **2.** (scouting) बाल स्काउट. **II.** *v.i.* (-bb-) जनना, बच्चा देना : a lioness ~bed last night एक शेरनी ने पिछली रात बच्चा दिया. **III.** *a.* (novice) नौसिखआ : he is a ~ reporter on the *N. I. Patrika* वह न. इ. पत्रिका का एक ≈ संवाददाता है.

cube क्यूब **I.** n^c. **1.** घन, क्यूब : the ~ of sugar चीनी का ≈; please get me an ice-~ out of the fridge कृपया मुझे फ्रिज से निकालकर बर्फ़^{F} का एक ≈ दीजिए. **2.** घनफल : ~ of 3 is 27 तीन का ≈ 27 होता. ~ root घनमूल; 4 is the ~ root of 64 64 का घनमूल चार होता है. **II.** *v.t.* **1.** घनफल निकालना; to ~ five पाँच का ≈. **2.** घन के आकार के टुकड़े करना : ~ the fruit for salad सलाद के लिए सेब के घनाकार टुकड़े करो.

cuckoo कु'कु n^c. (*pl.* ~s) कुक्कु; ~ is a bird that sings ≈ एक पक्षी है जो गाता है.

cucumber क्यू'कम्बर n^c. खीरा, ककड़ी^{F} : we buy ~ हम खीरा/ककड़ी खरीदते हैं; ~ is used in salad खीरे-ककड़ी का इस्तेमाल सलाद में होता है; ~ is eaten raw खीरा कच्चा खाया जाता है.

cud कड *n*^{u}. जुगाली^{F} : chew the ~ 1. ≈ करना : the cow is chewing the ~ गाय^F जुगाली कर रही है. 2. (fig.) चिंतन करना : he sat and ~ed the idea वह बैठकर चिंतन करता रहा.

cudgel क'जल *n*^{c}. लाठी, डंडा. Δ **to take up the ~s for** डटकर लड़ना, पक्ष में जुट जाना : she took up the ~s to protect women's rights वह स्त्रियों के अधिकारों की रक्षा^{F} के लिए डटकर जुट गई.

cuff कफ़ **I.** *n*^{c}. 1. थप्पड़ : I did not give a ~ on his ear मैंने उसकी कनपटी^{F} पर ≈ नहीं मारा; the angry man gave the girl a ~ on her head क्रुद्ध व्यक्ति ने लड़की के सिर पर ≈ मारा. 2. कफ़, कलाईबंद, आस्तीन^F की मोहरी^{F} : does your shirt have ~s क्या तुम्हारी कमीज़^{F} में कफ़ है. 3. पैंट की मुड़ी हुई मोहरी^{F} : ~s again in vogue these days इन दिनों ≈ का फिर फ़ैशन है; I put my hand so far into the water that I wet my shirt-~ मैं पानी में अपना हाथ इतना दूर तक ले गया कि कमीज़ के कफ़ भीग गए. Δ **off the ~** बिना तैयारी^{F} के : to do anything off the ~ कोई चीज ≈ के करना. **II.** *v.t.* थप्पड़ मारना : I ~ed him on his head मैंने उसके सिर पर थप्पड़ मारा.

culprit कल्'प्रिट *n*^{c}. अपराधी, दोषी : this boy is a ~ यह लड़का ≈ है : the ~ is in the custody of the police ≈ पुलिस^F हिरासत^F में है; someone has broken my window, who is the ~ किसी ने मेरी खिड़की तोड़ दी है, ≈ कौन है ?

cultivate कल्'टिव़ेट *v.t.* 1. जुताई^F करना : to ~ the soil ज़मीन^F की ≈; he ~d the land to sow wheat उसने गेहूँ की बुवाई करने के लिए ज़मीन^F की जुताई की. 2. उगाना, खेती^{F} करना : to ~ crops, trees, etc. फ़सलों, पेड़ों आदि की खेती करना; he ~s vegetables वह सब्जियाँ^{F} उगाता है. 3. बढ़ाना, विकास करना : ~ a special taste विशेष स्वाद बढ़ाना; to ~ the mind मानसिक विकास करना; to ~ love of art कला^{F} से प्रेम बढ़ाना. 4. मेल-जोल बढ़ाना : she ~s her class fellows वह अपनी सहपाठिनियों से मेलजोल बढ़ाती है.

cultivated कल'टिवेटिड *a.* 1. जुता हुआ : ~ land जुती हुई ज़मीन. 2. शिष्ट : a very ~ young man बहुत ही ≈ नवयुवक. **cultivation**कल् टि व़े'शन *n*^{c}. 1. खेती^{F}, जुताई^F, कृषि^{F} : land under ~ कृषिभूमि^{F}, जुताई वाला खेत : ~ of cotton कपास की खेती^{F}. 2. (advancement) संवर्धन : ~ of friendship मैत्री^{F} का ≈, मित्रता^{F} बढ़ाना. 3. (refinement) संस्कार : ~ of manners आचार-व्यवहार का ≈. **cultivator** कल्'टिव़ेटर *n*^{c}. 1. कृषक, खेतिहर, किसान [backward पिछड़ा हुआ, hardworking परिश्रमी, poor गरीब]. 2. (machine) कर्षक-यंत्र : I have bought a ~ for agriculture मैंने खेती^{F}/कृषि के लिए एक ≈ खरीदा है.

cultural कल्'चरॅल *a.* सांस्कृतिक [crisis संकट, evolution विकास, influence प्रभाव]. **culture** कल्'चर *n*^{c}. 1. संस्कृति^{F} [ancient प्राचीन, Indian भारतीय, oriental पूर्वदेशीय]; the development of ~ ≈ का विकास; the centre of ~ ≈ का केन्द्र. 2. शील, शिष्टता^{F} : a man of great ~ अत्यधिक शिष्ट व्यक्ति, सुसंस्कृत व्यक्ति : he lacks ~ उसमें ≈ नहीं है. 3. संवर्धन, उत्पादन : I am learning about the ~ of tomatoes मैं टमाटर के ≈ के बारे में सीख रहा हूँ; ~ of flowers पुष्प-उत्पादन; fish ~ मत्स्य-पालन/संवर्धन.

cumbersome कम्'बरसम (also cumbrous, rare) *a.* बोझिल, भारी : the armour was so ~ that David could not move about with it on कवच इतना भारी था कि डेविड इसे पहनकर इधर-उधर चल-फिर नहीं सकता था.

cumulative क्यू'म्युलेटिव़ *n*^{c}. 1. सामूहिक [evidence साक्ष्य, effect प्रभाव, voting मतदान]. 2. क्रमशः बढ़ता हुआ [interest ब्याज, profit लाभ].

cunning क'निंग **I.** *a.* मक्कार, धूर्त : a ~ craftsman एक ≈ कारीगर; a ~ rascal एक ≈ बदमाश; a fox is ~ लोमड़ी ≈ होती है; a ~ trick चालाकी^{F}. **II.** *n*^{c}. चालाकी^{F}, मक्कारी^{F}, धूर्तता^{F} : I was astonished at his

~ उसकी ≈ पर मैं हैरान/चकित रह गया. [*ant.* artless]

cup कप *n*[c]. 1. प्याला, कप : a ~ of silver चाँदी[F] का प्याला; tea ~ चाय का ≈; will you have another ~ of tea क्या आप दूसरा चाय का ≈ लेंगे ? she dropped a set of ~s and broke it उसने ≈ का एक सेट गिराकर तोड़ दिया; add half a ~ of sugar आधा ≈ चीनी[F] मिला लो. 2. कप (पुरस्कार) : the team won the cup टीम को पुरस्कार में ≈ मिला; they won the league ~ उन्होंने हॉकी में लीग ≈ जीता. **cupboard** क'बर्ड *n*[c]. आलमारी[F] : a ~ for utensils बर्तन रखने की आलमारी; put the books back into the ~ and shut the door किताबें फिर से आलमारी[F] में रख दो और दरवाज़ा बंद कर दो; take out cups from the ~ आलमारी से प्याले निकाल लो.

curable क्यु'रॅबल *a.* साध्य, चिकित्स्य : a ~ form of cancer कैंसर का साध्य रूप; if you have a ~ disease, you will be well again यदि आप की बीमारी[F] ≈ है तो आप पुनः स्वस्थ हो जाएँगे.

curator क्युअ रे'टर *n*[c]. संग्रहाध्यक्ष, संग्रहपाल : ~ of collections संग्रहाध्यक्ष; ~is the person who is incharge of a museum ≈ वह व्यक्ति है जो एक संग्रहालय का प्रभारी होता है.

curb कर्ब **I.** *n*[c]. प्रतिबंध, रोकथाम[F] : we shall have to put a ~ on his movements हमें उसकी गतिविधि[F] पर रोक[F] लगानी होगी; keep a ~ on your anger अपना गुस्सा काबू में रखो, अपने गुस्से पर काबू रखो. **II.** *v.t.* दबाना, नियंत्रित करना : to ~ anger गुस्से को ≈; you must ~ your desires तुम्हें अपनी इच्छाओं को नियंत्रित करना होगा; ~ your passions अपनी वासनाओं पर नियंत्रण रखो.

curd कर्ड *n*[u]. दही [fresh ताज़ा, sour खट्टा, sweet मीठा].

cure क्यु'अर **I.** *n*[c]. इलाज, उपचार [long लंबा, marvelous अद्‌भुत, gainful लाभदायक]; the only for arms disease ~ is yoga किसी बीमारी का केवल एक ≈ है योग; a new ~ for tuberculosis टी.बी./छयरोग का नया ≈; no effective ~ for this disease has been found out इस रोग का कोई प्रभावकारी ≈ नहीं पाया गया. **II.** *v.t.* 1. चंगा करना, इलाज करना [immediately तुरंत, quickly तेज़ी से]; if you are sick, the doctor will ~ you यदि तुम बीमार हो तो डॉक्टर तुम्हें चंगा कर देगा; that medicine ~d me इस औषद्यि ने मुझे चंगा कर दिया; it ~d him of his constapation इससे उसकी कब्ज़[F] का इलाज हो गया; to ~ wounds घावों को अच्छा करना; (passive) very soon he was ~ शीघ्र ही वह चंगा हो गया. 2. उपाय करना, दूर करना : to ~ unemployment बेरोजगारी[F] दूर करना; how can I ~ this habit of yours मैं आपकी यह आदत कैसे दूर कर सकता हूँ? discipline soon ~d his laziness अनुशासन ने शीघ्र ही उसकी सुस्ती[F] को दूर कर दिया. **Δ what cannot be ~d must be endured** जिसका उपाय नहीं किया जा सकता उसे सहन करना पड़ता है.

curfew कर्'फ़्यू *n*[c]. कर्फ़्यू : to impose ~ कर्फ़्यू लगाना; to lift ~ ≈ उठा लेना; to relex ~ ≈ की अवधि[F] कम करना; there is ~ in force from ten o'clock to night आज रात दस बजे से ≈ लागू है.

curio क्युअ'रिओ *n*[c]. अद्‌भुत् कलाकृति[F] : some shops in Delhi deal in ~s only दिल्ली की कुछ दुकानें केवल पुरानी कलाकृतियों का व्यापार करती हैं.

curiosity क्युआरेऑ'सिटि *n*[c]. कुतूहल, जिज्ञासा[F] : to burn with ~ जिज्ञासा[F] से विह्वल होना; my ~ was fully aroused मेरा कुतूहल पूर्ण रूप से जाग उठा; she showed so much ~ about your family affairs उसने तुम्हारे पारिवारिक मामलों में इतनी जिज्ञासा दिखाई; Mary's ~ was aroused by mysterious things मैरी की जिज्ञासा रहस्यमय वस्तुओं के बारे में जागृत हो गई; I asked him out of ~ उससे मैंने कुतूहलवश पूछ लिया. **curious** क्युअ'रिअस *a.* 1. उत्सुक, इच्छुक, जिज्ञासु : I am ~ to know what will happen next मैं जानने का ≈ हूँ कि इसके बाद क्या होगा; I am ~ to know if he will come मैं जानने के लिए ≈ हूँ कि वह आयेगा (या

नही); a ~ fellow एक ≈ व्यक्ति. **2.** विचित्र, अनूठा, अनोखा, निराला : a boy of ~ ideas विचित्र विचारों वाला लड़का; he has a ~ weapon in his suitcase उसके सूटकेस में एक विचित्र हथियार है; a ~ hut एक अनोखी झोपड़ी; a ~ invention एक ≈ आविष्कार.

curl कर्ल **I.** n^{c}. **1.** कुडल : a ~ of spring स्प्रिंग का ≈; ~ of a snake साँप की कुंडली^{F}. **2.** (of hair) घूंघर : her hair has beautiful ~s in it उसके बालों में सुंदर ≈ हैं. **II.** *v.t.i.* **1.** घुँघराले बनाना या होना : I wish that my hair would ~ like Roman Mary's मैं चाहता कि मेरे बाल रोमन मैरी के बालों की तरह घुँघराले होते. Δ **to make smb's hair ~** भयभीत करना : **~ up** भयभीत होना : she was ~ed up when saw a cobra उसने जब नाग देखा तो वह भयभीत हो गई. **2.** मोड़ना, मुड़ना : paper is ~ing in the heat of the fire कागज़ आग^{F} की गर्मी^{F} से मुड़ रहा है; her new clothes ~ed when she lay down on the bed उसके नये कपड़े मुड़ गये जब वह बिस्तर पर लेट गई. **3.** चक्कर खाना, लहराना : the smoke ~ed into the air धुँआ हवा^{F} में चक्कर खाता गया. **curly** कर्'लि *a.* (curlier, curliest) **1.** घुँघराला : she has ~ hair उसके बाल घुँघराले हैं. **2.** (wavy) तरंगित : ~ lines ≈ रेखाएँ^{F}.

currant कॅ'रन्ट n^{u}. किशमिश^{F} : we always put some ~ in a cake हम केक में सदा थोड़ी-सी ≈ डालते हैं; we have a black ~ bush in our garden हमारे बाग में एक काली किशमिश की झाड़ी^{F} है. [*as distinct from* current]

currency क'रन्सि n^{c}. **1.** सिक्का, मुद्रा^{F} : Indian ~ भारतीय मुद्रा; ~ note कागज़ी मुद्रा, नोट; the ~ of the U.S.A. अमेरिका की मुद्रा^{F}; metal is also used in ~ धातु^{F} का उपयोग भी मुद्रा के रूप में किया जाता है; hard ~ दुर्लभ मुद्रा (डालर, पौंड, मार्क आदि); soft ~ सुलभ मुद्रा (रुपया, रुबल आदि). **2.** n^{u}. चलन : to give ~ to rumours अफ़वाहें^{F} फैलाना; the ~ of such notes has now ceased ऐसे नोटों का ≈ अब बंद हो गया है.

current क'रन्ट **I.** *a* **1.** चालू [account खाता, deposit जमा, fashion फ़ैशन, market price बाज़ार दर^{F}, weak सप्ताह, year वर्ष]. **2.** वर्तमान [cost लागत^{F}, politics राजनीति^{F}, trend रुझान, views विचार]. **II.** n^{c}. धारा^{F}, प्रवाह, बहाव [slow मंद, strong तेज़, swift तेज़]; to swim against the ~ धारा^{F} के विपरीत तैरना; struggle with the ~ धारा से संघर्ष करना; to swim with the ~ धारा के साथ तैरना; the boat was carried away by the ~ धारा नाव^{F} को बहा ले गई; the ~ of a river नदी^{F} की धारा^{F}; the ~ of electricity विद्युत् धारा^{F}; the ~ of thoughts विचार-धारा; ~ of public opinion जनमत की धारा. [*as distinct from* currant]

curriculum क रि'क्युलम n^{c}. पाठ्यक्रम : they have changed the ~ उन्होंने ≈ बदल दिया है; the ~ in Hindi at the University विश्वविद्यालय में हिन्दी का ≈.

curry क'रि **I.** n^{c}. (*pl.* curries) कढ़ी, सालन : vegetable ~ takes little time to cook सब्जी^{F} की ≈ पकने में थोड़ा समय लगता है. **II.** *v.t.* (curries, curried) खरहरा करना : the syce curries his horse साईस अपने घोड़े का खरहरा करता है. Δ **to ~ favour with smb** खुशामद^{F} से किसी का कृपापात्र बनना.

curse कर्स **I.** n^{c}. शाप, अभिशाप : a washing machine can be a blessing or a ~ धुलाई की मशीन^{F} वरदान या ≈ हो सकती है; he remembered the witches' ~ उसने चुड़ैलों^{F} के शाप को याद रखा; to lay smb under a ~ किसी को ≈ देना. [*ant.* blessing, boon] **II.** *v.t.* शाप देना, कोसना : A Sadhu ~d him एक साधु ने उसे शाप दे दिया; he ~d himself when he failed in the examination जब परीक्षा^{F} में असफल रहा तो उसने अपने को कोसा; in his rage, he ~d and swore गुस्से में उसने शाप दिया और कस्में^{F} खाई; he ~d him in a bad temper उसने बदमिज़ाजी से उसे धिक्कारा; to ~ someone is to wish him harm किसी को शाप देना उसे नुकसान पहुँचाने की इच्छा^{F} करना है; to ~ is to use bad language शाप देना

अभद्र भाषा^{F} का प्रयोग करना है. [*ant.* bless]
Δ ~ **with** से ग्रस्त : my mother is ~d with leprosy मेरी माँ कुष्टग्रस्त है.

cursory कर्'सरि *a.* सरसरी, चलता हुआ : a ~ inspection एक सरकारी परीक्षण : she gave him a ~ glance उसने इसे सरसरी नज़र से देखा. [*ant.* thorough]

curt कर्ट *a.* **1.** अत्यंत संक्षिप्त, दो टूक : ~ reply ≈ उत्तर; she is generally ~ in her replies वह प्राय: ≈ उत्तर देती है; I sent him a ~ note मैंने उसे एक अति संक्षिप्त नोट भेजा.

curtail कर् टेल' *v.t.* घटाना, काटना, कम करना : his movements have been ~ed उसकी गतिविधि^{F} घटा दी गई है; he had to ~ his programme उसे अपना कार्यक्रम कम करना पड़ा; I shall have to ~ my holidays मुझे अपनी छुट्टियाँ^{F} काट देनी होंगी (कम करनी होंगी).; ~ your expenditure अपना ख़र्च कम करो (घटाओ). **curtailment**कर्'टेल् मन्ट n^c. काट-छाँट^F; घटाव : ~ of privileges अधिकारों का घटाव.

curtain कर्'टन n^c. परदा : drop the ~ so that people can not see us through the window ≈ गिरा दो जिससे लोग खिड़की^{F} से हमें न देख सकें; window ~ खिड़की^{F} का ≈; draw the ~ aside पर्दे को एक किनारे हटा दो; the ~ rises, falls ≈ उठता है, गिरता है; the ~ came down at the end of the scene दृश्य के अंत में पटाक्षेप हो गया (परदा गिर गया). (fig.) ~ of smoke धुएँ का ≈.

curve कर्व़ **I.** n^c. वक्रता^{F}, घुमाव, मोड़ [dangerous खतरनाक, sharp तेज़, wide चौड़ा]; a ~ of a river or road नदी^{F} अथवा सड़क^F का ≈; to overtake one on the ~ किसी को मोड़ पर पीछे छोड़ना; the ~ s of her body उसके शरीर की वक्रता. **II.** *v.t.i.* मुड़ जाना : the road ~s to the left सड़क^F बाईं ओर^F मुड़ जाती है. the blacksmith ~d an iron rod लोहार ने लोहे का एक छड़ (झुका) दिया.

cushion कु'शन n^c. गद्दी^{F}, तोषक [hard सख़्त, silk रेशमी, soft कोमल]; after riding his bicycle all day he was glad to sit on a ~ दिन भर साइकिल चलाने के बाद जिम ≈ पर बैठने से प्रसन्न था; ~ of a chair कुर्सी^{F} की गद्दी^{F}.

custard कस्'टर्ड n^u. कस्टर्ड, फिरनी^{F} : we always have ~ with our pudding हम हमेशा अपने पुडिंग के साथ ≈ खाते हैं. ~ apple शरीफा (फल).

custodian कस् टो'डिअन n^c. अभिरक्षक, अभिभावक, रखवाला, निगरानी करने वाला : ~ of evacuee property निष्क्रांत लोगों की संपत्ति^{F} के ≈; ~ of public buildings सार्वजनिक भवनों का संरक्षक. **custody** कस्'टडि n^u. **1.** हिरासत^F : the accused is in police ~ अभियुक्त पुलिस^F की ≈ में है; the thief was taken into ~ चोर को ≈ में ले जाया गया; the prisoner was held in ~ कैदी हवालात^F में रखा गया. **2.** संरक्षण : he is in the safe ~ of her mother वह भली-भाँति अपनी माँ के ≈ में है; the father has the ~ of the child पिता बच्चों का ≈ करता है.

custom कस्'टम n^c. **1.** रिवाज, प्रथा^{F} [ancient प्राचीन, barbarous निर्दय, good अच्छा, local क्षेत्रीय, revered सम्माननीय, simple साधारण]; according to the ~ ≈ के अनुसार; to preserve the ~s of a country देश की प्रथाओं को बनाए रखना; to break the ~ ≈ तोड़ना (समाप्त करना); the ~ still exists यह ≈ अब भी अस्तित्व में है; it is the ~ to take off your cap in the school यह ≈ है कि विद्यालय में अपनी टोपी उतार लो; marriage ~ शादी^{F} का रिवाज. **2.** (only *pl.*) सीमा-शुल्क, सीमा-कर (also ~s duty) : ~s on import आयात-कर; ~s on export निर्यात-कर; ~ house सीमा-शुल्क कार्यालय; according to the rules we have first to pay ~s on the border नियमानुसार हमें सबसे पहले सीमा^{F} पर सीमा-शुल्क अदा करना पड़ता है. **3.** गाहकी^{F} : this shop has plenty of ~ उस दुकान^F की ≈^{F} (गाहक संख्या^{F}) बहुत है. **4.** अभ्यास, आदत^F : it was his ~ to go to sleep at 10 p.m. उसकी आदत थी रात दस बजे सो जाने की. **customary** कस्'टॅमरि *a.* **1.** आम, सामान्य : the mayor makes his ~ rounds of the city every week प्रत्येक

सप्ताह नगरप्रमुख नगर का ≈ दौरा लगाता है; it was a ~ act as usual हमेशा की तरह यह एक ≈ कार्य था. **2.** रिवाजी, देश-चाल संबंधी : ~ law रिवाजी-कानून/परम्परागत कानून; ~ dignity and decorum प्रथागत मान-मर्यादा; he went for his ~ morning walk वह अपनी रिवाजी सुबह[F] की सैर करने गया.

customer कस्'टॅमर *n*[c]. ग्राहक, गाहक [dissatisfied असंतुष्ट, old पुराना, regular नियमित]; they began to lose their ~s वे अपने ग्राहकों को खोने लगे; we must first think of our ~s हमें पहले अपने ग्राहकों का ध्यान रखना चाहिए; the ~s were satisfied ≈ संतुष्ट थे; he is a funny ~ वह अजीब-सा ग्राहक है; that shop gets a lot of ~s उस दुकान[F] पर बहुत-से ≈ आते हैं; the ~ paid the shop-keeper a fifty-rupee note ≈ ने दुकानदार को पचास रुपए का एक नोट दिया.

cut कट **I.** *v.t.* [*p.* & *p.p.* cut, *pr. p.* cutting] **1.** काटना, कतरना, ब्योंतना : he ~ his finger उसने अपनी उंगली काट ली; she ~ the meat and put it on the pan उसने मांस काटकर पैन में डाल दिया; ~ the paper काग़ज़ काटो; this saw ~s well यह आरी[F] अच्छा काटती है; to ~ with a knife चाकू से ≈; they ~ down the trees उन्होंने पेड़ काट गिराए; to have one's hair ~ अपने बाल कटवाना. **2.** घटाना, कम करना : to ~ the story कहानी[F] छोटी करना; to ~ prices मूल्य घटाना. **3.** अनुपस्थित रहना : he cut his classes today आज वह कक्षाओं[F] में अनुपस्थित रहा. **4.** *v.i.* कटना : meat does not ~ well माँस अच्छी तरह नहीं कटता. ∆ ~ **across** (i) पार करना : the car ~ across the little moped कार छोटे से मोपेड को पार कर गई; (ii) विरोध करना : his opinion ~ across mine उसका मत मेरे मत के विरुद्ध है; ~ a sorry figure भद्दा होना; ~ **at** मार करना : the hero ~ at the enemy with sword वीर ने शत्रु पर तलवार[F] की मार[F] की. ~ **back** कटौती करना : the govt. had to ~ back on its expenditure सरकार को अपने खर्च में कटौती करनी पड़ी; ~ **both ways** चित भी अपना पट भी अपना होना, दोनों विरोधी दशाओं में लाभ होना : his answer ~ both ways उसका जवाब दोनों दशाओं में लागू हो जाता है; ~ **down** (i) काट गिराना : he ~ down many trees उसने बहुत-से पेड़ काट गिराये; (ii) कम करना : you should ~ down your expenses तुम्हें अपने ख़र्च कम करने चाहिए; (iii) (pass) मारा जाना : the prince was ~ down at young age राजकुमार छोटी उम्र में मारा गया; ~ **down to size** महत्व कम करना; I'll cut him down to size मैं उसकी हेकड़ी[F] निकाल दूँगा. ~ टोकना : she ~ in when mother was talking to smb जब माँ किसी से बात[F] कर रही थी तो इसने बीच में टोक दिया. ~ **off** (i) काटकर अलग-थलग कर देना : several villages were ~ off by floods बाढ़[F] से कई गाँव अलग-थलग हो गये; (ii) काट देना : communications were ~ off संचार कट गया; (iii) बंद कर देना : supplies were ~ off रसद[F] बंद कर दी गई; ~ **out** हटा देना : ~ out unnecessary details अनावश्यक विवरण हटा दो; ~ **one's coat according to one's cloth** जितनी लम्बी चादर[F] हो उतने ही पाँव फैलाओ; **to ~ one's losses** घाटे का धंधा बंद कर देना : **to ~ one's teeth in/into smth** कोई काम करके अनुभव प्राप्त करना; **to ~ smb cold** किसी की उपेक्षा[F] करना : I came across Mr. K but he ~ me cold श्री क से मेरा सामना तो हुआ लेकिन उसने मेरी उपेक्षा कर दी; ~ **short** संक्षेप में समाप्त करना : please ~ short your lecture कृपया अपना व्याख्यान संक्षिप्त करके समाप्त कर दें; **to ~ to the quick** बात[F] चुभना : my statement ~ him to the quick मेरा कथन उसे चुभ गया; **to ~ teeth** नये दाँत निकालना : the baby has ~ two teeth शिशु ने दो दाँत निकाले हैं; ~ **throat competition** घातक/घोर प्रतियोगिता[F]; लाग-डॉट की प्रतियोगिता[F], गलाकाट मुकाबला : ~ throat competition between the boxers मुक्केबाजों की घातक प्रतियोगिता; ~ **up** (i) काटकर टुकड़े-टुकड़े कर देना : to ~ up a sheet of paper काग़ज़ का ताव काटकर टुकड़े-टुकड़े कर देना; (ii) धज्जियाँ[F] उड़ाना : in the meeting his arguments were ~ up

बैठक^F में उसके तर्कों की धज्जियाँ उड़ाई गई. **II.** *n*^c. **1.** (reduction) कटौती^F : ~ in wages मज़दूरी^F में कटौती; ~ in prices कीमतों^F में कटौती. **2.** (blow) प्रहार : ~ with a whip चाबुक का प्रहार. **3.** (wound) घाव : he received a ~ of his knife उसे अपने चाकू से ≈ हो गया. **4.** a short ~ to the school विद्यालय जाने का एक छोटा रास्ता.

cutlass कट्'लस *n*^c. कटार^F : seamen used to fight with a short curved sword called ~ नाविक लड़ने के लिए कुछ मुड़ी हुई छोटी-सी तलवार^F से लड़ा करते थे जिसे ≈ कहा जाता था.

cutlery कट'लरि *n*^u. छुरी-काँटा : who laid the ~ on the table छुरी-काँटे किसने मेज़ पर रखा ?

cutlet कट'लिट *n*^c. कटलेट : I like vegetable ~s with dinner मैं शाम^F के भोजन के साथ सब्जी^F के ≈ पसंद करता हूँ.

cwt. hundred weight.

cutting क'टिंग *n*^u. **1.** कलम^F : ~ of some plant किसी पौधे की ≈. **2.** कतरन^F : of a news from a paper कसी समाचार-पत्र से समाचार की ≈.

cycle साइ'कल **I.** *n*^c. **1.** चक्र; life ~ जीवन ≈; ~ of seasons ऋतुचक्र. **2.** घटना-चक्र : ~ of birth and death आवागमन. **3.** साइकिल^F : they bought the child a ~ in the fair मेले में उन्होंने बच्चे को एक ≈ खरीद दिया; a ~ shop ≈ की दुकान; my ~ is broken मेरी ≈ टूटी है. **II.** *v.t.* साइकिल पर चढ़ना; साइकिल चलाना : will you ~ to the school today क्या तुम आज साइकिल पर चढ़कर स्कूल जाओगे; he ~d uphill slowly वह पहाड़ी^F के ऊपर साइकिल धीरे-धीरे चला ले गया.

cyclone साइ'क्लोन *n*^c. अंधड़, तूफ़ान [rapid तेज़, violent उग्र]; the ~ damaged many houses and uprooted trees ≈ ने बहुत-से घरों को नुकसान पहुँचाया और वृक्षों को जड़ से उखाड़ दिया.

cylinder सि'लिन्डर *n*^c. बेलन, सिलेंडर : the gas ~ is leaking गैस का सिलेंडर लीक कर रहा है; they brought a ~ of oxygen for the patient वे रोगी के लिए आक्सीजन^F का ≈ लाए.

cymbal सिम्'बल *n*^c. झांझ, मजीरा, करताल : she plays the ~ वह मजीरा बजाती है. [*as distinct from* symbol]

D, d

D.A. dearness allowance.

dab डैब *v.t.* (-bb-) **1.** (हल्का-सा) हाथ फेरना, थपथपाना, थपकना : she ~ bed the child's wound उसने बच्चे के घाव को हल्का-सा थपथपाया; he ~bed her cheeks उसने उसके गालों पर हाथ फेरा. **2.** *v.i.* चोंच^F मारना : the crow ~bed at the apple कौवे ने सेब पर चोंच मारी. **3.** पुचारा देना.

dacoit ड कॉइट' n^c. डाकू, डकैत [armed सशस्त्र, ferocious वहशी, strong बलवान्]; the ~s looted her property डाकुओं ने उसकी संपत्ति^{F} लूट ली; the police killed the ~s in an encounter पुलिस^F ने एक मुठभेड़^{F} में डाकुओं को मार डाला. [*n.* dacoity डाका]

dad डैड, **daddy** डै'डि n^c. (*pl.* daddies) पिता, बाप, डैडी : ~ gave me pocket money पिताजी ने मुझे जेब-ख़र्च दिया; when can I see your ~ मैं तुम्हारे ≈ से कब मिल सकता हूँ ?

dagger डै'गर n^c. छुरा [big बड़ा, sharp तेज़]; the bold lady thrust her ~ into his chest निर्भीक महिला ने अपना ≈ उसकी छाती^{F} में भोंक दिया. Δ **be at ~s drawn** घोर शत्रुता^{F} होना : the old friends are now at ~s drawn पुराने दोस्त अब शत्रु हैं; to **look ~s at smb** किसी को क्रोध भरी दृष्टि^{F} से देखना.

daily डे'लि **I.** *a.* दैनिक [paper समाचार-पत्र, problems समस्याएँ^{F}, visits मुलाकातें^{F}, wage मज़दूरी^{F}]; ~ bread रोटी-रोज़ी^{F}; ~ servant अमानी पर काम करने वाला नौकर; he does his ~ work regularly वह अपना ≈ कार्य नियमपूर्वक करता है. **II.** *adv.* प्रतिदिन : I catch the bus ~ मैं प्रतिदिन बस^F पकड़ता हूँ; we milk the cow twice ~ हम प्रतिदिन दो बार गाय को दुहते हैं; this newspaper is published daily यह समाचार-पत्र प्रतिदिन प्रकाशित होता है; I receive several letters ~ मैं प्रतिदिन कई पत्र पाता हूँ. **III.** n^c. (*pl.* dailies) दैनिक समाचार-पत्र : the *Leader* is a ~ 'लीडर' ≈ है; we take two dailies and three weeklies हम दो दैनिक और तीन साप्ताहिक पत्र लेते हैं.

dainty डेन्'टि **I.** n^c. (*pl.* dainties) स्वादिष्ट भोजन : chocolate cake is a great ~ चाकलेट केक बहुत ≈ है. **II. 1.** स्वादिष्ट, मज़ेदार : ~ food ≈ भोजन. **2.** सुकुमार : a ~ little girl सुकुमार-सी बच्ची. [*ant.* coarse]

dairy डेॅअ'रि n^c. (*pl.* dairies) डेरी, दुग्धशाला^{F}, गोशाला^{F} [co-operative सहकारी, large बड़ी, private निजी, small छोटी]; you can also get butter and cheese from this ~ तुम इस ≈ से मक्खन और पनीर भी ले सकते हो. [*as distinct from* diary]

dais डे'इस n^c. मंच [raised ऊंचा/उठा हुआ, wooden लकड़ी का]; the teacher came to the ~ अध्यापक मंच के ऊपर आ गए.

dale डेल n^c. घाटी^{F} : a man of the ~s of Kashmir कश्मीर ≈ का आदमी. [see valley]

dam डैम n^c. बाँध : a pucca ~ पक्का ≈; this ~ on the Ganga was built by Akbar गंगा पर का यह ≈ अकबर ने बनवाया था. [*as distinct from* damn]

damage डै'मिज **I.** n^c. **1.** क्षति^{F}, नुकसान^F [heavy भारी, slight हल्का]; the flood caused ~ to crops बाढ़^{F} ने फ़सलों को ≈ पहुँचाया. **2.** (usu. *pl.*) हरजाना, क्षतिपूर्ति^{F} : I sued the company for ~s मैंने कंपनी^{F} पर क्षतिपूर्ति (हरजाने) का दावा किया. **II.** *v.t.* क्षति या हानि पहुँचाना, बिगाड़ना : he fell down and ~d his foot वह गिर गया और उसके पैरों को क्षति पहुँची; the car was ~d in an accident कार^F की एक दुर्घटना^{F} में क्षति हुई; frequently storms have been ~ing the mango garden तूफ़ान बहुधा आम के बगीचों को नुकसान पहुँचाते रहे हैं; how was your bicycle ~d तुम्हारी साइकिल कैसे क्षतिग्रस्त हो गई (टूट-फूट गई) ?

damn डैम *v.t.* **1.** निंदा[F] करना, कटु आलोचना[F] करना : his book was ~ed उसकी पुस्तक की निंदा या कटु आलोचना की गई; old ideas are ~ed पुराने विचारों की निंदा की जाती है. **2.** (swear) लानत भेजना, धिक्कारना : ~him उसे धिक्कार है; ~ your haughtiness धिक्कार है तुम्हारी अकड़[F] को. **damned** डैम्ड *a.* **1.** निंदित, घृणित : a ~ book एक ≈ पुस्तक; a ~ man एक ≈ व्यक्ति. **2.** अत्यन्त; ~ hot बहुत ही गर्म; ~ fool ≈ मूर्ख; ~ funny बहुत ही अजीब. [*as distinct from* dam]

damp डैम्प **I.** *a.* नम, गीला [climate जलवायु[F], floor फ़र्श, wall दीवार]; air is ~ after rain बारिश[F] के बाद हवा नम रहती है; your towel is ~ तुम्हारा तौलिया गीला है. [*ant.* dry] **II.** *n*[u]. सीलन[F], नमी[F] : don't go out in the ~ ≈ में बाहर मत जाओ. **dampen** डैम्'पन *v.t.* **1.** नम करना : the drizzle ~ed her clothes फुहार से उसके कपड़े गीले हो गये. **2.** (fig.) ठंडा करना : to ~ somebody's spirits किसी का उत्साह ठंडा करना. **dampness** डैम्प्'निस *n*[c]. नमी[F] : the ~ of the floor or walls फ़र्श या दीवारों की ≈; the rain causes ~ in our rooms बारिश[F] से हमारे कमरों में ≈ हो जाती है.

dance डान्स **I.** *n*[c]. नृत्य, नाच [classical शास्त्रीय, folk लोक, Indian भारतीय]; Katthak is my favourite ~ कत्थक मेरा प्रिय ≈ है; they met at a ~ वे किसी ≈ में मिले; may I have the next ~ with you? क्या मैं अगला नृत्य तुम्हारे साथ कर सकता हूँ? **II.** *v.i.* नाचना, नृत्य करना : ~ together साथ-साथ ≈; to ~ smb's tune किसी के इशारे पर नाचना; ~ with joy ख़ुशी[F] से नाच उठना. **Δ to ~ attendance on/upon** हाज़िरी[F] बजा लाना, दरबारदारी[F] करना. **dancer** डान्'सर *n*[c]. नर्तक, नचैया [agile चुस्त, good अच्छा, ordinary मामूली]; the folk ~s were dancing in the hall लोक नर्तक नृत्य-शाला में नाच रहे थे.

dancing *a.* नाचनेवाला : ~ girl नाचने वाली, नर्तकी[F]. ~ **hall** नाचघर *n*[u]. नाच, नृत्य : I like ~ मैं नाच/नृत्य पसंद करता हूँ.

danger डेन्'जर *n*[c]. ख़तरा [constant लगातार, great भारी, possible संभावित]; no ~ is possible in this situation इस स्थिति[F] में कोई ≈ संभव नहीं है; he is in ~ of dying उसे मरने का ≈ है; ~ of floods बाढ़[F] का ≈; you are in no ~ in this house तुम्हें इस घर में कोई ≈ नहीं है; out of ~ खतरे से बाहर; ~ of life जान का ≈; in case of ~ ख़तरा होने पर; run into ~ खतरे में पड़ना; corruption is a ~ to society भ्रष्टाचार समाज के लिए ≈ है. [*ant.* safety] **dangerous** डेन्'जॅरस *a.* ख़तरनाक [enemy शत्रु, game खेल, journey यात्रा[F], man आदमी, place स्थान, plan योजना[F], road सड़क[F], step कदम, way ढंग, work काम]; it may be ~ यह ≈ हो सकता है; it will be ~ for you to go alone तुम्हारा अकेले जाना ≈ होगा; although they knew it was ~, they deliberately climbed to the top of the cliff यद्यपि वे जानते थे कि यह ≈ है, फिर भी वे जान-बूझ कर खड़ी चट्टान[F] के शिखर पर चढ़ गये. [*ant.* safe; *v.* endanger; *adv.* dangerously]

dare डॆअर **I.** *v.i.* साहस या हिम्मत[F] करना : I ~ say मैं कह सकता हूँ; he ~s not come here उसमें यहाँ आने का साहस नहीं है; I never dared (to) ask him उससे पूछने की मेरी हिम्मत[F] नहीं हुई. **II.** *v.t.* सामना करना : he ~s danger/death वह ख़तरे/मौत[F] का सामना कर सकता है (परवाह[F] नहीं करता). ~ **devil** *n*[c]. निर्भीक, निडर (person व्यक्ति) I dare say you are not at fault मैं मानता हूँ कि तुम्हारा दोष नहीं है. **daring** डॆअ'रिंग; **I.** *n*[c]. साहस : I admire his ~ मैं उसके साहस की सराहना[F] करता हूँ. **II.** *a.* साहसी, निडर : ~ motorcyclist, player ≈ मोटरसाइकल-सवार, खिलाड़ी. [*ant.* timid]

dark डार्क **I.** *a.* (darker, darkest) **1.** अंधेरा, अंधकारपूर्ण [den गुफा[F], room कमरा]. **2.** काला [cloud बादल, colour रंग, glasses चश्मा, ~ hair काले बाल] ~ races काला रंग की जातियाँ[F]. **3.** (various meanings in combination) ~ blue गहरा नीला, ~ green गहरा हरा; ~ future अंधकारमय भविष्य; ~ horse अज्ञात व्यक्ति; ~saying रहस्यमय वचन : ~ threat भयंकर धमकी[F].

II. *n*[u]. अंधेरा, अंधकार : it is ~ in this room इस कमरे में ≈ है; owls can see in the dark उल्लू ≈ में देख सकते हैं; at ~ संध्या[F] के समय; after ~ सूर्यास्त के बाद; I stay at home after ~ सूर्यास्त के बाद मैं घर पर रहता हूँ. Δ **to be in the dark** (fig.) ज्ञान न होना : I am in the ~ about his programme मुझे उनके कार्यक्रम के बारे में कोई ज्ञान नहीं है; **to keep in the ~** कुछ न बताना : the government kept the public in the ~ सरकार[F] ने जनता[F] को अंधेरे में रखा (कुछ नहीं बताया). **darken** डार्'कन **I.** *v.i.* **1.** काला पड़ना : his face ~ed with long illness उसका चेहरा लंबी बीमारी[F] से काला पड़ गया; the sky ~ed after sunset आकाश सूर्यास्त के बाद काला हो गया. **2.** (रंग) गहरा करना : ~ yellow paint on the window खिड़की[F] के पेंट को गहरा कर दो. **II.** *v.t.* अंधकारमय बनाना; the death of her husband ~ed the life of the widow पति की मृत्यु से विधवा[F] का जीवन अंधकारमय हो गया. Δ **never ~ my door again** यहाँ कभी लौटकर न आना. [*ant.* light; *n.* darkness अंधेरा]

darling डार्'लिङ्ग *a.* प्यारा [husband पति, child बच्चा]; ~ wife प्यारी पत्नी. *n*[u]. प्रियतम : ~, look at this baby प्रियतम/प्यारे (*fem.* प्रिये/प्यारी) इस शिशु को देखो; the ~ of the public जनता[F] का प्यारा, जनता[F] की आँखों[F] का तारा.

darn डार्न **I.** *v.t.* रफ़ू करना : the tailor ~ed my waistcoat दर्ज़ी ने मेरी वास्कट[F] रफ़ू कर दी : he ~ed a hole in my socks उसने मेरे मोज़े के एक सूराख़ को रफ़ू कर दिया. **II.** *n*[c]. रफ़ू : you can see a ~ on my pant तुम मेरी पैंट पर एक ≈ देख सकते हो.

dash डैश **I.** *v.t.i.* **1.** पटकना : he ~ed his head against the wall उसने अपना सिर दीवार[F] पर पटक दिया : to ~ smth किसी चीज़ को पटककर टुकड़े-टुकड़े कर देना; the glass ~ed to pieces against the floor गिलास फ़र्श पर गिरकर टुकड़े-टुकड़े हो गया. **2.** लपककर पहुँचना : I must ~ (off) to catch the bus मैं बस[F] पकड़ने के लिए लपककर पहुँचूँ; she ~ed forward वह आगे की ओर लपकी. **3.** दौड़ना-भागना : they have been ~ing all the day वे सारा दिन दौड़ते-भागते रहे हैं. **4.** टकराना : the waves are ~ing against the rock लहरें[F] चट्टान[F] से टकरा रही हैं; he ~ed against the wall वह दीवार[F] से टकराया. **5.** पस्त करना : to ~ smb's hopes/spirits किसी की आशाओं[F]/साहस को पस्त कर देना; the result ~ed my hopes इस परिणाम से मेरी आशाओं पर पानी फिर गया. **II.** *n*[u]. **1.** लपक[F], झपट[F] : he left for home with a ~ वह लपक/झपट के साथ घर के लिए चल पड़ा. **2.** दौड़[F] : a 100 metres ~ एक सौ मीटर की दौड़[F]. **3.** छपछप[F] : ~ of the water of a canal नहर[F] के पानी की ≈. **4. to cut a ~** कोई भारी काम करना. **5.** साहस : a man of grit and ~ धैर्य और ≈ वाला व्यक्ति. **6.** *n*[c]. डैश : a ~ is longer than a hyphen ~ (—) योजक (-) से लंबा होता है.

dashing डै'शिंग *a.* जोशीला, तेज़ : ~ youngman जोशीला/तेज़ नवयुवक.

data डे'टा *n*[c]. (*pl.*) आधार-सामग्री[F], तथ्य : the data concerning population जनसंख्या[F] से संबंधित ≈; ~ for research खोज[F] की आधार-सामग्री.

date डेट **I.** *n*[c]. **1.** तिथि[F], तारीख़[F] [definite निश्चित, next अगली, significant महत्त्वपूर्ण]; ~ of birth जन्मतिथि; what is the ~ today आज क्या तारीख है ? please write the ~ and month कृपया ≈ और महीना लिखिए; there was no ~ on the document दस्तावेज़ पर कोई तारीख़ नहीं थी; the ~ was postponed ≈ स्थगित कर दी गई; ~ fixed नियत तिथि[F]; closing ~ of the exhibition प्रदर्शनी[F] की समापन तिथि[F]; **out of ~ person** पुराणपंथी व्यक्ति; **out of ~ thing** अप्रचलित वस्तु[F]; it is now out of ~ यह अब पुराना पड़ गया है; **up-to-~ person** बना-ठना व्यक्ति; **up-to-~ thing** नवीनतम वस्तु[F], नए चलन की वस्तु[F] : to have a ~ with smb किसी से मिलने का समय निश्चित करना. **2.** (period) काल : ~ of some historical event किसी ऐतिहासिक घटना[F] का ≈; a manuscript of early ~ प्राचीन ≈ की हस्तलिपि[F]. **3.** (fruit) छुहारा,

खजूर^F. **II.** *v.t.* **1.** दिनांकित करना : to ~ a letter पत्र पर दिनांकन करना. **2.** काल-निर्धारण करना : it is difficult to ~ the Vedas वेदों का ≈ कठिन है. ~**d** दिनांकित.

daub डॉब *v.t.* पोतना, लीपना, रंग थोपना : a wall ~ed with mud गारे से लीपी-पोती दीवार^F : to ~ with paint recklessly असावधानी^F से रंग छोपना.

daughter डॉ'टर *n*^c. पुत्री, बेटी [adopted दत्तक/गोद ली हुई, married विवाहित, only एकमात्र]; they have two daughters उनकी दो बेटियाँ हैं; the ~ has gone with her mother ≈ अपनी मां के साथ गई है. ~**-in-law** (*pl.* ~s-in-law) पुत्र वधू, बहू, पतोहू : my son's wife is my ~-in-law मेरे बेटे की पत्नी मेरी ≈ है. [*masc.* son]

daunt डॉन्ट *v.t.* **1.** डराना, भयभीत करना : he felt ~ed by warnings वह चेतावनियों^F से भयभीत अनुभव कर रहा था. **2.** निरुत्साहित कर देना : nothing could ~ her उसे कोई बात^F निरुत्साहित नहीं कर सकी; she was not at all ~ed वह बिल्कुल निरुत्साहित नहीं हुई. [*ant.* encourage] **dauntless** *a.* निडर, निर्भीक [boy लड़का, scout बालचर, soldier सिपाही]. [*ant.* timid]

dawn डॉन **I.** *n*^uc. **1.** उषाकाल, भोर, सवेरा, तड़का : ~ is breaking पौ फट रही है; before ~ तड़के से पहले; ~ is coming सवेरा हो रहा था; from ~ to dark सूर्योदय से सूर्यास्त तक; the cock crows at ~ मुर्गा तड़के बाँग देता है; I wake up at ~ मैं सुबह सवेरे उठता हूँ. (fig.) **the ~ of the better life** अच्छे जीवन का प्रभात; ~ **of civilization** सभ्यता^F का उषाकाल. **2.** प्रारम्भ, शुरुआत^F : it was the ~ of his success यह उसकी सफलता^F की शुरुआत थी. **II.** *v.i.* सूझना : **it ~ed upon** me मुझे यह सूझा.

day डे *n*^c. दिन, दिवस **1.** [beautiful सुन्दर, bright सुहाना, busy व्यस्त, cold ठंडा, evil बुरा, happy सुखी, hot गर्म, last अंतिम, long लंबा, pleasant सुहावना, quiet शांत, rainy बरसाती]; all the ~ सारा दिन, दिन-भर : he is busy all the day ~ वह ≈ व्यस्त रहता है; ~ in and ~ out लगातार सारा ≈; ~ by ~ ≈ पर ≈; he is recovering ~ by ~ वह ≈ पर ≈ चंगा हो रहा है; the other ~ अभी उस दिन; we work in the ~ हम ≈ में काम करते हैं; we work by the ~ हम दिन-दिन में काम करते हैं; five days ago पाँच ≈ पहले; the next ~ दूसरे/अगले दिन; three times a ~ ≈ में तीन बार; what ~ is it today आज कौन-सा ≈ है ? on some ~s किसी-किसी ≈; ~ and night रात-दिन; by the end of the ~ दिवसान्त पर; **independence ~** स्वतंत्रता दिवस; **republic ~** गणतंत्र दिवस; **victory ~** विजय दिवस; **every other ~** हर दूसरे ≈; **~ after ~** दिन-प्रतिदिन; it has not stopped raining for days कई दिनों से वर्षा^F नहीं रुकी है; **~ by ~** प्रतिदिन; ~ by ~ he is getting better ≈ वह अच्छा हो रहा है; we do not see them in the ~ time हम उन्हें ≈ के समय नहीं देखते; there are seven ~s in a week सप्ताह में सात दिन होते हैं. **2.** (usu. *pl.*) काल, समय, ज़माना : in my ~s it was difficult to do this मेरे समय में यह करना कठिन था; so was my ~ too मेरा भी इसी तरह का जमाना था. **3.** (in combinations) **~- break** तड़का, प्रभात, पौ फटने का समय; **~-labour** रोज़न्दार, दैनिक श्रमिक, दिहाड़ी पर मज़दूर; **~s of grace** रियायत^F के दिन, छूट^F के दिन; ~ **of reckoning** लेखा-जोखा करने का दिन, कयामत का दिन; **~-light** धूप, दिन का प्रकाश : I was awake when ~ light came this morning जब दिन का प्रकाश हुआ तब मैं जाग गया था; how many hours of ~-light do you have in Srinagar श्रीनगर में तुम्हें धूप के कितने घंटे मिलते हैं in broad ~-light दिन-दहाड़े, खुल्लम-खुल्ला : he was robbed in broad ~ light वह दिन-दहाड़े लुट गया. [*ant.* night]

daze डेज़ *v.t.* घबरा देना, परेशान करना, चकरा देना : he was ~d by a blow एक प्रहार से वह घबरा/चकरा गया; ~d with grief शोक से घबराया हुआ; she was not ~d by the news वह समाचार से घबराई नहीं.

dazzle डै'ज़ल *v.t.* **1.** चौंधियाना : the lighting ~s the eyes बिजली आँखों^F को चौंधिया देती है; the glare ~ed the cyclist चकाचौंध से साइकिल सवार चौंधिया गया. **2.** चकित करना : i was ~d to hear this news यह समाचार सुनकर मैं चकित रह गया. **dazzling** डै'ज़लिंग *a.* चौंधिया देनेवाला : ~ light ≈ प्रकाश.

dbl. double.

D.C. direct current.

D.D.G. Deputy Director General उपमहानिदेशक.

de- *pref.* 1. (own) उलटा करना : decolour, dehydration, depress, defrost, demerit, depopulate, dethrone. 2. (away from)

dead डेड I. *a.* 1. मृत, मरा हुआ [body शरीर, person व्यक्ति]; he is ~ वह मर गया है. [*ant.* alive] 2. (various uses) ~ **account** बन्द खाता, निष्क्रिय खाता; ~ **calm** पूर्ण शांति : ~ **body** शव, लाश^F; ~**centre, point** स्थिर केंद्र, निष्कृत केंद्र : ~ **earnest** अत्यंत उत्सुक; ~ **end** बंद गली^{F}; ~ **hand** सुन्न हाथ; ~ **hours** आधी-रात^F; ~ **language** मृत/अप्रयुक्त भाषा^{F}; ~ **letter** (i) अज्ञात नामिक पत्र; (ii) अमान्य कानून; a ~ **letter office** लापता चिट्ठियों^{F} की जाँच का कार्यालय; ~ **line** अंतिम तिथि^{F}; ~ **load** अचल-भार, माल-भार; ~ **lock** गतिरोध; ~**loss** पूर्ण-हानि^{F}, कोरा-घाटा; ~ **reckoning** अंगगोली निर्धारण; ~ **sea** मृत-सागर; ~ **season** मंदा समय; ~ **shot** अचूक निशानेबाज़; ~ **silence** घोर सन्नाटा; ~ **slow** बिल्कुल धीरे; ~ **stock** बेकार माल; ~ **tired** थककर चूर; ~ **water** निश्चल जल; ~ **weight** बेकार, बोझमात्र : at the ~ **of night** आधी रात^F को, काफी रात^F गए, रात^F के सन्नाटे में; in the ~ of winter सख़्त सर्दी^{F} के दिनों में; she was ~ when they came जब वे आए तो वह मर गई थी; his parents are ~ उसके माँ-बाप मर गये हैं; he fell ~ वह मर गया; she was half ~ with fear वह भय से अधमरी हो गई; my grandfather was declared ~ मेरे बाबा को मृत घोषित किया गया. **deadly** डेड्'लि *a.* 1. घातक [blow प्रहार, enemy शत्रु, poison विष, weapon हथियार]. 2. अत्यंत : he is ~ serious वह अत्यंत गंभीर है; that picture was ~ dull वह सिनेमा ≈ नीरस था.

deaf डेफ़ n^c. 1. बहरा, बधिर a ~ and mute person ≈ और गूंगा आदमी; I called you three times, are you ~ ? मैंने तुमको तीन बार बुलाया, क्या तुम बहरे हो ? 2. सुनी-अनसुनी करने वाला, उपेक्षापूर्ण, बेपरवाह : to turn a ~ ear to smb's request किसी की प्रार्थना^{F} की उपेक्षा करना (ध्यान न देना); to fall on ~ears सुनवाई^F न होना; my request fell on ~ ears मेरी प्रार्थना^{F} की अनसुनी हो गई. **deafness** डेफ़'निस n^u. बहरापन, बधिरता^{F} : I have noted his ~ मैंने उसमें ≈ पाया.

deal डील I. n^u. 1. (bargain) सौदा, लेन-देन, क्रय-विक्रय : let us have a ~ हम सौदा कर लें. 2. (quantity) मात्रा^{F}, परिमाण : I had given you a great ~ of rice मैंने आपको अधिक मात्रा में (बहुत अधिक) चावल दिया था; I have to do a **good** ~ today तुझे आज बहुत कुछ करना है; he knows, talks **a great** ~ वह बहुत कुछ जानता है, बहुत बोलता है; the car costs a **great** ~ of money कार^F पर बहुत पैसा लगता है. 3. बँटाई^F, बाँट^F (of playing cards ताश^F की); whose ~ is it now अब ताश कौन बाँटेगा ? 4. a new ~ नई योजना^{F}. **a raw** ~ अन्यायपूर्ण व्यवहार. II. *v.t.* (*p.* & *p.p.* dealt) 1. बाँटना, देना : I will ~ the cards मैं ताश^F बाँटूंगा; God dealt him all happiness परमात्मा ने उसे सब कुछ दिया; he dealt a blow to her उसने उस पर प्रहार किया; to ~ justice न्याय करना; I dealt them fifty rupees each मैंने प्रत्येक को पचास रुपए दिए. 2. *v.t.* लेन-देन करना, व्यापार करना : the firm ~s **in** household goods यह कंपनी^{F} घरेलू सामान का व्यापार करती है; he ~s **with** his customers वह अपने ग्राहकों से लेन-देन करता है. 3. *v.i.* व्यवहार करना : he ~s well **with** his employees वह अपने नौकरों से अच्छा व्यवहार करता है.; I do not like to ~ **with** him मैं उससे कोई व्यवहार/सरोकार नहीं रखना चाहता. 4. प्रतिपादन करना : there is considerable literature ~ing **with** political science राजनीति विज्ञान का प्रतिपादन करने वाला पर्याप्त साहित्य उपलब्ध है. 5. संबंध होना : that clerk ~s with cement licence उस लिपिक का संबंध सीमेंट के लाइसेंस से है; to ~ with smb किसी से संबंध होना; I dealt at this store for fifteen years मैं इस भण्डार का पंद्रह वर्ष गाहक रहा. **dealer** डी'लर n^c. व्यापारी, विक्रेता : ~ in cloth बजाज; he is ~ in utensils वह बर्तनों का ≈ है; second-hand books ~ पुरानी किताबों^{F} का ≈. **dealing** डी'लिंग n^c. (*pl.* ~s) **1.** बर्ताव, व्यवहार, वास्ता : we have no ~s with the boys हम लड़कों से कोई ≈ नहीं रखते; his ~s are fair उसका व्यवहार साफ़ है. **2.** व्यापार : I have had ~s with that firm मेरा उस प्रतिष्ठान से ≈ संबंध रहा है; ~ in future सट्टा खेलन.

dean डीन n^c. डीन, संकायाध्यक्ष : ~ of Arts Faculty कला संकाय का अध्यक्ष; every Faculty in this university has a ~ इस विश्वविद्यालय में हर संकाय का एक ≈ है.

dear डिअर *a.* **1.** प्रिय, प्यारा : the children were very ~ to him बच्चे उसे बहुत प्यारे थे; this tradition is ~ to English people यह परंपरा अंग्रेज लोगों को प्रिय है; my ~ friend मेरे प्रिय मित्र; he is my ~est friend वह मेरा सर्वप्रिय मित्र है; Dear Mr. Ganesh प्रियवर श्री गणेश; Dear Sir मान्यवर, महोदय. **2.** महँगा, कीमती : ~ shop महँगी दुकान; to buy, sell ~ ≈ ख़रीदना, बेचना; the gifts were not ~ उपहार कीमती नहीं थे; I think pounds are very ~ मैं समझता हूँ कि पौण्ड बहुत महँगे हैं; those things are always ~er in winter वे वस्तुएँ^{F} जाड़े में हमेशा और महँगी होती हैं; that purchase is too ~ यह खरीद^F बेहद महँगी है; the coat is too ~, you have one cheaper कोट बहुत ही ≈ है, तुम्हें कोई सस्ता लेना चाहिए : the mistake proved ~ to him भूल उसे महँगी पड़ी. [*ant.* cheap; *as distinct from* deer] **dearness** डिअर'निस n^c. महँगाई : ~ of household goods घरेलू वस्तुओं की महँगाई^F. **~allowance** ≈ भत्ता.

dearth डर्थ n^c. कमी^{F}, तंगी^{F}, किल्लत^F : ~ of foods खाद्य पदार्थों की ≈; ~ of servants नौकरों की कमी; ~ of drinking water पेय जल की ≈. [*ant.* abundance]

death डे'थ n^c. मृत्यु^{F}, मौत^F, देहान्त [hastened शीघ्र, natural स्वाभाविक, sudden अचानक, terrible भयंकर, tragic दु:खद, unexpected अप्रत्याशित, untimely अकाल]; there were several deaths last week पिछले हफ़्ते कई मौतें हुईं; before his death उसकी मृत्यु के पहले; he was at the door/point of his ~ वह ≈ के कगार पर था; he was **sentenced to** ~ उसे मृत्युदण्ड मिला; he was **beaten to** ~ उसे पीट-पीट कर मार डाला गया; the prisoners were **put to** ~ कैदियों को मृत्युदण्ड मिला; he died the ~ of a hero वह वीर की तरह मरा; I heard of his ~ when I got to his house जब मैं उसके घर पहुँचा तब मैंने उसकी ≈ के बारे में सुना; the ~ of his mother was sudden उसकी माँ की मृत्यु एकाएक हुई; the anniversary of one's ~ किसी के देहान्त की बरसी; his ~ was the result of an accident उसकी मृत्यु दुर्घटना^{F} के परिणामस्वरूप हुई. (combinations) **~aniversary** बरसी; **~bed** मृत्यु-शैया^{F}; **~ blow** घातक प्रहार; **~ duty** मरण-शुल्क, मृत्युकर, मृतक की जायदाद^F पर लगने वाला कर; **~ knell** मृत्यु का घंटा; **~ rate** मृत्यु-दर^F; **~ sentence** मृत्यु-दण्ड, मौत की सज़ा^{F}; **~ trap** खतरनाक जगह^F; **~ warrant** मृत्यु दण्ड आज्ञापत्र, मौत^F का परवाना. [*ant.* birth, life]

debar डिबार' *v.t.* **1.** रोकना, रोक लगाना, प्रतिबंध लगाना : he was ~red from going to cinema उसे सिनेमा जाने से रोका गया. **2.** वंचित रखना : ~ a person from some privileges किसी व्यक्ति को किन्हीं अधिकारों से ≈; criminals should be debarred from voting अपराधियों को मताधिकार से वंचित कर देना चाहिए, [*ant.* allow]

debase डि बेस *v.t.* **1.** भ्रष्ट करना : to ~ one's character अपना चरित्र ≈; bad behaviour ~s a person बुरा व्यवहार व्यक्ति को भ्रष्ट कर देता है. **2.** (coin) खोट मिलाना; our rupee is ~d with aluminium हमारे रुपए में ऐलुमिनियम का खोट मिलाया गया है.

debate डि बेट' **I.** *v.t.* **1.** बहस^F करना, वाद-विवाद करना : the Parliament ~d this Bill संसद ने इस विधेयक पर बहस^F की, संसद् में विधेयक पर वाद-विवाद हुआ; this question should be ~d इस प्रश्न पर बहस होनी चाहिए, **2.** सोच-विचार करना : I ~d in my mind मैंने मन में विचार किया; ~ing with himself whether to go or not स्वयं

से विचार करना कि जाना है या नहीं. **II.** *n*[u]. वाद-विवाद, बहस[F] : a question under debate विवादग्रस्त प्रश्न; a ~ about the punishment for criminals अपराधियों के लिए दण्ड के बारे में वाद-विवाद; there will be a ~ in our school on this subject हमारे विद्यालय में इस विषय पर बहस[F] होगी.

debauch डि बॉच' **I.** *v.t.* बहकाना, भ्रष्ट कर देना, चरित्र बिगाड़ना : he was ~ed by bad company कुसंगति ने उसका चरित्र-भ्रष्ट कर दिया. **II.** *n*[c]. लंपट व्यक्ति : he is a ~ वह ≈ है.

debit डॅ'बिट **I.** *v.t.* नामे लिखना या डालना, नाम खाते डालना : to ~ smb किसी के ≈; to ~ smb with an amount किसी के नामे खाते कुछ रकम[F] डालना; he ~ed me with Rs. 50 for the book उसने किताब के पचास रुपए मेरे नामे लिख दिए. **II.** *n*[c]. नामे, विकलन : ~ account लेनदारी खाता, नामे खाता.

debt डॅट *n*[c]. ऋण [floating अस्थायी, great अधिक, heavy भारी]; to be **in** ~ ≈ ग्रस्त होना; he was heavily in ~ वह बहुत ≈ ग्रस्त था; he has a ~ of Rs. 500 उसे पाँच सौ रुपए का ≈ देना है; he was in ~ to all his friends वह अपने सभी मित्रों का ऋणी था; I owed him a ~ मैंने उससे ≈ ले रखा है; he always tried to keep out of ~ वह हमेशा अपने को ≈ से बचाने का प्रयास करता रहा है; he could not pay his ~s वह अपने ≈ चुकता नहीं कर सका; to pay off ~ ≈ उतारना; he is head over ears in ~ वह पूरा ≈ में डूबा है; to be in ~ ≈ ग्रस्त होना; to be out of ~ ≈ मुक्त होना. (fig.) **I shall ever remain in your ~** मैं आपका सदा आभारी रहूँगा. Δ **to pay the ~ of nature** मर जाना; **to run into ~** ऋण ले लेना. [*ant.* credit] **debtor** डॅ'टर *n*[c]. कर्ज़दार, ऋणी, देनदार : fifty per cent people in this village are ~s इस गाँव में पचास प्रतिशत लोग ≈ हैं. [*ant.* creditor]

Dec. December.

decade डि केड'/डॅ'केड *n*[c]. दशाब्दी[F], दस वर्ष : the number of students has increased five times during the last ~ पिछली ≈ के दौरान विद्यार्थियों की संख्या[F] पाँच गुणा बढ़ गई है; in the last four ~s पिछले चालीस वर्षों में; the last ~ of the twentieth century बीसवीं शताब्दी की अंतिम दशाब्दी (अर्थात् 1990-1999).

decay डि के' **I.** *v.t.* **1.** (passive in Hindi) क्षीण हो जाना, क्षय होना : ~ of one's strength, health बल, स्वास्थ्य का क्षीण होना; sweets ~ the teeth मिठाई से दाँत क्षीण होते हैं. **2.** सड़ना, बिगड़ना : the tree began to ~ पेड़ सड़ने लगा; when trees get old, they begin to ~ inside जब पेड़ पुराने हो जाते हैं, तो अंदर सड़ने लगते हैं. **II.** *n*[c]. **1.** ह्रास, पतन : ~ of British Empire ब्रिटिश साम्राज्य का ≈. **2.** ~ in health स्वास्थ्य में गिरावट. **3.** ~ in plants पौधों का सड़ना.

decease डि सीस' *n*[c]. (esp. in legal uses) मृत्यु[F], मौत[F], देहांत : on the ~ of his father उसके बाप की मौत पर; upon your ~ who will inherit the property तुम्हारी मृत्यु के बाद संपत्ति[F] का उत्तराधिकार किसको मिलेगा. [*as distinct from* disease] **deceased** डि सीस्ड' *n*[c]. मृत, दिवंगत, परलोकवासी : the ~ was a noted doctor मृतक व्यक्ति एक प्रसिद्ध डाक्टर था; his ~ father उसके दिवंगत पिता. [*ant.* living]

deceit डि सीट' *n*[c]. धोखा, कपट, छल-कपट : it was a mere ~ यह केवल ≈ था. **deceitful** डि सीट्'फुल *a.* कपटी, धोखेबाज़, छली : no one can trust a ~ person कोई भी ≈ व्यक्ति पर विश्वास नहीं कर सकता है. ~ **act** कपटपूर्ण कार्य. **deceive** डि सीव़' *v.t.* धोखा देना, ठगना : ~ cruelly निर्दयता से ≈; he tried to ~ us उसने हमें धोखा देने का प्रयास किया; we were ~d by his appearance हम उसकी शक्ल[F] से धोखा खा गए; to ~ oneself अपने को ≈; he would never ~ me वह मुझे कभी धोखा न देगा; he ~d his mother that he could not drive a car उसने अपनी माँ को धोखा दिया कि वह कार[F] नहीं चला सकता; you cannot ~ me तुम मुझे ठग नहीं सकते. **deceiver** डि सी'व़र *n*[c]. वंचक, ठग, छलिया, धोखेबाज़ : he was a great ~ वह बहुत बड़ा ≈ था. [also *n.* deception; *a.* deceptive]

December डि सॅम्'बर *n*[c]. दिसम्बर : ~ has 31

days ≈ में 31 दिन होते हैं; ~ is the 12th month of the year ≈ वर्ष का 12वाँ महीना होता है; I shall be in Delhi on ~ ten or on the 10th of December मैं दस दिसम्बर को या दिसंबर की दस तारीख को दिल्ली में हूँगा.

decency डी'सन्सि *n*^{c}. शिष्टता^{F}, शालीनता^{F} : you should have shown some ~ तुम्हें कुछ ≈ दिखानी चाहिए थी. (*pl.* ~ies) **decent** डी'सॅन्ट *a.* 1. (proper) उपयुक्त, उचित [job काम, meal खाना]. it was not considered ~ इसे उचित नहीं समझा गया. 2. (not immodest) शालीन, शिष्ट [behaviour व्यवहार, language भाषा^{F}, people लोग]. 3. (satisfactory) संतोषजनक, काफ़ी अच्छा [dinner खाना, house घर/मकान, welcome स्वागत]; your writing is fairly ~ तुम्हारी लिखावट^{F} काफ़ी अच्छी है. [*as distinct from* dissent ; *ant.* indecent]

deception डि सॅप्'शन *n*^{c}. (from deceive) धोखा, कपट, छल, पाखण्ड, दाँव, चाल : I escaped ~ मैं धोखा खाने से बच गया. **deceptive** डि सॅप्'टिव़ *a.* धोखे में डालने वाला, भुलावा देने वाला, भ्रम-जनक, भ्रामक. [appearance रूप, scene दृष्य, things वस्तुएँ].

decide डि साइड I. *v.t.* निर्णय करना, निश्चय करना, फ़ैसला करना [definitely निश्चित रूप से, quickly तेज़ी से]; to ~ upon a date for interview साक्षात्कार के लिए तारीख़^{F} निश्चित करना; we cannot ~ such serious questions hastily ऐसे गंभीर प्रश्नों के बारे में हम जल्दबाजी में निर्णय नहीं ले सकते; I have not yet ~d where to go for the summer मैंने अभी यह फ़ैसला नहीं किया है कि गर्मियों^{F} में कहाँ जाना है; you must ~ one way or the other तुम्हें यह या वह करने का फ़ैसला करना होगा; it was ~d by the majority vote बहुमत से यह निर्णय किया गया. II. *v.i.* ~ upon/on a date तिथि नियत करना; they have ~d about it उन्होंने इस बारे में निश्चय कर लिया है what have you ~d on it तुमने इस बारे में क्या निर्णय किया है ? the court ~d in favour of the prisoner न्यायालय ने कैदी के पक्ष में निर्णय दिया; she has ~d to become an actress उसने अभिनेत्री बनने का निश्चय किया है; they did not ~ to go उन्होंने जाने का निश्चय नहीं किया. [*n.* decision निश्चय] **decided** डि साई'डिड *a.* 1. निश्चित, पक्का : a ~ answer निश्चित उत्तर; ~ difference निश्चित अंतर; his opinion is ~ उसका मत ≈ है. 2. स्पष्ट : ~ change ≈ परिवर्तन; ~ fact ≈ तथ्य. 3. (person) पक्का (व्यक्ति).

decimal डे'सिमल I. *n*^{c}. दशमलव : five ~ four (5.4) पाँच ≈ चार. II. *a.* दशमिक. ~ **point** दशमलव (.) ~ **system** दशमलव पद्धति^{F}/प्रणाली^{F} : ~ **coinage** सिक्के की दशमलव पद्धति^{F}, दशमिक पद्धति के सिक्के.

decision डि सि'ज़न *n*^{c}. 1. निर्णय, फ़ैसला, निश्चय [correct सही, definite निश्चित, final अंतिम, quick तेज़, sudden एकाएक, unanimous एकमत, wise विवेकपूर्ण]; to come to or take a ~ किसी निश्चय तक पहुँचना; we did not agree with the ~ हम निर्णय से सहमत नहीं हुए; you made a right ~ तुमने सही ≈ किया. what was the ~ on that question उस प्रश्न पर क्या निर्णय हुआ ? the ~ rests with you निर्णय आप पर टिका है; the judge's ~ goes in his favour न्यायाधीश का निर्णय उसके पक्ष में है. 2. you should act with ~ तुम्हें पक्का काम करना चाहिए.

decisive डि साइ'सिव़ *a.* 1. निश्चायक, निर्णायक : ~ battle निर्णायक युद्ध; ~ influence निर्णायक प्रभाव; ~ moment of the debate वाद-विवाद का निर्णायक क्षण. 2. निश्चित : ~ advantage ≈ लाभ. 3. पक्का : he is ~ वह ≈ है. [*ant.* uncertain]

deck डॅक I. *n*^{c}. डेक, जहाज़ का खुला फर्श [broad चौड़ा, clean साफ़, slanting ढलुवाँ]; upper, middle, lower ~ ऊपरी, बीच का, निचला डेक; ~ crew ख़लासी लोग, ≈ के कर्मचारी; ~ passenger डॅक पर का यात्री; a double ~ bus दोमंज़िली बस^{F}; they went up the ~ वे ≈ के ऊपर चले गए; we looked down from the ~ हमने डॅक से नीचे की ओर देखा. Δ **on** ~ तैयार : clear the ~ जगह साफ़ करो या ख़ाली करो. II. *v.t.* सजाना, अलंकृत करना : she ~d herself in her finest clothes उसने स्वयं को सुन्दरतम वस्त्रों से सजाया; ~ the school hall with buntings विद्यालय का बड़ा कमरा (हॉल) झण्डियों[F] से अलंकृत करो या सजाओ.

declaim डि क्लेम' *v.t.* **1.** भाषण झाड़ना : the speaker ~ ed his views on dowry वक्ता ने दहेज़ पर अपने विचार बताए **2.** ~ against dowry दहेज प्रथा[F] की निंदा[F] करना. **declamation** डें'क्लॅ मे'शन *n*[c]. अलंकारपूर्ण भाषण : a violent ~ against the Government सरकार के विरुद्ध एक उग्र भाषण.

declaration डें'क्लॅ रे'शन *n*[uc]. **1.** घोषणा[F], ऐलान : ~ of marriage विवाह की ≈ ; the king made a ~ of war राजा ने युद्ध की घोषणा[F] की. **2.** (law) बयान : ~ of the plaintiff वादी का ≈. **declare** डि क्लेंअर' *v.t.* **1.** घोषित करना, ऐलान करना : Germany ~d war on England जर्मनी ने इंग्लैंण्ड पर युद्ध की घोषणा[F] कर दी. **2.** बता देना, साफ़-साफ़ कह देना : she ~d her intention to marry उसने शादी[F] करने का अपना इरादा बता दिया : he ~d that he would never return उसने साफ़-साफ़ कह दिया कि मैं कभी नहीं लौटूँगा; to ~ goods to the customs officers कस्टम अधिकारियों को अपने सामान के बारे में साफ़-साफ़ बता देना. **declared** डि क्लेंअर्ड *a.* **1.** घोषित : ~ policy ≈ नीति[F]. **2.** माना हुआ : ~enemy, supporter ≈ शत्रु, समर्थक.

decline डि क्लाइन' **I.** *n*[u]. ह्रास, पतन, गिरावट[F] : to be on the ~ पतनोन्मुख होना; ~ and fall of the Mughal Empire मुगल साम्राज्य का ह्रास और पतन; there is a sharp ~ in the rate of interest ब्याज की दर[F] में भारी गिरावट आई है. **II.** *v.i.* **1.** (bend) झुकना, ढालू होना : the road ~s here सड़क[F] यहाँ ढालू है; this land ~s towards the river यह भूमि[F] नदी[F] तक ढालू है. **2.** *v.t.i.* अस्वीकार करना, इंकार करना : they wanted to make Chaddha the chairman but he ~ed वे चड्ढा को अध्यक्ष बनाना चाहते थे लेकिन उसने इंकार कर दिया; to ~ an invitation निमंत्रण अस्वीकार करना; the minister has ~d to make a statement मंत्री ने बयान देने से इंकार कर दिया है. **3.** उतार पर होना, कम होना, घटना : his influence/power has ~d उसका प्रभाव, उसकी शक्ति[F] कम हो गई है; prices are declining कीमतें[F] घट रही हैं; the number of boys at this school is declining इस स्कूल में बच्चों की संख्या कम हो रही है; his health has ~d उसका स्वास्थ्य गिर गया है.

decompose डी कम् पोज़' *v.t.i.* (decomposing) गलना, सड़ना : the vegetation is ~ing वनस्पतियाँ[F] सड़ रहीं हैं; the dead body started ~ing शव गलने-सड़ने लग गया; heat decomposes fruit गर्मी फलों को सड़ा देती है.

decontrol डी कन् ट्रोल' *v.t.* नियंत्रण हटाना, रोक[F] हटाना : the government has ~ed sugar सरकार[F] ने चीनी[F] पर से नियंत्रण हटा लिया है. [*ant.* control]

decorate डे कॅरेट' *v.t.* **1.** सजाना, अलंकृत करना : to ~ the interior of the house घर के आंतरिक भाग को ≈; they ~ their houses at Christmas time क्रिसमस के मौके पर वे अपने घरों को सजाते हैं; to ~ with flowers फूलों से सजाना; streets are ~d with flags गलियाँ[F] झण्डियों[F] से सजी हुई हैं. **2.** पदक देना, सम्मानित करना : the soldier is ~d for bravery सैनिक को बहादुरी के लिए सम्मानित किया जाता है. **decorated** डें'कॅरेटिड *a.* सुसज्जित : ~ room ≈ कमरा. **decoration** डेंकॅरे'शन *n*[c]. **1.** सजावट[F], अलंकार [costly कीमती, modern आधुनिक, simple सादा/साधारण]. **2.** पदक, सम्मान, मैडल : to wear a ~ मैडल आदि पहनना; ~ of victory विजय पदक. **decorative** डें'कॅ रेंटिव़ *a.* सजावटी, आलंकारिक : ~ material ≈ सामान; ~ clothes ≈ कपड़े; ~ style of flowers फलों की ≈ शैली[F].

decorous डें'कॅरस *a.* मर्यादित; सुरुचिपूर्ण : ~ behaviour ≈ व्यवहार; she behaved in a ~ manner उसने ≈ व्यवहार किया.

decrease डि क्रीस' **I.** *v.i.* काटना, घटाना, कम करना, कम हो जाना : our sales are ~ing हमारी बिक्री[F] घट रही है; money ~s rapidly पैसा बहुत तेज़ी-से घटता है; the company has ~d the number of employees कंपनी ने मुलाज़िमों की संख्या[F] घटा दी है. **II.** डीक् रीस' *n*[c]. घटती[F], कमी[F] : there has been much ~ of students in the school विद्यालय में छात्रों की बहुत कमी हुई है; there has been some ~ in unemployment बेरोज़गारी में कुछ ≈ हुई है; ~ in sales बिक्री^{F} में ≈. [*ant.* increase]

decree डि क्री' **I.** *n*^{c}. डिगरी^{F}, आज्ञप्ति, आदेश : ~ authority आज्ञप्ति अधिकारी, ~ of divorce तलाक का आदेश; a government ~ fixed a new bank holiday सरकार^F ने एक आज्ञप्ति द्वारा बैंक की एक नयी छुट्टी^{F} निश्चित की है. **II.** *v.t.* डिगरी देना, निर्णय देना : it was decreed that the criminal be punished यह निर्णय हुआ कि अपराधी को दण्डित किया जाए.

dedicate डॅ 'डिकेट *v.t.* **1.** समर्पण करना, सौंपना : the church is ~d to the worship of God गिरजाघर ईश्वर की पूजा^{F} के लिए समर्पित है; to ~ one's life to some cause किसी उद्देश्य के लिए अपना जीवन समर्पित करना. **2.** न्यौछावर करना, उत्सर्ग करना : a nurse ~d her life for the sick एक नर्स ने अपना जीवन रोगियों के लिए न्यौछावर कर दिया; to ~ one's service **to** mankind मानव जाति^{F} के लिए अपनी सेवा^{F} न्यौछावर करना. **dedication** डॅ डि के'शन *n*^{cu}. समर्पण : ~ of a book to a friend किसी किताब^F का मित्र को ≈; a scholar's ~ to research एक विद्वान का शोध के प्रति ≈; he was honoured for his ~ to duty उसको कर्तव्य के प्रति समर्पित रहने के लिए सम्मानित किया गया.

deduce डि ड्यूस' *v.t.* परिणाम निकालना, अनुमान करना, नतीजा निकालना : what do you ~ from these facts इन तथ्यों से तुम क्या परिणाम निकालते हो ? to ~ a conclusion logically तार्किक ढंग से निष्कर्ष निकालना.

deduct डि डक्ट' *v.t.* काटना, घटाना, निकाल देना : ~ six from nine and we get three नौ में से छह निकालें, तो हमें मिले तीन; I ~ed fifteen rupees from his pay मैंने उसके वेतन से पंद्रह रुपये काट लिए; five marks were ~ed for poor spelling अशुद्ध वर्तनी^{F} के पाँच अंक कट गए, [*ant.* add] **deduction** डि डक्'शन *n*^{c}. **1.** घटाव, कटौती^{F}: problems of addition and ~ जमा और ≈ के सवाल; I made some ~ from his salary मैंने उसके वेतन से कुछ कटौती कर दी. [*ant.* addition] **2.** अनुमान, निगमन : all his ~ are correct उसके सब ≈ सही हैं. [*ant.* induction]

deed डीड *n*^{c}. **1.** कार्य, कृत्य, काम : I have full faith in his word and ~ मुझे उसकी कथनी^{F} और करनी^{F} पर पूर्ण विश्वास है; brave ~ बहादुरी^{F} का काम. **2.** दस्तावेज़ : to sign a ~ ≈ पर हस्ताक्षर करना; to draw up a ~ ≈ लिखना.

deem डीम *v.t.* समझना, मानना : I ~ it my duty मैं इसे अपना कर्तव्य मानता हूँ; he ~ed it wise to stay away उसने इससे दूर रहना बुद्धिमत्ता^{F} समझा.

deep डीप *a.* **1.** गहरा, गहरी^{F} [blue नीला, green हरा, pit गड्ढा, sea समुद्र, sorrow दुःख, study अध्ययन, well कुआँ/कूप, wound घाव]; ~ lake गहरी झील^F; ~ river गहरी नदी^{F}; ~ sleep गहरी नींद^F; it made a ~ impression उसने गहरी छाप^F छोड़ी; he made a ~ study of the question उसने इस प्रश्न का गहरा अध्ययन किया; he was ~ in his thought वह अपने गहरे विचारों में था; the water was knee ~ पानी घुटनों तक गहरा था. **2.** (serious) गंभीर : he was in ~ water वह ≈ कठिनाई में था; ~ reader ≈ पाठक; ~ thinker ≈ विचारक. **3.** (absorbed) मग्न, डूबा हुआ : ~ **in debt** कर्ज़ में डूबा हुआ; ~ in study अध्ययन में मग्न. [*ant.* shallow; *n.* depth] **deepen** डी'पन *v.t.* (और) गहरा करना : ~ this hole इस सूराख को और गहरा करो; we should ~ the well हमें कुएँ को गहरा करना चाहिए, **deeply** डीप्'लि *adv*. **1.** गहराई^F से, अत्यधिक गहराई^F तक : to think ~ ≈ सोचना; he thought ~ about the matter उसने इस मामले पर ≈ विचार किया. **2.** ~ read बहुश्रुत; ~ rooted गहरा; ~ seated सुदृढ़, दुर्निवार्य. **3.** अत्यन्त : I am ~ interested मेरी बहुत रुचि^{F} है.

deer डिअर *n*^{c}. (same in *pl.*) हिरन, हरिण, मृग [swift तेज़, young बच्चा/छोटा, wild जंगली, wounded घायल]; to hunt a ~ ≈ का शिकार करना. [*as distinct from* dear]

de fac to डी फ़ैक्'टो *adv.* वस्तुतः असल में, वास्तव में : R is the manager in name, -

manager is Mr. K र तो नाममात्र का मैनेजर है, वास्तविक मैनेजर है श्री क.

defamation डीफ़ मे 'शन *n*^c^. मानहानि^F^, बदनामी^F^ : a case of ~ ≈ का मामला; he was tried for ~ उस पर ≈ का मुकदमा चला. **defamatory** डि फ़ै'मॅटरि *a.* मानहानिकारी, अपमानजनक : ~ speech ≈ भाषण; ~ remarks ≈ टिप्पण. **defame** डि फ़ेम' *v.t.* मानहानि^F^ करना, बदनाम करना, लांछन लगाना : to ~ a person's character किसी व्यक्ति के चरित्र पर लांछन लगाना; to ~ somebody by spreading evil rumours बुरी अफवाहें^F^ फैलाकर किसी व्यक्ति को बदनाम करना.

defaulter डि फ़ॉल्'टर *n*^c^. चूककर्ता : ~ in clearing accounts हिसाब चुकता करने में चूक करनेवाला; I am a ~ मेरे ज़िम्मे भुगतान बाकी है.

defeat डि फ़ीट' **I.** *n*^u^. **1.** हार^F^, पराजय^F^ [complete पूरी, hard कड़ी]; the battle ended in the ~ of my enemy मेरे शत्रुओं की ≈ के साथ युद्ध समाप्त हुआ; to suffer ~ हार^F^ खाना; the reason of their ~ उनकी ≈ का कारण; they were threatened with the ~ उन्हें ≈ की धमकी^F^ दी गई. **2.** असफलता^F^ : ~ of the plans योजनाओं की ≈. [*ant.* victory] **II.** *v.t.* **1.** हराना, पराजित करना : he was ~ ed by a large army वह एक बड़ी सेना द्वारा पराजित हुआ; to ~ the opponent विरोधी को हरा देना; to ~ an enemy army शत्रु सेना^F^ को हराना; to ~ the rival team विरोधी टीम को ≈. **2.** विफल कर देना : the attack was ~ed आक्रमण विफल कर दिया गया; to ~ a plan योजना^F^ को ≈; the resolution was ~ ed by 45 votes प्रस्ताव पैंतालीस वोटों से रह/गिर गया.

defect डि फ़ेक्ट' **I.** *n*^c^. **1.** त्रुटि^F^, ख़राबी^F^ : the machine has some ~ मशीन^F^ में कुछ ख़राबी है; ~ in the engine stopped the car इंजन की खराबी से कार^F^ रुक गई. **2.** दोष : there was some ~ in his character उसके चरित्र में कोई ≈ था. **II.** *v.i.* दूसरे दल या देश में शरण^F^ लेना; he ~ ed to the Opposition वह विरोधी दल में जा मिला; Mr. G ~ ed to U.S.A. श्री ग ने अमरीका में शरण^F^ ले ली. **defection** डि फ़ेक्'शन *n*^c^. (desertion) पक्ष/धर्म/कर्त्तव्य का त्याग : ~ of duty कर्त्तव्य का पालन न करना; ~ in Congress कांग्रेस पक्ष का त्याग. **defective** डि फ़ेक्'टिव़ *a.* ख़राब, दोषपूर्ण : ~ hearing दोषयुक्त श्रवण; ~ plan दोषपूर्ण योजना^F^; he is mentally ~ उसमें मानसिक दोष है. [*ant.* faultless]

defence डि फ़ेंन्स' **1.** सुरक्षा, प्रतिरक्षा^F^, बचाव : ~ against attack आक्रमण से ~ ; ~ against cold wind ठंडी हवा^F^ से ≈; they hurried to our ~ वे हमारी रक्षा के लिए तुरंत आ गए; line of ~ सुरक्षा पंक्ति^F^; it is no ~ against bullets यह गोलियों^F^ से रक्षा नहीं कर सकता. **2.** सफ़ाई^F^, प्रतिवाद : if you have stolen something it is no ~ to say that you found it यदि तुमने कुछ चुराया है तो यह कहना कि तुमने इसे पाया है कोई सफ़ाई^F^ नहीं है; ~ of the defendant प्रतिवादी का प्रतिवाद; he has nothing to say in his own ~ उसे अपनी सफाई^F^ में कुछ नहीं कहना है. [*ant.* attack] **defend** डि फ़ेंन्ड' *v.t.* **1.** रक्षा करना, बचाव करना : he could hardly ~ himself against the heat बड़ी मुश्किल से वह गर्मी से स्वयं को बचा पाया; he ~ ed his friend from attack उसने अपने मित्र की आक्रमण से रक्षा^F^ की. **2.** (support) समर्थन करना : to ~ somebody who is participating in the debate किसी के विचारों का ≈ जो बहस^F^ में भाग ले रहा है. [*ant.* attack] **3.** (law) प्रतिवाद करना, सफ़ाई देना : he ~ ed himself against the accusation उसने अभियोजन के विरुद्ध सफ़ाई दी. **defender** डि फ़ेंन्'डर *n*^c^. **1.** समर्थक, पक्षपोषक : ~ of policy नीति^F^ का ≈. **2.** प्रतिरक्षक : ~ of faith धर्म का ≈; ~ of the poor निर्धनों का ≈. **defensible** डि फ़ेंन'सॅबल *a.* **1.** उचित, समर्थनीय : ~ position ≈ स्थिति^F^. **2.** प्रतिरक्षणीय : ~ party प्रतिरक्षणीय पक्ष; his action is ~ उसका काम ≈ है. **defensive** डि फ़ेंन्'सिव़ *a.* प्रतिरक्षात्मक, बचाव का : ~ position ≈ स्थिति^F^; ~ war बचाव के लिए युद्ध, प्रतिरक्षणात्मक युद्ध; ~ armour प्रतिरक्षात्मक कवच. [*ant.* offensive]

defer डि फ़र' **1.** *v.t.* (deferred) स्थगित करना,

उठा रखना, टालना : to ~ the lesson till tomorrow पाठ को कल तक के लिए स्थगित करना; the action should be ~red for some time कुछ समय तक कार्रवाई[F] स्थगित रखनी चाहिए, **II.** *v.i.* स्वीकार करना, मान लेना, लिहाज़ करना : to ~ to smb's opinions किसी के विचारों को मान लेना; we ~ to the superiors' judgement हम वरिष्ठ जनों के निर्णयों का सम्मान करते हैं. **deference** डें'फ़रन्स *n*[c]. (respect) सम्मान, आदर : ~ to somebody's wishes किसी व्यक्ति की इच्छाओं[F] का ≈; to show ~ to smb किसी का ≈ करना; with due ~ to him उसका उचित ≈ करते हुए; to treat smb with great ~ किसी का बहुत आदर-सम्मान करना.

defiance डि फ़ाइ'अन्स *n*[c]. [from defy] **1.** (disobedience) अवज्ञा[F] : in ~ of orders आदेशों की ≈ करते हुए; in ~ of law कानून की ≈ करते हुए, **2.** (challenge) चुनौती[F] : to bid ~ to smb किसी को ≈ देना. **defiant** डि फ़ाइ'अन्ट *a.* अवज्ञापूर्ण : he is ~ of all rules वह सभी नियमों की अवज्ञा[F] करता है.

deficiency डि फ़ि'शन्सि *n*[c]. (*pl.* deficiencies) न्यूनता[F], कमी[F] : mental ~ मनोवैकल्य; ~ of food भोजन की ≈; ~ of Vitamin A विटामिन ए की ≈; ~ in necessary amount आवश्यक परिमाण में कमी; ~ of blood खून की ≈; there are many ~ies in this plan इस योजना[F] में कई कमियाँ/न्यूनताएँ हैं. **deficit** डें'फ़िसिट *a.* घाटा, नुकसान, (shortage) कमी[F], अभाव : ~ areas कमी वाले क्षेत्र, अभावग्रस्त क्षेत्र : **~ budget** घाटे का बजट; ~ financing घाटे का बजट बनाना; ~ on revenue account आय या राजस्व या आमदनी खाते का घाटा; ~ spending ऋण लेकर ख़र्च करना; a ~ state घाटे या कमी वाला राज्य.

defile डि फ़ाइल' **I.** *v.t.* दूषित करना, गंदा करना, ख़राब करना : to ~ smb's good name किसी के सुयश को ≈; mud ~s water कीचड़ पानी को गंदा कर देता है; to ~ a temple किसी मंदिर को अपवित्र कर देना. **II.** *n*[c]. तंग रास्ता, संकीर्ण दर्रा : a ~ through mountains पर्वतों के बीच का तंग दर्रा.

define डि फ़ाइन' *v.t.* **1.** परिभाषा[F] देना, अर्थ निर्धारित करना/बताना : ~ the meaning of this word इस शब्द का अर्थ बताइए या इस शब्द की परिभाषा बताइए; ~ the word 'chemistry' 'रसायन शास्त्र' की परिभाषा बताइए, **2.** साफ़-साफ़ बताना : to ~ anything to smb किसी को कुछ बताना; to ~ one's attitude अपना दृष्टिकोण बताना. **3.** सीमा निर्देश करना, सीमांकन करना : to ~ a district किसी जिले की सीमा निर्दिष्ट करना; the powers of a magistrate are ~d मजिस्ट्रेट के अधिकार सीमांकित होते हैं. **definite** डें'फ़िनिट *a.* **1.** निश्चित, सुनिश्चित [amount राशि[F], answer उत्तर, attitude दृष्टिकोण, day दिन, opinion मत, plan योजना[F], place स्थान, policy नीति[F], purpose प्रयोजन, quantity मात्रा[F], time समय, way मार्ग]; for a ~ period निश्चित अवधि[F] के लिए; there is nothing ~ yet अभी कुछ ≈ नहीं है; there is nothing ~ in the world except death संसार में मृत्यु के अतिरिक्त कुछ भी ≈ नहीं है; it is not ~ what he likes यह ≈ नहीं है कि वह क्या चाहता है; there is nothing ~ about his service उसकी नौकरी के बारे में कुछ भी निश्चित[F] नहीं है. **2.** साफ़, ठीक : Dad's orders were quite ~ पिताजी के आदेश बिल्कुल स्पष्ट थे. [*ant.* vague] **definitely** डें'फ़ि नि टलि *adv.* **1.** निश्चित रूप से; साफ़ तौर पर : your reply was ~ good तुम्हारा उत्तर ≈ अच्छा था. **2.** अवश्य, बिल्कुल, पक्का : will he go? yes, ~ क्या वह जाएगा ? हाँ, अवश्य. **definition** डें'फ़ि नि'शन *n*[c]. परिभाषा[F], लक्षण: give the ~ of noun संज्ञा[F] की परिभाषा[F] बताइए; your ~ is not correct तुम्हारी ≈ सही नहीं है.

deflate डि फ़्लेट' *v.t.* **1.** (money) अपस्फीति[F] करना, (पैसे की पूर्ति) कम करना. **2.** हवा[F] निकालना: ~ a cycle tube साइकिल की ट्यूब से ≈. [*ant.* inflate]

deflower डी फ़्लाउअर' *v.t.* कौमार्य भंग करना : a young girl was ~d by ruffians बदमाशों ने एक युवती का कौमार्य भंग किया.

deform डी फ़ॉर्म' *v.t.* विरुपित या विकृत करना, बिगाड़ना : an accident has ~ed her body एक दुर्घटना ने[F] उसके शरीर को विरूपित

कर दिया है; heat ~s rubber गर्मी रबड़ को बिगाड़ देती है; his face was ~ed by burning जलने से उसका चेहरा विरूपित हो गया. **deformity** डि फ़ॉर'मिटि *n*[c]. विकृति[F], विकार, विरूपता[F] : ~ of a limb किसी अंग की विकृति : she looks charming in spite of her physical ~ शारीरिक ≈ के रहते भी वह सुंदर लगती है.

defraud डि फ्रॉड' *v.t.* कपट से लेना, धोखाधड़ी करना, ठगना, झांसा देकर लेना : he has ~ed himself by doing this act इस काम को करके उसने स्वयं को धोखा दिया है; ~ smb of smth किसी से कोई चीज़[F] धोखे से लेना; if you ~ someone's money you will be punished यदि तुम किसी का धन कपट से लेते हो तो तुम्हें दंड मिलेगा.

deft डेफ़्ट *a.* दक्ष, निपुण : ~ with one's fingers निपुण उँगलियों वाला; ~ in some art किसी कला[F] में ≈. [*ant.* clumsy]

defy डि फ़ाइ' *v.t.* (defied, defies, defying) 1. अवज्ञा करना, न मानना : to ~ the law कानून की अवहेलना करना; to ~ the teacher अध्यापक की अवज्ञा करना. 2. ललकारना, चुनौती[F] देना : they defied him to enter the lion's cage उन्होंने उसे शेर के पिंजरे में प्रवेश के लिए ललकारा : I defied him to prove my fault मेरा दोष प्रमाणित करने के लिए मैंने उसे चुनौती दी; to ~ the foe शत्रु को ≈. 3. न हो पाना : it ~ies description इसका वर्णन नहीं हो सकता; he defied capture वह पकड़ा नहीं जा सका.

deg. degree.

degenerate डि जें'नॅरेट **I.** *v.i.* बिगड़ना, विकृत/भ्रष्ट हो जाना : that boy has ~d in bad company वह लड़का बुरी संगति[F] में (पड़कर) बिगड़ गया है; his beauty has ~d उसकी सुंदरता[F] भ्रष्ट हो गई है. **II.** *a.* पतित, भ्रष्ट, गिरा हुआ : a ~ person पतित व्यक्ति; money has made him ~ पैसे ने उसे भ्रष्ट/पतित कर दिया है. **degeneration** डि जेंनॅ रे'शन *n*[u]. अध:पतन, अधोगति : ~ of art कला[F] की अधोगति; ~ of character चरित्र का पतन. [*ant.* ameliorate, amelioration]

degrade डि ग्रेड' *v.t.* 1. दर्जा घटना, पदावनत करना : the sergeant was ~d to the lower rank सार्जेंट का दर्जा घटा दिया गया. 2. (debase) हल्का/छोटा करना : don't ~ yourself अपने को हल्का/छोटा मत करो. 3. (defame) बदनाम करना : to ~ oneself अपनी बदनामी[F] कराना. **degraded** डि ग्रे'डिड *a.* गिरा हुआ, भ्रष्ट, पतित : a ~ character भ्रष्ट चरित्र; ~ person ≈ व्यक्ति. **degrading** डि ग्रे'डिग *n*[c]. अपमानजनक, निंदाजनक; this job is ~ यह काम ≈ है.

degree डिग्री' *n*[uc]. 1. दर्जा, श्रेणी[F], कोटि[F] : of high ~ ऊँचे दर्जे का; to a greater ~ उच्च कोटि तक; science has attained a high ~ of development विज्ञान विकास की उच्च अवस्था[F] को प्राप्त हो गया है; a man of high ~ उच्च श्रेणी/कोटि का व्यक्ति; to a certain ~ कुछ हद तक. 2. *n*[c]. अंश, मात्रा[F], डिगरी[F] : the thermometer stood at thirty ~s below zero थर्मामीटर ज़ीरो से तीस अंश नीचे था; the temperature today was two ~s below normal आज का तापमान सामान्य से दो डिगरी नीचे/कम था. 3. डिग्री[F], उपाधि[F] : he holds the ~ of doctor उसके पास डाक्टर की ≈ है; the honorary ~ of doctor was conferred upon him उसे डाक्टर की मानद ≈ प्रदान की गई; he took the ~ of B.A. at Oxford University उसने स्नातक की ≈ ऑक्सफर्ड विश्वविद्यालय से प्राप्त की; ~ of Master of Arts स्नातकोत्तर ≈, एम. ए. की ≈.

dehydrate डी हाइड्'रेट **I.** *v.t.* निर्जल करना, पानी सुखाना : to ~ grapes अंगूरों का पानी सुखाना. **II.** *v.i.* पानी सूखना : you will ~ if you have more motions यदि और दस्त आ गए तो तुम्हारे (शरीर का) पानी सूख जाएगा. **dehydration** डी हाइ ड्रे'शन *n*[c]. जलशून्य करने की क्रिया, पानी सुखाने की क्रिया, निर्जलीकरण : he is suffering from ~ उसके शरीर का पानी सूख गया है.

deify डी'इफ़ाइ *v.t.* (deified) देवता बनाना, देवत्व आरोपित करना : to ~ a hero वीरपूजा[F] करना : the Egyptians deified some animals मिस्रवासियों ने कुछ जानवरों को देवता बना दिया; the natives deified a wooden idol आदिवासियों ने लकड़ी की मूर्ति में देवत्वारोपण किया; these days money has been defied आजकल पैसे को देवता बना दिया गया है.

deign डेन *v.t.* कृपा^F करना, अनुग्रह करना : will you ~ to reply आप उत्तर देने की कृपा करें; he no longer ~s to see old friends वह अब पुराने मित्रों से मुलाकात करने की कृपा नहीं करता

deity डी'इटि *n*^c. (deities) देवता, देवी-देवता : Hindu ~ हिंदू देवता; Greek deities यूनानी ≈; you should not dishonour the ~ तुम्हें देवी-देवता का अपमान नहीं करना चाहिए; I have an idol of a ~ मेरे पास एक देवता की मूर्ति^F है.

deject डि जेक्ट' *v.t.* उदास करना, जी तोड़ना : the loss of his money ~ed him पैसे की हानि^F ने उसे उदास कर दिया (उसका जी टूट गया); he is ~ed वह उदास है. **dejection** डि जें'क्'शन *n*^c. उदासी^F, विषाद : his ~ is serious उसकी उदासी चिंताजनक है.

de jure डी जु'अरि *a.* विधिसम्मत : ~ ruler ≈ शासक [*ant. de facto*]

delay डि ले' **I.** *v.t.* **1.** देर^F करना, विलम्ब करना : I was ~ed at the office मुझे कार्यालय में देर हो गई; to ~ somebody किसी को देर कराना; you must not ~ in paying the school fee तुम्हें विद्यालय की फ़ीस देने में विलम्ब नहीं करना चाहिए; I am getting ~ed मुझे देर हो रही है. **2.** स्थगित करना, टाल देना : the plan had to be ~ed due to bad weather खराब मौसम के कारण योजना स्थगित करनी पड़ी; his illness ~ed the marriage उसकी बीमारी^F से योजना को स्थगित किया गया. **3.** रोकना : the train was ~ed by snow बर्फ़ के कारण गाड़ी^F रोक दी गई. **4.** बाधा^F डालना, रुकावट^F डालना : bad weather ~ed the construction work खराब मौसम ने निर्माणकार्य में बाधा^F डाल दी; to ~ the marriage शादी में बाधा^F डालना. **II.** *n*^c. देर^F, विलम्ब [considerable बहुत, slight कम, some कुछ]; two hours' ~ दो घंटे का विलंब; the ~ was due to engine-trouble विलंब इंजन की ख़राबी^F के कारण हुआ; it should be done without ~ यह अविलंब हो जाना चाहिए.

delegate डें'लिगिट **I.** *n*^c. प्रतिनिधि, प्रत्यायुक्त : our ~ at the conference सम्मेलन में हमारा ≈; to send ~s to the Congress कांग्रेस में ≈ भेजना; the ~s from France फ्रांस के ≈. **II.** *v.t.* प्रतिनिधि बनाना; (अधिकार) देना या सौंपना : I will ~ this work to you मैं यह काम तुम्हें/आपको सौंप दूँगा; to ~ power or authority शक्ति^F या अधिकार सौंपना; I have ~d Mr. J मैंने श्री ज को अपना प्रतिनिधि बनाया है. **delegation** डें'लि गे'शन *n*^c. प्रतिनिधि मंडल, शिष्ट मंडल [foreign विदेशी, trade व्यापारी, trade union's मज़दूर संघ का]; a foreign ~ met the Home Minister एक विदेशी ≈ गृहमंत्री से मिला.

delete डि लीट' *v.t.* काटना, निकाल देना, मिटा देना : ~ the obsolete words अप्रचलित शब्दों को निकाल दो; my name was ~d from the list of voters मतदाताओं की सूची^F से मेरा नाम काट दिया गया. [*ant.* insc..] **deletion** डि ली'शन *n*^c. विलोपन, विलोप : I applied for ~ of my deceased wife' name मैंने अपनी स्वर्गवासी पत्नी का नाम काट देने की प्रार्थना की.

deliberate डि लि बॅ'रिट **I.** *a.* **1.** जानबूझकर किया गया, सुविचारित ~ arrangement ≈ व्यवस्था^F : ~ silence ≈ मौन : ~ action ≈ कार्यवाही^F : ~ insult ≈ अपमान; a ~ kick जानबूझकर मारी गयी ठोकर^F. **2.** सावधान : a ~ person सावधान व्यक्ति. **II.** *v.i.t.* विचार-विमर्श करना, परामर्श करना : to ~ over a question प्रश्न पर ≈; we ~d how to start हमने सोच-विचार किया कि कैसे शुरू किया जाए. ~ **ly** *adv.* जानबूझकर : he broke it ~ उसने इसे ≈ तोड़ दिया. **deliberation** डिलि बॅ रे'शन *n*^c. **1.** विचार-विमर्श, सोच-विचार : he spoke with ~ उसने सोच-विचार के साथ कहा; after ~ we came to this conclusion ≈ के बाद हम इस निष्कर्ष पर पहुँचे; have you finished ~s क्या तुमने विचार-विमर्श समाप्त कर दिया है; our ~s were incomplete हमारा विचार-विमर्श अधूरा था. **2.** सावधानी^F : he walks with ~ वह सावधानी से चलता है.

delicacy डे'लिकॅसि **I.** *n*^uc. (delicacies) **1.** कोमलता^F, सुकुमारता^F, नज़ाकत^F : the child's ~ बच्चे की ≈. 2. बारीकी^{F}, सूक्ष्मता^{F}: ~ of texture बुनावट^F की बारीकी^{F}. 3. कठिनाई : ~ of task कार्य की ≈. II. *n*^{c}. स्वादिष्ट खाद्य : Khir is considered to be a ~ खीर स्वादिष्ट खानों में समझी जाती है.

delicate डे'लिकॅट *a.* 1. सुकुमार, कोमल, मृदु [child बच्चा, complexion मुखराग, flower फूल]. 2. (exquisite) उत्कृष्ट, बढ़िया [colour रंग, silk रेशम, work काम]. 3. (other uses) ~ cloth बारीक कपड़ा; ~ health कमज़ोर तंदुरुस्ती^{F}; ~ living विलासपूर्ण जीवन; ~ situation, problem कठिन स्थिति^{F}, समस्या^{F}.

delicious डि लि'शस *a.* 1. सुखद, रुचिर, मनोहर : the humour in this book is ~ इस किताब में हास्य मनोहारी है. 2. सुस्वादु, स्वादिष्ट [food भोजन, mango आम, pudding हलवा].

delight डि लाइट' I. *n*^{c}. हर्ष, खुशी^{F}, प्रसन्नता^{F} : the ~ of the children बच्चों की प्रसन्नता; the news was received with ~ समाचार प्रसन्नतापूर्वक पाया गया; I read your letter with ~ मैंने तुम्हारा पत्र प्रसन्नतापूर्वक पढ़ा. Δ **to take ~ in work** काम में आनंद लेना. II. *v.t.i.* आनंदित या हर्षित करना या होना, बहुत प्रसन्न करना या होना : I was ~ed to meet you मैं आपसे मिलकर बहुत प्रसन्न हुआ; we were all ~ed to hear the news हम सब समाचार सुनकर प्रसन्न हुए; she was ~ed with the gift वह उपहार से प्रसन्न थी; they were ~ed with everything they saw जो कुछ उन्होंने देखा, उस सबसे उनको प्रसन्नता^{F} हुई; we shall be ~ed to have you with us आपको अपने साथ पाकर हम सबको प्रसन्नता होगी; we were ~ed by her performance हम सब उसके प्रदर्शन से आनंदित हुए; she ~s **in** music वह संगीत में आनंद पाती है; he ~s **in** playing cards उसे ताश खेलने में आनंद आता है. **delightful** डि लाइट'फुल *a.* आनंदप्रद, सुखकर [book किताब^F, day दिन, dress ड्रेस/वस्त्र, film फिल्म^F, place स्थान, room कमरा, story कहानी^{F}, trip यात्रा^{F}, weather मौसम]; we spent a ~ evening there हमने वहाँ ≈ शाम^F व्यतीत की; a ~ entertainment ≈ मनोरंजन; he is a ~ person वह खुशमिज़ाज व्यक्ति है; it was a ~ concert यह ≈ संगीत-समारोह था.

delinquent डि लिन्'क्वन्ट I. *n*^{c}. 1. दोषी, पथभ्रष्ट : ~ boy ≈ बालक. 2. (in arrear) बकाया : ~ debt ≈ ऋण, ~ account ≈ हिसाब; ~ loan ≈ उधार.

deliver डि लि'व़र *v.t.* 1. पहुँचाना : we can ~ all purchases at your house हम आपकी सारी खरीद^F आपके घर पहुँचा सकते हैं; did you ~ my message क्या तुमने मेरा संदेश पहुँचा दिया ? 2. सौंपना : I have ~ed the charge of my office to Mr. P मैंने श्री प को अपने पद का कार्यभार सौंप दिया है. 3. बचाना : ~ from danger ख़तरे से ≈; to deliver from captivity कैद से छुड़ाना. 4. बाँटना, वितरण कराना : to ~ something which one has in one's possession किसी चीज^F का वितरण करना जो किसी के कब्ज़े में है; to ~ letters पत्र बाँटना. 5. देना : ~ a lecture/speech व्याख्यान/भाषण ≈. 6. प्रसव कराना, जन्म देना : she was ~ed **of** a child उसने एक बच्चे को जन्म दिया; the doctor ~ed the woman डाक्टर ने स्त्री से प्रसव कराया. 7. (other uses) to ~ goods अपनी ज़िम्मेदारी^{F} निभाना; she was ~ed **from** prison उसे जेल से छुटकारा दे दिया गया; to ~ a ball गेंद फेंकना; to ~ a blow प्रहार करना; to ~ judgement फ़ैसला सुनाना. **deliverance** डिलि व़ॅ'रंस *n*^{c}. मुक्ति^{F}, उद्धार : ~ from danger खतरे से मुक्ति^{F}; ~ from foes, prison शत्रुओं, जेल से मुक्ति. **delivery** डिलिव़'रि *n*^{c}. 1. प्रसव, पैदाइश^F : the child had a safe ~ बच्चे की पैदाइश (का प्रसव) सुरक्षित रूप से हुआ; the mother had safe ~ माँ ने बच्चे का सुरक्षित रूप से प्रसव किया; only a nurse was present at the time of ~ ≈ के समय केवल एक नर्स उपस्थित थी. 2. वितरण : postal ~ डाक का ≈. 3. (of goods) पहुँचाना, सुपुर्दगी^{F} : ~ of arms शस्त्र या हथियार पहुँचाना; ex-ship ~ जहाज़ पर सुपुर्दगी^{F} या माल देना; ex-warehouse ~ गोदाम पर सुपुर्दगी^{F} या माल देना; prompt ~ शीघ्र या अविलम्ब माल देना; ready ~ तत्काल सुपुर्दगी^{F}; spot ~ मौके या स्थान पर माल देना; take ~ माल छुड़ाना; forward ~ वायदे की सुपुर्दगी^{F}; give ~ माल देना या सौंपना. 4. (law) प्रदान, हस्तांतरण : ~ of property

संपत्ति का ≈. 5. (manner) शैली^{F}, ढंग : ~ of speech भाषण-शैली; a telling ~ प्रभावशाली ≈.

delta डेल'टॅ *n*^{c}. डेल्टा, दहाना : ~ of the Nile नील नदी^{F} का डेल्टा; there are several branches of the river at the ~ डेल्टा पर नदी^{F} की कई शाखाएँ होती हैं.

deluge डे'ल्यूज *n*^{u}. 1. भारी बाढ़^{F}, सैलाब : ~ as mentioned in the Puranas भारी/भीषण बाढ़ ज़ैसी पुराणों में वर्णित है. 2. (fig.) भरमार^F : ~ of letters पत्रों की ≈; ~ of questions प्रश्नों की ≈. 3. भारी वर्षा^{F} : don't go out in this ~ इस ≈ में बाहर मत जाओ. [*ant.* drought]

delusion डि ल्यू'यन *n*^{c}.1. भ्रांति^{F}, मोह, भ्रम : the patient was under the ~ that the doctor was trying to poison her रोगी (स्त्री) भ्रम में थी कि डाक्टर उसे विष देने की कोशिश क्र रहा है. 2. भ्रम, धोखा : the man was under the ~ that he is the chief minister यह आदमी इस भ्रम/धोखे में था कि वह मुख्यमंत्री है.

demand डि मान्ड' I. *n*^{c}. माँग^F [just उचित, material आवश्यक, reasonable तर्कसंगत, sudden एकाएक]; ~ note माँग रुक्का; ~ and supply माँग और पूर्ति^{F}; ~ for higher wages ज्यादा मज़दूरी^{F} की माँग; the money will be paid back on ~ पैसा माँगे जाने पर पुनः चुकता किया जाएगा; there is a great ~ for books in our country हमारे देश में किताबों^{F} की बहुत ≈ है; new synthetic materials are in great ~ नए संश्लेषित सामानों की बहुत माँग है; income-tax ~ आयकर की ≈; such things are in less ~ इन वस्तुओं की कुछ कम ≈ है; there is a great ~ for builders in the new town नए शहर में मकान बनाने वाले ठेकेदारों की बहुत ≈ है; ~ for grants अनुदान की ≈; ~ loan or call loan उधार का रुपया जो तुरंत माँगा जा सके, उधार का रुपया जो माँगने पर तुरंत अदा करना होता है. II. *v.t.* माँगना, माँग करना : to ~ smth of smb किसी से कुछ माँगना; he ~ed that we should give him an immediate answer उसने माँग की कि हमें तुरंत उत्तर देना चाहिए; I am willing to pay whatever you ~ जो कुछ भी तुम माँगो मैं देने को इच्छुक हूँ; he ~ed high wages for the work उसने काम के लिए भारी मज़दूरी की माँग की. 2. आवश्यक होना, अपेक्षित होना, अपेक्षा^{F} करना : this ~s serious thought इस पर गंभीर विचार की आवश्यकता^{F} है; such problems ~ close attention ऐसी समस्याएँ^{F} अत्यधिक ध्यान की अपेक्षा करती हैं; we do not know what is ~ed of us हम नहीं जानते कि हमसे क्या अपेक्षा की गई है.

demarcate डी'मार्केट *v.t.* सीमांकन करना, सीमा या हद बाँधना : to ~ the sides of a field खेत की दिशाओं^{F} का सीमांकन करना. **demarcation** डी मार् के'शन *n*^{c}. सीमांकन; (also) line of ~ सीमा-रेखा^{F}; ~ disputes ≈ के झगड़े.

demerit डी में'रिट *n*^{c}. दोष, अवगुण : it was his ~ यह उसका ≈ था; merits and ~s of the ancient culture प्राचीन संस्कृति^{F} के गुण और ≈. [*ant.* merit]

demi *pref.* आधा, अर्द्ध : demigod, demi-official.

demise डि माइज़' *n*^{u}. मृत्यु^{F}, देहांत, निधन, मौत^F : on the ~ of Dev his son inherited the property देव की मृत्यु पर उसके लड़के को संपत्ति^{F} का उत्तराधिकार मिला. [*ant.* birth]

democracy डि मॉ'क्रॅसि *n*^{c}. लोकतंत्र, जनतंत्र (देश) : India is the largest ~ in the world भारत संसार में सबसे बड़ा ≈ देश है; ~ means government by the people, of the people, for the people ≈ का अर्थ है जनता^{F} द्वारा, जनता की, जनता के लिए सरकार. [*ant.* autocracy] **democrat** डें मॅ'क्रैट *n*^{c}. लोकतंत्रवादी : Nehru was a staunch ~ नेहरू कट्टर ≈ थे. **democratic** डें मॅ क्रै'टिक *a.* लोकतांत्रिक [country देश, government सरकार^F, institution संस्था^{F}, organisation संगठन, party दल/पार्टी^{F}, republic गणराज्य, views विचार]; a man of ~ spirit लोकतांत्रिक भावों वाला आदमी.

demolish डि मॉ'लिश *v.t.* 1. ढहाना, गिराना : the old buildings were ~ed पुरानी इमारतें^{F} गिरा दी गईं; the rain ~ed the house बरसात से घर गिर गया. 2. (fig.) we ~ed his arguments हमने उसके तर्कों को ध्वस्त कर

दिया. **demolition** डॅ मॅ लि'शन *n*^c. विध्वंस, विनाश : the committee ordered the ~ of that building समिति^F ने उस भवन को ध्वस्त करने का आदेश दिया.

demon डी'मन *n*^c. (evil spirit) नरकदूत, भूत : he took the part of a wicked ~ in the play नाटक में उसने ≈ की भूमिका^F अदा की; that child is a ~ वह बच्चा भूत है; she works as a ~ for her work वह अपना काम भूत की तरह करती है.

demonstrate डॅ'मन्स्ट्रेट *v.t.* 1. प्रदर्शन करना : the crowd ~d against the new law भीड़^F ने नए कानून के विरोध में ≈ किया; the men ~d before the office of the D. M. लोगों ने डी. एम. कार्यालय के सामने प्रदर्शन किया. 2. प्रतिपादित करना, सिद्ध करना : he ~d that the gas was injurious उसने सिद्ध किया कि यह गैस ख़तरनाक है : this ~s his wickedness इससे उसकी बदमाशी^F सिद्ध होती है. **demonstration** डॅमॅन् स्ट्रे'शन *n*^c. प्रदर्शन [organised संगठित, spontaneous स्वाभाविक, tremendous शानदार]; it was a ~ against reservation policy यह आरक्षण नीति^F के विरुद्ध ≈ था; ~ flight प्रदर्शन या परीक्षण के लिए उड़ान^F; ~s took place in many cities against the government बहुत शहरों में सरकार^F के विरुद्ध ≈ हुए. **demonstrator** डॅ'मॅन्स्ट्रेटर *n*^c. 1. प्रदर्शनकारी : the ~s were lathicharged प्रदर्शनकारियों पर लाठियाँ^F बरसाई गईं. 2. प्रयोगशाला^F का संचालक : she is a ~ in the chemistry laboratory वह रसायन प्रयोगशाला में संचालिका है.

demoralization डि मॉरॅ लाइ ज़े'शन *n*^c. 1. भ्रष्टीकरण, नैतिक पतन : ~ of an army सेना का नैतिक पतन. 2. उत्साह-भंग : ~ of a player खिलाड़ी का ≈. **demoralize** डि मॉ'रॅलाइज़ *v.t.* (morally) भ्रष्ट करना, बिगाड़ना, आचार-भ्रष्ट करना : that boy will ~ the whole class वह लड़का पूरी कक्षा को बिगाड़ देगा; continuous defeats have ~d the hockey team लगातार पराजय ने हाकी-टीम^F को आचार-भ्रष्ट कर दिया है/निरुत्साहित कर दिया है.

demote डि मोट' *v.t.* पदावनत करना : an officer was ~d to lower rank एक अधिकारी को निचले पद पर लगा दिया गया; that boy was ~d to class IX उस लड़के को नौवें दर्जे में गिरा दिया गया है. [*n.* demotion पदावनति^F]

demurrage डि मॅ'रिज *n*^c. विलंब-शुल्क : he has to pay Rs 8.00 as ~ उसे ≈ के रूप में आठ रुपए देने पड़े.

den डेन *n*^c. 1. (lair) माँद : lion's ~ शेर की ≈. 2. (cave) गुहा, गुफा : wild beasts' ~ जंगली जानवरों की ≈. 3. (haunt) अड्डा : thieves ~ चोरों का ≈. 4. (private room) कोठरी, छोटा कमरा : he came into my ~ for a chat वह मेरी कोठरी^F में बातचीत^F करने आया.

denial डि नाइ'अल *n*^c. (from deny) 1. न, नकार : I'll take no ~ मैं 'न' नहीं सुनूँगा. 2. (contradiction) खंडन, प्रतिवाद : the opposition made a ~ of charges विपक्ष ने आरोपों का ≈ किया. 3. (refusal) इंकार : I expected help from him but his ~ disappointed me मैं उससे सहायता की अपेक्षा करता था पर उसके ≈ ने मुझे निराश कर दिया. 4. अस्वीकृति^F : ~ of his request उसकी प्रार्थना की ≈. [*ant.* acknowledgement, confirmation]

denote डि नोट' *v.t.* निर्दिष्ट करना, व्यक्त करना, बताना : what does this word ~ यह शब्द क्या व्यक्त करता है ? wings on his tunic ~ that he is a pilot उसके कुर्ते पर के पंख (चिह्न) यह निर्दिष्ट करते हैं कि वह पायलट है; his silence denotes that he is guilty उसकी चुप्पी का अर्थ है कि वह दोषी है.

denounce डि नॉउन्स' *v.t.* 1. रद्द करना, न मानना : to ~ a treaty संधि^F ≈. 2. (to condemn) दोष मढ़ना, दोष लगाना, दोषी या मुजरिम ठहराना : he ~d them (as) traitors उसने उन पर द्रोही होने का दोष मढ़ा. 3. भर्त्सना करना, लताड़ना : the teacher ~d the boy who had stolen the book अध्यापक ने उस लड़के की भर्त्सना की जिसने किताब^F चुराई थी. 4. शिकायत^F करना : the boy ~d him to the headmaster लड़के ने प्रधानाध्यापक से उसकी शिकायत की.

dense डॅन्स *a.* 1. सघन, घना [forests जंगल, smoke धुँआ]; ~clouds घने बादल; ~ fog घना कुहरा; ~ trees घने पेड़. 2. मूढ़, जड़मति,

ठस : ~ mind मूढ़ मन; the boy is ~ लड़का जड़मति है. [*ant.* thin] **density** डेॅन्'सिटि *n*^{u}. सघनता^{F}, घनत्व : ~ of population घनी आबादी, आबादी का घनापन; ~ of fog कुहरे का घनापन.

dent डेॅन्ट *n*^{c}. (छोटा) गड्ढा, पिचक, : a ~ on a car, utensil कार^F, बर्तन पर का ≈; a mark of ~ on the surface सतह^F पर ≈ का निशान.

dental डेॅन्'टल *a.* दन्त्य, दाँत का; ~ sound दंत्य ध्वनि^{F} (जैसे द त); ~ consonant दंत्य व्यंजन (त थ द ध न स); ~ surgeon दाँतों का सर्जन; ~ decay दाँतों की क्षीणता^{F}. **dentist** डेॅन्'टिस्ट *n*^{c}. दाँत-साज़, दंत-चिकित्सक : trained ~ प्रशिक्षित ≈; he has been a popular ~ वह एक प्रसिद्ध ≈ रहे हैं.

deny डि नाइ' *v.t.* (denied, denying) 1. अस्वीकार करना, न मानना, इंकार करना : he denied that he had seen me उसने इंकार किया कि उसने मुझे देखा था; you cannot ~ that he has always been your friend तुम इस बात^F से इंकार नहीं कर सकते कि वह सदा तुम्हारा मित्र रहा है; there is no ~ing the fact इस तथ्य से इंकार नहीं किया जा सकता; the prisoner denied the charge कैदीं ने आरोप का खंडन किया; she denies her daughter nothing वह अपनी बेटी को किसी चीज़^{F} (देने) से इंकार नहीं करती; he denied that the boy was his उसने इंकार किया कि लड़का उसका है; he denied the charge उसने आरोप को नहीं माना; to ~ the demand माँग को न मानना; I do not ~ that I have money मैं इंकार नहीं करता कि मेरे पास पैसा है; you cannot ~ that तुम उससे इंकार नहीं कर सकते; the man denied having lived in this house आदमी ने इंकार कर दिया कि मैं इस मकान में रहता था; he denies that it is so वह इस तरह की बात^F से इंकार करता है. 2. मुकर जाना : he ~nied his word वह अपनी बात^F से मुकर गया. 3. वंचित करना : I was denied all comforts मुझे सब सुविधाओं से वंचित किया गया. [*n.* denial *q.v.*]

depart डि पार्ट *v.i.* 1. चले जाना, प्रस्थान करना, विदाई^F लेना : he ~ed for his journey वह अपनी यात्रा^{F} पर चल पड़ा; the train ~s at ten o'clock गाड़ी^{F} दस बजे छूट जाती है; to ~ from home घर से चले जाना. [*ant.* arrive] 2. मर जाना : he ~ed from the world वह मर गया; she ~ed from life वह मर गई. 3. हटकर काम करना : ~ from rules नियमों का उल्लंघन करना; we ~ed (from) the original plan हमने मूल योजना^{F} से हटकर काम किया. **departed** डि पार'टिड *a.* मृत, दिवंगत, स्वर्गीय : ~ soul दिवंगत आत्मा; ~ leader दिवंगत नेता; ~ relative स्वर्गीय संबंधी; the ~ दिवंगत व्यक्ति; the ~ was a great friend of mine दिवंगत व्यक्ति मेरा घनिष्ठ-मित्र था; the ~ were honoured दिवंगत व्यक्तियों को सम्मानित किया गया. [*n.* departure *q.v.*]

department डि पार्ट'मन्ट *n*^{c}. विभाग : ~ of history इतिहास ≈; police ~ पुलिस ≈; ~ of state विदेश मंत्रालय (अमरीका); women's clothing ~ औरतों के परिधान का ; ~ of physics and chemistry भौतिकी और रसायन ≈; foreign language ~ विदेशी-भाषा ≈ ; electricity ~ विद्युत ≈; education ~ शिक्षा ≈. **departmental** डी पार्ट मेॅन्'टल *a.* विभागीय; ~ examination ≈ परीक्षा^{F}; ~ promotion committee ≈ प्रोन्नति-समिति या पदोन्नति-समिति^{F}; ~ store बहुविभागीय भंडार.

departure डि पार'चर *n*^{c}. (from depart) 1. विदाई^F, प्रस्थान, रवानगी^{F} : the ~ time of the flight उड़ान^F के छूटने का समय; the time of ~ of this train has been changed इस रेलगाड़ी^{F} के छूटने का समय बदल दिया गया है; to take one's ~ विदा होना, विदाई^F लेना [*ant.* arrival]. 2. (deviation) उल्लंघन, अतिक्रमण : the ~ from truth सत्य से विचलन; ~ from rules नियमों का उल्लंघन; the new system is a ~ from the existing one वर्तमान पद्धति^{F} से नई पद्धति^{F} भिन्न है.

depend डि पेॅन्ड' *v.i.* ~(on/upon) 1. पर निर्भर या आश्रित होना [chiefly मुख्यत:, entirely पूरी तरह, solely केवल]; he does not ~ on me वह मुझ पर निर्भर नहीं है; it ~s on how hard you work इस बात^F पर

निर्भर करता है कि तुम कितना परिश्रम करते हो; he ~s on his father वह अपने पिता पर आश्रित है; I ~ on you for the money पैसे के लिए मैं आप पर निर्भर हूँ; the old man has to ~ on his children वृद्ध व्यक्ति को बच्चों पर आश्रित/निर्भर होना पड़ता है. **2.** (trust) विश्वास करना, भरोसा करना : ~ upon it इस बात[F] का विश्वास/भरोसा रखो; you may ~ on him तुम उस पर भरोसा कर सकते हो; is he to be ~ed on क्या उस पर भरोसा करना है; I ~ **on** you मैं आप पर भरोसा करता हूँ; ~ **on** my help मेरी सहायता[F] पर भरोसा रखो; will you attend his marriage? **it ~s** उसके विवाह में सम्मिलित होओगे? कुछ कह नहीं सकता या अभी कोई निश्चित नहीं है. **dependable** डि पें'न्'डैबल *a.* विश्वसनीय, भरोसेयोग्य [employee नौकर, servant नौकर, workman कर्मी]; my son is ~ मेरा बेटा भरोसे योग्य है. **dependant** डि पें'न्'डन्ट *n*[c]. आश्रित (व्यक्ति) : there are five ~s of mine in the family परिवार में मेरे पाँच ≈ हैं. **dependence** डि पें'न्'डन्स *n*[c]. 1. भरोसा, आसरा, सहारा : you can place ~ on his word तुम उसके वचन पर भरोसा कर सकते हो. **2.** आश्रय, निर्भरता[F] : his ~ on his sons worries him पुत्रों पर अपनी निर्भरता उसे चिंतित करती है. [*ant.* in ~] **dependency** डि पें'न्'डन्सि *n*[c]. **1.** अधीन राज्य, आश्रित राज्य : there were several ~ies of some European countries in Africa अफ़्रीका में कुछ यूरोपीय देशों के कई अधीन/आश्रित राज्य थे. **2.** (=dependence, but now rare) अधीनता[F], पराधीनता[F], निर्भरता[F]. **dependent** डि पें'न्'डन्ट *a.* 1. निर्भर, आश्रित [area क्षेत्र, child शिशु]; a baby is ~ on its parents बच्चा अपने माता-पिता पर ≈ होता है; my father has three ~ children मेरे पिता के तीन आश्रित बच्चे हैं; he has been ~ on his elder brother वह अपने बड़े भाई पर ≈ रहा है. **2.** अधीन : ~ country ≈ देश. [*ant.* in ~]

depict डि पिक्ट' *v.t.* चित्रण करना, चित्रित करना, वर्णन करना : the poet ~ed the plight of the victims of the earthquake कवि ने भूकंप से पीड़ित लोगों का वर्णन/चित्रण किया है; the painting ~s a storm at sea यह चित्र समुद्र में आए तूफ़ान का चित्रण करता है. **depiction** डि पिक्'शन *n*[uc]. चित्रण : ~ of character, life चरित्र, जीवन का ≈.

deplorable डि प्लॉ'रॅबल् *a.* खेदजनक, दुःखद : a ~ accident एक ≈ दुर्घटना[F]; ~ behaviour ≈ व्यवहार; ~ condition बुरी दशा[F]. **deplore** डि प्लॉर' *v.t.* **1.** खेद प्रकट करना, अफ़सोस करना, दुःखी होना : to ~ smb's ignorance किसी की अज्ञानता[F] पर ≈; to ~ one's fate अपने भाग्य से दुःखी होना. **2.** निंदा[F] करना, बुरा-भला कहना : one must ~ such an event ऐसी घटना[F] की निंदा करनी चाहिए; his conduct is ~d by all उसके आचरण की सभी लोगों ने निंदा[F] की.

deport डि पॉर्ट' *v.t.* **1.** निर्वासित करना, देश निकाला देना : undesirable aliens are ~ed by the government आवांछित विदेशी लोगों को सरकार[F] देश से निकाल देती है; Chakmas are being ~ed from India to Bangladesh चकमा लोगों को भारत से बाहर बंगलादेश भेजा जा रहा है. **2.** आचरण करना : to ~ oneself with dignity प्रतिष्ठापूर्ण ≈. **deportation** डी पॉर् टे'शन *n*[c]. निर्वासन, देशनिकाला : ~ of suspected persons संदिग्ध व्यक्तियों का ≈; ~ on a charge of treason राष्ट्रदोह के आरोप पर ≈.

depose डि पोज़' *v.t.* **1.** पदच्युत करना, सिंहासनाच्युत करना, गद्दी[F] से उतारना : the President was ~d by the army सेना ने राष्ट्रपति को गद्दी[F] से उतार दिया; to ~ a King राजा को ≈. **2.** बयान देना : he ~d that the accused was there उसने बयान दिया कि अभियुक्त वहाँ (पर) था; the witness did not ~ that he had seen the man running away गवाह ने यह बयान नहीं दिया कि उसने आदमी को भागते हुए देखा था. [*n.* deposition]

deposit डि पॉ'ज़िट **I.** *n*[c]. **1.** जमाव : ~s of gold सोने का जमाव; ~ of mud in a well कुएँ में कीचड़ का ≈. **2.** जमा[F] : fixed ~ स्थायी ≈; he has large ~s in the bank उसका बैंक में बहुत-सा पैसा जमा है; pay a ~ to reserve your room अपना कमरा आरक्षित कराने के लिए पैसा ≈ रखना; the landlord demands a ~ मालिक मकान पैसा जमा रखने की माँग करता है. **II.** *v.t.* **1.** जमा करना : to ~ money in the bank बैंक में पैसा ≈; the waves ~ed wreckage on the shore लहरों^{F} ने समुद्री किनारे पर मलबा जमा किया. **2.** रख देना : he ~ed himself on the floor वह फर्श पर जमकर बैठ गया; please ~ these bricks on the roof कृपया ये ईंटें^{F} छत पर रख दो. **depositary** डि पॉ'ज़िटॅरि n^c. : अमानतदार, न्यासधारी [honest ईमानदार, reliable विश्वसनीय]. [cf. depository]

deposition डी पॅ ज़ि'शन n^c. (from depose) **1.** पदच्युति^{F}, राज्यच्युति^{F} : ~ of manager प्रबंधक की पदच्युति; ~ of a King राजा की राज्यच्युति; ~ of the President by the army सेना^{F} द्वारा राष्ट्रपति की पदच्युति. **2.** बयान : ~ in a court of law न्यायालय में दिया गया ≈.

depositor डि पॉ'ज़िटर n^c. जमाकर्ता : interest was paid to the ~s जमाकर्ताओं को ब्याज का भुगतान कर दिया गया. **depository** डि पॉ'ज़िटरि n^c. (*pl.* depositories) संग्रह-स्थान, भंडार : ~ of coins सिक्कों का संग्रह-करना. (fig.) that person is a ~ of knowledge वह व्यक्ति ज्ञान का भंडार है.

depot डि'पो, डें'पो n^c. डिपो, गोदाम, भंडार [book पुस्तक, ration राशन]; ~ is a store (house) of goods डिपो माल का भंडार होता है.

deprave डिप्रेव' *v.t.* भ्रष्ट करना, चरित्र बिगाड़ना : bad company has ~d him बुरी संगति^{F} ने उसे (उसका चरित्र) बिगाड़ दिया है, उसे भ्रष्ट कर दिया है.

deprecate डेप्'रिकेट *v.t.* की निंदा^{F} करना : we ~ bad manners हम बुरे आचरण की निंदा करते हैं; waste of money should be ~d धन नष्ट करने की निंदा होनी चाहिए; they issued a statement deprecating his mischief उसकी शरारत^F की निंदा करते हुए उन्होंने एक बयान जारी किया.

depreciate डि प्री'शिएट *v.t.* **1.** मूल्य घटाना, अवमूल्यन करना : to ~ currency मुद्रा^{F} का ≈. **2.** निंदा^{F} करना : to ~ smb's good qualities किसी के सदगणों की ≈. [*ant.* appreciate] **depreciation** डि प्री शिए'शॅन n^c. **1.** दाम गिरना, भाव गिरना, अवमूल्यन : ~ of money मुद्रा^{F} का अवमूल्यन; ~ **of property** संपत्ति^{F} का भाव/दाम गिरना. **2.** घिसाई, घिसावट, टूट-फूट : ~ **fund** घिसाई^F की निधि^{F}, घिसाई कोष : ~ charges (मशीनों की) घिसाई या 'छीजन' या टूट-फूट का खर्चा. [*ant.* appreciation]

depress डि प्रें'स्' *v.t.* **1.** उदास करना, दिल तोड़ना : bad news ~es everybody बुरा समाचार हर किसी को उदास बनाता है (दिल तोड़ता है). **2.** कम करना, मंद करना, घटाना : wages are ~ed मज़दूरी^{F} कम हो गई है; to ~ the market बाज़ार में कीमतें^{F} गिराना. **3.** (press down) दबाना : to ~ a button for light प्रकाश/रोशनी^{F} के लिए बटन ≈. **depressed** डि प्रें'स्ड' *a.* **1.** दबाया हुआ, दलित : ~ class दलित वर्ग, हरिजन; ~ areas (व्यापार के) मंदी-क्षेत्र. **2.** उदास, खिन्न, दुखी : I feel ~ मेरा दिल बैठा जा रहा है. **3.** निम्न : this boy's language level is ~ इस लड़के की भाषा^{F} का स्तर ≈ है. **depressing** डि प्रें'सिंग *a.* निराशाजनक, दुःखदाई : a ~ news ≈ समाचार. **depression** डि प्रें'शन n^c. **1.** (व्यापार) मंदी^{F} : ~ of prices मूल्यों का गिरना, कीमतों^{F} का मंदा होना; ~ of trade व्यापार की मंदी. **2.** (मौसम) दबाव की कमी^{F} : ~ in air causes bad weather हवा^{F} में दबाव की कमी से मौसम खराब हो जाता है; a ~ means bad weather (हवा^{F} में) दबाव की कमी का अर्थ है बुरा मौसम; there was ~ over off the Bay of Bengal बंगाल की खाड़ी^{F} पर हवा^{F} के दबाव की कमी थी. **3.** गड्ढा : ~s on the ground caused by rain बारिश^F से बने भूमि^{F} पर के गड्ढे. **4.** उदासी^{F}, खिन्नता^{F}, विषाद : he is suffering from ~ वह ≈ का शिकार है.

deprive डि प्राइव़' *v.t.* से वंचित करना : to ~ a man of his rights किसी व्यक्ति को उसके अधिकारों ≈; she is ~d of eyesight वह दृष्टि^{F} से वंचित है (अंधी है); the landlord ~d the man of his house जमींदार ने आदमी को उसके घर से हटा दिया.

dept. department.

depth डें'प्थ *v.t.* n^{cu}. (from deep) **1.** गहराई^F :

what is the ~ of this lake इस झील[F] की ≈ कितनी है? measure the ~ ≈ मापो. (fig.) ~ **of voice** आवाज़[F] की ≈. **2.** गम्भीरता : ~ of mind मन की ≈. **3.** गहनता[F] : ~ of study अध्ययन की ≈; ~ of the woods जंगल की ≈. **4.** (other uses) in the of winter सर्दी[F] के मध्य में; in the ~ of despair घोर निराशा[F] में; ~ of ignorance घोर अज्ञानता[F]; in ~ पूरा; to study a report in ~ पूरी रिपोर्ट[F] पढ़ना.

deputation डॆं प्यू टे'शन *n*[c]. प्रतिनिधि-मंडल, शिष्ट-मंडल : we sent a ~ of four boys to see the headmaster हमने प्रधानाध्यापक से मिलने के लिए चार लड़कों का एक ≈ भेजा; a ~ met the minister एक ≈ मंत्री जी से मिला. **depute** डिप्यूट' *v.t.* प्रतिनिधि बनाकर भेजना : he ~d me as captain in his absence उसने अपनी अनुपस्थिति[F] में मुझे कप्तान बना दिया; to ~ one's power अपने अधिकार सौंपना (का प्रतिनिधि बनाना). **deputy** डॆं'प्युटि *a.* स्थानापन्न डिप्टी, उप, (*pl.* deputies) (ब्रिटेन में) संसद् सदस्य; ~ commissioner डिप्टी कमिश्नर, उपायुक्त; ~ High Commissioner उप-उच्चायुक्त, डिप्टी हाई कमिश्नर : ~ minister उपमंत्री; ~ secretary उपसचिव; speaker उपाध्यक्ष; Mr. L will be my ~ when I go on leave जब मैं छुट्टी पर जाऊंगा तो श्री ल मेरे स्थानापन्न होंगे.

derail डि रेल' *v.t.i.* पटरी से उतरना, उतारना : the train was ~ed गाड़ी[F] पटरी से उतर गई. **derailment** डिरेल'मन्ट *n*[u]. अवपतन : ~ of goods train मालगाड़ी[F] का ≈ (पटरी से उतर जाना); our train was late on account of the ~ near Kanpur कानपुर के निकट ≈ हो जाने के कारण हमारी गाड़ी[F] देर से पहुँची.

derange डिरेन्ज' *v.t.* **1.** अस्त-व्यस्त कर देना; उलट-पुलट करना : on opening the door I found my personal effects ~d दरवाजा खोलने पर मुझे अपना निजी सामान अस्त-व्यस्त मिला; विक्षिप्त/पागल कर देना : her mind was permanently ~d उसका मस्तिष्क हमेशा के लिए पागल/विक्षिप्त हो गया. [*ant.* arrange]

deride डि राइड' *v.t.* उपहास करना, मज़ाक उड़ाना : to ~ a person किसी व्यक्ति का ≈; he ~d our suggestion उसने हमारे सुझाव का मज़ाक उड़ाया. **derision** डि रि'ज़न *n*[u]. मज़ाक, उपहास : to bring into ~ उपहास कराना; object of ~ ≈ का विषय; he was held in ~ उसका ≈ उड़ाया गया; his opinion was heard with ~ उसकी राय[F] उपहास करते सुनी गई.

derivation डॆं रि वे'शन *n*[c]. **1.** व्युत्पत्ति[F] : what is the ~ of the word 'popularity' 'पापुलैरिटी' शब्द की ≈ क्या है? **2.** (descent) मूल, उत्पत्ति[F]; ~ of a race किसी जाति[F] का मूल. **derivative** डि रि'वॆटिव़ **I.** *a.* **1.** व्युत्पन्न : ~ phrases ≈ पदबंध; ~ word ≈ शब्द. **2.** (not original) अमौलिक, नकली, कृत्रिम : ~ paintings ≈ चित्र. **II.** *n*[c]. व्युत्पन्न शब्द : 'talkative' is a ~ of 'talk' 'बातूनी' 'बात' से व्युत्पन्न शब्द है. **derive** डि राइव़' *v.t.i.* **1.** प्राप्त करना, पाना : to ~ benefit लाभ ≈; to ~ pleasure from music संगीत से आनंद ≈; to ~ water from well कुएँ से पानी ≈, लेना. **2.** व्युत्पत्ति होना : this word is ~d from Latin इस शब्द की व्युत्पत्ति लैटिन से है.

derogatory डि रॉ'गैटरि *a.* अपमानजनक, अनादर सूचक [remarks टिप्पण, statement वक्तव्य]; ~ to one's dignity किसी की प्रतिष्ठा[F] के लिए अपमानजनक; 'quack' is a ~ word for a doctor डाक्टर के लिए 'कठवैद्य' शब्द ≈ है. [*ant.* appreciative]

descend डि सॆंन्ड' *v.t.i.* **1.** उतरना, नीचे आना : she ~ed the stairs वह सीढ़ियों[F] से नीचे उतर गई; to ~ from a hill पहाड़ी[F] से उतरना; he ~ed to abusing वह गालियाँ देने पर उतर आया. [*ant.* ascend]. **2.** गिरना : to ~ to a low level निम्न स्तर तक गिर जाना; he has ~ed to the act of roguery वह बदमाशी[F] पर उतर आया. **3.** टूट पड़ना, अचानक हमला कर देना, छा जाना : the troops ~ed on the town सेनाएँ शहर पर टूट पड़ीं (छा गईं); the girls ~ed on the cake लड़कियाँ केक पर टूट पड़ीं. **4.** वंशक्रम से प्राप्त होना, उत्तराधिकार के रूप में प्राप्त होना : he is **~ed from a** noble family वह एक कुलीन परिवार का वंशज है (में उत्पन्न हुआ है); the property ~ed from father to the son संपत्ति[F] पिता

से पुत्र को उत्तराधिकार में प्राप्त हुई. Δ ~ **on** आ धमकना : the whole family ~ed on us सारा परिवार हमारे यहाँ आ धमका; ~ **to** गिरना, उतर आना : it is strange that he ~ed to stealing यह अजीब बात है कि वह चोरी करने पर उतर आया. **descendant** डि सें न्'डन्ट *n*^{c}. वंशज, संतान, औलाद : Churchill was a ~ of the famous Duke of Marlborough चर्चिल प्रसिद्ध ड्यूक आफ़ मार्लबारो के वंशज थे. [*ant.* ancestor]. **descending** डि सें न्'डिंग *a.* अवरोही, घटता हुआ : ~order ≈ क्रम, घटता हुआ क्रम, जैसे 4, 3, 2, 1. [*ant.* ascending]

descent डि सें न्ट' *n*^{c}. 1. उतार, अवरोहण : we made a rapid ~ हम सब बहुत तेज़ी-से उतर आये; the road makes a sharp ~ to the Ganga सड़क तीखे उतार से गंगाजी को जाती है. **2.** हमला, आक्रमण : the enemy made a sudden ~ on the town शत्रुओं ने शहर पर एकाएक ≈ किया. [*ant.* ascent, rise] **3.** (lineage) वंश, वंशानुक्रम : collateral ~ सगोत्र वंशानुक्रम; lineal ~ पैतृक वंशानुक्रम; noble ~ कुलीन वंश. **4.** (declivity) ढाल^{F}, ढलान^{F} : a ~ on the road सड़क^{F} पर की ढलान. **5.** अवनति^{F}, पतन : his ~ to a criminal life उसके अपराधी हो जाने का पतन.

describe डिस् क्राइब' *v.t.* वर्णन करना, बताना [clearly स्पष्टत : exactly हूबहू]; to ~ a place किसी स्थान का वर्णन करना; I cannot ~ her beauty मैं उसके सौंदर्य का वर्णन नहीं कर सकता; he was ~d as a man of uncommon will power वह असाधारण इच्छाशक्ति के पुरुष के रूप में वर्णित किया गया; to ~ a fair मेले का वर्णन करना; he ~s himself as an officer वह अपने को एक अधिकारी बताता है.

description डिस् क्रिप्'शन *n*^{c}. **1.** वर्णन, चित्रण [brief संक्षिप्त, detailed विस्तृत, humorous हास्यजनक, short संक्षिप्त, vivid स्पष्ट]; it is beyond ~ यह वर्णनातीत है; a good ~ of the accident दुर्घटना^{F} का अच्छा चित्रण. **2.** (kind) प्रकार^{F}, तरह^{F} : there was no fruit of any ~ वहाँ किसी प्रकार का फल नहीं था; he should have a weapon of some ~ उसके पास किसी प्रकार का हथियार होना चाहिए. **3.** (personal ~) हुलिया : the man answered to the ~ they had received उस आदमी का ≈ वही था जो उन्हें मिला था. **descriptive** डिस् क्रिप'टिव़ *a.* वर्णनात्मक : ~ essay ≈ निबन्ध; ~ writing ≈ लेखन; ~ writer ≈ लेखक; ~ grammar ≈ व्याकरण.

desert डें'ज़र्ट **I.** *n*^{c}. मरुस्थल, मरुभूमि^{F}, रेगिस्तान: to live in the ~ ≈ में रहना; to cross the ~ ≈ पार करना; the ~ in Rajasthan राजस्थान की मरुभूमि^{F}. **II.** *v.t.* (डि ज़र्ट') साथ छोड़ देना, छोड़ भागना, त्याग देना : she ~d her children उसने अपने बच्चों को त्याग दिया; ~ that friend उस मित्र का साथ छोड़ दो, the wife ~ed her husband पत्नी ने अपने पति को त्याग दिया; he could not ~ them in distress वह उन्हें संकट में नहीं छोड़ सका; they ~ed seeing the enemy वे शत्रु को देखकर भाग लिए; they ~ed the ship वे जहाज़ छोड़ भागे. Δ **to get one's ~s** यथायोग्य पुरस्कार या दंड पाना. [*as distinct from* (*n.*) desert] **deserter** डि ज़ॅर्'टर *n*^{c}. **1.** भागा हुआ, भगोड़ा, फ़रार : a ~ from the army, party सेना^{F}, दल से ≈ व्यक्ति. **2.** (law) अभित्यागी : ~ heir ≈ उत्तराधिकारी. **desertion** डिज़र'शन *n*^{c}. **1.** पलायन : ~ from army सेना^{F} से ≈; ~ from duty ड्यूटी से ≈. **2.** परित्याग : ~ of one's wife, husband अपनी पत्नी, अपने पति का ≈.

deserve डिज़र्व़' *v.t.* के योग्य होना, का पात्र होना, का अधिकारी होना : he ~d punishment वह दंड पाने का अधिकारी था; we felt that they ~d praise for what they had done हम लोगों को लगा कि जो कुछ उन्होंने किया उसके लिए वे प्रशंसा^{F} के पात्र थे; she ~s the prize वह पुरस्कार की अधिकारी है; he does not ~ that prize वह इस पुरस्कार का पात्र नहीं है; I ~ well मेरे साथ अच्छा बर्ताव होना चाहिए; he ~s ill उसके साथ बुरा व्यवहार होना चाहिए. **deserving** डि ज़र्'विंग *a.* योग्य, पात्र : he is ~ of encouragement वह प्रोत्साहन का पात्र है; ~ case सुपात्र; ~ poor सुपात्र निर्धन व्यक्ति.

design डि ज़ाइन' **I.** *n*^{c}. **1.** (project) परिकल्पना^{F}, परियोजना^{F} : his ~ was clear to everyone उसकी ≈ सभी को स्पष्ट थी; he had a ~ to visit Germany उसकी ≈ जर्मनी जाने की थी. 2. (sketch) ख़ाका, रुपरेखा^{F}, ढाँचा : ~ for a building इमारत^{F} का ≈. 3. (purpose) उद्देश्य : they burnt the house with some ~ उन्होंने मकान को किसी ≈ से जला दिया. 4. (sinister scheme) चाल^{F}, मंसूबा : he **had ~s on** your purse तुम्हारा बटुआ चुरा लेने की उसकी चाल थी. 5. (pattern) नमूना : dress ~ पोशाक का ≈. **II.** *v.t.* 1. योजना^{F} बनाना : to ~ a trip to Shimla शिमला की सैर की ≈; he ~ed the crime उसने अपराध की योजना बनाई; to ~ an attack on the enemy शत्रु पर आक्रमण करने की ≈. 2. ढाँचा बनाना, खाका खींचना, रुपरेखा^{F} प्रस्तुत करना : to ~ a machine मशीन^{F} बनाने का खाका बनाना. 3. नमूना बनाना : she ~s for a fashion shop वह फैशन की दुकान के लिए नमूना बनाती है; this dictionary is ~ed for learners यह शब्दकोश शिक्षार्थियों के लिए बनाया गया है.

designate डॅ'ज़िग्नेट **I.** *v.t.* 1. निर्दिष्ट करना, बताना : these signs ~ that the thief did go this way ये चिह्न निर्दिष्ट करते हैं कि चोर इस रास्ते अवश्य गया है. 2. मनोनीत करना, नामज़द करना : she was ~d as secretary उसे सचिव मनोनीत किया गया; the senior teacher was ~d headmaster by the committee कमेटी द्वारा वरिष्ठ अध्यापक प्रधानाध्यापक नियुक्त किया गया. **II** *a.* नामित, मनोनीत : governor ~ ≈ राज्यपाल; minister ~ ≈ मंत्री. **designation** डॅज़िग्ने'शन n^{c}. 1. पदनाम, ओहदा : send this letter to the minister by ~ मंत्री को यह पत्र उनके पदनाम से भेज दो. 2. मनोनयन : ~ of Anil for a post किसी पद के लिए अनिल का ≈. **designer** डिज़ाइ'नर n^{c}. डिज़ाइन बनाने वाला : dress/shoe ~ पोशाक^{F}/जूतों के ≈.

desirability डिज़ाइअरॅ बि'लिटि n^{c}. वांछनीयता^{F} : ~ of effecting a change परिवर्तन लाने की ≈; the ~ of clamping curfew कर्फ़्यू लगाने की ≈. **desirable** डिज़ाइअ'रॅबल *a.* वांछनीय, मनचाहा, अभीष्ट : ~ job ≈ कार्य, ≈ काम; ~ company मनचाहा साथ; ~ qualifications वांछित योग्यताएँ. [*ant* un ~] **desire** डि ज़ाइअर' **I.** *v.t.* 1. चाहना, अभिलाषा^{F} करना, इच्छा^{F} करना : he ~d to rest उसने आराम करने की इच्छा व्यक्त की (करना चाहा); for a long time I have ~d to have a watch मुझे बहुत लंबे समय से एक घड़ी पाने की इच्छा थी; we all ~ to be happy हम सब प्रसन्न होने की इच्छा रखते हैं; I ~ you to come with me मैं चाहता हूँ कि तुम मेरे साथ आओ. 2. माँगना : I ~ nothing of you मैं तुमसे कुछ नहीं माँगता; to ~ help सहायता^{F} की माँग^{F} करना. 3. there is much to be ~d अभी बहुत कसर^{F} है. **II.** n^{c}. अभिलाषा^{F}, इच्छा^{F}, चाह^{F} [heartfelt हार्दिक, strong प्रबल/ज़बरदस्त]; he could satisfy all his ~s वह अपनी संपूर्ण इच्छाओं को तृप्त कर सकता था : I have no ~ to be rich मुझे धनी होने की कोई ≈ नहीं है; her only ~ was to see her children happy उसकी केवल अपने बच्चों को सुखी देखने की ≈ थी. **desired** डि ज़ाइअर्ड' *a.* वांछित, इष्ट [change परिवर्तन, effect प्रभाव]. **desirous** डि ज़ाइअ'रस *a.* इच्छुक, अभिलाषी : ~ of applause, success प्रशंसा^{F}, सफलता^{F} के लिए ≈ : he is not at all ~ to do this or ~ of doing this वह इसे करने का बिल्कुल ≈ नहीं है.

desk डॅ'स्क n^{c}. डेस्क, मेज़ : papers on the ~ ≈ पर के कागज़ात; he sat at the big desk वह बड़ी ≈ पर बैठा; the two pupils worked at their ~s दोनों छात्र अपने-अपने ≈ पर काम कर रहे थे.

desolate डॅ सॅ'लिट *a.* 1. (lonely) अकेला : the girl was left ~ लड़की अकेली रह गई. 2. (deserted) सुनसान, उजाड़ : ~ old building ≈ पुरानी इमारत^{F}; ~ land ≈ खेत.

despair डिस् पॅ'अर' **I.** n^{u}. 1. निराशा^{F} : he was filled with ~ वह ≈ से भर गया था; in ~ ≈ से. 2. निराशा का कारण : the boy is the ~ of his parents लड़का अपने माँ-बाप की ≈ है. [*ant.* hope] **II.** *v.i.* निराश या हताश होना, आशा छोड़ना : don't ~ निराश मत होओ; she never ~s वह कभी निराश नहीं होती; his life is ~d of hope उसने जीवन की आशा छोड़ दी है.

despatch डिस् पैच' **I.** n^{c}. संदेश, संवाद, ख़बर, चिट्ठी^{F} : a ~ from the front मोर्चे से

≈. **II.** *v.t.* भेजना, तुरंत संपन्न कर देना : वध कर देना. [see dispatch]

desperate डॅस्'पॅरिट *a.* **1.** निराशाजनक [condition दशा^{F}, position स्थिति^{F}.] **2.** (person) हताश और उग्र : the danger made him ~ ख़तरे ने उसे ≈ बना (कर) दिया; he was a ~ criminal वह ≈ अपराधी था. **3.** ख़तरनाक, भीषण : ~ state ≈ दशा^{F}; ~ disease ≈/असाध्य रोग; ~ conflict भीषण संघर्ष; ~ attempt जीतोड़ कोशिश^F. **desperation** डॅस्पॅ रे'शन *n*^{u}. **1.** घोर निराशा^{F}, हताशा^{F} : they rebelled in ~ उन्होंने हताश होकर विद्रोह कर दिया. **2.** दुस्साहस : he was driven to ~ उसे दु:साहसी बना दिया गया; ~ made him rebellious ≈ ने उसे विद्रोही बना दिया.

despise डिस्'पाइज़ *v.t.* **1.** तिरस्कार करना, उपेक्षा^{F} करना : do not ~ even a leper एक कोढ़ी का भी तिरस्कार मत करो. **2.** बुरा समझना : she ~s hair cuts वह बाल कटवाने को बुरा समझती है. [*ant.* admire]

despite डिस् पाइट' *pref.* के बावजूद, के होते हुए भी : ~ (of) his wounds he fought for the nation घावों के ≈ वह देश के लिए लड़ा; he went **in** ~ orders to the contrary वह विपरीत आदेश ≈ भीतर चला गया; he came to my house ~ his illness बीमारी^{F} ≈ वह मेरे घर आया.

despot डॅस्'पॉट *n*^{c}. तानाशाह, निरंकुश शासक : this Prime Minister is a ~ यह प्रधानमंत्री ≈ है. **despotic** डॅस्'पॉटिक *a.* निरंकुश, स्वेच्छाचारी : ~ rules lead to cruelty निरंकुश नियम निर्दयता^{F} बढ़ाते हैं; ~ rule/ruler निरंकुश शासन/शासक. **despotism** डॅस्'पटिज़म *n*^{c}. तानाशाही^{F}, निरंकुशता^{F} : the people revolted against the chief minister's ~ लोगों ने मुख्यमंत्री की ≈ के विरुद्ध विद्रोह खड़ा कर दिया.

dessert डि ज़र्ट' *n.* डिज़र्ट, मीठा, दही-चीनी^{F} : ~ was served at the end of the meal खाने के अंत में ≈ परोसा गया. [*as distinct from* desert (*u.*)]

destination डॅस्टि ने'शन *n*^{c}. ठिकाना, गंतव्य स्थान, मंज़िल : my ~ is Delhi मेरी मंज़िल दिल्ली है; he cannot achieve his ~ वह अपना लक्ष्य नहीं पा सकता; the message reached the wrong ~ संदेश गलत ठिकाने पर पहुँचा; we arrived late at our ~ हम अपने गंतव्य स्थान पर देर से पहुँचे.

destined डॅस'टिन्ड *a.* बदा, भाग्य में लिखा : he was ~ to live such a life उसके लिए ऐसा जीवन जीना लिखा/बदा था; it was so ~ ऐसा ही बदा था. **destiny** डॅस्'टिनि *n*^{u}. भाग्य, नियति^{F} : it was his ~ to save the poor man's life उसका यह भाग्य था कि बेचारे की ज़िंदगी^{F} बचा ली; cruel ~ decided it for me दुर्भाग्य ने मेरे लिए यह निर्धारित कर दिया; it was Gandhi's ~ to lead the nation to freedom गांधी के भाग्य की नियति थी कि इस जाति को आज़ादी^{F} दिलाई; ~ plays tricks with us नियति हमारे साथ चाल चलती रहती है.

destroy डिस् ट्रॉइ' *v.t.* **1.** नष्ट करना, तबाह करना [badly बुरी तरह, completely पूरी तरह, deliberately जानबूझकर, mercilessly निर्दयतापूर्वक, partially आंशिक रूप से]; the enemy ~ed the fort शत्रु ने किले को नष्ट कर दिया; the house was ~ed in the flood मकान बाढ़^{F} में नष्ट हो गया;the buildings were ~ed by bombs इमारतें बम से तबाह हो गईं; all my hopes had been ~ed मेरी सभी आशाओं पर पानी फिर गया था. **2.** मार डालना, जान से मारना : the dog was ~ed कुत्ते को मार डाला गया; he ~ed himself उसने आत्महत्या^{F} कर ली; many people were ~ed by gunfire बहुत-से लोग तोप^F द्वारा मार डाले गए. **3.** समाप्त कर देना, व्यर्थ कर देना : he felt his whole life was ~ उसने अनुभव किया कि उसका पूरा जीवन व्यर्थ हो गया; the earthquake ~ed the peace of the city भूचाल ने शहर की शांति^{F} को समाप्त कर दिया. [*ant.* create, make]. **destruction** डिस् ट्रक'शन *n.* **1.** विनाश, नाश : complete ~ पूर्ण विनाश : the ~ of the city was so complete that not one house was left standing शहर इतना पूर्ण रूप से नष्ट था कि कोई भी मकान खड़ा नहीं रह गया. **2.** विनाश का कारण : drinking was his ~ शराब पीना उसके ≈ था. **destructive** डिस् ट्रक्'टिव़ *a.* **1.** विनाशकारी : insects in the garden are

~ बगीचे में कीड़े ≈ हैं; ~ storm ≈ तूफ़ान. 2. नकारात्मक, खंडनात्मक : ~ criticism खंडनात्मक आलोचना^{F}, विरोधी या छिद्रान्वेषी आलोचना^{F}. [*ant*. constructive]

detach डि टैच' *v.t.* 1. अलग करना, पृथक् करना, काटना, निकालना : to ~ the counterfoil प्रतिपत्रक ≈; to ~ a page from the book किताब^F से पन्ना ≈; to ~ the enclosure संलग्नक ≈. (*ant*. attach) 2. भेज देना : to ~ a delegate प्रतिनिधि ≈; the police was ~ed to apprehend the murderer हत्यारे को पकड़ने के लिए पुलिस^F भेजी गई. **detached** डि टैच्ड' *a.* 1. तटस्थ, निष्पक्ष : a ~ mind निष्पक्ष/तटस्थ मन; ~ person ≈ व्यक्ति. 2. अलग-अलग, पृथक् : a ~ house ≈ मकान. **detachment** डि टैच्'मन्ट *n*^{c}. 1. तटस्थता^{F}, निष्पक्षता^{F} : I appreciate his ~ in that affair उस मामले में उसकी ≈ की मैं प्रशंसा^{F} करता हूँ. 2. अलगाव, विलगता : the act of ~ पार्थक्य का कार्य. 3. सेना की टुकड़ी^{F}, फौजी दस्ता : a ~ of cavalry घुड़सवार सेना^{F} की टुकड़ी^{F}.

detail डि टेल. *v.t.* 1. विस्तृत वर्णन या ब्यौरा देना : to ~ one's difficulties अपनी कठिनाइयों^{F} का विस्तृत वर्णन करना; I ~ed the action taken मैंने की गई कार्रवाई का ब्यौरा दिया. 2. निदिष्ट करना, नियुक्त करना : to ~ soldiers on the border सैनिकों को सीमा^{F} पर नियुक्त करना : she was ~ed to do certain jobs उसे कुछ काम करने पर लगाया गया. II. डी'टेल *n*^{c}. विवरण, ब्यौरा, तफ़सील^F, विस्तार [full पूरा/पूरी, important महत्त्वपूर्ण, technical तकनीकी]; to describe **in** ~ विस्तार से वर्णन करना; I have no time to explain **in** ~ मेरे पास ब्यौरेवार व्याख्या करने का समय नहीं है; he has not the patience to **go into** ~ उसमें विस्तार या ब्यौरे से समझने का धैर्य नहीं है; please go into ~ कुछ और बताइए; you need not give all ~s तुम्हें सारा ब्यौरा देने की आवश्यकता^{F} नहीं है. **detailed** डी'टेल्ड *a.* विस्तारपूर्वक, विस्तृत, ब्यौरेवार : ~ statement ≈ विवरण; ~ account विस्तृत लेखा.

detain डि टेन' *v.t.* 1. बन्दी बनाना : he was ~ed by the police उसे पुलिस^F ने बंदी बना लिया; the police have ~ed two persons पुलिस ने दो व्यक्तियों को बंद कर रखा है. 2. रोकना, अवरुद्ध करना, अटकाना : the boy was ~ed after the school closed लड़के को स्कूल बंद होने के बाद रोका गया; to ~ smb for interrogation किसी को पूछ-ताछ^F के लिए रोक रखना. [*n.* detention]

detect डि टॅक्ट' *v.t.*. 1. पता लगाना, ढूँढ़ निकालना, खोज पाना : to ~ a mistake गलती^{F} पकड़ना; poison was ~ed in food खाने में ज़हर पाया गया; I can ~ any kind of smell मैं किसी प्रकार की गंध का पता लगा सकता हूँ. 2. पकड़ना : to ~ smb in the act किसी को अपराध करते ≈ ; the boy was ~ed stealing लड़का चोरी में पकड़ा गया. **detection** डि टॅक'शन *n*^{u}. भेद का पता लगाना : to ~ a crime अपराध का पता लगाना; the fat boy cannot avoid ~ by hiding behind a thin tree पतले पेड़ के पीछे छिपकर मोटा लड़का अपने को पाये जाने से बचा नहीं सकता; to escape ~ पता न लगने देना; ~ of theft was difficult चोरी का पता लगाना मुश्किल था. **detective** डि टॅक्'टिव़ I. *n*^{c}. गुप्तचर, जासूस, भेदिया : the ~ soon found out who was the thief भेदिए ने शीघ्र ही पता लगा लिया कि चोर कौन है. II. *a.* जासूसी [novel उपन्यास, story कहानी^{F}]. **detector** डि टॅक्'टर *n*^{c}. अनुवेदक यंत्र : gas ~ गैस ≈.

detention डि टॅन्'शन *n*^{c}. [from detain] 1. नज़रबंदी^{F} : preventive ~ निवारक ≈; ~ camp ≈ कैम्प या केंद्र. 2. रोक^F, अटकाव : the children who arrive late have to stay in school at four o'clock for an hour's ~ उन लड़कों को जो देर से पहुँचते हैं चार बजे एक घंटे के लिए स्कूल में रुकना पड़ता है.

deter डि टॅर' *v.t.* (deterred) (भय दिखाकर) रोकना : to ~ smb from doing something किसी को कुछ करने से ≈; no one can ~ me मुझे कोई रोक नहीं सकता; she could not be ~red उसे रोका नहीं जा सका.

detergent डि टर'जन्ट **I.** *a.* प्रक्षालक, अपमार्जक : ~ soap ≈ साबुन. **II.** n^c. प्रक्षालक चूरा : ~ is a chemical product ≈ चूरा एक रासायनिक उत्पाद है.

deteriorate डि टिअ'रिअरेट *v.t.i.* बिगड़ना, भ्रष्ट होना, ख़राब होना : his health is deteriorating उसका स्वास्थ्य बिगड़ रहा है; the crops are ~ting in this drought फ़सलें^{F} इस सूखे में ख़राब हो जा रही हैं; her condition has further ~d उसकी हालत^F और ख़राब हो गई है. [*ant.* ameliorate, improve] **deterioration** डिटिअरिअरे'शन n^c. बिगाड़, ख़राबी^{F} : ~ in health स्वास्थ्य में ≈. [*ant.* amelioration, improvement]

determination डिटर्मि ने'शन n^c. **1.** (firm intention) दृढ़ निश्चय, संकल्प, a man of great ~ दृढ़ संकल्पी व्यक्ति, he went away with a ~ to take revenge बदला लेने का ≈ करके वह चला गया; he acted with ~ उसने ≈ से काम किया. **2.** (determining) निर्धारण : ~ of boundary सीमा^{F} का ≈ ; ~ of a date for marriage शादी^{F} की तारीख़ का ≈. **determine** डि टर्'मिन **1.** *v.t.* निर्धारित करना, नियत करना, तय करना : [immediately तुरंत, precisely ठीक-ठीक]; the case was ~d in the court मुकदमा न्यायालय में तय किया गया. (resolve) निश्चय करना; दृढ़/पक्का होना : he was ~d to go उसने जाने का निश्चय कर लिया; to ~ the date of a meeting बैठक की तारीख निश्चित करना (पक्का करना); this conversation ~d his future इस वार्तालाप ने उसका भविष्य निश्चित कर दिया; they were ~d to do everything वे सब कुछ करने के लिए दृढ़ संकल्प थे. **2.** (settle) निर्णय करना, तय करना : the weather will ~ the matter मौसम इस मामले का निर्णय करेगा; this ~d his fate इसने उसके भाग्य का निर्णय कर दिया. **determined** डिट्र'मिन्ड *a.* **1.** निश्चित, पक्का : ~ effort निश्चित प्रयास. **2.** दृढ़ संकल्प वाला, कृतसंकल्प : ~ woman दृढ़संकल्प स्त्री.

dethrone डि थ्रोन' *v.t.* गद्दी^{F} से उतारना, सिंहासनच्युत करना, तख़्त से उतारना : James II was ~d by the English Parliament जेम्स द्वितीय को ब्रिटिश संसद् ने गद्दी से उतार दिया.

detract डि ट्रैक्ट' *v.t.* **1.** घटाना, कम करना : to ~ from smb's credit किसी की साख घटाना; the rain ~ed *from* the pleasure of walk बरसात^F ने सैर^F का आनंद घटा दिया. **2.** निंदा^{F} करना, बुराई^F करना : he always ~s from the work of others वह सदा दूसरों के काम की निंदा, बुराई^F करता रहता है. **detraction** डि ट्रैक्'शन n^c. निंदा^{F}, मिथ्यावाद, बुराई^F : it should not be taken as ~ इसे ≈ के रूप में नहीं लेना चाहिए; it is a ~ from his work यह उसके काम की निंदा है.

detrain डि ट्रेन' *v.t.i.* गाड़ी^{F} से उतारना या उतरना : I ~ed the guests मैंने अतिथियों को गाड़ी से उतारा; I ~ed at Lucknow मैं लखनऊ स्टेशन पर उतरा.

detriment डें'ट्रिमन्ट n^c. **1.** हानि^{F}, क्षति^{F} : you cannot do this without ~ to yourself तुम बिना स्वयं को ≈ पहुँचाए इसे नहीं कर सकते; he works hard to the ~ of his health अपने स्वास्थ्य की ≈ करके वह परिश्रम करता है. [*ant.* benefit] **2.** हानि^{F} का कारण : smoking is ~ to health सिगरेट पीना स्वास्थ्य की ≈ है. **detrimental** डेंट्रि मेंन्'टल *a.* हानिकर, हानिकारक : ~ decision ≈ निर्णय; ~ to purpose उद्देश्य को हानि पहुँचाने वाला; lime in the soil is ~ to some plants. मिट्टी में चूना कुछ पौधों के लिए ≈ है; overeating is ~ to health अधिक भोजन स्वास्थ्य के लिए ≈ है. [*ant.* beneficial]

devalue डिव़ै'ल्यु *v.t.* अवमूल्यन करना : to ~ rupee रुपए का ≈ (मूल्य घटाना); to ~ one's work किसी के कार्य का मूल्य घटाना.

devastate डें'व़स्टेट *v.t.* उजाड़ना, तबाह करना, नष्ट-भ्रष्ट करना, मटियामेट करना, तहस-नहस करना : the locusts ~d the crops टिड्डियों ने फ़सलों को नष्ट-भ्रष्ट/तबाह कर दिया. **devastation** डें'व़स् टे'शन n^u. सर्वनाश, विध्वंस, तबाही^{F} : a violent storm caused ~ प्रचण्ड तूफ़ान ने सर्वनाश कर दिया; they survived the ~ caused by famine वे अकाल द्वारा की गई तबाही से बच निकले.

develop डि वें'लप *v.t.i.* (*p.* developed)

1. विकसित करना, बढ़ाना, विकास करना [quickly तेज़ी से, rapidly जल्दी से, slowly धीरे-धीरे]; industry has been ~ed to a high degree उद्योग उच्च स्तर तक विकसित किया गया है; the events were ~ing very slowly घटनाएँ बहुत धीरे-धीरे होती जा रही हैं; to ~ the mind मन का विकास करना; a man ~s from the child आदमी बच्चे से बढ़ता है; the child ~ed small-pox बच्चे को चेचक हो गई; exercise ~s the muscles व्यायाम मांसपेशियों का विकास करता है; to ~ a country's resources देश के संसाधनों का विकास करना; to ~ business व्यवसाय बढ़ाना; child's mind ~s बच्चे का मस्तिष्क विकसित होता है; to ~ a habit कोई आदत पड़ जाना (बना लेना). 2. व्यक्त करना : to ~ a plan योजना व्यक्त करना या बनाना. 3. चित्र उभारना : to ~ a film or a photo फ़िल्म या फ़ोटो का ≈. **developed** डि वें'लप्ड *a.* विकसित *a.* [countries देश, idea विचार, industry उद्योग, language भाषा, state राज्य].

development डि वें'लप् मन्ट *n*[u]. 1. विकास, प्रगति[F] [economic आर्थिक, historical ऐतिहासिक, mental मानसिक, physical शारीरिक, political राजनीतिक, rapid तेज़, slow धीमा]; ~ block विकास खण्ड : ~ of power from atomic energy अणुशक्ति द्वारा बिजली उत्पादन; ~ officer विकास अधिकारी; ~ plan विकास योजना[F]. 2. (result) परिणाम, नतीजा : we are awaiting further ~s हम और परिणामों की प्रतीक्षा[F] कर रहे हैं. 3. (photography) चित्र का उभार.

deviate डी'व़िएट *v.i.* विचलित होना, पथ से हटना : to ~ from the right path सीधे रास्ते से विचलित होना; to ~ from rules नियमों का अतिक्रमण करना; she does not ~ from her standard वह अपने स्तर से नीचे नहीं गिरती.

device डि व़ाइस' *n*[c]. 1. (scheme) युक्ति[F], उपाय, साधन : a ~ for getting money पैसा प्राप्त करने का ≈; they know the ~ for avoiding tax वे टैक्स से बचने की ≈ जानते हैं. 2. उपकरण : ~ for making potato chips आलू के कतले (पोटैटो चिप्स) बनाने का ≈; a ~ for extracting juice रस निकालने का ≈. [*as distinct from* the verb devise]

devil डें'व़ल *n*[c]. 1. शैतान, नरकदूत : all the ~s in the hell नरक के सभी ≈ ; ~ of greed लालची शैतान; he worships the ~ वह ≈ की पूजा करता है. 2. (an evil person) बदमाश, नर-पिशाच, शैतान : he is a cruel ~ वह निर्दय ≈ है. 3. चतुर, चालाक, चंट : he is a bit of a ~ वह बड़ा चतुर चालाक है. [*ant.* angel]. Δ **between the ~ and the deep sea** इधर कुआँ उधर खाई[F]; **the ~ may-care person** लापरवाह आदमी; **give the ~ his due** बुरे आदमी के साथ भी न्याय करो; **go to the ~** तुरंत हट जाओ; **~ to pay** मुसीबत[F] होना : there will be ~ to pay if the work is not done in time यदि काम समय पर नहीं होगा तो मुसीबत होगी; **think, talk of the ~ and there he is** किसी का नाम लिया और वह आ गया.

devise डि व़ाइज़' *v.t.* 1. सोच निकालना, उपाय निकालना : to ~ an instrument कोई उपकरण सोच निकालना; to ~ a way of escape बचने का रास्ता निकालना; to ~ a plan योजना[F] बनाना; to ~ a way of avoiding payment of debt ऋण के भुगतान से बचने का रास्ता निकालना. 2. (law) उत्तरदान करना; he ~ed his house (property) to his friend उसने अपना मकान (अपनी संपत्ति[F]) अपने मित्र को दान कर दिया (दी). [*as distinct from n.* device with 'c']

devoid डि व़ाइड' *a.* रहित, हीन : a person ~ of feeling संवेदनारहित व्यक्ति; room ~ of furniture फ़र्नीचर रहित कमरा.

devote डि व़ोट' *v.t.* 1. अर्पित करना, दे देना : समर्पित करना, न्यौछावर करना [chiefly मुख्यरूप से, entirely पूर्णरूप से]; to ~ smth to smb किसी को कोई वस्तु अर्पित करना; to ~ oneself to God भक्ति[F] करना; she ~d herself to music उसने स्वयं को संगीत के लिए समर्पित कर दिया; she ~d herself to the child's welfare उसने स्वयं को बच्चे की भलाई[F] में समर्पित कर दिया. 2. मन लगाना, लग जाना, ध्यान देना, योग देना : she ~s so much time to music वह संगीत में इतना समय लगाती है; he ~s himself to his business वह अपने व्यापार में मन लगाता है; I ~ my time to writing मैं अपना समय लिखने में लगाता हूँ. **devoted** डि व़ो'टिड *a.* **1.** वफ़ादार, निष्ठावान् [father पिता, friend मित्र, husband पति, wife पत्नी]; I am ~ to him मैं उसका भक्त हूँ; she is ~ to her family वह अपने परिवार के प्रति ≈ है. **2.** आसक्त, समर्पित, लगा हुआ : ~ to service सेवासक्त, सेवा^F में ≈; he is ~ to his work वह अपने काम के प्रति ≈ है. **devotee** डेॅव़् टी' *n*^c. भक्त, उपासक : ~ of Vishnu विष्णु का भक्त; there are many ~s in the temple मंदिर में बहुत से भक्त लोग हैं; a Guru's ~ गुरु का चेला. **devotion** डि व़ो'शन *n*^u. **1.** भक्ति^F, श्रद्धा^F; ~ of God ईश्वर ≈. **2.** (worship) उपासना^F, पूजा^F : he was in/at ~ वह पूजा कर रहा था. **3.** (affection) अनुरक्ति^F, लगन^F : her ~ to music संगीत में उसकी ≈; his ~ to duty उसकी कर्तव्यपरायणता^F; the ~ of a child to her mother बच्चे की अपने माँ के प्रति अनुरक्ति^F. **devotional** डि व़ो'शनल *a.* भक्तिमय, भक्तिपूर्ण : ~ literature भक्ति-साहित्य; ~ music भक्ति संगीत, कीर्तन; ~ song भजन.

devour डि व़ाउअर' *v.t* **1.** खा जाना, निगल जाना : the goat was ~ed by the tiger चीता बकरी^F को खा गया. **2.** नष्ट करना, उजाड़ना : the fire ~ed the whole village आग^F ने सारे गाँव को नष्ट कर दिया; he was ~ed by jealousy ईर्ष्या^F ने उसका नाश कर दिया. **3.** चाव से पढ़ना, देखना, सुनना : to ~ a story कहानी को ध्यान से सुनना. **4.** to be ~ed by anxiety चिंताग्रस्त होना.

devout डि व़ाउट' *a.* **1.** भक्त, धर्मपरायण : she is a very ~ lady वह बहुत धार्मिक महिला है. **2.** श्रद्धालु, श्रद्धापूर्ण : a ~ Hindu, Muslim ≈ हिन्दू, मुस्लिम, a ~ Christian ≈ ईसाई. **3.** सच्चा : a ~ hope सच्ची आशा^F; a ~ conduct ≈ आचरण; a ~ thank हार्दिक धन्यवाद.

dew ड्यू *n*^u. ओस^F : ~ drops ≈ कण; the ~ is on the grass घास पर ≈ है. (fig.) **the ~ of youth** युवावस्था की ताजगी^F. [*as distinct from* due]

dexterity डेॅक्स् टेॅ'रिटि *n*^u. दक्षता^F, कौशल, निपुणता^F : we all admired the ~ of the conjurer हम सभी ने मदारी की ≈ की प्रशंसा^F की; he showed ~ in playing on a sitar सितार बजाने में उसने अपनी निपुणता दिखाई. **dexterous** डेॅक्स्'टॅरस *a.* दक्ष, कुशल, पटु, निपुण : she did it with ~ hands उसने इसे निपुण हाथों से कर दिया; a ~ craftsman, surgeon एक दक्ष कारीगर/शिल्पी, सर्जन.

D.G. Director General महानिदेशक.

di *pref.* दो, द्वि; dilemma, divide

dia *pref.* (through) [see the words below]

diabetes डाइअ बिटीज' *n*^u. मधुमेह : ~ is a disease of sugar in blood ≈ खून में शर्करा^F होने का रोग है; he is a patient of ~ वह ≈ का रोगी है.

diagnose डाइ अग् नोज़' *v.t.* निदान करना : the doctor ~d the influenza डाक्टर ने फ्लू का निदान किया. **diagnosis** डाइ अग् नो'सिस *n*^c. (*pl.* diagnoses- सीज़) (रोग) निदान : ~ showed that he is a diabetic ≈ से ज़ाहिर हुआ कि वह मधुमेह का रोगी है; what is the doctor's ~ ? डाक्टर का ≈ क्या है ?

diagram डाइ'अॅग्रैम *n*^c. रेखा-चित्र, नक्शा, ख़ाका : draw a ~ to show the way रास्ता दर्शाने के लिए ≈ खींच दो; to prepare a ~ ≈ तैयार करना; this book has many ~s of motor parts इस पुस्तक में मोटर के पुरज़ों के बहुत-से ≈ हैं.

dial डाइ'अॅल **I.** *n*^c. डायल : ~ of a clock दीवार-घड़ी^F का डायल; ~ of a meter, telephone मीटर, टेलोफ़ोन का ≈; a ~ shows figures ≈ पर अंक दिखाई देते हैं. **II.** *v.t.* (dialled, dialling) टेलीफ़ोन करना : to ~ a number टेलीफोन का नंबर मिलाना.

dialect डाइअलेॅक्ट *n*^c. बोली^F, उपभाषा^F : Varanasi, Agra, etc. have their own distinctive ~s वाराणसी, आगेरा, इत्यादि की अपनी विशिष्ट बोलियाँ हैं; Braj Bhasha is a ~ ब्रजभाषा एक बोली है.

dialogue डाइअ' लॉग *n*^c. संवाद, कथोपकथन [fast तेज़, good अच्छा, written लिखित]; ~ between the hero and his friends नायक और उसके मित्रों का संवाद; the ~ s in this novel are fine इस उपन्यास में ≈ बढ़िया हैं.

diameter डाइ ए'मिटर n^c. व्यास : the ~ of a circle वृत्त का ≈; the ~ of the pillar is one metre खंभे का ≈ एक मीटर है; measure the ~ of this tree इस पेड़ का ≈ मापो.

diamond डाइअ'मन्ड n^c. **1.** हीरा [black काला, pure खरा/शुद्ध, sparkling चमकीला]; she wears a ~ ring वह हीरे की अंगूठी^{F} पहनती है; ~ cuts ~ हीरे से ≈ कटता है; there are ~ mines in Panna (M.P.) पन्ना (म. प्र.) में हीरे की खानें^{F} हैं. **2.** (card) ईंट का पत्ता; seven of ~ ईंट की सत्ती^{F}.

diarrhoea डाइऍ री'अ n^u. अतिसार, दस्त : ~ is a disease of the stomach ≈ पेट की बीमारी^{F} है; he has ~ उसे दस्त आते हैं.

diary डाइअ'रि n^c. रोज़नामचा, डायरी^{F}, दैनंदिनी^{F} : do you keep a ~ क्या तुम ≈ रखते हो ? in one's ~ there is record of daily events किसी की ≈ में प्रतिदिन की घटनाओं का उल्लेख रहता है; you should not read others' ~ दूसरों की ≈ नहीं पढ़नी चाहिए [*as distinct from* dairy]

dice डाइस **I.** n^c. (*pl.*) पाँसा : ~ of wood, bone, plastic लकड़ी^{F}, हड्डी^{F}, प्लास्टिक का ≈; throw the ~ ≈ फेंको. **II.** *v.t.* पाँसा खेलना : to ~ with smb for money किसी के साथ पांसे से जुआ खेलना. Δ **to ~ away all money** सारा पैसा जुए में लगा देना.

dictate डिक् टेट' **I.** *v.t.i.* **1.** लिखाना : he ~d the letter to his clerk उसने अपने लिपिक को पत्र लिखवाया; I do not write, I ~ मैं लिखता नहीं, लिखाता हूँ. **2.** आदेश देना, हुक्म देना : I cannot ~ anyone मैं किसी को आदेश नहीं दे सकता. **3.** मनमानी शर्त पूरी कराना : दबाव से या दबाव डालकर तय करना; to ~ the terms of an agreement समझौते की शर्तें तय करना : to ~ one's demand अपनी माँग मनवाना. **II.** n^c. (usu. *pl.*) माँग^F, पुकार^F : ~s of your conscience तुम्हारी आत्मा^{F} की ≈. **dictation** डिक् टे'शन n^c. श्रुतलेख, इमला^{F} : she read the ~ speedily उसने ≈ तेज़ी से पढ़ी; the teacher gave us ~ अध्यापक ने हमें ≈ लिखवाई. **dictator** डिक् टे'टर n^c. एकाधिनायक, तानाशाह, निरंकुश शासक : Hitler and Mussolini were ~s हिटलर और मुसोलिनी तानाशाह थे. **dictatorial** डिक्टॅ टॉ'रिअल *a.* निरंकुश, तानाशाही [power शक्ति, ruler शासक]. **dictatorship** डिक् टे'टरशिप n^c. तानाशाही^{F} : we hate ~ in politics राजनीति^{F} में ≈ से हमें घृणा^{F} है; his ~ was challenged उसकी ≈ को चुनौती^{F} दी गई.

diction डिक्'शॅन n^u. शैली^{F}, शब्द योजना^{F} : his ~ is perfect उसकी ≈ पूर्ण है; that preacher's ~ is not too good उस उपदेशक की भाषा-शैली^{F} बहुत अच्छी नहीं है; ask her to improve her ~ उससे कहो कि अपनी ≈ में सुधार करे. **dictionary** डिक्'शॅनरि n^c. शब्दकोश, कोश, डिक्शनरी^{F} [big बड़ी, complete पूर्ण, little छोटी, pocket जेबी]; ~ of names and places अभिधान कोश; look up the word in the ~ इस शब्द को ≈ में ढूँढो; I could not find the word in this ~ मैं यह शब्द इस ≈ में नहीं पा सका; English-Hindi ~ अंग्रेजी-हिन्दी ≈; this ~ tells us the meaning of 10,000 words यह ≈ दस हज़ार शब्दों के अर्थ बताता है; always use a good ~ सदा अच्छे शब्दकोश का प्रयोग करो.

did डिड *v.* past tense of the verb 'do' क्रिया 'do' का भूतकालिक रूप; he did it उसने यह किया; he did not go वह नहीं गया; he ~ go वह अवश्य गया था; I, he/she, we, they, you did the right thing मैंने, उसने, हमने, उन्होंने, तुमने ठीक किया.

die डाइ **I.** *v.i.* (dying) [*as distinct from* dyeing] **1.** देहान्त होना, मरना, चल बसना : all men must ~ सभी लोगों को ज़रूर मरना है; he ~d young वह युवावस्था^{F} में ही मर गया; he ~d **of** starvation वह भूखों मर गया; he ~d fighting for freedom वह स्वतंत्रता^{F} के लिए लड़ते हुए मारा गया; she has ~d वह मर गई है; she died of cholera वह हैज़े से मरी है; to ~ in old age वृद्धावस्था^{F} में शरीर छोड़ना; he ~d under a bus वह बस के नीचे आकर मर गया; please come quickly, your friend is dying कृपया जल्दी आइए, आपका मित्र मर रहा है; he ~d a natural death वह स्वाभाविक (अपनी) मौत मरा; he ~ a violent death वह मारा गया, उसकी हत्या^{F} हुई; hc died in harness मरते दम तक वह काम/अपनी ड्यूटी पर था; she died a dog's death वह कुत्ते की मौत मरी; she died by inches वह तिल-तिल मरी. **2.** शांत होना, मंद होना : the sound ~d **away** in the distance आवाज़ दूर जाकर मंद हो गई; the music ~d away संगीत मंद हो गया. **3.** *v.i.* मुरझाना : plants are dying पौधे (मर) मुरझा रहे हैं. **4.** लालसा^{F} होना, उत्सुक होना : I am ~ying to read that book मैं वह किताब पढ़ने की लालसा करता हूँ (को उत्सुक हूँ); I am dying for marriage मुझे शादी करने की लालसा है; **4.** (other contexts) customs **die hard** रिवाज बड़ी मुश्किल से ख़त्म होते हैं; the noise is **dying away** शोर मद्धिम होता जा रहा है; the secret **died with** her रहस्य उसके साथ लुप्त हो गया; the noise **died down** शोर धीमा हो गया; many superstitions have **died out** बहुत-से अंधविश्वास समाप्त हो गए हैं. [*ant.* live जीना; mind dye] **II.** *n*^{c}. साँचा : ~ for printing types छपाई^F के टाइप बनाने का ≈. (*pl.*) (i) dies साँच : ~ for coining सिक्के डालने के ≈. (ii) dice पांसे *q.v.*

diet डाइ'अट *n*^{u}. (daily fare) आहार, भोजन : he was allowed a ~ of toast and tea only उसे केवल टोस्ट और चाय ≈ में लेने की छूट^F थी; to be or live on a ~ मिताहार लेना, he in on salt-free ~ वह बिना नमक का ≈ लेता है.

differ डि'फ़र *v.i.* (~ from) **1.** अलग होना, मेल न खाना : this boy ~s **from** his father in ability यह लड़का योग्यता में अपने पिता से मेल नहीं खाता. **2.** (disagree) मतभेद होना, असहमत होना : if we cannot agree, we must ~ यदि हम सहमत नहीं होते तो हममें मतभेद होगा; I ~ **with** him on this question मैं इस प्रश्न पर उससे असहमत हूँ; I beg to ~ मैं सहमत नहीं हूँ. [*ant.* agree] **difference** डि'फ़्रन्स *n*^{c}. **1.** भेद, अंतर, फर्क [much अधिक, slight कम, some कुछ]; I cannot see any ~ between them मैं उनमें कोई भी ≈ नहीं देख सकता; it makes no ~ इससे कोई ≈ नहीं पड़ता; it will make a great ~ इससे बहुत ≈ पड़ जायगा; what ~ will it make? इससे क्या ≈ पड़ेगा? it makes all the ~ इससे कुछ और ही हो जाता है; to make a ~ between ≈ समझना; what is the ~ between the two boys? दोनों लड़कों में क्या ≈ है; ~ in speech, dress, etc. वाणी, ड्रेस, इत्यादि में ≈; there is a ~ of 25 degrees in day and night temperature दिन और रात^F के तापमान में 25 डिगरी का ≈ है; what is the ~ between these words इन शब्दों में क्या ≈ है? I see no ~ मुझे कोई ≈ दिखाई नहीं देता. **2.** (*pl.*) मतभेद, विवाद, झगड़ा, मनमुटाव, असहमति : ~s among the brothers भाइयों में ≈. **different** डि'फ़्रन्ट *a.* **1.** भिन्न, पृथक, दूसरा : you may look at it from different points of views तुम इसे विभिन्न दृष्टिकोणों से देखो; it can be done in ~ ways यह दूसरे/अलग ढंग से किया जा सकता है; you have ~ opinions on that subject तुम्हारे उस विषय में भिन्न मत हैं; put on a ~ coat दूसरा कोट पहनो; have you ~ views क्या आपके पृथक विचार हैं? she has become entirely ~ वह पूर्ण रूप से बदल गई है; the words are ~ but the meaning is almost the same शब्द भिन्न हैं लेकिन उनके अर्थों में काफी समानता है; that is quite a ~ question वह बिल्कुल ≈ प्रश्न है; he looks somewhat ~ since he was ill बीमारी^{F} के दिनों से वह कुछ और/भिन्न दिखाई देता है. [*ant.* alike, similar]. **2.** (various) भिन्न-भिन्न : this design is available in ~ colours यह नमूना ≈ रंगों में उपलब्ध है. **3.** (special) ख़ास, विशिष्ट : our sweets are ~ हमारी मिठाइयाँ ख़ास हैं; we met many ~ places and ~ people हमने बहुत-से विशिष्ट स्थान देखे और विशिष्ट लोगों से मिले. **differentiate** डि फ़ रें'न्'शिएट *v.i.t.* भेद करना, अंतर बताना : its mane ~s the lion from the lioness अयाल से शेर और शेरनी में अंतर किया जा सकता है; how do you ~ between resident and non-resident students आप आवासी और ग़ैर-आवासी विद्यार्थियों में कैसे भेद करते हैं? can you ~ these twin brothers क्या तुम इन जुड़वाँ भाइयों में अंतर बता सकते हो ? the two brothers are so alike that I can scarcely ~ between them दोनों भाई इतने समान (एक-से) हैं कि मैं बड़ी मुश्किल से उनमें भेद कर पाता हूँ.

difficult डि'फ़िकल्ट *a.* **1.** कड़ा, कठिन, मुश्किल [examination परीक्षा^{F}, lesson पाठ, problem समस्या^{F}, question प्रश्न, word शब्द, work काम]; it is too ~ for her यह उसके लिए अत्यन्त कठिन है; it is ~ to say यह कहना कठिन है; it is ~ to explain इसकी व्याख्या करना कठिन है; it is a ~ question to answer इस प्रश्न का उत्तर देना कठिन है; it is ~ to know what his intention is यह जानना मुश्किल है कि उसका इरादा क्या है; how ~ it is यह कितना कठिन है ! there is nothing ~ about it इस बारे में कुछ भी मुश्किल नहीं है. **2.** (person) हठी, विकट : he is a very ~ person वह बहुत ही ≈ आदमी है; ~ child हठी लड़का. **3.** ~ situation विषम स्थिति^{F}. [*ant.* easy] **difficulty** डि'फ़िकल्टि *n*^{c}. (difficulties) **1.** कठिनाई^F, मुश्किल^F : the lame man walks with ~ लंगड़ा आदमी ≈ से चल पाता है; the ~ of solving the problem समस्या^{F} हल करने की ≈; he had no ~ in getting a licence उसे लाइसेंस लेने में कोई ≈ नहीं हुई; we did not think of the difficulties हमने कठिनाइयों के बारे में ध्यान नहीं दिया; the ~ of mastering foreign languages विदेशी भाषाओं^{F} पर अधिकार पाने की कठिनाई; meet with difficulties कठिनाइयों का सामना (मुकाबला) करना; we faced no ~ in finding our friend's house हमें अपने मित्र का घर पाने में किसी ≈ का सामना नहीं करना पड़ा; she had ~ in breathing उसे साँस लेने में कठिनाई थी; to remove ~ ≈ दूर करना; what is the ~ क्या ≈ है ? **2.** (trouble) परेशानी^{F} : I am in ~ मैं ≈ में हूँ; I have ~ in learning मुझे सीखने (याद करने) में ≈ होती है; to get into ~ ≈ में पड़ना; it caused an additional ~ इससे अतिरिक्त ≈ पैदा हो गई. [*ant.* ease]

D.I.G. Deputy Inspector General उप-महानिरीक्षक (पुलिस)

dig डिग **I.** *v.t.i.* **1.** (dug, digging) **1.** खोदना : we had to ~ for an hour हमें एक घंटे तक खोदना पड़ा; a tunnel was dug through the mountain सुरंग^F पर्वत से होकर खोदी गई; he is ~ ging a grave वह कब्र खोद रहा है, to ~ a well कुआँ ≈; to ~ a pit गड्ढा ≈. **2.** to ~ for information जानकारी^{F} खोज निकालना; to ~ **into** a book किसी पुस्तक का गहरा अध्ययन करना; **to ~ out** a secret रहस्य का पता लगाना; **to ~ up** a mine खान खोदकर निकालना. **II.** *n*^{c}. आक्षेप, कटाक्ष : to **have a ~ at** somebody किसी पर ≈ करना; this was not a ~ at you यह तुम्हारे ऊपर कोई ≈ नहीं था.

digest डाइ'जेॅस्ट **I.** *n*^{c}. सार-संग्रह [physics भौतिकी, useful उपयोगी]; a ~ of laws विधि ≈; a literary ~ साहित्यिक ≈. **II.** डाइजेॅस्ट' *v.t.i.* **1.** पचाना, हज़म करना, हज़म होना, पचना : my dinner must be ~ed मेरा भोजन ज़रूर हज़म हो जाना चाहिए; he rested in order to ~ the meal उसने भोजन हज़म करने के लिए आराम किया; this food is easy to ~ यह खाना आसानी से हज़म हो जाता है; heavy meal does not ~ easily भारी खाना आसानी से हज़म नहीं होता. **2.** संक्षिप्त करना, सार तैयार करना : to prepare ~ of a book किताब का सार/संक्षेप तैयार करना; to work out ~ of laws कानूनों का सार निकालना. **3.** अच्छी तरह ग्रहण करना : to ~ what is read पढ़े हुए को ≈. **digestion** डाइ जेॅस्'शन *n*^{c}. पाचन, हाज़मा : a good or weak ~ एक अच्छा अथवा कमज़ोर ≈; old people's ~ बुड्ढे लोगों का ≈; if you can eat all those apples you must have a good ~ यदि तुम ये सब सेब खा सको तो तुम्हारा ≈ अवश्य अच्छा होगा. **digestive** डाइ जेॅस्'टिव़ *a.* पाचक : ~ biscuits पाचक बिस्कुट; ~ powder ≈ चूरन; ~ system in the body शरीर में का ≈ तंत्र.

dignified डिग्'निफ़ाइड *a.* प्रतिष्ठित, गौरवपूर्ण, शानदार : he is very ~ वह बहुत ही गौरवशाली है; ~ manner ≈ रीति^{F}; ~ person भद्र पुरुष; ~ town ≈ नगर. [*ant.* un ~] **dignify** डिग्'निफ़ाइ *v.t.* सम्मानित करना, गौरव प्रदान करना, गौरव बढ़ाना : the Governor dignified the meeting with his presence राज्यपाल ने अपनी उपस्थिति^{F} से

सभा^{F} का गौरव बढ़ाया. **dignity** डिग्'निटि *n*^{c}. **1.** (excellence) मान-मर्यादा^{F}, प्रतिष्ठा^{F}, गौरव, शान^{F} : he spoke with ~ उसने शान से बात^{F} की; the ~ of labour श्रम का गौरव; his ~ was offended उसकी ≈ को ठेस^{F} लगी; to behave with ~ मर्यादा^{F} से व्यवहार करना; it is beneath my ~ यह मेरी ≈ के विरुद्ध है. **2.** (position) उच्च पद, ऊंचा दर्जा : the ~ of mayor मेयर/नगर-प्रमुख का ≈; it would be beneath your ~ यह तुम्हारे उच्च-पद से घटिया काम होगा; the ~ of a monarch शाही दर्जा.

digress डाइ ग्रे'स' *v.i.* विषयान्तर करना, (विषय से) भटक जाना : to ~ from the subject विषयांतर करना; during his speech, he ~ed several times अपने भाषण के दौरान वह कई बार विषयांतर कर गया (भटक गया). [*n.* digression विषयान्तर (ण)]

dilapidated डिलै'पिडेटिड *a.* जीर्णशीर्ण, टूटा-फूटा : ~ furniture ≈ फ़र्नीचर; ~ building टूटी-फूटी इमारत^{F}; ~ carriage टूटी-फूटी गाड़ी^{F}. **dilapidation** डि लैपि डे'शन *n*^{u}. जीर्णावस्था, ध्वंस : his house is in a state of ~ उसका घर जीर्णावस्था में है. [*ant.* renovation].

dilate डाइलेट' **I.** *v.t.* विस्तार करना, फैलाना : the cat ~s her eyes बिल्ली अपनी आँखें फैला लेती है. **II.** *v.i.* **1.** फैलना : the pupils of her eyes ~d with fear उसकी आँखों की पुतलियाँ डर के मारे फैल गईं. **2.** सविस्तार वर्णन करना, विस्तृत विवेचन करना : to ~ **on/upon** a subject किसी विषय का विस्तृत विवेचन करना.

dilemma डाइ लें'मा *n*^{u}. द्विविधा, धर्मसंकट : I am in a (on the horns of a) ~ and do not know what to do मैं ≈ में हूँ/पड़ गया हूँ और नहीं जानता कि क्या करना है; his non-arrival has put us in a ~ उसके न आने से हम ≈ में पड़ गए हैं; he was in a ~ as to or whether to stay here or go वह इस ≈ में था कि यहाँ ठहरा जाए या चला जाए.

diligence डि'लिजन्स *n*^{u}. परिश्रम, अध्यवसाय : he succeeded due to his ~ वह अपने ≈ के बलबूते सफल हो गया. **diligent** डि'लिजन्ट *a.* मेहनती, परिश्रमी, अध्यवसायी [labour मज़दूर, student छात्र, worker कर्मी]; he is not a ~ person वह ≈ व्यक्ति नहीं है. [*ant.* idle]

dilly-dally डि'लि डैलि *v.i.* **1.** हिचकिचाना, आगा-पीछा करना : don't ~ about it इस बारे में आगा-पीछा न करो. **2.** आवारा फिरना : he dilly-dallies on his way to the office वह दफ़्तर जाते हुए रास्ते में आवारा फिरता है.

dilute डाइल्यूट' **I.** *v.t.* पानी मिलाना, पतला करना, फीका करना : to ~ strong tea with more milk गाढ़ी चाय^{F} को दूध मिलाकर पतला करना; to ~ spirit, acids, colours etc. स्प्रिट, अम्ल, रंग, आदि को पतला करना. **II.** *a.* पतला, फीका, हलका : ~ colour हलका रंग; ~ mixture पतला घोल; he sells ~ milk वह पतला दूध बेचता है.

dim डिम **I.** *a.* **1.** धुँधला, मंद, धीमा [lamp लैम्प, light प्रकाश]; ~ memory धुँधली याद्दाश्त^{F}; the events had grown ~ in her mind घटनाएँ^{F} उसके मस्तिष्क में धुंधली पड़ गई थीं; a ~ sound एक धीमी आवाज़^{F}. **2.** (indistinct) अस्पष्ट : a ~ idea ≈ विचार; a ~ figure ≈ आकृति/छाया; a ~ outline of trees in the distance दूर पर पेड़ों की ≈ रूपरेखा^{F}; ~ shape of a wolf किसी भेड़िए का ≈ रूप. [*ant.* bright] **II.** *v.t.i.* (dimmed, dimming)**1.** धुँधला करना, धुँधलाना, धीमा करना : the fog ~med my eyes धुंध से मेरी आँखें धुँधली हो गईं; the rain ~med the view बारिश ने दृष्य को धुँधला कर दिया; the lamp was ~med लैम्प धीमा कर दिया गया. **2.** मद्धम होना; light began to ~ रोशनी^{F} मद्धम होने लगी.

dimension डाइ में'न्'शन *n*^{c}. **1.** आयाम : a line has one ~ and a square has two रेखा का एक ≈ होता है और वर्ग के दो; a box has three ~s संदूक के तीन ≈ होते हैं. **2.** नाप, घेर, लम्बाई-चौड़ाई^{F} : ~ of a room एक कमरे की लम्बाई-चौड़ाई और ऊंचाई; a building of big ~s बहुत बड़े घेर की इमारत^{F}.

diminish डि मि'निश *v.t.i.* कम करना या होना, क्षीण होना, घटना, घटाना : to ~ the supply of food भोजन की आपूर्ति^{F} (घटाना) में कमी^{F}

करना; his strength has ~ed उसका बल क्षीण हो गया है (घट गया है); ~ing utility उपयोगिता का क्रमिक ह्रास. [*ant.* increase, add]

dimple डिम्'पॅल *n*^{c}. गुल, गड्ढा, गर्त्तिका : when she smiles, you can see ~s in her cheeks जब वह हँसती है तो तुम उसके गालों में गड्ढे देख सकते हो.

din डिन **I.** *n*^{c}. शोरगुल, हल्ला : ~ of the machine मशीन का शोर; why are you making a ~ तुम लोग ≈ क्यों मचा रहे हो? stop the ~ ≈ बंद करो; ~ of traffic यातायात का शोरगुल; ~ of spectators in the playground दर्शकों का क्रीड़ास्थल में शोरगुल. Δ **to kick up a** ~ शोर मचाना. **II.** *v.t.* (dinned, dinning) शोरगुल मचाकर सुनाना : ~ **it into** his thick head उसकी खोपड़ी^{F} में ऊंची आवाज़ में सुनाओ; I am always ~ning advice into his ears मैं हमेशा उसके कानों में अपनी सलाह^{F} दुहराता रहता हूँ.

dine डाइन *v.t.i.* भोजन करना या देना, खिलाना : he ~d all the boys in his house उसने सभी लड़कों को अपने यहाँ भोजन कराया; we always ~ at eleven o'clock हम हमेशा ग्यारह बजे भोजन करते हैं; fifty people ~d in the hotel होटल में पचास लोगों ने भोजन किया (खाना खाया). Δ ~ **in** घर में खाना खाया; ~ **out** बाहर खाना खाना. [*n.* dining, dinner]

ding-dong डिङ् 'डांग *n*^{c}. घंटियों^{F} की आवाज़^{F}, टनटनाहट^{F} : the bells in the temple rang ~ all the morning मंदिर की घंटियाँ सारी सुबह^{F} बजती रहीं.

dingy डिन्'जि *a.* धुंधला और मैला/गंदला : a ~ room ≈ कमरा; her dress looks ~ उसकी पोशाक^{F} ≈ दिखाई देती है; ~ street मैली और धुंधली गली^{F}; ~ paint हलका और मलिन पेंट.

dinner डि'नर *n*^{c}. भोजन, दिन का प्रधान भोजन [excellent उत्तम, fresh ताज़ा, tasty स्वादिष्ट]; ~ set खाने के पूरे बर्तन; ~ table खाने की मेज़^{F}; to cook, eat ~ भोजन बनाना, खाना; at what time do you have your ~ तुम किस समय भोजन करते हो? have you had your ~ क्या तुमने भोजन कर लिया है? he is at ~ वह खाना खा रहा है; they had ~ in a restaurant उन्होंने किसी रेस्टोरेंट में खाना खाया; we have invited him to ~ हमने उसे भोजन पर आमंत्रित किया है; it is ~ time or it is time for ~ अब भोजन का समय है.

dip डिप **I.** *v.t.i.* (dipped, dipping) **1.** डुबोना, डुबकी^{F} लगाना, गोता लगाना : he ~ped the cloth in water उसने कपड़े को पानी में डुबोया; ~ a spoon in sugar चीनी^{F} में चम्मच डालना; to ~ one's finger in the water अपनी अँगुली^{F} पानी में डुबोना; the sun ~s सूर्य डूबता है. Δ ~ **into** (i) सरसरी तौर पर देखना : I ~ped into that book मैंने उस किताब^{F} को ≈ देखा. to ~ into one's purse अपने बटुए से पैसे निकालना. **2.** (to slope downwards) ढालू होना : the road ~s here सड़क^{F} यहाँ ढालू होती है. **3.** उंड़ेलना : to ~ up water in a bucket बाल्टी^{F} में पानी ≈. **4.** झुकाना : ~ the flag झंडा झुका दो. **5.** (various fig. uses) to ~ into the past अतीत का ध्यान हो आना; ~ the light बत्ती^{F} मद्धम कर दो; prices have ~ped further कीमतें^{F} कुछ और गिर गई हैं. **II.** *n*^{c}. **1.** डुबकी^{F} : we had a ~ in the river हमने नदी में एक ≈ लगाई. **2.** (slope) ढाल, उतार : a ~ in the road सड़क में ढाल^{F}. **3.** झुकाव, नमन : a ~ in salute (of a plane) (विमान को) नीची उड़ान^{F} कर सलामी^{F} देना, (हवाई जहाज़ का) झुककर सलामी^{F} देना.

diphtheria डिफ् थिअ'रिअ *n*^{c}. रोहिणी (रोग), डिपथीरिया : ~ is an infectious disease of the throat ≈ गले का एक संक्रामक रोग होता है.

diploma डिप्लो'मा *n*^{c}. डिप्लोमा : Dad was very much pleased with me when I passed the ~ course जब मैंने ≈ का पाठ्यक्रम उत्तीर्ण किया तो पिताजी मुझसे बहुत प्रसन्न हुए; he got the ~ in Japanese उसने जापानी में ≈ प्राप्त किया.

diplomacy डिप्लो'मसि *n*^{c}. **1.** कौशल, कूटनीति^{F} : to settle a dispute between two groups of people requires ~ लोगों के दो समूहों में झगड़ा निपटाने के लिए ≈ की आवश्यकता होती है; he settled the question of boundary with great ~

उसने सीमा[F] के झगड़े को बड़े ≈ से निपटा दिया. **diplomat** डिप्'लॅमैट *n*[c]. राजनयिक : Russian ~s in India भारत में रूसी ≈. **diplomatic** डिप्लॅ मै'टिक *a.* **1.** राजनयिक : ~ body, ~ corps ≈ प्रतिनिधि मंडल, राजदूत वर्ग; ~ commentator ≈ विवेचक/टीकाकार; ~ correspondent ≈ संवाददाता; ~ immunity ≈ उन्मुक्ति[F]; ~ mission ≈ मिशन, ≈ दल; ~ observers ≈ प्रेक्षक; ~ privileges and immunities ≈ विशेषाधिकार और सुविधाएँ; ~ protection ≈ संरक्षण. **2.** कूट, छलपूर्ण [dealings व्यवहार, statement वक्तव्य]; ~ person छली/कपटी व्यक्ति.

Dir. director निर्देशक.

dire डाइअर *a.* **1.** भीषण, भयानक, भयावह, घोर : a ~ disaster एक ≈ आपदा; a ship in ~ peril घोर ख़तरे में जहाज़. **2.** अत्यंत, अति : he is in ~ need of clothes उसे कपड़ों की ≈ आवश्यकता[F] है.

direct डाइ रॅक्ट' **I.** *v.t.* **1.** संबोधित करना : he ~ed them उसने उन्हें संबोधित किया. **2.** (address) पता लिखना : he ~ed the letter to his new address उसने पत्र पर नया पता लिखकर भेज दिया. **3.** (order and instruct) आदेश देना, निर्देश देना : I was directed to give you this letter मुझे इस पत्र को तुम्हें देने का निर्देश दिया गया था; the police ~ed the crowd to disperse पुलिस[F] ने भीड़[F] को तितर-बितर होने का आदेश दिया. निर्देश देना, निर्देश करना : I ~ed him to do the work carefully मैंने उसे काम को सावधानीपूर्वक करने का निर्देश दिया. **4.** (to tell the way) रास्ता बताना : will you ~ me to the post-office क्या तुम मुझे डाकघर का रास्ता बताओगे या दिखाओगे; the old man ~ed them to the camp बूढ़े आदमी ने उन लोगों को कैम्प का रास्ता दिखाया; I ~ed him to the school मैंने उसे स्कूल का रास्ता बताया. **5.** (control) संचालन करना : to ~ a business व्यवसाय का ≈; the meeting was ~ed by Mr. Sharma मीटिंग का संचालन श्री शर्मा ने किया. **6.** (influence) प्रभावित होना : his donation was ~ed by mercy उसका दान दया[F] से प्रभावित था. **II.** *a.* **1.** (straight) सीधा, प्रत्यक्ष [answer उत्तर, connection संबंध, election चुनाव]; ~ action सीधी कार्रवाई, आन्दोलन; ~ cause प्रत्यक्ष कारण; ~ hit सीधी चोट[F]; ~ line सीधी रेखा[F]; ~ road सीधी[F] सड़क; ~ tax प्रत्यक्ष कर; ~ way to the school स्कूल जाने का सीधा रास्ता. [*ant.* indirect] **2.** (lineal) वंशगत : a son is a ~ descendant of his grandfather पुत्र अपने दादा का ≈ उत्तराधिकारी होता है. **3.** (exact) ठीक : she is the ~ opposite of her sister वह अपनी बहन से ≈ उल्टी है. **direction** डाइ रॅक्'शन *n.* **1.** दिशा[F], तरफ़[F] [opposite विपरीत, right दाहिनी, straight सीधी]; sense of ~ दिशाबोध; run in the ~ of the city शहर की ओर दौड़ो; all of them were going in the same ~ वे सब तरफ जा रहे थे; they went in that ~ वे उस ≈ को गए; they were coming from all ~s वे सभी दिशाओं से आ रहे थे; in which ~ is the post-office डाकघर किस दिशा में है? **2.** निर्देश : [clear स्पष्ट, confusing भ्रामक, exact ठीक, written लिखित]; we have received no ~ हमें कोई निर्देश नहीं मिला. the manager gave ~ that the work was to be stopped प्रबंधक ने ≈ दिए कि काम बंद कर दिया जाय; according to his ~ उसके ≈ के अनुसार; they danced under my ~ वे मेरे निर्देशन में नाचे. **3.** संचालन, परिचालन : he has no sense of ~ उसे ≈ की समझ[F] नहीं है. **directive** डाइ रॅक्'टिव **I.** *a.* निर्देशक, निदेशात्मक, दिशासूचक : ~ principles निर्देशक सिद्धांत. **II.** *n*[c]. निर्देश : ~ from the central government केन्द्रीय सरकार[F] का निर्देश. **directly** डिरॅक्टलि' *adv.* **1.** सीधे : I will come ~ to your house मैं सीधे तुम्हारे घर आऊंगा; the light was focussed on his face ~ प्रकाश ≈ उसके चेहरे पर केन्द्रित किया गया था; the animal was coming ~ at him जानवर सीधे उसकी तरफ आ रहा था; he wrote to me ~ उसने मुझे सीधे लिखा; he stands ~ in my way वह ≈ सीधे मेरे रास्ते में खड़ा है; I am not ~ concerned मेरा कोई सीधा वास्ता नहीं है. **2.** (at once) तुरंत : they left him ~

उन्होंने उसे ≈ छोड़ दिया; do it ~ इसे तुरंत करो. **director** डाइ रेंक्'टर *n*ᶜ. निर्देशक, संचालक : board of ~s ≈ मंडल : ~ general महानिदेशक : ~of Education शिक्षा निदेशक. **directory** डिरेंक्'टरि *n*ᶜ. निर्देशिकाᶠ, डाइरेक्टरीᶠ : you can find out the number of telephone in the ~ तुम निर्देशिका में टेलीफ़ोन नम्बर पा सकते हो.

dirge डॅर्ज *n*ᶜ. शोकगीत, मर्सिया, विलाप : it was a slow ~ यह एक मंद शोकगीत था.

dirt डर्ट *n*ᶜ. **1.** गंदगीᶠ : मैलᶠ : wash the ~ off your hands before you have your dinner भोजन लेने से पहले अपने हाथ की ≈ साफ़ करो. **2.** धूलᶠ : मिट्टीᶠ, गर्द : as cheap as ~ मिट्टी के भाव; ~ cheap बहुत सस्ता; the child likes to play in the ~ बच्चा मिट्टी में खेलना पसंद करता है; a ~ track कच्चा रास्ता. Δ **to treat smb like ~** किसी को तुच्छ समझना; **to fling ~ on smb** किसी पर कीचड़ उछालना; **to eat ~** बदनामीᶠ सहना. **dirty** डर्'टि *a.* **1.** गंदा, मैला [clothes कपड़े, face चेहरा, floor फ़र्श, hands हाथ, suit सूट, work काम]; where did you get so ~ तुम इतने गंदे कहा से हो गए? [*ant.* clean]. **2.** (fig.) गंदा, ख़राब : it was a ~ affair यह ≈ मामला था; ~ mind गंदी बातोंᶠ से भरा मन; ~ money गंदी कमाईᶠ का पैसा; ~ thoughts गंदे विचार; ~ trick घृणित चालᶠ; ~ weather ख़राब मौसम; ~ word अश्लील शब्द; ~ work अभद्र कार्य.

dis *pref.* न, अन (नकारना) disadvantage, disagree, disappear disarm, discourage, dishonour, dislike, disobedient, displease, disregard.

disability डिसॅ बि'लिटि *n*ᶜ. अशक्तताᶠ, असमर्थताᶠ : physical ~ शारीरक ≈ᶠ, ~ pension अशक्तता पेंशन. [*ant.* fitness] **disable** डिस् ए'बल *v.t.* **1.** असमर्थ करना, अशक्त करना, पंगु या अपाहिज बना देना, बेकार कर देना : to ~ a person किसी व्यक्ति को अशक्त बनाना; the accident ~d him दुर्घटनाᶠ ने उसे अपाहिज बना दिया; one bomb can ~ a ship एक बम जहाज़ को बेकार कर सकता है. **2.** (disqualify) अयोग्य ठहराना : the candidate was ~d by the commission आयोग ने उम्मीदवार को अयोग्य ठहराया. **disabled** डिस् ए'बल्ड *a.* अंगहीन, पंगु, लूला-लंगड़ा, अपाहिज, नाकारा : the ~ will receive allowances ≈ व्यक्तियों को भत्ता मिलेगा; a ~ soldier एक अपाहिज सिपाही; ~machine ≈ मशीनᶠ. [*ant.* fit]

disadvantage डिस् एड् व़ान्'टिज *n*ᶜ. **1.** अलाभ, हानिᶠ, नुकसान : to be **at a ~** ≈ की स्थितिᶠ में होना; a blind eye of hers is a great ~ to her एक आँख से कानी होने के कारण उसका बड़ा नुकसान है. **2.** कठिनाईᶠ, असुविधा : this narrow lane is the only ~ about this house यह तंग गलीᶠ इस मकान के बारे में एकमात्र ≈ है. [*ant.* advantage]

disagree डि सॅ ग्री' *v.t.* **1.** असहमत होना, मतभेद होना : to ~ with smb किसी से ≈; I ~ with what he says जो कुछ वह कहता है मैं उससे असहमत हूँ. **2.** झगड़ा/विवाद करना : the two friends often ~ दोनों मित्र प्रायः झगड़ बैठते हैं; they ~ about everything वे सभी बातोंᶠ पर विवाद करते हैं. **3.** अंतर होना, मेल न खाना : these two reports ~ इन दो रिपोर्टोंᶠ में अंतर है; my book ~s with yours on this question मेरी किताबᶠ आपकी किताबᶠ से इस प्रश्न पर मेल नहीं खाती. **4.** अनुकूल न होना : this climate or food ~s with me यह आबोहवाᶠ या यह खाना मेरे अनुकूल नहीं है. [*ant.* agree] **disagreeable** डिसॅग्रि'अबल *a.* **1.** अप्रिय, अरुचिकर : ~ job अरुचिकर कार्य; ~ smile ≈ मुस्कानᶠ; this medicine has a ~ taste, so I hate taking it इस दवाᶠ का स्वाद अरुचिकर है इसलिए इसे लेने से मुझे घृणा होती है. **2.** झगड़ालू : Shyama is a ~ girl श्यामा एक ≈ लड़की है. **3.** (unfriendly) नाराज़ : I shall do what you say, don't be ~ जो कहते हो, करूंगा ≈ मत होओ. [*ant.* agreeable] **disagreement** डिसॅग्री'मन्ट *n*ᶜ. **1.** मतभेद, असहमतिᶠ : total ~ पूरा मतभेद; I have a serious ~ with him about money पैसे के मामले में उससे मेरी घोर असहमति है; ~ on principles सिद्धांतों पर मतभेद. **2.** (un- likeness) अंतर : there is no ~ between these two reports इन दो रिपोर्टों में कोई ≈ नहीं है.

disallow डिसॅलॉउ' *v.t.* अस्वीकार करना, इजाज़त

न देना : his claim was ~ed by the court उसका दावा न्यायालय द्वारा अस्वीकार कर दिया गया; the judge ~ed his claim जज ने उसका दावा स्वीकार नहीं किया; he was ~ed entrance उसे प्रवेश की इजाज़त^F नहीं मिली. [*ant.* allow]

disappear डिसॅ पि'अर *v.i.* **1.** गायब हो जाना, लुप्त/अदृश्य हो जाना, आँखों^{F} से ओझल हो जाना : the moon ~ed behind a cloud चंद्रमा बादल के पीछे ओझल या अदृष्य हो गया; the ship ~ed जहाज़ लुप्त हो गया. **2.** भाग जाना : he ~ed without leaving a trace कोई पदचिह्न छोड़े बिना वह भाग गया. **3.** मिट जाना, समाप्त हो जाना : footprints soon ~ed चरणचिह्न तुरंत मिट गए; it ~ed forever यह हमेशा के लिए मिट गया; suddenly all his confidence ~ed एकाएक उसका आत्मविश्वास समाप्त हो गया; some animals are ~ing कुछ पशु समाप्त/गायब हो रहे हैं. [*ant.* appear] **disappearance** डिसॅ पिअ'रन्स n^{cu}. तिरोभाव, लोप : her sudden ~ was a shock उसके एकदम गायब हो जाने से सदमा पहुँचा; ~ of anything किसी वस्तु का ≈.

disappoint डि सॅ पॉइन्ट' *v.t.* **1.** निराश होना, हताश करना : don't be ~ed, buy the coat निराश न हो, कोट खरीद लो; I am sorry to ~ you मुझे तुमको निराश करने में दुख है; I am ~ed with the result मैं परिणाम से निराश/हताश हूँ; he promised to do it, but in the end ~ed me उसने इसे करने का वचन दिया लेकिन अंत में मुझे निराश कर दिया; the exhibition ~ed us प्रदर्शनी से हम निराश हुए; we were ~ed at not seeing you there हम आपको वहाँ न पाकर निराश हुए. **2.** our hopes were ~ed हमारी आशाओं पर पानी फिर गया. **disappointed** डिसॅ पॉइन्'टिड *a.* निराश : ~ children, players निराश बच्चे, खिलाड़ी; ~ at failure असफलता^{F} के कारण हताश; ~ in love प्रेम में असफल. **disappointing** डि सॅ पॉइन्'टिंग *a.* निराशाजनक : your work is ~ तुम्हारा काम निराशाजनक है; ~ result निराशाजनक परिणाम; ~ news निराशाजनक समाचार. [*ant.* hopeful] **disappointment** डिसॅ पॉइन्ट'मन्ट n^{c}. **1.** हताशा^{F}, निराशा^{F} [bitter कड़ी, complete पूर्ण, great बड़ी/भारी, terrible घोर]; he left the meeting in great ~ वह भारी ≈ से बैठक छोड़कर चला गया; the results were a ~ to us परिणाम हमारे लिए निराशाजनक थे. **2.** निराशा^{F} का कारण : the boy was a ~ to his parents लड़का माता-पिता की ≈ था.

disarm डिस् आर्म' *v.t.* **1.** निरस्त्र करना, निहत्था करना : the murderer was ~ed हत्यारे के हथियार छीन लिए गए; if you want to ~ a gunman, try to knock the gun out of his hand यदि तुम बंदूकधारी को निःशस्त्र करना चाहते हो तो उसकी बंदूक^F गिरवाने का प्रयास करो. [*ant.* arm] **2.** शांत कर देना : his kind words ~ed them उसके दयालुतापूर्ण शब्दों ने उन्हें शांत कर दिया; his smile ~ed me उसकी मुस्कान^F ने मुझे शांत बना दिया; he ~ed his critics उसने अपने आलोचकों को शांत कर दिया. **disarmament** डिस् आर्'मॅमन्ट n^{c}. निरस्त्रीकरण : it was hoped that the ~ conference of nations would agree to get rid of all their weapons of war यह आशा^{F} की गई थी कि ≈ सम्मेलन के देश युद्ध के हथियारों से छुटकारा पाने में सहमत हो जाएँगे; ~ commission ≈ आयोग.

disaster डि ज़ास्'टर n^{c}. विनाश, अनर्थ, मुसीबत^F: the aircrash was a great ~ हवाई जहाज़ दुर्घटना^{F} एक भीषण ≈ का कारण था; the elections brought a ~ for this party चुनावों ने इस दल पर ≈ ला दिया. [*ant.* blessing] **disastrous** डि ज़ास्'ट्रस *a.* अनर्थकारी, विनाशकारी [attack आक्रमण, fire आग^F, flood बाढ़^{F}, mistake गलती^{F}].

disband डिस् बैन्ड' **I.** *v.t.* छिन्न-भिन्न करना या होना, तोड़ देना, भंग करना या होना : the meeting was ~ed by the chairman अध्यक्ष ने सभा^{F} भंग कर दी; we had to ~ our boys because there was no room हमें लड़कों को तितर-बितर करना पड़ा क्योंकि हमारे पास जगह^F नहीं थी. **II.** *v.i.* छिन्न-भिन्न होना : the club has ~ed क्लब छिन्न-भिन्न हो गया है, टूट गया है.

disburse डिस् बर्स' *v.t.* बाँटना : to ~ money पैसे बाँट देना : the fund is ~d by the treasurer निधि^F ख़ज़ांची द्वारा व्यय की जाती है. **disbursement** डि स् बर्स'मन्ट *n*^c. भुगतान, परिव्यय : ख़र्च : ~ of a sum of money धनराशि^F का भुगतान.

discard डिस् कार्ड*v.t.* **1.** फेंक देना : to ~ old hat पुराने हैट को ≈. **2.** (give up) त्याग देना, छोड़ देना : to ~ an old coat पुराने कोट को त्याग देना; to ~ one's bad habits अपनी बुरी आदतें^F छोड़ देना.

discern डि सर्न' *v.t.* पहचानना, पहचान^F करना : ~ the truth सत्य को पहचानो; to ~ between good and bad अच्छाई^F और बुराई^F में पहचान करना; he could not ~ the road in darkness वह अंधेरे में सड़क^F की पहचान न कर सका; ताड़ना, भाँपना : we discerned from his face that he was sad हम उसके चेहरे से भाँप गए कि वह उदास है. **discernment** डि सर्न'मन्ट *n*^c. विवेक, पहचान^F : he showed ~ in choosing his companion अपना साथी चुनने में उसने विवेक का प्रदर्शन किया.

discharge डिस् चार्ज **I.** *v.t.* **1.** रिहा करना, बरी करना, मुक्त करना : to ~ a prisoner कैदी को ≈; the court ~d him न्यायालय ने उसे बरी कर दिया. **2.** छुट्टी देना : to ~ a patient **from** hospital रोगी को हस्पताल से ≈. **3.** बरख़ास्त करना, निकाल देना : to ~ an employee **from** service कर्मचारी को नौकरी से ≈; to ~ a clerk लिपिक को हटा देना. **4.** छोड़ना, निकालना : the wound ~d pus घाव से मवाद निकला. **5.** पालन करना, पूरा करना : to ~ one's duty अपने कर्तव्य का पालन करना. **6.** दाग़ना, (बंदूक^F) छोड़ना : he ~d the gun suddenly उसने एकाएक बंदूक^F दाग दी. **7.** चुकता करना, चुकाना : you must ~ your debt तुम्हें निश्चित रूप से ऋण चुका देना चाहिए. **8.** (unload) उतारना, खाली करना : the ship ~d coal जहाज़ से कोयला उतारा गया. **II.** डिस्'चार्ज *n*^cu. **1.** छुटकारा, रिहाई^F, विमुक्ति^F : ~ from prison जेल से ≈. **2.** (dismissal) बरख़ास्तगी^F : ~ from service नौकरी^F से ≈. **3.** (of gun) गोलाबारी^F. **4.** भुगतान, चुकाव : ~ of debt ऋण का ≈. **5.** पालन : ~ of duty कर्तव्य पालन. **6.** (pus) रिसाव : ~ from a wound घाव का ≈.

disciple डि साइ'पल *n*^c. शिष्य, चेला : a ~ of Jesus was one of his followers ईसा का एक ≈ उसके अनुयायियों में से था; Vivekananda was a ~ of Ram Krishna Paramhans विवेकानंद रामकृष्ण परमहंस के शिष्य/चेले थे; ~s of Guru Nanak गुरु नानक के शिष्य/सिख. **disciplinary** डि'सिप्लिनरि *a.* अनुशासनिक : take ~ action ≈ कार्यवाही^F करना : ~ lay-off अनुशासन की दृष्टि से या दण्ड के रूप में जबरन छुट्टी^F. **discipline** डि'सिप्लिन **I.** *n*^c. **1.** अनुशासन [military सैनिक, school स्कूली] ; the ~ in our school is so good that the children carry out his orders even if the teacher is absent हमारे विद्यालय में ≈ इतना अच्छा है कि अध्यापक की अनुपस्थिति में भी बच्चे उनकी आज्ञाओं का पालन करते रहते हैं; the ~ of the troops is satisfactory सेनाओं^F का ≈ संतोषजनक है; this teacher cannot keep ~ यह अध्यापक ≈ नहीं रख सकता; ~ of mind आत्म-नियंत्रण. **2.** (subject of study) विषय, विद्या^F की शाखा^F : Chemistry, Geography, Biology, etc. are ~s रसायन विज्ञान, भूगोल, जीवविज्ञान, आदि विद्या की शाखाएँ हैं. **II.** *v.t.* अनुशासित करना : ~ your children अपने बच्चों को अनुशासित करो; ~ yourself अपने को अनुशासित करो. **disciplined** डि'सिप्लिन्ड *a.* **1.** अनुशासित [boy लड़का, pupil छात्र, servant नौकर]. **2.** प्रशिक्षित, सीखा हुआ, सधा हुआ : he is a ~ being वह प्रशिक्षित जीव है.

disclose डिस् क्लोज़' *v.t.* **1.** (make known) बता देना, प्रकट करना, ज़ाहिर करना : ~ your name अपना नाम बता दो; he ~d the truth when questioned जब उससे पूछा गया तो उसने सत्य प्रकट कर दिया; the doctor's examination ~d the cause of wound डाक्टरी परीक्षण ने उसके घाव के कारण को प्रकट कर दिया. **2.** (uncover) खोलना, प्रकाशित करना : to ~ a secret रहस्योद्घाटन करना, भेद खोलना. [*ant.* hide, conceal] **disclosure** डिस् क्लो'ज़र *n*^c. भेद खुलना, रहस्योद्घाटन : the ~ ruined him रहस्योद्घाटन (भेद खुलने) ने उसे नष्ट कर दिया;

she made several ~s about herself उसने अपने बारे में बड़े रहस्योद्‌घाटन किए.

discomfort डिस् कॅम्'फ़र्ट n^c. असुविधा^{F}, बेचैनी^{F} : they live in ~s वे असुविधाओं में जीते हैं; toothache is a great ~ दाँत दर्द से बड़ी बेचैनी^{F} होती है; Ajay suffered great ~ because his shoes were too tight अजय को बहुत ही असुविधा^{F} हुई क्योंकि उसके जूते बहुत ही तंग थे.

disconnect डिस् कॅ नेंक्ट'*v.t.* **1.** अलग करना, पृथक् करना, काटना : an electric bell will not ring if you ~ its wires विद्युत घंटी^{F} नहीं बजेगी यदि तुम इसके तार काट/अलग कर दो; did you ~ the telephone line क्या तुमने टेलीफ़ोन काटा था ? **2.** विच्छेद करना : ~ relations संबंध ≈; to ~ water supply पानी की आपूर्ति काट देना. **disconnected** डिस्कॅ नेंक्'टिड *a.* **1.** असंबद्ध : ~ lecture ≈ भाषण; ~ thoughts ≈ विचार **2.** अलग, पृथक, कटा हुआ : ~ wire कटा हुआ तार.

discontent डिस् कन् टेन्ट' n^u. **1.** असंतोष : there is so much ~ among the people लोगों में इतना ≈ है; ~ makes a man bad-tempered ≈ व्यक्ति को तुनकमिज़ाज बना देता है. **2.** असंतोष का कारण : we brought before our chief several ~s हम अपने अध्यक्ष के सामने असंतोष के कई कारण लाए. **discontented** डिस्कन् टॅन्'टिड *a.* असंतुष्ट : ~ servant ≈ नौकर; Tony was with his bicycle टोनी अपनी साइकिल^F से ≈ था; I am ~ with my wages मैं अपनी मज़दूरी^{F} से ≈ हूँ.

discontinue डिस् कन्'टिन्यू *v.t.i.* बंद करना, सिलसिला तोड़ना : his visits ~d after that उसके बाद उसका आना-जाना बंद हो गया; the newspaper has ~d publication समाचार-पत्र ने प्रकाशन बंद कर दिया है; that custom has been ~d वह प्रथा^{F} समाप्त हो गई है. [*ant.* continue] **discontinuity** डिस्कन्टि न्यू'इटि n^u. **1.** (gap) अंतराल, अंतर : ~ in education शिक्षा^{F} में ≈. **2.** भंग : ~ in a curve वक्र (रेखा) का ≈. **discontinuous** डिस्'कन् टिन्यूअस *a.* विच्छिन्न : ~ line ≈ रेखा^{F} (- - - -). [*ant.* continuous]

discord डिस्'कॉर्ड n^c. वैमनस्य, फूट^F, मतभेद, अनबन^F : the family lived in ~ परिवार में वैमनस्य था; many ~s have arisen in the family परिवार में बहुत से मतभेद/झगड़े उठ खड़े हुए हैं; stop quarreling, we will not have ~ in the house झगड़ा बंद कीजिए, इस घर में हम फूट^F नहीं पैदा करेंगे.

discount डिस्'काउन्ट **I.** n^c. बट्टा, कटौती^{F}, छूट^F : you can give me some ~ on these books इन किताबों^{F} पर आप मुझे कुछ ≈ दे सकते हैं; the goods are sold at a ~ माल छूट^F/बट्टे पर बिकता है. **2.** अनादर : to accept a rumour with a ~ किसी अफ़वाह^F को ≈ के साथ स्वीकार करना; honesty is at a ~ ईमानदारी^{F} का कोई आदर नहीं है. **II.** डिस् काउन्ट' *v.t.* **1.** बट्टा काटना : to ~ a bill बिल में से (कटौती करना). **2.** विश्वास न करना : ~ a news समाचार पर ≈; I ~ what he says मैं उसके कहे पर विश्वास नहीं करता; to ~ smb's opinion किसी की राय को नगण्य समझना.

discourage डिस् कॅ'रिज *v.t.* **1.** हतोत्साह करना, हिम्मत तोड़ना : he was much ~d by his failure उसकी असफलता ने उसे बहुत ही हतोत्साहित कर दिया; you must not ~ the students तुम्हें छात्रों को हतोत्साहित नहीं करना चाहिए. **2.** निराश करना : constant bad luck ~s अनवरत दुर्भाग्य निराश करता है. **3.** रोकना : begging should be ~d भीख^F मांगने^{F} को रोका जाना चाहिए (पर रोक लगनी चाहिए); to ~ smb from doing smth किसी को कुछ करने से ≈. **4.** विरोध करना, बाधा^{F} उपस्थित करना : to ~ a plan किसी योजना^{F} में बाधा^{F} डालना. [*ant.* encourage]

discourse डिस्'कॉर्स **I.** n^c. भाषण, बातचीत^F : a ~ on this subject इस विषय पर ≈; ~ at length लंबा भाषण; he delivered a long ~ उसने एक लंबा भाषण दिया; written ~ निबंध; a ~ on poetry कविता^{F} पर भाषण. **II.** *v.i.* लंबी बातचीत^F करना, लंबा भाषण देना; he likes to ~ on legal matters वह कानूनी मामलों पर ≈ पसंद करता है; peasants ~ on crops production किसान फ़सलों के उत्पादन पर बातचीत करते हैं; to ~ on/upon religion धर्म पर प्रवचन देना.

discover डिस् कॅ'व़र *v.t.* **1.** (find) खोज निकालना, पता लगाना, ढूँढ़ लेना : Columbus

~ed America कोलंबस ने अमेरिका का पता लगाया; to ~ a new drug एक नई दवा^F की खोज करना; to ~ smth which was there before किसी वस्तु^F को ढूँढ़ निकालना जो पहले से थी; if you can ~ anything about him let us know यदि तुम उसके बारे में कुछ पता लगा सको तो हमें जता देना; their escape was not ~ed until the next day अगले दिन तक उनके निकल भागने का पता नहीं लगाया जा सका; we have ~ed his real name हमने उसके वास्तविक नाम का पता लगा लिया है. **2.** (reveal) प्रकट करना; he ~ed his secret to me उसने अपना रहस्य मुझसे प्रकट किया. [*ant.* conceal] **3.** (realise) महसूस करना : try and you will ~ that you can do it प्रयास करो और तुम महसूस करोगे कि तुम इसे कर सकते हो; we ~ed that they knew nothing of what had happened हमने महसूस किया कि वे कुछ नहीं जानते कि क्या हो गया था. **discoverer** डिस् कॅ'व़रर *n*^c. खोजकर्ता : Captain Cook was the ~ of New Zealand कप्तान कुक न्यूज़ीलैण्ड के ≈ थे. **discovery** डिस् कॅ'व़रि *n*^c. (*pl.* discoveries) खोज [astounding आश्चर्यजनक, great भारी/महान, important महत्वपूर्ण]; the law of gravitation was an amazing ~ गुरुत्वाकर्षण का नियम एक आश्चर्यजनक ≈ थी; he made a number of ~ies उसने बहुत-सी खोजें कीं.

discredit डिस् क्रें'डिट **I.** *n*^u. **1.** बदनामी^F : it reflects ~ on/upon him इससे उसकी ≈ झलकती है. **2.** बदनामी का कारण : his son was a ~ to the family उसका बेटा परिवार की ≈ था. **II.** *v.t.i.* **1.** बदनाम करना, मान या प्रतिष्ठा घटाना : bad conduct ~ed his name दुराचरण ने उसका नाम बदनाम कर दिया. **2.** संदेह करना, विश्वास न करना : this theory has now been ~ed यह सिद्धांत अब संदिग्ध हो गया है; ~ one's good wishes किसी की शुभकामनाओं^F पर संदेह प्रकट करना; to ~ the news समाचार पर ≈; he ~ed my story उसने मेरी कहानी^F पर विश्वास नहीं किया.

discretion डिस् क्रें'शन *n*^u. विवेक, सूझ-बूझ^F, सद्‌बुद्धि : years of ~ विवेकपूर्ण अवस्था^F; use your ~ whether to write or not अपने विवेक से काम लो कि लिखना है या नहीं; you do it at your own ~ तुम अपने विवेक (अपनी सूझबूझ) के अनुसार काम करो; I leave it to your ~ मैं इसे तुम्हारे विवेक पर छोड़ता हूँ; it is within your ~ आप अपने विवेक से जो करें ठीक है. Δ **~ is the better part of valour** अकल बड़ी कि भैंस.

discriminate डिस क्रि'मिनेट *v.t.* **1.** भेद करना, अंतर करना, फ़र्क करना : to ~ good music from bad अच्छे और गंदे संगीत में ≈; to ~ between good and bad अच्छे और बुरे में ≈; the government order ~s between man and woman सरकारी आदेश स्त्री-पुरुष में भेद करता है; to ~ against or in favour of smb किसी के विरुद्ध/पक्ष में भेदभाव करना; we never ~ हम कभी भेदभाव नहीं रखते. [*ant.* indiscriminate]. **discrimination** डिस्क्रिमिने'शन *n*^c. भेदभाव, पक्षपात, तरफ़दारी^F : racial ~ जातिगत ≈; in choosing the captain the manager showed ~ कप्तान चुनने में प्रबंधक ने तरफ़दारी की (पक्षपात दिखाया); there should be no ~ ≈ नहीं होना चाहिए.

discuss डिस् कस' *v.t.* विचार करना, विचार-विमर्श करना, चर्चा करना : we were ~ing elections हम चुनावों की चर्चा कर रहे थे; we ~ed what we should do next हम लोगों ने विचार किया कि आगे क्या करना चाहिए; that question must not be ~ed now उस प्रश्न के बारे में अब चर्चा^F नहीं होनी चाहिए; I will ~ the matter with you मैं इस विषय पर तुमसे चर्चा करूंगा; ~ the affair with your friends, then you can tell me what would be best to suit you all इस मामले पर अपने मित्रों से विचार-विमर्श करो, तब तुम मुझे बता सकोगे कि तुम्हारे अनुकूल सबसे अच्छा क्या होगा; to ~ a topic किसी विषय पर ≈; they held a meeting to ~ the situation उन्होंने स्थिति^F पर विचार-विमर्श करने के लिए मीटिंग^F की. **discussion** डिस् कॅ'शन *n*^c. विचार-विमर्श, चर्चा^F [lively जीवंत, long लंबी, short संक्षिप्त]; under ~ चर्चाधीन; the matter is still under ~ मामला अभी ≈ है; the question is still under ~ प्रश्न अब भी ≈ है; to conduct or hold a ~ विचार-विमर्श का आयोजन करना; after a long ~ लंबे विचार-विमर्श के बाद; the new matter caused much ~ नया मामला काफी ≈ का विषय रहा; the ~ went on for hours चर्चा घंटों चली; the discussion about the building of new school नए स्कूल की इमारत[F] के बारे में ≈; the same affair came up for ~ again वही मामला फिर ≈ के लिए पेश हुआ.

disdain डिस् डेन' **I.** *v.t.* तिरस्कार करना, अवज्ञा[F] करना, अवहेलना[F] करना, ठुकराना : they ~ed my suggestion उन्होंने मेरे सुझाव को ठुकरा दिया; to ~ anyone or anything किसी व्यक्ति या वस्तु की अवहेलना करना/का तिरस्कार करना. [*ant.* respect] **II.** *v.i.* इंकार करना : she ~ed to reply उसने उत्तर देने से इंकार कर दिया. **III.** *n*[u]. तिरस्कार, अनादर : they dropped the matter with ~ उन्होंने मामले को तिरस्कारपूर्वक रफ़ा-दफ़ा कर दिया.

disease डि ज़ीज़' *n*[c]. रोग, बीमारी [chronic, contagious संक्रामक, dangerous ख़तरनाक, fatal घातक, hereditary वंशानुगामी, incurable लाइलाज, mental मानसिक, terrible भयंकर]; to catch a ~ कोई रोग लगना; to cure a ~ ≈ का इलाज करना; heart ~ हृदय की बीमारी; children's ~s बच्चों की बीमारियाँ; all living things are liable to ~ सभी जीवित पदार्थ रोगों का शिकार हो सकते हैं. (fig.) **~s of the mind** मानसिक रोग. [*ant.* health] **diseased** डि ज़ीज़्ड' *a.* रुग्ण, रोगग्रस्त, बीमार [animal पशु, bone हड्डी, foot पैर, man आदमी, plant पौधा].

disfigure डिस फ़ि'गर *v.t.* रूप बिगाड़ना, सुन्दरता[F] नष्ट करना, कुरूप बनाना : her face was ~d by the accident उसका चेहरा दुर्घटना[F] से कुरूप हो गया; to ~ a work of art कलाकृति[F] (की सुंदरता[F]) नष्ट करना; the garden was ~d by buildings in it बाग को उसके अंदर की इमारतों ने खराब कर दिया.

disfranchise डिस् फ़्रैन्'चाइज़ *v.t.* मताधिकार या नागरिक अधिकारों से वंचित करना : murderers are ~d हत्यारों को नागरिक अधिकारों से वंचित कर दिया जाता है.

disgrace डिस् ग्रेस' **I.** *n*[c]. **1.** बदनामी[F], अपयश, अपकीर्ति[F], कलंक, लांछन : it is a ~ to his family इससे उसके परिवार की ≈ है; she has brought ~ on her family उसने अपने परिवार को लांछित/कलंकित कर दिया है; to fall in ~ कलंकित होना. **2.** कलंक ,बदनामी का कारण : that teacher was a ~ to the university वह अध्यापक विश्वविद्यालय का ≈ था. [*ant.* honour] **II.** *v.t.* कलंकित करना, अपमानित करना : the Chief Minister was publicly ~d मुख्यमंत्री को सरे आम अपमानित किया गया; your behaviour ~s us all तुम्हारा व्यवहार हम सभी को कलंकित करता है; he ~d himself उसने अपने-आप को कलंकित कर दिया. **disgraceful** डिस् ग्रेस'फुल *n*[c]. **1.** लज्जाजनक : it is a ~ thing, indeed यह सचमुच ≈ बात[F] है. **2.** (very bad) बहुत ख़राब : the food in that restaurant is ~ उस रेस्तरां में खाना ≈ होता है.

disguise डिस् गाइज़' **I.** *v.t.* **1.** छिपाना, पर्दा डालना : to ~ one's feelings, opinion अपनी भावनाओं, मतों को छिपाना; we are not ~ing any facts हम किन्हीं तथ्यों को छिपा नहीं रहे हैं. [*ant.* expose] **2.** भेस बदलना, रूप धारण करना : the thief ~d himself as a policeman चोर ने पुलिस का रूप धारण कर लिया; sometimes a detective has to ~ himself कभी-कभी ख़ुफ़िया को अपना रूप बदलना पड़ता है. **II.** *n*[c]. **1.** वेष : a dunkey in a lion's ~ सिंह के ≈ में गधा. **2.** छिपाव, दुराव : he made no ~ of his feelings उसने अपनी भावनाओं को छिपाया नहीं.

disgust डिस् गॅस्ट' **I.** *n*[u]. खीझ[F], चिढ़[F] : his conduct fills me with ~ उसका आचरण मुझमें ≈ भर देता है; she showed her ~ at her strange behaviour उसने उसके विचित्र व्यवहार पर ≈ प्रकट की; he left the job in ~ उसने खीझकर यह काम छोड़ दिया. **II.** *v.i.* खीझना, चिढ़ना, उकताना, अरुचि होना : I am ~ed with his book मुझे उसकी किताब[F] से[F] चिढ़[F] है; your behaviour ~s me तुम्हारे व्यवहार से मुझे खीझ होती है; feel ~ed with a person's character किसी व्यक्ति के चरित्र से चिढ़/खीझ होना.

dish डिश **I.** *n*[c]. **1.** थाली[F], प्लेट[F] [delicate नाज़ुक, dirty गंदी, fragile शीघ्र टूटने वाली];

food, vegetable, ~ भोजन, सब्जी की प्लेट : wash the ~es थालियों को धो लो; put fruit in the ~ फल प्लेट में रखो; I want a ~ of meat मुझे एक प्लेट मांस चाहिए, **2.** (food) भोजन, पकवान [cold ठंडा, favourite प्रिय, good अच्छा, hot गर्म, light हल्का, special विशिष्ट, tasty स्वादिष्ट]; standing ~ प्रतिदिन का भोजन. **II.** *v.t.* परोसना : to ~ dainties स्वादु भोजन ≈. Δ ~ **up** आकर्षण रूप में प्रस्तुत करना [arguments तर्क, ideas विचार].

dishearten डिस् हॉर्टन' *v.t.* उत्साह भंग करना, हिम्मत[F] तोड़ना, निरुत्साहित करना : he is very much ~ed by his failure वह अपनी असफलता[F] से बहुत निरुत्साहित है; don't tell the children that they still have many kilometres to walk, it would ~ them बच्चों को यह न बताओ कि उन्हें अभी कई किलोमीटर चलना है, इससे उनका उत्साह भंग हो जाएगा; repeated failure ~s anybody बार-बार की असफलता[F] किसी को भी निरुत्साहित कर देती है. [*ant.* encourage]

dishonest डिस् ऑ'निस्ट *a.* **1.** बेईमान : ~ leader ≈ नेता; she is not at all ~ वह बिल्कुल ≈ नहीं है; a ~ businessman एक ≈ व्यवसायी. **2.** धूर्ततापूर्ण : ~ means ≈ साधन. [*ant.* honest] **dishonesty** डिस ऑ'निस्टि *n*[u]. बेईमानी[F] : he is notorious for ~ वह ≈ के लिए बदनाम है; I detected his ~ मैं उसकी ≈ ताड़ गया; I never expect ~ from him मैं कभी उससे ≈ की आशा नहीं करता. [*ant.* honesty].

dishonour डिस् ऑ'नर **I.** *n*[c]. अपयश, बदनामी[F]: to bring ~ on one's family अपने परिवार की बदनामी कराना; his conduct is a ~ to our society उसके आचरण से हमारे समाज की बदनामी हुई. [*ant.* honour] **II.** *v.t.* अपमानित करना, अनादर करना, बदनाम करना, कलंकित करना : you have ~ed the entire society तुमने सारे समाज को बदनाम/कलंकित कर दिया है; your cheque has been ~ed आपका चेक अनादृत हो गया है.

disillusion डिसि लू'ज़न *v.t.* मोह या भ्रम दूर करना : I thought he was a good friend but I am ~ed now मैंने सोचा कि वह एक अच्छा मित्र है लेकिन अब मेरा मोह भंग हो गया; she has ~ ed me उसने मेरा ≈ दूर कर दिया है.

disinfect डिसिन् फ़ॆक्ट' *v.t.* रोगाणु नष्ट करना, रोगाणुओं से मुक्त करना : to ~ a room after illness बीमारी[F] के बाद कमरे को रोगाणुमुक्त करना; to ~ anything is to kill the dangerous germs in it किसी वस्तु[F] को रोगाणुमुक्त करना उसमें के ख़तरनाक रोगाणुओं को मारना है. **disinfectant** डिसिन् फ़ॆक्'टन्ट *a.* रोगाणुनाशी, कीटाणुनाशक [medicines औषधियाँ, substance पदार्थ].

disinherit डिसिन् हॆं'रिट *v.t.* उत्तराधिकार से वंचित करना : he has ~ed his son उसने अपने पुत्र को उत्तराधिकार से वंचित कर दिया है; he was ~ed by his father बाप ने उसे उत्तराधिकार से वंचित कर दिया.

disjoin डिस्'जॉइन *v.t.* अलग करना, पृथक करना : ~ the two planks दोनों तख़्तों को अलग कर दो. [*ant.* join, unite] **disjointed** डिस् जॉइन्'टिड *a.* अव्यवस्थित, उखड़ा-पुखड़ा : ~ story उखड़ी-पुखड़ी कहानी[F]; the speaker gave a ~ speech वक्ता ने अव्यवस्थित भाषण दिया; his remarks were ~ उसके टिप्पण उखड़े-पुखड़े थे. [*ant.* connected].

dislike डिस् लाइक' **I.** *n*[c]. चिढ़[F] : I have a ~ of/for long speeches मुझे लंबे-लंबे भाषणों से ≈ है; she spoke with ~ वह चिढ़कर बोली. **take a ~ to** चिढ़ने लगना; she now takes a ~ to me वह अब मुझसे चिढ़ने लगी है. [*ant.* liking] **II.** *v.t.* नापसंद करना, नफ़रत करना, घृणा करना : to ~ smth is not to like it किसी वस्तु से घृणा करना उसे पसंद न करना है; to ~ dancing नृत्य से नफ़रत करना; he disliked my opinion उसने मेरी राय को पसंद नहीं किया. [*ant.* like]

dislocate डिस्'लकेट **I.** *v.t.* **1.** गड़बड़ करना, अव्यवस्थित करना : our plans were ~d हमारी योजनाएँ गड़बड़ा गईं; this will ~ all our arrangements यह हमारी सभी व्यवस्थाओं[F] को गड़बड़ कर देगा; all traffic was ~d सारा यातायात ठप हो गया. **2.** जोड़ से हटाना, स्थान से हटाना/हटना, हड्डी का जोड़ उखड़ना : his leg was ~d उसकी हड्डी का

जोड़ उखड़ गया. 3. बिगाड़ देना, खराब कर देना : to ~ a machine मशीन ≈.

dismember डिस् मेंम्'बर *v.t.* 1. अंगच्छेद करना : to ~ the body शरीर के अंग काट देना. 2. छिन्न-भिन्न करना, टुकड़े-टुकड़े करना : our country is being ~ed हमारा देश छिन्न-भिन्न हो रहा है; to ~ an empire किसी साम्राज्य को विभाजित करना.

dismiss डिस् मिस्' *v.t.* 1. (from office) पदच्युत करना, निकाल देना, सेवामुक्त करना : the man was ~ed from his work उस आदमी को काम से निकाल दिया गया; to ~ a servant नौकर को ≈; if you do this again you will be ~ed यदि फिर ऐसा करोगे तो (नौकरी से) निकाल दिए जाओगे. 2. विदा करना, निकालना : I have ~ed the matter from my mind मैंने मामले को मन से निकाल दिया है. 3. विसर्जित करना, छोड़ देना, छुट्टी देना : the teacher ~ed the class अध्यापक ने कक्षा को छुट्टी दे दी. 4. टाल देना : this subject should be ~ed इस विषय को टाल दिया जाए. 5. (law) मुकद्मा ख़ारिज करना, रद्द करना : the magistrate ~ed all the charges मजिस्ट्रेट ने सब आरोप रद्द कर दिए. **dismissal** डिस् मि'सल *n*[u]. 1. बरख़ास्तगी[F], पदच्युति : ~ from company कंपनी से ≈. 2. ~ of a suit मुकदमा ख़ारिज. 3. विसर्जन : ~ of a meeting सभा[F] का ≈.

disobedience डि सॅ बी'ड्यन्स *n*[u]. आज्ञाभंग, आज्ञोल्लंघन ; ~ of law कानून का उल्लंघन; ~ to smb किसी का ≈; civil ~ सविनय अवज्ञा, सिविल नाफ़रमानी; he was punished for ~ उसे ≈ करने पर दंडित किया गया. **disobedient** डिसॅ बी'ड्यन्ट *a.* अनाज्ञाकारी [boy लड़का, worker कर्मी]; he was very ~ to his mother वह अपनी माँ के प्रति बहुत ही ≈ था. [*ant.* dutiful]

disorder डिस् ऑर'डर I. *n*[u]. 1. अव्यवस्था[F], गड़बड़, गोलमाल : his affairs are all in ~ उसके सभी मामले गड़बड़ हैं; the house was in ~ घर अव्यवस्थित था. [*ant.* order] 2. *n*[c]. (disease) विकार, रोग : a stomach ~ पेट का ≈; ~s of the body or mind lead to illness शरीर अथवा मन के विकार रोग उत्पन्न करते हैं. 3. (tumult) अशांति[F], शांतिभंग : ~ in public जनता[F] में अशांति. II. *v.t.* अस्त-व्यस्त कर देना : to ~ the brain मस्तिष्क ≈; the whole system was ~ed सारी व्यवस्था[F] गड़बड़ा गई.

dispatch डिस् पैच' I. *v.t.* 1. पूरा करना, निबटाना, (शीघ्रता से) संपन्न करना : to ~ the day's task दिन का कार्य ≈; to ~ business धंधा निबटाना. 2. भेजना : to ~ a letter पत्र भेजना; to ~ a messenger दूत ≈. 3. हत्या करना, मार डालना : the spy was ~d जासूस मार डाला गया. II. *n*[c]. 1. खानगी[F] : after his ~ from the office कार्यालय से उसकी ≈ के बाद. 2. संदेश : to send an urgent ~ अत्यावश्यक ≈ भेजना. 3. तुरत-फुरत[F] : he did his work with great ~ उसने अपना काम बड़ी ≈ कर डाला. **dispatcher** डिस् पै'चर *n*[c]. प्रेषणकर्मी : the ~'s job is to register letters and send them ≈ का काम है पत्रों को पंजीकृत करके भेजना.

dispensary डिस् पे[F]न्'सॅरि *n*[c]. दवाख़ाना, औषधालय : college ~ महाविद्यालय का ≈; Government ~ सरकारी ≈. **dispense** डिस् पॅन्स' *v.t.* 1. देना, प्रदान करना, बाँटना : to ~ money to the poor गरीबों को धन ≈; the judge ~s justice न्यायाधीश न्याय करता है. 2. (to deal out) (दवा[F]) : to ~ a prescription नुस्ख़ा ≈; to ~ medicines दवाएँ[F] देना. 3. छूट[F] देना : to ~ smb from forced labour किसी को बेगार से ≈. 4. ~ with छोड़ देना : to ~ with luxury विलास छोड़ देना.

disperse डिस् पर्स' I. *v.t.i.* 1. तितर-बितर करना, बिखेरना : the police ~d the crowd पुलिस ने भीड़[F] को तितर-बितर कर दिया. 2. दूर करना, भंग करना : the sun ~d the mist सूर्य ने कुहरे को दूर कर दिया. II. *v.t.* 1. तितर-बितर होना : the crowd ~ed भीड़[F] तितर-बितर हो गई. 2. फैलना : the clouds ~d बादल छूट गए; the children ~ed after the holiday बच्चे छुट्टी[F] के बाद इधर-उधर चले गये. 3. विसर्जित होना : the meeting ~d बैठक[F] विसर्जित हो गई. [*ant.* collect]

displace डिस् प्लेस' *v.t.* 1. विस्थापित करना : to ~ a bone हड्डी[F] विस्थापित कर देना. 2. निकाल देना, स्थान से हटा देना : the general ~d the king जरनल ने राजा को

हटाकर उसका स्थान ले लिया. **displacement** डिस् प्लेस्'मन्ट n^c. **1.** विस्थापन : ~ of a limb अंग का ≈. **2.** (shift from original place) सरकाव : ~ of furniture फर्नीचर का ≈. **3.** बरख़ास्तगी^{F} : ~ from office पद से ≈.

display डिस् प्ले' **I.** n^c. प्रदर्शन, नुमाइश^F, दिखावा : ~ of goods माल की नुमाइश^F; computers are on ~ कंप्यूटर प्रदर्शनार्थ रखे हैं; ~ of skill, strength कौशल, बल का प्रदर्शन. **II.** *v.t.* **1.** प्रदर्शित करना, दिखाना : he ~ed courage at that moment उसने उस क्षण साहस दिखाया; to ~ fruit in a stall स्टॉल में फल प्रदर्शित करना. **2.** प्रकट करना : he ~ed his feelings to her उसने उसके प्रति अपनी भावनाएँ^{F} प्रकट कीं. **3.** नुमाइश^F लगाना : to ~ dresses in a shop window दुकान^F की खिड़की^{F} में वस्त्रों की ≈. **4.** (unfold) खोलना : a peacock is ~ing its wings मोर अपने पंख खोल रहा है.

disposal डिस् पो'ज़ल n^{cu}. **1.** (arrangement) विन्यास, तरतीब^F : ~ of soldiers for the battle लड़ाई के लिए सैनिकों का ≈. **2.** (settling) निपटारा : ~ of business धंधे का निपटारा. **3.** (sale) विक्रय : ~ of property of goods संपत्ति^{F}, माल की बिक्री^{F}. **4.** I am at your ~ मैं आपकी सेवा^{F} के लिए उपलब्ध हूँ; I placed my car at his ~ मैंने अपनी कार^F उसे उपलब्ध करा दी. **dispose** डिस् पोज़' *v.t.* **1.** विन्यास करना : to ~ soldiers for battle सैनिकों को लड़ाई के लिए ≈. **2.** (settle) निपटाना : to ~ of a matter कोई मामला ≈. Δ **man proposes God ~s** आदमी कुछ सोचता है, ईश्वर उसका निपटारा अपने ढंग से करता है. **3.** तैयार करना : to ~ smb to do smth किसी को किसी काम के लिए ≈; I am ~d to help you मैं तुम्हारी सहायता करने को तैयार हूँ. Δ **~ of** (i) निपटारा करना : to ~ **of** smb's fate किसी के भाग्य का ≈. (ii) दे देना : to ~ **of** smth कोई चीज़ दे देना; to ~ **of** a matter मामला निपटाना. (iii) बेच डालना : his father ~d **of** his property उसके पिता ने अपनी संपत्ति^{F} बेच दी; he ~d **of** his business उसने अपना व्यवसाय समाप्त कर दिया; he ~d of his bicycle to his friend उसने अपनी साइकिल अपने मित्र को बेच दी. (iv) ठिकाने लगाना : to ~ of a dead body शव को ठिकाने लगाना (जलाना या गाड़ना); to ~ of an enemy शत्रु को ठिकाने लगाना; **~ to** प्रवृत्ति होना : he is ~d to fits of anger उसमें क्रोध के आवेग की प्रवृत्ति है. **disposition** डिस् पॅ ज़ि'शन n^u. **1.** सजावट^F, व्यवस्था^{F} : ~ of books in a shelf आलमारी^{F} में पुस्तकों की सजावट; ~ of furniture in a room कमरे में फर्नीचर की सजावट^F. **2.** (nature) मनोवृत्ति, तबीयत^F : an unselfish ~ निःस्वार्थ मनोवृत्ति; no one likes Sheela, for she has such a sulky ~ शीला को कोई पसंद नहीं करता क्योंकि वह चिड़चिड़ी तबीयत^F की है. **3.** (inclination) झुकाव, प्रवृत्ति^{F}, रुझान : she has a ~ of this disease उसमें इस बीमारी^{F} का ≈ है; he has no ~ to help anyone उसका रुझान किसी की सहायता^{F} करने का नहीं है. **4.** (other uses) ~ of Providence विधाता का विधान; ~ of troops सेना^{F} का विन्यास; ~ of property संपत्ति का वितरण.

disproportionate डिस् प्रॅ पॉ'शनिट *a.* अनुपातहीन : the profit is ~ to the labour involved मुनाफ़े और लगे हुए श्रम में संगति नहीं है. [*ant.* proportionate]

dispute डिस् प्यूट' **I.** n^c. विवाद, झगड़ा [long लंबा, useless बेकार]; beyond ~ निर्विवाद, निश्चित : I had no ~ with him मेरा उससे कोई ≈ नहीं था. **II.** *v.t.* **1.** विवाद करना, बहस करना : to ~ a question किसी प्रश्न पर ≈; I am not disputing your statement मैं आपके बयान पर विवाद नहीं कर रहा; they ~ about everything वे प्रत्येक वस्तु के बारे में विवाद करते हैं; they ~d for hours about the admission of students वे घंटों विद्यार्थियों के प्रवेश पर विवाद करते रहे. **2.** to ~ an election चुनाव में विरोध करना. **3.** रोक लगाना : our troops ~d the enemy's advance हमारी सेनाओं^{F} ने दुश्मनों की अग्रगति को रोक दिया. **III.** *v.t.* झगड़ा करना : they ~ for hours वे घंटों झगड़ते रहे.

disqualification डिस् क्वालिफ़ि के'शन n^c. अयोग्यता^{F}, अपात्रता^{F}, अनर्हता^{F} : his lack of degree is a serious ~ डिग्री का अभाव

उसकी एक गंभीर अनर्हता/अपात्रता (का कारण) है. **disqualify** *v.t.* (disqualified) अनर्हित ठहराना : ~ for/from के लिए अनर्हित ठहराना : he is disqualified for becoming President of the Association उसे सभा[F] का अध्यक्ष बनने के लिए अनर्हित ठहराया गया; to ~ for the post पद के लिए अनर्हित ठहराना. [*ant*. qualify]

disregard डिस् रि गार्ड' **I.** *n*[u]. **1.** अनादर : it would be a ~ to the nation इससे राष्ट्र का ≈ होगा. **2.** अवज्ञा[F], अवहेलना[F] : ~ of law कानून की ≈. **II.** *v.t.* उपेक्षा करना, अनादर करना, परवाह न करना, अनदेखी करना, अनसुनी करना, ध्यान न देना : to ~ an order आदेश की परवाह न करना; if you ~ the law, you may be punished यदि तुम कानून की उपेक्षा करते हो तो दण्डित किए जा सकते हो; he ~ed my advice उसने मेरी सलाह[F] की परवाह[F] नहीं की.

dissatisfaction डिस् सैटिस् फ़ैक्'शन *n*[u]. असंतोष : there is a lot of ~ about the Government's action सरकार[F] की कार्रवाई[F] पर बड़ा ≈ है; I noticed father's ~ at my examination result मेरे परीक्षाफल पर पिताजी के ≈ को मैंने देखा; the mother showed her ~ with the shopkeeper माँ ने दुकानदार से असंतोष प्रकट किया. [*ant*. satisfaction] **dissatisfied** *a.* असंतुष्ट : to be ~ with/at smth किसी बात से ≈ होना. [*ant*. satisfied, content]

dissent डि सॅन् ट' **I.** *n*[u]. असहमति[F], मतभेद : there was no ~ in the meeting सभा[F] में कोई असहमति नहीं थी; he signified his ~ उसने अपनी असहमति बताई. **II.** *v.i.* मतभेद रखना, भिन्न मत व्यक्त करना, विरोध करना : I ~ from your views मैं आपके विचारों से असहमत हूँ, मैं आपके विचारों का विरोध करता हूँ. [*as distinct from* decent, descent]

dissertation डि सर् टे'शन *n*[c]. शोध निबंध, शोध प्रबंध : a ~ on philosophy written for M. Phil. एम. फ़िल. (डिग्री) के लिए दर्शनशास्त्र पर लिखा गया ≈; he presented a long ~ on Ashoka उसने अशोक पर एक लंबा ≈ प्रस्तुत किया.

dissociate डि सो'शिएट *v.t.* **1.** संबंध तोड़ना, अलग करना/हो जाना : I ~ myself from my brother's actions मैं अपने भाई के कर्मों से कोई संबंध नहीं रखता; you cannot ~ private and public lives of politicians तुम राजनेताओं के निजी जीवन और सार्वजनिक जीवन को अलग-अलग नहीं कर सकते. [*ant*. associate]

dissolve डि ज़ॉल्व **I.** *v.i.t.* **1.** घुलना : sugar will ~ in tea more quickly if you stir it चाय[F] में चीनी[F] जल्दी घुल जाएगी यदि तुम इसे हिलाओ. **2.** भंग करना, तोड़ना, संसद आदि का भंग करना, बरख़ास्त करना : the meeting was ~d सभा[F] भंग कर दी गई. **3.** मंसूख़ होना या करना : to ~ an alliance, marriage, contract, partnership गठबंधन, विवाह, संविदा[F], साझेदारी[F] रद्द करना. **4.** क्षीण हो जाना : his strength ~ed उसकी शक्ति[F] क्षीण हो गई.

dissuade डि स्वेड' *v.t.* रोकना, मना करना : to ~ smb from doing smth. किसी को कुछ करने से ≈; ~ Jain from buying this house जैन को यह मकान खरीदने से रोको.

dist. district जिला.

distance डिस्'टन्स *n*[uc]. **1.** दूरी[F], फ़ासला, अंतर [long लंबी, short थोड़ी]; ~ from London to Paris is about 320 kms. लंदन से पेरिस की दूरी लगभग 320 किमी. है; what is the ~ from here to Delhi यहाँ से दिल्ली की दूरी कितनी है ? it is some ~ away यह कुछ ही दूरी/फ़ासले पर है; look at the picture from a ~ दूर से चित्र देखो; it is a long ~ from here to school यहाँ से विद्यालय काफ़ी दूर है; it is no ~ at all यह कुछ दूर नहीं है; they could see a river in the ~ वे दूरी पर एक नदी[F] देख सकते थे; you must see T.V. from a ~ तुम्हें टी. वी. दूर से ही देखना चाहिए. Δ **keep one's ~ from a dog** कुत्ते से दूर हटकर रहना; **keep smb at a ~** उसे अपने से दूर रखो. **2.** the college is within walking ~ कॉलेज पैदल चलकर पहुँचा जा सकता है; to keep one's ~ दूर-दूर रहना. **distant** डिस्'टन्ट *a.* दूर का [noise स्वर, place स्थान, relative रिश्तेदार, sound स्वर]; ~ journey ≈ की यात्रा[F]; man is not very like the apes but they are ~ relations

आदमी बंदर की तरह नहीं है लेकिन उनके ≈ के संबंध हैं; a ~ star दूरवर्ती तारा; ~ drums sound well ≈ के ढोल सुहावने होते हैं; to have a ~ view दूर से देखना; in the ~ future, past दूर भविष्य, अतीत में; these two boys are ~ relations ये दो लड़के दूर के रिश्तेदार हैं. [*ant*. near]

distend डिस् टॅन्ड' *v.t.i.* फुलाना, फूलना : to ~ one's nostrils नासा फुलाना; a balloon is ~ed when inflated गुब्बारा हवा भरे जाने पर फूलता है; my stomach often ~s मेरा पेट अक्सर फूल जाता है. [*ant*. compress]

distil डिस् टिल' *v.t.i.* (distilled, distilling) चूना : water ~s from rocks चट्टानों से पानी चूता/टपकता है. **2.** चुआना : to ~ wine शराब[F] ≈. **distillation** डिस् टिले'शन *n*[c]. आसवन, चुआव : ~ of impure water गंदे पानी का चुआव; ~ of whisky विस्की का ≈.

distinct डिस् टिङ्क्ट' *a.* **1.** (different) भिन्न, अलग, पृथक् : to keep two matters ~ दो मामलों को अलग-अलग रखना; these two ideas are quite ~ ये दो विचार भिन्न-भिन्न हैं; that is a ~ party वह एक अलग दल है; these two colours are quite ~ ये दो रंग ≈ हैं; there was a ~ smell of gas in the school विद्यालय में एक अलग-सी गैस की गंध[F] थी. **2.** (clear) स्पष्ट, साफ़, सुव्यक्त : ~ ideas ≈ विचार; ~ tendency स्पष्ट प्रवृत्ति/रुझान; a ~ statement एक ≈ कथन; the writing was not ~ so we could not read it at all लिखावट स्पष्ट नहीं थी इसीलिए हम इसे बिल्कुल नहीं पढ़ सके; his voice over the telephone was not very ~ टेलीफ़ोन पर उसकी आवाज बहुत साफ़ नहीं थी; she heard a ~ sound उसने एक स्पष्ट ध्वनि[F] सुनी. [*ant.* in~] **distinction** डिस् टिङ्क्'शन *n*[c]. **1.** अंतर, भेद : to make ~ between two persons or things दो व्यक्तियों या वस्तुओं में ≈ करना; there is ~ between asking and begging पूछने और माँगने में ≈ है; you should know the ~ between right and wrong तुम्हें सही अथवा गलत का ≈ जानना चाहिए **2.** प्रतिष्ठा[F], सम्मान, विशेषता[F] : there is a great ~ in shaking hands with the Prime Minister प्रधानमंत्री से हाथ मिलाने में प्रतिष्ठा है; she obtained ~ in Maths उसने गणित में विशेष योग्यता[F] प्राप्त की; he was a man of great ~ वह बहुत प्रतिष्ठावान् व्यक्ति था. **distinctive** डिस् टिङ्'टिव़ *a.* भिन्न : every country has a ~ flag हर देश का झंडा ≈ होता है; each group has a ~ sign हर समूह का भिन्न चिह्न है. **distinctively** डिस् टिङ्'टिवलि *adv.* **1.** स्पष्टतया, स्पष्ट-रूप से, अलग-अलग : it was ~ painted in red and green यह स्पष्ट रूप से या अलग-अलग लाल और हरे रंगों में रंगा गया था. **distinctly** डिस् टिङ्'टलि *adv.* **1.** स्पष्ट रूप से, साफ़-साफ़ : speak more ~ और स्पष्ट बोलो; we could ~ see the aeroplane although it was far away हम हवाई-जहाज़ को ≈ देख सकते थे यद्यपि वह दूर था; I remember it ~ मुझे यह ≈ याद है. **2.** (definitely) निश्चित रूप से; he is ~ wrong वह निश्चित रूप से गलती[F] पर है.

distinguish डिस् टिङ्'ग्विश *v.t.* **1.** (differentiate) भेद करना : you can ~ **between** letter and application तुम पत्र और आवेदन-पत्र में भेद कर सकते हो; you should be able to ~ right **from** wrong तुम्हें सही और गलत में भेद कर लेना चाहिए; to ~ different kinds of colours विभिन्न प्रकार के रंगों में ≈. **2.** (recognise) पहचानना : I could not ~ him in the crowd मैं उसे भीड़[F] में पहचान नहीं पाया; I ~ scouts by their uniform मैं बालचरों को उनकी वर्दी[F] से पहचान लेता हूँ. **3.** ख्याति पाना, प्रतिष्ठा[F] पाना : to ~ oneself in exam परीक्षा[F] में विशेष योग्यता प्राप्त करना. **distinguished** डिस् टिङ्ग्विश्ड' *a.* प्रतिष्ठित, नामवर, प्रसिद्ध : ~ artist ≈ कलाकार; Shakespeare had been a ~ dramatist शैक्सपियर एक ≈ नाटककार थे.

distress डिस् ट्रॅस' **I.** *n*[u]. **1.** विपत्ति[F], संकट, दुःख, मुसीबत[F] : cry of ~ दुःखी पुकार[F], आर्तनाद; ~ signal ≈ का संकेत; she was in great ~ वह भारी ≈ में थी; this wound cause ~ इस घाव से मुसीबत है. **2.** दुःख या कष्ट का कारण : his behaviour was a great ~ to his mother उसका व्यवहार उसकी माँ को बहुत कष्ट देने वाला था; the girl's disappearance was a ~ to her parents लड़की का ग़ायब होना माँ-बाप के लिए ≈ था. 3. कुर्की^{F} : ~ warrant ≈ का वारंट. II. *v.t.* 1. दु:ख देना, कष्ट देना : your letter has ~ed me much आपके पत्र ने मुझे बहुत दु:ख पहुँचाया; you must not ~ a person तुम्हें किसी व्यक्ति को कष्ट नहीं पहुँचाना चाहिए; we were ~ed when we heard your bad news जब तुम्हारा अशुभ समाचार सुना, हम लोग बहुत दुखी हुए. 2. (law) कुर्क करना, ज़ब्ती करना : to ~ property संपत्ति^{F} कुर्क करना.

distribute डिस् ट्रि'ब्यूट *v.t.* (to, among) 1. वितरण करना, वितरित करना, बाँटना : to ~ prizes, sweets among students विद्यार्थियों में पुरस्कार, मिठाई^F बाँटना; to ~ equally बराबर-बराबर बाँटना; to ~ newspapers समाचार-पत्र बाँटना (वितरित करना) ; to ~ according to a plan योजना^{F} के अनुसार वितरित करना. 2. (scatter) बिखेरना, फैलाना : shops here are ~d दुकानें यहाँ बिखरी हुई हैं; to ~ manure over a field खेत में खाद ≈. [*ant.* collect] **distribution** डिस्ट्रि ब्यू'शन n^c. वितरण : ~ of wealth धन का ≈; ~ of rations राशन का ≈.

district डिस्'ट्रिक्ट n^c. 1. इलाका, प्रदेश, क्षेत्र [agricultural कृषि, business व्यापारी, manufacturing उद्योग, poor ग़रीब, populated आबादी वाला, rich धनी]; a school विद्यालय क्षेत्र. 2. (in India) ज़िला, जनपद : in 1994 there were 60 districts in U.P. 1994 में उत्तरप्रदेश के अन्तर्गत साठ ≈ थे; ~ board ज़िला बोर्ड; ~ court ज़िला कचहरी^{F}; ~ jail ज़िला जेल; ~ magistrate ज़िलाधीश, डिस्ट्रिक्ट मजिस्ट्रेट.

disturb डिस् टर्ब' *v.t.* 1. (worry) चिंतित करना, चिंता में डालना : this news ~ed me इस समाचार ने मुझे चिंता में डाल दिया. 2. (hinder) विघ्न डालना, बाधा^{F} डालना : will it disturb you if we talk क्या हमारे बात करने से आपको विघ्न पड़ेगा; you are not ~ing us तुम हम लोगों के काम में विघ्न नहीं डाल रहे हो; don't ~ the headmaster प्रधानाध्यापक के काम में विघ्न मत डालो; do not ~ me when I am busy जब मैं व्यस्त रहूँ तो बाधा मत डालो; why do you ~ peace तुम शांति भंग क्यों करते हो ? 3. घबरा देना, व्याकुल करना, क्षुब्ध करना : he was ~ed by the bad news वह अशुभ समाचार से व्याकुल हो गया; he is ~ed very easily वह बहुत जल्दी घबरा जाता है; her son's behaviour ~ed her उसके पुत्र के व्यवहार ने उसे क्षुब्ध कर दिया. Δ **to ~ peace** शांति भंग करना. **disturbance** डिस् टर्'बन्स n^c. 1. गड़बड़ी^{F}, हलचल^F, खलबली^{F}, बदअमनी^{F} : they caused or made ~ उन्होंने गड़बड़ी पैदा की; there was such a ~ in the room that everyone knew the teacher had gone out कमरे में इतनी ≈ थी कि प्रत्येक व्यक्ति जान गया कि अध्यापक बाहर चले गए हैं. [*ant.* quiet] 2. बाधा^{F}, विघ्न : ~ in our work हमारे काम में ≈.

ditch डिच I. n^c. खाई^F [narrow सँकरी, deep गहरी]; there is a ~ all about the fort किले के चारों ओर ≈ है. II. *v.i.* खाई खोदना : soldiers are ditching सिपाही खाई खोद रहे थे.

ditto डि'टो I. *adv.* वैसा ही, तथैव, यथोपरि : to say ~ तथैव कहना; to write ~ " (चिह्न) लिखना/लगाना. II. *v.i.* हाँ में हाँ मिलाना : to ~ smb किसी की ≈ ; John only knows how to ~ जान केवल ≈ जानता है.

div. division मण्डल.

dive डाइव I. n^c. 1. गोता, डुबकी^{F} : he made too many ~s in the Ganga उसने गंगा में बहुत अधिक डुबकियाँ लगाईं. 2. रपट्टा : we entered the room with a ~ हम रपट्टे के साथ या रपटकर कमरे में घुस गए. II. *v.i.* (in, into) 1. डुबकी^{F} लगाना, गोता लगाना : we went to a lake and ~ed off हम झील^F पर गए और डुबकियाँ लगाईं. 2. हाथ डालना : he ~d into his pocket उसने अपनी जेब^F में हाथ डाला. 3. ग़ायब हो जाना, ओझल हो जाना : the train ~d into a tunnel रेलगाड़ी^{F} सुरंग^F में ग़ायब हो गई. 4. the aircraft ~d वायुयान मुँह के बल उतरा; the rabbit ~d into its hole खरहा अपने बिल में उतर गया. **diver** डाइ'वर n^c. पनडुब्बा, गोताख़ोर [experienced अनुभवी, old पुराना]; a ~ went down into the sea-bed to explore the sunken ship डूबे हुए जहाज़ का पता लगाने के लिए एक ≈ समुद्र की तह तक गया.

diverse डाइ व़र्स' *a.* भिन्न-भिन्न, विविध [interests हित, reasons कारण, thoughts विचार]; they receive news from ~ sources वे ≈ स्रोतों से समाचार पाते हैं.

divert डाइ व़र्ट' *v.t.* **1.** दूसरे मार्ग पर ले जाना, दूसरी दिशा में मोड़ देना : to ~ traffic while the road is under repairs जब सड़क^F की मरम्मत^F हो रही हो तो सवारियों को दूसरे रास्ते मोड़ देना; to ~ the stream **from** its course धारा को इसके रास्ते से मोड़ देना; to ~ a canal नहर का रुख बदलना. **2.** (ध्यान) (turn) हटाना : to ~ a person's attention from one thing to something else किसी का ध्यान एक ओर से दूसरी ओर मोड़ना; my attention was ~ed मेरा ध्यान इधर से हट गया था. **3.** (amuse) मनोरंजन करना : he ~ed us with funny stories उसने अजीब-अजीब कहानियों से हमारा मनोरंजन किया.

divest डाइ वे़स्ट' *v.t.* **1.** उतारना, वस्त्र हटाना : he ~ed himself of the coat उसने अपना कोट उतारा; they ~ed the scout of his uniform उन्होंने स्काउट की वर्दी उतार दी. **2.** (take away) वंचित करना, छीन लेना : he was ~ed of his rights उसे अपने अधिकारों से वंचित किया गया; they ~ed the President of his power उन्होंने राष्ट्रपति/अध्यक्ष का अधिकार छीन लिया; he was ~ed of his privileges उसके विशेषाधिकार छिन गए.

divide डि वाइड' **I.** *v.t.i.* **1.** बाँटना, विभक्त करना : the children are ~d into two groups बच्चे दो समूहों में विभक्त हैं; ~ smth in half किसी चीज को आधा-आधा कर देना; ~ an orange संतरे को विभक्त करो. **2.** (arith) भाग देना : how much is twenty ~d by five बीस को पाँच से भाग दें तो कितना भागफल होता है when you ~ eight by four the answer is two जब तुम आठ को चार से भाग दो तो उत्तर दो है. **3.** (separate) अलग करना : you can easily ~ sheep **from** goats तुम आसानी से भेड़ों को बकरियों से अलग कर सकते हो. **4.** बाँटना, वितरण करना : the money was ~ed between them धन उन दोनों में बाँटा गया; ~ a cake among four girls केक को चार लड़कियों में बाँटो; let us ~ apple between us सेब को हम दोनों बाँट लें; to ~ friends between two parties मित्रों को दो दलों में बाँटना; the river ~s the town into two parts नदी^F शहर को दो भागों में बाँटती है; the field is ~d into equal parts खेत बराबर भागों में विभक्त है; the students are ~d according to age बच्चों को उम्र के अनुसार बाँटा गया है. **4.** फूट डालना, भेद पैदा करना : a House ~d सभा/सदन में भिन्न-भिन्न मत; opinions are ~d मतभेद हैं; ~ and rule फूट डालो और राज्य करो. [*n.* division]

divine डि व़ाइन' *a.* **1.** ईश्वरीय, ईश्वरदत्त, दैवी, दिव्य, ईश्वर या परमात्मा का : forgiveness is ~ क्षमा ≈ (गुण) है; ~ right of kings राजाओं का ईश्वरदत्त शासनाधिकार; a ~ command ≈ आदेश; ~ worship ईश्वर पूजा^F; ~ service is the good service ईश्वरीय पूजा^F अच्छी सेवा^F है. **2.** (excellent) बढ़िया, उत्कृष्ट, श्रेष्ठ : her singing is ~ उसका गाना ≈ है.

divisible डि व़ि'ज़िबल *a.* भाज्य, विभाज्य : 9 is ~ by 3 only 9 को केवल तीन से भाग दिया जा सकता है. **division** डि व़ि'ज़न *n*^cu. **1.** विभाजन, बँटवारा [fair सही, impartial पक्षपातरहित, unjust अन्यायपूर्ण]; ~ of property संपत्ति^F का ≈; ~ of labour श्रम का ≈; a ~ between two rooms दो कमरों में ≈. **2.** (maths) भाग : the ~ of 10 by 2 10 में 2 का भाग. **3.** *n*^c. (part) भाग, विभाग : arrange the class between two ~s कक्षा को दो भागों में व्यवस्थित करो; he works in our ~ वह हमारे विभाग में काम करता है; finance ~ of a business ≈ व्यवसाय प्रतिष्ठान का वित्त-विभाग. **4.** फूट^F, मतभेद : ~ in a party दल में ≈. **5.** मण्डल, डिवीज़न : Allahabad is one of the ~s of U.P. इलाहाबाद उत्तर प्रदेश के मंडलों में एक है. **6.** ~ court खण्ड-न्यायालय; ~ of army सेना^F की टुकड़ी^F.

divorce डि व़ॉर्स' **I.** *n*^c. विवाह-विच्छेद, तलाक : these days ~ has become easy आजकल ≈ आसान हो गया है; she has obtained ~ after a year उसने एक साल के

बाद ≈ ले लिया (उसे तलाक मिल गया). **II.** *v.t.* **1.** तलाक देना : husband and wife have been ~d पति-पत्नी में तलाक हो गया है; she ~d her husband उसने पति को ≈ दे दिया; he ~d his wife उसने पत्नी को तलाक दे दिया. **2.** (separate) अलग करना : it is hard to ~ religion from politics धर्म को राजनीति[F] से अलग करना कठिन है.

dizzy डि'ज़ि *a.* चक्कर से आक्रांत, चकराया हुआ : she was so ~ that she could not stand वह इतना चकराई हुई थी कि खड़ी नहीं हो सकती थी; looking down from a great height makes one ~ ऊंची चढ़ाई[F] से नीचे की ओर देखने से किसी को चक्कर आ जाता है; ~ height सिर चकरा देने वाली चढ़ाई[F]; to whirl round until one feels ~ तब तक चक्कर खाना जब-तक (सिर में) चक्कर न आ जाय.

D. J. District Judge ज़िला न्यायाधीश.

D. Litt. Doctor of Literature.

D. M. District Magistrate ज़िलाधीश.

do. ditto.

do डू *v.t.* (does, did, done, does't, didn't, don't) **1.** करना, काम करना : he does it like this वह इस तरह करता है; ~ your home work अपना घर का काम करो; I did it yesterday मैंने इसे कल किया; what does your brother ~ तुम्हारा भाई क्या (काम) करता है? have you nothing to do here क्या तुम्हें यहाँ कुछ करने को नहीं है? it will soon be done इसे शीघ्र कर लिया जाएगा; what are you ~ing तुम क्या कर रहे हो? I shall do everything you say जो कुछ तुम कहोगे मैं सब करूँगा; what will you do today तुम आज क्या करोगे? you must ~ good to others तुम्हें दूसरों का भला करना चाहिए; to ~ right ठीक (काम) करना; you did right in going there तुम वहाँ गए तो ठीक किया; to ~ wrong बुरा करना, गलती[F] करना; to ~ favour to smb किसी पर कृपा[F] करना; do or die करो या मरो; to ~ repairs मरम्मत करना; to ~ several kilometres an hour एक घंटे में कई किलोमीटर कर जाना; I shan't do anything मैं कुछ नहीं करूँगा; there is nothing to be done कुछ करने को नहीं है; what are you ~ing तुम क्या कर रहे हो? आप क्या कर रहे हैं? she does nothing वह कुछ नहीं करती; I did my best मैंने भरसक किया; he has done his duty उसने अपना कर्तव्य निभाया; to do justice न्याय करना; to ~ business व्यापार करना; do it yourself इसे स्वयं कर लो. **2.** (as helping verb सहायक क्रिया के रूप में 'do') why don't you come तुम क्यों नहीं आते? don't go there वहाँ मत जाओ; ~ go there वहाँ ज़रूर जाओ; did you see that क्या तुमने उसे देखा था? he did not read the letter उसने पत्र नहीं पढ़ा; didn't she sing क्या उसने नहीं गाया? don't let him go उसे मत जाने दो. **3.** (in place of previous verb which is generally respeated or omitted in Hindi) he looked angry, didn't he वह क्रुद्ध दिखाई देता था, क्या वह नहीं (दिखाई देता था) he never comes late does he? Yes, he does वह कभी देर नहीं आता, क्या वह आता है? हाँ (आता है); he knows English better than I do वह मुझसे अच्छी अंग्रेजी जानता है? he rises early in the morning doesn't he वह सुबह-सवेरे उठ (जग) जाता है. क्या वह नहीं (उठता)? **4.** (various meanings in combinations) to do lessons पाठ याद करना; to do cooking खाना बनाना; to do smb to death किसी को मार डालना; to do one's teeth अपने दाँत साफ़ करना; to do flowers फूल सजाना; to do a room कमरा सजाना या ठीक-ठाक करना; to do one's hair अपने बाल सँवारना, कंघी-चोटी[F] करना (ladies); be up and doing सक्रिय हो जाओ; nothing doing बिलकुल नहीं; I have been done मैं ठगा गया; will twenty rupees do' क्या बीस रुपए काफ़ी होंगे? that will do बस, काफ़ी है; do come ज़रूर आना; how do you do तुम्हारा/आपका क्या हाल है? he is doing well in studies वह पढ़ाई में अच्छा चल रहा है; I did my best मैंने पूरी कोशिश[F] की. **5.** (in prepositional phrases) ~ **away with** हटाना, समाप्त करना : capital punishment should be done away with मृत्युदंड समाप्त कर देना चाहिए; **to ~ by** बरताव करना : do as you would be done by जैसा बरताव औरों से चाहते हो, ऐसा दूसरों से

करो; **to ~ with** संबंध/सरोकार रखना : I have nothing to ~ with this fellow मेरा इस आदमी से कोई संबंध/सरोकार नहीं है; **to ~ without** के बिना काम चलाना : you can ~ without this book for a few days तुम कुछ दिन इस किताब के बिना काम चला सकते हो.

docile डो'साइल *a.* आज्ञाधीन, वश्य [child बच्चा, horse घोड़ा, pupil शिष्य, student छात्र]; ponies are generally very ~ टट्टू प्रायः बहुत ≈ होते हैं.

dock डॉक **I.** *n*ᶜ. **1.** पोतघाट, गोदीᶠ : ~ is the place where ships are loaded and unloaded ≈ वह जगहᶠ है जहाँ जहाज़ों पर माल लादा और उतारा जाता है; the steamer is in the ~ स्टीमर ≈ में है; another ship remained in the ~ एक दूसरा जहाज़ ≈ में था; dry ~ सूखी गोदी, जहाज़ों की मरम्मत का घाट; wet ~ जलवाली गोदी. **2.** कटघरा, कटहरा; the prisoner is in the ~ कैदी कटहरे में है; in the court, the witness also stands in the ~ न्यायालय में गवाह भी कटहरे में खड़ा होता है; to put smb in the ~ किसी पर मुकदमा चलाना, किसी को कटहरे में ला खड़ा करना. **II.** *v.t.* **1.** बंदरगाहᶠ में ले आना या ले जाना : ~ the ship जहाज़ को ≈. **2.** काटना, काट लेना : to ~ a horse tail घोड़े की पूँछ ≈; to ~ a labourer's wages किसी मज़दूर की मज़दूरीᶠ ≈.

doctor डॉक्'टर **I.** (Dr.) *n*ᶜ. **1.** चिकित्सक, वैद्य, डॉक्टर [experienced अनुभवी, trustworthy विश्वसनीय); call a ~ ≈ को बुलाओ; go to a doctor किसी ≈ के पास जाओ; you need a ~ तुम्हें ≈ की आवश्यकताᶠ है; don't take medicine without consulting a ~ डाक्टर से परामर्श लिए बिना दवाᶠ मत लो. **2.** डॉक्टर, आचार्य : ~ of Science (D. Sc.); ~ of Philosophy (Ph. D.); ~ of Laws (L.L.D.) ~ of literature (D. Lit.) **II.** *v.t.* **1.** चिकित्सा करना, इलाज करना : to ~ the sick रोगियों का इलाज करना. **2.** (repair) मरम्मतᶠ करना : to ~ up a car कारᶠ की ≈.

doctrine डाक्'ट्रिन *n*ᶜ. (tenet) मत, वाद, सिद्धान्त [established प्रतिष्ठित, obsolete अप्रचलित, religious धार्मिक]; he believes in the ~ that health is wealth वह इस ≈ में विश्वास करता है कि स्वास्थ्य ही धन है.

document डॉ'क्युमन्ट *n*ᶜ. प्रलेख, दस्तावेज़ : your birth certificate is a ~ which shows where and when you were born तुम्हारा जन्म-प्रमाणपत्र एक दस्तावेज़ है जो दर्शाता है कि तुम कब और कहाँ पैदा हुए थे; do you have any ~s concerning the purchase of this house इस मकान की खरीदᶠ के बारे में क्या तुम्हारे पास कोई दस्तावेज़ हैं? **documentary** डॉक्यू मेंन्'टॅरि *a.* लिखित, लेख्य, दस्तावेज़ी : ~ evidence दस्तावेज़ी साक्ष्य; ~ proof ≈ प्रमाण; ~ film वृत्तचित्र; I saw a ~ (film) about shoe-making मैंने जूते बनाने के बारे में एक ≈ देखा.

dodge डॉज **I.** *v.t.* **1.** (avoid) हट जाना, कतराकर बच जाना : to ~ a blow आघात बचाना; to ~ is to move quickly to one side 'हट जाना' का अर्थ है तेजी से एक ओर खिसकना; to ~ round a corner कोने की तरफ हट जाना; to ~ skilfully चतुराई से अपने को बचाना. **2.** टाल देना : to ~ a question प्रश्न टाल देना. **3.** चकमा देना, चालᶠ चलना : to ~ a trick चाल चलना. **4.** छिपना : he ~ed behind a wall वह दीवारᶠ के पीछे छिप गया. **II.** *n*ᶜ. **1.** चकमा, चालᶠ : he gave me the ~ वह मुझे चकमा दे गया. **2.** a tax ~ कर वंचन, टैक्स न देना.

doe डो *n*ᶜ. मृगी, हिरनी; (खरगोश आदि की) मादा : ~ skin हिरनी का चमड़ा. [*fem.* of buck; *as distinct from* dough]

doer डु'अर *n*ᶜ. कर्ता, काम करने वाला : be a ~ not a dreamer ≈ बनो, स्वप्नद्रष्टा नहीं; the ~ of the deed कार्य करने वाला; she is a talker but also a ~ वह वाचाल है पर काम करनेवाली भी.

does डज़ *v.* 3rd person sing. pt. tense of verb 'do' करता है : he ~ well वह अच्छा ≈ है; ~ Raju play cricket क्या राजू क्रिकेट खेलता है? it ~ not matter कोई बात नहीं; he ~ not work वह काम नहीं करता है. see 'do'

dog डॉग *n*ᶜ. कुत्ता [big बड़ा, black काला, dangerous ख़तरनाक, domestic पालतू, hunting शिकारी, savage जंगली, terrible

भंयकर]; the dog is a faithful animal ≈ वफ़ादार जानवर होता है; he died a ~'s death वह कुत्ते की मौत मरा; ~ catcher कुत्ते पकड़ने वाला; ~ collar कुत्ते का पट्टा; ~ days कड़ी गर्मी के दिन; ~ fight कुत्तों की (सी) लड़ाई^F. Δ **every ~ has its day** कोढ़ी के भी दिन फिरते हैं; **go to the ~s** जाओ, दफ़ा हो जाओ; **his business is going to the ~s** उसका व्यवसाय नष्ट हो रहा है; **throw it to the ~s** छोड़ो परे; **it rains cats and ~s** धुँआधार बारिश^F हो रही है; **to lead a ~'s life** बुरी हालत^F में दिन काटना; **let the sleeping ~s lie** गढ़े मुर्दे मत उखाड़ो. [*fem.* bitch]

dogmatise डाग्'मॅटाइज़ *v.t.* सिद्धान्त बघारना : to ~ on a subject किसी विषय पर ≈.

dole डोल **I.** *n*^c. ख़ैरात, (भिक्षा) दान : unemployment ~ बेकारी अनुदान. **II.** *v.t.* बाँटना : ~ out money थोड़ा-थोड़ा करके पैसा ≈; ~ out charitable funds परोपकारार्थ थोड़ी-थोड़ी करके निधि^F ≈.

doll डॉल *n*^c. गुड़िया^F [pretty सुंदर, talking बोलने वाली, wooden लकड़ी^F की]; she bought a ~ for her baby उसने अपने बच्चे के लिए ≈ खरीदी; my grand-daughter is a little ~ मेरी पोती एक छोटी सी ≈ है; to break a ~'s house ≈ का घर बिगाड़ना.

dollar डॉ'लर *n*^c. डालर [American अमरीकी, Hong Kong हांग कांग का]; fifty ~s पचास ≈; he earns ten ~s a day वह एक दिन में दस ≈ कमाता है; have you got change for a ~ क्या तुम्हारे पास एक ≈ का फुटकर है? a ~ has 100 cents ≈ में 100 सेंट होते हैं; we paid in ~s हमने डॉलरों में भुगतान किया; it costs more than a ~ इस पर एक ≈ से अधिक लगता है; a ~ and half डेढ़ डॉलर; that is equal to about four ~s वह लगभग चार ≈ के बराबर है.

-dom *suff.* (makes abstract nouns) freedom, martyrdom kingdom, boredom, wisdom.

dome डोम *n*^c. गुम्बद : the ~ of St. Paul's in London लंदन में संत पाल (चर्च) का ≈; a ~ is a circular top ≈ एक वृत्ताकार (गोल) छत^F होती है; some mosques and tombs have very high ~s कुछ मस्जिदों^F और मकबरों के ≈ बहुत ऊंचे होते हैं.

domestic ड मॅस्'टिक **I.** *a.* **1.** घरेलू, गृह-संबंधी [affairs मामले, life ज़िंदगी, quarrel झगड़ा, servant नौकर, trade व्यापार, work काम]; it is for ~ use यह ≈ इस्तेमाल के लिए है; in ~ science, girls learn how to run a home गृह-विज्ञान में लड़कियाँ सीखती हैं कि घर कैसे चलाया जाय. **2.** पालतू : dog is a ~ animal कुत्ता एक ≈ जानवर है. [*ant.* wild] **3.** स्वदेशी, देशीय, अंतर्देशीय : ~ productions must be used ≈ उत्पादन का प्रयोग करना चाहिए; ~ flight अंतर्देशीय उड़ान^F. **4.** (home-loving) परिवार-प्रेमी : he is very ~ वह अत्यधिक ≈ है. **II.** *n*^c. घरेलू नौकर : she keeps two ~s वह दो ≈ रखती है. [*ant.* wild]

domicile डॉ'मिसाइल **I.** *n*^c. अधिवास, स्थायी निवास : his ~ in America उसका ≈ अमेरिका में; you have to prove your ~ as an Indian तुम्हें भारतीय होने का प्रमाण देना होगा. **II.** *v.t.* बस जाना; he is ~d in India वह भारत में बस गया है.

dominate डॉ'मिनेट **I.** *v.i.* पर शासन करना : he has the desire to ~ उसकी इच्छा शासन करने की रहती है. **II.** *v.t.* **1.** से ऊंचा होना, ऊपर उठना : some temples ~ the hills in Hardwar हरिद्वार में कुछ मंदिर पहाड़ियों^F से ऊंचे उठे हुए हैं. **2.** (control) नियंत्रण में रखना : the strong ~ the weak सबल लोग कमज़ोरों को नियंत्रण में रखते हैं. **domination** डॉ मि ने'शन *n*^u. शासन, प्रभुत्व; his ~ causes trouble उसकी शासनवृत्ति^F दिक्कत पैदा करती है.

domineering डॉ मि नि अं'रिङ्ग *a.* निरंकुश, दबंग : his ~ing manner has made him many enemies उसके निरंकुश ढंग से उसके बहुत से शत्रु हो गए हैं; his ~ disposition उसकी दबंग प्रवृत्ति^F, she is a ~ mother वह रौब रखने वाली मां है.

donate ड नेट' *v.t.* दान में देना : to ~ in charity दान में देना; he ~d one lakh rupees for building a temple उसने मंदिर बनवाने के लिए एक लाख रुपया दान में दिया. **donation** ड ने'शन *n*^c. दान : he made a lumpsum ~

to the hospital उसने अस्पताल को अच्छा-ख़ासा ≈ दिया; here is a ~ of ten rupees to the Famine Relief Fund अकाल राहत निधि^{F} के लिए यह दस रुपए का ≈ है; ~ to a society for a specific purpose किसी विशेष उद्देश्य के लिए सभा^{F} को ≈.

done डन *v.t.* past participle of 'do'; it was ~ किया गया था.; the work has been ~ काम कर लिया गया है. [see 'do']

donkey डॉन्'कि n^c. **1.** गधा : a ~ has long ears गधे के कान लंबे होते हैं; we ride on ~s at the sea-side समुद्र-तट पर हम गधों पर सवारी^{F} करते हैं. Δ **~'s load** भारी बोझ; **~'s work** कठिन कार्य. **2.** मूर्ख व्यक्ति : he is a ~ वह मूर्ख है; you ~ अरे गधे !

donor डो'नर n^c. देने वाला, दानी, दाता : ~'s list दान देने वालों की सूची^{F}; blood ~ ख़ून देने वाला; the ~ of a prize पुरस्कार देने वाला. [*ant.* recipient]

don't = do not (see do).

door डॉर n^c. **1.** द्वार, दरवाज़ा [closed बंद, heavy भारी, open खुला, wide चौड़ा]; ~ keeper द्वारपाल, संतरी; ~ mat पायदान; ~ step दहलीज़^{F}; ~ way दरवाज़ा; close the ~ behind you अपने पीछे दरवाज़ा बंद करो; knock at the ~ ≈ खटखटाओ; he saw her to the ~ उसने उसे दरवाज़े तक विदा किया; they came in through the front ~ वे सामने के दरवाज़े से अंदर आए; the next ~ is shut अगला ≈ बंद है; study is the ~ to knowledge अध्ययन ज्ञान का ≈ है; open the ~ and let me into the room ≈ खोलो और मुझे कमरे में आने दो; ~ **to** ~ दर-दर : the man went from ~ to ~ आदमी दर-दर (घर-घर) गया; ~ frame चौखट^F; **open ~ policy** बेरोक नीति^{F}, निर्बाध नीति^{F}. **2.** (house) घर : our next ~ neighbour is a magistrate हमारे घर के बगल का पड़ोसी एक मजिस्ट्रेट है; my elder son lives 2-3 ~s away मेरा बड़ा लड़का दो तीन घर परे रहता है; she lives next ~ वह बगल वाले घर मे रहती है. **3.** Δ **to show smb the ~** किसी को बाहर निकालना; **to open, close the ~ to, open negotiations** बातचीत का रास्ता खोलना, बंद करना; **to lay a charge/blame at smb's ~** किसी पर दोष लगाना.

dormant डॉर्'मन्ट *a.* प्रसुप्त [animal पशु, faculties शक्तियाँ^{F}, passion भावना^{F}/आसक्ति^{F}]; it lay ~ यह प्रसुप्तावस्था में था.

dormitory डॉर'मिटरि n^c. (dormitories) शयनशाला^{F}, शयनागार : in the school ~ there are many beds स्कूल के ≈ में बहुत बिस्तर हैं; there is a large ~ in that inn उस सराय में एक लंबा-चौड़ा शयनकक्ष है.

dose डोज़ n^c. मात्रा^{F}, दवा^{F} की ख़ुराक^F : take a ~ of quinine क्वनीन की एक ख़ुराक ले लो; you should have a light ~ तुम्हें दवा^{F} की हल्की खुराक लेनी चाहिए, [*as distinct from* doze]

dost डस्ट *v.t.* (now rare) 2nd person singular, present tense of verb 'do' तू करता है; thou ~ know तू अवश्य जानता है.

dot डॉट **I.** n^c. **1.** बिन्दु, बिन्दी^{F} : the ~ over an 'i' आइ (i) पर एक बिंदी; the car looked like a ~ at a distance दूर पर कार^F एक बिंदु-सी दिखाई दी. **2.** धब्बा : a ~ of ink स्याही का ≈. **II.** *v.t.* (-tt-) **1.** बिंदु लगाना : ~ your i's सब पर बिंदु लगाओ. **2.** (passive) बिंदुओं की तरह बिखरा होना; a hill is ~ted with rocks पहाड़ी^{F} पर चट्टानें बिखरी हैं; the garden was ~ted with flowers बाग में फूल बिखरे-बिखरे लगे थे.

dote डोट *v.t.* (dotes, doting) **1.** सठिया जाना, सठियाना : an old man is ~ing बूढ़ा आदमी सठिया रहा है. **2.** (~ on) लट्टू होना; she ~s **on/upon** her child वह अपने बच्चे पर लट्टू रहती है; he ~s on that girl वह उस लड़की पर लट्टू रहता है.

doth डथ *v.* (old use) third person, present tense, singular of verb 'do' **does**; he ~ his work well वह अपना काम अच्छी तरह करता है; ~ she know you well क्या वह तुम्हें अच्छी तरह जानती है ?

double डॅबल **I.** *a.* दुगुना, दो गुना, दूना, डबल [amount राशि^{F}, layer परत^F, quantity मात्रा^{F}, window खिड़की^{F}, work काम]; ~ dealing दुरंगी चाल^F; ~ cross विश्वासघात

करना, धोखा देना; ~ game दोहरी चाल, छल-कपट; ~ member constituency दो सदस्यों वाला चुनाव-क्षेत्र; ~ taxation दोहरा कर, दो बार टैक्स लगाना; a ~ portion of amount राशि[F] का दूना भाग; a ~ sheet of paper कागज का दोहरा ताव; he is ~ your age उसकी उम्र तुम्हारी उम्र से दुगुनी है; ~ **bedded** room दो बिस्तर वाला कमरा; ~ breast coat दोहरे सीने वाला कोट; ~ **edged** weapon दो धारा हथियार; ~ **faced** person दोहरी चाल[F] वाला, बेईमान आदमी; ~ **talk** द्वयर्थी बात[F]. [*ant.* single] **II.** *n*[u]. **1.** दुगुनी मात्रा[F], दो रंगा, जोड़ा, जोड़ीदार : I gave him ~ मैंने उसे दूना हिस्सा दिया; if you want to make it ~ you must work hard यदि तुम इसकी दूनी मात्रा चाहते हो तो तुम्हें कठिन परिश्रम करना चाहिए; 16 is ~ of 8 16 आठ का दूना है. **2.** प्रतिरूप, डबल : the ministers keep ~s with them मंत्री अपने साथ डबल (अपने प्रतिरूप) रखते हैं. **III.** *v.t.* **1.** दुगुना/ दूना करना : to ~ the price मूल्य ≈; if you ~ three you get 6 तीन को दोगुना करो तो 6 हो जायेगा; it will ~ your work यह तुम्हारे काम को दो गुना कर देगा; he has ~d his income उसने अपनी आमदनी दुगुनी कर ली है **2.** दोहरा करना (fold) : to ~ a sheet of paper कागज़ के एक ताव को ≈; you must ~ the whole rope तुम्हें पूरी रस्सी[F] को ≈ होगा. **IV.** *v.i.* मुड़ जाना : to ~ back suddenly एकाएक पीछे ≈, the soldiers are ~ling सैनिक मुड़ रहे हैं. ~ **up** मोड़कर दोहरा करना या होना. **V.** *adv.* दूना, दोहरा : a ~ bedded room ≈ बिस्तर वाला कमरा; a ~ eyed scoundrel एक दुरंगा बदमाश; with these glasses I see ~ इस चश्मे के साथ मुझे दो-दो दिखायी देते हैं; the boys slept बच्चे दो-दो करके सो गए.

doubt डाउट **I.** *n*[c]. संदेह, शक [grave गंभीर, great बहुत, slight थोड़ा/कम, some कुछ]; there is no ~ about it इसमें कोई संदेह नहीं है; I have no ~ that you will succeed मुझे कोई संदेह नहीं कि तुम सफल होगे; there is not much ~ about it इसके बारे में अधिक संदेह नहीं है; it was **beyond ~** यह संदेह के परे/बाहर था; **benefit of ~** संदेह का लाभ; removal of ~ संदेह-निवारण; I am **in ~** about it मुझे इस बारे में संदेह है; I have my ~s मेरे अपने संदेह/शक हैं; you will, no ~, help us निस्संदेह तुम हमारी सहायता[F] करोगे; the results are still in ~ परिणामों पर अब भी संदेह है; I have ~s about his sincerity मुझे उसकी ईमानदारी[F] पर संदेह है; there is no ~ that the man is guilty इसमें कोई शक/संदेह नहीं कि वह आदमी दोषी है; there is some ~ whether she will come इसमें कुछ शक/संदेह है कि वह आएगी. [*ant.* certainty] **II.** *v.t.* संदेह करना, शक करना, (पर) संदेह/शक होना : I ~ed the truth of his story मुझे उसकी कहानी[F] की सत्यता[F] पर संदेह था; we do not ~ your ability हमें तुम्हारी योग्यता[F] पर शंका/शक नहीं है; to ~ about the facts तथ्यों के बारे में संदेह करना; we do not ~ that he wrote it himself हमें कोई संदेह नहीं है कि उसने इसे स्वयं लिखा होगा; I ~ whether they will succeed हमें शंका है कि वे सफल होंगे; I ~ed him मैंने उस पर संदेह किया; I doubt whether/ if he is honest मुझे शक है कि वह ईमानदार है; why do you ~ तुम क्यों शंका/शक करते हो ? **doubtful** डॉउट'फुल *a.* **1.** (thing) संदिग्ध, संदेहास्पद : his future is ~ उसका भविष्य ≈ है; a ~ advantage एक संदेहास्पद लाभ; a man of ~ character ≈ चरित्र का व्यक्ति. **2.** (person) संदेहशील, शक्की : I am ~ about the result मैं परिणाम के बारे में संदेहशील हूँ. [*ant.* certain] **doubtless** डाउट्'लिस *a.* निःसंदेह, बेशक : the old car would ~ go faster down the hill पुरानी कार ≈ पहाड़ी[F] से नीचे तेज़ी से जाएगी; ~, you are right ≈, तुम सही हो.

dough डो *n*[u]. लोई[F], सना आटा [thick गाढ़ा, thin पतला]; when ~ has been baked it is bread जब लोई पकाई जाती है तो यह रोटी[F] हो जाती है. [*as distinct from* doe]

dove डव़ *n*[c]. **1.** पेंडुकी, कबूतरी : a dove is cooing on a tree एक ≈ पेड़ पर गुटरगूं कर रही है; ~cage कबूतरख़ाना. **2.** सरल और सीधा आदमी : he is a ~ indeed वह सचमुच सीधा-सादा आदमी है. **3.** (~ of peace) शांति का संदेशवाहक, शांतिदूत.

dower डॉउ'अर **1.** विधवादाय, स्त्रीधन : (among Muslims Meher महर) : ~ is the money a widow gets after the husband's death यह स्त्रीधन है जो एक विधवा को अपने पति की मृत्यु के बाद प्राप्त होता है. **2.** (dowry) दहेज : a gift given to a bride दुल्हिन को दिया जाने वाला दहेज. **3.** (talent) प्रतिभा^F : ~ may be hereditary ≈ वंश-परंपरा से हो सकती है.

down डॉउन **I.** *a.* डाउन, नीचा, अधोगामी : ~ platform डाउन गाड़ी^F का प्लेटफार्म; on the ~ slope ≈ ढाल; ~ train मुख्य स्टेशन से आने वाली गाड़ी^F, डाउन गाड़ी^F. (other uses) ~payment तत्काल नकद भुगतान; the wrestler is ~ पहलवान नीचे हो गया; the sun is ~ सूर्य ढल गया; the water is ~ पानी सतह से नीचे हो गया. **II.** *adv.* **1.** नीचे, तले, नीचे की ओर : he ran ~ and opened the door वह नीचे भागा और दरवाजा खोल दिया; she looked ~ but did not answer उसने नीचे (की ओर) देखा परंतु उत्तर नहीं दिया; come ~ from that tree उस पेड़ से नीचे उतर आओ; to come ~ in quality गुण में नीचे हो आना; to fall ~ from the roof छत^F से नीचे गिरना; climb ~ नीचे उतरो; the man bent ~ आदमी नीचे झुका; sit ~ बैठ जाओ; lie ~ लेट जाओ; write ~ लिख डालो; the sun went ~ सूर्य डूब गया; ~ your books and go अपनी किताबें^F छोड़ो और जाओ; look ~ नीचे देखो; get ~ नीचे उतर जाओ; they live ~ the street वे गली^F में नीचे की तरफ रहते हैं. [*ant.* up] **2.** (other uses) this custom was handed ~ to us यह रिवाज हम लोगों को परंपरा^F से मिला; from the director down to a peon निदेशक से लेकर चपरासी तक; the curtains are ~ परदे गिरे हुए हैं; ~ with the traitors गद्दारों का नाश हो; let the fire burn ~ आग धीमी कर दो; the speaker was shouted ~ चिल्लाकर लोगों ने वक्ता को बैठा दिया; production has gone ~ उत्पादन गिर गया है. **III.** *prep* के/से नीचे : he looked ~ the roof उसने छत^F पर से देखा; she came ~ the hill वह पहाड़ी^F से नीचे आई; the boat is going ~ the river नाव^F नदी^F में नीचे की ओर जा रही है; she fell ~ the stairs वह सीढ़ियों^F से नीचे जा गिरी; tears ran ~ her cheeks आँसू उसके गालों पर आकर बहने लगे; they went on ~ the road वे सड़क से नीचे की ओर चलते गए. **IV.** *n*^c. **1.** कोमल रोम/पंख : ~s of birds पक्षियों के ≈. **2.** उतार : I have seen many ups and ~s in his life मैंने उसके जीवन में बहुत-से उतार-चढ़ाव देखे हैं; he had great ups and ~s in his business उसके व्यवसाय में भारी उतार-चढ़ाव आये. **V.** *v.t.* **1.** गिरा देना : the opposition ~ed the government विपक्ष ने सरकार को गिरा दिया. **2.** नीचा दिखाना : he ~ed all his opponents उसने सभी प्रतिद्वन्द्वियों को नीचा दिखाया. **downfall** डॉउन'फ़ाल *n*^c. **1.** पतन, गिरावट^F : ~ of a tyrant अत्याचारी का पतन; Dinesh was the cause of Romesh's ~ दिनेश रोमेश के पतन का कारण था; पतन का कारण : this step was his ~ यह कदम उसके पतन का कारण था. [*ant.* rise] **downgrade** डाउन्'ग्रेड **I.** *n*^u. ढाल^F, उतार : ~ of a road सड़क का ≈. **II.** *v.t.* दरजा घटाना, पदावनत करना : he was ~graded by the chief अध्यक्ष ने उसको पदावनत कर दिया. **downhearted** उदास : ~ old man ≈ बूढ़ा. **downpour** डॉउन्'पॉर *n*^u. मूसलाधार (वर्षा^F) : there was a ~ on Sunday इतवार को ≈ वर्षा हुई. **downright** डॉउन्'राइट **I.** *adv.* पूर्णतया, पूर्ण रूप से : he was ~ cheated वह ≈ धोखा खा गया; he was ~ honest वह ≈ ईमानदार था. **II.** *a.* **1.** साफ़, बिल्कुल : a ~ no कोरा जवाब; a ~ lie सरासर झूठ. **2.** साफ़, खरा; ~ person ≈ आदमी. **downstairs** डॉउन'स्टेअर्स. **I.** *a.* निचला : the ~ portion of the house मकान का ≈ हिस्सा. **II.** *adv.* नीचे की ओर, सीढ़ी से नीचे : to go ~ सीढ़ियों से नीचे जाना. **III.** *n*^c. निचली मंज़िल^F, निचला तल : they are waiting ~s since 10 o'clock वह निचली मंज़िल पर 10 बजे से इंतज़ार कर रहे हैं. [*ant.* upstairs] **downward** डॉउन'वर्ड *a.* अधोमुखी, गिरता हुआ, ह्रासोन्मुख : a ~ slope ≈ ढाल^F; a ~ tendency ह्रासोन्मुख प्रवृत्ति^F; ~ trend गिरावट^F. [*ant.* upward] **downwards** डॉउन्'वर्डज़ *adv.* नीचे की ओर^F.

point out the gun ~ so that the shot goes into the ground बंदूक^F को ≈ करो जिससे निशाना ज़मीन की तरफ जाय; water flows ~ पानी ≈ बहता है.

dowry डॉउअ'रि n^c. दहेज : to give or accept ~ is a crime ≈ देना या लेना अपराध है.

doze डोज़ **I.** n^c. (dozing) ऊँघ^F, उँघाई^F : he likes to have a ~ in the afternoon वह बाद दोपहर ≈ लेना पसंद करता है. **II.** *v.t.* ऊंघना, झपकी^{F} लेना : he is ~ing वह ऊँघ रहा है; I just ~ मैं केवल ऊंघता हूँ; to ~ before the fire आग^F के सामने ≈; to ~ off ऊंघते-ऊंघते सो जाना. [*as distinct from* dose]

doz. , **dozen** ड'ज़न n^c. (after numerals, same in *pl.*) दर्जन (बारह) : half a ~ आधा ≈; a ~ eggs एक ≈ अंडे; three ~ pencils तीन ≈ पेंसिलें^{F}; (~s if no numerals) I warned him ~s of times मैंने उसे दर्जनों (अनेक) बार चेतावनी^{F} दी; some ~s of people कुछ ≈ लोग; ~s of eggs दर्जनों अंडे; arrange the chairs in ~s दर्जन-दर्जन करके कुर्सियाँ लगाओ.

D. Phil. =Ph. D., Doctor of Philosophy.

Dpt. Department.

Dr. Doctor.

draft ड्राफ़्ट n^c. **1.** (sketch) प्रारूप, मसौदा : make a ~ of a report रिपोर्ट^F का ≈ बनाओ; ~ plan योजना^{F} का ≈; ~ of a speech भाषण का ≈. **2.** (body of soldiers) दस्ता, टुकड़ी^{F} : to send up fresh ~s नई टुकड़ियाँ भेजना. **3.** (cheque) बैंक ड्राफ़्ट, हुण्डी^{F} : a bank draft for rupees five hundred पाँच सौ रुपए की हुंडी^{F}; it was a ~ on the State Bank of India यह भारतीय स्टेट बैंक के नाम ड्राफ़्ट था; I want to get my payment by ~ मैं अपना भुगतान ≈ द्वारा चाहता हूँ. **II.** *v.t.* प्रारूप तैयार करना, मसौदा बनाना : to ~ a letter पत्र का ≈. [*as distinct from* draught] **drafting** ड्राफ़्'टिंग् *a.* पाण्डु-लेखन, मसौदा बनाना : his drafting is perfect उसका मसौदा बनाने का काम बढ़िया होता है; ~ committee मसौदा समिति^{F}. **draftsman** ड्राफ़्ट्स'मन n^c. नक्शानवीस : a ~ prepared the plan of my building एक ≈ ने मेरे भवन का नक्शा तैयार किया.

drag ड्रैग **I.** *v.t.* (dragged, dragging) **1.** खींचना [hardly मुश्किल से, धीरे-धीरे]; bulls ~ carts बैल गाड़ियाँ^{F} खींचते हैं. **2.** घसीटना : why do you ~ me to the meeting बैठक^F में तुम मुझे क्यों घसीटते हो ? **3.** जाल डालना, तलाघर्षण करना : to ~ a lake for a dead body किसी शव के लिए झील^F में जाल डालना. **II.** *v.i.* **1.** धीरे-धीरे चलना : he ~ged behind his companions वह अपने साथियों के पीछे धीरे-धीरे चलता था (पीछे रह गया); time is ~ging समय धीरे-धीरे बीत रहा है. **2.** घिसटन, घिसटकर चलना : the child is ~ing on the floor बच्चा फ़र्श पर घिसटकर चल रहा है. Δ **to ~ in (a talk)** किसी को टोककर बात करने लगना; **he is ~ging on** वह थका-थका सा चल रहा है; **to ~ out a wretched existence** ज़िंदगी के बुरे दिन काटना. **III.** n^c. **1.** हैरो, हेंगा, पाटा : a ~ is so called as it is dragged on a ploughed field 'पाटा' इसलिए यह नाम है कि जोते हुए खेत की उखड़ी-पुखड़ी मिट्टी को पाट देता है. **2.** (also ~ net) महाजाल : ~ for catching fish मछली पकड़ने का ≈. **3.** (obstruction) अड़ंगा, बाधा^{F} : to be a ~ on smb किसी के लिए ≈ स्वरूप होना; her husband is a ~ on her उसका पति उसके लिए बाधास्वरूप है; ill health is a ~ ख़राब स्वास्थ्य एक बाधा^{F} है.

drain ड्रेन **I.** n^c. **1.** नाली^{F}, निकास : ~ pipe निकास-पाइप; the rain water runs down a ~ in the street बरसात^F का पानी गली में नालियों से होकर बहता है; all the ~s in that old building want rapairing उस पुरानी इमारत^F की सभी नालियाँ मरम्मत चाहती हैं. Δ **to throw money down the ~** बेकार के कामों में पैसा ख़र्च करना, बरबाद करना. **2.** ख़र्च : this car is a ~ on my purse इस कार^F में मेरा बहुत खर्च हो जाता है. **II.** *v.t.* **1.** (to let flow away) बहा ले जाना : to ~ the water out पानी को बाहर बहा देना. **2.** (to empty) to ~ a glass गिलास ख़ाली करना. [*ant.* fill] Δ **to ~ off a cup** सारा प्याला पी डालना. **3.** (to dry) धोने के बाद सुखा देना : glasses should be ~ dry धुले गिलासों को और सुखा लो. 4. (to make weak) he ~s the field by cutting trenches वह खाई खोदकर जमीन को कमजोर कर देता है; to ~ one's strength किसी की शक्ति खींच लेना; to ~ a country of its wealth किसी देश को उसके धन से वंचित करना, देश को चूस लेना. **drainage** ड्रे'निज n^u. निकास व्यवस्था^{F} : we must improve the ~ हमें ≈ में सुधार करना चाहिए. **drainpipe** n^c. पनाला.

dram ड्रैम n^c. ड्राम : a ~ of medicine दवाई^F का एक ≈; there are 16 ~s in an ounce एक औंस में सोलह ≈ होते हैं.

drama ड्रा'मा n^c. नाटक : the history of ~ ≈ का इतिहास; ~s of Prasad प्रसाद के नाटक; the ~ नाट्यकला^{F}; he is an authority on the ~ वह नाट्यकला^{F} का प्रमाण-पुरुष है; he has studied ~ उसने ≈ का अध्ययन किया है. **dramatic** ड्र मै'टिक *a.* नाटकीय, आकस्मिक : a ~ event एक ≈ घटना^{F}; ~ changes ≈ परिवर्तन; ~ performance नाटक का अभिनय. **dramatist** ड्रै मॅ'टिस्ट n^c. नाटककार : Shakespeare was a great ~ in the history of English literature अंग्रेजी साहित्य के इतिहास में शेक्सपिअर एक महान् ≈ थे.

drape ड्रेप *v.t.* (वस्त्र या आवरण) से सजाना : the statue was ~d मूर्ति^{F} वस्त्र से सजाई गई; the council table was ~d with a flag परिषद् की मेज़ झण्डे से सजाई गई. **draper** ड्रे'पर n^c. वस्त्र व्यापारी, बज़ाज : this ~ sells readymade clothes and curtains यह बज़ाज सिले-सिलाये कपड़े और परदे बेचता है.

drastic ड्रैस्'टिक *a.* कड़ा, ज़ोरदार, सख़्त : ~ step कड़ा कदम; a ~ remedy ज़ोरदार इलाज/दवा^{F}; ~ action कड़ी कार्यवाही^{F}; ~ action is necessary against strikers हड़तालियों के विरुद्ध कड़ी कार्यवाही आवश्यक है; there is ~ improvement in his characters उसके चाल-चलन में ≈ सुधार है.

draught ड्राफ़्ट n^c. 1. प्रारूप, मसौदा : (see draft). 2. (pulling) कर्षण, खिंचाव : horses used for ~ ≈ के लिए प्रयोग किए जाने वाले घोड़े; ~ cattle लद्दू जानवर, भारवाही पशु. 3. हवा^{F} का झोंका : there is a ~ from that window उस खिड़की^{F} में से ≈ आ रहा है. 4. (dose) ख़ुराक^F, मात्रा^{F} : ~ of medicine दवाई^F की ≈. 5. (catch) शिकार : ~ of fishes मछली का ≈. 6. (mouthful) घूँट : Alok drank the whole glass of water in a single ~ आलोक गिलास का पूरा पानी एक ≈ में पी गया. (*pl.*); they are playing ~s वे ड्राफ़्ट खेल रहे हैं. [*as distinct from* draft, drought] **draughtsman** ड्राफ़्ट्स्'मन n^c. (*pl.* draughtsmen) नक्शानवीस, मसौदा तैयार करने वाला : the plan of the building was prepared by a ~ भवन का नक्शा एक नक्शानवीस ने तैयार किया था.

draw ड्रॉ I. *v.t.* (drew, drawn) 1. खींचना, घसीटना, खींच निकालना : to ~ a plough हल चलाना/खींचना; to ~ a conclusion निष्कर्ष निकालना; I do not want to ~ any conclusion मैं कोई निष्कर्ष नहीं निकालना चाहता; to ~ attention ध्यान खींचना; the horses drew the cart up the hill with great difficulty घोड़े बड़ी कठिनाई^F से पहाड़ी^{F} पर गाड़ी^{F} खींच ले गए; engine ~s the train इंजन गाड़ी^{F} को खींचता है; to ~ water from the tap टोंटी से पानी निकालना; to ~ a person on किसी व्यक्ति को घसीटना; to ~ line with a pencil पेन्सिल से एक रेखा खींचना; to ~ a caricature व्यंग्यचित्र खींचना; to ~ smb's tooth किसी का दाँत निकालना; to ~ a curtain परदा खींचकर खोल देना; to ~ a nail कील खींचकर निकालना; to ~ money from one's account अपने खाते से पैसा निकालना. 2. मुकाबले में बराबर रहना : to ~ the match at any rate किसी भी कीमत पर मैच को बराबर करना; the match was ~n मैच बराबर हो गया. 3. लुभाना, आकर्षित करना : I tried to ~ his attention मैंने उसका ध्यान आकर्षित करने की कोशिश की; magnet ~s steel चुम्बक स्टील को आकर्षित करता है; a good play always ~s crowds/people एक अच्छा खेल भीड़^{F}/ लोगों को हमेशा लुभाता है; to ~ customers ग्राहकों को आकर्षित करना; I feel ~n to her मैं उसकी ओर आकर्षित अनुभव करता हूँ. 4. उचित रूप से लिखना : to ~ a deed in favour of Ram राम के पक्ष में

दस्तावेज़ लिखना; to ~ a cheque चेक लिखना/काटना. 5. (other uses) to ~ one's pay अपना वेतन लेना; to ~ smb aside किसी को एक ओर ले जाना; to ~ breath साँस लेना; to ~ a sword तलवार तानना; to ~ a scene दृश्य चित्रित करना; to ~ a character चरित्र चित्रित/अंकित करना. Δ ~ **back** पीछे हटना; **to ~ near** निकट लाना/आना; **to ~ on** काम में लाना; I drew on the money I had got मेरे पास जो धन था उसको मैं काम में लाया; **to ~ to an end** समाप्त होने को आना (as, food) **to ~ up** (i) (सैनिकों को) लाइन में खड़ा करना; (ii) लिखकर बनाना; to ~ up a plan एक योजना तैयार करना; to ~ up a document दस्तावेज़ लिखना. **drawback** ड्रॉ'बैक n^c. कमी^{F}, त्रुटि^{F} : there are so many ~s in this plan इस योजना^{F} में बहुत-सी त्रुटियाँ हैं. **drawbridge** ड्रॉ'ब्रिज *n*. चल सेतु, उठाऊ पुल : the ~ was pulled up to let ships pass जहाज़ों को निकल जाने के लिए ≈ को उठा दिया गया. **drawer** ड्रॉ'अर n^c. 1. आदेशक, हुंडी या चेक लिखने वाला : the ~ stopped payment of the cheque चेक काटने वाले ने चेक का भुगतान रोक दिया. 2. (in a desk) दराज़ : pull out the middle ~ बीच वाला दराज़ बाहर खींचो. **drawing** ड्रॉ'इंग n^c. 1. आरेखण, ड्राइंग : ~ class ≈ की कक्षा^{F}; ~ master ≈ मास्टर. 2. चित्र, आरेख : ~ of a cow गाय का चित्र. **drawing room** ड्रॉ'इंग रूम *n'*. बैठक, दीवानख़ाना : he is in his ~ वह अपनी बैठक में है; they have latest furniture in their ~ उनकी बैठक में आधुनिकतम फ़र्नीचर हैं. **drawn** ड्रॉन *a*. 1. बराबर का, बिना हार-जीत का, अनिर्णीत : the match was ~ मैच हार-जीत के बिना ख़त्म हो गया. 2. खिंचा हुआ : ~ curtain ≈ परदा. 3. ताना हुआ : ~ sword तानी हुई तलवार^F.

dread ड्रेॅड **I**. n^u. 1. त्रास, भय, डर : ~ of plague प्लेग का त्रास/डर; he has a ~ of serpents उसे साँपों का ≈ रहता है. 2. भय का कारण : his unemployment is a ~ of the entire family उसकी बेरोज़गारी^{F} सारे परिवार के लिए डर का कारण है. **II**. *a*. भयंकर, डरावना : she saw a ~ picture in the night उसने रात^F में एक डरावनी आकृति^{F} देखी. **III**. *v.t.* डरना, दहल जाना : the child ~ed the dark बच्चा अंधेरे से डर गया; he ~s to come to me वह मेरे पास आने से डरता है. **dreadful** ड्रेॅड'फ़ुल *a*. 1. भयानक, विकराल, डरावना [accident दुर्घटना^{F}, day दिन, earthquake भूकंप, experience अनुभव, loss घाटा, weather मौसम]; she had many ~ experiences in the war युद्ध में उसे बहुत-से डरावने अनुभव हुए; something ~ has happened कुछ डरावनी बातें घटित हो गईं. 2. भयभीत : she looked ~ in the night वह रात में भयभीत दिखाई दी.

dream ड्रीम **I**. n^c. स्वप्न, सपना [bad बुरा, funny विचित्र, terrible भयंकर]; I had a ~ about you मैंने तुम्हारे बारे में सपना देखा; their ~s came true उनके सपने सच्चे हुए; his great success is just a ~ उसकी महान सफलता^{F} एक ≈ मात्र ही है; she has ~s of becoming an actress उसका अभिनेत्री बनने का ≈ है; to see something in a ~ सपने में कुछ देखना. **II**. *v.t.* (*p., p.p.* ~ed, dreamt) 1. स्वप्न देखना : last night I ~t that I was the King of India पिछली रात^F मैंने सपना देखा कि मैं भारत का राजा हूँ; she ~ed of going to Italy उसने इटली जाने का ≈ देखा; she was ~ing peacefully वह शांतिपूर्वक सपने देख रही थी. 2. (imagine) कल्पना^{F} करना : I never ~ed of seeing you here मैंने कभी कल्पना नहीं की थी कि तुम यहाँ मिलोगे; I do not ~ of offending you मैं तुम्हें नाराज़ करने की कल्पना नहीं करता; I never ~t that he would refuse मैं कभी कल्पना नहीं करता था कि वह इंकार करेगा. 3. सोचना : you should never ~ of going alone तुम्हें अकेले जाने के बारे में कभी नहीं ≈ चाहिए; you will have ~t of it तुमने इसके बारे में सोचा होगा; he ~ed to go home again वह पुन: घर जाने के बारे में सोचता रहता था. **dreamy** ड्री'मि *a*. 1. स्वप्नमय, स्वप्निल : ~ eyes ≈ लोचन. 2. (visionary) कल्पनाशील : ~ person ≈ व्यक्ति. 3. (vague) धुँधला, अस्पष्ट : ~ scene ≈ दृश्य.

drench ड्रेॅन्च **I**. *v.t.* 1. भिगोना, तर करना : the rain ~ed us or we were ~ed in rain

बारिश[F] ने हमें भिगो दिया या हम बारिश[F] से भीग गए; this heavy rain will ~ me, for I have no coat यह मूसलाधार वर्षा मुझे तर कर देगी क्योंकि मेरे पास कोई कोट नहीं है; it was raining and I was ~ed when I got home बारिश हो रही थी और जब तक मैं घर पहुँचा तब तक भीग गया था. [*ant.* dry] **2.** दवा[F] पिलाना : to ~ a horse घोड़े को ≈. **II.** *n*[c]. दवा का घूँट या ख़ुराक[F].

dress ड्रेस **I.** *v.t.i.* **1.** कपड़े पहनना या पहनाना : he dresses well वह अच्छे कपड़े पहनता है; to ~ a child बच्चे को कपड़ा पहनाना; it is time to ~ यह कपड़े पहनने का समय है; she was ~ed in white वह सफ़ेद कपड़े पहने थी; I was then ~ing तब मैं कपड़े पहन रहा था. **2.** पट्टी[F] करना [neatly स्वच्छता से, properly उचित ढंग से]; to ~ a wound घाव पर ≈; ~ yourself स्वयं की पट्टी करो (also कपड़े पहन लो). [*ant.* undress] **3.** ढकना : to ~ the bed with a sheet बिस्तर को चादर से ≈; ~ yourself to save from cold जाड़े से बचने के लिए स्वयं को ढक लो. **4.** सजाना : to a ~ shop window दुकान[F] की वस्तुओं[F] से खिड़की[F] ≈; to ~ a ship झंडियों से जहाज़ को ≈. **II.** *n*[c]. पहनावा, पोशाक[F], कपड़े, वस्त्र, वर्दी [beautiful सुंदर, cheap सस्ता, clean साफ़, cotton सूती, expensive खर्चीला, nylon नायलान का, silk सिल्क/रेशमी, simple सादा, torn फटा हुआ, white सफ़ेद, woollen ऊनी]; morning ~ साधारण ≈; evening ~ पार्टियों वाली पोशाक[F]; ladies think much of their ~ औरतें अपने पहनावे के बारे में अधिक सोचती हैं; this ~ is too big for me यह पोशाक[F] मुझे बहुत ही बड़ी है; the ~ does not fit यह पोशाक[F] फिट नहीं है; what colour is your new dress तुम्हारी नई पोशाक किस रंग की है ? **dressing** ड्रे'सिंग *a.* **1.** (of wound) मरहम पट्टी[F], पट्टी[F]. **2.** (~ down) ठुकाई[F], मरम्मत[F] : he gave me a good ~ down उसने मेरी खूब ठुकाई की. **3.** ~ case शृंगारदान; ~ room कपड़े बदलने का कमरा, शृंगारकक्ष; ~ table सिंगारमेज़.

dribble ड्रि'बल *v.t.i.* **1.** टपकाना : the baby ~s saliva बच्चा लार टपकाता है. **2.** टपकना : saliva ~s लार[F] टपकती है. **3.** मूल्य का ह्रास होना : our money is ~ling हमारे रुपए के मूल्य का ह्रास हो रहा है. **4.** (football, hockey) पैर से बाल को आगे ले जाना.

drift ड्रिफ़्ट **I.** *n*[c]. **1.** बहाव, प्रवाह : ~ of snow बर्फ़[F] का बहाव; sand is in ~s बालू[F] बहती जा रही है. **2.** (tendency) रुझान : ~ of village people to the city गाँव के लोगों को शहर आने का (की ओर) ≈. **3.** (general meaning) आशय, अभिप्राय, तात्पर्य : I could not follow the ~ of the speech मैं भाषण के ≈ को नहीं समझ सका; what is the ~ of the argument इस तर्क का ≈ क्या है ? I cannot see the ~ of this letter मैं इस पत्र के ≈ को नहीं समझ सकता. **II.** *v.i.* बह जाना, बहना : to ~ with the current धारा[F] के साथ ≈; the fishermen ~ed out to sea मछुयारे समुद्र की ओर बह चले. **III.** *v.t.* बहाकर ढेर लगाना : the wind ~ed the sand/snow into heaps हवा[F] ने बालू[F]/बर्फ़[F] को बहाकर ढेर लगा दिया.

drill ड्रिल **I.** *n*[c]. **1.** बरमा, छेद करने का औजार : we need a ~ to make holes in wood लकड़ी[F] में छेद करने के लिए बरमे की आवश्यकता[F] होती है. **2.** कवायद[F], ड्रिल[F] : ~ master ≈ मास्टर; some boys were doing ~ कुछ लड़के ≈ कर रहे थे. **3.** कसरत[F], अभ्यास : young soldiers need plenty of ~ युवा सिपाहियों को प्रचुर ≈ की आवश्यकता[F] होती है; the class needs more ~ in grammar कक्षा[F] को व्याकरण में अधिक ≈ की जरूरत[F] है. **II.** *v.t.* **1.** कवायद कराना, ड्रिल कराना : to ~ recruits नई भर्ती को ड्रिल कराना; soldiers are ~ed daily सिपाहियों को प्रतिदिन कवायद कराई जाती है **2.** अभ्यास कराना : to ~ pupils in spelling शिष्यों को वर्तनी[F] का ≈. **3.** बरमे से छेद करना : you ~ holes in a plank तुम तख़्ते में बरमे से सूराख़ करते हो. **4.** (sow) बोना : we ~ seeds हम बीज बोतें हैं.

drink ड्रिङ्क **I.** *n*[c]. **1.** पेय, शरबत [cold शीतल, pleasant आनंदकर, refreshing ताज़गी[F] देने वाला]; may I have a ~ of water क्या मैं पानी पी सकता हूँ ? **2.** मदिरा, शराब, मद्य : we had a ~ of beer हम लोगों ने जौ की ≈ पी.

II. *v.i.* (drank, drunk) **1.** पीना, पान करना : he ~s water वह पानी पीता है. **2.** ध्यान से ग्रहण करना; they drank (in) their teacher's words उन्होंने अपने अध्यापक के शब्दों को ध्यान से ग्रहण किया. **3.** सोखना (absorb) : plants ~ water पौधे पानी सोखते हैं. **4.** to ~ the cup of joy हर्षोन्मत होना. **drinking** ड्रिन्'किंग *a.* पेय, पीने का : individual ~ cup व्यक्तिगत पीने का प्याला; ~ water पीने का पानी.

drip ड्रिप **I.** *v.t.i.* (dripped, dripping) टपकना, चूना, चुआना : the roof is ~ping छत[F] से पानी टपक/चू रहा है; his hands ~ped with blood उसके हाथों से खून चुआ; the rain ~s from the trees पेड़ों से बरसात[F] की बूँदें टपकती हैं; the water ~ped from the pipe पाइप से पानी टपक रहा था; to ~ with blood ख़ून से लथपथ होना; the tap ~s टोंटी[F] से पानी टपकता है. **II.** *n*[c]. बूँदें[F], टपकन[F]: the ~s of rain बारिश[F] की बूँदें; ~s of water fell from the tap पानी की बूँदें टोंटी से गिरीं; (noise of ~) I could hear ~s of rainy water मैं बरसाती पानी की टपकन[F] सुन पा रहा था.

drive ड्राइव़ **I.** *v.t.i.* (drove, driven) **1.** (a vehicle) चलाना : to ~ a car कार[F] ≈; I have ~n a car for three years मैंने तीन वर्ष तक कार[F] चलाई है; the car ~s well कार[F] अच्छी तरह चलती है. **2.** हाँकना : to ~ the cattle to the market जानवरों को मंडी[F] की तरफ ≈. **3.** हड़काना : to ~ a dog away कुत्ते को ≈; the enemy was ~n back शत्रु को वापस हड़का/खदेड़ दिया गया. **3.** गाड़ी में ले जाना : ~ me to the town मुझे गाड़ी[F] में शहर ले चलो; he drove me to the sea side in the evening शाम[F] को वह मुझे समुद्र के किनारे ले गया. Δ **to ~ a bargain** सौदा करना; **to ~ a pen** कलम घिसना, लिखना; **to ~ a trade** व्यापार करना; to ~ at आशय/मतलब होना : what are you ~ing at तुम्हारा आशय क्या है ? **to ~ away** परे हटाना, भगा देना : ~ the dog away कुत्ते को भगा दो; **~ home an advice** कोई सलाह किसी के मन में बिठा देना; **to ~ smb mad** किसी को पागल कर देना; **to ~ smth out of smb's head** किसी के दिमाग़ से कोई बात निकाल देना; **to ~ to do smth** कुछ करने को बाध्य/मजबूर करना. **II.** *n*[c]. **1.** (trip) सैर[F] : to go for a ~ (किसी सवारी से) ≈ के लिए जाना. **2.** उत्साह, कार्यशक्ति; he has plenty of ~ उसमें पर्याप्त ≈ है; it needs more ~ to do the work इस कार्य को करने के लिए और अधिक ≈ की आवश्यकता[F] है; he lacks ~ उसमें उत्साह नहीं है. **3.** (campaign) प्रचार-आन्दोलन : membership ~ सदस्य बनाने का आन्दोलन. **4.** सड़क[F] : a ~ in a park पार्क की ≈. **driver** ड्राइ'व़र *n*[c]. ड्राइवर, चालक [careless लापरवाह, experienced अनुभवी, skilful कुशल]; taxi ~ टैक्सी ≈; tractor ~ ट्रैक्टर ≈.

drizzle ड्रि'ज़ल *v.i.* फुहार[F], झींसी[F], बूँदाबाँदी[F] : it ~s झींसी पड़ रही है, बूँदाबाँदी[F] हो रही है; it is ~ing बूँदाबाँदी हो रही है.

droll ड्रोल *a.* **1.** (comical) विनोदक : ~ child, person ≈ बालक, व्यक्ति. **2.** हास्यकर : ~ expression ≈ अभिव्यक्ति[F]. **3.** (odd) विचित्र, अनोखा, अनूठा : a ~ remark एक ≈ उल्लेख/टिप्पण; he speaks in a ~ way वह अनोखे ढंग से बोलता है.

dromedary ड्रॉ'में डॅरि *n.f.* साँड़नी : a ~ has one hump ≈ का एक कूबड़ होता है.

drone ड्रोन **I.** *n*[c]. **1.** नर मधुमक्खी: ~ is specially a male bee ड्रोन विशेषत : ≈ होती है. **2.** गूँज[F], गुंजार[F], भिनभिनाहट[F] : ~ of an engine इंजन की गूँज; ~ of bees मधु मक्खियों की भिनभिनाहट, गुंजार. **3.** (person) निखट्टू : he is a useless ~ वह बेकार ≈ है. **II.** *v.t.* भिनभिन करना : he ~s (on) for a long time वह बहुत समय भिनभिन करता रहता है : some lecturers go on droning कुछ व्याख्याता भिनभिन करते रहते हैं.

drop ड्रॅप **I.** *n*[c]. **1.** बूँद[F] : a ~ of blood ख़ून की एक ≈; an acid ~ अम्ल की एक ≈; take ten drops a day एक दिन में दस ≈ लेना; she drank it to the last ~ उसने इसे अंतिम ≈ तक पी डाला. **2.** (falling) पतन, गिरावट [sharp तेज़, slight हलका, sudden एकाएक, unexpected अप्रत्याशित]; ~ in temperature तापमान में गिरावट[F]; a sudden ~ in prices मूल्यों में एकाएक गिरावट[F]; ~ scene दृश्य का समाप्त होना; ~

curtain परदे का गिरना; lemon ~ लाइमचूस (मिठाई). Δ **a ~ in the ocean** ऊंट के मुँह में ज़ीरा. **II.** *v.t.i.* (dropped, dropping) **1.** fall गिरना या गिराना : do not ~ your purse अपना बटुआ न गिरा देना; fruit ~s off the tree फल पेड़ से गिरता है; I ~ped a cup on the floor मैंने फ़र्श पर प्याला गिरा दिया; my watch ~ped into the water मेरी घड़ी^{F} पानी में गिर गई; the temperature has ~ped तापमान गिर गया है; I must ~ it मुझे इसे निश्चित रूप से गिरा देना चाहिए; do not ~ that glass इस गिलास को न गिरा देना; apples are ~ping from the tree सेब पेड़ से गिर रहे हैं; you have ~ped your money on the ground तुमने अपना पैसा ज़मीन पर गिरा दिया है; prices have ~ped कीमतें^{F} गिर गई हैं. **2.** (omit) छोड़ना, हट जाना : to ~ enquiry जाँच छोड़ देना; he ~ped his work उसने अपना काम छोड़ दिया; he has ~ped out वह हट गया है; you have ~ped smth तुमने कुछ छोड़ दिया है; please, ~ this letter into a letter-box कृपया इस पत्र को पत्र-पेटिका^{F} में डाल/छोड़ दीजिए; ~ drinking if you live in our neighbourhood पीना छोड़ दो यदि तुम हमारे पड़ोस में रहते हो; he has ~ped smoking उसने सिगरेट पीना छोड़ दिया है; let us ~ the subject हम विषय को छोड़ दें; to ~ a habit, an idea कोई आदत^F, विचार छोड़ देना; he has ~ped his studies उसने अपनी पढ़ाई छोड़ दी है. **3.** मंद/मद्धम हो जाना, कम हो जाना : his voice ~ped उसकी आवाज़ मंद/मद्धम हो गई; wind ~ped हवा^{F} थम गई. **4.** (other uses) ~ me at the next corner मुझे अगले कोने पर उतार देना; to ~ a hint संकेत देना; he **~ped in** suddenly वह अचानक आ टपका; my interest has ~ped मेरी रुचि^{F} कम हो गई है; he **~ped out** of the meeting वह बैठक से हट गया; I ~ped a note to him मैंने उसे एक पत्र/नोट लिखा.

drought ड्रॉउट *n*^{c}. सूखा, अनावृष्टि^{F}, वर्षा^{F} की कमी^{F} : the paddy died during the ~ सूखे के दौरान धान मर गया. [*as distinct from* draught]

drove ड्रोव़ **I.** *n.* झुण्ड, भीड़^{F}, समूह, : जमघट : a ~ of cattle जानवरों का झुंड; ~ of visitors आगंतुकों की भीड़^{F}. **II.** *v.* (past tense of drive) **1.** हाँका, चलाया : the cowboys ~ the cattle from the field गोचरवाहे ने जानवरों को मैदान से ≈. **2.** चलाना : Dad ~ to London पिताजी ने लंदन तक कार^F चलाई, कार चलाकर गए.

drown ड्रॉउन *v.t.i.* **1.** डुबो मारना, डूब मरना : she ~ed the cat in the pond उसमें बिल्ली^{F} को तालाब में डुबाकर मार दिया; the cruel way of killing a cat is to ~ it in a bucket of water बिल्ली को पानी की बाल्टी^{F} में डुबोना निर्दयतापूर्वक मारने का तरीका है; he is ~ing वह डूबकर मर रहा है; he saved the children from ~ing उसने बच्चों को डूब मरने से बचा लिया; he was ~ed in the Ganga वह गंगा में डूब मरा. **2.** (flood) जलमग्न करना : the land was ~ed by the river ज़मीन^F नदी^{F} में जलमग्न हो गई. **3.** (overwhelm) दबा देना, अभिभूत कर देना : the noise in the hall ~ed his voice हॉल में शोरगुल से उसकी आवाज दब गई; his words were ~ed in the noise शोर में उसके शब्द सुनाई नहीं पड़े; the applause ~ed his voice तालियों की आवाज से उसकी आवाज़ अभिभूत हो गई. **4.** (other uses) he was ~ed in tears वह आँसुओं से भीग गया; to ~ one's sorrow in drink शराब पीकर ग़म भुलाना.

drowse ड्राउज़ **I.** *v.i.* ऊंघना, झपकी^{F} लेना : I was not sleeping, I was drowsing मैं सो नहीं रहा था, ऊंघ रहा था. **II.** *n*^{c}. ऊंघाई : to have a heavy ~ गहरी ≈ लेना, बहुत ऊंघना. **drowsy** ड्रॉउ'ज़ि *a.* **1.** उनींदा, निद्रालु [baby शिशु, labourer मज़दूर]. **2.** निद्राजनक : a ~ hum of bees मधुमक्खियों की ≈ भिनभिनाहट^F. **3.** (lethargic) सुस्त, निष्क्रिय : the sunshine made him ~ सूर्य की रोशनी (धूप) ने उसे ≈ बना दिया.

drug ड्रग **I.** *n*^{c}. **1.** औषध^F, दवा^{F} : a ~ to relieve pain दर्द से आराम दिलाने की ≈. **2.** (narcotic) नशा करने वाली वस्तु^{F} : opium, heroin, etc., are dangerous ~s अफ़ीम, चरस आदि ख़तरनाक नशीली दवाएँ हैं. **II.** *v.t.* बेहोशी^{F} की दवा पिलाना : he was ~ged before he was robbed लूटने से पहले उसे बेहोशी की दवा पिलाई गई; to ~ someone suddenly किसी को एकाएक ≈;

the doctor ~ged the patient in pain पीड़ाग्रस्त रोगी को डाक्टर ने बेहोशी लाने वाली दवा दी. **druggist** ड्र'गिस्ट *n*[c]. दवा-विक्रेता, दवा-फ़रोश : there are many ~s' shops outside the hospital अस्पताल के बाहर दवा-फरोशों की बहुत सी दुकानें[F] हैं.

drum ड्रम **I.** *n*[c]. ढोल : a ~ has a round hollow frame ≈ का गोल खोखला खोखा होता है; to beat a ~ ≈ बजाना, मुनादी[F] करना; ear ~ कान के अंदर का ढोल/पटह. **II.** *v.t.* (drummed, drumming) **1.** ढोल बजाना : to ~ with one's fingers उंगलियों[F] से ≈; he ~med on the table with his fingers उसने अपनी उंगलियों से मेज़[F] पर ढोल की आवाज़ की. **2.** (expel) निकाल दिया जाना : he was ~med out of the regiment उसे रेजिमेन्ट से निकाल दिया गया. **3.** (repeat) लगातार दोहराना; to ~ something **into** one's ear किसी के कान में लगातार कुछ दोहराना.

drunk ड्रंक **I.** *a.* (from 'drink') **1.** नशे में धुत : the man is ~ आदमी ≈ है; the man was ~ and unable to walk आदमी ≈ था और चलने में असमर्थ था; dead or blind ~ अंधा धुत, पूरा धुत. **2.** मत्त, मस्त : ~ with power शक्ति पाकर ≈. **II.** *n*[c]. **drunkard** ड्रड्.'कर्ड *n*[c]. शराबी, पियक्कड़ : the ~ can never be reliable ≈ कभी-भी विश्वसनीय नहीं हो सकते. [*ant.* sober]

dry ड्राइ **I.** *a.* **1.** सूखा, शुष्क [land खेत, throat गला, weather मौसम]; ~ climate, air, skin, soil सूखी जलवायु[F], हवा[F], चमड़ी[F], मिट्टी[F] : ~ hair, lips, clothes सूखे बाल, होठ, कपड़े : the well has gone ~ कुआँ सूख गया है; we sat near the fire until we were ~ हम आग के पास बैठ गए जब तक कि सूखे नहीं; a ~ towel lay on the chair कुर्सी पर एक सूखा तौलिया पड़ा था; the canal is ~ नहर सूखी है. **2.** (dull, without butter) रूखा; ~ lecture नीरस, रूखा भाषण; ~ remarks रूखे टिप्पण; ~ bread रूखी रोटी[F]; this book was ~ यह किताब नीरस/रूखी थी. [*ant.* wet] **3.** (without politeness) ~ behaviour रूखा व्यवहार. **4.** (not sweet) कड़ुआ; ~ wine कड़ुवी शराब[F]. **5.** (thirsty) प्यासा : I am/feel ~ मैं ≈ हूँ. **6.** (shrewd and sharp) तेज़, तीक्ष्ण : a ~ wit ≈ बुद्धि. **7.** दूधरहित : the cow is ~ गाय ≈ सूख गई है. **8.** ~ cleaning ड्राई क्लीनिंग, रासायनिक धुलाई[F]; ~ cultivation मरु कृषि[F], मरुभूमि[F] में खेती[F] करने की विधि[F]; ~ cough सूखी (बिना बलगम की) खाँसी[F]; ~ facts कोरे तथ्य; ~ nurse दूध न पिलाने वाली दाई[F]. **II.** *v.t.i.* (dried, drying) सूखना, सुखाना : to ~ clothes कपड़े सुखाना; the road dried after the rains सड़क[F] बरसात के बाद सूख गई; the well has ~ied up कुआँ सूख गया है; after washing, I ~ my hands with a towel धोने के बाद मैं अपने हाथ तौलिए से सुखाता हूँ; we had to wait for the socks to ~ up हमें मोज़े सूखने तक इंतज़ार करना पड़ा; in hot weather it does not need to ~ up गर्म मौसम में सुखाने की आवश्यकता[F] नहीं होती. [*ant.* wet] **dryness** ड्राइ'निस *n*[c]. (absence of moisture) सूखापन : ~ of weather मौसम का ≈.

D. Sc. Doctor of Science.

dual ड्यू'अल *a.* **1.** द्विविध, दोहरा, दोतरफ़ा, दो : sometimes the cars have ~ controls so that both learner and instructor can control the car कभी-कभी कारों[F] में दो तरफा नियंत्रण होता है ताकि शिक्षार्थी और शिक्षक दोनों कार[F] को नियंत्रित कर सकें; aeroplane with ~ controls दोहरे नियंत्रण से युक्त हवाई जहाज़. **2.** (gram.) ~ number द्विवचन. [*as distinct from* duel]

duchess ड'चिस *n*[c]. (female of 'duke') सामंतिन : when a girl marries a duke she becomes a ~ तब एक लड़की सामंत से शादी करती है तो वह ≈ हो जाती है.

duck डक **I.** *n*[c]. **1.** बतख़ : a ~ was swimming in the pond एक ≈ तलैया में तैर रही थी; a ~ lays slightly big eggs ≈ कुछ बड़े अंडे देती है; to shoot a ~ ≈ को मारना. **2.** (dip) डुबकी[F]; I had a ~ in the tank मैंने तालाब में ≈ लगाई. **3.** शून्य : he got a ~ in the exam, cricket उसे परीक्षा[F], क्रिकेट में ≈ मिला. **II.** *v.t.* डुबकी[F] लगाना, डुबोना : they ~ed in the pond उन्होंने तालाब में डुबकी लगाई; he ~ed his head in the tub उसने टब में अपना सिर डुबोया.

due ड्यू **I.** *n*[cu]. **1.** प्राप्य : he should be

given his ~ उसे अपना ≈ मिलना चाहिए, **2.** (*pl.* ~s) शुल्क, चुंगी^{F} : municipal ~ नगर ≈. **II.** *a.* **1.** देय, दातव्य : the bill was ~ on the 5th बिल पाँच तारीख़ को ≈ था; some money is ~ from you to me मुझे तुमसे कुछ पैसा लेना है; this holiday was ~ यह छुट्टी^{F} देय/प्राप्तव्य थी. [*ant.* undue]. **2.** (fit) उचित, मुनासिब, ठीक : ~ care उचित सावधानी^{F}; ~ respect उचित सम्मान; ~ reward यथोचित पुरस्कार; he went ~ north वह ठीक उत्तर को गया; after ~ consideration उचित विचार करने के बाद. **3.** ~ **to** : के कारण, के परिणामस्वरूप, के फलस्वरूप : the accident took place ~ to carelessness दुर्घटना^{F} उसकी लापरवाही^{F} के कारण हुई; the success could be achieved ~ to their efforts सफलता उनके प्रयास के फलस्वरूप प्राप्त हुई; he gets failure ~ to laziness वह सुस्ती^{F} के कारण असफलता^{F} पाता है. **4.** (करने, होने) वाला : the train is ~ at 7.30 गाड़ी^{F} साढ़े सात बजे आने वाली है, he is ~ to go to night वह आज रात^{F} जाने वाला है. **5.** in ~ course यथासमय; ~ date नियत दिवस या तिथि^{F}; भुगतान तिथि. [*as distinct from* 'dew']

duet ड्यू एट' n^{c}. दुगाना, युगलगान, युगलवादन : a ~ on the radio रेडियो पर ≈; they played a ~ उन्होंने युगलगान गाया या युगलवाद्य बजाया.

duffer डॅ'फ़र n^{c}. (useless fellow) निकम्मा/बेकार आदमी : he is a ~ at chess वह शतरंज खेलने में बेकार है.

dug डॅग **I.** n^{c}. थन : ~s of a cow गाय के ≈. **II.** *v.t. p.* & *p.p.* of 'dig' *q.v.*

duke ड्यूक n^{c}. ड्यूक, सामंत : the ~ of Wellington वेलिंगटन का ≈; her father is a ~ उसके पिता ≈ हैं. [*fem.* duchess]

dull डल *a.* **1.** मन्दबुद्धि, मतिमंद, जड़, नासमझ [person व्यक्ति, pupil शिष्य, student विद्यार्थी]; his eldest son is ~ उसका बड़ा बेटा ≈ है. [*ant.* sharp] **2.** मंद : ~ bussiness ≈ व्यापार में मंदी^{F}; ~ market मंदी^{F} का बाज़ार. **3.** (depressed) निरुत्साह, उदास : why is she so ~ ? वह इतनी उदास क्यों है; I feel ~ today आज मैं उदास-सा हूँ. **4.** मद्धम, मंद [light प्रकाश/रोशनी^{F}, sound ध्वनि^{F}/आवाज़]. **5.** (blunt) भोथरा [knife चाकू, needle सुई, razor उस्तरा]. **6.** (tedious) उबाऊ, नीरस [book किताब^{F}, conversation वार्तालाप, day दिन, film फ़िल्म^{F}, music संगीत, party पार्टी^{F}, play नाटक, speaker वक्ता, story कहानी, weather मौसम]. **dullard** ड'लर्ड n^{c}. मंदबुद्धि, जड़बुद्धि : these two boys in the class are ~s कक्षा में ये दो लड़के ≈ हैं.

duly ड्यू'लि *adv.* ठीक-ठाक, विधिवत्, बाकायदा : he was ~ notified उसे ≈ सूचना^{F} दी गई थी; your letter has ~ arrived तुम्हारा पत्र ≈ पहुँच गया है; Atman won the race and was ~ presented with the prize आत्मन ने दौड़^{F} जीत ली और उसे ≈ पुरस्कार दिया गया. [*ant.* unduly]

dumb डम *a. n.* **1.** गूँगा, मूक [animal पशु, boy लड़का]; he is deaf and ~ वह बहरा और ≈ है; when I questioned him, he was ~ जब मैंने उससे पूछा तो वह ≈ बना रहा; I am keeping ~ मैं मूक/मौन रहता हूँ. Δ **to strike smb ~** किसी को हक्का-बक्का कर देना. **2.** (speechless) अवाक् : we were struck ~ by the news हम इस समाचार से ≈ रह गए. **3.** (silent) मौन, चुप : the criminal remained ~ अपराधी ≈ रहा. **dumb-bell** डॅम्'बॅल n^{c}. डम् बेल; I daily exercise my arms with ~s मैं प्रतिदिन बाँहों का व्यायाम ≈ से करता हूँ. **dumbfound** डम् फ़ॉउन्ड' *v.t.* **1.** अवाक्, हक्का-बक्का, भौंचक्का कर देना : I was simply ~ed by the news मैं समाचार से बस ≈ रह गया. **2.** निरुत्तर कर देना : the advocate ~ed the witness अधिवक्ता ने गवाह को ≈ कर दिया.

dummy ड'मि **I.** n^{c}. डमी : tailor's ~ दरज़ी की ≈; it is not a real person in the shop window but a wooden ~ यह दुकान की खिड़की पर वास्तविक व्यक्ति नहीं है बल्कि लकड़ी की ≈ है. **II.** *a.* नकली, दिखावटी : ~ gun ≈ बंदूक^{F}; a packet with ~ cigarettes ≈ सिगरेटों की डिब्बी^{F}.

dump डॅम्प **I.** n^{u}. **1.** (heap) ढेर : a rubbish ~ कूड़े का ≈; a ~ for waste material रद्दी चीज़ों^{F} का ढेर. **2.** अस्थायी गोदाम : ~ for military purposes सैनिक उद्देश्य के लिए ≈. **II.** *v.t.* **1.** धम्म से गिरा देना, पटक देना, उतार

देना : they ~ed a load of sand in the garden उन्होंने बालू^{F} के भार को बगीचे में पटक दिया; to ~ a box down on the ground बॉक्स को ज़मीन पर ≈; to ~ rubbish कूड़ा गिराना; no ~ing here यहाँ कूड़े का ढेर न करें. **2.** कम मूल्य पर बेचने के लिए माल को विदेश भेजना : America ~s plastic goods into India अमेरिका प्लास्टिक का माल कम कीमत^{F} पर भारत भेज देता है.

dung डंग *n.* cow's ~ गोबर, horse's ~ लीद; ~ cake उपला; ~ hill घूरा.

dungeon डन्'जन *n*^{c}. कालकोठरी^{F}; his room is just a ~ उसका कमरा बस ≈ है.

dupe ड्यूप **I.** *n*^{c}. भोंदू, बेवकूफ़ : the youngman was made a ~ by a cheat एक ठग ने उस नवयुवक को ≈ बनाया (ठग लिया). **II.** *v.t.* उल्लू बनाना, बेवकूफ़ बनाना : I was ~d by a clever rascal एक चतुर बदमाश ने मुझे उल्लू/बेवकूफ़ बनाया.

duplicate ड्यूप'लिकिट **I.** *a.* **1.** दोहरी : ~ copy ≈ प्रति^{F}, दो प्रतियाँ^{F}. **2.** (extra) अतिरिक्त : ~ key ≈ चाबी^{F}. **II.** *n*^{c}. **1.** प्रतिलिपि^{F}, नकल^{F} : ~ of a letter पत्र की ≈. **2.** अतिरिक्त वस्तु^{F} : I don't have a ~ of the key मेरे पास अतिरिक्त चाबी^{F} नहीं है. [*ant.* original] **III.** ड्यूप्'लिकेट *v.t.* **1.** दुगुना करना : you should ~ the bedsheets तुम्हें बिस्तर की चादरें दुगुनी रखनी चाहिए. **2.** अनुलिपि^{F} बनाना, नकल^{F} उतारना या मारना : to ~ a document किसी दस्तावेज़ की अनुलिपि बनाना. **3.** अतिरिक्त वस्तु^{F} बनाना : you can ~ the key तुम अतिरिक्त चाबी^{F} बना सकते हो. **duplication** ड्यूप्लिके'शन *n*^{u}. **1.** द्विगुणन, द्विगुणीकरण : ~ of amount राशि^{F} का ≈. **2.** (repetition) द्विरावृत्ति^{F} : ~ of words, phrases or sentences शब्दों, पदबंधों या वाक्यों की ≈. **3.** अनुलिपिकरण : ~ of document दस्तावेज़ का ≈. **duplicity** ड्यू प्लि'सिटि *n*^{c}. छल-कपट, कपटाचार, धोखेबाज़ी^{F}, दोहरी चाल^{F}, दुरंगी^{F} : I noticed the clever man's ~ in this affair इस मामले में उस होशियार आदमी की दुरंगी/धोखेबाजी को मैं ताड़ गया.

durable ड्युअ'रॅबल *a.* **1.** टिकाऊ [clothes कपड़े, shoes जूते]: his coat is very ~ उसका कोट बहुत ≈ है. **2.** स्थायी : ~ peace ≈ शांति^{F}. **duration** ड्युरे'शन *n*^{u}. **1.** अवधि^{F} [long लंबी, short थोड़ी^{F}]; we shall stay here for some ~ हम कुछ ≈ तक यहाँ ठहरेंगे. **2.** काल : for the ~ of war युद्धकाल तक. **during** ड्यू'रिंग *prep.* के दौरान : ~ the whole of the last year, I was ill पिछले पूरे साल ≈ मैं बीमार रहा : you may not talk ~ the examination परीक्षा^{F} ≈ बातें मत करें; ~ his whole life सम्पूर्ण जीवन ≈; ~ the last three days पिछले तीन दिनों ≈; he was wounded twice ~ the war युद्ध ≈ वह दो बार घायल हुआ; someone must have been here ~ my absence मेरी अनुपस्थिति में यहाँ कोई ज़रूर आया था; I am always at school ~ the day दिन में हमेशा मैं स्कूल में रहता हूँ; ~ the discussion बहस ≈.

dusk डस्क *n*^{c}. **1.** (evening) शाम का झुटपुटा : they return at ~ ≈ होते ही वे वापस आ जाते हैं; there is not enough light at ~ झुटपुटे के समय काफ़ी रोशनी^{F} नहीं होती; ~ to dawn curfew सूर्यास्त से सूर्योदय तक का या शाम से सुबह तक का कर्फ़्यू. **dusky** डस्'कि **1.** मटमैला : ~ colour ≈ रंग. **2.** धुँधला : ~ light ≈ प्रकाश. **3.** काला : ~ races काली जातियाँ^{F}; ~ people काले लोग. **4.** (gloomy) निरानंद, विषादमय ; a ~ maid एक विषादमय छोकरी; ~ life ≈ जीवन.

dust डस्ट **I.** *n*^{c}. **1.** धूल^{F}, गर्द^{F}, धूलि: a floor covered with ~ गर्द/धूल से ढँका फ़र्श; clouds of ~ raised by a vehicle किसी सवारी^{F} द्वारा उठाए गए धूल के बादल; the furniture was covered with ~ फ़र्नीचर धूल से भरा था; she wiped the ~ from the books उसने किताबों^{F} पर से धूल पोंछ दी. Δ **to shake the ~ off one's foot** नाराज़ होकर चले जाना; **to throw ~ in one's eyes** किसी की आँखों^{F} में धूल झोंकना, धोखा देना. **2.** चूरा, बूरादा : gold ~ सोने का ≈; saw-~ लकड़ी को चीरने से मिला ≈. **3.** कूड़ा-करकट : ~ bin कूड़ेदान; riches were ~ for the Mahatma महात्मा के लिए धन कूड़ा था.

4. शव, मिट्टी[F] : we committed his ~ to the fire हमने उसके ≈ को अग्नि[F] को सौंप दिया. ~ storm आँधी, अंधड़; ~ mask धूल[F] से रक्षा[F] करने वाला नकाब या चेहरा या मुखौटा. **II.** *v.t.* **1.** साफ़ करना, धूल झाड़ना : did you ~ the furniture today क्या तुमने आज फर्नीचर से धूल[F] झाड़ी थी ? to ~ the room कमरे की धूल ≈; she ~ed the rooms four times उसने चार बार कमरे में झाड़-पोंछ[F] की. **2.** छिड़कना : to ~ powder on plants, wounds पौधों, घावों पर पाउडर ≈. **duster** डस्'टर *n*[c]. झाड़न : here is a ~, you may use it to dust the furniture यह झाड़न है, तुम इसे फ़र्नीचर से धूल[F] झाड़ने के लिए इस्तेमाल कर सकते हो. **dusty** डस्'टि *a.* **1.** धूल-धूसरित, धूल भरा : ~ furniture धूल भरा फ़र्नीचर; ~ room ≈ कमरा. **2.** Δ **not so ~** कुछ ठीक ही है : **how are you feeling today, not so ~** क्या हाल है, कुछ ठीक ही है.

dutiful ड्यू'टिफुल *a.* **1.** आज्ञाकारी : ~ son, servant ≈ पुत्र, नौकर; ~ daughter आज्ञाकारिणी पुत्री. **2.** कर्तव्यपरायण : ~ officer ≈ अधिकारी. **duty** ड्यू'टि *n*[c]. (*pl.* duties) **1.** कर्तव्य, फ़र्ज़, ड्यूटी[F] [first प्रथम, moral नैतिक, primary प्राथमिक, public सार्वजनिक, sacred पवित्र]; children's ~ to their parents बच्चों का अपने माँ-बाप के प्रति ≈; my ~ as a teacher अध्यापक के रूप में मेरा कर्तव्य; I will do it because it is my ~ मैं इसे करूँगा क्योंकि यह मेरा कर्तव्य है; the ~ of a parent to his children एक माता या पिता का अपने बच्चों के प्रति ≈ ; ~ to defend one's country देश की रक्षा[F] करने का ≈; you must not forget your ~ तुम्हें अपना ≈ नहीं भूलना चाहिए; to neglect one's duties कर्तव्य की उपेक्षा[F] करना; off one's ~ ड्यूटी से छुट्टी[F] पर; on ~ ड्यूटी पर. **2.** काम, कार्य : on ~ काम पर; to do ~ for somebody किसी की जगह[F] पर ≈ करना. **3.** (dues) शुल्क, कर, महसूल : ~ on tobacco तम्बाकू पर≈; custom ~ चुंगी[F], सीमा-शुल्क : death ~ मृत्यु कर; estate ~ संपत्ति कर; export ~ निर्यात-शुल्क; stamp ~ स्टाम्प ड्यूटी; succession ~ उत्तराधिकार कर; the company did not pay its ~ कंपनी ने अपना कर नहीं चुकाया; a ~ is imposed on such producers इस प्रकार के उत्पादकों पर कर लगाया जाता है. **~-free** कर मुक्त : these goods are ~-free ये माल कर मुक्त हैं.

D. V. Deo volente, if God so wills ईश्वर ने चाहा तो.

dwarf ड्वार्फ़ **I.** *n*[c]. (*pl.* dwarfs) बौना : a ~ is a very small man ≈ एक बहुत छोटा आदमी होता है; a ~ child ≈ बच्चा; ~ tree ≈ पेड़. [*ant.* giant] **II.** *v.t.i.* बौना कर देना या बन जाना : men were ~ed by a giant aeroplane आदमी एक बड़े वायुयान के सामने बौने लगते थे; big buildings ~ smaller ones बड़े भवन छोटे भवनों को बौना/छोटा कर देते हैं.

dwell ड्वेॅल *v.t.* (dwelt/ dwelled,dwelling) **1.** रहना, निवास करना, बसना : he ~s in Mumbai वह मुम्बई में रहता है; to ~ in a brick house पक्के (ईंटों से बने) मकान में रहना; they dwelt in caves वे गुफाओं[F] में रहते थे; do you ~ in a forest? क्या तुम जंगल में रहते हो ? **2.** बात कहना या लिखना, विस्तारपूर्वक बहस या बातचीत करना : ~ on the problem before you decide निर्णय लेने से पहले किसी समस्या[F] पर विस्तारपूर्वक विचार या बातचीत[F] करो; ~ upon a subject किसी विषय पर विस्तारपूर्वक बात[F] करना या बोलना. **dweller** ड्वेॅ'लर *n*[c]. निवासी : town ~ शहर का ≈; a ~ in the desert रेगिस्तान का निवासी. **dwelling** ड्वेॅ'लिंग *a.* निवास [allowance भत्ता, house गृह, place स्थान]; please come to my ~ मेरे मकान पर आइए.

dye डाइ **I.** *n*[c]. रंग, वर्ण : chemical ~s रासायनिक रंग; hair ~ ख़िजाब; he uses a ~ to colour his beard वह अपनी डाढ़ी[F] रंगने के लिए रंग का इस्तेमाल करता है. **II.** *v.t.* (dyes, dyed, dyeing) रंगना : to ~ one's hair बालों को रंगना, ख़िजाब लगाना; to ~ a cloth blue कपड़े को नीला ≈ ; she ~d my sister's dress red उसने मेरी बहिन की पोशाक[F] को लाल रंग दिया; my mother is ~ing the old curtain मेरी माँ पुराने परदे को

रंग रही हैं. ~ **works** रंग बनाने का कारखाना. [*as distinct from*, die, dying] **dyer** डाइअर *n*^c. रंगरेज़; a ~ dyes clothes रंगरेज़ कपड़ों को रंगता है.

dynamic डाइ'नैमिक *a.* गतिशील, सक्रिय : ~ ideas ≈ विचार; ~ period of history इतिहास का ≈ काल; a ~ personality एक ≈ व्यक्तित्व; ~ energy गतिक ऊर्जा^F; he was a ~ person वह ≈ व्यक्ति था; **dynamics** डाइ नै'मिक्स *n*^c. गति-विज्ञान, गतिकी; ~ deals with matter in movement ≈ गतिशील पदार्थ का निरूपण करता है.

dynamite डाइ नॅ'माइट **I.** *n*^c. डाइनेमाइट, प्रविस्फोटक : ~ is used in mining ≈ का प्रयोग खान खोदने के लिए होता है; ~ breaks rock into pieces ≈ चट्टान^F को तोड़कर टुकड़े-टुकड़े कर देता है. **II.** *v.t.* प्रविस्फोटक से उड़ाना : to ~ rocks चट्टानों को ≈.

dynasty डि नॅ'स्टि *n*^c. (dynasties) वंश, राजवंश : the Rajput ~ राजपूत वंश; Lodi ~ लोदी वंश; Maurya ~ मौर्य वंश; Mughal ~ मुगल वंश; Shung ~ शुंग वंश.

dysentery डि सॅन् 'ट्रि *n*^c. पेचिश^F : he is suffering from ~ वह ≈ से पीड़ित है; ~ is a disease of the bowels with motions of mucus and blood ≈ मेदे की बीमारी है जिसमें आँव और खून के साथ दस्त आते हैं.

dz. dozen(s).

E, e

each ईच *a.* प्रत्येक, हर एक, हर, प्रति [city शहर, day दिन, letter पत्र, proposal प्रस्ताव, side तरफ़, time समय, word शब्द]; at each station प्रत्येक स्टेशन पर; ~ of them उनमें से प्रत्येक; books cost thirty rupees ~ प्रत्येक किताब तीस रुपये की है; I gave each child an apple मैंने ≈ बच्चे को एक सेब दिया; ~ of them won a prize उनमें से ≈ ने पुरस्कार प्राप्त किया; ~ boy got a present प्रत्येक लड़के को उपहार मिला; if you have four apples you can give them to four boys one ~ यदि तुम्हारे पास चार सेब हों तो तुम चार लड़कों को एक-एक दे सकते हो; ~ boy will answer in turn हर लड़का बारी पर उत्तर देगा; give some money to ~ प्रत्येक या हर एक को कुछ पैसे दो. **~ other** एक-दूसरे को/से, आपस में : they love ~ other वे एक दूसरे से प्यार करते हैं; you should help ~ other तुम्हें एक-दूसरे की सहायता^{F} करनी चाहिए; we were separated from ~ other हम एक-दूसरे से अलग कर दिये गए; they are talking to ~ other वे एक-दूसरे से बात कर रहे हैं.

eager ई' गर n^c. **1.** उत्सुक, इच्छुक, उत्कंठित, आतुर : Ahmad is ~ to see your baby अहमद तुम्हारे बच्चे को देखने के लिए ≈ है; ~ to get to the playing field खेल के मैदान तक पहुँचने को ≈; they were ~ to start वे चलने के लिए ≈ थे; ~ for success सफलता^{F} के लिए बेचैन; they were ≈ to meet the author वे लेखक से मिलने को ≈ थे; to be ~ for knowledge ज्ञान के लिए ≈ होना; the master is ~ that you should work hard मालिक ≈ है कि तुम मेहनत^F करो; ~ desire उत्कट इच्छा^{F} ~ attention गहरा ध्यान. [*ant.* indifferent] **eagerness** ई'गरनिस n^c. उत्सुकता^{F}, उत्कंठा^{F}, चाव, लगन^F : it is the result of their ~ that they succeeded यह उनकी ≈ का परिणाम है कि वे सफल हो गये; they were waiting with ~ वे ≈ से प्रतीक्षा^{F} कर रहे थे. [*ant.* indifference]

eagle ई'गल n^c. **1.** (golden) गरुड़ : ~ is often seen in spring ≈ बसंत में प्रायः दिखाई देता है. **2.** उकाब : an ~ is a bird of prey ≈ एक शिकारी पक्षी है; ~ eyed तीक्ष्णदृष्टि, तीव्रदृष्टि; he watched us with eyes of a ~ उसने हमें तीक्ष्णदृष्टि से देखा.

ear इअर n^c. **1.** कान : you hear with your ~s तुम अपने कानों से सुनते हो; he whispered a few words in her ~ उसने उसके ≈ में धीरे से कुछ कहा; his ~s became red उसके कान लाल हो गए; I did not believe my own ~s मुझे अपने ही कानों पर विश्वास नहीं हुआ; ~-ache ≈ का दर्द; ~ ring कान की बाली^{F}; ~ wax ~ का मैल. Δ **he is upto the ~s in debt** वह ऋण के बोझ से दबा है; **it goes in at one ~ and out at the other** एक कान से सुना गया, दूसरे कान से निकाला गया; **to turn a deaf ~** सुनी अनसुनी कर देना. **2.** स्वर की पहचान^F या परख^F : to have an ~ for music संगीत स्वर की पहचान^F होना; she has no ~ for classical music उसको शास्त्रीय संगीत की कोई परख^F नहीं है; he has a good ~ for music उसे संगीत की अच्छी परख^F है. **3.** (attention) ध्यान : to catch smb's ~s किसी का ≈ आकर्षित करना; give ~ to what he says जो कुछ वह कहता है उस पर ≈ दो; to be all ~s पूरे ≈ से सुनना. **4.** (of corn) बाल^F, बाली^{F} : ~ of wheat गेहूँ की ≈^{F}; an ~ contains seeds ≈ में बीज होते हैं.

early अर्'लि **I.** *a.* (earlier, earliest) **1.** (of beginning) आद्य, प्रारम्भिक, प्रारम्भ का [autumn शरद, development विकास, vegetables सब्जी]; ~ hours सुबह-सवेरे; it is too ~ to judge the result परिणाम का निर्णय लेने की अभी जल्दी नहीं है; in the ~

part of the 19th century 19वीं शताब्दी के प्रारम्भिक चरण में; an ~ summer प्रारम्भिक गर्मी; an ~ arrival पहले पहुँचना. **2.** (of morning) तड़का, सवेरा : an ~ riser तड़के उठने वाला; ~ morning सुबह-सबेरे. **3.** (timely) यथासमय : ~ reply ≈ उत्तर; at an ~ date यथाशीघ्र/समय पर. **4.** (other uses) at an ~ age छोटी उम्र^F में; ~ youth उठती जवानी^{F}; ~ ages प्राचीन काल. **II.** *adv.* **1.** प्रारंभ में : प्राचीनकाल में; समय पर: ~ in life जीवन के प्रारंभ में; ~ in the month महीने के प्रारंभ में. **2.** सबेरे, पहले, जल्दी : come ~ ≈ आओ; the shops close ~ on Saturday दुकानें^{F} शनिवार को जल्दी बंद हो जाती हैं. **3.** पहले : the train arrived five minutes earlier at the station रेलगाड़ी स्टेशन पर पाँच मिनट ≈ पहुँच गई; they arrived ~ for the party वे पार्टी में समय से ≈ पहुँच गए; come ~ before the others दूसरों से ≈ आ जाना; you have come earlier than I expected तुम मेरे अनुमान से ≈ आ गए हो; too ~ समय से अत्यधिक ≈; crops were sown too ~ फसलें^{F} समय से अत्यधिक ≈ बोई गईं. [*ant.* late]

earn अर्न *v.t.* **1.** कमाना, उपार्जन करना : to ~ one's living अपनी जीविका^{F} कमाना; he ~ed twenty rupees in a day उसने एक दिन में बीस रुपये कमाये; how much does he वह कितना कमाता है, when I started work, I hoped to ~ many pounds in a week जब मैंने काम प्रारंभ किया था तो मैंने एक सप्ताह में कई पौण्ड कमाने की आशा^{F} की थी; he ~s Rs. 300 a month as a teacher वह अध्यापक के रूप में तीन सौ रुपये प्रति मास कमाता है. [*ant.* spend] **2.** (get) प्राप्त करना, पाना : he was ~ing good pay वह अच्छा वेतन पा रहा था; to ~ a weekly wage साप्ताहिक मजदूरी ≈; he ~ed a name for bravery उसने वीरता में प्रसिद्धि^{F} पाई; he ~ed a prize उसने पुरस्कार प्राप्त किया. **3.** योग्य होना, पात्र होना, लायक होना : he could never ~ people's affection वह कभी जनता^{F} का स्नेहपात्र नहीं हो सका. **earned** अरन्ड *a.* अर्जित, उपार्जित [income आय^F, leave छुट्टी^{F}/अवकाश].

earnest अर॑निस्ट **I.** *a.* **1.** सच्चा, दिली, हार्दिक : ~ attempt ≈ प्रयास; ~ prayer दिली प्रार्थना^{F}; an ~ desire to dwell बसने की हार्दिक इच्छा^{F}! **2.** (serious) गंभीर : he is an ~ student वह गंभीर विद्यार्थी है; she wore an ~ expression उसने ≈ मुद्रा बना ली. **3.** महत्वपूर्ण : life is ~ जिंदगी^{F} ≈ है; it is an ~ success यह ≈ सफलता^{F} है. **4.** पेशगी, बयाना : he gave him Rs. 50 as ~ money to assure the purchase of the horse उसने घोड़े की ख़रीददारी निश्चित करने के लिए उसे पचास रुपये बयाना दिया. **II.** *n.* in (right) ~ सच्चे दिल से, पूरी लगन^F से.

earnings अर्'निङ्ग्ज़ *n*^{c}. कमाई^F, आमदनी^{F}, आय^F, उपार्जन : after a week's work my ~ were Rs. 500 एक सप्ताह काम करने के बाद मेरी कमाई पाँच सौ रुपये थी; he gave most of his ~ to his mother उसने अपनी ज़्यादातर कमाई^F/आमदनी^{F} अपनी माँ को दे दी.

earth अॅर्थ **I.** *n*^{c}. **1.** ज़मीन, पृथ्वी^{F}, धरती^{F} : the happiest man on the ~ पृथ्वी पर सबसे प्रसन्न व्यक्ति; buried deep in the ~ ≈ में गहरे गाड़ा हुआ. the leaves were falling on the ~ पत्तियाँ^{F} ज़मीन^F पर गिर रही थीं; from all corners of the earth पृथ्वी के सभी कोनों से; the ~ moves round the sun पृथ्वी सूर्य के चारों ओर घूमती है; continents and oceans cover the earth महाद्वीप और महासागर पृथ्वी पर छाये हैं. Δ **to come back/down to earth** सपना छोड़ व्यावहारिक जीवन जीने लगना. **2.** मिट्टी^{F} : fertile ~ उपजाऊ ≈; ~ work ≈ की दीवार^F, ≈ का काम, कच्चा बांदा; ~ worm केचुआ; he filled the pot with ~ उसने गमले में मिट्टी भरी. **3.** (lair) बिल : in the evening the fox went into the ~ शाम को लोमड़ी^{F} ≈ के अंदर चली गई. **4.** why on the ~ should I do it भला मैं इसे क्यों करूँ. **II.** *v.t.* गाड़ना, बिजली का ज़मीन से संयोजन करना : to ~ the wires तारों को अर्थ करना. **earthen** अर'थन *a.* मिट्टी का, मृण्मय : ~ dam कच्चा बाँध; ~ pottery मिट्टी के बर्तन; ~ ware मिट्टी के बर्तन आदि. **earthly** अर्थ'लि *a.* सांसारिक, पार्थिव : ~ pleasures ≈ दुख; ~ minded संसारी. [*ant.* spiritual] **earthquake** अर्थ'क्वेक *n*^{c}.

भूकम्प, भूडोल : during the ~, houses were shaken down and great cracks appeared in the ground ≈ के दौरान मकान गिर गये और पृथ्वी पर बड़े-बड़े दरार दिखाई दिए. **earthy** अर्'थि *a.* **1.** (worldly) सांसारिक : Nehru was an ~ person नेहरू ≈ व्यक्ति थे. **2.** मिट्टी^F से भरा हुआ : ginger is all ~ अदरक में सब मिट्टी लगी है.

ease ईज़ **I.** *n*^c. आराम, आसानी, he was at ~ in any company वह किसी कंपनी में ≈ से था; he did not feel at ~ उसे ≈ नहीं मिला; do your work at your ~ अपनी सुविधा से अपना काम करो; the medicine gave her some ~ दवा^F से उसे कुछ आराम मिला; he could solve any problem with ~ वह कोई भी समस्या आसानी से हल कर सकता था; that is not difficult, I could do it with ~ वह कठिन नहीं है मैं उसे आसानी से कर सकता था; to stand at ~ ≈ से खड़ा होना; a life of ~ ≈ की जिंदगी^F; ~ of manner ढंग की सुविधा; alway be at ~ in whatever company किसी भी कम्पनी में रहो ≈ से रहो. Δ **he is ill at ~** वह परेशान है; **to put smb at ~** किसी की परेशानी^F दूर करना. [*ant.* difficulty] **II.** *v.t.* **1.** चिंता^F, भार, दुःख कम करना, हल्का करना : to ~ one's mind मन को हल्का करना; to ~ a burden बोझ हल्का करना; the drug ~d the pain दवा ने दर्द को कम कर दिया; you could ~ him of his difficulty तुम उसकी कठिनाई^F दूर कर सकते थे. **2.** ढीला कर देना : ~ the sleeve under the armpit बग़ल^F से आस्तीन^F को ढीला कर दो; to ~ away a rope रस्सी^F को ढीला करना; to ~ one's control अपना नियंत्रण ढीला कर देना. **3.** (comfort) सान्त्वना^F देना : to ~ one's worries दुःख में ≈. Δ **to ~ oneself** मलमूत्र त्यागना; **to ~ off** भार कम करना : the situation soon ~d off तनाव तुरंत कम हो गया. **easily** ई'ज़लि *adv.* आराम से, आसानी से : you can ~ do that तुम उसे ≈ कर सकते हो; I finished the work ~ in an hour मैंने ≈ एक घंटे में काम समाप्त कर दिया; you can ~ see her तुम उससे आराम से मिल सकते हो; you can ~ get to the theatre in half an hour तुम ≈ आधे घंटे में थिएटर पहुँच सकते हो; in her race Jill was ~ first अपनी दौड़^F में जिल आसानी से प्रथम आ गई.

east ईस्ट *n*^c. पूर्व : go to the ~ ≈ की ओर जाओ; our town lies to the ~ of Lucknow हमारा शहर लखनऊ से ≈ में है; from ~ to west ≈ से पश्चिम तक; the ~ side of the house मकान का पूर्वी भाग; The East पूर्वी देश; the Far East सुदूर ≈ (के देश); the Middle East मध्य-≈ (के देश); ~ End लंदन का पूर्वी भाग; the sun rises in the ~ and sets in the west सूर्य ≈ में निकलता (उदय होता) है; और पश्चिम में अस्त होता है; the countries in the ~ ≈ के देश; the north lies on your front and the ~ is on your right तुम्हारे सामने उत्तर है और ≈ तुम्हारे दाहिने.

Easter ईस्'टर *n*^c. ईस्टर, पुनरुत्थान-पर्व : ~ holidays come in spring ईस्टर की छुट्टियाँ वसंत में पड़ती हैं.

eastern ईस्'टर्न *a.* पूर्वी, पूर्व- [coast तट, custom रिवाज, country देश, side तरफ़^F/दिशा^F]; if you wish to see the sunrise, watch the ~ sky at dawn यदि तुम सूर्योदय देखना चाहते हो तो उषाकाल में पूर्वी आकाश में देखो.

easy ई'ज़ि *a.* (easier, easiest) **1.** सरल, सुकर, सुगम, आसान [game खेल, question प्रश्न, solution समाधान, way ढंग, work काम]; it would not be ~ to do this इसे करना ≈ नहीं होगा; languages are ~ for him भाषाएँ उसके लिए ≈ हैं; it was no ~ task यह ≈ काम नहीं था; that is the easiest way वह सबसे ≈ तरीका है; he gave her easier work to do उसने उसे करने के लिए सरलतर कार्य दिया; it was an ~ sum यह ≈ सवाल था; an ~ manner एक आसान तरीक़ा; an ~ chair आराम कुर्सी; an ~ market in the village गाँव में एक मामूली बाज़ार ~ to manage व्यवस्था^F करने में आसान; the work was ~, it did not take long काम आसान था इसने अधिक समय नहीं लिया; that book was ~ to read वह किताब^F पढ़ने में सरल थी; it is the easiest way यह सबसे आसान तरीका है. **2.** (several meanings in contexts) ~ mind सहज मन; ~ circumstances सहज परिस्थितियाँ[F]; ~ life आराम की जिंदगी[F]; ~ market मंदा बाज़ार; ~ money बेईमानी का पैसा. Δ **take it easy** घबराओ मत; **take things ~** चिंता[F] मत करो, बहुत परिश्रम मत करो. [*ant.* difficult].

eat ईट *v.t.* (ate, eaten) **1.** खाना [quickly तेज़ी से, slowly धीरे-से]; when can we get something to ~ हम कुछ खाने को कब पा सकते हैं? what did you ~ तुमने क्या खाया? he did not ~ his fruit उसने अपने फल नहीं खाए; she cannot ~ well वह अच्छी तरह नहीं खा पाती; you have not eaten anything तुमने कुछ नहीं खाया है; I do not want anything to ~ मैं खाने को कुछ नहीं चाहता; do you want to ~ meat now क्या तुम अब मांस ≈ चाहते हो? we shall ~ when we get back हम खायेंगे जब वापस पहुँचेंगे; we stopped our work at mid day to ~ our lunch लंच खाने के लिए दोपहर को हमने अपना काम बंद कर दिया; I ate apples yesterday मैंने कल सेब खाये; I have ~en nothing today मैंने आज कुछ नहीं खाया. **2.** नष्ट करना : acids ~ into metal अम्ल धातु[F] को खा जाते (नष्ट कर देते) हैं; the worm ate into the wood लकड़ी को घुन खा गया/लग गया. Δ **to ~ one's heart** दुःखी होना; **to ~ one's words** अपने शब्द वापस लेना; **to ~ out** बाहर भोजन करना; **to ~ up** पूरा खा जाना : the white ants ate up my book दीमक मेरी किताब[F] को पूरा खा गया. **II.** *n*[c]. (food) खाना : ~s and drinks खाने और पीने की चीजें[F]. **eatable** ईटबल **I.** *a.* खाद्य, खाने लायक : the apple was sour but ~ सेब खट्टा था लेकिन खाने योग्य था. **II.** *n*[c]. different kinds of ~s विभिन्न प्रकार के खाद्य पदार्थ.

E.C. Election Commission (er); Excise Commissioner.

E.C.G. Electro Cardiogram.

echo एको **I.** *n*[u]. (*pl.* echoes) **1.** प्रतिध्वनि[F], गूँज[F], अनुनाद : you can hear an ~ of your voice in this high building इस ऊंचे भवन में तुम अपनी आवाज[F] की प्रतिध्वनि/गूँज सुन सकते हो. **2.** (fig.) नकल : his speech was a mere ~ of mine उसका भाषण केवल मेरी ≈ था; the boy is just an ~ of his father's manners यह लड़का अपने बाप के आचरण की ≈ है. **II.** *v.t.* **1.** गूँजना, गूँज उठना : our shouts ~ed in the valley हमारी चिल्लाहट[F] घाटी[F] में गूँज उठी; the dome ~es back your words गुंबद से तुम्हारे शब्द गूँजकर वापस आते हैं. **2.** हाँ में हाँ मिलाना : he just ~s the master वह केवल मालिक की हाँ में हाँ मिला देता है. **3.** (repeat) दोहराना : she ~s her husband's views वह अपने पति के विचार दोहराती है.

eclipse ईक्लिप्स **I.** *n.* **1.** (चन्द्र, सूर्य) ग्रहण [partial आंशिक, total पूर्ण]; when the moon gets between the earth and the sun there is an ~ of the sun's light जब चंद्रमा पृथ्वी और सूर्य के बीच में आ जाता है तब सूर्य ≈ होता है. **2.** कमी[F] : his reputation is under an ~ उसकी ख्याति[F] घट रही है; that actress is now in ~ उस अभिनेत्री[F] की प्रसिद्धि अब कम हो गई है. **II.** *v.t.* (usu. passive) **1.** ग्रहण लगना : the moon is fully eclipsed चंद्रमा को पूरा ग्रहण लगा है; the sun was ~d सूर्य को ग्रहण लग गया. **2.** निस्तेज या फीका कर देना : he ~d all the boys उसने सभी लड़कों को निस्तेज कर दिया. **3.** कम कर देना : our happiness was ~d by this news इस समाचार ने हमारी खुशी[F] कम कर दी.

econ. economics.

economic ईकॅनॉमिक *a.* आर्थिक, अर्थ- [condition स्थिति[F], crisis संकट, laws नियम, sanction दण्ड] : ~ system अर्थव्यवस्था[F]; ~ depression मंदी[F]. **economical** ईकॅनॉमिकल *a.* (thrifty) किफ़ायती : he is an ~ manager वह एक ≈ प्रबंधक है; to be ~ in food भोजन में ≈ होना; it is ~ to buy wholesale थोक खरीद[F] करने में किफ़ायत होती है. [*ant.* un ~] **economics** ईकॅनॉमिक्स *n*[c]. अर्थशास्त्र : most students take up ~ in college कालेज में बहुत विद्यार्थी ≈ लेते हैं. **economy** इकॉनॅमि *n*[c]. **1.** अर्थ-व्यवस्था[F] : practical ~ व्यावहारिक; social ~ सामाजिक ≈. **2.** मितव्ययिता[F], किफ़ायत[F], बचत[F] : ~ drive बचत का प्रयत्न, व्यय या खर्च

कम करने का अभियान : ~ measures खर्च कम करने के उपाय या तौर-तरीके; ~ class (वायुयान में) किफायती किराए का दर्जा; ~ size किफायती साइज़; ~ of effort प्रयत्न लाघव. [*ant*. dis ~].

edge ऍज **I.** *n*^c^. **1.** किनारा, सिरा, छोर : at the ~ of the lake झील^F^ के किनारे पर; at the ~ of the forest जंगल के छोर पर; ~ of the table मेज का ≈; he put the cup near the ~ of the table उसने प्याले को मेज के एक छोर पर रखा; ~ of the desert रेगिस्तान का एक ≈. **2.** (of a blade) धार^F^: the knife has sharp ~ चाकू की ≈ तेज़ है; this knife has no ~ इस चाकू में कोई ≈ नहीं है. Δ **to take the ~ off** धार^F^ मार देना; **to have the ~ on smb** किसी से बढ़कर होना; **to set one's teeth on ~** अरुचि^F^ या परेशानी^F^ पैदा करना; **to take the ~ off a criticism** आलोचना^F^ का तीखापन कम करना. **II.** *v.t.* **1.** तेज़ करना, धार^F^ लगाना : to put ~ on a dagger छूरे की धार लगाना. **2.** सावधानी^F^ से आ जाना, चला जाना; to ~ through a crowd भीड़^F^ में से सावधानी से होकर जाना.

edible ऍ'डिबल *a.* (= eatable) खाने लायक [fish मछली, fruit फल, vegetable सब्ज़ी^F^]; some mushrooms are not ~ कुछ कुकुरमुत्ते ≈ नहीं होते.

edit. editor.

edit ऍ'डिट *v.t.* संपादन करना : to ~ a collection of poems कविताओं^F^ के संग्रह का ≈; to ~ a newspaper समाचार-पत्र को संपादित करना; to ~ a series of books by different authors भिन्न-भिन्न लेखकों द्वारा लिखी गई पुस्तकमाला^F^ का ≈. **edition** ए डि'शन *n*^c^. संस्करण, एडीशन [cheap सस्ता, first प्रथम, new नया, revised संशोधित]; a complete ~ of Shakespeare शैक्सपिअर का संपूर्ण ≈; popular ~ जनता- ≈; illustrated ~ सचित्र ≈; special ~ for schools विद्यालयों के लिए विशेष ≈. **editor** ऍ' डिटर *n*^c^. संपादक, एडीटर [assistant सहायक, associate सह-, chief मुख्य]; board of ~s संपादक-मंडल; ~ of a book or magazine पुस्तक^F^ या पत्रिका^F^ का ≈. **editorial** ऍ डि'टॉरिअल **I.** *a.* संपादकीय : the ~ article in the paper is written by the editor himself समाचार-पत्र में ≈ लेख स्वयं सम्पादक द्वारा लिखा जाता है; ~ duties ≈ कर्तव्य. **II.** *n*^c^. अग्रलेख : the ~ in the 'Sahara' was very interesting 'सहारा' का ≈ बहुत रोचक था.

educate ए'ड्यूकेट *v.t.* शिक्षा देना, पढ़ाना-लिखाना, सिखाना : teachers are appointed to ~ the children अध्यापक बच्चों को लिखाने-पढ़ाने (शिक्षा देने) के लिए नियुक्त किए जाते हैं; he was ~d at a local school उसकी लिखाई-पढ़ाई स्थानीय विद्यालय में हुई थी. **education** ऍ ड्यूके'शन *n*^c^. शिक्षा [all-round चतुर्मुखी, basic बुनियादी, commercial वाणिज्यिक, complete पूर्ण, compulsory अनिवार्य, elementary प्रारंभिक, free निःशुल्क, general साधारण, physical शारीरिक, primary प्राथमिक, secondary माध्यमिक, university विश्वविद्यालयीय, vocational व्यावसायिक]; he had a good ~ उसने अच्छी ≈ पाई थी. free ~ for all सबके लिए निःशुल्क ≈; one's character depends on one's ~ किसी का चरित्र उसकी ≈ पर निर्भर करता है; my ~ began in Infants school and I hope to continue in college मेरी ≈ शिशु-विद्यालय में शुरू हुई और मैं इसे कालेज तक जारी रखने की आशा^F^ करता हूँ; a man of good ~ सुशिक्षित पुरुष. **educational** ऍ ड्यू के'शनल *a.* **1.** शिक्षा-संबन्धी, शैक्षिक : ~ experience शैक्षिक अनुभव; ~ institution शिक्षण-संस्था^F^; ~ books ≈ पुस्तकें^F^; ~ advantage शैक्षिक लाभ; ~ qualifications शैक्षिक योग्यताएँ^F^. **2.** शिक्षाप्रद : our visit to the museum was ~ हमारा संग्रहालय जाना ≈ हुआ.

-ee *suff.* (person affected) : जो पाता है : addressee, employee, donee, trainee, payee, refugee.

e.e. errors exempted.

-eer *suff.* (agent) कर्ता : auctioneer, mountaineer pamphleteer, profiteer.

effect इ फ़ेक्ट' **I.** *n*^c^. **1.** (result) परिणाम, नतीजा : what will be the ~ of these reforms इन सुधारों का क्या ≈ होगा? ~ of success सफलता[F] का ≈. [*ant.* cause] **2.** प्रभाव, असर : sea-air had a very good effect on him समुद्री हवा[F] का उस पर बहुत अच्छा ≈ पड़ा; my words had little ~ on her मेरे शब्दों का उस पर बहुत ही कम ≈ पड़ा; this will have no ~ on my decision इसका मेरे निर्णय पर कोई ≈ नहीं पड़ेगा; this medicine has lost its ~ इस दवा का ≈ खत्म हो गया है; ~ of a storm on the crops फसलों[F] पर तूफान का ≈; ~ of sunlight on the carpets कालीनों पर धूप का ≈; it had a good ~ on my health इसका मेरे स्वास्थ्य पर अच्छा ≈ पड़ा; the declaration gave a wonderful ~ घोषणा का आश्चर्यजनक ≈ पड़ा. **3.** आशय : I have also received notice to the same ~ मुझे भी इसी ≈ की सूचना[F] मिली है. **4.** (*pl.* ~s) सामान : personal ~s निजी ≈. Δ **carry into ~** कार्यान्वित करना, काम या अमल में लाना, पूरा करना; **cause and ~** कारण और कार्य; **give ~ to** कार्यान्वित करना, काम में लाना; **in ~** वास्तव में; **take ~; to remain in ~ (a rule)** नियम लागू होना, कार्यरूप में परिणत होना, प्रभाव दिखाना, असर करना : medicine will take ~ दवा[F] असर करेगी; with ~ from (इस तारीख़) से लेकर : this rule will be in force with effect from 1st Jan. यह नियम पहली जनवरी से लागू हो जाएगा. **II.** *v.t.* **1.** संपन्न करना, पूरा करना : to one's purpose अपना उद्देश्य पूरा करना, अपना प्रयोजन सिद्ध करना; to effect a reconciliation between two parties दो दलों में समझौता संपन्न कराना. **2.** असर/प्रभाव डालना : this will not ~ our decision इसका हमारे निर्णय पर प्रभाव/असर नहीं पड़ेगा. **3.** लागू करना, कार्यान्वित करना : the change was ~ed without trouble परिवर्तन बिना परेशानी के कार्यान्वित किया गया. [*as distinct from* affect] **effective** इ फेक्टिव *a.* **1.** प्रभावी, प्रभावकारी [effort प्रयत्न, speaker वक्ता, speech भाषण]; the medicine was ~ for the patient दवा रोगी के लिए ≈ थी; the government took effective measures to stop the flood सरकार ने बाढ़ को रोकने के लिए ≈ उपाय किए. **2.** लाभकारी : ~ reforms were introduced ≈ सुधार शुरू किए गये. **3.** वास्तविक [membership सदस्यता[F], customer ग्राहक, ruler शासक]. **4.** (active) लागू : the new law will be effective from today नया कानून आज से लागू हो जाएगा.

effeminate इ फ़ॅ'मिनिट *a.* स्त्रैण, ज़नाना [habits आदतें[F], man आदमी, movements चालढाल[F]]; he speaks in an ~ manner वह ज़नाना ढंग से बात[F] करता है. [*ant.* manly)

efficacious एँ फिके'शॅस *a.* प्रभावोत्पादक, अमोघ [intervention हस्तक्षेप, measures साधन/उपाय, medicine औषधि[F], treatment उपचार].

efficiency इफि'शन्सि *n*[c]. कार्यकुशलता[F], कार्यदक्षता[F] : ~ bar (वेतन-वृद्धि पर) कुशलता-रोध, दक्षता-रोक[F]; ~ of production उत्पादन दक्षता या कुशलता; there is no doubt about his ~ as a manager प्रबंधक के रूप में उसकी ≈ के बारे में कोई संदेह नहीं है.

efficient इ फि'शन्ट *a.* कार्यकुशल, कार्यक्षम, दक्ष : he is ~ in his work वह अपने काम में दक्ष है; under her ~ management उसके कुशल प्रबंधन में; an ~ clerk एक ≈ लिपिक; an ~ person or machine is one that does its work well and without waste of time, effort or materials एक ≈ व्यक्ति अथवा मशीन[F] वह है जो बिना समय, प्रयास या सामान को नष्ट किए अपना काम अच्छी तरह करे. [*ant.* in ~]

effort एँ'फ़र्ट *n*[c]. प्रयत्न, प्रयास [constant लगातार, heroic वीरोचित, ineffectual अप्रभावी, last अंतिम, tremendous भारी/प्रभावशाली, vain व्यर्थ] : he made a great ~ to win the race उसने दौड़[F] जीतने के लिए बड़ा ≈ किया; it would not require much ~ इसमें अधिक ≈ करने की आवश्यकता[F] नहीं होगी; by continued ~ लगातार ≈ द्वारा; make another ~ एक और ≈ करो; I shall make every possible ~ मैं हर संभव ≈ करूँगा; without ~ बिना ≈; his speech was a fine ~ उसका भाषण एक अच्छा ≈ था; he could do it without ~

वह बिना ≈ के यह कर सकता था.

e.g. *exampli gratia*, for example.

egg ऍग **I.** *n*^c. अंडा [addled/bad ख़राब, boiled उबाला हुआ, fried तला हुआ, hard-boiled ज्यादा उबाला हुआ, raw कच्चा]; the hen laid an ~ मुर्गी ने ≈ दिया; I used the ~ for breakfast मैंने अंडे का नाश्ते में इस्तेमाल किया; the bird lays ~s in its nest चिड़िया^F अपने घोंसले में अंडे देती है. Δ **a bad** ~ बेकार आदमी. **II.** *v.t.* (~ on) (egged, egging). उकसाना, उत्तेजित करना : he ~ed him on to steal the apples उसने सेब चुराने के लिए उसे उकसाया; he ~ed his son on to start some business उसने अपने बेटे को कोई धंधा शुरू करने को उत्तेजित किया.

eight एट *a./n.* (*pl.*) आठ [boys लड़के, days दिन, fold गुना, months महीने, o'clock बजे, years साल]; she is ~ years older than her brother वह अपने भाई से ≈ वर्ष बड़ी हैं; the clock struck ~ घड़ी ने ≈ बजाए; it is half-past ~ साढ़े ≈ बजे हैं; it is just ~ to ten ≈ बजने में ठीक दस मिनट हैं; ~ and four make twelve ≈ और चार बारह होते हैं. **eighteen** ऍटीन' *a.* & *n.* (pl). अठारह : ~ months are a year and a half ≈ महीने का डेढ़ साल; होता है; the boy will be ~ next month लड़का अगले महीने ≈ साल का होगा. **eighteenth** अठारहवाँ he is running ~ year उसका ≈ साल चल रहा है; on the ~ of June जून की अठारह तारीख को. **eighth** आठवाँ : ~ class आठवीं कक्षा; ~ year ≈ साल he was ~ in the race वह दौड़^F में ≈ आया. **eighty** ए'टि *a.* अस्सी : he was ~ years old in nineteen hundred and ~ उन्नीस सौ अस्सी (1980) में वह अस्सी साल का था; we were ~ in the marriage party हम बारात^F में ≈ थे.

either आइ'दॅर *conj.* & *adv.* **1.** दोनों में से एक, कोई एक : we do not need ~ of these things हमें दोनों वस्तुओं में से किसी की आवश्यकता नहीं है; ~ book will serve the purpose दोनों में से किसी एक पुस्तक से काम चल जायगा; on ~ side of the road सड़क के एक किनारे; I will give you ~ a book or a pen but not both मैं तुम्हें या तो किताब^F या कलम^F दूँगा, लेकिन दोनों नहीं; ~ of you can go तुम दोनों में से कोई (एक) जा सकता है; you may go ~ by bus or by train तुम बस अथवा गाड़ी से जा सकते हो; he can write with ~ hand वह किसी हाथ से लिख सकता है; I do not like ~ of the houses मैं दोनों में से किसी एक मकान को भी पसंद नहीं करता; he has two friends — Ajit and Amit but he does not like ~ उसके दो मित्र हैं— अजीत और अमित, पर किसी को पसंद नहीं करता. **2.** ~... or या . . . . या; I have not seen ~ him or his son मैंने न तो उसे और न ही उसके लड़के को देखा है; ~ come or phone या तो आना या फोन कर देना; he must either obey or leave home उसे निश्चित रूप से आज्ञा का पालन करना चाहिए अथवा घर छोड़ देना होगा.

eject इजें'क्ट' *v.t.* निकालना, निकाल देना, निकाल बाहर करना, बेदखल करना : ~ him from the room उसे कमरे से बेदख़ल करो; engine ~ing steam भाप निकालता हुआ इंजन; the tenant was ~ed from the house किराएदार को मकान से निकाल दिया गया, बेदख़ल कर दिया गया.

elaborate इ लै'बॅरट **I.** *a.* विस्तृत, लंबा-चौड़ा : ~ details विस्तृत विवरण; ~ scheme लंबी-चौड़ी स्कीम; ~ arrangements विस्तृत व्यवस्था^F. **II.** *v.t.* विस्तार करना, फैलाना : ~ your views अपने विचार विस्तार से बताओ; I need not ~ मुझे विस्तार से नहीं कहना.

elapse इ लैप्स' *v.t.* बीत जाना, गुज़रना, व्यतीत होना, बीतना : many years have ~d since I saw him उसे देखे कई साल बीत गए हैं; a week ~d since than तब से एक सप्ताह बीत गया.

elastic इलैस्'टिक *a.* लचीला, लचकीला, लचकदार : ~ clause लचीली धारा^F; ~ demand लचीली माँग^F/मूल्यानुसार घटने-बढ़ने वाली माँग^F; ~ rules लचीले नियम; ~ wire ≈ तार; rubber is an ~ material रबड़ एक ≈ पदार्थ है; an ~ disposition लचीली वृत्ति^F, लचीला स्वभाव; an ~ band एक ≈ बंध. [*ant.* rigid]

elbow ऍल्'बो **I.** *n*^c. **1.** कुहनी^F : to push with the ~ ≈ से ढकेलना. **2.** मोड़ : the ~ of a pipe पाइप का मोड़. Δ **he is close to my** ~ वह मुझे हर समय उपलब्ध है. **II.** *v.t.* कोहनी^{F} मारना : to ~ a person and push him aside किसी व्यक्ति को कुहनी मारकर किनारे ढकेलना.

elder ऍल्'डर **I.** *a.* **1.** बड़ा : Jai Lal is my ~ brother जय लाल मेरा ≈ भाई है; his ~ sister is married उसकी बड़ी बहन विवाहिता है. **2.** वयोवृद्ध; ~ statesman वयोवृद्ध राजनीतिज्ञ. **II.** n^c. (usu. *pl.*) बड़ा-बूढ़ा, बुजुर्ग : respect your ~s अपने बड़े-बूढों का सम्मान करो; he is my ~ वह मेरा बुजुर्ग है. **eldest** ऍल्'डस्ट *a.* ज्येष्ठ, सबसे बड़ा : their ~ son is now twenty years old उसका ≈ लड़का अब बीस साल का है. [*ant.* younger]

elect इ लेॅक्ट' *v.t.* चुनना, निर्वाचित करना : he was elected chairman of the committee उसे कमेटी का अध्यक्ष चुना गया; you have to ~ two office-bearers तुम्हें दो पदाधिकारियों का चुनाव करना है; he was ~ed to the Parliament वह संसद के लिए चुना गया. **elected** इ लेॅक्'टिड *a.* निर्वाचित, चुना हुआ : he was the ~ member of the executive committee वह कार्यकारिणी समिति^{F} का निर्वाचित सदस्य था. **election** इलेॅक्'शन n^c. चुनाव, निर्वाचन [annual वार्षिक, coming आगामी, general आम, last पिछला, next अगला]; direct ~ प्रत्यक्ष-निर्वाचन, सीधा चुनाव; indirect ~ अप्रत्यक्ष ≈; the ~ will be held in March चुनाव मार्च में होगा; to fight the ~ चुनाव लड़ना; ~ compaign चुनाव अभियान; at the ~ most people voted for Miss K and so she was elected चुनाव में अधिकतर लोगों ने सुश्री क को मत दिया, इस तरह वे जीत गईं; parliamentary ~ संसदीय चुनाव; ~s were postponed to the next month ≈ अगले महीने तक स्थगित हो गए; ~ booths ≈ केंद्र; ~ commission ≈ आयोग; ~ issue विषय जिसे लेकर चुनाव लड़ा जाय, चुनाव का मुद्दा; ~ manifesto ≈ घोषणा-पत्र; ~ stunt चुनाव जीतने की चाल^F. **elector** इ लेॅक्'टर n^c. निर्वाचक, चुनने वाला, मतदाता : many of the ~s voted for Miss J बहुत-से निर्वाचकों/मतदाताओं ने कुमारी ज को मत दिए; there were six hundred ~s at this polling booth इस चुनाव केंद्र पर छह सौ निर्वाचक/मतदाता थे. **electoral** इ लेॅक्' टॅरल *a.* निर्वाचकीय, निर्वाचन-संबंधी, निर्वाचक : ~ college निर्वाचकगण/मंडल; ~ roll मतदाता-सूची^{F}, निर्वाचक सूची^{F}; ~ system निर्वाचन-पद्धति.

electric इ लेॅक्'ट्रिक *a.* बिजली की/का [clock घड़ी^{F}, current धारा^{F}, energy ऊर्जा, fan पंखा, iron इस्तरी, lamp लैम्प, light प्रकाश, railway रेल, razor उस्तरा, wire तार]; ~ power, plant वैद्युत शक्ति, संयंत्र. **electricity** इलेॅक्ट्रिसिटि n^c. बिजली^{F} we have no ~ in our house हमारे घर में ≈ नहीं है; this machine is worked by ~ यह मशीन ≈ से चलती है. ~ is produced by generators in power stations बिजली जनरेटरों द्वारा बिजलीघरों में बनाई जाती है; have paid the ~ bill मैंने ≈ के बिल क भुगतान कर दिया है. **electrify** इ लेॅक्ट्रिफाइ *v.t.* (electrified, electrifying) **1.** बिजली लगाना, बिजली पहुँचाना, बिजली दौड़ाना : to ~ the lighting system प्रकाश व्यवस्था के लिए ≈; to ~ a building भवन में ≈. **2.** (fig.) नई लहर दौड़ा देना, जोश दिलाना : to ~ an audience श्रोतागण को जोश दिलाना; the master's words electrified the boys अध्यापक के शब्दों ने लड़कों में जोश भर दिया, लड़कों में एक लहर दौड़ा दी. **electrocute** इलेॅक्'ट्रॅक्यूट *v.t.* बिजली से प्राण दण्ड देना या मार डालना : ~ an accused in electric chair अपराधी को बिजली वाली कुर्सी पर बिजली द्वारा प्राणदण्ड देना; two cows were ~d when they came in contact with live wire जब दो गायें बिजली के सक्रिय तार के संपर्क में आईं तो मारी गईं.

elegant ऍ'लिगॅन्ट *a.* (various meanings in context) मनोरम : ~ movement ≈ गति^{F}; ~ author सुरूचिसंपन्न लेखक; an ~ dress सुरूचिपूर्ण वस्त्र; ~ manners शिष्ट या परिष्कृत चलन; an ~ lady सुशिष्ट महिला; ~ ornaments शानदार गहने; ~ style ललित शैली^{F}; ~ mode of life संभ्रांत जीवन रीति^{F}; ~ room बहुत सजा हुआ कमरा.

element ऍ लि'मन्ट *n*ᶜ. **1.** तत्व, मूल तत्व : oxygen is an ~ of air आक्सीजन हवा^F का एक ≈ है; hard-work is an ~ of success परिश्रम सफलता^F का बुनियादी ≈ है; undesirable ~s in society समाज के अवांछित ≈; copper, gold and iron are ~s कॉपर, सोना और लोहा ≈ हैं. Δ he is in/out of his ~ वह अपनी अनुकूल वृत्ति^F में है/नहीं हैं. **2.** अंश, हिस्सा, कुछ, थोड़ा-बहुत : there is an ~ of truth in what he says जो वह कहता है उसमें सच्चाई^F का अंश तो है (थोड़ी-बहुत सच्चाई^F है). **3.** (*pl.*) प्रारंभिक ज्ञान : ~s of Hindi grammar हिन्दी व्याकरण का ≈. **elementary** ऍलि'मॅन्टरि *a.* प्रारम्भिक, प्राथमिक, बुनियादी : ~ education प्रारंभिक/बुनियादी शिक्षा^F; ~ school ≈ विद्यालय; ~ practice प्रारंभिक अभ्यास; these rules are ~ ये नियम बुनियादी हैं. [*ant.* advanced]

elephant ऍ-लि'फ़न्ट *n*ᶜ. हाथी : ~is a big animal with a trunk ≈ सूँड़ वाला एक बड़ा जानवर है; white ~ (i) सफ़ेद हाथी; (ii) वह व्यक्ति जिस पर बहुत खर्च होता हो.

elevate ऍ लि'वेट *v.t.* **1.** (ऊपर) उठाना, ऊंचा करना : he ~d his voice उसने अपनी आवाज़^F ऊंची की; she did not even ~ her eyes to see me उसने मुझे देखने के लिए आँख^F तक नहीं उठाई. **2.** तरक्की^F देना, पदवृद्धि^F करना, दर्जा बढ़ाना : he was ~d to the higher rank उसका दर्जा बढ़ाया गया. **elevation** ऍ लि वे'शन *n*ᶜ. **1.** ऊंचाई^F, उच्चता^F, उच्च स्थान, ऊंची जगह^F, बुलंदी^F, चढ़ाई^F : the cave was at an ~ of 300 metres above the sea-level गुफा^F समुद्रतल से 300 मीटर ऊंचाई पर थी; ~ of a hill पहाड़ी^F की उच्चता/ऊंचाई. **2.** पद वृद्धि^F, समुन्नति^F, तरक्की^F : his ~ to the higher rank delighted me ऊंचे दर्जे पर उसकी तरक्की^F से मुझे प्रसन्नता^F हुई. **elevator** ए' लिव़ेटर *n*ᶜ. उत्थापक, ऊपर उठाने वाला यंत्र : farmers use an ~ to raise hay or straw etc. to the top किसान सूखी घास या भूसे को ऊंचाई पर पहुंचाने के लिए ≈ का प्रयोग करते हैं.

eleven इ लॅ'व़न *a./n*ᶜ. ग्यारह, एकादश [days दिन, men आदमी, rupees रुपये]; a team has ~ players टीम^F में ≈ खिलाड़ी होते हैं. **eleventh** इ लॅ'व़न्थ *a.* ग्यारहवाँ : you are the ~ boy in the row पंक्ति^F में तुम ग्यारहवें लड़के हो; the ~ player in the team टीम का ग्यारहवाँ खिलाड़ी; he returned on the 11th day वह ग्यारहवें दिन लौट आया.

elicit इ लि'सिट *v.t.* (various meanings in contexts) प्रकाश में लाना; (निष्कर्ष निकालना), प्राप्त करना : to ~ facts तथ्यों को प्रकाश में लाना; he ~ed the truth *from* her उसने उससे सच-सच उगलवा दिया; to ~ answer उत्तर प्राप्त करना; to ~ a more complete explanation अधिक पूर्ण व्याख्या करवाना. [*as distinct from* illicit; *ant.* instil]

eligibility ऍलि जॅ बि'लिटि *n*ᶜ. पात्रता^F, योग्यता^F: his ~ to sit in the exam was questioned परीक्षा^F में बैठने की उसकी ≈^F पर आपत्ति^F उठाई गई. **eligible** ऍ'लिजॅबल *a.* हकदार, पात्र, योग्य : ~ for a job काम के योग्य; he is not ~ for this post वह इस पद का हकदार नहीं है; he is ~ to join our club वह हमारे क्लब में शामिल होने योग्य है; all children who are between ten and eleven years of age are ~ for the examination सभी बच्चे जिनकी उम्र दस और ग्यारह साल के बीच है परीक्षा^F में बैठने योग्य हैं; to be ~ for the election चुनाव के लिए योग्य होना. [*as distinct from* illegible; *ant.* in ~]

eliminate इ लि 'मिनेट *v.t.* हटा देना, निकाल देना : you should ~ all mistakes तुम्हें सब गलतियाँ निकाल देनी चाहिए; to ~ a point from the discussion बहस^F से किसी विषय को निकाल/हटा देना; he was ~d from the tennis match उसे टेनिस के मैच से निकाल दिया गया; to ~ most of the errors at once एक बार में अधिकांश गलतियों को हटा देना, निकाल देना; to ~ deadly elements from the body शरीर से घातक तत्वों को निकाल देना. [*ant.* include] **elimination** इलिमिने'शन *n*ᶜ. निष्कासन, बहिष्करण, विलोपन, छँटाई^F : ~ of undesirable elements अवांछित तत्वों का विलोपन : ~ of possibilities संभावनाओं^F की छँटाई. [*ant.*

inclusion]

elocution ऍ लॅ क्यू'शन n^c. वक्तृता^F, वाग्मिता^F, वाक्पटुता^F : her ~ was far from perfect उसकी ≈ पूर्णता से दूर थी; (actors practise ~ अभिनेता ≈ का अभ्यास करते हैं. [*a.* eloquent]

elope इ लोप' *v.i.* भाग निकलना, सह पलायन करना; उढ़रना : his girl ~d from home with a lover उसकी लड़की घर से अपने प्रेमी के साथ भाग (उढ़र) गई.

eloquent ऍ' लॅक्वन्ट *a.* **1.** वाक्पटु, सुवक्ता : ~ person वाक्पटु व्यक्ति. she became ~ after marriage वह शादी^F के बाद वाक्पटु हो गई. **2.** वाग्मितापूर्ण : ~ speech वाग्मितापूर्ण भाषण. **3.** (expressive) अर्थपूर्ण भावपूर्ण : ~ sentence अर्थपूर्ण वाक्य. [*n.* eloquence, elocution]

else ऍल्स **I.** *a.* और : say something ~ कुछ ≈ कहिए; nothing ~ ≈ कुछ नहीं; somewhere ~ ≈ कहीं; anyone ~ ≈ कोई; no body ~ ≈ कोई नहीं; someone ~ कोई ≈; what ~ ≈ क्या; what ~ can you say तुम ≈ क्या कह सकते हो ? who ~ was there वहाँ ≈ कौन था ? what ~ do you need तुम्हें ≈ क्या आवश्यकता^F है ? we shall have to look somewhere ~ हमें ≈ कहीं देखना होगा; tell us something ~ हमें कुछ ≈ बताओ; who ~ is going ≈ कौन जा रहा है ? I cannot go anywhere ~ मैं कहीं ≈ नहीं जा सकता. **II.** (also or ~) *conj.* अन्यथा, नहीं तो : hurry up (or) ~ you will be late जल्दी करो, ≈ तुम लेट हो जाओगे; work hard or ~ you will fail कठिन परिश्रम करो, ≈ फ़ेल हो जाओगे.

elude इ लूड' *v.t.* (several meanings in contexts) (चतुराई^F या चालाकी^F) से बच निकलना; टाल-मटोल करना, टाल जाना, आँख बचा जाना, कतराना, भटकाना : the fox ~d the dog लोमड़ी कुत्तों से कतराकर चली गई; to ~ capture बंदी बनने से बचना; his statements ~ me उसके बयान मुझे भटका देते हैं; it ~s my understanding यह मेरी समझ में नहीं आता; this idea ~d my grasp यह विचार मेरी पकड़ में नहीं आया.

em - *pref.* (forms verbs) embank, embark, embittered, empower, employ.

embank इम् बैंक **1.** *v.t.* बाँध बनाना : ~ a stream नाले पर बाँध बाँधना. **embankment** इम्बैंक'मन्ट n^c. बाँध, तट बंध, पुश्ता [high ऊंचा, pucca पक्का, steep ढालू]; to prevent flooding, a strong ~ was built along the river बाढ़^F रोकने के लिए नदी^F के साथ-साथ एक मज़बूत ≈ बनाया गया.

embark इम् बार्क' *v.t.* **1.** जहाज़ पर चढ़ना या चढ़ाना; लंगर उठाना, चल पड़ना : I ~ed at Bombay मैं बंबई में जहाज पर सवार हुआ; they ~ed the children first उन्होंने पहले बच्चों को जहाज पर चढ़ा दिया; to ~ the ship जहाज़ का लंगर उठाकर चल पड़ना. **2.** हाथ लगाना, शुरू करना : ~ **on** a new enterprise नया उद्यम/धंधा शुरू करना. [*ant.* dis ~]

embarrass इम बै'रस *v.t.* (usu. passive) **1.** परेशान करना, घबड़ा देना : she was ~ed when I asked her age जब मैंने उसकी उम्र^F पूछी तो वह घबड़ा गई; to ~ a person by telling him to make a speech किसी व्यक्ति को भाषण देने के लिए कहकर ≈; I was much ~ed by debt मैं ऋण से बहुत अधिक परेशान था; to ~ somebody किसी को ≈; he was ~ed by lack of money वह धन के अभाव के कारण परेशान था. **2.** उलझन^F में पड़ना : I was ~ed by his proposal मैं उसके प्रस्ताव से उलझन में पड़ गया. [*ant.* dis ~]

embarrassment इम् बै'रस्मन्ट n^c. **1.** financial ~ अर्थसंकट. **2.** घबड़ाहट^F, परेशानी^F : I was put to ~ when he asked me for money जब उसने मुझसे पैसा माँगा तो मैं परेशानी में पड़ गया.

embassy ऍम्' बॅसि n^c. दूतावास : Indian ~ in Japan जापान में भारतीय ≈; Russian ~ in India भारत में रूसी ≈. [*as distinct from* a in ambassador]

ember ऍम्'बर n^c. (usu. *pl.*) अंगार, अंगारा : ~s are red hot अंगारे लाल हैं; when wood has burnt it leaves ~s जब लकड़ी जल चुकती है तो अंगारे रह जाते हैं; an ~ from the fire fell on his shirt आग से एक

≈ उसकी कमीज़[F] पर पड़ गया.

embezzle इम् बें'ज़ल *v.t.i.* ग़बन करना, खा जाना, उड़ा लेना : the secretary ~d the club funds सचिव क्लब की निधि खा गया (ग़बन कर गया). **embezzlement** इम् बें'ज़लमन्ट *n*[c]. ग़बन, अपहार : he was charged for ~ उस पर ग़बन करने का आरोप था; ~ of money धन का ग़बन/अपहार.

embitter इम् बि'टर *v.t.* **1.** कटुता[F] बढ़ाना, बिगाड़ डालना : to ~ relations संबंध बिगाड़ डालना; to ~ a person by constant punishment किसी व्यक्ति को लगातार दंड द्वारा उसकी कटुता बढ़ाना. **2.** दुखी करना : she was ~ed by disappointment निराशा ने उसे दुखी कर दिया.

emblem ऍम्'ब्लॅम *n*[c]. **1.** चिह्न, प्रतीक : Ashok Chakra is the national ~ of India अशोक चक्र भारत का राष्ट्रीय ≈ है. (person) प्रतीक, आदर्श : Durga is an ~ of bravery दुर्गा वीरता[F] का ≈ है.

embody इम् बॉ'डि *v.t.* (embodied) **1.** सम्मिलित करना : the letter ~ied all his ideas पत्र में उसके सब विचार सम्मिलित थे. **2.** मूर्त रूप देना, प्रस्तुत करना : to ~ one's thoughts in an essay अपने विचारों को निबंध में प्रस्तुत करना.

embrace इम् ब्रेस' *v.t.* **1.** आलिंगन करना, गले लगाना : his mother ~d him उसकी मां ने उसे गले लगाया. **2.** ग्रहण करना, अपनाना : Mr. B. ~d Islam श्री ब ने इस्लाम धर्म ग्रहण किया. **3.** शामिल करना, सम्मिलित करना : the judgement ~d several aspects of the crime निर्णय में अपराध के कई पक्ष सम्मिलित किये गए. **4.** से लाभ उठाना : to ~ an opportunity अवसर ≈; to ~ smb's weaknesses किसी की कमज़ोरियों[F] का लाभ उठाना. **5.** अपनाना : Mahatma Gandhi ~d the cause of the depressed classes महात्मा गाँधी ने दलित वर्ग का पक्ष लिया/अपनाया.

embroider इम् ब्राइ'डर *v.t.* **1.** बेलबूटे काढ़ना : ~ a dress with flowers पोशाक[F] पर फूल काढ़ना. **2.** (fig.) नमक-मिर्च लगाना : to ~ news and views समाचारों और विचारों को नमक-मिर्च लगाकर पेश करना. **embroidery** इम् ब्राइ'डरि *n*[c]. कसीदाकारी[F], कढ़ाई[F], गुलकारी[F] : my sisters like doing ~ very much मेरी बहनें कढ़ाई/कसीदाकारी बहुत पसंद करती हैं; these days ~ has become meaningless आजकल कढ़ाई अर्थहीन हो गई है.

embryo ऍम्'ब्रिओ *n*[c]. भ्रूण : a baby in its ~ (stage) प्रारंभिक अवस्था में बच्चा.

emerald ऍ'मॅरल्ड *n*[u]. पन्ना, मरकत : ~ is a bright green precious stone ≈ एक चमकता हरा कीमती पत्थर होता है; the ~ isle ≈ द्वीप.

emerge इ मर्ज' *v.t.* (emerging) **1.** ऊपर उठना, प्रकट होना; बाहर आना, निकल आना : to ~ **from** the sea समुद्र से प्रकट होना. बाहर आना; the sun ~d **from** behind the clouds सूरज बादलों के पीछे से निकल आया; his talent has not yet ~ed उसकी प्रतिभा अभी प्रकट नहीं हुई; some facts are now emerging कुछ तथ्य अब बाहर आ रहे हैं; the rabbit will not ~ **from** its hole until you are there खरगोश अपनी बिल से तब तक बाहर नहीं आयेगा जब तक तुम वहाँ हो; truth will ~ from enquiries जाँच-पड़ताल[F] से प्रकट हो जायेगा; we saw the submarine emerging **from** the water हमने पनडुब्बी[F] को पानी से ऊपर आते देखा. **2.** उभरना, उत्पन्न होना : a new generation has ~ed एक नई पीढ़ी[F] उत्पन्न हुई है. [*cf.* immerge]

emergency इ मॅर्'जन्सि **I.** *n*[c]. **1.** आपात, आकस्मिक संकट : in ~ ring the bell ≈ पड़ने पर घंटा बजाओ; you pull the communication chain in the train only in the event of some ~ तुम रेलगाड़ी[F] में कोई आकस्मिक संकट होने पर ही संचार ज़ंजीर खींचो. **2.** आकस्मिक आवश्यकता[F] in case of ~, see me ≈ पड़ने पर मुझसे मिलो. **II.** *a.* आपाती, आपातिक, आपातकालीन : ~ measures आपातकालीन उपाय; ~ meeting आपाती बैठक; ~ powers संकट या विशेष स्थिति में बरते जाने वाले अधिकार, आपात अधिकार.

emigrant ऍ'मिग्रन्ट *n*[c]. उत्प्रवासी, प्रवासी. **emigrate** ऍ'मिग्रेट *v.t.* परदेश जाना या जा

बसना, प्रवास करना : as Papa could not find suitable work in India we had to ~ to Australia and make our home there जब पिता को भारत में उपयुक्त कार्य नहीं मिल सका तो हमें आस्ट्रेलिया प्रवास करना और वहाँ मकान बनाना पड़ा. **emigration** ऍमिग्रे'शन *n*ᶜ. प्रवास, देशांतरगमन : since their ~ to Pakistan they are still there पाकिस्तान में प्रवास के बाद से वे अब भी वहीं हैं.

eminence ऍ'मिनन्स *n*ᶜ. **1.** प्रतिष्ठा[F], बड़ाई[F], ख्याति : he reached/won ~ as a scientist वह वैज्ञानिक के रूप में ऊंचे दर्जे या प्रतिष्ठा[F] तक पहुँचा. **2.** ऊंचाई[F], बुलंदी[F] : he went to the ~ of the mountain वह पहाड़ की ऊंचाई तक पहुँचा. **eminent** ऍ'मिनन्ट *a.* प्रसिद्ध, प्रख्यात, ऊंचे दर्जे का [actor अभिनेता, doctor डॉक्टर, writer लेखक]. [*as distinct from* imminent]

emissary ऍ'मिसरि *n*ᶜ. दूत, चर the ~ was sent to Pakistan with a secret message दूत को एक गुप्त संदेश देकर पाकिस्तान भेजा गया.

emotion इ मो'शन *n*ᶜ. मनोभाव, भावावेश : love, hatred and grief are ~s प्रेम, घृणा और शोक मनोभाव हैं; his ~s will clear everything distinctively उसके भाव सब कुछ स्पष्ट कर देंगे; he was overcome by ~ वह भावावेश से अभिभूत था. **emotional** इ मो'शनल *a.* **1.** भावुक : ~ person ≈ व्यक्ति. **2.** भावनात्मक : ~ integration भावनात्मक एकता[F].

emperor ऍम्'पॅरर *n*ᶜ. सम्राट्, शहंशाह : Ashoka was the greatest ~ of ancient India अशोक प्राचीन भारत का सबसे महान् ≈ था. [*fem.* empress]

emphasis ऍम्'फ़सिस *n.* (on/upon) ज़ोर, बल : he spoke with ~ वह ≈ देकर बोला; he put/placed great ~ on the fact that he was ready उसने इस तथ्य पर अधिक ≈ दिया कि मैं तैयार हूँ; she laid ~ on the word 'my' in 'it is my book' उसने 'यह मेरी पुस्तक है' में 'मेरी' शब्द पर बल दिया. **emphatic** इम् फ़ै'टिक *a.* ज़ोरदार [denial इंकार, effort प्रयास, words शब्द]; ~ 'no' ज़ोरदार 'नहीं'.

empire ऍम्' पाइअर *n*ᶜ. साम्राज्य [Ancient Indian प्राचीन भारतीय, British अंग्रेजी, Portugese पुर्तगाली]; ~ means a number of countries ruled over by one government or emperor ≈ का अर्थ है बहुत-से देश जिन पर एक सरकार अथवा एक सम्राट का शासन होता है; Ashoka had a large ~ अशोक का विशाल ≈ था.

employ इम् प्लाइ' *v.t.* **1.** काम पर लगाना, नियुक्त करना; नौकर रखना : to ~ a chauffeur एक मोटर चालक नियुक्त करना; for making the road, they will ~ many men सड़क[F] के निर्माण के लिए वे बहुत-से लोगों को काम पर लगाएँगे, he was immediately ~ed वह तुरंत ही काम पर लग गया; to ~ a tutor एक अनुशिक्षक नियुक्त करना. **2.** इस्तेमाल/प्रयोग करना : to ~ one's time fully समय का पूरा-पूरा ≈; to ~ soap to remove dirt गंदगी[F] हटाने के लिए साबुन लगाना; the police ~ed force पुलिस ने बल-प्रयोग किया. **3.** to keep smb ~ed किसी को काम में लगाये/व्यस्त रखना. **employed** इम्पलाइड' *a.* नियुक्त : the ~ (*pl.*) काम पर लगे व्यक्ति : he is ~ in a factory वह एक फैक्टरी में नियुक्त है; she is ~ in a publishing house वह प्रकाशन-गृह में नौकर है. [*ant.* un ~] **employee** इम् प्ला ई. *n*ᶜ. कर्मचारी, नौकर, मुलाज़िम : government ~ सरकारी नौकर/कर्मचारी; ~ of a firm किसी प्रतिष्ठान का कर्मचारी; an unsatisfactory ~ एक असंतुष्ट कर्मचारी. **employer** इम् प्लाइ'अर *n*ᶜ. मालिक, काम लेने वाला, नियोजक : some ~s are very cruel कुछ मालिक बड़े क्रूर होते हैं; ~'s liability मालिक की ज़िम्मेदारी[F]; two employees were dismissed by their ~ दो मुलाज़िमों को ≈ ने नौकरी से हटा दिया. **employment** इम् प्लाइ'मन्ट *n*ᶜ. **1.** नौकरी, रोज़गार : ~ agency ≈ अभिकरण/एजंसी[F]; ~ exchange रोज़गार कार्यालय; the new factory provides ~ for many men नई फैक्टरी बहुत-से लोगों को ≈ दिलाती है. [*ant.* un ~] **2.** प्रयोग, इस्तेमाल : ~ of mind मन लगाना.

emporium ऍम पॉ'रिअम *n*ᶜ. भंडार, एम्पोरियम : Panjab ~ पंजाब के माल का ≈; modern

~ आधुनिक ≈; cloth ~ वस्त्र ≈.

empress एम्'प्रिस *n*^c. साम्राज्ञी : [*fem*. of emperor] Queen Victoria was ~ of India रानी विक्टोरिया भारत की ≈ थीं.

empty एँम्'टि **I.** *a.* **1.** ख़ाली [bottle बोतल^F, bus बस^F, hall बड़ा कमरा, house मकान, room कमरा, seat सीट, stomach पेट; street गली]; her life was ~ without her husband पति के बिना उसका जीवन ख़ाली-ख़ाली था; the hall was half ~ हाल आधा खाली था, there is nothing in an ~ box इस खाली बाक्स में कुछ नहीं है; an ~ mind is devil's workshop ख़ाली मन शैतान का कारखाना (कार्यस्थल) होता है. [*ant*. full] **2.** निरर्थक, व्यर्थ : ~ words ≈ शब्द; ~ threat गीदड़ भभकी^F. **II.** *v.t.i.* (emptied, emptying) **1.** ख़ाली करना या होना : Ravi emptied the box रवि ने बाक्स ख़ाली कर दिया; the cinema emptied सिनेमा ख़ाली हो गया; the school imptied when the bell rang जब घंटी^F बजी तो स्कूल ख़ाली हो गया; he emptied the tea-cup उसने चाय^F का प्याला ख़ाली कर दिया; she emptied out her purse उसने अपना पर्स/बटुआ खाली कर दिया. [*ant*. fill] **2.** the Ganga empties into the bay of Bengal गंगा^F बंगाल की खाड़ी^F में जा गिरती है.

en- *prefix* (formes verbs) enable, enact, enclose, engage, enlarge, enlist, enslave.

-en *suff.* (makes adj) golden, wooden, earthen, woollen, silken.

-en *suff.* (makes verbs) deepen, heighten, soften, harden, lengthen, shorten, strengthen, whiten.

enable इ ने'बल *v.t.* (several meanings in contexts) **1.** योग्य बनाना, समर्थ करना : our legs ~ us to walk हमारी टाँगें^F हमें चलने योग्य बनाती हैं. **2.** अधिकार देना : a ticket ~s you to enter टिकट तुम्हें प्रवेश पाने का अधिकारी बनाता है. **3.** अवसर/मौका देना : the money ~d him to travel पैसे के कारण उसे यात्रा का मौका मिला. **4.** सुविधा^F/साधन होना : this map will ~ you to find the place यह नक्शा तुम्हें स्थान पाने की सुविधा देगा (का साधन होगा) : the investigation will ~ us to draw theoretical conclusions यह जाँच सैद्धान्तिक निष्कर्ष निकालने में सुविधा देगी.

enact इ नैक्ट' *v.t.* **1.** कानून बनाना, नियम बनाना : to ~ a law कानून बनाना; a law was ~ed कानून बनाया गया. **2.** खेलना, अभिनय करना : to ~ a part in a play नाटक में अभिनय करना; the play was ~ed नाटक खेला गया.

enamel इ नै'मल *n*^c. **1.** तामचीनी, एनैमल, मीना : an ~ bowl ≈ वाला कटोरा; is used on objects of clay or metal तामचीनी मिट्टी^F या धातु^F की वस्तुओं^F पर चढ़ाई जाती है. **2.** (of teeth) दंतवल्क, दाँतों पर चढ़ी चमक^F : the ~ of her teeth is clean उसके ≈ साफ हैं.

enamour इ नै'मर *v.t.* लट्टू होना, अनुरक्त या आसक्त या मोहित करना : I got ~ed of her beauty मैं उसकी सुंदरता पर लट्टू हो गया; he was ~ed of the theatre थियेटर से वह आसक्त हो गया. [*ant*. rebel]

enc. enclosure.

-ence *suff.* [makes nouns] : difference, cellence, obedience, preference, prudence, silence, dependence, convenience.

encage इन् केज' *v.t.* पिंजड़े में बंद करना : the lion was ~d शेर पिंजड़े में बंद किया गया था.

encircle इन् सर्'कल *v.t.* घेरना, घेरा डालना : our house is ~d by/with trees हमारा मकान पेड़ों से घिरा है; the besiegers ~d the town आक्रमणकारियों ने शहर पर घेरा डाल दिया; houses ~d the golf course मकान गोल्फ मैदान को घेरे था; we ~d the enemy camp हमने शत्रु के शिविर को घेर लिया; a stream encircles the village एक नाला गाँव को घेरे हुए है.

enclose इन् क्लोज़ *v.t.* **1.** बंद करना : to ~ a letter in an envelope पत्र को लिफ़ाफ़े में ≈. **2.** बाड़^F लगाना : farmers often ~ their land with hedges किसान प्राय: अपने खेत को बाड़^F लगाकर घेरते हैं. **3.** घेरना : walls ~d the playground दीवारें^F खेल के मैदान को घेरे थीं; the garden was ~d with a high wall बगीचा ऊंची दीवार^F से घेर लिया गया था. **4.** (add) संलग्न करना, जोड़ना, साथ रखना :

with this letter I have ~d a cheque, photograph इस पत्र के साथ मैंने एक चेक, फोटोग्राफ़ संलग्न किया है; a circular is ~d in the letter पत्र के साथ एक परिपत्र नत्थी है. **enclosure** इन क्लो'ज़र *n*[c]. **1.** घेरा, बाड़ा, जंगला, चारदीवारी[F] : sheep were there in an ~ भेड़ें बाड़े/चारदीवारी[F] में थीं. **2.** साथ की चीज़[F] नत्थी की हुई चीज[F] या कागज़-पत्र, अनुलग्नक; संलग्न पत्र : there are two ~s with this letter इस पत्र के साथ दो कागज़ात नत्थी हैं.

encounter इन् कॉउन्'टर **I.** *v.t.* **1.** का सामना करना, मुठभेड़ या टक्कर होना, मिल जाना, आ पड़ना : they ~ed unexpected obstacles उन्होंने अप्रत्याशित बाधाओं[F] का सामना किया; to ~ difficulty कठिनाई[F] का सामना करना. **2.** भिड़ंत होना : to ~ an enemy शत्रु से ≈. **3.** भेंट[F] होना : I ~ed him in the street उससे गली[F] में मेरी भेंट हो गई. **II.** *n*[c]. भिड़ंत, मुठभेड़[F], टक्कर[F] : two extremists were killed in an ~ with the police पुलिस[F] के साथ ≈ में दो उग्रवादी मारे गए.

encourage ऍन् कॅ'रिज *v.t.* बढ़ावा देना, प्रोत्साहित करना : don't ~ her shyness उसके शर्मीलेपन को बढ़ावा मत दो; to ~ a person to attempt something किसी को कुछ करने के प्रयास के लिए प्रोत्साहित करना; the leader ~d his tired men नेता ने अपने थके हुए लोगों की हिम्मत[F] बढ़ाई; I was ~d by his praise उसकी प्रशंसा से मैं प्रोत्साहित हुआ; to ~ industry उद्योगों को बढ़ावा देना. [*ant.* discourage] **encouragement** इन्कॅ'रिज-मन्ट *n*[c]. बढ़ावा, प्रोत्साहन : the master said that the boy needed ~ to do better मास्टर ने कहा कि और अच्छा करने के लिए इस लड़के को प्रोत्साहन की आवश्यकता[F] है; our team's victory was partly due to the ~ given by the supporters among the spectators हमारी टीम[F] की विजय[F] आंशिक रूप से समर्थक दर्शकों द्वारा दिए गए प्रोत्साहन के कारण थी; your words were a great ~ to me आपके शब्दों से मुझे बहुत बढ़ावा मिला. [*ant.* dis ~]

encroach इन् क्रोच' *v.i.* (~ upon) **1.** अतिक्रमण करना, अनाधिकार प्रवेश करना : he ~ed on/upon the field of his neighbour उसने पड़ोसी के खेत में अनधिकार प्रवेश कर लिया; towns are ~ing on the countryside शहर देहात की तरफ अतिक्रमण कर रहे हैं. **2.** to ~ **upon smb's rights** किसी के अधिकार छीनना; to ~ on smb's time किसी का समय नष्ट करना. **encroachment** इन क्रोच'मन्ट *n*[cu]. (upon/on) अनधिकार प्रवेश, अतिक्रमण, अतिचार : ~ on smb's house किसी के घर में ≈.

encumbrance इन् कम्'ब्रन्स *n*[u]. ~ (to) भार, बोझ : to be an ~ to smb किसी पर बोझ/भार होना; he is widower and without any ~ वह विधुर है और संतान के बोझ (दायित्व) से मुक्त; he regards his fashionable wife as an ~ वह अपनी फैशनपसंद पत्नी को बोझ समझता है.

-ency *suff.* (विशेषणों से संज्ञा) : frequency, consistency, proficiency.

encyclopaedia इन् साइक्लॅ पी'डिआ *n*[c]. विश्व कोश : ~ India भारतीय ≈; ~ of social sciences समाज विज्ञान ≈; if you want to know something about Hitler or Japan consult an ~ यदि तुम हिटलर या जापान के बारे में कुछ जानना चाहते हो तो कोई ≈ देखो.

end ऍन्ड **I.** *v.t.i.* समाप्त करना, पूरा करना, समाप्त हो जाना : the road ~s here सड़क[F] यहाँ समाप्त होती है; the war ended in 1971 युद्ध 1971 में समाप्त हो गया; everything has ~ed happily सब कुछ खुशी-खुशी से समाप्त हो गया है; how does the story ~ कहानी कैसे समाप्त होती है ? I do not know how all this will ~ मैं नहीं जानता कि यह सब कैसे समाप्त होगा. the game ~ed in draw खेल अनिर्णीत समाप्त हो गया; it ~ed by our going there हमारे वहाँ जाने तक वह समाप्त हो गया; we must ~ this quarrel हमें इस झगड़े को अवश्य समाप्त कर देना चाहिए. Δ **to ~ in smoke** कुछ परिणाम न होना. [*ant.* begin] **II.** *n*[c]. अंत, समाप्ति : ~ of a story कहानी का अंत; to put a full stop at the ~ of a sentence वाक्य के ≈ में पूर्ण विराम लगाना : ~ of the day दिन का अंत; ~ of the contest झगड़े का अंत; the ~ is interesting ≈ दिलचस्प है; there is no ~ to it इसका कोई अंत नहीं है; it has come to an ~ यह समाप्त हो गया है; there is no ~ of requests याचनाओं का कोई अंत नहीं है. **2.**छोर, सिरा : ~ of a stick छड़ी^F का ≈; at the other ~ of the pipe पाइप के दूसरे सिरे पर [*ant.* beginning] **3.** उद्देश्य, मतलब : they worked in the factory with an ~ उन्होंने सोद्देश्य कारख़ाने में काम किया; to gain one's ~s अपना मतलब निकालना; with this ~ in view इस उद्देश्य को ध्यान में रखते हुए; to what ~ किस उद्देश्य से ? **4.** मृत्यु^F, मौत^F his ~ came peacefully उसकी ≈ शांतिपूर्वक हुई; the brave get their ~ happily बहादुर लोग प्रसन्नतापूर्वक मृत्यु पाते हैं; to meet one's ~ मृत्यु होना, मरना. **5.** Δ **I am at a loose ~** मैं खाली हूँ; **at the deep ~** अत्यंत कठिन (कार्य); **to be at one's wits ~** चकराना, कुछ न सूझना, अक्ल काम न देना, किंकर्तव्यविमूढ़ होना; **to keep one's ~s up** हिम्मत^F न हारना; **to make both ~s meet** अपना गुज़ारा चलाना.

endanger इन् डेन्'जर *v.t.* संकट या जोखिम में डालना, खतरे या विपत्ति^F में डालना; you should not ~ your health तुम्हें अपने स्वास्थ्य को खतरे में नहीं डालना चाहिए; every soldier always ~s his life प्रत्येक सैनिक हमेशा अपनी जिंदगी^F संकट में डालता है.

endear इन् डिअर' *v.t.* प्रिय बनाना : she ~ed him उसने उसे अपना प्रिय बनाया; ~ oneself to others दूसरों का प्रिय बन जाना : Tilak ~d himself to his friends तिलक अपने मित्रों का प्रिय बन गया; his manners ~ed him to everyone उसके आचरण ने उसे सब का प्यारा बना दिया.

endeavour इन डे'व़र **I.** *v.t.* प्रयत्न करना, प्रयास करना, कोशिश^F करना : they ~ed to catch the drowning boy उन्होंने डूबते हुए लड़के को पकड़ने का प्रयास किया; to ~ to win जीतने का प्रयास करना; ~ to pass an examination परीक्षा^F उत्तीर्ण करने की कोशिश^F करो; he did not ~ to cross the canal उसने नहर^F पार करने का प्रयास नहीं किया. **II.** *n*^c. प्रयत्न, प्रयास, कोशिश^F, दौड़-धूप^F: an ~ to achieve success सफलता^F पाने के लिए ≈; he made no ~ to win the race उसने दौड़^F जीतने के लिए कुछ भी ≈ नहीं किया; his ~ proved unsuccessful उसका ≈ निष्फल साबित हुआ.

endorse इन् डॉर्स' *v.t.* **1.** पृष्ठांकन करना, पीठ पर लिखना : to ~ a cheque चेक पर पृष्ठांकन करना. **2.** समर्थन करना : to ~ another's opinion किसी दूसरे के मत का ≈. **3.** पुष्टि^F करना : I ~d the secretary's statement मैंने सचिव के कथन की पुष्टि^F की; to ~a decision निर्णय की ≈. **endorsement** इन् डॉर्स'मन्ट *n*^c. **1.** समर्थन, पुष्टि^F : ~ of one's opinion किसी की राय का समर्थन, की पुष्टि^F. **2.** पृष्ठांकन : this cheque needs ~ इस चेक पर ≈ की आवश्यकता^F है.

endow इन डॉउ' *v.t.* देना, दान करना, सौंप देना, वक़्फ़ करना : this temple was ~ed by Seth B यह मंदिर सेठ ब ने धन देकर बनवाया. to ~ an orphanage अनाथालय को दान देना; to ~ a house to a mosque मस्जिद के लिए मकान व़क़्फ करना; to ~ a hospital अस्पताल को दान देना. Δ **~ed with** संपन्न : she is ~ed with several qualification वह कई अर्हताओं से संपन्न है. [*ant.* dis ~] **endowment** इन् डॉउ'मन्ट *n*^c. दान, दानखाता, धर्मदाय : he spent his money on the ~ to a temple उसने अपना धन मंदिर के दान में लगा दिया; ~ board दाननिधि प्रबंध समिति; (Muslim) वक्फ़ : ~ board ≈ बोर्ड; ~ policy बन्दोबस्ती पालिसी.

endurance इन्ड्युअ'रन्स *n*^c. **1.** सहनशीलता^F, सहनशक्ति^F, सहिष्णुता^F : his conduct was beyond ~ उसका आचरण असहनीय था (सहनशक्ति से बाहर था). **2.** क्षमता^F : his ~ in swimming was praisworthy तैरने में उसकी क्षमता प्रशंसनीय थी; ~ test क्षमता-परीक्षा^F. **endure** इन् ड्यूअर' *v.t.* **1.** सहना, सहन करना, बरदाश्त करना : I cannot ~ such a noise मैं इतना शोर बरदाश्त नहीं कर सकता; travellers in space have to ~ many discomforts in their rockets अंतरिक्ष यात्रियों को अपने राकेट में बहुत-सी असुविधाओं^F का सामना करना पड़ता

है. **2.** (last) चलना : this sweater will ~ for years यह स्वेटर बरसों चलेगा; his memory has ~ed उसकी याद कायम है.

enemy एॅ'निमि n^{c}. (*pl.* enemies) शत्रु, दुश्मन [dangerous ख़तरनाक, political राजनीतिक] : he has many enemies उसके बहुत से ≈ हैं; his enemies attacked him उसके शत्रुओं ने उस पर आक्रमण किया; his nature made him many enemies उसके स्वाभाव के कारण उसके कई ≈ बन गए; destroy the ~ ≈ का विनाश करो; ~ is ~ whether great or small ≈ शत्रु होता है चाहे बड़ा हो चाहे छोटा; our soldiers fought against the ~ हमारे सैनिक ≈ से (के विरुद्ध) लड़े. [*n.* enmity; *ant.* friend, ally]

energy एॅ नर्जि n^{c}. **1.** (कर्म) शक्ति^{F}, ऊर्जस्विता^{F}, तेज़ : devote your ~gies to social service अपनी ऊर्जस्विता को समाज सेवा^{F} में अर्पित करो; Dad was so tired that he had not the ~ to get out of his chair डैड इतना थक गए थे कि उन्हें कुर्सी^{F} से उठने की भी शक्ति नहीं थी; he has wonderful ~ for his age उम्र^{F} के हिसाब से उसमें आश्चर्यजनक ≈ है; he is known for the ~ of his language वे अपनी भाषा^{F} की ऊर्जस्विता के लिए ज़ाने जाते हैं. [*ant.* lethargy] **2.** n^{c}. (phys.) ऊर्जा [atomic पारमाणविक, electric वैद्युत]; the sun is the greatest source of ~ सूर्य ~ का सबसे बड़ा स्रोत है.

enforce इन फ़ोर्स' *v.t.* **1.** (impose) प्रवर्तित करना, लागू करना, चालू करना, जारी रखना : the police ~s law पुलिस^{F} कानून को प्रवर्तित/लागू करती है; ~d labour बेगार; some people do not obey the law unless a policeman is there to ~ it कुछ लोग कानून का पालन नहीं करते जब तक कि कोई पुलिस प्रवर्तन के लिए न हो. **2.** (other meanings) to ~ discipline अनुशासन का पालन करवाना : to ~ obedience आज्ञापालन करवाना; to ~ a right अधिकार का प्रयोग करना, अधिकार बरतना.

engage इन् गेज' *v.t.* **1.** (promise) प्रतिज्ञा करना, वचन देना, वचनबद्ध होना : he ~d (himself) to return my books today उसने मेरी पुस्तकें^{F} आज लौटाने का वचन दिया; she ~d herself to marry उसने शादी करने का वचन दिया. **2.** (betroth) सगाई^{F} होना, वाग्दान करना : the king ~d his daughter to a prince राजा ने अपनी पुत्री की सगाई^{F} एक राजकुमार से की; his sister is ~d to a school master उसकी बहन की सगाई एक शिक्षक से हुई है. **3.** (put in) रखना, काम में लगाना : we have ~d a new gardener in the school हमने विद्यालय में एक नया माली रखा है; we ~d a man to do the work for Rs. 25 a week हमने सप्ताह में 25 रुपये पर काम करने पर एक आदमी रखा; ~ a servant एक नौकर रख लो; he was ~d in writing a letter वह एक पत्र लिखने में लगा (व्यस्त) था; to ~ in conversation बातचीत^{F} में लगना; to ~ smb to do something किसी को कुछ करने के लिए रखना; to ~ in a legitimate occupation वैध व्यवसाय में लगना; this taxi is ~d यह गाड़ी^{F} लगी हुई है. **4.** रोकना : to ~ a seat सीट ≈. **5.** भाग लेना : to ~ in social work सामाजिक कार्य में ≈. **6.** to ~ one's attention अपना ध्यान केन्द्रित करना. **7.** I am ~d on Sunday मैं इतवार को व्यस्त हूँ. **engagement** इन् गेज्'मन्ट n^{c}. **1.** प्रतिज्ञा^{F}, वादा, वचन : I cannot meet you this evening for I have another ~ इस शाम मैं आपसे नहीं मिल सकता क्योंकि मेरा किसी और से (मिलने का) वादा है. **2.** सगाई^{F}, वाग्दान (betrothal) : his ~ with Mary has broken off मैरी से उसकी सगाई टूट गई है; ~ ring ≈ की अंगूठी^{F}. **3.** (in a job) विनियोजन, नियुक्ति^{F} : ~ in government service सरकारी नौकरी^{F} में ≈. **4.** (appointment) मिलने का वादा I cannot break my ~ with a friend this evening इस शाम^{F} मैं मित्र से ≈ नहीं तोड़ सकता. **5.** (fight) मुठभेड़^{F}, लड़ाई^{F} : in a short ~ several soldiers were killed थोड़ी सी ≈ में कई जवान मारे गए.

engender इन् जें न्'डर *v.t.* उत्पन्न करना, पैदा करना : do not ~ hatred घृणा^{F} उत्पन्न मत करो; ~ suspicion शंका ≈; mosquitoes ~ malaria मच्छरों से मलेरिया पैदा होता है.

engine एॅन'जिन n^{c}. इंजन [electric विद्युत,

petrol पेट्रोल, steam भाप[F]]; now you do not see often a steam ~ pulling a train अब गाड़ी[F] खींचने वाला भाप का ≈ प्रायः दिखाई नहीं देता; the car would not go because the ~ had gone wrong कार[F] नहीं चलेगी क्योंकि ≈ ख़राब हो गया है.

engineer ऍन जि निअर' **I.** ***n***[c]. इंजीनियर, अभियंता [capable दक्ष, chief मुख्य, electrical वैद्युत, experienced अनुभवी, mechanical यांत्रिक, mining खदान, qualified योग्य]; he is working as a chief ~ वह मुख्य ≈ के रूप में काम कर रहा है. **II.** *v.t.* **1.** निर्माण करना : to ~ a bridge पुल का ≈. **2.** (contrive) उपाय निकालना, प्रबंध करना : to ~ a plot षड्यंत्र रचना; to ~ a coup सरकार का तख़्ता उलटने का उपाय करना.

engineering ऍन जि निअ'रिंग ***n***[u]. अभियांत्रिकी[F], इंजीनिरी[F] [marine समुद्री, mechanical यान्त्रिक/मैकेनिकल]; my brother is studying ~ मेरा भाई ≈ कर रहा है.

English इंग'लिश **I.** *a.* अंग्रेजी, art कला[F], book किताब[F], custom रीतिरिवाज, government सरकार[F], history इतिहास, industry उद्योग, literature साहित्य, writer लेखक]. **II.** ***n***[u]. **1.** अंग्रेजी[F] (भाषा[F]) : King's ~, Queen's ~ परिनिष्ठित ≈; study ~ ≈ पढ़ो; he speaks ~ वह ≈ बोलता है; translate from English into Hindi ≈ से हिन्दी में अनुवाद करो; what is the ~ for this इसकी ≈ क्या है? **2.** ***n***[c]. अंग्रेज़ : ~ people ≈ लोग; we are ~ हम ≈ हैं.

engrave इन् ग्रेव' *v.t.* **1.** खोदना, अंकित करना, उत्कार्ण करना, नक्श करना : this metal plate was ~d in his memory धातु[F] की यह प्लेट[F] उसकी याद[F] में उत्कीर्ण कराई गई थी; to ~ a memorial stone किसी यादगारी पत्थर को उत्कीर्ण करना. **2.** जमाना, बैठाना : his words are ~d in my mind उसके शब्द मेरे मन में बैठ गए हैं.

enhance इन हान्स' *v.t.* बढ़ाना, वृद्धि[F] करना, ज्यादा करना : to ~ the importance of smth किसी वस्तु[F] का महत्व बढ़ाना; shortage ~d the price of food खाद्य-पदार्थों की कमी ने मूल्य बढ़ा दिया; to ~ reputation ख्याति[F] बढ़ाना; to ~ the prestige of a firm किसी फर्म[F] की प्रतिष्ठा[F] बढ़ाना; her beauty was ~d by ornaments उसकी सुंदरता[F] गहनों ने बढ़ा दी.

enjoy इन् जाइ' *v.t.* आनंद प्राप्त करना, रस लेना, सुख लेना, मज़ा लेना : we ~ed the trip very much हमने यात्रा[F] का बहुत अधिक आनंद लिया; did you ~ the book क्या तुमने किताब[F] का रस लिया? we have ~ed seeing you again हम लोग आपको पुनः देखकर सुखी हुए; we ~ed ourselves very much हम सब ने बहुत अधिक आनंद पाया; to ~ good food अच्छे भोजन का ≈; to ~ good health स्वास्थ्य अच्छा होना; to ~ smth is to like it किसी वस्तु[F] का आनंद लेना उसे पसंद करना है; to ~ life जीवन का ≈.

enjoyable इन् जाइ'अबल *a.* उपभोग्य, सुखद, आनंददायक [dinner भोजन, holiday छुट्टी[F], life जीवन, performance प्रदर्शन].

enjoyment इन् जाइ'मन्ट ***n***[c]. सुख, आनंद, रस, मज़ा, मौज[F] : he derived ~ from his work उसे अपने काम से सुख/आनंद मिलता है; I had the ~ of good health last year पिछले वर्ष मुझे अच्छे स्वास्थ्य का आनंद था; she finds ~ in her work उसे अपने काम में आनंद/ मज़ा आता है.

enlarge इन् लार्ज' *v.t.i.* बड़ा करना, वृद्धि[F] करना : this photograph is too small, please ~ it for me यह फ़ोटो बहुत छोटा है, मेरे लिए कृपया इसे बड़ा कीजिए; ~d copy परिवर्धित कापी (प्रति; ~ edition परिवर्धित संस्करण; to ~ a room कमरा बड़ा करना. Δ **to ~ upon a subject** किसी विषय की विस्तृत चर्चा[F] करना; **to ~ upon the benefits of education** शिक्षा[F] के लाभों को विस्तारपूर्वक प्रस्तुत करना.

enlighten इन् लाइ'टन *v.t.* जानकारी[F] देना, प्रकाश डालना : I will ~ you about the matter इस मामले में आपको जानकारी दूँगा; to ~ a person as to what he should do किसी व्यक्ति को स्पष्ट रूप से मालूम कराना कि उसे क्या करना है; please ~ me on this subject कृपया मेरे लिए इस विषय पर प्रकाश

डालिए. **enlightened** इन् लाइ'टन्ड *a.* प्रबुद्ध, ज्ञानसंपन्न : ~ world opinion ≈ विश्वमत या लोकमत ~ person ≈ व्यक्ति.

enlist इन् लिस्ट' *v.t.i.* **1.** भरती^F करना या होना, नाम लिखना या लिखाना : the government desires to ~ more men सरकार^F कुछ और आदमियों को भर्ती करना चाहती है; to be ~ in the army सेना में भर्ती^F होना; he has been ~ed भर्ती कर लिया गया है या हो गया है. **2.** प्राप्त करना, हासिल करना, बटोरना : to ~ support, cooperation समर्थन, सहयोग प्राप्त करना.

enmity ऍन्'मिटि *n*^u. (from enemy) शत्रुता^F, दुश्मनी^F : I have no ~ against him उससे मेरी कोई ≈ नहीं है; don't be at ~ with your neighbours अपने पड़ोसियों से ≈ मत रखो. [*ant.* friendship]

enormous इ नॉर्'मस *a.* **1.** विशाल, वृहत्, बहुत बड़ा/बड़ी [animal पशु, building इमारत^F, city शहर, crowd भीड़^F, difference अंतर, loss हानि^F, price कीमत^F, quantity मात्रा^F, success सफलता^F]; he eats an ~ amount वह ढेर सारा खा जाता है. **2.** बहुत अधिक भारी : there is ~ difference between Taj Mahal and Char Minar ताजमहल और चारमीनार में ≈ अंतर है.

enough इ नफ़' **I.** *a.* काफ़ी : there is ~ room, there is ~ of room ≈ जगह^F है; that was not ~ for everybody वह प्रत्येक व्यक्ति के लिए ≈ नहीं था; he has not ~ experience उसे पर्याप्त अनुभव नहीं है; have you had ~ क्या तुम्हारे पास काफी है; I have ~ bread मेरे पास ≈ रोटी है; that is more than ~ वह ≈ से ज्यादा है. **II.** *adv.* अच्छी तरह, काफी : it was warm ~ काफी गर्मी थी; I do not know him well ~ मैं उन्हें काफी अच्छी तरह नहीं जानता; that is good ~ for me वह मेरे लिए बहुत अच्छा है; is it not ~ क्या यह काफी नहीं है ? the milk is not boiled ~ दूध अच्छी तरह उबाला नहीं गया है; I have told you clearly ~ मैंने तुम्हें अच्छी तरह साफ़ बता दिया है. Δ **I have had ~ of him** मैं उससे तंग आ गया हूँ.

enquire इन् क्वाइ'अर *v.t.i.* (about, after, concerning, into) जाँच^F करना, छानबीन^F करना, पूछताछ^F करना, पूछना : to ~ into the matter मामले की जाँच करना; to ~ into some strange happening किसी विचित्र घटना^F की छान-बीन^F करना; to ~ the time समय पूछना; to ~ about smb's health किसी के स्वास्थ्य के बारे में पूछताछ करना. [see inquire, inquiry]

enrage इन् रेज' *v.t.* क्रुद्ध करना, गुस्सा दिलाना : he was ~d at/by his comment उसकी टीका-टिप्पणी^F से उसे गुस्सा आ गया; his behaviour ~d her उसके बरताव से उसे गुस्सा आ गया. [*ant.* pacify]

enrich इन् रिच' *v.t.* **1.** धनी करना, धनवान बनाना : the new contract will ~ my father नए ठेके से मेरे पिता धनवान हो जाएँगे. **2.** बढ़ाना, समृद्ध करना : the book will ~ your vocabulary इस पुस्तक से तुम्हारा शब्द भंडार-समृद्ध हो जाएगा. [*ant.* impoverish]

enrol इन् रोल' *v.t.* (enrolled, enrolling) भरती^F होना या करना, नाम लिखना या लिखवाना : to ~ someone in register किसी का नाम रजिस्टर में लिखना; he was ~ed as a member of the club उसे क्लब के सदस्य के रूप में भरती किया गया. **enrolment** इन् रोल्'मन्ट *n*^c. भर्ती, नामांकन : the school has an ~ of 700 boys विद्यालय में 700 लड़के भर्ती हैं या नामांकित हैं; his ~ as a member was confirmed सदस्य के रूप में उसके नामांकन की पुष्टि^F की गई.

en route आं रूट' *adv.* रास्ते में, मार्ग में, मार्ग/रास्ते से, जाते हुए : he was going to Ambala ~ Meerut वह मेरठ के रास्ते अम्बाला जा रहा था. he was ~ for/ to his office वह अपने कार्यालय के मार्ग में था; she was ~ from Agra to Kanpur वह आगरा से कानपुर के रास्ते में था.

enslave इन् स्लेव' *v.t.* **1.** दास बना लेना : Negroes were ~ed in Africa अफ्रीका में हबशियों को दास बनाया गया. **2.** वशीभूत करना : to ~ people लोगों को ≈.

ensnare इन् स्नेअर' *v.t.* (often passive, by, into) **1.** फंदे में फँसाना : a deer was ~d by hunters एक हिरन को शिकारियों ने फंदे में फँसा लिया. 2. फुसलाना, बहकाना : some goondas ~d the boy कुछ गुंडों ने लड़के को बहकाया; he was ~d by her charms वह उसके सौंदर्य से बहक गया.

ensure इन् शुअर' *v.t.* 1. सुरक्षित कर देना, निरापद करना : ~ your house against any risk अपना घर जोखिम से सुरक्षित कर लो. 2. निश्चय करा देना, सुनिश्चित करना [*cf.* insure] : the teacher ~d that the boy will pass अध्यापक ने निश्चय करा दिया कि लड़का पास हो जाएगा.

entangle इन् टैङ्'गल *v.t.* उलझाना, फँसाना : a dear ~d its horns in bushes एक हिरन के सींग झाड़ियों^{F} में फँस/उलझ गए; the bird was ~d in the net पक्षी जाल में फँस गया; he was/got ~d in his schemes वह अपनी योजनाओं में ही उलझ गया; to ~ smb in difficulties किसी को कठिनाइयों^{F} में डालना. [*ant.* dis ~]

enter एन्'टर *v.t.* 1. भीतर जाना या आना, प्रवेश करना, दाख़िल होना, घुसना : we noticed her as soon as she ~ed the room जैसे ही वह हमारे कमरे में आई वैसे ही हमने उसे देख लिया; he ~ed the university in 1974 वह 1974 में विश्वविद्यालय में दाख़िल हुआ; ~ by this door इस दरवाज़े से भीतर जाओ; to ~ a pupil for schooling किसी शिष्य को शिक्षा के लिए प्रवेश देना. 2. शामिल होना, हिस्सा लेना : he ~ed for a race वह दौड़ में शामिल हुआ; **to ~ into conversation** बातचीत^F करना या बातचीत में शामिल होना. 3. प्रारंभ करना, शुरू/आरंभ करना : to ~ a profession व्यवसाय ≈; **to ~ into** a contract ठेका लेना. 4. प्रविष्टि करना, लिख देना : ~ this amount in your register यह राशि^{F} अपनी पंजी में लिख लो. 5. (various uses) to ~ a protest (लिखित) विरोध प्रकट करना, विरोध पत्र भेजना : to ~ into relations with smb किसी के साथ संबंध बनाना; to ~ into an agreement करार करना; **to ~ upon an office** पद ग्रहण करना. [*n.* entrance प्रवेश; *ant.* leave]

enterprise ऍन्'टॅर प्राइज़ n^c. उद्यम : he has no ~ उसमें कोई ≈ नहीं है; private ~ निजी ≈. **enterprising** ऍन्'टरप्राइज़िंग *a.* उद्यमशील [businessman व्यवसायी, person व्यक्ति].

entertain ऍन् टर्टेन' *v.t.* 1. (amuse) का मनोरंजन करना, का मन बहलाना/रिझाना : the teacher ~s the boys अध्यापक लड़कों को रिझाता है; to ~ a friend मित्र का ≈; to ~ smb with jokes चुटकुलों से किसी का मन बहलाना. 2. अतिथि-सत्कार करना : to ~ a guest अतिथि का सत्कार करना; she ~ed us to tea उसने चाय पिलाकर हमारा सत्कार किया. 3. मन में लाना/रखना : to ~ an idea, fear, hope कोई विचार, डर, आशा रखना या मन में लाना. 4. (accept) स्वीकार करना, ग्रहण करना : can you ~ this proposal क्या आप इस प्रस्ताव को स्वीकार कर सकते हैं? his request may please be ~ed कृपया उसका निवेदन, उसकी प्रार्थना, स्वीकार करें. entertaining एन्टर टे'निंग *a.* मनोरंजक : ~ conversation मनोरंजक वार्तालाप; ~ story ≈ कहानी^{F}. **entertainment** ऍन्टरटेन'मन्ट n^c. 1. (amusement) मनोरंजन, मनबहलाव : ~ tax ≈ कर; cinema is a place of ~ सिनेमा ≈ की जगह^F है. 2. (hospitality) आतिथ्य सत्कार : ~ allowance आतिथ्य कर 3. (of an idea) विचारण, विचार का आना.

enthusiasm इनथ्यू'ज़िऐज़्म n^u. (for, about) उत्साह, उमंग^F, जोश : the players were full of ~ खिलाड़ियों में ≈ भरा था; he has a great ~ for acting उसमें अभिनय करने का बड़ा ≈ है. **enthusiastic** इन् थ्यू ज़िऐस्'टिक *a.* उत्साही, उमंगभरा, जोशीला : he was an ~ supporter of his club वह अपने क्लब का ≈ समर्थक था; ~ welcome उमंगभरा स्वागत; the spectators were ~ about the result of the play दर्शकों में खेल के परिणाम के बारे में जोश था.

entice इन् टाइस' *v.t.* 1. लुभाना, फुसलाना, प्रलोभन देना : to ~ a shy animal with food खाद्यपदार्थ द्वारा बिदकने वाले जानवर को ≈; to ~ by flattery चापलूसी^{F} से फुसलाना/बहकाना; to ~ a boy to steal the money लड़के को धन चुराने के लिए ≈. 2. बहकाकर ले जाना : the keeper ~d away the animal back into the cage by offering a bit of food रखवाला थोड़ा-सा चारा देकर जानवर को पुनः पिंजड़े में फुसला ले गया; he ~d away the girl from her parents वह लड़की को उनके माता-पिता से भगा ले गया या बहका ले गया.

entire इन् टाइअर' *a.* कुल, सब, सारा, पूरा [day दिन, month महीना, week सप्ताह, year वर्ष] : I am in ~ agreement with you मैं तुमसे पूर्णतया सहमत हूँ; the ~ plan collapsed पूरी योजना^F नष्ट हो गई; the ~ books have been written on the question पूरी किताबें इस प्रश्न पर लिखी गई हैं; the ~ school was present पूरा विद्यालय उपस्थित था; we searched the ~ building to satisfy ourselves that Billy was nowhere in it हम लोगों ने स्वयं को संतुष्ट करने के लिए पूरी इमारत^F खोज^F मारी कि बिली उसमें कहीं नहीं थी. **entirely** इन् टाइ'अर्लि *adv.* सर्वथा, बिल्कुल, सरासर, पूरे तौर पर : that is ~ wrong वह सरासर गलत है; you are ~ mistaken तुम ≈ गलती^F पर हो; I forgot about it ~ मैं इस बारे में पूरी तरह भूल गया था; I ~ disagree मैं पूरी तरह असहमत हूँ; it is not ~ my own work यह सर्वथा मेरा अपना काम नहीं है.

entitle इन् टाइ'टॅल *v.t.* **1.** अधिकार देना, हक देना, हकदार बनाना : his success ~s him to a prize उसकी सफलता^F उसे पुरस्कार का हकदार बनाती है. **2.** शीर्षक या नाम रखना : you are ~d to think like that तुम्हें ऐसा सोचने का हक है; he ~d the book 'Fast unto Death' उसने पुस्तक का शीर्षक/नाम 'आमरण अनशन' रखा. **entitled** इन् टाइ'टल्ड *a.* अधिकारी, अधिकृत, हकदार : you are not ~ed to wear our school tie if you do not attend the school यदि तुम विद्यालय नहीं जाते तो तुम स्कूल टाई पहनने के हकदार नहीं हो; officers are ~ to a higher allowance अधिकारियों का अधिक भत्ता पाने का हक है.

entrance ऍन्'ट्र न्स *n*^c. **1.** प्रवेश : ~ fee ≈ शुल्क^F; school ~ examination स्कूल की ≈ परीक्षा^F. **2.** प्रवेशद्वार, मार्ग, रास्ता : the ~ to the school स्कूल का ≈; the ~ to theatre थियेटर का प्रवेश-द्वार. **3.** प्रवेश-अधिकार : the ticket gives ~ टिकट ≈ देता है. [*ant.* exit]

entreat इन् ट्रीट' *v.t.* अनुनय-विनय^F करना, घिघियाना, मिन्नत^F करना : to ~ for aid सहायता^F के लिए ≈; I ~ your help मैं सहायता^F के लिए आपकी मिन्नत करता हूँ; I ~ed him to forgive me मैंने क्षमा^F करने के लिए उससे अनुनय-विनय की; I ~ you to go मैं तुम्हारी मिन्नत करता हूँ कि जाओ. **entreaty** इन् ट्री'टि *n*^c. (entreaties) अनुनय-विनय^F, मिन्नत^F : entreaties could not influence him ≈ का उस पर कोई असर नहीं पड़ा.

entrust इन् ट्रस्ट' *v.t.* (to, with) सौंपना, सुपुर्द करना : I ~ed him with my son मैंने अपने लड़के को उसके सुपुर्द कर दिया; I ~ed my son to his care मैंने अपने बच्चे को उसकी रक्षा^F में सौंप दिया; to ~ one's luggage to take care of किसी को देखभाल^F करने के लिए सामान ≈.

entry ऍन्'ट्रि *n*^c. **1.** प्रवेश, दाख़िला : the audience hailed the actor's ~ श्रोतागण ने अभिनेता के प्रवेश का स्वागत किया; the only ~ was an iron gate set in the wall दीवार^F से लगा लोहे का गेट ही एकमात्र प्रवेश-द्वार था. **2.** प्रविष्टि^F, इंदराज : ~ of an account in a register रजिस्टर में ≈; have you corrected the ~ in the sales book क्या तुमने बिक्री-पुस्तिका में ≈ सही कर ली है ? 'No Entry' प्रवेश निषिद्ध/बंद; ~ of a word in a dictionary शब्दकोश में किसी शब्द की प्रविष्टि.

enumerate इन्यूमॅ'रेट *v.t.* गिनना, नाम लेकर बताना : he ~d all his birthday gifts उसने अपने जन्मदिन के सभी उपहारों को गिन लिया; ~ the names from the list सूची से नाम लेकर बताओ. **enumeration** इन्यूमरे'शन *n*^c. गणना^F, गिनती^F : ~ of facts तथ्यों की गिनती/गणना; ~ of names नामों की ≈.

envelop इनवॅ'लप *v.t.* (*p.* enveloped) घेर लेना, ढक लेना, छा जाना : she ~ed herself in warm clothes उसने अपने को गर्म कपड़ों से ढक लिया; the building was ~ed in flames इमारत^F लपटों^F में घिर गई; the flames ~ed the building लपटें^F इमारत^F

में छा गईं; fog ~ed us कुहरा हम लोगों पर छा गया; mystery ~s this event यह घटना[F] रहस्य में घिर गई. **envelope** ऍन्'व़लोप *n*[c]. लिफ़ाफ़ा; आवरण : we put letters in ~s हम लिफ़ाफ़ों में पत्र डालते हैं; this ~ has wrong address इस लिफ़ाफ़े पर गलत पता है.

envious ऍन्'व़िअस *a.* ईर्ष्यालु : I am not at all ~ of him मैं उससे बिल्कुल ईर्ष्या नहीं करता, मैं उसका ≈ बिल्कुल नहीं हूँ.

environ इन व़ाइ'रन *v.t.* घेरना : a house ~ed by trees पेड़ों से घिरा हुआ मकान. **environment** इनव़ाइ'रन् मन्ट *n*[c]. परिवेश, पास-पड़ोस : the house stands in a beautiful ~ यह मकान अच्छे ≈ में स्थित है; crime is due to bad ~ अपराध खराब ≈ के कारण होता है. **environs** इन् व़ाइ'रन्ज़ *n*[c]. (*pl.*) पास-पड़ोस, परिवेश : ~ of a place are the surrounding territory किसी स्थान का ≈ उसके आस-पास का इलाका होता है; the ~ of this bangalow are beautiful इस बंगले का ≈ सुंदर है.

envisage इन् व़ि'ज़िज *v.t.* **1.** का सामना करना : to ~ difficulties कठिनाइयों[F] ≈. **2.** ध्यान में लाना : to ~ a project किसी योजना[F] को ≈; he ~d a bright future for his plan वह अपनी योजना[F] के उज्ज्वल भविष्य को ध्यान में रखता था.

envoy एन्'व़ॉइ *n*[c]. दूत, उपराजदूत : the king's ~ राजा का दूत : he is an ~ from Iran वह ईरान का ≈ है.

envy एन्'व़ि **I.** *n*[c]. **1.** ईर्ष्या[F], डाह[F], जलन[F] : I have no ~ of him मुझे उससे कोई ≈ नहीं है. **2.** ईर्ष्या[F] का पात्र : he is the ~ of all वह सभी लोगों की ≈ है, उससे सबको ईर्ष्या होती है. **II.** *v.t.* (envied) ईर्ष्या[F] करना, डाह[F] करना, जलना : I ~ you and your new scooter मुझे तुमसे और तुम्हारे नए स्कूटर से ईर्ष्या है; I ~ his success मैं उसकी सफलता[F] पर ईर्ष्या करता हूँ; the rich are ~ied by the poor गरीब धनी लोगों से डाह करते हैं.

E.O. Enquiry Officer.

e.o.d. every other day.

epic ऍ'पिक **I.** *n*[c]. महाकाव्य : *Paradise Lost* is a great ~ of Milton पैराडाइज़ लास्ट-मिल्टन का ≈ है; Ramayana and Mahabharata are famous ~s of India रामायण और महाभारत भारत के प्रसिद्ध ≈ हैं. **II.** *a.* वीरोचित : ~ fight वीरोचित लड़ाई; ~ poetry महाकाव्य.

epidemic ऍपि डॅ'मिक *a.* महामारी[F] : influenza is an ~ disease इन्फ्लूएन्जा एक ≈ है. (fig.) **violence in ~ form** महामारी के रूप में हिंसा[F].

epilepsy ऍ'पिलॅप्सि *n*[c]. मिरगी, अपस्मार : ~ is a disease of the brain ≈ एक मस्तिस्क का रोग है; she is suffering from ~ वह ≈ से पीड़ित है, उसे ≈ है.

episode ऍ'पिसोड *n*[c]. कथांश, कहानी[F] का भाग : it was only an ~ यह केवल कहानी का एक अंश था; the third ~ of this series will be shown on Monday इस शृंखला[F] का तीसरा कथांश सोमवार को दिखाया जायगा.

epithet ऍ'पिथॅट *n*[c]. विशेष नाम, गुणवाचक नाम : he called me by abusive ~s उसने मुझे गाली भरे उपनामों से पुकारा; the Great is an ~ in 'Ashoka the Great' अशोक महान में महान् एक ≈ है.

epoch ई'पॉक *n*[c]. युग, ज़माना : the invention of the steam-engine marked an ~ भाप-इंजन के आविष्कार ने एक ≈ अंकित कर दिया; the ~ of Mughal rule in India भारत में मुग़ल शासन का युग; **to make an ~** युग आरंभ करना; **~ making** युगांतकारी : ~ discovery, event युगान्तकारी आविष्कार, घटना[F].

equable एक्'वॅबल *a.* स्थिर, एकरूप, सम [climate जलवायु, mind मन, temperament स्वभाव]; he is a man of ~ temperament वह स्थिर स्वभाव का आदमी है.

equal ई'क्वल **I.** *a.* समान, बराबर [division बँटवारा, intelligence बुद्धि, parts भाग, rights अधिकार, side किनारा, temperature तापमान]; mother divided the cake into three ~ parts माँ ने केक को तीन ≈ भागों में बाँटा; it was an ~ contest यह बराबर की प्रतिस्पर्धा[F] थी; a seer was ~ to two pounds एक सेर दो पौण्ड के बराबर होता था; an hour is ~ to sixty minutes एक घंटा साठ मिनट के बराबर होता है; my weight is ~

to yours मेरा वज़न तुम्हारे ≈ है; all men are not ~ सभी लोग ≈ नहीं हैं; they are ~ in ability वे योग्यता में ≈ हैं. 2. सक्षम : he is always ~ to the task वह सदा काम के लिए ≈ होता है; to be ~ to the occasion स्थिति^F का सामना करने के लिए ≈ होना. II. n^c. बराबर का व्यक्ति, जोड़ का आदमी : I am not Jagdish's ~ मैं जगदीश के जोड़ का नहीं हूँ; they are his ~s वे उसके जोड़ के आदमी हैं. III. *v.t.* (equalled, equalling) समान/बराबर होना : two plus three ~s five दो धन तीन (2+3) पाँच के बराबर होते हैं; he ~s me in strength शक्ति में वह मेरे बराबर है. [*ant.* un ~] **equality** इक्वॉ'लिटि n^c. समानता,^F बराबरी^F : we can talk with them on a footing of ~ हम ≈ के आधार पर उनसे बातें^F कर सकते हैं; all men should have ~of opportunity सभी लोगों को अवसर की समानता मिलनी चाहिए; they are **on** ~ with us वह हमसे समानता रखते हैं. [*ant.* in ~]

equator इक्वे'टर n^c. भूमध्य रेखा^F, विषुवत रेखा^F, इक्वेटर : ~ on the earth is an imaginary line धरती^F पर की ≈ काल्पनिक रेखा है; ~ is it an equal distance from the north and south poles ≈ उत्तरी ध्रुव और दक्षिणी ध्रुव से बराबर की दूरी पर है.

equilibrium ईक्वि लिब'रिअम n^c. संतुलन : equal weights keep a scale in ~ समान वज़न तराज़ू में ≈ रखते हैं; he lost his ~ and collapsed उसने अपना ≈ खो दिया और गिर पड़ा.

equip इ क्विप' *v.t.* (equipped) 1. लैस करना : to ~ an army for a campaign किसी अभियान के लिए सेना^F को ≈; to ~ oneself for a journey यात्रा^F के लिए सामान जुटाना; to ~ smb with weapon अपने को हथियारों से ≈. 2. (prepare) तैयार करना : good health ~s you to fight against infection अच्छा स्वास्थ्य संक्रामक रोगों से जूझने में तैयार करता है. **equipment** इ क्विप्'मन्ट n^c. साज़-सामान, सामग्री^F, साज-सज्जा^F : complete ~ for a marriage party बरात^F के लिए पूरा ≈; the regiment has its full ~ रेजिमन्ट के पास अपनी पूरी साज-सज्जा है.

equitable एँ'क्विटॅबल *a.* न्यायसंगत, उचित [arrangement व्यवस्था^F, decision निर्णय]; the sons received the property in ~ manner पुत्रों को ≈ रीति से सम्पत्ति^F प्राप्त हुई.

equivalent इ'क्वि वॅलन्ट I. *a.* बराबर, बराबर का : your reluctance is ~ to a refusal तुम्हारी अनिच्छा इंकार के बराबर है; the metre is ~ to one hundred centimetres मीटर सौ सेंटीमीटर के बराबर होता है; for Rs. 3000 give me an ~ amount of dollars तीन हज़ार रुपए के बराबर डालर की रकम दें. II. n^c. (synonym) पर्याय, समानार्थ : English word 'army' is an ~ of Hindi 'Sena' अंग्रेज़ी शब्द 'आर्मी' हिन्दी के 'सेना' का शब्द का ≈ है.

-er *suff.* (makes agentive noun) करने वाला : admirer, baker, hunter, maker, doer, organiser, painter, reformer, writer also boiler, cooker, computer, duster, opener, cutter (instruments).

era इअ'रा n^c. युग, संवत् [Christian ईसाई, Mughal मुग़ल, Vikram विक्रमी]; ~ of reforms सुधार ≈; it is an ~ of electronics यह इलेँक्ट्रानिक युग है.

eradicate इरै'डिकेट *v.t.* का उन्मूलन करना, जड़ से निकालना, मिटाना, उखाड़ फेंकना, दूर करना, बिल्कुल खत्म कर देना : to ~ bad habits बुरी आदतें दूर करना; to ~ a disease बीमारी^F खत्म करना; even Gandhi could not ~ untouchability गाँधी भी छुआछूत का उन्मूलन नहीं कर सके.

erase इ रेज़' *v.t.* मिटाना, छीलना : you can ~ pencil marks with a rubber तुम रबड़ से पेंसिल के निशान मिटा सकते हो; to ~ a blot कलंक मिटाना; to ~ an inscription शिलालेख छील देना; to ~ the blackboard श्यामपट साफ़ कर देना. **eraser** इरे'ज़र n^c. रबर : remove these ink blots with an ~ स्याही^F के इन धब्बों को ≈ से हटा दो.

erect इरैं'क्ट' I. *v.t.* निर्माण करना, बनाना, खड़ा करना : to ~ a school स्कूल का निर्माण करना; to ~ a ladder सीढ़ी^F खड़ी करना; the builder is going to ~ a block of flats

निर्माणकर्ता फ़्लैटों का एक खण्ड बनाने जा रहा है; to ~ a building इमारत[F] बनाना; to ~ a barrier जंगला खड़ा करना; to ~ a tent तंबू गाड़ना; to ~ a monument स्मारक बनाना. [*ant*. demolish] **II.** *a.* (straight) सीधा : hold your head ~ अपना सिर सीधा रखो. **III.** *adv*. सीधे : walk ~ सीधे होकर चलो.

ern *suff*. indicates direction : eastern, northern, southern, western.

err अरर' *v.t.* (erred, erring) भूल[F] करना, चूकना, गलती[F] करना : to ~ in calculation गणना[F] में ≈; he ~s if he thinks I shall agree यदि वह सोचता है कि मैं सहमत हो जाऊंगा तो यह उसकी भूल[F] है; we have all ~ed and gone astray like the lost sheep हम सभी ने गलतियाँ[F] की हैं और एक भूली-भटकी भेड़[F] की तरह भटके हैं; to ~ on the right side दो अपराधों या गलतियों में एक चुनना; to ~ on the side of leniency सख़्ती[F] नहीं पर अति नरमी[F] भी न बरतना. Δ **to ~ is human** गलती इन्सान से ही होती है. **erroneous** इरो'निअस *a.* भ्रान्तिपूर्ण, गलत, अशुद्ध : ~ belief भ्रांतिपूर्ण विश्वास; your statement is ~ तुम्हारा कथन गलत है. **error** इ'रर *n*[c]. भ्रांति[F], भूल[F], गलती[F] : an exercise full of ~s गलतियों[F] से भरा अभ्यास; to repent of an ~ ≈ करने का पश्चाताप; superstitious people live in ~s अंधविश्वासी लोग भ्रांतियों में जीते हैं; there are three ~s in your composition तुम्हारी रचना[F] में तीन गलतियाँ हैं; I went to school in ~ मैं स्कूल भूल[F] से चला गया; there was ~ on my side गलती मेरी थी; the patient died by the doctor's ~ मरीज़ डाक्टर की गलती से मरा; ~s and omissions excepted भूल-चूक[F] लेनी-देनी.

erupt इरप्ट' *v.i.* फटना, फूटना, निकल आना : a spring ~ed चश्मा फूट निकला; the volcano ~s ज्वालामुखी फटता है; baby's first tooth ~ed with difficulty बच्चे का पहला दाँत कठिनाई से निकला.

-ery *suff.* (place) bakery, confectionery, fishery, refinery. (abstract noun) bravery, slavery.

escape इस् केप' **I.** *v.i.* (from, out) **1.** भाग निकलना, निकल भागना : the prisoner ~d कैदी निकल भागा; no one could ~ from the island कोई भी द्वीप से भाग नहीं सका; they ~d to the woods वे जंगल की ओर निकल गए. **2.** बच जाना : to ~ from harms नुकसान से बचना; we ~d being caught हम पकड़े जाने से बच गए; she ~d death वह मौत[F] से बच गई; to ~ from custody हिरासत[F] से बच निकलना; to ~ danger punishment खतरे या दण्ड से बचना; they wanted to ~ *from* pollution in the city वे शहर के प्रदूषण से बचना चाहते थे; to ~ assessment कर-निर्धारण से बचना. **3.** निकलना : harsh words ~d my lips मेरे होठों से कड़े शब्द निकले; gas is ~ping from the pipe पाइप से गैस निकल रही है; a sigh ~d her उसकी एक आह निकली. **4.** भूल जाना : his name ~s me मैं उसका नाम भूल गया हूँ. **II.** *n*[u]. **1.** बचना, बचाव : she had a narrow ~ वह बाल-बाल बच गई. **2.** भाग निकलना : to make good one's ~ सफलतापूर्वक ≈ ; the prisoner's ~ from or out of the jail जेल से कैदी का ≈.

escort ऍस्'कॉर्ट **I.** *n*[c]. **1.** रक्षक, रक्षक दल, पहरेदार : the prisoners had an ~ of soldiers to guard कैदियों की निगरानी[F] के लिए सैनिकों का एक रक्षकदल था; ~ of protection बचाव के लिए रक्षकदल; he was the lady's ~ वह उस महिला का रक्षक था; the king with his ~ राजा अपने ≈ के साथ. **2.** देख-रेख[F] निगरानी[F] : he was brought to the court under ~ उसे ≈ में न्यायालय लाया गया. **II.** *v.t.* रक्षार्थ साथ जाना, संरक्षण में ले जाना : to ~ a lady किसी महिला के रक्षार्थ साथ जाना; I ~ her home मैं उसे रखवाली में घर ले गया; there are soldiers to ~ रक्षार्थ सैनिक हैं.

-ese *suff*. का : Chinese, Japanese, Myanmarese, Portugese, Siamese.

esp, espec. = especially.

especial इस् पॅ'शल *a.* **1.** श्रेष्ठ, उत्कृष्ट [conduct आचरण, friend मित्र, poem कविता[F]]. **2.** विशिष्ट, ख़ास : his case is an

~ one उसका मामला विशेष है; Ram is my ~ friend राम मेरा ≈ मित्र हैं; an ~ concession खास रियाअत. [*ant*. ordinary] **especially** इस् पें'शॅलि *adv.* ख़ास कर, ख़ास तौर पर, विशेषतया, विशेष रूप से : it was ~ important यह विशेष रूप से महत्वपूर्ण था; it was ~ cold today आज ख़ास ठंड[F] थी; we enjoyed the theatre ~ हमने विशेष रूप से थिएटर का आनंद लिया; I like ~ the apples most मैं खास तौर पर सेब सबसे ज़्यादा पसंद करता हूँ.

espy इस् पाइ' *v.t.* (espied) पता लगाना : you must ~ the secret तुम्हें रहस्य का निश्चित पता लगाना चाहिए; the mountaineers espied some empty bottles on the Everest पर्वतारोहियों को एवरेस्ट पर कुछ खाली बोतलों का पता लगा.

esqr., esquire इस् क्वाइअर' *a.* श्री, श्रीमान् : the letter was addressed to Naresh Grover Esq. पत्र ≈ नरेश ग्रोवर के पते पर था.

-en. *suff.* (makes feminine nouns) : empress, duchess, hostess, lioness, tigress.

essay एस्'ए **I.** *n*[c]. **1.** निबंध : I have to write an ~ under the title 'my best friend' मुझे 'मेरा सबसे अच्छा दोस्त' शीर्षक से एक ≈ लिखना है. **2.** (attempt) प्रयास, कोशिश, प्रयत्न : he made an ~ to the problem उसने समस्या को हल करने का ≈ किया. **II.** ए से' *v.t.* प्रयास करना : हाथ डालना : to ~ a high jump ऊंचा कूदने का प्रयास करना. **essayist** एस्'एइस्ट *n*[c]. निबंधकार : Francis Bacon is famous as the greatest ~ फ्रांसिस बेकन सबसे महान ≈ के रूप में प्रसिद्ध हैं.

essence ऍ'सन्स *n*[c]. सार, सत्त, निचोड़ : the ~ of almonds, a few drops of which can flavour a large cake बादाम का सत्त जिसकी चंद बूँदें केक को स्वादिष्ट बना सकती हैं; the ~ of peppermint पेपरमिन्ट सत्त; the ~ of the matter is .... मामले का सार यह है कि...; the ~ of his lecture उसके व्याख्यान का सार. **essential** इ सॆंन्'शल **I.** *a.* आवश्यक, ज़रूरी, अनिवार्य [commodities व्यापारिक वस्तुएं या चीजें, services सेवाएँ]; ~ part of a machine without which it cannot work मशीन का ≈ पुरज़ा जिसके बिना वह नहीं चल सकती; peace is ~ to progress प्रगति[F] के लिए शांति[F] ≈ है; food is ~ for/to life भोजन जीवन का ≈ भाग है; it is ~ to buy इसे खरीदना ज़रूरी है; good health is ~ in many vocations बहुत से व्यवसायों में अच्छा स्वास्थ्य ≈ है; it is ~ that you come तुम्हारा आना ≈ है. [*ant*. un ~] **II.** *n*[c]. (usu. *pl.*) आवश्यक या मौलिक तत्व : ~s of grammar व्याकरण के ≈.

establish इस टैब्'लिश *v.t.* **1.** स्थापित करना : the business was ~ed in 1864 यह व्यापार 1864 में स्थापित हुआ था; to ~ a hospital अस्पताल स्थापित करना; to ~ a custom रीति-रिवाज डालना; to ~ on a firm basis दृढ़ आधार पर स्थापित करना; to ~ a new school for the girls only केवल लड़कियों के लिए एक नए स्कूल की स्थापना करना. **2.** दृढ़ करना, स्थिर करना : his reputation is ~ed उसका यश दृढ़/प्रतिष्ठित है. **3.** (meanings in context) to ~ a claim दावा सिद्ध करना; the king ~ed his authority over the kingdom राजा ने राज्य पर अपना अधिकार जमा लिया; to ~ oneself in business व्यवसाय में लग जाना; to ~ a doctrine सिद्धान्त प्रतिपादित करना; to ~ a precedent नज़ीर कायम करना; to ~ a rule नियम बनाना. [*ant*. dis ~ **establishment** इस् टैब्'लिश् मन्ट *n*[c]. **1.** संस्था[F], प्रतिष्ठान : he keeps up a big ~ वह एक बड़े प्रतिष्ठान की देखरेख[F] करता है; there are million men in an ~ एक ≈ में दसियों लाख लोग हैं. **2.** स्थापना[F] : ~ of industry or business उद्योग या व्यवसाय की ≈.

estate इस् टेट' *n*[c]. जायदाद[F], संपदा[F] : industrial ~ औद्योगिक संपदा : real and personal ~ अचल और चल ≈; third ~ आम जनता[F], जनसाधारण; fourth ~ पत्र जगत् (समाचार पत्र); ~ duty संपदा शुल्क या कर, मरने वालों की संपत्ति पर लगने वाला टैक्स; the Duke's ~ ड्यूक की जागीर.

esteem इस टीम' **I.** *n*[c]. आदर, मान, सम्मान : a man of much ~ अधिक सम्मानित व्यक्ति;

to hold smb in high ~ किसी को बड़ा ≈ देना; to rise, fall in smb's ~ किसी की नज़रों में बड़ा होना, गिरना. **II.** *v.t.* **1.** आदर या सम्मान करना, इज़्ज़त करना : to ~ a person for generous acts दानपूर्ण कार्यों के लिए किसी का सम्मान करना; he is much ~ed for his piety वह अपनी धर्मपरायणता^F के लिए बहुत सम्मानित है. **2.** समझना : I ~ it as a duty मैं इसे कर्तव्य समझता हूँ; I do not ~ him as an honest man मैं उसे ईमानदार आदमी नहीं समझता.

estimate एस्'टिमिट **I.** *n*^c. अंदाज़, अनुमान : ~ (s) committee अनुमान समिति^F, अनुमानित आय-व्यय, आदि कूतने वाली समिति^F; my ~ of his ability was not correct उसकी योग्यता^F के बारे में मेरा अनुमान ठीक नहीं था; at a rough ~ मोटे अंदाज़ से; he gave me a rough ~ of the cost मुझे उसने लागत^F का मोटा ≈ दिया. **II.** *v.t.* अनुमान करना या लगाना, कूतना, जाँचना, आँकना : to ~ smb's age किसी की उम्र^F का अंदाज़ा लगाना; to ~ the expenses of a journey यात्रा-खर्च आंकना; to ~ the value of a thing किसी वस्तु^F के मूल्य का अनुमान करना; the number of guests is ~ed at 90 अतिथियों की संख्या^F 90 अनुमानित की गई है.

etc., et cetera इट् सॆ'ट'रा *pron.* (etc.) आदि, वग़ैरह; I have to buy pens, pencils, erasers ~ मुझे कलमें^F, पेंसिलें^F, रबड़ आदि खरीदने हैं.

eternal इटर्'नल *a.* **1.** नित्य, शास्वत : God is ~ ईश्वर नित्य है; the sky is ~ आकाश ≈ है; that the earth moves round the sun, is an ~ truth पृथ्वी सूर्य के चारों ओर घूमती है यह ≈ सत्य है. **2.** (perpetual) नित्य का, निरंतर : ~ trouble नित्य का कष्ट; ~ complaints ~ की शिकायतें^F. [*ant.* transient]

ether ई'थर *n*^u. ईथर (रसायन) : ~ is a light colourless liquid made from alcohol ≈ अलकोहल से बनने वाला एक हलका बेरंग द्रव होता है.

ethics ऍ'थिक्स *n*^c. **1.** नीतिशास्त्र, आचार-शास्त्र : ~ is a branch of philosophy नीतिशास्त्र दर्शनशास्त्र की एक शाखा^F है. **2.** (moral rules) नैतिकता^F : I do not understand the ~ of his judgement मैं उसके निर्णय की नैतिकता नहीं समझता; the ~ of this measure is complicated इस मामले की ≈ जटिल है.

etiquette एटि कॆंट *n*^c. शिष्टाचार : importance of ~ in social life सामाजिक जीवन में ≈ का महत्व.

eucalyptus यू कॅ लिप्'टॅस *n*^c. गंध-सफेदा : ~ oil is used for bad cold सफेदे का तेल ज़ुकाम में काम आता है.

eunuch यू'नक *n*^c. हिजड़ा : a ~ has had his private parts removed ≈ की गुप्त इन्द्रिय काट दी जाती है; ~ is an evergreen tree ≈ एक सदाबहार पेड़ है.

European युअरॅ पी'अन *a.* यूरोपियन, यूरोपीय [countries देश, culture संस्कृति^F, dwellers निवासी]; he looks a ~ by appearance वह देखने में ≈ लगता है.

evacuate इ वॅ्'क्यूएट *v.t.* **1.** ख़ाली करना या कराना : the people ~d the town लोगों ने शहर ख़ाली कर दिया; to ~ a threatened area खतरे वाले क्षेत्र को ≈. **2.** हटाना : the fireman had to ~ people from the nearby houses फ़ायरमैन को पास के घरों के लोगों को हटाना पड़ा. [*ant.* occupy] **evacuation** इवॅ्क्यूए'शन *n*^c. निकास : ~ of refugees शरणार्थियों को निकालना. **evacuee** इवैक्यूई' *n*^c. निष्क्रांत (व्यक्ति), शरणार्थी : ~ property ≈ की संपत्ति^F; the ~s from Panjab पंजाब से आये ≈.

evade इवे्ड' *v.t.* बचना, टालना, टाल-मटोल करना, बहाने करना, भागना : he could not ~ punishment वह दंड पाने से बच न सका; to ~ a duty कर्तव्य से भागना; to ~ arrest हिरासत^F में लिए जाने से बचना; to ~ answering a question प्रश्न का उत्तर देने से टाल-मटोल करना; to ~ the law कानून से बचना; the mystery ~s solution रहस्य का समाधान नहीं हो पा रहा है; to ~ a liability ज़िम्मेदारी^F से बचना; to ~ paying taxes टैक्स अदा न करना. [*n.* evasion]

evaluate इवॅ्'ल्यूएट *v.t.* मूल्य-निर्धारण करना, आंकना : to ~ smb's property किसी की संपत्ति^F का मूल्य-निर्धारण करना; to ~ smb's ability किसी की योग्यता^{F} आंकना. **evaluation** इवैल्यूए'शन *n*^{c}. मूल्यांकन, मूल्य-निर्धारण : ~ of property संपत्ति का मूल्यांकन; ~ of smb's worth किसी के गुणों का ≈.

evaporate इवै'पॅरेट *v.t.* **1.** (भाप^F बनकर) उड़ जाना, भाप : milk is evaporating दूध भाप बनकर उड़ रहा है; to ~ milk दूध से भाप उड़ाना; wet pavements soon dry when there is wind or sunshine to ~ the water गीले पत्थरी फ़र्श शीघ्र ही सूख जाते हैं जब पानी को (वाष्प बनाकर) उड़ाने के लिए हवा^{F} या धूप^F हो. **2.** (disappear) ओझल या लुप्त हो जाना, ग़ायब होना : all the enthusiasm has ~d पूरा जोश ग़ायब हो गया है. **evaporation** इवैपॅरे'शन *n*^{c}. वाष्पन, वाष्पीकरण, वाष्पीभवन : ~ takes place more quickly when there is wind or sunshine जब हवा^{F} या धूप^F हो तो ≈ अधिक तेज़ी से होता है.

evasion इवे'ज़न *n*^{u}. **1.** (of taxes) अपवंचन : he was caught for ~ of income tax आयकर का ≈ करने पर उसे गिरफ़्तार किया गया. **2.** बहाना, टाल-मटोल; (avoidance) परिहार, बचाव : he made several ~s in his statement वह अपने कथन में कई बातें बचा ले गया या टाल गया. **evasive** इवे'सिव़ *a.* टालू : ~ answer ≈ उत्तर; his friend has been usually ~ and often deceives उसका मित्र आमतौर पर ≈ होता है और प्रायः धोखा देता है.

eve ईव़ *n.* पूर्व दिन, पूर्व संध्या^{F} : the ~ of the New Year's day नए वर्ष की ≈ संध्या^{F}; on the ~ of the 15th August, the President addresses the nation पंद्रह अगस्त की पूर्व संध्या पर राष्ट्रपति राष्ट्र को संबोधित करते हैं; on the ~ of his departure उसके प्रस्थान की पूर्व-संध्या को (के पूर्व दिन).

even ई'व़न **I.** *a.* **1.** समतल, बराबर, चौरस : an ~ surface is smooth and level समतल तल बराबर और चौरस होता है; the road is ~ सड़क ≈ है. [*ant.* un ~] **2.** संतुलित, शांत : an ~ temper ≈ स्वभाव. **3.** सम : an ~ number will divide by two ≈ संख्या दो से बँट जायेगी; 4, 6, 8 are ~ numbers 4, 6, 8 सम संख्याएँ हैं; ~ numbers in the two teams दोनों टीमों^{F} में बराबर संख्या^{F}; ~handed निष्पक्ष : ~ handed judge निष्पक्ष-न्यायाधीश; ~-handed justice निष्पक्ष न्याय; ~ justice is necessary निष्पक्ष-न्याय आवश्यक है. Δ **to be ~ with smb** किसी से बदला चुकाना. **II.** *adv.* **1.** तक : she cannot ~ stand वह खड़ी ≈ नहीं हो सकती; he did not ~ smile उसने मुस्कराया ≈ नहीं; I ~ gave him my clothes मैंने उसे अपने कपड़े ≈ दे दिए. **2.** भी : a brave man is admired ~ by his enemies एक बहादुर आदमी की उसके शत्रु ≈ भी प्रशंसा^{F} करते हैं; he did not understand it ~ after I explained वह इसे मेरे व्याख्या करने के बाद ≈ नहीं समझ सका; ~ a child knows this एक बच्चा ≈ यह जानता है. **3.** और भी : it was ~ worse यह ≈ ख़राब था; you can do ~ better than that if you try यदि तुम प्रयास करो तो उसकी अपेक्षा ≈ अच्छा कर सकते हो. **4.** **~ if, ~ though** यद्यपि : ~ if though he is ill, he goes out for a walk ≈ वह बीमार है फिर भी टहलने जाता है. **5.** **~ so** तो भी : he is unable to work, walk, ~ so he does work वह काम करने, चलने में अशक्त है तो भी काम करता, चलता है.

evening ईव़'निंग *n*^{uc}. शाम^F, संध्या^{F}, सांझ^F [beautiful सुंदर, every प्रत्येक, pleasant सुहावनी]; cultural evening सांध्यकालीन सांस्कृतिक समारोह; musical ~ संध्याकालीन संगीत समारोह; at seven o'clock in the ~ शाम को सात बजे; the ~ of his life उसके जीवन की ≈; we spent the ~ at home हम (लोगों) ने ≈ घर पर बिताई; your father will come this ~ तुम्हारे पिताजी आज ≈ को आएँगे; there was a meeting last ~ पिछली (कल) शाम एक सभा^{F} (बैठक) थी.

event इव़ेन्ट' *n*^{c}. **1.** घटना^{F} [happy शुभ, historical ऐतिहासिक, important महत्वपूर्ण, outstanding विशिष्ट, sad दुखद]; it was a great ~ in his life यह उसके जीवन की महान ≈ थी. **2.** (other meanings in contexts) it was quite an ~ यह बिल्कुल

एक संयोग था; in the ~ of war युद्ध की दशा[F] में; it was an important ~ and so because it is your birthday यह एक महत्वपूर्ण संयोग है और इसलिए कि यह तुम्हारा जन्मदिन है. Δ **in any** ~ किसी हालत[F] में : at all ~s हर हालत में. **eventually** इवे़न्'टयुअलि *adv.* आख़िरकार, अंत में : ~ he consented ≈ उसने स्वीकृति[F] दे दी; he wasted his time and ~ he failed in the exam उसने अपना समय नष्ट किया और ≈ परीक्षा में फेल हो गया.

ever ऍ'व़र *adv.* **1.** कभी : did he ~ see you क्या उसने तुमको कभी देखा ? have you ~ seen him before क्या तुमने उसे पहले ≈ देखा है ? have you ~ been here क्या तुम यहाँ ≈ आए हो ? if you see him ~ यदि तुम उससे ≈ मिलो; nobody ~ helped me मेरी सहायता किसी ने कभी नहीं की; nothing of the kind had ~ happened before पहले ऐसा ≈ नहीं (घटित) हुआ; no one ~ asked him उससे किसी ने ≈ नहीं पूछा; have you ~ seen a wolf क्या तुमने ≈ भेड़िया देखा है ? **2.** सदा, सदैव, हमेशा : do you ~ wash your necktie क्या तुम हमेशा अपनी टाई साफ़ करते हो ? must I stay here for ~ क्या मुझे यहाँ हमेशा के लिए ठहर जाना चाहिए ? for ~ and ~ हमेशा-हमेशा के लिए; run as fast as ~ हमेशा की तरह तेज़ दौड़ो; she was ~ a good singer वह सदा एक अच्छी गायिका रही है; I shall remember it for ~ मैं इसे हमेशा के लिए याद रखूँगा; ~ ready to play खेलने के लिए हमेशा तैयार; I am ~ with you मैं हर वक्त तुम्हारे साथ हूँ. **whatever** जो भी : ~ time you choose ≈ समय तुम चुनो. **whichever** जो भी : ~ book you like तुम ≈ पुस्तक[F] पसंद करो. **howsoever** जैसे भी : ~ it may be ≈ हो. **evergreen** ऍ'व़रग्रीन *a.* सदाबहार : an ~ tree has leaves on it all the year ≈ पेड़ में वर्ष भर पत्तियाँ[F] रहती हैं; he is an ~ friend वह सदाबहार मित्र है; an ~ topic सदा नया विषय. **everlasting** ऍ'व़र्लास्टिंग *a.* सदा रहने वाला, नित्य [fame यश, quarrels झगड़े, river नदी[F], soul आत्मा[F]]; I am tired of their ~ chatter मैं उनके नित्य-नित्य की बकवास से तंग आ गया हूँ. **evermore** ए'व़रमोर *a.* सदा-सर्वदा : I shall love you ~ मैं तुम्हें ≈ प्यार करता रहूँगा. [*ant.* never]

every ए'व़्रि *a.* प्रत्येक, हर, हर एक, प्रति [day दिन, house घर, letter पत्र, man आदमी, morning सुबह[F], opportunity अवसर, proposal प्रस्ताव, street गली[F], suggestion सुझाव]; he comes late ~ night वह प्रत्येक रात्रि देर से आता है; ~ time I meet Jack प्रत्येक समय मैं जैक से मिलता हूँ; we take tea ~ day हम प्रतिदिन चाय पीते हैं; ~ morning I see him outside his house हर सुबह मैं उसे अपने मकान के बाहर देखता हूँ; ~ boy in the school विद्यालय का हर लड़का; ~ room in the house घर में/का हर एक कमरा; ~ man has to do his share of work प्रत्येक व्यक्ति को अपने काम का हिस्सा करना होता है; it happens ~ day यह प्रतिदिन (घटित) होता है; there was enough for everyone वहाँ प्रत्येक के लिए काफ़ी कुछ था; I looked for him ~-where मैंने उसे हर जगह खोजा; ~ child was present there हर बच्चा वहाँ उपस्थित था; there is ~thing good वहाँ सब कुछ अच्छा है; ~ bit of it पूरा; ~one of us हममें से हर कोई, हम सब; in ~ way हर तरह; ~ now and then समय समय पर; ~other हर तीसरा; ~ other day हर दूसरे दिन; my father goes to work ~ other day मेरे पिताजी हर दूसरे दिन काम पर जाते हैं. **everybody** ऍ'व़्रि बॉडि *n. sing.* हर कोई, हर व्यक्ति : ~ who comes to this school must wear the tie हर कोई जो इस स्कूल में आता है उसे टाई अवश्य पहननी पड़ती है; it was clear to ~ यह प्रत्येक व्यक्ति को स्पष्ट था; there is sufficient food for ~ प्रत्येक व्यक्ति के लिए पर्याप्त भोजन है; ~ had got a ticket for the theatre प्रत्येक व्यक्ति को थिएटर के लिए टिकट मिल गया था; we must think for ~ हमें हर किसी के लिए सोचना चाहिए; ~ has got much money प्रत्येक व्यक्ति के पास बहुत पैसा है. **everyday** ऍ'व़्रि डे *a.* साधारण, आम [occurrence घटना[F], words शब्द]: it is an ~ occurrence यह

एक साधारण घटना है; ~ shoes ≈ जूते. **everyone** ऍ'व़रिवन *n. sing.* हर एक, प्रत्येक (व्यक्ति); he told ~ उसने ≈ व्यक्ति को बताया; ~ says that it was her fault हर कोई कहता है कि यह उसकी गलती[F] थी; ~ of the twenty men was present बीस में से सभी व्यक्ति मौजूद थे. [also see previous usages]. **everything** ऍ'व़रिथिंग *pron.* हर बात[F]/चीज[F], सब कुछ : ~ is good ≈ अच्छा है; I cannot take care of ~ myself मैं स्वयं ≈ की देखरेख[F] नहीं कर सकता; we shall do ~ we can हम सब कुछ करेंगे जो हम कर सकते हैं; thank you for ~ ≈ के लिए तुम्हें धन्यवाद; I cannot agree with ~ you say मैं ≈ से सहमत नहीं हो सकता जो तुम कहते हो; she is dissatisfied with ~ वह ≈ से असंतुष्ट हैं; ~ is ready ≈ तैयार हैं; in this matter speed is ~ इस मामले में गति[F] है. [also see above] **everywhere** ऍ'व़रि ह्वअर सर्वत्र, सब जगह[F], हर जगह, हर कहीं : he has been ~ वह ≈ रह चुका है; God is ~ परमात्मा ≈ है; people come from ~ लोग सब जगह से आते हैं; I have searched for it ~ मैं इसे ≈ ढूंढ चुका हूँ; I looked ~ for my book but could not find it मैंने अपनी किताब[F] ≈ ढूँढी लेकिन नहीं मिल सकी.

evict इ विक्ट' *v.t.* बेदखल करना, निकाल देना : to ~ a delinquent tenant बकायेदार किराएदार को ≈; the tenant was ~ed from the house किरायेदार को मकान से निकाल दिया गया.

evidence ऍ'विडन्स *n*[c]. **1.** साक्ष्य, गवाही[F] : the police gave ~ at the trial पुलिस[F] ने मुकदमें में ≈ दी; the policeman's ~ was that he saw the prisoner break the window पुलिस वाले की ≈ थी कि मैंने कैदी को खिड़की तोड़ते हुए देखा; he was convicted on our ~ उसे हमारी ≈ पर दंडित कर दिया गया; to give ~ in the court of law न्यायालय में ≈ देना. **2.** **in** ~ स्पष्ट : his face was in ~ at the meeting बैठक में उसका चेहरा साफ़ दिखाई देता था. **3.** प्रमाण, सबूत : there are ~s that he stayed in this hotel इस बात के प्रमाण हैं कि वह इस होटल में ठहरा था. **evident** ए'विडन्ट *a.* स्पष्ट, प्रत्यक्ष, साफ़, ज़ाहिर : his guilt is ~ उसका अपराध ≈ है; it was ~ from the puddles in the roads that there had just been a rain storm सड़क[F] पर पानी भरे गड्ढ़ों से यह स्पष्ट/ज़ाहिर था कि अभी-अभी तूफ़ानी बारिश[F] हुई है. **evidently** ए'विडन्टलि *adv.* स्पष्टतया, स्पष्ट रूप से, ज़ाहिर : he had ~ heard about it वह इस बारे में ≈ सुन चुका था; you have ~ forgotten तुम भूल चुके हो; he ~ does not intend to return वह ≈ लौटने का इरादा नहीं रखता है; the work is ~ too difficult for him यह काम उसके लिए स्पष्ट रूप से बहुत कठिन है; he is ~ mistaken उसे ≈ गलती[F] लगी है (ज़ाहिर है कि उसने गलती की है).

evil ई'व़ल *a.* बुरा, अशुभ, मनहूस [boy लड़का, day दिन, deed कार्य]; ~ eye बुरी नज़र[F], कुदृष्टि[F]; ~ thoughts अशुभ विचार; an ~ hour अशुभ घड़ी[F]; to fall on ~ days बुरे दिन आना; that was an ~ day for me मेरे लिए वह अशुभ दिन था; choose between good and ~ अच्छे और बुरे के बीच में चुनाव कर लो; ~ people do ~ things बुरे लोग बुरे काम करते हैं; he had ~ intention उसकी नीयत बुरी थी. [*ant.* good] दुष्टता : war always brings many ~s, among them are disease and lack of food युद्ध हमेशा बहुत-सी बुराइयाँ लाता है, जिनमें से हैं बीमारी[F] और भोजन की कमी[F]; he could do much ~ वह बहुत बुरा कर सकता था.

evolution ईव़ॅ लू'शन *n*[c]. क्रमिक-विकास, उन्नति[F] : ~ of events घटनाओं[F] का क्रमिक विकास; the ~ of the butterfly from caterpillar सूँड़ी[F] से तितली[F] का विकास; the ~ of a plant from a seed बीज से पौधे का विकास. **evolve** इ व़ॉल्व़ ' *v.t.i.* (develop) विकसित हो जाना या करना : बनाना : he ~d a new machine for preparing fruit juice फलों का रस निकालने के लिए उसने एक नई मशीन का विकास किया; to ~ a plan to become successful सफल होने के लिए योजना बनाना; our species has ~d from another हमारी प्रजाति किसी दूसरी से विकसित

हुई है.

ex- *pref.* **1.** (out) बाहर : excavate, exclude, exhale, export. **2.** (formers) : पूर्व : ex-king, ex-director, ex-vice ehancellor, ex-President, ex-wife.

ex ऍक्स *a.* भूतपूर्व, पुराना [captain कप्तान, parliamentarian सांसद, secretary सचिव].

exact इग् ज़ैक्ट **I.** *a.* ठीक, बिल्कुल ठीक, सही [account हिसाब, copy नकल, estimate अनुमान, time समय, weight वज़न/तौल]; he is very ~ in his work वह अपने काम में ≈ है; an ~ record of proceedings कार्यवाही^{F} का सही ब्यौरा; there were about ten thousand people at the match, I do not know the exact number मैच में लगभग दस हज़ार लोग थे, मैं सही संख्या^{F} नहीं जानता. [*ant.* in ~] **II.** *v.t.* **1.** बलात् प्राप्त करना या लेना, ज़बरदस्ती लेना या वसूल करना या उगाहना : to ~ tax, fine **from** smb किसी से .जबरदस्ती कर, जुरमाना वसूल करना. **2.** आग्रह करना : to ~ full payment of a debt पूरा ऋण चुकता करने का ≈; to ~ obedience आज्ञापालन का ≈. **3.** अपेक्षा^{F} करना : this job ~s great attention यह काम बहुत ध्यान की अपेक्षा करता है. **exactly** इग्ज़ैक्'टलि *adv.* ठीक-ठीक, ठीक : it was ~ four o'clock ~ चार बजे थे; I do not remember ~ the place I went last year मुझे ≈ वह जगह^F याद नहीं है जहाँ पिछले साल मैं गया था; she ~ repeated the whole conversation उसने पूरे वार्तालाप को ≈ दुहराया; it is ~ what I need यह ठीक वही है जिसकी मुझे आवश्यकता^{F} है; he counted the money ~ उसने पैसा ≈ गिना; there were ~ ninety people at the match मैच में ≈ नब्बे लोग थे; ~ after a year ≈ ठीक एक साल बाद; tell me ~ what happened ठीक-ठीक बता दो कि क्या हुआ; **exactness** इग् जैक्ट्'निस n^c. यथार्थता^{F} : there is no ~ in his talk उसकी बातों में कुछ ≈ नहीं है.

exaggerate इग् ज़ै'जॅरेट *v.t.i.* अतिरंजना करना, अतिशयोक्ति करना, बढ़ा-चढ़ाकर कहना : you are ~ting तुम अतिशयोक्ति^{F} कर रहे हो, बढ़ा-चढ़ाकर बात^F कर रहे हो; to ~ a story कहानी^{F} को बढ़ा-चढ़ाकर सुनाना; to ~ one's own importance; अपना महत्व अतिरंजित करना, to ~ one's deeds or values अपने कार्यों अथवा मूल्यों को बढ़ा-चढ़ाकर कहना. **exaggeration** इग्ज़ैजॅरे'शन n^c. अत्युक्ति^{F}, अतिशयोक्ति^{F}, अतिरंजना : it is mere ~ to describe her beauty more than Rati उसकी रति से अधिक सुन्दरता का वर्णन करना केवल ≈ है.

exam. examination.

examination इग् ज़ैमिने'शन n^c. **1.** परीक्षा^{F}, इम्तहान [annual वार्षिक, difficult कठिन, entrance प्रवेश, oral मौखिक, written लिखित]; medical ~ डाक्टरी जाँच; an ~ in Russian रूसी भाषा^{F} की परीक्षा^{F}; in our school ~ we answer questions on what we have learnt हम विद्यालयी परीक्षा में उन प्रश्नों का उत्तर देते हैं जिन्हें हमने सीखा है. **2.** (scrutiny) जाँच^F, जाँच-पड़ताल^F [careful सावधानीपूर्वक, superficial सरसरी, thorough पूर्ण]; the ~ showed a crack in the metal परीक्षण से धातु^{F} में चटक^F पाई गई. **3.** पूछताछ^F : the accused was under ~ मुलज़िम से ≈ हो रही थी. **examine** इग् ज़ै'मिन *v.t.* **1.** (test) परीक्षा लेना [carefully सावधानीपूर्वक, thoroughly पूर्णरूप से], to ~ a class in Geography भूगोल में कक्षा^{F} की ≈; the students were examined in history छात्रों की इतिहास की परीक्षा^{F} ली गई; he will ~ the whole course वह पूरे पाठ्यक्रम की परीक्षा लेगा; who ~d you in physics? भौतिकी में तुम्हारा इम्तहान किसने लिया? **2.** बयान लेना : to ~ a witness साक्षी का ≈. **3.** जाँच^F करना, परीक्षण करना, पड़ताल^F करना : to ~ accounts हिसाब-किताब की जाँच-पड़ताल^F करना; ~ thoroughly पूरी जाँच करना; to ~ a patient रोगी की जाँच करना; to ~ a car before buying खरीदने से पहले कार^F का परीक्षण करना; the doctor ~ed my heart and lungs डाक्टर ने मेरे हृदय और फेफड़ों की जाँच की; all proposals were examined by the commission आयोग द्वारा सभी प्रस्तावों

का परीक्षण किया गया. **examiner** इग् ज़ै'मिनर *n*[c]. परीक्षक : he will be the ~ in physics practical examination वह भौतिकी की प्रयोगात्मक परीक्षा का ≈ होगा. **examinee** इग्ज़ैमिनी' *n*[c]. परीक्षार्थी : there were 1000 ~s in chemistry रसायनशास्त्र के 1000 ≈ थे.

example इग् ज़ाम्'पल *n*[c]. उदाहरण, मिसाल[F] [bad बुरा, concrete ठोस, good अच्छा, striking प्रभावशाली]; I cannot think of a better ~ मैं और अच्छे ≈ का विचार नहीं कर सकता; it is clear from this example इस ≈ से यह स्पष्ट है; let us take the following ~s हम निम्नलिखित उदाहरण लें; take for ~ the last events in Africa अफ्रीका की पिछली घटनाओं[F] को ≈ के लिए लें; to set a good ~ अच्छा ≈ स्थापित करना; can you give me one ~ of how the word is used क्या तुम मुझे एक ≈ दे सकते हो कि इस शब्द का प्रयोग कैसे किया जाता है; he was an ~ to all the other students वह दूसरे सब विद्यार्थियों के लिए एक उदाहरण/नमूना था; an ~ of generosity उदारता[F] की एक मिसाल; follow your friends ~ and come early अपने मित्र से सबक लो और जल्दी आया करो; he gave many ~s उसने बहुत से ≈ प्रस्तुत किए; for ~ उदाहरणार्थ ≈ के लिए, मिसाल के तौर पर, जैसे, मसलन : take for ~ ≈ के लिए लो; there have been great English writers, for ~ Shakespeare बहुत से महान अंग्रेज लेखक हो गए हैं, ≈ के तौर पर (जैसे) शेक्सपिअर

exceed इक् सीड' *v.t.i.* बढ़ जाना, अधिक होना, ज़्यादा होना : to ~ one's own authority अपने अधिकार से बाहर बढ़ना; his zeal ~s you उसका उत्साह तुमसे बढ़कर है; your income should not ~ your expenditure तुम्हारी आय[F] खर्च से बढ़नी नहीं चाहिए; he ~ed the speed limit वह गति की सीमा पार कर गया; to ~ another in ability योग्यता[F] में दूसरे से बढ़कर होना; his father ~s the size required उसके पिता का कद वांछित कद से बढ़कर है; to ~ others दूसरों से बाज़ी[F] ले जाना. **exceedingly** इक् सी'डिङ्.गलि *adv.* अत्यधिक, अत्यंत : I am ~ pleased मैं ≈ प्रसन्न हूँ; the taxes were ~ high कर अत्यधिक भारी थे; he is ~ poor वह ≈ गरीब है; I am ~ tired मैं थका हुआ हूँ. [*ant.* slightly]

excel इक् सेल' *v.t.* (excelled) बाज़ी[F] ले जाना, बढ़ जाना, से बढ़कर होना : to ~ **in** sport खेल में सबसे बढ़कर होना; he ~s **in** public speech वह सार्वजनिक भाषण देने में बढ़कर है; he ~s the rest in ability योग्यता[F] में वह दूसरों से बढ़कर है; Jim ~led John in Hindi and painting हिन्दी चित्रकला में जिम जॉन से बढ़कर रहा; he ~s as an artist कलाकार के रूप में वह सबसे बढ़कर है. **excellence** ऍक्'सॅलन्स *n*[c]. उत्कर्ष, श्रेष्ठता[F], विशिष्टता[F] : ~ at certain achievements कुछ उपलब्धियों[F] में विशिष्टता; ~ as a musician संगीतकार के रूप में ≈; I know the ~ of her dancing मैं उसके नृत्य की श्रेष्ठता को जानता हूँ. **excellent** ऍक्,सॅलन्ट *a.* श्रेष्ठ, उत्तम, बढ़िया [actor अभिनेता, advice सलाह, answer उत्तर, artist चित्रकार, book किताब, chance अवसर, dinner भोजन, education शिक्षा[F], explanation व्याख्या[F], grasp पकड़[F], health स्वास्थ्य, labourer मजदूर, road सड़क, way रास्ता, weather मौसम]; his work was ~ उसका काम ≈ था; we were given ~ food हमें बढ़िया भोजन दिया गया; the tea is ~ चाय बढ़िया है.

except इक् सॅप्ट' **I.** *v.t.* छोड़ देना, मुक्त करना : to ~ an item in an account किसी खाते में कोई मद्द छोड़ना; I ~ none from my good wishes मैं अपनी शुभ कामनाएँ[F] देने में किसी को नहीं छोड़ता; to ~ a person from blame किसी को दोष से मुक्त करना; present company ~ed उपस्थित लोगों को छोड़कर [*ant.* include; *as distinct from* accept] **II.** *prep.* के सिवाय, के अतिरिक्त, को छोड़कर : everyday ~ Saturday शनिवार को छोड़कर प्रतिदिन; everyone has agreed ~ you तुम्हें छोड़कर सब लोग सहमत हो गए हैं; I cannot eat anything ~ eggs मैं अंडों के अतिरिक्त कुछ नहीं खा सकता; all in our class are here today ~ Som Nath

सोमनाथ के सिवाय हमारी कक्षा^F में सभी उपस्थित हैं; this suit fits me well ~ that trousers are too long यह सूट मुझे अच्छी तरह फ़िट है सिवाय पैंट के जो बहुत लंबी है; he does nothing ~ play cards वह ताश^F खेलने के सिवाय कुछ नहीं करता; ~ for Leela every girl was happy लीला को छोड़ सब लड़कियाँ खुश थीं. **exception** इक् सॆ॑प'शन *n*^c. अपवाद : this case is an ~ यह मामला एक अपवाद है; I can make no ~s मैं कोई ≈ नहीं कर सकता; at last everyone agreed with one ~ अंत में एक ≈ के सिवाय सभी लोग सहमत हो गए; an ~ to this rule इस नियम का ≈; all the pupils passed the examination with the ~ of William परीक्षा^F में विलियम को छोड़कर सभी छात्र पास हो गए; the ~ proves the rule अपवाद नियम को सही प्रमाणित करता है; there is no rule without ~ ≈ के बिना कोई नियम नहीं होता. **take ~ to** आपत्ति^F उठाना/करना, ऐतराज़ करना : I took ~ to his conduct मुझे उसके आचरण पर आपत्ति थी. **exceptionable** इक् सॆ॑प्'शॅनॅबल *a.* आपत्तिजनक : an ~ statement ≈ कथन; his conduct was ~ at that time उस समय उसका आचरण ≈ था; there was nothing ~ in his speech उसके भाषण में कुछ भी ≈ नहीं था. **exceptional** इक् सेप्'शॅनल *a.* 1. अपवादात्मक : ~ leave ≈ अवकाश/छुट्टी^F; ~ subrule ≈ उपनियम. 2. असाधारण, विशिष्ट : an ~ opportunity एक विशिष्ट अवसर; he was admired for his ~ talent उसकी ≈ प्रतिभा के लिए प्रशंसा^F होती थी; a picture of ~ value एक असाधारण मूल्य का चित्र. **exceptionally** इक् सॆ॑प्'शॅनलि *adv.* असाधारण : she is ~ beautiful, clever वह ≈ सुंदर, चतुर है.

excess इक् सॆ॑स' I. *n*^c. 1. अधिकता^F, प्रचुरता^F, बहुतायत^F : ~ of water पानी की अधिकता; ~ of money धन की ≈; ~ of import over export निर्यात की अपेक्षा आयात की ≈; **in ~ of** से अधिक; never spend in ~ of your income अपनी आय^F से अधिक ख़र्च कभी मत करो. 2. **to ~** अति, हद^F से बढ़कर : he praised him to ~ उसने हद से बढ़कर उसकी प्रशंसा^F की. II. *a.* अतिरिक्त, फ़ालतू, अधिक [fare किराया, luggage सामान, profit मुनाफ़ा]; ~ tax अतिरिक्त कर; ~ water ≈ पानी. **excessive** इक् सॆ॑'सिव़ *a.* अतिशय, अत्यधिक, बेहद [charges प्रभार, interest रुचि^F, severity कड़ाई^F]. **excessively** इक्-सॆ॑'सिव़लि *adv.* अत्यधिक, बेहद : I have walked ~ this week इस सप्ताह मैं अत्यधिक/बेहद चला हूँ.

exchange इक्स चेन्ज' I. *n*^c. 1. विनिमय, आदान-प्रदान, अदला-बदली^F : ~ of prisoners कैदियों की अदला-बदली^F; ~ of fire दोनों तरफ़ से गोलाबारी^F; ~ rate विनिमय दर; ~ jobber सट्टा दलाल; foreign ~ विदेशी मुद्रा; ~ is no robbery लेन-देन कोई डकैती नहीं है; an ~ of life of ease for one of hard work आराम की ज़िंदगी के स्थान पर कठिन काम की ज़िंदगी में बदलाव; ~ of blows हाथापाई^F; ~ of words कहा-सुनी^F, तू-तू मैं-मैं. 2. *n*^c. कार्यालय, केन्द्र : employment रोज़गार ≈; telephone ~ टेलीफोन केन्द्र. II. *v.t.* विनिमय करना, अदल-बदल करना, आदान-प्रदान करना : to ~ views विचार-विनिमय करना; they ~d their seats उन्होंने अपनी सीटों की अदला-बदली की; to ~ letters पत्रों का आदान-प्रदान करना; to ~ cars with each other आपस में कारों का अदल-बदल करना; I would like to ~ my pen for your knife मैं अपनी कलम तुम्हारे चाकू से बदलना चाहता हूँ; to ~ words कहा-सुनी^F होना; Bablu ~d his turban with Bholu बबलू ने अपनी पगड़ी^F भोलू से बदल ली.

excise ऍक् साइज़' I. *v.t.* काट निकालना : to ~ a diseased kidney from the body शरीर से रुग्ण वृक्क को ≈. II. *n*^c. उत्पादन कर, आबकारी कर, महसूल : ~ duty आबकारी या उत्पादन शुल्क या कर; ~ duty on beer बियर पर ≈.

excite इक् साइट' *v.t.* 1. उत्तेजित करना, जोश दिलाना, भड़काना, उकसाना, उभारना : to ~ people to rebel लोगों को विद्रोह के लिए ≈; she was very ~d वह बहुत उत्तेजित थी; the drama ~d the children नाटक ने बच्चों को उत्तेजित किया. 2. उत्पन्न करना, जागृत करना, जगाना : he ~d her cold feelings उसने उसकी निरुत्साहित भावनाओं[F] को जागृत कर दिया; to ~ interest दिलचस्पी[F]/अभिरुचि[F] पैदा करना; to ~ curiosity कौतूहल ≈; the poorman's condition ~d my pity गरीब आदमी की दशा[F] से मुझे दया[F] आ गई. **excited** इक् साइ'टिड *a.* उत्तेजित, उकसाया हुआ [children बच्चे, husband पति, speech भाषण, talk बातचीत]; she was so ~ that she could not speak वह इतनी उत्तेजित थी कि बोल नहीं पा रही थी; she gets ~ over little things वह छोटी-छोटी बातों[F] पर उत्तेजित हो जाती है; we were ~ by the news हम समाचार से उत्तेजित हो गए; these boys were ~ when they saw that their team was winning लड़के उत्तेजित हो गए जब उन्होंने देखा कि उनकी टीम[F] जीत रही है. **excitement** इक साइट'मन्ट *n*[uc]. उत्तेजना[F], जोश : the crowd was filled with ~ as the president's carriage came near भीड़[F] ≈ से भर गई जैसे ही राष्ट्रपति की सवारी निकट आयी; the ~ of the mob to rioting दंगा करने के लिए भीड़[F] की उत्तेजना; the good news caused great ~ शुभ समाचार ने बहुत ≈ पैदा की; there was great ~ during the last five minutes when Jain kicked another goal अंतिम पाँच मिनट के दौरान बहुत ≈ थी जब जैन ने दूसरा गोल ठोंका; a patient should avoid ~ रोगी को उत्तेजित नहीं होना चाहिए. [*ant*. calmness]

excl. exclusive.

exclaim इक्स् क्लेम' *v.t.* चिल्ला उठना, चिल्लाकर कहना, चिल्लाना : he ~ed suddenly वह एकाएक चिल्लाया; she ~ed, "How wonderful !" वह चिल्ला उठी, "कितना आश्चर्यजनक." he ~ed that he was not a thief वह बोल पड़ा कि मैं चोर नहीं हूँ. **exclamation** ऍक्स् क्लॅमे'शन *n*[c]. 1. चिल्लाहट[F], चीत्कार[F] ~s of the rowdy children उद्दंड बच्चों की ≈; he gave an ~ of fear उसने डरनाक चीख मारी. 2. (interjection) विस्मयादिबोधक : mark of ~ ≈ चिन्ह (!)

exclude इक्स् क्लूड' *v.t.* निकालना, बाहर करना, रोकना : this ~s all doubts यह सभी शंकाओं[F] को बाहर कर देती है; to ~ a person **from** blame किसी व्यक्ति को कलंक से बाहर रखना; we can easily ~ foreigners **from attending** this conference हम आसानी से विदेशियों को इस सम्मेलन में शामिल होने से रोक सकते हैं. [*ant*. include] **exclusive** इक्स् क्लू' सिव़ *a.* 1. (sole) एकमात्र : he has the ~ right to use the street उसे गली[F] का इस्तेमाल करने का ≈ अधिकार है; it was ~ jurisdiction of the company कंपनी का यह एकाधिकार क्षेत्र था. 2. एकांत, सीमित : the club is very ~ क्लब (की सदस्यता) बहुत ≈ है. 3. अपवर्जक, निवारक : ~ terms of a contract ठेके की ≈ शर्तें[F]. 4. एकांतप्रिय, गैरमिलनसार : ~ person ≈ व्यक्ति. Δ ~ **of** को छोड़कर, के अतिरिक्त : five hundred soldiers ~ of officers अधिकारियों ≈ पाँच हज़ार सिपाही; the price of this machine is Rs. 8000 ~ of local taxes स्थानीय करों ≈ इस मशीन[F] की कीमत[F] आठ हज़ार रुपए है. [*ant*. inclusive]

excommunicate ऍक्स् कॅम्यू'निकेट *v.t.* निकाल देना, बहिष्कृत करना, समाजच्युत करना : to ~ from the community बिरादरी से ≈; to ~ from a church गिरजा या ईसाई धर्म से ≈.

excursion इक्स् कॅर्'शन *n*[c]. भ्रमण, पर्यटन, सैर-सपाटा : we went to this place on a day's ~ हम इस जगह[F] एक दिन का ≈ करने गए; they made an ~ to the park वह पार्क में सैरसपाटा करने गए.

excuse इक्स् क्यूज़' I. *v.t.* 1. माफ़ करना, क्षमा करना : I cannot ~ such conduct मैं इस प्रकार का आचरण माफ़ नहीं कर सकता; ~ me (मुझे) माफ़ कीजिए; ~ me **for** coming late विलम्ब से आने के लिए मुझे माफ़ कर दें; to ~ a student's absence from class कक्षा से किसी विद्यार्थी की अनुपस्थिति माफ़ कर देना; the teacher ~d John for being rude अध्यापक ने जॉन को बदतमीज़ी[F] करने के लिए माफ़ कर दिया; none can ~ such behaviour इस प्रकार के व्यवहार को कोई क्षमा नहीं कर सकता; ~ me, I did not see you

माफ़ कीजिए, मैंने आपको देखा नहीं था. 2. ~ from) से छुट्टी^F देना, मुक्त करना : ~ somebody from some duty किसी को किसी ड्यूटी से ≈; to ~ from attendance उपस्थिति^F से ≈. II. *n*^c. (pretext) बहाना, हीला : three boys made ~s for not doing their homework गृहकार्य न करने के लिए तीन लड़कों ने बहाने बनाए; she refused to listen to their ~s उसने उनके बहाने सुनने से इंकार कर दिया; he had a good ~ उसका बहाना अच्छा था; that is mere ~ वह केवल एक बहाना है; his ~ for being late was that he missed the train लेट होने का उसका बहाना यह था कि मेरी ट्रेन^F छूट गई थी; there is no ~ for this इसके लिए कोई बहाना नहीं है. Δ **an ~ for** का घटिया नमूना : this sheet is an ~ for a carpet यह चादर^F कालीन का घटिया नमूना है.

execute ऍक्'सिक्यूट *v.t.* 1. कार्यान्वित करना, अमल में लाना, लागू करना; to ~ a plan किसी योजना^F को कार्यान्वित करना; to ~ an order आदेश को अमल में लाना. 2. (perform) पूरा करना, निष्पन्न करना, पालन करना : to ~ an order आदेश का पालन करना; to ~ something already decided कुछ पूर्वनिश्चित बातों^F को पूरा करना. 3. फाँसी देना, प्राणदंड देना : to ~ a murderer एक हत्यारे को ≈. 4. प्रस्तुत करना, अभिनय करना : to ~ a dance नृत्य (का अभिनय) करना. 5. (various meanings in contexts) to ~ a deed दस्तावेज़ लिख देना; to ~ a sentence दण्डाज्ञा की तामील करना.

execution ऍक्सि क्यू'शन *n*^u. 1. पालन : the soldier showed bravery in the ~ of his duty सैनिक ने अपने कर्तव्य का ≈ करने में बहादुरी दिखाई. 2. (law) ~ of a decree डिगरी की तामील^F. 3. *n*^c. फाँसी, प्राणदण्ड : the ~ of bandits took place today डाकुओं को आज फाँसी दी गई; the magistrate ordered the ~ of the murderer मजिस्ट्रेट ने हत्यारे को फाँसी देने का आदेश दिया.

executive इग् ज़ें'क्यूटिव़ *a.* कार्यकारी, *fem.* (कार्यकारिणी), कार्यपालक, कार्यवाहक : ~ committee कार्यकारिणी समिति^F; ~ officer ≈ अधिकारी; ~ power कार्यवाहक शक्ति^F या अधिकार; ~ branch of government कार्यपालिका^F. **executor** ऍक्'सिक्यूटर *n*^c निष्पादक, प्रबन्धक : he appointed Mr. A as ~ of his will उसने श्री आ को अपनी वसीयत^F का ≈ नियुक्त किया.

exempt इग् ज़ें'म्प्ट' I. *a.* छूट प्राप्त, विमुक्त, माफ़ी पाया हुआ बरी : he is ~ **from** duty/tax उसे शुल्क/कर से छूट^F माफ़ी^F प्राप्त है; ~ from obligation दायित्व से छूट प्राप्त. II. *v.t.* (~ from) छूट देना, मुक्त करना, माफ़ी देना : to ~ from duty काम^F से मुक्त करना; to ~ a soldier from his duties किसी सैनिक को उसकी ड्यूटी से मुक्त करना; to be ~ed from a tax कर से मुक्त होना. **exemption** इग् ज़ें'म्'शन *n*^c. छुटकारा, माफ़ी^F, विमुक्ति^F : he got ~ from military service उसे सैनिक सेवा से मुक्ति मिली; he was granted ~ from duty उसे ड्यूटी करने से मुक्ति दी गई.

exercise ऍक्'सर्साइज़ I. *v.t.* 1. कसरत^F करना, व्यायाम करना : to ~ the body and brain शरीर और मस्तिष्क का व्यायाम करना; he ~s in the gymnasium वह व्यायामशाला^F में कसरत/व्यायाम करता है; you should ~ your arms and legs तुम्हें अपनी बाँहों और टाँगों की कसरत करनी चाहिए. 2. (use) प्रयोग करना, प्रयोग/काम में लाना : you should ~ patience तुम्हें धैर्य बरतना चाहिए; to ~ one's rights अपने अधिकारों का प्रयोग करना. 3. चिंता में डालना, परेशान करना : this problem is exercising our minds यह समस्या^F हमारे मन को परेशान कर रही है; I am much ~d by his silence मैं उसकी चुप्पी^F से चिंता^F में पड़ गया हूँ. II. *n*^c. 1. अभ्यास [difficult कठिन special विशेष]; ~ book ≈ पुस्तक^F; ~s in grammar व्याकरण के ≈; ~ for violin वायलिन का ≈; I could not do the second ~ मैं दूसरा ≈ नहीं कर पाया; ~ in composition रचना-संबंधी ≈; students have finished their ~s छात्रों ने अपने ≈ पूरे कर लिए हैं; do the first ~ in your English book अपनी अंग्रेजी की किताब^F से पहला ≈ करो. 2. उपयोग : ~ of rights अधिकारों का ≈. **3.** व्यायाम, कसरत[F] [morning सुबह का, physical शारीरिक]; you ought to take ~ everyday तुम्हें प्रतिदिन ≈ करना चाहिए; swimming is a good ~ तैरना एक अच्छा व्यायाम है; running can also be a healthy ~ दौड़ना भी एक स्वास्थ्यकर व्यायाम हो सकता है; you ought to do ~s every morning तुम्हें हर सुबह ≈ करना चाहिए; you are getting fat, you must take more ~ तुम मोटे हो रहे हो, तुम्हें और ≈ करना चाहिए; we take physical ~s to keep ourselves fit हम स्वयं को फ़िट रखने के लिए शारीरिक ≈ करते हैं.

exert इग् ज़र्ट' *v.t.* **1.** (use) लगाना, काम में लाना : to ~ pressure दबाव डालना; Atul had to ~ all his strength to pull the man out of the river उस आदमी को नदी[F] के बाहर खींचने में अतुल को अपनी पूरी शक्ति से ज़ोर लगाना पड़ा; to ~ force बल लगाना, बलप्रयोग करना; to ~ one's influence अपने प्रभाव को काम में लाना. **2.** प्रयत्न करना, दौड़-धूप[F] करना : he ~ed himself on his behalf उसने स्वयं उसकी ओर से दौड़-धूप[F] की. **exertion** इग् ज़र'शन *n*[c]. **1.** उद्योग, परिश्रम : he succeeded by his ~s वह अपने ≈ के बल पर सफल हो गया; he fell ill due to much ~ अत्यधिक ≈ के कारण वह बीमार पड़ गया. **2.** थकान[F] : digging will give me too much ~ खोदना मेरे लिए अत्यधिक ≈ ला देगा; there should be no ~ ≈ नहीं होनी चाहिए.

exhale ऍक्स् हेल' *v.t.* साँस[F] बाहर निकालना : breathe deeply and ~ गहरी साँस[F] लेकर बाहर निकालो, he has difficulty in exhaling उसे साँस बाहर निकालने में कष्ट होता है. [*ant.* inhale]

exhaust इग् ज़ॉस्ट' **I.** *v.t.* **1.** थकाना : the climb will ~ the boys चढ़ाई[F] लड़कों को थका देगी; the heavy work ~s him भारी काम से वह थक जाता है; I feel ~ed मुझे थकान[F] लग रही है. **2.** खर्च कर डालना, व्यय कर डालना, समाप्त करना, खत्म कर देना : to ~ one's money carelessly अपना पैसा लापरवाही[F] से समाप्त/खर्च कर देना; to ~ one's patience अपना धैर्य खो देना. **3.** पूरा कर देना : to ~ a subject विषय को ≈. **II.** *n*[c]. + *v.t.* निकास, निर्गम : ~ fan निकास पंखा; ~ pipe निकास नली; he ~s fumes from his car वह अपनी कार[F] से बदबूदार धुआँ छोड़ता है. **exhaustion** इग् ज़ास्'शन *n.* **1.** थकान[F], थकावट[F] : people suffering from ~ are seriously in trouble ≈ से पीड़ित व्यक्ति गंभीर रूप से कष्ट पाते हैं. **2.** समाप्ति[F], ख़र्च : ~ of food खाद्य पदार्थों की समाप्ति. **exhaustive** इग् ज़ास्'टिव़ *a.* (complete) सर्वांगीण, विस्तृत, पूरा, व्यापक, सर्वांगपूर्ण : ~ inquiry, report ≈ जाँच[F], रिपोर्ट; an ~ survey of a subject किसी विषय का विस्तृत सर्वेक्षण; he made an ~ search उसने पूरी खोज[F] की.

exhibit इग् ज़ि'बिट *v.t.* प्रदर्शित करना, दिखाना : to ~ interest in a subject किसी विषय में रुचि[F]/दिलचस्पी[F] ≈ ; to ~ pictures चित्र ≈; to ~ a document in court न्यायालय में दस्तावेज़ दिखाना; to ~ goods for sale बिक्री[F] के लिए माल/सामान ≈; to ~ ignorance deliberately जानबूझ कर अज्ञानता ≈. **exhibition** एक् सि बि'शन *n*[c]. **1.** प्रदर्शनी[F], नुमाइश[F] : ~ match नुमाइशी मैच; there is an ~ of stamps in the hall हाल में टिकटों की एक ≈ है; at an ~ things are put on show प्रदर्शनी में वस्तुएँ[F] प्रदर्शन के लिए रखी जाती हैं. **2.** प्रदर्शन : ~ of oneself अपना ≈; an ~ of temper स्वभाव का ≈.

exile ऍक् सा'इल **I.** *n*[u]. देश निकाला, निर्वासन : to live in ~ ≈ में रहना; he was sent into ~ उसे ≈ दिया गया; Bahadur Shah Zafar died in ~ बहादुर शाह ज़फ़र निर्वासन में मर गए. **II.** *v.t.* निर्वासित करना, देश निकाला देना : he has been ~d from the country उसे देश निकाला दे दिया गया है; to ~ a citizen किसी नागरिक को ≈.

exist इग् ज़िस्ट' *v.i.* **1.** होना, जीवित होना : he ~s on little food वह थोड़े भोजन से जीवित रहता है; the man ~s यह आदमी जीवित है. **2.** होना, अस्तित्व रखना : slavery does not ~ in our country हमारे देश में गुलामी[F] नहीं है; do fairies ~ क्या परियों का अस्तित्व है ? I ~ मेरा अस्तित्व है. **3.** पाया जाना : such conditions, circumstances ~ in all the families here ऐसी दशा^F, परिस्थितियाँ^F यहाँ सभी परिवारों में पाई जाती हैं. **existence** इग् ज़िस्'टन्स n^u. 1. जीवन, ज़िंदगी^F : water is necessary for ~ ≈ के लिए पानी आवश्यक है; a miserable ~ दयनीय जीवन. [*ant.* death] 2. अस्तित्व : to believe in the ~ of ghosts भूतों के ≈ में विश्वास होना; to be in ~ ≈ में होना; to come into ~ अस्तित्व में आना, जन्म लेना, पैदा होना; I believe in the ~ of God मैं मानता हूँ कि ईश्वर है. **existent** इग् ज़िस्'टन्ट *a.* विद्यमान, वर्तमान, मौजूद : under the ~ circumstances of the nation राष्ट्र की ≈ परिस्थितियों^F में. **existing** इग् ज़िस्'टिंग *a.* वर्तमान, विद्यमान, मौजूदा, चालू : under the ~ school rules we must wear caps विद्यालय के ≈ नियमों के अनुसार हमें टोपी अवश्य पहननी चाहिए; under the ~ conditions ≈ दशा^F में.

exit ऍग्'ज़िट n^c. 1. (outlet) निकास, निर्गम (द्वार, बाहर जाने का रास्ता : there is an ~ on the right दाहिने हाथ बाहर जाने का रास्ता है; we made an ~ from the hall हम हाल से बाहर आ गए. 2. (departure) विदा^F, विदाई^F, प्रस्थान, कूच, रवानगी^F : Exit actor अभिनेता का स्टेज से विदा होना. [*ant.* entrance]

exonerate इग् ज़ॉ'नरेट *v.t.* से मुक्त करना, दोष-मुक्त करना : ~ a suspect शंकित व्यक्ति को मुक्त करना; to ~ somebody from blame किसी को दोषमुक्त करना; he was ~d from the responsibility उसे उत्तरदायित्व से छुटकारा दिया गया.

exorbitant इग् ज़ॉर'बिटन्ट *a.* अत्यधिक, बहुत, बेहद [ambition महत्वाकांक्षा, demand माँग, price मूल्य].

exp. expenses, export, express.

expand इक्स् पैन्ड' *v.t.i.* (spread out) फैलाना, फैलना, बढ़ाना, बढ़ना : when metals are heated, they ~ जब धातुएं गर्म की जाएँ तो वे फैलती हैं; to ~ a sentence into a paragraph किसी वाक्य को पैराग्राफ़ में बढ़ाना; to ~ one's chest अपनी छाती^F फैलाना/बढ़ाना (सीना फुलाना); chest ~s when we breathe in जब हम अंदर साँस^F लेते हैं तो सीना फूलता है; his business has expanded उसका व्यवसाय फैल/बढ़ गया है; one's outlook ~s किसी का दृष्टिकोण विस्तार पाता है. [*ant.* contract] **expansion** इक्स् पैन्'शन n^c. वृद्धि^F, फैलाव, प्रसार : an ~ of business व्यापार का विस्तार the gaps between lengths of railway lines are to allow for the ~ of the metal on hot days रेलवे पटरियों^F के बीच में गर्मी के दिनों में ≈ के लिए जगह^F दी जाती है; ~ of currency मुद्रास्फीति^F; ~ of chest छाती^F का फुलाव.

ex parte एक्स्'पार्टि *a.* एकपक्षीय, एकतरफ़ा [decree डिक्री judgement निर्णय, statement बयान].

expect इक्स् पेक्ट *v.t.* 1. आशा^F करना, उम्मीद^F करना : he ~ed to be met at the station उसने स्टेशन पर मिलने की उम्मीद की थी; we do not ~ to be away long हम बहुत दिन बाहर रहने की उम्मीद नहीं करते; when do you ~ him back तुम उसके कब वापस आने की उम्मीद करते हो ? I ~ a present from my uncle मैं अपने चाचा से एक उपहार की उम्मीद करता हूँ; I ~ obedience from a servant मैं नौकर से आज्ञाकारिता^F की उम्मीद करता हूँ; I ~ it is all right मैं आशा करता हूँ कि सब ठीक-ठाक है; to ~ rain बारिश की ≈; he evidently did not ~ such an answer उसने स्पष्ट रूप से इस प्रकार के उत्तर की आशा नहीं की थी; it was to be ~ed ऐसी उम्मीद की जानी थी; it was not as bad as we ~ed यह उतना बुरा नहीं था जितनी हमें उम्मीद थी; we ~ed help from them हमने उनसे सहायता की उम्मीद की थी. 2. प्रतीक्षा^F करना : we shall ~ you at four o'clock हम चार बजे तुम्हारी प्रतीक्षा करेंगे; we did not ~ you today हमें आज तुम्हारे आने की प्रतीक्षा नहीं थी; I will ~ a letter tomorrow कल मैं एक पत्र की प्रतीक्षा करूँगा; ~ the arrival of your friend अपने मित्र के पहुँचने का इंतज़ार करो; I shall ~ him by six o'clock in the market बाज़ार में मैं उसकी छ: बजे तक प्रतीक्षा करूँगा. 3. अपेक्षा करना : I ~ you to be truthful मैं तुमसे सच-सच कहने की अपेक्षा करता हूँ. 4. ख़्याल होना : we ~ rain by the evening हमारा ख़्याल है कि शाम^F तक बारिश^F होगी; I

~ed that you knew it मेरा ख़्याल था कि तुम यह जानते थे **5.** she is ~ing a baby वह गर्भवती[F] है. **expectation** ऍक्स् पेक् टे'शन *n*[c]. आशा, प्रत्याशा[F] : beyond ~ आशा से बाहर/परे; contrary to ~ ≈ के प्रतिकूल; did the show come up to your ~s का प्रदर्शन तुम्हारी आशाओं के अनुकूल था ?

expedite ऍक्स्'पिडाइट *v.t.* जल्दी करना, शीघ्र संपन्न करना : please ~ repairs कृपया मरम्मत[F] का काम शीघ्र संपन्न करें; to ~ the business of the committee कमेटी के कार्यों को शीघ्रता[F] से संपन्न करना; you should ~ action तुम्हें जल्दी कार्रवाई करनी चाहिए. [*ant.* delay]

expedition ऍक्सपि डि'शन *n*[c]. **1.** अभियान, मुहिम[F] : mountain ~ पर्वतारोहण; I would like to join the ~ which is going to explore the moon मैं उस अभियान में सम्मिलित होना चाहूँगा जो चंद्रमा पर खोज[F] के लिए जा रहा है. **2.** शीघ्रता[F], जल्दी[F] : he did it with ~ उसने इसे जल्दी कर डाला; he departed with ~ वह जल्दी ही प्रस्थान कर गया.

expel इक्स् पेंल' *v.i.* (expelled) निष्कासित करना, निकाल देना, निकाल बाहर करना : to ~ by force ज़बरदस्ती बाहर ≈; the lazy boy was ~led from the school आलसी लड़के को विद्यालय से निकाल दिया गया; to ~ an enemy from the country दुश्मन को देश से ≈; we ~ air from our lungs हम फेफड़ों से हवा निकालते हैं. [*n.* expulsion]

expend इक्स् पेन्ड' *v.t.* ख़र्च करना, लगाना, खपाना : to ~ money, time, etc. धन, समय इत्यादि ≈; all resources have been ~ed सारे संसाधन खप गए हैं; he ~ed all his energy उसने अपनी सारी शक्ति[F] लगा दी. **expenditure** इक्स्पेन्'डिचर *n*[u]. व्यय, ख़र्च [heavy भारी, monthly मासिक, total कुल, unnecessary अनावश्यक]; my ~ amounted to Rs. 5000 मेरा खर्च पाँच हज़ार रुपये हो गया; capital ~ पूँजीगत व्यय, निर्माण आदि कामों पर होने वाला ≈ जिन्हें पूँजी माना जाता है; contingent ~ आकस्मिक ≈; net ~ कुल/वास्तविक ≈; recurring ~ आवर्ती ≈, बार-बार होने वाला ≈; revenue ~ राजस्व ≈; ~ tax ≈ कर [*ant.* income] **expense** इक्स् पें'न्स' *n*[c]. व्यय, ख़र्च [double दूना, extra, फ़ालतू, great बहुत, little थोड़ा-सा]; sometimes students are sent abroad at the ~ of the government कभी-कभी छात्रों को सरकारी ≈ पर विदेश भेजा जाता है; house hold ~s घर-गृहस्थी के खर्चे; to cut down ~s ≈ में काट-छाँट करना; I cannot afford so much ~ मैं इतना खर्च बरदाश्त नहीं कर सकता; at the ~ of की हानि[F] करके; he worked hard at the ~ of his health स्वास्थ्य की हानि करके उसने परिश्रम किया; they laughed at my ~ वे मेरे ऊपर हँसे, मेरा मज़ाक उड़ाया. **expensive** इक्स् पेंन्'सिव़ *a.* बहुमूल्य, मूल्यवान्, महंगा [game खेल, journey यात्रा[F], study लिखाई-पढ़ाई]; he wears ~ shoes ≈ जूते पहनता है. [*ant.* cheap]

experience इक्स् पिअ'रिअन्स **I.** *n*[c]. अनुभव, तजुर्बा [enough पर्याप्त, necessary आवश्यक, personal व्यक्तिगत, practical व्यावहारिक, valuable मूल्यवान/कीमती]; according to my ~ मेरे ≈ के अनुसार; his opinion is based on long ~ in working with children उसका ≈ बच्चों के साथ लंबे समय तक किए गए काम पर आधारित है; how much ~ have you had तुम्हें कितना ≈ हुआ है ? he has ~ in teaching children उसे बच्चों को पढ़ाने का ≈ है; he is a man of ~ वह अनुभवी आदमी है; we learn by ~ हम ≈ द्वारा सीखते हैं. [*ant.* in ~] **II.** *v.t.* का अनुभव करना, भोगना : to ~ difficulties, joys कठिनाइयाँ, खुशियाँ भोगना; to ~ sorrow दुख ≈.

experiment इक्स् पें'रिमन्ट **I.** *n*[c]. प्रयोग, परीक्षण : we can learn by ~ that oil and water will not mix हम ≈ करके मालूम कर सकते हैं कि तेल और पानी मिश्रित नहीं होते; the scientist carried out an ~ to see what would happen when two chemicals are mixed वैज्ञानिकों ने यह देखने के लिए ≈ किया कि दो रासायनिकों के मिलने पर क्या होता है; the remedy was discovered by a series of ~s लगातार ≈ करते-करते उपचार खोज लिया गया; I conducted/performed an ~ मैंने एक ≈ किया. II. *v.t.* (on, with) प्रयोग करना, परीक्षण करना : to ~ on mice चूहों पर प्रयोग करना; to ~ with new tools नए उपकरणों से ≈. **experimental** ऍक्स् पॅरि मेनॅ'टल *a.* प्रयोगात्मक : ~ period प्रयोग या परीक्षण करना; ~ explosions परीक्षणात्मक या प्रयोगात्मक विस्फोट; ~ farm खेती के परीक्षणों के लिए रखा गया खेत, परीक्षण या प्रायोगिक फार्म; his plan is still at an ~ stage उसकी योजना[F] अभी ≈ स्थिति में है.

expert ऍक्स्'पर्ट I. *a.* विशेषज्ञ, कुशल, निपुण [committee कमेटी, pianist पिआनो वादक]. II. ऍक्स्'पर्ट *n*[c]. (in) विशेषज्ञ, विशेष जानकार : she is an ~ in Indian philosophy वह भारतीय दर्शन की ≈ है; I am not an ~ at teaching small children मैं छोटे बच्चों को पढ़ाने में निपुण नहीं हूँ. **expertness** ऍक्स् पर्ट'निस *n*[c]. विशेषज्ञता[F] : ~ in some trade किसी व्यापार में ≈.

expire इक्स् पाइअर' *v.t.* 1. अंत होना, समाप्त होना, अवधि[F] पूरी होना : the agreement, licence has ~d करार, लाइसेंस की अवधि समाप्त हो गई; the season ticket ~s on 31st August सीज़न टिकट की अवधि 31 अगस्त को पूरी हो रही है; our holidays ~ next week हमारी छुट्टियाँ अगले हफ़्ते समाप्त हो रही हैं; the date has ~d तारीख़ (समाप्त) हो गई है. 2. दम तोड़ना, मरना, देहांत होना : at the end of the play we see the hero ~ in the girl's arms खेल के अंत में हम हीरो (नायक) को लड़की की बाहों में दम तोड़ते देखते हैं; he ~d at midnight वह आधी रात[F] को मर गया. 3. बुझ जाना : the fire has ~d आग[F] बुझ गई है.

explain इक्स् प्लेन' *v.t.* 1. स्पष्ट करना, समझना, बतलाना, व्याख्या[F] करना : that can easily be ~ed उसे आसानी[F] से स्पष्ट किया जा सकता है; I cannot ~ मैं व्याख्या नहीं कर सकता; have you ~ed it क्या तुमने इसे स्पष्ट कर दिया है; I do not understand the long division, will you ~ it to me मैं लम्बे भाग को नहीं समझ पाता, क्या आप इसे समझा देंगे; to ~ a problem किसी समस्या[F] को हल करना; to ~ one's actions अपने कार्यों को समझाना; will you ~ what this means क्या आप स्पष्ट करेंगे कि इसका क्या अर्थ है ? you need not ~ further तुम्हें और अधिक व्याख्या[F] करने की आवश्यकता[F] नहीं है; to ~ the meaning of a word किसी शब्द का अर्थ स्पष्ट करना; to ~ the work to the workers मज़दूरों को काम समझाना. 2. सफ़ाई[F] देना : how do you ~ your misconduct तुम अपने दुराचरण की क्या सफ़ाई देते हो ? **explanation** ऍक्स् प्लॅ ने'शन *n*[c]. 1. व्याख्या[F] [acceptable स्वीकार्य, brief संक्षिप्त, clear स्पष्ट, complete पूर्ण, difficult कठिन, satisfactory संतोषजनक, simple सरल/साधारण]; ~ of a poem किसी कविता[F] की ≈; we can see from this ~ इस ≈ से हम समझ सकते हैं ≈. 2. स्पष्टीकरण, सफ़ाई[F] : I can give no ~ मैं कोई ≈ नहीं दे सकता; the Director called for the clerk's ~ निदेशक ने लिपिक से ≈ की माँग की, जवाबतलबी की.

explicit इक्स प्लि'सिट *a.* 1. साफ़ और सविस्तार [controversy विवाद, directions निर्देश]; my advice was ~ मेरी सलाह[F] साफ़ और विस्तार से थी. 2. पूर्ण : ~ faith पूर्ण विश्वास. [*ant.* implied]

explode इक्स् प्लोड' I. *v.t.i.* 1. विस्फोट होना, उड़ा देना, फोड़ना : a bomb ~ed एक बम फटा; to ~ a bomb बम फोड़ना; 2. (discredit) निर्मूल सिद्ध करना, खण्डन करना : to ~ a superstition किसी अंधविश्वास को खंडित करना; the theory has been ~d by the scientists वैज्ञानिकों द्वारा इस सिद्धांत का खण्डन कर दिया गया है. II. *v.i.* फूटना; to ~ with laughter हँसी ≈. [*n.* explosion]

exploit ऍक्स'प्लाइट I. *n*[c]. पराक्रम, कारनामा : the ~s of our airmen हमारे वायु सैनिकों के कारनामे; he performed many ~s उसने बहुत-से कारनामे किए. II. *v.t.* उपयोग करना, अनुचित लाभ उठाना, शोषण करना : to ~ someone is to use him for your own advantage अनुचित लाभ उठाना, किसी का अपने लाभ के लिए शोषण करना है; children are ~ed in some factories कुछ कारख़ानों

में बच्चों का शोषण किया जाता है; ~ an invention किसी आविष्कार से लाभ उठाना; to ~ new resources नए संसाधनों का उपयोग करना; to ~ a mine खान से खनिज निकालना; to ~ oil (जमीन) से तेल निकालना. **exploitation** ऍक्स् प्लाइ टे'शन *n^{c}*. शोषण, उपयोग, स्वार्थसाधन : ~ of labour मजदूरों का शोषण, श्रमिक शोषण; ~ of resources साधनों का भरपूर या पूरा-पूरा उपयोग.

exploration ऍक्स् प्लॉ रे'शन *n^{c}*. अन्वेषण, छानबीन^{F}, खोज^{F} [Antarctic दक्षिण-ध्रुवीय, polar ध्रुवीय]; ~ of some desert किसी रेगिस्तान की ≈. **explore** इक्सप्लॉर' *v.t.* पता लगाना, छान-बीन^{F} करना : to ~ a cave गुफा का पता लगाना; the doctor has ~d his wound डाक्टर ने उसके घाव के कारण का पता लगा लिया है; Livingstone ~d a part of Africa लिविंग्स्टन ने अफ्रीका के एक भाग का पता लगाया; to ~ the possibility संभावना^{F} का पता लगाना; to ~ a problem समस्या^{F} की छानबीन^{F} करना.

explosion इक्स् प्लो'ज़न *n^{c}*. (from explode) **1.** विस्फोट, धड़ाका : the ~ of the bomb could be heard miles away बम का ≈ मीलों दूर तक सुना जा सकता था; there was a loud ~ yesterday कल बड़ा तेज़ ≈ हुआ. **2.** भड़क उठना : ~ of anger गुस्सा ≈. **3.** असाधारण वृद्धि^{F} : ~ of population जनसंख्या^{F} का विस्फोट (असाधारण वृद्धि) ; sudden ~ in prices कीमतों में एकदम ≈. **explosive** इक्स् प्लो'सिव़ **I.** *a.* **1.** विस्फोटक [device उपकरण, gas गैस, substance पदार्थ]. **2.** संकटपूर्ण : ~ situation स्थिति^{F}. **3.** ~ question विवादास्पद प्रश्न. **II.** *n^{c}*. विस्फोटक पदार्थ, गोला-बारूद : don't take ~s with you अपने साथ ≈ मत ले जाओ.

export ऍक्स'पॉर्ट **I.** *n^{c}*. निर्यात, निर्यात व्यापार : coal is an important ~ from England कोयला इंग्लैण्ड से एक महत्वपूर्ण ≈ है; ~ of paper to china चीन को कागज़ का ≈; ~ credit निर्यात माल के आधार पर उधार; ~ duty ≈ शुल्क; ~ earnings निर्यात से होने वाली आय^{F}; ~ promotion ≈ -वृद्धि^{F}; ~ promotion scheme ≈ वृद्धि योजना^{F}; ~ quality control उत्तम माल के निर्यात का आश्वासन, निर्यात के माल की उत्तमता का आश्वासन; ~ risk Insurance Corporation निर्यात जोखिम बीमा निगम. **II.** ऍक्स् पॉर्ट' *v.t.* निर्यात करना, बाहर भेजना : India chiefly ~s cotton and jute भारत मुख्यत: सूत (के धागे, वस्त्र) और जूट का निर्यात करता है. [*ant.* import]

expose इक्स् पोज़' *v.t.* (various meanings in contexts) to ~ goods for sale बिक्री^{F} के लिए सामान/चीजों^{F} को खोलकर रखना; to ~ one's intentions अपने इरादों को प्रकट करना; to ~ something to the sun किसी चीज को धूप लगाना; to ~ a child to the cold बच्चे को ठन्ड^{F} में छोड़ना; to ~ oneself to danger खतरे का सामना करना; a newspaper ~d the murder एक समाचार-पत्र ने हत्या^{F} का सुराग लगाया; to ~ the chest छाती^{F} नंगी करना; (unmask) पोल खोलना, कलई खोलना, भंडा फोड़ना : to ~ a secret भेद खोल देना; to ~ somebody's ignorance किसी की अज्ञानता का भंडा फोड़ना; jewels lay exposed रत्न अरक्षित पड़े थे.

express इक्स् प्रॆस' **I.** *v.t.* प्रकट करना, व्यक्त करना, ज़ाहिर करना : to ~ one's ideas अपने विचारों को ≈; it is difficult to ~ in words इसे शब्दों में ≈ कठिन है; her face ~ed nothing उसके चेहरे से कुछ भी प्रकट/ज़ाहिर न था; I feel I cannot ~ everything मैं समझता हूँ कि मैं सब कुछ नहीं व्यक्त कर सकता; to ~ one's gratitude for smb's kindness किसी की दयालुता^{F} के लिए कृतज्ञता ≈; these words ~ my feelings ये शब्द मेरी भावनाओं^{F} को व्यक्त करते हैं; a great writer ~es his thoughts well एक महान् लेखक अपने विचारों को अच्छी तरह व्यक्त करता है; to ~ satisfaction संतोष ≈. **II.** *n^{c}*. एक्सप्रेस (गाड़ी^{F}); I am leaving by Kashi ~ मैं काशी ≈ से जा रहा हूँ. **III.** *a.* **1.** (explicit) अभिव्यक्त, (सु) स्पष्ट, साफ़ [agreement करार, answer उत्तर, order आदेश, wish इच्छा^{F}]. **2.** (fast) त्वरित, तेज़ [delivery वितरण या बाँट^{F}, letter पत्र या चिट्ठी, messenger दूत, train गाड़ी^{F}]; an ~

train is specially fast one एक्सप्रेस गाड़ी विशेषत: ≈ होती है. **3.** खास यही : ~ purpose विशेष यही उद्देश्य; ~ copy हू-ब-हू नकल^F. **expression** इक्स् प्रे'शन **1.** n^c. अभिव्यक्ति^{F}, अभिव्यंजना [common साधारण, complicated जटिल, real वास्तविक, technical तकनीकी]; free ~ of opinion अपने मत की स्वतंत्र ≈; ~ of the public will सार्वजनिक इच्छा^{F} की ≈; she could not give ~ to her feelings वह अपनी भावनाओं को अभिव्यक्त न कर पाई; the beauty of the scene is beyond ~ दृश्य की सुंदरता^{F} ≈ से बाहर है. **2.** (phrase) मुहावरा; he uses such an ~ most वह ऐसे मुहावरे का अधिक प्रयोग करता है; this ~ is rarely used इस मुहावरे का कम ही प्रयोग किया जाता है. **3.** मुद्रा^{F}, रंग-रूप, आकृति^{F} [gloomy उदास, grave गंभीर, happy प्रसन्न, sad दुखी, shy लज्जालु]; the ~ on her face उसके चेहरे पर की मुद्रा; ~ his face was sad due to his mother's illness उसके चेहरे की मुद्रा माँ की बीमारी के कारण उदास थी.

expulsion इक्स् पल्'शन n^c. (from expel) निकाला जाना, बहिष्कार, निष्कासन, बेदख़ली^{F} : ~ from society बिरादरी^{F} से बहिष्कार; ~ order (देश) निकाले का आदेश; ~ from school विद्यालय से निष्कासन; ~ from possession of land भूमि^{F} के कब्जे से बेदख़ली^{F}.

exquisite ऍक्स् क्वि'ज़िट *a.* **1.** उत्कृष्ट, उत्तम [beauty सौन्दर्य, novel उपन्यास, person व्यक्ति, work काम]. **2.** भारी, तीव्र [happiness सुख, pain पीड़ा^{F}, pleasure प्रसन्नता^{F}]. **3.** सूक्ष्म : ~ sensibility ≈ संवेदनशीलता^{F}.

extant ऍक्स्'टन्ट *a.* विद्यमान, वर्तमान, मौजूद [building भवन, custom रिवाज, painting चित्र]; the Mughal buildings are still ~ मुग़ल इमारतें अब भी ≈ हैं. [*as distinct from* extent]

extend इक्स'टॅन्ड **I.** *v.t.* **1.** तानना, फैलाना, बढ़ाना, विस्तार करना : to ~ a road सड़क^F का विस्तार करना; to ~ holidays छुट्टियाँ बढ़ाना; to ~ smth in various directions किसी वस्तु^{F} को विभिन्न दिशाओं में फैलाना या बढ़ाना; ~ your hand in friendship मित्रता का हाथ बढ़ाओ; to ~ business व्यापार बढ़ाना. **2.** पहुँचाना, देना : to ~ welcome स्वागत करना; to ~ a favour कृपा^{F} करना. **II.** *v.i.* बढ़ना, फैलना, विस्तार होना : our college field ~s as far as those trees हमारे विद्यालय का मैदान दूर तक उन पेड़ों तक फैला है; my jurisdiction ~s to the coast मेरे अधिकार-क्षेत्र का विस्तार तट तक है; his business has ~ed उसका व्यापार बढ़ गया है (फैल गया है). **extension** इक्स् टेन्'शन n^c. **1.** विस्तार, फैलाव : an ~ of time limit समय-सीमा^{F} का विस्तार; an ~ of leave छुट्टी^{F} का बढ़ाव; an ~ of house मकान का विस्तार. **2.** बाज़ू का हिस्सा, बाज़ू, शाखा^{F} : the school was not big enough so an ~ was built on it विद्यालय पर्याप्त बड़ा नहीं था इसलिए बाज़ू का हिस्सा बनवा दिया गया; there are ~s to the buildings on the jetty घाट पर इमारतों के बाज़ू के हिस्से हैं. **extensive** इक्स टेन्'सिव़ *a.* विस्तृत, व्यापक, विस्तीर्ण, फैला हुआ, लंबा-चौड़ा [alteration परिवर्तन, space जगह^F, views विचार]; there are ~ gardens behind the house मकान के पीछे लंबे-चौड़े बगीचे हैं. ~damage व्यापक हानि^{F}; his knowledge of history is quite ~ उसका इतिहास का ज्ञान काफी विस्तृत है.

extent इक्स् टॅन्ट' n^u. हद^F, सीमा^{F} : to this ~ इस सीमा तक; to what किस ≈ तक; to a certain ~ कुछ ≈ तक; to so much ~ इतनी ≈ तक; to what ~ can we believe it किस ≈ तक हम इसका विश्वास कर सकते हैं? [*as distinct from* extant]

exterior ऍक्स्'टिअ'रिअर **I.** *a.* बाहरी, बाह्य : the ~ part of the building was dirty इमारत का ≈ भाग गंदा था; the ~ portion of a wall दीवार^F का ≈ हिस्सा; you need ~ help तुमको ≈ सहायता^{F} की ज़रूरत है. [*ant.* interior] **II.** n^c. **1.** रूपरंग^F, आकृति^{F} : a man of charming ~रमणीय ≈ वाला व्यक्ति. **2.** बाहरी भाग : the ~ of the house needs a whitewash मकान के बाहरी भाग में सफ़ेदी दरकार है. [*ant.* interior]

exterminate ऍक्स् टर्'मिनेट *v.t.* मटियामेट करना, बरबाद करना, तहस-नहस करना, निर्मूल करना, उखाड़ फेंकना, उन्मूलन करना : mosquitoes must be ~d मच्छरों को निश्चित रूप से तहस-नहस किया जाना चाहिए; to ~ vermin चूहों को निकाल फेंकना; to ~ the enemies शत्रुओं का मटियामेट करना.

external ऍक्स् टर्'नल *a.* 1. बाह्य, बाहरी, बाहर का : this medicine is not for ~ use इस दवा[F] का प्रयोग बाहर नहीं करना है. 2. विदेशी, वैदेशिक, पराराष्ट्र, पराराष्ट्रिक [bills हुण्डी, department विभाग, influence प्रभाव, trade व्यापार]. [*ant.* internal]

extinguish इक्स् टिङ्'ग्विश *v.t.* 1. बुझाना : please ~ your cigarette कृपया अपना सिगरेट बुझा दें; firemen ~ fires by spraying water on them फ़ायरमैन आग पर पानी की धार[F] छोड़कर बुझा देते हैं; to ~ a flame ज्वाला को बुझाना. 2. नष्ट करना, खत्म करना, मिटाना : to ~ all hopes सभी आशाओं[F] को ≈; all his expectations were ~ed by the jury's verdict जूरी के निर्णय से उसकी सभी आशाएँ[F] मिट गईं; to ~ one's faith किसी का विश्वास हटाना.

extol इक्स् टॉल' *v.t.* (extolled, extolling) गुणगान करना, गुणानुवाद करना, प्रशंसा[F] करना : to ~ the merits of a propositions प्रस्ताव का गुणगान करना; to ~ smb to the skies प्रशंसा करके किसी को आसमान पर चढ़ाना; the Principal went on ~ling his merits प्राचार्य उसके गुणों की प्रशंसा[F] करते रहे; his honesty has been often ~led उसकी ईमानदारी[F] की प्रशंसा अक्सर की जाती रही है.

extort इक्स् टॉर्ट' *v.t.* छीनना, ऐंठना, ज़बरदस्ती निकालना : to ~ smth against one's determined will किसी की दृढ़ इच्छा[F] के विरुद्ध कुछ छीनना; ~ money पैसा ऐंठ लेना; to ~ a promise ज़बरदस्ती वचन लेना; to ~ confession of a crime ज़बरदस्ती अपराध मनवाना. **extortion** इक्स् टॉर्'शन *n*[c]. ज़बरदस्ती[F] : promise, confession obtained by ~ ≈ से प्राप्त वचन, संस्वीकृति.

extra *pref.* (outside) के बाहर; ~-judicial, ~marital, ~-ordinary, ~ -territorial

extra ऍक्स्'ट्रा I. *a.* 1. विशेष, असाधारण : ~ ordinary असाधारण. 2. अतिरिक्त, फ़ालतू [charge भार, time समय]; ~ curricular पढ़ाई के अतिरिक्त; ~ judicial कानूनी मामलों से असंबद्ध; the shopkeeper weighed out the apples and gave me an ~ one for myself दुकानदार ने सेब तौले और मेरे अपने लिए एक ≈ सेब दिया. II. *adv.* अति : ~ clever अति चतुर.

extract इक्स् ट्रैक्ट' I. *v.t.* 1. निचोड़ना, सार या अर्क निकालना : to ~ an essence from a plant किसी पौधे से रस/अर्क निकालना; to ~ with strong pressure तेज़ दाब से रस ≈; to ~ scent from flowers फूलों से इत्र ≈. 2. उखाड़ना, खींचना, निकालना : to ~ a nail, tooth कील, दाँत ≈; ~ gold from ore अयस्क से सोना निकालो; to ~ a particle of coal from one's eye किसी की आँख[F] से कोयले का कण ≈. 3. उद्धत करना : to ~ a passage from a book किताब[F] से अनुच्छेद ≈. 4. प्राप्त करना : to ~ promise वचन प्राप्त करना; to ~ pleasure from an event किसी घटना से आनंद ≈; to ~ confession of a crime अपराध की स्वीकृति ≈ (मनवाना). II. ऍक्स्'ट्रक्ट *n*[c]. 1. (quotation) उद्धरण : I can give you several ~s from that book मैं तुम्हें उस पुस्तक[F] से कई ≈ दे सकता हूँ. 2. सार, सत्व, सत्त, निचोड़ : ~ of almonds बादामों का ≈.

extraordinary इक्स् ट्रॉर्ड'नॅरि *a.* 1. असाधारण, विशेष, खास [beauty सुंदरता, charm आकर्षण, man आदमी, writer लेखक]. 2. अनोखा, निराला, अजीब : an ~ behaviour अनोखा व्यवहार; ~ demonstration ≈ प्रदर्शन; what an ~ thing ! कितनी अनोखी बात[F] है. [*ant.* ordinary, usual]

extravagance इक्स् ट्रै'व़गन्स *n*[c]. 1. असंयम : he praised her with ~ उसने उसकी असंयत प्रशंसा[F] की. 2. (wastefulness) अतिव्यय, अपव्यय, फ़िज़ूलखर्ची : avoid ~ of money धन का अपव्यय मत करो. **extravagant** इक्स् ट्रै'व़ॅगन्ट *a.* 1. असंयत : ~ behaviour ≈ व्यवहार : ~ expression ≈ अभिव्यक्ति[F]. 2. (excessive) मनमाना, बेहद,

अत्यधिक [praise प्रशंसा^F, spending खर्च] an ~ use of one's energy अपनी शक्ति का ≈ प्रयोग. 3. (wasteful) अपव्ययी, फ़िज़ूल खर्च : ~ lady अपव्ययी महिला. 4. (illogical) बेतुका : ~ claim ≈ दावा.

extreme इक्स् ट्रीम' I. *a*. 1. अंतिम, आखिरी, अन्त्य : the cat was at the ~ end of the branch बिल्ली शाखा^F के ≈ छोर पर थी; ~ end of the road सड़क का ≈ सिरा; the ~ ends of the earth पृथ्वी के ≈ छोर. 2. (excessive) अत्यधिक [danger खतरा, happiness प्रसन्नता^F, old age बुढ़ापा, pain पीड़ा^F, sorrow दुःख]; that day we were in an ~ danger उस दिन हम ≈ खतरे में थे; it was ~ temperature yesterday कल ≈ तापमान था. [*ant*. moderate] 3. (various meanings in contexts) to take ~ action सख्त कार्रवाई^F करना; ~ views उग्र विचार. II. *n*^c. अति^F : to go to ~ ≈ करना; he has been liberal in the ~ वह ≈ उदार रहा है. **extremely** इक्स् ट्री'मलि *adv*. नितांत, अत्यधिक, बेहद : I am ~ sorry मुझे ≈दुःख है; I am ~ obliged to you मैं आपका ≈ आभारी हूँ; it is ~ necessary यह ≈ ज़रूरी है; they worked ~ slowly उन्होंने ≈ धीमा काम किया; Chinese is an ~ difficult language चीनी ≈ कठिन^F भाषा है.

exult इग् ज़ल्ट' *v.i.* आनंदित होना, फूले न समाना; he ~s **in/at** his success वह अपनी सफलता^F से फूले नहीं समाता; they ~ed at the victory of the team वे टीम^F की विजय^F पर आनंदित हुए.

eye आइ *n*^c. 1. आँख, नेत्र, नयन [beautiful सुंदर, blue नीली, brown भूरी, dark काली, sad उदास, tired थकी-थकी, weak कमज़ोर]; she opened her ~s उसने अपनी आँखें खोलीं; I saw it with my own ~s मैंने उसे अपनी आँखों देखा था. I did not believe my ~s मुझे अपनी आँखों पर विश्वास नहीं हुआ; you have two ~s तुम्हारी दो आँखें हैं. ~ in a potato आलू की ≈ (अँखुआ) ; he saw me with the ~ of suspicion उसने मुझे शंका^F की दृष्टि^F से देखा. 2. निगरानी^F, ध्यान : policeman kept an ~ on his movements पुलिस^F ने उसकी गतिमति की निगरानी की, का ≈ रखा. 3. of a needle सुई का नाका; **~ball** आइ'बाल *n*^c. आँख का डेला, नेत्र गोलक. **~brow** आइ'ब्रो *n*^c. भौंह^F, भृकुटी^F. **~lash** आइ'लैश *n*^c. बरौनी. **~lid** आइ'लिड *n*^c. पलक^F. **~sight** आइ'साइट *n*^c. दृष्टि^F, दृष्टिशक्ति^F : you have good ~ if you can see well without glasses तुम्हारी ≈ अच्छी है यदि तुम बिना चश्मे के अच्छी तरह देख सको. **~sore** आइ'सॉर *n*^c. आँख का घाव, आँख का काँटा, आँख की किरकिरी^F : कुरूप वस्तु : the old hotel is an ~ to me पुराना होटल मेरी आँखों की किरकिरी है. **~witness** आइ'विटनिस *n*^c. प्रत्यक्षदर्शी, प्रत्यक्ष साक्षी, ऐसा साक्षी या गवाह जिसने किसी घटना को अपनी आँखों से देखा हो, चश्मदीद गवाह; ~witness account आँखों देखा वर्णन. Δ **an ~ for an ~** खून का बदला खून से; **to have an ~ for art, beauty** कला, सौंदर्य की पहचान^F होना : **if you had half the eye** यदि तुम ज़रा भी ध्यान से देखते; **in the eyes of smb, law** किसी, कानून की दृष्टि में, **in one's mind's ~** कल्पना में; **in the ~s of smb.** किसी की राय^F में; **to be all eyes** बहुत ध्यान से देखना; **to catch the teacher's ~** किसी अध्यापक की निगाह^F में आना : **to have an ~ on smth** किसी चीज^F का ख़्याल रखना; **to keep an ~ on smb.** किसी की निगरानी^F करना; **to keep one's ~s open** सजग रहना; **to look smb in the ~** किसी का चेहरा प्रत्यक्ष देखना; **to make ~s at smb.** किसी को प्यार से देखना; **mind your ~** सावधान ! **to open smb's ~s** किसी की आँखें खोल देना; **to see ~ to ~ with smb.** किसी से पूरी तरह सहमत होना; **to shut one's ~s to** की अनदेखी^F करना; **to throw dust in smb's eyes** किसी की आँखों में धूल^F झोंकना (धोखा देना) ; **with an ~ to** का ध्यान रखते हुए; she left the school with an eye to her marriage शादी^F का ध्यान रखते हुए उसने स्कूल छोड़ दिया; **with half an ~** सरसरी तौर पर; **with one's eyes open** जान-बूझकर.

F, f

f. foul, foot.

fable फ़े'बल n^c. नीति कथा^{F}, कहानी^{F}, किस्सा : a dragon is only a ~ ड्रेको केवल एक ≈ है; ~s of *Hitopadesh* and Panchtantra हितोपदेश और पंचतंत्र की कहानियाँ^{F}

fabric फ़ै'ब्रिक n^c. **1.** ढाँचा, बनावट, रचना : the flood ruined the furniture and fittings of the house but the ~ was not damaged बाढ़ ने घर का फर्नीचर और साज़ वस्तुएँ नष्ट कर दीं लेकिन ढाँचा खराब नहीं हुआ; the ~ of a society समाज का ढाँचा. **2.** इमारत^F, भवन : the school is a fine ~ विद्यालय एक सुंदर ≈ है. **3.** कपड़ा, वस्त्र, पट [cotton सूती, silk रेशमी, woollen ऊनी] fabricate फ़ै'ब्रिकेट *v.t.* बनाना, गढ़ना : this excuse was ~d यह बहाना गढ़ा गया था. **fabrication** फ़ैब्रिके'शन n^c. कपोल-कल्पना^{F}, मनगढ़न्त^F, जालसाज़ी : his story is all a ~ of his own mind उसकी कहानी^{F} पूरी ≈ है.

face फ़ेस **I.** n^c. **1.** चेहरा, मुँह, मुख [angry नाराज़, beautiful सुंदर, charming आकर्षक, gloomy उदास, happy प्रसन्न, round गोल, ugly भद्दा]; don't show your ~ again फिर अपना मुँह न दिखाना; look at his ~ उसका ≈ देखो; I said it to his ~ मैंने इसे उसके मुँह पर कह दिया; there is a smile on Patoo's ~ पैटू के चेहरे पर मुस्कराहट^F है. Δ ~ **to** ~ आमने-सामने : bring them ~ to ~ उन्हें आमने-सामने ला दो; **from the ~ of the earth** धरातल से; **in one's face** किसी के मुँह पर; **in the ~ of danger** खतरा आ पड़ने पर; **does he have the ~ to come here again** क्या वह फिर यहाँ आने का दुःसाहस कर सकता है ? **he could not face me** वह मुझसे आंख^F नहीं मिला सका **to lose ~** लज्जित होना; **do not make ~ at me** मुझे मुँह न चिढ़ाओ; **she laughed in my ~** वह मेरे सामने हँसी; **to one's ~** किसी के मुँह पर : I cannot say it to his ~ मैं यह बात^F उसके मुँह पर नहीं कह सकता; **to pull a long ~** मुँह फुलाना; **to put a new ~ on smth** किसी चीज़^{F} का रूपरंग बदल देना; **to put a good ~ on smth** किसी बात^F का अच्छे रूप में दिखावा करना; **to put a bold ~ on smth** किसी बात^F का साहस से सामना करना; **to save one's ~** लाज^F रखना, अपनी बात^F या आन^F रख लेना; **to set one's ~ against smth** किसी बात^F का डटकर विरोध करना. **2.** अग्रभाग, आगा : the ~ of a cliff चट्टान^F का अग्रभाग. **3.** (various meanings in contexts) ~ lift चेहरे का सुधार, कमरे का सुधार; ~ powder मुँह पर मलने का पाउडर; ~ value लिखित मूल्य. **II.** *v.t.* **1.** के सामने होना, सम्मुख होना, का सामना करना : he has ~d his rival उसने प्रतिद्वंद्वी का सामना किया; his house ~s a park उसके घर के सामने पार्क है; we will ~ the danger bravely हम ख़तरे का बहादुरी^{F} से सामना करेंगे; to ~ a disagreeable necessity अनिष्ट आवश्यकता^{F} का सामना करना; to ~ a situation किसी स्थिति^{F} का सामना करना; he ~d the audience वह श्रोताओं के सामने आया. [*ant.* avoid] the windows ~ north-south खिड़कियों^{F} का मुँह उत्तर-दक्षिण की ओर है. **2.** की ओर अभिमुख होना या देखना, सीधे रख देना : I ~d him मैंने उसकी ओर देखा; please tell me how I can ~ her कृपया मुझे बताइए कि मैं उसके सामने कैसे जाऊं. **facial** फ़े'शल **I.** *a.* चेहरे का : ~ expression मुख-मुद्रा^{F}. **II.** n^c. चेहरे का प्रसाधन : she has several ~s उसके पास चेहरे के कई प्रसाधन हैं.

facility फ़ सि'लिटि n^c. (*pl.* facilities) **1.** सुविधा^{F}, सुभीता, सहूलियत^F : facilities for education शिक्षा^{F} के लिए सुविधाएँ; to enjoy a ~ सुविधा पाना; to give ~ ≈ देना. **2.** (dexterity) दक्षता^{F}, निपुणता^{F}, कौशल : he showed ~ in learning English उसने

अंग्रेज़ी^{F} सीखने में ≈ दिखाई; she drives with ~ वह दक्षतापूर्वक गाड़ी^{F} चलाती है. [*as distinct from* felicity]

fact फ़ैक्ट *n*^{c}. सच्चाई^{F}, तथ्य, वास्तविकता^{F}, यथार्थ [important महत्वपूर्ण, obvious स्पष्ट, well known सुविदित]; it seems strange but it is a ~ यह अजीब लगता है लेकिन है सच/यथार्थ; some ~s have been known कुछ तथ्य जाने जा चुके हैं; to confess the ~ ≈ को स्वीकार करना; it is a ~ that he failed यह सत्य है कि वह फ़ेल हो गया; tell me the ~ of the case मुझे इस मामले की सच्चाई बताइये; as a matter of ~ he never came वास्तव में वह कभी नहीं आया; ~s are more important than opinion मत से तथ्य अधिक महत्वपूर्ण होते हैं; the ~ is that he was alone yesterday सही यह है कि कल वह अकेला था; I know it for a ~ मैं इसे सही मानता हूँ; in point of ~, in ~ वास्तव में, वस्तुत: [*ant.* fiction]

factor फ़ैक्'टर *n*^{c}. **1.** कारण : one of the ~s of his failure was laziness उसकी असफलता^{F} के कारणों में एक थी निष्क्रियता^{F}; earthquakes are a ~ to be reckoned with in building construction इमारत^{F} का निर्माण करते हुए भूकंप के होने के संभावनाओं को सोच लेना होता है. **2.** अंश, भाग, खंड : two and three are ~s of six दो और तीन छह के खंड हैं. **3.** (of person) आढ़तिया, अभिकर्ता : he is a ~ of the company वह कंपनी का ≈ है. **4.** common ~ समापवर्तक.

factory फ़ैक्'टरि *n*^{c}. कारख़ाना, फ़ैक्टरी^{F} [chemical रासायनिक, military सैन्य, modern आधुनिक, textile कपड़े का/की, tractor ट्रैक्टर]; go to the ~ कारख़ाने जाओ; he works in a ~ वह कारख़ाने में काम करता है; the ~ employs over 2000 men कारख़ाने में दो हज़ार से ज़्यादा लोग लगे हैं; that is a ~ where cards are made वह एक ≈ है जिसमें कार्ड बनते हैं; a woollen ~ ऊनी कपड़ों का ≈.

faculty फ़ै'कल्टि *n*^{c}. (*pl.* faculties) **1.** संकाय [Arts कला, law विधि, medical चिकित्सा]. **2.** शक्ति^{F}, सामर्थ्य^{F}, क्षमता^{F} : the ~ of hearing श्रवण; he has a great ~ for amusing people लोगों का मनोरंजन करने की उसकी बड़ी ≈ है; ~ for doing particular things well विशेष वस्तुओं^{F} को अच्छी तरह^{F} करने की ≈; he has the ~ to learn languages उसमें भाषाएँ सीखने की क्षमता है.

fade फ़ेड *v.t.* **1.** (dim) मंद पड़ना, कम होना : the noise of the rocket will soon ~ राकेट की आवाज़^{F} शीघ्र ही मंद पड़ जाएगी; the sound ~d in the distance दूरी^{F} पर आवाज़ कम हो गई; her beauty ~d उसकी सुंदरता^{F} कम हो गई. **2.** फीका पड़ना : colours ~ in the sun धूप में रंग फीके पड़ जाते हैं; the dress ~d when we washed it जब हमने ड्रेस धुलाई तो उसका रंग फीका पड़ गया. **3.** (wither) मुरझाना, कुम्हलाना : flowers soon ~d फूल शीघ्र ही मुरझा गए; her face ~d उसका चेहरा कुम्हला गया. **4. ~ away** लुप्त होना, ओझल होना : the shops ~d into the night दूकानें रात^{F} के अंधेरे में ओझल हो गईं; to ~ out of sight दृष्टि^{F} से ओझल होना; to ~ from memory याद न रहना; the music ~ed away संगीत लुप्त होता गया.

fahr. fahrenheit

fail फ़ेल *v.t.i.* **1.** *v.i.* कम होना, का अभाव होना : his eyesight was beginning to ~ उसकी आँख^{F} की रोशनी^{F} कम होने लगी; to ~ in one's ventures साहसिक कार्यों में कमी होना; supplies of food ~ed भोजन की आपूर्ति^{F} कम हो गई. **2.** असफल होना, फ़ेल होना : he tried to convince him but ~ed उसने आश्वस्त करने का प्रयास किया पर असफल हो गया; the plan failed योजना^{F} असफल हो गई; he felt that he had ~ed completely उसने अनुभव किया कि वह पूरी तरह असफल है; he has ~ed in the examination परीक्षा^{F} में वह असफल हो गया है. **3.** ख़राब होना : the engine ~ed इंजन ख़राब हो गया. **4.** क्षीण होना, नष्ट हो जाना, समाप्त हो जाना : my eyesight is ~ing मेरी आँख^{F} की रोशनी^{F} क्षीण हो रही है; his health was ~ing उसका स्वास्थ्य क्षीण हो रहा था. **5.** चूकना : ~ to do न करना; he ~ed to appear in the court वह न्यायालय में उपस्थित नहीं हुआ. [*ant.* succeed] **II.** *n*^{u}. चूक^{F} : I will come without ~ मैं अवश्य आऊंगा. **failure**

फ़े'ल्यर n^{c}. **1.** असफलता^{F}, विफलता^{F} [complete पूरी, partial आंशिक]; the business was a ~ from the start व्यापार शुरू में ही असफल हो गया; she was a complete ~ as an actress अभिनेत्री^{F} के रूप में वह पूरी तरह असफल थी; how will you explain his ~ तुम उसकी ≈ को कैसे व्याख्यायित करोगे; whole of his affair ended in ~ उसका पूरा मामला अंत में असफल हो गया; the experiment was a ~ प्रयोग असफल हो गया; he is a ~ वह असफल व्यक्ति है. [*ant.* success] **2.** अभाव, कमी^{F} : his ~ to appear in the court न्यायालय में उसका पेश न होना. **3.** the ~ of the harvest फ़सल^{F} का मारा जाना; heart ~ हृदयगति रुक जाना.

faint फ़ेन्ट **I.** *a.* **1.** (dim) हलका, मद्धम : ~ light ≈ प्रकाश; ~ colour ≈ रंग; ~ sound मद्धम ध्वनि^{F}; there is not the ~est chance ज़रा-सी भी आशा^{F} नहीं है. **2.** कमज़ोर, अशक्त : I feel very ~ मैं बहुत ≈ महसूस कर रहा हूँ; it was a ~ attempt यह एक कमजोर-सा प्रयास था; he was a ~ hearted man वह कमज़ोर-दिल या डरपोक व्यक्ति था. **3.** थोड़ा-सा, कम : there was a ~ hope that he would return बहुत कम आशा^{F} थी कि वह लौट आएगा; I have not the ~est idea मुझे ज़रा सा भी ध्यान नहीं है. **4.** शिथिल : he is ~ with hunger वह भूख^{F} से ≈ हो रहा है. **II.** *v.t.* बेहोश हो जाना, मूर्च्छित होना : the boy has ~ed लड़का मूर्च्छित हो गया है; he would have ~ed if we told her यदि हम उसे बताते तो वह बेहोश हो जाती; he ~ed from the loss of blood खून कम हो जाने के कारण वह बेहोश हो गया; he ~ed because of the heat वह गर्मी के कारण बेहोश हो गई; some people ~ at the sight of an accident कुछ लोग कोई दुर्घटना^{F} देखकर बेहोश हो जाते हैं; you would have succeeded if you had not ~ed यदि तुम मूर्च्छित न हो गए होते तो सफल हो जाते.

fair फ़ेॅअर **I.** *a.* **1.** मनोहर, सुंदर [hair बाल, lady महिला, maiden कुमारी]. [*ant.* ugly] **2.** अच्छा, अच्छा-भला : he has a ~ knowledge of the subject उसे इस विषय का अच्छा ज्ञान है; you had a ~ chance तुम्हारे लिए एक अच्छा मौका था. **3.** अच्छा, साफ़ : in the ~ weather you can see the mountains साफ़ मौसम में तुम पर्वतों को देख सकते हो. **4.** गोरा, साफ़ : ~ complexion ≈ रंग; she is ~ वह गोरी है. [*ant.* dark] **5.** (just) उचित, न्यायसंगत, न्यायोचित : that is not ~ वह उचित नहीं है; to speak ~ न्यायसंगत बोलना. [*ant.* unfair, unjust] **6.** शुद्ध, साफ़, सुवाच्य, स्वच्छ : ~ copy साफ़/शुद्ध प्रति^{F}; ~ writing सुवाच्य या साफ़ लिखाई^{F}; ~ deal वाजिब सौदा, खरा सौदा; उचित व्यवहार : ~ or foul उचित-अनुचित : by ~ or foul means ≈ तरीके से; ~ minded न्यायशील; ~ play न्याय, इंसाफ़, ईमानदारी, उचित व्यवहार, साफ़ बात^{F} या मामला; ~ price उचित दाम; ~ price shop उचित या वाजिब दामों पर सामान बेचने वाली दुकान^{F}, उचित भाव की दुकान; ~ sex महिलाएँ, नारी जाति^{F}, स्त्री जाति^{F}; ~ way अनुकूल स्थिति^{F} : I was in a ~ way to win the prize मैं पुरस्कार पाने की अनुकूल स्थिति में था; ~ weather friend मतलबी दोस्त या अच्छे दिनों का साथी; a ~ weather road खुले मौसम में चालू सड़क^{F}. [*ant.* unfair, foul] **II.** n^{c}. मेला : ~ ground मेले का मैदान : the ~ is held here मेला यहाँ लगता है; people buy all kinds of things at the ~ लोग मेले में सभी प्रकार^{F} की वस्तुएँ^{F} खरीदते हैं; the day after the fair मेले के दूसरे दिन. [*as distinct from* fare] **fairly** फ़ेॅअर'लि *adv.* काफ़ी (अच्छा) : the play was ~ good खेल ≈ था; a ~ good exercise ≈ अभ्यास; ~ widespread rain काफ़ी दूर तक वर्षा^{F}; a ~ good swimmer ≈ अच्छा तैराक; he did not act ~ towards me उसने मेरे लिए अच्छा काम (व्यवहार) नहीं किया; he is a ~ good player वह ≈ अच्छा खिलाड़ी है; I can see ~ well from here मैं यहाँ से काफ़ी अच्छी तरह देख सकता हूँ. **fairness** फ़ेॅअर्'निस n^{u}. **1.** ईमानदारी^{F} : in all ~ पूरी ≈ से. **2.** गोरापन : ~ of her complexion उसके रंग का ≈.

fairy फ़ेअ'रि n^{c}. परी^{F} : ~ land ≈ लोक; ~ tales परियों की कहानियाँ; ~ is an imaginary creature with magical powers ≈ एक जादुई शक्ति वाला काल्पनिक प्राणी है.

faith फ़ेथ *n*^c. **1.** विश्वास, निष्ठा^F, ईमान, श्रद्धा^F : to have ~ in God ईश्वर पर श्रद्धा/विश्वास होना; to have ~ in a person किसी व्यक्ति के प्रति आस्था^F रखना; to keep ~ विश्वास बनाए रखना; though in a dangerous country, we were not worried because we had full ~ in our leader यद्यपि हम ख़तरनाक देश में थे लेकिन हम चिंताकुल नहीं थे क्योंकि हमें अपने नेता पर पूर्ण विश्वास था. **2.** (religion) धर्म, मज़हब [Christian ईसाई, Hindu हिन्दू, Muslim मुस्लिम]. **3.** वचन, वायदा : to pledge one's ~ to smb किसी को वचन देना, किसी से वायदा करना; to break one's ~ अपना ≈ तोड़ना; to keep one's ~ वायदा पूरा करना. **4.** Δ **in good ~** सद्भावना से^F; **in bad ~** बेईमानी^F से.

faithful फ़ेथ'फुल *a.* **1.** विश्वसनीय, ईमानदार, वफ़ादार [friend मित्र, husband पति, wife पत्नी]; he is always ~ to his friend वह अपने मित्रों के प्रति हमेशा ≈ है. [*ant.* un~] **2.** (accurate) ठीक, हू-ब-हू, सही [account हिसाब, copy प्रति^F/नकल^F, translation अनुवाद]; you must have ~ translation तुम्हें सही अनुवाद करना चाहिए. **faithless** फ़ेथ'लिस *a.* **1.** अविश्वसनीय, झूठा, बेईमान, बेवफ़ा : ~ servant ≈ नौकर. **2.** बेधर्मी, बेदीन : ~ man ≈ आदमी; ~ nation ≈ जाति^F.

fake फ़ेक **I.** *v.t.* नकल करना, जाली बनाना : a cheat ~d up the jewellery एक धोखेबाज़ ने जाली आभूषण बनाए; to ~ (up) a story कहानी^F गढ़ना/बना लेना. **II.** *a.* झूठा, नकली, जाली : a ~ policeman ≈ पुलिस वाला; that is not the real diamond but a ~ one वह असली हीरा नहीं है, नकली है. **III.** *n*^c. धोखा, नकल^F : it is a ~ यह नकली माल है, इसमें धोखा है; that picture is not Husain's, it is a ~ वह चित्र हुसैन का नहीं है, नकल है.

fall फ़ाल **I.** *v.i.* (fell, fallen) **1.** गिरना : it fell out of your pocket यह तुम्हारी जेब^F से गिर गया; he fell down from the tree वह पेड़ पर से नीचे गिर पड़ा; the trees fell down in the storm तूफ़ान में पेड़ गिर गए; the Ganga ~s into the Bay of Bengal गंगा बंगाल की खाड़ी^F में गिरती है; prices are ~ing कीमतें^F गिर रहीं हैं; night temperature has ~en रात^F का तापमान गिर गया है. [*ant.* rise] **2.** पड़ना : to ~ sick बीमार पड़ जाना; my birthday ~s on the new year's day मेरा जन्मदिन नए साल के पहले दिन पड़ता है; smth has ~en into my eye मेरी आँख^F में कुछ पड़ गया है; the choice fell on me पसंद^F मुझ पर आ पड़ी; the task fell on me काम मुझ पर आ पड़ा; she soon fell behind the others वह शीघ्र ही दूसरों से पीछे हो/रह गई. **3.** मर जाना : to ~ in battle युद्ध में काम आना; a tiger fell to his gun उसकी बंदूक^F से एक शेर मारा गया. **4.** फँस जाना : to ~ in love प्रेम में ≈; he fell among dacoits वह डाकुओं के बीच फँस गया. **5.** (of slope) उतरना, ढालू होना : the road ~s here सड़क यहाँ ढालू होती है. **6.** (various meanings in contexts) the fortress fell किला जीता गया; the leader fell नेता की प्रतिष्ठा^F कम हो गई; the wind fell हवा^F का ज़ोर कम हो गया. **7.** (idioms) Δ **to ~ a prey to** का शिकार होना; **to ~ away** धँसना : the earthwork fell away कच्चा बाँध धँस गया; **~ back** हटना, पीछे हटना, पीछे रह जाना : we fell back before the enemy's advance शत्रुओं के आगे बढ़ने से पहले हम पीछे हट गए; **~ back upon** का सहारा लेना, पर निर्भर करना : the old man ~s back on his savings बूढ़ा आदमी अपनी बचत^F पर निर्भर करता है; **~ behind** पीछे रह जाना : he fell behind in his work वह अपने काम में (दूसरों से) पीछे रह गया या पिछड़ गया; **~ flat** व्यर्थ जाना, बेकार होना, नाकाम हो जाना : the plan fell flat योजना नाकाम हो गई; **~ off** (a) से गिरना, गिर जाना : the rider fell off the horse सवार घोड़े से गिर पड़ा; (b) हटना, साथ छोड़ना : my friends fell out in adversity मेरे मित्र विपत्ति^F पड़ने पर छोड़/हट गए; (c) कम होना, घटना : the members of our club are ~ing off हमारे क्लब के सदस्य कम हो रहे हैं. Δ ~

on/upon टूट पड़ना : our troops fell on/upon the enemy हमारी सेना^F शत्रु पर टूट पड़ी; ~ **out** (a) झगड़ा करना : why do you ~ out with your classmates तुम अपने सहपाठियों से झगड़ा क्यों करते हो ? (b) होना : it so fell out that... ऐसा हुआ कि...; ~ **short** कम पड़ना, नाकाफ़ी होना : our rations fell short हमारा राशन कम पड़ गया; ~ **through** गिर जाना, रह जाना : the resolution fell through प्रस्ताव रह गया; ~ **to pieces** टुकड़े-टुकड़े हो जाना : the plate fell to pieces प्लेट टुकड़े-टुकड़े हो गई. [*ant.* rise] **II.** n^u. **1.** गिरावट^F : ~ in prices कीमतों^F में गिरावट. **2.** पतन : ~ of British Empire ब्रिटिश साम्राज्य का पतन. **3.** water-~ प्रपात. **4.** rain ~ वर्षा^F की मात्रा^F. **5.** ~ of fortress किले की पराजय^F.

fallow फ़ै'लो *a.* परती, बंजर : ~ land is ground that is ploughed but no crops are grown in it for a year ≈ ज़मीन वह भूमि है जो जोती जाए तो उसमें एक साल तक कोई फ़सल उगाई नहीं जाती; he left the land ~ for a year उसने भूमि^F को एक साल तक परती रखा. [*as distinct from* fellow]

false फ़ाल्स *a.* **1.** असत्य, मिथ्या, झूठा [document दस्तावेज़, evidence साक्ष्य, friend मित्र, impression प्रभाव, information सूचना^F, position स्थिति^F, pride अभिमान, promise वायदा, signature हस्ताक्षर, statement कथन]; ~ money जाली पैसा. **2.** (artificial) नकली, बनावटी [hair बाल, teeth दाँत]; ~ coin खोटा सिक्का; ~ weights खोटे बाट; ~ imprisonment अवैध कारावास; the runners made ~ start and were called back धावकों ने गलत शुरुआत की और वापस बुला लिए गए; ~ **hearted** बेवफ़ा : he was ~ hearted to his friends वह अपने मित्रों के प्रति निष्ठाहीन था. Δ **to play smb ~** किसी-से विश्वासघात करना. [*ant.* true] **falsehood** फ़ाल्स्'हुड n^c. असत्यता, झूठ : his statement was ~ उसका बयान झूठा था [*ant.* truth]

falter फ़ाल्'टर *v.t.* **1.** लड़खड़ाना, डगमगाना : he ~s while walking वह चलते हुए लड़खड़ाता है; his business has ~ed उसका व्यवसाय लड़खड़ा गया है; his voice ~ed उसकी ज़बान^F लड़खड़ा गई. **2.** हकलाना : to ~ in speech बात^F करते हकलाना. **3.** (flinch) विचलित होना, झुकना, हिम्मत हारना : the thought ~ed him विचारों ने उसे विचलित कर दिया; the old man ~ed at last बूढ़ा अंततः हिम्मत^F हार गया.

fame फ़ेम n^c. नाम, यश, कीर्ति^F, ख्याति^F [rising बढ़ती हुई, widespread दूर तक फैली]; his first book brought him ~ उसकी पहली किताब ने उसे प्रसिद्धि दी; he has earned ~ as a writer उसने लेखक के रूप में ख्याति^F अर्जित की है; she dreamed of ~ उसने ≈ पाने का सपना देखा; the ~ of Subhash spread to every country सुभाष का नाम हर देश में फैल गया; to achieve/find ~ as a scientist वैज्ञानिक के रूप में ≈ प्राप्त करना. [*ant.* infamy]

familiar फ़मि'ल्यर *a.* **1.** परिचित, जानकार, जाना-बूझा, जाना-पहचाना, सुविदित [face चेहरा, name नाम, place स्थान, song गीत, sound आवाज़, subject विषय, voice स्वर, way रास्ता]; her face seemed ~ to me उसका चेहरा मुझे परिचित लगा; to be ~ with a foreign language विदेशी भाषा का जानकार होना; I am not at all ~ with this subject मैं इस विषय को बिलकुल नहीं जानता; I am very well ~ with this kind of work इस तरह के काम से मैं भली-भाँति परिचित हूँ; do not be so ~ इतना परिचित न बनो. **2.** (various meanings in contexts) ~ friend घनिष्ठ मित्र; ~ sight सामान्य दृश्य; ~ style अनौपचारिक शैली^F. [*ant.* un~] **familiarity** फ़ॅमिलिऐ'रिटि n^c. **1.** परिचय, जान-पहचान^F, मेल-जोल : ~ with the people लोगों से परिचय; too much ~ breeds contempt अतिपरिचयादवज्ञा. **2.** जानकारी^F : ~ with a subject किसी विषय की जानकारी^F. **3.** अनौपचारिकता : he met her with ~ वह उससे अनौपचारिक ढंग से मिला. **familiarize** फ़ॅमि'ल्यराइज़ *v.t.* **1.** जानकारी^F कराना : to ~ smb with a subject किसी को एक विषय की ≈; this book ~s many facts यह पुस्तक कई तथ्यों

की जानकारी कराती है. **2.** अभ्यस्त करना : to ~ oneself with new surroundings स्वयं को नए वातावरण से ≈.

family फ़ै'मिलि *n*[c]. **1.** परिवार [aristocratic कुलीन, famous प्रसिद्ध, happy प्रसन्न, intellectual बौद्धिक, joint संयुक्त, large बड़ा, middle-class मध्यमवर्गीय, poor गरीब, rich धनी]; he was the youngest in the ~ वह ≈ में सबसे छोटा था; we have a ~ of four हमारा चार लोगों का ≈ है; he comes of a noble ~ वह कुलीन ≈ का है; your ~ consists of your parents, brothers and sisters तुम्हारे ≈ में तुम्हारे माता-पिता, भाई और बहनें हैं; he has a large ~ उसका ≈ बड़ा है; he left his ~ in Australia उसने अपना ≈ आस्ट्रेलिया में छोड़ दिया; to bear the burden of a ~ ≈ का बोझ उठाना; ~ circle ≈ के लोग; ~ man बाल-बच्चेदार आदमी; ~ meeting ≈ का इकट्ठा होना; ~ physician पारिवारिक डाक्टर या चिकित्सक; ~ planning ≈नियोजन; ~ tree वंशावली[F], वंशवृक्ष. **2.** कुल, वंश : ~ of nations राष्ट्रकुल; this characteristic runs in the ~ यह लक्षण पूरे परिवार में पाया जाता है. **3.** she is in a ~ way वह गर्भवती है.

famine फ़ै'मिन *a.* अकाल, भुखमरी[F], दुर्भिक्ष : ~ relief दुर्भिक्ष निवारण, अकाल राहत; ~ conditions ≈ जैसी स्थिति[F]; hundreds of people died in the ~ ≈ से हज़ारों लोग मर गए; the failure of monsoon may cause ~ मानसून के अभाव से ≈ पड़ सकता है; there is ~ in a place when the people are seriously short of food किसी स्थान पर ≈ तब होता है जब लोगों को खाद्य-पदार्थों की बहुत कमी[F] हो जाती है. [*ant.* plenty]

famish फ़ै'मिश (old use) *v.t.i.* भूखों मरना या मारना : the poor children were ~d गरीब बच्चे भूखों मर गए; they had eaten nothing for two days and were ~ed उन्होंने दो दिन से कुछ नहीं खाया था और मर गए; the poor ~ गरीब भूखों मरते हैं. **famished***a.* (very hungry) बहुत भूखा : he was ~ after hard work परिश्रम के बाद वह ≈ था.

famous फ़े'मस *a.* प्रसिद्ध, विख्यात, नामी, मशहूर [actress अभिनेत्री, man आदमी, scientist वैज्ञानिक, theatre थियेटर, writer लेखक]; he became ~ all over the world वह सारी दुनिया[F] में ≈ हो गया; this place is ~ for its beautiful natural scenery यह स्थान अपने सुंदर प्राकृतिक दृश्यों के लिए ≈ है; he was ~ as an author वह लेखक के रूप में ≈ था; she was ~ for her wit वह अपनी बौद्धिक कुशलता[F] (प्रत्युत्पन्न मति[F]) के लिए ≈ थी. [*ant.* notorious]

fan फ़ैन **I.** *n*[c]. **1.** पंखा [electric बिजली का, hand हाथ का]. **2.** (enthusiastic) प्रेमी, भक्त : the actor's ~s अभिनेता के प्रेमी भक्त; cricket ~ क्रिकेट का प्रेमी. **II.** *v.t.* (-nn-) **1.** पंखा झलना/करना : the servant ~s his master नौकर अपने मालिक को पंखा झलता है. **2.** (excite) उत्तेजित करना, भड़काना : to ~ a quarrel झगड़ा भड़काना; to ~ the flame आग भड़काना. **3.** फैलना, फैलाना : the soldiers ~ned out on the hill सैनिक पहाड़ी पर फैल गए; to ~ a blame कलंक फैलाना.

fanatic फ़ॅनै'टिक *a.* कट्टर, धर्मांध, हठधर्मी, हठी, दुराग्रही : a ~ Hindu or Muslim एक ≈ हिन्दू या मुसलमान; ~ about food खाने के बारे में हठी.

fanciful फ़ैन्'सिफुल *a.* **1.** मौजी, लहरी : she is a ~ girl वह मौजी लड़की है. **2.** (imaginary) काल्पनिक, अवास्तविक [dread भय, tale किस्सा]. **3.** (odd) विलक्षण, अनोखा, विचित्र : ~ condition विचित्र स्थिति[F]; ~ picture ≈ चित्र. **fancy** फ़ैन्'सि **I.** *a.* **1.** रंग-बिरंगा, फैन्सी, भड़कीला [ring अंगूठी, shirt कमीज़]; ~ dress बहुरूपिया वेष. **2.** सजावटी : ~ goods फैन्सी माल/सजावट और तड़क-भड़क का सामान; ~ work ≈ सिलाई[F] का काम. **3.** (extravagant) मनमाना, अत्यधिक : ~ price मनमानी कीमत[F]. **II.** *n*[u]. **1.** कल्पनाशक्ति[F], कल्पना[F] : that is all ~ वह सब कल्पनामात्र है; to think that you can climb that pole is just a ~ यह सोचना कि तुम उस खंभे पर चढ़ सकते हो, मात्र कल्पना है. **2.** (whim) तरंग[F], मौज[F], सनक[F]. **3.** (liking) रुचि[F], पसंद[F] : he has a ~ for eating cake उसकी केक खाने की ≈ है; the boy took the toy of his ~

लड़के ने अपनी ≈ का खिलौना लिया; she has peculiar fancies उसकी रुचियाँ विचित्र हैं; she takes a ~ to new saries उसे नई-नई साड़ी^{F} अच्छी लगती है; he takes ~ to that girl इसे उस लड़की से प्यार है. **III.** *v.t.* (fancies, fancied) **1.** कल्पना^{F} करना, सोचना : I ~ that he will come मैं सोचता हूँ कि वह आएगा; he fancied a plan उसने एक योजना^{F} की कल्पना की. **2.** चाहना, पसंद करना : he fancies gaudy clothes उसे भड़कीले कपड़े पसंद हैं. **3.** मोहित होना : do you ~ that girl क्या तुम उस लड़की पर मोहित हो ?

fantastic फ़ैन्'टैस्'टिक *a.* **1.** अजीब, अनोखा, विचित्र [dress पोशाक^F, figure आकृति^{F}, story कहानी^{F}]; Tony gave a ~ account of his adventures in the woods टोनी ने जंगल के अपने साहसिक अनुभवों का ≈ ब्यौरा दिया; he had a very ~ dream उसने एक ≈ सपना देखा. **2.** ऊटपटांग, बेसिर-पैर का : he made a ~ plan उसने बेसिर-पैर की एक योजना^{F} बनाई. **3.** (unreal) काल्पनिक : ~ story ≈ कथा. **4.** (eccentric) तरंगी, झक्की, सनकी [artist कलाकार, man आदमी, poet कवि]. **5.** बढ़िया : ~ play बढ़िया खेल. **fantasy** फ़ैन्'टॅसि n^c. (fantasies) **1.** (illusion) भ्रांति^{F}, माया^{F}; we live in ~ world हम माया के संसार में रहते हैं. **2.** (whim) सनक^F, लहर^F, मौज^F : his mind is full of fantasies उसमें ≈ भरी है. **3.** कल्पना^{F} : this story is a ~ यह कहानी^{F} एक ≈ है.

far फ़ार **I.** *a.* (farther, farthest) **1.** दूर, दूरस्थ, दूरवर्ती [city शहर, country देश, future भविष्य]; ~ cry दूर की बात^F; ~ fetched दूर का, घुमा-फिराकर या खींचतान कर; I am going ~ away मैं दूर जा रहा हूँ; at the ~ end of the street गली के परले सिरे पर; she is known as a doctor in ~ (off) cities वह दूर शहरों में डाक्टर के रूप में प्रसिद्ध है; they searched the boy at ~ (off) distances उन्होंने बहुत दूर तक लड़के को ख़ोजा. [*ant.* near] **2.** (long) लंबा : it is a ~ distance between Delhi and Chennai दिल्ली और चेन्नई की लंबी दूरी^{F} है. [*ant.* near] **II.** *adv.* **1.** दूर, परे, दूर तक : do not go ~ दूर तक मत जाओ; they do not live ~ from here वे यहाँ से दूर नहीं रहते; she is ~ from being a singer वह गायक नहीं है; the city is ~ from here शहर यहाँ से दूर है; **2.** बहुत, अधिक : it would be ~ more interesting to us to see the capital राजधानी देखना हमारे लिए और अधिक दिलचस्प होगा; that is ~ more important वह और अधिक महत्वपूर्ण है; the airport is ~ away from the city शहर से हवाई-अड्डा दूर है; we could not go ~ into the interior हम भीतर दूर तक नहीं जा सके. **3.** ~ from निषेध; दूर : ~ from going there, I do not like to see that place जाना तो दूर रहा, मैं उस जगह को देखना तक नहीं चाहता. **4.** देर तक : he sleeps ~ into the morning वह सुबह देर तक सोया रहता है. Δ **as ~ as** जहाँ तक : as ~ as I can see जहाँ तक मैं देख सकता हूँ; as ~ as I know, it is true जहाँ तक मैं जानता हूँ, यह सत्य है; **by ~** कहीं अधिक : this cap is by ~ the best यह टोपी कहीं अच्छी है; **few and ~ between** बहुत कम : his visits are few and ~ between वे कभी-कभार आते हैं; **so ~** अब तक, यहाँ तक : everything is all right so ~ अब (यहाँ) तक सब ठीक है; so ~ as = as ~ as इसे देखिए; **~ and wide** चारों ओर, जहाँ-तहाँ : the news spread ~ and wide ख़बर^F चारों ओर (दूर-दूर) तक फैल गई; **~ famed** अत्यन्तप्रसिद्ध; **~ fetched** imagination क्लिष्ट कल्पना; **~ reaching** दूरव्यापी : ~ reaching effect दूरव्यापी प्रभाव; **~ sighted** दूरदर्शी : ~ sighted person दूरदर्शी व्यक्ति.

farce फ़ार्स n^c. (mockery) तमाशा, ढोंग, पाखंड : the interview was a ~ साक्षात्कार एक ढोंग/पाखंड था; the examination was a perfect ~ परीक्षा^{F} एक पूरा ≈ थी; we went to the theatre and saw a ~ so funny that my sides ached with laughter हम थिएटर गए और इतना मज़ाकिया ≈ देखा कि मेरे दोनों पहलू हँस-हँसकर दर्द करने लगे.

fare फ़ेंअर **I.** n^c. **1.** भाड़ा, किराया : what is the ~ from here to Wardha यहाँ से वर्धा का ≈ क्या है ? I have already paid the ~

मैंने पहले ही ≈ चुका दिया है. **2.** खाना, खाने-पीने का सामान, भोजन : nice ~ for passengers यात्रियों के लिए अच्छा खाना. **II.** *v.i.* **1.** होना, करना : how did you ~ in the exam आपने परीक्षा^{F} में कैसा किया; to ~ badly on a journey यात्रा^{F} बुरी तरह कटना. **2.** चलना : they ~d across the sea वे समुद्र पार चले गए. **3.** रहना : they ~d well at the hotel वे होटल में अच्छी तरह रहे (अच्छा हाल रहा). [*ant.* fair]

farewell फ़ेंअर'वेंल *n.*, *interj.* विदाई^F [address भाषण, dinner भोजन, party पार्टी/प्रीतिभोज]; wish you ~ आपकी सुखमय यात्रा^{F} की कामना करता हूँ. [*ant.* welcome]

farm फ़ार्म **I.** n^c. चक, फ़ार्म : ~-stead पूरा ≈; ~ yard ≈ का अहाता; rich ~ समृद्ध फ़ार्म; ~ house फ़ार्म पर बना घर; ~ price उपज का मूल्य; on their ~ the farmers grow wheat अपने ≈ में किसान गेहूँ पैदा करते हैं. **II.** *v.t.* खेती-बाड़ी^{F} करना, जोतना-बोना, काश्त^F करना : he ~s in Jhansi वह झाँसी में खेती-बाड़ी करता है; he ~s 50 acres of land वह पचास एकड़ ज़मीन पर खेती-बाड़ी करता है. **farmer** फ़ार्'मर n^c. किसान, खेतिहर, कृषक : the ~ was busy tilling the field ≈ जोतने में व्यस्त था. [*as distinct from* former] **farming** फ़ार्'मिङ्ग n^c. खेती^{F}, कृषि^{F} [collective सामूहिक, co-operative सहकारी, mechanised मशीनीकृत]; a farmer earns his living through ~ किसान अपनी जीविका ≈ से कमाता है; ~ implements must be modern ≈ के उपकरणों को आधुनिक होना चाहिए.

farrier फ़ै'रिअर n^c. **1.** (smth) नालबंद. **2.** (doctor) सलोतरी, शालिहोत्री.

farther फ़ार्'दर *a.* (far, farther, farthest) और आगे, और दूर : I went ~ than others for miles मैं दूसरों से मीलों आगे चला गया; he lives at the ~ end of the street वह गली के धुर परले सिरे पर रहता है; nearer to church ~ from God मंदिर के पास, भगवान से दूर. [*as distinct from* further; *ant.* nearer]

farthing फ़ार्'दिङ्ग n^c. दमड़ी : I do not care a ~ for it मैं इसकी ≈ भर परवाह नहीं करता; ~ was one fourth of a pence फार्दिंग पेंस का चौथाई भाग होता था.

fascinate फ़ै'सिनेट *v.t.* मोह लेना, लुभा लेना : snakes ~ small birds with their eyes साँप छोटे पक्षियों को अपनी आँखों से लुभा लेते हैं; the beautiful woman ~d him सुंदर स्त्री ने उसे मोहित कर दिया या लुभा लिया; the engine ~d him वह इंजन पर मोहित हो गया; he was ~d with Indian dance वह भारतीय नृत्य पर मुग्ध था. **fascinating** फ़ै'सिनेटिङ्ग *a.* मोहक, लुभावना [flower फूल, picture चित्र, scene दृश्य, toy खिलौना]; ~ subject of study अध्ययन का चित्ताकर्षक विषय.

fashion फ़ै'शन **I.** n^c. **1.** फैशन, चलन, रिवाज [latest नवीनतम, new नया, old पुराना]; those hats are no longer in ~ वे हैट अब प्रयोग में नहीं हैं; the latest ~ in dress ड्रेस का नवीनतम ≈; wide trousers were the ~ several years ago चौड़ी पतलून^F का कई साल पहले ≈ था; that is the ~ of today यह आजकल का ≈ है; salwar has now come into ~ अब सलवार का ≈ चल पड़ा है; this kind of sandal has gone out of ~ इस तरह की सैंडल^F का ≈ खत्म हो गया है; it is no longer in ~ to carry a sword तलवार लेकर चलना आजकल ≈ में नहीं रह गया. **2.** रीति^{F}, ढंग : to walk in a queer ~ विचित्र ढंग से चलना. **II.** *v.t.* गढ़ना, बनाना, रूप देना : to ~ a tree trunk into a boat or to ~ a boat out of a tree trunk पेड़ के तने से नाव^F गढ़ लेना. **fashionable** फ़ै'शनॅबल *a.* **1.** फ़ैशनप्रिय, शौकीन : a ~ youngman ≈ नवयुवक. **2.** चलन के अनुसार : ~ dress ≈ पहरावा. **3.** अभिजात वर्ग का [resort आश्रय, society समाज].

fast फ़ास्ट **I.** *a.* **1.** पक्का, गाढ़ा [colour रंग, friend मित्र]; ~ asleep गाढ़ी नींद में. **2.** तेज़, फुर्तीला [runner धावक, worker मज़दूर]. this clock is ten minutes ~ यह घड़ी^{F} दस मिनट तेज़ है. [*ant.* slow] **II.** n^u. उपवास, अनशन, व्रत : ~ unto death आमरण अनशन; Muslims have ~ in Ramzan रमज़ान में मुसलमान रोज़ा रखते हैं; Hindus keep ~

during Navaratras हिन्दू नवरात्र में ≈ रखते हैं; they break their ~ at sunset वे सूर्यास्त के समय ≈ तोड़ते या समाप्त करते हैं. **III.** *adv.* तेज़ : he ran ~ वह तेज़ दौड़ा; he is ~ asleep वह गहरी नींद सोया है. Δ **make** ~ कसकर बाँधना : I did not tie make the rope ~ मैंने कसकर रस्सी^{F} नहीं बाँधी थी.

fasten फा'सन *v.t.* **1.** बाँधना, जकड़ना [loosely ढीला, tightly कसके]; they ~ed the horse to a tree उन्होंने घोड़े को एक पेड़ से बाँध दिया; they ~ed his hands and feet उन्होंने उसके हाथ-पैर बाँध दिए; ~ these things together इन चीजों को एक साथ बाँधो; he ~ed his tie उसने अपनी टाई^F बाँधी; ~with a rope रस्सी^{F} से बाँध दो. **2.** (other meanings in contexts) ~ the door दरवाज़ा बंद करो; ~ up your coat अपने कोट के बटन बंद करो; he ~ed the blame on me उसने मुझ पर दोष जड़ दिया; to ~ one's eyes on smb किसी को घूरकर देखना; to ~ one's thoughts on some problem किसी समस्या^{F} पर अपने विचार केन्द्रित करना; to ~ a nick name on a child किसी बच्चे पर उपनाम मढ़ना. [*ant.* unfasten, loosen]

fat फ़ैट **I.** n^u. चरबी^{F}, वसा^{F} : ~ of a goat or lamb बकरे या भेड़े की चरबी; he does not like ~ in meals वह भोजन में चरबी पसंद नहीं करता; ~ keeps us warm ≈ हमें गर्म रखती है; they fry potatoes in ~ वह चरबी में आलू तलते हैं. **II.** *a.* (fatter, fattest) **1.** मोटा [man आदमी, person व्यक्ति]; ~ woman मोटी औरत; I am getting ~ter मैं और ≈ होता जा रहा हूँ. [*ant.* thin, lean] **2.** चरबीदार : this meat is too ~ यह मांस बहुत ही ≈ है. **3.** भारी : he gets a ~ salary or allowance उसे ≈ वेतन/भत्ता मिलता है. **4.** (in other contexts) ~ land उपजाऊ भूमि^{F}; ~ head/headed बुद्धू; ~ businessman मालदार/धनी व्यवसायी.

fatal फ़े'टल *a.* **1.** घातक, विनाशक, जानलेवा, प्राणघातक [blow प्रहार, disease रोग]; a ~ accident is one in which someone is killed ≈ दुर्घटना^{F} वह है जिसमें कोई व्यक्ति मारा जाता है. **2.** (terrible) भयानक; ~ mistake भयानक भूल.

fate फ़ेट n^c. **1.** भाग्य, किस्मत^F : he tried his best but the ~ was against him उसने भरसक प्रयास किया किन्तु भाग्य उसके विरुद्ध था; to fix/decide one's ~ किसी के भाग्य का निर्णय करना; she knew nothing of her son's ~ वह अपने पुत्र के भाग्य के विषय में कुछ नहीं जानती थी; your ~ is the future which is in store for you तुम्हारा भाग्य तुम्हारा वह भविष्य है जो तुम्हें बदा है; the ~ had decided long ago that this should happen भाग्य ने बहुत पहले निश्चित कर दिया था कि यह घटित होगा. **2.** (future) भविष्य : your education decides your ~ तुम्हारी शिक्षा तुम्हारे भविष्य का निर्णय करती है. **3.** अंत, मृत्यु : he met his ~ in the battle वह युद्ध में मारा गया. Δ **as sure as** ~ अनिवार्य · [*as distinct from* fete] **fated** *a.* फ़े'टिड *a.* नियत, बदा : everyone is ~ to die प्रत्येक व्यक्ति की मृत्यु नियत है; he was ~ to become a thief उसको बदा था कि वह चोर हो.

father फ़ा'दर **I.** n^c. **1.** पिता, बाप [cruel निर्दयी, good अच्छा, kind दयालु, strict कड़ा]; ~-land स्वदेश, जन्मभूमि^{F}, पितृभूमि^{F}. ~-in-law ससुर, श्वसुर : ~-in-law is wife's or husband's ~ पत्नी या पति का बाप ससुर होता है; ~ of the nation राष्ट्रपिता; ~ of two children दो बच्चों का बाप; obey your ~ अपने पिता की आज्ञाओं^{F} का पालन करो. [*fem.* mother] **2.** (originator) प्रवर्तक, जन्मदाता : Chaucer was the ~ of English poetry चॉसर अंग्रेज़ी कविता का ≈ था. **3.** Father (priest) फ़ादर, पादरी : ~ Bhatt ≈ भट्ट; ~ George has gone to the church ≈ जार्ज गिरजाघर गए हैं. **II.** *v.t.* **1.** जन्म देना, पैदा करना : to ~ a theory किसी सिद्धांत को जन्म देना. **2.** गोद लेना, उत्तरदायित्व स्वीकार करना : to ~ a child बच्चे को ≈. **3.** पिता होना : Rao ~ed six children राव छह बच्चों के पिता थे.

fathom फ़ै'दम *v.t.* **1.** थाह^F लेना : to ~ the depth of the lake झील^F की गहराई^F की थाह लेना. **2.** पूर्ण रूप से समझना : can you ~ his intentions क्या तुम उसके इरादों को पूरी तरह समझ सकते हो? to ~ his true motive उसके सच्चे आशय को समझना; I could not

~ the mystery मैं उस रहस्य की तह तक नहीं पहुँच पाया; I cannot ~ the sense of your proposal मैं तुम्हारे सुझाव का आशय नहीं समझ पाता.

fatigue फ़टीग' *n*ᵘ. **1.** थकान^F, थकन^F, थकावट^F : ~ due to long travel लम्बी यात्रा^F के कारण ≈. **2.** (toil) परिश्रम, श्रम, कठोर काम.

fatten फ़ै'टन **I.** *v.t.* मोटा करना : to ~ a sheep or goat for flesh मांस लिए भेड़ या बकरी को ≈. **II.** *v.i.* मोटा होना : my boy is ~ing day by day मेरा लड़का दिन-ब-दिन मोटा होता जा रहा है.

fault फ़ॉल्ट *n*ᶜ. **1.** दोष, कसूर, गलती^F : it is not my ~ यह मेरा कसूर नहीं है; the work is not perfect, it has some ~s काम पूर्ण नहीं है, इसमें कुछ दोष हैं; the accident was my ~ दुर्घटना^F मेरी गलती से हुई; it is her own ~ यह उसकी अपनी गलती^F है; whose ~ is it यह किसका दोष है ? I suppose I am at ~ मैं सोचता हूँ कि गलती^F मेरी है; her mother could not find her ~s उसकी माँ अपनी त्रुटियाँ नहीं जान सकी; he is always finding ~ वह हमेशा दोष निकालता रहता है; he found ~ with everything उसे हर चीज़^F में दोष मिलता था; the ~ lies with you गलती^F तुम्हारी है; it is my ~ that you did not get the money यह मेरा दोष है कि तुमने पैसा नहीं पाया. [*ant.* virtue] **2.** बिगाड़, ख़राबी^F : there is some ~ in the engine इंजन में कुछ ख़राबी है. **faultless** फ़ॉल्ट'लॅस *a.* दोषरहित : ~ machine ≈ मशीन^F. **faulty** फ़ाल्'टि *a.* **1.** ख़राब, दोषपूर्ण : ~ writing ≈ लेखन; ~ style ≈ शैली^F. **2.** (person) ऐबी, अपूर्ण, असावधान, लापरवाह.

favour फ़े'वर **I.** *n*ᶜ. **1.** अनुग्रह, कृपा^F : will you do me a ~ and come क्या आप मुझ पर ≈ करेंगे और आयेंगे; I appreciate your ~ मैं आपके ≈ का आदर करता हूँ; to look on with ~ कृपादृष्टि^F रखना; I want no favour from you मैं आपसे कोई ≈ नहीं चाहता; he is in ~ with our teacher वह हमारे अध्यापक का कृपापात्र है; she has now fallen out of ~ with her teacher वह अब अपनी अध्यापिका की कृपापात्र नहीं रही. [*ant.* dis ~] **2.** पक्ष : I am not in ~ of this resolution मैं इस प्रस्ताव के ≈ में नहीं हूँ; the score was three to two in ~ of the rival team प्रतिपक्षी टीम^F के 2 के मुकाबले 3 अंक ≈ में थे; he spoke in ~ of the plan वह योजना^F के ≈ में बोला; the majority were in ~ of him बहुमत उसके पक्ष में था; without fear or ~ बिना भय या पक्षपात के. [*ant.* against] **II.** *v.t.* **1.** पर कृपादृष्टि रखना, पर कृपा करना : he ~ed her with an interview उसने इसको साक्षात्कार देने की कृपा की. **2.** अनुमोदन, समर्थन करना : I ~ his resolution मैं इनके प्रस्ताव का अनुमोदन करता हूँ. **3.** पक्षपात करना : you ~ the youngest child तुम सबसे छोटे लड़के का पक्ष लेते हो. **4.** अनुकूल होना : the good weather ~ed the picnic अच्छा मौसम पिकनिक के अनुकूल था; the wind ~ed us and we won the race हवा^F हमारे अनुकूल थी और हम दौड़^F जीत गए. **favourable** फ़े'व़रॅबल *a.* अनुकूल [answer उत्तर, report रिपोर्ट^F, result परिणाम, weather मौसम, wind वायु^F]; ~ balance of trade निर्यात का आयात से अधिक होना, आयात की अपेक्षा निर्यात का मूल्य अधिक होना; circumstances were ~ परिस्थितियाँ ≈ थीं. **favourite** फ़े'व़्रिट *a.* **1.** प्रिय [actor अभिनेता, book किताब^F, colour रंग, expression अभिव्यक्ति^F, flower फूल, game खेल, home घर, meal भोजन, occupation व्यवसाय, picture चित्र, place स्थान, story कहानी^F, subject विषय, writer लेखक]; that is my ~ song वह मेरा ≈ गीत है; my ~ book is the Mahabharat मेरी ≈ पुस्तक महाभारत है; football is my ~ game फुटबाल मेरा ≈ खेल है. **2.** कृपापात्र : he is one of the ~ students of our teacher वह सब विद्यार्थियों में से एक है जो हमारे अध्यापक का ≈ है.

fawn फ़ॉन **I.** *v.t.* खुशामद^F करना, चापलूसी^F करना : to ~ on/upon the rich धनी लोगों की ≈. **II.** *n*ᶜ. **1.** मृगशावक, हिरनौटा : this ~ is just nine months old यह ≈ केवल नौ महीने का है; ~ coloured हलके भूरे रंग का : ~-coloured paper ≈ काग़ज़. **2.** he is a fawn वह कायर है.

F. C. fair copy.

F. C. I. Food Corporation of India.

F. D. Forest Department, Finance Department.

fear फ़िअर **I.** *n*^c^. डर, भय, अंदेशा : we went slowly for fear we might miss her house हम इस डर से धीरे-धीरे चले कि कहीं उसका घर छूट न जाए; ~ of illness of an animal किसी पशु के बीमार होने का ≈; I have no ~ about his coming मुझे उसके आने के बारे में कोई अंदेशा नहीं है; her eyes were wide open with ~ उसकी आँखें भय के मारे खुली थीं; she turned pale with ~ वह भय से पीली हो गई; he trembled with ~ वह भय से काँप रहा था; in ~ of their lives they surrendered जान के डर से उन्होंने समर्पण कर दिया; have no ~ भयभीत न हों; there is no ~ of rain बारिश^F^ का कोई अंदेशा नहीं है; he is always in ~ of death उसे सदा मृत्यु का डर लगा रहता है; No ~ ! अवश्य; without ~ or favour बिना भय या पक्षपात के. **II**. *v.t.* **1.** डरना, भयभीत होना : he ~ed me वह मुझसे डरता था, भयभीत था; horses ~ wolves घोड़े भेड़ियों से डरते हैं; the boy ~s being late लड़का देर^F^ होने से डर रहा है; the mother ~ed for her son माँ को बेटे के बारे में डर था; they ran away because they ~ed the enemy वे भाग गए क्योंकि वे शत्रुओं से डरते थे; ~ nothing कुछ भय न करो; ~ God and honour your country ईश्वर से डरो और अपने देश का सम्मान करो; what is there to ~ भय की कोई बात^F^ नहीं है. **2.** चिंतित होना : he ~ed for his promotion वह अपनी प्रोन्नति^F^ के बारे में चिंतित था. **fearful** फ़िअर'फुल *a.* **1.** (dreadful) भयंकर, भयप्रद, डरावना : ~ beast ≈ पशु; ~ enemy ≈ शत्रु; ~ storm ≈ तूफ़ान. **2.** (afraid) भयभीत, डरा हुआ : I am ~ of disturbing his sleep मुझे उसकी नींद ख़राब करने का डर है; he was ~ of being mistaken वह गलती पर होने से भयभीत था. **fearless** फ़िअर्'लिस *a.* निडर, निर्भय [child बच्चा, critic आलोचक, dog कुत्ता]; the young airman was ~ युवा वायुसैनिक ≈ था [*ant.* timid] **fearlessly** फ़िअर्लिसलि *adv.* निडर/निधड़क होकर : the prisoner answered all the questions ~ कैदी ने ≈ सब प्रश्नों के उत्तर दिए.

feast फ़ीस्ट **I.** *n*^c^. **1.** भोज, प्रीतिभोज, दावत^F^ : the king gave a ~ to his courtiers राजा ने अपने दरबारियों को ≈ दिया; I enjoyed your ~ मुझे आपकी दावत^F^ का मज़ा आया. **2.** उत्सव, त्यौहार, जश्न : the ~ of Christians ईसाइयों का ≈. **II.** *v.t.* **1.** दावत^F^ देना : he ~ed his friends उसने अपने मित्रों को दावत^F^ दी. **2.** (delight) तृप्त करना, आनंदित करना : to ~ one's eye on smth किसी वस्तु को देखकर आनंदित होना.

feat फ़ीट *n*^c^. कमाल : a ~ of strength ≈ शक्ति^F^ का ≈; the flight over the Everest was a remarkable ~ एवरेस्ट के ऊपर की उड़ान^F^ एक शानदार ≈ था; ~ of endurance सामर्थ्य का कमाल. [*as distinct from* feet]

feather फ़ें'दर *n*^c^. पंख [black काला, white सफ़ेद]; ~s of a bird चिड़िया के ≈; as light as ~ उतना हल्का जितना ≈; the bird could not fly properly because it had lost a ~ from its wing चिड़िया अच्छी तरह उड़ नहीं सकती थी क्योंकि उसके डैने का एक ≈ खो गया था; a crow has black ~s कौए के ≈ काले होते हैं; ~ weight बहुत हल्का (पंख जैसा हल्का) (खेलकूद) बहुत कम वज़न वाला. Δ **birds of a ~ flock together** एक ही तरह के लोग मिल बैठते हैं; **they are birds of the same ~** वे लोग एक ही थैली के चट्टे-बट्टे हैं; **when he saw the lion he showed the white ~** उसने जब शेर बब्बर को देखा तो डर गया; this victory was **a ~ in his cap** इस विजय पर उसे गर्व था.

feature फ़ी'चर **I.** *n*^c^. **1.** (usu. *pl.*) चेहरा-मोहरा, नाक-नक्शा [common सामान्य, handsome सुन्दर, strange विचित्र]; ~s are the most noticeable parts of the face नाक-नक्श चेहरे के सामने दिखाई देने वाले अंग होते हैं; the architectural ~s of a temple मंदिर का वास्तुगत ≈. **2.** विशेषता^F^, लक्षण : her songs were the only ~ of the programme प्रोग्राम की एकमात्र विशेषता^F^ उसके गीत थे; these are the important ~s of Indian culture ये भारतीय संस्कृति^F^ के महत्वपूर्ण लक्षण (की विशेषताएँ) हैं. **3.** फ़ीचर, रूपक

[documentary वृत्त, film फ़िल्म]. **4.** प्रमुख लेख : a ~ in a newspaper is a specially important article समाचार-पत्र में प्रमुख लेख विशेष रूप से महत्वपूर्ण होता है.

Feb., February फ़ेब्'रुअरि *n*^{c}. फ़रवरी^{F} : the month of ~ comes after January ≈ का महीना जनवरी के बाद आता है; Morarji was born on ~ 29 मुरारजी का जन्म 29 फ़रवरी को हुआ था.

fecund फ़ी'कन्ड *a.* **1.** उपजाऊ, उर्वर : ~ fields ≈ खेत; ~ land ≈ भूमि^{F}. **2.** (prolific) बहुप्रज, बहुप्रसव : ~ hen ≈ मुर्गी. **3.** (fertilizing) उर्वरक : ~ chemicals ≈ रासायनिक पदार्थ.

fed फ़ॅड *v.t.* (past tense of 'feed' *q.v.*) : ~ **up** ऊब गया, तंग आ गया : I am ~ up with your complaints मैं तुम्हारी शिकायतों से तंग आ गया हूँ.

federal फ़ॅ'डॅरल *a.* संघ, संघीय [government सरकार^F, list सूची^{F}] : India is a ~ republic भारत संघीय गणतंत्र राज्य है.

fee फ़ी *n*^{c}. शुल्क, फ़ीस^F [doctor's डाक्टर की, lawyer's वकील की]; entrance ~ प्रवेश ≈; examination ~ परीक्षा ≈; the admission ~ is the money you pay before you are allowed in a cinema or school प्रवेश ≈ वह पैसा है जो सिनेमा या स्कूल में प्रवेश पाने के पहले चुकाया जाता है; have you paid the monthly ~? क्या तुमने मासिक ≈ चुका दिया है?

feeble फ़ी'बल *a.* (feebler, feeblest) **1.** निर्बल, कमज़ोर [attempt प्रयास, infant शिशु, man आदमी, sound ध्वनि^{F}]; a ~ minded person मंदबुद्धि व्यक्ति. [*ant.* strong] **2.** धुँधला : ~ light धुँधला प्रकाश. **3.** ~ joke or idea मूर्खतापूर्ण मज़ाक या विचार. **feebleness** फ़ी'बलनॅस *n*^{c}. कमज़ोरी^{F}; ~ of mind मन की ≈.

feed फ़ीड **I.** *v.t.i.* (*p.* & *p.p.* fed) **1.** खिलाना, भोजन देना, खाना : the dog ~s on meat कुत्ता मांस खाता है; she fed the children उसने बच्चों को भोजन कराया; they had fed us in the night उन्होंने हमें रात^F में भोजन कराया था; they fed rice उन्होंने चावल खिलाए; I saw a girl ~ing the chickens मैंने एक लड़की को चूज़ों को चारा देते देखा; to ~ a baby शिशु को भोजन खिलाना; to ~ corn to the horse घोड़े को दाना देना; to ~ the hungry भूखे आदमियों को भोजन देना; the horses were ~ing घोड़े घास^F चर रहे थे. **2.** तृप्त करना : to ~ eyes on beauty सुंदरता^{F} से आँखों^{F} को ≈. **3.** देना, पहुँचाना, भरना : to ~ the fire आग^F में ईंधन डालना; streams ~ the river नाले नदियों में अपना पानी भरते हैं. [*ant.* starve] **II.** *n*^{c}. **1.** (fodder) चारा : horse's ~ घोड़े का चारा; to give ~ to animals जानवरों को चारा देना. **2.** ख़ुराक^F : ~ for hens मुर्गियों^{F} की ख़ुराक. [also see fed]

feel फ़ील *v.t.* (*p.* & *p.p.* felt) **1.** लगना, अनुभव होना : my mother ~s the cold badly मेरी माँ को बहुत ठंड^F लगती है; to feel sorrow शोक या दु:ख का अनुभव करना; I ~ that you are right मुझे लगता है कि तुम सही हो; to ~ the weight वज़न जानना; he ~s hungry उसे भूख^F लगी है; I hope you will ~ better soon मुझे आशा^{F} है कि तुम शीघ्र ही अच्छे हो जाओगे; I do not ~ like it मुझे ऐसा नहीं लगता; I ~ as if I have fever मुझे लगता है मानो मुझे बुखार है; I began to ~ sleepy मैं सोने लगा; she felt very anxious or worried वह बहुत चिंतित, खिन्न थी : do you ~ comfortable क्या आप आराम से हैं? I do not ~ I have the right to refuse मैं नहीं समझता (मुझे नहीं लगता) कि मुझे इंकार करने का अधिकार है; you will ~ the effect of the medicine soon तुम शीघ्र ही दवा^{F} के प्रभाव को महसूस करोगे; he felt his ideas soon वह शीघ्र ही उसके विचारों को ताड़ गया. **2.** स्पर्श करना, छूना, टटोलना : to ~ the pulse नब्ज़ ≈; it was so dark that we had to ~ our way along the wall with our hands इतना अंधेरा था कि हमें अपने हाथों से दीवार^F को टटोल-टटोलकर अपना रास्ता पाना पड़ा. **3.** सहानुभूति^{F} होना, हमदर्दी^{F} होना : to ~ sympathy for someone किसी के प्रति ≈. Δ (other meanings) **I ~ small** मैं शर्मिन्दा हूँ; **I don't ~ like eating smth** मैं कुछ खाना नहीं चाहता; **I felt funny in that company** मैं उन लोगों के बीच में अजीब

महसूस कर रहा था. **feeling** फ़ी'लिङ्ग n^c. **1.** भाव, भावना^{F} [definite निश्चित, good अच्छा, strange विचित्र, strong प्रबल, vague अस्पष्ट]; his speech roused public ~s उसके भाषण ने लोगों की भावनाओं को उभार दिया; we did not want to hurt his ~s हम उसकी भावनाओं को ठेस^F नहीं पहुँचाना चाहते थे; he showed his ~s उसने अपनी भावनाओं को प्रकट किया; a ~ of happiness प्रसन्नता^{F} की भावना^{F}. **2.** विचार, मत : what is your ~ on the matter इस मामले पर तुम्हारा क्या ≈ है ? I have a ~ that I have forgotten something मेरा ख्याल है कि मैं कुछ भूल गया हूँ. **3.** अनुभव करना : if you are ~ ill, send for the doctor यदि तुम अस्वस्थता^{F} का अनुभव कर रहे हो तो डाक्टर को बुलाओ. **4.** संवेदना^{F} : there is no ~ in my left foot मेरे बाएँ पैर में कोई संवेदना नहीं है. **5.** हमदर्दी^{F}, सहानुभूति^{F} : he had no ~ for my loss उसे मेरी हानि^{F} पर कोई ≈ नहीं थी.

feet फ़ीट [*pl.* of foot *q.v.*] [*as distinct from* feat]

felicitate फ़िलि'सिटेट *v.t.* बधाई^F देना : his friends ~d him on his birthday उसके मित्रों ने उसे जन्मदिन पर बधाई दी; I ~d her on her success मैंने उसकी सफलता^{F} पर उसे बधाई दी. **felicitation** फ़िलिसिटे'शन n^c. बधाई^F : he received their ~s उसने उनकी बधाइयाँ प्राप्त कीं. **felicity** फ़िलि'सिटि n^u. **1.** सुख, सुख-शांति, आनंद : he has always enjoyed perfect ~ उसने हमेशा पूर्ण सुख पाया, का आनंद लिया. **2.** (good fortune) सौभाग्य : I envy his ~ मुझे उसके ≈ से ईर्ष्या^{F} होती है. [*as distinct from* facility]

fell फ़ॅ'ल **I.** *v.t.* गिराना, काट गिराना : to ~ a tree पेड़ काट गिराना; he ~ed his opponent उसने अपने विरोधी को गिरा दिया. **II.** (past tense of 'fall' *q.v.*) गिरा, गिरी, गिरे : Mary slipped on the edge of the river and ~ into the water मैरी नदी^{F} के किनारे फिसल गई और पानी में जा गिरी. **III.** n^c. खाल^F; a lion's ~ शेर की खाल. **IV.** *a.* दारुण, भीषण [blow प्रहार, disease रोग, monster विशालकाय].

fellow फ़ॅ'लो n^c. **1.** साथी, संगी [clever चतुर, good अच्छा, faithful वफ़ादार, foolish मूर्ख, young युवा]; class ~ सहपाठी; ~ citizen सहनागरिक; ~ soldier ≈ सैनिक; ~ traveller सहयात्री; ~ worker साथी मज़दूर. **2.** फ़ैलो, विशिष्ट सदस्य : ~ of the Royal Institute रायल इंस्टीट्यूट का फ़ैलो. **3.** आदमी, व्यक्ति : where is that ~? वह ≈ कहाँ है; ? a ~ must amuse himself व्यक्ति को अपना मनोरंजन करना चाहिए; poor old ~ बेचारा बूढ़ा ! poor ~ बेचारा (आदमी). [*as distinct from* fellaw] **fellowship** फ़ॅ'लोशिप n^u. **1.** भाई-चारा, मैत्रीभाव : ~ of citizens नागरिकों का भाई-चारा. **2.** सदस्यता^{F}, फ़ैलोशिप^F; to accept ~ of the senate सीनेट की ≈ स्वीकार करना. **3.** छात्रवृत्ति^{F}, वज़ीफ़ा : he was granted ~ for two years उसे दो साल के लिए छात्रवृत्ति मिली.

felt फ़ेल्ट **I.** n^u. नमदा : ~ carpet नमदे की दरी^{F}; ~ hat नमदे का हैट. **II.** *v.t.* (past tense of 'feel') the water ~ warm as we in जैसे ही हमने डुबकी^{F} लगायी पानी गर्म-सा लगा.

fem. female, feminine.

female फ़ी'मेल *a.* & n^c. **1.** मादा^{F} [child बच्ची, dog कुतिया, wolf भेड़िया]; girl or woman is a ~ लड़की अथवा औरत ≈ होती है; the hunter caught a ~ monkey शिकारी ने ≈ बंदर (बंदरिया) को पकड़ा; lioness and tigress are ~ animals शेरनी और बाघिन ≈ पशु हैं. **2.** स्त्री : a ~ is waiting outside एक स्त्री बाहर प्रतीक्षा^{F} कर रही है; ~ **education** स्त्री-शिक्षा^{F}; ~ **suffrage** स्त्री मताधिकार. [*ant.* male]

feminine फ़ॅ'मिनिन *a.* **1.** स्त्रियोचित, ज़नाना : ~ voice ≈ आवाज़^{F}. **2.** (gram.) ~ gender स्त्रीलिंग; ~ noun स्त्रीलिंग संज्ञा; the word for scissors is ~ in Hindi हिन्दी में 'कैंची' स्त्रीलिंग है. [*ant.* masculine]

fence फ़ॅन्स **I.** n^c. जंगली, बाड़^{F} [garden बगीचे की, high ऊंची, low नीची, stone पत्थर की]; he jumped over the ~ वह ≈ के ऊपर से कूद गया; a gate in the ~ जंगले का फाटक; a ~ round a field मैदान के चारों ओर की बाड़. Δ **to come down on the side of the fence** किसी एक का पक्ष लेना; to

sit or to be on the ~ तटस्थ रहना, किसी की तरफ़ न होना. **II.** *v.t.* **1.** बाड़ लगाना, घेरना : the farmer ~d his garden किसान ने अपने बाग में बाड़ लगाई; the vegetable plants were ~d with wire सब्ज़ी के पौधे तार से घेर दिए गए. **2.** to ~ with a sword पटा खेलना, पटेबाज़ी करना. **3.** (evade) टाल देना : to ~ with a question प्रश्न ≈, सीधा जवाब न देना.

ferment फ़र्'मेंन्ट **I.** *n*[u]. **1.** हलचल[F], खलबली[F], उत्तेजना[F] : the country was in ~ देश में ≈ थी; the crowd was in a ~ भीड़[F] जोश में थी (उत्तेजित थी). **2.** ख़मीर : ~ for bread डबलरोटी[F] के लिए ≈. **II.** फ़र्'मेंन्ट *v.t.* **1.** (to excite), भड़काना, उत्तेजित करना : to ~ a rebellion विद्रोह भड़काना. **2.** खमीर उठना : ~ed juice of lemon नीबू का खमीर उठाया हुआ रस; the milk is ~ing दूध में खमीर उठ आया है.

ferocious फ़रो'शॅस *a.* **1.** दारुण, खूँखार : the tiger is a ~ animal चीता एक ≈ जानवर है; it was a ~ attack यह ≈ आक्रमण था. **2.** (fig.) ~ heat भयानक गर्मी[F].

ferry फ़ॅ'रि **I.** *n*[c]. **1.** घाट, उतारा (place) : ~ contractor घटवार, घाट का ठेकेदार; we could not get a boat at the ~ हमें ≈ पर नाव नहीं मिल पाई. **2.** (boat) नाव[F], किश्ती[F] : ~ man नाविक; a ~ takes the man across the river ≈ लोगों को नदी के पार ले जाती है. **II.** *v.t.* पार उतारना या ले जाना, पार पहुँचाना : will you ~ me across the canal क्या आप मुझे नहर के पार पहुँचा देंगे ?

fertile फ़र्'टाइल *a.* **1.** उपजाऊ, उर्वर : ~ soil ≈ भूमि[F]. **2.** जननक्षम : a she pig is quite ~ सुअरी[F] काफ़ी ≈ होती है; ~ woman ≈ औरत. **3.** सूझ-बूझवाला : ~ brain ≈ मस्तिष्क; ~ imagination सूझ-बूझपूर्ण कल्पना[F]. [*ant.* infertile, barren] **fertility** फ़र्'टिलिटि *n*[c]. **1.** उपजाऊपन, उर्वरता[F] : to increase the ~ of the soil मिट्टी की उर्वरता बढ़ाना. **2.** जननक्षमता[F] : Mary has decreased in ~ मैरी की ≈ कम हो गई है. **fertilization** फ़र्टिलाइज़े'शन *n*[c]. **1.** उर्वरण : ~ of soil भूमि का ≈. **2.** निषेचन, गर्भाधान : ~ of a cow गाय का ≈. **fertilize** फ़र्'टिलाइज *v.t.* **1.** उर्वर या उपजाऊ बनाना : to ~ land with manure ज़मीन[F] को खाद से ≈. **2.** (a cell) निषेचित करना : bees ~ flowers मधुमक्खियाँ[F] फूलों में अंडाणु निषेचित करती हैं. **3.** (a woman) गर्भाधान करना. **fertilizer** फ़र्टिलाइज़र' *n*[c]. उर्वरक, रासायनिक खाद : a bag of ~s उर्वरक का बोरा; a ~ is used to increase the growth of crops ≈ फ़सल[F] की उपज[F] को बढ़ाने के लिए इस्तेमाल किया जाता है.

fervour फ़र्'व़र *n*[u]. **1.** (zeal) जोश, सरगर्मी[F] : the volunteers worked with ~ स्वयंसेवक ≈ के साथ काम करते थे. **2.** (religious) धर्मोत्साह, भक्ति[F] : this sadhu has both ~ and devotion इस साधु में ≈ और श्रद्धा[F] दोनों हैं.

festival फ़ॅस्'टिव़ल *n*[c]. **1.** समारोह : youth ~ युवा ≈; film ~ फ़िल्म ≈; musical ~ वाद्य ≈. **2.** उत्सव : ~ season मंगलऋतु, ≈ काल. **3.** त्यौहार, पर्व : Diwali is a national ~ celebrated all over India दीवाली संपूर्ण भारत में मनाया जाने वाला राष्ट्रीय ≈ है. **festive** फ़ॅस्'टिव़ *a.* **1.** उत्सव या त्यौहार का : ~ occasion उत्सव का अवसर. **2.** आनंदमय, ख़ुशी की : ~ event ≈ घटना[F]. **3.** हँसमुख, ख़ुशदिल : ~ companion ख़ुशदिल साथी. **4.** दावत[F] का : ~ table दावत की मेज़[F]. **festivity** फ़ॅसटि'व़िटि *n*[c]. (festivities) उत्सव, जश्न, धूमधाम[F] : wedding ~ विवाह की धूमधाम; you should join us in the festivities आप ≈ में हमारे साथ शामिल हों.

fetch फ़ॅच *v.t.* **1.** लाना, ले आना : please ~ me a book from the next room कृपया साथवाले कमरे से मुझे किताब ला दीजिए; ~ a newspaper समाचार-पत्र लाओ; go to the garden and ~ some flowers बाग में जाओ और कुछ फूल ले आओ; please ~ a doctor कृपया डाक्टर को बुला लाइए. **2.** (sell for) पर बिकना : this old car will ~ a good price यह पुरानी गाड़ी[F] अच्छे दामों पर बिकेगी. **3.** (other meanings in contexts) to ~ a sigh आह[F] भरना; to ~ a blow घूँसा मारना; to ~ tears आँसू भर आना.

fete फ़ेट **I.** *n*[c]. मेला, तमाशा, फ़ेट : school ~

स्कूल का मेला; there is a ~ in the garden बाग में ≈ है. [*as distinct from* fate] **II.** *v.t.* भेज देना, दावत[F] देना : the new Mayor ~d the at-home नये नगर प्रमुख ने दावत दी.

feud फ़्यूड *n*[c]. पुराना वैर, पुश्तैनी दुश्मनी[F], पुश्तैनी झगड़ा : there has been a ~ between two families दो परिवारों में ≈ रहा है; to be at ~ with someone किसी से ≈ होना; a deadly ~ मृत्यु-पर्यन्त वैर. **feudal** फ़्यू'डल *a.* सामंतशाही, सामंतवादी, सामंती [lords जागीरदार, system व्यवस्था[F]]; under the ~ system a lord provided land for his men in return for their services ≈ व्यवस्था[F] में एक जागीरदार अपने लोगों को उनकी सेवा के बदले ज़मीन[F] देता था. **feudalism** फ़्यू'डलिज़म *n*[c]. सामंतशाही[F], सामंततन्त्र, सामंतवाद : Patel abolished ~ in India पटेल ने भारत में ≈ का अंत कर दिया.

fever फ़ी'व़र *n*[c]. ज्वर, बुख़ार, ताप, हरारत : he has high ~ उसे तेज बुख़ार/ज्वर है; yesterday her ~ was two degrees lower कल उसका ज्वर/बुख़ार दो डिग्री कम था; a ~ of anxiety चिंता का बुखार; in a ~ of expectation प्रत्याशा[F] की घबराहट[F] में. **feverish** फ़ी'व़रिश *a.* **1.** ज्वरग्रस्त, ज्वरार्त : he seems a bit ~ लगता है उसे कुछ-कुछ बुख़ार है; ~ cold ज्वर की ठंड[F]; in ~ condition ज्वर की दशा[F] में. **2.** (fig.) उत्तेजित, सरगर्म : ~ activity उत्तेजनापूर्ण क्रिया-कलाप.

few फ़्यू *a.* कुछ ही, थोड़े से, कतिपय [chances अवसर, horses घोड़े, pages पन्ने/पृष्ठ, trees पेड़, weeks सप्ताह, women स्त्रियाँ, words शब्द]; say it in a ~ words इसे कुछ शब्दों में कहिए; he has ~ friends उसके मित्र बहुत ही कम हैं; many are called but ~ are chosen बहुत-से लोग बुलाए जाते हैं लेकिन बहुत ही थोड़े लोग चुने जाते हैं; there were a ~ people there वहाँ कुछ लोग थे; he has very ~ opportunities to travel उसे यात्रा[F] करने के बहुत कम अवसर मिलते हैं; we have a ~ good players हमारे पास कुछ अच्छे खिलाड़ी हैं; she gave me a ~ flowers उसने मुझे कुछ फूल दिये; ~ of the friends know him well कुछ ही मित्र उसे अच्छी तरह जानते हैं; we must wait for a ~ minutes हमें कुछ मिनट इंतज़ार करना ही चाहिए. few बहुत ही थोड़े, a few कुछ; Λ ~ **and far between** बहुत थोड़ा : we have holidays but ~ and far between हमें छुट्टियाँ तो होती हैं पर बहुत थोड़ी; **quite a ~, a good ~** अच्छी-खासी संख्या[F] में : quite a ~ persons are unhealthy अच्छी-खासी संख्या में लोग अस्वस्थ हैं. [*ant.* many]

fiance फ़िआन्'से *n*[c]. वाग्दत्त, पति : Mary's and her ~ मैरी और उसका ≈. *fem.* fiancee (-से) मंगेतर/वाग्दत्ता, पत्नी; John and his ~ जॉन और उसकी वाग्दत्ता, पत्नी; Jill and her ~ जिल और उसका मंगेतर/पति.

fiasco फ़िऐस्'को *n*[u/c]. घोर असफलता[F], टाँय-टाँय फिस : rain made the picnic a ~ वर्षा ने पिकनिक को बुरी तरह असफल बना दिया; the rally ended in a ~ रैली[F] टाँय-टाँय फिस हो गई; the demonstration was a total ~ प्रदर्शन पूर्णतया विफल हो गया.

fibre फ़ाइ'बर *n*[c]. **1.** धागा, तांत[F], तंतु[F] [coarse मोटा, cotton सूती, silk रेशमी]. **2.** (nature) स्वभाव : a man of ugly ~ गंदे ≈ वाला आदमी; a man of strong ~ सच्चरित्र व्यक्ति.

fickle फ़ि'कल *a.* **1.** चंचल, अस्थिर, चलचित्त [lover प्रेमी, supporter समर्थक, voter मतदाता]. **2.** परिवर्तनशील [climate आब-हवा, fortune भाग्य]. [*ant.* steady]

fiction फ़िक्'शन *n*[u]. **1.** कल्पना[F], मनगढ़न्त बात[F]: his supposed wealth is a mere ~ उसके धन के बारे में जो कल्पना[F] है वह केवल मनगढ़ंत बात है. **2.** उपन्यास, कथा-साहित्य : I like reading good ~ मैं अच्छा ≈ पढ़ना पसंद करता हूँ; he is a writer of ~ वह कथाकार है. [*ant.* fact] **fictitious** फ़िकटि'शस *a.* मनगढ़न्त, काल्पनिक, कल्पित, झूठा [claim दावा, name नाम, roll number क्रमांक, story कहानी[F]]; characters in this book are all ~ इस किताब[F] के सब पात्र कल्पित हैं; he gave me a ~ address उसने मुझे एक झूठा पता दिया; it was a ~ news यह झूठा समाचार था; Hori in Premchand's *Godan* is a ~ character प्रेमचंद के 'गोदान' में होरी एक कल्पित पात्र है.

fie फ़ाइ *n*[u]. धिक्कार : ~ on/upon you तुम्हें ≈ है.

field फ़ील्ड *n*[c]. **1.** (for sport) मैदान, क्रीड़ा-भूमि[F] [broad चौड़ा, green हरा, open खुला]; they live across a big ~ वे एक बड़े मैदान के उस पार रहते हैं; children play in the ~ बच्चे ≈ में खेलते हैं. **2.** खेत, कृषि-भूमि[F] [fertile उपजाऊ, grassy घास का]; cows graze in the ~ गायें ≈ में चरती हैं. **3.** (battlefield) रणभूमि[F], युद्धक्षेत्र, मैदान : in the (battle) ~ soldiers fought bravely ≈ में सैनिक बहादुरी से लड़े; ~ allowances जंगी भत्ता; ~ artillery मैदानी तोपख़ाना; ~ day युद्ध अभ्यास का दिन; ~ glass दूरबीन[F]; ~ gun युद्धक्षेत्र वाली तोप[F]; ~ hospital युद्धक्षेत्र के पास का अस्पताल; ~ marshal थल-सेना का प्रधान सेनापति, फील्ड-मार्शल; ~ service युद्ध-सेवा[F], लड़ाई[F] के मैदान में सेवा; to hold the battle ~ अपराजित रहना, डटे रहना; to take the ~ युद्धक्षेत्र में जाना. **4.** (sphere of action) कार्य-क्षेत्र : in the ~ of science विज्ञान के क्षेत्र में; he is a specialist in many ~s वह विभिन्न कार्यक्षेत्रों में विशेषज्ञ है; that is not my ~ वह मेरा ≈ नहीं है. **5.** coal ~ कोयला-क्षेत्र; mine ~ खदान क्षेत्र.

fierce फ़ि'अर्स *a.* (various meanings in context) ~ arguments अकाट्य तर्क; ~ battle घोर/घमासान युद्ध; ~ desire उत्कट इच्छा[F]; ~ dogs खूँखार कुत्ते; ~ fire धधकती आग[F]; ~ heat सख़्त गर्मी; ~ look डरावनी निगाह[F]; ~ man उग्र आदमी; ~ speech जोरदार भाषण; ~ struggle घोर संघर्ष; ~ wind तेज हवा; to be ~ by nature स्वभावत: उग्र होना.

fiery फ़ाइ'अरि *a.* **1.** अग्नि रूप [glow दीप्ति[F], sky आकाश, sunset सूर्यास्त]. **2.** (ardent) प्रचंड, उग्र, क्रोधी : ~ person क्रोधी व्यक्ति; ~ temper उग्र स्वभाव; ~ words उत्तेजक शब्द.

fifteen फ़िफ़्'टीन *n.* & *a.* पंद्रह, पंचदश [chairs कुर्सियाँ, days दिन, players खिलाड़ी]; the boy is only ~ लड़का केवल पंद्रह साल का है. ~th पंद्रहवाँ [day दिन, row पंक्ति].

fifth फ़िफ़्थ *a.* पंचम, पाँचवाँ : ~ column पंचमांगी, देशद्रोही; (one) ~ part पंचमांश, ≈ हिस्सा; on the ~ day of June जून के पाँचवे दिन/पाँचवी तारीख़.

fifty फ़िफ़्'टि *n.* & *a.* पचास : ~ fifty आधो-आध (share); can you count up to ~ क्या तुम ≈ तक गिनती सुना सकते हो ?

fig फ़िग *n.* अंजीर : I do not care a ~ for it मैं इसकी पाई भर या रत्तीभर परवाह नहीं करता; ~s are full of seeds ≈ में दाने भरे रहते हैं.

fight फ़ाइट **I.** *n*[c]. **1.** लड़ाई[F], युद्ध [dangerous ख़तरनाक, fierce भयंकर, terrible भीषण]; to begin a ~ ≈ शुरू करना; watch a ~ ≈ देखना; to interfere in a ~ किसी लड़ाई में दख़ल देना; ~ for independence स्वतंत्रता के लिए ≈; to put a good ~ खूब लड़ना. **2.** संघर्ष [constant लगातार, unequal बेमेल]; ~ for one's rights अपने अधिकारों के लिए संघर्ष. **II.** *v.t.* (*past* & *p.p.* fought) लड़ना, झगड़ना : to ~ for freedom स्वतंत्रता के लिए ≈; the policeman forced the boys to stop ~ing पुलिस ने लड़कों को लड़ाई बंद करने पर मजबूर किया; the boys will never ~ लड़के कभी नहीं लड़ेंगे; he fought like a hero वह एक वीर की तरह लड़ा; they began to ~ over a football वे फुटबाल के लिए झगड़ने लगे; they fought until it was too dark वे अंधेरा होने तक लड़ते रहे. **2.** ~ against disease बीमारी[F] की रोकथाम[F] करना; to ~ off the enemy ≈ में शत्रु को खदेड़ना. **fighter** फ़ाइ'टर *n*[c]. **1.** योद्धा, लड़ाका, लड़ाकू : ~ bomber बमवर्षक लड़ाकू विमान. **2.** (pugilist) मुक्केबाज़.

figure फ़ि'गर *n*[c]. **1.** (shape) आकार, आकृति[F] [oval अंडाकार, ugly कुरूप]. **2.** रूप, शक्ल[F] [slim छरहरा, splendid शानदार, ugly गंदा]; she had a good ~ उसकी शक्ल अच्छी थी; the human ~ मानवीय आकृति. **3.** (illustration) चित्र, रेखाचित्र, आरेख : a triangle is a three sided ~ त्रिभुज तीन पक्ष वाला आरेख होता है. **4.** मूर्ति[F], प्रतिमा[F] [bronze कांस्य की, golden सुनहरी]. **5.** अंक, संख्या : write the amount in ~s इस राशि को अंकों में लिखो. **6.** व्यक्तित्व : Jawahar Lal was a political ~ जवाहर लाल का एक राजनीतिक ≈ था. **figurehead** फ़िगॅर्'हेंड *a.* & *n*[c]. नाममात्र का, नाम का

प्रधान : the President is a mere ~ राष्ट्रपति ≈ राष्ट्राध्यक्ष है.

file फ़ाइल **I.** n^c. **1.** फ़ाइल^F, संचिका^{F}, मिसिल^F : put this letter in the ~ इस पत्र को ≈ में लगा दो. **2.** (row) पंक्ति^{F}, क़तार^F : the scouts stood in ~s बालचर पंक्तियों में खड़े थे. **3.** (instrument) रेती^{F}; he shaped the wood with a ~ उसने रेती से लकड़ी को एक रूप दे दिया. **II.** *v.t.* **1.** फ़ाइल में रखना, फ़ाइल करना : ~ these documents इन दस्तावेज़ों^{F} को फ़ाइल कर दो. **2.** क़तार या लाइन बाँधकर चलना : to ~ away पंक्ति/क़तार बाँधे चले जाना; to ~ in कतार बाँधे भीतर आना; to ~ out क़तार बाँधे बाहर जाना. **3.** रेतना : to ~ an iron rod लोहे के छड़ को ≈. **4.** दाख़िल करना : to ~ an application, appeal आवेदन-पत्र, अपील ≈. **5.** to ~ a suit मुकदमा दायर करना.

filial फ़िल'यल *a.* पुत्रीय : ~ duty पुत्र का कर्तव्य; ~ love वात्सल्य; ~ respect बच्चों का माता-पिता के प्रति सम्मान.

fill फ़िल n^c. **1.** भरना, भर देना : to ~ a bucket with water बाल्टी^{F} में पानी भरना; to ~ up a crack दरार^F ≈; the hall was ~ed to capacity हाल पूरी क्षमता^{F} तक भरा था; her eyes are ~ed with tears उसकी आँखें^{F} आँसुओं से भर गईं हैं; he ~ed the glasses again उसने गिलासों को फिर भर दिया; ~ in the blanks in exercise No. 20 अभ्यास संख्या 20 में ख़ाली स्थान भरो; he was ~ed with joy at the news that he had won a prize पुरस्कार जीतने का समाचार सुनकर वह खुशी से भर गया; to ~ a tooth दाँत का गड्ढा ≈. **2.** (appoint) नियुक्ति करना : to ~ the post of a teacher अध्यापक के पद की ≈; to ~ up a vacancy रिक्त पद में ≈. [*ant.* empty] **3.** (an office, etc.) (पद) पर होना या काम करना, संभालना : to ~ **in** the office as a clerk कार्यालय में लिपिक के रूप में काम करना. **4.** (various meanings in contexts) to ~ one's time with reading and writing पढ़ने-लिखने में अपना समय काटना; to ~ **in** a cheque चेक लिखना; to ~ **in/up** a form फ़ार्म भरना.

filly फ़ि'लि n^c. (fillies) बछेड़ी^{F} : the mare gave birth to a ~ घोड़ी ने ≈ ब्याई. [*masc.* colt]

film फ़िल्म **I.** n^c. (in photography) फ़िल्म^F : I wanted a ~ for my camera मुझे अपने कैमरा के लिए ≈ की दरकार^F थी. **2.** (motion picture) चलचित्र, फ़िल्म^F : ~ star सिनेमा अभिनेता. **II.** *v.t.* फ़िल्म बनाना, फ़िल्माना : to ~ a play किसी नाटक को फ़िल्माना.

filter फ़िल्'टर **I.** n^c. फ़िल्टर, छन्नी^{F} : charcoal is used as ~ लकड़ी के कोयले का प्रयोग ≈ के रूप में होता है; ~ paper छन्ना काग़ज़. **II.** *v.t.* छानना : always ~ drinking water पीने का पानी हमेशा छान लिया करो. **III.** *v.i.* धीरे-धीरे निकलना : the people came ~ing from the hall हॉल से लोग धीरे-धीरे निकल रहे थे; light ~ed away through the window प्रकाश खिड़की से छन-छनकर आ रहा था.

filth फ़िल्थ n^u. मल, कूड़ा, कचरा, गंदगी^{F} : the rain washed all the filth बारिश^F ने पूरा कचरा साफ कर दिया; the ~ in the sewer नाली में का कचरा. (fig.) **don't talk ~** गंदी भाषा मत बोलो; **why do you read ~** तुम कचरा साहित्य क्यों पढ़ते हो ? **filthy** फ़िल्'थि *a.* मैला, गंदा, घिनौना : your hands are ~ तुम्हारे हाथ गंदे हैं; I hate ~ students मैं गंदे लड़कों से घृणा^{F} करता हूँ; ~ literature कचरा/घासलेटी साहित्य.

fin फ़िन n^c. मीन पंख : a fish swims by movements of its ~s मछली^{F} अपने पंखों को हिलाकर तैरती है.

final फ़ाइ'नल **I.** *a.* **1.** अंतिम, आख़िरी [chapter अध्याय, examination परीक्षा^{F}, remark उल्लेख, result परिणाम, solution समाधान, year वर्ष]; Z is the ~ letter in English alphabet अंग्रेज़ी वर्णमाला में Z अंतिम वर्ण है; the answer is ~ यह उत्तर अंतिम है. **3.** (settled) सुनिश्चित, अपरिवर्तनीय [decision निर्णय, opinion मत]. **II.** n^c. **1.** (letter) अन्त्याक्षर. **2.** अंतिम खेल : the team could not reach the ~ टीम^F ≈ तक नहीं पहुँच पाई. **3.** अंतिम परीक्षा^{F} : I am appearing in the ~ मैं ≈ दे रहा हूँ. **finally** फ़ाइ'नॅलि *adv.* अंततः, अंततोगत्वा, अंत में : he ~ agreed to go वह ≈ जाने को सहमत हो

गया; he ~ decided not to go ≈ उसने न जाने का निर्णय लिया; ~ he went away ≈ वह चला गया; to settle a matter ~ किसी मामले को ≈ सुलझा लेना; he ~ arrived ≈ वह पहुँच गया; they talked for an hour and ~ resolved this much वे घंटा भर बातचीत^F करते रहें और अंततः यह निश्चय किया.

finance फ़ाइनैन्स' **I.** *n*^c. **1.** *n*^u. वित्त : ~ minister वित्त मंत्री; ~ bill वित्त विधेयक; ~ commission ≈ आयोग; standing ~ committee स्थायी ≈ समिति^F. **2.** (*pl.*) वित्त-व्यवस्था^F : our ~s are sound हमारी ≈ सही है. **3.** वित्तशास्त्र : he is an expert in ~ वह ≈ का विशेषज्ञ है. **II.** *v.t.* **1.** पूँजी^F लगाना : to ~ a new business नए व्यापार में ≈. **2.** वित्तीय सहायता^F देना : to ~ an expedition किसी अभियान के लिए पैसे से मदद करना. **financial** फ़ाइनैन्'शल *a.* वित्तीय, आर्थिक [condition दशा^F, crisis संकट, year वर्ष]; ~ issues ≈ मामले; ~ difficulties are difficulties about money वित्तीय कठिनाइयाँ पैसे की कठिनाइयाँ हैं. **financier** फ़ाइनैन्'सिअर *n*^c. **1.** वित्त विशारद : Mr. A is an experienced ~ श्री अ अनुभवी ≈ हैं. **2.** पूँजी लगाने वाला : the ~ is usually a sleeping partner ≈ प्रायः निष्क्रिय साझेदार होता है.

find फ़ाइन्ड *v.t.* (*p.* & *p.p.* found) **1.** पाना, प्राप्त करना : I found my pocket book in my other suit मैंने अपनी पाकेटबुक दूसरे सूट में पाई; when I went into the room I found John there जब मैं कमरे में गया तो जॉन को वहाँ पाया; he ~s his work interesting वह अपने काम को दिलचस्प पाता है; I have found the lost book मैंने खोई हुई किताब पा ली है; to ~ money for an enterprise किसी उद्यम के लिए धन ≈; he found himself in a rather difficult position अपेक्षया उसने स्वयं को कुछ कठिन स्थिति^F में पाया. **2.** ढूँढ़ निकालना, खोज लेना, पता पा लेना : who found that the earth is round किसने पता लगाया कि पृथ्वी गोल है ? I found a number of mistakes in the application मैंने आवेदन-पत्र में बहुत-सी गलतियाँ^F ढूँढ निकालीं. **3.** समझना : we found it necessary to leave the room at once तुरंत कमरा छोड़ देना हम लोगों ने ज़रूरी समझा. **4.** महसूस होना, लगना : he found some difficulty in solving the problem उसे समस्या^F का समाधान करने में कुछ कठिनाई^F हुई. **5.** ठहराना : he was found guilty उसे दोषी ठहराया गया. Δ **all found** खाने-कपड़े के साथ : the servant gets Rs. 800 p.m. all found नौकर खाने-कपड़े सहित 800 रुपया मासिक पाता है; **to ~ one's tongue** ज़बान लग जाना : I noted that he has now found his tongue मैंने नोट किया कि अब उसे ज़बान लग गई है. ~ **out** खोज निकालना : the dog found out the way कुत्ते ने रास्ता खोज निकाला. [*ant.* lose] **finding** फ़ाइन्'डिङ्ग *n*^c. निष्कर्ष : ~s of the enquiry committee जाँच समिति^F के ≈.

fine फ़ाइन **I.** *a.* (finer, finest) **1.** (excellent) बढ़िया [art कला^F, body शरीर, day दिन, intellect बुद्धि^F, perception ज्ञान, place स्थान, weather मौसम]; everything is ~ सब कुछ ≈ है; we have a ~ time हमारा समय अच्छा निकल जाता है; he is a ~ batsman वह एक ≈ बल्लेबाज़ है; there are some ~ pictures in the town hall टाउनहाल में कुछ ≈ चित्र हैं. **2.** (pure) विशुद्ध, खरा : ~ gold खरा सोना; ~ silver खरी चाँदी. **3.** (not coarse) बारीक, सूक्ष्म, महीन [difference अंतर, inspection जाँच^F]; a ~ powder is made up of very small particles एक ≈ पाउडर बहुत छोटे-छोटे कणों से बना होता है. **4.** (various meanings in contexts) I feel ~ today लगता है आज मैं बहुत स्वस्थ हूँ; the weather is ~ today आज मौसम साफ़ है; ~ sentiments उदार भावनाएँ^F; ~ cloth महीन कपड़ा; ~ arts ललित कलाएँ; how are you? Fine! क्या हाल है ? बढ़िया ! ~ points of an argument तर्क के सूक्ष्म बिंदु; your work is ~ तुम्हारा काम संतोषजनक है. **II.** *n*^u. जुर्माना, अर्थदण्ड : the ~ for this offence इस अपराध का ≈; I had to pay a ~ of Rs. 50 मुझे पचास रुपये ≈ देना पड़ा. [*ant.* reward] **III.** *v.t.* जुर्माना करना : they ~d him heavily उन्होंने उस पर भारी जुर्माना लगाया; he was ~d उसे जुर्माना किया गया.

finesse फ़िनेॅस n^c. **1.** (cunningness) मक्कारी^{F}, धूर्तता^{F} : the rascal does not refrain from ~ यह बदमाश ≈ से बाज़ नहीं आता. **2.** (skill) सूझ-बूझ, चातुरी^{F} : he avoided the difficulty with great ~ उसने बड़ी ≈ से दिक्कत दूर कर दी.

finger फिङ्'गर **I.** n^c. **1.** अंगुली^{F}, उंगली^{F} [long लंबी, strong मज़बूत, thin पतली]; we all have four ~s and a thumb on each hand हम सब के प्रत्येक हाथ में चार अंगुलियाँ और एक अंगूठा होता है; she wore a gold ring on her middle ~ उसने अपनी मध्यमा ≈ में एक सोने की अंगूठी^{F} पहन रखी थी; she dipped her finger into the water उसने अपनी ≈ पानी में डुबो दी; she pointed her ~ at a boy उसने अपनी ≈ लड़के की तरफ़ की; the names of the five ~s are thumb, index or fore ~, middle ~, ring ~ and the little ~ पाँचों उंगलियों के नाम हैं अंगूठा, तर्जनी, मध्यमा, अनामिका और कनिष्ठिका. Δ **to burn one's ~** कष्ट भोगना; **to keep one's ~s crossed** आशा बनाये रखना; **to lay a ~ on some girl** किसी लड़की को छूना; **to lift/raise a ~ to help smb** किसी की सहायता करने के लिए हाथ उठाना. **II.** *v.t.* **1.** छूना, टटोलना : she ~ed the silken saree उसने रेशमी साड़ी को छूकर देखा. **2.** उंगलियों से बजाना : to ~ a piano पियानो बजाना. **fingerprint** फ़िङ्गर्'प्रिन्ट n^c. अंगुली की छाप^F : ~ of an accused अभियुक्त की अंगुली-छाप.

finish फ़िनिश **I.** *v.t.i.* **1.** समाप्त करना, ख़त्म करना : to ~ a lesson पाठ समाप्त करना; when did the play ~ नाटक कब समाप्त हुआ; everything is ~ed between us हमारे बीच सब कुछ समाप्त हो चुका है; he was first to ~ the work वह काम समाप्त करने वाला पहला व्यक्ति था; you will have to ~ writing today तुम्हें आज ही लिखना समाप्त करना होगा; ~ your dinner and come along अपना भोजन समाप्त करो और हमारे साथ आओ. **2.** परिष्कृत करना : to ~ a painting चित्र का परिष्कार करना. [*ant.* start] **II.** n^c. अंत, समाप्ति^{F} : they fought to the ~ वे अंत तक लड़े; the play came to an abrupt ~ नाटक एकदम समाप्त हो गया. **finished** फ़िनिश्ड *a.* **1.** तैयार : ~ goods ≈ माल. **2.** परिष्कृत : ~ manners ≈ आचरण. [*ant.* un ~] **finishing** फ़िनिशिङ्ग *a.* ~ touches अंतिम सुधार, तैयारी^{F} का हाथ.

finite फ़ाइ'नाइट *a.* **1.** सीमित, ससीम, सीमाबद्ध, सावधि (in time) : light moves in a ~ speed प्रकाश एक ≈ गति^{F} से जाता है; knowledge is ~ ज्ञान की एक सीमा^{F} है. **2.** (gram.) ~ verb समापिका क्रिया^{F} : is, are, was, were are ~ verbs है, हैं, था, थी, थे समापिका क्रियाएँ हैं. [*ant.* infinite]

F.I.R. First Information Report.

fir फ़र n^c. देवदारु वृक्ष; ~ is an evergreen tree ≈ एक सदाबहार पेड़ है. [*as distinct from* 'fur']

fire फ़ाइअर **I.** *n.* **1.** आग^F, अग्नि^{F} : to set ~ ≈ लगाना; a forest ~ जंगल की ≈; to light/make ~ ≈ जलाना; the curtains caught ~ परदों में ≈ लग गई; his clothes were on ~ उसके कपड़ों में ≈ लगी; the house was on ~ मकान जल रहा था, घर में ≈ लगी थी; people were running to fight the ~ लोग अग्निशमन (आग बुझाने) के लिए दौड़ रहे थे; put the kettle on ~ पतीली को ≈ पर रखो; keep away from the ~ ≈ से दूर रहो; he threw the papers into the ~ उसने कागज़ ≈ में डाल दिए; to pour water on the ~ ≈ पर पानी डालना; ~ arms बारूदी हथियार, आग्नेय शस्त्र (पिस्तौल, बंदूक, तोप, राइफल); ~-brand जलता हुआ कुंदा; ~ brigade ≈ बुझाने का दस्ता, दमकल, फ़ायर ब्रिगेड, दमकल वाहिनी; ~ extinguisher ≈ बुझाने वाला, अग्निशामक; ~ fighting अग्निशमन; ~ fighting equipment ≈ बुझाने की दमकल; ~ fly जुगनू; ~ place चूल्हा, अंगीठी^{F}; ~ proof (coat) अग्निसह; ~ wood ईंधन की लकड़ी^{F}; ~ works आतिशबाज़ी, फुलझड़ी^{F}. **2.** उमंग^F, जोश, उत्साह : the ~ of youth जवानी^{F} का ≈; she was in ~ वह ≈ में थी; he has ~ his heart उसके दिल में ≈ है. **3.** गोलाबारी^{F} : to open ~ ≈ करना, गोले बरसाना; to cease ~ ≈ बंद करना. Δ **a burnt child dreads the ~** दूध का जला छाछ भी फूँक-फूँककर पीता है; **to go through ~ and water** छोटी-मोटी

कठिनाइयाँ झेलना; **to make up a** ~ आग में और ईंधन डालना; **to put a town to** ~ शहर में आग लगा देना; **to set the Thames on** ~ कोई अद्भुत काम कर दिखाना; **to play with** ~ जोखिम उठाना. **II.** *v.t.* **1.** आग लगाना : to ~ in a haystock भूसे में आग लगाना. **2.** to ~ pottery आवे में बरतन पकाना. **3.** ~ at the enemy post शत्रु की चौकी[F] पर गोलाबारी करना. **4.** (canterize) दागना : to ~ a gun बंदूक ≈. **5.** (inflame) उत्तेजित करना, भड़काना : to ~ the youth जवानों को भड़काना. **6.** to ~ a furnace भट्ठी में ईंधन डालना; to ~ imagination कल्पनाओं में ईंधन डालना. **firing** फ़ाइअ'रिङ्ग *n.* **1.** (shooting) गोलाबारी[F]. **2.** (event) गोलीकांड the police resorted to ~ पुलिस[F] को गोली[F] चलानी पड़ी.

firm फ़र्म **I.** *a.* **1.** (steady) दृढ़, सुदृढ़, अडिग, अटल, निश्चल [belief विश्वास, character चरित्र, decision निर्णय, purpose उद्देश्य, step कदम]; he said it in a ~ voice उसने इसे दृढ़ स्वर में कहा; to guide with a ~ belief दृढ़ विश्वास के साथ पथ-प्रदर्शन करना; to stand ~ दृढ़ रहना. **2.** (solid) पक्का, ठोस : ~ basis ठोस आधार; ~ foundation पक्की नींव; ~ ground पक्की ज़मीन; ~ offer पक्का प्रस्ताव. **3.** (settled) स्थिर : the table is ~ मेज़ ≈ है; to stand ~ स्थिर रहना; ~ prices ≈ कीमतें[F]. [*ant.* wavering] **II.** *n*[c]. व्यवसायी संस्था[F], कंपनी[F], फ़र्म [large बड़ी, leading अग्रणी, foreign विदेशी, prosperous समृद्ध, trading व्यापारिक]; the ~ employs two hundred men ≈ में दो हज़ार लोग काम में लगे हैं; he is a representative of a big ~ वह एक बड़ी व्यापारिक संस्था का प्रतिनिधि है. **firmly** फ़र्'मलि *adv.* दृढ़ता[F] से, मज़बूती[F] से, निश्चयपूर्वक : he spoke ~ वह ≈ बोला; the institution is ~ established संस्था[F] दृढ़ता[F] से स्थापित है. **firmness** फ़र्म'निस *n*[c]. दृढ़ता[F], स्थिरता[F] : the judge was known for his ~ जज अपनी ≈ के लिए प्रसिद्ध था; ~ of purpose उद्देश्य के प्रति दृढ़ता[F]; to show ~ in action कार्य में दृढ़ता प्रदर्शित करना.

first फ़र्स्ट **I.** *a.* पहला, प्रथम [aid उपचार/चिकित्सा[F], reading वाचन]; ~ class mail train प्रथम श्रेणी[F] की मेल गाड़ी[F]; ~ hand knowledge प्रत्यक्ष या सीधी जानकारी[F]; I shall take the ~ train मैं पहली गाड़ी[F] पकड़ँगा; this is his ~ book यह उसकी पहली किताब[F] है; he won the ~ prize उसने प्रथम पुरस्कार जीता; the ~ chapter पहला अध्याय; he stood ~ in the examination वह परीक्षा[F] में प्रथम आया; he got ~ place in the test उसने परीक्षण में ≈ स्थान प्राप्त किया; for the ~ time पहली बार; his ~ experience उसका ≈ अनुभव; the ~ boy to come into the room was Henry विद्यालय में आने वाला ≈ लड़का हेनरी था; ~ aid प्राथमिक उपचार/चिकित्सा[F]; ~ and foremost अत्यंत आवश्यक; ~-class बढ़िया; ~ class पहला दर्जा; ~ rate machine, lunch बढ़िया मशीन, खाना; at ~ पहले; ~ things ~ सबसे महत्वपूर्ण चीज़ें[F] / बातें[F] पहले; in the ~ place पहली बात यह है कि [*ant.* last] **II.** *n.* **1.** प्रारंभ : from the very ~ ठीक ≈ से. **2.** प्रथम स्थान, प्रथम श्रेणी[F] : he got a ~ in Hindi उसने हिन्दी में ≈ प्राप्त किया. **3.** she was the ~ to go जानेवालों में वह पहली थी. **III.** *adv.* पहले, पहले-पहल : when we ~ met Mary, she was crying जब हम ≈ मेरी से मिले तो वह रो रही थी; he sat down ~ वह पहले बैठ गया; ~ it was very hot but then it got cooler पहले-पहल बहुत गर्मी थी लेकिन फिर ठंडक[F] बढ़ती गई; we went home ~ ≈ हम घर गए; when the idea ~ came to me जब पहले-पहल मुझे विचार आया; ~ come ~ served जो पहले आए उसका काम पहले हो; have your dinner ~ पहले अपना भोजन कर लें; ~ of all you must tell the teacher your name ≈ अध्यापक को अपना नाम बताओ; at ~ he did not want to go ≈ वह जाना नहीं चाहता था; it was difficult at ~ ≈ यह बहुत कठिन था. **firstly** फ़र्स्'टलि *adv.* प्रथमतः, एक तो, पहले : ~, I must warn you पहले तो मैं आपको चेतावनी दे दूँ.

fish फ़िश **I.** *n*[c]. (collective *n.* fish) मछली[F], मत्स्य, मीन[F] [boiled उबली, fresh ताज़ी, fried

तली हुई]; ~ cultivation मत्स्य-पालन; ~ culture मत्स्य-पालन; ~ market मछली-बाज़ार/मंडी^{F}; ~ monger ≈ बेचने वाला; we had boiled ~ for dinner हम लोगों ने भोजन में उबली ≈ ली; there are plenty of ~ in the sea समुद्र में मछली की बहुलता है. Δ ~ **out of water** बेचैनी, प्रतिकूल परिस्थिति^{F}; **he drinks like a ~** वह खूब पीता है; **all is ~ that comes to one's net** जो मिल जाए वही लाभ है. **II.** *v.t.* मछली^{F} मारना; निकालना, खोज निकालना : he likes ~ing उसे मछली का शिकार करना पसंद है; to ~ for pearls मोती खोज निकालना; ~ out money from one's pocket अपनी जेब^F से पैसा निकालना; to ~ for a secret गुप्त बात^F का पता करना. Δ **to ~ in troubled waters** दूसरे की विपत्ति^{F} में अपना उल्लू सीधा करना. **fisherman** फ़ि'शरमेन n^c. मछुआ, धीवर : the ~ caught many fish ≈ ने बहुत-सी मछलियाँ^{F} पकड़ीं.

fist फ़िस्ट n^c. मुक्का, मुट्ठी^{F} : the angry person shook his ~ क्रुद्ध व्यक्ति ने मुट्ठी को झटका; to strike with a ~ मुक्के से प्रहार करना.

fit फ़िट **I.** *a.* **1.** उपयुक्त, ठीक, उचित, फ़िट : the book is ~ to read अब किताब पढ़ने के लिए ठीक है; the film was not ~ for children फ़िल्म बच्चों के लिए ≈ नहीं थी; he is ~ for nothing today वह आज किसी काम के लिए ≈ नहीं है; he was the ~ person for this work वह इस काम के लिए ≈ व्यक्ति था; a ~ reply उपयुक्त उत्तर; the house is not ~ to live in घर रहने के लिए उपयुक्त नहीं है. [*ant.* unfit] **2.** to keep ~ स्वस्थ रहना. **3.** ~ for use इस्तेमाल के लायक. **4.** not ~ **to hold the candle** to anybody किसी की बराबरी न कर सकना. [*ant.* unfit] **II.** *v.t.* **1.** उपयुक्त होना, ठीक आना, ठीक बैठ जाना, पूरा उतरना : the dress ~s her well पोशाक^F उसे ठीक बैठती/आती है; those gloves ~ me well वे दस्ताने मुझे अच्छी तरह ठीक आते हैं; the curtain ~s the window परदा खिड़की^{F} पर पूरा आता है; the shoe does not quite ~ my foot जूता मेरे पैर में पूरी तरह ठीक नहीं आता. **2.** (equip) सज्जित करना, सजाना : to ~ the children for fair बच्चों को मेले के लिए ≈; ~ the place with festoons for a party पार्टी^{F} देने के लिए किसी स्थान को फूल-पत्तियों से ≈. **3.** मेल खाना : your ideas do not ~ in with mine तुम्हारे विचार मेरे विचारों से मेल नहीं खाते. **III.** n^c. **1.** (of illness) दौरा : he often suffers from ~s उसे अक्सर दौरे पड़ते हैं; a ~ of coughing खाँसी^{F} आने का ≈. **2.** (violent feeling) आवेश : in a ~ of anger क्रोध के ≈ में. Δ **she works by ~s and starts** वह रुक-रुककर काम करती है; **to give smb a ~** किसी को सदमा पहुँचाना. **fitting** फ़ि'टिङ्ग *a.* **1.** ठीक, उचित, यथायोग्य, मुँहतोड़ : it is ~ that you should stay यह उचित है कि आप ठहरें **~s** (*pl.*) औज़ार, कल-पुरज़े : electric ~s बिजली के तार, आदि.

five फ़ाइव़ *a.* + *n.* पाँच [books किताबें^{F}, fold गुना, men आदमी, miles मील, years साल]; ~-day week पाँच दिन (काम करने) का सप्ताह : ~ year plan पंचवर्षीय योजना^{F}; she will come at ~ वह पाँच बजे आएगी; a girl of ~ (years) पाँच साल की लड़की; ~ and a half साढ़े पाँच; it is quarter past ~ सवा पाँच बजा है; it is quarter to ~ पौने पाँच बजे हैं. **fiver** फ़ाइ'व़र *n.* पाँच का नोट या सिक्का : the ticket costs two ~s टिकट पर दस रुपए लगते हैं.

fix फ़िक्स **I.** *v.t.* **1.** जमाना, जड़ना, बैठाना, लगाना : to ~ a machine मशीन^F बैठाना; please ~ this shelf in the wall कृपया इस शेल्फ़ को दीवार^F में लगा दें (जमा दें) ; to ~ stamps on the envelope लिफ़ाफ़े पर टिकट लगाना; the driver ~ed another tyre ड्राइवर ने दूसरा टायर लगाया; to ~ a pole बल्ली^{F} गाड़ना. **2.** (settle) निश्चित करना, निर्धारित करना : will you ~ a day for our party क्या आप पार्टी^{F} के लिए कोई दिन नियत करेंगे ? to ~ time and place for meeting बैठक का समय और स्थान निर्धारित करना; to ~ a price मूल्य ≈; our departure was ~ed for ten o'clock हम लोगों का प्रस्थान दस बजे निश्चित किया गया. **~ up** तय करना : a match was ~ed up मैच तय कर दिया गया. **3.** to ~ one's attention अपना ध्यान केन्द्रित करना; to ~

smb's attention किसी का ध्यान आकर्षित करना. **4.** (other contexts) I'll fix him मैं उससे निपट लूँगा; please ~ my watch कृपया मेरी घड़ी ठीक कर दें. **II.** *n*[u]. उलझन[F], कठिनाई[F], चक्कर, असमंजस, दुविधा[F], मुश्किल[F] : to be in a ~ दुविधा में होना.

fixed फ़िक्सड *a.* **1.** (steady) अचल, दृढ़, अटल : you are ~ enough तुम बहुत ≈ हो. **2.** (not movable) स्थिर, अटल, अचल : ~star स्थिर तारा; ~ in one place किसी एक स्थान पर जड़ा हुआ. **3.** (settle) नियत, निश्चित, पक्का [day दिन, holiday छुट्टी[F], income आय, price कीमत[F], rent किराया]. **4.** सावधि, मुद्दती : ~ deposit सावधि/मुद्दती जमा.

fl. floor, flower, fluid.

flag फ़्लैग **I.** *n*[c]. झंडा, ध्वज (smaller one) झंडी[F] [big बड़ा, bright चमकीला, foreign विदेशी, national राष्ट्रीय, naval नौसेना का]; black ~ (समुद्री लुटेरों का) काला ≈; white ~ (शांति का) सफ़ेद ≈; ~ hoisting ceremony ध्वजारोहण समारोह, ≈ फहराने का समारोह; ~ day ≈ दिवस; ~ staff ध्वज-दंड; ~ station वह स्टेशन जहाँ गाड़ी झंडी दिखाने पर ही रुकती है, फ़्लैग स्टेशन, झंडी स्टेशन; ~ wagging ध्वज संकेतन, झंडियों से संदेश भेजना; to show the white ~ आत्मसमर्पण कर देना, हार मान लेना; to lower the ~ (हार मानते हुए) ≈ झुका देना; to hoist the ~ on Republic Day गणतंत्र दिवस पर झंडा फहराना. **II.** *v.i.* (flagging, flagged) **1.** मंद पड़ना, ठंडा पड़ना, धीमा पड़ना : his enthusiasm ~ged उसका जोश ठंडा पड़ गया. **2.** मुरझाना, कुम्हलाना : the plant is ~ging पौधा मुरझा रहा है. **3.** निरुत्साहित होना : the youth has ~ged युवक निरुत्साहित हो गया है. **III.** *v.t.* **1.** झंडा लगाना : the streets were ~ged गलियों में झण्डियाँ लगाई गईं. **2.** (झंडा फहराकर) संदेश भेजना, संकेत करना : to ~ a train to start गाड़ी[F] चलाए जाने के लिए (झंडी फहराकर) ≈; to ~ down a car झंडी करके कार रुकवा देना.

flagrance, cy फ़्लै'गॅरन्स, -सि *n.* गंभीरता[F], जघन्यता : ~ of the crime अपराध की ≈.

flagrant फ़्लै'गरन्ट *a.* घोर, संगीन [crime अपराध injustice अन्याय, murder हत्या[F]]; ~ person निर्लज्ज; ~ cheat ढीठ/निर्लज्ज धोखेबाज़.

flake फ़्लैक **I.** *n*[u]. **1.** (of snow) हिमकण, गाला : the snow is falling in ~s बर्फ के गाले गिर रहे हैं. **2.** (scale) शल्क, पपड़ी[F] : ~ of a fish मछली[F] का शल्क. **3.** (spark) चिनगारी[F] : ~s from burning coals जलते कोयलों की चिनगारियाँ. **4.** (of cotton) गाला. **5.** टुकड़ा : ~ of rock चट्टान[F] का ≈. **II.** *v.i.* (~away, off) पपड़ी बनकर उतरना : the paint is flaking off पेंट पपड़ी बनकर उतर रहा है, his skin is flaking उसकी चमड़ी से पपड़ी उतर रही है.

flame फ़्लेम **I.** *n*[c]. **1.** ज्वाला[F], लपट[F], लौ[F] [bright चमकीली, white सफ़ेद, yellow पीली]; the ~s rose higher लपटें और ऊपर उठीं; the candle burns with a yellow ~ मोमबत्ती पीली लौ देती हुई जलती है; a ~ of fire आग[F] की ≈. **2.** (~s) (fire) आग[F], अग्नि[F] : to fan the ~s आग भड़काना; to burst into ~s भड़क उठना. **3.** the city is in ~s शहर जल रहा है. **4.** (fig.) (emotion) आवेश, जोश : ~ of love, jealousy, प्रेम, ईर्ष्या का ≈. **II.** *v.i.* **1.** धधकना : fire ~d up आग धधक उठी. **2.** भड़कना : passions ~d up वासनाएँ भड़क उठीं; the youngman ~d up नवयुवक तैश में आ गया, her eyes were flaming with anger उसकी आँखें गुस्से से जल रही थीं/लाल हो रही थीं.

flap फ़्लैप **I.** *v.t.i.* (flapping, flapped) **1.** फड़फड़ाना : the birds ~ their wings पक्षी अपने पंख फड़फड़ाते हैं; their wings ~ उनके पंख फड़फड़ाते हैं. **2.** (strike) (हलकी-सी) चोट[F] लगाना : to ~ away/off flies मक्खियों को झटके से उड़ा देना. **3.** the flag is ~ping in the wind हवा में झंडा लहरा रहा है. **II.** *n*[u]. **1.** फड़फड़ाहट[F] : the ~ of a sail पाल की ≈; the ~ of a bird's wings पक्षियों के पंखों की फड़फड़ाहट. **2.** लटकन[F] : ~ of a cap or an envelope टोपी या लिफ़ाफ़े की ≈; ~ of a pocket ≈ जेब[F] की ≈.

flare फ़्लेअर **I.** *v.t.* धधक उठना, भड़क उठना, दहक उठना : the fire ~d up आग[F] धधक उठी; candles ~ in the wind हवा में

मोमबत्तियाँ जलती-बुझती हैं; his anger ~d up उसका क्रोध भड़क उठा; to ~ up at a remark किसी टिप्पणी पर भड़क उठना; fighting ~d up झगड़ा भड़क उठा. **II.** *n*^c^. **1.** धधक^F^ the ~ of torch टार्च की धधक. **2.** ~-up (ostentation) तड़क-भड़क^F^ : ~-up of garments पोशाकों की ≈.

flash फ़्लैश **I.** *n*^c^. **1.** कौंध^F^, दमक^F^ [blinding अंधा कर देने वाली, brilliant चमकीली, dazzling चुँधियाने वाली, sudden एकाएक, unexpected अप्रत्याशित]; there was a bright ~ of lightning बिजली की एक चमकीली ≈ हुई; ~ like lightning ≈ के समान बिजली^F^. **2.** (moment) क्षण, पल. **3.** (display) तड़क-भड़क, दिखावा. **II.** *a.* **1.** भड़कीला : ~ show ≈ दिखावा. **2.** नकली, जाली : ~ money ≈ पैसा; ~ coins ≈ सिक्के. **3.** ~ news महत्वपूर्ण या सनसनीदार समाचार, मोटी खबर^F^. **4.** ~ gentry चोर-डाकू. **III.** *v.i.* **1.** चमकना, चमक या दमक उठना : a light ~ed in the darkness अंधेरे में प्रकाश चमक उठा; the lightning ~ed in the sky आकाश में बिजली^F^ दमकी या कौंध गई. **2.** भड़कना, धधक उठना : the fire ~ed आग धधक उठी. **3.** एकदम ख्याल आना : it ~ed upon me मुझे एकदम ख़्याल आया. **4.** बिजली की तरह फैलना : the news ~ed ख़बर^F^ बिजली^F^ की तरह या एकदम फैल गई. **IV.** *v.t.* **1.** चमकाना : the warrior ~ed his sword योद्धा ने अपनी तलवार^F^ चमकाई; the driver is ~ing the lights चालक बत्तियाँ चमका रहा है. **2.** एकदम फैलाना : the news was ~ed समाचार फैलाया गया. **flash-light** फ़्लैश्'लाइट *n*^c^. **1.** कौंध बत्ती^F^ : ~ of a camera कैमरे की ≈. **2.** टार्च^F^, चोर-बत्ती^F^ : it is very dark bring some ~ बहुत अंधेरा है, कोई टार्च लाओ.

flask फ़्लास्क *n*^c^. फ़्लास्क, बोतल^F^ : ~ of sherbat शर्बत की बोतल; heat the liquid in a ~ ≈ में द्रव को गरम करो; he drank a ~ of tea वह बोतल भर चाय पी गया.

flat फ़्लैट **I.** *a.* **1.** समतल, चौरस, सपाट [bottom पेंदा, land ज़मीन, plain मैदान, road सड़क^F^, surface धरातल]. **2.** चौड़ा : she spread the paper ~ on the table उसने मेज़^F^ पर अख़बार को ≈ करके फैला दिया. **3.** चित, गिरा हुआ, पड़ा हुआ : he fell ~ वह चित गिरा; the soldier was lying ~ on the ground सैनिक ज़मीन^F^ पर चित पड़ा था. **4.** (dull) फीका, नीरस : singing is ~ when the tones are too low गाना ≈ होता है जब स्वर बहुत धीमा हो; the talk was rather ~ वार्ता^F^ कुछ फीकी थी. **5.** (other meanings) ~ refusal साफ़ जवाब (मुकरना) ; he looked a bit ~ वह कुछ उदास लगता था; ~ market मंदा बाज़ार; ~ rate चुकती दर^F^. **Δ to fall ~** विफल हो जाना : your plan has fallen ~ तुम्हारी योजना^F^ विफल हो गई है. **II.** *n*^c^. फ़्लैट [clean साफ़, convenient सुविधाजनक, expensive खर्चीला/महँगा, furnished सजा-सजाया, quiet शांत, up-to-date बिल्कुल नये ढंग का]; they took a ~ of three rooms उन्होंने तीन कमरों का एक ≈ लिया; this ~ consists of two rooms and a kitchen इस मकान में दो कमरे और एक रसोईघर है; there were no ~s vacant in the building इस इमारत^F^ में कोई ≈ ख़ाली नहीं था; to look for a ~ कोई फ़्लैट ढूँढना. **flatly** फ़्लैट'लि *adv.* साफ़, बिल्कुल : he ~ refused उसने साफ़ जवाब दे दिया; I ~ said 'no' मैंने साफ न कर दी. **flatten** फ़्लै'टन **I.** *v.t.* बराबर करना, चौरस करना : to ~ a rugged ground ऊबड़-खाबड़ मैदान को ≈. **II.** *v.i.* चौरस होना : the hill ~s out here पहाड़ी^F^ यहाँ चौड़ी हो जाती है.

flatter फ़्लै'टर *v.t.* **1.** चापलूसी^F^ करना, खुशामद^F^ करना, चाटुकारी^F^ करना^F^ : to ~ a person to gain his goodwill किसी व्यक्ति की कृपादृष्टि^F^ पाने के लिए उसकी ≈; courtiers ~ kings दरबारी राजा की खुशामद/चापलूसी करते हैं. **2.** to ~ oneself गर्व होना : he ~s himself that he is the best artist उसे गर्व है कि वह सर्वोत्तम कलाकार है. **4.** सम्मानित होना : (passive) I feel ~ed by your visit मैं आपके दर्शन करके सम्मानित अनुभव करता हूँ. **flatterer** फ़्लै'टरर *n*^c^. चाटुकार, खुशामदी, चापलूस : that clerk is a mean ~ वह क्लर्क ओछा ≈ है. **flattery** फ़्लै'टॅरि *n*^c^. खुशामद^F^, चापलूसी^F^, चाटुकारी^F^ : many people easily serve their purpose by ~

बहुत-से लोग खुशामद करके अपना उल्लू सीधा कर लेते हैं; her ~ makes her angry उसकी ≈ करो तो उसे गुस्सा आ जाता है.

flavour फ़्ले'व़र **I.** *n*^{cu}. **1.** (odour) सुगंध^F, महक^F, खुशबू^{F} : ~ of roses गुलाब की सुगंध. **2.** सुस्वाद : there are six ~s with this ice cream इस आइसक्रीम के साथ छह स्वाद हैं; the cake has a sweet ~ केक का मीठा स्वाद होता है. **II.** *v.t.* स्वादिष्ट बनाना, सुगंधित या वासित बनाना : we ~ed cakes with chocolates हमने केकों में चाकलेट के स्वाद मिलाए; to ~ icecream with vanilla वैनिला से आइसक्रीम को ≈; to ~ something with essence किसी चीज़^{F} को इत्रादि से सुगंधित बनाना.

flaw फ़्लॉ *n*^{c}. **1.** दोष, त्रुटि^{F} [excusable क्षम्य, great बहुत/बड़ा, horrible भयानक]; to remove a ~ ≈ दूर करना; there are ~s in the contract संविदा में ≈ हैं; a ~ in the evidence साक्ष्य में ≈; ~ in metal casting धात्वीय ढलाई^F में ≈; a ~ in one's character चरित्र में ख़राबी^{F}. **2.** (crack) दरार^F, चटक^F : ~ in a cup, door, metal प्याले, दरवाज़े, धातु^{F} में ≈. **3.** धब्बा, कलंक : a ~ in one's name किसी की प्रतिष्ठा पर ≈. **flawless** फ़्लॉ'लेस *n*^{c}. निर्दोष, परिशुद्ध, बेऐब : ~ argument त्रुटिरहित तर्क; ~ character बेदाग़ चरित्र; ~ essay परिशुद्ध निबंध.

flea फ़्ली *n*^{c}. पिस्सू [bites काटता है, sucks blood खून चूसता है]; a ~ has no wings ≈ के पर नहीं होते; this cot has ~s इस चारपाई^F में ≈ हैं.

flee फ़्ली **I.** *v.i.* [*p.* & *p.p.* fled] भागना, भाग जाना, पलायन करना : the frightened people fled (from) the fire भयभीत लोग आग^F से भाग गए; to ~ from somebody's anger किसी के क्रोध से बचना. **II.** *v.t.* he could not ~ the temptation वह प्रलोभन से नहीं बच पाया.

fleece फ़्लीस **I.** *n*^{c}. चमड़े समेत ऊन : we got eight pounds of ~ from this sheep हमने इस भेड़ से आठ पौंड ≈ प्राप्त किया. **II.** *v.t.* **1.** भेड़ मूँड़ना, ऊन कतरना : to ~ a lamb भेड़ को मूँड़ना, भेड़ के बाल कतरना. **2.** मूँड़ना, ठगना : he ~d me of all my money उसने मेरा पूरा धन हर लिया; the shopkeeper has ~d the customer दूकानदार ने ग्राहक को ठग/मूँड़ लिया है.

fleet फ़्लीट *n*^{c}. **1.** बेड़ा [fishing मछुवाही, Indian भारतीय]. **2.** तांता, समूह, झुंड : ~ of aeroplanes, buses हवाई जहाजों, बसों का झुंड; a ~ of fishing boats मछुवाही नौकाओं का झुंड.

flesh फ़्लें'श *n*^{u}. **1.** मांस, गोश्त : our arms and legs consist of bones covered with ~ हमारी बाहें और टाँगें ≈ से ढँकी हड्डियाँ होती हैं; to eat ~ ≈ खाना; appetite for ~ ≈ के लिए रुचि^{F}/भूख^F; **to put on** ~ मोटा होना; to lose ~ दुबला हो जाना; this story **made my ~ creep** इस कहानी से मेरे रोंगटे खड़े हो गए. **2.** (body) शरीर : ~ and blood शरीर; a wound in the ~ शरीर में का घाव; **to go the way of all ~** शरीर छोड़ना, मर जाना; one's own ~ and blood सगे-संबंधी.

flew फ़्लू *v.i.* (past tense of 'fly' *q.v.*) उड़ा. [*as distinct from* flue]

flexibility फ़्लें'क्सं'बि'लिटि *n*^{c}. नम्यता^{F}, लचक^F, लचीलापन : ~ of a cane stick बेंत की छड़ी^{F} की ≈. **flexible** फ़्लेक'सिबल *a.* **1.** लचीला, लचकीला, लचकदार [government सरकार^F, rubber रबड़, wire तार]. **2.** नम्र, नमनशील [ideas विचार, mind मन, will इच्छा^{F}]; he is a very ~ person वह बहुत ≈ व्यक्ति है. [*ant.* rigid]

flicker फ़्लि'कर **I.** *v.t.i.* **1.** (light) टिमटिमाना, झिलमिलाना : the candle ~s मोमबत्ती^{F} टिमटिमाती है; ~ing candle झिलमिलाती बत्ती^{F}. **2.** फड़फड़ाना : birds ~ their wings चिड़ियाँ अपने पंख फड़फड़ाती हैं. **3.** (other meanings in contexts) leaves ~ पत्ते हिलते-डुलते हैं. hope ~s आशा^{F} रह-रह कर जगती है; eyes ~ आँखें झपकती हैं. **II.** *n*^{c}. **1.** टिमटिमाहट^F, झिलमिल^F, झिलमिलाहट^F : ~ of a flame ज्वाला^{F} की टिमटिमाहट. **2.** फड़फड़ाहट^F : ~ of wings पंखों की फड़फड़ाहट^F. **3.** स्फुरण : ~ of feelings भावनाओं^{F} का स्फुरण; a ~ of hope आशा^{F} की किरण^F.

flight फ़्लाइट *n*^{c}. [from fly] **1.** उड़ान^F : ~ of fancy कल्पना[F] की ≈; ~ of birds or aeroplanes in the space अंतरिक्ष में पक्षियों या विमानों की ≈; we shall catch the first ~ हम (हवाई जहाज की) पहली उड़ान से जाएँगे; the bird is taking ~ पक्षी उड़ान भर रहा है. **2.** यापन, भागना : ~ of time कालयापन. **3.** (~ of stairs) सोपान-पंक्ति[F]. **4.** (of birds) खग-वृन्द, पक्षी-समूह, झुण्ड : birds in ~ पक्षियों के झुंड.

flimsy फ़्लिम्'ज़ि *a.* **1.** (trivial) तुच्छ, सारहीन, थोथा : ~ argument ≈ तर्क; ~ excuse थोथा बहाना; ~ grounds ≈ आधार. **2.** (fragile) कच्चा, भंगुर : ~ box ≈ डिब्बा; ~ glass भंगुर गिलास. **3.** (thin) महीन, झीना, बारीक [cloth कपड़ा, dress पहनावा].

fling फ़्लिङ्ग **I.** *v.t.* (*p.* & *p.p.* flung) **1.** फेंकना, पटकना, दे मारना : the fireman flung the burning chair out of the window फ़ायरमैन ने जलती हुई कुर्सी[F] खिड़की[F] से बाहर फेंक दी; to ~ a stone पत्थर फेंकना. **2.** (rush) निकल भागना, दौड़ पड़ना : he flung out of the house वह घर से निकल भागा; to ~ oneself with the crowd भीड़ के साथ दौड़ पड़ना. **3.** उछालना : to ~ one's arm into the air हवा[F] में अपनी बाहें[F] उछालना. **4.** (evict) निकालना, छोड़ना (emit) : to ~ a person from a place किसी व्यक्ति को किसी जगह से निकाल देना. **5.** (other meanings in contexts) to ~ abuses गालियाँ[F] देना; to ~ one's arms round smb किसी के गले में बाँहें डाल देना; to ~ a door open दरवाज़ा खोल देना.

flint फ़्लिन्ट *a.* चकमक [paper कागज़, stone पत्थर]; he has a heart of ~ वह पत्थरदिल आदमी है. Δ **you cannot wring water from a ~** तुम बालू से तेल नहीं निकाल सकते; **regarding this affair he has set his face like a ~** इस मामले में उसने दृढ़ संकल्प कर लिया है.

flirt फ़्लर्ट **I.** *n*[c]. **1.** चुलबुली या चोंचलेबाज़ लड़की : she is a ~ वह चोंचलेबाज़ लड़की है. **2.** (jerk) झटका : he threw it away with a ~ उसने इसे एक झटके के साथ फेंक दिया. **II.** *v.t.* **1.** हाव-भाव दिखलाना, दिखावटी प्रेम करना, इश्कबाज़ी करना : he ~s with every girl he meets वह प्रत्येक लड़की से इश्कबाज़ी करता है जिससे मिलता है; she was flirting with him वह उसके साथ ≈ कर रही थी. **2.** फेंकना : to ~ water at someone किसी व्यक्ति पर पानी ≈. **3.** फड़फड़ाना, हिलाना : the bird ~ed its tail चिड़िया ने अपनी पूँछ[F] फड़फड़ाई. **4.** to ~ with an idea मन बहलाव करते हुए सोचना.

flit फ़्लिट *v.i.* (flitting, flitted) **1.** (depart) चल देना, चला जाना : he came and ~ted away वह आया और चल दिया; to ~ from place to place एक स्थान से दूसरे स्थान पर चले जाना. **2.** (फुरती से) खिसकना, फुदकना : the birds ~ted from tree to tree पक्षी एक पेड़ से दूसरे पेड़ पर फुदककर खिसक गए; birds ~ted by चिड़ियाँ एक-एक करके चली गईं. **3.** मकान बदल देना : the debtor ~ted to avoid payment of debt ऋण चुकाने से बचने के लिए ऋणी ने मकान बदल दिया.

float फ़्लोट **I.** *v.i.* **1.** तिरना, तैरना : the clouds were ~ing in the sky बादल आकाश में तैर रहे थे; the boat was ~ing in the water नाव[F] पानी में तैर रही थी. **2.** (drift) *v.i.* बहना, बह जाना; *v.t.* बहा देना, प्रवाहित करना : to ~ timber down a river नदी में लकड़ी को बहा देना. [*ant.* sink] **3.** (start) चालू करना, चलाना, प्रारंभ करना : to ~ a business व्यापार चालू/शुरू करना. **4.** फैलाना, उड़ाना : to ~ a rumour अफ़वाह ≈. (*misc.*) the youngman ~s from one office to another युवक एक दफ़्तर से दूसरे दफ़्तर तक बेकार चक्कर लगाता फिरता है; the idea was first ~ed by me पहले यह विचार मैंने ही सुझाया था. **II.** *n*[c]. **1.** तिरौंदा, प्लव : a ~ is a light object that ~s ≈ एक हल्का-सा पदार्थ होता है जो तैरता है. **2.** (vehicle) शोभायान : beautiful scenery are painted on this ~ इस ≈ पर सुंदर दृश्य चित्रित हैं.

floating फ़्लो'टिङ्ग *a.* **1.** तिरता, तैरता, प्लवमान : ~ dock तिरती गोदी; ~ bridge तिरता पुल. **2.** (moving about) चलायमान, यायावर : ~ population यायावर लोग; ~ voters यायावर मतदाता. **3.** (not lasting) अस्थायी, अल्पकालिक [committee समिति, debt ऋण]. **4.** ~ capital अनिविष्ट पूँजी[F].

flock फ़्लॉक **I.** *n*[u]. **1.** (group) समूह, दल, झुंड : a ~ of sheep भेड़ों का रेवड़; the pastor and his ~ चरवाहा और उसका पशु झुंड; ~ of birds पक्षियों का झुंड; people came in ~s लोग समूहों में आए. **2.** (Christian) भक्तगण, शिष्यवृन्द; ~ of a priest पादरी के भक्तगण. **3.** ~ of wool ऊन का लच्छा या गुच्छा. **II.** *v.i.* इकट्ठा होना, जमा होना : the student ~ed into the hall विद्यार्थी हाल में जाकर जमा हो गए; to ~ about a person किसी के इर्द-गिर्द जमा होना. Δ **birds of a feather ~ together** एक ही विचार या जाति के लोग मिल बैठते हैं.

flog फ़्लॉग *v.t.* (flogging, flogged) कोड़े लगाना : to ~ horse घोड़े को कोड़ा मारकर दौड़ाना; the truant was ~ged by the teacher भगोड़ा छात्र अध्यापक द्वारा कोड़ों से पीटा गया. **2.** the accused was ~ged into confession of crime अभियुक्त को पीटकर अपराध बनवाया गया. Δ **to ~ a dead horse** (to waste effort) व्यर्थ प्रयास करना. flogging फ़्लॉ'गिङ्ग *n*[u]. कोड़े या बेंत की मार[F] या सज़ा[F] : he was given a good ~ उसे कोड़े की अच्छी मार पड़ी.

flood फ़्लड **I.** *n*[c]. **1.** बाढ़[F], सैलाब [destructive विनाशकारी, terrible भयंकर]; many houses were carried away in the ~ ≈ में बहुत-से मकान बह गए; a ~ of tears आँसुओं का सैलाब, आँसुओं की झड़ी[F]; ~-affected areas बाढ़-ग्रस्त क्षेत्र; ~ control ≈ नियंत्रण, बाढ़ की रोकथाम[F]; ~ gate बाढ़ द्वार, जल द्वार; ~ embankment ≈ रोकने का बाँध; ~ lighting तेज़ रोशनी, चारों ओर से प्रकाश डालना. **2.** (fig.) भरमार[F], बहुलता[F] : a ~ of abuses गालियाँ[F]; ~ of words शब्दों की ≈; ~ of similar letters एक से पत्रों की ≈; I received a ~ of complaints today आज मैंने ढेरों शिकायतें प्राप्त कीं. **II.** *v.t.* (generally passive) **1.** जलमग्न कर देना : several villages were ~ed कई गाँव जलमग्न हो गए. **2.** माल भर देना, पाट देना : the market is ~ed with electronic goods बाज़ार इलेक्ट्रानिक सामान से भर/पट गया है; my office was ~ed with letters मेरे कार्यालय में पत्रों की भरमार[F] हो गई. **3.** भर देना : the room was ~ed with light कमरा प्रकाश से भर गया.

floor फ़्लॉर **I.** *n*[c]. **1.** (storey) मंज़िल[F], तल्ला : first ~ पहली मंजिल; third ~ तीसरा तल्ला; ground ~ निचला तल्ला; he lives on the 6th ~ of this huge building वह इस विशाल इमारत[F] की छठी मंज़िल पर रहता है; go up by this lift to the third ~ लिफ़्ट से तीसरी मंज़िल पर चढ़ जाओ. **2.** फ़र्श [spotless बेदाग़, tiled टाइल वाला]; we will cover that ~ with a carpet हम उस ≈ को गलीचे से ढँक देंगे; there were rugs on the ~ ≈ पर कालीन थे; sweep the ~ ≈ पर झाड़ू लगाओ. **3.** (bottom) तल, तह : expansive खुला तल; the ~ of an ocean सागर का तल. **4.** (platform) मंच : dilapidated ~ टूटा-फूटा ≈. **4.** (law) to take the ~ संसद[F] में बोलना, नाचने लगना; to cross the ~ दूसरे पक्ष से जा मिलना. **II.** *v.t.* **1.** मार गिराना, धराशायी कर देना, मात देना : to ~ a wrestler with a blow किसी पहलवान को एक प्रहार में ≈. **2.** भौंचक्का कर देना : my question ~ed him मेरे प्रश्न ने उसे भौंचक्का कर दिया.

floral फ़्लॉ'रल *a.* फूलों का : ~ celebration पुष्प-उत्सव; ~ wreath फूल-माला[F], हार; ~ decoration फूलों की सजावट[F].

floret फ़्लॉ'रिट *n*[c]. पुष्पक, छोटा फूल : a lovely ~ प्यारा-प्यारा पुष्पक; a full blossomed ~ खूब खिला छोटा-सा फूल.

flounder फ़्लाउन्'डर *v.i.* **1.** कठिनाई से हिलना-डुलना : the fish ~ed on the sea-coast समुद्रतट पर मछलियाँ[F] कठिनाई से हिल-डुल रहीं थी. **2.** लड़खड़ाकर गिर पड़ना : he ~ed about in the mud वह कीचड़ में लड़खड़ाकर गिर पड़ा; he went on ~ing about वह लड़खड़ाते हुए चलता गया.

flour फ़्लाउअर *n*[u]. **1.** आटा [fine महीन, high-grade बढ़िया, white सफ़ेद]; ~ mill आटे की चक्की[F]; bread is made of ~ रोटी आटे से बनती है; we make ~ by grinding corn हम दाना पीसकर ≈ बनाते हैं; corn ~ मकई का ≈, कार्न फ़्लोर. **fine** ~ मैदा. [*as distinct from* flower]

flourish फ़्ल'रिश **I.** *n.* **1.** शानदार गति[F] : he

went in with a ~ वह ≈ से भीतर चला गया. **2.** (decoration) सजधज : in full ~ पूरी ≈ के साथ. **3.** ~ of a weapon शस्त्र का पैंतरा. **4.** (literary) ~ of diction अलंकृत भाषा[F]. **II.** *v.t.* **1.** पनपना, फलना-फूलना : bananas ~ in a hot moist climate केला ऊष्ण-आर्द्र जलवायु में पनपता या फलता-फूलता है; his business is ~ing उसका धंधा फल-फूल रहा है; that writer ~ed in the last decade वह लेखक अंतिम दशाब्दी में शिखर पर था. **2.** घुमाना-फिराना, हिलाना-डुलाना : to ~ one's arms about अपनी बाहें इधर-उधर हिलाना-डुलाना. **3.** to ~ a sword तलवार[F] भाँजना.

flout फ़्लाउट *v.t.* अवहेलना[F] या उपेक्षा[F] करना, परवाह[F] न करना : he ~ed my advice उसने मेरी सलाह[F] की अवहेलना की; to ~ the authority सत्ता की उपेक्षा[F] करना; the government ~s the public opinion सरकार जनमत की अवहेलना/उपेक्षा करती है.

flow फ़्लो **I.** *v.i.* **1.** बहना, प्रवाहित होना : rivers ~ out in the rains बरसात[F] में नदियाँ[F] उमड़कर बहती हैं; the stream was ~ing along rapidly नाला तेज़ी[F] से बहता चला जा रहा था; blood ~s from the wound घाव से खून बहता है; the water ~s through these pipes इन पाइपों में से होकर पानी बहता है; the milk ~ed out of the bottle दूध बोतल में से बह गया; our country was ~ing with milk हमारे देश में दूध की नदियाँ[F] बहती थीं. **2.** (other meanings in contexts) wealth ~s from industry धन उद्योग से प्राप्त होता है; garments or hair ~ in the air कपड़े या बाल हवा[F] में लहराते हैं; money here ~s like anything यहाँ पैसे की इफ़रात है. **II.** *n*[c]. बहाव, प्रवाह [free खुला, perpetual लगातार, rapid तेज़]; ~ and ebb ज्वार और भाटा; ~ of language भाषा का प्रवाह; there is a good ~ of water from this pipe इस पाइप में पानी का अच्छा प्रवाह है.

flower फ़्लाउअर**I** *n*[c]. **1.** फूल, पुष्प [artificial बनावटी, beautiful सुंदर, fragrant सुगंधित, fresh ताज़ा, withered मुरझाया हुआ]; a bunch of ~s फूलों का गुच्छा; my favourite ~ is rose मेरा प्रिय ≈ गुलाब है; to deck smth with ~s किसी चीज़[F] को फूलों से सजाना; these youths are ~s of the land ये युवक इस भू-भाग के ≈ हैं; she smells ~s वह ≈ सूँघती है; the room was full of ~s कमरा फूलों से भरा था; she was walking in the ~ garden carrying a ~ basket वह फूलों की डलिया लिए पुष्प-वाटिका[F] में घूम रही थी. Δ **in** ~ पुष्पित, कुसुमित : the fruit trees were in ~ फलवाले पेड़ पुष्पित हो रहे थे. ~ **bed** फूलों की क्यारी[F]; ~ **market** फूलों की मंडी[F]; ~ **pot** गमला; ~ **show** पुष्प-प्रदर्शनी[F]. **2.** उत्तमांश, सारभाग : ~ of the army सेना का उत्तम भाग. **3.** ~ of life यौवन : flourishing ~ of life फलता-फूलता यौवन; in the ~ of one's age अपनी उम्र[F] के यौवन काल में. [*as distinct from* flour] **II.** *v.i.* **1.** फूलना, खिलना : this plant ~s in June यह पौधा जून में फूलता है, इस पौधे में जून में फूल आते हैं. **2.** विकसित होना : his genius ~ed at the young age उसकी प्रतिभा[F] छोटी उम्र[F] में विकसित हुई थी. [*ant.* wither] **flowery** फ़्लाउ'अरि *a.* **1.** फूलों से अलंकृत [arbour कुंज/लतामंडप, dale घाटी]. **2.** आलंकारिक, लच्छेदार : ~ language ≈ लच्छेदार भाषा[F]; ~ style अलंकृत शैली[F].

flue फ़्लू *n*[u]. (chimney) धुआँकश, चिमनी[F] : smoke goes up the ~ धुआँ चिमनी से ऊपर जाता है. [*as distinct from* flew]

fluent फ़्लू'अन्ट *a.* धाराप्रवाह [speaker वक्ता, speech भाषण]; a ~ speaker is one whose words flow smoothly ≈ वक्ता वह है जिसके शब्द सहजत: प्रवाहित होते हैं.

fluid फ़्लू'इड **I.** *a.* **1.** तरल, द्रव : oil is a ~ substance तेल एक ≈ पदार्थ है. **2.** अस्थिर, अस्थायी, अनिश्चित : ~ front ≈ मोर्चा; the situation is ~ स्थिति[F] ≈ है; his opinion is ~ उसकी राय[F] अस्थिर है. [*ant.* solid] **II.** *n.* पानी, तरल (पदार्थ) : water and oil are ~s पानी और तेल द्रव हैं; air or gas is also a ~ हवा या गैस भी तरल पदार्थ है.

fluke फ़्लूक *n.* अचानक दाँव : she passed the examination by a ~ उसने अचानक (दाँव से) परीक्षा[F] उत्तीर्ण कर ली; he won the game by a ~ उसने अचानक दाँव से खेल जीत लिया.

flung फ़्लङ्ग *v.t.* (past of 'fling') फेंका.

flush फ़्लश **I.** *v.t.* **1.** पानी की धार से सफ़ाई[F] करना : to ~ a drain नाली साफ़ करना. **2.** जलमग्न कर देना : they ~ed the meadow उन्होंने घास के मैदान को जलमग्न कर दिया. **3.** (usu. passive) सुर्ख होना, लाल कर देना : the girl was ~ed with anger वह गुस्से से लाल हो गई; he was ~ed with joy वह खुशी से फूले न समाया. **3.** सफ़ाया कर देना : the police ~ed out the dacoits पुलिस ने डाकुओं का सफ़ाया कर दिया. **II.** *n*[c]. **1.** प्रबल प्रवाह, ज़ोर का बहाव : ~ of water, oil पानी, तेल का बहाव. **2.** लालिमा[F] : ~ on her face उसके चेहरे पर की ≈. **3.** ~ of anger क्रोध का वेग. **III.** *a.* **1.** (full) परिपूर्ण, लबालब : rivers are ~ in july जुलाई में नदियाँ लबालब भर जाती हैं. **2.** (well-supplied) भरपूर, संपन्न : he is ~ with money उसके पास भरपूर धन है, वह संपन्न है. **3.** आरक्त, लाल : her cheeks are ~ with shyness उसके गाल शर्म से ≈ हैं. **4.** (level) सपाट, बराबर : the shelf is ~ with the wall आलमारी दीवार के बराबर लगी है.

flute फ़्लूट *n*[c]. मुरली, बांसुरी, वंशी[F] : to play on a ~ ≈ बजाना.

flutter फ़्लटर **I.** *v.i.t.* **1.** फड़फड़ाना : the flag ~s in the breeze झंडा हवा[F] में फड़फड़ा रहा है; the birds ~ their wings पक्षी अपने पंख फड़फड़ाते हैं. **2.** (to beat quickly) धड़कना : my heart ~ed with excitement मेरा दिल जोश से धड़कने लगा. **II.** *n*[c]. **1.** फड़फड़ाहट[F] : ~ of wings पंखों की ≈. **2.** घबराहट[F] : you put the girls in a ~ तुमने लड़कियों को घबरा दिया; she was in a great ~ वह बहुत घबराई हुई थी.

fly फ़्लाइ **I.** *v.i.* (flew, flown) **1.** (flee) भागना : to ~ for one's life अपनी जान[F] बचाकर ≈; the enemy flew शत्रु भाग गया; I will ~ to your help when you need me जब तुम्हें आवश्यकता होगी, मैं भाग आऊंगा. **2.** हवाई-जहाज़ में यात्रा[F] करना : we were ~ing to London हम लंदन की हवाई यात्रा[F] कर रहे थे; we flew over many cities हमने बहुत से शहरों के ऊपर से हवाई यात्रा[F] की. **3.** निकल जाना, खिसक जाना : I shall be late, I must ~ मुझे विलंब हो जाएगा, मुझे झट से निकल जाना चाहिए; a car flew past me एक कार[F] मेरे पास से छप से निकल गई. **4.** उड़ना : the birds flew away चिड़ियाँ उड़ गईं; butterflies were ~ing everywhere तितलियाँ सब जगह[F] उड़ रही थीं; the aeroplane flew with great speed हवाई जहाज़ बड़ी तेज़ी से उड़ा; all the birds have flown away सभी चिड़ियाँ उड़ गई हैं; rumours ~ अफवाहें उड़ती हैं. **II.** *v.t.* **1.** उड़ाना : to ~ a kite पतंग ≈. **2.** भगाना : to send the enemy ~ing शत्रु को भगा देना. **3.** फहराना : to ~ a flag झंडा ≈. **II.** *n*[c]. (*pl.* flies) **1.** मक्खी[F] : flies carry germs of cholera मक्खियाँ हैज़े के कीटाणु लिये फिरती हैं. **2.** (in contexts) ~wheel गतिपालक, पहिया, उपचक्र : ~ leaf (पुस्तक[F] के शुरू और अंत का) कोरा पन्ना; ~ past हवाई जहाज़ों की सलामी उड़ान[F]; ~ sheet दो चार पन्ने का इश्तहार. **flying** फ़्लाइङ्ग *a.* उड़ाका, उड़ता हुआ : ~ kite उड़ती पतंग; ~ officer वायुसेना[F] का अफसर; ~ squad (of police) उड़नदस्ता, तूफ़ानी दस्ता; ~ visit तूफ़ानी दौरा, उड़ती हुई भेंट[F].

F. O. Field Officer, Forest Officer.

foam फ़ोम **I.** *n*[u]. फेन, झाग[F] : the ~ of the waves लहरों[F] का ≈; the horse was covered with ~ घोड़ा ≈ से ढँक गया. **II.** *v.t.* झाग उगलना, फेनदार होना : the river ~s down the rocky valley नदी[F] चट्टानी घाटी[F] से नीचे आते हुए झाग उठाती है; the dog ~ed *at* the mouth कुत्ते के मुँह में फेन आ गया. Δ **to ~ with anger** गुस्से से आग बबूला हो जाना. **foamy** फ़ो'मि *a.* झागदार [water पानी, waves तरंगें].

focus फ़ो'कस **I.** *n*[c]. (*pl.* focuses, foci) (centre) केन्द्र, केन्द्र-बिन्दु : the speaker was ~ of all the eyes वक्ता सभी की दृष्टि का ≈ था, सब की आँखें उस पर लगी थीं; the ~ of attention ध्यान का केंद्र; the glasses are not in ~ शीशे केंद्रस्थ नहीं हैं. **II.** *v.t.* (focused, focussed) **1.** फोकस करना : to ~ the lens in camera कैमरा में लेंस का फ़ोकस ठीक करना. **2.** केंद्रित करना, एकाग्र

करना : to ~ one's sight अपनी दृष्टि[F] एकाग्र करना; to ~ one's attention on something किसी चीज़[F] पर अपना ध्यान केन्द्रित करना; to ~ one's mind on work काम पर अपना मन केंद्रित करना.

fodder फ़ॉ'डर n^u. चारा, भूसा : ~ for the cattle मवेशियों के लिए चारा; ~ crop चारे की फसल[F]; green ~ चरी[F].

foe फ़ो n^c. शत्रु, दुश्मन, वैरी : friends and ~s मित्र और ≈; ignorance is a ~ to progress अज्ञानता[F] उन्नति[F] की ≈ है; over-eating is a ~ to health अतिशय भोजन स्वास्थ्य के लिए घातक है; a political ~ of long standing पुराना राजनीतिक प्रतिद्वन्द्वी. [*ant.* friend]

fog फ़ॉग **I.** n^u. कोहरा, कुहरा [dark अंधकारमय, thick घना]; we lost our way in the ~ हम कुहरे में अपना रास्ता भूल गए; cars were moving slowly in the ~ कुहरे में कारें धीमे चल रही थीं; we had to sail through a thick ~ हमें घने कुहरे से खेकर जाना पडा. Δ (fig.) **I am in a ~** मुझे कुछ समझ में नहीं आ रहा है. **II.** *v.t.i.* (fogged) **1.** कुहरे से ढँक जाना : his cap was ~ged उसकी टोपी[F] कुहरे से ढँक गई. **2.** धूमिल करना या होना : the steam has ~ged (up) my glasses भाप[F] से मेरा चश्मा धूमिल हो गया. **3.** धुँधला हो जाना या कर देना : the light has ~ged (up) my film प्रकाश से मेरी फ़िल्म[F] धुँधली हो गई है. **4.** (bewilder) हतप्रभ हो जाना, घबरा जाना : his remarks ~ged me उसकी टिप्पणियों से मैं घबरा (हतप्रभ) हो गया. **foggy** फ़ॉ'गि *a.* **1.** कोहरेवाला [day दिन, night रात, scene दृश्य]. **2.** धुँधला : I have a ~ idea of it मुझे इसका ≈-सा ख्याल है; he does not have the foggiest idea वह बिल्कुल कुछ नहीं जानता.

foil फ़ॉइल **I.** n^c. पत्तर [gold सोने का, silver चाँदी का]; milk bottle tops are made of tin ~ दूध की बोतलों[F] की टोपियाँ टीन के पत्तरों से बनी होती हैं. **II.** *v.t.* **1.** विफल करना, बेकार/नाकाम करना : to ~ an attack of the enemy शत्रु के आक्रमण को विफल कर देना; they ~ed his attempt to escape उन्होंने उसके भागने के प्रयास को नाकाम कर दिया; she was ~ed in her attempt वह अपने प्रयास में असफल रही; to ~ somebody's plan किसी की योजना[F] को विफल करना; to ~ a plot किसी षड्यंत्र को नाकाम करना. **2.** हराना : we ~ed the enemies हमने शत्रुओं को हरा दिया.

fold फ़ोल्ड **I.** n^c. **1.** तह[F], परत[F] : two ~s of a sheet चादर[F] की दो तहें[F]; multiple ~s कई परतें; a ~ in the dress पोशाक की एक ≈. **2.** (pen) बाड़ा : the sheep are now in the ~ भेड़ें[F] अब बाड़े में हैं. **II.** *v.t.* **1.** तहाना, तहा देना, तह लगाना : to ~ the pieces of papers काग़ज़ों को तह करना; to ~ the blanket कंबल को तहाना; she ~ed her dresses and put them away उसने अपने कपड़े तहाए और हटाकर रख दिए; she ~ed the letter and put it in an envelope उसने पत्र मोड़ा और लिफ़ाफ़े में रखा. **2.** जोड़ना to ~ one's hands हाथ ≈. **3.** लिपटाना : she ~ed the child in her arms उसने बच्चे को अपनी बांहों में लिपटा लिया. **4.** मुड़ना : does this table ~ क्या यह मेज़ मुड़ सकती है, क्या यह मेज टुटवाँ है? [*ant.* unfold] **folding** फ़ोल्'डिङ्ग *a.* टूटदार, टुटवाँ, मुड़वाँ [bed पलंग, chair कुर्सी[F], door दरवाज़ा].

folk फ़ोक *a.* लोक [art कला, customs रूढ़ियाँ[F], dance नृत्य, language भाषा, lore विद्या[F], music संगीत, opinion मत, song गीत, tale कथा]. *n.* (*pl.* folks) जनता[F], लोक : country ~ ग्रामीण जनता; my ~s सगे-संबंधी.

follow फ़ा'लो **I.** *v.t.* **1.** पीछे-पीछे चलना, पीछे हो लेना : ~ me मेरे पीछे-पीछे चले आओ; we ~ed the guide हम गाइड के पीछे-पीछे चले; night ~s day दिन के पीछे रात आती है; Churchill ~ed Chamberlain as Prime Minister चर्चिल प्रधानमंत्री के रूप में चैम्बरलेन के पीछे आए; cart ~s the horse गाड़ी[F] घोड़े के पीछे होती है; he ~ed him into the room वह कमरे में उसके पीछे चला गया; to ~ immediately तुरंत पीछे चलना. **2.** पीछा करना : the police ~ed the thief पुलिस[F] ने चोर का पीछा किया; we were ~ing the enemy हम शत्रु का पीछा कर रहे थे; he thinks he is being ~ed वह सोचता है कि उसका पीछा किया जा रहा है. [*ant.* lead] **3.** अनुपालन

करना : ~ the instructions निर्देशों का अनुपालन करो; ~ the leader नेता का अनुसरण करो; ~ the footsteps of अनुकरण करना, चरणचिह्नों पर चलना. 4. अनुयायी होना : I ~ Hindu religion मैं हिंदू धर्म का अनुयायी हूँ. 5. अनुकरण करना : to ~ smb's example किसी का ≈; ~ suit देखा-देखी करना, नकल करना ≈. 6. समझना : I cannot ~ what you say तुम क्या कहते हो, मैं समझ नहीं पाता; do you ~ the lesson क्या तुम पाठ समझ रहे हो ? I can ~ your reasoning मैं तुम्हारा तर्क समझ सकता हूँ; to ~ a lecture भाषण ≈; I cannot ~ when you speak so fast जब तुम इतना तेज़ बोलते हो तो मैं तुम्हारी बात समझ नहीं सकता. 7. (obey) पालन करना : to ~ a rule नियम का ≈; he ~ed his father's orders उसने अपने पिता के आदेशों का पालन किया. 8. पर चलते जाना, निभाना : to ~ a custom कोई रिवाज निभाते जाना; we ~ed the main road हम मुख्य सड़क पर चलते गए. 9. (engage in) लग जाना : to ~ some trade or profession किसी व्यापार या पेशे में लग जाना. 10. (*misc.*) to ~ one's nose नाक की सीध में जाना; to ~ the hounds शिकार खेलना; to ~ the plough हल चलाना; to ~ the sea मल्लाह होना. II. *v.i.* 1. निष्कर्ष या परिणाम निकलना : it ~s that the meeting can't be held निष्कर्ष यह निकला कि बैठक[F] नहीं हो पायेगी. 2. खेलते चलना : to ~ on (क्रिकेट में) पहली इनिंग समाप्त होते ही दूसरी इनिंग खेलना. 3. आगे कहा या लिखा जाना : the names of successful candidates are as ~s सफल अभ्यर्थियों/उम्मीदवारों के ये नाम आगे कहे या लिए गए हैं; his arguments are as ~s उसके तर्क निम्नलिखित या निम्नोल्लिखित हैं. Δ ~**up** जुटे रहना : don't worry, you ~ up your plans चिंता मत करो, तुम अपनी योजनाओं[F] पर डटे रहो. **follower** फ़ॉ'लोअर n^c. अनुयायी : Vivekananda was a ~ of Ramkrishna Paramahansa विवेकानंद रामकृष्ण परमहंस के अनुयायी थे; I am a ~ of Islam मैं इस्लाम का अनुयायी हूँ. [*ant.* leader] **following** फ़ॉ'लोइङ्ग I. *a.* 1. नीचे का, आगे आनेवाला, निम्नलिखित [explanation व्याख्या, names नाम, numbers संख्याएँ, page पृष्ठ, questions प्रश्न, suggestions सुझाव]; the ~ point is important निम्नलिखित बिंदु महत्वपूर्ण है. 2. अगला, आगामी, उत्तरवर्ती [month महीना, week सप्ताह, year साल]; on the ~ day अगले दिन. II. n^c. 1. शिष्य-मंडली[F], चेले : the teacher had a good ~ गुरु की एक अच्छी-भली शिष्य मंडली थी (बहुत चेले थे) ; Gandhi had a large ~ गाँधी के ढेरों चेले थे. 2. निम्नलिखित : the ~ are required to be present ≈ को उपस्थित रहना है.

folly फ़ॉ'लि n^c. (follies) 1. मूर्खता[F], बेवकूफ़ी[F]: his failure was all due to his ~ उसकी मूर्खता ही उसकी सारी असफलता का कारण थी; to do that would be a ~ ऐसा करना ≈ होगी. [*ant.* wisdom] 2. (unwise act) गलती[F] : do you remember the ~ies of your youth क्या तुम्हें अपनी जवानी[F] की गलतियाँ याद हैं ?

foment फ़ॅमॆ'न्ट' *v.t.* 1. (excite) भड़काना, उभाड़ना : foolish people ~ hatred मूर्ख लोग घृणा[F] भड़काते हैं; to ~ a rebellion विद्रोह भड़काना; to ~ trouble झगड़ा उभाड़ना. 2. सेंकना, सिकाई[F] करना, टकोर[F] करना : to ~ a swelling सूजन पर सिकाई करना. **fomentation** फ़ॅमॆंनटे'शन n^u. सिकाई[F], टकोर[F], सेंक : have hot water for ~ ≈ के लिए गर्म पानी लीजिए.

fond फ़ॉन्ड *a.* 1. स्नेही, स्नेहशील, (dear) प्रिय [mother माँ, parents माता-पिता, wife पत्नी]. 2. to be ~ of (a) शौकीन होना : to be ~ of music संगीत का ≈; his son is fond of going for long walks in the evening उसका बेटा शाम को लंबी सैर करने का शौकीन है, (b) प्यार करना : we are ~ of our teacher हम अपने गुरुजी से प्यार करते हैं. 3. मूर्खतापूर्ण : ~ hope मूर्खतापूर्ण आशा[F]; ~ belief मूर्खतापूर्ण विश्वास. **fondle** फ़ॉन्'डल *v.t.i.* 1. दुलारना, लाड़-प्यार करना : the lady ~d the cat महिला बिल्ली को दुलार रही थी; to ~ a child बच्चे को दुलारना, बच्चे से लाड़-प्यार करना. 2. सहलाना : to ~ smb's hair किसी के बालों को ≈. **fondness** फ़ॉन्ड्'निस n^u. चाव, प्यार : he has ~ for his children उसे अपने बच्चों से ≈ है; Rekha had ~ for sweets रेखा^{F} को मिठाइयों^{F} का चाव था.

food फ़ूड *n*^{u}. भोजन, खाना, आहार, खाद्य-पदार्थ [cheap सस्ता, coarse मोटा, extra अतिरिक्त/फ़ालतू, fresh ताज़ा, good अच्छा, heavy भारी, light हल्का, plain सादा, simple साधारण, special विशिष्ट, sufficient पर्याप्त, tasty स्वादिष्ट, wholesome स्वास्थ्यकर]; ~ control खाद्य-नियंत्रण; ~ corporation खाद्य-निगम; ~ consumption खाद्य-उपभोग; ~ crops अनाज की खेती^{F} या फ़सल^{F}; ~ grains अनाज, अन्न, गल्ला; ~ habits खाने-पीने का अभ्यास, खाने-पीने या आहार संबंधी आदतें^{F}, खान-पान; ~ ministry खाद्य-मंत्रालय; ~ position खाद्य-स्थिति^{F}; ~ processing खाद्य-पदार्थों को सुरक्षित करना या डिब्बाबंद करना; ~ stuffs खाद्य-पदार्थ; ~ technology खाद्य प्रौद्योगिकी^{F}, खाद्य पदार्थों को तैयार करने और सुरक्षित रखने का विज्ञान; ~ value पोषक तत्व; ~ bread is our staple ≈ ब्रेड हमारा मुख्य आहार है; bread and milk are good ~s ब्रेड और दूध अच्छे खाद्य पदार्थ हैं; he had gone without ~ for several days वह कई दिन बिना भोजन के रहा था; mental ~ मानसिक आहार/खुराक^{F}; it provided him ~ for thought इससे उसे सोचने की खुराक^{F} मिली; coarse ~ does not agree with him मोटा अनाज उसे माफ़िक नहीं आता.

fool फ़ूल **I.** *n*^{c}. **1.** मूर्ख, मूढ़ : I do not want to make a ~ of myself मैं उल्लू नहीं बनना चाहता, मैं स्वयं को ≈ नहीं बनाना चाहता; what a ~ you are तुम कितने ≈ हो ! any ~ knows that much ≈ आदमी भी इतना तो जानता है; you were a ~ to lose your way तुम मूर्ख थे जो रास्ता भूल गए; to make a ~ of smb किसी को मूर्ख बनाना; he appears like a ~ वह मूर्ख-सा लगता है. Δ **~'s paradise** झूठा सुख/स्वर्ग; **to go on a ~'s errand** व्यर्थ काम में लगना/लगाना; **to play the ~** मूर्खतापूर्ण कार्य करना; **there can be no ~ like an old ~** बूढ़े लोग मूर्ख होते हैं. **2.** (jester) विदूषक, मसखरा : the king's fool राजा का ≈; she is no ~ वह कोई ≈ नहीं है. **II.** *v.t.* **1.** उल्लू बनाना, मूर्ख बनाना, ठगना : he was ~ed by them every now and then वह हर बार उनके द्वारा मूर्ख बना दिया गया (ठगा गया). **2.** he is always found ~ing about/around उसे सदा आवारा फिरते पाया जाता है; this boy ~s his time away यह लड़का समय बेकार गँवा देता है. **foolery** फ़ू'लरि *n*^{c}. मूर्खता^{F}; (*pl.* fooleries) मूर्खतापूर्ण बातें^{F} : his ~ is evident in his behaviour उसकी मूर्खता^{F} उसके व्यवहार से प्रकट है; I am fed up with his fooleries मैं उसकी मूर्खतापूर्ण बातों से तंग आ गया हूँ. **foolish** फ़ु'लिश *a.* **1.** मूर्ख, बेवकूफ़, नासमझ [boy लड़का, girl लड़की, person व्यक्ति]; don't be ~ मूर्ख न बनो; how ~ are you तुम कितने मूर्ख हो ! **2.** मूर्खतापूर्ण [answer उत्तर, idea विचार, mistake गलती^{F}, question प्रश्न, suggestion सुझाव]; he did not want to do anything ~ वह कोई ≈ बात नहीं करना चाहता था. [*ant.* wise, sane] **foolishly** फ़ु'लिशलि *adv.* मूर्खता^{F} या गलती^{F} से : ~ I left my coat at home ≈ मैं अपना कोट घर पर छोड़ आया.

foot फ़ुट **I.** *n*^{c}. (*pl.* feet) **1.** पैर, पाँव [big बड़ा, left बायाँ, right दाहिना, small छोटा]; to break one's ~ अपना ≈ तोड़ना; he kicked the ball with his ~ उसने अपने ≈ से गेंद को ठोकर^{F} मारी; she got her ~ wet उसके ≈ गीले हो गए; he could hardly stand on his feet वह मुश्किल से अपने पैरों पर खड़ा हो सकता था; you have toes on your ~ तुम्हारे ≈ में अंगूठे हैं. **2.** ~ of a page सूची या पृष्ठ का निचला भाग. **3.** ~ of a list सूची^{F} का अंतिम भाग. **4.** (of chair) पाया : ~ of a ladder सीढ़ी^{F} का पाया. **5.** (of bed) पलंग का पायता या पैताना. **6.** (of mountain) तलहटी^{F}. **7.** on ~ पैदल : some people came on ~, others came by car कुछ लोग पैदल आए और कुछ कार^{F} से; a regiment of ~men पैदल पलटन^{F}; a ~ soldiers पैदल सेनानी. **8.** (combinations) **~ ball** फ़ुटबाल; **~ board** पायदान : ~ board of a bus बस^{F} का ≈; **~ hold** सहारा, आधार : to gain a ~ आधार पा लेना; **~ note** पादटिप्पणी^{F} : a ~ note given at the end of a page पृष्ठ के अंत में दी गई ≈; ~ **path** पगडंडी^{F}, पटरी^{F} : there is a ~path on either side of the road सड़क^F के दोनों ओर पटरी^{F} है; ~ **print** पदचिह्न : there were ~ prints on the dusty road धूल से भरी सड़क^F पर ≈ थे; ~ **rule** रूला : the teacher hit him with a ~ rule अध्यापक ने उसे रूला से मारा; ~ **step** कदम : to walk on smb's ~ steps किसी का अनुसरण करना. Δ **to have a ~ in both camps** दो नावों में पैर रखना. **II.** *v.t.* **1.** पैदल चलना : we had to go on ~ हमें सड़क^F पर पैदल चलना पड़ा; they footed to the next village वे अगले गाँव तक पैदल गए,.**2.** चुकाना : to ~ the bill बिल ≈. **III.** *v.i.* नाचना : she ~s gracefully वह लालित्यपूर्वक नाची.

F.O.R. Free on Rails.

for फ़ॉर **I.** *prep.* **1.** के लिए, के वास्ते : bring some water ~ me मेरे लिए कुछ पानी लाओ; he has saved a lot for old age उसने बुढ़ापे के लिए बहुत कुछ बचा रखा है; she brought some sweets for the children वह बच्चों के लिए कुछ मिठाइयाँ^{F} लाई; it is quite enough ~ me यह मेरे लिए बहुत काफ़ी है; it is useful ~ you यह तुम्हारे लिए उपयोगी है; it is not necessary ~ me to help her मेरे लिए उसकी सहायता^{F} करना आवश्यक नहीं है; ~ example उदाहरण के लिए, उदाहरणार्थ. **2.** (for the sake of) के निमित्त, के लिए/के हेतु : he studies ~ the examination वह परीक्षा^{F} के लिए/निमित्त अध्ययन करता है; they fought ~ their freedom वे अपनी आज़ादी^{F} के लिए/हेतु लड़े. **3.** के बदले में, के स्थान पर : Abdul played in the match for Suresh अब्दुल मैच में सुरेश ≈ खेला; he took me ~ my brother उसने मेरे भाई के स्थान पर मुझे मान लिया; Naresh was acting for the Principal नरेश प्राचार्य के स्थान पर कार्य कर रहा था; what will you give me ~ so much help तुम मुझे इतनी सहायता^{F} के बदले में क्या दोगे? **4.** में : I bought this watch for two hundred rupees मैंने यह घड़ी दो सौ रुपए में खरीदी. **5.** से : ~ fear of being caught पकड़े जाने के डर से; I have not been to Mumbai ~ five years मैं पाँच साल से मुंबई नहीं गया; he has been ill for the last several weeks वह पिछले कई हफ़्तों से बीमार है; ~ these reasons I can't go out इन कारणों से मैं बाहर नहीं जा सकता. **6.** का, के, की : he has a thirst ~ knowledge उसे ज्ञान की प्यास है; I am waiting ~ my brother मैं अपने भाई की प्रतीक्षा^{F} कर रहा हूँ; the boy was looking ~ his dog लड़का अपने कुत्ते की तलाश^F कर रहा था; this water is not fit ~ drinking यह पानी पीने लायक नहीं है; she got a reward ~ bravery उसे बहादुरी^{F} का इनाम मिला; it is not ~ me to decide निर्णय करना मेरा काम नहीं है. **7.** के बावजूद : ~ all that he is trustworthy इस सब कुछ ≈ वह विश्वसनीय है ; ~ all his faults, I like him उसके दोषों के बावजूद, मैं उसे पसंद करता हूँ. **8.** के प्रति : love ~ one's children अपने बच्चों के प्रति प्यार/स्नेह. **9.** के पक्ष में : I am ~ a change मैं परिवर्तन ≈ हूँ; I voted ~ the resolution मैंने प्रस्ताव ≈ वोट दिया. **10.** के लिहाज़ से : she is very intelligent ~ her age वह (लड़की) अपनी उम्र^F ≈ बहुत समझदार है. **11.** (not translated) we walked ~ a mile हम एक मील चले; they worked ~ six hours उन्होंने छह घंटे काम किया; he is good ~ nothing वह निकम्मा है. **12.** तक : there was no tree ~ miles मीलों ≈ कोई पेड़ नहीं था; ~ a long distance लंबी दूरी^{F} तक; ~ all I know जहाँ तक मैं जानता हूँ; ~ my part, I agree जहाँ तक मेरा संबंध है, मैं सहमत हूँ. **13.** (adverbial क्रिया विशेषण बनाने के लिए) ~ certain (certainly) I know it ~ certain मैं निश्चयपूर्वक जानता हूँ; ~ the time being, ~ the present फिलहाल; ~ the time being I am very busy फ़िलहाल मैं बहुत व्यस्त हूँ; ~ good सदा के लिए : he has gone away to Assam ~ good वह सदा के लिए आसाम चला गया है. **14.** but ~ के बिना : but ~ his help, nothing could be done उसकी सहायता^{F} के बिना कुछ नहीं किया जा सकता था. **II.** *conj.* क्योंकि : he was not afraid ~ he was brave उसे कोई डर नहीं लगा ≈ वह बहादुर था; he can't walk ~ he has pain in his foot वह चल नहीं सकता ≈ उसके पैर में दर्द है.

forbear फ़ॉर्'बेंअर **I.** *v.t.i.* (forbore,

forborne) **1.** से दूर रहना, से बचे रहना, से अलग रहना, न करना, बाज़ आना : to ~ from answering back उलटकर जवाब देने से बचना; to ~ from asking questions प्रश्न पूछने से बाज़ आना; to ~ the use of strong language कटु शब्दों का प्रयोग न करना. **2.** सहना : I cannot ~ it मैं इसे सहन नहीं कर सकता. **3.** धैर्य रखना : I advised him to ~ मैंने उसे धैर्य रखने की सलाह^F दी. **forbearance** फ़ॉर्'बेंअ'रन्स *n*^c. **1.** धैर्य, सहिष्णुता^F : I admire his ~ in such circumstances मैं ऐसी परिस्थितियों में उसके ≈ की सराहना^F करता हूँ; he deals with his customers with great ~ वह बड़े धैर्य से अपने ग्राहकों के साथ व्यवहार करता है; to treat with ~ सहिष्णुता का व्यवहार करना. **2.** परहेज़ : you must show ~ in drinking तुम्हें (शराब) पीने से ≈ करना ही होगा.

forbid फ़र्'बिड' *v.t.* (forbade, forbidden) (exclude) मना करना, निषेध करना : I forbade him to go there मैंने उसे वहाँ जाने से मना किया; I could not ~ him from going मैं उसे जाने से न रोक सका; to ~ authoritatively अधिकारपूर्वक मना करना; ~ him to enter उसे अंदर आने से रोको; the farmers forbade us to take the apples last week पिछले सप्ताह किसानों ने हमें सेब लेने से रोक दिया या मना कर दिया; his illness ~s his travelling उसकी बीमारी^F उसकी यात्रा^F को रोक देती है; I ~ him to fight मैं उसे लड़ने-झगड़ने से रोकता हूँ. [*ant.* allow]. **forbidden** फ़र्बि'डन *a.* निषिद्ध, वर्जित [area क्षेत्र, fruit फल, place स्थान, weapons हथियार]; walking on this grass is ~ इस घास पर चलना ≈ है.

force फ़ॉर्स **I.** *n*^u. **1.** बल, शक्ति^F, ज़ोर, ताकत^F [destructive विनाशकारी, inspiring प्रेरणाप्रद, moral नैतिक, natural प्राकृतिक, physical शारीरिक, social सामाजिक]; use of ~ बल प्रयोग; to hit with ~ ज़ोर से चोट^F लगाना; to use ~ to turn a person out किसी व्यक्ति को निकालने के लिए बल प्रयोग करना; by sheer ~ of will मात्र इच्छा-शक्ति से; to resort to ~ बल प्रयोग से काम लेना; ~ of gravity गुरुत्वाकर्षण शक्ति; ~ of blow प्रहार बल; he spoke with much ~ वह बहुत ज़ोर लगाकर बोला; there is enough ~ in your argument तुम्हारे तर्क में काफ़ी बल है; ~ of a word शब्द का बल. **2.** बाध्यता^F, मजबूरी^F : by ~ of habit अभ्यासवश; by ~ of circumstances परिस्थितिवश. **3.** *n. pl.* (army) सेना^F : Indian ~ भारतीय सेनाएँ; send an armed ~ against smb किसी के विरुद्ध सशस्त्र ≈ भेजना; land and sea ~s थल और नौ ≈. **4.** (other meanings in context) labour ~ श्रमिक दल; police ~ पुलिस दल. Λ **by ~** ज़बरदस्ती : to turn out a person by ~ किसी व्यक्ति को ज़बरदस्ती निकाल देना; **in/into ~** लागू : this rule has been in ~ since 1st January यह नियम पहली जनवरी से लागू है; **it will come into ~** यह लागू हो जाएगा; it will be put in ~ यह लागू किया जाएगा. **II.** *v.t.* **1.** विवश करना, बाध्य करना, मजबूर करना : I was ~d to think मुझे सोचने के लिए मजबूर किया गया; circumstances ~d him to refuse परिस्थितियों ने उसे इंकार करने के लिए मजबूर कर दिया; they were ~d to take immediate measures उन्हें तुरंत उपाय करने के लिए मजबूर होना पड़ा; to ~ smb to do smth किसी को कुछ करने के लिए विवश करना; they could not ~ him to speak वे उसे बोलने के लिए विवश नहीं कर सके; bad weather ~d them to postpone the journey ख़राब मौसम ने उन्हें अपनी यात्रा^F स्थगित करने के लिए बाध्य कर दिया. **2.** ज़बरदस्ती^F करना : to ~ one's hands किसी से कोई काम ज़बरदस्ती करवाना; ~ one's way ज़बरदस्ती घुसना; to ~ smb out of the room किसी को ज़बरदस्ती कमरे से बाहर निकालना. **forced** फ़ॉर्स्ड *a.* ज़बरदस्ती^F का : ~ labour बेगार; ~ landing विवश या मजबूरन अवतरण; ~ smile ज़बरदस्ती की हँसी^F. [*ant.* voluntary]. **forceful** ज़बरदस्त, ज़ोरदार, [appeal अपील^F, argument तर्क, personality व्यक्तित्व, speech भाषण, ज़ोरदार, प्रभावशाली speaker वक्ता, style शैली^F, words शब्द]. **forcible** फ़ॉर्'सॅबल *a.* **1.** ज़बरदस्ती का [entry प्रवेश, occupation कब्ज़ा]. **forcibly** फ़ॉर्'सॅब्लि *adv.* **1.** बलपूर्वक,

ज़बरदस्ती : he was ~ turned out उसे ≈ निकाल दिया गया. 2. ज़ोर से : he spoke ~ वह ≈ बोला.

fore- *pref.* (front) ~ finger, ~ arm, ~ head, ~ ground (before) ~ cast, ~ fathers, ~ noon, ~see, ~tell.

fore फ़ॉर **I.** *a.* अग्रभाग : to come to the ~ आगे आना, अग्रणी होना. **II.** *a.* आगे का, अग्र [mast मस्तूल, part भाग, runner धावक]; ~**arm** *n*[c]. भुजाग्र : she had a bangle on her ~ उसके ≈ में कड़ा था. ~**cast I.** *n*[c]. पूर्वानुमान, पेशीनगोई[F] : a ~ of the population in 2000 A.D. ईस्वी सन् 2000 में जनसंख्या[F] का पूर्वानुमान; a weather ~ is a statement of what the weather is expected to be मौसम की भविष्यवाणी ऐसा विवरण है कि मौसम कैसा रहेगा. **II.** *v.t.* पूर्वानुमान करना, पूर्व-सूचना[F] देना : to ~ trends in trade व्यापार के रुझान का ≈; to ~ the future भविष्य का पूर्वानुमान करना. ~**fathers** *n.* (*pl.*) पूर्वज, पुरखा : his ~s had built this temple उसके पुरखों ने यह मंदिर बनवाया था; we adopt customs as inheritance from our ~ हम रीति-रिवाजों को अपने पूर्वजों से उत्तराधिकार में प्राप्त करते हैं. ~**finger** *n*[c]. तर्जनी[F] : ~ is the finger next to the thumb ≈ अंगूठे के बाद की उंगली है. ~**front** *n*[c]. अगली पंक्ति[F] : he is in the ~ of his class वह अपनी कक्षा की ≈ में है (आगे-आगे है); ~ of the battle रण का अगला मोर्चा. ~**ground** *n*[c]. अग्रभूमि[F] : **1.** the ~ of a scene किसी दृश्य की ≈. **2.** (fig.) प्रमुख स्थान : keep yourself in the ~ अपना ≈ बनाए रखो. ~**head** *n*[c]. माथा, मस्तक, ललाट [broad चौड़ा, high ऊंचा, low नीचा, smooth चिकना, wrinkled झुर्रीदार]; to hold one's ~ अपना माथा थामना; to rest one's hand on the ~ अपना हाथ माथे पर टिकाना; he had a scar on his ~ उसके मस्तक पर एक दाग़ है. ~**man** *n*[c]. **1.** मेट, फ़ोरमैन : a ~ in a factory किसी कारख़ाने का ≈. **2.** अध्यक्ष : ~ of a jury किसी जूरी का अध्यक्ष. ~**most I.** *a.* मुख्य, प्रमुख, प्रधान, श्रेष्ठ [plan योजना[F], writer लेखक]; the ~ statesman of the day अपने समय का ≈ राजनीतिज्ञ; the ~ doctor of the town शहर का मुख्य डॉक्टर; the first and ~ सबसे पहले और प्रमुख बात[F]. **II.** *adv.* सबसे पहले, आगे-आगे : he went in ~ वह सबसे पहले भीतर गया. ~**noon** *n*[c]. पूर्वाह्न, दोपहर से पूर्व का समय : the meeting will be held at 8 o'clock in the ~ बैठक आठ बजे पूर्वाह्न में होगी; to work in the ~ मध्याह्न से पहले काम करना. ~**stall** *v.t.* **1.** पूर्वोपाय करना, रोकथाम[F] करना : to ~ an event किसी घटना[F] का पूर्वोपाय कर लेना. **2.** पहले से कर देना, पहले से तैयारी करना : to ~ a competitor प्रतियोगी से पहले काम कर डालना. **3.** to ~ smb पहले से किसी चाल का बचाव कर लेना. **4.** (comm.) पेशबंदी[F] करना; to ~ a loss नुकसान की पेशबंदी करना. ~**tell** *v.t.* (foretold) भविष्यवाणी[F] करना : astrologers and foretellers claim to ~ events by stars ज्योतिषी और भविष्यवक्ता ग्रहों द्वारा घटनाओं की भविष्यवाणी करने का दावा करते हैं. ~**thought** *n*[u]. अग्रसोच[F], सूझ-बूझ[F] : do not start a new business without ~ बिना ≈ के कोई नया व्यापार शुरू न करो; this success was due to his ~ यह सफलता[F] उसकी ≈ के कारण हुई. ~**ward** *n.* पूर्वकथन, प्रस्तावना[F] : there is a short ~ in the beginning of the book पुस्तक के आरंभ में एक-छोटी सी प्रस्तावना है.

forego फ़ॉर्'गो *v.t.* (forwent, forgone) छोड़ना, जाने देना : I ~ two hundred rupees for the purpose मैंने इस उद्देश्य के लिए दो सौ रुपए छोड़ दिए. **forgone** फ़ॉर्'गॉन *a.* पूर्वनिश्चित : a ~ conclusion is something about which you have made up your mind in advance ≈ निष्कर्ष वह है जिसके बारे में आपने पहले ही अपना मन बना लिया है. [*as distinct from* forgo]

foreign फ़ॉ'रिन *a.* **1.** विदेशी, वैदेशिक, परराष्ट्रीय, विदेशीय [army सेना[F], country देश, customs रीति-रिवाज, flag झंडा, language भाषा, literature साहित्य, name नाम, newspaper समाचार-पत्र, plane हवाई-जहाज़, policy नीति, trade व्यापार, words शब्द]; ~

affairs विदेश मामले, विदेश राजनीति^F; ~ exchange विदेशी मुद्रा, विदेशी मुद्राविनिमय; ~ exchange credit facilities विदेशी मुद्रा उधार लेने की सुविधाएँ; ~ Exchange Regulation Act विदेशी मुद्रा नियमन अधिनियम; ~ investment विदेशों में लगी पूँजी^F, किसी देश में लगी ≈ पूँजी; ~ market ≈ मंडी^F; ~ office विदेश मंत्रालय, परराष्ट्र मंत्रालय; ~ service विदेश सेवा, विदेश में नियुक्त अधिकारी वर्ग. **2.** (in other contexts) your remarks are ~ to the discussion इस चर्चा^F में तुम्हारे टिप्पण अप्रासंगिक हैं; his name is ~ to me उसका नाम मुझे अजनबी लगता है; deceit is ~ to his nature छल-कपट उसके स्वभाव के प्रतिकूल है. **foreigner** फ़ॉ'रिनर *n*^c. **1.** विदेशी : the wife of this minister was a ~ इस मंत्री की पत्नी ≈ थी. **2.** अजनबी: I am a ~ to this district मैं इस ज़िले में ≈ हूँ. [*ant.* native]

foresee फ़ॉर्'सी *v.t.* (foresaw, foreseen) पहले से देख लेना, भाँप लेना, पूर्वज्ञान होना : to ~ the result of some action किसी कार्रवाई का परिणाम पहले से जान लेना; we did not ~ all the difficulties हमें सभी कठिनाइयों का पूर्वज्ञान नहीं था; I foresaw the unhappy event हमने दुखद घटना^F को भाँप लिया. **foresight** फ़ॉर्'साइट *n*^u. दूरदर्शिता^F, सूझबूझ^F : he suffered loss for want of ~ ≈ के अभाव में उसकी हानि^F हुई; a little ~ would have saved you from this mistake थोड़ी-सी ≈ तुम्हें इस गलती^F से बचा देती. **foresighted** *a.* दूरदर्शी [manager प्रबंधक, statesman राजनीतिज्ञ].

forest फ़ॉ'रिस्ट *n*^c. जंगल, वन [big बड़ा, national राष्ट्रीय]; pine ~ चीड़ का ≈; deer ~ हरिण-वन; ~ fire ≈ में लगी आग, दावानल; ~ wealth ≈ -संपदा^F; they lived in the ~ वे ≈ में रहते थे; to lose oneself in a ~ ≈ में खो जाना; walk in a ~ ≈ में घूमना; mountains are covered with ~s पर्वत जंगलों से ढँके हैं; to hunt in the ~ जंगल में शिकार करना.

rfeit फ़ॉर्'फ़िट **I.** *n*^c. **1.** (fine) जुर्माना, अर्थदण्ड : to pay ~ अर्थदंड देना. (fig.) his life was the ~ for his mistake अपनी गलती^F के लिए उसे प्राणदण्ड भोगना पड़ा. **2.** (thing forfeited) ज़ब्तशुदा वस्तु. **3.** (forfeiture) ज़ब्ती^F : his land was a ~ to the king उसकी भूमि^F राजा को ≈ के रूप में मिल गई. **II.** *v.t.* **1.** खो बैठना, से वंचित हो जाना : to ~ one's honour अपनी प्रतिष्ठा खो बैठना; to ~ a chance अवसर पाने से वंचित हो जाना; Jean ~ed her chance to be in the team जीन ने टीम^F में होने का अपना अवसर खो दिया; you will ~ your prize if you stay away यदि तुम बाहर रहे तो अपने पुरस्कार से वंचित हो जाओगे; he ~ed his life उसने अपनी जान^F खो दी. **2.** ज़ब्त करना : the government ~ed his entire property सरकार^F ने उसकी सारी संपत्ति^F ज़ब्त कर ली.

forge फ़ॉर्ज **I.** *n*^c. लोहार की भट्ठी^F, मिस्त्रीख़ाना : they were smelting iron ore in their ~ वे अपनी भट्ठी^F में कच्चा लोहा गला रहे थे. **II.** *v.t.* **1.** जालसाज़ी^F करना : to ~ a document किसी दस्तावेज में ≈, जाली दस्तावेज बनाना; to ~ signature जाली हस्ताक्षर करना. **2.** बनाना : to ~ a horseshoe नाल ≈. (fig.) **to ~ friendship** मित्रता^F करनी/बनानी. **3.** (advance) धीरे-धीरे आगे बढ़ते जाना : to ~ one's way रास्ता निकालकर आगे बढ़ते जाना; he is forging ahead वह धीरे-धीरे आगे बढ़ता जा रहा है. **forger** फ़ॉर्'जर *n*^c. **1.** बनानेवाला; जालसाज़ : he is a ~ of signatures वह जाली हस्ताक्षर बनाने वाला है. **2.** ~ of stories गपोड़िया, गप्पी, मनगढ़ंत कहानी बनाने वाला. **3.** लोहार. **forgery** फ़ॉर्'जरि *n*^c. जालसाज़ी^F : he was punished for ~ उसे ≈ करने का दंड मिला; ~ of a document किसी दस्तावेज की ≈; this letter is a ~ यह जाली पत्र है.

forget फ़रगे'ट *v.t.* (forgot, forgotten) **1.** भूल जाना : I forgot your name मैं तुम्हारा नाम भूल गया; to ~ oneself स्वयं को भूल जाना; I shall never ~ मैं कभी नहीं भूलूँगा; I forgot to bring money for purchases मैं खरीदारी के लिए पैसा लाना भूल गया; I have forgotten where he lives मैं भूल गया हूँ कि वह कहाँ रहता है; I always ~ dates मैं हमेशा

तारीख भूल जाता हूँ; to ~ to do smth कुछ करना भूल जाना; I forgot and left the book in your room मैं भूल गया और किताब[F] तुम्हारे कमरे में रह गई; I forgot how to do it मैं भूल गया कि इसे कैसे करना है; I am not forgotten at all मैं बिल्कुल भुलाया नहीं गया; he always ~s everything वह हमेशा सब कुछ भूल जाता है; ~ to send a name एक नाम भेजना भूल जाना. **2.** (neglect) उपेक्षा[F] करना, भुला देना : I cannot ~ you मैं तुम्हें भुला नहीं सकता; to ~ friends मित्रों की उपेक्षा करना; he forgot his duties उसने अपने कर्तव्यों को भुला दिया; his services were forgotten by the Department विभाग ने उसकी सेवाओं की उपेक्षा कर दी. [*ant.* remember] **forgetful** फ़र्'गेंट्'फुल *n*[c]. **1.** भुलक्कड़ : he is ~ of many things वह बहुत-सी बातें भूल जाता है; I am not ~ मैं ≈ नहीं हूँ. **2.** (negligent) असावधान, लापरवाह : you are ~ of your responsibilities तुम अपनी ज़िम्मेवारियों से ≈ हो. [*ant.* mindful]

forgive फ़र गिव़' *v.t.* (forgave, forgiven) क्षमा करना, माफ़ करना, माफ़ी देना : to ~ a debt कर्ज़ माफ़ करना या छोड़ देना; to ~ a mistake गलती के लिए ≈; ~ me मुझे माफ़/क्षमा कर दें; I shall never ~ you मैं तुम्हें कभी माफ़ नहीं करूंगा; I cannot ~ him for such a conduct इस प्रकार के आचरण के लिए मैं उसे माफ़ नहीं कर सकता; am I forgiven for coming late क्या विलम्ब से आने पर मुझे माफ कर दिया गया है; he never forgave me for forgetting my promise वायदा भूलने पर उसने मुझे कभी माफ़ नहीं किया; he is not a man who easily ~s वह आसानी से माफ़ करने वाला आदमी नहीं है. [*ant.* punish]

forgo फ़ॉर्'गो *v.t.* से परहेज करना, न करना, जाने देना, छोड़ देना : to ~ all pleasures and desires सब सुख और इच्छाएँ[F] छोड़ देना; to ~ advantage लाभ जाने देना; to ~ one's right अपना अधिकार छोड़ देना. [*as distinct from* forego]

fork फ़ॉर्क **I.** *n*[c]. **1.** काँटा [clean साफ़, long लंबा, silver चाँदी का]; knife and ~ छुरी-काँटा; we do not eat smth with a ~ हम काँटे से कोई चीज़ नहीं खाते. **2.** ~ of a tree पेड़ की दुशाखा[F]; ~ of a road दुराहा : I was standing at the ~ of the road मैं सड़क[F] के दुराहे पर खड़ा था. **II.** *v.t.* **1.** जंदरे से उठाना : to ~ a hay जंदरे से भूसे को उठाना. **2.** *v.i.* द्विशाखित हो जाना : the road ~s here यहाँ से सड़क के दो रास्ते हो जाते हैं; the river ~s here यहाँ से नदी[F] की एक शाखा[F] निकल गई है.

forlorn फ़रलॉर्न' *a.* **1.** (abandoned) परित्यक्त [child बच्चा, woman स्त्री]. **2.** (wretched) दयनीय, हतभाग्य, असहाय, निरवलंब. **3.** she appears ~ since her husband left जब से उसका पति चला गया वह ≈ लगती है; ~ hope निराशा[F] : to cherish a ~ hope निराश होना.

form फ़ॉर्म **I.** *n*[c]. **1.** रूप, आकार, आकृति : the cloud was changing its form बादल अपना रूप बदल रहा था; it takes this ~ इसका यह रूप बन जाता है; in the form of a cross क्रास/क्रूस के ≈ का; an ape is a ~ of a monkey चिम्पन्जी बन्दर की आकृति का होता है; raise the ~ of army सेना[F] का आकार बढ़ाना; in circular ~ वृत्ताकार; a story in the ~ of a drama नाटक के रूप में एक कहानी[F]. **2.** (condition) दशा[F] : to be in good ~ अच्छी ≈ में होना; he is in good ~ of his batting वह अपनी बल्लेबाज़ी[F] की अच्छी ≈ में है. **3.** (kind) प्रकार : Namaz is a ~ of worship नमाज़ पूजा का एक ≈ है; in a different ~ भिन्न ≈ से; it is a dangerous ~ of some disease यह किसी बीमारी[F] का खतरनाक ≈ है; several ~s of animals जानवरों के कई ≈. **4.** (way) ढंग, परिपाटी[F] : it is a good ~ to show respect to elders बड़ों के प्रति सम्मान प्रदर्शित करने का यह अच्छा ढंग है (अच्छी परिपाटी है); with all due ~ उचित ढंग से; it is in bad ~ यह परिपाटी[F] के प्रतिकूल है; it is in good ~ यह परिपाटी/रिवाज के अनुकूल है. **5.** (paper) प्रपत्र, फ़ार्म : ~ for a licence लाइसेंस का फ़ार्म; you must fill in/up the application ~ correctly तुम्हें आवेदन-पत्र सही-सही भरना चाहिए. **6.** (formality) औपचारिकता[F] : with all due ~ and ceremony पूरी उचित ≈ एवं

रीति के साथ. 7. (class of school) कक्षा[F], दरजा : I am in ~ II. मैं दूसरे दरजे में (पढ़ता) हूँ; you have to sit in this ~ from tomorrow कल से तुम्हें इस ≈ में बैठना है. III. *v.t.* 1. बनाना, रचना : ~ plural from 'child' 'बच्चा' का बहुवचन बनाओ; to ~ an opinion धारणा[F] बनाना; to ~ a plan योजना[F] बनाना; to ~ a habit आदत बनाना; to ~ a sentence एक वाक्य की रचना करना; they ~ed themselves into a committee उन्होंने आपस में एक समिति बना ली. 2. (organise) संगठित कराना : to ~ a club क्लब का संगठन करना. IV. *v.i.* बनना : chocolate ~s a good food चाकलेट अच्छा खाद्य-पदार्थ है. **formal** फ़ॉर्'मल *a.* 1. औपचारिक, रस्मी, विधिवत् [agreement करार, ceremony संस्कार, manner ढंग, motion प्रस्ताव, sitting बैठक[F]]; ~ call ≈ भेंट[F] या मुलाकात[F]; ~ invitation ≈ आमंत्रण; ~ warning लिखित चेतावनी[F], विधिवत् चेतावनी[F]. 2. (apperent) ऊपरी, दिखाऊ : ~ sympathy ≈ संवेदना[F]/हमदर्दी[F]; ~ interest ≈ दिलचस्पी[F]. [*ant.* informal] 3. आकारिक, आकारगत : ~ defect ≈ दोष; ~ resemblance ≈ सादृश्य. [*ant.* in~]. **formality** फ़ॉर्मै'लिटि *n*[c]. (*pl.* formalities) 1. शिष्टाचार, औपचारिकता[F] : it is a mere ~ यह महज ≈ है. 2. नियम, कायदा : to comply with all ~ties सारे नियम-कायदों का पालन करना. 3. (show) बाह्याचार, लोकाचार, आडम्बर : there is too much ~ at marriage शादी पर अत्यंत ≈ होता है.

farmer फ़ॉर्मर *a.* 1. पुराना, भूतपूर्व [director निदेशक, owner स्वामी/मालिक, speaker वक्ता, teacher अध्यापक]. 2. पहला, पूर्वोक्ता: the ~ of the two names दो नामों में से पहला; of a dog and a cat I prefer the ~ कुत्ते और बिल्ली में से मैं पहले को वरीयता देता हूँ. 3. पहला, पुराना, बीता हुआ : in ~ times पहले ज़माने में. [*ant.* latter; *as distinct from* farmer] **formerly** फ़ॉर्'मर्लि *adv.* पहले : she was ~ a teacher ≈ वह अध्यापिका थी; more people came here ~ ≈ यहाँ बहुत लोग आए/आते थे; this was ~ a fashionable health resort पहले यह उच्च वर्ग के लोगों का स्वास्थ्य केन्द्र था; he ~ lived in India ≈ वह भारत में रहता था.

formula फ़ॉर्'मुला *n*[c]. (*pl.* formulas, formulae) 1. सूत्र : there are so many ~e of grammar in Panini पाणिनि में बहुत सारे व्याकरण के ≈ हैं. 2. नुस्खा : ~ for a medicine दवाई[F] का ≈. 3. फ़ार्मूला : geometrical ~ ज्यामितीय ≈.

forsake फ़र्सेक' *v.t.* (forsook, forsaken) छोड़ देना, त्याग देना : to ~ a sinking ship डूबते जहाज़ को त्यागना; he forsook all his old friends उसने अपने सभी पुराने मित्रों को (का साथ) छोड़ दिया; his disciples forsook him and fled उसके चेले उसे छोड़कर भाग गए; to ~ one's home अपना घर छोड़ देना; they have ~n all their relatives वे अपने सभी संबंधियों को छोड़ चुके हैं; he forsook self-confidence उसने आत्मविश्वास त्याग दिया; to ~ a bad habit बुरी आदत[F] छोड़ देना.

fort फ़ॉर्ट *n*[c]. क़िला, दुर्ग : the old ~ in Delhi दिल्ली का पुराना ≈.

forth फ़ॉर्थ *adv.* आगे, सामने, सम्मुख : back and ~ पीछे और आगे; to go ~ is to go forward आगे जाना आगे बढ़ना है; from this day ~ इस दिन से आगे; they went ~ to fight वे युद्ध करने के लिए आगे बढ़े; come ~ आगे आओ; to bring ~ a complaint शिकायत[F] सामने लाना; to put ~ an application प्रार्थनापत्र पेश करना; from that day ~ उस दिन से लेकर [*as distinct from* fourth] **henceforth** आगे से, इसके बाद. **forthcoming** फ़ॉर्थ'कमिङ्ग *a.* 1. आने वाला, होने वाला, आगामी, अगला [birthday जन्मदिन, examination परीक्षा[F], session सत्र]; a list of ~ tests अगले परीक्षणों की सूची[F]; ~ events आने वाली घटनाएँ[F]. 2. प्राप्त होने वाला : no reply is ~ कोई उत्तर प्राप्त होने वाला नहीं है. **forthright** फ़ार्थ'राइट *a.* 1. सीधा, स्पष्ट, दो टूक : ~ reply दो टूक उत्तर. 2. ~ person मुँहफट आदमी. **forthwith** फ़ॉर्थ'विद *adv.* तुरंत, अविलम्ब, शीघ्र : I will come back ~ मैं ≈ वापस आ जाऊंगा; I called and he answered ~ मैने बुलाया और ≈ उसने उत्तर दिया.

fortieth फ़ॉर'टिइथ *a.* चालीसवाँ : on the ~

day चालिसवें दिन; his place is ~ in class कक्षा में उसका स्थान ≈ है.

fortification फ़ॉटिफ़िके'शन *n*ᶜ. **1.** किलेबंदीᶠ : ~ of the town was ordained शहर की ≈ का आदेश दिया गया. **2.** (strengthening) पुष्टिकरण : ~ of food with vitamin विटामिन से खाद्य पदार्थों को पौष्टिक बनाना. **fortify** फ़ॉर्'टिफ़ाइ *v.t.* **1.** (mil.) किलेबंदीᶠ करना, मोर्चेबंदीᶠ करना : to ~ a city शहर की ≈. **2.** पुष्ट करना, सुदृढ़ करना : to ~ one's position अपनी स्थितिᶠ को ≈. **3.** बढ़ाना : he fortified his courage उसने अपना साहस बढ़ाया. **4.** मज़बूत/पक्का करना : to ~ a structure किसी संरचना या निर्माण को मज़बूत करना. **5.** सुरक्षित रखना : to ~ oneself against cold अपने को ज़ुकाम से ≈.

fortitude फ़ॉर्'टिट्यूड *n.* धैर्य, साहस, हिम्मतᶠ : to bear agony with ~ ≈ से दुःख/कष्ट सहना.

fortnight फॉर्ट'नाइट *n*ᶜ. पक्ष, पखवारा [bright शुक्ल, dark कृष्ण]; this day next ~ दो सप्ताह बाद इसी दिन; I shall return from Calcutta in a ~ मैं दो सप्ताह में कलकत्ता से वापस आऊंगा; a ~'s holiday एक पखवारे की छुट्टीᶠ; this ~ इस पखवारे.

fortress फ़ॉर्'ट्रिस *n*ᶜ. गढ़, गढ़ी, छोटा किला : a ~ of Gibralter जिब्राल्टर का गढ़.

fortunate फ़ॉर्'चनिट *a.* **1.** सौभाग्यशाली, भाग्यवान्, खुशकिस्मत [friend मित्र, lady महिला, person व्यक्ति]; you are ~ if you have a rich father तुम ≈ हो यदि तुम्हारे पिता धनी हैं; you are ~ to escape unhurt तुम ≈ हो कि साफ़ बच निकले; we were ~ in having a fine day for our sports खेलों के लिए सुहावना दिन होने से हम ≈ थे; he has been ~ in his business वह अपने व्यापार में ≈ रहा है. **2.** शुभ, मंगलमय : ~ occurrence शुभ या ≈ घटनाᶠ. [*ant.* unfortunate] **fortunately** फ़ॉर्'चनिटलि *adv.* सौभाग्यवश : ~ it was a fine day for our party ≈ हमारी पार्टी के लिए यह सुहावना दिन था; it started raining but ~ I had brought my umbrella वर्षा होने लगी लेकिन ≈ मैं अपना छाता लिए था; ~ I remembered his address ≈ मुझे उसका पता याद था. **fortune** फ़ॉर्'चून *n*ᶜ. **1.** भाग्य, किस्मतᶠ, तकदीरᶠ : adverse ~ विपरीत भाग्य; bad ~ बदकिस्मतीᶠ, दुर्भाग्य; good ~ सौभाग्य, खुशकिस्मतीᶠ; to try one's ~ किस्मतᶠ आज़माना; astrologers tell ~ ज्योतिषी भाग्य बताते हैं. I have good ~ to have a kind and happy mother दयालु और सुखी माँ होने के कारण मेरा भाग्य अच्छा है. [*ant.* misfortune]. **2.** धन-दौलतᶠ, ऐश्वर्य : a man of ~ पैसे वाला, धनी आदमी; he married a ~ उसने दौलत (वाली स्त्री) से शादीᶠ की; he made a great ~ in business उसने व्यापार में अच्छा पैसा पैदा किया; my uncle died and left us a ~ of Rs. 5,00,000 मेरे चाचा मर गए और पाँच लाख रुपये की धन-दौलत छोड़ गए; it cost me a ~ इसमें मेरा काफी पैसा खर्च हो गया; he went to Mumbai to make his ~ वह रुपया कमाने मुंबई गया.

forty फ़ॉर्'टि *n.* & *a.* चालीस [chapters अध्याय, men आदमी, students विद्यार्थी]; in 1940 उन्नीस सौ चालीस में; Alibaba and ~ thieves अलीबाबा और ≈ चोर; a man of ~ ≈ साल की उम्र का आदमी.

forum फ़ॉ'रम *n.* **1.** (court) अदालतᶠ, न्यायालय. **2.** public ~ चौक. **3.** जनसभा, गोष्ठी. **4.** मंच, वाक्पीठ.

forward फ़ॉर्'वर्ड **I.** *adv.* आगे : come ~ ≈ आओ; look ~ ≈ देखो; go ~ ≈ जाओ; from this day ~ आज के दिन से लेकर. [*ant.* backward] Δ **look ~ to** इंतज़ार करना : I am looking ~ to seeing you next week मैं अगले हफ़्ते आपसे मुलाकातᶠ की प्रतीक्षा में हूँ. **II.** *a.* **1.** अगला, अग्रवर्ती : ~ part of the train रेलगाड़ी का अग्रभाग. **2.** (progressive) प्रगतिशील : ~ opinions प्रगतिशील मत. **3.** (of plants) अगेती : ~ crops अगेती फ़सलेंᶠ; ~ fruit ≈ फल. **4.** (prompt) उद्यत, तत्पर : to be ~ to assist सहायताᶠ करने के लिए ≈ रहना. **5.** (bold) ढीठ, बेअदब [child बच्चा]. **6.** (commerce) अगाऊ, वायदे का : ~ contracts अगाऊ/वायदे के सौदे; ~ prices वायदा कीमतें; ~ trade अगाऊ सौदा. **III.** *v.t.* **1.** आगे बढ़ाना : to ~ a plan योजनाᶠ को ≈;

to ~ one's rank किसी का दरजा बढ़ाना. **2.** (send) भेज देना, अग्रसारित करना, अग्रेषित करना : to ~ goods माल आगे भेज देना; ~ this letter to her new address इस पत्र को उसके नए पते पर भेजिए.

foster फ़ॉस'टर **I.** *v.t.* **1.** (bring up) पोषण करना, पालना, पालना-पोसना : to ~ a child बच्चे का पालन-पोषण करना; Betty was ~ed by her aunt बेट्टी अपनी चाची द्वारा पाली-पोसी गई; he ~s the sick वह रोगियों की देखरेख[F] करता है. **2.** प्रोत्साहित करना, बढ़ाना : to ~ the love of freedom स्वतंत्रता[F] के प्रति प्रेम बढ़ाना; to ~ friendship मैत्री[F] बढ़ाना. **3.** (cherish) संजोए रखना, मन में रखना : to ~ hope आशा[F] बनाए रखना; to ~ a feeling कोई भावना[F] मन में सँजोए रखना. **II.** *a.* (in compounds only) ~ brother दूध-भाई, कोका; ~ child पालित संतान; ~ father पालक पिता; ~ mother धाय, धर्ममाता; ~ sister दूध बहन, धर्म बहन.

fought फ़ॉट *v.t.* (past tense of 'fight' *q.v.*) लड़ा : two men ~ for half an hour दो व्यक्ति आधे घंटे तक लड़े; the knights drew their swords and ~ till one of them was killed दो सूरमा अपनी तलवार तानकर तब तक लड़े जब तक कि उनमें से एक मर नहीं गया; he ~ the election उसने चुनाव लड़ा.

foul फ़ॉउल **I.** *a.* **1.** गंदा, ख़राब [rags चिथड़े, smell गंध[F], thought विचार, weather मौसम]. **2.** (dirty) गंदा : ~ language गंदी ज़बान; ~ words गंदे शब्द. **3.** घृणित, घिनौना, नीच : ~ deed नीच कर्म; ~ motive घृणित/नीच उद्देश्य. **4.** (polluted) प्रदूषित [air वायु[F], water पानी/जल]. **5.** (unfair) बेईमानी[F] का : ~ play ≈ खेल. **II.** *v.t.* **1.** गंदा करना : chemicals are ~ing the air रासायनिक पदार्थ हवा[F] को गंदा कर रहे हैं. **2.** कलुषित करना, कलंकित करना : to ~ smb's name/reputation किसी के नाम या ख्याति को कलंक लगाना (गंदा करना). **3.** उलझाना : to ~ a cable तार उलझाना. **4.** टकराना : to ~ another ship किसी दूसरे जहाज़ से ≈; two buses ~ed दो बसें[F] टकरा गईं. **5.** नियमविरुद्ध खेल खेलने पर हटाना : to ~ an opponent प्रतिद्वंद्वी को गलत खेल खेलने पर हटाना. [*as distinct from* fowl]

found फ़ॉउन्ड *v.t.* **1.** नींव[F] डालना, बुनियाद[F] रखना, स्थापना करना : who ~ed this monument इस स्मारक की नींव किसने रखी; to ~ a hospital किसी अस्पताल की ≈; to ~ a society किसी समाज की ≈; to ~ an institution किसी संस्था[F] की ≈. **2.** आरंभ करना, शुरू करना : to ~ a new religion नया धर्म ≈. **3.** ढालना : ~ metal किसी धातु को ढालना. **4.** (past tense of 'find' *q.v.*) पाया : I ~ a pen मैंने एक पेन पाया, मुझे एक पेन मिला. **foundation** फ़ाउनडे'शन *n*[c]. **1.** बुनियाद[F], नींव[F] : ~ of a building भवन की ≈ : this small shop was the ~ of his fortune यह छोटी-सी दुकान[F] उसके भाग्य की नींव थी; ~ stone आधार-शिला[F], नींव का पत्थर; to lay the ~ ≈ रखना. **2.** आधार : the ~ of some theory किसी सिद्धांत का ≈; the rumours have no ~ अफवाहों[F] का कोई ≈ नहीं होता; this allegation has no ~ इस आरोप का कोई ≈ नहीं है. **3.** (*pl.*) मूल सिद्धांत : ~s of a religious sect किसी धार्मिक संप्रदाय के ≈.

founder फ़ाउन्'डर **I.** *n*[c]. **1.** संस्थापक, प्रवर्तक : ~ member ≈ सदस्य; Swami Dayanand was the ~ of Arya Samaj स्वामी दयानंद आर्यसमाज के ≈ थे. **2.** ~ of metal धातों[F] का ढलैया. **II.** *v.i.* **1.** ढेर हो जाना, गिर पड़ना : the next building had ~ed अगली इमारत[F] गिर गई थी. **2.** थककर गिर जाना the horse and the rider both ~ed घोड़ा और घुड़सवार दोनों थककर गिर पड़े. **3.** (sink) डूब जाना : the steamer ~ed after the collision टक्कर के बाद स्टीमर डूब गया.

foundling फ़ाउन्ड्'लिङ्ग *n.* बटबहाऊ, परित्यक्त शिशु, अज्ञात माता-पिता का बच्चा.

foundry फ़ॉउन्'डरि *n*[c]. (foundries) ढलाईघर, ढलाई[F] का कारख़ाना : ~ hands ढलाई करने वाले; iron ~ लोहे की ढलाई का कारख़ाना.

fountain फ़ॉउन्'टिन *n.* **1.** सोता, स्रोत, चश्मा : this ~ from the hill पहाड़ी[F] से आने वाला यह ≈; ~ pen फाउण्टेन पेन; ~ head आदि/मूल ≈ : to trace the error to its ~ head गलती के मूल ≈ का पता लगाना; ~ of truth सत्य का स्रोत. **2.** फव्वारा, फुहारा : jets of water from the ~s look very pretty फव्वारों से निकलते पानी की तेज़ धाराएँ बहुत सुंदर लगती हैं. **3.** (source) उद्‌गम : ~ of a river नदी[F] का उद्‌गम; God is the ~ of all happiness ईश्वर सब सुखों का ≈ है.

four फ़ॉर **I.** *a.* चार [directions दिशाएँ, months महीने, Vedas वेद]; ~ fold चौगुना, चौहरा; ~ footed चौपाया चतुष्पद; income in ~ figures ≈ अंकों में आय[F]; ~ o'clock ≈ बजे; ~ wheeler ≈ पहिया गाड़ी[F]; ~ of my friends मेरे मित्रों में से ≈; she is now ~ अब वह ≈ साल की है; ~ and ~ make eight ≈ और ≈ आठ होते हैं; ~ and twenty ≈ और बीस; you have ~ fingers and a thumb in each hand तुम्हारे प्रत्येक हाथ में ≈ अंगुलियाँ[F] और एक अंगूठा है. **II.** *n.* चौका, चौआ : ~ of a playing card ताश का ≈; a gang of ~ चार की टोली[F]; on all ~s हाथों और टाँगों[F] के बल. **fourteen** फ़ॉर्टीन' *a.* चौदह, चतुर्दश [men आदमी, nights रातें] : room No. ~ ≈ नंबर का कमरा; a boy of ~ ≈ साल का लड़का; he is ~ उसकी उम्र[F] चौदह साल है. **fourteenth** फ़ॉर्टीन्थ' *a.* चौदहवाँ : ~ year ≈ वर्ष; on the ~ day चौदहवें दिन; on the ~ of June जून की चौदहवीं तारीख़[F] को. **fourth** फ़ॉर्थ **I.** *a.* चौथा, चतुर्थ : ~ class चौथी कक्षा[F]; on the ~ night चौदहवीं रात[F] को; I shall do it for the ~ time मैं इसे चौथी बार करूँगा. [*as distinct from* forth] **II.** *n.* चौथाई : one ~ of a whole सारे का एक ≈; three ~s पौना, तीन ≈.

fowl फ़ाउल **I.** *n*[c]. मुर्गा, मुर्गी : we keep ~s हम ≈ पालते हैं; to breed/rear ~s मुर्गे-मुर्गियाँ पालना. **II.** *v.t.* चिड़ियों[F] का शिकार करना : he ~s pigeons वह कबूतरों का शिकार करता है. **fowler** फ़ॉउ'लर *n*[c]. चिड़ीमार, बहेलिया : the ~ has caught some birds बहेलिये ने कुछ पक्षी पकड़े हैं.

fox फ़ॉक्स *n*[c]. **1.** लोमड़ी[F] : ~ hunt ≈ का शिकार; the hounds followed a ~ कुत्तों ने एक ≈ का पीछा किया. **2.** (sly person) घाघ, धूर्त, मक्कार; that person is a ~ वह आदमी ≈ है. [*fem.* vixen]

F.R. Forest Ranger, Final Report.

Fr. Friday.

fraction फ्रैक्'शन *n*[c]. **1.** (fragment) खण्ड, अंश, टुकड़ा : ~ of time काल खंड; this money will pay only a ~ of the cost इस पैसे से कीमत[F] का एक अंश मात्र का भुगतान होगा; only a ~ of the army returned सेना[F] का केवल एक भाग वापस लौटा; not a ~ लेशमात्र भी नहीं. [*ant.* whole] **2.** (maths.) भिन्न : decimal ~ दशमलव ≈; vulgar साधारण ≈. **3.** (breaking) भंजन : ~of bone अस्थिभंजन, हड्डी[F] का टूट जाना.

fragile फ्रै'जाइल *a.* **1.** नाज़ुक, दुर्बल, कमज़ोर [health स्वास्थ्य, old lady बूढ़ी औरत, person व्यक्ति, student विद्यार्थी]; I feel ~ मुझे कमज़ोरी[F] लग रही है. **2.** भंगुर, जल्दी टूट जाने वाला : ~ chinaware भंगुर चीनी मिट्टी के बर्तन; ~ glass pane भंगुर शीशा.

fracture फ्रैक्'चर **I.** *v.i.* टूटना : my arm, leg ~d मेरी बाँह[F], टाँग[F], टूट गई. **II.** *v.t.* तोड़ना : to ~ a bone हड्डी[F] तोड़ना; to ~ an arm किसी की बाँह[F] ≈. **III.** *n*[c]. **1.** भंजन, विभंजन : ~ of the skull खोपड़ी का टूट जाना ≈. **2.** (bone ~) अस्थिभंग.

fragment फ्रैग्'मन्ट *n.* **1.** टुकड़ा, खंड : ~s of bread रोटी[F] के टुकड़े; ~ of a statue किसी मूर्ति का ≈; the glass shattered into ~s शीशा टूटकर टुकड़ों में बिखर गया. **2.** अंश : ~ of a talk बातचीत[F] का ≈; a stanza is only a ~ of a poem एक छंद किसी कविता का केवल एक ≈ होता है. [*ant.* whole] **fragmentation** फ्रैगमॅनटे'शन *n*[c]. विखण्डन, अपखण्डन : ~ of a whole किसी पूर्ण वस्तु का ≈.

fragrance फ्रेग्'रन्स *n.* सुगंध[F], खुशबू[F] : pleasant ~ सुखद सुगंध; ~ of rose गुलाब की ≈. **fragrant** फ्रेग्'रन्ट *a.* सुगंधित : a ~ flower ≈ फूल/पुष्प; ~ with scent इत्र से ≈.

frail फ्रेल *a.* **1.** दुर्बल, कमज़ोर [constitution काठी[F], health स्वास्थ्य, stem शाखा, support टेक[F]]. **2.** सुकुमार, नाज़ुक [person व्यक्ति, woman स्त्री]. **3.** भंगुर, नश्वर [life जीवन, structure संरचना]. [*ant.* strong]

frame फ्रेम **I.** *n*[c]. **1.** (of door) चौखट[F]

[small छोटी, wide चौड़ी]. **2.** (~work) ढाँचा : ~ of a building इमारत का ≈. **3.** *a.* ~-work of government सरकार[F] का गठन. **4.** (mood) ~ of mind मनोदशा[F], मनोभाव: in a happy ~ of mind प्रसन्नचित्त. **5.** (of body) पंजर, देहबन्ध, शरीर : a man of delicate ~ नाजुक अस्थिपंजर वाला आदमी; a man of iron ~ लौहपुरुष. **6.** ~ of a picture चौखटा : the boy made a ~ for his photograph लड़के ने अपने फोटो के लिए चौखटा बनाया; the picture was set in a wide ~ चित्र पर एक बड़ा चौखटा मढ़ा गया. **II.** *v.t.* **1.** चौखटा लगाना : will you ~ this picture क्या तुम इस चित्र पर चौखटा लगा दोगे. **2.** (compose) रचना : he ~d a plan उसने एक योजना[F] रची; to ~ a plot षड्यंत्र रचना. **3.** (utter) उच्चारण करना : to ~ words शब्दों का उच्चारण करना. **4.** बनाना, तैयार करना, गढ़ना : to ~ a reply उत्तर ≈; to ~ an excuse बहाना ≈.

frank फ्रैङ्क *a.* **1.** (candid) स्पष्टवादी, साफ़ बोलने वाला [man आदमी] : to be ~ is to say what you really think स्पष्टवादी होने का अर्थ है जो तुम वास्तव में सोचते हो कह दो; he is quite ~ वह बिल्कुल ≈ है. **2.** (down right) स्पष्ट, खुला [advice सलाह[F], opinion मत, reply उत्तर]. **3.** (guileless) सरल, निष्कपट : I shall be perfectly ~ with you मैं तुम्हारे प्रति पूरी तरह ≈ रहूँगा; ~ face भोला-भाला चेहरा. **frankly** फ्रैङ्क्'लि *adv.* स्पष्टतया, खुलकर, साफ़-साफ़, निस्संकोच : he answered ~ उसने साफ़ जवाब दिया; ~ speaking साफ़ कह दूँ कि....; to tell you ~ तुम्हें साफ़ बता दूँ कि....; ~, I cannot help you साफ़ बात है, मैं तुम्हारी सहायता[F] नहीं कर सकता. **frankness** फ्रैङ्क्'निस *n*[U]. स्पष्टवादिता, स्पष्टता : he talks with ~ वह साफ़-साफ़ बात[F] करता है.

fraternal फ़्रॅ'टर्नल *a.* भ्रात्रीय, भ्रातृसुलभ, [charity वात्सल्य, love प्रेम]; ~ delegates साथी प्रतिनिधि. **fraternity** फ्रॅटर्'निटि *n.* बिरादरी[F] : ~ of all men सब लोगों की ≈; we are members of a ~ हम एक ≈ के सदस्य हैं; a business ~ व्यापारिक ≈.

fraud फ़्रॉड *n.* **1.** छल, धोखा, कपट, धोखेबाज़ी, छल-कपट : this advertisement is a ~ यह विज्ञापन ≈ है; he got his way by ~ वह अपना रास्ता धोखे से पा गया; he gets money by ~ वह धोखे से पैसा पा जाता है. **2.** धोखेबाज़ : he is a ~ वह ≈ है, चार सौ बीस है. **fraudulent** फ़्रॉ'ड्यूलन्ट *n.* **1.** (person) छली, कपटी : ~ advertiser छली विज्ञापनकर्ता. **2.** कपटपूर्ण, छलपूर्ण : ~ transaction कपटपूर्ण व्यापार; ~ gain ≈ लाभ.

fraught फ़्रॉट *a.* भरा हुआ, पूर्ण, परिपूर्ण : it is ~ with danger इसमें खतरा है; a heart ~ with sorrow शोकपूर्ण हृदय, शोकाकुल हृदय.

freak फ़्रीक *n.* **1.** मौज[F], उमंग[F], तरंग[F] : out of mere ~ केवल एक उमंग[F] में. **2.** (unnatural thing) अप्राकृतिक वस्तु[F]/जीव : giants are ~s दैत्य/दानव अप्राकृतिक जीव होते हैं; this four armed boy was a ~ यह चार बाँहों वाला लड़का अप्राकृतिक जीव था.

free फ़्री **I.** *v.t.* **1.** मुक्त करना : to ~ a prisoner is to let him go किसी कैदी को मुक्त करना उसे जाने देना है; he was ~d of all his duties उसे अपने सभी कर्तव्यों से मुक्त किया गया. **2.** स्वतंत्र करना/कराना, आज़ाद करना/कराना : to ~ a country किसी देश को स्वतंत्र/आज़ाद करना. **3.** छुड़ाना : to ~ a bird from trap किसी पक्षी को फंदे से छुड़ाना. [*ant.* bind] **II.** *a.* **1.** स्वतंत्र, स्वाधीन, आज़ाद [citizens नागरिक, country देश, election चुनाव, life जीवन, nation राष्ट्र, people लोग]; ~ lance स्वतंत्र प्रभार; ~ vote स्वतंत्र मतदान; ~ to do as one wills जो कुछ चाहे उसे करने को स्वतंत्र; you are ~ to stay or go तुम ठहरो या जाओ, स्वतंत्र हो; he was ~ to help anyone वह किसी की सहायता[F] करने के लिए स्वतंत्र था. **2.** मुफ़्त, निःशुल्क [admission प्रवेश, education शिक्षा[F], school विद्यालय]; ~ of charge मुफ़्त : entrance is ~ of charge प्रवेश ≈ है; ~ supply of water पानी की ≈ आपूर्ति. **3.** बिना भाड़े का : ~ passage मुफ़्त या बिना भाड़े की यात्रा[F]; ~ port खुला बंदरगाह, निःशुल्क पत्तन; ~ on rail रेलभाड़े रहित; ~ on board जहाज़ के भाड़े रहित; ~ goods माल जिस पर आयात कर या चुंगी माफ़ हो. **4.** मुक्त : ~ of debt ऋण ≈;

~ from disease रोग ≈; ~ from duty कर ≈; ~ gift मुफ़्त उपहार; ~ hand drawing मुक्तहस्त ड्राइंग; Randhir set the dog ~ रणधीर ने कुत्ते को ≈ कर दिया; the prisoner was set ~ कैदी को ≈/रिहा कर दिया गया. **5.** (not busy) ख़ाली, सावकाश : come and see us when you are ~ जब तुम ≈ हो तो आओ, हमसे मुलाकात करो; I shall be ~ in the morning मैं सुबह ≈ रहूँगा; during the holidays we are ~ छुट्टियों के दौरान हम ≈ रहते हैं. **6.** (open) खुला, निर्बाध, सर्वसुलभ : ~ competition निर्बाध/खुली प्रतियोगिता^{F}; ~ enterprise निर्बाध उद्यम; ~ market निर्बाध बाज़ार; ~ trade निर्बाध व्यापार; the road is ~ to all सड़क सभी के लिए खुली है; a free choice बेरोक पसंद^F; you can make ~ use of anything तुम किसी चीज़^{F} का खुला इस्तेमाल कर सकते हो. **7.** (licentious) स्वच्छंद, स्वेच्छाचारी : a ~ youngman ≈ युवक. **8.** दानी, मुक्तहस्त : he is ~ with his money वह खर्च करने में मुक्तहस्त है. **9.** निःशुल्क : ~ education ≈ शिक्षा^{F}. **10.** (various meanings in contexts) ~ city अंतर्राष्ट्रीय नगर; ~ **handed** उदार; ~ **hold** माफ़ी ज़मीन; ~ **holder** माफ़ीदार; ~ speech वाक्स्वातंत्र्य; ~ **translation** भावानुवाद; ~ verse छंदमुक्त पद्य; ~ **will** संकल्प स्वातंत्र्य. **freedom** . फ्री'डम *n.* **1.** स्वतंत्रता^{F}, आज़ादी^{F}, स्वातंत्र्य : ~ of a country किसी देश की स्वतंत्रता/आज़ादी; to fight for ~ ≈ के लिए लड़ना; ~ of association सभाएँ स्थापित करने की स्वतंत्रता; ~ of conscience अंतःकरण की स्वतंत्रता; ~ of expression (विचार) अभिव्यक्ति की स्वतंत्रता; ~ of press समाचार-पत्रों की स्वतंत्रता; ~ of speech भाषण की स्वतंत्रता; ~ of city नागरिक अधिकार (सम्मानार्थ प्रदान की गई नागरिकता^{F}); ~ of seas समुद्री ≈; we were fighting for ~ हम स्वतंत्रता के लिए लड़ रहे थे; they demanded complete ~ उन्होंने पूर्ण स्वतंत्रता की माँग^F की; ~ fighter स्वतंत्रता सेनानी. **2.** मुक्ति^{F} : ~ **from** want अभाव से मुक्ति; ~ from cares चिंताओं^{F} से ≈; ~ from fear भय से ≈. **3.** (exemption) छूट^F : he has been given ~ of the library उसे पुस्तकालय में छूट दी गई. [*ant.* slavery] **4.** (facility) स्वाभाविकता^{F}, उन्मुक्तता^{F}, आसानी : he spoke with great ~ वह स्वाभाविक/उन्मुक्त ढंग से बोला.

freeze फ्रीज़ **I.** *v.i.* (froze, frozen) **1.** जमना, जमकर बर्फ़^{F} बनना : the lake has frozen झील जम गई है; water ~s when it is very cold पानी बहुत ठंडा होकर जम जाता है; the water froze over the river नदी में पानी जमकर बर्फ बन गया. [*ant.* melt] **2.** ठंडे पड़ना : my hands and feet are ~zing मेरे हाथ-पैर ठिठुर रहे हैं; he was frozen to death वह ठंड^F से मर गया; this room is freezing यह कमरा ठंड से जम रहा है; it is ~zing ठंड पड़ रही है. **3.** (stiffen) अकड़ना, कड़ा हो जाना : his body was frozen उसका शव अकड़ गया था; the skin froze चमड़ा अकड़ गया. **II.** *v.t.* **1.** जमाना, जमाकर बर्फ़ बनाना : if you ~ water it becomes ice पानी को जमाएँ तो बर्फ़^{F} बन जाता है. **2.** to ~ prices कीमतें स्थिर करना; wages have been frozen मज़दूरी स्थिर कर दी गई है. **3.** अनुपलभ्य बनाना, रोक^F लगाना : to ~ assets बैंक में जमा-पूँजी निकालने पर रोक लगाना : to ~ the prices भाव बढ़ने न देना, मूल्यवृद्धि^{F} रोकना; ~zing of stocks माल को कब्जे में लेना.

freight फ्रेट **I.** *v.t.* to ~ a ship जहाज़ पर माल लादना; जहाज किराये पर देना या लेना : to ~ a vessel जहाज किराये पर देना/लेना. **II.** *n*^{u}. **1.** (माल) भाड़ा, वहन-शुल्क : ~ charges भाड़ा; parcel ~ पार्सल का ≈; ~ rates माल-भाड़े की दरें^{F}. **2.** भार : ~ of goods माल का ≈. **3.** (cargo) (जहाज़ी) माल : duty on ~ ≈ पर का शुल्क.

French फ्रेंन्च *a.* फ्रांसीसी, फ्रेन्च [language भाषा, man पुरुष, people लोग, woman स्त्री] *n.* he is a ~ वह ≈ है; the ~ are people of France फ्रांसीसी फ्रांस के लोग हैं; ~ is the language they speak ≈ भाषा है जो वे बोलते हैं; ~ leave is leave taken without permission ≈ छुट्टी वह है जो बिना पूछे (बिना आज्ञा के) मना ली जाती है; ~ **leather** निरोध.

frequent फ़्री क़्वन्ट **I.** *a.* **1.** निरंतर, लगातार, बार-बार होने वाला [happenings घटनाएँ, mistake गलती, rounds चक्कर, visits आना-जाना]. **2.** (common) आम : accidents have become ~ दुर्घटनाएँ ≈ हो गई हैं; he was a ~ visitor वह अक्सर आता रहता था. **II.** *v.t.* प्रायः जाना, बारंबार जाना. [*ant.* rare, infrequent] **frequently** फ़्री'क्वन्टलि *adv.* बारंबार, प्रायः, बहुधा : I have ~ visited Delhi मैं दिल्ली प्रायः आया-गया हूँ; he was ~ seen there वह वहाँ ≈ देखा गया; the word is ~ used इस शब्द का प्रयोग ≈ किया जाता है; I ~ remind him of my book मैंने उसे ≈ अपनी पुस्तक की याद दिलाई. [*ant.* seldom]

fresh फ़्रेश *a.* **1.** नया, ताज़ा [complexion चेहरा, facts तथ्य, horse घोड़ा, idea विचार, news समाचार]; she took a ~ sheet of paper उसने कागज की एक नई शीट ली. **2.** नया, नवीन [chapter अध्याय, paragraph अनुच्छेद]; take a ~ sheet of paper कागज़ का एक ≈ ताव लें; to throw a ~ light on smth किसी बात^F पर नया प्रकाश डालना. **3.** (not stale) ताज़ा, हरा-भरा [bread रोटी^{F}, cheese पनीर, eggs अंडे, fruit फल, meat मांस, milk दूध, vegetables सब्जियाँ]; ~ air is clean ताज़ा हवा साफ़ होती है; we like ~ milk and ~ air हम ≈ दूध और हवा पसंद करते हैं; the event is still ~ in my mind मेरे मस्तिष्क में घटना^{F} अब भी ≈ है. **4.** (vigorous) चुस्त, ताज़ादम, चुस्त-दुरुस्त : I walked four miles and still felt ~ मैं चार मील चला गया और अब भी ≈ महसूस करता हूँ. **5.** (inexperienced) कच्चा, अनुभवहीन : ~ hands ≈ कर्मी. **freshen** फ़्रे'शन *v.t.i.* ताज़ा करना : *v.i.* ताज़ा होना, ताज़ादम होना : to ~ oneself with a wash स्नान करके स्वयं को ताज़ा करना; let me ~ my memory अपनी याद्दाश्त को ताज़ा कर लूँ; wind is ~ing हवा ताज़गी देने वाली है; flowers ~ after rain वर्षा के बाद फूल ताजा हो जाते हैं. **freshness** फ़्रे'श्'निस *n.* ताज़गी^{F} : the flowers are blooming with full ~ फूल पूरी ≈ के साथ खिल रहे हैं.

fret फ़्रेट **I.** *v.t.i.* (fretted, fretting) **1.** (chafe) चिढ़ना, कुढ़ना, खीझना, क्षुब्ध करना या होना : to ~ the heart by care चिंता से मन में खीझ पैदा करना, मन को क्षुब्ध करना; to ~ at/over her acts उसके कार्यों पर चिढ़ना; to ~ and fume खीझना और झल्लाना; you have nothing to ~ about खीझने की कोई बात^F नहीं है. **2.** (gnaw) कुतरना, काटना, खा लेना : a river ~s its banks नदी^{F} अपने किनारों को काटती है; trouble is ~ting away his strength कष्ट उसके शरीर को खाए जा रहा है; the horse ~s its bit घोड़ा अपने लगाम का दहाना चबाता है. **II.** *n*^{c}. चिढ़^{F}, खीझ^F, कुढ़न^F : he shouted with a ~ वह खीझकर चिल्लाया; to be in a ~ खीझना, कुढ़ना.

Fri. Friday.

friction फ़्रिक्'शन *n*^{u}. **1.** रगड़^{F}, घर्षण; ~ of the wheel with a mud guard पहिये की कीचरक्षक से ≈; there is ~ when you strike a match जब तुम माचिस जलाते हो तो रगड़ पैदा होती है. **2.** (conflict) अनबन^F, रगड़ा-झगड़ा : there is ~ between the two partners दो साझेदारों में कोई ≈ है.

Friday फ़्राइ'डे *n*^{c}. शुक्रवार, जुम्मा : it has not rained since ~ ≈ से बारिश^F नहीं हुई है; Good Friday is the ~ before Easter गुड फ़्राइडे ईस्टर से पहला ≈ होता है; ~ prayer जुम्मे की नमाज़; after Thursday comes ~ बृहस्पतिवार के बाद ≈ आता है; she comes here on Fridays वह ≈ के शुक्रवार यहाँ आती है.

friend फ़्रेन्ड *n*^{c}. मित्र, दोस्त; (fem. सहेली) [close घनिष्ठ, dear प्रिय, devoted भक्त, good अच्छा, new नया, old पुराना, real सच्चा/वास्तविक, true सच्चा]; she is a ~ of mine वह मेरी सहेली है; my dear ~ मेरे प्रिय ≈; a ~ of the poor गरीबों का ≈; a ~ of charitable missions धमार्थ मिशन का हितैषी; she has many ~s उसके बहुत-से मित्र/हितैषी हैं; he abandoned his ~s उसने अपने मित्रों को छोड़ दिया; they became his great ~ वे उसके पक्के ≈ बन गए; to make ~ with smb किसी से मित्रता^{F} या दोस्ती^{F} करना; she quickly made ~s will all girls उसने तेज़ी से सब लड़कियों से मित्रता कर ली;

have you made ~s with anyone here क्या तुमने यहाँ किसी को मित्र बनाया है ? [*ant.* foe] Δ **a ~ in need is a ~ indeed** दोस्त वह जो विपत्ति में काम आए; **a ~ to all is ~ to none** सब का दोस्त किसी का दोस्त नहीं होता. **friendly** फ्रेन्ड्'लि *a.* **1.** मित्रतापूर्ण, दोस्ताना [action कार्य, advice सलाह[F], attitude रुख़/व्यवहार, game खेल, look दृष्टि[F], talk बातचीत[F]]; ~ nations मित्र राष्ट्र; we are on ~ terms हमारे ≈ संबंध हैं; he took my arm in a ~ way उसने मेरी बाँह ≈ ढंग से थामी; we have ~ relations with many countries बहुत-से देशों से हमारे ≈ तालुकात हैं; they have been ~ for years वे वर्षों मित्र रहे हैं. [*ant.* hostile] **2.** ~ person, neighbour हितैषी व्यक्ति, पड़ौसी. **friendship** फ्रेन्ड्'शिप *n*[c]. मित्रता[F], मैत्री[F] [closest घनिष्ठ, firm दृढ़, long standing काफ़ी समय की, warm हार्दिक, growing बढ़ती]; their ~ lasted all their lives उनकी ≈ ज़िंदगी भर चली; to promote ~ ≈ बढ़ाना; there is not much ~ between us हम लोगों के बीच अधिक ≈ का भाव नहीं है; ~ is the salt of life ≈ ज़िंदगी का मज़ा है; there is great ~ between the two families दोनों परिवारों में बहुत भारी ≈ है. [*ant.* enmity]

fright फ्राइट *a.* भय, डर, दहशत[F] : to have ~ डरना; to give ~ डराना, चौंकाना : you gave me such a ~ तुमने मुझे इतना डरा दिया (चौंका दिया); the collision gave me a ~ टकराहट[F] से मुझे ≈ लगा; I took ~ and ran away मुझे ≈ लगा और मैं भाग गया. **frighten** फ़्राइ'टन *v.t.* डराना, भयभीत करना, घबरा देना, दहशत[F] दिलाना : to be ~ed by noise शोर से घबरा जाना; did you ~ him into accepting his mistake क्या तुमने उसे डराकर गलती[F] मनवाई; to ~ the child बच्चे को डराना; how did you ~ him? तुमने उसे कैसे डराया; to ~ away naughty boys शरारती लड़कों को डराकर भगा देना. [*ant.* embolden] **frightened** फ़्राइ'टन्ड *a.* भयभीत, त्रस्त [child बच्चा, horse घोड़ा, people लोग]; I was ~ by the dog मैं कुत्ते से ≈ था; I got ~ when the dog rushed at me जब कुत्ता मुझ पर लपका तो मैं ≈ हो गया; she is so ~ that she cannot speak वह इतनी ≈ है कि बोल नहीं सकती; do not be ~ डरो मत, भयभीत न हो; she looked ~ वह ≈ दिखाई दी; I am not at all ~ मैं तनिक भी भयभीत नहीं हूँ. **frightful** फ्राइट्'फुल *a.* डरावना, भयंकर, भीषण [accident दुर्घटना[F], noise शोर, pain दर्द/पीड़ा[F], tempest तूफ़ान].

frigid फ्रि'जिड *a.* **1.** शीत, बहुत ठंडा [climate जलवायु, weather मौसम, zone अंचल]. **2.** (apathetic) भावहीन, भावशून्य, उदासीन [manner ढंग, smile मुस्कान[F], style शैली[F], welcome स्वागत]. **3.** (sexually cold) मंदकाम, ठंडा : ~ woman ठंडी औरत; ~ male ठंडा नर [*ant.* warm]

fringe फ्रिंज **I.** *n*[c]. **1.** किनारा, सिरा, छोर : on the ~s of a city नगर के किनारों पर. **2.** झब्बा, कन्नी[F], किनारी[F] : ~ of a saree or shawl साड़ी[F] या शाल की किनारी. **II.** *v.t.* **1.** किनारे-किनारे होना, छोर पर होना, आस-पास होना : there are several colonies ~ging Delhi दिल्ली के आस-पास कई कालोनियाँ[F] हैं. **2.** झालर लगाना : to ~ a pillow case तकिए के गिलाफ़ में ≈.

fro फ्रो *adv.* to and ~ इधर-उधर, आगे-पीछे; the pendulum moves to and ~ (घड़ी का) लोलक इधर-उधर हिलता है.

frock फ्रॉक *n*[c]. **1.** फ्राक [child's बच्चे का, cotton सूती, girl's लड़की का, light हलका, silken रेशमी]; to wear a woollen ~ ऊनी ≈ पहनना. **2.** (coat) चोगा, लबादा : priest's ~ पादरी का ≈.

frog फ्रॉग *n*[c]. मेंढक : ~s crock ≈ टर्राते हैं; ~s swim in the pond ≈ पोखरे में तैरते हैं.

from फ्रॉम *prep.* **1.** से : she came ~ the market वह बाज़ार से आई; ~ top to toe सिर से पैर तक; ~ morning to evening सुबह से शाम तक; ~ time to time समय-समय पर; the aircraft flew ~ London to Paris विमान लंदन से पेरिस के लिए उड़ा; ~ start to finish शुरू से अंत तक; away ~ home घर से दूर; to go ~ a room कमरे से जाना; to know ~ experience अनुभव से ज्ञान प्राप्त करना; to get down ~ a train गाड़ी से उतरना; he was suffering ~ cold वह जुकाम से पीड़ित था; he had translated a book ~ Russian into Hindi उसने रूसी से हिंदी में एक किताब^F का अनुवाद किया था; he is ~ Australia वह आस्ट्रेलिया से आया है; I got a letter ~ my brother मैंने अपने भाई से एक पत्र पाया, मुझे अपने भाई से एक पत्र मिला; ~ A to Z आदि से अंत तक; ~ now on आज से, आगे से; ~ that very moment उसी क्षण से; I lived there ~ 1945 to 1950 मैं वहाँ 1945 से 1950 तक रहा; to prevent smb ~ doing smth किसी को कुछ करने से रोकना; to refrain ~ से बाज आना; he was exempted ~ duty उसे ड्यूटी से छूट^F दे दी गई; she parted ~ him वह उससे विलग हो गई; subtract four ~ ten दस में से चार घटाओ; it is different ~ that यह उससे भिन्न है; wine is made ~ grapes शराब^F अंगूरों से बनती है; ~ the first day प्रथम दिन से; ~ place to place एक स्थान से दूसरे स्थान पर; I borrowed a book ~ her मैंने उससे मंगनी^{F} की किताब ली; it is far ~ there यह वहाँ से दूर है; you can see the tower ~ everywhere तुम हर जगह टावर देख सकते हो; to take advice ~ doctor डाक्टर से सलाह^F लेना; to learn ~ study अध्ययन करने से सीखना; ~ my point of view मेरे दृष्टिकोण से; he took the boy ~ his mother उसने लड़के को उसकी माँ से लिया. **2.** (other prepositions in Hindi) ~ time to time समय-समय पर; ~ day to day दिन-प्रतिदिन; I cannot tell him ~ his brother मैं दोनों भाइयों में कोई अंतर नहीं बता सकता. **3.** (with other prepositions) ~ above ऊपर से; ~ across पार से; ~ a far दूर से; ~ among में से: ~ among the crowd भीड़ में से; ~ before पहले से; ~ beneath नीचे से; ~ beyond पार से; ~ inside भीतर से; ~ off पर से; ~ out of में से; ~ outside ब़ाहर से; ~ over the sea समुद्र पर से; ~ under/underneath नीचे से; ~ within भीतर से; ~ without बाहर से. [*ant.* to]

front फ्रन्ट **I.** *n*^{c}. **1.** अग्र, सामना, आगा, अगवाड़ा : the ~ of a house घर का अग्र भाग या अगवाड़ा; a house on the sea-~ समुद्र के अगवाड़े का घर; to come to the ~ आगे आना. **2.** (of army) मोर्चा; to go to the ~ मोर्चे पर जाना ; at the ~ मोर्चे पर; in ~ of के आगे, के सामने : a man marched in ~ of the house एक आदमी ने घर के सामने से मार्च किया; bring them ~ to ~ उन्हें आमने-सामने लाओ; he stopped in ~ of me वह मेरे सामने रुका; I could not see anything in ~ of me मैं अपने सामने कुछ न देख सका; the book is in ~ of you पुस्तक तुम्हारे सामने है. **II.** *a.* **1.** आगे का, सामने का [door दरवाज़ा, page पृष्ठ, view दृश्य]. **2.** अगला : ~ benches (संसद् में) अगली बेंचे; ~ rank अगली पंक्ति^{F}; ~ page news मुख पृष्ठ का समाचार, ख़ास समाचार. [*ant.* rear, back] **III.** *v.t.* सामने या सम्मुख होना : that window ~s the garden वह खिड़की^{F} बाग में खुलती है. **frontier** फ्रन्'टिअर *n.* सीमा^{F}, सीमांत प्रदेश, सरहद : ~s of a country किसी देश की सीमाएँ; Germans crossed the French ~ जर्मन लोग फ्रांस की सीमा पार कर गए; the ~ follows the river सीमा^{F} नदी^{F} के साथ-साथ चली गई है; soldiers guard the ~s of the nation सैनिक देश के सीमाओं की रक्षा करते हैं. ~ **guards** सीमा-रक्षक; ~ **post** सीमांत चौकी^{F}; ~**village** सीमांत गाँव; ~**sman** सीमांतवासी.

frost फ्रॉस्ट **I.** *n*^{c}. **1.** तुषार, पाला : there is ~ on the grass घास^F पर ~ पड़ा है; the ~ on the flowers killed them पाले ने फूलों को मार (सुखा) दिया; there is a ~ when the temperature is below freezing point जब तापमान हिमांक से नीचे होता है तो ~ पड़ता है. **2.** (cold) शीत, सरदी^{F}, ठंड^F, रूखापन : the party was a ~ पार्टी^{F} रूखी थी; ~-bite पाले के कारण किसी अंग का बेकार हो जाना; ~-bitten पाले का मारा हुआ. **II. 1.** पाला मारना : wheat crop is ~ गेहूँ की फ़सल^F को पाला मार गया. **2.** पाले से गल जाना : the fingers of the mountaineers were ~ पर्वतारोहियों की उंगलियाँ^{F} पाले से गल गईं. **frosty** फ्रास्'टि *a.* **1.** बहुत ठंडा : ~ wind बहुत ठंडी हवा^{F}; ~ evening बहुत ठंडी शाम^F.

2. तुषाराच्छादित : ~ grass ≈ घास; a ~ night एक ≈ रात्रि^F; ~ behaviour or reception रूखा व्यवहार या स्वागत.

froth फ़्रॉथ *n.* 1. झाग^F, फेन : beer ~ बियर का फेन; sea ~ समुद्री ≈; ~ of the horse's mouth घोड़े के मुँह का ≈; a mad dog's ~ पागल कुत्ते का ≈. 2. बकवाद : all he said was ~ उसने जो कुछ कहा सब ≈ था. 3. (rubbish) रद्दी माल : all these goods were just ~ यह सारा माल रद्दी था. **frothy** फ़्रॉ'थि *a.* झागदार, फेनिल [beer बियर, milk दूध, water पानी].

frown फ़्राउन I. *n*^c. त्यौरी^F : there was ~ on her forehead उसके माथे पर ≈ थी; he met me with a ~ वह मुझसे ≈ चढ़ाते मिला. II. *v.t.* 1. त्यौरी चढ़ाना या बदलना, भौंहें^F चढ़ाना : he ~ed trying to remember something उसने कुछ याद करने की कोशिश में त्यौरी चढ़ाई. 2. खीझना, अप्रसन्नता प्रकट करना : to ~ on/at gambling जुआ पर नाराज़गी प्रकट करना; he ~ed at the noisy children उसने शोर करने वाले लड़कों पर खीझ^F प्रकट की.

frozen फ़्रो'ज़न *a.* (from 'freeze') 1. जमा हुआ : ~ milk जमा हुआ दूध; ~ brook ≈ नाला; it is ~ water यह ≈ पानी है. 2. (fig.) अवरुद्ध : ~ bank account ≈ बैंक खाता.

frugal फ़्रू'गल *a.* 1. (economical) मितव्ययी, अल्पव्ययी : to be ~ with time and money समय और धन का मितव्यय करना; a ~ housewife ≈ गृहिणी. [*ant.* extravagant] 2. (simple) सादा, साधारण [meal भोजन].

fruit फ़्रूट *n.* (*pl.* no change in form) 1. फल [dry सूखा, fresh ताज़ा, green हरा, juicy रसदार, ripe पका हुआ, rotten सड़ा हुआ, spoiled ख़राब, sweet मीठा]; ~ is good to eat ≈ खाने में अच्छा है; to grow ~ ≈ उगाना; to pick (pluck) ~ ≈ तोड़ना; to live on ~ ≈ खाकर जीना; there is plenty of ~ in the market बाज़ार में ढेरों ≈ हैं; you should eat more ~ तुम्हें और अधिक ≈ खाने चाहिए. 2. (also *pl.*) (result) फल, परिणाम, नतीजा : ~s of labour परिश्रम का ≈. 3. to enjoy the ~s of hard work कठिन परिश्रम के लाभ का आनंद लेना. 4. आय^F, आमदनी^F : ~ of industry उद्योग से आय; to bear ~ (a) फल आना; (b) परिणाम निकलना. **fruitful** फ़्रूट्'फुल *a.* 1. उपजाऊ, उर्वर : ~ soil उपजाऊ भूमि^F. 2. लाभदायक, हितकर : ~ discussion लाभदायक परिचर्चा^F. 3. फलदायक [tree पेड़, year वर्ष] : it was his ~ effort यह उसका सफल प्रयास था. **fruitless** फ़्रूट्'लिस *a.* निष्फल, विफल, बेकार, व्यर्थ, बेअसर : all his efforts were ~ उसके सारे प्रयास विफल हो गए या व्यर्थ गए; it is ~ to go there वहाँ जाना बेकार है.

frustrate फ्रस्'ट्रेट *v.t.* 1. विफल करना, व्यर्थ/बेकार करना : to ~ an attempt प्रयास ≈; he ~d my plans उसने मेरी योजनाओं^F को विफल कर दिया; to ~ a purpose उद्देश्य व्यर्थ करना; to ~ somebody's wishes, hopes किसी की इच्छाओं^F, आशाओं^F पर पानी फेर देना. 2. हतोत्साहित करना : to be ~d by bad weather ख़राब मौसम के कारण हतोत्साहित होना; to ~ a person from doing something किसी व्यक्ति को कुछ करने से ≈. **frustration** फ़्रसट्रे'शन *n*^c/u. निराशा^F, कुंठा^F, आशाभंग : ~ of one's opponents विरोधियों का आशाभंग; he had a feeling of ~ उसमें कुंठा की भावना^F थी.

fry फ़्राइ I. *v.t.* तलना, भूनना : to fry or boil eggs अंडे तलना या उबालना; to ~ fish मछली ≈. II. *n*^c. (young fish) पोना : salmon ~ सामन मछली के पोने.

ft. foot, feet.

fuel फ़्यू'अल I. *n*^c/u. ईंधन, जलावन [chemical रासायनिक, solid ठोस]; oil is liquid ~ तेल एक द्रव ≈ है; consumption of ~ ≈ की खपत^F. Λ **this simply added ~ to his anger** इसने बस उसके क्रोध की आग पर तेल का काम किया, क्रोध को भड़काया; **he added fresh ~ to the quarrel** उसने झगड़े को और भड़काया. II. *v.t.* (fuelled) ईंधन भरना, तेल या कोयला भरना : to ~ an engine इंजन में कोयला भरना; to ~ a ship जहाज़ में तेल भरना.

fugitive फ़्यू'जॅटिव़ I. *a.* 1. भगोड़ा, फ़रारी, भागा हुआ [debtor कर्ज़दार, man आदमी, slave दास, soldier सैनिक]. 2. (fleeting)

क्षणभंगुर, अस्थायी [happiness सुख, idea विचार, literature साहित्य, thought विचार]. **3.** कच्चा : ~ colour ≈ रंग. **II.** *n*^c^. भगोड़ा, फ़रार, पलायक : ~ from justice, battle न्याय, लड़ाई से भागनेवाला; the ~ was at last apprehended अंततः ≈ पकड़ा गया.

-ful *suff.* (makes adj). awful, beautiful, helpful, shameful, harmful, careful, dreadful, fruitful, etc.

fulfil फ़ुल्फ़िल' *v.t.* **1.** पूरा करना : to ~ a task किसी काम को ≈; your desires have been ~led तुम्हारी इच्छाएँ^F पूरी हो गईं हैं; to ~ a condition शर्तें^F पूरी करना; to ~ a promise वचन पूरा करना; to ~ a prophecy भविष्यवाणी^F पूरी करना. **2.** पालन करना : to ~ one's duty अपने कर्तव्य का ≈. **fulfilment** फ़ुल्फ़िल्'मन्ट *n*^c^. पालन, पूर्ति^F, निर्वाह : ~ of condition शर्त की पूर्ति; ~ of duty कर्तव्य का पालन. **full** फ़ुल **I.** *a.* पूर्ण, पूरा [account विवरण, cup प्याला, description वर्णन, details ब्यौरा, hall हाल, moon चाँद, view दृश्य]; ~ plate पूरी प्लेट^F; ~ blown (flower) पूरा खिला हुआ (फूल); ~ time पूरे दिन का, पूर्णकालिक; ~ timer पूर्णकालिक कर्मचारी; ~ silence पूरी शांति^F; ~ three days पूरे तीन दिन; write your ~ name and address अपना पूरा नाम और पता लिखिए; we put a ~ stop at the end of every sentence हम प्रत्येक वाक्य के अंत में पूर्ण विराम लगाते हैं; we had to wait a ~ hour हमें पूरा एक घंटा इंतज़ार करना पड़ा; eyes ~ of tears अश्रुपूर्ण आँखें^F; I got ~ marks for this answer मुझे इस उत्तर में पूर्ण अंक मिले. **2.** भरा हुआ : ~ to the brim सिरे तक ≈; a store ~ of furniture फर्नीचर से ≈ स्टोर; the room is ~ कमरा भरा है; cinema hall was ~ सिनेमा हाल ≈ था; my heart was ~ मेरा हृदय (करुणा से) भर गया, मेरा हृदय भावाभिभूत था; one box is empty, the other is ~ एक संदूक ख़ाली है दूसरा भरा है. [*ant.* empty] **3.** (other meanings in contexts) ~ age वयस्कता^F; ~ back पीछे का खिलाड़ी; ~ blooded सगा : ~ blooded brother सगा भाई. **II.** *adv.* **1.** (fully) पूर्णतया, भरपूर, पूरा-पूरा, ठीक-ठीक. **2.** (very) अत्यधिक : I know him ~ well मैं उसे बहुत अच्छी तरह^F जानता हूँ. the car was going at ~ speed कार अत्यधिक गति में जा रही थी. **fully** फ़ुलि *adv.* पूरी तरह^F : she agreed ~ वह ≈ सहमत हो गई; I am ~ aware मैं ≈ जागरुक/परिचित हूँ; ~ satisfactory work संतोषजनक कार्य. [*ant.* partly]

fume फ़्यूम **I.** *n*^c^. **1.** धूम, धुआँ : factory ~ कारख़ाने का ≈; ~ of tobacco तम्बाकू का ≈; ~s of a coke fire कोक (कोयले) की आग^F का ≈. **2.** (vapour) भाप^F, वाष्प : ~ of a medicine दवा^F की ≈. **3.** (anger) क्रोध, गुस्सा : he is in ~ वह गुस्से में है. **II.** *v.t.* **1.** धुआँ देना = fumigate *q.v.* **2.** क्रोध करना, आग बबूला होना या हो जाना : to ~ at delay विलम्ब होने पर क्रुद्ध हो जाना. **fumigate** फ़्यू'मिगेट *v.t.* **1.** धुआँ देना/करना : to ~ room after illness बीमारी^F के बाद कमरे में धुआँ करना. **2.** (perfume) सुगंधित करना, महकाना : to ~ clothes कपड़ों को ≈.

fun फ़न *n.* **1.** हँसी-मज़ाक : we had a lot of ~ at the party पार्टी^F में हम लोगों ने बहुत ≈ किया; what is the ~ in going alone अकेले जाने में क्या ≈ है; the question was asked in ~ प्रश्न ≈ में पूछा गया था; they made a ~ of his ideas उन्होंने उसके विचारों का ≈ उड़ाया; to poke ~ at smb किसी का ≈ उड़ाना; he said this in ~ उसने यह ≈ में कह दिया; do not make ~ of him उसका ≈ न उड़ाओ. **2.** आमोद-प्रमोद, मज़ा : to have ~ ≈ करना, मज़ा लूटना; it was a great ~ बड़ा मज़ा आया; to spoil the ~ ≈ किरकिरा कर देना.

function फ़ङ्क्'शन **I.** *n*^c^. **1.** (action) कार्य, काम [daily दैनिक, important महत्वपूर्ण]; the ~ of education is to train the mind शिक्षा का ≈ है मन को प्रशिक्षित करना; ~ of a knife is to cut चाकू का ≈ है काटना; the ~ of the ear is to hear कान का ≈ है सुनना; the ~ of the doctor is to cure डॉक्टर का ≈ इलाज करना है; the ~ of the heart is to propel blood through the body हृदय का ≈ शरीर से होकर रक्त को ढकेलना है; that machine does not ~ वह मशीन ≈ नहीं करती है; the radio is out of ~ रेडियो

बिगड़ा हुआ है. **2.** (duty) कर्तव्य : he never follows his ~s वह अपने कर्तव्यों का पालन कभी नहीं करता है. **3.** (ceremony) समारोह : I had to attend a ~ मुझे एक ≈ में सम्मिलित होना था; the school prize-giving is an important ~ विद्यालय का पुरस्कार-वितरण एक महत्वपूर्ण ≈ है. **II.** *v.t.* काम करना, काम देना : the telephone does not ~ टेलीफोन काम नहीं करता; Mr. A is ~ing in place of Mr. B श्री अ श्री ब के स्थान पर काम कर रहे हैं. **functionary** फ़ङ्क्'शॅनरि *n*[c]. कर्मचारी, कार्यकर्ता : a ~ of law विधि कर्मचारी.

fund फ़ंड *n*[c]. **1.** निधि[F], कोष, फ़ंड : provident ~ भविष्य निधि; public ~ सार्वजनिक ≈; sinking ~ निक्षेप ≈; ~ for blind अंधों के लिए ≈; to utilize the ~ ≈ का उपयोग करना; he is in ~ वह मालदार है; she is out of ~ उसके पास पैसा नहीं है. **2.** भंडार : ~ of information, knowledge, जानकारी[F], ज्ञान का ≈.

fundamental फ़न्डॅमें'न्'टल **I.** *a.* मूल, मौलिक : ~ change ≈ परिवर्तन; ~ difference ≈ अंतर; ~ note (music) ≈ स्वर; ~ rights ≈ अधिकार; ~ rules ≈ नियम; the question is ~ प्रश्न ≈ है. **II.** *n. pl.* मूल सिद्धांत : ~s of physics भौतिकी के ≈; they agree on ~s वे मूल सिद्धांतों पर सहमत हैं.

funeral फ़्यू'नरॅल *n*[c]. **1.** अंत्येष्टि[F] : ~ rites ≈ संस्कार; his ~ was performed yesterday कल उसकी ≈ की गई. **2.** (procession) शवयात्रा[F] : to attend a friend's ~ मित्र की ≈ में सम्मिलित होना.

fungus फ़ॅङ्'गस *n.* (*pl.* fungi, funguses) **1.** फफूंदी[F], फ़ंगस, भुकड़ी[F] : ~ has settled on the fruit फलों पर ≈ जम गई है. **2.** (mushroom) कुकुरमुत्ता, खुम्मी[F]; some fungi are poisonous कुछ कुकुरमुत्ते ज़हरीले होते हैं.

funnel फ़'नल *n*[c]. **1.** कीप[F], छुच्छी[F] : ~ for pouring oil in a bottle बोतल[F] में तेल डालने की ≈. **2.** (chimney) धुँआकश, धुँआरा, चिमनी[F] : now there is no need of a ~ in the kitchen रसोईघर में अब ≈ की कोई आवश्यकता[F] नहीं है.

funny फ़'नि *a.* **1.** हास्यकर, हास्यजनक [child बच्चा, song गीत, story कहानी[F]]; a ~ story makes you laugh एक ≈ कहानी तुम्हें हँसाती है; I thought the play would be very ~ मैंने सोचा कि खेल बहुत ≈ होगा. **2.** विचित्र, विलक्षण, अजीब [idea विचार, taste स्वाद/रुचि[F]]; that is a ~ way to talk वह बातचीत[F] करने का ≈ ढंग है; he gave a ~ reply उसने एक ≈ उत्तर दिया; there is nothing ~ about it इसमें कुछ भी आश्चर्य/विलक्षणता नहीं है. **3.** (humorous) मज़ाकिया : he is a ~ fellow वह ≈ आदमी है.

fur फ़र *n.* लोमचर्म, समूर [bushy घना, expensive महँगा, smooth चिकना, warm गर्म]; beaver's ~ ऊदबिलाव का ≈; cats are covered with soft ~ बिल्लियाँ मुलायम ≈ से ढँकी होती हैं; they deal in ~ वे ≈ का व्यापार करते हैं. [*as distinct from* fir]

furious फ़्युअ'रिअस *a.* (from 'fury') **1.** अतिक्रुद्ध, प्रकुपित : ~ dog ≈ कुत्ता. **2.** घोर, ज़ोरदार [battle युद्ध, struggle संघर्ष]. **3.** तीव्र, तेज़ [pace गति[F], storm तूफ़ान].

furlong फ़र्'लॉङ्ग *n*[c]. फ़रलांग (= 210

furl फ़र्ल *v.t.* समेटना, लपेटना : this umbrella does not ~ well यह छाता अच्छी तरह बंद नहीं होता; to ~ a flag झंडा लपेटना; the sail was ~ed पाल लपेटा गया; they ~ed the tent उन्होंने तंबू समेट लिया. [*ant.* un~]

metres) : his house is at a distance of four ~s from this place उसका घर इस स्थान से चार ≈ की दूरी[F] पर है.

furnace फ़र्'निस *n*[c]. **1.** भट्ठी[F], अंगीठी[F] : the fire in the ~ keeps this room warm ≈ की आग[F] इस कमरे को गर्म रखती है. **2.** (fig.) (severe trial) अग्निपरीक्षा[F], कठिन परीक्षा[F] : to be tried in the ~ of suffering दुःख रूपी ≈ लेना.

furnish फ़र्'निश *v.t.* **1.** ला देना, पहुँचाना : to ~ funds पैसा (ला) देना; to ~ a man with money and information किसी व्यक्ति को धन और सूचना पहुँचाना. **2.** देना : to ~ support समर्थन देना [tastefully सुरुचिपूर्वक, well अच्छी तरह]. **3.** (equip) सजाना : to ~

a house घर को ≈; to ~ a library with books पुस्तकालय में पुस्तकें लगाना; to ~ a room is to provide it with furniture किसी कमरे को सुसज्जित करना उसमें फ़र्नीचर लगाना है. **furnishings** फ़र्निशिङ्ज़ *n.* साज-सामान : ~ of an office कार्यालय का ≈.

furniture फ़र्'निचर *n.* फ़र्नीचर [antique पुराना, cheap सस्ता, expensive महँगा, heavy भारी, modern आजकल का, new नया, old-fashioned पुरानी किस्म^F^ का; simple साधारण]; a piece of ~ ≈ की कोई एक चीज़^F^; there is too much ~ in this room इस कमरे में बहुत ज़्यादा ≈ है; to buy ~ ≈ खरीदना; I don't deal in ~ मैं ≈ का व्यापार नहीं करता.

furrow फ़'रो **I.** *n.* **1.** कूँड़, हल-रेखा : to make ~ for seeds बीज के लिए ≈ बनाना. Δ **to plough a lonely ~** बिना किसी की सहायता के अकेले काम करते चलना. **2.** (wrinkle) झुर्री^F^, शिकन^F^ : ~ on the forehead माथे पर की झुर्रियाँ. **II.** *v.t.* **1.** हल चलाना : to ~ a field खेत पर ≈. **2.** झुर्रियाँ डालना, पड़ जाना : an old man's ~ed face किसी बूढ़े का झुर्रीदार चेहरा.

further फ़र्'दर **I.** *a.* (furthest) और, और आगे का, अगला : ~ end और आगे का सिरा; ~ improvement और सुधार; to obtain ~ information और जानकारी पाना; till ~ notice अगली नोटिस तक; we need no ~ help हमें और आगे सहायता की कोई आवश्यकता नहीं है; ~ discussion is useless और आगे बातचीत बेकार है; the ~ house is mine अगला घर मेरा है; he needs ~ aid उसे और सहायता की आवश्यकता है; he lives at the ~ house वह अगले घर में रहता है; wait for ~ news अगले समाचार का इंतजार करो; there will be no ~ enquiry और आगे जाँच नहीं होगी. **II.** *adv.* और आगे, इसके अतिरिक्त : I have nothing to say मुझे ≈ कुछ नहीं कहना है; don't go any ~ और आगे मत जाओ; come ~ आगे आओ; he went ~ into the investigation वह जाँच में आगे बढ़ता गया. **III.** *v.t.* आगे बढ़ाना : to ~ a movement आंदोलन को ≈; to ~ one's interest अपने हित को ≈. [*as distinct from* farther]

fury फ़्युअ'रि *n.* **1.** आवेश, रोष : to get into a ~ आपे से बाहर होना; he was in a ~ about it वह इस बारे में ≈ में था; to good smb into ~ ≈ दिलाना. **2.** (vehemence) ज़ोर, प्रचंडता^F^ : ~ of an attack आक्रमण का ज़ोर; ~ of the storm तूफान की ≈. [*a.* furious]

fuse फ़्यूज **I.** *n*^c^. **1.** पलीता, बत्ती^F^ : a ~ in a shell बम का ≈. **2.** (electr.) संगलक, फ़्यूज़ : ~ box ≈ बाक्स; ~ plug ≈ प्लग; when too much electricity is used, a special little piece of wire called a ~ melts and so cuts off the supply जब अत्यधिक बिजली का प्रयोग किया जाता है तो एक विशेष प्रकार का छोटा तार का टुकड़ा जिसे ≈ कहा जाता है पिघलता है और इस प्रकार आपूर्ति^F^ कट जाती है. **II.** *v.t.i.* **1.** (melt) गलना या गलाना, पिघलना या पिघलाना : the metal wire has ~d धातु का तार पिघल/गल गया है. **2.** (blend) मिला देना, एक कर देना; to ~ together two things दो चीज़ों^F^ को एक साथ मिला देना. **fusion** फ़्यू'ज़न *n*^u^. **1.** गलन, संगलन : ~ of metals धातों का गलना. **2.** (coalition) विलयन, विलय, विलयीकरण : a ~ of parties पार्टियों^F^ का विलय.

fuss फ़स **I.** *n*^u^. **1.** बतंगड़ : to make a ~ of smth बात^F^ का ≈ बनाना. **2.** उपद्रव : to kick up a ~ उपद्रव मचाना. **3.** घबराहट^F^ : to get into a ~ घबरा जाना. **II.** *v.i.* बात का बतंगड़ बनाना : to ~ about smth unimportant किसी महत्वहीन वस्तु के विषय में ≈. **fussy** फ़'सि *a.* **1.** बात का बतंगड़ बनाने वाला [person आदमी]; हुज्जतबाज़ : he is ~ about food वह खाने में हुज्जत^F^ करता है. **2.** ~ dress ठाठदार/भड़कीली पोशाक^F^.

fut. future.

futile फ़्यू'टाइल *a.* **1.** बेकार, व्यर्थ, निरर्थक [argument तर्क, attempt प्रयास, struggle संघर्ष, undertaking उपक्रम]. **2.** ~ person छिछोरा आदमी. **3.** (trifling) तुच्छ [activities कार्यकलाप, conduct आचरण]. **futility** फ़्यूटि'लिटि *n*^c^. **1.** व्यर्थता^F^ : ~ of effort प्रयास की व्यर्थता^F^. **2.** तुच्छता^F^ : ~ of smb's life किसी के जीवन की तुच्छता^F^.

future फ़्यू'चर **I.** *a.* भावी, आगामी [events घटनाएँ[F], generation पीढ़ी[F], life जीवन, work काम]; ~ wife भावी/होने वाली पत्नी; ~ delivery वायदे का भुगतान; ~ market वायदा बाजार. (gram.) ~ tense भविष्यत् काल. **II.** *n*[u]. **1.** भविष्य [bright उज्ज्वल, brilliant शानदार, happy सुखी, uncertain अनिश्चित, wonderful आश्चर्यजनक]; ~ will show that I am right ≈ बतायेगा कि मैं सही हूँ; don't worry about the ~ ≈ के बारे में चिंता[F] मत करो; fight for to better ~ अच्छे ≈ के लिए लड़ना; to make plans for the ~ ≈ के लिए योजनाएँ[F] बनाना; we know what lies in the ~ हम जानते हैं कि ≈ में क्या होनेवाला है; to foretell the ~ भविष्यवाणी[F] करना; in ~ भविष्य में, आइंदा; he has no ~ उसका कोई ≈ नहीं है. **2.** (*pl.* comm.) वायदे के सौदे : to deal in ~s वायदे के सौदे (सट्टा) करना. [*ant.* past]

-fy *suff.* makes verbs : beautify, classify, fortify, magnify, nullify, purify, qualify.

G, g

G. German, Gulf.

g. gallon, gram.

gabble गै'बल *v.i.* तेज़-तेज़ बोलना : don't ~ out/over your lessons अपने पाठ बहुत तेज़ी[F] से मत पढ़ो; don't ~, speak slowly तेज़ नहीं, धीरे बोलो.

gaberdine गै'बर्डीन *n.* **1.** लबादा : the beggars' ~ is very loose भिखारियों का ≈ बहुत ढीला होता है. **2.** गबरडीन (कपड़ा) : ~ for a coat कोट के लिए गबरडीन.

G. Ad. Government advocate.

gadget गै'जिट *n*[c]. छोटा-सा यंत्र या कल[F] : mother has a new ~ for opening tins टिन खोलने के लिए माँ के पास एक नया यंत्र है; mixie is a useful ~ मिक्सी उपयोगी यंत्र है; kitchens are now full of ~s रसोईघरों में छोटे-छोटे उपकरण भरे पड़े हैं.

gag गैग *v.t.* **1.** मुँह बन्द कर देना : to ~ a person किसी व्यक्ति का ≈. **2.** प्रतिबंध लगाना, रोक[F] लगाना, रोकना : to ~ the press प्रेस पर रोक/प्रतिबंध लगाना; to ~ a debate बहस[F] रोक देना.

gaiety गे'इटि *n*[c]. (from 'gay') **1.** प्रसन्नता[F], प्रफुल्लता[F], खुशी, उल्लास : to chill one's ~ किसी के उल्लास को ठंडा कर देना. **2.** (festivity) आमोद-प्रमोद, रंगरलियाँ : the holiday gaieties छुट्टियों की रंगरलियाँ[F]. **3.** (finery) तड़क-भड़क : what was the cause of ~ in the market बाजार में ≈ का क्या कारण था. [see gay, gaily]

gaily गे'लि *adv.* **1.** जिंदादिली[F] से, प्रफुल्लता[F] से : she sang ~ उसने प्रफुल्लता से गाया. **2.** तड़क-भड़क के साथ : she was ~ dressed वह भड़कीली पोशाक[F] में थी.

gain गेन **I.** *v.t.i.* **1.** पाना, प्राप्त करना : to ~ a favour किसी की कृपा[F] ≈; to ~ a prize पुरस्कार ≈; to ~ the share हिस्सा ≈; to ~ respect सम्मान अर्जित करना; what will you ~ by this इससे तुम्हें क्या मिलेगा ? he gained much experience उसने अधिक अनुभव अर्जित किया; what can we ~ by staying here यहाँ रुककर हम क्या प्राप्त कर सकते हैं; he ~ed many friends by his good manners उसने अपने सदाचरण से बहुत मित्र पा लिए; he gained possession of the property उसे संपत्ति[F] का कब्ज़ा मिल गया; the army ~ed the victory over the enemy सेना ने शत्रुओं पर विजय[F] प्राप्त कर ली. **2.** (win) जीतना : to ~ a suit at law मुकद्दमा जीत जाना : neither side could ~ the next game अगला खेल कोई भी नहीं जीत सका; to ~ by a majority of fifty votes पचास वोटों के बहुमत से ≈. **3.** (reach) पहुँचना : none could ~ the destination in time समय पर कोई भी गंतव्य तक न पहुँच सका; the ship ~ed the shore जहाज़ समुद्र-तट पर पहुँच गया; to ~ the top शीर्ष पर ≈. **4.** (progress) उन्नति करना : to ~ much in business व्यापार में बहुत ≈. **5.** आगे बढ़ना : to ~ through effort प्रयास से ≈. **6.** लाभ कमाना : he will ~ from such promises इस प्रकार के वादों से उसे लाभ पहुँचेगा. **7.** तेज़ चलना : my watch ~s two minutes a day मेरी घड़ी[F] एक दिन में दो मिनट तेज़ हो जाती है. **8.** (other meanings in contexts) to ~ a footing पाँव जमाना; to ~ ground प्रगति[F] करना; to ~ one's point जीतना (as in debate); to ~ the upper hand हावी होना. [*ant.* lose] **II.** *n*[c]. **1.** लाभ, नफ़ा : there is no ~ in going there वहाँ जाने का कोई ≈ नहीं है; ~ in business व्यवसाय में ≈; ~ in health स्वास्थ्य लाभ. **2.** (increase) वृद्धि[F] : ~ in weight वज़न में ≈. **3.** (acquisition) प्राप्ति[F] : this machine is a valuable ~ यह मशीन[F] एक बहुमूल्य ≈ है. [*ant.* loss]

gainful गेन्'फुल *a.* लाभकर [business धंधा, effort प्रयास, work काम].

gainsay गेन से' *v.t.* (gainsaid) 1. (deny) इंकार करना : he gainsaid his own statement उसने अपने ही बयान से इंकार कर दिया. 2. (contradict) प्रतिवाद करना, खंडन करना : these facts cannot be gainsaid इन तथ्यों का खंडन नहीं किया जा सकता. 3. (oppose) विरोध करना : I dare not ~ him मुझमें उसका विरोध करने का साहस नहीं है.

gala गे'ला, गा'ला I. *n*^c. उत्सव, समारोह : next Saturday is a ~ day अगला शनिवार ≈ का दिन है. II. (attributive) शानदार [day दिन, dress परिधान/पोशाक^F, night रात^F]

galaxy गै'लक्सि *n*^c. 1. आकाशगंगा^F : our ~ includes planets and stars हमारी ≈ में ग्रह और तारे हैं. 2. विशिष्ट मंडली^F : the ~ of intellectuals विद्वानों की ≈.

gale गेल *n.* झंझा^F, झक्कड़, आँधी^F, तूफ़ान : strong ~ ज़ोरदार आँधी/तूफान : this tree was blown down in the ~ आँधी ने इस पेड़ को बहाकर गिरा दिया.

gallant गै'लन्ट *a.* 1. वीर, बहादुर, प्रतापी [courtier दरबारी, knight नाइट, soldier सैनिक]; a ~ soldier is one who is brave and daring ≈ सैनिक वह है जो बहादुर और दिलेर होता है. 2. शानदार, भव्य [appearance चेहरा, display प्रदर्शन]. 3. (showy) to write in a ~ style भड़कीली शैली^F में लिखना. 4. (amorous) शृंगारिक [girl लड़की, man आदमी, poems कविताएँ^F]. 5. (attentive to ladies) नारी सेवा परायण, रमणी-रंजन [man पुरुष, manners आचरण]. **gallantry** गै'लन्ट्रि *n*^u. 1. वीरता^F, पराक्रम : ~ award बहादुरी^F का इनाम, शौर्य पुरस्कार : he showed ~ in the last battle उसने पिछली लड़ाई में वीरता का प्रदर्शन किया. 2. शिष्टाचार : he was known for his ~ towards ladies वह महिलाओं के प्रति अपने ≈ के लिए प्रसिद्ध था.

gallery गै'लॅरि *n*^c. 1. दीर्घा^F, गैलरी^F [long लंबी, painted रंगी हुई]; visitors ~ दर्शक ≈; ~ for the press प्रेस ≈; ~ in a mine किसी खदान^F की ≈. 2. चित्रशाला^F : (also picture ~) : an art ~ is a building where pictures are on show ≈ एक इमारत^F है जहाँ चित्रों की प्रदर्शनी^F रहती है. 3. जनता, आम-लोग : Δ to play to the ~ आम लोगों को खुश करने का प्रयत्न करना.

gallon गै'लन *n*^c. गैलन (छह बोतल^F का द्रव माप) : a ~ of beer बियर का एक ≈; two ~s of petrol दो ≈ पेट्रोल.

gallop गै'लप I. *n*^c. 1. छलाँग^F : to go at a ~ छलाँग लगाकर चलना; to go with a ~ over the field मैदान में छलाँग लगाकर जाना. 2. सरपट^F : the horse at full ≈ दौड़ता घोड़ा. II. *v.t.* सरपट दौड़ना या दौड़ाना : to ~ a horse घोड़े को सरपट दौड़ाना; the horse ~ed घोड़ा सरपट दौड़ा. (fig.) to ~ through a book किताब को सरपट पढ़ना. [*ant.* trot]

gallows गै'लोज़ *n. pl.* (treated as sing.) फाँसी^F का तख्ता, टिकठी^F, फाँसी^F : to come to the ~ फाँसी के तख्ते पर आना; to send smb to the ~s किसी को फाँसी की सज़ा^F देना.

galore ग लॉर' *adv.* प्रचुर मात्रा^F में, ढेर : he had sweets ~ उसके पास ढेर सारी मिठाइयाँ^F थीं, in the pond there are fish ~ तालाब में प्रचुर मात्रा^F में मछलियाँ^F हैं.

galvanize गैल्'वॅनाइज़ *v.t.* 1. जस्ता या कलई^cF चढ़ाना. 2. उत्तेजित करना, प्रेरित करना, स्फूर्ति^F लाना, उत्साह भरना : the news ~s him into action समाचार ने उसे कार्य करने के लिए उत्साहित कर दिया; ~ smb into life किसी में प्राण फूँक देना, जान डाल देना.

gamble गैम्'बल I. *n*^c. जुआ, जुआबाज़ी^F : to be fond of ~ जुआ का शौकीन होना. II. *v.t.* जुआ खेलना, बाज़ी^F लगाना, दाँव लगाना : never ~ जुआ कभी न खेलो; he ~d away all his fortune उसने अपना सारा भाग्य दाँव पर लगा दिया; to ~ on winning a victory in war युद्ध में जीतने की बाज़ी^F लगाना; to ~ on cards ताश^F से जुआ खेलना; the foolish man ~d away all his money मूर्ख व्यक्ति ने अपना सारा धन दाँव पर लगा दिया; to ~ in shares, to ~ on the Stock Exchange शेयरों का सट्टा करना. **gambler** गैम्ब'लर *n*^c. जुआरी, सट्टेबाज़ [incorrigible असुधारणीय, old पुराना]; those ~s had piles of money on the table उन जुआरिओं के पास मेज़ पर ढेर सारे पैसे थे. **gambling** गैम्'ब्लिंग

n^c. जुआ : he is fond of ~ वह ≈ खेलने का शौकीन है; they played in the ~ house वे जुआघर में खेलते थे.

game गेम **I.** n^c. **1.** खेल, क्रीड़ा [complicated जटिल, dull नीरस, easy आसान, favourite प्रिय, interesting दिलचस्प, simple साधारण]; indoor ~ कमरे के अंदर खेले जाने वाले खेल; outdoor ~ मैदान में खेले जाने वाले खेल; a ~ of chess, tennis शतरंज, टेनिस का खेल; football is the boys' favourite ~ फुटबाल लड़कों का प्रिय खेल है; I do not like to play any ~ मैं कोई खेल खेलना नहीं चाहता (पसंद नहीं करता) ; we sat down to a ~ of cards हम ताश का खेल खेलने बैठ गए; we played various ~s हमने बहुत-से खेल खेले; we watched the game हमने खेल देखा; he was off his ~ वह बुरी तरह^F खेला; he was on his ~ वह अच्छी तरह खेला; to play the ~ ईमानदारी^{F} से खेलना. **2.** शिकार, अहेर : big ~ ≈ के बड़े जानवर; small ~ शिकार के छोटे जानवर; let us have a ~ हमें शिकार करने दें; to make a ~ of someone किसी का ≈ करना. **3.** no *pl.* (intrigue) चाल^F, छल : to play a deep ~ गहरी चाल चलना; to play a double ~ दोहरी चाल चलना; we spoiled his little ~ हमने उसकी तुच्छ चाल को नष्ट कर दिया; what is his ~, do you think उसकी चाल क्या है ? तुम क्या सोचते हो ? to see through smb's ~ किसी की चाल ताड़ जाना. **4.** मज़ाक : make ~ of smb किसी का ≈ उड़ाना. **II.** *a.* **1.** तैयार : he is ~ for anything वह किसी चीज़^{F} के लिए ≈ है. **2.** (plucky) साहसी, उत्साही [volunteer स्वयंसेवक, young boy नवयुवक].

gander गैन्'डर *n.* नर हंस Δ **what is sauce for a ~ is sauce for a goose** जो चीज़ एक के लिए अच्छी है वह दूसरे के लिए भी अच्छी है. [*fem.* goose]

gang गैंग n^c. टोली^{F}, दल, गिरोह, जत्था : ~ of labourers मज़दूरों की टोली; a ~ of soldiers सिपाहियों का जत्था; a ~ of workmen was digging a hole in the road मज़दूरों का एक जत्था सड़क^F में एक गड्ढा खोद रहा था; a ~ of criminals raided the bank अपराधियों के एक गिरोह ने बैंक पर आक्रमण किया. **gangster** गैङ्ग्'स्टर n^c. डाकू : two ~s were killed in an encounter with the police दो ≈ पुलिस^F के साथ मुठभेड़^{F} में मारे गए.

gaol जेल n^c. (now common 'jail') कैदख़ाना, जेल : the thief was in ~ for six months चोर छह महीने ≈ में था. [*as distinct from* goal] **gaoler** जे'लर n^c. जेलर, कारापाल = jailer *q.v.*

gap गैप **I.** n^c. **1.** (breach) छेद, दरार^F : to open a ~ in the fence जंगले में दरार खोलना; to see through a ~ in the wall दीवार^F के ≈ में से देखना; to close, stop a ~ ≈ बंद करना; to fill a ~ दरार भरना; (fig) कमी^{F} पूरी करना. **2.** (pass) दर्रा : ~ in the mountain पर्वत का ≈. **3.** अंतराल, ख़ाली जगह^F, रिक्ति^{F} : a ~ in conversation बातचीत^F में अंतराल; he sang a song to fill the ~ उसने अंतराल को भरने के लिए गीत गाया; to fill in/up a ~ ख़ाली स्थान भरना : fill up the gaps in the following sentences निम्नलिखित वाक्यों में खाली स्थान भरो. **4.** (difference) अंतर, भेद : generation ~ पीढ़ियों का अंतर; ~ between father and son बाप और बेटे में अंतर.

gape गेप *v.t.* **1.** मुँह फाड़ना या बाना : to stand gaping in the air हवा^{F} में मुँह फाड़े/बाए खड़ा होना. **2.** (stare) मुँह फाड़कर देखना : to ~ with surprise आश्चर्य से ≈; to ~ at smth strange किसी विचित्र वस्तु को ≈.

garage गै'रिज n^c. गैरज, मोटरख़ाना, गराज : a ~ for our vehicle हमारे वाहन के लिए गैरेज.

garb गार्ब **I.** n^c. वेश, भेष, लिबास : in the ~ of a priest एक पुजारी के ≈ में; he was a thief in the ~ of a Sanyasi संन्यासी के ≈ में वह चोर था. **II.** *v.t.* पहनाना : to ~ oneself in silk garment रेशमी कपड़े पहनना.

garbage गार्'बिज *n.* कूड़ा, कूड़ा-कचरा : literary ~ साहित्यिक ≈; there were heaps of ~ in that street उस गली^{F} में कूड़े के ढेर थे.

garden गार्'डन *n.* बाग, बगीचा, उद्यान, वाटिका^{F} [botanical वानस्पतिक, flower फूलों का, great बड़ा, old पुराना, vast विशाल];

kitchen ~ साग-सब्ज़ी का ≈; ~ party ≈ भोज; tea ~ चाय बाग़ान; to go into the beautiful ~ सुंदर बग़ीचे में जाना; to sit in the ~ बगीचे में बैठना; the ~ is full of flowers ≈ फूलों से भरा है; we grow flower plants in the ~ in front of our house अपने घर के सामने हम वाटिका^F में फूलों के पौधे उगाते हैं; you should walk utmost in the ~ तुम्हें ज़्यादा-से-ज़्यादा बग़ीचे में टहलना चाहिए; children planted cauliflower and peas in the ~ बच्चों ने गोभी और फली के पौधे वाटिका^F में लगाए. **gardener** गार्'डॅनर *n*^c. बाग़बान, माली : gardens are looked after by the ~s ≈ बग़ीचों की देखरेख करते हैं; ~s cultivate plants माली पौधे उगाते हैं. **gardening** गार्ड्'निंग *n*^c. बाग़बानी^F; my hobby is ~ मेरी हॉबी ≈ करना है; don't you like ~ क्या तुम ≈ पसंद नहीं करते ? he is trained in ~ वह ≈ में प्रशिक्षित है.

gargle गार्'गल *n*^c. गरारा : take hot water with salt for ~s गरारे करने के लिए नमक के साथ गर्म पानी लो.

garland गार्'लन्ड **I.** *n*^c. माला^F, हार : the girl hung a ~ of flowers round the hero's neck लड़की ने हीरो के गले में फूलमाला डाली; he wore a ~ वह ≈ पहने था. **II.** *v.t.* माला^F पहनाना : they ~ed the leader when he came in जब नेता भीतर आया तो उन्होंने उसे माला पहनाई.

garlic गार्'लिक *n*^c. लहसुन : he takes onion but not ~ वह प्याज़ तो खाता है, पर ≈ नहीं; take a bulb/clove of ~ ≈ की एक पोटी लो.

garment गार्'मन्ट *n*^c. कपड़ा, वस्त्र [antique पुराने क़िस्म का, fair सुंदर, new नया, up-to-date आजकल का]; this shop sells fashionable ~s इस दुकान में फ़ैशनी कपड़े बिकते हैं.

garrison गै'रिसन **I.** *n*^c. रक्षक सेना^F, दुर्ग सेना^F, गढ़ सेना^F [brave बहादुर, insufficient अपर्याप्त, reliable विश्वसनीय, strong शक्तिशाली, weak कमज़ोर]; rations for the ~ ≈ के लिए राशन; to put a ~ at some place किसी स्थान पर ≈ रखना; town has a ~ शहर में एक ≈ है. **II.** *v.t.* रक्षक सेना तैनात करना, मोर्चाबंदी^F करना : to ~ an area on the frontier सीमांत पर किसी क्षेत्र में एक रक्षक सेना तैनात करना.

garrulous गै'रुलस *a.* **1.** बातूनी, बकवादी [boy लड़का, friend मित्र, old woman वृद्धा^F]; a ~ person bores you ≈ आदमी आपको उबा देता है; a ~ person indulges in long talks with frequent repetitions and lengthy details एक ≈ व्यक्ति प्राय: दोहरा-दोहराकर और लंबे-चौड़े ब्यौरे के साथ लंबी-चौड़ी बातें^F करता रहता है. **2.** ~ bird चहचहाता पक्षी; ~ stream कलकल करती नदी^F; ~ style शब्दाडंबरपूर्ण शैली^F.

garter गार्'टर *a.* गेटिस, मोजाबंद : I need a pair of ~s for my socks मुझे अपने मोज़ों के लिए एक जोड़ा ≈ चाहिए.

gas गैस *n.* **1.** गैस [harmful हानिकर, inflammable ज्वलनशील]; tear ~ अश्रु ≈; ~ mask ≈ मास्क, ≈ (से बचाने वाली) टोपी; ~ warfare ≈ युद्ध; laughing ~ हँसाने वाली ≈; lighting ~ जलाने की ≈; streets were supplied with ~ lights गलियों^F में ≈ बतियाँ^F लगी थीं; light the ~ ≈ जलाओ; smell of the ~ ≈ की गंध^F; the air is a ~ consisting of a mixture of other gases हवा एक ≈ है जो दूसरी गैसों के मिश्रण से बनी होती है. **2.** ≈ का चूल्हा, गैस : she put the kettle on the ~ उसने पतेली^F को ≈ (के चूल्हे) पर रखा; ~ is laid in all modern houses ≈ आजकल सभी घरों में रहती हैं.

gash गैश **I.** *n.* गहरा घाव : a ~ in the leg टाँग^F का घाव. **II.** *v.t.* गहरा घाव करना : to ~ one's hand with a knife चाकू से अपने हाथ पर ≈.

gasolene गै'सॅलीन *n*^u. पेट्रोल, गैसोलीन. [see petrol]

gasp गास्प *v.i.* **1.** हाँफना : to ~ with exertion परिश्रम करते ≈; the runner was completely exhausted and was ~ing धावक पूरी तरह थक गया और हाँफ रहा था. **2.** चकित होना, ताज्जुब करना : धक से रह जाना : to ~ at a message किसी संदेश पर ताज्जुब करना; to ~ on the activities of smb किसी के कार्यकलाप से चकित रह जाना; he ~ed out the story to the police उसने

हाँफते-हाँफते पुलिस^F को कहानी^{F} सुनाई.

gastric गैस्'ट्रिक *a.* जठरीय, जठर आमाशय का [fever ज्वर, juice रस, ulcer फोड़ा].

gate गेट n^c. **1.** फाटक [closed बंद, heavy भारी, iron लौह, small छोटा, wooden लकड़ी का]; ~ keeper दरबान, द्वारपाल : ~ money टिकटों की बिक्री^{F} का पैसा; ~ pass प्रवेश-पत्र; ~ crasher बिना टिकट घुसने वाला; we went in through a ~ हम ≈ से होकर भीतर गए; we had to wait at the ~ हमें ≈ पर प्रतीक्षा^{F} करनी पड़ी; lock the ~s फाटकों पर ताले लगा दो; keep standing at the ~ ≈ पर खड़े रहो; shut the iron-~ लोहे का ≈ बंद करो. **2.** दर्शकों की संख्या^{F} : ~ in the Eden Garden or Royal Cinema ईडन गार्डन या रायल सिनेमा में ≈. **3.** (mountain pass) दर्रा : to pass a ~ दर्रा पार करना.

gather गै'दर **I.** *v.t.* **1.** इकट्ठा करना, जमा/एकत्र करना : to ~ experience अनुभव बटोरना; to ~ wealth धन ≈; to ~ evidence साक्ष्य एकत्र करना; bees ~ honey मधुमक्खियाँ^{F} शहद इकट्ठा करती हैं. **2.** (pluck) चुनना, बीनना, तोड़ना : to ~ flowers फूल तोड़ना; we will ~ basketful of fruit from the garden बगीचे से हम टोकरी भर फल तोड़ेंगे; to ~ firewood जलाने की लकड़ी^{F} बीनना. **3.** समझना : I could ~ nothing मैं कुछ नहीं समझ पाया. **4.** सिकुड़न^F पड़ना या डालना, चुनट^F या चुनन^F डालना : to ~ dress at the waist कमर^F पर पोशाक^F में चुन्नट डालना. **5.** सिकोड़ना : to ~ feathers पंख सिकोड़ना; ~ one's brows भौंहें ≈. **6.** (other meanings in contexts) to ~ harvest फ़सल^F काटना; to ~ one's thoughts विचारों को एकाग्र करना; to ~ breath दम लेना; to ~ speed तफ़्तार तेज़ होना; to ~ strength शक्ति आने लगना. **II.** *v.i.* **1.** इकट्ठा होना, जमा होना : clouds are ~ing in the sky बादल आकाश में इकट्ठे हो रहे हैं; the school children ~ed in the yard स्कूली बच्चे अहाते में इकट्ठे हो गए. **2.** (conclude) निष्कर्ष निकालना : what do you ~ from his remarks उसकी टिप्पणियों से तुम क्या निष्कर्ष निकालते हो ? to ~ from certain facts किन्हीं तथ्यों से निष्कर्ष निकालना.

gathering गै'दरिंग n^c. **1.** सभा^{F}, जमाव, जमघट : it was a small ~ यह एक छोटा-सा जमाव था; the ~ dispersed जमाव तितर-बितर हो गया, सभा विसर्जित हो गई.

gaudy गॉ'डि *a.* भड़कीला, चटकीला [appearance चेहरा, colour रंग, dress वस्त्र]; ~ style अलंकृत शैली^{F}; ~ decoration भड़कीली सजावट^F; ~ as a peacock's feathers मोर के पंखों की तरह चमकीला. [*ant.* simple)

gauge गेज **I.** n^c. **1.** (measure) माप, पैमाना : broad-~ बड़ी लाइन या पटरी^{F}; metre-~ छाटी लाइन; narrow ~ सँकरी लाइन; rain ~ वर्षा^{F} नापने का यंत्र; wind ~ हवा-मापक. **2.** (capacity) क्षमता^{F} : to take the ~ of a person किसी की ≈ का अंदाज करना. **II.** *v.t.* **1.** नापना, मापना : to ~ the distance, height दूरी^{F}, ऊंचाई^F नापना; to ~ the depth of a tank तालाब की गहराई^F नापना. **2.** थाह लेना, अंदाज़ करना या लगाना : to ~ a person's ability किसी व्यक्ति की योग्यता^{F} की थाह^F लेना; to ~ smth by the eye किसी चीज़^{F} को देखकर अंदाज़ा लगाना; to ~ a river नदी^{F} की थाह^F लेना.

gay गे *a.* **1.** (merry) प्रसन्नचित्त, प्रफुल्ल [boy लड़का, friend मित्र, person व्यक्ति]. **2.** (light-hearted) ज़िंदादिल, विनोदी. **3.** (wanton) लंपट, विषयी, विलासी : I dislike such ~ persons मुझे ऐसे लंपट/विलासी व्यक्ति पसंद नहीं हैं; homo-sexual समलिंगकामी. **4.** (brilliant) भड़कीला, चमकीला [colour रंग, dress पोशाक, flower फूल]. **5.** आनंदमय [life जीवन, time समय]. [*ant.* sad]

gaze गेज़ **I.** n^c. टकटकी^{F}, स्थिर दृष्टि^{F} [fixed अपलक, large बड़ी, mournful विषादपूर्ण, solemn शांत]; to turn round with a bewildered ~ परेशान नज़रों से घूमकर देखना; to give smb the ~ किसी को टकटकी लगाकर देखना. **II.** *v.i.* एकटक देखना, टकटकी लगाकर देखना, ताकना; to ~ at an aeroplane हवाई-जहाज़ को टकटकी लगाकर देखना; to ~ in eagerness उत्सुकता^{F} में एकटक ताकना; he ~d *at* the lovely scene उसने प्रिय दृष्य टकटकी लगाकर देखा; she ~d *upon* her child's face उसने अपने बच्चे के चेहरे को टकटकी लगाकर देखा; to ~ is to look with fixed eyes and prolonged attention एकटक देखना अपलक दृष्टि^F और लंबे ध्यान से देखना है; to ~ at a person किसी व्यक्ति को एकटक देखना.

gazette गज़े^Fट' **I.** *n*^c. राजपत्र, गज़ट : the government order was published in the ~ सरकारी आदेश ≈ में प्रकाशित हुआ था; you can see my name in the ~ तुम मेरा नाम ≈ में देख सकते हो. **II.** *v.t.* गज़ट में छापना या निकालना : to ~ the list of selected candidates चुने गए उम्मीदवारों की सूची^F ≈; it was ~d यह गज़ट में निकाला गया.

gazetteer गै ज़ि टिअर' *n.* भौगोलिक कोश, गज़ेटियर : we have ~s of all districts हमारे पास सभी ज़िलों के ≈ हैं.

gear गिअर **I.** *n*^c. **1.** साज़-सामान : household ~ घर का ≈; hunting ~ शिकार का ≈. **2.** change the ~ in a car कार का गियर बदलो (रफ़्तार तेज या धीमी करने के लिए); first, 2nd, top ~ पहला, दूसरा, सिरे का गियर; ~ wheels in the motor-car मोटरकार के दाँतेदार पहिये. Δ **out of** ~ गड़बड़, अव्यवस्थित, बिगड़ा हुआ : the government machinery is out of ~ सरकारी तंत्र अव्यवस्थित है. **II.** *v.t.* **1.** साज़ लगाना या कसना : to ~ a horse घोड़े पर साज़ कसना. **2.** गियर लगाना : to ~ an engine इंजन को गियर में रखना; to ~ up गति^F तेज़ करना; to ~ down गति^F धीमी करना. **3.** जोड़ना : to ~ something with smth एक चीज़^F को दूसरी चीज से जोड़ना.

g.c.f. greatest common factor.

gds. goods.

geese गीज़ *v.t.* (*pl.* of 'goose') *q.v.*

gem जेंम *n*^c. **1.** रत्न, जवाहर [artificial कृत्रिम, bright चमकीला, costly कीमती, false झूठा, rare दुर्लभ, real असली/वास्तविक]; to wear ~s ≈ पहनना; the prince wears ~s राजा जवाहरात धारण करता है. **2.**(fig.) **he is the ~ of your family** वह तुम्हारे परिवार का रत्न है.

gen. gender, general.

gender जें'न्'डर *n.* लिंग [feminine स्त्रीवाचक, masculine पुरुष, neuter नपुंसक]; distinguish the ~ in the following words निम्नलिखित शब्दों में ≈ भेद करो; of which ~ in this noun यह संज्ञा किस ≈ की है ?

general जें'नॅरल **I.** *a.* **1.** आम, सामान्य : ~ discussion आम बहस^F; ~ election आम चुनाव; ~ constituency आम चुनाव क्षेत्र; ~ public आम लोग; ~ strike आम हड़ताल^F; ~ tendency आम रुझान; ~ belief सामान्य मान्यता^F; ~ acceptance सामान्य स्वीकृति^F; ~ knowledge सामान्य ज्ञान; ~ study सामान्य अध्ययन; ~ idea सामान्य विचार; ~ principle सामान्य सिद्धान्त; ~ movement सामान्य आन्दोलन; ~ arrangement सामान्य व्यवस्था^F. [*ant.* particular] **2.** साधारण : ~ committee साधारण समिति^F; ~ meeting साधारण^F सभा/बैठक^F. **3.** ~ merchant बिसाती; ~ welfare सर्वहित, लोकहित. **4.** महा- : administrator ~ महाप्रशासक; counsel ~ महापरामर्शी; ~ assembly महासभा^F; ~ secretary महासचिव; inspector ~ महानिरीक्षक. **II.** *n.* **1.** in ~ सामान्यत:, आम तौर पर : in ~ I agree सामान्य रूप में मैं सहमत हूँ. **2.** सामान्यत: the ~ and the particular सामान्य और विशेष. **3.** जनरल, जरनैल, सेनापति [bold दिलेर/साहसी, brave वीर, dauntless निर्भीक, victorious विजयी]; an army is commanded by its ~ सेना^F अपने ≈ द्वारा नियंत्रित की जाती है; the ~ planned for vast expeditions ≈ ने एक बड़े अभियान की योजना^F बनाई; the ~ invaded a country ~ ने एक देश पर आक्रमण किया; my father-in-law was a ~ in the army मेरे श्वसुर सेना में ≈ थे; the ~ established a new administration ≈ ने एक नई प्रशासनिक व्यवस्था स्थापित की. **generality** जें'न् रै' लिटि *n*^c. सामान्यता^F, सामान्य काम/बात^F : the ~ of people is honest सामान्य/अधिकतर लोग ईमानदार होते हैं; don't talk about generalities सामान्यता के बारे में बात^Fन करो; ~ of mankind सामान्य मानवजाति^F. **generalize** जें'न्'रॅलाइज़ *v.t.* **1.** सामान्य नियम का रूप देना, व्यापक

बनाना : to ~ without sufficient information बिना पर्याप्त सूचना[F] के सामान्य नियम बना लेना; to ~ from facts तथ्यों से सामान्य नियम बनाना; to ~ a principle किसी सिद्धांत को सामान्य बनाना. 2. (popularize) लोकप्रिय बनाना : to ~ the use of tea चाय[F] को लोक में प्रचारित करना.
generally जें'नॅरलि *adv.* साधारणतया, आम-तौर पर, प्रायः ~ speaking, boys are stronger than girls ≈ लड़के लड़कियों से ज्यादा तगड़े होते हैं; I go to cinema ~ on Saturday मैं सिनेमा ≈ शनिवार को जाता हूँ; we are ~ at home in the evening सामान्यतः हम लोग शाम को घर पर रहते हैं; ~ people live very thoughtlessly प्रायः लोग विचारशून्य रहते हैं.

generate ज़ें'नॅरेट *v.t.* 1. (produce) उत्पन्न करना, पैदा करना : to ~ steam in a boiler बायलर में भाप[F] ≈; dynamo is used to ~ electricity डायनमो बिजली[F] ≈ है; to ~ power शक्ति[F] ≈; to ~ gas गैस ≈; friction ~s heat रगड़[F] से गर्मी पैदा होती है. 2. (beget) प्रजनन करना : mammals ~ the young in a living state स्तनधारी पशु बच्चों को जीवित अवस्था में प्रजनन करते हैं.

generation जेॅनॅ रे'शन *n*[c]. 1. उत्पादन : ~ of electricity विद्युत का ≈. 2. पीढ़ी[F] [future भविष्य की, new नई, older पुरानी, rising उठती]; we have lived together for four ~s हम चार पीढ़ियों से इकट्ठे रहते आ रहे हैं; the present ~ of your family is not good तुम्हारे परिवार की वर्तमान ≈ अच्छी नहीं है; the old ~ dies and the new one comes पुरानी ≈ समाप्त होती है और नई आती है; this happened a ~ ago यह एक ≈ पहले हुआ था. **generator** जेॅनॅ रे'टर *n*[c]. 1. बिजली, भाप आदि पैदा करने का यंत्र : when power fails we use a ~ जब बिजली[F] फेल हो जाती है तो हम जनरेटर का इस्तेमाल करते हैं ! 2. जन्मदाता, जनक : ~ of a dynasty कुल का ≈.

generosity जेॅनॅ रॉ'सिटि *n*[c]. उदारता[F], वदान्यता[F]: a rich man's ~ to the poor धनी लोगों की गरीब लोगों के प्रति ≈ ; to show ~ ≈ दिखाना; he showed ~ even to his enemies उसने अपने दुश्मनों के प्रति भी ≈ दिखाई; uncle is well known for his ~ अंकल (चाचा) अपनी ≈ के लिए सुविख्यात हैं; she helps the needy out of ~ वह उदारतावश गरीबों की सहायता[F] करती है.
generous जें'नॅरस *a.* 1. उदार [action कार्य, attitude दृष्टिकोण, help सहायता[F], impulse प्रवृत्ति[F], nature प्रकृति[F], person व्यक्ति]; he is always ~ to others वह दूसरों के प्रति सदा उदारशील रहता है. 2. उदारचेता : a ~ person is one who freely gives away money उदारचेता/दानशील व्यक्ति वह है जो दूसरों को मुक्तहस्त धन देता है; a man of ~ soul उदारात्मा व्यक्ति. [*ant.* mean] 3. प्रचुर, भरपूर, परिपूर्ण [allowance भत्ता, portion भाग, praise प्रशंसा[F], quantity मात्रा[F], supply आपूर्ति[F]] : it was a ~ production of crop this year इस साल फसल[F] का ≈ उत्पादन हुआ.

genius जी'नियस *n*[c]. (*pl.* geniuses) 1. प्रतिभाशाली व्यक्ति, प्रतिभावान् व्यक्ति : the man is a ~ आदमी ≈ है; Shakespeare was a rare ~ शेक्सपिअर एक दुर्लभ ≈ थे. 2. *n*[u]. (ability) प्रतिभा[F] : he is a man of ~ वह प्रतिभावान् व्यक्ति है; he has a ~ for mathematics गणित में उसकी ≈ है; to have a ~ in poetry कविता में ≈ होना; try to find out in which way your children's ~ may lie यह जानने का प्रयास करो कि तुम्हारे बच्चों की ≈ किन विषयों में हो सकती है; my son has no ~ for producing anything मेरे बेटे में कुछ पैदा करने की ≈ नहीं है.

Genl. General.

genteel जेॅन् टील' *a.* 1. भद्र, कुलीन [boy लड़का, person व्यक्ति]. 2. (stylish) बना-ठना [lady महिला, youngman नवयुवक].

gentle जेॅन्'टल *a.* 1. भला, शरीफ़, नेक, सुशील : ~ person ≈ व्यक्ति; he was ~ but firm वह ≈ किंतु दृढ़निश्चयी था. 2. कुलीन, संभ्रांत : ~ folk ≈ लोग; a lady of ~ birth एक ≈ स्त्री. 3. कोमल, सौम्य [heart हृदय, look दृष्टि[F], manners आचरण, nature प्रकृति[F], smile मुस्कान[F], touch स्पर्श] : my horse is very ~ मेरा घोड़ा बहुत ही सौम्य है. 4. हल्का, धीमा, मंद [light प्रकाश, push धक्का]; ~

breathing हल्की साँस; ~ breeze मंद समीर[F]; ~ rebuke हल्की डाँट[F]; it was a ~ voice यह एक धीमी आवाज़ थी. 5. (in other contexts) ~ rule लचीला नियम; ~ slope थोड़ी ढलान[F]; ~ sex स्त्री. **gentleman** जें न् 'टलमन n^c. (*pl.* ~men) सज्जन, भद्र पुरुष [educated शिक्षित, merry प्रसन्न, true सच्चा/असली, unpretentious आडंबरहीन, well-dressed सुसज्जित]; he acted like a ~ उसने एक ≈ की तरह काम किया; they are kind and polite gentlemen वे दयावान और विनम्र ≈ हैं; he is no ~ वह कोई भलामानुस नहीं है; the English gentlemen have strong liking for their country अंग्रेज भद्र-पुरुष अपने देश के प्रति बहुत लगाव रखते हैं; a ~ indulges in country sports एक ≈ देहाती खेलों में शौक से लगा रहता है; ~'s agreement ज़बानी समझौता, परस्पर विश्वास पर आधारित समझौता, आपसदारी का समझौता, आपस की बात, भले आदमियों के बीच की बात[F] : ladies and gentlemen देवियो और सज्जनो. [*fem.* lady] **gently** जें न्ट 'लि *adv.* 1. धीरे से, हल्के से : shut the door ~ दरवाज़ा धीरे से बंद करो; touch ~ ≈ छुओ; walk ~ ≈ चलो; speak ~ ≈ बोलो; she ~ reproved the child उसने बच्चे को ≈ फटकारा; the sun is ~ warm धूप हल्की गर्म है. 2. नरमी[F] से : speak ~ to an old man बूढ़े आदमी के साथ ≈ बोलो. **gentry** जें न् 'ट्रि n^c. भद्रजन, संभ्रांत लोग : the function was attended by local ~ समारोह में स्थानीय ≈ सम्मिलित हुए.

genuine जें 'न्यूइन *a.* वास्तविक, असली, सच्चा [coin सिक्का, concern संबंध, pearl मोती, signature हस्ताक्षर]; this letter is ~ not forged यह पत्र असली है, जाली नहीं; his ~ affection उसका सच्चा प्यार/लगाव. **genuineness** जें 'न्युनिस n^u. वास्तविकता[F], शुद्धता[F], सच्चाई[F], असलियत[F] : ~ of diamond हीरे की शुद्धता; ~ of his professions उसके कथन की सच्चाई; ~ of a person's character किसी व्यक्ति के चरित्र की वास्तविकता.

Geog. Geography.

geographical जिअ ग्रै 'फ़िकल *a.* भौगोलिक [division विभाजन, environment पर्यावरण, position स्थिति[F]]. **geography** जि ऑ 'ग्राफ़ि *n.* भूगोल : the ~ of India भारत का ≈; in ~ lessons we learn about countries and the people in them ≈ के पाठों में हम देशों और उनके लोगों के बारे में जानकारी[F] पाते हैं. **geology** जि ऑ ' लॉजि n^c. भूविज्ञान, भौमिकी[F], भूतत्व, भूगर्भ-विद्या : department of ~ in a university यूनिवर्सिटी में ≈ विभाग; she is studying ~ वह ≈ का अध्ययन कर रही है.

Geom., geometry जि ऑ 'मिट्रि n^c. ज्यामिति, रेखागणित : ~ book ≈ की पुस्तक; applied ~ अनुप्रयुक्त ≈; plane ~ समतल ज्यामिति.

Geol Geology.

georgette जार् 'जट n^u. a ~ saree जारजट की साड़ी[F].

Ger. German, Germany.

germ जर्म *n.* 1. कीटाणु, जीवाणु, रोगाणु (of disease) : ~-fee जीवाणुमुक्त : ~ free atmosphere ≈ मुक्त वातावरण; ~ killer ≈ नाशक; ~s of cholera हैज़ा के ≈. 2. (bot.) अंकुर : in ~ ≈ के रूप में. 3. (origin) उद्भव : ~ of war युद्ध का ≈. **germicide** जर् 'मिसाइड *a.* जीवाणुनाशी, कीटाणुनाशक, रोगाणुनाशी [medicine दवाई[F], oil तेल]. **germinate** जर् 'मिनेट *v.i.* अंकुरित होना, उगना, फूटना : to ~ from a seed बीज से अंकुरित होना; ~d wheat अंकुरित गेहूँ.

German जर् 'मन *a.* जर्मन, जर्मनी का [history इतिहास, language भाषा, literature साहित्य, music संगीत, poets and philosophers कवि और दार्शनिक]; translate from ~ into English जर्मन से अंग्रेज़ी में अनुवाद करो; the ~s जर्मन लोग.

gesticulation जेंस्टि क्यू ले 'शन n^c. संकेत, इशारा : he expressed his desire by ~ उसने इशारे से अपनी इच्छा[F] प्रकट की.

gesture जें स् 'चर *n.* 1. संकेत, इशारा : a dumb person's ~s गूँगे आदमी के इशारे. 2. मुद्रा[F] : he made a ~ of despair उसने निराशा[F] की ≈ बनाई. 3. चेष्टा[F] : a ~ of assent स्वीकृति[F] की चेष्टा; a ~ of goodwill सद्भाव की ≈.

get गेंट *v.t.* (getting, *p.* & *p. p.* got) 1. लेना, पाना, प्राप्त करना, उपलब्ध करना, मिलना : to ~

a prize पुरस्कार प्राप्त करना; to ~thorough scolding अच्छी डाँट खाना; to ~ education शिक्षा पाना; to ~ a job नौकरी[F] पाना; you have not got much time तुम्हारे पास अधिक समय नहीं है; ~ some money from the drawer (मेज़ की) दराज़ से कुछ पैसा लो; to ~ a new suit नया सूट पाना; where did you ~ your shoes तुमने अपने जूते कहाँ पाये? we got good marks in Maths गणित में हमने अच्छे अंक पाए, हमें गणित में अच्छे अंक मिले : I got two letters this morning आज सुबह हमें दो पत्र मिले; did you ~ my message क्या तुम्हें मेरा संदेश मिला? **2.** पास रखना : I have got a new hat मेरे पास एक नया हैट है; you have not got a penny तुम्हारे पास एक पैसा नहीं है. **3.** (arrive) पहुँचना : how long will it take you to ~ there तुम्हें वहाँ पहुँचने में कितना समय लगेगा? when do we ~ to Delhi हम दिल्ली कब पहुँचेगे? when shall we ~ home? हम घर कब पहुँचेगें;? he usually ~s home late वह घर विलंब से पहुँचता है; you can ~ there in ten minutes by car तुम कार से वहाँ दस मिनट में पहुँच सकते हो. **4.** (become) हो जाना : days are ~ting longer दिन लंबे हो रहे हैं; he soon got to be an expert वह शीघ्र ही विशेषज्ञ हो गया; he got tired soon शीघ्र ही वह थक गया; he got angry वह नाराज़ हो गया; I have got to do it मुझे यह कार्य करना है; she is ~ting better now अब वह स्वस्थ हो रही है; she got frightened वह भयभीत हो गई; they got excited वे उतेजित हो गए; he got old वह बूढ़ा हो गया; she got her feet wet उसके पैर गीले हो गए; it is ~ting late देर[F] हो रही है; my dog is ~ting ferocious मेरा कुत्ता भयंकर होता जा रहा है; to ~ warm गर्म होना. **5.** (bring) ला देना : please get me some ink कृपया मुझे ज़रा स्याही[F] ला दें; can you ~ me three tickets क्या आप मुझे तीन टिकट ला दे सकते हैं? to ~ used अभ्यस्त हो जाना. **6.** समझना : किसी के विचारों को ~ : I don't ~ your meaning मैं तुम्हारा मतलब नहीं समझा. **7.** (causative) करवाना : I got this work done मैंने यह काम करवाया; ~ the door shut दरवाजा बंद कराओ : we got the house whitewashed हमने घर में सफ़ेदी[F] कराई; I am ~ting the clothes washed मैं कपड़े धुलवा रहा हूँ. **8.** (other meanings in contexts) to get the better of smb किसी पर हावी होना; to ~ the best of it विजयी होना : to ~ cold ज़ुकाम लगना; to ~ into one's head मन में बिठा लेना; to ~ smth by heart कोई चीज़[F] कंठस्थ कर लेना; to ~ name नाम कमाना; to ~ it in the neck कठोर दंड भुगतना; to ~ on smb's nerves किसी को परेशान कर देना; to ~ rid of smth or smb किसी चीज़[F] या किसी व्यक्ति से पीछा/जान छुड़ाना; he got seven years, imprisonment उसे सात साल की कैद[F] सुनाई गई; he did ~ somewhere उसे कुछ तो सफलता[F] मिली; to ~ there सफल होना; to ~ under way (bus, ship) चल पड़ना; to ~ wind of smth किसी बात[F] का पता लगना; to ~ to work काम शुरू करना. Δ (phrase) **to ~ aboard a train** गाड़ी पर चढ़ना; **to ~ about** (i) घूमना-फिरना : trains and buses make it easy to ~ about places गाड़ियों[F] और बसों[F] के कारण जगह-जगह घूमना-फिरना आसान हो जाता है; (ii) फैल जाना : the news got about that.... यह ख़बर[F] फैल गई कि ...; **to ~ abroad** = ~about; **to ~ across** (i) पार जाना : we got across the desert हम रेगिस्तान के पार हो गए; (ii) प्रभावित करना : our jokes do not ~ across the foreigners हमारे चुटकुले विदेशियों को प्रभावित नहीं करते; **to ~ ahead** आगे बढ़/निकल जाना : she got ahead of all other girls वह और सब लड़कियों से आगे बढ़/निकल गई. **to ~ along** (i) बढ़ते चलना : he is ~ting along very well in English वह अंग्रेज़ी में बहुत अच्छी तरह बढ़ता जा रहा है; (ii) निर्वाह करना : you must ~ along well with your neighbours तुम्हें पड़ोसियों के साथ अच्छी तरह निर्वाह करना चाहिए; (iii) how are you ~ting along क्या हाल है? **to ~ at** पहुँचना : to ~ at the root of the quarrel झगड़े की जड़[F] तक पहुँचना; **~ away** (i) निकल भागना, बच निकलना : the prisoner got away कैदी निकल भागा; we must ~ away in the danger हमें ख़तरे से बच निकलना चाहिए; you must ~ away this time तुम्हें इस समय भाग जाना चाहिए; (ii) चले जाना : ~away from here यहाँ से चले जाओ; we shall ~ away in the morning हम सुबह^F चले जाएँगे; ~ **back** (i) लौटना : ~ back पीछे हटो; when did you ~ back from the school विद्यालय से तुम कब लौटे ? (ii) वापस मिलना : I got my money back मुझे अपना पैसा वापस मिल गया; ~ **behind** पीछे रह जाना, पिछड़ जाना : she got behind in the race वह दौड़^{F} में पिछड़ गई; ~ **down** (i) उतरना : the train reached the station and I got down रेलगाड़ी^{F} स्टेशन पर पहुँची और मैं उतर गया; (ii) to ~ down to work काम करने लगना; **to ~ in** (i) घुसना, भीतर आना/ जाना : ~ in भीतर चलिए; we could not ~ in the house and it started raining हम घर नहीं पहुँच सके और बरसात शुरू हो गई; (ii) पहुँचना : the train ~s in at 4.30 गाड़ी साढ़े चार बजे पहुँचती है; ~ **into** (i) घुसना : he got into the room वह कमरे में घुस गया; (ii) he got into debt वह ऋणी हो गया; (iii) he got into trouble वह मुसीबत^F में फँस गया; ~ **off** (i) उतरना : to ~ off the bus बस^F से उतरना; (ii) निकल भागना, छूट जाना : he got off from the enemy's hands वह शत्रु के हाथों से भाग/छूट निकला; he got off with a fine वह जुर्माना देकर छूट गया; ~ **on** (i) to ~ on a horseback घोड़े पर चढ़ना; (ii) पहनना : ~ your coat on अपना कोट पहन लो; (iii) आगे बढ़ना : he is ~ting on well वह अच्छी तरह आगे बढ़ रहा है; (iv) पटना, बनना : I cannot ~ on with that man मेरी उस आदमी से कभी नहीं पट सकती; we ~ on very well हमारी बहुत अच्छी पटती है; (v) to ~ on one's feet अपने पैरों पर खड़ा होना; ~ **out** (i) निकलना, चला जाना : let me ~ out of the bus first मुझे बस^F से पहले निकलने दो; I got out of the train मैं रेलगाड़ी से निकला; (ii) हटना : to ~ out of smb's way किसी के रास्ते से हट जाना; (iii) बाहर हो जाना; ~ out बाहर चले जाओ; the situation has gone out of my hand स्थिति^{F} मेरे काबू से बाहर हो गई है; (iv) निकालना : to ~ a secret out of smb किसी से रहस्य निकालना; ~ **over** (i) पूरा करना, समाप्त करना : to ~ over the work first काम पहले पूरा करना; (ii) she got over her illness वह स्वस्थ हो गई; (iii) पार हो जाना : to ~ over one's difficulties कठिनाइयों^{F} से पार हो जाना; ~ **round** (i) मान जाना : he will ~ round somehow वह किसी-न-किसी तरह मान जाएगा; (ii) मना लेना, मनाना : I'll ~ her round मैं उसे मना लूँगा; (iii) सुलझाना : to ~ round all difficulties सब कठिनाइयाँ^{F} सुलझा लेना; ~ **through** पास हो जाना : you will ~ through the exam तुम परीक्षा^{F} में पास हो जाओगे; ~ **up** (i) उठना : ~ up from the bed बिस्तर से उठो; at what time do you ~ up in the morning तुम सुबह^F कितने बजे उठते हो; she got up and left the room वह उठी और कमरे से बाहर चली गई; (ii) चढ़ना : to ~ up a hill पहाड़ी^{F} पर चढ़ना; (iii) प्रबंध करना : to ~ up a function समारोह का प्रबंध करना; (iv) तैयार करना : to ~ up a story, subject कोई कहानी^{F}, विषय तैयार करना.

ghastly गास्ट्'लि *a.* **1.** भयंकर, डरावना [crime अपराध, dream सपना, face चेहरा, look दृष्टि^{F}, murder हत्या^{F}, way रास्ता]. **2.** (haggard) निवर्ण, पीला : the sick woman's face looks ~ बीमार औरत का चेहरा पीला दिखाई देता है. **3.** ~ smile रूखी या झूठी हँसी^{F}. **4.** (upset) परेशान : I felt ~ after that incident उस घटना^{F} के बाद मैं ≈ रहा.

ghost गोस्ट *n*^{c}. **1.** भूत, प्रेत, प्रेतात्मा [huge बड़ा, terrible भयंकर]; you look as if you had seen a ~ तुम ऐसे लगते हो जैसे तुमने कोई ≈ देखा हो; it is said that ~ of the queen is often seen यह कहा जाता है कि रानी की प्रेतात्मा प्रायः दिखाई देती है; to raise a ~ भूत जगाना; to lay a ~ भूत भगाना/निकालना. **2.** आभास, छाया^{F} : she is the ~ of her former self वह अपने पहले रूप की छाया भर

रह गई है; the ~ of a smile मुस्कान का आभास; it is not the ~ of an idea यह किसी विचार का आभास नहीं है. 3. he has not the ~ of a chance उसके लिए ज़रा भी अवसर नहीं है.

giant जाइ'अन्ट I. *a*. भीमकाय, दीर्घकाय, विशाल [animal पशु, factory कारखाना, movement आन्दोलन, tree पेड़]. II. *n*[c]. 1. भीमकाय व्यक्ति. 2. असाधारण योग्यता से संपन्न व्यक्ति. [*ant*. dwarf; *fem*. giantess]

giddiness गि'डिनिस *n*[c]. घुमरी, सिर का चक्कर : to be troubled with ~ सिर चक्कर से पीड़ित होना; to suffer from ~ घुमड़ी का कष्ट होना. **giddy** गि'डि *a*. 1. चक्कर से आक्रांत, [girl लड़की, youth युवा]; to feel ~ चक्कर का अनुभव करना; if you more round and round many times you will feel ~ यदि तुम कई बार चक्कर लगाओ तो तुम्हें चक्कर आएगा. 2. सिर चकरा देने वाली [height ऊंचाई[F], slope ढलान[F]]. 3. उन्मत्त : ~ with success सफलता[F] पाने से उन्मत्त. 4. (flighty) तेज़ी-से घूमता हुआ (चलचित्र) .

gift गिफ़्ट' *n*[c]. 1. उपहार [birthday जन्मदिन का, expensive महँगा, fine अच्छा]; ~ tax ≈ कर; he gave him ~s उसने उसे ≈ दिए; a friend gave me a nice ~ मित्र ने मुझे एक सुंदर ≈ दिया. 2. देन[F] : it is ~ of God यह भगवान् की देन है; music is the ~ of God संगीत भगवान् की ≈ है. 3. प्रतिभा[F], योग्यता[F], गुण : to have a ~ for singing गाने का गुण होना; to be a man of great ~s, to be a gifted man बड़ी प्रतिभा का आदमी होना; the post is in his ~ पद उसकी प्रतिभा के कारण है; he has a remarkable ~ in language भाषा[F] उसका एक उल्लेखनीय गुण है.

giggle गि'गल I. *n*[c]. हीं-हीं, ठीं-ठीं : the ~s of foolish girls मूर्ख लड़कियों की हीं-हीं, ठीं-ठीं. II. *v.t.* हीं हीं करना, ठीं-ठीं हँसी हँसना : school girls ~ विद्यालय की लड़कियाँ ठीं-ठीं करती हैं; to ~ with mirth ख़ुशी से ≈; to ~ loudly ज़ोर से ≈; to ~ with bashfulness शर्मीलेपन से ≈.

gild गिल्ड *v.t.* (*p. & p. p.* gilded/gilt) 1. सोना चढ़ाना, चाँदी सोने का पानी चढ़ाना : to ~ a picture frame किसी चित्र के चौखटे पर पानी चढ़ाना. 2. चमकाना : to ~ silver dishes चाँदी[F] की तश्तरियाँ[F] चमकाना. **gilt** गिल्ट *a*. सुनहला, मुलम्मेदार, सोने का पानी चढ़ा हुआ [ornament ज़ेवर, plate प्लेट[F]]; ~-edged सर्वोत्तम उत्कृष्ट; ~ edged security अव्वल नंबर हुंडी[F]. प्रथम श्रेणी की हुंडी[F]. [*as distinct from* guilt]

gin जिन I. *n*[u]. 1. (liquor) जिन (शराब[F]) : some people drink ~ कुछ लोग ≈ पीते हैं. 2. (cotton ~) ओटनी[F]. II. *v.t.* ओटना, बिनौला निकालना : to ~ cotton कपास ओटना, कपास से बिनौले निकालना.

ginger जिन्'जर I. *n*[u]. 1. अदरक[F] : ~ grows under the soil ≈ मिट्टी[F] के अंदर पैदा होती है; dry ~ सोंठ. 2. उत्साह, जान : the book lacks ~ किताब[F] में कोई जान नहीं है. II. *a*. अदरक का [cake केक, sherbat शर्बत, wine शराब[F]]; ~ group सरकार या अपनी पार्टी को सतर्क करते रहने वाला दल. III. *v.t.i.* Δ ~ **up** (i) प्रोत्साहित करना, उकसाना, उभारना : to ~ up a boy किसी लड़के को प्रोत्साहित करना; (ii) सजीव बना देना : to ~ up a scene किसी दृश्य को सजीव बना देना.

gipsy जिप्'सि (also gypsy) *n*[c]. (*pl.* gipsies) कंजड़, रोमणी, जिप्सी : gipsies have no permanent home जिप्सियों का कोई स्थायी घर नहीं होता; camp of the gipsies जिप्सियों का शिविर.

giraffe जिराफ़' *n*[c]. जिराफ़ : ~ is an African animal with long legs and a very long neck जिराफ लंबी टाँगों और लंबी गरदन वाला एक अफ्रीकी जानवर है.

gird गर्ड *v.t.* (*p. & p.p.* girded, girt) 1. घेर लेना, घेरना : an island is ~ed by the sea टापू समुद्र से घिरा होता है; to ~ the town with fortification शहर को किले-बंदी[F] से ≈. 2. (कमर में) बाँधना : to ~ (on) a sword कमर में तलवार[F] ≈. 3. मज़ाक उड़ाना, हँसी उड़ाना, ताना देना : to ~ smb. for his action किसी व्यक्ति को उसके कार्यों के लिए ≈. 4. तैयार हो जाना : to ~ oneself तैयार हो जाना; **to ~ up one's loins** कमर[F] कसकर ≈. **girder** गर्'डर *n*[c]. गर्डर : a ~ is very heavy ≈ बहुत भारी होता है; ~ of a bridge किसी पुल का ≈; a great steel ~ goes across one wall to the other to support the roof इस्पात का एक मज़बूत ≈ एक दीवार^F^ से दूसरी दीवार^F^ पर आर-पार छत^F^ को सहारा देने के लिए रहता है.

girdle गर्'डल **I.** *n*^c^. **1.** करधनी^F^, पेटी^F^ : ladies wear silver ~s round their waists महिलाएँ अपनी कमर के गिर्द चाँदी^F^ की ≈ पहनती हैं. **2.** घेरा : a ~ of forest round the village गाँव के चारों ओर जंगल का ≈. **II.** *v.t.* (~in about) घेरना : the hills ~in/about that town उस शहर को पहाड़ियाँ घेरती हैं, शहर पहाड़ियों से घिरा है.

girl गर्ल *n*^c^. लड़की^F^, बाला^F^, कन्या^F^ [charming आकर्षक, clever चतुर, obedient आज्ञाकारी, pretty सुंदर, sweet प्यारी]; Mamta is the prettiest ~ in the class ममता कक्षा^F^ में सबसे सुंदर ≈ है; this ~ is my daughter यह ≈ मेरी बेटी है; some ~s have long hair कुछ लड़कियों के बाल लंबे होते हैं; the ~ has fine complexion लड़की का रंग-रूप साफ़ और सुंदर है; she is a very meek ~ वह बहुत ही नम्र ≈ है; the ~ looks at you straight and openly ≈ तुम्हारी तरफ सीधे और खुले देख रही है; to admire a ~ ≈ की प्रशंसा^F^ करना; to fall in love with a ~ किसी लड़की के प्रेम में पड़ना; to pay one's address to a ~ किसी लड़की को अपना परिचय देना; to court a ~ किसी लड़की से प्रणय-निवेदन करना; to seek a ~ for marriage विवाह के लिए लड़की ढूँढ़ना; to give one's consent to a ~ किसी लड़की को अपनी सहमति^F^ देना; to make a ~ one's bride किसी लड़की को अपनी दुल्हन बनाना. [*ant.* boy]

girth गर्थ *n*^c^. **1.** तंग : to tighten a horse's ~ घोड़े का तंग कसना. **2.** घेरा : the ~ of this tree is thirty feet इस पेड़ का घेरा तीस फुट है; ~ of one's chest छाती का घेरा.

gist जिस्ट *n*^c^. सारांश, भावार्थ : to give the ~ of a story in a few words कुछ शब्दों में कहानी^F^ का ≈ बताना; ~ of an argument तर्क का ≈; I can give you the ~ of their conversation मैं आपको उनकी बातचीत^F^ का ≈ बता सकता हूँ.

give गिव़ *v.t.* (gave, given) **1.** देना : to ~ money पैसा ≈; to ~ information सूचना^F^ ≈; to ~ everyone his due प्रत्येक को उसका हक ≈; to give one's mind to scientific research वैज्ञानिक शोध में ध्यान ≈; to ~ attention ध्यान ≈; to ~ lectures on philosophy मनोविज्ञान पर भाषण ≈; I shall ~ you time till tomorrow मैं तुमको कल तक का समय दूँगा; we were all ~n work हम सभी को काम दिया गया; please ~ me your hand कृपया मुझे अपना हाथ/सहारा दीजिए; who gave you that idea आपको वह विचार किसने दिया? the earth ~s food in plenty धरती^F^ प्रचुर मात्रा^F^ में भोजन देती है; he gave alms to the beggars उसने भिखारियों को भिक्षा^F^ दी; mother gave me a new pen yesterday माँ ने कल मुझे एक नया पेन दिया; cow ~s milk गाय दूध देती है; to ~ permission आज्ञा देना; to ~ order आदेश/हुक्म देना; to ~ trouble कष्ट/तकलीफ़ देना; you have not yet given me answer to my questions तुमने अभी तक मेरे प्रश्नों का उत्तर नहीं दिया; to ~ details ब्यौरा ≈; do not ~ sweets to the child लड़के को मिठाई^F^ मत दो; ~ me a chance to think, please कृपया मुझे सोचने का अवसर दीजिए; we were ~n instructions हमें निर्देश दिए गए; how much did you ~ him आपने या तुमने उसे कितना दिया; he gave me his promise उसने मुझे अपना वचन दिया; he never gave him a chance उसने कभी उसे मौका नहीं दिया; I will give you a birthday present मैं तुम्हें जन्मदिन का उपहार दूँगा; to ~ ten rupees for some fruit कुछ फलों के लिए दस रुपए ≈; to ~pain दुख ≈; to ~ blessings आशीर्वाद ≈; to ~ trouble कष्ट ≈; to ~ birth जन्म ≈. [*ant.* take] **2.** (concede) पेश करना, प्रस्तुत करना : to ~ a report to the court न्यायालय में रिपोर्ट^F^ ≈. **3.** (cause) पहुँचाना; please, ~ my compliments to your parents कृपया मेरा अभिनंदन अपने माता-पिता को पहुँचा दें. **4.** (various meanings in contexts) ~ battle युद्ध करना, लड़ाई करना : they gave a fierce battle उन्होंने एक भयंकर युद्ध किया; to ~ chase पीछा करना; to ~ final touches

अंतिम रूप देना, आख़िरी हाथ फेरना : he gave final touches to his plan उसने अपनी योजना^{F} को अंतिम रूप दिया; ~ ground (i) पीछे हटना, पाँव उखड़ना : his army gave ground in the battlefield युद्ध - भूमि^{F} में उसकी सेना^{F} के पाँव उखड़ गए; (ii) मौका देना : he was ~n ground second time उसे दूसरी बार मौका दिया गया; to ~ somebody blow धक्का मारना; to ~ oneself airs अकड़^{F} दिखाना; to ~ smb a piece of one's mind किसी को झिड़कना; to ~ place to smb किसी के लिए जगह^{F} बनाना, हटना; ~ a trial आज़माना, आज़मा के देखना : to ~ the lie to मिथ्या सिद्ध करना, झूठा साबित करना, खंडन करना. **5.** Δ (phrases) **to ~ away** (i) दे छोड़ना (as money); (ii) सौंपना : to ~ away a bride to smb किसी को दुल्हन सौंपना; (iii) to ~ away prizes इनाम बाँटना, (iv) साथ छोड़ना : to ~ a friend away दोस्ती^{F} छोड़ देना; (v) to ~ oneself away अपना भेद बता देना; **~ forth** (i) निकालना (as sound आवाज़); (ii) प्रस्तुत करना (as report) ; **~ in** झुक जाना, दब जाना, हार^{F} मान लेना : I had to ~ in मुझे झुकना पड़ा, हार^{F} माननी पड़ी : **to ~ off** छोड़ना, निकालना : this cylinder ~s off bad smell इस सिलिंडर से बदबू^{F} निकलती है; **~ out** बताना, प्रसिद्ध करना, प्रचार करना, फैलाना : he gave out that he was engaged उसने बता दिया कि उसकी सगाई^{F} हो गई है; **to ~ over** (i) छोड़ देना, त्यागना (as a habit); (ii) सौंपना : to ~ over a charge प्रभार सौंप देना; **~ up** छोड़ देना, परित्याग करना, त्याग देना : you must ~ up bad habits तुम्हें बुरी आदतों^{F} को छोड़ देना चाहिए; I gave up all hope मैंने सारी आशा^{F} छोड़ दी; **~ way** = give in *q.v.* (i) झुकना, दब जाना, मान जाना, हार^{F} मान लेना; (ii) टूट जाना : at last his patience gave way अंततः उसका धैर्य टूट गया.

GK. Greek.

glacier ग्लै'स्यर *n*^{c}. हिमानी^{F}, हिमनदी^{F} : the ~s in the Alps आल्प्स पर की ≈; the thick layers of snow on a mountain form a ~ which moves slowly down the slope पर्वत पर बर्फ़ की मोटी परतें ग्लेशियर बन जाती हैं जो ढलकर धीरे-धीरे सरकती हैं.

glad ग्लैड *a.* **1.** प्रसन्न, खुश : I am ~ to see you आपसे मिलकर मैं खुश हूँ या मुझे खुशी^{F} हुई; she seemed ~ to me वह मुझे प्रसन्न दिखाई दी; we shall be ~ to help you हमें तुम्हारी सहायता^{F} करने में ख़ुशी^{F}/प्रसन्नता^{F} होगी; I am ~ that you are coming with us मैं ≈ हूँ कि आप हमारे साथ आ रहे हैं; he was too ~ वह अत्यधिक ≈ हुआ. [*ant.* sorry] **2.** आकर्षक, दिलकश [face चेहरा, sight दृश्य, song गीत, tidings समाचार]; the ~ chirps of the birds पक्षियों की दिलकश चहचहाहट^{F}; a ~ spring scene बसंत का ≈ सुहावना दृश्य. Δ to give a ~ eye to smb किसी को प्रेम भरी नज़र से देखना. **gladden** ग्लै'डन *v.t.* प्रसन्न या खुश करना : to be ~ed by good news अच्छे समाचार से खुश होना. **gladness** ग्लैड्'निस *n*^{u}. खुशी^{F}, प्रसन्नता^{F} : he expressed his ~ at my success उसने मेरी सफलता^{F} पर ≈ प्रकट की. [*ant.* sorrow]

glamour ग्लै'मर *n.* **1.** मोहकता^{F}, आकर्षण : to cast a ~ मोहित कर देना. **2.** चकाचौंध^{F}, चमक-दमक^{F} : a scene full of ~ भरपूर चकाचौंध वाला दृश्य; the ~ of moonlight चन्द्रप्रकाश की चमक-दमक.

glance ग्लान्स **I.** *n*^{c}. दृष्टिपात, सरसरी नज़र^{F}, झलक^{F} [critical छिद्रान्वेषी, quick तेज़, sudden एकाएक]; you could see at a ~ तुम एक दृष्टि^{F} में देख सकते थे; to take a ~ at smth किसी चीज़^{F} पर नज़र^{F} डालना; to cast a ~ upon a person किसी व्यक्ति पर दृष्टि^{F} डालना; to interchange ~s नजरें^{F} मिलाना; at first ~ पहली नज़र^{F} में. **2.** (क्रिकेट) तिरछी हिट^{F} : a ~ with a bat बल्ले के साथ ≈. **II.** *v.i.* **1.** नज़र डालना, देख लेना, झाँकना : she did not even ~ **at** me उसने मुझे देखा तक नहीं; he ~d **through** the novel उसने उपन्यास सरसरी तौर पर देखा; she ~d **over** the paper उसने सरसरी तौर पर अख़बार पढ़ी. **2.** झलकना, जगमगाना : the chinaware ~d **back** the flame of the lamp लैंप की लपट^{F} चीनी बरतनों पर से जगमगा रही थी.

gland ग्लैण्ड *n*^{c}. गिल्टी^{F}, ग्रंथि^{F} : there are ~s in various parts of the body which make special juices needed by the body हमारे शरीर के विभिन्न भागों में ग्रंथियाँ हैं जो शरीर की आवश्यकता के लिए विशेष रस पैदा करती हैं; you are ill, certain ~s may swell up into lumps तुम बीमार हो, कुछ ग्रंथियाँ फूलकर पिंड बन गई होंगी; she has a swollen ~ उसकी गिल्टी[F] सूजी हुई है.

glare ग्लेंअर **I.** *n*[c]. **1.** चमक[F], चौंध[F] [electric वैद्युत, red लाल]; the ~ of a furnace भट्ठी[F] की ≈; the ~ of fire was visible for miles आग की ≈ मीलों से दिखाई देती थी; we could see nothing because of the ~ of the car's light कार के प्रकाश की ≈ के कारण हम कुछ नहीं देख पाए. **2.** (sunlight) चिलचिलाती धूप : in the ~ of the sun ≈ में. **3.** (angry look) क्रोध भरी दृष्टि[F] : she gave me an angry ~ उसने मुझे ≈ से देखा. **II.** *v.t.* **1.** चमकना, जगमगाना : the palace ~d with dazzling light चौंधियाते प्रकाश से राजमहल जगमगा उठा; the sun ~s सूरज जगमगाता है. **2.** घूरना, तीखी नज़र डालना, तरेरना : to ~ at/**upon** a person like a tiger किसी व्यक्ति को चीते की तरह तरेरना या देखना; he ~d **down** upon me with the utmost contempt उसने मुझे घोर तिरस्कार से तरेरा; he ~d **at** him in anger उसने क्रोध से उसे घूरकर देखा. **glaring** ग्लेअ'रिंग *a.* **1.** चौंधियाने वाला, चमचमाता [dress वस्त्र, light प्रकाश, sun सूर्य]. **2.** (fierce) क्रोधपूर्ण : ~ eyes ≈ आँखें[F]. **3.** सुस्पष्ट, प्रकट : ~ fact प्रकट तथ्य; ~ injustice साफ़ बेइंसाफ़ी[F]. **4.** ~ mistake भद्दी भूल[F].

glass ग्लास *n*[c]. **1.** काँच, शीशा [dark धुँधला, thick मोटा, thin पतला, transparent पारदर्शक]; a bottle made of ~ काँच की बनी बोतल[F]; a piece of ~ ≈ का टुकड़ा. **2.** गिलास [broken टूटा, clear साफ़, dirty गंदा, empty ख़ाली, full भरा]; fill the ~ with milk ≈ दूध से भरो; to drink a ~ of water एक ≈ पानी पीना; there is a ~ in the almirah आलमारी[F] में एक ≈ है; there was nothing in the ~ ≈ में कुछ न बचा; he poured some liquid out of the ~ उसने कुछ द्रव/रस ≈ से बाहर उड़ेल दिया : he drank two ~es of wine उसने दो ≈ शराब[F] पी; looking ~ आईना, दर्पण [see 'mirror']. **3.** (~ware) काँच भाण्ड, शीशे का सामान.

glaze ग्लेज़ *v.t.* **1.** शीशा लगाना या जड़ना : to ~ a window खिड़की[F] में ≈. **2.** कांचित करना, काँच चढ़ाना : to ~ pottery बर्तनों को कांचित करना.

gleam ग्लीम **I.** *n*[c]. **1.** झलक[F] [bluish नीली-सी, golden सुनहरी, reddish लाल-सी]; a ~ of hope आशा[F] की झलक/किरण[F]; ~ of inspiration प्रेरणा की ≈. **2.** चमक[F] : ~ of polished surface पालिश[F] की हुई सतह[F] की ≈; ~ of a sword तलवार[F] की ≈. **II.** *v.i.* चमकना, दमकना, जगमगाना : the moonlight ~ed on the water चाँदनी पानी पर पड़ी; the sun ~s in the east पूर्व में सूर्य चमकता है; the candle-light ~ed at a distance मोमबत्ती[F] का प्रकाश दूर तक फैला; the morning light ~ed on the earth सुबह[F] का प्रकाश पृथ्वी[F] पर फूटा.

glide ग्लाइड **I.** *v.i.* **1.** बहना, बह जाना : the river ~s fast नदी[F] तेज़ी से बहती है; a vessel ~s through the water जहाज़ पानी से बहता है. **2.** खिसकना, सरकना : the snake ~ed into a hole साँप बाँबी[F] में सरक गया; the girl ~d quietly out of the room लड़की चुपके-से कमरे से खिसक गई; the time ~d away while they talked उनके बातचीत[F] करते-करते समय सरक गया; the glacier ~s noiselessly ग्लेशियर शांत सरकता है. **II.** *n.* बहाव : the ~ of river on the hill is very fast पहाड़ी[F] पर नदी[F] का ≈ बहुत तेज़ होता है.

glimmer ग्लि'मर **I.** *v.i.* टिमटिमाना, झलकना : the lamp ~s at a distance लैम्प दूर तक टिमटिमाता है. **II.** **1.** टिमटिमाहट[F] : a ~ of light is a faint light, seen only for a moment प्रकाश की टिमटिमाहट एक धुँधला प्रकाश है जो क्षण-भर दिखाई देता है. **2.** झलक[F], आभास : it was a mere ~ of hope यह आशा[F] की एक झलक भर थी. **glimmering** ग्लि'मरिंग *a.* टिमटिमाता हुआ, झिलमिलाता हुआ : ~ lamp टिमटिमाता हुआ लैम्प : ~ candle टिमटिमाती हुई मोमबत्ती[F]; ~ stars झिलमिलाते हुए तारे.

glimpse ग्लिम्प्स **I.** *n.* **1.** (look) झलक[F], झाँकी[F], नज़र[F] : we had/got/caught a ~ of the river हमने नदी[F] को एक नज़र देखा; ~ of a person किसी व्यक्ति की झलक[F]; from this point you will get the best ~ of the castle इस स्थान से तुम कैसल की सबसे बढ़िया झलक[F] पाओगे; I sought just a ~ of him as he passed जैसे ही वह यहाँ से गुज़रा मैं उसकी एक झलक/झाँकी पा गया. **2.** (trace) आभास : a ~ of things to come आनेवाली बातों[F] का ≈. **II.** *v.i.* सरसरी तौर पर देखना : he just ~d at the newcomer उसने नवागत व्यक्ति को सरसरी नज़र से देखा.

glisten ग्लि'सन *v.t.* झिलमिलाना, जगमगाना : dew drops were ~ing on petals पंखुड़ियों[F] पर ओस[F] के कण झिलमिला रहे थे; tears were ~ing in her eyes आँसू उसकी आँखों[F] में झिलमिला रहे थे; ~ing eyes झिलमिलाती आँखें[F]; the wet leaves ~ed in the sun धूप में गीली पत्तियाँ चमकती थीं; the diamond ~s under the light हीरा प्रकाश में चमकता है; my mother's eyes ~ed with pleasure मेरी माँ की आँखें[F] प्रसन्नता[F] से झिलमिला रही थीं.

glitter ग्लि'टर **I.** *v.t.* चमचमाना, खूब चमकना : her fingers ~ed with rings उसकी अंगुलियाँ[F] अंगूठी[F] के साथ खूब चमक रही थीं; all that ~s is not gold वह सब जो चमकता है सोना नहीं होता. **II.** *n*[u]. चमक-दमक[F] : the ~ of diamonds हीरों की चमक[F].

gloat ग्लोट *v.t.* मजा लेना : to ~ over a scenery कोई दृश्य देखकर ≈; to ~ over another's misery किसी को दु:ख में देखकर मज़ा लेना.

globe ग्लोब *n*[c]. **1.** भू-मण्डल, दुनिया[F] : they collected from various parts of the ~ वे भू-मंडल के नाना भागों से आकर जमा हुए; it all vanished from the surface of the ~ यह सब धरातल से अदृश्य हो गया; all the people on the ~ भू-मंडल पर के सब लोग. **2.** (eye-ball) नेत्र-गोलक : the ~ of the eye आँख का गोला/गोलक. **globular** ग्लॉ'ब्यलर *a.* गोलाकार, गोल [lump पिंड, pill गोली[F]]; it is ~ in shape यह आकार में गोल है. **globule** ग्लॉ'ब्यूल *n*[c]. गोलिका[F], गोली[F] : a ~of some drug किसी दवा[F] की ≈.

gloom ग्लूम *n*[c]. **1.** अंधेरा, अंधकार : the ~ in a big forest एक बड़े जंगल में ≈; he was plunged in ~ वह अंधेरे में फँस गया. **2.** उदासी[F], विषाद : his life seemed filled with ~ उसका जीवन विषादमय लगता था; the news cast a ~ over the family इस समाचार से परिवार में उदासी छा गई. **gloomy** ग्लू'मि *a.* **1.** अंधेरा [house घर, room कमरा]. **2.** धुंधला : ~ weather ≈ मौसम; a ~ shade धुंधली छाया[F]; it was a ~ day yesterday कल ≈ दिन था. **3.** उदास, विषण्ण [appearance चेहरा, face चेहरा, friend मित्र, future भविष्य, person व्यक्ति]; why are you so ~ तुम इतने ≈ क्यों हो ? in a ~ mood ≈ मुद्रा[F] में; he seems very ~ वह बहुत ≈ दिखाई देता है; Seema is feeling ~ सीमा ≈ लग रही है; she is too ~ to laugh वह इतनी ≈ है कि उसे हँसा नहीं सकते. [*ant.* cheerful]

glorify ग्लॉ'रिफ़ाई *v.t.* (glorified) **1.** की महिमा गाना, बड़ाई करना, गुणगान करना : to ~ a hero किसी हीरों की प्रशंसा[F] करना; to ~ some simple acts कुछ साधारण कार्यों की बड़ाई[F] करना. **2.** महिमामंडित करना : these are some names which ~ our age ये कुछ नाम हैं जो हमारे युग को महिमामंडित करते हैं; your presence has glorified our cottage आपकी उपस्थिति[F] से हमारी कुटिया[F] महिमामंडित हो गई है. **glorious** ग्लॉ'रिअस *a.* शानदार [deeds कारनामे, truimph विजय[F], view दृश्य]; the general won a ~ victory जनरल को एक शानदार विजय[F] मिली; we had a ~ time yesterday कल हमारे मौज थी, हमने मज़े उड़ाए. **gloriously** गलॉ'रिअस्लि *adv.* शान[F] से : the army had fought ~ in the battle with Pakistan सेना[F] ने पाकिस्तान के साथ ≈ युद्ध किया. **glory I.** ग्लॉ'रि *n*[c]. **1.** महिमा[F], गौरव, वैभव, बड़ाई[F] [immortal अमर, imperishable अनश्वर, literary साहित्यिक]; ~ be to the God ईश्वर की महिमा; ~ of the sunset सूर्यास्त का प्रभामंडल; at the highest point of one's ~ अपने वैभव के चरम बिंदु पर; to be jealous of smb's ~ किसी की नामवरी से ईर्ष्या^F करना; the Rishis declare the ~ of God ऋषिगण ईश्वर की महिमा का गुणगान करते हैं; brave deeds win ~ वीरता^F के कारनामें महिमा^F पाते हैं; passion of ~ बड़ाई^F की चाह^F. 2. शान^F : the unique ~ of one's country अपने देश की अद्वितीय ≈; ~ of the woods in spring बसंत में जंगल की ≈. II. *v.i.* (*p.* gloried) पर गर्व करना : he glories **in** his strength उसे अपनी शक्ति^F पर गर्व है; to ~ **in** success सफलता^F ≈; to ~ in overcoming difficulties कठिनाइयों^F पर विजय पाने के लिए गर्व करना; to ~ in something is to take delight in it किसी चीज़^F ≈, उस से प्रसन्न होना है.

gloss ग्लॉस I. *n*^u. 1. चमक-दमक^F, तड़क-भड़क^F: the ~ of silk रेशम की चमक-दमक; the ~ of novelty नएपन की ≈; this book cover has good ~ पुस्तक के इस कवर की खूब ≈ है. 2. (commentary) भाष्य, टीका^F : malicious ~ of smb's poetry किसी के काव्य का विद्वेषपूर्ण भाष्य; to make a ~ over mistake किसी के काव्य का विद्वेषपूर्ण भाष्य; to make a ~ over mistake किसी गलती^F पर टीका करना. 3. दिखावा : ~ of fashion फ़ैशन का दिखावा. II. *v.t.* 1. बुराई को ढँकना : to ~ **over** smb's faults किसी के दोषों पर लीपा-पोती^F करना; to ~ over a crime किसी अपराध पर सफ़ाई^F देना. 2. चमकाना : to ~ over a cloth किसी कपड़े पर चमक ला देना. 3. अशुद्ध अर्थ लगाना : to ~ over smb's writing किसी के लेख का ≈.

glossary ग्लॉ'सॅरि *n*^c. शब्द-संग्रह : a ~ of scientific terms वैज्ञानिक ≈.

glossy ग्लॉ'सि *a.* 1. चमकदार [boots बूट, hair बाल, paper कागज, silk रेशम]. 2. (smooth) चिकना : ~ floor चिकना फ़र्श : ~ surface चिकना तल.

glove ग्लव़ *n*^c. दस्ताना [leather चमड़े का, new नया, nylon नायलॉन का, silken रेशमी, woolen ऊनी]; a pair of ~ दस्ताने का जोड़ा; I have lost one of my ~s मैंने अपना एक ≈ गँवा दिया है; to put on (wear) ~s दस्ताने पहनना; to remove the right hand ~ दाहिने हाथ का ≈ हटाना. Δ **to throw down the** ~ चुनौती^F देना; **to take up the** ~ चुनौती^F स्वीकार करना; **to be hand and** ~ **with smb** किसी के साथ मिला होना.

glow ग्लो I. *n.* 1. (flush) लाली^F, लालिमा^F : the ~ of health on the cheeks गालों पर स्वास्थ्य की ≈; the ~ of the sunset सूर्यास्त की ≈. 2. तमतमाहट^F, जोश, गर्मी^F : a ~ of heat गर्मी की तमतमाहट; the swim made me ~ तैरने से मुझमें गर्मी आ गई; the ~ of zeal उत्साह की तमतमाहट; to be in ~ जोश में होना. 3. दीप्ति^F, चमक^F : the ~ of the sunset सूर्यास्त की ≈. II. *v.i.* 1. प्रफुल्ल/उल्लसित होना : a noble patriotism ~ed in every heart प्रत्येक हृदय में भव्य देशभक्ति^F का उल्लास था. 2. दहकना, धधकना : उत्तप्त होना : burning coals जलते हुए कोयले दहकते हैं; the fire was ~ing and a group of persons assembled round **it** आग धधक रही थी और लोगों का एक झुंड उसके चारों ओर इकट्ठा हो गया; the flames of fire have died down but the ashes still ~ आग की लपटें^F बुझ गईं हैं लेकिन राख^F अब भी उत्तप्त है. 3. (shine) चमकना, दमकना : to ~ like a ~ worm जुगनू की तरह ≈; the stars are ~ing तारे चमक रहे हैं. 4. लाल हो जाना : her cheeks ~ उसके गाल लाल हो गए हैं.

glucose ग्लू'कोस *n*^c. अंगूर की चीनी^F, ग्लूकोस, द्राक्षा-शर्करा^F; the patient was advised to take मरीज़ को ग्लूकोज़ लेने की सलाह^F दी गई.

glue ग्लू I. *n.* गोंद^F, सरेस^F : bottle of ~ ≈ की बोतल^F; to stick like ~ सरेस की तरह चिपकना. II. *v.t.* गोंद से चिपकाना : खूब ज़ोर से बंद कर देना; to ~ the sides of the box together बॉक्स के किनारों को चिपकाकर बंद कर देना. III. *v.i.* (fig.) चिपकना : he sat ~d to the T. V. वह टी.वी. के साथ चिपका बैठा था; the baby is always ~d to her mother बच्ची सदा माँ के साथ चिपकी रहती है.

glutton ग्लू'टन *n.* पेटू, खाऊ : ~ for food पेटू; a ~ for books किताबों का कीड़ा/शौकीन; ~ for work बहुत काम करने वाला. **gluttony** गलॅ'टॅनि *n.* खाऊपन, पेटूपन : ~ is the main cause of indigestion ≈ बदहज़मी का मुख्य कारण है.

G. M. General Manager.

gm. gram.

glycerine ग्लि'सॅरीन *n.* ग्लिसरीन : I need ~ to paint my throat गले में लगाने के लिए मुझे ≈ चाहिए.

gnash नैश *v.t.* दाँत पीसना, किटकिटाना : he ~ed his teeth in rage उसने गुस्से में अपने दाँत किटकिटाए.

go गो **I.** *v.i.* (went, gone, goes) **1.** जाना : I am ~ing home मैं घर जा रहा हूँ; I am ~ing to write a letter मैं एक पत्र लिखने जा रहा हूँ; to ~ across the bridge पुल के पार ≈; to ~ downstairs सीढ़ी^F के नीचे ≈; we do not ~ there anymore अब हम वहाँ नहीं जाते ; the train ~es there twice a week रेलगाड़ी^F वहां सप्ताह में दो बार^F जाती है; he went without speaking वह बिना कुछ कहे चला गया; to ~ to sleep सोने जाना; to ~ on a journey किसी यात्रा^F पर ≈; he was ~ing to a doctor वह डॉक्टर के पास जा रहा था; ~ and see if there is any letter for me in the post-office जाओ और देखो कि डाकघर में मेरे नाम कोई पत्र है या नहीं; I went with her yesteryday मैं कल उसके साथ गया; mother ~es to the market everyday माँ प्रतिदिन बाज़ार जाती है; to ~ from Lahore to Mumbai लाहौर से मुंबई ≈; the fence ~es round the garden घेरा बगीचे के चारों ओर जाता है; we had often gone to her house हम बहुधा उसके घर गए थे; she has gone for swimming वह तैरने (के लिए) गई है; I was ~ing to say something मैं कुछ कहने जा रहा था; to ~ for a walk सैर^F के लिए निकलना; to ~ by bus बस^F से ≈; to ~ on foot पैदल जाना; to ~ on houseback घोड़े पर चढ़कर ≈. **2.** चलना : the clock is ~ing घड़ी^F चल रही है; car is ~ing fast कार^F तेज़ चल रही है; to ~ along the road सड़क के साथ-साथ ≈; the foodstuffs will ~ a long way खाद्यान्न बहुत दिन चलेगा. **3.** होना : to ~ halves आधा-आधा होना; the time has ~ne समय हो गया है; what is ~ing on there वहाँ क्या हो रहा है ? see how it ~es देखिए क्या होता है; the story ~s that ...... कहानी यह है कि; I don't remember how the words ~ मुझे याद नहीं कि वे शब्द क्या हैं. **4.** छूटना, निकल जाना : when the next train ~ दूसरी ट्रेन कब छूटती है; wait and see how it ~s रुको और देखो कि यह कैसे निकल जाती है. **5.** माना जाना, जाना जाना : he ~es for his bravery वह अपनी बहादुरी^F के लिए मशहूर है; it must ~ what he says जो वह कहता है उसे माना जाना चाहिए; this street ~es by the name of Madhya Marg यह सड़क या गली^F मध्य मार्ग नाम से जानी जाती है. **6.** (other meanings in contexts) so many books will not go in this box इतनी किताबें^F इस बाक्स में नहीं अटेंगी; the prize ~es to Neetu पुरस्कार नीतू को मिलेगा; the chair went for Rs. 200 कुर्सी^F दो सौ रुपये में बिकी; this wall will have to go यह दीवार^F खत्म कर दी जाएगी; all my money has gone मेरा सारा पैसा नष्ट हो गया है; books go on this almirah किताबें^F इस अलमारी^F में रखी जाती हैं; voting went against him वोट उसके विरुद्ध पड़े; I think he is gone मेरे विचार में वह मर गया है.

as for as it ~es कुछ हद तक; as the saying ~es जैसा कि कहा जाता है, एक कहावत है कि...; to ~ ahead आगे बढ़ना; to ~ blind अंधा हो जाना; to ~ dry सूख जाना; to ~ hungry भूखा रह जाना; to ~ mad पागल हो जाना; to ~ to pieces टुकड़े-टुकड़े हो जाना; to ~ to law कानून की शरण^F लेना. **7.** (prepositional phrases) Δ ~ about (i) इधर-उधर घूमना : **he is ~ing about places of pilgrimage** वह इधर-उधर तीर्थ स्थानों में जा रहा है; **(ii)** फैलना : **a rumour has ~ne about** एक अफ़वाह फैल गई है; **(iii)** शुरू करना : **how to ~ about it** इसे कैसे शुरू किया जाए; **to ~ across the river** नदी^F के पार जाना; **to** ~after a game शिकार का पीछा करना; **you cannot ~ against this decision** तुम इस निर्णय के विरुद्ध नहीं जा सकते; **to ~ at work** काम में लग जाना; **to ~ back on one's word** मुकर जाना; to ~ **behind** a story कहानी^F की तह^F में जाना; **to ~ by** (i) अनुसरण करना : I'll ~ by your advice मैं तुम्हारी सलाह^F का

अनुसरण करूँगा; (ii) बीतना : so many months have ~ne by इतने महीने बीत गए हैं; ~ **down** (i) डूबना : the sun went down at six सूर्य छह बजे डूब गया; the ship went down जहाज़ डूब गया; (ii) गिरना : the prices are ~ing down कीमतें[F] गिर रही हैं; (iii) उतरना : to ~ down the hill पहाड़ी[F] से उतरना; (iv) खराब होना; his condition has ~ne down उसकी हालत खराब हो गई है; ~ **for** लेना : I am ~ing for a new scooter मैं नया स्कूटर ले रहा हूँ; ~ **in for** (i) लेना, खरीदना = ~for; (ii) पक्ष में होना : I went in for the resolution मैं प्रस्ताव के पक्ष में था; (iii) काम पर लगना : he went in for collecting stamps वह स्टाम्प/टिकट एकत्र करने में लग गया; ~ **into** छानबीन[F] करना : to ~ into the case मामले की ≈; we should ~ into the causes of struggle हमें संघर्ष के कारणों की छानबीन[F] करनी चाहिए; **to ~ off** (i) छूटना, दगना : the gun went off तोप[F]/बंदूक[F] छूट/दग गई; (ii) चलना : the meeting went off very well बैठक बहुत अच्छी तरह चली; (iii) फटना : the time-bomb went off in the bus काल-बम बस[F] में फटा; (iv) निकलना : his goods went off soon उसका माल जल्दी निकल (बिक) गया; **to ~ on** जारी रखना : we went on talking हम बातचीत[F] करते रहे; please ~ on with your work while I am out of the room जब तक मैं कमरे के बाहर रहूँ तुम अपना काम करते चलना (काम जारी रखना) ; ~ **out** (i) बाहर चले जाना, निकल जाना : he went out of the house वह घर से बाहर चला गया; (ii) बुझ जाना : the light have ~ne out बत्तियाँ[F] बुझ गईं हैं; (iii) my heart went out to him मेरे मन में उसके प्रति संवेदना[F] हुई; (iv) ~**out of the way** अपनी सीमाओं[F] से बाहर चले जाकर काम करना : he often ~es out of the way in helping others वह दूसरों की सहायता[F] करते हुए प्रायः अपनी सीमाओं से बाहर जाकर काम करता है; **to ~over** (i) जाँचना, पड़तालना, देखना, देख जाना, पढ़ना : please ~ over this letter कृपया यह पत्र पढ़ जाइए; (ii) दूसरी तरफ़ चले जाना : he went over to the opposition वह विपक्ष में चला गया; (iii) to ~ over a problem समस्या पर विचार करना; **to ~ through** (i) पूरा करना, निबाहना : we went through the entire programme हमने सारा कार्यक्रम पूरा किया; (ii) सहना, बरदाश्त करना, भुगतना : he had to ~ through many difficulties उसे अनेक कठिनाइयाँ[F] सहनी पड़ीं; **to ~ up** (i) चढ़ना, बढ़ना; prices went up मूल्य बढ़ गए; (ii) to ~ up to smb किसी के पास जाना; (iii) to ~ up the river नदी के बहाव के प्रतिकूल जाना; **to ~ with** मेल खाना : her saree ~es with the colour of her blouse उसकी साड़ी[F] का रंग ब्लाउज़ के रंग से मेल खाता है; the red colour does not ~ with black लाल रंग काले के साथ मेल नहीं खाता है; **it ~es without saying** यह मानी हुई बात[F] है, कहने की ज़रूरत[F] नहीं है : I have to ~ without help मुझे सहायता[F] से वंचित होना पड़ा है. **II.** ***n***[u]. **1.** गमन : come ~and ~ of the guests मेहमानों का आना-जाना. **2.** (energy) स्फूर्ति[F], उमंग, उत्साह : he has no ~ उसमें कुछ उत्साह नहीं है; he is full of ~ उसमें भरपूर उत्साह है; he wants more ~ वह अधिक स्फूर्ति चाहता है. **3.** प्रयास, दौड़धूप[F] : he is always on the ~ वह हमेशा दौड़धूप में रहता है. **4.** (turn) दौर, बारी[F] : at one ~ एक ही बार में. [*ant.* come]

G.O. Government order.

goal गोल ***n***[c]. **1.** लक्ष्य, उद्देश्य : the ~ of one's desire किसी की चाह[F] का लक्ष्य; have a ~ in life जीवन का एक उद्देश्य रखो; the ~ of the spacemen was moon अंतरिक्षयात्रियों का लक्ष्य चंद्रमा था. **2.** गोल : the goalkeeper defends the ~ ≈ रक्षक गोल की रक्षा करता है; the teams changed ~s टीमों[F] ने ≈ अदल-बदल लिये; they won by three ~s वे तीन ≈ से जीत गए.

goat गोट ***n***[c]. बकरा, बकरी[F]; there are a hundred ~s in the field मैदान में सौ बकरियाँ हैं; a ~ bleats बकरी मैं-मैं करती हैं; ~s are grazing grass बकरे/बकरियाँ घास चर रही हैं. [*masc.* billy ~, he ~; *fem.* nanny ~; she goat]

G.O.C. General Officer Commanding.

God गॉड *n*. **1.** (supreme) परमात्मा, ईश्वर, परमेश्वर, भगवान् [all powerful सर्वशक्तिमान, gracious वैभवपूर्ण, just न्यायशील, merciful दयावान]; believe in ~ ≈ पर विश्वास रखो; to praise ~ ≈ की स्तुति[F] करना; to blaspheme the name of ~ ≈ के नाम की निंदा[F] करना; he regards money as his ~ वह धन को अपना ≈ मानता है; we pray to ~ everyday हम प्रतिदिन ≈ से प्रार्थना[F] करते हैं; he works for fear of ~ वह ≈ के भय से काम करता है; ~'s infinite goodness and mercy ≈ की असीम कृपालुता[F] और दया[F]; ~ knows ईश्वर जाने; by ~ ≈ की कसम[F]; ~ my bless you with a son ≈ तुम्हें एक पुत्र दे ! ~ forbid, it may happen ≈ न करे कि ऐसा हो; you must not disobey the ~. तुम्हें ≈ के आदेशों का उल्लंघन नहीं करना चाहिए. **2. god** देवता (*fem*. goddess) : Hindus worship many ~s and goddesses हिंदू कई देवी-देवताओं की पूजा करते हैं; ~ daughter, ~ father, ~ mother, ~ son धर्मपुत्री, धर्मपिता, धर्ममाता, धर्मपुत्र.

goggle गॉ'गल **I.** *v.i.* (i) आँखें फाड़कर देखना : he ~d at me with surprise उसने आश्चर्य से मेरी तरफ आँखें फाड़कर देखा; (ii) आँखें फिराना/घुमाना : he ~s like an owl वह उल्लू की तरह आँखें घुमाता है. **II.** *n. pl.* धूप का चश्मा : a pair of dark ~s धूप का काला चश्मा.

G.O.I. Government of India.

gold गोल्ड **I.** *n*. **1.** सोना, स्वर्ण [pure खरा/शुद्ध, solid ठोस, yellow पीला]; many ornaments are made of ~ बहुत-से आभूषण सोने के बने होते हैं; all that glitters is not ~ चमकने वाली हर चीज़[F] सोना नहीं होती; to change one's ~ for silver money अपने सोने को चाँदी[F] से बदलना; to dig for ~ सोना निकालना. **2.** (coin) स्वर्ण-मुद्रा[F] : to pay in ~ ≈ से भुगतान करना. **3.** धन-संपत्ति[F] : the love of ~ ≈ से प्यार **II.** *a.* सोने का : ~ bars सोने की छड़ें[F]; ~ coin ≈ सिक्का; ~ leaf सोने का वरक; ~medal स्वर्णपदक; ~ wire सोने का तार; ~ watch सोने की घड़ी[F]; ~ chain सोने की चेन[F]; ~ mine सोने की खदान[F]; ~ vessels सोने के बर्तन; ~ smith सुनार; a ~ ring is very valuable and never loses its bright yellowish colour सोने की अंगूठी[F] बहुत कीमती होती है और वह अपना चमकीला पीला रंग कभी नहीं खोती. **golden** गोल्'डन *a.* सुनहला, सुनहरा, स्वर्णिम [opportunity अवसर, sky आसमान]; ~ memories सुनहरी यादें[F] : ~image सुनहरी मूर्ति[F]; ~ hair सुनहरे बाल; ~ age स्वर्ण युग, सतयुग : ~ jubilee स्वर्ण जयंती[F], पचासवीं वर्षगाँठ; ~ mean मध्यम मार्ग; ~ opinions समादर; ~ rule मूल सिद्धांत; ~ wedding विवाह की स्वर्णजयंती[F].

golf गॉल्फ़ *n*[c]. गोल्फ़ : ~ course ≈ का मैदान; to play ~ ≈ खेलना; he is very fond of playing ~ वह ≈ खेलने का बहुत शौकीन है; to be the member of the ~ club ≈ -क्लब का सदस्य होना.

gone गॉन *a.* (*p.p.* of 'go') **1.** गया हुआ, व्यतीत, बीता हुआ : our visitors had ~away last Sunday हमारे मुलाकाती पिछले रविवार को चले गए थे; the time has ~ समय बीत गया है; be ~ चले जाओ. **2.** (dead) मृत : Alas ! he is ~ अफ़सोस वह मर गया है. **3.** (spent) व्यय किया हुआ : money ~ is money wasted खर्च किया हुआ पैसा नष्ट समझो.

gong गॉङ्ग *n*[c]. घड़ियाल [dinner भोजन का, fire आग लगने का]; the ~ has sounded to summon the family to meals परिवार को भोजन पर बुलाने के लिए ≈ बज चुका है.

good गुड *a.* (better, best) **1.** अच्छा [friend मित्र, man आदमी, suggestion सुझाव, teacher अध्यापक, way रास्ता, weather मौसम, writer लेखक]; ~ advice अच्छी सलाह[F], ~ story अच्छी कहानी[F]; ~ quality अच्छी गुणवत्ता[F]; ~ teeth अच्छे दाँत; ~ people अच्छे लोग; ~ ideas अच्छे विचार; ~ clothes अच्छे कपड़े; it is ~ to be at home घर पर रहना ≈ है; it is a ~ thing that you did not go यह अच्छी बात[F] है कि तुम नहीं गए; one apple is bad and others are ~ एक सेब ख़राब है और दूसरे अच्छे हैं; Shobha does not misbehave, she is a ~ girl शोभा कभी दुर्व्यवहार नहीं करती, वह

अच्छी लड़की है; it will do him ~ यह उसका भला करेगा; swimming is a ~ exercise तैरना एक अच्छा व्यायाम है; this hat is better than that यह हैट उससे अच्छा है; we are ~ friends हम अच्छे मित्र हैं. [*ant.* bad] **2.** (ample) पर्याप्त, भरपूर : we had a ~ rest हमें पर्याप्त आराम मिला; a ~ deal पर्याप्त मात्रा^F; a ~ deal of money पर्याप्त मात्रा में धन; a ~ deal of time पर्याप्त समय. **3.** (enjoyable) प्रिय, सुखकर, अनुकूल [chat बात^F, swim तैरना]. **4.** (proper) उचित, समुचित, ठीक [arrangement व्यवस्था^F, punishment दंड]. **5.** कुशल : he is ~ at Maths वह गणित में ≈ है; I am not ~ at singing मैं गाने में ≈ नहीं हूँ. **6.** कृपालु : it is ~ of you आपकी कृपा^F है; he has been good to me वे मेरे ऊपर/प्रति ≈ रहे हैं. **7.** (combinations) ~ breeding शिष्टता^F, भद्रता^F : a youth of ~ breeding भद्र/शिष्ट घर का युवक; ~ bye विदा^F; he said ~ bye to us उसने हमसे ≈ ली; ~ day शुभ दिन; ~ eyesight स्वस्थ दृष्टि^F; ~ face सुंदर मुखड़ा; ~ faith सद्भावना^F, नेकनीयती^F; ~ humour खुशदिली^F, खुशमिज़ाजी; he is known for his good ~ humour वह अपनी ≈ के लिए जाना जाता है; ~ looking प्रियदर्शी, सुंदर; ~ manners शिष्टाचार : it is ~ manners to open the door for a lady किसी महिला के लिए दरवाज़ा खोलना भद्रता^F है; ~ morning सुप्रभात; ~ nature सौजन्य, सज्जनता^F; he is a man of good nature वह सज्जन आदमी है; ~ natured भला, साधु-स्वभाव; ~ night शुभरात्रि; she said, ~ night उसने कहा, ≈; ~ offices सौजन्य, कृपा^F : through his ~ offices I secured the job उसकी कृपा से मुझे काम मिल गया; ~ sense सद्विवेक; ~ sense prevailed upon him उसमें ≈ जागृत हुआ; in ~ spirits प्रसन्नचित्त; he is in good spirits वह ≈ है; ~ work नेकी^F का काम; this Sarai was one of his ~ works यह सराय उसके नेक कामों में एक थी. Δ **to hold** ~ (i) सच निकलना : after examination his statement held ~ परीक्षा^F के बाद उसकी बात^F सच निकली; (ii) मान्य होना : these rules hold ~ even now ये नियम अब भी मान्य हैं; to keep ~ ठीक रहना; the food keeps ~ in a fridge फ्रिज में खाने की चीज़^F ठीक रहती है; **to make** ~ (i) क्षतिपूर्ति^F करना, भरना : who will make ~ my loss? मेरा नुकसान कौन भरेगा, मेरी क्षतिपूर्ति^F कौन करेगा; (ii) सफल होना : the thief could make good his escape चोर भाग निकलने में सफल हो गया; **take it in ~ part** इसका बुरा न मानें; **to think** ~ उचित समझना : she thought it ~ to take Chemistry in B.Sc. उसने बी. एससी. में रसायन लेना उचित समझा. **II.** *n*^u. **1.** कल्याण, हित, भलाई^F : there is no ~ in denying इंकार करने में भलाई नहीं है. [*ant.* evil] **2.** (profit) लाभ : what is the ~ of staying here यहाँ रहने से क्या ≈? there may be some ~ in it इसमें कुछ ≈ हो सकता है. **goods** गुड्ज़ *n.* माल, सामान : capital ~ पूँजीगत ≈; finished ~ तैयार ≈; ~ clerk माल-बाबू; household ~ घर का ≈; ~ locomotive माल-गाड़ी^F का इंजन; ~ train माल-गाड़ी^F; ~ shed माल गोदाम; ~ tariff मालभाड़ा-सूची^F; ~ traffic माल परिवहन, माल की ढुलाई^F. **goodwill** गुड विल' *n.* **1.** सद्भाव, मित्रभाव, सदिच्छा^F : he has shown his ~ उसने अपनी सदिच्छा दर्शा दी है; I enjoy his ~ मुझे उसकी सदिच्छा प्राप्त है; I gave him these things with ~ मैंने सद्भाव के साथ उसे ये वस्तुएँ^F दीं ~ mission सद्भावना मंडल; ~ visit सद्भावना यात्रा^F. **2.** तत्परता^F, उत्साह : all this is the result of my ~ यह सब मेरी ≈ का परिणाम है. **3.** साख^F, नाम, सुनाम : his business has gained ~ उसके व्यवसाय ने साख बना ली है.

goose गूज़ *n*^c. (*fem.* of gender; *pl.* geese) कलहंसी^F : a ~ has short legs कलहंसी की टाँगें छोटी होती हैं; the webbed feet of a ~ help it to float कलहंसी के झिल्लीदार पैर उसे तैरने में सहायता^F देते हैं.

gorgeous गॉर्'जस *a.* **1.** (splendid) शानदार, भड़कीला [sunset सूर्यास्त, time समय, uniform वरदी^F]. **2.** (of style) अलंकृत, आलंकारिक.

gorilla गरि'ला *n*^c. वनमानुष, गोरिला : ~ is a kind of big monkey ≈ एक प्रकार का

बड़ा-सा बंदर होता है.

gospel गॉस्'पल *n*^c^. 1. हिदायत, उपदेश : to preach the ~ of Ahimsa अहिंसा^F^ का उपदेश देना; St. John's ~ is the one of the four ~s in the Bible संत जॉन का उपदेश बाइबिल के चार उपदेशों में से एक है. 2. सुसमाचार, इंजील^F^ : ~ truth परम सत्य, वेद वाक्य. Δ **to take one's words as a** ~ किसी के शब्दों को वेदवाक्य के रूप में लेना.

gossip गॉ'सिप I. *n.* 1. गप, गपशप [informal अनौपचारिक, meaningless निरर्थक, useless बेकार]; a thoughtless ~ does a lot of harm एक विचारहीन ≈ बहुत हानिकारक होती है; I like to have ~ with my neighbour मैं अपने पड़ोसी से ≈ (करना) पसंद करता हूँ. 2. गप्पी, बातूनी [frivolous निकम्मा, malicious विद्वेषी, old पुराना]. II. *v.t.* (gossipping, gossipped) गप लड़ाना, गपशप करना : some students are fond of ~ping कुछ विद्यार्थी गपशप करने के शौकीन होते हैं.

got गॉट *v.t.* past form of 'get' *q.v.*

gouge गाउज I. *n*^c^. गोल रुखानी^F^ : ~ is used generally by blacksmiths ≈ प्रायः लोहारों द्वारा इस्तेमाल की जाती है. II. *v.t.* निकालना : ~ out a cork काग निकालना; ~out smb's eye किसी की आँख ≈.

gourd गुअर्ड *n*^c^. 1. कद्दूवर्गीय कोई फल. 2. (shell) तूँबा : ash ~ पेठा; bitter ~ करेला; bottle ~ लौकी; snake ~ चिचिंडा

govern ग'व़र्न *v.t.* 1. (rule) शासन करना, राज करना, हुकूमत करना [absolutely निरंकुश रूप से, arbitrarily निरंकुशता^F^ से, liberally उदारता^F^ से, skilfully कुशलता^F^ से, wisely बुद्धिमत्तापूर्वक]; to ~ a nation किसी जाति^F^ पर ≈. 2. (direct) संचालन करना, परिचालन करना : don't let your senses ~ your mind अपनी इंद्रियों^F^ को मन का संचालन न करने दो; he is ~ed by his wife वह अपनी पत्नी द्वारा संचालित होता है. 3. (restrain) का नियंत्रण करना, दमन करना : ~ your appetite अपनी भूख^F^ पर नियंत्रण करो; to ~ oneself आत्मसंयम रखना. 4. (regulate) विनियमित या लागू करना : the rule does not ~ this case नियम इस मामले में लागू नहीं होता.

governess ग'वर्निस *n*^c^. (*f.*) मास्टरानी, अध्यापिका : I have employed a ~ for my children मैंने अपने बच्चों के लिए एक अध्यापिका रखी है. **government** ग'वर्नमन्ट *n*^c^. सरकार^F^, हुकूमत^F^, गवर्नमेंट^F^ [democratic प्रजातांत्रिक, elected निर्वाचित, federal संघीय, responsible उत्तरदायी]; ~ established by law विधिपूर्वक स्थापित ≈; ~ machinery शासन-तंत्र, सरकारी मशीनरी^F^; ~ security सरकारी ऋणपत्र, सरकारी हुंडी^F^; ~ of a state राज्य की ≈; to be loyal/obedient to the ~ ≈ का वफ़ादार होना; the ~ consists of Prime Minister and other ministers ≈ में प्रधानमंत्री और अन्य मंत्री होते हैं; they form the ~ उनसे ≈ बनती है; the ~ शासक वर्ग; ~ house राजभवन. **governor** ग'व़र्नर *n*^c^. राज्यपाल, शासक, गवर्नर : ~ of a state राज्य का ≈; the ~ of a colony किसी उपनिवेश का ≈.

Govt. government.

gown गॉउन *n*^c^. चोगा, गाउन : morning ~ सुबह पहनने का ≈; bathing ~ स्नान करने के बाद का ≈; sometimes students have to wear a special ~ in their school कभी-कभी छात्रों को अपने विद्यालयों में एक विशेष ≈ पहनना पड़ता है. lawyers wear ~s वकील ≈ पहनते हैं.

G.P.F. General Provident Fund.

G.P.O. Generel Post Office.

grab ग्रैब I. *n*^u^. छीना-झपटी^F^ : some goondas made a ~ at my purse कुछ गुंडों ने मेरा पर्स छीन लिया. II. *v.t.* (grabbing, grabbed) 1. छीनना : the thief ~bed my purse चोर ने मेरा बटुआ छीन लिया; to ~ something is to take it suddenly and unfairly कुछ ≈ का अर्थ है अचानक और जबरदस्ती^F^ ले लेना; to ~ smb's house किसी के मकान पर जबरदस्ती कब्ज़ा कर लेना. 2. झपटना : to ~ at smth किसी चीज़ पर ≈. 3. गिरफ़्तार करना : to ~ a criminal किसी अपराधी को ≈.

grace ग्रेस I. *n*^u^. 1. (charm) लावण्य, मनोहरता^F^: bewitching ~ जादूभरा ≈; ~ of form and manners रूप और आचरण का ≈. 2. शालीनता^F^, शिष्टता^F^ : he had the ~ to admit his mistake उसमें अपनी गलती[F] मान लेने की ≈ थी; to do smth with ~ कोई बात शालीनतापूर्वक करना. 3. अवधि[F], मोहलत[F], रिआयत[F], छूट[F] : days of ~ ≈ के दिन; he is given a month's ~ to pay his debt उसे अपना ऋण चुकता करने के लिए एक महीने का समय दिया गया है; to give ~ to the servant for an hour to confess नौकर को कबूल कर लेने के लिए एक घंटे की ≈ देना. 4. (favour) कृपा[F], कृपादृष्टि[F] : by the ~ of God ईश्वर की ≈ से; may the ~ of God be with you ईश्वर तुम पर ≈ करे. 5. (prayer) प्रार्थना[F] : they have ~ before and after meals वे खाने से पहले और बाद में ≈ करते हैं. **II.** *v.t.* **1.** सम्मान करना, शोभा या गौरव बढ़ाना : to ~ the party with one's presence अपनी उपस्थिति[F] से पार्टी[F] का गौरव बढ़ाया. 2. (to decorate) सजाना : a flower ~d the table एक फूलदान मेज़[F] की सज़ावट बढ़ा रहा था. **graceful** ग्रेस्'फुल *a.* **1.** मनोहर, ललित [activities कार्य-कलाप, manners आचरण, figure आकृति[F], motion गति[F]]; a dancer's ~ movement एक नर्तक की ≈ लचक[F]; she has been a ~ young woman in her youth वह अपनी जवानी में लावण्यमयी स्त्री थी. **2.** शिष्टतापूर्ण : ~ letter of thanks धन्यवाद का एक ≈ पत्र. [*ant.* awkward, dis ~] **gracious** ग्रे'शस *a.* **1.** दयामय, कृपालु [queen रानी, God ईश्वर]; she is nothing but ~ वह बस ≈ ही है. **2.** रमणीय : ~ smile ≈ मुस्कान[F].

gradation ग्रॅ डे'शन *n*[u]. दर्जाबंदी[F], क्रम-स्थापन : ~ of marks अंकों का क्रम निर्धारण; ~ of posts पदों का क्रम-निर्धारण **grade** ग्रेड **I.** *n*[c]. **1.** (degree) श्रेणी[F], दर्जा, ग्रेड : to attain the highest ~ of social service समाज सेवा[F] का उच्चतम ≈ प्राप्त करना; to be the officer of the high ~ उच्च ≈ का अधिकारी होना; Music exam has eight ~s संगीत की परीक्षा की आठ श्रेणियाँ हैं; there are three ~s of teachers in a University विश्वविद्यालय में अध्यापकों के तीन दर्जे होते हैं. **2.** (class) दर्जा, कक्षा[F] : I am in the fifth ~ मैं पाँचवे दर्जे में हूँ; I passed the first ~ so easily मैंने पहला ≈ इतनी आसानी[F] से पास कर लिया. **3.** (step) सोपान : his business is on the down ~ उसका व्यवसाय घट रहा है; his reputation is on the up ~ उसका यश बढ़ रहा है. **4.** (slope) ढलान[F] : down ~ उतराई[F] की ≈; up ~ चढ़ाई[F] की ≈. **II.** *v.t.* **1.** श्रेणीकरण करना, वर्गीकरण करना, क्रम निर्धारित करना : क्रमबद्ध करना : to ~ the boys according to their ability लड़कों का उनकी योग्यता[F] के अनुसार क्रम-निर्धारित करना. **2.** ढलान[F] कम करना, बराबर करना : to ~ a mound किसी भीटे की ढलान कम करना. **gradual** ग्रै' ड्युअल *a.* क्रमिक, आनुक्रमिक, दर्जावार, उत्तरोत्तर [activities गतिविधियाँ[F], ascent चढ़ाई[F], change परिवर्तन]; a ~ change is one that happens slowly, a little at a time क्रमिक परिवर्तन वह है, जो कुछ समय का अंतराल देकर धीरे-धीरे घटित होता है. [*ant.* sudden] **gradually** ग्रै'ड्युअलि *adv.* क्रमशः, धीरे-धीरे : it is ~ getting colder ≈ ठंड बढ़ रही है; she ~ realized her mistake उसने ≈ अपनी गलती[F] स्वीकार कर ली; their relations ~ changed उनके संबंध ≈ बदल गए; ~ the baby learnt to walk ≈ बच्चा चलना सीख गया; he ~ got better वह ≈ अच्छा हो गया; in summer time the sea-water becomes warmer ~, not suddenly गर्मियों में समुद्र का पानी ≈ गरम होता जाता है, एकाएक नहीं.

graduate ग्रै' ड्यूएट **I.** *n*[c]. स्नातक : he is a ~ from the Punjab University वह पंजाब विश्वविद्यालय का ≈ है; Mr. G is a ~ in science श्री ग विज्ञान का ≈ है. **II.** *v.i.* ग्रै'ड्युएट **1.** स्नातक होना, उपाधि प्राप्त करना या देना : he has ~d from Allahabad University वह इलाहाबाद विश्वविद्यालय से स्नातक हुआ है; he ~d from this college two years ago वह दो साल पहले इस महाविद्यालय से ≈ हुआ. **2.** (mark) अंशांकित करना : to ~ a thermometer थर्मामीटर को ≈ करना; a ruler ~d in centimetres सेंटीमीटरों में अंशांकित पटरी[F].

graft ग्राफ्ट **I.** *n.* **1.** कलम[F] : two twigs for a ~ ≈ के लिए दो टहनियाँ. **2.** पैबंद : to use skin as a ~ ≈ के लिए चमड़ी[F] लगाना. **3.** (bribe) घूस[F], रिश्वत[F] : he was accused of ~ उस पर ≈ लेने का अभियोग था; to make a ~ ≈ देना. **II.** *v.t.* **1.** कलम[F] बाँधना या रोपना : a gardener ~s a twig from one tree to another tree माली किसी पेड़ की एक टहनी को दूसरे पेड़ की टहनी की कलम से बाँध देता है; to ~ a rose गुलाब की कलम लगाना. **2.** पैबंद लगाना : to ~ skin on the wound घाव पर चमड़ी[F] का ≈.

grain ग्रैन *n*[c]. **1.** (cereal) अनाज, धान्य, गल्ला [cheap सस्ता, ripe पका हुआ, sufficient पर्याप्त]; ~ dealer ≈ व्यापारी; ~ market ≈ मंडी[F], गल्ले का बाज़ार; the best known ~s are wheat, barley, rice etc. गेहूँ, जौ, चावल आदि सबसे अच्छे माने गए ≈ हैं; we reap ~ हम ≈ (की फसल) काटते हैं. **2.** (particle) दाना, कण : ~of salt, sand, etc. नमक, बालू इत्यादि का ≈. (fig.) he has not a ~ of common sense उसमें कणभर भी सामान्य बुद्धि[F] नहीं है; not a ~ of truth, pity ज़रा भी सच्चाई[F], दया[F] नहीं. **3.** (disposition) स्वभाव, प्रकृति[F] : it goes against my ~ to do this इसे करना मेरे ≈ के विपरीत है.

gram ग्रैम *n*[c]. **1.** चना : ~ is a cereal एक अन्न/अनाज है; red ~ अरहर; green ~ मूँग. **2.** (weight) ग्राम : 1000 ~s make a kilogram एक हज़ार ≈ का एक किलोग्राम होता है.

grammar ग्रै'मर *n*[c]. व्याकरण [complicated जटिल, difficult कठिन, English अंग्रेजी, Greek ग्रीक, historical ऐतिहासिक, simple सरल]; Hindi ~ is not so difficult हिंदी ≈ उतना कठिन नहीं; to teach ~ ≈ पढ़ाना; we learn ~ at school हम विद्यालय में ≈ सीखते हैं; your letters are written in bad ~ तुम्हारे पत्र गलत ≈ में लिखे गए हैं; in ~ lessons we learn about words and how to use them correctly ≈ के पाठों में हम शब्दों और उनके सही प्रयोग के बारे में जानकारी[F] प्राप्त करते हैं. **grammatical** ग्र मै'टिकल *a.* **1.** (relating to grammar) व्याकरणिक : a ~ gender ≈ नर[F] लिंग; ~ mistake ≈ अशुद्धि[F]. **2.** (determined by ~) व्याकरण-सम्मत : that sentence is not ~ वह वाक्य ≈ नहीं है.

gramme = gram *q.v.*

gramophone ग्रै मॅ'फ़ोन *n*[c]. ग्रामोफोन : ~ as a musical instrument is now getting absolete वाद्ययंत्र के रूप में ≈ का प्रचलन अब समाप्त होता जा रहा है.

granary ग्रै'नरि *n*[c]. (granaries) अन्न-भंडार, अनाज-भंडार : zamindars have tons of wheat in their granaries जमींदार अपने अन्न-भंडारों में टनों गेहूँ रखते हैं.

grand ग्रैन्ड *a.* **1.** मुख्य : ~ entrance ≈ प्रवेश द्वार. **2.** (imposing) भव्य, शानदार [buildings इमारतें[F], landscape प्राकृतिक दृश्य, show प्रदर्शन, theatre थिएटर]; a ~ procession ≈ जुलूस; a ~ sight ≈ दृश्य; a ~ style of walking चलने का एक ≈ ढंग. **3.** (great) महान्, महा- [lady महिला, leader नेता, patriot देशभक्त, personality व्यक्तित्व] **4.** (important) महत्वपूर्ण [article लेख, question प्रश्न, view विचार]. **5.** (haughty) गर्वित, गर्वयुक्त, अभिमानी [king राजा, man आदमी, player खिलाड़ी]. **6.** (illustrious) प्रसिद्ध, प्रतिष्ठित : ~ oldman प्रतिष्ठित वृद्ध व्यक्ति. **7.** ~ child नाती; ~ daughter (son's daughter) पौत्री, पोती, (daughter's daughter) नतिनी, दोहती; ~ father (father's father) दादा, बाबा; (mother's father) नाना; ~ mother (father's mother) दादी; (mother's mother) नानी; ~son (son's son) पौत्र, पोता, (daughter's son) दोहता, नाती. **grandeur** ग्रैन्'ड्यर, ग्रैन'जर *n*[c]. **1.** शोभा[F], शान[F], भव्यता[F] : the ~ of royal court शाही दरबार की ≈; the ~ of the Himalayas हिमालय की ≈; the ~ of the Niagra falls न्याग्रा जलप्रपात की ≈. **2.** (eminence) उत्तमता[F], श्रेष्ठता[F] : ~ of character चरित्र की ≈.

grant ग्रान्ट **I.** *n.* **1.** अनुदान, ग्रांट[F] : ~-in-aid ≈, आर्थिक सहायता[F] : this ~ is for the progress of rural farmers यह ≈ ग्रामीण किसानों के विकास के लिए है. **2.** मंज़ूरी[F], स्वीकृति[F] : ~ of concession रियायत[F]/छूट[F] की ≈. **II.** *v.t.* **1.** प्रदान करना, देना : the headmaster ~ed him permission to go home प्रधानाचार्य ने उसे घर आने की आज्ञा[F] प्रदान कर दी; to ~ rights, concession अधिकार, रियायत[F] देना. **2.** मंज़ूर करना, स्वीकार करना, मान लेना : I ~ that you are right मैं स्वीकार करता हूँ कि तुम सही हो; his prayer/request was ~ed उसकी प्रार्थना[F] स्वीकार की गई; ~ed that he is wrong माना कि वह गलती[F] पर है; to take smth for ~ed किसी बात[F] को पहले से ही सच मान लेना; to ~ a point in the argument बहस[F] में कोई बिंदु ≈.

grape ग्रेप n^c. अंगूर [black काला, delicious स्वादिष्ट, golden सुनहला, green हरा, oval अंडाकार, ripe पका, round गोल, sour खट्टा, sweet मीठा, transparent पारदर्शी]; the ~ vines in the garden बगीचे में ≈ की लताएँ[F]; a bunch of ~s अंगूरों का गुच्छा; ~s are sour ≈ खट्टे हैं; vintage of ~s ≈ की कुल उपज; ~ vines twist their tendrils from tree to tree ≈ की लताएँ अपने तन्तु एक पेड़ से दूसरे पेड़ तक लपेट लेती हैं.

graph ग्राफ़ n^c. **1.** रेखाचित्र, ग्राफ़, नक्शा : to make a ~ of the changing temperature बदलते हुए तापमान का ≈ तैयार करना; the ~ shows rise and fall of the temperature ≈ तापमान का उतार-चढ़ाव दर्शाता है. **2.** लेख : photograph चित्रलेख; telegraph दूरलेख.

grasp ग्रास्प **I.** *v.t.* **1.** (grip) कसकर पकड़ना : to ~ a rope रस्सी[F] पकड़ना; ~ tightly मज़बूती[F] से पकड़ना. **2.** (seize) छीनना : to ~ a person's stick किसी व्यक्ति की छड़ी[F] ≈. **3.** पूर्णरूपेण समझ लेना : the boy could not ~ what the man was saying लड़का पूरी तरह से कुछ न समझ सका कि वह आदमी क्या कह रहा है; to ~ another's meaning किसी दूसरे व्यक्ति के आशय को समझना; he fully ~ed my argument उसने मेरा तर्क पूरी तरह समझ लिया. **II.** n^c. समझ[F], पकड़[F] : it is wihtin your ~ यह तुम्हारी ≈ में आ सकता है; it is beyond your ~ यह तुम्हारी ≈ के बाहर है; he is in the ~ of the enemy वह शत्रु की पकड़ में है. **grasping** ग्रास्'पिङ्ग *a.* लोभी [businessman व्यापारी, person व्यक्ति, seller विक्रेता, servant नौकर].

grass ग्रास *n.* घास[F] [dry सूखी, green हरी, soft नरम, tall लंबी, thick घनी]; we have plenty of ~ in our lawn हमारे लॉन में बहुत ≈ है; animals graze the ~ जानवर ≈ चरते हैं; to cut the ~ ≈ काटना; to sit on the ~ ≈ पर बैठना; to grow ~ ≈ उगाना; ~ blade ≈ की पत्ती[F]; ~ cutter ≈ काटने की मशीन[F]; ~land ≈ का मैदान. Δ **not to let ~ grow under one's feet** तुरंत काम कर डालना, देर न करना. **grasshopper** ग्रास्'हॉपर *n.* टिड्डा : there are ~s in the field खेत में टिड्डे हैं.

grateful ग्रेट'फुल *a.* **1.** आभारी, कृतज्ञ : ~ heart ≈ हृदय; to be ~ to a person for his kindness किसी व्यक्ति का उसकी दयालुता[F] के लिए ≈ होना; people who are ~ can show it by saying, ' thank you' लोग जो ≈ होते हैं वे इसका प्रदर्शन 'धन्यवाद' कहकर कर सकते हैं; to be ~ for help सहायता[F] के लिए ≈ होना; we are ~ to you for all you have done आपने जो इतना सब कुछ किया है उसके लिए हम आपके ≈ हैं; we shall be ~ for any information you give us किसी तरह की जानकारी के लिए जो आप हमें दे सकते हैं हम आपके ≈ रहेंगे. [*ant.* un ~] **2.** (comforting) सुखद [letter पत्र, shade छाया[F], sleep नींद[F], task कार्य].

gratification ग्रैटिफ़ि के'शन n^u. **1.** (act) अनुतोषण, परितोषण : for the ~ of the people लोगों के ≈ के लिए. **2.** (state) संतोष, तोष, तुष्टि[F] : for your own ~ तुम अपने संतोष के लिए; ~ of desire इच्छाओं की तुष्टि[F]. **3.** (gift) आनुतोषिक : illegal ~ रिश्वत[F], घूस[F]. **gratify** ग्रै'टिफ़ाइ *v.t.* (gratified) तुष्ट करना संतुष्ट करना, प्रसन्न करना : your success ~fied me तुम्हारी सफलता[F] से मुझे संतोष हुआ (ख़ुशी हुई) ; to ~ one's desires अपनी इच्छाओं को तृप्त करना; success gratifies oneself सफलता[F] अपने को संतुष्ट करती है; we are gratified to know that ... हम यह जानकर खुश हुए कि ...; it is ~ing इससे ख़ुशी होती है.

gratitude ग्रै'टिट्यूड n^c. आभार, कृतज्ञता[F] : to express one's ~ for help सहायता[F] के लिए अपनी ≈ प्रकट करना; as a token of ~ ≈ के प्रतीक स्वरूप.

gratuity ग्र ट्यू'इटि n^c. आनुतोषिक, उपदान : to obtain a small ~ एक थोड़ा-सा ≈ प्राप्त करना.

grave ग्रेव़ I. n^c. कब्र^F, समाधि^{F} : he lies in the ~ वह अपनी ≈ में पड़ा है; she sleeps in her ~ वह अपनी ≈ में सोई है; they dug a ~ उन्होंने ≈ खोदी. II. *a.* 1. गंभीर, चिंताजनक ; ~ situation ≈ स्थिति^{F}; ~ illness ≈ रोग; ~ news ≈ समाचार; to have ~ doubts about something किसी चीज़^{F} के बारे में ≈ संदेह होना; this matter has been of ~ concern यह मामला गंभीर चिंता^{F} का विषय है. 2. घोर, भयंकर : ~ fault ≈ दोष; a ~ mistake ≈ भूल^F; the policeman told us that there had been a ~ accident पुलिस ने हमें बताया कि एक भयंकर दुर्घटना^{F} हुई है. 3. (solemn) गंभीर : we know by his ~ face that he was not amused हम उसके ≈ चेहरे से जानते हैं कि उसका मन नहीं बहला था. II. *v.t.* better 'engrave' *q.v.*

gravel ग्रै'व़ल I. *v.t.* 1. रोड़ी^{F}/गिट्टी^{F} बिछाना : to ~ a path रास्ते पर कंकड़ बिछाना; to ~ a road सड़क^F पर बजरी^{F} बिछाना. 2. (perplex) घबरा देना, उलझन^F में डालना : difficulties ~ a man कठिनाइयाँ किसी आदमी को उलझन में डाल देती हैं. II. *n.* रोड़ी^{F}, बजरी^{F}, गिट्टी^{F} : ~ for macadamising the road पक्की सड़क बनाने के लिए ≈. 2. (disease) पथरी^{F} : there is ~ in his gall-bladder उसके पित्ताशय में ≈ है.

gravity ग्रै'व़िटि n^u. 1. (seriousness) गंभीरता^{F} : you have to consider the ~ of his crime उसके अपराध की ≈ का ध्यान रखना होगा; the ~ of the situation किसी स्थिति^{F} की ≈; ~ of an occasion अवसर की ≈. 2. (physics) भार, गुरुत्व, घनत्व : centre of ~ of anything किसी चीज़ के क्रेंद्र का घनत्व, गुरुत्वकेंद्र ; specific ~ आपेक्षिक या विशिष्ट.

gravy ग्रे'वि़ *n.* मखनी^{F}, शोरबा, मांसयूष [delicious स्वादिष्ट, excellent बढ़िया, hot गर्म]; I do not like ~ मैं ≈ पसंद नहीं करता; may I trouble you for a cup of ~? क्या मैं ≈ के एक कप के लिए आपको कष्ट दे सकता हूँ ?

gray (grey) ग्रे *a.* 1. भूरा, सलेटी, धूसर [bird चिड़िया, coat कोट, colour रंग, eyes आँखें, hat हैट, sky आकाश]; she was wearing a ~ dress वह एक ≈ रंग की पोशाक^F पहने थी. 2. बूढ़ा, अनुभवी : the ~ won the race बूढ़े लोग दौड़^{F} जीत गए; he was all ~ उसके सब बाल सफ़ेद हो गए, वह बूढ़ा हो गया. 3. (dismal) निरानंद, मनहूस : ~ day ≈ दिन; ~ appearance ≈ चेहरा. 4. (of hair) सफ़ेद; he is turning ~ उसके बाल पक रहे हैं;

graze ग्रेज़ *v.t.i.* 1. चरना : चराना : to ~ cattle or sheep जानवरों या भेड़ों को चराना; the cattle are ~zing in the field मवेशी मैदान में (घास) चर रहे हैं. 2. (touch) छूते हुए निकल जाना; to ~ against one's shoulders किसी के कंधे छूते हुए निकल जाना. 3. (scratch) खरोचना, रगड़ खाना, छीलना : the stone ~d his arm while working on the road सड़क^F पर काम करते समय एक पत्थर से उसकी बाँह^F में खरोंच^F/रगड़^{F} लग गई.

grease ग्रीस I. *n.* 1. (animal ~) चरबी^{F}. 2. ग्रीस^F चिकनाई^F. II. ग्रीज़ *v.t.* 1. ग्रीस या चिकनाई^F लगाना, चिकनाना : to keep a machine well ~d मशीन^F को खूब चिकनाए रखना; to ~ a car कार^F में ग्रीस लगाना. 2. (bribe) to ~ **the palms** of smb किसी को घूस^F देना, रिश्वत देना. **greasy** ग्री'ज़ि *a.* 1. चर्बीदार : a ~ wool ≈ ऊन; ~ food ≈ खाद्य-पदार्थ. 2. (soiled) चिकनाई^F से भरा हुआ; to make one's clothes ~ कपड़े चिकनाई^F से गंदे कर लेना.

great ग्रेट *a.* (greater, greatest) 1. (eminent) महान [actor अभिनेता, artist कलाकार, hero नायक, man पुरुष, people लोग, writer लेखक]; Akbar the G~ अकबर महान्; Alexander the G~ was a famous emperor सिकंदर महान् एक प्रसिद्ध सम्राट् था; Netaji has been a ≈ freedom fighter नेता जी एक ≈ स्वतंत्रता सेनानी थे; Kalidas was a ~ poet of India कालिदास भारत के एक ≈ कवि थे. 2. बड़ा, भारी [building भवन, loss नुकसान, mountain पर्वत, storm तूफ़ान]; ~ army भारी सेना^{F}; ~ people बड़े लोग; ~ power बड़ी शक्ति^{F}; ~ quantity भारी/बड़ी मात्रा^{F}; ~ victory भारी विजय; with ~ deal of trouble बड़ी परेशानियों के साथ. 3. (important) महत्वपूर्ण,

असाधारण [change परिवर्तन, day दिन, deed कार्य, difference अंतर, event घटना^F, holiday छुट्टी^F, part भाग, step कदम]; a ~ way to reach the goal लक्ष्य तक पहुँचने का एक ≈ रास्ता. 4. बहुत अच्छा : ~ occasion ≈ अवसर; a ~ player बहुत अच्छा खिलाड़ी; ~ thoughts बहुत अच्छे विचार; ~ majority बहुत बड़ी संख्या^F. [*ant.* small] 5. Greater India बृहत्तर भारत; ~ grand father परदादा, प्रपितामह, परनाना, प्रमातामह; ~ grand mother परदादी, प्रपितामही, परनानी, प्रमातामही. ~ grand son प्रपौत्र, परपोता. **greatly** ग्रेट् 'लि *adv.* अत्यधिक, अत्यंत, बहुत [disappointed निराश, pleased प्रसन्न, surprised आश्चर्यचकित, upset व्याकुल]; I am ~ obliged मैं ≈ आभारी हूँ; You are ~ mistaken तुम बहुत बड़ी गलती^F पर हो. **greatness** ग्रेट'निस *n*^c. बड़ाई^F, गुरुता^F, विशालता^F : the ~ of a mountain पर्वत की विशालता; the ~ of the crime अपराध की गुरुता; it is your ~ यह आपकी महत्ता^F है (बड़प्पन है).

greed ग्रीड *n*^c. लोभ, लालच : ~ for money धन का ≈; ~ made him steal his friend's money ≈ में उसने अपने मित्र का धन चुरा लिया; he was punished for his ~ उसे ≈ के लिए दण्डित किया गया था. **greedily** ग्री'डिलि *adv.* लालच से : the hungry boy ate his sister's food ~ भूखे लड़के ने ≈ से अपनी बहन का भोजन खा लिया. **greediness** ग्री'डिनिस *n*^u. लोभ, लालच : he was scolded by his mother for ~ उसे ≈ के लिए अपनी माँ ने डाँटा. **greedy** ग्री'डि *a.* लोभी, लालची [bee मधुमक्खी^F, boy लड़का, dog कुत्ता, seller विक्रेता]; to be ~ of/for wealth and fame धन और यश का ≈ होना; a ~ man is ever in want ≈ का पेट सदा खाली; to be ~ of / for food भोजन का ≈ होना; to be ~ of/for sweets मिठाइयों^F का ≈ होना; the ~ man eat so many cakes लालची आदमी कई केक खा गया; ~ of honours and degrees सम्मान और उपाधियों का ≈.

green ग्रीन **I.** *a.* 1. (colour) हरा [dress वस्त्र, grass घास^F, leaves पत्तियाँ, light प्रकाश, paint रंग, tree पेड़]; cross the street when the light is ~ जब प्रकाश ≈ हो तो सड़क पार करो; the colour turned ~ रंग ≈ हो गया. 2. (unripe) कच्चा, अपक्व [berries बेर, fruit फल, mangoes आम]. 3. (inexperienced) कच्चा, अनाड़ी : he is yet ~ वह अभी ≈ है; she is still ~ at his work वह अपने काम में अब भी कच्ची है. 4. (fresh) ताज़ा, [fruit फल, vegetable सब्ज़ी, wound घाव]. (fig.) ~ memory ≈ याद्दाश्त^F; impressions of youth are still ~ in his mind जवानी^F के संस्कार अब भी उसके मन पर ≈ हैं. 5. (simple) भोला : our brother still looks very ~ हमारा भाई अब भी ≈ लगता है; he is not so ~ वह इतना ≈ नहीं है. **II.** *n*^c. 1. हरा रंग : a picture in ~ and blue हरे और नीले रंग का चित्र. 2. (field) हरा-भरा मैदान. 3. (*pl.*) साग पात : ~s are very useful for health ≈ स्वास्थ्य के लिए बहुत लाभदायक होता है. **greenery** ग्री'नॅरि *n.* हरियाली^F : after the rains there is a lot of ~ in the fields बरसात^F के बाद खेतों में बहुत सारी ≈ रहती है.

greet ग्रीट *v.t.* 1. नमस्कार करना, अभिवादन करना [cheerfully हँसी-खुशी, formally औपचारिक ढंग से, respectfully सादर]; he ~ed each of the delegates उसने प्रत्येक प्रतिनिधि का अभिवादन किया; he ~ed me from a far उसने दूर से मुझे नमस्कार किया. 2. (welcome) स्वागत करना [friendly मित्रतापूर्वक, kindly दयालुता^F से, lightly हल्के ढंग से, politely नम्रता^F से, properly उचित रूप में]; to ~ a person with a smile किसी व्यक्ति का मुस्कान^F से ≈; he ~ed me with loud applause उसने ज़ोर की वाह-वाह कहते मेरा स्वागत किया; to ~ the announcement, news घोषणा, समाचार का स्वागत करना. **greeting** ग्री'टिङ्ग *n*^c. (usu. *pl.*) 1. (for elders) नमस्कार, अभिवादन : ~ on wedding golden jubilee शादी^F की स्वर्णजयंती^F का ≈. 2. (for youngers) आशीर्वाद : to send the birthday ~ to a boy किसी लड़के को जन्मदिन का ≈ भेजना; in his letter my fathers sends you his ~s अपने पत्र में मेरे पिताजी तुम्हें आशीर्वाद भेजते हैं. 3. (for equals and generally) बधाई^F :

with ~s from all of us हम सब की ओर से ≈; to answer one's ~s किसी के अभिवादन/आशीर्वाद/बधाई का उत्तर देना.

gregarious ग्रे गेअ'रिअस *a.* **1.** यूथचारी : sheeps are ~ animals भेड़ें ≈ जानवर हैं. **2.** समाजप्रिय : man is a ~ animal मनुष्य समाजप्रिय पशु है.

grenade ग्रि नेड' n^c. (also hand ~) हथगोला, छोटा बम : he threw upon him a ~ उसने उस पर एक ≈ फेंक दिया.

grey ग्रे *a.* [see 'gray']

greyhound ग्रे'हॉउन्ड n^c. जंगली भूरा कुत्ता : ~ is a racing and preying dog ग्रेहाउन्ड एक दौड़ाक और शिकारी कुत्ता है.

grief ग्रीफ़ n^c. (*pl.* griefs) शोक, विषाद, दुख, अफ़सोस [bitter भारी, boring उबाऊ, great महान/बहुत, private व्यक्तिगत, severe ज़ोर का, terrible भयानक]; to suffer ~ at a loss किसी नुकसान पर ≈ से पीड़ित होना; to have ~ at a friend's death किसी मित्र के निधन पर ≈ होना; to die of ~ ≈ से मरना; to attribute a person's death to domestic ~ किसी व्यक्ति की मृत्यु का कारण उसके पारिवारिक ≈ को ठहराना; to do smth in the agony of ~ ≈ की व्यथा^{F} में कुछ कर गुज़रना; to feel ~ ≈ का अहसास होना; to suffer from ~ ≈ से पीड़ित होना; to cause a person much ~ किसी व्यक्ति को अधिक दुःख देना. Δ **to come to** ~ नष्ट/बरबाद होना : **his plans came to** ~ उसकी योजनाएँ बरबाद हो गईं. [*ant.* joy]

grievance ग्री'वन्स **I.** n^c. शिकायत^F : people with a ~ शिकायती लोग; to state/ air one's ~s अपनी शिकायतें बताना; what is your ~ तुम्हारी क्या ≈ है? **grieve** ग्रीव़ **I.** *v.t.* दुःख देना, संतप्त करना : to ~ smb to heart किसी का दिल दुःखाना; his conduct ~s me उसका आचरण मुझे दुःख देता है; it ~d me to learn that .... मुझे यह जानकर दुःख हुआ कि . . . . **II.** *v.i.* दुःखी होना, शोक मनाना : to ~ for the dead मृतकों के लिए ≈; everyone ~d at the death of the queen रानी की मृत्यु^{F} पर सभी लोग दुखी हो गए; I was ~d to hear this news यह समाचार सुनकर मैं बहुत दुःखी हुआ (मुझे दुःख हुआ); to ~ for a thing किसी बात^F के लिए दुःखी होना; to ~ **about** a person's health किसी व्यक्ति के स्वास्थ्य के लिए दुःखी होना; to ~ **for** one's unsettled future अपने अनिश्चित भविष्य के कारण ≈; to ~ **over** the misfortune of a friend अपने मित्र के दुर्भाग्य पर दुःखी होना; to be ~d **at** the loss of a friend मित्र के न रहने पर दुःखी होना. **grievous** ग्री'व़स *a.* **1.** दारुण, कष्टदायक, दुःखद : ~ farewell ≈ विदाई^F; ~ hurt गहरी चोट^F/सख़्त चोट^F ~ pain ≈ पीड़ा^{F}; ~ incident ≈ घटना^{F}. **2.** (atrocious) घोर, भारी [crime अपराध, error गलती^{F}, fault दोष, loss हानि^{F}, sin पाप].

grill ग्रिल **I.** *n.* **1.** भूना हुआ मांस, भूनी हुई मछली^{F} : he sells ~ वह ≈ बेचता है. **2.** ग्रिल, झंझरी^{F} : a ~ is an apparatus for grilling food झंझरी किसी खाद्य पदार्थ को भूनने का एक उपकरण है. **II.** *v.t.* (grilling, grilled) **1.** पकाना, भूनना, तलना : to ~ potato chops आलू चाप ≈; fish lie ~ing in the sum मछलियाँ^{F} धूप में भुनती पड़ी रहती हैं. **2.** कड़ी परीक्षा^{F} लेना, कड़ी जिरह^F करना : the police ~ed the prisoner पुलिस^F ने कैदी से कड़ी जिरह^F की; the minister was ~ed in the Lok Sabha मंत्री से संसद् में जिरह की गई.

grim ग्रिम *a.* **1.** (repellent) घृणित, घिनौना : ~ smile घिनौनी हँसी^{F}; ~ appearance ≈ चेहरा. **2.** (hideous) कराल, भयंकर [battle संग्राम/युद्ध, outlook दृष्टिकोण, story कहानी^{F}]. **3.** (relentless) कठोर : ~ truth ≈ सत्य : ~ determination दृढ़ संकल्प; ~ struggle ≈ संघर्ष. **4.** निर्दय, निष्ठुर [death मृत्यु^{F}, tyrant अत्याचारी].

grin ग्रिन **I.** *n.* खीस^F : he gave a broad ~ of happiness उसने प्रसन्नता की खुली खीस निकाली. **II.** *v.i.* (-nn-) दाँत निकालना, खीसें निकालना या काढ़ना : to ~ at smb किसी पर ≈.

grind ग्राइन्ड **I.** n^u. **1.** अरुचिकर कार्य : this text is a ~ यह पाठ ≈ है. **2.** (hard work) घोर परिश्रम : this work is a ~ यह काम तो ≈ का है. **II.** *v.t.* (*p. & p.p.* ground) **1.** पीसना : to ~ teeth दाँत पीसना; he ~s flour, wheat

वह आटा, गेहूँ पीसता है; to ~ fine बारीक ≈; to ~ to powder पीसकर चूरा कर देना; *v.i.* पिसना : this corn ~s well यह अनाज अच्छी तरह पिसता है. **2.** (rub) तेज़ करना, घिसना : to ~ a knife, axe चाकू, कुल्हाड़ा ≈. **3.** (masticate) चबाना : to ~ smth between one's teeth दाँतों तले कोई चीज़ ≈. **4.** (grate) किरकिराना : (turn) घुमाना : to ~ an organ कोई अंग घुमाना. **5.** परिश्रम करके पढ़ना : to ~ for an exam परीक्षा के लिए खूब पढ़ना. Δ **to have an axe to ~** स्वार्थ सिद्ध करना.

grip ग्रिप **I.** *n.* **1.** पकड़[F] : keep a ~ on your work अपने काम पर ≈ रखो; the speaker's ~ वक्ता की ≈; to release a person from smb's ~ व्यक्ति को किसी के चंगुल से छुड़ाना. Δ **to come to ~s with smb** किसी से हाथापाई[F] करना या गुत्थम-गुत्था होना. **2. (mastery)** अधिकार : to have a good ~ on a subject किसी विषय पर पूरा ≈ होना; he has a ~ on the situations स्थितियों[F] पर उसकी ≈ है. **3.** (handle) मूठ[F] : ~ of a cycle handle साइकल के हत्थे की ≈. **4.** (*pl.*) (spasm) पेचिश[F], मरोड़ : he is suffering from ~s उसे मरोड़ लगे हैं, वह पेचिश से पीड़ित है. **II.** *v.t.* (gripped, gripping) **1.** (कसकर) पकड़ना : to ~ a rope tightly रस्सी[F] को कसकर पकड़ना; to ~ a person's hand किसी व्यक्ति का हाथ पकड़ना; to ~ something किसी चीज़ को कसकर पकड़ना; to ~ an antogonist at wrestling कुश्ती[F] में प्रतिद्वन्द्वी को कसकर पकड़ना. (fig.) **I could not grip his argument** मैं उसका तर्क नहीं पकड़ (समझ) सका; **to ~ a problem** समस्या[F] को समझना. **2.** मंत्रमुग्ध करना : the actor ~ped the audiences अभिनेता ने दर्शकों को मंत्रमुग्ध कर दिया.

grit ग्रिट *n.* **1.** कंकरी[F], बजरी[F] : ~ of stones, bricks पत्थरों, ईटों[F] की ≈; she has a ~ in her eye उसकी आँख[F] में ≈ है. **2.** कण : ~ of sand बालू का कण. **3.** (courage) धैर्य : he is a man of ~ and stamina वह धैर्यशील और श्रमशील पुरुष है.

groan ग्रोन **I.** *v.i.* **1.** कराहना : he ~ed with pain वह दर्द से कराहा; a wounded man was ~ing घायल आदमी कराह रहा था. **2.** (other contexts) he ~ed under injustice वह अन्याय से पिस गया; to ~ down a speaker किसी वक्ता को चिल्लाकर बिठा देना; the axle of the cart ~s with a heavy load गाड़ी[F] का धुरा भारी वज़न के कारण चरमर-चरमर करता है. [*as distinct from* grown] **II.** *n.* कराह[F] : a ~ of despair निराशा[F] के कारण ≈.

grocer ग्रो'सर *n*[c]. पंसारी : from a ~ we buy ~various things needed to run a house as tea, sugar, cheese etc. ≈ से हम बहुत-सी वस्तुएँ जिनकी गृहस्थी चलाने के लिए आवश्यकता[F] होती है खरीदते हैं जैसे—चाय, चीनी, पनीर आदि. **grocery** ग्रो'सरि *n*[c]. (groceries) **1.** किराना, पंसारी का सामान : dry fruit, spices, sugar etc. are common groceries सूखा मेवा, गर्म मसाले, चीनी आदि सामान्य किराने की वस्तुएँ हैं. **2.** (store) पंसारी की दुकान[F] : we bought salt and pepper from a ~ हमने पंसारी की दुकान[F] से नमक और कालीमिर्च खरीदी.

groom ग्रूम **I.** *n.* **1.** (bride ~) वर, दूल्हा : the bride and her ~ दुलहिन और उसका ≈. **2.** साईस : a ~ was employed to take care of the mares घोड़ियों[F] की देखभाल[F] करने के लिए एक ≈ को लगाया गया; a ~ is waiting for the horse's coming ≈ घोड़े के आने का इंतज़ार कर रहा है. **II.** *v.t.* **1.** खरहरा करना : to ~ a horse घोड़े पर ≈. **2.** (tend) देखभाल[F] करना : he is well ~ed उसकी देखभाल अच्छी तरह हो रही है. **3.** (smarten) बनाव-शृंगार करना : to ~ a youngman for an interview किसी नवयुवक का साक्षात्कार के लिए ≈; an actor ~s himself for the show एक अभिनेता प्रदर्शन के लिए अपना बनाव-शृंगार करता है. **4.** तैयार करना : to ~ a person as a candidate for an election चुनाव के लिए किसी को उम्मीदवार बनने के लिए ≈.

groove ग्रूव़ *n*[c]. **1.** (channel) नाली[F] : they make ~s for growing plants वे पौधे उगाने के लिए नालियाँ बनाते हैं. **2.** (a settled routine) लीक[F], ढर्रा : village people stick to their traditional ~s ग्रामीण लोग अपने

पारंपरिक ढर्रे से चिपके रहते हैं.

grope ग्रोप *v.t.* 1. खोजना : tom ~d for his torch in the dark टाम अंधेरे में अपनी टार्च खोजता रहा; to ~ one's way through the wood जंगल में अपना रास्ता ≈; to ~ for an answer to the question किसी प्रश्न का उत्तर खोजना. 2. टटोलना : the blindman walks groping अंधा आदमी टटोलते हुए चलता है. 3. ~about हाथ-पाँव मारना : to ~ about in the dark अंधेरे में ≈.

gross ग्रॉस *a.* 1. कुल [material सामान, price मूल्य, profit लाभ, sum राशि[F]]; ~ revenue ≈ आमदनी[F] या आय[F]; ~ weight of the body शरीर का ≈ वज़न. 2. भारी [error गलती[F], flattery चापलूसी[F], ignorance अनभिज्ञता[F], joke मज़ाक, mistake भूल[F]]. 3. भद्दा : the rhinoceros are ~ animals गैंडे भद्दे/भारी जानवर होते हैं; ~ exaggeration भद्दी/भारी अतिशयोक्ति[F]. 4. (vulgar) गँवारु [appearance रूप-रंग, manners आचरण]; he is a ~ looking man वह अशिष्ट आदमी लगता है. [*ant.* refined] 5. (of inferior quality) घटिया : this grocer sells ~ materials यह पंसारी ≈ माल बेचता है. 6. (obscene) अश्लील [language भाषा[F], picture पिक्चर, song गीत, story कहानी[F]]. 7. (dense) घना : ~ darkness ≈ अंधेरा.

grotesque ग्रॉ टेंस्क' I. *a.* 1. (distorted) विरूप, भोंडा : ~ appearance ≈ चेहरा-मोहरा. 2. (bizarre) विलक्षण, अजीब, अनोखा : in a ~ manner अनोखे ढंग से; she looked ~ in that dress वह उस पोशाक[F] में ≈ लगती थी. 3. (absurd) ऊटपटांग, बेतुका : ~ idea ≈ विचार [*ant.* graceful]

ground ग्राउन्ड I. *n.* 1. ज़मीन[F], धरती[F] [deserted निर्जन, dry शुष्क, flat चपटी, level समतल, wet गीली]; he fell on the ~ वह ≈ पर गिर पड़ा; the ~ was covered with snow ≈ बर्फ़[F] से ढकी थी; he lay on the ~ वह ≈ पर लेट गया; he raised the wounded soldier from the ~ उसने घायल सैनिक को ≈ पर से उठाया; the aeroplane came down to the ~ हवाई जहाज़ ≈ पर आ गया या उतर आया; this ~ is good for wheat यह ≈ गेहूँ के लिए अच्छी है. 2. मैदान : play ~ खेल का ≈; cricket ~ क्रिकेट का ≈. 3. भूमि[F], खेत [barren बंजर, fertile उपजाऊ, sandy बलुई]; to till the ~ ≈ पर हल चलाना. 4. (bottom) तल : the boat touched the ~ नाव ने ≈ को छू लिया. 5. *n*[c]. (basis) आधार, कारण : on what ~s do you say that तुम यह किस आधार पर कहते हो? we have ~s for being angry नाराज़ होने के हमारे पास ≈ हैं; there is no ~ for thinking so ऐसा सोचने का कोई ≈ नहीं है; he had no ~ for complaint उसके पास शिकायत[F] का कोई ≈ नहीं था. Δ **to break new** ~ नया रास्ता खोलना, नया काम करना, नया कदम उठाना, नयी दिशा[F] देना; **cut the ~ from under smb's feet** किसी को किसी इरादे में नाकाम कर देना; **to dash smb's hopes to the ~** किसी की आशाएँ[F] मिट्टी[F] में मिला देना; **down to the ~** पूरी तरह; the hotel suits me down to the ~ होटल पूरी तरह मुझे माफ़िक है; **to fall to the ~** असफल होना, नाकाम होना, मिट्टी[F] में मिल जाना (as, a plan); **to gain ~** (i) आगे बढ़ना : the runner is gaining ~ धावक आगे बढ़ता जा रहा है; (ii) जड़ पकड़ना : the new plant is gaining ~ नया पौधा जड़ पकड़ रहा है; (iii) रिवाज/चलन बढ़ना : the new fashion has ~ed नए फ़ैशन का चलन बढ़ गया है; **to hold one's** ~ अपनी बात[F] पर डटे रहना; lose ~ (i) पीछे हटना, हारना, परास्त होना : the enemy lost ~ शत्रु पीछे हट गया, हार गया; (ii) साख[F] खोना : his business is losing ~ उसके व्यवसाय में साख जा रही है; **to shift one's** ~ अपनी बात[F] से हट जाना, बदल जाना; **to stand on the** ~ अपनी बात पर जमे रहना. **II.** *a.* 1. थल- : ~ fighting थलयुद्ध; ~ forces थल सेना[F]. 2. ~ floor निचली मंज़िल; ~ nut मूँगफली. **III.** *v.t.* 1. (भूमि[F] पर) उतरना, उतारना, धरती[F] से लग जाना : the aeroplane had to be ~ed हवाई जहाज़ को नीचे उतरना पड़ा; they ~ed the aircraft in the storm उन्होंने तूफान में हवाई जहाज़ को धरती[F] पर उतार दिया. 2. (of ship etc.) तल से लग जाना : the boat ~ed on the rocks नाव[F] तल पर जाकर चट्टानों[F] से लग गई. **3.** शिक्षा देना : to ~ one in grammar किसी को व्याकरण की शिक्षा देना; the teachers must ~ their pupils in correct English अध्यापकों को अपने छात्रों को शुद्ध अंग्रेजी[F] की शिक्षा[F] देनी चाहिए. **4.** स्थापित करना : his theory is well ~ed उसका सिद्धांत अच्छी तरह[F] स्थापित है. **grounding** ग्रॉउन्'डिङ् *n*[c]. आधार : he had a good ~ in Hindi हिंदी में उसका ≈ अच्छा था. **groundless** ग्राउन्ड'लिस *a.* निराधार, बेबुनियाद, निर्मूल : a ~ report ≈ रिपोर्ट/रपट; our fears were ~ हमारा भय ≈ था; his objections were ~ उसकी आपत्तियाँ[F] ≈ थीं.

group ग्रूप **I.** *n*[c]. **1.** समूह, मंडली[F], टोली[F], गिरोह : a small ~ of people लोगों का एक छोटा समूह; they came out in ~s of three and four वे तीन-तीन और चार-चार की टोलियों में बाहर आए; they stood in ~s वह टोलियाँ बनाकर खड़े थे; a ~ of socialists समाजवादियों की मंडली[F]. **2.** वर्ग, श्रेणी, दर्जा, किस्म : ~ of languages भाषाओं का वर्ग; a ~ of plants पौधों की एक श्रेणी[F]. **II.** *v.t.* **1.** वर्गों में बाँटना, टुकड़ियों[F] या दलों में बाँटना : they ~ed the pupils according to their ability उन्होंने छात्रों की उनकी योग्यता के अनुसार वर्गों/टोलियों में बाँट दिया. **2.** इकट्ठा करना या होना : they ~ed their members for a photograph उन्होंने अपने सदस्यों को फोटो खिंचवाने के लिए इकट्ठा किया; people ~ed round their leader लोग अपने नेता के इर्द-गिर्द इकट्ठे हो गए. **grouping** ग्रू'पिंग *n*[u]. वर्गीकरण, समूहीकरण : ~ of children according to age उम्र के हिसाब से बच्चों का ≈.

grouse ग्रॉउर्स *n.* शिकायत[F], शिकवा : he has got a ~ against you उसे तुम्हारे विरुद्ध ≈ है.

grove ग्रोव़ *n*[c]. उपवन, बगीचा : an apple ~ सेबों का ≈; to walk in the ~ ≈ में विहार करना.

grow ग्रो **I.** *v.t.* (grew, grown) **1.** उगाना, पैदा करना : ~ vegetables सब्ज़ियाँ[F] उगाओ; to ~ flowers and fruits फूल और फल ≈. *v.i.* उगना, पैदा होना, उपजना : manure helps the plants to grow खाद पौधों के होने में सहायक होती है; the seed may ~ if you plant it in the soil बीज उग जाए यदि तुम मिट्टी[F] में इसे बो दो. **2.** होना, हो जाना : it was ~ing late, dark विलम्ब, अंधेरा हो रहा था; he has ~n old वह बड़ा/बूढ़ा हो गया है; she has ~n very tall वह बहुत लंबी हो गई है. **3.** बढ़ना, बड़ा हो जाना : he has sufficiently ~n now वह अब काफ़ी बड़ा हो गया है; my hair ~s quickly मेरे बाल तेज़ी से बढ़ते हैं; when he grew up जब वह बड़ा हुआ; my brother has ~n two inches taller this year मेरा भाई इस साल दो इंच और बढ़ गया है; he is ~ing up and soon will be seventeen वह बड़ा होता जा रहा है और शीघ्र सत्तरह बरस का हो जाएगा; when will Prahlad ~ up प्रहलाद कब बड़ा होगा? his influence has ~n lately उसका प्रभाव हाल में बढ़ा है; to ~ old बूढ़ा हो जाना; to ~ a beard दाढ़ी[F] बढ़ा लेना; he grew *up* fast in strength वह ताकत[F] में तेज़ी से बढ़ा; to ~ in wisdom और समझदार हो जाना. Δ **to ~ on/upon** पसंद आना : this place is ~ing on me यह स्थान मुझे पसंद आता जा रहा है; **to ~ out of smth** किसी चीज़ से बहुत अधिक बड़ा हो जाना; **to ~ out of one's clothes** कपड़े छोटे हो जाना; **to ~ up** (i) विकास पाना : the custom has ~n up यह रिवाज विकास पा गया है; (ii) बड़ा होना; the boy is ~ing up लड़का बड़ा हो रहा है. [दे. grown, growth भी; *ant.* decay, decline]

growl ग्रॉउल **I.** *v.t.* **1.** गुर्राना : the dog ~ed and I stepped back कुत्ता गुर्राया और मैं पीछे हट गया. **2.** (rumble) गड़गड़ाना, गरजना : clouds ~ed in the distance दूर से बादल गरज रहे थे. **3.** (grumble) बड़बड़ाना : his father is in the habit of ~ing उसके बाप को बड़बड़ाने की आदत[F] है; he ~s about everything वह हर बात[F] पर बड़बड़ाता है. **II.** *n*[c]. **1.** गुर्राहट[F] ≈ : the dog gave a low ~ to show that he was displeased कुत्ता यह प्रदर्शित करने के लिए कि वह अप्रसन्न है धीमे से गुर्राया. **2.** बड़बड़ाहट[F] : he is always on the ~ on trifling things वह हमेशा छोटी-छोटी बातों[F] पर बड़बड़ाता है.

grown ग्रोन *a.* [*p.p.* of grow] बड़ा, बढ़ा हुआ : Bitty has ~ taller since we last saw her हमने जब से बिट्टी को देखा है तब से वह बड़ी हो गई है. ~ **up** बालिग़, सयाना : have you any ~ up brother क्या तुम्हारा कोई ≈ भाई है ? [*as distinct from* 'groan'] **growth** ग्रोथ *n*ᵘ. 1. विकास, वृद्धि^F, बढ़ती^F [constant लगातार, full पूर्ण, gradual धीरे-धीरे, rapid तेज़, slow धीमी]; to attain full ~ पूरा विकास पाना; the ~ of population in India is very fast भारत में जनसंख्या^F की वृद्धि^F बहुत तेज़ है; to promote the ~ of education शिक्षा^F के विकास को बढ़ावा देना. 2. (production) उपज^F, पैदावार^F : these flowers are of foreign ~ ये फूल विदेशी ≈ हैं; ~ of bushes झाड़ियों की ≈. 3. फोड़ा : ~ in the stomach पेट का फोड़ा.

grudge ग्रज I. *n*ᶜ. शिकायत^F, विद्वेष, मनोमालिन्य: I have ~ against nobody मुझे किसी से ≈ नहीं है; to bear one a ~ is to wish him ill किसी से ≈ होने का अर्थ है उसका बुरा चाहना; he bears me a ~ उसे मुझसे ≈ है. II. *v.t.* 1. (to envy) ईर्ष्या^F करना, डाह^F करना, जलना : he ~s me my good luck उसे मेरे सौभाग्य से ईर्ष्या^F है; to ~ someone his success किसी से उसकी सफलता^F पर डाह करना. 2. अनिच्छा^F से देना : he ~s paying taxes वह अनिच्छा से टैक्स/कर देता है; he ~ me nothing उसे कोई चीज़ मुझे देने में अनिच्छा नहीं होती. 3. शिकायत^F करना : to ~ the time for a walk टहलने के लिए समय की ≈. **grudging** ग्र'जिंग *a.* अनिच्छित : to give a ~ consent to someone किसी को ≈ स्वीकृति^F देना.

gruesome ग्रू'सम *a.* वीभत्स, भयंकर, दारुण, भीषण, घोर : it was a ~ murder यह एक ≈ हत्या^F थी; seeing the ~ sight he turned up and fled भयानक दृष्य देखकर वह मुड़ा और भागा.

grumble ग्रम्'बल *v.t.* 1. बड़बड़ाना, भुनभुनाना, शिकायत^F करना : they ~ *about* the food वह भोजन के लिए शिकायत करते हैं; what are you grumbling *at* तुम क्या बड़बड़ा रहे हो ? grumbling at his small share अपने थोड़े हिस्से के कारण ≈; he ~ed at/over his master's treatment वह अपने मालिक के बर्ताव पर बड़बड़ाया. 2. गड़गड़ाना : the cloud ~s बादल गड़गड़ाता है

Guar., guarantee गैरन् टी' I. *n*ᶜ. 1. (guarantor) गारंटीकर्ता, जामिन (दार) ; I acted as ~ for her मैं उसका ≈ बना; he would be a ~ in your case वह तुम्हारे मामले में ≈ होगा. 2. गारंटी^F, जमानत^F : my watch had two years ~ मेरी घड़ी^F की दो साल की ≈ थी; what ~ have you that he will do it तुम्हारे पास क्या ≈ है कि वह इसे करेगा ? it is still under ~ अभी उसकी ≈ है; I give ~ मैं ≈ देता हूँ. 3. (assurance) आश्वासन : he gave me a written ~ उसने मुझे लिखित ≈ दिया. II. *v.t.* 1. ज़मानत^F देना, गारंटी^F देना : the shopkeeper ~s that the watch is reliable दुकानदार गारंटी करता है कि घड़ी विश्वसनीय है; to ~ a debt for a friend अपने मित्र के लिए कर्ज़े की गारंटी देना; the radio was ~d for four years रेडियो की गारंटी चार साल की थी. 2. आश्वासन देना, विश्वास दिलाना : to ~ not to be late विलंब न होने का ≈; I ~ that the money will be returned मैं आश्वासन देता हूँ कि पैसा वापस कर दिया जायगा.

guard गार्ड I. *n*ᵘ. 1. पहरा, रखवाली^F [constant लगातार, strong तगड़ा]; two soldiers kept (stood on) ~ at the gate दो सिपाही फाटक पर पहरे में खड़े थे; to strengthen the ~ पहरा मज़बूत करना. 2. ~ of honour सलामी गारद, सैनिक सलामी. 3. off one's ~ असावधान, बेख़बर, बेसुध; on one's ~ सावधान, चौकस, चौकन्ना, ख़बरदार, होशियार : we were on, off our ~ when the dacoits came in disguise जब डाकू भेष बदलकर आए तो हम सावधान, बेख़बर थे. 2. (protection) रक्षा^F, गारद^F, रक्षण : soldiers on ~ of the President राष्ट्रपति की ≈ में तैनात सैनिक; to be turn out of the ~ गारद से निकाला जाना. 3. (wariness) चौकसी^F, सतर्कता^F : to keep ~ well अच्छी ≈ रखना. 4. (protecting device) रोक^F, कवच : miners keep helmets as ~ against injury खदानी लोग चोट से बचाव के लिए ≈ के रूप में हेलमट रखते हैं.

5. (persons) गारद : when the ~ was changed जब ≈ बदली गई. **II.** *n*^c^. 1. रखवाला, रक्षक : he was his ~ वह उसका ≈ था. 2. रेलवे गार्ड. **III.** *v.t.* 1. पहरा देना, पहरेदारी^F^ करना : to ~ the house so that none can steal away the goods घर पर ≈ देना जिससे कोई सामान चुरा न ले जा सके. 2. रखवाली^F^ करना, रक्षा^F^ करना : our troops are ~ing the town हमारी सेना^F^ शहर की रखवाली कर रही है; to ~ a prisoner कैदी पर नज़र^F^ रखना; a mother ~s her children माँ बच्चों की रक्षा करती है. 3. सावधान/सतर्क रहना, चौकन्ना रहना : to ~ **against** illness बीमारी^F^ से ≈; to ~ **against** misunderstanding गलतफ़हमी^F^ से ≈; to ~ in case of danger खतरे के समय ≈; we must ~ the health of the children हमें बच्चों के स्वास्थ्य के बारे में ≈ रहना चाहिए. 4. (protect) रक्षा करना, बचाव करना : you must ~ against the possible attack तुम्हें संभावित आक्रमण से बचाव करना चाहिए. **guardian** गॉर्'डिअन *n*^c^. अभिभावक, सरपरस्त : ~ of a boy किसी लड़के का अभिभावक; she has no parents, the man who looks after her is her ~ उसके माता-पिता कोई नहीं हैं, जो व्यक्ति उसकी देखभाल^F^ करता है वह उसका ≈ है. [*ant.* ward]

guava ग्वा'वा *n*^c^. अमरूद : ~s are common man's apples आम आदमी के सेब हैं; ~s of Allahabad are exported इलाहाबाद के ≈ निर्यात किए जाते हैं.

guerilla ग रि'ला *n*^c^. छापामार, गुरिल्ला : a ~ fighter ≈ लड़ाकू; ~ warrior ≈ योद्धा; ~ warfare ≈ लड़ाई^F^; a band of ~s attacked the train गुरिल्लाओं के एक गिरोह ने रेलगाड़ी^F^ पर आक्रमण कर दिया.

guess गेंस **I.** *v.t.* 1. अनुमान करना या लगाना, अटकल^F^ लगाना, अंदाज़ा लगाना : can you ~ the weight of this box क्या तुम इस संदूक के भार का अंदाजा/अनुमान लगा सकते हो ? to ~ a person's age किसी व्यक्ति की उम्र^F^ के बारे में अटकल लगाना; to ~ the depth of the river नदी^F^ की गहराई^F^ का अंदाजा लगाना; I do no know Mary's age but I ~ that she is 13 मैं मेरी की उम्र^F^ नहीं जानता लेकिन मेरा अनुमान है कि वह तेरह साल की है; try to ~ how many toffees are their in the box यह जानने का प्रयास करो कि डिब्बे में कितनी टाफियाँ^F^ हैं. 2. ताड़ जाना, भाँपना : I can only ~ his motive मैं केवल उसके आशय को भाँप सकता हूँ; I can ~ what you are thinking मैं ताड़ सकता हूँ कि तुम क्या सोच रहे हो. 3. समझना, बूझना : I ~ you are tired मैं समझता हूँ कि तुम थक गए हो; you have rightly ~ed it तुमने ठीक बूझ लिया; to ~ a riddle पहेली^F^ बूझना. **II.** *n*^c^. अनुमान, अंदाज़ा : your ~ is right तुम्हारा ≈ सही है; to make a ~ ≈ लगाना; it was only a ~ यह केवल एक अनुमान था; ~ work अटकलबाजी^F^. **Δ it is nobody's** ~ इस बारे में कुछ बता पाना मुश्किल है.

guest गेंस्ट *n*^c^. 1. अतिथि, मेहमान : distinguished ~ प्रतिष्ठित ≈; chief ~ मुख्य ≈; ~ of honour माननीय या सम्मानित ≈; ~ house ≈ गृह; to be a person's ~ किसी व्यक्ति का ≈ होना; to make one's ~ comfortable ≈ को आराम का अहसास कराना; to satisfy one's ~ अपने ≈ को संतुष्ट करना; to entertain one's ~ अपने ≈ का सत्कार करना; to regale the ~ ≈ को खूब खिलाना-पिलाना; the ~ went away early ≈ जल्दी चला गया; the hotel has fifty rooms for ~ होटल में अतिथियों के लिए पचास कमरे हैं; in addition to the family, we have a ~ staying at our house परिवार के अतिरिक्त हमारे यहाँ एक ≈ रुका है. [*ant.* host]

guidance गाइ'डन्स *n*^u^. पथ-प्रदर्शन, मार्ग दर्शन : he prepared the report under the ~ of the Director उसने निदेशक के ≈ में प्रतिवेदन तैयार किया; I could not do it well except under his ~ उसके ~ के बिना मैं इसे अच्छी तरह नहीं कर सकता था. **guide** गाइड *n*^c^. 1. मार्गदर्शक, पथप्रदर्शक, गाइड [experienced अनुभवी, good अच्छा, trustworthy विश्वसनीय]; I shall be your ~ to take you to the museum मैं तुम्हें संग्रहालय ले चलने के लिए ≈ हूँगा; they followed their ~ उन्होंने अपने ≈ का

अनुसरण किया; the ~ took us to the Zoo ≈ हमें चिड़ियाघर ले गया. 2. नेता, अगुआ : he was our ~ in the procession जुलूस में वह हम लोगों का ≈ था. 3. निर्देशक : past experience can be a good ~ अतीत का अनुभव अच्छा ≈ हो सकता है. 4. (book) संदर्शिका, गाइडबुक [beneficial लाभदायक, important महत्वपूर्ण, useful उपयोगी]; ~ book मार्गदर्शिका^F, गाइड^F : I have a ~ (book) on the subject इस विषय पर मेरे पास एक अच्छी ≈ है; it is a ~ to places of pilgrimage यह तीर्थस्थानों की ≈ है. **II.** *v.t.* **1.** मार्ग दिखाना, पथप्रदर्शन करना, नेतृत्व करना : to ~ the villagers ग्रामवासियों का नेतृत्व करना; we had no one to ~ us हम लोगों को मार्ग दिखाने वाला कोई नहीं था; he ~d us through the forest उसने हमें जंगल में से होकर जाने का रास्ता दिखाया; the explorers ~ us to new things and places अन्वेषक नई वस्तुओं और स्थानों के बारे में हमारा पथ-प्रदर्शन करते हैं; he will ~ you to the temple यह मंदिर तक तुम्हारा नेतृत्व करेगा. **2.** प्रेरित करना : to ~ a person in the course of action किसी व्यक्ति को उसके कार्यों के दौरान ≈; he was ~d by the class teacher when he was in trouble जब उसे दिक्कत^F थी तो उसे कक्षाध्यापक ने प्रेरित किया; he is ~d by his principles वह अपने सिद्धांतों द्वारा प्रेरित होता है; they were ~d by the sense of duty वे कर्तव्य भावना ^F से प्रेरित होते थे. [*ant*. misguide]

guilt गिल्ट *n*^c. अपराध, दोष : the prisoner admitted his ~ कैदी ने अपना ≈ कुबूल कर लिया; to deny one's ~ अपना ≈ न मानना; a life of ~ and shame ≈ और लज्जापूर्ण जीवन. [*ant*. innocence] **guilty** गिल्'टि *n*^c. अपराधी, दोषी : ~ conscience ≈ अंत: करण; the court did not find him ~ न्यायालय ने उसे ≈ नहीं पाया; the criminal pleaded ~ ≈ ने अपना अपराध मान लिया; he felt he was ~ **of** nothing उसने महसूस किया कि वह कोई दोषी नहीं है; the man was found ~ **of** stealing television वह व्यक्ति टी.वी. के चुराने का दोषी पाया गया; the judge said that the prisoner was ~ जज ने कहा कि कैदी ≈ है. [*ant*. innocent]

guise गाइज़ *n*^c. **1.** (dress) वेष, भेस : in the ~ of a soldier सैनिक के ≈ में; a thief in the ~ of a policeman पुलिस के ≈ में एक चोर; he had come into the office in the ~ of an officer वह अधिकारी के ≈ में कार्यालय में आया था. **2.** (pretence) बहाना : he cheated them by his friendly ~ उसने उन्हें मित्रता के बहाने धोखा दिया.

guitar गि टार'*n*^c. सितार, गिटार : electric ~ बिजली वाला ≈; to play the ~ ≈ बजाना.

gulf गल्फ़ *n*^c. **1.** खाड़ी^F [deep गहरी, large बड़ी, narrow तंग]; ~ of Maxico, Bengal मैक्सिको, बंगाल की ≈; the Persian ~ फ़ारस की ≈. **2.** (fig.) (difference) भेद, खाई^F : the ~ between a prince and a pauper एक राजा और रंक (अकिंचन) के बीच की खाई; to lessen the ~ between the rich and the poor गरीब और अमीर के बीच का भेद कम करना; try to bridge the ~ मतभेद दूर करने की कोशिश करें.

gulp गल्प **I.** *n*^c. **1.** बड़ा-सा ग्रास या कौर : at/with one ~, the wolf swallowed the bird whole एक ≈ में भेड़िया पूरी चिड़िया^F निगल गया. **2.** (of drink) घूँट : he drained the glass in one ~ उसने एक ≈ में गिलास खत्म कर दिया. **II.** *v.t.* **1.** गटकना, निगल जाना, भकोसना : to ~ smth quickly किसी चीज^F को जल्दी-जल्दी ≈; he ~ed the whole of the bread वह पूरी रोटी^F भकोस गया. **2.** (gasp) हाँफना : he was ~ing with excitement वह घबराहट^F के मारे हाँफ़ रहा था.

gum गम **I.** *n*^u. **1.** गोंद^F : ~ is used for joining papers ≈ काग़ज़ों को जोड़ने के काम में आती है. **2.** *n*^c. (of teeth) मसूढ़ा : my ~s are sore मेरे मसूढ़े सूजे हुए हैं; your teeth grow out of your ~s तुम्हारे दाँत मसूढ़ों में से बाहर निकलते हैं. **3.** ~ of the eyes आँखों^F का कीचड़.

gun गन *n*^c. **1.** बंदूक^F [automatic स्वचालित, booming धड़धड़ाती हुई, light हल्की, short छोटी]; ~ boat तोपवाली नाव^F; ~ fire गोलाबारी^F, तोपों की धाँय-धाँय^F या दनादन, गोलों-गोलियों की बौछार^F या मार^F; ~ man

बंदूकधारी; ~ powder बारूद; ~ shot तोप या बंदूक का परास; ~ smith बंदूक बनाने वाला; to shoot a ~ ≈ दागना; they loaded their ~s and fired उन्होंने अपनी बंदूकें भरीं और फ़ायर कर दिए; he was shot with a ~ वह बंदूक की गोली[F] से घायल हुआ; the hunter shot a tiger with his ~ शिकारी ने अपनी ≈ से शेर को दागा. **2.** cannon तोप[F] [heavy भारी, huge बहुत बड़ी]. **gunner** गॅ'नर *n*[c]. बंदूकची, गोलंदाज़ : he works as ~ in the hotel होटल में वह ≈ के रूप में काम करता है.

gurgle गॅर्'गल *v.i.* गर गर करना : baby ~s बच्चा गर गर करता है; water ~s when poured in the bottle बोतल[F] में डालने पर पानी गर गर करता है.

gush गश **I.** *n.* मोटी धार[F] : a sudden ~ of oil from the well swept away everything कुएँ से तेल की एकाएक निकलती धार सब कुछ बहा ले गई. **II.** *v.t.* फूट निकलना : when we strike oil, it will ~ from the well जब तेल खुलता है तो कुएँ से फूट निकलता है; the water ~s out from the rock here पानी यहाँ चट्टान से फूट निकलता है; blood was ~ing from his wound उसके घाव से खून फूटकर निकल रहा था.

gust गस्ट *n.* **1.** (of wind) झोंका, झकोरा : a sudden ~ of wind blew my hat off हवा का एकाएक ≈ मेरा हैट उड़ा ले गया. **2.** (~ of rain) बारिश[F] की बौछार[F]. **3.** आवेग : ~ of feeling भावावेग; in the ~ of laughter he could not see anything ठहाकों में वह कुछ न देख सका. **4.** (of fire) धधक[F].

gut गट **I.** *n*[c]. (usu. *pl.*) **1.** आँत, अंतड़ी[F] : he had pain in his ~s उसके अंतड़ियों में दर्द था. **2.** (cat gut) ताँत : some violin strings are made of ~ वायलिन के कुछ तार ≈ से बने होते हैं. **3.** दम, साहस : he has no ~s to come here उसमें यहाँ आने का ≈ नहीं है. **II.** *v.t.* (gutted) **1.** आँते निकालना : to ~ a rabbit खरगोश की ≈. **2.** नष्ट करना : the house was ~ted by fire मकान आग[F] से नष्ट हो गया.

gutter गॅ'टर *n*[c]. गंदी नाली[F], नाबदानी[F] : he threw it away into the ~ उसने इसे ≈ में फेंक दिया; ~ child अनाथ बच्चा; ~ press सनसनीदार खबरें देने वाला पत्र.

gym. gymnasium.

gym khana जिम् का'ना *n*[c]. व्यायामशाला[F], जिमख़ाना : he is a member of the ~ वह ≈ का सदस्य है; they play tennis in the ~ वे ≈ में टेनिस खेलते हैं. **gymnasium** जिम्ने'ज्यम *n*[c]. व्यायामशाला : at school we do our physical exercises in the ~ विद्यालय में हम अपने शारीरिक अभ्यास (व्यायाम) व्यायामशाला में करते हैं. **gymnastics** जिम्नैस्'टिक्स *n.* pl. व्यायाम, कसरत[F] : he does ~s in the open वह खुले में ≈ करता है.

gypsy जिप्'सि *n*[c]. खानाबदोश, जिप्सी, रोमणी. [see gipsy]

H, h

H. hydrogen.

habit है'बिट *n.* आदत^{F} [funny अजीब, harmful हानिकर, old पुरानी, unpleasant असुखद]; bad ~ लत^{F}; force of ~ ≈ की मजबूरी^{F}; this dog had the bad ~ of biting shoes इस कुत्ते को जूते काटने की लत थी; to acquire a ~ ≈ बनाना/डालना; the ~ of early rising तड़के उठने की ≈; to give up a ~ ≈ छोड़ देना; how did he get into the ~ of smoking उसे धूम्रपान की ≈ कैसे पड़ गई ? he is in the ~ of coming late उसे विलंब से आने की ≈ है; it has become a ~ with him यह उसकी ≈ हो गई है. **2.** (disposition) प्रकृति^{F} : ~ of mind मानसिक ≈. **habitate** है 'बिटैट *n*^{c}. प्राकृतिक वास the ~ of the Kangaroo is Australia कंगारू का ≈ आस्ट्रेलिया है; camel's ~ is the desert ऊँट का ≈ रेगिस्तान है; the sea is the ~ of fish समुद्र मछलियों^{F} का ≈ है. **habitation** हैबिटे'शन *n*^{u}. वास, निवास : this place is not fit for human ~ यह स्थान मानव ≈ के उपयुक्त नहीं है; this house is ready for ~ यह मकान वास के लिए तैयार है. **habitual** हॅ बि' ट्यूअल *a.* **1.** अभ्यस्त, आदी [drunkard पियक्कड़/शराबी, offender अपराधी]; he is a ~ liar वह झूठ बोलने का आदी है. **2.** (steady) स्थायी : his ~ residence उसका ≈ निवास-स्थान; my ~ faith मेरा पक्का विश्वास. **3.** (usual) वही, सामान्य [zoke उपहास, smile मुस्कान^{F}, topic विषय]; there is ~ grin on her face उसके चेहरे पर ≈ खीस^{F} है. **habituate** हॅ बि ट्यूएट *v.t.* आदत^{F} डालना : to ~ oneself to study पढ़ने की ≈; I ~d myself to the noise मैंने स्वयं को शोर का अभ्यस्त बना लिया.

hack हैक **I.** *n*^{c}. (tool) फावड़ा [bad ख़राब, broken टूटा हुआ, cheap सस्ता]. **2.** ~ horse किराए का घोड़ा, मरियल टट्टू. **3.** (fig.) किराए का टट्टू, लिपिक, भाड़े का क्लर्क. **II.** *v.t.* टुकड़े-टुकड़े कर देना; काटना; मारना [rapidly तेज़ी से, roughly बुरी तरह]; to ~ a tree with an axe कुल्हाड़ी^{F} से पेड़ काटना; he ~ed the meat to pieces उसने मांस काटकर टुकड़े कर दिया; (fig.) to ~ an opponent in football अपने प्रतिपक्षी को फुटबाल में काटना, पीछे छोड़ना.

hackneyed हैक्'निड *a.* घिसा-पिटा : ~ phrases, idioms घिसे-पिटे वाक्यांश/मुहावरे; ~ story घिसी-पिटी कहानी^{F}; ~ subject ≈ विषय.

had हैड *v.* past form of has/have रखा हुआ, था, आदि he had been there वह वहाँ हो आया था; she had a cow उसके पास एक गाय थी; when I was a baby I had curly hair जब मैं बच्चा था तो मेरे घुँघराले बाल थे; he had to go उसे जाना था/पड़ा; she had been doing this वह इसे करती रही थी; they had it उनके पास यह था.

haemorrhage हें' मॅरिज *n.* रक्तस्राव : ~ due to blood pressure रक्तचाप के कारण ≈; he died of ~ वह ≈ के कारण मर गया.

haggard है' गर्ड a. थका-मांदा, मुरझाया हुआ : his face was ~ with fatigue उसका चेहरा थकान^{F} के मारे ≈ था; he looked ~ due to sleeplessness वह अनिद्रा के कारण थका-मांदा लगता था.

haggle है' गल *v.i.* **1.** मोलभाव करना : to ~ over about the price of smth किसी चीज^{F} का ≈. **2.** तकरार करना : she was haggling over the rate of interest वह ब्याज-दर पर तकरार कर रही थी.

hail हेल **I.** *n.* **1.** अभिवादन, जय-जयकार : ~ President Radha Nath राष्ट्रपति राधानाथ की जय. **2.** (~ stone) ओला, करका : ~s damage the fruits and crops ओले फलों

और फ़सलों को नष्ट कर देते हैं. 3. बौछार^F : ~ of blows, abuses मुक्कों, गालियों^F की ≈. **II.** *v.t.* **1.** जय-जय (कार) करना : they ~ed the victorious soldiers उन्होंने विजयी जवानों का जयजयकार किया. **2.** अभिवादन करना [clearly स्पष्ट रूप से, loudly ज़ोर से, unwillingly अनिच्छा^F से]; they ~ed him king उन्होंने इन्हें राजा के रूप में अभिवादन किया. **3.** स्वागत करना : to ~ a friend मित्र का ≈; to ~ an arriving ship किसी आते हुए जहाज़ का ≈; we ~ this great event with satisfaction हम इस भारी घटना^F का संतुष्ट होकर स्वागत करते हैं. **4.** ओले पड़ना : it ~ed heavily last night कल रात भारी ओले पड़े. **5.** पुकारना, बुलाना : to ~ a taxi टैक्सी बुलाना; he ~ed the fellow to come उसने उस व्यक्ति को आने के लिए पुकारा. **6.** (~ from) कहीं का निवासी होना; होना : he ~s from London वह लंदन का (निवासी) है. [*as distinct from* hale]

hair हेंअर *n.* (same for *pl.*) **1.** (of head) बाल [curly घुंघराले, dyed रँगे हुए, long लंबे, smooth चिकने, soft नरम, straight खड़े, thick घने, thin पतले, wavy लहरदार]; that oldman has grey ~ उस बूढ़े आदमी के ≈ सफ़ेद हैं; have you seen my ~ brush? क्या तुमने मेरे बालों का ब्रश देखा है; I must have my ~ cut मुझे अपने ≈ जरूर कटवाने ही चाहिए; she washed her ~ उसने अपने ≈ धोए; to comb the ~ बालों पर कंघा करना; she had to do her ~ in a hurry उसे उतावली^F में अपने बाल सँवारने पड़े. **2.** (of body) रोम, रोयाँ, रोंगटा : there are ~ on your coat तुम्हारे कोट पर रोएँ हैं; the goat is a long ~ed animal बकरी लंबे रोम वाला जानवर है. Δ **keep your ~ on** शांत रहो; his ~ stood on end उसके रोंगटे खड़े हो गए; she had ~ breadth escape वह बाल-बाल बच गई. (comb.) ~ **cut** केश-कर्तन; ~ **dresser** नाई; ~ **dressing** केश प्रसाधन, कंघी-चोटी^F; ~ **dye** केश कल्प; ~ **splitting** बाल की खाल निकालना; ~ **spring** बाल कमानी^F, **hairy** हेंअ' रि *a.* रोएंदार, बालदार [body शरीर/बदन]. [*as distinct from* hare]

hale हेल *a.* भला-चंगा, स्वस्थ : [friend मित्र, old man बूढ़ा]; he is ~ and hearty वह ≈ और प्रसन्नचित्त है. [*as distinct from* hail]

half हाफ़ **I.** *a.* आधा [a dozen दर्जन, an hour घंटा, a mile मील, money धन, moon चंद्रमा, a pound पौण्ड, way रास्ता]; ~ holiday आधी छुट्टी^F; on ~ pay आधे वेतन पर; ~ of my classfellows मेरे सहपाठियों में से आधे, मेरे आधे सहपाठी; ~ of my time मेरा ≈ समय; hour and a ~ डेढ़ घंटा; ~ past one डेढ़ बजे; ~ of eight is four आठ का ≈ चार होता है; you must get here by ~ past two तुम्हें यहाँ ढाई बजे तक पहुँचना चाहिए; it is now ~ past five अभी साढ़े पाँच बजे हैं; this is only ~ done यह केवल ≈ हुआ है; he was ~ dead when he arrived here जब वह यहाँ पहुँचा तो अधमरा था; they shared the expenses ~ and ~ उन्होंने खर्च ≈-≈ बाँट लिया; the holiday is ~ gone छुट्टी^F आधी व्यतीत हो चुकी है; ~ the shops were open आधी दुकानें^F खुली थीं; the flower was ~ - bloomed फूल ≈ खिला था; ~-bred दोगला, संकर; ~ brother सौतेला भाई; half dog दोगला कुत्ता, half hearted (i) (person) अनमना, निरुत्साह, बददिल; (ii) बेदिली का : ~ hearted work बेदिली का काम; ~ mast ≈ झुकाया हुआ : a flag at ~ mast आधा झुकाया हुआ झंडा; ~ measure अधूरा काम, अधूरी व्यवस्था^F, अपूर्ण उपाय; ~ sister सौतेली बहन; ~ truth कुछ सच, कुछ झूठ, आंशिक सत्य; ~ way (midway) बीचों-बीच : we met ~ way between my house and his हम अपने और उसके घर के ≈ मिले; ~ yearly अर्द्धवार्षिक, छमाही [examination परीक्षा^F, magazine पत्रिका^F] [*ant.* full] **II.** *n.* (*pl.* halves) आधा : ~ of it इसका ≈; to cut into halves ≈ काटना; to do a thing by halves आधा-अधूरा काम करना. (*v.* halve ; *ant* whole]

hall हॉल *n*^c. हाल, सभाभवन [big बड़ा, decorated सुसज्जित, empty ख़ाली, spacious खुला, splendid शानदार]; the ~ was packed ≈ पूरा भरा था; the meeting was held in the ~ मीटिंग^F ≈ में हुई; this school has a ~ in which the whole school can assemble इस विद्यालय में एक ≈ है जिसमें पूरा स्कूल इकट्ठा हो सकता है.

halo हे लो' *n*^{c}. (*pl.* halos, haloes) प्रभा मंडल : there is a ~ round the moon tonight आज रात चंद्रमा के चारों ओर ≈ है; you can see a ~ about the head of a saint संत आदमी के सिर के इर्द-गिर्द तुम ≈ देख सकते हो.

halt हाल्ट **I.** *n.* पड़ाव, ठहराव : the traveller made a ~ for an hour यात्री एक घंटा रुका; a ~ on a journey यात्रा^{F} का पड़ाव; a ~ on a tramway ट्रामगाड़ी^{F} का ≈. Δ **they should cry ~ or call a ~ to the cold war** उन्हें शीतयुद्ध रोक देना चाहिए; the riot came to a sudden ~ फसाद एकदम रुक गया. **II.** *v.t.i.* रुकना, रोकना : all the trains were ~ed when the storm started जब तूफ़ान शुरू हुआ तो सभी गाड़ियाँ^{F} रोक दी गईं; to ~ between two opinions दो मतों के बीच हिचकना; the train ~ed for nearly half an hour in the open field रेलगाड़ी^{F} लगभग दो घंटे खुले मैदान में रुकी. [*ant.* start, march]

halve हाव़ *v.t.* आधो-आध करना : let us ~ the cake between us केक को हम दोनों आधा-आधा कर लें; if you ~ anything you make it into two pieces of equal size यदि तुम किसी चीज़ को आधा करो तो तुम इसे दो बराबर-बराबर टुकड़ों में बना देते हो; the carpenter ~d the plank बढ़ई ने तख़्ते को आधा कर दिया. [*a.* half]

ham हैम *n*^{uc}. **1.** पुट्ठा, हैम [cheap सस्ता, cooked पकाया हुआ, expensive महँगा, imported आयातित, raw कच्चा]; a dish of ~ and egg हैम और अंडों का भोजन. **2.** सुअर का मांस है : a slice of ~ हैम का कतला.

hamlet हैम्' लिट *n*^{c}. छोटा गाँव, छोटी बस्ती^{F}, पुरवा : a ~ on the river bank नदी के किनारे का ≈; the peasant lived in a nearby ~ किसान पास के एक पुरवा में रहता था.

hammer है' मर **I.** *n*^{c}. हथौड़ा, (bigger) घन [heavy भारी, light हलका, iron लोहे का]; wooden ~ मुंगरा; to drive a nail with a ~ हथौड़े से कील धँसाना; to knock a nail, you hit it with a ~ कील ठोकने के लिए तुम इसे हथौड़े से मारते हो. Δ **to come under the ≈** नीलाम होना; **to bring to the ~** नीलाम करना. **II.** *v.t.* **1.** ठोंकना : the carpenter ~s the nails into the wood बढ़ई लकड़ी^{F} में कील ठोंकता है. **2.** गढ़ना, बनाना : he ~ed out an excuse उसने एक बहाना गढ़ लिया; they ~ed out details उन्होंने ब्यौरा तैयार कर लिया.

hamper हैम्' पर *v.t.* रोकना, बाधा^{F} डालना [continuously लगातार, materially सचमुच, slightly हल्के से]; to ~ the movements of an army सेना^{F} की गतिविधियों^{F} को रोकना; to ~ a party in politics राजनीति में किसी पार्टी^{F} में बाधा^{F} डालना; his progress was ~ed due to illness बीमारी^{F} के कारण उसकी प्रगति^{F} रुक गई; he was ~ed by a heavy suitcase in the journey यात्रा^{F} में भारी सूटकेस ने बाधा पहुँचाई.

hand हैन्ड **I.** *n*^{c}. **1.** हाथ [clean साफ़, cold ठंडा, dirty गंदा, long लंबा, right दाहिना, strong मज़बूत, trembling काँपता हुआ, wet गीला]; first ~ (i) प्रत्यक्ष : first ~ knowledge प्रत्यक्ष ज्ञान; (ii) नया : first ~ books नई किताबें^{F}; second ~ (i) पुराना : second ~ goods पुराना माल; (ii) सुनी-सुनाई : second ~ information सुनी-सुनाई जानकारी^{F}; strong ~ दृढ़ता^{F}, मज़बूती^{F}, दृढ़ व्यक्ति, पक्का आदमी; good ~ कुशल, चतुर, होशियार, काम का. take the book in your ~ किताब अपने ≈ में ले लो; on the left hand बाएँ ≈; to have a good ~ at a game गेम में होशियार होना; you have four fingers and a thumb on each ~ तुम्हारे प्रत्येक ≈ में चार उंगलियाँ^{F} और एक अंगूठा है; the matter is in your ~ मामला अब तुम्हारे ≈ में है; these rugs are made by ~ ये कालीन हाथ से बनाए गए हैं; he put his ~ into his pocket उसने अपना ≈ अपनी जेब^F में डाला : his ~s were trembling उसके ≈ काँप रहे थे. (comb.) ~ **bill** पर्चा, इश्तहार, विज्ञापन पत्र;

~ **book** गुटका, विवरण-पुस्तक, छोटी-सी किताब[F], पुस्तिका[F]; ~**cuff** हथकड़ी[F]; ~ **grenade** हथगोला, हथबम; ~loom हथकरघा; ~shake हाथ मिलाना. Δ **to take smb by ~** किसी का ≈ पकड़ना; **to try one's ~** हाथ आज़माना; **to have in ~** ≈ में आना; **I have your file in my ~** तुम्हारी फ़ाइल[F] मेरे हाथ में है; **to lend one's ~** ≈ बँटाना; **to send by ~** किसी के ≈ भेजना; ~ **in** ~ साथ-साथ, मिलकर : to work ~ in- ~ मिलकर काम करना; ~ **to** ~ हाथों-हाथ; ~ **to** ~ **fight** गुत्थम-गुत्था, हाथापाई[F] : they were engaged in ~ to ~ fight वे गुत्थम-गुत्था में जुट गए; **at ~, near at ~** पास, निकट; **in ~** (i) वश में : the situation is now in ~ स्थिति[F] अब ≈ है; (ii) विचाराधीन : the matter is in ~ मामला ≈ है; (iii) हाथ में लेना : he took some more work in ~ उसने थोड़ा और काम हाथ में ले लिया; **off ~** तत्काल, एकदम : I can't give my opinion off ~ मैं ≈ अपनी राय[F] नहीं दे सकता; **out of ~** (i) काबू से बाहर : the situation was than out of ~ स्थिति[F] तब काबू के बाहर थी; (ii) बिना विचार-विमर्श किए : he accepted their request out of ~ उसने ≈ उनकी प्रार्थना[F] स्वीकार कर ली. (verbal idioms) **to act with a heavy/high ~** सख़्ती या अत्याचार करना; **to be ~ and glove with smb** किसी से मिला होना; **to ask for a girl's ~** किसी कन्या[F] से विवाह का प्रस्ताव करना; **to give a girl's ~** कन्या का विवाह करना; **to change ~s** हस्तांतरित होना : this car changed ~s seven times यह कार[F] सात बार हस्तांतरित हुई; **come to ~** प्राप्त होना : your letter came to ~ yesterday तुम्हारा पत्र कल प्राप्त हुआ; **to have a ~ in some affair** किसी मामले में हाथ/दखल होना; **to have one's ~s full** बहुत काम होना; **to lay ~ on smth** किसी काम में हाथ लगाना; **to live from ~ to mouth** कमाया खाना बराबर कर देना; **to keep ~s off** दूर रहना : you must keep your ~s off my money तुम्हें मेरे धन से दूर रहना होगा; **put one's ~s up** समर्पण करना; **to take in ~** आरंभ करना, शुरू करना, हाथ में लेना, हाथ लगाना, ज़िम्मा लेना; **to take the matter in ~** किसी मामले को हाथ में लेना; **wash one's ~ off** हाथ खींचना, हाथ उठा लेना, अलग हो जाना : one of the petitioners washed his ~s off the suit एक वादी ने मुकदमे से अपना हाथ खींच लिया. **2.** (~ writing) लिखावट[F] : a legible ~ सुपाठ्य ≈. **3.** (signature) हस्ताक्षर : put your ~ on this document इस दस्तावेज़ पर हस्ताक्षर करो; under my ~ and seal मेरे द्वारा हस्ताक्षरित और मुद्रांकित. **4.** (help) सहायता[F], मदद[F] : to lend smb a ~ किसी को ≈ देना, किसी का हाथ बँटाना. **5.** (usu. *pl.*) कर्मचारी, मजदूर : skilled and unskilled ~s कुशल और अकुशल ≈; we do not need more ~s हमें और ~ नहीं चाहिए; I am a new ~ in this factory मैं इस कारख़ाने में नया हूँ; we want a good ~ हमें एक अच्छे कर्मचारी की आवश्यकता[F] है. **6.** ओर[F], तरफ[F] : right ~ दाहिनी ≈; on every ~ हर तरफ़. **7.** कब्ज़ा : the bus is now in the ~ of the police बस अब पुलिस[F] के कब्ज़े में है. **8.** (of clock) सुई[F] : minutes' ~ मिनट की ≈; seconds' ~ सैकंड की सुई; the ~s of the clock were not in order घड़ी[F] की सुइयाँ[F] ठीक नहीं थीं; one ~ in my watch is broken cesjer Iel[er[F] की एक सुई टूटी हुई है. **II.** *v.t.* देना, सौंपना : I ~ed him his stick मैंने उसे उसकी छड़ी[F] सौंप दी; I will ~ your letter to him मैं तुम्हारा पत्र उसे दे दूँगा; ~me those papers, please कृपया मुझे वे कागज़ात दे दो; I ~ed two notes to him myself मैंने स्वयं उसे दो नोट दिए. Δ ~ **down** (i) परंपरा[F] से चले आना : his forefathers have ~ed this property down to him उसके पुरखों से यह संपत्ति[F] उसके पास चली आई है; (ii) हाथों-हाथ पहुँचाना : he ~ed down the letter to his master उसने अपने मालिक को पत्र हाथों-हाथ पहुँचा दिया; ~ **in** हाथ से दे देना : I ~ed in my resignation मैंने अपना इस्तीफा हाथ से दे दिया; **to ~ out** बाँटना, वितरण करना : to ~ out presents पुरस्कार वितरण करना; ~ **over** सौंपना, हवाले/सुपुर्द करना : the villagers ~ed over the thief to the police गाँववालों ने चोर को पुलिस[F] के हवाले कर दिया.

handicap हैन्'डिकैप *n*ᶜ. **1.** (dis- advantage) अड़चनᶠ, बाधाᶠ : blindness is a great ~ अंधापन एक बहुत बड़ी ≈ है; his bad eyesight is a great ~ उसकी खराब रोशनी बहुत बड़ी ≈ है; in spite of ~s of birth and poverty Shakespeare became the world's greatest dramatist अपनी जन्म और गरीबी की बाधाओं के बावजूद शैक्सपियर संसार के सबसे बड़े नाटककार हो गए; she succeeded in overcoming all ~s वह सब बाधाओं पर विजय पाने में सफल हुई. **2.** (sports) सप्रतिबंध-प्रतियोगिता : in the race the ~ was of five yards दौड़ में ≈ पाँच गज की थी; what is your ~ तुम्हारे ऊपर प्रतिबंध क्या है? **handicraft** हैन्' डिक्राफ़्ट *n*ᶜ. (हस्त) शिल्प, दस्तकारीᶠ, कारीगरीᶠ : modern अद्यतन ≈; the chief ~s of India are pottery and woodwork भारत के मुख्य ≈ हैं भाण्ड उद्योग और काष्ठशिल्प; plans for the revival of the ~s ≈ के पुनर्जीवन के लिए योजनाएँ **handkerchief** हैंड' कर्चिफ़ *n*ᶜ. (*pl.* ~s, handkerchieves) रूमाल [clean साफ़, soiled गंदा, white सफेद]; she put a ~ over her eyes उसने आँखोंᶠ पर अपना ≈ रख लिया; she waved her ~ in air उसने अपना ≈ हवा में लहराया; wipe your nose with your ~ अपने ≈ से अपनी नाकᶠ पोंछो; she tied a ~ around her wrist उसने अपनी कलाईᶠ पर ≈ बाँधा.

handle हैन्'डल **I.** *n*ᶜ. **1.** दस्ता, हत्था [long लंबा, metal धातुᶠ का, wooden लकड़ीᶠ का]; the ~ of a spade or a knife फावड़े अथवा चाकू का ≈; the cup has a broken ~ कप का हत्था टूटा है; you carry the basket by the ~ तुम टोकरीᶠ हत्थे से उठा कर ले जाते हो. **II.** *v.t.* **1.** (deal with, control) नियंत्रित करना : to ~ the staff कर्मचारी वर्ग को ≈; she knows how to ~ the children वह जानती है कि बच्चों को कैसे नियंत्रित किया जाता है. **2.** touch, hold छूना, थामना : ~ with care सावधानीᶠ से थामो; don't ~ broken glass टूटे हुए शीशे को मत छुओ; to ~ the book with dirty hands किताब को गंदे हाथों से बरतना; to ~ the ball well गेंद को अच्छी तरह थामना; can you ~ the box carefully क्या तुम संदूक को सावधानीᶠ से उठा सकते हो? **3.** to ~ the situation well परिस्थितिᶠ को अच्छी तरह सँभालना, परिस्थितिᶠ से निपटना. **4.** (manipulate) चलाना : to ~ a tractor टैक्टर ≈; he does not know how to ~ a gun वह नहीं जानता कि बंदूकᶠ कैसे चलाई जाती है; can you ~ a typewriter क्या तुम एक टाइपराइटर पर काम कर सकते हो? to ~ a car skilfully कुशलताᶠ से कारᶠ ≈. **5.** (settle) निपटाना, हल करना : he ~d the matter well उसने मामले को अच्छी तरह हल कर दिया; let me ~ it इसे मुझे निपटाने दो; ~ the complaints easily शिकायतों को आसानी से ≈; I have ~d matters of this kind before मैंने इस प्रकार के मामले पहले भी निपटाए हैं. **handsome** हैन्ड' सम *a.* **1.** सुंदर, खूबसूरत, मनोहर, रमणीय [appearance रूपरंग, building इमारतᶠ, fellow व्यक्ति, gesture हाव-भाव]; my uncle is a ~ man मेरे चाचा एक सुंदर आदमी हैं. [*ant.* ugly]. **2.** काफ़ी बड़ा, अच्छा-खासा [field मैदान, hall हाल]. **3.** यथोचित, समुचित : ~ treatment ~ व्यवहार. **4.** अच्छा ~ profit ≈ लाभ; ~ conduct ≈ आचरण; ~ is that ~ does अच्छा वह है जो अच्छा करता है. **5.** बढ़िया : ~ present ≈ उपहार **handy** हैन्' डि *a.* **1.** (deft) दक्ष, सिद्धहस्त [artist कलाकार, craftman शिल्पी, man आदमी]; she is ~ with the needle वह सुई के काम में दक्ष है. **2.** (accessible) सुलभ, पास : to have the tools ~ उपकरण सुलभ होना; to keep smth ~ किसी वस्तुᶠ को ≈ रखना; the post office is ~ डाकघर पास में है. **3.** (useful) this tool is very ~ यह औज़ार बहुत उपयोगी है.

hang हैङ्ग **I.** *v.t.* **1.** (*p.* & *p.p.* hung) लटकाना, टाँगना [badly ख़राब ढंग से, carefully सावधानीᶠ से, well अच्छी तरह]; we ~ pictures on the walls of our rooms हम अपने कमरों की दीवारों पर चित्र टाँगते हैं; to ~ a curtain परदा लटकाना; I like to ~ clothes on the rope मैं कपड़ों की रस्सियों पर टाँगना पसंद करता हूँ; we hung cups and jugs on the hook हमने कप और जग हुक पर

लटका दिए, **2.** (execute) (past *p.p.* hanged) फाँसी देना : the criminal was ~ed अपराधी को फाँसी[F] दे दी गई; to ~ a person for a crime किसी व्यक्ति को अपराध के लिए फांसी[F] देना; to ~ a person is to kill him किसी व्यक्ति को फाँसी पर लटकाना उसे मार डालना है; he deserves to be ~ed वह फाँसी[F] पाने का अधिकारी है. **3.** झुकाना : to ~ one's head in shame शर्म[F] से अपना सिर झुका लेना; the dog hung his ears कुत्ते ने अपने कान लटका या झुका लिए; a cloud was ~ing over the hill एक बादल पहाड़ी[F] पर झुका हुआ था. **II.** *v.i.* **1.** (swing) झूलना : monkeys were ~ing from a branch of a tree बंदर पेड़ की एक शाखा[F] से झूल रहे थे. **2.** (hesitate) आगा-पीछा करना : to ~ over a matter किसी मामले पर ≈. **3.** विचाराधीन होना : the case is still ~ing in the court मुकदमा अभी अदालत के विचाराधीन है. Δ ~ **about/around** (i) आवारा घूमना; इधर-उधर मँडराना, इर्द-गिर्द चक्कर काटना : the children hung about their mother बच्चे माँ के इर्द-गिर्द घूम रहे थे; why are those men ~ing about that place? वे व्यक्ति उस स्थान पर आवारा क्यों घूम रहे हैं ? (ii) देर करना, वक्त गुज़ारना; **to ~ back** झिझकना, हिचकिचाना, रुकना, पीछे हटना : you must not ~ back in taking decisions तुम्हें निर्णय लेने में नहीं हिचकिचाना चाहिए; **to ~ fire** देर करना, देर लगाना, विलंब करना : the rifle hung fire राइफल देर से दागने पाई; our plan hung fire हमारी योजना[F] देर से पूरी हुई; **to ~ in the balance** अनिश्चित होना, अधर में लटकना : his fate still ~s in the balance उसका भाग्य अब भी अधर में लटका है; **victory ~s in the balance** विजय अभी अनिश्चित है; **to ~ on to** चिपके रहना, आगे लगे रहना, डटे रहना : ~ on to your job अपने काम में डटे/लगे रहो; **can you ~ on a little longer** क्या तुम थोड़ी देर और डटे रह सकते हो ? ~ on to your officer अपने अधिकारी के पीछे पड़े रहो; **to ~ out** बाहर लटकना : to ~ out banners, clothes झंडे, कपड़े ≈; **to ~ over** छाना : the fog is ~ing over the field मैदान में धुँध[F] छाई है; **danger is still ~ing over his head** उसे अब भी ख़तरा बना है; **to ~ together** (i) मेल खाना : the statements of the witness do not ~ together गवाह के बयान मेल नहीं खाते; (ii) मेल करना : friends must ~ together मित्रों को मेल करना चाहिए. **hanger** हैंगर' *n*[c]. **1.** (hangman) जल्लाद, बधिक : the ~ hanged the murderer जल्लाद ने हत्यारे को फाँसी[F] पर लटका दिया. **2.** लटकन[F] : a coat ~ is a frame in which you hang a coat or suit कोट लटकन एक फ्रेम होता है जिसमें कोट या सूट लटकाया जाता है.

hanker हैं' कर *v.i.* लालायित होना : she ~s after/for travelling वह यात्रा[F] करने को लालायित रहती है; he ~s after wealth वह धन की लालसा[F] करता है.

hanky हैन'कि *n.* = handkerchief *q.v.*

hanky-panky हैङ्कि पैङ्कि *n*[u]. चालबाज़ी, धोखेबाज़ी[F] : you must avoid such ~ तुम्हें इस प्रकार की ≈ से दूर रहना चाहिए; he is upto some ~ वह कोई ≈ करने वाला है.

haphazard हैप्' हैज़र्ड **I. 1.** ऊटपटांग, ऊलजलूल (arrangement व्यवस्था[F], choice पसंद[F], system पद्धति[F]]; the flowers were put into the vase in ~ way फूल फूलदान में ≈ रखे गए थे; to choose ~ ऊल-जलूल चुनाव करना. **2.** (casual) आकस्मिक, संयोगजन्य : it was a ~ meeting but was a formal यह ≈ केवल औपचारिक थी.

happen है' पन *v.t.* **1.** (घटित) होना : how did it ~ यह कैसे (घटित) हो गया ? it ~ed on a ship on my way यह मेरे रास्ते में एक जहाज़ पर हुआ; what ~ed next आगे क्या हुआ ? what has ~ed to him उसे क्या हो गया है ? that might ~ to anybody ऐसा किसी के साथ हो सकता था; an accident ~ed yesterday कल एक दुर्घटना[F] हो गई; it ~ed so suddenly यह इतना अचानक हो गया. **2.** (chance) संयोग होना : the house ~ed to be empty संयोग से मकान खाली था; I ~ed to be in the room संयोग से मैं कमरे में था; it so ~ed that nobody had heard about the affair ऐसा संयोग हुआ कि कोई

इस बात[F] (मामले) को नहीं सुन पाया; if I ~ to come to you यदि संयोग से मैं तुम्हारे पास आऊँ; as it ~s they are in जैसा संयोग होता है वे भीतर हैं.

happiness है' पिनिस *n*[c]. [from happy] **1.** सुख-शान्ति[F], सुख-आराम [complete पूर्ण, extraordinary असाधारण, great महान/बहुत, present वर्तमान, true सच्चा, unexpected अप्रत्याशित]; to enjoy one's ~ सुख-शांति का आनंद लेना; I wish you ~ and prosperity मैं आपकी सुख-समृद्धि[F] की कामना[F] करता हूँ; to sacrifice one's ~ for others दूसरों के लिए अपनी सुख-शांति का बलिदान करना. **2.** (gladness) खुशी[F] : to find ~ in doing good भलाई[F] करने से प्रसन्नता[F] प्राप्त करना. [*ant*. sorrow]

happy है'पि **I.** *a.* (happier, happiest) **1.** सुखी, खुश, प्रसन्न [boyhood बालपन, child बच्चा, family परिवार, life जीवन, man आदमी]; he is ~ with his son वह बेटे से खुश है; I feel very ~ here मैं यहाँ बहुत खुश हूँ; I shall be ~ to do so ऐसा करके मैं प्रसन्न हूँगा (मुझे खुशी होगी); to make a person ~ किसी व्यक्ति को खुश/सुखी करना; she looked ~ वह प्रसन्न दिखाई दी; he was ~ to go home वह घर जाने को प्रसन्न था. **2.** सुखमय : circumstances ≈ परिस्थितियाँ[F]; ~ time ≈ समय. **3.** सौभाग्यशाली, भाग्यवान [man आदमी, woman औरत]; how ~ I am ! मैं कितना भाग्यवान हूँ ! by a ~ co-incidence, I was also there सौभाग्य से मैं भी वहाँ था. **4.** उपयुक्त, समुचित : a ~ way of saying कहने का ≈ ढंग; a ~ remark एक उचित टिप्पण; a ~ response उचित प्रत्युत्तर. **5.** (auspicious) शुभ, मंगलमय [chance अवसर, day दिन, year साल]; it was a ~ day for us हम सब के लिए यह अच्छा दिन था. [*ant*. unhappy] **~go-lucky** *a.* बेफिक्र, निश्चिंत, लापरवाह : ~ person ≈ व्यक्ति; in a ~-go- lucky manner लापरवाही[F] से.

harass है'रस Am. हरैस' *v.t.* (usu. passive) तंग करना, परेशान करना : to be ~ed by worries चिंताओं[F] से तंग आना; the police ~ed him पुलिस[F] ने उसे परेशान किया; a poor man is ~ed **with** debts एक गरीब आदमी कर्ज़ से तंग है; you look ~ed तुम परेशान नज़र आते हो. **harassment** है' रस्मन्ट *n*[u]. **1.** (act) उत्पीड़न, संतापन : there is much ~ of woman in our society हमारे समाज में स्त्रियों का बड़ा उत्पीड़न होता है. **2.** (state) परेशानी[F] : how does this ~ fell on you यह ≈ तुम पर कैसे आ पड़ी ?

harbour हार्' बर **I.** *n*[c]. **1.** बंदरगाह, पत्तन [convenient सुविधाजनक, good अच्छा, natural प्राकृतिक, safe सुरक्षित, splendid शानदार]; to leave the harbour पत्तन छोड़ना; the return of the ship to the ~ जहाज़ का ≈ पर लौटना; Calcutta has a famous ~ in India कलकत्ता में भारत का एक प्रसिद्ध ≈ है. **2.** आश्रय-स्थान, शरण स्थान : England is a good ~ for foreign refugees वैदेशिक शरणार्थियों के लिए इंग्लैण्ड एक अच्छा ≈ है; the terrorists find ~ in Pakistan आतंकवादी पाकिस्तान में शरण[F] पाते हैं. **II.** *v.t.* **1.** दिल या मन में रखना : to ~ suspicious मन में शकाएँ रखना; to ~ ill-feeling मन में दुर्भावना[F] रखना; he still ~s the idea of doing business वह अब भी व्यवसाय करने का विचार रखता है. **2.** शरण देना, आसरा देना : it is an offence to ~ a criminal किसी अपराधी[F] को ≈ अपराध है; carpet ~s dust कालीन में धूल को आसरा मिलता है. **3.** hide छिपा रखना : the traitors ~ed themselves in the dark room द्रोही स्वयं एक कमरे में छिप गए; we ~d there a day हम वहाँ एक दिन तक छिपे रहे; to ~ smuggled goods तस्करी के समान को ≈.

hard हार्ड **I.** *a.* (harder, hardest) **1.** (not soft) कड़ा, कठोर, सख़्त [bed बिस्तर, collar कालर, job काम, labour श्रम, pencil lead पेंसिल का सिक्का, stone पत्थर]; ~ surface, seat कड़ी/सख्त सतह[F], सीट[F]; the ground was ~ ज़मीन[F] कड़ी थी; the wood was too hard to cut easily लकड़ी[F] इतनी कड़ी/सख्त थी कि आसानी[F] से काटी नहीं जा सकी; to be ~ on somebody किसी से सख़्ती[F] करना; the convicts were given ~ punishment

दोषियों को सख़्त सज़ा दी गई; it was raining ~er than expected बरसात हमारी आशा[F] से अधिक तेज़ हो रही थी. [*ant*. soft, mild) **2.** (difficult) कठिन [book किताब[F], conditions शर्तें[F], problem समस्या[F], question प्रश्न, statement वक्तव्य, word शब्द]; ~ **nut to crack** कठिन समस्या[F]; it was ~ to say so ऐसा कहना ≈ था; it is ~to please all सभी लोगों को प्रसन्न करना ≈ है; the question was too ~ for him उसके लिए प्रश्न अत्यंत ≈ था; it is ~ for me to think that मेरे लिए यह सोचना ≈ है; it is ~ to understand him उसे समझना ~ है. [*ant*. easy] **3.** (~ to do) कठिन, दुष्कर [blow प्रहार, labour परिश्रम, work काम]; the ~est thing for him to bear was the inactivity उसके लिए निष्क्रियता[F] सहन करना सबसे कठिन कार्य था; to lead a ~ life एक दुष्कर जीवन जीना; it is ~ to pass the examination परीक्षा[F] पास करना कठिन है. **4.** (unfeeling) निर्दय, निष्ठुर [government सरकार[F], king राजा, man आदमी, master मालिक]; he is ~ towards his servants वह अपने नौकरों के प्रति निर्दयता का व्यवहार करता है. **5.** (miser) कंजूस, कृपण. [*ant*. kind] **6.** (various meanings in contexts) ~ and fast निश्चित, नियत : ~ and fast rules कठोर और पक्के नियम; ~ cash नकद रुपया, नकदी[F]; ~ core कट्टर लोग; ~ currency दुर्लभ मुद्रा (जैसे पौंड, डालर); ~ currency area दुर्लभ मुद्रा क्षेत्र; ~ drink शराब[F]; ~ earned मेहनत से कमाया हुआ; ~ facts बिल्कुल सही तथ्य; ~ life कष्टमय जीवन : to lead ~ life कष्टमय जीवन जीना; ~ of hearing ऊंचा सुनने वाला; ~ time संकट की घड़ी[F] : ~ water भारी पानी; ~ winter कड़ाके की सर्दी[F]; ~ work परिश्रम, मेहनत[F]. **II.** *adv.* (various meanings as in these contexts) ज़ोर से, कठिनाई[F] से, मुश्किल[F] से; सख़्ती[F] से, कठोरता से : hit ~ ज़ोर से मारो; it was raining ~ वर्षा[F] बड़े जोर से हो रही थी; he tried ~ उसने बहुत प्रयास किया; he was breathing ~ वह मुश्किल से साँस ले रहा था; ~ earned wages परिश्रम से कमाई हुई मज़दूरी[F]; he lives in a house ~ by वह बिल्कुल पास वाले घर में रहता है; to stare ~ ध्यान से देखना; think ~ खूब सोचो; it goes ~ with him उसके साथ यह मुश्किल हो जाता है; to think ~ बहुत सोचना; he is ~ up for money उसका हाथ तंग है; ~ boiled उबालकर कड़ा किया हुआ; ~ earned मेहनत से कमाया हुआ; ~ hearted पाषाणहृदय (व्यक्ति) ; ~ pressed संकटग्रस्त. **harden** हार' डन *v.t.* कड़ा बनाना, सख़्त करना : to ~ steel इस्पात को कड़ा बनाना; to ~ the body by exercise कसरत से शरीर को कड़ा बनाना; ~ed criminal पक्का अपराधी. [*ant*. soften] **hardly** हार्ड्'ली *adv.* **1.** मुश्किल से : I could ~ lift the box मैं ≈ से इस बॉक्स का उठा सकता था; he can ~ catch the train वह ≈ से गाड़ी[F] पकड़ सकता है; he is ~ well enough to go वह जाने के लिए अभी ठीक नहीं है; we ~ ever meet हम ≈ कभी मिलते हैं; I had ~ reached the door when Jane called me back मैं ≈ दरवाज़े तक पहुँचा ही था कि जेन ने मुझे वापस बुला लिया; I was so tired that I could ~ walk मैं इतना थक गया था कि ≈ चल सकता था. [*ant*. easily] **2.** शायद ही : you will ~ believe ≈ तुम विश्वास करोगे; she ate ~ anything उसने शायद ही कुछ खाया हो; I need ~ say मुझे कहने की आवश्यकता[F] नहीं है कि ... [*ant*. easily] **hardness** हार्ड्'निस *n*[c]. **1.** कड़ापन : the diamond is used to cut the glass because of its ~ हीरा अपने कड़ेपन के कारण शीशा काटने के लिए प्रयोग में लाया जाता है. **2.** कड़ाई[F], सख़्ती[F] ~ of the headmaster's nature प्रधानाध्यापक के स्वभाव की कड़ाई. **3.** कठिनाई[F] : ~ of the task काम की ≈; ~ of a question प्रश्न की ≈. **hardy** हार्'डि *a.* **1.** तगड़ा, हट्टा-कट्टा, हृष्ट-पुष्ट soldier सैनिक, traveller यात्री, wrestler पहलवान]; you are ~ enough to take revenge upon the enemies तुम इतने बहादुर हो कि शत्रुओं से बदला ले सकते हो; a ~ plant is one that can stand up to such severe conditions as cold and shortage of water एक तगड़ा पौधा वह है जो कठिन परिस्थितियों जैसे ठंडी[F] और पानी की कमी[F] में सीधे खड़ा रह सकता है. **2.** पक्का : ~

denial ≈ इंकार.

hare हेंअर n^c. खरगोश, खरहा, शशक [anxious चिंतित, cunning मक्कार, female मादा, fearful डरा हुआ, heedless बेपरवाह, timid कायर, young छोटा]; a ~ appeared suddenly एकाएक एक ≈ आ गया; to hunt the ~ खरगोशों का शिकार करना; a ~ knows the trick to fly away ख़रगोश भागने का दाँव जानता है. Δ to run with the ~s and hunt with the hounds दोनों पक्षों से मिले रहना; ~ brained (person) बुद्धू, मूर्ख; (action) मूर्खतापूर्ण : a ~ brained youngman एक बुद्धू युवक; ~ brained joke मूर्खतापूर्ण मज़ाक; it was merely his ~ brained behaviour यह केवल उसका ≈ व्यवहार था. [*as distinct from* hair]

harem हे'अरम n^c. हरम, अंत :पुर : the queens lived in the ~ रानियाँ[F] ≈ में रहती थीं.

harm हार्म **I.** *n.* **1.** हानि[F], नुकसान [great बहुत, immeasurable अपरिमेय, irreparable अपूरणीय, serious गंभीर]; to do smb ~ किसी को ≈ पहुँचाना; what is the ~ there in our drinking a glass of beer एक गिलास बियर पीने में हमें क्या ≈ है ? the storm caused a little ~ तूफ़ान में थोड़ा नुकसान हुआ; the frost caused ~ to crops कुहरे से फसल[F] को नुकसान पहुँचा; there was no ~ done कुछ नुकसान नहीं हुआ; to do ~ to somebody किसी को नुकसान पहुँचाना; much ~ was done by the strom तूफ़ान से बहुत हानि[F] हुई. **2.** (evil) बुराई[F] : there is no ~ in doing it इसे करने में कोई ≈ नहीं है; what is the ~ there इसमें क्या ≈ है ? Δ **to be out of ~'s way** खतरे से बचा रहना. **II.** *v.t.* हानि[F] या नुकसान पहुँचाना : the dog will not ~ you कुत्ता तुम्हें ≈ नहीं पहुँचाएगा; it will ~ his reputation इससे उसके सम्मान को ठेस पहुँचेगी; fast driving would not ~ the car तेज़ चलाने से कार[F] का कुछ नुकसान नहीं होगा; smoking ~s our health सिगरेट पीने से स्वास्थ्य को हानि होती है. **harmful** हार्म'फुल *a.* हानिकर, हानिकारक [consequence परिणाम, drugs औषधियाँ, environment पर्यावरण, news समाचार]; you must not eat those berries, they are ~ तुम्हें वे बेर नहीं खाने चाहिए, वे ≈ हैं; you must eat fresh fruits for they are not ~ तुम्हें हमेशा ताज़े फल खाने चाहिए क्योंकि वे ≈ नहीं हैं. **harmless** हार्म'लिस *a.* अहानिकर [animal जानवर, game खेल, person व्यक्ति, statement वक्तव्य]; it all seems ~ enough यह सब ≈ लगता है; to lead a ~ life एक ≈ जीवन जीना; it was a ~ remark यह ≈ टिप्पण था; this insect is a ~ creature यह कीड़ा एक ≈ प्राणी है.

harmonious हार्‌मो'नियस *a.* **1.** समस्वर, सुस्वर, श्रुतिमधुर [bells घंटियाँ[F], songs गीत, sounds ध्वनियाँ[F], voices आवाजें[F]]. **2.** शांतिमय, सद्‌भावपूर्ण, मैत्रीपूर्ण [agreement समझौता, combination गठबंधन, neighbours पड़ोसी, relations संबंध]. **3.** सुव्यवस्थित [groups समूह, interview साक्षात्कार, meeting सभा[F], question प्रश्न]. **harmonium** हार्‌मो'निअम n^c. हारमोनियम : to play the ~ हारमोनियम बजाना. **harmonize** हार्' मॅनाइज़ *v.t.* मेल रखना, ताल-मेल होना, अनुरूप बनाना : pink does not ~ with red गुलाबी रंग लाल से मेल नहीं खाता; his behaviour ~s **with** his character उसका व्यवहार उसके चरित्र से मेल खाता है; they ~ in their feelings उनकी भावनाओं[F] में तालमेल है; to ~ one's aims and wishes with one's abilities अपने उद्देश्यों एवं इच्छाओं[F] को अपनी योग्यताओं[F] के अनुरूप बनाना; to ~ between export and import आयात और निर्यात में मेल बिठाना. **harmony** हार्‌'मनि n^u. **1.** तालमेल [full पूर्ण, heavenly स्वर्गिक, pleasant सुखकर]; people work together **in** ~ लोग एक साथ ≈ से काम करते हैं; there can be no ~ between two selfish persons दो स्वार्थी व्यक्तियों में कोई ताल-मेल नहीं हो सकता; your ideas are in perfect ~ with mine आपके और मेरे विचारों में पूरा ≈ है. **2.** समन्वय, सामंजस्य : ~ in design आकृति[F] में ≈; the pre-established ~ पूर्वस्थापित ≈; the sphere is ~ among hills and woods and rivers भू-मंडल में पहाड़ों, जंगलों और नदियों का ≈. **3.** स्वर-संगति[F] they sing in ~

वे ≈ में गाते हैं; ~ of musical notes सुरों^{F} की ≈. 4. समरसता : ~ between substance and form पदार्थ और आकार में ≈. [*ant*. dis ~]

harsh हार्श *a.* रूखा [nature स्वभाव, substance पदार्थ]; ~ surface रूखी सतह^F; it was a ~ taste स्वाद ≈ था; the climate is ~ in the hot regions गर्म प्रदेशों की जलवायु^{F} रूखी होती है. **2.** (unpleasant) अप्रिय, कर्कश [speech वाणी^{F}, voice स्वर, words शब्द]. **3.** (severe) निष्ठुर, निर्दय, कड़ा : to be ~ to one's servant अपने नौकर के प्रति निष्ठुर होना; his parents are ~ उसके माता-पिता निष्ठुर हैं. [*ant*. gentle] **4.** खुरदरा [cloth कपड़ा, furniture फ़र्नीचर]. **5.** (forbidding) डरावना, भीषण [flood बाढ़^{F}, night रात^F, sight दृश्य].

harvest हार्' विस्ट **I.** *n*^{cu}. **1.** (crop) फ़सल, पैदावार^F, उपज^F [good अच्छी, ripened पकी, sufficient पर्याप्त]; this year's ~ इस साल की ≈; nature helped the ~ प्रकृति^{F} ने उत्पादन में सहायता^{F} की. **2.** फ़सल कटाई^F : this is not ~ season यह ≈ का समय नहीं है. **3.** (result) परिणाम, फल : the ~ of one's endeavour अपने परिश्रम का ≈; ~ of one's mistake अपनी गलती^{F} का ≈. **II.** *v.t.* फ़सल काटना : the crops were ~ed in time फ़सलें समय पर काटी गईं.

has हैज़ *v.i.* (it, he, she और संज्ञा एकवचन के साथ प्रयुक्त 'have' का रूप) **1.** है : he ~ gone वह गया है; she ~ come वह आ गई है; it ~ not rained for weeks वर्षा^{F} हफ्तों से नहीं हुई है. **2.** रखना : he ~ a cow वह गाय रखता है. उसके पास एक गाय है; a donkey has no horns गधे के सींग नहीं होते.

haste हेस्ट *n*^{u}. जल्दी^{F}, उतावली^{F} : make ~ about it इस बारे में जल्दी करो; he left the room in ~ उसने जल्दी में कमरा छोड़ दिया; I am writing this letter in ~ मैं यह पत्र ≈ में लिख रहा हूँ; to be in a ~ to dine भोजन करने के लिए ≈ करना; it was done with ~ यह ≈ में किया गया था; there is no need for ~ ≈ की कोई आवश्यकता^{F} नहीं है; to get up in ~ हड़बड़ी^{F} में उठ बैठना. **2.** (urgency) अविलंबता^{F}, अत्यावश्यकता^{F} : he was in no ~ to take leave उसे छुट्टी^{F} लेने की कोई ऐसी ≈ नहीं थी. **hasten** हे'सन **I.** *v.t.* जल्दी करना या कराना, त्वरित करना : that will ~ your progress इससे तुम्हारी प्रगति^{F} त्वरित होगी; to ~ the growth of plants पौधों की वृद्धि^{F} को त्वरित करना; to ~ the workman मज़दूरों से जल्दी कराना. **II.** *v.i.* he ~ed to sign the contract उसने संविदा पर हस्ताक्षर करने की जल्दी^{F} की; to ~ one's departure प्रस्थान के लिए जल्दी करना; a boy was ~ing towards the school एक लड़का स्कूल की ओर जल्दी-जल्दी जा रहा था : to ~ away home जल्दी से, घर भाग जाना. **hastily** हेस्'टिलि *adv.* जल्दी^{F} से, जल्दबाजी^{F} से : he ~ put the knife in his pocket उसने ≈ चाकू अपनी जेब^F में रख लिया; to sign something ~ किसी चीज़^{F} पर जल्दी से हस्ताक्षर करना. **hastiness** हेस्'टिनिस *n*^{c}. जल्दबाज़ी^{F} to have too much ~ in one's temper अपने स्वभाव में अत्यधिक ≈ होना. **hasty** हेस्'टि *a.* **1.** चिड़चिड़ा, क्रोधी [animal जानवर, oldman बूढ़ा, player खिलाड़ी, temper स्वभाव^F]. **2.** अविचारित, उतावली^{F} का [action कार्य, answer उत्तर, dicision निर्णय, work काम].

hat हैट *n*^{c}. टोपी^{F}, हैट [black काला, fine सुंदर, new नया, old पुराना, soft कोमल, soiled गंदा]; that ~ looks fine on you वह हैट तुम पर अच्छा लगता है; to put on one's ~ अपना ≈ पहनना; to address a person with ~ in hand हाथ में हैट लेकर किसी व्यक्ति को संबोधित करना; ~ trick (in cricket) तीन बार लगातार बाज़ी लेना : Kapil scored or made a ~ trick कपिल ने लगातार तीन विकेट लिये. Δ **to pass/send round the ~** चंदा माँगना : **to take off one's ~ to smb** किसी का आदर करना.

hatch हैच **I.** *n.* निचला झरोखा : there is a ~ in the room to pass things to the other एक कमरे से दूसरे कमरे में चीज़ें^{F} बढ़ाने के लिए एक ≈ है. **II.** *v.t.* **1.** सेना : the hen ~its eggs मुर्गी अपने अंडे सेती है; they ~ chickens वे अंड़ों से चूज़े निकालते हैं; birds ~ their eggs by keeping them warm

पक्षी अपने अंडों को गर्म रखते हुए सेते हैं. **2.** (devise) बनाना, तैयार करना : to ~ a plan for future भविष्य की योजना^F ≈; to ~ a theory कोई सिद्धांत ≈. **3.** (prepare in secret) गुपचुप रचना : to ~ a plot against the rival party प्रतिद्वन्दी पक्ष के विरुद्ध षड्यंत्र ≈.

hate हेट **I.** *v.t.* (dislike) से नफ़रत^F करना, घृणा^F करना, नापसंद करना : the rats ~ the cat चूहे बिल्ली^F से नफ़रत/ घृणा करते हैं; do good to them who ~ you जो तुमसे घृणा करते हैं उनके साथ भला करो; I ~ you मैं तुमसे नफ़रत करता हूँ; I ~ to go to the city मैं शहर जाना नापसंद करता हूँ; he ~s to get up early in the morning उसे तड़के उठना नापसंद है; no one can love god if he ~s his brother कोई व्यक्ति ईश्वर से प्रेम नहीं कर सकता यदि वह अपने भाई से नफ़रत करे; I ~ to do such a thing मुझे ऐसा काम करना नापसंद है. **II.** *n*^u. घृणा^F, नफ़रत^F : the evil man was full of ~ towards kind people दुष्ट आदमी दयालु लोगों के प्रति नफरत/घृणा से भरा था. [*ant.* love] **hateful** हेट्'फुल *a.* घृणित; कुत्सित [crime अपराध, life जीवन, looks रूप, work कार्य]; he has been ~ in the society throughout his life समाज में वह जीवन भर ≈ व्यक्ति रहा है; to be ~ to smb किसी के प्रति घृणा^F का भाव रखना.

hatred हे' ट्रिड *n*^u. नफ़रत^F, घृणा^F : I have ~ for cruelty मुझे बर्बरता^F से ≈ है; the man I had caught looked at me with eyes full of ~ जिस व्यक्ति को मैंने पकड़ा था उसने मेरी तरफ^F ≈ की दृष्टि^F से देखा; two persons live in ~ and enmity दो व्यक्ति आपस में घृणा और वैर करते जीते हैं; to stir up ~ ≈ भड़काना. [*ant.* love]

haughtiness हॉ'टिनिस *n*^c. घमंड, दंभ, अहंकार : to discover a good deal of ~ in someone's behaviour किसी के व्यवहार में भरपूर अहंकार खोज निकालना. [*ant.* meekness] **haughty** हॉ'टि *a.* **1.** (person) अभिमानी, घमंडी [aristocrat रईस, man आदमी, monarch राजा]. **2.** घमंड भरा [demeanour आचरण, manner ढंग : speech भाषण]; ~ smile घमंडभरी मुस्कान^F. [*ant.* meek].

haunt हॉन्ट **I.** *v.t.* **1.** आना-जाना, आवाजाही लगाना : he ~s that place very often वह उस स्थान पर अक्सर आता-जाता है; his memory ~s me उसकी याद^F मुझे आती जाती है; such thoughts ~ my mind ऐसे विचार मेरे मन में आते रहते हैं. **2.** (of ghosts) his house is ~ed by ghosts घर में भूत-प्रेत रहते हैं. **3.** (pester) तंग करना : to be ~d by the past misdeeds पहले किए गए कुकर्मों द्वारा तंग होना. **4.** (loiter) चक्कर लगाना : he ~s about my house वह मेरे घर के चक्कर लगाता रहता है. **II.** *n*^c. **1.** अड्डा : ~ of the birds पक्षियों का ≈. **2.** these are the ~s of criminals अपराधियों के अड्डे हैं; his house has became the ~ of robbers उसका घर डकैतों का अड्डा बन चुका है; the coffee house is one of his ~s कॉफी हाउस भी उसका एक अड्डा है. **haunted** हान्'टिड भुतहा : we dare not go along the ~ street for fear of seeing the ghosts भूत देखने के डर से हम उस भुतही गली से जाने का साहस नहीं कर सकते; this house is ~ इस घर में भूत-प्रेत रहते हैं.

have हैव़ *v.t.* **1.** [*p. p.* & *p.* had); 'have' is used with I and plural forms of pronouns and nouns, 'has' with singular nouns and singular pronouns (excepting I) (पास) होना (in Hindi, subject is in possessive case) I have a cow मेरे पास एक गाय^F है; they have no money उनके पास पैसा नहीं है; they ~ guests today उनके यहाँ आज मेहमान हैं; these people have enough property इन लोगों के पास काफ़ी संपत्ति^F है; April has 30 days अप्रैल में तीस दिन होते हैं; ~ you time enough क्या आपके पास काफ़ी समय है ? **2.** (in Hindi subject in objective case) (*a*) (troubles) I ~ cold मुझे ज़ुकाम है; I ~ pain मुझे दर्द है; (*b*) (other examples of objective case) she had to go उसे जाना पड़ा; I have to take leave of you मुझे आपसे विदा होना है; she will have to work hard for the examination उसे परीक्षा के लिए बहुत परिश्रम करना पड़ेगा; I had your letter yesterday मुझे कल तुम्हारा पत्र मिला; you shall ~ to help him तुम्हें उसकी सहायता^F करनी पड़ेगी; I ~ nothing to do with it मुझे इससे कोई वास्ता (सरोकार) नहीं है; I ~ experience मुझे अनुभव है. **3.** (causative) करवाना : I had the letter copied मैंने पत्र की प्रतिलिपि^F करवाई; I shall ~ this work done मैं यह काम करवा लूँगा; we shall ~ him punished हम उसे सज़ा^F दिलवाएँगे. **4.** (other uses) will you ~ tea क्या आप चाय^F लेंगे (पियेंगे)? he is having his meals वह खाना खा रहा है; you ~ my sympathies मेरी हमदर्दी^F तुम्हारे साथ है; books and magazines can he had from this shop इस दुकान^F से पुस्तकें^F और पत्रिकाएँ^F मिलती हैं; let me ~ some more sweets मुझे कुछ मिठाइयाँ^F दें; he will ~ gone वह गया होगा; they should ~ done it उन्हें यह करना चाहिए था; you would ~ come तुम आए होते.

haven हे' व़न *n*^c. **1.** बंदरगाह^F : a harbour is a ~ for ships एक पत्तन/बंदरगाह जहाजों के रुकने का स्थान है. **2.** शरणस्थल, आश्रम-स्थान : a ~ for the old बूढ़ों का ≈ : a child in the ~ of its mother's arms बच्चा अपनी माँ की बाँहों^F के आश्रम में.

havoc है' व़क *n.* बरबादी^F, तबाही^F : the flood caused ~ in the country बाढ़^F ने गाँवों में सर्वनाश कर दिया; the cyclone made/played ~ in Andhra Pradesh तूफ़ान ने आंध्र प्रदेश में बरबादी मचा दी; the hailstones made ~ of our flower garden ओलों ने हमारे फूलों के बाग (पुष्पोद्यान) को बरबाद कर दिया.

hawk हॉक **I.** *n*^c. **1.** बाज़, श्येन : ~ preys on birds ≈ पक्षियों का शिकार करता है; ~ attacks fast बाज़ बहुत तेज़ी से आक्रमण करता है. **2.** (cheat) धोखेबाज़ : he is a ~ वह ≈ है. **II.** *v.t.* **1.** बाज़ से शिकार खेलना. **2.** (sell) फेरी लगाना : he ~s utensils from door to door वह दर-दर फेरी लगाकर बरतन बेचता है.

hawker हॉ'कर *n*^c. फेरीवाला : the man who came yesterday, with carpets was a ~ जो व्यक्ति कल कालीन लेकर आया था ≈ था.

hay हे *n.* सूखी घास^F : ~ is a food for animals ≈ जानवरों का चारा है; to lie in the ~ घास में पड़े रहना; to make ~ घास काटकर सुखाना. Δ **to make ~ of smth** कबाड़ा कर देना; **to look for a needle in a heap of ~** अप्राप्य वस्तु^F पाने की कोशिश^F करना; **make ~ while sun shines** बहती गंगा^F में हाथ-धो लो, अवसर का लाभ उठा लो.

hazard है' ज़र्ड **I.** *n*^c. दाँव, संयोग : to put one's name and fame in ~ अपना नाम और यश दाँव पर रख देना; our fates turn on ~ हमारे भाग्य संयोग से बदलते हैं. **2.** जोखिम : at the ~ of one's life अपनी जान^F को जोखिम में डालकर; to avoid all games depending upon ~ ≈ भरे सभी खेलों से दूर रहना; a soldier's life is full of ~ सैनिक का जीवन ≈ भरा है; at all ~s चाहे कितना ही जोखिम हो, हर हालत^F में. **3.** (obstacle) बाधा^F : to avoid ~s on the way रास्ते की सभी बाधाओं^F को दूर करना. **II. 1.** (stake) दाँव पर लगा देना : to ~ one's reputation अपना यश/सम्मान ≈. **2.** (to expose to danger) ख़तरे या जोखिम में डालना : to ~ one's safety अपनी सुरक्षा ख़तरे में डालना. **3.** (venture) साहस करना : to ~ to face him in the game खेल में उसका सामना करने का ≈; to ~ one's opinion अपना मत प्रकट करने का ≈. **hazardous** है'ज़ईस *a.* (dangerous) ख़तरनाक, जोखिमी [betting शर्तबाज़ी, enterprise उद्यम, expenditure ख़र्च, experiment प्रयोग, journey यात्रा^F, rock चट्टान^F, war युद्ध]. [*ant.* safe]

haze हेज़ *n*^u. **1.** धुंध^F : thin ~ हल्की ≈; a ~ over the river नदी^F के ऊपर की ≈; the sun shone over the ~ सूर्य ≈ के ऊपर-ऊपर चमक रहा था. **2.** (of mind) अनिश्चय : he could not answer the question rapidly for he was in ~ वह जल्दी^F से प्रश्नों का उत्तर नहीं दे सका क्योंकि वह ≈ में था. **hazy** हे'ज़ि *a.* **1.** धुंधला, धुंधभरा [forest जंगल, light प्रकाश, view दृश्य; weather मौसम]; it is ~ this morning आज सुबह धुँधला-सा है. **2.** (fig.)

अस्पष्ट, अनिश्चित [attitude दृष्टिकोण, idea विचार]; the reason of this accident was very ~ इस दुर्घटना[F] का कारण अस्पष्ट था; he was ~ about the event उसे वह घटना[F] स्पष्ट नहीं थी. [*ant*. clear]

H.C. High Court.

h.c.f. highest common factor.

hdqrs. headquarters

he ही **I.** *pro-masc*. (*pl*. they, possessive his, objective him) वह : ~ and I ≈ और मैं; ~ and his sister ≈ और उसकी बहन, ~ has many friends उसके अनेक दोस्त हैं; where is ~ ≈ कहाँ है? ~ will come tomorrow वह कल आएगा. **II.** *a.* (forms masculine gender of animals) नर : ~-goat बकरा; ~-dog कुत्ता. [*ant*. she मादा]

head हेंड **I.** *n*[c]. **1.** सिर [bald गंजा, bare नंगा, beautiful सुंदर, heavy भारी, round गोल, small छोटा]; he struck his ~ against the door दरवाज़े से उसका ≈ टकरा गया; from ~ to foot ≈ से पैर तक; to shake ~ ≈ हिलाना; the crown of ~ ≈ की चोटी[F]/खोपड़ी[F]; to fall ~ over heds औंधे गिरना; to fall ~ first ≈ के बल गिरना; he has no hair on his ~ उसके ≈ बाल नहीं हैं. **2.** (intelligence) बुद्धि[F], दिमाग, समझ[F] dull मंद, fast तेज़, good अच्छा]; lose one's ~ ≈ खराब होना; to keep one's ~ cool दिमाग ठंडा रखना; he has a poor ~ उसकी बुद्धि[F] मंद है; he has taken it into his ~ उसने इस बात को दिमाग में बिठा लिया है; who put that idea in your ~? ऐसा विचार तुम्हारे दिमाग़ में किसने डाल दिया; he talks above our ~s वह हमारे दिमाग से परे की बात[F] कहता है; to use one's ~ अपना दिमाग लगाना; to lay/put ~s together मिलकर दिमाग लगाना (सोचना); he carries an old ~ on young shoulders वह उम्र के हिसाब से बहुत समझदार है; to lose one's ~ बुद्धि[F] भ्रष्ट हो जाना, कुछ समझ न पाना; I could not make ~ or tail of it मैं इसका सिर-पैर नहीं समझ पाया; he is off his ~ उसकी बुद्धि[F] भ्रष्ट हो गई है. **3.** (chief) अध्यक्ष, प्रधान, मुखिया : John is the ~ of the school जान विद्यालय का प्रधान है; who is the ~ of your family तुम्हारे परिवार का मुखिया कौन है ? to be ~ of the firm फर्म का प्रधान होना; he became the ~ of this department वह इस विभाग का अध्यक्ष हो गया; he is the ~ of the party वे पार्टी के अध्यक्ष हैं; the ~ of an army सेना का अध्यक्ष; ~ of the government शासनाध्यक्ष; of the state राष्ट्राध्यक्ष. **4.** व्यक्ति : they got ten rupees per ~ उन्हें दस रुपये प्रति ≈ मिले; count ~s गिनिए कितने ~; two ~s are better than one एक व्यक्ति की अपेक्षा[F] दो भले; so many ~s of cattle इतने मवेशी. **5.** चोटी[F], सिरा [high ऊंचा, snowy बर्फ़ीला]; to climb the ~ of the mountain पर्वत की चोटी[F] पर चढ़ना; ~ of a nail, page कीले, पृष्ठ का सिरा. **6.** अगला सिरा; अग्र भाग (of ship) : the ~ of the car struck in the wall कार[F] का अगला सिरा दीवार[F] में धँस गया. **7.** (of lake or river) उद्‌गम, निकास, दहाना : at the ~ of the river are big glaciers नदियों के ≈ पर बड़े-बड़े हिमनद होते हैं. **8.** (of bed) सिरहाना. **9.** (of a coin) चेह्रा. Δ **~ I win tail you lose** चित भी मेरा, पट भी मेरा. **10.** (of an affair) मामला हद तक पहुँच जाना. **11.** (of account) मद, शीर्ष. **II.** *a.* **1.** प्रधान, मुख्य [clerk लिपिक, master अध्यापक, office कार्यालय]; the ~ clerk has not come today प्रधान लिपिक आज नहीं आये हैं; ~ teacher has been ill since August प्रधानाध्यापक अगस्त से बीमार हैं. **2.** प्रथम, अगला, सामने का : ~ light सामने की बत्ती[F], अग्रबत्ती; at the ~ of the list लिस्ट में प्रथम स्थान पर; at the ~ page of the book you will find the heading किताब[F] के पहले-पहल पृष्ठ पर तुम्हें शीर्षक मिलेगा. **III.** *v.t.i* **1.** का नेतृत्व करना : to ~ a delegation शिष्टमंडल ≈; the chairman ~ed the representatives अध्यक्ष ने प्रतिनिधिमंडल का नेतृत्व किया; he ~ed the procession उसने जुलूस का नेतृत्व किया (कि आगे-आगे था); they met the District Magistrate against some corrupt officers ~ed by a social worker एक सामाजिक कार्यकर्ता के नेतृत्व में वे भ्रष्ट अधिकारियों के विरुद्ध जिलाधीश से मिले. **2.** की ओर बढ़ना : he ~ed towards the police station वह थाने की ओर बढ़ा; the ship ~ed for/towards the harbour जहाज़ बंदरगाह^F की ओर बढ़ा; the gambler was ~ing for ruin जुआरी तबाही^{F} की ओर^F बढ़ रहा था. **3.** प्रथम/पहला होना : he ~s the list of candidates उम्मीदवारों की सूची में वह पहला है. **4.** सिर से मारना : he ~ed the football उसने फुटबाल को सिर से मारा. Δ **to turn one's** ~ सिर फेर देना, अभिमान या घमंड पैदा कर देना, दिमाग़ आसमान पर चढ़ा देना; **come to** ~ हद को पहुंच जाना, पूरा होना, पकना; **to lose one's** ~ (i) घबरा जाना, गड़बड़ा जाना; (ii) मृत्युदंड मिलना. **headache** हें'ड्' एक n^u. सरदर्द [severe सख्त, slight कम, terrible भयानक]; I am suffering from ~ मैं ≈ से पीड़ित हूँ; I have ~ मुझे ≈ है; this will relieve your ~ यह तुम्हारे ≈ को राहत^F देगा; she suffers from frequent ~ वह अक्सर ≈ से पीड़ित रहती है; the noise gave me a ~ शोर से मुझे ≈ हो गया; this affair is not my ~ यह मामला मेरे ≈ का नहीं है. **heading** हें'डिंग n^c. शीर्षक : give an appropriate ~ to this paragraph इस अनुच्छेद का कोई उपयुक्त ≈ दीजिए; the ~ in the newspaper was in large letters समाचार-पत्र में ≈ बड़े अक्षरों में था. **headland** n^c. समुद्र में गया हुआ चट्टान^F का सिरा, अंतरीप : Kanyakumari in the south is a ~ दक्षिण में कन्याकुमारी ≈ है. ≈ है. **headline** हें'ड् लाइन n^c. सुर्खी, मुख समाचार, मोटी-मोटी खबरें^{F} : I could see only the ~s on the front page of the newspaper मैं अखबार^F के पहले पृष्ठ पर केवल सुर्खियाँ^{F} देख पाया. **headlong** हें'ड्' लॉङ्ग *a.* **1.** सिर के बल : he fell down ~ वह सिर के बल गिर पड़ा. **2.** (uncontrolled) बड़ी तेज़ी से : he ran ~ वह ≈ दौड़ा. **3.** (impetuously) अंधा-धुंध : to bombard the enemy's camp ~ शत्रु के शिविर पर ≈ गोलीबारी^{F} करना. **headman** हें'ड' मैन n^c. मुखिया, चौधरी : who is the ~ of this family, village? इस परिवार, गाँव का मुख्रिया कौन है? **headquarters** हें'ड्' क्वार्टर्स n^c. मुख्यालय : the ~ of an organisation किसी संगठन का ≈; army ~ सेना का ≈; police ~ पुलिस^F का. **headstrong** हें'ड् स्ट्रॉङ्ग *a.* जिद्दी, हठी : the youth is a ~ boy, he will not take anyone's advice यह युवक ≈ लड़का है, वह किसी की सलाह नहीं लेगा. **headway** n^u. प्रगति^{F} : we could make no ~ under these circumstances इन परिस्थितियों में हम कोई ≈ नहीं कर पाए. **headword** n^c. : in this dictionary a ~ is followed by its pronunciation मुख्यशब्द इस शब्दकोश में ≈ के बाद उच्चारण दिया गया है. **heady** हें'डि *a.* **1.** (person) उग्र, दुराग्रही. **2.** (drink) मादक, नशीला [beer बियर, substance पदार्थ, wine शराब^F].

heal हील **I.** *v.t.* **1.** ठीक करना, स्वस्थ करना, चंगा करना : to ~ a disease बीमारी^{F} से चंगा करना; to ~ someone of melancholy किसी को विषाद से चंगा करना; doctor's work is to ~ the sick डाक्टर का काम है रोगी को ≈; this ointment will ~ your wound इस मलहम से तुम्हारा घाव ठीक हो जाएगा (भर जाएगा). **2.** (reconcile) (झगड़ा) निपटाना, मेल करना : to ~ a quarrel झगड़ा निपटाना. **II.** *v.i.* the wound is ~ing (up) घाव भर रहा है; ~ up भरना, ठीक हो जाना; the sore will ~ if you keep it clean फोड़ा ठीक हो जाएगा यदि तुम इसे साफ़ रखो.

health हें'ल्थ n^u. स्वास्थ्य [bad/ill खराब, excellent बढ़िया/उत्तम, good अच्छा, poor घटिया, satisfactory संतोषजनक]; primary ~ centre प्राथमिक ≈ केंद्र; Ministry of ~ मंत्रालय; ~ resort स्वास्थ्यप्रद स्थान; ~ service डाक्टरी सुविधा^{F}, ≈ सेवा; to be in good ~ is to have no kind of illness अच्छा ≈ का अर्थ है किसी प्रकार का रोग न होना; ~ is better than wealth ≈ धन से अच्छा है; I wish you the best of your ~ मैं आपके अत्युत्तम ≈ की कामना^{F} करता हूँ; to recover/regain one's ~ पुनः ≈ लाभ करना; to look after one's ~ अपने ≈ की

देखभाल[F] करना; to ruin one's ~ अपना ≈ बिगाड़ देना (नष्ट करना); smoking is injurious to/for ~ धूम्रपान ≈ के लिए हानिकर है; his ~ was restored very soon उसके ≈ में बहुत जल्दी सुधार हो गया; to enjoy good ~ अच्छे ≈ का आनंद लेना; to suffer from ill ~ खराब ≈ से परेशान होना; how is the ~ of your department तुम्हारे विभाग का ≈ कैसा है? to set great value upon one's ~ स्वास्थ्य को अधिक महत्व देना. [*ant*. illness] **healthful** हॅल्थ्[F]फुल *a*. **1.** स्वास्थ्यकर [air हवा[F], exercise कसरत[F], स्थान] **2.** स्वस्थ : a ~ mind in a ~ body ≈ शरीर में ≈ मन. [*ant*. sickly]

healthfulness हॅल्थ् फुलनिस *n*[u]. स्वास्थ्य-वर्धकता[F]; ~ of the climate जलवायु[F] की ≈. **healthy** हॅल्'थि *a*. **1.** स्वस्थ, नीरोग [body शरीर, child बच्चा, heart हृदय/दिल, person व्यक्ति, woman स्त्री]; this is a ~ plant यह एक ≈ पौधा है; to have ~ mind ≈ मन होना; to keep a vigorous and ~ constitution शक्ति संपन्न और अच्छा शारीरिक गठन रखना. [*ant*. ill] **2.** स्वास्थ्यकर [climate जलवायु[F], food भोजन, place स्थान]. **3.** ठीक-ठीक, अच्छा; we want ~ dwelling house रहने के लिए हम एक अच्छा घर चाहते हैं; that is not a ~ sign वह कोई अच्छा संकेत नहीं है.

heap हीप **I.** *n*[c]. ढेर [huge बहुत बड़ा, ordinary मामूली, small छोटा]; ~ of sand बालू का ≈; a ~ of stones पत्थरों का ≈; there was a ~ of books lying in a corner कोने में किताबों[F] का ढेर पड़ा था; his clothes have been thrown into a ~ उसके कपड़े ढेर करके फेंक दिए गए हैं; ~s of people ढेरों/बहुत-से लोग; ~s of time बहुत समय/बार; he made a ~ of mistakes उसने ढेरों ग़लतियाँ[F] कीं; they have ~ of money उनके पास ढेरों पैसा है. **II. 1.** ढेर लगाना : to ~ (up) coal कोयले का ≈; to ~ up rubbish कूड़े का ≈; to ~ sweets in a plate प्लेट[F] में मिठाइयों[F] का ≈. **2.** इकट्ठा/संचित करना : to ~ (up) facts and figures तथ्य और आँकड़े ≈; the Indian princes used to ~ up gold and silver coins and precious stones in their treasuries भारतीय राजे अपने कोषागारों में सोने, चाँदी और कीमती पत्थर संचित किया करते थे. **3.** बरसाना, बहुत अधिक देना : to ~ titles and honours upon a conquerer विजेता को ढेरों उपाधियाँ[F] और सम्मान देना. **4.** लादना : to ~ (up) a cart with goods गाड़ी[F] में माल ≈. **5.** कूट-कूट कर भर देना : he ~ed the gap very soon उसने बहुत जल्दी[F] ही दरार[F] को कूट-कूटकर भर दिया.

hear हिअर *v.t.* (*p.* & *p.p.* heard) **1.** सुनना [continuously लगातार, distinctly साफ़-साफ़, अच्छी तरह][F]; she does not ~ well वह अच्छी तरह नहीं सुनती; do you ~ me well क्या तुम मुझे अच्छी तरह सुनते हो? to ~ a singer किसी गायक को ≈; we heard it over the radio हम लोगों ने इसे रेडियो पर सुना; I am happy to ~ that you are well मैं यह सुनकर (जानकर) खुश हूँ कि तुम ठीक हो; we ~d someone talking हमने किसी को वार्तालाप करते सुना; I have never ~d **of** anything like this मैंने इस तरह की कोई बात[F] कभी नहीं सुनी; we ~d them singing हमने उन्हें गाते सुना; let me ~ the story मुझे कहानी[F] सुनने दो. **2.** मानना, स्वीकार करना : to ~ prayer प्रार्थना ≈; will you ~ my words on this matter क्या इस मामले पर तुम मेरी बात[F] मानोगे? he who will not ~ the advice must suffer वह जो सलाह[F] नहीं मानेगा, निश्चित रूप से परेशान होगा. **3.** (in a court) the case was ~d yesterday मामले की कल सुनवाई[F] थी; to ~ the evidence गवाही[F] की सुनवाई[F] करना. **4.** (in other contexts) to ~ **about** smb किसी के बारे में जानकारी[F] होना; I have not ~d **from** you for long बहुत समय से तुम्हारा पत्र नहीं मिला; Hear, Hear! वाह, वाह !

heart हार्ट *n*[c]. **1.** हृदय, दिल [cruel निर्दय, generous उदार, kind दयावान, loving प्यारभरा, soft कोमल, strong तगड़ा, true सच्चा, weak कमजोर]; she has a ~ of stone वह पत्थरदिल है; I know the number by ~ मुझे गिनती[F] मुँह ज़बानी याद है; his ~ is beating in his chest उसकी छाती[F] में ≈ धड़क रहा है; I wish you success with all my ~ मैं हृदय से तुम्हारी सफलता^F की कामना^F करता हूँ Δ **he got the prize after his own ~** उसे अपनी इच्छा^F के अनुकूल पुरस्कार मिला; **have at ~** दिल में होना, ध्यान रखना; **I sympathise with you with all my ~** मैं पूरे दिल से तुम्हारे साथ हमदर्दी^F रखता हूँ; **I thank you from the bottom of my ~** मैं आपको तहे दिल से (सच्चे दिल से) धन्यवाद देता हूँ; **I preserve his love in the depth of ~** मैं अपने दिल की गहराइयों^F में उसका प्यार संजोए हूँ. (comb.) **~ break** दिल का दौरा : he died of ~ break वह दिल का दौरा पड़ने से मरा; **~ breaking** हृदयविदारक; **~-broken** भग्नहृदय : Sally was ~ broken at the loss of her bet सैली शर्त हारने पर भग्नहृदय थी; **~ burning** ईर्ष्या^F, जलन^F : avoid ~ burning ईर्ष्या^F से बचो; **~ failure** हृदय की गति^F बंद होना : she died of ~ failure हृदय की गति^F बंद होने से उसकी मृत्यु^F हो गई; **~ felt** दिली, हार्दिक : ~ felt congratulations मेरी हार्दिक बधाइयाँ^F; **~ rending-** हृदय-विदारक, जी या दिल दहला देने वाला [accident दुर्घटना^F, scene दृश्य]; **searching** अपने मन को टटोलना, आत्मपरीक्षण; **~ sick** भग्नहृदय, निराश = ~-broken; **~ to ~** खुले दिल से : ~ to ~ conversation खुले दिल का वार्तालाप. **2.** (bosom) छाती^F : she felt a pain in her ~ उसे ≈ में दर्द हुआ; she took the child to her ~ उसने बच्चे को छाती से लगा लिया. **3.** (courage) साहस, हिम्मत^F : to lose ~ साहस खो देना; take ~ हिम्मत बनाए रखो; I did not have the ~ to refuse मुझे इंकार करने का साहस नहीं हुआ; have the ~ to do that उसे करने की हिम्मत रखो. **4.** (centre) मध्यभाग : the ~ of a cabbage पत्ता गोभी^F का ≈; the ~ of a tree पेड़ का ≈; ~ of the country, city देश, नगर का मध्य भाग. **5.** (essence) सार, मर्म : the searcher of the ~ ≈ को खोजने वाला. **6.** (of playing cards) पान का पत्ता : queen of ~s पान की बेगम^F. (phrases) Δ **to break sombody's ~** किसी का दिल तोड़ना, हताश करना; **to cry one's ~ out** रो-रोकर बेहाल हो जाना; the widow cried her ~ out विधवा रो-रोकर बेहाल हो गई; **to eat one's ~ out** अंदर ही अंदर घुलना; worry about the future ate the orphan's heart out भविष्य की चिंता^F से अनाथ बच्चा अंदर-ही-अंदर घुल रहा था; **to have one's ~ in one's mouth** कलेजा मुँह को आना/काँप उठना : at the sight of that accident we had our ~s in our mouths उस घटना^F को देखकर हमारा कलेजा काँप उठा; **to have smth to ~** दिल से चाहना : I have your good to my ~ मैं दिल से तुम्हारा हित चाहता हूँ; **to learn by ~** कंठस्थ करना : he learnt the poem by ~ उसने कविता^F कंठस्थ/ मुँह ज़बानी कर ली; **to one's ~'s content** जी भरकर : we had the meals to our ~'s content हमने जी भरकर खाना खाया; **to set one's ~ on smth** किसी चीज़^F को पाने की तीव्र इच्छा^F होना; **to take smth to ~** महसूस करना : he took my criticism to ~ उसने मेरी आलोचना^F को महसूस किया; **to wear one's ~ on one's sleeve** दिल की बात^F जाहिर कर देना. **hearten** हार्'टन *v.t.* ढाढ़स^F देना या बँधाना, दिलासा देना : I was ~ed by the good news सुसमाचार ने मुझे ढाढस बँधाई.

heat हीट **I.** *n.* **1.** गरमी^F [intense कड़ी, terrible भयंकर, unbearable असहनीय]; we did not feel the ~ so much on the sea-shore हमें समुद्रतट पर उतनी ≈ नहीं लगी; the ~ in the room कमरे की ≈; I cannot stand in the ~ मैं गर्मी में खड़ा नहीं हो सकता; do not stand in front of the fire, you cannot bear the ~ आग^F के सामने मत खड़े हो, तुम ≈ नहीं सहन कर सकते. [*ant.* coolness] **2.** (excitement) जोश, उत्तेजना^F : ~ of the debate वादविवाद की उत्तेजना; ~ of youth जवानी^F का जोश; to answer with ~ ≈ में उत्तर देना; ~ for battle युद्ध के लिए जोश; there was considerable ~ at the debate बहस में काफ़ी जोश था. **3.** (climax) चरम बिंदु, चरम : the ~ of the drama नाटक का चरम बिंदु. **4.** प्रारंभिक दौड़^F : trial ~s आज़माइशी दौड़े; the ~s started at 8 a.m. प्रारंभिक दौड़ आठ बजे प्रातः शुरू हुई; she wanted to escape from the final ~

उसने ≈ के फ़ाइनल से बचना चाहा. 5. (of animals) मस्ती[F], कामोत्तेजना[F] : the bitch is in ~ कुतिया[F] ≈ में है; ~ stroke लू[F] लगना; ~ wave गर्म लहर[F], सख्त गर्मी[F], लू[F]. II. *v.t.i.* 1. गरम करना या होना : the sun ~s the earth सूरज पृथ्वी[F] को गरम करता है; she ~ed the soup उसने सूप गरम किया; we had to ~ the engine हमें इंजन को गरम करना पड़ा; the oven is ~ed by cool चूल्हा कोयले से गरम किया जाता है; water ~s slowly here यहाँ पानी धीरे-धीरे गर्म होता है; we use electric fires to ~ our house अपने घर को गर्म रखने के लिए हम वैद्युत अग्नि का प्रयोग करते हैं. [*ant.* cool] 2. उत्तेजित करना या होना : to get ~ed in a dispute झगड़े में उत्तेजित हो जाना; you need not be ~ed तुम्हें उत्तेजित होने की ज़रूरत[F] नहीं है; ~ argument उत्तेजनापूर्ण तर्क. **heater** ही'टर *n*[c]. हीटर [room ~ कमरे का ≈ water ~ पानी का ≈]; the car soon gets warm if you switch the ~ on यदि तुम बटन दबा दो तो कार[F] का इंजन शीघ्र ही गर्म हो जाता है.

heave हीव़ *v.t.i.* (heaved, hove) 1. उठाना : to ~ (up) the anchor लंगर उठाना; they ~d the luggage into the van उन्होंने सामान उठाकर वैन में डाल दिया. 2. उछालना : he ~d the ball over his head उसने गेंद[F] को अपने सिर के ऊपर उछाल दिया. 3. (swell) फूलना-सिकुड़ना : her bosom ~d with sobs उसकी छाती[F] सिसकते-सिसकते फूलती-सिकुड़ती थी. 4. she ~d a sigh of relief उसने राहत[F] की साँस ली, आह[F] भरी; to ~ a groan कराहना. 5. (rise and fall) लहराना : he ~d his hands in the air उसने हवा[F] में अपने हाथ लहराए. 6. ढोना to ~ coal from the mine खान[F] से कोयला ≈. 7. ज़ोर से खींचना : to ~ ropes of the ship जहाज़ के रस्से ≈.

heaven हे'व़न *n*[c]. 1. स्वर्ग[F] : the good go to the ~ when they die भले लोग मरकर ≈ को जाते हैं; to Christians ~ is where God and the angels are ईसाइयों के लिए स्वर्ग वह है जहाँ ईश्वर और फरिश्ते रहते हैं; ~ on earth धरती[F] का ≈. [*ant.* hell] 2. (sky) आसमान, आकाश [cloudless मेघरहित, serene शांत, starry ताराच्छन्न, wide विस्तृत]; he is in the seventh ~ अल्लाह सातवें ≈ पर है; there was no cloud in the ~ आकाश में कोई बादल नहीं था; every creature is under the ~ सभी प्राणी ≈ के नीचे हैं; the sun slowly sank in the ~ सूर्य शीघ्र ही ≈ में डूब गया. 3. आनंद : it is ~ to be here यहाँ रहने में आनंद है. 4. H~ (God) ईश्वर : for ~'s sake ईश्वर के लिए; thank H~ ईश्वर की दया[F]; good H~s हे दयालु भगवान ! it was ~'s will ईश्वर की यही इच्छा[F] थी. **heavenly** हे'व़न्लि *a.* स्वर्गीय, दिव्य, स्वर्गिक [bliss आनंद, body शरीर, kingdom राज्य]; our ~ father is god हमारा स्वर्गिक पिता ईश्वर है. 2. आकाशीय, खगोलीय [beauty सुंदरता[F], secrecy रहस्य]. 3. (causing happiness) . आनंदप्रद, सुखद [day दिन, music संगीत, voice स्वर] what a ~ weather कितना ≈ मौसम है !

heavily हे'विलि *adv.* 1. बहुत अधिक, बेढब, बेतरह : we are ~ taxed हमें ≈ कर लगा है; to lose ~ बहुत नुकसान उठाना; it is raining ~ वर्षा[F] बहुत ज़ोर से हो रही है. 2. (clumsily) भद्देपन से : to move ~ भद्देपन से चलना-फिरना; Jain slipped backwards and sat down ~ on the ice जैन पीछे की तरफ़[F] फिसल गया और ≈ बर्फ़[F] पर बैठ गया. 3. मुश्किल से : he succeeded ~ in his attempt वह ≈ अपने प्रयास में सफल हुआ.

heavy हे'वि *a.* 1. (in weight) भारी, वज़नी [bag झोला, box संदूक, burden बोझ, parcel पार्सल]; the table was so ~ that I could not lift it मेज़ इतनी ≈ थी कि मैं उसे उठा नहीं सका; ~ rain fell all the day पूरे दिन भारी बारिश[F] होती रही; it was a ~ stone यह बहुत ≈ पत्थर था. [*ant.* light] 2. (in bulk) भारी [country देश, crop फ़सल[F], work काम]; my head is ~ मेरा सिर भारी-भारी है; there will be ~ traffic on the roads today आज सड़कों[F] पर ≈ यातायात रहेगा. 3. (grave) गंभीर [news समाचार, silence मौन, sin पाप]; it was a ~ wound in his body उसके शरीर में यह ≈ घाव था. 4. कठिन, सख्त : you cannot solve the ~ question तुम यह कठिन प्रश्न हल नहीं कर सकते.

5. (distressing) दुस्सह : he is in a ~ condition उसकी दशा[F] ~ है. 6. (in other contexts) ~ blow ज़ोर की चोट[F]; ~ food गरिष्ठ भोजन; ~ line मोटी रेखा; ~ sky मेघाच्छन्न आकाश; ~ water (पचने में) भारी पानी. Δ **he controls the children with a ~ hand** वह कड़ाई[F] से बच्चों को नियंत्रण में रखता था.

hectare हेॅक्'टेअर *n*[c]. हेक्टेअर : = 10,000 sq. metres दस हजार वर्ग मीटर = 2.47 एकड़; this villager has six ~s of land इस ग्रामीण के पास छ : हेक्टेअर ज़मीन[F] है.

hedge हेॅज़ **I.** *n*[c]. **1.** बाड़[F] [flowery फूलदार, green हरी, prickly काँटेदार]; wrong side of the ~ ≈ के उस ओर. **2.** झाड़ी[F] : ~ row झाड़ियों[F] की कतार[F]; they guard their garden with ~s वे झाड़ियों[F] से अपने बाग की रक्षा करते हैं. **II.** *v.t.* **1.** टाल-मटोल करना, कतराना : I asked him his reason but he ~ed मैंने उसका कारण पूछा लेकिन वह टाल-मटोल कर गया. **2.** घेरना : to ~ smb's path किसी का रास्ता ≈; to ~ a piece of ground ज़मीन के किसी भाग को घेरना; a portion of the park has been ~d for a particular purpose पार्क का एक भाग एक विशेष उद्देश्य से घेर लिया गया है. (fig.) **to be ~d in/about with difficulties** कठिनाइयों से घिरा होना. **hedgehog** हेॅज्'हॉग *n*[c]. **1.** काँटा चूहा. **2.** (porcupine) साही[F] : a ~ has sharp and long thorns on its body ≈ के शरीर पर तेज़ और लंबे काँटे होते हैं.

heed हीड **I.** *v.t.* ध्यान देना या रखना, परवाह[F] करना : to ~ smb's instructions किसी के निर्देशों का ध्यान रखना; ~ my warning मेरी चेतावनी का ध्यान/की परवाह[F] रखना. **II.** *n*[c]. ध्यान, परवाह[F] : take ~ ध्यान रहे, सावधान ! take no ~ of danger ख़तरे की परवाह मत करो; take ~ of his problems उसकी समस्याओं[F] पर ध्यान दो; to give/pay ~ to smb's warning किसी की चेतावनी[F] का ध्यान रखना; to take no ~ of anything किसी बात[F] की परवाह न करना; you should take ~ of what I say जो मैं कहूँ उसका तुम्हें ध्यान रखना चाहिए. **headless** हीड्'लेॅस *a.* लापरवाह, बेपरवाह : he is ~ of what I say जो मैं कहता हूँ उससे वह लापरवाह है; ~ of danger ख़तरे से लापरवाह; to be ~ of the tradition परंपरा से बेख़बर होना.

heel हील **I.** *n*[c]. **1.** एड़ी[F] [high ऊंची, low नीची]; sandal with a high ~ ऊंची ≈ वाली सैंडल; I have pain in my right ~ मुझे दाहिनी ≈ में दर्द है. **2.** (hoof) खुर : ~ of a horse घोड़े का खुर. **3.** Δ **at ~, at/on one's ~s** किसी के ठीक पीछे; **bring smb to ~** किसी को नीचा दिखाना; **to cool one's ~** बिठाए रखा जाना : at his office I was kept outside to cool my ~ उसके कार्यालय पर मुझे बाहर बिठाए रखा गया. **to fall head over ~s** सिर के बल गिरना; **to kick one's ~s** प्रतीक्षा में खड़े रह जाना; **to take to one's ~s** भाग खड़ा होना; **to turn on one's ~s** एक दम मुड़ जाना. **II.** *v.t.* **1.** एड़ी लगाना : he ~ed the horse and ran away उसने घोड़े को एड़ लगाई और भाग गया. **2** (of a ship) (lean) झुकना : the ship ~ed in the storm जहाज़ तूफान में झुक गया. [*as distinct from* heal]

height हाइट *n*[c]. **1.** [*n.* from 'high'] ऊंचाई[F] : he fell from a ~ of five metres वह पाँच मीटर की ≈ से गिर पड़ा; the plane flew at the ~ of two thousand metres हवाई जहाज़ दो हजार मीटर की ≈ पर उड़ा; it is ten metres in ~ इसकी ≈ दस मीटर है, यह दस मीटर ऊंचा है; the building reached great ~s इमारत बहुत ऊंची हो गई है. **2.** (size) कद : what is your ~ तुम्हारा ≈ कितना है ? a man of average ~ सामान्य ≈ का आदमी; he is over six feet in ~ उसका ≈ छह फीट से ज्यादा है. **3.** पराकाष्ठा, चरम सीमा[F], हद[F] : ~ of folly मूर्खता[F] की ≈; the party was at its ~ पार्टी अपनी चरमसीमा पर थी; the prices have risen to a great ~ मूल्य अपनी चरमसीमा पर पहुँच गए हैं; to be in the ~ of one's popularity अपनी लोकप्रियता की पराकाष्ठा पर होना; it is the ~ of his dullness यह उसकी मूढ़ता की हद है.

heir एॅअर *n*[c]. वारिस, उत्तराधिकारी . [actual वास्तविक, legal वैध]; ~ apparent युवराज, प्रत्यक्ष ≈; ~ presumptive संभावित ≈ या वारिस; to make smb one's ~ किसी को अपना ≈ बनाना; Satish is his uncle's ~

सतीश अपने चाचा का ≈ है; his property will be divided among his ~s उसकी संपत्ति[F] उसके उत्तराधिकारियों में बँट जाएगी; on the failure of the ~ of the property, it escheats to the state संपत्ति[F] का ≈ न रहने पर वह राज्य द्वारा ज़ब्त हो जाती है; he fell ~ to his uncle's property वह अपने चाचा की संपत्ति[F] का ≈ हो गया. [*fem.* hairess]

held हॆल्ड *v.t* *p.* tense and *p.p.* of 'hold' : a fair was ~ there yesterday वहाँ कल मेला लगा था; the prisoner was ~ कैदी पकड़ा गया; [see hold]

helicopter हॆ'लिकॉप्टर *n*[c]. हेलिकॉप्टर : the minister came here by a ~ मंत्री ≈ से यहाँ आए; a ~ is a plane with blades on its top ≈ एक वायुयान होता है जिसके पर उसकी चोटी[F] पर होते हैं.

hell हॆल *n*[c]. नरक, जहन्नुम : the wicked are sent to ~ दुष्ट लोग ≈ में भेजे जाते हैं; the tyrant has made the life of the people ~ अत्याचारी ने लोगों की जिंदगी[F] को ≈ बना दिया है; your way to ~ is paved तुम्हारे लिए ≈ का रास्ता साफ़ है. (fig.) to get ~ डाँट[F] पड़ना; **to give smb ~** परेशान कर देना; **to ~ with it** भाड़ में जाए; **to make a ~ of noise** बहुत अधिक शोर करना; **this is a ~ of a place** यह जगह तो नरक है नरक; **a ~ of a lot** बहुत कुछ. **hellish** हॆलिश *a.* **1.** नारकीय [act कृत्य, atmosphere वातावरण, life जीवन]. **2.** बहुत ख़राब : that play was ~ वह खेल ≈ था. [*ant.* heaven]

hello हॆ'लो *int.* हेलो, जी, सुनो ! ~ girl अरी लड़की ! ~ ! how are you? कहो ? तुम कैसे हो ?

helmet हॆल्' मिट *n*[c]. हेलमिट : a motorcyclist wears a ~ to protect his head अपने सिर की रक्षा के लिए मोटरसाइकल सवार ≈ पहनता है.

help हॆल्प **I.** *n*[u]. **1.** सहायता[F], मदद[F] [considerable पर्याप्त, financial वित्तीय, mutual आपसी]; with the ~ of the dictionary शब्दकोश की ≈ से; I thanked him for his ~ मैंने सहायता[F] के लिए उसे धन्यवाद दिया; he came to my ~ वह मेरी ≈ करने आया, उसने मेरी ≈ की; to call out for ~ ≈ के लिए दुहाई[F] देना; can I be of any ~ to you? क्या मैं आपकी कोई ≈ कर सकता हूँ ? he was of great ~ to me उसने मेरी बड़ी ≈ की; I cannot do this myself, I need ~ मैं इसे स्वयं नहीं कर सकता, मुझे ≈ की जरूरत[F] है; he gave me no ~ उसने मुझे कोई ≈ नहीं दी, मेरी कोई ≈ नहीं की. **2.** (remedy) चारा, उपाय : there is no ~ for it इसका कोई ≈ नहीं है; now you must think about some ~ अब तुम्हें कुछ ≈ सोचना चाहिए. **3.** *n*[c]. सहायक : I needed a ~ in my house मुझे घर में एक सहायक की आवश्यकता[F] थी. **4.** सहारा : it will be your ~ in the future भविष्य में यह तुम्हारा ≈ होगा. **II.** *v.t.* **1.** सहायता[F] करना, मदद[F] देना; ~ me to dress कपड़ा पहनने में मेरी मदद करो; ~ me down the stairs सीढ़ियों[F] से उतरने में मेरी मदद करो; I cannot ~ him मैं उसकी मदद नहीं कर सकता; he ~ed her (to) cook the food उसने खाना पकाने में उसकी मदद की; he has fallen, let us ~ him वह गिर गया है, हम उसकी मदद करें; ~ me lift this box यह संदूक उठाने में मेरी मदद करें : please ~ me (to) translate this poem कृपया इस कविता का अनुवाद करने में मेरी ≈ करें. **2.** मजबूर होना : I cannot ~ it, you are not of my opinion यदि तुम मेरे विचार से सहमत नहीं हो तो मैं मजबूर हूँ; she could not ~ shedding tears वह आँसू बहाने को मजबूर थी. **3.** रोकना: we could not ~ laughing हम हँसना न रोक सके; it can't be ~ed इसे रोका नहीं जा सकता, विवशता[F] है. **4.** (alleviate) आराम देना, हल्का करना : the medicine ~ed his pain दवा ने उसके दर्द को हल्का कर दिया; you should ~ your body तुम्हें अपने शरीर को आराम देना चाहिए. **5.** (wait on) सेवा[F] करना, टहल[F] करना : elders must be ~ed बड़ों की सेवा की जानी चाहिए. **6.** (serve) परोसना : ~ yourself परोसें और खाएँ. **helpful** हॆल्प'फुल *a.* **1.** सहायक, मददगार : a ~ servant ≈ नौकर; he was very ~ to me in this case इस मामले में वह मेरा बहुत ≈ था. **2.** उपयोगी, काम का : this dictionary is very ~ to you यह शब्दकोश तुम्हारे लिए बहुत ≈

है. **helping** हॆॅल्'पिंग **I.** *a.* सहायक : ~ hand ≈ व्यक्ति. **II.** *n*^c. (एक बार) परोसी हुई चीजें^F : I had two ~s at dinner मैंने दो बार ≈ लीं. **helpless** हॆॅल्प'लॆॅस *a.* **1.** निस्सहाय, असहाय, निराश्रय [animal पशु, child बच्चा, person व्यक्ति]; to be in a ~ condition असहाय दशा में होना; *a.* ~ person is one who can do nothing for himself एक असहाय व्यक्ति वह है जो अपने लिए कुछ नहीं कर सकता. **2.** (incompetent) अयोग्य, बेकार : he is a ~ fellow वह एक ≈ व्यक्ति है. **3.** विवश, मजबूर, लाचार : I am ~ in this matter इस मामले में मैं ≈ हूँ; he was ~ against robbers वह लुटेरों के आगे ≈ था. **helplessness** हॆॅल्प्' लिसनिस *n.* असमर्थता^F, विवशता^F, बेबसी^F : to be conscious of one's अपनी ≈ से अभिज्ञ होना.

helter-skelter हॆॅल्' टर् स्कॆॅल्टर **I.** *n*^u. हड़बड़ी^F, खलबली^F : why is there such a ~ in the room? इस कमरे में इतनी ≈ क्यों है ? **II.** *a.* अस्त-व्यस्त : they books were ~ किताबें ≈ थीं. **III** *adv.* हड़बड़ी में, हड़बड़ाकर : they all went away ~ from the market वे सब बाज़ार से हड़बड़ी में भाग गए.

hem हॆॅम् **I.** *n*^c. (of cloth) गोट^F, किनारी^F, मगज़ी^F : the ~ of a saree साड़ी^F की गोट; the ~ of a garment परिधान की ≈; make a ~ double over the edge of a piece of material and sew it down किसी कपड़े पर ≈ को दोहरा करके सी दो. **II.** *v.t.* (hemming, hemmed) **1.** गोट या मगज़ी लगाना : to ~ the fan पंखे^F में ≈; the handkerchief was ~med रूमाल पर गोट या मगज़ी लगी थी. **2.** घेरना : the enemy ~med them in a village, they could not get out शत्रुओं ने उन्हें एक गाँव में घेर लिया, इसलिए वे बाहर न निकल सकें; the garden is ~med with hedges बाग बाड़^F से घिरा है.

hen हॆॅन *n*^c. मुर्गी^F [big बड़ी, black काली, white सफ़ेद]; ~s lay eggs मुर्गियाँ अन्डे देती हैं; to keep ~s मुर्गी पालना; his ~ gives twelve eggs in a week उसकी मुर्गी एक हफ्ते में बारह अंडे देती है. ~ **coop,** ~ **house** मुरग़ीखाना; ~ **hearted** डरपोक; ~ **peck** पति पर शासन करना; ~-pecked स्त्रीवश, जोरू का गुलाम. [*masc.* cock मुर्गा]

hence हॆॅन्स **I.** *adv.* **1.** यहाँ से, इधर से : go ~ इधर से जाओ; they started ~ उन्होंने ≈ शुरू किया. **2.** अब से : a year ~ ≈ एक वर्ष; a week ~ I shall be in Chennai ≈ एक सप्ताह में मैं चेन्नई में हूँगा; ~forth, ~ forward अब से (लेकर) : ~ forth I shall not make such a mistake अब से मैं ऐसी गलती^F नहीं करुँगा. **II.** *conj.* इसलिए, इस वास्ते, अतएव, इस कारण : he was careless, hence the accident happened वह बेपरवाह था, इसलिए दुर्घटना^F हुई.

henchman हॆॅन्च्'मन *n*^c. (*pl.* henchmen) विश्वस्त अनुचर, पिटठू, भरोसे का साथी : Gullu is the Minister's ~ गुल्लू मंत्री का ≈ है.

her हर *fem. pron.* **1.** (possessive) उसका, उसकी, उसके : this is her book यह उसकी किताब^F है; there are ~ sisters ये उसकी बहनें हैं; ~ children are grown up उसके बच्चे बड़े हो गए हैं. **2.** (objective) उसको : give this toffee to her यह टाफ़ी^F ≈ दे दो; why did you beat ~ तुमने उसको क्यों पीटा ? **3.** (with other prepositions) I am surprised at her conduct मैं उसके आचरण से अचंभित हूँ; do not laugh at ~ उस पर मत हँसो; I do not find any fault in ~ मैं उसमें कोई दोष नहीं पाता; I depend on her मैं उस पर निर्भर करता हूँ; take the sweets from ~ and go उससे मिठाई^F लो और जाओ; we cannot go without ~ हम उसके बिना नहीं जा सकते; I am displeased with ~ मैं उससे नाराज़ हूँ. [also see 'hers']

herb हर्ब *n*^c. **1.** (medicinal) बूटी^F, जड़ी-बूटी^F : mint and parsley are ~s पुदीना और अजमोद बूटियाँ हैं; mint is a flavouring ~ पुदीना सुरस बूटी^F है; this medicine prepared with ~s will cure you जड़ी-बूटियों से तैयार की हुई यह दवा^F तुम्हें स्वस्थ कर देगी. **2.** शाक, साग : the ~s of the field खेत के ≈; spinach is a ~ पालक एक साग है. [*a.* herbal]

herculean हर्क्यु लीअन' *a.* **1.** भगीरथ, बहुत कठिन : ~ task भगीरथ प्रयत्न. **2.** पराक्रमी : ~ hero ≈ वीर.

herd हर्ड I. *n.* 1. गल्ला, रेवड़, झुण्ड : the ~ of cattle, buffaloes, elephants, deer पशुओं, भैंसों[F], हाथियों, हिरनों का ≈. 2. भीड़[F], झुंड : a ~ of parasites and sychophants आश्रितों और चापलूसों की भीड़; a ~ of ragged children चिथड़ेवाले और गंदे लड़कों का झुंड; the common ~ जनसाधारण लोग. II. *v.t.i.* (झुंड में) इकट्ठा करना : to ~ animals scattered far and wide over the meadow, चारागाह[F] में दूर तक फैले जानवरों को ≈; sheep always ~ together भेड़ें हमेशा झुंड में (एक साथ) रहती हैं. 2. इकट्ठे चरना : goats and chamois are fond of ~ing together बकरियाँ और साँभर एक साथ झुंड में चरने के शौकीन होते हैं. 3. this boy ~s the cattle यह लड़का मवेशियों के झुंड की रखवाली[F] करता है. 4. people ~ together लोग इकट्ठे होते हैं.

here हिअर *adv.* 1. यहाँ : I lodge ~ मैं यहाँ रहता हूँ; come ~ ≈ आओ; is it far from ~ क्या यह यहाँ से दूर है? here we will come again हम यहाँ पुनः आएंगे. 2. यह : here is the book you were looking for ≈ है वह पुस्तक[F] जो तुम ढूँढ़ रहे थे; ~ you are यह लीजिए. 3. इधर; come ~ ≈ आओ; look ~ ≈ देखो; bring it ~ इसे ≈ लाओ; ~ and there इधर-उधर; you searched it ~ and there तुमने इसे ≈ ढूँढा. ~ about आस-पास, यहीं-कहीं : he lives ~about in the city वह शहर में यहीं-कहीं रहता है; **~after** (i) भविष्य में, आइंदा : you will not do so ~after ≈ तुम ऐसा नहीं करोगे; (ii) इसके बाद : as stated ~after जैसा कि ≈ बताया गया है; (iii) परलोक : we believe in life ~after हम परलोक (मरणोपरांत) जीवन में विश्वास रखते हैं; ~ **by** इसके द्वारा : I agree ~ to work six hours a day मैं इस (पत्र) द्वारा करार करता हूँ कि मैं प्रतिदिन छह घंटे काम करूँगा; **~in** : इस (इकरारनामे) में : as explained ~in जैसा कि इसमें स्पष्ट किया गया है; ~to fore अब तक; ~ **under** इसके नीचे; solve the question written ~under in the paper प्रश्न पत्र में नीचे लिखे प्रश्नों को हल करो; **~upon** तब, इसके बाद : **~upon he kept silent** ≈ वह चुप हो गया; **~with** इसके साथ : some money is sent ~ with कुछ पैसा ≈ भेजा गया है.

hereditary हिरें' डिटरि *a.* पैतृक, वंशानुगत (characteristic लक्षण, disease रोग, talent प्रतिभा[F]]; certain diseases are not ~ कुछ बीमारियाँ[F] वंशानुगत नहीं होतीं. (position) ~ **chief** वंशागत सरदार; ~ **ruler** वंशानुगत शासक. **heredity** हिरें'डिटि *n*[u]. पैतृक धन, बपौती[F] : he got poverty in ~ गरीबी[F] उसे बपौती में मिली; Sanskrit is our valuable ~ संस्कृत हमारा बहुमूल्य पैतृक धन है; talent depends on ~ प्रतिभा बपौती[F] पर निर्भर करती है.

hero हिअ रो' *n*[c]. (*pl.* heroes) 1. वीर, सूरमा [famous प्रसिद्ध, great महान्, national राष्ट्रीय, real सच्चा]; ~ worship वीरपूजा[F]; the ~es of ancient Greece प्राचीन यूनान के ~; he fought like a ~ वह ≈ की तरह लड़ा; no man is ~ to his wife किसी व्यक्ति का अपनी पत्नी पर रौब नहीं चल सकता. 2. (of a story) नायक : Hari is the ~ of this novel हरी इस उपन्यास का नायक है. [*fem.* heroine] **heroic** हि रो'इक *a.* 1. वीरतापूर्ण, वीरोचित : ~ deed ≈ कारनामा. 2. (poetry) वीर-रस प्रधान काव्य, वीर काव्य. 3. (exalted) उदात्त, ओजस्वी : ~ language ≈ भाषा[F]; ~ phrases ≈ वाक्यांश. **heroism** हें' रोइज्म *n*[u]. वीरता[F], शूरता[F], बहादुरी[F] : she received a medal for ~ उसने बहादुरी के लिए पदक प्राप्त किया; the man who risked his life to save us was awarded a medal for his ~ जिस व्यक्ति ने हमें बचाने के लिए अपनी जान को ख़तरे में डाल दिया था उसे अपनी ≈ के लिए पदक से पुरस्कृत किया गया.

herself हर्' सें'ल्फ़ *self pron.* अपने-आप, स्वयं : she wrote it ~ उसने इसे ≈ लिखा; I saw Mrs. Rai herself मैंने ≈ श्रीमती राय को देखा; she has never done anything for ~ उसने अपने लिए कभी कुछ नहीं किया; she bought ~ a new dress उसने ≈ एक नयी ड्रेस खरीदी; she blamed ~ for the whole thing उसने सब कुछ के लिए ≈ को दोषी ठहराया; she had to do all the work ~ उसे पूरा काम ≈ करना पड़ता था; she looked at ~ in the mirror उसने शीशे में ≈ को देखा; she is proud of ~ उसे अपने-आप पर गर्व है; by ~ अपने-आप, अकेले ही : she could not do it by ~ वह इसे अपने-आप नहीं कर सकती थी.

heron हे'रन n^c. बगुला, बक: a ~ has a long neck and long legs बगुले की गरदन और टाँगें लंबी होती हैं.

hers हर्स *fem. pron.* predicative उसकी, उसका, उसके : this book is not hers यह किताब उसकी नहीं है.

hesitate हे'ज़िटेट *v.t.* **1.** हिचकिचाना, दुविधा^{F} में पड़ना : are you still hesitating about buying the bicycle? क्या साइकिल खरीदने के लिए तुम अब भी हिचकिचा रहे हो ? he ~d before getting the gift पुरस्कार पाने से पहले वह दुविधा में पड़ गया; these boys ~ at nothing ये लड़के किसी बात से हिचकिचाते नहीं हैं; to ~ in answering उत्तर देने में हिचकिचाना; do not ~ to ask a question प्रश्न पूछने में मत हिचकिचाओ. [*ant.* decide] **2.** रुकना, अटकना : he ~d for a moment वह एक क्षण तक रुका. **3.** (stammer) हकलाना : he often ~s in speaking वह प्राय: बोलने में हकलाता है. **hesitation** हे'ज़िटेशन n^c. हिचकिचाहट^F : have no ~ हिचकिचाओ मत; I should agree without ~ मुझे बिना ≈ के सहमत हो जाना चाहिए; without ~ नि:संकोच.

hew ह्यू *v.t.* **1.** काटना, काट गिराना : if a tree is in the way he will ~ it down with his a exe यदि रास्ते में कोई पेड़ आए तो वह इसे अपनी कुल्हाड़ी^{F} से काट गिराएगा; to ~ a wood लकड़ी काटना. **2.** गढ़ना, तराशना : to ~ a stone or an idol पत्थर या मूर्ति^{F} ≈.

heyday हे'डे *n.* **1.** बहार : the ~ of youth जवानी^{F} की बहार^F. **2.** (of prosperity) स्वर्णकाल : in the ~ of his career अपने जीवनवृत्त के ≈ में.

hf. half.

hgt. height.

hiccough, hiccup हि'कप n^c. हिचकी^{F}, हिक्का^{F} : he has got ~s उसे ≈ आ रही है.

hidden हि'डन *a.* (*p.p.* of 'hide') 1. गुप्त, प्रच्छन्न : ~ treasure ≈ कोष; never ~ truth कभी प्रच्छन्न न रहने वाला सत्य. **2.** (mysterious) रहस्यमय [figure आकृति^{F}, statement कथन]; he was afraid of the ~ figure in the night वह रात^F में रहस्यमय आकृति से भयभीत था.

hide हाइड **I.** n^c. **1.** खाल^F : the ~ of an animal किसी जानवर की ≈. **2.** (human skin) चमड़ी^{F} : they wanted to save their own ~s वे अपनी चमड़ी बचाना चाहते थे. Δ **he has a thick ~** उसकी चमड़ी मोटी है. **II.** *v.t.i.* (hid, hidden) छिपाना, छिपना, गुप्त रखना [badly बुरी तरह^F, completely पूर्ण रूप से, cunningly चालाकी^{F} से, entirely पूरी तरह^F, instantly जल्दी से, insufficiently अपर्याप्त रूप में, skilfully प्रवीणता^{F} से]; to ~ one's face अपना मुँह छिपाना; to ~ one's real purpose अपना वास्तविक उद्देश्य छिपाना; let us ~ behind door हम दरवाज़े के पीछे छिप जाएँ; let us ~ the book so that father cannot see it हम किताब छिपा दें जिससे पिताजी इसे न देख सकें; clouds ~ the sun बादल सूर्य को छिपा देते हैं; you cannot ~ the truth from her तुम उससे सत्य को गुप्त नहीं रख सकते; to ~ the bad news दु:खद समाचार को छिपाना; they were hiding in a cave वे एक गुफा में छिपे हुए थे; they hid themselves in a cave उन्होंने अपने को गुफा में छिपा रखा था; they had been playing a game of ~ and seek with us till midnight वे आधी रात तक हमारे साथ लुकाछिपी^{F}/आँखमिचौनी^{F} खेलते रहे; the moon was hiding behind a cloud चंद्रमा बादल के पीछे छिप रहा था. [*ant.* reveal]

hideous हि'डिअस *a.* **1.** (dreadful) भयंकर [mistake गलती^{F}, monster शैतान, uproar शोर, wounds घाव]; what a ~ face कितना ≈ चेहरा ! **2.** (odious) घृणित, घिनौना, जघन्य : ~ crime जघन्य अपराध. **3.** (very ugly) बहुत गंदा : ~ vase ≈ फूलदान; the child looks ~ in this dress बच्चा इस पोशाक^F में बहुत गंदा दिखता है.

H.I.G Higher Income Group.

high हाइ **I.** n^u. शिखर : exports are at a new ~ निर्यात अपने ≈ पर जा पहुंचा है. **II.** *a.*

(higher, highest) **1.** ऊंचा, उच्च, [altitude अक्षांश, mountains पर्वत, officer अधिकारी, tree पेड़]; ~ hill ऊंची पहाड़ी^{F}; ~ jump ऊंची उछाल^F; ~ rate ऊंची दर^F; ~ wall ऊंची दीवार^F; the shelf was so ~ that no one could reach it टाँड़ इतना ऊंचा था कि इस पर कोई पहुंच न सके; how ~ is the ceiling छत^F कितनी ऊंची है? ~er study उच्चतर अध्ययन; ~est point उच्चतम बिंदु; Everest is the ~est peak in the world एवरेस्ट संसार में सबसे ऊंची चोटी^{F} है. **2.** (fig.) भारी, बढ़ा हुआ [pressure दबाव, temperature तापमान, tension तनाव]; we pay ~ taxes हम भारी टैक्स/कर देते हैं; the prices are too ~ these days आजकल कीमतें^{F} बहुत बढ़ी हुई/भारी हैं; is it the ~est temperature of today? क्या यह आज का सबसे ≈ तापमान है. [*ant.* low] **3.** (chief) उच्च, प्रधान, मुख्य [place स्थान, post पद]; to be at the ~est post of the party; पार्टी^{F} के उच्चतम पद पर होना. **4.** (exalted) उत्तम, अच्छा [pay वेतन, praise प्रशंसा^{F}, quality गुणवत्ता^{F}]; he was the man of ~est ideals वह उच्चतम/उत्तम आदर्शों वाला व्यक्ति था; you have not very high opinion about him उसके बारे में तुम्हारी राय अच्छी नहीं है; he held himself ~ in the society समाज में वह अपने को उत्तम मानता था. **5.** (violent) तीव्र, प्रचण्ड [flames] ज्वाला^{F}/लपट^F, wind हवा^{F}]; winds blow at ~ altitudes ऊंचे स्थानों पर ≈ हवाएँ^{F} बहती हैं. **6.** अति प्राचीन : these are ~ forts ये किले ≈ हैं. **7.** (in other contexts) **High Commissioner** उच्चायुक्त; **High Court** उच्च-न्यायालय; ~ **day** उत्सव का दिन; ~ **fever** तेज़ बुख़ार; ~ **life** रईसी जीवन, विलासमय जीवन : he led a ~ life उसने रईसी जीवन बिताया; ~seas खुला सागर, महासमुद्र : Australians were caught on the ~ seas by the Chinese आस्ट्रेलियाई चीनियों द्वारा खुले समुद्र में पकड़ लिए गए; ~ **summer** हद की गर्मी; ~ **treason** राष्ट्रद्रोह. **II.** *adv.* ऊंचे : they held their heads ~ वह अपना सिर ≈ उठाए रहे; to fly ~ ऊंची उड़ान भरना; to hold one's head ~ अपना सिर ऊंचा रखना. (comb.) ~ **born** कुलीन, अभिजात : he comes from a ~ born family वह कुलीन परिवार से है. ~**handed** निरंकुश : ~ handed policy ≈ नीति^{F}; to be ~ handed with somebody किसी पर अत्याचार करना. ~ **handedness** हाइ' हैन्डिडनिस n^u. निरंकुशता^{F}, मनमानी^{F} : it happened so because of his ~ ऐसा उसकी ≈ के कारण हुआ. **highland** हाई'लैण्ड n^c. पर्वतीय प्रदेश : the ~ of Scotland स्काटलैण्ड का पर्वतीय प्रदेश. **highlight** हाइ'लाइट *n.* मुख्य या विशेष अंश : there were no ~s in the match मैच में कोई ≈ नहीं थे; only the ~s will be broadcasted on radio रेडियो पर केवल ≈ का ही प्रसारण किया जाएगा. **highly** हाइ'लि *a.* अत्यधिक, अत्यंत : ~amusing अत्यंत मनोरंजक; to praise someone ~ किसी की अत्यधिक प्रशंसा^{F} करना; a ~ paid employee अत्यधिक वेतन पाने वाला कर्मचारी; they thought very ~ of his work वे उसके काम के बारे में अच्छा मत रखते थे; he spoke ~ of him उसने उसकी बहुत प्रशंसा^{F} की; ~ esteemed member of the village गाँव का अत्यंत सम्मानित सदस्य. **highway** हाइ'वे n^c. राजपथ, बड़ी सड़क^F, शाहराह^F : the ~ code is a list of rules for road users राजपथ संहिता^{F} सड़क पर चलने-चलाने वालों के लिए एक नियमावली^{F} है.

highwayman हाइ'वेमन *n.* बटमार : highwaymen rob the travellers in the night ≈ यात्रियों को रात में लूट लेते हैं. [*n.* height]

hijack हाइ'जैक *v.t.* ज़बरदस्ती^{F} ले जाना : they ~ed the bus, plane to Pakistan वे बस, विमान को ज़बरदस्ती पाकिस्तान ले गए.

hike हाइक **I.** n^u. **1.** पैदल सैर^F, पदयात्रा^{F} : they went on ~ in the country वे देहात की सैर करने गए. **2.** बढ़ोत्तरी^{F} : ~ in prices कीमतों^{F} में ≈. **II.** *v.i.* पैदल यात्रा करना, पदयात्रा^{F} करना : they ~d from Nainital to Almora उन्होंने नैनीताल से अलमोड़ा तक की पदयात्रा की.

hilarious हिलेंअ' रिअस *a.* (person) प्रफुल्ल,

प्रसन्नचित्त; (thing) उल्लासपूर्ण : ~ film उल्लासपूर्ण फ़िल्म/सिनेमा; ~ remarks उल्लासपूर्ण उल्लेख; he is very ~ today वह आज बहुत ≈ है.

hill हिल n^c. पहाड़ी^{F} [blue नीली, distant दूर, green हरी-भरी, low नीची, steep ढालू]; ~ resort पहाड़ी सैरगाह^F; ~ station स्वास्थ्यवर्धक पर्वतीय स्थान; ~ tribes पहाड़ी जातियाँ^{F}; ~ tract पहाड़ी प्रदेश, पहाड़ी क्षेत्र; chain of ~s पहाड़ियों की शृंखला^{F}; to climb a ~ ≈ पर चढ़ना; go down a ~ ≈ से उतरना; on the top of a ~ ≈ की चोटी पर; we hauled our sledges to the top of the ~ to have the pleasure of sliding down again पुनः सरकने का आनंद लेने के लिए हम अपनी बेपहिया गाड़ी^{F} पहाड़ी की चोटी^{F} तक घसीट ले गए, Δ **to make the mountain of a ~ mole** तिल का ताड़ बनाना, छछूँदर की बांबी का पहाड़ बनाना.

hillock हि'लाक n^c. छोटी पहाड़ी^{F}, उपगिरि, टीला, टेकरी/टेकड़ी^{F} you see a hut on the ~, there lives a saint तुम छोटी पहाड़ी पर एक झोपड़ी^{F} देखते हो, उसमें एक संत रहता है. **hilly** हि'लि *a.* (hillier, hilliest) पहाड़ी [country प्रदेश/देहात, ज़मीन^F, road सड़क^F]; it is very difficult to grow crops on the ~ tract ≈ भूभाग पर फ़सल^F उगाना बहुत कठिन है.

him हिम *pron. obj.* (*pl.* them) उसे, उसको : at ~ उस पर; by ~ उससे, उसके द्वारा; in ~ उसमें; from ~ उससे; to ~ उसको; with ~ उसके साथ; I sent ~ with a message मैंने उसे संदेश देकर भेजा; I said to ~ मैंने उससे कहा; I am surprised at ~ मुझे उस पर आश्चर्य है; we were invited by him हम उसके द्वारा नियंत्रित किए गए; ask ~ to come उससे आने को कहो; send this letter to ~ यह पत्र उसको भेजो; I am very displeased with ~ मैं उससे बहुत नाराज़ हूँ; work done by ~ is always satisfactory उसके द्वारा किया गया काम हमेशा संतोषजनक होता है; I shall go with ~ मैं उसके साथ जाऊंगा; everybody was laughing at ~ प्रत्येक व्यक्ति उस पर हँस रहा था; she married ~ उसने उससे विवाह किया; she asked ~ about her trip उसने उससे अपनी यात्रा^{F} के बारे में पूछा; help ~ उसकी मदद करो; I envy ~ मैं उससे ईर्ष्या^{F} करता हूँ; I do not know ~ मैं उसे नहीं जानता; we will not go without ~ हम उसके बिना नहीं जाएँगे. [*as distinct from* hymn] **himself** हिम' सें'ल्फ *refe. pron.* (from he) स्वयं, खुद, अपने-आप : let him do it ~ उसे इसे स्वयं करने दो; he wrote it ~ उसने इसे स्वयं लिखा; I know that George was there because he told me ~ मैं जानता हूँ कि जार्ज वहाँ था क्योंकि उसने ऐसा मुझे स्वयं बताया; he looked at ~ in the mirror उसने शीशे में अपने-आपको देखा, he is proud of ~ उसे अपने-आप पर गर्व है; the boy did it ~ लड़के ने इसे अपने-आप किया; he went there all by ~ वह वहाँ अपने-आप चला गया; he blamed ~ for the whole thing सारी बात^F के लिए उसने अपने-आप को दोषी ठहराया.

hind हाइन्ड **I.** *a.* पिछला : the horse had a cut on one of its ~ legs घोड़े की एक पिछली टाँग^F में घाव था; an animal has two ~ legs जानवर की दो पिछली टाँगें^{F} होती हैं; ~ quarters पुट्ठा : some people like the flash of the ~ quarters of a goat कुछ लोग बकरे के पुट्ठे का मांस पसंद करते हैं. **II.** n^c. **1.** (*fem.* of deer) हिरनी^{F}, मृगी^{F} : he met a ~ in the jungle जंगल में उसे एक मृगी मिली. **2.** (rustic) देहाती : he is a pure ~ in his behaviour वह अपने व्यवहार में शुद्ध देहाती है.

hinder हिन'डर *v.t.* विघ्न या बाधा^{F} डालना : do not ~ me in my work मेरे काम में बाधा^{F}/विघ्न मत डालो; we should have finished the job sooner if these boys had not been there to ~ us हम लोगों ने काम को और जल्दी समाप्त कर दिया होता यदि इन लड़कों ने बाधा न डाली होती; to ~ smb's movement किसी की गति^{F} में ≈ डालना; to ~ smb's work किसी के काम में बाधा डालना. **2.** रोकना, रुकावट^F डालना : to ~ someone to do something किसी व्यक्ति को कुछ करने से रोकना; to ~ smb from doing smth किसी को कुछ करने से रोकना; we were ~ed by the rain बारिश^F ने हमें रुकावट^F डाल दी;

a crowd ~ed the passage of the car भीड़[F] ने कार[F] का रास्ता रोक दिया; I was ~ed by the crowd भीड़ के कारण मेरे लिए रुकावट पैदा हो गई. **hindrance** हिन्'ड्रन्स *n*[c]. बाधा[F], विघ्न, रुकावट[F] : to be a ~ to a person in his studies किसी व्यक्ति को उसकी पढ़ाई[F] में रुकावट होना; to remove a ~ बाधा दूर करना; I got through without ~ to Mumbai मैं बिना बाधा के मुम्बई पहुँच गया; boots are ~ when you want to swim जब तुम तैरना चाहते हो तो बूट बाधक होते हैं; he is a ~, not a help वह बाधक है सहायक नहीं.

hinge हिन्ज **I.** *n*[c]. कब्ज़ा, चूल : this box has iron ~s इस संदूक में लोहे के कब्ज़े हैं; ~s of a door दरवाज़े के कब्ज़े; all ~s are now oiled सब कब्ज़ों में तेल डाल दिया गया है. **II.** *v.t.* **1.** कब्ज़ा या चूल लगाना : to ~ a door दरवाज़े में ≈. **2.** निर्भर होना : all that ~ *on* the money he has वह सब पैसे पर निर्भर करता है जो उसके पास है; everything ~s on his help सब उसकी सहायता[F] पर निर्भर हैं; my career ~s on this examination मेरा जीवनवृत्त इस परीक्षा[F] पर निर्भर करता है.

hint हिन्ट **I.** *n*[c]. संकेत, इशारा, इंगित : broad ~ खुला ≈; I just gave him a ~ of the task मैंने उसको काम के बारे में संकेत भर किया; he took my ~ उसने मेरा इशारा समझ लिया; ~ on health स्वास्थ्य के बारे में संकेत; she might take the ~ शायद वह इशारा समझ जाए. **II.** *v.t.* संकेत करना, इशारा करना : he ~ed (to me) that he wanted to go उसने (मुझे) इशारा किया कि मैं जाना चाहता हूँ; to ~ at a danger ख़तरे की तरफ़ इशारा करना.

hip हिप *n*[c]. कूल्हा, पुट्ठा : his ~ bone was fractured उसके कूल्हे की हड्डी[F] टूट गई; he keeps his money in the ~ pocket वह अपना पैसा कूल्हे के पास की जेब[F] में रखता है.

hippopotamus हिपॅ पॉ'टॅमस *n*[c]. (-es, mi) दरियाई घोड़ा : ~ is a very large African animal ≈ एक बहुत बड़ा अफ्रीकी जानवर है; ~ has very thick skin ≈ की चमड़ी[F] बहुत मोटी होती है.

hire हाइअर **I.** *n*[u]. किराया, भाड़ा : this house is on/for ~ मकान किराए के लिए है; he took the taxi on hire उसने किराए पर टैक्सी[F] ली; I pay ~ मैं किराया देता हूँ. **II.** *v.t.* किराए पर लेना या देना : to ~ a house, horse मकान घोड़ा ≈; you can ~ a boat for five rupees an hour तुम पाँच रुपए प्रति घंटे पर नाव[F] किराए पर ले सकते हो; to ~ a servant नौकर भाड़े पर रखना; to ~ out a bicycle बाइसाइकिल किराए पर देना. [*ant.* let]

hired हाइअर्ड *a.* किराए का, भाड़े का : ~ boat किराए की नाव[F]; ~ car किराए की कार[F]; ~ man भाड़े का आदमी. **hireling** हाइअर'लिङ्ग *n*[c]. किराए या भाड़े का टट्टू : the ~ of the press प्रेस के भाड़े के छोकरे.

his हिज़ *pron. poss.* from 'he' (*pl.* their) उसका, उसके, उसकी : that is ~ house यह उसका मकान है; ~ friends have all gone उसके सब मित्र चले गए हैं; those are his things not mine वे उसकी चीजें[F] हैं मेरी नहीं; (note the use of 'अपना' in Hindi) : he told me about ~ plans उसने अपनी योजनाओं[F] के बारे में मुझे बताया; he gave me ~ address उसने मुझे अपना पता दिया. is this yours or ~? यह तुम्हारी है अथवा उसकी? find out ~ coat and book उसका कोट और उसकी किताबें[F] ढूँढ़ो; he washed ~ hands उसने अपने हाथ धोए; I took ~ hat by mistake मैंने भूल[F] से उसका हैट ले लिया; it is no business of his इसमें उसका कोई मतलब नहीं है; he took my pen and ~ उसने अपना और मेरा पेन ले लिया.

hiss हिस **I.** *v.t.* **1.** फुफकारना, सिसकारना : snakes ~ when they are angry साँप जब गुस्से में होते हैं तो सिसकारते हैं. **2.** (deride) सीटी[F] बजाना, हूट करना : the crowd ~ed the outgoing player आउट होकर जाने वाले खिलाड़ी पर भीड़[F] ने सीटियाँ बजाईं; mischievious students ~ the girls शरारती छात्र लड़कियों को हूट करते हैं. **II.** *n*[c]. **1.** सिसकारी[F], फुफकार[F] : ~es of serpents साँपों की सिसकारियाँ[F]; ~ of gas गैस[F] की सिसकारी. **2.** हूट[F], सीटी[F] : ~ of spectators or audience दर्शकों या श्रोताओं की ≈.

hist. history, historian.

historian हिस् टॉ'रिअन *n*[c]. इतिहासकार [great

महान्, impartial निष्पक्ष, sincere कर्मठ, trustworthy विश्वसनीय]; he had been a great ~ वह एक महान ≈ थे.

historical हिस् टॉ'रिकल *a.* ऐतिहासिक [background पृष्ठभूमि^{F}, पार्श्वभूमि^{F}, date तारीख़^{F}, essays निबंध, event घटना^{F}, evidence साक्ष्य, facts तथ्य, novel उपन्यास, place स्थान, studies अध्ययन]. **history** हिस्'टॅरि n^c. इतिहास [ancient प्राचीन, brief संक्षिप्त, early पहले का, glorious शानदार, interesting दिलचस्प, medieval मध्ययुगीन, modern आधुनिक]; ~ is his main subject ≈ उसका मुख्य विषय है; an important event in ~ ≈ की एक महत्वपूर्ण घटना^{F}; ~ of philosophy दर्शन का ≈; ~ of England इंग्लैंड का ≈; to be interested in ~ ≈ में रुचि^{F} रखना; he is a professor of ~ वे ≈ के प्रोफेसर हैं; in ~ lessons we learn about the people and events of the past ≈ के पाठों में हम लोगों और अतीत की घटनाओं के बारे में ज्ञान प्राप्त करते हैं; ~ repeats itself ≈ अपने को दोहराता है. [*ant.* legend]

hit हिट **I.** *v.t* (*p. & p.p.* hit) **1.** मारना, चोट^F या प्रहार करना : to ~ a ball गेंद^F पर प्रहार करना; the disease ~ the whole village बीमारी^{F} ने सारे गाँव पर मार^F की; to ~ the bull's eye लक्ष्य पर चोट^F करना; he ~ me उसने मुझ पर प्रहार किया; do not ~ the child बच्चे को मत मारो; he ~ him on his head उसने उसके सिर पर चोट^F लगाई; he was ~ by a bullet उसे गोली^{F} लगी. **2.** लटकाना, ठोकर^F खाना या लगना : the car ~ a tree कार^F पेड़ से टकराई; he ~ his head against the table उसका सिर मेज़^{F} से टकराया; I ~ my knee against the wall दीवार^F से मेरे घुटने में ठोकर लगी. **3.** चोट^F पहुँचाना, चोट^F लगना : the death of his father ~ him hard उसके पिता की मृत्यु^{F} से उसे सख़्त चोट लगी; the farmers were ~ by the draught सूखे से किसानों को चोट लगी. **4.** guess ठीक अनुमान करना : to ~ on a good plan to be successful सफल होने की योजना^{F} का सही अनुमान करना; he ~ the event earlier उसने घटना^{F} का पहले ही अनुमान कर लिया था. **5.** (find) मिलना, पाना : to ~ the target easily आसानी^{F} से लक्ष्य पाना; at last we ~ the right road अंततः हमें सही सड़क^F मिल गई; have you ~ it क्या तुमने इसका पता लगाया है ? I have ~ his house मैंने उसके मकान का पता लगाया. Δ **to be hard ~** हानि^{F} उठाना, नुकसान उठाना : he was hard ~ by floods बाढ़^{F} से उसकी बहुत हानि^{F} हुई; **~ back** बदले की चोट^F करना, जवाबी मार^F करना : he started to ~ back on his enemy उसने अपने शत्रु पर जवाबी मार शुरू कर दी; ~ below the belt (i) धोखे से मार^F करना, धोखा देना : he ~ his friend below the belt उसने अपने मित्र को धोखा दिया; (ii) नियमविरुद्ध लड़ना, बेकायदा लड़ना : his soldiers ~ below the belt in the battle उसके सिपाही युद्ध में नियमविरुद्ध लड़े; **~ out** ज़ोर से मारना : he ~ out at the boy for his mischief उसने लड़के को उसकी शरारत^F पर ज़ोर से मारा; **~ upon** (i) पाना, मिल जाना : he ~ upon his aim उसने अपना उद्देश्य पा लिया; (ii) सूझना : she ~ upon an idea उसे एक विचार सूझा. **II.** n^c. **1.** मार^F, चोट^F : it was a severe ~ यह सख़्त चोट थी; that is a ~ at you यह तुम्हारे ऊपर चोट है. **2.** निशाना : to make a ~ on the wall दीवार^F पर ≈ बनाना. **3.** व्यंग : it was a ~ at you यह तुम्हारे ऊपर ≈ था; a ~ at modern fashions आधुनिक फैशनों पर व्यंग. **4.** कामयाबी^{F}, सफलता^{F} : the picture was a great ~ इस पिक्चर को भारी ≈ मिली; such a ~ will never come again इस तरह की कामयाबी^{F} दुबारा न मिलेगी.

hitch हिच **I.** n^c. **1.** झटका, धक्का : he got a sudden ~ at the entrance प्रवेश द्वार पर अचानक उसे झटका लगा. **2.** (entanglement) अटकाव, अड़चन^F : it will be a ~ in his work यह उसके काम में एक अटकाव होगा; there is a ~ somewhere कहीं पर कोई ≈ है; the proceedings went well without ~ कार्रवाई^F बिना ≈ के पूरी हो गयी. **II.** *v.t.* **1.** झटके से उठाकर बाँधना, अटकाना, जोड़ना : to ~ up one's trousers अपने पाजामे को ≈; ~ your horse to that post अपने घोड़े

को ले जाकर उस खूँटे से बाँध दो. **2** लँगड़ाना : to ~ from the right foot दाएँ पैर से लँगड़ाना. **3.** फंस जाना : his trousers ~ed badly on to the chain उसकी पैंट[F] चेन[F] में बुरी तरह फंस गई. Δ **to ~ one's wagon to a star** बड़े आदमी के साथ ही रहना, बड़ी शक्ति से जुड़ना.

hither हि'दर *adv.* इधर : come ~ ≈ आओ; ~ and thither इधर-उधर : the pendulum moves about ~ and thither लटकन इधर-उधर घूमता है.

H.M. Her Majesty.

H.O. Head Office.

hoard हॉर्ड **I.** *n*[c]. (treasure) राशि[F], ढेर, भंडार : a ~ of gold सोने का ढेर; there is a ~ of mica in India भारत में अभ्रक का भंडार है; that miser had ~s of money उस कंजूस के पास ढेरों रुपया था. **II.** *v.t.* जमाकर रखना, संचय करना : a miser ~s his money and does not spend it कंजूस पैसा जमाकर रखता है और इसे खर्च नहीं करता; to ~ money in a treasure ख़ज़ाने में धन का संचय करना; to ~ foods, goods खाद्य-पदार्थ, माल ≈.

hoarse हॉर्स *a.* भारी, भर्राई[F], फटी[F] : ~ voice ≈ आवाज़[F]; I am ~ मेरा गला खराब है; to talk oneself ~ बोल-बोलकर गला बैठा लेना; his voice is ~ due to cold ठंड के कारण उसकी आवाज़[F] भर्राई हुई है; to cry ~ चिल्लाकार बोलना; to be as ~ as a crow उतना कर्कश होना जितना कौआ. [*ant.* mellow; as distinct from horse] **hoarseness** हॉर्स'नेस *n*[u]. कर्कशता[F], भारी आवाज़[F] : to be often troubled with ~ ≈ से प्रायः पीड़ित रहना; figs are useful in ~ ≈ होने पर अंजीर[F] लाभदायक होती है.

hoax होक्स **I.** *n*[c]. छलावा : the report that there was bomb in the bus was a mere ~ यह रिपोर्ट[F] कि बस[F] में एक बम है महज़ ≈ था; to play ~ ≈ करना. **II.** *v.t.* जुल[F] देना, चकमा देना : he ~ed us into doing this उसने हमें ऐसा करने का चकमा दिया.

hobby हॉ'बि *n*[c]. (hobbies) शौक, हॉबी[F] : my ~ is collecting stamps स्टाम्प संग्रह करना मेरा शौक है; this is one of his special hobbies यह उसके विशेष शौकों में से एक है; to ride is his ~ घुड़सवारी[F] उसका शौक है.

hockey हॉ'कि *n*[u]. हॉकी : ~ is an interesting game ≈ एक दिलचस्प खेल है; to play ~ हॉकी खेलना; we went to see a ~ match yesterday कल हम हॉकी मैच देखने गए.

hoe हो **I.** *n*[c]. खुरपा : they dig the soil with their ~s वे अपने खुरपों से मिट्टी[F] खोदते हैं; ~ is used to clear the weeds ≈ खरपतवार[F] साफ़ करने के काम आता है. **II.** *v.t.* गोड़ना : to ~ the potatoes आलू की गुड़ाई[F] करना; he is ~ing in the garden of flowers वह फूलों के बाग में गुड़ाई कर रहा है.

hog हॉग *n*[c]. **1.** (खस्सी) सुअर : ~ breeding सुअर-पालन; a ~ is reared for meat ≈ मांस के लिए पाला जाता है. **2.** (person) लालची आदमी.

hoist हॉइस्ट *v.t.* **1.** ऊंचा करना, फहराना : to ~ a flag झंडा ≈; the flag was ~ed on the fort किले पर झंडा फहराया गया. **2.** उठाना, चढ़ाना : to ~ oneself up अपने को ऊपर ≈; to ~ by machanical device यांत्रिकी उपकरण के द्वारा ≈. [*ant.* lower]

hold होल्ड **I.** *v.t.* (*p.* & *p.p.* held) **1.** पकड़ना, पकड़े रखना, थामना [loosely ढीले, tightly कसकर]; we could not ~ that any longer हम उसे अधिक देर नहीं पकड़े रख सके; to ~ smth in a position किसी वस्तु को एक स्थिति[F] में थामे रखना; ~ the line टेलिफ़ोन थामे रखिए; he held her hand suddenly उसने एकाएक उसका हाथ थाम/पकड़ लिया; to ~ a stick छड़ी[F] पकड़ना; to ~ the dog कुत्ते को पकड़ना; she held the child by her hand उसने अपने हाथ से बच्चे को थाम लिया. Δ ~ **your tongue** अपनी ज़बान बंद करो, चुप रहो. **2.** रोकना, रोके रखना : you must ~ your horse तुम्हें अपने घोड़े को ज़रूर बाँधकर रखना चाहिए; how many people are held in the hall हाल में कितने लोग रखे गए हैं ? to ~ one's breath अपनी साँस[F] रोकना, do not ~ anything back पीछे कुछ मत रख लेना; there is no ~ing her उसे रोकना संभव नहीं है; they held the enemy for some days उन्होंने शत्रु को कुछ दिन रोके रखा; we were held up for two days हम दो दिन तक रुके रहे. **3.** मनाना, आयोजन करना, होना : the meeting was held last night पिछली रात बैठक का आयोजन किया गया; a meeting will be held tomorrow कल एक बैठक होगी; to ~ a festival त्यौहार मनाना; to ~ examination परीक्षा[F] लेना; to ~ conversation बातचीत[F] करना. **4.** रखना, रहना : to ~ the goods carefully सामान को सावधानी[F] से रखना; to ~ smb prisoner किसी को कैदी बनाए रखना; to ~ one's head up अपना सिर ऊंचा रखना; to ~ oneself ready तैयार रहना; I ~ (the opinion) that मेरा मत है कि . . . **5.** दृढ़ रहना : she held her ground वह अपनी राय[F] पर दृढ़ रही; you should ~ yourself to your words तुम्हें अपने शब्दों पर दृढ़ रहना चाहिए; to ~ on one side of a party किसी पार्टी[F] में एक तरफ ≈; he held his promise given earlier पहले दिए गए वचन पर वह दृढ़ रहा. **6.** धारण करना, में आना : how much water does this bottle ~ इस बोतल में कितना पानी आता है; to ~ the first position in an institution किसी संस्था[F] में प्रथम स्थान प्राप्त करना; it held to my mind that he was giving false statements यह बात[F] मेरे मन में आई कि वह गलत बयान दे रहा है. **7.** (post) सँभालना : to ~ a large estate बड़ी संपदा[F] का मालिक होना; to ~ a high post in the office कार्यालय में उच्च पद सँभालना; you cannot ~ such a large business तुम इतना बड़ा कारोबार नहीं सँभाल सकते. **8.** ठहराना, समझना : he was held guilty उसे दोषी ठहराया गया; I ~ it as my duty to inform you that तुम्हें सूचित करना मैं अपना कर्तव्य समझता हूँ; we shall ~ you responsible for the work हम इस काम के लिए तुम्हें जिम्मेवार ठहराएँगे. **9.** (in other contexts) this argument, my opinion does not ~ water मेरा तर्क, मेरा मत खरा नहीं उतरता; my promise does not ~ now मेरा वचन अब कायम नहीं रहा; the speaker held our attention वक्ता ने हमारा ध्यान आकृष्ट किए रखा; to ~ smb in check किसी पर नियंत्रण रखना; to ~ smb in contempt, honour किसी का तिरस्कार, सम्मान करना. **10.** (*prep.* phrases) **to ~ back smb** किसी को रोकना; to ~ back smth कोई बात[F] छिपाए रखना; to ~ forth पेश करना : he held forth his view उसने अपना विचार पेश किया; **~ off** परे रहना : ~ off the prohibited area निषिद्ध क्षेत्र से दूर रहो; the rain held off till night बारिश[F] रात[F] तक रुकी रही. **~ on** (i) पकड़े रहना, थामे रहना : he ~s on his opinion वह अपने विचारों पर डटा रहता है; (ii) ठहरो ! **~ out** (i) सहना, सह जाना : to ~ out all difficulties सब कठिनाइयाँ[F] सह लेना; (ii) गुज़ारना : he may ~ out the time happily वह प्रसन्नता[F] से समय गुज़ार सकता है; (iii) अटल रहना, दृढ़ रहना : you must ~ out your promise तुम्हें अपने वचन पर दृढ़ रहना चाहिए; (iv) प्रस्तुत करना : I cannot ~ out any hope मैं कोई आशा नहीं दिला सकता; **~ over** (i) रोक रखना : the captives were held over in the custody of the police बंदी पुलिस[F] की हिरासत[F] में रखे गए; (ii) स्थगित रखना : ~ over this matter for a week इस मामले को एक सप्ताह के लिए स्थगित कर दो; **~ together** सँभाले रखना : you cannot ~ together the position तुम स्थिति[F] को संभाले नहीं रख सकते; **~ up** रोक रखना; to ~ up traffic गाड़ियों[F] का आना-जाना बंद रखना; the trains were held up by the storm for two hours तूफान के कारण गाड़ियाँ[F] दो घंटे तक रोके रखी गईं. **II.** *n*[u]. **1.** पकड़[F] : take ~ of him उसे पकड़ लो. **2.** वश, अधिकार : I have no ~ over him मेरा उस पर कोई ≈ नहीं है. **holder** होल्डर *n*[c]. धारी, धारक : he is ~ of the cheques, shares वह चेकधारक, शेयरधारक है. **holding** होल्'डिङ्ग *n*[c]. **1.** खेती[F] की ज़मीन[F], जोत[F] : small ~s छोटी जोतें; consolidation of ~s चकबंदी[F]; fragmentation of ~ कृषिभूमि[F] का टुकड़ों में बाँटना. **2.** (*pl.*) संपत्ति[F]: he is the owner of large ~s वह बहुत बड़ी संपत्ति का मालिक है.

hole होल **I.** *n*[c]. **1.** छिद्र, छेद, सूराख़ : there is a ~ in the roof छत[F] में एक ≈ है; there was a ~ in my pocket मेरी जेब में एक छिद्र था; I must mend a ~ in my stocking मुझे अपने मोज़े में ≈ का सुधार करना चाहिए; they made a ~ in the wall and took out the box that was inside the room उन्होंने दीवार^F में एक ≈ किया और संदूक को निकाल लिया जो कमरे में अंदर था; they went into the garden through a ~ in the fence वे जंगले के ≈ से बाग में घुस गए. 2. (pit) गड्ढा : he dug a ~ in the ground to collect water पानी जमा करने के लिए उसने ज़मीन में ≈ खोद लिया; the workmen dug a ~ in the road in order to repair the waterpipe नल की मरम्मत^F करने के लिए मज़दूरों ने सड़क में एक ≈ खोद दिया. 3. (lair) बिल, माँद : ~ of a rat चूहे का बिल; the hare has got himself in a ~ ख़रगोश एक बिल में घुस गया है; the ~ of a fox लोमड़ी का बिल. 4. (gap) कमी^F : to make ~s in a person's savings किसी व्यक्ति की बचत^F में कमी आने देना. 5. (flaw) दोष, त्रुटि^F : it happend so due to the ~ in the plan योजना^F में दोष रहने से ऐसा हुआ; to pick ~s in a plan किसी योजना^F में दोष निकालना. Δ **a round peg in a square ~** किसी काम के लिए अनुपयुक्त व्यक्ति. **II**. *v.t.* छिद्र बनाना, छेद में डालना; खोदना : he tried his best to ~ the wall but could not succeed उसने दीवार में छेद करने का भरसक प्रयास किया लेकिन वह सफल नहीं हुआ; mischieveous boys ~d the pitch of the cricket शरारती लड़कों ने क्रिकेट की पिच^F खोद डाली. [*as distinct from* whole]

holiday हॉ'लिडे **I**. *n*^c. **1**. पर्व, त्यौहार (annual वार्षिक, great महान्/बड़ा, international अन्तर्राष्ट्रीय, traditional परंपरागत]. **2**. छुट्टी^F, अवकाश : it is a ~ for all of us this time इस बार हम सब के लिए ≈ है; Sunday is a ~ in most countries अधिकतर देशों में इतवार को छुट्टी होती है; he has not returned from his ~s वह अपनी छुट्टियों^F से नहीं लौटा है; I shall spend my ~s at the sea shore मैं अपनी छुट्टियाँ^F समुद्रतट पर बिताऊंगा; we shall have no work to do because tomorrow is a ~ हमें कोई काम करने को नहीं होगा क्योंकि कल छुट्टी है; where are you going in the ~s तुम छुट्टियों में कहाँ जा रहे हो ? they decided to go on tours in the ~s छुट्टियों में उन्होंने भ्रमण पर जाने का निश्चय किया. **II**. *v.t.* छुट्टी मनाना : the couple was ~ing in Kulu दंपती कुलू में छुट्टियाँ^F मना रहा था.

holiness हो'लिनिस *n*^u. पवित्रता^F, संतता^F : the ~ of a Rishi किसी ऋषि की ≈; His H~ परम पावन (पापा); the Pope is known as His H~ पोप संत पापा (परम पावन) माने जाते हैं.

hollow हॉ' लो **I**. *a.* खोखला, पोला [pipe पाइप, trunk of a tree पेड़ का तना] **1**. [*ant.* solid] **2**. झूठा, झूठी [friendship मित्रता^F, promises प्रतिज्ञाएँ^F, sounds आवाज़ें]; all his statements were ~ they were far from reality उसके सभी वक्तव्य झूठे थे, वे सच्चाई से दूर थे. **3**. पिचका, धँसा : he was thin and his cheeks were ~ वह दुबला-पतला था और उसके गाल पिचके थे. **4**. (empty) ख़ाली, छूछा [box संदूक, pit गड्ढा]; mere ~ words can do nothing केवल ख़ाली शब्द कुछ नहीं कर सकते; to feel ~ भूखा होना. **5**. (worthless) निरर्थक : ~ triumph ≈ विजय; ~ effort निरर्थक प्रयास. **II**. *n*^c. **1**. गड्ढा : the ~ was too deep to come out गड्ढा इतना गहरा था कि बाहर नहीं आया जा सकता. **2**. (valley) घाटी^F : it was a narrow ~ and was too deserted यह सँकरी घाटी थी और अत्यंत ही वीरान थी. **III**. *v.t.* **1**. खोखला बनाना : to ~ the stem of a tree किसी पेड़ के तने को खोखला बनाना; to ~ out a pumpkin कद्दू को खोखला करना. **2**. धँसना : there the grounded ~ed and caused havoc वहाँ जमीन धँस गई और सर्वनाश कर दिया.

holy हो'लि *a.* पवित्र [ground भूमि^F; life जीवन, man आदमी, saints संत]; ~ day पुण्य दिवस, धर्मोत्सव; ~ scriptures धार्मिक ग्रंथ; H~ land पुण्य देश, फिलिस्तीन; H~ of Holies परम पावन, मंदिर का गर्भ; H~ orders पुरोहिताभिषेक; ~ place तीर्थ स्थान; H~ See रोम का धर्मपीठ, परम धर्मपीठ; H~ Thursday पुण्य बृहस्पतिवार; ~ war धर्मयुद्ध, जिहाद; H~ water अभियंत्रित जल; God is ~ ईश्वर पुण्य है; he made a ~ journey successfully उसने एक सफल तीर्थयात्रा^F की.

[*ant.* un ~]

homage हॉ'मिज n^c. श्रद्धांजलि^{F} : ~ to the great poet महान कवि को ≈; pay ~ ≈ देना; to pay ~ to the king राजा को ≈ देना; we pay ~ to great man हम महापुरुषों को ≈ अर्पित करते हैं.

home होम **I.** n^c. **1.** घर [charming मोहक/मनोहर, clean साफ़, comfortable आरामदायक, deer प्यारा, lonely एकांत, peaceful शांतिपूर्ण, quiet शांत, sacred पवित्र]; to make one's ~ in the country देहात में अपना ≈ बनाना/बसाना; he left ~ when he was very young जब वह बहुत छोटा था तभी उसने घर छोड़ दिया; you have a pretty little ~ तुम्हारा प्यारा छोटा-सा ≈ है; he is not at ~ वह ≈ पर नहीं है; I shall be at ~ until eleven मैं ग्यारह बजे तक घर पर रहूँगा. **2.** जन्म-भूमि^{F} : India is our ~ भारत हमारी ≈ है; Africa is the ~ of the lion सिंह की ≈ अफ्रीका है; to come ~ from abroad विदेश से स्वदेश आना. **3.** आश्रम : ~ for orphans अनाथाश्रम; ~ for the blind अंधों के लिए ≈; a ~ for the aged वृद्धों का आश्रम. **4.** घर, परिवार : hers was a happy ~ उसका एक सुखी परिवार था; the earthquake brought sorrow to many ~s भूकंप अनेक परिवारों में शोक ले आया. **II.** *a.* देशी, घर का : ~ guard गृह रक्षक, होम गार्ड; ~ industry देशी उद्योग, ~ land अपना वतन; ~ life घरेलू जीवन; ~ made स्वदेशनिर्मित, स्वदेशी; ~ missiles स्वदेशी मिसाइलें^{F}; ~ minister गृहमंत्री; ~ rule होमरूल, स्वशासन, स्वराज्य; ~ secretary गृह सचिव; ~ trade देशी व्यापार; ~ work घर का काम. **III.** *adv.* **1.** घर में/पर : he went ~ वह घर गया; on way ~ घर की राह^F में; bring ~ to समझाना, दिल में बिठा देना, सिद्ध या प्रमाणित कर देना, साबित कर देना : it is very hard for me to bring the matter ~ to him उसे मामले को समझाना बड़ा कठिन है. **2.** निशाने पर : the bullet went ~ गोली ≈ लगी. **homeless** होम्'लिस *a.* बेघर, बेघरबार : the poor man said that he was ~ गरीब आदमी ने बताया कि मैं ≈ हूँ. **homely** होम्'लि *a.* **1.** साधारण, सीधा-सादा [atmosphere वातावरण, feature रूप, food भोजन, manner आचरण, meal खाना, phrases वाक्यांश]; to live in a very ~ manner बहुत ही साधारण ढंग से रहना. **2.** असुंदर : she was extremely ~ in her appearance वह दिखने में बहुत ≈ थी.

homicide हॉ'मिसाइड n^c. मानव-हत्या^{F}, नरहत्या^{F}, मानव-वध : ~ is punishable with death ≈ का दंड मृत्यु^{F} है.

homogeneous हॉम जी निअस *a.* समरूप, समजातीय : the people of this country are ~ इस देश के लोग ≈ हैं.

Hon. honourable.

honest ऑ'निस्ट *a.* **1.** ईमानदार [boy लड़का, person व्यक्ति, woman औरत]; an ~ man is one who does not cheat or steal ≈ आदमी वह है जो न धोखा देता है न चोरी^{F} करता है; she has never been ~ in her life वह अपने जीवन में कभी ≈ नहीं रही. **2.** निष्कपट : I shall be ~ with you मैं तुम्हारे साथ निष्कपट रहूँगा. **3.** ~ judge निष्पक्ष न्यायाधीश. **4.** ठीक-ठाक, सच्चा : an ~ livelihood सही रोटी-रोज़ी; what is your ~ weight तुम्हारा सही वज़न क्या है ? it was his ~ endeavour यह उसका सच्चा प्रयास था; I shall give you my ~ opinion मैं आपको अपना ठीक मत बताऊंगा. **5.** शुद्ध : ~ thing ≈ वस्तु^{F}. [*ant.* dis ~] **honesty** ऑ'निस्टि n^c. ईमानदारी^{F} : you should not suspect his ~ तुमको उसकी ≈ पर संदेह नहीं होना चाहिए. [*ant.* dis ~]

honey हॅ'नि n^u. **1.** मधु, शहद [crystallised दानेदार, sweet मीठा]; bees make ~ from the juice they get from flowers मधुमक्खियाँ^{F} ≈ उस रस से बनाती हैं जो वे फूलों से पाती हैं. **2.** dear प्यारा : O, my ~ ओ, मेरे प्यारे, **honeymoon** हॅ'निमून **I.** n^c. मधुमास, आनंदमास : they were on ~ to Kulu after the marriage शादी^{F} के बाद वे ≈ मनाने कुलु गए; ~ trip ≈ यात्रा^{F}. **II.** *v.i.* मधुमास मनाना : they will ~ in Nainital वे नैनीताल में मधुमास मनाएँगे.

honorary ऑनॅररि *a.* **1.** सम्मानार्थ : ~ title ≈ उपाधि^{F}; ~ degree is given without passing necessary examination बिना

आवश्यक परीक्षा^{F} पास किए ≈ उपाधि दी जाती है. **2.** अवैतनिक, ऑनरेरी [secretary सचिव, teacher अध्यापक]; he has been appointed as ~ manager for a year उन्हें एक साल के लिए ≈ प्रबंधक नियुक्त किया गया है. **3.** ~ member शुल्क न देने वाला सदस्य. **honour** ऑ'नर **I.** *n*^{uc}. **1.** सम्मान [divine दैवी, great महान, true सच्चा]; it is a matter of ~ यह ≈ की बात^F है; we hold our mayor in (great) ~ हम अपने नगर प्रमुख का (बहुत) ≈ करते हैं; they gave a dinner in his ~ उन्होंने उसके ≈ में रात्रि का भोज दिया; to defend one's ~ अपने ≈ की रक्षा^{F} करना; there is a holiday today in ~ of a great victory महान विजय के ≈ में आज छुट्टी है; sense of ~ आत्म-सम्मान की भावना^{F}; the colonel was buried with military ~s कर्नल साहब को सैनिक ≈ के साथ दफ़नाया गया; word of ~ पक्का वचन; I give you my word of ~ this time इस बार मैं आपको अपना पक्का वचन देता हूँ. **2.** गौरव : I consider it an ~ to come here मैं यहाँ आने में ≈ समझता हूँ; he is an ~ to our country उससे हमारे देश का ≈ है; I have the ~ to introduce our chief guest मुख्य अतिथि का आपको परिचय देने में मुझे गर्व है. **3.** उपाधि^{F}, पदवी^{F} (title) : he was given the ~ of 'Sir' उसे 'सर' की उपाधि दी गई. **4.** (purity) (for woman) सतीत्व : you can trust her ~ doubtlessly निस्संदेह तुम उसके ≈ पर विश्वास कर सकते हो. **5.** आन^F, लाज^F, आबरू^{F} : we must defend our ~ हमें अपनी आन/लाज की रक्षा करनी चाहिए. **6.** ईमान : to doubt the ~ of the servant नौकर के ≈ पर संदेह करना. **7.** प्रतिष्ठा का कारण : you are an ~ to your city आप अपने नगर की ≈ हैं. **8.** [in other contexts] to be in ~ bound वचनबद्ध होना : I am in ~ bound to help him उसकी सहायता^{F} के लिए मैं वचनबद्ध हूँ; to be on one's ~ to do smth कुछ करना अपना नैतिक कर्तव्य होना; in ~ of the day दिन के उपलक्ष्य में; your H~ माननीय. **II.** *v.t.* **1.** सम्मान करना, इज़्ज़त करना : all ~ him for his honesty उसकी ईमानदारी^{F} के लिए सब उसका सम्मान करते हैं; you ~ them for their activities तुम उनके कृत्यों के लिए उनका सम्मान करते हो; ~ thy father अपने पिता का सम्मान करो. **2.** उपासना करना : to ~ God ईश्वर की ≈. **3.** सकारना : to ~ a cheque चेक सकारना; to ~ smb's signature किसी के हस्ताक्षर ≈. **honourable** ऑ'नरॅबल *a.* **1.** माननीय, प्रतिष्ठित [leader नेता, president अध्यक्ष, woman स्त्री]; he is an ~ man वह एक प्रतिष्ठित व्यक्ति है; his family is ~ उसका परिवार प्रतिष्ठित है. **2.** प्रतिष्ठापूर्ण, गौरवपूर्ण [condition स्थिति^{F}, deeds कृत्य, peace शांति^{F}, work कार्य]; one's ~ conduct merits praise किसी का प्रतिष्ठापूर्ण आचरण प्रशंसनीय होता है. **3.** (upright) सच्चा : his intentions are ~ towards her उसके इरादे उसके प्रति सच्चे हैं. **honourably** ऑ'नरॅबलि *adv.* ईमानदारी^{F} से : to act ~ ≈ काम करना; to serve one's country ~ अपने देश की ≈ सेवा^{F} करना.

hood *suff.* (makes abstract nouns) brother ~, child~, fabe~, man~, mother ~, widow ~, boyhood.

hood हुड *n*^{c}. **1.** छत्र, टोप, शिरोवस्त्र : a monk has a ~ over his head साधु के सिर पर ≈ है; (of hawk) टोपी^{F}. **2.** (academic) हुड : gown and ~ गाउन और ≈. **3.** (of carriage) टप, बरसाती^{F} **4.** (of a serpent) फण.

hoof हूफ *n*^{c}. (*pl.* hooves) खुर : a horse-shoe is nailed to the horse's ~ घोड़े के ≈ में नाल ठोंकी जाती है.

hook हुक **I.** *n*^{c}. **1.** काँटा, कटिया, अंकुड़ा : a fish ~ मछली पकड़ने की कँटिया; a ~ on a gate गेट पर का अंकुड़ा. **2.** (~ for a coat) खूँटी^{F} : a man hung his suit on the ~ एक आदमी ने अपना कोट ≈ पर टाँग दिया. **3.** (sickle) हँसिया^{F} : they were reaping the crop with ~s वे हँसिया से फसल काट रहे थे. Δ **by ~ or by crook** किसी भी तरह से : they tried to do the work by ~ or by crook वे किसी भी तरह से कार्य को करने का प्रयास करते थे. **II.** *v.t.* **1.** कँटिया^{F} से पकड़ना या फँसाना : they ~ed the fish easily

उन्होंने मछली^F को आसानी^F से कंटिया से पकड़ लिया. **2.** (cheat) धोखा देना, फंसाना: he ~ed his friend in the way उसने रास्ते में अपने मित्र को धोखा दे दिया. **3.** छीनना, चुराना : the thief ~ed all his money in the train गाड़ी^F में चोर ने उसका सारा पैसा छीन लिया. Δ ~ **up** मिलाना : he ~ed up both the ends of the rope उसने रस्सी^F के दोनों सिरों को मिला दिया.

hooligan हू'लिगन *n*^c. गुंडा : the ~s disturbed the meeting गुंडों ने सभा^F में गड़बड़ी^F पैदा की. **hooliganism** हू'लिगॅनिज़्म *n*^u. गुंडागर्दी : two students were rusticated for three years for ~ दो विद्यार्थियों को ≈ के लिए दो साल के लिए (यूनिवर्सिटी से) निकाल दिया गया.

hoot हूट **I.** *n*^c. **1.** (of the owl) उल्लू की बोली^F, घू-घू^F. **2.** (of steamer) स्टीमर की सीटी^F. **3.** (of people) छी छी, हू हू : they met the speaker with hisses and ~s वे वक्ता से ≈ करके मिले. **II.** *v.t.* **1.** धुत्कारना, हू हू करना, सीटियाँ बजाना : they ~ed the speaker उन्होंने वक्ता को हू हू किया; to ~ an actor अभिनेता को छी छी/ हू हू करना. **2.** I have heard an owl ~ing मैंने एक उल्लू को घू-घू करते सुना.

hop हॉप **I.** *n*^c. **1.** उछाल^F, छलाँग^F, फलाँग^F : ~ of horses घोड़ों की ≈. **2.** (flight) उड़ान^F. **3.** ~ of birds पक्षियों की फुदक^F. **II.** *v.t.* (hopping, hopped) : छलाँग मारना, फलाँगना : how far can you ~ तुम कितना फलाँग सकते हो ? in some of the games players have to ~ about on one leg कुछ खेलों में खिलाड़ियों को एक टाँग से फलाँगना होता है. **III.** फुदकना : the birds ~ चिड़ियाँ फुदकती हैं.

hope होप **I.** *n*^c. आशा^F, उम्मीद^F [faint क्षीण, great बड़ी/बहुत]; that is our only ~ वह हमारी एकमात्र ≈ है; we have little ~ of success हमें सफलता^F की बहुत कम ≈ है; she waited in the ~ of seeing him again उससे पुन: मिलने की आशा से उसने इंतज़ार किया; we had lost all ~s हमारी सभी आशाएँ^F समाप्त हो चुकी थीं; to succeed is my ~ सफल होना मेरी ≈ है. **II.** *v.t.* आशा करना, उम्मीद रखना : we must ~ for an improvement हमें सुधार की उम्मीद रखनी चाहिए; I ~ that I shall pass my examination मुझे आशा है कि मैं अपनी परीक्षा^F उत्तीर्ण कर लूंगा; I ~ to see you soon मैं शीघ्र ही आपसे मिलने की उम्मीद करता हूँ; we are hoping for some help हम किसी सहायता^F की आशा कर रहे हैं; we ~ to finish the work early हम काम को जल्दी समाप्त कर देने की उम्मीद करते हैं; to ~ for the best अच्छाई^F की उम्मीद करना. **hopeful** होप'फुल *a.* **1.** आशाजनक : ~ situation ≈ स्थिति^F; his condition is ~ उसकी दशा^F ≈ है. **2.** (person) आशावान्, आशान्वित : we are ~ that he will get better हम ≈ हैं कि वह अच्छा हो जाएगा. **3.** होनहार : ~ youngman, player ≈ युवक, खिलाड़ी. **hopeless** होप'लिस *a.* **1.** निराशाजनक : ~ result ≈ परिणाम; a situation is ~ when there is no chance that it well get well स्थिति^F ≈ होती है जब इसके ठीक होने की कोई गुंजाइश^F न रहे; to be ~ for the future भविष्य के बारे में कोई आशा न होना. **2.** बेकार : you are completely ~ तुम बिल्कुल बेकार हो; ~ job ≈ का काम. **3.** ~ **case** लाइलाज बीमार; ~ disease लाइलाज बीमारी^F.

horizon हॅराइ'ज़न *n*^c. **1.** क्षितिज : the sun sank below the ~ सूर्य ≈ के नीचे छिप/डूब गया; we saw a ship far away on the ~ हमने दूर ≈ में एक जहाज़ देखा. **2.** (ज्ञान की) सीमा^F : such knowledge is beyond his ~ इस प्रकार का ज्ञान उसकी ≈ के बाहर है; scientific matters are outside my ~ वैज्ञानिक मामले मेरी ≈ के बाहर है; he is a man of limited ~ उस आदमी का ज्ञान सीमित है. **horizontal** हॉरि'ज़ॉन'टल *a.* **1.** पड़ा : ~ line पड़ी रेखा^F. **2.** हमवार : ~ plane ≈ सतह^F. [*ant.* vertical, perpendicular]

horn हार्न **I.** *n*^c. **1.** सींग : a cow has two ~s गाय के दो ≈ होते हैं; a donkey has no ~s गधे के ≈ नहीं होते; the cattle have ~s on their heads मवेशियों के सिर पर ≈ होतें हैं. Δ **to draw in one's ~s** उत्साह छोड़ देना; **to take the bull by the** ~ कठिनाई^F का

डटकर सामना करना. 2. (music) तुरही^{F}, तूर्य : we can hear ~s blown in temples हम मंदिरों में ≈ फूंके जाते हुए सुन सकते हैं. 3. भोंपू, हार्न : this bus has a ~ with sharp sound इस बस में तीखी आवाज़ वाला ≈ है; a French ~ फ्रांसीसी ≈. **II.** *v.i.* भोंपू बजाना : ~, please कृपया भोंपू बजाइए.

horoscope हॉ'रस्कोप n^c. जन्म-कुण्डली^{F} : my ~ shows that I was born when the moon was in Gemini मेरी ≈ बताती है कि जब मेरा जन्म हुआ तब चंद्रमा मिथुन राशि^{F} में था.

horrible हॉ'रिबल *a.* **1.** भयंकर, डरावना, विकराल, भीषण [accident दुर्घटना^{F}, crime अपराध, disaster विध्वंस, headache सिरदर्द, murder हत्या^{F}, wound घाव]; she could not bear the ~ sight वह भयंकर दृश्य को बरदाश्त न कर सकी. **2.** बहुत ख़राब : this food is ~ यह खाना बहुत खराब है; there is ~ noise in the hall हाल में बहुत ज्यादा शोर है. [*ant.* pleasant] **horribly** हॉ'रिब्लि *adv.* बुरी तरह : they were ~ wounded in the explosion वे विस्फोट में ≈ घायल हो गये; I was ~ tired मैं ≈ थक गया था. **horrid** हॉ'रिड *a.* भयंकर, उग्र [remarks उल्लेख, smell सुगंध]; why are you so ~ to him तुम उसके प्रति इतने ≈ क्यों हो ? ~ winds blow on the poles ध्रुवों पर भयंकर हवाएँ चलती हैं. **horrify** हॉ'रिफ़ाइ *v.t.* (horrified) भयभीत करना, डरा देना : the news will ~ your mother यह समाचार तुम्हारी माँ को भयभीत कर देगा; I was horified at this sight इस दृश्य से मैं डर गया था; he spoke of the affair in a way ~ing to everybody उसने सबको डरा देने वाले ढंग से इस मामले की बात^F की. **horror** हॉ'रर *n.* डर, संत्रास, दहशत^F [deep गहरा, great बहुत]; to think something with ~ विचार करते ≈ होना; the ~ of the war युद्ध का भय; the sight filled them with ~ इस दृश्य से उनमें दहशत समा गई; they ran in ~ from the room वे ≈ के मारे कमरे से भाग निकले; to have a ~ of bloodshed खून-खराबे से ≈ होना; to their ~ all the books were burnt to ashes उनको इससे दहशत हुई कि सारी किताबें^{F} जलकर राख^F हो गईं; he was ~ -struck वह भयभीत था.

horse हॉर्स n^c. **1.** घोड़ा, अश्व [black काला, fierce भयंकर, old पुराना, risky ख़तरनाक, young जवान, white सफेद]; to ride a ~ घोड़े की सवारी^{F} करना; the knight rode a ~ नाइट ने घोड़े पर सवारी^{F} की; a ~ neighs घोड़ा हिनहिनाता है; the ~ takes a bit in his teeth ≈ अपने दाँतों में दहाना लेता है; we had five ~s in our stable हमारे अस्तबल में पाँच घोड़े थे; many people in England go to see ~ races इंग्लैण्ड में बहुत-से लोग घुड़दौड़^{F} देखने जाते हैं. **2.** (gymnastics) (काठ की) घोड़ी : they take exercise on a ~ वे (काठ की) घोड़ी पर व्यायाम करते हैं. (comb). ~ **laugh** गँवारू ठहाका; ~**man** घुड़सवार; ~ **manship** शहसवारी; ~ **power** अश्वशक्ति : it is an engine of fifty ~ power यह पचास अश्वशक्ति का इंजन है; ~ **shoe** नाल^F : the ~ shoe under the mare's front right hoof is lost somewhere घोड़ी के अगले दाहिनी खुर के नीचे की नाल कहीं खो गई है. Δ **to flog a dead ~** बेकार के काम में शक्ति लगाते रहना; **to look a gift ~ in the mouth** मुफ़्त की चीज में दोष निकालना, माँगे के बैल के दाँत गिनना; **to put the cart before the ~** पीछे वाले काम को पहले करना. [*fem.* mare; *as distinct from* hoarse]

horticulture हार्' टिकल्चर n^u. बागवानी^{F} : ~ means the growing of flowers, fruit and vegetable ≈ का अर्थ है फूल, फल और सब्जियाँ उगाना; he is studying ~ in his college वह अपने कॉलेज में उद्यान विज्ञान का अध्ययन कर रहा है.

hosp. hospital.

hospitable हॉस्' पिटॅबल *a.* **1.** सत्कारशील : they are very ~ वे बहुत ~ हैं; a ~ person is one who is pleased to see visitors and makes them welcome एक ≈ व्यक्ति वह है जो आगंतुकों से मिलकर प्रसन्न होता है और उनको स्वागत महसूस कराता है. **2.** ~ environment सत्कारपूर्ण पर्यावरण. [*ant.* in ~, niggardly]

hospital हॉस्'पिटल n^c. अस्पताल, चिकित्सालय [big बड़ा, eye आँख का, modern आधुनिक,

new नया, well equipped सुसज्जित]; ~ for the insane पागलख़ाना; he is in ~ वह ≈ में (इलाज करा रहा) है; how long were you in ~ तुम अस्पताल में कितने दिन तक थे ? he had to be taken to a ~ उसे ≈ ले जाना पड़ा; when did he come out of the ~ ? वह ≈ से बाहर कब आया; we went to the ~ to see a patient हम एक बीमार को देखने ≈ गए.

hospitality हॉस् पि टै'लिटि *n*ᵘ. आतिथ्य, अतिथि-सत्कार, आव-भगतᶠ, खातिरदारीᶠ [generous उदार, kind कृपापूर्ण, lavish बेहद]; the Indians are noted for their ~ भारतवासी ≈ के लिए प्रसिद्ध हैं; to show ~ ≈ करना; to accept someone's ~ किसी का ≈ स्वीकार करना; to refuse to accept someone's ~ किसी के ≈ को स्वीकार करने से इंकार करना.

host होस्ट *n*. **1.** मेज़बान, मेहमानदार [attentive सावधान, generous उदार, good अच्छा, kind दयावान, obliging भला, pleasant सुखद, polite नम्र]; the guests were pleased with their ~ मेहमान अपने ≈ से बहुत खुश थे; the ~ and the hostess welcomed their guests ≈ और मेज़बानिन ने अपने अतिथियों का स्वागत किया. [*ant*. guest, *fem*. hostess] Δ **to play ~ to smb** किसी की खातिरदारीᶠ करना. **2.** दल, भीड़ᶠ, जमघट, ढेर : a ~ of relatives संबंधियों का जमघट; he has a ~ of problems उसकी ढेरों समस्याएँᶠ हैं; a ~ of flies मक्खियोंᶠ का दल. **3.** (army) सेनाᶠ, फ़ौजᶠ : a ~ of the enemy शत्रुओं की ≈; a ~ of armed men सशस्त्र व्यक्तियों की ≈.

hostage हॉस्'टिज *n*ᶜ. बंधक, ओल : the bandits kept Ram as ~ until we paid them fifty thousand rupees डाकुओं ने राम को ≈ बनाए रखा जब तक कि हमने उन्हें पचास हजार रुपए नहीं दे दिए; to take smb ~ किसी को ≈ बनाना; to exchange ~s बंधकों की अदला-बदलीᶠ करना.

hostel हॉस्'टल *n*ᶜ. छात्रावास : University ~ विश्वविद्यालय ≈; youth ~ युवावास.

hostile हॉस्'टाइल *a*. **1.** (adverse) विरोधी, विरोधपूर्ण [army सेनाᶠ, attitude रुख़, opinion मत, propoganda प्रचार, tone आवाज़]; people are ~ to any change लोग किसी भी परिवर्तन के विरोधी हैं. [*ant*. friendly] **2.** (inimical) शत्रुतापूर्ण, वैरपूर्ण [act काम, intentions इरादे, proceedings कार्यवाहीᶠ]; ~ witnesses बिगड़े गवाह; the witness turned ~ गवाह बिगड़ गया; ~ witness will not be served बिगड़े गवाहों की तामीलᶠ नहीं होगी. **hostility** हॉस्'टिलिटि *n*ᶜ. (*pl*. hostilities) **1.** वैर, विरोध : feeling of ~ वैरभाव; this ~ must cease यह वैर-विरोध समाप्त होना ही चाहिए; to be tired of ~ शत्रुताᶠ से तंग आ जाना; to resent a person's ~ किसी के वैर से कुढ़ना. **2.** (*pl*.) war युद्ध : hostilities have begun लड़ाई शुरू हो चुकी है. [*ant*. friendliness]

hot हॉट *a*. (hotter, hottest) **1.** गर्म [season मौसम, spring सोता/चश्मा, summer ग्रीष्म ऋतु]; what a ~ day आज कितनी गर्मीᶠ है ! it was ~ in the room कमरे में बहुत गर्मीᶠ थी; it is terribly ~ outside बाहर भयंकर गर्मीᶠ है; it got very ~ बहुत गर्मीᶠ हो गई, यह बहुत ≈ हो गया; get into ~ water ≈ पानी में घुसना; he has a very ~ temper उसका मिज़ाज बहुत ≈ है; climate of India is ~ भारत की जलवायुᶠ ≈ है; to wave the hair with a ~ iron गर्म लोहे से बालों को घुँघराले या लहरदार बनाना; ~ to touch छूने में ≈. [*ant*. cold] **2.** गर्मागर्म, ताज़ा [air हवाᶠ, coffee कॉफी, dinner भोजन, news समाचार, tea चायᶠ]; he always eats ~ food वह हमेशा गर्म भोजन करता है. **3.** तिक्त, तीखा : pepper and chillis are ~ काली और लाल मिर्चें ≈ होती हैं. **4.** (violent) उग्र : ~ temper ≈ स्वभाव. **hotbed** *n*ᶜ. **1.** अड्डा : a ~ of scandal बदनामीᶠ का ≈. **2** गरम क्यारी : in a ~ bed plants grow quickly ≈ में पौधे जल्दी बढ़ते हैं. **~headed** *a*. जल्दबाज़, उतावला [man आदमी, officer अधिकारी]; a ~ headed person is excited so easily ≈ व्यक्ति इतनी जल्दी उत्तेजित हो जाता है. **hotness** हॉट'नेंस *n*ᵘ. गर्मी, उष्णताᶠ : ~ of the sun सूर्य की ≈. **hot stuff** फुर्तीला आदमी; **hot-tempered** क्रोधी.

Δ to blow ~ and cold भला-बुरा दोनों कहते जाना; **to make the place/things (too) ~ for smb** किसी का नाक में दम कर देना, तंग कर देना.

hotch-potch हॉच्' पॉच *n*^u. खिचड़ी^F : today he prepared a ~ with vegetables आज उन्होंने सब्ज़ी वाली ≈ बनाई. (fig.) **you have made a ~ of all this** तुमने यह सब खिचड़ी कर दिया; a ~ of facts and figures तथ्यों और आँकड़ों की ≈.

hotel हॉ'टॅल *n*^c. होटल [cheap सस्ता, comfortable आरामदायक, expensive ख़र्चीला, large बड़ा, modern आजकल का, old-fashioned पुराने फ़ैशन का]; we stayed in a ~ हम एक ≈ में ठहरे; we took a room in the ~ हमने होटल में एक कमरा किराये पर लिया; how far is it to the ~ ≈ यहाँ से कितनी दूर है; this ~ has 500 rooms इस ≈ में पाँच सौ कमरे हैं; this ~ accommodates 1,000 guests इस ≈ में एक हजार अतिथि रह सकते हैं; this is the biggest ~ in the city शहर में यह सबसे बड़ा होटल है; do you dine in the ~ क्या तुम ≈ में खाना खाते हो ?

hound हाउण्ड **I.** *n*^c. शिकारी कुत्ता [big बड़ा, fierce भयंकर, grey भूरा, old बूढ़ा, valuable कीमती]; ~s are able to track by scent शिकारी कुत्ते सूँघकर खोज^F पा सकते हैं. **II.** *v.t.* **1.** शिकार करना : to ~ animals जानवरों का शिकार करना. **2.** पीछा करना : he ~ed the deer in the forest उसने जंगल में हिरनों का पीछा किया. **3.** he was ~ed out of the house उसे घर से निकाल ही दिया गया. **4.** (urge) लहकाना, उकसाना : he ~ed the dog on the hare उसने कुत्तों को खरगोश पर उकसा/लहका दिया.

hour आउअर *n*^c. **1.** घंटा [boring उबाऊ, dull नीरस, entertaining मनोरंजनपूर्ण, important महत्वपूर्ण, interesting दिलचस्प, pleasant सुखद]; we searched for ~ हमने घंटों खोजा; I want to lie down for an ~ मैं एक ≈ लेटना चाहता हूँ; he spoke for a quarter of an ~ वह पंद्रह मिनट बोला; the train was one ~ late गाड़ी^F एक ≈ लेट थी; he used to talk for ~s वह घंटों बातें किया करता था; I shall be ready in half an ~ मैं आधे घंटे में तैयार हो जाऊंगा; one ~ and a half डेढ़ ≈. **2.** (time) समय, वक्त : question ~ प्रश्नकाल; working ~s काम करने का समय; they are memorable ~s वे स्मरणीय ≈ थे; at any ~ of the day दिन में किसी भी समय; he came at the eleventh ~ वह आख़िरी वक्त पर आया. **3.** (वर्तमान) काल : the problems of the ~ ≈ की समस्याएँ^F; he knew that his ~ had come वह जानता था कि उसका वक्त/काल आ गया है. **4.** क्षण, घड़ी^F: the ~ of need ज़रूरत^F की ≈; **zero ~** (i) परीक्षा की घड़ी^F, कड़ा वक्त; it would be the zero ~ of his friend यह उसके मित्र के परीक्षा की घड़ी^F है; (ii) (of Parliament) शून्यकाल, महत्वपूर्ण कार्य आरंभ करने का समय. **Δ to keep early ~s** जल्दी सोना और जल्दी जागना; **to keep late ~s** देर से सोना, देर से जागना. **hourly** ऑउअर'लि **I.** *a.* घंटेवार [earnings कमाई^F, rate दर^F, wages मज़दूरी^F]; to make an ~ inspection ≈ निरीक्षण करना; he is paid on ~ basis उसे ≈ हिसाब से मज़दूरी मिलती है. **II.** *adv.* **1.** हर घंटे : telephone me ~ मुझे हर घंटे टेलीफ़ोन करना. **2.** (per ~) प्रति घंटा : take two spoonfuls ~ ≈ दो चम्मच (दवा) लें.

house हाउस **I.** *n*^c. **1.** घर, गृह, मकान [brick/pucca ईंट का, large बड़ा, picture सिनेमा, small छोटा, store भण्डार, vacant ख़ाली, wooden लकड़ी का]; ~ arrest (घर में) नज़रबंदी^F ; the leader was under ~ arrest नेता को नज़रबंद रखा गया. **~ of cards** (i) ताश^F के पत्तों का घर : the child makes a ~ of cards बच्चा दफ्ती^F का घरौंदा बनाता है; (ii) थोथा काम : his plan was a ~ of cards उसकी योजना थोथी थी; **H ~ of Commons** हाउस आफ़ कामंस, लोकसभा^F : ~ of Commons is formed by elected members ≈ की रचना निर्वाचित सदस्यों से होती है; **~ of correction** सुधारगृह : for young criminals नवयुवक अपराधियों के लिए; H ~ **of the People** लोकसभा^F; behind the ~ ≈ के पीछे; come to my ~ मेरे ≈ आना; who owns this ~ इस मकान का मालिक कौन है ? the third ~ from the corner कोने से तीसरा ≈; in front of the house ≈ के सामने; my father has two other ~s मेरे पिता के पास दो और मकान हैं; the hawker went from ~ to ~ फेरी वाला घर-घर गया; a new ~ is being built एक नया मकान बन रहा है (बनाया जा रहा है); I have bought a new ~ मैंने एक नया मकान ख़रीदा है. **2.** घर, वंश, कुल, परिवार : he belongs to a noble ~ वह कुलीन ≈ से है; to break up one's ~ and home अपने घर-परिवार से नाता तोड़ देना. **3.** (of legislature) सदन : upper ~ उच्च ≈; lower ~ निम्न ≈. **4.** the house of God मंदिर. Δ **to keep ~** गृहस्थी चलाना; **to keep open ~** हर आए-गए की खातिरदारी^F करना; to keep (to) the ~ घर में ही रहना. **II.** *v.t.* (घर में) ठहराना; आश्रय देना [certainly निश्चित रूप से, generously उदारता से, permanently स्थायी रूप से]; the lady has kindly offered to ~ six of the refugees छः शरणार्थियों को उस महिला^F ने शरण^F देने का प्रस्ताव किया; we can ~ you for a day हम आपको एक दिन के लिए (घर में) ठहरा सकते हैं. (comb.) ~ **breaker** *n*^c. सेंधमार : this man in handcuffs is a ~ हथकड़ी वाला यह आदमी ≈ है. ~ **breaking** *n*^u. सेंधमारी^F : they were caught in the act of ~ वे ≈ करते पकड़े गए. ~ **hold I.** *n*^c. गृहस्थी^F : the ~ consists of Mr and Mrs. Smith, their son and two daughters ≈ में श्री और श्रीमती स्मिथ, उनका एक बेटा, और दो बेटियाँ^F हैं. **II.** घरेलू, घर का [affairs मामले/ कार्य, effects सामान, goods माल/सामान]; ~ **holder** *n*^c. गृहस्थ; ~ **hunting** मकान की तलाश^F. ~ **keeping** गृहस्थी चलाना ~ **top** मकान की छत^F; ~ **warming** गृह-प्रवेश; ~ wife *n*^c. गृहिणी ~ **work** सफ़ाई-रसोई का काम. **housing** हाउ'सिंग *n*^c. (i) घर का प्रबंध; (ii) गृह : ~ scheme गृहनिर्माण योजना^F, आवास-विकास योजना^F; (iii) (shelter) शरण^F, आश्रय : the refugees were provided ~ शरणार्थियों को आश्रय दिया गया.

hover हॉ'व़र *v.t.* **1.** मँडराना, चक्कर काटना : the helicopter ~ed over the city हेलीकॉप्टर शहर के ऊपर मँडराया; the beggar ~ed about/around us भिखारी हमारे आस-पास चक्कर काटता रहा; a hawk is ~ing over its prey बाज़ अपने शिकार पर मँडरा रहा है. **2.** (waver) हिचकना, आगा-पीछा करना : you must not ~ on right matters सही मामलों में तुम्हें हिचकना नहीं चाहिए. Δ **to ~ between two resolves** दुविधा^F में पड़े रहना.

how हाउ *inter. adv.* **1.** कितना : ~ terrible a night it is यह कितनी भयानक रात्रि^F है ! ~ high it is यह ≈ ऊंचा है ! ~ long will you wait तुम कितनी देर इंतजार करोगे ? ~ simple a boy is he लड़का कितना भोला-भाला है ! ~ attentively he listens वह कितना ध्यान से सुनता है ! **2.** ~ **many** कितने : ~ many people are there वहाँ कितने लोग हैं ? ~ **much** कितना : much water does this can contain इस कनस्तर में ≈ पानी आता है ? ~ much money do you have तुम्हारे पास ≈ पैसा है ? **3.** ~ did it happen यह ≈ हो गया ? ~ about going today आज जाना कैसा रहेगा ? ~ can you expect it तुम इससे यह आशा^F कैसे रख सकते हो ? ~ are you तुम ≈ हो/क्या हाल है ? ~ do you do तुम्हारा क्या हाल है ? ~ can this be done यह ≈ किया जा सकता है ? ~ did you come here तुम यहाँ कैसे आए ? **4.** (comb.) ~**else** *inter.* और कैसे : ~ else can I cook them मैं उन्हें ≈ पका सकता हूँ. ~ **ever** (i) चाहे किसी तरह : ~ ever you try, you cannot succeed चाहे किसी तरह यत्न करो, तुम सफल नहीं हो सकते; (ii) फिर भी, तथापि : ~ I admit that I was wrong तथापि मैं स्वीकार करता हूँ कि मैं गलती^F पर था; I know I cannot understand, ~ ever tell me मैं जानता हूँ कि मैं समझ नहीं सकता फिर भी मुझे बता दो. ~**far** कितना दूर : ~ far is (it to) the postoffice डाकघर कितना दूर है ?

howl हॉउल **I.** *n*^u. हुआँ^F, चीख^F, चिल्लाहट^F [awful डरावनी, sharp तेज़]; a ~ of agony व्यथा^F से चिल्लाहट^F; the ~ of a wolf भेड़िए की हुआँ-हुआँ; ~ of laughter ज़ोर का ठहाका. **II.** *v.i.* **1.** (of animal) हुँआना : dogs ~ed all the night कुत्ते सारी रात^F हुँआते रहे.

2. (in pain) चीखना, कराहना : the baby was ~ing in the night रात[F] में बच्चा चिल्ला/कराह रहा था. 3. हू,हू करना : the audience ~ed down the speaker श्रोताओं ने हू-हू करके वक्ता को बिठा दिया.

h.p. horse power.

H.Q. Headquarters.

hr(s). hour(s).

H.S. High School, Home Secretary.

ht. height.

hubble-bubble हॅ'बल् ब'बल *n.* 1. गुड़गुड़ी[F] : village people keep a ~ for smoking even now गाँव के लोग अब भी हुक्का पीने के लिए ≈ रखते हैं. 2. (hubbub) गुल-गपाड़ा, हो-हल्ला : there was horrible ~ in the hall हाल में बेहद ≈ था.

huddle हॅ'डल I. *v.i.* 1. सटकर इकट्ठा हो जाना या बैठना : we all ~ed round the fire हम सब आग के आस-पास सटकर बैठ गए; animals ~d together to keep each other warm एक-दूसरे को गर्म रखने के लिए जानवर सटकर इकट्ठा हो गए; sheep ~ together भेड़ें इकट्ठी हो जाती हैं. 2. सिमट जाना, गठरी हो जाना : we ~ because of cold ठंड से हम गठरी हो जाते हैं. II. *v.t.* 1. (pile up) ढेर लगाना : he ~d the clothes into the cupboard उसने आलमारी[F] में कपड़ों का ढेर लगा दिया. 2. (crowd into) ठूँस देना, ठूँसकर भर देना : to ~ the passengers into the bus बस[F] में यात्रियों को ठूंसकर (ठसा-ठस) भरना; the train was ~d completely रेलगाड़ी[F] पूरी ठसाठस भरी हुई थी. III. *n*[c]. भीड़[F], भीड़-भाड़[F].

hue ह्यू *n.* रंग [beautiful सुंदर, brilliant चमकदार, delicate हल्का, lovely प्यारा, unusual असाधारण, varied भिन्न]; flowers of every ~ हर ≈ के फूल; rich garments in rainbow ~s धनुषरंगी शानदार परिधान/कपड़े; politicians of various ~s विविध ≈ के राजनीतिज्ञ. ~ **and cry** शोर-गुल, हल्ला-गुल्ला : the widow raised a ~ and cry विधवा ने ≈ मचाया.

hug हग I. *v.t.* (hugging, hugged) 1. लिपटाना, गले लगाना, आलिंगन करना : the bear ~ged him भालू ने उसे लिपटा लिया; the girl is ~ging her mother लड़की[F] माँ से लिपट रही है. 2. अपने से खुश होना : she ~ged herself over the success वह अपनी सफलता पर ख़ुश थी. 3. keep close to सट जाना : the boat is ~ging the coast नाव किनारे से सटकर लग रही थी; we ~ged the wall हम दीवार[F] के साथ सट गए. II. *n*[c]. आलिंगन : she gave her child a loving ~ उसने अपने बच्चे का प्यार से ≈ किया; she gave her sister a warm ~ उसने अपनी बहन का हार्दिक ≈ किया.

huge ह्यूज *a.* 1. बहुत बड़ा/बड़ी [box संदूक, building इमारत[F], mass पिंड, quantity मात्रा[F], success सफलता[F]]. 2. विशाल, बहुत बड़ा : Himalayas are ~ mountain हिमालय विशाल पर्वत है; the Indian Rajas had ~ palaces भारतीय राजाओं के विशाल राजमहल होते थे. 3. ~ difference भारी अंतर. [*ant.* small, minor] **hugeness** ह्यूज'निस *n*[c]. विशालता[F] : of the mountains पर्वतों की ≈.

hum हम I. *n.* गुनगुनाहट[F], गुंजारा[F] : ~ of distant conversation दूर के वार्तालाप की ≈. II. *v.t.* (humming, hummed) गुनगुनाना : to ~ tune कोई स्वर गुनगुनाना. III. *v.i.* गुंजारना : the room is ~ming with hilarity कमरा उल्लास से गुंजार रहा है; bees ~ in their hive मधुमक्खियाँ[F] अपने छत्ते में गुंजारती हैं.

human ह्यू'मन I. *n*[c]. आदमी, इंसान : we are ~s हम इंसान हैं. II. *a.* मानवीय, मानव [affairs कार्य, intelligence बुद्धि[F], nature स्वभाव, race जाति[F], sympathy सहानुभूति[F], voice ध्वनि[F]]; to err is ~ इंसान से गलती हो ही जाती है; people are ~ beings लोग मानवीय प्राणी हैं; there is no ~ life on Mars मंगल (गृह) पर ≈ जीवन नहीं है. [*ant.* in ~] **humane** ह्यूमेन' *a.* मानवोचित, दयालु, दयामय, सहृदय [creature प्राणी, laws कानून, treatment व्यवहार]; ~ task परोपकार का काम; a man of ~ character ≈ चरित्र का व्यक्ति. **humanity** ह्यूमै'निटि *n*[c]. 1. मानवता[F]: he treated his slaves with ~ उसने अपने गुलामों के साथ ≈ का व्यवहार किया; it is a crime against ~ यह ≈ के प्रति अपराध है; he showed ~ in all his acts

उसने अपने सभी कार्यों में ≈ दर्शाई; the virtue of ~ ≈ का गुण. **2.** (*pl.*) मानविकी, मानव-विज्ञान as language, philosophy, history, political science जैसे भाषा^F, दर्शन-शास्त्र, इतिहास, राजनीतिशास्त्र.

humble हम्'बल **I.** *a.* (humbler, humblest) **1.** विनीत, नम्र, विनम्र [manner रीति^F, request निवेदन, servant नौकर]; he was a ~ person वह एक ≈ व्यक्ति था. **2.** मामूली, साधारण : ~ occupation ≈ पेशा; he is of ~ birth वह ≈ जाति^F का (आदमी) है. **II.** *v.t.* **1.** नीचा दिखाना : to ~ oneself before God ईश्वर के सामने दीन होना; to ~ oneself अपने को दीन बनाना; to ~ one's enemy अपने शत्रु को नीचा दिखाना. **2.** to ~ smb's pride किसी का घमंड तोड़ना. **humbly** हम्ब'लि *adv.* विनम्रतापूर्वक : he ~ asked the king to forgive him उसने राजा से विनम्रतापूर्वक क्षमा^F माँगी.

humbug हम्'बग **I.** *n*^u. धोखा, छल, प्रवंचना^F, मक्कारी^F : it is all ~ nothing else यह सब धोखा है और कुछ नहीं. **II.** *n*^c. (person) बेईमान आदमी.

humiliate ह्यूमि'लिएट *v.t.* अवमानित करना, मानमर्दन करना, शर्मिंदा करना : to be ~ed by failure असफलता से शर्मिंदा होना; God ~s the mighty ईश्वर घमंडी का मानमर्दन करता है; the punishment ~d him दंड से वह अवमानित हुआ; I was ~d by your behaviour मैं तुम्हारे व्यवहार से अवमानित हुआ; to ~ anyone किसी को नीचा दिखाना; to ~ smb's pride किसी का घमंड चूर करना. **humility** ह्यूमि'लिटि *n*^u. विनम्रता^F : ~ is the foundation of all virtues ≈ सभी गुणों की नींव है; to practise ~ ≈ का पालन करना; to be a model of ~ ≈ का नमूना होना. [*ant.* haughtiness]

humorous ह्यू'मॅरस *a.* **1.** हास्यकर : it was a ~ story यह ≈ कहानी^F थी; he talks in a ~ way वह ≈ ढंग से बात करता है; he is known as a ~ actor वह हास्य अभिनेता के रूप में प्रसिद्ध है **2.** ~ situation हास्यास्पद स्थिति^F. **humour** ह्यूमर **I.** *n.* **1.** हास्य, मज़ाक [pleasant सुखद, real वास्तविक]; the story is full of ~ कहानी^F ≈ से भरी है; I cannot like his ~ मैं उसके ≈ को पसंद नहीं कर सकता; a sense of ~ is an ability to see the funny side of things ≈ का भाव है वस्तुओं^F के हास्यास्पद पक्ष को देखना; he lacks in humour उसमें मज़ाक का अहसास नहीं है. **2.** (disposition) मनोदशा^F, मिज़ाज : he was not in the ~ for work वह काम करने की मनोदशा^F में नहीं था; his ~ keeps him gay उसकी मनोदशा उसे प्रसन्न रखती है; he is a man of ill, good ~ वह बुरे, अच्छे मिज़ाज का आदमी है. **II.** *v.t.* जी रखना, का मान रखना : to ~ childs fancies बच्चे की रुचियों का मान रखना; to ~ the by showing them drama बच्चों को नाटक दिखाकर उनका जी रखना; the oldman has to be ~ed बुड्ढे आदमी का जी रखना पड़ता है.

hump हॅम्प *n.* **1.** कोहान : a camel's ऊंट का ≈. **2.** (of person) कूबड़ : he has got the ~ उसे ≈ हो गया है; a humped man कुबड़ा. **hunch** हॅन्च **I.** *n*^c. **1.** कूबड़ : ~ backed कुबड़ा, he has a ~ उसका ≈ है. **2.** संदेह : I had no ~ about it मुझे इस बारे में कोई ≈ नहीं था. **II.** *v.t.* झुकाना, उठाना, झटकारना : he ~ed his head उसने अपना सिर झुका दिया.

hundred हन्'ड्रड *n.* सैकड़ा, सौ [many अनेक, one एक, two दो]; ~ per cent शत प्रतिशत; open your book at page one ~ किताब का पृष्ठ एक सौ खोलो; more than a ~ men were employed in his company सौ से अधिक लोग उसकी कंपनी^F में मुलाज़िम थे; hundreds of leaders participated in the rally सैकड़ों नेताओं ने रैली^F में भाग लिया; he was a ~ on 1st January वह पहली जनवरी^F को सौ साल का था; I spent six hundred मैंने सौ रुपए खर्च किए , the horse may run ~s of Kilometres घोड़ा सैकड़ों किलोमीटर दौड़ सकता है. **fold** सौ गुना [increase वृद्धि^F, profit लाभ]. **hung** हंग *v.t. p.p.* form of the verb 'hang' *q.v.*

hunger हं'गर **I.** *n.* **1.** भूख^F : ~ for knowledge ज्ञान की ≈; to satisfy one's ~ अपनी ≈ शांत करना; to suffer from ~ and cold भूख और ठंड^F से पीड़ित होना; if people have nothing to eat they die of ~ यदि लोगों के पास कुछ खाने के लिए न हो तो

वे भूखों मरते हैं; ~ knows no friend भूखे का कोई मित्र नहीं. **2.** लालसा^{F} ~ for companionship संग-साथ की ≈; ~ for property, glory संपत्ति^{F}, प्रतिष्ठा^{F} की ≈. **II.** *v.t.* लालायित होना : to ~ after/for success सफलता^{F} के लिए ≈. **hungry** हङ्ग्री *a.* **1.** भूखा [child बच्चा, man आदमी, stomach पेट]; are you ~ क्या तुम भूखे हो ? they often go ~ वे प्राय: भूखे रह जाते हैं; there are millions of ~ people in the world संसार में करोड़ों लोग भूखे हैं; I am not ~ मैं ≈ नहीं हूँ. **2.** उत्सुक होना, लालायित होना : to be ~ for getting new books नई किताबें^{F} प्राप्त करने के लिए.

hunt हन्ट **I.** *n.* **1.** शिकार, आखेट : tiger ~ शेर का ≈; he went for a ~ in the jungle वह जंगल में ≈ के लिए गया. **2.** (search) खोज^{F} : he has been out for two years for the ~ of his friend अपने मित्र की खोज में वह दो वर्ष से बाहर है. **II.** *v.t.i.* **1.** शिकार करना : to ~ a bear भालू/रीछ का ≈; they went for ~ing वे शिकार के लिए गए; the natives go off into the forest to ~ wild animals देशवासी जंगल में जंगली जानवरों का शिकार करने जाते हैं. **2.** (pursue) पीछा करना : to ~ the thief चोर का ≈; to ~ for a dog कुत्ते का पीछा करना. **3.** खोज^{F} करना, तलाश^{F} करना : to ~ for the lost document खोए दस्तावेज़ की ≈; to ~ the shop for a book किताब के लिए दुकान^{F} की तलाशी लेना. Δ **to ~ about for smth** किसी वस्तु^{F} की खोज करना; **to ~ down a rival** प्रतिद्वंद्वी को दबा देना; **to ~ out/up some facts** कोई तथ्य ढूँढ निकालना. **hunter** हन्'टर *n*^{c}. शिकारी [cruel निर्दयी, expert कुशल, successful सफल]; the ~ tracked the animal for hours शिकारी ने जानवर का घंटों पीछा किया; the ~ tried his best to kill the lion but could not succeed ≈ ने शेर को मारने का भरसक प्रयास किया किंतु सफल न हुआ. **hunting** हन्'टिंग *n*^{c}. शिकार : ~ ground शिकारगाह^{F}; ~ is a good hobby शिकार करना एक अच्छा शग़ल है.

hurdle हर्'डल **I.** *n*^{c}. (obstacle) बाधा^{F}, रुकावट^{F} : you must try to clear or remove this ~ तुम्हें यह ≈ दूर करने का प्रयास करना चाहिए, he got over that ~ उसने वह ≈ पार कर ली. **II.** *v.t.* घेरा डालना; the army ~d round the fort सेना^{F} ने किले के चारों ओर घेरा डाल दिया.

hurl हर्ल *v.t.* **1.** (ज़ोर से) फेंकना, फेंककर मारना : to ~ a brick/stone ईंट^{F}/पत्थर ≈. **2.** he ~ed abuses at me उसने मुझे ज़ोर की गालियाँ^{F} दीं. **3.** to ~ back (an enemy) पीछे धकेल देना; to ~ down (smth) नीचे पटक देना.

hurly-burly हर्'लि-बर्लि *n*^{u}. हुल्लड़, हो-हल्ला, कोलाहल : the children created ~ बच्चों ने ≈ मचाया; the ~ of a city नगर का ≈.

hurrah हुरे', **hurray** हुरे' *interj.* वाह वाह् शाबाश : ~ for victors शाबाश, विजेताओ : ~ ! we have won the match शाबाश ! हम मैच जीत गए; hip, hip, ~ वाह वाह !

hurricane हॅ'रिक केन *n*^{c}. **1.** तूफ़ान, आँधी^{F}, अंधड़ : the hurricane blew with such force that trees were uprooted अंधड़ इतने जोर से चला कि पेड़ उखड़ गए, **2.** बौछाड़^{F} : a ~ of bombardment बमबारी^{F} की ≈. **3.** गड़गड़ाहट^{F} : a ~ of applause तालियों^{F} की ≈.

hurried हॅ'रिड *a.* जल्दी-जल्दी^{F} का, उतावली^{F} का [departure प्रस्थान, letter पत्र, reply उत्तर, resolution प्रस्ताव]; ~ talk जल्दी की बातचीत^{F}; I had a ~ meal मैंने उतावली में खाना खाया; I ~ to come home as fast as I could मैंने घर आने की उतनी जल्दी की कि जितनी कर सकता था. **hurriedly** ह'रिडलि *adv.* जल्दी^{F} से, हड़बड़ी^{F} में, शीघ्रता^{F} से : you have done your work ~ तुमने अपना काम ≈ किया है; the boys ~ washed their hands and ran into dinner लड़कों ने ≈ अपने हाथ धोए और भोजन पर टूट पड़े. **hurry** हॅ'रि **I.** *n*^{u}. उतावली^{F}, जल्दी^{F}, हड़बड़ी^{F} : you are always in a ~ तुम सदा ≈ मचाते हो : there is no ~ कोई जल्दी नहीं है; they are in a ~ वे ≈ में हैं; do not be in such a ~ to go जाने में इतनी ≈ न करो; is there any ~ क्या कोई जल्दी है ? what is your ~ ? तुम्हें क्या ≈ (पड़ी) है ? **II.** *v.i.* (hurried) जल्दी करना या कराना : to ~ home घर जल्दी

पहुँचना; to ~ to the station स्टेशन के लिए जल्दी करो, स्टेशन जल्दी जाओ; ~ for the doctor डाक्टर के पास जाने की जल्दी करो; we must ~ or we will be late हमें जल्दी करनी ही चाहिए नहीं तो हमें देर हो जाएगी; we hurried to get everything ready हमने सब कुछ तैयार कर देने की जल्दी की; ~ up or you will miss the train जल्दी करो नहीं तो रेलगाड़ी[F] छूट जाएगी; to ~ back जल्दी में लौटना; ~ through one's lunch जल्दी-जल्दी अपना खाना खत्म करना; ~ up! जल्दी करो. **III.** *v.t.* ~ your decision अपने निर्णय में जल्दी करो; to ~ smb into finishing the job किसी से काम खत्म करने की जल्दी कराना; to ~ smb away/off किसी को जल्दी भगा ले जाना; the thieves were seized and hurried to prison चोर पकड़े गए और जल्दी जेल पहुँचाए गए. **hurry-scurry** हरि स्कॅ'रि *n.* हड़बड़ी[F] : you may sometimes be in haste but never be in ~ तुम कभी जल्दी में हो सकते हो लेकिन ≈ में कभी नहीं होना चाहिए.

hurt हर्ट **I.** *n.* **1.** चोट[F] : to get/receive a ~ चोट खाना. **2.** दु:ख she was deeply ~ उसे गहरा ≈ हुआ; to feel a ~ ≈ का अनुभव करना. **3.** हानि[F], नुकसान : what hurt can it do you इससे तुम्हारी क्या हानि हो सकती है. **II.** *a.* **1.** घायल a ~ man ≈ आदमी. **2.** हानिग्रस्त : ~ business ≈ व्यापार. **III.** *v.t.* (*p.* & *p.p.* hurt) **1.** चोट[F] पहुँचाना : to ~ one's finger उंगली में चोट लगना; I fell down and ~ my back मैं गिरा और पीठ में चोट लग गई; he was badly ~ in an accident दुर्घटना में उसे बुरी तरह चोटें आई; fortunately no one was ~ सौभाग्य से किसी को चोट नहीं आई [*ant.* heal] **2.** दर्द करना : Billy's broken leg ~ him so much that he cried बिली की टूटी टाँग में इतना दर्द था कि वह रोने लगा; these shoes ~ me ये जूते मुझे दर्द करते हैं. **3.** हानि[F] या नुकसान करना : the frost has ~ the plants पाले से फ़सल का बहुत नुकसान हुआ है, it cannot ~ you इससे तुम्हारा नुकसान नहीं हो सकता; I did not mean to ~ you मेरा आशय तुम्हें नुकसान पहुँचाना नहीं था. you should not ~ anybody's interests तुम्हें किसी के हितों की हानि[F] नहीं करनी चाहिए. **4.** दु:ख देना : it ~ me to think that he is a bad friend यह सोचकर कि वह ख़राब दोस्त है, मुझे दु:ख हुआ; to ~ a person's feelings किसी व्यक्ति की भावनाओं को ठेस पहुंचाना, किसी का दिल दुखाना; I have ~ my eyes by study पढ़ाई[F] से मेरी आँखों[F] को कष्ट हो रहा है; I was ~ to know this यह जानकर मुझे दु:ख हुआ. **hurtful** हर्ट'फुल *a.* **1.** हानिकर : ~ to one's health स्वास्थ्य के लिए ≈. **2.** पीड़ाकर : it was a ~ consequence परिणाम ≈ था; his remark was ~ उसका टिप्पण ≈ था.

husband हज़्'बन्ड **I.** *n*[c]. पति [dear प्यारा, good अच्छा, ideal आदर्श]; she came with her ~ वह अपने पति के साथ आई; please, Madam, give this letter to your ~ महोदया, कृपया यह पत्र अपने ≈ को दे दें; Mr. Smith is Mrs. Smith's ~ श्री स्मिथ श्रीमती स्मिथ के ≈ हैं; I must ask my ~ मुझे अपने ≈ से पूछना चाहिए, [*ant.* wife] **II.** *v.t.* सँभलकर खर्च करना : to ~ one's money with great caution अत्यधिक सावधानी[F] से पैसा खर्च करना; you should ~ your strength after illness तुम्हें बीमारी[F] के बाद अपनी ताकत की रक्षा[F] करनी चाहिए.

husbandry हज़्'बनड्रि *n*[c]. **1.** कृषि, कृषिकर्म : animal ~ पशुपालन, पशुसंवर्धन. **2.** (economy) अर्थव्यवस्था[F] : good, bad ~ अच्छी, बुरी ≈.

hush हश **I.** *v.t.* चुप हो जाना, चुप करना : hush! चुप हो जाओ, शांत ! to ~ an infant to sleep बच्चे को चुप कराके सुला देना; to ~ up a scandal लोकापवाद समाप्त करना; to ~ (up) the critics आलोचकों का मुँह बंद करना; the restless child has ~ed बेचैन बच्चा चुप हो गया है. **II.** *n*[u]. चुप्पी[F], ख़ामोशी[F] : ~ ! please be quiet चुप, शांत रहो; a ~ came over the crowd so that you could hear a pin drop भीड़[F] में एकाएक ≈ छा गई जिससे कि तुम पिन गिरने की आवाज तक सुन सकते थे. ~ **money** मुँह-भराई[F], चुप करने के लिए दी गई रिश्वत[F]

husk हॅस्क *n.* **1.** (of corn) भूसी[F], तुष : rice in

the ~ बिना कुटा. **2.** (धान आदि का) छिलका, [see rind]

hustle हॅ'सल **I.** *v.t.* धकेलना, धकियाना : to ~ smb aside किसी को धकेलकर किनारे करना; to ~ a person to go ahead किसी व्यक्ति को धकेलकर आगे बढ़ाना; to ~ smb into, out of a place किसी को एक स्थान के अंदर, बाहर धकेलना. **II.** *n*[u]. (also ~ bustle) धक्कम-धक्का : he fell in the ~ and could not rise वह धक्कम-धक्का में गिर पड़ा और उठ न सका; to do smth with ~ ≈ के साथ कुछ करना.

hut हट *n*[c]. झोपड़ा, झोपड़ी[F] [bamboo बाँस की, old पुरानी, small छोटी]; a peasants ~ एक किसान की झोपड़ी; a ~ for temporary use अंशकालिक प्रयोग के लिए ≈; the hunter lived in a little old ~ शिकारी एक छोटी-सी पुरानी ≈ में रहता था.

h.v. high voltage.

hybrid हाइ'ब्रिड *a.* & *n.* संकर, दोगला [animal पशु language भाषा[F], race जाति[F]]; a mule is a ~ of a horse and a donkey खच्चर घोड़े और गधे का संकर पशु होता है. [*ant.* thoroughbred]

hydro हाइड्रो (in comb.) जल-पानी का : ~ electric पन-बिजली का, जलविद्युत का; ~ electric works पनबिजली कारखाना; ~ phobia जलभीति[F], अलर्क (रोग).

hygiene हाइ'जीन *n*[u]. स्वास्थ्य-विज्ञान, स्वच्छता[F], सफाई[F], स्वास्थ्य रक्षा[F] : in ~ lessons we learn the rules for healthy living स्वास्थ्य संबंधी पाठों में हम स्वस्थ जीवन के नियमों के बारे में जानकारी[F] पाते हैं. **hygienic** हाइ जी'निक *a.* स्वास्थ्यकर : ~ conditions in a kitchen रसोई घर की ≈ स्थितियाँ[F]

hymn हिम **I.** *n.* भजन [devotional भक्तिपूर्ण, sentimental भावनात्मक]; Vedic ~s वैदिक ऋचाएँ. **II.** *v.t.* भजन गाना, स्तोत्र गाना : they ~ed their thanks to God उन्होंने ईश्वर की स्तुति[F] के गीत गाए. [*as distinct from* him]

hyper pref. excessive : अति : ~ critical, ~ sensitive, ~ tension.

hyperbole हाइ पर्'बलि *n*[c]. अतिशयोक्ति[F] : ~ is a figure of speech ≈ एक अलंकार है; 'this mouse was as big as a horse' is a ~ 'यह चूहा इतना बड़ा था जितना घोड़ा' यह ≈ है.

hyphen हाइ'फन *n.* योजक चिन्ह (-) : in 'oil-lamp' there is a ~ between oil and lamp आयल और लैम्प के बीच में ≈ है.

hypnotize हिप्'नॅटाइज़ *v.t.* सम्मोहित करना : to ~ someone is to cause him to go into a deep sleep by talking to him किसी को ≈, वार्तालाप द्वारा उसे गहरी निद्रा में सुलाना है; the magician ~d a girl जादूगर ने एक लड़की को सम्मोहित कर दिया.

hypocrisy हिपॉ'क्रसि *n*[u]. पाखंड, ढोंग, कपट : to show ~ to be good while he is not अच्छा होने का पाखंड करना जबकि वह अच्छा है नहीं. [*ant.* sincerity] **hypocrite** हि पॅ'क्रिट *n*[c]. पाखंडी, ढोंगी : he has always been ~ throughout his life वह अपने जीवन भर सदा ≈ रहा है; most preachers are ~s बहुत-से उपदेशक ≈ होते हैं. [*ant.* sincere]

hysteria हिस् टिअ'रिआ *n*[u]. वातोन्माद, हिस्टीरिया : she gets fits of ~ उसे ≈ के दौरे पड़ते हैं; ~ is a disease of the nervous system ≈ तंत्रिका-तंत्र का रोग है.

I, i

I आइ *pro.* मैं (my, *pl.* we, us) : I am quite well ≈ बिल्कुल स्वस्थ हूँ; I shall do it myself ≈ इसे स्वयं करूँगा; I wanted to go ≈ जाना चाहता था; I did this मैंने इसे किया; he and ~ arranged it all उसने और मैंने इस सब की व्यवस्था[F] की; ~ have many friends मेरे अनेक मित्र हैं; ~ have no time मेरे पास समय नहीं है; I am coming मैं आ रहा हूँ; ~ too think so ≈ भी ऐसा सोचता हूँ; ~ like summer more मैं गर्मी अधिक पसंद करता हूँ; who is there? it is ~ कौन है ? ≈ हूँ.

-ian *suff.* (makes *adj.*) Australian, Canadian, Christian, electrician, magician, musician, historian, Also see (a)n.

I.A. Indian Army.

I.A.F. Indian Air Force.

I.A.S. Indian Administrative Service.

ibid the same.

-ible *suff.* makes adj. forcible, horrible, terrible, edible.

-ic(al) *suff.* makes adj. artistic, alphabetical, economic(al), historic(al). philosophical, poetic.

ice आइस I. *n*[u]. बर्फ़[F] [dry शुष्क, floating तैरती, hard सख़्त, transparent पारदर्शी]; a piece of ~ ≈ का टुकड़ा; a sheet of ~ ≈ की चादर[F]; the river is covered with ~ नदी बर्फ़ से ढक गई है; if you freeze water, it turns into solid ~ यदि तुम पानी को जमाओ तो यह ठोस ≈ में बदल जाता है; we bought a block of ~ for our party अपनी पार्टी[F] के लिए हमने ≈ की एक सिल्ली[F] खरीदी; put some more ~ in my glass मेरे गिलास में थोड़ी और ≈ डालो; your fingers are as cold as ~ तुम्हारी उंगलियाँ ≈ की तरह ठंडी हैं. Δ **break the ~** कोई बात छेड़ो; he is **on thin ~** वह ख़तरनाक हालत[F] में है; you can **cut no ~** with your boss तुम्हारी बात[F] का मालिक/अफ़सर पर कोई प्रभाव नहीं पड़ सकता. **II.** *v.t.* **1.** ठंडा/प्रशीतित करना : they ~d their drinks उन्होंने अपने पेय को प्रशीतित किया; he liked ~ed beer उसे बर्फ में लगा बियर पसंद था. **2.** चीनी[F] या चाशनी[F] की तह लगाना : to ~ a cake केक पर ≈. **~bound** बर्फ से घिरा हुआ : ~bound village ≈ गाँव. **~cream** *n*[u]. आइसक्रीम : children like to take ~ बच्चे ≈ खाना पसंद करते हैं. **icy** आइ'सि *a.* बर्फ़ीला, बहुत ठंडा : there is an ~ wind blowing बर्फ़ीली हवा[F] चल रही है; the skater fell into the ~ water स्केटिंग करने वाला बर्फीले पानी में जा गिरा; it was ~ cold so I could not go out बर्फीली सरदी[F] थी, इसलिए मैं बाहर न जा सका. [*ant.* warm]

idea आइ'डिआ *n*[c]. **1.** (opinion) विचार [brilliant शानदार, foolish मूर्खतापूर्ण, new नया, original मौलिक, sensible बुद्धिमत्तापूर्ण, simple साधारण, wonderful आश्चर्यजनक]; such an idea never entered my mind ऐसा विचार मेरे मन में कभी नहीं आया; to give someone an ~ to do smth किसी को कुछ करने का विचार देना; exchange of ~s विचारों का आदान-प्रदान; that is a good ~ यह एक अच्छा ≈ है; we had to give up that ~ हमें वह विचार छोड़ना पड़ा. **2.** (aim) लक्ष्य : he achieved his ~ very so on शीघ्र ही उसने अपना ≈ प्राप्त कर लिया. **3.** सूझ-बूझ[F] : he is a man of original ~s वह मौलिक ≈ वाला आदमी है. **4.** अभिप्राय, आशय : I am sorry, that was not my ~ खेद है, मेरा यह ≈ नहीं था. Δ **what an ~** क्या बात[F] हुई ! **that's an ~** यह है विचारणीय बात.

ideal आइ डि'अल **I.** *a.* आदर्श, उत्तम [conditions दशाएँ[F], husband पति, person व्यक्ति, place स्थान, society समाज, weather

मौसम]; it would be ~ if you could come for a week or two यह उत्तम बात^F होगी यदि तुम एक या दो सप्ताह के लिए आ सको; Jack is an ~ boy to play the part इस भूमिका^F के लिए जैक आदर्श लड़का है. **II.** *n*^c. आदर्श : he was true to his ~s वह अपने आदर्शों पर खरा उतरा था; our ~s are truth and non-violence हमारे ≈ हैं सत्य और अहिंसा^F.

identical आइ डेॅन्'टिकल *a.* **1.** वही : his remark on this was ~ with yours इस पर उसका टिप्पण ≈ था जो तुम्हारा था. **2.** एक समान, एक रूप : the two faces are ~ दोनों चेहरे ≈ हैं; the two new coins are ~ दोनों नए सिक्के समरूप हैं; this coin is ~ with that one यह सिक्का उसके समान है. [*ant.* different]

identify आइ डेॅन्'टिफ़ाइ *v.t.* **1.** (recognise) पहचानना : I cannot ~ this signature मैं यह हस्ताक्षर नहीं पहचान सकता; to ~ a person किसी व्यक्ति को ≈. **2.** (consider to be the same) तादात्म्य स्थापित करना : he could not ~ good relations with his neighbour वह अपने पड़ोसी से तादात्म्य स्थापित न कर सका; I could not ~ myself with their policy मैं उनकी नीति^F से तादात्म्य स्थापित न कर सका. **identity** आइ डेॅन्'टिटि **I.** *n*^u. **1.** अभिन्नता^F, समरूपता^F : there is ~ in their tastes उनकी रुचियों^F में ≈ है, उनकी रुचियाँ^F एक समान हैं. **2.** पहचान, परिचय : ~ card ≈ पत्र; the police could not prove the deadman's ~ पुलिस^F मृतक व्यक्ति की पहचान का सबूत नहीं दे सकी. **III.** *n*^c. (individuality) व्यक्तित्व, विशिष्टता : to keep one's ~ अपनी ≈ बनाए रखना.

idiom इ'डिअम *n*^c. मुहावरा [English अंग्रेजी, French फ्रेंच, local स्थानीय]; 'to see off' is an ~ 'विदा करना' एक ≈ है. **idiomatic** इडिअमै'टिक *a.* मुहावरेदार : he talks in ~ English वह ≈ अंग्रेजी में बात^F करता है 'to get into hot water' is an ~ phrase 'जोखिम में पड़ना' एक ≈ वाक्यांश है.

idiot इ'डिअट **I.** *a.* जड़बुद्धि, मूर्ख, जड़मति : he is ~, do not talk to him वह मूर्ख है, उससे बात^F मत करो. **II.** *n*^c. you both are ~s तुम दोनों मूर्ख हो. [*ant.* sane]

idle आइ'डल **I.** *a.* **1.** (worthless) बेकार, निकम्मा [boy लड़का, master मालिक, servant नौकर]. **2.** (baseless) निराधार, असार [excuse बहाना, reasons कारण, talks बातें^F]; you always talk ~ तुम हमेशा निराधार बातें करते हो. **3.** (unemployed) बेरोज़गार, बेकार : many workers were rendered ~ अनेक कर्मचारी ≈ कर दिए गए; I cannot sit ~ when everyone is working मैं बेकार नहीं रह सकता जबकि सभी लोग काम कर रहे हैं. **4.** (lazy) आलसी, सुस्त : he is an ~ fellow वह ≈ आदमी है. [*ant.* busy] **II.** *v.t.* **1.** समय गँवाना : to ~ one's time away व्यर्थ में ≈. **2.** of ~ (machine)खाली चलना : the car engine is idling कार का इंजन खाली चल रहा है. **idleness** आइ'डलनिस *n*^u. आलस्य, सुस्ती^F : the rich live in ~ धनी लोग आलस्य में जीते हैं; ~ is his chief fault आलस्य उसका मुख्य दोष है; Pinto was punished for his ~ पिंटो को ≈ के कारण दण्डित किया गया; ~ is the mother of all evils सुस्ती सब बुराइयों की जड़ है. [*as distinct from* idol]

idol आइ'डल *n*^c. **1.** मूर्ति^F : she made an ~ of a god उसने एक देवता की ≈ बनाई; the ~ that the people worshipped was a golden calf जिस ≈ की लोग पूजा करते थे वह सुनहरा बछड़ा था. **2.** (fig.) she was the ~ of her mother वह अपनी माँ की प्रेमास्पद थी. **3.** श्रद्धेय व्यक्ति : L.B. Shastri was the ~ of our nation लाल बहादुर शास्त्री हमारे राष्ट्र के श्रद्धेय/पूज्य थे. [*as distinct from* idle]

-ie *suff.* makes diminutives : auntie, doggie, piggie.

i.e. *id est,* that is.

if इफ़ *conj.* **1.** यदि, अगर : ~ he is free he will help you यदि वह खाली होगा तो तुम्हारी मदद^F करेगा; we shall go ~ it does not rain यदि वर्षा न होगी तो हम जाएँगे; I shall help him ~ I can यदि मैं उसकी सहायता कर सका तो करूँगा. **2.** (whenever) जब कभी : if I squeeze, my eyes get swollen

जब भी मैं छींकता हूँ तो मेरी आँखें सूज जाती हैं. **3.** (whether) : I want to ask ~ he is there मैं पूछना चाहता हूँ कि वह वहाँ है (या नहीं) ; I wonder ~ she knows it मुझे आश्चर्य है कि वह इस बात को जानती है. **4. as if** मानो, जैसे : it looks as ~ we shall not be able to go there लगता है कि हम वहाँ जाने योग्य न हो पाएँगे; he acted as ~ he knew nothing उसने ऐसा किया जैसे वह कुछ न जानता हो; he turned as ~ he wanted to say something वह मुड़ा जैसे वह कुछ कहना चाहता था. **5. even** if (although) चाहे यद्यपि : even ~ you know it revise it ≈ तुम जानते हो (फिर भी) इसे दोहरा लो; he will come even ~he is ill ≈ वह बीमार है (तो भी) वह आएगा.

-ify *suff.* makes verbs : beautify, electrify, classify, glorify, magnify, purify, simplify, solidify.

I.G. Inspector General.

ignoble इग्नो'बल *a.* **1.** नीच, अधम [activities कार्यकलाप, deeds कर्म, person व्यक्ति]. **2.** his was an ~ purpose उसका उद्देश्य संदेहास्पद था.

ignominy इग्'नॅमिनि *n*^u^. अपकीर्ति^F^, बदनामी^F^, his ~ was due to his haughtiness उसकी ≈; उसके घमंड के कारण थी; he died in ~ वह बदनाम होकर मरा. [*ant.* noble]

ignorance इग्'नरॅन्स *n*^u^. अज्ञान, अनभिज्ञता^F^ : complete ~ पूर्ण ≈; ~ of law कानून का ज्ञान न होना; the reason for Rintu's ~ is that he pays no attention रिंटू की ≈ का कारण यह है कि वह ध्यान ही नहीं देता. [*ant.* knowledge] ∧ **to keep somebody in** ~ किसी को अंधकार में रखना. **ignorant** इग्'नरॅन्ट *a.* **1.** अनजान, अनभिज्ञ : we were ~ of this fact हम इस तथ्य से ≈ थे; an ~ person is one who has no knowledge ≈ आदमी वह है जिसे कुछ ज्ञान नहीं है; to be ~ of the facts तथ्यों से ≈ होना. **2.** (unaware) बेख़बर : she is ~ of the difficulties वह कठिनाइयों^F^ से बेख़बर है; **3.** अनपढ़, अशिक्षित : he is so ~ that he cannot write even his name वह इतना ≈ है कि अपना नाम तक नहीं लिख सकता. [*ant.* wise] **ignore** इग् नॉर' *v.t.* 1. उपेक्षा^F^ करना, अवज्ञा^F^ करना, अवहेलना^F^ करना : the boys were so rude that we decided to ~ them लड़के इतने उजड्ड थे कि हमने उनकी उपेक्षा करने का निश्चय किया; to ~ a person किसी व्यक्ति की अवहेलना करना; to deliberately ~ जानबूझकर अवहेलना करना; to ~ smb's remarks किसी के टिप्पणों की उपेक्षा करना. **2.** ध्यान न देना : to ~ a beggar भिखारी की ओर ध्यान न देना; his letters were ~d उसके पत्रों पर ध्यान न दिया गया; his application was ~d उसका प्रार्थनापत्र नामंज़ूर किया गया. **ignored** इग्' नॉर्ड'*a.* उपेक्षित [facts तथ्य, friend मित्र, ideas विचार, person व्यक्ति].

IIT Indian Institute of Technology.

il- *pref.* (= in, before not : illegal, illegible, illiterate, illogical, illegitimate.

ill इल **I.** *a.* **1.** बीमार : if you are ~ you should call a doctor यदि तुम ≈ हो तो तुम्हें डाक्टर को बुलाना चाहिए; he fell ~ suddenly वह एकाएक ≈ पड़ गया; my mother was taken ~ this morning आज सुबह मेरी माँ ≈ पड़ गई; you look ~ do you feel so तुम ≈; लगते हो, क्या तुम ऐसा अनुभव करते हो? he is very seriously ~ वह गंभीर रूप से ≈ है; she has been ~ for a long time वह लंबे समय से ≈; है. [*ant.* well] **2.** (bad) (worse, worst) बुरा, ख़राब [effect असर, luck किस्मत^F^, news समाचार, health स्वास्थ्य]; ~ habits बुरी आदतें; his ~ health उसका स्वास्थ्य worries me मुझे बहुत परेशान करता है; he is an ~tempered man वह बुरे मिज़ाज वाला आदमी है. [*ant.* good) **3.** (defective) दोषपूर्ण : his idea was ~ उसका विचार ≈; था. **4.** (other meanings in contexts) ~ blood वैर भाव; ~ luck दुर्भाग्य; ~ omen अपशकुन; ~ turn अपकार, अवनति; ~ will दुर्भाव. [*n.* illness *q.v.*] **II.** *n*^c^. बुराई^F^ : it is a great ~ which will ruin you यह बहुत बड़ी बुराई है जो तुम्हें बरबाद कर देगी; I can think not ~ of him मैं उसका कोई बुरा नहीं सोच सकता. **III.** *adv.* बुरी तरह से : he has been ~-advised उसे अच्छी सलाह^F^ नहीं दी गई; ~

-bred अशिष्ट : ~-bred person ≈ व्यक्ति; ~-fated अभागा : ~-fated boy ≈ लड़का; ~-mannered अशिष्ट : ~-mannered rustic ≈ देहाती; ~-starred अभागा : ~-starred lady अभागी महिला; ~-treat ~ दुर्व्यवहार करना.

illegal इली'गल *a.* ग़ैर-कानूनी, अवैध [act कार्य, assembly सभा^{F}, business व्यापार, convention रिवाज, gratification घूस^F, institution संस्था^{F}, party पार्टी^{F}]; to commit an ~ act ≈; काम करना; it is ~ to take possession of land without ownership बिना स्वामित्व के किसी ज़मीन पर कब्ज़ा कर लेना ≈ है. [*ant.* legal]

illegible इलें'जिबल *a.* अपाठ्य, दुर्वाच्य [handwriting हस्तलेख, script लेख]; his writing is ~ उसकी लिखाई^F ≈ है; the date on the coin is ~ सिक्के पर की तारीख़^{F} ≈ है. [*ant.* legible]

illiterate इलि'टरिट *a.* निरक्षर, अनपढ़, अशिक्षित [farmer किसान, people लोग, person व्यक्ति]; most of the population of India is ~ भारत की अधिकांश जनसंख्या ≈ है. [*ant.* literate]

illness इल'निस n^c. बीमारी^{F}, रोग [long लंबी, serious गंभीर]; he is anxious about his ~ वह अपनी ≈ के बारे में चिंतित है; he was prevented by ~ from coming here बीमारी ने उसे यहाँ आने से रोक दिया; ~ has made him very weak ≈ ने उसे बहुत कमज़ोर बना दिया; as a child he suffered from many ~es बचपन में वह कई बीमारियों^{F} से पीड़ित था. [*ant.* health]

illuminate इलु'मिनेट *v.t.* **1.** रोशन करना : to ~ a room कमरा ≈; the streets are ~d at night रात^F को गलियों^{F} में रोशनी^{F} होती है. **2** प्रकाश डालना : this essay ~s many facts यह निबंध कई तथ्यों पर प्रकाश डालता है. **3.** स्पष्ट करना : I shall ~ this problem if you like चाहो तो इस समस्या^{F} को स्पष्ट कर दूँ. [*ant.* darken]

illustrate इ'लस्ट्रेट *v.t.* **1.** सचित्र करना : to ~ a book किसी किताब को ≈. **2.** चित्रों द्वारा व्याख्या करना : I ~d a story by drawing pictures मैंने चित्रों द्वारा कहानी^{F} सुनाई. **3.** उदाहरण देकर समझाना : he ~d his arguments उसने अपने तर्कों की व्याख्या^{F} की. **4.** समझाना : to ~ a case distinctly किसी मामले को स्पष्ट रूप से ≈. **Illustration** इलस्ट्रे'शन n^c. **1.** चित्र : I like magazines full of ~s मुझे वे पत्रिकाएँ पसंद हैं जिनमें ढेरों ≈ हों; are there any ~s on this page? क्या इस पृष्ठ पर कोई चित्र है ? **2.** उदाहरण, दृष्टांत : this is an ~ of his honesty यह उसकी ईमानदारी^{F} का एक ≈ है; you may understand the idea by ~s given here दिए गए दृष्टांतों से तुम इस विचार को समझ सकते हो; by way of ~ उदाहरणस्वरूप.

im- *pref.* (form of in before b, m and p) not : imbalance, impartial, impossible, impure, immature, import.

image इ'मिज **I.** n^c. **1.** मूर्ति^{F}, प्रतिमा^{F} [beautiful सुन्दर, carved नक्काशीदार, charming आकर्षक, marble संगमरमर की, painted रंगी हुई, wonderful आश्चर्यजनक]; in this temple there is an ~ of Durga इस मंदिर में दुर्गा^{F} की एक ≈ है. **2.** (reflection) परछाईं^{F}, प्रतिबिंब : it is the ~ of the building यह इमारत^F का ≈ है; she looked at her ~ in the mirror उसने आइने में अपनी ≈ देखी. **3.** (counterpart) प्रतिरूप, प्रतिकृति^{F} : God created man in his own ~ परमात्मा ने मनुष्य को अपना ≈ बनाया; the boy is the ~ of his brother वह लड़का अपने भाई का ≈ है. **4.** (conception) कल्पना^{F} : these ~s will gradually fade from his mind ये कल्पनाएँ धीरे-धीरे उसके मन से लुप्त हो जाएँगी. **5.** (emblem) प्रतीक : it may be the ~ of the nation यह राष्ट्र का ≈ हो सकता है. **II.** *v.t.* **1.** चित्रित करना : he ~d the whole story very well उसने पूरी कहानी^{F} को बड़ी अच्छी तरह चित्रित किया. **2.** प्रतिबिंबित करना : mountains are ~d in the lake below पर्वत नीचे झील^F में प्रतिबिंबित हो रहे हैं. **imaginary** इमै'जिनॅरि *a.* मनगढ़ंत, काल्पनिक, कल्पित : the whole story is ~ पूरी कहानी^{F} ≈ है; the events described in the book are ~ किताब^F में वर्णित घटनाएँ^{F} ≈ हैं; dreams are ~ स्वप्न ≈ होते हैं. [*ant.* real]

imagination इमैजिने'शन *n*^u. कल्पना^F, कल्पनाशक्ति^F [rich समृद्ध, strong सबल, weak दुर्बल]; he left the rest of the novel to the reader's ~ उसने शेष उपन्यास को पाठक की ≈ पर छोड़ दिया; Helen has good ~ हेलेन की अच्छी कल्पनाशक्ति है; use your ~ अपनी कल्पनाशक्ति का प्रयोग करो; he made himself king in ~ कल्पना में उसने स्वयं को राजा बना लिया; his ~ surpassed all others उसकी कल्पनाशक्ति ने और सबको पीछे छोड़ दिया; it is but yours ~ यह केवल तुम्हारी कल्पना^F है. **imagine** इमै'जिन *v.t.* **1.** ख़्याल करना, कल्पना^F करना : I cannot ~ why he did it मैं कल्पना नहीं कर सकता कि उसने ऐसा क्यों किया; we could not ~ that he would run away हम नहीं सोच सके कि वह क्यों भाग गया; it is easy to ~ so ऐसा सोचना आसान है; I ~ that they will come soon मेरा ख़्याल है कि वे शीघ्र आ जाएँगे. **2.** (believe) मानना : let us ~ that you are right मान लें कि तुम सही हो; do you ~ that he will help क्या तुम मानते/समझते हो कि वह सहायता^F करेगा ?

I.M.F. International Monetary Fund.

imitate इ'मिटेट *v.t.* **1.** अनुकरण करना, नकल^F करना : parrots ~ human speech तोते मनुष्य की बोली^F की नकल करते हैं; to ~ a picture चित्र की नकल उतारना; try to ~ his good manners उसके अच्छे चलन का अनुकरण करने का प्रयास करो. **2.** पदचिन्हों पर चलना : it is hard to ~ Mahatma Gandhi महात्मा गाँधी के पदचिन्हों पर चलना कठिन है. **imitation** इमिटे'शन *n.*^u अनुकरण, नकल^F [absurd बेतुका, clever प्रवीण, clumsy भद्दा, feeble कमज़ोर, skilful दक्ष, true सच्चा]; children learn by ~ बच्चे नकल करके सीखते हैं; he has only the talent of ~ उसके पास केवल अनुकरण गुण है; to have tendency for नकल करने की प्रवृत्ति होना; that fur is not real but an ~ वह असली फ़र/समूर नहीं है बल्कि नकल है; ~ of bad habits is not good in any way गलत आदतों की नकल करना किसी तरह अच्छा नहीं होता; made in ~ of smth original किसी मूल वस्तु^F की नकल में बना हुआ.

immaterial इमॅ टिअ'रिअल *a.* **1.** अमूर्त, निराकार : soul is ~ आत्मा ≈ है; it is ~ form of God यह ईश्वर का ≈ रूप है. **2.** (negligible) नगण्य, महत्वहीन : my loss was ~ मेरा नुकसान ≈ था; what you say is ~ आप जो कहते हैं उसका कोई महत्व नहीं है.

immature इमॅ ट्युअर' *a.* **1.** अपरिपक्व [fruit फल, plan योजना, youth युवावस्था^F]. **2.** अप्रौढ़ [language भाषा, mind मन, youth युवक] she is ~ for her age उम्र^F के हिसाब से वह ≈ है.

immediate इमी'डिअट *a.* **1.** (instant) तात्कालिक [answer उत्तर, compensation क्षतिपूर्ति, need आवश्यकता^F, payment भुगतान, question प्रश्न, result परिणाम, utility उपयोगिता]; the ~ cause of the accident दुर्घटना^F का ≈ कारण. **2.** (close) निकटतम [family परिवार, neighbour पड़ोसी, relation संबंध]; the ~ successor to the throne सिंहासन का ≈ उत्तराधिकारी; my ~ relatives are my father and mother मेरे निकटतम संबंधी मेरे माता-पिता हैं; in the ~ future निकटतम भविष्य में. **3.** (direct) तुरंत, प्रत्यक्ष, सीधा : to take ~ action ≈ कार्यवाही^F करना; it had an ~ effect इस पर प्रत्यक्ष/तुरंत प्रभाव पड़ा. **immediately** इमी'डिअटलि *adv.* तत्काल, तुरंत, अविलंब : you must go ~ तुमको ≈ चले जाना चाहिए; we shall begin ~ हम तुरंत शुरू कर देंगे; ~ after the war युद्ध के तुरंत बाद; when I ask you to come, you must ~ do so जब मैं तुम्हें आने को कहूँ तो तुम्हें ≈ आ जाना चाहिए; I shall do it ~ मैं इसे ≈ कर दूँगा. [*ant.* later]

immensely इ मॅन्स'लि *adv.* अत्यधिक, बहुत : I liked the book ~ मैंने पुस्तक को बहुत पसंद किया; I am ~ grateful to you मैं आपका बहुत कृतज्ञ हूँ; we enjoyed it ~ हमने इसका ≈ आनंद लिया; we were ~ relieved when Dad returned safely from the mine हम लोगों को अत्यधिक राहत^F मिली जब पिताजी खदान^F से सकुशल लौट आए.

immerse इ मर्स' *v.t.* **1.** डुबोना : to ~ a rod in the water छड़ को पानी में डुबोना. **2.** (fig.) (gen. passive) डूबना, लीन होना : he was ~d in the novel whole day वह सारा दिन

उपन्यास में डूबा (लीन) रहा; he was ~d in thought वह विचारों में डूबा (निमग्न) था; to be ~d in debt कर्ज़ में डूबा होना; to be ~d in study, thought अध्ययन, विचार में डूबना (लीन होना). **immersion** इ मर्'शन *n*[c]. **1.** डुबकी[F] : ~ of the dead body in water मृतक को पानी में डुबकी देना. **2.** (of statue) प्रवाह, विसर्जन ~ of the image of Goddess Durga in the Ganga गंगा में देवी दुर्गा की मूर्ति[F] का विसर्जन. **3.** (of mind) तल्लीनता[F], निमग्नता[F].

imminent इ'मिनन्ट *a.* सन्निकट, बिल्कुल पास [crisis संकट, danger ख़तरा, revolution क्रांति[F], storm तूफान, war युद्ध]; his death is ~ उसकी मृत्यु ≈; है; Indo - Pakistan war is ~ भारत-पाकिस्तान युद्ध होने ही वाला है. [cf. eminent]

immodest इ मॉ' डिस्ट *a.* **1.** अविनीत, धृष्ट [boy लड़का, person व्यक्ति, woman औरत]. **2.** गँवारू : her saree is so short that it looks ~ उसकी साड़ी इतनी छोटी है कि गँवारू लगती है; his behaviour was ~ उसका व्यवहार ≈ था. [*ant.* modest]

immortal इ मॉर्'टल *a.* अमर, अनवूवर [fame यश, poet कवि, poetry काव्य, soul आत्मा[F]]; I take Gandhi to be ~ मैं गाँधी को अमर मानता हूँ; ~ God means god who lives for ever अमर देवता का आशय है देवता जो सदा रहता है; his name is ~ उसका नाम अमर है.

immovable इ मू'वॅबल *a.* **1.** अचल : he has enough of movable and ~ property उसके पास चल और ≈ अचल संपत्ति[F] काफी है; a mountain is ~ पर्वत ≈ है. **2.** अटल [determination निश्चय, faith विश्वास]; he remained ~ in his decision वह अपने निर्णय पर ≈ रहा. [*ant.* movable]

immune इम्यून' *a.* **1.** (exempt) उन्मुक्त : ~ from liability उत्तरदायित्व से ≈; ~ from tax कर मुक्त. **2.** (protected) प्रतिरक्षित : ~ from/against disease, attack बीमारी, आक्रमण से ≈; this medicine will make you ~ to/from small pox यह दवा[F] तुम्हें चेचक से ≈ करेगी. [*ant.* liable] **immunity** इ म्यू'निटि *n*[u]. **1.** उन्मुक्ति[F] : ~ from taxation कराधान से मुक्ति. **2.** प्रतिरक्षा[F], निरापदता[F] : it is hard to have ~ from cancer of peril कैंसर या ख़तरे से ≈ पाना बहुत कठिन है.

impact इम्'पैक्ट *n*[c]. **1.** टक्कर[F] : the ~ of the waves on the rocks चट्टानों[F] पर लहरों[F] की≈; the bull charged at the tree and the ~ of his head on the trunk shook down all the apples साँड़ ने पेड़ पर प्रहार किया तो तने पर उसके सिर की ≈ से सभी सेब झटककर नीचे गिर गए. **2.** (influence) प्रभाव : the new policy had a great ~ salaried people नई नीति[F] का वेतनभोगी लोगों पर बड़ा ≈ पड़ा; the news did not make much ~ on him इस समाचार का उसके मन पर कोई बहुत प्रभाव नहीं पड़ा.

impart इम् पार्ट' *v.t.* देना : to ~ a piece of information जानकारी[F] देना; to ~ courage to smb किसी को हौसला देना; a teacher's job is to ~ knowledge अध्यापक का काम है ज्ञान देना. [*ant.* withhold]

impartial इम् पार्'शल *a.* निष्पक्ष [judge जज, judgement निर्णय, tribunal न्यायाधिकरण, witness साक्षी]; a referee should be ~ पंच को ≈ होना चाहिए. [*ant.* partial] **impartiality** इम्पार्शि ऐ'लिटि *n*[u]. निष्पक्षता[F]: I expected ~ from the enquiry committee मुझे जाँच समिति[F] से ≈ आशा[F] थी. [*ant.* partiality]

impatient इम् पे'शन्ट *a.* अधीर, बेचैन [child शिशु, gesture हाव-भाव, man आदमी]; to be ~ of someone's absence किसी की अनुपस्थिति से ≈ हो जाना; he was ~ to see from the window if the station was in sight वह खिड़की[F] से यह देखने के लिए ≈ था कि स्टेशन दिखाई दे रहा है; to be ~ to see the sights of London लंदन के दृश्य देखने के लिए ≈ होना; don't be ~ अधीर न हों.

impeach इम् पीच' **1.** आरोप लगाना, महाभियोग लगाना : he was ~ed on the basis of incapacity and misconduct उस पर अक्षमता[F] और कदाचार के आधार पर महाभियोग लगाया गया. **2.** (challenge) चुनौती[F] देना : to ~ the government सरकार[F] को ≈ **3.** दोष

निकालना : to ~ smth. किसी वस्तु^{F} में ≈.

impede इम् पीड' *v.t.* बाधा^{F} डालना : to ~ communication संचार में ≈; to ~ a person's progress किसी व्यक्ति की प्रगति^{F} में ≈; the traffic ~ed for hours यातायात घंटों रुका रहा. [*ant.* accelerate] **impediment** इम् पें'डिमन्ट n^c. बाधा^{F}, रुकावट^F : an ~ to progress प्रगति^{F} में ≈; he has now removed all ~s उसने अब सब बाधाएँ^{F} दूर कर दी हैं; the boy has ~ in speech बच्चे को हकलाहट^F है.

impel इम् पें'ल' *v.t.* (impelling, impelled) **1.** प्रेरित करना : to ~ one to action कार्य करने के लिए ≈; his conscience ~led him to tell the truth उसके अंतःकरण ने उसे सच-सच बताने को प्रेरित किया; she was ~led by a feeling of compassion वह दया^{F} की भावना^{F} से प्रेरित थी. **2.** (propel) ढकेलना, ठेलना : a ship is ~led by the wind जहाज़ हवा^{F} से ठेला जाता है; something ~s me to declare कोई चीज^F मुझे उद्घोषणा करने के लिए ठेलती है. **3.** (force) मजबूर करना : circumstances led him to commit suicide परिस्थितियों ने उसे आत्महत्या करने पर मजबूर कर दिया.

imperative इम् पें'रटिव़ *a.* **1.** आदेशसूचक [indication संकेत, sentence वाक्य]. **2.** (urgent) अत्यावश्यक, अनिवार्य : it is ~ for you to do six hours duty छः घंटे की ड्यूटी^{F} करना तुम्हारे लिए ≈ है. this order is ~ यह आदेश ≈ है. [*ant.* optional] **3.** (gram.) आज्ञार्थ : do, go, write down are verbs in ~mood कर/करो, जा/जाइए, लिखो ≈ क्रियाएँ हैं.

imperfect इम् पर्'फ़िक्ट *a.* **1.** अपूर्ण, अधूरा [knowledge ज्ञान, sentence वाक्य]; say completely, it is ~ पूरा कहो यह (तो) अधूरा है. **2.** त्रुटिपूर्ण, सदोष : the sentence is ~, correct it वाक्य त्रुटिपूर्ण है, इसे सही करो; **3.** (gram.) अपूर्ण भूत : 'I was walking' is an ~ verb 'मैं जा रहा था' अपूर्ण भूत क्रिया है; tense ≈ काल. [*ant.* perfect]

imperial इम् पिअ'रिअल *a.* **1.** साम्राज्यिक [authority अधिकार, flag झंडा, power शक्ति^{F}, robes लिबास]; ~ crown सम्राट्; **2.** (magnificent) प्रतापी [emperor सम्राट्, king राजा].

impersonal इम् पर्'सॅनल *a.* **1.** अवैयक्तिक [discussion बहस^F, manner रीति^{F}]; light and heat are ~ forces प्रकाश और ऊष्मा ≈ बल हैं; ~letter ≈ पत्र. **2.** (grammar) भाववाचक : ~ use भावे प्रयोग; ~ verb ≈ क्रिया, as it is snowing जैसे बर्फ़ पड़ रही है. [*ant.* personal]

impertinent इम् पर्'टिनन्ट *a.* **1.** असंगत, अप्रासंगिक [behaviour व्यवहार, curiosity आकांक्षा^{F}, remark कथन, reply उत्तर, speech भाषण]; the audience did not like his idea's for they were ~ श्रोताओं ने उसके विचारों को पसंद नहीं किया क्योंकि वे ≈ थे; [*ant.* irrelevant] **2.** (insolent) ढीठ, धृष्ट, गुस्ताख़ [boy लड़का, employee मुलाज़िम, servant नौकर]; the pupil was ~ to his teachers छात्र अध्यापकों के प्रति धृष्ट था; the ~ student called his teacher a silly woman उस धृष्ट विद्यार्थी ने अपनी अध्यापिका को 'मूर्ख औरत' कहा.

impious इम्'पिअस *a.* नास्तिक, विधर्मी [conduct आचरण, fellow व्यक्ति, life जीवन]; his ~ activities will ruin him surely उसके ≈ कार्यकलाप निश्चित रूप से उसे बरबाद कर देंगे. [*ant.* pious]

implant इम् प्लांट' *v.t.* **1.** (मन में) बैठाना : smb ~ed the idea in his mind for not to leave Delhi किसी ने उसके मन में यह विचार बैठा दिया कि दिल्ली नहीं छोड़ना. **2.** पैदा करना : to ~ good taste सुरुचि^{F} ≈. **3.** रोपना to ~ seeds of guava अमरूद के बीज ≈. **4.** लगा देना : the doctor ~ed a bone डाक्टर ने एक हड्डी लगा दी.

implement इम्'प्लिमेंन्ट **I.** n^c. औज़ार, उपकरण : agricultural ~s खेती^{F} के ≈; kitchen ~s रसोई^F के≈ ; a spade is an ~ for digging फावड़ा खोदने का ≈ है; all the tools and ~ of a garage गैरिज के सभी यंत्र और उपकरण. **II.** इम्प्लिमें'न्ट *v.t.* **1.** कार्यान्वित करना, लागू करना : the plan had to be ~ed योजना^{F} कार्यान्वित करने को थी; ~ the rule No. 1 नियम एक को कार्यान्वित करो;

2. (fulfil) पूरा करना, निबाहना : one must ~ his duties आदमी को अपने कर्तव्यों को ≈ चाहिए; to ~ a promise वचन ≈.

implicate इम्'प्लिकेट *v.t.* **1.** फँसाना : to ~ smb in theft किसी व्यक्ति को चोरी[F] में फँसाना. **2.** (entangle) उलझाना : do not ~ the matter in vain बेमतलब मामले को मत उलझाओ; I do not want to be ~d in your plans मैं तुम्हारी योजनाओं[F] में उलझना नहीं चाहता. **3.** (imply) अंतर्निहित होना, मतलब या अर्थ होना : ~d meaning of the sentence वाक्य का अंतर्निहित अर्थ; what is ~ed by this statement? इस कथन का क्या मतलब है ?

implication इम्प्लिके'शन *n*[c]. **1.** (meaning) आशय, निहतार्थ : that is the ~ of his words उसके शब्दों का ≈ यही है; what is the ~ of this G.O. इस सरकारी आर्डर का ≈ क्या है ? **2.** फँसाव, उलझाव : his ~ in theft was doubtful चोरी[F] में उसका ≈ संदिग्ध था.

implore इम् प्लॉर' *v.t.* अनुनय-विनय[F] करना, याचना[F] करना, प्रार्थना[F] करना : I ~ you to forgive me मैं आपसे याचना/प्रार्थना करता हूँ कि मुझे क्षमा[F] कर दें; the prisoner ~d the judge to set him free कैदी ने मुक्त होने के लिए जज से प्रार्थना की; to ~ for aid सहायता[F] के लिए ≈; to ~ god for mercy ईश्वर से दया[F] की ≈; I ~ you not to go outside at this time मैं आपसे प्रार्थना करता हूँ कि इस समय बाहर मत जाइए; to ~ very earnestly गंभीरता से याचना करना; to ~ smb's forgiveness किसी से क्षमा-याचना करना.

imply इम् प्लाइ' *v.t.* (implies, implied) का (निहित) अर्थ होना : silence implies consent मौन का अर्थ सम्मति[F] होता है; disobedience implies punishment अवज्ञा[F] का अर्थ है दण्ड; it implies that you will not come इसका अर्थ है कि तुम नहीं आओगे; to ~ something not stated कोई ऐसा अर्थ होना जो बताया नहीं गया; a nod of head implies agreement सिर हिलाने का अर्थ होता है सहमति[F]; what do these words ~ ? इन शब्दों का निहित अर्थ क्या है ? it is implied by his statement that he will succeed उसके कथन से यह अर्थ निकलता है कि वह सफल हो जाएगा.

impolite इम्पॅ लाइट' *a.* अशिष्ट, अभद्र [man आदमी, manners आचार, officer अधिकारी, remark टिप्पण, tone स्वर]; I am afraid I must have appeared very ~ in replying to your letter मुझे डर है मैं तुम्हारे पत्र का उत्तर देने में बहुत ≈ लगा होउंगा; it was ~ of him not to reply उत्तर न देने में उसकी अशिष्टता[F] थी. [*ant.* polite]

import इम्'पार्ट **I.** *n*[c]. आयात : ~ duty ≈ कर; ~ and export ≈ और निर्यात; unfortunately our ~s exceed our exports considerably दुर्भाग्य से हमारा ≈ निर्यात से बहुत बढ़ा हुआ है. [*ant.* export] **2.** अभिप्राय, अर्थ, आशय : ~ of a word किसी शब्द का अर्थ; ~ of the decision निर्णय का अर्थ; I could not understand the ~ of your statement मैं तुम्हारे बयान का ≈ नहीं समझ पाया. **3.** (importance) महत्व : it is a matter of great ~ यह बड़े ≈ का मामला है. **II.** इम् पॉर्ट' *v.t.* **1.** आयात करना : to ~ raw material into our country अपने देश में कच्चे माल का ≈; India ~s machinery from England भारत इंग्लैण्ड से मशीनरी[F] आयात करता है; we ~ many thing from abroad हम विदेशों से बहुत-सी चीज़ों[F] का आयात करते हैं. **2.** आशय/अर्थ रखना : what do your words ~ तुम्हारे शब्दों का आशय क्या है ?

importance इम् पॉर्'टन्स *n*[u]. महत्व [great बड़ा/बहुत, historical ऐतिहासिक, political राजनीतिक, secondary गौण, temporary अल्पकालिक, utmost बहुत अधिक]; the town of the greatest ~ अत्यंत ≈ का कस्बा; a person of small ~ कम ≈ का आदमी; of no ~ महत्वहीन; a question of ~ महत्वपूर्ण प्रश्न; we have several matters of ~ to consider today आज विचार करने के लिए हमारे पास कई महत्वपूर्ण विषय हैं; ~ of persons, things or acts व्यक्तियों, वस्तुओं या कार्यों का महत्व; it has a great ~ for the whole country पूरे देश के लिए इसका बड़ा ≈ है; you realise the ~ of taking care on the road when you hear about accidents जब तुम दुर्घटनाओं[F] के बारे में सुनते हो तो सड़क[F] पर सावधानी[F] बरतने के ≈ का अनुभव करते हो; to attach/give ~ ≈ देना. **important** इम्-पॉर्'टन्ट *a.* **1.** महत्वपूर्ण [decision निर्णय, event घटना[F], matter मामला, meeting बैठक, news समाचार, office पद, person व्यक्ति, place स्थान, problem समस्या[F], question प्रश्न, reason कारण]; it is very ~ for everyone यह हर आदमी के लिए बहुत ≈ है; it is ~ for him to go at once यह उसके लिए ≈ है कि तुरंत चला जाय; the most ~ thing is to begin सबसे ≈ बात[F] है शुरू कर देना; it is not so ~ यह उतना ≈ नहीं है. **2.** विशिष्ट : we have known that the gentleman was an ~ person because the policeman saluted him हम जान गए हैं कि वह भद्र पुरुष विशिष्ट व्यक्ति था क्योंकि पुलिस[F] ने उसे नमस्कार किया; very ~ person (VIP) अतिविशिष्ट व्यक्ति.

impose इम् पोज़' *v.t.* **1.** लगाना : to ~ taxes कर ≈; to ~ a duty ड्यूटी[F] लगाना; the headmaster ~d fine on five students प्रधानाचार्य ने पाँच विद्यार्थियों पर जुर्माना लगा दिया. **2.** थोपना : to ~ something upon somebody किसी पर कुछ ≈; to ~ a task काम ≈; do not ~ yourself on others अपने को दूसरों पर मत थोपो.

impossible इम् पॉ'सिबल *a.* **1.** असंभव [condition पूर्ति[F], demand माँग[F], task काम]; it is ~ for me to leave now इस समय मेरे लिए चले जाना ≈ है; will it be ~ for you to come here tomorrow? क्या तुम्हारे लिए कल यहाँ आना ≈ होगा ? I do not see anything ~ in it मुझे इसमें कुछ असंभव दिखाई नहीं देता; heart operations were formerly considered ~ पहले दिल के आपरेशन असंभव माने जाते थे; it was ~ to understand him उसे समझना ≈ था; it is ~ to count grains of sand on a beach तट पर के बालू के कणों को गिनना ≈ है. **2.** (other meanings) ~ story कठिन कहानी[F]; ~ person अव्यावहारिक व्यक्ति; ~ rumour अविश्वसनीय अफ़वाह[F]. [*ant.* possible]

imposter इम् पॉस्'टर *n*[c]. पाखंडी, ढोंगी : he is an ~, you must not believe him वह ≈ है तुम्हें उस पर विश्वास नहीं करना चाहिए; an ~ was caught एक ≈ पकड़ा गया.

impotent इम्'पॅटन्ट *a.* **1.** नपुंसक, नामर्द : he did not marry because he is ~ उसने शादी[F] नहीं की क्योंकि वह ≈ है. **2.** दुर्बल, कमज़ोर : ~ rage ≈ रोष; we are ~ against the militants हम हिंसावादियों के विरुद्ध ≈ हैं.

impracticable इम् प्रैक्'टिकॅबल *a.* **1.** अव्यावहारिक, दुष्कर, दु:साध्य [idea विचार, plan योजना[F], proposal सुझाव]; your scheme is possible but ~ तुम्हारी योजना[F] संभव तो है पर है ≈. **2.** (road) दुर्गम, अगम : the way to Leh and Ladakh is ~ लेह और लद्दाख का रास्ता ≈ है. **3.** (of person) बेढब, हठी.

impress इम्'प्रेॅस **I.** *n*[c]. छाप[F] : ~of a seal मुहर[F] की ≈; there was a great ~ on the audience श्रोताओं पर गहरी ≈ पड़ी. **II.** इम् प्रेॅस'*v.t.i.* **1.** प्रभाव डालना, प्रभावित करना : the film at the cinema ~ed me very much सिनेमा की फिल्म[F] ने मुझे बहुत प्रभावित किया; we were ~ed by his speech हम उसके भाषण से प्रभावित हुए. **2.** छाप[F] लगाना : let me ~the document दस्तावेज़ पर मुझे मुहर लगाने दो; he was deeply ~ed with what he had heard जो कुछ उसने सुना उस पर उसकी गहरी छाप पड़ी; the scenes of our childhood rest deeply ~ed upon us all our life हमारे बचपन के दृश्य हमारे जीवन पर गहराई[F] से छाप डाले रखते हैं. **impression** इम् प्रेॅ'शन *n*[c]. **1.** (mark) छाप[F], निशान [deep गहरी, general सामान्य, vague अस्पष्ट]; ~ of his thumb अंगूठे का निशान; his work made a good ~ on everyone उसके काम की प्रत्येक पर अच्छी छाप पड़ी. **2.** (influence) प्रभाव, असर [deep गहरा, favourable अनुकूल]; I do not remember the man because he made no ~ on me मुझे वह आदमी याद नहीं है क्योंकि उसका मुझ पर कोई ≈ नहीं पड़ा; his speech left a very bad ~ on the people उसके भाषण का लोगों पर बड़ा ≈ पड़ा. **3.** (motion) विचार : it is my ~ that the task is not too hard मेरा विचार है

कि काम अत्यंत कठिन नहीं है; I had a vague ~ that I had seen her somewhere मेरा यह धुँधला-सा विचार था कि मैंने उसे कहीं देखा है; I was under the ~ that he is dead मेरा यह विचार था कि वह मर गया है. **4.** संस्कार : the ~s of one's family परिवार के ≈. **5.** (printing) संस्करण : I have the latest ~ of the book मेरे पास पुस्तक^{F} का बिल्कुल नया ≈ है. **impressive** इम् प्रे^{F}'सिव़ *a.* प्रभावशाली, प्रभावोत्पादक [ceremony उत्सव, lecture भाषण, occurrence घटना^{F}, sermon उपदेश]; the procession was not at all ~ जुलूस बिल्कुल ≈ नहीं था; the royal wedding was very ~ शाही शादी^{F} बहुत ही ≈ रही.

imprison इम् प्रि'ज़न *v.t.* **1.** कैद करना, बंदी बनाना : he ~ed her in his house उसने उसे अपने घर में कैद कर लिया; the criminal was ~ed अपराधी को बंदी बना लिया गया. **2.** बंद करना : I was ~ed in an office all the day मैं दिन भर एक कार्यालय में बंद रहा; a bird ~ed in a cage पिंजरे में बंद पक्षी. [*ant.* release] **imprisonment** इम् प्रि'ज़न्मन्ट n^{u}. कारावास, कैद^{F} [rigorous कठोर, simple साधारण, solitary एकांत]; the accused was sentenced to ten years' ~ अपराधी को दस वर्ष की कैद की सजा^{F} दी गई. [*ant.* liberty]

improper इम् प्रॉ'पर *a.* अनुपयुक्त, अनुचित [conduct आचरण, joke मज़ाक, method तरीका]; an ~ use of one's time समय का ≈ उपयोग; that was the most ~ thing to say कहने को वह बहुत ही ≈ बात^{F} थी; an ~ behaviour will destroy the plan ≈ व्यवहार से काम बिगड़ जायगा. [*ant.* proper]

improve इम् प्रूव़' *v.t.* (improving) **1.** सुधारना to ~ in health स्वास्थ्य सुधरना; ~ your spelling वर्तनी^{F} में सुधार करो; his health is improving and he is almost well उसका स्वास्थ्य सुधर रहा है और वह लगभग ठीक है; you must ~ your writing, I cannot read this तुम्हें अपने लेखन में सुधार करना ही चाहिए, मैं इसे पढ़ नहीं सकता; conditions of work have greatly ~d काम की स्थिति में काफ़ी सुधार हुआ है; I hope the weather will ~ मैं आशा^{F} करता हूँ कि मौसम में सुधार होगा. **2.** का लाभ उठाना : I could not ~ the opportunity मैं अवसर का लाभ न उठा सका. **3.** Δ ~ **upon** बेहतर बनाना : you should ~ upon your art अपनी कला[illegible] को और अच्छा बनाओ. **improvement** इम्प्रूव़'मन्ट n^{u}. **1.** सुधार [constant लगातार, great बहुत, further और, rapid तेज़, vast भारी]; signs of ~ सुधार के चिह्न/संकेत; there is still time for ~ सुधार के लिए अब भी समय है; there is a little ~ in your behaviour तुम्हारे व्यवहार में थोड़ा ≈ हुआ है; there is room for ~ yet अब भी सुधार की गुंजाइश^{F} है; his drawing shows great ~ उसके रेखांकन में बहुत ≈ दिखता है. **2.** ~ **on/upon** there has been an ~on your previous achievement तुम्हारी पहले की उपलब्धि बेहतर हुई है.

I.M.S. Indian Medical Service.

impudent इम्'प्यूडन्ट *a.* **1.** निर्लज्जतापूर्ण [demand माँग, gesture हाव-भाव, look निगाह, remark टिप्पण, reply उत्तर, tone स्वर, word शब्द]. **2.** गुस्ताख़, अक्खड़ : he always laughts at me he is a very ~ boy वह सदा मुझसे मज़ाक करता है, बड़ा ≈ लड़का है.

impulse इम्' पल्स n^{c}. **1.** अंतःप्रेरणा^{F} : an ~ to help someone किसी की सहायता^{F} करने की ≈; he acts on ~ rather than on reason वह तर्क के बजाय ≈ से काम करता है. **2.** भावना^{F}, मनोवेग : to reveal the ~s भावनाओं/मनोवेगों को व्यक्त करना. **3.** प्रोत्साहन/बढ़ावा : to give an ~ to trade, education, industry व्यापार, शिक्षा^{F}, उद्योग को ≈ देना. **4.** उमंग^{F}, तरंग^{F} : I bought a painting on ~ मैंने ≈ में चित्र खरीद लिया. **impulsive** इम् पल'सिव़ *a.* आवेगशील : ~ child ≈ बच्चा; think first and do not be ~ पहले सोचो, ≈ न बनो.

impure इम् प्युअर' *a.* अपवित्र, दूषित [actions कार्य, air हवा^{F}, butter मक्खन, conscience अंतरात्मा^{F}, language भाषा^{F}, mind मन, thoughts विचार, water पानी, wishes आकांक्षाएँ^{F}]. **impurity** इम् प्युअ'रिटि n^{c}. (impurities) अशुद्धता^{F}, अशुद्धि^{F} : ~ of air, water हवा^{F}, पानी की ≈; this oil is free from impurities इस तेल में मिलावट^F नहीं है.

impute इम् प्यूट' *v.t.* **1.** आरोप लगाना, (दोष) सिर मढ़ना, दोषी ठहराना : to ~ a fault to smb किसी के सिर दोष मढ़ना; to ~ a person's failure to his mental incapacity किसी की असफलता^{F} को उसके मष्तिष्क की अक्षमता^{F} पर मढ़ना; I ~ his failure to laziness मैं उसकी असफलता^{F} के लिए निष्क्रियता को दोषी ठहराता हूँ. **2.** (credit) श्रेय देना : to ~ his success to his labour उसके परिश्रम को उसकी सफलता का श्रेय देना.

in- *perf.* not : incomplete, indecent insincere.

in. inch. see below some words.

in इन **I.** *prep.* **1.** में : ~ the garden बगीचे ~; to come ~ a week एक सप्ताह में आ जाना; he put the money into his pocket उसने पैसा अपनी जेब^F में डाल दिया; to look in the mirror आइने में देखना; he put his hand in the water उसने अपना हाथ पानी में डाला; in the twentieth century बीसवीं शताब्दी में; in honour of के सम्मान में; in loud voice ऊँची आवाज़ में; in bottles बोतलों^{F} में; in size कद में; in Geography भूगोल में; he is in difficulty वह कष्ट में है; in summer गर्मियों^{F} में; in haste जल्दी^{F} में; in Delhi दिल्ली^{F} में; he works in a factory वह एक कारखाने में काम करता है; in some countries कुछ देशों में; everything was in order सब कुछ व्यवस्थित था; he made a speech in self-defence उसने स्वरक्षा में भाषण दिया; I shall not do so in future (आइंदा) भविष्य में ऐसा नहीं करूंगा; the train is in motion गाड़ी चलती है; mosquitoes are in abundance here यहाँ बहुत मच्छर हैं; in fact it is true वास्तव में (वस्तुतः) यह सत्य है; he came back in fifteen days वह पंद्रह दिन में वापस लौटा. **2.** (in other contexts) Δ **in accordance with** के अनुसार; **in time** समय पर; **write in pencil** पेंसिल से लिखो; **in case** यदि; **in front of** के आगे/सामने; **in addition to** के अतिरिक्त : in addition to this he gave five hundred rupees इसके अतिरिक्त उसने पाँच सौ रुपए दिए; **in any case** हर हालत^F में : I shall reach there in any case मैं वहाँ हर हालत में पहुँच जाऊंगा; **in one's own right** निजी अधिकार से; **in all** कुल मिलाकर; there were 70 animals in all कुल मिलाकर वहाँ 70 जानवर थे; **in itself** अपने में, केवल; **in order that** ताकि; **in respect of** के विषय/संबंध में : in respect of his honesty I have to say nothing उसकी ईमानदारी^{F} के बारे में मुझे कुछ नहीं कहना है; **in so far as** जहाँ तक : in so far as I am concerned जहाँ तक मेरा संबंध है; **in the event of** की अवस्था^{F} में, की हालत^F में, ऐसा होने पर : in the event of his absence, I shall work for him उसकी अनुपस्थिति^{F} की हालत में मैं उसके स्थान पर काम करूंगा; **in toto** समूचा, सब का सब; in vain बेकार; all his efforts were in vain उसके सभी प्रयास बेकार हो गए; **in that** क्योंकि; **in the way of** के बारे में : what have you done in the way of money पैसे के बारे में तुमने क्या किया है ? **day in and day out** प्रतिदिन. [*ant.* out] **II.** *adv.* भीतर, अंदर : please come in कृपया अंदर आइए.

inability इनें अबि'लिटि n^c. असमर्थता^{F} : अयोग्यता^{F} : it was his ~ यह उसकी ≈ थी; his ~ to understand उसकी समझने की ≈. [*ant.* ability]

inaccessible इनैक सें'सॅबल *a.* अगम्य, पहुँच से बाहर : an mountain peak पर्वत की अगम्य चोटी^{F}; the cave was ~ गुफा^{F} पहुँच से बाहर थी; that village is ~ in rainy season बरसात^F के मौसम में वह गाँव ≈ होता है.

inactive इन् ऐक्'टिव़ *a.* **1.** निष्क्रिय : for the whole of the day the enemy remained ~ पूरा दिन शत्रु ≈ रहा; to lead an ~ life ≈ जीवन व्यतीत करना. **2.** (in other contexts) ~ person निष्क्रिय/अकर्मण्य व्यक्ति; ~ machine बंद मशीन; ~ market मंदा बाज़ार; ~ medicine बेअसर दवा. [*ant.* active]

inadequate इन् ऐ'डिक्विट *a.* **1.** अपर्याप्त [amount राशि^{F}, money धन, strength शक्ति^{F}]; child's clothing was ~ on such a cold day इस ठंडे दिन में बच्चे का वस्त्र ≈ था. **2.** he is ~ for this job वह इस काम के अयोग्य है. [*ant.* adequate]

inanimate इन् ऐ'निमिट *a.* **1.** जड़, निर्जीव [corpse लाश^F, object पदार्थ, stone पत्थर,

world जगत]; a book is an ~ object पुस्तक[F] एक जड़ पदार्थ. **2.** अचेतन : ~ nature अचेतन/जड़ प्रकृति. **3.** (dull) नीरस : ~ conversation ≈ वार्तालाप. [*ant.* animate]

inapt इ नैप्ट' *a.* **1.** (unsuitable) अनुपयुक्त : ~ remark ≈ टिप्पण. **2.** (unskilled) अदक्ष, अकुशल : ~ use of machinery मशीनरी का अकुशल प्रयोग.

inaudible इन् ऑ'डिबल *a.* अश्रव्य, कर्णागोचर : his speech was almost ~ उसका भाषण लगभग ≈ था; if any sound is ~ it cannot be heard यदि कोई ध्वनि[F] ≈ होती है तो उसे सुना नहीं जा सकता. [*ant.* audible]

inaugurate इनॉ'ग्युरेट *v.t.* **1.** उद्घाटन करना, उद्घाटित करना : to ~ the new building नई इमारत[F] का उद्घाटन करना. **2.** आरंभ करना : to ~ a plan कोई योजना शुरू करना; to ~ an election compaign चुनाव अभियान प्रारंभ करना. **3.** (introduce) पहला परिचय देना : he was ~d as an artist उसका कलाकार के रूप में परिचय दिया गया. **inauguration** इनॉग्यु रे'शन *n*[u]. उद्घाटन : ~ speech was given by the President ≈ भाषण राष्ट्रपति द्वारा दिया गया; ~ of a building or an exhibition भवन या प्रदर्शनी का ≈. [*ant.* terminate]

inauspicious इनॉस् पि'शस *a.* अशुभ, अमंगल [beginning शुरुआत[F], events घटनाएँ[F], occasion अवसर. [*ant.* auspicious]

incapable इन् के'पॅबल *a.* अक्षम, असमर्थ : ~ helper ≈ सहायक; he is ~ of doing his work in time वह समय के अंदर अपना काम करने में असमर्थ है; the ship is ~ of repair जहाज़ मरम्मत[F] के लायक नहीं है; he is ~ of telling lies वह झूठ नहीं बोलता.

incarnation इन् कार् ने'शन *n*[c]. अवतार : ~ of Vishnu विष्णु का ≈; he is the ~ of wisdom वह विवेक का ≈ है; Ram was an ~ of all virtues राम सारे गुणों के ≈ थे.

incense इन् सें'न्स' **I.** *v.t.* **1.** उत्तेजित करना : I was ~d by him उसने मुझे उत्तेजित किया; he ~d me against her उसने मुझे उसके विरुद्ध उत्तेजित किया. [*ant.* pacify] **2.** (perfume) महकाना, सुगंधित करना : to ~ a room by burning Agarbatti अगरबत्ती जलाकर कमरा ≈. **II.** *n*[c]. धूप, लोबान : to buy, burn ~ ≈ खरीदना, जलाना.

incentive इन् सें'न्'टिव *n*[c]. प्रेरणा, प्रोत्साहन : he accepted his advice as an ~ ≈ उसने उसकी सलाह[F] को ≈ के रूप में स्वीकार किया; the company gave 2% ~ for lumpsum payment कंपनी[F] ने एकमुश्त भुगतान के लिए दो प्रतिशत का प्रोत्साहन दिया.

incessant इन् सें'सन्ट *a.* निरंतर, लगातार [complaints शिकायतें[F], pain पीड़ा[F], rains बरसात[F], storms तूफ़ान, strikes हड़तालें[F]] : I am sorry for the ~ interruption मुझे ≈ विघ्न के लिए खेद है; the ~ noise of traffic gave us not a moment's peace यातायात के ≈ शोर से हमें एक क्षण की भी शांति[F] नहीं मिली. [*ant.* intermittent]

inch इन्च **I.** *n*[c]. **1.** इंच : there are 36 ~es in a yard एक गज़ में छत्तीस ≈ होते हैं; to give him an ~ of land इसे ≈ भर भूमि[F] देना; this plank is two ~es thick यह तख़्ता दो ≈ मोटा है. **2.** थोड़ा : to advance by ~es थोड़ा-थोड़ा आगे बढ़ना; he procceded ~ by ~ वह थोड़ा-थोड़ा आगे बढ़ चला; there is not an **~ of space here** यहाँ थोड़ी-सी भी जगह[F] नहीं है. **II.** *v.t.* थोड़ा-थोड़ा करके या धीरे-धीरे सरकना : to ~ one's way to the hill पहाड़ी पर धीरे-धीरे चलकर रास्ता तय करना. **III.** *v.t.* to ~ forward आगे सरकना; ~ along खिसकते जाना. Δ **he is every ~ a gentleman** वह पूरा सज्जन आदमी है.

incident इन्'सिडन्ट **I.** *n*[c]. (event) घटना[F] [fatal घातक, funny विचित्र, grave गंभीर, lamentable विषादपूर्ण, painful कष्टदायक, particular विशेष]; the meeting ended without any ~ सभा[F] बिना किसी ≈ के समाप्त हो गई; the consequences of an ~ किसी ≈ के परिणाम. **II.** *a.* आनुषंगिक = incidental *q.v.* **incidental** इंसि डें'न्'टल *a.* **1.** प्रासंगिक, साथ-साथ होने वाला : pleasure ~ to hard work मेहनत के साथ मिलने वाला आनंद; discomforts are ~ to travelling यात्रा[F] के साथ असुविधाएँ[F] तो होती

ही हैं. **2.** (casual) आकस्मिक : ~ expenses ≈ व्यय; ~ loss हानि^{F}.

incite इन साइट' *v.t.* **1.** भड़काना, उकसाना, उत्तेजित करना : to ~ to mutiny विद्रोह भड़काना; to ~ someone to action किसी को करने के लिए ≈; they ~d the labourers to strike work उन्होंने मज़दूरों को हड़ताल^F करने के लिए उकसाया/भड़काया. **2.** (stimulate) प्रेरित करना : to ~ to be a member of a literary club किसी को साहित्यिक क्लब का सदस्य बनने के लिए ≈. **incitement** इन साइट'मन्ट *n*^{c}. उकसाना, उत्तेजना^{F} : I did this by a friend's ~ मैंने ऐसा मित्र के उकसावे से किया; the revolt took place because of his ~ विद्रोह उसके प्रेरण के कारण हुआ.

inclement इन् क्लें'मन्ट *a.* **1.** विषम, प्रतिकूल : ~ weather ≈ मौसम; it was an ~ rain बड़ी ≈ बारिश^F थी. **2.** कठोर, निष्ठुर : ~ judge ≈ न्यायाधीश; ~ ruler ≈ शासक.

inclination इन् क्लि ने'शन *n.*^{u} **1.** ढलान^F : ~ of a hill, roof पहाड़ी^{F}, छत^F की ≈. **2.** झुकाव : there is much ~ in pillar खंभे में काफी ≈ है; a ~ of the body, head शरीर, सिर का ≈. **3.** (tendency) झुकाव, प्रवृत्ति^{F}, अभिरुचि^{F} : I have no ~ to go to bath in winter time जाड़े के समय में स्नान करने जाने की मेरी कोई ≈ नहीं होती; he has a strong ~ to crime, music उसका ज़ोरदार झुकाव अपराध, संगीत की ओर है; according to one's own ~ अपनी अभिरुचि^{F} के अनुसार; we follow our own ~s हम अपनी प्रवृत्तियों के अनुसार चलते हैं. **incline** इन् क्लाइन' **I.** *v.t.i.* **1.** झुकना, झुकाना; झुकाव होना, प्रवृत्त करना : to ~ one's head, body अपना सिर, शरीर झुकाना; the weather ~s to fair मौसम साफ हो रहा है; this child is ~d to mischief यह बच्चा शरारत^F की ओर प्रवृत्त हुआ है; I am ~d to agree with you मैं आपसे समझौता करने को तैयार हूँ; to be ~d to study पढ़ने की ओर झुकाव रखना. **2.** (bend) मुड़ना : the road ~s to the right सड़क^F दाहिने मुड़ती है. **II.** *n*^{u}. ढाल^F : this hill has a steep ~ पहाड़ी^{F} की भारी ढलान^F है.

include इन् क्लूड' *v.t.* शामिल/सम्मिलित करना : this volume ~s all his works इस ग्रंथ में उसकी सब कृतियाँ सम्मिलित हैं; my collection ~s coins of Mughal period मेरे संग्रह में मुगल काल के सिक्के शामिल हैं; I have ~d in your bill the cost of the cup you broke जो कप तुमने तोड़ा उसकी कीमत^F मैंने तुम्हारे बिल में सम्मिलित कर दी है; you have four fingers on each hand, five if you ~ the thumb तुम्हारे प्रत्येक हाथ में चार अंगुलियाँ^{F} हैं, पाँच यदि तुम अंगूठे को शामिल कर लो; we have ~d your name in the list हमने सूची^{F} में तुम्हारा नाम सम्मिलित कर लिया है; these expenses were not ~d in the budget बजट में ये खर्चे शामिल नहीं थे; two chemists were ~d in the delegation प्रतिनिधि मंडल में दो रसायनशास्त्री शामिल किए गए; there were ten of us including the guide गाइड को लेकर हम दस थे. [*ant.* exclude]

included इन् क्लू'डिड *a.* सम्मिलित : newly ~ members of the party पार्टी में सम्मिलित नए सदस्य. **including** इन् क्लू'डिङ्ग *adv.* समेत, को मिलाकर : we were six ~ a servant नौकर को मिलाकर हम छ: थे; I have leave upto and ~ 31st मुझे 31 तारीख समेत इतनी छुट्टी है. **inclusive** इन् क्लू' सिव़ *a.* समेत, को मिलाकर : ~ cost कुल मिलाकर हुई लागत^F, कुल लागत^F; ~ of cost लागत समेत; read pages 6-9 ~ 6 से 9 तक दोनों मिलाकर पृष्ठ पढ़ो.

income इन्'कम *n*^{u}. आय^F, आमदनी^{F} [annual वार्षिक, decent अच्छी-भली, good अच्छी, high उच्च, large बड़ी, limited सीमित, steady स्थिर, sufficient पर्याप्त]; ~ and expenditure आय-व्यय; ~ tax आय-कर; ~ tax officer आय-कर अधिकारी; to raise one's ~ अपनी ≈ बढ़ाना; Mr. Sushil has an ~ of Rs. 20,000 a month श्री सुशील की मासिक आय (एक महीने की आमदनी) बीस हजार रुपए है; what is his source of ~ उसकी ≈ का स्रोत क्या है? it is his additional ~ यह उसकी अतिरिक्त ≈ है.

incomparable इन् कॉम्'परॅबल *a.* अनुपम, बेजोड़, [beauty सुंदरता^{F}, capacity क्षमता^{F}, courage साहस, skill कौशल]; at last he succeeded due to his ~ patience अंत में वह अपने ≈ धैर्य के कारण सफल हो गया. [*ant.* comparable]

incomplete इन कम् प्लीट' *a.* अपूर्ण, अधूरा [answer उत्तर, knowledge ज्ञान, plan योजना^F, question प्रश्न, study पढ़ाई^F, work काम]; the plan is ~ उसकी योजना^F अधूरी है; your answer is ~, please do it तुम्हारा उत्तर अधूरा है, कृपया इसे पूरा कीजिए; the work is still ~ काम अब भी अधूरा है; the list is ~ still सूची^F अब भी अधूरी/अपूर्ण है.

incomprehensible इन्कॉम्प्रि हें'न्'सिबल *a.* अबोध्य, अबोधगम्य : Latin is ~ to me लैटिन मेरे लिए ≈ है; the book is ~, for it is too hard किताब^F ≈ है क्योंकि यह बहुत कठिन है; his attitude is ~ उसका रुख़ समझ में नहीं आता.

inconsistent इन्कन् सिस्'टन्ट *a.* **1.** असंगत : ~ conclusion ≈ निष्कर्ष; his statement is ~ with his previous assertion उसका कथन पहले के कथन से ≈ है. **2.** परस्पर विरोधी : his views are ~ उसकी अवधारणाएँ^F ≈ हैं. **3.** (of person) अस्थिरप्रकृति. [*ant.* consistent]

inconvenience इन्कन व़ी'निअन्स **I.** *n*^c. असुविधा^F [chief मुख्य, great भारी/बहुत, serious गंभीर]; ~ of travelling यात्रा^F करने की ≈; I have been put to great ~ मैं बहुत मुश्किल^F में पड़ गया हूँ; to avoid the ~s that may arise by doing something कुछ करने से उत्पन्न होने वाली असुविधाओं^F से बचना; the chief ~s of this affair इस मामले की मुख्य असुविधाएँ; I am very sorry that I put you to much ~ मुझे खेद है कि मैंने आपको असुविधा में डाला; an irregular service causes great ~ अनियमित (रेल) सेवा से अत्यधिक असुविधा होती है. [*ant.* convenience] **II.** *v.t.* तकलीफ़^F या कष्ट देना : I do not want to ~ you मैं आपको तकलीफ़^F नहीं देना चाहता; to be ~d with one's luggage सामान के कारण कष्ट होना.

inconvenient इन्कन् व़ी'निअन्ट *a.* असुविधाजनक [arrangement व्यवस्था^F, circumstances परिस्थितियाँ^F, house मकान, liability उत्तरदायित्व, time समय]; Sunday is an ~ day to see people लोगों से मुलाकात^F करने के लिए रविवार ≈ दिन है; if it is not ~ to you, I shall call on you this evening यदि आपको असुविधा न हो तो आज शाम^F मैं आपसे मिलने आऊं; a thing is ~ when it does not fit with your plans कोई बात^F तब ≈ हो जाती है जब वह तुम्हारी योजनाओं^F के अनुरूप नहीं होती.

incorporate इन् कॉर्'पॅरिट **I.** *a.* निगमित [company कंपनी^F, institution संस्था^F]. **II.** *v.t.* सम्मिलित करना, मिला लेना : to ~ a new book into one's library पुस्तकालय में एक नई किताब ≈; I want to ~ your words in my essay मैं आपके शब्द अपने निबंध में सम्मिलित करना चाहता हूँ; he ~d his diary in his autobiography उसने अपनी आत्मकथा में उसकी डायरी सम्मिलित कर ली; your resolution will be ~d in the agenda कार्यावली^F में तुम्हारा प्रस्ताव सम्मिलित किया जायगा.

incorrect इन्कॅ रे'क्ट' *a.* गलत [answer जवाब, calculation गणना^F, conduct आचरण, information सूचना^F, report रिपोर्ट^F, spelling वर्तनी^F, statement कथन]; the figures given by you are ~ तुम्हारे दिए हुए आँकड़े ≈ हैं. [*ant.* correct]

incorrigible इन् कॉ'रिजॅबल *a.* असुधार्य [habit आदत^F, mistakes अशुद्धियाँ, person व्यक्ति, thief चोर]; that child is ~ वह बच्चा सुधारयोग्य नहीं है.

increase इन् क्रीज़' **I.** *v.t.i.* वृद्धि^F करना, बढ़ना, बढ़ाना : to ~ one's earnings अपनी कमाई^F बढ़ाना; to ~ in numbers संख्या^F में बढ़ती होना; interest in foreign language has ~ed विदेशी भाषाओं^F में दिलचस्पी^F बढ़ी है; Dad will increase your pocket money from Rs. 25 to Rs. 35 पिताजी तुम्हारा जेब खर्च 25 रुपए से बढ़ाकर 35 रुपए कर देंगे; to ~ the clerk's pay लिपिक का वेतन बढ़ाना; to ~ the speed गति^F बढ़ाना; the number of students has ~d विद्यार्थियों की संख्या^F बढ़ गई है; if you blow air into the balloon it will ~ in size यदि तुम गुब्बारे में हवा भरो तो यह आकार में बढ़ जाएगा; with the increasing number of pupils we have had to build two new rooms शिष्यों/छात्रों की संख्या^F बढ़ने के साथ हमें दो नए कमरे बनवाने पड़े हैं; prices are increasing कीमतें बढ़ रही हैं. **II.** *n*^u. बढ़ती^F, वृद्धि^F [gradual क्रमशः, rapid तेज़, slight थोड़ी, steady स्थिर, sudden एकाएक]; ~ of exports निर्यात में ≈; an ~ over the last year's figures पिछले साल के आँकड़ों से ≈; ~ in the population जनसंख्या^F≈; ~ in commercial relations वाणिज्यिक संबंधों में ≈; the day temperature is on the ~ दिन का तापमान बढ़ता जा रहा है. [*ant.* decrease]

incredible इन् क्रें' डॅबल *a.* अविश्वसनीय, आश्चर्यजनक, अद्भुत, अजीब [details ब्यौरा, miracle चमत्कार, statements बयान, story कहानी^F, stupidity मूर्खता]; the news is ~, I cannot believe it समाचार अविश्वसनीय है, मैं इसे नहीं मान सकता. [*ant.* credible]

increment इन्'क्रिमन्ट **I.** *n*^c. तरक्की^F, वेतनवृद्धि^F : when is your ~ due? तुम्हारी अपनी ≈ कब प्राप्य है? he got an ~ of Rs. 50 on his pay उसे अपने वेतन पर 50 रुपए की वृद्धि^F प्राप्त हुई. **II.** *n*^u. वृद्धि^F : ~ in temperature तापमान में ≈.

incriminate इन् क्रि'मिनेट *v.t.* आरोप लगाना : he was ~d for bribery उस पर घूसखोरी^F का आरोप लगाया गया.

incur इन् कर' *v.t.* **1.** उठाना : to ~ cost लागत आना; to ~ expenses ख़र्च ≈. **2.** ज़िम्मे लेना, मोल लेना : to ~ risk जोखिम उठाना; ~ danger ख़तरा मोल लेना; ~ enmity शत्रुता अपने ऊपर लेना; if you break a window, you will ~ the anger of the householder यदि तुम खिड़की^F तोड़ोगे तो घर मालिक का कोपभाजन बनना पड़ेगा.

incurable इन् क्युअ'रॅबल *a.* असाध्य, लाइलाज [disease बीमारी^F, habits आदतें^F, patients रोगी]; his cancer is ~ उसका कैंसर ≈ है. [*ant.* curable]

indebted इन् डें'टिड *a.* **1.** ऋणी, ऋणग्रस्त, कर्ज़दार [businessman व्यापारी, farmer किसान, labourer मज़दूर]. **2.** ऋणी, आभारी : I am ~ to you for your help मैं सहायता^F करने के लिए आपका ≈ हूँ; to be ~ for advice सलाह^F के लिए ≈ होना; we are ~ to Mr. Sushil for these new books इन नई किताबों के लिए हम श्री सुशील के ≈ हैं; to be ~ to someone for smth. किसी का किसी बात^F के लिए ≈ होना.

indecent इन् डी'सन्ट *a.* **1.** अनुचित, अशोभनीय : ~ haste ≈ जल्दबाज़ी; his clothes are ~ उसके कपड़े अशोभनीय हैं. **2.** लज्जास्पद, अश्लील [behaviour व्यवहार, language भाषा^F]. **3.** निर्लज्ज : an ~ person is disgusting एक ≈ व्यक्ति घृणास्पद होता है. [*ant.* decent] **4.** ~ assault बलात्कार.

indeed इन् डीड' *adv.* वास्तव में, सचमुच : I saw your brother this morning ~ मैंने सचमुच आज सुबह^F तुम्हारे भाई को देखा था; it is very large building ~ ≈ यह बहुत बड़ी इमारत^F है; are you going to school today? yes, ~ क्या आप स्कूल जा रहे हैं? हाँ ≈; was it your son? ~! क्या वह तुम्हारा लड़का था? सच! you are right, ~ तुम सचमुच ठीक कहते हो; a friend in need is a friend ~ आवश्यकता में जो काम आए, वही सचमुच मित्र होता है; ~, I am very tired ≈ मैं बहुत थका हूँ; ~ he is fortunate ≈ वह भाग्यशाली है; I am very glad ~ सचमुच मैं बहुत प्रसन्न हूँ.

indefinite इन् डें'फिनिट *a.* **1.** अनिश्चित [answer उत्तर, period काल/अवधि^F, promise वादा, quantity मात्रा^F]; ~ number of men लोगों की ≈ संख्या^F; we are staying for an ~ time here यहाँ हम ≈ समय के लिए रुके हैं; he always talks ~ वह हमेशा ≈ बातें^F करता है. **2.** (gram.) ~ pronoun अनिश्चयवाचक सर्वनाम; ~ article = a, an. **indefinitely** इन् डें'फिनिटलि *adv.* अनिश्चित समय/काल के लिए : he will stay in your house ~ वह तुम्हारे घर में ≈ ठहरेगा; the match was postponed ~ मैच ≈ टाल दिया गया. [*ant.* definite]

indemnity इन् डेंम्'निटि *n*^u. क्षतिपूर्ति^F, मुआवज़ा : ~ for breach of luggage सामान खो जाने का मुआवजा; ~ for breach of contract संविदा-भंग का मुआवज़ा.

independence इन् डि पें'न्'डन्स *n*^u. आजादी^F,

स्वतंत्रता^F, स्वाधीनता^F [economic आर्थिक, national राष्ट्रीय, political राजनीतिक]; ~ day स्वतंत्रता दिवस; to struggle for ~ ≈ के लिए संघर्ष करना; you have perfect ~ तुम्हें पूर्ण ≈ है; the people of the colony declared their ~ उपनिवेशी लोगों ने अपनी ≈ की घोषणा^F कर दी; Indians fought for their ~ भारतीय अपनी ≈ के लिए लड़े; to try to obtain ~ ≈ प्राप्त करने का प्रयास करना; they lived a life of ~ वे स्वाधीन जीवन जीते थे. **independent** इंडि पें न्'डन्ट *a.* **1.** स्वतंत्र, स्वाधीन [action कार्य, investigation अन्वेषण, nation राष्ट्र, opinion मत, person व्यक्ति, voter मतदाता, witness साक्षी, woman स्त्री]; she wanted to be ~ of her parents वह अपने माता-पिता से स्वतंत्र होना चाहती थी. **2.** (self-reliant) स्वावलंबी : she began to lead her ~ life at the age of 20 उसने बीस साल की उम्र^F में ≈ जीवन व्यतीत करना शुरू किया; she is an ~ young woman वह एक ≈ युवती है. **3.** (politics) निर्दलीय [candidate उम्मीदवार, member सदस्य]; ~s play an important role in politics राजनीति^F में ≈ सदस्य महत्वपूर्ण भूमिका^F निभाते हैं.

index इन्'डें क्स **I.** *n*^c. [*pl.* indexes, indices] **1.** (list) तालिका^F, अनुक्रमिका : in the ~ of a book; all the things mentioned in the book are listed in alphabetical order किताब^F की तालिका में दी गई सभी बातें वर्णक्रम से उल्लखित की जाती हैं. **2.** ~ finger तर्जनी^F : to put ~ finger on a word किसी शब्द पर ≈ रखना. **3.** (exponent) सूचक : ~ card ≈ पत्रक; ~ map ≈ मानचित्र; having so many servants is an ~ of his riches इतने नौकर रखना उसकी अमीरी^F का ≈ है; the face is an ~ of one's feelings चेहरा आदमी की भावनाओं^F का ≈ होता है. **II.** *v.t.* सूचीबद्ध करना : to ~ the chapters of the books किताब^F के अध्यायों को ≈.

Indian इन्'डिअन *a.* भारतीय, [corn मक्का, food भोजन, mission मिशन]; ~ Civil Service (IAS) भारतीय प्रशासन सेवा.

indicate इन्'डिकेट *v.t.* **1.** सूचित करना; निर्देश देना : you can ~ the direction by pointing with your finger तुम अपनी उंगली^F से दिशा^F निर्दिष्ट कर सकते हो; to ~ a mistake गलती^F का निर्देश देना; a sign ~s the way चिह्न रास्ते का निर्देश देता है; the bell ~s the end of the hour घंटी^F घंटे की समाप्ति की सूचना^F देती है; this ~s his intention इससे उसकी नीयत का पता चलता है. **2.** बताना : he ~d that he was ill उसने बताया कि वह बीमार है. **indication** इन् डिके'शन *n*^c. **1.** (sign) लक्षण : are there any ~s of his recovery क्या उसके स्वास्थ्यलाभ करने के कोई ≈ हैं? we get ~ of rain हम बरसात^F के ≈ पाते हैं; this is the ~ of his behaviour यह उसके व्यवहार का ≈ है. **2.** सूचना^F, निर्देश, संकेत : you gave no ~ that he was ill तुमने कोई संकेत नहीं किया, (सूचना^F नहीं दी) कि वह बीमार है; the motorist gave no ~ of his intention to stop मोटर चालक ने रुकने का कोई संकेत नहीं दिया; he showed no ~ of yielding उसके हारने के कोई संकेत प्रकट नहीं हैं.

indifference इन् डि'फ़रन्स *n*^u. उदासीनता^F : when I told him the news he showed complete ~ जब मैंने उसे समाचार दिया तो उसने पूर्ण ≈ बरती; ~ to a thing किसी चीज़^F के प्रति ≈; an attitude of ~ ≈ का रुख; to treat smb with ~ किसी व्यक्ति के प्रति ≈ का व्यवहार करना; **indifferent** इन् डि'फ़रन्ट *a.* **1.** उदासीन : ~ attitude ≈ रुख; ~ spectator ≈ दर्शक; the savages were quite ~ to our cries for help हम लोगों की सहायता के लिए चिल्लाहट^F/पुकार के प्रति जंगली लोग ≈ थे; to be ~ to the sufferings of others दूसरों की परेशानियों^F/दुःखों के प्रति ≈ होना; he is ~ to censure or praise वह निंदा-स्तुति^F के प्रति ≈ है. **2.** (neutral) तटस्थ : to be ~ to the parties पार्टियों^F से ≈ होना; to remain ~ in neighbours' quarrels पड़ोसियों के झगड़ों में ≈ रहना. **3.** (immaterial) नगण्य, तुच्छ : your work is ~, therefore no one attends it तुम्हारा काम ≈ है इसलिए कोई ध्यान नहीं देता. **4.** (average) मामूली, साधारण [artist कलाकार, health स्वास्थ्य,

pupil छात्र, work काम]; ~ persons came to see the drama ≈ लोग नाटक देखने आए. **5.** (inactive) निष्क्रिय : they are ~ these days for they do nothing आजकल वे ≈ हैं क्योंकि वे कुछ नहीं कर रहे हैं.

indigenous इन् डि'जिनस *a.* देशज, देशी [climate जलवायु, culture संस्कृति^F, custom रीति-रिवाज, plant पौधा, production उत्पादन]; ~ population मूलवासी; tigers and elephants are ~ to India and Africa बाघ और हाथी भारत और अफ्रीका के देशज हैं; Dravidians are the ~ people of India द्रविड़ भारत के मूल निवासी हैं.

indigestion इन् डि जें'स्'शन *n*^u. अपच, अजीर्ण, बदहज़मी^F : he has been ill from ~ since his childhood वह बचपन से ही ≈ से पीड़ित रहा है.

indignation इन्डिग् ने'शन *n*^u. रोष, क्रोध : they showed ~ at/about the increase in prices उन्होंने कीमतें^F बढ़ने पर ≈ प्रकट किया; the men were full of ~ because they thought their friends had been unjustly punished लोग क्रोध से भरे थे क्योंकि वे सोचते थे कि उनके मित्रों को अन्यायपूर्वक दण्डित किया गया; to Jairam's ~ he was blamed for the damage that he had not caused जयराम रोष में था क्योंकि जो नुकसान उसने नहीं किया, उसके लिए उस पर आरोप लगाया गया; to be full of ~ against/at his enemies अपने शत्रुओं के विरुद्ध गुस्से से भरा होना; to tremble with ~ against his son अपने पुत्र पर क्रोध से काँपना; to be no longer the master of one's ~ अब अपने क्रोध पर नियंत्रण न रह पाना. [indignant क्रुद्ध]

indignity इन् डिग्'निटि *n*^u. अपमान, तिरस्कार : what an ~! कितना ≈! he has to suffer ~ in the meeting मीटिंग में उसे अपमानित होना पड़ा; to treat smb with ~ किसी का तिरस्कार करना. [*ant.* dignity]

indigo इन्'डिगो *n*^c. नील : ~ blue नीले रंग का, जम्बुकी नील; ~ is used for dyeing white clothes सफेद कपड़ों को रंगने के लिए ≈ का इस्तेमाल होता है.

indirect इंडि रेक्ट' *a.* **1.** अप्रत्यक्ष, परोक्ष [answer उत्तर, election चुनाव, evidence साक्ष्य, journey यात्रा^F, taxes कर]; it was ~ accusation यह ≈ आरोप था. **2.** (round about) चक्करदार : we came about an ~ route हम एक चक्करदार रास्ते से आए; it is an ~ way to go to the market बाज़ार जाने का यह ≈ रास्ता है; it is an ~ answer, tell me clearly यह उत्तर ≈ है, मुझे स्पष्ट रूप से बताओ. **3.** (gram.) गौण, परोक्ष : ~ object गौण कर्म; I gave him a book इस वाक्य में ~ कर्म him है, ~ speech परोक्ष कथन; change this sentence into ~ speech इस वाक्य को परोक्ष कथन में बदलो. [*ant.* direct]

indiscipline इन् डि'सिप्लिन *n*^u. अनुशासनहीनता^F : I dislike ~ in young men मुझे नवयुवकों की ≈ पसंद नहीं है; ~ prevails in all government office सब सरकारी कार्यालयों में ≈ व्याप्त है.

indispensable इन्डिस् पें'न्'सॅबल *a.* अपरिहार्य, अनिवार्य [condition शर्त^F, duty ड्यूटी^F, friendship मित्रता^F, law विधि^F, tools यंत्र]; an ~ thing is one, you cannot do without ≈ वस्तु^F वह है जिसके बिना तुम कुछ नहीं कर सकते; a teacher's help is ~ गुरु की सहायता^F ≈ है.

indisposed इन् डिस् पोज़्ड' *a.* **1.** विमुख, विरुद्ध : to feel ~ to hard work परिश्रम करने से ≈ होना; ~ to agree सहमति^F से ≈. **2.** (unwilling) अनिच्छुक : he was ~ to accept वह स्वीकार करने ≈ था. **3.** (slightly ill) अस्वस्थ : I was ~ yesterday कल मैं अस्वस्थ था; to be ~ with headache सिरदर्द से ≈ होना. [*ant.* well]

indistinct इन डिस् टिङ्क्ट' *a.* अस्पष्ट [colour रंग, figures आकृतियाँ, ideas विचार, illusion विभ्रम, noise शोर, sound ध्वनि^F, vision दृष्टि^F]; his voice was ~ उसकी आवाज़ ≈ थी; his writing was too ~ to read उसकी लिखावट^F इतनी अस्पष्ट थी कि पढ़ा नहीं जा सकता था. [*ant.* distinct]

individual इंडि वि'ड्युअल **I.** *a.* **1.** व्यक्तिगत [demand माँग^F, ideas विचार, likeness सादृष्य, relation संबंध, thinking सोच^F]; it is his ~ way of writing यह उसके लिखने का ≈ ढंग है; it is my ~ style यह मेरी अपनी शैली^{F} है. **2.** पृथक, अलग [civilization सभ्यता^{F}, family परिवार, society समाज]; the girls had ~ tables लड़कियों के पास अलग-अलग मेज़ें थीं. [*ant.* general]. **II.** n^c. व्यक्ति [brute असभ्य, extraordinary असाधारण, fortunate भाग्यशाली, mean तुच्छ]; he is a queer ~ वह विचित्र ≈ है. **individually** इन्डि वि़'ड्युअलि *adv.* व्यक्तिगत रूप से, एक-एक करके : the headmaster will see the boys ~ प्रधानाध्यापक लड़कों से ≈ मिलेंगे; the children were taught ~ बच्चों को ≈ पढ़ाया जाता था.

indoor इन्'डॉर **I.** *a.* **1.** भीतर, अंदर का [amusement मनोरंजन, effort प्रयास, work काम]; in rain we play ~ games बारिश^F में हम ≈ के खेल खेलते हैं. **2.** ~ patient अस्पताल में भर्ती मरीज़, अंतर्वासी रोगी. **3.** ~ servant घरेलू नौकर. **II.** *adv.* अंदर घर में : let us stay ~s while it rains जब तक बारिश^F होती है हम ≈ रहें; keep ~s during curfew करफ़्यू के दौरान घर में रहो. [*ant.* outdoor]

induce इन् ड्यूस' *v.t.* **1.** प्रेरित करना : he ~d me to go उसने मुझे जाने के लिए प्रेरित किया; can you ~ your baby to return aunty's glasses? क्या तुम आंटी का चश्मा लौटाने के लिए अपने बच्चे को प्रेरित कर सकते हो ? to ~ a person to do some good work किसी व्यक्ति को अच्छा काम करने के लिए ≈. **2.** राजी करना : try to ~ him to come उसे आने के लिए राज़ी करने की कोशिश^F करो; to ~ a man to leave his country किसी व्यक्ति को देश छोड़ने के लिए ≈. **3.** (cause) उत्पन्न करना; to ~ the belief that Mr. S is a rival विश्वास उत्पन्न करना कि श्री स प्रतिद्वंद्वी है; to ~ sleep नींद लाना; to ~ growth without disturbance बिना व्यवधान के वृद्धि^{F} होने देना. **4.** (infer) अनुमान करना : to ~ about the happening घटना^{F} के बारे में ≈. **inducement** इन् ड्यूस्'मन्ट n^c. प्रलोभन : sufficient ~ पर्याप्त ≈; the ~s of city life नागरिक जीवन के ≈; shopkeepers offer ~s to buy things चीज़ें^{F} खरीदने के लिए दुकानदार ≈ देते हैं.

induct इन् डक्ट' *v.t.* (पद पर) प्रतिष्ठित करना : to ~ somebody to an office किसी को किसी पद पर ≈. [*ant.* expel]

indulge इन् डल्ज' *v.t.* **1.** लाड़-प्यार करके बिगाड़ना : to ~ a child बच्चे को ≈. **2.** ~ **in** लत^F/लगाव होना : he ~s in cigarette smoking उसे सिगरेट पीने की लत है : to ~ in wine शराब पीने की लत होना; to ~ in a vice बुराई^F की लत^F होना. **3.** पुष्ट करना : to ~ the desire for sleep सोने की इच्छा^{F} पूरी करना. **4.** you cannot ask him when he ~s in talk जब वह बातचीत^F में लगा हो तो तुम उससे कुछ पूछ नहीं सकते.

industrial इन् डस्'ट्रिअल *a.* औद्योगिक [crisis संकट, exhibition प्रदर्शनी^{F}, monopoly एकाधिकार, products उत्पाद, school विद्यालय, town नगर, training प्रशिक्षण]; there is great scope for ~ development in India भारत में ≈ विकास की बहुत गुंजाइश^F है; it is not so easy to increase ~ production ≈ उत्पादन को बढ़ाना इतना आसान नहीं है. [*cf.* industrious] **industrious** इन् डस्'ट्रिअस *a.* अध्यवसायी, परिश्रमी, मेहनती [apprentice प्रशिक्षु, artisan शिल्पी, labourer मज़दूर, workman कामगार]; bees are ~ insects मधुमक्खियाँ ≈ कीड़े हैं; you ought to be more ~ तुम्हें और ≈ होना चाहिए. [*ant.* lazy] **industry** इन्'डस्ट्रि **I.** n^u. अध्यवसाय, परिश्रम : ~ is necessary for success in life जीवन में सफलता के लिए ≈ आवश्यक है; ~ is awarded and giddiness punished परिश्रम का पुरस्कार मिलता है और आलस्य का दंड. **II.** n^c. उद्योग (*pl.* industries) [chemical रासायनिक, chief मुख्य, cotton वस्त्र, heavy भारी, light हल्का, local स्थानीय, new नया]; a branch of an ~ उद्योग की एक शाखा^{F}; it is one of the beautiful industries यह बढ़िया उद्योगों में से एक है; centre of ~ ≈ का केन्द्र; ~ for the bricks ईंटों का उद्योग-धंधा; what are the important industries in India? भारत में महत्वपूर्ण ≈ क्या-क्या हैं ?

inedible इन् ऍ'डिबल *a.* अखाद्य, अभक्ष्य [food भोजन, fruit फल, vegetables सब्जियाँ]. [*ant.* edible]

ineffective इनि फ़ॅक्'टिव. *a.* **1.** निष्प्रभाव, बेअसर [act काम, attempt प्रयास, journey यात्रा^F]; his inducement will surely be ~ उसकी प्रेरणा निश्चित रूप से बेअसर होगी. **2.** (of person) असमर्थ. [*ant.* effective]

inert इ नर्ट' *a.* **1.** (phys.) जड़ : ~ nature प्रकृति^F. **2.** (chem.) निष्क्रिय : ~ gas ≈ गैस; a brick is ~ ईंट ≈ है. **3.** sluggish अकर्मण्य, निष्क्रिय [man आदमी, woman औरत]. **inertia** इ नर्'शिआ *n*^u. **1.** अकर्मण्यता^F, निष्क्रियता^F : try to rouse them from ~ उन्हें ≈ से उबारने की कोशिश^F करो. **2.** जड़ता^F : if is difficult to remove ~ in lazy persons आलसी व्यक्तियों की ≈ को मिटाना कठिन होता है.

inevitable इन् ऍ'व़िटॅबल *a.* अपरिहार्य, अनिवार्य, अवश्यंभावी [calamity संकट, event घटना^F, hour घड़ी^F, loss हानि^F, misfortune दुर्भाग्य]; death is ~ मृत्यु ≈ है; defeat was ~ because two of our players had been injured हार ≈ थी क्योंकि हमारे दो खिलाड़ी घायल हो गए थे; you cannot avoid the ~ तुम ≈ को टाल नहीं सकते.

inexperience इनिक्स पिअ'रिअन्स *n*^u. अनुभवहीनता^F : mistakes happen due to ~ गलतियाँ^F ≈ के कारण होती हैं; a man fails due to ~ आदमी ≈ के कारण असफल होता है. **inexperienced** इनिक्स पिअ'रिअन्स्ड *a.* अनुभवहीन [manager प्रबंधक, nurse नर्स, teacher अध्यापक]; the accident happened because the driver was ~ दुर्घटना^F हुई क्योंकि चालक ≈ था.

inexplicit इनिक्स् प्लि'सिट *a.* अस्पष्ट [opinion मत, sentence वाक्य, statement कथन]; his instructions are ~ उसके निर्देश ≈ हैं. [*ant.* explicit]

infallible इन् फ़ै'लॅबल *a.* **1.** अमोघ, अचूक [machine मशीन, proof प्रमाण, remedy उपचार, test परीक्षण, weapon शस्त्र]. **2.** भ्रमातीत : ~ result ≈ परिणाम; only God is ~ in the universe ब्रह्माण्ड में केवल ईश्वर ही ≈ है.

infamy इन्'फमि *n*^u. बदनामी^F, अपकीर्ति^F : he was afraid of ~ वह ≈ से डरता था; his ~ was due to his actions उसकी ≈ उसके कर्मों के कारण थी. [*ant.* fame]

infancy इन्'फ़न्सि *n*^u. **1.** बचपन, शैशव (काल) : he was very mischievous in his ~ वह अपने ≈ में बहुत शरारती था; he has been careless since his ~ वह अपने ≈ से ही लापरवाह है. **2.** प्रारंभिक अवस्था^F : the ~ of science विज्ञान की ≈. **3.** बचकानापन : he did so due to his ~ उसने ऐसा अपने ≈ के कारण किया. **infant** इन्'फंट *n*^c. बच्चा, शिशु : ~school ≈ विद्यालय; ~s must be nourished properly शिशुओं का अच्छी तरह पालन-पोषण होना चाहिए; ~ marriages must be stopped बालविवाह बंद हो जाने चाहिएँ. [*ant.* adult] **infanticide** इन् फ़ैन्'टिसाइड *n*^u. शिशु-हत्या^F : she was accused of ~ उस पर ≈ का अभियोग था; ~ of child girls has not yet stopped बच्चियों की हत्या^F अभी बंद नहीं हुई. **infantile** इन्'फ़न् टाइल *a.* **1.** शैशवी, शिशु- : ~death rate शिशु मृत्युदर^F; his behaviour is ~ उसके व्यवहार बच्चों जैसा है. **2.** बाल सुलभ, बालोचित [game खेल, language भाषा^F, muschief शरारत^F]. **3.** (childish) बचकाना [activities हरकतें, habits आदतें^F, talks बातें^F].

infantry इन'फट्रि *n*^u. पैदल सेना^F/फौज^F : a regiment of ~ fought bravely ≈ की एक टुकड़ी^F बहादुरी से लड़ी; the young man was recruited in the ~ नवयुवक ≈ में भर्ती^F हो गया.

infect इन्फ़ॅक्ट' *v.t.* **1.** (with disease) संक्रमित करना : avoid him for he is diseased and he will ~ you उसे दूर रखो क्योंकि वह रोगी है और तुम्हें रोग संक्रमित कर देगा; the boy with a bad cold ~ed other children जुकाम वाले लड़के ने दूसरे बच्चों में रोग का संक्रमण कर दिया. **2.** (corrupt) दूषित करना, बिगाड़ना : he is corrupt, he may ~you वह भ्रष्ट है, वह तुम्हें भी बिगाड़ सकता है. [*ant.* dis~] **infection** इन् फ़ॅक्'शन *n*^u. संक्रमण : you can guard against ~ तुम संक्रमण से अपनी रक्षा^F कर सकते हो; a weak person is liable to ~ कमजोर आदमी के रोग-संक्रमण होना संभव है.

inferior इन् फ़िअ'रिअर **I.** *n.* अधीनस्थ, मातहत : your ~s आपके ≈; ~ to me वह मेरा ≈ था. **II.** *a.* **1.** (in rank) अवर, निम्न [level स्तर, officer अधिकारी]; ~ position in business व्यापार में निम्न स्थिति[F]. **2.** (in quality) घटिया : I would not pay top prices for goods of ~quality ≈ गुणवत्ता[F] वाले माल के लिए मैं उच्चतम मूल्य नहीं दे सकता; ~ grade of goods ≈ दर्जे का सामान. **3.** (in space) निचला : a mountain of ~ height एक निचली ऊंचाई[F] का पर्वत. [*ant.* superior] **inferiority** इन् फ़िअरि ऑ'रिटि *n*[u]. **1.** हीनता[F] : ~ complex हीन-भावना[F], हीनता-मनोग्रंथि : he suffers from ~ complex वह हीन-भावना से पीड़ित है; ~ feeling हीनता-भाव. **2.** ~ of goods माल का घटियापन.

infertile इन् फ़र्'टाइल *a.* **1.** अनुपजाऊ, अनुर्वर : ~ land ≈ भूमि[F]. **2.** बाँझ : ~ female ≈ मादा. **3.** (of egg) असंसेचित. **4.** (of brain) प्रतिभाहीन [*ant.* fertile]

infiltrate इन्'फ़िल् ट्रेट *v.t.* **1.** छनना, रिसना : water ~s from the filter फिल्टर से पानी छनता/रिसता है. **2.** (mil.) घुसना, घुसपैठ[F] करना; terrorists ~ into India these days इन दिनों आतंकवादी भारत में घुसपैठ करते हैं. **infinite** इन्'फ़िनिट *a.* **1.** अनंत, असीम : ~ universe ब्रह्माण्ड; ~ stretch of ocean सागर का ≈ विस्तार; ~ space surrounds the Earth धरती[F] के चारों ओर ≈ आकाश है. **2.** (gram.) ~verb असमापिका क्रिया, as having gone जाकर [*ant.* finite]

inflame इन् फ़्लेम' *v.t.* भड़काना, उत्तेजित करना : his speech ~d the crowd उसके भाषण ने भीड़[F] को उत्तेजित किया (भड़काया) ; to ~ emotions मनोवेगों को ≈. **inflammation** इन् फ़्लॅ में'शन *n*[u]. (med.) सूजन[F], शोथ : you can see by the ~ that there is something wrong with Ramo's ankle सूजन से तुम समझ सकते हो कि रामो के टखने में कुछ गड़बड़[F] है; ~ of the lungs फेफड़ों की सूजन.

inflate इन्'फ़्लेट *v.t.* **1.** हवा भरना : to ~ the tyre or balloon टायर अथवा गुब्बारे में ≈; the cycle tube was ~d साइकिल की ट्यूब में हवा[F] भरी गई. **2.** (elate) प्रफुल्लित करना : to ~ with the happy news सुखद समाचार से ≈. **3.** (puff up) फुलाना : to ~ one with pride किसी का गर्व बढ़ाना. **4.** (money) (दाम) बढ़ाना : to ~ prices of articles rapidly तेज़ी[F] से चीज़ों के दाम बढ़ाना.

inflict इन् फ़्लिक्ट' *v.t.* **1.** देना : ~ suffering दु:ख देना; to ~ punishment दंड देना; you ~ pain **on** a creature when you beat it with a stick जब तुम किसी प्राणी को छड़ी[F] से पीटते तो उसे पीड़ा[F] देते हो. **2.** दु:ख/कष्ट देना : he ~ed me in his company मैंने उसकी संगति[F] में बहुत कष्ट भोगा. **3.** थोपना, लादना : to one's company **on** smb किसी पर अपना साथ ≈.

influence इन्'फ़्लुअन्स **I.** *n*[cu]. **1.** प्रभाव, असर [cultural सांस्कृतिक, decisive निर्णायक, evil बुरा, fatal घातक, good अच्छा, great भारी या बहुत, mysterious रहस्यात्मक, pure शुद्ध, supernatural अलौकिक]; the ~ of environment वातावरण का ≈; under the ~ of के प्रभाव में; it may have a bad ~ on the child बच्चे पर इसका बुरा ≈ पड़ सकता है; the ~ of climate on our health हमारे स्वास्थ्य पर जलवायु[F] का ≈; the ~ of daily press on our politics दैनिक प्रेस का हमारे जीवन पर ≈; the moon has an ~ upon the earth, it causes tides चंद्रमा का पृथ्वी[F] पर प्रभाव पड़ता है, इससे ज्वार-भाटा आता है; Pritam has good ~ upon Paul पाल पर प्रीतम का अच्छा ≈; the teacher has a great ~ over his children शिक्षक का बच्चों पर भारी ≈ पड़ता है; to smb किसी पर ≈ डालना. **2.** (induction) प्रेरण [effective प्रभावशाली, good अच्छा, useful लाभदायक]; under the ~ of the family members परिवार के सदस्यों के ≈ से. **II.** *v.t.* पर प्रभाव डालना, प्रभावित करना [favourably अनुकूल ढंग से, rapidly तेज़ी से]; to ~ a person किसी व्यक्ति को प्रभावित करना; his friends ~d him उसके मित्रों ने उसे प्रभावित किया; the high mountains ~ the climate ऊंचे पर्वत जलवायु[F] को प्रभावित करते हैं.

influential इन् फ़्लु एन्'शल *a.* प्रभावशाली [member सदस्य, personality व्यक्तित्व, position स्थिति^{F}, speech भाषण]; members of the Parliament are ~ people संसद सदस्य ≈ लोग होते हैं; an ~ person may effect the ideas and actions of others एक ≈ व्यक्ति दूसरों के विचारों एवं कार्यों को प्रभावित कर सकता है.

influenza इन् फ़्लु एॅन्'ज़ा n^u. फ़्लू, शीतज्वर [painful कष्टदायक, serious गंभीर]; he has been suffering from ~ since Monday वह सोमवार से ≈ से पीड़ित (रहा) है.

inform इन् फ़ार्म' *v.t.* **1.** बता देना, सूचना^{F} देना, जानकारी^{F} देना, सूचित करना : ~ immediately तुरंत ≈; I was ~ed by him about it. मुझे इसके बारे में सूचना दी गई थी; the letter was to ~ me that I had passed the exam पत्र मुझे यह सूचित करने के लिए था कि मैं परीक्षा^{F} में पास हो गया; if you see an accident please ~ the police यदि तुम दुर्घटना देखो तो पुलिस^F को सूचित करो; you must ~ the post office of the change in your address तुम्हें अपने पते में परिवर्तन के बारे में डाकघर को सूचना^{F} देनी चाहिए; ~ us what he says हमें बताओ कि वह क्या कहता है; we were wrongly ~ed as to the date हमें तारीख़ के बारे में गलत सूचना^{F} दी गई; please keep me ~ed **about** any new development कृपया नई बात^F हो तो मुझे जानकारी^{F} देते रहिए. **2.** (animate) अनुप्राणित करना : the idol was ~ed by the priest पुजारी ने मूर्ति को अनुप्राणित किया. **informal** इन् फ़ॉर्'मल *a.* **1.** अनौपचारिक [discussion चर्चा^{F}, education शिक्षा^{F}, organization संगठन]; it was an ~ meeting of the Prime Minister with President प्रधानमंत्री की राष्ट्रपति से यह ≈ मुलाकात^F थी. **2.** (irregular) अनियमित, नियमविरुद्ध : the visit of a police officer in our school was ~ हमारे विद्यालय में पुलिस^F अधिकारी का दौरा नियमविरुद्ध था. **3.** (dress) साधारण, सादा : he always puts on ~ dress वह हमेशा सादा कपड़े पहनता है. **information** इन् फ़र् मे'शन n^u. **1.** सूचना^{F} [general साधारण, reliable विश्वसनीय, useful उपयोगी]; ~ centre ≈ केंद्र; ~ department ≈ विभाग; ~ officer ≈ अधिकारी; we must give ~ to him immediately हमें उसे तुरंत ≈ देनी चाहिए; he came with the ~ that the bridge had been blown वह इस सूचना^{F} के साथ आया कि पुल उड़ा दिया गया है; according to the ~ the police started investigation सूचना^{F} के आधार पर पुलिस^F ने जाँच^F शुरू कर दी. **2.** (knowledge) जानकारी^{F} [accurate सही, complete पूरी, detailed विस्तृत, miscellaneous विविध]; I want to get some ~ on/about the exam मैं परीक्षा^{F} के विषय में कुछ ≈ चाहता हूँ; the book contains ~ on a number of questions किताब में अनेक प्रश्नों के बारे में ≈ है; to gather ~ from various sources विभिन्न स्रोतों से ≈ इकट्ठी करना; I have no ~ on the subject मुझे इस विषय के बारे में कोई ≈ नहीं है; he has adequate ~ about the holidays उसे छुटि्टयों^{F} के बारे में पर्याप्त ≈ है. **3.** (accusation) अभियोग : according to ~ he is the accused अभियोग के आधार पर वह दोषी है. **4.** (memo) ज्ञापन : I saw the ~ for the post of a teacher in the *Times of India* टाइम्स ऑफ़ इण्डिया में मैंने अध्यापक पद का ≈ देखा.

infringe इन् फ़िन्ज' *v.t.* उल्लंघन करना, भंग करना : do not ~ the peace of the house घर की शांति^{F} भंग मत करो; to ~ some rules Δ **to ~ upon smb's** rights किसी के अधिकारों का अतिक्रमण करना.

-ing *suff.* (state of action) : beating, cheating, liking, longing, meaning, outing, shopping (*adj.*) amusing, interesting, surprising.

ingenuous इन् जें'न्युअस *a.* निष्कपट, सीधा-सादा [face चेहरा, friend मित्र, person व्यक्ति]; he is always ~ to his elders वह अपने बड़ों के प्रति हमेशा निष्कपट रहता है. [*ant.* cunning]

ingratitude इन् ग्रै'टिट्यूड n^u. कृतघ्नता^{F}, अकृतज्ञता^{F} : none can help him due to his base ~ उसकी निकृष्ट ≈ के कारण कोई उसकी सहायता^{F} नहीं कर सकता; I regret his ~ मुझे उसकी ≈ का दुःख है. [*ant.*

gratitude]

inhabit इन् है'बिट *v.t.* में निवास करना : he ~s the village वह गाँव में निवास करता है; my friend ~s in Canada मेरा मित्र कनाडा में रहता है; to ~ a house घर बसाना. **inhabitant** इन् है'बिटन्ट *n*[c]. रहने वाला, निवासी [new नया, old पुराना, temporary अस्थायी]; he is an ~ of this city वह इस शहर का ≈ है; the ~s of the island were friendly द्वीप के निवासी मित्रवत् थे; the ~s of the desert रेगिस्तान के निवासी.

inhale इन् हेल' *v.t.* **1.** प्रश्वास लेना, साँस खींचना : to ~ deep into the lungs फेफड़ों तक ≈; ~ the fresh morning air सुबह[F] की ताज़ा हवा[F] में साँस[F] लो. **2.** (smoking) कश लेना : to ~ tobacco smoke तंबाकू के धुएँ का ≈. [*ant.* exhale]

inherit इन हें'रिट *v.t.* दाय पाना, उत्तराधिकार में प्राप्त करना : he will ~ the title on his father's death वह अपने पिता की मृत्यु[F] पर स्वत्व प्राप्त करेगा; the eldest son of a king ~ed the crown राजा के बड़े पुत्र ने सिंहासन प्राप्त किया; he could not ~ the property of his uncle वह अपने चाचा की संपत्ति[F] का उत्तराधिकार न पा सका; she ~ed this habit from her mother उसने यह आदत[F] अपनी माँ से उत्तराधिकार में पाई. **inheritance** इन् हें' रिटन्स *n*[u]. दाय (भाग), विरासत[F], बपौती[F], उत्तराधिकार [important महत्वपूर्ण, rich धनी]; he has got this property by ~ उसने यह संपत्ति[F] ≈ में प्राप्त की है; he got nothing by ~ उसे ≈ में कुछ नहीं मिला; he wasted his ~ उसने अपनी ≈ नष्ट कर दी.

inhuman इन ह्यू'मन *a.* **1.** अमानुषिक, अमानवीय : the guards were punished for their ~ treatment of the prisoners कैदियों के साथ ≈ व्यवहार के लिए रक्षकों को दंडित किया गया. **2.** (inhumane) निर्दय, कठोर, निष्ठुर [conduct आचरण, person व्यक्ति]; you should not be ~ to your family तुम्हें अपने परिवार के प्रति ≈ नहीं होना चाहिए. [*ant.* human]

inimical इ नि'मिकल *a.* **1.** शत्रुतापूर्ण : his attitude was distinctly ~ स्पष्टतः उसका रुख ≈ था. **2.** (harmful) हानिकर [actions कार्य, ideas विचार, thinking सोच[F]]; he is a mean fellow, his advice may be ~ to you वह कमीना आदमी है उसकी सलाह[F] तुम्हें ≈ हो सकती है. **3.** (not favourable) प्रतिकूल : conditions there are ~ वहाँ के हालात ≈ हैं. [*ant.* friendly]

initial इ नि'शल **I.** *a.* प्रारंभिक [allowance छूट[F], deposit जमा, effort प्रयास, expenses व्यय, pay वेतन, speech भाषण, stage स्थिति[F], test परीक्षण]; he has recently joined class V, you must give him ~ information वह हाल ही में पाँचवें दर्जे में दाख़िल हुआ है, तुम्हें उसे प्रारंभिक जानकारी[F] देनी चाहिए. [*ant.* final] **II.** *v.t.* आद्यक्षरित करना : ~ the document in the court न्यायालय में दस्तावेज पर ≈ करो. **III.** *n*[c]. आद्यक्षर : JCC are the ~s for Jagdish Chandra Chopra. जे. सी. सी. जगदीश चंद्र चोपड़ा के ≈ हैं. **initiate** इ नि'शिएट *v.t.* **1.** चलाना, प्रारंभ करना : to ~ a reform सुधार प्रारंभ करना; to ~ a new scheme नई योजना[F] चलाना. **2.** दीक्षित करना : to ~ one into a trade or craft किसी को व्यापार या शिल्पकला[F] में ≈; he was ~d into Arya Samaj वह आर्य समाज में दीक्षित किया गया. **3.** (आरंभिक) शिक्षा[F] देना, सिखाना : to ~ a pupil in the study of economics शिष्य को अर्थशास्त्र की शिक्षा[F] दिलाना; to ~ a person in the mysteries of a cult किसी को धर्म-संप्रदाय के रहस्य बताना. **4.** प्रविष्ट करना, दाखिल करना : ~ smb into a society किसी को किसी समाज में ≈. **initiative** इनि' शिअटिव़ *n*[uc]. **1.** नेतृत्व : Peter took the ~ in that tour उस यात्रा[F] के दौरान पीटर ने ≈ किया; a person who is a natural leader shows ~ वह व्यक्ति जो निसर्गतः नेता होता है वह नेतृत्व प्रदर्शित करता है. **2.** उपक्रम : he has plenty of ~s उसके बहुत से ≈ हैं. **3.** प्रेरणा[F] : you should do this on your own ~ तुम्हें यह आत्मप्रेरणा से करना चाहिए. **4.** पहल[F] : who will take the ~ in entering the well कुएँ में घुसने के लिए कौन ≈ करेगा?

inject इन् ज़ेंक्ट' *v.t.* **1.** सूई[F] लगाना : the doctor uses syringe to ~ सुई लगाने के लिए डाक्टर सिरिन्ज का प्रयोग करता है. **2.** भीतर

डालना : to ~ a drug दवा^{F} ≈. Δ **to ~ new life into some campaign** किसी अभियान में नई जान^F डाल देना. **injection** इन् जेॅक्'शन *n*^{c}. सुई^F, इंजेॅक्शन : when a doctor gives you an ~ he injects some liquid into your flesh with a syringe जब डाक्टर तुम्हें ≈ लगाता है तो वह तुम्हारे मांस के भीतर सिरिन्ज से कोई द्रव डालता है.

injunction इन् जंक'शन *n*^{c}. **1.** निषेधाज्ञा^{F}, निषेधादेश : the ~ was imposed in the whole of the city पूरे शहर में ≈ लागू कर दी गई; during the ~ you cannot go about with a weapon ≈ के दौरान तुम हथियार लेकर इधर-उधर नहीं जा सकते. **2.** (order) आदेश : the magistrate issued an ~ to put him before the court मजिस्ट्रेट ने आदेश दिया कि उसे न्यायालय में लाया जाय.

injure इन्'जर *v.t.* **1.** घायल करना : he was ~d in the war वह युद्ध में घायल हो गया; when a man shoots an animal with a bullet it may ~ or kill it जब आदमी किसी जानवर को गोली^{F} मारता है तो वह उससे घायल हो सकता है या मर सकता है; his friend was ~d in the railway accident उसका मित्र रेल-दुर्घटना^{F} में घायल हो गया. **2.** चोट या ठेस^F पहुँचाना : this may ~ his reputation badly यह उसकी ख्याति^{F} को बुरी तरह^F ठेस पहुँचा सकता है. **3.** बिगाड़ना, ख़राब करना : to ~ one's happiness किसी के सुख को ख़राब करना; to ~ one's health अपना स्वास्थ्य ≈. **4.** हानि^{F} पहुँचाना : to ~ one's interests किसी के हितों को ≈. **injury** इन्'जरि *n*^{c}. (injuries) **1.** चोट^F, घाव [deep गहरा, latest ताज़ा, slight हल्का]; he fell down from his bicycle and got serious injuries वह अपनी साइकिल^F से गिर पड़ा और उसे गहरी चोटें आईं. **2.** (damage) क्षति^{F}, हानि^{F}, नुकसान [great बहुत, much अधिक]; the rain caused great ~ to the crop when it was ready बरसात से फ़सल^F को बहुत नुकसान हुआ जबकि यह तैयार थी.

injustice इन् जस्'टिस *n*^{u}. अन्याय, बेइंसाफ़ी [extreme अत्यधिक, great भारी, shocking दहलाने वाला]; to treat a person with ~ किसी व्यक्ति के साथ ≈ का बर्ताव करना; it would be ~ to her if you do not help her यदि तुम उसकी सहायता^{F} नहीं करते हो तो उसके साथ अन्याय होगा; you must not think of ~ to anyone तुम्हें किसी के प्रति अन्याय करने का विचार नहीं करना चाहिए. [*ant.* justice]

ink इङ्क **I.** *n*^{c}. स्याही^{F} [black काली, blue नीली, green हरी, red लाल]; I have no ~ in my pen मेरी कलम^F में ≈ नहीं है; he spilled ~ on the book उसने किताब^F पर ≈ छलका दी; please write in ~ कृपया ≈ से लिखिए; dip the pen into the ~ and write your name ≈ में कलम डुबा लो और अपना नाम लिखो. **II.** *v.t.* ≈ लगाना : do not ~ your fingers अंगुलियों^{F} में ≈ मत लगाओ.

inland इन्'लन्ड *a.* **1.** अंतर्देशीय [letter पत्र, letter-card पत्रक, route मार्ग, trade व्यापार]. **2.** आंतरिक, अंदर का : much of the ~ part of India is plain भारत का अधिकांश ≈ भाग मैदानी है. **3.** अंतर्जातीय : the rural society allows only the ~ marriages in India भारत में ग्रामीण समाज केवल ≈ विवाह को मान्यता देता है. [*ant.* foreign]

in-law इन् लॉ' *n*^{c}. **brother ~** (wife's brother) साला; (husband's elder brother) जेठ; (husband's younger brother) देवर; **father ~** (wife's or husband's father) ससुर; **mother ~** (wife's or husband's mother) सास; **sister ~** (wife's sister) साली, (husband's sister) ननद.

inmate इन् मेट *n*^{c}. निवासी, रहने वाला : ~ of a mental hospital पागलखाने का ≈; he is an ~ of the hostel वह उस छात्रावास का ≈ है; my friend is an ~ of some flat in Delhi मेरा मित्र दिल्ली में किसी फ़्लैट में रहता है.

inn इन *n*^{c}. सराय^F : they went on a tour and lived in the ~ वे भ्रमण करने गए और एक ≈ में ठहरे; all the facilities were available in that ~ उस ≈ में सभी सुविधाएँ^{F} प्राप्त थीं.

innate इ नेट' *a.* सहज, अंतर्जात [ability योग्यता^{F}, cleverness चतुरता^{F}, development विकास, intellect बुद्धि^{F}, mind मन, power शक्ति^{F}]; he is a boy of ~ intelligence and comes first in the school वह ≈ बुद्धिवाला लड़का है और स्कूल में प्रथम आता है; it is his ~ strength यह उसकी ≈ शक्ति^{F} है.

inner इ'नर *a.* भीतरी, आंतरिक [control नियंत्रण, form रूप, intention अभिप्राय]; ~ circle अंतरंग मंडली^{F}; ~ meaning गूढ़ अर्थ; ~ sense अंतःकरण; ~ voice अंतर्वाणी; ~ part of the house is decorated घर का ≈ भाग सुसज्जित है; I have regard for his ~ feelings मैं उसकी ≈ भावनाओं^{F} का आदर करता हूँ. [*ant.* outer]

innings इ'निङ्ग्ज़ *n*^{c}. (*pl.* the same) **1.** पारी [first प्रथम, good अच्छी, second द्वितीय]; Kapil made a century in the first ~ कपिल ने पहली ≈ में शतक बनाया; he gathered ten wickets in an ~ उसने एक ≈ में दस विकेट लिए. **2.** (turn) बारी^{F} : he is always present in his ~s वह अपनी ≈ पर हमेशा मौजूद रहता है. **3.** शासनकाल : Elizabeth's ~ was the golden age in England एलिजाबेथ का ≈ इंग्लैण्ड में स्वर्णयुग था; these were such bad days of his ~ उसके ≈ के ये इतने बुरे दिन थे.

innocence इ नॅ'सन्स *n*^{u}. **1.** निर्दोषता^{F} : he was sure of Jaidev's ~ वह जयदेव की ≈ के बारे में विश्वस्त था; the prisoner proved his ~, so the judge did not punish him कैदी ने अपनी ≈ सिद्ध कर दी, इसलिए जज ने उसे दंडित नहीं किया. **2.** भोलापन : the ~ of an infant शिशु का ≈. **innocent** इ नॅ'सन्ट *a.* **1.** निर्दोष [life जीवन, youth युवक, woman स्त्री]; Jack was ~ जैक ≈ था; he was found ~ by the court न्यायालय मे उसे ≈ पाया गया; an ~ person is one who has not done any wrong एक ≈ व्यक्ति वह है जिसने कोई बुरा नहीं किया. [*ant.* guilty]. **2.** भोला-भाला, अबोध [child बच्चा, girl लड़की, lamb मेमना]. **3.** अहानिकर [insect कीड़ा, joke मज़ाक, story कहानी^{F}]; it is an ~ novel, it will refresh the mind यह ≈ उपन्यास है यह मस्तिष्क को ताज़ा करेगा.

innovation इनॅ वे'शन *n*^{u}. नवीनता^{F} : I don't find any ~ in your plans मैं तुम्हारी योजनाओं^{F} में कोई ≈ नहीं पाता. **innovator** इ'नॅ वेटर *n*^{c}. प्रवर्तक : Mahatma Gandhi was the ~ of modern reforms महात्मा गाँधी आधुनिक सुधारों के ≈ थे.

innumerable इ न्यू'मरॅबल *a.* असंख्य, अगणित [events घटनाएँ^{F}, friends मित्र, stars तारे]; ~ wild animals live in the woods जंगल में ≈ जानवर रहते हैं; ~ fish in the sea समुद्र में ≈ मछलियाँ.

inoculation इनॉ क्यू ले'शन *n*^{uc}. टीका : ~ certificate टीके का प्रमाण-पत्र; during the days of cholera ~ becomes necessary हैज़े के दिनों में टीका आवश्यक हो जाता है; the baby needs some more ~s बच्चे को कुछ और टीकों की आवश्यकता^{F} है.

inquire इनक्वाइअर' *v.t.* **1.** पूछना, पूछताछ^F करना : you must ~ at the office तुम्हें कार्यालय में पूछताछ करनी होगी; to ~ the name of a flower किसी फूल का नाम पूछना; they ~ed his address and occupation उन्होंने उसके पते और व्यवसाय के बारे में पूछताछ की. **2.** (investigate) जाँचना, पड़ताल^F करना : they ~d **into** the matter उन्होंने मामले की जाँच-पड़ताल की; to ~ **into** the cause of someone's sudden death किसी की एकाएक मृत्यु^{F} के कारण के बारे में जाँच^F करना. Δ ~ **about** पता करना : have you ~d about the plane क्या तुमने हवाई जहाज के बारे में पता किया है? ~ **after** हालचाल पूछना : to ~ after smb's health किसी के स्वास्थ्य का ≈; **inquiry** इन क्वाइ'रि *n*^{c}. (inquiries) **1.** जाँच^F, जाँच-पड़ताल^F : ~ about goods सामान के बारे में ≈; there is no ~ office in the department विभाग में कोई भी पूछताछ-कार्यालय नहीं है; I made an ~ about the lost purse मैंने खोए पर्स की ≈ की. **2.** (research) अन्वेषण, खोज^F : to hold an ~ into some case किसी मामले में ≈ करना; he is busy in his ~ about the plants वह पौधों के ≈ में व्यस्त है.

inquisitive इन् क्वि'ज़िटिव़ *a.* जिज्ञासु, जानने का इच्छुक : she is too ~ to know about her neighbours वह अपने पड़ोसियों के बारे में जानने को बहुत ही इच्छुक है; an ~ person is one who is ever trying to find out about things by asking questions एक ≈ व्यक्ति वह है जो हमेशा प्रश्न पूछ-पूछकर वस्तुओं के बारे में जानने की कोशिश^F करता है.

insane इन सेन' *a.* पागल [boy लड़का, person व्यक्ति]; an asylum for ~ patients ≈ रोगियों के लिए शरणस्थल; when the people are ~, they are put away in mental hospitals to be cured जब लोग ≈ हो जाते हैं तो इलाज के लिए पागलखाने में रखे जाते हैं; an ~ excessive passion for athletics खेल-कूद के प्रति उन्मत्त एवं अत्यधिक भावावेश. [*ant.* sane]

inscribe इन् स्क्राइब' *v.t.* **1.** अंकित करना, उत्कीर्ण करना : to ~ names on tombstones कब्र^F के पत्थरों पर नाम ≈. **2.** लिखना : to ~ one's name in a list सूची^F में नाम लिखना; your name is ~ed on my heart तुम्हारा नाम मेरे दिल पर लिखा है; **inscription** इन स्क्रिप्'शन *n*^c. अभिलेख, शिलालेख : Ashokan ~s अशोक के ≈; read the ~ on this gravestone कब्र^F के पत्थर पर खुदा लेख पढ़ो.

insect इन'सेंक्ट *n*^c. कीट, कीड़ा, पतंगा [dangerous खतरनाक, flying उड़ने वाला, harmful नुकसानदायक, harmless हानिरहित]; ants, beas, flies etc. are ~s चीटियाँ^F, मधुमक्खियाँ^F, तितलियाँ^F इत्यादि कीड़े हैं; locusts are very harmful ~s for crops टिड्डियाँ^F फसलों^F के लिए बहुत हानिकारक कीड़े हैं.

insecure इन् सि क्यु'अर *a.* **1.** असुरक्षित [documents दस्तावेज़, personality व्यक्तित्व, property संपत्ति^F]; she felt lonely and ~ in her home वह अपने घर में अकेली और ≈ महसूस करती थी. **2.** (unreliable) अस्थिर [man आदमी, position स्थिति^F, thinking विचार]. this lock on the door is ~ दरवाज़े पर यह ताला पक्का नहीं है. [*ant.* secure]; [*n.* insecurity]

insensible इन सें न्'सॅबल *a.* **1.** अचेत, मूर्च्छित : he lay down ~ वह ≈ होकर लेट गया. **2.** संवेदनशून्य : to be ~ to the beauty of the nature प्रकृति^F की सुंदरता^F के प्रति ≈ होना. **3.** (indifferent) उदासीन : ~ to fear भय के प्रति ≈. **4.** बहुत ही कम, नगण्य : ~ change ≈ परिवर्तन; your share in the company is ~ कंपनी^F में तुम्हारा हिस्सा ≈ है. [*ant.* sensible]

insert इन् सर्ट'*v.t.* घुसेड़ना : to ~ a key into the lock ताले^F में चाबी^F ≈; ~ a stick in a hole छिद्र में छड़ी ≈; to ~ a knife in the crack दरार^F में चाकू ≈. **2.** शामिल करना, जोड़ना : to ~ another word in the sentence वाक्य में एक दूसरा शब्द ≈. **3.** बीच में जोड़ना : to ~ a missing letter in a word किसी शब्द में छूटा अक्षर ≈. **4.** सन्निविष्ट करना : to ~ a notice in a newspaper समाचार पत्र में सूचना ≈.

inset इन् सेंट' *v.t.* अंतर्विष्ट करना : to ~ a smaller thing within a larger one किसी बड़ी वस्तु के अंतर्गत छोटी को ≈.

inside इन् साइड' **I.** *n.* अंदर, भीतरी भाग : I have never seen the ~ of the house मैंने मकान का भीतरी भाग कभी नहीं देखा; he very well knows the ~ of the affair वह मामले की भीतरी बात^F को अच्छी तरह जानता है; to turn ~ out अंदर का हिस्सा बाहर कर देना. [*ant.* outside] **II.** *a.* भीतरी, अंदरूनी [box संदूक, circle घेरा, information सूचना^F, pocket जेब, room कमरा, wall दीवार^F]; I want to see the ~ page of the newspaper मैं समाचार-पत्र के ≈ पृष्ठ देखना चाहता हूँ. **III.** *adv.* अंदर, अंदर की तरफ़ : he came and went ~ वह आया और भीतर चला गया; there was nothing dark ~ अंदर बिल्कुल अंधेरा नहीं था; go ~ ≈ जाइए. **IV.** *prep.* के अंदर, में : I will take you ~ the office मैं तुम्हें कार्यालय में ले जाऊंगा; the wolf swallowed the duck ~ his stomach भेड़िया बतख को पेट में निगल गया. [*ant.* outside]

insignificant इन् सिग् नि'फ़िकन्ट *a.* **1.** नगण्य, उपेक्षणीय, उपेक्ष्य, तुच्छ, निरर्थक [gift उपहार, matter मामला, person व्यक्ति, thing वस्तु]; it was such an ~ news that none of the papers printed it यह समाचार इतना नगण्य था कि किसी भी समाचार-पत्र ने इसे नहीं छापा. **2.** he is an ~ person वह मामूली आदमी है. [*ant.* significant]

insist इन् सिस्ट' *v.t.* आग्रह करना, पर बल देना, अड़े रहना, ज़िद करना, जमे रहना : I ~ **on** quietness मैं शांति^F के लिए आग्रह करता रहा;

to ~ on the payment वेतन के लिए ज़िद करना; they ~ed on my being present वे मेरी उपस्थिति^F के लिए आग्रह करते रहे ; I ~ed on abolishing these evils उन बुराइयों^F के उन्मूलन पर मैं बल देता रहा; I ~ed on her leaving my house without any delay मैं उससे बिना विलंब किए घर छोड़ने के लिए आग्रह करता रहा; they ~ed that this theory was sound उन्होंने आग्रहपूर्वक कहा कि यह सिद्धांत दमदार था; do you ~ on these conditions क्या तुम इन शर्तों पर जमे हो? **insistence** इन् सिस्'टन्स ^F आग्रह, ज़िद^F, हठ, ज़ोर : he had to change his plan because of Raman's ~ रमन की जिद से उसे अपना विचार बदलना पड़ा; your ~ made her divorce her husband तुम्हारे हठ ने उससे उसके पति को तलाक दिला दिया. **insistent** इन् सिस्'टन्ट *a.* **1.** आग्रही [person व्यक्ति, servant नौकर]; I did not want the medicine but the nurse was so ~ that I finally agreed मैं दवा^F नहीं लेना चाहता था लेकिन नर्स ने इतना आग्रह किया कि अंततः मैं सहमत हो गया. **2.** आग्रहपूर्ण, साग्रह : ~ knocking at the door दरवाज़े पर ≈ खटखटाहट^F; it was his ~ statement that I liked यह उसका ≈ कथन था जिसे मैंने पसंद किया; his ~ demand. उसकी ≈ माँग^F.

insolent इन्'सलन्ट *a.* **1.** गुस्ताख़, धृष्ट, अक्खड़ [person व्यक्ति, servant नौकर]; the ~ boys accused the headmaster of cheating धृष्ट लड़कों ने प्रधानाध्यापक पर धोखेबाज़ी का आरोप लगाया. **2.** धृष्टतापूर्ण, गुस्ताख़ीभरा [behaviour व्यवहार, remark टिप्पण, reply उत्तर, words शब्द].

insolvency इन् सॉल्'व़न्सि *n*^u. दिवाला, दिवालियापन : it shows the ~ of the department इससे विभाग के दिवालियापन का पता चलता है. [*a.* insolvent]

insp. inspector.

inspect इन स्पें'क्ट *v.t.* **1.** जाँच-पड़ताल^F करना, जाँचना : to ~ the accounts हिसाब-किताब जाँचना (की पड़ताल^F करना) ; to ~ the goods at the station स्टेशन पर अपने माल की जाँच^F करना. **2.** निरीक्षण करना : to ~ a factory कारखाने का ≈; before the match, the captains ~ the pitch to satisfy themselves that it is fit for play मैच (खेल) शुरू होने से पहले कप्तान संतुष्ट होने के लिए पिच का निरीक्षण करते हैं कि यह खेलने लायक है; the inspector came to ~ the school निरीक्षक विद्यालय का निरीक्षण करने आया. **inspection** इन् स्पेक्'शन *n*^u. **1.** निरीक्षण [circle क्षेत्र, fee शुल्क, note टिप्पणी^F, report रिपोर्ट^F]; after ~ it was decided that the pitch was not fit for the play ≈ के बाद यह निश्चित किया गया कि पिच खेल के लायक नहीं है; we had an ~ at school today आज विद्यालय में ≈ था. **2.** जाँच^F, पड़ताल^F : ~ of accounts हिसाब-किताब की ≈. **inspector** इन् स्पें'क्'टर *n*^c. निरीक्षक [expert निपुण, health स्वास्थ्य, school विद्यालय]; ~ general महानिरीक्षक; the police sargeant has now been made a police ~ पुलिस सारजेंण्ट को अब पुलिस-निरीक्षक बना दिया गया है.

inspiration इन् स्पॅ रे'शन *n*^u. **1.** अंतःप्रेरणा, प्रेरणा^F [divine दैवी, instantaneous तात्कालिक, sudden द्रुत/अचानक]; it was a source of ~ वह ≈ का स्रोत था. **2.** अंतःश्वसन : ~ of breath अंतःश्वसन. **inspire** इन् स्पाइअर *v.t.* (inspiring) **1.** प्रेरित करना, प्रेरणा देना, अनुप्राणित करना : to ~ thoughts and emotions विचारों और भावनाओं^F को प्रेरित करना; to ~ a child's mind with notions or conceptions of virtue बच्चे के मन को विचारों और धारणाओं^F से अनुप्राणित करना; the news ~d him समाचार ने उसे प्रेरित किया (प्रेरणा दी); his first success ~d him to further attempts उसकी पहली सफलता^F ने उसे और प्रयास करने के लिए प्रेरित किया; love is the inspiring influence of modern poetry आज की कविता^F में प्रेम का प्रेरणादायक प्रभाव है. **2.** उत्पन्न करना : to ~ loyalty into the nationals राष्ट्रवादियों में निष्ठा^F ≈; it is hard to ~ confidence into suspicious persons शंकालु व्यक्तियों में विश्वास उत्पन्न करना कठिन है.

inst. institute.

install इन् स्टाल' *v.t.* **1.** लगाना : a man came

to ~ a telephone in our house एक व्यक्ति हमारे मकान में टेलीफ़ोन लगाने आया. 2. to ~ oneself अपने पैर जमाना. 3. पद या गद्दी^F पर बिठाना : to ~ a clergyman किसी पादरी को गद्दी पर बिठाना; he was ~ed as king उसे सिंहासन पर बिठाया गया; to ~ a person in the office of the superintendent किसी व्यक्ति को अधीक्षक के पद पर लगाना.

instalment इन् स्टाल'मन्ट *n*^c. किस्त^F [final अंतिम, first पहली]; ~ system ≈ पद्धति^F; payment of ~ ≈ का भुगतान; I paid the price of my bicycle in 20 weekly ~s मैंने अपनी साइकिल का मूल्य 20 साप्ताहिक किस्तों में चुका दिया; I bought a TV on ~s मैंने एक टी.वी. किस्तों पर खरीदा; this serial story will be telecast in ~s यह धारावाहिक कहानी^F दूरदर्शन पर ≈ में प्रसारित की जाएगी.

instance इन्'स्टंस *n*^c. 1. उदाहरण, दृष्टांत : I wish I should grow fruit in our garden, apples for ~ मैं चाहता हूँ कि मैं अपने बाग में फल उत्पन्न करूँ, उदाहरण स्वरूप सेब : it was an ~ of cruelty यह निर्दयता का एक उदाहरण था; he cited a number of ~s उसने अनेकों ≈ दिए. 2. (law) सुनवाई : I won a law-suit in the first ~ मैंने पहली ≈ में मुकदमा जीत लिया. 3. (request) कहना; प्रेरणा^F : at the ~ of the teacher I was successful in securing good marks अध्यापक की प्रेरणा से मैं अच्छे अंक प्राप्त करने में सफल रहा; at the ~ of my father I learnt shorthand मैंने पिता के कहने पर शार्ट हैण्ड सीखा.

instant इन् स्टन्ट' I. *a.* (immediate) तुरंत, तात्कालिक [death मृत्यु^F, help सहायता^F, need आवश्यकता^F]; ~ remedy त्वरित उपचार; ~ coffee तुरंत तैयार होने वाली कॉफी; let us bring him ~ relief हम उसे तत्काल आराम पहुँचाएँ; the prisoners were sent for ~ execution कैदी तुरंत फाँसी दिये जाने के लिए भेज दिए गए. II. *n*^c. क्षण : he was back in an ~ वह एक ≈ में वापस हो गया; for some ~s I thought I was dreaming कुछ ≈ मैंने सोचा कि मैं सपना देख रहा था; I know there is not an ~ to lose मैं जानता हूँ कि एक ≈ भी खोने को नहीं है; he did not hesitate even an ~ वह एक ≈ भी नहीं हिचकिचाया; it will not take me an ~ मुझे एक ≈ भी नहीं लगेगा; please wait for an ~, I will come soon कृपया एक ≈ प्रतीक्षा करें, मैं तुरंत आ जाऊँगा; you must come the ~ I call जब मैं बुलाऊं तो तुम्हें उसी क्षण (तुरंत) आ जाना है; do it this ~ इसे इसी क्षण (तुरंत) करो. **instantly** इन्'स्टन्टलि *adv.* तत्काल, तुरंत, झटपट : he cleaned his face ~ उसने ≈ अपना मुँह साफ़ किया; the medicine works ~ दवा ≈ काम करती है; if you press the switch the light comes ~ यदि तुम बटन दबाओ तो प्रकाश तुरंत आ जाता है.

instead इन् स्टॅड' *adv.* के स्थान पर, की जगह पर, के बजाय : ~ of answering he sat down and looked at me उत्तर देने ≈ वह बैठ गया और मेरी तरफ़ देखने लगा; I could not go, so he went ~ मैं नहीं जा सका, इसलिए वह मेरी जगह चला गया; I have come ~ of my brother मैं अपने भाई के स्थान पर आया हूँ; we decided to go on Wednesday ~ of Tuesday हमने मंगलवार के बजाय बुधवार को जाने का निश्चय किया; why are you reading ~ of working तुम काम करने के बजाय पढ़ क्यों रहे हो ? send books ~ of money पैसे के बजाय किताबें भेजो.

instigate इन्'स्टिगेट *v.t.* उत्तेजित करना, भड़काना : to ~ a rebellion विद्रोह भड़काना; the man who ~d this dispute is Kailash वह व्यक्ति जिसने यह झगड़ा भड़काया, कैलाश है; who ~d him to refuse payment उसे भुगतान करने से इंकार करने को किसने भड़काया ?

instinct इन'स्टिन्क्ट *n*^c. 1. नैसर्गिक या सहज-प्रवृत्ति^F : the ~ of bees is to build six-sided waxcells for honey मधुमक्खियों की ≈ है मधु के लिए मोम के षड्भुज कोष्ठक बनाना; birds migrate by ~ पक्षी ≈ के कारण एक स्थान से दूसरे स्थान पर चले जाते हैं; a man ~ is to run away when he is frightened जब मनुष्य भयभीत होता है तो उसकी ≈ है भागना. 2. (intuition) सहज बोध, सहज बुद्धि^F : to act by force of ~ ≈ के बल से काम करना; to be guided by one's

~ अपनी ≈ द्वारा संचालित होना. **3.** (talent) प्रतिभा[F]; this achievement is the fruit of his ~ यह उपलब्धि[F] उसकी ≈ का परिणाम है.

institute इन्'स्टिट्यूट **I.** *v.t.* **1.** स्थापित करना : to ~ a library पुस्तकालय ≈ ; the school was ~d by the governor विद्यालय की स्थापना[F] गवर्नर द्वारा की गई थी. **2.** प्रारंभ करना, प्रवर्तन करना : to ~ an inquiry जाँच प्रारंभ करना; to ~ new rules नए नियमों का प्रवर्तन करना. **II.** *n*[c]. संस्थान : Hindi ~ हिंदी ≈; ~ of higher learning उच्चतर शिक्षा ≈; Director of an ~ ≈ निदेशक; a research ~ was established in Allahabad इलाहाबाद में एक अनुसंधान ≈ की स्थापना[F] की गई. **institution** इन्स्टि टयू'शन *n*[c]. **1.** संस्था[F] [charitable धर्मार्थ, higher learning उच्च शिक्षा, industrial औद्योगिक, law विधि, national राष्ट्रीय]; the ~ of education department शिक्षा विभाग की संस्था[F]; he is an ~ by himself वह अपने में एक ≈ है. **2.** रिवाज : tea and coffee have become our ~ चाय और कॉफी हमारा ≈ बन गया है. **3.** प्रारंभ : ~ of enquiry against some person किसी व्यक्ति के विरुद्ध जाँच ≈.

instruct इन् स्ट्रक्ट' *v.t.* **1.** शिक्षा[F] देना, सिखलाना : to ~ the pupils in grammar शिष्यों को व्याकरण सिखलाना; to ~ good manners अच्छे आचरण की शिक्षा[F] देना. **2.** अनुदेश देना, हिदायत[F] करना : to ~ the boys to wait there वहाँ इंतजार करने के लिए लड़कों को ≈; the foreman ~s his workmen फोरमैन अपने कामगीरों को हिदायत देता है. **instruction** इन् स्ट्रक्'शन *n*[c]. **1.** अनुदेश, हिदायत[F] [clear साफ़, detailed विस्तृत, precise सही-सही]; the policeman received ~s from the inspector पुलिस वाले ने निरीक्षक से ≈ प्राप्त किए; to give a person ~s to do something किसी व्यक्ति को कुछ करने के लिए ≈ देना. **2.** सूचना[F] : the principal gave ~s to the teachers that there would be a meeting in the school प्राचार्य ने अध्यापकों को सूचना[F] दी कि विद्यालय में मीटिंग[F] होगी. **3.** *n*[c]. शिक्षा[F] [modern आधुनिक, moral नैतिक, oral मौखिक, practical व्यावहारिक, technical तकनीकी, theoretical सैद्धान्तिक]; the teachers give ~ to all the boys of the school अध्यापक विद्यालय के सभी लड़कों को ≈ देते हैं.

instrument इन्'स्टूमन्ट *n*[c]. **1.** यंत्र, औज़ार [fine अच्छा, old पुराना, perfect पूर्ण, reliable विश्वसनीय, simple साधारण, special विशिष्ट] electric ~ वैद्युत-यंत्र; scientific ~ वैज्ञानिक यंत्र; musical ~ वाद्य यंत्र. **2.** (means) साधन : to serve as an ~ of human progress मानव विकास के ≈ के रूप में प्रयुक्त होना; he is merely an ~ in his hands वह उसके हाथों में ≈ मात्र है. **3.** (mus.) वाद्ययंत्र, बाजा [excellent उत्कृष्ट, good अच्छा, precious कीमती, simple साधारण, splendid शानदार]; he plays on the ~ in the night रात में वह बाजा बजाता है. **4.** (deed) दस्तावेज़, लिखत[F], प्रपत्र : he had to present an ~ before the court in support of his case उसे अपने मामले के समर्थन में न्यायालय में दस्तावेज़ प्रस्तुत करना था.

insubordinate इन सॅबॉर्'डनिट *a.* अवज्ञाकारी : ~ servant नौकर; he is ~ to his elders वह अपने से बड़ों के प्रति ≈ है. [*ant.* obedient]

insufficient इन् सॅ फ़ि'शन्ट *a.* अपर्याप्त [address पता, food भोजन, proof प्रमाण, resources संसाधन]; if you have ~ money for your journey tell me how much more money you need यदि तुम्हारे पास यात्रा[F] के लिए पैसा ≈ है तो मुझे बताओ कि कितना और चाहिए; the rainfall was ~ for the crops फ़सल के लिए बारिश[F] ≈ थी. [*ant.* sufficient]

insult इन्'सल्ट **I.** *n*[c]. अपमान, हतक[F] : it was an ~ to him यह उसका अपमान था; I will not tolerate such ~s मैं इस प्रकार के अपमान सहन नहीं करूँगा; ~ of the nation राष्ट्र का ≈. **II.** इन् सल्ट' *v.t.* अपमान करना : you are ~ing me तुम मेरा अपमान कर रहे हो; why did you ~ him so तुमने उसका इस तरह अपमान क्यों किया; I did not mean to ~ you तुम्हारा ≈ करने का मेरा कोई अभिप्राय नहीं था; how dare you ~ your teacher

तुमने अपने गुरु का ≈ करने का साहस कैसे किया? [*ant.* respect] **insulting** इन्'सल्टिङ्ग *a.* अपमानजनक [behaviour व्यवहार, letter पत्र, response जवाब]; an ~ remark is one that makes someone feel hurt एक ≈ टिप्पण वह है जिससे किसी व्यक्ति को दुःख होता है.

insuperable इन् स्यू'परॅबल *a.* अलंघ्य, दुर्गम [difficulties कठिनाइयाँ, hindrances बाधाएँ^F]; it is hard to climb on the mountain, the peak is ~ पर्वत पर चढ़ना कठिन है इसकी चोटी^F दुर्गम है.

insurance इन् शुअ'रन्स *n*^u. बीमा [agent एजेंट, broker दलाल, company कंपनी^F, premium किस्त^F, proposal प्रस्ताव]; life ~ corporation जीवन बीमा निगम; group ~ सामूहिक ≈; now ~ has become essential for the safety of the future life आगे के जीवन की सुरक्षा^F के लिए ≈ आजकल आवश्यक हो गया है; you have to pay your ~ premium this month इस महीने तुमको अपनी ≈ किस्त^F जमा करनी है. **insure** इन् शुअर' *v.t.* **1.** बीमा करना या कराना : to ~ one's life for Rs. 30,000 तीस हज़ार रुपए का जीवन बीमा करवाना; to ~ a house against fire आग के विरुद्ध घर का ≈; to ~ the property संपत्ति का बीमा करना. **2.** विश्वास दिलाना : I ~d Ramesh that he would pass the examination मैंने रमेश को विश्वास दिलाया, वह परीक्षा^F में पास हो जाएगा.

intact इन टैक्ट' *a.* पूरा, ज्यों का त्यों : he kept his savings ~ उसने अपनी बचत को ≈ बनाए रखा; the parcel arrived ~ पार्सल ≈ पहुँच गया.

integrity इन् टॅ'ग्रिटि *n*^c. **1.** अखंडता^F : ~ of states राज्यों की ≈; unity and ~ of the nation must be maintained देश की एकता^F और ≈ बनाई रखी जानी चाहिए. **2.** ईमानदारी^F, साख^F : ~ of Mr. Ch. is undoubted श्री च की ≈ पर कोई संदेह नहीं है; he is a man of ~ वह ईमानदार आदमी है.

intellect इन्'टिलॅक्ट *n*^u. **1.** बुद्धि^F, प्रज्ञा^F [sharp तीव्र/तीक्ष्ण, strong दृढ़, weak कमज़ोर]; I wish, I had an ~ like the professor's मैं चाहता हूँ कि मेरे पास प्रोफ़ेसर की तरह की ≈ होती; to appreciate mathematics is a mark of ~ गणित समझना बुद्धि का लक्षण है; he is a man of ~ वह प्रज्ञावान् व्यक्ति है; animals have no ~ जानवरों में ≈ नहीं होती. **2.** प्रतिभाशाली व्यक्ति : the ~s of the country will agree on this matter इस मामले पर देश के सभी ≈ सहमत होंगे. **intellectual** इन्टि लॅक्' ट्यूअल *a.* बौद्धिक [atmosphere वातावरण, leadership नेतृत्व, play नाटक, work कार्य]; an ~ person is one who has good powers of thinking एक ≈ व्यक्ति वह है जिसके पास सोचने की अच्छी शक्ति^F हो.

intelligence इन् टॅ'लिजन्स *n*^u. **1.** बुद्धि^F, समझ^F [narrow संकीर्ण, powerful शक्तिशाली, shallow उथली, well-developed सुविकसित]; ~ test ≈ परीक्षण; he possesses sharp ~ उसकी ≈ तीव्र है; a man of good ~ सुबुद्धि-संपन्न व्यक्ति; an ~ test is used to pick out the better बेहतर को छाँटने के लिए ≈ परीक्षण का प्रयोग किया जाता है; a person who quickly learns and understands has good ~ वह व्यक्ति जो जल्दी सीखता और समझता है अच्छी ≈ वाला होता है. **2.** (information) जानकारी^F, खबर^F, समाचार [great बड़ी, important महत्वपूर्ण, remarkable उल्लेखनीय]; to impart good ~ अच्छी खबर देना; ~ has been received that the ambassador has been recalled खबर मिली है कि राजदूत को वापस बुला लिया गया है; at the reaching of this amazing ~ इस आश्चर्यजनक समाचार के पहुँचने पर...; **3.** गुप्तवार्ता : Central I ~ Bureau (CIB) केंद्रीय गुप्तचर विभाग. **intelligent** इन् टॅ' लिजन्ट *a.* **1.** बुद्धिमान, समझदार [boy लड़का, parents माता-पिता, person व्यक्ति]; I talked to him and found him very ~ मैंने उससे बातचीत^F करके पाया कि वह बहुत ≈ है; the man is an ~ being आदमी एक ≈ प्राणी है; she is an ~ student वह एक ≈ छात्रा^F है; an ~ person is one who is good at understanding things व्यक्ति वह है जो बातों^F को समझने में अच्छा (तेज़) है; a hint is sufficient for the ~ समझदार को इशारा काफी है. **2.** बुद्धिमत्तापूर्ण [attitude रुख, reply उत्तर, work कार्य]. [*ant.* dull]

intend इन् टें'न्ड' *v.i.* **1.** इरादा होना, विचार होना : we ~ed to leave that very night हमारा इरादा उसी रात[F] चले जाने का था; how do you ~ to settle the matter? तुम मामले को कैसे निपटाने का इरादा रखते हो; he does not ~ to wait long वह लंबे समय तक इंतज़ार करने का विचार नहीं रखता; what do you ~ to do when you get there वहाँ जाने पर तुम्हारा क्या-क्या करने का विचार है ? I ~ to go, I ~ going मैं जाने का विचार कर रहा हूँ; we ~ no harm to you हमें तुमको कोई नुकसान पहुँचाने का इरादा नहीं; I was ~ing to get up early in the morning मैं एकदम तड़के उठने का विचार कर रहा था. **2.** (destine) के लिए/प्रति (निर्दिष्ट) होना : his remark was ~ed for me उसका टिप्पण मेरे प्रति था; whom is the gift ~ed for उपहार किसके लिए (निर्दिष्ट) है; the dictionary is ~ed for second year students of B.A. शब्दकोश बी.ए. द्वितीय वर्ष के विद्यार्थियों के लिए (निर्दिष्ट) है.

intense इन् टें'न्स' *a.* तेज़, प्रचंड, तीव्र [cold ठंड, darkness अंधेरा, desire इच्छा, emotion भावावेश, heat गर्मी[F]/ताप]; you should not go outside because ~ wind is blowing तुम्हें बाहर नहीं जाना चाहिए क्योंकि तेज़ हवा[F] बह रही है. [*ant.* mild] **intensely** इन् टें'न्स' लि *adv.* **1.** अत्यधिक : to be ~ keen for success सफलता[F] के लिए ≈ उत्सुक होना; I dislike her ~ मैं उसे बेहद नापसंद करता हूँ. **2.** भावपूर्ण ढंग से : to live ~ in one's own thoughts भावपूर्ण विचारों में रहना. **intensive** इन् टें'न्'सिव़ *a.* गहन [attention अवधान, check जाँच[F], course पाठ्यक्रम, cultivation खेती[F], reading पठन].

intention इन् टें'न्'शन *n*[c]. **1.** अभिप्राय [bad बुरा, frivolous तुच्छ, honourable सम्मानपूर्ण, mean निकृष्ट, praiseworthy प्रशंसनीय, sincere सच्चा]; he came with the ~ of discussing all our complaints वह हमारी सभी शिकायतों[F] पर चर्चा[F] करने के ≈ से आया. **2.** इरादा, मंशा[F] : he has the best of ~s उसके इरादे अच्छे हैं; he has the ~ of giving up work उसका काम छोड़ देने का इरादा है; I haven't the slightest ~ मेरी तनिक भी मंशा[F] नहीं है; I have no ~ to accept it मेरा इसे स्वीकार करने का कोई इरादा नहीं है; we had every ~ of finishing the work in time हमारा समय पर काम समाप्त करने का पूरा इरादा था; his ~ was to resist उसका इरादा विरोध करने का था; he came with the ~ of fighting वह लड़ने की नीयत[F] से आया; to be convinced of someone's best ~s किसी के अच्छे इरादों से आश्वस्त होना. **intentionally** इन् टें'न्'शॅनलि *adv.* जानबूझकर : I did not do it ~ मैंने इसे ≈ नहीं किया; letting the animal escape was not accidental, you did it ~ जानवर को भाग जाने देना कोई अचानक नहीं हुआ, तुमने इसे ≈ किया.

inter- इन्'टर *pref.* (among आपस में) ~act, ~change, ~marriage, ~mingle, ~national, ~relation, ~weave.

inter intermediate.

inter इन्'टर *v.t.* (interred) दफ़नाना, गाड़ना : to ~ a corpse शव को ≈; the dead body was ~ed शव गाड़/दफ़ना दिया गया.

interchange इन्टर चेन्ज' **I.** *v.t.* विनिमय करना, अदला-बदली[F] करना : they ~ hats वे हैट अदल-बदल देते हैं; to ~ play with work काम और खेल में अदला-बदली करना. **II.** इन'टर्चेन्ज *n*[u]. **1.** विनिमय, अदल-बदल [diminishing घटता हुआ, increasing बढ़ता हुआ, regular नियमित]; ~ of rights अधिकारों का अदल-बदल; to establish an ~ of commodities व्यापार-सामग्री[F] का ≈ करना. **2.** आदान-प्रदान : ~ of high technology with other countries दूसरे देशों से उच्च तकनीक का आदान-प्रदान.

intercourse इन्'टरकॉर्स **1.** संपर्क, लेनदेन [commercial वाणिज्यिक, constant लगातार, diplomatic राजनैतिक, friendly मित्रवत्, permanent स्थाई, personal वैयक्तिक, social सामाजिक]; to entertain devout ~ with God ईश्वर से भक्तिपूर्ण ≈ करना; ~ of thought and feeling विचारों और भावनाओं का ≈. **2.** (sexual) मैथुन, संभोग.

interest इन'ट्रस्ट **I.** *n*^c^. **1.** (profit) लाभ [deep गहरा, great बहुत, intense अत्यधिक, particular विशेष]; the book is of no ~ to us किताब^F^ हमारे ≈ की नहीं है; his work is of special ~ to the students of Art कला^F^ के विद्यार्थियों के लिए उसका कार्य विशेष ≈ का है; I find no ~ in it मुझे इसमें कोई ≈ नहीं लगता. **2.** (good) हित : it is in your ~ to keep silent यह तुम्हारे ≈ में है कि चुप रहो I have your ~ in mind मेरे मन में तुम्हारा हित-चिंतन है; in public ~ सार्वजनिक ≈ में; **3.** (right) अधिकार, स्वत्व : it is everybody's ~ to study in a college किसी भी कॉलेज में पढ़ने का प्रत्येक व्यक्ति का ≈ है; he has no ~in this property इस संपत्ति^F^ में उसका कोई ≈ नहीं है. **4.** (liking) रुचि^F^, दिलचस्पी^F^ [deep गहरी, only एकमात्र, special विशेष, strong ज़ोरदार]; we will each take ~ in it हम सब इसमें ≈ लेंगे; to take ~ in the study of science विज्ञान के अध्ययन में ≈ लेना; she has no ~ in solving mathematical questions गणित के प्रश्न हल करने में उसकी कोई ≈ नहीं है; he showed much ~ in my work उसने मेरे काम में बहुत ≈ दिखाई. **5.** (of money) ब्याज, सूद [high भारी, low कम, simple साधारण, undue अनुचित]; ~bearing account सब्याज लेखा; ~ free बिना ब्याज; ~ on capital पूँजी^F^ पर ≈; first of all pay your ~ सबसे पहले अपना ≈ चुकाओ; he took the money from the moneylender at the rate of 15% ~ उसने पंद्रह प्रतिशत ≈ की दर^F^ पर साहूकार से पैसा लिया. **II.** *v.t.* **1.** रुचि^F^ लेना, दिलचस्पी लेना : he was ~ed in my work वह मेरे काम में दिलचस्पी लेता था; he was not the least ~ed उसे तनिक भी रुचि नहीं थी; he became ~ed in philosophy उसकी दर्शनशास्त्र में रुचि हो गई; the experiment ~ed me इस प्रयोग में मेरी दिलचस्पी हुई; we wanted to take ~ in their plan हम उनकी योजना^F^ में दिलचस्पी लेना चाहते थे; he is ~ed in literature साहित्य में उसकी रुचि है. **2.** फिक्र^F^/चिंता^F^ करना : she was not ~ed in how or where I lived उसे तनिक भी चिंता/फिक्र नहीं थी कि मैं कहाँ और कैसे रहता हूँ. **interesting** इन् ट्रिस् टिङ्ग *a.* रुचिकर, रोचक, दिलचस्प [book किताब, conversation वार्तालाप, fact तथ्य, game खेल, life जीवन, magazine पत्रिका^F^, meeting बैठक^F^, person व्यक्ति, place स्थान, story कहानी^F^, work काम]; it is very ~ to all of us यह हम सब के लिए बड़ा ≈ है; there were many ~ things in the exhibition प्रदर्शनी^F^ में बहुत-सी ≈ वस्तुएँ^F^ थी; it is an ~ drama written by Kalidas कालिदास द्वारा लिखित यह नाटक ≈ है; there is nothing ~ there वहाँ कुछ भी रुचिकर नहीं है; I cannot tell you anything ~ मैं आपको कोई ≈ बात^F^ नहीं सुना सकता; the most ~ thing was that he was hilarious सबसे ≈ बात^F^ यह थी कि वह प्रसन्नचित था. [*ant.* boring]

interfere इन्टर् फ़िअर' *v.t.* **1.** हस्तक्षेप करना, दख़ल देना : if you had not ~d, I would have finished my work यदि तुमने दख़ल न दिया होता तो मैंने अब तक अपना काम समाप्त कर लिया होता; why do you ~ **with** historical traditions? तुम ऐतिहासिक मर्यादाओं में क्यों हस्तक्षेप करते हो ? do not ~ in my affairs मेरे मामलों में दख़ल मत दो. **2.** बाधा^F^ डालना, विघ्न डालना : noise ~s with my work शोर से मेरे काम में बाधा पड़ती है; to ~ in smb's progress किसी की प्रगति^F^ में बाधा/विघ्न डालना. **3.** बीच में पड़ना : they would have quarrelled if I had not ~d यदि मैं बीच में न पड़ता तो वे झगड़ पड़े होते; you had no right to ~ in the brothers' affairs तुम्हें भाइयों के मामलों में पड़ने का कोई अधिकार नहीं है. **interference** इन् टर् फ़िअ'रन्स *n*^u^. दख़ल, हस्तक्षेप : we could do this job better without your ~ बिना तुम्हारे ≈ के हम इस काम को अच्छी तरह^F^ कर सकते थे; other nations' ~ has now increased in our politics हमारी राजनीति^F^ में दूसरे राष्ट्रों का ≈ अब बढ़ गया है.

interior इन् टिअ'रिअर **I.** *a.* **1.** भीतरी, आंतरिक [chamber चैम्बर, decoration सजावट^F^, passage रास्ता, room कमरा, wall दीवार^F^]; the ~ part of the house is dark मकान के भीतरी भाग में अंधेरा है. **2.** (inland) अंतः-

स्थलीय : to travel into the ~ part of a country किसी देश के आंतरिक स्थानों की यात्रा^{F} करना. **II.** *n*^{c}. **1.** अंदर, अभ्यंतर : the ~ of the house is well decorated घर का ≈ बहुत सजा-धजा है; he was lost in the ~ of Bihar वह बिहार के भीतरी भाग में खो गया था. **3.** (inland) भीतरी प्रदेश : ~ of the country देश का ≈. [*ant.* exterior]

interjection इन्टर् जेंक्'शन *n*^{u}. विस्मयबोधक (अव्यय) : Oh! Ah! Bravo! are ~s ओह, आह, शाबाश ! ≈ हैं.

intermediate इन् टर् मी'डिअट **1.** मध्यवर्ती, बिचला [period काल/समय, proceedings कार्यवाही^{F}, railway रेल^F, station स्टेशन]. **2.** माध्यमिक : an ~ examination ≈ परीक्षा^{F}; ~ school ≈ विद्यालय. **3.** मध्य : I want an ~ size box मैं एक ≈ आकार का संदूक चाहता हूँ.

intermission इन्टर मि'शन *n*^{u}. **1.** विराम, रोक^F : without ~ अविराम. **2.** अवकाश : ~ between acts of a play नाटक के अंकों के बीच ≈; ~ between two periods of study पढ़ाई^F के दो घंटों के बीच का ≈; we played outside during the ~ हम ≈ के दौरान बाहर खेलते रहे.

intermittent इन्टर मि'टन्ट *a.* सविराम, रुक-रुककर होने वाला [laughter हँसी^{F}, movement गति^{F}, noise शोरगुल, warfare युद्ध]; the rain was ~ throughout the night बारिश^F रात्रिभर रुक-रुककर होती रही.

internal इन् टर्'नल *a.* भीतरी, आंतरिक, अंदरूनी [affairs मामले, arrangement व्यवस्था^{F}, commnuication संचार, complaint शिकायत^F, control नियंत्रण, environment पर्यावरण, policy नीति^{F}, revenue मालगुज़ारी, trade व्यापार]; the ~ decorations of a house मकान की आंतरिक सजावट^F; stomach-ache is an ~ pain पेट का दर्द एक अंदरूनी दर्द है; an ~ matter must be solved peacefully आंतरिक मामला शांतिपूर्वक हल कर लिया जाना चाहिए; ~ parts of the body शरीर के ≈ अंग. [*ant.* external]

international इन् टर् नै'शॅनल *a.* अंतर्राष्ट्रीय [affairs मामले, agreement समझौता, co-operation सहयोग, court न्यायालय, exhibition प्रदर्शनी^{F}, festival त्यौहार, holiday छुट्टी^{F}, law विधि^{F}, market बाजार, organisation संगठन, peace शांति^{F}, relations संबंध, situation स्थिति^{F}, sports खेल^F, trade व्यापार, treaty संधि^{F}] ; events of ~ importance ≈ महत्व की घटनाएँ^{F}; terrorist problem is ~ आतंकवादी समस्या^{F} ≈ है.

internment इन् टर्'नमन्ट *n*^{c}. नज़रबंदी^{F} : ~ camp शिविर; ~ of the freedom fighter स्वतंत्रता-संग्राम सेनानियों की ≈; the leader was given no facilities during his ~ नेता को उसकी ≈ के दौरान कोई सुविधाएँ^{F} नहीं दी गई.

interpret इन् टर्'प्रिट *v.t.* **1.** व्याख्या^{F} करना : to ~ a poem किसी कविता की ≈. **2.** भाषांतर करना : please ~ this, I cannot understand this language कृपया इसका भाषांतर कर दें, मैं यह भाषा^{F} नहीं समझ सकता. **3.** अर्थ समझाना : to ~ the probable meaning संभावित अर्थ समझाना; to ~ a person's silence as consent किसी व्यक्ति के मौन को सम्मति^{F} समझना. **interpretation** इन्टर् प्रिटे'शन *n*^{u}. व्याख्या^{F} : your statement needs further ~ तुम्हारे कथन की और ≈ अपेक्षित है; I could not understand your ~ मैं आपकी ≈ नहीं समझ सका. **interpreter** इन्टर'प्रिटर' *n*^{c}. दुभाषिया [good अच्छा, intelligent बुद्धिमान, sensible समझदार]; in Italy we engaged an ~ इटली में हमने एक दुभाषिया रख लिया; an ~'s job is to change the language into the other which could be understood एक दुभाषिए का काम है किसी भाषा^{F} को दूसरी भाषा में परिवर्तित करना जो समझी जा सके.

interrogative इन् टरॉ'गटिव़ *a.* प्रश्नात्मक : ~ pronoun ≈ सर्वनाम, as who कौन, which क्या; ~ sentence ≈ वाक्य; I do not know the rule to change the ~ sentences into affirmative मैं ≈ वाक्यों को स्वीकारात्मक वाक्यों में बदलने के नियम नहीं जानता.

interrupt इन्टॅ रप्ट' *v.t.* **1.** विघ्न/बाधा^{F} डालना :

to ~ smb's sleep किसी की नींद में ≈; he ~ed me in my work उसने मेरे काम में बाधा डाली; to ~ the proceedings कार्यवाही^F में ≈; to ~ the view दृश्य को अवरुद्ध करना; the war ~ed building of works युद्ध से निर्माण कार्यों में बाधा पड़ी (विघ्न पड़ा) ; I am busy, do not ~ me मैं व्यस्त हूँ, बीच में विघ्न मत डालो : may I ~ you for a moment क्या मैं एक क्षण के लिए आपको टोक सकता हूँ ? **2.** टोकना : why do you ~ someone talking? तुम किसी को बात^F करते हुए बीच में क्यों टोकते हो ? the Speaker ~ed him in the midst of his speech संसद् अध्यक्ष ने उसको भाषण के बीच में टोका. **3.** रोकना : to ~ the flow of a stream धारा^F के बहाव को ≈.

interruption इन्टॅ रप्'शन *n*^u. बाधा^F, विघ्न, व्यवधान [long लंबा, momentary क्षणिक, sudden एकाएक, violent उग्र]; ~ in service सेवा में ≈; there was an ~ during the lesson when a man came into the classroom to remove a cupboard पाठ के दौरान जब एक व्यक्ति कक्षा में अलमारी हटाने के लिए आया तो व्यवधान हुआ; he spoke for an hour without ~ वह लगातार (बिना विघ्न के) एक घंटा बोला.

interstate इन्'टरस्टेट *a.* अंतरराज्यीय [citizenship नागरिकता^F, communication संचार, relations संबंध, trade व्यापार].

interval इन्'टर्वल *n*^c. **1.** मध्यांतर, अंतराल : meetings should be held at regular ~s बैठकें नियत ≈ से होनी चाहिए; trees were planted beside the road at 15 metre ~ पेड़ 15 मीटर के अंतराल पर लगाए गए थे; ~ between two functions दो समारोहों के बीच का ≈ ; at ~s of three minutes तीन मिनट के ≈ से; there is a long ~ between the trains गाड़ियों के बीच में बहुत मध्यांतर है. **2.** (gap) दरार^F (fig.) : there is an ~ in the concert of friends मित्रों के मेल-जोल में ≈ है.

intervene इन्टर् वीन' *v.t.* **1.** बीच-बचाव करना : the teacher ~d in the fight between the two boys अध्यापक ने दो लड़कों की लड़ाई^F में बीच-बचाव किया; the argument between the two boys became so fierce that Dad had to ~ दोनों लड़कों में विवाद इतना भयंकर हो गया कि पिताजी को बीच-बचाव करना पड़ा. **2.** बीच में पड़ना : we will go on Sunday unless smth ~s हम रविवार को जाएँगे यदि कुछ बीच में घटित न हो गया; several months ~d between betrothal and marriage सगाई^F और शादी^F के बीच में कई महीने आ पड़े; a canal ~s between the two villages दो गाँवों के बीच में एक नहर^F पड़ती है. **3.** several years ~d. कई वर्ष बीत गए. **intervention** इंटर वें'न्'शन *n*^u. मध्यस्थता^F : by the ~ of a friend, the matter was settled एक मित्र की ≈ से मामला तय हो गया; John's ~ in the quarrel was successful झगड़े में जॉन की ≈ सफल रही; the two men would have continued fighting but for the ~ of a policeman दो लोग झगड़ते रहते यदि एक पुलिस ने दख़ल न दिया होता; the case was settled by the ~ of the court न्यायालय की मध्यस्थता^F से मामला सुलझ गया.

interview इन्'टरव्यू **I.** *n*^c. मुलाकात^F, भेंट^F, साक्षात्कार, इंटरव्यू [decisive निर्णायक, exciting उत्तेजनात्मक, famous प्रसिद्ध, important महत्वपूर्ण, long लंबा, vain बेकार]; my father had an ~ with the headmaster to discuss my work मेरे काम पर चर्चा^F करने के लिए मेरे पिता ने प्रधानाध्यापक से मुलाकात की; he had an ~ with the Prime Minister उसने प्रधानमंत्री से भेंट की; ~ for selection of clerks लिपिकों के चयन के लिए साक्षात्कार; to give an ~ to a journalist किसी पत्रकार को इंटरव्यू देना. **II.** *v.t.* मुलाकात^F करना, भेंट^F करना, साक्षात्कार करना : the journalist ~ed the minister पत्रकार ने मंत्री से साक्षात्कार किया (भेंट/मुलाकात की).

intestine इन् टॅस्'टिन *n*^c. आंत्र^F, आँत^F, अंतड़ी^F : large ~ of वृहदांत्र; small ~ लघ्वांत्र; I have pain in my ~s मेरी अंतड़ियों में दर्द है.

intimacy इन्'टिमॅसि *n*^u. घनिष्ठता^F, आत्मीयता^F: he has a close ~ with Ramesh, his friend उसकी अपने मित्र रमेश से गहरी ≈ है; I know him, but there is no ~ मैं उसे

जानता तो हूँ पर ≈ नहीं है; he lives in close ~ with his neighbours वह अपने पड़ोसियों के साथ घनिष्ठ संबंध रखते हुए रहता है. **intimate** इन्' टिमट **I.** *a.* घनिष्ठ, अंतरंग, जिगरी, गहरा, प्रगाढ़ [friends मित्र, knowledge ज्ञान, relations संबंध]; he has ~ connections with her उसके उससे घनिष्ठ संबंध हैं. **II.** *v.t.* बताना, पता या ख़बर^F या सूचना^{F} देना : he ~d his intentions of marrying Miss N. उसने मिस न से शादी^{F} करने का अपना इरादा बताया; you should ~ the time and date of your arrival there तुम्हें वहाँ पहुँचने के समय और तारीख़^{F} की सूचना^{F} दे देनी चाहिए. **III.** n^c. गहरा दोस्त, घनिष्ठ मित्र : he has a big circle of ~s उसके घनिष्ठ मित्रों का घेरा बड़ा है.

into इन्'टु *pre.* **1.** (expressing motion) में, के अंदर : he went ~ the house वह घर के ≈ चला गया; to walk ~ the garden बाग में चला जाना; he fell ~ the river वह नदी में गिर पड़ा; put milk ~ the cup कप में दूध डालो; we got ~ the car हम कार ≈ घुस गए; smth has fallen ~ my eyes मेरी आँखों में कुछ पड़ गया. **2.** (expressing change) में : water turns into ice when it freezes पानी जमने पर बर्फ़^{F} में बदल जाता है; they divided the money ~ four parts उन्होंने धन को चार भागों में बाँट लिया; she cut the apple into two उसने सेब को दो टुकड़ों में काटा; translate from Hindi ~ English हिंदी^{F} से अंग्रेजी^{F} में अनुवाद करो; they divided the field ~ equal parts उसने खेत को बराबर हिस्सों में बाँट दिया. **3.** (other contexts) she **burst ~ tears** वह रोने लग पड़ी; he worked far ~ the night वह बहुत रात^F गए तक काम करता रहा; **to get ~ difficulties** कठिनाइयों^{F} में पड़ जाना; four ~ five is equal to twenty पाँच गुणे चार बीस के बराबर होते हैं.; **to take ~ confidence** विश्वास में लेना; to take ~ consideration का ध्यान रखना.

intoxicant इन् टॉक्'सिकन्ट **I.** *a.* मादक, नशीला [herb जड़ी^{F}, medicine दवा^{F}, stuff पदार्थ]; ~ medicines must not be used मादक दवाओं का प्रयोग नहीं ही करना चाहिए. **II.** n^c. मादक द्रव्य : they take ~s and ruin their health वे ≈ खाते-पीते हैं और अपना स्वास्थ्य नष्ट करते हैं; does coffee act as an ~? क्या कॉफ़ी ≈ का कार्य करती है? **intoxicate** इन् टॉक्'सिकेट *v.t.* नशा लाना, मस्त या मदमस्त करना : he was ~d with joy वह खुशी से मदमस्त था; opium ~s a person अफीम^F आदमी को नशे में ला देती है. **intoxicated** इन् टॉक्'सिकेटिड *a.* मदहोश, मदमस्त [elephant हाथी, man आदमी]; you must avoid ~ animals, they may harm you तुम्हें ≈ जानवरों से दूर रहना चाहिए, वे तुम्हें नुकसान पहुँचा सकते हैं; he was ~ by her beauty वह उसकी सुंदरता^{F} पर ≈ था. [*ant.* sober] **intoxication** इन् टॉक्सि के'शन n^u. मस्ती^{F}, नशा : liquor produces ~ शराब^F से नशा पैदा होता है.

intransitive इन् ट्रैन'सिटिव़ *a.* अकर्मक : ~ verb does not need an object always ≈ क्रिया को हमेशा 'कर्म' की आवश्यकता^{F} नहीं; come, go, stand, lie, sleep are ~ verbs आना, जाना, खड़े होना, लेटना, सोना ≈ क्रियाएँ हैं.

intricate इन्'ट्रिकिट *a.* जटिल, पेचीदा [problem समस्या^{F}, situation स्थिति^{F}]; inside the machine there is an ~ arrangement of wires मशीन^F के अंदर तारों की एक जटिल व्यवस्था^{F} है; these details are quite ~ ये ब्यौरे बिल्कुल ≈ हैं. [*ant.* simple]

intrigue इन् ट्रीग' **I.** n^c. जाल, षड्यंत्र, साज़िश^F [criminal अपराधिक, open खुला, organised व्यवस्थित, silent चुपचाप]; there was an ~ against Arjun अर्जुन के विरुद्ध एक षड्यंत्र था; he could know the ~ of his rivals वह अपने प्रतिद्वंद्वियों की साजिश को जान सका. **II.** *v.t.* **1.** साज़िश^F/षड्यंत्र करना : to ~ against smb किसी के विरुद्ध ≈; they ~d to destroy the records उन्होंने अभिलेखों को नष्ट करने की साजिश की. **2.** कुतूहल में डालना : his remarks ~d me suddenly उसकी टिप्पणियों^{F} ने मुझमें एकाएक कुतूहल उत्पन्न किया.

introduce इन्ट्रॅ ड्यूस' *v.t.* **1.** (insert) सन्निविष्ट करना, घुसेड़ना, घुसाना : to ~ cotton wool into a wound घाव में रुई^F ≈; to ~ key into the lock ताले में चाबी[F] ≈; to ~ one thing into an other एक वस्तु[F] को दूसरी में घुसाना. 2. (make known) परिचय कराना, परिचित कराना : to ~ one person to another एक व्यक्ति को दूसरे व्यक्ति से परिचित कराना; please ~ me to your sister कृपया अपनी बहन से मेरा परिचय करा दें; let me ~ you to my father अपने पिता से तुम्हारा परिचय करा दूँ; we have not been ~d yet अभी हमारा परिचय नहीं हो पाया (नहीं कराया गया). 3. (get entered) प्रवेश कराना : to ~ a person into a team किसी व्यक्ति को टीम[F] में प्रवेश दिलाना; I do not know how to get ~d to this subject मैं नहीं जानता कि इस विषय में कैसे प्रवेश होगा. 4. (add) जोड़ना : to ~ *'Hamlet'* in the syllabus पाठ्यक्रम में 'हैमलेट' ≈; this subject was ~d last year यह विषय पिछले साल जोड़ा गया. 5. (initiate) चलाना, प्रवर्तित कराना, आरंभ करना : to ~ the subject of discussion चर्चा[F] के विषय का प्रवर्तन करना; the principal will ~ a new subject from the next year प्राचार्य अगले वर्ष से एक नया विषय आरंभ करेंगे; to ~ an improvement सुधार आरंभ करना. 6. (present) प्रस्तुत करना, पेश करना : to ~ a person before the magistrate किसी व्यक्ति को मजिस्ट्रेट के सामने ≈; may I ~ some persons to you क्या मैं कुछ व्यक्तियों को आपके सामने प्रस्तुत कर सकता हूँ ? ~ a Bill in the Assembly विधानसभा[F] में विधेयक ≈. **introduction** इन्ट्रॅ डक्'शन *n*[u]. 1. (of book) भूमिका[F], प्रस्तावना[F] : the ~ of the book tells us what the book is about किताब[F] की ≈ हमें यह बताती है कि किताब किसके बारे में है; a good book has an ~ एक अच्छी पुस्तक[F] में ≈ होती है. 2. परिचय : letter of ~ ≈ पत्र; what is his ~ उसका ≈ क्या है ? 3. प्रवेश : the ~ of this subject in the college syllabus is fair विद्यालय के पाठ्यक्रम में इस विषय का ≈ उचित है.

intrude इन्'ट्रूड' *v.t.* 1. (insert) घुसेड़ना : to ~ cotton wool in a deep wound किसी गहरे घाव में रुई[F] ≈. 2. (अनुचित रूप से) घुसाना : to ~ a man in the party पार्टी में किसी आदमी को ≈. 3. अनुचित रूप से सामने रखना या घुसा देना : to ~ irrelevant remarks in someone else's conversation किसी दूसरे के वार्तालाप में असंगत टिप्पण ≈. 4. *v.i.* दख़ल देना : to ~ into others' affairs दूसरों के मामले में ≈ (टाँग अड़ाना) : to ~ on/upon smb's privacy किसी की निजता[F] में दख़ल डालना; to ~ on smb's time किसी के समय में ≈.

invade इन् वेड' *v.t.* चढ़ाई[F] करना, हमला करना, धावा करना, आक्रमण करना : to ~ a country किसी देश पर ≈. (fig) **to ~ the public rights of a nation** किसी देश के लोक अधिकारों पर आक्रमण/हमला करना. [*n.* invasion] **invader** इन् वे'डर *n*[c]. हमलावर, आक्रमणकारी : Taimoor had been one of the ~s who looted so much in India तैमूर उन हमलावरों (आक्रमणकारियों) में एक था जिन्होंने भारत में इतनी लूटपाट[F] की.

invalid इन् वै'लिड I. *a. pred.* 1. अमान्य, अप्रामाणिक [ballot मतमत्र, cheque चेक, claim दावा, document दस्तावेज़, excuse बहाना, reason तर्क, vote मत]; your papers are ~ as there are no signatures तुम्हारे कागज़ात ≈ हैं क्योंकि उन पर हस्ताक्षर नहीं हैं; do not make the proceedings ~ कार्यवाही[F] को ≈ न करो. 2. इन'वलिड (sick) असमर्थ, अशक्त, बीमार : ~ boy≈ बालक; ~ passenger ≈ यात्री; ~ patient ≈ रोगी; he is too ~ to do the work वह इतना अशक्त है कि काम नहीं कर सकता. II. इन्'व़लीड *n*[c]. रोगी : we went to see the ~s in the hospital हम रोगियों को देखने अस्पताल गए. III. इन् व़ लीड' *v.i.* असमर्थ बना देना : to ~ the clerk लिपिक को अशक्त बनाकर हटा देना.

invasion इन् वे'शन *n*[cu]. चढ़ाई[F], हमला, आक्रमण : the Normans made an ~ on England in 1066 नार्मन्स ने 1066 में इंग्लैंड पर हमला/आक्रमण किया; his ~ was successful उसका हमला/आक्रमण सफल था; in what year was Babar's ~ on India made किस सन् में भारत पर बाबर का आक्रमण/हमला हुआ था ?

invent इन् वेंन्ट *v.t.* 1. आविष्कार करना : ~

something new कुछ नया आविष्कार करो; who ~ed the first airplane? पहले हवाई-जहाज़ का आविष्कार किसने किया? to ~ a washing machine धुलाई की मशीन^F का ≈; Marconi ~ed radio मारकोनी ने रेडियो का आविष्कार किया. **2.** (make up) गढ़ना, बनाना : to ~ a false tale झूठी कहानी^{F} गढ़ ली है; I think he ~ed the whole story मैं समझता हूँ कि उसने पूरी कहानी^{F} गढ़ ली है; he had to ~ an excuse उसे झूठा बहाना गढ़ना/बनाना पड़ा. **invented** इन् वें॑न्'टिड *a.* **1.** आविष्कृत : ~ radio ≈ रेडियो; ~ machinery ≈ मशीनरी^{F}. **2.** मनगढ़ंत, कल्पित [excuse बहाना, story कहानी]. **invention** इन् वेन्'शन n^c. **1.** आविष्कार [fatal घातक, new नया, remarkable उल्लेखनीय, useful लाभदायक, valuable कीमती]; the ~ of the steam engine was made by James Watt भाप के इंजन का आविष्कार जेम्स वाट ने किया था; the ~ was put into use immediately ≈ को तुरंत प्रयोग में लाया गया; necessity is the mother of ~ आवश्यकता^{F} ≈ की जननी^{F} है; the aeroplane is a wonderful ~ हवाई जहाज़ एक आश्चर्यजनक ≈ है; the ~ of printing press छापाखाने का ≈; before the ~ of gun powder, people fought with bows and arrows बारूद के ≈ से पहले लोग धनुष-बाण से साथ लड़ाई^F करते थे. **2.** (कपोल-) कल्पना^{F} : his story is just an ~ उसकी कहानी^{F} मात्र एक ≈ है; the ~ of a plot of a fable शिक्षाप्रद कहानी^{F} के उपकथानक की ≈. **3.** (finding) उपलब्धि^{F}, प्राप्ति^{F} : the plot of this drama was a remarkable ~ by him उसके द्वारा नाटक की कथावस्तु^{F} एक उल्लेखनीय ≈ थी. **4.** (ingenuity) विदग्धता^{F}, प्रतिभा^{F} : his ~ in crafts is noteworthy शिल्प में उसकी प्रतिभा^{F} प्रशंसनीय है.

inventor इन् वें॑न्'टर n^c. आविष्कारक : Edison was a great ~ एडिसन एक महान् आविष्कारक थे. **inventory** इन्'वन्टरि n^c. तालिका^{F}, सूची^{F} : he prepared an ~ of the entire property उसने सारी संपत्ति^{F} की ≈ तैयार की; ~ of records अभिलेख-सूची; make an ~ of the furniture in the house घर के फ़र्नीचर की एक सूची^{F} बनाओ.

invert इन् वर्ट' **I.** *v.t.* औंधा करना, उलटाना, उलटा करना : to ~ a glass गिलास उलटा करना; ~ the letters of the word 'TOP' and you will get 'POT', 'टाप' शब्द के अक्षर उलटो तो तुम 'पाट' पाओगे; to ~ the order of words शब्दों का क्रम उलटना; to ~ soil मिट्टी को उल्टा-पुलटा करना. **inverted** इन् वर्'टिड *a.* उलटा [arch महराब, boat नाव, comma अल्पविराम]; order of words शब्दों का ≈ क्रम; ~ commas "..." उद्धरण-चिह्न.

invest इन् वें॑स्ट' *v.t.* **1.** पूँजी^{F} लगाना, निवेश करना : to ~ ten hundred thousand in a cotton mill सूती मिल में दस लाख का निवेश करना; you can ~ money in shares तुम शेयरों में अपना धन लगा सकते हो. **2.** देना, प्रदान करना : the new clothes ~ed her with a charm नए कपड़ों ने उसे आकर्षण प्रदान किया. **3.** (install) प्रतिष्ठित करना, नियुक्त करना : to ~ someone as custodian किसी को अभिरक्षक नियुक्त करना. **4.** (arrray) आभूषित करना, सज्जित करना : my friend was ~ed with beautiful clothes मेरे मित्र को सुंदर कपड़ों से सज्जित किया गया. **5.** (besiege) छा जाना : darkness ~s the earth at night रात^F को पृथ्वी^{F} पर अंधेरा छा जाता है. **investment** इन् वें॑स्ट'मन्ट n^c. **1.** लगाना, निवेश : ~ of money in immovable property अचल संपत्ति^{F} में रुपया लगाना (रुपए का निवेश करना) ; this is a wise ~ यह बुद्धिपूर्ण निवेश है. **2.** (siege) घेरा : the ~ of a fort किले का ≈. **3.** प्रतिष्ठापन : ~ of a priest पादरी या पुरोहित का ≈.

investigate इन् वें॑स्'टिगेट *v.t.* **1.** पता लगाना : to ~ a mystery रहस्य का ≈ ; to ~ the cause of an accident दुर्घटना^{F} के कारण का ≈; the detective was sent to ~ the crime भेदिया अपराध का पता लगाने भेजा गया. **2.** छानबीन^F : scientists ~ Nature वैज्ञानिक प्रकृति^{F} की छान-बीन करते हैं. **investigation** इन् वें॑स्टि गे'शन n^c. **1.** जाँच-पड़ताल^F, criminal आपराधिक, general साधारण]; the police has started ~ पुलिस^F ने जाँच^F शुरू कर दी है; the ~ by the committee has now reached up to the last round समिति^F की जाँच^F अब अंतिम चरण तक पहुँच गई है; the ~ into the accident was carried out by detectives दुर्घटना^F की जाँच^F जासूसों द्वारा की गई. **2.** खोज^F : ~ of truth सत्य की ≈; his contribution to the ~ of certain rules कुछ नियमों/सिद्धान्तों की ≈ में उसका योगदान.

invigilator इन् वि'जिलेटर *n*^c. निरीक्षक [honest ईमानदार, regular नियमनिष्ठ, strict सख़्त]; there were three ~s in the examination hall परीक्षागृह में तीन ≈ थे.

invisible इन् वि'ज़ॅबल *a.* अदृश्य, अप्रकट [particles कण, stripes धारियाँ, words शब्द]; the sun is ~ due to clouds बादलों के कारण सूर्य ≈ है; the star was ~ to the eye तारा आँख से नहीं देखा जा रहा था.

invitation इन्वि टे'शन *n*^c. निमंत्रण, आमंत्रण [cordial हार्दिक, urgent आवश्यक, written लिखित]; ~ card आमंत्रण-पत्र; an ~ to dinner भोज का ≈; they came at the ~ of the writers' club वे राइटर्स क्लब के ≈ पर आए; we had to decline their ~ हमें उनका ≈ अस्वीकार करना पड़ा; if you want Bimla to come to your party, send her an ~. यदि तुम चाहते हो कि बिमला तुम्हारी पार्टी^F में आए तो उसे ≈ भेजो; the chairman sent ~s to all the members अध्यक्ष ने सभी सदस्यों को आमंत्रण भेजा. **invite** इन् व़ाइट' *v.t.* **1.** निमंत्रण देना, आमंत्रित करना, बुलाना : Mrs. Smith ~d us to dinner श्रीमती स्मिथ ने हमें भोजन के लिए आमंत्रित किया; to ~ smb to the party किसी की पार्टी^F पर ≈; she ~d us **into** the house उसने हमें घर में आमंत्रित किया; they were all ~d to the wedding उन सबको शादी में आमंत्रित किया गया था; he was ~d in the meeting उसे मीटिंग^F में बुलाया गया. **2.** माँगना : to ~ opinion, suggestion मत, सुझाव ≈; applications are ~d from Indians भारतीय लोगों से आवेदन पत्र माँगे जाते हैं. **3.** मोल लेना : to ~ trouble मुसीबत^F ≈. **4.** आकृष्ट करना : fine weather ~s us to go for a walk सुहावना मौसम हमें टहलने के लिए आकृष्ट करता है.

involuntary इन् व़ा'लन्टरि *a.* अनैच्छिक; (unintentional) अनभिप्रेत; [action कार्यवाही^F, injury चोट^F, insult अपमान, movement आन्दोलन, obedience आज्ञापालन]; ~ work will not be successful अनैच्छिक काम सफल नहीं होगा. her reaction was ~ उसकी प्रतिक्रिया^F ≈ थी.

involve इन् व़ॉल्व़' *v.t.* **1.** (enfold) लपेटना : the serpent ~s its folds साँप अपनी कुंडलियाँ^F लपेट लेता है. **2.** फँसाना, उलझाना : Ramu has ~d his neighbour **in** the crime रामू ने अपने पड़ोसी को अपराध में फँसा दिया है; the matter is ~d **in** doubt मामला संदेह में उलझा हुआ है; I got ~d **in** the quarrel between Tom and Jack मैं टाम और जैक के झगड़े में फँस गया. **3.** (require) की अपेक्षा^F करना; success ~s hardwork सफलता^F के लिए कठिन परिश्रम अपेक्षित है; this plan ~s heavy expenditure इस योजना^F के लिए भारी खर्च अपेक्षित है.

inward इन्'वर्ड *a.* **1.** भीतरी, आंतरिक [movement गति^F/आंदोलन, passage रास्ता, traffic यातायात]; ~ parts of the body शरीर के आंतरिक अंग; ~ happiness cannot be hidden आंतरिक प्रसन्नता^F को छिपाया नहीं जा सकता. **2.** (ingoing) आवक : ~journey ≈ यात्रा^F. **inwards** इन्'वरड्ज़ *adv.* अंदर की ओर : to bend a rod ~ किसी छड़ को ≈ झुकाना; turn ~ ≈ मुड़ो; turn your thoughts ~ अपने विचारों को ≈ मोड़ो. [*ant.* outward]

I.O.U. I owe you.

I.P. Indian Police, Inspector of Police.

I.P.S. Indian Police Service.

ir- *pref.* (-in -before *n.* not : irregular, irrelevant, irresponsible.

irksome अर्क'सम *a.* कष्टप्रद, क्लेशकर [disease बीमारी^F, duty ड्यूटी^F, work काम]; waiting is an ~ job प्रतीक्षा^F करना एक ≈ काम है. [*ant.* pleasant]

iron आइ'रन **I.** *n*^u. **1.** लोहा [hard सख़्त, heavy भारी, hot गर्म]; cast ~ ढलवाँ लोहा; pig ~ कच्चा ≈; the ~ is melted in the foundry लोहा ढलाईघर में गलाया जाता है; to cast the ~ लोहे की ढलाई करना; the handle was made of ~ हैंडल लोहे का बना हुआ था; a man of ~ लौह पुरुष 2. इस्तरी[F] : we have an electric ~ हमारे पास एक बिजली की ~ है. 3. (*pl.*) बेड़ियाँ[F] : the prisoner was brought to the court in ~s कैदी को ~ पहनाए अदालत[F] में लाया गया; to put a prisoner in ~s कैदी को ~ पहनाना/लगाना. Δ **to have many ~s in the fire** एक साथ बहुत से काम हाथ म लना; **strike while the ~ is hot** अवसर रहते काम कर डालो. **II.** *v.t.* लोहा करना, इस्तरी[F] करना : mother will ~ the clothes माँ कपड़ों पर लोहा करेंगी; to ~ clothes is to make them smooth कपड़ों पर लोहा/इस्तरी करना उन्हें सिलवट-रहित करना है; she had her saree ~ed उसने अपनी साड़ी[F] पर इस्तरी[F] करवाई. Δ **~ out** दूर करना; **to ~ out the difficulties of the students** छात्रों की कठिनाइयों[F] को दूर करना; **to ~ out a crease** इस्तरी करके सिलवट ~; **to ~ out differences** मतभेद ~. **II.** *a.* **1.** लौह, लोहे का : ~ age लौह युग; ~ works लोहे का कारखाना; Indira was the ~ lady of India इंदिरा भारत की लौह-महिला थीं. **2.** सुदृढ़ : ~ will ~ संकल्प.

ironical आइ रॉनिकल *a.* **1.** व्यंग्यात्मक, व्यंग्यपूर्ण [remark उल्लेख, statement कथन]; sometimes people do not understand his ~ words कभी-कभी लोग उसके ~ शब्दों को नहीं समझ पाते; ~ statements are very meaningful कथन बहुत अर्थपूर्ण होते हैं. **2.** विडंबनायुक्त : it is ~ that even the Sadhu is caught stealing यह विडंबना[F] है कि एक साधु भी चोरी[F] करते पकड़ा जाए. **irony** आइ'रॅनि *n*[c]. (ironies) विड़ंबना, व्यंग्य : you will find ~ in his speech तुम उसके भाषण में ~ पाओगे; ~ of fate विधि की विडम्बना[F]; life's ironies जीवन की विडंबनाएँ.

irregular इ रॆ ग्यूलर *a.* **1.** (against custom) नियम-विरुद्ध, बेकायदा : ~ procedure ~ कार्यवाही[F] ; the old tradition has now become ~ to the people पुरानी परंपरा[F] अब लोगों के लिए ~ हो चुकी है. **2.** (against law) अवैध : ~ child ~ शिशु; ~ marriage ~ विवाह. **3.** (in shape) बेडौल : the form of this vase is ~ इस फूलदान का रूप ~ है; an ~ structure ~ निर्माण. **4.** ऊबड़-खाबड़ : ~ surface ~ सतह[F]; ~ way ~ रास्ता. **5.** (in time, motion, etc.) अनियमित : he is always ~ to the office वह दफ्तर में सदा अनियमित रहता है. **6.** (gram.) अनियमित, नियमविरुद्ध [subject कर्ता, verb क्रिया, words शब्द]; past tense of 'do' is ~ करना का भूतकाल (क्रिया) ~ है. [*ant.* regular]. **irregularity** इरॆ ग्यू लै' रिटि *n*[c]. (irregularities) **1.** बेकायदगी[F], अनियमितता[F] : I cannot bear this ~ of his conduct मैं उसके आचरण की यह ~ बर्दाश्त नहीं कर सकता. **2.** ~ of the ground मैदान का ऊबड़-खाबड़पन.

irrelevant इ रॆ'लिव़न्ट *a.* असंगत, अप्रासंगिक [evidence साक्ष्य, remark उल्लेख, talk बातचीत[F]]; your argument is quite ~ to this case इस मामले में तुम्हारी दलील[F] बिल्कुल ~ है.

irreparable इ रॆ'पॅरॅबल *a.* अपूरणीय, असुधार्य : ~ wrong असुधार्य गलती; you have done ~ harm to him तुमने उसकी अपूरणीय हानि[F] की है; his death is an ~ loss उसकी मृत्यु[F] से अपूरणीय क्षति[F] हुई है.

irresponsible इरिस् पानसॅबल *a.* अनुतरदायी, गैर-ज़िम्मेदार : she is an ~ child, you should not believe her word वह ~ बच्ची है, तुम्हें उसके वचन पर विश्वास नहीं करना चाहिए; an ~ person is one who does not care whether what he does is right or wrong एक ~ व्यक्ति वह है जो यह परवाह[F] नहीं करता कि वह जो करता है, गलत है या सही. [*ant.* responsible]

irrigate इ'रिगेट *v.t.* सींचना, सिंचाई[F] करना : Panjab is ~d by its five rivers पंजाब पाँच नदियों[F] द्वारा सींचा जाता है; if there is not enough rain, farmers ~ their lands from streams or wells यदि पर्याप्त वर्षा[F] न हो तो किसान अपने खेतों की सिंचाई कुओं अथवा नालों से करते हैं. **irrigation** इरि गे'शन *n*[c]. सिंचाई[F] : ~ canal ~ नहर; in rainless countries farmers depend on ~ from rivers वर्षारहित देशों में किसान नदियों[F] से सिंचाई[F] के आश्रित होते हैं.

irritable इ'रिटॅबल *a.* चिड़चिड़ा, क्रोधी [officer अधिकारी, person व्यक्ति, servant नौकर, temper मिज़ाज]; I dislike his behaviour मैं उसके चिड़चिड़े व्यवहार से घृणा[F] करता हूँ; he easily becomes ~ वह जल्दी ≈ हो जाता है. **irritate** इ'रिटेट *v.t.* **1.** चिढ़ाना, गुस्सा दिलाना his insolence ~s me उसकी धृष्ठता[F] पर मुझे गुस्सा आता है [चिढ़[F] होती है]; you must not ~ the elders तुम्हें बड़ों को चिढ़ाना नहीं चाहिए. **2.** खुजली[F] होना : this shoe is too tight, it ~s me यह जूता बहुत ही तंग है इससे मुझे खुजली होती है. **3.** जलन[F] पैदा करना : the smoke ~s my eyes धुएँ से मेरी आँखों[F] में जलन[F] पैदा होती है. **irritation** इ रि टे'शन *n*[u]. **1.** जलन[F] : this eye-drop causes ~ इस दवा[F] से आँखें में ≈ पैदा होती है. **2.** उत्तेजना[F], क्षोभ : his statements are the cause of some ~ उसके कथन ही कुछ ≈ का कारण हैं.

irruption इ रप्'शन *n*[c]. (attack) चढ़ाई[F], धावा, हमला : he made a sudden ~ on his enemies उसने शत्रुओं पर एकाएक धावा बोल दिया.

ish *suff.* somewhat कुछ-कुछ : childish boyish, reddish, yellowish, greenish, girlish.

is. island आइ'लन्ड *n*[c]. द्वीप, टापू [big बड़ा, coral मूँगे का, deserted सुनसान, green हरा-भरा, snowy बर्फ़ीला]; he came to an ~ while on voyage अपनी समुद्री यात्रा[F] के दौरान वह एक द्वीप पर पहुँचा; to live on the ~ ≈ पर रहना; Greenland is the biggest ~ in the world ग्रीनलैंड़ संसार में सबसे बड़ा ≈ है; an ~ in the Atlantic ocean अटलांटिक महासागर में एक ≈; this ~ is a kilometre and a half long यह द्वीप लंबाई[F] में डेढ़ किलोमीटर है.

-ism, ***suff*****, ism** इज़म् *n*[c]. वाद : men believe in different ~s लोग विविध वादों में विश्वास रखते हैं. (suffixes in) atheism, imperialism, patriotism, socialism, terrorism.

isolate आइ'सॅलेट *v.t.* अलग/पृथक् करना, विलग करना : to ~ infectious cases in a hospital अस्पताल में संक्रामक रोगियों को अलग रखना; to ~ a state from other states एक राज्य को दूसरे राज्यों से अलग करना; ~ the mischievious students from the class शरारती लड़कों को कक्षा[F] से अलग करो; some villages were ~d in floods बाढ़[F] में कुछ गाँव अलग-थलग हो गए (कट गए); he is the ~d member of his family वह परिवार का अकेला सदस्य है.

issue इ'शु, इ'स्यू **I.** *n*[c]. **1.** निकास : ~ of documents by the clerk लिपिक द्वारा दस्तावेज़ों का ≈; ~ of the water from the top टोंटी[F] से पानी का ≈. **2.** (outcome) परिणाम : the ~ of the contest in football is very uncertain फुटबाल प्रतियोगिता[F] का ≈ बहुत अनिश्चित है. **3.** निर्णय : there is no ~ of the committee कमेटी[F] का कोई निर्णय नहीं है; to force the ~ ज़बरदस्ती[F] ≈ कराना. **4.** (offspring) संतान[F] : he died without an ~ वह बिना ≈ के मर गया. **5.** (point of law) विवाद-विषय, वाद पद : what may be the cause of ~ ≈ का क्या कारण है ? ~ of fact तथ्य के बारे में विवाद; to join ~ with smb किसी से विवाद करना. **6.** ~ of a book, paper पुस्तक[F] या पत्र का प्रकाशन. **II.** *v.i.t.* **1.** निकलना : water ~s from a top टोंटी[F] से पानी निकलता है; blood is issuing from his wound उसके घाव से ख़ून निकल रहा है; ~ an order आदेश निकालना; the current ~d through a narrow passage धारा[F] एक सँकरे रास्ते में से होकर निकली. **2.** (other meanings) to ~ warrants वारंट जारी करना; to ~ rations राशन देना/बाँटना; to ~ a magazine कोई पत्रिका प्रकाशित करना/निकालना.

-ist *suff.* one who believes in egoism; atheist, imperialist, socialist, terrorist.

it इट *pron.* **1.** वह, यह : give ~ to me इसे मुझे दो; ~ is time to go यह जाने का समय है; ~ is clear that he will do nothing यह स्पष्ट है कि वह कुछ न करेगा; ~ is important that everyone should feel यह महत्वपूर्ण है कि सब लोग अनुभव करें; ~ is about 50 km. long यह लगभग पचास किमी. लंबा है; is ~ true क्या यह सत्य है ? ~ is a lie यह झूठ है; ~ is the only way केवल यही एक रास्ता है; ~ is false यह झूठ है. **2.** (it का हिन्दी में अनुवाद नहीं है) ~ is difficult to believe her story उसकी कहानी[F] पर विश्वास करना कठिन है; ~ is too late to learn इतनी देर हो गई है कि कुछ सीखा नहीं जा सकता; ~ is five o'clock पाँच बजे हैं; ~ was a beautiful day yesterday कल बहुत सुंदर दिन था; ~ is cold today आज सर्दी है; ~ is I मैं हूँ; once ~ so happened एक समय की बात है; that ~ यही बात है; who's ~ ? कौन है ? ~ is raining बारिश[F] हो रही है; ~ is snowing बर्फ़[F] पड़ रही है; ~ is Monday आज सोमवार है.

Italian इ टै'लिअन *a.* इतालवी [language भाषा[F], nationality राष्ट्रीयता[F]]; he cannot understand you, he is an ~ वह तुम्हें नहीं समझ सकता, वह ≈ है.

itch इच **I.** *n.* **1.** खुजली[F] : the mosquito-bite ~es but you should not rub it मच्छरों के काटने से खुजली[F] होती है लेकिन तुम्हें इसे रगड़ना नहीं चाहिए; he has an ~ उसे ≈ होती है. **2.** (intense desire) ललक[F] : I have an ~ to see Kashmir मुझे कश्मीर देखने की ≈ है; to have an ~ to write लिखने की ललक होना; an ~ for travel यात्रा[F] की ललक. **II.** *v.t.* **1.** खुजली होना : my nose ~es मेरी नाक[F] में खुजलाहट[F] है. **2.** ललक[F] होना : to ~ to be a sailor नाविक होने की ललक होना. Δ **to have an ~ing palm** कुछ धन पाने का संकेत होना.

item आइ'टम *n*[c]. **1.** विषय : ~ of programme कार्यक्रम का ≈; the last ~ in our concert is a song by Veena गोष्ठी में अंतिम ≈ है वीना का गाना. **2.** (of account) मद[F], मद्द[F] : read out the ~s in the bill बिल की मद्दों को पढ़ो. **3.** an interesting news ~ in newspapers समाचार-पत्रों में एक रोचक समाचार.

its इट्स *pron.* **1.** उसका, इसका : a bird and ~ young ones एक चिड़िया और उसके बच्चे. **2.** अपना, अपने, अपनी : the animal was feeding ~ babies एक जानवर अपने बच्चों को खिला रहा था; this chair wants ~ legs repaired कुर्सी के पायों को मरम्मत[F] की जरूरत[F] है.

I.T.O. Income Tax Office.

it's it is यह है.

-ity *suff.* (makes nouns) ability, density, equality, familiarity, gravity, majority, minority, partiality, peculiarity, simplicity, visibility,

ivory आइ'व़रि *n*[u]. हाथी दाँत [charming आकर्षक, valuable कीमती] ~chess ≈ का बना शतरंज का मोहरा; ~tower एकांत स्थान, सुरक्षित स्थान.

-ize *suff.* makes verbs : equalize, legalize, materialize, modernize, penalize.

J, j

jab जैब **I.** *v.t.* (jabbed, jabbing) भोंकना, चुभाना : he ~bed a stick into me उसने मेरे (शरीर में) छड़ी[F] भोंक/चुभा दी; the doctor ~bed my arm with a needle डॉक्टर ने मेरी बाँह[F] में सुई भोंक दी. **II.** *n*[c]. भोंक[F], चोभ[F] : Jaya woke me up with a ~ in the ribs जया ने मेरी पसलियों में ≈ लगाकर मुझे जगाया; to give, feel a ~ ≈ देना, महसूस करना.

jack जैक *n*[c]. **1.** (seaman) नाविक, मल्लाह : he had been Australian ~ वह आस्ट्रेलियाई ≈ था. ~fruit कटहल; ~ of all trades हरफ़नमौला. **2.** नौकर, टहलुआ : he is a ~ not a clerk वह ≈ है, बाबू नहीं. **3.** झंडा : union ~ संघीय झंडा. **4.** (a playing card) गुलाम : ~ of diamond ईंट का गुलाम.

jackal जै'काल *n*[c]. सियार, गीदड़ : a ~ is a doglike wild animal ≈ कुत्ते की तरह का एक जंगली जानवर है.

jackass जै क़ैस *n*[c]. **1.** गधा : ~ is a long eared mammal of horse genus ≈ लंबे कानों वाला घोड़े की नस्ल का एक स्तनपायी जानवर है; washermen use ~es to carry their clothes धोबी गदहों को कपड़े ले जाने के लिए काम में लाते हैं. **2.** (person) गधा.

jacket जै'किट *n*[c]. **1.** (dress) जाकेट[F], फतूही[F], बंडी[F] [black काली, clean साफ़, long लंबी, red लाल, warm गर्म, woollen ऊनी]; he always wears a ~ on kurta and paijamas वह कुरते और पैजामे पर हमेशा ≈ पहनता है. **2.** (of a book) जैकट, सजावटी आवरण.

jagged जै'गिड *a.* **1.** कटावदार, दाँतेदार [knife छुरी[F], leaf पत्ता, rock चट्टान[F], wheel पहिया]. **2.** नोकदार : ~ stone ≈ पत्थर; the ~ edges of broken glass are very dangerous टूटे हुए काँच के किनारे बहुत ही ख़तरनाक होते हैं.

jail जेल **I.** *n*[c]. कैदख़ाना, जेलख़ाना, बंदीगृह, कारागार : a prisoner is locked up in ~ as punishment एक कैदी को दंडस्वरूप ≈ में रखा जाता है. ~ **bird** आदी कैदी या बंदी, बार-बार जुर्म करने वाला; ~ **keeper** जेलर; **~-labour** कैदी मज़दूर. **II.** *v.t.* कैदख़ाने में डाल देना : he was ~ed for six months उसे छह महीने की कैद हो गई.

jam जैम **I.** *n*[u]. **1.** मुरब्बा, जैम : apple ~ सेब का ≈; mother makes ~ by boiling fruit and sugar together माँ फल और चीनी को एक साथ उबालकर ≈ बनाती है. **2.** (predicament) जंजाल, उलझन[F], झंझट[F] : you are in a ~, you cannot be successful in your aim तुम ≈ में पड़ गए हो, तुम अपने उद्देश्य में सफल नहीं हो सकते; when I lost all money, I was in a ~ जब मेरा सब धन खो गया तो मैं झंझट में पड़ गया. **II.** *v.t.* (jammed) **1.** (squeeze into) घुसेड़ना, ठूँसना : to ~ clothes into a bag झोले में कपड़े ≈; to ~ one's finger in a door दरवाज़े में अपनी उंगली[F] घुसेड़ना. **2.** बंद करना, रोक देना, जाम करना : to ~ a foreign radio system विदेशी रेडियो व्यवस्था को जाम करना; to ~ a passage रास्ता जाम/बंद करना. **3.** (crush) भींचना, चापना, कुचलना; (crowd) भीड़ मचाना, अवरोध करना, अटक जाना : to be ~med in a crowd भीड़[F] में भिच/कुचला जाना; a child must not go out alone, he may be ~med बच्चे को अकेले नहीं जाना चाहिए, वह कुचला जा सकता है. **III.** *v.i.* जाम होना : the machine ~med मशीन[F] जाम हो गई; the brakes of the scooter have ~med स्कूटर की ब्रेकें[F] जाम हो गई हैं.

jamboree जैमबॅरी' *n*[c]. जमावड़ा, जमघट, रैली[F] : the scouts held a ~ on New Year Day स्काउटों ने नववर्ष दिवस पर एक ≈ का आयोजन किया.

Jan. January.

J. & K. Jammu and Kashmir.

January जैˈन्युअरि *n.* जनवरी : he will come in the month of ~ if he gets leave यदि उसे छुट्टी^F मिली तो वह ≈ माह में आएगा; there are 31 days in ~ ≈ में 31 दिन होते हैं; he will return on Jan. 10 वह ≈ की दस तारीख़^F को वापस आएगा.

Japanese जैपॅनीज़' *a.* जापानी [language भाषा, nationality राष्ट्रीयता^F, people लोग].

jar जार **I.** *n*^c. **1.** (container) जार, मरतबान, मर्तबान [heavy भारी, wide चौड़ा]; we keep jam in a glass ~ हम काँच के ≈ में मुरब्बा रखते हैं; I cannot get these berries out of the ~ मैं ये बेर ≈ में से नहीं निकाल सकता; put the butter in a ~ मक्खन ≈ में रखो; ~ of honey मधु/शहद का ≈. **2.** (jolt) धक्का : he felt a slight ~ when the plane touched the ground जब हवाई जहाज़ ने जमीन से स्पर्श किया तो उसे हल्का ≈ लगा; the news gave me a heavy ~ समाचार से मुझे भारी ≈ लगा. **3.** (sound) खड़खड़ाहट : the car stopped suddenly with a ~ कार^F एकाएक ≈ के साथ रुकी. **4.** (quarrel) झगड़ा, अनबन^F : because of a ~ with him I cannot go to his house उससे ≈ के कारण मैं उसके घर नहीं जा सकता. **II.** *v.t.i.* (jarred, jarring) **1.** अप्रिय लगना, खलना : the noise ~s on my ears, I dislike it शोर मेरे कानों में अप्रिय लगता है, मैं इसे नापसंद करता हूँ; never ~ on anybody's feelings किसी की भावनाओं को ठेस मत लगाओ. **2.** चरचराना, खड़खड़ाना : his old gate of the house ~s उसके मकान का पुराना दरवाज़ा चरचराता है; machine ~s the building मशीन^F इमारत^F को खड़खड़ा देती है. **3.** काँपना या कँपाना : the quake ~red the houses भूकंप से मकान काँप गए; you must not go out, severe cold will ~ you तुम्हें बाहर नहीं जाना चाहिए, कड़ाके की सर्दी^F तुम्हें कँपा देगी. **4.** ज़ोर लगाना, धक्का देना : to ~ with a car कार^F को ज़ोर लगाकर धक्का देना. **5.** ~ with मेल न खाना; his opinion ~s with mine उसकी राय^F मेरी राय से मेल नहीं खाती; this order ~s with the rules यह आदेश नियमों से मेल नहीं खाता (के अनुरूप नहीं है); these statements ~ with one another ये बयान एक-दूसरे से मेल नहीं खाते.

jasmine जैस्'मिन *n*^u. (common) चमेली^F : there are several kinds of ~ ≈ के कई प्रकार होते हैं; ~ has sweet smelling flowers चमेली के फूल भीनी-भीनी खुशबू वाले होते हैं; (Indian) जूही^F; (yellow) पीली चमेली/जूही; (wild) वनमल्लिका, नेवाड़ी; (downy) कुंद फूल; (Arabian) मोगरा; (arboreum) नवमल्लिका; (flexible) मालती; orange ~ कामिनी; night ~ or coral ~ हरसिंगार.

jaundice जान्'डिस *n*^u. कामला, पीलिया : he has suffered from ~ since his childhood वह अपने बचपन से ही ≈ से पीड़ित है. **jaundiced** जान्'डिस्ड *a.* **1.** पीलियाग्रस्त : ~ body ≈ शरीर. **2.** (fig.) पक्षपातपूर्ण : ~ judgement ≈ निर्णय; to have ~ eye ≈ होना; a ~ view of smth किसी बात^F का ≈ दृष्टिकोण.

jaunt जान्ट **I.** *n*^c. भ्रमण, सैर-सपाटा : he went for a ~ early in the morning वह तड़के ही ≈ के लिए चला गया. **II.** *v.i.* सैर-सपाटा करना : he ~ about a few places वह कुछ स्थानों में सैर-सपाटा करने गया.

javeline जैव्ˈलिन *n*^c. बर्छी, भाला : he got first prize in ~ throw उसे भाला-फेंक^F में प्रथम पुरस्कार मिला.

jaw जॉ *n*^c. जबड़ा : ~ bone जबड़े की हड्डी^F; ~ of a bear भालू का ≈; he fell down and broke his ~ वह गिरा और उसका ≈ टूट गया. **Δ hold your ~** चुप रहो; **in/out of the ~s of death** मौत^F के मुँह में, बाहर.

jealous जेंˈलस *a.* **1.** ईर्ष्यालु, डाही [friend मित्र, husband पति, lover प्रेमी]; she is ~ of her friends वह अपनी सहेलियों से डाह^F करती है; to be ~ of smb's fame किसी के यश से डाह^F करना; they are ~ of his wealth वे उसके धन से डाह^F करते हैं. **2.** (vigilant) सतर्क [nurse नर्स, servant नौकर]; to be ~ of danger ख़तरे से ≈ रहना; Paul is ~ of his enemies पाल अपने शत्रुओं से ≈ है; ~ of one's rights अपने अधिकारों के बारे में ≈ रहना; you should be ~ of your freedom तुम्हें स्वाधीनता^F के बारे में ≈ रहना चाहिए. **jealousy** जेंˈलॅसि *n*^u/c. (jealousies) ईर्ष्या^F, डाह^F [extreme अत्यंत,

fatal घातक, great बहुत, stupid मूर्खतापूर्ण, violent उग्र]; to inspire ~ in a person किसी व्यक्ति में ≈ उत्पन्न करना; to have ~ with the neighbours पड़ोसियों से ≈ होना.

jean जीन n^c. **1.** एक सूती कपड़ा. **2.** (*pl.*) चुस्त पतलून[F], जीन[F] : even girls are now wearing ~s अब लड़कियाँ भी ≈ पहनती हैं; I wear readymade ~s मैं सिली-सिलाई ≈ पहनता हूँ.

jeep जीप n^c. जीप[F] : he always travels in a ~ वह हमेशा ≈ में यात्रा[F] करता है; a ~ is able to travel over rough ground ≈ ऊबड़-खाबड़ ज़मीन[F] पर भी चल सकती है.

jeer जिअर **I.** n^c. उपहास : the ~s of the mob भीड़[F] का ≈; a ~ is much sooner forgotten than a taunt ≈ ताने की अपेक्षा[F] बहुत जल्दी भुलाया जाता है. **II.** *v.t.* उपहास करना : the audience ~ed at the speaker श्रोताओं ने वक्ता का उपहास किया; it is unkind to ~ **at** the boy who comes last in the race जो लड़का दौड़[F] में सबसे पिछड़ जाता है, उसका ≈ करना बुरा है; to ~ **at** another's efforts किसी के प्रयासों का ≈.

jelly जे'लि n^u. जेली[F] : when you warm the ~, it is a watery fruit juice but sets solid when it cools जब तुम जेली को गरम करो तो फल के रस की तरह पानी हो जाती है लेकिन ठंडा होने पर ठोस हो जाती है; children like ~ and ice cream बच्चे ≈ और आइसक्रीम[F] पसंद करते हैं.

jeopardy जे'पर्डि n^c. जोखिम, ख़तरा [deep गहरा, possible संभावित]; to be in ~ ख़तरे में पड़ा होना; to put smb in ~ किसी को जोखिम में डालना.

jerk जर्क **I.** n^c. झटका, झकझोरा : you will get ~s when you get down from the train in the opposite direction जब तुम रेलगाड़ी[F] से विपरीत दिशा में उतरोगे तो तुम्हें झटके लगेंगे; he pulled the fish out with a ~ उसने मछली[F] को एक झटके में बाहर खींच लिया; the fish gives a ~ on the line when it takes the bait मछली[F] जब चारा लेती है तो डोरी पर झटका देती है; to start with a ~ झटका देकर चलाना; he woke up with a ~ वह झटके के साथ जाग उठा. **II.** *v.t.* झपटना, झटकारना : he ~ed the letter out of my hand उसने मेरे हाथ से चिट्ठी झटकार ली; to ~ a fish out of the water पानी में से मछली झटकारना; when a car stops or starts suddenly it ~s the people in it जब कार[F] रुकती है या एकदम चलने लगती है तो वह उसमें बैठे लोगों को धक्का देती है. **III.** *v.i.* हिचकोले खाना : the bus ~ed along बस[F] हिचकोले खाती चली गई.

jerkin जर्'किन n^c. जाकिट[F] : he wears a ~ in the cold जाड़े में वह ≈ पहनता है; ~ may be with or without sleeves ≈ आस्तीन वाली या बिना आस्तीन की हो सकती है.

jerky जर्'कि *a.* **1.** झटकेदार : ~ ride in a tumtum एक्के की ≈ सवारी; ~ movement ≈ चाल[F]; it is a ~ way of walking चलने का यह ≈ ढंग है. **2.** ऐंठनदार : a ~ style of writing ≈ लिखने की शैली[F].

jersey जर्'सि n^c. जर्सी[F], चुस्त ऊनी बंडी[F] : I wear a ~ under my jacket मैं अपनी जैकिट के नीचे ≈ पहनता हूँ.

jest जे'स्ट **I.** n^c. **1.** मज़ाक, हँसी[F], दिल्लगी[F] [fine उत्कृष्ट, inappropriate अनुपयुक्त, malicious दुर्भावनापूर्ण, obvious स्पष्ट, offensive बुरा लगने वाला, pleasant सुखद]; I said it in ~ मैंने ऐसा ≈ में कह दिया; to crack/make a ~ ≈ करना; his attempt was just a ~ उसका प्रयास केवल एक मज़ाक था; the ~ was that Hari joined in the laughter without knowing that we were laughing at him मज़ाक यह हो गया कि हरी बिना यह जाने कि हम उसी पर हँस रहे थे वह भी ठहाके लगाने में शामिल हो गया. **2.** (witticism) चुटकुला : all the friends were busy in ~s सभी मित्र चुटकुलों में लगे थे. **II.** *v.t.* मज़ाक करना : never ~ **on** serious matters गंभीर मामले में कभी मज़ाक मत करो; you must not ~ **at** the poor तुम्हें गरीबों का मज़ाक नहीं उड़ाना चाहिए; we ~ed about his behaviour हम उसके व्यवहार पर मज़ाक कर रहे थे. **jester** जे'स्'टर n^c. जोकर, मसखरा, विदूषक : there is no ~ in the drama नाटक में कोई भी ≈ नहीं है; in the olden times kings and other rich people employed ~s at their courts to amuse them पुराने ज़माने में राजा और अन्य धनी लोग अपने दरबार में मनोरंजन के लिए विदूषक रखते थे.

Jesus जी'सस n^u. ईसा, येसु.

jet जेंट **I.** n^c. **1.** धारा : a ~ of water was played on the fire पानी की ≈ आग पर डाली गई; a ~ of water spurted into the air from the hole in the pipe पम्प के छिद्र में से पानी की एक धार फूट पड़ी. **2.** जेट वायुयान : a ~ pilot जेट विमान-चालक; three ~s flew over the sky आकाश में तीन ≈ उड़े; ~ planes are very fast जेट विमान बहुत तेज़ होते हैं. **3.** (spout) (गैस की) टोंटी^{F}. **4.** ~ black काला स्याह : her hair is ~ black उसके बाल काले स्याह हैं. **II.** *v.i.* (धार में) फूट निकलना : water ~s from the pipe violently पानी पंप से बड़े ज़ोर से फूट निकलता है.

jewel जू'अल n^c. **1.** रत्न, रत्नजटित भूषण [charming आकर्षक, false झूठा, magnificent शानदार, real असली, valuable कीमती]; Tulsidas was a ~ among poets कवियों में तुलसीदास एक रत्न थे; the ~s were kept in a safe जवाहरात तिजोरी^{F} में रखे थे; her fingers were covered with ~s उसकी अंगुलियाँ^{F} जवाहरात से ढँकी थीं. **2.** (fig.) ~ of a man पुरुषरत्न. **jeweller** जू'अलर n^c. जौहरी, सर्राफ़ : you buy jewels and expensive ornaments from a ~ आप जवाहर और अन्य महँगे गहने ≈ से खरीदते हैं. **jewellery** जू'अलरि जवाहरात, गहने, आभूषण : we bought ~ from a jeweller's shop हमने सर्राफ़/जौहरी की दुकान^F से ≈ खरीदे; she has some wonderful ~ उसके पास कुछ कमाल के ≈ हैं; the ~ consists of rings, bracelets, necklaces and precious stones ≈ में अंगूठियाँ, बाज़ूबंद, हार और कीमती पत्थर होते हैं.

jigsaw जिग्'सॉ n^c. (छोटी) चौखटी आरी : a ~ is driven by a machine ≈ मशीन^F से चलाया जाता है. ~ **puzzle** टुकड़े-टुकड़े जोड़ने की पहेली^{F}; children enjoy doing ~s बच्चे टुकड़े जोड़कर कोई चित्र बनाने में आनंद लेते हैं.

jingle जिङ्'गल **I.** n^u. झंकार^F, खनखन^F : the ~ of coins सिक्कों की ≈; I hear daily ~s of bells from the church मैं चर्च से प्रतिदिन घंटियों^{F} की ≈ सुनता हूँ; we heard Dad's key's ~ as he fitted one into the lock जैसे ही पिताजी ने चाबियों^{F} में से एक ताले में लगाई तो हमने उसकी ≈ सुनी. **II.** *v.t.* छनकना, छनकाना : he ~s keys, pennies in his pocket वह अपनी जेब में चाबियाँ, पैसे खनकाता है.

jj judges.

job जॉब **I. 1.** (छोटा) काम, कार्य : ~ hazard कार्य संकट; ~ load कार्यभार; this is my ~ not yours यह मेरा ≈ है तुम्हारा नहीं; to be out of ~ बेकार (बेरोज़गार) होना; get a new ~ नया काम ढूँढ़ो; to do odd ~s तरह-तरह के काम करना; he did a good ~ on translation of the book उसने किताब^F के अनुवाद का अच्छा काम किया; you have given me a hard ~ तुमने मुझे एक कठिन काम दिया है; taking care of children is no easy ~ बच्चों की देखभाल^F करना आसान काम नहीं है; he has given up the ~ उसने काम छोड़ दिया है; he was willing to take any ~ वह कोई काम पाने का इच्छुक था. **2.** नौकरी^{F} : ~s are not easy to get ≈ पाना आसान नहीं है; he had a ~ in the factory कारख़ाने में उसकी ≈ थी. **3. bad** ~ निष्फल कार्य, बेकार का काम; **just the** ~ ठीक वही जो दरकार है; to make a (good) ~ of smth कोई काम अच्छी तरह संपन्न करना; to be on the ~ सतर्क रहना, होशियारी से काम करना; ~ **work** फुटकर काम. **II.** *v.t.* (jobbing, jobbed) **1.** फुटकर काम करना : he ~s in our office वह हमारे दफ़्तर में फुटकर काम करता है. **2.** दलाली^{F} करना : he is ~bing for a contractor वह एक ठेकेदार की दलाली^{F} कर रहा है. **3.** भ्रष्टाचार करना : he is ~bing to get himself made head of the department वह विभाग का अध्यक्ष बनाए जाने के लिए भ्रष्टाचार कर रहा है.

jockey जॉ'कि **I.** n^c. **1.** (घुड़दौड़ का) घुड़सवार, जॉकी : there are several jockies at the horse race घुड़दौड़ में कई ≈ होते हैं. **2.** do not believe him, he is a ~ उस पर विश्वास न करो, वह धोखेबाज़ है. **II.** *v.t.* धोखा देना, छल-कपट करना : to ~ a person out of some advantage किसी लाभ से किसी व्यक्ति से छल-कपट करना; to ~ smb into doing smth किसी को धोखा देकर कुछ कराना.

jog जॉग **I.** *n*^{c}. धक्का, झटका : to give a ~ ≈ देना; you get ~s when the train stops जब रेलगाड़ी^{F} रुकती है तो धक्के लगते हैं. **II.** *v.i.* (jogging, jogged) **1.** ठेलना : to ~ smb with an elbow कुहनी^{F} से किसी को ≈. **2.** धीमे चलना, मंथर गति^{F} से आगे बढ़ना : we ~ged along a few mile on horseback हम घोड़े पर बैठकर कुछ मील तक मंथर गति^{F} से आगे बढ़े; the farmer ~ged to town किसान धीरे-धीरे शहर की तरफ बढ़ा; the time keeps ~ging on समय धीरे-धीरे बढ़ता रहता है; matters ~ along धीरे-धीरे (जैसे-तैसे) काम चलता है. **3.** जगाना : to ~ smb's memory किसी की याद्दाश्त^F जगाना.

join जॉइन **I.** *n*^{c}. जोड़ : the ~ of the pipe will break soon पम्प का ≈ शीघ्र ही टूट जाएगा. **II.** *v.t.i.* **1.** जोड़ना, मिलाना : to ~ wires तार ≈; to ~ two pieces of string together रस्सी के दो टुकड़े एक साथ जोड़ना; to ~ two villages with a road दो गाँवों को एक सड़क^F द्वारा ≈; the bridge ~s the two parts of the town पुल शहर के दो भागों को जोड़ता है; the priest ~ed the bride and the bridegroom in marriage पुरोहित ने दूल्हा-दूल्हिन को विवाह-बंधन में मिला दिया. **2.** मिलना : the street ~s the road near a bridge गली पुल के निकट सड़क से मिलती है; they ~ed in the struggle for freedom स्वतंत्रता^{F} की लड़ाई में वे मिल गए; the Yamuna ~s the Ganga at Allahabad यमुना इलाहाबाद में गंगा से आ मिलती है. [*ant.* dis~] **to ~ hands with smb** किसी के साथ मिल जाना; to ~ forces मिलकर काम करना. **3.** शामिल होना, सम्मिलित होना : to ~ in marriage शादी^{F} में ≈; will you ~ our club क्या आप मेरे क्लब में सम्मिलित होंगे ? he has ~ed the army वह फ़ौज में शामिल हो गया है; he ~ed in our conversation वह हमारे वार्तालाप में शामिल हुआ; to ~ some people in a walk सैर में किन्हीं लोगों में शामिल हो जाना. **4.** कार्यभार सँभालना : to ~ one's duty or office अपनी ड्यूटी या पदभार सँभालना. **5.** साथ होना : my wife ~ed **with** me in congratulating you मेरी पत्नी तुम्हें बधाई^F देने के लिए मेरे साथ है; in this point I ~ with you इस विषय पर मैं आपके साथ हूँ; I shall ~ you as soon as I am free जैसे ही मैं ख़ाली हूँगा आपका साथ दूँगा; they ~ed hands उन्होंने हाथ मिलाए. **6.** जुड़ना : her bone ~ed after the operation ऑपरेशन के बाद उसकी हड्डी^{F} जुड़ गई. **7.** Δ **to ~ issue with smb** किसी से बहस करना. **joint** जॉइन्ट **I.** *n*^{c}. **1.** जोड़, संधि^{F}, गाँठ^F : ~ of a bone हड्डी^{F} का जोड़; ~ of a finger उंगली की संधि/गाँठ; a ~ in a pipe पाइप में जोड़; the ~ in the wire is not steady तार का जोड़ मज़बूत नहीं है. Δ times are **out of ~** ज़माने में गड़बड़ है; the furniture is **out of ~** फ़र्नीचर उखड़ा-पुखड़ा है. **2.** (geog.) दरज^F : ~ in the earth near the mountain पर्वत के निकट पृथ्वी^{F} में ≈. **3.** (place) अड्डा : ~ for drinkers शराबियों का ≈; मद्यशाला^{F}. **II.** *v.t.* जोड़ना, जोड़ मिलाना : ~ both the ends of the rope रस्सी^{F} के दोनों छोर मिलाओ. **III.** *a.* **1.** संयुक्त [declaration घोषणा^{F}, editor संपादक, family परिवार, fund कोष/निधि^{F}, household गृहस्थी^{F}, ownership स्वामित्व, resolution प्रस्ताव, rule शासन, secretary सचिव, undertaking उपक्रम]; he will get nothing in the ~ property उसे संयुक्त संपत्ति^{F} में कुछ नहीं मिलेगा. **2.** (concurrent) समवर्ती, संयुक्त : ~ consonants ≈ व्यंजन; ~ insurance ≈ बीमा; ~ list ≈ सूची^{F}.

joke जोक **I.** *n*^{c}. **1.** मज़ाक, परिहास, दिल्लगी^{F} [familiar जाना-पहचाना, good अच्छा, silly मूर्खतापूर्ण]; it is all a ~ यह सब ≈ है; that is no ~ but a serious matter वह कोई मज़ाक नहीं बल्कि गंभीर मामला है; I do not like such ~s मैं इस प्रकार का मज़ाक पसंद नहीं करता; the boy played a ~ on James लड़कों ने जेम्स पर मज़ाक किया; we decided to play a ~ with her हमने उससे मज़ाक करने का निर्णय किया; practical ~ छेड़छाड़ का उपहास. **2.** चुटकुला : a book of ~s चुटकुलों की पुस्तक^F; everyone laughed at his ~s सब उसके चुटकुलों पर हँस पड़े. **II.** *v.i.* मज़ाक करना, परिहास करना, दिल्लगी^{F} करना : they ~d with her about her new suit उसके नए सूट को लेकर वे उस पर मज़ाक करते

रहे. **joker** जो'कर n^c. मज़ाकिया, जोकर [fine बढ़िया, useless बेकार]; the ~ made us laugh at the circus ≈ ने सरकस में हमें हँसाया; there must be a ~ in a drama नाटक में एक ≈ ज़रूर रहना चाहिए.

jolly जॉ'लि **I.** *a.* **1.** प्रफुल्ल, प्रसन्नचित्त [crowd भीड़^{F}, person व्यक्ति]; he is more ~ than his other friends वह अपने अन्य मित्रों की अपेक्षा अधिक ≈ है. **2.** आनंदप्रद [time समय, weather मौसम]; it was a ~ party यह एक आनंदपूर्ण पार्टी^{F} थी. [*ant.* sad] **II.** *adv.* बहुत, अत्यंत : I am ~ glad मैं ≈ प्रसन्न हूँ.

jolt जोल्ट **I.** n^c. **1.** हचका, हचकोला, झटका : the bus suddenly stopped with a ~ that shook us off our seats बस^F एकाएक हचके के साथ रुकी जिससे हम अपनी सीटों^{F} पर से हिल उठे. **2.** (shock) धक्का : the bad news gave us a ~ इस अशुभ समाचार से हमें ≈ लगा. **II.** *v.t.i.* हचकना, हचका देना : the car ~ed over the rough road कार^F ऊबड़-खाबड़ सड़क^F पर हचक गई; the vehicle ~ed us सवारी ने हमें हचका दिया.

jostle जॉ'सल **I.** *v.t.i.* धक्का देना, ढकेलना : he ~d against an old man at the fair मेले में उसने एक बूढ़े आदमी को धक्का दे दिया; the people ~ one another in the narrow street तंग गली^{F} में लोग एक-दूसरे को ढकेलते हैं; when you are in a big crowd you must expect that people will ~ you जब तुम किसी बड़ी भीड़^{F} में हो तो तुम्हें समझना चाहिए कि लोग तुम्हें धक्के तो देंगे. to be ~d about धक्के खाना. **II.** n^c. धक्का, रेल-पेल^F : there was a great ~ in the fair मेले में बहुत रेल-पेल थी.

jot जॉट **I.** n^c. कणभर, ज़रा : donot care a ~ ज़रा-सी भी चिंता^{F} मत करो; not a ~ of sense तनिक भी समझ नहीं; he did not change his statement (by) a ~ उसने अपने बयान में .जरा भर परिवर्तन नहीं किया. **II.** *v.t.* संक्षेप में लिख देना : to ~ down an address पता ≈; ~ down this in your book इसे अपनी किताब^F में (संक्षेप में) लिख लो.

jour., journal जर्'नल n^c. **1.** (diary) डायरी, दैनिकी, दैनंदिनी : this year's ~ इस वर्ष की ≈; a book seller's ~ of daily transactions पुस्तक-विक्रेता के लेन-देन की ≈; a ~ of work done by la bourers मज़दूरों के काम का रोज़नामचा. **2.** (periodical) पत्रिका^{F} [annual वार्षिक, illustrated सचित्र, monthly मासिक, scientific वैज्ञानिक, serious गंभीर]. **journalism** जर्'नॅलिज़म n^u. पत्रकारिता^{F} : he is studying ~ at the Institute वह संस्थान में ≈ का अध्ययन कर रहा है; ~ is a tedious profession these days इन दिनों ≈ एक बड़ा कड़ा पेशा है. **journalist** जर्'नॅलिस्ट n^c. पत्रकार : K.R. Narayanan has been a noted ~ in India के. आर. नारायणन भारत में एक प्रसिद्ध ≈ हुए हैं; you can neither be a ~ nor an editor तुम न तो पत्रकार हो सकते हो न संपादक.

journey जर्'नि **I.** *n.* यात्रा^{F}, सफ़र [amusing मनोरंजनपूर्ण, interesting दिलचस्प, monotonous उबाऊ, pleasant सुखद, successful सफल, tiresome थकाऊ]; you can make/undertake this ~ from London to New York by sea or by air तुम लंदन से न्यूयार्क की यात्रा समुद्र से अथवा वायु से कर सकते हो; he completed his ~ on foot उसने अपनी ≈ पैदल तय की; they have gone on a ~ वे ≈ पर गए हैं; he set out on ~ yesterday वह कल ≈ पर चल दिया; I hope you will enjoy your ~ very much मैं आशा^{F} करता हूँ आप ≈ का भरपूर आनंद लेंगे; I wish you a happy ~ आपकी यात्रा^{F} मंगलमय हो; after three days' ~ they came to a large city तीन दिन के सफ़र के बाद वे एक बड़े शहर में आए. **II.** *v.t.* यात्रा करना, सफ़र करना, घूमना-फिरना : he will not ~ in winter वह जाड़े में सफ़र/यात्रा नहीं करेगा.

jovial जो'व़िअल *a.* **1.** प्रसन्नचित्त, खुशमिज़ाज [companion साथी, party मंडली^{F}, people लोग]; a ~ person is one who is good-natured and full of fun ≈ आदमी वह है जो अच्छे स्वभाव वाला और मज़ाकिया होता है. **2.** ~ mood विनोदी तबीयत^F.

joy जॉइ *n.* आनंद, हर्ष, खुशी^{F} [celestial स्वर्गीय, genuine सच्चा, great बहुत, intense तीव्र, perfect पूर्ण, real वास्तविक, unrestrained

असीम]; his heart was filled with ~ उसका हृदय ≈ से भर गया; they clapped their hands and shouted with ~ उन्होंने ताली^{F} बजाई और ≈ से चिल्लाए; it is a ~ to see you आपसे मिलकर बड़ी खुशी^{F} हुई है; it was a great ~ to him to hear her song उसका गाना सुनकर उसे बड़ी खुशी^{F} हुई; to our great ~, he returned safely हमें बड़ी खुशी हुई कि वह सुरक्षित लौट आया; they jumped with ~ वे ≈ से उछल पड़े; we welcomed him home with ~ उसके घर आने पर हमने उनका खुशी^{F} से स्वागत किया; a thing of beauty is a ~ for ever सुंदर वस्तु^{F} सदा आनंदप्रद होती है. [*ant.* sorrow] **joyful** जाइ'फुल *a.* **1.** आनंदित, खुश-खुश [friend मित्र, fellow व्यक्ति, mother माँ]. **2.** आनंदमय, आनंददायक [company साथ, tidings समाचार]; Christmas is a ~ day क्रिसमस ≈ दिन होता है. [*ant.* sad]

jr. junior.

jt. joint.

jubilant जू'बिलन्ट *a.* प्रफुल्ल, आनंदविभोर, प्रमुदित, उल्लसित : they were ~ over their victory वे अपनी विजय पर ≈ थे; ~ at the granting of a holiday छुट्टी मिलने पर ≈. **jubilate** जु'बिलेट *v.t.* खुशी/आनंद मनाना, हुलसना, फूले न समाना, आनंदित होना : to ~ with friends over the good news अच्छे समाचार पर अपने मित्रों के साथ खुशी मनाना. **jubilee** जू'बिली n^c. जयंती^{F} [diamond हीरक, golden स्वर्ण, silver रजत]; this picture celebrated its silver ~ इस पिक्चर ने अपनी रजत ≈ मनाई.

judge जज **I.** n^c. **1.** न्यायाधीश [honest ईमानदार, impartial निष्पक्ष, judicious विवेकशील, learned विद्वान्, pitiless निर्दय/निष्ठुर, sensible समझदार, skilful कुशल, wise बुद्धिमान्]; the ~ hears and determines cases according to law ≈ मामले की सुनवाई करता है और कानून के अनुसार निर्णय करता है; the ~ called the witness for cross-examination ≈ ने साक्षी को परिपृच्छा^{F}/जिरह^F के लिए बुलाया; to appear before the ~ ≈ के सामने पेश होना; to bribe the ~ ≈ को घूस^F देना. **2.** निर्णायक : he was one of the ~s at the debate वह वाद-विवाद में एक ≈ थे; I am no competent ~ in this matter इस मामले में मैं योग्य ≈ नहीं हूँ; to be ~ and party at the same time ≈ होना और साथ ही पक्षधर भी होना. **3.** पारखी : he is a good ~ of art वह कला^{F} का अच्छा ≈ है. **II.** *v.t.* **1.** न्याय करना, निर्णय करना, फ़ैसला देना : it is hard to ~ in such cases इस प्रकार के मामलों का निर्णय करना कठिन है; I ~d the matter and both the parties were satisfied मैंने निर्णय दिया और दोनों पक्ष संतुष्ट हो गए. **2.** (estimate) आँकना : he did not ~ the distance correctly उसने दूरी^{F} को सही-सही नहीं आँका. **3.** (think) समझना, विचार करना : as far as I ~ it is not too hard जहाँ तक मैं समझता हूँ यह अत्यंत कठिन नहीं है. **judgment** जज्'मन्ट n^c. **1.** (sentence) निर्णय, फ़ैसला : to deliver/pronounce ~ ≈ देना/सुनाना; the ~ was against him ≈ उसके विरुद्ध था; the court passed ~ in his favour न्यायालय ने ≈ उसके पक्ष में दिया. **2.** (misfortune) (ईश्वरीय) दंड : the plague was a ~ on them प्लेग उन पर ≈ था; your failure is the ~ on you आपकी असफलता आपको ≈ है. **3.** (opinion) विचार, राय^F : it was his ~, not mine यह उसकी राय थी मेरी नहीं. **4.** (good sense) विवेक, परख^F : he always showed excellent ~ in choosing people लोगों को चुनने में उसने हमेशा उत्कृष्ट विवेक का परिचय दिया. **5.** ~day कयामत^F का दिन. **judicial** जुडि'शल *a.* न्यायिक, अदालती [authority प्राधिकरण, dispute विवाद, enquiry जाँच^F, office पद, power अधिकार/शक्ति^{F}, proceedings कार्यवाही^{F}]; what is the ~ decision in this matter of yours तुम्हारे इस मामले में ≈ निर्णय क्या है. [compare judicious]. **judiciary** जुडि'शरि n^u. न्यायपालिका^{F} : disrespect to ~ ≈ का अनादर.

judicious जुडि'शस *a.* विवेकपूर्ण, उचित [action कार्यवाही^{F}, commentator भाष्यकार, critic आलोचक, politician राजनीतिज्ञ, remarks उल्लेख, reporter उल्लेखकर्ता]; they made a ~ choice of the head master उन्होंने प्रधानाध्यापक का विवेकपूर्ण चुनाव किया.

judo जु'डो *n*^{u}. जूडो (जापानी कुश्ती^{F}) : boys are trained in ~ in our schools also हमारे विद्यालयों में भी लड़कों को ≈ का प्रशिक्षण दिया जाता है.

jug जग *n*^{c}. जग (बर्तन) [milk दूध का, water पानी का, wine शराब का]; she prepared sherbat in a ~ उसने ≈ में शरबत तैयार किया.

juggle ज'गल *v.t.* बाज़ीगरी करना : he ~s with balls and plates वह गेंदों^{F} और प्लेटों^{F} के साथ बाज़ीगरी करता है; you are juggling with words तुम शब्दों की बाज़ीगरी कर रहे हो. **juggler** जग्'लर *n*^{c}. बाज़ीगर : the ~ gave many amazing shows ≈ ने बहुत-से आश्चर्यजनक तमाशे दिखाए.

juice जूस *n.* जूस, रस [lemon नीबू का, sour खट्टा, sweet मीठा, tomato टमाटर का]; he drank a glass of grape ~ उसने अंगूर का एक गिलास ≈ पिया.

jujube जु'जूब *n*^{c}. बेर : he likes ~ very much उसे ≈ बेहद पसंद है; a ~ tree has small thorns बेर के पेड़ में छोटे- छोटे काँटे होते हैं.

Jul., July जुलाइ' *n*^{u}. जुलाई^{F} : he will come from Mumbai in ~ वह मुंबई से ≈ में आएगा; there are thirty-one days in ~ ≈ में इकतीस दिन होते हैं; our examination will be held on ~6 हमारी परीक्षा छह ≈ को होगी.

jumble जम्'बल **I.** *n*^{u}. गड्डमड्ड^{F}, गड़बड़झाला : a ~ sale is a sale of mixed up cheap articles गड्डमड्ड बिक्री मिश्रित सस्ते पदार्थों का विक्रय है; ~ of words शब्दजाल, शब्दों का ≈. **II.** *v.t.i.* **1.** गड्डमड्ड हो जाना या कर देना : he has ~d up all my papers उसने मेरे सभी कागज़ात गड्डमड्ड कर दिये हैं; if you ~ up our clothes, no one will be able to find his own यदि तुम हमारे कपड़ों को गड्डमड्ड कर दो तो कोई भी अपना कपड़ा नहीं पा सकेगा; his and my books were ~d together उसकी और मेरी किताबें^{F} गड्डमड्ड हो गई हैं. **2.** घबरा देना, उलझा देना : do not ~ him, he will be angry उसे उलझाओ मत, वह गुस्से हो जायेगा.

jump जम्प **I.** *n*^{c}. **1.** छलाँग^{F}, उछाल^{F}, कुदान^{F} [high ऊंची, long लंबी, pole बाँस के साथ, standing खड़ी]; he came first in the long ~ उसे लंबी ≈ में प्रथम स्थान मिला; ~ of a deer चौकड़ी; ~ of a bird फुदक^{F}. **2.** अंतर : I see a great ~ between your selves मैं तुम दोनों में बड़ा ≈ देखता हूँ. **3.** (start) चौंक^{F}. **4.** वृद्धि^{F} : there has been a ~ in prices कीमतों^{F} में वृद्धि^{F}/उछाल^{F} हुई है. **II.** *v.i.* **1.** कूदना, उछलना, फाँदना : to ~ into the air हवा^{F} में उछलना; they ~ed with joy वे खुशी^{F} से उछल पड़े; to ~ over a wall दीवार^{F} फाँदना; he ~ed over a ditch easily वह आसानी से खाई फाँद गया; he hesitates to ~ वह कूदने में हिचकिचाता है; ~ out of the window खिड़की^{F} में से बाहर कूद पड़ो; my heart was ~ing with joy मेरा दिल खुशी^{F} से उछल रहा था. **2.** चौकना या चौकाना : he ~ed seeing the high fence ऊंचा जंगला देखकर वह चौंक गया; he ~ed at the queer voice अजीब आवाज़^{F} से वह चौंक गया. **3.** अचानक बढ़ना या बढ़ाना : the number of students in English schools has ~d अंग्रेज़ी विद्यालयों में छात्रों की संख्या^{F} बढ़ गई है; the prices have ~ed up high मूल्य बहुत बढ़ गए हैं. **4.** a bird ~s पक्षी फुदकता है; a deer ~s हिरन चौकड़ी भरता है. **5.** Δ **to ~ at an offer** प्रस्ताव को एकदम स्वीकार कर लेना; **~ down smb's throat** डाँटना-फटकारना; **to ~ out of one's skin** चौंक उठना; **to ~ the pages** पन्ने छोड़-छोड़कर पढ़ना; **to ~ the track/rails** पटरी^{F} पर से उतर जाना; **to ~ at a conclusion** एकदम किसी निर्णय पर पहुँच जाना; **to ~ upon smb** किसी पर आक्रमण कर देना. **jumper** जम्'पर *n*^{c}. **1.** कूदने वाला : Vijay is a good ~ in our team हमारी टीम^{F} में विजय एक अच्छा ≈ है. **2.** (garment) जम्पर : my mother is knitting a woollen ~ for Mary मेरी माँ मैरी के लिए एक ऊनी ≈ बुन रही है; she always wears a cotton ~ in summer वह गर्मियों में हमेशा सूती ≈ पहनती है.

junc. junction जङ्क्'शन *n*^{c}. **1.** संगम : Allahabad is the ~ of the Ganga and the Yamuna इलाहाबाद गंगा और यमुना का ≈ है; a road ~ is the place where several roads join सड़कों का ≈ वह स्थान है जहाँ कई सड़कें मिलती हैं. **2.** (railway) जंकशन : Mughal Sarai is the biggest ~ on the Northern Railway line उत्तरी रेलवे लाइन पर मुगलसराय सबसे बड़ा ≈ है. **3.** (action) संयोजन, जोड़ : it was the ~ of their attempts, that they succeeded in their aim अपने प्रयासों के ≈ से वे अपने उद्देश्य में सफल हो गए.

jungle जङ्'गल *n*^c^. जंगल, वन : ~ animal जंगली जानवर; ~ wood जंगली लकड़ी; there are many ~s in Madhya Pradesh मध्य प्रदेश में अनेक ≈ हैं; lion is the king of ~ सिंह वनराज है.

junior जू'निअर *a.* अवर, छोटा [brother अनुज, officer अधिकारी, partner भागीदार, rank पद]; a ~ clerk in an office किसी कार्यालय का ≈ लिपिक/क्लर्क; she is ten years ~ to me वह मुझसे दस वर्ष छोटी है; my brother is a ~ engineer in the P.W.D. मेरा भाई पी. डब्ल्यू. डी. में ≈ अभियंता/इंजीनियर है; a captain is ~ to a colonel कप्तान करनल से छोटा होता है. [*ant.* senior]

junk जङ्क *n*^u^. रद्दी^F^, कबाड़, कूड़ा : these things are only ~, so throw them away यह सब केवल ≈ है इसलिए इसे फेंक दो.

jurisdiction जुअरिसडिक्'शन *n*^u^. क्षेत्राधिकार : the matter does not come under the ~ of this court यह मामला इस न्यायालय के ≈ में नहीं है; the Supreme Court has ~ in the whole of India उच्चतम न्यायालय का ≈ पूरे भारतवर्ष में है.

jury जुअ'रि *n*^c^. पंच, जूरी^F^ : in English law courts a ~ of twelve people listens to the evidence and decides whether the prisoner is guilty or not अंग्रेजी न्यायालयों में बारह सदस्यों की एक जूरी गवाही^F^ की सुनवाई^F^ करके निर्णय करती है कि कैदी दोषी है अथवा नहीं.

just जस्ट **I.** *a.* **1.** (person) न्यायशील [judge जज, king राजा, umpire निर्णायक]; she wanted to be ~ वह ≈ होना चाहती थी; he is ~ in his decision वह अपने निर्णय में ≈ है. **2.** न्यायसंगत, न्यायोचित [conduct आचरण, judgement निर्णय, price कीमत, proportion अनुपात, punishment दंड, sentence दंडादेश]; for the sake of a ~ cause ≈ उद्देश्य के लिए, [*ant.* unjust] **II.** *adv.* **1.** ठीक : ~ below ≈ नीचे; ~ at the moment ≈ उसी समय; you possess ~ as much as he तुम्हारे पास ≈ उतना ही है जितना उसके पास; it is ~ what I am going to tell you यह ≈ वही है जो मैं तुमको बताने जा रहा हूँ; tell me ~ what happened मुझे ≈ बता दो कि क्या हुआ; this table is ~ the same यह मेज़ ≈ वही है; it is ~ twelve o'clock यह ≈ बारह बजे है; you are ~ in time तुम ≈ समय पर हो; I came ~ when the telephone was ringing मैं ≈ उस समय आया जब घंटी बज रही थी. **2.** बाल-बाल : he ~ escaped being hit वह चोट^F^ लगने से ≈ बच गया. **3.** अभी, अभी-अभी : I have ~ said मैंने ≈ कहा है; he has ~ come in वह ≈ आया है; he has ~ gone out वह ≈ बाहर गया है; I have ~ arrived मैं ≈ आया हूँ. **4.** केवल, बस : ~ one ≈ एक; ~ for a moment क्षणभर. **5.** ~ as जैसे; ~ now अभी; ~ then तभी; ~ then the train stopped तभी गाड़ी^F^ रुक गई; ~ when जभी.

justice जस्'टिस *n*^u^. **1.** न्याय, इंसाफ़ : court of ~ न्यायालय, अदालत^F^; a prisoner can be sure of ~ in this court कैदी इस न्यायालय में ≈ के लिए आश्वस्त हो सकता है; a man of strict ~ सख़्त न्यायशील व्यक्ति; there is much ~ in his decision उसके निर्णय में ≈ है; we felt the decision was a violation of ~ हमने समझा कि निर्णय में ≈ का उल्लंघन हुआ; I should do ~ to both the parties मुझे दोनों पक्षों से ≈ करना चाहिए, [*ant.* in~] **2.** औचित्य : there is no ~ in his criticism उसकी आलोचना^F^ में ≈ नहीं है. Δ **to do full** ~ to a meal पेट भर खाना. **justification** जसटिफ़िके'शन *n*^c^. औचित्य : I do not find any ~ in meeting him उसे मिलने का मुझे कोई ≈ दिखाई नहीं देता. **justify** जस्'टिफ़ाइ *v.t.* (justified) **1.** न्यायसंगत या तर्कसंगत सिद्ध करना : good intentions alone cannot ~ your deed केवल अच्छे इरादे तुम्हारे कर्म को

न्यायसंगत सिद्ध नहीं कर सकते; I believe the results will fully ~ the cost मैं विश्वास करता हूँ कि परिणाम पूरी तरह लागत^F को न्यायसंगत सिद्ध करेंगे. **2.** सफ़ाई देना : ~ one's conduct अपने आचरण की ≈. **3.** (absolve) निर्दोष ठहराना, दोषमुक्त करना : he was justified in the matter of the strike हड़ताल के मामले में उसे निर्दोष सिद्ध किया गया; the court justified the accused न्यायालय ने अपराधी को निर्दोष ठहराया. **4.** (warrant) कारण दिखाना, आधार प्रस्तुत करना : to ~ his theft of bread that his children were starving रोटी की चोरी^F का कारण दिखाना कि उसके बच्चे भूखे मर रहे थे; to ~ one's claim अपने दावे का आधार बताना. **5.** (adjust) ठीक कर देना, व्यवस्थित करना : he justified everything soon उसने शीघ्र ही सब कुछ ठीक कर दिया.

jute जूट *n*^u. जूट, पटसन, पटुआ : ~ is much produced in West Bengal ≈ बंगाल में खूब पैदा किया जाता है.

juvenile जू'विनाइल *a.* **1.** बाल, किशोर [addicts व्यसनी, convict अपराधी, groupe मंडली^F]; ~ delinquency बाल अपराध; ~ literature ≈ साहित्य; ~ offender ≈ अपराधी; he was a ~ fellow when he first went into the jail वह ≈ ही था जब वह पहली बार जेल गया. **2.** बचकाना : ~ behaviour ≈ व्यवहार.

K, k

kangaroo कैङ्गरू' *n*ᶜ. कंगारू (चौपाया) : an Australian animal which moves along in great leaps एक आस्ट्रेलियायी जानवर जो लंबी-लंबी कुदानें भरकर चलता है; the female ~ carries her baby in a pouch on the front of her body मादा ≈ अपने बच्चे को अपने शरीर के सामने के भाग की थैली में उठाती है.

keel कील I. *n*ᶜ. जहाज़ की निचली धरनᶠ : a ~ is a long piece of wood or steel ≈ लकड़ीᶠ या इस्पात का लंबा खंड होती है. II. *v.i.* उलट जाना : the steamer ~ed over in the storm स्टीमर तूफ़ान में उलट गया.

keen कीन I. *a.* 1. (~ edged) तीक्ष्ण, पैना, तेज़ : you must be careful of the ~ edge of a knife तुम्हें चाकू की तेज़ धार से सावधान रहना चाहिए; the razor is too ~ उस्तरा बहुत ≈ है; he has a ~ sight उसकी तीक्ष्ण दृष्टिᶠ है; he is a man of ~ brain वह तीक्ष्णबुद्धि व्यक्ति है. [*ant.* dull] 2. (eager) उत्साही, जोशीला, उत्सुक [dancer नर्तक, politician राजनीतिज्ञ, skater फिसलनेवाला, sportsman खिलाड़ी, student छात्र]; John is so ~ on the horse that he spends all his spare time at the stable जॉन घोड़े के लिए इतना उत्सुक है कि अपना फालतू समय घुड़साल में बिता देता है; to take ~ interest in cricket क्रिकेट में उत्सुकतापूर्ण रुचिᶠ लेना. [*ant.* indifferent] 3. (intense, sharp) प्रचंड, प्रखर, तेज़ [frost पाला, glance दृष्टिᶠ, hunger भूखᶠ, pain पीड़ाᶠ, understanding समझᶠ, wind हवाᶠ]; the wind is too ~ to let us go out हवाᶠ इतनी ≈ है कि बाहर नहीं जाया जा सकता. 4. (~ witted) कुशाग्रबुद्धि, विचक्षण : he is a man of ~ intellect वह कुशाग्रबुद्धि व्यक्ति है. 5. (pungent) तीखा, तीता, तिक्त, चरपरा : it is a ~ enough pie I cannot eat it यह अत्यधिक ≈ समोसा है, मैं इसे खा नहीं सकता. 6. (other meanings in context) ~ appetite तेज़ भूखᶠ; ~ competition कड़ा मुकाबला; ~ cold कड़ाके की सर्दीᶠ; ~ desire उत्कट इच्छाᶠ; ~ interest गहरी दिलचस्पीᶠ; ~ satire तीखा व्यंग्य. **keenly** कीन्'लि *adv.* उत्सुकताᶠ से, चाव से : to be ~ interested ≈ दिलचस्पीᶠ रखना. **keenness** कीन्'निस *n*ᵘ. 1. उत्सुकताᶠ, चाव you could not understand his ~ तुम उसकी ≈ को समझ नहीं सके. 2. ~ of mind मन की कुशाग्रताᶠ; ~ of frost पाले की प्रचंडताᶠ.

keep कीप I. *v.t.* (*p.* & *p.p.* kept) 1. (have, hold) (पास) रखना : you can ~ this book with you तुम इस किताब को अपने पास रख सकते हो; ~ your hat on your head अपने हैट को सिर पर रखो; to ~ fast उपवास/व्रत रखना; to ~ one's balance संतुलन बनाए रखना; to ~ one's tongue still जीभᶠ को शांत रखना; to ~ one's money in a safe तिजोरीᶠ में धन सुरक्षित रखना; I shall not eat the apple now, I shall ~ it till break मैं सेब इस समय नहीं खाऊंगा, इसे सुबहᶠ के लिए रखूँगा; to ~ in abeyance स्थगित रखना; ~ it pending इसे विलंबित रखो. 2. (observe) मनाना : we kept a fast on last Sunday हमने पिछले रविवार को उपवास रखा . (fulfil) पूरा करना, निबाहना : I cannot ~ my duty this way इस प्रकार मैं अपनी ड्यूटीᶠ नहीं निबाह सकता; to ~ one's promise अपना वचन ≈; to ~ an appointment मिलने का वादा ≈. 4. (tend) देखरेखᶠ करना : I cannot ~ this machine मैं इस मशीनᶠ की देखरेख नहीं कर सकता. 5. (rear) पालना : to ~ cows गाएँ ≈; ~ bees मधुमक्खी-पालन करना; he ~s a large family वह भारी परिवार का पालन करता है. 6. की रक्षा करना, सुरक्षित रखना : they kept everything in good order उसने सब कुछ सुरक्षित रखा; they could not ~ such a big house वे इतना बड़ा घर चला न रख सके. **7.** (detain) रोकना, रोक रखना, कैद में रखना : the police tried their best to ~ him in the prison पुलिस^F ने उसे जेल में बंद रखने का भरसक प्रयास किया; we could not ~ him from running away हम उसे भाग जाने से नहीं रोक सकते; who kept you so long? तुम्हें इतनी देर तक किसने रोके रखा? **8.** नियंत्रित करना, वश में रखना : I can ~ nothing from you मैं आपसे कुछ नहीं छिपा सकता; I could not ~ myself from smiling मैं मुस्कान^F को अपने वश में नहीं रख सका. **9.** (*v.i.*) पर चलना, बना रहना : ~ on footpath while going on foot पैदल चलते समय फुटपाथ पर चलो; he always keeps on the right path वह हमेशा सही रास्ते पर चलता है. **10.** *v.i.* (remain) रहना : they ~ happy वे खुश रहते हैं; ~ silent चुप रहो. **11.** (continue) रहना : he ~s writing all day long वह सारा दिन लिखता रहता है. Δ **to ~ body and soul together** जीवित रहना : he earns just to ~ body and soul together वह बस जीवित रहने भर के लिए कमाता है; **to ~ company** with smb किसी का साथ देना; why do you ~ anybody **in the dark** तुम किसी को अंधेरे में क्यों रखते हो? उससे छिपाते क्यों हो? ~ **an eye** on my luggage मेरे सामान पर निगाह^F रखिएगा; **to ~ good hours** जल्दी सोना, जल्दी जागना; **to ~ one's head above water** संकट/ऋण से बचना; **to ~ the house** घर में ही रहना; **to ~ house** घर-गृहस्थी^F चलाना; you cannot ~ **pace with** me तुम मेरी बराबरी नहीं कर सकते; ~ **watch** on my office मेरे दफ़्तर की रखवाली^F करो; **to ~ the** wolf **out of the door** भूखों मरने से बचना : ~ **track of** smth किसी बात^F का पता लगाना. (prepositional phrases) ~ **at it** इसे बराबर करते रहो; ~ **away** अलग/दूर रहो; I kept myself away from the intrigue मैं इस कपटजाल से दूर रहा; ~ **back** smth from smb किसी से कुछ छिपाना; to ~ the enemy **back** शत्रु को पीछे हटाना; ~ **down** (i) to ~ the prices down कीमतें^F स्थिर रखना; (ii) छिपे रहना : we kept ourselves down behind the bushes हम झाड़ियों^F के पीछे छिपे रहे; to ~ **from doing smth** कुछ करने से रोकना; ~ **in** अंदर रहिए; ~ **in with** smb किसी से मित्रता^F बनाये रखना; **to ~ in touch** with smb किसी से संपर्क बनाये रखना; ~ **off** दूर/परे रखिए/रहिए; ~ a hat/coat **on** हैट/कोट पहिने रहिए; ~ on doing करते रहो; the child kept on crying बच्चा रोता रहा; **to ~ on at smth** किसी बात^F की रट लगाए रखना; to ~ **out** दूर रखना/रहना; ~ the child **out of** heat बच्चे को गर्मी^F से दूर रखो; you should ~ out of the quarrel तुम्हें इस झगड़े से दूर रहना चाहिए; **to ~ one's word** अपना वचन निभाना : he kept himself to his statement वह अपने बयान पर डटा रहा; ~ **it to yourself** इसे अपने तक रखिएगा; to ~ **together** इकट्ठा रहना : the two brothers could not ~ together after their father's death अपने बाप की मृत्यु के बाद दोनों भाई इकट्ठे नहीं रह सके; to ~ **under** काबू में रखना : to ~ smb under oneself किसी को अपने काबू में रखना; to ~ smth under one's control किसी बात^F को अपने काबू में रखना; to ~ **up** बनाये रखना : he could not ~ up his spirits वह अपना उत्साह बनाये न रख सका; the government failed to ~ up prices सरकार^F कीमतें^F स्थिर रखने में असफल रही; well done, ~ **it up** शाबाश, ऐसा करते चलो; **to ~ up appearances** ऊपरी रुख बनाये रखना; **to ~ up with** smb किसी के साथ-साथ चलना; to ~ up with the times ज़माने के साथ-साथ चलना. **II.** *n*^c. **1.** (woman) रखैल : he has his ~ in some other place उसकी ≈ किसी दूसरी जगह^F पर है. **2.** (maintenance) निर्वाह, भरण-पोषण : the court ordered for the ~ of the wife न्यायालय ने पत्नी के ≈ के लिए आदेश दिया; everyone pays for his ~ हर कोई अपने ≈ के लिए पैसा लगाता है.

keepsake कीप्'सेक *n.* यादगार^F, निशानी^F : he gave me this watch as a ~ उसने यह घड़ी^F मुझे निशानी के रूप में दी; you must give something as a ~ to your beloved तुम्हें अपनी प्रियतमा^F को कुछ ≈ के रूप में ज़रूर देना चाहिए.

ken केन *n*^u. पहुँच^F, दृष्टि^F की सीमा^F : it is

within my ~ यह मेरी पहुँच के अंदर है; you cannot do the work, it is beyond your ~ तुम इस काम को नहीं कर सकते, वह तुम्हारी पहुँच के बाहर है.

kerchief कर्'चिफ़ n^c. रूमाल [silken रेशमी, white सफ़ेद, woollen ऊनी]; the woman wore a ~ over her head औरत अपने सिर पर ≈ ओढ़े थी.

kernel कर्'नल n^c. **1.** गरी^{F}, गिरी^{F} [delicious स्वादिष्ट, edible खाने योग्य, inedible अखाद्य, soft कोमल, sweet मीठी]; you crack the nut, throw away the shell and eat the ~ तुम अखरोट-बादाम तोड़ते हो, छिलका फेंक देते हो और ≈ खा जाते हो. **2.** (core) सार, तत्व : the ~ of the whole problem is how to find the money संपूर्ण समस्या^{F} का ≈ यह है कि धन कैसे प्राप्त करना है; this is the ~ of the whole talk पूरी बातचीत^F का सार यह है. [*as distinct from* colonel]

kerosene कें'रॅसीन n^u. किरासन, मिट्टी^{F} का तेल : ~ oil is used for burning lamps and stoves मिट्टी के तेल का प्रयोग लैम्प और स्टोव जलाने में किया जाता है.

ketchup कें'चप n^u. चटनी^{F} : he always needs ~ while eating pies उसे हमेशा समोसे खाते समय ≈ की आवश्यकता^{F} होती है.

kettle के'टल n^c. केतली^{F}, देगची^{F} [big बड़ी, copper ताँबे की, small छोटी]; to put the ~ on the fire ≈ को आग^F पर रखना; we boil water in the ~ हम केतली में पानी गरम करते हैं; fill the ~ with water and put it on the stove to boil ≈ को पानी से भरो और इसे उबलने के लिए स्टोव पर रख दो. ~ **drum** नगाड़ा : a ~ is covered with a skin नगाड़े पर चमड़ा.

key की n^c. **1.** कुंजी^{F}, चाबी^{F} : a board ~ ≈ पटल; ~ hole कुंजी का खाँचा; I cannot unlock the door without a ~ बिना ≈ के मैं दरवाज़ा नहीं खोल सकता; he turned the ~ उसने ≈ घुमाई; the ~ does not fit in the lock ≈ ताले में फ़िट नहीं आती; fasten the keys in a bunch चाबियों को गुच्छे में डालना. **2.** (of harmonium or piano) परदा : a harmonium has white and black ~s हारमोनिअम में सफ़ेद और काले परदे होते हैं; if you press a ~ of a piano, a note is sounded यदि तुम पिआनो के परदे को दबाओ तो सुर उत्पन्न होता है. **3.** (tone) स्वर, सुर^F, तान^F : the men sang in a low ~ लोगों ने धीमी ≈ में गाया; he spoke in high ~ वह ऊंचे स्वर में बोला; this is not the right ~ यह सही तान नहीं है. ~ **note** n^c. मूल भाव, बुनियादी बात^F : the ~note of his speech उसके भाषण का मूल भाव; this is the ~ note of the poet's works कवि की रचनाओं का मूल भाव यही है. **4.** प्रधान [buyer ख़रीददार, city नगर, job कार्य, post पद]; ~ word संकेत शब्द; he is the ~man वह प्रधान या महत्वपूर्ण व्यक्ति है. **5.** (fig.) कुंजी : with this important place you hold in hand the ~ to the whole country इस महत्वपूर्ण स्थान से तुम्हारे हाथ में पूरे देश की ≈ है; a ~ to the question प्रश्न की ≈.

khaki खा'कि *n.* खाकी वरदी^{F} : he always wears ~ वह हमेशा ≈ पहनता है; I dislike ~ मुझे ≈ पसंद नहीं है. Δ **to go into ~** सेना^{F} में भर्ती^{F} हो जाना.

kg. kilogram.

kick किक **I.** n^c. लात^F, ठोकर^F : he gave him several ~s उसने उसे कई लातें मारीं. Δ **he has no ~s left in him** उसमें (विरोध के लिए) कोई शक्ति^{F} नहीं रह गई. **II.** *v.t.* **1.** ठोकर^F या लात^F मारना, ठुकराना : to ~ the ball गेंद को ठोकर मारना; to ~ smth is to hit with your foot किसी चीज़ को ≈ उसे लात मारना है; to ~ someone out of the house किसी को लात मारकर घर से बाहर कर देना; the donkey ~ed his hind legs high in the air गधे ने हवा^{F} में दोलत्ती^{F} चलाई; the horse ~ed him in the chest घोड़े ने उसे छाती^{F} में दोलत्ती^{F} मारी. **2.** धक्का देना : a rifle ~s when you fire it जब तुम राइफल दागते हो तो वह धक्का देती है; they ~ed him down stairs (i) उन्होंने उसे सीढ़ियों^{F} से नीचे धक्का दिया; (ii) उन्होंने उसका पद नीचा कर दिया. **3.** विरोध करना : he ~ed his proposal in the meeting उसने उनका मीटिंग में उसके सुझाव का विरोध किया; he came forth to ~ them वह उनका विरोध करने के लिए सामने आया. Δ **to ~ off** ठोकर

से उछालना : to ~ off a football ठोकर से फुटबाल उछालना; ~out अपमानजनक ढंग से निकालना : he has been ~ed out of his job उसे अपने काम से अपमानपूर्वक निकाल दिया गया है; **to ~ up a fuss** ऊधम मचाना, झगड़ा करना.

kid किड I. *n*^c. 1. मेमना : he is a nice little ~ वह एक सुंदर छोटा-सा ≈ है. 2. मेमने का चमड़ा : gloves made of ~skin मेमने के चमड़े का बना दस्ताना. 3. बच्चा : the woman with three ~s औरत तीन बच्चों के साथ. II. *v.t.* (-dd-) 1. बहकाना : you cannot ~ me तुम मुझे बहका नहीं सकते. 2. चिढ़ाना : we ~ded her on about that boy हमने उस लड़के की बात^F लेकर उसे चिढ़ाया.

kidnap किड्'नैप *v.t.* अपहरण करना, भगा ले जाना : to ~ a child बच्चे का अपहरण करना; बच्चे को भगा ले जाना; to ~ a woman is to steal her away from her parents or parents-in-law किसी स्त्री का अपहरण करना उसे उसके माता-पिता या ससुराल से चुरा ले जाना है.

kidney किड्'नि *n*^c. 1. किडनी^F, गुर्दा, वृक्क : every animal has a pair of ~s inside its body हर जानवर के शरीर के भीतर एक जोड़ा ≈ रहता है; the doctor removed his diseased ~ डाक्टर ने उसकी रुग्ण किडनी निकाल दी. 2. *n*^u. प्रकृति^F : those people are all of the same ~ वे सभी लोग एक प्रकृति के हैं.

kill किल I. *v.t.* 1. मार डालना, की हत्या^F करना : I know the mouse is dead for I saw the cat ~ing it मैं जानता हूँ कि चूहा मरा है क्योंकि बिल्ली को इसकी हत्या करते देखा था; how many goats does this butcher ~ in a week? यह क़साई एक हफ़्ते में कितनी बकरियाँ मारता है ? he was ~ed in the accident वह उस दुर्घटना^F में मारा गया; she ~ed herself by hanging उसने फाँसी^F लगाकर स्वयं की जान ले ली. Δ **to ~ two birds with one stone** एक तीर से दो शिकार करना. 2. (destroy) नष्ट करना, मार देना : the cold weather has ~ed the flowers, they have died ठंडे मौसम ने फूलों को मार दिया है, वे मुर्झा गए हैं; to try to ~ the infection संक्रमण नष्ट करने का प्रयास करना; our enthusiasm was ~ed by his nasty remarks उसकी गंदी टिप्पणी^F से मेरा उत्साह समाप्त हो गया; he ~ed my chance उसने मेरा चांस नष्ट कर दिया. 3. (defeat) विफल कर देना : this is the way to ~ a conspiracy यही तरीका है षड्यंत्र को विफल करने का; you have ~ed my plans तुमने मेरी योजनाओं को विफल कर दिया. 4. (destroy effect) फीका कर देना : I decided to take this remedy to ~ the effect of wrong medicine ग़लत दवा^F के प्रभाव को कम करने के लिए मैंने यह औषधि लेने का निश्चय किया. 5. (cancel) काटना, निरस्त करना : to ~ a bill in the Parliament संसद् में बिल को ≈. 6. (time) काटना, बिताना : ~ time by playing cards ताश खेलकर समय ≈. Δ **~ off** मारकर नष्ट कर देना : the hunters ~ed off all animals शिकारियों ने मारकर सब जानवर समाप्त कर दिए. II. *n*^c. 1. वध, शिकार : he made a ~ in the forest उसने जंगल में एक ≈ किया. 2. मारा हुआ पशु : the lion took his ~ to his den शेर अपना ≈ माँद में ले गया. **killer** कि'लर *n*^c. हत्यारा : that animal is a ~ वह पशु ≈ है; he has been a ~ of birds वह पक्षियों का ≈ रहा है; ~ disease घातक रोग.

kiln किल्न *n.* भट्ठा, आवाँ : ~-burnt brick भट्ठे में पकाई गई ईंट^F; ~ of potters कुम्हारों का आवाँ; we make our clay models hard by baking them in a hot oven called a ~ हम मिट्टी^F के ढाँचों को एक गर्म भट्ठी में पकाकर कड़ा बनाते हैं जिसे ≈ कहते हैं.

kilo कि'लो *a.* किलो [gram ग्राम, litre लीटर, metre मीटर, watt वाट]; at a distance of ten metres दस किलोमीटर की दूरी^F पर; this box contains two ~s of sweets इस बाक्स में दो ≈ मिठाई^F आती है.

-kin *suffix* छोटा : lamb ~, pump ~.

kin किन I. *n*^c. संबंधी, रिश्तेदार : he is one of my closest ~s वह मेरे घनिष्ठतम संबंधियों में है; a ~ of mine has lived in Mumbai since 1980 मेरा एक ≈ 1980 से मुंबई में रहता है; next of ~ सगे-संबंधी.

kind काइन्ड I. *n*^c. 1. किस्म^F, प्रकार [bad खराब,

extraordinary असाधारण, good अच्छी, peculiar विचित्र, remarkable उल्लेखनीय, similar उसी प्रकार का, usual साधारण]; which ~ of chocolate do you prefer? तुम किस प्रकार का चाकलेट पसंद करते हो; this is the usual ~ of card यह एक साधारण किस्म का कार्ड है; bring me another bottle of wine of the same ~ उसी ≈ की एक दूसरी बोतल[F] शराब मुझे ला दो; different ~s of animals are grazing in the field विभिन्न ≈ के जानवर खेत में चर रहे हैं; what ~ of plant is this? यह किस ≈ का पौधा है ? yes, this is the ~ of thing I mean हाँ, यह उसी ≈ की वस्तु[F] है जो मेरा मतलब है; that kind of man may betray the country उस प्रकार का व्यक्ति देश से द्रोह कर सकता है; I do not like that ~ of discussion मैं इस प्रकार की बहस[F] को पसंद नहीं करता; there were all ~s of people there वहाँ सभी प्रकार के लोग थे; maize is a ~ of grain मक्का एक प्रकार का अनाज है; all ~s of people travel by train सभी प्रकार के लोग ट्रेन द्वारा यात्रा[F] करते हैं; nothing of the ~ ऐसी कोई बात[F] नहीं है; smth of the ~ कुछ ऐसा ही. **2.** जाति[F] : human ~ मनुष्य ≈. **3.** जिन्स : to make payment in ~ जिंस में भुगतान करना. **II.** *a.* भला, कृपालु, मेहरबान [husband पति, friend मित्र, mother माता, neighbour पड़ोसी, nurse नर्स, person व्यक्ति, sister बहन]; with a ~ smile सौम्य मुस्कान[F] के साथ; it is very ~ of you आपकी बड़ी मेहरबानी[F] है; mother is very ~ to her children माँ अपने बच्चों के प्रति बहुत कृपालु होती है; you have been very ~ to me आप मेरे लिए बहुत भले हैं; Bikky did not have to walk home because a ~ lady paid for her to go by bus बिक्की को पैदल घर नहीं जाना पड़ा, क्योंकि एक भद्र महिला ने उसके लिए बस[F] का किराया दे दिया; he is a ~ man वह एक भला आदमी है; our grandfather is a ~ old man हमारे दादा एक कृपालु बूढ़े आदमी हैं; would you be ~ enough to answer at once क्या आप तुरंत उत्तर देने की कृपा करेंगे ? [*ant.* un~] **kindly** काइन्ड'लि **I.** *a.* (person) कृपालु; (climate) सुहावना : he has kindly manners उसका आचारव्यवहार शिष्ट है; she made a ~ smile उसने सुखद मुस्कान[F] दी. **II.** *adv.* कृपया, कृपापूर्वक : ~ stop that noise कृपया शोर बंद करें; when he was lost, a policeman ~ brought him home in his car जब वह खो गया था तो एक पुलिसवाला अपनी कार में उसे कृपापूर्वक ले आया; ~ come here कृपया यहाँ आइए; would you ~ explain it to me कृपया, क्या आप इसे मुझे समझा देंगे. **kindness** काइन्ड'निस *n*[u]. कृपा[F], कृपालुता[F] : I shall never forget your ~ मैं आपकी ≈ को कभी नहीं भूलूँगा; he treated us with great ~ उसने हमसे बड़ी कृपालुता का व्यवहार किया; mother thanked the neighbours for their ~ in helping to look after the body when she was taken ill बेबी के बीमार होने पर उसकी देखभाल में सहायता[F] देने की ≈ के लिए उसने पड़ोसियों को धन्यवाद दिया.

kindergarten किन'डर्गार्टन *n.* बाल वाड़ी[F], बाल-शिक्षोद्यान : they admit children of three years' age in the ~ वे तीन साल की उम्र[F] के बच्चों को ≈ में प्रवेश देते हैं/दाखिल करते हैं.

kindle किन'डल *v.t.i.* **1.** जलना या जलाना : damp wood does not ~ गीली लकड़ी नहीं जलती; on getting up in the morning her first job is to ~ fire सुबह उठने पर उसका पहला काम है आग जलाना; the fire ~d at once आग[F] तुरंत जल गई. **2.** उत्तेजित करना, उभारना, उकसाना : to ~ a person's passions किसी व्यक्ति की भावनाओं को उभारना; this incident has ~d our desire to work hard इस घटना[F] ने परिश्रम करने की हमारी चाह[F] को उभारा है; his face ~d with excitement वह उत्तेजित हो गया.

kindly see 'kind'.

kindness see 'kind'.

king किङ्ग *n*[c]. **1.** राजा, नरेश [kind-hearted दयालु, cruel निर्दय]; he became ~ very easily वह आसानी[F] से ≈ बन गया; lion is the ~ of jungle शेर जंगल का ≈ है; ~'s English टकसाली अंग्रेज़ी; ~ of beasts मृगराज, सिंह; mango, ~ of fruits फलों का

राजा, आम. **2.** (in chess, cards) बादशाह. **kingdom** किङ्ग्'डम n^c. **1.** राज्य : vast ~ लंबा-चौड़ा ≈; in the entire ~ of Ashoka, people were happy अशोक के सारे राज्य में लोग सुखी थे. **2.** जगत् [animal जंतु, mineral खनिज, vegetable वनस्पति.]

kinsfolk किन्ज़'फ़ोक *n. pl.* स्वजन, भाईबंद : you should not trust such ~ who leave you in difficulty तुम्हें ऐसे स्वजनों/भाईबंदों पर विश्वास नहीं करना चाहिए जो तुम्हें कठिनाई^F में छोड़ देते हैं. **kinship** किन्'शिप n^u. रिश्ता, नाता, संबंध : you must break such ~ for it may harm you इस प्रकार का ≈ तुम्हें तोड़ देना चाहिए क्योंकि यह तुम्हें नुकसान पहुँचा सकता है. **kinsman** किन्ज़'मन n^c. (*pl.* kinsmen) रिश्तेदार, संबंधी, नातेदार : he is one of my closest kinsman वह मेरे सबसे करीबी रिश्तेदारों में से है.

kiosk की'ऑस्क n^c. गुमटी^{F} : a telephone ~ is a small glass structure in the street from which anyone may telephone टेलीफ़ोन की ≈ सड़क^F पर लगा काँच का एक ढाँचा होता है; जहाँ से कोई भी टेलीफ़ोन कर सकता है; ~ for selling newspapers अख़बार बेचने के लिए ≈.

kiss किस **I.** *v.t.* चूमना, चुंबन करना : mother ~ed her son माँ ने अपने बच्चे को चूमा; he ~es her hand वह उसका हाथ चूमता है; to ~ someone's portrait किसी की तस्वीर^F को चूमना; the moon beams were ~ing the sea चंद्रमा की किरणें^{F} समुद्र को चूम रही थीं. **II.** n^c. चुंबन [hasty उतावली^{F} का, hearty दिली]; he gave her a ~ on the cheek उसने उसके गाल पर ≈ किया. Δ **to ~ the dust** (i) मारा जाना; (ii) (fig.) ज़लील होना; **to ~ the rod** सहर्ष दंड स्वीकार करना.

kit किट *n.* **1.** किट, सामान : put the ~ on the desk ≈ मेज़^{F} पर रख दो; this ~ has clothes and some implements इस ≈ में कपड़े और कुछ औज़ार हैं. **2.** (implements) उपकरण, औज़ार : ~ of the engine इंजन के ≈; cobbler's ~ मोची के ≈. **3.** (~bag) बैग, झोला : there were two books and a pen in the ~ ≈ में दो किताबें^{F} और एक पेन था. **4.** (tub) कठौता; (basket) टोकरा.

kitchen कि'चन n^c. रसोईघर, पाकशाला^{F} [big बड़ा, clean साफ, modern आधुनिक ढंग का]; she is in the ~ वह ≈ में है; there are two rooms and a ~ in his flat उसके फ़्लैट में दो कमरे और एक ≈ है; ~ garden सागबाड़ी^{F}; ~ stuff ≈ का सामान.

kite काइट n^c. **1.** चील : a ~ pounced on a small bird ≈ एक छोटी-सी चिड़िया पर झपटा. **2.** (person) गीध, ठग, धोखेबाज़ : he is a ~, do not believe him वह गीध/ठग है उसका विश्वास मत करो. **3.** (a toy) पतंग, कनकौआ : the boy was flying a ~ in the sun धूप में लड़का एक पतंग उड़ा रहा था. (fig.) **to fly a ~** लोकमत जाँचने के लिए कोई युक्ति^{F} करना.

kith (and kin) किथ *a.* नज़दीकी रिश्तेदार : he is ~ and kin to me वह मेरा ≈ है.

kitten कि'टन **I.** *n.* बिलौटा : the cat fed her ~s बिल्ली ने अपने बिलौटों को खिलाया-पिलाया. **II.** *v.t.* ब्याना : the cat has ~ed five cubs बिल्ली पाँच बच्चे ब्यायी है.

Km. Kilometre.

knack नैक n^u. **1.** (ardroitness) कौशल, दक्षता^{F} : the risk is less when you have the ~ जब तुममें ≈ हो तो ख़तरा कम होता है. **2.** (way of doing) ढब, ढंग : he must be praised for such ~ of doing the work इस प्रकार काम करने के ≈ के लिए उसकी प्रशंसा^{F} की जानी चाहिए. **3.** (device) युक्ति^{F} : there is a ~ in opening a can कनस्तर खोलने की एक ≈ होती है.

knave नेव़ n^c. **1.** बेईमान आदमी : he is a ~, I hate him वह ≈ है, मुझे उससे घृणा^{F} है. **2.** (in cards) गुलाम : ~ of hearts पान का ≈.

knead नीड *v.t.* **1.** गूँधना, सानना : you ~ dough with your hands तुम अपने हाथ से आटा सानते हो. **2.** (massage) मालिश करना : you should not ~ your arm when you get injury जब तुम्हें चोट^F लगे तो अपनी बाँह^F की मालिश^F नहीं करनी चाहिए. [*as distinct from* need].

knee नी n^c. घुटना : to bend on ~s घुटने टेकना; he fell on his ~s वह अपने घुटनों के बल गिर पड़ा; we were up to our ~s in water हम पानी में अपने घुटनों तक थे, पानी

हमारे घुटनों तक था; the water here is ~ deep पानी यहाँ घुटनों तक गहरा है; to bring a person to his ~s किसी व्यक्ति के घुटने टिका देना, हटा देना; his ~s began to tremble with fear उसके घुटने भय से काँपने लगे. **kneel** नील *v.t.* (*p. & p.p.* knelt) घुटने टेकना, घुटनों के बल बैठना : to ~ down in prayer प्रार्थना में घुटनों के बल बैठना; we ~ on our knees when we pray to God हम जब ईश्वर से प्रार्थना^{F} करते हैं तो घुटनों के बल झुकते हैं. Δ **to ~ to smb** विनती^{F} करना.

knife नाइफ़ *n*^{c}. (*pl.* knives) चाकू, छुरी^{F} [big बड़ा, blunt भोथरा, hunting शिकार करने का, long लंबा, sharp तेज़]; ~ blade ≈ का फल/फलक; to kill with a ~ चाकू से मारना; he took a ~ out of his pocket उसने अपनी जेब^F से ≈ निकाला; Sonu cut the apple into pieces with his ~ सोनू ने अपने चाकू से सेब काटकर उसके टुकड़े किए; there are many kinds of knives in the shop दुकान^F में कई प्रकार के चाकू हैं; at ~'s point छुरे का डर दिखाकर.

knight नाइट *n*^{c}. **1.** सामंत, नाइट [brave बहादुर, powerful शक्तिशाली]; a troop of ~s सामंतों की सेना^{F}. **2.** (chess) घोड़ा : the movement of the ~ घोड़े की चाल^F. **3.** नाइट, सर : when Mr. John Smith is made ~, he is called Sir John Smith जब मि. स्मिथ को ≈ बनाया जाता है तो वे सर जॉन स्मिथ कहे जाते हैं. **II.** *v.t.* सर की उपाधि^{F} प्राप्त करना : he was ~ed by the king उसने राजा से सर की उपाधि^{F} प्राप्त की.

knit निट *v.t.i.* (*p. & p.p.* knit/knitted) **1.** बुनना : she ~s when she is free जब उसे फ़ुरसत होती है तो वह बुनाई^F करती है; to ~ stockings मोज़े बुनना; to ~ a woollen sweater ऊनी स्वेटर ≈. **2.** to ~ one's brows भौंह सिकोड़ना. **3.** जोड़ना : the daughter-in-law ~ the family बहू ने परिवार को जोड़ दिया; closely ~ sentences आपस में खूब जुड़े हुए वाक्य. **knitting** नि'टिङ्ग *n*^{u}. बुनाई^F : she knows ~ well, she is trained in it वह ≈ अच्छी तरह जानती है, वह इसमें प्रशिक्षित है.

knob नॉब *n*^{c}. **1.** घुंडी^{F} : you must turn the ~ to open the door तुम्हें दरवाज़ा खोलने के लिए ≈ घुमानी चाहिए. **2.** (handle) मूठ^F : she has a stick with a ~ उसके पास ≈ वाली छड़ी^{F} है. **3.** (knoll) ढेला, डला : ~ of coal कोयले का ≈; ~s of butter मक्खन के ढेले. **knobby** नॉ'बि *a.* घुंडीदार [drawers दराज़, implements उपकरण, stick छड़ी^{F}].

knock नॉक **I.** *v.t.* **1.** प्रहार करना, मारना, ठोंकना : to ~ a man down किसी व्यक्ति को पटककर गिरा देना; he knocked **at** me उसने मुझ पर प्रहार किया; he knocked the man on his head उसने आदमी के सिर पर प्रहार किया; to ~ one's head against a wall दीवार^F से सिर मारना. **2.** खटखटाना : who ~ed **at** the door दरवाज़ा किसने खटखटाया ? you ~ a door by banging it hard with your knuckles तुम अपनी अंगुलियों के ठुनके से प्रहार करके दरवाज़ा खटखटाते हो. **3.** (collide) टक्कर खाना, टकराना : it was dark in the street, he ~ed many times **against** the wall गली में अंधेरा था, वह कई बार दीवार^F से टकराया. Δ **~ about** मारा-मारा फिरना, दुर्गति कर देना, बार-बार थपथपाना, आवारागर्दी करना : he continued ~ing about places for two years वह दो वर्ष तक जगह-जगह मारा-मारा फिरता रहा; **~ smb about** किसी को इधर-उधर ढकेलना; **~ down** (i) गिरा देना, हरा देना : he was very soon ~ed down in wrestling वह कुश्ती^{F} में बड़ी जल्दी गिरा दिया गया; (ii) (in auction) हथौड़ी^{F} मारना, बोली^{F} ख़त्म करना. **~ off** (work) काम बंद करना; **~ off** (price) कीमत^F कम करना; **~ out** मार भगाना, हराना : to ~ out a boxer in boxing मुक्केबाज़ी^{F} में मुक्केबाज़ को ≈. **II** *n*^{c}. **1.** प्रहार, आघात, धक्का : he received a ~ उसे आघात लगा. **2.** खटखट^F : I made a ~ at his door मैंने उसके दरवाज़े पर ≈ की.

knot नॉट **I.** *n.* **1.** गाँठ^F : to tie a ~ ≈ बाँधना; to untie a ~ ≈ खोलना; there is a ~ where the pieces of string have been tied together जहाँ रस्सी^{F} के टुकड़े एक साथ बाँधे जाते हैं वहाँ ≈ होती है; a ~ in the wood लकड़ी^{F} में ≈. **2.** (group) समूह : a ~

of people in the fair मेले में लोगों का ≈; a ~ of friends gathered round him मित्रों का एक ≈ उसके इर्द-गिर्द इकट्ठा हो गया. **3.** उलझन^F, कठिनाई^F : you must avoid the ~s from your way तुम्हें अपने रास्ते की कठिनाइयों^{F} को दूर करना चाहिए. **4.** समुद्री मील = 1.85 किलोमीटर : the ship went at the speed of 20 ~s an hour जहाज 20 ≈ प्रति घंटा की गति^{F} से गया. **II.** *v.t.* गाँठ^F बाँधना या लगाना : he ~s the string वह रस्सी^{F} में गाँठ लगाता है. **knotty** नॉ'टि *a.* **1.** गाँठदार [rope रस्सी^{F}, wood लकड़ी^{F}]. [*ant.* untie] **2.** जटिल, पेचीदा : ~ problem ≈ समस्या^{F}; ~ question ≈ प्रश्न. [*ant.* simple]

know नो *v.t.* (*p.* knew, *p.p.* known) **1.** जानना : to ~ French language फ्रेंच भाषा ≈; he ~s the date of their marriage वह उनकी शादी^{F} की तारीख़^{F} जानता है; I ~ it is a fact मैं जानता हूँ कि यह तथ्य है; I ~ his name and place of residence मैं उसका नाम और निवास-स्थान जानता हूँ; this doctor ~s the best medicine यह डॉक्टर सबसे अच्छी दवाई^F जानता है; we ~ him very well हम उसे अच्छी तरह जानते हैं; do you ~ who stole my book क्या तुम जानते हो कि मेरी किताब किसने चुराई? we have known every detail हम सारा ब्यौरा जान गए हैं; how do you ~? तुम्हें कैसे मालूम है? we ought to ~ ourselves thoroughly हमें स्वयं को अच्छी तरह जानना-पहचानना चाहिए; do you ~ his age exactly क्या तुम उसकी ठीक-ठाक उम्र^F जानते हो? we do not know where to go हम नहीं जानते कि कहाँ जाएँ? do you ~ the meaning of this word? क्या तुम इस शब्द का अर्थ जानते हो? he ~s the difference between the words वह इन दोनों शब्दों क अतर को जानता है. **2.** (recognise) पहचानना : I ~ him by face मैं उसे चेहरे से पहचानता हूँ; we ~ each other हम एक-दूसरे को पहचानते हैं. Δ (idioms) **to ~ fully well** खूब जानना-पहचानना; **to ~ what is what** हर चीज़ का यथार्थ ज्ञान होना. **knowingly** नो'इङ्गलि *adv.* जानते हुए, जानबूझकर : he did it ~ उसने इसे ≈ किया. **knowledge** नॉ'लिज *n.* **1.** ज्ञान [deep गहरा, limited सीमित, necessary आवश्यक, scientific वैज्ञानिक, sufficient पर्याप्त, superficial सतही, theoretical सैद्धान्तिक, vast वृहत्]; ~ of foreign languages विदेशी भाषाओं का ≈; he has thorough ~ of History उसे इतिहास का पूर्ण ≈ है; thirst for ~ ≈ की प्यास; to the best of my ~ जहाँ तक मैं जानता हूँ; it came to my ~ मुझे पता चला है; not to my ~ मुझे मालूम नहीं. **2.** (awareness) विवेक, ज्ञान : it is a matter of common ~ यह साधारण ≈ की बात है; ~ of good and bad अच्छे और बुरे का ≈; Dad has no ~ of cooking डैड को पाककला^{F} का ≈ नहीं है; our ~ of human nature is restricted मानव स्वभाव का हमारा ≈ सीमित है. [*ant.* ignorance] **knowledgeable** नॉ'लिजॅबल *a.* जानकार, सुविज्ञ [geologist भूगर्भवेत्ता, novelist उपन्यासकार, poet कवि, writer लेखक]; Meghnad Saha was a ~ scientist of India मेघनाद साहा भारत के ≈ वैज्ञानिक थे. **known** *a.* ज्ञात, परिचित : John is no stranger, he is ~ to us जॉन अजनबी नहीं है, वह हमें ≈ है; he is ~ to everyone in the society उसे समाज में सभी लोग जानते हैं; he is a well ~ writer वह एक सुविख्यात लेखक है.

knuckle नें'कल **I.** *n*^{c}. **1.** उंगली की गाँठ^F : ~ bone ≈ की हड्डी^{F}; to knock with a ~ उंगली की गाँठ से खटखटाना. **2.** (of animals) घुटने या टखने की हड्डी^{F}. **II.** *v.i.* **1.** जुट जाना : to ~ down to a task काम में ≈. **2.** झुक/दब जाना : to ~ down to smb किसी के आगे ≈.

Kw. Kilowatt.

L, l

l. litre.

L.A. Legislative Assembly.

lab. laboratory.

label ले'बल **I.** *n*ᶜ. **1.** नामपत्र, लेबल [coloured रंगदार, printed मुद्रित]; to put a ~ on one's luggage अपने सामान पर ≈ लगाना; she sticks ~s on her books वह किताबोंᶠ पर ≈ चिपकाती है. **2.** (band) पट्टी, फ़ीता : to bind the luggage with a ~ फ़ीते से सामान बाँधना. **II.** *v.t.* **1.** लेबल लगाना : to ~ a bottle of medicine दवाईᶠ की बोतल पर ≈; we ~led the boxes before we sent them by train रेलगाड़ी से भेजने से पहले हमने बक्सों पर लेबल लगाए. **2.** वर्गीकृत करना : he was ~led as socialist उसे समाजवादी वर्ग में रखा गया.

laboratory लबॉ'रॅटरि *n*ᶜ. (laboratories) प्रयोगशालाᶠ [botanical वनस्पति-विज्ञान संबंधी, chemical रासायनिक, zoological जंतुविज्ञान संबंधी]; there is a ~ in the Physics department भौतिक विज्ञान विभाग में एक ≈ है; your ~ lacks instruments तुम्हारी ≈ में उपकरणों की कमी है; they were doing some experiments in the ~ वे ≈ में कुछ प्रयोग कर रहे थे.

labour ले'बर **I.** *n*ᵘ. **1.** श्रम [cheap सस्ता, dangerous ख़तरनाक, hard कड़ा, mental मानसिक, physical शारीरिक, voluntary ऐच्छिक]; the task requires much ~ इस काम में अधिक ≈ की आवश्यकताᶠ पड़ती है; he succeeded by hard ~ वह कड़ा ≈ करके सफल हो गया. **forced ~** बेगारᶠ; **~contract** ≈ का ठेका; **~ cost** ≈ लागतᶠ; **~ management** ≈ प्रबंधन; **~ officer** ≈ अधिकारी. **2.** श्रमिक (वर्ग), मज़दूर [honest ईमानदार, skilled कुशल, surplus फ़ालतू]; ~ colony ≈ बस्तीᶠ; this ~ may do the work in time यह ≈ समय से काम कर सकता है; do not be nervous, engage some ~ घबड़ाओ मत, कुछ मज़दूर लगा लो. **~ union** ≈ संघ. **3.** (travail) प्रसव : woman in ~ प्रसव करने वाली स्त्री; **~ pains** ≈ पीड़ाᶠ. **II.** *v.t.* **1.** श्रम करना : to ~ in fields खेतों में ≈. **2.** ज़ोर देना : do not ~ at the matter इस मामले पर ज़ोर मत दो. **3.** परिश्रम/मेहनतᶠ करना : to ~ to resolve the question प्रश्न हल करने के लिए ≈; the workers ~ed for two days मज़दूर दो दिन परिश्रम करते रहे. **4.** कठिनाईᶠ से आगे बढ़ना : they had to ~ through the thick forest उन्हें जंगल में कठिनाईᶠ से आगे बढ़ना पड़ा. Δ **to ~ under a delusion or mistake** भ्रम या गलती का शिकार होना : **to ~ a point** किसी मुद्दे को विस्तार से कहना. **labourer** ले'बरर *n*ᶜ. मज़दूर, श्रमिक [agricultural खेती का, daily दिहाड़ी, factory कारखाने का, organised संगठित]; if you need a ~ you should go to the labour market यदि तुम्हें मज़दूर की आवश्यकताᶠ हो तो मज़दूर मंडी जाना चाहिए.

lace लेस **I.** *n*ᶜ. **1.** (fabric) लेसᶠ, किनारीᶠ : a handkerchief has a ~ around it रूमाल के चारों ओर ≈ है; to draw the ~ tight ≈ मज़बूतीᶠ से खींचना. **2.** (string) फ़ीता; (of a shoe) तस्मा. **II.** *v.t.* **1.** (फ़ीते या तस्मे से) बाँधना : to ~ up one's shoes जूते में तस्मा बाँधना. **2.** कसना : to ~ one's waist कमर ≈. **3.** फ़ीता या किनारी लगाना : to ~ a bed sheet बिस्तर की चादरᶠ में ≈. **4.** (lash) कोड़े लगाना : to ~ a horse घोड़े को ≈.

lack लैक **I.** *n*ᶜ. कमीᶠ, अभाव : it shows ~ of wisdom, sympathy इससे समझदारीᶠ, सहानुभूतिᶠ की कमी लगती है; ~ of a better word और अच्छे शब्द का अभाव; the plants died for ~ of water पौधे पानी की कमी के कारण मर गए; he never felt any ~ of money उसने कभी धन का अभाव महसूस नहीं किया; our defeat was due to ~ of ammunition हमारी हारᶠ बारूद की कमी के

कारण हुई; I could not do the work due to the ~ of time समय के अभाव के कारण मैं काम न कर सका; he seemed to feel a ~ of air उसे हवा^{F} की कमी महसूस होने लगी. **II.** *v.t.* कमी या अभाव होना : to ~ money धन का अभाव होना; I ~ words to describe your beauty आपकी सुंदरता^{F} का वर्णन करने के लिए मेरे पास शब्दों की कमी है; the only thing the child ~s is fresh air बच्चे को जिस एक मात्र वस्तु^{F} की कमी है वह है ताज़ा हवा^{F}; he ~ed courage and will-power उसमें साहस और इच्छाशक्ति^{F} का अभाव था; to ~ clothes and food कपड़े और भोजन की कमी होना; the face lacked brightness चेहरे पर चमक^F की कमी थी; they ~ed learning उनमें विद्वत्ता^{F} का अभाव था; he is ~ing *in* moral courage उसमें नैतिक साहस का अभाव है. [*ant.* have]

lad लैड n^c. लड़का, छोकरा [brave वीर, clever होशियार, handsome सुंदर, kind दयावान्, tall लंबा, young छोटा]; the ~s of the village गाँव के छोकरे; he is a ~ of sixteen years वह सोलह वर्ष का ≈ है; the ~ is good in reading वह लड़का पढ़ने में अच्छा है. [*fem.* lass]

ladder लै'डर n^c. **1.** सीढ़ी^{F} [horizental खड़ी, wooden लकड़ी^{F} की]; the workmen climbed up the roof of the house through the ~ मज़दूर ≈ से घर की छत पर चढ़ गए; he has kicked down the ~ उसने ≈ को ठोकर से गिरा दिया है; the ~ reaches the roof ≈ छत तक पहुँचती है. **Δ to kick down the ~** जिससे सहायता पाई थी उसे ठुकरा देना. **2.** (rope ~) कमंद : the mason uses a ~ when he repairs the ceiling राजमिस्त्री जब छत की मरम्मत^F करता है तो ≈ से काम लेता है.

laden लें'डन *a.* लदा हुआ : ~ lorry लदी हुई लारी; the poor donkey was ~ *with* so many packages that he could hardly carry them बेचारा गधा इतने सारे बंडलों से लदा था कि मुश्किल से उठा पा रहा था; the tonga was ~ with boxes तांगा संदूकों से लदा हुआ था; he is ~ with sin, avoid him वह पाप से भाराक्रांत है, उससे दूर रहो; trees are ~ with mango fruits वृक्ष आम के फलों से लदे हुए हैं; the air was ~ with fragrance of roses and jasmine वायु^{F} गुलाब और चमेली^{F} के फूलों की सुगंध से लदी थी.

ladle ले'डल **I.** n^c. कलछी^{F} [brass पीतल की, glass शीशे की, silver चाँदी की, small छोटी]; to take curry with a ~ ≈ से शोरबा लेना. **II.** *v.t.* कलछी से निकालना : to ~ out soup करछी से सूप निकालना.

lady ले'डि n^c. (*pl.* ladies) महिला [charming आकर्षक, happy प्रसन्न, old बूढ़ी, respectable सम्माननीय, sentimental भावुक]; this ~ is your teacher यह ≈ तुम्हारी अध्यापिका^{F} है; Lord Dory's wife is called Lady Dory लॉर्ड डॉरि की पत्नी लेडी डॉरि कही जाती है; you should go to hospital and meet a ~ doctor तुम्हें अस्पताल जाकर किसी लेडी डॉक्टर से मिलना चाहिए; ~'s finger भिंडी^{F} (सब्ज़ी); ~ killer नारी-चितचोर; ~ love प्रेयसी; our L~ मरियम; your good ~ आपकी धर्मपत्नी; ladies and gentlemen! देवियो और सज्जनो ! ~ principal प्राचार्या.

lag लैग **I.** *v.t.* पिछड़ना, पीछे रह जाना : if we walk slower than others we shall ~ behind them यदि हम दूसरे लोगों से धीमे चलेंगे तो उनसे पिछड़ (पीछे रह) जाएँगे; this child is always ~ging behind यह बच्चा हमेशा पीछे रह जा रहा है. **II.** n^c. विलंब, पिछड़ापन : a time ~ of one month एक महीने का ≈; a ~ of some minutes कुछ मिनटों की ≈.

laid लेड *v.t.* past form of 'lay' *q.v.* रखा : the foundation was ~ नींव^F रखी गई.

lain लेन *v.i.* past *p.* form of 'lie' *q.v.* पड़ा हुआ.

lair लें'अर n^c. माँद^F : the lion is in his ~ शेर अपनी ≈ में है; it is the ~ of a wild beast, you must not go there यह किसी जंगली जानवर की ≈ है, तुम्हें वहाँ नहीं जाना चाहिए; to rouse a beast from its ~ जंगली जानवर को उसकी ≈ से जगाना.

lake लेक n^c. **1.** झील^F [blue नीली, calm शांत, clear स्वच्छ, deep गहरी, large लंबी-चौड़ी,

rough गंदी]; on the shore of a ~ किसी ≈ के तट पर; we swam across the ~ हम ≈ के पार तैरकर गए; we went boating on the ~ हम ≈ में बोटिंग के लिए गए; there is a small island in the ~ ≈ में एक छोटा-सा टापू है; the ~ is five km. long यह ≈ पाँच किमी. लंबी है; the Dal ~ is in Kashmir डल ≈ कश्मीर में है.

lamb लैम n^c. मेमना [gentle सुशील, innocent भोला-भाला, meek दब्बू, weak कमज़ोर]; a mother sheep is not as pretty as her little woolly ~ मादा भेड़ उतनी सुंदर नहीं है जितना कि उसका छोटा-सा ऊनदार ≈; like a ~ भोला; the L~ of God ईसामसीह. ~ **skin** मेमने का चमड़ा, चिकना चमड़ा.

lame लेम **I.** *a.* **1.** लँगड़ा [beggar भिखारी, child बच्चा, horse घोड़ा, man आदमी]; he became ~ of one leg वह एक टाँग से ≈ हो गया; he was ~ in the left foot वह बाएँ पैर से ≈ था; Jim is so ~ after injury in his leg that he has great difficulty in walking जिम टाँग में चोट लगने के बाद इतना ≈ हो गया है कि उसे चलने में बहुत कठिनाई^F होती है. **2.** (defective) कच्चा, अधूरा : his explanation is still ~ उसकी सफ़ाई^F अब भी अधूरी है. **3.** he is ~ in the matter and he must be punished वह उस मामले में सदोष है और उसे दंडित किया जाना चाहिए. ~ **argument** थोथी दलील^F : no one accepted his ~ argument किसी ने उसकी थोथी दलील स्वीकार नहीं की; ~ **excuse** झूठा बहाना : he gave a ~ excuse for his absence उसने अपनी अनुपस्थिति^{F} का झूठा बहाना किया; ~ **duck** पंगु व्यक्ति : Mr. R is a ~ duck as head of the government शासनाध्यक्ष के रूप में श्री र पंगु व्यक्ति हैं; ~ **story** झूठी कहानी^{F}. **II.** *v.t.* लँगड़ा कर देना या हो जाना : he was ~d in a car accident वह एक कार-दुर्घटना^{F} में लँगड़ा हो गया.

lament लमेंन्ट' **I.** n^c. अफ़सोस, विलाप : it was the ~ of the woman which we heard in the night यह उस औरत का विलाप था जो हमने रात^F में सुना था. [*ant.* rejoicing] **II.** *v.t.i.* विलाप करना, रोना-धोना, अफ़सोस करना : to ~ over a lost opportunity खोए हुए अवसर पर ≈; the woman continued to ~ the death of her child स्त्री अपने बच्चे की मृत्यु^{F} पर विलाप करती रही; he ~ed *for* his loss वह अपनी हानि पर रोया-धोया; to ~ *for* the fate भाग्य पर ≈; he ~ed his carelessness उसे अपनी लापरवाही^{F} पर अफ़सोस था. [*ant.* rejoice]

lamp लैम्प n^c. बत्ती^{F}, लैम्प [dazzling चमकीला, dim धुँधला, electric बिजली का, green हरा, red लाल, yellow पीला]; earthen ~ दीया; to screw the ~ up ≈ की बत्ती^{F} तेज़ करना; the ~ is lit दीपक जल रहा है; in the light of the ~ ≈ के प्रकाश में; put out the ~ ≈ बुझा दो; move the ~ so that its light shines on your book ≈ खिसका लो जिससे इसका प्रकाश तुम्हारी किताब^F पर पड़े. ~ **black** काजल; ~ **post** बत्ती का खंभा; ~ **room** बत्तीगृह.

lance लान्स **I.** n^c. भाला, बल्लम, बर्छा [bloody खूनी, broad चौड़ा, poisoned विषयुक्त]; the chowkidar has never used his ~ चौकीदार ने अपने बल्लम का प्रयोग कभी नहीं किया; he had a ~ and a shield उसके पास ≈ और ढाल^F थी. **II.** *v.t.* **1.** बल्लम मारना : he ~d the lion in his stomach उसने शेर के पेट में बल्लम मार दिया. **2.** चीरना : to ~ a boil फोड़ा ≈.

land लैन्ड **I.** n^{cu}. **1.** (soil) भूमि^{F}, ज़मीन^F, भू^{F} [barren बंजर, cultivated जुती हुई, fertile उर्वर]; he owns vast ~ उसके पास बहुत ≈ है; to cultivate the ~ ≈ में खेती^{F} करना; who owns this ~ यह ≈ किसी की मिल्कियत^F है ? **2.** (opposite to sea) स्थल, खुश्की^{F} : you can travel from Mumbai to Madras by ~ तुम मुम्बई से मद्रास तक ≈ के रास्ते यात्रा^{F} कर सकते हो; the ~ was fading away from our sight ≈ हमारी दृष्टि^{F} से ओझल हो रहा था; at last they reached the ~ अंत में वे ≈ पर पहुँच गए. **3.** मातृभूमि^{F} : this is my native ~, I cannot leave it यह मेरी ≈ है मैं इसे छोड़ नहीं सकता. **4.** धरती^{F}, ज़मीन^F : about a third of the earth's surface is ~, the rest is water पृथ्वी की सतह^F का तिहाई हिस्सा ≈ है, शेष पानी; he returned from foreign ~

yesterday वह विदेश से कल लौटा है. **5.** (region) देश, प्रदेश [poor गरीब, rich धनी, vast लंबा-चौड़ा]; the large part of the ~ is covered by cities देश के अधिकांश भाग में शहर हैं. Δ **how the ~ lies** स्थिति^{F} कैसी है ? **II.** *v.t.i.* **1.** उतारना, उतरना, पहुँचना : they ~ed the ship in Mumbai उन्होंने मुम्बई में जहाज़ उतारा; the goods were quickly ~ed माल जल्दी-जल्दी उतारा गया; the ship's passengers will ~ in England today जहाज़ के यात्री आज इंग्लैण्ड पहुँच जाएँगे; we hope the space rocket will ~ safely on Mars हम आशा^{F} करते हैं कि अंतरिक्ष राकेट मंगल (ग्रह) पर सुरक्षित उतर जाएगा; the aeroplane ~ed on the field हवाई जहाज़ मैदान में उतरा; the troops ~ed on the coast सेनाएँ^{F} तट पर पहुँची; the plane had to ~ in fog हवाई जहाज़ को कुहरे में उतरना पड़ा. **2.** पहुँचाना, डालना : to ~ oneself in some trouble अपने को किसी संकट में ≈. Δ **~ on one's feet** बेहतर हालत में होना. **landing** लैन्'डिङ्ग *n*^{c}. अवतरण, उतरना : to make a safe ~ सुरक्षित अवतरण करना; the space travellers made successful ~ on the moon अंतरिक्ष यात्रियों ने चंद्रमा पर सफल अवतरण किया. **~ place** घाट : there was no ~ place for the boat नाव के लिए कोई घाट नहीं था. **landlady** *n*^{c}. मकान-मालकिन : this is your rented house, who is your ~ यह तुम्हारा किराए का मकान है, तुम्हारी ≈ कौन है ? **landless** लैन्ड्'लेंस *n.* भूमिहीन : ~ labourer ≈ मज़दूर; he is ~ and poor too वह ≈ है और गरीब भी. **landlocked** *a.* चारों ओर से ज़मीन से घिरा हुआ : Nepal and Afghanistan are ~ countries नेपाल और अफ़गानिस्तान चारों ओर धरती से घिरे हुए देश हैं. **landlord 1.** मकानमालिक (of a house) [*fem.* landiady] **2.** (of land) भू-स्वामी, ज़मींदार. **landmark** *n*^{c}. **1.** सीमा-चिह्न, सरहद का निशान : you cannot remove the neighbour's ~ तुम पड़ोसी के ≈ को नहीं हटा सकते; that rock is a ~ on the hill पहाड़ी^{F} पर वह चट्टान^F ≈ है. **2.** युगांतकारी घटना^{F} : the Dandi March was a ~ in our freedom struggle डांडी मार्च हमारे स्वतंत्रता-संग्राम में एक ≈ था; **there are several ~s in history** इतिहास में कई युगांतकारी घटनाएँ हैं. **landscape** *n*^{c}. भूदृश्य, प्राकृतिक दृश्य [charming आकर्षक, grand भव्य/शानदार, hilly पहाड़ी, impressive प्रभावशाली, lovely सुंदर, peaceful शांतिपूर्ण, wild जंगली, wonderful आश्चर्ययुक्त]; a ~ far away from the noise and dust of the town शहर के शोर और धूल^F से बहुत दूर का ≈; to fix one's eyes on a ~ किसी ≈ को एकटक देखना; to survey a ~ at a glance एक दृष्टि^{F} में ≈ का सर्वेक्षण करना; to enjoy the ~ near the sea समुद्र के निकट ≈ का आनंद लेना. **landslide** *n*^{c}. भूमि^{F} या धरती^{F} की धसन^F, शिलाखंडों की खिसकन^F : due to heavy rains there was ~ near Banihal pass भारी वर्षा के कारण बनिहाल दर्रा के निकट ≈ थी.

lane लेन *n*^{c}. **1.** गली^{F} [easy आसान, narrow सँकरी, pebbled कंकड़ीली]; to go into the streets and ~s गलियों^{F} और कूचों में जाना; this ~ will take you to your school यह ≈ तुम्हारे स्कूल तक जाएगी. **2.** पथ : they make ~s on wide roads चौड़ी सड़कों^{F} पर ≈ बनाए जाते हैं.

lang. language.

language लैङ्'ग्विज *n*^{c}. भाषा^{F} [ancient प्राचीन, dead मृत, difficult कठिन, easy आसान, English अंग्रेज़ी, foreign विदेशी, Hindi हिंदी, regional क्षेत्रीय]; bad/strong ~ गाली-गलौज; he can speak Arabic ~ without hesitation वह अरबी ≈ बिना हिचकिचाहट^F के बोल सकता है; he is a teacher of ~ वह ≈ का अध्यापक है; what ~ do you speak तुम कौन सी ≈ बोलते हो ? I can read and write two languages मैं दो भाषाएँ पढ़-लिख सकता हूँ; to translate smth into a foreign ~ किसी बात^F का विदेशी ≈ में अनुवाद करना; you can master this ~ in a few years तुम कुछ ही समय में इस ≈ पर अधिकार पा सकते हो; the ~ of this dictionary is simple इस शब्दकोश की ≈ सरल है. **~ expert** ≈ विशेषज्ञ; **~ skill**

≈ कौशल : reading is one of the ~ skills पढ़ना भी एक भाषा कौशल है.

lantern लैन्'टर्न *n*ᶜ. लालटेन : he always takes a ~ when he goes out in the night जब वह रात^F को बाहर जाता है तो हमेशा ≈ लिए रहता है.

lap लैप **I.** *n*ᶜ. गोद^F : the little girl was sitting in her mother's ~ छोटी लड़की अपनी माँ की ≈ में बैठी थी; the mother was sitting with the baby in her ~ माँ बच्चे को ≈ में लिए बैठी थी. **II.** *v.t.* (lapping, lapped) **1.** गड़पना या लप-लप पीना : the cat is ~ping milk बिल्ली लप-लप दूध पी रही है; to ~ up a plate of soup सूप की प्लेट^F गड़प जाना. **2.** (enfold) लपेटना : to ~ a rope round a tree पेड़ के इर्द-गिर्द रस्सी^F ≈; a child ~ped in velvet मखमल में लिपटा हुआ बच्चा. **3.** मान लेना : they ~ped his story उन्होंने उसकी कहानी^F मान ली. **4.** बहकर जाना : the waves ~ped the shore लहरें तट तक बहकर जा रही थीं.

lapse लैप्स **I.** *n*ᶜ. **1.** (error) भूल^F, गलती^F, चूक^F : administrative ~ प्रशासनिक ≈; a ~ of memory about an author किसी लेखक के बारे में स्मरण की ≈; it was a ~ of tongue भूल से जीभ^F से निकल गया; Teenu's misbehaviour was just a ~, nothing serious टीनू का दुर्व्यवहार केवल एक ≈ थी, कुछ गंभीर बात^F नहीं है. **2.** (of moral) पतन, च्युति^F : a ~ from one's principle अपने सिद्धांत से ≈; moral ~ नैतिक पतन; ~ of duty कर्तव्य ≈. **3.** (of time) समाप्ति^F : by ~ of time समय बीत जाने से; with the ~ of time समय बीत जाने पर; ~ of claim दावे की समाप्ति. **4.** पुनरावृत्ति^F : ~ of fever ज्वर की ≈; ~ into crime अपराध की ≈. **II.** *v.i.* **1.** फिर गिर जाना : to ~ into evil फिर बुराई^F में गिर जाना; to ~ back into silence, illness पुनः शांत हो जाना, बीमार हो जाना; to ~ into old habits पुरानी आदतें^F फिर पड़ जाना. **2.** (time) बीत जाना, समाप्त होना : this custom has now ~d अब यह रिवाज समाप्त हो गया है; the time for writing the answer has now ~d उत्तर लिखने का समय अब समाप्त हो गया है. **3.** (become void) रद्द या कालातीत हो जाना : the insurance policy has ~d बीमा पालिसी^F रद्द/कालातीत हो गई है; this rule has ~d यह नियम रद्द/कालातीत हो गया है; the old law has ~d, it cannot be enforced पुराना कानून रद्द/कालातीत हो गया है, अब इसे लागू नहीं किया जा सकता. **4.** पुनरावर्तित होना : the property has ~d to the owner संपत्ति^F स्वामी को पुनरावर्तित हो गई है.

large लार्ज **I.** *a.* **1.** बड़ा [country देश, factory कारख़ाना, family परिवार, hotel होटल, house मकान, part भाग, piece टुकड़ा, room कमरा, station स्टेशन]; Calcutta is the ~st city in India कलकत्ता भारत में सबसे ≈ शहर है; which is the ~st river in India? भारत में सबसे बड़ी नदी^F कौन-सी है ? **2.** (abundant) प्रचुर : ~ quantity of grains अनाज की ≈ मात्रा^F. **3.** (bulky) वृहदाकार, भारी-भरकम, विस्तृत, वृहत् : I did not want a ~ box मैं एक भारी-भरकम संदूक नहीं चाहता था. **4.** (spacious) विशाल, खुला : there is a ~ garden in our school हमारे विद्यालय में एक ≈ बगीचा है. [*ant.* small] Δ **on a ~ scale** बड़े पैमाने पर : the industrialization on a ~ scale will increase the country's wealth बड़े पैमाने पर औद्योगीकरण से देश का धन बढ़ेगा. ~ **hearted** उदारहृदय; ~ hearted उदारता^F. **II.** *n*ᵘ. खुलापन : be at ~ स्वतंत्र/रिहा होना; gentleman at ~ बेरोज़गार आदमी; the people at ~ आम लोग; he explained it at ~ उसने इसकी खुलकर व्याख्या^F की. **largely** लार्ज'लि *adv.* **1.** मुख्यतया, अधिकांशतः the audience was made up ~ of young people श्रोताओं में ≈ युवक थे; this illness is ~ caused by smoking यह बीमारी^F ≈ धूम्रपान के कारण होती है; his failure was ~ due to over-confidence उसकी असफलता^F ≈ अतिविश्वास के कारण हुई. [*v.* enlarge]

lark लार्क *n*ᶜ. **1.** चंडूल : ~ is a crested bird ≈ एक कलगी वाला पक्षी है; a ~ flew off its nest in the grass and fluttered high up in the sky singing gaily एक ≈ अपने घोंसले से उड़ा और खुशी से गाते हुए ऊंचे आकाश में पंख फड़फड़ाने लगा.

larva लार्'वा *n*ᶜ. (*pl.* larvae) डिंभक, उल्ली^F :

~ is an insect in the first stages of its life डिंभक अपने जीवन की प्रारंभिक स्थितियों में पाया जाने वाला कीड़ा होता है.

lash लैश **I.** *n*^c^. **1.** कोड़ा, चाबुक [hard कड़ा, leather चमड़े का, long लंबा, silken सिल्क का]; the prisoner was given ten ~es as punishment कैदी को दंड स्वरूप दस कोड़े लगे. **2.** कोड़े की मार^F^, कशाघात : he cannot bear ~es वह ≈ बरदाश्त नहीं कर सकता. **3.** (eye ~) बरौनी^F^ : I saw a girl with long ~s मैंने लंबी बरौनियों वाली एक लड़की को देखा. **II.** *v.t.* **1.** कोड़े लगाना, चाबुक से पीटना : the cruel man ~ed the horse with his whip निर्दय आदमी ने चाबुक से घोड़े को पीटा; to ~ the boy with cane लड़के को बेत से पीटना; it is cruel to ~ a dog कुत्ते को कोड़े लगाना निर्दयता^F^ है. **2.** से टकराना : the waves ~ed against the bank लहरें^F^ किनारे से टकराईं. **3.** उत्तेजित करना : his words ~ed the crowd उसके शब्दों ने भीड़^F^ को उत्तेजित कर दिया. **4.** निंदा/भर्त्सना करना : he ~ed out at us उसने हमारी ≈ की. **5.** (fasten) बाँधना : the prisoner was ~ed to a tree कैदी को पेड़ के साथ बाँध दिया गया; to ~thing together चीजों^F^ को एक साथ बाँध देना. Δ **to ~ out** (कुछ) मारना : the ass ~es out गधा दोलत्ती चलाता है; a boy ~es out लड़का घूँसा मारता है.

lass लैस *n*^c^. लड़की, छोकरी [charming आकर्षक, comely चारु, tall लंबी]; this ~ is ugly यह ≈ कुरूप है. [*masc.* lad]

last लास्ट **I.** *a.* **1.** (final) अंतिम, आख़िरी [attempt प्रयास, bus बस^F^, page पृष्ठ, row पंक्ति^F^, time समय, train रेलगाड़ी^F^, word शब्द]; he came ~ in the race वह दौड़ में ≈ आया; the house before the ~ is mine ≈ मकान से पहला मेरा है; it is my ~ effort, I shall not try again यह मेरा ≈ प्रयास है, मैं फिर कोशिश^F^ नहीं करूँगा; it may be your ~ chance यह तुम्हारा ≈ मौका हो सकता है; in the ~ moments, I received the notice of his arrival ≈ क्षणों में मुझे उसके आने की सूचना^F^ मिली. [*ant.* first] ~ **word** अंतिम, निश्चायक बात^F^; ~ **but one** उपांतिम, उपांत्य : ~ but one line ≈ पंक्ति^F^. **2.** (previous) गत, पिछला [March मार्च, Tuesday मंगलवार, year साल]; it happened in April ~ यह गत अप्रैल में हुआ था; they came ~ week वे पिछले सप्ताह आए; I saw him ~ night मैंने उसे पिछली रात^F^ देखा. **II.** *n*^c^. **1.** अंत समय : you must stick to the ~ तुम्हें ≈अंत तक डटे रहना चाहिए. **2.** अंत : till the ~ ≈ तक; at (long) ~ ≈ में; at ~ he agreed ≈ में वह मान गया. **III.** *v.t.* **1.** चलना (बना) रहना : how long did the show ~ शो कब तक चलेगा? their food ~ed five days उनका भोजन पाँच दिन तक चला; this shirt has ~ed since I was in the 8th class यह कमीज़ तबसे चली है जब मैं आठवें दर्जे में था; send me so much money as may ~ for a month मुझे इतना धन भेजिए कि एक माह तक चल सके; I hope this sunny weather will ~ to the end of the holidays मैं आशा करता हूँ कि यह साफ़ मौसम छुट्टियों के अंत तक चलेगा; the rain ~ed all night बारिश सारी रात^F^ (तक) होती रही. **IV.** *adv.* **1.** पिछली बार, पीछे : when did you ~ write to them तुमने उन्हें पिछली बार कब लिखा था? it is a long time since I saw him ~ पिछली बार उससे मिले काफी समय हो गया है. **2.** अंत में : I shall talk about it ~ मैं इस बारे में अंत में बात करूँगा; he came ~ वह ≈ आया. **lasting** लास्'टिङ्ग *a.* **1.** (चिर) स्थायी, टिकाऊ : the punishment had a ~ effect on Nony नोनी पर दंड का स्थायी प्रभाव पड़ा; the peace will be ~ यह शांति^F^ ≈ होगी. **2.** (of colour) पक्का : your shirt has a ~ colour तुम्हारी कमीज़ का रंग ≈ है. **lastly** लास्ट्'लि *adv.* अंत में, अंततः : ~, I have to say this ≈ मुझे यह कहना है; ~ he agreed ≈ वह मान गया.

latch लैच *n*^c^. सिटकिनी^F^ : you must lift the ~ before you can open the gate फाटक खोलने से पहले तुम्हें ≈ ऊपर उठा लेनी चाहिए; the door is fastened only by the ~, not by the lock दरवाज़ा ताले से नहीं बल्कि ≈ से बंद है; leave the door on the ~ दरवाज़े में बस ≈ लगा देना.

late लेट **I.** *a.* (later, latest) **1.** विलंबित, लेट : ~ arrival देर से पहुँचना/आना; ~ fee

विलंब शुल्क; ~ payment ≈ अदायगी^{F}; the train is ~ रेलगाड़ी ≈ है; summer is ~ this year इस साल गर्मियाँ ≈ हैं; it is getting ~ देर हो रही है. **2.** (of crops) पछेती : ~ variety of barley जौ की ≈ किस्म; this fruit comes ~ यह फल पछेता आता है. [*ant.* early] **3.** (deceased) स्वर्गीय, दिवंगत : the ~ Mr. Brown was a renowned author ≈ मि. ब्राउन जाने-माने लेखक थे; the prize was given by the ~ Mr. Smith पुरस्कार ≈ मि. स्मिथ द्वारा दिया गया था. **4.** (recently out of office) (भूत)पूर्व : the ~ Governor is now dead ≈ राज्यपाल अब मर गए हैं. **5.** recent हाल का : ~ agreement ≈ करारनामा; ~ news ≈ समाचार. **II.** *adv.* **1.** देर से, देर करके : I shall come home ~ मैं घर ≈ आऊंगा; he went to bed very ~ yesterday वह कल ≈ सोने गया. **2.** ~ in life पिछली उम्र में. **3.** देर तक : they danced ~ in the night वह देर रात^F तक नाच करते रहे. **lately** लेट्'लि *adv.* हाल में, कुछ समय पूर्व : I have seen her ~ मैंने उसे अभी-अभी देखा है; she hasn't written to me ~ उसने हाल में मुझे कुछ नहीं लिखा है; have you been there ~ क्या तुम कुछ समय पहले वहाँ थे; ~ I have not been feeling well मैं कुछ समय से अच्छा नहीं महसूस कर रहा हूँ; until ~ his art was not appreciated हाल तक उसकी कला^{F} को नहीं सराहा गया था. **later** ले'टर **I.** *adv.* बाद में, फिर कभी : I shall speak to you ~ मैं तुमसे ≈ बात करूँगा; he will come ~ on again वह बाद में फिर कभी आएगा. [*cf.* latter] **II.** *a.* बाद का : he came by a ~ train वह बाद की गाड़ी^{F} से आया. **latest** ले'टिस्ट *a.* नवीनतम, अंतिम [accident दुर्घटना^{F}, bulletin समाचार-पत्र, decision निर्णय, event घटना^{F}]; ~ hour of clearance (डाक) निकासी^{F} का अंतिम समय; ~ hour of posting डाक में डालने का अंतिम समय; what is the ~ news नवीनतम^F समाचार क्या है?

latent ले'टन्ट *a.* अव्यक्त, अप्रकट, गुप्त [ability योग्यता^{F}, ambition महत्वाकांक्षा^{F}, defect दोष, enmity शत्रुता^{F}, mistrust अविश्वास, motive उद्देश्य, possibilities संभावनाएँ^{F}, power शक्ति^{F}].

later = see 'late'.

latest = see 'late'.

lathe लेद n^c. **1.** खराद^F : a ~ cuts and shapes wood or metal ≈ लकड़ी^{F} या धातु^{F} को काटती है और उसको रूप देती है. **2.** (of potter) चाक.

lather लै'दर **I.** n^u. फेन, झाग^F : for shaving you need a good ~ on your face दाढ़ी^{F} बनाने के लिए तुम्हें मुँह पर खूब ≈ चाहिए. Δ **she was in a ~** वह उत्तेजित थी. **II.** *v.t.* झाग^F/फेन उठाना या उठना : this soap does not ~ properly इस साबुन से अच्छी तरह झाग नहीं उठती; to ~ one's chin for shaving दाढ़ी^{F} बनाने के लिए ठोड़ी^{F} पर ≈. [*as distinct from* leather]

Latin लै'टिन **I.** n^u. लैटिन^F, लातीनी^{F} (भाषा^{F}) : she knows ~ and Greek वह लातीनी और यूनानी^{F} भाषा जानती है. **II.** *a.* लैटिन, लातीनी [author लेखक, law विधि^{F}, proverb कहावत^F]; the ~ language spoken by the ancient Romans is still used in the Roman Catholic Church प्राचीन रोमवासियों द्वारा बोली जाने वाली ≈ भाषा अब भी रोमन कैथलिक चर्च में व्यवहृत होती है.

latitude लै'टिट्यूड n^{uc}. **1.** (Geog.) अक्षांश, अक्षांतर : the lines of the ~ are east-west rings round the globe ग्लोब के चारों ओर पूरब से पश्चिम की रेखाएँ^{F} ≈ रेखाएँ^{F} होती हैं; how is the life of the people who live in high ~s उन लोगों का जीवन कैसा होता है जो अक्षांश की ऊंचाइयों^{F} में रहते हैं. **2.** n^u. (freedom) स्वच्छंदता^{F}, स्वातंत्र्य^F, छूट^F : the boys were given plenty of ~ to wander about लड़कों को घूमने-फिरने की बहुत ≈ दी गई; you are allowed enough ~ to work here तुम्हें यहाँ काम करने की काफ़ी ≈ दी गई है. **3.** (liberality) उदारता^{F} : it is his ~ that he allowed you to go यह उसकी ≈ है कि उसने तुमको जाने दिया.

latrine लेट्रीन' n^c. शौचालय, पाख़ाना : your ~s need cleaning तुम्हारे शौचालयों में सफ़ाई^F की जरूरत^F है.

latter लै'टर *a.* (opposite to former) परवर्ती, पिछला : Raman and Saran are two brothers, the former is a trader and the ~ a student रामन और सरन दो भाई हैं, पहला/पूर्ववर्ती व्यापारी है और ≈ विद्यार्थी; in ~ days, they used to play hockey पिछले दिनों वे हाकी खेला करते थे; the ~ part of her school life उसके विद्यालयी जीवन का ≈ भाग. ~ **end** मृत्यु; ~ **half** उत्तरार्ध; the ~ half of vacations छुट्टियों का ≈. [*ant.* former; *cf.* later]

laud लॉड **I.** n^c. स्तुति^{F}, भजन : this ~ was sung in the praise of God यह भजन ईश्वर की स्तुति^{F} में गाया गया. **II.** *v.t.* गुणगान करना : they ~ed his efforts उन्होंने उसके प्रयासों की प्रशंसा^{F} की; we ~ and praise the holy name हम तेरे पवित्र नाम की प्रशंसा और गुणगान करते हैं. **laudable** *a.* प्रशंसनीय, सराहनीय [attempt प्रयास, conduct आचरण].

laugh लाफ़ **I.** *v.t.* हँसना [heartily दिल से, loudly ज़ोर से]; we heard them ~ing हमने उन्हें हँसते सुना; a fool will ~ when smb is drowning मूर्ख ही होगा, जब कोई डूब रहा हो, तो वह हँसेगा; he ~ed in amusement वह मनोरंजन करते हँसा; the joke was so funny that we began to ~ loudly मज़ाक इतना मनोरंजनपूर्ण था कि हम ज़ोर से हँसने लगे; she was ~ing in my face वह मेरे मुँह पर हँस पड़ी; why are you ~ing? तुम क्यों हँस रहे हो? Δ ~ **at** हँसी^{F}/मज़ाक उड़ाना : they will ~ at you if you do wrong यदि तुम गलती^{F} करोगे तो वे तुम पर हँसेंगे; ~ **away** हँसकर या हँसी में टाल देना : they ~ed away the whole affair वे सारे मामले को हँसी^{F} में टाल गए; ~ **down** हँसकर चुप करा देना; she ~ed down her critics उसने अपने आलोचकों को हँस कर चुप करा दिया; ~ **off** हँसी^{F} में उड़ा देना : they ~ed off his story उन्होंने उसकी कहानी^{F} हँसी-हँसी में उड़ा दी; ~ **over** हँसी में चर्चा^{F} करना : they ~ed over the resolution उन्होंने प्रस्ताव पर हँसी में चर्चा^{F} की. **laughter** लाफ़्'टर n^u. कहकहा, ठहाका, हास्य [childish बचकाना, foolish मूर्खतापूर्ण, lifeless बेजान, loud ज़ोरदार]; he was greeted with a roar of ~ उसका ज़ोरदार ठहाके से स्वागत किया गया; they burst into ~ वे कहकहा लगाने लगे; you know by the boys' ~ that they are enjoying the joke तुम लड़कों की हँसी से जानते हो कि वे मज़ाक का आनंद ले रहे हैं; she is so sentimental that she dislikes ~ वह इतनी भावुक है कि उसे हँसी^{F} पसंद नहीं है.

launch लॉन्च **I.** n^c. (boat) लांच : we travelled down the river in a motor ~ हमने नदी^{F} के बहाव के साथ मोटर ≈ में यात्रा^{F} की. **II.** *v.t.* **1.** छोड़ना, फेंकना, चलाना : to ~ a javelin to a hundred metres सौ मीटर तक भाला फेंकना; to ~ a rocket is to send it up in the sky राकेट छोड़ना इसे आकाश में भेजना है. **2.** (a ship) जल प्रवेश कराना, जल में उतारना : to ~ a ship in the sea समुद्र में जहाज़ उतारना. **3.** आरंभ कर देना, का प्रवर्तन करना, प्रवर्तित करना, शुरू करना : to ~ (forth) a business in the city शहर में कोई व्यवसाय शुरू करना; to ~ a movement, scheme कोई आंदोलन, योजना^{F} शुरू/आरंभ करना; to ~ an idea किसी विचार का प्रवर्तन करना. Δ **to ~ out at smb** प्रहार करना; **to ~ out (into expense)** अंधाधुंध खर्च करना; **~ out into strong language** कटु शब्द बोलना.

laundry लॉन्'ड्रि n^c. (laundries) धुलाईघर : we send our clothes to the ~ to be washed and ironed हम ≈ में अपने कपड़े धुलने और लोहा (इस्तरी) करने के लिए भेजते हैं.

lava ला'वा *n.* लावा : red-hot ~ came up from the crater of volcano and became a rock after being cold लाल गर्म ≈ ज्वालामुखी के मुख से बाहर आया और बाद में ठंडा होकर चट्टान^F बन गया.

lavatory लै'व़टरि n^c. (lavatories) (closet) पैख़ाना, शौचघर, शौचालय : there is a ~ close to the bathroom गुसलखाने के पास ही ≈ है; the boy has gone to the ~ लड़का पैख़ाने गया है.

lavish लै'विश **I.** *a.* **1.** मुक्तहस्त, उदार : to be ~ of money, praise पैसे, प्रशंसा में ≈ होना; he is ~ in giving help वह सहायता^{F} देने में ≈ है. **2.** अपव्ययी, फ़िज़ूलख़र्च : he can never save money, he is a ~ fellow वह कभी

पैसा बचा नहीं सकता, वह अपव्ययी व्यक्ति है. **3.** (abundant) प्रचुर, विपुल, अत्यधिक [crop फ़सल, expenditure खर्च, gift उपहार, labour श्रम, money धन] [*ant.* economical] **II.** *v.t.* खुला खर्च करना, उड़ाना : to ~ money on useless things बेकार की वस्तुओं^{F} पर धन खर्च करना; to ~ admiration खुले दिल से प्रशंसा^{F} करना.

law लॉ n^c. **1.** विधि^{F}, कानून [civil दीवानी, criminal आपराधिक, humane दयालुतापूर्ण, international अन्तर्राष्ट्रीय, natural प्राकृतिक, new नया, prohibited प्रतिनिषिद्ध, public लोक, strict कठोर, universal सार्विक, unwritten अलिखित]; ~ and order कानून और व्यवस्था^{F}; ~ of the land (देशाचार) देशविधि^{F}; moral ~ नैतिक नियम; it is against the ~ to hunt here यहाँ शिकार करना विधिविरुद्ध है; he is studying ~ वह ≈ का विद्यार्थी है; you will be responsible for this by ~ तुम कानून के अनुसार इसके लिए ज़िम्मेदार होगे; those who do not follow the ~ are punished जो कानून का पालन नहीं करते उन्हें दंडित किया जाता है. **2.** (rule) नियम : ~s of football फुटबाल के ≈; ~ of priority प्राथमिकता^{F} ≈. **3.** सिद्धांत the ~ of supply and demand आपूर्ति^{F} और माँग^F का ≈; according to ~ ≈ के अनुसार. Δ **to be a ~ to oneself** मनमानी^{F} करना; **to break the ~** कानून तोड़ना; **to practise ~** वकालत^F करना; **to take the ~ into one's own hands** ज़बरदस्ती^{F} करना. **~ abiding citizen** विधिभीरु नागरिक; **~ breaker** विधिभंजक; **~ court** न्यायालय. **lawful** लॉ'फुल *a.* **1.** विधिसम्मत, विधिसंगत [act कार्य, conduct आचरण, purpose प्रयोजन, right अधिकार]; this can never be ~ and you have to be punished यह कभी ≈ नहीं हो सकता और तुन्हें दंडित किया ही जाना है. **2.** वैध, औरस : ~ child ≈ संतान. [*ant.* un~] **lawless** लॉ'लॅस *a.* **1.** विधिहीन, विधिविरुद्ध [conduct आचरण, country देश, order आदेश]. **2.** विधिविरोधी : ~ people ≈ लोग. **lawlessness** लॉ'लिसनिस n^u. अव्यवस्था^{F}, अंधेर, बदअमनी^{F} there is ~ everywhere in the country देश में सर्वत्र ≈ है.

lawn लॉन n^c. मैदान, लॉन [green हरा, vast विशाल]; tennis ~ टेनिस का ≈; there is a ~ in front of our house हमारे मकान के आगे एक ≈ है.

lawyer लॉ'यर n^c. वकील, विधिवक्ता [famous प्रसिद्ध, successful सफल, talented प्रतिभासंपन्न]; he is a ~ by profession वह व्यवसाय से ≈ है; you should consult some good ~ about this case इस मामले में तुम्हें किसी अच्छे ≈ से सलाह^F लेनी चाहिए; the ~ practises in the district court यह ≈ ज़िला कचहरी^{F} में वकालत^F करता है. [*as distinct from* liar]

lax लैक्स *a.* **1.** ढीला, शिथिल : ~ behaviour ≈ व्यवहार; ~ bowels ढीला पेट; ~ discipline ≈ अनुशासन; their management is very ~ उनकी व्यवस्था^{F} बहुत शिथिल/ढीली है; ~ use of words शब्दों का शिथिल प्रयोग. [*ant.* strict] **2.** (careless) लापरवाह : he is ~ in his work, he will ruin everything वह इस काम में ≈ है, वह सब कुछ नष्ट कर देगा. **laxative** लैक्'सटिव़ n^c. मृदु रेचक, सारक : he uses a ~ to ease the bowels वह पेट साफ़ करने के लिए ≈ का इस्तेमाल करता है.

lay ले **I.** *v.t.* (*p.* & *p.p.* laid) **1.** (knock down) गिरा देना : he laid him on the field उसने उसे मैदान में गिरा दिया. **2.** (put) रखना : I laid my book on this table last night पिछली रात^F मैंने अपनी किताब^F इस मेज़ पर रखी थी; he laid his hand on my shoulder उसने मेरे कंधे पर अपना हाथ रखा; he laid foundation of the house उसने मकान की नींव^F रखी. **3.** बिछाना : to ~ a mine सुरंग ≈; cables were laid under the ground केबल ज़मीन^F के अंदर बिछाए गए. **4.** लगाना : to ~ charges आरोप ≈; to ~ taxes on the income आमदनी^{F} पर कर ≈; they tried to ~ blame on me उन्होंने मुझ पर कलंक लगाने का प्रयास किया. **5.** (present) पेश करना : to ~ facts तथ्य ≈; to ~ report before the commission आयोग के सामने रिपोर्ट^F ≈. **6.** (अंडे) देना : the hen ~s an egg a day मुर्गी^{F} एक दिन में एक अंडा देती है. **7.** to ~ an aim निशाना साधना.

8. (devise) सोच निकालना : she laid a trick to do the work easily उसने आसानी से काम निपटाने के लिए एक सोच^F निकाली. **9.** (recline) लेटना, लिटाना : they laid the wounded man on a stretcher उन्होंने घायल आदमी को स्ट्रेचर पर लिटाया; the nurse wanted to ~ the baby on the bed नर्स बच्चे को बिस्तर पर लिटाना चाहती थी. **10.** (other contexts) to ~ bare भेद खोलना; to ~ one's claim on smth किसी चीज़ पर अपना हक जताना; to ~ hand on smth कब्ज़े में लेना; to ~ heads together मिलकर विचार करना; to ~ hold of smth पकड़ना; to ~ a plot षड्यंत्र रचना; ~ emphasis ज़ोर देना; to ~ a wager बाज़ी लगाना. **11.** (prepositional phrases) Δ ~ **aside** (i) किनारे रखना, टालना : he had to ~ his work aside उसे अपना काम ≈ पड़ा; you must not ~ aside important files तुम्हें महत्वपूर्ण फ़ाइलें किनारे नहीं रख छोड़नी चाहिए; (ii) छोड़ देना : to ~ aside superstitions अंधविश्वास छोड़ देना; ~ **by** बचा रखना : to ~ by money for some festival किसी त्यौहार के लिए पैसा ≈; ~ **down** (i) रख देना : to ~ down some condition कोई शर्त^F रख देना; ~ your hat down on the couch अपना हैट सोफे पर रख दो; (ii) त्याग देना : to ~ down one's life जीवन ≈, जान दे देना; (iii) to ~ down a principle कोई सिद्धांत निर्धारित करना; ~ **in** जमा कर रखना : they laid in a large supply of sugar उन्होंने चीनी^{F} की ढेर राशि^{F} बचा रखी थी; **to ~ off** हटा देना : some labourers were laid off कुछ मज़दूर हटा दिए गए; ~ **on** (i) लगाना : to ~ plaster on a wall दीवार^F पर पलस्तर लगाना; (ii) प्रहार करना : to ~ on the enemy शत्रु पर ≈; ~ **open** (i) उघाड़ना, खोलना : to ~ open a box संदूक खोल देना; (ii) प्रकट करना : to ~ open a secret भेद ≈; ~ **out** (i) प्रदर्शित करना, देखने-दिखाने के लिए लगाना : to ~ out goods for show देखने-दिखाने के लिए माल लगाना; (ii) to ~ out money on clothes कपड़ों पर पैसा खर्च करना; **to ~ smb under obligation** किसी पर अहसान करना; **he laid up** (बिस्तर में) पड़ा रहना : she was laid up with fever वह बुखार में बिस्तर पर पड़ी रही. **II.** *n*^{c}. **1.** गीत. **2.** (position) स्थिति^{F}, परिस्थिति^{F}; (share) हिस्सा, भाग, साझा; (of rope) बटन^F, बल. **III.** *a.* **1.** साधारण, अविशेषज्ञ : a ~ man ≈ व्यक्ति. **2.** (non-clerical) अयाजकीय, अपादरी. ~ preachers ≈ प्रचारक. **layer** लेंअर *n*^{c}. **1.** (stratum) परत^F, तह^F : a thin ~ of paint पेंट की एक पतली ≈; I can see a ~ of dust on the polished table मैं इस पालिश किए हुए मेज पर धूल^F की एक परत देख सकता हूँ; everything was covered with a thick ~ of dust धूल^F की मोटी परत से सब कुछ ढक गया था. **2.** (of masonry) रद्दा : five ~s of bricks ईंटों के पाँच रद्दे. **lay-off** *n*^{u}. अस्थाई छँटनी^{F} : against the ~ by owners of the company, the labourers started hunger strike कारखाने के मालिकों द्वारा छँटनी किए जाने पर मज़दूरों ने भूख-हड़ताल शुरू कर दी. **layout** *n.* नक्शा, खाका : ~ of land भूमि^{F} का ≈; ~ of a building इमारत^F का ≈.

lazy ले'ज़ि *a.* आलसी, सुस्त [boy लड़का, girl लड़की, man आदमी, people लोग]; do not be too ~ इतना ≈ न बनो; he is very ~, do not expect any hard work from him वह बहुत ही ≈ है उससे किसी परिश्रम की आशा^{F} न करो; how ~ you are! तुम कितने ≈ हो ! I am too ~ to get up early in the morning मैं इतना ≈ हूँ कि तड़के सुबह नहीं उठ सकता; ~ moments आलस्य की घड़ियाँ^{F}. **laziness** ले'ज़िनिस *n*^{u}. आलस्य, सुस्ती^{F} : no one can accuse us of ~, for we have worked hard all day कोई हम पर ≈ का दोष नहीं लगा सकता क्योंकि हमने दिन भर परिश्रम किया है; I cannot bear his ~ for he will ruin the whole business मैं उसके आलस्य को बरदाश्त नहीं कर सकता, क्योंकि वह सारे धंधे को बरबाद कर देगा. **lazy** ले'ज़ि *a.* सुस्त, आलसी : this boy is very ~ यह लड़का बहुत ≈ है; he is a ~ worker वह ≈ कर्मी है.

lb. pound.

l.b. leg bye (in cricket).

l.b.w. leg before wicket.

l.c.m. least common multiple.

lead लीड **I.** *v. t.* (*p.* & *p.p.* led) **1.** (conduct) ले चलना, ले जाना : hard work ~s to success कठिन परिश्रम सफलता की ओर ले जाता है; the road will ~ you to the post-office यह सड़क तुम्हें डाकघर तक ले जाएगी; it will ~ you to failure यह तुम्हें असफलता ला देगा; it led me to good results इससे मुझे अच्छे परिणाम मिले. **2.** (guide) आगे जाना : to ~ the way रास्ता दिखाना, आगे-आगे चलना; the blind man had a dog to ~ him रास्ता दिखाने के लिए अंधे आदमी के पास एक कुत्ता था. **3.** का नेता होना, का संचालन करना, का नेतृत्व करना : to ~ the troops into the battle युद्ध में सेना^F का नेतृत्व करना; who led the delegation to the Prime Minister? प्रधानमंत्री के पास जानेवाले प्रतिनिधिमंडल का नेतृत्व किसने किया ? **4.** बिताना : we led a very quiet life here हमने यहाँ बहुत शांतिपूर्ण जीवन बिताया. **5.** (other contexts) to ~ a woman to the altar किसी स्त्री का विवाह कराना; I was led to this conclusion मुझे यह निष्कर्ष निकालना पड़ा; this led to confusion इससे गड़बड़ी^F पैदा हो गई. [*ant.* follow] **6.** (phrases) Δ ~ **astray** बहकाना, पथभ्रष्ट करना : to ~ a boy astray लड़के को ≈; ~ **on** प्रोत्साहन देना : to ~ a person on to success किसी को सफलता के लिए प्रोत्साहित करना; **to ~ up to** तक पहुँचाना : these causes led up to the war इन कारणों से युद्ध हुआ. **II.** *n*^u. **1.** (leadership) अगुवाई^F, नेतागिरी^F : to take the ~ अगुआ होना. **2.** (example) उदाहरण, नमूना : to give the ~ ≈ बनना. **3.** अग्रता^F : to take the ~ **over** smb किसी से आगे निकल जाना; to take a ~ of five minutes पाँच मिनट आगे बढ़कर होना. **4.** (wire) तार : ~ of electricity connection बिजली^F के कनेक्शन के लिए ≈. **5.** (cards) ताश^F में पहली चाल^F. **III.** लॅड *n*^c. **1.** सीसा : ~ is a soft and heavy metal ≈ एक नरम और भारी धातु^F है; red ~ सिंदूर; white ~ सफ़ेदा. **2.** सिक्का : ~ in a pencil पेंसिल का ≈. [*as distinct from* led]

leader ली'डर *n*^c. **1.** नेता, अगुआ, अग्रणी [experienced अनुभवी, great भारी, outstanding विशिष्ट]; ~ of opposition विपक्षी ≈, विरोधी दल का ≈; he was the ~ of the party वह पार्टी का नेता था; one of the ~s of the freedom movement स्वतंत्रता-आंदोलन के नेताओं में से एक; he had been an eminent ~ of his time वे अपने समय के अग्रगण्य ≈ थे. [*ant.* follower] **2.** (leading article) अग्रलेख, संपादकीय [important महत्वपूर्ण, timely सामयिक, unfit अनुपयुक्त]. **leadership** ली'डरशिप *n*^u. **1.** नेतृत्व, नेतागिरी^F : the team's success was due to Dev's ~ टीम^F की सफलता^F देव के नेतृत्व के कारण हुई; the success of the delegation depends on the ~ प्रतिनिधिमंडल की सफलता^F नेतृत्व पर निर्भर करती है. **2.** नेतागण : the ~ of our country हमारे देश के ≈. **leading** ली'डिङ्ग *a.* प्रमुख, अग्र [article लेख, city नगर, lawyer वकील, newspapers समाचार-पत्र]; ~ question सांकेतिक या सूचक प्रश्न; you will not be allowed to ask ~ questions तुम्हें सांकेतिक प्रश्न पूछने की अनुमति^F नहीं दी जाएगी; ~ lady प्रधान-अभिनेत्री^F; ~ light/man प्रधान अभिनेता/पात्र : he is the ~ man in the drama वह नाटक में प्रधान ≈ है.

leaf लीफ़ *n*^c. (*pl.* leaves) **1.** पत्ता [dry सूखा, green हरा, round गोलाकार, smooth चिकना, tender कोमल, thick मोटा, withered कुम्हलाया हुआ, yellow पीला]; the ground was covered with dead leaves ज़मीन सूखी पत्तियों से ढँक गई थी; the ~ of this tree is usually thin इस पेड़ का ≈ साधारणत: पतला होता है; the tree is in leaves पेड़ में पत्ते आ रहे हैं. Δ **to turn over a new ~** अपने जीवन में सुधार लाना. ~ **mould** पत्तों की खाद^F. **2.** (of book) पन्ना : leaves of a booklet पुस्तिका^F के पन्ने; this book has 180 leaves इस किताब में 180 पन्ने हैं. Δ **take the ~ out of one's book** उदाहरण लेकर अपना सुधार करना. **3.** (of door) पल्ला, किवाड़ : our door has two leaves हमारे दरवाज़े के दो पल्ले हैं. **4.** पत्तर : ~ of gold or silver सोने या चाँदी का ≈. **leaftlet** *n*^c. पत्रक : they distributed ~s in the meeting उन्होंने सभा^F में ≈ बाँटे.

league लीग **I.** *n.* **1.** गठजोड़, संगठन : the ~ between the two powers दो शक्तियों^F के

बीच गठजोड़; he felt that they were against the ~ उसने महसूस किया कि वे ≈ के विरुद्ध हैं. **2.** संघ : they formed a L ~ of Nations after the Ist World War उन्होंने प्रथम महायुद्ध के बाद एक राष्ट्रसंघ की स्थापना^F की. **II.** *v.t.i.* संगठित हो जाना या करना : to ~ together for protection from danger ख़तरे से बचने के लिए ≈.

leak लीक **I.** *v.t.* **1.** चूना, रिसना, टपकना : water is ~ing from the pipe पाइप से पानी रिस/टपक रहा है; the roof of the house is ~ing मकान की छत^F चू/रिस रही है; bucket is ~ing बाल्टी^F चूती है. **2.** बाहर निकलना : the gas is ~ing गैस बाहर निकल रही है. **3.** ~ out खुलना : information is ~ing out सूचना^F बाहर जा रही है; truth has ~ed out भेद खुल गया है. **II.** *n*^c. **1.** छिद्र, दरार : I know there is a ~ in the kettle because water is dripping मैं जानता हूँ कि केतली^F में ≈ है क्योंकि इससे पानी टपक रहा है. **2.** रिसाव, टपकन^F : there is a ~ in the can कनस्तर में ≈ है. **leakage** ली'किज *n*^c. **1.** टपकन^F, रसाव : mend the ~ in the roof छत^F की ≈ की मरम्मत^F करो. **2.** (भेद) खुल जाना : ~ of news, question paper, secret समाचार, प्रश्नपत्र, भेद का ≈.

lean लीन **I.** *a.* **1.** दुबला-पतला [face चेहरा, horse घोड़ा, man आदमी]; he is tall and ~ वह लंबा और दुबला है. [*ant.* fat] **2.** (meagre) थोड़ा : ~ harvest थोड़ी फ़सल^F. **3.** (unnutritious) अपौष्टिक : ~ diet ≈ आहार. **4.** ~ meat बिना चर्बी^F का मांस. **5.** मंदी^F का : ~ year ≈ साल. **II.** *v.t.* (*p.* & *p.p.* leaned or leant) **1.** झुकना, झुक जाना : the trees ~ in the strong wind पेड़ आँधी^F में झुक जाते हैं; he ~ed forward वह आगे झुका. **2.** सहारा लेना, टिका देना, लगा देना : to ~ **against** the wall दीवार^F का सहारा लेना; to ~ on the person's arm किसी की बाँह का सहारा लेना; we ~ed the ladder against the wall हमने सीढ़ी^F को दीवार^F के सहारे लगा दिया; to ~ on a person's opinion किसी के विचारों का सहारा लेना. Δ **to ~ back** ढासना लगाना : to ~ **back** in the chair कुर्सी^F में ढासना लगाकर बैठना; he always ~**s on** us for help वह सहायता के लिए हमारे सहारे रहता है. **II.** *n*^u. झुकाव : there is much ~ in the wall of your house तुम्हारे घर की दीवार^F में बहुत ≈ है. **leaning** ली'निङ्ग **I.** *a.* झुका हुआ, तिरछा : ~ tower ≈ बुर्ज. **II.** *n.* झुकाव, प्रवृत्ति^F : he has a ~ towards scientific subjects उसका मनोवैज्ञानिक विषयों की ओर ≈ है; I understand his ~s well मैं उसकी प्रवृत्तियों को खूब जानता हूँ.

leap लीप **I.** *n*^c. उछाल^F, कुदान^F : he covered the entire distance in one ~ उसने पूरी दूरी^F एक ≈ में तय कर ली; it was the highest ~ of his friend यह उसके मित्र की सबसे ऊंची ≈ थी. Δ **by ~s and bounds** तेज़-तेज़ the work is going ahead by ~ काम तेज़-तेज़ आगे बढ़ रहा है. **frog ~** मेंढकी कूद (एक खेल) ; **~ year** अधिवर्ष : it is a ~ year when February has 29 days जब फरवरी में 29 दिन होते हैं तो ≈ होता है. **II.** *v.t.i.* (*p.* & *p.p.* leapt, leaped) **1.** कूदना, उछलना : he ~ed out of the window वह खिड़की^F से बाहर कूद गया; to ~ a ditch खाई कूदना; to ~ into air हवा^F में ≈; he can ~ ten metres वह दस मीटर कूद सकता है. **2.** (bounce) झपटना : the lion ~ed on the animal शेर जानवर पर झपटा; to ~ over a thing worth nothing किसी बेकार की चीज़^F पर झपटना; to ~ **at** an opportunity अवसर को झपटकर पाना. **3.** (pass over) लाँघना : I can ~ over the brook easily मैं आसानी^F से नाला लाँघ सकता हूँ. Δ **~ in the dark** अंधकार में पड़ना, आँखें बंद करके कदम रखना; **the flame leapt up** ज्वाला भड़क उठी; **look before you ~** पहले देखो फिर चलो, सोच-समझकर कदम बढ़ाओ.

learn लर्न *v.t.* (*p.* & *p.p.* learned/learnt) **1.** सीखना : if you come to school, you can learn how to read and write यदि तुम विद्यालय आओ तो तुम सीख सकते हो कि कैसे लिखा और पढ़ा जाय (लिखना-पढ़ना सीख सकते हो) ; to ~ Arabic अरबी सीखना; he ~ed Russian in a short time and can speak easily वह रूसी बहुत कम समय में सीख गया और आसानी से बोल सकता है; he is now learning English वह अब अंग्रेज़ी सीख रहा है. **2.** जान जाना, मालूम करना, पता करना, मालूम हो जाना : I ~ed from his letter that he was not well मैंने उसके पत्र से जाना कि वह स्वस्थ नहीं है; I learned about it yesterday मुझे इसके बारे में कल ही मालूम हुआ; when I ~ed about the change, it was too late जब मैंने परिवर्तन के बारे में जाना तो बहुत देर^{F} हो गई थी; you will ~ everything, when the time comes तुम सब जान जाओगे जब समय आएगा; I was sorry to ~ that your mother has died मुझे यह जानकर दु:ख हुआ कि आपकी माता का देहांत हो गया है. **3.** (~ by heart) कंठस्थ करना, याद करना : I have ~t the poem by heart मुझे यह कविता कंठस्थ हो गई है; she has ~t her lesson उसने अपना पाठ याद कर लिया है. [*ant.* unlearn]

learned लर्'निड *a.* **1.** विद्वान्, पंडित [man आदमी, teacher अध्यापक]; a ~ man is one who knows a great deal ≈ आदमी वह है जो बहुत कुछ जानता है; the Principal of my college is very ~ मेरे कालेज के प्राचार्य बहुत विद्वान् हैं. **2.** पाण्डित्यपूर्ण, पंडिताऊ : ~ language, words, lecture ≈ भाषा^{F}, शब्द, व्याख्यान. **learner** लर्'नर *n*^{c}. नौसिखिया, शिक्षार्थी : the driver of my car is a ~ so I never let him go alone मेरा कार-चालक नौसिखिया है इसलिए मैं उसे अकेले कभी नहीं जाने देता; he is a ~ in English language वह अंग्रेज़ी भाषा का शिक्षार्थी है; it is a ~s' dictionary यह एक शिक्षार्थी शब्दकोश है. **learning** लर्'निङ्ग *n*^{u}. ज्ञान, विद्या^{F}, पाण्डित्य, विद्वत्ता^{F} : laws of ~ विद्याप्राप्ति के नियम; he is man of ~ वह विद्वान् आदमी है. a **seat of** ~ विद्या केंद्र.

lease लीस **I.** *n*^{u}. **1.** पट्टा, इजारा : to take the house on ~ for five years पाँच वर्ष के लिए मकान पट्टे पर लेना. **2.** a new ~ of life नया जीवन. **II.** *v.t.* (~ out) पट्टे पर देना : I have ~d this farm for ten years to Mr. R. मैंने इस फ़ार्म को मि. आर. को दस वर्ष के लिए पट्टे पर दे दिया है.

least लीस्ट *a.* + *adv.* (from little, less) **1.** कम-से-कम, अल्पतम, न्यूनतम : ~ resistence ≈ प्रतिरोध; with the ~ trouble ≈ कष्ट के साथ; the ~ quantity of poison suffices to kill a man विष की ≈ मात्रा^{F} भी एक आदमी को मारने के लिए पर्याप्त है; we had tried to get there in the ~ possible time हमने वहाँ कम-से-कम समय में पहुँचने का प्रयास किया था; he works ~ वह ≈ कार्य करता है. **2.** तनिक, थोड़ा : I am not the ~ disappointed मैं ≈ भी निराश नहीं हूँ; I am not the ~ worried मैं ज़रा भी चिंतित नहीं हूँ; you have not the ~ chance of success तुम्हें सफलता का तनिक भी मौका नहीं है; I do not have the ~ interest in this matter इस मामले में मुझे ≈ भी दिलचस्पी^{F} नहीं है. **at** ~ कम-से-कम : we need at ~ two hours to finish the work हमें काम समाप्त करने के लिए कम-से-कम दो घंटे चाहिए; at ~ you ought to come कम-से-कम तुम्हें तो आना चाहिए; here at ~ you are undisturbed यहाँ कम-से-कम तुम बेचैन नहीं हो. [*ant.* most] Δ **the ~ said the best** चुप रहना सबसे अच्छा; **not in the** ~ बिल्कुल नहीं, ज़रा भी नहीं.

leather लें'दर **I.** *n*^{u}. चमड़ा [black काला, real असली, soft कोमल]; ~ jerkin चमड़े का जाकेट; belts and shoes are made of ~ पेटियाँ^{F} और जूते चमड़े से बनाए जाते हैं; the book was bound in ~ किताब की जिल्द^{F} चमड़े से बनी थी; gloves are usually made of ~ दस्ताने साधारणत: चमड़े के बने होते हैं. **II.** *a.* चमड़े का : ~ bag, coat चमड़े का बैग, कोट.

leave लीव़ *n*^{u}. **1.** छुट्टी^{F} [casual आकस्मिक, earned अर्जित, medical बीमारी^{F} की]; I have ~ to be away from school tomorrow कल विद्यालय से बाहर रहने के लिए मेरी ≈ है; I will take two days' leave now अब मैं दो दिन की ≈ लूँगा; he requested the principal to grant him ~ उसने ≈ के लिए प्राचार्य से प्रार्थना^{F} की; he is on ~ वह ≈ पर है; he has three weeks' ~ उसकी तीन सप्ताह की ≈ है; the soldiers came home on sick ~ सैनिक बीमारी^{F} की ≈ पर घर आए. **2.** आज्ञा^{F}, अनुमति^{F}, इजाज़त^{F} : how did you take the book without my ~ तुमने बिना मेरी ≈ के किताब^{F} कैसे ले ली ? you have no right to go away without ~ बिना ≈ के तुम्हें जाने का कोई अधिकार नहीं है; the teacher gave me ~ to go अध्यापक ने मुझे जाने की ≈ दी. Δ **to take** ~ विदा होना : the guest took ~ after dinner अतिथि खाने के बाद विदा हो गया. **II.** *v.t.* (*p.* & *p.p.* left) **1.** छोड़ना, छोड़ देना, रहने देना : ~ it here इसे यहीं छोड़ दो/रहने दो; ~ the room कमरा छोड़ दो; mother will not ~ us alone here माँ हमें यहाँ अकेले नहीं छोड़ेंगी/रहने देंगी; ~ the dog alone कुत्ते को अकेला रहने दो. **2.** (give up) त्याग देना : why did you ~ your brother तुमने अपने भाई को क्यों त्याग दिया? **3.** (entrust) सुपुर्द करना, के भरोसे छोड़ देना/रखना : he left all his money to his wife वह अपना संपूर्ण धन अपनी पत्नी को सुपुर्द कर गया; can I ~ this bag with you क्या मैं यह बैग आपके सुपुर्द कर सकता हूँ? I shall ~ you all that I have मैं तुम्हें सब कुछ दे दूँगा जो मेरे पास है; she has left cooking to her servant उसने खाना पकाना अपने नौकर के भरोसे छोड़ रखा है. **4.** (go away) विदा होना, चला जाना, प्रस्थान करना : the first train ~s at eight पहली रेलगाड़ी[F] आठ बजे प्रस्थान करती है; the train had already left रेलगाड़ी[F] पहले ही चल चुकी थी; he left the house early in the morning वह घर से तड़के ही चला गया. [*ant.* arrive] Δ ~ **off** रोक देना : I asked him to ~ off writing मैंने उसे लिखना रोक देने को कहा; ~ **out** छोड़ देना : he has left out the umbrella here छाता किसने यहाँ छोड़ दिया?

5. (other meanings in contexts) ~ the door open दरवाजा खुला रहने दो; nothing is left कुछ नहीं बचा; take five from nine and you are left with four नौ में से पाँच घटाओ तो तुम्हारे पास चार बचे; ~ him/it alone इसे परे छोड़ो, जाने दो. Δ ~ **it at that** बात[F] को यहीं तक रहने दो; ~ **behind** कहीं छोड़ आना : my stick is left behind मेरी छड़ी[F] वहीं छूट गई है; ~ **off** बंद कर देना : we ~ off work at five p.m. हम पाँच बजे शाम क्राम बंद कर देते हैं. **leavings** ली'विङ्स *n.* (*pl.*) जूठन[F].

lec. lecture लें'क्'चर **I.** *n*[c]. **1.** व्याख्यान [boring उबाऊ, dull नीरस, interesting रोचक, learned विद्वत्तापूर्ण, public सार्वजनिक]; the police officer gave us a ~ on road safety पुलिस अधिकारी ने 'सड़क में सुरक्षा' पर भाषण दिया; the principal delivered a ~ on Physics प्राचार्य ने भौतिकी[F] पर ≈ दिया; the ~ was in English भाषण अंग्रेज़ी में था. **2.** डाँट[F] : his mother gave him a ~ for his fault गलती[F] करने पर उसे माँ ने ≈ पिलाई. **II.** *v.t.* **1.** व्याख्यान देना, भाषण देना : stop lecturing भाषण देना बंद करो; he ~s well वह अच्छा भाषण देता है; he ~d in dull voice उसने नीरस स्वर में भाषण दिया; he ~d to the students of the foreign language department उसने विदेशी भाषा विभाग के छात्रों को ≈ दिया. **2.** डाँट पिलाना : he ~d me severely for being late उसने लेट हो जाने पर मुझे डाँट पिलाई; she ~d the girl on her conduct उसने लड़की को उसके आचरण पर डाँटा. **lecturer** लें'क्'चरर *n*[c]. प्राध्यापक, प्राध्यापिका[F], व्याख्याता, (*fem.*) व्याख्यात्री[F] [learned विद्वान्, sincere ईमानदार]; he is a ~ in English language वे अंग्रेज़ी भाषा के प्राध्यापक हैं; she was a reader not a ~ वह प्रवाचिका थी, प्राध्यापिका नहीं.

led लेंड : *p.* of lead *q.v.* [*as distinct from* lead]

ledge लेंज *n*[c]. **1.** किनारा, कगार : a ~ of a rock चट्टान[F] का ≈. **2.** ताक : a ~ sticking out like a shelf ताखे की तरह निकला हुआ ≈.

ledger लें'जर *n*[c]. खाता, खाता-बही[F] : ~ clerk ≈ क्लर्क; ~ entry खाता प्रविष्टि[F]; every transaction must be entered in the ~ प्रत्येक विवरण की ≈ में प्रविष्टि[F] होनी चाहिए.

leech लीच *n*[c]. जोंक[F] : to stick like a ~ ≈ की तरह[F] चिपकना; ~ sucks blood of animals and makes them weak ≈ जानवरों का खून चूसती है और उन्हें कमज़ोर बनाती है.

left लें'फ़्ट **I.** *a.* **1.** बायाँ [bank किनारा, hand हाथ]; ~ leg बाईं टाँग; ~ side बाईं ओर; most people cannot write with their ~ hands बहुत-से लोग अपने बाएँ हाथ से नहीं लिख सकते; turn to the ~ and you will find the post-office बाएँ हाथ मुड़ो और तुम्हें डाकघर मिलेगा; on ~ handside of the road, you will find my shop सड़क[F] से बाईं तरफ़[F] तुम्हें मेरी दुकान[F] मिलेगी. **2.** छूटा हुआ : ~ luggage ≈ सामान; ~ luggage office अमानती सामान घर. **II.** *n*[u]. बायाँ, बाईं तरफ़[F] : go to the left बाएँ जाओ; keep to the ~ बायें/बाईं तरफ़ रहो; from ~ to the right बाएँ से दाहिने. **III.** *adv.* बाएँ, बाईं ओर : ≈ मुड़ो. **~handed** *a.* **1.** बायेंहत्था [boy लड़का, player खिलाड़ी, worker मज़दूर, writer लेखक]; he is a ~ bowler in the team वह टीम[F] में ≈ गेंदबाज़ है. **2.** बाईं ओर का : ~ door ≈ दरवाज़ा. **IV** *p.* + *p.p.* of 'leave' : he has ~ वह चला गया है; the train has ~ गाड़ी[F] छूट गई है.

leg लेँग *n.* **1.** टाँग[F] [long लंबी, thick मोटी, thin पतली, swollen सूजी हुई, wounded घायल]; one of his ~s broke in an accident दुर्घटना[F] में उसकी एक ≈ टूट गई; a ~ of my trousers is torn मेरे पाजामे की एक ≈ फटी है; he has long ~s उसकी टाँगें लंबी हैं; horses and dogs have four ~s घोड़ों और कुत्तों की चार-चार टाँगें होती हैं. Δ **to be on one's ~** खड़ा रहना; **to stand on one's own ~s** अपने पैरों पर खड़ा होना, स्वावलंबी होना; **he is on his last ~s** वह मरणासन्न है; **to pull smb's ~** उल्लू बनाना. **2.** (of trousers) पाँयचा. **3.** (of chair etc.) टाँग[F], पाया : one of the ~s of the table is broken मेज़ का एक ≈ टूटा है. **4.** (stage) पड़ाव, मंज़िल : how many ~s is the journey यात्रा[F] की कितनी मंज़िलें हैं ? last ~ of the journey यात्रा[F] का आखिरी पड़ाव.

legal ली'गल *a.* (lawful) वैध, कानूनी [action कार्यवाही[F], advisor सलाहकार, claim दावा, document दस्तावेज़, heritage उत्तराधिकार, marriage विवाह, notice नोटिस, owner स्वामी, remedy उपाय, right अधिकार]; it is ~ for a Muslim to marry his cousin मुसलमान का अपने चाचा/ मामा/ मौसी/बुआ की लड़की से शादी करना वैध होता है; ~ according to law कानून के अनुसार वैध; Sunday is a ~ holiday रविवार को वैध छुट्टी[F] होती है. [*ant.* illegal] **~ practitioner** विधि-जीवी, वकील; **~ tender** वैध मुद्रा[F]/ पैसा. **legally** ली'गॅलि *adv.* **1.** वैध रूप से, विधितः, कानूनन [binding बाध्य, obligatory अनिवार्य]; I got this money quite ~ मैंने यह धन ≈ प्राप्त किया; you cannot do it ~ तुम इसे ≈ नहीं कर सकते. **2.** विधिपूर्वक : they were ~ organised वे ≈ संगठित थे.

legend लेँ'जन्ड *n*[c]. आख्यान [old पुराना, sad दुखद, wonderful आश्चर्यजनक]; the ~s of ancient Greece and Rome प्राचीन ग्रीस और रोम के ≈; the ~ of king Arthur and his knights सम्राट आर्थर और उसके सामंतों की किंवदंतियाँ[F]

legible लेँ'जिबल *a.* सुवाच्य, सुपाठ्य [letter पत्र, manuscript पाण्डुलिपि[F], writing लेख]; be sure that your handwriting is ~ आश्वस्त रहो कि तुम्हारी हस्तलिपि[F] ≈ हो; your letter may hardly be ~ तुम्हारा पत्र शायद ही ≈ हो. [*ant.* illegible]

legislate लेँ'जस्लेट *v.i.* विधि या कानून बनाना : the Parliament ~s संसद् कानून बनाती है. **legislation** लेँजिसले'शन *n*[c]. कानून, विधान : Penal ~ दण्ड-विधान; defect in ~ ≈ के दोष. **legislative** लेँ'जिसलटिव़ *a.* विधायी, वैधानिक [business कार्य, investigation जाँच-पड़ताल[F], power अधिकार]; ~ assembly विधान-सभा; ~ council विधान परिषद्; he has been a member of ~ assembly for five years वह पाँच साल से विधानसभा का सदस्य है. **legislator** लेँ'जिसलेटर *n*[c]. विधायक : several ~s have become dishonest these days कई विधायक आजकल बेईमान हो गए हैं; from our district there are six ~s in the legislative assembly हमारे ज़िले से विधानसभा में छह ≈ हैं.

legitimate लेजि'टिमिट *a.* **1.** (lawful) वैध, न्यायसंगत, कानूनी [children बच्चे/संतान, claim दावा, father पिता, owner स्वामी, right अधिकार]; ~ son औरस पुत्र; if your actions are ~ you need not hide them from police यदि तुम्हारे कर्म वैध हैं तो तुम्हें पुलिस[F] से छिपाने की कोई आवश्यकता[F] नहीं है. [*ant.* illegitimate] **2.** (reasonable)

तर्कसंगत, युक्ति-युक्त [arguments तर्क, cause कारण, excuse बहाना, judgement निर्णय, statement कथन]; ~ according to the custom रीतिरिवाजों के अनुसार ≈ तर्कसंगत.

leisure लें'ज़र **I.** *n*^u. अवकाश, फ़ुरसत^F : I have no ~ to play cards मुझे ताश^F खेलने की फ़ुरसत^F नहीं है; please reply at your ~ कृपया फ़ुरसत^F के समय में जवाब दें; I'll come to see you at my ~ मैं ≈ पाकर आपसे मिलने आऊंगा. **II.** *a.* सावकाश, ख़ाली : do it, if you have ~ time यदि तुम्हारे पास ख़ाली समय हो तो इसे करो; I have no ~ moments to talk with you मेरे पास तुमसे बात^F करने के ख़ाली क्षण नहीं हैं; at one's ~ अपनी सुविधा^F के अनुसार. **leisurely** लें'ज़र्लि *adv. & a.* इत्मीनान से, फ़ुरसत^F से : to walk ~ in the morning तड़के ≈ घूमना; we had a ~ meal हमने ≈ भोजन किया; he always works ~ वह हमेशा ≈ काम करता है. ~ **pace** धीमी चाल^F.

lemon लें'मन *n*^c. नीबू : I like ~ juice मुझे ≈ का रस पसंद है; ~ drop ≈ के स्वाद वाली गोली^F. **lemonade** लेंमॅनेड' *n*^u. लेमनेड, नीबू-शरबत : have you a bottle of ~ क्या आपके पास ≈ की बोतल है; of all cold drinks I like ~ best सब शीतल पेयों में मुझे ≈ ज़्यादा पसंद है.

lend लेंन्ड *v.t.* (*p. & p.p.* lent) **1.** उधार देना : if I ~ you smth, you keep it for a time and then return it to me यदि मैं तुम्हें कोई चीज़^F उधार में दूँ तो तुम उसे कुछ समय तक रखो और फिर मुझे लौटा दो; this room has been lent for study to him यह कमरा उसे पढ़ने के लिए उधार दिया गया है; can you ~ me a little money क्या तुम मुझे थोड़ा-सा पैसा उधार दे सकते हो ? **2.** देना, प्रदान करना : I shall ~ you as much as I can जितना मैं तुम्हें दे सकता हूँ, दूँगा; trees ~ beauty to the landscape वृक्ष भू-दृश्य को सुंदरता^F प्रदान करते हैं; it ~s charm इससे शान बढ़ती है. Δ ~ **oneself to** के अनुकूल होना; the hall lends itself to dramatic performances यह हाल नाटकीय प्रदर्शनी के अनुकूल है. **to ~ a helping hand** सहायता^F करना, हाथ बटाना; **to ~ one's ear** ध्यान देना, सुनना : ~ your ear to what I say जो मैं कहता हूँ उसे ध्यान से सुनो. ~ **lease** उधार-पट्टा. **lender** लेंन्'डर *n*^c. उधारदाता, ऋणदाता : the ~ lent him money for a year महाजन ने उसे एक साल के लिए पैसे उधार दिए. [*ant.* borrower]

length लेंङ्'ग्थ *n*^u. **1.** लंबाई^F [any कोई, equal बराबर, necessary आवश्यक]; the ~ of the rope was ten feet रस्सी^F की ≈ दस फुट थी; the room is five metres in ~ कमरा ≈ में पाँच मीटर है; my ruler is 30 centimetres in ~ मेरी पटरी^F ≈ में 30 सेंटीमीटर है; the ~ of the road is ten kilometres सड़क की ≈ दस किलोमीटर है. [*ant.* breadth, width] **2.** (distance) दूरी^F, सीमा^F, हद^F : reduce the ~ दूरी को कम करो; he can go to any ~ वह किसी ≈ तक जा सकता है; will he go to the ~ of attacking us क्या वह इस हद तक जाएगा कि हम पर आक्रमण कर दे ? Δ **to keep smb at arm's ~** किसी को अपने से दूर रखना. **3.** (extent) विस्तार : they discussed the matter at ~ उन्होंने मामले पर ≈ से बहस^F की; ~ of service सेवाकाल; to speak at some ~ कुछ विस्तार में बात^F करना. Δ **at ~** अंत में, आख़िरकार : at ~ we finished our work ≈ हमने अपना काम समाप्त कर दिया. **lengthen** लेंङ्'थन *v.t.i.* लंबा या दीर्घ करना या हो जाना, बढ़ाना या बढ़ना : the days ~ in the spring बसंत में दिन बढ़ते हैं; to ~ life उम्र बढ़ाना. [*ant.* shorten] **lengthy** लेंङ्'थि *a.* बहुत लंबा विस्तृत [journey यात्रा^F, speech भाषण]; the visitor gave us a ~ talk आगंतुक ने हमसे लंबी बातचीत^F की.

leniency ली'निअन्सि *n*^c. नरमी^F : the judge is noted for his ~ जज अपनी सदयता^F के लिए प्रसिद्ध है. **lenient** ली'निअन्ट *a.* नरम, हल्का, नरमदिल [master अध्यापक, punishment दंड]; he was given a ~ sentence उसे हल्का दंड दिया गया; he is of a ~ temper वह नरम मिज़ाजवाला है; our headmaster is not at all ~ हमारे प्रधानाध्यापक बिल्कुल नरमदिल नहीं हैं.

lens लेंन्ज़ *n*^c. लेंस [concave अवतल, convex

उत्तल]; ~ of my spectacles मेरे चश्मे का ≈; eye ~ आँख का ≈.

lent लेन्ट *v.t. past* & *p.p.* form of verb 'lend' *q.v.*

lentil लें न्'टिल *n*ᶜ. मसूर (दलहन).

leopard लें 'पर्ड *n*ᶜ. चीता [brave बहादुर, fast तेज़, ferocious ख़ूंख़ार]; a ~ has yellow fur with black spots चीते की चमड़ी काले धब्बेदार पीली समूर वाली होती है.

leper लें 'पर *n*ᶜ. कोढ़ी, कुष्ठ रोगी : in his family his younger son is a ~ उसके परिवार में उसका छोटा लड़का ≈ है; ~ **home** कुष्ठाश्रय. he was treated at a ~ उसके साथ कोढ़ी का-सा व्यवहार होता था. **leprosy** लें प्'रसि *n*ᶜ. कोढ़, कुष्ठ : ~ is a disease which slowly destroys the skin ≈ एक बीमारीᶠ है जो चमड़ीᶠ को नष्ट कर देती है; ~ is curable ≈ का इलाज हो सकता है.

-less *suff.* (without) aimless, harmless, homeless, shameless, countless, doubtless, effortless, toothless, useless, etc.

less लें स **I.** *a.* (lesser, least) और कम [clever चतुर, danger ख़तरा, distance दूरीᶠ, fruit फल, length लंबाईᶠ, noise शोरगुल, number संख्याᶠ, quantity मात्राᶠ, trouble कष्ट, value कीमतᶠ]; you have ~ pocket money than I have तुम्हारे पास मुझसे ≈ जेबख़र्च है; his salary is not ~ than Rs. 7,000 उसका वेतन सात हज़ार से कम नहीं है. **II.** *adv.* कम : the doctor told him to work ~ डॉक्टर ने उसे काम ≈ करने को कहा; you should think ~ about it तुम्हें इसके बारे में ≈ सोचना चाहिए; the task is ~ difficult काम ≈ कठिन है; this book is ~ interesting than that यह किताबᶠ उसकी अपेक्षाᶠ ≈ दिलचस्प है; talk ~, work more बातें ≈, काम अधिक; even ~ और ≈; more or ~ कम-बेश; he became ~ and ~ angry उसका गुस्सा थोड़ा/कम होता गया; he runs no ~ than four kilometres daily वह प्रतिदिन चार किलोमीटर से ≈ दौड़ नहीं लगाता; a scooter costs ~ than a car स्कूटर की कीमतᶠ कारᶠ से ≈ होती है. [*ant.* more] **lessen** लें 'सन *v.t.i.* कम करना या हो जाना, घटाना : our abilities are ~ing with the years हमारी क्षमताᶠ साल पर साल कम हो रही है; to ~ the number of festivals त्यौहारों की संख्याᶠ घटाना; the principal ~ed the holidays in the college प्राचार्य ने विद्यालय में छुट्टियाँᶠ कम कर दीं. [*ant.* increase; *as distinct from* lesson]

lesson लें 'सन *n*ᶜ. **1.** पाठ [boring उबाऊ, first पहला, illustrated सचित्र, important महत्वपूर्ण, interesting दिलचस्प, next अगला]; the last ~ of the book is not so interesting किताबᶠ का अंतिम ≈ उतना रोचक नहीं है; learn your ~ अपना ≈ याद करो; at school our ~ today is entitled 'Akbar the Great' विद्यालय में आज के ≈ का शीर्षक है 'अकबर महान्'; let us read the ~ fourteen हम चौदहवाँ ≈ पढ़ें; have you prepared your ~ क्या तुमने अपना ≈ तैयार कर लिया है ? **2.** शिक्षाᶠ, सबक, सीखᶠ : to draw a ~ ≈ लेना; it will be a ~ to you यह तुम्हारे लिए एक सबक होगा; to give ~s in Hindi हिन्दी में ≈ देना; take ~s from this इससे ≈ लो; this mistake will teach you a ~ यह गलतीᶠ तुम्हें सबक सिखाएगी; they got a good ~ उन्हें अच्छी सीखᶠ मिली. [*as distinct from* lessen]

lest लें स्ट *conj.* कहीं ऐसा न हो कि I was afraid ~ he should forget मुझे डर था कि कहीं ऐसा न हो कि वह भूल जाए; hold my hand ~ you should fall मेरा हाथ पकड़ लो कहीं ऐसा न हो कि तुम गिर पड़ो; we dare not play jokes on Mr. Kaul ~ he should become angry हम मि. कौल का मज़ाक उड़ाने का साहस नहीं कर सकते, कि कहीं वे नाराज़ न हो जाएँ; make haste ~ you lag behind जल्दी करो कहीं पीछे न रह जाओ; he was in constant fear ~ smth unforeseen should happen वह लगातार डरता था कि कहीं ऐसा न हो कि कुछ अप्रत्याशित घटनाᶠ हो जाए; the general drew his troops back, fearing ~ they should be defeated जनरल ने अपनी सेनाᶠ को पीछे हटा लिया, इस डर से कि कहीं वह पराजित न हो जाए.

-let *suff.* (diminutive) छोटा : booklet, leaflet, piglet, ringlet, rivulet, streamlet.

let लें ट **I.** *v.t.* (*p.* & *p.p.* let) **1.** होने देना,

(निकलने, करने, जाने) देना : please ~ me see your book कृपया अपनी किताब[F] मुझे देखने दें; ~ us help each other हम एक-दूसरे की सहायता करें; ~ them be ready in time उन्हें समय पर तैयार होने दो; the mother ~s him go alone माँ उसे अकेला जाने देती है; ~ me come मुझे आने दो; ~ us wait a little longer हम थोड़ी देर और इंतज़ार कर लें; ~ me explain मैं व्याख्या करूँ; ~ this work be done यह काम होने दो; to ~ smb know किसी को बताना. **2.** (hire out) किराए पर देना, भाड़े पर उठाना : they ~ rooms वे कमरे किराए पर उठाते हैं; the house is to ~ मकान किराए के लिए (ख़ाली) है; if I ~ a house to someone, he pays me rent for the use of it जब मैं किसी को मकान किराए पर देता हूँ तो वह इसका प्रयोग करने के लिए मुझे किराया देता है. Δ **to ~ alone** जाने देना, रहने देना : ~ him be alone उसे अकेला रहने दो; **~ down** (i) उतार देना : to ~ down a bucket into the well कुएँ में बाल्टी[F] उतारना; (ii) निराश करना, वक्त पर काम न आना : to ~ down a friend मित्र को निराश करना; **~ in** (अंदर) आने देना : ~ in the dog कुत्ते को आने दो; **to ~ into** (i) अंदर आने देना; (ii) ~ smb into one's plan अपनी योजना[F] का भेद बताना; **to ~ loose** खुला छोड़ देना; **to ~ off** (i) जाने देना, रिहा करना : they ~ him off from the jail उसे जेल से रिहा कर दिया गया; (ii) निकालना : the engine ~s off steam इंजन भाप निकालता है; (iii) who ~ off that gun वह बंदूक[F] किसने चलाई; **to ~ out** (i) बता देना : he ~ it out that he was going उसने बता दिया कि मैं जा रहा हूँ; (ii) छोड़ देना : to ~ out a prisoner कैदी को छोड़ देना; (iii) किराये पर देना : to ~ out a house मकान ≈; (iv) निकलने देना : he ~ the air out of the tyre उसने टायर से हवा[F] निकाल दी. **II.** *n*[c]. बाधा[F], रोकटोक[F] : the work is not so easy, it is full of ~s काम इतना आसान नहीं है, इसमें बाधाएँ हैं. Δ **~-off** क्षमा[F] : he was shown a ~-off उसे क्षमा दिलाई गई; **~-up** विराम : he works without a ~-up वह बिना विराम के काम करता है.

lethargy लें'थर्जि *n*[u]. तंद्रा[F], सुस्ती[F] : you cannot be successful until you shed off ~ तुम तब तक सफल नहीं हो सकते जब तक ≈ नहीं हटाते.

letter लें'टर *n*[c]. **1.** पत्र, चिट्ठी[F] [important महत्वपूर्ण, long लंबा, official आधिकारिक, ordinary साधारण, private व्यक्तिगत, registered पंजीकृत, short छोटा]; he wrote a ~ to his mother उसने अपनी माँ को एक पत्र लिखा; here is a ~ from your friend यह है पत्र तुम्हारे मित्र का. **~ box** पत्रपेटी[F]; ~ head सरनामा : the ~ head contains my name and address सरनामे में मेरा नाम और पता है. **2.** (of alphabet) वर्ण, अक्षर [capital बड़ा, English अंग्रेज़ी, Greek ग्रीक, last अंतिम, Roman रोमन, small छोटा]; ABC are ~s अ ब स ≈ हैं; Z is the last ~ of English alphabet ज़ेंड अंग्रेज़ी वर्णमाला का अंतिम ≈ है; there are more ~s in the Russian alphabet than in English रूसी वर्णमाला में अंग्रेज़ी की अपेक्षा[F] अधिक ≈ हैं. **3.** साहित्य, विद्या : he is a man of ~s वह एक विद्यावान् व्यक्ति है. **4.** (document) पत्र : ~ of consent सहमति- ≈; ~ of introduction परिचय ≈ : he has got a ~ of introduction to the manager उसके पास प्रबंधक के नाम परिचय ≈ है; ~ of recommendation संस्तुति- ≈.

level लें'व़ल **I.** *n*[u]. **1.** तल : above the sea ~ समुद्र ≈ से ऊपर; the ~ of the water is very low पानी का ≈ बहुत नीचे है. **2.** स्तर : ~ of achievement उपलब्धि[F] का ≈; ~ of maintenance भरण-पोषण का ≈; high ~ of English उच्च- ≈ की अंग्रेज़ी; he has not yet come to the ~ of the class अभी वह कक्षा[F] के ≈ तक नहीं आ पाया. **3.** (spirit ~) साधनी[F], तलमापी; the ~ shows that the surface is ~ ≈ ने बताया कि सतह[F] समतल है. **II.** *a.* **1.** (even) समतल, सपाट[F], चौरस [plain मैदान, road सड़क[F], surface सतह[F]]; you must have a ~ ground to play cricket क्रिकेट खेलने के लिए तुम्हारे पास ≈ मैदान होना चाहिए; the road is ~ until you get near the hill यह सड़क[F] ≈ है जब तक कि तुम पहाड़ी[F] के निकट नहीं पहुँचते; this floor is not quite ~ यह फर्श पूरी तरह चौरस नहीं है. 2. (horizontal) क्षैतिज : she held the thermometer ~ with his eyes उसने थर्मामीटर अपनी आँख के ≈ (की सीध में) रखा. 3. (equal) सम, बराबर : the water in the river was ~ with his chest नदी^F का पानी उसके छाती^F के बराबर था. ~ **crossing** ≈ पार पथ; ~ **tone** एक-सा स्वर; ~ **headed** *a.* समबुद्धि. 4. (balanced) संतुलित : he spoke in a ~ voice उसने ≈ स्वर में कहा. **III.** *v.t.* **1.** समतल या बराबर कर देना : to ~ the ground ज़मीन को ≈; to ~ a road सड़क को ≈; they ~led the house to the ground उन्होंने मकान को धरातल के बराबर कर दिया, धराशायी कर दिया. **2.** गिरा देना : to ~ the wall of the house मकान की दीवार^F ≈. **3.** their marks have been ~led उनके अंक बराबर हो गए हैं. **4.** to ~ charges **at** smb किसी पर दोषारोपण करना.

levity लें'व़िटि *n*^c. छिछोरापन : I dislike your ~ मैं तुम्हारा ≈ नापसंद करता हूँ.

levy लें'व़ि **I.** *n*^c. (levies) **1.** उगाही^F : to raise a ~ of taxes कर की उगाही को बढ़ाना. **2.** कर : ~ on imports आयात पर ≈· **II.** *v.t.* (levied) **1.** उगाहना, (कर आदि) लगाना : to ~ fines, taxes जुरमाना, कर लगाना. **2.** सेना^F में भर्ती करना : he was levied in the army in 1980 वह 1980 में सेना में भर्ती हुआ था. **3.** to ~ war upon/against the enemy शत्रु पर चढ़ाई^F करना, युद्ध छेड़ देना.

lewd लूड *a.* लंपट, व्यभिचारी, कामुक [person व्यक्ति, sadhu साधु]; he has never been a gentleman, he is ~ वह कभी सज्जन आदमी नहीं रहा है, वह तो ≈ है.

lexicographer लेंक्सि कॉ'ग्रफ़र *n*^u. कोशकार [famous प्रसिद्ध, Hindi हिन्दी, learned विद्वान्]; he was a renowned ~ in India वे भारत के विख्यात ≈ थे.

liability लाइअ बि'लिटि *n*^c.· (liabilities) **1.** देनदारी^F, दायित्व : I am now free of all liabilities मैं अब सब देनदारियों से मुक्त हूँ; it is his ~ to pay the debt in time समय पर कर्ज़ चुकाना उसका दायित्व है; he cannot evade his liabilities वह अपनी ज़िम्मेवारियों से बच नहीं सकता. **2.** his son is a ~ on him उसका लड़का उस पर एक बोझ है. **liable** लाइअ'बल *a.* **1.** ज़िम्मेवार, देनदार : a husband is ~ for his wife's debts पति अपनी पत्नी^F के कर्ज़ के लिए ≈ होता है. **2.** संभाव्य : careless motorists are ~ to meet with accidents लापरवाह मोटरचालक से दुर्घटना^F संभव है; the shopkeeper is ~ to be taxed दुकानदार पर कर लग सकता है; everyone is ~ to make mistakes हर एक से गलती संभव है. **3.** बाध्य : every citizen is ~ to military service हर नागरिक सैनिक सेवा^F करने को ≈ है. [*ant.* unlikely]

liar लाइअर *n*^c. झूठा : you are a ~, I cannot trust you तुम झूठे हो, मैं तुम पर विश्वास नहीं कर सकता. [*as distinct from* lawyer]

lib. liberation, library, librarian.

liberal लि'बॅरल *a.* **1.** (generous) उदार, उदारचेता, दानशील [culture संस्कृति, education शिक्षा^F, government सरकार^F, heart हृदय, idea विचार, manner ढंग, offer प्रस्ताव, party पार्टी^F, reply उत्तर, thinker विचारक]; a ~ person gives freely उदार व्यक्ति मुक्तहस्त देता है; Mahatma Gandhi had ~ thoughts महात्मा गाँधी के विचार उदार थे; a ~ person is one who gives away things in large quantity एक दानी व्यक्ति वह है जो अधिक मात्रा^F में चीज़ें दे देता है. **2.** (ample) प्रचुर, भरपूर [employment रोज़गार, harvest फ़सल, supplies आपूर्ति^F]; ~ production of grains अनाज का प्रचुर उत्पादन. [*ant.* orthodox] **liberality** लिबॅरै'लिटि *n*^c. उदारता^F, दान : ~ of thought विचार की उदारता; King Harsha was known for his ~ राजा हर्ष अपनी ≈ के लिए प्रसिद्ध थे.

liberate लि'बॅरेट *v.t.* मुक्त करना, स्वतंत्र करना, छोड़ना, आज़ाद करना : to ~ slaves दासों को मुक्त करना; many of the prisoners were ~d on the day of independence बहुत-से क़ैदी स्वतंत्रता दिवस पर मुक्त किए गए; to ~ a bird from a cage चिड़िया^F को पिंजरे से ≈; he ~d his friend from his sufferings उसने अपने मित्र को परेशानियों^F से आज़ाद किया. **liberation** लिबॅरे'शन *n*^c. विमोचन, मुक्ति^F : ~ of war prisoners युद्धबंदियों की

≈. **liberty** लिˈबर्टि *n*^{c}. **1.** स्वतंत्रता^{F}, आज़ादी^{F} [civil नागरिक, individual व्यक्तिगत, natural प्राकृतिक, perfect पूर्ण, political राजनीतिक, religious धार्मिक, restricted सीमित]; ~ of speech is our fundamental right वाणी^{F} की ≈ हमारा मौलिक अधिकार है; ~ of the press समाचार-पत्रों की ≈; he was at ~ to go उसे जाने की ≈ थी. **2.** (permission) छुट्टी^{F}, अनुज्ञा^{F} : I gave him the ~ to try it मैंने उसे इसके लिए प्रयास करने की ≈ दी. **3.** मनमानी, स्वच्छंदता^{F} : you are at ~ to choose any book you like तुम्हें अपनी पसंद^F की कोई भी पुस्तक^F चुनने की ≈ है; she was at ~ to come and go when she liked उसे ≈ थी कि वह जब चाहे आए-जाए; to take liberties with rules नियमों से मनमानी करना. **4.** (release) मुक्ति^{F} : all prisoners want their ~ सभी कैदी अपनी ≈ चाहते हैं; the prisoners were set at ~ कैदी मुक्त कर दिए गए. Δ **to take** ~ with smb किसी से धृष्टता^{F} करना; to take liberties with rules नियमों का मनमाना अर्थ निकालना.

librarian लाइब्रेअˈरिअन *n*^{c}. लाइब्रेरियन, पुस्तकाध्यक्ष [experienced अनुभवी, well-informed बहुश्रुत, well-versed कुशल]; Mr. S is a ~ in the university मि. स विश्वविद्यालय में ≈ हैं; our ~ provided full information about journals हमारे ≈ ने पत्रिकाओं^{F} के बारे में पूरी जानकारी^{F} दी. **library** लाइˈब्रिर *n*^{c}. पुस्तकालय, लाइब्रेरी^{F} [defective दोषपूर्ण, magnificent शानदार, public सार्वजनिक, scientific वैज्ञानिक, vast बड़ी]; ~ science पुस्तकालय विज्ञान; to borrow books from a ~ ≈ से किताबें^{F} लेना; there were over one lakh books in the ~ ≈ में एक लाख से अधिक पुस्तकें^{F} थीं; he has a large ~ उसकी लाइब्रेरी बड़ी है; I study in the ~ मैं ≈ में अध्ययन करता हूँ; there is a small ~ in my school मेरे विद्यालय में एक छोटा-सा पुस्तकालय है.

LIC Life Insurance Corporation.

lice लाइस *n. pl.* (*sing.* louse) जुएँ.

licence लाइˈसन्स Am. ~**se** *n*^{c}. **1.** (permit) लाइसेंस, अनुज्ञापत्र : you must have a ~ before you are allowed to drive a car कार^F चलाने से पहले तुम्हारे पास ≈ होना चाहिए; ~ to sell tobacco तंबाकू बेचने का ≈; you cannot have a weapon without ~ बिना ≈ के तुम हथियार नहीं रख सकते. **2.** स्वतंत्रता^{F}, स्वच्छंदता^{F} : now the girls have a ~ to go anywhere अब लड़कियों को ≈ है कि कहीं जाएँ. **licensee** लाइसन् सीˈ *n*^{c}. अनुज्ञप्तिधारी. ~ **holder** लाइसंसधारी. **licentious** लाइ-सेंˈन् शस *a.* **1.** लंपट, व्यभिचारी : that man is ~ by nature वह आदमी स्वभाव से ≈ है. **2.** व्यभिचारयुक्त, लंपटी : he is notorious for his ~ habits वह अपनी ≈ आदतों के लिए बदनाम है. [*ant.* restrained]

lick लिक **I.** *v.t.* **1.** चाटना : a cat ~s its fur to clean it बिल्ली अपने लोमचर्म को साफ़ करने के लिए चाटती है; I saw a dog ~ing the boy मैंने कुत्ते को एक लड़के को चाटते देखा; the dog ~s his wounds कुत्ता अपने घावों को चाटता है. **2.** (touch) छूना : the flames ~ed the roofs लपटें^{F} छत^F को छूती थीं. Δ to ~ **one's shoes** किसी के जूते चाटना, किसी की चापलूसी^{F} करना; to ~ **the dust** हार मान लेना; to ~ **the plate clean** प्लेट चाटकर साफ़ कर देना.

lid लिड *n*^{c}. **1.** ढक्कन, ढकना : the ~ of a box संदूक का ≈; put the ~ on the kettle केतली^{F} पर ≈ रखो. **2.** (eye ~) पलक^F : you must not open the ~s in the dust तुम्हें धूल में पलकें नहीं खोलनी चाहिएँ

lie लाइ **I.** *v.i.* (lying, lied) **1.** झूठ बोलना : to ~ is to say smth that is not true ≈ का अर्थ है कुछ कहना जो सत्य नहीं है; she is lying about the facts वह तथ्यों के बारे में झूठ बोल रही है; you ~d to me yesterday तुमने कल मुझसे झूठ बोला. **2.** (lay, lain, lying) लेटना, लेट जाना, पड़ा रहना : to ~ on a couch पलंग पर लेट जाना; they all lay down in the hall वे सभी हाल में लेट गए; on Sundays I keep lying in bed till 9 o'clock रविवार को मैं 9 बजे बिस्तर पर लेटा रहता हूँ; your pen ~s on the desk तुम्हारा पेन डेस्क पर पड़ा है; it lay waste बरबाद पड़ा था. Δ **let sleeping dogs** ~ गड़े मुर्दे न

उखाड़ें; **to ~ in state** दर्शनार्थ पड़ा या रखा होना. **3.** होना : to ~ in ruins खंडहर हो जाना; it does not ~ in my power ये मेरी शक्ति^{F} में नहीं है; his trouble ~s in the lungs उसका कष्ट फेफड़ों में है; Ireland lies west of England आयरलैण्ड इंग्लैण्ड के पश्चिम में है; London ~s on the Thames लंदन टेम्स नदी^{F} के किनारे (स्थित) है; the town ~s two miles south of the river शहर नदी^{F} से दो मील दक्षिण में (स्थित) है; the pen ~s on the desk पेन डेस्क पर है; the house ~s in the village मकान गाँव में स्थित है; the difference ~s in this अंतर इस बात^{F} में है. Δ **as far as it ~s in** me जहाँ तक मेरे लिए संभव है, जहाँ तक मेरे बस में है; Δ **~ about** बिखरा होना : papers are lying about कागज़ात इधर-उधर बिखरे हैं; **~ down** आराम करना, लेटना : to ~ down in bed बिस्तर में ≈; I won't take it lying down मैं यह चुपचाप सहन नहीं करूँगा; **~ over** स्थगित होना : the motion lay over प्रस्ताव स्थगित रहा. **II.** n^{c}. झूठ : that is a ~ वह झूठ है; he told a ~ वह ≈ बोला; a ~ has no legs to stand ≈ के पाँव नहीं होते; I would not like to listen such ~s मैं इस प्रकार का ≈ सुनना पसंद नहीं करता; she was telling ~s yesterday कल वह ≈ बोल रही थी. Δ **to give smb the ~** किसी को झूठा कहना; **to tell ~s** झूठ बोलना; **to give ~ to a statement** बयान को झूठा ठहराना. [*ant.* truth]

lieu ल्यू n^{u}. स्थान : in ~ of के बदले में : to pay in goods in ~ of money पैसे के बदले माल के रूप में भुगतान करना.

lieut. lieutenant लफ़्टें'नन्ट n^{c}. **1.** लेंफ़्टि-नेन्ट : he is a ~ in the army वह सेना^{F} में ≈ है. **2.** सहायक, उप : ~ governor उपराज्यपाल.

life लाइफ़ n^{uc}. (*pl.* lives) **1.** जीवन [city शहरी, easy आराम का, family पारिवारिक, happy सुखी, high उच्च, long लंबा, miserable दयनीय, pleasant आनंदमय, quiet शांतिपूर्ण, rural ग्रामीण, sad दुःखी]; animal ~ प्राणिजगत; plant ~ पेड़-पौधे, वनस्पतियाँ^{F}; your ~ begins when you are born and ends when you die तुम्हारा ≈ शुरू होता है जब तुम पैदा होते हो तथा समाप्त होता है जब तुम मरते हो; he spent the rest of his ~ in Paris उसने अपना शेष ≈ पेरिस में बिताया; to be in prime of his ~ युवावस्था में होना; the ~ is short and art is not ≈ थोड़ा है तथा कला^{F} बहुत; to lead a good ~ अच्छा ≈ व्यतीत करना; he led a quiet ~ उसने शांतिपूर्ण ≈ व्यतीत किया; it is a question of ~ and death यह तो ≈- मरण का प्रश्न है; the description was true to ~ वर्णन यथातथ्य था. [*ant.* death] **in one's ~** जीवन-काल में : I have never seen London in my ~ मैंने अपने ≈ कभी लंदन नहीं देखा. **2.** जीवनवृत्त : he wrote a ~ of Nelson उसने नेल्सन का ≈ लिखा; he is reading the ~ of Swami Dayanand वह स्वामी दयानंद का ≈ पढ़ रहा है. **3.** जान^{F} : he risked his ~ उसने अपनी ≈ को जोखिम में डाल दिया; he saved his ~ उसने उसकी ≈ बचा ली; to sacrifice one's ~ अपने प्राणों का बलिदान करना. Δ **to bring to ~** पुनर्जीवित करना : she fainted and was brought to ~ वह मूर्च्छित हुई और उसे पुनर्जीवित किया गया; **to come to ~** पुनर्जीवित हो जाना : he swooned but came to ~ after an hour वह मूर्च्छित हुआ लेकिन एक घंटे बाद होश में आ गया; **take one's own ~** आत्महत्या करना; **take smb's ~** मार डालना. **4.** (vigour) स्फूर्ति^{F} : the children are full of ~ बच्चों में ≈ भरी है. (comb.) **~ belt** रक्षा पेटी^{F}; **~ blood** जीवन आधार : the son is the ~ blood of the family बेटा परिवार का ≈ होता है; **~ boat** n^{c}. रक्षा-नौका^{F}; **~ history** जीवनवृत्त : the doctor wanted to know the ~ history of the patient डॉक्टर रोगी का ≈ जानना चाहता था; **~ instinct** जिजीविषा^{F} : every living being has a ~ instinct हर प्राणी में ≈ होती है; **~ insurance** जीवन-बीमा; **~ less** *a.* **1.** निर्जीव, निष्प्राण : the explorers found their comrade's ~ body and burried it अन्वेषकों ने अपने साथी का ≈ शरीर पाया और उसे गाड़ दिया. **2.** (dull) नीरस : the orchestra gave a ~ performance of the music आर्केस्ट्रा ने संगीत का ≈ प्रदर्शन किया; **~ like** जीता-जागता, जीवंत; **~ long** *a.*

जीवन भर का, आजीवन [friendship मित्रता[F], prosperity समृद्धता]; education is a ~ process शिक्षा[F] आजीवन चलने वाली प्रक्रिया[F] है; **~saving** प्राणरक्षक[F]; **~sentence** प्राणदंड; **~size** पूरे कद का; **~time** *n*[u]. जीवन काल : this watch will last you a ~ यह घड़ी तुम्हारे ≈ तक चलेगी.

lift लिफ़्ट **I.** *v.t.* **1.** उठाना [carefully सावधानी[F] से, easily आसानी[F] से, lightly धीरे से, with difficulty कठिनाई[F] से]; two men cannot ~ the trunk दो व्यक्ति ट्रंक को नहीं उठा सकते; he ~ed his head up उसने अपना सिर ऊपर उठाया; she never ~ed her hand to help him उसने उसकी सहायता[F] के लिए कभी अपना हाथ नहीं उठाया; to ~ one's hand against smb किसी पर हाथ से प्रहार करना; to ~ goods into a van वैन में सामान उठाकर रखना; to ~ smth heavy कोई भारी चीज़ उठाना. **2.** चुराना, उठा ले जाना : to ~ a purse बटुआ उठाना; they ~ cattle वे मवेशियों की चोरी[F] कर ले जाते हैं; Mr. V ~ed a page from a library book श्री वी ने ग्रंथागार की एक पुस्तक[F] से पन्ना उड़ा/चुरा लिया. **3.** हटाना : to ~ ban, control प्रतिबंध, नियंत्रण हटाना. **4.** *v.i.* छँट जाना : the clouds have ~ed बादल छँट गए हैं. **II.** *n*[c]. **1.** लिफ़्ट : I went up the fourth floor by a ~ मैं चौथी मंज़िल[F] पर एक ≈ से चढ़ गया. **2.** सवारी देना : a gentleman in a passing car gave me a ~ जाते हुए कार वाले एक सज्जन मुझे गाड़ी[F] में ले चले. **3.** (rising) उठान[F], उन्नति[F] : I received a ~ in my grade मुझे अपने दर्जे में ≈ मिली.

light लाइट **I.** *n*[u]. प्रकाश, रोशनी[F] [blue नीला, bright चमकीला, dazzling चौंधियाने वाला, dim धुँधला, insufficient अपर्याप्त]; when it is day-~ we can see things जब दिन का प्रकाश रहता है तब हम वस्तुओं को देख सकते हैं; we cannot see without ~ बिना ≈ के हम नहीं देख सकते; to throw ~ on a subject किसी विषय पर ≈ डालना; you cannot read in the ~ of the moon तुम चंद्रमा के प्रकाश में पढ़ नहीं सकते; do not work in such a poor, bad ~ इतने कम/मंद प्रकाश में काम मत करो. [*ant.* darkness] Δ **to bring to ~** प्रकाश में लाना, प्रकट करना : to bring facts to ~ तथ्य ≈; **to come to ~** प्रकाश में आना, प्रकट होना; **to see the ~** ज्ञान, समझ होना. **moon-~** चाँदनी[F]; **sun-~** धूप. **II.** *n*[c]. **1.** (lamp) बत्ती[F] : please put the ~ on the table कृपया बत्ती[F] मेज़ पर रख दें; all the ~s went out सब बत्तियाँ बुझ गईं; he burns the ~ at about six o'clock वह लगभग छह बजे बत्ती जलाता है; festivals of ~ दीपावली[F]; green ~ हरी ≈; red ~ लाल ≈. **2.** (match) दियासलाई[F] : if you have a ~, light the lamp यदि तुम्हारे पास ≈ हो तो लैम्प जलाओ; to strike a ~ ≈ जलाना; to put a ~ to waste papers रद्दी कागज़ जला देना. **3.** मार्गदर्शक : a leading ~ in the medical world औषधिजगत् में अग्र ≈. **4.** (aspect) दृष्टिकोण : you should look at it in this ~ तुम्हें इसे इस ≈ से देखना चाहिए; to think according to own ours ~ अपने ≈ के अनुसार विचार करना. **III.** *a.* (lighter, lightest) **1.** प्रकाशमय, रोशन [eyes आँखें[F], room कमरा] **2.** हल्का : [box संदूक, burden बोझ, food खाद्य पदार्थ, material पदार्थ, punishment दंड, touch स्पर्श, weight वज़न, work काम]; she is as ~ as a feather वह इतनी हल्की है जितना कि पंख; it is not a ~ work यह ≈/आसान काम नहीं है; ~red is pink ≈ लाल गुलाबी होता है; parcel is so ~ that a baby can lift it पार्सल इतना ≈ है कि बच्चा भी इसे उठा सकता है. [*ant.* heavy] Δ **to make ~ of smth** किसी चीज़[F] को मामूली/तुच्छ समझना. **3.** (in other contexts) **~ breeze** मंद समीर; **~hearted** प्रसन्नचित्त; **~ mind** गंभीर विचार; **~ sleep** कच्ची नींद. **IV.** *v.t.* *(p. & p.p.* lighted/lit) **1.** जलाना : if you ~ a lamp, you can see in the night यदि तुम लैम्प जलाओ तो रात[F] में देख सकते हो; to ~ a fire आग[F] जलाना. **2.** रोशन/आलोकित करना : he ~ed the whole world by his character उसने अपने चरित्र से पूरे संसार को आलोकित किया; the room was ~ed (up) कमरा आलोकित हो गया. **V.** *v.i.* जलना : candle is ~ing मोमबत्ती[F] जल रही है. **VI.** *adv.* I always travel ~ मैं सदा हल्का/थोड़ा सामान

लेकर यात्रा[F] करता हूँ. **lighten** लाइ'टन **I.** *v.t.* प्रदीप्त करना, आलोकित करना : you can ~ the room by drawing the curtain or by switching on the light तुम कमरे को प्रदीप्त कर सकते हो, या तो परदा हटाकर या बटन दबाकर. **2.** हल्का करना : to ~ a horse's load घोड़े के बोझ को कम करना; I took some of the parcel's from Tom to ~ his load मैंने टाम का भार हल्का करने के लिए कुछ पार्सल ले लिए. **II.** *v.i.* **1.** आलोकित होना : the sky ~ed at dawn आकाश प्रभात में आलोकित हो गया. **2.** चमकना : her face ~s उसका चेहरा चमकता है. [*ant.* darken] **lighter** लाइ'टर *n*[c]. लाइटर, आग जलाने का यंत्र : cigarette ~ सिगरेट ≈; gas ~ गैस ≈; please lend me your ~ कृपया, ज़रा अपना ≈ दें. ~ **house** *n*[c]. प्रकाशगृह, दीप-स्तंभ, प्रकाश-स्तंभ : there is a ~ on a rock in the sea समुद्र में एक चट्टान[F] पर ≈ है. **lightly** लाइ'टलि *adv.* **1.** धीरे-से, हल्के-से : touch it ~ इसे हल्का-सा छुओ; she smiled ~ वह हल्के-से मुस्काई; if you tread ~ your footsteps will not be heard यदि तुम धीरे-से चलो तो पदचाप सुनाई न देंगे. **2.** फुर्ती[F] से : ~ come and ~ go ≈ आओ और ≈ जाओ. **3.** मामूली समझकर : you cannot dismiss the matter ~ तुम मामले को ≈ टाल नहीं सकते. **4.** he sleeps ~ वह कच्ची नींद सोता है. **lightning** लाइट्'निङ्ग *n*[u]. बिजली, तड़ित् : the tree was struck by ~ वृक्ष ≈ से मर गया; during the storm, flashes of ~ appeared in the sky आँधी[F] के दौरान ≈ की चकाचौंध/कौंध[F] आकाश में दिखाई देती है; the news spread like ~ समाचार ≈ की तरह फैल गया; she is afraid of ~ वह ≈ से भयभीत है; with the speed of ~ बिजली की सी तेज़ी के साथ. ~ **strike** तत्काल हड़ताल[F].

like लाइक **I.** *v.t.* पसंद करना, चाहना : I ~ sweets मैं मिठाई[F] पसंद करता हूँ; I ~ this boy very much मैं इस लड़के को बहुत पसंद करता हूँ, मुझे यह लड़का बहुत पसंद है; I ~ to see a good play मैं एक अच्छा खेल देखना चाहता हूँ; I like dancing too मैं नाचना भी पसंद करता हूँ; do just what you ~ वही करो जो तुम चाहते हो; I would ~ to stay at home मैं घर पर रुकना पसंद करूँगा; he began liking her more and more वह उसे अधिकाधिक चाहने लग गया; she ~d singing most of all वह गाना सबसे ज़्यादा पसंद करती थी; I ~ this house मुझे यह घर पसंद है; he ~s to be praised very much अपनी प्रशंसा उसे बेहद पसंद है. [*ant.* detest, dis~] **II.** *n*[c]. **1.** पसंद : you never know his ~ तुम उसकी ≈ कभी नहीं जान पाते; ~s and dislikes ≈ और नापसंद बातें. **2.** उस जैसा व्यक्ति या पदार्थ : I have not seen the ~ of him/it मैंने उस जैसा कभी कोई नहीं देखा. **3.** आदि : sciences as Physics, Geology, Botany and the ~ विज्ञान जैसे भौतिकी, भूविज्ञान, वनस्पति विज्ञान, आदि. **III.** *a.***1.** सदृश, जैसा, समान : he is ~ his brother वह अपने भाई जैसा है; he looks ~ a giant वह बड़ा भीमकाय-सा लगता है; I cannot sing ~ you मैं तुम्हारी तरह गा नहीं सकता; she swims ~ a fish वह मछली[F] की तरह तैरती है; they were behaving ~ children वे बच्चों की तरह व्यवहार कर रहे थे; she looks ~ her mother वह अपनी माँ जैसी लगती है; the cloth slooks ~ silk कपड़ा सिल्क जैसा लगता है; I wish I could act ~ Raj मैं चाहता हूँ कि राज की तरह अभिनय कर सकूँ; in ~ manner इसी तरह. [*ant.* un~] Δ ~ **father** ~ **son** जैसा बाप वैसा बेटा. **2.** अनुरूप : it was ~ him to keep silent चुप रह जाना उसके ≈ था. **3.** तरह[F] : he works ~ a horse वह घोड़े की ≈ काम करता है. **IV.** *adv., prep.* I feel ~ going मुझे जाने की इच्छा[F] हो रही है; it looks ~ raining लगता है वर्षा होगी; he ran ~ anything वह बहुत तेज़ दौड़ा; do not talk ~ this इस तरह बातें[F] मत करो. **V.** *conj.* जैसा कि : he writes English ~ I do वह अंग्रेजी इस तरह लिखता है जैसे मैं. **likely** लाइक्'लि **I.** *adv.* संभवत:, संभाव्यत: : it is ~ to rain today संभवत: आज वर्षा[F] होने वाली है; the train is ~ to arrive any time गाड़ी ≈ किसी समय पहुँच सकती है; it is not ~ to happen इसके घटित होने की संभाव्यता[F] नहीं है; he is not ~ to come संभवत: वह न आए; very ~ they won't come बहुत संभव है कि वे न आएँ; he will most ~ refuse

अधिक संभावना है कि वह इंकार कर देगा. **II.** *a.* **1.** संभावनीय, बहुत संभव, संभाव्य [aim उद्देश्य, destination गंतव्य, story कहानी]; a ~ cause of misunderstanding ग़लतफ़हमी^F का संभावित कारण. **2.** (suitable) उपयुक्त : a ~ place for flowers फूलों के लिए ≈ स्थान; a ~ reply was given एक ≈ उत्तर दिया गया था; this seems to be most natural and ~ यह सबसे अधिक स्वाभाविक और ≈ लगता है. **3.** (promising) होनहार [boy लड़का, plant पौधा]; a ~ candidate is one whom we expect to be successful एक ≈ उम्मीदवार वह है जिससे हम सफल होने की आशा^F करते हैं. **4.** (hopeful) आशाजनक [events घटनाएँ, production उत्पादन, result परिणाम]. [*n.* likelihood]. **likeness** लाइक्'निस *n*^c. **1.** साम्य, समानता^F [I see no ~ between the chalk and cheese मुझे चाक और पनीर में कोई समानता^F नहीं दिखाई देती]. **2.** (shape) रूप : an enemy in the ~ of a friend शत्रु एक मित्र के ≈ में. **likewise** लाइक्'वाइस *adv.* उसी तरह, उसी प्रकार : Hari fell over the rope and Jim did ~ हरी रस्सी पर से गिर पड़ा और जिम भी उसी तरह गिरा. **liking** लाइ'किङ्ग *n*^c. रुचि^F, पसंद^F : I have no ~ for flattery मुझे चापलूसी^F पसंद नहीं है; this is the drink to your ~ यह है पेय तुम्हारी पसंद का; John has a ~ for adventurous stories जॉन की साहसिक कहानियों^F के प्रति रुचि है.

-like *suff.* child ~, lady ~, owl ~, sportsman ~.

lily लि'लि *n*^c. कुमुदिनी^F : the ~ of the valleys is small घाटियों में ≈ छोटी है; ~ is an emblem of chastity in Christian art ईसाई कला^F में ≈ सतीत्व/पवित्रता^F का प्रतीक है; ~ is of white, reddish or purplish colour ≈ सफ़ेद, कुछ लाल अथवा बैंगनी जैसे रंग की होती है.

limb लिम्ब *n*^c. **1.** अंग : ~s of human body मानव शरीर के ≈. **2.** (branch) शाखा^F [lower निचली, upper ऊपरली]; the ~s of the tree are very heavy वृक्ष की शाखाएँ^F बहुत भारी हैं.

lime लाइम **I.** *n*^u. **1.** चूना : quick ~ अनबुझा ≈; slaked ~ बुझा हुआ ≈; ~ kiln चूने की भट्ठी^F; ~ wash पुताई^F, सफ़ेदी^F : ~ is mixed with sand to make mortar चूने का बालू से मिश्रण करके गारा (मसाला) बनाया जाता है. **2.** (fruit) नीबू : ~ is a bit sour ≈ कुछ खट्टा होता है. **3.** (bird ~) लासा : bird ~ is used to trap birds पक्षियों को फँसाने के लिए ≈ का इस्तेमाल किया जाता है. **II.** *v.t.* फँसाना : to ~ birds चिड़ियाँ फँसाना. ~ **light** प्रचार : to bring to ~ light प्रचारित करना; to be in the ~ प्रचारित होना.

limit लि'मिट **I.** *n*^c. सीमा^F : time ~ समय ≈; there is a ~ to my patience मेरे धैर्य की ≈ है; the ~s of the town शहर की सीमाएँ^F; there is a speed ~ of 30 k.m. p.h. in streets सड़कों में गति सीमा^F 30 कि.मी. प्रति घंटा है; the ~ of endurance सहनशीलता^F की ≈; he drives his vehicle beyond ~ वह अपनी गाड़ी^F ≈ लाँघकर चलाता है; there is a ~ to everything हर चीज़ की हद^F होती है; we must set a ~ to our expenses हमें अपने खर्च की एक ≈ निर्धारित करनी चाहिए; within ~s ≈ के अंदर; without ~ असीम, बेहद; that's the ~! हद^F हो गई ! **II.** *v.t.* सीमित करना, सीमाबद्ध करना : we do not want to ~ you in any way हम तुम्हें किसी भी रूप में सीमाबद्ध नहीं करना चाहते. **limitation** लिमिटे'शन *n*^c. सीमा^F : ~ of liability दायित्व की सीमा; I have my own ~s मेरी अपनी सीमाएँ/मजबूरियाँ हैं. **limited** लि'मिटिड *a.* (परि) सीमित, मर्यादित [accomodation स्थान, edition संस्करण, interest हित, monarchy राजतंत्र]; the time is ~ समय सीमित है; my speech was ~ to ten minutes मेरा व्याख्यान दस मिनट के लिए सीमित था; ~ space for the movement हिलने-डुलने के लिए सीमित स्थान; his power is ~ उसकी शक्ति^F परिमित है. **limitless** लि'मिटलस *a.* बेहद, असीम : ~ questions ≈ प्रश्न; ~ lines ≈ रेखाएँ.

limp लिम्प **I.** *a.* **1.** ढीला, शिथिल : the leaves of the plant became ~ पौधे के पत्ते ढीले हो गए; a sickman's body is loose and ~ रोगी व्यक्ति का शरीर ढीला और शिथिल है. **2.** (soft & weak) नरम : ~ binding ≈ जिल्द^F; this book has a ~ cover इस

किताब का आवरण ≈ है. **II.** *n*ᵘ. लँगड़ी चाल^F, लंगड़ापन : he walks with a ~ वह लँगड़ाकर चलता है. **III.** *v.t.* लँगड़ाना : he walks ~ing वह लँगड़ाते हुए चलता है; to ~ along धीरे-धीरे लँगड़ाते चलना.

line लाइन **I.** *n*^{c}. **1.** रेखा^{F}, लकीर^F [crooked टेढ़ी, long लंबी, straight सीधी, wavy लहरदार]; ~ of fortune भाग्य-≈; to draw a straight ~ एक सीधी ≈ खींचना; write your name on this ~ इस ≈ पर अपना नाम लिखो. **2.** (row) कतार^F, पंक्ति^{F} : a ~ of scouts बालचरों की ≈; they stand in a ~ वे एक ≈ में खड़े हैं; there are hundred men in a ~ एक ≈ में सौ व्यक्ति हैं; please drop me a ~ कृपया मुझे अवश्य लिखिएगा; the sixth ~ from the top चोटी^{F}/सिरे से छठी ≈. Δ **to read between the ~s** लाक्षणिक अर्थ निकालना. **3.** (border) सीमा^{F}, सीमा-रेखा^{F} : the sea ~ goes for many miles समुद्री ≈ कई मीलों तक जाती है; you have to draw the ~ somewhere तुम्हें कहीं तो ≈ खींचनी पड़ेगी. **4.** (wire) तार : electric ~ बिजली^{F} का ≈; overhead ~ उपरला ≈; ~ man तार मिस्त्री; the ~ is busy now (टेलीफ़ोन) तार अभी रुका है. **5.** ~s on the face चेहरे पर की झुर्रियाँ^{F}. **6.** (direction) दिशा^{F} : ~ of action कार्रवाई^F की ≈; please give me the ~ of approach कृपया मुझे (पहुँच की) दिशा बताइए. **7.** (trade) व्यवसाय, धंधा [main मुख्य, subsidiary गौण]; what is your ~ तुम्हारा क्या ≈ है? give up that ~, that is not profitable for you वह पेशा छोड़ दो, जो तुम्हारे लिए लाभप्रद नहीं है; book publishing is his ~ पुस्तक-प्रकाशन उसका ≈ है. Δ **to be in ~ with** किसी के अनुरूप होना; **to bring smb/smth into ~ with** किसी व्यक्ति/वस्तु^{F} को एक श्रेणी^{F} में ला देना; to come/fall into ~ with सहमत होना. **8.** (lineage) वंश क्रम : to which ~ are you related तुम किस वंश से संबंधित हो? he comes of a ~ of novelists वह उपन्यासकारों के ≈ से है. **9.** (course) पद्धति^{F}, प्रणाली^{F} : ~ of action कार्य ≈; ~ of thinking विचार ≈. **10.** (*misc.* in contexts) all along the ~ सर्वत्र, सब जगह^F; air ~ हवाई कंपनी; Civil Lines (अफसरों के) बंगलों का मुहल्ला; front ~ मोर्चा; railway ~ रेल की पटरी^{F}; that is not in my ~ मुझे इसमें कोई रुचि^{F} नहीं है. **II.** *v.t.* **1.** पंक्तिबद्ध करना, कतार^F में खड़ा करना : to ~ up the boys लड़कों को ≈; the street was ~d with people गली लोगों से भरी थी. **2.** पंक्ति^{F} बनाना : the trees ~ the road सड़क^F पर पेड़ों की पंक्ति बनी है. we ~ed (up) to buy kerosene oil हम मिट्टी का तेल खरीदने के लिए पंक्ति में (बनाकर) खड़े थे. **3.** अस्तर लगाना : the coat was ~d with silk कोट में सिल्क का अस्तर लगाया गया था.

linen लि'निन *a.* + *n.* **1.** सन, सन का कपड़ा [dirty गंदा, sheet चादर, tablecloth मेज़पोश]. **2.** गंदा कपड़ा. Δ **to wash one's dirty ~ in public** अपने झगड़े लोगों को सुनाना.

-ling *suff.* (dim.) छोटा : duckling, hireling, princeling, sapling, deeling.

Ling. Linguistics.

linger लिङ्'गर *v.t.* **1.** देर तक ठहरना : he ~ed at home वह घर पर देर तक ठहरा रहा. **2.** (delay) देर लगाना, विलंब करना : the boy was ~ing along to the school लड़का स्कूल जाते देर कर रहा था; a train seems to ~ on the way रेलगाड़ी रास्ते में देर तक ठहरी मालूम देती है; though John has said goodbye, he still ~s about the place unwilling to go यद्यपि जॉन ने विदाई^F का नमस्कार किया, फिर भी वह जाने के लिए अनिच्छुक था और विलंब कर रहा है. Δ ~ **behind** पीछे रह जाना; ~ **over a job** काम धीरे-धीरे करना; ~ **round a place** किसी जगह पर मँडराना.

linguist लिङ्'ग्विस्ट *n*^{c}. भाषाविद्, भाषा-विज्ञानी [famous प्रसिद्ध, renowned जाने-माने]; Prof. K is a good ~ प्रो. क अच्छे ≈ हैं. **linguistic** लिङ्'ग्विस्'टिक *a.* **1.** भाषायी, भाषागत : ~ form ≈ रूप; ~ classification ≈ वर्गीकरण. **2.** भाषा वैज्ञानिक : ~ studies ≈ अध्ययन.

lining लाइ'निङ्ग *n*^{c}. अस्तर : silk ~ रेशमी ≈; the ~ of the coat is thin कोट का ≈ पतला है.

link लिङ्क **I.** *n*^{c}. **1.** (of chain) कड़ी^{F} : missing

~ लुप्त ≈; each ~ that makes up a chain is equally important प्रत्येक कड़ी जिससे ज़ंजीर^F बनती है, समान रूप से महत्वपूर्ण होती है. **2.** (contact) संपर्क : ~ language ≈ भाषा^F; there is no ~ between the branches of the bank बैंक की शाखाओं^F के बीच में कोई ≈ नहीं है. **3.** (connection) संबंध : ~ of friendship between them is not strong उनके बीच में मित्रता^F का ≈ मज़बूत नहीं है; a ~ with the past अतीत से ≈. **II.** *v.t.* जोड़ देना, मिला देना : to ~ hands to make a circle घेरा बनाने के लिए हाथ मिलाना; to ~ one's arm in a friend's arm मित्र की बाँह में अपनी बाँह डालना. **III.** *v.t.* जोड़ना : the two towns were ~ed by the railway दो शहर रेल द्वारा जुड़े थे.

linoleum लिनो'लिअम *n.* लिनोलिअम : we have a ~ spread in our sitting room हमारी बैठक में ≈ बिछा है.

lion लाइ'अन *n*^c. सिंह, शेर [furious उन्मत्त, irritated चिढ़ा हुआ]; he is as bold as a ~ वह उतना दिलेर है जितना कि ≈; he fought like a ~ वह शेर की तरह^F लड़ा; ~ is called the king of the beasts, forest ≈ को मृगराज, वनराज कहा जाता है; a ~ roars ≈ दहाड़ता है; he showed us a ~ in the zoo उसने हमें चिड़ियाघर के एक ≈ दिखाया; to hunt a ~ ≈ का शिकार करना. Δ **~'s mouth** खतरनाक जगह; ~'s share बड़ा हिस्सा; **to twist the ~'s tail** बड़े आदमी का अपमान करना. [*fem.* lioness]

lip लिप *n*^c. **1.** ओठ, होठ [lower निचला, rosy गुलाबी, tender कोमल, thin पतला, upper ऊपरी]; trembling ~s काँपते हुए ≈; dry ~s शुष्क ≈; her ~s were blue with cold उसके ≈ ठंड^F से नीले पड़ गए थे; her name is on everybody's lips उसका नाम सभी लोगों के ओठों पर (ज़बान पर) है; she never opens her ~s वह अपने ≈ नहीं खोलती (चुप रहती है) . **2.** (of tool) धार^F : the ~s of the knife चाकू की धार. ~ service दिखावटी सहानुभूति^F. Δ **to bit one's ~s** ओठ चबाना; **an abuse escaped my ~s** मेरे मुँह से गाली^F निकल गई; lick/smack one's ~s चटखारे लेना : he eats sweets licking his ~ वह चटखारे लेकर मिठाई खाता है; **none of your ~s** बक-बक मत करो.

liquid लि'क्विड **I.** *n*^c. तरल पदार्थ, द्रव [boiled उबला हुआ, hot गर्म, transparent पारदर्शक]; a drug in the form of ~ द्रव के रूप में दवा; he poured the ~ into a glass उसने ≈ को एक गिलास में उंड़ेला; to dilute the ~ ≈ (में कुछ) मिलाकर पतला करना; if you melt butter, it becomes ~ यदि तुम मक्खन को पिघलाओ तो यह ≈ बन जाता है; oil, milk, water, etc. are ~s तेल, दूध, पानी इत्यादि ≈ हैं. [*ant.* solid] **II.** *a.* **1.** (clear) स्वच्छ [eyes आँखें, sky आकाश]; you must breathe ~ air तुम्हें ≈ वायु का सेवन करना चाहिए. **2.** (smooth) तरल, प्रवाहमय : ~ tones of his voice उसके स्वर की ≈ ध्वनि^F. **3.** (unstable) तरल, अस्थिर : his opinion on this question is in a ~ state इस प्रश्न पर उसका मत ≈ स्थिति^F में है. **4.** (money) नकद, तरल : ~ assets ≈ परिसंपत्ति^F; ~ securities प्रतिभूतियाँ^F. **liquidate** लि'क्विडेट *v.t.* **1.** (wind up) परिसमाप्त करना : ~ one's assets entirely अपनी परिसंपत्ति^F को पूरी तरह ≈. **2.** (settle) तय करना : to ~ the affairs of a bankrupt company दिवालिया कंपनी के मामले ≈; the company was ~d कंपनी^F बंद हो गई. **3.** (pay) चुकाना : he has to ~ his debts at last आख़िर उसे अपना कर्ज़ चुकाना है. **4.** (kill) मार डालना : to ~ the enemy शत्रु को ≈.

liquor लि'कर *n*^u. शराब^F, मद्य : he drinks ~ very much वह बहुत शराब पीता है; to be in ~ ≈ के नशे में होना. ~ **gang** मद्यप टोली^F.

lisp लिस्प **I.** *v.i.* तुतलाना : little children ~ in the beginning छोटे बच्चे शुरू-शुरू में तुतलाते हैं; people who ~ use the sound 'th' instead of 's' लोग जो तुतलाते हैं वे 'स' की बजाय 'थ' ध्वनि बोलते हैं. **II.** *n*^c. तुतलाहट^F, तोतली बोली^F : I like the ~ of children very much मुझे बच्चों की ≈ बहुत पसंद है; this boy speaks with a ~ यह लड़का तुतलाकर बोलता है.

list लिस्ट **I.** n^c. **1.** सूची^{F}, तालिका^{F}, फ़ेहरिस्त^F [alphabetical वर्णमाला के अनुसार, अक्षर क्रम से, complete पूर्ण, long लंबी]; short ~ उम्मीदवारों की अंतिम ≈; ~ of business कार्य ≈; ~ of contents विषय ≈; a ~ of names of things and their prices वस्तुओं^{F} के नामों और मूल्यों की ≈; see the ~ of students छात्रों की ≈ देखो; a ~ of selected candidates चुने गए उम्मीदवारों की ≈. ~ **price** ≈ कीमत^F; **price** ~ मूल्य ≈. **2.** (cloth border) किनारी^{F} : the ~ of the cloth is not smooth इस कपड़े की ≈ साफ नहीं है. **II.** *v.t.* सूचीबद्ध करना, सूची बनाना : these items are ~ed as household articles घरेलू चीजों^{F} के रूप में ये मदें सूची में लिखी हैं.

listen लि'सन *v.i.* (कान लगाकर) सुनना, कान देना : ~ सुनिए; I often ~ to news on radio मैं प्रायः रेडियो पर समाचार सुनता हूँ; we ~ed the President's speech हमने राष्ट्रपति का भाषण ध्यान लगाकर सुना; God ~ed his prayers भगवान ने उसकी प्रार्थना सुनी; ~ **to** the music संगीत ध्यान से सुनो; he won't ~ **to** me वह मेरी बात^F नहीं सुनेगा; he had ~ed to your advice उसने तुम्हारी सलाह^F पर ध्यान दिया; I see that she was not ~ing मैं जानता हूँ कि वह नहीं सुन रही थी. Δ ~ **for** सुनने की प्रतीक्षा^{F} करना : we ~ed for the foot step in the hall हमने हाल में पदचाप सुनने की प्रतीक्षा^{F} की; I ~ **in** to the radio every night मैं प्रत्येक रात्रि^{F} को रेडियो प्रोग्राम सुनता हूँ; to ~ in to the Prime Minister प्रधानमंत्री को रेडियो पर सुनना. **listener** लिस्'नर n^c. श्रोता : ~ research श्रोता-रुचि अनुसंधान; he convinced all his ~s उसने सभी श्रोताओं को आश्वस्त किया; after the programme had been broadcast over the radio one of the ~s complained about it जब प्रोग्राम का प्रसारण रेडियो पर किया गया तो श्रोताओं में से एक ने इसके बारे में शिकायत^F की.

lit. liter, literature.

literacy लि'टरॅसि n^u. साक्षरता^{F} : ~ compaign ≈ अभियान; the percentage of ~ in India is very low भारत में ≈ का प्रतिशत बहुत निम्न है. **literal** लि'टॅरल *a.* **1.** शाब्दिक : a ~ translation of the paragraph पैरा का ≈ अनुवाद; in its ~ sense ~ इसके मूल ~ अर्थ में. **2.** अक्षर का : ~ mistake अक्षर की गलती^{F}. **3.** (prosaic) नीरस : ~ talk ≈ बातचीत^F; ~ programme ≈ कार्यक्रम; a ~ man cannot be an artist एक ≈ व्यक्ति कलाकार नहीं हो सकता. **4.** (unvarnished) यथातथ्य, यथार्थ : you cannot deny it, it is ~ truth तुम इंकार नहीं कर सकते, यह तो ≈ है. **literary** लि'टरॅरि *a.* साहित्यिक [career जीवन, essay निबंध, history इतिहास, man व्यक्ति, studies अध्ययन, success सफलता^{F}]; ~ idiom ≈ मुहावरा; ~ reputation ≈ ख्याति^{F}; to found a ~ club ≈ क्लब की स्थापना^{F} करना; to be a man of ~ fame ≈ प्रसिद्धि^{F} का व्यक्ति होना. **literate** लि'टरिट *a.* शिक्षित, साक्षर [public जनता^{F}, woman स्त्री, world संसार]. [*ant.* illiterate] **literature** लि'टरॅचर n^{cu}. साहित्य [classical शास्त्रीय, contemporary समकालीन, foreign विदेशी, Hindi हिंदी, Indian भारतीय, national राष्ट्रीय, Russian रूसी, technical तकनीकी]; the history of English ~ अंग्रेजी साहित्य का इतिहास; a famous character in ~ साहित्य में एक प्रसिद्ध पात्र/चरित्र; in our lessons on ~ we study Shakespeare's plays and stories of Dickens साहित्य के अपने पाठों में हम शैक्सपियर के नाटकों और डिकेन्स की कहानियों का अध्ययन करते हैं; describe the development of Hindi ~ हिंदी साहित्य के विकास का वर्णन करो.

litigant लि'टिगन्ट n^c. वादकारी, मुकदमेबाज़ : Mr. M is the ~ in this case इस मामले में मि. एम. ≈ है. **litigation** लिटिगे'शन n^u. मुकदमेबाज़ी : avoid ~ ≈ से दूर रहो.

litre ली'टर n^c. लीटर : his bucket contains five ~s of water उसकी बाल्टी^{F} में पाँच ≈ पानी आता है.

litter लि'टर **I.** n^c. **1.** पालकी^{F}, डोला : the bride was carried in a ~ दुल्हन को ≈ में उठाया गया; they carried the Rajah in a ~ वे राजा को ≈ में उठा ले गए, **2.** (rubbish) कूड़ा-कचरा, घास-फूस : a ~ of papers

कागज़ों का कूड़ा-कचरा; put your ~ in the ~bin अपना कूड़ा कूड़ेदान में डालो. **3.** your room is in a ~ तुम्हारा कमरा अस्त-व्यस्त है. **4.** *a.* ~ of kittens बिलौटों का झोल. **5.** (straw bedding) तृणशैया^F, बिछाली^F : ~ for horses घोड़ों की ≈. **II.** *v.t.* (घास, तृण) बिछाना, बिखेरना : to ~ straw for animals जानवरों के लिए घास-फूस ≈; do not ~ rubbish on the road, put it aside सड़क^F पर कूड़ा न बिखेरो, इसे किनारे डालो; your room is ~ed with books तुम्हारे कमरे में किताबें^F बिखरी पड़ी हैं; gardens are ~ed with leaves, straw etc. बागों में पत्ते, फूस आदि बिखरे हैं.

little लि'टल **I.** *a.* (smaller, smallest; less, least) **1.** (in size) छोटा [bird पक्षी, child बच्चा, flower फूल, garden बगीचा, hand हाथ, house मकान, piece टुकड़ा, town कस्बा]; ~ finger कनिष्ठिका^F, कानी या छोटी अंगुली^F; ~ river छोटी नदी^F; I have a ~ box that I can take anywhere मेरे पास एक छोटा-सा बाक्स है, जिसे मैं कहीं भी ले जा सकता हूँ. [*ant.* big] **2.** (in amount) (a ~) थोड़ा : I want a ~ sugar मुझे थोड़ी चीनी^F चाहिए; this cup has a ~ milk in it इस प्याले में ≈ दूध है; I have ~ time मेरे पास बहुत ही ≈ समय है; he has a ~ money उसके पास ≈ पैसा है. **3.** (ordinary) थोड़ा-सा, साधारण [difference अंतर, matter मामला, similarity समानता^F]. **4.** (trivial) तुच्छ : you must not worry, the matter is of ~ importance तुम्हें चिंतित नहीं होना चाहिए, इस मामले का महत्व ≈ है; there is ~ difference नगण्य अंतर है (note little and a little). **5.** ~ **ones** बच्चे : she came here with her ~ ones वह अपने बच्चों के साथ यहाँ आई. **II.** *n*^u. थोड़ा समय : after a ~ थोड़े समय बाद; for a ~ थोड़े समय के लिए, **III.** *adv.* कुछ, थोड़ा-सा : it is a ~ more expensive यह थोड़ा और खर्चीला है; this room should be a ~ wide यह कमरा थोड़ा और चौड़ा होना चाहिए; I want to rest a ~ मैं थोड़ा आराम करना चाहता हूँ; I feel a ~ better मैं थोड़ा अच्छा हूँ; it will take a ~ less time इसमें थोड़ा और कम समय लगेगा; wait a ~ longer थोड़ा और इंतज़ार करो; he eats ~ वह लगभग कुछ नहीं खाता; he was a ~ known person वह कुछ जाना-माना व्यक्ति था; I know ~ about it मैं इसके बारे में एकदम नहीं जानता. (compare 'little' बहुत ही कम, थोड़ा, नगण्य, 'a little' थोड़ा/कम) Δ ~ **by** ~ शनैः शनैः, क्रमशः : ~ by ~ the face of the country began to change ≈ देहात का स्वरूप बदलने लगा; **as** ~ **as** इतना कम जितना कि : he likes me as ~ as I like him वह मुझे उतना कम चाहता है जितना कम मैं उसे चाहता हूँ.

live लिव़ **I.** *v.t.* (living, lived) **1.** जीवित होना, जीना : the doctor said that the patient would ~ डाक्टर ने कहा कि रोगी जीवित (जीता) रहेगा; to ~ a happy life सुखी जीवन जीना; to ~ a quiet life शांतिपूर्ण जीवन जीना; he ~d to the age of eighty वह अस्सी वर्ष की उम्र तक जीवित रहा; ~ and let ~ जियो और जीने दो; not many people ~ to celebrate their centenary अपनी शताब्दी मनाने बहुत लोग नहीं जीते रहते; may you ~ long वर्षों जीते रहो, लंबी उम्र हो. [*ant.* die] **2.** (reside) रहना, निवास करना : we have ~d in London since 1980 हम 1980 से लंदन में रहते हैं; I ~ in that house मैं उस मकान में रहता हूँ; he ~s alone वह अकेला रहता है; where do you ~ तुम कहाँ रहते हो ? I have been living here for three months मैं यहाँ तीन महीने से रह रहा हूँ; I have an uncle who lives in Singapore मेरे एक चाचा हैं जो सिंगापुर में रहते हैं. [*a.* livable] **3.** निर्वाह करना, गुज़र करना : to ~ **by** working काम करके ≈; to ~ on the produce of the land ज़मीन के उत्पाद पर ≈; I can ~ on three hundred rupees a month मैं तीन सौ रुपये महीना पर निर्वाह कर सकता हूँ; poor people do not ~ well गरीब लोग अच्छी तरह निर्वाह नहीं करते. Δ **to** ~ **down** भुला देना : you should ~ down my faults आपको मेरे दोष भुला देने चाहिए; his work will ~ **for** ages उसकी रचनाएँ युग-युग तक बनी रहेंगी; Mr. X has ~**d out his life** श्री क अब भी जीवित हैं; **to** ~ **through a disease** बीमारी^F

सहकर जीता रहना; **to ~ up to one's expectation** आशा^F के अनुरूप जीवन व्यतीत करना; **to ~ up to** one's principles अपने सिद्धांतों के अनुसार जीवन बिताना. **II.** लाइव *a.* **1.** जीवित, ज़िंदा : that is a ~ fish वह जीवित मछली है. **2.** जीवंत : ~ programme broadcast ≈ कार्यक्रम, प्रसारण; ~ question ≈ प्रश्न; ~ problem ≈ समस्या^F. **3.** (electr.) गरम, विद्युत्मय : don't touch it, it is a ~ wire इस तार को मत छुओ, यह ≈ तार है. **4.** (energetic) क्रियाशील : to have ~ mind ≈ मन होना. **5.** भरा, सक्रिय : ~ bomb ≈ बम; ~ cartridge ≈ कारतूस. **6.** ~ coal जलता कोयला. **livelihood** लाइव्'लिहुड *n*^u. आजीविका^F, रोज़ी^F : to make a ~ by farming खेती^F करके ≈ चलाना; a person's ~ is what he does for living एक व्यक्ति की ≈ वह है जो कुछ वह गुज़र-बसर करने के लिए करता है. **lively** लाइव्'लि *a.* **1.** सजीव, सक्रिय, फुर्तीला [description चित्रण, movement आंदोलन]; he seemed well and ~ वह ठीक और ≈ मालूम पड़ा; she was very ~ at the party वह पार्टी में बहुत ही फुर्तीली थी; she gave a ~ account of her trip abroad उसने अपनी विदेश यात्रा का सजीव वर्णन किया. **2.** तेज : he has a ~ mind उसका मन सक्रिय है; children are very ~ बच्चे बहुत फुर्तीले हैं. **3.** (exciting) सजीव, उत्तेजनापूर्ण : they were having a ~ conversation वे उत्तेजनापूर्ण बातचीत^F कर रहे थे; you cannot restrain his ~ feelings तुम उसकी उत्तेजनापूर्ण भावनाओं को नहीं रोक सकते. **4.** (gay) प्रसन्न, उल्लसित [boy लड़का, youth युवा]; the children were very ~ बच्चे बहुत प्रसन्न थे; I feel very ~ today मैं आज बहुत ≈ हूँ. **5.** (of colours) चटकीला, चमकीला : red is a very ~ colour लाल बहुत चमकीला रंग होता है.

liver लि'व़र *n.* कलेजा, जिगर, यकृत : ~ is a very essential part of the body ≈ शरीर का बहुत महत्वपूर्ण अंग है; his ~ is sluggish and he has no appetite उसका ≈ सुस्त है और उसे भूख^F नहीं लगती.

livestock लाइव़'स्टाक *n*^c. पशुधन, मवेशी : they rear ~ on the farm वे फ़ार्म में ≈ पालते हैं; he looks after the ~ of the master वह अपने मालिक के ≈ की देखभाल^F करता है.

living लि'व़िङ्ग **I.** *a.* **1.** जीवित, सप्राण : ~ language ≈ भाषा^F; all ~ creatures are social beings सभी ≈ प्राणी सामाजिक जीव होते हैं; she is the ~ daughter of her mother वह अपने माँ की ≈ पुत्री है; Mr. Smith is still ~ मि. स्मिथ अब भी जीवित हैं; the ~ ज़िंदा लोग. [*ant.* dead] **2.** (vigorous) सक्रिय, जीवंत : ~ example ≈ उदाहरण; he succeeded by his ~ attempts अपने ≈ प्रयासों से वह सफल हो गया. **3.** (of image) जीता-जागता. **4.** निर्वाह-योग्य : ~ wage ≈ मज़दूरी^F; ~ allowance जीवन-निर्वाह भत्ता; cost of ~ निर्वाह का खर्च. **5.** (other contexts) ~ experience प्रत्यक्ष अनुभव; ~ memory जीवित लोगों की याद^F; रहने का : ~ rooms रहने के कमरे. **II.** *n*^u. **1.** जीविका^F, जीवन-निर्वाह : what does your Dad do for ~ तुम्हारे पिता ≈ के लिए क्या करते हैं ? my brother makes or earns his ~ by driving a bus मेरा भाई बस^F चलाकर जीविका कमाता है; farming is my ~ खेती मेरी जीविका है. **2.** जीवन : his ~ is not comfortable उसका ≈ सुखमय नहीं है; plain ~ and high thinking सादा जीवन और उच्च विचार.

lizard लि'ज़र्ड *n*^c. छिपकली^F : a ~ was seen creeping on the wall एक ≈ दीवार^F पर रेंगती दिखाई दी.

LL.B. Bachelor of Laws.

L.O. Labour Office.

lo लो *interj.* देखो : lo! the poor blind beggar देखो ! गरीब अंधा भिखारी. lo and behold देखो और आँख खोलकर देखो !

load लोड **I.** *n*^c. **1.** भार, बोझ [dead अचल, heavy भारी, light हल्का, live चल]; ~ of bricks ईंटों का ≈; he was carrying a ~ of wood वह लकड़ी^F का ≈ ले जा रहा था; the car carries a ~ of ten quintals गाड़ी^F दस कुंतल भार ले जाती है; you cannot lift this ~ तुम यह भार उठा नहीं सकते. **2.** (fig.) ~ of responsibility उत्तरदायित्व का बोझ/भार; to take the ~ off one's mind

किसी के मन का भार हल्का करना. **3.** चिंता[F] (का भार) to have ~ on one's mind मन में ≈ होना. **Δ to shed the ~** भार कम करना. **II.** *v.t.* **1.** लादना : it was ~ed with parcels उसमें पार्सल लदे थे; the labourers had to ~ the lorry with sand मज़दूरों को बालू[F] से लारी भरनी थी. **2.** भरना : to ~ a camera कैमरा में फ़िल्म भरना; to ~ a gun is to put the shell or cartridge into it बंदूक ≈ इसमें सेल या कारतूस भरना है; my stomach is ~ed with food पेट खाने से भरा है. **3.** (fig.) to ~ smb with praises किसी की प्रशंसा[F] की भरमार कर देना. **~stone** *n*[c]. चुंबक पत्थर : the ~ stone contains iron which is magnetic ≈ में चुंबकीय लोहा होता है.

loaf लोफ़ **I.** *n*[c]. (*pl.* loaves) पावरोटी[F], डबलरोटी[F] : buy a ~ of bread for your tea चाय[F] के लिए ≈ खरीद लो; she has two loaves of bread उसके पास दो डबलरोटियाँ हैं. **II.** *v.i.* **1.** आवारागर्दी[F] करना, आवारा फिरना : to ~ about is to loiter around, doing nothing आवारागर्दी करना, कुछ न करते हुए इधर-उधर घूमना-फिरना; he ~s about all the day वह दिनभर आवारागर्दी करता है. **2.** to ~ around the shop दुकान के इधर-उधर चक्कर लगाना; to ~ time away बेकारी[F] में समय नष्ट करना. **loafer** लो'फ़र *n*[c]. आवारागर्द : his brother is a ~, he is not a good man उसका भाई ≈ है, अच्छा आदमी नहीं है.

loan लोन **I.** *n*[c]. उधार, मंगनी[F], कर्ज़, ऋण [current चालू, international अंतर्राष्ट्रीय, national राष्ट्रीय]; short ~ अल्पकालीन ≈; this book is a ~ from a friend यह किताब[F] एक मित्र से उधार ली है; a ~ of Rs. 500 at five percent interest पाँच प्रतिशत ब्याज पर पाँच सौ रुपए का कर्ज़; it seems that he cannot pay up his ~ ऐसा मालूम पड़ता है कि वह अपना कर्ज़ नहीं चुका सकता; we got a bicycle on ~ हमने मंगनी की साइकिल ली. **II.** *v.t.* उधार देना : the contractor ~s money to a certain extent ठेकेदार एक निश्चित सीमा तक पैसा उधार देता है.

lobster लॉब्'स्टर *n*[c]. समुद्री झींगा : it is not too difficult to catch ~s ≈ पकड़ना बहुत अधिक कठिन नहीं है; they fry and eat ~s वे झींगे तलकर खाते हैं.

local लो'कल **I.** *a.* **1.** स्थानीय [authority प्राधिकारी, body निकाय, committee समिति[F], custom रीतिरिवाज, edition संस्करण, government शासन, news समाचार, security सुरक्षा[F], service सेवा[F], train रेलगाड़ी[F]]; your ~ cinema is one in the city or town in which you live तुम्हारा ≈ सिनेमा वह है जो उस नगर या कस्बे में है जिसमें तुम रहते हो; the ~ post-office is only one kilometre away from here ≈ डाकघर यहाँ से केवल एक कि.मी. दूर है; this is the ~ train from which you have come जिससे तुम आए हो ≈ रेलगाड़ी है; he will tell you everything for he is a ~ person वह आपको सब कुछ बता देगा क्योंकि वह यहाँ का ≈ व्यक्ति है. **2.** (restricted) सीमित : ~ injury ≈ चोट[F]; ~ loss ≈ हानि[F]. **II.** *n*[c]. **1.** स्थानीय समाचार-पत्र : a daily ~ is published from this city इस शहर से एक दैनिक ≈ निकलता है. **2.** स्थानीय निवासी : I enquired of a ~ the way to the railway station मैंने एक ≈ से रेलवे स्टेशन का रास्ता पूछा. **locality** लोकै'लिटि *n*[c]. इलाका, मुहल्ला : she does not live in our ~ वह हमारे इलाके/मुहल्ले में नहीं रहती; your ~ is not good, there is so much noise तुम्हारा ≈ अच्छा नहीं है क्योंकि वहाँ इतना शोर है. **locate** लकेट' *v.t.* **1.** पता लगाना या पाना : we could not ~ our village on the map हम नक्शे में अपना गांव न पा सके; to ~ smth is to find out exactly where it is किसी चीज़ का पता लगाना उसे ठीक-ठीक जानना है कि वह कहाँ है; to ~ the enemy camp शत्रु-शिविर का ≈. **2.** (to be situated) स्थित होना : the office is ~d in this building कार्यालय इस इमारत[F] में स्थित है. **3.** स्थापित करना : he ~d his business in Bombay उसने अपना व्यापार बंबई में स्थापित किया; the manager wished to ~ the factory in a village प्रबंधक किसी गाँव में कारखाना स्थापित करना चाहता था. **located** लके'टिड *a.* स्थित : the capital of India is ~ in Delhi भारत की

राजधानी^F दिल्ली में ≈ है. **location** लके'शन *n*^c. स्थिति^F, स्थान : ~ of office कार्यालय का स्थान; the ~ of a building इमारत^F की स्थिति^F; first we must decide on the ~ of our new swimming pool सबसे पहले हमें तैरने के तालाब के स्थान का निर्धारण करना चाहिए.

lock लॉक **I.** *n*^c. **1.** ताला : the ~ on a door दरवाज़े पर का ≈; this key does not fit in the ~ यह चाबी^F ताले में फ़िट नहीं आती; the papers were under ~ and key कागज़ात ताले-कुंजी में बंद थे; put a ~ on the door दरवाज़े में ≈ लगा दो या बंद करो; the ~ opens with a special key ≈ एक खास चाबी^F से खुलता है. **2.** (of hair) लट^F : her golden ~ is so beautiful उसके सुनहरे बालों की ≈ इतनी सुंदर है. **3.** (stoppage) अवरोध, रोक^F : the car is at full ~ कार^F में पूरी तरह रोक लगी है. **4.** (of canal) जलपाश, फाटक : when we close the ~ of a canal, water level rises जब हम ≈ बंद कर देते हैं तो पानी का स्तर उठ जाता है. **5.** (of a gun) घोड़ा : pull the ~ to fire (बंदूक^F) दाग़ने के लिए ≈ दबाओ. **II.** *v.t.* **1.** ताला लगाना : he ~ed the door उसने दरवाज़े पर ताला लगाकर बंद किया; don't forget to ~ **up** when you leave the house जब तुम घर छोड़ते हो तो ≈ मत भूलना; the door does not ~ easily दरवाज़ा आसानी से बंद नहीं होता; the driver has ~ed the car चालक ने कार^F में ताला लगा दिया है. **2.** (हवालात^F में) बंद करना : to ~ up a person in a room किसी व्यक्ति को कमरे में ≈; to ~ **up** a pickpocket जेबकतरे को ≈; the police ~ed the thief at the Police Station पुलिस^F ने चोर को थाने में बंद कर दिया. [*ant.* open, unlock] Δ **to ~ smth away** किसी वस्तु को ताले में बंद कर रखना; **~ smb in** किसी को अंदर करके ताला लगा देना; **to ~ out** (ताला लगाकर) अंदर न जाने देना; **to ~ up** (i) हवालात^F में बंद कर देना; (ii) पूँजी निकाल न सकना; my money is ~ed up मेरा पैसा बंद पड़ा है; he was **~ed with** the tree वह पेड़ से जकड़ दिया गया. **a ~-up** हवालात.

locket लॉ'किट *n*^c. लाकेट, लटकन; जंतर, ढोलना : there is a picture of Dad in the ~ that mother wears on the gold chain round her neck जो सुनहरी ज़ंजीर^F माँ अपने गले में पहनती है उसके लॉकेट में पापा की तस्वीर^F है.

locomotive (loco) लोकॅ'मोटिव़ **I.** *a.* जंगम, संचलनशील : a ~ engine रेल का इंजन. **II.** *n*^c. इंजन : our train was pulled by a steam ~ हमारी रेलगाड़ी^F भाप के ≈ से खींची जाती थी.

locust लो'कस्ट *n*^c. टिड्डी^F : sometimes ~s ruin the crops on a large scale कभी-कभी टिड्डियाँ फ़सलों^F को भारी मात्रा^F में नष्ट कर देती हैं; a ~ is found in Asia and Africa ≈ एशिया और अफ्रीका में पाई जाती है; swarms of ~s invaded the Punjab fields ≈ दल पंजाब के खेतों पर टूट पड़े.

lodge लॉज **I.** *n*^c. **1.** वासा : I live in a big ~ मैं एक बड़े वासा में रहता हूँ. **2.** (hut) झोपड़ा : hunting ~ शिकार के लिए बना ≈. **II.** *v.t.i.* **1.** (मकान में) ठहराना, ठहरना, रहना : to ~ smb किसी को ठहराना; to ~ with smb किसी के यहाँ ठहरना; to ~ at the sea-side समुद्र के किनारे ≈; I ~ with Mrs. Smith मैं श्रीमती स्मिथ के साथ रहती हूँ; I ~d at a boarding house मैं एक छात्रावास में रहा; we could ~ you for a week or two हम तुम्हें एक-दो सप्ताह तक ठहरा सकते हैं. [*ant.* dis~] **2.** (deposit) रख देना : to ~ a document in the bank बैंक में दस्तावेज़ ≈; to ~ money in the bank बैंक में पैसा ≈ ~ a book in a desk डेस्क में किताब ≈. **3.** (present) प्रस्तुत करना, दर्ज करवाना : to ~ a report against a person किसी व्यक्ति के विरुद्ध रपट लिखवाना; to ~ a complaint शिकायत ≈. **4.** (put) लगाना, बैठा देना : to ~ a keeper at the door दरवाज़े पर दरबान ≈. **5.** (put in) घुसेड़ना : he ~d his spear into his abdomen उसने उसके पेट में बरछी^F घुसेड़ दी. **lodging** लॉ'जिङ्ग *n*^c. **1.** डेरा, आवास : his ~ is on a very good place उसका ≈ बहुत अच्छे स्थान पर देना. **2.** (*pl.*) किराये के कमरे : to let the ~s कमरे किराए पर देना. **3.** board and ~ खाना और रिहाइश^F.

lofty लाफ़्'टि *a.* **1.** (high) ऊंचा [building

इमारत^F, mountain पहाड़, stair सीढ़ी^{F}, tops चोटियाँ, tower मीनार^F]; the buildings were overshadowed by the ~ mountain peaks इमारतें^{F} पर्वत की ऊंची चोटियों^{F} से छायावृत्त हो गईं. **2.** (sublime) उच्च, उदात्त : ~ smb ≈ आत्मा; ~ sentiments ≈ भाव; to hold a ~ position in the state राज्य में ऊंचा स्थान ग्रहण करना; he has ~ ideals उसके ≈ आदर्श हैं. **3.** (arrogant) अहंकारी, उद्धत, अक्खड़ : I dislike that ~ fellow मैं उस ≈ व्यक्ति को नापसंद करता हूँ; he spoke to me in a ~ tone वह मुझसे अहंकारपूर्ण स्वर में बोला.

log लॉग *n*^{c}. **1.** लट्ठा, कुंदा [dry सूखा, heavy भारी, smooth चिकना, thick मोटा, wet गीला]; to fall like a ~ लट्ठे की तरह गिर पड़ना; to lie like a ~ बेहोश पड़ा रहना; to sleep like a ~ गहरी नींद सोना. **2.** (~ book) रोज़नामचा, कार्य-पंजी^{F} : make your ~ book complete अपनी कार्य-पंजी पूरी करो.

logic लॉजिक *n*^{u}. **1.** तर्कशास्त्र : are you studying ~? क्या तुम ≈ पढ़ रहे हो ? **2.** तर्क (reasoning) : there is ~ in what he says जो कुछ वह कहता है उसमें ≈ है. [*a.* logical तर्कसंगत]

-logy *suff.* science, archaeology, psychology, zoology, biology.

loin लॉइन *n*^{c}. **1.** कमर^F, कटि^{F} : ~ cloth लंगोटी^{F}; pain in the ~s ≈ में दर्द; to gird up one's ~s कमर कसना; he has gird up his ~ for the quarrel झगड़ा करने के लिए वह कमर कसकर तैयार है. **2.** (~ of meat) पुट्ठे का मांस. [*as distinct from* lion]

loiter लॉइ'टर *v.i.* मटरगश्ती^{F} करना, आवारा फिरना : we must not ~ or we shall be late for school हमें मटरगश्ती नहीं करनी चाहिए नहीं तो हम विद्यालय के लिए लेट हो जाएँगे; to ~ one's time away अपना समय आवारा गँवा देना.

loll लॉल *v.t.* **1.** (आराम से) लेटे या पड़े रहना : he is ~ing about in his bed वह अपने बिस्तर में पड़ा आराम कर रहा है. **2.** (thrust out) लटकाना, बाहर निकालना : to ~ one's tongue out like a dog कुत्ते की तरह अपनी जीभ^F ≈.

lollipop लॉ'लिपॉप *n*^{c}. गोल मिठाई^F : ~ is a sweet put at the end of a stick ≈ एक डंडी पर लगी मिठाई होती है; children like ~ बच्चों को ≈ पसंद है.

lone लोन *a.* **1.** (alone) अकेला : he was a ~ traveller on the road सड़क पर वह ≈ यात्री था; in that cloudy sky one ~ star could be seen उस मेघाच्छादित आकाश में एक ≈ तारा देखा जा सकता था; he is the ~ fellow to be successful सफल होने वाला वह ≈ व्यक्ति है; a ~ hand अकेला काम करने वाला. **2.** (unfrequented) एकांत, सूना, निर्जन : it is a ~ place where I live जहाँ मैं रहता हूँ ≈ स्थान है. **3.** अकेली जान : he is still ~ वह अब भी अकेली जान^F है; she is a ~ woman वह स्त्री ≈ है. **lonely** लोन्'लि *a.* (more common than 'lone') **1.** अकेला, एकाकी [person व्यक्ति, son बेटा]; I feel ~ without any friend बिना किसी दोस्त के मैं अपने को ≈ पाता हूँ; he led a ~ life वह अकेली ज़िंदगी^{F} जिआ; she is ~, for there is none to keep her company वह अकेली है क्योंकि कोई उसका साथ देने वाला नहीं है. **2.** एकांत, सुनसान [house मकान, place स्थान, road सड़क^F]; he lives in a ~ hut वह ≈ झोपड़ी में रहता है; they went to a ~ place in the mountains वह पर्वत पर एक ≈ स्थान में गए. [*n.* loneliness अकेलापन] **lonesome** लोन्'सम *a.* = lonely *q.v.*

long लॉङ् **I.** *a.* (longer, longest) **1.** लंबा [day दिन, letter पत्र, life जीवन, pipe पाइप, speech भाषण, step कदम]; ~ beard लंबी दाढ़ी^{F}; ~ disease लंबी बीमारी^{F}; ~ arms लंबी भुजाएँ^{F}; ~ distance लंबी दूरी^{F}; ~ legs लंबी टाँगें^{F}; ~ jump लंबी कूद^F; ~ life लंबी उम्र^F; ~ list लंबी सूची^{F}; ~ nose लंबी नाक^F; ~ range लंबी मार^F; ~ road लंबी सड़क^F; ~ story लंबी कहानी^{F}; ~ term दीर्घावधि^{F}; ~ vacations लंबी छुट्टियाँ^{F}; ~ vowel दीर्घ स्वर; he set out on a ~ journey वह लंबी यात्रा^{F} पर चल पड़ा; the room is six metres ~ कमरा छह मीटर ≈ है; this ruler is a foot ~ यह पटरी^{F} एक फुट लंबी है; fifty years is a ~ time पचास साल एक ≈ समय होता है; a year is 12 months ~ वर्ष 12 महीने ≈ होता है; an hour is sixty minutes ~ एक घंटा साठ मिनट ≈ होता है; how ~ will it take you to dress तुम्हें कपड़ा पहनने में कितना समय लगेगा ? I cannot wait any ~er now अब मैं और लंबे समय तक इंतज़ार नहीं कर सकता. [*ant.* short] **2.** बड़ा (large) : how ~ is this house' यह घर कितना ≈ है ? **3.** दीर्घ [syllable अक्षर, vowel स्वर, wave तरंग].

4. (other contexts) ~ cloth लट्ठा : pyjamas made of ~ cloth लट्ठे का बना पाजामा; ~ custom पुरानी प्रथा^F; he has ~ ears बह गधा/मूर्ख है; ~ face उदास चेहरा : to pull a ~ face चेहरे पर उदासी^F लाना; ~ hand पूरी लिखाई^F; ~-lived दीर्घायु; ~ memory पुरानी बातों की याद; ~ price बड़ी कीमत^F; ~ purse बहुत पैसा. **II.** *n*^u. **1.** लंबा कथन : the ~ and the short of it is संक्षेप में बात^F यह है. **2.** लंबा समय : I shall finish it before ~ मैं समय से पहले इसे समाप्त कर दूँगा; I was there for ~ मैं बहुत समय वहाँ था. **III.** *v.t.* लालायित होना, ललकना, तरसना, बहुत चाहना : she ~ed to see her mother वह अपनी माँ को देखने के लिए लालायित थी; to ~ for smth very much किसी चीज^F को बहुत अधिक चाहना; we are ~ing to see you हम आपसे मिलने को लालायित हैं; he ~ed to come home again वह दुबारा घर आने को ललकता था; we ~ for sunshine हम धूप के लिए तरसते हैं. **IV.** *adv.* देर^F तक, बहुत समय तक : I thought ~ before I went जाने से पहले मैंने देर तक सोचा; how ~ will you be away तुम कितनी देर^F तक बाहर रहोगे ? I cannot wait any ~er मैं और देर तक इंतज़ार नहीं कर सकता; she could not stand ~er here वह यहाँ और देर तक खड़ी नहीं रह सकी. **~ ago** बहुत पहले : I forgot it ~ ago मैं इसे बहुत पहले ही भूल गया था; it happened ~ ago यह बहुत पहले ही हुआ था; he returned not ~ ago वह हाल ही में वापस आया था; **~ before** बहुत पहले : we lived here ~ before you came तुम्हारे आने के ≈ हम यहाँ रहते थे; **all the day ~** दिन भर : he worked all the day ~ वह ≈ काम करता है; **as ~ as** जब तक : I shall do it as ~ as it is possible मैं इसे करूँगा ≈ कि संभव है; **in the ~ run** अंत में, अंततोगत्वा : you will suffer loss in the ~ run ≈ तुम्हें हानि उठानी होगी. **longing** लॉङ्'गिङ्ग *n*^c. उत्कंठा^F, लालसा^F : we had a ~ for peace हमें शांति^F की लालसा थी; I have ~ to see my mother मुझे अपनी माँ से मिलने की ≈ है; have you any ~ क्या तुम्हारी कोई लालसा है ? **longitude** लान्'जिट्यूड *n*^u. देशांतर (रेखा^F) : line of ~ pass through Greenwich देशांतर रेखा ग्रीनविच से होकर गुज़रती है.

look लुक **I.** *n*^c. **1.** दृष्टि^F, नज़र^F, निगाह^F : to take a ~ ≈ डालना; I did not get a good ~ at him मैंने उसे ≈ भर नहीं देखा. **2.** (appearance) रूप, रूपरंग [charming आकर्षक, significant महत्वपूर्ण]; you cannot judge a man only by his ~s तुम किसी व्यक्ति को केवल उसके ≈ से नहीं समझ सकते; the ~ of this animal seems better इस जानवर का रूपरंग और अच्छा लगता है; she has good ~s उसका ≈ अच्छा है; on Diwali the house was given a new ~ दीवाली^F पर मकान को नया रूप दिया गया. **II.** *v.t.* **1.** देखना, दृष्टि^F डालना [carefully सावधानी^F से, closely सन्निकटता^F से, indifferently उदासीनता^F से, suspiciously शंका^F की दृष्टि^F से]; ~ there and tell us what you see उधर देखो और बताओ कि तुमने क्या देखा ? I shall ~ to it later on मैं इसे बाद में देखूँगा; what are you ~ing at तुम क्या देख रहे हो ? Δ **~ before you leap** समझबूझ कर कदम रखो; **~ sharp!** जल्दी करो; **to ~ smb in the face** किसी का सामना करना. **2.** (seem) प्रतीत होना, दिखाई देना, लगना : she ~ed like an old woman वह बूढ़ी औरत की तरह लगती थी (दिखाई देती थी); how does he ~ like वह कैसा लगता है ? he does not ~ like his brother वह अपने भाई की तरह नहीं लगता; the dress ~s nice on her पहरावा उस पर अच्छा लगता है; he looked calm वह शांत दिखाई पड़ा; he ~s happy वह खुश दिखाई देता है; she ~ed ill and miserable वह बीमार और दु:खी दिखाई पड़ी; she was not ~ing well वह अच्छी नहीं दिखाई दे रही थी; it

~s as if it will rain ऐसा लगता है कि वर्षा^{F} होगी. 3. our house ~s north हमारे घर का अगवाड़ा उत्तर में है. Δ ~ **about** पास में देखना : he stood there but I did not ~ about वह वहीं पड़ा था पर मैं पास में नहीं देख पाया; ~ about for new house नए मकान की तलाश करना; ~ **after** (i) देखभाल^F करना : ~ after the children well बच्चों की अच्छी तरह देखभाल करो; will you ~ after my cat while I am away क्या तुम मेरी बिल्ली की देखभाल करोगे जब तक मैं बाहर हूँ; (ii) नज़र^F रखना, रखवाली^{F} करना : please ~ after my luggage कृपया मेरे सामान पर नज़र रखिएगा; ~ **at smb/smth** नज़र डालना : ~ at the book किताब पर ≈; ~ **away** नज़र परे कर लेना : I greeted him but he ~ed away मैंने उसे नमस्कार किया लेकिन उसने नज़र फेर ली (मुँह फेर लिया) ; ~ **back** मुड़कर देखना : ~ back upon the past अतीत पर ध्यान देना या नज़र दौड़ाना; ~ **down upon smb** किसी को हेय दृष्टि^{F} से देखना; **to ~ down one's nose** नाक-भौंह चढ़ाना; ~ **for** (i) प्रतीक्षा^{F} करना : don't ~ for any reward किसी पुरस्कार की प्रतीक्षा^{F} मत करो; (ii) खोजना : help me to ~ for my lost ring मेरी खोई अंगूठी^{F} खोजने में मेरी मदद^F करो; ~ **forward to** उत्सुकता^{F} से प्रतीक्षा^{F} करना : he was ~ing forward to the event वह घटना^{F} की उत्सुकता से प्रतीक्षा कर रहा था; I am ~ing forward to seeing you at an early date मैं निकट ही किसी तारीख^F को आपसे मिलने की उत्सुकता से प्रतीक्षा कर रहा हूँ; ~ **in** थोड़े समय के लिए आना : in the evening he just ~ed in शाम^F को वह थोड़े समय के लिए आया; ~ **into** (i) जाँच-पड़ताल^F करना : the police soon started to ~ into the matter पुलिस^F ने शीघ्र ही मामले की छानबीन शुरू कर दी; (ii) विचार करना : I shall ~ into the matter sincerely मैं ईमानदारी^{F} से मामले पर विचार करूँगा; ~ **on/upon** (i) देखना : I know you are pleased to ~ on her face मैं जानता हूँ कि तुम उसे देखकर प्रसन्न हो; (ii) समझना : I ~ upon this affair as a disgrace मैं इस मामले को अपमान समझता हूँ; ~ **out for** ताक में रहना, सतर्क रहना : I was ~ing out for a good opportunity मैं सुअवसर की ताक में था; ~ **over** सरसरी तौर पर देखना : I ~ed over my lesson मैंने अपना पाठ सरसरी नज़र^F से देखा; ~ **round** घूमकर देखो; ~ **through** एक नज़र (से) देख जाना : ~ through these documents and give your opinion इन दस्तावेज़ों को एक नजर (से) देख जाइए और अपनी राय दीजिए; ~ **to** का ध्यान करना, आशा^{F} करना : ~ to the machine carefully मशीन का सावधानी^{F} से ध्यान रखो; ~ **up** (i) आँख उठाना : she ~ed up and smiled उसने आँख उठाकर देखा और मुस्करा दी; (ii) खोजना, पता लगाना : I ~ed up the word in the dictionary मैंने इस शब्द को शब्दकोश में खोजा; can you ~ him up क्या तुम उसका पता लगा सकते हो ? ~ **up to** आदर करना : I always ~ up to my uncle for help मैं सहायता^{F} के लिए चाचाजी पर भरोसा करता हूँ. **looking glass** n^c. दर्पण, आईना : she saw her face in the ~ and was pleased उसने अपना चेहरा ≈ में देखा और प्रसन्न हो गई.

loom लूम **I.** n^c. करघा : a ~ for weaving cloth कपड़ा बुनने का ≈; a cotton ~ सूती ≈; electric ~ बिजली^{F} से चलने वाला ≈; hand ~ हथकरघा. **II.** *v.i.* **1.** अस्पष्ट या धुँधला दिखाई देना : the bus ~ed up in the fog बस^F कुहरे में अस्पष्ट/धुँधली दिखाई दे रही थी. **2.** (cause worry) चिंता^{F} पैदा करना : political difficulties were ~ing in their minds राजनीतिक कठिनाइयाँ उनके मन में चिंता पैदा कर रही थीं. Δ **to ~ large** सिर पर आ जाना : the Pakistani threat of nuclear warfare ~s large on our minds नाभिकीय युद्ध की पाकिस्तानी धमकी^{F} हमारे मन पर छाई रहती है; the date of our exam is ~ing हमारी परीक्षा^{F} की तारीख सिर पर आ रही है.

loose लूस **I.** *a.* **1.** (not tied) खुला, बंधनरहित [button बटन, goods माल]; ~ knot खुली गाँठ^F; ~ papers खुले काग़ज़ात; our horse got ~ last night कल रात^F हमारा घोड़ा खुल गया. [*ant.* tight] ~ **change** छुट्टा, रेज़गारी^{F}. **2.** (not rigidly fixed, loosely fit) ढीला,

शिथिल; ~ contact ≈ संपर्क; ~ pulley ढीली चर्खी^{F}; ~ soil ढीली मिट्टी^{F}; ~ knot ढीली गाँठ; ~ tea खुली चाय; don't ride with a ~ rein ढीली लगाम से सवारी मत करो; the dog's collar was so ~ that it came off over his head कुत्ते का कालर इतना ≈ था कि उसके सिर पर से उतर आया; the skirt is too ~ स्कर्ट बहुत ही ढीली है. **3.** (unrestrained) असंयत : ~ morals ≈ आचार-विचार; ~ woman छिनाल; his ~ habits will give him trouble उसकी ≈ आदतें उसे कष्ट देंगी; he has a ~ tongue उसकी जीभ^{F} उसके काबू में नहीं है. **4.** (inexact) अयथार्थ, वितथ [argument तर्क, statement कथन]; I dislike his ~ talk मैं उसकी ≈ बातचीत^{F} को नापसंद करता हूँ. **5.** (other contexts) ~ bowels चलता/नरम पेट; ~ earth नरम मिट्टी; ~ fabrics झीना/पतला वस्त्र; ~ style उच्छृंखल शैली^{F}. **II.** *v.t.* **1.** खोलना, खुल जाना : to ~ an animal किसी जानवर को खोल देना; an elephant was let ~ एक हाथी खोल दिया गया; to ~ handcuffs हथकड़ियाँ^{F} ≈. **2.** ढीला करना या हो जाना : the rope is too tight, please ~ it रस्सी बहुत ही कसी है, कृपया इसे ढीला करो; to ~ a knot गाँठ^{F} ढीली करना. **3.** (free) मुक्त करना, छोड़ना : to ~ the prisoners from the jail कैदियों को जेल से ≈. [*as distinct from* lose]

loosen लू'सन **I.** *v.t.* **1.** ढीला करना : to ~ a belt पेटी^{F} ढीला करना; to ~ discipline in the school विद्यालय में अनुशासन ≈; he ~ed the knot उसने गाँठ ढीली कर दी; to ~ control नियंत्रण शिथिल/ढीला करना. **2.** खोलना : to ~ one's tongue ज़बान^{F} खोलना. **II.** *v.i.* ढीला हो जाना : the knot has ~ed गाँठ ढीली हो गई है. [*ant.* tighten]

loot लूट **I.** n^{u}. लूट^{F} : five robbers were caught with the ~ पाँच बटमार ≈ समेत पकड़े गए. **II.** *v.t.* लूटना : to ~ a city is to take away valuable things from there शहर को लूटने का अर्थ है वहाँ से कीमती चीजों^{F} को ले जाना; the passenger was ~ed मुसाफ़िर लुट गया.

lord लॉर्ड **I.** n^{c}. **1.** (master) स्वामी, मालिक : is he the ~ of the land क्या वह भू-स्वामी है? **2.** (the Lord) प्रभु, परमेश्वर, प्रभुवर : the ~'s day रविवार. **3.** ईसा मसीह : the year of our ~ सन ईस्वी. **4.** (title) लार्ड [Chancellor चांसलर, Mayor मेयर]. **5.** बड़ा व्यापारी the steel ~ इस्पात का ≈; cotton ~ रुई^{F} का ≈. [*fem.* lady] **II.** *v.t.* प्रभुत्व जमाना : he could not be ~ed over उस पर प्रभुत्व नहीं जमाया जा सका.

lorry लॉ'रि n^{c}. ट्रक, लारी^{F} : a ~ came, went through the village carrying a load of sand बालू से लदी हुई एक ≈ गाँव से होकर आई, गई. ~ **driver** ट्रक चालक.

lose लूज़ *v.t.* (*p.* & *p.p.* lost) **1.** खो देना, खोना : if you ~ your ring through carelessness, do not expect us to help you to find it out यदि तुम अपनी अंगूठी^{F} लापरवाही से खो दो तो इसे खोजने में हमारी सहायता^{F} की आशा^{F} न करो; to ~ one's eyesight आँख^{F} की रोशनी^{F} ≈; he has lost service उसने अपनी नौकरी^{F} खो दी; you must not ~ a moment तुम्हें एक क्षण (भी) नहीं खोना चाहिए; you have nothing to ~ तुम्हें कुछ नहीं खोना है; you have lost the first chance तुमने पहला मौका खो दिया; I have lost my purse मैंने अपना पर्स खो दिया है; India has lost a staunch Gandhian भारत ने एक कट्टर गाँधीवादी (को) खो दिया; to ~ patience अधीर हो जाना. **2.** नहीं (देख, सुन, समझ, पकड़) पाना : I lost some words of your speech मैं तुम्हारे भाषण के कुछ शब्द नहीं सुन पाया. [*ant.* gain] **3.** हार जाना : to ~ a battle लड़ाई में ≈; our team lost the game हमारी टीम^{F} खेल हार गई. **4.** हानि^{F} उठाना : he had to ~ in the business उसे व्यापार में हानि उठानी पड़ी; the enemy lost heavily शत्रु की भारी हानि हुई. **5.** पिछड़ना : I lost by ten metres in the race मैं उससे दौड़^{F} में दस मीटर पीछे रह गया; my watch ~s five minutes in 24 hours मेरी घड़ी^{F} 24 घंटे में पाँच मिनट पीछे रह जाती है. **6.** (die) मारा जाना, मर जाना : thirty persons were lost in a road accident सड़क-दुर्घटना^{F} में तीस व्यक्ति मारे गए. **7.** (in other contexts) लीन या तन्मय हो जाना, डूब जाना : to ~

oneself in conversation with friends मित्रों से वार्तालाप करने में ≈. Δ **to ~ one's balance** गिर जाना; he lost face वह लज्जित हुआ; the enemy lost ground शत्रु के पैर उखड़ गए; he lost his head वह उत्तेजित हो गया; don't ~ heart हिम्मत न हारो; to ~ one's nerve डर जाना; ~ weight वज़न कम हो जाना; to ~ interest रुचि[F] न रहना; to ~ temper गुस्से हो जाना; to ~ one's way भटक जाना : he lost his way in the jungle जंगल में वह अपने रास्ते से भटक गया. [*as distinct from* loose] **loss** लॉस *n.* **1.** (danger) क्षति[F], हानि[F], नुकसान [great अधिक, gross कुल, heavy भारी, serious गंभीर, significant महत्वपूर्ण]; ~ of office पद-हानि[F]; they suffered considerable ~ उन्हें काफ़ी हानि हुई; the ~ in the battle could not be measured युद्ध में हुई क्षति असीमित है; he could not bear the ~ of money and died within a year वह पैसे की हानि बरदाश्त नहीं कर सका और एक ही साल में मर गया; the ~ was discovered the next morning दूसरी सुबह[F] नुकसान का पता चला; the ~ of health is very dangerous स्वास्थ्य की हानि बहुत खतरनाक होती है; he is a great ~ उसके मरने से क्षति हुई; his death was a great ~ to science उसकी मृत्यु[F] से विज्ञान की बहुत क्षति हुई; it is no great ~ to us यह हमारे लिए कोई बड़ी हानि नहीं है; the ~ of smth very valuable किसी कीमती चीज़[F] की हानि; to sell the radio at a ~ of fifty rupees पचास रुपए के नुकसान पर रेडियो बेचना. [*ant.* gain] **2.** (disappearance) लोप, मृत्यु[F] : she could not endure the ~ of her husband वह अपने पति की मृत्यु को सहन न कर सकी. **3.** अभाव : I am at a ~ to understand मैं समझ नहीं पाया; I am at a ~ for words मुझे शब्द नहीं मिल रहे हैं. **lost** लॉस्ट *a.* **1.** (ruined) नष्ट, ध्वस्त : the ~ houses were repaired by the government सरकार ने ध्वस्त घरों की मरम्मत[F] कराई. **2.** (missing) खोया, लुप्त, गुम, ग़ायब : make up for the ~ time खोए समय को पूरा करो; give us a description of the ~ dog and we will try to find out खोए हुए कुत्ते का विवरण दो और हम इसे खोजने का प्रयास करेंगे. [*ant.* found] **3.** (defeated) हारा हुआ : the ~ soldiers were freed by the government सरकार[F] ने हारे हुए सैनिकों को छोड़ दिया.

lot लॉट *n*[c]. **1.** (destiny) भाग्य, किस्मत[F], तकदीर[F] : to think of one's ~ in life जीवन में अपने भाग्य के बारे में सोचना; none can blot what is in the ~ जो कुछ ≈ में है उसे कोई मिटा नहीं सकता; his ~ has been poverty भाग्य में उसकी गरीबी[F] बदी है. Δ **to fall to one's ~** बदा होना : it fell to his ~ to lose everything सब कुछ खोद देना उसके भाग्य में बदा था; **to throw in one's ~ with smb** मिल जाना : he has thrown in his ~ with those in favour of a strike वह हड़ताल के पक्ष में हो गया. **2.** (share) हिस्सा : he has a small ~ in the business व्यापार में उसका थोड़ा ≈ है. **3.** (heap) ढेर, बहुत : the whole ~ ढेर का ढेर; a ~ of people in the street गली में ढेर सारे लोग; there is a ~ of food for them उनके लिए बहुत भोजन पड़ा है; we still have a ~ to do हमें अब भी बहुत कुछ करना है; he can do a ~ for you वह तुम्हारे लिए बहुत कुछ कर सकता है; I bought it in one ~ मैंने इसे थोक में खरीदा; what a ~ of people there! वहाँ कितने लोग हैं; it will do a ~ of good to her यह उसको बहुत फ़ायदा करेगा; he has a ~ to learn उसे बहुत कुछ सीखना है; I have quite a ~ of it मेरे पास बहुत है. **4.** (plot of land) भूखंड : he has a ~ in the city शहर में उसका एक ≈ है. **5.** पर्ची[F] : to cast/draw ~s पर्ची डालना.

lotion लो'शन *n*[u]. लोशन, घोल [hair बालों का, skin चर्म]; use ~ only on the advice of a doctor लोशन का प्रयोग केवल डाक्टर की सलाह[F] से करो.

lottery लॉ'टरि *n*[u]. लाटरी[F], किस्मत का खेल : for a ~ many people buy tickets but only few of them win a prize लाटरी के लिए बहुत-से लोग टिकट खरीदते हैं लेकिन उनमें से कुछ ही पुरस्कार पाते हैं; life is a ~ जीवन एक ≈ है; marriage is also a ~ शादी[F] भी एक ≈ है.

lotus लो'टस n^c. कमल (फूल) : the boy has not seen the ~ till now इस लड़के ने अब तक ≈ नहीं देखा है; ~ eater आलसी, दीर्घसूत्री : ~ eaters cannot be successful in their life आलसी अपने जीवन में कभी सफल नहीं हो सकते.

loud लाउड **I.** *a.* **1.** ऊंचा, ज़ोर का : ~ noise ≈ शोर; ~ voice ऊंची/ज़ोर की आवाज़^{F}. **2.** (noisy) कोलाहलपूर्ण, (emphatic) ज़ोरदार : the radio is so ~ that people in the street can listen रेडियो इतना ≈ है कि गली के लोग भी सुन सकते हैं. **3.** (colour) चटकीला : ~ tie चटकीली टाई^F; the colours in your tie are too ~ तुम्हारी टाई के रंग बहुत चटकीले हैं. **II.** *adv.* ऊंचे, ज़ोर से : they laughed and shouted so ~ वे हँसे और बहुत ऊंचे चिल्लाए; do not talk so ~ इतना ऊंचा न बोलो. **loudly** लाउड्'लि *adv.* ऊंचे स्वर से, ज़ोर से : he speaks ~ and people gather round him वह ऊंचे स्वर से बोलता है और उसके चारों ओर लोग इकट्ठा हो जाते हैं. **loudspeaker** n^c. लाउडस्पीकर, ध्वनिवर्धक : the sound of a radio or television set comes from the ~ रेडियो या टेलीविज़न सेट की आवाज़ ≈ से आती है.

lounge लाउन्ज **I.** *v.t.* (lounging) बेकार पड़े रहना या घूमते फिरना : the lazy fellows ~ about all the day आलसी आदमी दिन-भर मटरगश्ती करते रहते हैं; lounging by the sea-side समुद्र के किनारे टहलना. **II.** n^c. **1.** विश्राम-कक्ष : he was not in the ~ when I reached the airport जब मैं हवाई अड्डे पर पहुँचा तो वह ≈ में नहीं था. **2.** बैठकख़ाना : there are guests in the ~ of his house उसके मकान के बैठकख़ाने में मेहमान हैं.

louse लाउस n^c. (*pl.* lice) जूँ : ~ is a small insect that lives on the skin or in the hair ≈ एक छोटा-सा कीड़ा है जो चमड़ी या बालों में रहता है.

love लव़ **I.** *n.* **1.** (general) प्यार, प्रेम, मुहब्बत^F : a ~ for poetry or art कविता और कला के प्रति प्रेम; he has great ~ for books उसे किताबों^{F} से बड़ा प्यार है. [*ant.* hate, hatred] **2.** (for oppo. sex) प्रणय, प्रेम; (sexual love) काम-वासना^{F} [deep गहरा, first पहला, great बहुत, passionate भावनात्मक, real सच्चा]; they fell in love with each other वे एक-दूसरे से प्रेम करने लगे; he fell in love with her at first sight उसका पहली नज़र में ही उससे प्रेम हो गया. **3.** (parental ~) वात्सल्य, ममता^{F} : the ~ of mother towards her children एक माँ का अपने बच्चों के प्रति वात्सल्य. **4.** (object of ~) प्रेम-पात्र, स्नेह-भाजन : Priti has been his ~ for many years कई वर्षों से प्रीति उसकी प्रेमिका है. **5.** (other contexts) ~ feast प्रीतिभोज; ~ game बिना हार-जीत का खेल; the score is 40 ~ स्कोर 40 पर बराबर-बराबर हैं; ~-sick कामार्त (person); ~ song प्रणयगीत. **II.** *v.t.* **1.** से प्यार/प्रेम करना : Bob ~s Anne and hopes to marry her one day बाब मैरी से प्यार करता है और उससे एक दिन शादी^{F} करने की आशा^{F} करता है; if you ~ someone, you want to please him जब तुम किसी से प्रेम करते हो तो उसे प्रसन्न रखना चाहते हो. Δ **~ me, ~ my dog** मुझसे प्यार है तो मेरे मित्रों से भी प्यार करो; will you take coffee? I should ~ to काफी लेंगे ? बड़ी खुशी^{F} से. **2.** चाहना, पसंद करना : I love reading very much मैं पढ़ाई बेहद पसंद करता हूँ; she ~s singing वह गाना पसंद करती है; they ~d each other वे एक-दूसरे को चाहते थे; I love his speech मैं उसके भाषण को पसंद करता हूँ. Δ **fall in ~** आसक्त या अनुरक्त हो जाना; **for the ~ of** के नाते, के हेतु, के नाम पर : he has to work hard for the ~ of it परिश्रम के नाते उसे परिश्रम करना पड़ता है. **~ affair** प्रेमलीला^{F}; **~ child** जारज पुत्र; **~ letter** प्रेमपत्र; ~ sick विरही प्रेमी; ~ story प्रणय-कथा^{F}. **lovely** लव़'लि *a.* मनोहर, सुंदर, रमणीय, प्यारा, प्रीतिकर [child बच्चा, day दिन, flower फूल, hair बाल]; ~ eyes प्यारी-प्यारी आँखें; ~ woman, girl सुंदर स्त्री, बालिका; the bride looked ~ दुल्हन सुंदर लग रही थी; it was a ~ party यह एक प्रीतिकर पार्टी^{F} थी; what a ~ weather! कितना रमणीय मौसम है ! **lover** ल'व़र n^c. प्रेमी, प्रणयी : art ~ कला-प्रेमी; a ~ of sport or money खेल या पैसे का प्रेमी; a music lover is someone who enjoys music very much संगीत-प्रेमी वह है जो संगीत से बहुत आनंद प्राप्त करता है.

low लो **I.** *a.* (lower, lowest) **1.** नीचा, निम्न [forehead मस्तक, shore किनारा]; ~ building नीची इमारत[F]; ~ chair नीची कुर्सी[F]; ~ hill नीची पहाड़ी[F]; ~ land नीची ज़मीन; ~ windows नीची खिड़कियाँ; you can step over a ~ wall तुम नीची दीवार[F] लाँघ सकते हो; woman sing in high sounds and men in ~ औरतें ऊंचे और पुरुष निम्न स्वर में गाते हैं. **2.** नीच, क्षुद्र, अधम : he is a man of ~ nature वह ~ प्रकृति[F] का व्यक्ति है. [*ant.* high] ~ **manners** क्षुद्र आचार; ~ **born** अकुलीन, नीच कुलोत्पन्न. **3.** (in quality) निकृष्ट, घटिया : he made a very ~ supply last year पिछले साल उसने बड़ी घटिया आपूर्ति[F] की; he bought a radio of very ~ quality उसने बहुत ही घटिया किस्म[F] का रेडियो खरीदा; ~ colour घटिया रंग; ~ taste ~ रुचि[F]. **4.** मंद, धीमा, मद्धिम : ~ sound मंद ध्वनि; ~ **voice** मंद स्वर; ~ light ~ प्रकाश. **5.** कम : ~ price ~ कीमत[F]; ~ wages ~ मज़दूरी[F]. **6.** विनीत : to make a ~ bow झुककर प्रणाम करना, नतमस्तक हो जाना : he made a ~ bow to his teacher उसने अपने अध्यापक को झुककर प्रणाम किया. **7.** (in other contexts) ~ heat हल्की गर्मी[F]; ~ land निचली भूमि[F]; ~ spirits उदासी[F]; ~ **tide** भाटा : he felt very ~ वह उदास हो गया. **II.** *n*[u]. निम्न स्तर : the temperature reached a new ~ तापमान नये ~ तक पहुँच गया. **III.** *adv.* **1.** धीरे, आहिस्ता : speak ~ धीरे बोलो. **2.** कम कीमत[F] पर : we bought the grain ~ हमने ~ अनाज खरीदा. Δ **to lay** ~ धराशायी करना : to lay the enemy ~ शत्रु को ~; **to lie** ~ छिपकर बैठना : the enemy was lying ~ शत्रु धराशायी था. **IV.** *v.i.* रँभाना : a cow is ~ing गाय रँभा रही है. **lower** लो'अर **I.** *a.* **1.** निम्न [chamber सदन, jaw जबड़ा, lip ओठ, quality गुणवत्ता[F], status दर्जा]; ~ age limit ~ आयु सीमा[F]; ~ berth निचली शायिका; ~ caste निम्न जाति; he is a man of ~ caste वह ~ जाति का आदमी है. [*ant.* higher] **2.** न्यूनतर [pressure दबाव, value कीमत[F]]; we went down steps to a ~ room हम निचली मंज़िल[F] के कमरे में चले गये. **II.** *v.t.* **1.** नीचा करना, गिराना, झुकाना : to ~ the blinds of a window खिड़की[F] के परदे गिरा देना; ~ the bucket into the well to get some water पानी लाने के लिए बाल्टी[F] को कुएँ में गिराओ; they ~ed the boat into the water उन्होंने नाव[F] पानी में उतार दी; ~ oneself अपने को गिराना; ~ the flag झंडा नीचा कर देना; ~ the prices कीमतें[F] गिराना. **2.** घटाना, कम करना, घटना, कम हो जाना : to ~ the cost लागत[F] कम करना; to ~ smb's pride किसी का घमंड कम करना; his salary was ~ed उसका वेतन घटा दिया गया; the land has ~ed in value ज़मीन की कीमत[F] कम हो गई है. **3.** झुकाना : to ~ oneself झुकना, पतित होना. [*ant.* raise] **lowly** लो'लि *a.* दीन, दरिद्र : he is a poor and ~ man वह गरीब और दीन आदमी है. [*n.* lowliness]

loyal लॉइअल *a.* **1.** निष्ठावान्, वफ़ादार [dog कुत्ता, elephant हाथी, friend मित्र, subject प्रजा[F], wife पत्नी[F]]; the soldier had been ~ to the king till his death सैनिक मरते दम तक राजा का वफ़ादार बना रहा; we are ~ to our country हम अपने देश के प्रति निष्ठावान हैं. **2.** (in other contexts) ~ servant स्वामिभक्त नौकर; ~ citizen देशभक्त नागरिक [*ant.* dis~] **loyalty** लाइअल'टि *n*[c]. निष्ठा[F], वफ़ादारी[F] : you must not suspect his ~ तुम्हें उसकी निष्ठा पर शक नहीं होना चाहिए; oath of ~ निष्ठा की शपथ[F]. [*ant.* dis~]

l.p. low pressure.

Lt. Col. Lientenant Colonel.

Ltd. limited.

Lt. Gen. Lieutenant General.

lubricate लू'ब्रिकेट *v.t.* ओंगना, चिकनाना, तेल देना : to ~ a machine is to put oil or grease in it so that the parts may move more easily किसी मशीन[F] को ओंगना उसमें तेल या ग्रीस देना है जिससे उसके पुर्ज़े आसानी से चल सकें.

lucid लू'सिड *a.* **1.** (intelligible) सुबोध,

प्रांजल : he made a ~ explanation of the poem उसने कविता[F] की सुबोध व्याख्या[F] की. **2.** (clear, transparent) साफ़, स्वच्छ : ~ spring water चश्मे का ≈ पानी; ~ brain ≈ मस्तिष्क; ~ mind सुलझा हुआ मन. **3.** (calm) शांत : during ~ moments अपने ≈ क्षणों के दौरान. **4.** ~ style विशद शैली[F] : his style is a ~ literary style उसकी विशद साहित्यिक शैली है. [*n.* lucidity]

luck लॅक *n*[u]. भाग्य : I wish you good ~ मैं आपके अच्छे ≈ की कामना[F] करता हूँ; there is no way of knowing how to pick up a winning ticket, it is just ~ जीत[F] का टिकट कैसे चुना जाए यह जानने का कोई तरीका नहीं है, यह केवल ≈ है; by (good) ~ सौभाग्य से; it is all a matter of ~ यह केवल ≈ का खेल है; some people have good ~ कुछ लोगों का ≈ अच्छा होता है; we had the ~ to find him at home हम लोगों का ≈ था कि उन्हें घर पर ही पा गए; it was our bad ~ हमारा दुर्भाग्य था; it was a stroke of good ~ यह सौभाग्य का प्रभाव था; ~ was against him ≈ उसके विपरीत था; I had the ~ to know him मेरा सौभाग्य था कि मैं उसे जानता था; to try one's ~ ≈ आज़माना; he is off the ~ वह अभागा है; perhaps it will bring us ~ back शायद यह हमारा सौभाग्य पुनः लाए; to be in ~ भाग्यशाली होना; to be out of ~ भाग्यहीन या बदकिस्मत होना. **luckily** ल'किलि *adv.* सौभाग्य से : the rain was unexpected but ~ we had our rain coats with us बारिश[F] अप्रत्याशित आ गई परंतु ≈ से हमारे पास बरसातियाँ[F] थीं; ~ he passed the examination ≈ उसने परीक्षा[F] उत्तीर्ण कर ली; ~ I was not there ≈ मैं वहाँ नहीं था. [*ant.* un~] **lucky** लॅ'कि *a.* **1.** भाग्यवान्, खुशकिस्मत [candidate उम्मीदवार, examinee परीक्षार्थी, man आदमी]; he is a ~ fellow वह ≈ व्यक्ति है; a ~ person is one to whom smth pleasant happens by good fortune एक ≈ व्यक्ति वह है जिसको खुशकिस्मती[F] से सुखद बात[F] घटित हो जाए. **2.** शुभ, मंगलमय, मंगलकारी [day दिन, moment क्षण, stone रत्न]; it was ~ for you that he did not see you यह तुम्हारे लिए ≈ था कि उसने तुम्हें नहीं देखा. **3.** (fortuitous) दैवी : it was a ~ accident, there is no fault of yours यह ≈ घटना[F] थी, इसमें आपका कोई दोष नहीं है; ~ guess संयोगगत अनुमान.

ludicrous लू'डिक्रस *a.* **1.** हास्यास्पद : none can believe your ~ statement तुम्हारे ≈ कथन पर कोई विश्वास नहीं कर सकता. **2.** (absurd) बेतुका, बेहूदा : ~ question ≈ सवाल; ~ idea ≈ विचार.

luggage ल'गिज *n*[u]. सामान : ~ office ≈ घर; ~ van ≈ यान; the traveller's ~ consisted of a variety of cases, bags and trunks यात्रियों के ≈ में तरह-तरह की पेटियाँ, झोले और ट्रंक थे; we have not much ~ हमारे पास बहुत ≈ नहीं है; will you look after my ~? क्या आप मेरे ≈ की देखरेख[F] करेंगे ? to carry one's ~ to the station स्टेशन तक अपना सामान ले जाना; to have several pieces of ~ ≈ के कई नग होना; to open one's ~ अपना ≈ खोलना; the ~ was examined by the custom officers आयातकर अधिकारियों ने ≈ की जाँच[F] की; the personal ~ is allowed free of charge व्यक्तिगत ≈ के बिना किसी भाड़े के ले जाने की अनुमति होती है.

lukewarm लूक्'वार्म *a.* **1.** कुनकुना : ~ water; I do not like ~ soup मुझे ≈ सूप पसंद नहीं है. **2.** निरुत्साह : ~ person ≈ व्यक्ति; a ~ welcome was not expected ≈ स्वागत की आशा[F] नहीं थी; ~ support for an idea किसी विचार का ≈ समर्थन; ~ interest in smth किसी बात[F] में ≈ रुचि[F].

lull लॅल **I.** *v.t.i.* **1.** मिटाना, शांत हो जाना या करना : to ~ someone into a sense of security सुरक्षा-भावना[F] के संबंध में किसी को शांत करना; to ~ a child's fears बच्चे के भय को शांत करना; medicine ~s pain दवा[F] पीड़ा[F] को शांत करती है; to ~ a suspicion शंका-समाधान करना; the wind ~ed by the evening हवा[F] शाम तक शांत हो गई. **2.** सुलाना : to ~ a child to sleep बच्चे को ≈; mother tried her best to ~ the baby माँ ने बच्चे को सुलाने का भरसक प्रयास किया. **II.** *n.* **1.** (calm) शांति[F], सन्नाटा : a ~

before the storm or battle आँधी अथवा युद्ध से पहले का सन्नाटा. **2.** सन्नाटा, मंदी^{F} : ~ in business व्यवसाय में ≈. **3.** (in other contexts) a ~ in fighting लड़ाई में विराम; ~ in conversation बातचीत में चुप्पी^{F}.

lullaby लॅलॅ'बाइ' n^c. लोरी^{F} : mother sang a ~ to the baby माँ ने बच्चे को ≈ दी.

lump लॅम्प **I.** n^c. **1.** ढेला, पिण्ड : a ~ of clay मिट्टी^{F} का ≈; ~ of ice बर्फ़ का ≈; Mohan had a ~ on his head by hitting it against the door दरवाज़े पर टकराने से मोहन के सिर पर एक ≈ हो गया. **2.** (swelling) सूजन^F : a ~ on one's forehead माथे पर की ≈; the ~ on my arm is getting swollen मेरी बाँह की ≈ और सूज रही थी. **Δ to have a swollen ~ in** the throat गला रुँध जाना. **3.** (a person) गोबर-गणेश : he is not morethan a ~ वह ≈ से अतिरिक्त और कुछ नहीं है. **4.** ढेर : to sell smth in ~ किसी चीज़^{F} को थोक में बेचना. **II.** *v.t.i.* **1.** मिलाना : to ~ all the charges into one सभी आरोपों को एक कर देना; you can ~ all these things together तुम इन सब चीजों^{F} को एक में मिला सकते हो. **2.** एकत्र हो जाना : they had to ~ together to avoid danger ख़तरे से बचने के लिए उन्हें एकत्र होना पड़ा. **Δ in ~ sum** एकमुश्त : I paid the entire amount in a ~ sum मैंने सारी राशि^{F} ≈ अदा कर दी; how much money was given to him in ~ sum उसे ≈ कितना पैसा दिया गया था.

lunar लू'नर *a.* **1.** चांद्र : ~ month ≈ मास; ~ year ≈ वर्ष : Hijri, among Muslims, is a ~ year मुसलमानों में हिजरी वर्ष चांद्र वर्ष होता है; a ~ eclipse चंद्र-ग्रहण; a ~ month is from one new moon to the next new moon ≈ मास नए चाँद से लेकर आगामी नये चाँद तक होता है.

lunatic लू'नॅटिक **I.** *a.* n^c. **1.** पागल, बावला : ~ asylum पागलख़ाना; ~ behaviour पागलपन का व्यवहार; who was the ~ who gave the baby matches to play with वह कौन ≈ था जिसने बच्चे को खेलने के लिए माचिस दे दी; he is a ~ वह ≈ है. **2.** मूर्खतापूर्ण : ~ policy ≈ नीति^{F}. [*ant.* sane]

lunch लन्च **I.** *n.* दोपहर का भोजन : to invite someone to ~ किसी को ≈ पर आमंत्रित करना; to have/take ~ ≈ खाना. **II.** *v.i.* भोजन करना : they ~ed late today आज उन्होंने देर में भोजन किया.

lung लॅङ्ग n^c. फेफड़ा, फुप्फुस : inflammation of ~s फुप्फुस-शोथ; you have two ~s in your chest तुम्हारी छाती^{F} में दो फेफड़े हैं; gardens are ~s of a city बगीचे नगर के फेफड़े होते हैं.

lure ल्युअर **I.** n^c. **1.** प्रलोभन : the ~ of money धन का ≈; ~ of city life शहरी जीवन के ≈; ~ of hills and valleys पहाड़ियों^{F} और घाटियों^{F} का ≈. **2.** (bait) चारा : ~ to entrap a bird किसी पक्षी को फँसाने का ≈. **II.** *v.t.* लुभाना, बहकाना : you can ~ the mice by putting down a piece of food near their holes तुम चूहों को उनके बिल के पास भोजन का एक टुकड़ा रखकर लुभा/बहका सकते हो; her beauty ~d him उसकी सुंदरता^{F} ने उसे लुभा लिया.

lust लस्ट **I.** *n.* **1.** कामवासना^{F} : that ruffian had great ~ उस बदमाश में भारी ≈ थी. **2.** लालसा^{F}, लोभ : ~ for power शक्ति^{F} की लालसा; ~ for money धन की लालसा. **II.** *v.t.* लालायित होना, ललकना : to ~ for honour सम्मान के लिए ललकना.

lusture लस्'टर n^u. चमक-दमक^F : ~ on a saint's face किसी संत के चेहरे पर की ≈; to give ~ to something किसी चीज़ को चमकाना.

lusty लस्'टि *a.* हृष्ट-पुष्ट, मोटा-ताज़ा : you cannot knock him down, he is a ~ fellow तुम उसे पटक नहीं सकते, वह ≈ व्यक्ति है. [*ant.* weak]

luxuriant लग्ज़्युअ'रिअन्ट *a.* **1.** अत्यधिक फैलने वाला : grass is ~ this season इस बार घास बहुत फैली है. **2.** ~ style अत्यलंकृत शैली^{F}. **3.** ~ growth प्रचुर विकास. **luxurious** लग्ज़्युअ'रिअस *a.* **1.** राजसी, ठाठदार [car कार^F, food भोजन, hotel होटल, life जीवन, nature प्रकृति^{F}]. **2.** विलासप्रिय : perhaps you will not believe that my friend is so ~ शायद तुम विश्वास नहीं करोगे कि मेरा मित्र इतना ≈ है. **luxury** लक्'शरि n^c. (luxuries) **1.** ऐयाशी^{F}, (भोग-) विलास [goods वस्तुएँ, tax कर]; only the rich can live in ~ केवल धनी व्यक्ति ≈ में रह सकते हैं; life of ~ विलासिता^{F} का जीवन; we cannot afford such luxuries हम इतना ऐशो आराम नहीं पा सकते; he left all his luxuries उसने अपने सभी ऐशो-आराम त्याग दिए. **2.** सुख, विलास : the ~ of a long holiday abroad विदेश में लंबी छुट्टियों का सुख; grapes in winter are a ~ सर्दियों में अंगूर विलास की वस्तु^{F} होते हैं.

l.w.p. leave without pay.

-ly *suff.* **1.** makes adverbs : hastily, briefly, sincerely, merrily, neatly, quickly, properly etc. **2.** makes adjectives : friendly, daily, hourly, monthly, weekly, yearly, heavenly, lively, mainly, sickly.

lying लाइ'इङ्ग **I.** *a.* **1.** लेटा हुआ : Seth was ~ in bed सेठ बिस्तर पर ≈ था. **2.** झूठ बोलने वाला : he is not right, he is ~ वह सही नहीं कहता, झूठ बोलता है. **II.** n^u. झूठ बोलना : I dislike ~ मुझे ≈ नापसंद है.

lyric लि'रिक **I.** *a.* गीतात्मक : ~ poetry गीतिकाव्य. **II.** n^c. (lyrical poem) प्रगीत, गीति^{F}.

M, m

ma मा *n.f.* mamma माँ, मम्मी : that boy calls his mother ~ वह लड़का अपनी माँ को मा कहकर पुकारता है.

M.A. ऍम ए *n*^c^. एम० ए०, अधिस्नातक : she is ~ in philosophy वह दर्शनशास्त्र में एम० ए० है.

ma'am मैम *n.f.* = madam *q.v.* मेम साहब.

mac मैक *n*^c^. = mackintosh it is raining, take your ~ with you बारिश^F^ हो रही है, अपना बरसाती कोट साथ ले चलो.

macaroni मैकॅ रो'नि *n.* (*pl.* -is, -ies) खोखली सेवई^F^, मैकरोनी : I ate two ~s cooked with tomatoes मैंने टमाटर के साथ पकाई गई दो मैकरोनियाँ खाईं.

machine मशीन' **I.** *n*^c^. कला^F^, यंत्र, मशीन^F^ [simple सरल, complicated जटिल, heavy भारी, automatic स्वतःचालित]; the ~ runs well ≈ अच्छी चलती है; our ~ has gone wrong हमारी ≈ बिगड़ गई है, a ~ of ours broke down हमारी एक मशीन टूट गई; mowing, sewing, washing ~ घास^F^ काटने की, सिलाई^F^ की, धुलाई^F^ की ≈; the ~ was repaired ≈, की मरम्मत^F^ की गई; stop your ~ अपनी ≈ बंद करो; ~ civilization यांत्रिक सभ्यता^F^; ~ tools मशीनी औज़ार **II.** *v.i.* मशीन^F^ से बनाना : you may ~ curtains or sew them by hand आप ≈ से परदे बना/सी लें या हाथ से सी लें.

machinery मशी'नरि *n*^u^. **1.** यंत्र, कल-पुरज़े [expensive महंगे, modern आधुनिक, new नये]; the ~ of a cloth mill कपड़ा मिल के ≈; to oil the ~ यंत्रों/कल-पुरज़ों में तेल देना; so many articles are made by ~ इतनी सारी चीजें^F^ मशीनों से बनती हैं. **2.** (working) तंत्र : ~ of the government सरकारी ≈. **3.** processes कार्यप्रणाली^F^ : ~ of an institution किसी संस्था^F^ की ≈.

mackintosh मैं'किनटश *n*^c^. बरसाती कोट : have a ~ or umbrella when you go out in the rain बारिश^F^ में बाहर जाओ तो ≈ या छाता ले चलो.

mad मैड *a.* **1.** (insane) पागल [dog कुत्ता, man आदमी, woman औरत]; he went ~ after the death of his son अपने बेटे की मृत्यु^F^ के बाद वह ≈ हो गया; have you gone ~ तुम क्या ≈ हो गए हो ? he was ~ with joy वह खुशी^F^ से पागल हो रहा था. **2.** (very angry) अत्यंत क्रुद्ध/गुस्से : he was ~ at/with me for spoiling his shirt उसकी कमीज़^F^ खराब कर देने पर वह मुझ पर/से बहुत गुस्से हुआ. **3.** (foolish) मूर्खतापूर्ण [desire इच्छा^F^, idea विचार, plan योजना^F^, thing बात^F^] **4.** (having a great liking) दीवाना, लट्टू : he is ~ about that girl वह उस लड़की पर ≈ है; she was ~ about her new clothes वह अपने नये कपड़ों पर लट्टू थी. [*ant.* 1, 3 'sane']

Mad, Madam मै'डम *n*^c^. (*pl.* madams, meadames मे डैम') महोदया : ~ Sonia, please don't worry सोनिया महोदया, कृपया चिन्ता^F^ न करें; excuse me, ~ ≈ क्षमा^F^ कीजिए; may I help you, ~ ≈, क्या मैं आपकी सहायता कर सकता हूँ ?

madden मै'डन **I.** *v.t.* पागल कर देना : the old man was ~ed by worries बूढ़े आदमी को चिंताओं ने पागल कर दिया. **II.** *v.i.* पागल हो जाना : the boy ~ed a month after the mad dog bit him पागल कुत्ते से काटे जाने के एक महीने बाद लड़का पागल हो गया.

mad *v.t.* (*p.* and *pp.* of 'make' *q.v.* बनाया, किया, etc. mother made a cake for me माँ ने मेरे लिए केक बनाया; paper is made in this mill इस मिल^F^ में काग़ज़ बनता है; I made a mistake मैंने ग़लती की. [*as distinct from* maid]

madness मैड'निस *n*^u^. उन्माद, पागलपन [dangerous ख़तरनाक, religious धार्मिक, temporary अस्थाई, violent हिंसात्मक]; fits of ~ ≈ का दौरा : to cause, cure one's ~ किसी का ≈ पैदा करना, ठीक कर देना [*ant.* sanity]

mag. magazine मैग, मैगॅज़ीन' n^c. **1.** (a publication) पत्रिका^{F} [monthly मासिक, quarterly त्रैमासिक, weekly साप्ताहिक]; children's ~ बच्चों की ≈; [English अंग्रेज़ी, illustrated सचित्र, literary साहित्यिक]; to publish, read a ~ कोई ≈ प्रकाशित करना, पढ़ना; this ~ contains articles on various subjects इस ≈ में विविध विषयों पर लेख होते हैं. **2.** (a storehouse for guns, etc.) शस्त्रागार ammunition and explosives, are kept in a ~ बारूद और स्फोटक पदार्थ ≈ में रखे जाते हैं.

magic मै'जिक n^u. (charm) जादू, टोना : black ~ अभिचार, जादू, वशीकरण; natural ~ भूत-प्रेतों पर जादू : white ~ उपचारी जादू, इंद्रजाल; ~ circle जादुई घेरा; ~ wand जादुई छड़ी^{F}; the ~ of her smile उसकी मुस्कराहट^F का जादू; it appeared that the boy was killed by ~ लगता था कि लड़का जादू से मारा गया; she is seriously ill, only ~ can cure her वह गंभीर रूप से बीमार है, केवल जादुई इलाज ही उसे ठीक कर सकता है; note the ~ of his speech उसकी वाणी^{F} के जादू पर ध्यान दो. **magical** मै'जिकल *a.* जादुई, ऐंद्रजालिक [power शक्ति^{F}, effect प्रभाव]; ~ practice/rites जादू-टोना' **magician** मॅ जि'शन n^c. जादूगर : the magician pulled a rabbit from his empty top hat अपने सिर की खाली चोटीदार टोपी में से ≈ ने एक खरगोश निकाला; the ~ in the fairy story turned the woman into a toad परियों की एक कहानी में ≈ ने एक औरत को भेक बना दिया.

magistrate मै'जिस्ट्रेट n^c. मजिस्ट्रेट, दण्डाधिकारी [chief मुख्य, district ज़िला, honorary अवैतनिक, local क्षेत्रीय, presiding पीठासीन]; the chairman of the Board was a ~ बोर्ड का चेयरमैन एक ≈ था; the police took the law breakers to the city ~ पुलिस^F कानून भंग करने वालों को नगर ≈ के पास ले गई; she was brought before the ~ for trial of offence उसे ≈ के सम्मुख अपराध पर विचार के लिए लाया गया; the ~ dismissed the appeal of the convict ≈ ने अपराधी की अपील ख़ारिज कर दी; to plead a case before a ~ ≈ के सम्मुख मुकदमे की पैरवी करना; the ~ remanded the accused on the application of the police ≈ ने पुलिस^F के आवेदन पर अभियुक्त को हवालात^F में वापस भेज दिया; the bail was allowed by the ~ on two sureties ≈ ने दो जमानतदारों की जमानत^F मंजूर कर ली. [*a.* magisterial]

magnet मैग्'निट n^c. चुंबक : if a piece of iron is a ~ it will pull other pieces of the iron to it यदि लोहे का एक टुकड़ा चुंबक है, यह लोहे के अन्य टुकड़ों को आकर्षित करेगा; if a ~ is suspended by a thread or balanced on a point, its ends will point north-south यदि एक ≈ को धागे से लटका दें और उसे एक बिंदु पर संतुलित किया जाए, तो वह उत्तर-दक्षिण दिशा^{F} का संकेत करेगा. [*a.* magnetic]

magnificence मैग्नि' फिसन्स n^u. वैभव, शान^F, शोभा^{F}, ठाटबाट : ~ of the royal court शाही दरबार का ठाट-बाट. **magnificent** मैग् नि'फिसन्ट *a.* शानदार, भव्य, ठाठदार [apartment कमरा, city शहर, furniture फर्नीचर, jewels आभूषण, picture चित्र, temple मंदिर, view दृश्य]; the scouts look ~ बालचर शानदार लगते हैं; a ~ sunset भव्य सूर्यास्त; the palace is ~ महल शानदार है; the ~ play of the team टीम^F का शानदार खेल; there were some ~ buildings in New York न्यूयार्क में कुछ ≈ इमारतें^{F} थीं; everyone praised his ~ bowling सभी ने उसकी शानदार गेंदबाजी^{F} की सराहना^{F} की.

magnify मैग्'निफ़ाइ *v.t.* (-fies, -fied) **1.** (exaggerate) बढ़ाना, अतिरंजित करना, बढ़ाचढ़ाकर कहना : to ~ a rumour for one's own importance अपने महत्व के लिए अफ़वाह को बढ़ाचढ़ाकर फैलाना; he always magnifies his achievements, troubles, अपनी उपलब्धियों^{F}, अपने कष्टों को वह हमेशा बढ़ा-चढ़ाकर कहता है. **2.** (phys.) बड़ा करना, आवर्धन करना, आवर्धित करना : to ~ by means of lens लेंस द्वारा आवर्धित करना; microscope magnifies a scene सूक्ष्मदर्शी

(ख़ुर्दबीन) दृश्य को बड़ा आवर्धित कर देती है, if you ~ anything it appears to be bigger than it really is यदि तुम किसी चीज़ को आवर्धित करो तो यह बड़ी दिखाई देती है.

magnitude मैग्'निट्यूड *n*ᶜ. **1.** (greatness) महत्त्व, महत्ता^F : it is a problem of some ~ यह कुछ महत्त्वपूर्ण समस्या^F है; a medical discovery of the first ~ अत्यन्त महत्त्व की चिकित्सकीय खोज; ~ of an achievement किसी उपलब्धि^F की महत्ता. **2.** (extent) विस्तार : the ~ of London लंदन का ≈. **3.** (size) आकार : a star of great ~ बड़े ≈ का तारा.

maid मेड *n*ᶜ. *f.* कुमारी, कुमारिका, अविवाहिता [bold साहसी, careless लापरवाह, modest नम्र, shy लज्जालु]. **2.** (~ servant) चेरी, नौकरानी [expert कुशल, humble विनम्र, rustic देहाती]; she worked as a maid in his house वह उसके घर में ≈ के रूप में काम करती थी; the landlady had her own ~ मकान-मालकिन^F की अपनी निजी ≈ थी; they needed a ~ to take care of the child बच्चे की देखभाल^F करने के लिए उन्हें ≈ की आवश्यकता^F थी; Mrs. Vikram's ~ brought in tea श्रीमती विक्रम की ≈ चाय^F ले आई; I decided to keep only one ~ मैंने केवल एक ≈ रखने का निश्चय किया. [*as distinct from* made, *masc.* lad].

maiden मे'डन **I.** *n*ᶜ., कुमारी, कुँवारी लड़की : she is still a ~ वह अब भी ≈ है. **II.** *a.* **1.** अविवाहिता : ~ woman ≈ स्त्री; ~ name कुँआरेपन का नाम. **2.** (first) प्रथम : ~ journey ≈ यात्रा^F; Pt. Jawahar Lal Nehru gave his ~ speech in Allahabad पं० जवाहरलाल नेहरू ने इलाहाबाद में अपना पहला भाषण दिया.

mail मेल **I.** *n*ᵘ. **1.** डाक^F : the postman brings the ~ डाकिया डाक लाता है; please answer by return of ~ कृपया वापसी ≈ से जवाब दें; the ~ arrived late in the office this morning आज सुबह^F ≈ कार्यालय में देर से पहुँची; the ~ has been sorted ≈ छँट गई है; who has opened my ~ मेरी ≈ किसने खोली है? I shall send the books by ~ मैं ≈ से पुस्तकें भेज दूंगा; a ~ van carries letters डाकगाड़ी^F पत्र लाती है. ~ **bag** डाक-थैला : the postman carries a ~ bag on his back डाकिया डाक का थैला अपनी पीठ^F पर उठा ले जाता है; **air** ~ हवाई ≈. **2.** (train) डाक गाड़ी^F : the ~ was late ≈ देर से आने को थी; he travelled by the ~ from Mumbai उसने मुंबई से ≈ से यात्रा की. **3.** (armour) कवच : heavy ~ भारी ≈; the soldiers had their ~s सिपाहियों के ≈ होते थे. **II.** *v.t.* **1.** डाक में डालना, डाक से भेजना : to mail a letter is to send it by post पत्र डाक में डालना, इसे डाक से भेजना है. **2.** कवच पहनाना : ~ a soldier सैनिक को ≈. [*as distinct from* male]

main मेन **I.** *a.* **1.** मुख्य, प्रमुख [city शहर, clause वाक्यांश, events घटनाएँ, meeting मीटिंग^F, place स्थान, question प्रश्न, stream धारा^F]; the ~ character in the drama नाटक का ≈ पात्र; the ~ thing is to get started ≈ बात यह है कि इसे प्रारंभ किया जाय; that is our ~ aim यह हमारा ≈ उद्देश्य है; ~ street of a city शहर की ≈ गली^F; the ~ reason for doing smth. कुछ करने का ≈ कारण; ~ portion of the building इमारत का ≈ भाग; send the message to the ~ office समाचार/संदेश प्रधान कार्यालय को भेजो; I have finished the ~ part of my letter मैंने अपने पत्र का ≈ भाग समाप्त कर लिया है. **2.** अधिकांश : ~ body of the army सेना^F का ≈ कलेवर. **3.** ~ **chance** अपना हित : you mind your ~ chance तुम अपने हित की चिंता^F करो. **4.** बड़ा : ~ **line** बड़ी लाइन^F; ~**road** बड़ी सड़क. **II.** *n*ᵘ. **1.** बल : to do something with might and ~ is to do it with all your strength किसी बात^F को पूरा बल लगाकर करना उसे पूरी शक्ति^F के साथ करना होता है. **2.** मुख्य लाइन^F switch off the ~ ≈ बंद कर दो; the ~ of water pipe पानी के पाइप की ≈. **Δ in the** ~ मुख्यत: the facts are correct in the ~ ≈ तथ्य सही हैं; they were young people in the ~ ≈ वे युवा लोग थे.

mainly मेन'लि *adv.* मुख्यत: this school is ~ for boys यह स्कूल मुख्य रूप से लड़कों के लिए है; she was ~ to blame दोष ≈ उसका

था; many eastern people live ~ on rice बहुत-से पूर्वी प्रदेशों के लोग ≈ चावल पर गुजारा करते हैं; our army is ~ composed of Indians हमारी सेना ≈ भारतीयों से गठित है.

maintain मेन् टेन' *v.t.* बनाए रखना, कायम रखना : to ~ one's innocence अपनी निर्दोषता ≈; to ~ a good reputation सुख्याति ≈. **2.** चालू रखना, करते रहना: to ~ a hospital अस्पताल चालू रखना; to ~ a quarrel झगड़ा करते रहना. **3.** (affirm) दावा करना, दृढ़तापूर्वक या निश्चयपूर्वक कहना : I still ~ that I was right मैं अब भी दृढ़तापूर्वक कहता हूँ कि मैं सही था; to ~ one's claim अपना दावा दृढ़तापूर्वक पेश करना. **4.** (to provide livelihood) भरण-पोषण करना, खर्च चलाना या देना : he is too poor to ~ his children well वह इतना गरीब है कि अपने बच्चों का भरण-पोषण नहीं कर सकता; ~ oneself अपना ≈. **5.** (defend) की रक्षा करना : ~ one's rights अपने अधिकारी की ≈. 6. (keep up) अच्छी हालत में रखना : to ~ a car, road कार^F, सड़क^F को ≈. **7.** (support) समर्थन करना : to ~ a cause किसी पक्ष का ≈. **maintenance** मेन्'टॅनन्स n^u. **1.** (sustentation) पालन, भरण-पोषण : a deserted wife's claim for ~ एक परित्यक्ता पत्नी का भरण-पोषण का दावा. **2.** निर्वाह-व्यय : how much ~ does she get वह कितना ≈ पाती है? **3.** (keep in working order) अनुरक्षण, रख-रखाव : ~ of forces सेना^{F} का ≈; ~ of machinery मशीनरी^{F} का ≈; the ~ of home was very costly घर का रख-रखाव बहुत खर्चीला था. **3.** (support) समर्थन : ~ of a cause किसी पक्ष का ≈.

maize मेज़ n^u. मकई^F, मक्का [green हरा, ripe पका]; ~ plant ≈ का पौधा; India produces much ~ भारत बहुत ≈ उत्पन्न करता है.

Maj. Major.

majestic मॅजें'स्'टिक *a.* शानदार, राजसी, शाही, ठाठदार [building इमारत^F, figure आकृति^{F}, sight दृश्य]; the lion is a ~ animal शेर एक ≈ पशु है. **majesty** मै'जस्टि n^u. **1.** (grandeur) प्रताप, ऐश्वर्य, विभूति^{F} : the ~ of Himalayas हिमालय का ऐश्वर्य. **2.** (sovereignty) राजसत्ता^{F}, प्रभुत्व : the ~ of the law कानून का ≈; the ~ of King George किंग जार्ज की राजसत्ता. **3.** राजा, रानी, महाराजा : His M~ the King महामहिम राजा; we hope to see her ~ हम महीयसी राज्ञी से मिलने की आशा^{F} करते हैं.

Maj. Gen. Major General.

major मे'जर **I.** *a.* **1.** मुख्य: ~ powers मुख्य राष्ट्र; ~ problem ≈ समस्या^{F}. **2.** भारी, बड़ा [industry उद्योग, operation आपरेशन, repair मरम्मत^F]; ~ works बड़े-बड़े निर्माण-कार्य; the work of ~ importance बड़े महत्त्व का काम; the ~ part of this building is beyond your possession इस इमारत^F का एक बड़ा भाग तुम्हारे कब्ज़े के बाहर हैं. **3.** अधिकांश : the ~ part of his life उसके जीवन का ≈ भाग; the ~ part of the crowd cheered भीड़^{F} के ≈ लोगों ने ताली^{F} बजाई. **4.** वयस्क, बालिग : he is now a major, not minor वह अब ≈ है, नाबालिग नहीं. [*ant.* minor] n^c. **1.** प्रधान, प्रमुख. **2.** M~ (army) मेजर [brave बहादुर, sincere ईमानदार, strict सख़्त]; he is a ~ in the army वह सेना^{F} में ≈ है; a ~ is senior to a captain मेजर कप्तान से बड़ा होता है. **majority** मॅ जॉ'रिटि n^u. **1.** अधिकांश : the ~ of the boys passed in the first attempt ≈ लड़के पहले ही प्रयास में सफल हो गए; the ~ of them agreed उनमें से ≈ सहमत हो गए; the ~ of the children here speak English यहाँ के अधिकतर बच्चे अंग्रेज़ी बोलते हैं; in the ~ of cases he failed ≈ मामलों में वह असफल हो गया. **2.** (in voting) बहुमत : absolute ~ पूर्ण ≈; ~ government ≈ सरकार; to be in the ~ बहुसंख्यक होना; they were in ~ वे ≈ में थे; he was elected by a large ~ वह अधिक ≈ से चुना गया; we won by a ~ of 49 votes हम 49 वोटों के ≈ से जीते. **3.** (age) वयस्कता^{F}, बालिग़ी^{F} : he has attained his ~ उसने अपनी वयस्कता प्राप्त कर ली है (वयस्क हो गया है). [*ant.* minority]

make मेक **I.** *v.t.i.* (*p.* & *pp.* made) बनाना, बनना, तैयार करना, निर्माण करना, उत्पन्न करना

[hastily जल्दी से, regularly नियमित रूप से]; to ~ a chair कुर्सी बनाना; let us ~ a model of an aircraft हम हवाई जहाज़ का माडल तैयार करें; we shall have to ~ it best हमें इसे सर्वोत्तम बनाना होगा; ~ me a cup of tea मेरे लिए एक कप चाय^F बनाओ; to ~ laws, rules कानून, नियम बनाना; you cannot ~ such beautiful things तुम ऐसी सुंदर वस्तुएँ नहीं बना सकते; it ~s me sad यह मुझे दुखी बनाती है (इससे मैं दुःखी होता हूँ); she will ~ a good wife वह एक अच्छी पत्नी बनेगी. **2.** (do) करना : you must ~ the room clean तुम्हें कमरा साफ़ करना ही चाहिए; if you ~ hurry, you may attain your aim यदि तुम जल्दी करो तो अपना लक्ष्य पा सकते हो; to ~ an attempt कोशिश^F ≈; he made a mistake उसने गलती^F की; to ~ a noise शोर करना^F; to ~ peace सुलह^F ≈; ~ ready तैयार ≈; ~ haste जल्दी करो; to ~ sure निश्चय करना; to ~ trouble झगड़ा करना/कराना; ~ war युद्ध करना. **3.** कमाना, बनाना : to ~ money पैसा बनाना/कमाना; he is making fifty rupees a day वह पचास रुपये रोज़ाना कमा रहा है; he is making his living वह रोज़ी-रोटी^F कमा रहा है. **4.** समझना : the match was not so bad as you ~ it मैच इतना ख़राब न था जितना तुम समझते थे. Δ **to ~ little of smth** किसी वस्तु^F/बात^F को तुच्छ समझना. **5.** (cause to do) she made the boy go to bed उसने लड़के को सुलाया; he made him do this उसने उससे यह कराया/करवाया; I made him drink it मैंने उसे पिलाया; if Bir does not wish to come we must ~ him यदि बीर नहीं आना चाहता तो हम उसे लिवाएंगे ही. **6.** (amount to) के बराबर होना : two and two ~ four दो और दो चार (के बराबर) होते हैं. Δ **to ~ amends for** पूरा करना : you will have to ~ amends for my loss तुम्हें मेरे नुकसान को पूरा करना होगा; **to ~ believe** बहाना, ढोंग बनाना : the thieves made believe that they were guests चोरों ने बहाना बनाया कि हम मेहमान हैं. **to ~ the best of smth** पूरा-पूरा लाभ उठाना : now that you have a scooter, ~ the best/most of it in your business अब जबकि तुम्हारे पास स्कूटर है, अपने व्यवसाय में इसका पूरा-पूरा लाभ उठाओ; **to ~ certain** आश्वस्त हो जाना : ~ certain that the facts are right आश्वस्त हो जाओ कि तथ्य सही हैं; **to ~ clean breast of** अपराध स्वीकार करना : Rajesh made a clean breast of his crime and I excused him राजेश ने अपना अपराध स्वीकार कर लिया और मैंने उसे माफ़ कर दिया; **to ~ one's escape** भाग निकलना, खिसक जाना : when the police arrived the culprit made his escape जब पुलिस^F पहुँची, तो अपराधी भाग निकला; **to ~ an example of smb** दंड देकर उदाहरण बनाना : I shall teach him a lesson and ~ an example of him मैं उसे सबक सिखाऊंगा और दंड देकर उसका उदाहरण बनाऊंगा; to ~ a face at smb किसी को मुँह चिढ़ाना; **to ~ one's fortune** बहुत पैसा कमाना : his new business has given him a chance to ~ his fortune उसके नये व्यवसाय ने उसे बहुत पैसा कमाने का अवसर दिया; **to ~ free with smb** किसी से खुला व्यवहार करना : after some time the servant made free with his master कुछ समय बाद नौकर मालिक से खुला व्यवहार करने लगा; **to ~ friends with smb** मित्र बनाना : it is good to ~ friends with as many persons as you can बहुत-से व्यक्तियों को मित्र बनाना अच्छा है जितने हो सकें; ~ **fun of** मज़ाक उड़ाना : they ~ fun of strangers वे अजनबी आदमी का मज़ाक उड़ाते हैं; **to ~ fuss** दिखावा करना : do not ~ fuss of what you are जो कुछ तुम हो उसका दिखावा मत करो; **to ~ good** पूरा करना : please make good the loss of your health कृपया अपनी स्वास्थ्य की हानि^F को पूरा करो; **to ~ headway** प्रगति^F करते जाना, बढ़ना : he has made no satisfactory headway in studies उसने अध्ययन में संतोषजनक प्रगति नहीं की है; ~ **little of** तुच्छ समझना : he ~s little of his friend's achievement वह अपने मित्र की उपलब्धि^F को तुच्छ समझता है; **to ~ a living** रोज़ी कमाना he has a job enough to ~ a living उसे रोज़ी कमाने के

लिए पर्याप्त काम है; to ~ love to प्रेम प्रस्ताव किया: S made a love to Miss R स ने कुमारी र से प्रेम-प्रस्ताव करना; **to ~ a mark** नाम पैदा करना : Rajesh made his mark by obtaining the highest marks in the college राजेश ने कॉलेज में सबसे अधिक अंक प्राप्त, करके नाम पैदा किया; to ~ mischief उपद्रव मचाना, शरारत[F] करना; to ~ the most of अधिक-से-अधिक लाभ उठाना : good boys ~ the most of their time अच्छे लड़के अपने समय का अधिक-से-अधिक लाभ उठाते हैं; **to ~ a mountain of a molehill** तिल का ताड़ बनाना : it was an ordinary affair but he made a mountain of a molehill and lost temper यह एक साधारण-सा मामला था, लेकिन उसने तिल का ताड़ बना दिया और गुस्से में आ गया; **to ~ smb's mouth water** मुँह में पानी भर लाना : the sight of ice cream ~s my mouth water आइसक्रीम देखकर मेरे मुँह में पानी भर आता है; **to ~ much of** महत्व देना : you have made much of your achievements in sports तुमने खेल में अपनी उपलब्धियों[F] को बहुत महत्व दिया है; **to ~ a name** नाम कमाना, नाम पैदा करना : he has made a name in criminal law उसने अपराध कानून में नाम पैदा किया है; **to ~ neither head nor tail** कुछ भी न समझ पाना : the teacher was speaking so fast that his students could make neither head nor tail of what he said अध्यापक इतना तेज़ बोल रहे थे कि छात्र कुछ भी न समझ सके कि वे क्या कह रहे थे; **to ~ place/room** स्थान बनाना : please ~ room for me कृपया मुझे जगह दो; **to make short work of** झटपट खत्म कर देना : he made a short work of toffees उसने टाफियाँ[F] झटपट खत्म कर दीं; (proportional phrases) ~ **after** पीछा करना : the police made after the thieves पुलिस ने चोरों का पीछा किया; ~ **away** with smb or smth किसी को मार डालना, कोई चीज[F] उड़ा ले जाना; ~ **for** (a place) की ओर चल पड़ना : he with his friends made for the hotel वह अपने मित्रों के साथ होटल की ओर चल पड़ा; the ship is making for the coast जहाज़ किनारे की ओर चल रहा है; ~ **of** समझना : I could not ~ anything of his speech मैं उसका भाषण कुछ भी न समझ सका; ~ **off** भाग जाना : the boy made off when I called his name जब मैंने लड़के का नाम पुकारा तो वह भाग गया; ~ **off with** चुरा/उठा ले जाना : the thief made off with my suitcase चोर मेरा सूटकेस चुरा ले गया; ~ **smth out** (i) लिखना; पढ़ पाना : ~ out a cheque चेक लिखना; can you ~ out what he has written क्या तुम पढ़ सकते हो जो कुछ उसने लिखा है? (ii) समझना : can you ~ out what he says क्या तुम समझ सकते हो कि वह क्या कहता है? we could not ~ out what he wanted हम नहीं समझ सके कि वह क्या चाहता है; to ~ out the meaning अर्थ समझना; the poem was so difficult that the students could not ~ out anything कविता[F] इतनी कठिन थी कि छात्र कुछ नहीं समझ सके; ~ **up** (i) बनाना/गढ़ना : the whole story was made up पूरी कहानी[F] गढ़ी हुई थी; (ii) पूरा करना, कसर निकालना : the train is too late, it cannot ~ up the time now रेलगाड़ी[F] बहुत विलंब से चल रही है अब वह अपना समय पूरा नहीं कर सकती; ~ **up a quarrel** झगड़ा करना/कराना; **to ~ up a loss** हानि[F] पूरी करना; to ~ up time समय पूरा करना; **to ~ up one's mind** निश्चय करना : I have made up my mind to help you मैंने आपकी सहायता[F] करने का निश्चय किया है. **II.** *n*[u]. बनावट[F], गठन : the ~ of our body हमारे शरीर का गठन. **2.** (sort) प्रकार : such a ~ of products उत्पादों का ऐसा ≈. **3.** (manufacture) निर्माण : these blades are an Indian ~ ये ब्लेड भारतीय ≈ के हैं. **maker** मे'कर *n*[c]. बनाने वाला, निर्माता, रचयिता : a dress-maker is someone who makes ladies clothes पोशाक-निर्माता वह है जो महिलाओं के कपड़े तैयार करता है; ~ 's brand निर्माता की छाप[F]; the Maker सृष्टिकर्ता : by ~ I mean god निर्माता से मेरा मतलब है ईश्वर. [*ant.* un ~]

makeshift मेक्'शिफ्ट **I.** *a.* कामचलाऊ : the box will serve as a ~ chair संदूक ≈ कुर्सी

का काम देगा; ~ arrangement ≈ व्यवस्था[F]. II. *n.* कामचलाऊ वस्तु[F] : as there was no proper stage in the hall, he had to use a desk as ~ हाल में कोई स्टेज न होने के कारण उसे एक डेस्क को ≈ वस्तु के रूप में प्रयोग करना पड़ा.

make-up मेक्'अप *n.* **1.** बनावट[F], रचना[F] : ~ of a human body मानव शरीर की ≈. **2.** बनाव, शृंगार : the lady's ~ किसी महिला का बनाव-शृंगार.

mal- मैल *pref.* कु-, दु: ~adjustment अनमेलपन; ~ administration कुशासन, बदइंतज़ामी[F]; ~ distribution कुवितरण. ~ formation, ~ practice, ~ treatment.

malafide मे'लफ़ाइडि *a.* **1.** (person) बदनीयत. **2.**बुरा, दुर्भावपूर्ण [behaviour व्यवहार, intention इरादा]. **3.** जाली, कपटपूर्ण : all his activities were found to be ~ उसके सभी कार्यकलाप ≈ पाये गए.

malaria मॅ लेअ'रिआ *n*[u]. मलेरिया, शीतज्वर, जूड़ी, फ़सली बुखार : he has been suffering from ~ since Tuesday वह मंगलवार से ≈ पीड़ित है; ~ is caused by mosquito bites ≈ मच्छरों के काटने से होता है.

male मेल **I.** *a.* **1.** नर [animals जानवर, birds पक्षी, human being मानव-प्राणी]; bulls, lions and tigers are ~ animals साँड, शेर और चीते ≈ जातीय जानवर हैं; ~ buffalo भैंसा. **2.** पुरुष : ~ compartment पुरुषों के लिए डिब्बा; ~ line ≈ परंपरा; ~ ward ≈ वार्ड. [*ant.* female] **II.** *n*[c]. नर, पुरुष : I am the only ~ here that has not gone hunting मैं यहाँ अकेला पुरुष हूँ जो शिकार के लिए नहीं गया; males are more active than females स्त्रियों की अपेक्षा पुरुष अधिक सक्रिय होते हैं; there were no ~s present वहाँ कोई पुरुष उपस्थित नहीं था. [*as distinct from* mail, *fem*. female].

malice मै'लिस *n.* दुर्भाव, दुर्भावना[F], द्वेष, विद्वेष [brutal जघन्य, harmless हानि रहित, hidden छिपा]; I bear you no ~ for your neglect तुम्हारी उपेक्षा[F] के लिए मुझमें कोई दुर्भावना नहीं है. [*ant.* goodwill]. **malicious** मॅलि'शस *a.* **1.** विद्वेषपूर्ण, दुर्भावनापूर्ण [laugh हँसी, proceedings कार्यवाही[F]]; ~ act ≈ कार्य; ~ person ≈ व्यक्ति; to be ~ to smb किसी से विद्वेष करना. **2.** (mischievous) नटखट [boy लड़का, enemy शत्रु, friend मित्र]; she is too ~ to be civilized वह इतनी नटखट है कि कभी सभ्य नहीं हो सकती.

malnutrition मैलन्यूट्रि'शन *n*[u]. कुपोषण : the poor suffer from ~ गरीब लोग ≈ से पीड़ित रहते हैं.

malpractice मैल् प्रैक्'टिस *n*[c]. अनाचार, भ्रष्टाचार, बेईमानी[F] : a doctor was found guilty of ~ एक डाक्टर ≈ का दोषी पाया गया.

maltreat मैल् ट्रीट' *v.t.* दुर्व्यवहार करना, अत्याचार करना : you should not ~ neighbours, servants तुम्हें अपने पड़ोसियों, नौकरों से दुर्व्यवहार नहीं करना चाहिए.

mamma मॅ'मा *n*[c]. अम्मा, माँ : he is his ~'s darling वह अपनी माँ का दुलारा है.

mammoth मै'मथ **I.** *a.* **1.** विशालकाय : a ~ elephant एक ≈ हाथी. **2.** विशाल [bridge पुल, building इमारत[F], parade परेड[F]]; ~ meeting विराट सभा[F]. **3.** अतिकठिन : ~ task ≈ कार्य.

man मैन **I.** *n.* (*pl.* men) **1.** आदमी, पुरुष [capable समर्थ, cultured सुसंस्कृत, educated शिक्षित, kind दयालु, lucky भाग्यशाली, married विवाहित, prominent प्रसिद्ध, rich धनी, well-dressed सुसज्जित, well-known जाना-माना, young युवा]; he is the best ~ for this job वह इस काम के लिए सबसे अच्छा है; there were two men and three women at the gate फाटक पर दो ≈ और तीन स्त्रियाँ थी; a ~ of thirty तीस साल की उम्र का ≈; a ~ of character चरित्रवान् ≈; a boy grows to be a ~ एक लड़का बढ़कर ≈ हो जाता है. **2.** मनुष्य : ~ is a social animal ≈ एक सामाजिक जंतु है; be a ~ ≈ इंसान बनो; behave like a ~ ≈ की तरह व्यवहार करो. **3.** (person) व्यक्ति : a ~ of words बात का धनी ≈. **4.** (servant) नौकर, अनुचर : your ~ is very honest तुम्हारा ≈ बहुत ईमानदार है; have you dismissed your ~ क्या तुमने अपने ≈ को हटा दिया है ? **5.** (workman) मज़दूर, कामगार : the men wanted to burn the factory ≈ कारखाने को जलाना चाहते थे; they are short of men उनके पास कामगारों की कमी[F] है. 6. (chess) पैदल, मोहरा. 7. (various meanings) milk ~ दूधवाला; watch ~ चौकीदार; police ~ पुलिसवाला; man and wife पति-पत्नी; a ~ in the street जनसाधारण : even a ~ in the street knows it यहाँ तक कि जनसाधारण भी इसे जानता है. [*ant.* beast; *fem.* woman] **II.** *v.t.* (manned) **1.** पहरा या सैनिक तैनात करना या रखना : to ~ a fort किले पर पहरा लगाना; to ~ a ship जहाज़ पर चालक तैनात करना; to ~ a post किसी पद पर अधिकारी लगाना. **2.** हौसला या हिम्मत[F] बनाए रखना : to ~ oneself ≈.

manage मैं'निज *v.t.* **1.** प्रबंध करना, व्यवस्था[F] करना, चलाना : to ~ the household गृहस्थी चलाना; he ~s the theatre वह थिएटर की व्यवस्था[F] करता है; we should ~ it without help हमें बिना सहायता[F] के प्रबंध करना चाहिए; can you ~ a car क्या तुम कार चला सकते हो ? to ~ in some way किसी भी तरह[F] व्यवस्था करना; can you ~ some more chairs क्या तुम कुछ और कुर्सियों[F] का प्रबंध कर सकते हो ? to ~ without money बिना धन के चलाना. **2.** नियंत्रित करना : she ~s her children वह अपने बच्चों को नियंत्रण में रखती है; he knows how to ~ the people वह जानता है कि लोगों को कैसे संभाला जाय. **3.** देखरेख[F] करना : to ~ a business व्यापार की ≈. **4.** उपाय/युक्ति[F] निकालना : I cannot think that I can be there by six but I will try to ~ मैं नहीं समझता कि मैं वहाँ छह बजे तक रह पाऊंगा पर मैं कोई युक्ति[F] निकालने की कोशिश[F] करूंगा; can you ~ for his success क्या तुम उसकी सफलता[F] का कोई उपाय निकाल सकते हो ? **5.** सफल होना : the thief managed his escape from the prison चोर जेल से भागने में सफल हो गया; I think we can ~ to finish the work in time मैं समझता हूँ कि काम समय पर समाप्त करने में हम सफल हो जाएँगे; we managed to get two tickets हम दो टिकट पाने में सफल हो गए; he ~d to catch the train वह रेलगाड़ी[F] पकड़ने में सफल हो गया. **6.** कर पाना : how does he ~ to live with only so much food वह इतने से खाद्य पदार्थ पर कैसे जी पाता है ? I can ~ it alone मैं इसे अकेले कर सकता हूँ. **management** मैं'निजमन्ट *n*[u]. **1.** प्रबंध, व्यवस्था[F], इंतज़ाम [bad खराब, good अच्छा]; the ~ of a school किसी स्कूल का ≈; mother has not much money and it is only by good ~ that she is able to buy all we need माँ के पास अधिक पैसा नहीं है, यह केवल अच्छा प्रबंध है कि वह ऐसा सब कुछ खरीदने में समर्थ है, जिसकी हमें आवश्यकता[F] होती है **2.** प्रबंधन : the ~ of a factory कारखाने का ≈; business was then under new ~ व्यापार तब नए ≈ में आ गया था. **3.** प्रबंधक वर्ग : school ~ विद्यालय की प्रबंध समिति[F]; you must apply to the ~ तुम्हें ≈ को आवेदन करना चाहिए. **manager** मैं'निजर *n*.[c] प्रबंधक, मैनेजर, व्यवस्थापक [cheat धोखेबाज़, honest ईमानदार, strict सख्त]; the ~ of the shop दुकान का ≈; I wish to see the ~ of the hotel मैं होटल के ≈ से मिलना चाहता हूँ; Mr. Smith is the ~ of a printing press मि० स्मिथ छापाखाने में ≈ हैं. **managing** मैं'निजिंग *a.* **1.** (domineering) दबंग : she is a very ~ woman वह बहुत ≈ औरत है. **2.** प्रबंध करने वाला : ~ agent प्रबंध अभिकर्ता; ~ committee प्रबंध समिति[F]; ~ director प्रबंध संचालक; ~ editor प्रबंध संपादक.

manganese मैङ्'गॅनीज *n.* मैगनीज़ manganese is a hard, brittle, grey metal ≈ एक कड़ी, टुटही, सलेटी रंग की धातु[F] है; ~ is much produced in India ≈ का भारत में काफी उत्पादन होता है.

mango मैङ्'गो *n*[c]. *pl.* (mangoes) आम (फल) [green हरा, ripe पका, sour खट्टा, sweet मीठा, yellow पीला]; ~ tree आम का पेड़; he has a big ~ garden in his village गाँव में उसका एक आम का बड़ा बग़ीचा है; I take a ~ daily with breakfast in summer मैं गर्मियों में नाश्ते के साथ हर रोज़ एक आम खाता हूँ.

manhood मैन'हुड *n*[u]. **1.** पुरुषत्व, मरदानगी[F] : when a boy reaches ~ he should behave like a man जब एक लड़का ≈ को प्राप्त होता है तो उसे एक पुरुष की तरह व्यवहार करना चाहिए. **2.** पुरुषवर्ग : ~ suffrage

बालिग़ मताधिकार.

mania मे'न्यॅ n^{u}. **1.** सनक^F [acute तीव्र harmless हानिरहित, homicidal नरहत्या संबंधी]; ~ for doing smth कुछ करने की ≈; ~ for buying new clothes नए कपड़े खरीदने की ≈; this hobby became his ~ यह शौक उसकी ≈ हो गया; Helen has a ~ for collecting stamps हेलेन को स्टाम्प खरीदने की ≈ है. **2.** पागलपन, खब्त : some boys have ~ for throwing stones कुछ लड़कों को पत्थर फेंकने का ≈ होता है.

maniac मे'निऐक **I.** *a.* उन्मादी, सनकी [leader नेता, player खिलाड़ी, worker मज़दूर]. **II.** n^{c}. पागल : a ~ escaped from the lunatic asylum एक ~ पागलखाने से भाग गया.

manifest मै'निफ़ेस्ट **I.** *a.* प्रकट, साफ़, ज़ाहिर [crime अपराध, happiness प्रसन्नता^{F}, liar झूठा, statement कथन, truth सत्य]; the falsehood of the story is ~ कहानी^{F} की मिथ्यता^{F} ≈ है; his intention is ~ उसका इरादा ≈ है; it appears ~ that she is sinking यह साफ़ दिखाई देता है कि उसकी हालत^F बिगड़ रही है; it was ~ from his speech उसके भाषण से यह ≈ था. **II.** *v.t.i.* **1.** प्रकट या प्रदर्शित करना : your absence ~s your disapproval आपकी अनुपस्थिति^{F} आपकी असहमति^{F} को प्रकट करती है; the audiences ~ed desire to hear songs श्रोताओं ने गीत सुनने की इच्छा^{F} प्रकट की; his fault ~ed itself उसका दोष अपने-आप प्रकट हो गया. **2.** प्रमाणित करना : to ~ the truth of a statement किसी कथन की सच्चाई^F को ≈. [*ant.* hide]

manifold मै'निफ़ोल्ड *a.* विविध, नानारूप [devices युक्तियाँ^{F}, errors गलतियाँ^{F}, impediments बाधाएँ^{F}, rules नियम]; how ~ are your work तुम्हारे काम के कितने नाना रूप हैं; the ~ appearances of God ईश्वर के नाना रूप; there are ~ benefits of a dictionary शब्दकोश के विविध लाभ हैं. [*ant.* few]

manipulate मॅनि'प्युलेट *v.t.* चलाना, से काम लेना : he cannot ~ this new machine वह इस नई मशीन^F को नहीं चला सकता; to ~ a typewriter टाइपराइटर पर काम करना. **2.** चालाकी^{F} करना, जोड़-तोड़^{F} करना, हेराफेरी^{F} करना : to ~ accounts लेखों में ≈; to ~ facts तथ्यों में ≈; he ~d the election to make it in his favour अपने पक्ष में करने के लिए उसने चुनाव में चालाकी या जोड़-तोड की; to ~ the voting मतदान में हेरा-फेरी करना. **3.** चालाकी से अपने पक्ष में करना : he knows how to ~ the voters वह जानता है कि मतदाताओं को चालाकी से अपने पक्ष में कैसे किया जाता है.

mankind मैन'काइन्ड n^{u}. (race) मानव जाति^{F}, मनुष्य जाति^{F} : ~ is supreme ≈ सर्वश्रेष्ठ है; ~ must learn how to grow more food or millions will starve ≈ को जानना पड़ेगा कि कैसे अधिक खाद्यान्न उत्पन्न किया जाय अन्यथा करोड़ों लोग भूखों मर जाएँगे.

manly मैन्'लि *a.* **1.** पुरुषोचित, मरदाना : ~ virtue ≈ गुण. **2.** वीर : a ~ fellow is one who behaves bravely एक ≈ व्यक्ति वह है जो बहादुरी^{F} का व्यवहार करता है; that man is strong and ~ वह आदमी बलवान और ≈ है.

manner मै'नर *n.* **1.** (way) ढंग, रीति^{F}, तरीका [polite नम्र, right ठीक, strange विचित्र]; ~ of pronunciation उच्चारण रीति^{F}; in this ~ इस ≈ से; in such a way ऐसे ढंग/तरीके से; I do not like her ~ of talking like that मैं उस तरह उसके बात^F करने के ढंग को पसंद नहीं करता; children ought to be taught ~s बच्चों को तौर-तरीके सिखाए जाने चाहिए; she has a strange ~ of speaking उसके बोलने का विचित्र ढंग है. **2.** (*pl*). (behaviour) व्यवहार, आचार [foolish मूर्खतापूर्ण, gracious शानदार, pleasant सुखद, skilful कुशल, strange विचित्र, wise बुद्धिमत्तापूर्ण]; bad ~s अशिष्टता^{F}, अभद्रता^{F}, good ~s शिष्टाचार^F, शिष्टता^{F} : people who have good ~s are polite and considerate जिन लोगों का व्यवहार अच्छा होता है, वे नम्र और लिहाजदार होते हैं; he ought to be taught ~s उसे शिष्टाचार सिखाया जाना चाहिए; he has no ~s उसमें आचार-व्यवहार नहीं है; it is bad ~s to speak so loud इतना तेज़ बोलना कदाचार है.

3. (sort) प्रकार : all ~s of things were given in the list सभी ≈ की चीजें[F] सूची[F] में दी गई थीं.

mansion मैन्'शन n^c. हवेली[F], कोठी[F]: glorious ~ शानदार ≈; vast ~ लंबी-चौड़ी ≈; this is the ~ of Seth Hira Lal यह सेठ हीरालाल की ≈ है; Mansion House is the official home of the Lord Mayor of London मैन्शन हाउस लंदन के नगर प्रमुख का सरकारी निवास-स्थान है.

man laughter मैन'स्लॉटर n^c. नरहत्या[F] : brutal ~ जघन्य ≈; there were several cases of ~ in the riot फ़साद में ≈ के कई मामले थे; ~ is always accidental ≈ सदा आकस्मिक हो जाती है.

mantle मैन्'टल **I.** *n.* **1.** चोगा, लबादा [dark काला, heavy भारी, thick मोटा, woollen ऊनी]; the ~ of the Duke ड्यूक का ≈. **2.** (covering) आवरण : ~ of fog धुंध[F] का ≈; hills covered with a ~ of snow बर्फ़[F] की चादर[F] से ढंकी पहाड़ियाँ[F], to draw the ~ of ignorance अज्ञानता का आवरण हटाना. **II.** *v.t.* **1.** (cover) ढाँकना, आच्छादित करना : the snow ~d the entire valley बर्फ़ सारी घाटी[F] को आच्छादित कर रही थी; the chemical from the factory have ~d the water of the river कारखाने के रसायनों ने नदी[F] के पानी को ढक दिया है. **2.**(Fig.) छा जाना : her face was ~d with emotion उसके चेहरे पर मनोवेग छा गया.

manual मै'न्युअल **I.** *a.* **1.** हस्त, हाथ का : ~ arts हस्त-कलाएँ[F]; ~ work is done with hand हस्तकार्य हाथ द्वारा किया जाता है; a carpenter is a ~ worker एक बढ़ई हाथ से काम करने वाला कामगार है. **2.** ~ labour शारीरिक श्रम; ~ exercise ≈ व्यायाम. **3.** (operated) by hand) हस्तचालित : ~ telephone ~ टेलीफोन. **II.** n^c. **1.** नियम-पुस्तिका[F], नियमावली[F] [complete पूर्ण, departmental विभागीय] **2.** पुस्तिका[F] : a ~ on gardening बागवानी[F] पर एक पुस्तिका.

manufacture मैन्यु फ़ैक्'चर **I.** n^u. निर्माण, उत्पादन [foreign विदेशी, important महत्त्वपूर्ण, indigenous देशी]; the factory was built for the ~ of furniture फर्नीचर के निर्माण के लिए कारख़ाना स्थापित किया गया था; ~ of cloth on large scale बड़े पैमाने पर कपड़े का ≈; this acid is used in the ~ of paper इस अम्ल का प्रयोग कागज़ के निर्माण में किया जाता है; ~ on a commercial scale व्यावसायिक स्तर पर ≈. **II.** *v.t.* निर्माण करना, बनाना : the workers in that factory ~ furniture उस कारखाने के मज़दूर फर्नीचर बनाते हैं; tractors are ~d on a large scale ट्रैक्टर बड़े पैमाने पर बनाए जाते हैं; to ~ shoes, hats, carpets, etc. जूते, हैट, दरियाँ[F] इत्यादि बनाना; the machines were ~ at the new plant मशीनें नए कारखाने में बनाई गई थीं. **2.** गढना : to ~a false evidence झूठा साक्ष्य ≈; he ~d an excuse उसने एक बहाना गढ़ा. **manufacturer** मैन्यु फ़ैक्'चॅरर n^c. निर्माता : expert ~ कुशल ≈; if goods are not well made, you should complain to the ~ यदि माल अच्छा न बना हो तो तुम्हें निर्माता से शिकायत[F] करनी चाहिए; he is a ~ of pens वह कलमें[F] बनाता है.

manure मन्युअर' **I.** n^c. खाद[F] [artificial कृत्रिम, chemical रासायनिक, compost कूड़े-करकट की, patent पेटेंट, well-rotten अच्छी तरह सड़ी हुई]; ~s are put into the soil to improve crops खादें मिट्टी[F] में फ़सल[F] को सुधारने के लिए मिलाई जाती हैं. **II.** *v.t.* खाद देना/डालना : to ~ land is to spread ~ on it जमीन में खाद देना इस पर खाद बिछाना है; this soil has to be ~d heavily इस मिट्टी[F] में अधिक खाद देनी/डालनी पड़ेगी.

manuscript मै'न्युस्क्रिप्ट **I.** n^c. (ms. *pl.* mss.) हस्तलिपि[F], (author's copy) पाण्डुलिपि [ancient प्राचीन, illegible अपाठ्य, neat साफ़, original मूल, rare दुर्लभ, valuable कीमती]; I have to examine the ~ before sending it to the publisher प्रकाशक के पास भेजने से पहले मुझे ≈ की जाँच[F] करनी है; the publisher returned the ~ to the author प्रकाशक ने लेखक को ≈ लौटा दी. **II.** *a.* हस्तलिखित [book किताब, dictionary शब्दकोश].

many में'नि **I.** *a.* (more, most) बहुत-से, अनेक attempts प्रयास, changes परिवर्तन, enemies शत्रु, indications संकेत, means

साधन, people लोग, reasons कारण, ways ढंग]; ~ errors बहुत-सी गलतियाँ^{F}; ~ failures बहुत सी असफलताएँ^{F}; ~ mistakes बहुत्-सी गलतियाँ^{F}; ~ things बहुत सी बातें^{F}/ वस्तुएँ^{F}]; ~ men were there वहाँ बहुत-से लोग थे; there are too many apples in this basket इस टोकरी^{F} में बहुत अधिक सेब हैं; many people do not think so बहुत से लोग ऐसा नहीं सोचते; I have seen him ~ times मैंने उसे कई बार देखा है. (sing.) ~ **a** बहुत : ~ a boy was lost in the fair बहुत लड़के मेले में खो गए. **as ~ again** इतने और : give me mangoes as ~ again मुझे इतने और आम दो; in so ~ words इतने सारे शब्दों में; **a good/great ~** काफ़ी : a good ~ people were there वहाँ काफ़ी लोग थे. **II.** *n.* बहुत, अनेक, अधिकांश : ~ do not like it बहुत-से लोग इसे पसंद नहीं करते; ~ of my friends went to the fair मेरे मित्रों में से बहुत मेले में गए; it seemed strange to ~ of us यह हममें से अधिकतर को अजीब लगा; I have spoken to ~ of them मैंने उनमें से बहुतों-से कहा है; **how ~** कितने : how ~ are there in your family तुम्हारे परिवार में कितने लोग हैं ? how ~ of you were present in the school विद्यालय में तुम कितने लोग उपस्थित थे; **the ~** अधिकतर लोग, जनसाधारण : the ~ in India live below poverty line भारत में ≈ गरीबी की रेखा^{F} के नीचे रहते हैं. [*ant.* few]

map मैप **I.** *n*^{c}. मानचित्र, नक्शा [coloured रंगीन, detailed विस्तृत, helpful सहायक, historical ऐतिहासिक, large बड़ा, modern अद्यतन, physical प्राकृतिक, political राजनैतिक, railway रेल का, rough गंदा, out of date पुराना/अप्रचलित]; ~ of India showing various States विविध राज्य दिखाने वाला भारत का ≈; look at the ~ नक्शे में देखो; I cannot find my city in the ~ मैं ≈ में अपना शहर नहीं पा सकता; to draw a ~ ≈ बनाना; to discover a place on the ~ नक्शे में कोई स्थान ढूँढना; study the ~ ≈ का अध्ययन करो; show the river on the ~ मानचित्र में नदी^{F} दिखाओ; ~ of heavens आकाश का ≈. Δ **it is off the ~** यह बहुत ही दूर है. **II.** *v.t.* (-pp-) **1.** नक्शा या मानचित्र बनाना : to ~ the interior of Australia आस्ट्रेलिया के आंतरिक भाग का ≈; Allahabad was ~ped by a draftsman एक नक्शानवीस ने इलाहाबाद का नक्शा बनाया था. **2. ~ out** (plan) की योज़ना^{F} बनाना, की व्यवस्था^{F} करना : to ~ out a course of action कार्यवाही^{F} की तरकीब बनाना; to ~ out a time-table एक समय-सारणी^{F} बनाना.

Mar. March.

mar मार *v.t.* (marring, marred) बिगाड़ना [badly बुरी तरह, intentionally जानबूझकर, suddenly एकाएक]; to ~ anything is to spoil it completely किसी चीज़ को ≈ उसे पूरी तरह ख़राब करना है; a thunderstorm would ~ the picnic तूफान के साथ गड़गड़ाहट^F पिकनिक को बिगाड़ देती है; the rain ~rd our holiday बारिश^F ने हमारी छुट्टी^{F} खराब कर दी; small-pox has ~red her face चेचक ने उसके चेहरे को बिगाड़ दिया है; nervousness ~red the effect of his speech घबड़ाहट^F ने उसके भाषण का असर कम कर दिया है; to ~ the beauty of smth किसी वस्तु^{F} का रूप ≈. [*ant.* make]

marble मार'बल **I.** *n*^{u}. **1.** संगमरमर [black काला, carved नक्काशीदार, dazzling चकाचौंध^F करने वाला, polished पालिश^F किया हुआ, smooth चिकना, white सफ़ेद]; ~ floor ≈ का फर्श; ~ is found in Rajasthan, Italy etc. in many colours but the commonest is white ≈ राजस्थान, इटली आदि में कई रंगों में पाया जाता है लेकिन सामान्य रंग सफ़ेद होता है; Michael Angelo carved the statue of David from a spoilt block of ~ माइकेल एंजलो ने डेविड की मूर्ति एक ख़राब से काले संगमरमर के पिंड से बनाई. **II.** *n*^{c}. (*pl.*) (ball) गोली^{F} : some boys were playing a game with ~s कुछ लड़के ≈ से एक खेल खेल रहे थे.

march मार्च, **I.** *n.* **1.** मार्च, प्रयाण [peaceful शांतिपूर्ण, troublesome कष्टपूर्ण, unprotected अनारक्षित]; they desired a ~ of twenty miles a day वे एक दिन में बीस मील ≈ करने की इच्छा^{F} रखते थे. **2.** (movement) गति^{F}; चाल^F : fast ~ तेज़

≈; slow ~ धीमी ≈. **3.** March (month) मार्च : it is the month of ~ यह का ≈ महीना है; there are 31 days in ~ ≈ में 31 दिन होते हैं. **II.** *v.t.* मार्च करना, कूच करना, प्रयाण करना, चलना : they ~ed along the road वे सड़क के किनारे मार्च करते गए; they ~ed the prisoner to his cell वे कैदी को उसकी कोठरी^F तक चला ले गए; the regiment ~ed into the town रेजिमेण्ट मार्च करके शहर के भीतर आ गई; the soldiers ~ed and soon reached the battlefield सैनिकों ने कूच किया और शीघ्र ही युद्धक्षेत्र में पहुँच गए. **Δ to ~ off** (i) भाग जाना : the culprit ~ed off from their custody अपराधी उनकी हिरासत^F से भाग गया; (ii) ले जाना : to ~ off a thief to the policestation चोर को थाने ≈; ~ **out** बाहर जाओ.

mare मेअर *n*^c. घोड़ी^F : he rode a ~ वह घोड़ी पर सवार हो गया; a ~ was decorated for the bridegroom दूल्हा के लिए एक घोड़ी सजाई गई. [*mac.* horse] Δ **~'s nest** मायाजाल, धोखा : our plan turned out to be a ~'s nest हमारी योजना^F ≈ साबित हुई. [*as distinct from* mayor]

margin मार्'जिन *n.* **1.** (of a page) हाशिया [left बाँया, narrow संकरा, wide चौड़ा]; draw a ~ in your copybook अपनी कापी में ≈ खींचो; write down your remark on the ~ हाशिए पर अपना टिप्पण लिख लो. **2.** (border) किनारा : ~ of the lake झील^F का किनारा. **3.** अंतर : he caught the train with a very little ~ उसने रेलगाड़ी^F को बहुत थोड़े ≈ से पकड़ा; he lost by a very narrow ~ वह थोड़े ≈ से हार गया. **4.** (latitude) गुंजाइश^F; ~s in the prices of books किताबों^F के मूल्यों में ≈; ~ of time समय की ≈; ~ of profit नफ़े की ≈, पड़ता. **marginal** मार'जिनल *a.* **1.** हाशिए का, उपान्तीय : ~ note ≈ टिप्पणी. **2.** किनारे का, समीपवर्ती : ~ land ≈ भूमि^F. **3.** (minimum) न्यूनतम : ~ cost, demand ≈ लागत^F, माँग^F, ~ difference नाममात्र का अंतर; ~ profit, increase ≈ लाभ, बढ़ोत्तरी; a ~ success ≈ सफलता^F; there is ~ improvement in his health उसके स्वास्थ्य में बहुत थोड़ा सुधार हुआ है.

marine मॅ रीन' **I.** *a.* समुद्री, जहाज़ी, नौ- [affairs मामले, animals जानवर, deposit जमा, insurance बीमा, trade व्यापार, vegetation हरियाली^F, warfare युद्ध]; ~ animals are very beneficial to men समुद्री जानवर लोगों के लिए बहुत उपकारी होते हैं. **II.** *n*^c. जहाज़ी बेड़ा, नौसैनिक : these ~s are trained as sailors ये नौसैनिक नाविकों के रूप में प्रशिक्षित किए जाते हैं; ~s play a very important role in a war युद्ध में जहाज़ी बेड़े महत्वपूर्ण भूमिका^F निभाते हैं. [*ant.* land]

marionette मैरिअ नेट' *n*^c. कठपुतली^F : a ~ is moved by strings ≈ डोरियों^F से चलाई जाती है.

maritime मै'रिटाइम *a.* **1.** (of the sea) समुद्री, समुद्रवर्ती [animals जीव, area क्षेत्र, court न्यायालय, insurance बीमा, law कानून, plants पौधे]. **2.** (near the sea) तटवर्ती, अनुसमुद्री : ~ countries, states as Kerala ≈ देश, राज्य जैसे केरल. **3.** (of ships) नौ-, जहाज़ी : ~ traffic नौ/जहाज़ी यातायात; ~ engine ≈ इंजन.

mark मार्क **I.** *n*^c. **1.** चिह्न निशान [clear स्पष्ट, indelible पक्का, misleading भ्रामक, peculiar विचित्र, separate अलग, special विशिष्ट, trade व्यापारी, white सफेद]; ~ of interrogation (question ~) प्रश्न चिह्न ; ~s on his shirt उसकी कमीज़ पर के ≈; the girl made a ~ on the black-board लड़की ने श्यामपट पर एक निशान बनाया; there are many finger -~s on this glass इस गिलास पर उंगलियों^F के कई ≈ हैं; it is dangerous to swim beyond this ~ इस ≈ के आगे तैरना खतरनाक है; ~ of quality गुणवत्ता^F का ≈; as a ~ of respect सम्मान के रूप में, सम्मानार्थ. punctuation ~s विराम-चिह्न. **2.** (indication) संकेत, निर्देश : indistinct ~ अस्पष्ट ≈; please write clearly, I could not understand your ~. कृपया स्पष्ट रूप से लिखिए, मैं आपका संकेत नहीं समझ सका; he stood up as a ~ of respect सम्मान का संकेत करते हुए वह खड़ा हो गया; lying is often a ~ of fear झूठ बोलना भयभीय होने का संकेत है. **3.** (in examination) अंक, नंबर [bad खराब, excellent बढ़िया, good अच्छे]; ~ list ≈ सूची^{F}; Vijay had highest ~s in English विजय के अंग्रेज़ी में सर्वाधिक अंक थे; he could not get good ~s in Maths in spite of being a first class student प्रथम श्रेणी का विद्यार्थी होने के बावजूद वह गणित में अच्छे अंक नहीं प्राप्त कर सका. **4.** (importance) महत्व : give it no ~ मैं इसे कोई ≈ नहीं देता; a man of ~ ≈ का आदमी. **5.** (seal) छाप^F, ठप्पा : trade ~ व्यापारी ठप्पा, मार्का. **6.** (distinction) प्रतिष्ठा^{F} : he made a ~ in archery उसने धनुर्विद्या^{F} में ≈ प्राप्त की. **7.** (influence) प्रभाव, छाप^F : some books leave their ~ on the mind कुछ पुस्तकें^{F} मन पर अपनी छाप छोड़ जाती हैं; it is the ~ of his intellect यह उसकी बुद्धि का प्रभाव है. **8.** औसत : below the ~ औसत से कम; up to the ~ बिल्कुल सही. **9.** (in racing) शुरू की रेखा^{F} : **off the ~** दौड़^{F} शुरू करो; on the ~ दौड़ शुरू करने के लिए तैयार हो जाओ; **up to the ~** काफी अच्छी : his work is upto the ~ उसका काम काफी अच्छा है. Δ **to ~ down** कीमत^F घटाना : the lamp was ~ed down to Rs. 75 लैम्प की कीमत घटाकर पचहत्तर रुपये कर दी गई. **to ~ smth down** लिख लेना; **to miss the ~** असफल होना, निशाना चूक जाना; **to hit the ~** सफल होना; **wide of the ~** निशाने से दूर. **II.** *v.t.* **1.** चिह्न/ निशान या छाप लगाना, अंकित करना, चिह्नित करना : a part of the field was ~ed off by white lines मैदान का एक भाग सफ़ेद लकीरों से चिह्नित किया गया था; she ~ed the passage in the book उसने किताब^F में गद्यांश पर चिह्न लगाया; the price of each article is ~ed on the slip प्रत्येक वस्तु^{F} का मूल्य पर्ची^{F} पर अंकित है; to ~ the position of the city on the map मानचित्र में शहर की स्थिति^{F} अंकित करना. Δ **to ~ off an area** किसी क्षेत्र की हदबंदी^{F} करना; to ~ **out** a boundary सीमा^{F} का निशान लगाना, हदबंदी^{F} करना. **2.** व्यक्त करना, प्रकट करना : he ~ed his intention in the meeting उसने मीटिंग में अपना इरादा प्रकट किया. **3.** अंक देना, नंबर डालना : to ~ answerbooks उत्तर-पुस्तकों^{F} पर ≈. **4.** (other contexts) नोट करना : ~ his words इसके शब्दों पर ध्यान दो; ~ one's approval अपनी पसंदगी^{F} जताना.

market मार्'किट **I.** n^c. **1.** बाजार, मंडी^{F} [local स्थानीय, retail खुदरा, open खुला]; fish ~ मछली मंडी, flower ~ फूलों की मंडी; black ~ चोर बाज़ार; ~ rate बाज़ार दर; ~ trend बाज़ार का झुकाव; there is a good market now for private aeroplanes असार्वजनिक हवाई-जहाजों के लिए अब अच्छा बाज़ार है; farmers go to ~ to buy and sell animals किसान जानवरों को खरीदने और बेचने ≈ जाते हैं; you can buy anything in the ~ तुम ≈ में कुछ भी खरीद सकते हो; to make a ~ for one's goods अपने माल के लिए ≈ बनाना; ~ place was already thronged with people मंडी पहले ही लोगों से ठसाठस भरी थी; the ~ was flooded with low-price goods ≈ में सस्ते मूल्यों वाले सामान की बाढ़^{F} थी. **2.** ~ has fallen बाजार भाव गिर गए हैं; the ~ has risen बाज़ार भाव चढ़ गए हैं; in the ~ खरीदने के लिए; on the ~ बेचने के लिए. **II.** *v.t.* **1.** बेचना, बाज़ार में लाना या भेजना : to ~ a product उत्पाद को बाज़ार में लाना. **2.** बाज़ार करना, खरीद करना : we ~ on Mondays हम सोमवार के सोमवार बाज़ार/खरीददारी^{F} करते हैं.

maroon मॅरुन' **I.** *v.t.* **1.** असहाय छोड़ देना : to ~ a person on a desert island किसी व्यक्ति को एक मरुस्थलीय द्वीप पर ≈. **2.** घेर लेना : he was ~ed by robbers उसे बटमारों ने घेर लिया; they were ~ed by floods वे बाढ़ के कारण कट गए. **II.** n^c. चाकलेट रंग का : a ~ sweater चाकलेट रंग का स्वेटर.

marriage मै'रिज n^c. विवाह, शादी^{F} [auspicious शुभ, civil अदालती, happy सुखद, successful सफल]; ~procession वरयात्रा^{F}, बारात^F : a proposal of ~ ≈ का प्रस्ताव; a relation by ~ ≈ द्वारा संबंध; he could not participate in the ~ of his friend वह अपने मित्र की शादी में सम्मिलित नहीं हो सका, she wanted the ~ of her daughter with an engineer वह अपनी लड़की की शादी एक इंजीनियर से करना चाहती

थी; their ~ took place this morning उनकी शादी आज सुबह^F हुई; to give a girl in ~ किसी लड़की को ब्याह देना; to take a girl in ~ किसी लड़की से ≈ करना; their ~ceremony was performed last Sunday उनका विवाह संस्कार पिछले इतवार को संपन्न हुआ. **marriageable** मै'रिजबल *a.* विवाहयोग्य [boy लड़का, girl लड़की, youngman नवयुवक]; she is not yet ~ वह अभी ≈ नहीं है; he is not of ~ age उसकी उम्र^F ≈ नहीं है. **married** मै'रिड *a.* (person) विवाहित [couple दंपत्ती, life जीवन, man आदमी, woman औरत]; he got ~ last year उसका पिछले साल विवाह हुआ; they have a ~ daughter उनकी एक ≈ पुत्री है; she is ~ to my cousin वह मेरे चचेरे भाई को व्याही है. **2.** (life) वैवाहिक : their ~ life was very happy उनका ≈ जीवन बहुत सुखी/सुखपूर्ण था. **marry** मै'रि *v.t.* **1.** (marrying, married) शादी^F विवाह करना [deliberately सोचसमझकर, hastily जल्दी से]; they married in a hurry and soon divorced उन्होंने जल्दबाज़ी में विवाह किया और शीघ्र ही तलाक ली; when will you wish to ~ तुम कब विवाह की इच्छा रखते हो; he will ~ his daughter next year वह अपनी पुत्री की शादी अगले साल करेगा; they were married in a registryoffice yesterday उन्होंने कल रजिस्ट्री कार्यालय में शादी की; she was married to Dr. B. उसकी शादी डॉ० ब के साथ हुई; she married twice उसने दो बार शादी की; he married when he was over thirty उसने शादी की जब वह तीस साल से ज़्यादा का था; he will never ~ in his life-time वह अपने जीवनकाल में कभी शादी नहीं करेगा. **2.** the priest married the couple पुरोहित ने जोड़ी^F का विवाह कराया.

marsh मार्श **I.** *n*^c. कच्छ : ~ dwelling ≈ वास; ~ is a low lying wet land ≈ एक निचली सतह का^F गीला क्षेत्र होता है; an old man could not cross the ~, so he sat down aside एक बूढ़ा आदमी ≈ नहीं पार कर सका इसलिए बगल में बैठ गया. **II.** *n*^u. दल-दल : a traveller was held up in the ~ एक यात्री ≈ में फँस गया. [a. marshy]

marshal मार'शल **I.** *n*^c. मार्शल : the officer of the highest rank in the army is Field Marshal सेना^F का सर्वोच्च अधिकारी फील्ड ≈ होता है. **II.** *v.t.* (in order) **1.** क्रम से रखना, क्रमबद्ध करना : to ~ the forces सेना^F का विन्यास करना; to ~ the boys in the hall for prayers छात्रों को प्रार्थना^F के लिए हाल में क्रमबद्ध करना; to ~ people or a thing is to arrange them in order लोगों या वस्तुओं को व्यवस्थित करना उन्हें क्रम में रखना है; he ~ed his ideas before going to deliver a lecture उसने व्याख्यान देने के लिए जाने से पहले अपने विचारों को क्रमबद्ध कर लिया. **2.** (lead) विधिपूर्वक ले चलना : he ~led us into his office वह हमें अपने कार्यालय में विधिपूर्वक ले गया. [*as distinct from* martial]

marshy मार्'शि *a.* कच्छी, दलदली [land ज़मीन^F, region प्रवेश, road रास्ता].

mart मार्ट *n*^c. (old use) हाट [big बड़ा, small छोटा]; village ~ गाँव का ≈; they held a ~ in the village yesterday उन्होंने कल गांव में ≈ लगाया था.

martial मॉर्'शल *a.* **1.** युद्ध-संबंधी, युद्ध, सामरिक [deeds कारनामे, rules नियम, weapon हथियार]; the ~ round of trumpets भोंपू का सामरिक स्वर; ~ law फ़ौजी कानून, सामरिक विधि^F. **2.** [brave] वीर [man आदमी, race जाति^F, soldier सैनिक, spirit भावना^F]; he is a ~ man, you cannot get victory over him वह ≈ आदमी है तुम उस पर विजय नहीं पा सकते. **3.** (warlike) युद्धप्रिय [officer अधिकारी, soldier सैनिक]; ~ army of the country देश की ≈ सेना^F. **4.** (of army) सैनिक, फ़ौजी [exercise व्यायाम, law शासन/कानून, order आदेश]; you cannot disobey the ~ order तुम ≈ आदेश का उल्लंघन नहीं कर सकते. [*as distinct from* marshal]

martyr मार्'टर **I.** *n*^c. **1.** शहीद [Christian ईसाई, famous प्रसिद्ध, noble आदर्श, political राजनीतिक]; ~'s day ≈ दिवस; the country can never forget the ~s of the nation देश राष्ट्र के शहीदों को कभी भुला नहीं सकता; he died a ~ वह ≈ हो गया;

Christian ~s were killed because they believed in Christ ईसाई ≈ मारे गए क्योंकि वे ईसा में विश्वास करते थे. Δ **to make a ~ of oneself** शहीदों में अपना नाम गिनाना. **2.** चिर-रोगी, चिर-यातनाग्रस्त : a ~ to indigestion अपच का ≈; to be a ~ to a disease किसी बीमारी^{F} का ≈ होना; to be a ~ यातना सहना. **II. 1.** शहीद बनाना या होना : ~ brutally निर्दयता^{F} से ≈; St. Paul was ~ed in Rome सेंट पाल रोम में शहीद कर दिए गए थे; many of freedom fighters were made ~s in India भारत में बहुत से स्वतंत्रता सेनानी शहीद बना दिए गए. **2.** यातना^{F} देना, सताना : the police ~ed the prisoners to know the secret of the robbery पुलिस ने डकैती^{F} के रहस्यों को जानने के लिए कैदियों को यातना दी.

marvel मार्' व़्ल **I.** *n*^{c}. चमत्कार, अद्‌भुत वस्तु^{F}, आश्चर्य [great बड़ा perfect पूर्ण, real वास्तविक]; ~ of bravery वीरता^{F} का चमत्कार; this new rocket is a ~ यह नया राकेट एक चमत्कार है; it is a ~ that he is still alive यह एक चमत्कार है कि वह अब भी जीवित है; it is also a ~ how he drives a motorcycle blindfolded यह भी चमत्कार है कि वह आँखों^{F} पर पट्टी^{F} बाँधे मोटर साइकिल कैसे चलाता है. **II.** *v.t.* (- ll-) आश्चर्यचकित होना, आश्चर्य करना, अचंभे में पड़ना [mostly अधिकांशतः, suddenly एकाएक]; to ~ at smth unexpected किसी अप्रत्याशित वस्तु पर आश्चर्य करना; they ~led at his words उन्हें उसके शब्दों पर आश्चर्य हुआ; people will ~ at the new invention लोग नए आविष्कार पर आश्चर्य करेंगे. **marvellous** मार्'व़्लस *a.* **1.** आश्चर्यजनक, चमत्कारिक [effect प्रभाव, sight दृश्य]; the radio and telephone were ~ inventions रेडियो और टेलीफोन ≈ आविष्कार थे. **2.** बढ़िया, शानदार [beauty सुंदरता, character चरित्र, city शहर, place स्थान, spring बहार/बसंत, trip यात्रा^{F}, voice स्वर]; we had a ~ time हमने बढ़िया समय बिताया.

masc., masculine मास्'क्यूलिन *a.* **1.** मरदाना, पुरुषोचित, [attire पोशाक, fashion फ़ैशन, sport खेल, strength शक्ति^{F}/बल, things वस्तुएँ^{F}]; she can talk in ~ style वह ≈ अंदाज में बात^F कर सकती है; a ~ virtue पुरुषोचित गुण; ~ sports ≈ खेलें. **2.** मर्दाना, पुरुष सदृश : ~ woman ≈ स्त्री/औरत. **3.** (grammar) पुल्लिंग : ~ gender पुल्लिंग. [*ant.* feminine]

mask मास्क **I.** *n*^{c}. **1.** नकाब, मुखौटा [humorous हास्यपूर्ण, ugly भद्दा, black काला]; they put on ~s to protect themselves from the injurious gas खतरनाक गैस से बचने के लिए उन्होंने ≈/मास्क पहन लिए; robbers were wearing ~s लुटेरे ≈ पहने हुए थे. **2.** (cloak) आड़^{F}, परदा : incredible ~ अविश्वसनीय ≈; to throw off the ~ परदा हटाना; to drop one's ~ अपना परदा गिरा देना; he betrayed them under the ~ of friendship मित्रता^{F} की आड़^{F} में उसने उन्हें धोखा दिया. **II.** *v.t.* **1.** नकाब या चेहरा लगाना : all of them wered ~ed सब लोग चेहरा लगाए थे. **2.** छिपाना : to ~ one's smile अपनी हँसी^{F} ≈; to ~ one's face अपना चेहरा/मुँह ≈; (fig.) **to ~ one's intentions** अपना इरादा ≈. **3.** छद्मावरण डालना : to ~ a stronghold किले पर छद्मावरण डालना. **4.** छद्मवेश धारण करना : the conspirators had ~ed themselves षड्‌यंत्रकारियों ने छद्मवेश धारण कर रखा था.

mason मे'सन *n.* राज़ (गीर), राजमिस्त्री [clever चतुर, honest ईमानदार, skilful कुशल]; ~'s tools ≈ के उपकरण; a ~ is an artisan ≈ एक कारीगर होता है; the ~s demanded more bricks and cement राजमिस्त्रियों ने और ईंटों^{F} और सीमेंट की माँग^F की.

mass मास **I.** *n*^{c}. ढेर, राशि^{F} [heavy भारी, large बड़ा]; a ~ of flowers फूलों का ≈; ~ of rubbish in the courtyard आँगन में कूड़े का ढेर; he has a ~ of work to do उसको ढेर सा काम करना है; a ~ of concrete and stone pieces कंकरीट और पत्थर के टुकड़ों का ढेर. **2.** चक्का, ढेला : a ~ of clay मिट्टी^{F} का ढेला; a ~ of rock blocked up our path and it had to be blasted एक शिलाखंड से हमारा रास्ता रुका था और उसे बारूद से उड़ा देना पड़ा. **3.** (*pl.*) the masses जनसाधारण : the

~es are not in favour of this bill ≈ इस विधेयक के पक्ष में नहीं है. **4.** (large numbers) जनसमूह, भीड़[F] : a great ~ of the French people फ्रांसीसी ≈; a ~ of people of India is conservative भारत के लोगों का एक बड़ा समूह रूढ़िवादी है; ~ media आम लोगों तक समाचार पहुँचाने का साधन. **5.** (Holy ~) मिस्सा यज्ञ : they performed the Holy ~ in the church उन्होंने गिरजाघर में मिस्सा यज्ञ किया. **6.** प्रार्थना : they said ~ for smb's soul उन्होंने किसी की आत्मा के लिए ≈ की. **7.** पुंज, गुच्छा : a ~ of hair, threads, fibres बालों, धागों, रेशों का ≈. **II.** *v.t.i.* एकत्र करना या हो जाना, जुटाना : many people ~ed outside the prison बहुत-से लोग जेल के बाहर एकत्र हो गए; to ~ troops सेना का जमाव करना; they ~ the volunteers for social service उन्होंने समाज सेवा[F] के लिए स्वयंसेवकों को एकत्र किया. **III.** *a.* सामूहिक [copying नकल, genocide जनहत्याएँ[F]]; a government could not suppress the ~ movement सरकार जन आन्दोलन को न दबा सकी; ~ marriage ≈ विवाह; ~ movement सार्वजनिक आंदोलन; ~ murders सामूहिक हत्याएँ[F]; ~ suggestion सामूहिक प्रस्ताव. ~ production ≈ उत्पादन.

massacre मै'सॅकर **I.** *n*[c]. हत्याकाण्ड, सामूहिक हत्या[F], कत्लेआम, जनसंहार [brutal दर्दनाक, unbearable असहनीय] I cannot forget this ~ in my life अपने जीवन में मैं इस ≈ को नहीं भूल सकता. **II.** *v.t.* मार डालना : the invaders ~d all the inhabitants of the fort आक्रमणकारियों ने किले के अंदर के सभी निवासियों को मार डाला.

massage मै साज. *n*[u]. *v.t.* मालिश[F] (करना) : a ~ will relieve you soon ≈ तुम्हें शीघ्र ही आराम पहुँचायेगी; I will ~ your foot मैं तुम्हारे पैर में मालिश करूँगा.

massive मै'सिव *a.* **1.** भारी, भारी-भरकम [attack आक्रमण, beam शहतीर, building इमारत[F], feature आकृति[F], work काम]; new diesel engines are ~ machines नए डीजल इंजन भारी-भारी मशीनें[F] हैं; several strong men were needed to open and close the ~ gates to the castle महल के भारी फाटकों को खोलने और बंद करने के लिए कई बलवान व्यक्तियों की आवश्यकता[F] थी. **2.** ज़ोर का [demonstration प्रदर्शन, storm अंधड़, thrust धक्का]. **3.** (impressive) प्रभावशाली [activities कार्यकलाप, personality व्यक्तित्व]; his giant body is very ~ उसका विशाल शरीर बहुत प्रभावशाली है. **4.** (not hollow) ठोस : ~ bomb ≈ बम.

mast मास्ट *n*[c]. मस्तूल [broken टूटा हुआ, iron लोहे का, tall लंबा, wooden लकड़ी का]; ~ is a high pole on a ship ≈ जहाज़ पर का एक ऊंचा सा डंडा होता है; the vessel carried three ~s जहाज़ में तीन ≈ थे; the aerial wires are attached to tall ~s वायवीय तार लंबे मस्तूल से जुड़े होते हैं.

master मास्'टर *n*[c]. **1.** स्वामी, मालिक [bad खराब, cruel निर्दयी, generous उदार, good अच्छा, kind दयालु, wise बुद्धिमान]; ~ and servant ≈ और नौकर; ~ of the house घर का ≈; the dog likes his ~ कुत्ता अपने ≈ को चाहता है; he always obeys his ~ वह हमेशा अपने मालिक की आज्ञाओं[F] का पालन करता है. Δ **to be one's ~** स्वाधीन होना; to **be the ~ of the situation** स्थिति[F] पर नियंत्रण पाना. [*ant.* servant] **2.** (teacher) शिक्षक, अध्यापक, मास्टर [intelligent समझदार, old पुराना, sincere सच्चा]; he is the ~ of English in my school वे मेरे विद्यालय में अंग्रेजी के ≈ हैं; who is the ~ of Hindi हिंदी का ≈ कौन है ? the old ~s पुराने उस्ताद. [*ant.* pupil] **3.** (captain) कप्तान [expert कुशल, former पूर्व]; the ~ of the ship is the man incharge of it जहाज़ का ≈ उसका प्रभारी व्यक्ति होता है. **4.** (expert) विशेषज्ञ, आचार्य, उस्ताद; ~ of a subject किसी विषय का ≈; the ~ of art, science etc. कला, विज्ञान इत्यादि का ≈, एम० ए०, एम० एस-सी० ~ of oratory भाषण में प्रवीण; to be a great ~ of music संगीत का उत्कृष्ट कलाकार होना; he became a ~ of his trade वह अपने व्यवसाय का विशेषज्ञ हो गया. ~ **poet** उस्ताद शायर. **5.** Master Raju राजू लड़का. **II.** *v.t.* वशीभूत करना, वश में कर लेना, अधीन करना : he could not ~

the impulse to laugh वह हँसी^{F} के आवेग पर काबू न पा सका; he has ~ed the machine thoroughly उसने मशीन पर पूरी तरह^{F} अधिकार पा लिया है; to ~ the spirited horse क्रुद्ध घोड़े को काबू में करना; to ~ a language किसी भाषा पर अधिकार होना. **masterly** मास्'टर्लि **I.** *adv.* कौशलपूर्वक : he directed his army ~ उसने कौशलपूर्वक अपनी सेना^{F} का संचालन किया. **II.** *a.* उत्कृष्ट [model नमूना, product उत्पाद, production उत्पादन]; example of a ~ piece of work काम का ≈ उदाहरण; the actor gave a ~ performance अभिनेता ने ≈ प्रदर्शन किया. **mastermind** मास्'टर्माइन्ड **I.** मुख्य संचालक : he was the ~ behind the plan वह इस योजना ≈ का था. **II.** *v.t.* (plan) बनाना : to ~ a plan योजना ≈. **masterpiece** मास्'टरॅपीस *n*^{c}. श्रेष्ठ कृति^{F}/रचना^{F} : his speech was a ~ of diplomacy उसका भाषण कूटनीति^{F} की ≈ थी; this painting is a ~ by Hussain यह कलाकृति^{F} हुसैन की ≈ है. **mastery** मास्'टरि *n*^{u}. **1.** आधिपत्य, प्रभुत्व : ~ of the sea समुद्र पर ≈; to try to have ~ over a country किसी देश पर ≈ जमाने का प्रयास करना. **2.** अधिकार : to gain the ~ of a subject किसी विषय पर ≈ पाना; his ~ of the sitar सितार^{F} पर उसका ≈.

masticate मैस्'टिकेट *v.t.i.* चबाना [slowly धीरे-धीरे, well अच्छी तरह]; you ~ to soften your food तुम खाने को नरम करने के लिए चबाते हो; to ~ corn, peanut दाने, मूँगफली^{F} चबाना.

mat मैट *n*^{c}. **1.** चटाई^{F} [long लंबी, small छोटी, wide चौड़ी]; he has a ~ near his bed उसके बिस्तर के पास एक ≈ है. **2.** पायदान : door ~ दरवाज़े पर रखा ≈; wipe your shoes on the ~ अपने जूते ≈ पर झाड़-पोंछ लो. **3.** (table ~) : put the plates on the table ~ प्लेटें टेबलमैट पर रख दो. **4.** ~ of hair जटा^{F}; the sadhu has a thick ~ of hair साधु की मोटी-मोटी जटाएँ हैं.

match मैच **I.** *n.* **1.** दियासलाई^{F} : to light a ~, you strike it on the side of the box ≈ जलाने के लिए तुम उसे डिबिया^{F} के पहलू पर रगड़ते हो; there are 100 ~es in a box डिबिया^{F} में सौ दियासलाइयाँ होती हैं; he threw the burning ~ away उसने जलती हुई ≈ फेंक दी. ~ **wood** ≈ बनाने की लकड़ी^{F}. **2.** (counterpart) जोड़ [equal बराबर का, suitable उपयुक्त]; she has no ~ उसके ≈ की कोई नहीं है; he is not his ~ वह उसका ≈ नहीं है; this colour is a good ~ to that यह रंग उसका अच्छा ≈ जोड़ है; you will not find his ~ in India तुम्हें उसके ≈ का आदमी भारत में नहीं मिलेगा; you are no ~ for him तुम उसके बराबर नहीं हो. **3.** (contest) प्रतियोगिता^{F}, मैच : interesting ~ मनोरंजक ≈; Bob is playing a football ~ बाब फुटबाल मैच खेल रहा है; the ~ ended in a draw मैच बराबरी पर समाप्त हुआ; my team will surely win the ~ मेरी टीम^{F} निश्चय ही ≈ जीतेगी; to participate in the ~ ≈ में भाग लेना. **4.** (in marriage) जोड़ी^{F}: the priest made a ~ पुरोहित ने शादी^{F} कराई; the young couple made a good ~ युवा-युवती की अच्छी ≈ बनी, बढ़िया वर-वधू बने. **5.** मेल : ~ **of colours** रंगों का ≈; her purse and shoes are a good ~ उसके बटुए और जूते का अच्छा मेल है. **II.** *v.t.* **1.** विवाह करना या कराना : to ~ a beautiful girl सुंदर लड़की से ≈. **2.** मेल मिलाना : to ~ a saree with a blouse ब्लाउज़ से साड़ी^{F} का ≈; these colours do not ~ ये रंग आपस में मेल नहीं खाते; mother needs a new hat to ~ her new coat माँ को नए कोट का जोड़ मिलाने के लिए हैट की जरूरत है. **3.** बराबरी^{F} में लाना या होना : to ~ a race horse against another दौड़^{F} वाले घोड़े को दूसरे के बराबर करना; it seemed very hard to ~ him with his friend उसकी और उसके मित्र की बराबरी^{F} करना कठिन मालूम पड़ता है; to ~ smb against another किसी को दूसरे की बराबरी^{F} में लाना. **matchless** मैच्'लिस *a.* अद्वितीय, अनुपम, बेजोड़ [beauty सुन्दरता^{F}, colour रंग, strength शक्ति^{F}]; it was a ~ performance यह अद्वितीय प्रदर्शन था; if a thing is ~ you cannot equal it with another यदि कोई वस्तु बेजोड़ है तो तुम उसे

किसी और के बराबर नहीं कर सकते.

mate मेट *n*^c^. **1.** साथी, सखा [faithful विश्वासपात्र, reliable विश्वसनीय]; you can trust your ~, he will never cheat you तुम अपने सभी ≈ पर विश्वास कर सकते हो, वह तुम्हें कभी धोखा नहीं देगा. **room** ~ कमरे का साथी. **2.** जीवन साथी [suitable उपयुक्त, true सच्चा]; he needs a good ~ उसे अच्छी पत्नी की जरूरत^F^ है; she has a faithful ~ in B उसे ब बड़ा वफ़ादार ≈ मिल गया है. **3.** ~ of labourers मज़दूरों का मेट/मुखिया. **4.** ~ of a ship जहाज़ का छोटा अधिकारी. **II.** *v.t.* **1.** विवाह करना या कराना : he ~d Miss S उसने मिस स से विवाह किया. **2.** (animals) जोड़ा खाना या खिलाना : there is a season when dogs ~ with bitches एक मौसम होता है जब कुत्ते कुतियों से जोड़ा खाते हैं; the cattle were ~d last month मवेशियों को पिछले महीने जोड़ कराया गया

material मटिअ'रिअल **I.** *a.* **1.** (not spiritual) भौतिक [body शरीर, objects पदार्थ, pleasures सुख]; everyone desires to have ~ pleasures सभी ≈ सुख प्राप्त करने की इच्छा^F^ रखते हैं; you must not be proud of this ~ body तुम्हें ≈ शरीर पर गर्व नहीं करना चाहिए. [*ant.* spiritual] **2.** (corporeal) शारीरिक, दैहिक [changes परिवर्तन, needs आवश्यकताएँ^F^, well-being भलाई^F^]; he could not avoid the ~ troubles completely वह ≈ कष्टों को पूरी तरह दूर न कर सका. **3.** [pecuniary) आर्थिक [condition दशा^F^, point विषय]; a ~ question was put up in the meeting मीटिंग^F^ में ≈ प्रश्न उठाया गया. **4.** (considerable) महत्वपूर्ण, भरपूर [production उत्पादन, subject विषय]; this is the ~ part of the story यह कहानी^F^ का महत्त्वपूर्ण भाग है; it is not ~ to this subject इस विषय के लिए उसका कोई महत्त्व नहीं है. **5.** (law) सारवान : ~ facts ≈ तथ्य; ~ help ≈/ ठोस सहायता^F^; ~ part of the Constitution संविधान का ≈ भाग; ~ evidence ≈ साक्ष्य. [*ant.* im~]. **II.** *n*^uc^. **1.** सामान, माल [important महत्त्वपूर्ण, raw कच्चा, valuable कीमती, worthless निरर्थक]; building ~ इमारती ≈; the ~ of these chairs is good इन कुर्सियों का ≈ अच्छा है; raw ~ will not be sufficient कच्चा माल पर्याप्त् न होगा; the ~ is drawn from various sources माल विभिन्न स्रोतों से लाया गया है. **2.** (cloth) कपड़ा [comfortable आरामदेह, cotton सूती, new नया, synthetic सिंथैटिक, waterproof जलारोधी, woollen ऊनी]; a dress made of thick ~ मोटे कपड़े की बनी पोशाक^F^; where did you buy this ~ तुमने यह ≈ कहाँ से खरीदा? **3.** (data) सामग्री^F^; writing ~ लेखन ≈; a collection of ~ सामग्री संग्रह; he has compiled enough ~ for his book उसने अपनी पुस्तक^F^ के लिए काफ़ी ≈ एकत्र कर ली है.

maternal म टर्'नल *a.* मातृसुलभ, मातृ- [affection स्नेह, feeling भावना]; ~ love for her child अपने बच्चे के प्रति मातृप्रेम; a child cannot develop properly without ~ care बिना माता की देखरेख^F^ के बच्चे का समुचित विकास नहीं हो सकता. ~ **grandfather** नाना; ~ **grandmother** नानी; ~ **aunt** मौसी; ~ uncle मामा.

Math./Maths Mathematics.

mathematician मैथि मटि'शन *n*^c^. गणितज्ञ [extraordinary असाधारण, Indian भारतीय]; the nation cannot forget the contribution of ~ Ramanujam राष्ट्र ≈ रामानुजम के योगदान को नहीं भुला सकता. **mathematics** मैथिमै'टिक्स *n.* sing. गणित [difficult कठिन, easy आसान, higher उच्च, lower निम्न, simple साधारण]; algebra बीजगणित, geometry and arithmetic are the branches of ~ बीजगणित, रेखागणित और अंकगणित ≈ की शाखाएँ हैं; he cannot solve the questions of ~ वह ≈ के सवाल हल नहीं कर सकता; Maths is a difficult subject गणित एक कठिन विषय है.

matinee मै'टिनी *n*^c^. तीसरे पहर का खेल : some students cut classes and go to ~ show कुछ लड़के कक्षा छोड़कर ≈ देखने चले जाते हैं; ~ idol मोहक अभिनेता.

matric. matriculate मॅट्रि'क्यूलिट **I.** *a.* मैट्रिक पास : ~ girl ≈ लड़की; ~ man ≈ आदमी; she is a ~ not illiterate वह ≈ है, अनपढ़

नहीं है. **II.** मट्रि'क्यूलेट *v.t.* मैट्रिक पास करना : any how he ~d last year पिछले साल उसने किसी तरह मैट्रिक पास कर लिया. **matriculation** मट्रिक्यूले'शन n^u. मैट्रिक परीक्षा^{F} (also called entrance examination प्रवेशिका परीक्षा^{F}) : ~ examination in Uttar Pradesh is called high school examination मैट्रिक परीक्षा^{F} को उत्तर-प्रदेश में हाई स्कूल परीक्षा कहते हैं.

matrimonial मैट्रिमो'निअल *a.* वैवाहिक [advertisement विज्ञापन, offer प्रस्ताव]; he reads ~ columns in the newspaper वह समाचार-पत्र में विवाह-स्तंभ पढ़ता है.

matron मेट्'रन n^c. मेट्रन, मुख्य नर्स [expert कुशल, honest ईमानदार]; the ~ in this hospital is sincere in her duty इस अस्पताल की ≈ अपने कर्तव्य के प्रति सच्ची है; the ~ here instructs the nurses यहाँ की ≈ नर्सों^{F} को निर्देश देती है.

matted मैटिड a. (tangled) उलझा हुआ, जटिल [branches शाखाएँ^{F}, vines अंगूर की लताएँ]; ~ hair जटा^{F}; my hair is so ~ that I cannot comb it मेरे बाल इतने उलझे हुए हैं कि मैं कंघा नहीं कर सकता.

matter मै'टर **I.** n^c. **1.** बात^F, मामला [important महत्वपूर्ण, simple साधारण, private गोपनीय/निजी,]; the ~ is in my hand till now ≈ अभी तक मेरे हाथ में है; let us discuss the ~ हम मामले पर बहस^F करें; it is a ~ of few rupees यह कुछ रुपयों की बात^F है; a ~ of half an hour आधे घंटे का मामला; what is the ~ ≈ क्या है ? ~ of course सामान्य बात^F; no ~ where he went कोई बात^F नहीं कि वह कहाँ गया; no ~ how he passed the examination कोई बात नहीं कि उसने परीक्षा^{F} कैसे पास की; for (in) the ~ of that जहाँ तक इस मामले का संबंध है; as a ~ of fact सच बात^F यह है कि. . ; it is a ~ of five kilometres यह लगभग पाँच किमी॰ है. **2.** (content, subject) विषय, विषयवस्तु [complicated जटिल, weighty वज़नदार]; the ~s in the book are very important किताब^F के विषय बहुत महत्वपूर्ण हैं; we'll discuss this matter later on हम इस विषय पर फिर कभी बहस^F करेंगे; ~ in dispute विवाद का विषय; ~ of regret खेद का विषय. Δ **as a ~ of fact** वास्तव में, असल में, as a ~ of fact they have not any right to say so वास्तव में उन्हें ऐसा कहने का कोई अधिकार नहीं है; **it is a ~ of course** स्वाभाविक या साधारण बात^F है; as a ~ of course I'll meet you at home स्वाभाविक रूप से मैं तुम्हें घर पर मिलूँगा; **in the ~ of** के बारे में : he is very strict in the ~ of money पैसे के बारे में वह बहुत कड़ा है. **II.** *v.t.* महत्व रखना, महत्वपूर्ण होना : it does not ~ much इसका कोई बहुत महत्त्व नहीं है; it ~s much to me मेरे लिए इसका बहुत महत्व है; what does it ~ to you इसका तुम्हारे लिए क्या महत्त्व है ?

matting मै'टिंग n^c. चटाई; vide mat.

mattress मै'ट्रिस *n.* गद्दा [comfortable आरामदेह, soft मुलायम]; to make a bed soft and comfortable you must put under it a ~ बिस्तर को कोमल और आरामदेह बनाने के लिए तुम्हें उसके नीचे ≈ बिछाना चाहिए.

mature मट्युअर' **I.** *a.* **1.** प्रौढ़ [man आदमी, woman औरत]; a man of ~ age ≈ अवस्था^{F} का आदमी; to reach a ~ age प्रौढ़ावस्था^{F} को पहुँचना. **2.** परिपक्व : ~ plan ≈ योजना^{F}. **3.** पका, तैयार [fruit फल, mango आम]; the fruit is ~ you can buy it फल पके हैं तुम खरीद सकते हो. **4.** (well-considered) सोच-विचार कर किया गया : ~ deliberation सोचकर किया गया विचार; ~ plan सोचकर बनाई गई योजना^{F}. **5.** (due) देय, प्राप्य : ~ amount ≈ राशि^{F}; the term deposit account is ~ सावधि जमा लेखा देय/प्राप्य है; the bill is now ~ बिल अब देय है **I.** *v.t.i.* परिपक्व हो जाना या करना, पक जाना : you can ~ these tomatoes earlier if you put them into a glass house तुम टमाटरों को पहले ही पका सकते हो यदि तुम उन्हें शीशाघर में रख दो; he secretly ~ed his plan of action उसने चुपके से अपनी कार्ययोजना^{F} तैयार कर ली; the plan has ~d योजना^{F} तैयार हो गई है. [*ant.* immature] **maturity** मट्युअ'रिटि n^u. परिपक्वता^{F}, प्रौढ़ता^{F} [marvellous

अद्‌भुत, mental मानसिक, social सामाजिक]; ~ years ≈ की उम्र^F; to come to ~ ≈ प्राप्त करना, प्रौढ़ परिपक्व होना; he died before getting ~ वह ≈ पाने से पहले ही मर गया.

mausoleum मॉ सॅ ली'अम *n*^{c}. मकबरा, रौज़ा : ~ of Jahangir जहाँगीर का ≈; Taj Mahal is a ~ ताजमहल एक ≈ है.

mauve मोव़ *a.* हल्का बैंगनी [cloth कपड़ा, colour रंग]; he always wears ~ dress वह हमेशा ≈ (रंग के) कपड़े पहनता है.

max. maximum.

maxim मैक्'सिम *n*^{c}. सूक्ति^{F}, नीतिवचन, सूत्र [befitting उपयुक्त, simple सरल, useful उपयोगी]; this book is full of ~s इस पुस्तक में सूक्तियाँ भरी पड़ी हैं; a ~ of good conduct अच्छे आचरण के बारे में सूत्र; it has become a ~ of state that the king should keep aloof from party politics यह राज्य का नीतिवचन बन चुका है कि राजा को दलगत राजनीति^{F} से दूर रहना चाहिए; 'honesty is the best policy' is a good ~ 'ईमानदारी^{F} सबसे अच्छी नीति है' यह एक अच्छी सूक्ति है.

maximum मैक्'सिमम *a.* अधिकतम [benefit लाभ, happiness सुख, pay वेतन, price कीमत^F, production उत्पादन, speed गति^{F}, temperature तापमान]; to secure ~ efficiency अधिकतम दक्षता^{F} प्राप्त करना; today's temperature is the ~ of the month आज का तापमान इस महीने का उच्चतम तापमान है. [*ant.* minimum]

May मे **I.** *n.* मई : in the month of ~ ≈ के महीने में; the first of ~ ≈ का पहला दिन; ~ Day is a great international holiday ≈ दिवस एक बड़ी अन्तर्राष्ट्रीय छुट्टी^{F} होती है: there are 31 days in ~ मई में 31 दिन होते हैं. **II. may** मे *v.i.* (*p.* might) (expressing possibility) हो सकना, कर सकना : I ~ win मैं जीत सकता हूँ; it ~ snow बर्फ^F पड़ सकती है; ~ I go with you क्या मैं तुम्हारे साथ जाऊं ? you ~ go now अब तुम जाओ/जा सकते हो; be that as it ~ जो होना हो सो हो; he might come but I am not definite शायद वह आ जाए पर निश्चित नहीं है; he might have gone now वह अब तक चला गया होगा; ~ I come in क्या मैं अंदर आऊं ? ~ I ask you a few questions क्या मैं आपसे कुछ प्रश्न पूछ सकता हूँ ? he ~ hope that matters will soon improve वह आशा कर सकता है कि मामला शीघ्र ही सुधर जाएगा; he ~ be late शायद वह लेट हो जाए; he ~ come today शायद वह आज आए; they may be waiting for all of us संभवतः वे हम सब का इंतज़ार कर रहे हों. ~ be शायद, संभवतः ~ be you are right शायद तुम सही हो; let us call on Auntie and ~ be she will ask us to stay for tea बुआ जी से मिल लें शायद वे चाय^F के लिए रुकने के लिए कहें. (expressing wish, prayer) ~ you be happy भगवान् तुम्हें प्रसन्न रखे; ~ God bless you भगवान तुम्हारा भला करे; ~ he rest in peace भगवान् उसे शांति^{F} प्रदान करे.

mayor मेअर *n*^{c}. मेअर, नगर-प्रमुख [active सक्रिय, dishonest बेईमान, honest ईमानदार]; the ~ of this city is very corrupt इस शहर का ≈ बहुत भ्रष्ट है; who was elected ~ of this city this year इस साल इस शहर का ≈ कौन चुना गया था ? some of the aldermen/corporators were much opposed to electing a woman as ~ कुछ पौर किसी स्त्री को नगर-प्रमुख चुने जाने का विरोध कर रहे थे.

maze मेज़ **I.** *n*^{c}. भूल-भुलैया^{F} [complicated जटिल, confused भ्रामक, tangled उलझी]; it will take hours to go through such a ~ इस प्रकार की ≈ में से निकलने में घंटों लग जाएँगे; he spoke vaguely, lost in a ~ of thoughts वह विचारों की ≈ में खोया, ठीक से नहीं बोला; my mind is in a ~ मेरा मन ≈ में है. **II.** *v.t.* चकरा देना, उलझन^F : में डाल देना : the teacher was so ~d that he could not give the answer properly अध्यापक इतना चकरा गया था कि समुचित उत्तर न दे सका.

M.B. Bachelor of Medicine.

M.B.A. Master of Business Administration.

M.B.B.S. Bachelor of Medicine & Bachelor of Surgery.

M.C. Municipal Corporation.

M.Com. Master of Commerce.

M.D. Doctor of Medicine.

me मी *pro.* (objective case) मुझे, मुझको : give it to ~ इसे मुझे दे दो; don't laugh at me मुझ पर मत हँसो; they were talking about ~ वे मेरे बारे में बात कर[F] रहे थे; I'll take the children with me मैं बच्चों को अपने साथ ले जाऊंगा; it was foolish of ~ not to follow your advice आपकी सलाह[F] न मानना मेरी मूर्खता[F] थी; did you not notice ~ क्या तुमने मुझ पर ध्यान नहीं दिया? take ~ with you मुझे अपने साथ ले चलो; she said to me उसने मुझसे कहा; she told me उसने मुझे बताया; he had given me two books उसने मुझे दो किताबें दी थीं; who is there ? it is me कौन है? मैं; he is younger than ~ वह मुझसे छोटा है.

meadow मॅ'डो *n*[c]. घास-स्थली[F] [flowery पुष्पयुक्त, green हरी, open खुली, pretty सुंदर, wide चौड़ी]; he went to mow the ~ वह ≈ में घास काटने गया; animals go to graze in the ~ जानवर चारागाह[F] में चरने जाते हैं; to trespass on a ~ ≈ पर अतिक्रमण करना.

meal मील *n.* **1.** खाना, भोजन [cheap सस्ता, delicious स्वादिष्ट, expensive महँगा, hearty भरपेट, heavy भारी, inedible अखाद्य, light हल्का, nourishing पौष्टिक, simple साधारण, well-cooked अच्छी तरह[F] पकाया हुआ]; ~ time ≈ का समय; we get two ~s a day हम दिन में दो बार खाना खाते हैं; at 8 p.m. all the boys sat down to a ~ शाम[F] को 8 बजे सभी लड़के खाने/भोजन पर बैठ गए; dinner is my chief meal in the day दिन का भोजन मेरा मुख्य खाना है; the ~ was simple but tasty भोजन सादा था, किंतु स्वादिष्ट. **2.** आटा, मैदा : wheat ground into ~ गेहूँ पीसकर बना ≈; whole ~ अनछना ≈, चोकर सहित ≈.

mean मीन **I.** *a.* **1.** (average) औसत, माध्य [age उम्र[F], quantity मात्रा[F], rate दर[F], velocity गति[F]]; the ~ quantity between 2 and 8 is five दो और आठ के बीच का ≈ पाँच होता है; he cannot catch the train with an ~ speed औसत गति से (चलकर) वह रेलगाड़ी[F] नहीं पकड़ सकता. **2.** मध्यम : a citizen of a ~ city मझोले शहर का निवासी; in the ~ time इस बीच में. **3.** (mediocre) घटिया, निकृष्ट [artist कलाकार, gift उपहार, show प्रदर्शन]; it is a ~ trick to hide a boy's book किसी लड़के की किताब[F] छिपा देना एक चालाकी[F] है; he is no ~ poet वह कोई ≈ कवि थोड़े है. **4.** (ignoble) अधर्मी नीच, कमीना [fellow व्यक्ति, neighbour पड़ोसी, person व्यक्ति, student छात्र]; he is so ~ that he never obeys his teachers वह इतना ≈ है कि कभी अपने अध्यापकों का कहना नहीं मानता. **5.** (stingy) कंजूस, कृपण [householder गृहस्थ, merchant व्यापारी]; he is so ~ that he never spends his pocket money वह इतना कंजूस है कि अपना जेबखर्च भी कभी खर्च नहीं करता. [*ant.* generous] **II.** *n*[u]. **1.** बीच का रास्ता, मध्यमार्ग : he adopted a ~ to be successful उसने सफल होने के लिए ≈ अपनाया; a golden ~ between the extravagance and thrift अतिव्ययता[F] और मितव्ययता[F] का ≈; this boarding house seems to be a ~ between the expensive hotels and cheap lodging यह छात्रावास महँगे होटलों और सस्ते आवासगृहों के बीच का लगता है. **2.** (average) मध्यमान, औसत : find out the ~ of the following sums निम्नलिखित राशियों का ≈ निकालो. [also see means] [*p.* & *pp.* meant] **III.** *v.t.* **1.** (signify) अर्थ या मतलब होना या रखना : I really ~ this वास्तव में मेरा अर्थ यह है; what do you ~ by this इससे तुम्हारा मतलब क्या है? what does this word ~ इस शब्द का क्या अर्थ है? I do not know what the statement ~s मैं नहीं जानता कि इस कथन का अर्थ क्या है? (intend) इरादा होना, चाहना : I did not ~ to hurt you मेरा आपको ठेस पहुँचाने का कोई इरादा नहीं था; I ~ to go मैं जाना चाहता हूँ; I did not ~ to offend you मेरा आपको नाराज़ करने का इरादा नहीं था; I am sure that he meant well मुझे विश्वास है कि उसके इरादे अच्छे थे. **3.** होना : R and Miss G were meant for each other र और मिस ग एक दूसरे के लिए बने थे; this gift was not meant for you यह उपहार तुम्हारे लिए नहीं था; this child ~s everything to me यह बच्चा मेरे लिए सब कुछ है. **4.** महत्व रखना : it ~s nothing to him इसका उसके लिए कुछ महत्व नहीं है.

meaning मीनिʼङ्ग **I.** *n*ᶜ. अर्थ, अभिप्राय, तात्पर्य, आशय [ambiguous अस्पष्ट, deep गहरा, different भिन्न, hidden छिपा, precise सही, real वास्तविक]; the ~ of the word is not clear शब्द का ≈ स्पष्ट नहीं है; the word has many ~s इस शब्द के कई ≈ हैं; I looked up the ~ of the word in the dictionary मैंने शब्दकोश में इस शब्द का अर्थ देखा; at first I did not appreciate the full ~ of his words पहले मैं उसके शब्दों का सही अर्थ नहीं समझ पाया. **II.** *a.* सूचक : ill-~ person बुरी नियत का आदमी; well-~ person अच्छी नियत वाला आदमी. **meaningful** मीʼनिङ्गफुल *a.* अर्थपूर्ण [statement वाक्य, word शब्द]; he looks with ~ eyes वह ≈ दृष्टि^F से देखता है. **meaningless** मीʼनिङ्गलॅस *a.* निरर्थक [sentence वाक्य, speech कथन, talk बातचीत^F]; the letter is ~ to me पत्र मेरे लिए ≈ है.

means मीन्ज़ *n*ᶜ. (no change in number) **1.** उपाय, साधन [safe सुरक्षित, solid ठोस, sure निश्चित]; he is a man of ~ वह साधन-संपन्न व्यक्ति है; ~ of communication संचार के ≈; he succeeded by this ~ वह इस उपाय से सफल हुआ; his ~ are limited उसके साधन सीमित हैं; ~ of escape बचाव के साधन; to travel by means of a train रेलगाड़ी द्वारा यात्रा करना; to live beyond one's ~ अपने साधनों के बाहर खर्च करना; to find ~ of livelihood रोटी-रोज़ी^F का साधन ढूँढना; we would like to come to your party but we have no ~ of getting there हम तुम्हारी पार्टी में आना चाहते हैं लेकिन हमारे पास वहाँ पहुँचने का कोई ≈ नहीं है; we have no ~ of knowing it हमारे पास इसे जानने का कोई ≈ नहीं है; we must find some ~ of proving it हमें इसे सिद्ध करने का कोई उपाय ढूँढ़ना चाहिए; I have used every possible ~ मैंने हर संभव उपाय करके देखा है. **2.** (income) आय^F, आमदनी^F [limited सीमित, sufficient पर्याप्त]; you can do nothing more with your ~ अपनी सीमित ≈ से तुम कुछ नहीं कर सकते. Δ **by all ~** अवश्य ही, निश्चय ही : he will succeed by all ~s वह अवश्य ही सफल होगा; I'll ruin him by all ~ मैं सब प्रकार से उसे नष्ट करूँगा; **by no ~** एकदम नहीं हरगिज़ नहीं, किसी तरह भी नहीं : by no ~ can he succeed this time इस बार वह हरगिज सफल नहीं हो सकता; by **fair ~ or foul** किसी भी तरह, जैसे-तैसे you must get it by fair ~ or foul तुम्हें इसे किसी-न-किसी तरह पाना है.

meantime मीन्ʼटाइम (meanwhile) मीन्ʼव़ाइल *adv.* इतने में, इसी बीच : in the ~ we will be on holiday ≈ हम छुट्टी^F पर रहेंगे; Jack ran for a doctor in the ~ we stayed with the patient जैक डाक्टर के लिए भागा, इस बीच हम रोगी के पास रहे; put the water in the kettle to boil and in the ~ we will bring bread and butter केतली में पानी डालकर उबलने रख दो और ≈ हम ब्रेड और मक्खन लाएँगे; please, write the letter, in the ~ I will get a stamp कृपया पत्र लिखिए ≈ मैं टिकट लाता हूँ; ~ I shall get everything ready ≈ मैं सब कुछ तैयार रखूँगा.

measles मीʼज़ल्ज़ n. (sing.) खसरा : he caught ~ from smb उसे किसी से ≈ लग गया; when you are suffering from ~s, you have red spots on your skin and you feel as if you have a cold जब तुम ≈ से पीड़ित हो तो तुम्हारी चमड़ी^F पर लाल-लाल धब्बे हो जाते हैं और तुम अनुभव करते हो जैसे कि तुम्हें ठंड^F लग रही हो.

measure मेʼज़र **I.** *n*ᶜ. **1.** (size) नाप^F [exact सही, real वास्तविक]; can you tell me the approximate ~ of this rope क्या तुम इस रस्सी^F की लगभग ≈ बता सकते हो ? to take smb's ~ for a coat कोट के लिए किसी की ≈ लेना metre is a ~ of length लंबाई की ≈ मीटर **2.** (quantity) माप^F, मात्रा^F : litre is the ~ of liquid द्रव पदार्थ का ≈ लीटर है; a ~ of wheat गेहूँ की ≈; what is the ~ of rice चावल की ≈ क्या है ? the ~ of oil, liquid तेल, द्रव ≈. **3.** (criterion) मापदंड [exact सही, true सच्चा]; a fair ~ of justice न्याय का उपयुक्त ≈; what is the ~ of success सफलता^F का क्या ≈ है ? हद^F, सीमा^F, मर्यादा^F : beyond ~ बेहद, असीम : he was overjoyed beyond ~ वह बेहद प्रसन्न हुआ; in the same ~ किसी हद तक. **4.** उपाय : to take ~ कार्रवाई करना, कदम उठाना; the Lok Sabha is considering new ~s लोक सभा नये उपाय सोच रही है. **II.** *v.t.* **1.** नापना : to ~ exactly सही-सही ≈; the man was ~d for his suit आदमी की एक सूट के लिए नाप ली गयी; first of all, the tailor ~s the cloth दर्जी सबसे पहले कपड़ा नापता है; to ~ the length of a curtain परदे की लंबाई^F ≈; I use a tape to ~ anything मैं किसी चीज को नाप के लिए फीते से काम लेता हूँ. **2.** मापना : to ~ a liquid किसी द्रव पदार्थ को ≈. **3.** (appraise) आँकना, मूल्यांकन करना : to ~ one's strength अपने बल को ≈ (का मूल्यांकन करना) to ~ smb's courage किसी की हिम्मत^F ≈; you cannot ~ him exactly तुम उसकी शक्ति^F का सही-सही अनुमान नहीं लगा सकते; to ~ one's character किसी के चरित्र का मूल्यांकन करना; you have wrongly ~d the resources of your enemy's army तुमने अपने शत्रु की सेना^F के संसाधनों का गलत मूल्यांकन किया है. **4.** तोलकर बोलना : to ~ one's words अपने शब्दों को ≈.

measurement मेयर्'मन्ट *n.*^uc **1.** नाप^F [real वास्तविक, wrong गलत]; the ~ of my waist is 32 inches मेरी कमर की ≈ बत्तीस इंच है; he took that man's ~ उसने उस आदमी की ≈ ली. **2.** माप : ~ of milk दूध ≈ की.

meat मीट *n.* **1.** मांस, गोश्त [boiled उबाला हुआ, fresh ताज़ा, frozen जमाया हुआ, imported आयातित, raw कच्चा, roasted भूना हुआ]; a dinner with ~ and vegetables मांस और सब्ज़ी के साथ दिन का भोजन; he likes ~ very much उसे ≈ बहुत पसंद है; she dislike ~ उसे नापसंद है. **2.** (of fruit) गूदा [delicious स्वादिष्ट, soft कोमल]; the ~ of melon तरबूज़ का गूदा. Δ **one man's ~ in another man's poison** किसी के लिए कोई चीज़^F अच्छी, किसी के लिए वही बुरी [*as distinct from* meet]

mechanic मिकै'निक *n*^c मैकेनिक, मिस्त्री, यंत्रकार [efficient दक्ष, expert कुशल]; the ~ was busy in repairing the machine ≈ मशीन^F की मरम्मत^F करने में व्यस्त था. **mechanical** मिकै'निकल *a.* **1.** मशीनी, यांत्रिक [breakdown ख़राबी^F, car गाड़ी^F, equipment उपकरण, parts पुर्ज़े, toy खिलौना]; the twentieth century is a ~ age बीसवीं सदी ≈ युग है; we are growing more and more dependent on ~ objects हम मशीनी पदार्थों पर अधिक से अधिक आश्रित होते जा रहे हैं; there is some ~ defect in the factory कारख़ाने में कोई ≈ ख़राबी है. **2.** यंत्रवत् [power शक्ति^F, pressure दबाव]; this work needs no thoughts, it is just ~ इस काम में बुद्धि^F की आवश्यकता^F नहीं है यह बस ≈ है. ~transport मोटर-परिवहन.

M.Ed. Master of Education, Medical, medieval

medal में'डल *n*^c पदक, तमगा [bronze कांस्य gold स्वर्ण, silver रजत he won a ~ in the hundred metre race सौ मीटर की दौड़ में उसने एक ≈ जीता; you cannot get any ~ this time इस बार तुम्हें कोई पदक नहीं मिल सकता. Δ **you must see the other side of the ~** प्रश्न का दूसरा पहलू भी देखो . [*as distinct from* meddle]

medallist मे'डॅलिस्ट *n*^c पदकधारी, पदक जीतने वाला [player खिलाड़ी, student विद्यार्थी]; he played slightly better, he is a silver ~ वह कुछ अच्छा खेला, वह रजत ≈ है; gold ~ स्वर्णपदक विजेता.

meddle में'डल *v.t.* हस्तक्षेप करना, दखलंदाजी^F करना : deliberately ~ जानबूझकर ≈; don't ~ **with** other people's business दूसरों लोगों के काम में दखल मत दो; it is a mistake to ~ **in** two or three occupations instead of sticking to one एक व्यवसाय में लगे रहने के बजाय दो या तीन व्यवसायों में दख़ल रखना गलती[F] है; don't ~ in things that don't concern you उन चीजों[F]/बातों में दखलंदाजी[F] मत करो, जो तुमसे संबंधित नहीं हैं. [*as distinct from* medal]

media मी'डिआ *n.* (*pl.* of medium) माध्यम : mass ~ जनसंचार साधन; mediamen समाचार प्रसारक, पत्रकार

mediaeval देखिए medieval.

mediate मी'डिएट *v.t.* मध्यस्थता[F] करना, बीच-बचाव करना : to ~ between A and B अ और ब में .

medical में'डिकल *a.* डाक्टरी, चिकित्सीय [advice सलाह[F], aid सहायता[F], check-up जाँच[F], equipment उपकरण, institution संस्था[F], profession व्यवसाय, science विज्ञान, service सेवा[F], staff स्टाफ़]; ~ assistant चिकित्सा सहायक; ~ examination डाक्टरी परीक्षा[F]; ~ man डाक्टर, वैद्य; ~ students डाक्टरी[F] का विद्यार्थी; ~ leave बीमारी[F] की छुट्टी[F], चिकित्सा अवकाश; you must obtain a ~ certificate that you are unfit for work तुम्हें डाक्टरी प्रमाण-पत्र प्राप्त करना चाहिए कि तुम काम करने के अयोग्य हो; a doctor gives a patient a ~ examination to find out whether there is anything wrong with him डाक्टर रोगी की यह पता लगाने के लिए चिकित्सकीय जाँच करता है कि उसे कोई ख़राबी[F] है; ~ treatment consists of cures which don't include an operation काय चिकित्सीय जाँच[F]

medicinal मे'डि'सिनल a. औषधीय [substance पदार्थ, plant पौधे, purpose उद्देश्य]; ~ properties of Arnica अर्निका के औषधीय गुण

medicine मे'डि'सिन *n*[c]. 1. काय चिकित्सा[F], चिकित्साशास्त्र आयुर्विज्ञान, वैद्यक [beneficial लाभदायक useful उपयोगी]; he won a medal in the field of ~ उसने चिकित्साशास्त्र के क्षेत्र में पदक जीता; he studies ~ वह ≈ का अध्ययन करता है. 2. दवा[F], औषध [allopathic ऐलोपैथी, colourless रंगहीन, effective प्रभावशाली, new नई, patent पेटेन्ट, special विशिष्ट, tasteless स्वादरहित; to cure my illness the doctor prescribed ~ मेरी बीमारी[F] का इलाज करने के लिए डाक्टर ने मुझे ≈ दी; take a spoonful of this ~ thrice a day यह ≈ एक चम्मच भर दिन में तीन बार लेना; it is good ~ for cold जुकाम की यह अच्छी ≈ है.

medieval मडिई'व़ल *a.* मध्ययुगीन, मध्ययुगीय [castle महल, history इतिहास, manuscript हस्तलिपि[F], war युद्ध]; he believes in ~ system of education वह ≈ शिक्षा पद्धति[F] में विश्वास रखता है.

mediocre मीडि ओकर' *a.* साधारण, अतिसामान्य [effort प्रयास, talent प्रतिभा[F], performance प्रदर्शन]; he is too ~ to study in the university वह इतना साधारण है कि विश्वविद्यालय में पढ़ाई[F] नहीं कर सकता.

meditate में'डिटेट *v.t.* विचार करना, इरादा करना : ~ gravely गंभीरता[F] से ≈; he was meditating suicide वह आत्महत्या[F] करने का विचार कर रहा था; I have often ~d about this matter इस मामले में/पर मैंने बहुधा विचार किया है; to ~ upon the sinfulness of man मनुष्य के पापीपन पर विचार करना; to ~ on revenge बदला लेने की सोचना; to ~ on the goodness of God ईश्वर की दयालुता[F] पर चिंतन करना. 2. ध्यान लगाना : the yogi ~s योगी ध्यान लगाता है. **meditation** मेडिटे'शन *n*[u]. 1. मनन, चिंतन [deep गहन, thorough पूर्ण]; the true ~ will lead you to success सच्चा चिंतन तुम्हें सफलता[F] देगा. 2. ध्यान, ध्यानावस्था[F] : the Yogi was sitting in ~ योगी ≈ में बैठा था; he ~s in the morning वह प्रातः ध्यान लगाता है.

medium मी'डिअम I. *n*[c] (*pl.* media) 1. माध्यम : we can send a message anywhere through the ~ of wireless बेतार के ≈ से हम कहीं भी संदेश भेज सकते हैं; what is the ~ adopted by you तुमने कौन

सा ≈ अपनाया ? light through the ~ of electricity बिजली[F] के ≈ से प्रकाश; air is the ~ by which we breathe हवा[F] वह ≈ है जिससे हम साँस लेते हैं; we send letters through the ~ of post office हम डाकखाने के ≈ से पत्र भेजते हैं; by any ~ किसी भी ≈ से; ~ of examination, instruction परीक्षण, शिक्षण का ≈; ~ of publicity प्रचार ≈. **2.** (means) साधन [convenient सुविधाजनक, good अच्छा, simple साधारण, unsuitable अनुपयुक्त]; have you any ~ to reach the hospital क्या आपके पास अस्पताल पहुँचने का कोई ≈ है ? **II.** *a.* मध्यम, मझोला [distance दूरी, length लंबाई[F], pace गति[F], size आकार]; he is neither tall nor short but just ~ वह न तो लंबा है और न छोटा, बस मझोला है; a ~ sized packet is bigger than a small one and smaller than a big one एक ≈ पैकेट छोटे से बड़ा और बड़े वाले से छोटा होता है. ~ **bowler** मध्यम गेंदबाज़.

meek मीक *a.* (humble) विनम्र, विनीत, (submissive) दब्बू [boy लड़का, student छात्र]; a ~ person is one who offers no resistance to those who hurt or annoy him एक ≈ व्यक्ति वह है जो किसी ठेस पहुँचाने वाले या तंग करने वाले का प्रतिरोध नहीं करता; Dilip is as ~ as a lamb दिलीप इतना ≈ है जितना कि मेमना; a ~ fellow is praised by everyone विनीत व्यक्ति की सभी प्रशंसा[F] करते हैं; it is wrong to be too ~ and mild बहुत अधिक ≈ एवं मृदु होना ख़राब बात[F] है.

meet मीट **I.** *v.t.* (*p.* & *pp.* met) **1.** से मिलना, भेंट[F] होना : ~ suddenly एकाएक मिलना; when Auntie comes by train we go to station to ~ her जब आन्टी रेलगाड़ी[F] से आती हैं तो हम उनसे मिलने स्टेशन जाते हैं; to tunnel through a hill you can drill holes from each side which ~ in the middle पहाड़ी[F] में सुरंग[F] बनाने के लिए तुम दोनों तरफ़ से छेद करते हो जो बीच में मिल जाते हैं; are you going to ~ your father in Kanpur क्या तुम अपने पिता से मिलने कानपुर जा रहे हो ? the stream ~s the river here नाला नदी[F] से यहाँ मिलता है; I met him here मैं उससे यहाँ मिला था; we ~ once a week हम सप्ताह में एक दफ़ा[F] मिलते हैं. **Δ to make both ends ~** गुज़ारा करना; to ~ smb half way समझौता कर लेना. **2.** (confront) का सामना करना, मुकाबला करना [bravely बहादुरी[F] से, hesitatingly संकोच करके]; to ~ **with** an accident suddenly एकाएक दुर्घटना[F] का सामना करना; you cannot ~ the opposition तुम विरोधियों का मुकाबला नहीं कर सकते; you have met **with** so many difficulties तुमने इतनी सारी कठिनाइयों[F] का सामना किया है. **3. (refute)** खंडन करना : **to ~ a complaint** शिकायत[F] का ≈ (जवाब देना). **4.** (satisfy) पूरा करना : this money will ~ my needs यह धन मेरी आवश्यकताओं[F] की पूर्ति[F] कर देगा; it will ~ your purpose well इससे तुम्हारा उद्देश्य पूरा हो जाएगा; to ~ the demand of workers कामगारों की माँग को पूरा करना. **5.** मिलना, एकत्र हो जाना, सभा[F]/बैठक[F] करना : they met to discuss the policy वे नीति[F] पर विचार करने के लिए एकत्र हुए; the party meets once a year पार्टी की बैठक[F] वर्ष में एक बार होती है; the members of the club ~ on Wednesday क्लब के सदस्य हर बुधवार को इकट्ठे होते हैं. **6.** (other contexts) to ~ the ear सुनाई देना; to ~ the eye दिखाई देना; to ~ a bill बिल अदा करना; to ~ expenses खर्च पूरा करना या उठाना. **II.** *a.* उचित, समीचीन [device युक्ति[F], plan योजना[F], response प्रत्युत्तर]; it is ~ that you should obey your elders यह ≈ है कि तुम अपने बड़ों का कहना मानो; I did as it was ~ मैंने जैसे ≈ था किया. [*as distinct from* meat] **meeting** मी'टिङ्ग *n*[c]. **1.** सभा[F], बैठक[F], मीटिंग[F] [illegal ग़ैरकानूनी अवैध, important महत्वपूर्ण, political राजनीतिक, religious धार्मिक, social सामाजिक]; the ~ will be held on Tuesday ≈ मंगलवार को होगी; to attend a ~ ≈ में उपस्थित होना; to preside over a ~ ≈ की अध्यक्षता[F] करना; we have a ~ today आज हमारी ≈ है; all parents are invited to a ~ in the school hall to discuss the new plan for education नई शिक्षा-योजना^{F} पर विचार करने के लिए विद्यालय के हाल में होने वाली ≈ में सब माता-पिता (संरक्षक) आमंत्रित किए जाते हैं; he participated in the ~ of students उसने छात्रों की ≈ में भाग लिया. **2.** मिलन, सम्मिलन general सामान्य, jolly प्रसन्नतापूर्वक, open खुला, regular नियमित]; ~ point मिलन बिंदु; this is the ~ place of both the roads यह दोनों सड़कों का मिलन-स्थल (संगम) है. **3.** (encounter) भिड़ंत^F, मुठभेड़^{F} [sudden एकाएक, unexpected अप्रत्याशित]; in a ~ with the police two thieves were killed पुलिस^F के साथ मुठभेड़ में दो चोर मारे गए.

mellow मॅ'लो **I.** *a.* (mellower, mellowest) **1.** रसीला, परिपक्व : ~ grapes रसीले अंगूर, ~ mango ≈ आम; you can buy these oranges, these are very ~ तुम ये संतरे खरीद सकते हो, बहुत ≈ हैं. **2.** (in other contexts) ~ nature, character नरम/सौम्य स्वभाव, चरित्र; ~ colour हल्का/नरम रंग; ~ light, sound मद्धिम प्रकाश, ध्वनि^{F}; ~ person सौम्य व्यक्ति; ~ soil उपजाऊ भूमि^{F}. **II.** *v.t.* **1.** (fruit) पकाकर नरम करना : you can ~ the bananas by many means तुम कई तरीकों से केले पका सकते हो. **2.** to ~ one's nature अपने स्वभाव को नरम बनाना; please ~ the sound on the radio कृपया रेडियो पर की आवाज़ ज़रा मद्धिम कर दें.

melody मॅलॅ'डि [*n.* **1.** स्वर-माधुर्य, (tune) लय, राग : ~ of a bubbling brooks बुदबुदाते हुए नालों का ≈; the ~ of Nirala's verses निराला की कविताओं^{F} का ≈. **II.** गीत [simple साधारण, sweet मधुर]; Peter played a delightful ~ on his flute पीटर ने अपनी बाँसुरी^{F} पर एक सुमधुर गीत सुनाया.

melon मॅ'लन n^c खरबूज़ा, तरबूज़ [big बड़ा cheap सस्ता, sweat मीठा]; Mr. Nath likes ~s very much मि० नाथ को ≈ बेहद पसंद है; ~ is much found in India भारत में ≈ बहुत होता है; musk ~ खरबूजा; water ~ तरबूज़.

melt मॅल्ट *v.t.i.* (melted, molten) **1.** पिघलाना, पिघलना : to ~ steel to make rods लोहे को पिघलाकर छड़ बनाना; a goldsmith ~s gold to make ornaments आभूषण बनाने के लिए सुनार सोना गलाता/पिघलाता है; the ice is ~ing बर्फ़^{F} पिघल रही है; the ice cream has ~ed आइसक्रीम^F पिघल गई है; if you warm ice it will ~ into water यदि तुम बर्फ़ को गरम करो तो यह पिघलकर पानी हो जाएगी; chocolate ~s in the mouth चाकलेट मुँह में घुल जाता है. **2.** पसीजना : her heart ~ed with pity उसका हृदय दया^{F} से पिघल/पसीज गया. **3.** (disappear) विलीन हो जाना, मिल जाना : the river ~s into the sea नदी^{F} समुद्र में विलीन हो जाती है; colours ~ into one another रंग एक दूसरे में मिल जाते हैं. **4.** (disintegrate) विघटित हो जाना : the parties very soon ~ed away पार्टियाँ^{F} शीघ्र ही विघटित हो गईं. Δ **to ~ away** लुप्त हो जाना : his anger ~ed away उसका क्रोध जाता रहा; to **~ down** ornaments ज़ेवर गला-वला देना; **to ~ into** tears दया से आँसू बहाना. [*ant.* solidify]

member मॅम्'बर *n.* **1.** (person) सदस्य [corrupt भ्रष्ट, honest ईमानदार, injured घायल, sensible समझदार, strong तगड़ा]; he is a ~ of Parliament वह संसद सदस्य है; Tillu is the ~ of the football team टिल्लू फुटबाल टीम^F का ≈ है; to be a ~ of a club क्लब का ≈ होना; women can now become ~s of the legal profession स्त्रियाँ अब कानूनी व्यवसाय की ≈ बन सकती हैं. **2.** अंग, अवयव [essential आवश्यक, important महत्त्वपूर्ण]; he is an essential ~ of our family वह हमारे परिवार का अभिन्न अंग है. **3.** (item) घटक, एकक, इकाई : Security Council is an important ~ of United Nations सुरक्षा-परिषद संयुक्त-राष्ट्र का एक महत्त्वपूर्ण घटक है.

membership मॅम्'बरशिप n^u **1.** सदस्यता^{F}, मेम्बरी^{F} [life आजीवन, regular नियमित]; I have applied for ~ of your society मैंने आपकी संस्था^{F} की ≈ के लिए आवेदन किया है; ~ of this club is an honour इस क्लब की

≈ एक सम्मान है. 2. सदस्य-संख्या[F] : what is the ~ of your club तुम्हारे क्लब की ≈ कितनी है ? 3. ~ fee सदस्यता शुल्क : the ~ fee of our team has been increased to Rs. 50 हमारी टीम[F] की ≈ बढ़ाकर पचास रुपए कर दिया गया है.

memo मी'मा *n*[c]. see, memorandum.

memoir मैं'म'वार *n*[c] (usu. *pl.*). **1.** संस्मरण [brief संक्षिप्त, dull नीरस, inadequate अपर्याप्त, well-written सुलिखित]; the ~s of the explorer are enlightening अन्वेषक के ये ≈ ज्ञानवर्धक हैं; ~s of an expedition अभियान के ≈. **2.** (biography) जीवनवृत्त [humorous हास्यपूर्ण, interesting दिलचस्प]; the ~ of the poet is not completely written कवि का ≈ पूरी तरह[F] नहीं लिखा गया है; ~ of Babar बाबर का ≈.

memorandum मैंमैरन्'डम *n*[c] (*pl.* -da, dums) **1.** (note) मेमो, पत्रक : have you seen the ~ relating to your affairs क्या तुमने अपने मामलों से संबंधित पत्रक देखा है ? cash ~ नकदी ≈. **2.** (statement) ज्ञापन-पत्र [complete पूर्ण, original मूल]; according to the ~ of the office superintendent कार्यालय सुपरिन्टेंडेंट के ≈ अनुसार they gave a ~ to the minister उन्होंने मंत्री को एक ≈ दिया.

memorial मि मॉ' रिअल **I.** *n*[c] **1.** स्मारक, यादगार [national राष्ट्रीय, Mughal मुगलकालीन]; that building is a ~ to those who were killed in the war वह इमारत[F] उन लोगों का ≈ है जो युद्ध में मारे गए थे; the Taj Mahal is a very grand ~ ताजमहल एक बहुत शानदार ≈ है. **2.** स्मरण-पत्र : send a ~ to enquire about your request अपनी प्रार्थना[F] के बारे में पता लगाने के लिए एक स्मरण-पत्र भेजो. **3.** (*pl.*) इतिवृत्त, संस्मरण : complete ~ पूर्ण ≈; he has written so much in his ~s उसने अपने संस्मरणों में इतना कुछ लिखा है. **II.** *a.* स्मरणात्मक, स्मारक [articles लेख, statue मूर्ति[F], stone पत्थर]; I have read his ~ article मैंने उनका स्मरण-लेख पढ़ा है.

memorise मे'मॅराइज़ *v.t.* कंठस्थ करना, याद करना : ~ thoroughly पूरी तरह ≈; ~ this poem for the examination इस कविता[F] को परीक्षा[F] के लिए कंठस्थ करो.

memory मैं'मॅरि *n*[uc]. स्मृति[F], याद; स्मरण शक्ति[F], याद्दाश्त[F] [active सक्रिय, excellent उत्कृष्ट, feeble कमज़ोर, firm दृढ़, good अच्छी, incredible अविश्वसनीय, mechanical यांत्रिक, pleasant सुखद, tenacious पक्की, wonderful अद्‌भुत]; I have a clear ~ of what happened जो हुआ मुझे वह स्पष्ट याद है; he was speaking from his ~ वह अपनी मुँहज़बानी[F] (याद से) बोल रहा था; we have pleasant memories of the past हमारे पास अतीत की सुखद स्मृतियाँ[F] हैं; it brought back the memories of those happy days इसने उन सुखद दिनों की याद दिला दी; I have a good ~for faces चेहरों की (पहचान) मेरी अच्छी याद्दाश्त[F] है; his name will remain forever in our ~ हमारी याद्दाश्त में उसका नाम हमेशा रहेगा; ~ will not fade ≈ कम न होगी; this annual ceremony will keep his ~ green यह वार्षिकोत्सव उसकी याद्दाश्त को ताज़ा बनाए रखेगा; it is not safe to trust the ~, you must write it down याद्दाश्त पर विश्वास करना सुरक्षित नहीं है, तुम्हें इसे जरूर लिख लेना चाहिए; the pleasing ~ of the holidays छुट्टियों की सुखद याद्दाश्त; it came back to my ~ यह मुझे फिर याद आ गया; to commit to ~ याद कर लेना; in the ~ of smb किसी की स्मृति में : the picture on the wall is in the ~ of our headmaster who died last year दीवार[F] पर का यह चित्र हमारे प्रधानाध्यापक की याद में है जो पिछले साल मर गए; a monument erected in the ~ of the unknown soldiers अज्ञात सैनिकों की स्मृति में खड़ा किया गया स्मारक; within living ~ जहाँ तक जीवित लोगों की याद है.

men मैंन *n*[c] (*pl.* of 'man' *q.v.*) जवान : an officer and twenty men were sent to guard the gate एक अधिकारी और बीस ≈ फाटक की रक्षा के लिए भेजे गए.

menace मैंनस **I.** *v.t.* डराना, जोखिम में डालना : falling prices ~ his business गिरते मूल्य उसके व्यापार में जोखिम डालते हैं; the tiger continued to ~ us by his prowling about our tent चीता हमारे तंबू के चारों ओर

शिकार की तलाश में घूमते-फिरते हमें लगातार डराता रहा; to ~ someone's life किसी की ज़ान^F को ख़तरे में डालना; a new danger ~d the eastern provinces एक नए खतरे से पूर्वी प्रांतों में डर पैदा हो गया. **II.** *n*^u. ख़तरा : horrible ~ भयानक ≈; ~ of fire आग का भय; a careless driver is a ~ to all road users एक लापरवाह ड्राइवर सड़क पर चलने वाले सब लोगों के लिए ≈ होता है; this Act of Parliament is a ~ to the liberties of the Indian people संसद् का यह अधिनियम भारतीय लोगों की स्वतंत्रताओं के लिए ≈ है; ~ to national unity राष्ट्रीय एकता के लिए ≈. Δ **this boy is a ~** यह लड़का एक मुसीबत^F है.

mend मॅन्ड **I.** *v.t.* **1.** (repair) मरम्मत^F करना, ठीक कर देना [completely पूरी तरह^F, satisfactorily संतोषजनक ढंग से]; ~ a kettle केतली^F की मरम्मत^F करना; you can ~ a broken ornament by sticking the pieces together तुम टूटे आभूषण को इसके टुकड़ों को चिपकाकर ठीक कर सकते हो; ~ your bicycle tyre अपनी साइकिल^F के टायर की मरम्मत^F करो. **2.** (patch) पैबंद लगाना; (darn) रफ़ू करना : ~ your torn clothes अपने फटे कपड़ों को रफ़ू करो (इसमें पैबंद लगाओ). **3.** (make better) सुधारना : to ~ one's ways अपना व्यवहार ≈; to ~ one's habits अपनी आदतें^F सुधारना; it is never too late to ~ सुधरने के लिए कभी देर^F नहीं होती है; to ~ matters मामलों को ठीक-ठाक करना; ~ one's progress अपनी प्रगति^F में सुधार लाना. **4.** to ~ a pencil पेंसिल बनाना. छीलना. **II.** मरम्मत^F, सुधार [excellent बढ़िया, unsatisfactory असंतोषजनक]; a ~ in a dress पोशाक^F की मरम्मत^F; the patient is on the ~ रोगी का सुधार हो रहा है; there is a good ~ in his health उसके स्वास्थ्य में अच्छा सुधार हो रहा है; to be on the ~ हालत^F में सुधार होना.

mendicant मॅन्'डिकन्ट *n*^c. भिखारी, भिखमंगा [gentle सज्जन, genuine सच्चा]; he met a ~ on the way to his school स्कूल जाते समय रास्ते में उसे एक ≈ मिला; a ~ begs for money or food ≈ पैसे या खाने के लिए भीख माँगता है.

menial मी'न्यल **I.** *a.* **1.** नौकर का, दासोचित [duties कर्तव्य, work काम]; he will not do the ~ jobs, you must not expect so वह नौकर का काम नहीं करेगा, तुम्हें ऐसी आशा^F नहीं करनी चाहिए. **2.** (low) नीच, कमीना [fellow व्यक्ति, servant नौकर]; such a ~ man cannot help you इस प्रकार का ≈ आदमी तुम्हारी सहायता^F नहीं कर सकता. he is too ~ to be trusted वह इतना ≈ है कि उस पर विश्वास नहीं किया जा सकता. **II.** *n*^c नौकर [corrupt भ्रष्ट, dishonest बेईमान]; a strike by the ~s नौकर-चाकरों की हड़ताल^F

-ment *suff.* makes nouns : advancement, advertisement, allotment, announcement, argument, arrangement, enjoyment, government, judgment, meerriment settlement, treatment.

mental मॅन्'टल *a.* मानसिक, मनोगत, मन : [complex ग्रंथि^F deficiency दुर्बलता^F, disease बीमारी^F, effort प्रयास, health स्वास्थ्य, illness रोग, labour श्रम, pain कष्ट, patient रोगी, work काम]; a ~ patient is one whose mind is diseased मानसिक रोगी वह है जिसका मन रुग्ण है; he suffers from ~ disability वह मानसिक निर्योग्यता से पीड़ित है; ~ asylum/hospital पागलख़ाना; ~ arithmetic ज़बानी हिसाब [*ant.* physical]

mentality मॅन् टै'लिटि *n*^uc. मनोवृत्ति^F [bad ख़राब, dangerous ख़तरनाक, deficient क्षीण]; that man has the ~ of a child इस व्यक्ति की ≈ बच्चों की-सी है; he is a man of strange ~ वह विचित्र ≈ वाला आदमी है; a person of low ~ is one who is not honest निम्न ≈ वाला आदमी वह होता है जो ईमानदार नहीं है.

mention मॅन्'शन **I.** *n*^u उल्लेख, चर्चा^F, ज़िक्र [descriptive विवरणात्मक, distinct स्पष्ट, honourable सम्मानजनक, less कम]; to make no ~ of the matter मामले का कोई उल्लेख न करना; no ~ (धन्यवाद की) कोई आवश्यकता^F नहीं है. **II.** *v.t.* उल्लेख करना, ज़िक्र करना; [happily प्रसन्नतापूर्वक, knowingly जानबूझकर]; ~ my name to him उससे मेरा नाम लेना; he just ~ed the subject उसने केवल विषय का उल्लेख किया था; am I ~ed in the letter क्या पत्र में मेरा ज़िक्र है ? don't ~ it इसका ज़िक्र न करो; I'll ~ it later on मैं इसका ज़िक्र बाद में करूँगा; he ~ed you as an example उसने उदाहरणस्वरूप तुम्हारा ज़िक्र/उल्लेख किया; he ~ed your name twice उसने तुम्हारे नाम का दो बार उल्लेख किया. [*ant*. omit]

menu मॆन्'न्यू *n*^c^. व्यंजन सूची^F^, भोजन तालिका^F^ [complete पूर्ण, insufficient अपर्याप्त]; ~ is a list of different kinds of food ≈ भिन्न-भिन्न प्रकार के खानों की सूची^F^ होती है.

merchandise मर्'चन्डाइज़ *n*. व्यापारी माल, सौदा [salable विक्रेय, unprofitable अलाभकर, valuable कीमती, worthless बेकार]; ~ for export निर्यात के लिए माल. **merchant** मर्'चन्ट **I**. *n*^c^. व्यापारी, सौदागर [bankrupt दीवालिया, foreign विदेशी, prosperous समृद्ध, rich धनी, successful सफल]; he is a wool ~ वह ऊन का ≈ है; we buy coal from coal ~ हम कोयला कोयले के ≈ से ख़रीदते हैं; a timber ~ sells timber एक लकड़ी विक्रेता इमारती लकड़ी^F^ बेचता है; to buy through a ~ व्यापारी के द्वारा ख़रीदना. ~ **prince** बड़ा भारी व्यापारी; ~ **ship** व्यापारी जहाज़. **II**. *a*. व्यापारिक, व्यापारी [person व्यक्ति, woman स्त्री]; M.P. is a big ~ company in India एम० पी० भारत की एक बड़ी कंपनी^F^ है.

merciful मर्'सिफुल *a*. दयालु [friend मित्र, judge न्यायाधीश, oldman बूढ़ा, ruler शासक, woman स्त्री]; God, be ~ to me, a sinner हे ईश्वर, मुझ पापी पर दया^F^ करो; a ~ judge is one who gives a prisoner a light sentence because he takes pity on him एक ≈ जज वह है जो किसी कैदी को हल्की सज़ा देता है, क्योंकि वह उस पर दया^F^ करता है; to be ~ towards one's enemies अपने शत्रुओं के प्रति ≈ होना. **merciless** मर्'सिलिस *a*. **1.** निर्दय, निष्ठुर, कठोर [king राजा, master मालिक]; he is a ~ fellow he will give you nothing वह एक निर्दय व्यक्ति है वह तुम्हें कुछ नहीं देगा. **2.** ~ act निर्दय कार्य/कर्म.

mercury मर्'क्यूरि *n*^u^. **1.** बुध [planet ग्रह, shining चमकीला]; that bright star is ~, the nearest planet to the sun वह चमकीला तारा बुध है जो सूर्य के सब से निकट है. **2.** पारा : ~ is a white liquid metal ≈ एक सफ़ेद द्रव धातु^F^ होता है; ~ is used in thermometers थर्मामीटरों में पारे का इस्तेमाल होता है.

mercy मॅर्'सि *n*^uc^. **1.** दया^F^, अनुकंपा^F^ : to plead for ~ ≈ के लिए विनती^F^ करना; they were treated without ~ उनके साथ बेरहमी^F^ का व्यवहार हुआ; they showed no ~ to their enemies उन्होंने अपने शत्रुओं के प्रति कोई दया प्रदर्शित नहीं की; have ~ on/upon us हम पर दया करो. Δ **at the ~ of** के वश में : he was at the ~ of his enemies वह अपने शत्रुओं के वश में था; to be at the ~ of winds and waves हवाओं और लहरों^F^ के वश में होना. **2.** अनुग्रह, कृपा^F^ : I thank you for your mercies मैं आपकी कृपा के लिए आपको धन्यवाद देता हूँ.

mere मिअर **I**. *n*^c^. (partical) झील [big बड़ी, deep गहरी, dry सूखी]. **II**. *a*. निरा, मात्र [milk दूध, money पैसा, water पानी]; it was the ~ thought of him, not of his party यह मात्र उसका विचार था, उसकी पार्टी^F^ का नहीं; he is a ~ child वह निरा बच्चा है; it is a ~ hundred metres from my house to the school मेरे घर से स्कूल तक मात्र सौ मीटर है; that is ~ nonsense वह बकवाद मात्र है; ~ necessity forced me to sell the land मात्र आवश्यकता^F^ ने मुझे ज़मीन बेचने को बाध्य कर दिया. **merely** मिअर'लि *adv*. केवल, सिर्फ : it was ~ a suggestion यह ≈ एक सुझाव था; I ~ want to know this मैं सिर्फ़ यह जानना चाहता हूँ; I asked ~ because I did not know मैंने केवल इसलिए पूछा क्योंकि मैं जानता नहीं था; I do not think it ~ as a question of pride मैं इसे केवल गर्व का प्रश्न नहीं मानता; you have ~ to ask तुम्हें बस कहना भर है; I have ~ looked at the name of the book मैंने सिर्फ किताब का नाम देखा है; the boys are doing no harm, they are ~ playing लड़के कोई नुकसान नहीं पहुँचा रहे हैं, वे केवल खेल रहे हैं; he said nothing but ~ nodded उसने कुछ कहा नहीं पर केवल सिर हिला दिया.

merge मर्ज *v.t.* विलीन हो जाना या कर देना, मिला देना : ~ completely पूरी तरह ≈; the smaller firm was ~d **in** the larger one छोटी फ़र्म बड़ी में विलीन कर दी गई; the management is going to ~ our school in the big district school प्रबंधक वर्ग हमारे स्कूल को बड़े ज़िला विद्यालय में विलीन करने जा रहा है; to ~ two business companies **into** one दो व्यापारिक कंपनियों[F] का एक-दूसरे में विलय करना; the golden colours in the sky ~d into dark आकाश के सुनहरी रंग श्याम रंग में विलीन हो गए.

merit मॅरिट **I.** *n.* **1.** (religious) पुण्य, पुण्यफल [great महान्, little कम, peculiar विचित्र]; it is his ~ that he succeeded यह उसका ≈ है कि वह सफल हो गया. **2.** (worth) गुण, ख़ूबी[F], योग्यता[F] [great महान, principal मुख्य, sole केवल; special विशेष his plan has its merits उसकी योजना[F] के अपने गुण हैं : the contestants are rewarded according to their ~s प्रतिद्वंदी योग्यता[F] के आधार पर पुरस्कृत किए गए; he possesses a good ~ of reading उसके पास पढ़ने की अच्छी योग्यता[F] है; ~ **list** योग्यताक्रम सूची[F]. **2.** (*pl.*) गुण-दोष : we shall judge the case on its ~s हम इस मामले को ≈ के आधार पर निर्णीत करेंगे; the plan has its ~ योजना[F] के अपने ≈ हैं. [*ant.* fault] **II.** *v.t.* **1.** अर्जित करना : [verify सचमुच]; to ~ praise in the society समाज में प्रशंसा[F] अर्जित करना **2.** to ~ the post पद के योग्य होना; this statement ~s your attention यह वक्तव्य आपके ध्यानयोग्य है. **meritorious** मॅरिटॉ'रिअस *a* **1.** (rel.) पुण्यप्रद : ~ action/deed ≈ कार्य. **2.** पुण्यवान : ~ person ≈ व्यक्ति. **3.** सराहनीय, श्लाघ्य, प्रशंसनीय [devotion भक्ति[F], service सेवा[F], work काम].

merriment मॅ'रिमन्ट *n.* आमोद-प्रमोद [boisterous ऊधमपूर्ण, childish बचकाना, foolish मूर्खतापूर्ण, great बड़ा, loud बड़ा, ज़ोर का, noise शोरयुक्त, pleasing सुखद, simple साधारण, unrestrained अनियंत्रित]; hearing the sounds of gay laughter, we asked the cause of the ~ खुश-खुश हँसी[F] की आवाज़ सुनकर हमने ≈ का कारण पूछा; when the news of accident arrived, ~ was changed to mourning. जब दुर्घटना[F] का समाचार पहुँचा तो ≈ विलाप में बदल गया. [*ant.* sadness] **merry** मॅरि **1.** विनोदी, आनंदित, प्रमुदित, ज़िंदादिल [girl लड़की, person, व्यक्ति, student छात्र]; a ~ man is one who is full of fun and laughter एक ≈ व्यक्ति वह है जिसमें मनोरंजन और हँसी[F] भरी रहती है. **2.** [festive) आनंदमय music संगीत, place स्थान, song गीत, time समय]; I'll never forget this ~ music इस ≈ संगीत को मैं कभी भूल नहीं पाऊंगा. **3.** नीममस्त [actor अभिनेता, eyes आँखें[F], youth युवा Δ **make** ~ आनंद मनाना, उत्सव मनाना : they all were making ~ on the occasion of his birthday वे सब उसके जन्मदिन पर आनंद मना रहे थे; to **make ~ with smb** किसी का मज़ाक उड़ाना. [*ant.* sad]

mess मॅस **I.** *n*[u]. **1.** (food) ख़ुराक[F], रोटी[F] : they have to labour hard for their ~ उन्हें अपनी ≈ के लिए अधिक मेहनत[F] करनी पड़ती है. **2.** मॅस, भोजनकक्ष, भोजनालय [big बड़ा, common सामान्य, good अच्छा]; we take lunch in the ~ हम ≈ में दोपहर का भोजन करते हैं; I chatted with him at the ~ मैंने उससे ≈ में बातचीत[F] की; I got a cigarette in the ~ मुझे ≈ में सिगरेट मिला. **3.** (trouble) बखेड़ा, झंझट[F], गड़बड़ी[F] : suddenly they fell into a ~ एकाएक वे झंझट में पड़ गए; your friend Raman is in a ~ तुम्हारा मित्र रामन झंझट में है; he made a ~ of it उसने इसमें गड़बड़ी पैदा कर दी; everything is now in a ~ हर चीज़ गड़बड़ है. **4.** (dirt) गंदगी[F] [harmful नुकसानदायक, heavy भारी]; you must remove this ~ from your room तुम्हें अपने कमरे से यह ज़रूर हटानी चाहिए. **II.** *v.t.* **1.** भोजन करना : to ~ with a party पार्टी[F] के साथ ≈; we ~ed together last evening हमने कल शाम साथ-साथ भोजन किया. **2.** गंदा करना; गड़बड़ कर देना [carelessly लापरवाही[F] से, deliberately जानबूझकर]; mother scolded her on for ~ing the room this way माँ ने अपने लड़के को इस तरह कमरा गंदा करने पर डाँटा; to ~ (up) a business व्यापार गड़बड़

कर देना. Δ ~ **about,** a ~ around इधर-उधर के काम करना, समय गँवाना : the examinations are coming near, you should not ~ about परीक्षाएँ[F] पास आ रही हैं, तुम्हें समय नहीं गँवाना चाहिए.

message में'सिज *n*[c]. **1.** संदेश [absurd बेतुका, brief संक्षिप्त, explicit स्पष्ट, important महत्वपूर्ण, irrelevant असंगत, pleasant सुखद, verbal मौखिक, written लिखित, wrong गलत]; please give your mother this ~ from me कृपया मेरा यह ≈ अपनी माँ को दीजिए; a ~ can be written or oral ≈ लिखित अथवा मौखिक हो सकता है; we did not receive your ~ until today तुम्हारा ≈ हमें आज तक नहीं मिला; did he leave any ~ for me क्या उसने मेरे लिए कोई ≈ छोड़ा है? the Presidents's ~ to the nation राष्ट्रपति का राष्ट्र के नाम ≈; **2.** this is the latest ~ about expedition यह अभियान की नवीनतम खबर[F] है. **3.** ~ of Buddha बुद्ध का उपदेश. **messenger** में'सॅन्'जर *n*[c]. दूत, संदेहहर, संदेशवाहक [careless लापरवाह, dishonest बेईमान, forgetful भुलक्कड़, reliable विश्वसनीय, sensible समझदार, special विशिष्ट, stupid मूर्ख, swift तेज़].

messieurs Messrs में'सर्ज़ : *a.* सर्वश्री : Ishwar Chand Sri Chand Ram Chand and Co. ≈ ईश्वर चंद श्री चंद रामचंद एंड कंपनी.

met मॅ'ट *v.t.* past tense of 'meet' *q.v.*

metal में'टॅल **I.** *n.* **1.** धातु [common साधारण, hard सख़्त, precious कीमती, pure विशुद्ध, soft नरम]; the elements are divided into two classes : metals and non-metals तत्वों को दो वर्गों में बाँटा गया है : धात्विक और अधात्विक; the pole is made of some kind of ~ स्तंभ किसी प्रकार की धातु से बना है; alloy of ~s धातुओं का मिश्रण. **2.** (cast iron) ढलवाँ लोहा : to melt a ~ ≈ ढालना. **3.** (courage) जीवट, साहस : none can challenge his ~ उसके ≈ को कोई चुनौती[F] नहीं दे सकता. **II.** *v.t.* रोड़ी-गिट्टी बिछाकर पक्का करना : to ~ a village road गाँव की सड़क[F] पर ≈.

metaphor में'टॅफ़र *n*[c]. रूपक, रूपकालंकार [admirable प्रशंसनीय, clumsy भद्दा, lively जीवंत, new नया, obvious स्पष्ट]; there is a fine blend of ~ in the poem इस[F] कविता[F] में ≈ का अच्छा मेल हुआ है. [*a.* metaphorical लाक्षणिक]

meter मी'टॅर *n*[c]. **1.** मापी, मापक. **2.** छंद. **3.** मीटर [see metre].

method में'थड *n.* ढंग **1.** (way) ढंग, रीति[F], तरीका, कायदा [different भिन्न, modern आजकल का, old पुराना, proper उचित, special विशेष, usual साधारण]; the ~ of learning, teaching a language भाषा पढ़ने, पढ़ाने का ढंग; what is your ~ of keeping yourself warm on cold days ठंडी[F] के दिनों में गर्म रहने का तुम्हारा क्या तरीका है? he has his own ≈ of working उसके काम करने का अपना ढंग है; they have their own ~ of training people लोगों को प्रशिक्षित करने का उनका अपना ढंग है; he works without ~ वह बिना कायदे का काम करता है; we are studying Russian according to a new ~ हम रूसी[F] का नए तरीके से अध्ययन कर रहे हैं. **2.** (procedure) प्रणाली[F], पद्धति[F] [analytical विश्लेषणात्मक, new नई, scientific वैज्ञानिक, successful सफल]; what is the new ~ of operation of cancer कैंसर के आपरेशन की नई ≈ क्या है? you cannot solve the question by that ~ तुम इस पद्धति से प्रश्न हल नहीं कर सकते. **3.** (arrangement) व्यवस्था : there is a ~ in language भाषा में एक ≈ होती है. **methodical** मिथॉ'डिकल *a.* **1.** सुव्यवस्थित, क्रमबद्ध [research खोज, work काम]; a ~ study will lead you to success एक सुव्यवस्थित अध्ययन या पढ़ाई तुम्हें सफलता दिला देगी. **2.** सुव्यवस्थित तरीके से काम करने वाला [artist कलाकार, man आदमी, worker कामगार]; a ~ person is one who does things in a careful way एक व्यवस्थापरायण व्यक्ति वह है जो किसी चीज़ को सावधानी[F] से करता है.

metre मी'टर *n.* **1.** मीटर, मापी : electric ~ बिजली का मीटर; gas ~ गैस का मीटर; water ~ पानी का ≈, जलमापी. **2.** मीटर : we now measure length in ~s अब हम लंबाई[F] मीटरों में नापते हैं; can you tell me how many ~s are there in a mile क्या तुम

मुझे बता सकते हो कि एक मील में कितने ≈ होते हैं? at a distance of two ~s दो ≈ की दूरी^F पर; the room is five ~s long कमरा पाँच ≈ लंबा है. **3.** (poetry) छंद, वृत्त [Greek ग्रीक, iambic लघुचरण, irregular अनियमित, regular नियमित, Roman रोमन]; one of the most familiar ~s in English poetry अंग्रेज़ी कविता का एक अत्यंत परिचित छंद; a verse is distinguished from prose by ~ कविता^F छंद के कारण गद्य से भिन्न होती है.

metric में'ट्रिक *a.* मापीय : ~ system मीटरी पद्धति, दशमिक प्रणाली : India has adopted ~ system in weights and measures भारत ने नाप-तौल की ≈ पद्धति^F अपनाई है.

metropolis मट्रॉ'पलिस *n*^c. (-polises) मुख्य नगर, [महानगर alluring लुभावना, busy व्यस्त, famous प्रसिद्ध, great बड़ा, noisy शोरयुक्त, overcrowded अत्यधिक भीड़-युक्त]; Allahabad is one of the ~es in U.P. उत्तर प्रदेश में इलाहाबाद महानगरों में एक है; London is the ~ of England लंदन इंग्लैण्ड का महानगर है; Delhi is perhaps the biggest ~ of India दिल्ली शायद भारत का सबसे बड़ा ≈ है.

mew म्यू **I.** *n.* **1.** (of cat) म्याऊं^F, म्याँव^F : when you hear the cat's ~, open the door and let it come in जब तुम बिल्ली को म्यांऊं करते सुनो तो दरवाज़ा खोलकर उसे भीतर आने दो. **2.** (cage) पिंजड़ा [big बड़ा, small छोटा]; we went to the zoo and saw a hawk and an eagle in their ~s हम चिड़ियाघर गये और एक बाज़ तथा एक उकाब को पिंजड़े में देखा. **II.** *v.t.* म्याऊँ करना [loudly ज़ोर से, slowly धीमे से]; the kitten is ~ing बिलौटा म्याऊँ-म्याऊँ कर रहा है; the child heard the cat ~ing and 'was' frightened बच्चा बिल्ली को म्याऊं-म्याऊं करते सुनकर डर गया.

mg. milligram.

Mgr. Manager.

mice माइस *n.* plural of 'mouse' *q.v.*

microphone माइ'क्रॅफ़ोन *n*^c. माइक, ध्वनिग्राहक : when people broadcast over the radio, they speak into a ~ जब लोग रेडियो पर प्रसारण करते हैं तो ≈ में बोलते हैं; a ~ amplifies the sound ≈ ध्वनि^F को बढ़ा देता है.

microscope माइ'क्रॅस्कोप *n*^c. सूक्ष्मदर्शी, खुर्दबीन [powerful शक्तिशाली, weak कमज़ोर]; you can see anything minute through a ~ तुम ≈ से कोई भी सूक्ष्म वस्तु^F देख सकते हो; things appear bigger in a ~ ≈ में वस्तुएँ^F कुछ बड़ी दिखाई देती हैं.

mid मिड *a.* (~ most) मध्य, बीच का [distance दूरी^F, sky आकाश, stream धारा^F]; you cannot go in the ~ sea तुम समुद्र के ≈ नहीं जा सकते; in ~ air आकाश में; in ~ stream मंझधार^F में, बीच में; in ~ June जून के ≈ में. **midday** *n. & a.* मध्याह्न, दोपहर (का) [game खेल, meal भोजन, rest विश्राम]; we had our ~ meal at about 12 o'clock yesterday हमने कल अपना दोपहर का भोजन बारह बजे किया था.

middle मि'डल **I.** *a.* मध्य, मध्यवर्ती : ~ age मध्यवय, अधेड़; ~ ages मध्ययुग; ~ class मध्यवर्ग; ~ course बीच का रास्ता; ~ school माध्यमिक विद्यालय या पाठशाला^F; ~ term मध्यपद; ~ ages lasted from about the 11th century to the 16th century मध्ययुग 11वीं शताब्दी^F से 16वीं शताब्दी^F तक रहा. **~ aged** अधेड़ उम्र का; **~ man** बिचौलिया. **II.** *n*^u. मध्य, बीच : from the ~, the distance to each end is the same मध्य से प्रत्येक छोर समान दूरी^F पर होता है; in the ~ of the room कमरे के ≈ में; you will find proper depth in the ~ of the river तुम्हें नदी^F के मध्य में ठीक-ठीक गहराई^F मिलेगी; I was in the ~ of writing a letter when a friend came in मैंने अभी आधा ही पत्र लिखा था कि एक मित्र भीतर आ गया.

middling मिड्'लिङ्ग *a.* **1.** मझोला : it is not the biggest size, it is ~ यह सबसे बड़ा साइज़ नहीं है, मँझोला है. **2.** (mediocre) साधारण, मामूली, अतिसामान्य (ability योग्यता^F, man आदमी, weather मौसम]; the student is not very brilliant he is of a ~ brain छात्र बहुत तेज़ नहीं है, साधारण मस्तिष्क का आदमी है. ~ **health** न बुरा न अच्छा स्वास्थ्य; ~ **goods** न घटिया न बढ़िया माल. **midnight** *n*^c. मध्यरात्रि^F, आधी रात^F : I can meet you anytime before ~ ≈ से पहले किसी समय मैं आपसे मिल सकता हूँ; at

~ you hear the clock strike twelve ≈ को तुम घड़ी से 12 बजने की आवाज़^{F} सुनते हो; yesterday he was dreaming in the ~; कल ≈ में वह सपने देख रहा था. **midst** मिड्स्ट n^u. (old use) के मध्य में, बीच में, बीचोंबीच : in the ~ of the forest जंगल के मध्य में; in the ~ of the storm तूफ़ान के मध्य में; he felt that he was in the ~ of dangers उसने महसूस किया कि वह खतरों के बीच में था; we have an enemy in our ~ हमारे बीच में एक शत्रु है; he found himself in the ~ of thieves उसने स्वयं को चोरों के मध्य पाया; there is no thief in our/your ~ हम/तुम लोगों के बीच में कोई चोर नहीं है. **midway** *adv.* बीचोंबीच : Kanpur is ~ between Delhi and Allahabad कानपुर दिल्ली और इलाहाबाद के ≈ पड़ता है. **midwife** n^c. (-wives) दायी, धात्री [expert कुशल, honest ईमानदार, ill-tempered बद-मिज़ाज]; a ~ assists at the birth of a child ≈ बच्चे के जनन में सहायता^{F} करती है.

might माइट **I.** n^c. बल, शक्ति^{F}, सामर्थ्य^F : do it with all your ~ इसे अपनी पूरी शक्ति के साथ करो; the ~ of Germany जर्मनी की शक्ति; Jack pulled the rope with all his ~ जैक ने रस्सी^{F} को अपनी शक्ति के साथ खींचा; God alone in his ~ could help me ईश्वर अकेले अपनी सामर्थ्य से मेरी सहायता^{F} कर सकता है. Δ **with ~ and main** पूरे ज़ोर के साथ; ~ **is right** जिसकी लाठी उस^{F}की भैंस^F. [*a.* mighty, *ant.* weakness] **II.** *v.t.; v.i.* सकना, past of 'may' : he ~ help me शायद वह मेरी सहायता^{F} करे; Dev ~ see me in the party हो सकता है देव पार्टी^{F} में मुझसे मिले; they ~ go at eleven yesterday शायद कल वे ग्यारह बजे जाएँ; he ~ come or he ~ not हो सकता है कि वह आए या न ही आए; he ~ have come शायद वह आ गया है.

mighty माइ'टि *a.* **1.** बलवान, शक्तिशाली [king राजा, ruler शासक]. **2.** ज़ोरदार : ~ blow ≈ चोट^F.

migrate माइग्रेट' *v.i.* **1.** प्रवास करना, परदेश जाकर बसना : in winter many of our birds ~ to warmer countries जाड़े में हमारे बहुत से पक्षी गर्म देशों को प्रवास कर जाते हैं; swallows ~ to England in spring बसंत में अबाबीलें इंग्लैण्ड को प्रवास कर जाती हैं; lakhs of people migrated to U.P. in1947 लाखों लोग 1947 में उत्तर प्रदेश में प्रवास कर गए. **2.** स्थान बदलना : birds and fishes ~ पक्षी और मछलियाँ^{F} स्थान बदलती हैं; we ~ to the country every summer as the town is unhealthy हम हर बार गर्मियों में देहात चले जाते हैं क्योंकि शहर अस्वास्थ्यकर होता है. **migration** माइ ग्रे'शन n^{uc}. **1.** प्रवसन : the birds assemble in groups ready for their winter ~ पक्षी जाड़े में ≈ के लिए समूहों में इकट्ठे हो जाते हैं. **2.** स्थानांतरण : ~ certificate ≈ प्रमाण-पत्र; he needed a ~ certificate for admission to another university उसे दूसरे विश्वविद्यालय में प्रवेश के लिए प्रमाण-पत्र की आवश्यकता^{F} हुई. [*a.* migratony भ्रमणशील].

mike माइक n^c. short form of 'microphone' *q.v.*

milch मिल्च *a.* दुधारू [animal जानवर, buffalo भैंस^F, cow गाय^F]; cow is the most useful ~ animal and sacred too गाय सबसे अधिक लाभदायक ≈ जानवर है और पवित्र भी.

mild माइल्ड *a.* **1.** मृदुल, सौम्य [man आदमी, teacher अध्यापक, woman स्त्री]; he saw her ~ face and fell in love with her उसने उसका सौम्य चेहरा देखा और उससे प्यार करने लगा; his nature is ~ उसका स्वभाव ≈ है. **2.** (not hard) नरम : the judge was merciful and gave the thief a ~ punishment जज दयावान था उसने चोर को ≈ सज़ा^{F} दी. **3.** (not violent) मंद, हल्का [climate जलवायु, medicine दवा^{F}, rule शासन, wind हवा^{F}]; a ~ way of speaking बोलने का नरम ढंग; the climate of India is not too hot, it is ~ भारत की जलवायु^{F} बहुत गर्म नहीं है, ≈ है. **4.** हल्का ~ punishment ≈ दंड. **5.** सुहावना : the weather at this place is warm and ~ इस स्थान की जलवायु गर्म और सुहावनी है; ~ winter गुलाबी/हल्का जाड़ा. **mildly** माइल्ड्'लि *adv.* **1.** नरमी^{F} से; I complained ~ मैंने ≈ शिकायत^F की. **2.** हल्के से : speak ~ हल्के से बोलो. **3.** थोड़ा-सा : I was ~

interested in his progress मैं उसकी प्रगति^{F} में ≈ दिलचस्पी^{F} रखता था. **mile** माइल *n*^{c}. मील [few थोड़े-से, many कई, ten दस]; eight kilometres make about 5 miles आठ किमी॰ में लगभग पाँच मील होते हैं; my school is 20 miles away from our house मेरा स्कूल हमारे घर से बीस ≈ दूर है; it is two ~s from the railway station यह रेलवे स्टेशन से दो ≈ है; a good runner can run a ~ in about four minutes एक अच्छा धावक लगभग चार मिनट में लगभग एक मील दौड़ सकता है; it is not a hundred ~s away यह पास ही है; 10-mile race दस मील की दौड़^{F}; a car was doing over 60 ~s an hour कार^F एक घंटे में साठ ≈ से ज़्यादा की गति^{F} से जा रही थी; you will find a hotel at a four ~ distance चार ≈ की दूरी^{F} पर तुम्हें एक होटल मिलेगा.

militant मि'लिटन्ट *n*.^{F} लड़ाकू, उग्रवादी : on an average four ~s are killed everyday in Kashmir औसतन चार ≈ प्रतिदिन कश्मीर में मारे जाते हैं.

military मि'लिटरि **I.** *a.* **1.** सैनिक, फ़ौजी [camp शिविर, discipline अनुशासन, force बल, law विधि^{F}, plane विमान, rule शासन, school स्कूल]; he is a ~ man वह फौजी आदमी है; he wore a ~ uniform उसने फ़ौजी वरदी^{F} पहन रखी थी; in some countries all youngmen have to have ~ training कुछ देशों में सभी युवकों को सैनिक प्रशिक्षण प्राप्त करना होता है. **2.** (of war) सामरिक, समर [force बल, missiles मिसाइलें, weapons शस्त्र]. **II.** *n*^{u}. सेना^{F}, फ़ौज^F [heavy भारी, huge बड़ी, strong शक्तिशाली]; your army cannot face such a huge ~ तुम्हारी सेना^{F} इतनी बड़ी फ़ौज का सामना नहीं कर सकती; the ~ was called in to control the situation स्थिति^{F} पर नियंत्रण रखने के लिए सेना को बुला लिया गया.

milk मिल्क **I.** *n*^{u}. **1.** दूध [adulterated मिलावटी, boiled उबाला हुआ, condensed संघनित, creamy क्रीमदार, fresh ताज़ा, pure शुद्ध]; cow's ~ गाय^F का ≈; he asked for a glass of ~ उसने एक गिलास ≈ माँगा; to be nourished on ~ दूध पर पाला जाना; he was ordered to bring ~ from the market उसे बाज़ार से ≈ लाने का आदेश दिया गया; the ~ turned sour ≈ खट्टा हो गया. Δ **it is no use crying over spilt ~** अब पछताए होत क्या जब चिड़ियाँ चुग गईं खेत; cow is in milk गाय दूध देने लगी है. **2.** (of plants) रस, दूध : ~ of coconut नारियल का पानी. ~ **maid** ग्वालिन; ~ **shake** दूध से बनाया गया पेय. **II.** *v.i.* दूध देना : the cow is now not ~ing well गाय अच्छी तरह दूध नहीं दे रही. **III.** दुहना : the farmer's boy is ~ing the cow किसान का लड़का गाय दुह रहा है. **milkman** *n*.^{F} ग्वाला [happy प्रसन्न, hardworking मेहनती, honest ईमानदार]; this ~ is very wicked, he always mixes water with milk यह बहुत दुष्ट है हमेशा दूध में पानी मिलाता है. [*fem.* milkmaid]

milky मिल्'कि *a.* दूधिया [coffee कॉफी, colour रंग, water पानी]; ~ **way** आकाश-गंगा^{F}, मंदाकिनी^{F} : ~ way is a collection of stars ≈ एक तारापुंज है; you can see the ~ way in the sky at night रात^F में तुम आकाश में ≈ देख सकते हो.

mill मिल **I.** *n*^{c}. **1.** चक्की^{F} [flour आटा, tread पाँव की; water पन, wind पवन]; rice ~ धान कुट्टी^{F}; the farmer takes wheat to the ~ किसान गेहूँ ≈ पर ले जाता है; this ~ does not grind the corn well यह चक्की अच्छी तरह अनाज नहीं पीसती; there are three flour mills at a small distance थोड़ी दूरी^{F} पर तीन आटा-चक्कियाँ हैं. Δ **to go through the ~** घोर परिश्रम करना. ~ **stone** चक्की का पाट. **2.** (factory) कारख़ाना निर्माणी, मिल [cloth कपड़ा, cotton सूती, paper काग़ज़ का, steel इस्पात]; ~ hands मिल मज़दूर. **II.** *v.t.* **1.** (grind) पीसना : to ~ wheat or gram : गेहूँ या चना पीसना. **2.** (move in circle) चक्कर लगाना : the cattle ~ about on the harvested corn मवेशी कटे अनाज पर चक्कर लगाते रहते हैं.

million मि'लिअन *n*^{c}. दस लाख : two ~ बीस लाख; ten ~ एक करोड़; one hundred ~ दस करोड़; many ~s कई लाख; ~s of men dipped in the river Ganga on the occasion of Kumbh कुंभ के अवसर पर करोड़ों लोगों ने गंगा नदी^{F} में डुबकी लगाई; he has made ~s from business उसने व्यापार

में लाखों कमाया है. **millionaire** मिल्यॅनेॅअर' *n.* करोड़पति, लखपति : her father is a ~ in London उसके पिता लंदन में ≈ हैं.

mimic मि'मिक **I.** *a.* **1.** झूठ-मूठ का [effort प्रयास, gesture इशारा, war युद्ध]; children like ~ battles बच्चे झूठ-मूठ की लड़ाइयाँ^{F} पसंद करते हैं. **2.** (simulated) नकली [documents दस्तावेज़, leather चमड़ा]; the court discredited all his ~ documents न्यायालय ने उसके सभी नकली दस्तावेज़ों को कोई महत्त्व नहीं दिया. **II.** *v.t.* (mimicked) नकल उतारना, अनुकरण करना : to ~ another's speech किसी दूसरे की बोली^{F} की ≈; to ~ the walk of one's teacher अपने अध्यापक के चलने की नकल करना. **III.** *n*^{c}. नकलची आदमी, नकलची बंदर.

min. minimum.

minaret मि'नॅरॅट *n*^{c}. बुर्ज : high ~ ऊंचा ≈; you will see ~s on mosques तुम मस्जिदों^{F} पर मीनारें देखोगे.

mince मिन्स **I.** *v.t.* **1.** क़ीमा करना, काटकर टुकड़े-टुकड़े करना : to ~ meat is to chop it up into small pieces मांस का कीमा करना उसे काटकर छोटे-छोटे टुकड़े कर देना है. **2.** चबा-चबाकर बातें^{F} करना : I dislike his mincing talk उसका ≈ मुझे पसंद नहीं है. Δ **to ~ matters/words** बात^F गोल कर देना. **II.** *n.*^{u} कीमा : make ~ meat क़ीमा बनाना.

mind माइन्ड **I.** *n*^{c}. **1.** मन, चित्त [cool ठंडा, happy प्रसन्न, narrow संकीर्ण, pure शुद्ध, sad उदास]; it never entered my ~ यह कभी मेरे ≈ में नहीं आया; the name has gone out of my ~ यह नाम मेरे ≈ से हट गया है; a brilliant idea stuck his ~ एक अच्छी युक्ति^{F} उसके मन में आई. [*ant.* body] **2.** (intellect) बुद्धि^{F} [fast तेज़, limited सीमित, strange विचित्र, well-developed अच्छी तरह विकसित]; I can never trust his ~ मुझे उसकी ≈ पर विश्वास नहीं है; to develop one's ~ अपनी ≈ विकसित करना. **3.** (opinion) मत, विचार [clear स्पष्ट, literary साहित्यिक, original मौलिक, scientific वैज्ञानिक]; I have a ~ that we all must try for it मेरा यह ≈ है कि हम सबको इसके लिए प्रयास करना चहिए, what is your ~ about this matter इस मामले में आपका क्या ≈ है ? **4.** (intention) इरादा : wrong ~ गलत ≈; there was no such thing in my ~ मेरा ऐसा कोई ≈ नहीं था; I have a ~ to try it मेरा इसे आज़माने का इरादा है; I have made up my ~ what to do मैंने अपना ≈ बना लिया है कि क्या करना है. **5.** मनस्वी व्यक्ति : the best ~ in our country हमारे देश का ≈ या मनीषी. Δ (verbal phrases) to **be in one's right ~** होश-हवास में होना : why did he beat his wife? he is not in his right ~ उसने अपनी पत्नी क्रो क्यों पीटा ? वह होश-हवाश में नहीं है; to be in/of two ~s दुविधा^{F} या अनिश्चय में होना : he could decide nothing because he was in two minds वह कुछ निश्चित न कर सका क्योंकि वह दुविधा में था; to **be of the one/same ~** सहमत होना : they are both of one/the same ~ वे दोनों सहमत हैं; **be out of ~** विक्षिप्त होना : it appeared that N was out of his ~ लगा कि न विक्षिप्त हो गया है; he was out of ~ when he heard about the accident जब उसने दुर्घटना^{F} के बारे में सुना तो विक्षिप्त हो गया; **to bear/keep in ~** याद रखना : I shall certainly bear/keep in ~ that I have to meet you at the railway station मैं निश्चित रूप से याद रखूँगा कि मुझे तुमसे रेलवे स्टेशन पर मिलना है; **to call smth to ~** याद करना : he could recall this appointment to ~ rather late वह कुछ देर^F में मुलाकात^F के बारे में याद कर पाया; to **change one's ~** इरादा बदलना : he will not go, he has changed his ~ वह नहीं जाएगा, उसने अपना इरादा बदल दिया है; to **come to one's ~** मन में आना, विचार आना : it never came to my ~ that he needs help मेरे मन में यह कभी नहीं आया कि उसे सहायता^{F} की आवश्यकता^{F} है; **to cross one's ~** मन में उठना it crossed my mind that I should not vote मेरे मन में उठा कि मुझे वोट नहीं देना चाहिए; **to give smb a piece of one's ~** खरी-खरी^{F} कह सुनाना : I was enraged and then I gave her a piece of my ~ मैं गुस्सा हो गया और तब मैंने

उसे खरी-खरी सुनायीं; to **go out of smb's** ~ भूल जाना : I should have gone to the party, but I regret that it went out of my ~ मैं पार्टी^{F} में जाता लेकिन मुझे खेद है कि मैं भूल गया; to **have half a** ~ कच्ची-पक्की इच्छा^{F} होना, दुविधा^{F} में होना : he has half a ~ about doing it or not doing it वह इसे करने या न करने के बारे में दुविधा में है; **to make up one's** ~ संकल्प या निश्चय करना; he made up his ~ to do the work in time उसने काम समय से करने का निश्चय किया; I made up my ~ to start at 6 p.m. today मैंने आज शाम छह बजे चल देने का निश्चय किया; to **pass out of one's** ~ भूल जाना : this affair passed out of my ~ मैं यह काम भूल गया; **to put smb in ~ of smth** किसी को किसी बात^F की याद दिलाना : I put B in ~ of a meeting मैंने ब को मीटिंग^F के बारे में याद दिलाया; **to put smth out of one's** ~ किसी बात को भुला देना; to **speak one's** ~ विचार प्रकट कर देना : I spoke my ~ frankly, although he felt offended मैंने निष्कपटता से अपने विचार प्रकट किए यद्यपि उसने बुरा माना; **to take one's ~ off smth** अपना ध्यान किसी मामले से हटा लेना. (other phrases) to **my** ~ मेरी समझ^F में : to my ~ it is satisfactory मेरी समझ में यह संतोषजनक है; **absence of** ~ अन्यमनस्कता^{F}; peace of ~ मानसिक शांति^{F}; **presence of** ~ दत्तचित्तता^{F}; Δ **out of sight, out of** ~ आँख से ओझल, दिल से गायब. **II.** *v.t.* (various contexts) I hope that you won't ~ if I smoke मैं आशा^{F} करता हूँ कि यदि मैं धूम्रपान कर लूँ, तो तुम बुरा नहीं मानोगे; ~ what I say जो मैं कहता हूँ उस पर ध्यान दो; ~ the next step अगले कदम की चिंता^{F} करो; I do not ~ smth to eat मुझे कुछ खाने की आपत्ति^{F} नहीं है; ~ the baby बच्चे की देखरेख^F करो : will you ~ the children while I go for shopping क्या तुम बच्चों की देखभाल^F करोगी जब तक मैं कुछ खरीद करने जाती हूँ? if you do not ~ you will break that cup यदि तुम ख्याल नहीं करोगे तो प्याला तोड़ दोगे; ~ my words मेरी बात^F याद रखना; ~ your own business अपने काम से मतलब रखो; I do not ~ what he says मैं इसकी चिंता^{F} नहीं करता कि वह क्या कहता है; do you ~ my joke (क्या) तुम मेरे मज़ाक को गंभीरता से^{F} तो नहीं लेते? you will not ~ my smoking here यहाँ सिगरेट पीना तुम्हें बुरा तो नहीं लगेगा; I don't ~ having a cup of coffee एक कप कॉफी ले लेना मुझे अच्छा लग रहा है. **mindful** माइन्ड'फुल *a.* सावधान, खबरदार, सतर्क, सचेत [fellow व्यक्ति, servant नौकर, student छात्र]; he is ~ of his promise वह अपने वादे के प्रति ≈ है; to ~ one's studies अपने अध्ययन के प्रति सचेत होना.

mine माइन **I.** *pron.* predicative form of 'my' मेरा : this house is ~ यह घर ≈ है; that shirt is not ~ वह कमीज़ मेरी नहीं है; he is an old friend of ~ वह मेरा पुराना मित्र है; it is no business of ~ यह मेरा काम नहीं है; those magazines are yours or ~ ये पत्रिकाएँ^{F} तुम्हारी हैं या मेरी? **II.** *n*^{c}. **1.** खान^F, खदान^F [coal कोयले की, deep गहरी, diamond हीरे की, old पुरानी, shallow छिछली, tin टिन की]; he worked in a coal ~ वह एक कोयले की ≈ में काम करता था; the ~ was closed down खदान बंद कर दी गई. **2.** (fig). कोष, भंडार, खान^F ~ of knowledge ज्ञान का भंडार; this encyclopaedia is a ~ of information यह विश्वकोश जानकारियों की खान है. **3.** (military) सुरंग^F : to lay ~s सुरंगें बिछाना'. **III.** *v.t.* **1.** खोदना : ~ deeply गहराई^F में ≈; to ~ earth for coal कोयला पाने के लिए ज़मीन खोदना. **2.** (place mines) सुरंग^F लगाना : they ~d the entrance to the fort उन्होंने किले के प्रवेश-द्वार पर सुरंग लगाई; the ship was ~d जहाज़ को सुरंग से उड़ा दिया गया. **3.** खनिज निकालना : several areas in Bihar have been ~d out बिहार के कई क्षेत्रों से खनिज निकाल लिए गए हैं. **mineral** मि'नॅरल *a.* *n*^{c}. खनिज [oil तेल, resources संपदा^{F}, water पानी]; ~ water is taken for health ≈ जल स्वास्थ्य के लिए

पिया जाता है. salt, stone, coal, etc. are ~s नमक, पत्थर, कोयला आदि ≈ हैं; ~s are very useful for the development of physical organs शारीरिक अंगों के विकास के लिए ≈ पदार्थ बहुत उपयोगी होते हैं.

mingle मिङ्'गल *v.t.i.* मिलाना, से मिल जाना : to ~ colours रंग मिलाना; the thieves ~d with the crowd चोर भीड़[F] में मिल गए; at one time our ministers ~d with the common people एक समय था जब हमारे मंत्री जन-साधारण से मिलते थे; he does not ~ with his fellow students वह अपने साथी विद्यार्थियों में मेल-जोल नहीं रखता.

miniature मि'निअर्चर **I.** *a.* लघु, छोटा [form रूप, picture चित्र, size आकार]; take ~ model of railway engine रेलवे इंजन का लघु नमूना लो; we built a ~ village in our back garden हमने अपने पीछे के बगीचे में एक छोटा-सा गाँव बनाया. **II.** *n*[c]. लघु रूप, लघु चित्र [beautiful सुंदर, bright चमकीला]; you will see a ~ of Taj Mahal in the exhibition तुम प्रदर्शनी[F] में ताजमहल का ≈ देखोगे.

minimum मि'निमम *n*[u]. *a.* अल्पतम, न्यूनतम, कम-से-कम [marks अंक rainfall बरसात, temperature तापमान]; to reduce expenses to a ~ खर्च को कम-से-कम करना; the ~ temperature registered by the thermometer थर्मामीटर द्वारा दर्ज किया गया निम्नतम तापमान; how can we do it with the ~ of effort? हम इसे कम-से-कम प्रयास से कैसे कर सकते हैं with the ~ of error कम-से-कम गलती के साथ. [*ant.* maximum]

minister मि'निस्टर **I.** *n.* **1.** मंत्री [famous प्रसिद्ध, honest ईमानदार, incompetent अयोग्य, popular लोकप्रिय, veteran पुराना, अनुभवी]; a ~ is appointed by the chief of the state ≈ राज्य प्रमुख द्वारा नियुक्त किया जाता है; ~ for foreign affairs विदेशी मामलों के ≈; the ~ of education inquired into the matter शिक्षा ≈ ने मामले की छानबीन[F] की; after the general election the President invites the leader of the majority party to chose his ~ आम चुनाव के बाद राष्ट्रपति बहुमत दल के नेता को अपने ≈ चुनने के लिए आमंत्रित करते हैं. **2.** (deputy ambassador) उपराजदूत [able योग्य, diplomatic व्यवहार-कुशल, sincere सच्चा; he was appointed ~ of India in U.S.A. उसे यू० एस० ए० में भारत का ≈ नियुक्त किया गया. **3.** (clergy) पुरोहित : protestant ~ प्रोटेस्टंट ≈. **II.** *v.t.i.* सेवा करना, (nurse) उपचार करना [affectionately स्नेहपूर्ण ढंग से, स्वच्छता[F] से]; to ~ to someone is to give him help or attention किसी का उपचार करना उसकी सहायता[F] करना अथवा सेवा[F] करना है; to ~ to smb's needs किसी की आवश्यकताएँ[F] पूरी करने की सेवा करना. **ministry** मि'निस्ट्रि *n*[cu]. **1.** (department) मंत्रालय [finance वित्त, foreign विदेश, important महत्वपूर्ण, law विधि]; the ~ of home affairs is responsible for matters within the country गृह मंत्रालय देश के भीतर के मामलों का ज़िम्मेदार होता है. **2.** मंत्रिमंडल : the meeting of the ~ will be held tomorrow ≈ की बैठक[F] कल होगी. **3.** (of clergy) धर्मसेवा[F], पुरोहिताई[F] : clergyman's ~ is his work of preaching, teaching etc. एक पुरोहित की ≈ उसका प्रचार, शिक्षण इत्यादि का काम है.

minor माइ'नर **I.** *a.* **1.** (small) थोड़ा, छोटा [danger खतरा, injury घाव, operation आपरेशन]; they discussed some ~ problems उन्होंने कुछ छोटी-मोटी समस्याओं[F] पर चर्चा की; he left a ~ part of his property for his eldest son उसने अपने ज्येष्ठ पुत्र के लिए संपत्ति का थोड़ा-सा हिस्सा छोड़ा. **2.** (secondary) गौण, अप्रधान [actor अभिनेता, importance महत्व, sentence वाक्य]; she had only a ~ part in the 'Hamlet' उसकी "हैमलेट" में ≈ भूमिका[F] थी; our foreign ministry is always playing a ~ role in world events हमारा विदेश मंत्रालय संसार की घटनाओं[F] में सदा गौण भूमिका[F] निभाता है. **3.** (under legal age) अवयस्क, नाबालिग़ boy लड़का, girl लड़की]; a ~ boy is a person under 18 years of age अवयस्क लड़का अठारह साल से कम उम्र[F] का व्यक्ति होता है; a ~ person is not responsible for his debts एक ≈ व्यक्ति

अपने ऋण के लिए जिम्मेदार नहीं होता. **II.** n^c. नाबालिग, अवयस्क : he is a ~ not major वह वयस्क नहीं, अवयस्क है; ~s are not liable for their contracts ≈ अपनी संविदा^{F} के लिए उत्तरदायी नहीं होते. [*ant.* major] **minority** माइ नॉ'रिटि *a. & n.* **1.** (in voting) अल्पमत [government सरकार^F, party दल]; the government was reduced to ~ so it had to resign from the office सरकार^F ≈ में आ गई इसलिए उसे पद से इस्तीफा देना पड़ा. **2.** (people) अल्पसंख्यक, अल्पसंख्यक वर्ग [large बड़ा, poor गरीब, uneducated अशिक्षित]; a ~ group suffers from the tyranny of the majority अल्पसंख्यक समूह बहुसंख्यकों के अत्याचारों से पीड़ित होता है; only the ~ in Parliament wanted mid-term elections संसद^F में केवल ≈ मध्यावधि चुनाव चाहते थे. **3.** (age) अवयस्कता^{F}, नाबालिग़ी^{F} : he is in his ~ yet वह अभी अपनी ≈ में है. [*ant.* majority]

mint मिन्ट **I.** n^c. टकसाल^F [government राजकीय, royal शाही]; the ~ is a factory in Nasik where coins are made ≈ नासिक में एक कारखाना है जहाँ सिक्के बनाए जाते हैं. **2.** खान, कोष, भंडार : he has ~s of money उसके पास अपार धन है (धन का भंडार है). **3.** (plant) पुदीना n^u. fresh ताजा, green हरा]; the juice of ~ is very useful for health स्वास्थ्य के लिए पुदीने का रस बहुत उपयोगी होता है; ~ is used to flavour food खाने में स्वाद लाने के लिए पुदीने का उपयोग होता है. **II.** *v.t.* बनाना : to ~ money पैसा ≈; to ~ coins सिक्के ≈. ढालना; ~ a sentence वाक्य ≈.

minus माइ'नस **I.** *prep.* **1.** (without) बिना, छोड़कर : he got out of the crowd ~ his hat वह अपना हैट छोड़कर भीड़^{F} से बाहर आ गया. **2.** in Shimla the temperature was ~ five degress शिमला में तापमान शून्य से 5° नीचे था. **II.** *a. & n.* (maths.) ऋण : ~ number ≈ संख्या; ~ is shown by the sign (–) ≈ का चिह्न ऐसे (–) दिखाया जाता है : (8–2=6); when two ~ quantities are multiplied together, the product is a plus जब दो ≈ मात्राओं का आपस में गुणन होता है तो गुणनफल धन होता है.

minute माइ न्यूट' **I.** *a.* हल्का सा, सूक्ष्म [account विवरण, amount राशि^{F}, description वर्णन, difference अंतर, particle कण]; even a ~ fault may dismiss whole of your experiment एक ≈ दोष भी तुम्हारे पूरे प्रयोग को अन्यथा कर सकता है; to give a ~ account of one's adventures अपनी साहसिक यात्राओं का ≈ ब्यौरा देना; there is a ~ improvement in his health उसके स्वास्थ्य में हल्का-सा सुधार है. [*ant.* huge] **II.** (मि'निट) n^c. **1.** मि'निट (time) मिनट, [few कुछ, ten दस]; ten ~s have passed, but he has not come दस ≈ बीत गए हैं, पर वह नहीं आया; we have not a ~ to spare हमारे पास एक ≈ भी फालतू नहीं है; the train will leave in three ~s रेलगाड़ी^{F} तीन ≈ में छूटेगी; it will take us twenty five ~s to get there वहाँ पहुँचने में हमें पच्चीस ≈ लगेंगे; it is seven ~s to six छह बजने में सात मिनट (बाकी) हैं. Δ **to the ~** ठीक : the train arrived at 6'o clock to the ~ गाड़ी^{F} ठीक छह बजे पहुंची. **2.** क्षण : I shall be ready in a ~ मैं एक ≈ में तैयार हो जाऊंगा; wait a ~ एक क्षण रुक जाओ. **3.** (*pl.*) कार्यवृत्त, विवरण [important महत्वपूर्ण, lengthy लंबा, short छोटा]; the ~s of the meeting are of what happened in the last sitting सभा^{F} का विवरण वह है कि पिछली बैठक^F में क्या कुछ हुआ था. **minutely** माइन्यू'टलि *adv.* सूक्ष्म दृष्टि^{F} से, बारीकी^{F} से : he described the man ~ उसने बारीकी से आदमी का वर्णन किया; after the accident we examined the car ~ for signs of damage दुर्घटना^{F} के बाद हमने कार^F का बारीक परीक्षण किया कि क्षति^{F} के कोई चिह्न हैं या नहीं.

miracle मि'रॅकल n^c. चमत्कार [unbelieveable अविश्वसनीय, wonderful आश्चर्यजनक]; the ~s of science विज्ञान के ≈; the Bible tells the ~s performed by Jesus बाइबिल^F ईसा द्वारा किए गए चमत्कारों के बारे में बताती है; the car ran over the child but by a ~ he was unhurt बच्चा कार^F के नीचे

आ गया, पर ≈ हो गया कि उसे चोट[F] तक नहीं आई; unless ~ happens we cannot be saved from starvation जब तक कोई ≈ न हो जाए, कोई हमें भूखों मरने से बचा नहीं सकता; he has worked a ~ उसने ≈ कर दिखाया; his success was a ~ उसकी सफलता[F] एक ≈ थी; the operation was a ~ आपरेशन एक ≈ था. **miraculous** मिरै'क्यूलस *a.* चमत्कारी, चमत्कारपूर्ण, आश्चर्यजनक [cure इलाज, effect प्रभाव, escape बचाव, event घटना[F], experiment प्रयोग, work काम]; a ~ happening is one which is very astonishing or for which you cannot give an explanation एक चमत्कारी घटना[F] वह है जो बहुत ही आश्चर्यजनक होती है अथवा जिसकी तुम कोई सफ़ाई[F] नहीं दे सकते.

mirage मि'राश़ *n.* मृगतृष्णा[F], जलमरीचिका[F] : ~ is an illusion ≈ एक भ्रांति[F] है; we seem to see a lake in a desert but it is a ~ हमें रेगिस्तान में लगता है कि कोई झील दिखाई दे रही है पर वह ≈ होती है.

mirror मि'रर् **I.** *n*[c]. **1.** दर्पण, आईना [broken टूटा, conclave उत्तल, long लंबा, round गोल, square चौकोर]; she looked herself in the ~ and cheered up उसने स्वयं को ≈ में देखा और प्रसन्न हुई; she was standing before the ~ वह ≈ के सामने खड़ी थी; look at yourself in the ~ अपने को ≈ में देखो. **2.** (fig.) the press is the ~ of public opinion समाचार-पत्र लोकमत के दर्पण हैं. **3.** (model) नमूना, आदर्श : he was the ~ of chivalry वह वीरता[F] का एक नमूना था. **II.** *v.t.* प्रतिबिम्बित करना या होना : the hills were ~ed in the lake पहाडियाँ[F] झील[F] में प्रतिबिंबित हो रही थीं.

mirth मर्थ *n*[u]. प्रमोद, हर्षोल्लास, खुशी[F] [extreme अत्यधिक, pleasant सुखद]; they were making ~ on Independence Day स्वतंत्रता दिवस पर वे सब खुशी मना रहे थे; Durga Puja is a time of ~ in Bengal बंगाल में दुर्गा पूजा[F] हर्षोल्लास का समय होता है. [*ant.* sadness]

mis- pref. wrong, bad; misaplly, misbehave, misconduct, misfortune, misguide, mislead, misprint, misrule, misuse.

misapply मिसॅ प्लाइ' *v.t.* दुरुपयोग करना, दुष्प्रयोग करना : to ~ one's energy to a wrong purpose किसी गलत उद्देश्य के लिए अपनी शक्ति[F] या ऊर्जा[F] का ≈; as chairman of the fund, he used to ~ it निधि[F] का अध्यक्ष होने के नाते वह इसका दुरुपयोग किया करता था.

misappropriate मिसॅ प्रो'प्रिएट *v.t.* गलत काम में लाना, गबन करना : to ~ the money of others for one's own benefit दूसरे के धन को निजी लाभ के लिए ≈; the treasurer was found to have ~d certain public money कोषाध्यक्ष को कुछ सार्वजनिक धन ग़बन करते पाया गया.

misbehave मिस् बि हेव' *v.t.* अनुचित या अभद्र व्यवहार करना : deliberately ~ जानबूझकर ≈; if you ~ (yourself) again like this, I'll never take you to any other party यदि तुमने इस तरह पुनः अभद्र व्यवहार किया तो मैं तुम्हें किसी दूसरी पार्टी में नहीं ले चलूँगा; you should not go there, he may ~ with you तुम्हें वहाँ नहीं जाना चाहिए, वह तुम्हारे साथ कहीं अनुचित व्यवहार न कर दे. [n. misbehaviour]

misc. miscellaneous.

miscarriage मिस् कै'रिज *n*[u]. **1.** गर्भस्राव, गर्भपात [forced ज़बरदस्ती, legal कानूनी, sad दुःखद]; she had a ~ उसे ≈ हो गया था; she was suffering from the pain of ~ वह ≈ की पीड़ा[F] से ग्रस्त थी. **2.** (failure) विफलता[F] [extraordinary असाधारण, lamentable खेदजनक, regrettable खेदपूर्ण, unfortunate दुर्भाग्यपूर्ण]; ~ of justice गलत-निर्णय; ~ of a plan योजना की विफलता. **3.** (of mail etc.) अपवहन, इधर-उधर हो जाना : ~ of letters and parcels पत्रों और पार्सलों का ≈. **miscarry** मिस् कै'रि *v.i.t.* (-rried) **1.** को गर्भपात होना : the woman miscarried उस स्त्री को गर्भपात हुआ. **2.** (of plan) विफल हो जाना : if a youngman miscarries in his first attempt he often loses his heart यदि कोई नवयुवक अपने पहले प्रयास में विफल होता है तो वह प्रायः अपनी हिम्मत हार बैठता है. the plan miscarried योजना[F] विफल हो गई; at last he miscarried अंत में उसका प्रयास

विफल हो गया. **3.** (of letter) अपवाहित होना, इधर-उधर हो जाना : a letter is miscarried means it fails to reach its proper destination, it gets into wrong hands एक पत्र अपवाहित हो गया है का अर्थ है, कि वह अपने ठीक लक्ष्य तक नहीं पहुँचकर ग़लत हाथों में चला गया है.

miscellaneous मिसॅले'निअस *a.* विविध, फुटकर [demands माँगें, essays निबंध, goods माल]; a heap of ~ papers विविध-पत्रों का ढेर; he has a collection of ~ books उसके पास विविध पुस्तकों[F] का संग्रह है.

mischief मिस्'चीफ़ *n.* **1.** नटखटी[F], शरारत[F] [boyish बचकाना, hateful घृणित]; no one can endure your child's ~ everyday कोई भी प्रतिदिन तुम्हारे बच्चे की ≈ नहीं सहन कर सकता; to get into, out of ~ शरारत[F] करना, करने से बाज़ आना; the children were up to some ~ बच्चे कोई शरारत करने पर तुले बैठे थे. **2.** (harm) हानि[F] [great भारी, less कम]; how much ~ did it do to crops इससे फसलों[F] को कितनी हानि[F] पहुँची. **3.** (evil) अनिष्ट : to do ~ to someone किसी का ≈ करना; to think of doing ~ to neighbours पड़ोसियों का ≈ करने की सोचना. ~**-maker** शरारत[F] या झगड़ा करने वाला, विष की गाँठ[F] : a rough boy is always a ~ maker गंदा लड़का हमेशा विष की गाँठ होता है (शरारत का पुतला होता है).

mischievous मिस्'चिव़स *a.* नटखट, शरारती [boys लड़के, servant नौकर, student छात्र]; some of the pupils in this class are ~ इस कक्षा[F] में कुछ छात्र ≈ हैं; I saw a ~ monkey in the garden मैंने बगीचे में एक शरारती बंदर देखा. **2.** (harmful) अनिष्टकर, हानिकर [effect प्रभाव, medicine दवा[F], plan योजना[F]]; although he tried his best yet all his plan proved to be ~ यद्यपि उसने भरसक प्रयास किया फिर भी उसकी सारी योजना ≈ सिद्ध हुई. **3.** शरारत-भरा : ~ smile शरारत-भरी मुस्कान.

misconception मिस्कन् सें'प्'शन *n.* भ्रांति, ग़लत धारणा[F], ग़लतफ़हमी[F] I had a ~ that he would not succeed मुझे उसके बारे में ≈ थी कि वह सफल नहीं होगा; there has been some ~ कुछ ≈ हो गई.

misconduct मिस कॉन'डक्ट **I.** *n.* **1.** दुराचरण [deplorable खेदजनक, inexcusable अक्षम्य]; the minister's ~ in Parliament was unfortunate संसद[F] में मंत्री का ≈ दुर्भाग्यपूर्ण था. **2.** (sexual) व्यभिचार : he was found guilty of ~ with his pupil girl उसे अपनी छात्रा के साथ ≈ करने का दोषी पाया गया. **II.** मिस्कन्डक्ट' *v.t.* **1.** दुर्व्यवहार करना : he ~ed himself on the occasion of the Republic Day गणतंत्र दिवस के अवसर पर उसने दुर्व्यवहार किया. **2.** (sexual) व्यभिचार करना : the girl had ~ed herself with a student लड़की ने एक विद्यार्थी के साथ व्यभिचार किया था.

miscreant मिस्'क्रिअन्ट *n*[c]. बदमाश, गुंडा, दुष्ट : dangerous ~ खतरनाक ≈; ~s have increased their activities these days in this area इस क्षेत्र में गुंडों ने अपनी गतिविधियाँ बढ़ा दी हैं.

misdeed मिस्डीड' *n*[c]. दुष्कर्म : great ~ भारी ≈; a list of ~s of the dacoit was prepared डाकू के दुष्कर्मों की एक सूची[F] तैयार की गई; for a serious ~ a man may be sent to prison गंभीर ≈ के लिए किसी व्यक्ति को जेल भेजा जा सकता है; please forget my former ~s कृपया मेरे पूर्व अपराधों को भूल जाइए; students were fined for their ~s छात्रों को उनके दुष्कर्मों के लिए दंडित किया गया.

misdirect मिस्'डिरे'क्ट' *v.t.* **1.** गलत रास्ता बताना, गलत निर्देश देना : to ~ a person in the street किसी व्यक्ति को गली में ≈; a passerby asked him the way to the post-office and he was ~ed एक राही ने उससे डाकघर का रास्ता पूछा और उसे गलत राह[F] पर लगा दिया गया. **2.** (a letter) गलत या अशुद्ध पते पर भेज देना he ~ed the letter and it could not reach its destination उसने पत्र पर गलत पता लिखा और वह लक्ष्य तक नहीं पहुँच सका. **3.** (a blow) बेठिकाने मारना.

miser माइ'ज़र *n*[c]. कंजूस, कृपण [detestable घृणित, dirty गंदा, old पुराना, pitiless निर्दय, selfish स्वार्थी]; he appears to me a ~ from his dress पहरावे से वह मुझे ≈ मालूम

पड़ता है; a ~ starves in order to save as much as possible एक कंजूस अधिक-से-अधिक पैसा बचाने के लिए भूखों मरता है; don't be such a ~ over your money, it was given to you to spend, not to save अपने धन के इतने ≈ न बनो, यह तुम्हें खर्च करने के लिए दिया है बचाने के लिए नही. **miserable** मिज़्रॅबल *a.* **1.** अभागा, दुःखी [farmer किसान, person व्यक्ति, student छात्र]; the sad news made me ~ and I was nervous दुःखद समाचार ने मुझे दुःखी बना दिया, और मैं घबड़ा गया. **2.** (unpleasant) दुःखमय [day दिन, event घटना^{F}, message समाचार, weather मौसम, work काम]; ~ condition of life जीवन की ≈ दशा^{F}; to make one's life ~ किसी के जीवन ≈ को बनाना. [*ant.* blissful] **miserliness** माइ'ज़रलिनिस n^u. कंजूसी^{F}, कृपणता^{F} [extreme अत्यधिक, unlimited असीमित]; none can like such a ~ of his उसकी इस तरह की ≈ को कोई पसंद नहीं कर सकता. **miserly** माइ'ज़र्लि *a.* कंजूस, कृपण : Mrs. Feroze put a ~ penny is our collection box श्रीमती फीरोज़ ने समाहरण-पात्र (गुल्लक) में कंजूसी से बचाया पैसा डाला; he is a ~ fellow वह एक ≈ आदमी है. **misery** मि'ज़ॅरि n^c. तंगहाली^{F}, दुर्दशा^{F} [dreadful भयंकर, endless अनन्त, hopeless बेहद]; he reached the state of ~ due to his own misdeeds वह अपने बुरे कर्मों के कारण इस तंगहाली की हालत^F तक पहुँचा; many people live in great ~ because they have no source of income बहुत-से लोग ≈ में जीते हैं क्योंकि उनकी आमदनी^{F} का कोई स्रोत नहीं है. [*ant.* joy, happiness]

misfire मिस फाइअर' *v.i.* **1.** (of gun) न दागना, गोली न चलना : the thief ran away because the gun ~d चोर भाग गया क्योंकि बंदूक^F नहीं दगी. **2.** (of engine) न चलाना, चालू न होना : the engine of the car ~d and we were late for the ceremony कार^F का इंजन चालू नहीं हुआ और हमें समारोह में पहुँचने में विलंब हो गया. **3.** the joke ~d मज़ाक का कोई असर नहीं हुआ.

misfit मिस'फिट n^c. ठीक न बैठने वाला कपड़ा, मेल न खाने वाली चीज़; अनुपयुक्त वस्तु^{F} या व्यक्ति : this suit is a ~ यह सूट तुम्हें ठीक नहीं आ रहा; John's coat was a ~ to me जॉन का कोट मुझे ठीक नहीं बैठा था; he is a ~ for this job वह इस काम के लिए अयोग्य है.

misfortune मिस्फ़ॉर्'चन n^c. दुर्भाग्य : it is a sad ~ to be deaf and dumb बहरा और गूँगा होना भारी ≈ है; Tom had the ~ to be ill on the day of the party पार्टी के दिन बीमार होना टाम का ≈ था; he has faced a series of ~s since the last year उसने पिछले साल से एक-के-बाद एक विपत्तियों^{F} का सामना किया; it was a great ~ for her यह उसका भारी ≈ था. [*ant.* fortune]

misgiving मिस् गि'विङ्ग n^c. आशंका^{F} [serious गंभीर, slight थोड़ी, some कुछ]; the treasurer's disappearance caused ~ ख़जांची के ग़ायब होने से ≈ उत्पन्न हो गई; after walking for hours without finding the village, we began to have ~s about our map बिना गाँव का पता पाए हम घंटों चलते रहे तब हमें अपने नक्शे के बारे में ≈ होने लगी; my only ~ is that the plan will fail मुझे यह डर/~ है कि योजना असफल हो जाएगी; to be full of ~s about one's success सफलता के बारे में भरपूर आशंकाएँ भर होना.

misguide मिस् गाइड' *v.t.* बहकाना, ग़लत रास्ते पर ले जाना : he is not an honest man, he will surely ~ you anytime वह ईमानदार आदमी नहीं है, निश्चित ही वह किसी समय तुम्हें बहकाएगा; vanity more often ~s a man than false reasoning मिथ्या तर्कवितर्क की अपेक्षा^{F} घमण्ड किसी व्यक्ति को प्राय: ग़लत रास्ते पर ले जाता है. **misguided** मिस गाइ'डिड *a.* गुमराह [boy लड़का, terrorists उग्रवादी, youth युवक]; the ~ youth resigned his post in order to please his fancy गुमराह युवक ने एक वहम की संतुष्टि^{F} के लिए अपने पद से त्यागपत्र दे दिया.

mishap मिस्हैप' n^c. दुर्घटना^{F}, अनर्थ, अनिष्ट [dreadful भीषण, pathetic दयनीय unbelievable अविश्वसनीय]; if you take precaution you may avoid some of the ~s यदि तुम सावधानी^{F} बरतो तो कुछ

दुर्घटनाओं^F से बच सकते हो.

misinform मिसिन् फ़ार्म' *v.t.* गलत जानकारी^F या सूचना^F देना : knowingly ~ जानबूझकर ≈; he ~ed his neighbour that his son had failed in the examination उसने अपने पड़ोसी को गलत सूचना दी कि तुम्हारा लड़का परीक्षा^F में फेल हो गया है; the minister was scolded for ~ing the Parliament संसद को गलत जानकारी^F देने पर मंत्री को डाँटा गया.

misinterpret मिसिन्टर'प्रिट *v.t.* ग़लत अर्थ लगाना : the servant ~ed my instructions नौकर ने मेरे निर्देशों को ग़लत समझा; don't ~ what I tell you जो मैं तुमसे कहता हूँ उसका गलत अर्थ न लगाना.

mislay मिस्'ले *v.t.* (*p.* & *pp.* mislaid) रखकर भूल जाना, यथास्थान न रखना : he has mislaid my letter उसने मेरा पत्र ठीक जगह नहीं रखा; to ~ one's umbrella in the market बाज़ार में कहीं छाता रखकर भूल जाना; to ~ smth is to put it where you cannot for the moment find it किसी चीज़^F को यथास्थान न रखने का मतलब है रखकर भूल जाना कि अपनी जगह पर तुम उसे तत्क्षण नहीं पा सकते; I have mislaid my pen somewhere मैंने अपनी कलम^F कहीं रख दी और भूल गया.

mislead मिस्लीड' *v.t.* (misled) बहकाना, पथभ्रष्ट करना : I misled you into thinking like that ऐसा सोचने के लिए मैंने तुम्हें बहकाया; to ~ anyone is to show him the wrong way किसी को पथभ्रष्ट करना उसे ग़लत रास्ता दिखाना है; he was misled by his selfish friends उसे अपने स्वार्थी मित्रों ने बहका दिया; her appearance misled me उसकी सूरत^F से मैं बहक गया.

misplace मिस् प्लेस' *v.t.* गलत जगह पर रखना : foolishly ~ मूर्खतावश ≈; the picture is ~d तस्वीर^F गलत स्थान पर रखी हुई है; your trust in him is ~d तुम्हारा विश्वास गलत व्यक्ति पर है.

misprint मिस्' प्रिन्ट I. *n*^c. छापे की गलती^F, मुद्रण-दोष [funny विचित्र, obvious स्पष्ट, slight थोड़ी-सी; I have read the proofs and I cannot find any more ~s मैंने प्रूफ पढ़ लिया है, मैं कोई और ≈ नहीं पा सका हूँ. II. मिस् प्रिंट' *v.t.* ग़लत या अशुद्ध छापना : I cannot read the paper well because it is ~ed मैं समाचार-पत्र अच्छी तरह नहीं पढ़ सकता क्योंकि यह बहुत गलत छपा है; the word 'bath' was misprinted as 'both' 'बाथ' शब्द गलती से 'बोथ' छप गया.

misrepresent मिस् रॅप्रिज़ेन्ट' *v.t.* तोड़-मरोड़ कर कहना या प्रस्तुत करना, विवरण देना, ग़लत जा बताना : the advocate tried his best to ~ the facts of the case वकील ने मामले के तथ्यों को तोड़-मरोड़कर प्रस्तुत करने का भरसक प्रयास किया; he ~ed me to the boss उसने मालिक से मेरे बारे में गलत बताया.

misrule मिस रूल' *n.* कुशासन, कुराज्य : the condition of law and order in the country is worsening because of the ~ of the government सरकार^F के ≈ के कारण देश में कानून और व्यवस्था^F की स्थिति^F और ख़राब होती जा रही है.

Miss मिस I. *n*^c. 1. (title) कुमारी, सुश्री, मिस yesterday I went to see ~ Joshi कल मैं ≈ जोशी से मिलने गया; the daughter of our manager, ~ Raina, will come tomorrow हमारे प्रबंधक की पुत्री, ≈ रायना, कल आएँगी; ~ K. Jain and ~ L. Jain are sisters मिस क जैन और मिस ल जैन बहनें हैं. 2. (woman teacher) अध्यापिका : our ~ is absent today हमारी ≈ आज अनुपस्थित है. 3. miss *n*^u. चूक^F [great भारी, unpardonable अक्षम्य] the ~ will put you a great loss यह ≈ तुम्हें बड़ा नुकसान पहुँचाएगी; the fielder's ~ क्षेत्ररक्षक की (गेंद लपकने में) ≈; the archer's ~ धनुर्धारी की (निशाना मारने में) ≈. II. *v.t.* 1. चूकना, चूक जाना : to ~ a chance अवसर चूकना; I ~ed him at the meeting सभा में वह मुझे दिखाई नहीं दिया; she ~es her husband in the fair मेले में उसे अपना पति नहीं मिला; to ~ an aim or mark निशाना चूक जाना [*ant.* find] 2. (fail to) में असफल होना, से रह जाना, न मिल पाना, न समझना, न कर, सुन या देख पाना आदि : we have ~ed our bus हम अपनी बस^F पाने में असफल रहे; to ~ the target लक्ष्य पाने में असफल रहना; hurry up, otherwise you will ~ the train जल्दी

करो नहीं तो रेलगाड़ी^{F} नहीं मिलेगी; to ~ a joke, remark मज़ाक, टिप्पण न समझ पाना; he ~ed the party yesterday कल वह पार्टी में अनुपस्थित हो गया. **3.** (let slip) खो देना, हाथ से जाने देना : the child has been ~ing since Monday बच्चा सोमवार से खोया हुआ है; did you ~ your bag क्या तुमने अपना बैग खो दिया है ? to ~ one's meal अपना खाना न खा पाना; I have ~ed my shoes मेरे जूते कहीं खो गये हैं. **4.** (omit) छोड़ देना : to ~ (out) words in reading पढ़ने में शब्द छोड़ जाना. **5.** (lack) अभाव का अनुभव करना, अभाव खलना : I miss my old friends मुझे अपने पुराने मित्रों का अभाव खलता है; if you donate money you won't ~ it यदि तुम पैसे का दान कर दो तो उसका अभाव तुम्हें खलेगा नहीं; we ~ed you very much हमें आपकी अनुपस्थिति^{F} बहुत खली, to ~ one's guess गलत अनुमान करना.

missile मिसा'इल n^c. **1.** प्रक्षेपणास्त्र [fatal घातक, heavy भारी, powerful शक्तिशाली]; the enemy used ~s on the front शत्रु ने मोर्चे पर प्रक्षेपास्त्रों का प्रयोग किया. **2.** (a weapon thrown) अस्त्र : the crowd threw stones and other ~s भीड़^{F} ने पत्थर और अन्य ≈ फेंके; a shower of ~s अस्त्रों की बौछार^F.

mission मि'शन n^c. **1.** (delegation) शिष्ट मंडल [Chinese चीनी, diplomatic राजनयिक, political राजनैतिक, religious धार्मिक]; an Indian ~ went to meet the President of U.S.A. एक भारतीय शिष्टमंडल यू०एस०ए० (अमेरिका) के राष्ट्रपति से मिलने गया; a goodwill ~ will meet the Kashmiris एक सद्भावना मंडल कश्मीर के लोगों से मिलेगा. **2.** (building) मिशन भवन [big बड़ा, central केंद्रीय]; you will see Father Bhatt at the ~ आपको फादर भट्ट ≈ में मिलेंगे; they go daily to the ~ to recieve help and advice वे प्रतिदिन सहायता पाने या मशविरः लेने ≈ जाते हैं. **3.** (calling) जीवन का लक्ष्य : his ~ of life is teaching उसके जीवन का लक्ष्य है पढ़ाना; the ~ of my friend is to be a religious reformer मेरे मित्र का जीवन लक्ष्य धर्म सुधारक बनना है; the doctor's ~ in life is to heal the sick डाक्टर का जीवन लक्ष्य है रोगियों को ठीक करना. **4.** (duty or purpose) कर्तव्य, प्रयोजन [peculiar विचित्र, special विशिष्ट]; the ~ of an ambassador is to represent his country राजदूत का कर्तव्य है अपने देश का प्रतिनिधित्व करना; he was sent on a ~ to appease the people उसे इस प्रयोजन के लिए भेजा गया कि लोगों को तुष्ट करे.

missionary मिश'नॅरि **I.** n^c. मिशनरी, धर्म-प्रचारक : the missionaries converted some people to Christianity मिशनरियों ने कुछ लोगों को ईसाई बनाया. **II.** *a.* ~ institution ≈ संस्था^{F}; ~ spirit सेवाभाव; ~ zeal निःस्वार्थ लगन^F

misspell मिस् स्पॅल' *v.t.* (*p.* -spelt) अशुद्ध वर्तनी^{F} करना : although he can read well yet he ~s many a word यद्यपि वह अच्छी तरह^F पढ़ सकता है फिर भी बहुत से शब्दों की वर्तनी^{F} अशुद्ध करता है.

mist मिस्ट **I.** n^{uc}. कुहासा, कुहरा [heavy भारी, less कम, slight हल्का, thick घना]; the hill was covered with ~ पहाड़ी^{F} पर ≈ छाया था; January is the month of ~s जनवरी कुहरे का महीना होता है; she could not see through the ~ of tears वह आँसुओं के कुहासे में से न देख सकी. **II.** *v.t.* **1.** कुहरा छा जाना : the entire valley was ~ed over सारी घाटी^{F} में कुहरा छाया था. **2.** धुँधला करना या हो जाना : the tears came in her eyes and ~ed them उसकी आँखों में आँसू आ गए और उनको धुँधला कर दिया.

mistake मिस् टेक' **I.** n^c. भूल^F, गलती^{F} [common सामान्य, fatal घातक, foolish मूर्खतापूर्ण, obvious स्पष्ट, slight हल्की, strange विचित्र]; I made a ~ मैं ≈ की; indeed it was a ~ of mine in this matter सचमुच इस बारे में मेरी ≈ थी; where is the ~, it is hard to find ≈ कहाँ है इसे पाना कठिन है; I took the wrong letter by ~ मैंने ≈ से गलत पत्र ले लिया; it should be no ~ to say so ऐसा कहने में कोई ≈ नहीं होनी चाहिए, **Δ and no ~** निश्चित रूप से : he is honest and no ~ वह निश्चित रूप से ईमानदार है. **II.** *v.t.* (mistook, mistaken) **1.** भूल करना, गलती करना, गलत अर्थ लगाना :

do not ~ meekness for weakness नम्रता को कमजोरी समझने की गलती न करना. **2.** गलत समझना : to ~ one's house for another किसी के घर को गलती से कोई और घर समझना; you may ~ an aircraft light for a star तुम वायुयान के प्रकाश को गलती से तारा समझ सकते हो; I mistook him for his brother मैंने उसे उसका भाई समझ लिया; Bob has ~n the idea बॉब ने इस विचार को गलत समझा; there is no mistaking गलती होने की गुंजाइश^F नहीं है. **mistaken** मिस् टे'कन *a.* भ्रमपूर्ण, गलत, अशुद्ध, अयथार्थ; भ्रांतिपूर्ण [answer उत्तर, idea विचार, opinion राय^F, question प्रश्न]; he is ~ in his belief वह अपने विश्वास के बारे में भ्रमपूर्ण है; you are ~ तुम गलती पर हो; we thought we would have an easy job but we were ~ हमने सोचा कि आसान काम मिलेगा लेकिन हम गलती पर थे; I am never ~ about such things इस प्रकार की बातों में^F मैं कभी गलत नहीं होता; ~ identity पहचान^F की गलती. [*ant.* right]

mister (Mr.) मिस्'टर *a.* साहब, महोदय; (title) श्री, श्रीमान [Sethi सेठी, Dean डीन, President अध्यक्ष]; is Mr. Brown at home क्या श्री ब्राउन या ब्राउन साहब घर पर हैं ? I know Mr. Smith very well मैं श्रीमान स्मिथ को बहुत अच्छी तरह जानता हूँ.

mistress मिस्'ट्रिस *n*^c. **1.** स्वामिनी, मालकिन [affectionate स्नेहशील, good अच्छी, kind दयालु thoughtful विचारशील, wise बुद्धिमान]; the ~ of a house is the woman in charge of it एक घर की ≈ वह है जिसके पास घर का प्रभार है; she is her own ~ वह अपनी स्वामिनी है (स्वतंत्र है). **2.** (teacher) शिक्षिका, अध्यापिका [educated शिक्षित, qualified योग्य, sincere सच्ची]; we are pleased with the Hindi ~ हम अपनी हिन्दी शिक्षिका से प्रसन्न हैं. **3.** (paramour) प्रेमिका, रखेल [beautiful सुंदर, charming आकर्षक, wicked दुष्ट]; to become someone's ~ किसी की ≈ होना; the poet had many ~es इस कवि की कई रखैलें थीं; his wife is in Allahabad and his ~ is in Varanasi उसकी पत्नी इलाहाबाद में है और ≈ वाराणसी में. **4.** (Mrs.) श्रीमती : is Mrs. Beant in the office, I want to meet her क्या श्रीमती बेअंत कार्यालय में हैं, मैं उनसे मिलना चाहती/चाहता हूँ; Mrs. Smith is the Principal of this school श्रीमती स्मिथ इस विद्यालय की प्रधानाचार्या हैं. [*masc.* master, Mr.]

mistrust मिस् ट्रस्ट' **I.** *n*^u. अविश्वास, शंका^F: deep ~ गहरा अविश्वास; his ~ against him was right उसके प्रति उसकी शंका सही थी. **II.** *v.t.* अविश्वास होना, शंका^F करना : he ~s his servant वह नौकर पर शंका^F करता है, उसे नौकर पर अविश्वास है; to ~ one's own powers अपनी ही शक्तियों पर ≈; I ~ed his intentions मैंने उसके इरादों पर शंका की; to ~ someone is to feel that you cannot depend on him किसी पर शंका करने का अर्थ है तुम उसका भरोसा नहीं कर सकते; I ~ his promises मुझे उसके वादों पर विश्वास नहीं है.

misunderstand मिसण्डर स्टैण्ड' *v.t.* (misunderstood) ग़लत समझना, गलत अर्थ लगाना : don't ~ my words मेरे शब्दों का गलत अर्थ न लगाओ; don't ~ me मुझे गलत न समझो; to ~ someone is to have a wrong idea of what he means किसी को गलत समझना उसके मतलब पर गलत धारणा^F बना लेना है; I misunderstood what he said मैंने उसके कहे का गलत अर्थ लगाया. **misunderstanding** मिसन्डरस्टैन डिङ्ग *n.* ग़लतफ़हमी^F [great भारी, slight थोड़ी-सी]; owing to a ~ Jaya arrived when we were out ≈ के कारण जया तब पहुँची जब हम घर पर नहीं थे; Jean and John had some ~ which was later removed जीन और जॉन के बीच में ≈ थी जिसे बाद में दूर कर दिया गया.

misuse I. मिसयूस'*n*^c. दुरुपयोग : ~ of words, funds, powers शब्दों, निधियों^F, शक्तियों^F का ≈; it is only the ~ of money, nothing else यह केवल पैसे का दुरुपयोग है और कुछ नहीं. **II.** मिस यूज़' *v.t.* दुरुपयोग करना, दुष्प्रयोग करना : ~ one' power अपनी शक्ति^F का ≈; ~ words शब्दों का ≈; the car has been ~d कार^F का दुरुपयोग किया गया; do not ~ your tools अपने उपकरणों का दुरुपयोग मत करो.

mitten मि'टन *n*^c. (बिना उंगलियों वाला) दस्ताना : costly ~ कीमती ≈ ; cotton ~ सूती ≈; fit ~ ठीक ≈; he wears ~s while playing cricket क्रिकेट खेलते समय वह दस्ताने पहनता है.

mix मिक्स I. *n*^c. मिश्रण : racial ~ जातिगत ≈; there was a ~ of people in the fair मेले में लोगों का ≈ था (तरह-तरह के लोग थे). II. *v.t.i.* 1. मिलाना, मिश्रण करना : if you ~ blue and yellow you make green यदि तुम नीले और पीले को मिलाओ तो हरा बनेगा; to ~ flour and water आटा और पानी मिलाना; she does not ~ sugar well वह अच्छी तरह चीनी^F नहीं मिलाती; you have got everything ~ed up तुमने सब कुछ मिला दिया है; to ~ with the crowd भीड़^F में मिल जाना; oil and water do not ~ तेल और पानी मिश्रित नहीं होते; we ~ flour, eggs, sugar and milk to make a cake हम केक बनाने के लिए मैदा, अंडा, चीनी और दूध मिलाते हैं. 2. (associate) मिलना-जुलना. ~ **with** मिलना-जुलना, मेल-जोल रखना : the rich do not ~ with the lower classes धनी लोग निम्न वर्ग से मेल-जोल नहीं रखते; he does not ~ (up) **with** other students वह दूसरे छात्रों से नहीं मिलता-जुलता है; to ~ **up** (i) अच्छी तरह मिलाना : ~ up all ingredients सारे घटकों को खूब मिला देना; (ii) गड्डु-मड्डु कर देना : you have ~ed up all the lists तुमने सब सूचियों^F को गड्डुमड्डु कर दिया है. [*ant.* separate] **mixed** मिक्सड *a.* मिश्र, मिश्रित, मिला-जुला (in contexts) : ~ crowd मिली-जुली भीड़^F; ~ fruit मिले-जुले फल; ~ reaction मिली-जुली प्रतिक्रिया^F; he always gives ~ milk वह हमेशा मिश्रित दूध देता है; a ~ school has both boys and girls in it मिले-जुले स्कूल में लड़के-लड़कियाँ दोनों होते हैं; ~ bathing लड़के-लड़कियों का मिला-जुला स्नान; ~ feeling मिश्रित भावनाएँ^F. **mixture** मिक्स'चॅर *n*^c. 1. मिश्रण [bitter कड़ुआ, chemical रासायनिक, sour खट्टा, unusual असाधारण]; she prepare a good ~ of flour and sugar उसने मैदे और चीनी का अच्छा ≈ तैयार किया; air is a ~ of nitrogen and oxygen हवा नाइट्रोजन और ऑक्सीजन का ≈ है; ~ of merits and demerits गुण-दोष का ≈. 2. घोल : cough ~ खाँसी के लिए ≈. 3. संकर : he is a ~, his father was not a Russian वह ≈ है, उसका बाप रूसी नहीं था.

moan मोन I. *n*^c. कराह^F [loud ज़ोर की, pathetic दयनीय, terrible भयंकर]; a ~ of pain दर्द की ≈; the injured man made a low ~ as we lifted him जैसे ही हमने घायल आदमी को उठाया, वह धीमे से कराहा; the ~s and cries of the victims of accident were painful दुर्घटना^F के शिकार लोगों की ≈ और चिल्लाहट दर्दनाक थी. II. *v.t.* कराहना [bitterly फूट-फूट कर, loudly ज़ोर-ज़ोर से lowly धीमे-से]; the injured men were ~ing घायल आदमी कराह रहे थे.

moat मोट *n.* खाई^F, परिखा^F, [deep गहरी, wide चौड़ी]; cities were often surrounded by ~s, filled with water, to make enemy's attack more difficult शत्रुओं के आक्रमण को अधिक कठिन बनाने के लिए शहरों के चारों ओर प्रायः पानी से भारी खाइयाँ होती थीं; ~s are now dug around forts अब किलों के चारों ओर खाइयाँ नहीं खोदी जातीं.

mob मॉब I. *n*^c. (उत्तेजित) भीड़^F, भीड़-भाड़^F, जन-समूह [angry नाराज़, armed सशस्त्र, dangerous ख़तरनाक, excited उत्तेजित, frightened भयभीत, uncontrolled अनियंत्रित]; the ~ has begun rioting भीड़ ने दंगा करना शुरू कर दिया है; police failed to avoid arsoning by the ~ पुलिस^F भीड़ द्वारा आगज़नी को रोकने में असफल रही; ~ law/rule निचले दर्जे के लोगों का कानून/राज्य. II. *v.t.* (-bb-) मिलकर घेर लेना [angrily रोष में, suddenly एकाएक]; he was ~bed in the street उसे गली^F में भीड़ ने घेर लिया; the people ~bed the minister लोगों ने मंत्री को घेरे रखा.

mobile मो बॉ'इल *a.* 1. (movable) चल, गतिशील, चलता-फिरता, गश्ती [crane क्रेन, hospital अस्पताल, library पुस्तकालय, post office डाकघर]; in some cities there are ~ kitchens to carry food to the sick people कुछ शहरों में बीमार लोगों को भोजन पहुँचाने के लिए चलते-फिरते रसोई घर होते हैं; a

~ machine is easily moved from place to place चलती-फिरती मशीन^F एक-से-दूसरे स्थान पर आसानी^F से ले जाई जाती है. **2.** चलने-फिरने लायक : he has not been ~ since the accident दुर्घटना^F के बाद से वह ≈ नहीं रहा. [*ant.* im ~] **3.** (easily changing) चंचल, परिवर्तनशील : ~ mind ≈ मन; women's minds are by nature more ~ than those of men स्त्रियों का मन पुरुषों की अपेक्षा^F अधिक चंचल होता है. **4.** (of troops) चलिष्णु : to have a ~ army of twenty thousand soldiers to meet any danger किसी ख़तरे से मुकाबला करने के लिए बीस हज़ार जवानों की सेना^F रखना. [*ant.* steady] **mobilization** मोबिलाइज़े'शन *n*^u. **1.** लामबंदी^F : ~ of soldiers सैनिकों की ≈. **2.** जुटाव : ~ of support समर्थन का ≈; ~ of resources संसाधन जुटाना. **mobilize** मो'बिलाइज़ *v.t.* **1.** लामबंदी^F करना : ~ troops सेना^F की ≈. **2.** ~ resources संसाधन जुटाना^F. **3.** to ~ the engine इंजन को गतिमान/चालू बनाना.

mock मॉक **I.** *n*^u. **1.** उपहास : to make a ~ of someone किसी का ≈ करना; his destiny was playing ~ with him उसकी नियति^F उसका ≈ कर रही थी. **2.** [mockery] नकल^F, स्वाँग : there was no reality in his attempt, all was simply a ~ उसके प्रयास में कुछ भी सत्यता^F न थी, सब कुछ स्वांग था. **II.** *a.* दिखावटी, नकली [face चेहरा, fight युद्ध, laughter हँसी^F, modesty लज्जा^F]. **II.** *v.t.i.* **1.** का उपहास करना, की हंसी^F उड़ाना : they ~ed **at** my efforts to swim उन्होंने मेरे तैरने के प्रयास की हँसी उड़ाई; they ~ed the boy उन्होंने लड़के की हँसी उड़ाई. **2.** (mimic) की नकल^F करना या उतारना : to ~ someone's style of walking किसी के चलने की शैली^F की नकल करना; the boys ~ed the way the uncle spoke बच्चे अपने चाचा के बोलने के ढंग की नकल करते थे. **3.** *v.t.* व्यर्थ कर देना : my hopes have ~ed मेरी आशाएँ व्यर्थ हो गई हैं; the sunshine ~ed all his efforts धूप ने उसके सभी प्रयासों को व्यर्थ कर दिया.

mod. modern.

mode मोड *n*^c. **1.** ढंग, विधि^F, तरीका, रीति^F [old पुराना, ridiculous उपहासास्पद, strange विचित्र]; ~ of speaking in a meeting मीटिंग^F में बोलने का ढंग; approved ~ of teaching language भाषा सिखाने की अनुमोदित विधि^F/रीति^F; a special ~ of treatment इलाज का एक विशेष तरीका; ~ of life जीवन-पद्धति^F. **2.** style शैली^F : latest ~ of dress पोशाक^F की बिल्कुल नई ≈. **3.** (custom) रीति^F, रिवाज, प्रथा^F, फैशन : tell me something about the ~s of your society अपने समाज की प्रथाओं^F के बारे में मुझे कुछ बताओ; skirts are not the present ~ स्कर्ट का आजकल रिवाज नहीं है. **4.** प्रतिरूप : she is a ~ of her maternal aunt : वह अपनी मौसी की ≈ है.

model मॉ'डल **I.** *n*^c. **1.** मॉडल, नमूना [clay मिट्टी^F का, new नया, plastic प्लास्टिक का, pure शुद्ध]; a ~ of the new public building नई सार्वजनिक इमारत^F का नमूना; I saw the ~ of an aeroplane in the exhibition मैंने प्रदर्शनी^F में हवाई-जहाज का मॉडल देखा; artist's ~ कलाकार का मॉडल; fashion ~ फैशनी मॉडल/नमूना. **2.** (ideal) आदर्श : take your father as your ~ अपने पिता को अपना ≈ मानो; he is a ~ of a student वह एक ≈ विद्यार्थी है; he is a ~ for justice वे न्याय के लिए ≈ हैं. **II.** *a.* आदर्श [behaviour व्यवहार, conduct आचरण, discipline अनुशासन, husband पति, plan योजना^F, service सेवा^F]; it is a ~ school for the whole district पूरे जिले के लिए यह एक ≈ विद्यालय है. **III.** *v.t.* **1.** प्रतिरूप या नमूना बनाना : he has ~led a ship उसने जहाज़ का नमूना तैयार किया है. **2.** (आदर्श) के अनुसार बना देना : to ~ oneself on smb अपने को किसी के अनुरूप ढालना. **3.** गढ़ना : to ~ a horse out of clay मिट्टी से/का घोड़ा ≈.

moderate मॉ'डरिट **I.** *a.* **1.** संतुलित, संयत [demands माँगें, mind मन, opinion मत, thinking सोच^F]; a man of ~ ideas ≈ विचारों का व्यक्ति. **2.** (person) मिताचारी, संयमी. **3.** (mild) मृदु, नरम [climate जलवायु^F, heat गर्मी^F, wind हवा^F]; to be ~ in one's judgement निर्णय में नरम होना.

4. साधारण, सामान्य, मामूली [amount राशि^{F}, production उत्पादन, quality गुणवत्ता^{F}, status स्तर]; its price is ~, neither cheap nor dear इसकी कीमत^F सामान्य है, न सस्ती न महँगी; a hill of ~ height ≈ ऊँचाई^F की पहाड़ी^{F}. **II.** n^c. नरमपंथी : he always disliked ~s वह हमेशा नरमपंथियों को नापसंद करता था. **II.** मॉ'डरेट *v.t.* संयत करना, हल्का करना, मंद करना : why do you shout, ~ your language चिल्लाते क्यों हो, अपनी भाषा^{F} को संयत/हल्का रखो; to ~ one's desires अपनी इच्छाओं^{F} को संयत करना; the wind has ~d हवा^{F} मंद/हल्की हो गई है; to ~ one's anger अपना क्रोध हल्का करना. [*n.* moderation]

modern मॉ'डर्न *a.* **1.** (of the present time) आधुनिक, आजकल का [artist कलाकार, city शहर, civilization सभ्यता^{F}, education शिक्षा^{F}, factory कारख़ाना, idea विचार, literature साहित्य, method तरीका]; the 16th century is universally recognised as the starting point of ~ history 16वीं शताब्दी^{F} को सार्वभौमिक रूप से आधुनिक इतिहास का प्रारम्भ माना जाता है; ~ times ≈ युग. **2.** (not ancient, new) अर्वाचीन, नया : ~ fashion ≈ फ़ैशन; ~ languages अर्वाचीन भाषाएँ^{F}. [*ant.* ancient] **modernize** मॉ'डर्नाइज़ *v.t.i.* आधुनिक बनाना या बनना : to ~ an old house पुराने घर को आधुनिक बनाना; he tried his best to ~ the factory उसने अपने कारखाने को आधुनिक बनाने का भरसक प्रयास किया; the family has ~d यह परिवार नये फैशन का हो गया.

modest मॉ'डिस्ट *a.* विनीत, विनयशील, विनम्र [actress अभिनेत्री^{F}, girl लड़की^{F}, person व्यक्ति]; a ~ man is respected by all एक ≈ आदमी का सब सम्मान करते हैं; he is a ~ student वह एक ≈ छात्र है. **2.** सीधा-सादा, साधारण [answer उत्तर, crowd भीड़^{F}, house मकान]; a ~ person is one who has not a high opinion of himself एक सीधा-सादा व्यक्ति वह है जो अपने बारे में ऊंचे-ऊंचे विचार नहीं रखता. **3.** संयत [food भोजन, price मूल्य, smile मुस्कराहट]; their demands were very ~ उनकी माँगें अत्यंत ≈ थीं. **4.** अल्पभाषी [teacher अध्यापक, worker कामगार]; he is honest and ~ वह ईमानदार और ≈ है. **5.** ~ woman सती/साध्वी स्त्री. **6.** थोड़ा : ~ ambition थोड़ी महत्त्वाकांक्षा^{F}; the sales this year have been ~ इस वर्ष बिक्री^{F} थोड़ी हुई है. **modesty** मॉ'डिस्टि n^u. **1.** विनय, शील, शालीनता^{F} [extreme अत्यधिक, proper समुचित]; what we like most about this great man is his ~ इस महान् व्यक्ति के विषय में हम जो सबसे अधिक पसंद करते हैं, वह है उसकी शालीनता. **2.** to offend/violate ~ सतीत्व भंग करना.

modification मॉडिफ़िके'शन n^c. **1.** परिवर्तन : I could not identify him because of the ~ of his face उसके चेहरे के ≈ के कारण मैं उसे पहचान न सका. the question paper needs some ~ इस प्रश्न पत्र में थोड़े परिवर्तन की आवश्यकता^{F} है. **2.** संशोधन : the rules need some ~ नियमों में कुछ ≈ की आवश्यकता^{F} है. **modify** मॉ'डिफ़ाइ *v.t.* **1.** परिवर्तन करना, हेर-फेर करना completely पूरी तरह^F, partly थोड़ा-सा]; to ~ anything is to change it for the better किसी चीज़ को परिवर्तित करना उसे थोड़ा बेहतर बनाना है; it is not easy to ~ one's views अपने विचारों को परिवर्तित करना आसान नहीं है. **2.** (moderate) कम करना : the government tried its best to ~ the demand सरकार^F ने माँग^F को कम करने का भरसक प्रयत्न किया.

moist मॉइस्ट *a.* नम, गीला, तर [climate जलवायु^{F}, hands हाथ, weather मौसम]; ~ winds bring rain नम हवाएँ बारिश^F लाती हैं; her eyes were ~ उसकी आँखें^{F} नम/तर थीं. [*ant.* dry] **moisten** मॉइ'सन *v.t.i.* तर करना या होना : to ~ the floor फर्श को तर करना; to ~ anything is to make it slightly wet किसी चीज़^{F} को तर करना इसे थोड़ा गीला करना है; her eyes ~ed उसकी आँखें तर हो गईं. **moisture** मॉइस्'चर n^u. नमी^{F}, आर्द्रता^{F}, सीलन^F : so much ~ will cause damage to the house इतनी अधिक ≈ घर को क्षति^{F} पहुँचाएगी; there is ~ in the air, it will probably rain वायु में ≈ है, शायद बारिश^F हो.

molest मॅलें'स्ट' *v.t.* छेड़-छाड़^{F} करना, छेड़खानी^{F}

करना, तंग करना : our dog ~s goats हमारा कुत्ता बकरियों[F] के साथ छेड़-छाड़ करता है; to be ~ed by naughty boys नटखट लड़कों द्वारा छेड़-छाड़ किया जाना; here you will not be ~ed anymore यहाँ तुमसे अब और छेड़-छाड़ नहीं होगी; a policeman ~ed a girl एक पुलिसवाले ने किसी लड़की से छेड़खानी की. **molestation** मोलॅस् टे'शन *n*[u]. छेड़-छाड़[F], छेड़खानी[F] : there have been some cases of ~ of school girls by ruffians गुंडों द्वारा स्कूल की लड़कियों के साथ ≈ करने के कुछ मामले हुए हैं.

molten मोल'टन *a.* (*pp.* of melt) पिघला हुआ [gold सोना, lead सीसा, metal धातु[F]]; the hot ~ metal is poured into the sand to harden it कड़ा बनाने के लिए गर्म पिघली धातु[F] बालू[F] में उंडेली जाती है.

moment मो'मन्ट **I.** *n*[c]. **1.** क्षण, पल [decisive निर्णायक, fatal घातक, precious बहुमूल्य]; I cannot say anything at this ~ इस क्षण मैं कुछ नहीं कह सकता; it took Jeetu only a moment to grab his coat and rush from the house जीतू को अपना कोट लेने और घर से भाग निकलने में एक ≈ लगा; for a ~, I thought that... एक ≈ मैंने सोचा कि... it might happen any ~ यह किसी भी ≈ हो जाए, **2.** समय : it was the happiest ~ in his life यह उसके जीवन का सबसे सुखद ≈ था; you may choose the right ~ तुम ठीक समय चुन सकते हो. Δ on the spur of the ~ ठीक समय पर : he reached there at the spur of the ~ वह ठीक ≈ पर वहाँ पहुँच गया. **II.** *n*[u]. (importance) महत्व : this is the matter of some ~ यह कुछ ≈ का मामला है; a man of the ~ इस ≈ महत्व का आदमी.

momentary मो'मन्टरि *a.* क्षणिक [commotion हलचल[F], importance महत्त्व, sensation खलबली[F]]; the pleasure is ~, you must be ready for the risk यह आनंद ≈ है, तुम्हें खतरे के लिए तैयार रहना चाहिए; their fear was ~ उनका डर ≈ था; my hesitation was ~ मेरी हिचक ≈ थी.

Mon. Monday.

monarch मॉ'नर्क *n*[c]. राजा, नरपति [abdicated सिंहासनच्युत, constitutional संवैधानिक, kind दयालु]; the ~ wears a crown राजा मुकुट पहनता है; the lion is the ~ of the forest शेर जंगल का ≈ है.

monastery मॉ'नॅस्टरि *n*[c]. (monasteries) मठ, विहार, संघाराम : have you seen a Buddhist ~ क्या तुमने बौद्ध ≈ देखा है ?; monks live in a ~ साधु/भिक्षु ≈ में रहते हैं; **monastic** मॅनैस्'टिक *a.* तपोमय [discipline अनुशासन, existence रहन-सहन, life जीवन, vows प्रतिज्ञाएँ] he led a ~ life and was a very famous monk वह ≈ जीवन व्यतीत करता था और बहुत प्रसिद्ध साधु/भिक्षु था.

Monday मॅन'डि *n.* सोमवार, चंद्रवार : from ~ to Thursday सोमवार से बृहस्पतिवार तक; I have not seen him since ~ मैंने उसे ≈ से नहीं देखा. I shall come on ~ मैं ≈ को आऊंगा; they visit us on Monday वे ≈ के ≈ हमसे मिलने आते हैं.

monetary मॅ'निटॅरि *a.* **1.** (pecuniary) आर्थिक [condition स्थिति, grant अनुदान, limit सीमा[F]]; India needs more ~ development भारत को और अधिक ≈ विकास की आवश्यकता[F] है. **2.** (financial) वित्तीय : ~ help ≈ सहायता[F]. **3.** मुद्रा-संबंधी : ~ policy, stability ≈ नीति, दृढ़ता[F]. **money** म'नि *n*[u]. **1.** मुद्रा, रुपया-पैसा [enough काफ़ी, sufficient पर्याप्त, waste खराब]; he carries lot of ~ वह ढेर सारा रुपया-पैसा ले जाता है; have you enough ~ to pay for the things you are buying जो वस्तुएँ[F] तुम खरीद रहे हो उनका भुगतान करने के लिए तुम्हारे पास काफ़ी पैसा है ना ? **2.** धन : he is a man of ~ वह धनी/धनवान आदमी है; he was short of ~ उसे ≈ की कमी थी; he possesses a lot of ~ उसके पास बहुत ≈ है; we have not much ~ left हमारे पास अधिक धन नहीं बचा है; the time is ~ समय मूल्यवान है. Δ to **make** ~ ≈ कमाना, लाभ पाना; **lose** ~ हानि उठाना; to **marry** ~ धन के लालच में शादी[F] करना; ~ **makes the mare go** दाम कराये काम; ~ **lender** साहूकार, महाजन; ~**order** धनादेश : I sent

Rs. 2,000 by M.O. to my son मैंने धनादेश से अपने बेटे को दो हज़ार रुपये भेजे.

mongoose मॉङ्' गूस n^c. (~s) नेवला : a ~ kills snakes ≈ साँपों को मार डालता है; there is a pet ~ in her house उसके घर में एक पालतू ≈ है.

monitor मॉ'निटर **I.** n^c. मानीटर, कक्षा-नायक : laborious ~ मेहनती ≈; a class ~ takes charge of the classes when the teacher is out जब अध्यापक बाहर होते हैं तो ≈ कक्षा^{F} का प्रभार सँभालता है; who is the ~ of your class तुम्हारी कक्षा^{F} का ≈ कौन है? **II.** *v.t.* देखरेख^F/निगरानी^{F} करना : the secretary is ~ing the situation सचिव स्थिति^{F} की निगरानी^{F} कर रहा है.

monk मङ्क n^c. मठवासी, साधु [austere आडंबरहीन, pious धर्मात्मा]; a ~ lives in a monastery with other monks and spends his time in praying and meditating एक ≈ मठ में अन्य साधुओं के साथ रहता है और अपना समय प्रार्थनाओं और ध्यान में बिताता है. [*fem*. nun]

monkey I. मङ्'कि **I.** n^c. बंदर [black काला, dangerous ख़तरनाक, pet पालतू]; ~ is a long-tailed animal ≈ एक लंबी पूंछ^F वाला जानवर होता है; the ~s were swinging from a tree ≈ एक पेड़ पर से झूल रहे थे; a ~ has caused much terror in this locality एक ≈ ने इस मोहल्ले में बहुत आतंक पैदा कर रखा है; you little ~ तुम नटखट लड़के. ~ **tricks** नटखटी^{F}, शरारत^F. **II.** *v.t.i.* नकल करना या उतारना, शरारत^F या नटखटी^{F} करना : I saw someone ~ing his neighbour मैंने किसी को अपने पड़ोसी की नकल करते हुए देखा. ∆ who has been ~ing with my books? मेरी पुस्तकों के साथ कौन शरारत करता रहा है. **to ~ about with** smth किसी वस्तु^{F} से छेड़-छाड़ करना; to **make a ~ out of smb** किसी को भड़ुआ बनाना.

monologue मॉ'नलॉग n^c. एकपात्री भाषण, एकालाप : Mr. Kapur went on speaking and the conversation became just a ~ श्री कपूर लगातर बोलते गए और वार्तालाप बस एकपात्री भाषण हो गया.

monopoly मॅनॉ'पॅलि n^c. (monopolies) एकाधिकार, इजारा [absolute पूर्ण, state राजकीय, trading व्यापारिक]; the supply of gas and electricity is a government ~ गैस और बिजली की आपूर्ति^{F} सरकार^F की इजारेदारी^{F} है; he has ~ in kerosene oil मिट्टी के तेल पर उसका ≈ है; the state holds a ~ of the postal services राज्य का डाक सेवाओं^{F} पर ≈ है; as for the sale of coal in the town Bagga and Sons have the ~ शहर में कोयले के विक्रय पर बग्गा एंड संस का ≈ है; do you think that you have ~ on wisdom क्या तुम सोचते हो कि समझदारी^{F} पर एक तुम्हारा ही अधिकार है.?

monotonous म नॉ'टॅनस *a.* **1.** एकसुरा : a ~ noise is one that continues on the same tone without changing ≈ शोर वह है जो बिना परिवर्तन एक ही स्वर में जारी रहता है; we soon became tired of listening to that ~ voice हम शीघ्र ही वह एकसुरी आवाज़^{F} सुनते-सुनते ऊब गए. **2.** एकरस, बेमज़ा : ~ work बेमज़ा काम; ~ life ≈ जीवन; ~ journey ≈ यात्रा^{F}. **monotony** मॅ नॉ'टॅनि n^u. **1.** एकस्वरता^{F}, एकसुरापन : ~ of her voice उसकी आवाज की ≈. **2.** एकरसता : I hate the ~ of this job मुझे इस काम की ≈ से घृणा^{F} है.

monsoon मॉन् सून' n^c. **1.** बरसात^F, मानसून^F : early ~ समय से पहले की ≈; this is known as southwest ~ यह दक्षिणी-पश्चिमी ≈ के रूप में जानी जाती है. **2.** (wind) बरसाती पवन : the ~ blows from the Indian Ocean ≈ भारतीय सागर से बहकर आती है.

monster मॉन्'स्टर n^c. **1.** दैत्य, दुष्ट : dreadful ~ भयंकर ≈; the bear is a real ~ वह रीछ सचमुच ≈ है. **2.** (huge) भीमकाय जानवर. **3.** विकलांग : he was a born ~ जन्म से वह ≈ है. **monstrous** मॉन्'स्ट्रॅस *a.* **1.** भीमाकार : ~ whale ≈ ह्वेल; have you seen such a ~ animal क्या तुमने इतना ≈ जानवर देखा है? **2.** (horrible) विकराल, विकट, डरावना [creature प्राणी, lie झूठ, shape आकार]; this ~ devil will make the children afraid यह ≈ शैतान बच्चों को डरा देगा.

3. (malformed) विरूप, विकलांग : ~ child ≈ बच्चा. 4. पैशाचिक, राक्षसी : ~ crime ≈ अपराध.

month मंथ n^c. महीना [cold ठंड़ा, hot गर्म, rainy बरसात का, pleasant सुहावना]; there are twelve ~s in a year, the first ~ is January एक साल में बारह महीने होते हैं, पहला ≈ जनवरी का है; he has been working at this plant for ~s वह महीनों से इस कारखाने में काम कर रहा है; we spent a ~ in the country हमने देहात में एक ≈ बिताया; he will pay you money at the end of this ~ वह इस महीने के अंत में तुम्हारा पैसा चुकता करेगा. **monthly** मंथ्'लि I. *a.* मासिक [meeting बैठक^F, payment भुगतान, salary वेतन, ticket टिकट]; it is a ~ magazine because new copies appear each month यह ≈ पत्रिका^{F} है क्योंकि^{F} नई प्रतियाँ^{F} हर महीने निकलती हैं. II. n^c. मासिक पत्रिका : I subscribe to a ~ मैं एक ≈ का ग्राहक हूँ.

monument मॉ'न्युमन्ट n^c. स्मारक [ancient प्राचीन, glorious शानदार, historical ऐतिहासिक, immortal अमर, modern अद्यतन, national राष्ट्रीय, public सार्वजनिक, simple साधारण, stately भव्य/शाही]; to erect a ~ in the memory of someone किसी की याद में ≈ बनाना; the ~ is to remind the people of those who died for the freedom of our county यह ≈ देश की स्वतंत्रता के लिए जान देने वालों की याद दिलाता है; Nelson's ~ London लंदन में नेल्सन का ≈. (fig.) **he was a ~ of learning** वे विद्या के कीर्तिस्तंभ थे.

mood मूड n^c. 1. मनोदशा^{F}, भावदशा^{F}, मनःस्थिति^{F} [excellent उत्कृष्ट, gay प्रसन्न, wonderful अद्‌भुत]; people in a good ~ feel friendly and good-tempered अच्छी मनोदशा में लोग मित्रवत् और अच्छे मिज़ाज वाले लगते हैं; he is in a jolly ~ वह प्रसन्न भावदशा^{F} में है; he is in angry ~ वह नाराज़ है. 2. (temper) मिज़ाज, तबियत^F : in the ~ for a talk बातचीत^F करने के मिज़ाज में; I am not in a ~ to argue with you मेरी तुमसे बहस करने की तबियत नहीं है. 3. (whim) तरंग^F, मौज^F, सनक^F : a man of ~s मौजी/सनकी आदमी. 4. (gramm.) क्रियार्थ, अर्थ, क्रियाभाव. **moody** मू'डि *a.* तुनुकमिजाज़, बदमिजाज़, चिड़चिड़ा : he is a ~ person वह ≈ व्यक्ति है. 2. (changing) she is a ~ girl उस लड़की का मिज़ाज़ बदलता रहता है. [*ant.* gay]

moon मून I. *n.* चंद्रमा, चाँद [bright चमकीला, full पूर्ण, round गोलाकार]; the ~ came out from behind a cloud ≈ बादल के पीछे से निकला; the ~ is the brightest object in the night sky रात्रि^{F} के आकाश में ≈ सबसे चमकीला पदार्थ होता है; in the light of the ~ ≈ के प्रकाश (चाँदनी) में; to send a rocket to the ~ ≈ पर राकेट भेजना; even the ~ eclipses ≈ को भी ग्रहण लगता है; the children were sitting in the moon-light बच्चे ≈ के प्रकाश (चाँदनी) में बैठे थे. Δ **once in a blue ~** कभी-कभार : he is seen here once in a blue ~ कभी-कभार यहाँ दिखाई देता है. ~ **rise** चंद्रोदय; ~ **stone** चंद्रमणि . II. *v.i* (~ about) 1. निरुद्देश्य या बेकार घूमना-फिरना : he is often seen ~ing about in the street वह अक्सर गलियों में बेकार घूमता दिखाई देता है. 2. गुमसुम बैठा रहना : she was found ~ing about in her room उसे अपने कमरे में गुम-सुम बैठे पाया गया. **moonshine** n^u. अनाप-शनाप, बकबक [truly सचमुच, useless बेकार]; the tale is all ~ यह कहानी^{F} पूरी अनाप-शनाप है.

mop मॉप I. n^c. 1. झाड़नी डंडा : we wash floors with a ~ हम झाड़नी डंडे से फ़र्श धोते हैं. 2. (tuft) गुच्छा : ~ of hair on uncombed head बिना कंघा किए सिर पर बालों का ≈. II. *v.t.* (-pp-) पुचारे से साफ़ करना, पोंछना, : Sheela ~ped her floor last Sunday शीला ने पिछले इतवार को अपना फर्श पुचारे से साफ़ किया था. ~ **up** (i) साफ़ करना : to ~ up the dining table खाने की मेज़^{F} साफ़ करना; (ii) बचे-खुचे दुश्मनों का सफाया करना : to ~ up the troops of the beaten army हारी हुई सेना^{F} की बची-खुची टुकड़ी का सफ़ाया करना.

moped motorized pedal bicycle.

moral मॉ'रल I. *n*^{c}. 1. शिक्षा^{F}, सीख^F : what is the moral of the story you have read जो कहानी तुमने पढ़ी है उसकी शिक्षा क्या है? to draw the ~ शिक्षा मिलना. 2. (maxim) सूक्ति^{F}, नीतिवचन : inspiring ~ प्रेरणास्पद ≈; ~s of great men must be followed महापुरुषों के नीति-वचनों का पालन किया जाना चाहिए. 3. आचार, आचरण : a man of loose ~s आचारहीन व्यक्ति. II. *a.* 1. नैतिक [courage साहस, duty कर्तव्य, obligation बाध्यता^{F}, problem समस्या^{F}, question प्रश्न, support समर्थन, victory विजय]; ~ science नीतिशास्त्र; you have no ~ right to refuse तुम्हें इंकार करने का कोई नैतिक अधिकार नहीं है; it is a ~ certainty that he will come यह नीतिसंगत निश्चय है कि वह आएगा; you should receive ~ training at home तुम्हें घर पर नैतिक प्रशिक्षण प्राप्त करना चाहिए. 2. good शुद्ध : ~ behaviour ≈ व्यवहार. 3. चारित्रिक : girls in hostels are facing ~ dangers छात्रावास की लड़कियाँ चारित्रिक संकट का सामना कर रही हैं. 4. ~ sense सद्सद-विवेक : a baby has no ~ sense बच्चे में कोई सदसद्-विवेक नहीं होता. [*ant.* immoral]

morale मॅराल' *n.* हौसला, मनोबल : although our men had lost the battle yet their ~ was high यद्यपि हमारे जवान लड़ाई में हार गए फिर भी उनका ≈ ऊँचा था; the ~ of our team is excellent हमारी टीम^F का ≈ बढ़िया था; bombing would not down our nation's ~ बमबारी^{F} हमारे देश का हौसला पस्त नहीं कर पाएगी.

morality मरै'लिटि *n*^{u}. 1. नैतिकता^{F} : ~ of a teacher अध्यापक की ≈; is there anything like the ~ of the slaves क्या गुलामों की ≈ नाम की कोई चीज़^{F} है? 2. नैतिक शिक्षा^{F}, उपदेश : imparting of ~ to the students is necessary छात्रों को नैतिक शिक्षा^{F} देना आवश्यक है.

more मॉर (comp. of much and many) I. *a.* और अधिक, और [books किताबें^{F}; danger ख़तरा, happiness सुख/प्रसन्नता^{F}, money धन, time समय]; do you need ~ food क्या तुम्हें और खाना चाहिए? these words have ~ meanings इन शब्दों के कुछ अधिक अर्थ हैं; there are ~ boys to come yet अभी और लड़के आने हैं; it will take more time to finish इसे समाप्त करने में और समय लगेगा; he is no ~ वे अब नहीं रहे हैं. II. *adv.* और, से अधिक : give him twice ~ उसे दुगुना और दो; he is ~ patient than I वह मुझसे अधिक धैर्यवान है; mango is~delicious than peach आम आड़ू से अधिक रसाला हाता है. III. *n*^{c}. अधिक, और : I can bring you more मैं आपको और ला सकता हूँ; would you like some ~ क्या तुम कुछ और चाहोगे? there was much ~ left वहाँ अभी और बहुत कुछ बचा था; I have no ~ to say मुझे और कुछ नहीं कहना है; I hope to see ~ of you मुझे आशा है कि तुम्हारे बारे में और देखने को मिलेगा; the ~, the merrier जितना अधिक, उतना आनंदमय; the ~ one has, the ~ he wants जितना अधिक किसी के पास है उतना अधिक वह और चाहता है; and ~ ≈ अधिकाधिक : I am ~ and ~ convinced मैं अधिकाधिक आश्वस्त हूँ; I like him ~ and ~ मैं उसे अधिकाधिक चाहता हूँ; ~ or less लगभग, प्राय: the words have ~ or less the same meaning इन शब्दों के लगभग वही अर्थ हैं. ~ **over** *adv.* इसके अतिरिक्त, इसके अलावा : you cannot go out because it is a stormy night ~over your work has not been done तुम बाहर नहीं जा सकते क्योंकि यह तूफानी रात^F है, ≈ तुमने अपना गृहकार्य भी पूरा नहीं किया. [*ant.* less]

morn., morning मॉर्'निङ्ग I. *n*^{c}. सुबह^F, प्रभात [clear साफ़, cold ठंडी, pleasant सुहावनी, quiet शांत, rainy बरसाती]; I'll meet you at six o'clock in the morning मैं ≈ छ: बजे आपसे मिलूँगा; this shop remains open from ~ to night यह दुकान^F ≈ से रात तक खुली रहती है. **good** ~ नमस्ते. II. *a.* प्रात:कालीन, सवेरे का [bath स्नान, call बुलावा, meal भोजन]; ~ tea सुबह^F की चाय^F; ~ walk सुबह की सैर^F; I always say the ~ prayer मैं हमेशा प्रात:कालीन प्रार्थना^{F} करता हूँ.

~ **star** शुक्र तारा. [*ant.* evening]

morose मॅरोस' *a.* **1.** चिड़चिड़ा, रूखा [behaviour व्यवहार, mood मिजाज़, nature स्वभाव]; I fear his ~ habit मैं उसकी चिड़चिड़ी आदत^F से डरता हूँ. **2.** उदास : he is so ~ that he will not speak to you वह इतना ≈ है कि आप से बात^F तक नहीं करेगा.

morsel मॉर्'सल **I.** *n*^c. (mouthful) ग्रास, कौर : a ~ of food is very small quantity भोजन का एक ≈ बहुत कम मात्रा में होता है; a ~ of cheese पनीर का एक ≈. **II.** *v.t.* छोटे-छोटे टुकड़ों में विभाजित करना, थोड़ा-थोड़ा करके बाँटना : to ~ a cake केक को ≈.

mortal मॉर्'टल **I.** *n*^c. मर्त्य, मनुष्य : we ~s have so many faults हम मर्त्यों में इतने सारे दोष हैं. **II.** *a.* **1.** मरणशील, नश्वर, अनित्य [beings जीव, creatures प्राणी]; man is ~ मुनष्य ≈ है; all living beings are ~ सभी जीवित प्राणी ≈ हैं. **2.** (fatal) घातक, प्राण-घातक [accident दुर्घटना^F, disease बीमारी^F, fever बुखार, fight युद्ध, pain कष्ट, wound घाव]; a ~ blow is one that kills घातक प्रहार वह है जो मार डालता है. **3.** (contexts) ~ shame असह्य लज्जा^F; to wait for a ~ time अत्यंत लंबे समय तक प्रतीक्षा^F करना. [*ant.* immortal] **mortality** मॉर्टै'लिटि *n*^u. **1.** मृत्यु-संख्या^F : the ~ from diphtheria is now very small डिफ्थीरिया से ≈ अब बहुत कम है; ~ in the war युद्ध में ≈. **2.** a high rate of ~ उच्च मृत्युदर. **3.** नश्वरता^F : ~ of living beings सजीव प्राणियों की ≈.

mortar मॉर्'टर **I.** *n.* **1.** गारा, मसाला : ~ and bricks गारा और ईंटें; you make ~ by mixing sand, lime and water तुम बालू, चूना और पानी मिलाकर ≈ बनाते हो. **2.** ऊखल, ओखली^F : ~ and pastle ≈ और मूसल; we put chillies in a ~ and crush them with a pestle into powder हम लाल मिर्चें ≈ में डालते हैं और मूसल से कूट-पीसकर चूरा बना लेते हैं. **II.** *v.t.* गारा लगाना, गारे से जोड़ना : to ~ bricks गारे से ईंटें जोड़ना.

mortgage मॉर्ट'गिज **I.** *n*^c. **1.** बंधक, गिरवी, रेहन : to keep the property in ~ संपत्ति^F ≈ रखना; a ~ for Rs. 15,000 पंद्रह हज़ार रुपये में ≈. **2.** (deed) बंध-पत्र, रेहननामा : he executed a ~ in favour of his neighbour उसने अपने पड़ोसी के पक्ष में एक रेहननामा लिखा. **II.** बंधक या गिरवी रखना : I have ~d my house for a loan of Rs. 2,00,000 दो लाख रुपए के ऋण के बदले मैंने अपना मकान रेहन रख दिया है.

mosaic मॅज़े'इक *n*^c. मोज़ेक, पच्चीकारी [floor फर्श, pavement पत्थरी फर्श]; ~ is a piece of ornamental work ≈ एक सजावटी काम होता है.

mosque मॉस्क *n*^c. मस्जिद^F [dignified शानदार, old पुरानी, shattered टूटी-फूटी]; it was the biggest ~ in the village गाँव में यह सबसे बड़ी ≈ थी; on Fridays the Muslims assemble in ~s to say their prayers हर जुम्मे के दिन मुसलमान नमाज़ पढ़ने के लिए ≈ में जमा होते हैं.

mosquito मॅस् की'टो *n*^c. (*pl.* -es) मच्छर [dangerous ख़तरनाक, poisonous विषैले]; the prick of the ~ may cause malaria मच्छरों की चुभन^F से मलेरिया हो सकता है; it is hard to sleep in the night because of ~ मच्छरों के कारण रात^F में सोना मुश्किल होता है; ~es suck blood ≈ खून चूसते हैं; he is bitten by ~ es उसे मच्छरों ने काटा है; ~ **net** मसहरी^F, मच्छरदानी^F.

moss मॉस *n.* काई : ~ grows on rocks, trees, etc. ≈ चट्टानों और पेड़ों पर उगती है; remove the ~ from the wall to make it safe दीवार^F को सुरक्षित रखने के लिए ≈ हटा दो. ∆ **a rolling stone gathers no** ~ बेपेंदा लोटा कहीं टिकता नहीं.

most मोस्ट **I.** *n*^u. (superlative of much and many) अधिकांश, अधिकतर : ~ of them are my friends उनमें से अधिकतर मेरे मित्र हैं; ~ of the members have promised to come अधिकतर सदस्यों ने आने का वचन दिया है; ~ of the people अधिकतर लोग; ~ of his money उसके धन का अधिकांश; he spends ~ of his time in writing वह अपना अधिकांश समय लिखने में व्यतीत करता है; make the ~ of this opportunity इस अवसर का पूरा-पूरा लाभ उठाओ; you should not hope for the ~ तुम अधिक की आशा^F मत रखो; this is the ~ I can do सबसे अधिक मैं इतना ही कर सकता हूँ. Δ **at the ~** अधिक से अधिक : at the ~ I can lend you a hundred rupees अधिक से अधिक मैं तुम्हें सौ रुपए उधार दे सकता हूँ. **II.** *a.* अधिकतम, सबसे अधिक [money पैसा, need आवश्यकता^F, work काम]; ~ men like meat अधिकतर लोग मांस पसंद करते हैं; ~ birds can fly अधिकतर चिड़ियाँ उड़ सकती हैं. Δ **for the ~ part** मुख्यत: : summer in India is for the ~ part hot and dry भारत में ग्रीष्मकाल मुख्यत: गरम और खुश्क होता है. **III.** *adv.* सबसे अधिक, सर्वाधिक : he was the ~ offensive वह सबसे अधिक आक्रामक था; it is the ~ wonderful object यह सबसे आश्चर्यजनक पदार्थ है; the ~ progressive movement अधिकतम विकासोन्मुख गतिविधि^F; it was the ~ serious danger to him यह उसके लिए सर्वाधिक गंभीर खतरा था; the ~ important question is that... सबसे महत्त्वपूर्ण प्रश्न यह है कि...; he is the ~ intelligent boy वह ≈ समझदार लड़का है; we are ~ concerned with it हम ≈ इससे जुड़े हैं; we are ~ pleased to hear it हम इसे सुनकर ≈ प्रसन्न हैं; I like travelling ~ मुझे यात्रा^F ≈ पसंद है; what you need ~ is practice जिसकी तुम्हें सर्वाधिक आवश्यकता^F है वह है अभ्यास. Δ **at (the) ~** अधिक-से-अधिक : it will take half an hour at the ~ इसमें अधिक से अधिक आधा घंटा लगेगा. [*ant.* least] **mostly** मोस्ट'लि *adv.* अधिकतर, ज्यादातर : the telephone calls are ~ for you टेलीफोन के बुलावे ≈ तुम्हारे लिए होते हैं; the trees in this orchard are ~ apple trees इस बगीचे में ≈ पेड़ सेब के हैं; he comes ~ at this time ≈ वह इसी समय आता है; the peaches were ~ unripe आड़ू अधिकांशत: कच्चे थे.

moth मॉथ *n.* पतंगा; कीड़ा (कपड़े का) [injurious हानिकारक, winged पंखदार]; ~s lay their eggs in clothes, etc. कपड़े के कीड़े अपने अंडे कपड़ों आदि में देते हैं; ~ -eaten clothes कीड़ों के खाए हुए कपड़े.

mother म'दर **I.** *n*^c. माँ, माता [devoted भक्त, kind दयालु, loving स्नेहशील, strict सख्त, tender नम्र]; she is like his ~ वह उसकी ≈ के समान है; she is the ~ of four children वह चार बच्चों की ≈ है; when a woman has a baby she becomes a mother जब औरत को बच्चा होता है तो वह ≈ बन जाती है; she went with her ~ वह अपनी ≈ के साथ गई; necessity is the ~ of invention आवश्यकता^F आविष्कार की जननी है. [*masc.* father] **motherhood** *n.* मातृत्व. **mother-in-law** *n*^c. सास : mother of husband or wife is ~ पति या पत्नी की माँ ≈ होती है. **motherland** *n*^c. मातृभूमि^F : beautiful ~ सुन्दर ≈; India is my ~ भारत मेरी ≈ है; I love my ~ very much मुझे अपनी ≈ से बहुत प्यार है. **motherless** *a.* मातृहीन [calf बछड़ा, child बच्चा, lamb मेमना]; this boy is ~, he must be properly fostered यह लड़का ≈ है, उसका समुचित पालन-पोषण किया जाना चाहिए. **mother tongue** *n.* मातृभाषा^F : Hindi is our ~ हिंदी हमारी ≈ है. **II.** *v.t.* **1.** (give birth to) को जन्म देना : she ~ed a baby उसने बच्चे को जन्म दिया. **2.** (care for like a mother) माँ की तरह देखरेख^F करना : Auntie ~s the four children मौसी चारों बच्चों की माँ की तरह देखरेख^F करती है; the matron ~ed the boys अधीक्षिका ने लड़कों की देखरेख^F की.

motion मो'शन *n*^u. **1.** गति^F, चाल^F [constant अनवरत, perpetual लगातार, rapid तेज़, slow धीमी]; the train is in ~ रेलगाड़ी^F चल पड़ी है; the ~ of the stars तारों की गति^F; to set or put engine in ~ इंजन को चालू करना; to put or set a plan in ~ कोई योजना^F चालू करना. **2.** *n*^c. (gesture) इंगित, इशारा : the ~ of the hand हाथ के इशारे; none could follow the ~s of his hands कोई भी उसके हाथों के इशारों को नहीं समझ सका. **3.** (proposal) प्रस्ताव : adjournment ~ काम रोको प्रस्ताव; cut ~ कटौती प्रस्ताव; the ~ of confidence was adopted by a large majority विश्वास ≈

बहुमत से स्वीकार कर लिया गया; does anyone wish to put up a ~ क्या कोई व्यक्ति ≈ लाना चाहता है ? **4.** (easing) झाड़ा, टट्टी^F : the doctor gave him a purgative and the patient had three ~s डाक्टर ने जुलाब दिया और मरीज़ को तीन टट्टियाँ आ गईं. **5.** अशांति^F, अस्थिरता^F [great अत्यधिक, momentary क्षणिक]; the ~ continued for two months अशांति दो महीने तक जारी बनी रही. ~ **picture** सिनेमा-चित्र, चलचित्र.

motionless मो'शनलॅस *a.* निश्चल, गतिहीन : ~ figure ≈ आकृति^F; we stood ~ as if turned into stones हम ≈ खड़े रह गए जैसे कि पत्थर हो गए हों; the dog remained ~ when ordered to stop जब कुत्ते को रुक जाने का आदेश दिया गया तो वह निश्चल रह गया. [*ant.* mobile]

motive मो'टिव़ *n*^c. **1.** प्रेरणा^F : ~ power ≈ शक्ति^F, प्रेरक शक्ति^F; on whose ~ did he do this किसकी प्रेरणा से उसने ऐसा किया. **2.** (of person) प्रेरक : he is his true ~ वे उसके सच्चे ≈ हैं. **3.** (aim) उद्देश्य : real ~ वास्तविक उद्देश्य; what was your ~ in coming here यहाँ तुम्हारे आने का क्या उद्देश्य था ? **4.** (cause) कारण, हेतु : what was the ~ of his crime उसके अपराध का क्या ≈ था ? what was the ~ for the boy's attack on you तुम पर लड़कों के आक्रमण का क्या ≈ था ?

motor मो'टर **I.** *n*^c. मोटर^F [electric बिजली की, powerful शक्तिशाली] there is something wrong with the ~ मोटर में कुछ खराबी है; it is driven by ~ यह ≈ से चलाया जाता है. ~ **boat** मोटर नौका^F; ~ **cycle** मोटर साइकिल^F; ~ **race** मोटर दौड़^F; ~ **spares** मोटर के पुरज़े; ~ **vehicle** मोटरगाड़ी^F. **II.** *a.* प्रेरक, चालक [nerves तंत्रिकाएँ, power शक्ति^F, system तंत्र] **III.** *v.i.* मोटरगाड़ी^F से जाना : we ~ed to Calcutta हम मोटरगाड़ी से कलकत्ता गए.

motto मॉ'टो *n*^c. (-s) आदर्श वाक्य, सिद्धांत सूत्र, नीतिवचन : my ~ is 'live and let live' मेरा ≈ है 'जियो और जीने दो'; our school's ~ is 'work hard' हमारे स्कूल का ≈ है 'परिश्रम करो'.

mould मोल्ड **I.** *n*^c. **1.** साँचा; excellent ~ उत्कृष्ट; ≈; they put molten metal in a ~ वे सांचे में पिघली हुई धातु^F डालते हैं; a good ~ may make good articles अच्छा ≈ अच्छे सामान बना सकता है. **2.** (nature) स्वभाव : a man of heroic ~ वीरोचित ≈ का आदमी. **3.** (earth) ढीली-मिट्टी^F, दोमट-मिट्टी^F : to grow plants in the ~ ≈ में पौधे उगाना. **II.** *v.t.* **1.** साँचे में ढालना : to ~ metals धातुओं^F को ≈; to ~ the idols of various deities विभिन्न देवी-देवताओं की मूर्तियाँ^F ढालना. **2.** (fig.) to ~ smb's character किसी के चरित्र को ढालना.

mound मॉउन्ड *n*^c. **1.** टीला, भीटा [ancient प्राचीन, high ऊंचा, small छोटा]; he was sitting on the ~ and grazing his animals वह टीले पर बैठा जानवरों को चरा रहा था. **2.** (pile) ढेर : a ~ of answer books उत्तरपुस्तकों^F का.

mount माउन्ट **I.** *n*^c. **1.** पर्वत (*abbr.* Mt.) the highest mountain in the world is Mt. Everest एवरेस्ट पर्वत दुनिया^F के पर्वतों में सबसे ऊंचा है. **2.** (support) आधार : a cup fixed on a wooden ~ लकड़ी के ≈ पर जड़ा कप. **3.** चौखटा : a ~ for a picture चित्र के लिए ≈. **4.** सवारी : his ~ is a young horse उसकी सवारी एक जवान घोड़ा है. **II.** *v.t.* **1.** चढ़ना : ~with difficulty कठिनाई से ≈; to ~ a hill, ladder पहाड़ी^F, सीढ़ी^F पर चढ़ना. **2.** चढना, सवार होना : he cannot ~ a horse वह घोड़े पर सवारी^F नहीं कर सकता. [*ant.* dis ~] **3.** बढ़ना : my expenses ~ed up मेरे खर्च बढ़ गए; price of rice has ~ed चावल के दाम बढ़ गए हैं. **4.** जड़ना to ~ a picture on a cardboard दफ़्ती^F पर चित्र ≈. **5.** to ~ an offence आक्रमण करना .

mountain मॉउन'टन **I.** *n*^c. **1.** पर्वत, पहाड़ [high ऊंचा, snowy बर्फ़ीला[; at the top of a ~; ≈ के शिखर पर; fly over the ~ ≈ के ऊपर से उड़ना; the climb on the ~ is not so easy ≈ की चढ़ाई^F इतनी आसान नहीं है; as you climb higher up the ~ it becomes so cold that rocks are covered with snow जब तुम ≈ की ऊंचाई^F पर चढ़ जाते हो तो इतनी ठंड हो जाती है कि चट्टानें^F बर्फ़ से ढक जाती हैं. Δ to **move ~s** हर संभव प्रयास कर

देखना. ~ **range** पर्वत-शृंखला^F. **2.** (large mount). ढेर : a ~ of books पुस्तकों^F का भारी ≈. **II.** *a.* पर्वतीय, पहाड़ी [pass दर्रा, plants पौधे, range श्रेणी^F, river नदी^F, scenery दृश्यावली^F]. **mountaineer** मॉउन्टॅनिअर' *n*^c. पर्वतारोही [courageous साहसी, powerful शक्तिशाली]; the ~ tried his best to reach up Mt. Everest but could not पर्वतारोही ने एवरेस्ट पर पहुँचने का भरसक प्रयास किया लेकिन पहुँच न पाया. **mountainous** मॉउन्'टॅनस *a.* **1.** पहाड़ी, पर्वतीय [country देश, region क्षेत्र, soil मिट्टी^F]; there is much less production of crops on the ~ districts पर्वतीय जिलों में फ़सल^F का उत्पादन बहुत कम होता है. **2.** very big बहुत ऊँची : ~ waves ≈ लहरें^F.

mourn मॉर्न *v.t.* (grieve) शोक मनाना, मातम करना या मनाना : to ~ for a man is to feel very sorry because he is dead किसी व्यक्ति के लिए मातम करना बहुत दु:ख का अनुभव करना है क्योंकि वह मर गया है; to ~ for smth किसी बात पर^F दु:ख मनाना; we ~ed the death of Morarji हमने मोरारजी के निधन पर शोक/मातम मनाया; to ~ over the mistakes of someone किसी की गलतियों पर दु:खी होना. [*ant.* rejoice] **mourning** मॉर'निङ्ग *n.* शोक, मातम : deep गहरा ≈; we are in ~ for someone हम किसी का ≈ मना रहे हैं; all were plunged into ~ सभी लोग शोक में डूबे थे; to go into ~ मातम मनाना.

mouse माउस *n*^c. (*pl.* mice) चूहा, चुहिया^F : a cat caught the ~ as it ran out of its hole into the kitchen जैसे ही ≈ अपने बिल से दौड़कर रसोई^F में गया, बिल्ली ने उसे पकड़ लिया; cats hunt mice बिल्लियाँ चूहों का शिकार करती हैं; you little ~ of a girl अरी चुहिया-सी लड़की. Δ **to play cat and ~ with smb** किसी के साथ क्रूर व्यवहार करना. (comb.) ~**trap** चूहेदानी^F; **field** ~ मूस.

moustache मस्टाश' *n*^c. मूँछ : ~s grow on the upper lip मूँछें ऊपरी होंठ पर आती हैं; to twist one's ~ अपनी ≈ ऐंठना.

mouth माउथ *n*^c. **1.** मुँह, मुख [beautiful सुंदर, neat साफ़, small छोटा, ugly भद्दा]; put the sweet in your mouth and eat it मिठाई^F अपने मुँह में डालो और उसे खा लो; he made a ~ at me उसने मुझ पर मुंह बनाया; he kept his ~ shut उसने अपना मुँह बंद रखा; ~ of a cave, bottle गुफा, बोतल का मुँह. **we have five ~s to feed** हमें पाँच प्राणियों का पेट पालना है; **this sounds strange in your ~** यह बात^F तुम्हारे मुँह से अच्छी नहीं लगती; **to make smb's ~ water** मुँह में पानी भर आना; **to put words into smb's ~** किसी से कुछ बात^F कहलवाना; **to take words out of smb's ~** किसी की बात^F पहले ही कह देना; by **word** of ~ मुँहज़बानी (as message संदेश). **2.** (of river) मुहाना, दहाना [big बड़ा, wide चौड़ा]; the ~ of the Ganga near the Bay of Bengal बंगाल की खाड़ी^F के पास गंगा^F का ≈.

movable मू'व़बल *a.* चलनशील, चल, जंगम [effects सामान, furniture फर्नीचर]; he sold all his ~ property to his neighbour for a small amount उतनी थोड़ी सी रकम^F में अपनी सारी ≈ संपत्ति^F पड़ोसी को बेच दी.

move मूव **I.** *n*^c. **1.** चेष्टा^F : it was a good ~ on his part उसने अपनी तरफ़^F से अच्छी ≈ की. **2.** (action) कार्रवाई^F, युक्ति^F : suitable ~ उचित ≈; the government did not make a good ~ in this matter इस मामले में सरकार^F ने उचित ≈ नहीं की. **3.** (in chess etc.) चाल^F : I have just played, now it is your ~ मैंने अभी खेला है अब आपकी चाल है; let us make a ~ हम चलें; the train is on the ~ गाड़ी चल पड़ी है. **II.** *v.t.* **1.** हटाना, खिसकाना : we could not ~ the heavy table हम भारी मेज़ को नहीं खिसका सके; she moved the books aside उसने किताबें^F एक तरफ हटा दीं; she moved the picture nearer उसने चित्र को और पास खिसकाया; we shall need a tractor to ~ the stone पत्थर को खिसकाने के लिए हमें ट्रैक्टर की आवश्यकता^F होगी. **2.** हिलाना : you cannot ~ the tree तुम पेड़ नहीं हिला सकते. **3.** झंझोड़ना : the wind ~s the trees हवा^F वृक्षों को झंझोड़ती है. **4.** प्रभावित करना

the story ~d me greatly कहानी^{F} ने मुझे बहुत प्रभावित किया. **5.** प्रेरित करना : I could not ~ him to speak मैं उसे बोलने के लिए प्रेरित न कर सका. **6.** प्रस्ताव रखना : somebody ~d that the meeting be adjourned किसी ने प्रस्ताव रखा कि बैठक^F स्थगित की जाए; the resolution was ~d by Mr. B श्री ब ने प्रस्ताव रखा. **III.** *v.i.* **1.** चलना, चलना-फिरना : people are moving about लोग चल-फिर रहे हैं; the doctor said, the patient must not ~ डाक्टर ने कहा कि रोगी को चलना-फिरना नहीं चाहिए; ~ with the times ज़माने के साथ चलो. **2.** आगे बढ़ना : his business is not moving उसका व्यवसाय आगे नहीं बढ़ रहा है; the whole crowd ~d forward सारी भीड़^{F} आगे बढ़ी; we were afraid to ~ ahead हम आगे बढ़ने में डरते थे. **3.** हिलना : he fell down and could not ~ वह गिरा और हिल न सका. do not ~ until I tell you जब तक मैं न कहूँ, हिलना मत. **4.** *v.t.* घर या जगह बदलना: to ~ house मकान बदलना : the office has been ~d to the third floor कार्यालय तीसरी मंज़िल पर बदल गया है. Δ to ~ **into a** new house नए मकान में आ बसना; ~ **on** चलते चलो; ~ **out** हट जाओ; ~ **up** आगे बढ़ो; to ~ **heaven and earth** पूरा प्रयास करना; we shall ~ heaven and earth to achieve our goal हम अपना ध्येय पूरा करने के लिए पूरा प्रयत्न करेंगे. **movement** मूव'मन्ट n^c. **1.** गति^{F}, चाल^F [rapid तेज़, slow धीमी, sudden एकाएक]; the ~ of the troops was not satisfactory सेना^{F} की चाल संतोषजनक नहीं थी; there is no ~ after sunset सूर्यास्त के बाद कोई चलता-फिरता नहीं है. **2.** (*pl*). गतिविधि^{F}: ~ of the chief of the union संघ के प्रमुख की ≈; to watch the ~s of a youth किसी युवक की ≈ की निगरानी^{F} करना. **3.** (action) चेष्टा: a ~ to reform the law कानून में सुधार लाने की ≈. **4.** आंदोलन [slow धीमा, violent उग्र]; thousands joined the ~ for abolition of sati सती प्रथा^{F} को हटाने के लिए हज़ारों लोग आंदोलन में शामिल हो गए; the ~ was gaining strength आंदोलन को बल मिल रहा था. **5.** (tendency) प्रवृत्ति^{F}, झुकाव : the ~ of population from the country to the town जनता^{F} का देहात से कस्बे की तरफ झुकाव; ~ of prices कीमतों^{F} का झुकाव/उतार-चढ़ाव.

movie मू'वि n^c. चलचित्र : I always enjoy the ~ मैं हमेशा ≈ का आनंद लेता हूँ; we'll go to the ~s tomorrow कल हम सिनेमा देखने जाएँगे.

mow मो *v.t.* **1.** काटना : farmers are ~ing their crops in their fields किसान अपने खेतों में अपनी-अपनी फसलें काट रहे हैं; I cannot ~ grass with a scythe, so I use a lawnmower मैं हँसुए से घास^F की कटाई^F नहीं कर सकता इसलिए मैं कटाई-मशीन^F का प्रयोग करता हूँ. **2.** मार डालना : to ~ a man down in the field किसी व्यक्ति को खेत में मार डालना.

M.P. Member of Parliament; Madhya Pradesh.

Mr. Mister.

M.S. manuscript.

M.Sc. Master of Science.

Mt. mountain.

Mrs. मिसिज n^u. श्रीमती : ~ Sethi, your wife ~ ≈ सेठी तुम्हारी ≈/पत्नी

much मच **I.** *a.* [more, most]; (used with singular uncountable nouns) बहुत [food भोजन, money धन, noise शोर, rain वर्षा, salt नमक]; there is not ~ time left अधिक समय नहीं बचा है; if there is ~ rain the fields will be flooded यदि अधिक वर्षा^{F} होगी तो खेत पानी से भर जाएँगे; I don't have ~ interest in cricket मेरी क्रिकेट में कोई बहुत दिलचस्पी^{F} नहीं है. **so much** इतना : do not make so ~ cry इतनी चिल्लाहट^F मत करो; **how** ~ कितना : how ~ time has been left कितना समय बचा है; how ~ material will I need मुझे कितने सामान की आवश्यकता होगी ? **II.** *adv.* बहुत : ~ better ≈ अच्छा; ~ longer और लंबा; it is a ~ more interesting drama यह ≈ अधिक दिलचस्प नाटक है; have we ~ further to go क्या हमें और अधिक आगे जाना है ? he is ~ annoyed वह ≈ नाराज़/परेशान है; do you know ~ about him क्या तुम उनके बारे में ≈ जानते हो ? I like the picture very ~ मैं चित्र ≈ पसंद करता हूँ; I am very ~ interested about this subject मुझे इस विषय में ≈ दिलचस्पी है; he gave me ~ good advice उसने मुझे अच्छी सलाह^F दी; I am ~ obliged मैं ≈ कृतज्ञ हूँ; I have not thought ~ about it मैंने इस बारे में ≈ नहीं सोचा है; your horse is ~ bigger than ours तुम्हारा घोड़ा हमारे घोड़े से ≈ बड़ा है. Δ **he is too ~ for me** वह मुझसे ज्यादा होशियार है; he is not ~ of a player वह अच्छा खिलाड़ी नहीं है; I do not think ~ of him उसके बारे में मेरी राय^F अच्छी नहीं है. as ~ उतना, जितना; ~ **as** यद्यपि : ~ as I wished to go, I could not यद्यपि मैं जाना चाहता था, लेकिन न जा सका. [*ant.* little]

mud मड *n*^u. कीचड़ : his shoes were covered with ~ उसके जूते ≈ से भर गए; the car got stuck in the ~ कार^F ≈ में फँस गई; fling/throw ~ at smb किसी पर ≈ उछालना. ~ **house** कच्चा घर; ~ **wall** गारे की दीवार^F.

muddle मॅ'डल **I.** *n*^u. **1.** गड़बड़ी, अव्यवस्था^F: my papers are in such a ~ that it is difficult to find the one you want मेरे काग़ज़ इतने गड़बड़ हैं कि जो काग़ज़ तुम चाहते हो उसे पाना कठिन है; to make ~ of a business व्यापार में ≈ करना. ~ **-headed** मूढ़ ~ boy ≈ लड़का; **2.** (mental) घबराहट^F, बेचैनी^F: to live in a ~ घबराहट में जीना; my head is in a ~ मैं घबराहट में हूँ, मेरा दिमाग गड़बड़ हो रहा है. if your mind is in a ~, you can't think clearly यदि तुम्हारा मन बेचैन हो तो तुम साफ-साफ नहीं सोच सकते. **3.** घाल-मेल. **II.** *v.t.* **1.** (jumble) गड़बड़ कर देना, अस्त-व्यस्त कर देना : to ~ the accounts खातों को अस्त-व्यस्त करना. **2.** बेतरीके काम करना या रखना : if you ~ the papers, you will have to put them back in order यदि तुम काग़ज़ों को बेतरीके रखते हो तो तुम्हें इन्हें पुनः क्रम से रखना होगा; to ~ one's work बेतरीके अपना काम करना. **3.** मदहोश कर देना, मतवाला कर देना : he was ~d with drink वह शराब पीकर मदहोश हो गया था; I feel a bit ~d मुझे कुछ मदहोशी^F हो रही है.

muddy म'डि *a.* **1.** कीचड़-भरा, पंकिल [place स्थान, way रास्ता]; ~ lake कीचड़-भरी झील^F; when you walk on a ~ ground, your shoes are covered with mud जब तुम कीचड़दार ज़मीन पर चलते हो तो तुम्हारे जूते कीचड़ से लथपथ हो जाते हैं; this lane is ~ in wet weather गीले मौसम में यह गली^F कीचड़दार हो जाती है. **2.** (dull) धुँधला : ~ colour ≈ रंग. **3.** अस्पष्ट : ~ thought ≈ विचार.

muffler मफ़्'लर *n*^c. गुलूबंद [costly कीमती, useful उपयोगी, woollen ऊनी]; a ~ protects the ears and chest from cold ≈ कानों और छाती की ठंड^F से रक्षा करता है.

mug मग *n*^c. प्याला, मग्गा [china चीनी मिट्टी^F का, earthen मिट्टी^F का, small छोटा]; to drink a ~ full of beer एक प्याला भर बियर पीना; make a ~ of coffee कॉफ़ी का एक ≈ बना दो.

mulberry मल्'बरि *n.* तूत, शहतूत : a ~ tree has fruitlike big dark berries and its leaves provide food for silk worms ≈ के पेड़ के फल बड़े काले बेर की तरह होते हैं और इसकी पत्तियाँ रेशम के कीड़ों का भोजन बनाती हैं.

mule म्यूल *n*^c. खच्चर : ~s are used to draw the carts खच्चरों का प्रयोग गाड़ियाँ^F खींचने के लिए किया जाता है. **2.** (obstinate person) अड़ियल या हठी व्यक्ति : he is as stubborn as a ~ वह खच्चर की तरह अड़ियल है.

multi coloured मॅल्'टि कलर्ड *a.* बहुरंगा, रंगबिरंगा [clothes कपड़े, sheet चादर]; ~ wings of a butterfly तितली के बहुरंगे पंख.

multiplication मल्टिप्लिके'शन *n*^u. गुणा, गुणन : exact ~ सही ≈; by ~ of 2 and 8 we get 16 दो और आठ का ≈ सोलह होता है. **multiply** मॅल्'टिप्लाइ *v.t.* **1.** गुणा करना : ~ one number by another एक संख्या^F को दूसरी संख्या^F से ≈, if you ~ four and three, the answer is twelve; यदि तुम चार और तीन का गुणा करो तो उत्तर बारह आएगा.

2. (to breed). बढ़ना : certain animals ~ rapidly कुछ जानवर तेजी से बढ़ते हैं. 3. (increase) बढ़ना : troubles ~ as one grows older परेशानियाँ^{F} बढ़ती हैं जैसे-जैसे उम्र^F बढ़ती है. 4. ढेर करना : to ~ instances बहुत से दृष्टांत देना.

multitude मल्'टिट्यूड *n.* जनसमूह, भीड़भाड़^{F}: the ~ filled the huge stadium भीड़^{F} ने स्टेडियम को भर दिया; the child was lost among the ~ बच्चा भीड़^{F} में खो गया; a ~ of people assembled in the stadium स्टेडियम में बहुसंख्या^{F} में लोग इकट्ठा हो गए.

mum मम *a.* चुप, मौन : keep ~ about this इस बारे में चुप रहो. Δ **~ is the word** इस मामले में चुप रह जाओ.

mumble मम्'बल *v.i.* गुनगुनाना, फुसफुसाना : don't ~, speak clearly गुनगुनाओ मत, साफ़-साफ़ बोलो; he was mumbling indistinctly वह अस्पष्ट रूप से गुनगुना या फुसफुसा रहा था.

mummy म'मि n^c. (mummies) ममी, संरक्षित शव : ancient ~ प्राचीन काल का ≈; ~ is an old dead body ममी पुराने समय का शव है. Δ **to beat smth to a ~** कूट-कूटकर भरता कर देना.

mumps मम्प्स n^u. कनपेड़ा, गलसुआ, कर्णमूल [dangerous ख़तरनाक, harmful नुकसानदायक, infectious संक्रामक]; he suffers from ~ वह ≈ से पीड़ित है; ~ is an illness of glands in the neck ≈ गर्दन की ग्रंथियों^{F} की एक बीमारी है.

munch मंच *v.t.* चबाना : horses ~ hay घोड़े भूसा चबाते हैं; he was ~ing grains of gram वह चने के कुछ दाने चबा रहा था.

municipal म्यूनि'सिपल *a.* नगरीय, नगर [building भवन, bus बस^F, corporation निगम, transport परिवहन]; ~ gas supply नगर गैस आपूर्ति^{F}; ~ law ≈ कानून. **municipality** म्यूनिसि पै'लिटि n^c. (-ties) नगरपालिका^{F} : ~ is an autonomous local body ≈ एक स्वायत्त स्थानीय निकाय है; ~ elections will be held next month ≈ के चुनाव अगले महीने होंगे.

murder मर्'डर **I.** n^c. (नर) हत्या^{F}, ख़ून [barbarous पाशविक, brutal नृशंस]; he committed ~ उसने हत्या^{F} की; he was accused of ~ उस पर हत्या का अभियोग था; if you kill someone intentionally, that is ~ यदि तुम किसी को जानबूझकर मारते हो, तो वह हत्या है; he was arrested for the ~ of his daughter वह अपनी बेटी की हत्या के लिए गिरफ्तार किया गया; ~ will out हत्या प्रकट हो ही जाती है. **II.** *v.t.* हत्या/कत्ल/ख़ून करना : he was ~ed उसका खून कर दिया गया; he ~ed John and was sentenced to death उसने जान की हत्या कर दी और मृत्युदंड पाया. (fig.) **she simply ~ed that song** उसने बस उस गीत का खून (नाश) कर दिया. **murderer** मर्'डॅरर n^c. हत्यारा [coward कायर, notorious कुख्यात, professional व्यावसायिक, weak कमज़ोर]; the police have caught the ~ पुलिस ने हत्यारे को पकड़ लिया है. [*fem.* murderess]

murmur मर्'मर **I.** *v.t.* **1.** मरमराना, सरसराना : the wind was ~ing हवा^{F} सरसरा रही थी; the stream was ~ing नदी^{F} कल-कल करती जा रही थी. **2.** (grumble) बड़बड़ाना, भुनभुनाना : she ~ed something in his ears वह उसके कान में कुछ बड़बड़ाई. **3.** (mumble) गुनगुनाना, फुसफुसाना : the patient ~ed a few words रोगी ने थोड़े से शब्द फुसफुसाए. **II.** n^c. **1.** मरमराहट^F, सरसराहट^F : the ~ of leaves पत्तों की सरसराहट; ~ of bees मधुमक्खियों^{F} की भनभनाहट^F; the ~ of a running stream बहते हुए नाले की कलकल^F; ~ of winds हवाओं^{F} की सरसराहट. **2.** बड़बड़ाहट, फुसफुसाहट [indistinct अस्पष्ट, loud तेज़, slow धीमी]; there was a ~ of many voices, so we could not hear what anyone was saying वहाँ कई आवाज़ों की फुसफुसाहट थी इसलिए हम नहीं समझ सके कि कौन क्या कह रहा है; he spoke in a ~ वह बड़बड़ाते/फुसफुसाते हुए बोला; he agreed without ~ वह बिना फुसफुसाए (कुछ कहे) सहमत हो गया.

muscle मॅ'सल n^c. मांशपेशी^{F} पुट्ठा [elastic लचीला, hard कड़ा, soft कोमल]; he strained his ~ उसकी मांसपेशियों में खिंचाव

आ गया; the big ~ on the back of your leg is your calf तुम्हारी टांग के पीछे बड़ी मांसपेशी तुम्हारी पिंडली[F] है. Δ **a man of** ~ हृष्ट-पुष्ट व्यक्ति. **muscular** मस्'क्यूलर *a.* **1.** पेशीय, पेशी का [exertion थकान[F], pain पीड़ा[F], system तंत्र]. **2.** हृष्ट-पुष्ट हट्टा-कट्टा : ~ body ≈ शरीर; he is strong and ~ वह बलवान् और ≈ है.

museum म्यूज़ी'अम *n*[c]. संग्रहालय, म्यूज़ियम, अजायबघर [famous प्रसिद्ध, interesting दिलचस्प, municipal नगरीय]; ~ closes in the evening ≈ शाम को बंद होता है; the ~ of fine arts ललित कलाकृतियों[F] का संग्रहालय; there are many historical objects in this ~ इस संग्रहालय में बहुत-सी ऐतिहासिक वस्तुएँ[F] हैं.

mushroom मश्'रूम *n*[c]. **1.** छत्रक, कुक्करमुत्ता : some ~s are poisonous कुछ कुक्करमुत्ते ज़हरीले होते हैं; some ~s are eaten कुछ कुक्करमुत्ते खाए जाते हैं. **2.** ~ growth भरपूर वृद्धि[F] : ~ growth of colonies in Delhi दिल्ली में नई बस्तियों की ≈.

music म्यू'जिक *n.* संगीत [classical शास्त्रीय, folk लोक, national राष्ट्रीय, simple साधारण, sweet मधुर, symphony वाद्यवृंद, wonderful अद्भुत]; instrumental ~ वाद्यसंगीत; vocal ~ कंठ संगीत; they danced to the ~ of an orchestra आर्केस्ट्रा ≈ (की) धुन में उन्होंने नृत्य किया; I have no ear for ~ मेरे कान ≈ सुनने के आदी नहीं हैं; I enjoy ~ over the radio मैं रेडियो पर संगीत का आनंद लेता हूँ. **musical** म्यूज़िकल *a.* **1.** संगीतमय [atmosphere वातावरण, dance नृत्य, evening शाम, play नाटक]; ~ instruments वाद्ययंत्र; ~ society संगीत-सभा[F]. **2.** मधुर, सुरीला : ~ sound सुरीली ध्वनि[F]; ~ voice ≈ स्वर. **3.** संगीतप्रिय : I have never seen such a ~ man मैंने इतना ≈ आदमी कभी नहीं देखा है. **musician** म्यूज़ि'शन *n*[c]. गायक, संगीतकार [clever चतुर, expert निपुण, prominent प्रसिद्ध]; he is among the top ~s in the city शहर में वह चोटी के संगीतकारों में एक है.

musk मस्क *n.* कस्तूरी[F], मृगमद : ~ has a strong smell कस्तूरी की सुगंध[F] तेज़ होती है. ~ **deer** कस्तूरी मृग; ~ **melon** खरबूजा; ~ rat छछूंदर.

muslin मज़्'लिन *n.* मलमल[F] [fine महीन, spotless बेदाग़, superior उत्कृष्ट]; a ~ dress ≈ का परिधान; he always wears ~ clothes in summer वह गर्मियों[F] में हमेशा ≈ के कपड़े पहनता है.

must मस्ट *v.t.* चाहिए : we ~ not wait any longer हमें और अधिक इंतज़ार नहीं करना चाहिए; having missed the train, we ~ walk बस[F] छूट जाने पर हमें पैदल चलना होगा; you ~ go to bed now अब तुम्हें बिस्तर पर चले ही जाना चाहिए; I ~ finish this before I go जाने से पहले मुझे इसे समाप्त कर देना होगा; he ~ have died long ago वह बहुत पहले ही मर गया होगा; you ~ not have understood him तुम उसे नहीं समझ पाए होगे; whenever I am busy he ~ come worrying me जब भी मैं व्यस्त होता हूँ वह मुझे परेशान करने आ ही जाएगा; you ~ try again at any rate तुम्हें बहरहाल पुन: प्रयास करना ही चाहिए; you ~ not make noise here तुम्हें यहाँ शोर नहीं मचाना ≈; I ~ go home मुझे घर जाना ≈.

mustard मस्'टर्ड *n*[u]. सरसों[F] : ~ oil सरसों का तेल; ~ oil for cooking खाना पकाने के लिए ≈ का तेल.

muster मस'टर **I.** *v.t.* एकत्र करना, जुटाना, बटोरना : you should ~ all your supporters तुम्हें अपने समर्थकों को इकट्ठा करना चाहिए; you will need to ~ all your courage for this dangerous job इस खतरनाक काम के लिए तुम्हें पूर्ण साहस बटोरने की जरूरत होगी; tell the sargeant to ~ his soldiers सार्जेन्ट से कहो कि अपने सैनिकों को एकत्र करे. **II.** *n*[u]. हाज़िरी[F] : ~ roll ≈ रजिस्टर; there was a good ~ at the meeting बैठक[F] में अच्छी ≈ थी; to call the ~ roll हाज़िरी लेना.

mute म्यूट *a.* **1.** गूँगा, मूक [person व्यक्ति, servant नौकर]; he was too ~ to speak anything वह इतना ≈ था कि कुछ बोल नहीं सकता था; when I rebuked him, he remained ~ जब मैंने उसे डाँटा तो वह ≈ बना रहा. **2.** (not pronounced) मूक, अनुच्चारित

[appeal अपील, letter अक्षर]; in English pronunciation sometimes letters are ~ अंग्रेज़ी उच्चारण में कभी-कभी अक्षर ≈ होते हैं; in 'bomb' b is ~ बाम्ब में ब ≈ है.

mutilate म्यू'टिलेट *v.t.* **1.** अंग काट देना : the patient was ~d मरीज़ का अंग काट दिया गया. **2.** बिगाड़ देना : a ten-rupee note was ~d एक दस रुपये का नोट बिगाड़ दिया गया था.

mutiny म्यू'टिनी **I.** *n.* सैन्यद्रोह, बग़ावत^F, ग़दर : there was ~ on the ship जहाज़ पर ≈ हो गया; the soldiers were in a state of ~ सैनिक ≈ की स्थिति^F में थे. **II.** *v.t.* विद्रोह करना, बग़ावत^F करना, ग़दर करना : to ~ against the government सरकार के विरुद्ध ≈.

mutton म'टन *n*^u. भेड़/बकरी का मांस : we had ~ for dinner today हमारे लिए आज दोपहर के भोजन पर ≈ था; he dislikes ~ उसे ≈ पसंद नहीं है. Δ **as dead as** ~ बिल्कुल मरा हुआ.

mutual म्यू'ट्यूअल *a.* **1.** पारस्परिक, आपसी, परस्पर, अन्योन्य, aid सहायता^F, contract ठेका, love प्रेम; by ~ relations we all are benefited पारस्परिक संबंधों से हम सब लाभान्वित होते हैं; our ~ sympathy एक दूसरे के प्रति हमारी हमदर्दी; it was our ~ agreement यह हम लोगों का आपसी समझौता था. **2.** सब का, साँझा : he is our ~ friend वह हम ≈ मित्र है. **mutually** म्यू'टयूअलि *adv.* आपस में, परस्पर : ~ they were agreed on the matter परस्पर वे इस मामले में सहमत थे.

my माइ *poss. pron.* **1.** मेरा [bicycle साइकिल, house घर, uncle चाचा]; ~ books मेरी किताबें; ~ clothes मेरे कपड़े; he is not ~ relative वह मेरा रिश्तेदार नहीं है; this watch is not ~ own यह घड़ी मेरी अपनी नहीं है; ~ goodness मेरी अच्छाई. **2.** अपना (when I is there as subject) : I put on ~ coat मैंने ≈ कोट पहना; I have hurt ~ foot मेरे पैर में चोट^F लग गई है : I explained ~ point मैंने अपना दृष्टिकोण स्पष्ट कर दिया. **myself** माइ' सें'ल्फ़ *reflex. pron.* मैं, स्वयं, खुद, अपने-आप : if no one else will act the part, I ~ will do it ~ यदि भूमिका^F में कोई और काम नहीं करेगा तो मैं इसे स्वयं करूँगा; I ~ saw it yesterday मैंने स्वयं इसे कल देखा; I did it all by ~ मैंने यह सारा अपने-आप (अकेले) किया; I was not satisfied with ~ मैं स्वयं से संतुष्ट नहीं था; I often ask ~ this question मैं प्राय: स्वयं से यह प्रश्न पूछता हूँ.

mysterious मिस्टिअ' रिअस *a.* रहस्यमय, रहस्यपूर्ण [circumstances परिस्थितियाँ^F, crime अपराध, event घटना^F, remark उल्लेख, stranger अजनबी]; he was very ~ about it वह इस बारे में बहुत ही ≈ था; I could not understand their ~ talk मैं उनकी ≈ बातचीत^F को नहीं समझ सका. **mystery** मिस्'टरि *n*^c. (mysteries) **1.** रहस्य, भेद [concealed छिपा, deep गहरा, open खुला]; how the prisoner escaped is a ~ कैदी कैसे भाग गया, यह एक ≈ है; the theft of the jewels is still a ~ गहनों की चोरी^F अब भी एक ≈ है; the disappearance of the picture was a ~ तस्वीर^F का ग़ायब होना एक ≈ है; it is a ~ how he got there यह ≈ है कि वह वहाँ कैसे पहुँच गया; the ~ was soon solved ≈ शीघ्र ही खुल गया. **2.** (various contexts) ~ novel जासूसी उपन्यास; ~ play चमत्कार नाटक; ~ tour गुप्त यात्रा. **mystic** मिस्'टिक **I.** *n*^c. रहस्यवादी : Kabir was a ~ कबीर ≈ था. **II.** *a.* **1.** रहस्यवादी [philosopher दार्शनिक, poet कवि, thinker चिंतक]. **2.** गुह्य, रहस्यमय [ceremony उत्सव, formulas सूत्र/मंत्र, power शक्ति^F, rites संस्कार]. **mysticism** मिस्,टिसिज़्म *n*^u. रहस्यवाद : elements of ~ are found in Hindi poetry हिंदी कविता^F में रहस्यवाद के तत्व पाए जाते हैं.

myth. mythology.

myth मिथ *n*^c. **1.** पौराणिक कथा^F : the ~ about Krishna's birth कृष्ण के जन्म की ≈. **2.** मिथक : seaside house is just a ~ समुद्र के किनारे का मकान केवल एक ≈ ही है; it is a ~ that all snakes bite यह ≈ है कि सब साँप काट लेते हैं. [*ant.* history) **mythology** मिथॉ'लॅजि *n.* पुराणविद्या^F (Chinese चीनी, Greek यूनानी, Indian भारतीय]; I have studied Egyptian ~ मैंने मिस्री ≈ का अध्ययन किया है.

N, n

N. nitrogen.

nab नैब *v.t.* (-bb-) **1.** गिरफ़्तार करना, पकड़ना : the police ~bed the thief पुलिस ने चोर को पकड़ा; ~ the runaway भगोड़े को पकड़ो. **2.** पकड़ना, थामना : ~ this cup of tea चाय का प्याला पकड़ो.

nail नेल **I.** n^c. **1.** नख, नाखून [dirty गंदा, long लंबा, small छोटा]; ~ brush नखकूची, नेल ब्रश; ~ cutter नेलकटर, नखकर्तनी^{F}; ~ file नखरेती^{F}; ~ varnish नख वार्निश; to trim one's ~s अपने नाखून काटना; he bites his finger-nails वह अपनी उंगलियों के ≈ दाँतों से काटता रहता है. **2.** (of metal) कील^F, कीला : iron ~ लोहे की कील; do you have ~s and screws क्या आपके पास कीलें और पेच हैं ? Δ **to drive a ~ into somebody's coffin** किसी का या अपना अंत कर देना, मारना या मरना. **II.** *v.t.* **1.** कील^F ठोंकना या लगाना : ~ the signboard on the wall दीवार^F पर नामपट्ट कीलों से लगा दो. **2.** (fasten) जकड़ देना : ~ together two pieces दो टुकड़ों को एक साथ जकड़ दो. Δ **to hit the ~ on the head** पते की बात^F कहना : he always hits the ~ on the head when you talk with him जब तुम उससे बात करो वह हमेशा पते की बात कहता है; **~ a bargain** सौदा पटा लेना : he ~s a bargain easily वह आसानी^{F} से सौदा पटा लेता है; **on the ~** तुरंत, तत्काल : can you do this work on the ~ क्या तुम इस काम को ≈ कर सकते हो ? **~ smb down** पक्का वादा कराना : to ~ smb down to a precise agreement किसी से पक्का करार कराना.

naked ने'किड *a.* **1.** नंगा, नग्न : ~ child ≈ बच्चा; ~ sword नंगी तलवार; he was naked to the waist वह कमर^F तक नंगा था. **2.** (various meanings in contexts) ~ contract प्रतिफलहीन संविदा^{F}; ~ eye खुली आँख; ~ fact प्रकट/नग्न तथ्य; ~ hill वृक्षहीन पहाड़ी^{F}; ~ light खुली बत्ती; ~ room बिना फर्नीचर का कमरा; ~ tree पत्रहीन वृक्ष; ~ truth खुला सत्य. **nakedness** ने'किडनिस n^c. नंगापन, नग्नता^{F} : a child in its ~ बच्चे का ≈.

name नेम **I.** n^c. **1.** नाम [familiar परिचित, forgotten भूला-बिसरा, Latin लैटिन, real वास्तविक, strange विचित्र]; what is your ~ तुम्हारा क्या ≈ है ? what is the ~ of this building इस भवन का क्या ≈ है ? his Christian name is Tom उसका ईसाई नाम टाम है; nick ~ उपनाम, घर का नाम : his nick ~ is Neetu उसका ≈ नीतू है; I know him only by his ~ मैं उसे केवल उसके ≈ से जानता हूँ; call me by first ~ मुझे मेरे प्रथम ≈ से पुकारो; he did not tell me his right name उसने मुझे अपना सही नाम नहीं बताया; there lived a man Peter by ~ in the city शहर में पीटर ≈ का एक आदमी रहता था; he is known by the ~ of Roshan वह रोशन ≈ से जाना जाता है; give me some food in the ~ of God ईश्वर के नाम पर मुझे कुछ खाने को दें; Dhanpat Rai wrote under the name of Prem Chand धनपत राय प्रेमचंद ≈ से लिखते थे; write down your ~ in the copy कापी में अपना ≈ लिखो; what is your full ~? तुम्हारा पूरा ≈ क्या है ? Δ **he goes by the ~ of** Babloo उसका ≈ बब्लू है; वह बब्लू के नाम से जाना जाता है; **to call smb ~s** किसी को गाली^{F} देना, अपशब्द कहना; he is a minister **in ~ only** वह नाममात्र का मंत्री है; **~ sake** हमनाम, समनाम : we two friends are ~ sakes हम दोनों मित्र ≈ हैं. **2.** (fame) ख्याति^{F}, प्रसिद्धि^{F}, नाम : to make or win a ~ for oneself अपना नाम पैदा करना या कमाना; to ruin one's ~ in the dust अपना नाम धूल^F में मिलाना; he has a ~ for honesty ईमानदारी^{F} के विषय में उसकी प्रसिद्धि है; you are getting a bad ~ तुम्हारी बदनामी^F हो रही है. **II.** *v.t.* **1.** नाम रखना : he was ~d Hari उसका नाम हरी रखा गया; we ~d our baby Kavita after her grandmother हमने अपनी बच्ची का नाम उसकी दादी के नाम पर कविता रखा. **2.** नाम बताना/लेना : the newspaper ~d several villages समाचार-पत्र ने कई गाँवों के नाम बताए/लिए. **3.** (nominate) मनोनीत करना : he was ~d for the Assembly उसे असेम्बली^F के लिए मनोनीत किया गया; to ~ smb to an office किसी को किसी पद के लिए ≈. **4.** (fix) निश्चित करना, निर्धारित करना : ~ the price of your scooter अपने स्कूटर की कीमत^F निश्चित/निर्धारित करो. **namely** नेम्'लि *adv.* अर्थात् : I have two brothers, ~ Rahu and Shashu मेरे दो भाई हैं ≈ राहु और शाशु; Urdu is written in the opposite direction to Hindi, ~ from right to left उर्दू^F हिंदी^F की अपेक्षा उल्टे हाथ लिखी जाती है, अर्थात् दाहिने से बाएँ. **naming** ने'मिङ्ग *n.* नामकरण, नामोल्लेख : ~ ceremony of my child मेरे बच्चे का ≈ संस्कार.

nanny नै'नि *n*^u. **1.** मादा^F : ~ goat बकरी [*masc.* billy goat बकरा]. **2.** दाई^F : my child's ~ was absent yesterday कल मेरे बच्चे की ≈ अनुपस्थित थी.

nap नैप **I.** *n*^u. झपकी^F, ऊंघ^F : to have/take a ~ in the afternoon बाद दोपहर झपकी लेना. **II.** *v.t.* (*-pp-*) झपकना, झपकी^F लेना : a student was ~ping in the class yesterday एक विद्यार्थी कल कक्षा^F में ऊंघ रहा था. Δ **to catch smb ~ping** किसी को (ड्यूटी पर) ऊंघते पाया जाना.

napkin नैप्'किन *n*^c. **1.** नैपकिन, रूमाल [clean साफ़, cotton सूती, silken रेशमी, square वर्गाकार, white सफ़ेद]; ~ for wiping the face मुँह पोंछने का छोटा रूमाल; a ~ for each guest on the table मेज़ पर हर अतिथि के लिए एक ≈. **2.** ~ of the baby बच्चे का पोतड़ा.

narcissus नार्सिसस' *n*^c. (*pl.* -es, -ssi) नरगिस : fragrant ~ सुगंधित ≈; ~ has white flowers with yellow centre ≈ के फूल सफ़ेद होते हैं और केंद्रक पीले; ~ is a bulbous plant ≈ एक कंदवाला पौधा होता है.

narrate नै रेट', न रेट' *v.t.* वर्णन करना, बताना : ~ the story in detail विस्तृत रूप में कहानी^F सुनाना; he ~d his experience by words of mouth उसने मौखिक शब्दों में अपने अनुभव बताए. **narration** नैरे'शन *n.* वर्णन, वृत्तांत : traveller's ~ was interesting यात्री का ≈ दिलचस्प था; his style of ~ is very good उसकी वर्णन-शैली^F बहुत अच्छी है. **narrative** नै'रॅटिव़ **I.** *a.* **1.** वर्णनात्मक, विवरणात्मक [literature साहित्य, poem कविता^F]; he is a writer of great ~ talent वह अत्यंत ≈ प्रतिभा^F का लेखक है. **2.** (concerning storytelling) कथात्मक : he has a ~ art उसकी कथा कहने की कला^F है. **II.** *n*^c. **1.** (story) कथा^F, आख्यान [descriptive वर्णनात्मक, short छोटी]; the ~ was long but lively कथा लंबी परंतु जीवंत थी. **2.** (description) वर्णन : a ~ of last week's events पिछले सप्ताह की घटनाओं^F का ≈. **narrator** नै रे'टर *n*^c. वर्णनकर्ता, कथावाचक [eminent प्रसिद्ध, excellent उत्कृष्ट, expert कुशल].

narrow नै'रो **I. 1.** तंग, सँकरा [bridge पुल, corridor गलियारा, door दरवाज़ा, passage रास्ता, ribbon फीता, room कमरा]; ~ lane सँकरी गली^F; ~ valley तंग घाटी^F; the gate is too ~ for a car फाटक इतना सँकरा है कि कार नहीं निकल सकती; the river is ~ at this point इस बिंदु पर नदी^F सँकरी है. **2.** संकुचित [idea विचार, life जीवन, mind मन, thinking सोच^F]; a ~ range of desires इच्छाओं की ≈ सीमा^F; he has a ~ outlook उसका दृष्टिकोण ≈ है; it is the ~ meaning of his words यह उसके शब्दों का ≈ अर्थ है. **3.** ~ gauge छोटी लाइन^F. **4.** कम चौड़ा : a ~ piece of wood लकड़ी^F का कम चौड़ा टुकड़ा. **5.** ~ margin थोड़ा अंतर : he won by a ~ margin वह थोड़े अंतर से जीता. **6.** (in other contexts) the party was reduced to a ~ majority पार्टी^F अल्प बहुमत में रह गई. Δ **to have a ~ escape** बाल-बाल बचना : he has a ~ escape in the road accident सड़क-दुर्घटना^F में वह बाल-बाल बच गया. [*ant.* broad] **II.** *v.i.* तंग

या सँकरा हो जाना; घट जाना; संकुचित या सीमित करना : the road ~s at the bend सड़क^F मोड़ पर सँकरी हो जाती है. **narrowly** नै'रोलि *adv.* hardly मुश्किल से : he ~ escaped drowning वह बाल-बाल डूबने से बच गया. **narrowminded** नै'रॉमाइनडिड *a.* अनुदार, तंगदिल [boss बॉस/प्रधान, businessman व्यापारी, lady औरत]; he is too ~ to be successful वह इतना छोटे ख़्याल का है कि सफल नहीं हो सकता.

nasal ने'ज़ल *a.* **1.** नाक की, नासा-, नासीय [disease बीमारी^{F}, problem समस्या^{F}]. **2.** आनुनासिक, नासिक्य [consonants व्यंजन, letter अक्षर, sound ध्वनि^{F}, vowels स्वर]; she has a ~ voice उसका स्वर ≈ है; 'n' and 'm' are ~ sounds 'न' और 'म' ≈ ध्वनियाँ हैं.

nasty नास्'टि *a.* **1.** गंदा, घिनौना [book किताब^F, remark उल्लेख^F, talk बातचीत^F]; do not say such ~ words to her उसे इतने घिनौने शब्द मत कहो. **2.** (in other contexts) ~ bend ख़तरनाक मोड़; ~ crime गंभीर अपराध; ~ language अश्लील भाषा^{F}; ~ piece of work गंदा/कष्टकर काम; ~ sin घोर पाप; ~ weather आँधी-पानी वाला मौसम, ख़राब मौसम.

nation ने'शन *n*^{c}. राष्ट्र [big बड़ा, entire संपूर्ण, peace loving शांतिप्रिय]; the customs of a ~ किसी राष्ट्र के रीतिरिवाज; one loves one's ~ very much कोई भी अपने देश से बेहद प्यार करता है; President's address to the ~ राष्ट्रपति का राष्ट्र के नाम संदेश/अभिभाषण. **national** नै'शनल **I.** *a.* **1.** राष्ट्र- : ~ anthem राष्ट्रगान; ~ flag राष्ट्रध्वज; ~ language राष्ट्रभाषा^{F}; ~ poet राष्ट्रकवि. **2.** राष्ट्रीय [bank बैंक, consciousness चेतना, culture संस्कृति, customs रीतिरिवाज़, feeling भावना^{F}, holidays छुट्टियाँ, income आय^F, industry उद्योग, music संगीत, security सुरक्षा^{F}, tradition परंपरा^{F}]; a nation must have a ~ policy एक राष्ट्र की ≈ नीति^{F} होनी चाहिए. **II.** *n*^{c}. राष्ट्रिक, नागरिक [honest ईमानदार, patriot देशभक्त, true सच्चे]; a real ~ is always ready to protect his country एक सच्चा नागरिक अपने देश की रक्षा^{F} के लिए हमेशा तैयार रहता है. **nationalist** नै'शनॅलिस्ट *n.* + *a.* राष्ट्रवादी [government सरकार^F, leader नेता, party पार्टी^{F}]; he is a ~ Muslim वह ≈ मुसलमान है; there was a meeting of ~s राष्ट्रवादियों की एक सभा^{F} हुई. **nationality** नेशॅनै'लिटि **I.** *n*^{u}. राष्ट्रीयता^{F}, नागरिकता^{F} [German जर्मन, Indian भारतीय]; she lives in India but has Russian ~ वह भारत में रहती है लेकिन उसकी ≈ रूसी है. **II.** *n*^{c}. राष्ट्र : people of all nationalities सभी राष्ट्रों के लोग. **nationalize** नै'शनलाइज़ *v.t.* का राष्ट्रीयकरण करना : to ~ mines खानों^{F} ≈; many of the private banks were ~d in 1969 बहुत से प्राइवेट बैंकों का 1969 में राष्ट्रीयकरण कर दिया गया. **native** ने'टिव़ **I.** *a.* **1.** (indigenous) मूल, देशीय [language भाषा^{F}, right अधिकार, tribes जातियाँ]; ~ customs of the society समाज के देशीय रिवाज. **2.** जन्म (का) [country देश, land भूमि^{F}]; what's your ~ place, तुम्हारा जन्मस्थान क्या है? **3.** (innate) सहज, स्वाभाविक [ability योग्यता^{F}, intelligence बुद्धि^{F}]; it is his ~ instinct यह उसकी ≈ प्रवृत्ति^{F} है. **II.** *n*^{c}. मूलवासी, आदिवासी : backward ~s पिछड़े हुए ≈; Kangaroo is ~ to Australia कंगारू आस्ट्रेलियाई ≈ है; the ~s of a hilly region are generally fair पहाड़ी प्रदेश के ≈ साधारणत: सुंदर होते हैं.

natural नै'चॅरल *a.* **1.** स्वाभाविक, नैसर्गिक, सहज [death मृत्यु, growth विकास, habit आदत^F, intelligence बुद्धि^{F}]; it is ~ for a cat to catch mice एक बिल्ली^{F} का चूहे पकड़ना स्वाभाविक है; a ~ way of talking बातचीत^F करने की ≈ रीति^{F}. **2.** (as in nature) प्राकृतिक, कुदरती [law नियम, resources संसाधन, phenomena घटनाएँ^{F}]; these events are ~, you can do nothing ये घटनाएँ ≈ हैं तुम इसमें कुछ नहीं कर सकते; he suffers from ~ calamity वह दैवी-विपत्ति^{F} से पीड़ित है. [*ant.* un~] **3.** (primitive) आदिम : ~ nations ≈ जातियाँ^{F}; old traditions are preserved among the ~ tribes ≈ जातियों^{F} में पुरानी परंपराएँ^{F} सुरक्षित हैं. **4.** ~

history प्राणिविज्ञान. **naturally** नै'चॅरॅलि *adv.* **1.** स्वाभाविक ढंग से, सहज ही, स्वभावतः I think that he is ~ slow मैं सोचता हूँ कि वह स्वभावतः धीमा है; her hair is ~ curly उसके बाल ≈ घुँघराले हैं. **2.** निस्संदेह, अवश्य : did you win the prize? ~, yes क्या तुमने पुरस्कार जीता? निस्संदेह, हाँ; I should like to get home ~ मुझे अवश्य ही घर पहुँचना चाहिए. **nature** ने'चॅर *n*[u]. **1.** (inborn character) स्वभाव, प्रकृति[F] [calm शांत, kind दयालु, severe कठोर, unstable अस्थिर]; she has a gentle ~ उसका सरल स्वभाव है; it is a lion's ~ to be cruel निर्दय होना शेर का स्वभाव है; she is pleasant by ~ वह स्वभाव से हँसमुख है; animal ~ पशुमात्र की प्रवृत्ति[F]. **2.** (kind) प्रकार : things of that ~ do not interest me उस ≈ की चीज़ों[F] में मेरी रुचि[F] नहीं है. **3.** (essential character) मूल स्वरूप : it is in the ~ of things यह वस्तुओं का ≈ है.

naught नॉट (now old use) *n*[u]. कुछ नहीं, शून्य, सिफ़र : what you have done is all ~ जो कुछ तुमने किया है सब सिफ़र है; I care ~ for football मैं फुटबाल की कुछ भी परवाह नहीं करता. [*ant.* everything] Δ **it came to ~** निष्फल हो गया; **set at ~** परवाह[F] न करना, अवज्ञा[F] करना, अनादर करना : you must not set at ~ the orders of your elders तुम्हें बड़ों की आज्ञा[F] की अवज्ञा नहीं करनी चाहिए.

naughty नॉ'टि *a.* **1.** [naughtier, naughtiest] नटखट, शरारती [boy लड़का, children बच्चे]; always avoid the ~ boys शरारती लड़कों से हमेशा दूर रहो; your friend Ramu is a ~ fellow तुम्हारा मित्र रामू शरारती आदमी है. **2.** (obscene) अश्लील : ~ story ≈ कहानी.

nausea नॉ'सिआ *n.* **1.** मिचली[F], मचली[F], मतली[F] : he is overcome by ~ वह ≈ से ग्रस्त है. **2.** (disgust) घिन[F] : at the sight of a dead body I feel a kind of ~ किसी शव को देखने पर मुझे घिन-सी लगती है. **nauseating** नॉसिए'टिङ्ग *a.* जी मचलाने वाला, मतलाने वाला [food खाना, medicine दवा[F], sight दृश्य, smell बू[F], taste स्वाद]; he is feeling ~ वह ≈ महसूस कर रहा है; उसे ≈ आ रही है.

nautical नॉ'टिकल *a.* समुद्री [cable केबल, calendar कैलेण्डर]; ~ mile ≈ मील = 1852 metres; his total voyage was a hundred ~ miles उसकी कुल समुद्री यात्रा[F] सौ ≈ मील थी.

naval ने'वल *a.* नौसैनिक, नौसेना- [chief प्रमुख, officer अधिकारी, power शक्ति[F], uniform वर्दी[F]]; ~ attache नौसैनिक सहचारी; his father was a ~ employee उसके पिता ≈ कर्मचारी थे. [*as distinct from* navel]

navel ने'वल *n*[c]. नाभि[F] : ~ is in the centre of the belly ≈ पेट के केंद्र में होती है. [*as distinct from* naval]

navigable नै'विगॅबल *a.* **1.** नौगम्य, नाव्य [lake झील[F], river नदी[F], sea समुद्र]. **2.** (steerable) संचाल्य : the ship was no longer ~ जहाज़ अब ≈ नहीं रह गया था. **navigate** नै'विगेट *v.t.i.* **1.** समुद्री यात्रा[F] करना, नौयात्रा[F] करना : it is his hobby to ~ समुद्री यात्रा करना उसका शौक है; he was the first man to ~ the sea वह समुद्री नौयात्रा[F] करने वाला पहला आदमी था. **2.** जहाज़ या विमान चलाना : to ~ an aeroplane विमान चलाना; the ship is easy to ~ जहाज़ चलाना आसान है. **3.** रास्ता चलना : be careful about navigating when in a ship जब जहाज़ में हो तो रास्ता चलने में सावधानी बरतो. **navigation** नैविगे'शन *n.* (नौ) संचालन, विमान-चालन, जहाज़रानी[F] : ~ is difficult because of the rocks in the river नदी[F] में चट्टानों के कारण जहाज़ चलाना आसान नहीं है; the ~ has been stopped by ice बर्फ़[F] के कारण नौसंचालन बंद कर दिया गया; the Suez Canal is not open to ~ स्वेज़ नहर[F] नौसंचालन के लिए खुली नहीं है; aerial ~ विमान-चालन. **navy** ने'वि *n*[c]. नौ-सेना[F], जल-सेना[F] [Indian भारतीय, powerful सशक्त, strong मज़बूत]; a big ~ of 50 ships पचास जहाज़ों की बड़ी जल-सेना; to serve in the ~ नौ-सेना में नौकरी[F] करना; he was dispelled from the ~ for misconduct दुराचरण के कारण उसे ≈ से निकाल दिया गया. ~ **blue** *n.* + *a.* गहरा

नीला [coat कोट, colour रंग]; ~ uniform गहरी-नीली वर्दी^F; he wears a ~ shirt on the white pant वह सफ़ेद पैंट^F पर गहरी-नीली शर्ट^F पहनता है.

nay ने *n*^c. नकार, (denial) इनकार : direct ~ सीधा ≈; he wants to go, who can say to him ~ वह जाना चाहता है, उसे कौन इंकार कर सकता है; is it a fine day? ~, it is very hot क्या यह सुहावना दिन है ? नहीं, यह बहुत गर्म है; he will not take ~ वह इंकार नहीं चाहेगा; ~s may raise their hands नकार पक्ष वाले हाथ खड़े करें; the ~s have it नकारात्मक (विपक्ष के) वोट अधिक पड़े हैं. [*ant.* aye]

N.B. *nota bene*, note well.

neaptide नीप'टाइड *n*^c. लघु ज्वार : ~ is a low tide ≈ हलका होता है.

near निअर **I.** *a.* (nearer, nearest) **1.** निकट का, पास का, नजदीकी [market बाज़ार, relative रिश्तेदार, way रास्ता]; show the ~ path to the station स्टेशन के लिए नजदीकी रास्ता बताओ; in the ~ future निकट भविष्य में; this short cut is ~er यह छोटा रास्ता और निकट है; he is my nearest and dearest friend यह मेरा परमप्रिय घनिष्ठ मित्र है; he is a ~ relative of Raman वह रामन का निकट का संबंधी है. [*ant.* distant, far off] **2.** (various contexts) ~ guess लगभग अनुमान, nearest road सबसे छोटा रास्ता; ~ work बारीक काम; ~ resemblance हू-ब-हू शक्ल^F; ~ translation शब्दशः अनुवाद. **II.** *prep.* & *adv.* **1.** (के) पास : he stood ~ to the gate वह फाटक के पास खड़ा था; the holiday is very ~ छुट्टी^F बहुत निकट है; the stationery was ~ at hand लेखन-सामग्री^F बगल में ही पड़ी थी; the river is quite ~ (to my house) नदी मेरे घर के बहुत ही पास है; come ~ पास आओ; the sun is ~ setting सूर्य अस्त हो रहा है. **2.** (almost) प्रायः, लगभग : they are ~ fifty वे लगभग पचास हैं. **III.** *v.i.* निकट आना, पास पहुँचना, नज़दीक आना [fastly तेज़ी से, slowly धीरे-धीरे]; we are ~ing the station हम स्टेशन के नज़दीक पहुँच रहे हैं. ~ **about** आस-पास, लगभग : these houses are ~ about fifty ये घर पचास के आस-पास हैं; **far and** ~ सर्वत्र, सब जगह : I looked far and ~ मैंने उसे ≈ खोजा. **nearby** निअर्'बाइ *adv.* निकट, पास में : the railway station is quite ~ रेलवे-स्टेशन बहुत नज़दीक है; the policeman was standing ~ पुलिसमैन पास में ही खड़ा था. **nearly** निअर्'लि *adv.* **1.** लगभग, करीब-करीब : I ~ fell down मैं गिरते-गिरते बच गया; the milk is ~ finished दूध ≈ समाप्त हो गया है; it is ~ one o'clock now अब ≈ एक बजा है; the dress was ~ ready ड्रेस^F ≈ तैयार थी; she ~ forgot herself वह ≈ स्वयं को भूल गई; the aerodrome is ~ five kilometres from here हवाई अड्डा यहाँ से ≈ पाँच किमी. दूर है. **2.** निकट से : they are ~ related उनका निकट का संबंध है.

neat नीट *a.* **1.** साफ़-सुथरा, स्वच्छ [city शहर, house मकान, room कमरा, work काम, writing लेखन]; ~ clothes साफ़-सुथरे कपड़े; the school is ~ and clean विद्यालय साफ़-सुथरा है; keep your hands ~ अपने हाथ साफ़ रखो; I have not seen such a ~ station मैंने इतना ≈ स्टेशन नहीं देखा है. **2.** कुशल, दक्ष [artisan कामगीर, girl लड़की, trick युक्ति^F]; he is a ~ worker, he may do the work properly वह एक कुशल मज़दूर है, वह काम को अच्छे ढंग से कर लेगा; a ~ reply तुरत-फुरत जवाब. **3.** विशुद्ध [language भाषा^F, style शैली^F]. [*ant.* untidy] **neatly** नीट्'लि *adv.* सफ़ाई^F से, स्वच्छतापूर्वक : she writes ~ वह ≈ लिखती है. **neatness** नीट्'निस *n*^u. स्वच्छता^F, सफ़ाई^F : ~ of your clothes तुम्हारे कपड़ों की ≈; extra-work for ~ सफाई का फ़ालतू काम.

necessaries नें'सिसरिज़ *n. pl.* आवश्यक वस्तुएँ : food, clothing and shelter are ~ of life खाना, कपड़ा और मकान जीवन की आवश्यकताएँ हैं; socks and shoes are ~ for a journey मोज़े और जूते यात्रा^F के लिए ≈ हैं. **necessarily** नें'सिसॅरलि *adv.* अवश्यमेव, अनिवार्य रूप से, अनिवार्यतः a good looking food is not ~ tasty अच्छा दिखने वाला भोजन ≈ स्वाद नहीं होता; if you go up, you must ~ come down यदि तुम ऊपर जाओ तो तुम्हें ≈ नीचे आना होगा. **necessary** नें'सिसॅरि *a.* **1.** आवश्यक, ज़रूरी [advice सलाह^F, duty कर्तव्य, help सहायता^F, instructions निर्देश, means साधन, medicine दवा^F/औषधि, money धन, qualifications योग्यताएँ, procedure प्रक्रिया^F]; food, air and light are ~ for life जीवन के लिए भोजन, हवा और प्रकाश ≈ हैं; it is ~ for him to wait उसके लिए इंतज़ार करना ≈ है; peace is ~ for prosperity समृद्धता^F के लिए शांति^F ≈ है; we have everything ~ हमारे पास सभी ≈ चीजें हैं; it is ~ for you to go there तुम्हें वहाँ जाना ≈ है; sweets are nice but not ~ मिठाइयाँ^F अच्छी हैं किंतु ≈ नहीं. **2.** (inevitable) अनिवार्य, अवश्यंभावी : death is the ~ end of life मृत्यु जीवन का ≈ अंत है; when a man dies, his rebirth is ~ जब एक व्यक्ति मरता है उसका पुनर्जन्म ≈ होता है. ~ **evil** ≈ अनिष्ट. **necessity** निसें'सिटि *n*^u. **1.** आवश्यकता^F, ज़रूरत^F [physical शारीरिक, urgent अतिशीघ्र]; take medicine only in case of ~ ≈ पड़ने पर ही दवा^F लो; there is no ~ for you to stay there तुम्हें वहाँ रुकने की कोई ≈ नहीं है; in case of ~ I'll come ≈ पड़ने पर मैं आऊंगा; is there any ~ for rebolling क्या पुनर्मतदान की कोई ≈ है. Δ ~ **is the mother of invention** आवश्यकता^F आविष्कार की जननी^F है. **2.** आवश्यक वस्तु^F : a bicycle is a ~ साइकिल एक आवश्यक वस्तु^F है. **3.** गरीबी^F : by ~ he was forced to steal ≈ के कारण वह चोरी^F करने को मजबूर हो गया.

N.C.C. National Cadet Corps.

N.C.E.R.T. National Council of Educational Research & Training.

N.D.A. National Defence Academy.

N.E. North-East.

neck नेंक *n*^c. **1.** गर्दन^F, ग्रीवा^F, गला [bare नंगा, long लंबा, thin पतला]; the water was upto the ~ पानी गले तक था; a dog has collar round his ~ कुत्ते के गले में पट्टा है; I am upto my ~ in debt मैं कर्ज़ में डूबा हूँ. Δ **break the** ~ कठोर परिश्रम करना : do not break your ~, you may fall ill कठोर परिश्रम मत करो, बीमार हो सकते हो; **risk one's** ~ जान ख़तरे में डालना : I am ready to risk my ~ for you तुम्हारे लिए मैं अपनी जान जोखिम में डालने के लिए तैयार हूँ; **to save one's** ~ अपनी जान बचाना; ~ **and crop** सर्वथा, बिल्कुल, पूरी तरह : he is ~ and crop wrong in his statement वह अपने कथन में पूरी तरह गलत है; to bowl ~ **and crop** गेंद मारकर साफ़ आउट कर देना; throw him **out ~ and crop** उसे बोरिया-बिस्तर समेत बाहर निकाल दो; ~ **and** ~ बराबर-बराबर : they finished ~ and ~ in the race उन्होंने बराबरी^F पर दौड़^F खत्म की; **stiff** ~ अक्खड़पन, अक्खड़. **2.** (in other contexts) ~ of a bottle बोतल^F का गला; ~ of land डमरूमध्य; ~ of mountain घाटी^F; ~ of shirt कमीज़ का गला. **necklace** नें'क्'लिस *n*^c. नेकलस, हार, कंठी^F, necklet छोटा नेकलेस [golden सोने का, silver चाँदी^F का]; she wears a beautiful ~ when she goes out जब वह बाहर जाती है तो एक सुंदर हार पहनती है. **necktie** नें'क्'टाई *n.* टाई^F [black काली, cotton सूती, red लाल, silk रेशमी]; ~ is worn round the neck within the shirt collar ≈ कमीज^F के कालर के अंदर गले में पहनी जाती है.

nectar नें'क्'टर *n*^u. **1.** अमृत : the gods prepared ~ and took it देवता ≈ तैयार करते थे और पीते थे. **2.** मकरंद, पुष्परस : sweet ~ मीठा ≈; bees get ~ from flowers and make honey मधुमक्खियाँ फूलों से मकरंद प्राप्त करती हैं और शहद बनाती हैं. (fig.) **taste the ~ of success** सफलता^F के मकरंद का स्वाद लो.

need नीड *n*^c. **1.** आवश्यकता^F [great बड़ी, unavoidable अपरिहार्य]; he is in no ~ for you there वहाँ उसे तुम्हारी कोई ≈ नहीं है; there is a ~ for more hospitals in the city इस शहर में और अस्पतालों की ≈ है; I am in ~ of some help मुझे कुछ सहायता^F की ≈ है; a friend in ~ is a friend indeed आवश्यकता^F का मित्र सचमुच मित्र है, मित्र वह है जो आवश्यकता^F पड़ने पर काम आए; our ~s are few हमारी आवश्यकताएँ नगण्य हैं; great

~ for engineers अभियंताओं की भारी ≈. **2.** (difficulty) विपत्ति^F, कष्ट, गरीबी^F : severe ~ कठिन विपत्ति; he was deep in ~ वह गहरी विपत्ति में था. **II.** *v.t.* की आवश्यकता^F होना या पड़ना; का अभाव होना : do you ~ anything else क्या तुम्हें और किसी चीज़^F की आवश्यकता है; we ~ a room हमें एक कमरे की आवश्यकता है; it is exactly what I ~ed यह ठीक वही है जिसकी मुझे आवश्यकता थी; he ~ed a dictionary for he was weak in English उसे एक शब्दकोश की आवश्यकता थी क्योंकि वह अंग्रेज़ी^F में कमजोर था; you ~ not go there तुम्हें वहाँ ज़ाने की कोई आवश्यकता नहीं है; she ~s rest, she is tired उसे विश्राम की आवश्यकता है, वह थक गई है; I shall ~ the book tomorrow मुझे किताब^F की आवश्यकता कल होगी; he does not ~ to be told twice उसे दुबारा जताने की कोई आवश्यकता नहीं है; children ~ good care बच्चों को अधिक देखभाल^F की आवश्यकता होती है. [*as distinct from* knead] **needful** नीड्'फुल *a.* आवश्यक, ज़रूरी [quality गुणवत्ता^F, tools उपकरण]; do what is ~ जो आवश्यक है करो; you must remember the ~ things तुम्हें ≈ बातें^F याद रखनी चाहिए.

needle नी'डल **I.** *n.* सूई^F [sewing सीने की, sharp तेज़/नुकीली, thin पतली]; sew with a ~ सूई से सिओ; to thread a ~ ≈ में धागा डालना; she needed a ~ to stitch her torn blouse उसे अपने फटे ब्लाउज़ को तुरपने के लिए ≈ की आवश्यकता थी; knitting ~ बुनाई^F की सलाई^F; ~ of a compass कंपास की ≈; ~ of a syringe पिचकारी की ≈. **II.** *v.t.* सीना, सिलाई करना : to ~ the shirt कमीज़^F सीना.

needless नीड्'लिस *a.* अनावश्यक, व्यर्थ का [tour भ्रमण, trouble कष्ट, work काम, worry चिंता^F]; his sorrow was ~ वह अनावश्यक दु:खी था; ~ to say कहने की आवश्यकता^F नहीं है. **needy** नी'डि *a.* (needier, neediest) दरिद्र, निर्धन [family परिवार, person व्यक्ति, servant नौकर]; help the ~ and the poor निर्धन और ग़रीबों की सहायता^F करो.

nefarious निफ़ेअ'रिअस *a.* घृणित, जघन्य [circumstances परिस्थितियाँ^F, criminal अपराधी, intentions इरादे, plan योजना^F, purpose उद्देश्य]; I dislike his ~ ways मैं उसके ≈ रंग-ढंग को पसंद नहीं करता.

negation निगे'शन *n*^u. **1.** खंडन, प्रतिवाद : indirect ~ अपरोक्ष ≈; ~ of statement कथन का खंडन; ~ of the effect of cold ठंड^F के प्रभाव का प्रतिवाद. **2.** अभाव : ~ of justice न्याय का ≈. **negative** नें'गॅटिव़ **I.** *a.* **1.** नकारात्मक, निषेधात्मक [effect प्रभाव, opinion मत, reply उत्तर, statement कथन]; change it into a ~ sentence इसे ≈ वाक्य में बदलो. no, nothing, never, neither.......nor are ~ expressions न, नहीं, मत, कभी नहीं आदि ≈ उक्तियाँ^F हैं. **2.** विरोधी [evidence साक्ष्य, vote मत]. **3.** (in other contexts) खंडनात्मक : ~ criticism आलोचना^F; ~ result शून्य परिणाम; ~ quantity ऋणात्मक राशि^F. **II.** *n.* **1.** नकार : to answer in the ~ ≈ में उत्तर देना; he replied in the ~ उसने ≈ में उत्तर दिया; unhappy is the ~ of happy अप्रसन्नता^F प्रसन्नता^F का ≈ है. **2.** (photogr.) निगेटिव़, प्रतिचित्र : ~ taken from the camera कैमरा से लिया गया चित्र. [*ant.* positive]. **III.** *v.t.* **1.** रद्द कर देना : to ~ a proposal किसी सुझाव को ≈. **2.** (refute) खंडन करना : to ~ smb's statement किसी के कथन का ≈.

neglect निगलें'क्ट' **I.** *n*^u. उपेक्षा^F : a person living in ~ ≈ में जीने वाला आदमी; it is ~ of duty यह कर्तव्य की ≈ है; ~ of one's children अपने बच्चों की ≈. **II.** *v.t.* **1.** की उपेक्षा^F करना, का ध्यान न रखना : carelessly ~ लापरवाही^F से उपेक्षा करना; the poet was ~ed in the meeting मीटिंग^F में कवि की ≈ की गई; the government is ~ing education सरकार^F शिक्षा^F पर ध्यान नहीं दे रही है; to ~ one's children बच्चों ≈. **2.** परवाह^F न करना : he ~ed to return my watch उसने मेरी घड़ी^F वापस करने की परवाह नहीं की; to ~ an opportunity अवसर की ≈, अवसर खो देना. **neglectful** नेगलें'क्ट'फुल *n.* लापरवाह : extremely ~ अत्यधिक ≈; to be ~ of his old parents अपने बूढ़े माता-पिता के प्रति लापरवाह होना; he is ~ of his duties वह अपने कर्तव्य के प्रति ≈ है. **negligence** नेंग्'लिजन्स *n*^c. लापरवाही^F, असावधानी^F [grave गंभीर, great बड़ी]; to be guilty of criminal ~ आपराधिक असावधानी का दोषी होना; ~ of one's dress ड्रेस^F के प्रति ≈. **negligent** नेंग्'लिजन्ट *a.* असावधान, लापरवाह : he is ~ in the work allotted to him वह अपने सौंपे गए काम के प्रति ≈ है; to be ~ about one's homework अपने गृहकार्य के प्रति ≈ होना; ~ of duty कर्तव्य के प्रति ≈. **negligible** नेंग्'लिजॅबल *a.* नगण्य, तुच्छ, उपेक्षणीय [damage क्षति^F, loss हानि^F, mistake गलती^F, money धन]; it is not a matter of worry, it is so ~ चिंता^F की कोई बात नहीं है, यह इतना नगण्य मामला है.

negotiate निगो'शिएट *v.t.i.* **1.** (confer) बातचीत^F करना : ~ amicably मित्रतापूर्वक ≈; the ruling party should ~ with the opposition सत्ताधारी दल को विपक्ष से बातचीत करनी चाहिए; to ~ a treaty संधि^F की बातचीत^F चलाना. **2.** (settle) तय करना : to ~ a bargain सौदा तय करना; to ~ an affair मामला ≈; the trade union is negotiating with the employers ट्रेड यूनियन नियोजकों से बात तय कर रही है. **3.** पार/तय करना : to ~ a dangerous part of a forest जंगल का एक ख़तरनाक भाग ≈. **negotiations** निगोशिए'शन्ज़ *n.* (*pl.*) (समझौते की) बातचीत^F, (संधि-) वार्ता^F [long लंबी, necessary आवश्यक, successful सफल]; after ~ the order was executed बातचीत^F के बाद आदेश का क्रियान्वयन किया गया; to enter into ~ with somebody किसी से वार्ता^F शुरू करना; after long ~ a peace treaty was signed एक लंबी ≈ के बाद शांति-संधि^F पर हस्ताक्षर किए गए.

negro नीग्'रो **I.** *n*^c. (*pl.* ~es, *fem.* negress) हब्शी [backward पिछड़े हुए, ugly गंदे]; ~ is a black person ≈ काला आदमी होता है; ~es of Africa अफ्रीका के ≈. **II.** *a.* **1.** हब्शी जाति की : ~ civilization ≈ सभ्यता. **2.** काला : ~ cat काली बिल्ली; ~ monkey ≈ बंदर, लंगूर.

neigh ने **I.** *v.i.* हिनहिनाना : a horse ~s घोड़ा हिनहिनाता है. **II.** *n*^c. हिनहिनाहट^F : he heard the ~ of a horse and got up उसने घोड़े की ≈ सुनी और उठ बैठा. [*as distinct from* nay]

neighbour ने'बर *n*^c. पड़ोसी [accommodating नम्रस्वभाव, kind दयालु, quarrelsome झगड़ालू]; their nearest ~ lived next door उनका सबसे नजदीकी ≈ बगल में रहता था; my ~ is a teacher मेरा ≈ एक अध्यापक है; he often visits his ~ वह अपने ≈ से प्रायः मिलता है; we should be friendly with our ~s हमें अपने पड़ोसियों से मित्रवत् व्यवहार करना चाहिए. **neighbourhood** ने'बर्हुड *n*^u. पड़ोस [friendly मित्रवत्, noisy शोरभरा, quiet शांत]; in the ~ of our school there is a big garden हमारे विद्यालय के समीप एक बड़ा बगीचा है; he was well known in all the ~ वह सारे पड़ोस में प्रसिद्ध था. Δ **something in the ~ of** Rs. 5,000 लगभग पाँच हजार रुपए. **neighbouring** ने'बॅरिङ्ग *a.* पास का, निकटवर्ती, समीपवर्ती [country देश, field मैदान, house मकान, room कमरा, town कस्बा]; the people of the ~ streets came to our meeting पास की गलियों^F के लोग हमारी मीटिंग^F में आए. **neighbourly** ने'बर्'लि *adv.* मिलनसार, मित्रवत् [behaviour बर्ताव, duty कर्तव्य]; live ~ with others दूसरों के साथ मित्रवत् रहो.

neither नाइ'दर **I.** *conj.* दोनों में से कोई नहीं, भी नहीं : ~ nor.... न तो .... (और) न..... ; he has ~ mother nor father उसके न तो माँ है, न बाप; he will ~ promise nor refuse वह न तो वादा करेगा और न इंकार करेगा; ~ you nor I know where to go न तो तुम और न मैं जानता हूँ कि कहाँ जाना है; ~ good nor bad न अच्छा न बुरा. **II.** *adv.* भी नहीं, न ही : she cannot swim, ~ can her brother वह नहीं तैर सकती और उसका भाई भी नहीं (न ही उसका भाई); they will not go there, ~ shall I वे वहाँ नहीं जाएँगे, मैं भी नहीं (न ही मैं); ~ of the girls know it लड़कियों में इसे कोई भी नहीं जानती; ~ of them could swim उनमें से कोई भी तैर नहीं सकता था/सकती थी.

nephew नें'व़्यू n^c. (*fem.* niece) भांजा, भतीजा : (sister's son भांजा; brother's son भतीजा); he is a ~ of Mr. Smith वह मि. स्मिथ का ≈ है.

nepotism नें'पॅटिज़्म n^u. भाई-भतीजावाद : ~ in appointments नियुक्तियों^{F} में ≈; ~ is a social curse ≈ एक सामाजिक अभिशाप है.

nerve नॅर्व़ **I.** n^c. **1.** तंत्रिका^{F} [strong मज़बूत, weak कमज़ोर]; he has ~s of iron उसकी लौह तंत्रिकाएँ हैं. Δ **to get on smb's ~s** किसी को घबरा देना; **to lose one's ~** डर या घबरा जाना : on seeing the lion he lost his ~s शेर को देखकर वह डर गया; **to strain every ~** एड़ी-चोटी^{F} का ज़ोर लगाना : he strained every ~ to secure success सफलता^{F} प्राप्त करने के लिए उसने कड़ा परिश्रम किया. **2.** (boldness) दिलेरी^{F} : a man of ~ दिलेर आदमी; she had the ~ to face the dacoit उसमें डाकू का सामना करने की ≈ थी. **3. nerves** घबराहट^F : he is suffering from ~s वह ≈ से पीड़ित है. **II.** *v.t.* साहस प्रदान करना : to ~ oneself साहस बटोरना. **nervous** नर्'व़स *a.* **1.** (neural) स्नायविक, तंत्रिकीय, स्नायुसंबंधी [disease बीमारी^{F}, system तंत्र]; he died because his ~ system got damaged वह इसलिए मरा कि उसका तंत्रिकातंत्र खराब हो गया था. ~ **breakdown** मानसिक क्षति^{F}. **2.** (agitated) विकल, घबराया हुआ [employee कर्मचारी, child बच्चा, woman स्त्री]; she was very ~ वह बहुत ही विकल थी; I was not at all ~ मैं बिल्कुल नहीं घबराया था; don't be ~ घबराइए मत. **3.** (apprehensive) आशंकित, सशंक : ~ person ≈ व्यक्ति; at first he was so ~ that he could not speak पहले वह इतना आशंकित था कि बोल नहीं सकता था. [*ant.* bold] **nervy** नर्'व़ि *a.* सशक्त, बलवान् : ≈ youngman ≈ नवयुवक; you cannot knock down a ~ fellow तुम ≈ आदमी को पटक नहीं सकते.

-ness *suff.* makes nouns, blindness, calmness, dampness, forgiveness, greatness, illness, kindness, madness, rudeness, sadness, uselessness.

nest नेंस्ट **I.** n^c. **1.** घोंसला, नीड़ [empty खाली, hollow खोखला, straw घासफूस का]. **2.** (person's) बसेरा, अड्डा : to return to one's ~ अपने ≈ को लौटना. **3.** wasps' ~ बर्रों का छत्ता. Δ **to feather one's ~** अपना काम निकालना; he succeeded in feathering his ~ वह अपना काम निकालने में सफल रहा.

nestle नें'सल *v.t.i.* **1.** सुख से बस जाना या बसाना, पड़ा रहना : villagers are nestling in the valley ग्रामीण लोग घाटी^{F} में बसे हैं. **2.** दुबककर बैठना : he ~d down in his easy chair वह अपनी आरामकुर्सी^{F} पर दुबक कर बैठ गया. **3.** सुख से रहना : hilly people ~ in their huts पहाड़ी लोग अपनी झोपड़ी^{F} में सुख से रहते हैं. **4.** सुख से सोना : to ~ into one's bed अपने बिस्तर में ≈; the baby ~s against its mother बच्चा माँ से चिपककर सोता है.

net नेंट **I.** n^c. **1.** जाल [fishing मछली पकड़ने का, thin पतला, wide लंबा-चौड़ा]; catch the fish with a ~ ≈ से मछलियाँ^{F} पकड़ो; a ~ was spread over a pit to catch a lion शेर को पकड़ने के लिए एक गड्ढे पर ≈ फैला दिया गया; a ~ divides the tennis court into two sides जाल टेनिस के मैदान को दो पक्षों में बाँटता है. **2.** जाली^{F} : hair ~ बालों की ≈; mosquito ~ मच्छरदानी^{F}, मसहरी^{F}; he has two mosquito ~s in his house उसके घर में दो मच्छरदानियाँ हैं; ~ **work** जाल : a ~ of roads सड़कों^{F} का ≈. **II.** *v.t.* **1.** जाल में फँसाना : to ~ fish, butterflies जाल या जाली^{F} में मछलियाँ, तितलियाँ^{F} फँसाना. **2.** जाल से ढक देना : to ~ a tree to protect fruit फलों को बचाने के लिए पेड़ को ≈. **III.** *a.* **1.** (net) शुद्ध, वास्तविक, निबल [amount राशि^{F}, income आय^F, price मूल्य, profit लाभ, weight वज़न]. **2.** कुल : ~ result ≈ परिणाम. **netting** नें'टिङ्ग n^u. जाल, जाली^{F} : we use wire ~ to keep hens therein हम तार की जाली^{F} का प्रयोग मुर्गियों^{F} को उसमें रखने के लिए करते हैं.

neuter न्यू'टर *a.* **1.** (gender) नपुंसक [gender लिङ्ग, noun संज्ञा^{F}, pronoun सर्वनाम]; stone, pen, hand are ~ पत्थर, कलम, हाथ ≈ लिंग है. **2.** निष्पक्ष : to stand ~ ≈ रहना.

neutral न्यूट्'रल *a.* तटस्थ, निष्पक्ष [chairman चेअरमैन/अध्यक्ष, umpire निर्णायक]; they needed a ~ person to settle their dispute उन्हें अपना झगड़ा तय करने के लिए एक ≈ व्यक्ति की आवश्यकता[F] थी. [*ant.* partial]. **neutralize** न्यूट्'रॅलाइज़ *v.t.* **1.** तटस्थ घोषित करना : to ~ a disputed area किसी विवादग्रस्त क्षेत्र को ≈; the king ~d his state in the war between two nations दो राष्ट्रों के युद्ध में राजा ने अपने राज्य को तटस्थ घोषित किया. **2.** (counterbalance) व्यर्थ या निष्प्रभाव कर देना : high taxes ~d increased wages उच्च करों ने बढ़ाई गई मज़दूरी[F] को निष्प्रभावित कर दिया; long delay ~d all our efforts लंबे विलंब से हमारे सारे प्रयास व्यर्थ हो गए; to ~ the effects of poison विष को निष्प्रभाव कर देना.

never नें'व़र *adv.* कभी नहीं, कदापि नहीं : I ~ met him again मैं उससे फिर कभी नहीं मिला; I have ~ been to Chennai मैं कभी चेन्नई नहीं गया; I shall ~ forget it मैं इसे कभी न भूलूँगा; ~ go there वहाँ कभी न जाना; I have ~ seen it in my life मैंने इसे अपने जीवनकाल में कभी नहीं देखा; I will ~ tell you मैं तुम्हें कदापि न बताऊंगा; I shall ~ agree मैं कदापि सहमत नहीं हूँगा; I ~ thought that he would do that मैंने कभी नहीं सोचा था कि वह ऐसा करेगा; ~ mind चिंता[F] मत करो, परवाह[F] न करो; this will ~ do इससे काम न चलेगा. **nevertheless** नेंव़र्दलिस' *adv.* तो भी, फिर भी : he fell ill, ~ he went to play cricket वह बीमार हो गया ≈ क्रिकेट खेलने चला गया; although he is lazy, I like him ~ यद्यपि वह आलसी है ≈ मुझे वह पसंद है; I cannot agree with you, ~ I shall do as you like मैं तुमसे सहमत नहीं हो सकता किंतु ≈ मैं वैसा ही करूँगा जैसा तुम चाहते हो.

new न्यू **I.** *a.* **1.** नया [book किताब[F], chapter अध्याय, city शहर, friend मित्र, job काम, play खेल, school स्कूल, station स्टेशन, subject विषय, teacher अध्यापक]; there are many ~ words on this page इस पृष्ठ में बहुत-से नए शब्द हैं; is there anything ~ क्या कुछ नया है ? your watch looks like ~ तुम्हारी घड़ी[F] नई-सी लगती है. **2.** (fresh) ताज़ा [potatoes आलू, vegetable सब्ज़ी[F]]; new fruits are useful for health ताज़ा फल स्वास्थ्य के लिए उपयोगी होते हैं. **3.** नया, अपरिचित, अजनबी [man व्यक्ति, place स्थान]; he was completely ~ to that school वह विद्यालय में पूरी तरह (नया-नया) अपरिचित था; I am quite ~ to this kind of job मैं इस प्रकार के काम से/में ≈ (नया-नया) हूँ; it is not a ~ idea यह कोई ≈ विचार नहीं है. **4.** (inexperienced) कच्चा, अनाड़ी [mechanic मिकैनिक, player खिलाड़ी, worker कामगार]; ~ moon अमावस; ~ comer नवागत. [*ant.* new] **II.** *adv.* नव, नया : ~ born (baby) नवजात (शिशु) ; ~ laid eggs ताज़ा दिए गए अंडे. **newly** न्यू'लि *adv.* नया-नया, हाल में : it is a ~ painted picture यह हाल ही का बनाया गया चित्र है; this house is ~ built यह मकान ≈ बनाया गया है; they are ~ weded उनकी हाल ही में शादी[F] हुई है; ~ weds नवविवाहित दंपती.

news न्यूज़ *n. sing.* समाचार, ख़बर [good अच्छा, important महत्वपूर्ण, unbearable असहनीय, unexpected अप्रत्याशित]; ~ agency (P.T.I.) समाचार एजेंसी[F]; ~ agent समाचार-पत्र एजेंट; ~ boy अख़बार वाला; ~ media (such as newspapers, radio, television) समाचार माध्यम (जैसे कि समाचार-पत्र, रेडियो, टेलीविजन); ~ monger गप्पी, गपोड़िया; ~paper समाचार-पत्र, अख़बार [daily दैनिक, evening शाम[F] का, foreign वैदेशिक, morning सुबह[F] का, old पुराना, today's आज का]; buy a ~ समाचार-पत्र खरीदो; learn something from the ~ समाचार-पत्र से कुछ सीखो; write for the ~ समाचार-पत्र के लिए लिखो; ~ print अख़बारी कागज़; ~ reader समाचार-वाचक; ~ reel समाचार फ़िल्म, समाचार दर्शन; ~ vender समाचार-पत्र विक्रेता; have you heard the ~ क्या आपने समाचार सुना है; I have had no ~s from him for long लंबे समय से उसकी हमारे पास कोई ख़बर नहीं आई है; I have happy ~ for you तुम्हारे लिए मेरे पास एक सुखद समाचार है; what is the latest ~ बिल्कुल ताज़ा समाचार क्या है ? it is a good ~ यह अच्छी ख़बर है; ~ of the week सप्ताह के मुख्य समाचार; I met a ~ correspondent in the office मैं कार्यालय में एक संवाददाता से मिला; the ~ is not true ≈ सही नहीं है.

next नेक्स्ट **I.** *a.* **1.** अगला [day दिन, month महीना, question प्रश्न, room कमरा]; ~ street अगली गली[F]; ~ morning अगली सुबह[F]; ~ January अगली जनवरी[F]; ~ Monday अगले सोमवार; ~ door बगल का : ~-door neighbour बगल का पड़ोसी; when is the ~ examination अगली परीक्षा[F] कब है? I was 88 in 1997, the ~ year in 1998, I was 89. 1997 में मैं 88 वर्ष का था अगले वर्ष 1998 में 89 का. **2.** (nearest) निकटतम, समीपस्थ [house मकान, school विद्यालय, way रास्ता]; Mr. Smith is the ~ neighbour to me मि. स्मिथ मेरे ≈ पड़ोसी हैं; it is ~ to impossible यह लगभग असंभव है; ~ to nothing नहीं के बराबर. **II.** *prep.* he placed his chair ~ to her's उसने अपनी कुर्सी उसकी कुर्सी के बगल में रख दी; I sat ~ to him मैं उसके निकट बैठा. **III.** *adv.* तदनंतर; (ठीक) उसके बाद, उसके उपरांत : where will you go ~? तदनंतर तुम कहाँ जाओगे; your turn comes ~ इसके बाद तुम्हारी बारी[F] है; Tom was the ~ to come after him उसके अनंतर आने वाला टाम था; what happened ~ तदनंतर क्या हुआ? what must we do ~ तदनंतर हमें क्या करना चाहिए? what have you to do ~ इसके बाद तुम्हें क्या करना है? the ~ best अत्युत्तम से थोड़ा कम.

N.G.O. Non-Gazetted Officer.

nib निब *n.* निब[F] : the ~ does not fit ≈ ठीक नहीं आती; he broke the ~ of his pen उसने अपनी कलम[F] की ≈ तोड़ दी; there is no flow from the ~ ≈ में प्रवाह नहीं है.

nibble नि'बल *v.t.i.* **1.** कुतरना, कुतर-कुतर कर खाना : you are only nibbling your food तुम केवल अपना खाना कुतर-कुतर कर खा रहे हो; ~ a piece of cake केक कुतर-कुतर कर खाओ; mice ~d away cheese चूहे कुतर-कुतर कर पनीर खा गए. **2.** कुतर-कुतर कर बना लेना : the mice ~d a hole in our wooden box चूहों ने हमारे लकड़ी[F] के संदूक में कुतर-कुतर कर छेद बना लिया. Δ **to ~ at a bargain** सौदा पटाने में झिझकना.

nice नाइस *a.* **1.** मनोहर, रमणीय [appearance चेहरा, apple सेब, company साथ, garden बगीचा, music संगीत, trip यात्रा[F]]; there were a lot of ~ things there वहाँ बहुत-सी ≈ वस्तुएँ[F] थीं. ~ **looking** सुंदर : ~ looking clothes सुंदर वस्त्र. **2.** (kind) कृपालु : to be ~ to someone किसी पर कृपादृष्टि[F] रखना; it is ~ of you आपकी कृपा[F] है. **3.** (pleasant) सुहावना : ~ weather ≈ मौसम; how ~ to see you तुमसे मिलना कितना ≈ लगता है. **4.** (dainty) स्वादिष्ट [cake केक, food भोजन, sweets मिठाई[F], taste स्वाद]; it was very ~ to the taste यह बहुत स्वादिष्ट था. **5.** (well- behaved) भद्र, शालीन [boy लड़का, people लोग, woman औरत]; she looked very ~ in her new dress वह अपने नए पहनावे में बहुत ≈ लगती थी. **6.** (subtle) सूक्ष्म, बारीक [meaning अर्थ, thing वस्तु[F]]; a ~ point of law कानून का सूक्ष्म बिंदु. ~ **ear** सूक्ष्मग्राही कान; ~ **eye** सूक्ष्मग्राही नेत्र. **7.** (right) सही : ~ answer ≈ उत्तर. **nicety** नाइ'सिटि *n*[c]. (niceties) **1.** बारीकी[F], सूक्ष्मता[F] : I could not consider all the niceties of the situation मैं स्थिति[F] की सभी बारीकियों को नहीं सोच सका. **2.** यथार्थता[F] : niceties of behaviour व्यवहार की ≈. Δ **to a ~** ठीक-ठाक : meat cooked to a ~ ≈ पकाया हुआ मांस.

nick निक **I.** *n*[c]. **1.** (cut) खाँचा, कटे का निशान : ~ on the cup प्याले में ≈. **2.** कारागार, कैदखाना : three years in the ~ ≈ में तीन वर्ष. **II.** *n*[u]. condition दशा[F], हालात[F] : the doctor assured me that the patient is in good ~ डाक्टर ने मुझे विश्वास दिलाया कि मरीज़ अच्छी ≈ में है. Δ **in the ~ of time** ऐन वक्त पर : he reached the examination hall in the ~ of time वह परीक्षा[F] हाल में ऐन वक्त पर पहुँचा.

nickel नि'कल *n.* निकल : ~ utensils ≈ के बर्तन; ~ is a hard, white metal ≈ एक कड़ी सफेद धातु है.

niece नीस *n.* (brother's daughter) भतीजी, (sister's daughter) भांजी [charming आकर्षक, intelligent समझदार]; his ~ is very beautiful उसकी ≈ बहुत सुंदर है; I like my ~ very much मुझे अपनी ≈ अच्छी लगती है. [*masc.* nephew]

niggard नि'गर्ड n^c. कंजूस, कृपण : a ~ is never willing to spend money ≈ कभी पैसा खर्च करने को राज़ी नहीं होता; I met a ~ in the market बाज़ार में मैं एक ≈ से मिला. **niggardly** नि'गर्डलि **I.** *adv.* कंजूसी^{F} से, कंजूस की तरह : he spends ~ वह ≈ खर्च करता है. **II.** *a.* **1.** कंजूस [friend मित्र, manager प्रबंधक, master मालिक]; my neighbour engineer is a ~ fellow मेरा पड़ोसी इंजीनियर एक ≈ व्यक्ति है. **2.** अनुदार, थोड़ी कीमत^F का : ~ award ≈ पुरस्कार.

night नाइट n^c. रात्रि^{F}, रात^F [bright रोशन, cold ठंडी, dark अंधेरी, hot गर्म, long लंबी, quiet शांत, stormy तूफ़ानी]; to have a bad ~ रातभर अच्छी नींद^F न आना; to have a good ~ रात को अच्छी नींद^F आना; ~ bird उल्लू; ~ blindness रतौंधी^{F}; ~ fall संध्या^{F}, शाम^F; ~mare भयानक स्वप्न; ~ school रात्रि-स्कूल; ~shade बेलाडोना (पौधा) ; ~ shelter रैन बसेरा; ~ shift रात्रिपारी^{F}; ~ watch रात का पहरा, (man) चौकीदार; in the middle of the ~ मध्यरात्रि में; he came late at ~ वह देर रात^F आया; I woke up thrice in the ~ मैं ≈ में तीन बार जागा; he works ~ and day वह रात-दिन काम करता है; I did not sleep all ~ मैं सारी ≈ नहीं सोया; it rained during the ~ ≈ में बारिश^F हुई; he drives a taxi by ~ वह रात को टैक्सी^{F} चलाता है; he wears ~ clothes वह रात के कपड़े पहनता है; he works from morning till ~ वह सुबह से शाम तक काम करता है; on Sunday ~ इतवार की रात को [*ant.* day]

nightingle नाइ'टिङ्गेल n^c. बुलबुल : ~ is known for its beautiful song ≈ सुंदर गीत के लिए जानी जाती है; the male ~ sings at night नर बुलबुल रात^F में गाता है; ~s are seen generally in spring सामान्यतः ≈ बसंत में दिखाई देते हैं.

nightly नाइट्'लि *a.* रात का : ~ news ≈ समाचार; he meets me at ~ visits वह रात्रि^{F} के दौरे पर मुझसे मिलता है; she hears the ~ songs on radio वह रेडियो पर रात्रिकालीन गीत सुनती है.

nil निल *n.* कुछ नहीं, शून्य : it costs ~ इसकी कीमत^F कुछ नहीं है; the result was ~ परिणाम कुछ न निकला; victory by 4 points to ~ शून्य के मुकाबले 4 अंकों (0-4) से विजय^F.

nimble निम्'बल *a.* **1.** फुर्तीला, तेज़ : ~ player ≈ खिलाड़ी; ~ fingers फुर्तीली उंगलियाँ^{F}; squirrel is ~ as it jumps from branch to branch गिलहरी^{F} फुर्तीली होती है क्योंकि वह एक शाखा^{F} से दूसरी शाखा पर उछलती फिरती है. **2.** कुशाग्रबुद्धि, तेज़ [brain मस्तिष्क, student छात्र]; no student in the class was ~ कक्षा^{F} में कोई भी लड़का ≈ नहीं था; ~ imagination तेज़ कल्पना^{F}.

nine नाइन *a.* & *n.* नौ : ~ days' wonder चार दिन की चाँदनी^{F}; ~ out of ten are born fools दस में से नौ जन्मजात मूर्ख होते हैं. **nineteen** नाइन्'टीन *n.* & *a.* उन्नीस : ~ is a whole number ≈ पूर्ण संख्या है. **nineteenth** *a.* उन्नीसवाँ : on the ~ day उन्नीसवें दिन. **ninety** नाइन्'टि *n.* & *a.* नब्बे : there are ~ boys in our class this year इस साल हमारी कक्षा^{F} में नब्बे लड़के हैं; the nineties सन् 90 से 99 तक. **ninth** नाइंथ *a.* नौवाँ : ~ part ≈ भाग; ~ class नौवीं कक्षा^{F}; on the ~ day नौवें दिन; Mr. Shukla is the class teacher of the ~ class श्री शुक्ल नौवीं कक्षा^{F} के कक्षाध्यापक हैं.

nip निप **I.** *v.t.* (*-pp-*) **1.** दबाकर पकड़ना : our dog ~ped his leg हमारे कुत्ते ने उसकी टाँग^F दबाकर पकड़ ली. **2.** अवरुद्ध करना, बढ़ने न देना : the flowers were ~ped by frost पाले के मारे फूल अवरुद्ध हो गए; the boy ~ped his studies in the bud लड़के ने अपने अध्ययन को शुरुआत में ही खत्म कर दिया. **3.** (pluck) तोड़ना, काटना : to ~ flowers before they bloom बिना खिले ही फूलों को तोड़ लेना. **4.** (pinch) चुटकी^{F} काटना, चिहुँटना, काटना : the postman was ~ped on the leg by a dog डाकिये को टाँग में एक कुत्ते ने

काट लिया. **II.** n^{c}. (of cold) गलन^{F} : there is a ~ in the air हवा^{F} में ≈ है.

nipple नि'पल *n.* चूची^{F}, ढिपनी^{F} : the baby sucks the ~ of its mother बच्ची माँ की ≈ चूसती है; ~ at the end of the bottle to feed milk to the baby बच्चे को दूध पिलाने के लिए बोतल^{F} के ऊपर की ढिपनी.

nit निट n^{c}. लीख^{F} : ~ is an egg of a louse ≈ जूँ का अंडा है; ~ is found in some people's hair ≈ कुछ लोगों के बालों में पाई जाती है.

No. number.

no नो **I.** *adv.* नहीं : did you write to her? no क्या तुमने उसको लिखा था ? ≈; he is ~ better वह तनिक भी ठीक नहीं है; the weather is ~ worse today than yesterday आज मौसम कल की अपेक्षा^{F} तनिक भी खराब नहीं है; I have ~ more time मेरे पास और समय नहीं है; do you need, or ~ क्या तुमको इसकी आवश्यकता^{F} है, या नहीं; I had ~ such luck मेरी ऐसी किस्मत^{F} नहीं थी; there were ~ fewer than 50 people there वहाँ पचास से कम लोग नहीं थे; I shall go ~ further मैं इससे आगे नहीं जाऊंगा. **II.** *a.* नहीं, कोई नहीं, कुछ नहीं : ~ man's land लावारिस/ अस्वामिक ज़मीन : the dispute arose on the ~ man's land लावारिस जमीन पर विवाद खड़ा हो गया; he is ~ fool वह कोई मूर्ख नहीं; he has ~ choice उसकी कोई पसंद नहीं है; there is ~ hope of his recovery उसके स्वस्थ होने की कोई आशा^{F} नहीं है; I have ~ money मेरे पास कुछ भी धन नहीं है; we have ~ time हमारे पास कोई समय नहीं है; he is ~body वह कुछ भी नहीं; I have ~ interest मेरी कोई दिलचस्पी^{F} नहीं है; ~ man can do this कोई आदमी इसे नहीं कर सकता; he is ~ artist वह कलाकार थोड़े है; ~ smoking धूम्रपान मना है; ~ talking बातचीत^{F} करना मना है; there is ~ denying the fact इस तथ्य से इंकार नहीं किया जा सकता; he is ~ friend of mine वह मेरा दोस्त नहीं है. Δ **by ~ means** बिल्कुल नहीं : he can by no means do it वह इसे बिल्कुल नहीं कर सकता; **in ~ time** बहुत जल्दी : I shall return in ~ time मैं जल्दी लौट आऊंगा. **III.** n^{c}. नकार, न, इंकार : he had a ~ to my request उसने मेरी प्रार्थना^{F} पर न कर दी; clear ~ साफ इंकार; the ~es have it विपक्ष में मत देने वाले जीत गए हैं. [*ant.* yes]

nobility नोबि'लिटि n^{u}. **1.** अभिजात वर्ग, कुलीन लोग, अमीर लोग : ~ of the city participated in the marriage ceremoney शहर के ≈ विवाह संस्कार में सम्मिलित हुए. **2.** कुलीनता^{F}, आभिजात्य; उच्चता^{F}, श्रेष्ठता^{F} : ~ of mind and character मन और चरित्र की श्रेष्ठता; he showed great ~ during the discussion चर्चा^{F} के दौरान उसने बड़ी कुलीनता दिखाई. **noble** नो'बल *a.* **1.** उत्कृष्ट, उत्तम [feeling भावना^{F}, life जीवन, mind मन, sentiment भाव, thought विचार]; to save a drowning man is a ~ deed डूबते आदमी को बचाना एक ≈ कार्य है. **2.** (by birth) कुलीन, अभिजात [family परिवार, people लोग]; she was born in a ~ family वह एक ≈ परिवार में पैदा हुई थी. **3.** (great) महान्, प्रभावशाली [impression असर, personality व्यक्तित्व]; a ~ looking horse ≈ दिखने वाला घोड़ा; he was a ~ son of a ~ father वह ≈ बाप का ≈ बेटा था. [*ant.* ignoble] **nobly** नोब्'लि *adv.* सज्जनता^{F} से : she served the famine-striken people ~ उसने अकाल से पीड़ित लोगों की ≈ सेवा^{F} की.

nobody नो'बडि n^{u}. कोई नहीं : she likes ~ वह किसी को नहीं चाहती; ~ else was there वहाँ कोई और नहीं था; there is ~ in the room कमरे में ≈ नहीं है; he is just a ~ वह बिल्कुल नगण्य है; ~ was allowed into the hall हाल में किसी को जाने की अनुमति^{F} नहीं दी गई; I saw ~ but him मैंने सिवाय उसके किसी को नहीं देखा; he made friends with ~ उसने किसी से मित्रता^{F} नहीं की; ~ knew about it इसके बारे में कोई नहीं जानता था.

N.O.C. no-objection certificate.

nod नॉड **I.** *v.t.* (*-dd-*) **1.** हाँ में सिर हिलाना : he ~ded in reply उसने प्रत्युत्तर में सिर हिला दिया. **2.** सहमति^{F} प्रकट करना : he ~ded the agreement उसने समझौते पर सहमति प्रकट की. **3.** to ~ to smb सिर के इशारे से नमस्ते करना. **4.** (be sleepy) ऊंघना : she was

~ding in her armchair वह अपनी बाँहदार कुर्सी^F में ऊंघ रही थी; I saw him ~ding in the class मैंने उसे कक्षा^F में ऊंघते पाया. **5.** (sway) हिलना, झूलना : flowers ~ding in the garden बगीचे में झूलते फूल. **II.** *n*^c. **1.** (nap) झपकी^F : while reading he had a ~ पढ़ते-पढ़ते उसने ≈ ले ली. **2.** (command) इशारा, आदेश : to be at smb's ~ किसी के इशारे पर काम करना; he gave me a ~ at once उसने तुरंत ही मुझे आदेश दिया (इशारा किया) . **3.** नवाई^F : he greeted me with a ~ उसने सिर नवाकर मेरा स्वागत किया. **4.** (assent) सहमति^F : I got his ~ easily मैंने उसकी ≈ आसानी^F से प्राप्त कर ली.

noise नॉइज़ **I.** *n*^u. (din) शोर, कोलाहल, हुल्लड़, शोरगुल [harsh कर्कश, loud ज़ोर का, terrible भयंकर]; I heard the ~ from outside मैंने बाहर से शोर सुना; there was so much ~ that I could not hear ≈ इतना ज़्यादा था कि मैं कुछ न सुन सका; do not make so much ~, I am reading इतना ≈ न मचाओ, मैं पढ़ रहा हूँ; a ~ woke her up ≈ ने उसे जगा दिया; the children make much ~ बच्चे बहुत ≈ मचाते हैं; the engine makes ~ इंजन घर्र-घर्र करता है. Δ **he is a big ~** वह बहुत बड़ा आदमी है. **II.** *v.t.* (~ about) फैलाना, प्रचारित करना, शोर मचाना, मशहूर कर देना : his name was ~d very soon बहुत जल्दी ही उनका नाम प्रचारित हो गया. [*ant.* quiet] **noisy** नॉइ'ज़ि *a.* **1.** शोर करने वाला [car मोटरगाड़ी, children बच्चे, members सदस्य]; they are ~ students, I can never accompany them वे शोर करने वाले छात्र हैं, मैं उनका साथ कभी नहीं दे सकता. **2.** शोर वाला : it is very ~ in the classroom कक्षा^F में बहुत शोर है; the market was too ~ बाज़ार में बहुत ही ज़्यादा शोर था. [*ant.* quiet]

nomad नॉ'मड *n*^c. यायावर, ख़ानाबदोश : ~s have no house यायावरों का कोई मकान नहीं होता; ~s of the hill पहाड़ी ≈; he wandered in jungles like a ~ वह ≈ की तरह^F जंगलों में आवारा फिरता रहा. **nomadic** नोमै'डिक *a.* यायावरी, खानाबदोशी, भ्रमणशील [behaviour व्यवहार, person व्यक्ति, tribes जनजातियाँ^F]; I dislike his ~ activities मुझे उसके ख़ानाबदोशी क्रियाकलाप से घृणा^F है.

nominal नॉ'मिनल *a.* **1.** (in name only) नाममात्र का/की [amount राशि^F, cost लागत^F, right अधिकार, ruler शासक]; he is a ~ principal वह ≈ प्राचार्य है. **2.** ~ price अंकित मूल्य; ~ roll नामावली.

nominate नॉ'मिनेट *v.t.* नामज़द करना, मनोनीत करना : to ~ a person for public office सार्वजनिक पद के लिए किसी को ≈; he ~d me as his assistant उसने मुझे अपने सहायक के रूप में नामज़द/मनोनीत किया; I ~ Mr. K to go to the meeting in my place मैं श्री क को नामजद करता हूँ कि मेरे स्थान पर मीटिंग^F में जाएँ. **nomination** नॉमिने'शन *n*^c. नामज़दगी, मनोनयन, नामांकन [*ad hoc* तदर्थ, temporary अस्थायी, valid वैध]; ~ paper नामांकन-पत्र; ~ to the post of head clerk प्रधान लिपिक पद के लिए नामांकन; they accepted our ~s for the executive committee कार्यकारिणी समिति के लिए उन्होंने हमारी नामज़दगियों को स्वीकार किया.

non- नॉन *prefix* अ-, अन्-, इतर, ग़ैर- : ~-appearance अनुपस्थिति^F; ~-bailable ग़ैर ज़मानती; ~-commissioned बिना कमीशन का; ~-gazetted अराजपत्रित. ~-essential, nonsense.

none नन **I.** *pron.* कोई (भी) नहीं : ~ of my friends was there मेरे मित्रों में से कोई भी वहाँ नहीं था; there is ~ better than this boy इससे अच्छा कोई भी लड़का नहीं है; we visited ~ of those places हमने उन स्थानों में से कोई भी नहीं देखा; I wanted some more pastries but there were ~ मैं कुछ और पेस्ट्रियाँ^F चाहता था पर औरथी नहीं; have you any excuse? ~ तुम्हारे पास कोई बहाना है ? कोई नहीं. **II.** *adv.* तनिक भी नहीं, बिल्कुल नहीं : he is ~ too clever वह बिल्कुल होशियार नहीं है; his behaviour is ~ too good उसका व्यवहार बिल्कुल अच्छा नहीं है.

non essential नॉन्'इसेन्शल *a.* ग़ैरज़रूरी, अनावश्यक [articles वस्तुएँ, books पुस्तकें, conversation वार्तालाप].

non payment नॉन्'पेमन्ट *n*ᵘ. ग़ैरअदायगी^F : he was fined for ~ of dues बकाया चुकता न करने पर उसको जुर्माना किया गया; he was given notice for ~ of a bill, tax बिल, कर की ≈ पर उसे नोटिस दिया गया.

nonplussed नॉन्'प्लस्ड *a.* किंकर्तव्यविमूढ़, उलझन में पड़ा हुआ : the lecturer looked ~ प्रवक्ता उलझन में दिखाई पड़े; ~ by some problem किसी समस्या^F से किंकर्तव्यविमूढ़.

nonsense नान्'सन्स *n*ᵘ. बेहूदगी^F, अनापशनाप, अंडबंड, बकवास^F : don't talk ~ बकवास मत करो; lots of his ideas are ~ उसके बहुत-से विचार ≈ हैं; stop that ~ यह ≈ बंद करो; it is all ~ सब बकवास है; what a ~ क्या बकवास है? **nonsensical** नानसें न्'सिकल *a.* बेहूदा, निरर्थक [idea विचार, opinion राय, words शब्द]; it is ~ to behave like that इस तरह का व्यवहार ≈ है.

non-stop नान स्टॉप' *a.* अविराम, निरंतर : there is a ~ train between Kanpur and Delhi कानपुर और दिल्ली के बीच एक गाड़ी है जो रास्ते में कहीं नहीं रुकती; there was ~ noise at night in the hostel छात्रावास में रात को ≈ शोर हुआ; he ran ~ for two days वह दो दिन तक अविराम दौड़ता रहा.

nook नुक *n*ᶜ. कोना; एकांत (स्थान) : ~ of a room कमरे का कोना; pleasant ~ of the garden बगीचे का सुखद एकांत (स्थान); I liked that shady ~ there for meditation ध्यान के लिए मैंने वहाँ छायादार एकांत स्थान पसंद किया; I searched every ~ and corner मैंने हर जगह तलाश^F की (मैंने कोना-कोना छान मारा).

noon नून *n*ᵘ. दोपहर, मध्याह्न : at ~ the sun is above your head ≈ को सूर्य तुम्हारे सिर के ऊपर होता है; he slept till ~ वह ≈ तक सोया.

noose नूस *n*ᶜ. फंदा : hangman's ~ जल्लाद का ≈; how did he escape the ~ वह फंदे से कैसे बच गया? to hang a criminal by a ~ अपराधी को फंदे में लटकाना. Δ **to put one's head in a ~** अपने पाँव पर कुल्हाड़ी^F मारना.

nor नॉर *conj.* और न : neither ~ न तो .... (और) न; neither good ~ bad न तो अच्छा (और) न ख़राब; it can be done neither by you ~ by me यह न तो तुमसे और न मुझसे किया जा सकता है; the meeting was neither interesting ~ was it well-arranged सभा^F न तो दिलचस्प थी और न ही सुव्यवस्थित; the meal was good, ~ did it cost much खाना अच्छा था, इस पर पैसा भी बहुत नहीं लगा.

norm नॉर्म *n.* मानक, मानदंड, प्रतिमान [national राष्ट्रीय, recognised मान्यताप्राप्त, social सामाजिक]; he never followed any good ~ in his life अपने जीवन में उसने कभी किसी अच्छे मानदंड का अनुसरण नहीं किया; our ~ in production is 4,000 metres per day उत्पादन में हमारा ≈ है चार हज़ार मीटर प्रतिदिन.

normal नॉर्'मल **I.** *a.* **1.** सामान्य [city शहर, health स्वास्थ्य, life जीवन, man आदमी, rainfall बरसात^F, temperature तापमान, work काम]; when everything becomes ~ again, I shall come to see you जब सब कुछ पुनः सामान्य हो जाता है तो मैं तुमसे मिलने आऊंगा. **2.** (natural) स्वस्थ, सहज : I cannot talk to him for he is not ~ मैं उससे बात^F नहीं कर सकता क्योंकि वह ≈ नहीं है. **3.** (regular) नियमित [day-work दिन का काम, walking सैर] [*ant.* ab~] **II.** *n*ᶜ. **1.** (mean) औसत; सामान्य तापमान : above ~ से ऊपर ; below ~ ≈ से नीचे. **2.** ~ school प्रशिक्षण विद्यालय. **normally** नॉर्म'लि *adv.* सामान्यतः : he behaves ~ वह सामान्य व्यवहार करता है; ~ I wake up at 5 in the morning ≈ मैं सुबह पाँच बजे उठता हूँ.

north नार्थ *a.* & *n.* उत्तर, उत्तर दिशा^F; (a) उत्तरी [pole ध्रुव, side छोर/किनारा, wind वायु]; ~ east उत्तर-पूर्व; ~ west उत्तर-पश्चिम; ~ western उत्तर-पश्चिमी; N ~ America उत्तरी अमरीका; ~ star ध्रुवतारा; from ~ to south उत्तर से दक्षिण; people in the ~ उत्तर के लोग. [*ant.* south] **northern** नॉर्'दर्न *a.* उत्तरी [region क्षेत्र/प्रदेश, winds हवाएँ, zone मंडल]; ~ side of a village गाँव का उत्तरी पक्ष; ~ lights उत्तरध्रुवीय प्रकाश. [*ant.* southern]

nose नोज़ **I.** *n*ᶜ. **1.** नाक^F [big बड़ी, long लंबी, straight सीधी, swollen उभरी, ugly कुरूप]; to breathe through the ~ ≈ से साँस

लेना. Δ **follow one's ~** ≈ की सीध[F] में चले जाना; you can reach there by following your ~ नाक की सीध में चलकर तुम वहाँ पहुँच सकते हो; **to cut one's ~ to spite smb's face** किसी से नाराज़ होकर अपनी हानि[F] कर लेना; **lead smb by ~** वश में रखना, इशारों पर चलाना : his father has led him well by the ~ उसके पिता ने उसे अच्छी तरह वश में रखा है; **to pay through one's ~** अत्यधिक पैसा देना, ठगा जाना; **to poke/thrust one's ~ into smb's affairs** किसी के मामले में दख़ल देना; **put one's ~ out of joint** घमंड तोड़ना : he put everyone's ~ out of joint in boxing बॉक्सिंग में उसने सब का घमंड तोड़ दिया; **to turn up one's ~** नाक चढ़ाना या सिकोड़ना : she turned up her ~ at the sight of black tea काली चाय[F] देखकर उसने अपनी नाक सिकोड़ी; **under smb's ~** किसी की आँखों के सामने; he carried away the suitcase under our very ~ वह हम सब की आँखों के सामने सूटकेस उठाकर चलता बना. **II.** *v.t.* (pry) ताक-झाँक[F] करना, पता लगाना, टोह[F] लेना; to ~ smth around/about (in) the almirah किसी चीज़ का अलमारी में पता लगाना.

nostril नॉस्‌'ट्रिल *n.* नथुना, नासाछिद्र : the two holes in the nose are called ~s नाक के दो छिद्र नथुने कहे जाते हैं; the girl had a gold ring in her left ~ लड़की के बाएँ नथुने में सोने का छल्ला था.

not नॉट *adv.* नहीं, न, मत : are not (aren't), cannot (can't), do not (don't), is not (isn't), shall ~ (shan't), will not (won't), would not (wouldn't); it is ~ ready वह तैयार नहीं है; I have ~ seen her मैंने उसे नहीं देखा है; he has ~ come yet वह अभी नहीं आया; I am ~ a doctor मैं डाक्टर नहीं हूँ; he was ~ there वह वहाँ नहीं था; I am a girl ~ a boy मैं लड़की हूँ, लड़का नहीं; my hands are clean, yours are ~ मेरे हाथ साफ हैं, तुम्हारे नहीं; do ~ go there वहाँ मत जाओ; we are ~ going to the cinema this evening हम आज शाम[F] सिनेमा नहीं जा रहे हैं; they were requested ~ to stay back उन्हें निवेदन किया गया कि बाद में न रुकें; ~ being a member I could not attend the meeting सदस्य न होने के कारण मैं मीटिंग में उपस्थित न हो सका. **~ a few** कई : there were ~ a few spectators वहाँ कोई थोड़े दर्शक नहीं थे; **~ at all** बिलकुल नहीं : thank you, ~ at all धन्यवाद, बिलकुल नहीं. **~ so many** इतने नहीं : they were ~ so many in the procession जुलूस में इतने नहीं थे; **~ a little** बहुत : I am not a little anxious मैं बहुत चिंतित हूँ; **~ the least** (i) it is last but ~ the least अंतिम पर कम महत्व का नहीं, (ii) I am ~ the least worried मैं ज़रा भी चिंतित नहीं हूँ.

notable नो'टॅबल **I.** *a.* उल्लेखनीय, प्रसिद्ध [event घटना[F], player खिलाड़ी, success सफलता[F]]; he was very much pleased to hear the ~ performance of his school वह अपने विद्यालय के उल्लेखनीय प्रदर्शन से बहुत प्रसन्न हुआ; a dog ~ for its neat habits अपनी साफ़ आदतों[F] के लिए प्रसिद्ध एक कुत्ता. **II.** *n.* (usu. *pl.*) लब्धप्रतिष्ठ व्यक्ति : they are the ~s of our locality वे हमारे मुहल्ले के ≈ हैं.

note नोट **I.** *n*[c]. **1.** स्वर [high ऊंचा, low निम्न]; ~ of anger in her voice उसकी आवाज़[F] में क्रोध का ≈; to sound a ~ of warning चेतावनी[F] देना; to strike the right ~ ठीक बात[F] करना; ~s of birds चिड़ियों का कलरव. **2.** (attention) ध्यान : take ~ of what I say जो मैं कहता हूँ ≈ दो; take ~ otherwise you will miss the question ≈ रहे नहीं तो तुम प्रश्न नहीं समझ पाओगे; it is not worthy of ~ यह (बात[F]) ध्यान देने योग्य नहीं है. **3.** (brief statement) टिप्पणी, नोट : a ~ of thanks धन्यवाद का नोट; I have written down a foot~ मैंने एक पाद-टिप्पणी[F] लिख दी है; send a ~ giving instructions निर्देश देते हुए नोट भेजो; prepare ~s of his lecture उसके व्याख्यान के नोट तैयार करो. **4.** (bank ~) नोट [counterfeit जाली, real खरा]; have you two ten-rupee ~s क्या तुम्हारे पास दस-दस रुपए के दो ≈ हैं. **5. to strike a ~** on the harmonium हारमोनियम पर सुर साधना. **6. ~ of**

interrogation प्रश्नचिह्न; to take ~ लिखना. 7. man of ~ प्रसिद्ध व्यक्ति. II. *v.t.* 1. देख लेना, पर ध्यान देना : I noted a change in his behaviour मैंने उसके व्यवहार में एक परिवर्तन देखा. 2. नोट कर लेना, लिख लेना : ~ (down) my address, you may forget मेरा पता नोट कर लो, तुम भूल सकते हो. **~book** *n*^c. कापी^F, नोटबुक^F [clean साफ़/स्वच्छ, rough रफ़, smooth चिकनी, special विशेष, thin पतली]; write these questions in your ~ ये प्रश्न अपनी कापी में लिख लो; I forgot to bring my ~ मैं अपनी ≈ लाना भूल गया. **noted** नो'टिड *a.* नामी, प्रसिद्ध [doctor डाक्टर, player खिलाड़ी, writer लेखक]; a village ~ for its pottery बर्तन बनाने के लिए ≈ गाँव; he is the ~ leader of India वह भारत के नामी नेता हैं; she was ~ for her bounty वह अपनी दानशीलता^F के लिए प्रसिद्ध थी. **~ worthy** *a.* ध्यान देने योग्य, असाधारण, विशेष [discovery आविष्कार, question प्रश्न]; a ~ book on physics भौतिकी^F पर एक ≈ किताब; Rajendra Prasad was one of the ~ Presidents of India राजेन्द्र प्रसाद भारत के विशेष/असाधारण राष्ट्रपतियों में से थे; nothing of ~ happened कोई ≈ बात^F नहीं हुई.

nothing नँ'थिङ्ग I. *pron.* कुछ नहीं : there is ~ noteworthy in this paper इस अख़बार में कुछ विशेष नहीं है; I have ~ to do with you मुझे तुमसे कुछ लेना-देना/वास्ता नहीं है; his death is ~ to me उसकी मौत^F से मेरा क्या मतलब; his reputation is ~ as compared to his father's उसकी ख्याति^F उसके बाप की ख्याति^F की अपेक्षा^F कुछ नहीं है; he had ~ to say उसे कुछ नहीं कहना था; there is ~ in the story कहानी^F में कुछ नहीं है; he told us ~ new उसने हमें कुछ नया नहीं बताया; don't be afraid of him, he is ~ उससे भयभीत न हो, वह नगण्य है; ~ could please him उसे कोई बात^F भी प्रसन्न न कर सकी; he is ~ if not honest यदि वह ईमानदार नहीं है तो और क्या है? **for ~** मुफ़्त : I got this pen **for ~** मुझे यह कलम मुफ़्त में मिली; **~ doing** बिलकुल नहीं : will you stay at home? ~ doing क्या तुम घर पर रहोगे? बिलकुल नहीं; **to make/think ~ of** कुछ परवाह^F न करना; **much ~** बहुत कम; **~ of the kind** कुछ नहीं; his plan came to ~ उसकी योजना असफल हो गई. **II.** *adv.* नहीं, न, मत : think ~ of anybody किसी के बारे में मत सोचो; I have talked ~ with him मैंने उससे कोई बात^F नहीं की; ~ less than this इससे कम नहीं; he cares ~ of him वह उसकी तनिक भी परवाह^F नहीं करता; it avails ~ इससे कोई लाभ नहीं होता. [*ant.* something]

notice नो'टिस I. *n*^c. 1. सूचना^F, नोटिस [common साधारण, first पहली, public सार्वजनिक]; he gave/served a month's ~ उसने एक महीने का नोटिस दिया; the library will remain closed until further ~ अगली सूचना तक पुस्तकालय बंद रहेगा; it was a new ~ to him उसके लिए यह नई सूचना^F थी. 2. सूचना-पत्र : he put up a ~ on the wall उसने दीवार^F पर एक ≈ लगा दिया; a ~ in the garden: don't pluck flowers उद्यान में का एक ≈: फूल मत तोड़ो. 3. (attention) ध्यान : it came to my ~ मेरे ध्यान में आया; to take ~ of ध्यान/चिंता^F करना : he took no ~ of my coming उसने मेरे आने की कोई चिंता नहीं की; to bring smth to smb's ~ किसी के ≈ में कुछ लाना; to avoid ~ आँख् बचाना : he slipped away avoiding our ~ वह आँख बचाकर खिसक गया. **II.** *v.t.* 1. देखना : the prisoner ~d that the door was open कैदी ने देख लिया कि दरवाज़ा खुला है; at first I did not ~ him पहले मैं उसे नहीं देख पाया; I ~d a letter on the table मेज़ पर मैंने एक पत्र देखा. 2. उल्लेख करना : in this letter he briefly ~d the affairs in his family अपने पत्र में उसने संक्षेप में अपने परिवार के मामलों का उल्लेख किया. **noticeable** नो'टिसॅबल *a.* 1. सुस्पष्ट [change परिवर्तन, event घटना^F, variation भिन्नता^F]; ~ drop in crime in the city शहर में अपराध में स्पष्ट गिरावट^F; there is a ~ growth in production उत्पाद में स्पष्ट वृद्धि^F हुई है. 2. दर्शनीय [hill पहाड़ी^F, place स्थान]; the aeroplane was

~ in the sky हवाई जहाज़ आकाश में दिखाई दे रहा था; it is a ~ palace in the district यह जिले का दर्शनीय राजमहल है.

notification नोटिफ़िके'शन *n*ᶜ. अधिसूचनाᶠ, विज्ञप्तिᶠ [government सरकारी, public सार्वजनिक]; ~ from Nagar Mahapalika नगरमहापालिका की ≈; ~ of birth of a son पुत्र के जन्म की ≈; the government issued a ~ सरकार ने एक ≈ जारी की. **notify** नो'टिफ़ाइ *v.t.* (notified) **1.** सूचनाᶠ देना, सूचित करना : ~ a friend of the visit यात्राᶠ के बारे में मित्र को सूचित करना; to ~ smb's death to the police किसी की मृत्युᶠ के बारे में पुलिसᶠ को ≈; to ~ the police of a crime पुलिस को अपराध के बारे में ख़बर करना; ~ me when you arrive जब तुम पहुँचो तो मुझे सूचित कर देना. **2.** (proclaim) घोषित करना, प्रकट करना : to ~ the birth of a son पुत्रोत्पत्ति की घोषणाᶠ करना; you should have notified your decision earlier तुम्हें अपना निर्णय पहले ही घोषित कर देना था.

notion नो'शन *n*ᶜ. **1.** धारणाᶠ [abstract दुरूह, concrete ठोस, new नयी, strange विचित्र]; that the sun moves round the earth is an old ~ यह कि सूर्य पृथ्वीᶠ के इर्द-गिर्द घूमता है एक पुरानी ≈ है; I have formed no ~ of what he means मेरी कोई ≈ नहीं बनी कि उसका मतलब क्या है. **2.** विचार : there is a ~ in my mind मेरे मन में एक ≈ है; have you any ~ about the elections क्या चुनावों के बारे में आपका कोई ≈ है ? **3.** (desire) चाहᶠ, इच्छाᶠ : I have not the slightest ~ of this मुझे इसकी तनिक भी चाह नहीं है; she has a ~ for coal उसे कोयला (खाने) की इच्छा होती है; a head full of silly ~s मूर्खतापूर्ण इच्छाओं से पूर्ण मन.

notorious नोटॉ'रिअस *a.* (*ant.* famous) कुख्यात, बदनाम [criminal अपराधी, place जगहᶠ, smuggler तस्कर]; he was very ~ as a dacoit डकैत के रूप में वह बहुत ≈ था; he is ~ for his evil deeds वह अपनी करतूतों के कारण ≈ है.

notwithstanding नॅट्विद्स्टैन्'डिङ्ग **I.** *pre.* के होते हुए भी, के बावजूद : I am going ~ your advice मैं तुम्हारी सलाहᶠ के बावजूद जा रहा हूँ; the rule will apply ~ any previous order किसी पूर्व आदेश के रहते हुए भी नियम लागू होगा; she sang, ~ they laughed उनकी हँसीᶠ के बावजूद उसने गाना गाया. **II.** *conj.* हालांकि, यद्यपि : he was given no prize, ~ he came second उसे कोई पुरस्कार नहीं दिया गया, ≈ वह दूसरे नंबर पर आया था. **III.** *adv.* तिस पर भी, तथापि : he did not work hard but he passed the examination ~ उसने कठिन मेहनतᶠ नहीं की ≈ वह परीक्षा उत्तीर्ण कर गया.

nought नॉट *n*ᶜ. शून्य, सिफ़र : ~ point six (0.6) शून्य दशमलव छह; to bring to ~ शून्य कर देना, विफल कर देना; to come to ~ विफल/ शून्य हो जाना.

noun नॉउन *n*ᶜ. संज्ञाᶠ : abstract ~ भाववाचक ≈; common ~ जातिवाचक ≈; proper ~ व्यक्तिवाचक ≈; ~ is the name of a person, place, thing, action, quality, etc. संज्ञा किसी व्यक्ति, स्थान, वस्तु, कार्य, गुण इत्यादि का नाम है; Rama is a proper ~ राम व्यक्तिवाचक संज्ञा है; how many ~s are there in this paragraph इस पैरा में कितनी संज्ञाएँ हैं ?

nourish नॅ'रिश *v.t.* **1.** खिलाना-पिलाना, पोषित करना : to ~ a child बच्चे को खिलाना-पिलाना; to ~ a plant पौधे को पोषित करना. **2.** (promote) बढ़ावा देना : to ~ education शिक्षाᶠ को ≈. **3.** (keep up) बनाए रखना : to ~ ill-feeling, hope दुर्भावनाᶠ, आशाᶠ ≈. **nourishing** न'रिशिङ्ग *a.* पुष्टिकर, पौष्टिक [cream क्रीमᶠ, food भोजन, fruit फल]; ~ diet as bread, butter, milk पुष्टिकर आहार जैसे ब्रेडᶠ, मक्खन और दूध. **nourishment** नॅरिशमन्ट *n*ᵘ. **1.** आहार, पोषाहार : take some ~ कुछ आहार लो; eggs and milk are common sources of ~ अंडे और दूध पोषाहार के मुख्य स्रोत हैं. **2.** (condition) पोषण : the child's ~ has recently stopped बच्चे का ≈ हाल ही में रुक गया है.

Nov. November.

novel नॉ'वल **I.** *n*ᶜ. उपन्यास [famous प्रसिद्ध, favourite प्रिय, interesting दिलचस्प, latest नवीनतम, social सामाजिक, useful उपयोगी,

well-known जाना-पहचाना]; the ~s of Premchand are excellent प्रेमचंद के उपन्यास उत्कृष्ट हैं. **II.** *a.* **1.** अभिनव, नवीन, नूतन [experience अनुभव, idea विचार, suggestion सुझाव]. **2.** (strange) विलक्षण : ~ complexion ≈ चेहरा; it was a ~ success of his यह उसकी ≈ सफलता^{F} थी. **3.** (unusual) असाधारण [ability योग्यता^{F}, capability क्षमता^{F}, personality व्यक्तित्व]. **novelette** नॉवॅलेॅट *n.* लघु उपन्यास, उपन्यासिका^{F} : ~ is a short novel of poor quality ≈ एक निम्न गुणवत्ता^{F} का छोटा-सा उपन्यास होता है; young boys like paperback ~s नवयुवक लड़के कागज़ी जिल्द^F वाले ≈ पसंद करते हैं. **novelist** नॉ'वॅलिस्ट n^c. उपन्यासकार [English अंग्रेजी, famous प्रसिद्ध, rising उदीयमान]; Amritlal Nagar was a renowned ~ अमृतलाल नागर प्रसिद्ध ≈ थे. **novelty** नॉ'व़ल्टि **I.** n^u. **1.** नवीनता^{F}, विलक्षणता^{F}, अनूठापन : you will see ~ in his novels उसके उपन्यासों में तुम ≈ पाओगे. **2.** अपूर्व बात^F/ घटना^{F} या वस्तु^{F} : hardwork was not a ~ in his life परिश्रम उसके जीवन में कोई ≈ नहीं थी. **II.** n^c. मामूली चीज़, जैसे खिलौना.

November नवें'म्'बर n^c. नवंबर : ~ is the next month after October ≈ अक्तूबर के बाद का अगला महीना है ~ is the eleventh month in the calendar कलेंडर में ≈ ग्यारहवाँ महीना है.

novice नॉ'विस n^c. नवसिखिया [artisan शिल्पी, horserider घुड़सवार, player खिलाड़ी, swimmer तैराक]; he is a mere ~ in the field of cricket क्रिकेट में बस वह ≈ ही है.

now नाउ **I.** *adv.* अब, इस समय, अभी : what are you doing ~ तुम अब क्या कर रहे हो ? do now इसे अभी करो; he is here ~ इस समय वह यहाँ है; the house is not vacant any longer, somebody is living there ~ मकान खाली नहीं रह गया, कोई वहाँ इस समय रह रहा है; he should have returned by ~ उसे अब तक लौट आना चाहिए था; ~ listen अब सुनिए [*ant.* then] **II.** *conj.* क्योंकि : ~ that you know him better अब जबकि तुम उसे बेहतर जानते हो. Δ ~ **and again** बीच-बीच में : he does come here ~ and again वह बीच-बीच में यहाँ ज़रूर आता रहता है; ~ **and then** कभी-कभार, जब तब : I see him ~ and then मैं उससे जब तब मिलता हूँ; he attends office ~ and then वह कार्यालय कभी-कभार जाता है; **just** ~ अभी-अभी : he has come just ~ वह अभी-अभी आया है; **right** ~ इसी समय : do it right ~ इसको इसी समय कर डालो. **nowadays** *adv.* आजकल : gold is very costly ~ सोना ≈ बहुत महँगा है; accidents are increasing greatly ~ दुर्घटनाएँ^{F} ≈ बहुत बढ़ रही हैं; boys and girls mix freely ~ लड़के व लड़कियाँ ≈ आज़ादी से मिलते-जुलते हैं.

nowhere नो'वेंअर *adv.* कहीं-नहीं : we can go ~ this summer इन गर्मियों^{F} में हम ≈ जा सकते; I have ~ to go मुझे कहीं नहीं जाना है; my book was ~ to be found मेरी किताब^F ≈ मिली. Δ **be** ~ पूर्णतया असफल होना, कहीं का न रह जाना : he failed and was ~ वह फ़ेल हो गया और कहीं का न रहा; **from** ~ कहीं से नहीं : he came out from ~ न जाने वह कहाँ से आ टपका; **to get** ~ कोई प्रगति^{F} न करना : threats will get you ~ धमकियों^{F} से कोई लाभ न होगा.

noxious नॉक्'शस *a.* हानिकर, अनिष्टकर [chemical रसायन, idea विचार, plant पौधा]; this medicine is ~, you must not use it यह दवा^{F} हानिकर है तुम्हें इसका इस्तेमाल नहीं करना चाहिए.

nozzle नॉ'ज़ल n^c. **1.** टोंटी^{F}, चंचु^{F} : ~ of a pipe पंप की टोंटी; ~ may be fitted to the end of the bellows धौंकनी के छोर पर टोंटी लगाई जाए; a ~ at the end of the tube नली^{F} के सिरे की ≈. **2.** (snout) थूथन : ~ of a pig सुअर का ≈.

N.R. Northern Railway.

N.T.P.C. National Thermal Power Corporation.

nt. wt. net weight.

nude न्यूड *a.* नग्न : ~ body ≈ शरीर, ~ swimming नंगी तैराकी^{F}; a ~ figure in the magazine पत्रिका^{F} में एक ≈ आकृति^{F}.

nuisance न्यू'सन्स *n.* **1.** उत्पात, बला^{F} : smoke

is a ~ धुआ एक बला है; so much noise is ~ इतना ज़्यादा शोर उपद्रव है; commit no ~ here इस जगह को गंदा न करो. यहाँ टट्टी-पेशाब करना मना है. **2.** (person) पाजी, उपद्रवी : you must not believe him, he is a ~ तुम्हें उस पर विश्वास नहीं करना चाहिए, वह ≈ है.

null नल *a.* (void) रद्द, अकृत, अमान्य, निष्प्रभाव, निष्फल : ~ result ≈ परिणाम; his claim was declared ~ उसका दावा ≈ घोषित हुआ; ~ and void अकृत और शून्य, निष्प्रभावी : the Supreme Court declared that section ~ and void सर्वोच्च न्यायालय ने उस धारा[F] को अकृत और शून्य घोषित किया; his appointment was declared ~ and void उसकी नियुक्ति[F] निष्प्रभावी घोषित की गई. **nullify** नॅ'लिफ़ाइ *v.t.* (*p.* nullified) रद्द करना, अकृत करना, व्यर्थ या निष्प्रभावी कर देना : ~ the effect of something किसी वस्तु[F] के प्रभाव को व्यर्थ कर देना; his claim was nullified by the court न्यायालय द्वारा उसका दावा रद्द कर दिया गया.

numb नम **I.** *a.* सुन्न, जड़ीभूत [feet पैर, fingers उंगलियाँ, hands हाथ]; body ~ with icy cold बर्फ़ीली ठंड[F] से ≈ शरीर; he was ~ with fear वह डर के मारे ≈ था. **II.** *v.t.* सुन्न कर देना, जड़ीभूत कर देना [completely पूरी तरह, suddenly एकाएक]; sorrow ~s his mind दुःख मन को जड़ीभूत कर देता है; the fear of a tiger ~ed him शेर के भय ने उसे जड़ीभूत कर दिया.

number नम्'बर **I.** *n*[c]. **1.** संख्या[F] [determined निश्चित, equal बराबर, small छोटी, total कुल]; cardinal ~ गणन ≈; ordinal ~ क्रमसूचक ≈; tell the greatest ~ in the following निम्नलिखित में बड़ी से बड़ी ≈ बताओ; 3, 5, 7, 8 are ~s 3, 5, 7, 8 संख्याएँ हैं; ~ of people in the city शहर में लोगों की ≈; without ~ असंख्य. **2.** नंबर : can you tell me his telephone ~? क्या आप उसका टेलीफोन ≈ बता सकते हैं? room ~ five is behind you कमरा ≈ पाँच तुम्हारे पीछे है. **3.** अंक : back ~ of a magazine पत्रिका का पिछला ≈. **4.** (multitude) ढेर, बहुत : large ~ of people were present there in the meeting मीटिंग[F] में बहुत-से लोग मौजूद थे. **5.** (group) समूह : one of our ~ हमारे समूह में से एक. **6.** (gramm.) वचन [dual द्वि, plural बहु, singular एक]; there are only two numbers in Hindi and English हिंदी[F] और अंग्रेज़ी[F] में केवल दो वचन होते हैं. **II.** *v.t.* **1.** (count) गिनना : ~ the pages of your exercise book अपनी अभ्यास-पुस्तिका[F] के पृष्ठ गिनो; his days are ~ed उसके दिन गिनती के हैं, अब उसे थोड़े दिन जीना है; he was not ~ed वह नहीं गिना गया; the candidates ~ twenty उम्मीदवार गिनती में बीस हैं; they ~ ten वे कुल दस हैं. **2.** (class) में सम्मिलित या शामिल करना : he was not numbered even in the final list अंतिम सूची[F] में भी उसे शामिल नहीं किया गया. **3.** संख्या[F]/अंक लगाना : the pages are not ~ed in this magazine इस पत्रिका[F] में पृष्ठ-संख्या नहीं लगी है (दी गई) है. **numeral** न्यू'मरल **I.** *a.* संख्यावाचक [adjective विशेषण, noun संज्ञा]. **II.** *n*[c]. अंक, संख्यांक, संख्यावाचक विशेषण, संख्या पद : Arabic ~s 2, 3, 4; Roman ~s I, II, III, X, L; Devanagari ~s १, २, ३. **numerous** न्यू'मॅरस *a.* बहुत-से, बहुसंख्यक, अनगिनत [books किताबें[F], cases मामले, examples उदाहरण, opportunities अवसर, visitors दर्शक, ways ढंग]; I have not read ~ magazines मैंने ≈ पत्रिकाएँ[F] नहीं पढ़ी हैं; I found ~ mistakes in his writing मैंने उसके लेखन में ≈ गलतियाँ[F] पाईं; there are ~ things besides this इसके अतिरिक्त बहुत-सी बातें[F] हैं; he got ~ changes but failed to utilize them उसे ≈ मौके मिले लेकिन उनसे लाभ उठाने में वह असफल रहा.

nun नन *n*[c]. मठवासिनी[F], नन[F] [devoted निष्ठावान्, Christian ईसाई]; a ~ has a life of service and sacrifice एक ≈ की ज़िंदगी सेवा[F] और बलिदान की होती है; ~s devote their lives to God ≈ अपना जीवन ईश्वर को समर्पित कर देती हैं.

nuptial नप्'शल *a.* वैवाहिक [bed बिस्तर, feast भोज, vows प्रतिज्ञाएँ]; he participated in the ~ ceremony of his nephew उसने अपने भतीजे/भांजे के वैवाहिक संस्कार में भाग लिया.

nurse नर्स I. *n*^c. नर्स, परिचारिका^F, धाय^F, दाई^F [experienced अनुभवी, kind-hearted दयालु, old बूढ़ी]; male ~ परिचारक; day ~ बच्चों की केवल देखभाल^F करने वाली; wet ~ दूध पिलाने वाली ≈; a ~ takes care of sick people नर्स बीमार लोगों की देखभाल^F करती है; at that time there was no ~ in the hospital उस समय अस्पताल में कोई नर्स न थी. II. *v.t.* 1. (suckle) दूध पिलाना : a mother ~s her children माँ अपने बच्चों को दूध पिलाती है; a nursing mother दूध पिलाने वाली दाई. 2. पालना : to be ~d in luxury विलास में पलना. 3. उपचार करना : he was ~d well in the hospital and he recovered soon उसका अस्पताल में अच्छा इलाज किया गया और वह शीघ्र ही स्वस्थ हो गया. 4. देख-रेख^F या सेवा^F करना : to ~ a garden बाग की ≈; he spends sometime nursing his old father वह कुछ समय अपने बूढ़े बाप की देखरेख/सेवा में लगाता है. 5. नर्स का काम करना : she ~d during the war वह युद्ध में नर्स का काम करती थी. 6. to ~ hope, jealousy आशा^F, ईर्ष्या^F रखना.

nursery नर्'सरि *n*^c. (nurseries) 1. नर्सरी^F, बालगृह : children are taken care of in a ~ ≈ में बच्चों की देखरेख की जाती है. ~ **rhyme** शिशु-गीत; ~ **school** शिशु-विद्यालय. 2. नर्सरी, संवर्धनगृह, पौधघर : plants are grown in a ~ ≈ में पौधे उगाए जाते हैं; we bought some rose plants from the ~ हमने पौधघर से कुछ गुलाब के पौधे ख़रीदे.

nursing नर्'सिङ्ग I. *n.* उपचर्या^F, उपचार, पालन-पोषण : excellent ~ बढ़िया ≈. II. *a.* परिचर्या-संबंधी : ~ home परिचर्या गृह : to go into ~ home परिचारिका^F बनना : she went into ~ home after completing her training अपना प्रशिक्षण पूरा करने के बाद वह नर्स बन गई; ~ mother दूध पिलाने वाली धाय/दाई; ~ profession ≈ व्यवसाय.

nursling नर्स'लिङ्ग *a.* पोष्य बालक (बालिका), दुधमुँहा या छोटा बच्चा : he was a ~ when his father died जब उसके पिता मरे तब वह दुधमुँहा बच्चा था.

nurture नर्'चर I. *n.* 1. (training) प्रशिक्षण : the nurturing of a baby is a delicate job बच्चे का प्रशिक्षण देना एक नाजुक काम है II. *v.t.* 1. पालना-पोसना, पोषण करना : to ~ a child is not an easy task बच्चे को पोसना आसान कार्य नहीं है. 2. प्रोत्साहन देना : ~ yourself to do the work कुछ करने के लिए स्वयं को प्रोत्साहित करो. 3. (educate) लिखाना-पढ़ाना, शिक्षा देना; (train) प्रशिक्षित करना : to ~ the students in morality छात्रों को नैतिक आचरण की शिक्षा^F देना. 4. to develop विकसित करना : ~ your mind with good reading अच्छा पठन-पाठन करके अपने मन का विकास करो.

nut नट *n*^c. 1. गिरीदार फल : hard ~ सख़्त ≈; ~ is a dry fruit with kernel ≈ वह खुश्क मेवा है जिसके अंदर गिरी होती है. Δ **a hard ~ to crack** कठिन समस्या^F : he won't give anything, he is a hard ~ to crack वह कुछ नहीं देगा, वह एक कठिन व्यक्ति है. 2. (mech.) ढिबरी^F : a ~ has threaded hole ढिबरी में चूड़ीदार सूराख होता है; bolts and ~s (i) काबले और ढिबरियाँ; (ii) बुनियादी बातें.

nutrient न्यूट्'रिअन्ट *a.* & *n.* पुष्टिकारक [food खाद्य-पदार्थ, fruit फल, pulses दालें]; milk is a ~ food दूध ≈ है; he always eats ~ things वह हमेशा ≈ वस्तुएँ खाता है.

nutrition न्यूट्रि'शन *n.* पोषण : good ~ for good health अच्छे स्वास्थ्य के लिए अच्छा ≈; to give ~ to the child बच्चे को पोषण देना.

nutritious न्यूट्रि'शस *a.* पुष्टिकारक, पौष्टिक : we have ~ vegetables in our kitchen garden हमारे घरेलू बगीचे में ≈ सब्ज़ियाँ हैं; ~ foods help growth ≈ खाद्य-पदार्थ विकास में सहायता^F करते हैं.

nutshell नट्'शॆल *n*^c. छिलका : ~ of a walnut अखरोट का ≈. Δ **in a ~** संक्षेप में : the principal described everything about the progress in a ~ प्राचार्य ने प्रगति^F के बारे में सब कुछ संक्षेप में बताया.

N.W. *abbr.* North West.

nylon नाइ'लन *a.* & *n.* नाइलन [cloth कपड़ा, socks मोज़े, thread धागा]; he wears ~ shoes in the rain बारिश^F में वह ≈ के जूते पहनता है; do you have any ~ shirt क्या आपके पास ≈ की कोई कमीज़^F है ?

O, o

O. Oxygen.

O ओ *inter.* हे : O God ! हे परमेश्वर ! O, my Lord ! हे मेरे भगवन्.

oak ओक *n*[c]. बाँज, बलूत [knotty गाँठदार, long लंबा, old पुराना]; ~ has hard wood ≈ की लकड़ी[F] कड़ी होती है; ships made of ~ ≈ से बने जहाज़; ~ spreads its branches ≈ की शाखाएँ[F] फैलती हैं; ~ bears fruit ≈ में फल आते हैं.

oar ऑर *n*[c]. चप्पू, डाँड़ : long ~ लंबा ≈; a boat is rowed by two ~s नाव[F] दो चप्पुओं से चलाई जाती है; ~s make the boat move ≈ नाव[F] को आगे बढ़ाते हैं; ~ has a flat blade at the end ≈ के सिरे पर चौड़ी पत्ती[F] होती है; he now rests on his ~s अब वह चप्पू छोड़कर आराम कर रहा है. Δ to **put one's ~ in smb's affairs** किसी के मामले में दख़ल देना. [*as distinct from* ore]

oat ओट *n.* जई[F] : wild ~ जंगली ≈; ~ meal ≈ का आटा; ~s are ready for harvesting जई कटने के लिए तैयार है; horses eat ~s घोड़े ≈ खाते हैं. Δ to **sow one's wild ~s** ज़िंदगी[F] की शुरुआत[F] ऐश-आराम से करना.

oath ओथ *n*[c]. शपथ[F], सौगंध, कसम[F] : false ~ झूठी ≈; be true to one's ~ अपनी शपथ के प्रति सच्चा बनिए; ~ of office पद की शपथ; ~ of allegiance निष्ठा की शपथ; to administer ~ शपथ दिलाना; take ~ शपथ खाना; we swear/take ~ to tell the truth हम सत्य बोलने की ≈ खाते हैं; on/under ~ शपथपूर्वक, शपथ खाकर : I declare this on/under ~ मैं शपथपूर्वक यह घोषणा करता हूँ.

obedience अ बी'डिअन्स *n*[u]. आज्ञापालन, आज्ञाकारिता[F] [humble विनम्र, active सक्रिय]; ~ to a person किसी व्यक्ति का ≈; a dog easily learns ~ एक कुत्ता आसानी[F] से आज्ञापालन सीख जाता है; to swear ~ to a master मालिक के आज्ञापालन करने की कसम खाना; in ~ to your orders आपके आज्ञानुसार [*ant.* disobedience]. **obedient** अ बी' इयन्ट *a.* आज्ञाकारी [employee कर्मचारी, servant सेवक, son पुत्र]; my dog is most ~ मेरा कुत्ता अत्यंत ≈ है; he is ~ to his teacher वह अपने अध्यापक का आज्ञाकारी है. [*ant.* disobedient] **obediently** अबी'ड्यन्टलि *adv.* विनम्रता[F] से, आज्ञाकारितापूर्वक : he carried the orders most ~ वह अत्यधिक विनम्रता से आदेशों का पालन करता था; yours ~ आपका सेवक/आज्ञाकारी. **obey** अ बे' *v.t.* आज्ञा का पालन करना, आज्ञा मानना [immediately तुरंत, willingly इच्छापूर्वक]; children should ~ their parents बच्चों को अपने माता-पिता की आज्ञा माननी चाहिए; you must ~ him वह किसी की आज्ञा नहीं मानता था; he ~ed her in everything वह हरबात[F] में उसका कहना मानता था. **2.** to ~ the law कानून के अनुसार चलना; he never ~s the law and is punished वह कभी कानून के अनुसार नहीं चलता और दंडित होता है. [*ant.* disobey]

obituary अ बि'ट्युअरि *n*[c]. **1.** निधन-सूचना[F], मौत की (ख़बर) : ~ notice in the newspaper समाचार-पत्र में निधन-सूचना. **2.** मृतक का वृत्त : I read the ~ of my friend in a magazine मैंने अपने मृतक मित्र का वृत्त एक पत्रिका[F] में पढ़ा.

obj. objection.

object ऑब्'जिक्ट **I.** *n*[c]. **1.** (thing) पदार्थ, वस्तु[F], चीज़[F] [bulky भारी, interesting दिलचस्प, round गोल, small छोटी, useful उपयोगी]; a strange ~ attracted his attention एक अद्‌भुत पदार्थ ने उसका ध्यान आकर्षित कर लिया. **2.** (purpose) उद्देश्य, लक्ष्य, ध्येय [firm दृढ़, hidden छिपा, real वास्तविक]; his ~ was to win the match उसका उद्देश्य मैच को जीतना था; what is the ~ of your visit तुम्हारी मुलाकात[F] का ≈ क्या

है ? he has no ~ in his life उसका अपने जीवन का कोई ≈ नहीं है; he is determined in his ~ वह अपने ≈ के प्रति दृढ़ है; I started the scheme with this ~ in view मैंने यह योजना^F इस ≈ को ध्यान में रखकर शुरू की थी. **3.** पात्र, भाजन : ~ of pity दया^F का ≈; he became the ~ of ridicule वह उपहास का पात्र बन गया **4.** (gram.) कर्म : 'him' is used as ~ 'उस' का प्रयोग कर्म: (कारक) में होता है. **II.** अब् जें क्ट' *v.t.* आपत्ति^F करना, ऐतराज़ करना : ~ emphatically ज़ोर-शोर से ≈; do you ~ **to** my smoking' क्या तुम्हें मेरे धूम्रपान करने पर कोई आपत्ति है ? it was ~ed **to** इस पर आपत्ति उठाई गई; if you do not ~ I shall go to London यदि तुम ऐतराज़ न करो तो मैं लंदन जाऊंगा; I never ~ed **to** your plan मैंने तुम्हारी योजना के बारे में कभी आपत्ति नहीं उठाई; I ~ to your going there मुझे तुम्हारे वहाँ जाने पर आपत्ति है. **objection** अब् जेक्'शन *n*^c. आपत्ति^F, ऐतराज [oral मौखिक, strong ज़ोर का/तगड़ा, written लिखित]; he had no ~ उसे कोई ऐतराज़ नहीं था; is there any ~ to my leaving things here मेरी चीज़ें^F यहाँ छोड़े जाने पर क्या कोई आपत्ति है ? there is no ~ to it इस पर कोई आपत्ति नहीं है; I have no ~ मुझे कोई आपत्ति/ऐतराज़ नहीं है. **objectionable** अब् जेंक्'शॅनेबल *a.* आपत्तिजनक [behaviour व्यवहार, conduct आचरण, habits आदतें^F, plan योजना^F, resolution प्रस्ताव, words शब्द]; strike out the ~ sentences ≈ वाक्यों को काट दो. **objective** अब् जेंक्'टिव़ *a.* **1.** वस्तुगत, वस्तुनिष्ठ, विषयपरक [method पद्धति^F, question प्रश्न]; there will be ~ type of questions in the examination परीक्षा^F में ≈ प्रकार के प्रश्न होंगे. [*ant.* subjective]; **2.** (real) वास्तविक, यथार्थ [knowledge ज्ञान, study अध्ययन, view विचार]. **3.** (impersonal) तटस्थ, निष्पक्ष : ~ attitude ≈ दृष्टिकोण. **4.** (gramm.) ~ case कर्म कारक. **II.** *n*^c. (aim) लक्ष्य, उद्देश्य : tell us the ~ of this meeting हमें इस बैठक^F का ≈ बताओ; ~ of an action किसी कार्यवाही^F का ≈.

obligation ऑब्लिगे'शन *n*^c. **1.** (नैतिक) बाध्यता^F [legal कानूनी, moral नीतिगत]; to lay/put smb under ~ to do smth किसी को कुछ करने के लिए बाध्य करना; you are under an ~ to pay taxes तुम कर चुकाने के लिए बाध्य हो; there is no ~ for you to buy this radio यह रेडियो ख़रीदने के लिए तुम बाध्य नहीं हो. **2.** आभार : I shall always be under an ~ to you मैं तुम्हारा हमेशा (आभार मानूँगा) आभारी रहूँगा. **3.** देनदारी^F : he never meets his ~ वह अपनी ≈ कभी नहीं निभाता. **4.** (duty) कर्तव्य : he does not care about his ~ to his children वह बच्चों के प्रति अपने कर्तव्य की चिंता^F/परवाह^F नहीं करता. **5.** (promise) वचन, इकरार : to follow one's ~ अपने वचन का पालन करना. **oblige** अ ब्लाइज' *v.t.i.* **1.** बाध्य करना या होना, विवश/मजबूर करना या होना : you are not ~d to come tomorrow तुम कल आने के लिए बाध्य नहीं हो; I was ~d to work मैं काम करने के लिए विवश था; he was ~d to wait all the day वह सारा दिन इंतज़ार करने के लिए विवश था. **2.** (make indebted) आभारी बनाना, अनुगृहीत करना : highly ~ अत्यधिक ≈; please, ~ me by coming early कृपया पहले आकर मुझे अनुगृहीत कीजिए; I am very much ~d to you for your help आपकी सहायता^F के लिए मैं आपका अत्यधिक आभारी हूँ; I shall be ~d मैं कृतज्ञ रहूँगा; I ~d him by donating a large sum of money एक बड़ी राशि^F देकर मैंने उसे अनुग्रहीत किया; will you ~ me by lending some money क्या आप कुछ धन उधार देकर मुझे अनुग्रहीत करेंगे ? could you ~ me with your pen आप क्या अपनी कलम दे सकते हैं ? **obliged** अब्लाइज्ड' *a.* **1.** बाध्य, मजबूर [friend मित्र, neighbour पड़ोसी]; you are not ~ to come with us तुम हमारे साथ आने के लिए ≈ नहीं हो; due to rain I was ~ to stay at home बरसात^F के कारण मैं घर पर रुकने के लिए ≈ था; I was ~ to walk to school as my bicycle was broken मैं स्कूल पैदल जाने के लिए ≈ था क्योंकि मेरी साइकिल^F टूट गई थी. **2.** (thankful) अनुगृहीत, आभारी : I am ~ to you for advice सलाह^F के लिए मैं आपका

≈ हूँ. **obliging** अ ब्लाइ'जिङ्ग *a.* उपकारी, कृपालु : ~ person ≈ व्यक्ति; the leader has been ~ throughout his life नेता जीवन भर ≈ रहा.

oblique अ ब्लीक' *a.* **1.** तिरछा, टेढ़ा, तिर्यक् [angle कोण, glance दृष्टि^F, line रेखा^F, sign चिह्न (/)]; draw a short ~ line between the two words दोनों शब्दों के बीच में एक छोटी तिर्यक् रेखा^F खींचो. **2.** (indirect) अप्रत्यक्ष, परोक्ष [interest हित, remark टिप्पण]. **3.** (evasive) द्व्यर्थक, टालू : ~ reply ≈ उत्तर.

oblong आब्'लाङ्ग **I.** *n*^c. आयत, दीर्घायत [big बड़ा, wrong गलत]; ~ has four right angles आयत में चार समकोण होते हैं; ~ is a figure which is longer than it is wide ≈ एक आकृति^F है जिसकी लंबाई चौड़ाई की अपेक्षा^F अधिक होती है; opposite lines of an ~ are equal आयत की आमने-सामने की रेखाएँ^F बराबर होती हैं. **II.** *a.* आयताकार [cloth कपड़ा, figure आकृति^F, paper काग़ज़].

obscene अब् सीन' *a.* अश्लील [books किताबें^F, language भाषा^F, literature साहित्य, picture तस्वीर^F]; there was an ~ poster on the wall दीवार पर एक ≈ विज्ञापन था.

obscure अब् स्क्युअर' *a.* **1.** (dim) धुँधला [day दिन, light प्रकाश]. **2.** (indistinct) अस्पष्ट [writing लेखन, motive अभिप्राय, word शब्द]; his appearance was ~, so I could not recognise him उसका रूप ≈ था इसलिए मैं उसे पहचान न सका. [*ant.* clear]; **3.** (difficult to understand) दुर्बोध, दुरूह, गूढ़ [expression अभिव्यक्ति^F, statement कथन]; his meaning is ~ उसका अर्थ दुरूह है. **4.** (dismal) निरानंद, निराशाजनक : the villagers were getting ~ due to lack of rainfall बारिश^F की कमी^F के कारण किसान निराश हो रहे थे. **5.** (hidden) गुप्त : ~ discussion ≈ परिचर्चा^F. **6.** (lowly) दीनहीन [farmer किसान, person व्यक्ति]; the labourer was too ~ to protest मज़दूर इतना ≈ था कि विरोध नहीं कर सकता था. **7.** ~ colour फीका रंग. **8.** ~ author अविदित लेखक. **II.** *v.t.* **1.** धुँधला, अस्पष्ट या दुर्बोध कर देना : he obscured his explanation further उसने अपनी व्याख्या को और दुर्बोध बना दिया. **2.** (hide) छिपाना : (cover) ढाँक देना [completely पूरी तरह, partly आंशिक रूप से]; the clouds ~ the sun बादलों से सूरज छिप/ढँक जाता है; to ~ somebody's merit किसी की योग्यता^F को छिपाना; the fog ~s everything कुहरा सब कुछ ढँक देता है;

obscurity अब् स्क्युअ'रिटि *n*^u. **1.** धुँधलापन, अंधेरा : ~ of the night रात^F का ≈. (fig) **he lives in** ~ वह अंधकार में रहता है. **2.** अस्पष्टता^F, दुर्बोधता^F : ~ of the situation स्थिति^F की अस्पष्टता; ~ of style, language शैली^F, भाषा^F की ≈. **3.** अप्रसिद्धि, गुमनामी^F : he led a life of ~ वह ≈ का जीवन व्यतीत करता था.

observation आबज़र वे'शन *n*^c. **1.** पर्यवेक्षण, प्रेक्षण : the police kept the accused patient under ~ पुलिस^F ने बीमार अपराधी को ≈ में रखा; he escaped their ~ वह उनकी आँख^F बचाकर खिसक गया. **2.** (comment) टिप्पणी^F, टीका-टिप्पणी^F : his ~s on the conference सम्मेलन के बारे में उसकी टिप्पणियाँ; I did not make a single ~ on the affair इस मामले में मैंने एक भी ≈ नहीं की; that was an ~ against him यह उसके विरुद्ध टीका-टिप्पणी थी **observe** अब् ज़र्व' *v.t.* **1.** के अनुसार चलना, (अनु)पालन करना, मानना, पूरा करना [carefully सावधानी^F से, patiently धैर्य से]; ~ the rules of the game खेल के नियमों का पालन करो; he never ~s the laws of the municipal corporation वह नगर-निगम के कानूनों का कभी पालन नहीं करता. **2.** (celebrate) मनाना [deliberately सोच-समझकर, keenly उत्सुकतापूर्वक]; to ~ the national festivals राष्ट्रीय त्यौहारों को मनाना; we did not ~ a holiday हमने छुट्टी^F नहीं मनायी; we ~d the Independence day हमने स्वतंत्रता-दिवस मनाया. **3.** (notice) देखना, अवलोकन करना, निरीक्षण करना : ~ minutely बारीकी^F से ≈; ~ the development of events घटनाओं^F के परिणाम का अवलोकन करो; I ~d a car in the distance मैंने दूर एक मोटर-गाड़ी^F देखी; he was ~d entering your room उसे

तुम्हारे कमरे में घुसते देखा गया. **4.** (remark) कहना : "we now go,", he ~d "अब हम चलते हैं", उसने कहा; the speaker ~ed.. वक्ता ने कहा. **observer** अब् ज़र'व़र *n*^{c}. **1.** प्रेक्षक, पर्यवेक्षक [curious उत्सुक, faithful वफ़ादार, political राजनीतिक]. **2.** an ~ of his promise अपने वचन का पालन करने वाला.

obsolete ऑब्'सॅलीट *a.* अप्रचलित, अप्रयुक्त [edition संस्करण, fashion] फैशन, theory सिद्धांत, use प्रयोग, weapons शस्त्र, word शब्द]; 'whilst' is now ~ 'whilst' अब ≈ है.

obstacle आब्'स्टॅकल *n*^{c}. बाधा^{F}, विघ्न, रुकावट^F, अड़चन^F [serious गंभीर, slight थोड़ी, unexpected अप्रत्याशित]; the tree was an ~ to traffic यातायात के लिए पेड़ एक ≈ था; to put ~s in somebody 's way किसी के रास्ते में बाधाएँ/रुकावटें पैदा करना; an ~ to one's progress किसी की प्रगति^{F} में बाधा; it is hard to remove ~s बाधाएँ हटाना कठिन है; he is still facing ~s वह अब भी बाधाओं का सामना कर रहा है.

obstinacy ऑब्'स्टिनॅसि *n*^{u}. हठ, ज़िद^F, हठधर्मिता^{F} : the ~ of this boy is unbearable इस लड़के का हठ असहनीय है; ~ regarding one's opinions अपने विचारों/मत के संबंध में हठधर्मिता. **obstinate** ऑब्'स्टिनिट *a.* **1.** दुराग्रही, हठी, ज़िद्दी [person व्यक्ति, pupil शिष्य]; he is too ~ to be persuaded वह इतना ≈ है कि उसे मनाया नहीं जा सकता; he is so ~ that he will refuse you directly वह इतना ≈ है कि तुम्हें सीधे ही इंकार कर देगा. **2.** दुःसाध्य ~ disease ≈ रोग.

obstruct अब् स्ट्रक्ट' *v.t.* **1.** (hinder) बाधा^{F} डालना, रोक लगाना, अटकाना, टाँग अड़ाना : to ~ progress प्रगति^{F} में बाधा डालना; to ~ the proceedings कार्यवाही^{F} में बाधा डालना; to ~ smb in the exercise of his functions किसी को अपने कार्यों का निष्पादन करने में बाधा डालना. **2.** (block) बंद करना, अवरुद्ध करना : to ~ the road सड़क ≈ ; a thick fog ~ed our eyes घने कुहरे ने हमारी दृष्टि^{F} अवरुद्ध कर दी; the path was ~ed by the labourers रास्ता मज़दूरों ने बंद कर रखा था. **obstruction** अब् स्ट्रक'शन *n.* (hindrance) बाधा^{F}, अवरोध, रुकावट^F, अटकाव : there is ~ in the street गली^{F} में अवरोध है; the fallen tree created ~ in traffic गिरे हुए पेड़ ने यातायात में बाधा पैदा कर दी; there was some ~ in the pipe पाइप में कुछ अवरोध/अटकाव था.

obtain अब् टेन' *v.t.* **1.** पाना, प्राप्त करना [by force बलपूर्वक, by flattery चापलूसी^{F} से, with difficulty कठिनाई^F से]; to ~ anything by indirect means अप्रत्यक्ष साधनों से कुछ प्राप्त करना; he ~ed what he wanted जो वह चाहता था उसने प्राप्त कर लिया; I could not ~ tea मुझे चाय^F नहीं मिल पाई; he ~ed his experience through practical labour उसने सक्रिय परिश्रम से अनुभव प्राप्त किया. [*ant.* lose] **2.** (prevail) प्रचलित होना : this custom still ~s in villages गाँव में अब भी यह रिवाज़ पाया जाता है, प्रचलित है. **obtainable** अब् टे'नॅबल *a.* प्राप्य, सुलभ [goal लक्ष्य, profit लाभ, thing वस्तु^{F}]; fish are ~ in this market इस बाज़ार में मछली^{F} सुलभ है; shares are ~ at reasonable rates उचित दर^F पर शेयर उपलब्ध हैं.

obvious ऑब्'विअस *a.* प्रत्यक्ष, (सु)स्पष्ट, प्रकट [falsehood झूठ, mistake गलती^{F}, misunderstanding ग़लतफ़हमी^{F}, success सफलता^{F}]; her fault was ~ उसका दोष स्पष्ट था; it was ~ that he would fail यह स्पष्ट था कि वह फेल हो जाएगा. [*ant.* obscure]. **obviously** ऑब्'व़िअस्लि *adv.* स्पष्टत :, स्पष्ट रूप से, प्रत्यक्ष रूप से : ~ the thief was lame, his footsteps show it स्पष्टतः चोर लंगड़ा था, उसके पदचिह्न यही दर्शाते हैं.

O.C. Officer Commanding.

occasion अ के'शन **I.** *n*^{c}. **1.** (opportunity) अवसर, सुयोग [favourable अनुकूल, fit उपयुक्त, unexpected अप्रत्याशित]; on the ~ of his marriage उसकी शादी^{F} के अवसर पर; wait for another ~ किसी और अवसर की प्रतीक्षा^{F} करो; he has never obtained such an ~ in his life उसे अपने जीवन में ऐसा अवसर कभी न मिला. **2.** (casual occurrence) संयोग : when the ~

presented itself we did meet जब संयोग आया तो हम मिल ही गए; it was mere ~ when we succeeded यह संयोग ही था कि जब हम सफल हो गए. **3.** (cause) कारण : he had no ~ to buy a scooter उसे स्कूटर खरीदने का कोई कारण नहीं था; this is one of the ~s of his success यह उसकी सफलता[F] का एक ≈ है; there is no ~ to worry चिंता[F] का कोई ≈ नहीं है. **4.** (time) दफ़ा, बार : I have met him on several ~s मैं उससे कई दफ़ा मिला हूँ; he comes here on ~s वह कभी-कभार यहाँ आता है. Δ **to rise to the ~** समयानुसार अच्छा काम कर दिखाना. **II.** *v.t.* उत्पन्न करना, पैदा करना, का कारण बनना : it ~s a lot of trouble इससे बहुत कष्ट (पैदा) हो जाता है; it ~ed his failure यह उसकी असफलता[F] का कारण बना. **occasional** अ के' ज़्नल *a.* कभी-कभार का, विरल [meeting मुलाकात[F], shower of rain बौछाड़[F], visitor आगंतुक]; he is an ~ reader in the library पुस्तकालय[F] में वह अनियमित पाठक है. **occasionally** अ' के ज़्नॅलि' *adv.* कभी-कभार, यदा-कदा : we meet ~ in the school विद्यालय में हम ≈ मिलते हैं; he writes ~ वह ≈ (पत्र) लिखता है; I ~ go to cinema मैं ≈ सिनेमा जाता हूँ.

occupation ऑक्यू पे'शन *n*[c]. **1.** (business) व्यवसाय, धंधा, पेशा [favourite प्रिय, interesting दिलचस्प, ordinary साधारण, useful उपयोगी]; he is a cobbler by ~ व्यवसाय से वह मोची है; it is not an ~ for women यह औरतों का ≈ नहीं है; his principal ~ is hunting उसका मुख्य ≈ शिकार करना है. **2.** (employment) रोज़गार : look for some ~ कोई ≈ तलाशो; he is out of ~ these days वह आजकल बेरोज़गार है. **3.** (possession) कब्ज़ा, अधिकार : ~ of a house मकान पर ≈; temporary ~ of a country किसी देश पर अस्थायी ≈; whose ~ on this land is recognised इस ज़मीन[F] पर किसका कब्ज़ा मान्य है. **4.** शगल : it is a useful ~ for retired persons अवकाशप्राप्त व्यक्तियों के लिए यह अच्छा ≈ है. **occupied** आक्यू'पाइड *a.* **1.** अधिकृत [city शहर, place स्थान, territory क्षेत्र]; ~ area of the country देश का ≈ क्षेत्र. **2.** (busy) (i) भरा हुआ, लगा हुआ [courtyard आँगन, market बाज़ार, seat जगह[F]]; (ii) व्यस्त : keep yourself ~ अपने को काम में लगाए रखें. **occupier** आक्'यूपाइअर *n*[c]. दख़लकार, अधिभोगी [illegal अवैध, legitimate वैध]; he was defacto ~ of the house वह मकान का असली ≈ था. **occupy** ऑ'क्यूपाइ *v.t.* (*p.* occupied) **1.** अधिकार में करना, अधिकृत करना : ~ forcibly जबरन ≈; the village was occupied by the enemy गाँव को शत्रुओं ने अधिकार में कर लिया; the army has occupied the city सेना[F] ने शहर पर कब्ज़ा कर लिया. **2.** (tenure) दख़ल करना, अधिभोग करना : he has occupied this land since 1980 वह 1980 से इस ज़मीन का अधिभोग कर रहा है. **3.** (dwell) निवास करना, रहना : three families are ~ing this house इस घर में तीन परिवार रहते हैं; the house was occupied by an old man and his wife घर में एक बूढ़ा और उसकी पत्नी रहते थे. **4.** व्यस्त होना, काम करना, सँभालना : he is always seen fully occupied उसे सदा काम करते देखा गया; mother was occupied in sewing माँ सिलाई[F] के काम में व्यस्त थी; ~ oneself with/in some hobby किसी शगल में लगे रहना. **5.** लेना, घेरना, छेकना : her cosmetics ~ a lot of space उसकी प्रसाधन सामग्री[F] अधिक स्थान घेरती है; his work occupies most of his time उसका काम अधिकांश समय ले लेता है.

occur अ कर' *v.t.* (occurred, occurring) **1.** (happen) (घटित) होना : calamities ~ आपदाएँ[F] (घटित) होती रहती हैं; when did the accident ~ दुर्घटना[F] कब हुई थी ? if anything ~s inform me यदि कुछ घटित हो तो मुझे सूचित करना; the accident ~red at 3 P.M. दुर्घटना[F] तीन बजे शाम को हुई. **2.** (exist) पाया जाना : this word ~s twice in one sentence इस वाक्य में यह शब्द दो बार आया है; छ or ण sound does not ~ in English छ या ण ध्वनि[F] अंग्रेज़ी में नहीं मिलती. **3.** ~ **to** मन में आना; it ~ed to me मेरे मन में आया; while he was in the shop it

~red to him that he ought to buy a shirt जब वह दुकान में था तो यह बात[F] उसके मन में आई कि मुझे एक कमीज़[F] ख़रीदनी चाहिए. **occurrence** अ कॅ'रन्स *n*[c]. **1.** घटना[F] [historic ऐतिहासिक, mysterious रहस्यात्मक, remarkable उल्लेखनीय]; it is of frequent, common ~, you need not worry यह एक आम, साधारण घटना है, तुम्हें चिंता[F] करने की कोई आवश्यकता[F] नहीं, I have never heard such an ~ ऐसी घटना मैंने कभी नहीं सुनी; an event of rare ~ विरल होने वाली घटना[F].

ocean ओ'शन *n*[c]. महासागर [boundless असीम, blue नीला, calm शांत, vast लंबा-चौड़ा]; Indian ~ हिंद महासागर; Pacific ~ प्रशांत ≈; on the shore of the ~ ≈ के तट पर; an island in the ~ ≈ में एक द्वीप; we crossed the ~ in a boat हमने नाव[F] में ≈ पार किया.

o'clock अ' क्लॉक' *n*[u]. बजे : it is one ~ now अब एक बजा है; it is almost seven ~ by my watch मेरी घड़ी[F] में लगभग सात बजे हैं; what time is it ? it is nine ~ समय क्या है ? नौ बजे हैं.

Oct., October ऑक् टो'बर *n*[u]. अक्टूबर : ~ is the tenth month ≈ दसवाँ महीना है; Mahatma Gandhi's birthday falls on the 2nd ~ महात्मा गांधी का जन्मदिन दो ≈ को पड़ता है.

octopus ऑक्' ट्पस *n.* (*pl.* octopuses) अष्टभुज (घोंघा) : ~es are found in the sea ≈ समुद्र में पाए जाते हैं; ~ has eight long limbs अष्टभुज (घोंघे) में आठ लंबे-लंबे अंग होते हैं.

odd ऑड *a.* **1.** (maths) विषम, ताक : ~ number ≈ संख्या[F]; 3, 5, 7, etc. are ~ numbers 3, 5, 7 इत्यादि ≈ संख्याएँ[F] हैं. [*ant.* even] **2.** (strange) अनोखा, अनूठा, निराला, विलक्षण, विचित्र [fellow व्यक्ति, life जीवन, meaning अर्थ, thing वस्तु[F]]; giraffe is an ~ looking animal जिराफ़ एक ≈ दिखने वाला जानवर है; how ~ ! कितना ≈ ! it is ~ that the door is locked यह विचित्र है कि दरवाज़े पर ताला पड़ा है. **3.** (miscellaneous) फुटकर, छुटपुट : he makes his living by doing ~ jobs वह ≈ काम करके अपनी जीविका[F] पाता है. **4.** (surplus) अतिरिक्त : it is the ~ way to go to school विद्यालय जाने का यह ≈ रास्ता है. **5.** (unpaired) अकेला : ~ shoe ≈ जूता. **6.** लगभग : I got Rs. 325 ~ मुझे ≈ 325 रुपए मिले. **oddity** ऑ'डिटि *n*[c]. (oddities) अनोखापन, विचित्र वस्तु[F] या व्यक्ति : unbelievable ~ अविश्वसनीय ≈; is there any ~ in the building क्या इमारत[F] में कोई अनोखापन है ? have you ever seen such an ~ in the market ? क्या तुमने ऐसी विचित्र वस्तु[F] बाज़ार में पहले कभी देखी ? what an ~ ! कितनी अनोखी बात[F] है; he is an ~ वह विचित्र आदमी है. **odds** ऑड्ज़ *n.* (chances) संभावना[F], संयोग : ~ are in his favour ≈ उसके पक्ष में हैं; ~ are against us ≈ हमारे अनुकूल नहीं हैं. Δ **be at ~s** झगड़ा करना, अनबन[F] होना : he was at ~ with his old friend उसकी अपने पुराने मित्र से अनबन हो गई; they are at ~ with their neighbours उनकी पड़ोसियों से अनबन है; **to fight against ~** कठिनाइयों[F] का मुकाबला करना; **that makes no ~** इससे कोई अंतर नहीं पड़ता; **~ and ends** बची-खुची चीज़ें[F], फुटकर सामान.

odour ओ'डर *n*[c]. **1.** गंध[F], बू[F], बास[F]: bad ~ बदबू; strange ~ विचित्र ≈; to smell the ~ of oil तेल की ≈ सूँघना; pure water has no ~ शुद्ध जल में कोई ≈ नहीं होती. **2.** (fig.) the ~ of good name सुख्याति[F] की सुगंध; in bad ~ बदनाम, अप्रिय, नज़रों से गिरा हुआ : he is in bad ~ these days वह इन दिनों बदनाम हो रहा है.

of ऑव़ *prep.* **1.** का (की, के) : wheel of a car कार का पहिया; London is the capital ~ England लंदन इंग्लैण्ड की राजधानी है; the house ~ my neighbour मेरे पड़ोसी का घर; the back of the house is disputed घर का पिछवाड़ा विवादित है; this piece of wood belongs to me लकड़ी[F] का यह टुकड़ा मेरा है; he told the story ~ a lion उसने एक शेर ≈ कहानी[F] सुनायी; it is made ~ steel यह स्टील ≈ बना है; dress of silk रेशम की पोशाक[F]; a sack ~ potatoes आलुओं का

बोरा; the President ~ India भारत के राष्ट्रपति; he was walking on the bank of the river वह नदी^F के तट पर घूम रहा था; he is the son ~ my friend वह मेरे मित्र का पुत्र है; fear of God परमात्मा ≈ डर; the works of Kalidas कालिदास की कृतियाँ^F; that book ~ mine वह मेरी पुस्तक; a child of three तीन साल का बच्चा; love of parents माता-पिता का प्यार. **2.** (from) से : she died of hunger वह भूख^F से मर गई; she is afraid ~ smth वह किसी चीज़ से भयभीत है. **3.** (about) के विषय में : tell me smth ~ my friends मेरे मित्रों के बारे में कुछ बताइए; he wrote such a letter **of his own accord** उसने पत्र स्वेच्छा से लिखा; he worked hard but it was **of no avail** उसने कठिन परिश्रम किया पर यह व्यर्थ रहा. **4.** (out of) में से : one ~ my classfellows मेरे सहपाठियों में से एक; a few of the boys लड़कों में से कुछ. **5.** के कारण : I did it ~ necessity मैंने आवश्यकता^F के कारण यह किया. **6.** (other contexts) it is very kind ~ you आपकी बड़ी कृपा^F; he is hard of heart वह कठोरहृदय है; that idiot of a boy वह बुद्धू लड़का; people of middle class मध्यवर्गीय लोग; the art of painting चित्रकला^F; the city of Calcutta कलकत्ता नगर.

off ऑफ़ **I.** *adv.* दूर : be ~ (दूर) हटो; he lives two kilometres ~ वह दो किमी. दूर रहता है; they are ~ वे (दूर) चले गए; he has gone ~ वह दूर चला गया; keep ~ दूर रहो; picnic is ~ from here पिकनिक यहाँ से और दूर है; the village is a few kilometres ~ the main road गाँव मुख्य सड़क^F से पाँच किमी. दूर है; he is badly ~ वह बहुत गलत है; be well ~ धनी होना; his parents were not well ~ उसके माता-पिता धनी नहीं थे; be better ~ पहले से बेहतर हालत^F में होना; be worse ~ पहले से और ख़राब होना; **~and on** कभी-कभी : he comes here ~ and on वह यहाँ कभी-कभी आता है; **show ~** शान^F दिखाना, सजधज^F दिखाना : youth show ~ in public places युवा सार्वजनिक स्थानों में सजधज दिखाते हैं; the handle is **coming ~** हत्था बाहर निकल रहा है. Δ he **took off** his coat उसने अपना कोट उतार दिया; **turn/put off** the light बत्ती^F बुझा दीजिए. **II.** *a.* (various meanings in context) Sunday is my ~ day इतवार को मेरी छुट्टी^F रहती है; ~ side of a wall दीवार^F का पहला हिस्सा, ~ colour सुस्त, बीमार; **~hand** *a.* तात्कालिक, बिना तैयारी का [effect असर, speech भाषण]; he could not evade the ~ intervention वह तात्कालिक हस्तक्षेप टाल न सका; (~ print पुनःमुद्रण) ~ **shoot** (i) शाखा^F, टहनी^F, डाल^F; (ii) परिणाम; **~season** मंदी^F का मौसम. **III.** *prep.* से : clean the mud ~ your shoes अपने जूते पर से कीचड़ हटाओ; you must keep these boys ~ the field तुम्हें इन लड़कों को खेत से दूर रखना (हटा देना) चाहिए : cut a piece ~ the loaf डबल रोटी का एक टुकड़ा काट लो; ~ **the point** असंगत; his speech was quite ~ the point उसका भाषण पूर्ण रूप से असंगत था; ~ one's head पागल : yesterday he was ~ his head कल वह पागल हो गया था.

offence अफ़ेंन्स' *n*^c. **1.** (misdeed) अपराध, दोष : it is an ~ to ride a bicycle at night without light रात^F में बिना प्रकाश के साइकिल पर सवारी^F करना अपराध है : explain the cause of ~ अपराध के कारणों की व्याख्या^F कीजिए; ~ against God पाप. **2.** (offending) दुर्व्यवहार, तिरस्कार : I meant no ~ अपमान करने का मेरा कोई इरादा नहीं था; without ~ to anybody बिना किसी व्यक्ति के तिरस्कार के. **3.** अप्रसन्नता^F, नाराज़गी^F, खीझ^F : **give ~ to** somebody किसी को नाराज़ करना : he gave ~ to his friend उसने अपने मित्र को नाराज़ कर दिया; to cause ~ to smb किसी को नाराज़ करना; **take ~** नाराज़ होना : he took ~ to his wife वह अपनी पत्नी से नाराज़ हो गया; he took ~ at his remark वह उस टिप्पण पर नाराज़ हो गया. **offend** अफ़ेंन्ड *vt.* **1.** भंग करना, तोड़ना, उल्लंघन करना : he must be punished, he has ~ed the rules उसे दंडित किया जाना चाहिए, उसने कानून का उल्लंघन किया है. **2.** (make angry) नाराज़ करना, अप्रसन्न करना : ~ deliberately

जानबूझकर ≈; his words ~ed her उसके शब्दों ने उसे नाराज़ कर दिया; she is ~ed so soon वह इतनी जल्दी खीझ जाती है. **3.** अपमान या तिरस्कार करना : I am sorry if I've ~ed you मुझे खेद है यदि मैंने आपका अपमान किया है; I do not intend to ~ you आपका अपमान करने का मेरा कोई इरादा नहीं है. **4.** (to be unpleasant) बुरा लगना : it ~s the ears, eyes यह कानों, आँखों^F को बुरा लगता है. **offensive** अफ़ेन्'सिव **I.** *a.* **1.** (repugnant) घिनौना, घृणास्पद, घृणाजनक [boil फोड़ा, goods माल, sight दृश्य]; who would like his ~ talks उसकी घिनौनी बातों^F को कौन पसंद करेगा. **2.** (insulting) तिरस्कारपूर्ण, अपमानजनक [language भाषा^F, remark टिप्पणी^F]; I dislike him for his ~ behaviour उसके ≈ व्यवहार के कारण मैं उसे नापसंद करता हूँ. [*ant.* in ~] **3.** (attacking) आक्रामक [action कार्यवाही, position स्थिति^F, power शक्ति^F]; they have many ~ weapons उनके पास बहुतसे आक्रामक हथियार हैं. **II.** *n*^u. हमला, आक्रमण [serious गंभीर, violent ज़ोर का]; he was leading the ~ वह ≈ का नेतृत्व कर रहा था; to take the ~ आक्रामक कार्रवाई करना.

offer ऑ'फ़र **I.** *n*^c. **1.** (proposal) प्रस्ताव : acceptable ~ स्वीकार्य ≈; ~ of help सहायता^F का ≈; you ought to accept the ~ तुम्हें प्रस्ताव को स्वीकार कर लेना चाहिए; thank you for your kind ~ आपके कृपापूर्ण प्रस्ताव के लिए धन्यवाद. **2.** (present) भेंट^F : excellent ~ उत्कृष्ट ≈; our ~ was not so low as he says हमारी भेंट वैसी घटिया न थी जैसा कि वह कहता है. **II.** *v.t.* **1.** पेश करना, प्रस्ताव करना, प्रस्तुत करना : he ~ed me a chair उसने मुझे कुर्सी^F पेश की; has he ~ed you help क्या उसने तुम्हें सहायता^F देने का प्रस्ताव किया था; to ~ prayers प्रार्थना^F करना; to ~ one the service किसी को नौकरी देने का प्रस्ताव करना; to ~ one's opinion अपना मत प्रस्तुत करना. **2.** (bid) दाम या मोल लगाना : to ~ good price for the things वस्तुओं^F का अच्छा मूल्य लगाना. **3.** (attempt) की चेष्टा^F करना : he ~ed to do the work, but could not succeed उसने काम करने की चेष्टा की किंतु सफल नहीं हुआ. **4.** पेश होना, प्रस्तुत होना, आ जाना : he ~ed himself before the magistrate वह मजिस्ट्रेट के सामने प्रस्तुत हुआ. [*ant.* withdraw]

office ऑ'फ़िस *n*^c. **1.** पद : high ~ उच्च ≈; the ~ of the head of a department विभागाध्यक्ष का पद; ~ of profit आर्थिक लाभ का ≈; to enter upon or take ~ ≈ ग्रहण करना; he resigned his ~ उसने पदत्याग किया. **~bearer** पदधारी. **2.** (duty) कार्य, कार्यभार : to hold ~ as a manager मैनेजर के रूप में कार्यभार सँभालना. **3.** (department, place) कार्यालय, दफ़्तर [branch शाखा^F, central केंद्रीय]; he works in the manager's ~ वह मैनेजर के ≈ में काम करता है; the ~ opens at 10 a.m. ≈ सुबह^F दस बजे खुलता है. **4.** कृपा^F : through your good ~s आपकी महती ≈ से. **~holder** *n*^c. पदाधिकारी : ~ of a club क्लब का ≈; some ~s have resigned कुछ पदाधिकारियों ने त्यागपत्र दे दिया है. **officer** ऑ'फ़िसर *n*^c. पदाधिकारी, अधिकारी, अफ़सर [commissioned (military) कमीशनप्राप्त (मिलिटरी), honest ईमानदार, local स्थानीय, medical चिकित्सा, senior वरिष्ठ/सीनियर]; the father of my friend is an income tax ~ मेरे मित्र के पिता आयकर अधिकारी हैं; he is the commanding ~ of the army वह सेना^F का कमांडिंग अधिकारी है; I am election ~ this time इस समय मैं चुनाव ≈ हूँ; ~ in charge कार्यभारी अधिकारी, प्रभारी या भारवाह अधिकारी : ~ incharge of the police station appointed by the government सरकार^F द्वारा नियुक्त पुलिस थाने का प्रभारी अधिकारी. **official** अ फ़ि'शॅल **I.** *a.* **1.** (authoritative) अधिकारिक, सरकारी, राजकीय, शासकीय, पदीय [act काम, document दस्तावेज़, duty कर्तव्य, letter पत्र, report रिपोर्ट, residence निवास, stamp स्टाम्प, statement कथन]; ~ language राजभाषा^F; ~ translation अधिकृत अनुवाद; ~ member सरकारी सदस्य; ~ title पदनाम; he never follows his ~ obligation वह

अपने शासकीय कर्तव्यों का कभी पालन नहीं करता. 2. कार्यालयी : ~ correspondence ≈ पत्राचार. 3. (formal) औपचारिक [answer उत्तर, reception स्वागत, work काम]; it was an ~ meeting of the Prime Minister with the President यह प्रधानमंत्री की राष्ट्रपति से ≈ भेंट थी. [*ant.* un ~] **II.** *n*ᶜ. पदाधिकारी, अधिकारी [careless लापरवाह, honest ईमानदार]; he is an ~ in the Railway ministry वह रेल-मंत्रालय में ≈ है; ~s are not doing well these days इन दिनों ≈ अच्छा काम नहीं कर रहे हैं. **officiate** अ फ़ि'शिएट *v.t.* **1.** (किसी पद पर) काम करना, का कार्य करना या निभाना : to ~ as a host मेज़बान होना; he ~d as chairman in divisional office उसने मंडल कार्यालय में अध्यक्ष के रूप में काम किया; to ~ at a wedding शादी[F] पर पुरोहित का काम करना. **2.** (replace) स्थानापन्न होना; he ~s as officer on this post वह इस पद पर स्थानापन्न अधिकारी है. **officiating** अफ़ि'शिएटिंग *a.* स्थानापन्न [director निदेशक, manager प्रबंधक, principal प्राचार्य]; both are ~ officers दोनों ≈ अधिकारी हैं.

offshoot आफ़'शूट *n.* **1.** (प्र) शाखा[F], टहनी[F], डाल[F] [big बड़ी, strong मज़बूत, thin पतली]; ~ of a tree एक पेड़ की ≈; Bahris, Kakkars and Seths are some of the ~s of the same gotra बाहरी, कक्कड़, सेठ एक ही गोत्र की शाखाएँ हैं; ~ of a firm किसी व्यवसायी प्रतिष्ठान की शाखा. **2.** नतीजा, परिणाम, फुल [remarkable उल्लेखनीय, unexpected अप्रत्याशित]; an ~ of negotiations बातचीत का परिणाम.

offside ऑफ़ साइड' **1.** *a. & n*ᶜ. (*ant.* onside) दाहिना : ~ wheel ≈ पहिया; ~ of a horse घोड़े के दाहिने ओर; don't walk on the ~ of the road सड़क के दाहिनी तरफ़[F] मत चलो. **2.** *adv.* he played ~ उसने दाहिनी ओर हिट किया.

offspring ऑफ़'स्प्रिङ्ग *n*ᶜ. **1.** संतान[F], संतति[F] [illegal अवैध, real सगी]; mothers love their ~ माँ अपनी संतति से प्यार करती है; at eighty he had no wife and no ~ अस्सी वर्ष की अवस्था में उसके कोई पत्नी और संतान न थी. **2.** (produce) उपज : extraordinary ~ असाधारण ≈; we will get good ~ this year इस साल हम अच्छी उपज पाएंगे. **3.** (result) परिणाम, फल : we were surprised to know the unexpected ~ of their discussion उनकी परिचर्चा[F] का अप्रत्याशित परिणाम जानकर हमें बड़ा आश्चर्य हुआ.

often ऑ'फ़न *adv.* अक्सर, प्राय:, बहुधा : it is ~ very hot in April here अप्रैल में यहाँ ≈ बहुत गर्म रहता है; we do not go ~ there हम वहाँ ≈ नहीं जाते; I ~ go to the field मैं प्राय: मैदान में जाता हूँ; we ~ have dinner early हम प्राय: दोपहर का भोजन जल्दी लेते हैं; I ~ see him in the fruit market मैं प्राय: उन्हें फलों के बाज़ार में देखता हूँ; as ~ as जब भी, हर बार : as ~ as I went to his house, he was away मैं जब भी उसके घर गया वह बाहर ही था; how ~ कितनी बार; more ~ than not प्राय: अनेक बार; more ~ than not he is drunk ≈ वह पिये रहता है. [*ant.* seldom]

oh ओ *interj.* ओह, हे : ~ ! Santosh, you are here हे ! संतोष, तुम यहाँ हो; ~ ! we have won the match अरे ! हम मैच जीत गए ?

O.I.G.S. On India Government Service.

oil ऑइल **I.** *n.* तेल [kerosene मिट्टी का तेल, refined शोधित, scented सुगंधित]; ~ cake खली; ~ can तेल का डिब्बा; ~ cloth मोमजामा; ~ colour तेल रंग; ~ field (पेट्रोल) तेल क्षेत्र; ~ man तेली; ~ mill कोल्हू; ~ painting तैलचित्र; ~ seeds तिलहन; ~ tanker तेलपोत; ~ well तेलकूप; to throw ~ on the fire आग में तेल डालना; the machine needs - ~ मशीन[F] में ≈ की आवश्यकता[F] है. Δ ~ **and vinegar** परस्पर विरोधी वस्तुएं : ~ and vinegar cannot go on परस्पर विरोधी वस्तुएं एक साथ नहीं रह सकतीं. **to burn the midnight ~** रात[F] को देर रात तक काम करना; **to pour ~ on the flames** आग में घी डालना; **to pour ~ on the troubled waters** झगड़ा शांत करना : if he had not poured ~ on the troubled waters the quarrel could not have been resolved यदि उसने झगड़ा शांत न किया होता तो वह बंद न होता. **to strike oil** खान से तेल निकालना. **II.** *v.t.* तेल देना, डालना, लगाना या भरना : ~ a machine मशीन^F में तेल दो; he had been ~ing his bicycle and his hands were dirty वह अपनी साइकिल^F में तेल देता रहा था और उसके हाथ गंदे थे. Δ **to ~ one's palm** घूस^F देना; **to ~ one's tongue** मीठी-मीठी बातें^{F} करना.

oily ऑइ'लि *a.* **1.** (oil-like) तेलिया : liquid ~ चिपचिपा द्रव. **2.** (containing oil) तेलवाला; ~ pots ≈ बर्तन. **3.** (greasy) तेल से भरा : the machineman was wearing dirty and ~ clothes मशीनवाला गंदे और तेल से भरे कपड़े पहने था. **2.** (of words) चिकना-चुपड़ा; (person) चाटुकार, चापलूस; I cannot appreciate his ~ talks मैं उसकी चिकनी-चुपड़ी बातों को पसंद नहीं कर सकता; ~ manner चापलूसी^{F} : I dislike his ~ manner मैं उसकी चापलूसी नापसंद करता हूँ.

ointment आइन्ट्'मन्ट *n.* विलेप, मरहम [antiseptic प्रतिरोधन, useful उपयोगी]; ~ is an oily medicine ≈ एक चिकनी दवा^{F} है; rub some ~ on the skin चमड़ी^{F} पर कुछ ≈ मल दो; put a little ~ on the wound घाव पर थोड़ी ≈ लगा दो; some ~s are used as cosmetics कुछ मरहम सौंदर्य-प्रसाधन में भी इस्तेमाल की जाती हैं.

okay (O.K.) ओ के' **I.** *adv.* all right बिलकुल ठीक : the machine operates ~ मशीन^F ≈ चल रही है; we shall meet tomorrow, ~ हम कल मिलेंगे, ≈; he looks ~ now वह अब ≈ दिखता है; it is ~ सब ठीक है. **II.** *interj.* बहुत अच्छा : will you come ~ आओगे ना ? ≈; that 's ~ सब अच्छा है. **III.** *v.t.* मंज़ूरी^{F} देना; my father okayed the idea मेरे पिता ने इस विचार को मंज़ूरी दे दी.

old ओल्ड *a.* **1.** बूढ़ा, वृद्ध [man आदमी, servant नौकर, teacher अध्यापक]; ~ woman बूढ़ी औरत; ~ workers बूढ़े कामगार; ~ age बुढ़ापा, वृद्धावस्था^{F}; he is growing ~ वह बूढ़ा हो रहा है. **2.** उम्र^F का : how ~ are you तुम्हारी उम्र कितनी है ? I am a year older than you मैं (उम्र में) तुमसे एक साल बड़ा हूँ; when I was ten years ~ जब मेरी उम्र दस साल की थी, जब मैं दस साल का था; the baby is four months ~ बच्चा चार महीने का है. **3.** (former) पूर्व, भूतपूर्व [clerk क्लर्क, लिपिक, boy विद्यार्थी, student छात्र, teacher अध्यापक]. **4.** (ancient) प्राचीन, पुराना : ~ custom ≈ रिवाज; ~ building ≈ इमारत^F; ~ institutions ≈ संस्थाएँ^{F}; ~ civilization ≈ सभ्यता^{F}; Kalidas is one of the ~ dramatists कालिदास ≈ नाटककारों में से हैं. **5.** (in existence) पुराना [factory कारख़ाना, house मकान, tree पेड़]; ~ machine पुरानी मशीन^F; ~ clothes पुराने कपड़े; this is my ~ dress यह मेरी पुरानी पोशाक^F है; my shoes are now getting old मेरे जूते अब पुराने हो रहे हैं. [*ant.* new] **6.** (experienced) अनुभवी : he is an ~ hand in this factory वह कारख़ाने में एक ≈ कामगार है; she is the oldest nurse वह सब से अधिक अनुभवी नर्स है. **the ~** बूढ़े लोग; a house for the ~ वृद्धाश्रम; hospitals for the ~ बूढ़े लोगों का हस्पताल. [*ant.* young] [older, oldest, (relatives elder, eldest)].

omelette, omelet आम्' लिट n^c. आमलेट : tasteful ~ स्वादु ≈; I had an ~ with my breakfast मैं ने नाश्ते के साथ ≈ लिया; ~ is made of well-beaten eggs ≈ अच्छी तरह फेंटे हुए अंडों का बनता है. make two ~s for me in a frying pan कड़ाही^{F} में मेरे लिए दो ≈ बना दो.

omen ओ'मन n^c. शकुन, सगुन [bad बुरा/अशुभ, encouraging उत्साहवर्द्धक, good अच्छा/शुभ]; he saw a black dog and said, "It is a good ~ " उसने काला कुत्ता देखकर कहा कि यह अच्छा ≈ है; rainbow is considered a good ~ इंद्रधनुष अच्छा ≈ माना जाता है; it is an ill ~ if a cat crosses your path यदि बिल्ली^{F} रास्ता काट दे तो बुरा ≈ होता है. **ominous** ऑ'मिनस *a.* (sinister) अशुभ, अनिष्टकारक [black clouds काले बादल, mention उल्लेख, signs लक्षण]; this sound of a jackal is ~ सियार/गीदड़ की यह आवाज़^{F} ≈ है. the decision of the opposition appears to be ~ विरोधी पक्ष का निर्णय ≈ जान पड़ता है.

omission अ मि'शन *n*[c]. 1. (non-performance) छूट[F] : there are several ~s of names in the list सूची[F] में कई नाम छूट गए हैं; I regret the ~ of some important items in the programme कार्यक्रम में कुछ महत्वपूर्ण बातों[F] की छूट का मुझे खेद है. **2.** भूल-चूक[F] [great भारी, slight मामूली]; ~ of an act किसी काम में ≈; to rectify an ~ ≈ सुधारना. **omit** अ मिट' *v.t.i.* (*p. & p.p.* omitted) **1.** छोड़ देना : you can ~ the last stanza in this poem तुम इस कविता का अंतिम छंद छोड़ सकते हो; I am sorry, I ~ ted one word in this line मुझे खेद है कि मैं इस पंक्ति[F] में एक शब्द छोड़ गया हूँ; his name was ~ted from the list of voters उसका नाम मतदाताओं की सूची[F] में छूट गया (नहीं आया). **2.** न करना : to ~ to sign a cheque चेक पर (भूल से) हस्ताक्षर न करना; I ~ ted to mention that... मैंने इसका ज़िक्र नहीं किया कि. . . . [*ant.* include] **3.** भूल जाना : don't ~ shutting the door behind you अपने पीछे दरवाज़ा बंद करना न भूल जाना.

on ऑन **I.** *prep.* **1.** पर : a lecture on modern poetry आधुनिक काव्य पर एक व्याख्यान; ~ the floor फ़र्श पर; a watch on one's wrist किसी की कलाई[F] पर एक घड़ी[F]; a lamp on the table मेज़ पर एक लम्प; this is a book on music यह पुस्तक[F] संगीत पर है; he spoke on the events of the day वह आज की घटनाओं[F] पर बोला; he arrived on time वह ठीक समय पर पहुँचा; he was held up on suspicion वह संदेह में पकड़ा गया; she is ~ leave वह छुट्टी[F] पर है; they are ~ strike वे हड़ताल[F] पर हैं; he lives ~ pension वह पेंशन[F] पर गुज़ारा करता है. **2.** (near) के पास; you will find a theatre ~ the road सड़क के पास में तुम्हें एक थिएटर मिलेगा. **3.** के समय, को : ~ the first of September... पहली सितंबर को; we'll meet on a cold winter night हम ठंडी जाड़े की रात[F] को (के समय) मिलेंगे; it was on the morning of first May यह पहली मई की सुबह[F] का समय था. **4.** (other contexts) he is on the committee वह समिति का सदस्य है; I went there ~ business मैं काम से वहाँ गया था. **II.** *a.* (in operation) जारी : the play is ~ खेल ≈ है; the light is ~ बत्ती जल रही है; the dance is ~ नाच हो रहा है; water won't be ~ today आज पानी नहीं मिलेगा. **III.** *adv.* **1.** (onward) आगे : you may get ~ आप आगे बढ़ जाए, तुम आगे बढ़ सकते हो. **2.** continuously बराबर, निरंतर : he went on speaking वह बोलता चला गया; the soldiers marched ~ सैनिक मार्च करते चले. **3.** पहना हुआ : he had a turban on उसने पगड़ी[F] पहन/बाँध रखी थी; the orphan boy had nothing on अनाथ बच्चे ने कुछ नहीं पहन रखा था; on guard सावधान : he should be on his guard उसे सावधान रहना चाहिए. Δ **and so** ~ इत्यादि : we went into the shop and bought shoes, socks, pens, copies, and so on हम दुकान[F] के अंदर गए और जूते, मोज़े, कलमें, कापियाँ इत्यादि खरीदीं : to **be ~ fire** जलना : a house was on fire in the next street अगली गली[F] में एक मकान जल रहा था; **further ~** और आगे : the school is further on स्कूल और आगे है; **off and ~** कभी-कभार : they meet off and ~ वे कभी-कभार मिलते हैं; on its last legs समाप्त प्राय; honesty these days is on its last legs इन दिनों ईमानदारी[F] समाप्तप्राय है; **~ merit** गुण-दोष या योग्यता[F] के आधार पर : appointments will be made purely on ~ नियुक्तियाँ[F] विशुद्ध रूप से योग्यता के आधार पर की जाएँगी; **~ the other hand** इसके विपरीत, उलटे : it is good, but on the other hand it is costly यह अच्छा है, किंतु इसके विपरीत, महँगा है; on the one hand he is poor and on the other he is dishonest एक तरफ तो वह ग़रीब है पर उलटे बेईमान है; **on the whole** कुल मिलाकर : it was a very useful discusssion on the whole कुल मिलाकर यह चर्चा[F] बड़ी उपयोगी रही; **on this account** इस कारण से : on this account it is true इस कारण से यह सही है. **~looker** *n*[c]. दर्शक, प्रेक्षक [numerous अनेक, zealous उत्साही]; ~s at the hockey match हाकी के खेल में

≈; ~ at the accident दुर्घटना[F] के प्रेक्षक; **~-rush** *n*[u]. (of water) प्रवाह, बहाव : ~ of people at a fair मेले में लोगों की ठेल-पेल[F] (लोगों का रेला); ~ at the cinema booking house सिनेमा बुकिंग-ऑफ़िस पर रेला; **~set** *n*[c]. **1.** आक्रमण : ~ of a disease बीमारी[F] का ≈; ~ of enemy शत्रु का ≈. **2.** प्रारंभ : it is the first ~ of rains यह बरसात का पहला ≈ है. **~side** ऑन्'साइड *n*[u]. (आन साइड) बाईं तरफ : three fielders on the ~ ≈ के तीन क्षेत्ररक्षक; **~to** *prep.* के ऊपर : he climbed ~ a rock वह एक चट्टान[F] पर चढ़ गया; **~ward** ऑन्'वर्ड *a.* आगे [march कूच, movement गति[F], progress विकास]; **~wards** *adv.* आगे : the soldiers marched ~ सैनिक आगे बढ़े; **from now ~** I shall take classes at 10 A.M. अब से (आगे से) मैं सुबह[F] दस बजे कक्षाएँ[F] लूँगा; go ~ आगे बढ़ो, बढ़ते चलो.

once वन्स **I.** *adv.* **1.** एक बार[F] : I have been there only ~ मैं वहाँ केवल ≈ गया हूँ; ~ my mother told me that ... ≈ मेरी माँ ने मुझे बताया कि . . . ; take this medicine ~ a day यह दवा[F] दिन में ≈ लेना; I'll call you ~ मैं एक बार आपको बुलाऊंगा; ~ again एक बार फिर; ~ more एक दफा[F] और : do it ~ more इसे एक बार और करो. **2.** किसी समय; कभी : he was ~ a rich man किसी समय वह एक धनी आदमी था; I was very fond of him ~ ≈ मैं उसका बहुत स्नेही था; I was ~ a clerk मैं कभी लिपिक था; this fashion was ~ very popular कभी यह फ़ैशन बहुत लोकप्रिय था. **II.** *conj.* जब, ज्यों ही, जैसे ही, जब कभी : ~ you begin you should finish it ≈ तुम शुरू करो, तुम्हें इसे समाप्त कर देना चाहिए; ~ you have learnt Hindi, it is easy to learn Gujrati जब तुम हिंदी[F] सीख जाते हो तो गुजराती[F] सीखना आसान हो जाता है. **Δ all at ~** (i) अचानक : he came there all at ~ वह अचानक वहाँ आ गया; (ii) सब मिलकर, सब एक साथ : do not talk all at ~ ≈ बात[F] मत करो; don't come to me all at ~ ≈ मेरे पास मत आओ; **at ~** (i) तुरंत : we agreed at ~ हम तुरंत सहमत हो गए; go at ~ तुरंत चले जाओ; (ii) एक साथ : you cannot do all things at ~ तुम सभी चीज़ें एक साथ नहीं कर सकते; **for ~** अब की बार : I'll succeed for ~ surely मैं इस बार ज़रूर सफल होऊंगा; **~ and again** बारंबार : he was saying the same thing ~ and again वह वही बात[F] बारंबार कह रहा था; **~ for all** सदा के लिए, अंतिम रूप से : understand ~ that it is not allowed हमेशा के लिए समझ लो कि इसकी अनुमति[F] नहीं है; **~ in a while** कभी-कभार : I meet him ~ in a while in the office कार्यालय में मैं उससे कभी-कभार मिलता हूँ; **~ or twice** एक-दो बार : I have been to Lucknow ~ or twice मैं लखनऊ एक-दो बार गया हूँ; **~ upon a time** बहुत पहले : ~ upon a time there lived a lion in the forest बहुत पहले जंगल में एक शेर रहता था.

one वन **I.** *n*[u]. **1.** एक : I have only ~, I cannot give it to you मेरे पास केवल एक है मैं इसे तुम्हें नहीं दे सकता. **2.** इक्का : ~ of a playing card ताश[F] का इक्का. **3.** कोई व्यक्ति : how should one behave at a dinner party किसी व्यक्ति को भोज पार्टी में कैसा व्यवहार करना चाहिए ? **4.** little ~s छोटे बच्चे. **II.** *a.* **1.** एक [boy लड़का, girl लड़की, question प्रश्न, room कमरा, thousand हज़ार, time समय/बार, way रास्ता, window खिड़की[F]]; I will bring you here ~ day मैं एक दिन तुम्हें यहाँ लिवा लाऊंगा; he had only ~ dog उसके पास केवल ≈ कुत्ता था; I met him ~ night मैं उससे एक रात मिला; ~ morning I was sitting at the police station ≈ सुबह[F] मैं पुलिस थाने में बैठा था : I saw a ~ eyed man yesterday मैंने कल एक आँख वाला (काना) आदमी देखा; they are all of ~ opinion इन सबकी ≈ राय है; the neighbours will all become ~ सब पड़ोसी ≈ हो जाएँगे; it is ~ and the same thing एक ही बात[F] है. **2.** (unparalleled) एक ही, अकेला : he was the ~ man whom you compare not वह एक अकेला आदमी था जिससे तुम तुलना[F] नहीं कर सकते. **3.** ~ and a half डेढ़ : ~ and a half thousand people डेढ़ हज़ार लोग; ~ month and a half डेढ़ महीना;

twenty-one इक्कीस; thirty-one इकतीस; forty-one इकतालीस; (see Appendix) **4.** कोई : ~ man named Prakash ≈ प्रकाश नाम का आदमी. **III.** *pron.* वह, कोई : this dress is more expensive than that ~ यह पोशाक[F] उससे अधिक महँगी है; which ~ will you take तुम कौन सी लोगे ? how can ~ know that ... कोई कैसे जान सकता है कि Δ to **be at ~ with smb** किसी से सहमत होना : they were at ~ on this matter इस मामले पर वे एक मत थे; **make ~** जोड़ देना, एक बना देना : all ropes were made one सभी रस्सियाँ[F] एक कर दी गईं; **~ and all** सभी : you are invited ~ and all आप सभी आमंत्रित हैं; ~ and all participated in the meeting बैठक[F] में सब के सब सम्मिलित हुए; **~ another** एक-दूसरे को, परस्पर : they were abusing one another वे एक-दूसरे को गाली[F] दे रहे थे; **~ by ~** एक-एक करके : ~ by ~ the members disappeared एक-एक करके सदस्य गायब हो गए; **~ or two** एक-दो : there are ~ or two seats left एक-दो सीटें[F] रह गईं हैं; one way traffic एक-दिश यातायात. **oneself** वन्'सेॅल्फ़ *reflex. pron.* स्वयं, ख़ुद : recognise ~ खुद को पहचानो; do smth for ~ स्वयं के लिए कुछ करो; one cannot think only of ~ एक व्यक्ति केवल अपने बारे में ही नहीं सोच सकता.

onion अ'न्यॅन *n*[c]. प्याज़ [knotty गाँठदार, red लाल, small छोटा]; ~ has a strong smell प्याज़ की ज़ोरदार गंध होती है; skin of the ~ प्याज़ का छिलका; ~ is used as a vegetable ~ का सब्ज़ी के रूप में प्रयोग किया जाता है.

only ओन्'लि **I.** *a.* अकेला, [answer उत्तर, chance अवसर, example उदाहरण, fault दोष]; ~ child इकलौता बच्चा; ~ daughter/girl इकलौती लड़की/बेटी; this is the ~ book I could find on this subject इस विषय पर मैं यह एकमात्र पुस्तक पा सका हूँ; he was their ~ child and was very spoiled वह उनका एक-मात्र बच्चा था और बिगड़ा हुआ था; at that time I was the ~ person in the office उस समय मैं कार्यालय में अकेला व्यक्ति था. **II.** *adv.* केवल, सिर्फ़, मात्र, ही : I need ~ five rupees now अभी मुझे केवल पाँच रुपये की आवश्यकता[F] है; I only wanted to say that ... मैं केवल यह कहना चाहता था कि . . . ; he not only heard it, he saw it too उसने इसे सुना ही नहीं, देखा भी; ~ you can help me केवल तुम मेरी सहायता[F] कर सकते हो; ~one song केवल एक गीत; I was only trying to explain it मैं केवल/मात्र इसकी व्याख्या[F] करने की चेष्टा[F] कर रहा था.

ooze ऊज़ **I.** *n*[u]. (soft mud) दलदल : you will find ~ in the pond तुम्हें पोखरे में दलदल मिलेगी. **II.** *v.i.* रिसना, चूना, टपकना : ~ fastly तेज़ी से ≈; water was ~zing out of the drain नाली से पानी बह रहा था; liquid was ~ing from the crack दरार[F] से द्रव चू रहा था; blood is ~ing from his wound उसके घाव से ख़ून रिस रहा है.

O. P. D. Outdoor Patients Department.

open ओ'पन **I.** *a.* **1.** (not shut or closed) खुला [bag बस्ता, box संदूक, gate फाटक, letter पत्र]; ~ book खुली किताब; ~ eyes खुली आँखें[F]; ~ window खुली खिड़की[F]; the doors were wide open दरवाज़े पूरे खुले थे; who left it ~ इसे किसने खुला छोड़ दिया ? the museum is ~ to the public संग्रहालय जनता[F] के लिए खुला है; the shops are ~ today दुकानें[F] आज खुली हैं. [*ant.* close] **2.** (uncovered) an ~ drain खुली नाली[F]; ~ cart खुली गाड़ी[F]. **3.** (receiving) खुला : with an open mind खुले मन से. **4.** (without barriers) ~ country side खुला मैदान; ~ air खुली हवा[F]. **5.** (not hidden) खुला, प्रकट : ~ thoughts खुले विचार; ~ contempt for smb किसी की ≈ मानहानि. **6.** (undecided) अनिर्णीत, विचाराधीन : the matter is still ~ मामला अब भी विचाराधीन है; ~ question ≈ प्रश्न. **7.** (other contexts) **~eyed** *a.* चौकस : ~ look ≈ निगाह[F]; **~handed** *a.* मुक्तहस्त, उदार; **~ hearted** ईमानदार; **~minded** निष्पक्ष, बेलाग; **~mouthed** (i) लोभी; (ii) स्पष्टवादी; (iii) चकित : he looked at the building ~ mouthed वह मुँह बाए भवन को

देखता रहा : ~**question** विवाद का विषय. **8.** निष्कपट : he presented his ~ views on the point उसने विषय पर अपने निष्कपट विचार प्रस्तुत किए; I want to be ~ with you मैं तुमसे निष्कपट व्यवहार करना चाहता हूँ; with ~ arms खुले मन से. **II.** *n*[u]. खुला मैदान : they sleep in the open वह खुले में सोते हैं; come to the ~ खुले में आइए (खुलकर बात कीजिए). **III.** *v.i.* **1.** खुलना, खुल जाना : are the shops ~ now क्या दुकानें[F] अब खुली है? the shop ~s at nine o'clock दुकान नौ बजे खुलती है; this gate ~s into a lane यह फाटक गली[F] में खुलता है. **2.** शुरू/प्रारंभ होना : the session of the legislative assembly will ~ tomorrow विधान सभा[F] का सत्र कल शुरू होगा. **3.** (blossom) the bud has opened into a flower कली[F] खुलकर फूल बन गई है. **IV.** *v.t.* **1.** खोलना, खोल देना : ~ slowly धीरे-से ≈; the servant ~ed the door नौकर ने दरवाज़ा खोला; ~your books at page nine पृष्ठ नौ पर अपनी-अपनी किताबें[F] खोलो; ~ the door wide दरवाज़ा पूरा खोल दो; ~ the road for traffic यातायात के लिए सड़क खोल दो. **2.** प्रकट करना : to ~ the matter before the lawyer वकील से मामले को ≈. **3.** (start) आरंभ/शुरू करना : to ~ a debate वाद-विवाद ≈; to ~ a session सत्र का उद्घाटन करना : to ~ a programme with a prayer प्रार्थना[F] के साथ कार्यक्रम आरंभ करना. Δ to ~ **smb's eyes** किसी को सजग करना; to ~ **fire at/on.** गोली[F] चलाना : the police ~ed fire at/on the mob पुलिस[F] ने भीड़[F] पर गोली चला दी; ~ **out** फैल जाना : the bad things ~ out very soon बुरी बात[F] बहुत जल्दी फैल जाती हैं; ~ **up** (i) खोलना : to ~ up a wound घाव खोलना; do not ~ up the door like this इस तरह दरवाज़ा खुला न रखा करो; they ~ed up the road उन्होंने सड़क[F] को खोल दिया; (ii) शुरू करना : to ~ up a new business नया व्यवसाय शुरू करना. **opener** ओ'पॅनर *n.* & *a.* **1.** खोलने वाला : tin ~ टिन खोलने वाला; bottle ~ बोतल खोलने वाला (उपकरण). **2.** उद्घाटन : he is the ~ batsman of India वह भारत का ≈ बल्लेबाज़ है. **opening** ओप्'निङ्ग **I.** *n*[u]. **1.** (beginning) प्रारंभ : I was not attentive at the ~ of the story कहानी[F] के ≈ में मेरा ध्यान नहीं था. **2.** (inauguration) उद्घाटन : the opening of the exhibition प्रदर्शनी का ≈. **3.** *n*[c]. (aperture) विवर, छेद, मुख : there is an ~ in the wall दीवार[F] में एक छेद है; the ~ of the volcano throws magma from itself ज्वालामुखी के मुख से मैग्मा निकलता है. **4.** (game) प्रारंभिक चाल[F] : at the ~ of the chess शतरंज की ≈ में. **5.** (open space) खुली जगह[F]; an ~ in the fence जंगले में ≈. **6.** new ~s in technology प्रौद्योगिकी के क्षेत्र में नए द्वार. **II.** *a.* **1.** पहला, प्रारंभिक : ~ attempt ≈ प्रयास; ~ speech ≈ भाषण; ~ story पहली कहानी[F]. **2.** उद्घाटक : Sunil Gavaskar was a great ~ batsman of India सुनील गावस्कर भारत के महान उद्घाटक बल्लेबाज़ थे. ~**ceremony** उद्घाटन समारोह. **openly** ओपन्'लि *adv.* खुलेआम, खुल्लम खुल्ला, खुलकर : the man said ~ that.... आदमी ने खुलेआम कहा कि...; talk to him ~ उससे खुलकर बात करो; he ~ opposed me उसने खुले आम मेरा विरोध किया; he is ~ known as a ruffian वह खुले आम बदमाश के रूप में जाना जाता है. [*ant.* secretly]

opera ऑ'पॅरा *n*[c]. गीति-नाट्य [classical शास्त्रीय, grand शानदार]; I have two tickets for the ~ मेरे पास ≈ के लिए दो टिकट हैं; I am very fond of the ~ मैं ≈ का बहुत शौकीन हूँ; the ~ was a great success ≈ बहुत सफल रहा; I enjoyed the ~ मैने ≈ का आनन्द उठाया. ~**glasses** ऑपरा देखने का दूरदर्शी; ~ house ऑपरा घर.

operate ऑ'पॅरेट **I.** *v.t.* **1.** (conduct) चलाना : to ~ a machine मशीन[F] ≈; this machine is easy to ~ इस मशीन[F] को चलाना आसान है. the new machine ~s on petrol नई मशीन[F] पेट्रोल से चलती है. **2.** (accomplish) संपन्न करना : he ~d the work well उसने काम को अच्छी तरह संपन्न किया. **II.** *v.i.* **1.** शल्यक्रिया[F] करना, ऑपरेशन करना : he was ~d **on** his spleen उसकी तिल्ली[F] की

शल्यक्रिया की गई; the doctor ~d **on/upon** his heart डाक्टर ने उसके हृदय का आपरेशन किया; to be ~d **on** for cataract मोतियाबिंद का आपरेशन किया जाना. **2.** (to be in action) चलना : the machine ~s मशीन चलती है; their business ~s in several cities उनका धंधा कई शहरों में चलता है. **3.** (to take the effect) असर करना : the medicine ~ed very soon दवा^F ने बहुत जल्दी असर किया. **4.** the law does not ~ in our favour कानून हमारे हक में नहीं है.

operation ऑपॅरे'शन *n*^cu. **1.** (operating) प्रचालन, चालन, संचालन : complicated ≈ जटिल ≈; the ~ of this machine is not so easy इस मशीन^F का चालन इतना आसान नहीं है; keep the motor in ~ मोटर चालू रखो. **2.** (activity) कार्य : a difficult operation कठिन ≈. **3.** व्यापार : he cannot run this ~ वह इस ≈ को नहीं चला सकता. **4.** (mili.) फ़ौजी कार्रवाई^F : our armies made a successful ~ हमारी सेनाओं^F ने सफल ≈ की. **5.** (medicine) शल्यक्रिया, शल्योपचार, चीरफाड़^F, ऑपरेशन : the ~ was successful ऑपरेशन सफल था; he has to undergo a serious ~ उसे एक गंभीर ऑपरेशन कराना पड़ा; the surgeon performed an ~ on him for lungs सर्जन ने उसके फेफड़ों का ऑपरेशन किया. **in ~** चालू, जारी, (in force) लागू : the activities of terrorists are still in ~ उग्रवादियों की गतिविधियाँ^F अब भी जारी हैं; this law came into ~ in 1996 यह कानून 1996 में लागू हो गया. **operator** ऑ'पॅरेटर *n*^c. **1.** संचालक [efficient योग्य/दक्ष, clever होशियार]; computer ~ कंप्यूटर संचालक; telephone ~ टेलीफ़ोन संचालक; he is a good ~ of camera वह कैमरा का एक अच्छा ≈ है. **2.** शल्य चिकित्सक [expert कुशल, untrained अप्रशिक्षित]; Dr. Khurana is a prominent ~ of India डॉ. खुराना भारत के विख्यात ≈ हैं.

opinion अ पि'न्यन *n*^c. **1.** राय^F, सम्मति^F, मत [candid साफ़, editorial संपादकीय, general आम, mistaken गलत, personal व्यक्तिगत, public सार्वजनिक]; I am of this ~ मेरी यह राय है, मेरा यह मत है; to have a good ~ of some person किसी व्यक्ति के बारे में अच्छी राय रखना; in the ~ of the majority बहुमत की राय में; there may be different ~s on that subject उस विषय पर भिन्न-भिन्न मत हो सकते हैं; I asked my teacher's ~ about studies पढ़ाई^F के बारे में मैंने अपने अध्यापक की राय माँगी; what is your ~ about him उसके बारे में तुम्हारी क्या राय है ? public ~ is against this party लोकमत इस दल के पक्ष में नहीं है; I am of the ~ that we should agree मेरी राय है कि हमें सहमत हो जाना चाहिए; to have a poor/low ~ of smb किसी को घटिया/रद्दी समझना; to have a good/high ~ किसी को अच्छा समझना. **2.** (advice) सलाह^F, मशविरा : to get an ~ from a lawyer, doctor वकील, डाक्टर से सलाह^F करना. **3.** (estimation) मूल्यांकन [true सही, wrong ग़लत]; he did not reckon the true ~ of my work उसने मेरे काम का सही मूल्यांकन नहीं किया.

opium ओ'प्यम *n*^u. अफीम, अहिफेन : ~ is made from seeds of poppy अफ़ीम खसखस (पोस्त) के दानों (बीजों) से तैयार किया जाता है; ~ is smoked or chewed ≈ का या तो धूम्रपान होता है या वह चबायी जाती है; he is an ~ eater वह अफीमची है. **~den** अफीमचियों का अड्डा; ~plant पोस्त (poppy).

opp. opposite.

opponent अ पो'नन्ट **I.** *n*^c. प्रतिपक्षी, विरोधी, प्रतिद्वंद्वी [defeated हारा हुआ, strong मज़बूत, weak कमज़ोर]; ~ at football फुटबाल में ≈; he defeated his ~ easily उसने अपने ≈ को आसानी^F से हरा दिया; ~ in competition प्रतियोगिता में प्रतिद्वंद्वी. **II.** *a.* **1.** प्रतिकूल, विरोधी : ~ opinion ≈ विचार; he is of ~ thinking, I cannot agree with him वह ≈ विचारों वाला है, मैं उससे सहमत नहीं हो सकता. **2.** (opposite) सामने का : ~ portion ≈ भाग; you can only see the ~ part of the building from here यहाँ से तुम इमारत^F का केवल ≈ भाग ही देख सकते हो.

opportunity आपर ट्यू'निटि *n*^c. (सु)अवसर, मौका, सुयोग [splendid शानदार, wonderful

विचित्र]; let the ~ slip मौका निकाल जाने दो; I was waiting for an ~ to speak to you alone मैं आपसे अकेले बात करने का इंतज़ार कर रहा था; give an ~ to do smth कुछ करने का अवसर दो; ~ knocks only once ≈ केवल एक बार आता है; you must not lose this ~ तुम्हें यह मौका नहीं खोना चाहिए; it gave us an ~ to discuss the matter मामले पर बहस[F] करने का इससे मौका मिला; I am glad to have this ~ यह ≈ प्राप्त करके मुझे प्रसन्नता[F] है; to find an ~ अवसर पाना; to seize an ~ मौका न जाने देना. Δ ~ **knocks (at the door) only once** गया वक्त फिर हाथ आता नही.

oppose अ पोज़' *v.t.* का विरोध करना : I ~d him in the debate बहस[F] में मैंने उसका विरोध किया; she ~d my proposal उसने मेरे प्रस्ताव का विरोध किया; to ~ cruelty to animals जानवरों के प्रति अत्याचार का ≈ ; flood ~d our advance बाढ़ ने हमारे आगे बढ़ने को रोक दिया; to ~ a new law नए कानून का विरोध करना. **opposing** अ पो'ज़िङ्ग *a.* विरोधी : which is your ~ party तुम्हारी ≈ पार्टी कौन-सी है ? **opposite** ऑ'पॅज़िट **I.** *a.* **1.** (in position) सामने का [corner कोना, house मकान]; he lives on the ~ side of the school वह स्कूल के सामने की ओर[F] रहता है; on the ~ page सामने वाले पृष्ठ पर; there lived a girl on the ~ house सामने वाले मकान में एक लड़की रहती थी. **2.** विरुद्ध, विपरीत : we have ~ ideas on the subject इस विषय पर हमारे विपरीत विचार हैं; the direction ~ to south is north दक्षिण की विपरीत दिशा[F] उत्तर है; the situation is ~ to ours स्थिति हमारे ≈ है. **3.** (contrary) विरोधी, प्रतिकूल, उलटा : ~ party ≈ दल; fast is ~ of 'slow' 'फ़ास्ट' (तेज़) 'स्लो' (धीमा) का उलटा है; to row against the ~ wind हवा[F] के विरुद्ध नाव[F] चलाना. **II.** *n*[u]. उलटा : it is the ~ of what I say जो मैं कहता हूँ यह उसका ≈ है. **III.** *adv.* सामने : there is a shop ~ to the school gate विद्यालय के द्वार के सामने एक दुकान[F] है; he sits ~ to me in our office वह हमारे कार्यालय में मेरे ≈ बैठता है; he lives just ~ वह ठीक ≈ रहता है; to stand ~ to one's friend in election चुनाव में अपने मित्र के समानांतर खड़ा होना. **opposition** ऑपॅ ज़ि'शन *n*[u]. **1.** विरोध [fatal घातक, strong सख़्त, unexpected अप्रत्याशित]; to offer ~ विरोध करना; there was no ~ plan to build some houses on the farmer's field किसान के खेत में कुछ मकान बनाने की योजना[F] का कोई ≈ नहीं था; to act in ~ ≈ में काम करना; it was done in spite of ~ by the other party दूसरे पक्ष के विरोध के बावजूद इसे कर लिया गया. **2.** (polit.) विरोधी दल : powerful ~ सशक्त ≈; he belongs to the ~ वह ≈ से संबंधित है; ~ benches were vacant ≈ सीटें[F] ख़ाली थीं.

oppress अ प्रेॅस' *v.t.* **1.** दमन करना, सताना, अत्याचार करना : ~ tyrannically क्रूरता से ≈; the king ~ed his subjects राजा अपनी प्रजा[F] को सताता था (प्रजा पर अत्याचार करता था); the law ~es us कानून हमारा दमन करता है; the poor feel ~ed ग़रीब लोग महसूस करते हैं कि उन पर अत्याचार होता है. **2.** पीड़ित होना : I feel ~ed with worry, cold मैं चिंता[F], ठंड[F] से पीड़ित हूँ; to feel ~ed by the disease बीमारी[F] से ≈. **3.** (weigh down) भार डालना, दबाना [forcibly बलपूर्वक, lightly हल्के ढंग से]. **oppression** अ प्रेॅ'शन *n*[u]. दमन, अत्याचार, उत्पीड़न, ज़ुल्म : extreme ~ अत्यधिक ≈; to try to end ~ ≈ बंद करने का प्रयत्न करना; ~ of the rural people ग्रामीण लोगों पर अत्याचार; he was a victim of ~ वह ≈ का शिकार था. **oppressor** अ प्रेॅ'सर *n*[c]. अत्याचारी, तानाशाह : heartless ~ निर्दयी ≈; all the ~s must be punished सभी अत्याचारियों को सख़्ती से दण्ड दिया जाना चाहिए.

opt ऑप्ट *v.i.* चुनना : to ~ between two proposals दो सुझावों में से ≈; to ~ for transfer स्थानांतरण का चुनाव करना; to ~ out of भाग न लेने का निश्चय करना.

optician ऑप् टि'शन *n*[c]. चश्मा बनानेवाला, चश्माकार, चश्मा बेचनेवाला, चश्माफ़रोश [honest ईमानदार, laborious परिश्रमी]; an ~ makes and sells spectacles एक ≈ चश्मे बनाता और बेचता है; we buy glasses from an ~ ≈ से हम चश्मे ख़रीदते हैं.

optimist ऑप्'टिमिस्ट *a* *n*^{c}. आशावादी : ~ leader ≈ नेता; ~ reformer ≈ सुधारक; be an ~ and work hard ≈ बनो और परिश्रम करो. ~ **view** ≈ दृष्टिकोण. [*ant*. pessimist]

option ऑप्'शन *n*^{c}. **1.** विकल्प [essential आवश्यक, first प्रथम]; I had no ~ about accepting or refusing स्वीकृति^{F} अथवा अस्वीकृति^{F} के बारे में मेरा कोई ≈ नहीं था; I have no ~ but to accept the formula इस सूत्र को स्वीकृत करने के अलावा मेरे पास कोई ≈ नहीं है; the only ~ with me was to resign मेरे पास केवल एक ≈ था कि त्यागपत्र दे देता; keep your ~s open अपने ≈ सुरक्षित रखिए. **2.** (preference) पसंद^{F} : to make one's ~ अपनी पसंद होना; to exercise one's ~ अपनी ≈ करना. **optional** ऑप्'शॅनल *a.* वैकल्पिक, ऐच्छिक [choice पसंद, paper प्रश्न-पत्र, question प्रश्न]; English is an ~ subject in our schools हमारे विद्यालयों में अंग्रेजी एक ≈ विषय है; contributions are ~ अंशदान ऐच्छिक हैं; it is ~ for you to accept it or not आपके लिए विकल्प है कि आप इसे स्वीकार करें या न करें. [*ant*. compulsory]

or ऑर *conj.* अथवा, या : was he walking fast ~ slow क्या वह तेज़ चल रहा था या धीमा ? he will come ~ not वह आएगा या नहीं; do you like it ~ not तुम इसे पसंद करते हो या नहीं ? should he eat rice ~ bread वह रोटी^{F} खाए या चावल; will you have tea ~ coffee (क्या) आप चाय^{F} लेंगे या कॉफ़ी ? Ram will either read ~ play राम या तो पढ़ेगा या खेलेगा; are you coming ~ going तुम आ रहे हो या जा रहे हो ? **2.** (otherwise) नहीं तो : work hard ~ (else) you will fail परिश्रम करो ≈ फ़ेल हो जाओगे; we must hurry ~ we shall be late हमें जल्दी करना चाहिए ≈ हमें देर हो जाएगी; put on your warm clothes ~ you will catch cold अपने गरम कपड़े पहन लो ≈ तुम्हें ठंड लग जाएगी. **3.** (that is) अर्थात् : linguistics or the science of language भाषाशास्त्र ≈ भाषा का विज्ञान. ~ **so** लगभग : give me twenty rupees ~ so मुझे लगभग बीस रुपए दे दो; I shall return in an hour or so मैं एक घंटे के अंदर लौट आऊंगा.

-or *suffix* = er : actor, agitator, calculator, collector, debtor, creditor, inspector, professor, sailor, supervisor

oral ऑ'रल *a.* **1.** मौखिक, ज़बानी [evidence साक्ष्य, examination परीक्षा^{F}, message संदेश, translation अनुवाद]; I have yet to appear in the ~ test अभी मुझे मौखिक परीक्षा के लिए पेश होना है. **2.** खाने की : ~ medicine खाने की दवा^{F}. [*ant*. written]

orange ऑ'रिन्ज *n*^{c}. संतरा [fresh ताज़ा, ripe पका, sour खट्टा, sweet मीठा] ; ~s are commonly available in winter ≈ mee|oÙeeW^{F} में आम मिलते है. ~ **colour** नारंगी रंग; ~ **skin** संतरे का छिलका.

orchard आर्'चर्ड *n*^{c}. फलोद्यान, फलवाटिका [attractive आकर्षक, big बड़ा]; an apple ~ सेब का ≈; ~ is a field where fruit trees grow फलोद्यान वह खेत है जहाँ फलदार वृक्ष उगाए जाते हैं.

ord. ordinary.

order ऑर्'डर **I.** *n*^{c}. **1.** (command) आर्डर, हुक्म, आदेश, आज्ञा^{F} [irregular अनियमित, urgent अत्यावश्यक]; the ~ was unavoidable ≈ टाला नहीं जा सकता था; the officer gave an ~ to the servant to attend immediately अधिकारी ने नौकर को ~ दिया कि तुरंत हाज़िर हो जाओ; an ~ for supply of books किताबों^{F} की आपूर्ति के लिए ≈; made to ~ आदेशानुसार तैयार. ~**cheque** आदेश चेक; **money** ~ धनादेश : to send an amount by money ~ धनादेश द्वारा एक रकम भेजना. **2.** (sequence) क्रम : in ~ of age आयु^{F} के ≈ से; in alphabetical ~ वर्णक्रम से; in ~ of merit गुणदोष के क्रम से; put the books in ~ किताबें^{F} क्रम से रखो; everything was in ~ सब कुछ क्रमबद्ध था. **3.** (arrangement) व्यवस्था^{F} : put the room in ~ कमरे को व्यवस्थित कर दो; law and ~ कानून और व्यवस्था. **4.** (peace) शांति^{F} : to keep ~ in class room कक्षा^{F} में ≈ बनाए रखना; to keep the children in ~ बच्चों को शांत

रखना. [*ant*. dis ~] **5.** (class) वर्ग; (grade, rank) श्रेणी^{F}, कोटि^{F} [higher उच्चतर, lower निम्नतर]; your coat is made up of high ~ आपका कोट अच्छी कोटि का है; talent of high ~ उच्च कोटि की प्रतिभा^{F}. **6.** (system, style) पद्धति^{F} : he was asked to follow a certain ~ उससे कहा गया कि एक निश्चित ≈ अनुसरण करे. **7.** (state) दशा^{F}, अवस्था^{F}, हालत^F : the sewing machine was not in working ~ सिलाई^F की मशीन^F चालू ≈ में नहीं थी; everything was in good ~ सब कुछ अच्छी ≈ में था; the engine was out of ~ इंजन ख़राब था. Δ **by** ~ आदेशानुसार : the notice is issued by the ~ of the Executive Engineer सूचना अधिशासी अभियंता के आदेशानुसार जारी की गई; **in ~ that** ताकि; **out of** ~ (i) ख़राब, बिगड़ा हुआ : the car was out of ~, so we left it on the road कार^F खराब थी इसलिए हमने इसे सड़क^F पर ही छोड़ दिया; (ii) नियमविरुद्ध : the command was out of ~ आदेश नियमविरुद्ध था; (iii) अव्यवस्थित : the hall was out of ~ हाल अव्यवस्थित था ; **law and** ~ विधि^{F} एवं व्यवस्था^{F} : it has become very hard to maintain law and ~ in the city शहर में कानून और व्यवस्था रखना कठिन हो गया है; **under the ~s of** के आदेश से : under the ~s of the District Magistrate ज़िलाधीश के आदेश से. **II.** *v.t.* **1.** (arrange) क्रम में रखना, सजाना; व्यवस्थित करना, सुव्यवस्थित करना : order the numbers 3, 4, 2, 9, 8 rightly 3, 4, 2, 9, 8 संख्याओं^{F} को क्रम में लिखो. **2.** (command) आदेश देना : he ~ed the gate to be locked उसने फाटक बंद करने का आदेश दिया : the officer ~ed the soldiers to set out in five minutes अधिकारी ने सैनिकों को पाँच मिनट में रवाना होने का आदेश दिया. **3.** मँगाना, मँगवाना, आर्डर देना : I have ~ed a new suit मैंने एक नए सूट का आदेश दिया है; I want to ~ meal मैं भोजन मँगवाना चाहता हूँ; we have already ~ed five tickets हमने पहले से ही पाँच टिकट मँगवाए हैं. **4.** (ordain) भाग्य में होना : we were to start for a picnic, but it was not so ~ed हमें पिकनिक के लिए चल पड़ना था पर भाग्य में ऐसा नहीं बदा था. Δ ~ **about/around** आदेश देते-देते परेशान कर देना. **orderly** ऑर्'डर्लि **I.** *a.* **1.** सुव्यवस्थित, क्रमबद्ध [books किताबें^{F}, house घर, room कमरा]; everything was found ~ in his drawing room उसके ड्राइंग रूम में सब कुछ व्यवस्थित पाया गया. **2.** (well-behaved) अनुशासित [behaviour व्यवहार, crowd भीड़^{F}, fellow व्यक्ति]; all his companions were ~ उसके सभी साथी ≈ थे; the soldiers were not ~ सैनिक ≈ नहीं थे. **3.** (methodical) तरीके से काम करने वाला [clerk लिपिक, servant नौकर]. **II.** *n*^{c}. (*pl*. orderlies) **1.** अर्दली [hard working परिश्रमी, honest ईमानदार]; he is the magistrate's ~ वह मजिस्ट्रेट का ≈ है. **2.** (milit.) (bearer) आदेशवाहक.

ordinal ऑर्'डिनल **I.** *a.* क्रमसूचक : ~ numbers संख्याएँ; first, second, fourth, sixth, etc. are ~ numbers पहला (प्रथम), दूसरा (द्वितीय), चौथा (चतुर्थ), छठा (षष्ठ) आदि ≈ संख्याएँ हैं. [*cf*. cardinal] **II.** *n*^{c}. क्रमसंख्या^{F}, क्रमसूचक संख्या : 2nd, 4th, 8th are ~s द्वितीय, चतुर्थ, अष्टम क्रम संख्याएँ हैं.

ordinance ऑर्'डिनन्स *n*^{c}. अध्यादेश : to enact an ~ ≈ लागू करना; an ~ was promulgated by the President राष्ट्रपति द्वारा एक ≈ प्रवर्तित/जारी किया गया.

ordinarily आर्'डिनॉरिलि *adv.* **1.** साधारणतया, सामान्यतया, आमतौर पर : ~ we do not go to school on Saturdays ≈ हम शनिवार को विद्यालय नहीं जाते; ~ we meet at seven o'clock ≈ हम सात बजे मिलते हैं; he is ~ available every Sunday ≈ वह हर रविवार को मिलता है. **2.** (in an ~ way) साधारण ढंग से : he performs his duty ~ वह ≈ अपना कर्तव्य निभाता है. **ordinary** आर्'डिनरि **I.** *a.* **1.** (common) साधारण, मामूली [occupation व्यवसाय, people लोग, procedure प्रक्रिया^{F}, school स्कूल, work काम]; she is an ~ girl वह एक साधारण-सी लड़की है; he takes ~ dinner वह साधारण भोजन लेता है; it is just an ~ painting, nothing else यह बस ≈- सा चित्र है और कुछ

नहीं; in his ~ life a man needs air, water and food ≈ जीवन में मनुष्य को हवा^{F}, पानी और भोजन की आवश्यकता^{F} होती है; they led an ~ life वे ≈ ज़िंदगी व्यतीत करते थे; out of the ~ असाधारण. **2.** (usual) सामान्य, आम [facilities सुविधाएँ, habit आदत^F, occupation धंधा]. **3.** (rather poor) तुच्छ, घटिया : his speech was ~ उसका भाषण ≈ था. [*ant.* extra ~]

ore ऑर *n.* कच्ची धातु^{F}, अयस्क [important महत्वपूर्ण, rocky चट्टानी, useful उपयोगी]; iron ≈ कच्चा लोहा; copper ~ कच्चा ताँबा; manganese ~ कच्चा मैंगनीज़; to discover ~ ≈ का पता लगाना; a large deposit of iron ~ कच्चे लोहे का विशाल भंडार; metal is obtained from ~ धातु^{F} अयस्क से प्राप्त की जाती है. [*as distinct from* oar]

organ ऑर्'गन n^c. **1.** (of body) अवयव, अंग, इंद्रिय : the eyes, nose, ears, tongue and skin are known as ~s आँखें^{F}, नाक^F, कान, जीभ^F और चमड़ी^{F} इंद्रियाँ कही जाती हैं; heart is also an ~ of the body हृदय भी शरीर का अंग है; ear is an ~ of hearing कान सुनने का अंग है; tongue is the ~ of speech जीभ^F वाणी^{F} का ≈ है. **2.** (music) वाद्य, आर्गन : he plays on vocal ~ very well वह माउथ आर्गन बढ़िया बजाता है. **3.** (means) साधन : ~s of a play किसी खेल के ≈. **4.** (periodicals) मुखपत्र [cheap सस्ता, costly कीमती, official सरकारी]; ~s of public opinion लोकमत के ≈. **5.** (of government) अंग : essential ~ आवश्यक ≈.

organisation ऑर्गॅनाइ ज़े'शन n^c. (action) संगठन [charitable धर्मार्थ, efficient कुशल, public सार्वजनिक, religious धार्मिक, social सामाजिक] he is engaged in the ~ of a club वह एक क्लब का संगठन करने में लगा है; World Health Organisation विश्व स्वास्थ्य संगठन. **organize** ऑर्'गनाइज़ *v.t.* **1.** (union, etc.) संघटित करना : to ~ a club or an institution for children क्लब या बच्चों के लिए किसी संस्था^{F} को ≈; he ~d a society of social workers उसने समाजसेवियों की सभा^{F} का संगठन किया; he could not ~ the students वह विद्यार्थियों को संगठित न कर सका. **2.** (function) आयोजन करना, का आयोजन करना : to ~ a meeting for further discussion आगे की चर्चा^{F} के लिए बैठक का आयोजन करना. **3.** (arrange) व्यवस्थित करना : to ~ books in a library पुस्तकालय में पुस्तकों^{F} को व्यवस्थित करना.

oriental ऑरिएन्'टल *a.* पूर्वी, प्राच्य [civilization सभ्यता^{F}, language भाषा^{F}, philosophy दर्शन, studies अध्ययन]; he was much impressed by ~ philosophers वह प्राच्य दार्शनिकों से बहुत प्रभावित था.

orig. original.

origin ऑ'रिजिन n^c. **1.** उद्‌भव, उद्‌गम, मूल : ~ of a river नदी^{F} का उद्‌गम; ~ of a nation राष्ट्र का उद्‌भव; ~ of a rumour अफ़वाह का उद्‌भव; people of Indian ~ भारतीय मूल के लोग; it has its ~ in a lake इसका उद्‌भव एक झील^F से है. **2.** (lineage) कुल, वंश : do you know his ~ ? he is very bad by nature क्या तुम उसका ≈ जानते हो, क्योंकि वह स्वभाव से बहुत बुरा है; a man of noble ~ अभिजात ≈ का व्यक्ति. **original** अरि'जॅनल **I.** *a.* **1.** (not copied) मूल, मूलभूत [document दस्तावेज़, manuscript हस्तलेख, signature हस्ताक्षर, text पाठ]; it is not ~, it is only a copy यह मूल नहीं है, यह केवल एक नकल^F है; make several copies of the ~ मूल की कई प्रतियाँ^{F} बनाओ. **2.** (ideas) मौलिक [opinion मत, painting चित्र, translation अनुवाद, writer लेखक] **3.** (first, earliest) मूल : ~ in habitants of India भारत के ≈ निवासी. **II.** n^c. मूल : this picture is a copy of the ~ यह चित्र ≈ की नकल^F है; I read Kalidas in the ~ मैंने कालिदास को ≈ में पढ़ा. **originality** अरिजिनै'लिटि n^u. **1.** मौलिकता^{F}: ~ of expression अभिव्यक्ति^{F} की ≈ ; show some ~ in your essay अपने निबन्ध में कुछ ≈ दर्शाओ. **2.** नयी सूझ^F : a man of great ~ अत्यधिक सूझवाला आदमी. **3.** नवीनता^{F} : it is a work of great ~ इस काम में बहुत ≈ है. **originate** अरि'जिनेट *v.t.i.* प्रारंभ होना/करना,

उत्पन्न या उद्भूत होना या करना : to ~ a new fashion नया फ़ैशन आरंभ करना; the bus service ~s from the fort बस सेवा^{F} किले से आरंभ होती है; storm ~d over Indian Ocean तूफ़ान हिंद महासागर के ऊपर से उद्भूत हुआ; a quarrel ~d in some kind of misunderstanding झगड़ा कुछ ग़लतफ़हमी^{F} से उत्पन्न हो गया; the idea ~d with Newton यह विचार न्यूटन से प्रादुर्भूत हुआ.

ornament ऑर्'नामन्ट, मेंन्ट **I.** n^c. **1.** (jewels etc.) आभूषण, गहना [costly कीमती, novel नए ढंग का]; ear-ring, finger-ring, bangle and necklace are ~s कान का बाला, अंगूठी, कड़ा और हार ≈ हैं; she is wearing many ~s उसने कई गहने पहने हैं. **2.** (embellishment) अलंकार, अलंकरण, सजावट^F : picture on a wall is an ~ दीवार^F पर का चित्र एक ≈ है; this piece of bronze is now a mere ~ यह पीतल की चीज़ अब केवल ≈ है; that lady is an ~ of our family वह महिला^{F} हमारे परिवार का अलंकरण है. **II.** *v.t.* सजाना, अलंकृत करना, विभूषित करना : the bridegroom ~ed his turban with flowers दूल्हे ने अपनी पगड़ी^{F} को फूलों से अलंकृत किया; to ~ the building on a festival त्यौहार पर इमारत को ≈. **ornamental** ऑर्नें मेंन्'टल *a.* अलंकृत, सजावटी [art कला^{F}, plants पौधे, pot बरतन, style शैली^{F}]; they are not of any use, they are just ~ वे चीज़ें किसी काम की नहीं हैं, वे केवल सजावटी हैं.

orphan ऑर्'फ़न n^c. & *a.* अनाथ, यतीम : children who are ~s are often kept in an orphanage बच्चे जो ≈ होते हैं, प्रायः अनाथालय में रखे जाते हैं; these are ~s there is noone to help them ये बच्चे ≈ हैं, इनकी सहायता^{F} करने वाला कोई नहीं है. **orphanage** ऑर्'फ़निज n^c. अनाथालय, अनाथाश्रम, यतीमख़ाना : ~ is a home for orphans ≈ अनाथों का घर है; the ~ in the town needs financial help कस्बे के ≈ को आर्थिक सहायता की आवश्यकता^{F} है.

orthodox ऑर'थॅडॉक्स *a.* **1.** शास्त्रसम्मत [behaviour व्यवहार, beliefs विश्वास, ideas विचार, thinking सोच^F]. **2.** (conventional) रूढ़िवादी : ~ and superstitious people ≈ और अंधविश्वासी लोग; he is an ~, he would never like changes in the society वह एक ≈ है, वह कभी समाज में परिवर्तन नहीं चाहेगा.

ostentation ऑस् टें न् टे'शन n^u. आडंबर, तड़क-भड़क^F, ठाट-बाट, दिखावा : ~ in dress पहनावे की ठाट-बाट; ~ at the time of a festival त्यौहार के समय की तड़क-भड़क; ~ of wealth धन का आडंबर. **ostentatious** ऑस्टें न् टे'शस *a.* **1.** आडंबरप्रिय, आडंबरी : ~ fellow ≈ व्यक्ति; he is too ~ to be believed वह इतना ज़्यादा ≈ है कि उस पर विश्वास नहीं किया जा सकता. **2.** आडंबरपूर्ण, दिखावटी : he is a man of ~ behaviour, I would never like him वह आडंबरपूर्ण व्यवहार का आदमी है, मैं उसे कभी पसंद नहीं करता.

ostrich ऑस्'ट्रिच *n.* शुतुरमुर्ग : ~ is a bird which runs fast but cannot fly ≈ एक पक्षी है जो तेज़ दौड़ता है पर उड़ नहीं सकता; when ~es are hunted, they bury their heads in the sand जब शुतुरमुर्गों का शिकार किया जाता है तो वे अपना सिर बालू में गाड़ लेते हैं. **~policy** आँख^F मूँद लेने की नीति^{F}.

other अदर **I.** *a.* **1.** दूसरा, अन्य : the house is on the ~ side घर दूसरी तरफ़^{F} है; this coin is not good, give me an ~ यह सिक्का अच्छा नहीं है, दूसरा दो; come again on some ~ day किसी दूसरे दिन फिर आना; do you know any ~ way to go to the city क्या तुम शहर जाने का कोई दूसरा रास्ता जानते हो ? I saw him the ~ day मैंने उसे उस दिन देखा; I go there every ~ day मैं वहाँ हर दूसरे दिन जाता हूँ; the ~ night उस रात^F; the ~ week उस सप्ताह; we shall visit the ~ museum tomorrow हम दूसरा संग्रहालय कल देखने आएँगे; put your bag in your ~ hand अपना झोला दूसरे हाथ में लो; on the ~ hand दूसरी ओर; on the one hand, he promises so much but on the ~ hand, he shirks work वह एक ओर वादा तो बहुत करता है लेकिन दूसरी ओर^F काम से जी चुराता है. **2.** (additional) अलावा, और : ~ things being equal यदि और सब कुछ समान हुआ;

besides Amrit how many ~ brothers have you अमृत के अलावा तुम्हारे और कितने भाई हैं ? have you any ~ variety तुम्हारे पास और कोई बानगी है ? **II.** *pron.* दूसरा, अन्य : please tell this to ~s कृपया इसे दूसरों को बताइए; there are no ~s here यहाँ कोई अन्य नहीं हैं; it cannot be other than Shyam यह श्याम के अतिरिक्त कोई अन्य नहीं हो सकता. Δ **every ~** हर तीसरा : every ~ man is suffering from the disease हर तीसरा व्यक्ति इस बीमारी से पीड़ित है; **the ~ day** हाल में : I met him the ~ day about the matter इस मामले में मैं उनसे हाल में मिला था : **the ~ world** परलोक : the sinners suffer in the ~ world पापी परलोक में दु:ख पाते हैं. **otherwise** अ'दरवाइज़ **1.** *conj. :* अन्यथा, नहीं तो : I went early, ~ I would have missed the train मैं जल्दी चला गया, ≈ रेलगाड़ी^F छूट जाती; he is innocent until proved ~ वह निर्दोष है जब तक कि ≈ सिद्ध नहीं कर दिया जाता; do not play with the matches ~ दियासलाई^F से मत खेलो ≈, नहीं तो ...; she has cold even now, ~ she is quite well उसे अब भी ज़ुकाम है ≈ वह बिल्कुल ठीक है. **2.** दूसरे ढंग से : I was ~ engaged that day मैं उस दिन किसी और काम में लगा था.

ought ऑट *v.* चाहिए : children ~ to obey their parents बच्चों को अपने माता-पिता की आज्ञा माननी ≈; I ~ to go now अब मुझे जाना चाहिए; this ~ to be enough इसे काफी होना चाहिए; he ~ to be there by now उसे अभी तक वहाँ होना चाहिए; you ~ to be home by nine o'clock नौ बजे तक तुम्हें घर पर होना चाहिए; you ~ to have gone there तुम्हें वहाँ जाना चाहिए था.

our(s) ऑउअर(ज़) *poss. pron.* (*pl.* of my) हमारा [attention ध्यान, decision निर्णय, friendship मित्रता^F, house घर, teacher अध्यापक, work काम]; all ~ things हमारी सभी चीजें; he is an old friend of ~s वह हमारा पुराना मित्र है; these books are ~s ये किताबें^F हमारी हैं; we spent our holidays in the South हमने अपनी छुट्टियाँ^F दक्षिण में बिताईं; this dog is not ~s यह कुत्ता हमारा नहीं है; it is not business of ~s यह हमारा धंधा नहीं है; we left our keys on the table हमने अपनी चाबियाँ^F मेज पर छोड़ दीं; ~ books are in ~ bags हमारी किताबें^F हमारे झोलों में हैं; we finished ~ work हमने अपना काम समाप्त कर दिया. **ourselves** ऑउअर सें'ल्व्ज़' *reflex. pron.* (हम) स्वयं/ख़ुद : we certainly cannot do the work by ~ हम निश्चित रूप से यह काम स्वयं नहीं कर सकते; we cannot go there by ~ हम वहाँ ≈ नहीं जा सकते; we tried to learn the language by ~ हमने ≈ भाषा^F सीखने का प्रयास किया; we can only depend on ~ हम केवल स्वयं पर निर्भर रह सकते हैं; (other contexts) we were thinking more of ~ हम अपने बारे में और सोच रहे थे; we told them everything about ~ हमने अपने बारे में उन्हें सब कुछ बता दिया; we are not ~ हम आपे में नहीं हैं.

-ous *suffix* makes *adj.* : ambitious, advantageous, courageous, dangerous, desirous, envious, famous, humorous, nervous, victorious.

oust आउस्ट *v.t.* **1.** (dispossess) बेदख़ल करना; (expel) निकाल देना, हटा देना : ~ the director निदेशक को हटाना; to ~ someone from his post किसी को उसके पद से हटाना; the farmer was ~ed from his land किसान को अपनी ज़मीन^F से बेदख़ल कर दिया गया. **2.** (deprive) वंचित करना : to ~ smb of smth किसी को किसी बात/वस्तु से ≈.

out ऑउट **I.** *adv.* **1.** बाहर : go ~ ≈ जाओ; ~ you go ≈ चले जाओ; come ~ ≈ आओ, निकल आओ; there is a purse in my bag, take it ~ मेरे बैग में एक बटुआ है, इसे निकाल लो; he has been ~ all day वह सारा दिन ≈ रहा है; the Socialist Party is ~ समाजवादी दल ≈ हो गया है; he stays ~ late at night वह रात देर तक ≈ रहता है; he has gone ~ to Japan वह ≈ जापान गए हैं; he is ~ वह घर पर नहीं है. [*ant.* in] **2.** (completely) पूरी तरह^F, अंत तक : fight it ~ इसके लिए ≈ लड़ो; clean ~ the room कमरा साफ़ कर डालो; you should do it before the month is ~ महीना पूरा होने से पहले इसे कर दो. **3.** (in other contexts) the truth is ~ सच्चाई[F] प्रकट हो गई है; the secret is ~ भेद खुल गया है; the player is ~ खिलाड़ी आउट हो गया है; the light, fire is ~ बत्ती[F], आग[F] बुझ गई है; hats are ~ हैट फ़ैशन से बाहर हो गए हैं; think it ~ इस पर विचार कर लो; he is the maddest person ~ वह बिल्कुल ही-सबसे पागल आदमी है; my shoulder is ~ मेरे कन्धे की हड्डी[F] खिसक गई है : the book is just ~ यह पुस्तक अभी-अभी प्रकाशित हुई है; my patience is ~ मेरा धैर्य जवाब दे गया है; the clerks are ~ in sympathy with the class IV workers चतुर्थ श्रेणी[F] के कर्मियों से हमदर्दी के लिए क्लर्क हड़ताल पर गए हैं, **II.** (~ of) *prep.* से, के बाहर : go ~ of the garden बगीचे से बाहर चले (निकल) जाओ; he is ~ of danger वह ख़तरे से बाहर है; get ~ of my way मेरे रास्ते से हट जाओ : take money ~ of my pocket मेरी जेब से पैसा निकाल लो; (other meanings) the boy is ~ of control लड़का नियंत्रण में नहीं है; this thing is ~ of fashion इस वस्तु[F] का अब फ़ैशन नहीं है; the telephone is ~ of order टेलीफ़ोन ख़राब है; a new bicycle is ~ of question नई साइकिल का सवाल नहीं उठता; the train was soon ~ of sight गाड़ी[F] तुरंत ओझल हो गई; your village is ~ of the way तुम्हारा गाँव सीधे रास्ते से परे है. Δ ~ **of mind** दिल से दूर; ~ **of sight** आँख से ओझल.

outbid आउट् बिड' *v.t.* (outbade, outbidden) **1.** बढ़कर होना, मात कर देना : it is hard to ~ your enemies तुम्हारे शत्रुओं को मात देना आसान नहीं है. **2.** बढ़कर बोली[F] लगाना : he outbade me by Rs. 200 at the auction नीलाम में उसने मुझसे 200 रुपया बढ़कर बोली[F] दी.

outbreak आउट्'ब्रेक *n.*[u] **1.** प्रारंभ : ~ of war युद्ध का छिड़ जाना; ~ of epidemic महामारी का प्रकोप; ~ of temper क्रोध भड़क उठना. **2.** (insurrection) विद्रोह : a jail ~ जेल के अंदर ≈.

outburst ऑउट्'बर्स्ट *n.* **1.** भड़क[F], लहर[F], प्रस्फोट : ~ of rage गुस्से की भड़क; ~ of tears आँसुओं का प्रस्फोट; an ~ of enthusiasm उत्साह की एक लहर; ~ of violence हिंसा[F] का प्रस्फोट. **2.** ठहाका : they made a loud ~ of laughter उन्होंने एक ज़ोर का ठहाका लगाया.

outcast(e) आउट्'कास्ट *a.* & *n*[c]. बहिष्कृत (व्यक्ति) : an ~ has no social rights in the community एक ≈ को समाज में कोई सामाजिक अधिकार नहीं होता.

outcome आउट'कम *n*[u]. परिणाम, नतीजा : ~ of efforts प्रयास का ≈; the ~ of conversation was nil बातचीत[F] का परिणाम कुछ न निकला.

outdo ऑउट् डू' *v.t.* से बढ़कर होना, हरा देना : this year some pupils outdid the best of the last year इस साल कुछ छात्र पिछले साल के सबसे अच्छे छात्र से आगे बढ़ गए.

outdoor(s) ऑउट्'डॉ(र्ज़) *a.+adv.* बाहरी, बाह्य [games खेले, life जीवन, patient रोगी]; a farmer works ~s एक किसान (घर के) बाहर काम करता है; I have spent all day ~s मैंने पूरा दिन (घर के) बाहर बिताया. [*ant.* indoor (s)]

outer ऑउ'टर *a.* बाह्य, बाहरी [circle घेरा, space स्थान, wall दीवार, world संसार]; the ~ door is always open बाहरी दरवाज़ा हमेशा खुला रहता है. [*ant.* inner]

outfit आउट्'फ़िट *n*[c]. **1.** सज्जा[F], साजसामान : an ~ for a particular purpose एक विशेष उद्देश्य के लिए ≈; team's ~ was green टीम[F] की ≈ हरी थी; military ~s were not ready सैन्य साज-सामान तैयार नहीं था. **2.** (group) terrorist ~s आतंकवादी गिरोह.

outgrow ऑउट ग्रो' *v.t.* (outgrew, outgrown) से अधिक बढ़ जाना : the young boy has ~n his brothers यह नवयुवक लड़का अपने भाइयों से बढ़ गया है; our family has ~n our house हमारा परिवार घर से अधिक बढ़ गया है; that fat man has ~n his clothes वह मोटा आदमी अपने कपड़ों से बढ़ गया है (कपड़े छोटे हो गए हैं). [*n.* outgrowth]

outhouse आउट'हाउस *n*[c]. उपगृह : who lives in these ~s इन उपगृहों में कौन रहता है ? there are two ~s detached from this building इस इमारत से अलग दो उपगृह हैं; an ~ for a servant नौकर के लिए एक ≈.

outing ऑउ'टिंग *n*^{c}. विहार, सैर-सपाटा : children have gone on an ~ बच्चे ≈ करने गए हैं; the ~ at the canal was enjoyable नहर पर का ≈ आनंदप्रद था.

outlast आउट् लास्ट' *v.t.* से अधिक चलना, अधिक देर तक बने रहना : woollen shirts ~ the cotton ones ऊनी कमीज़ें^{F} सूती कमीज़ों की अपेक्षा^{F} ज़्यादा चलती हैं.

outlaw आउट्'लॉ **I.** *n*^{c}. **1.** विधि-बहिष्कृत व्यक्ति : an ~ is deprived of the protection of law (एक) ≈ कानून के संरक्षण से वंचित होता है. **2.** (fugitive) भगोड़ा : ~ of Kashmir कश्मीर का भगोड़ा; ~s must be arrested भगोड़ों को गिरफ्तार कर लेना चाहिए. **3.** (bandit) डाकू [dangerous ख़तरनाक, horrible भयंकर]; it is not easy to finish the ~s डाकुओं का सफ़ाया करना आसान नहीं है. **II.** *v.t.* अवैध घोषित करना, ग़ैर-कानूनी घोषित करार देना : the government ~ed the sale of liquor सरकार^{F} ने शराब^{F} की बिक्री^{F} अवैध घोषित कर दी; Supreme Court ~ed the institution सर्वोच्च न्यायालय ने संस्था को अवैध घोषित कर दिया.

outlet ऑउट्'लेॅट **I.** *n*^{c}. **1.** निर्गम (द्वार, मार्ग), निकास : ~ for water पानी का निकास; ~ for air is necessary हवा^{F} के लिए ≈ आवश्यक है. **2.** (of feeling) अभिव्यक्ति^{F} : ~ for one's anger गुस्से की ≈. [*ant.* inlet]

outline ऑउट'लाइन **I.** *n*^{c}. **1.** रूपरेखा^{F} : what is the ~ of your essay तुम्हारे निबंध की ≈ क्या है ? this is the ~ of my story यह मेरी कहानी^{F} की ≈ है. **2.** (plan) ख़ाका, रेखाचित्र : ~ of a building इमारत^{F} का ≈. **3.** सारांश, खुलासा, संक्षेप : I have given the account ~ मैंने हिसाब का सारांश दे दिया है. **II.** *v.t.* **1.** रूपरेखा/ख़ाका खींचना : to ~ a building किसी इमारत^{F} का ≈. **2** रूपरेखा प्रस्तुत करना : to ~ a story कहानी^{F} की ≈.

outlook ऑउट्'लुक *n*^{u}. **1.** (viewpoint) दृष्टिकोण : try to know his ~ उसके ≈ को जानने का प्रयास कीजिए; his ~ on the subject was not satisfactory इस विषय पर उसका ≈ संतोषजनक नहीं था. **2.** दृश्य : you get a pleasant ~ from this window इस खिड़की^{F} में से आपको सुहावना दृश्य दिखाई देता है. **3.** future भविष्य : the ~ is gloomy ≈ अंधकारमय है.

outpatient ऑउट्'पेशन्ट *n*^{c}. बहिरंग रोगी : ~ department (O.P.D.) ≈ विभाग; a hospital for ~ s only केवल बहिरंग रोगियों के लिए अस्पताल.

outpost ऑउट्'पोस्ट **I.** *n*^{c}. **1.** (milit.) चौकी^{F}, नाका, सीमा-चौकी^{F} : ~s on the border of Pakistan पाकिस्तान की सीमा^{F} पर चौकियां. **2.** (settlement) दूरवर्ती बस्ती^{F} : he lives in an ~ of the city वह शहर से दूर की एक बस्ती में रहता है.

output ऑउट्'पुट *n*^{u}. उत्पादन, निकासी^{F} [extreme अत्यधिक, less कम]; ~ of a factory कारख़ाने का उत्पादन; the ~ of cement was much less this year सीमेंट का उत्पादन इस साल बहुत कम था. [*ant.* input]

outrage ऑउट्'रेज **I.** *n*^{u}. **1.** (violence) अत्याचार : detestable ~ घृणित ≈; the militants committed ~ on women and children उग्रवादियों ने औरतों और बच्चों पर घोर ≈ किया; I could not bear such an ~ मैं ऐसा ≈ बरदाश्त नहीं कर सका. **2.** (rape) सतीत्व भंग : he committed an ~ on a girl उसने एक लड़की^{F} का ≈ किया. **II.** ऑउट रेज' *v.t.* **1.** (infringe) भंग करना : they ~d the peace of the city उन्होंने शहर की शांति^{F} को भंग कर दिया. **2.** (rape) बलात्कार करना : the criminal has ~d the chastity of a girl इस अपराधी ने एक लड़की का सतीत्व भंग किया.

outright ऑउट्'राइट **I.** *a.* पक्का, पूरा, साफ़ [decision निर्णय, opinion राय^{F}/मत]; he gave an ~ denial उसने साफ़ इंकार कर दिया; it was an ~ lie यह ≈ झूठ था; an ~ loss पूरी हानि^{F}. **II.** ऑउट् राइट' *adv.* **1.** पूर्णतया, एकदम : he succeeded ~ वह एकदम सफल हो गया; he bought the house ~ उसने ≈ मकान खरीद लिया. **2.** (at once) तुरंत, एकदम, तत्काल : he was killed ~ उसे तत्काल मार दिया गया; he bought a house and paid the entire price ~ उसने एक मकान ख़रीदा और पूरा पैसा तुरंत चुकता कर दिया; he sold his shop ~ उसने अपनी दुकान तुरंत बेच दी. **3.** (openly) साफ़-साफ़, स्पष्ट रूप से : he had failed ~ वह ≈ फ़ेल था.

outset ऑउट'सेंट *n*^u. प्रारंभ, शुरुआत^F : it was clear from the very ~ that he would win यह बिल्कुल शुरू से ही स्पष्ट था कि वह विजयी होगा; at the ~ of his career अपने जीवन की शुरुआत^F में ही; from the ~ the factory was running at a loss शुरू से ही कारख़ाना घाटे में चल रहा था; at the ~ of journey यात्रा^F के प्रारंभ में.

outside ऑउट'साइड **I.** *n*^c. बाहर, बाहरी हिस्सा : ~ of the building is not well decorated भवन का बाहरी हिस्सा अच्छी तरह सुसज्जित नहीं है. **II.** *adv.* बाहर : he went ~ वह बाहर गया; is it cold ~ ≈ सर्दी है ? go ~ बाहर जाओ. **III.** *a.* बाहरी [door दरवाज़ा, place स्थान, wall दीवार^F, worker कर्मी]; ~ cover ऊपरी आवरण; the ~ part of the building is not attractive इमारत^F का बाहरी भाग आकर्षक नहीं है. [*ant.* inside]

outskirts ऑउट्'स्कर्ट्स *n. pl.* बाह्यांचल (city) नगरोपांत : his house in on the ~ of the city उसका घर नगरोपांत में है; there is a temple on the ~ of the town इस कस्बे के बाह्य अंचल में एक मंदिर है.

outspoken आउट स्पो'कन *a.* **1.** स्पष्ट : he made an ~ remark उसने स्पष्ट टिप्पणी^F की. **2.** स्पष्टवादी : ~ people are not always liked ≈ लोग हमेशा पसंद नहीं किए जाते.

outstanding आउट्'स्टैंडिङ्ग *a.* **1.** (unpaid) बकाया [bill बीजक, debts कर्ज़]; whole of his money is still ~ उसका पूरा पैसा अब भी बकाया है. **2.** (eminent) विशिष्ट, श्रेष्ठ, बढ़ा-चढ़ा [doctor डाक्टर, lawyer वकील, school स्कूल]; he is the ~ pupil of this school वह इस विद्यालय का ≈ छात्र है; who does not know such an ~ writer इतने ≈ लेखक को कौन नहीं जानता ? **3.** (main) प्रमुख : ~ features ≈ विशेषताएँ^F.

outward(s) आउट्'वर्ड(ज़) **I.** *a.* **1.** ऊपरी, दिखावटी [appearance रूप-रंग, form रूप, work कार्य]. **2.** बाहर जाने का : ~ journey बाहर जाने की यात्रा^F. **II.** *adv.* बाहर (की ओर^F) : to go ~s बाहर जाना; look ~s ≈ की ओर देखो; the door opens ~s not inwards दरवाज़ा बाहर की तरफ़^F खुलता है अंदर की तरफ़ नहीं. [*ant.* inward(s)]

outweigh ऑउट् वे' *v.t.* से भारी या महत्वपूर्ण होना, अधिक प्रभावशाली होना : you cannot ~ your friend तुम अपने मित्र से अधिक प्रभावशाली नहीं हो सकते; the merits ~ the demerits गुण अवगुणों की अपेक्षा^F भारी हैं.

outworn ऑउट् वॅर्न' *a.* जीर्ण-शीर्ण [clothes कपड़े, goods सामान, phrases वाक्यांश/पदबंध]; he still wears the ~ shoes वह अब भी ≈ जूते पहनता है.

oval ओ'व़ल *a.* अंडाकार : the earth is ~ in shape पृथ्वी^F की शक्ल ≈ है; her face is ~ उसका चेहरा ≈ है; it is ~ not round यह ≈ है, गोल नहीं.

ovation ओ व़े'शन *n*^u. जय-जयकार, करतल ध्वनि^F, शाबाशी^F : he won the match and was welcomed with ~ वह मैच जीत गया तो ≈ से उसका स्वागत किया गया; he received the thunderous ~ when he entered the hall जब वह हाल के अंदर आया तो उसका गड़गड़ाहट के साथ जय-जयकार किया गया.

oven अॅ'व़न *n*^c. चूल्हा, तंदूर [big बड़ा, electric बिजली का, gas गैस का]; ~ for cooking food भोजन पकाने के लिए ≈; to bake something in the ~ चूल्हे/भट्ठी में कुछ सेंकना; they bake biscuits in an ~ वे भट्ठी^F में बिस्कुट सेंकते हैं.

over ओ'व़र **I.** *n*^c. ओव़र : how many ~ s are to be thrown now अभी कितने ओवर फेंके जाने हैं; India won the match with six ~s in hand भारत ने छः ओवर शेष रहते हुए मैच जीत लिया. **II.** *a.* ख़त्म, समाप्त : the storm will soon be ~ तूफ़ान शीघ्र ही समाप्त हो जाएगा; the time is ~ समय समाप्त है; the meeting was soon ~ बैठक^F शीघ्र ही समाप्त हो गई; it is all ~ with us now अब हमारा सब कुछ ख़त्म हो गया है. **III.** *adv.* **1.** ऊपर, पार : he could not jump

~ the fence वह जंगले के ऊपर से नहीं कूद पाया; the aeroplane flew ~ the city हवाई जहाज़ शहर के ऊपर उड़ा; the bridge was ~ the river पुल नदी के ऊपर था; they admit children of three years and ~ वे तीन साल और उससे ऊपर के बच्चों को प्रवेश देते हैं. **2.** (से) अधिक : he has to go over ten kilometres उसे दस किमी. से अधिक जाना है; he is ~ six feet वह छह फुट से अधिक है. **3.** नीचे, औंधे : he was knocked ~ उसे पटक दिया गया. **4.** फिर से, दुबारा : think it ~ इसे ≈ सोचिए; I had to do the work ~ again मुझे यह काम फिर से करना पड़ा; to read a letter ~ again पत्र दुबारा पढ़ना. **5.** hand ~ your gun अपनी बंदूक[F] हवाले कर दो. **6.** ~helpful अति सहायक; boil ~ पूरी तरह उबालो; the milk is boiling ~ दूध उबलकर बाहर गिर रहा है. **7.** turn the page ~ पन्ना उलटिए. **IV.** *prep.* के ऊपर, पर : a bridge over the river नदी[F] पर एक पुल; he jumped ~ the fence वह चहारदीवारी[F] के ऊपर कूद गया; pull your cap ~ your shoulders अपनी टोपी कंधों के एक ओर खींचो; a lamp ~ a table मेज़ के ऊपर एक लैम्प; he travelled all ~ India उसने सारे भारत की यात्रा[F] की; a major is ~ a captain मेजर कप्तान के ऊपर होता है; they were quarrelling ~ a petty affair वे छोटी-सी बात[F] पर लड़ रहे थे. [*ant.* under] **V.** *prefix* over- अधिक, अति : as in जैसे— ~abundance अत्यधिकता[F]; ~age अधिकायु[F]; ~anxiety अतिउत्सुकता[F]; ~burden अधिक भार डालना; ~charge अधिक दाम लेना; ~caution अति सावधानी[F]; ~confidence अतिविश्वास; ~dose अतिमात्रा[F]; ~dress अतिश्रृंगार करना; ~eat अधिक खा जाना; ~feed अधिक खिलाना; ~heat अधिक गरम करना; ~joyed अत्यधिक प्रसन्न; ~load अधिक भार डालना; ~praise अतिप्रशंसा[F] करना; ~ripe अतिपक्व; ~ state अत्युक्ति[F] करना. **~and above** के अतिरिक्त : this distance is ~ and above the usual ten miles यह दूरी[F] सामान्य दस मील के अतिरिक्त है; **~and over again** बारंबार : she sang the song ~ and over again उसने गीत को बारंबार गाया; I have told you ~ and over again मैं तुमको बारंबार बता चुका हूँ; he has failed ~ and over again वह बारंबार असफल रहा है.

overact ओवर ऐक्ट' *v.i.* **1.** अत्यभिनय करना : to ~ in a play ड्रामा में ≈; he has ~ed in the film फ़िल्म में उसने अत्यभिनय किया है. **2.** (किसी काम में) अति[F] करना : he ~ed in the discussion उसने चर्चा[F] में अति कर दी.

overall ओव़ॅराल' *a. & adv.* कुल मिलाकर : ~ it is good ≈ यह अच्छा है; ~ the prices are steady ≈ कीमतें[F] स्थिर हैं; what was the ~ cost ≈ कितनी लागत[F] आई.

overcast ओव़र'कास्ट *a.* आच्छन्न, घिरा हुआ : the sky was ~ with clouds आकाश मेघाच्छन्न था, आकाश में बादल घिर आए थे; face ~ with sadness उदासी[F] से घिरा हुआ चेहरा.

overcharge ओव़र चार्ज' *v.t.* अधिक दाम लेना या माँगना : to ~ for electric goods बिजली[F] के सामान के लिए अधिक दाम लगाना. [*ant.* undercharge]

overcoat ओव़र्'कोट *n*[c]. ओवरकोट [costly कीमती, warm गर्म]; he has put on his ~ उसने अपना ≈ पहना है.

overcome ओव़र'कम *v.t.* (overcame) **1.** विजयी होना : to ~ the enemy शत्रु पर ≈, शत्रु को हराना. **2.** पार करना : to ~ obstacles बाधाएँ पार करना. **3.** अभिभूत करना : he was overcome with grief वह शोक से अभिभूत था; to be ~ with difficulties कठिनाइयों[F] से पराभूत होना.

overcrowded ओव़र क्रॉउ'डिड *a.* ज़्यादा भरा हुआ, अधिक संख्या में होना [bus बस, place स्थान, temple मंदिर, train रेलगाड़ी] the hall was ~ on that day हाल उस दिन ज़्यादा भरा हुआ था.

overdo ओव़र डू' *v.t.* (overdid, overdone) **1.** अति[F] करना, अत्यधिक काम करना : to ~ an action किसी काम की अति करना; the actress overdid her part अभिनेत्री[F] ने अपनी भूमिका[F] में अति की. **2.** (cook too much) अत्यधिक पकाना : the meat was overdone मांस अत्यधिक पकाया गया था.

overdose ओ'व़र डोज *n*[c]. अतिमात्रा[F] : ~ of

medicine दवा^{F} की ≈; do not give him ~ of food उसे भोजन की ≈ न दो.

overdraw ओव़र ड्रॉ' *v.t.* (overdrew, overdrawn) (exaggerate) **1.** अतिरंजना^{F} करना : he has ~n the girl's beauty, though it is not true उसने लड़की की सुंदरता^{F} की अतिरंजना की जबकि यह सत्य नहीं है. **2.** ज़्यादा रुपया निकालना : to ~ money from the bank बैंक से ज़्यादा पैसा निकालना.

overdue ओव़र ड्यू' *a.* **1.** (money) अतिदेय : the payment was long ~ भुगतान बहुत समय से ≈ था. **2.** (late) विलंबित : arrival of the train is ~ गाड़ी देर से पहुँच रही है.

overestimate ओव़र ऍस्टिमेट' **I.** *v.t.* (वास्तविकता से) अधिक अनुमान लगाना या आँकना : to ~ a probable number संभावित संख्या^{F} का अत्यधिक अनुमान लगाना; ~ a distance दूरी^{F} का अत्यधिक अनुमान करना. **II.** n^c. अधिमूल्यांकन : ~ one's abilities अपनी योग्यताओं का ≈. [*ant.* under ~]

overflow ओव़र फ़्लो' **I.** *v.t.* **1.** (flood) जलमग्न करना, प्लावित करना : the river ~ed (its bank) नदी^{F} में बाढ़ आ गई. **2.** छलकना : the milk is ~ing दूध छलक रहा है. **3.** the crowd overflew the hall भीड़^{F} से हाल ज़्यादा भर गया. **4.** (spread over) फैल जाना : the water overflew the land after the rain बरसात के बाद पानी मैदान में फैल गया. **II.** n^u. औ'व़र फ़्लो **1.** उमड़^{F} : ~ of people at the fair मेले में लोगों की उमड़. **2.** (flood) बाढ़^{F}, बहाव : ~ of water पानी की बाढ़^{F}; everyone was lamenting seeing the ~ बाढ़ देखकर सब लोग दु:खी थे.

overgrown ओव़र ग्रोन' *a.* अतिवर्धित [boy लड़का, plants पौधे]; a field ~ with weeds खर-पतवार से भरा खेत.

overhaul ओव़र हॉल' **I.** *v.t.* पूरी तरह^F से मरम्मत^F करना : to ~ the bicycle साइकिल की ≈. **II.** ओव़ॅर्'हॉल n^u. पूरी मरम्मत^F : your motor cycle needs total ~ तुम्हारी मोटर साइकिल^F को पूरी मरम्मत की आवश्यकता^{F} है.

overhead(s) ओव़र' हॅड्(ज़) **I.** n^c. (expenses) बँधा खर्च : he gets no allowances but only ~s उसे कोई भत्ता नहीं मिलता केवल ≈ मिलता है. **II.** *a.* उपरला, ऊपरी, अतिरिक्त : the ~ expenses ऊपर के या अतिरिक्त खर्चे; ~wires उपरले तार. **III.** *adv.* ओव़र हॅड' *adv.* **1.** सिर के ऊपर : the plane flying ~ उड़ता हुआ विमान; the moon was ~ चंद्रमा सिर के ऊपर था. **2.** सिर के भार : he fell ~ on the floor वह ≈ फ़र्श के ऊपर गिर पड़ा.

overhear ओव़र हिअर' *v.t.* (overheard) संयोग से या छिपकर सुन लेना, कनसुई^F लेना : I could ~ his words मैं उसके शब्दों को छिपे-छिपे सुन सकता था; it is hard to ~ him उसकी कनसुई लेना कठिन है.

overlap ओव़र लैप' *v.t.* (-pp-) कुछ अंश तक ढक लेना, अतिछादित करना, परस्पर व्याप्त करना : asbestos sheets ~ each other एसबस्टस की चद्दरें^{F} एक-दूसरे पर अंशत: छा जाती हैं; some subjects in philosophy and psychology ~ दर्शनशास्त्र और मनोविज्ञान के कुछ विषय परस्पर व्याप्त होते हैं.

overlook ओव़रलुक' *v.t.* **1.** अनदेखी करना, पर ध्यान न देना : (neglect) की उपेक्षा^{F} करना : to ~ somebody's mistakes किसी की गलतियों^{F} की अनदेखी करना; you must not ~ your shortcomings तुम्हें अपनी कमियों^{F} की अनदेखी नहीं करनी चाहिए. **2.** (excuse) माफ़ करना : I shall ~ your fault this time मैं इस बार तुम्हारा दोष माफ़ कर दूँगा. **3.** (superintend) निरीक्षण करना : the mate ~s labourers at work मेट काम पर लगे मज़दूरों का निरीक्षण करता है; the superintendent ~s work in an office अधीक्षक कार्यालय में काम का निरीक्षण करता है. **4.** ऊपर से देखना : the house ~s the field below इस मकान से नीचे की ज़मीन^F का दृश्य दिखाई देता है.

overnight ओव़र नाइट' **I.** *adv.* **1.** रात^F को, रात^F भर; पिछली रात^F को : he stayed ~with his friend वह रात को अपने मित्र के साथ ठहरा. **2.** (suddenly) एकदम, रातों-रात : he became a millionaire ~ वह ≈ लखपति बन गया; he cannot change ~ वह रातोंरात (एकदम) तो नहीं बदल सकता. **II.** *a.* रात^F का : ~ journey रात की यात्रा^{F}; an ~ meeting in the hall हाल में रात की बैठक^F; he could not attend the ~ function वह पिछली रात के समारोह में सम्मिलित न हो सका.

overpay ओव़र पे' *v.t.* अधिक भुगतान कर देना : the employee was overpaid, he had to refund 16 rupees कर्मचारी को अधिक भुगतान कर दिया गया, उसे सोलह रुपए वापस करने पड़े. [*ant.* under ~]

overpower ओव़र पाउअर' *v.t.* **1.** दबोच लेना : the woman ~ed the dacoit महिला^{F} ने डाकू को धर दबोचा. **2.** अभिभूत करना, पराजित करना : to ~ an enemy शत्रु को ≈; he is ~ed by his feelings वह अपनी भावनाओं^{F} से अभिभूत है; I was ~ed by heat मैं गर्मी से अभिभूत हो गया.

overrate ओव़र रेट' *v.t.* अनावश्यक महत्व देना, अत्यधिक मूल्य लगाना, अधिक मूल्यांकन करना : his work was ~d उसके काम का अत्यधिक मूल्य लगाया गया; he ~ed his powers उसने अपनी शक्तियों^{F} को अनावश्यक महत्व दिया; he ~s himself वह खुद का अधिमूल्यांकन करता है.

override ओव़र राइड' *v.t.* (overrode, overridden) (disregard) अवहेलना^{F} करना, रद्द कर देना : to ~ all objections सभी आपत्तियों^{F} को रद्द कर देना; the sessions judge has overridden the judgement of the lower court सत्र न्यायाधीश ने निम्न न्यायालय के निर्णय को रद्द कर दिया.

overripe ओव़र राइप' *a.* हद से ज़्यादा पका हुआ, अतिपक्व [bananas केले, fruit फल, mango आम] I do not appreciate such ~ mangoes मैं इस प्रकार ≈ आम पसंद नहीं करता.

overrule ओव़र रूल' *v.t.* **1.** रद्द करना, अस्वीकृत कर देना : the Supreme Court ~d the judgement of the High Court उच्चतम न्यायालय ने उच्च न्यायालय के निर्णय को रद्द कर दिया. **2.** विरुद्ध निर्णय देना : the principal ~d the teacher-in-charge प्राचार्य ने प्रभारी अध्यापक के विरुद्ध निर्णय दिया.

overrun ओव़र रन' *v.t.* (overran) **1.** रौंदना, कुचलना, पद्दलित करना : the child was ~ by a truck बच्चा ट्रक के नीचे कुचला गया; the troops overran the country सेनाओं^{F} ने देहात को रौंद दिया. **2.** (go beyond a limit) उल्लंघन करना : his speech overran the time limit उसके भाषण ने समय-सीमा^{F} का उल्लंघन किया.

overseas ओव़र सीज़ **I.** *adv.* समुद्र पार : she lives ~ वह ≈ रहती है; he has never gone ~ वह ≈ कभी नहीं गया. **II.** *a.* समुद्र पार का, विदेश [country देश, place स्थान, trade व्यापार]; he has a flourishing ~ business उसका फलता-फूलता विदेश-व्यापार है.

oversee ओव़र सी' *v.t.* (oversaw, overseen) देखरेख^{F}/निगरानी^{F} करना : please go and ~ the workers' job कृपया जाओ और मज़दूरों के काम की निगरानी^{F} करो. **overseer** ओव़र'सिअर n^{c}. ओवरसियर : ~ is now called Assistant Engineer in India अब भारत में ≈ को सहायक अभियंता कहा जाता है; he is an ~ in this company वह इस कंपनी^{F} में ≈ है.

oversight ओव़र'साइट n^{u}. **1.** (supervision) निगरानी^{F} : it happened so due to his ~ ऐसा उसकी ≈ के कारण घटित हुआ. **2.** (inadvertence) भूल^{F}, प्रमाद, असावधानी^{F}, अनवधान : it was omitted by/through an ~ यह ≈ से छूट गया; it was merely his ~ यह केवल उसकी असावधानी^{F} थी.

overstock ओव़र स्टॉक' *v.t.* ज़्यादा माल भर लेना : to ~ TV sets ज़्यादा टी.वी. सेट स्टॉक में रखना; he has ~ed merchandise in his store उसने भंडार में सौदे का सामान ख़ूब भर रखा है.

overstrain ओव़र स्ट्रेन' **I.** *v.t.* अत्यधिक बल लगाना, हद से ज़्यादा भार डालना : he has ~ed his mind and now he is mentally disturbed उसने अपने मन पर हद से ज़्यादा ज़ोर डाला और अब वह मानसिक रूप से व्याकुल है. **II.** n^{u}. (fatigue) बहुत थकावट^{F} : he is suffering from ~, now he needs rest वह बहुत थका-मांदा है, अब उसे आराम की आवश्यकता^{F} है.

overtake ओव़र टेक' *v.t.* (overtook, overtaken) **1.** आगे निकल जाना : the car overtook the bus कार^{F} बस^{F} से आगे निकल गई; I cannot ~ the car मैं कार^{F} से आगे

नहीं निकल सकता. **2.** आ घेरना : a storm overtook our boat तूफ़ान ने हमारे पोत को घेर लिया; the two cities were overtaken by an earthquake दोनों शहर भूकंप के घेरे में आ गए.

overtax ओव़र टैक्स' *v.t.i.* **1.** पर अधिक कर लगाना : the Indians are ~ed भारतीयों पर अधिक कर लगाया जाता है. **2.** अधिक बोझ डालना : to ~ one's patience किसी के धैर्य पर अधिक बोझ डालना.

overthrow ओव़र थ्रो' **I.** *v.t.* (overthrew, overthrown) **1.** हरा देना, तख़्ता उलट देना : the British overthrew the Moghuls ब्रिटिश लोगों ने मुगलों को हरा दिया. **2.** उलट देना : all his dreams were ~n when he became lame जब वह लंगड़ा हो गया तो उसके सभी सपने उलटे हो गए. **II.** ओव़र थ्रो' n^{c}. **1.** विध्वंस, विनाश [great अत्यधिक, unbelievable अविश्वसनीय]; the ~ of that dynasty was sure उस वंश का ≈ निश्चित था; ~ of this instituion cannot be avoided इस संस्था[F] का विनाश रोका नहीं जा सकता. **2.** (in cricket) ओवर थ्रो : they made another run due to ~ उन्होंने ≈ के कारण एक और रन[F] बना ली.

overtime ओव़र् टाइम' **I.** n^{u}. अधिसमय, अतिसमय : to do ~ in the factory कारख़ाने में ≈ काम करना; he still has not got the payment for ~ उसे अपने ≈ का भुगतान अब भी नहीं हुआ. **II.** *a.* समयोपरि, अधिकालिक [income आमदनी[F], work काम]. **III.** *adv.* अतिरिक्त समय तक, नियत समय के बाद : to work ~ ≈ काम करना.

overwhelm ओव़र् व़ेॅल्म ' *v.t.* **1.** पराभूत करना, दबा देना, हावी हो जाना : she was ~ed with grief वह शोक से पराभूत थी. **2.** छा जाना : the flood ~ed our village बाढ़[F] हमारे गाँव में छा गई.

overwork ओव़र'वर्क **I.** n^{u}. अतिश्रम, अत्यधिक श्रम, अतिरिक्त श्रम : he is suffering from fever, he did so much ~ yesterday वह बुख़ार से पीड़ित है, कल उसने इतना अधिक श्रम किया था. **II.** ओव़र वर्क' *v.t.* से अधिक काम लेना, थका देना : he is very weak, yet he was ~ed by the master वह बहुत कमज़ोर है, फिर भी मालिक द्वारा उससे बहुत काम लिया गया. **III.** *v.i.* अत्यधिक काम करना : he always ~s वह सदा अत्यधिक काम करता रहता है.

owe ओ *v.t.* **1.** ऋणी होना, देनदार होना : he ~s me ten rupees वह दस रुपए का मेरा ऋणी है, उसको मुझे दस रुपए देने हैं. **2.** देय होना : to ~ thanks for the gift उपहार के लिए धन्यवाद देना; I ~ him this much money मुझे उसको इतना पैसा देना है. **3.** (be beholden) ऋणी/आभारी होना : I ~ you a lot मैं आपका बहुत आभारी हूँ; I ~ my position to his influence मैं अपनी स्थिति[F] के लिए उसके प्रभाव का ऋणी हूँ. **owing** ओ'इङ्ग n^{u}. देना : he is ~ Rs. 50 to me वह पचास रुपए का मेरा ऋणी है. Δ **~ to** के कारण : ~ to the rain we could not play cricket बारिश[F] के कारण हम क्रिकेट नहीं खेल सके; ~ to these circumstances I could not reach there इन परिस्थितियों[F] के कारण मैं वहाँ पहुँच न सका; wedding was cancelled ~ to a death एक मृत्यु[F] के कारण शादी[F] रद्द कर दी गई.

owl ऑउल n^{c}. उल्लू : ~ flies at night ≈ रात[F] में उड़ता है; ~ preys upon small birds उल्लू छोटे पक्षियों का शिकार करता है; ~ sees in the night उल्लू रात में देखता है.

own ओन **I.** *a.* अपना, निजी, निज [house घर, library पुस्तकालय]; ~ shop अपनी दुकान[F]; it was his ~ idea यह उसका अपना विचार था; I saw it with my ~ eyes मैंने इसे अपनी आँखों[F] (से) देखा; I write it with my ~ pen मैं इसे अपनी कलम[F] से लिखता हूँ; that cap is not his own, it is his friend's वह टोपी[F] उसकी अपनी नहीं है, उसके मित्र की है; I am in my ~ house मैं अपने निजी मकान में हूँ; it is all your ~ doing यह सब तुम्हारी अपनी करनी[F] है. **II.** n^{u}. **1.** (self) आपा : Δ he still **holds his** ~ वह अब भी आपे में है; **hold one's** ~ डटकर सामना करना : can you hold your ~ against him क्या तुम उसके विरुद्ध डटकर सामना कर सकते हो? **come into one's** ~ उचित सम्मान पाना : he cannot come into his ~ for he tells lies वह उचित सम्मान कभी नहीं पा सकता क्योंकि वह झूठ बोलता है. **2.** मान्यता[F] : this principle will come into its ~ इस सिद्धान्त को ≈ मिलेगी. **III.** *v.t.* **1.** (possess) का मालिक या स्वामी होना : who ~s this house इस मकान का मालिक कौन है? he asked his friend, Who ~ed that mill उसने अपने मित्र से पूछा कि उस मिल का मालिक कौन है? **2.** (acknowledge) स्वीकार करना, मानना : I ~ that I was wrong मैं मानता हूँ कि मैं गलती[F] पर था; I can never ~ this fault मैं इस दोष को कभी स्वीकार नहीं कर सकता. [*ant.* disown] **owner** ओ'नर *n*[c]. स्वामी, मालिक [cruel क्रूर, honest ईमानदार, rich धनी]; he is the ~ of a big house in America वह अमरीका में एक बड़े मकान का स्वामी है; who is the ~ of this mill इस मिल का मालिक कौन है ? can you tell me the name of the ~ of the car क्या तुम मुझे कार के मालिक का नाम बता सकते हो?

ownership ओ'नरशिप *n.* स्वामित्व, स्वाम्य : real ~ वास्तविक ≈; the ~ of the car is not certain कार का स्वामित्व निश्चित नहीं है; his ~ of property was challenged संपत्ति[F] में उसके स्वामित्व को चुनौती[F] दी गई.

ox ऑक्स *n*[c]. (*pl.* oxen) बैल [big बड़ा, brown भूरा, lame लँगड़ा, white सफ़ेद]; the farmer uses ~en to plough his field अपने खेत जोतने के लिए किसान बैलों से काम लेता है; he has no ~en of his own उसके अपने कोई ≈ नहीं हैं.

oxygen ऑक्'सिजन *n*[u]. ऑक्सीजन[F] [colourless बेरंग, odourless गंधहीन, tasteless स्वादहीन]; the patient was administered ~ रोगी को ≈ दी गई; he needed ~ when he was seriously ill जब वह सख़्त बीमार था तो उसे ≈ की आवश्यकता[F] थी.

ozone ओ'ज़ोन *n.* ओज़ोन (गैस) : ~ is a type of oxygen ≈ एक प्रकार की ऑक्सीजन है; ~ is pleasant to breathe ≈ साँस लेने में सुखद होती है.

P, p

p. page, past.

P.A. Personal Assistant निजी सहायक : he is the minister's P.A. वह मंत्री का ≈ है;

p.a. *per annum* प्रतिवर्ष.

P.A.C. Police Auxiliary Corps.

pace पेस **I.** *n*^{c}. **1.** (step) कदम, डग (लगभग ढाई फुट) [long लंबा, short छोटा]; he took three ~s forward वह तीन ≈ आगे बढ़ा; he ran forward ten ~s वह दस ≈ आगे भागा; my office is only a fifty ~ from my house मेरा कार्यालय मेरे घर से केवल पचास ≈ पर है. **2.** (speed) गति^{F}, (gait) चाल^F [fast तेज़, slow धीमी]; he drives his car with good ~ वह अपनी कार^F अच्छी गति से चलाता है. Δ **to gather ~** गति/चाल तेज़ होना; to **quicken one's ~** अपनी गति/चाल तेज़ करना; **to keep ~ with** कदम-से-कदम मिलाकर चलना, बराबर चलना : you are too fast, I cannot keep ~ with you तुम बहुत तेज़ हो, मैं तुम्हारे बराबर नहीं चल सकता; this horse cannot keep ~ with my car यह घोड़ा मेरी कार^F की गति^{F} से नहीं चल सकता; **to set the ~ for somebody** किसी के लिए अपना उदाहरण देकर गति^{F} निश्चित करना. **II.** *v.t.* **1.** कदम-कदम जाना : the old man was pacing the hall बूढ़ा आदमी हाल में कदम-कदम चल रहा था. **2.** टहलना : the lion was pacing up शेर टहल रहा था. **3.** कदमों से नापना : I ~d the hall, it is 14 metres in length मैंने हाल को कदमों से मापा, यह लंबाई में 14 मीटर है.

pacific पॅ सि'फ़िक **I.** *a.* **1.** प्रशान्त, शांतिपूर्ण : ~ nature ≈ प्रकृति^{F}; P~ Ocean प्रशान्त महासागर ~ place ≈ स्थान. **2.** शांतिप्रिय : ~ fellow ≈ व्यक्ति; ~ nation ≈ राष्ट्र. **3.** शांतिमय, शांतिपूर्ण : his ~ desires will add to his personality उसकी ≈ इच्छाएँ उसके व्यक्तित्व को निखारेंगी. **pacify** पै' सिफ़ाइ *v.t.* (*p.* pacified) शांत करना, संतुष्ट करना : it is hard to ~ his anger उसके क्रोध को शांत करना कठिन है; to ~ the minorities अल्पसंख्यकों को संतुष्ट करना; mother pacified the crying baby माँ ने चिल्लाते हुए बच्चे को शांत कराया; to ~ a town in turmoil खलबली^{F} वाले किसी शहर में शांति स्थापित करना.

pack पैक **I.** *n*^{c}. **1.** (bundle) गठरी, पोटला, गट्ठर [big बड़ा, heavy भारी, small छोटा]; it was a huge ~ of his clothes यह उसके कपड़ों का एक बड़ा गट्ठर था; he cannot lift such a heavy ~ वह इतना भारी गट्ठर नहीं उठा सकता. **2.** (gang) दल, गिरोह : I saw a large ~ of robbers on the hill मैंने पहाड़ी पर डकैतों का एक बड़ा गिरोह देखा. **3.** (of animals) झुण्ड : ~ of wolves भेड़ियों का ≈. **4.** (of cards) ताश^F की गड्डी^{F} : ~ of notes नोटों की गड्डी. **5.** ~ of lies झूठ का ढेर. ~**horse** लद्दू घोड़ा. **II.** *v.t.i.* **1.** बाँधना, पैक करना, भरना, भर देना [carefully सावधानी^{F} से, hurriedly जल्दी^{F} से, neatly स्वच्छता^{F} से, quickly तेज़ी से]; ~ up your luggage and go अपना सामान बाँधो और चले जाओ; she ~ed her clothes and was ready for the city वह अपने कपड़े पैक करके शहर जाने के लिए तैयार थी; I need half an hour to ~ मुझे पैक करने में आधे घंटे की आवश्यकता^{F} है; I cannot ~ any more books into the box मैं संदूक में और किताबें^{F} पैक नहीं कर सकता; I am just going to ~ मैं अभी पैक करने जा रहा हूँ; have you ~ed up everything क्या तुमने सब कुछ पैक कर दिया है. [*ant.* unpack] **2.** डिब्बे में बंद करना : to ~ pickles in a can अचार को डिब्बाबंद करना. **3.** खचाखच या ठसाठस भर जाना : the people ~ed into the room लोग कमरे में भर गए; the hall was ~ed with people हाल लोगों से ठसाठस भरा था; they are ~ed into the car वे कार^F में घुसेड़ दिये गए हैं; to ~ people into a compartment लोगों को डिब्बे में ठसाठस भरना. Δ **to ~ smb off** किसी को चलता करना; **to send smb ~ing** किसी को चलता करना. **4.** जोड़ कसना : to ~ a leaking pipe चूते हुए पाइप का जोड़ कसना. **package** पै'किज **I.** *n*[c]. **1.** पुलिंदा, बंडल, पार्सल, पैकेज : she put her ~ down on the table उसने अपना ≈ मेज़ पर रख दिया; the ~ was tied round with a ribbon ≈ फीते से बंधा था; this ~ was left by a messenger यह पुलिंदा किसी संदेशवाहक द्वारा छूट गया. **2.** (box) डब्बा : the ~ containing magazines was torn पत्रिकाओं[F] वाला ≈ फटा हुआ था. **II.** *a.* एकमुश्त [deal सौदा, money धन, plan योजना[F]]; ~ deal इकट्ठा समझौता, कुल का सौदा : only a ~ deal can solve the matter completely केवल इकट्ठा समझौता ही मामले को पूरी तरह हल कर सकता है; ~ tour यात्रा[F] का कुल प्रबंध : have you arranged a ~ tour with the company क्या तुमने कंपनी के साथ यात्रा का पूरा प्रबंध तै कर लिया है. **packed** पैक्ड : *a.* भरा : ~ building लोगों से भरी इमारत[F]; the hall was fully ~ with all kinds of people सभी प्रकार के लोगों से हाल पूरा भरा हुआ था; her box is ~ उसका संदूक भरा है.

packet पै'किट *n.* पैकट, पुलिंदा : ~ of papers कागज़ों का ≈; she had a ~ of cigarettes उसके पास सिगरेट का एक पैकट था; please buy a ~ of tea for me कृपया मेरे लिए चाय[F] का एक बंडल खरीदिए; have you a ~ of blades क्या तुम्हारे पास पत्ती का एक बंडल है. **packing** पै'किंग *n*[u]. **1.** बाँधने का काम या सामान; पैकिंग : ~ case सामान पैक करने की पेटी[F]; I should do my ~ at once मुझे अपना पैक करने का काम तुरंत करना चाहिए. **2.** (filling) भराई[F] : have you sufficient ~ material क्या तुम्हारे पास भराई का पर्याप्त सामान है ? **~paper** बेठन, लपेटने का काग़ज़.

pact पैक्ट *n.* (agreement) करार, समझौता [permanent स्थायी, temporary अस्थायी]; suicide ~ आत्महत्या[F] करने का करार; a peace ~ was made between India and Ceylon भारत और श्रीलंका के मध्य शांति समझौता हुआ; none of them followed the ~ उनमें से किसी ने समझौते का पालन नहीं किया.

pad पैड **I.** *n*[c]. **1.** (cushion) गद्दी[F] [clean साफ़, comfortable आरामदायक]; the tailor put ~s in the shoulders of a woollen coat दर्जी ने ऊनी कोट के कंधों में गद्दियाँ डालीं. **2.** (on wound) गद्दी : cotton wool ~ over the wound घाव पर रुई की ≈. **3.** पैड : costly ~ कीमती ≈; ~s on a batsman's legs to make them safe टाँगों की सुरक्षा के लिए बल्लेबाज़ की टाँगों पर के ≈. **4.** पैड : ink ~, letter ~, writing ~ स्याही पत्र, लेखन ~. **II.** *v.t.* (-dd-) **1.** गद्दीदार तह[F] लगाना, गद्दीदार बनाना : the quilt was ~ded रज़ाई[F] गद्दीदार बनाई गई थी. **2.** पैदल चलना : the dog ~ded along with his master कुत्ता अपने मालिक के साथ-साथ चल रहा था; she is very fat, she ~s with difficulty वह बहुत मोटी है, कठिनाई से चल सकती है. **3.** व्यर्थ का विस्तार देना : he was ~ding his speech वह अपने भाषण को व्यर्थ का विस्तार दे रहा था.

paddle पै'डल **I.** *n*[c]. **1.** चौड़ा चप्पू : boatman uses a ~ to push his boat माँझी अपनी नाव[F] को ढकेलने के लिए चौड़े चप्पू का इस्तेमाल करता है. **2.** पैडल : a cycle has two ~s साइकल में दो पैडल होते हैं. **II.** *v.t.* **1.** (a boat) खेना : she could not ~ her boat वह अपनी नाव[F] नहीं चला सकी. **2.** to move about (in water) घूमना-फिरना : a duck ~s in a tank बत्तख़ तालाब में घूमती-फिरती है. **3.** (toddle) गिरते-पडते चलना, ढुरकना : baby is paddling in shallow water बच्चा उथले पानी में ठुमक रहा है.

paddy पै'डि *n.* धान : ~ field धान का खेत; to grow ~ धान उगाना; ~ grows in the water ≈ पानी में उगता है; to pound paddy and get rice धान कूटकर चावल प्राप्त करना.

padlock पैड्'लॉक **I.** *n*[c]. (लटकने वाला) ताला : strong ~ मज़बूत ताला; ~ is used on a door to secure it ताले का प्रयोग दरवाज़े को बंद करने के लिए उस पर लगाया जाता है; a ~ has a loop at the top ताले के शीर्ष पर एक छल्ला होता है. **II.** *v.t.* ताला लगाना : he ~ed his room and went away वह अपने कमरे में

ताला लगाकर चला गया; have you ~ed the box क्या तुमने संदूक में ताला लगा दिया है.

page पेज *n*^c. पृष्ठ [clean साफ़, first पहला, last अंतिम, rough गंदा]; write a ~ एक पृष्ठ लिखो; somebody has torn ~ 15-16 किसी ने ≈ पंद्रह-सोलह फाड़ दिया है; turn the ~ पन्ना उलटो; open the book at ~ 25 ≈ पच्चीस पर किताब^F खोलो; this book has three hundred ~s इस किताब में तीन सौ पृष्ठ हैं; there is a ~ missing in my book मेरी किताब^F में एक ≈ नहीं है. **2.** (also page-boy) बैरा, परिचर : a ~ works in a hotel ≈ होटल में काम करता है; the ~ has a uniform परिचर की वरदी^F होती है. **paginate** पे'जिनेट *v.t.* पृष्ठों पर नंबर डालना, पृष्ठांकित करना : the officer ~d the papers in the file and returned it to the head clerk अधिकारी ने फ़ाइल के काग़ज़ों पर पृष्ठ संख्या^F लगा दी और इसे प्रधान लिपिक को वापस कर दिया. [*n.* pagination]

paid पेड (*p.& p.p.* of pay) *a.* (see pay) **1.** अदा किया हुआ : ~ money ≈ धन; you have ~ *up* your debt तुमने अपना पूरा ऋण अदा कर दिया है; what is the ~ money दत्त धन कितना है ? **2.** भुगतान किया हुआ, शोधित, चुकाया हुआ : ~ bill ≈ बिल. **3.** (person) वैतनिक, वेतनभोगी : is he ~ or unpaid वह वैतनिक है अथवा अवैतनिक.

pail पेल *n.* डोल [earthen मिट्टी की, milk दूध का, wooden लकड़ी की]; fetch a ~ of water एक बाल्टी पानी लाओ; ~ is round and open ≈ गोल और खुला होता है. [*as distinct from* pale]

pain पेन **I.** *n*^u. **1.** पीड़ा^F, दर्द [constant लगातार, severe अत्यधिक, sharp तेज़]; she feels ~ in her back उसे पीठ^F में ≈ है; I have got ~ in my chest मुझे छाती^F में दर्द है. ~ **killer** पीड़ाहर (दवा). **2.** कष्ट, तकलीफ़^F : his words gave her much ~ उसके शब्दों ने उसे बहुत ≈ पहुँचाया; he gave me ~ उसने मुझे कष्ट दिया; he has been suffering from some ~ since Monday उसे सोमवार से कोई कष्ट है. **3.** (in contexts) under ~ of death मृत्युदंड की धमकी^F देकर; under ~ of severe beating कड़ी पिटाई^F के डर से. **II.** *n.* (*pl.*) परिश्रम, कष्ट : to give smb smth for his ~s किसी को उसके ≈ के लिए कुछ देना. Δ **to take ~s** कष्ट उठाना, श्रम करना : she had to take great ~s with her Hindi grammar उसे हिंदी व्याकरण में बहुत श्रम करना पड़ा; to **be at ~ to do smth** कुछ करने का उपाय करना. **III.** *v.t.* **1.** कष्ट पहुँचाना : she was ~ed by him उसने उसे कष्ट पहुँचाया; the burn ~ed her very much जलने से उसे बहुत कष्ट हुआ; it pains me to tell you that ... यह बताने में मुझे कष्ट होता है कि . . . **2.** दर्द करना : my leg is ~ing मेरी टाँग^F दर्द कर रही है. pane]. **painful** पेन्'फुल *a.* **1.** (full of pain) पीड़ाकर, दरदीला : ~ wound ≈ घाव. **2.** दुःखद, कष्टकर : [experience अनुभव, incident घटना^F, news समाचार, song गीत]; I have ~ sensation about it इसके बारे में मुझे दुःखद अनुभव है. **3.** ~ task श्रमसाध्य कार्य. **painless** पेन्'लेंस *a.* पीड़ाहीन, अकष्टकर [death मृत्यु, injury घाव, operation चीर-फाड़^F]; last time it was ~ to travel by the train पिछली बार^F रेलगाड़ी से यात्रा^F करना अकष्टकर था. **painstaking** पेन्ज़'टेकिंग *a.* (industrious) परिश्रमी, मेहनती, अध्यवसायी [student छात्र, worker मज़दूर]; he is not only intelligent but also ~ वह केवल बुद्धिमान नहीं है किंतु ≈ भी है. [*as distinct from* pane]

paint पेन्ट **I.** *n*^u. पेंट, रंगलेप [blue नीला, red लाल]; a tin of ~ ≈ का डिब्बा; go to the market to buy ~ and get the wall ~ed ≈ खरीदने बाज़ार जाओ और दीवार^F पेन्ट कराओ. **II.** *v.t.* **1.** रंगना [carefully सावधानी^F से, skilfully कुशलता^F से]; he ~ed the door white and green उसने दरवाज़ा सफ़ेद और हरे में रंगा; it is time to ~ the house again मकान को पुनः रंगने का समय है. **2.** चित्र बनाना : he ~ed a picture of a boat उसने एक नाव^F का चित्र बनाया; a picture ~ed by Hussain हुसैन द्वारा बनाई हुई तस्वीर^F. **3.** to paint an incident किसी घटना^F का वर्णन करना. **4.** to ~ the throat गले में दवा लगाना. **painter** पेन्'टर *n*^c. पेंटर, रंगसाज़; (artist) चित्रकार [famous प्रसिद्ध, ordinary

साधारण, talented प्रतिभाशाली]; the signboard is with the ~ नामपट्ट रंगसाज़ के पास है; I have forgotten who the ~ of this picture was मैं भूल गया कि इस चित्र का चित्रकार कौन था. **painting** पेन्'टिङ्ग n^c. **1.** चित्र, रंगचित्र [modern आजकल का, old पुराना]; what a fine ~ you have! आपका चित्र कितना बढ़िया है! I have bought several old ~s मैंने कई पुराने चित्र खरीदे हैं; ~ of a boat एक नाव^F का चित्र. **2.** चित्रकला^{F}, चित्रकारी^{F} : she has ~ as one of her subjects in B.A. बी.ए. में ≈ उसका एक विषय है.

pair पेंअर **I.** n^c. जोड़ा, युगल, दो [handsome सुंदर, suitable उपयुक्त]; they are a happy pair वे सुखी जोड़ा हैं; I have one ~ of hands मेरे एक जोड़ा हाथ हैं; he has a ~ of spectacles उसके पास दो चश्मे हैं; the ~ of your pant is not good तुम्हारे पैंट का जोड़ा ठीक नहीं है; they came in ~s वे दो-दो करके आए; ~ of gloves दस्तानों का जोड़ा; ~ of oxen बैलों की जोड़ी^{F}; ~ of scissors कैंची^{F}; ~ of socks मोज़े; ~ of tongs चिमटा. **II.** *v.t.* जोड़ा मिलाना या लगाना, जोड़ा बनाना : he has ~ed them well उसने उन दोनों का अच्छा जोड़ा मिलाया; he tried his best but could not ~ उसने भरसक प्रयास किया, लेकिन जोड़ा न बन सका. **III.** *v.i.* जोड़ा बनना : A and B ~ed in tennis अ और ब टेनिस में जोड़ा बने. [*as distinct from* pare]

pal पैल n^c. साथी [credible विश्वसनीय, faithful वफ़ादार, sincere सच्चा]; an old ~ of mine came to see me मेरा एक पुराना ≈ मुझसे मिलने आया; we have been ~s for years हम वर्षों से मित्र रहे हैं; have you any ~s here क्या तुम्हारे यहाँ कोई साथी हैं?

Pak. Pakistan.

palace पै'लिस n^c. राजभवन, प्रासाद, महल [ancient प्राचीन, splendid शानदार, vast बड़ा]; I could not go into the ~ मैं राजभवन के अंदर नहीं जा सका; a king lives in his palace राजा अपने ≈ में रहता है; the minister's house is like a ~ मंत्री का मकान राजमहल के समान है. [*a.* palatial]

palanquin पैलॅन् कीन' n^c. पालकी^{F} [covered ढकी हुई, decorated सुसज्जित, light हल्की]; the bride was brought in a ~ दुल्हन ≈ में लाई गई; the ~ was carried by four coolies ≈ चार कुली ले जा रहे थे; a ~ is carried on poles ≈ लट्ठों पर ले जाई जाती है.

palatable पै'लॅटॅबल् *a.* स्वादिष्ट, स्वादु [food भोजन, taste स्वाद]; although he tried his best to make the food good, yet it was not ~ यद्यपि उसने भोजन को अच्छा बनाने का भरसक प्रयास किया फिर भी रुचिकर न था. (fig.) ~ truth मीठा सच; ~ doctrine रोचक सिद्धांत. **palate** पै'लिट *n.* **1.** तालू, तालु [hard कठोर, soft कोमल]; when you pronounce j or ch the tongue touches the ~ जब तुम ज या च का उच्चारण करो तो जीभ^F तालु को स्पर्श करती है. [a. palatal] **2.** (taste) स्वाद [good अच्छा, sweet मीठा]. **3.** (liking) रुचि^{F}, अभिरुचि^{F} : he has no ~ for such jokes इस प्रकार के मज़ाक में उसकी ≈ नहीं है.

pale पेल **I.** *a.* **1.** हलका पीला, फीका [colour रंग, face चेहरा]; ~ skin हलकी पीली चमड़ी^{F}; she looked very ~ वह बहुत पीली दिखती थी; she was ~ with fright भय से उसका रंग फ़क हो गया; he was so ~ that I could not recognise him उसका रंग इतना पीला पड़ गया था कि मैं उसे पहचान न सका. **2.** हल्का : ~ blue हल्का नीला. **3.** धुँधला : ~ light धुँधला प्रकाश. **II.** *v.t.* पीला, फीका या धुँधला पड़ जाना या कर देना : it will ~ her face इससे उसका चेहरा पीला पड़ जाएगा; his qualifications ~ before yours उसकी योग्यतायें तुम्हारी योग्यताओं के सामने फीकी पड़ती हैं.

palm पाम n^c. **1.** (of hand) हथेली : right ~ of the hand हाथ की दाहिनी ≈; hold smth in the ~ of one's hand अपनी ≈ में कुछ रख लेना. **2.** (~ tree) ताड़, खजूर : coconuts and dates grow on ~ trees नारियल और खजूर ताड़ के पेड़ में उगते हैं. Δ to **grease the ~ of** घूस^F देना : it is now necessary to grease the ~ of smb for getting things done किसी से काम करवाने के लिए उसको घूस देना आवश्यक है. Δ **carry off the ~** विजयी होना : he tried his best but could not carry off ~ in the race उसने भरसक प्रयास

किया किंतु दौड़^{F} में विजयी न हो सका. **II.** *v.i.* (~ off) धोखे से दे देना : the shopkeeper ~ed off addled eggs on/onto the lady दुकानदार ने गंदे अंडे धोखे से उस महिला को दे दिए. Palmist पा'मिस्ट n^c. कर-सामुद्रिक : he is a prominent ~ वह एक प्रसिद्ध ≈ है; the ~ examined the lines on my palm and told me what would happen to me ≈ ने मेरी हथेली^{F} की रेखाओं^{F} का निरीक्षण किया और बताया कि मेरे साथ क्या घटित होने वाला है.

palpitate पैल्'पिटेट *v.i.* **1.** धड़कना, धकधक करना : the sight made my heart ~ उस दृश्य से मेरा हृदय धकधक करने लगा. **2.** काँपना : his body was palpitating with fear उसका शरीर डर के मारे काँप रहा था. **palpitation** पैल् पिटे'शन n^{uc}. धड़कन^F, धकधकी^{F} [quick तेज़, regular नियमित, violent ज़ोर की]; ~ of heart हृदय की ≈; for a second the ~ stopped एक सेकंड के लिए ≈ बंद हो गई.

paltry पाल्'ट्रि *a.* तुच्छ, निकृष्ट : I have never seen a dispute over such a ~ thing इतनी निकृष्ट वस्तु^{F} के लिए मैंने कभी ऐसा झगड़ा नहीं देखा; it is a ~ sum of money यह तुच्छ राशि^{F} है; yours is a ~ excuse तुम्हारा यह तुच्छ बहाना है.

pamper पैम्'पर *v.t.* बहुत लाड़ करना : do not ~ the child too much बच्चे से इतना ज़्यादा लाड़ मत करो; she ~ed the baby in sickness उसने बीमारी^{F} में बच्चे से बहुत लाड़ किया.

pamphlet पैम्फ़्'लिट n^c. पैम्फ़लिट, पुस्तिका^{F}, चौपन्ना [double दोहरा, election चुनावी, small छोटा]; to print a ~ ≈ छापना; to distribute ~s to the people लोगों में ≈ बाँटना; ~ contains some interesting matter ≈ में कुछ दिलचस्प बातें होती हैं.

pan पैन n^c. **1.** तवा, पैन : frying pan तलने का तवा; this ~ has a long handle इस तवे में लंबा हत्था है; fry eggs in a ~ ≈ में अंडे फ़्राइ करो. **2.** (of scales) पलड़ा, पल्ला : the ~s of this scale are not equal इस तराज़ू के पलड़े बराबर नहीं हैं. **3.** (betel leaf) पान : many Indians are fond of chewing ~ बहुत-से भारतीय ≈ चबाने के शौकीन हैं.

pandemonium पैन्डिमो'न्यम *u.* होहल्ला, हुल्लड़ [loud ज़ोर का, sharp तेज़]; there was ~ in the legislative assembly विधान सभा^{F} में ≈ मचा था.

pane पेन' *n.* **1.** (glass) शीशा, काँच फलक : who broke this ~ of glass यह ≈ किसने तोड़ा? one ~ on the ventilator is missing रोशनदान का एक ≈ ग़ायब है; a glass ~ on our window is broken हमारी खिड़की^{F} का एक शीशा टूटा है. **2.** फलक : a ~ is used in the frame of a photo or painting ≈ का प्रयोग फ़ोटो या चित्र के फ़्रेम में किया जाता है. [*as distinct from* pain]

panel पै'नल **I.** n^c. **1.** (of door etc.) दिलहा/दिल्ला : ~ is a flat piece of wood used on a door or wall ≈ लकड़ी^{F} का एक चौड़ा टुकड़ा होता है जो दरवाज़े या दीवार^F में लगाया जाता है. **2.** (of names) तालिका^{F}, नामिका^{F}, नामसूची^{F}: ~ of doctors डाक्टरों की तालिका; ~ of judges जजों की ≈. **3.** (board) फलक : this ~ has a beautiful picture painted on it इस ≈ पर एक सुंदर चित्र चित्रित है. **II.** *v.t.* (-ll-) **1.** सूची^{F} में नाम लिखना : the clerk did not ~ his name in spite of the order of the superintendent सुपरिन्टेन्डेंट के आदेश के बावजूद लिपिक ने सूची^{F} में उसका नाम नहीं लिखा. **2.** दिलहा लगाना : to ~a door दरवाज़े में ≈.

pang पैङ् *n.* टीस^F, हूक^F, कसक^F, व्यथा^{F} [mental मानसिक, physical शारीरिक, sudden आकस्मिक]; ~s of hunger भूख^F की ≈; she left her children with a ~ of sadness दुख की टीस के साथ उसने अपने बच्चों को छोड़ दिया; ~s of separation विरहव्यथा^{F}.

panic पै'निक **I.** n^u. आतंक, दहशत^F : there was ~ when a fire broke out जब आग^F लगी तो दहशत फैल गई; ~ can be the cause of a great disaster आतंक किसी घोर विपत्ति^{F} का कारण बन सकता है; she felt ~ at the dead of night आधी रात को उसे दहशत हुई; the people were ~ stricken लोग त्रस्त या आतंकित थे. **panicky** पै'निकि *a.* आतंकित, संत्रस्त : after this accident the children became ~ इस दुर्घटना^F के बाद बच्चे संत्रस्त हो गए.

pant पैंट **I.** *v.t.* **1.** हाँफना : he was ~ing when he reached the top of the hill जब वह पहाड़ी^F की चोटी^F पर पहुँचा तो हाँफ रहा था; to ~ out words हाँफते हुए बोलना. **2.** (throb) धड़कना : the heart ~s हृदय धड़कता है. **2.** (~ for) लालायित होना, ललचाना : the baby stood ~ing for a toy बच्चा खड़ा खिलौने के लिए ललचा रहा था. **II.** *n*^c. हाँफा, हाँफी^F : violent ~ तेज़ ≈; I could feel her ~s मैं उसकी ≈ महसूस कर रहा था.

pantaloon पैन्'टॅलून *n.* पतलून^F [cheap सस्ती, costly कीमती, green हरी]; he wears a silken pair of ~s on festivals वह त्यौहारों पर रेशमी पतलून पहनता है.

panther पैन्'थर *n*^c. तेंदुआ [ferocious क्रूर, huge बड़ा, hungry भूखा]; a ~ killed two goats last night पिछली रात^F एक तेंदुए ने दो बकरियाँ मार डालीं; sometimes ~s are very dangerous कभी-कभी तेंदुए बहुत ख़तरनाक हो जाते हैं. [*fem.* pantheress]

pantry पैन्'ट्रि *n.* रसोई-भंडार [tidy साफ़, well-organised सुव्यवस्थित]; ~ is a small room where food, cups, uttensils etc. are kept ≈ एक छोटा कमरा होता है जहाँ खाद्य पदार्थ, प्याले-तश्तरियाँ इत्यादि रखे जाते हैं; a ~ has shelves ≈ में शॅल्फ़ होते हैं.

papa पा'पा *n.* पिता, पापा [gentle भला, mild नरम, strict सख़्त]; ~ and mamma were out of the house पापा और मम्मी घर से बाहर थे; our ~ is a strict disciplinarian हमारे पापा एक सख़्त अनुशासक हैं.

paper पे'पर **I.** *n*^u. कागज़ [clean साफ, rough गंदा, smooth चिकना, thick मोटा, thin पतला, torn फटा हुआ]; write on ~ कागज़ पर लिखो; this article is made of ~ यह वस्तु^F कागज़ की बनी है. Δ **commit your ideas to ~** अपने विचार लिख डालो. **II.** *n*^c. **1.** (newspaper) पेपर, अख़बार^F, समाचार-पत्र : please give me your ~ for an hour कृपया मुझे एक घंटे के लिए अपना अख़बार दीजिए; so many daily ~s इतने सारे दैनिक ≈; read the ~ ≈ पढ़ो. **2.** (article) परचा, निबंध, लेख : excellent ~ उत्कृष्ट ≈; I have to write a ~ on unemployment बेरोजगारी^F पर मुझे एक ≈ लिखना है. **3.** (document) दस्तावेज़, कागज़ात : there are some important ~s in my suitcase मेरे सूटकेस में कुछ महत्वपूर्ण काग़ज़ात हैं. **4.** (of exam) प्रश्नपत्र : the paper today was difficult आज का प्रश्नपत्र कठिन था; I have done my ~s well मैंने अपने सारे प्रश्नपत्र अच्छे किए हैं. **III.** *v.t.* कागज़ लगाना या चिपकाना : ~ the walls of your room अपने कमरे की दीवारों^F पर कागज़ लगा/चिपका दो. **on ~** लिखित, मुद्रित : what is the price of this medicine on ~ इस दवा^F का ≈ मूल्य क्या है? **~back** *a. n*^c. कागज़ी जिल्दवाली या पत्रावरणबद्ध (पुस्तक) : ~ books are rather cheap ≈ पुस्तकें अपेक्षाकृत सस्ती होती हैं; a book in ~ ≈ पुस्तक. **~boy** *n*^c. अख़बारवाला [lazy सुस्त, regular नियमित]; ~ was absent today and we could not get our newspaper ≈ आज अनुपस्थित था और हम अपना समाचार पत्र नहीं पा सके; ~ delivers papers at people's houses अख़बारवाला लोगों के घरों पर पेपर पहुँचाता है.

par पॉर (also **par value**) *n*^u. सममूल्य; अंकित मूल्य : above ~ अधिमूल्य पर, बढ़ाचढ़ाकर, नफ़ा लेकर; at ~ सममूल्य पर, बराबरी से : he sells his goods at ~ वह अपना सामान सममूल्य पर बेचता है; below ~ औसत से कम : I have bought this article below ~ मैंने इस सामान को औसत से कम मूल्य पर खरीदा है. Δ **to feel below ~** तबीयत^F ठीक न होना; **to be on a ~ with smb** किसी की बराबरी करना : he is on a par with great poets वह बड़े-बड़े कवियों के बराबर है; this machine is **under ~** यह मशीन औसत हालत^F में नहीं है; **put on a ~ with** के बराबर समझना ; **up to ~** औसतन अच्छा होना : his health is up to the ~ उसका स्वास्थ्य औसतन अच्छा है.

para paragraph (see paragraph).

parachute पैरॅशूट *n*^c. पैराशूट, (हवाई) छतरी^F : a ~ looks like an umbrella पैराशूट छाते की तरह दिखता है; a ~ retards the speed of a fall from the aeroplane ≈ हवाई जहाज़ से गिरने की गति^{F} को धीमा करता है.

parade पॅरेड' **I.** *n.* **1.** परेड^{F}, कवायद^{F} [identification पहचान, majestic शाही, military सैन्य]; we went to see the ~ of soldiers हम सैनिकों की कवायद देखने गए. **2.** प्रदर्शन : ~ of one's wealth अपने धन का ≈. **II.** *v.t.* **1.** परेड करना या कराना, मार्च करना : the soldiers ~d through the public roads सैनिकों ने सार्वजनिक सड़कों^{F} से होकर परेड की. **2.** प्रदर्शन करना : to ~ one's knowledge अपने ज्ञान का ≈; a woman was ~d naked एक औरत को नंगा घुमाया गया.

paradise पै'रॅडाइस *n*^{uc}. स्वर्ग : to dwell in ~ स्वर्ग में रहना; to attain ~ ≈ प्राप्त करना; this garden is a ~ यह बाग एक स्वर्ग है; he lives in a fools' ~ वह मूर्खों के (झूठे) ≈ में रहता है. [*ant.* hell]

paragraph पै'रॅग्राफ़ *n*^{c}. पैरा, पैराग्राफ़, अनुच्छेद [long लंबा, short छोटा]; read the second ~ on page 37 of your book अपनी किताब^{F} के पृष्ठ 37 पर का पहला ≈ पढ़ो; a ~ begins on a new line ≈ नई पंक्ति^{F} से शुरू होता है; this essay is divided into four ~s यह निबंध चार अनुच्छेदों में विभक्त है.

parallel पै'रॅलल **I.** *a.* समांतर, समानांतर [bars डंडे, example उदाहरण, government सरकार^{F}]; my ideas are ~ to yours मेरे विचार तुम्हारे विचारों के समान हैं, railway lines are ~ रेलवे लाइन ≈ होती हैं; this is a ~ case यह वैसा ही मामला है. **II.** *n*^{c}. **1.** समानांतर : this line is on a ~ with that यह रेखा उस रेखा के ≈ है. **2.** (parallel line) समानांतर रेखा^{F}: draw a ~ to this line इस रेखा के ≈ खींचो. **3.** (comparison) बराबरी^{F},तुलना^{F} : Mr. Rajiv is without a ~ राजीव से किसी की ≈ नहीं हो सकती. **III.** *v.t.* (-ll-) **1.** की बराबरी करना : you cannot ~ his success तुम उसकी सफलता की बराबरी नहीं कर सकते. **2.** तुलना करना : can this event be ~led क्या इस घटना^{F} की तुलना हो सकती है.

paralyse पै'रॅलाइज़ *v.t.* **1.** लकवा मारना : he is ~d in one leg उसकी एक टाँग लकवाग्रस्त है. **2.** अशक्त कर देना, पंगु कर देना, नाकाम कर देना : illness ~d the girl बीमारी ने लड़की को अशक्त (पंगु) कर दिया; the climber was ~d in a fall आरोहक गिरने से पंगु हो गया. **3.** ठप कर देना : the storm ~d the traffic तूफ़ान से यातायात ठप हो गया; the strike ~d all business हड़ताल^{F} से सारा व्यवसाय ठप हो गया. **paralysis** पै रै'लिसिस *n*^{u}. **1.** लकवा, अंगघात, फ़ालिज : attack of ~ लकवा का आघात; ~ of the arm बाँह^{F} का फ़ालिज; ~ of the left side of the body शरीर के बाएँ भाग पर फ़ालिज. **2.** (fig.) गतिहीनता^{F} : ~ of business, industry व्यवसाय, उद्योग की ≈. **paralytic** पैरॅलि'टिक **I.** *a.* **1.** अंगघातग्रस्त : he is ~, he can do nothing वह लकवारोगी है, वह कुछ नहीं कर सकता. **II.** *n.* लकवारोगी : he is a ~ वह एक ≈ है. **2.** अंगघाती : ~ stroke ≈ आघात.

paramount पै'रॅमॉउण्ट **I.** *a.* **1.** परम, सर्वोपरि, सर्वोच्च [chief सरदार, officer अधिकारी]; he is the ~ head of the party वह पार्टी के ≈ प्रमुख हैं. **2.** सर्वाधिक : it is a matter of ~ importance यह ≈ महत्व का मामला है; ~ necessity ≈ आवश्यकता^{F}.

paraphrase पै'रॅफ़्रेज़ **I.** *n*^{c}. भावानुवाद : write a ~ of the sixth para छठे पैरा का ≈ लिखो; a ~ should be easier than the original ≈ मूल की अपेक्षा^{F} सरल होना चाहिए. **II.** *v.t.* भावानुवाद करना : to ~ a poem किसी कविता^{F} का ≈; you have ~d wrongly तुमने गलत भावानुवाद किया है.

parcel पार्'सल **I.** *n*^{c}. **1.** पारसल : to receive a ~ पार्सल प्राप्त करना; I have not sent the ~ yet मैंने अब तक पार्सल नहीं भेजा है; this ~ contains some books इस ≈ में कुछ किताबें^{F} हैं. **2.** (law) (भूमि) खण्ड [big बड़ा, small छोटा]; I have a big ~ of land in the city शहर में मेरे पास एक बड़ा भूखण्ड है. **II.** *v.i.* to ~ **out** हिस्से करके बाँटना : they ~led out the plot of land उन्होंने भूमिखंड के हिस्से करके बाँट दिए; to ~up पार्सल बनाना; ~ up all these articles इन सब चीज़ों का पार्सल बना दो.

parch पार्च **I.** *v.t.* **1.** (roast) भूनना : I saw him ~ing the pigeon मैंने उसे कबूतर भूनते

हुए देखा; to ~ gram चना भूनना. **2.** (by the sun) झुलसाना : the plants were ~ed by the sun पौधे धूप से झुलस गए थे. **II.** *v.i.* सूख जाना, झुलसना : the flowers ~ed very soon फूल शीघ्र ही झुलस गए; he is ~ed with thirst प्यास से उसका गला सूख रहा है. ∆ I am ~ed मुझे प्यास लगी है.

pardon पार्'डन **I.** *n.* क्षमा^{F}, माफ़ी^{F} : I beg your ~ (i) कृपया इसे फिर कहिए; (ii) मैं आपसे माफी चाहता हूँ; I asked for his ~ मैंने उससे माफ़ी माँगी. **II.** *v.t.* क्षमा करना, माफ करना : ~ my mistake मेरी गलती^{F} माफ़ कर दो; ~ me for forgetting भूल जाने के लिए मुझे माफ़ कीजिए; ~ me, I do not follow it माफ़ करना, मैं इसको नहीं समझ पा रहा हूँ; we must ~ him for his fault हमें उसे उसकी गलती^{F} के लिए माफ़ कर देना चाहिए. [*ant.* punish]

pare पेंअर *v.t.* काटना, छीलना : ~ one's finger nails उँगलियों^{F} के नाख़ून काटो; ~ potatoes आलू छीलो. [*as distinct from* pair]

parentage पेंअ'रन्टिज *n*^{u}. (lineage) वंश, कुल, वंशावली^{F} : he is the child of unknown ~ वह अनजाने ≈ का बच्चा है. **parents** पेंअ'रन्ट्स *n. pl.* माता-पिता, माँ-बाप [old बूढ़े, weak कमज़ोर]; support your ~ अपने ≈ की सहायता^{F} करो; she lives with her ~ वह अपने ≈ के साथ रहती है; his ~ are still alive उसके ≈ अब भी जीवित हैं; he has no ~ उसके ≈ कोई नहीं हैं; his ~ died when he was a little boy उसके ≈ मर गए जब वह छोटा बच्चा था.

park पार्क **I.** *n*^{c}. **1.** उपवन, पार्क [beautiful सुंदर, green हरा, old पुराना]; to have a walk in a ~ ≈ में टहलना; he went out of the house and sat down in the ~ वह घर से बाहर गया और ≈ में बैठ गया. **2.** (~ing place) गाड़ी-स्थान, गाड़ी खड़ी करने की जगह^F : big ~ बड़ी ≈, there is no ~ in the chowk चौक में कोई पार्क करने की जगह नहीं है. **II.** *v.t.* पार्क करना, खड़ा करना : he parked his car in a street nearby उसने कार^F को पास की एक गली^{F} में खड़ा कर दिया; no ~ing here यहाँ पार्क करना (गाड़ी खड़ी करना) मना है.

parliament पार्'लॅमन्ट *n*^{c}. संसद : a member of ~ संसद सदस्य : a bill was passed by the ~ ≈ द्वारा एक विधेयक पारित हुआ; ~ makes laws ≈ कानून बनाती है; he could not be elected to the ~ वह संसद के लिए निर्वाचित नहीं हो सका; the ~ is in session ≈ का सत्र चल रहा है. **parliamentary** पार्लमें'न्'टरि *a.* संसदीय [language भाषा^{F}, party पार्टी^{F}, practice प्रथा^{F}, system प्रणाली^{F}]; the minister of the ~ affairs came to respond on behalf of the Prime Minister संसदीय कार्यों के मंत्री प्रधानमंत्री की ओर से जवाब देने के लिए आए.

parlour पार्'लर *n.* बैठक, बैठकख़ाना : beauty ~ सौंदर्यशाला^{F}; hair dresser's ~ केश प्रसाधनशाला^{F}; he entertains guests in his ~ वह बैठकख़ाने में मेहमानों की ख़ातिरदारी^{F} करता है.

parody पै'रॅडि **I.** *n*^{c}. पैरोडी^{F}, नकल^F : ~ of a poem कविता^{F} की नकल; ~ of somebody's way of speaking किसी के बोलने की शैली^{F} की नकल. **II.** *v.t.* नकल करना : although he tried yet he could not ~ Pantji यद्यपि उसने प्रयास किया फिर भी वह पंत जी की नकल^F नहीं कर सका.

parole पॅरोल' *n*^{u}. वादे पर रिहाई^F, पैरोल : he was set free on ~ वह पैरोल पर मुक्त कर दिया गया; the prisoner was let out on three month's ~ कैदी को तीन महीने के पैरोल पर छोड़ दिया गया; to break one's ~ पैरोल का वादा पूरा न करना; the accused broke his ~ अपराधी ने पैरोल का वादा पूरा नहीं किया.

parrot पै'रॅट *n*^{c}. तोता : green ~ हरा ≈; ~ is a brightly coloured bird ≈ चमकीले रंग वाला पक्षी होता है; ~ has a curved beak तोते की चोंच मुड़ी हुई होती है; ~ imitates certain sounds ≈ कुछ निश्चित ध्वनियों^{F} का अनुकरण^F करता है; you should not learn like a ~ तुम्हें तोते की तरह नहीं रटना चाहिए.

parse पार्ज़ *v.t.* पद-व्याख्या^{F} करना : ~ this sentence इस वाक्य की ≈ करो; I cannot ~ such a difficult sentence मैं इतने कठिन वाक्य की ≈ नहीं कर सकता. **parsing** पार्'ज़िङ्ग

n^u. पद-व्याख्या^{F}, पद-परिचय : ~ of all the words in the sentence वाक्य के सभी शब्दों का पद-परिचय.

part पार्ट **I.** *n*^{c}. **1.** अंश, भाग, हिस्सा [equal बराबर, first पहला, greater बड़ा, important महत्वपूर्ण, smaller छोटा]; to take ~ in struggle संघर्ष में भाग लेना; to take ~ in discussion चर्चा में भाग लेना; I hope to take ~ in the races tomorrow मैं कल दौड़ों में भाग लेने की आशा रखता हूँ; this ~ of your land is not good for agriculture तुम्हारी ज़मीन का यह भाग खेती^{F} के लिए अच्छा नहीं है; an inch is a twelfth ~ of a foot इंच एक फुट का बारहवाँ भाग होता है. [*ant*. whole] **2.** (of machine) पुरज़ा : essential ~ ज़रूरी ≈; this machine cannot run without this ~ यह मशीन^F बिना इस पुरज़े के नहीं चल सकती. **3.** (of play) पार्ट, भूमिका^{F} [excellent उत्कृष्ट, usual साधारण]; my sister has a ~ in the play at theatre मेरी बहन की थिएटर में नाटक में एक भूमिका है; he took the ~ of a prince उसने राजकुमार की भूमिका अदा की; I have done my ~ मैंने अपनी भूमिका अदा कर दी. **4.** (of body) अवयव, अंग : inner ~s भीतरी ≈; outer ~s बाहरी ≈; all ~s of his body are not properly developed उसके शरीर के सभी ≈ ठीक विकसित नहीं हैं. **5.** (area) प्रदेश, इलाका [big बड़ा, deserted निर्जन]; I am stranger in these ~s इन इलाकों में मैं अपरिचित हूँ; the southern ~s of the country देश के दक्षिणी प्रदेश; from all ~s of the state राज्य के सभी इलाकों से. **6.** (*pl.*) प्रतिभा^{F}, योग्यता^{F} : he is a man of ~s वह प्रतिभासंपन्न व्यक्ति है. Δ **~s of speech** शब्द-भेद; **for the most ~** प्रायः **for my ~** जहाँ तक मेरी बात^F है; **on the ~ of** की ओर से : he spoke on the ~ of the chairman उसने अपने चेयरमैन की ओर से कहा; **~ and parcel** अभिन्न अंग/भाग/ हिस्सा/आवश्यक अंग : honesty is ~ and parcel of our character ईमानदारी^{F} हमारे चरित्र का आवश्यक अंग है. **in good ~** बुरा न मानने का : it is not a matter in good ~ इसमें बुरा मानने की कोई बात^F नहीं है; take the ~ of का पक्ष लेना; he took the ~ of his friend in the quarrel झगड़े में उसने अपने मित्र का पक्ष लिया. **II.** *v.t.* अलग करना या हो जाना : he was sorry to ~ **with** the book किताब को अलग करने पर उसे दुःख था; they ~ed at the gate वे गेट पर अलग हो गए; he ~ed two fighting cocks उसने दो लड़ते मुर्गों को अलग किया; the friends ~ed very soon मित्र शीघ्र ही चले गए; to ~ the hair माँग निकालना; to ~ company with smb किसी का साथ छोड़ देना; to ~ with property संपत्ति^{F} छोड़ देना; I cannot ~ **with** this watch मैं इस घड़ी^{F} को नहीं छोड़ सकता.

partake पार् टेक' *v.t.* (partook, partaken) **1.** भाग लेना, सम्मिलित होना : to ~ **in** discussion चर्चा^{F} में ≈. **2.** (eat) खाना : he partook **of** X-mas cake उसने क्रिसमस केक खाया; at present I do not feel partaking **of** meal इस समय मुझे खाना खाने की इच्छा नहीं है.

partial पार्'शल *a.* **1.** आंशिक, अपूर्ण [knowledge ज्ञान, loss हानि^{F}, success सफलता^{F}, work काम]; the solar eclipse was ~ सूर्यग्रहण ≈ था. [*ant*. total] **2.** (unfair) पक्षपातपूर्ण [judgement निर्णय, thinking सोच^F, teacher अध्यापक]; our monitor is ~, to Vinay हमारा मानीटर विनय के प्रति ≈ है; father is ~ to the younger son पिताजी छोटे लड़के के प्रति ≈ हैं. [*ant*. impartiae] **partially** पार्'शलि *adv.* अंशतः : I am ~ to be blamed for this mistake इस गलती^{F} के लिए मैं ≈ दोषी हूँ.

participate पार् टि'सिपेट *v.t.* भाग लेना, सम्मिलित या शामिल होना : to ~ voluntarily स्वेच्छा से भाग लेना; he ~d in the discussion उसने चर्चा^{F} में भाग लिया; he has never ~d in games उसने खेलों^{F} में कभी भाग नहीं लिया. **participation** पार्टिसिपे'शन *n*^{c}. भाग, सहयोग, हिस्सेदारी^{F}, सहभागिता: complete ~ पूर्ण ≈ ; ~ in an event किसी खेल^F में ≈; the most important thing is ~ in school activities सबसे महत्वपूर्ण बात^F है स्कूल के क्रियाकलापों में भाग लेना.

participle पार्'टिसिपल n^c. कृदंत : past ~ भूतकालिक ≈, as sung गाया; present ~ वर्तमानकालिक ≈, as singing गाता; ~ is used as adjective also कृदंत का प्रयोग विशेषण के रूप में भी होता है.

particle पार्'टिकल n^c. **1.** कण : ~s of dust धूल के ≈; a ~ of sand बालू का ≈; not a ~ of food was left ≈ भर भी भोजन नहीं बचा. **2.** (small part) लवलेश : there is not a ~ of truth in what he said उसने जो कुछ भी कहा उसमें लेश-मात्र भी सच्चाई^F नहीं है.

particular पर् टि'क्यूलर **I.** *a.* **1.** विशेष, ख़ास [attention ध्यान, friend मित्र, man लोग, thing वस्तु^{F}]; I have nothing ~ to do मुझे कुछ ≈ नहीं करना है; to give ~ thanks to को विशेष धन्यवाद देना; why did you choose that ~ town for business व्यवसाय के लिए तुमने उसी विशेष शहर को क्यों चुना ? why are you doing it in that ~ way? तुम इसे इसी विशेष रीति^{F} से क्यों कर रहे हो ? [*ant*. general] **2.** (detailed) विस्तृत : give me a ~ description of it इसका मुझे विस्तृत वर्णन दीजिए. **3.** (fastidious) तुनकमिज़ाज, सख़्त [officer अधिकारी, woman औरत]; she is very ~ in nature वह स्वभाव से बहुत ≈ है. **4.** (careful) अतिसावधान : be very ~ about what you eat अपने खाने के बारे में ≈ रहिए. **II.** n^c. विशेषता^{F} : what are the main ~s of Hindi grammar हिंदी व्याकरण की मुख्य विशेषताएँ क्या हैं? he talked about everything in general and nothing in ~ उसने सब कुछ के बारे में सामान्य ढंग से बातचीत^F की और कुछ विशेष नहीं. **III.** n^c. ब्यौरा, विवरण, तफ़सील : he presented the ~s of his scheme to his principal उसने अपनी योजना^{F} का ब्यौरा प्रधानाचार्य को प्रस्तुत किया; all the ~s must be correct सारा ≈ सही होना चाहिए; the policeman wrote in his notebook all the ~s of the accident पुलिस^F ने अपनी नोटबुक^F में दुर्घटना^{F} का सारा ब्यौरा लिख लिया; I do not want to go into ~s मैं विस्तार में नहीं जाना चाहता; **in ~** विशेषत: **particularly** पॅर् टि'क्यूलर्लि *adv.* विशेष रूप से, विशेषत: it is ~ interesting यह ≈ दिलचस्प है; it was ~ hot today आज ≈ गर्मी थी; I was ~ pleased to see an old friend of mine at the party पार्टी^{F} में अपने पुराने मित्र से मिलकर ≈ प्रसन्न हुआ.

parting पार्'टिङ्ग **I.** *n.* **1.** विभाजन; पृथक्करण, अलगाव : I can never concede his ~ theory मैं उसके पृथक्करण सिद्धांत से कभी सहमत नहीं हो सकता. **2.** (~ of hair) माँग. **3.** (lamenting) विदाई^F : ~ of friends मित्रों की ≈; she cried at the time of ~ from her mother वह अपनी माँ से ≈ के समय रोई. **II.** *a.* **1.** विदाई का : ~ time is painful ≈ समय दु:खदायक होता है. **2.** विभाजक : you must follow this ~ line तुम्हें इस ≈ रेखा^{F} का अनुसरण करना चाहिए; there can be no ~ line between criticism and review आलोचना^{F} और समीक्षा^{F} के बीच में कोई ≈ रेखा^{F} नहीं हो सकती.

partisan पार्टि ज़ैन' n^c. तरफ़दार, हिमायती, समर्थक : to act as a ~ (किसी का) ≈ होकर काम करना. [*ant.* neutral]

partition पार् टि'शन **I.** n^c. **1.** (division) विभाजन, बँटवारा [family पारिवारिक, judicial न्यायिक]; I'll never accept the ~ of our property हमारी संपत्ति^{F} का बँटवारा मैं कभी स्वीकार नहीं करूँगा; the ~ of India was made in 1947 भारत का ≈ 1947 में किया गया था. **2.** (that which separates) परदा, दीवार^F [we had to put up a ~ in the middle of the room हमें कमरे के बीचों-बीच परदा खड़ा करना पड़ा. **II.** *v.t.* **1.** विभक्त करना, बाँट देना : all the property was ~ed among the four brothers सारी संपत्ति^{F} चारों भाइयों में विभक्त कर दी गई. **2.** to ~ a room कमरे में परदा या दीवार^F डालकर हिस्से कर देना; to ~ smth off परदा डालकर बिल्कुल अलग कर देना.

partly पार्ट'लि *adv.* अंशत: कुछ अंश/हद तक : it was ~ my fault in it इसमें किसी हद तक मेरा दोष था; the machine was made ~ of wood and ~ of metal मशीन^F अंशत: लकड़ी की और अंशत: धातु की बनी थी; I have ~ finished it मैंने इसे ≈ समाप्त कर दिया है; it is ~ true यह ≈ सही है. [*ant.* totally, wholly]

partner पार्ट'नर **I.** n^c. **1.** हिस्सेदार, साझेदार : ~

in business व्यापार में ≈; four ~s are running this firm इस फ़र्म को चार ≈ चला रहे हैं; among them one was an active ~ उनमें से एक सक्रिय साझेदार था; sleeping ~ केवल पैसा लगाने वाला ≈, निष्क्रिय ≈. **2.** खेल का साथी, जोड़ीदार [dance नृत्य का, nominal नाममात्र का, tennis टेनिस का]. **3.** ~ in life जीवन-साथी, पति-पत्नी. **partnership** पार्ट'नॅर्शिप *n.* भागीदारी^F, साझेदारी^F : his ~ in business व्यापार में उसकी ≈; there was his ~ in the crime अपराध में उसकी ≈ थी; this ~ did not last long यह ≈ ज़्यादा दिन तक नहीं चली; I dislike ~ at any cost in any way किसी भी कीमत पर और किसी भी तरीके की ≈ मुझे नापसंद है.

partridge पार्ट'रिज *n*^c. (grey) तीतर, (black) काला तीतर; (red-legged) चकोर : ~ is a middle-sized bird with a round body and a short tail ≈ छोटी पूँछ और गोल शरीर वाला मध्यम आकार का पक्षी होता है; they trap ~s in nets for their meat मांस के लिए तीतरों को जाल में फँसाया जाता है.

party पार्'टि *n*^c. (*pl.* parties) **1.** (polit.) दल, पार्टी^F [conservative रूढ़िवादी, democratic लोकतंत्रात्मक, ruling सत्ताधारी, socialist समाजवादी]; communist ~ कम्युनिस्ट पार्टी; ~ politics दलगत राजनीति^F; ~ spirit दलगत भावना^F; he is the chief leader of the ~ वह इस पार्टी का प्रधान नेता है; to be a member of a ~ किसी दल का सदस्य होना, the central committee of the ~ दल की केंद्रीय समिति^F. **2.** (group) दल, मण्डली^F, टोली^F : active ~ सक्रिय ≈; ~ of travellers यात्रियों की मंडली, यात्रीदल; a ~ of pilgrims was killed in a road accident तीर्थयात्रियों का एक दल सड़क दुर्घटना^F में मारा गया. **3.** (social) पार्टी, प्रीतिभोज : enjoy the ~ ≈ का आनंद लीजिए; yesterday I was there at a birthday ~ कल मैं जन्मदिन की एक पार्टी में था; we have a ~ today आज हम लोगों की पार्टी है; invite your friends to a party अपने मित्र को पार्टी में आमंत्रित करो. **4.** (law) पक्ष, पक्षधर : both parties were interested in settling the matter दोनों ≈ मामले को रफ़ादफ़ा करने को उत्सुक थे; Mr. Smith is also a ~ in the case मि. स्मिथ भी इस मुकदमे या मामले में पक्षकार हैं. **5.** सहायक, समर्थक : be ~ to a crime अपराध में ≈ होना. **6.** (person) व्यक्ति : he is a good ~ वह अच्छा ≈ है.

pass पास **I.** *n*^c. **1.** (mountain ~) दर्रा : there are many ~es in the Himalayas हिमालय में बहुत से दर्रे हैं; besides Khyber Pass, can you tell me the name of any ~ खैबर पास के अलावा क्या तुम मुझे किसी दर्रे का नाम बता सकते हो ? **2.** रास्ता, मार्ग [broad चौड़ा, narrow सँकरा]; I showed him the ~ to the station मैंने उसे स्टेशन का रास्ता दिखाया. **3.** (document) पास, पासपत्र : first class ~ प्रथम श्रेणी का ≈; have you got a ~ pass to go to the cinema hall सिनेमा हाल में जाने के लिए क्या तुम्हारे पास ≈ है ? **4.** (in exam) सफलता^F, पास [easy आसान, excellent उत्कृष्ट]; to obtain a ~ in B.A. बी.ए. में पास हो जाना. **5.** (situation) स्थिति^F : to bring to ~ स्थिति पैदा करना; to come to ~ घटित होना. **6.** (thrust) वार, चोट^F : ~ in fencing पटेबाजी में लगी चोट. **~book** पास बुक; **~ course** सामान्य पाठ्यक्रम; **~ word** संकेत शब्द. **II.** *v.i.* **1.** आगे बढ़ना, जाना, चलना : ~on! आगे बढ़ते चलो ! he ~ed from here very quickly वह यहाँ से बड़ी तेजी-से आगे बढ़ा; the train ~ed slowly रेलगाड़ी धीरे-धीरे आगे बढ़ी. **2.** (circulate) फैलना, प्रचलित होना : the rumour ~ed away soon in the whole of the city अफ़वाह बड़ी जल्दी पूरे शहर में फैल गई. **3.** be transferred हस्तांतरित होना; his property ~ed to the youngest son later on उसकी संपत्ति^F बाद में सबसे छोटे बेटे को हस्तांतरित हो गई. **4.** (change) बदलना, बदल जाना : everything had ~ed when I reached there जब मैं वहाँ पहुँचा तो सब कुछ बदल गया था. **5.** (cease) बंद होना, समाप्त होना : let the war ~, please कृपया युद्ध समाप्त हो जाने दीजिए. **6.** बीतना, गुज़रना : a week ~ed and he could not return एक सप्ताह गुज़र गया लेकिन वह लौट न सका; the time for work has ~ed काम का समय बीत

गया है. **7.** (exam) उत्तीर्ण होना, पास होना; he has ~ this year इस साल वह पास हो गया है. **8.** (happen) (घटित) होना : what ~ed between two parties दो दलों में क्या हुआ? what was ~ing in your house तुम्हारे घर में क्या घटित हो रहा था? **9.** words ~ed between them उनमें गाली-गलौज हुआ. **III.** *v.t.* **1.** पार करना, पार जाना : the caravan ~ed the frontier कारवाँ सीमा-पार हो गया. **2.** के सामने से गुज़रना : I saw him ~ing the house मैंने उन्हें घर के सामने से गुज़रते हुए देखा; the train ~ed the station without stopping रेलगाड़ी[F] स्टेशन पर बिना रुके निकल गई. **3.** से आगे निकल जाना, पीछे छोड़ देना; (omit) छोड़ देना : now you have ~ed the police station अब तुमने पुलिस थाने को पीछे छोड़ दिया है. **4.** पास करना, उत्तीर्ण करना : the examiner ~ed all the students परीक्षक ने सभी छात्रों को पास कर दिया; he has passed the B.A. exam उसने बी.ए. परीक्षा[F] पास की है. **5.** (a sentence) (दंड) देना : the judge ~ed the death sentence न्यायाधीश ने मृत्युदंड सुनाया. **6.** (overstep) अतिक्रमण करना, से परे होना : now he has ~ed his strength अब वह अपनी शक्ति[F] से बढ़ गया है; this problem ~es my comprehension यह समस्या[F] मेरी समझ से परे है. **7.** बिताना, गुज़ारना : to ~ time, a holiday समय, छुट्टी[F] ≈; I ~ed the evening writing letters मैंने शाम[F] पत्र लिखते हुए बिता दी. **8.** (ratify) पारित करना, स्वीकृत करना : the Parliament ~ed the bill संसद् ने विधेयक पारित कर दिया. **9.** (hand over) देना, हस्तांतरित करना : he ~ed his property to his nephew उसने अपनी संपत्ति[F] अपने भतीजे को हस्तांतरित कर दी. **10.** (move) आगे बढ़ाना : please, ~ it on कृपया, इसे आगे बढ़ाइए. Δ ~ **by** पास से गुज़रना : we ~ed by a temple हम एक मंदिर के पास से गुज़रे; ~ **for** माना जाना : he ~ed for a saint वह एक संत माना गया; ~ **off** (i) बीतना : Holi ~ed off peacefully होली शांतिपूर्वक बीत गई; (ii) निकल जाना : the rain ~ed off in ten minutes बरसात[F] दस मिनट में बंद हो गई; ~ **on** आगे बढ़ाना : ~ on to the next lesson अगले पाठ पर बढ़ो; ~ **over** उपेक्षा करना : let us ~ over his remarks हम उसके उल्लेखों की उपेक्षा कर दें; ~ **through** से होकर जाना : we ~ed through a gate हम एक फाटक से होकर गए; ~ **water** पेशाब करना. **passage** पै'सिज *n.* **1.** गमन, पारगमन : देशांतरण, स्थानांतरण : he made a pleasant ~ उसने सुखद देशांतरण किया. **2.** (journey) यात्रा[F] : his ~ from Delhi to London दिल्ली से लंदन तक उसकी ≈; to book one's ~ अपनी ≈ आरक्षित कराना. **3.** (fare) किराया, भाड़ा : what is the total ~ कुल ≈ कितना है? **4.** (corridor) गलियारा : there was a door at the end of the ~ गलियारे के छोर पर एक दरवाज़ा था. **5.** (way) रास्ता, मार्ग : the ~ was narrow for the truck ट्रक के लिए रास्ता सँकरा था. **6.** right of ~ मार्गाधिकार. **7.** (in a book) परिच्छेद, लेखांश [difficult कठिन, short छोटा]. **8.** (of a poem) छंद : he read a ~ from a long poem उसने एक लंबी कविता से एक ≈ पढ़ा. **passenger** पै'सिंजर *n*[c]. यात्री, मुसाफ़िर : there were sixty foot ~s on the road सड़क[F] पर साठ पैदल ≈ थे; this is a ~ train, not a goods train यह सवारी गाड़ी[F] है, मालगाड़ी[F] नहीं; all the ~s will go by bus सभी यात्री बस[F] से जाएँगे. **passerby** पॉसर्‌बाइ' *n*[c]. पथिक, राहगीर : none of the passers by helped the beggar किसी भी ≈ ने भिखारी की सहायता[F] नहीं की; I saw a ~ lying on the road yesterday कल मैंने एक पथिक को सड़क[F] पर लेटे देखा. **passing** पा'सिङ्ग **I.** *a.* **1.** जाने वाला, गुज़रने वाला : it is ~ time, you cannot check it यह जाने वाला समय है, तुम इसे रोक नहीं सकते; I watched the ~ procession मैंने गुज़रते जलूस को देखा. **2.** (momentary) क्षणिक : ~ interest ≈ अभिरुचि[F]; she could give only a ~ thought वह केवल ≈ विचार कर सकी. **3.** (cursory) सरसरी : he took a ~ look at page 12 उसने पृष्ठ 12 ≈ दृष्टि से देखा; even a ~ reading would be beneficial ≈ पढ़ाई भी लाभदायक होगी. **II.** *n*[u]. **1.** समाप्ति[F] : I like the ~ of old customs मैं पुराने रीतिरिवाजों की ≈ चाहता हूँ.

2. (death) मृत्यु[F] : his ~ (away) grieved all of us उसकी मृत्यु से हम सब को दु:ख हुआ. **3.** (going by) बीतना : ~ of years वर्षों का बीतना. Δ in ~ प्रसंगवंश : during his talk he had indicated it in ~ अपनी बातचीत[F] में ≈ उसने इसका संकेत दिया था.

passion पै'शन *n*[c]. **1.** (emotion) मनोभाव, मनोवेग, मनोविकार/भावावेश : hate, love and anger are ~s घृणा[F], प्रेम और क्रोध ≈ हैं; control your ~s अपने भावावेशों पर नियंत्रण रखो. **2.** (fury) क्रोध, प्रकोप, क्षोभ : violent ~ उग्र/तेज़ ≈; you will suffer much loss for your ~ अपने क्रोध के कारण तुम्हारा बहुत नुकसान हो जाएगा. **3.** (enthusiasm) उमंग[F], धुन[F], सनक[F] : to fly into ~ सनक में रहना; to have a ~ for gardening, music बागबानी, संगीत की ≈ होना. **4.** (evil inclination) कुप्रवृत्ति[F], व्यसन, दुर्वासना[F] : he has now fallen into ~ and never thinks for his future अब वह ≈ में पड़ गया है और कभी भी अपने भविष्य के बारे में नहीं सोचता. **passionate** पै'शॅनिट *a.* **1.** (emotional) भावुक, भावप्रवण : ~ poet ≈ कवि; ~ woman ≈ स्त्री. **2.** (wrathful) क्रोधावेशपूर्ण : she became ~ on hearing these words इन शब्दों को सुनकर वह ≈ हो गई. **3.** (impassioned) आवेशपूर्ण, भावपूर्ण : ~ speech ≈ भाषण; ~ interest ≈ रुचि[F]. **4.** (lustful) कामुक, वासनामय : he is a ~ fellow वह ≈ व्यक्ति है.

passive पै'सिव़ **I.** *n.* कर्मवाच्य : change the following sentences into ~ निम्नलिखित वाक्यों को कर्मवाच्य में बदलो; they threw a stone through the window —a stone was thrown by them through the window उन्होंने खिड़की में से एक पत्थर फेंका into ~ कर्मवाच्य में उनसे खिड़की में से एक पत्थर फेंका गया. **II.** *a.* **1.** निष्क्रिय, निश्चेष्ट, अकर्मण्य [partner हिस्सेदार, worker मज़दूर]; he is too ~ to react to everything वह इतना ≈ है कि किसी बात[F] पर कोई प्रतिक्रिया[F] नहीं दिखाता; he remained ~ even when he was insulted अपमान होने पर भी वह निश्चेष्ट बना रहा. **~resistance** सत्याग्रह. **2.** (gram.) कर्म प्रधान [phrase वाक्यांश/पदबंध, sentence वाक्य, verb क्रिया]. **3.** सहनशील : he will never oppose you, he is too ~ वह तुम्हारा कभी विरोध न करेगा, वह बहुत ही ≈ है. [*ant.* active].

passport पास्'पॉर्ट *n*[c]. **1.** पासपोर्ट, पारपत्र [foreign विदेशी, Soviet सोवियत संघ का]; ~ is a little book which gives some facts about you ≈ एक छोटी-सी पुस्तक[F] है जो आपके बारे में कुछ तथ्यों की जानकारी[F] देती है; a ~ certifies your identity ≈ तुम्हारी पहचान को प्रमाणित करता है; he was without a ~ and was caught by the police उसके पास ≈ नहीं था और पुलिस[F] ने उसे पकड़ लिया. **2.** (fig.) पारपत्र, साधन : money is not a ~ to happiness धन सुख का पारपत्र नहीं है.

past पास्ट **I.** *a.* **1.** (of time) गत, विगत, पिछला [week सप्ताह, year वर्ष]; ~ evening पिछली शाम[F]; I have been ill for the ~ three days पिछले तीन दिन से मैं बीमार हूँ; he had been here for sometime ~ वह कुछ समय पूर्व यहाँ था; the ~ hour पिछला घंटा; (gram.) ~ tense भूतकाल. **2.** (previous) पूर्व : my ~ principal is dead now मेरे पूर्व प्रधानाचार्य अब दिवंगत हो गए हैं. [*ant.* present] **3.** (finished) समाप्त : time is ~ समय समाप्त हो गया है; summer is ~ now गर्मी[F] अब ≈ है. **II.** *n*[u]. (time) अतीत, बीता समय : she was thinking of the ~ वह अतीत के बारे में सोच रही थी; in the ~ I lived in a village बीते समय में मैं गाँव में रहता था; we know nothing of his ~ हम उसके अतीत (जीवन) के बारे में कुछ नहीं जानते; our country had a glorious ~ हमारे देश का एक गौरवपूर्ण अतीत था. **III.** *adv.* से होकर, के सामने से, के पार : did he drive ~ क्या वह सामने से गया था? the children went running ~ बच्चे दौड़ते हुए निकल गए; he is ~ seventy वह सत्तर पार कर चुका है. **IV.** (*prep.*) के बाद (तक); के आगे, के पार; के परे; से अधिक : he went ~ us वह हमारे आगे से चला गया; he could not bid ~ this amount वह इस राशि[F] से आगे बोली नहीं दे सका; his condition is ~ hope उसकी दशा[F] आशाजनक नहीं है; it is all ~

endurance यह सब कुछ असह्य है; his follies are ~ belief उसकी मूर्खताएँ विश्वासातीत हैं. (other contexts) it is ~ 6 o'clock छह बज चुके हैं.

paste पेस्ट **I.** *n*[uc] . लेई[F], पेस्ट : close the envelope with a ~ लेई से लिफ़ाफ़ा बंद करो; we use ~ to stick things together दो वस्तुओं[F] को एक साथ जोड़ने के लिए हम लेई का प्रयोग करते हैं; a ~ of flour and water is often used to paste posters on walls मैदे और पानी की लेई का प्रयोग दीवारों पर विज्ञापन चिपकाने के लिए किया जाता है. **II.** *v.t.* चिपकाना : ~ up the notice सूचना[F] चिपकाओ; ~ three papers together तीनों कागजों को एक साथ चिपका दो; why did the servant not ~ the posters on the wall नौकरों ने दीवारों पर पोस्टर क्यों नहीं चिपकाए?

pastel पैस्'टल *n*[c]. पैस्टल : ~ is a coloured chalk ≈ एक रंगीन चाक होता है; ~s for making coloured sketches रंगीन रेखाचित्र बनाने के लिए ≈.

pastime पास्'टाइम *n*[c]. मनोरंजन, मनबहलाव : father's favourite ~ is fishing पिताजी का प्रिय मनोरंजन मछली पकड़ना है; ~ is to pass time in a pleasant way ≈ प्रसन्नता से समय व्यतीत करना है.

pastry पेस्'ट्रि *n*[c]. पेस्ट्री[F] : ~ is a small sweet cake ≈ एक छोटा मीठा केक है; ~is made by baking a mixture of flour, egg, butter, sugar, water etc. ≈ आटा, अंडा, मक्खन, चीनी[F], पानी आदि के मिश्रण को पकाकर बनाई जाती है.

pasture पास्'चर *n*[c]. (also ~land) चारागाह[F], गोचरभूमि[F] [beautiful सुंदर, green हरी]; ~ is a natural grassland चारागाह एक प्राकृतिक घास का मैदान है; sheep and cattle feed on a ~ भेड़ें और मवेशी चारागाह में अपना पेट भरते हैं.

pat पैट **I.** *n.* थपकी[F] : I heard the sound of her ~s मैंने उसकी थपकियों की आवाज़ सुनी; a pat on the back पीठ[F] पर दी गई ≈, शाबाशी[F]. **II.** *v.t.* (-tt-) थपकी देना, थपकना, थपथपाना : she ~ted the baby's cheek उसने बच्चे के गाल थपथपाए; to ~ smb on his back किसी को उसकी पीठ[F] पर थपकी देना; (fig.) शाबाशी देना, ~ oneself for doing smth good कुछ अच्छा करने के लिए अपनी पीठ[F] थपथपाना. **III.** *adv.* ठीक ही, तुरंत : the answer came ~ उत्तर तुरंत मिल गया. **IV.** *a.* तुरत-फुरत : it was his ~ reaction यह उसकी ≈ प्रतिक्रिया[F] थी.

patch पैच **I.** *n*[c]. **1.** पैबंद, थिगली[F], चकती[F] : she sewed a ~ over the hole उसने छिद्र पर पैबंद लगा दिया; a ~ on the old coat looks very bad पुराने कोट पर ≈ बहुत खराब लगती है. **2.** (in dressing) फाहा : you need a ~ for the wound तुम्हें घाव पर ≈ लगाने की आवश्यकता[F] है. **3.** (piece) टुकड़ा : this is a ~ from your shirt; यह तुम्हारी कमीज़ का ≈ है; ~ of land ज़मीन का ≈, भूमि खंड. **4.** (spot) धब्बा [black काला, deep गहरा]; there is a ~ of blood on your shirt तुम्हारी कमीज़ पर खून का एक ≈ है; a white horse with a black ~ on its back पीठ[F] पर काले धब्बे वाला सफेद घोड़ा. **5.** (of colour) चित्ती[F]. **II.** *v.t.* थिगली[F] लगाना; मरम्मत[F] करना; जोड़ना : ~ the hole on your coat अपने कोट के छेद पर थिगली लगाओ; you can ~ a bicycle-tyre with rubber solution तुम रबर के घोल से साइकिल के टायर को जोड़ सकते हो. Δ ~ **up** (i) रफ़ा-दफ़ा करना, निपटाना, तय करना : try to ~ up the whole matter पूरे मामले को निपटाने की कोशिश[F] करो; (ii) to ~ up a scooter स्कूटर की मरम्मत[F] करना; **to strike a bad ~** कठिन स्थिति से गुज़रना. **~work** *n.* गुदड़ी[F], जोड़-जाड़ : ~ of different colours and pieces विभिन्न रंगों और टुकड़ों का जोड़-जाड़; this is the ~ of torn clothes यह फटे कपड़ों की गुदड़ी है.

patent पे'टंट **I.** *a.* (in contexts) ~ lock खुला ताला; ~ leather काला चमकदार चमड़ा; ~ right एकस्व अधिकार **II.** *n*[c]. एकस्व : to obtain ~ for a new model of fridge नए माडल के फ्रिज के लिए ≈ अधिकार प्राप्त करना.

paternal पॅ टर्'नल *a.* पैतृक [love स्नेह, property संपत्ति[F]]; ~ grandfather दादा; ~ grandmother दादी; ~ aunt चाची; ~ uncle चाचा; he sold all his ~ property in the market उसने बाज़ार की अपनी पूरी ≈संपत्ति[F] बेच दी.

path पाथ n^c. पथ, रास्ता [difficult कठिन, narrow सँकरा, straight सीधा, unknown अनजाना, zig-zag टेढ़ा-मेढ़ा]; ~ of peace शांति^{F} का मार्ग; the ~ leads to the river through the forest यह रास्ता जंगल से होकर नदी^{F} को जाता है; turn to the left and you will find your path बाएँ मुड़ो तो तुम्हें अपना रास्ता मिल जाएगा. Δ **to beat a** ~ रास्ता साफ़ करना : he could not beat his ~ through the bushes वह झाड़ियों^{F} में से अपना रास्ता साफ़ न कर सका; **cross somebody's** ~ अचानक मिलना : he crossed my ~ while going to the market वह बाज़ार जाते समय अचानक मुझसे मिल गया. ~**finder** पथ-प्रदर्शक.

pathetic पॅ थॅ'टिक *a.* **1.** कारुणिक, दयनीय [cries चिल्लाहट^F, feelings भावनाएँ, sight दृश्य]; ~ condition of that poor man उस गरीब आदमी की दयनीय दशा^{F}. **2.** (emotional) भावात्मक : ~ fallacy भावाभास. **3.** बेकार : as an artist he is ~ कलाकार के रूप में वह ≈ है; he made a ~ attempt उसने व्यर्थ प्रयास किया.

patience पे'शन्स n^c. धैर्य, धीरज^F [admirable प्रशंसनीय, great भारी]; have ~, you will have meal in a few minutes धीरज रखो, तुम्हें कुछ ही (मिनटों) समय में भोजन मिल जाएगा; a businessman must have ~ with his customers एक व्यापारी को अपने ग्राहकों के प्रति सहनशीलता बरतनी चाहिए; I have lost my ~ मेरा ≈ समाप्त हो चुका है; ~ wins at last अंत में धैर्य की विजय^F होती है; he was out of ~ वह तंग आ गया था, उसका धैर्य समाप्त हो गया था; ~ is a virtue ≈ एक गुण है. [*ant.* im ~]. **patient** पे'शन्ट **I.** *a.* धीर, धैर्यवान्, सहनशील : ~ soldier ≈ सैनिक; she was very ~ with the child वह बच्चे के प्रति बहुत सहनशील थी; please, be ~ कृपया, धैर्य रखो. [*ant.* im ~] **II.** n^c. रोगी, मरीज़ : the doctor treats a ~ डाक्टर ≈ का इलाज करता है; ~ under treatment इलाज में पड़ा ≈; to take ~'s temperature रोगी का तापमान लेना; to take a ~ to a hospital रोगी को अस्पताल ले जाना; to take care of a ~ in the hospital अस्पताल में ≈ की देखभाल^F करना.

patriot पैट्'रिअएट, पैट्'रिऑट n^c. देशभक्त, देशप्रेमी [devoted निष्ठावान्, sincere सच्चा]; a ~ sacrifices his all for his motherland एक देशभक्त अपनी मातृभूमि^{F} के लिए सब कुछ बलिदान कर देता है. **patriotic** पैट्रि ऑ'टिक *a.* **1.** देशभक्त : a ~ young man ≈ नवयुवक; ~ people ≈ लोग. **2.** देशभक्तिपूर्ण [sentiments भाव, songs गीत, thoughts विचार]; every national must have ~ feelings प्रत्येक नागरिक में ≈ भावनाएँ^{F} होनी चाहिएँ. **patriotism** पैट्'रिअटिज़्म n^u. देशभक्ति, देशप्रेम : he is inspired by ~ वह ≈ की भावना से प्रेरित है; his ~ is undoubtable उसका देशप्रेम असंदिग्ध है.

patrol पॅट्रोल' **I.** n^u. गश्त^F, पतरौल, निगरानी^{F} : policeman was on ~ पुलिस गश्त^F पर थी; it was all peaceful during watchman's ~ चौकीदार की निगरानी के दौरान सब शांतिपूर्ण था; ~ is a small group of policemen गश्त^F पुलिस के लोगों का एक छोटा समूह होता है. **II.** *v.t.* (-ll-) गश्त^F लगाना, निगरानी^{F} करना : a watchman ~s our street चौकीदार हमारी गली^{F} की निगरानी करता है; I saw two men ~ling the village मैंने दो लोगों को गाँव की गश्त लगाते हुए देखा; he never goes for ~ling in the night वह रात^F में कभी निगरानी के लिए नहीं जाता.

patron पे'ट्रन n^c. **1.** संरक्षक : a ~ of society किसी सोसायटी^{F} का ≈; he is a ~ of art वह कला का ≈ है; he is the ~ of this institution वह इस संस्था^{F} का ≈ है. **2.** (customer) ग्राहक : the regular ~s of his shop उसकी दुकान^F के नियमित ग्राहक. **3.** ग्राम देवता : a ~ takes special care of a village ≈ किसी गाँव की विशेष चौकसी^{F} करता है. **patronage** पै'ट्रॅनिज n^c. **1.** संरक्षण, सरपरस्ती^{F} : a fair under the ~ of the mayor was organised मेयर (नगर प्रमुख) के संरक्षण में एक मेले का आयोजन किया गया. **2.** ग्राहकत्व : this shop has a large ~ इस दुकान^F का बड़ा ≈ है. **patronize** पैट्'रॅनाइज़ *v.t.* **1.** संरक्षण करना : she ~es our club वह हमारे क्लब का संरक्षण करती है. **2.** प्रोत्साहन या

बढ़ावा देना : to ~ art कला[F] को बढ़ावा देना. **3.** to ~ a particular shop एक ख़ास दुकान[F] से खरीद करना; to ~ a particular person किसी ख़ास व्यक्ति को सहारा देना.

patter पै'टर **I.** *v.i.* **1.** पट-पट/टप-टप करना : the rain ~ed on the roof बरसात से छत पर टप-टप होती रही. **2.** तड़-तड़ करना : the falling of leaves ~ing against the window पत्तियों[F] का खिड़कियों[F] पर गिरकर तड़-तड़ करना. **II.** *n*[u]. **1.** ख़ास बोली[F], पट-पट[F]: ~ of coolies at the railway station रेलवे-स्टेशन के कुलियों की ≈. **2.** तड़तड़ाहट[F] : the ~ of children's feet बच्चों के पैरों की तड़तड़ाहट.

pattern पै'टर्न **I.** *n*[c]. **1.** (model) पैटर्न, नमूना, प्रतिरूप : (sample) बानगी, नमूना : original ~ मूल ≈; beautiful ~ सुंदर ≈; ~ on a carpet दरी[F] पर बना नमूना; the dress master gave her several different ~s of cloth दर्ज़ी ने उसे कपड़े के कई भिन्न-भिन्न नमूने दिए. **2.** (ideal) आदर्श : this company is a ~ for the others यह कंपनी[F] दूसरी कंपनियों[F] के लिए आदर्श है. **3.** (example) नमूना, उदाहरण : a ~ of good conduct अच्छे आचरण का ≈; he is a ~ for everyone वह सभी लोगों के लिए उदाहरण है. **4.** (design) नमूना, बनावट[F] : the ~ of his building is not modern उसकी इमारत[F] का ≈ आधुनिक नहीं है. **5.** (also casting ~) साँचा : ~ for coinage सिक्का ढालने का ≈. **II.** *v.t. a.* **1** अनुकरण करना : a monkey tries to ~ everything of humans एक बंदर मानवों की सभी चीज़ों का अनुकरण करने का प्रयास करता है. **2.** गढ़ना, बना लेना : to ~ oneself after smb किसी जैसा बनने की चेष्टा[F] करना.

patty पै'टि *n*[c]. (patties) पैटी[F] : ~ is a small pie पैटि एक छोटी कचौड़ी[F] होती है; I bought and ate two patties मैंने दो ≈ खरीदकर खाईं.

pauper पॉ'पर *n*[c]. अकिंचन, कंगाल : to give bed and food to a ~ किसी ≈ को बिस्तर और भोजन देना; there should be public funds for ~s कंगालों के लिए सार्वजनिक निधि[F] होनी चाहिए; a ~ generally lives on charity एक ≈ साधारणतया दान से पेट पालता है.

pause पॉज़ **I.** *n*[c]. **1.** विराम, ठहराव [long लंबा, short छोटा, unexpected अप्रत्याशित]; a ~ in their conversation उनकी बातचीत[F] में ≈; a long ~ followed his talk उसकी वार्ता के बाद लंबा विराम हुआ; there is a ~ between sentences दो वाक्यों के बीच में ≈ होता है. **2.** (hesitation) हिचकिचाहट[F] : she went on without a ~ वह बिना किसी ≈ के चलती गई. Δ to give smb ~ किसी को सोचने का समय देना. **II.** *v.i.* रुकना, ठहर जाना : he ~d during his speech वह अपने भाषण के दौरान रुक गया; he ~d for a minute to rest वह एक मिनट आराम करने के लिए रुक गया; don't ~, go on रुको मत, चलते रहो; he ~d on/upon a difficult word वह एक कठिन शब्द पर रुक गया.

pave पेव़ *v.t.* **1** खड़ंजा डालना : we are paving our garden with pieces of stone हम पत्थर के टुकड़ों से बाग में खड़ंजा लगा रहे हैं. **2.** रास्ता बनाना या निकालना : to ~ the way for smth किसी चीज़ के लिए रास्ता तैयार करना; my tutor ~d the way for my success मेरे शिक्षक ने मेरी सफलता[F] का रास्ता तैयार कर दिया. **3.** ढँक जाना : the entire way to the temple was ~ed with flowers मंदिर तक सारे रास्ते पर फूल बिछे थे. **pavement** पेव़्'मन्ट *n*[c]. खड़ंजा, फ़र्श; (footway) पटरी[F] [narrow सँकरा, wide चौड़ा]; a ~ by the side of the road सड़क[F] के किनारे की पटरी; poor people reside on ~s in cities शहरों में गरीब लोग पटरी पर रहते हैं.

pavilion पॅवि़'ल्यन *n*[c]. मण्डप [big बड़ा, decorated सुसज्जित]; ~ for marriage शादी[F] के लिए ≈; a ~ was erected for the day उस दिन के लिए एक ≈ बनाया गया; there are hundreds of spectators in the ~ to watch the match ≈ में मैच देखने के लिए सैंकड़ों दर्शक हैं; there is a separate ~ for players खिलाड़ियों के लिए अलग ≈ बना है.

paw पॉ **I.** *n*[c]. पंजा, चंगुल : sharp ~ तेज़ ≈; ~ of a bear is very dangerous भालू का ≈

बड़ा खतरनाक होता है; the dog attacked him with its ~s कुत्ते ने उस पर अपने पंजों से आक्रमण किया. **II.** *v.t.i.* **1.** पंजा मारना : the dog ~ed at the bone कुत्ते ने हड्डी[F] पर पंजा मारा. **2.** टाप[F] मारना, खूँदना, टाप से कुरेदना : the horse ~ed the ground घोड़ा टाप या खुर से ज़मीन कुरेद रहा था; the horse did not ~ him, he fell down himself घोड़े ने उसे टाप नहीं मारी, वह स्वयं गिर गया.

pawn पॉन **I.** *n.* **1.** (chess) प्यादा, पैदल मोहरा : a ~ moves straight ≈ सीधा चलता है. **2.** (tool) कठपुतली[F] : he is a mere ~ in his hands वह उसके हाथों में बस एक ≈ है. **3.** (thing pawned) आधि[F], धरोहर[F] : ornaments were kept as ~ with the moneylender ज़ेवर साहूकार के पास धरोहर (के रूप में) रख दिए गए थे. **4.** (hostage) बंधक : the terrorists made them all ~s आतंकवादियों ने उन सब को अपना बंधक बना लिया. **II.** *v.t.* **1** बंधक या रेहन रखना : he ~ed all his property in the hands of the moneylender उसने साहूकार के हाथों में अपनी सारी संपत्ति[F] रेहन कर दी; to ~ the ornaments गहने रेहन रखना. **2.** (stake) दाँव पर लगाना : to ~ one's life जान[F] की बाज़ी[F] लगा देना.

pay पे **I.** *n*[u]. **1.** (wages) वेतन, मज़दूरी[F], तनख़्वाह[F] [enough पर्याप्त, low कम, weekly साप्ताहिक]; good ~ अच्छी तनख़्वाह; he received an increment in ~ उसके वेतन में वृद्धि[F] हुई; his ~ was cut उसके वेतन में कटौती[F] हुई; he has come for his ~ वह अपने वेतन के लिए आया है; to work only for ~ केवल वेतन पर काम करना; to be in the ~ of smb किसी की नौकरी[F] में होना. ~ **master** वेतनदाता, धनदाता; ~ **roll** वेतन पाने वालों की सूची[F]. **2.** (paying) भुगतान, शोधन, अदायगी[F] : he is still waiting for the ~ वह अब भी भुगतान के लिए इंतज़ार कर रहा है. **II.** *v.t.* (*p. & pp.* paid) **1.** पैसा देना : how much did you ~ for your new coat तुमने अपने नए कोट के लिए कितना पैसा दिया ? who paid for the tickets टिकटों का पैसा किसने दिया ? **2.** चुकाना, अदा करना : you must ~ him his money तुम्हें उसका पैसा चुकता करना चाहिए; you must ~ what you owe तुमने जितना ऋण लिया है उसे चुकता करना चाहिए; you will have to ~ extra तुम्हें अतिरिक्त भुगतान करना होगा. **3.** (a person) मज़दूरी[F]/वेतन देना : the labourer was not paid last week मज़दूर को पिछले सप्ताह मज़दूरी नहीं दी गई थी. **4.** to ~ smb for his trouble किसी को उसके कष्ट के बदले कुछ देना. **5.** to ~ the penalty/fine जुरमाना भरना. **6.** से लाभ होना, लाभकर होना : it ~s to be helpful to anybody किसी की सहायता[F] करने का लाभ होता है; it does not ~ to argue with him उससे बहस[F] करने का कोई लाभ नहीं है; this will ~ in the long run यह देर में लाभकर होगा. Δ ~ **attention to** ध्यान देना : ~ attention to what I say जो कुछ मैं कहता हूँ उस पर ध्यान दो; **to ~ back in one's own coin** अदले का बदला देना, जैसे का तैसा व्यवहार करना; ~ **a compliment** प्रणाम कहना : please ~ my compliments to your mother and father कृपया, अपने माता-पिता जी को मेरा प्रणाम कहिए; ~ **one's respect** सम्मान करना: you must ~ respect to your elders तुम्हें अपने बड़ों का सम्मान करना चाहिए; **to ~ a visit** मुलाकात[F] करने जाना : I shall surely ~ you a visit next week मैं निश्चय ही अगले सप्ताह तुमसे मुलाकात[F] करने आऊँगा; ~ **back** उधार का पैसा लौटा देना; ~ **for** के कारण दंड भोगना ; he is ~ ing much for the crime वह अपराध के कारण बहुत भोग रहा है; **to ~ in** बैंक में पैसा जमा करना; to ~ into the bank खाते में पैसा जमा करना; ~ **off** (i) लौटाना : he paid off his whole debt उसने अपना सारा कर्ज़ लौटा दिया; (ii) मुँह-तोड़ जवाब देना : the enemy's army was paid off well शत्रु सेना[F] को मुँह-तोड़ जवाब दिया गया; (iii) सफल होना; did your plan ~ off क्या तुम्हारी योजना[F] सफल हो गई; ~ **out** (i) रुपया देना, खर्च करना : to ~ out small amount बहुत कम खर्च करना; father paid him out fifty rupees पिताजी ने उसे पचास रुपए दे दिए; (ii) ढीला करना : to ~ out a rope रस्सी ढीली करना; ~ **over** अदा कर देना : you must not expect anything, he cannot ~ over the money तुम्हें उससे

कुछ भी आशा^F नहीं करनी चाहिए, वह पैसा अदा नहीं कर सकता; ~ **through the nose** ठगा जाना; ~ **up** अदा कर देना, चुकाना : I'll ~ up the whole amount मैं पूरा धन अदा कर दूँगा. **payee** पेई *n.* पाने वाला, आदाता : true ~ सही ≈; ~'s signature on the money order धनादेश पर पाने वाले के हस्ताक्षर; credit to the ~'s account पाने वाले के खाते में जमा करना. **payer** पे'अर *n*^c. भुगतानकर्ता : the ~ paid Rs. 560 by a bank draft ≈ ने बैंक ड्राफ्ट के द्वारा पाँच सौ साठ रुपया दिया; the ~ forgot to sign the cheque ≈ चेक पर हस्ताक्षर करना भूल गया. **payment** पे'मन्ट *n*^uc. शोधन, भुगतान, अदायगी^F : he received full ~ उसने पूरा भुगतान प्राप्त किया; thirty rupees in part ~ for utensils बर्तनों के लिए आंशिक भुगतान के तीस रुपए; ~ in kind जिंस में भुगतान करना.

P.B. Post Box.

Pb. Panjab.

P.C. Personal Computer; post card.

P.C.S. Provincial Civil Service .

pea पी *n*^c. मटर [green हरा, ripe पका हुआ]; ~s are available in winter ≈ जाड़े में सुलभ होते हैं; ~ is used as vegetable and pulse both ≈ का प्रयोग सब्जी^F और दाल^F दोनों रूपों में होता है. Δ **as like as two ~s** हूबहू एक जैसे.

peace पीस *n.* **1.** शांति^F : perfect ~ पूर्ण शांति; people live in ~ लोग ≈ से रहते हैं; in the time of ~ ≈ के दिनों में; ~ of mind मन की ≈; ~ and order ≈ एवं व्यवस्था^F; breach of ~ शांतिभंग; we want ~ in our land हम अपने देश में ≈ चाहते हैं; policeman helps in keeping ~ पुलिस ≈ स्थापित करने में सहायता करती है; now the people of the whole world desire ~ अब पूरे संसार के लोग ≈ चाहते हैं. Δ **to hold one's** ~ शान्त रहना. **2.** (treaty) संधि^F, सुलह^F : to make ~ with smb किसी के साथ ≈ कर लेना; ~ between nations राष्ट्रों के बीच की ≈. [*as distinct from* piece] **peaceable** पी'सॅबल *a.* शांतिप्रिय [nation राष्ट्र, people लोग, society समाज]; ~ students dislike quarrels ≈ छात्र झगड़ा नापसंद करते हैं. **peaceful** पीस्'फुल *a.* **1** शांत, शांतिपूर्ण, शांतिप्रिय, शांतिमय [country देश, life जीवन, scene दृश्य, town शहर]; the atmosphere in the countryside is ~ देहातों का वातावरण ≈ होता है; it is all ~ at home घर में सब शांति है; our nation follows ~ foreign policy हमारा राष्ट्र शांतिपूर्ण विदेशनीति का अनुसरण करता है; find out the ~ means शांतिपूर्ण साधनों का पता लगाओ. **2.** शांतिप्रिय : ~ nations ≈ राष्ट्र.

peach पीच *n*^c. आड़ू : ~ has one big seed in its centre ≈ के केंद्र में एक बड़ा बीज होता है; ~ has soft red skin ≈ का नरम लाल छिलका होता है.

peacock पी'कॉक *n*^c. **1.** मोर : (*fem.* peahen) a ~ dances ≈ नाचता है, नृत्य करता है; a ~ has large brightly coloured tail मोर की लंबी, चमकीली और रंगीली पूँछ^F होती है; ~'s feathers are bright मोर के पंख चमकीले होते हैं; a ~ opens its feathers like a fan मोर अपने पर पंखे की तरह खोल लेता है. **2.** (person) छैला, बाँका.

peak पीक **I.** *n*^c. **1.** चोटी^F, शिखर, शीर्ष [famous प्रसिद्ध, high ऊंचा, white सफेद]; ~ of a mountain पर्वत की चोटी^F; ~ of a beard दाढ़ी का नोकदार सिरा; ~s of waves लहरों के शिखर. **2.** (fig.) शीर्ष, पराकाष्ठा^F : ~ of success सफलता^F की पराकाष्ठा; the work reached its ~ in the afternoon दोपहर बाद काम अपनी पराकाष्ठा^F पर पहुँच गया. **3.** (in other contexts) ~ hours व्यस्ततम समय; accidents reached their ~ last month पिछले महीने दुर्घटनाएँ हद^F तक पहुँच गईं; sales have now ~ed बिक्री अब हद तक पहुँच गई है.

peal पील **I.** *n*^c. **1.** झनझनाहट^F, घनघनाहट^F : he heard the ~ of bells and woke up उसने घंटों की ≈ सुनी और जाग उठा. **2.** (of thunder etc.) गरज^F, गड़गड़ाहट^F : loud ~ ज़ोर की ≈; ~ of laughter ठहाका, अट्टहास. **II.** *v.i.* घनघनाना, गड़गड़ाना : the bells were ~ing in the temple मंदिर में घंटे घनघना रहे थे. [*as distinct from* peel]

peanut पी'नट *n*^c. मूँगफली^F : ~ plants have

yellow flowers मूँगफली के पौधों में पीले फूल होते हैं; ~ grows in pods ≈ फली^F में उगती है. ~ **butter** ≈ का घी.

pear पिअर n^c. नाशपाती^F : ~s are sweet and juicy नाशपातियाँ मीठी और रसदार होती हैं; a ~ has a different flavour and shape from an apple ≈ की खुशबू^F और आकृति^F सेब से भिन्न होती है; ~s are mostly grown in Kashmir ≈ अधिकांशत: कश्मीर में पैदा होती है.

pearl पर्ल n^c. मोती [glittering चमकदार, pink गुलाबी, valuable कीमती, white सफ़ेद]; she has a necklace of ~s उसके पास एक मोतियों का हार है; importance of ~s मोतियों का महत्व; **mother of** ~ सीपी^F; ~ **diver** मोती निकालने वाला गोताख़ोर. Δ **to cast ~s before swines** भैंस के आगे बीन^F बजाना : to preach to a fool is like casting ~s before a swine किसी मूर्ख को उपदेश देना भैंस के आगे बीन बजाना है.

peasant पें'ज़न्ट n^c. किसान, खेतिहर, कृषक [inactive सुस्त, simple सादा, toiling मेहनती]; a ~ works in his field ≈ अपने खेत में काम करता है; generally ~s are very poor सामान्यत: ≈ बहुत गरीब होते हैं. **peasantry** पें'ज़न्ट्रि n^u. किसान-वर्ग [poor गरीब, rustic देहाती/ग्राम्य]; the condition of the ~ is not at all good ≈ की स्थिति^F कुल मिलाकर अच्छी नहीं है.

pebble पें'बल n^c. बटिया^F, रोड़ा [round गोल, small छोटा]; this sea-shore is covered with ~s यह समुद्र तट रोड़ों से ढँका है; ~ is a small round piece of stone रोड़ा एक छोटा गोल पत्थर होता है; ~ and stone कंकड़/पत्थर, मलबा. Δ **it is not the only ~ on the beach** उस जैसे और भी हैं. [*a.* pebbly]

peck पें'क **I.** *v.t.* **1.** चोंच^F मारना, चुगना : the hen ~ed at the grains मुर्गी ने दाने चुगे; the bird ~ed at the cow पक्षी ने गाय को चोंचें मारी. **2.** चोंच से गड्ढा बनाना : the parrot ~ed a hole in the tree तोते ने पेड़ में चोंच मार-मारकर गड्ढा बना दिया. Δ ~ **at one's food** थोड़ा-थोड़ा खाना. **II.** n^c. चंचु-प्रहार : the boy could not bear the ~ of a crow लड़का कौवे की चोंच की मार^F न सह सका. **pecker** पे'कर n^c. कठफोड़वा (bird) : the wood ~ pecked a hole in the tree कठफोड़े ने पेड़ में छेद किया; a ~ has a sharp beak कठफोड़े की चोंच^F नुकीली होती है.

peculiar पि क्यू'लिअर *a.* **1.** निजी (own); personal व्यक्तिगत [character चरित्र, property गुणवत्ता] problems ~ to India भारत की निजी समस्याएँ, none will be allowed to interfere in his ~ matter किसी को उसके ≈ मामले में हस्तक्षेप करने की अनुमति^F नहीं दी जाएगी. **2.** (special) विशिष्ट, विलक्षण [fume धुँआ, situation स्थिति^F, virtue गुण]; his way of laughing is very ~ उसके हँसने का ढंग ≈ है; Tom has his own ~ way of writing टॉम के लिखने का उसका अपना विशिष्ट ढंग है; there was nothing ~ about him उसके बारे में कुछ भी ≈ नहीं था; it was a ~ drama in politics राजनीति में यह विलक्षण नाटक था. **3.** (odd) अजीब, निराला, अनोखा [behaviour व्यवहार, habit आदत^F, man आदमी]; this ceremony appears ~ to a European किसी यूरोपीय को यह संस्कार ≈ लगता है. **peculiarity** पिक्यूलिऐ'रिटि n^c. (*pl.* peculiarities) **1.** विशिष्टता^F, विशेषता^F : ~ in dress पहनावे में ≈; ~ in the manner of speaking बोलने की शैली^F में ≈; cautious driving is a ~ of women सतर्कतापूर्ण गाड़ी^F चलाना औरतों की ≈ है. **2.** (strangeness) विलक्षणता^F, अनोखापन : ~ of one's behaviour किसी के व्यवहार की विलक्षणता^F. **peculiarly** पिक्यू'लिअरलि *adv.* विशेष रूप से, विलक्षण ढंग से, व्यक्तिगत रूप से : the man was acting very ~ आदमी विशेष रूप से अभिनय कर रहा था; he was ~ dressed वह विलक्षण ढंग से सज्जित था.

pedal पें'डल **I.** n^c. (mech.) पैडल : ~ of a bicycle साइकिल का ≈; ~ is driven by foot ≈ पैर से चलाया जाता है. **II.** *v.t.* (-ll-) (पेडल) चलाना : we ~led the cycle slowly हम साइकिल धीरे-से (पेडल से) चलाकर ले गए; he ~led up hill वह पैडल चलाते-चलाते पहाड़ी^F पर पहुँच गया.

pedestrian पिडेॅस्'ट्रिअन **I.** *n*^c^. पैदल, पादचारी : ~s should not cross the road like this ≈ लोगों को सड़क इस तरह पार नहीं करनी चाहिए; this path is for ~s only यह रास्ता केवल पैदल लोगों के लिए है. **II.** *a.* **1** पैदल : ~ traffic ≈ आवाजाही^F^. **2.** (dull) नीरस : ~ talk ≈ बातचीत; ~ story ≈ कहानी; ~ style ≈ शैली^F^.

pedlar पेॅड्'लर *n*^c^. फेरीवाला : licensed ~ लाइसेंसदार ≈; the ~ sells miscellaneous articles यह ≈ भिन्न प्रकार की वस्तुएँ^F^ बेचता है; generally a ~ keeps his goods in a basket hanging on his shoulder आमतौर पर ≈ कंधे पर से लटकते हुए टोकरे में अपना माल रखता है.

peel पील **I.** *n*^c^. छिलका : ~ of an orange संतरे का छिलका; apples have red or green ~s सेब के छिलके लाल या हरे होते हैं; I slipped on a banana ~ मैं एक केले के छिलके पर फिसल गया; please, put aside the ~ of peanuts कृपया, मूँगफली^F^ के छिलके एक किनारे डालिए. **II.** *v.t.* छीलना : please ~ this banana कृपया इस केले को छीलिए; he ~ed the skins of some pears उसने कुछ नाशपातियों^F^ के छिलके छीले. **III.** *v.i.* **1.** छीलना : are the bananas ~ed off क्या केले छिल गए हैं ? **2.** उधड़ना : the old man's skin is ~ing बूढ़े की चमड़ी^F^ उधड़ रही है. **3.** उखड़ना : the paper on the wall is ~ing दीवार^F^ पर का काग़ज़ उखड़ रहा है; the paint is ~ing off पेंट उखड़ रहा है. [*as distinct from* peal]

peep पीप **I.** *v.i.* **1.** झाँकना : she ~ed through a hole उसने एक छेद में से झाँका; the mother ~ed through the door माँ ने दरवाज़े से झाँका. **2.** (emerge) निकलना, दिखाई पड़ना : the sun ~s through the clouds सूर्य बादलों के बीच से निकलता दिखाई पड़ता है. **II.** *n*^c^. **1.** झाँकी : a ~ at the scene outside बाहर के दृश्य की ≈. **2.** (~ of dawn) अरुणोदय.

peer पिअर **I.** *v.i.* (at, into) ताकना, घूर कर देखना : it is hard for me to ~ at this writing इस लिखाई को देख पाना मेरे लिए कठिन है. **II.** *n*^c^. **1.** समकक्ष व्यक्ति, जोड़ : ~s form groups for play समकक्ष (जोड़ के) व्यक्ति खेलने के लिए गिरोह बनाते हैं; he is without a ~ in the city वह शहर में बेजोड़ है. **2.** लार्ड, सामंत (*fem.* peeress) : house of ~s in London लंदन में सामंत सदन.

peerless पिअर'लिस *n.* बेजोड़, लाजवाब, अद्वितीय : his personality is ~ उसका व्यक्तित्व ≈ है.

peg पेॅग **I.** *n*^c^. खूँटी^F^, मेख^F^ : coat ~ कोट टाँगने की खूँटी; hat ~ हैट की खूँटी; I have a metal ~ for hanging clothes कपड़ा टाँगने के लिए मेरे पास धातु^F^ की खूँटी है; a ~ was fixed on my door एक खूँटी मेरे दरवाज़े पर लगाई गई; ~s of a sitar for fastening strings तार बाँधने के लिए सितार की खूँटियाँ. Δ **a square ~ in a round hole** गोल छेद में चौकोर खूँटी, किसी अच्छी जगह के लिए गलत आदमी. **to take smb down a ~** किसी को नीचा दिखाना. **II.** *v.t.* (-gg-) **1.** खूँटी लगाना : to ~ down a tent तंबू को खूँटियाँ लगाकर खड़ा करना. **2.** (stabilize) स्थिर रखना : to ~ wages to a certain level एक निश्चित स्तर तक मज़दूरी^F^ स्थिर रखना; the prices have been ~ged कीमतें^F^ स्थिर कर दी गई हैं **3.** बाँधना, कसना : to ~ the rope to hang clothes कपड़े टाँगने के लिए रस्सी बाँधना. Δ to ~ **away** डटकर काम करना; **to ~ down** खूँटे से बाँधना; **to ≈ down to rules** नियमों का पूरा-पूरा पालन कराना; **to ~ out a plot of land** भूखंड पर खूँटे गाड़कर निशान लगाना.

pelt पेॅल्ट **I.** *n*^c^. **1.** खाल : ~ of a goat बकरी^F^ की खाल. **2.** (throw) फेंक; ~ of stones at someone किसी पर पत्थरों की मार^F^. **3.** (of rain) मूसलाधार या धारासार वर्षा. **4.** (speed) रफ़्तार^F^ : the ~ of car कार की रफ़्तार; at full ~ पूरी ≈ से. **II.** *v.t.* **1.** फेंकना, फेंककर मारना, मारना : the boys ~ed Vinod with tomatoes लड़कों ने विनोद को टमाटर फेंककर मारे; the angry tribesmen are ~ing stones at the traveller जनजाति के क्रुद्ध लोग यात्री पर पत्थर मार रहे हैं; the crowd ~ed the police with stones भीड़^F^ ने पुलिस पर पत्थर मारे. **2.** (assail with) की बौछार करना : students ~ed stones on the bear छात्रों ने भालू पर पत्थरों की बौछार कर दी. **3.** the rain was ~ing (down) ज़ोर की बारिश[F] हो रही थी.

pen पॅन **I.** *n*[c]. **1.** (enclosure) बाड़ा : shut the animals in a ~ जानवरों को एक बाड़े में बंद कर दो; they keep their pigs in a ~ वे अपने सुअरों को एक बाड़े में रखते हैं. **2.** पेन, कलम[F], लेखनी[F] [broken टूटी, excellent बढ़िया]; take the ~ and write a letter to your father ≈ लो और अपने पिता के नाम एक पत्र लिखो; I have bought a new ~ मैंने एक नया पेन खरीदा है; I have no more ink in my ~ मेरी कलम में अब स्याही[F] नहीं है; he lives by the ~ वह ≈ से आजीविका चलाता है. Δ **put ~ to paper** लिखने लगना : when he saw the teacher he put the ~ to paper जब उसने अध्यापक को देखा तो लिखने लगा; **~-down strike** कलम रख दो हड़ताल : all the employees on ~ down strike सभी कर्मचारी कलम रखो हड़ताल पर थे. **~friend** पत्राचारी मित्र; **~man** लेखक; **~manship** लेखन कला[F]; **~name** (लेखक का) उपनाम. **II.** *v.t.* (-nn-) **1.** बाड़े में बंद करना : to ~ up the cattle जानवरों को ≈ **2.** लिखना : to ~ (down) a poem in the examination परीक्षा[F] में कविता[F] ≈.

penal पी'नल *a.* **1.** दंड, दण्ड-विषयक : ~ code ≈ संहिता; ~ law ≈ विधि[F]; ~servitude कठोर दंड, कड़ी कैद[F]; ~ settlement दण्डितों की बस्ती[F]; ~ tax ≈ कर. **2.** (punitive) दंडनीय : ~ offence ≈ अपराध. **penalize** पी'नॅलाइज़ *v.t.* दण्डित करना, दंड देना, दंडनीय ठहराना या बनाना : ~ severely सख़्ती[F] से ≈; to ~ a team for coming late देर से आने पर किसी टीम[F] को दंडित करना; to ~ a motorist for driving full speed पूरी गति[F] से चलाने पर मोटर-चालक को ≈; wealthy people are sometimes unduly ~d by Income Tax Department धनी लोग कभी-कभी आयकर-विभाग द्वारा अनुचित रूप से दंडित किए जाते हैं. **penalty** पॅ'नल टि *n*[c]. (*pl.* penalties) **1.** दण्ड, शास्ति[F], सज़ा : (fine) अर्थदण्ड, जुर्माना : in some countries the ~ for stealing was death कुछ देशों में चोरी[F] के लिए मृत्युदंड होता था; ~ for breaking law कानून का उल्लंघन करने के लिए दंड; pay the ~ जुर्माना अदा कीजिए; ~ in football or hockey फुटबाल या हाकी में दंड; to pay the ~ दंड भुगतना. **2.** (disadvantage) अलाभ : penalties of being handicapped विकलांग होने के अलाभ. [*ant.* reward]

penance पॅ'नन्स *n*[u]. तपस्या[F], तप, प्रायश्चित्त : ~ is done willingly for a wrongful deed गलत काम के लिए स्वेच्छा से प्रायश्चित्त किया जाता है; Rishis did ~ for salvation ऋषि मोक्ष के लिए तपस्या करते थे.

pence पॅन्स *n*[u]. see 'penny'.

pencil पॅन्'सिल **I.** *n*[c]. पेंसिल [broken टूटी हुई, coloured रंगीन, hard कड़ी/सख़्त, soft नरम]; write with a ~ ≈ से लिखो; to mark smth with a ~ किसी चीज़[F] पर ≈ से निशान लगाना; ~ is used for drawing ≈ का प्रयोग रेखाचित्र बनाने के लिए किया जाता है; ~ has lead in it ≈ में एक सीसा होता है. **II.** *v.t.* -ll- (पेंसिल से) लिखना : to ~ a note पेंसिल से नोट लिखना.

pendulum पॅन्'ड्यूलम *n.* लोलक, लटकन[F] : ~ of a wall clock दीवार-घड़ी[F] का पेण्डुलम; ~ swings freely from side to side लोलक मुक्त रूप से एक छोर से दूसरे छोर पर झूलता है.

penetrate पॅ'निट्रेट *v.t.* **1** (pierce) छेदना, भेदना : a bullet cannot ~ this car गोली[F] इस कार[F] में छेद नहीं कर सकती; the knife ~d her finger and made it bleed उसकी उंगली[F] में चाकू चुभ गया और उससे खून बहने लगा. **2.** (fig.) भाँपना : to ~ into smb's mind किसी के मन को ≈. **3.** (permeate) में व्याप्त हो जाना, फैल जाना : the water ~d the whole land पानी पूरे मैदान में फैल गया. **4.** (enter) पैठना, घुसना : the nail ~d the box कीला संदूक में घुस गया; the hunters ~d the jungle शिकारी जंगल में घुस गए. **5.** (grasp) मर्म या रहस्य समझना : to ~ a mystery रहस्य तक पहुँचना; try to ~ his meaning उसका मतलब समझने का प्रयास करना. **penetrating** पॅ'निट्रेटिङ्ग *a.* **1.** चुभता, वेधी : the cold is ~ today आज ठंड चुभने वाली है; to suffer from ~ noise चुभते

शोर से पीड़ित रहना; ~ glance चुभती नज़र[F]. **2.** (of mind) सूक्ष्म-बुद्धि, कुशाग्र-बुद्धि.

penitent पें'निटन्ट *a.* & *n*[c]. पश्चातापी, अनुतापी : he was ~ after making a mistake गलती करने के बाद वह ≈ हो गया था; the ~ vowed not to sin again ≈ ने दुबारा अपराध न करने की प्रतिज्ञा की. [*ant.* impenitent]

penniless पें'निलिस *a.* निर्धन, अकिंचन [fellow व्यक्ति, old man बूढ़ा आदमी]; he became ~ after the disaster तबाही[F] के बाद वह ≈ हो गया.

penny पें'नि *n*[c]. (*p*l. pennies) पेनी[F] : ~ is a British bronze coin ≈ ब्रिटेन में पीतल का एक सिक्का है; there are a hundred pennies in a pound एक पौण्ड में एक सौ ≈ होती हैं; I have not a ~ in my pocket मेरी जेब[F] में एक भी ≈ नहीं है. Δ **~ wise pound foolish** अशर्फियाँ लुटें कोयलों पर मोहर; **to turn an honest ~** हक-हलाल की कमाई[F] करना.

pension पेंन्'शन **I.** *n*[u]. **1.** पेंशन[F], निवृत्ति वेतन : soldier's ~ on retirement रिटायर होने पर सैनिक की ≈; he earns old age ~ उसे वृद्धावस्था[F] की ≈ मिलती है; ~ is paid when workers finish their term of service ≈ तब दी जाती है जब कर्मी अपना सेवा कार्यकाल समाप्त कर देते हैं; the retired officers have gone to draw their ~ सेवानिवृत्त अधिकारी अपना निवृत्ति-वेतन लेने गए हैं. **2.** (subsidy) परिदान : government gives much money to the farmers as ~ सरकार[F] ≈ के रूप में किसानों को काफ़ी पैसा देती है. **3.** पैंसियों, बोर्डिंग हाउस : all the guests were given ~ facility सभी अतिथियों को ≈ की सुविधा[F] दी गई थी. **II.** *v.t.* पेंशन देना : to ~ off पेंशन देकर रिटायर करना. **pensioner** पेंन्'शॅनर *n*[c]. पेंशनभोगी [old पुराना, government सरकारी]; ~s in India get their pension every month भारत में ≈ प्रत्येक महीने पेंशन पाते हैं; ~s also get dearness allowance ≈ भी मँहगाई-भत्ता पाते हैं.

peon प्यून *n*[c]. प्यून, चपरासी [honest ईमानदार, idle सुस्त, young नवयुवक]; a ~ carries messages from one office to another ≈ एक कार्यालय से दूसरे तक संदेश ले जाता है; he is not a ~ but a clerk वह चपरासी नहीं है, बाबू है.

people पी'पल **I.** *n.* (*p*l.) **1.** लोग [English अंग्रेज, great महान, hardworking मेहनतकश, independent स्वतंत्र, Russian रूसी, simple साधारण]; how many ~ are there in your family तुम्हारे परिवार में कितने ≈ हैं? who are these ~ ये लोग कौन हैं? he avoids ~ वह लोगों से दूर रहता है; ~ of America अमेरिका के ≈; never mind what ~ say ≈ क्या कहते हैं इसकी परवाह[F] मत करो; voice of the ~ लोगों की आवाज़[F]. **2.** (kin) रिश्तेदार : my wife's people are staying with us मेरी पत्नी के ≈ अब हमारे साथ ठहरे हैं; I'd like to meet my ~ मैं अपने रिश्तेदारों से मिलना पसंद करूँगा. **3.** *n*[c]. जाति[F] : ~s of the world संसार की जातियाँ; different ~s live in islands टापुओं में भिन्न-भिन्न जातियों के लोग रहते हैं. **4.** (public) जनता[F] : government by the ~ जनता का शासन. **5.** (subjects) प्रजा[F] : the king and his ~ राजा और उसकी प्रजा[F]. **II.** *v.t.* आबाद करना, बसाना : to ~ a new colony नई बस्ती[F] ≈ Indians ~d many islands in the 10th century दसवीं शताब्दी में भारतीयों ने कई टापू आबाद किए.

pepper पें'पर **I.** *v.i.* **1.** मिर्च[F] डालना : to ~ the vegetable सब्ज़ी[F] में ≈. **2.** (pelt) बरसाना, की बौछार करना : to ~ passersby with tomatoes राहगीरों पर टमाटर बरसाना; to ~ stones on someone किसी पर पत्थरों की बौछार[F] करना. **II.** *n*[u]. गोल या काली मिर्च[F]: tailed ~ कवाबचीनी[F]; long ~ पीपल, पीपरामूल; ~ box मिर्चदानी; I want ~ and salt for guavas मैं अमरूदों के लिए ≈ और नमक चाहता हूँ; ~ is powdered ≈ का चूर्ण बनाया जाता है; ~ has hot taste ≈ का स्वाद तीता होता है. **peppermint** पें'परमिन्ट *n*[u]. पिपरामिंट : ~ is a plant having seeds ≈ बीजवाला पौधा होता है; ~ is an oil which is used in sweets ≈ एक तेल है जिसका मिठाइयों[F] में प्रयोग किया जाता है; this toffee is flavoured with ~ इस टाफी में ≈ मिलाया

गया है; ~ is also a sweet ≈ एक मिठाई^F भी होती है.

per पर *prep.* (each) **1.** प्रति, फ़ी : ~ man प्रति व्यक्ति; ~cent प्रतिशत; ~ year प्रतिवर्ष; to work so much ~ week प्रत्येक सप्ताह इतना काम करना; this costs Rs 5 ~ kilo इसका दाम पाँच रुपए ≈ किलो है; how much can you earn ~ month तुम प्रत्येक महीने कितना कमा सकते हो ? the rent of this house is one thousand pounds ~ annum इस मकान का किराया एक हजार पौण्ड प्रतिवर्ष है; ~ capita income in India is much less भारत में प्रति व्यक्ति आय^F बहुत कम है. **2.** (by) के द्वारा/हाथ : ~ bearer बैरा या पत्रवाहक के हाथ/द्वारा. **3.** (according to) के अनुसार : as ~ sample नमूने के अनुसार; as ~ instructions निर्देशानुसार

perambulator पॅ रैम्'ब्युलेटर *n*^c. (pram) बच्चा गाड़ी^F, बाबा गाड़ी^F : she puts the baby in the ~ and wheels it home वह बच्चे को बाबा गाड़ी में रखती है और इसे वापस घर में घुमा लाती है; this ~ has three wheels इस ≈ में तीन पहिए हैं.

perceive पर् सीव़' *v.t.* **1.** महसूस करना, अनुभव करना, मालूम करना : I cannot ~ any difference in these clothes मुझे इन कपड़ों में कोई अन्तर नहीं मालूम पड़ता; we ~d that we were not welcomed हमने महसूस किया कि हमारा स्वागत नहीं किया गया. **2.** (understand) समझना, समझ लेना, देखना : I ~d their intention easily मैंने उनका इरादा बड़ी जल्दी^F समझ लिया. **3.** देखना : to ~ an object किसी वस्तु^F को देखना; I ~ that you are worried मैं देखता हूँ कि तुम चिंतित हो; सुनना : to ~ a sound कोई ध्वनि^F सुनना. [*n.* perception]

per cent पर सॅन्ट' **I.** *n*^u. प्रतिशत : prices have been reduced by ten ~ कीमतों में दस ≈ की कमी^F कर दी गई है; ten ~ of all students सभी छात्रों का दस ≈. **II.** *adv.* प्रतिशत : they carried out the plan 100 ~ उन्होंने अपनी योजना^F सौ ≈ पूरी कर ली; the number of books in our library increases ten ~ every year हमारे पुस्तकालय में पुस्तकों^F की संख्या^F हर साल दस ≈ बढ़ जाती है; the growth was hundred ~ वृद्धि^F शत ≈ थी. **percentage** पर्सॅन्'टिज *n*^u. प्रतिशतता^F, सैकड़ेवारी : ~ of increase वृद्धि की ≈; a small ~ of water पानी की बहुत कम मात्रा^F; what ~ of children are born in this city इस शहर में बच्चों के जन्म का प्रतिशत क्या है ?

perception पर् सॅप्'शन *n*^u. प्रत्यक्ष ज्ञान, बोध [dull अस्पष्ट, keen तीक्ष्ण]; power of ~ ज्ञानशक्ति^F; a man of great ~ भारी बोधवाला आदमी.

perch पर्च **I.** *n*^c. छतरी^F, चक्कस; (rod) डण्डा; (position) टिकान^F : ~ is a branch or stick on which a bird sits and rests ≈ एक शाखा^F अथवा छड़ी^F है जहाँ पक्षी बैठता और आराम करता है. **II.** *v.t.* **1.** बैठना, टिकना : a bird ~ed on a branch चिड़िया एक शाखा^F पर बैठ गई. **2.** स्थित होना : Ooty is ~ed on a hill ऊटी एक पहाड़ी पर स्थित है.

perchance पर्'चॉन्स/चैन्स *adv.* (perhaps) शायद; (by chance) संयोग से : ~ he may remember me ≈ वह मुझे याद करे; ~ she may come ≈ वह आ जाए

perfect पर्'फ़िक्ट **I.** *a.* **1.** संपूर्ण, पूरा, (परि) पूर्ण : ~ plan ≈ योजना; he has a ~ set of teeth उसके दाँतों का सेट पूरा है; to attain ~ bliss पूर्ण आनंद प्राप्त करना. **2.** आदर्श, श्रेष्ठ, अनिंद्य [example उदाहरण, specimen नमूना, work काम]; everyone praised him for his ~ character सभी लोगों ने उसके आदर्श चरित्र की प्रशंसा^F की; his behaviour was ~ उसका व्यवहार अनिंद्य था. **3.** (exact) सही : she wanted everything ~ वह सब कुछ ≈ चाहती थी; the fruit reached here in ~ condition फल ≈ हालत^F में यहाँ पहुँच गया; this house is ~ for our family यह मकान हमारे परिवार के लिए सही है. **4.** (skilled) निपुण, दक्ष : he is ~ in his job वह अपने काम में ≈ है. **5.** (utter) नितांत : ~ fool बिलकुल बुद्धू; he is a ~ stranger to this place वह इस जगह^F ≈ अजनबी है. **6.** (gram.) पूर्णकालिक : present ~ tense पूर्ण वर्तमान काल; past ~ tense पूर्ण भूतकाल. [*ant.* imperfect] **II.** पॅर् फ़ेक्ट' *v.t.* पूर्ण करना, पूरा करना, समाप्त करना : she works hard to ~ her dance वह अपने नृत्य को पूर्णता[F] तक पहुँचाने के लिए कठिन परिश्रम करती है; try to ~ the work as soon as possible जितना जल्दी संभव हो काम को पूरा करने का प्रयास करो. **perfection** पर् फ़िक् शन' *n*[u]. **1.** पूर्णता[F] : to bring smth to ~ किसी चीज़ को ≈ तक लाना; the meat was cooked to ~ मांस को पूरा (पूर्णता तक) पकाया गया था. **2.** पूर्ण विकास : poets admire the ~ of a rose कवि गुलाब के ≈ की प्रशंसा[F] करते हैं. **3.** he did the work to ~ उसने पूरा काम किया. [*ant.* imperfection] **perfectly** पर् फ़िक्ट'लि *adv.* बिल्कुल, पूरी तरह से : she was ~ happy वह पूरी तरह प्रसन्न थी; the work was done ~ काम पूरी तरह कर दिया गया; she acted her part ~ उसने अपनी भूमिका[F] ≈ निभाई; I understand your objections ~ मैं आपकी आपत्तियों[F] को पूरी तरह समझता हूँ; you are ~ right तुम ≈ सही हो; I made him ~ satisfied मैंने उसे पूरी तरह संतुष्ट कर दिया; he reads ~ well वह बड़े अच्छे ढंग से पढ़ता है; the colour matches ~ रंग पूरी तरह मेल खाता है; the floor should be ~ washed फर्श पूरी तरह धुला होना चाहिए.

perforate पर् फ़ॅरेट **I.** *v.t.* छेद बनाना, छिद्रित करना : the machines ~ the cheques मशीनें चेक को छिद्रित करती हैं; a paper is ~d so that it can be torn easily काग़ज़ को इसलिए छिद्रिल किया जाता है कि उसे आसानी[F] से फाड़ा जा सके. **II.** *a.* छेददार, सछिद्र, छिद्रित : ~ stamp ≈ स्टाम्प.

perform पर् फ़ॉर्म *v.t.* **1.** पूरा करना, संपन्न करना : the chairman ~ed his duties perfectly अध्यक्ष ने अपना कर्तव्य पूरी तरह संपन्न किया; the doctor ~ed an operation डाक्टर ने आपरेशन संपन्न किया; he ~ed his work before time उसने समय से पहले ही अपना काम पूरा कर लिया. **2.** (show) प्रदर्शन करना : our team ~ed very well in hockey हमारी टीम[F] ने हाकी में बड़ा अच्छा प्रदर्शन किया. **3.** (act) अभिनीत करना, प्रदर्शित करना : what play will be ~ed tonight आज रात[F] किस नाटक का अभिनय होगा? the drama was ~ed by amateurs नाटक शोकिया लोगों द्वारा अभिनीत किया गया. **4.** (of machines, to work) चलना : your scooter ~s well तुम्हारा स्कूटर अच्छा चलता है. **performance** पर् फ़ॉर'मन्स *n.* **1.** पालन, अनुपालन, निष्पादन [excellent उत्कृष्ट, perfect पूर्ण]; he went to the city in the ~ of his duty कर्तव्य का पालन करते हुए वह शहर गया. **2.** (show) प्रदर्शन [excellent उत्कृष्ट, poor बेकार]; we enjoyed the ~ of the host team very much हमने मेज़बान टीम के प्रदर्शन का बहुत आनंद लिया; the next ~ will be at 8 P.M. अगला प्रदर्शन आठ बजे रात होगा. **3.** (acting) अभिनय [good अच्छा, memorable यादगार]; the ~ made by the players was excellent अभिनेताओं का ≈ उत्कृष्ट था; it was a memorable ~ by Raj Kapoor राज कपूर का ≈ एक यादगार था. **4.** (ceremony) अनुष्ठान : will you participate in the ~ of the rite, Yagya? क्या तुम इस रस्म[F] यज्ञ के अनुष्ठान में सम्मिलित होगे? **5** (entertainment) तमाशा : it was a wonderful ~, I can never forget it यह एक आश्चर्यजनक ≈ था. मैं इसे कभी नहीं भूल सकता. **6.** काम : ~ of a machine किसी मशीन[F] का काम.

perfume पर्'फ़्यूम **I.** *n.* (fragrance) **1.** सुगंध, ख़ुशबू : you like to smell the pleasant ~ of roses तुम गुलाब की सुहावनी सुगंध सूँघना पसंद करते हो; ~ may be sweet as of flowers ≈ भीनी हो सकती है जैसे फूलों की. **2.** (liquid) इत्र : she was putting on a strong ~ वह तेज़ इत्र लगाए हुए थी. **II.** पॅर्फ़्यूम' *v.t.* इतर लगाना, सुवासित करना : you ~ your face or any part of your body तुम अपने मुँह पर या अपने शरीर के किसी अंग पर इत्र लगाते हो; his handkerchief was ~d उसका रूमाल सुवासित था. **perfumer** पर् फ्यू'मर *n.* अत्तार, इत्रफ़रोश [foreign विदेशी, rich धनी]; a ~ makes or sells perfumes ≈ इत्र बनाता या बेचता है; ~ is a good judge of the quality of otto ≈ इत्र की गुणवत्ता[F] का अच्छा पारखी होता है. **perfumery** पर्'फ़्यू' मरि *n*[c]. (*pl.* perfumeries) सुगंधशाला : he is the proprietor of a ~ वह एक ≈ का मालिक है.

perhaps पर्'हैप्स' *adv.* शायद : ~ he will come today ≈ वह आज आएगा; ~ he did not know anything about it ≈ वह इसके बारे में कुछ नहीं जानता था; you are going to a party ~ तुम ≈ किसी पार्टी में जा रहे हो; we have met somewhere, ~ हम कहीं मिले थे, शायद; will he come? ~ not क्या वह आएगा, ≈ नहीं. [*ant.* certainly]

peril पें'रिल **I.** n^c. जोखिम, ख़तरा, संकट : terrible ~ भयंकर ≈; sailors are in ~ when at sea नाविक जब समुद्र में होते हैं तो ख़तरे में रहते हैं; mind the ~s of mining खदान के ख़तरों से बचो; to do smth at one's ~ अपने जोखिम पर कुछ करना. **II.** *v.t.* जोख़िम में डालना, ख़तरे या संकट में डालना : this will not ~ you यह तुम्हें ख़तरे में नहीं डालेगा; don't ~ your life अपनी जान^F जोखिम/संकट में मत डालो. **perilous** पें'रिलस *a.* ख़तरनाक, संकटपूर्ण [adventure साहसिक कार्य, voyage समुद्री यात्रा^{F}]; they set out on a ~ climb up the mountain वे पर्वत की ≈ चढ़ाई^F पर चल पड़े.

period पिअ'रिअड n^c. **1.** (definite portion of time) अवधि^{F}, मियाद^F, कालावधि [long लंबी, short थोड़ी]; happiest ~ in one's life किसी के जीवन की सबसे सुखद अवधि; for a short ~ of time बहुत थोड़ी कालावधि तक. **2.** (era) युग, काल, समय : Mughal ~ मुग़ल काल; the ~ of the French Revolution फ्रांस की क्रांति^{F} का समय; an important ~ in history इतिहास का महत्वपूर्ण युग; the ~ of great scientific discoveries विज्ञान की महान खोजों^{F} का युग. **3.** (of a planet) परिक्रमण काल : what is the period taken by the earth to go round about the sun पृथ्वी का सूर्य के इर्द-गिर्द चक्कर लगाने का परिभ्रमण काल कितना है ? **4.** (of class) घंटा : history ~ इतिहास का घंटा; perhaps this ~ is vacant शायद यह ≈ ख़ाली है. **5.** (full stop) पूर्ण-विराम : you put a ~ at the end of a sentence तुम वाक्य के अंत में ≈ लगाते हो. **periodical** पिअरि ऑ'डिकल **I.** n^c. पत्रिका : he was the publisher of a ~ वह एक पत्रिका^{F} का प्रकाशक था. **II.** *a.* (recurring) मियादी, नियतकालिक [attack of fever बुख़ार का प्रकोप, magazine पत्रिका^{F}, tour दौरा].

perish पें'रिश *v.i.* **1.** नष्ट हो जाना, मर जाना : thousands ~ed in the earthquake in 1993 हज़ारों लोग 1993 के भूकंप में मर गए, **2.** मुरझा जाना : plants ~ for want of rain वर्षा^{F} की कमी से पौधे मुरझा गए, **3.** सड़ जाना : some fruits ~ easily in transit कुछ फल जल्दी ही रास्ते में सड़ जाते हैं. **perishable** पे'रिशॅबल **I.** *a.* **1.** बिगड़ने वाला : milk is a ~ product दूध ≈ उत्पाद है. **2.** (transitory) नश्वर, नाशवान, विनाशी [body शरीर, world संसार]; the soul is not ~ आत्मा^{F} ≈ नहीं है; everything in the world is of a ~ nature संसार में सब कुछ ≈ प्रकृति^{F} का है. [*ant.* im ~] **II.** (*pl.n.*) नष्ट हो जाने वाला सामान.

permanence पर्'मॅनन्स n^u. स्थायित्व : ~ of employment रोज़गार का ≈; they could not guarantee ~ of service वे नौकरी^{F} के ≈ की गारंटी^{F} नहीं ले सकते. **permanent** पर्'मॅनन्ट *a.* स्थायी [address पता, feature लक्षण या स्वरूप, income आमदनी^{F}, occupation व्यवसाय, residence आवास]; his service is not ~ उसकी नौकरी^{F} स्थायी नहीं है; he sold all his ~ property at a very low price उसने अपनी सारी स्थायी संपत्ति^{F} बहुत कम मूल्य पर बेच दी. [*ant.* temporary] **permanently** पर्'मॅनन्ट्लि *adv.* स्थायी रूप से : his income amount to Rs. 16,000 ~ ≈ उसकी आमदनी^{F} 16,000 रुपया है; he lives in London ~ वह लंदन में ≈ रहता है.

permissible पर् मि'सॅबल *a.* अनुज्ञेय [conduct आचरण, food खाना, leave छुट्टी]; it is not ~ to bring dogs into the Zoo चिड़िया घर में कुत्ते ले जाने की इजाज़त^F नहीं है; so much luggage is ~ इतना सामान ले जा सकते हैं. **permission** पर् मि'शन *n.* अनुमति^{F}, अनुज्ञा^{F}, इजाज़त^F : ~ was granted immediately ≈ तुरंत दे दी गई; with your ~, I now leave आपकी अनुमति से मैं अब जाता हूँ; if you wish to go home you must ask for ~ from the headmaster यदि तुम घर जाना चाहते हो तो तुम्हें

प्रधानाध्यापक से अनुमति लेनी चाहिए; he is going without ~ वह बिना ≈ के जा रहा है.

permit पर् मिट' *v.t.* (-tt-) अनुज्ञा[F] या इजाज़त[F] देना, करने देना : please ~ me to stay here कृपया मुझे यहाँ रुकने की ≈ दीजिए; smoking is ~ted here यहाँ धूम्रपान करने की इजाज़त है; ~ smb to do smth किसी को कुछ करने देना; I will come if the weather ~s यदि मौसम ने आने दिया तो मैं आऊँगा; he was not ~ted to play उसे खेलने की अनुज्ञा नहीं थी; ~ a person to leave व्यक्ति को जाने दो; ~ me to use your camera मुझे अपने कैमरे का प्रयोग करने की अनुमति दीजिए; weather ~ting यदि मौसम ठीक रहा. **II.** पर्'मिट *n*[c]. अनुमति-पत्र, परमिट, अनुज्ञा-पत्र : obtain a ~ from the office कार्यालय से ≈ प्राप्त करना; ~ from the officer to collect money अधिकारी से धन इकट्ठा करने की अनुज्ञा.

perpetrate पर् पिट्रेट' *v.t.* करना, कर बैठना : to ~ a crime अपराध कर बैठना; to ~ a blunder बड़ी भूल[F] ≈. [*n.* perpetration]

perpetual पर् पें'ट्यूअल *a.* **1.** (continuous) लगातार, अविच्छिन्न, अविरत, [~ pain कष्ट, quarrel झगड़ा, rain बरसात[F]]; ~ motion of earth पृथ्वी[F] की लगातार गति[F]; ~ snow on the Himalayas हिमालय पर ≈ बर्फ़; ~ noise of the machine मशीन[F] का ≈ शोर. **2.** (permanent) चिरस्थायी, बेमियादी : ~ lease ≈ पट्टा. **perpetually** पर् पें'ट्यूअलि *adv.* **1.** अनंत काल तक : the moon will remain ~ चंद्रमा अनंतकाल तक रहेगा. **2.** निरंतर, बराबर : it snows ~ on the Himalayas हिमालय पर (लगातार) निरंतर बर्फ़ पड़ती रहती है.

perplex पर् प्लें'क्स' *v.t.* **1** घबड़ा देना, परेशान करना, गड़बड़ा देना : Satish was ~ed by the failure सतीश असफलता[F] से घबड़ाया हुआ था; we were ~ed about which to take हम घबड़ा गए थे कि हमें कौन-सा लेना है; this problem ~es me यह समस्या[F] मुझे परेशान करती है; it has ~ed my mind इसने मेरे जी को गड़बड़ा दिया है; do not ~ me मुझे परेशान मत करो. **2.** उलझाना : to ~ an issue मामला उलझा देना; contradictory statements have ~ed my mind विरोधी वक्तव्यों से मेरा मन उलझन में पड़ गया है. **perplexity** पर् प्लें'क्'सिटि *n.* **1.** घबड़ाहट[F], परेशानी[F], असमंजस, गड़बड़ी[F] : his conduct is a ~ to me उसका आचरण मेरे लिए एक परेशानी है. **2.** उलझन[F] : circumstances have caused ~ in my mind परिस्थितियों[F] ने मेरे मन में ≈ डाल दी है.

persecute पर्'सिक्यूट *v.t.* सताना, उत्पीड़ित करना : Changes Khan ~d thousands of people चंगेज़ खाँ ने हज़ारों लोगों को उत्पीड़ित किया; Hitler ~d the Jews हिटलर ने यहूदियों को सताया. [*cf.* prosecute]

persevere पर् सि व़िअर' *v.i.* दृढ़ रहना, लगा रहना, करता रहना : she ~s in her studies वह अपने अध्ययन में लगी रहती है; you have to ~ steadily to achieve your object तुम्हें अपना उद्देश्य प्राप्त करने के लिए दृढ़ता[F] से लगे रहना है; he never ~d and always fails वह कभी भी दृढ़ प्रतिज्ञ नहीं रहता और हमेशा असफल होता है; to ~ **at/with** one's work अपने काम में डटे रहना. [*ant.* waver] **persevering** पर् सि विअ'रिङ्ग *a.* धुन[F] का पक्का : ~ and industrious students always succeed in their examination धुन के पक्के और परिश्रमी विद्यार्थी परीक्षा[F] में सदा सफल होते हैं.

persist पर् सिस्ट' *v.i.* डटे रहना, अड़ जाना, दृढ़ रहना; बना रहना : he ~s **in** biting his nail वह अपना नाखून काटता रहता है; you should not ~ **in** breaking the law तुम्हें कानून का उल्लंघन करने का आग्रह नहीं करना चाहिए; cold weather still ~s in February ठंडा मौसम फरवरी में भी बना हुआ है; his bad habit ~s even today उसकी बुरी आदत[F] आज भी बनी हुई है; he did not ~ **in** his opinion वह अपने मत पर दृढ़ नहीं रहा. **persistent** पर् सिस्'टन्ट *a.* **1.** दृढ़, अटल, पक्का : he was ~ in the work alloted to him वह अपने दिए हुए काम में दृढ़ रहा. **2.** दुराग्रही, ज़िद्दी : the shopkeeper was very ~ but I bought the fridge दुकानदार बहुत ही ≈ था पर मैंने फ्रिज खरीद ही लिया. **3.** (continued) निरंतर, लगातार, सतत : the rain was ~ बारिश[F] ≈ होती रही; he made ~ efforts उसने ≈

प्रयास किए.

person पर्'सन *n*^c. **1.** व्यक्ति [clever चतुर, educated शिक्षित, fat मोटा, great महान, important महत्वपूर्ण, interesting दिलचस्प, lucky भाग्यशाली, nice बढ़िया, poor गरीब, rich धनी]; the two ~s stood behind him दो व्यक्ति उसके पीछे खड़े थे; he is a middle-aged ~ वह अधेड़ उम्र का ≈ है; what kind of ~ is she? वह किस प्रकार की ≈ है; there was not a single ~ at the platform प्लेटफ़ार्म पर एक भी व्यक्ति नहीं था; she has always been a ~ of firm character वह हमेशा दृढ़ चरित्र वाली रही है; no ~ may enter this gate without my permission कोई भी ≈ बिना मेरी अनुमति^F के इस फाटक के अंदर न जाए, who was that ~ you were talking to वह व्यक्ति कौन था जिससे तुम बातें^F कर रहे थे. **2.** शरीर : the police found one bomb on his ~ पुलिस^F को उसके ≈ से एक बम मिला. **in ~** स्वयं, साक्षात् : he should appear in ~ उसे सदेह/स्वयं उपस्थित होना चाहिए, **3.** (gram.) पुरुष : first ~ उत्तम ≈; second ~ मध्यम ~; third ~ अन्य ≈; there are three ~s in English and Hindi अंग्रेजी और हिंदी में तीन पुरुष होते हैं; 'I' and 'we' are first ~ pronouns 'मैं' और 'हम' उत्तम ≈ सर्वनाम हैं; 'thou' & 'you' second ~ 'तू' और 'तुम' मध्यम ≈ सर्वनाम हैं; he/she/it and 'they' are third ~ वह, यह और वे ये अन्य ≈ सर्वनाम हैं. **personal** पर्'सॅनल *a.* **1.** निजी, अपना [contribution योगदान, effects सामान, example उदाहरण, matter मामला, responsibility ज़िम्मेवारी^F, saving बचत^F]. **2.** व्यक्तिगत [letter पत्र, visit भेंट^F]; that was my ~ opinion वह मेरा ≈ मत था; in ~ capacity he is my friend ≈ रूप में वह मेरा मित्र है; he never accepts his ~ liability वह अपना ≈ दायित्व कभी नहीं स्वीकार करता. **3.** स्वयं का : ~ appearance, ~ interview स्वयं की उपस्थिति^F, स्वयं का साक्षात्कार. **4.** शारीरिक : ≈ hygiene ≈ सफ़ाई^F. **5.** (gram.) पुरुषवाचक; ~ pronoun ≈ सर्वनाम. [*cf.* personnel] **personality** पॅर् सॅ नै'लिटि *n*^uc. व्यक्तित्व [imposing रोबदार, impressive प्रभावशाली, weak कमज़ोर]; this man has a wonderful ~ इस व्यक्ति का ≈ अद्भुत है; his ~ changed after illness उसका व्यक्तित्व बीमारी^F के बाद बदल गया; he has a grand ~ उसका ≈ भव्य है. **2.** बड़ा आदमी : he is a well known ~ वह सुप्रसिद्ध व्यक्ति है. **3.** to indulge in personalities व्यक्ति की निंदा करना. **personally** पॅर्'सॅनलि *adv.* खुद, स्वयं, व्यक्तिगत रूप से : I went there ~ मैं वहाँ ≈ गया; I know him ~ मैं उसे व्यक्तिगत रूप से जानता हूँ; I ~ believe that he is dishonest मैं व्यक्तिगत रूप से मानता हूँ कि वह बेईमान है; ~ she may be charming but she is not trained वह व्यक्तिगत तौर पर आकर्षक हो लेकिन वह प्रशिक्षित नहीं है; the President ~ gave that prize to me राष्ट्रपति ने व्यक्तिगत तौर पर (खुद) मुझे वह पुरस्कार दिया; I like him ~ मैं उसे व्यक्तिगत तौर से चाहता हूँ. **personify** पर् सॉ' निफ़ाइ *v.t.* **1.** मानवीकरण करना, व्यक्तित्व का आरोप करना : poets often ~ the nature कवि अधिकांशत: प्रकृति^F का मानवीकरण करते हैं; ship is personified as she शिप (जहाज़) का 'शी' (स्त्रीलिंग) में मानवीकरण किया गया है; the Vedic rishis personified many objects of nature वेदकालीन ऋषियों ने प्रकृति^F के कई पदार्थों का मानवीकरण किया है; with the Hindus Ganga is a personified goddess हिंदुओं के लिए गंगा^F मानवीकृत देवी है; many objects are personified by the poet बहुत-सी चीज़ें कवि द्वारा मानवीकृत हो जाती हैं. **2.** का आदर्श प्रस्तुत करना : his mother personified everything for her उसकी माँ उसके लिए हर बात की आदर्श थी.

personnel पर्स नॅल' *n*^u. कर्मचारीगण, कार्मिक (वर्ग) [cautious सतर्क, inactive सुस्त, sincere सच्चे]; the ~ of the airlines are on strike एअरलाइन्स के कर्मचारी हड़ताल^F पर हैं; entire ~ of the factory कारख़ाने के सभी कर्मचारी; the ~ of the hospital अस्पताल के ≈; ~ in the office should be increased कार्यालय के कर्मियों की संख्या^F बढ़ानी चाहिए, [*as distinct from* personal]

perspire पर्स पाइअर' *v.t.* पसीना बहाना, पसीना

आना [heavily भारी, lightly हल्के ढंग से]; you ~ in hot weather तुम्हें गर्म मौसम में पसीना आता है; when you ~, drops of sweet form on your skin जब तुम्हें पसीना आता है तो तुम्हारी चमड़ी^F पर पसीने^F की बूँदें^F बन जाती हैं. [*n*. perspiration पसीना]

persuade पर् स्वेड' *v.t.* **1.** मनाना, राज़ी करना : I ~d my friend to marry that girl मैंने अपने मित्र को राज़ी कर लिया कि वह उस लड़की से शादी कर ले; we tried to ~ him to postpone his departure हमने उसे अपनी यात्रा^F स्थगित करने के लिए राज़ी करने का प्रयास किया; ~ him to do smth about it इस बारे में कुछ करने के लिए उसे राज़ी कीजिए; he ~d the boy to lend his bicycle उसने लड़के को अपनी साइकिल देने के लिए मना लिया, राज़ी किया. **2.** (convince) कायल करना, आश्वस्त करना, स्वीकार कराना : that argument won't ~ anybody वह तर्क किसी को कायल नहीं कर सकेगा; she can be easily ~d उसे आसानी^F से कायल किया जा सकता है; I ~d him that I was not against his interest मैंने उसे आश्वस्त किया कि मैं उसके हित के विरुद्ध नहीं हूँ. [*n*. persuasion]

pert पर्ट *a.* गुस्ताख़, उद्धत, धृष्ट [girl लड़की, servant नौकर, youngster लड़का]; no one likes a ~ boy कोई भी धृष्ट लड़के को पसंद नहीं करता; he is ~ in speech though not in manners वह अपने रहन-सहन में तो नहीं किंतु भाषण में धृष्ट है.

pertain पर् टेन' *v.t.* (~ to) का होना, से संबंध रखना : all this land ~d **to** the school यह सारी ज़मीन^F स्कूल की है; the advantage that ~s **to** youth लाभ जो युवकों के लिए होता है; books that ~ **to** your subject किताबें^F जो तुम्हारे विषय से संबंधित हों; this kind of weakness ~s **to** old age इस प्रकार की कमज़ोरी^F बुढ़ापे में होती है (से संबंधित है).

pertinent पर्'टिनन्ट *a.* **1.** संगत, प्रासंगिक [question प्रश्न, remark उल्लेख/टिप्पण]; to try to make the questions ~ प्रश्नों को प्रासंगिक बनाने का प्रयास करना. **2.** (proper) उपयुक्त : this point is not ~ to the subject of discussion यह बिंदु बहस^F के विषय के लिए उपयुक्त नहीं है.

perturb पर्'टर्ब *v.t.* अस्त-व्यस्त करना, घबड़ा देना, बेचैन या उद्विग्न कर देना, he is never ~ed by difficulties वह कठिनाइयों^F से कभी घबराता नहीं है; she was not at all ~ed by the news वह इस समाचार से बिल्कुल नहीं घबराई; children's noise ~s me बच्चों का शोर मुझे बेचैन करता है; I was ~ed by Mohan's provocation मैं मोहन की छेड़खानी^F के कारण बेचैन था; it was a ~ing affair यह बेचैन कर देने वाला मामला था.

pervade पर् वेड' *v.t.* में फैल जाना, में व्याप्त होना, छा जाना : the perfume ~d the whole room इत्र पूरे कमरे में फैल गया; the fear ~d their mind उनके मन में भय छा गया; this feeling ~s his thinking यह भावना उसकी सोच में छायी है.

perverse पर् वर्स' *a.* **1.** (perverted) विकृत, भ्रान्त : ~ behaviour ≈ व्यवहार, ~views ≈ विचार. **2.** (wicked) दुष्ट [employee कर्मचारी, mentality मानसिकता^F]; I have never seen such a ~ servant मैंने ऐसा दुष्ट नौकर कभी नहीं देखा. **3.** (stubborn) दुराग्रही, अड़ियल, ज़िद्दी : this student is too ~, I cannot persuade him यह छात्र बहुत ही ≈ है, मैं इसे राज़ी नही कर सकता.

pessimism पें'सिमिज़्म *n*^u. निराशावाद : ~ does not help progress ≈ विकास में सहायक नहीं होता; ~ consists in looking at the dark side of things ≈ किसी चीज़ का अंधेरा पक्ष देखना है. **pessimist** पें'सिमिस्ट *n*^c. निराशावादी : a ~ takes a gloomy view of things ≈ किसी चीज़ का अंधकारमय पक्ष देखता है. **pessimistic** पें सि मिस्'टिक *a.* **1.** निराशावादी [attitude दृष्टिकोण, view विचार]; I do not believe in ~ thinking मैं ≈ सोच में विश्वास नहीं करता; he feels ~ about this matter वह इस मामले में ≈ है. **2.** निराशाजनक : his outlook is ~ उसका दृष्टिकोण ≈ है.

pest पेंस्ट *n*^c. **1.** (nuisance) आफ़त^F, बला^F : he could not escape the ~ वह इस ≈ से बच न सका; this mischievous child is a ~, indeed यह दुष्ट लड़का सचमुच एक ≈ है. **2.** (vermin) पीड़क कीड़ा या जंतु; नाशी जीव : ~s eat crops नाशी जंतु फ़सल खा जाते हैं;

mice and flies are ~s चुहियाँ^{F} और मक्खियाँ^{F} नाशी जीव हैं. **pester** पॅस्'टर *v.t.* सताना, परेशान करना, तंग करना : flies ~ed our picnic party मक्खियों ने हमारी पिकनिक पार्टी में परेशानी^{F} पैदा कर दी; boys ~ cricketers for their autographs लड़के क्रिकेट खिलाड़ियों को उनके आटोग्राफ के लिए परेशान करते हैं; journalists ~ed the leader with questions पत्रकारों ने नेताओं को प्रश्न कर-करके तंग कर दिया.

pet पॅट **I.** n^c. **1.** पालतू या दुलारा जीव : I had two cats as ~s मेरे पास दो बिल्लियाँ पालतू थीं; parrot as a ~ पालतू जीव के रूप में तोता. **2.** कृपापात्र, दुलारा : he is the ~ of the teacher वह अध्यापक का ≈ है. **II.** *a.* प्रिय, दुलारा, लाड़ला, विशेष : ~ name दुलार का नाम; history is my ~ subject इतिहास मेरा प्रिय विषय है; he is a ~ child of his parents वह अपने माँ-बाप का दुलारा बच्चा है; Mangu is his ~ name मंगू उसका दुलार का नाम है. **III.** *v.t.* दुलारना : she ~s her dog वह अपने कुत्ते को दुलारती है : to ~ a baby बच्चे से लाड़-प्यार करना.

petal पॅ'टल n^c. पंखुड़ी^{F}, दल : ~ of a flower is soft to touch फूल की पंखुड़ी छूने में कोमल होती है; ~s were scattered on the bride दुलहिन पर पंखुड़ियाँ बिखराई गईं; ~s of this rose are light इस गुलाब की पंखुड़ियाँ हल्के लाल रंग की हैं.

petition पटि'शन **I.** n^c. आपेदन, अर्ज़ी^{F}, याचना^{F}, निवेदनपत्र, (law), याचिका^{F} : to file a ~ याचिका दायर करना; the court received the ~ न्यायालय ने याचिका स्वीकार कर ली; the ~ was signed by many persons अर्ज़ी पर कई लोगों के हस्ताक्षर थे; the students signed a ~ asking for holiday छात्रों ने छुट्टी माँगने के लिए एक आवेदन पर हस्ताक्षर किए. **II.** *v.t.* निवेदन करना : to ~ smb to do smth किसी से कुछ करने का ≈; to ~ the government to revise its decision अपने निर्णय का पुनरीक्षण करने के लिए सरकार^F से निवेदन करना; ~ the higher authority for mercy उच्च प्राधिकारी से दया^{F} के लिए निवेदन कीजिए.

petrol पॅ'ट्रल n^u. पेट्रोल : ~ is a short form of petroleum ≈ पेट्रोलियम का संक्षिप्त रूप है; ~ makes the engine work ≈ इंजन को चलाता है; buy the ~ and have some in reserve पेट्रोल खरीदो और कुछ सुरक्षित रख लो.

petticoat पॅ'टिकोट *n.* **1.** (underskirt) पेटीकोट, साया : ~ government तिरियाराज/स्त्रीराज्य; ~ is an undergarment worn by women ≈ स्त्रियों द्वारा पहना जाने वाला अधोवस्त्र होता है. **2.** (of children) झगा.

petty पॅ'टि *a.* **1.** नगण्य, छोटा-मोटा [affair मामला, crime अपराध, details विवरण, farmer किसान, mistake गलती^{F}, officer अधिकारी]; ~cash छुट्टा; ~ expenses खुंदरा खर्च; ~ acts of kindness दयालुता^{F} का छोटा-मोटा काम; do not bother the head master for such a ~ matter इस प्रकार के छोटे-मोटे काम के लिए प्रधानाध्यापक को परेशान मत करो. **2.** (mean) क्षुद्र, नीच : ~ remark क्षुद्र टिप्पणी^{F}; he is the ~ fellow in our school हमारे विद्यालय में वही नीच व्यक्ति है. **3.** (subordinate) अवर, अधीनस्थ : I went to the office and met the ~ officer मैं कार्यालय जाकर ≈ अधिकारी से मिला.

P.F. Provident Fund.

P.G. Paying Guest.

phantom फ़ैन्'टम n^c. साया, भूत, प्रेत : imaginary ~ काल्पनिक ≈; ~ of fear भय का भूत; ~s are seen in the night by superstitious people भूत रात में अंधविश्वासी लोगों द्वारा देखे जाते हैं; ~s trouble him in his dreams भूत उसे स्वप्न में परेशान करते हैं.

pharmacy फ़ॉर्'मसि **I.** n^c. औषधालय, औषधशाला : medicines are prepared or sold in the ~ दवाएँ ≈ में तैयार की जाती अथवा बेची जाती हैं; this ~ collects a number of herbs यह ≈ बहुत-सी जड़ी-बूटियों का संग्रह करता है. **II.** n^u. औषधविज्ञान : he is a student of ~ वह ≈ का छात्र है.

phase फ़ेज़ n^c. **1.** अवस्था^{F}, दशा^{F}, स्थिति^{F} : the first ~ of the war, plan युद्ध-योजना^{F} की पहली ≈; ~ of illness बीमारी^{F} की ≈;

revolutions are ~s in a life of every nation क्रांतियाँ प्रत्येक राष्ट्र के जीवन की स्थितियाँ हैं. **2.** (aspect) पहलू, पक्ष : this ~ of life will be miserable जीवन का यह ≈ कष्टमय होगा; it is the most attractive ~ of her character उसके चरित्र का यह सबसे आकर्षक ≈ है. **3.** (astr.) कला^F : ~s of the moon चंद्रमा की कलाएँ.

Ph.D. Doctor of Philosophy.

Phil. Philosophy.

philanthropist फि लैन्'थ्रॅपिस्ट n^c. मानवप्रेमी : लोकोपकारक, दानी : a ~ gave us this park एक दानी ने यह पार्क हमें दिया; King Harsha was a liberal ~ राजा हर्ष उदार ≈ थे; J.R.D. Tata was a great ~ जे. आर. डी. टाटा एक महान् ≈ थे. [*n.* philanthropy]

philosopher फि लॉ'सॅफ़र n^c. दार्शनिक [Greek यूनानी, Indian भारतीय, prominent प्रसिद्ध]; Dr. Radhakrishnan was a ~ of international renown डॉ राधाकृष्णन अंतर्राष्ट्रीय ख्याति^F के ≈ थे; you are quite a ~ तुम तो निपट ≈ हो; ~'s stone is an imaginary stone which turns metal into gold पारस-पत्थर एक काल्पनिक पत्थर है जो धातु को सोने में बदल देता है. **philosophical** फ़िलॅ सॉ'फ़िकल *a.* दार्शनिक : ~ thoughts ≈ विचार; he is a ~ minded student वह ≈ वृत्ति^F का छात्र है. **philosophy** फ़ि लॉ'सॅफ़ि *n.* दर्शन (शास्त्र) : ~ is the study of life ≈ जीवन का अध्ययन है; can you explain to me the ~ of Aristotle? क्या आप मुझे अरस्तू के दर्शन की व्याख्या^F कर सकते हैं? the ~ of Karma Yoga, as propounded in the Gita कर्म योग दर्शन, जैसा कि गीता^F में प्रतिपादित किया गया है. **moral** ~ नीतिशास्त्र.

phone फ़ोन **I.** *n.* **1.** (sound) ध्वनि^F : a study of ~s ध्वनियों का अध्ययन. **2.** (telephone) टेलीफ़ोन. *q.v.* **II.** *v.t.* (टेली) फ़ोन करना : I have ~d my parents to come मैंने अपने माता-पिता को आने के लिए फ़ोन कर दिया है; I will ~ you the news मैं तुम्हें फ़ोन पर समाचार दूँगा. **phonetic** फ़ नें'टिक *a.* ध्वन्यात्मक : ~ transcription ≈ प्रतिलेख; Sanskrit has ~ spellings संस्कृत की ≈ वर्तनी^F है; ~ spelling of 'rise' is 'riz' यह ≈ वर्तनी है.

photo = photograph; *pl.* photos.

photograph फ़ो'टॅग्राफ़ **I.** n^c. फ़ोटो, छायाचित्र [colour रंगीन, good अच्छा, old पुराना]; look at the ~ फ़ोटो (की तरफ) देखो; she showed me ~s of her family उसने मुझे अपने परिवार के ≈ दिखाए; take the ~ ≈ लो (खींचो); I took the ~ of my sister मैंने अपनी बहन का फ़ोटो लिया; have you seen my ~ क्या तुमने मेरा ≈ देखा? **II.** *v.t.* फ़ोटो/छायाचित्र लेना या खींचना : he ~ed the team उसने टीम का छायाचित्र लिया. **photographer** फ़ॅ टॉ'ग्रफ़र n^c. फोटोग्राफर, छायाचित्रकार [famous प्रसिद्ध, hopeless बेकार]; ~ takes photographs ≈ फ़ोटो खींचता/लेता है; he is the single ~ in the town कस्बे में वह अकेला ≈ है. **photography** फ़ टॉ'ग्रफ़ि n^c. फोटोग्राफ़ी, छायाचित्रण : ~ is an art of producing photos ≈ फ़ोटो बनाने की एक कला^F है; I tried to learn ~ and spoiled many films मैंने ≈ सीखने का प्रयास किया और कई फ़िल्म बरबाद कर दिए.

phr. phrase

phrase फ़्रेज़ **I.** n^c. **1.** (gram.) वाक्यांश, पदबंध : ~ is not a complete sentence ≈ पूरा वाक्य नहीं होता. **noun** ~ (as, a man of letters) संज्ञा ≈ (जैसे, साहित्यिक व्यक्ति); **adverbial** ~ (having gone there) क्रिया-विशेषण ≈ (वहीं जाकर); adjectival ~ (perfectly honest) विशेषण ≈ (पूरा ईमानदार). **2.** (expression) मुहावरा, सूक्त : he often uses ~s in his talk वह अपनी बात^F में प्रायः सूक्तों का प्रयोग करता है : our teacher usually talks in ~s हमारे अध्यापक प्रायः मुहावरों में बात^F करते हैं. **II.** *v.t.* (शब्दों में) व्यक्त करना, अभिव्यक्त करना : I ~d my request suitably मैंने अपनी प्रार्थना^F उपयुक्त शब्दों में की.

physical फि'ज़िकल *a.* **1.** (of body) शारीरिक [condition दशा^F, exercise व्यायाम, labour परिश्रम, strength शक्ति^F, work कार्य]; ~ fitness ≈ योग्यता^F; he suffers from ~ weakness उसे ≈ दुर्बलता^F का कष्ट है; he lacks ~ strength उसमें शारीरिक बल की कमी[F] है. [*ant.* spiritual] **2.** (of nature) प्राकृतिक : ~ Geography ≈ या भौतिक भूगोल; ~ map ≈ मानचित्र. **3.** (material) भौतिक : ~ happiness ≈ सुख; ~ science भौतिकीय रसायन; ~ things ≈ पदार्थ; you must fulfil the ~ requirements तुम्हें ≈ आवश्यकताओं[F] की पूर्ति[F] करनी चाहिए. **physically** फ़ि'ज़िकलि *adv.* प्राकृतिक नियम के अनुसार, शरीर से (की दृष्टि[F] से) : he cannot do the work, for ~ he is very weak वह काम नहीं कर सकता क्योंकि शरीर (की दृष्टि) से वह बहुत कमज़ोर है. **physician** फ़ि ज़ि'शन *n.* काय-चिकित्सक, वैद्य, हकीम [experienced अनुभवी, expert कुशल, noted जाने-माने]; a ~ does not operate ≈ चीरफाड़[F] नहीं करता; the best ~ in the town is Dr. Mittal शहर में सबसे अच्छे ≈ डॉ. मित्तल हैं. **physics** फ़ि'ज़िक्स *n.* (*pl.* n. used in singular) भौतिकी[F], भौतिक-शास्त्र : ~ is the study of natural forces such as light, heat, electricity, sound, etc. ≈ प्राकृतिक बल जैसे प्रकाश, ऊष्मा[F], बिजली[F], ध्वनि[F], इत्यादि का अध्ययन है; an expert in ~ is a physicist ≈ का विशेषज्ञ भौतिक-शास्त्री होता है. **physiology** फ़िज़ि ऑ'लॅजि *n.* शरीरविज्ञान, (शरीर) क्रिया-विज्ञान, दैहिकी[F] : ~ is concerned with the study of how the bodies work शरीर क्रिया-विज्ञान का संबंध इस अध्ययन से है कि शरीर कैसे काम करता है; ~ is a subject in 9th (lower) classes ≈ नौ (निचली) कक्षाओं में एक विषय होता है. **physique** फ़िज़ीक' *n*[u]. शरीर-गठन, डील-डौल [sickly रुग्ण, sturdy मज़बूत]; this boxer has an excellent ~ इस बॉक्सर का ≈ बढ़िया है.

piano पि ऐ'नो *n*[c]. (*pl.* pianos) पियानो : to play the ~ ≈ बजाना; she accompanied on the ~ उसने ≈ पर संगत की.

pick पिक **I.** *n*[c]. **1.** गैंती[F], खोदनी[F] : a ~ has tow sharp points ≈ के दो तेज़ सिरे होते हैं. **2.** (choosing) चयन : take your ~ of books उन किताबों[F] में अपना चयन कर लो. **II.** *v.t.* **1.** चुनना : to ~ a book किताब[F] चुनना; we ~ed a beautiful spot for picnic हमने पिकनिक के लिए एक सुंदर स्थल चुना. **2.** (dig) खोदना; (pieree) छेदना : to ~ a hole in smth किसी चीज़[F] में छेद करना. **3.** (look for) खोजना : I could not understand what he was ~ing early in the morning मैं नहीं समझ सका कि तड़के वह क्या खोज रहा था. **4.** (cull) बीनना, तोड़ना : I saw her ~ing flowers in the garden मैंने उसे बाग में फूल तोड़ते हुए देखा. **5.** चुगना : चोंच[F] मारना : the sparrows are ~ing grains गौरैया दाने चुग रही है; the duck ~ed at the baby बत्तख़[F] ने बच्चे को चोंच मार दी. **6.** (other references) to ~ one's way/steps सँभल कर कदम रखना; to ~ acquaintance with smb किसी से परिचय हो जाना; to ~ a quarrel with smb किसी के साथ झगड़ पड़ना; to ~ smb's pocket किसी की जेब[F] काटना; to ~ to pieces चिथड़ा-चिथड़ा करना. Δ ~ **off** (i) तोड़ लेना, किसी को मारना या निशाना बनाना : he ~ed off his relations with his neighbour उसने अपने पड़ोसी से अपना संबंध तोड़ लिया; (ii) ~ them up एक-एक करके गोली से उड़ा देना; ~ **out** ढूँढना, चुनना : can you ~ out your son in this gathering क्या तुम इस भीड़[F] में अपने लड़के को ढूँढ सकते हो ? ~ out the toy that you like जो खिलौना पसंद हो चुन लो; ~ **up** (i) उठाना : please ~ up all these pieces of paper कृपया कागज़ के ये सब टुकड़े उठा लो; ~ up your coat from the chair कुर्सी से अपना कोट उठाओ; he stopped and ~ed up the pin वह रुका और पिन उठा लिया; (ii) he was ~ing up from his illness वह अपनी बीमारी[F] से स्वस्थ हो रहा था; (iii) ~ up the conversation where we left बातचीत[F] आगे बढ़ाइए जहाँ हमने छोड़ी थी; (iv) the trade is ~ing up again व्यापार में पुनः सुधार हो रहा है; (v) ~ up information जानकारी[F] पाना; ~up strength ताकत पाना; (vi) ~ up trick दाँवपेच सीखना; (vii) ~ up passengers रास्ते की सवारियाँ[F] लेना; ~ up speed रफ़्तार बढ़ाना; ~ **hole in smth** छिद्र निकालना : he always tries to ~ holes in his work वह सदा उसके काम में छिद्र (दोष) निकालने की कोशिश करता है.

picket पि'किट **I.** *n*^c. **1.** (peg) खूँटा, मेख^F, कील, खूँटी^F [iron लोहे की, wooden लकड़ी की]; he fixed a ~ for the horse उसने घोड़े के लिए एक खूँटा गाड़ा. **2.** (milit.) टोली^F, टुकड़ी^F: ~ on duty ड्यूटी पर लगी ≈. **3.** चौकी^F : outpost ~ बाहरी चौकी. **4.** (*pl.*) धरना देने वाला, धरनैल : all the ~s dispersed when the police lathicharged जब पुलिस की लाठी चार्ज हुई तो सभी धरना देने वाले तितर-बितर हो गए. **II.** *v.t.* **1.** पहरा डालना या बैठाना : the police ~ed the suspected house शंकित घर पर पुलिस ने पहरा डाल दिया, पहरा बैठाना, पहरा देना : the police ~ed the village for the protection of the villagers पुलिस ने गाँव वालों की सुरक्षा के लिए गाँव में पहरा बिठा दिया. **2.** बाँधना : they tried to ~ the mad dog but failed उन्होंने पागल कुत्ते को बाँधने का प्रयास किया लेकिन असफल रहे. **3.** धरना देना : the men ~ed the factory in support of their demands अपनी माँगों के समर्थन में लोगों ने कारख़ाने पर धरना दे दिया.

pickle पि'कल **I.** *n*^c. (specially in *pl.*) अचार : some ~s are sweet and some are sour कुछ ≈ मीठे होते हैं और कुछ खट्टे; the jar of ~s is half ≈ वाला मर्तबान आधा है; she prepares ~ very well वह बड़ा अच्छा ≈ बनाती है. Δ **to be in a ~** कठिनाई^F में पड़ना. **II.** *v.t.* अचार बनाना या डालना, अचार में रखना : I have ~d cauliflower मैंने फूलगोभी^F का अचार बनाया है; ~d turnip अचार वाले शलगम.

pick-pocket पिक्'पॉकिट *n*^c. जेबकट, जेबकतरा, पाकेटमार : I was once deprived of my money by a ~ एक बार मैं एक जेबकतरे द्वारा अपने पैसे से वंचित कर दिया गया.

picnic पिक्'निक **I.** *n.* वनभोज, वनविहार, पिकनिक^F : pleasant ~ सुखद ≈; we had a ~ by a canal on Sunday नहर के किनारे रविवार को हम लोगों की ≈ थी; they went out for a ~ with their children वे अपने बच्चों के साथ ≈ पर गए; we will be on ~ tomorrow कल हम लोग ≈ पर जाएँगे. **II.** *v.i.* वनविहार करना : they ~ked in a park nearby उन्होंने पास के पार्क में वनविहार किया.

pictorial पिक् टॉ'रिअल **I.** *a.* सचित्र, चित्रमय [art कला^F, dictionary शब्दकोश, magazine पत्रिका]; the book is ~, the students can understand it easily किताब^F ≈ है, छात्र इसे आसानी से समझ सकते हैं. **II.** *n*^c. सचित्र पत्रिका : have you a ~book ? please lend me one क्या आपके पास कोई ≈ पुस्तक है ? कृपया मुझे उधार दीजिए. **picture** पिक्'चर **I.** *n*^c. **1.** चित्र, तस्वीर^F [beautiful सुंदर, original मौलिक, ugly भद्दी, well-known जानी-मानी]; what do you see in the ~ तुम ≈ में क्या देखते हो ? I want to take some ~s of the park मैं पार्क के कुछ चित्र लेना/खींचना चाहता हूँ; this is the ~ of his son यह उसके लड़के की तस्वीर है; this is the ~ painted by Rapin यह रेपिन द्वारा बनाया गया चित्र है. **3.** (*n.; pl.*) सिनेमा : we are going to the ~ this morning इस सुबह^F हम सिनेमा जा रहे हैं. Δ I was not **in the ~** मैं इस मामले से संबद्ध नहीं था; he is **out of ~** उसका इस मामले से कोई संबंध नहीं है. **motion ~** चलचित्र, सिनेमा, फिल्म. **4.** (description) वर्णन, चित्रण : it gives the true ~ of life यह जीवन का सही वर्णन करता है; a good ~ of nature in this poem इस कविता^F में प्रकृति^F का एक अच्छा ≈. **5.** (example) उदाहरण, नमूना : the girl was the ~ of bliss लड़की आनंद का एक ≈ थी. **6.** प्रतिमूर्ति : Sonu is the ~ of her mother सोनू अपनी माँ की ≈ है. **III.** *v.t.* **1.** का चित्र बनाना : he has ~d the hills पहाड़ियों के चित्र बनाए हैं. **2.** कल्पना^F करना : you cannot ~ well the event happened yesterday कल हुई घटना की तुम अच्छी तरह कल्पना नहीं कर सकते.

pie पाइ *n.* **1.** कचौड़ी^F : vegetable ~ सब्ज़ी वाली ≈; meat ~ मांस वाली ≈; I like ~ very much, it is very delicious मैं ≈ बहुत पसंद करता हूँ, यह बहुत स्वादिष्ट होती है. **2.** (jumble) घालमेल, खिचड़ी^F : be cautious otherwise everything will turn into ~ सतर्क रहो अन्यथा सब कुछ ≈ हो जाएगा. **3.** (magpie) मुटरी^F(पक्षी). Δ **as easy as ~** बहुत सरल : don't be nervous; it is as easy as ~ घबराओ मत;

यह तो बहुत सरल है; **have a finger in the ~** दख़ल होना, टाँग अड़ाना : be careful, he will surely have a finger in the ~ उससे सतर्क रहो, वह निश्चित रूप से टाँग अड़ाएगा.

piece पीस **I.** *n*^{c}. **1.** (fragment) टुकड़ा, खण्ड [big बड़ा, broken टूटा हुआ, small छोटा]; it is a ~ of his land यह उसकी ज़मीन^F का एक ≈ है; ~ of cloth कपड़े का ≈; join the two ~s of electric wire बिजली^{F} के तार के दो टुकड़ों को जोड़ो; please give this ~ of rope to me कृपया रस्सी का यह टुकड़ा मुझे दीजिए; the plate broke into ~s प्लेट कई टुकड़ों में टूट गई. **2.** (of art) कलाकृति^{F}, रचना^{F} [excellent उत्कृष्ट, nice सुंदर]; I have never seen such a ~ of art मैंने इतनी सुंदर ≈ कभी नहीं देखी. **3.** (of work) कार्य, काम [easy आसान, good अच्छा, hard कठिन]. **4.** नग : there are three ~s in a set सेट में तीन ≈ हैं. **5.** (example) नमूना, उदाहरण : a ~ of folly मूर्खता^{F} का ≈. **6.** (coin) सिक्का : a ~ of twenty five paise पचीस पैसे का ≈; will you give me a ~ of rupee क्या तुम मुझे एक रुपए का ≈ दोगे ? **7.** (chess) मोहरा : move a ~ against the king शाह के सामने ≈ सरकाना. **8.** (other contexts) ~ of wisdom समझदारी का काम; a ~ of advice उपदेश; ~ of one's mind मन की बात^F; to give a ~ of one's mind डाँटना. **~ goods** (कपड़े का) थान; **~ of soap** साबुन की बटी^{F}; **~ wage** दिहाड़ी^{F}; **~ of water** जलाशय. Δ all these are of a ~ यह सब एक तरह के हैं. **II.** *v.t.* जोड़ना, मरम्मत^F करना : he cannot ~ the broken cup वह टूटे प्याले को जोड़ नहीं सकता. Δ **to ~ out** जोड़कर बना लेना : **to ~ out a story** जोड़कर कहानी^{F} बना लेना; **to ~ up** थिगली लगाना. ~meal *adv.* **1.** थोड़ा-थोड़ा करके : he did his work ~ उसने ≈ अपना काम किया. **2.** (one by one) एक - एक करके : they all met him ~ वे सब एक-एक करके उससे मिले. **~ work** *n*^{u}. दिहाड़ी^{F} का काम; उजरती काम : he has been doing ~ since his boyhood वह अपने बचपन से ही दिहाड़ी का काम करता रहा है.

pierce पिअर्स *v.t.i.* **1.** छेदित करना, छेदना, (छेद करके) घुस जाना : the needle ~d her finger सुई उसकी उंगली^{F} में घुस गई; to ~ hole in the wood लकड़ी^{F} में सूराख छेदना; many girls have ~d their ears so that they may wear earrings बहुत-सी लड़कियों^{F} ने कान छिदा लिए हैं ताकि कानों में बाले पहन सकें; a nail ~d in the tyre कील टायर में चुभ गया; a bullet can ~ an elephant's skin गोली^{F} हाथी के चमड़ी^{F} को भेद सकती है. **2.** (stab) भोंकना, चुभाना : the murderer ~d his dagger into his chest हत्यारे ने उसकी छाती^{F} में छुरा भोंक दिया. **3.** चीरकर पार होना : a cry ~d the silence एक चीख^F शांति^{F} को चीरकर पार हो गई. **4.** (affect) मर्माहत करना : it will surely ~ his mind यह निश्चित रूप से उसे मर्माहत करेगी. **piercing** पिअर्'सिङ्ग *a.* तेज़, चुभने वाली [cold ठंड^F, sound ध्वनि^{F}, wind हवा^{F}]; I heard a ~ scream outside मैंने बाहर एक तेज़ चीख़^{F} सुनी.

piety पाइअ'टि *n.* **1.** धर्मपरायणता^{F}, धर्मनिष्ठा^{F} : an act of ~ ≈ का काम; ~ is the virtue of a saint ≈ साधु का गुण है. **2.** (to superiors) श्रद्धा^{F} : ~ consists in showing reverence to your parents ≈ तुम्हें अपने माता-पिता को सम्मान देने में है. [*ant.* im ~].

pig पिग *n*^{c}. सुअर, सुअरी^{F} : a ~ grunts सुअरी गुर्राती है; a ~ is reared for its meat सुअर मास के लिए पाला जाता है. Δ **to buy a ~ in poke** (pork) कोई चीज़^{F} बिना देखे-परखे खरीद लेना. **to make a ~ of oneself** ख़ूब भरपेट खाना ~ iron ढलवा लोहा; the production of ~ iron in India भारत में ढलवाँ लोहे का उत्पादन. [*masc.* boar; *fem.* sow]

pigeon पि'जन *n*^{c}. **1.** कबूतर : ~ is gray or white ≈ भूरा या सफ़ेद होता है; ~ makes a soft sound ≈ धीमी आवाज़ करता है; carrier/homing ~ संदेशवाहक ≈. **2.** (person) भोला-भाला आदमी. **~ chested** तंग छाती वाला; **~ hole** ख़ानेदार शेल्फ.

piggish पि'गिश **I.** *a.* **1.** (pig-headed) ज़िद्दी, हठी : my teacher is very ~ मेरा अध्यापक

बहुत ही ≈ है. **2.** (gluttonous) पेटू, लालची : ~ fellow ≈ व्यक्ति; his son is too ~ उसका लड़का बहुत ही ज़्यादा ≈ है. **3.** (filthy) गंदा : ~ student ≈ छात्र; I have found such a ~ servant मुझे इतना ≈ नौकर मिला है.

pigmy पिग'मि *n.* (*pl.* pigmies) बौना, वामन : yesterday I met a ~ girl कल मुझे एक बौनी लड़की मिल गई; there are two pigmies in the circus सरकस में दो बौने हैं.

pile पाइल **I.** *n*[c]. **1.** (heap) ढेर, अंबार : a big ~ of stones पत्थरों का एक बड़ा ≈; ~ of wood लकड़ी[F] का ≈; to put smth in a ~ कोई चीज़[F] ≈ में रखना; a ~ of earth मिट्टी[F] का ढेर; I saw a ~ of books in the cupboard मैंने अलमारी[F] में किताबों[F] का ≈ देखा. Δ **to make one's ~** ढेर धन इकट्ठा करना. **2.** (funeral ~) चिता[F] : all gathered round the (funeral) ~ सभी लोग ≈ के चारों ओर इकट्ठा हो गए. **3.** (support) खंभा : this bridge is not built on ~s यह पुल खंभों पर नहीं बना है. **II.** *v.t.i.* ढेर लगाना, जमा करना या हो जाना : my clothes were ~d up in a corner मेरे कपड़ों का एक कोने[F] में ढेर लग गया; the cart was ~d with fruit गाड़ी[F] में फलों का ढेर लदा था; the table was ~ up with books मेज़ पर किताबों[F] का ढेर था; we ~d the boxes in a corner of the room हमने कमरे के एक कोने में संदूकों का ढेर लगा दिया. **piles** पाइल्ज़. *n. pl.* बवासीर, अर्श : he has been suffering from ~ since his childhood वह अपने बचपन से ही ≈ से पीड़ित है.

pilfer पिल्'फ़र *v.t.* चुराना, उड़ा लेना : a boy ~ed books from other children's desks एक लड़का दूसरे बच्चों के डेस्क से किताबें चुरा ले गया; he is accused of ~ing spoons and knives from a shop उस पर एक दुकान से चम्मच और चाकू चुराने का आरोप/अभियोग है.

pilgrim पिल्'ग्रिम *n*[c]. तीर्थयात्री : foot ~ पैदल यात्री; ~ town तीर्थ नगरी, तीर्थ; ~s go to holy places ≈ पवित्र स्थानों को जाते हैं; many ~s at the Kumbh fair died in a stampede कुंभ मेले में बहुत से ≈ भगदड़[F] में मर गए. **pilgrimage** पिल्'ग्रिमिज *n*[c]. तीर्थयात्रा[F] [long लंबी, short छोटी]; many people go on ~ to Mecca or Haridwar बहुत-से लोग मक्का या हरिद्वार ≈ पर जाते हैं; ~ to a holy place is considered a virtue पवित्र स्थानों की यात्रा[F] को पुण्य माना जाता है.

pill पिल *n*[c]. गोली[F] [bitter कड़ुवी, sweet मीठी]; ~ box गोली की डिबिया[F]; could you not swallow that ~ क्या तुम वह ≈ निगल नहीं सकते? take this ~ whole यह पूरी गोली खा-जाओ; a sugar coated ~ मीठे आवरण से युक्त ≈; the doctor gave him some ~s डाक्टर ने उसे कुछ गोलियाँ दीं. Δ **to swallow a bitter ~** अपमान सह लेना.

pillage पि'लिज = see 'plunder' 'प्लण्डर' देखो.

pillar पि'लर *n*[c]. खंभा, स्तंभ [iron लोहे का, stone पत्थर का, tall लम्बा, upright सीधा]; ~ under the roof of a hall हाल की छत[F] के नीचे का ≈; (fig.) **he was a ~ of our society** वह हमारे समाज का स्तंभ था; **to be driven from ~ to post** यहाँ-वहाँ मारा-मारा फिरना.

pillion पि'लिअन *n.* (of a scooter) पिछली सीट[F] : to ride a ~ पिछली सीट पर बैठना; he carried a boy on the ~ of his motorcycle वह अपनी मोटरसाइकिल[F] की पिछली सीट पर एक लड़के को बिठा ले गया.

pillow पि'लो **I.** *n*[c]. तकिया [hard सख़्त, soft कोमल]; a ~ stuffed with cotton wool रूई[F] से भरा हुआ ≈; the boy put his head on the ~ लड़के ने अपना सिर तकिये पर रखा; put a ~ under your head अपने सिर के नीचे तकिया रखो; each of his ~s lack pillow case उसके प्रत्येक तकिये पर खोल नहीं है. **II.** v.t. तकिया लगाना/तकिये का सहारा लेना : to ~ one's head for rest आराम के लिए सिर के नीचे ≈.

pilot पाइ'लट **I.** *n*[c]. **1.** (जहाज़ या विमान का) चालक, पायलट : a ~ drives an aeroplane पायलट वायुयान चलाता है; he is a ~ officer in the I A F वह इंडियन एअर फोर्स में ≈ अधिकारी है; ~ of a ship takes charge while the ship is in the harbour जहाज़

पत्तन में होता है तो पोत-चालक उसे अपने अधिकार में ले लेता है. **2.** (guide) मार्गदर्शी : a ~ guides and advises through difficulties एक ≈ संकट में पथप्रदर्शन करता है और सलाह देता है. **II.** *v.t.* **1.** चलाना : to ~ a plane वायुयान ≈. **2.** पथप्रदर्शन करना, मार्ग दिखाना : he ~s the club in difficulties वह संकट में क्लब का पथ-प्रदर्शन करता है.

pimple पिम'पल *n.* फुंसी^{F} [raised उभरी हुई, small छोटी]; ~ on the skin, especially on the face चमड़ी^{F} पर की ≈, मुख्यत: चेहरे पर.

pin पिन **I.** *n*^{c}. **1.** आलपीन, पिन [hair बालों का, tie टाई पर लगाने का]; ~ cushion पिन गद्दी^{F}; ~ money जेब खर्च; ~ point सुई की नोक^F; she uses four ~s in her hair वह अपने बालों में चार ≈ (सुइयाँ) लगाती है. **2.** खूँटी^{F} : hang your coat on this ~ अपना कोट इस ≈ पर लटका दो. **II.** *v.t.* (-nn-) (पिन) लगाना, नत्थी^{F} करना : he ~ned a flower to his coat उसने अपने कोट में पिन से एक फूल लगाया; ~ these papers together ये कागज़ पिन से नत्थी कर दो. Δ ~ **down** (i) दबा देना, बेबस कर देना, जकड़ लेना : he ~ned down his opponents in the fight उसने लड़ाई में अपने शत्रु को बेबस कर दिया; (ii) बाध्य करना : to ~ smb down to his promise किसी को अपना वादा पूरा करने के लिए ≈; **to ~ one's hopes on smb** किसी से पूरी आशा^{F} होना.

pinch पिन्च **I.** *v.t.* **1.** चिहुँटना, चिकोटी^{F} काटना, चुटकी^{F} भरना : she ~ed the child's cheek उसने बच्चे के गाल पर चिकोटी काटी; he hurt me when he ~ed my arm जब उसने मेरी बाँह^F में चिकोटी काटी तो मुझे कष्ट पहुँचाया. **2.** उठा लेना, चुराना : she ~ed an apple and gave it to me उसने एक सेब चुराया और मुझे दे दिया; smb has ~ed my purse किसी ने मेरा पर्स चुरा/उठा लिया है. **3.** (press) चाँपना, गड़ना : he ~ed his finger into his ear उसने अपने कान के अंदर अपनी अंगुली^{F} चाप दी. **4.** तकलीफ^F या कष्ट देना, तंग करना : the shoes ~ me जूता मुझे काटता है या तकलीफ देता है. **5.** पिचकना : his face has ~ed with hunger उसका चेहरा भूख^F से पिचक गया है. **6.** (squeeze) ऐंठना : to ~ money from smb किसी से पैसा ≈. **II.** *n*^{c}. **1.** चिकोटी^{F}, चुटकी^{F} : a ~ on the baby's cheek बच्चे के गाल पर ≈. **2.** चुटकी भर, थोड़ा-सा : he put a ~ of salt in his food उसने अपने भोजन में ≈ नमक डाला. **3.** (difficulty) तकलीफ^F, कष्ट, कठिनाई^F : ~ of poverty, hunger गरीबी^{F}, भूख^F का कष्ट.

pine पाइन **I.** *n*^{c}. चीड़, देवदारु, देवदार : ~ wood ≈ की लकड़ी^{F}; the ~ tree has leaves like needles चीड़ के पेड़ में सुई^F की तरह पत्तियाँ^{F} होती हैं. **II.** *v.t.* **1.** घुलना, गलना, मुरझाना, क्षय हो जाना : he is pining away with anxiety वह चिंता से घुला जा रहा है. **2.** (yearn) लालायित होना, ललकना : Savita is ~ing **for** her mother सविता अपनी माँ के लिए लालायित है; she is pining to return home वह घर वापस जाने को लालायित है. **~apple** *n*^{c}. अनन्नास : ~ is a large dark juicy fruit ≈ एक बड़ा गहरे रंग का रसदार फल होता है.

ping pong पिङ्ग'पाङ्ग *n*^{u}. पिंगपांग; (table tennis) टेबल-टेनिस : they are playing ~ in the hall वे हाल में ≈ खेल रहे हैं; there is a ~ table in the middle of the room कमरे के बीचों-बीच ≈ मेज़ है.

pink पिङ्क **I.** *a.* गुलाबी [colour रंग, liquid द्रव, scarf दुपट्टा, sweater स्वेटर]; ~ colour is made by mixing red and white ≈ रंग लाल और सफ़ेद रंग मिलाकर बनाया जाता है; the baby has ~ cheeks बच्चे के गाल ≈ हैं. **II.** *n*^{cu}. **1.** गुलाबी रंग : the saree was dyed in ~ साड़ी ≈ में रंगी गई थी. **2.** (perfection) पूर्णता^{F}, पराकाष्ठा^{F} : he is now at the ~ of his fame वह अपनी प्रसिद्धि^{F} की पराकाष्ठा^{F} पर है; in the ~ पूर्ण स्वस्थ; the ~ of health पूर्ण स्वास्थ्य. **III.** *v.t.* कन्नी^{F} बनाकर सजाना : she was busy in ~ing her saree वह अपनी साड़ी^{F} की कन्नी छिद्रित करने में व्यस्त थी.

pioneer पॉइअ निअर्' **I.** *n*^{c}. अगुआ, अग्रगामी, पथप्रदर्शक : पायनिअर : ~ s of West Indies वेस्ट इंडीस के अगुआ (आबादकार) ; ~ of operation on heart हृदय की चीर-फाड़ करने का अगुआ; Indians were ~s in

Arithmetic अंकगणित में भारतीय ≈ थे. **II.** *v.t.* पथप्रदर्शक का काम करना; मार्ग प्रशस्त करना, रास्ता तैयार करना : who ~ed the way through the Suez Canal स्वेज़ नहर में किसने मार्ग निकाला था.

pious पॉइ'अस *a.* **1.** धर्मनिष्ठ, धर्म-परायण [lady महिला, man आदमी, saint संत]; his soul is ~ उसकी आत्मा^F पवित्र है. **2.** पुण्य : ~deed ≈ का काम. [*ant.* im-]

pipe पाइप *n*^c. **1.** (tube) नल, पाइप, नली^F, नलिका^F : gas ~ गैस ≈; water ~ पानी का नल; water flows along the ~ पानी नल में बहता है; the ~ is damaged ≈ खराब है. **food ~** आहार नली^F. **2.** (flute) वंशी^F, मुरली^F, बाँसुरी^F : I saw him playing on the ~ मैंने उसे बाँसुरी बजाते हुए देखा. **3.** (smoking) चिलम^F, पाइप : fater smokes a ~ पिताजी ≈ पीते हैं; I never smoke a ~ मैं ≈ कभी नहीं पीता. **II.** *v.t.* **1.** पाइप से लाना : ~ water into a village पाइप से गाँव तक पानी लाना. **2.** मुरली बजाना : the shepherd was piping a flute while his sheep were grazing गड़रिया बाँसुरी बजा रहा था जबकि उसकी भेड़ें चर रही थीं. **3.** (whiz) सनसनाना : the wind ~s हवा^F सरकती है. **4.** (chirp) चहचहाना : the birds ~ पक्षी चहचहाते हैं. **5.** (utter in a shrill voice) चिल्लाना : children ~ बच्चे चिल्लाते हैं.

pirate पाइ'रट **I.** *n*^c. जलदस्यु, समुद्री डाकू : ~s are the robbers of ships ≈ समुद्री जहाज़ों के डकैत होते हैं; the ~s unloaded their smuggled goods on a far off shore समुद्री डाकुओं ने अपना तस्करी माल दूर समुद्र-तट पर उतारा. **II.** *v.t.* **1.** डाका डालना, लूटना : to ~ round the coast of Australia आष्ट्रेलिया तट के चारों ओर ≈. **2.** साहित्यिक चोरी करना : a school-teacher ~d my Hindi grammer विद्यालय के एक अध्यापक ने मेरे हिंदी व्याकरण से चोरी^F कर ली.

piss पिस **I.** *n*^u. मूत्र, पेशाब : baby's ~ बच्चे का ≈. **II.** *v.t.* मूतना, पेशाब करना : a child desires to ~ बच्चा पेशाब करना चाहता है; he has ~ed in his trousers उसने अपने पाजामे में पेशाब कर दिया है.

pistachio पिस् टा'शिओ *n*^c. पिस्ता : ~ tree पिस्ते का पेड़; ~ sweets पिस्ते की मिठाई^F; ~ ice-cream पिस्तेदार आइसक्रीम^F; ~ is a green nut ≈ एक हरा बादाम होता है.

pistol पिस्'टल *n*^c. पिस्तौल, तमंचा [dangerous ख़तरनाक, licensed लाइसंस-प्राप्त]; ~ is a small gun ≈ एक छोटी बंदूक^F होती है; ~s are now old-fashioned अब ≈ का प्रचलन पुराना हो गया है; he always has a ~ with him वह हमेशा अपने पास ≈ रखता है. Δ **to hold a ~ to smb's head** ≈ का डर दिखाकर मजबूर करना : he held his ~ to his head for surrender उसने डर दिखाकर आत्मसमर्पण करने के लिए उसे मजबूर कर दिया.

pit पिट **I.** *n*^c. गड्ढा [coal कोयले का, deep गहरा, sand बालू, shallow छिछला]; he has ~s of small pox on his cheeks उसके गाल पर चेचक के गड्ढे हैं; to dig a ~ ≈ खोदना; there are many ~s in the field खेत में बहुत-से गड्ढे हैं. **II.** *v.t.* **1.** गड्ढे में रखना : to some ornaments कुछ ज़ेवर ≈. **2.** लड़ाना, मुकाबले पर खड़ा करना : to ~ Mr. G against D in the general election श्री ग को आम चुनाव में द के मुकाबले पर खड़ा करना. **~fall** *n*^c. **1.** चोर गड्ढा, फंदा : a ~ to trap an elephant हाथी को फंदे में डालने का चोर-गड्ढा; hole in the road is a ~ सड़क^F में का गड्ढा एक फंदा है. **2.** (fig.) कठिनाई, ख़तरा : ~s in English for foreign students विदेशी छात्रों के लिए अंग्रेजी में कठिनाइयाँ^F.

pitch पिच **I.** *n*^c. **1.** (tar) डामर, अलकतरा : you will find a ~ on the road तुम्हें सड़क^F पर ≈ मिलेगा. **2.** (music) सुर^F : sweet ~ सुरीली/मीठी ≈; the ~ of the piano पियानों का स्वर. **3.** (cricket) विकटों के बीच की जगह^F : the ~ is not wet पिच गीली नहीं है; the ~ favoured the bowlers पिच गेंदबाज़ों के अनुकूल थी. **4.** (slope) ढलान^F, ढाल^F : ~ of the roof छत^F की ≈. **~black** काला-कलूटा; **~dark** घुप अंधेरा; **~darkness** घुप अंधेरा, सूचिभेद्य अंधकार. **II.** *v.t.* 1 डामर लगाना या बिछाना : the road was ~ed सड़क^F पर डामर बिछाया गया. **2.** (set up) लगाना, खड़ा करना, गाड़ना :

the army of the enemy ~ed their tents beside the river शत्रु की सेना^{F} ने नदी^{F} के किनारे तंबू गाड़ दिए. **3.** (fix) बैठाना, स्थिर करना, ठीक करना; (music) स्वर या सुर बाँधना : to ~ one's voice higher अपनी सुर ऊंची करना. **4.** धड़ाम से गिरना : to ~ one's head सिर के बल ≈; the child who ~ed in the pond was saved बच्चा जो तालाब में गिर गया था बचा लिया गया. **5.** (throw) फेंकना : the boy ~ed the ball into the goal लड़के ने गोल में गेंद^{F} फेंकी.

pitcher पि'चर *n*^{c}. घड़ा, सुराही^{F} [big बड़ा, earthen मिट्टी^{F} का]; a woman was carrying a ~ full of water एक औरत पानी से भरा घड़ा ले जा रही थी; a ~ is usually made of clay घड़ा साधारणतया मिट्टी^{F} का बना होता है.

pitiable पि'टिअबल *a.* **1.** दयनीय : ~ condition स्थिति^{F}/दशा^{F}: ~ sight ≈ दृश्य. **2.** (person) दया का पात्र. **3.** (despicable) तुच्छ, घृणित [appearance शक्ल, offence अपराध]; you must not involve yourself in such ~ activities ऐसे घृणित क्रिया-कलापों में तुम्हें नहीं पड़ना चाहिए. **pitiful** पि'टिफ़ुल *a.* **1.** (merciful) दयालु : ~ people ≈ लोग. **2.** दु:खद : ~ drama ≈ नाटक; ~ sight ≈ दृश्य; ~ story कहानी^{F}; hearing the ~ news she fainted immediately ≈ समाचार सुनकर वह तुरंत मूर्च्छित हो गई. **pitiless** पि'टिलिस *a.* निर्दय [employer नियोजक, enemy शत्रु, ruler शासक, wind हवा^{F}]; he was too ~ to be complained to वह इतना ≈ था कि उससे कोई शिकायत^{F} करना बेकार था. **pity** पि'टि **I.** *n*^{u}. **1.** दया^{F} [deep गहरी, less कम]; he showed ~ to the poor beggar उसने गरीब भिखारी पर ≈ दिखाई; I helped him out of ~ मैंने दयावश उसकी सहायता^{F} की; to take ~ on smb किसी पर ≈ करना; they took ~ **on** them and gave them food उन्होंने उन पर दया की और उन्हें भोजन दिया; I felt ~ **for** the poor मुझे गरीबों के प्रति ≈ आई. **2.** खेद : it is a great ~ बहुत ≈ है; it's a ~ that you did not tell me before ≈ है कि तुमने मुझे पहले नहीं बताया; what a ~ ! कितने खेद की बात^{F} है. **II.** *v.t.* (*p. & pp.* pitied) रहम करना, दया^{F} करना : he is to be pitied वह दया करने योग्य है; I ~ you मैं तुम पर तरस खाता हूँ; I ~ him मुझे उस पर दया आती है; we all pitied the widow हम सब ने विधवा पर रहम किया.

pivot पि'व़ट **I.** *n*^{c}. चूल^{F}, कीली^{F}, धुरी^{F} : ~ of the chariot रथ की ≈; a wheel turns on a ~ पहिया ≈ पर घूमता है; (fig.) **he is the ~ of the team** वह टीम^{F} का धुरा है; **mother is the ~ of family life** माँ पारिवारिक जीवन का केंद्रबिंदु है. **II.** पर निर्भर करना या रहना : he still ~s on his father वह अब भी अपने पिता पर निर्भर है. **2.** (चूल^{F} पर) घूमना : a wheel ~ पहिया धुरी^{F} पर घूमता है.

pl. plural.

P.L.A. Profit and loss account.

placard प्लै'कार्ड **I.** *n*^{c}. इश्तहार, विज्ञापन [attractive आकर्षक, big बड़ा, electorial चुनावी]; ~ was put up at a public place ≈ सार्वजनिक स्थान पर लगवाया गया; to stick ~s ≈ चिपकाना. **II.** *v.t.* इश्तहार/विज्ञापन चिपकाना/लगाना : to ~ a wall दीवार^{F} पर ≈.

placate प्लॅ केट' *v.t.* शांत करना, नाराज़गी^{F} दूर करना, राज़ी करना : he tried to ~ the angry crowd उसने क्रुद्ध भीड़^{F} को शांत करने का प्रयास किया; he ~d her with an apology उसने माफ़ी^{F} माँगकर उसकी नाराज़गी दूर कर दी.

place प्लेस' **I.** *n*^{c}. **1.** स्थान, जगह^{F} [dangerous ख़तरनाक, dry सूखा, quiet शांत, small छोटा, well-known प्रसिद्ध, wet गीला]; to find a ~ ≈ पाना; who will take the ~ of the present manager वर्तमान प्रबंधक का स्थान कौन लेगा; I cannot be in two ~s at once मैं एक समय में दो जगह नहीं रह सकता; to go from ~ to ~ एक ≈ से दूसरे स्थान पर जाना; Tom, you should change the ~ with Arthur टाम, तुम्हें आर्थर से स्थान बदलना चाहिए; when the bell rang every boy came to his ~ जब घंटी^{F} बजी तो सभी लड़के अपने स्थान पर आ गए; people had come from various ~s लोग कई स्थानों से आए थे; a writer's ~ in literature साहित्य में किसी

लेखक का स्थान; a man's ~ in society समाज में किसी व्यक्ति का स्थान. **2.** गली^{F} [know जानी-मानी, narrow सँकरी, quiet शांत, vacant ख़ाली]; John was walking from one ~ to another जॉन एक गली से दूसरी गली में घूम रहा था; he went to the market through a ~ वह एक गली से होकर बाज़ार गया. **3.** (region) क्षेत्र : he lives in a hot ~ वह गर्म ≈ में रहता है; an Englishman cannot dwell in such a ~ अंग्रेज ऐसे क्षेत्र में नहीं रह सकते. **4.** (residence) घर, निवास-स्थान : come round to my ~ at 6 p.m. छह बजे शाम मेरे निवास-स्थान पर आना. **5.** (employment) नौकरी^{F} : he resigned from his ~ उसने ≈ से इस्तीफ़ा दे दिया; he looked for ~ and got it उसने नौकरी की तलाश^F की और पाली. **6** (position) स्थान, दर्जा : he got first ~ in the race उसे दौड़^{F} में पहला स्थान मिला. **7.** (scope) गुंजाइश^F : there is no ~ for doubt संदेह की कोई ≈ नहीं है. Δ **in place** (अपने) उपयुक्त स्थान पर; put smb in his place किसी को उसके उपयुक्त स्थान पर रखो; he is well in his place वह ठीक अपने स्थान पर है; **out of** ~ बेठिकाने; अनुचित, अनुपयुक्त (स्थान पर) : these books are out of ~ to me ये किताबें मेरे लिए अनुपयुक्त हैं; his remark was out of ~ उसकी टिप्पणी अनुचित थी; **to take** ~ होना; this event took ~ in 1995 यह घटना^{F} 1995 में हुई; **make ~ for smb or smth** किसी व्यक्ति या वस्तु^{F} के लिए जगह छोड़ना; **in the first** ~ पहली बात^F यह है कि ....; who will take the ~ of manager in the institute संस्थान में प्रबंधक का स्थान कौन लेगा ? **~ of occurrence** घटना-स्थल : at least four persons died at the ~ of occurrence कम-से-कम चार व्यक्ति घटना-स्थल पर ही मर गए; **~ of worship** पूजाघर (मंदिर, मस्जिद, गिरजाघर, गुरुद्वारा). **II.** *v.t.* **1.** रख देना : he ~d his hand on the child's head उसने अपना हाथ बच्चे के सिर पर रख दिया; ~ it in proper order इसे उचित क्रम में रखो; he was ~d first उसे पहले स्थान पर रखा गया; he has ~d me in a different position उसने मुझे भिन्न स्थिति^{F} में रख दिया है; I was ~d in a small room मुझे एक छोटे से कमरे में रखा गया. **2.** नौकरी दिलाना : he was ~d on a good post उसे अच्छे पद पर लगाया गया. **3.** (arrange) सजाकर रख देना, लगाना : ~ these books in the almirah इन किताबों को अलमारी^{F} में सजा दो. **4.** पहचानना, स्थान निश्चित करना : he could not ~ where we had met last वह यह नहीं निश्चित कर सका कि हम पीछे कहाँ मिले थे. [*ant.* dis ~]

placid प्लै'सिड *a.* शांत [house घर, mind मन, scene दृश्य, stream धारा^{F}, temper स्वभाव]; ~ person शांतमना व्यक्ति, शांतिप्रिय व्यक्ति; the ~ surface of a tank तालाब की शांत सतह^F; the boy was very ~ लड़का बहुत ही सौम्य स्वभाव का था.

plague प्लेग **I.** *n*^{u}. ताऊन, प्लेग^F, महामारी^{F} [deadly घातक, destroying विनाशकारी, dreadful ख़तरनाक]; rats spread ~ चूहे ≈ फैलाते हैं; ~ spot गंदी जगह^F, पाप का अड्डा : ~ broke out in the village गाँव में ≈ फैल गई; the government has done much to control ~ सरकार^F ने ≈ पर नियंत्रण रखने के लिए बहुत कुछ किया है; ~ is still dangerous to people's life लोगों के जीवन के लिए अब भी ख़तरनाक है; ~ is a quickly spreading disease ≈ तेज़ी से फैलने वाली बीमारी^{F} है; (fig.) आफ़त^F : that mischievous boy is a ~ वह शरारती लड़का एक ≈ है. **II.** *v.t.* सताना, तंग करना, परेशान करना : you ~ me with silly questions तुम मूर्खतापूर्ण प्रश्नों से मुझे तंग करते हो; yesterday the students ~d the teacher कल छात्रों ने अध्यापक को परेशान किया.

plain प्लेन **I.** *n*^{c}. मैदान [dry सूखा, green हरा-भरा, open खुला, vast बड़ा]; desolate ~ निर्जन ≈; Northern part of India is a big ~ between the river Ganga and Indus भारत का उत्तरी भाग गंगा और सिंधु नदियों^{F} के बीच एक विशाल मैदान है. **II.** *a.* **1.** (level) समतल, सपाट, चौरस [area क्षेत्र, part भाग]; our house is built on a ~ ground हमारा मकान ≈ भूमि^{F} पर बना है. **2.** सादा, सीधा-सादा, अनलंकृत; [food खाना,

living रहन-सहन, जीवन, statement कथन, style शैली^F]; ~ sewing सादी सिलाई^F; she was wearing ~ clothes वह सादे कपड़े पहने थी; a CID man in ~ clothes सादा कपड़ों में भेदिया. **3.** (clear) स्पष्ट, साफ़ : it is ~ that he is honest यह सुस्पष्ट है कि वह ईमानदार है; the order is quite ~ आदेश बिल्कुल ≈ है; he made it ~ that Mr. Smith is angry with me उसने मुझे ≈ बताया किमि० स्मिथ मुझसे नाराज़ हैं; the meaning is ~ मतलब ≈ है. **4.** (easy to understand) सरल, सुबोध : there is nothing new, it is so ~ इसमें कुछ भी नया नहीं है यह इतना ≈ है; to make smth ~ to smb किसी के लिए कोई बात^F सरल/सुबोध बनाना. **5.** easy to see, listen देखने-सुनने में साफ़. **6.** (homely) असुंदर, कुरूप : ~ girl ≈ लड़की; the man was too ~ आदमी बहुत ही ≈ था. **7.** (~ spoken) स्पष्टवादी : ~ tradesman ≈ व्यापारी. Δ **as ~ as day** बिल्कुल साफ़ : there must not be any confusion, it is as ~ as day इसमें भ्रम नहीं होना चाहिए, यह बिल्कुल साफ है; ~ **bread and butter** दाल-रोटी^F; he is satisfied with ~ bread and butter वह दाल-रोटी से ही संतुष्ट है; ~ **dealing** निष्कपट लेन-देन, खरासौदा : he has ~ dealing with everybody उसका सब के साथ ≈ (होता) है; ~ **sailing** सुगम कार्य ; it is not ~ sailing passing the I A S exam आई ए एस परीक्षा^F उत्तीर्ण करना कोई सुगम कार्य नहीं है; ~ **speaking** स्पष्टवादिता : he believes in ~ उसका ≈ में विश्वास है. [*as distinct from* plane] **plainly** प्लेन'लि *adv.* **1.** साफ़-साफ़ : it was ~ said यह ≈ कहा गया था; can you see ~ through this window? क्या तुम इस खिड़की^F से ≈ देख सकते हो ? **2.** सादगी से : she was ~ dressed वह ≈ कपड़े पहने थी.

plait प्लेट **I.** *n*^c. **1.** (fold) सिलवट^F, चुनट^F, शिकन^F : ~ of the saree साड़ी^F की ≈. **2.** (braid) (usu. *pl.*) वेणी^F : she has a ~ of dark hair उसकी काले बालों की ≈ है; she wears hair in ~s वह अपने बाल ≈ बनाकर रखती है; a ~ interlaced with ribbon फ़ीते से गुथी ≈. **II.** *v.t.* (intertwine) गूँथना : she ~s her hair everyday वह प्रतिदिन अपने बाल गूँथती है; village girls ~ baskets गाँव की लड़कियाँ टोकरियाँ गूँथती/बुनती हैं. **plaited** प्लै'टिड *a.* गुँथा हुआ : one girl in the picture has ~ hair while others have not चित्र में एक लड़की के बाल गुँथे हुए हैं लेकिन अन्य के नहीं; long hair must be ~ carefully लंबे बालों को सावधानी से गुँथना चाहिए.

plan प्लैन **I.** *n*^c. **1.** (drawing) नक्शा, मानचित्र [detailed विस्तृत, simple साधारण, useful उपयोगी]; to draw a ~ ≈ खींचना; I have a different ~ of this building मेरे पास इस भवन का दूसरा ≈ है; here is a ~ of our drawing room हमारी बैठक का ≈ यह है. **2.** (scheme) योजना^F [incomplete अधूरी, excellent उत्कृष्ट, successful सफल]; what is your next ~ आपकी अगली ≈ क्या है ? we have another ~ हमारी ≈ कोई दूसरी है; your ~ is not clear to me आपकी योजना मेरे लिए साफ़ नहीं है; the eighth five-year ~ आठवीं पंचवर्षीय ≈; everything is going according to the ~ सब कुछ ≈ के अनुसार चल रहा है. **3.** (programme) कार्यक्रम : I do not agree to your ~ मैं तुम्हारे ≈ से सहमत नहीं हूँ; I have changed my ~ मैंने अपना ≈ बदल दिया है. **II.** *v.t.* (-nn-) **1.** योजना^F बनाना : they ~ned to spend the day at the exhibition उन्होंने प्रदर्शनी^F में दिन व्यतीत करने की योजना बनाई; they ~ed their holiday in June उन्होंने अपनी छुट्टी^F की योजना जून के लिए बनाई; all this was ~ned इस सब की योजना बनाई गई थी. **2.** मानचित्र बनाना : he tried to ~ the map of India उसने भारत का मानचित्र बनाने का प्रयास किया. **3.** (think out) सोच रखना : I have ~ned the whole thing in detail मैंने सारी बात^F ब्यौरेवार सोच रखी है.

plane प्लेन **I.** *n*^c. **1.** (standard) स्तर : ~ of thought, culture विचार, संस्कृति^F का स्तर; the ~ of water is not the same everywhere पानी का ≈ हर जगह^F एक-सा नहीं है. **2.** (Maths) तल : inclined ~ ढलवाँ

≈. **3.** (tool) रंदा : iron ~ लोहे का ≈; ~ is a sharp tool for smoothing wood ≈ लकड़ी को चिकना करने का एक धारदार उपकरण होता है. **4.** (aeroplane) विमान, वायुयान [foreign विदेशी, large बड़ा, special विशेष]; to get on the ~ वायुयान पर चढ़ना; ~s were taking off one after another एक-के-बाद एक विमान उड़ने लगे; a ~ flies; lands वायुयान उड़ता है, ज़मीन पर उतरता है; he went by ~ वह ≈ से गया; the ~ was leaving the ground वायुयान ज़मीन छोड़ रहा था. **5.** (tree) चिनार : a ~ has large leaves ≈ के बड़े-बड़े पत्ते होते हैं. **II.** *v.t.* रँदना, चिकनाना, रंदा फेरना : to ~ a piece of wood लकड़ी के एक लट्ठे पर रंदा फेरना (को चिकनाना). [*as distinct from* plain]

planet प्लै'निट *n*^{c}. ग्रह [brightening चमकीला, major बड़ा, minor छोटा]; ~s go round the sun ≈ सूर्य के चारों ओर घूमते हैं; astrologers say that ~s exert influence upon man and his career ज्योतिषी कहते हैं कि ग्रहों का प्रभाव आदमी और उसके जीवनवृत्त पर पड़ता है; Mercury, Venus, Earth, Mars, Jupiter, Saturn, Uranus and Neptune are major ~s बुध, शुक्र, पृथ्वी, मंगल, वृहस्पति, शनि, यूरेनस, वरुण बड़े-बड़े ≈ हैं.

plank प्लैङ्क **I.** *n*^{c}. **1.** तख़्ता, पटरा [smooth चिकना, wooden लकड़ी^{F} का]; ~ is a long and flat piece of wood पटरा लकड़ी^{F} का एक लंबा और चौरस टुकड़ा होता है; I fixed up a ~ on two bars of angle-iron मैंने दो कोणदार लोहे के छड़ों के साथ एक तख़्ता फिट कर दिया (लगा दिया). **2.** (polit.) मोरचा, घोषणा-पत्र : the party declared its ~ पार्टी ने अपना घोषणा-पत्र जारी किया; he will fight the election on the ~ of removing poverty 'गरीबी हटाओ' इस मोरचे पर वह चुनाव लड़ेगा. **II.** *v.t.* **1.** तख़्ता या पटरा लगाना या बिछाना; to ~ the ceiling छत के नीचे तख़्ते लगाना.

plant प्लान्ट **I.** *n*^{c}. **1.** पौधा [strange अनजाना, useful लाभदायक, wild जंगली]; to cultivate a ~ पौधा उगाना; a ~ grows पौधा उगता/बढ़ता है; we water the ~s हम पौधों को सींचते हैं; to study the life of ~s पौधों के जीवन-चक्र का अध्ययन करना; there is a flower ~ in a pot गमले में फूलों का एक पौधा है; trees and vegetables are also ~s पेड़ और सब्जियाँ^{F} भी पौधे हैं. **2.** (machinery) कारख़ाना, संयंत्र [automobile मोटरगाड़ियों का, chemical रासायनिक, modern आधुनिकतम, steel इस्पात का]; the ~ is still under construction ≈ अब भी निर्माणाधीन है; this ~ is producing spokes at full capacity. इस ≈ में पूर्ण क्षमता से तीलियों का उत्पादन हो रहा है; who is the manager of this ~ इस कारख़ाने का प्रबंधक कौन है ? **II.** *v.t.* **1.** रोपना, लगाना : we have ~ed some rose plants हमने कुछ गुलाब के पौधे लगाए हैं; he has ~ed bushes about his garden उसने अपने बगीचे के इर्द-गिर्द झाड़ियाँ^{F} लगाई हैं. **2.** लगाना, जमाना : ~ this table against the wall यह मेज़ दीवार^{F} के सहारे लगा दो. **3.** बैठाना, जमाना : to ~ an idea in smb's mind किसी के मन में एक विचार ≈; he ~ed himself firmly in new environment वह दृढ़ता से नए परिवेश में जम गया है. **4.** (thrust in) घोंप देना : he ~ed a knife in his back उसने उसकी पीठ^{F} में छुरा घोंप दिया. **plantation** प्लैन टे'शन *n*^{c}. **1.** बागान, बगीचा [coffee काफ़ी^{F} का, cotton रुई^{F} का, tea चाय^{F} का]; ~ is a land on which tea, rubber, etc. are grown ≈ वह ज़मीन है जहाँ चाय^{F}, रबर इत्यादि उगाए जाते हैं. **2.** उगाने का कार्य : this land is not fit for the ~ of mangoes यह ज़मीन आम उगाने के लिए उपयुक्त नहीं है.

plaster प्लास्'टर **I.** *n.* पलस्तर : cement ~ सीमेंट का ≈; the walls are covered with ~ दीवारें ≈ से पुती हैं; ~ becomes hard when it is dry ≈ जब सूखता है तो सख़्त हो जाता है; ~ on a broken arm टूटी बाँह^{F} पर लगा ≈. **II.** *v.t.* **1.** पलस्तर लगाना : the wall should be ~ed (over) दीवार^{F} पर पलस्तर किया जाना चाहिए, **2.** पोतना, थोपना : she ~ed her hair with oil उसने अपने बालों पर तेल थोप दिया. **3.** (decorate)

अलंकृत/सुसज्जित करना : to ~ the coat with decorations मैडल आदि के साथ कोट को सजा देना.

plastic प्लैस्'टिक **I.** *n*[u]. प्लास्टिक : a bowl of ~ does not break प्लास्टिक का कटोरा टूटता नहीं है; everything shown in this exhibition is ~ इस प्रदर्शनी में प्रदर्शित सब कुछ ≈ है. **II.** *a.* **1.** सुघट्य, ढलनशील : this is a ~ metal यह ≈ धातु है. **2.** (person) सुनम्य, नम्र [pupil शिष्य, student विद्यार्थी]; he is a man of very ~ nature वह बहुत ≈ स्वभाव का व्यक्ति है; ~ mind ≈ मन. **3.** (techno.) प्लास्टिक का [bag थैला, cup प्याला, raincoat बरसाती कोट]; ~ substances are called plastics प्लास्टिक के पदार्थ प्लास्टिक्स कहे जाते हैं. **~arts** मूर्तिकला[F].

plate प्लेट **I.** *n*[c]. **1.** प्लेट[F] [broken टूटी, clean साफ़, deep गहरी, flat चौड़ी]; put a ~ on the table मेज़ पर एक ≈ रखो; he put some pulse in his ~ उसने अपनी ≈ में कुछ दाल[F] रखी; to break the ~ प्लेट तोड़ना; bring a ~ of vegetable for me मेरे लिए एक ≈ सब्जी लाओ; to fill a ~ with porridge दलिया से ≈ भरना. **2.** पट्टिका[F], पट्ट; (sheet of metal) चद्दर[F], पत्तर [long लंबा, thick मोटा]; body of bus is made of metal plates बस इस्पात की चद्दरों की बनी है. the ~ is very heavy, he cannot lift it पट्टिका बहुत भारी है, वह इसे उठा नहीं सकता. **name** ~ नामपट्ट; **number** ~ अंकपट्ट. **II.** *v.t.* मुलम्मा चढ़ाना; चद्दर[F] लगाना : to ~ the metal with silver धातु[F] पर चाँदी[F] का मुलम्मा चढ़ाना.

platform प्लैट'फ़ार्म *n*[c]. **1.** प्लेटफ़ार्म; to walk along the ~ प्लेटफार्म पर टहलना; many people were waiting for him on the ~ प्लेटफ़ार्म पर बहुत से लोग उनका इंतज़ार कर रहे थे. **2.** मंच : there is a ~ in your class-room तुम्हारी कक्षा[F] में एक ≈ है; raised ~ in the hall हाल में उठा हुआ ≈. **3.** (poli.) घोषणा-पत्र : the ~ stated what the party intended to do ≈ में बताया गया कि पार्टी क्या कुछ करने का इरादा रखती है.

platoon प्लॅ टॅन' *n*[c]. गुल्म, पलटन[F] : ~ is a very small body of armymen ≈ फौजियों का एक बहुत छोटा-सा समूह है; ~ is commanded by a lieutenant ≈ पर एक लेफ़्टिनेंट का कमान होता है.

plausible प्लॉ'ज़ॅबल *a.* **1.** देखने में या ऊपर से सही/विश्वसनीय [argument तर्क, excuse बहाना, solution समाधान, statement कथन theory सिद्धांत]; your explanation may be ~ आपकी व्याख्या[F] युक्तियुक्त हो सकती है. **2.** (fair-spoken) ज़बान का मीठा [lawyer वकील, teacher अध्यापक].

play प्ले **I.** *n*[u]. **1.** खेल, क्रीड़ा[F], खेलकूद [dull नीरस, funny विलक्षण, interesting दिलचस्प, popular लोकप्रिय, useless बेकार]; I like the ~ very much मुझे खेल बेहद पसंद है; the ~ has been running for two weeks खेल दो सप्ताह से चल रहा है; he will not participate in the ~ वह खेल में भाग नहीं लेगा. **2.** (trifling) खिलवाड़ : it is not a child's ~ यह कोई बच्चों का ≈ नहीं है. **3.** *n*[c] (drama) नाटक, तमाशा, अभिनय [humorous हास्यप्रद, poor रद्दी, serious गंभीर]; the teacher wrote a ~ for the class अध्यापक ने कक्षा[F] के लिए एक नाटक लिखा; it was a good ~ played by them उनके द्वारा खेला गया यह अच्छा ≈ था; Prasad wrote many ~s प्रसाद ने बहुत-से ≈ लिखे. **~ house** नाट्यशाला[F], थियेटर; **~wright** नाटककार **4.** (jest) विनोद, मज़ाक : to say smth in ~ ≈ में कुछ कह देना. **5.** (gambling) जुआ : I dislike ~ मैं ≈ से घृणा करता हूँ; he lost thousands in a few hours' ~ कुछ घंटों के जुए में उसने हज़ारों खो दिए. **6.** (activity) सक्रियता[F] : to bring / call smth into ~ किसी चीज़ को सक्रिय करना; to come into ~ सक्रिय होना; the machines are in full ~ मशीनें[F] पूरी तरह सक्रिय (चालू) हैं. **7.** (movement) चाल[F] : the parts of a machine have some ~ मशीन[F] के पुर्जों में चाल है. **8.** (other contexts) ~ on words शब्द श्लेष; fair ~ न्याय. **II.** **1.** खेलना : to ~ volleyball वालीबाल खेलना; none accompanied him to ~ hockey कोई भी उसके साथ हाकी खेलने नहीं गया; the boys were ~ing football

लड़के फुटबाल खेल रहे थे; they ~ed in the playground वे खेल के मैदान में खेले; I like to ~ with children मैं बच्चों के साथ खेलना पसंद करता हूँ. **2.** (gamble) बाज़ी लगाना, जुआ खेलना : he ~d hundred rupees वह सौ रुपए का जुआ खेला. **3.** (music) बजाना : to ~ the piano पियानो ≈; can you ~ the harmonium क्या तुम हारमोनियम बजा सकते हो ? he ~s on pipe very well वह बाँसुरी बहुत अच्छी बजाता है. **4.** (drama) अभिनय करना : the actor ~ed his part well अभिनेता ने अपनी भूमिका[F] अच्छी तरह निभाई; Ramesh ~ed the role of Lakshman in this drama रमेश ने इस नाटक में लक्ष्मण का अभिनय किया (का पार्ट अदा किया). **5.** (act) बर्ताव करना, आचरण करना : he ~ed well with his fellow students उसने अपने साथी छात्रों के साथ अच्छा बर्ताव किया. **6.** करना : to ~ a joke, trick, मज़ाक, चालाकी[F] करना. **7.** (various contexts) to ~ a card ताश का पत्ता चलना; to ~ light on smth किसी बात पर प्रकाश डालना; to ~ guns on the enemy's fort शत्रु के किले पर गोले बरसाना; to ~ the fool बेवकूफ़. Δ

~ at **smth** खिलवाड़ करना; he is only ~ing at studies वह पढ़ाई से खिलवाड़ करता है; **~down** कम महत्व देना : he ~ed down his preference उसने उसकी उपस्थिति को कम महत्व दिया; he ~ed down the damage उसने अपने नुकसान को कम करके बताया; **~fair** नियमानुसार खेलना, ईमानदारी से काम करना : they ~ed fair but were defeated वे ईमानदारी से खेले पर हार गए; ~ **fast and loose with smb** किसी को धोखा देकर लाभ उठाना; **~foul** बेईमानी[F] करना : our team could not win the match despite ~ing foul बेईमानी करने के बावजूद हमारी टीम[F] जीत न सकी; to **~for money** जुआ खेलना; **~into smb's hands** किसी के हाथ की कठपुतली[F] होना (वश में होना); ~ **off** (a match) मैच फिर खेलना; ~ **off one** person against another एक-दूसरे से लड़ाना; **~on** से लाभ उठाना : they ~ed on his faults well उन्होंने उसके दोषों का खूब लाभ उठाया; **~ed- out** थका-माँदा; पुराना, रद्दी; all were ~ed out actors सभी अभिनेता थके-माँदे थे; **to ~up** to one's boss अपने अफ़सर की चिरौरी[F] करते रहना. **player** प्ले'अर n^c. **1.** खिलाड़ी [balanced संतुलित, experienced अनुभवी]; he is the best ~ among them all वह उन सब में सबसे अच्छा खिलाड़ी है; Rohit is a cricket ~ रोहित क्रिकेट का ≈ है; a ~ was hurt while playing the match with Germany जर्मनी से मैच खेलते हुए एक खिलाड़ी घायल हो गया; there are eleven ~s in cricket on one side क्रिकेट में एक तरफ़[F] ग्यारह ≈ होते हैं. **2.** (actor) अभिनेता : excellent ~s in pictures सिनेमा में उत्कृष्ट ≈. **3.** (music) वादक, बजाने वाला : a ~ of piano पियानो ≈; I was a good ~ of pipe मैं बाँसुरी[F] का बहुत अच्छा ≈ था. **4.** (gambler) जुआरी : he is a notorious ~ , do not play cards with him, he will take away all your money वह कुख्यात ≈ है उसके साथ ताश[F] मत खेलो, वह तुम्हारा सारा धन ले लेगा. **playful** *a.* विनोदशील, ज़िंदादिल [child बच्चा, little dog छोटा कुत्ता, person व्यक्ति, player खिलाड़ी]; our history teacher is very ~ हमारे इतिहास के अध्यापक बहुत ही ≈ हैं; if you meet such a ~ man, you will forget everything यदि तुम इस प्रकार के ≈ व्यक्ति से मिलो तो तुम सब कुछ भूल जाओगे. **playground** n^c. क्रीड़ास्थल, खेल का मैदान [broad चौड़ा, dry सूखा, green हरा, vast विशाल]; this ~ is attached to our school यह ≈ हमारे स्कूल से संलग्न है; every day in the afternoon, we play football in the ~ हर रोज़ हम दोपहर के बाद ~ में फुटबाल खेलते हैं. **playmate** प्ले'मेट n^c. साथी खिलाड़ी [expert दक्ष, good अच्छा]; our ~s assembled in the playground हमारे ≈ क्रीड़ास्थल में जमा हो गए. **plaything** n^c. खिलौना. **playtime** खेलने का समय.

plea प्ली n^c. **1.** (pretext) बहाना [false झूठा, true सही]; his ~ was that he was busy उसका ≈ था कि वह व्यस्त है; the headmaster rejected his ~ प्रधानाचार्य ने उसके बहाने को स्वीकार नहीं किया.

2. (argument) सफ़ाई[F], अभिवचन : confusing ~ ≈ भ्रमात्मक ≈; a ~ that he is not guilty ≈ कि वह अपराधी नहीं है. 3. (request) निवेदन, अनुनय-विनय : ~ for help सहायता[F] के लिए ≈; ~ to persuade him उसे मनाने के लिए निवेदन (करना).

plead प्लीड *v.t.* **1.** अभिवचन करना, वकालत करना, बहस करना : to ~ for smb किसी के पक्ष में ≈; he could not ~ in the court वह न्यायालय में अभिवचन न कर सका; to ~ guilty अपराध स्वीकार कर लेना; to ~ a case मुक़दमे की पैरवी[F] करना. **2.** (supplicate) निवेदन करना : the accused ~d for mercy अपराधी ने दया[F] के लिए निवेदन किया; the boy ~ed hard with his father to play outside बाहर खेलने के लिए लड़के ने अपने पिता से बहुत निवेदन किया; he ~ed with them to give more time अधिक समय देने के लिए उसने उनसे निवेदन किया. **3.** he ~ed forgetfulness उसने भुलक्कड़पन का बहाना किया. **pleader** प्ली'डर *n*[c]. वकील, प्लीडर [famous प्रसिद्ध, notorious कुख्यात, popular लोकप्रिय]; a ~ on the defence side बचाव/सफ़ाई पक्ष का वकील; Mr. Sohan is a ~ in the lower court मि. सोहन अधीनस्थ न्यायालय में वकील हैं; he is one of the well known ~s of the city वह शहर के जाने-माने वकीलों में एक है.

pleasant प्लें'ज़ंट *a.* **1.** सुखकर, सुखद, प्रीतिकर [colour रंग, companion साथी, meeting मिलन, news समाचार, smile मुस्कान[F], voice आवाज़]; it is ~ to be out of doors on such a day इस प्रकार के दिन घर से बाहर रहना ≈ है; we had a ~ time yesterday कल हम लोगों का समय बड़ा ≈ था; it is ~ to swim in the pond पोखर में तैरना बड़ा ≈ (लगता) है. **2.** (other contexts) ~ person मिलनसार व्यक्ति; ~ sound मधुर ध्वनि; ~taste मज़ेदार स्वाद; ~ weather सुहावना मौसम.

please प्लीज़ **I.** *v.t.* **1.** प्रसन्न करना, रिझाना, (passive) खुश होना : it is hard to ~ him उसे ≈ बड़ा कठिन है; I am ~d to see you मुझे आपसे मिलकर बहुत खुशी हुई; my work ~d the teacher मेरे काम ने अध्यापक को खुश कर दिया; she was very much ~d with the gift वह उपहार से बहुत ही प्रसन्न हुई; I am ~ d with his results मैं उसके परिणाम से संतुष्ट हूँ. [*ant.* dis ~] **2.** चाहना : do what you ~ जो तुम चाहते हो करो; read whichever book you ~ पढ़ो जो किताब चाहो; stay here as long as you ~ जब तक तुम चाहो यहाँ रुको. **3.** अच्छा लगना, सुहाना : a holiday ~s us छुट्टी[F] हमें अच्छी लगती है; the scene ~s the eyes दृश्य आँखों को अच्छा लगता है. **4.** yes, please, हाँ जी, जी हाँ. **II.** *indecli.* कृपया : ~ , give me some water ≈ मुझे कुछ पानी दीजिए; ~, go there soon कृपया, वहाँ जल्दी जाएँ; be quiet, ~ ≈ शांत हो जाओ. **pleased** प्लीज़्ड *a.* संतुष्ट, प्रसन्न : I am ~ with your work मैं तुम्हारे काम से ≈ हूँ; I shall be ~ to help you मुझे तुम्हारी सहायता[F] करके प्रसन्नता[F] होगी; I feel ~ today मैं आज प्रसन्न लग रहा हूँ; are you ~d with your new car क्या तुम अपनी नई कार[F] से संतुष्ट हो? **pleasing** प्ली'ज़िङ्ग *a.* सुखद, प्रीतिकर, रमणीय [manners आचरण, young man युवक]; he has a ~ personality वह ≈ व्यक्तित्व वाला है; she has a ~ voice उसकी आवाज़ ≈ है; you cannot ignore her ~ attraction उसके रमणीय आकर्षण की तुम उपेक्षा[F] नहीं कर सकते.

pleasure प्ले'ज़र *n*[c]. **1.** खुशी[F], सुख, आराम [false झूठ, much अधिक, physical भौतिक, real वास्तविक, worldly सांसारिक]; it gives me ~ to inform you आपको सूचित करते हुए मुझे खुशी[F] हो रही है; it is a great ~ to work with you आपके साथ काम करना बड़ी खुशी[F] की बात[F] है; the one day cricket match gave us great ~ एक दिवसीय क्रिकेट मैच से हमें बहुत खुशी[F] मिली; it spoiled all our ~ इसने हमारी सब खुशी[F] बरबाद कर दी; I shall do it with ~ मैं इसे खुशी[F] से करूँगा; she takes ~ in playing cards उसे ताश[F] खेलने में खुशी[F] होती है; I have the great ~ to have dinner with you आपके साथ भोजन करने में मुझे बहुत खुशी[F] है. **2.** at ~ इच्छा[F] से : you will finish it at your ~ आप इसे अपनी इच्छानुसार समाप्त करें. **3.** (of senses) ऐश[F], भोग-विलास : a life given up to ~s ≈ को समर्पित जीवन. [*ant.* pain, dis~]

pledge प्लेंज **I.** n^c. **1.** बंधक, रेहन, गिरवी : he put his property in ~ उसने अपनी संपत्ति गिरवी रख दी; I gave him my ring as a ~ मैंने उसे ≈ के रूप में अपनी अंगूठी^{F} दे दी; I signed a ~ document मैंने एक ≈ दस्तावेज़ पर हस्ताक्षर किए. **2.** (promise) प्रतिज्ञा^{F}, वचन, प्रण : necessary ~ आवश्यक ≈; a ~ of loyalty निष्ठा^{F} की प्रतिज्ञा; I am under a ~ of secrecy मैं गोपनीयता^{F} की ≈ से आबद्ध हूँ; he is true to his ~ वह अपने वचन का पक्का है; stick to your ~ अपनी प्रतिज्ञा पर दृढ़ रहना. **II.** *v.t.* **1.** बंधक रखना, गिरवी रखना : he had to ~ his watch to his neighbour उसे अपने पड़ोसी के पास अपनी घड़ी^{F} गिरवी रखनी पड़ी. **2.** वचन देना, प्रतिज्ञा^{F} करना : to ~ one's word वादा पूरा करने का वचन देना; he ~d to keep secrecy उसने गोपनीयता^{F} का वचन दिया; he ~d never to come here again उसने यहाँ पुनः कभी न आने की प्रतिज्ञा की. **3.** hold smb or smth in ~ ज़मानत में रखना, ज़िम्मेदार बना लेना.

plentiful प्लें'न'टिफुल *a.* प्रचुर, बहुत : ~ supply ≈ आपूर्ति^{F}; vegetables are ~ in winter जाड़े में सब्ज़ी^{F} ≈ होती है; there is a ~ supply of fruit in the city शहर में फल की ≈ आपूर्ति है; the ~ supply of sugar to the villagers गाँववालों को चीनी^{F} की प्रचुर आपूर्ति^{F}. [*ant.* scarce]. **plenty** प्लें'न्'टी **I.** n^u. **1.** प्रचुरता^{F}, पर्याप्ति^{F}, बहुतायत^F : don't hurry, there's ~ of time जल्दी मत मचाओ, समय पर्याप्त है; there are ~ of reasons why I think so मैं ऐसा क्यों सोचता हूँ, इसके पर्याप्त कारण हैं; we have ~ of time to catch the bus बस पकड़ने के लिए हमारे पास पर्याप्त समय है; people live in ~ here यहाँ लोग बहुतायत में रहते हैं; we gave the beggar ~ of food to eat हमने भिखारी को खाने के लिए पर्याप्त भोजन दिया; there are ~ of apples on the tree पेड़ में प्रचुर मात्रा^{F} में सेब हैं; you have ~ of bread in the tin टिन में तुम्हारे पास ब्रेड की ≈ है; we have ~ of books हमारे पास प्रचुर संख्या^{F} में किताबें हैं; you need more cups, there are ~ in the cupboard तुम्हें और प्याले चाहिएँ, अलमारी में प्रचुर संख्या में हैं. **2.** (opulence) समृद्धि^{F}, संख्या^{F}, बहुत, धन-दौलत^F : he possesses ~ उसके पास बहुत धन-दौलत है. [*ant.* scarcity] **II.** *a.* प्रचुर, बहुत : so much supply of kerosene will be ~ मिट्टी के तेल की इतनी आपूर्ति^{F} ≈ होगी.

pliers प्लाइ'अर्ज़ *n. pl.* पलास : have you got a pair of ~ क्या तुम्हारे पास एक ≈ है; ~ are used to bend and cut ≈ मोड़ने अथवा काटने के काम आती है; press the ~ to cut the wires तार काटने के लिए ≈ को दबाओ.

plight प्लाइट n^u. हालत^F, दशा^{F} [bad ख़राब, hopeless निराशाजनक, terrible भयावह, unpleasant दुखद]; he was in a sad ~ वह ख़राब ≈ में था; the ~ of tribesmen जनजातीय लोगों की ≈.

plod प्लॉड *v.t.* (-dd-) **1.** (trudge) पाँव घसीटते चलना : the old man ~ded slowly along the path बूढ़ा आदमी रास्ते में अपना पाँव घसीटते चल रहा था. **2.** (toil) नीरस काम में लगा रहना (परिश्रम करते जाना) : they all were ~ding वे सब नीरस काम में लगे हुए थे; farmers ~ in their fields किसान अपने खेतों में काम करते जाते हैं.

plot प्लॉट **I.** n^c. **1.** (of ground) भूखण्ड [big बड़ा, small छोटा, triangular तिकोना]; a ~ of land in front of the house घर के सामने एक ≈; I bought a ~ for ten thousand rupees मैंने दस हज़ार रुपए में एक ≈ खरीदा. **2.** (map) नक्शा, प्लान : he made a good ~ of the building उसने इमारत का एक अच्छा ≈ बनाया. **3.** (conspiracy) षड्यंत्र, कुचक्र : successful ~ सफल ≈; he did not join the ~ against the government वह सरकार^F के विरुद्ध षड्यंत्र में शामिल नहीं हुआ. **4.** (lit.) कथानक, कथावस्तु^{F} : dull ~ नीरस ≈; the ~ of the story was exciting कहानी^{F} का कथानक उत्तेजनात्मक था. **II.** *v.t.* (-tt-) **1.** नक्शा बनाना; अंकित करना : he ~ted the desirable plan of his house उसने उसके घर का वांछित नक्शा बताया. **2.** षड्यंत्र करना या रचना : to ~ smb's ruin किसी के विनाश का ≈; he was ~ting against the minister वह मंत्री के विरुद्ध षड्यंत्र रच रहा था; they were ~ting to kill him वे उसे मार डालने का षड्यंत्र कर रहे थे;

the evil men ~ted to depose the Prime Minister दुष्ट आदमियों ने प्रधानमंत्री को अपदस्थ करने का षड्यंत्र रचा. **3.** की योजना[F] तैयार करना : they were ~ting to rob the traveller वे यात्री को लूट लेने की योजना बना रहे थे; they ~ted their journey to Kashmir उन्होंने कश्मीर की यात्रा[F] की योजना बनाई.

plough प्लॉउ **I.** *n*[c]. **1.** हल : the farmers use ~s for ploughing their fields किसान अपने खेतों की जुताई[F] के लिए ≈ का प्रयोग करते हैं; a ~ turns over the earth ≈ मिट्टी को पलट देता है. **2.** कृषि[F], काश्त[F] : this field is under the ~ इस खेत में ≈ होती है. **II.** *v.t.* हल चलाना, जोतना : ~ the field खेत में हल चलाओ, खेत की जुताई[F] करो; the field had just been ~ed खेत की जुताई[F] अभी की गई थी; I cannot ~ the field yet मैं अभी खेत की जुताई[F] नहीं कर सकता. Δ **to ~ the sands** व्यर्थ काम करना. **~ man** *n*[c]. (-men) हलवाहा [hardworking मेहनती, poor गरीब]; a ~ starts ~ing the field before sunrise एक ≈ सूर्य निकलने के पहले अपना खेत जोतना प्रारंभ करता है; he is a ~ not a peasant वह किसान नहीं एक ≈ है. **~share** *n*[c]. फाल : ~ is made of metal ≈ धातु[F] का बना होता है; a ploughman cannot plough the field without a sharp ~ हलवाहा बिना तेज़ ≈ के खेत नहीं जोत सकता.

plow प्लॉउ (U.S.) = plough

pluck प्लॅक **I.** *v.t.* **1.** (pick) तोड़ना, बीनना : do not ~ flowers फूल मत तोड़ो. **2.** (pull, out) नोचना, उखाड़ना : the cook ~ed the hen before he cooked it रसोइये ने उसके पकाने से पहले मुर्गे के पंख नोच दिए. Δ **to have a crow to ~ with smb** किसी के दोष निकालना. **3.** (snatch) छीनना : the dog ~ed the bread from the hand of the child कुत्ता बच्चे के हाथ से रोटी[F] का टुकड़ा छीन ले गया. **4.** (in exam.) अनुत्तीर्ण कर देना : the boy was ~ed by the teacher deliberately लड़के को जानबूझकर अध्यापक ने अनुत्तीर्ण कर दिया; she was /got ~ed in the examination वह परीक्षा में फेल हो गई. **II.** *n*[u]. **1.** (jerk) झटका : to skin a rabbit with a ~ झटके से खरगोश की खाल उतार लेना. **2.** (courage) हिम्मत[F], साहस, कलेजा, जीवट [amazing आश्चर्यजनक, unbelieveable अविश्वसनीय]; the little boy was full of ~ छोटे लड़के में साहस भरा था; the mountain climbers need much ~ पर्वतारोहियों को बड़े साहस/कलेजे की जरूरत[F] होती है; few people have the ~ to face the bull थोड़े लोगों में ही साँड़ से सामना करने की हिम्मत होती है. [*a.* plucky]

plug प्लग **I.** *n*[c]. **1.** डाट; ~ stops water from running out डाट पानी के प्रवाह को रोक देता है; use the ~ to shut the mouth of the bottle बोतल का मुँह बंद करने के लिए ≈ का इस्तेमाल करो. **2.** (for the ear) ठेंठी[F]: she uses ~ in the ear वह कान में ठेंठी का प्रयोग करती है. **2.** (of tobacco) बट्टी[F]. **3.** (electr.) प्लग : a ~ has two or three pins ≈ में दो या तीन पिन होते हैं; ~ is used to make the electric light off and on ≈ का प्रयोग बिजली[F] की बत्ती[F] को बुझाने और जलाने के लिए किया जाता है. **II.** *v.t.* (-gg-) डाट लगाना, बंद कर देना : ~ carefully सावधानी[F] से ≈; how should I ~ (up) this hole in the utensil बर्तन में छिद्र को कैसे बंद करूँ; the leaking pipe was ~ged लीक करने वाले पंप को डाट लगाकर बंद कर दिया गया; the servant did not ~ the bottle नौकर ने बोतल को डाट नहीं लगाया

plum प्लम *n*[c]. आलूचा, आलूबुख़ारा [ripe पका, sour खट्टा, sweet मीठा]; ~ is a juicy fruit ≈ एक रसदार फल होता है; ~ s are red, green, yellow and purple आलूबुख़ारे लाल, हरे, पीले और बैंगनी होते हैं. **~tree** ≈ का पेड़.

plumage प्लू'मिज *n*[c]. पंख, पक्षसमूह : a bird's ~ चिड़िया[F] के पंख.

plumber प्ल'मर *n.* नलसाज़, नल लगाने वाला : ~ is a person who fits gas and water pipes ≈ वह व्यक्ति होता है जो गैस और पानी के पाइप को ठीक से बैठाता है.

plume प्लूम **I.** *n*[c]. पंख, पर [large बड़ा, showy चमकीला]; crow's ~ is black कौए का ≈ काला होता है; cock cannot fly because it has heavy ~ मुर्गा उड़ नहीं सकता क्योंकि इसके पंख भारी होते हैं. **II.** *v.t.* **1.** पंख सँवारना : the crow was pluming itself कौआ अपने पंख सँवार रहा था. **2.** घमंड करना, अकड़ना : he is pluming himself on his success in the examination परीक्षा^{F} में अपनी सफलता^{F} पर वह अकड़ रहा है.

plump प्लम्प **I.** *a.* **1.** गोल-मटोल [boy लड़का, cheeks गाल, goose हँस]; he is too ~ to wear this coat वह इतना ≈ है कि यह कोट नहीं पहन सकता. **2.** (blunt) खरा, साफ़-साफ़, रूखा [behaviour व्यवहार, dialogue संवाद]; he is so ~ that you cannot expect anything from him वह इतना ≈ है कि तुम उससे किसी चीज़^{F} की आशा^{F} नहीं कर सकते. **II.** *adv.* धड़ाम से : he fell down ~ वह धड़ाम^F से नीचे गिर पड़ा; I ran ~ into that old man मैं एकदम उस बुड्ढे आदमी से जा टकराया. **III.** n^u. धड़ाम^F : when the bomb burst it produced the sound of ~ जब बम फटा तो इससे ≈ की आवाज़^{F} हुई. **IV.** *v.t.i.* (धड़ाम से) गिरना : he ~ed himself down on the sofa set वह एकदम सोफ़ा पर जा गिरा. **2.** (throw down) पटक देना : I ~ed the load on the ground मैंने बोझ ज़मीन पर पटक दिया. **3.** (fatten) मोटा होना : it appears that the boy is ~ing लगता है कि लड़का मुटिया रहा है. **4.** (collide) टकराना : the aeroplane ~ed with a bird and endangered the lives of the passengers हवाई जहाज़ एक पक्षी से टकरा गया और उसने यात्रियों की जान को खतरे में डाल दिया.

plunder प्लन्'डर **I.** *v.t.* लूटना [cruelly निर्दयता^{F} से, hastily जल्दी^{F} में, thoroughly पूरी तरह^F]; the soldiers ~ed the entire city सैनिकों ने पूरे शहर को लूट लिया; pirates ~ed the ship समुद्री डाकुओं ने जहाज़ को लूट लिया; the dacoits ~ed the village डकैतों ने गाँव लूट लिया; they ~ed the goods of ~ shops उन्होंने उनकी दुकानों^{F} का माल लूट लिया. **II.** n^u. **1.** लूट^F, लूटपाट^F, लूटमार^F, डकैती^{F}. **2.** लूट^F का माल : the robber hid his ~ in a cave बटमार ने लूटपाट का माल एक गुफा^{F} में छिपा दिया; they divided the ~ equally उन्होंने ≈ बराबर-बराबर बाँट लिया. **plunderer** प्लॅन्'डॅरर n^c. लुटेरा [cruel निर्दयी, notorious कुख्यात]; Mahmood Ghaznavi was a great ~ of his time महमूद ग़ज़नवी अपने समय का एक बड़ा भारी ≈ था.

plunge प्लन्ज **I.** n^c. **1.** (dip) ग़ोता, डुबकी^{F} : he cannot take a ~ into the sea वह समुद्र में ≈ नहीं लगा सकता. **2.** (movement) कूद^F, छलाँग^F : the ~ of a frog मेंढक की ≈; the dog made a ~ and crossed the canal कुत्ते ने एक छलाँग लगाई और नहर^F पार कर गया. Δ **to take the ~** जोखिम में पड़ने का निश्चय करना. **II. 1.** डुबाना : to ~ smth **into** the water कोई वस्तु^{F} पानी में डुबाना. **2.** डाल देना : he ~d his hand **into** his pocket उसने अपना हाथ अपनी जेब में डाल दिया. **3.** फँसाना : he ~d himself **into** debt उसने अपने को ऋण में फँसा लिया (वह कर्ज़ में डूब गया); to ~ smb into trouble किसी को मुसीबत^F में ≈. **4.** चुभोना : he ~d the knife into a pumpkin उसने चाकू एक कद्दू में चुभो दिया. **5.** (other contexts) the room was ~d in darkness कमरे में एकदम अंधकार हो गया; to ~ a horse forward घोड़े को सरपट दौड़ाना; Hitler ~d Germany into the war हिटलर ने जर्मनी को युद्ध में ढकेल दिया. **III.** *v.i.* **1.** (dive) गोता लगाना : he ~d into the river to save the child उसने बच्चे को बचाने के लिए नदी में ग़ोता लगाया. **2.** फँस जाना, उलझ जाना; he ~d into a question वह एक प्रश्न में उलझ गया.

plural प्लुअ'रल **I.** n^u. बहुवचन : the ~ of 'child' is 'children' बच्चा का ≈ बच्चे होता है; 'hens' is the ~ of 'hen' 'मुर्गियाँ' 'मुर्गी' का ≈ है. **II.** *a.* **1.** बहुत, एकाधिक : ~ voting ≈ मतदान. **2.** बहुवचन : 'dogs' is a ~ noun कुत्ते ≈ संज्ञा है. [*ant.* singular]

plus प्लस **I.** *prep.* **1.** धन, मिलाकर : four ~ two is six (4+2=6) चार और दो बराबर छह, चार और दो मिलाकर छह होते हैं. **2.** के साथ : she has character ~ ability उसमें चरित्र के साथ योग्यता^{F} भी है. **II.** *a.* **1.** (positive) धनात्मक ~ factor ≈ कारक; ~ side of account जमा खाता. **2.** (additional) अतिरिक्त : the children needed ~ care

बच्चों को ≈ देखरेख^{F} की आवश्यकता^{F} थी. **III.** *n.* **1.** धनराशि^{F}, अतिरिक्त राशि^{F}, (gain) लाभ : it is in his business यह उसके व्यापार में लाभ है. **2.** धन/ जमा का चिह्न + : there is a ~ between the two figures दो अंकों (6+8) के बीच में ≈ है.

plush प्लश **I.** *n*^{c}. (प्लश) मख़मल : ~ is a soft velvet like material प्लश मख़मल^{F} की तरह का एक मुलायम कपड़ा होता है. **II.** *a.* **1.** (expensive) महँगा : ~ locality ≈ मोहल्ला; a very ~ house in Delhi दिल्ली में एक ≈ मकान. **2.** (luxurious) विलासमय : ~way of life ≈ रहन-सहन.

ply प्लाइ **I.** *n*^{c}. **1.** (layer) परत^{F} : it is three- ~ wood यह तीन परती लकड़ी है. **2.** (strand) तार : what ~ is this wool ? इस ऊन में कितने ≈ हैं? this is four ~ wool यह चार ≈ का ऊन है. **3.** (bent) झुकाव : what is the ~ of this stick इस छड़ी^{F} का ≈ कितना है? **II.** *v.t.i.* (plies, plied) चलाना, चलना : the boatman plies his boat in the Ganga मल्लाह अपनी नाव^{F} गंगा में चलाता है. **2.** काम में लाना : a carpenter plies his adze बढ़ई अपने वसूले से काम लेता है. **3.** काम करते रहना, (का काम) करना : he is still ~ing his work वह अब भी अपना काम कर रहा है; will he ~ his trade in the new colony क्या वह अपना व्यापार नई बस्ती^{F} में करता रहेगा? **4.** तंग करना : they plied the teacher with questions उन्होंने प्रश्न करके अध्यापक को तंग कर दिया. **5.** *v.i.* गाड़ी^{F} चलाना : he plies on hire वह किराए की गाड़ी चलाता है.

P.M. पी एम' = for Post Meridian अपरान्ह, बाद दोपहर : at four ~ ≈ चार बजे; today the sun sets at 5.21 p.m. सूर्यास्त आज ≈ पाँच बजकर इक्कीस मिनट पर होगा; today the school will be closed at 3 ~ विद्यालय आज तीन बजे बाद दोपहर बंद कर दिया जाएगा.

P.M. Prime Minister; Post Master.

pneumonia न्यू मो'निआ *n*^{c}. न्यूमोनिया, फुफ्फुस (प्र) दाह dangerous ख़तरनाक, serious गंभीर]; he is suffering from ~ वह ≈ से बीमार (पीड़ित) है; ~ is a disease of the lungs with inflammation ≈ फ़ेफड़ों की सूजन^{F} की बीमारी है.

P.O. Post Office.

poach पोच *v.t.* **1.** (an egg) गरम पानी में पकाना : ~ the eggs by breaking them open in boiling water उबलते हुए पानी में अण्डे फोड़कर पकाइए. **2.** (hunt) अनाधिकार शिकार करना या मछली^{F} मारना : to ~ a couple of rabbits from the yard बाड़े में से दो ख़रगोशों का अनाधिकार शिकार करके चुरा ले जाना; he was caught ~ing partridge वह तीतरों का चोरी-चोरी शिकार करते पकड़ा गया; he went to ~ in the neighbour's pond वह अपने पड़ोसी के पोखरे में अनाधिकार मछली मारने गया. **3.** (steal) चोरी करना, चुरा कर ले जाना : he ~ed many articles from his room in his absence वह उसके कमरे से उसकी अनुपस्थिति^{F} में कई चीज़ें^{F} चुराकर ले गया. **4.** (trespass) अनाधिकार प्रवेश करना, अतिक्रमण करना : why do you ~ on other's business तुम दूसरों के व्यवसाय का क्यों अतिक्रमण करते हो ? to ~ on others land दूसरों की भूमि में अनाधिकार प्रवेश करना; you should not ~ on others' right तुम्हें दूसरों के अधिकारों का अतिक्रमण नहीं करना चाहिए.

pock पॉक *n*^{c}. **1.** (चेचक की) फुंसी^{F}, छाला : painful ~ पीड़ाकर ≈; small ~ छोटी फुंसी, छोटा छाला; ~ mark चेचक का दाग़; ~ marked face चेचक के दाग़ वाला चेहरा. **2.** (small pox) ~ is a skin disease ≈ नगाड़ी^{F} की बीमारी^{F} है.

pocket पॉ'किट **I.** *n*^{c}. **1.** जेब^{F} [big बड़ी, empty खाली, torn फटी]; ~ book जेबी नोटबुक; I put the money in my ~ मैंने पैसा अपनी जेब में रखा; take smth out of one's ~ किसी की ≈ से कुछ निकालना; he is out of ~ उसके पास कोई पैसा-वैसा नहीं है; out of ~ expenses अपनी जेब से किया गया खर्च; there's only one ~ in his kurta उसके कुर्ते में केवल एक जेब है. **Δ to have smb in one's ~** किसी को वश में रखना. **2.** (bag) थैली^{F} : there is a ~ in front of your seat तुम्हारी सीट के सामने एक ≈ है. **3.** (billiards) थैली^{F}: try to put the ball into the ~ गेंद^{F} को ≈ में डालने की कोशिश^{F} करो. **5.** (a small area) भाग, खंड : ~ of a colony किसी बस्ती^F का ≈. **II.** *a.* जेबी, छोटा [handkerchief रूमाल, knife चाकू]; ~ book जेबी/छोटी किताब; the boy asked his father for ~ expenses लड़के ने अपने पिता से जेब खर्च माँगा. **III.** *v.t.* **1.** जेब में रखना : to ~ something जेब में कुछ रखना; he ~ed all the money उसने सारा पैसा जेब में रख लिया. **2.** (swallow) पी जाना, (चुपचाप) सहना : how could I ~ this insult in public? मैं इस खुले अपमान को कैसे सहन कर सकता हूँ. **3.** (hide) छिपाना : to ~ one's feelings अपनी भावनाएँ^F छिपाना.

pod पॉड **I.** *n*^c. फली^F, छीमी^F : beans grow in ~s लोबिया फलियों में उगता या बढ़ता है; do you see any ~ in these plants? क्या तुम इन पौधों में कोई फलियाँ देख रहे हो ? **II.** *v.t.* (-dd-) **1.** छीलना : to ~the peas मटर की फली छीलना. **2.** फली आना : the plant is ~ing पौधे में फली आ (उग) रही है.

poem पो'इम *n*^c. कविता^F [beautiful सुंदर, favourite प्रिय, lyrical प्रगीतात्मक, well-known जानी-मानी]; this book contains 30 poems by Pant इस पुस्तक में पंत की तीस कविताएँ हैं; this ~ contains deep thoughts इस ≈ में गहरे भाव समाहित हैं; what is the gist of this ~ इस ≈ का सारांश क्या है ? have you learnt the ~ by heart क्या तुमने कविता को ज़बानी याद कर लिया है ? **poet** पो'इट *n*^c. कवि [minor छोटा, modern आधुनिक, poor निर्धन, prominent प्रसिद्ध, unknown अपरिचित/अज्ञात]; a ~ writes poems ≈ कविताएँ लिखता है; Kalidas was a great ~ of Sanskrit कालिदास संस्कृत के एक महान कवि थे; Tagore was a ~ of international repute टैगोर अंतर्राष्ट्रीय ख्याति^F के ≈ थे. [*fem.* poetess] **poetic** पो ऍ'टिक *a.* **1.** काव्यमय [imagination कल्पना^F, language भाषा^F], **2.** काव्यात्मक : I cannot follow the ~ form मैं ≈ शैली^F नहीं समझ सकता; Prasad's plays are written in ~ form प्रसाद के नाटक ≈ शैली^F में लिखे गए हैं. **3.** (in verse) छंदोबद्ध, पद्यात्मक. **4.** (in other contexts) ~ dictum काव्य पदावली^F; ~ justice आदर्श या यथार्थ/पूर्ण न्याय; ~ licence कविसुलभ स्वतंत्रता^F. **poetry** पो'इट्रि *n*^c. काव्य, पद्य [erotic कामोद्दीपक, lyrical गीतात्मक]; it is a book of ~ यह ≈ की पुस्तक है; the ~ of Tulsidas is marvellous तुलसीदास का काव्य चमत्कारिक है. [*syn.* verse]

poignant पाइ'नन्ट *a.* **1.** (of feelings) मर्मस्पर्शी, मार्मिक, हृदयविदारक [message समाचार, sorrow शोक]; ~ memories of my previous life मेरे पूर्व जीवन की हृदय-विदारक स्मृतियाँ^F. **2.** (of sight) पैनी : he has a ~ vision उसकी दृष्टि^F पैनी है. **3.** (of smell) तेज़, उग्र : ~ smell of flowers फूलों की ≈ सुगंध^F. **4.** (of taste) चरपरा, तिक्त : pepper has ~ taste काली मिर्च^F का स्वाद ≈ होता है.

point पॉइन्ट **I.** *n*^c. **1.** (sharp end) नोक^F : the ~ of the pencil पेंसिल^F की ≈; the ~ of the pin पिन की ≈ ; at gun ~ बंदूक की ≈ पर; my pen has a sharp ~ मेरी कलम की ≈ तेज़ है. **2.** (dot) बिंदु, अंक : boiling ~ उबलने का ≈, क्वथनांक; freezing ~ जमने का ≈, हिमांक; she was on the ~ of losing consciousness वह अपनी चेतना^F खोने के बिंदु पर थी; the ~ where two lines cross वह बिंदु जहाँ दो रेखाएँ^F एक-दूसरे को काटती हैं; put a ~ on the capital cities in the map नक्शे में राजधानी^F के नगरों पर बिंदु लगाओ; the main ~s of the plan योजना^F के प्रमुख बिंदु. **3.** (scoring unit) अंक : he obtained 15 points in billiards उसने बिलियर्ड में पंद्रह ≈ प्राप्त किए. **4.** (place) स्थल : important ~ महत्वपूर्ण ≈; he came to a deserted ~ वह एक निर्जन ≈ पर पहुँचा; he has now reached such a ~ that you cannot reach वह अब ऐसे ≈ पर पहुँच गया है, जहाँ तुम नहीं पहुँच सकते; at all ~s सब जगह^F; they reached the ~ of no return वे नावापसी के स्थल पर पहुँच गए (अब छोड़ना असंभव) ; from this ~ इस जगह से. **5.** (of time) क्षण, बिंदु, समय [exciting उत्तेजक, unforgettable न भूलने योग्य]; ~ of departure चले जाने का समय; at the ~ of death मरणासन्न; please wait a ~ for me कृपया एक क्षण मेरा इंतज़ार

कीजिए. **6.** (item, detail) विषय, बात^F: important ~ महत्वपूर्ण ≈; I do not see your ~ मैं आपकी बात^F नहीं समझता; that of course is the ~ बात^F तो वस्तुत: यही है; we cannot agree on several ~s हम कई बातों^{F} पर सहमत नहीं हो सकते; what is the main ~ of this poem इस कविता का मुख्य विषय क्या है ? let us come to the ~ अपने विषय पर आएं to the ~ विषयानुसार : you do not speak to the ~ तुम ≈ नहीं बोलते; the ~ is this बात^F यह है; I answered him ~ by ~ मैंने उसकी एक-एक बात^F का उत्तर ≈ दिया; is there any ~ which is not clear क्या ऐसी कोई बात है जो स्पष्ट न हुई हो ? in ~ of fact सच्ची बात^F यह है कि; he could not maintain his ~ वह अपनी बात पर डटा नहीं रह सका; please come to the ~ कृपया विचाराधीन विषय पर आइए; ~ of order व्यवस्था^{F} की बात; ~ of view दृष्टिकोण; it is beside the ~ यह विषय से संबद्ध नहीं है. **7.** (argument) तर्क, तर्कसंगत या सारगर्भित बात^F : his dialogue was to the ~ उसका कथन तर्कसंगत था. **8.** (meaning) आशय, अभिप्राय : his real ~ was इसका मुख्य आशय था; I could not understand his real ~ मैं उसका वास्तविक आशय/अभिप्राय नहीं समझ सका; he missed the main ~s of my lecture उससे व्याख्यान का मुख्य अभिप्राय/आशय छूट गया. **9.** (apex) चोटी^{F}, शिखर : possibly he may fall from the ≈ संभवत: वह ≈ से गिर जाए. **10.** (of compass) दिग्बिंदु, दिशाबिंदु : (needle) सुई, सुआ : the ~ of the compass indicates NE, NNE etc. कम्पास का ≈ दिशाबिंदु उत्तरपूर्व, उत्तर-उत्तरपूर्व आदि बताता है. **11.** (in printing) पॉइंट : 10 ~ type दस ≈ टाइप. **12.** तुक, लाभ : there is no ~ in waiting here यहाँ इंतज़ार करने का कोई ≈ नहीं है. **13.** decimal ~ दशमलव : 3.4 तीन दशमलव चार. **14.** (hint) गुर : Drona gave some ~s of fighting to Arjun द्रोण ने अर्जुन को लड़ाई के कुछ ≈ सिखाए. **II.** *v.t.* **1.** दिखलाना, निर्दिष्ट करना, इशारा करना, संकेत करना, बताना : she ~ed out several mistakes in the article उसने लेख में कई अशुद्धियाँ^{F} दिखलाईं; to ~ the way to the bus stand बस अड्डे का रास्ता बताना; he ~ed him to the window उसने उसे खिड़की^{F} की तरफ^F इशारा किया; it ~s to a moral यह नीति^{F} की बात करता है. **2.** बिंदु लगाना : ~ carefully where it is wrong जहाँ गलत है वहाँ सावधानी^{F} से निशान लगाओ. **3.** (sharpen) नुकीला बनाना, पैना या तेज़ करना : ~ the pencil carefully पेंसिल को सावधानी^{F} से नुकीला बनाइए; to ~ a tool औज़ार की धार^F लगाना. **4.** (aim) निशाना बाँधना, लक्ष्य करना : he ~ed the gun at the tiger उसने चीते पर बंदूक^F का निशाना साधा. **5.** (of masonry) टीप करना : to ~ a wall दीवार^F पर टीप^F करना; the mason ~ed the newly built wall of the house राजगीर ने घर की दीवार^F पर टीप^F की. **~blank I.** *a.* सीधा; रूखा [refusal इंकार, shot निशाना]. **II.** *adv.* साफ़-साफ़, सीधे : he denied ~ उसने ≈ इंकार कर दिया; he went ~ in the room वह सीधे कमरे में चला गया; to speak ~ to smb किसी से ≈ बात^F करना. **pointed** पॉइन्'टिड *a.* **1.** (sharp) नुकीली, नोकदार [nose नाक^F, stick छड़ी^{F}]; the metal was ~ धातु^{F} ≈ थी; don't put anything ~ in the pocket जेब में कोई भी ≈ चीज़ मत रखो. (fig.) तीखा : ~ reply जवाब; ~ remark तीखी टिप्पणी^{F}; he looked in a ~ manner उसने तीखी नज़र^F से देखा. **2.** (incisive) सारगर्भित : it is the ~ remark by him उसकी यह ≈ टिप्पणी^{F} है.

poison पॉइ'ज़न **I.** n^{uc}. विष, ज़हर [chemical रासायनिक, deadly घातक, strong सख़्त]; ~ harms the body विष शरीर को नुकसान पहुँचाता है; he administered ~ to the enemy उसने शत्रु को ज़हर पिलाया. (fig.) ~ of jealousy ईर्ष्या^{F} का ≈. **II.** *v.t.* **1.** विष मिलाना, विषाक्त कर देना : the food was ~ed भोजन में विष मिला दिया गया; it ~ed his whole life इसने उसके सारे जीवन को विषाक्त कर दिया. **2.** ज़हर/विष देना : the farmers ~ the rats to save their crops अपनी फ़सल^F बचाने के लिए किसान चूहों को विष देते हैं. **3.** (fig.) to ~ smb's pleasure किसी के आनंद में विघ्न डालना; रंग में भंग

डालना : to ~ smb's ears किसी के कान भरना : smb has ~ed my father's ears against me किसी ने मेरे विरुद्ध पिताजी के कान भर दिए; Manthara ~ed Kaikei's mind मंथरा ने कैकेयी के मन पर दुष्प्रभाव डाला (मन बिगाड़ दिया). **poisonous** पॉइ/ज़नस *a.* 1. विषैला, ज़हरीला : ~ gas विषैली गैस; ~ plants विषैले पौधे; ~ snakes ज़हरीले साँप; ~ roots ज़हरीले कंद-मूल; all snakes are not ~ सभी साँप विषैले नहीं होते. 2. गंदा : ~ colour, idea ≈ रंग, विचार.

poke पोक *v.t.* 1. (push) ढकेलना, धक्का मारना, ठेलना : to ~ the cart गाड़ी[F] को ≈. 2. गड़ाना, चुभोना, घुसेड़ना, घोंपना : she ~d her finger into the fruit उसने फल में अपनी अंगुली[F] घुसेड़ दी; do not ~ the nails into the apple सेब में नाख़ून न धँसाओ. 3. खोदना, बना देना : to ~ a hole सूराख़ ≈. 4. (stir up) कुरेदना, उलटना-पलटना : to ~ the fire with a poker कुरेदनी से आग ≈. 5. (meddle) दख़ल देना, हस्तक्षेप करना, दस्तंदाज़ी करना : I request you not to ~ in our matters मैं आपसे निवेदन करता हूँ कि हमारे मामलों में दख़ल मत दिया करो. Δ **to ~ one's nose into something** दख़ल देना : I dislike poking my nose into others' affairs मैं दूसरों के मामले में दख़ल देना पसंद नहीं करता. 6. ~ **fun at** हँसी[F] उड़ाना, मज़ाक बनाना : you should not ~ fun at a poor person तुम्हें किसी गरीब आदमी का मज़ाक नहीं उड़ाना चाहिए. 7. **to ~ one's head out** अपना सिर बाहर निकालना. II. *v.i.* push out बाहर निकलना : his elbow was poking out through his torn shirt उसकी कुहनी[F] फटी कमीज़[F] से बाहर निकल रही थी.

pol. politics.

polar पो'लर *a.* ध्रुवीय [bear भालू, circle वृत्त, exploration खोज[F], regions क्षेत्र/प्रदेश]; ~ axis ध्रुवाक्ष; ~ regions are found on the extreme north of the earth ≈ प्रदेश पृथ्वी[F] के धुर उत्तर में पाए जाते हैं. **pole** पोल *n*[c] 1. (of earth) ध्रुव [north उत्तरी, south दक्षिणी]; Antarctica is on the southern ~ of the earth अंटार्कटिका पृथ्वी[F] के दक्षिणी ध्रुव पर है; (fig.) our opinions are at two opposite ~s हमारे मत परस्पर-विरोधी हैं. 2. (rod) डंडा, लट्ठा, लग्गा [bamboo बाँस का, tall लंबा, wooden लकड़ी[F] का]; climb up the ~ लट्ठे पर चढ़ जाओ; the flag is fastened to a ~ झंडा एक डंडे/लग्गे से बँधा है; the hut was made of bamboo ~s झोपड़ी[F] बाँस के लग्गों से बनी थी; cut the ~ into two parts लट्ठे को दो भागों में काटो. 3. (of a vehicle) बम : the horse was yoked between the ~s of the tonga टाँगे के बमों के बीच में घोड़े को जोता गया. 4. telegraph ~ तार का खंभा. 5. (a measure) = .5 metres. ~**star** ध्रुव तारा.

police पु लीस' I. *n*[u]. पुलिस[F] [detective खुफ़िया, military सैन्य]; ~ force आरक्षा बल; railway ~ रेलवे ≈ ; he is a ~ constable वह ≈ का सिपाही है; the ~ are on his track पुलिस के लोग उसके पीछे पड़े हैं; he was wanted by the ~ ≈ को उसकी दरकार[F] थी; the ~ keep law and order ≈ कानून और व्यवस्था[F] को सँभालती है; the ~ have caught the thief ≈ ने चोर को पकड़ लिया है; he is in ~ custody वह पुलिस की हिरासत[F] में है. II. *v.t.* 1. पुलिस नियुक्त (तैनात) करना : dangerous areas should be ~d ख़तरनाक क्षेत्रों में पुलिस नियुक्त कर देनी चाहिए. 2. निगरानी[F] करना : you cannot ~ every nook and corner of the town तुम शहर के कोने-कोने की निगरानी नहीं कर सकते. **policeman** पु लीस्'मन *n*[c]. आरक्षक, पुलिस, सिपाही [corrupt भ्रष्ट, honest ईमानदार]; he is a ~ वह एक ≈ है. **police station** *n*[c]. [big बड़ा, central केन्द्रीय]; where is the nearest ~ निकटतम ≈ कहाँ है ? can you lead me to the ~ क्या तुम मुझे थाने का रास्ता बता सकते हो ?

policy पॉ'लिसि I. *n*[u]. 1. नीति[F] [acceptable स्वीकार्य, domestic गृह/स्वदेश, firm दृढ़, foreign विदेश, peaceful शांतिपूर्ण, successful सफल]; what is his new ~ उसकी नई ≈ क्या है ? manager's ~ to keep the workers happy मज़दूरों को प्रसन्न रखने की मैनेजर की ≈; it is good ~ to save for the future भविष्य के लिए बचत^{F} करना अच्छी ≈ है; his ~ could not be fruitful उसकी ≈ फलदायी न हो सकी. **II.** n^{c}. (insurance) बीमा-पॉलिसी, बीमापत्र [endowment बंदोबस्ती, whole-life आजीवन, natural परिपक्व]; to take out life ~ जीवन-बीमा कराना, जीवन ≈ लेना; this ~ covers twenty-five years' risk इस ≈ से पच्चीस वर्ष का जोखिम सुरक्षित है.

polio (poliomyelitis) पो'लिओ n^{c}. पोलिओ : dangerous ~ ख़तरनाक ≈; ~ is the disease of nerves in the backbone ≈ रीढ़^{F} की तंत्रिका^{F} की बीमारी^{F} है; ~ is a paralysis of longer limbs पोलियो लंबे अंगों का लकवा है; this boy is suffering from ~ इस लड़के को ≈ है.

polish पॉ'लिश **I.** *v.t.* **1.** चमकाना, पालिश करना : सँवारना : (refine) परिष्कार करना : I ~ my shoes मैं अपने जूतों पर पॉलिश करता हूँ; to ~ the furniture फर्नीचर को चमकाना; they ~ed the car उन्होंने कार^{F} को पॉलिश किया. **2.** परिष्कार करना : to ~ one's language, writing अपनी भाषा^{F}, लिखावट^{F} का ≈. Δ **to ~ off** your job अपना काम जल्दी-जल्दी निपटाना. **II.** n^{u}. **1.** पालिश^{F} : they put a bright ~ on it उन्होंने इस पर चमकीली ≈ की; it is black, tan ~ for your shoes यह तुम्हारे जूतों के लिए काली, भूरी पॉलिश है. **2.** परिष्कार : the ~ of one's manners अपने शिष्टाचरण का ≈.

polite पॅ लाइट' *a.* **1.** शिष्ट, भद्र [language भाषा^{F}, manner आचार/रीति^{F}, smile मुस्कराहट^{F}, society समाज, tone स्वर]; he was very ~ to us वह हम लोगों से शिष्टता^{F} से पेश आया, उसका व्यवहार बहुत ही शिष्ट था; it is not ~ to shake hands with a woman किसी स्त्री से हाथ मिलाना शिष्टता^{F} नहीं है; he gave a ~ answer to my questions उसने मेरे प्रश्नों का एक शिष्ट उत्तर दिया; you should be ~ to everyone तुम्हें सब के प्रति शिष्ट होना चाहिए. **2.** ~ literature ललित साहित्य. [*ant.* impolite, rude] **politely** पॅ लाइ'टलि *adv.* शिष्टतापूर्वक, भद्रता से : the girl told me ~ लड़की ने मुझे ≈ बताया; he never asks ~ वह कभी ≈ नहीं पूछता; you should behave ~ तुम्हें भद्रता^{F}/शिष्टता^{F} का व्यवहार करना चाहिए. **politeness** पॅलाइट्'निस n^{u}. शिष्टता^{F}, भद्रता^{F} [commendable प्रशंसनीय, extreme अत्यधिक]; everybody likes the boy's ~ प्रत्येक व्यक्ति इस लड़के की ≈ को पसंद करता है; the children from that school are known for their ~ उस विद्यालय के लड़के अपनी ≈ के लिए जाने जाते हैं.

political पॅ लि'टिकल *a.* राजनीतिक [agitation आंदोलन, article लेख, consciousness चेतना^{F}, enemy शत्रु, event घटना^{F}, freedom स्वतंत्रता^{F}, life जीवन, mistake गलती^{F}, offence अपराध, party पार्टी^{F}/दल, strike हड़ताल^{F}]; ~ science राजनीति विज्ञान; ~ economy अर्थशास्त्र; ~ geography has to do with the boundaries of countries ≈ भूगोल का संबंध देशों की राजनीतिक सीमाओं से होता है; his ~ career of 30 years तीस साल का उसका ≈ वृत्त. **politician** पॉलि टि'शन n^{c}. राजनीतिज्ञ [active सक्रिय, dishonest बेईमान; old पुराना, sincere सच्चा]; a ~ takes part in the politics of his country or state ≈ अपने देश या राज्य की राजनीति^{F} में भाग लेता है; Prime Minister is the most important ~ प्रधानमंत्री सबसे महत्वपूर्ण ≈ होता है; ~ is generally concerned with his party politics ≈ साधारणतया अपने दल की राजनीति^{F} से संबंधित होता है. **politics** पॉ'लिटिक्स n^{u}. (used in sing.) राजनीति; राजनीतिशास्त्र [dirty गंदी, foreign विदेश, local स्थानीय, party दलगत, practical व्यावहारिक]; politics is a nasty game राजनीति एक गंदा खेल है; he is studying ~ in a post-graduate college वह एक स्नातकोत्तर महाविद्यालय में ≈ का विद्यार्थी है; he wrote an essay on ~ उसने ≈ पर एक निबंध लिखा; he is too interested in the ~ of his department वह अपने विभाग की राजनीति में बहुत ही अधिक रुचि^{F} लेता है; ~ is not an honourable profession राजनीति सम्मानित व्यवसाय नहीं है; ~ is the last resort of a rascal राजनीति धूर्त/दुष्ट आदमी का अंतिम आश्रय है.

oll पॉल **I.** *n*^{c}. **1.** (voting) मतदान : ~ booth मतदान कोष्ठ; a ~ was held ≈ हुआ; to go to the ~s मतदान कराना; to declare the ~s ≈ का परिणाम घोषित करना; there has been a heavy ~ in this election इस चुनाव में भारी ≈ हुआ है; the result of the ~ is not yet known मतदान का परिणाम अभी ज्ञात नहीं है. **2.** मतदाता-सूची : his name does not appear on the ~ उसका नाम ≈ में शामिल नहीं है. **II.** *v.t.* **1.** मत प्राप्त करना : he ~ed five thousand votes उसने पाँच हज़ार मत प्राप्त किये; I could not ~ even a hundred votes मैं एक सौ मत भी प्राप्त न कर सका. **2.** मतदान करना : to go to ~ at an election चुनाव में मत देने जाना. **III.** *a.* (hornless) शृंगहीन : ~ ox ≈ बैल; have you seen a ~ deer क्या तुमने ≈ हिरन देखा है. **polling** पो'लिङ्ग *n*^{u}. मतदान, मतगणना [heavy भारी, less कम]; ~ booth ≈ प्रकोष्ठ; ~ centre मतदान केन्द्र; ~ station मतदान केंद्र; ~ was quite brisk in the afternoon बाद-दोपहर ≈ काफ़ी तेज़ था; here he is appointed as a ~ agent यहाँ वह मतदान अभिकर्त्ता के रूप में नियुक्त है.

pollute पॅ लूट' *v.t.* **1.** दूषित करना : smoke ~s the air धुआँ हवा[F] को प्रदूषित करता है; to ~ the water supply पानी की आपूर्ति[F] को ≈. **2.** अपवित्र करना : some unknown culprits ~ed a temple कुछ अनजाने अपराधियों ने मंदिर को अपवित्र कर दिया. **polluted** पॅलूॅ'टिड *a.* प्रदूषित [air हवा[F], atmosphere वातावरण, water पानी]; this part of the village is much ~ गाँव का यह भाग बहुत प्रदूषित है. **pollution** पॅ लू'शन *n*^{c}. प्रदूषण : air ~ वायु ≈; noise ~ ध्वनि ≈; water ~ जल-≈ sewage in this locality causes ~ इस मुहल्ले की गंदी नाली के पानी से ≈ होता है; people cleared the ~ off the tank लोगों ने तालाब के प्रदूषण को साफ़ कर दिया; such ~ will only cause disease ऐसे ≈ से केवल बीमारी[F] उत्पन्न होगी.

polo पो'लो *n.* पोलो, चौगान : ~ is a game like hockey played on horseback ≈ घोड़े पर खेला जाने वाला हॉकी की तरह का एक खेल है; ~ is an ancient Indian game ≈ भारत का प्राचीन खेल है. **water** ~ वाटर पोलो, पानी में खेला जाने वाला वालीबाल.

pomegranate पॉ'मि ग्रैनिट *n*^{u}. अनार : ~ is a fruit with tough skin ≈ कड़े छिलके वाला फल है; ~s grow in abundance in North and West Africa ≈ उत्तरी और पश्चिमी अफ्रीका में बहुतायत से पैदा होते हैं.

pomp पॉम्प *n.* **1.** (magnificence) धूमधाम[F], शान[F] : on his birthday there was much ~ उसके जन्मदिन पर बहुत ≈ थी. **2.** (ostentation) आडंबर, तड़क-भड़क[F], ठाटबाट, सजधज[F] : I like to get away from the ~ of the city मैं शहर की तड़क-भड़क से दूर रहना चाहता हूँ; he was amazed to see his friend's ~ वह अपने मित्र का ठाट-बाट देखकर चकित रह गया. **pomposity** पॉम् पॉ'सिटि *n*^{u}. **1.** आडंबर : this garden party is his ~, nothing else यह उद्यान-भोज उसका ≈ है, और कुछ नहीं; ~ of words शब्दाडंबर. **2.** (self-importance) आत्म-प्रदर्शन : the ceremony was celebrated to his ~ यह संस्कार ≈ के लिए मनाया गया था. **pompous** पॉम्'पस *a.* ठाटदार, आडंबरपूर्ण [bride दुल्हन, person व्यक्ति, way ढंग]; he speaks ~ language वह ≈ भाषा[F] बोलता है; railway guard was a ~ official रेलवे गार्ड एक ≈ अधिकारी था.

pond पॉन्ड *n*^{c}. तलैया, पोखरा [artificial कृत्रिम, deep गहरा, shallow छिछला]; you can see ducks in the ~ तुम पोखरे में बत्तखें देख सकते हो; the cattle drink water from the ~ जानवर पोखरे से पानी पीते हैं; ~ with fish in it मछलियों[F] वाला पोखरा; there is a ~ in my garden मेरे बगीचे में एक तलैया है.

ponder पॉन्'डर *v.t.i.* चिंतन करना, मनन करना, विचारना : ~ **over** my suggestions मेरे सुझावों पर विचार करो; ~ this matter carefully इस मामले पर सावधानी से चिंतन करो; the thief ~ed how to escape चोर ने विचार किया कि कैसे भाग निकलना है; to ~ **over** a problem, fact किसी समस्या[F], तथ्य पर चिंतन-मनन करना.

pony पो'नि *n*^{c}. (*pl.* ponies) टट्टू : hill ~ पहाड़ी[F] ≈; a ~ is not as big as a horse ≈ इतना बड़ा नहीं होता जितना कि घोड़ा;

there were only ponies at the hill station to carry our effects हमारा सामान ले जाने के लिए पहाड़ी नगर में केवल ≈ थे. **pony-tail** पो'निटेल *n*ᶜ. घुड़दुम : some girls like to wear ~s in their hair कुछ लड़कियाँ अपने बालों को ≈ रूप में रखना पसंद करती हैं.

pool पूल **I.** *n*ᶜ. **1.** पोखरा, तालाब [clear साफ़, swimming तैरने का]; there is a ~ of water on the roadside सड़क के किनारे पानी का एक ≈ है; I like to swim in the ~ मैं पोखरे में तैरना पसंद करता हूँ; fish hide in the depth of ~s मछलियाँ पोखरों की गहराईᶠ में छिपी रहती हैं; a dead body was lying in a ~ of blood एक लाशᶠ खून में लथपथ पड़ी थी. **2.** (comm.) ~ of specialists विशेषज्ञों का दलᶠ. **3.** ~ of petroleum पेट्रोल पदार्थों का कुंड. **II.** *v.t.* मिलाना, इकट्ठा करना : ~ my entire accounts मेरे सभी खातों को इकट्ठा कर दो; to ~ the profits लाभ को मिलकर बाँटना.

poor पुअर *a.* **1.** दरिद्र, गरीब, निर्धन [family परिवार, man आदमी, village गाँव, woman औरतᶠ]; ~ box दान-पात्र; ~ house दरिद्राश्रम, ~ spirited कायर; the country is poor in minerals देश खनिज के मामले में गरीब है; she is very ~ वह बहुत ≈ है; you must not expect anything from such a ~ man इस प्रकार के गरीब आदमी से तुम्हें कुछ भी आशाᶠ नहीं करनी चाहिए; the ~ गरीब लोग. [*ant.* rich]. **2.** (unfortunate) बेचारा, अभागा : the ~ fellow could not walk बेचारा (आदमी) चल नहीं सकता था. **3.** (scanty) अपर्याप्त, अल्प, थोड़ा, कम [crop फ़सल, demand माँगᶠ, supply आपूर्तिᶠ, visibility दृश्यताᶠ]; prices of articles were very ~ those days उन दिनों वस्तुओं के दाम बहुत कम थे. **4.** (mediocre) घटिया, निकृष्ट [man आदमी, place स्थान, quality गुणवत्ता]; your writing is very ~ तुम्हारी लिखावटᶠ बहुत घटिया है; he is a ~ speaker वह एक ≈ वक्ता है. **5.** (contemptible) क्षुद्र, तुच्छ, नीच [family परिवार, thing वस्तुᶠ]; I had never seen such a ~ job till now मैंने अब तक इतना तुच्छ काम नहीं देखा था. **6.** (bad) बुरा, ख़राब : ~ health ≈ स्वास्थ्य; we had a ~ crop of rice this year इस साल हमारी धान की फ़सलᶠ बहुत ख़राब हुई; it made a ~ impression on him इससे उस पर बहुत बुरा प्रभाव पड़ा. **7.** (other contexts) ~ soil अनुपजाऊ मिट्टीᶠ; ~ in a subject किसी विषय में कमज़ोर; in my ~ opinion मेरी साधारण रायᶠ में. **poorly** पुअर'लि **I.** *a.* अस्वस्थ : he is looking ~ वह अस्वस्थ दिखाई दे रहा है. **II.** *adv.* **1.** लस्टमपस्टम, ज्यों-त्यों करके, किसी तरह से, जैसे-तैसे : they lived ~ in such a house वे इस प्रकार के घर में जैसे-तैसे रहते थे; they ~ did their work वे किसी तरह से अपना काम करते थे. **2.** गरीबी में : they lived ~ वे गरीबीᶠ में गुजारा करते थे. **3.** बुरी तरह : he was ~ dressed उसने ख़राब कपड़े पहन रखे थे.

pop पॉप **I.** *n*ᵘ. तड़ाका, धमाका : to go ~ फटना; ~ of the gun shot बंदूक दागने का ≈. **II.** *a.* तड़ाक, तड़ातड़ : I like ~ dance very much मैं पॉप नृत्य/तड़ातड़ नृत्य बहुत पसंद करता हूँ. **~corn** मकईᶠ की लाईᶠ/खीलᶠ; **~gun** खिलौना बंदूक; **~music** पॉप संगीत. **III.** *v.t.* **1.** (-pp-) तड़काना-फटफटाना; rain drops ~ on the roofs of the houses बरसातᶠ की बूँदेंᶠ घरों की छतोंᶠ पर तड़तड़ाती हैं. **2.** (fire) दागना : to ~ a gun on the wild animal जंगली जानवर पर बंदूक ≈. **3.** (put suddenly) पटकना, पटक देना : he could have ~ped his burden वह अपना बोझ पटक सकता था; to ~ smth in किसी चीज़ को अन्दर घुसेड़ना. **4.** (move suddenly) आ पड़ना, घुस पड़ना, लपकना : to ~ into the room कमरे में आ घुसना; she keeps ~ping in and out वह अंदर और बाहर आती-जाती रहती है.

poppy पॉ'पि *n.* (white) पोस्त, पोस्ता : (corn ~) लाल पोस्त; (prickly) भड़भड़वा ≈; ~ seed खसखस : ~ is a showy flower with large scarlet petals पोस्ता लाल और बड़ी-बड़ी पंखुड़ियोंᶠ वाला एक दिखावटी फूल होता है.

popular पॉ'प्यूलर *a.* **1.** लोकप्रिय, सर्वप्रिय, जनप्रिय [author लेखक, hero नायक, literature साहित्य]; he is studying with a

~ scientist वह एक ≈ वैज्ञानिक के साथ अध्ययन कर रहा है; he is very ~ among the students वह छात्रों में बहुत लोकप्रिय है; Tulsidas is a ~ poet of India तुलसीदास भारत के ≈ कवि हैं. **2.** (common) सामान्य [error भूल^F, thinking सोच^F, tradition परम्परा^{F}]; the style of living is becoming more and more ~ रहन-सहन का ढंग सामान्य होता जा रहा है; it is a ~ thing in his context उसके प्रसंग में यह सामान्य बात^F है; Rama is a ~ name in India राम भारत में ≈ नाम है. [*ant.* un ~] **3.** (of people) लोक, जन [dance नृत्य, government शासन, music संगीत, song गीत]; ~ front जनमोर्चा; ~ literature जन-साहित्य; ~ opinion जनमत; ~ taste लोक रुचि^{F}. **4.** (public) सार्वजनिक : ~ declaration ≈ उद्घोषणा^{F}. **5.** (of prices) सस्ता, लोक-सुलभ; books at ~ price सस्ती कीमत की किताबें.

popularity पॉ प्यू लै'रिटि n^u. लोकप्रियता^{F} : Mr. Chauhan has great ~ श्री चौहान की लोकप्रियता अत्यधिक है; he was re-elected due to his ~ in the whole district पूरे ज़िले में अपनी ≈ के कारण वह पुनः चुना गया; you cannot surpass him in ~ तुम लोकप्रियता में उससे आगे नहीं बढ़ सकते.

popularly पॉ'प्यूलर्लि *adv.* **1.** (generally) सामान्यतया, आमतौर से : he is ~ known by the name of Pintu ≈ वह पिंटू नाम से जाना जाता है. **2.** (cheaply) सस्ते : it is a ~ priced washing machine यह सस्ते दाम की धुलाई मशीन^F है.

populated पॉ'प्यूलेटिड *a.* बसा हुआ, आबाद [city शहर, village गाँव]; Delhi is a densely ~ city दिल्ली घना ≈ नगर है; a new colony was later on ~ नई कालोनी^{F} बाद में बसाई गई; a thickly ~ area creates municipal problems घना बसा हुआ क्षेत्र नगरीय समस्याओं को उत्पन्न करता है; this colony in Mauritius was ~ by Indians मारिशस का यह उपनिवेश भारतीयों ने बसाया था. **population** पॉ प्यू ले'शन n^u. **1.** जनसंख्या^{F}, आबादी^{F} [growing बढ़ती हुई, large बड़ी, thick घनी]; the ~ of the town is above two hundred thousands इस शहर की ≈ दो लाख से ज्यादा है; the ~ of this village consists mainly of fishermen इस गाँव की ≈ में अधिकतर मछुआरे हैं; the ~ of the country is increasing very fast देश की ≈ बहुत तेजी^{F} से बढ़ रही है. **2.** जनसमुदाय : Dravidian ~ of South India दक्षिण भारत का द्रविड़ ≈. **3.** जीव संख्या^{F} : the total ~ of birds and animals in a zoo किसी चिड़ियाघर में पक्षियों और पशुओं की संख्या.

porcelain पॉर्स'लिन n^u. **1.** पोर्सिलेन, चीनी मिट्टी^{F} : ~ is used by goldsmiths to mould ornaments ≈ का प्रयोग सुनारों द्वारा आभूषण ढालने के लिए किया जाता है; cups and dishes are made of ~ प्याले और तश्तरियाँ^{F} ≈ से बनाई जाती हैं. **2.** (articles) चीनी मिट्टी^{F} के बर्तन : cups, saucers and plates made of are ~ प्याले, पिर्चें^{F} (तश्तरियाँ) और प्लेटें^{F} ≈ के बने हैं.

porch पॉर्च n^c. ड्योढ़ी [broad चौड़ी, low नीची, wooden लकड़ी की]; sit in the ~ ड्योढ़ी में बैठो; we waited in the ~ हम ड्योढ़ी पर इंतज़ार करते रहे.

porcupine पॉर्'क्यूपाइन n^c. साही^{F} : a ~ has long upstanding pikes/prickles ≈ के लंबे-खड़े काँटे होते हैं; ~ is an ant-eater (animal) ≈ चींटी^{F} खाने वाला जानवर है.

pore पॉर **I.** n^c. रोम-कूप : sweat comes out of ~s पसीना रोम-कूपों से निकलता है; he was then sweating from every ~ तब उसके हर ≈ से पसीना आ रहा था. **II.** *v.t.* **1.** परिशीलन करना, ध्यान से देखना : he was poring over his new books वह अपनी नई किताब^F को ध्यान से पढ़ रहा था. **2.** चिंतन करना : she was poring at/upon a problem वह किसी समस्या पर चिंतन कर रही थी. [*as distinct from* pour]

pork पॉर्क n^u. सुअर का गोश्त [fresh ताज़ा, rotten सड़ा हुआ]; ~ butcher ≈ बेचने वाला (कसाई); he likes ~s more than mutten वह भेड़-बकरी^{F} के मांस की अपेक्षा^{F} ≈ अधिक पसंद करता है.

porous पॉ'रस *a.* सरंध्र, छिद्रित [skin चमड़ी^{F}, soil मिट्टी, sponge स्पंज]: I need ~ clothes, not water-tight ones मुझे सरंध्र

कपड़े चाहिएँ न कि जलरोधी; ~ land is good for potatoes आलू के लिए ≈ भूमि^F अच्छी होती है.

porridge पॉ'रिज *n.* (no *pl.*) दलिया [cold ठंडा, hot गरम]; ~ is prepared by boiling crushed grain in milk and water ≈ चूरा किए हुए अनाज को दूध और पानी में उबालकर तैयार किया जाता है; the servant ate up all the ~ नौकर सब ≈ खा गया; he cooks ~ well वह अच्छा ≈ पकाता है.

port पॉर्ट **I.** *n*^c. **1.** बंदरगाह, पत्तन [free मुक्त, large बड़ा, main मुख्य]; there were only few ships at the ~ ≈ में बस थोड़े-से जहाज़ थे; Calcutta is a big ~ of India कलकत्ता भारत का एक बड़ा ≈ है. **~authority** पत्तन-प्राधिकरण; **~dues** पत्तन शुल्क; **~trust** पत्तन-न्यास. **2.** (purport) अभिप्राय (old use) : immediately I understood his ~ मैं तुरंत उसके ≈ को समझ गया. **II.** *v.t.* (trun to left) बाएँ मुड़ना या मोड़ना; to ~ the helm पतवार को ≈. **portable** पॉर्'टबॅल *a.* उठाऊ [table मेज़, T V टी वी, typewriter टाइपराइटर]; you may carry your ~ radio anywhere तुम अपना ≈ रेडियो कहीं ले जा सकते हो. **porter** पॉर्'टर *n*^c. **1.** (door-man) द्वारपाल, दरबान : there is a ~ on duty at Mr. Smith's house मि. स्मिथ के घर एक दरबान ड्यूटी पर रहता है. **2.** पल्लेदार, कुली : laborious ~ मेहनती ≈; ~s are employed for carrying goods at markets पल्लेदार मंडियों^F में सामान उठाने के लिए लगाए जाते हैं; a ~ at a railwaystation carries travellers, luggage रेलवे-स्टेशन पर कुली यात्रियों का सामान उठाता है; generally ~s wear red shirts सामान्यतया कुली लाल कमीज़ें पहनते हैं. **porterage** पॉर्'टॅरिज *n.* कुली की ढुलाई^F : you have not paid the ~ तुमने कुली की मज़दूरी नहीं दी है; ~ is heavy at some stations कुछ स्टेशनों पर कुली की मज़दूरी^F ज़्यादा है.

portfolio पॉर्ट्'फ़ो ल्यो *n*^c. (*pl.* portfolios) **1.** डब्बा, पत्राधान : ~ for carrying drawings, business papers, etc. रेखाचित्र, व्यापारिक काग़ज़ आदि रखने का ≈. **2.** (of minister) विभाग या पद [foreign विदेश, home गृह]; minister without ~ निर्विभाग ≈; ~ of a minister किसी मंत्री का विभाग; he is still not given a ~ उसे अब भी कोई विभाग नहीं दिया गया है; he has resigned his ~ उसने मंत्री पद से इस्तीफ़ा दे दिया है.

portico पॉर्'टिको *n*^c. (*pl.* porticoes) ड्योढ़ी^F : ~ is the roof at the entrance of a building पोर्टिको एक छत^F है जो किसी भवन के प्रवेश द्वार पर होती है; there is no ~ in this house इस घर में कोई ≈ नहीं है; we waited in the ~ हमने ≈ में इंतज़ार किया; the car was parked in the ~ कार^F ≈ में खड़ी की गई.

portion पॉर्'शन **I.** *n*^c. **1.** (share) भाग, हिस्सा [big बड़ा, double दूना, less कम]; front ~ of a train रेलगाड़ी^F का अगला ≈; this ~ of the house is salable मकान का यह भाग बिकाऊ है. **2.** टुकड़ा : ~ of cheese पनीर का टुकड़ा; this ~ of land is very bad ज़मीन का यह टुकड़ा बहुत ख़राब है. [*ant.* whole] **3.** (dowry) also marriage ~ दहेज : he demanded a heavy ~ at the marriage of his son उसने अपने लड़के की शादी^F पर भारी दहेज की माँग की. **4.** (fate) भाग्य, किस्मत : suffering is a ~ of our life in this world इस दुनिया^F में दुःख हमारे जीवन का भाग्य है. **II.** *v.t.* हिस्से करके बाँट देना; to ~ smth among some people कोई चीज़ कुछ लोगों में बाँट देना.

portrait पॉर्ट्'रिट *n*^c. **1.** चित्र, तस्वीर, रूपचित्र : I saw the ~ of his girl friend in the photographer's studio मैंने उसकी सहेली^F की तस्वीर फोटोग्राफर की चित्रशाला^F में देखी; a ~ painted by an artist एक कलाकार द्वारा बनाया गया चित्र; a ~ is a picture or photo of a person or animal यह चित्र किसी व्यक्ति या पशु की तस्वीर या उसका फोटो होता है. **2.** शब्दचित्र : a ~ of Delhi by an English writer एक अंग्रेजी लेखक का दिल्ली का ≈. **portray** पॉर् ट्रे' *v.t.* **1.** चित्रित करना, वर्णन करना : he ~ed her as a cheerful woman उसने उसका एक प्रसन्न स्त्री के रूप में चित्रण किया; he ~ed the hero as a ruffian उसने नायक को एक गुण्डे के रूप में चित्रित किया. **2.** प्रस्तुत करना : the king was

~ed as cruel राजा को निर्दयी शासक के रूप में प्रस्तुत किया गया. 3 अभिनय करना, की भूमिका अदा करना : he ~ed as a king in the drama उसने नाटक में एक राजा का अभिनय किया; he ~ed Ravana in T. V. उसने टी. वी. में रावण का अभिनय किया.

pose पोज़ **I.** *n*^c. **1.** (of body) ठवन^F, मुद्रा^F [relaxed तनावरहित, sitting बैठी हुई, smiling मुस्कराती, strange विचित्र]; he is in a good ~, you may take his photo वह अच्छी ≈ में है, तुम उसका फ़ोटो ले सकते हो; a photographer needs a good ~ for beautiful portraits सुंदर तस्वीरों^F के लिए फोटोग्राफर को अच्छी ≈ की आवश्यकता^F होती है. **2.** (pretence) ढोंग, आडंबर : I always dislike such a ~ मैं इस प्रकार के ≈ से हमेशा घृणा करता हूँ; her benevolence is a sheer ~ उसकी दयालुता^F महज़ एक ≈ है. **II.** *v.t.* **1.** प्रस्तुत करना, सामने रखना : he ~d a question in the meeting उसने बैठक में एक प्रश्न प्रस्तुत किया. **2.** *v.i.* चित्र के लिए खड़ा रहना या बैठाना : he ~d in front of the camera for a picture वह कैमरा के सामने चित्र खिंचवाने प्रस्तुत हुआ. **3.** का ढोंग रचना, दिखावा करना : he ~d to be a very intelligent person उसने दिखावा किया कि वह बहुत समझदार व्यक्ति है; to ~ as a doctor डाक्टर होने का ≈. **4.** to ~ a problem समस्या रखना.

position पॅ ज़ि'शन *n*^c. **1.** (location) स्थिति^F [former पहले की, important महत्वपूर्ण, suitable उपयुक्त]; ~ of a school near a station स्टेशन के समीप विद्यालय की ≈; these chairs were in such a ~ यह कुर्सियाँ^F ऐसी ≈ में थीं; I am not in a ~ to help you मैं आपकी सहायता^F करने की ≈ में नहीं हूँ; to be in a comfortable ~ सुखप्रद स्थिति^F में होना; perhaps I shall be in a ~ to go with you next week शायद अगले सप्ताह मैं तुम्हारे साथ जाने की ≈ में हूँगा. **2.** (attitude) रुख दृष्टिकोण [favourable अनुकूल, usual साधारण]; let me explain my ~ मैं अपना ≈ बता दूँ; your ~ regarding money धन के संबंध में तुम्हारी ≈; I could not understand his ~ मैं उसका रुख़ समझ न सका; what is your ~ on this affair इस मामले के बारे में तुम्हारा क्या ≈ है? **3.** (place) स्थान [high ऊंचा, pleasing सुखद]; leave the cups in their ~ प्यालों को अपने ≈ पर रहने दें; the tables are out of their ~ मेज़ें^F अपने ≈ पर नहीं है; a ~ of responsibility in business व्यापार में ज़िम्मेदारी का ≈; he held the first ~ in the class उसने कक्षा^F में प्रथम ≈ प्राप्त किया. **4.** (rank) दर्जा : he has a high ~ in the office कार्यालय में वह ऊंचे दर्जे पर है; he has a good ~ as a manager प्रबंधक के रूप में उसका अच्छा ≈ है. **5.** (post) पद : it is difficult for him to get an honourable ~ सम्मानजनक पद प्राप्त करना उसके लिए कठिन है; to apply for a certain ~ किसी पद के लिए प्रार्थना-पत्र भेजना.

positive पॉ'ज़िटिव़ *a.* **1.** (math., electr.) धनात्मक, धन : ~ quantity ≈ राशि^F; ~ sign धन का चिन्ह (+) ; a ~ number is greater than zero ≈ संख्या^F शून्य से बड़ी होती है. **2.** (affirmative) सकारात्मक [advice सलाह^F, reply उत्तर, thinking सोच^F]; his proposal was ~ उसका सुझाव ≈ था. **3.** (constructive) रचनात्मक [criticism आलोचना^F, suggestion सुझाव, thinking सोच^F, work काम]; use of science must be ~ विज्ञान का प्रयोग रचनात्मक होना चाहिए. **4.** (definitive) निश्चयात्मक, (सु) निश्चित [instruction निर्देश, proof प्रमाण, refusal इंकार]; he was ~ that there was a snake उसे निश्चय था कि वहाँ एक साँप था. **5.** (convinced) आश्वस्त : he was ~ about his help वह उसकी सहायता^F के बारे में ≈ था. **6.** (gram.) विधिवाचक : ~ sentence ≈ वाक्य. **7.** सरल, सामान्य : 'good' is the ~ form of 'better' 'अच्छा' 'बेहतर' का ≈ रूप है. **8.** (photo) पाज़िटिव, मूल (चित्र). [*ant.* negative]

possess पॅ ज़ॅ'स' *v.t.* **1.** (own) का स्वामी या मालिक होना : she ~es two houses and a factory वह दो मकानों और एक कारख़ाने की मालिक है; I do not ~ this car मैं इस कार^F का स्वामी नहीं हूँ यह कार मेरी मिल्कियत नहीं है.

2. (have possession) पर कब्ज़ा होना, अधिकार में रखना : he ~es some property in the city शहर में कुछ संपत्ति[F] पर उसका अधिकार है; to ~ oneself अपने ऊपर अधिकार होना; I ~ this land मेरा इस ज़मीन[F] पर कब्ज़ा है; he never ~ed this factory इस कारखाने पर उसका कब्ज़ा कभी नहीं रहा. 3. (qualities) से संपन्न होना, से युक्त होना : he never ~ed good health वह अच्छे स्वास्थ्य से युक्त कभी नहीं रहा, उसका स्वास्थ्य कभी अच्छा नहीं रहा; he ~es many qualities वह बहुत-से गुणों से संपन्न. 4. (dominate) पर प्रभुत्व होना, हावी होना : very soon he was ~ed by this idea शीघ्र ही यह विचार उसके मन पर बैठ गया (हावी हो गया); he has ~ed me, I am not free उसका मेरे ऊपर प्रभुत्व है, मैं स्वतंत्र नहीं हूँ. 5. he is ~ed by an evil spirit इस पर किसी भूत-प्रेत की छाया[F] है. **possessed** पॅ ज़ॆ'स्ड' *a.* अधिकृत : the girl is ~ of a large fortune लड़की बड़ी भारी संपत्ति[F] की मालिक है; he is ~ of national spirit वह राष्ट्रीय भावना[F] से आविष्ट है. **possession** पॅ ज़ॆ'शन *n*[c]. 1. (ownership) स्वत्व, अधिकार [personal व्यक्तिगत, real वास्तविक]; who is in the ~ of this land इस जमीन पर किसका स्वामित्व है; he came into the ~ of an estate उसे एक जायदाद[F] का स्वामित्व प्राप्त हुआ. 2. अधिकार, कब्ज़ा : he took ~ of the house उसने मकान का ~ ले लिया; the key is in ~ of my mother, my mother is in ~ of the key चाबी[F] मेरी माँ के कब्ज़े में है; take the ~ of smth, take smth into ~ किसी चीज़ का ≈ लेना; I was in the ~ of the house घर पर मेरा ≈ था. 3. (property) संपत्ति[F], जायदाद : permanent ~ स्थायी ≈; he sold all his ~s उसने अपनी सारी संपत्ति[F] बेच दी.

possibility पॉ सि बि'लिटि *n*[c]. (*pl.* possibilities) 1. संभावना [less कम, much अधिक]; it is only a ~ ये मात्र ≈ है; there is no ~ कोई ≈ नहीं है; there is the ~ of success सफलता[F] की ≈ है; this job offers good possibilities for advancenment इस काम में उन्नति[F] की अच्छी संभावनाएँ[F] हैं; is there any ~ of finding them क्या उनका पता लगने की कोई ≈ है? the new discovery has great possibilities नई खोज[F] से बहुत संभावनाएँ हैं; there is every ~ of his winning the prize उसके पुरस्कार जीतने की हर ≈ है; no ~ of defeat हार की कोई ≈ नहीं; the ~ that it may rain यह ≈ कि बारिश[F] हो सकती है. 2. संभावित घटना[F] : the defeat of the enemy was a ~ शत्रु की पराजय[F] एक ≈ थी. **possible** पॉ'सिबल *a.* 1. संभव [answer उत्तर, change परिवर्तन, improvement सुधार, result परिणाम, solution समाधान]; everything is ~ सब कुछ ≈ है; come as soon as ~ यथासंभव जल्दी आना; it is ~ that he may come in the evening यह ≈ है कि वह शाम को आ जाए; we shall do everything ~ जो कुछ संभव होगा हम करेंगे; is it ~ for you to stay here any longer क्या यहाँ कुछ समय और रुकना तुम्हारे लिए ≈ है? is that ~ क्या यह ≈ है? I will go if it is ~ यदि यह ≈ हुआ तो मैं अवश्य जाऊँगा; please, answer this question as soon as ~ कृपया जितनी जल्दी संभव हो इस प्रश्न का उत्तर दीजिए; if ~, come before mid day यदि ≈ हो तो दोपहर से पहले आ जाइए, 2. (reasonable) युक्तिसंगत, उपयुक्त : this is the only ~ solution केवल यही एक ≈ हल है; a ~ candidate उपयुक्त अभ्यर्थी, [*ant* impossible] **possibly** पॉ'सिबिल *adv.* 1. संभवतः, शायद, कदाचित् : he may ~ recover वह ≈ स्वस्थ्य हो जाएगा; you may ~ get success ≈ तुम सफल हो जाओ; I cannot ~ lend you any money कदाचित मैं आपको कोई धन उधार नहीं दे सकता; he is ~ the most honest man ≈ वह सबसे ईमानदार आदमी है. 2. I'll do what I ~ can जो मुझसे हो सका करूगा. 3. (by any means) किसी तरह[F] : can you ~ come क्या आप ≈ आ सकते हैं?

post पोस्ट I. *n*[u]. डाक[F] : morning ~ सुबह की डाक; ~ bag डाक थैली[F]; ~ box पत्र पेटी[F]; this book came by ~ yesterday यह किताब[F] कल ≈ से आई; I will send it by ~ मैं इसे ≈ से भेजूँगा; I missed the morning

~ मैं सुबह^F की ≈ से नहीं भेज सका; please reply by return of ~ कृपया वापसी ≈ से उत्तर दीजिए, **2.** *n*^{c}. (job) पद, नौकरी^{F} : honorary ~ अवैतनिक ≈; responsible ~ ज़िम्मेवारी का पद; vacant ~ खाली पद; to apply for the ~ of a superintendent सुपरिन्टेन्डेंट के पद के लिए आवेदन करना; he was appointed to the ~ of director उसे निदेशक के पद पर नियुक्त किया गया; I got a new ~ मुझे नई नौकरी मिली, नया पद मिला. **3.** (place) of duty स्थान, जगह^F : the soldiers stood at their ~ सैनिक अपने स्थान पर खड़े रहे. **4.** (pillar) खंभा [stone पत्थर का, wooden लकड़ी^{F} का]; starting ~ दौड़^{F} में शुरू का ≈; winning ~ दौड़^{F} के अंत का ≈; a ~ was stuck in the ground एक खंभा ज़मीन में गाड़ दिया गया; the ~ was too long ≈ बहुत अधिक लंबा था. **bed**~ पलंग का पाया. **5.** (mil.) चौकी^{F} : the constables were away from the police ~ कांस्टेबल पुलिस-चौकी से दूर थे. **II.** *prefix* **1.** (in time) -उत्तर, उत्तर : ~dated उत्तरदिनांकित; ~-graduate स्नातकोत्तर; ~ meridien मध्यकालोत्तर; ~ war युद्धोत्तर. **2.** (in space) ~ mortem पश्च चीर-फाड़^{F}; ~script पश्चलेख, पुनश्च. **III.** *v.t.* **1.** डाक^F से भेजना, डाक^F में डालना : ~ all the postcards today सभी पोस्टकार्ड आज डाक से भेज दो; when was the letter ~ed पत्र कब भेजा गया था ? **2.** शीघ्रता^{F} से यात्रा^{F} करना, जल्दी सफ़र करना : he ~ed for the Himalayas उसने शीघ्र ही हिमालय की यात्रा^{F} की. **3.** (book-keeping) खतियाना, खाते में चढ़ाना : the clerk has ~ed his sum in his account क्लर्क ने रकम^F उसके खाते में चढ़ा दी है; all names will be ~ed (up) by the evening सब नाम शाम तक बही/खाते में चढ़ा दिये जाएँगे; to ~ (up) the ledger खाता-बही पूरा करना. **4.** (stick up) चिपकाना, (इश्तहार) लगाना : to ~ (up) a poster on the wall दीवार^F पर इश्तहार लगाना. **5.** (station) तैनात करना : policemen were all ~ed away from the house सभी पुलिस सिपाही घर से दूर तैनात किए गए, **6.** (appoint) नियुक्त करना : Mr. Singh has been ~ed to Patna श्री सिंह को पटना में नियुक्त करके भेजा गया है. **7.** make known घोषित करना : to keep smb ~ed with latest news ताज़ा समाचार से किसी को अवगत कराते रहना. **postage** पोस्'टिज *n*^{u}. डाक-व्यय : ~ due देय ≈, बैरंग; ~ stamp डाक-टिकट; how much ~ has to be paid कितना ≈ चुकता करना है ? ~ for sending this parcel is Rs. 12 यह पार्सल भेजने का ≈ बारह रुपए हैं. **postal** पोस्'टल *a.* डाक का [address पता, union संघ]; ~order पोस्टल-आर्डर; ~ services ≈ सेवाएँ^{F}; ~ charges have increased from the 15th April पंद्रह अप्रैल से डाकखर्च बढ़ गया है; who will pay the ~ dues डाक व्यय कौन चुकाएगा ? **poster** पोस्'टर *n*^{c}. इश्तहार, विज्ञापन [attractive आकर्षण, decorated सुसज्जित, printed छपा हुआ]; a ~ propagates some new article ≈ किसी नई चीज़^{F} का प्रचार करता है; stick this ~ on the wall इस इश्तहार को दीवार^F पर चिपका दो. **postman** *n*^{c}. पोस्टमैन, डाकिया [poor गरीब, regular नियमित, sincere सच्चा]; ~ gives out letters and parcels ≈ पत्र और पार्सल बाँटता है; a ~ delivers these articles at your entrance ≈ तुम्हारे प्रवेशद्वार पर ये चीज़ें छोड़ देता है. **post master** *n*^{c}. पोस्टमास्टर, डाकपाल : ~ is the officer incharge of the post-office ≈ डाकख़ाने का प्रभारी अधिकारी होता है.

post meridiem (p.m.) पोस्ट्'मरिडिअम *n.* बाद दोपहर, अपराह्न : he will meet you in the school at 4 P.M. वह ≈ चार बजे तुम्हें विद्यालय में मिलेगा.

post mortem पोस्ट् मॉर्'टम **I.** *n*^{u}. (also ~ examination) शव परीक्षा^{F}: ~ showed no poison ≈ में विष नहीं आया; the dead body was handed over to the relatives after the ~ ≈ के बाद लाश^F को उसके संबंधियों को सौंप दिया गया.

post-office पोस्ट्'ऑफ़िस *n*^{c}. डाकघर, डाकख़ाना [branch शाखा, main मुख्य, sub अधीनस्थ]; the nearest ~ is beside my school निकटतम ≈ मेरे विद्यालय के बग़ल में है; you can get postcards, envelopes and stamps at the ~ तुम ≈ से पोस्टकार्ड,

लिफ़ाफ़े और टिकट ले सकते हो; is there any ~ here क्या यहाँ कोई ≈ है? he is a clerk in the ~ वह ≈ में लिपिक है.

postpone पोस्ट्'पोन *v.t.* **1.** (defer) स्थगित करना, मुल्तवी करना : his marriage has been ~d उसकी शादी^{F} स्थगित कर दी गई है; the game was fixed for today but it is ~d to the 4th July आज खेल होना निश्चित था किंतु इसे चार जुलाई के लिए मुल्तवी कर दिया गया है. **2.** (indefinitely) ताक पर रख देना, पीछे रख देना : the superintendent ~d his application अधीक्षक ने उसके आवेदन-पत्र को ताक पर रख दिया. **postponement** पोस्ट् पोन्'मन्ट n^c. स्थगन : the Registrar announced the ~ of examinations रजिस्ट्रार ने परीक्षाओं के स्थगन की घोषणा^{F} की; the ~ of the meeting was confirmed by the secretary सेक्रेटरी द्वारा बैठक को स्थगन का अनुमोदन किया गया.

posture पॉस्'चर **I.** n^u. **1.** (from 'pose') मुद्रा^{F} : he is in an active ~ वह सक्रिय ≈ में है; his ~ is now praiseworthy अब उसकी ≈ प्रशंसनीय है. **2.** (carriage) ठवन : the young man liked the natural ~ of the girl नवयुवक को लड़की की स्वाभाविक ≈ पसंद थी. **3.** (attitude) रुडख : the government's ~ on this issue is very unhelpful इस मामले में सरकार^F का ≈ असहयोगात्मक है. **II.** *v.t.* दिखावा या ढोंग करना : to ~ as a philanthropist परोपकारी बनने का ≈.

pot पॉट **I.** n^c. बर्तन, पात्र : ink~ दवात^F; flower~ गमला; tea ~ चायदानी^{F}; ~s of money ढेर-सा धन; this ~ is made of silver यह बर्तन चाँदी^{F} का बना हुआ है. Δ **make the ~ boil** जीविका-निर्वाह करना, किसी तरह ज़िंदगी^{F} बसर करना; **the ~ calls the kettle black** अंधा होकर दूसरे को अंधा कहना; चलनी क्यों बोले जिसमें बहत्तर छेद. **II.** *v.t.* . पात्र में रखना : to ~ water बर्तन में पानी रखना; to ~ plants गमले में पौधे लगाना. **potable** पो'टॅबल *a.* पीने योग्य [syrup शरबत/शीरा, water पानी]; this mixture is not ~ यह घोल पीने योग्य नहीं है.

potato पॅ टे टो' n^c. (*pl.* potatoes) आलू [baked सेंका हुआ, boiled उबला हुआ, fresh ताज़ा, fried तला हुआ]; the ~es are ready ≈ तैयार हैं; we had meat and ~es for our dinner हमें अपने दोपहर के खाने में भोजन में मांस और ≈ मिले; ~ is an important vegetable ≈ एक महत्वपूर्ण सब्ज़ी है; I have peeled all the ~es मैंने सभी आलू छील दिए हैं.

potential पॅ टॅन्'शल **I.** *a.* **1.** (possible) संभावित, शक्य [demand माँग^F, leader नेता, medium माध्यम, revolutionary क्रांतिकारी]; perhaps he is the ~ customer शायद वह ≈ ग्राहक है. **2.** (latent) अंतर्निहित, प्रच्छन्न [energy ऊर्जा^{F}, power शक्ति^{F}]; he could not forcee his ~ strength वह अपनी ≈ शक्ति^{F} का अंदाज़ न कर सका. **II.** n^c. **1.** सामर्थ्य^F, अंत:शक्ति^{F} : he has yet to realize his ~ अभी उसे अपनी ≈ को पहचानना है. **2.** संभावना^{F} : there is a ~ for a riot दंगे की ≈ है; this mine has a great ~ इस खदान में भारी ≈ है.

potter पॉ'टर **I.** n^c. कुम्हार : ~'s earth कुम्हरौटी^{F}, चिकनी मिट्टी^{F}; ~'s kiln आवाँ; ~'s wheel चाक; ~ makes pots of clay ≈ मिट्टी^{F} के बर्तन बनाता है; there are two ~s in my village मेरे गाँव में दो ≈ हैं. **II.** *v.t.* **1.** समय गँवाना, मक्खी^{F} मारना : he does noting at his shop, he ~s about the whole day वह अपनी दुकान पर कुछ नहीं करता, दिन भर समय गँवाता है. **2.** (loiter) इधर-उधर फिरना, व्यर्थ घूमना, आवारा भटकना : he ~s about in the garden वह बाग में व्यर्थ घूमता-फिरता है. **pottery** पॉ'टॅरि n^c. मिट्टी^{F} के बर्तन, मृद्‌भाण्ड [modern अद्यतन, ornamental अलंकारी]; ~ means dishes, bowls and other articles मृद्‌भाण्ड का मतलब है तश्तरियाँ, कसोरे और अन्य वस्तुएँ^{F}; ~ is more easily breakable than glass मृद्‌भाण्ड काँच से ज़्यादा जल्दी टूटने वाला होता है.

pouch पाउच **I.** n^c. थैली^{F}, (pocket) जेब^F [cloth कपड़े की, leather चमड़े की]; ~ of Kangaroo कंगारू की थैली; he has a tobacco ~ उसके पास तम्बाकू रखने की एक ≈ है. **II.** *v.t.* **1.** थैली में रखना : she ~ed her money and went away उसने थैली में पैसा रखा और चल दी. **2.** (swallow) निगलना : he ~ed two pills without water वह बिना पानी के दो गोलियाँ [F] निगल गया.

poultice पोल्'टिस *n*[u]. पुलटिस, लेप : ~ is soft heated wet mass for skin ≈ चमड़ी[F] के लिए एक मुलायम, गर्म और ढीला-सा चक्का होता है; ~ lessens pain and swelling ≈ पीड़ा[F] और सूजन[F] को कम करता है; the doctor put hot ~ on his back डाक्टर ने उसकी पीठ[F] पर गर्म ≈ लगा दिया.

poultry पोल्'ट्रि *n. pl.* पोल्टरी[F] : chickens, hens, ducks, geese, etc. are called ~ चूज़ों, मुर्गियों[F], बत्तखों[F], मुरग़ाबियों[F] को ≈ कहते हैं; ~ house मुरगीख़ाना; ~ farming is a very profitable job कुक्कुटपालन बहुत लाभदायक काम है; I keep ~ in the garden मैं बगीचे में एक मुर्गीघर रखता हूँ.

pounce पॉउन्स **I.** *n*[c]. (swoop) झपट्टा : the ~ of the tiger is very fast चीते का ≈ बहुत तेज़ होता है. **II.** *v.i.* **1.** झपटना : to ~ upon smb or smth किसी व्यक्ति या किसी वस्तु[F] पर ≈; the cat ~d on the mouse बिल्ली चूहे पर झपटी. **2.** मुकियाना : the policeman ~d on the thief पुलिस[F] ने चोर को मुकियाया. **3.** झटके से पकड़ना : to ~ upon a mistake झट से गलती[F] पकड़ना.

pound पाउन्ड **I.** *n*[c]. **1.** (unit of weight) पाउन्ड, पौण्ड [one एक, two दो]; he sold three ~s of butter उसने तीन ≈ मक्खन बेचा; this weighs 7 ~s इसका वज़न सात ≈ है. **2.** (unit of money) पौंड : he bought a coat for twelve ~s उसने बारह ≈ में एक कोट ख़रीदा; please lend me ten ~s कृपया दस ≈ मुझे उधार दीजिए. **3.** (enclosure) बाड़ा, घेरा : there is a big ~ for cattle वहाँ मवेशियों के लिए एक बाड़ा है. **4.** कांजी हाउस : pay the fine and get your cow from the ~ जुर्माना भरो और अपनी गाय[F] ≈ से छुड़ा लाओ. **5.** (blow) प्रहार, आघात : we made a ~ on his back हमने उसकी पीठ[F] पर प्रहार किया. **II.** *v.t.i.* **1.** पीसना, कूटना : we ~ grain into flour हम दाने पीसकर आटा बनाते हैं. **2.** (fire) गोलाबारी[F] करना : the enemy army ~ed the position शत्रुसेना ने ठिकाने पर गोलाबारी की. **3.** मुकियाना, (तड़ातड़) मारना : he ~ed at the table angrily उसने गुस्से से मेज़ पर मुक्का मारा. **4.** (throb) धड़कना : seeing the police the thief's heart began to ~ पुलिस[F] को देखकर चोर का हृदय धड़कने लगा. **5.** (move heavily) धमा-चौकड़ी मचाना : you cannot check the students from ~ing तुम छात्रों को धमा-चौकड़ी मचाने से नहीं रोक सकते. **6.** to ~ *on/at* smth किसी चीज़ से टकराना या टक्कर[F] मारना. **7.** कांजी हाउस या घेरे में बंद करना : to ~ stray cattle आवारा मवेशियों को ≈.

pour पॉर **I.** *v.t.* उंड़ेलना : she ~ed tea into a cup उसने कप में चाय उंड़ेली; ~ the coffee from the pot बर्तन से काफ़ी उंड़ेलो; she is ~ing milk in the glass वह गिलास में दूध उंड़ेल रही है. Δ did **you ~ oil on the flames** क्या तुमने आग में तेल डाला था? लड़ाई भड़काई थी? **to ~ cold water on smb's ambitions** किसी की आकांक्षाओं[F] पर पानी फेर देना. **to ~ oil on troubled waters** शांत करना, झगड़ा मिटाना. **II.** *v.i.* 1. (flow) बहकर जाना : the stream ~s into the river नाला (बहकर) नदी में जा गिरता है. **2.** (rain) मूसलाधार बरसना : heavy rain is ~ing ज़ोर की वर्षा[F] हो रही है; it is ~ing मूसलाधार वर्षा[F] हो रही है. **3.** बहना, बहकर निकलना. water was ~ing out of the tap टोंटी[F] से पानी निकल रहा था. **4.** बौछार[F] करना : to ~ out abuses, threats गालियों[F], धमकियों की ≈. **5.** तांता लगना : guests are still ~ing in मेहमानों के आने का ताँता लगा है. [*as distinct from* pore]

poverty पॉ'व़र्टि *n*[u]. (from 'poor') **1.** दरिद्रता[F], गरीबी[F], कंगाली[F], निर्धनता[F] [terrible भयंकर, unbearable असह्य]; he lives in ~ वह ≈ में जी रहा है; to sink into ~ ≈ में डूबा होना; his family suffered great ~ उसका परिवार अत्यधिक कंगाली में पीड़ित था; you can relieve some people's ~ by donating money दान से तुम कुछ लोगों की गरीबी दूर कर सकते हो; he could not continue his education due to ~ ≈ के कारण वह अपनी शिक्षा[F] जारी न रख सका.

[*ant.* riches] **2.** कमी^F, अभाव : ~ of money धन का ≈; ~ of courage साहस की कमी; ~ of ideas विचारों का अभाव. **3.** (of land) अनुर्वरता; crops were scanty due to the ~ of the soil मिट्टी^F की ≈ के कारण फ़सल थोड़ी हुई.

powder पॉउ'डर **I.** *n*^cu. **1.** चूर्ण, बुकनी^F, चूरा, पाउडर [explosive विस्फोटक, white सफ़ेद]; grind smth to fine ~ किसी चीज़^F को पीसकर महीन चूरा करना; he crushed the piece of chalk into ~ उसने खड़िया^F का टुकड़ा कुचलकर चूरा कर दिया; women put ~ on their faces औरतें अपने चेहरे (मुँह) पर पाउडर लगाती हैं. **2.** (gun ~) बारूद [dangerous ~ ख़तरनाक ≈; he possessed a hundred kg. of ~ उसके पास 100 किलो बारूद था. **3.** (medicine) चूरन [digestive पाचक, useful उपयोगी]; ~ is very beneficial for stomach ≈ पेट के लिए बहुत उपयोगी होता है. **II.** *v.t.* **1.** पाउडर छिड़कना या लगाना : to ~ the face चेहरे पर पाउडर छिड़कना. **2.** पीसना, चूरा करना : he ~ed the piece of chalk उसने चाक का चूरा कर दिया.

power पॉउ'अर *n*^c. **1.** (strength) शक्ति, बल, सामर्थ्य^F [atomic परमाणुवीय, exceptional अपवादात्मक, extraordinary असाधारण, mechanical यांत्रिक, mental मानसिक, physical शारीरिक]; what is the ~ of this engine इस इंजन की शक्ति कितनी है ? it is a 30- horse -~ engine यह तीस अश्वशक्ति का इंजन है; I'll do everything in my ~ मैं अपनी शक्तिभर सब कुछ करुंगा; it is not within my ~ to help you तुम्हारी सहायता^F करना मेरी सामर्थ्य की बात नहीं है. [*ant.* weakness] **2.** (legal authority) अधिकार-शक्ति^F, अधिकार-क्षेत्र : the police have the ~ to arrest anybody पुलिस^F को अधिकार है कि किसी को पकड़ ले; it is beyond the power of the magistrate यह मजिस्ट्रेट के अधिकार के बाहर है. **3.** (political ~) सत्ता^F : who will come into ~, it is hard to say कौन सत्ता में आएगा, कहना कठिन है; this party will come into ~ यह पार्टी सत्ता में आएगी. **4.** (energy) ऊर्जा^F : water ~ जल-ऊर्जा; electric ~ (use only 'power') बिजली^F, विद्युत-शक्ति^F [atomic आणवीय, hydro जल, thermal तापीय]; ~ house बिजलीघर; the supply of ~ is not sufficient बिजली की आपूर्ति^F पर्याप्त नहीं है. **5.** control नियंत्रण : I have him in my ~ वह मेरे नियंत्रण में है. **6.** (person) प्रभावशाली व्यक्ति. **7.** *n*^c. (country) राष्ट्र, शक्तिशाली देश : European ~s यूरोपीय देश/राष्ट्र; the great ~s बड़े - बड़े शक्तिशाली राष्ट्र. **8.** (Maths.) घात : 8 power 6 आठ ≈ छह 86. **powerful** पॉउ'अर्फ़ुल *a.* शक्तिशाली [army सेना^F, country देश, engine इंजन, machine मशीन^F, man आदमी, movement आंदोलन, state राज्य]; Germany is a ~ country जर्मनी एक ≈ देश है. **powerless** पॉउ'अलें श *a.* असमर्थ, अशक्त, शक्तिहीन : लाचार, मजबूर [country देश, man आदमी]; the officer was ~ to help me अधिकारी मेरी सहायता^F करने में असमर्थ था; the driver was ~ to stop the bus चालक बस रोकने में अशक्त था.

P.P. Private and Personal.

p.p. past participle.

P.P.O. Pension Payable Order.

practicable प्रैक्'टिकॅबल *a.* व्यवहार्य, साध्य [plan योजना^F, work काम]; his suggestion was not ~ उसका सुझाव ≈ नहीं था; I found it un~ मुझे यह अव्यवहार्य लगा. [*ant.* in ~] **practical** प्रैक्'टिकल *a.* **1** व्यावहारिक [advice सलाह^F, difficulty कठिनाई^F, knowledge ज्ञान]; ~ application व्यावहारिक प्रयोग; ~ value ≈ उपयोगिता^F; ~ joke ≈ मज़ाक/शरारत^F; ~ scheme ≈ योजना^F; it is of ~ use यह ≈ प्रयोग की है. **2.** प्रयोगात्मक, प्रायोगिक [chemistry रसायन विज्ञान, examination परीक्षा^F]. **3.** (useful) उपयोगी : he is not ~ for everything वह हर बात^F के लिए ≈ नहीं है. **4.** व्यवहारकुशल : a ~ person ≈ व्यक्ति. **5.** for all ~ purposes वास्तव में. **practically** प्रैक्'टिकॅलि *adv.* **1.** व्यावहारिक रूप से : his power was ~ unlimited ≈ उसकी शक्ति असीमित थी. **2.** (nearly) लगभग : I have ~ finished my work मैंने

अपना काम ≈ समाप्त कर दिया है : holidays are ~ over छुट्टियाँ[F] ≈ समाप्त हैं. 3. वास्तव में, असल में : the jug is ~ empty जग ≈ ख़ाली है. **practice** प्रैक्'टिस *n*[uc]. 1. (habitual action) व्यवहार : normal ~ सामान्य व्यवहार; it is rather simple ~ अपेक्षया यह ≈ आसान है. 2. (custom) प्रथा[F], रिवाज [ancient प्राचीन, common सामान्य]; the tribal people have strange ~s जनजातीय लोगों में विचित्र प्रथाएँ हैं; the old ~ of Sati was revived सती[F] की पुरानी प्रथा पुनरुज्जीवित की गई. 3. (habit) आदत[F] [good अच्छी, praiseworthy प्रशंसनीय, special विशेष]; the ~ of rising early in the morning सुबह[F]-सवेरे उठने की ≈; a ~ intentionally established जानबूझकर डाली गई ≈; he had made a ~ of writing daily in the morning उसने प्रतिदिन सुबह[F] लिखने की ≈ डाल ली थी. 4. (exercise) अभ्यास : you need more ~ तुम्हें अधिक ≈ की जरूरत[F] है; you will learn it by ~ तुम ≈ करते-करते इसे सीख लोगे; ~ makes a man perfect ≈ से मनुष्य कलावंत हो जाता है; he has good ~ of playing cricket क्रिकेट खेलने का उसका अच्छा अभ्यास है; I am now out of ~ अब मेरा अभ्यास नहीं रहा. 5. (profession) व्यवसाय, पेशा : legal ~ कानूनी ≈; the practice of a lawyer एक वकील का ≈ (वकालत); ~ of teaching music lessons संगीत के पाठ पढ़ाने का व्यवसाय; doctor's ~ डाक्टरी; the doctor has a good ~ इस डाक्टर का ≈ अच्छा है. 6. (doing) प्रयोग, व्यवहार : it is rather troublesome in ~ व्यवहार में यह कुछ कष्टदायक है; put into ~ कार्यान्वित करना : he could not put his scheme into ~ वह अपनी योजना[F] को कार्यान्वित न कर सका. 7. पद्धति[F], ढंग : the ~ of reading like this is not good इस प्रकार पढ़ने का ढंग अच्छा नहीं है. 8. (conduct) आचरण : ~ of virtues is good for all of us सद्‌गुणों का ≈ हम सब के लिए अच्छा है. **practise** प्रैक्'टिस *v.t.* (note verb with 's') 1. के अनुसार चलना या आचरण करना : ~ what you preach जो तुम उपदेश देते हो उसके अनुसार आचरण करो; ~ according to the rule नियम के अनुसार आचरण करो. 2. की साधना करना, की आदत डालना, अभ्यास करना : keep practising अभ्यास करते रहो; she ~s on harmonium everyday वह प्रत्येक दिन हारमोनिअम पर साधना (अभ्यास) करती है; to ~ the music instrument वाद्य यंत्र पर साधना करना; you should ~ your music lesson तुम्हें अपने संगीत के पाठों की साधना करनी चाहिए; you should ~ writing everyday तुम्हें प्रतिदिन लिखने का अभ्यास करना चाहिए. 3. (a profession) का व्यवसाय करना, का काम करना : now he is practising law अब वह कानून का व्यवसाय कर रहा है. **practised** प्रैक्'टिस्ट *a.* अभ्यस्त, सधा हुआ [artist कलाकार, cheat धोखेबाज़, player खिलाड़ी]; he is a ~ labourer, he will do the work properly वह एक ≈ मज़दूर है, वह काम उचित रूप में करेगा.

practitioner प्रैक् टि'शॅनर *n*[c]. व्यवसायी [legal कानूनी, medical चिकित्सीय]; a general ~ is not a specialist एक सामान्य व्यवसायी विशेषज्ञ नहीं होता.

praise प्रेज I. *n.* प्रशंसा, सराहना : ~ highly अत्यधिक ≈; he said so many things in ~ of his mother अपनी माँ की प्रशंसा में उसने बहुत बातें कहीं; his efforts are worthy of ~ उसके प्रयास प्रशंसा के योग्य हैं; I do not deserve so much ~ मैं इतनी ≈ का अधिकारी नहीं हूँ; she received high ~ for her work उसे अपने काम के लिए भारी ≈ प्राप्त हुई. [*ant.* censure] II. *v.t.* 1. प्रशंसा करना, सराहना : he ~d her embroidery उसने उसकी कढ़ाई की प्रशंसा की; he was ~d for his good painting उसकी अच्छी चित्रकारी के लिए उसकी प्रशंसा की गई. 2. to ~ God ईश्वर की स्तुति करना. **praiseworthy** प्रेज़'वःदि *a.* प्रशंसनीय, सराहनीय [deed कार्य, effort प्रयास, struggle संघर्ष, work कार्य]; he did it in a ~ manner उसने इसे ≈ ढंग से किया.

pram प्रैम = short for 'perambulator' *q.v.*

prattle प्रै'टल I. *n*[c]. 1. बकबक[F] : check the ~ of your son अपने बेटे की ≈ रोकिए; pay no attention to his ~ उसकी ≈ पर ध्यान न दीजिए. 2. तुतलाहट[F] : a child's ~ बच्चे की ≈. II. *v.i.* 1. बकबक करना : ~ loudly ज़ोरों

से ≈; girls ~d (on) about their clothes लड़कियाँ अपने कपड़ों के बारे में बकबक करती रहीं. **2.** तुतलाना : the child ~s बच्चा तुतलाता है.

pray प्रे *v.t.i.* प्रार्थना^{F} करना, विनती^{F} करना : ~er meeting प्रार्थना-सभा^{F}; let us ~ to God for peace आओ हम ईश्वर से शांति^{F} के लिए प्रार्थना करें; to ~ for smth किसी चीज़^{F} के लिए प्रार्थना करना; she ~ed for my health उसने मेरे स्वास्थ्य के लिए प्रार्थना की; I ~ for forgiveness मैं क्षमा-याचना^{F} करता हूँ; we ~ to God to help us हम अपनी सहायता^{F} के लिए ईश्वर से प्रार्थना करते हैं. [*as distinct from* prey] **prayer** प्रेंअर' *n*^{c}. **1.** प्रार्थना^{F}, विनती^{F} [evening शाम की, school विद्यालय की]; God accepted her ~ and blessed her with a son ईश्वर ने उसकी प्रार्थना सुन ली और उसकी कृपा^{F} से उसे एक पुत्र हुआ; Muslim ~ नमाज़ : they go to the mosque to say their ~ वे नमाज़ पढ़ने मस्जिद जाते हैं. **2.** (entreaty) याचना^{F}, विनती^{F} : his ~ was granted उसकी विनती सुन ली गई; the principal granted the ~ of the servant प्राचार्य ने नौकर का निवेदन स्वीकार कर लिया. **3.** (person) प्रार्थी : he is the ~ of this application वह इस आवेदन-पत्र का ≈ है.

pre प्री, पि *pref.* (prior) पूर्व-प्राक्-, पूर्वी : ~arrange पूर्व व्यवस्था^{F} करना; precaution पूर्व सावधानी^{F}; predated पूर्वतिथित; prehistoric प्रागैतिहासिक; इसी प्रकार premature, prepayment, prewar.

preach प्रीच *v.t.* **1.** प्रवचन या उपदेश देना, Buddha ~d non-violence बुद्ध ने अहिंसा^{F} का उपदेश दिया; a priest ~es how you should live एक पुरोहित या पादरी उपदेश देता है कि कैसे रहा जाय; to ~ a long sermon एक लंबा उपदेश देना; to ~ smb किसी को उपदेश पिलाना. **2.** (advocate) प्रचार करना : he is always ~ing the value of morning walk वह सदा सुबह^F की सैर^F के महत्व का प्रचार करता है. **3.** (derog.) उपदेश झाड़ना; don't ~ at/on to me मुझे उपदेश मत झाड़ो.

preacher प्री'चर *n*^{c}. उपदेशक, धर्मोपदेशक [bigoted कट्टर, communalist संप्रदायवादी, prominent प्रसिद्ध]; Shankaracharya was a great ~ शंकराचार्य एक महान ≈ थे; a ~ gave this moral advice एक ≈ ने यह चरित्रगत उपदेश दिया.

precarious प्रि केअ'रिअस *a.* **1.** (uncertain) अनिश्चित [condition दशा^{F}, result परिणाम, success सफलता^{F}]. **2.** (unstable) अस्थिर : ~ living of the farmers किसानों का ≈ जीवन. **3.** (at another's pleasure) भाग्याधीन, अन्याधीन [help सहायता^{F}, pleasure सुख/खुशी^{F}, possession कब्ज़ा]; means of livelihood are ~ जीने के साधन ≈ हैं. **4.** (unfounded) निराधार [statement कथन, talk बातचीत^F]. **5.** (doubtful) संदिग्ध : ~ reasoning ≈ तर्क. **6.** (risky) खतरनाक : ~ condition of the patient मरीज़ की ≈ स्थिति^{F}.

precaution प्रि कॉ'शन *n*^{c}. **1.** (measure) पूर्वोपाय, एहतियात^F : successful ~ सफल ≈; you must take ~ against theft तुम्हें चोरी^{F} से बचने का पूर्वोपाय करना चाहिए. **2.** (care) सावधानी^{F}, सतर्कता^{F} : ~ could have saved his life सतर्कता से उसकी जान बच गई होती; you must take the ~ before anything is done तुम्हें कुछ करने से पहले ≈ बरतनी चाहिए; ~ is better than cure इलाज से सावधानी^{F} बेहतर है.

precede प्रि सीड' *v.t.* **1.** से पहले आना या घटित होना : he ~d all his friends into the hotel वह अपने सभी मित्रों से पहले होटल में आया; the Indian civilization ~d Greek भारतीय सभ्यता^{F} ग्रीक सभ्यता से पहले थी. **2.** प्रारंभ में या भूमिका-स्वरूप कहना : he ~d his speech with a warning उसने अपनी वक्तृता^{F} के पहले चेतावनी^{F} देते हुए कहा; to ~ the essay with an introduction निबंध के आरम्भ में भूमिका^{F} लिखना. [*cf.* proceed]. **precedence** प्रेंसि'डन्स *n*^{u}. **1.** (priority) पूर्ववर्तिता^{F}, अग्रगामिता : it takes ~ over all इसे सब पर ≈ प्राप्त है. **2.** (pre-eminence) श्रेष्ठता^{F} : in order of ~ ≈ के क्रम में; have ~ over all सब पर ≈ होना; the king has ~ over all his subjects राजा को अपनी पूरी प्रजा^{F} पर श्रेष्ठता प्राप्त है. **3.** (right to precede) अग्रता^F, पूर्वता^F, वरीयता^F : he takes no ~ in the school उसे इस विद्यालय में कोई ≈ प्राप्त नहीं है; take ~ over पहला हक होना : national questions take ~ over other affairs राष्ट्रीय प्रश्नों का अन्य मामलों से पहला हक है; Kalidas takes ~ over all other dramatists कालिदास अन्य सभी नाटककारों के ऊपर हैं, अधिक महत्वपूर्ण हैं. **precedent** प्रें'सि 'डन्ट **I.** *a.* पूर्ववर्ती [chapter अध्याय, decision निर्णय, events घटनाएँ, schemes योजनाएँ^F]; never mind his ~ faults उसके ≈ दोषों पर ध्यान न दो. **II.** *n*^c. नज़ीर^F, पूर्वोदाहरण : the President broke the ~ राष्ट्रपति ने ≈ का उल्लंघन कर दिया; if it is allowed it will be a bad ~ यदि यह करने दिया गया तो यह ख़राब नज़ीर होगी; without a ~ it is difficult to decide in your favour बिना ≈ के तुम्हारे पक्ष में निर्णय करना कठिन है; he set/created a new ~ उसने एक नई नज़ीर स्थापित कर दी. **preceding** प्रि सी'डिङ्ग *a.* पूर्ववर्ती, पूर्वगामी, पूर्वगत : ~ paragraph ≈ पैरा; ~ article ≈ लेख; you must mind the ~ decisions ≈ निर्णयों को तुम्हें ध्यान देना चाहिए.

precept प्री'सेॅप्ट *n*^c. **1.** उपदेश : religious ~ धार्मिक ≈; you must follow the ~s तुम्हें उपदेशों का पालन करना चाहिए; example is better than ~ ≈ देने से अपना उदाहरण प्रस्तुत करना अच्छा. **2.** (maxim) नीतिवचन : a preacher always talks of ~s उपदेशक सदा ≈ की बात^F करता है; to preach ~s ≈ की शिक्षा^F देना. **3.** (law) आदेश : ~ by a high court उच्च न्यायालय का ≈.

precious प्रे'शस *a.* **1.** (costly) बहुमूल्य, मूल्यवान, कीमती [clothes कपड़े, diamond हीरा, goods माल, metal धातु^F]; ~ stone रत्न, मणि; ~ little बहुत थोड़ा, नहीं के बराबर; even iron has become a ~ metal now अब तो लोहा भी ≈ धातु हो गया है; my time is ~ मेरा समय ≈ है. [*ant.* worthless] **2.** (dear) प्रिय, परमप्रिय : ~ friend ≈ मित्र; his independence was very ~ to him अपनी स्वतंत्रता^F उसे बेहद प्रिय थी. **3.** ~ good care बहुत अच्छी सावधानी^F. **4.** (over refined) अति सुकुमार, नाज़ुक मिज़ाज : his ~ temper must be considered उसके नाज़ुक मिज़ाज का ध्यान रखना चाहिए. **5.** (other contexts) ~ style बनावटी शैली^F. a ~ fool बिलकुल मूर्ख.

precis प्रे'सी *n*^c. (*pl.* precis प्रे'सीज़) संक्षेप, सार, सारांश : ~ of an essay निबंध का ≈ ; write the ~ of this paragraph. इस अनुच्छेद का सारांश लिखो; ~ gives only the main points of the writing सारांश लेख के केवल मुख्य बिंदुओं को उज़ागर करता है; I forgot to write the ~ in my examination अपनी परीक्षा^F में मैं सारांश लिखना भूल गया.

precise प्रि साइस' *n.* **1.** (exact) सही, यथातथ्य, ठीक : ~ measurements ≈ नाप^F; ~ meaning ≈ अर्थ; she gave a ~ description of her journey उसने अपनी यात्रा का सही-सही वर्णन किया; he arrived at the ~ moment वह सही क्षण पर पहुँचा; get ~ time from the radio रेडियो से सही समय जानो. **2.** (definite) सुनिश्चित [moment क्षण, statement वक्तव्य, time समय]; it was the ~ time to reach there वहाँ पहुँचने के लिए यह सुनिश्चित समय था; ~ time for her prayer उसके प्रार्थना करने का ≈ समय. **3.** (clear) स्पष्ट : a lawyer should have a ~ mind वकील मन ≈ होना चाहिए. **4.** (strict) सख़्त, नियमनिष्ठ : he is very ~ in his duty वह अपने कर्तव्य के प्रति बहुत ही नियमनिष्ठ है. **precision** प्रिसि'ज़न *n*^u. **1.** सुस्पष्टता^F : she expresses her thoughts with ~ वह ≈ से अपने विचार व्यक्त करती है. **2.** परिशुद्धता^F : I have noted his ~ in calculation मैंने परिगणना में उसकी ≈ को जाना है. **3.** सूक्ष्मता^F : ~ instruments सूक्ष्मतामापी उपकरण.

preclude प्रि क्लूड' *v.t.* निवारण करना, रोकना, बाधा^F डालना : his wife's illness ~d his coming to office उसकी पत्नी^F की बीमारी^F ने उसका कार्यालय आना रोक दिया; my father's transfer ~d my studies मेरे पिता के स्थानांतरण से मेरी पढ़ाई^F में बाधा पड़ गई; we should ~ any possibility of misunderstanding or doubt हमें भ्रम या संदेह की किसी भी संभावना^F का निवारण करना चाहिए; to ~ someone from doing smth किसी को कुछ करने से रोकना.

precocious प्रि को'शस *a.* **1.** (of plants) अकालपक्व, अकालिक : ~ growth of a tree पेड़ की अकालिक वृद्धि[F]. **2.** (of children) अकाल प्रौढ़ : ~ child is one whose talents are prematurely developed ≈ बच्चा वह है जिसकी प्रतिभाएँ[F] समय से पहले विकसित हो गई हैं.

predecessor प्री'डिसें'सर *n*[c]. **1.** पूर्वाधिकारी : our principal's ~ was very good हमारे प्राचार्य के ≈ बहुत अच्छे थे. **2.** पूर्ववर्ती : our teacher is much younger than his ~ हमारे अध्यापक ≈ अध्यापक से बहुत छोटे हैं; his ~ in the office was Mr. Smith कार्यालय में उनके ≈ मि. स्मिथ थे. **3.** पूर्वज, पुरखे : my ~s hailed from Punjab मेरे पूर्वज पंजाब से आये थे; his ~s were not respected उसके ≈ सम्मानित नहीं थे.

predicate प्रें'डिकिट **I.** *n*[c]. **1.** (gram.) विधेय : pick out ~s from these sentences इन वाक्यों से ≈ छाँटो; he came home in this sentences 'he' is subject and 'came home' is ~ वह घर आया है— इस वाक्य में 'वह' कर्ता है और 'घर आया'≈. **2.** (quality) गुण : telling the truth is a ~ in him सत्य बोलना उसका एक ≈ है. **II.** प्रें'डिकेट *v.t.* निश्चयपूर्वक कहना : he ~d before the chairman about the bad performance of the school विद्यालय के खराब कार्य-संपादन के बारे में उसने अध्यक्ष से निश्चयपूर्वक कहा; we ~ that all men are equal हम निश्चयपूर्वक कहते हैं कि सब मनुष्य समान हैं.

predict प्रि डिक्ट' *v.t.* भविष्यवाणी[F] करना, पेशीनगोई[F] करना : fine weather was ~ed सुहावने मौसम की भविष्यवाणी की गई थी; father ~ed that there would be a storm पिताजी ने भविष्यवाणी की कि आँधी[F] आयेगी; he ~ed rain उसने वर्षा[F] होने की ≈ की; you cannot ~ future events आप भविष्य की घटनाओं के बारे में भविष्यवाणी नहीं कर सकते; he had ~ed his early death उसने उसके जल्दी मर जाने की भविष्यवाणी की थी. **prediction** प्रि डिक्'शन *n*[c]. भविष्यवाणी[F]: his ~s proved false उसकी भविष्यवाणियाँ झूठी साबित हुईं; the ~ came true उसकी भविष्यवाणी सही साबित हुई.

predominant प्रि डॉ'मिनन्ट *a.* प्रबल, अभिभावी; प्रमुख, सर्वाधिक [belief विश्वास, colour रंग, member सदस्य, officer अधिकारी]; he is a ~ partner in my factory वह मेरे कारख़ाने में एक प्रमुख भागीदार है; a ~ feature of the programme कार्यक्रम की प्रमुख विशेषता[F]. **predominate** प्रि डॉ'मिनेट *v.t.* **1.** पर अधिपत्य या प्रभुत्व रखना : to ~ *over* smb किसी पर अपना ≈. **2.** सबसे प्रबल होना, से श्रेष्ठ होना : Beer ~d in the debate बीर वाद-विवाद में सबसे ज़ोरदार/श्रेष्ठ था; a wish to become a doctor has always ~d his mind डाक्टर बनने की उसकी इच्छा[F] उसके मन में सदा प्रबल रही है.

preface प्रें'फिस **I.** *n*[c]. **1.** प्राक्कथन, आमुख : ~ at the beginning of a book किताब[F] के आरंभ में ≈; in the ~ the author has offered apologies and thanks ≈ में लेखक ने क्षमा-याचना[F] की और धन्यवाद दिया है. **2.** भूमिका[F] : ~ to a book or speech एक किताब[F] अथवा भाषण की ≈. **II.** *v.t.* **1.** प्रस्तावना[F] (भूमिका[F]) लिखना या लगाना : to ~ a book with remarks कुछ टिप्पण देकर पुस्तक[F] की भूमिका या प्रस्तावना लिखना. **2.** भूमिका-स्वरूप कहना या लिखना : he ~d his speech with a story उसने भूमिका-स्वरूप अपने भाषण से पहले एक कहानी सुनाई.

prefect प्री'फ़ेक्ट *n*[c]. प्रशासक [sincere सच्चा, strict कड़ा]; a ~ keeps the pupils in order ≈ छात्रों को व्यवस्था[F] में रखता है.

prefer प्रि फ़र' *v.t.* **1.** (ज़्यादा) पसंद करना, तरजीह[F] देना, वरीयता[F] देना : I ~ swimming to riding मैं घुड़सवारी[F] की अपेक्षा तैरने को तरजीह देता हूँ; which of the two watches do you ~ दो घड़ियों में से तुम किसे वरीयता देते हो? I ~ the town **to** the country मैं देहात से शहर को तरजीह देता हूँ; where do you ~ to go tonight — to the theatre or to the cinema आज रात तुम कहाँ जाना पसंद करोगे—थिएटर या सिनेमा? **2.** (promote) तरक्की[F] देना : he was ~red as head clerk in the office कार्यालय में से उसे प्रधान लिपिक के पद पर तरक्की दी गई. **3.** (present) प्रस्तुत करना, पेश

करना : I ~red a light breakfast to guests मैंने अतिथियों को हल्का-सा-नाश्ता प्रस्तुत किया; I ~red a petition or complaint to the officer मैंने अधिकारी को एक याचिका^F या शिकायत^F पेश की. **preferable** प्रॅ'फ़रॅबल *a.* बेहतर, वरीय, अधिमान्य : a quilt is ~ to a blanket रज़ाई कंबल से बेहतर होती है; satire is ~ to humour व्यंग्य हास्य से ≈ है. **preferably** प्रॅ'फ़ॅरबलि *adv.* अधिमानत: I like fruit, ~ apples मुझे फल पसंद हैं, ≈ सेब; I would ~ to go there वहाँ जाना मुझे अधिक पसंद है. **preference** प्रॅ'फ़ॅरन्स *n*^u. अधिमान्यता^F, वरीयता^F, अधिक पसंद^F, तरजीह^F : we give ~ to experienced men हम अनुभवी लोगों को वरीयता देते हैं; he has ~ for coffee उसे काफी बहुत पसंद है; state your ~ अपनी ≈ बताइए; I have no strong ~ मेरी कोई विशेष ≈ नहीं है; history is my ~ इतिहास को मैं ≈ देता हूँ. Δ **in ~ to** की वरीयता^F में : I like mangoes in ~ to oranges मैं संतरों ≈ में आमों को पसंद करता हूँ.

prefix प्री'फ़िक्स **I.** *n*^c. उपसर्ग, पूर्व-प्रत्यय : 'il' is a ~ in 'illegal' 'अवैध'में 'अ' ≈ है; pre-, post-, un- etc. are ~s पूर्व-पश्च, अन्- इत्यादि ≈ हैं. **II.** *v.t.* शुरू या प्रारंभ में कुछ लगाना [correctly सही-सही, wrongly गलत ढंग से]; we ~ed a stanza to the essay हमने निबंध के पहले एक छंद रखा.

pregnancy प्रॅग्'नन्सि *n.* **1.** गर्भ, गर्भावस्था^F : this was her second ~ after the birth of Gyan ज्ञान के जन्म के बाद यह उसका दूसरा ≈ था. **2.** गर्भकाल : she took utmost care during her ~ उसने अपने ≈ में पूरी-पूरी सावधानी^F बरती. **3.** (of soil) उर्वरता^F: ~ of land must be maintained ज़मीन की ≈ बनी रहनी चाहिए. **pregnant** प्रॅग्'नन्ट *a.* **1.** गर्भवती, गर्भिणी : the woman has been ~ for more than nine months औरत नौ महीने से अधिक की ≈ है; now she cannot be ~ अब वह ≈ नहीं हो सकती. **2.** (of animals) गाभिन : the cow is ~ गाय ≈ है. **3.** (inventive) विदग्ध, मौलिक : ~ mind ≈ मन. **4.** (meaningful) अर्थपूर्ण, अर्थगर्भित : ~ remark ≈ टिप्पण; every phrase is ~ with meaning प्रत्येक सूक्त ≈ है. **5.** (abounding) से भरपूर, परिपूर्ण, भरा-पूरा : this incident is ~ with consequences इस घटना के भरपूर परिणाम होंगे.

prejudice प्रॅ'जुडिस **I.** *n*^c. **1.** पूर्वग्रह, पूर्वधारणा^F: wrong ~ गलत ≈; without ~ बिना ≈ के; I have no ~ against foreigners मुझमें विदेशियों के प्रति कोई ≈ नहीं है; he has ~ against lending money पैसा उधार देने के विरुद्ध उसमें ≈ है. **2.** (bias) पक्षपात : racial ~ जातीय ≈; he has ~ in favour of Christians उसमें ईसाइयों के प्रति ≈ है; he has ~ against me and in favour of her उसमें मेरे विरुद्ध और उसके प्रति ≈ है. **3.** (harm) हानि^F, क्षति^F : you must be cautious that any kind of ~ must not occur against him तुम्हें सावधान रहना चाहिए कि उसे किसी प्रकार की ≈ न हो; this was done to the ~ of his interests यह उसके हितों की हानि करके हुआ. **II.** *v.t.* **1.** पक्षपात या पूर्वाग्रह उत्पन्न करना : he has ~d Shila against me उसने मेरे विरुद्ध शीला के मन में पक्षपात उत्पन्न कर दिया है, शीला के कान भर दिया है he is ~d **against** playing cards उसमें ताश खेलने के विरुद्ध पूर्वाग्रह है; he is ~d in favour of Mr. K वह श्री क के प्रति पक्षपात रखता है. **2.** क्षति पहुँचाना : to ~ a right claim सही दावे को ≈. **prejudicial** प्रेजु डि'शल *a.* **1.** प्रतिकूल, विपरीत : ~ effect अनिष्ट या प्रतिकूल प्रभाव; this decision is ~ to my interests or rights यह निर्णय मेरे हितों या अधिकारों के प्रतिकूल है. **2.** (harmful) हानिकर : smoking is ~ to health धूम्रपान स्वास्थ्य के लिए ≈ है.

preliminary प्रि लि'मिनरि **I.** *a.* प्रारंभिक, प्राथमिक, आरंभिक [action कार्रवाई^F, exam परीक्षा^F, pages पृष्ठ, remark टिप्पण, talk वार्तालाप]; he was very eager to hear ~ results वह ≈ परिणाम सुनने के लिए बहुत उत्सुक था. **II.** *n*^c. (used in *pl.* preliminaries) प्रारंभिक कार्य : preliminaries of peace संधि^F से पहले के कार्य; a lot of preliminaries are required to be done बहुत-से प्रारंभिक कार्यों को किए जाने की आवश्यकता[F] है.

premature प्रें मॅ ट्युअर' *a.* **1.** अकाल, असामयिक, कालपूर्व [birth जन्म, decision निर्णय, old age बुढ़ापा]; all were shocked to hear of his ~ death उसकी ≈ मृत्यु[F] को सुनकर सबको धक्का लगा; ~ baby समय से पहले जन्मा बच्चा. **2.** (overhasty) अविचारित: ~ decision ≈ निर्णय.

premier प्रें'मिअर **I.** *a.* **1.** प्रधान, प्रमुख : ~ industrialist ≈ उद्योगपति; of ~ importance ≈ महत्व का; he held a ~ place in the instituion संस्था में उसे ≈ स्थान प्राप्त था. **2.** सर्वप्रथम : he secured the ~ place in class उसने कक्षा में ≈ स्थान प्राप्त किया. **II.** n^c. **1.** ~ of a play नाटक का प्रथम प्रदर्शन. **2.** प्रधानमंत्री : visit of the Chinese ~ last month पिछले महीने चीनी ≈ का आगमन.

premises प्रें'मिसिस *n. pl.* अहाता, परिसर [private व्यक्तिगत/निजी, school स्कूल का]; no smoking on these ~ इस ≈ में धूम्रपान का निषेध है.

premium प्रि'मिअम n^c. **1.** (prize) पुरस्कार : ~ of Rs. 100 सौ रुपए का पुरस्कार. **2.** (insurance ~) प्रीमियम, बीमा-किस्त[F] : ~ of Rs. 1000 per year is being made to the insurance corporation प्रतिवर्ष एक हज़ार रुपए की बीमा-किस्त बीमा निगम को दी जा रही है. **3.** ग्रीगियग, जढ़ौती, अधिमूल्य, अधिदेय, अधिशुल्क : to sell at a ~ ≈ पर बेचना. **4.** (bonus) लाभांश : ~ system ≈ रीति[F]. **5.** Δ **to put a ~ on cheating** धोखाधड़ी[F] को प्रोत्साहित करना, your action will put a ~ on dishonesty तुम्हारी कार्रवाई बेइमानी को बढ़ावा देगी. tickets are at a ~ टिकट मुश्किल से मिल रहे हैं.

prep., preparation प्रे पॅ रे'शन n^c. तैयारी[F]; they put chairs in the school hall in ~ for the concert संगीत सभा[F] की ≈ में उन्होंने विद्यालय के हाल में कुर्सियाँ रखी; make ~ for the party पार्टी[F] के लिए ≈ कीजिए; he is busy in ~ for the examination वह परीक्षा[F] की ≈ में व्यस्त है; my ~s are complete मेरी तैयारियाँ पूरी हैं; he is making ~s for his marriage वह अपनी शादी[F] के लिए ≈ कर रहा है. **prepare** प्रि पें-अर' *v.t.* तैयार करना, बनाना : we ~d everything in time हमने सब कुछ समय पर तैयार कर दिया; he was ~d to go with me वह मेरे साथ जाने को तैयार था; mother is preparing our meal माँ हमारा भोजन बना रही है; to ~ oneself for an examination परीक्षा[F] के लिए तैयार होना; he is preparing a lesson for the class वे कक्षा[F] के लिए पाठ तैयार कर रहे हैं; ~ land for seed बीज डालने के लिए ज़मीन[F] तैयार करो; to ~ food for eating खाने के लिए भोजन ≈; I ~d the ground for plants मैंने पौधों के लिए ज़मीन तैयार की. **prepared** प्रि पें'अर्ड *a.* तैयार (किया हुआ) : ~ statement कथन; he read out a ~ statement उसने तैयार किया हुआ वक्तव्य पढ़ दिया; he was not ~ to help me वह मेरी सहायता[F] करने कें लिए उद्यत/तैयार न था; we were not ~ for skating in October हम अक्तूबर में स्केटिङ्ग के लिए तैयार नहीं थे : I am ~ to admit मैं मानने को तैयार हूँ.

preposition प्रें पॅ ज़ि'शन n^c. पूर्वसर्ग : in, on, upon, for, from etc. are ~s में, पर, ऊपर, के लिए, से इत्यादि पूर्वसर्ग हैं, (हिंदी में ये परसर्ग होते हैं); a ~ is put before a noun ≈ संज्ञा[F] के पहले रखा जाता है.

prescribe प्रेस क्राइब' *vt* **1.** निर्धारित करना . this book is ~d for the ninth class यह किताब[F] कक्षा[F] नौ के लिए निर्धारित है; ~ regular time for study, play अध्ययन, खेल के लिए नियमित समय निर्धारित कर लो. **2.** (medi.) नुस्ख़ा लिखना : the doctor ~d medicine and complete rest to the pregnant woman डाक्टर ने गर्भवती स्त्री के लिए दवा[F] और पूर्ण आराम का नुस्ख़ा लिखा. **3.** (law) निहित करना, का विधान करना : the government ~s rules and regulations सरकार[F] नियम-विनियम विहित करती है; what punishment is ~d in law कानून में किस दंड का विधान है? **prescription** प्र स्क्रिप्'शन n^c. नुस्ख़ा : the doctor wrote me a ~ for cough डॉक्टर ने मुझे खाँसी का नुस्ख़ा लिख दिया.

presence प्रें'ज़न्स *n*^c^. उपस्थिति^F^, हाज़िरी^F^, मौजूदगी^F^ : your ~ is required आपकी उपस्थिति दरकार है; I request you for your ~ at the meeting सभा^F^ में आपकी उपस्थिति के लिए मैं निवेदन करता हूँ; he said it in the ~ of many people उसने इसे कई लोगों की ≈ में कहा; her ~ was not noticed उसकी ≈ पर ध्यान नहीं दिया गया; his mere ~ is sufficient केवल उसकी ≈ ही पर्याप्त है. [*ant*. absence] **present** प्रें'ज़न्ट **I.** *a.* **1.** उपस्थित, हाज़िर, विद्यमान : he was ~ when the letter was read जब पत्र पढ़ा गया तो वह उपस्थित था; this boy is not often ~ यह लड़का बहुधा उपस्थित नहीं रहता; I'll not be ~ tomorrow कल मैं उपस्थित नहीं रहूँगा. [*ant.* absent] **2.** (actual) वर्तमान [condition दशा, tense काल, time समय]; he mostly writes in the ~ tense वह प्राय: वर्तमान काल में लिखता है; I cannot help you in my ~ present position ≈ स्थिति^F^ में मैं आपकी सहायता^F^ नहीं कर सकता; our ~ teacher is better than the last one हमारे मौजूदा अध्यापक पिछले वाले से अच्छे हैं; at the ~ moment ≈ क्षणों में, इस समय; she cannot save on the ~ wages ≈ मज़दूरी से वह कुछ बचा नहीं पाती. **II.** *n*^c^. **1.** उपहार, भेंट [beautiful सुंदर, costly कीमती, expensive महँगा, ordinary साधारण]; I gave him a pen as a ~ मैंने ≈ में उसे पेन दिया; he received three watches as ~ ≈ के रूप में उसे तीन घड़ियाँ^F^ मिलीं; to thank smb for a ~ किसी को ≈ के लिए धन्यवाद देना; I have this little ~ for you तुम्हारे लिए यह मेरा छोटा-सा ≈ है. **2.** वर्तमान काल : at ~ he is a professor ≈ में (इस समय) वह एक प्रोफ़ेसर है : for the ~ फिलहाल : for the ~, let the matter end here फिलहाल मामले को यहीं खत्म कर दो. **III.** *v.t.* प्रिज़ेन्ट' **1.** (introduce) परिचय कराना, मिलाना : he ~ed me to the new teacher उसने नए अध्यापक से मेरा परिचय कराया. **2.** (bring forward) प्रस्तुत करना, सामने लाना, पेश करना : to ~ a play नाटक पेश करना; the discovery ~s much interest to the scientists यह खोज वैज्ञानिकों के लिए दिलचस्पी प्रस्तुत करती है; to ~ application formally औपचारिक रूप से आवेदन करना; he was ~ed with a book उसे एक किताब^F^ पेश की गई; to ~ oneself उपस्थित हो जाना. **3.** (show) दिखाना, प्रदर्शित करना, अभिनय करना : he ~ed excellent acting in the drama नाटक में उसने उत्कृष्ट अभिनय का प्रदर्शन किया. **4.** देना, प्रदान करना : to ~ smth to smb किसी को कुछ ~; I ~ congratulations to my friend on his success मैंने अपने मित्र की सफलता^F^ पर उसे बधाई^F^ दी; it ~ed me no particular difficulty इससे मुझे कोई विशेष कठिनाई^F^ नहीं हुई.

preservation प्रें'ज़र व़े'शन *n*^u^. **1.** (of food etc.) परिरक्षण, संरक्षण. **2.** (protection) (सु)रक्षा^F^ : exercise for the ~ of health स्वास्थ्य की ≈ के लिए कसरत^F^; it was in a good state of ~ यह अच्छी तरह सुरक्षित था, इसका रखरखाव अच्छा था. **preserve** प्रि ज़र्व **I.** *v.t.* **1.** सुरक्षित रखना, बचाना : ~ woodwork with paint पेंट से लकड़ी^F^ का सामान सुरक्षित रखिए; may God ~ you from all harm भगवान आपको सब क्षति^F^ से सुरक्षित रखे; the Eyptians ~d the dead bodies from decay मिश्रवासी मृत शरीर को नष्ट होने से सुरक्षित रखते थे. **2.** (food etc.) परिरक्षित करना : he could not ~ the fruits वह फलों का परिरक्षण न कर सका **3.** (maintain) बनाए रखना : to ~ smb's memory किसी की स्मृति^F^ बनाए रखना; ~ it in the condition in which it is जिस दशा^F^ में है इसे बनाए रखो; ~ silence शांति बनाए रखिए; to ~ one's life अपनी जान बचाये रखना. **II.** *n*^c^. परिरक्षित फल : tinned and ~d डिब्बाबंद ≈. **preserved** प्रि ज़र्व्ड' *a.* परिरक्षित [food भोजन, fruit फल, meat मांस]; well- ~ youthful health सुपरिरक्षित यौवन भरा स्वास्थ्य.

preside प्रि ज़ाइड' *v.i.* सभापति होना, सभापतित्व करना : to ~ **at** the conference सम्मेलन का संचालन करना; to ~ **over/at** a meeting किसी बैठक का सभापति होना; ~d by के सभापतित्व में/की अध्यक्षता^F^ में : the meeting was ~ed by Mr. S बैठक मि. स की अध्यक्षता में हुई. **president** प्रें 'ज़िडन्ट *n*ᶜ. (of a country) राष्ट्रपति [arbitrary निरंकुश, qualified योग्य]; Dr. Rajendra Prasad was the first ~ of India डॉ. राजेन्द्र प्रसाद भारत के प्रथम ≈ थे; who will be the next ~ of South Africa दक्षिणी अफ्रीका के अगले ≈ कौन होंगे ? the ~ will address the nation on the eve of the republic day ≈ गणतंत्र दिवस की पूर्वसंध्या[F] पर राष्ट्र को संबोधित करेंगे. **2.** अध्यक्ष, सभापति : Mr. ~, ladies and gentlemen अध्यक्ष महोदय, देवियो, और सज्जनो ! who is the ~ of the Association इस संस्था[F] का अध्यक्ष कौन है ? **presidential** प्रे ज़ि डें न्'शल *a.* **1.** राष्ट्रपति का [address संबोधन, election चुनाव, government शासन]. **2.** अध्यक्षीय : nothing remains after the ~ speech ≈ भाषण के पश्चात् कुछ नहीं रह जाता. **presiding** प्रि ज़ाइ'डिङ्ग *a.* प्रमुख : ~ deity अधिष्ठात्री देवी; ~ officer प्रधान अधिकारी.

press प्रेंस **I.** *n.* **1.** (pressure) दबाव : there is much ~ on the pillar खंभे पर काफ़ी ≈ है; give it a slight ~ इस पर हल्का-सा दबाव डालो. **2.** (of work) व्यस्तता[F], हड़बड़ी[F] : he was in such a ~ due to excessive work अत्यधिक काम के कारण जो इतनी व्यस्तता थी. **3.** (throng) भीड़[F]-भाड़, भीड़-भड़क्का/धक्कमधक्का : he never goes out in the ~ of people वह ≈ में कभी बाहर नहीं जाता. **4.** मुद्रणयंत्र; मुद्रणालय, छापाख़ाना : the ~ is closed today आज ≈ बंद है; this ~ has big printing machines इस ≈ में छापे की बड़ी-बड़ी मशीनें[F] हैं. **5.** (newspaper) समाचार-पत्र, प्रेस : अख़बार : to send a news for the ~ ≈ के लिए समाचार भेजना; he is working for the ~ वह ≈ के लिए काम कर रहा है; the ~ has vast powers ≈ की भारी शक्तियाँ हैं; freedom of the ~ समाचार-पत्रों की स्वतंत्रता[F]. ~ **conference** संवाददाता सम्मेलन; ~ **note** प्रेस विज्ञप्ति[F]. **6. oil** ~ कोल्हू. **7.** (iron) इस्तरी : ~ is hot ≈ गर्म है. **II.** *v.t.* **1.** दबाना, दबाव डालना [heavily ज़ोर से, lightly हल्के-से]; he is ~ed to go with him उसके साथ जाने के लिए उस पर दबाव डाला गया; he ~ed his hand against the well उसने अपना हाथ दीवार[F] से दबाया; if you ~ that button, the ball will ring यदि तुम उस बटन को दबाओ तो घंटी[F] बजेगी; ~ together tightly एक साथ कसकर दबाव डालो. **2.** (squeeze out) पेरना, निचोड़ना : I ~ed the fruit to get juice रस निकालने के लिए मैंने रसों को निचोड़ा. **3.** (iron) इस्तरी[F] करना : I must have my suit ~ed मेरा सूट इस्तरी किया जाना चाहिए; his clothes were not ~ed उसके कपड़े इस्तरी नहीं किए गए थे. **4.** आग्रह करना, मजबूर करना : the children ~ed the headmaster to give them a day's leave from the school बच्चों ने विद्यालय से एक दिन की छुट्टी के लिए प्रधानाध्यापक से आग्रह किया (को मजबूर किया). **5.** तंग करना : he is being ~ed by his creditors उसे लेनदार तंग कर रहे हैं. **6.** आलिंगन करना : she ~ed her daughter to her उसने अपनी लड़की[F] का आलिंगन किया. **pressing** प्रें 'सिङ्ग *a.* **1.** (urgent) भारी, अत्यावश्यक, बहुत ज़रूरी : ~need भारी आवश्यकता[F]; ~ invitation सानुरोध निमंत्रण; this matter is very ~ यह मामला ≈ है; he was busy in a ~ work, he so could not come वह एक अत्यावश्यक काम में व्यस्त था इसलिए न आ सका. **2.** (serious) घोर, ज़ोरदार : ~ effect ≈ प्रभाव/असर. **3.** (insistent) आग्रही, दुराग्रही, हठीला : ~ nature ≈ स्वभाव; I dislike his ~ habits मैं उसकी हठीली आदतों[F] को नापसंद करता; why are you so ~ तुम इतना हठ क्यों करते हो ? **pressure** प्रें 'शर *n*ᵘ. **1.** दाब, चाप, दबाव [high अधिक, low कम]; put ~ on smb to do smth कुछ करने के लिए किसी पर दबाव डालना; to bring ~ to bear on smb किसी पर दबाव डालकर मजबूर करना; it was done under ~ यह दबाव में किया गया था; he made this statement under the ~ of the police पुलिस[F] के दबाव में आकर उसने यह वक्तव्य दिया; ~ of water पानी का दबाव; don't put ~ on the machine मशीन पर दबाव न डालो; atmospheric ~ is heavier हवा[F] का दबाव और ज्यादा है; blood

~ रक्तचाप; ~ of air in the tyre टायर में हवा[F] का ≈. **2.** (affliction) कष्ट : he complains of ~ in the chest उसे सीने में कष्ट है. **3.** (other contexts) ~ of work व्यस्तता[F], कार्यभार; ~ cooker दाब कुकर; ~ guage दाबमापी, दाबमापक; he works at high, low ~ वह तेज़, धीरे ≈ पर काम करता है.

prestige प्रेस् टीज *n*[u]. प्रतिष्ठा[F] : to hurt the ~ of any established firm किसी स्थापित फ़र्म (प्रतिष्ठान) की ≈ को क्षति[F] पहुँचाना; enjoy considerable social ~ भरपूर सामाजिक ≈ का आनंद लो; a car gives you a lot of ~ कार[F] तुम्हें बहुत ≈ दिलाती है; it is a question of his ~ यह उसकी ≈ का प्रश्न है; he enjoys great ~ in the town वह कस्बे में अच्छी ≈ पाता है.

presume प्रि ज़्यूम' *v.t.* **1.** (assume) मान लेना, ख़्याल करना : I ~ that you have met him before मैं यह मानकर चलता हूँ कि तुम उससे पहले मिल चुके हो; it was ~d that he passed the exam यह मान लिया गया कि उसने परीक्षा[F] उत्तीर्ण कर ली है; he is now ~d dead अब उसे मृत मान लिया गया है. **2.** (be bold) धृष्टता[F] या साहस करना : I would not ~ to question him उस पर प्रश्न उठाने की धृष्टता[F] नहीं करूँगा; do you ~ to tell me what is right and what is wrong क्या तुम मुझे यह बताने का साहस करते हो कि ठीक क्या है और गलत क्या है ?

pretence प्रि टेन्स' *n.* **1.** (pretext) बहाना : he absented himself under the ~ of illness वह बीमारी[F] के बहाने अनुपस्थित रहा. **2.** दिखावा, प्रदर्शन, ढोंग : he is not so rich, it is only a ~ वह इतना धनी नहीं है यह केवल ढोंग है. **3.** (deceit) छल-कपट, धोखा : under the ~ of friendship मित्रता[F] के धोखे में. **4.** (claim) दावा : he made a ~ of knowing everything उसने सब कुछ जानने का दावा किया; she makes no ~ to extraordinary ability वह असाधारण योग्यता[F] रखने का कोई दावा नहीं करती. **pretend** प्रि टेंन्ड' *v.t.* **1.** दावा करना : he ~ed to be innocent उसने निर्दोष होने का दावा दिया; he ~ed to the throne उसने राजसिंहासन पाने का दावा किया. **2.** का बहाना करना/देना : he ~ed not to have noticed us उसने हमें न देखने का बहाना किया; he ~ed that he was busy उसने व्यस्त होने का बहाना किया; he ~s illness वह बीमारी[F] का बहाना करता है; he is ~ing to be asleep वह सोने का बहाना कर रहा है. **3.** का स्वाँग करना, ढोंग रचना : he ~s to like you वह तुम्हारी चाह[F] रखने का ढोंग करता है; he ~ed to be interested उसने दिलचस्पी लेने का स्वाँग किया; the animal ~ed to be dead जानवर ने मरने का ढोंग किया. **pretender** प्रि टेंन्'डर *n*[c]. **1.** दावेदार, उम्मीदवार [false झूठा, real वास्तविक]; ~ to an estate संपत्ति[F] का ≈. **2.** (deceiver) ढोंगी, कपटी, धोखेबाज़ : he is not the owner of the property, he is a ~ वह संपत्ति[F] का स्वामी नहीं है, वह ≈ है.

pretext प्री'टेंक्स्ट *n*[c]. बहाना : illness is a ~ for his absence बीमारी[F] उसकी अनुपस्थिति[F] का ≈ है; he went away on the ~ that he was feeling ill वह यह ≈ करके चला गया कि मैं अस्वस्थ हूँ; on some or the other ~ किसी-न-किसी बहाने; he could not find a ~ for delay उसे देर करने का कोई बहाना नहीं मिला.

prettily प्रि'टिलि *adv.* अच्छी तरह से, आकर्षक ढंग से : to ask ~ अच्छे ढंग से पूछना; the girls are ~ dressed लड़कियाँ आकर्षक ढंग से कपड़े पहने हैं; they sang a song ~ उन्होंने ≈ एक गीत गाया. **pretty** प्रि'टि **I.** *a.* (prettier, prettiest) **1.** सुंदर [baby बच्चा, girl लड़की]; how ~ she is! वह कितनी ≈ है ! these dolls are very ~ ये गुड़ियाँ[F] बहुत सुंदर हैं. **2.** रमणीय, सुंदर, मनोहर [dress वस्त्र, face चेहरा, flower फूल, garden बगीचा, picture चित्र, scene दृश्य]; what a ~ place ! कितना ≈ स्थान है ! [*ant.* ugly] **3.** (sweet) मधुर [song गीत, voice स्वर]. **4.** अच्छा-ख़ासा : ~ sum अच्छी-ख़ासी राशि[F] **II.** *adv.* **1.** बहुत कुछ, अच्छ-भला : he is ~good at tennis वह टेनिस में बहुत कुछ अच्छा है; I feel ~ well मैं बहुत स्वस्थ महसूस करता हूँ; this poem is ~ difficult यह कविता काफी मुश्किल है. **2.** he is sitting ~ वह बड़े

आराम से बैठा है.

prevail प्रि व़ेल' *v.t.* **1.** (triumph) अभिभावी होना; (succeed) सफल होना; he ~ed over/against his rivals वह अपने प्रतिद्वन्द्वियों पर अभिभावी रहा : truth, justice will ~ in the end अंत में सत्य, न्याय अभिभावी होगा; after a long struggle we ~ed over our enemies लंबे संघर्ष के बाद हम शत्रु पर अभिभावी हो गए, **2.** (predominate) प्रबल होना, सर्वाधिक होना : the north winds ~ over that part of India भारत के उस भाग में उत्तरी हवाएँ^{F} प्रबल हैं. **3.** (be current) प्रचलित/चालू होना : this custom still ~ s over the whole of India यह प्रथा^{F} भारत में अब भी प्रचलित है. Δ. **on smb** किसी को राज़ी करना, मनाना : I could not ~ on him to stay longer मैं उसे अधिक समय तक रुकने के लिए राज़ी नहीं कर सका. **prevailing** प्रि व़े'लिङ्ग *a.* **1.** (predominant) प्रबल, अभिभावी, हावी : enemies are ~ these days इन दिनों शत्रु प्रबल हैं. **2.** प्रचलित, चालू [custom प्रथा^{F}, fashion चलन, prices कीमतें^{F}]; many new diseases are ~ बहुत-सी नई बीमारियाँ^{F} प्रचलित हैं. **prevalent** प्रे'व़्लन्ट *a.* (from 'prevail') **1.** प्रचलित, चालू [custom रिवाज, diseases बीमारियाँ^{F}, fashion फैशन]; the habit of travelling without ticket is still ~ among the students बिना टिकट यात्रा^{F} करने की आदत^F छात्रों में अब भी ≈ है. **2.** व्यापक, व्याप्त : poverty is ~ in many countries गरीबी^{F} बहुत-से देशों में ≈ है; disaster was ~ in Maharashtra due to earthquake भूकंप के कारण महाराष्ट्र में घोर विपत्ति^{F} व्याप्त थी.

prevent प्रि व़ेॅन्ट' *v.t.* रोकना, रुकावट^F या बाधा^{F} डालना : the rain ~ed me **from** coming बारिश ने मुझे आने से रोक दिया; I tried to ~ the men **from** fighting मैंने लोगों को लड़ने से रोकने का प्रयास किया; I cannot ~ it मैं इसे नहीं रोक सकता; the driver tried to ~ the accident चालक ने दुर्घटना^{F} रोकने का प्रयास किया; to ~ smth from happening कुछ घटित होने से रोकना; the noise ~ed him from speaking उसे बोलने में शोर ने बाधा डाल दी. **prevention** प्रि व़ेॅन्'शन n^u. रोकथाम^F : ~ of crime अपराध की ≈; the municipal corporation is taking measures for ~ of diseases बीमारियों^{F} की ≈ के लिए नगर निगम^F उपाय कर रही है; ~ is better than cure परहेज़ से इलाज अच्छा है; ~ of crime is one of the duties of the officers अपराध की ≈ पुलिस अधिकारियों का एक कर्तव्य है. **preventive** प्रि व़ेॅन्'टिव़ *a.* निवारक [measures उपाय, medicine दवा^{F}]; ~ detention निवारक नज़रबंदी^{F}.

previous प्री'व़िअस **I.** *a.* पूर्ववर्ती, पूर्व, पिछला, पहले का [experience अनुभव, job काम, reference संदर्भ, result परिणाम]; there was more rain last year than in the ~ years पिछले साल पूर्ववर्ती वर्षों की अपेक्षा^{F} ज्यादा बरसात हुई; there is a picture on the ~ page पिछले पृष्ठ पर एक चित्र है; he had not slept the two ~ nights वह पिछली दो रातें^{F} नहीं सोया था; ~ attempts have shown that the task is not easy पहले के प्रयास बताते हैं कि काम आसान नहीं है; yesterday was friday, the ~ day was thursday कल शुक्रवार था, उससे पिछला दिन वृहस्पतिवार था. **II.** *pre.* से पूर्व/पहले : ~ to my departure मेरे चले जाने से पूर्व; ~ to his coming here उसके यहाँ आने से पहले. **previously** प्री'व़िअसलि *adv.* पहले, पूर्व : the officer had told them ~ अधिकारी ने उन्हें पहले बता दिया था; I have not met him ~ मैं उससे पहले नहीं मिला हूँ.

prey प्रे **I.** n^c. शिकार : birds of ~ शिकारी पक्षी; forests are full of beasts of ~ जंगल शिकारी जानवरों से भरे हैं; mice are the ~ of owls चूहे उल्लुओं के ≈ होते हैं; he became the ~ to nervousness वह घबड़ाहट^F का ≈ हो गया; hawk carried its ~ in its claws बाज़ ने अपने पंजे में अपना ≈ उठा लिया; who will be his next ~ उसका अगला ≈ कौन होगा; to fall ~ to temptation प्रलोभन का ≈ होना. **II.** *v.t.* **1.** शिकार करना : some large birds ~ **on/upon** small ones कुछ बड़े पक्षी छोटे पक्षियों का शिकार करते हैं; eagles ~ on sparrows चील गौरैयों का शिकार करते हैं. **2.** (rob) लूटना : armed dacoits ~ed upon travellers सशस्त्र डकैतों ने यात्रियों को लूट लिया; he lives by ~ing on his relatives वह अपने संबंधियों को लूटकर अपनी जीविका^{F} चलाता है. [*as distinct from* pray]

price प्राइस **I.** *n*^{c}. **1.** दाम, कीमत^F [high ऊँचे, low कम]; I had bought it at a low ~ मैंने इसे कम ≈ पर खरीदा था; what is the ~ of this pair of shoes इस जूते के जोड़े की क्या कीमत है ? he did it at the ~ of his life उसने इसे अपनी जान^F की कीमत देकर किया; what ~ did you pay for your radio set तुमने अपने रेडियो सेट के लिए कितनी कीमत दी ? ~s are going up दाम बढ़ रहे हैं; this work must be done today at any ~ यह काम आज ही किसी कीमत पर किया जाना चाहिए; to put a ~ on friendship मैत्री^{F} का मूल्य आँकना; to put a ~ to smth किसी चीज़^{F} का मूल्य लगाना. **2.** a ~ on smb's head किसी को पकड़ने का इनाम. **II.** *v.t.* कीमत^F/मूल्य लगाना या निर्धारित करना : to ~ one's goods अपने सामान का ≈. **priceless** प्राइस्'लॅस *a.* अनमोल [painting चित्रकारी, pearls मोती, services सेवाएँ^{F}]; jewels are ~ रत्न अनमोल होते हैं; good health is also ~ अच्छा स्वास्थ्य भी ≈ होता है.

prick प्रिक **I.** *v.t.* **1.** छेदना, चुभाना : the needle ~ed her finger सुई^F उसकी उँगली^{F} में चुभ गई; the thorns of a bush ~ed her feet झाड़ी^{F} के काँटे उसके पैरों में चुभ गए; he pricked the knife in the apple उसने सेब में चाकू चुभो दिया. **2.** धिक्कारना : her conscience ~ed her उसकी आत्मा^{F} ने उसे धिक्कारा. Δ ~ **up one's ears** कान खड़े करना, सावधान हो जाना : a dog ~s up his ears कुत्ता अपने कान खड़े कर लेता है. **II.** *n*^{c}. **1.** चुभन^F, कसक^F, टीस^F : ~ of a needle सुई^F की ≈. **2.** (fig.) ~ of conscience अंतःकरण का धिक्कार. **prickly** प्रिक्'लि *a.* **1.** काँटेदार, कँटीला : ~bushes काँटेदार झाड़ियाँ; ~ plants कँटीले पौधे; he planted ~ bushes around his field अपने खेत के आस-पास उसने कँटीली झाड़ियाँ लगाई. **2.** ~ heat अम्हौरी^{F}, पित्ती^{F}; ~ pear नागफनी^{F} (पौधा).

pride प्राइड **I.** *n*^{u}. **1.** (conceit) गर्व, घमंड, अहंकार, अभिमान : false ~ मिथ्याभिमान; he talked of his son with ~ उसने अपने लड़के के बारे में गर्व के साथ बात^F की; the boy is the ~ of his parents लड़के पर माता-पिता को गर्व है; he was ~ of his school उस पर अपने स्कूल को गर्व था; he takes ~ in his family उसे अपने परिवार पर अभिमान है. Δ ~ **must have a fall** घमंडी का सिर नीचा. **2.** (self-respect) आत्माभिमान, स्वाभिमान : Rana Pratap protected his ~ till death राणा प्रताप ने मरते दम तक ≈ की रक्षा^{F} की. **II.** *v.t.* ~ oneself on some qualification किसी योग्यता^{F} पर गर्व करना : you should not ~ yourself on/upon your wealth तुम्हें अपने धन पर गर्व नहीं करना चाहिए. [see proud]

priest प्रीस्ट *n*^{c}. पुरोहित, पुजारी : ~ leads the ceremonies पुरोहित संस्कार संपन्न करवाता है; he is a ~ in some temple in the South वह दक्षिण में किसी मंदिर में पुजारी/पुरोहित है; there is no ~ in this church इस गिरजाघर में कोई पादरी नहीं हैं.

primary प्राइ'मरि *n*^{c}. **1.** प्राथमिक, बुनियादी : ~ education प्राथमिक शिक्षा^{F}; ~ school ≈ विद्यालय. **2.** मौलिक : ~ rights of a man किसी व्यक्ति के ≈ अधिकार. **3.** (chief) प्रधान, मुख्य : ~ cause ≈ कारण; ~ duty ≈ कर्तव्य; it is a matter of ~ importance यह विशेष महत्व का मामला है. [*ant.* secondary]

prime प्राइम **I.** *a.* **1.** आदिम, आद्य, आरंभिक : in its ~ condition अपनी ≈ अवस्था^{F} में. **2.** (chief) प्रधान [agent अभिकर्ता, minister मंत्री, reason कारण]; he was appointed the P ~ Minister of India उसे भारत का प्रधानमंत्री नियुक्त किया गया; a job of ~ importance बहुत महत्व का काम. **3.** उत्कृष्ट, बढ़िया, उत्तम : ~ quantity ≈ गुणवत्ता^{F}; ~ meat बढ़िया मांस. **4.** (maths) अभाज्य : 2, 3, 5, 7, 11, are ~ numbers 2, 3, 5, 7, 11, ≈ संख्या हैं. **II.** *n*^{u}. (of life) चढ़ती जवानी^{F} : he was in the ~ of his life वह अपनी ≈ पर था; he was cut off in his ~

वह अपनी ≈ में ख़त्म हो गया; **III.** n^c. (number) अभाज्य संख्या : 13, 17, 19 are ~ numbers 13, 17, 19 अभाज्य संख्याएँ^{F} हैं. **IV.** *v.t.* **1.** (prepare) चालू करना : to ~ a pump पंप चालू करना. **2.** अस्तर चढ़ाना; सिखा देना : to ~ a witness साक्षी को सिखा देना. **3.** रंजक लगाना, बारूद भरना : to ~ a gun तोप में बारूद भरना. **primitive** प्रि'मिटिव़ **I.** *a.* **1.** (ancient) पुरातन, आदिकालीन, प्राचीन [civilization सभ्यता^{F}, people लोग, times काल, tools यंत्र]; hill tribes still have ~ customs पहाड़ी जातियों में अब भी ≈ रीतिरिवाज हैं. **2.** (crude) कच्चा, अपरिष्कृत [art कला, method विधि^{F}, oil तेल]. **3.** (old fashioned) दकियानूसी, पुराना : his father is of ~ thoughts, he will surely deny that उसके पिताजी पुराने विचारों के आदमी हैं, वे निश्चित उसे नकार देंगे.

prince प्रिन्स n^c. (*fem.* princess) राजकुमार, राजा [beautiful सुंदर, cruel निर्दय]; ~ consort रानीपति; ~ Charles is to be the next king of England राजकुमार चार्ल्स को अगला राजा होना है; ~ of poets कवियों का राजा; कविराज; ~ of swindlers ठगों का सरदार.

principal प्रिन्'सिपल **I.** *a.* मुख्य, प्रधान : [actor अभिनेता, cause कारण, clause उपवाक्य, town नगर]; ~ food for Bengalis is rice बंगालियों का ≈ भोजन चावल है; your ~ fault is laziness तुम्हारा ≈ दोष आलस्य है; ~ reason for overstaying ज़्यादा रुकने का ≈ कारण; ~ building of the High Court उच्च न्यायालय की ≈ इमारत^F; ~ reasons for leaving studies पढ़ाई^F छोड़ने के ≈ कारण; it is the duty of the state to fulfil the ~ requirements of the people यह राज्य का कर्तव्य है कि लोगों की आधारभूत आवश्यकताओं^{F} की पूर्ति हो. **II.** n^c. **1.** (of college) प्राचार्य, प्रिंसिपल : who will be the next ~ of our college हमारे महाविद्यालय का अगला ≈ कौन होगा. **2.** (capital sum) मूल, मूलधन : I cannot pay up so much interest on this ~ मैं इस ≈ पर इतना ब्याज नहीं चुका सकता. [*as distinct from* principle]

principle प्रिन्'सिपल n^c. **1.** सिद्धांत; (rule) नियम [general सामान्य, simple साधारण, strict कड़ा]; ~ of free speech मुक्त अभिव्यक्ति^{F} का ≈; he is a man without ~s वह सिद्धांतहीन व्यक्ति है; my ~ is, never lend money मेरा ≈ है — पैसा कभी उधार न दो; ~s of justice must be followed न्याय के नियमों का पालन किया जाना चाहिए; ~s of language भाषा^{F} के नियम; in ~ सिद्धांततः the committee agreed in ~ समिति^{F} सिद्धांततः सहमत थी. **2.** (ultimate source) मूल तत्व, (सार) तत्व : air is the ~ of all वायु सब का ≈ है. **3.** ईमानदारी^{F}, सत्यनिष्ठा^{F}, न्यायनिष्ठा^{F} : he is a man of ~s वह नियमनिष्ठ या ईमानदार आदमी है. [*as distinct from* principal]

print प्रिंट **I.** *v.t.* **1.** छापना, मुद्रित करना : this book was ~ed in a printing press यह किताब^F छापाखाने में छापी गई; they ~ posters in this press वे इस प्रेस में पोस्टर छापते हैं. **2.** (stamp) छाप^F या मुहर^F लगाना : अंकित करना : 50 rupees were ~ed on the book as its price मूल्य के रूप में किताब^F पर पचास रूपए अंकित थे. **II.** n^c. **1.** प्रति^{F} : I have a ~ of that picture मेरे पास उस तस्वीर^F की एक ≈ है. **2.** (type) छापा : this magazine is printed in small ~ यह पत्रिका^{F} एक छोटे छापे में छापी गई है. Δ **in ~** प्रकाशित, प्राप्य : these books are in ~ ये किताबें^{F} प्राप्य हैं : **out of ~** : अप्राप्य : the book which I have is now out of ~ जो किताब^F मेरे पास है अब अप्राप्य है. **finger ~** ऊंगली का छापा; **~ of foot** पैर का छापा. **printed** प्रिन्'टिड *a.* मुद्रित, छपा हुआ [copy प्रति^{F}, paper काग़ज़, poem कविता^{F}, price कीमत^F]; you are reading a ~ book तुम एक मुद्रित पुस्तक^F पढ़ रहे हो. **printing** प्रिन्'टिङ्ग *n.* छपाई^F, मुद्रण : ~ press मुद्रण-यंत्र; ~ ink छपाई^F की स्याही^{F}; mistakes in ~ छपाई^F की गलतियाँ^{F}; ~ of this magazine is hopeless इस पत्रिका^{F} की छपाई निराशाजनक है.

prior प्राइ'अर **I.** *a.* पहला, पूर्व, पूर्ववर्ती : he disclosed to me his ~ plans उसने मुझे अपनी पूर्ववर्ती योजनाएँ बताईं; I had a ~

engagement मेरा किसी से मिलने का (पहले से) वादा था. **II.** *adv.* ~ to से पहले : ~ to your coming, she was here तुम्हारे आने से पहले वह यहाँ थी; ~ to this? he was in our office इससे पहले वह हमारे कार्यालय में था; I have not met this man ~ to this day आज से पहले मैं इस आदमी से नहीं मिला हूँ. [*ant.* subsequent]. **III.** *n*^{c}. (ईसाई) मठाधिकारी, मठाध्यक्ष : he is a ~ in an abbey वह किसी मठ में एक अधिकारी है.

priority प्राइ ऑ'रिटि *n*^{c}. प्राथमिकता^{F}, वरीयता^{F}, अग्रता^{F} : children and ladies get ~ over adults बच्चों और स्त्रियों को प्रौढ़ों पर वरीयता प्राप्त होती है; Mr. J will take ~ over him मि. जे को उस पर वरीयता मिलेगी; my first ~ is communal peace सांप्रदायिक शांति^{F} मेरी पहली वरीयता.

prison प्रि'ज़न *n*^{c}. कैदखाना, जेलख़ाना, कारागार : to put smb into ~ किसी को जेल में डाल देना; he spent two years in ~ उसने दो साल जेल में बिताए; to let smb go out of the ~ किसी को जेल से बाहर जाने देना; the thief was sent to ~ and locked there चोर को जेल भेज दिया गया और बंद कर दिया गया. **prisoner** प्रि'ज़ॅनर *n*^{c}. कैदी, बंदी [disheartened निराश, unfortunate अभागा/दुर्भाग्यशाली, wounded घायल]; ~ of war युद्धबंदी; to take the ~ to a court कैदी को कचहरी^{F} ले जाना; hundreds of extremists were taken ~ सैकड़ों उग्रवादी कैदी बनाये गए; the ~ was locked up in the jail ≈ को जेल में बंद कर दिया गया.

privacy प्राइ'व़सि *n*^{c}. **1.** (seclusion) एकांत, एकांत स्थान : when dressing you want ~ वस्त्र-सज्जा^{F} के समय तुम एकांत चाहते हो; he lives in ~ वह ≈ में रहता है. **2.** (secrecy) गुप्ति^{F}, गोपन, छिपाव, गोपनीयता^{F} : you need ~ to discuss the terms of the contract ठेके की शर्तों^{F} पर चर्चा^{F} करने के लिए गोपनीयता^{F} की आवश्यकता^{F} होती है. **private** प्राइ'व़िट **I.** *a.* (own) निजी [affairs मामले, house मकान, income आमदनी^{F}, property संपत्ति^{F}, secretary सचिव]; I have come here on a ~ business मैं यहाँ ≈ काम से आया हूँ; the garden is private, not public बाग़ ≈ है, सार्वजनिक नहीं; I want a ~ place for rest मैं विश्राम के लिए एकांत स्थान चाहता हूँ. **2.** व्यक्तिगत, वैयक्तिक, ख़ास : do not read others' ~ letters दूसरे के ≈ पत्र मत पढ़ो; ~ ward in a hospital अस्पताल का प्राइवेट कमरा; it is my ~ opinion यह मेरा ≈ मत है. **3.** (not public) प्राइवेट, ग़ैरसरकारी, अराजकीय; अशासकीय : factories in the ~ sector ≈ क्षेत्र के कारख़ाने; ~ school ≈ स्कूल. [*ant.* public] **4.** (other contexts) the matter was kept ~ मामला गुप्त रखा गया; ~ soldier साधारण सैनिक; ~ agreement आपसी समझौता/करार. **II.** *n.* **1.** एकांत : in ~ ≈ में. **2.** (pl.) गुप्तांग. **privately** प्राइ'व़िटलि *adv.* एकांत में, अकेले : I shall speak to you ~ मैं आपसे ≈ बात करूँगा.

privilege प्रि'व़िलिज **I.** *n*^{c}. **1.** विशेषाधिकार, प्राधिकार : ~ of parliament संसद् का ≈ ; breach of ~ ≈ का उल्लंघन; the class monitor has the ~ of punishing us कक्षा-नायक को हमें दंडित करने का ≈ है; as a ~ you are allowed to see the factory ≈ के तौर पर तुम्हें कारखाना देखने की अनुमति^{F} है. **2.** (special advantage) सौभाग्य : I had the ~ of meeting the President मुझे राष्ट्रपति से मिलने का ≈ प्राप्त हुआ. **II.** *v.t.* **1.** विशेषाधिकार प्रदान करना : all the members are ~d to speak सभी सदस्यों को बोलने का विशेषाधिकार प्राप्त है; who ~d you to disregard common rules सामान्य नियमों का उल्लंघन करने का अधिकार तुम्हें किसने दिया ? **2.** विशेष सुविधा^{F} देना, रियायत देना, छूट देना : he is ~d to travel without ticket उसे बिना टिकट यात्रा^{F} करने की विशेष सुविधा दी गई है.

prize प्राइज़ **I.** *n*^{c}. पुरस्कार, पारितोषिक, इनाम : [costly कीमती, national राष्ट्रीय, special विशेष]; my sister won the first ~ for her singing गायन के लिए मेरी बहन^F ने प्रथम पुरस्कार जीता; ~ awarded in competition प्रतियोगिता^{F} में दिया गया पुरस्कार; he was awarded a consolation ~ उसे (उत्साहवर्धन हेतु) सांत्वना पुरस्कार दिया गया. ~ money इनाम था रुपया; ~ animal पुरस्कार

प्राप्त पशु; ~ **fight** इनामी लड़ाई[F]. **II.** *v.t.* (esteem) महत्व देना, कद्र करना : we ~ self-respect हम आत्माभिमान की कद्र करते हैं.

P.R.O. Public Relations Officer.

pro- प्रो **I.** *pref.* 1. प्रति, उप- : ~ captain उपकप्तान; ~ rector उपाध्यक्ष; ~ Vice-Chancellor उपकुलपति, प्रतिकुलपति. **2.** पक्षधर : ~-American अमरीका का पक्षधर; ~ Indian भारत का पक्षधर. **II.** *n.* (in *pl.*) पक्ष की बातें[F]; you must consider the ~s and cons of the matter तुम्हें मामले के पक्ष और विपक्ष पर विचार कर लेना चाहिए.

probability प्रॉ बॅ बि'लिटि *n.* संभाव्यता[F], संभावना[F] : there is every ~ of his success उसकी सफलता[F] की पूरी ≈ है; in all ~ he is ill यह पूरी ≈ है कि वह बीमार है; there is little ~ of reaching home in time समय पर घर पहुँचने की बहुत कम संभावना है; the ~ is that he has left ≈ यह है कि वह विदा हो गया होगा. **probable** प्रॉ, बॅबल : *a.* संभावित, संभाव्य [candidate अभ्यर्थी, result परिणाम, story कहानी[F]]; it is ~ that he may not come यह ≈ है कि वह न आए; it is ~ that I shall not be here next week यह ≈ है कि अगले सप्ताह मैं यहाँ नहीं रहूँगा; victory is not ~ विजय[F] ≈ नहीं है. [*ant.* improbable] **probably** प्रॉ'बब्लि *adv.* संभवत: ; संभाव्यत: : you ~ do not know how to do it संभवत: तुम नहीं जानते कि इसे कैसे करना है; we shall ~ finish our work tomorrow संभवत: हम अपना काम कल समाप्त कर देंगे; it will ~ rain tonight ≈ आज रात[F] बारिश[F] होगी; ~ he will come today ≈ आज वह आएगा. [*ant.* certainly]

probation प्र बे'शन *n*[c]. परिवीक्षा[F], परख[F] : the period of ~ परिवीक्षावधि[F]; the clerk is **on** ~ लिपिक परिवीक्षाधीन है; during ~ his performance was appreciated परख-अवधि के दौरान उसके काम-काज की सराहना[F] की गई. **probationary** प्रॅ बे'शॅनरि *a.* परिवीक्षाधीन : ~ prisoner ≈ कैदी; ~ period परिवीक्षावधि[F]; his brother is a ~ officer in the bank उसका भाई बैंक में परिवीक्षाधीन अधिकारी है.

probe प्रोब **I.** *n*[u]. जाँच[F], छानबीन[F], तहकीकात[F] : the ~ started against him उसके ख़िलाफ़ जाँच शुरू हो गई; during the ~ several documents were seized ≈ के दौरान कई दस्तावेज़ पकड़े गए. **II.** *v.t.* जाँचना, जाँच-पड़ताल[F] करना, छानबीन[F] करना, गहराई[F] नापना : to ~ into the matter मामले की छानबीन करना; to ~ into smb's secrets किसी के रहस्यों की ≈.

problem प्राब्'लम *n*[c]. समस्या[F] [difficult कठिन, important महत्वपूर्ण]; the ~ of unemployment बेरोजगारी[F] की ≈; the ~ is how to reach the top ≈ है कि चोटी[F] पर कैसे पहुँचा जाय; it is no ~ यह कोई ≈ नहीं है; several ~s arose when he was appointed captain of the team जब उसे टीम[F] का कप्तान नियुक्त किया गया तो बहुत-सी समस्याएँ उत्पन्न हुईं; no ~, that's no ~ कोई दिक्कत या कष्ट नहीं है. (attributive) ~ child समस्या-शिशु; ~ novel समस्या-मूलक उपन्यास.

procedure प्रॅ सी'जर *n*[uc]. क्रिया-विधि[F], कार्यविधि[F] [legal कानूनी, simple साधारण]; civil ~ व्यवहार विधि[F]; criminal ~ दंडविधि[F]; you should follow the usual ~ तुम्हें सामान्य प्रक्रिया[F] का अनुसरण करना चाहिए; first, settle ~s पहले ≈ निश्चित करो.

proceed प्रॅ सीड' *v.i.* आगे बढ़ना/चलना, अग्रसर होना : ~ with your work अपना काम आगे बढ़ाओ; ~ with your reading अपना वाचन अग्रसर करते चलो (पढ़ते चलो); let us ~ to the next lesson हम अगले पाठ पर चलें; he ~ed slowly to the market वह बाज़ार की ओर धीरे-धीरे आगे बढ़ा; how to ~ काम किस ढंग से चले? [*ant.* recede] **proceeding** प्रॅ सी'डिङ्ग *n.* (usu. *pl.*) **1.** कार्यवाही[F], कार्रवाई[F] [legal कानूनी, summary संक्षिप्त/सरसरी, wrong गलत]; the ~s of a court of law न्यायालय की कार्यवाही; I have started legal ~ against him मैंने उसके विरुद्ध कानूनी कार्रवाई शुरू कर दी है. **2.** कार्य-विवरण, विवरण : he read out the ~s of the meeting उसने बैठक का ≈ पढ़ा. **3.** (ad- vance) प्रगति. **proceeds** प्रो'सीड्ज़ *n*[c]. प्राप्ति[F], आय[F], लाभ [gross कुल, monthly मासिक]; the ~ from the fete were donated for victims of earthquake मेले की आय भूकंपपीड़ित लोगों को दान में दे दी गई.

process प्रो'सॅस **I.** *n*ᶜ. **1.** प्रक्रिया^{F} [chemical रासायनिक, long लंबी, vital ज़रूरी]; the ~ of law is very complex कानून की प्रक्रिया बहुत जटिल है; a modern ~ of refining crude oil कच्चे तेल का शोधन करने की नई ≈; the ~ of digestion पाचन ≈; the ~ of making shoes from leather चमड़े से जूते बनाने की ≈. **2.** (progress) प्रगति^{F}, गति^{F} : **in** ~ गतिशील; the building is in ~ of construction भवन बन रहा है; the ~ of getting old बुढ़ाए चलने की ≈; the ~ of development of a child शिशु के विकास की ≈. **3.** (law) वाद, मुकदमा, कार्रवाई^F : legal ~ is going on well कानूनी कार्रवाई अच्छी तरह चल रही है. **II.** *v.t.* **1.** मुकदमा चलाना, अभियोग चलाना : he was ~ed for the robbery बटमारी^{F} के लिए उस पर मुकदमा चलाया गया. **2.** संसाधित करना : to ~ leather चमड़े को ≈. **3.** तैयार करना : to ~ a case मामला तैयार करना. **processed** प्रो'सेस्ड *a.* संसाधित [cheese पनीर, leather चमड़ा]; ~ foodstuffs संरक्षित खाद्य-पदार्थ; planes are being ~ हवाई जहाज़ विशेष प्रक्रिया से बनाए जा रहे हैं.

procession प्रॅ सॅ'शन *n*ᶜ. **1.** जलूस, शोभायात्रा^{F} : long ~ लंबा; ≈ funeral ~ मातमी ≈; marriage ~ बारात^F; they watched the ~ on the road उन्होंने सड़क पर ≈ देखा; the students marched in a ~ to the District Magistrate's office छात्रों ने जुलूस बनाकर ज़िलाधिकारी के कार्यालय को कूच किया.

proclaim प्र क्लेम' *v.t.* (announce) घोषित करना, उद्घोषित करना : holiday was ~ed on Monday सोमवार को छुट्टी^{F} घोषित की गई; they killed the king and ~ed the state a republic उन्होंने राजा को मार दिया और राज्य को गणराज्य घोषित किया; the ringing bells ~ed the birth of a new year टनटनाती घंटियों से नए साल का उदय घोषित हुआ; he was ~ed a traitor उसे देशद्रोही घोषित किया गया. **proclamation** प्रॉक्लॅ मे'शन *n.* घोषणा^{F}, मुनादी^{F}, ऐलान [public सार्वजनिक, royal शाही]; ~ of emergency by the President राष्ट्रपति द्वारा आपातस्थिति^{F} की उद्घोषणा.

proctor प्राक्'टर *n*ᶜ. अनुशासक; (Univ.) कुलानुशासक, प्राक्टर [junior जूनियर/अवर, senior सीनियर/वरिष्ठ]; ~' s court at a university विश्वविद्यालय में प्राक्टर का न्यायालय; ~ has important administrative and disciplinary functions प्रॉक्टर के महत्वपूर्ण प्रशासनिक और अनुशासनात्मक कार्य होते हैं.

procure प्रॅ क्युअर' *v.t.* (acquire) प्राप्त करना, पाना, हासिल करना : to ~ a T.V. set टी.वी. सेट प्राप्त करना; to ~ money for cinema सिनेमा के लिए पैसा प्राप्त करना; he ~d an appointment in the office उसे कार्यालय में नियुक्ति^{F} मिली; I could not ~ the new edition of this book मैं इस किताब^F का नया संस्करण न प्राप्त कर सका; to ~ a job for smb किसी के लिए कोई काम मुहैया करना.

prod प्रॉड **I.** *v.t.* (-dd-) **1.** कोचना, धकियाना : to ~ a donkey with a stick गधे को एक छड़ी^{F} से ≈. **2.** (rouse) उकसाना, प्रेरित करना : to ~ some boy to action किसी लड़के को कुछ करने के लिए प्रेरित करना.

prodigal प्रॉ 'डिगल *a.* **1.** ख़र्चीला, अपव्ययी, फिजूलख़र्च : such a ~ man cannot save money इस प्रकार का अपव्ययी व्यक्ति पैसा नहीं बचा सकता; to be ~ of one's money, time अपने धन, समय का अपव्यय करना. **2.** (generous) उदार, अत्युदार, मुक्तहस्त : he is very ~ by nature वह स्वभाव से बहुत ही ≈ है. **3.** (profuse) प्रचुर, विपुल : such a ~ quantity will be sufficient for him इतनी प्रचुर मात्रा^{F} उसके लिए पर्याप्त होगी.

produce प्रॉ'ड्यूस **I.** *n*ᵘ. **1.** उपज^F, पैदावार^F [agricultural खेती^{F} की^{F}, less कम, sufficient पर्याप्त]; the chief ~ of Canada is grain कनाडा की मुख्य ≈ अनाज है; farmer's ~ consists of vegetables किसान की ≈ सब्ज़ियाँ^{F} हैं. **2.** the ~ of the factories कारखानों का उत्पादन. **II.** प्र ड्यूस' *v.t.* **1.** उत्पन्न करना, पैदा करना, उत्पादन करना, बनाना; this factory ~s cars यह कारख़ाना कारों^{F} का उत्पादन करता है; this garden ~s vegetables इस बाग में सब्जियाँ[F] पैदा की जाती हैं; to ~ a sensation उत्तेजना[F] पैदा करना. **2.** (compose) रचना[F] करना : who has ~d this poem इस कविता[F] की रचना किसने की है ? **3.** (exhibit) दिखलाना, प्रस्तुत करना, पेश करना : can you ~ a proof of it क्या तुम इसका प्रमाण प्रस्तुत कर सकते हो ? he was not able to ~ the required evidence वह वांछित साक्ष्य न पेश कर सका. **4.** का अभिनय करना, प्रस्तुत करना : they ~d a drama on the stage उन्होंने मंच पर एक नाटक प्रस्तुत किया. **producer** प्रॅ ड्यू'सर *n*[c]. **1.** उत्पादक : ~ of vegetables and fruit सब्ज़ी और फलों का ≈. **2.** निर्माता : he is a prominent film ~ वह एक प्रसिद्ध फिल्म निर्माता है. **3.** she is a ~ of radio programmes वह रिडियो कार्यक्रम की निर्देशिका है. **product** प्रॉ'डक्ट *n.* **1.** उत्पाद, उत्पादन, पैदावार : natural ~ प्राकृतिक ≈; this factory makes plastic ~s यह कारख़ाना प्लास्टिक का उत्पादन करता है. **2.** (math.) गुणनफल : ~ of 2 by 4 is 8 दो और चार का ≈ आठ है. **production** प्र डक्'-शन *n*[u]. **1.** उत्पादन, उपज[F] [coal कोयले का, electric बिजली[F] का, industrial औद्योगिक]; many men are employed in the ~ of steel बहुत-से लोग इस्पात के ≈ में लगे हैं; speed up ~ ≈ बढ़ाओ; there has been increase in the ~ of vegetable oil वनस्पति तेल के उत्पादन में वृद्धि[F] हुई है. **2.** (law) प्रस्तुति[F], पेश करना : ~ of documents in the court न्यायालय में दस्तावेज़ प्रस्तुत करना. **productive** प्रॉ डक्'टिव़ *a.* **1.** उत्पादक, उत्पादी, उत्पादनकारी : ~ power ≈ शक्ति[F]; ~ mine खदान[F]. **2.** (fertile) उपजाऊ, उर्वर : ~ land ≈ भूमि[F]; ~ soil ≈ मिट्टी[F]. **3.** he is a ~ writer वह बहुत लिखने वाला लेखक है; it will be ~ of much good इससे बहुत भला होगा.

prof. professor.

profess प्रॅ फ़ेस' *v.t.* **1.** प्रकट करना, खुले आम कहना : he ~ed himself unhappy at the prize पुरस्कार से वह अप्रसन्नता प्रकट कर रहा था; he ~ed ignorance उसने अज्ञानता[F] प्रकट की; she ~ed interest in chess उसने शतरंज में रुचि[F] प्रकट की. **2.** (claim) दावा करना : I do not ~ to be an authority मैं कोई अधिकारी होने का दावा नहीं करता. **3.** (pretend) का प्रदर्शन/दिखावा करना : he ~es to be an expert in Maths वह गणित में दक्ष होने का दिखावा करता है. **4.** अध्यापक होना, सिखाना : he ~es English in the university वह विश्वविद्यालय में अंग्रेजी का प्राध्यापक है. **5.** स्वीकार करना, मानना : some tribes ~ no religion कुछ जनजातियाँ[F] किसी धर्म को नहीं मानतीं. **profession** प्र फ़े'शन *n.* **1.** (occupation) व्यवसाय, पेशा, धंधा [doctor's डॉक्टर का, satisfactory संतोषजनक]; legal ~ वकालत[F]; what is your ~ तुम्हारा ≈ क्या है ? he is a teacher by ~ वह ≈ से अध्यापक है; he is a musician by ~ व्यवसाय में वह संगीतकार है; teaching is a noble ~, but badly paid शिक्षण एक भद्र व्यवसाय है लेकिन कम वेतन मिलता है. **2.** प्रदर्शन : ~ of loyalty निष्ठा[F] का ≈. **3.** अंगीकार, मानना : ~ of religion किसी धर्म को मानना. **professional** प्रॅ फ़े'शॅनल **I.** *a.* व्यावसायिक, पेशेवर [actor अभिनेता, artist कलाकार, player खिलाड़ी, politician राजनीतिज्ञ]; ~ tax वृत्ति कर, धंधे से संबंधित कर, व्यवसाय कर; ~ organisation पेशेवर या व्यावसायिक संगठन; we will call these ~ footballers हम इन ~ फुटबाल-खिलाड़ियों को बुलाएँगे. **~advice** व्यावसायिक सलाह-मशविरा; **~skill** व्यावसायिक कौशल, **~trick** व्यावसायिक दाँवपेच. **II.** *n*[c]. व्यवसायी, पेशेवर व्यक्ति : he is a rich ~ वह धनी ≈ है. **professor** प्रॅ फ़े'सर *n*[c]. आचार्य, प्रोफ़ेसर [industrious परिश्रमी, learned विद्वान, renowned प्रसिद्ध, retired अवकाशप्राप्त]; he is a ~ of chemistry वे रसायन के ≈ हैं; a ~ teaches at a University ≈ विश्वविद्यालय में पढ़ाता है; Professor Sharma has retired प्रो. शर्मा सेवानिवृत्त हो गए हैं.

proficiency प्रॅ फ़ि'शन् सि *n*[u]. प्रवीणता[F], निपुणता[F], योग्यता[F] : to show one's ~ among the students छात्रों के बीच में अपनी

≈ पदर्शित करना; to acquire ~ in music संगीत में ≈ हासिल करना; he has least ~ in maths गणित में उसकी ज़राभर ≈ है. **proficient** प्रॅ फ़ि'शन्ट *a.* प्रवीण, निपुण [artist कलाकार, horserider घुड़सवार, musician संगीतकार]; he is ~ in/at reading and writing Hindi वह हिंदी पढ़ने-लिखने में ≈ है.

profit प्रॉ'फ़िट **I.** n^c. **1.** लाभ, नफ़ा, मुनाफ़ा, फ़ायदा [general सामान्य, gross/net कुल, large भारी, limited सीमित]; ~ by experience अनुभव का लाभ; to sell at a ~ मुनाफ़े पर बेचना; to use a thing for ~ किसी चीज़ का लाभ के लिए प्रयोग करना; he could not gain ~ in his business वह अपने व्यापार में लाभ न पा सका; I do not want to make ~ out of it मैं इससे कोई लाभ नहीं लेना चाहता; it yields no ~ इससे कोई लाभ नहीं होता. [*ant.* loss] **2.** (well-being) हित, कल्याण : it will be of no ~ to me इससे मेरा कोई ≈ न होगा. **II.** *v.i.* (*p. pp.* profited) लाभ उठाना, लाभदायक या हितकर होना, लाभ पहुँचाना : I ~ed from the sale मैंने बिक्री^{F} से लाभ उठाया; I ~ed from your experience and now I am doing well मैंने आपके अनुभव से लाभ उठाया और मैं अब अच्छा चल रहा हूँ; will it ~ you क्या तुम्हें इससे लाभ पहुँचेगा? did you ~ by his advice क्या तुमने उसकी सलाह^F से कोई लाभ उठाया? [*as distinct from* prophet] **profitable** प्रॉ'फ़िटॅबल *a.* **1.** लाभदायक, लाभकारी, लाभप्रद [bargain सौदा, work काम]; selling tea is ~ चाय बेचना लाभदायक है; this business is no longer ~ यह व्यापार अब ≈ नहीं रह गया है. **2.** (useful) उपयोगी : she spent a ~ day on Sunday उसने रविवार को ≈ दिन बिताया. **profiteer** प्रॉफ़ि टिअर' **I.** n^c. मुनाफ़ाख़ोर : a ~ takes undue advantage of short supply ≈ कम आपूर्ति^{F} का अनुचित लाभ उठाता है; ~s are enemies of the society ≈ समाज के शत्रु होते हैं; the ~s here made large profits after the earthquake मुनाफ़ाख़ोरों ने यहाँ भूचाल के बाद भारी मुनाफ़ा कमाया. **II.** *v.t.* मुनाफ़ाख़ोरी^{F} करना : this seller always ~s during famine यह विक्रेता अकाल के दौरान सदा मुनाफ़ाख़ोरी करता है. **profiteering** प्रॉफिटिअ'रिङ्ग n^u. मुनाफ़ाख़ोरी^{F} : ~ is a social crime ≈ एक सामाजिक अपराध है; ~ has made this trader so rich ≈ ने इस व्यापारी को इतना धनी बना दिया है.

profound प्रॅफ़ाउन्ड' *a.* **1.** (physical) गहरा; ~ pond ≈ तालाब; ~ sleep गहरी नींद^F; ~ depth गहराई. **2.** (of feeling) गहरी [experience अनुभूति, interest रुचि^{F}, silence मौन]. **3.** (learned) प्रकांड, पारंगत : he is a ~ teacher वह एक ≈ शिक्षक है. **4.** (of meaning) गूढ़ : ~ meaning of the poem कविता का ≈ अर्थ.

programme प्रो'ग्रैम n^c. कार्यक्रम, प्रोग्राम [excellent बढ़िया, heavy भारी, poor बेकार/रद्दी]; we watched a music ~ yesterday in the night कल रात हमने संगीत का ≈ देखा; she gave her ~ at a function उसने एक समारोह में अपना ≈ दिया; draw up a ~ for tomorrow कल के लिए कार्यक्रम तैयार कीजिए; what is on your ~ तुम क्या करने जा रहे हो?

progress प्रो'ग्रॅस **I.** n^u. प्रगति^{F} [natural स्वाभाविक, rapid तेज़, wonderful आश्चर्यजनक] ~ of civilization सभ्यता^{F} की ≈; physical and cultural ~ of India भारत की भौतिक और सांस्कृतिक ≈; he made much ~ in Hindi उसने हिंदी में बहुत ≈ की; he made no ~ in English उसने अंग्रेजी में कोई ≈ नहीं की; the work is in ~ काम चल रहा है; the patient is making ~ रोगी में सुधार हो रहा है. **II.** *v.i.* प्रगति^{F} करना, आगे बढ़ना : the student could not ~ छात्र प्रगति न कर सका; you cannot ~ in studies unless you work very hard तुम पढ़ाई में आगे नहीं बढ़ सकते जब तक कि तुम कठिन परिश्रम नहीं करते; the patient is ~ing रोगी में सुधार हो रहा हैं; the work is ~ing काम आगे बढ़ रहा है. **progressive** प्रॅ ग्रे^{F}'सिव़ *a.* **1.** प्रगतिशील, प्रगामी, पुरोगामी [literature साहित्य, society समाज, thinking सोच^F]; he is a man of ~ thoughts वह प्रगतिशील विचारों वाला आदमी है; this factory looks ~ यह

कारख़ाना पुरोगामी जान पड़ता है. **2.** (gradual) क्रमिक, उत्तरोत्तर : ~ development ≈ विकास; he is getting ~ promotion वह ≈ प्रोन्नति[F] पा रहा है; ~ fall, rise ≈ पतन, उत्थान. **3.** (increasing) वर्धमान : ~ disease ≈ रोग; ~ use of Hindi हिंदी का ≈ प्रयोग. **4.** प्रगति- वादी : ~ party ≈ दल; ~ writer ≈ लेखक. [*ant.* retrogressive] **progressively** प्रॅ ग्रॅ'सिव़्लि *adv.* उत्तरोत्तर, क्रमशः : the lessons are getting difficult ~ पाठ ≈ कठिन होते जा रहे हैं; it got ~ worse यह ≈ ख़राब होता गया.

prohibit प्रॅ हि'बिट *v.t.* **1.** रोकना : father ~ed me from participating in games पिताजी ने मुझे खेल में भाग लेने से रोका; who can ~ me **from** going मुझे जाने से कौन रोक सकता है ? his size ~s his becoming a soldier उसका कद उसके सिपाही बनने में रुकावट[F] है. **2.** मना करना, निषेध करना : to ~ smoking धूम्रपान मना करना; smoking is strictly ~ed धूम्रपान सख़्त मना है. **prohibited** प्रॅ हि'बिटिड *a.* निषिद्ध, वर्जित : ~ area ≈ क्षेत्र; ~ imports ≈ आयात; ~ by law कानून द्वारा ≈; drinking is ~ed here यहाँ शराब पीना वर्जित है. **prohibition** प्राहि बिशन' *n*[c]. **1.** निषेध, मनाही[F] : ~ by law कानून की मनाही. **2.** (writ) निषेधाज्ञा[F] : writ of ~ by the court न्यायालय द्वारा ≈. **3.** (of liquor) मद्यनिषेध; ~ is necessary for health स्वास्थ्य के लिए ≈ आवश्यक है. **prohibitive** प्रॅ हि'षिटिव़ *a.* निषेधक, निषेधात्मक [charges दाम, cost लागत[F], prices कीमतें[F]]; ~ taxes on foreign goods विदेशी सामान पर ≈ कर. **prohibitory** प्रॅ हि'बि टरि *a.* निषेधक : ~ order निषेधाज्ञा[F], मनाही[F] का हुक्म; there is a ~ rule against dogs entering restaurants रेस्टोरेंट में कुत्तों के प्रवेश करने के विरुद्ध एक ≈ नियम है.

project प्रॉ'जेक्ट **I.** *n*[c]. परियोजना[F] [grand भव्य, housing आवासिक, new नई]; a ~ to set up a factory in Mumbai मुंबई में एक कारख़ाना लगाने की ≈; he has a new ~ in hand उसके हाथ में एक नई ≈ है. **II.** प्रॅ जेक्ट *v.t.* **1.** परियोजना बनाना : to ~ a picnic, pilgrimage पिकनिक[F], तीर्थयात्रा[F] की ≈. **2.** फेंकना : to ~ smth out in space हवा[F] में कुछ फेंकना. **3.** डालना : to ~ an image on the screen परदे पर छाया[F] ≈. **4.** बाहर निकालना : ~ your tongue अपनी जीभ बाहर निकालो. **5.** बनाना : to ~ a new scheme कोई नई योजना बनाना. **projector** प्रॅ जेंक्'टर *n*[c]. प्रक्षेपक, प्रक्षेपित, प्रोजेक्टर : ~ is an apparatus used to show pictures on a screen ≈ एक यंत्र है जो परदे पर तस्वीरें[F] दिखाने के काम आता है.

prolong प्रॅलाङ्ग' *v.t.* (in time or space) बढ़ाना, लंबा करना : ~ one's pleasure अपना आनंद बढ़ाना; I cannot ~ the conversation now अब मैं बातचीत[F] बढ़ा नहीं सकता; to ~ one's sufferings किसी के दुःखों को बढ़ाना; there are means of ~ing one's life nowadays आजकल उम्र बढ़ाने के साधन हो गए हैं; ~ this line by an inch इस रेखा को एक इंच बढ़ा दो.

prominence प्रॉ'मिनन्स *n.* **1.** (excellence) उत्कर्ष, विशिष्टता[F], प्राधान्य : to bring smth into ~ किसी वस्तु का उत्कर्ष दिखाना; the musician came into ~ gradually संगीतकार धीरे-धीरे उत्कर्ष पा गया; he is a man of great ~ वह बड़ी विशिष्टता का आदमी है. **2.** (a projection) ऊंचा स्थान : there is a ~ in the middle of the road सड़क[F] के बीच में ≈ है; to give ~ to smth किसी बात[F] को अधिक महत्व देना. **prominent** प्रॉ'मिनन्ट *a.* **1.** (distinguished) प्रमुख, मुख्य, विशिष्ट [doctor डॉक्टर, politician राजनीतिज्ञ, writer लेखक]; several ~ men in the town spoke at the meeting बहुत-से विशिष्ट लोग सभा[F] में बोले; Mayor is a ~ citizen मेयर एक प्रमुख नागरिक होता है; he had a ~ part in conversation वार्तालाप में उसका मुख्य भाग था. **2.** (conspicous) सुव्यक्त, सुस्पष्ट, सुप्रकट [chin ठोड़ी, landmark सीमाचिह्न, teeth दाँत]; she delivered a ~ speech on this point इस विषय पर उसने सुस्पष्ट भाषण दिया; our school is the most ~ building in that area हमारा विद्यालय उस क्षेत्र में एक सुस्पष्ट/प्रमुख भवन है. **3.** बाहर निकला हुआ : ~ tooth ≈ दाँत.

promise प्रॉ'मिस **I**. *n*[c]. **1.** वादा, वचन [false झूठा, true सच्चा]; to give/make a ~ वचन देना, वादा करना; to evade fulfilment of a ~ वादा पूरा करने से कतराना; remember to carry out your ~ अपना ≈ निभाना याद रखो; I shall try my best to keep my ~ मैं अपना वचन पूरा करने का पूरा प्रयास करूँगा; make a ~ to somebody किसी से वादा करना; he broke his ~ and did not even reply to my letter उसने अपना वादा तोड़ दिया और मेरे प्रश्नों का उत्तर तक नहीं दिया; did he go back on his ~ क्या वह अपने वादे से मुकर गया ? **2.** आशा[F] : his work shows much ~ उसके काम से बड़ी ≈ लगती है. **II.** *v.t.i.* **1.** वादा करना, वचन देना : you ~ not to tell it to anybody तुम वादा करो कि किसी को बताओगे नहीं; he ~d me his support उसने मुझे अपना समर्थन देने का वचन दिया; she always does everything she ~s वह सब कुछ करती है जिसका वचन देती है; do you ~ क्या तुम वादा करते हो ? you ~d me an orange तुमने मुझे एक संतरा देने का वचन दिया था. **2.** आशा दिलाना या देना; (assure) विश्वास दिलाना : it ~s to be sunny by tomorrow इससे कल तक दिन साफ़ हो जाने की आशा बनती है; I ~ you that the work is not difficult मैं आपको विश्वास दिलाता हूँ कि काम कठिन नहीं है; his work ~s well उसके काम से अच्छी आशा बँधती है. **promising** प्रॉ'मिसिङ्ग *a.* होनहार, उदीयमान [actor अभिनेता, player खिलाड़ी, pupil शिष्य, writer लेखक]; she is a ~ artist in this school इस विद्यालय में वह होनहार कलाकार है.

promote प्रॅ मोट' *v.t.* **1.** तरक्की[F] देना, पदोन्नति[F] करना : the clerk was ~d to the post of superintendent लिपिक को अधीक्षक के पद पर तरक्की[F] कर दी गई. [*ant.* demote] **2.** (further) प्रोत्साहन देना, (आगे) बढ़ाना, बढ़ावा देना : to ~ peace शांति[F] को ≈; this society ~s communal harmony यह संस्था[F] सांप्रदायिक मेल-मिलाप को बढ़ावा देती है. **3.** स्थापित करना : to ~ a company किसी कंपनी की स्थापना[F] करना. **4.** प्रवर्तित करना, प्रायोजित करना : who is promoting this radio programme? इस रेडियो प्रोग्राम को कौन प्रायोजित कर रहा है ? **5.** (educ.) चढ़ाना : to ~ a student to the next class किसी विद्यार्थी को अगली कक्षा[F] में चढ़ा देना. **promotion** प्रॅ मो'शन *n.* **1.** तरक्की[F], पदोन्नति[F] : the Assistant Manager got a ~ सहायक प्रबंधक को ≈ मिली; he was happy at his ~ to a higher rank उँचे पद पर ≈ होने से वह खुश था. **2.** कक्षोन्नति[F] : he got ~ last year उसकी पिछले वर्ष ≈ कर दी गई. [*ant.* demotion] **3.** प्रोत्साहन : an institution for ~ of learning विद्या[F] के ≈ के लिए संस्था[F].

prompt प्रॉम्प्ट **I**. *a.* **1.** (person) तत्पर, उद्यत, तैयार : he is always ~ to meet his friends वह अपने मित्रों से मिलने के लिए सदा तैयार रहता है; he is ~ in his duty वह कर्तव्य पर ≈ रहता है. **2.** तत्काल, शीघ्र, तात्कालिक, तुरंत [decision निर्णय, payment भुगतान, refusal इंकार]; ~ action of the police पुलिस[F] की ≈ कार्यवाही[F]; his reply was ~ उसका उत्तर तुरंत आ गया. **II.** *adv.* see promptly. **III.** *v.t.* प्रेरित करना, प्रोत्साहन देना : to ~ smb to take risk किसी को जोखिम उठाने के लिए ≈. **promptly** प्रॉम्प्'ट्लि *adv.* तुरंत, अविलंब, तत्काल, झट : he replied ~ उसने तुरंत उत्तर दिया; she carried out the order ~ उसने आदेश का ≈ पालन किया. the programme will begin ~ at 8 o'clock प्रोग्राम ठीक आठ बजे शुरू होगा.

pronoun प्रो'नॉउन *n.* सर्वनाम : I, he, she, it, they, me are ~ मैं, वह (पुल्लिग), वह (स्त्रीलिंग), यह, वे, मुझे ≈ हैं.

pronounce प्रॅ नाउन्स' *v.t.* **1.** (proclaim) सुनाना, घोषित करना, बता देना [distinctly साफ़-साफ़, correctly सही-सही]; the judge ~d the judgement, sentence in the packed court जज ने खचाखच भरे न्यायालय में फैसला, दंड सुनाया; the priest ~d them man and wife पुरोहित ने उनके पति-पत्नी बन जाने की घोषणा की; to ~ that smb is dead यह ≈ कि कोई मर गया है. **2.** (utter) उच्चारित करना, का उच्चारण करना : baby cannot ~ many words yet बच्चा अभी कई शब्दों का उच्चारण नहीं कर सकता; 'hail' and 'hale' are ~d alike hail और hale एक तरह से उच्चारित किए जाते हैं. 3. (to give opinion) मत देना : I don't want to ~ on this matter मैं इस मामले में कोई मत नहीं देना चाहता. **pronunciation** प्रॅनन् सि एʹशन *n*ᵘ. उच्चारण [accepted मान्य/स्वीकृत, correct सही, standard मानक]; his ~ is now improving उसके ≈ में अब सुधार हो रहा है; what is the ~ of 'knot' 'knot' का ≈ क्या है ?

proof प्रूफ़ **I.** *n*ᶜ. **1.** (evidence) प्रमाण, सबूत [correct सही, positive पक्का, satisfactory संतोषजनक, strong पक्का]; it is a ~ of his honesty यह उसकी ईमानदारीᶠ का एक ≈ है; have you any ~ about this fact? क्या इस तथ्य के बारे में तुम्हारे पास कोई सबूत है ? I can give you more than one ~ that it is true मैं एक से अधिक प्रमाण दे सकता हूँ कि यह सही है; can you give any ~ that you were born in London? क्या तुम कोई प्रमाण दे सकते हो कि तुम लंदन में पैदा हुए थे ? **2.** (test) परीक्षण, जाँच : ~ of his identity उसकी पहचानᶠ की जाँच; to put smth to ~ किसी चीज़ᶠ का परीक्षण करना; he stood the ~ वह ≈ में खरा उतरा. **3.** (printing) प्रूफ़ : ~ s of a book पुस्तकᶠ के ≈; to correct the ~ प्रूफ़-संशोधन करना.
~ **reader** प्रूफ़रीडर, प्रूफ़ पढ़ने वाला; ~ **reading** प्रूफ़ संशोधन.

prop प्रॉप **I.** *n*ᶜ. **1.** टेकᶠ, थूनीᶠ [long लंबा, strong मज़बूत]; we put a ~ under the shed हम छप्पर के नीचे टेक लगाते हैं. **2.** अवलंब, सहारा, आश्रय : the oldman needed a ~ बूढ़े आदमी को सहारे की आवश्यकताᶠ थी; he is the ~ of our society वह हमारे समाज का ≈ है; his son was a ~ in old age बुढ़ापे में उसका बेटा एक ≈ था. **II.** *v.t.* (*-pp-*) टेक लगाना, थामना, सँभालना, सहारा देना : she ~ped up the baby with her hand उसने अपने हाथ से बच्चे को थाम लिया; they ~ped up the shamiana उन्होंने शामियाने के नीचे टेक लगाई; he ~ped the cycle against the wall उसने दीवारᶠ के सहारे साइकिलᶠ टिका दी.

propaganda प्रॉपॅ गैन्ʹडा *n*ᵘ. प्रचार : ~ of a political party किसी राजनीतिक दल का ≈; lot of ~ against smoking धूम्रपान के विरुद्ध अत्यधिक ≈; ~ in favour of their candidate अपने उम्मीदवार के पक्ष में उनका ≈; ~ against the rival in the election चुनाव में अपने प्रतिपक्षी के विरुद्ध ≈.

propagate प्रॉʹपॅगेट **I.** *v.t.* **1.** (spread) फैलाना, प्रचार करना, प्रसारित करना : to ~ one's mission अपने मिशन का प्रचार करना; the party started its own newspaper to ~ its policy पार्टी ने अपनी नीतिᶠ के प्रसार के लिए अपना समाचार-पत्र शुरू किया; she is fond of propagating herself उसे अपना प्रचार करने का शौक है. **2.** (raise, breed) उपजाना : he ~d the best quality of cloth उसने उत्तम गुणवत्ताᶠ वाले कपड़े का उत्पादन किया; some insects ~ themselves कुछ कीड़े अपने-आप पैदा होते हैं. **II.** *v.i.* बढ़ना, फैलना : the rumour of being caught red-handed ~d soon in the city उसके रंगे हाथों पकड़े जाने की अफ़वाहᶠ शीघ्र ही शहर में फैल गई.

propel प्रॅ पेलʹ *v.t.* (-ll-) **1.** ठेलना, धकेलना : the wind was ~ling the boat हवाᶠ नाव को धकेल रही थी; the old man ~led the chair in his room by hands बूढ़े आदमी ने अपने कमरे में कुर्सी को हाथों से ढकेल दिया. **2.** आगे बढ़ाना, प्रेरणा देना, प्रेरित करना : the teacher ~led him to continue his study अध्यापक ने उसे अपनी पढ़ाईᶠ जारी रखने के लिए प्रेरित किया.

proper प्रॉʹपर *a.* **1.** (suitable) उपयुक्त, उचित, समीचीन [advice सलाहᶠ, occasion अवसर, reply उत्तर]; it was ~ to say, " Excuse me". यह कहना उचित था, "मुझे क्षमा कीजिए,": go to your ~ places अपने-अपने स्थान पर जाइए; it was not the ~ place to discuss private matters निजी मामलों की चर्चाᶠ करने के लिए यह उपयुक्त स्थान नहीं था; say anything at ~ time कोई भी बातᶠ हो ≈ समय पर कहिए; it is not ~ to go there वहाँ जाना उचित नहीं है; he was not in ~ dress वह अवसरोचित पोशाक में नहीं था. [*ant.* improper] **2.** (exact) ठीक, सही [amount राशिᶠ, price मूल्य, time समय]; it is the only ~ way to solve the question प्रश्न हल करने का यह एकमात्र सही तरीका है; ~ sense of the word इस शब्द का ठीक-ठीक अर्थ. **3.** (complete) पूरा : it was ~ misuse of time समय का यह ≈ दुरुपयोग था. **4.** (maths) वास्तविक : ~ fraction ≈ भिन्न. **5.** (gram.) ~ noun व्यक्तिवाचक संज्ञा^F. **properly** प्रॉ'पर्लि *adv.* **1.** उचित रीति^F से, ठीक ढंग से : behave ~ ≈ व्यवहार करो; I know how to do it ~ मैं जानता हूँ कि इसे ≈ कैसे करना है; you are not dressed ~ तुम ढंग से कपड़े नहीं पहने हो; ~ speaking यथार्थ में. **2.** (completely) पूरी तरह : you have ~ received your chance तुम्हें पूरी तरह अपना दिया है.

property प्रॉ'पर्टि *n*^uc. **1.** (possession) संपत्ति^F, जायदाद^F [large बड़ी, personal व्यक्तिगत, public सार्वजनिक]; immovable अचल या स्थावर ≈; moveable ~ चल या जंगम ≈; ~ tax ≈ कर; he is really a man of ~ वह सचमुच धनी आदमी है; this house is not our ~ यह मकान हमारी ≈ नहीं है; attachment of his ~ is sure उसकी संपत्ति की कुर्की^F निश्चित है; all his ~ went over to the eldest son उसकी सारी ≈ बड़े लड़के को चली गई. **2.** (ownership) स्वामित्व, स्वत्व : it is not his ~ इस पर उसका स्वत्व नहीं है; this book is my ~ यह पुस्तक^F मेरी है. **3.** (attribute) गुण, गुणधर्म, विशेषता : ~ of this chemical इस रसायन का गुण; what are the properties of mercury पारे के ≈ क्या हैं ?

prophecy प्रॉ'फ़िसि *n.* भविष्यवाणी^F : untrue ~ असत्य ≈; his ~ that the government will fall in October turned true उसकी यह ≈ कि सरकार^F अक्तूबर में गिर जाएगी सत्य निकली; his ~ was fulfilled उसकी ≈ पूरी हो गई. **prophesy** प्रॉ'फ़िसाई *v.t.* (*p. & p.p.* prophesied) भविष्यवाणी^F करना : he prophesied wrongly उसने गलत भविष्यवाणी की; I prophesied that there will be storm मैंने भविष्यवाणी की कि तूफ़ान आएगा; they ~ that you will win a big prize वे भविष्यवाणी करते हैं कि तुम एक बड़ा पुरस्कार जीतोगे. **prophet** प्रॉ'फ़िट *n.* **1.** भविष्यवक्ता : weather ~ मौसम के बारे में भविष्यवाणी करने वाला. **2.** (religious) पैग़ंबर : Christ and Mohammed were ~s ईसा और मुहम्मद ≈ थे. [*as distinct from* profit *fem.* prophetess]

proportion प्रॅ पॉर्'शन *n*^c. **1.** अनुपात : a large ~ of Indian population is poor भारत की जनसंख्या^F का एक बड़ा ≈ गरीब है; make it in ~ इसे अनुपात में करो; ~ of men and women is changing पुरुषों और स्त्रियों का ≈ बदल रहा है; ~ of girls and boys is equal लड़कियों और लड़कों का ≈ बराबर है; in ~ to के ≈ से : wages in ~ to work काम के ≈ से मज़दूरी^F; the demand is out of ~ to the supply आपूर्ति^F की अपेक्षा^F माँग^F बहुत अधिक है. [*ant.* dis ~] **2.** (dimensions) परिमाण, आयाम : ~s of this hall are bigger इस हाल के ≈ बड़े हैं; a room with large ~s बड़े आयाम वाला कमरा. **3.** (comparison) तुलना^F : her achievement bears no ~ to her ability उसकी उपलब्धि^F उसकी योग्यता^F की तुलना^F में कुछ नहीं है; it is out of (all) ~ यह तुलना^F में बड़ा है. **4.** (portion) अंश : there is less ~ of sugar in the tea चाय में चीनी^F का अंश कम है; a large ~ of his property is ruined उसकी संपत्ति^F का एक बड़ा ≈ नष्ट हो गया है.

proposal प्रॅ पो'ज़ल *n*^c. **1.** प्रस्ताव [good अच्छा, suitable उपयुक्त, strange विचित्र]; at the meeting he made a number of ~s बैठक में उसने बहुत-से प्रस्ताव प्रस्तुत किए; mostly the members were in favour of the ~ प्राय: सदस्य प्रस्ताव के पक्ष में थे; his ~ was not considered उसके ≈ पर विचार नहीं किया गया; his ~ was that I should buy the land उसका प्रस्ताव था कि मुझे ज़मीन^F खरीदनी चाहिए; to welcome a ~ प्रस्ताव का स्वागत करना; the ~ was for the treaty ≈ संधि^F के लिए था; the members agreed to his ~ सदस्य उसके सुझाव को मान गए, **2.** (offer of marriage) विवाह का प्रस्ताव. **propose** प्रॅ पोज़ *v.t.* **1.** प्रस्ताव करना या रखना, प्रस्तावित करना, सुझाव देना : the chairman ~d that they should postpone the meeting सभापति ने सुझाव किया कि बैठक[F] स्थगित कर दी जानी चाहिए; he ~d a vote of thanks उसने धन्यवाद का प्रस्ताव रखा. **2.** विवाह का प्रस्ताव करना : he ~d to her and she accepted उसने शादी[F] का प्रस्ताव किया और इसने स्वीकार कर लिया. **3.** (intend) इरादा करना या होना, विचार करना, ठान लेना : he ~d to go home at nine उसने नौ बजे घर जाने का इरादा किया. Δ **man ~s, God disposes** आदमी कुछ इरादे करता है, ईश्वर उनको पूरा करता है.

proprietor प्रॅ प्राइ'अटर *n.* मालिक, स्वामी [old बूढ़ा, popular सर्वप्रिय, wealthy धनी]; the treatment of the ~ with the workers ≈ का मज़दूरों से बर्ताव; the ~ of this mill is Seth Tara Chand इस मिल के ≈ सेठ ताराचंद हैं.

propriety प्रॅ प्राइ'अटि *n.* **1.** (fitness) उपयुक्तता[F] : ~ of this step cannot be questioned उस कदम की ≈ पर प्रश्नचिन्ह नहीं लगाया जा सकता. **2.** औचित्य : there is no ~ in interfering at this time इस समय हस्तक्षेप करने का कोई औचित्य नहीं है. **3.** मर्यादा[F] : he behaves with ~ वह ≈ का व्यवहार करता है; breach of ~ ≈ -भंग.

prose प्रोज़ *n*[u]. गद्य : dull ~ नीरस ≈; ~ and poetry ≈ और गद्य; the story is in simple prose कहानी[F] सरल ≈ में है; the news is broadcast in ~ समाचार गद्य में प्रसारित किए जाते हैं.

prosecute प्रॉ'सिक्यूट *v.t.* **1.** (law) अभियोग लगाना/चलाना, पर मुकदमा चलाना : he was ~d on a charge of theft चोरी[F] के आरोप में उस पर मुकदमा चलाया गया; trespassers will be ~d अनाधिकार प्रवेश करने वालों पर मुकद्दमा चलाया जायगा. **2.** चलाना, आगे बढ़ाना, चालू करना : to ~ one's business अपना व्यापार चलाना; ~ an enquiry, a plan कोई जाँच[F], योजना[F] आगे बढ़ाना. **3.** (engage in) में लगे रहना, जारी रखना : he kept prosecuting his studies उसने अपनी पढ़ाई[F] जारी रखी. [*cf.* persecute] **prosecution** प्रॉ सि क्यू'शन *n.* **1.** अभियोजन : the ~ of a person किसी व्यक्ति का ≈. **2.** अभियोग पक्ष : he appeared for the ~ वह ≈ की तरफ़ से प्रस्तुत हुआ; the ~ could not prove the guilt of the accused ≈ अभियुक्त के अपराध को सिद्ध न कर सका. **3.** (pursuing) चलाना, जारी रखना : ~ of one's studies अपनी पढ़ाई[F] ≈; he was injured in the ~ of his duty वह अपनी ड्यूटी[F] करते हुए घायल हो गया.

prospect प्रॉस्'पेंक्ट **I.** *n*[c]. **1.** दृश्य, परिदृश्य [good अच्छा, splendid शानदार]; ~ from the hill top was grand पहाड़ की चोटी[F] से ≈ भव्य था. **2.** लक्षण : ~ of good weather in the morning सुबह[F] अच्छे मौसम के ≈. **3.** (hope, possibility) आशा[F], संभावना[F] [less कम, uncertain अनिश्चित]; the ~ of his success उसकी सफलता[F] की ≈. **4.** (in *pl.*) भावी संभावनाएँ[F], भविष्य : his ~s are brilliant उसका भविष्य उज्ज्वल है. **II.** प्रॉस् पेंक्ट' *v.t.* खोजना : to ~ for gold सोने की खोज[F] करना.

prospectus प्रस् पेंक्'टस *n.* विवरणिका[F], विवरण-पत्रिका[F] : ~ of a university विश्वविद्यालय की ≈; a copy of this ~ costs you Rs. 5 इस ≈ की कीमत[F] तुम्हें पाँच रुपए लगेगी.

prosper प्रॉस्'पर *v.i.* **1.** फलना-फूलना, पनपना : I wish all to ~ in the new year मैं कामना करता हूँ कि सब लोग नववर्ष में फलें-फूलें; the company is ~ing कंपनी फल-फूल रही है; may you ~ in life जीवन में तुम फलो-फूलो **2.** समृद्ध होना : thieves never ~ चोर कभी समृद्ध नहीं होते. **prosperity** प्रॉस् पें'रिटि *n*[u]. समृद्धि[F], संपन्नता[F] : may you enjoy health and ~ आप स्वास्थ्य और ≈ का आनंद लो. **prosperous** प्रॉस्'पॅरस *a.* **1.** समृद्ध, फलता-फूलता [country देश, family परिवार, trader व्यापारी]; may you be happy and ~ तुम प्रसन्न और समृद्ध हो. **2.** (favourable) अनुकूल, हितकर, शुभ : ~ winds ≈ हवाएँ[F]. **3.** (successful) सफल : ~ enterprise ≈ उद्यम.

prostrate प्रॉस्'ट्रेट **I.** *a.* दण्डवत् पड़ा हुआ : ~ gland प्रणत ग्रंथि[F]; he fell ~ on his feet वह उसके पैरों पर ≈ था; to lie ~ before the headmaster प्रधानाध्यापक के सामने दण्डवत् प्रणाम करना. **II.** प्रॉस् ट्रेट' *v.t.* **1.** साष्टांग प्रणत

होना : ~ oneself साष्टांग प्रणाम करना; devotees ~ themselves before their gods भक्त अपने देवताओं को साष्टांग प्रणाम करते हैं. **2.** गिरा देना, लिटा देना : he was ~d by illness बीमारी[F] ने उसे लिटा दिया.

protect प्रॅ टॅक्ट' *v.t.* रक्षा करना, बचाना, सुरक्षित रखना : to ~ children from/against danger बच्चों को ख़तरे से बचाना; she wore dark glasses to ~ her eyes from the sun धूप[F] से अपनी आँखों[F] को बचाने के लिए वह काला चश्मा पहने थी; to ~ oneself from unexpected attack अप्रत्याशित आक्रमण से अपने को बचाना; he wore a helmet to ~ his head उसने सिर के बचाव के लिए हेलमेट पहना था; fence for ~ing cattle जानवरों की सुरक्षा[F] के लिए चहारदीवारी[F]; they tried to ~ their children from the rain उन्होंने अपने बच्चों को बारिश[F] से बचाने का प्रयास किया. **protected** प्रॅ टॅक्'टिड *n.* रक्षित, सुरक्षित [animal जानवर, fort किला, industry उद्योग]; let them come, I am ~ now उन्हें आने दो, अब मैं ≈ हूँ. **protection** प्रॅ टॅक्'शन *n*[u]. (सं) रक्षा[F], सुरक्षा[F], बचाव : this coat will be a ~ against the cold यह कोट सर्दी[F] से बचाव करेगा; he could not manage ~ from rain वह बरसात[F] से बचाव का प्रबंध न कर सका; take smb under one's ~ किसी को अपनी सुरक्षा[F] में लेना : the ~ of the country is the duty of everyone देश की रक्षा[F] करना सब लोगों का कर्तव्य है. **protective** प्रॅ टॅक्'टिव़ *a.* संरक्षक, बचाव वाला [clothes कपड़े, tariff तट कर]; she is ~ towards her children वह बच्चों की रक्षा करना चाहती है. **protector** प्रॅ टॅक्'टर *n*[c]. (सं)रक्षक : he is lawfully declared the ~of his child वह बच्चे का विधिवत् संरक्षक घोषित किया गया.

protein प्रो'टीन *n.* प्रोटीन : eggs, milk and meat contain lot of ~ अंडे, दूध और मांस में बहुत ≈ होता है; give ~ of some kind such as Proteinex to children बच्चों को प्रोटीनेंक्स की तरह कोई ≈ दीजिए.

protest प्र टॅस्ट **I.** *v.t.* **1.** विरोध करना, प्रतिवाद करना : he ~ed against the adoption of the resolution उसने प्रस्ताव पारित किए जाने का विरोध किया; this will be ~ed by all इसका सब लोगों द्वारा विरोध किया जाएगा; they were ~ing against injustice to teachers वे अध्यापकों के प्रति अन्याय का विरोध कर रहे थे. **2.** (state) दृढ़तापूर्वक कहना : he ~ed in the meeting उसने बैठक में दृढ़तापूर्वक कहा; they ~ed that the statement was prejudicial उन्होंने दृढ़तापूर्वक कहा कि यह बयान पक्षपातपूर्ण है. **3.** (comm.) अस्वीकार कर देना : the proposal was ~ed completely प्रस्ताव को पूरी तरह अस्वीकार कर दिया गया. **II.** *n*[c]. **1.** विरोध, प्रतिवाद [sharp तेज़, violent उग्र]; the people made/ lodged a ~ against the rise in the price of bread ब्रेड के मूल्य में वृद्धि[F] का लोगों ने विरोध किया. **2.** आपत्ति[F], ऐतराज़ : they accepted the employer's judgement under ~ आपत्ति के साथ उन्होंने मालिक के निर्णय को मान लिया.

protrude प्रॅ टूड **I.** *v.i.* बाहर निकला हुआ होना : a pistol was protruding from his bag. एक पिस्तौल उसके झोले से बाहर निकली हुई थी; one of his teeth is protruding उसका एक दाँत बाहर निकला हुआ है. **II.** *v.t.* बाहर निकालना, बढ़ाना : he ~d his tongue उसने अपनी जीभ[F] बाहर निकाली.

proud प्रॉउड *a.* **1.** अहंकारी, घंमडी, अभिमानी [manager प्रबंधक, person व्यक्ति, woman स्त्री]; he is the most ~ student in the class वह कक्षा[F] में सबसे ≈ विद्यार्थी है; ~ like a peacock मोर की तरह ≈; ~ son of a ~ father अभिमानी बाप का अभिमानी बेटा. [*ant.* humble] **2.** गौरवान्वित, गर्वीला : I am ~ of my son मुझे अपने बेटे पर गर्व है; he feels himself ~ वह स्वयं को ≈ महसूस करता है; he will never accept your proposal, he is too ~ वह कभी-भी तुम्हारा सुझाव स्वीकार न करेगा, वह बहुत ही ≈ है; we are ~ of our motherland हमें अपनी मातृभूमि[F] पर गर्व है; the team feels ~ of victory टीम[F] विजय पाकर गौरवान्वित महसूस करती है. **3.** (splendid) शानदार, वैभवशाली : ~ sight ≈ दृश्य; Gupta regime was a ~ period in our history हमारे इतिहास में गुप्तकाल एक

वैभवशाली युग था; it is a ~ moment for us हमारे लिए यह एक ~ क्षण है; Kashi is the ~est city of the ancient world काशी प्राचीन जगत् का सबसे ~ नगर है. **proudly** प्रॉउड्'लि *adv.* गर्व से, साभिमान : she showed her prize ~ to every friend of hers उसने अपना पुरस्कार अपनी सभी सहेलियों को ~ दिखाया.

prove प्रूव़ *v.t.* 1. प्रमाणित करना, सिद्ध करना, साबित करना : can you prove that she has committed the offence क्या तुम सिद्ध कर सकते हो कि उसने अपराध किया है ? to prove smb's honesty किसी की ईमानदारी; it is not easy to ~ that he is a thief यह सिद्ध करना आसान नहीं है कि वह चोर है; he was ~d guilty with other students वह अन्य छात्रों के साथ दोषी पाया गया. 2. you have to ~ yourself तुम्हें अपनी योग्यता^F सिद्ध करनी है. 3. (test) परखना, परीक्षण करना, जाँचना : to ~ a new weapon, a new model car नए हथियार, नए मॉडल की कार^F की परख^F करना. II. *v.i.* (turn out) निकलना, सिद्ध हो जाना, प्रमाणित होना : the cricket match ~d to be very dull क्रिकेट मैच बहुत-ही नीरस साबित हुआ; it ~d satisfactory यह संतोषजनक सिद्ध हुआ; she ~d to be the most clever girl वह सबसे चतुर लड़की निकली; that machine ~d quite useful यह मशीन बहुत उपयोगी निकली.

proverb प्रॉ'व़र्ब *n.* कहावत^F, लोकोक्ति^F [English अंग्रेज़ी, famous प्रसिद्ध, local क्षेत्रीय]; 'prevention is better than cure' is a ~ 'इलाज से परहेज़ अच्छा है' यह एक कहावत है; his words passed into a ~ उसके शब्द ~ बन गए.

provide प्रॅ व़ाइड' *v.t.* 1. देना, का प्रबंध करना : to ~ a boy **with** good education किसी लड़के को अच्छी शिक्षा^F देना; they ~d him with money and clothes उन्होंने उसके लिए धन और कपड़े का प्रबंध किया; ~ somebody with smth किसी को कुछ देना; he was ~d with everything he needed उसे सब कुछ दिया गया जिसकी उसे आवश्यकता^F थी; the hen ~s us plenty of eggs मुर्गी हमें बहुत से अंडे देती है. 2. प्रावधान करना : the law ~s that an orphan should be protected by the State कानून इसका प्रावधान करता है किसी एक अनाथ की राज्य द्वारा रक्षा^F की जानी चाहिए; you have to ~ for your old parents तुम्हें अपने बूढ़े माँ-बाप के लिए प्रावधान करता है. 3. the restaurant ~s us good meals रेस्टोरेंट हमें अच्छा भोजन मुहैया कराता है. 4. पहले से प्रबंध करना : to ~ against calamity मुसीबत^F के लिए ~; he should have ~d **for** the future उसे भविष्य के लिए कुछ ~ चाहिए था. **provided** प्रॉ वाइ'डिड I. *conj.* बशर्ते कि : you may remain here, ~ you keep silent तुम यह कह सकते हो ~ चुप रहो; I shall wait ~ you come home soon मैं इंतज़ार करूँगा ~ कि तुम घर शीघ्र आ जाओ. II. *a.* सुख-सुविधा-संपन्न : he is rich and well- ~ वह धनी और बहुत ~ है.

province प्रॉ'व़िन्स *n*^c. 1. प्रदेश, प्रान्त : this ~ was considered as part of an empire यह प्रांत साम्राज्य का एक भाग माना जाता था; in India ~s are now states भारत में प्रांत अब राज्य है. 2. अधिकार-क्षेत्र : the matter is not within my ~ मामला मेरे ~ में नहीं है; it falls within my ~ यह मेरे ~ में आता है. **provincial** प्रॉ व़िन्'शल *a.* 1. प्रांतीय [administration प्रशासन, governor राज्यपाल, head प्रमुख]. 2. (rustic) देहाती : ~ arts ~ कलाएँ^F; ~ customs ~ रीतिरिवाज. 3. (narrow) संकीर्ण : ~ feelings ~ भावनाएँ^F; ~ outlook ~ दृष्टिकोण.

provision प्रॅ व़ि'ज़न *n*^c. (from 'provide') 1. प्रबंध, व्यवस्था^F, प्रावधान : ~ of a library is the need of this locality इस क्षेत्र में एक पुस्तकालय की व्यवस्था^F करने की आवश्यकता है; there is a ~ in law about the matter इस मामले में कानून में ~ है. 2. (*pl.*) खाने-पीने का सामान, रसद^F : we took ~s to the picnic हम पिकनिक पर ~ ले गए; ~s are plentiful ~ बहुतायत^F से है. 3. (pre-caution) पूर्वोपाय, पूर्व योजना^F : to make ~ for one's family अपने परिवार के लिए पूर्वोपाय करना. 4. (condition) शर्त^F : ~s of the agreement करार की शर्तें.

provisional प्र व़ि'ज़नल *a.* अस्थायी, कच्चा, काम-चलाऊ [agenda कार्यावली^F, agreement समझौता, certificate प्रमाण-पत्र, government सरकार^F, order आदेश].

provocation प्रॉव़ के'शन *n*^u. उकसावा, उत्तेजन, उत्तेजना^F : he had to act under ~ उसे उकसावे पर कार्यवाही^F करनी थी; to give up ~ to smb किसी को उकसाना छोड़ देना; on/at slightest ~, there could be a riot थोड़ी-सी उत्तेजना से बलवा हो सकता था; he was guilty of ~ वह उत्तेजना लाने का दोषी था; he beat the boy without any ~ उसने लड़के को बिना किसी उकसावा के पीटा. **provoke** प्रॅ व़ोक' *v.t.* **1.** उत्तेजित करना, उकसाना, भड़काना : he ~d me to call him 'ass' उसने मुझे उकसाया तो मैंने उसे 'गधा' कह दिया; don't ~ a quarrel झगड़ा मत भड़काओ; to ~ curiosity कुतूहल जगाना. **2.** (irritate) चिढ़ाना, गुस्सा दिलाना : if you ~ me I'll beat you यदि तुम मुझे चिढ़ाओगे तो मैं तुम्हें पीटूँगा; to ~ a dog with a stick कुत्ते को एक छड़ी^F से चिढ़ाना; I was ~d by his haughtiness मुझे उसके घमंडीपन पर गुस्सा आया; ~d by court's rejection of his plea, the prisoner rushed forward न्यायालय द्वारा उसकी अर्जी^F नामंज़ूर होने पर कैदी गुस्सा होकर आगे की ओर बढ़ा.

prudent प्रू'डंट **1.** बुद्धिमान्, समझदार [man पुरुष, woman स्त्री]; it is ~ to wear woollen clothes in winter जाड़े में ऊनी कपड़े पहनना समझदारी^F है. **2.** सावधान : be ~ with your money पैसे के मामले में ≈ रहिए. [*ant.* imprudent]

pry प्राइ **I.** *v.i.* (*p.* pried) ताँक-झाँक करना, झाँकना : to ~ into somebody's affairs किसी के मामले में ताक-झांक करना; he pried into our house उसने हमारे घर में ताक-झांक की; to ~ into other's secrets दूसरे के रहस्यों की टोह^F लेना.

P. S. C. Public Service Commission.

psychologist साइकॉ'लॅजिस्ट *n*^c. मनोवैज्ञानिक [learned विद्वान, well-known जाना-माना]; a ~ of international reputation अंतर्राष्ट्रीय ख्याति^F का ≈. **psychology** साइ कॉ'लॅजि *n*^c. **1.** मनोवृत्ति [child's बच्चे की, criminal आपराधिक]; ~ of his friend is not clear उसके मित्र की ≈ स्पष्ट नहीं है. **2.** मनोविज्ञान : educational ~ शिक्षा ≈; ~ is the study of mind ≈ मन का अध्ययन है.

P. T. Physical Training.

P.T.O. = please turn over पन्ना उलटिए.

pub. public.

public पब्'लिक *a.* **1.** सार्वजनिक [life जीवन, park पार्क]; ~ man सार्वजनिक आदमी, जनसेवी व्यक्ति; ~ property ≈ संपत्ति^F; ~ sector (अर्थ-व्यवस्था का) ≈ क्षेत्र. [*ant.* private] **2.** सरकारी, राजकीय : ~ building ≈ इमारत^F; ~ account committee सरकारी खर्च की पड़ताल करने वाली संसदीय समिति^F; ~ interprise ≈ उद्यम; ~ prosecutor सरकारी वकील; ~ purse सरकारी ख़ज़ाना; ~ ownership सरकारी मिल्कियत; ~ debt ≈ ऋण. **3.** लोक, जन- : ~ body लोक निकाय; ~ convenience ≈ पैखाना; ~ enemy ≈ शत्रु; ~ interest लोक-हित; ~ relations जनसंपर्क; ~ opinion ≈ मत; ~ relations officer (PRO) जनसंपर्क अधिकारी; ~ Service लोकसेवा^F, जन-सेवा^F; P ~ Service Commission लोक सेवा आयोग; ~ utility services लोकोपयोगी सेवाएँ^F; ~ works लोकोपयोगी निर्माण-कार्य; P ~ Works Department (P.W.D.) लोक निर्माण विभाग; ~ spirit लोकसेवा^F की भावना. **4.** आम : ~ holiday आम छुट्टी; the news was not made ~ समाचार को ≈ नहीं किया गया. **5.** खुला : ~ trial खुली सुनवाई^F; ~ protest खुले आम विरोध. [*ant.* private] **II.** *n*^u. जनता^F, जनसाधारण, सर्वसाधारण : she had never before spoken in ~ उसने जनता^F में पहले कभी भाषण नहीं दिया था; the garden is open to the ~ बगीचा सर्वसाधारण के लिए खुला है; the ~ at large आम जनता^F. **publication** पब्लिके'शन *n*^uc. **1.** प्रकाशन [new नया, periodical आवधिक, regular नियमित]; ~ of books and magazines किताबों^F और पत्रिकाओं^F का ≈; ~ of the result of M. A. exam एम.ए. के परीक्षाफल का ≈. **2.** (thing published) प्रकाशन : it is a government ~ यह सरकारी

≈ है. **publicity** पब्लि'सिटि n^u. प्रचार [limited सीमित, wide विस्तृत]; to seek ~ अपना प्रचार चाहना; he received ample ~ in daily papers दैनिक पत्रों में उसे प्रचुर प्रसिद्धि^F मिली; great men often shun ~ महान लोग प्राय: ≈ से दूर रहते हैं. **publicly** पब्लिक्'लि *adv.* खुलेआम, खुल्लमखुल्ला : he misbehaved with me ~ उसने ≈ मुझसे दुर्व्यवहार किया : you must not say so ~ तुम्हें≈ इस तरह नहीं कहना चाहिए.

publish पब्'लिश *v.t.* प्रकाशित करना : his article was ~ed in yesterday's newspaper उसका लेख कल के समाचार-पत्र में प्रकाशित हुआ था; the novel was ~ed in two volumes उपन्यास दो जिल्दों में प्रकाशित किया गया; the company ~es twenty books in a year कंपनी^F वर्ष में बीस पुस्तकें^F प्रकाशित करती है. **published** पब्'लिश्ड *a.* प्रकाशित [essay निबंध, order आदेश, statement कथन, thesis (शोध) प्रबंध]; it is ~ every Sunday यह प्रत्येक रविवार को ≈ होती है; his poem could not be ~ उसकी कविता^F ≈ नहीं की जा सकी. **publisher** पब्'लिशर n^c. प्रकाशक [popular सर्वप्रिय, successful सफल]; ~ of the newspaper समाचार-पत्र का ≈; ~ pay royalty to the author ≈ लेखक को रायल्टी देता है; the ~ could not publish the book in time ≈ किताब^F को समय पर प्रकाशित न कर सका.

pudding पु'डिङ् n^{uc}, पुल्ङि : rice ~ खीर^F; milk ~ फिरनी^F; we had ~ at breakfast नाश्ते में हमें ≈ मिला; she cannot eat ~ वह ≈ नहीं खा सकती. Δ **the proof of the ~ is in** eating आज़माओ तो सबूत मिले.

puff. पफ़ **I.** n^c. **1.** फूँक^F : he blew out the candle with a ~ उसने एक ≈ से मोमबत्ती^F को बुझा दिया. **2.** कश, दम : to draw a ~ of cigarette सिगरेट का एक ≈ लेना. **3.** (gust) झोंका, झकोरा : a ~ of wind blew all the candles out हवा^F के एक झोंके से सभी मोमबत्तियाँ^F बुझ गईं. **4.** (swelling) फुलाव, सूजन^F : ~ in the foot पैर की सूजन. **5.** गदिया^F : use powder with a ~ पाउडर ≈ के साथ लगाओ. **II.** *v.t.* **1.** फूँकना, फूँक मारना : he ~ed at her eyes उसने उसकी आँखों^F पर फूँका. **2.** फूँक-फूँककर निकालना : he ~ed away all the ants from the sugar उसने चीनी^F से सभी चींटियों^F को फूँक-फूँककर निकाल दिया. **III.** *v.i.* कश या दम लगाना : he ~ed (away) at the pipe उसने पाइप/चिलम से कश लगाया. **2.** फूलना : he was ~ed up with pride वह अहंकार से फूला हुआ था.

pull पुल *v.t.* **1.** खींचना : to ~ smb's ears किसी के कान ≈; he ~ed me into the room उसने मुझे कमरे के अंदर खींच लिया; the cart was ~ed by a horse गाड़ी^F एक घोड़े द्वारा खींची गई; to ~ roughly असावधानी^F से खींचना; to ~ smb by hand किसी को हाथ से खींचना. [*ant.* push] **2.** दबाना : to ~ the trigger of the gun बंदूक^F का घोड़ा दबाना. **3.** (pluck) तोड़ना : he tried to ~ his teeth उसने उसके दाँत तोड़ने का प्रयास किया. **4.** (tear) फाड़ना : he ~ed the cloth into two parts उसने कपड़े को फाड़कर दो हिस्से कर दिए. **5.** मरोड़ना : to ~ the hands हाथ मरोड़ना. **6.** (rein in) रोकना : to ~ in a horse किसी घोड़े को रोकना. **7.** (in other contexts) to ~ a cigar सिगार का कश लेना; to ~ a proof प्रूफ़ निकालना; to ~ a boat नाव खेना; a muscle was ~ed मोच^F आ गई. Δ **~ about** मारपीट^F करना : he is always ready to ~ about वह हमेशा मारपीट के लिए तैयार रहता है; **~apart** फाड़ देना : to ~ the cloth कपड़ा फाड़ देना; **~back** (i) मुकर जाना : he will easily ~ back on his words वह अपनी बात^F से आसानी^F से मुकर जाएगा; (ii) पीछे खींचना : to ~ back a person किसी व्यक्ति को पीछे खींचना; **~down** गिराना, ढहाना, ध्वस्त करना : the building was ~ed down by the labourers इमारत^F मज़दूरों द्वारा ढहा दी गई; the house is to be ~ed down मकान गिराया जाना; (iii) कमज़ोर हो जाना है : he is very much ~ed down वह बहुत कमज़ोर हो गया है; **~off** सफलतापूर्वक कर डालना, कामयाब हो जाना; he ~ed off his work उसने अपना काम सफलतापूर्वक कर लिया; **~out** खींचकर बाहर निकालना, निकलवाना : the decayed tooth should be ~ed out गला-सड़ा दाँत बाहर निकाल देना चाहिए; America ~ed out of Vietnam अमरीका वीयतनाम से बाहर हो गया; **to ~ smb through some trouble** किसी को किसी दिक्कत[F] से निकालना; he ~ed through long illness वह लंबी बीमारी[F] से बच निकला; **to ~ together** मिल-जुलकर काम करना : these boys cannot ~ together ये लड़के एक-साथ नहीं चल सकते ~up (i) सकना ठहरना : the car ~ed up गाड़ी[F] अचानक रुक गई; (ii) उखाड़ना: we must ~ up these plants, they are dead हमें इन पौधों को उखाड़ देना चाहिए ये मर गए हैं; (iii) he ~ed up the hill वह ज़ोर लगाकर पहाड़ी[F] पर चढ़ गया;

pulley पु'लि *n*[c]. घिरनी[F], गरारी[F], चरख़ी[F] : she pulled out the pitcher from the well with a ~ उसने ≈ से कुएँ में से घड़ा बाहर निकाला.

pullover पुल्'ओव़र *n*[c]. स्वेटर : a woollen ~ without buttons बिना बटन का ≈.

pulp पल्प *n*[u]. **1.** गूदा : banana has ~ under its skin केले में इसके छिलके के नीचे ≈ होता है. **2.** लुगदी[F] : ~ of wood or cloth is used to make paper लकड़ी या कपड़े की ≈ काग़ज़ बनाने के काम आती है. **Δ to reduce smb to ~** किसी का कचूमर निकाल देना (भुरता कर देना).

pulse पल्स **I.** *n*[c]. **1.** (plant) दाल[F], दलहन : production of ~s in India भारत में दलहन/दालों का उत्पादन; the doctor advised him to take ~s डाक्टर ने उसे दाल लेने की सलाह[F] दी. **2.** (of blood) नब्ज़[F], नाड़ी[F] : put your fingers on the ~ ≈ पर अपनी उंगलियाँ[F] रखो; the doctor felt his ~ and said that there was no fever डॉक्टर ने उसकी ≈ देखी और कहा कि इसे बुखार नहीं है. **II.** *v.t.* काँपना : he was pulsing with excitement वह जोश में काँप रहा था.

pump पम्प **I.** *n*[c]. पम्प : hand ~ हैंड ≈; petrol ~ पेट्रोल ≈; water ~ पानी का ≈; a ~ in kitchen रसोईघर का/में ≈. **II.** *v.t.* **1.** पंप करना, हवा[F] भरना : ~ air into a tyre टायर में हवा[F] भरना; ~ up the tyres टायर में हवा भरो. **2.** (पानी) निकालना : ~ the well dry पंप से कुआँ खाली करना; ~ out poison from stomach पेट से विष निकालना; ~ out water पानी बाहर निकालना.

pumpkin पंप्'किन *n*[c]. कद्दू, लौकी[F] [long लंबी, soft नरम]; field ~ सफ़ेद ≈; ~ gourd कुम्हड़ा; ~ is a big round fruit ≈ एक बड़ा गोल फल होता है; ~ grows in the ground कद्दू ज़मीन में उगता है; dried ~ is used to make sitar सूखा ≈; सितार[F] बनाने के काम आता है.

pun पन **I.** *n*[c]. श्लेष, द्व्यर्थ : there is a ~ in this sentence इस वाक्य में ≈ है. **II.** *v.i.* श्लेष का प्रयोग करना : to ~ on a word शब्द में श्लेष लाना.

punch पंच **I.** *n*[c]. **1.** (tool) छेदना : to have a ~ machine छेदक मशीन[F] रखना. Δ **~ card** छिद्रित कार्ड; **~mark** पंच का छेद. **2.** (blow) मुक्का, घूँसा [light हल्का, strong ज़ोरदार]; he gave him a ~ on his face उसने उसके चेहरे पर एक घूँसा मारा. **II.** *v.t.* **1.** छेदना, छेदित करना : ~ two holes in a tin टीन में दो छेद करना. **2.** (strike) मुक्का मारना : to ~ smb with the first किसी को मुक्का मारना; he ~ed me on the jaw उसने मुझे जबड़े पर मुक्का मारा. **3.** (prod) कोंचना, छेद करना : he ~ed my ticket उसने मेरे टिकट पर छेद किया.

punctual पङ्क्'ट्यूअल *a.* समयनिष्ठ, वक्त का पाबंद : (time) यथासमय, समय पर; ~ payment समय पर अदायगी[F]; he is always ~ in coming to school विद्यालय आने में वह हमेशा ≈ रहता है; be ~ at the meeting बैठक में समय पर होना; he received a prize for being ~ उसने समयनिष्ठ होने का पुरस्कार पाया. **punctually** पङ्क्'टयूअलि *adv.* यथासमय, ठीक समय पर : the train arrived ~ रेलगाड़ी[F] समय पर पहुँची.

punctuate पङ्क्'ट्यूएट *v.t.* **1.** विरामचिह्न लगाना : each sentence was properly ~d प्रत्येक वाक्य में समुचित विराम चिह्न लगाए गए थे; to ~ a paragraph अनुच्छेद में ≈. **2.** (interrupt) बीच में टोकना; (emphasize) पर बल देना : he was ~d by the security guard वह सुरक्षा पहरेदार द्वारा रोक दिया गया;

his speech was ~d by cheers उसका भाषण तालियों[F] ने टोक दिया. **punctuation** पङ्क्ट्यु एʼशन *n*[u]. विरामचिन्ह-विधान; विरामचिह्न : to put ~ marks (.,; , : etc.) विरामचिह्न लगाना.

puncture पँङ्क्चर **I.** *n*[c]. (hole) छिद्र, छेद, पंक्चर : there is a ~ in the cycle tube एक साइकिल ट्यूब में (एक) छेद है. **II.** *v.t.i.* **1.** छेद करना, चुभना; छेद होना : a nail ~d my tube एक कील ने मेरी ट्यूब[F] में छेद कर दिया; to ~ a tank टैंकी में ≈; his right lung was ~d उसके दाहिने फेफड़ें में छेद हो गया. **2.** समाप्त करना : the scheme was ~d योजना[F] समाप्त हो गई.

pungent पँन्ʼजन्ट *a.* तीखा, तिक्त, तीक्ष्ण [criticism आलोचना[F], remark उल्लेख, sauce चटनी[F], smell सुगंध, taste स्वाद]; she spoke ~ words वह तीखे शब्द बोली.

punish पʼनिश *v.t.* दंड देना, दण्डित करना, सज़ा[F] देना : to ~ for a crime अपराध के लिए दंडित करना; murder is ~ed by death हत्या[F] का दंड मृत्यु होती है; the boy was ~ed for telling a lie लड़का झूठ बोलने के लिए दंडित किया गया; he must be ~ed उसे दंडित करना चाहिए; he has been ~ed enough उसे काफी सज़ा[F] दी जा चुकी है. [*ant.* reward] **punishable** पँʼनिशॅबल *a.* दण्डनीय : this offence is ~ by a fine यह अपराध जुर्माना करके दंडित करने योग्य है. **punishment** पँʼनिशमन्ट *n.* दण्ड, सज़ा[F] [humiliating अपमानजनक, severe कड़ा, unjust अनुचित]; capital ~ मृत्युदण्ड, प्राणदण्ड; corporeal ~ शारीरिक दण्ड; he deserves this ~ वह इस सज़ा के योग्य है; he was given ~ उसे सज़ा दी गई; to inflict ~ on smb किसी को सज़ा देना; he received ~ उसने सज़ा पाई.

puny प्यूʼनि *a.* **1.** छोटा, नाटा [animal जानवर, child बच्चा]; the ~ chicken has now died नाटा चूज़ा अब मर गया है; ~ little arms and legs छोटी-छोटी बाँहें[F] और टाँगें[F]. **2.** (fig.) तुच्छ : ~ opinion ≈ मत.

pupil प्यूʼपिल *n*[c]. **1.** शिष्य, छात्र [bad खराब, diligent मेहनती, excellent उत्कृष्ट, lazy सुस्त]; ~ -teacher relationship शिष्य-गुरु संबंध; the ~ is absent today छात्र आज अनुपस्थित है; the ~ is now in sixth class छात्र अब छठी कक्षा[F] में है; the teacher gave good marks to a ~ अध्यापक ने एक छात्र को अच्छे अंक दिए. **2.** (of eye) तारा, पुतली[F] : he is the ~ of her eyes वह उसकी आँखों[F] का तारा है.

puppet पँʼपिट *n*[c]. (doll) गुड़िया[F], पुतली[F], कठपुतली[F] : ~ government, state कठपुतली सरकार[F], राज्य; ~ play/show कठपुतली का तमाशा, दूसरे के इशारे पर चलने वाला; men are ~s of fate लोग भाग्य की कठपुतली हैं; a ~ is moved by strings and appears to talk like a human being एक कठपुतली डोरियों[F] से चलाई जाती है और मानव-प्राणी की तरह बातें[F] करती दिखाई देती है.

puppy पँʼपि *n*[c]. (puppies) पिल्ला : ~ is a small dog ≈ एक छोटा कुत्ता होता है.

purchasable पर्ʼचसॅबल *a.* क्रेय, ख़रीदने लायक [goods माल, property संपत्ति[F], stationery लेखन-सामग्री[F], text-book पाठ्य-पुस्तक[F]]; this rotten vegetable is not ~ यह गली-सड़ी सब्ज़ी[F] ≈ नहीं है. **purchase.** पँर्ʼचस **I.** *n*[c]. **1.** क्रय, ख़रीद[F] [good अच्छी, valuable कीमती[F],]; ~ money क्रय धन; ~ and sale क्रय-विक्रय, ख़रीद-फरोख्त; mother made several ~s in the market माँ ने बाजार में कई तरह की खरीद की; the table was piled with ~s मेज़ ख़रीद से भरी हुई थी. **2.** (acquisition) प्राप्ति[F], उपलब्धि[F] : to sell two cycles a day is a good ~ एक दिन में दो साइकिल बेचना अच्छी उपलब्धि है; this book is a good ~ of mine यह पुस्तक[F] मेरी अच्छी प्राप्ति है. **3.** his life is not an hour's ~ उसमें एक घंटा-भर जीने की आशा[F] नहीं है. **4.** (tight hold) पकड़[F] : get a ~ on a rope to prevent from falling गिरने से बचने के लिए रस्सी[F] पकड़ लेना. **II.** *v.t.* **1.** ख़रीदना, क्रय करना : today I'll ~ a radio set and a camera मैं आज एक कैमरा और एक रेडियो खरीदूँगा. **2.** प्राप्त करना : to ~ freedom with blood खून देकर आज़ादी[F] पाना. [*ant.* sell]

pure प्युअर *a.* **1.** विशुद्ध [air वायु[F], gold सोना, silver चाँदी[F], thoughts विचार, water पानी];

it is chemically ~ रासायनिक दृष्टि^F से यह शुद्ध है; it is made of ~ silk यह शुद्ध रेशम का बना है. [*ant.* impure] **2.** (spotless) निर्मल [heart हृदय, character चरित्र]; the water in this well is ~ इस कुएँ का जल ≈ है. **3.** (mere) महज़, निरा : ~ chance ≈ संयोग, it was ~ incidence यह निरी दुर्घटना^F थी. **4.** (perfect) निपट : ~ nonsense ≈ बकवास. **5.** (blameless) निर्दोष, निष्पाप : the priest found him ~ पादरी ने उसे ≈ पाया. **6.** (chaste) सती, पवित्र; ~ woman ≈ स्त्री; she is still ~, you must not suspect her वह अब भी ≈ है तुम्हें उसके बारे में शंका^F नहीं करनी चाहिए. ~ science विज्ञान का सैद्धान्तिक पक्ष.

purely प्युअर्'लि *adv.* **1.** विशुद्ध रूप से : he is ~ an Indian वह ≈ भारतीय है. **2.** (only) सिर्फ़, अकेले : I did it ~ for fun मैंने इसे केवल मनोरंजन के लिए किया; he lived ~ alone वह बिल्कुल अकेला रहता था. **3.** (entirely) पूर्णतया, सरासर : it is ~ a lie यह सरासर झूठ है.

purgative पर्'गॅटिव़ *a. & n^c^*. **1.** शोधक [drug दवा^F, way मार्ग]. **2.** (med.) रेचक, जुलाब : for constipation you need a ~ कब्ज़ियत^F के लिए तुम्हें जुलाब की आवश्यकता^F है.

purification प्यु अरिफ़ि के'शन *n^u^*. शुद्धीकरण, शोधन : ~ of water and air पानी और वायु^F का ≈; ~ of body and soul शरीर और आत्मा की शुद्धि (का शोधन). **purify** प्युअ'रिफ़ाइ *v.t.* शुद्ध करना : we ~ water by filtration हम छनाई करके पानी साफ़ करते हैं; we ~ language by removing dialect usage हम बोलीगत प्रयोगों को हटाकर भाषा का संशोधन करते हैं; to ~ one's heart अपना हृदय ≈. **purity** प्युअ'रिटि *n^c^*. विशुद्धता^F, शुद्धि^F : ~ of gold सोने की ≈; ~ of language भाषा^F की शुद्धता. [*ant.* impurity]

purple पर्'पल *a.* बैंगनी, जामुनी : mix red and blue to get ~ colour बैंगनी रंग बनाने के लिए लाल और नीला मिला दो; the colour of this saree is ~ इस साडी^F का रंग ≈ है.

purport पर्'पर्ट **I.** *n^u^*. **1.** (meaning) अर्थ, तात्पर्य : the ~ of a stanza किसी छंद का ≈. **2.** (purpose) उद्देश्य, अभिप्राय: I could not understand the ~ of your message मैं तुम्हारे संदेश का ≈ नहीं समझ सका; ~ of one's visit किसी के आने का उद्देश्य. **II.** *v.t.* अर्थ होना, से आभास मिलना : what do his plans ~ to be उसकी योजनाओं से क्या आभास मिलता है; his speech ~s his early resignation उसके भाषण से आभास मिलता है कि वह जल्दी त्यागपत्र दे देगा.

purpose पर्'पस **I.** *n^c^*. **1.** (aim) प्रयोजन, उद्देश्य, लक्ष्य [criminal आपराधिक, definite निश्चित, good अच्छा]; he has come with a ~ वह किसी प्रयोजन से आया है; what was the ~ of your journey तुम्हारी यात्रा^F का उद्देश्य क्या था ? he came with no other ~ वह किसी और उद्देश्य से नहीं आया; he achieved his ~ उसने अपना ≈ पा लिया; this pen will serve your ~ इस कलम से तुम्हारा प्रयोजन सिद्ध हो जाएगा; to do smth on ~ कोई बात^F जानबूझकर करना; he spoke to the ~ वह मतलब की बात^F बोला. **2.** (determination) संकल्प : firm ~ दृढ़ ≈; a man of ~ दृढ़संकल्प व्यक्ति; I can never deviate from my ~ मैं अपने संकल्प से कभी पीछे नहीं हट सकता; it was his determined ~ यह उसका निश्चित संकल्प था. **purposely** पर्'पस्लि *adv.* **1.** (intentionally) जानबूझकर : I did not strike you ~ मैंने तुमको जानबूझकर नहीं मारा. **2.** (with a purpose) सप्रयोजन, मतलब से : he had come here ~ वह ≈ यहाँ आया था.

purr पर **I.** *n^c^*. घुरघुर^F, घुरघुराहट^F : ~ is soft low noise of a cat घुरघुराहट बिल्ली की कोमल धीमी आवाज़ होती है. **II.** *v.t.* घुरघुराना : the cat was ~ing बिल्ली घुरघुरा रही थी.

purse पर्स *n^c^*. **1.** बटुआ, पर्स [empty ख़ाली, full भरा, heavy भारी, leather चमड़े का, light हल्का, open खुला]; common ~ सामूहिक कोष; public ~ सरकारी कोष; he took some coins out of his ~ उसने अपने पर्स से कुछ पैसे निकाले. **2.** धनराशि^F : they were fighting for a ~ of Rs. 5000 वे पाँच हज़ार की ≈ पर लड़ रहे थे; he made up a ~ उसने ख़ूब पैसा पैदा किया. Δ **to hold the ~ strings** ख़र्च पर काबू रखना : he could not hold the ~ strings वह खर्च पर काबू न पा सका; **to loose ~ strings** खुला खर्च करना; **to tighten ~ strings** कंजूसी[F] से खर्च करना : he always keeps the ~ strings tight वह हमेशा कंजूसी से खर्च करता है.

pursue पर् स्यू' *v.t.* **1.** पीछा करना : the police ~d the criminal पुलिस[F] ने अपराधी का पीछा किया; to ~ a fleeing thief किसी भागते चोर का पीछा करना. **2.** (annoy) सताना : the servant was ~d by the officer नौकर अधिकारी द्वारा सताया गया. **3.** (seek) खोज[F] में रहना, खोजना : to ~ happiness सुख की ≈. **4.** जारी रखना, लगा रहना, करता रहना : to ~ an inquiry जाँच[F] करते रहना; to ~ one's study अपनी पढ़ाई[F] जारी रखना. **5.** (follow up) आगे बढ़ाना : I do not like to ~ the matter मैं मामले को आगे नहीं बढ़ाना चाहता. **6.** to ~ a profession कोई धंधा करना. **pursuit** पर् स्यूट' *n*[c]. **1.** पीछा : after a long ~ they caught the thief बहुत पीछा करने के बाद उन्होंने चोर को पकड़ लिया; in ~ of a deer हिरण का पीछा करते हुए. **2.** खोज[F] : they went into the village in ~ of a criminal वे एक अपराधी की खोज[F] में गाँव में चले गए; in ~ of happiness सुख की ≈ में. **3.** (profession) पेशा, धंधा : he is engaged in literary ~s वह साहित्यिक धंधे में लगा है. **4.** (aim) लक्ष्य : his only ~ is to get job उसक केवल एक ≈ काम पाना है.

push पुश **I.** *v.t.* **1.** (press) दबाना : ~ the button carefully बटन सावधानी[F] से दबाओ. **2.** ठेलना, धकेलना, धक्का देना : to ~ smb into a room किसी को कमरे में ढकेल देना; he ~ed the door open उसने ढकेलकर दरवाज़ा खोला. **3.** आगे बढ़ाना : to ~ oneself forward आगे बढ़ना; to ~ the goods, sale माल, बिक्री आगे बढ़ाना. **4.** (thrust in) डाल देना, घुसेड़ना : to ~ a syringe into a patient's vein रोगी की नाड़ी[F] में सिरिंज[F] ≈. **5.** प्रोत्साहित करना, प्रेरित करना, उकसाना : to ~ someone to do smth किसी को कुछ करने के लिए उकसाना. [*ant.* pull] Δ **to ~ along** चलते रहना : we should ~ along with our journey हमें अपनी यात्रा[F] में चलते रहना चाहिए; **~aside** किनारे हटाना : he ~ed the cart aside and made his way उसने गाड़ी[F] को एक किनारे हटाकर अपना रास्ता बना लिया; **~back** पीछे धकेलना : to ~ back an enemy शत्रु को पीछे धकेलना; **~in** घुसेड़ना : to ~ in a needle into a thick cloth मोटे कपड़े में सुई[F] घुसेड़ना; **~ off** निकल जाओ, चले जाओ; **~ on** जल्दी करो, बढ़ाओ; **~ out** निकाल देना, धकेलकर बाहर करना; **~ over** गिरा देना; to ~ over a pram बच्चागाड़ी[F] गिरा देना; **~ through** पार करना; to ~ through a crowd भीड़ से पार करना. **II.** *n*[u]. **1.** दाब[F], ठेला, धक्का : he gave her a ~ उसने उसे धक्का दे दिया, उसे ठेल दिया. **2.** प्रहार, वार : ~ of weapon हथियार का ≈. **3.** (effort) प्रयास, कोशिश[F] : he made his way with a ~ उसने ≈ करके अपना रास्ता बना लिया; it was his final ~ यह उसका अंतिम ≈ था. **4.** (energy) उद्यम : he has plenty of ~ उसमें बहुत ≈ है.

pus पस *n*[u]. पीव[F], मवाद, पूय : ~ in the wound घाव के अंदर की ≈; discharge of ~ from a boil फोड़े में से ≈ का बहना.

pussy पु'सि *n*[c]. (cat) बिल्ली[F]; (hare) खरगोश, खरहा.

put पुट **I.** *v.t.* (past & *p.p.* put) **1.** (place) रखना, रख देना : to ~ the table in the centre मेज़ केंद्र में रखो; ~ everything away सभी चीज़ें[F] परे रखो; ~ all these things together इन सभी चीज़ों[F] को एक साथ रखो. **2.** (enter) डालना : ~ sugar in tea चाय[F] में चीनी[F] डालो; he ~ salt in curry उसने कढ़ी में नमक डाला; to ~ life into smb or smth किसी व्यक्ति या वस्तु में जान डाल देना; he put his hand into his pocket उसने अपना हाथ अपनी, जेब[F] में डाल दिया. **3.** (ask) करना, पूछना : to ~ a question प्रश्न/सवाल करना. **4.** (present) पेश करना : ~ oneself in place of somebody किसी के स्थान पर स्वयं को प्रस्तुत करना. **5.** (in other contexts) he was ~ to death उसे मार डाला गया; to ~ to writing लिख लेना; she put the children to bed उसने बच्चों को सुला दिया; he was ~ to the sword उसे मार डाला गया; ~ your name here अपना हस्ताक्षर यहाँ कर दो. Δ ~ **about** (i) मोड़ना, फैलाना : the ship was ~ about by the storm तूफ़ान ने जहाज़ की दिशा बदल दी; (ii) घबराना don't ~ yourself about घबराओ नहीं; ~ **across** (i) पूरा करना, निष्पादित करना : ~ across the work काम पूरा करना; (ii) बताना : why don't you ~ it across to him तुम उसे बता क्यों नहीं देते ? (iii) पार ले जाना : to ~ a person across the river किसी व्यक्ति को नदी के पार ले जाना; ~ **aside** रख लेना, बचा रखना : put some money aside for another time कुछ पैसा दूसरे समय के लिए बचा रखो. ~**away** हटाकर रखना : ~ these books away इन किताबों^{F}को हटाकर रख दो; ~**back** पीछे हटाना; ~ the hands of the clock back घड़ी की सुइयाँ^{F} पीछे हटा/कर दो; : ~**by** बचा रखना : ~ your savings for tomorrow अपनी बचत^F कल के लिए बचा रखो; ~ **down** (i) लिख लेना : ~ down in writing लेखबद्ध कर लो; (ii) समझना : ~ him down as a ruffian उसे लफ़ंगा समझो; (iii) दबा देना; to ~ down the rebellion विद्रोह दबा देना; (iv) ~ down your pen and listen to me अपनी कलम रख दो और मुझे सुनो; (v) उन्मूलन करना : to ~ down an evil custom बुरे रीतिरिवाज का उल्मूलन करना; ~ **forth** (i) निकालना, फूटना : the plant has ~ forth flowers पौधे से फूल फूट/निकल आए हैं; (ii) काम में लाना : to ~ forth one's best effort अपना भरसक प्रयत्न करना; ~ **forward** (i) पेश करना; to ~ oneself forward for election अपने को चुनाव के लिए पेश करना; ~ forward a new idea कोई नया विचार पेश करना; (ii) प्रतिपादित करना : to ~ forward a theory सिद्धांत ≈; ~ **in** डाल देना, सन्निविष्ट करना, लगाना : the thief was ~ in the prison चोर को जेल में डाल दिया गया; to ~ in a few words of praise प्रशंसा^{F} के कुछ शब्द डाल देना; ~ in the cold storage खटाई^F में डाल देना; to ~ in a request for more wages मज़दूरी^{F} बढ़ाने के लिए निवेदन करना; ~ **off** (i) आगे बढ़ाना, टालना, स्थगित कर देना : the meeting was ~ off बैठक^F स्थगित कर दी गई; I cannot ~ off my visit any longer मैं अपनी मुलाकात^F और अधिक नहीं टाल सकता; ~ it off till tomorrow इसे कल तक के लिए स्थगित कर दो; (ii) to ~ smb off किसी को टाल देना; ~ **on** (i) पहन लेना : it is cold, ~ on your coat सर्दी^{F} है अपना कोट पहन लो; (ii) to ~ on weight वज़न बढ़ा लेना; to ~ on speed गति बढ़ा लेना; ~ **out** (i) निकालना; do not ~ your head out of the window अपना सिर खिड़की^{F} से बाहर मत निकालो; if you behave like this, you will be ~ out of the room यदि तुम इस प्रकार का बर्ताव करोगे तो कमरे से बाहर निकाल दिए जाओगे; (ii) बुझा देना; ~ out the lamp लैम्प बुझा दो; (iii) घबरा देना : he never gets ~ out वह कभी घबराता नहीं है; ~ **through** (i) नंबर मिलाना : ~ me through to No. 600299 मेरे लिए नं. 600299 मिलाओ; (ii) संपन्न करना, पूरा करना : ~ the job through काम पूरा करना; ~ **up** (i) ठहराना : I shall ~ up here tonight मैं यहाँ आज रात^F ठहरूँगा; (ii) ~ up a notice सूचना^{F} लगा दो; ~ up tent तंबू गाड़ो या लगाओ; ~ **up with** सह लेना, बरदाश्त करना : I cannot ~ up with your rudeness मैं तुम्हारी अशिष्टता^{F} बरदाश्त नहीं कर सकता; I won't ~ up with his insolence any longer मैं उसकी ढिठाई^F को और अधिक बरदाश्त नहीं करूँगा; to ~ **one's signature** हस्ताक्षर करना; **to ~ a passage into** Hindi किसी परिच्छेद का हिंदी^{F} में अनुवाद करना; he ~s smth nicely वह किसी बात^F को अच्छी तरह व्यक्त करता है; to ~ an end to smth किसी चीज़^{F} को समाप्त करना.

putrid प्यू'ट्रिड *a.* **1.** सड़ा हुआ, बदबूदार [orange संतरा, plant पौधा, potato आलू]; ~ fish सड़ी हुई मछली^{F}; avoid the things सड़ी-गली चीज़ों^{F} से परहेज़ करो. **2.** (worthless) रद्दी, बेकार : the play last night was ~ कल का नाटक ≈ था.

putty पॅ'टि n^u. पुटीन^F : ~ is used for fixing glass panes in windows खिड़कियों^{F} में शीशा बिठाने के लिए ≈ का प्रयोग किया जाता है.

puzzle पॅ'ज़ल **I.** n^c. **1.** पहेली^{F} : life is a mere ~ जीवन केवल एक ≈ है. **2.** (problem) समस्या : it is a painful ~ to me यह मेरे लिए कष्टकर ≈ है; to solve a ~ समस्या^{F} हल

करना. **II.** *v.t.i.* **1.** उलझन[F] में डालना या पड़ना; her letter ~d me उसके पत्र ने मुझे उलझन में डाल दिया; he was ~d by her reply वह उसके उत्तर से उलझन में पड़ गया. **2.** (think deeply) सोच-विचार में पड़ना : I have been puzzling about this question मैं इस प्रश्न पर सोच-विचार करने लग गया.

pvt. private.

P.W.D. Public Works Department.

pygmy पिग्'मि *n*[c]. (dwarf) बौना, पिग्मी [animal जानवर, brain मस्तिष्क, African अफ़्रीकी]; he is a ~ as compared to other players वह अन्य खिलाड़ियों की तुलना में बौना है.

pyjamas पॅ ज़ा'मॅज़ *n.* (*pl.*) पायजामा [loose ढीला, tight कसा हुआ या तंग]; I wear ~ when I go to bed जब मैं सोने जाता हूँ तो ≈ पहनता हूँ; my ~ are made of long cloth मेरा ≈ लट्ठे का बना है.

python पाइ'थन *n*[c]. अजगर [dangerous ख़तरनाक, huge बड़ा भारी]; ~ is a large non-poisonous snake ≈ एक बड़ा विषहीन साँप होता है; ~ crushes its victim ≈ अपने शिकार को पीस देता है.

Q, q

Q. Question

ql. quintal.

qr. quarter(ly).

quack क्वैक **I.** *n.* **1.** (of ducks) काँ-काँ, कैं-कैं : ducks cry ~ बत्तखें ≈ करके चिल्लाती हैं. **2.** (also ~ doctor) कठवैद्य, नीमहकीम : ~ remedy ≈ का इलाज; he is a ~, he only pretends to be a doctor वह ≈ है, वह डॉक्टर होने का केवल ढोंग करता है.

quadrangle क्वॉड्'रैङ्गल *n*^c^. **1.** चतुष्कोण : a square is a ~ वर्ग ≈ होता है; a rectangle is also a ~ आयत भी ≈ होता है. **2.** (of building) प्रांगण, चौक : there is a ~ in the hostel छात्रावास में एक प्रांगण है. **quadrangular** क्वॉड्रैङ्'ग्यूलर *a.* चतुर्भुजीय, चौकोना [field मैदान, figure आकृति^F^, room कमरा]; we have a ~ open area between our buildings हमारी इमारतों के बीच में एक चौकोर खुला मैदान है; a square or a rectangle is ~ एक वर्ग अथवा आयत ≈ होता है.

quadruped क्वॉ ' ड्रूपॅड *n*^c^. चौपाया, चतुष्पाद : a horse is a ~ घोड़ा एक ≈ है; mammals are all ~s सभी स्तनधारी चौपाए होते हैं.

quadruple क्वॉ 'ड्रूपल *a.* (fourfold) चतुर्गुण, चौगुना, चौहरा : ~ alliance, agreement चार दलों/पक्षों का गठबंधन, करार; he has a ~ share in the property संपत्ति^F^ में उसका चौगुना हिस्सा है.

quail क्वेल **I.** *n*^c^. बटेर; (button ~) लवा : meat of a ~ बटेर का मांस; ~ is like a little partridge बटेर एक छोटे तीतर की तरह होता है; they trap ~s in the corn-field मक्का के खेत में वे ≈ फँसाते या पकड़ते हैं. **II.** *v.i.* काँपना, घबरा जाना : he ~ed with fear वह डर के मारे काँप रहा था.

quaint क्वेन्ट *a.* अनोखा, अनूठा, निराला : ~ appearance निराली शक्ल^F^; ~ customs अनोखे रीतिरिवाज; ~ habits निराली आदतें^F^; ~ place निराला स्थान; an old lady had a ~ little saree एक बूढ़ी औरत के पास एक अनूठी छोटी-सी साड़ी^F^ थी; ~ way of speaking बोलने का अनूठा ढंग.

quake क्वेक **I.** *v.i.* काँपना, सिहरना : the poor man was quaking with cold बेचारा ठंड से काँप रहा था; the earth ~d for a few seconds धरती^F^ कुछ सेकंड काँपती रही; she ~d with fear वह डर के मारे काँप गई. **II.** n^c^. (earthquake) भूकंप : the ~ ruined hundreds of houses भूकंप ने सैकड़ों घर ध्वस्त कर दिए.

qualification क्वॉलिफ़ि के'शन *n*^c^. **1.** योग्यता^F^, अर्हता^F^ [good अच्छी, remarkable उल्लेखनीय]; he has the desired educational qualifications for the post उसमें इस पद की वांछित शैक्षिक योग्यताएँ^F^ हैं; she lacks ~ उसमें ≈ की कमी है. [*ant.* dis~]. **2.** (condition) शर्त^F^ : to accept without ~ बिना शर्त मान लेना. **3.** (restriction) प्रतिबंध I can say without ~ that he is a rogue मैं बिना रोक^F^/ ≈ के कह सकता हूँ कि वह धूर्त है. **qualified** क्वॉ'लिफ़ाइड *a.* **1.** (fit) योग्य, अर्हताप्राप्त : he is well ~ for the post of engineer इजीनियर के पद के लिए वह पूरी तरह ≈ है; a highly ~ man उच्च योग्यता वाला व्यक्ति; he is a ~ doctor वह ≈ डॉक्टर है. **2.** (limited) सीमित, प्रतिबंधित : his agreement was ~ उसका करार ≈ था. **3.** (having a degree) सोपाधिक : a ~ clerk एक ≈ लिपिक. **qualify** क्वॉ'लिफ़ाइ *v.t.* **1.** योग्य होना/बनना; योग्यता^F^ या अर्हता^F^ प्राप्त करना : will this team ~ for the semi-final क्या यह टीम सेमीफाइनल के लिए अर्हता प्राप्त कर लेगी ? work hard to ~ as a teacher अध्यापक की अर्हता पाने के लिए

कठिन परिश्रम करो; merely a degree does not ~ you केवल डिग्री^F तुम्हें अर्हता^F नहीं दिलाती. [*ant*. dis~]. **2.** (describe) बता देना, मान लेना : ~ a discussion as quarrel बातचीत^F को झगड़ा मान लेना. **3.** (gram.) विशेषता बतलाना, विशेषित करना, अर्थ-सीमित करना : an adjective qualifies a noun विशेषण संज्ञा की विशेषता बताता है. **4.** (change) बदलना : ~ your statement, because it is absurd अपने कथन को बदलो क्योंकि यह बेतुका है; to ~what one has said अपने कहे को बदल देना.

quality क्वॉ'लिटि **I.** *n*^c. (*pl.* qualities) **1.** (attribute) गुण, लक्षण [good अच्छा, remarkable उल्लेखनीय]; his best qualities are courage, honesty and labour उसके श्रेष्ठ ≈ हैं, उसका साहस, उसकी ईमानदारी^F और उसका परिश्रम; sympathy is his most promienent ~ सहानुभूति^F उसका सबसे प्रमुख गुण है; he had so many qualities that everybody loved him उसमें इतने अच्छे गुण थे कि सभी लोग उसे प्यार करते थे; he has all the qualities of a good organizer उसमें अच्छे व्यवस्थापक के सब गुण हैं; we care less for ~ than for quantity हम परिमाण या मात्रा^F की अपेक्षा गुण की कम परवाह^F करते हैं. **2.** (kind) प्रकार^F, कोटि^F, दर्जा [high उच्च, particular विशेष, poor घटिया]; the food was of the best ~ भोजन सबसे अच्छी कोटि का था; goods of excellent ~ उत्कृष्ट कोटि का माल. **3.** (skill) योग्यता^F, क्षमता^F : excellent ~ उत्कृष्ट ≈; a man of ~ क्षमतावान आदमी; he has less ~ than his brother उसमें अपने भाई की अपेक्षा^F कम ≈ है; his ~ is beyond doubt उसकी योग्यता संदेहास्पद नहीं है. **4.** (excellence) गुणवत्ता^F : essential ~ आवश्यक ≈; it has all the qualities of a good house उसमें एक अच्छे मकान की पूरी ≈ है. **5.** रूप : in the ~ of a friend एक मित्र के ≈ में. **II.** *a*. बढ़िया : ~goods ≈ माल.

quantity क्वॉन्'टिटि *n*^u. (*pl.* quantities) (amount) **1.** परिमाण, मात्रा^F enormous भारी, indefinite अनिश्चित, large बड़ी, minimum न्यूनतम, sufficient पर्याप्त; I want a small ~ of sugar मैं बहुत थोड़ी ≈ में चीनी^F चाहता हूँ; a thirsty man will drink great quantities of water एक प्यासा आदमी बड़ी ≈ में पानी पिएगा; a certain ~ of paper कागज़ की कुछ संख्या^F; we are striving for both quality and ~ हम गुणवत्ता और मात्रा दोनों के लिए प्रयास कर रहे हैं. **2.** ढेर, थोक : to buy things in ~ ≈ में चीजें खरीदना; it is found in quantities in forests जंगलों में यह ढेरों में प्राप्त होता है.

quarrel क्वॉ'रॅल **I.** *n*^c. **1.** झगड़ा, कलह [old पुराना, open खुला, sudden एकाएक]; to start a ~ with smb about/over smth किसी से किसी बात पर ≈ शुरू करना; the argument came to a ~ बहस^F झगड़े में बदल गई; what was the cause of the ~? इस झगड़े का क्या कारण था ? she picked up a ~ उसने ≈ मोल ले लिया; they had a bitter ~ over it उनमें इस पर तीखा झगड़ा हुआ; avoid a ~ झगड़े से दूर रहो. **2.** (disagreement) असहमति^F : he has no ~ with my views वह मेरे विचारों से असहमत नहीं है. **II.** *v.t.* **1.** झगड़ा करना, झगड़ना : he did not ~ with his friend उसने अपने मित्र से ≈ नहीं किया; the boys were ~ling लड़के ≈ कर रहे थे; they are ~ling with each other वे आपस में झगड़ रहे हैं; he ~led with his best friend उसने अपने सबसे अच्छे मित्र से ≈ किया; we should not ~ about it हमें इस पर कोई ≈ नहीं करना चाहिए. **2.** (fall out) में अनबन हो जाना. **quarrelsome** क्वॉ'रलसम *a*. झगड़ालू, कलहप्रिय [boys लड़के, woman औरत]; the ~ students cannot study properly ≈ लड़के ठीक तरह पढ़ नहीं सकते.

quarry क्वॉ'रि **I.** *n*^c. (*pl.* quarries) **1.** खुली खान^F, खदान^F : the ~ was auctioned ≈ की नीलामी^F की गई; working in a ~ is not easy ≈ में काम करना आसान नहीं है; stone was excavated from this ~ पत्थर इस खदान से निकाला गया था. (*fig.*) this book is a ~ of knowledge : यह पुस्तक^F ज्ञान की

खान है. **II.** *v.t.* (खोदकर) निकालना, खोदना : they could not ~ even a stone वे एक पत्थर भी खोदकर नहीं निकाल सके. **2.** (smth hunted) शिकार : the dog or policeman followed his ~ कुत्ते या पुलिसमैन ने अपने शिकार का पीछा किया.

quarter क्वॉर'टर **I.** *n*[c]. **1.** चतुर्थांश, चौथाई : it is only a ~ of a kilogram यह एक किलोग्राम का ≈ मात्र है; I shall return within three ~s of an hour मैं पौने घंटे में लौट आऊँगा; he would get only a ~ of this land वह इस ज़मीन का केवल ≈ भाग पाएगा. **2.** (three months) तिमाही[F] : we pay the rent for this house every ~ हम इस मकान का किराया हर तिमाही (में) देते हैं; every ~ there is held a test of students of this class इस कक्षा के छात्रों की हर तिमाही परीक्षा[F] होती है. **3.** (direction) दिशा[F] : wrong ~ गलत दिशा; the four ~s of the globe ग्लोब की चार दिशाएँ; no help came from any ~ किसी ≈ से कोई सहायता[F] नहीं पहुँची; we saw Venus in the southern ~ हमने शुक्र को दक्षिणी ≈ में देखा; ants are coming from every ~ चीटियाँ सभी दिशाओं से आ रही हैं; delegates came from all ~s of the State राज्य की हर ≈ से प्रतिनिधि आए. **4.** (of city) मुहल्ला : stony ~ पथरीला ≈; prosperous ~ समृद्ध ≈; this ~ of the town is always tidy शहर का यह ≈ सदा साफ़-सुथरा रहता है. **5.** (*pl.*) निवास-स्थान, क्वार्टर : to pay the rent of the ~s on the last date of the month महीने की अंतिम तिथि[F] में ≈ का किराया चुकाना; he is living in government ~s वह सरकारी क्वार्टरों में रहता है; to take up one's ~ निवास करना. Δ at close ~s बिल्कुल पास से; our troops were fighting with the enemy at close ~s हमारी सेना[F] शत्रु से ≈ लड़ रही थी. **6.** one and a ~ सवा; three ~s पौना; the meat weighed one and a ~ Kilogram मांस का वज़न सवा किलो था; I shall meet you after an hour and a ~ मैं सवा घंटे के बाद आपसे मिलूँगा; it is ~ to three पौने तीन बजा है; it is ~ past three सवा तीन बजा है; this fruit weighs three ~s of a kilogram यह फल तौल में पौन किलो है. **II.** *v.t.* **1.** (चार भागों में) विभक्त करना, चार टुकड़े कर देना : he ~ed each apple at once उसने तुरंत प्रत्येक सेब के चार टुकड़े कर दिए; to ~ the rope रस्सी को चार भागों में विभक्त करना. **2.** (फ़ौज को) टिकाना, ठहराना : the army was ~ed near the river bank सेना[F] को नदी[F] के किनारे ठहरा दिया गया.

quarterly क्वॉर्'टर्लि **I.** *a.* त्रैमासिक, तिमाही [examination परीक्षा[F], payment भुगतान, report रिपोर्ट[F]]; ~ meeting is necessary ≈ बैठक[F] आवश्यक है. **II.** *n*[c]. त्रैमासिक पत्रिका[F] : I subscribe to a Hindi ~ मैं एक हिंदी ≈ का ग्राहक हूँ; three quarterlies are published from Allahabad इलाहाबाद से तीन त्रैमासिक पत्रिकाएँ प्रकाशित होती हैं. **III.** *adv.* प्रति त्रिमास, हर चौथे महीने : pay the rent ~ किराया हर चौथे महीने दे दीजिए; meetings are held ~ बैठकें[F] ≈ होती हैं.

quash क्वॉश *v.t.* **1.** (crush) कुचलना, मिटा देना, दबाना, दमन करना : ~ arbitrarily निरंकुशता[F] से ≈; the government tried its best to ~ terrorism सरकार[F] ने आतंकवाद को कुचलने का भरसक प्रयास किया. **2.** (annul) रद्द करना : the judge ~ed the previous decision जज ने पूर्व निर्णय को रद्द कर दिया; the chairman had to ~ the proceedings of that meeting सभापति को उस बैठक[F] की कार्यवाही[F] रद्द करनी पड़ी.

queen क्वीन *n*[c]. **1.** (महा)रानी, बेगम [attractive आकर्षक, beautiful सुंदर]; ~ Victoria महारानी विक्टोरिया; he received the prize from the ~ उसने ≈ से पुरस्कार प्राप्त किया; the King and the ~ of Nepal नेपाल के महाराजा और महारानी. (comb.) ~bee रानी मधुमक्खी[F]; ~ consort राजा की पत्नी, पटरानी; ~ dowager विधवा राजपत्नी; ~ mother राजमाता. **2.** (in cards) बेगम : the ~ of hearts पान की ≈. **3.** (in chess) वज़ीर : save your ~ अपने ≈ को बचाओ.

queer क्विअर **I.** *a.* **1.** विचित्र, विलक्षण, अनोखा [manner ढंग, noise शोर, story कहानी[F], thing वस्तु[F], woman स्त्री/औरत]; he looked ~ that day उस दिन वह ≈ दिखा; he has ~ opinions on human character मानव चरित्र पर उसके विचार अनोखे हैं. **2.** (eccentric) सनकी (also ~ in the head) : I had never seen such a ~ man before पहले मैंने ऐसा ≈ व्यक्ति कभी नहीं देखा था. **3.** (ill) (i) बुरा : to be in ~ state बुरी हालत[F] में होना; (ii) बीमार : I feel ~ मैं अस्वस्थ अनुभव कर रहा हूँ. **II.** *v.t.* बिगाड़ना.

quell क्वॅल *v.t.* **1.** दमन करना, दबाना : the new commander soon ~ed all the fighting नए कमांडर ने पूरी लड़ाई[F] को शीघ्र ही दबा दिया; to ~ a rebellion विद्रोह दबाना; to ~ all the foes of oneself अपने सभी शत्रुओं को दबा देना. **2.** (allay) शांत करना : it is a medicine for ~ing pain यह दवा[F] पीड़ा[F] का शमन करने के लिए है; to ~ an emotion भावावेग को शांत करना; to ~ smb's fear किसी का डर दूर करना.

quench क्वेन्च *v.t.* **1.** बुझाना : the fireman ~ed the fire with water फ़ायरमैन ने पानी से आग[F] बुझाई; the rain ~ed the flames बारिश ने लपटों को बुझा दिया; I ~ed my thirst with sherbat मैंने शर्बत से अपनी प्यास[F] बुझाई. **2** दमन करना, दबाना : the poor should not be ~ed by the prosperous ग़रीब लोग समृद्ध व्यक्तियों द्वारा दबाए नहीं जाने चाहिए.

querulous क्वॅरुलस *a.* **1.** शिकायती [person व्यक्ति, pupil शिष्य]. **2.** ~ voice शिकायतभरी आवाज़; ~ remark शिकायतभरा टिप्पण.

query क्विअ'रि **I.** *n*[c]. **1.** (queries) प्रश्न, पूछताछ[F] : to know about anything, it is necessary to make a ~ किसी चीज़[F] के बारे में जानने के लिए यह आवश्यक है कि पूछताछ की जाय; I shall answer all queries मैं तुम्हारे सब प्रश्नों का उत्तर दूँगा. **2.** (doubt) संदेह, शंका[F] : to ~ about it, is natural इसके बारे में ≈ होना स्वाभाविक है. **3.** (question mark) प्रश्न चिह्न : the proof reader has put some queries प्रूफ़ रीडर ने कुछ ≈ लगाए हैं. **II.** *v.t.* (queried) **1.** प्रश्न करना, पूछताछ[F] करना : she queried a lot about it उसने इसके बारे में बहुत कुछ पूछताछ की (कई प्रश्न किए). **2.** (doubt) शंका[F] या संदेह करना : to ~ her arrival उसके आने के बारे में संदेह करना; to ~ smb's orders किसी के आदेशों पर शंका व्यक्त करना.

quest क्वॅस्ट **I.** *n*[u]. खोज[F], तलाश[F] : the ~ for water in the desert रेगिस्तान में पानी की तलाश; to go in ~ of a person किसी व्यक्ति की ≈ में जाना; he is in the ~ of wealth वह धन की ≈ में है; the ~ for truth सत्य की खोज. **II.** *v.i.* खोज करना, तलाश करना : he could not ~ for that shop in the fair वह मेले में उस दुकान को नहीं खोज पाया.

question क्वॅश्'चन **I.** *n*[c]. **1.** प्रश्न, सवाल [difficult कठिन, strange विचित्र, unexpected अप्रत्याशित]; may I ask you a ~ क्या मैं आपसे एक ≈ पूछ सकता हूँ ? do you wish to ask any ~ क्या तुम कोई ≈ पूछना चाहते हो ? the student could not answer his ~s छात्र उसके प्रश्नों का उत्तर न दे सका; in answer to your ~ तुम्हारे ≈ के उत्तर में; what is your ~ तुम्हारा प्रश्न क्या है ? ~ mark प्रश्नचिह्न (?) [*ant.* answer]. **2.** (problem) प्रश्न, समस्या[F] : the ~ of unemployment बेरोज़गारी[F] की समस्या. **3.** (doubt) संदेह, शंका [baseless निराधार, main मुख्य], there is no ~ about it इसमें कोई ≈ नहीं है; there was not the slightest ~ as to her intention उसकी नीयत[F] के बारे में तनिक भी संदेह नहीं था; his honesty is beyond ~ उसकी ईमानदारी[F] असंदिग्ध है; there can be no ~ that he is wrong इसमें शंका[F] नहीं हो सकती कि वह गलती[F] पर है; to call smth in/into ~ किसी बात[F] पर ≈ करना. **4.** (subject) विषय, मामला [complicated जटिल, important महत्त्वपूर्ण, strange विचित्र]; I am very much interested in this ~ मुझे इस विषय में बहुत दिलचस्पी[F] है; it is a ~ of money, I cannot negotiate यह पैसे का ≈ है, मैं बातचीत[F] नहीं कर सकता; whether we go to London or not is a ~ of resources हम

लंदन जाएँ या नहीं यह संसाधनों का ≈ है; we have discussed this ~ several times हम इस ≈ की कई बार चर्चा^{F} कर चुके हैं; I have no opinions on that ~ उस ≈ पर मेरा कोई मत नहीं है. **5.** (other contexts) this is not the point in ~ यह विषय विवादास्पद नहीं है; his faith was called in ~ उसका विश्वास विवादास्पद था; a new point came into ~ एक नया विवादास्पद विषय आया; out of the ~ असंभव; India's victory in the match is out of the ~ मैच में भारत की विजय^F असंभव है. **II.** *v.t.* **1.** प्रश्न पूछना, सवाल करना : ~ keenly उत्सुकता^{F} से ≈; the police ~ed the man पुलिस^F ने आदमी से प्रश्न पूछा; I ~ whether he is right मैं पूछता हूँ कि क्या वह सही है. **2.** (doubt) शंका^{F} करना, संदेह करना : I never ~ed her honesty मैंने उसकी ईमानदारी^{F} पर कभी संदेह नहीं किया; he ~ed him completely in the meeting बैठक में उसने उसका पूरी तरह विरोध किया; it cannot be ~ed इसमें संदेह नहीं है. **questionable** क्वे श्'चनबल *a.* (doubtful) शंकास्पद, संदिग्ध, संदेहास्पद [behaviour व्यवहार, character चरित्र, statement कथन]; it is ~ whether he will stand for election यह ≈ है कि वह चुनाव में खड़ा होगा; he is not a ~ friend वह ≈ मित्र नहीं है.

queue क्यू **I.** n^c. क्यू, पंक्ति^{F} [long लंबी, short छोटी]; form a ~ ≈ बना लो; to stand in a ~ ≈ में खड़ा होना; this is a ~ for kerosene यह मिट्टी के तेल की ≈ है; there is a ~ at the booking office टिकटघर पर क्यू लगा है; there is a ~ of people for rations राशन के लिए लोगों की लाइन^F लगी है. **II.** *v.t.* पंक्ति में खड़ा होना : we had to ~ to get tickets हमें टिकट पाने के लिए ≈ पड़ा; we ~d up to go into the cinema हम सिनेमा में जाने के लिए पंक्ति में खड़े हुए.

quick क्विक **I.** *a.* **1.** तेज [motion गति^{F}, runner धावक, worker कर्मी]; ~ tempered ≈ मिजाज़; this is the ~est way to go to school विद्यालय जाने का यह सबसे करीब रास्ता है. **2.** (clever) तेज़ : ~ child ≈ बच्चा; he is ~ to understand वह समझने में ≈ है. **3.** (prompt) शीघ्र, तत्काल : ~ device ≈ उपाय; a ~ change of the motion of the train रेलगाड़ी^{F} की गति^{F} का ≈ परिवर्तन. [*ant.* slow]. **4.** (of look) सरसरी : ~ sight ≈ नज़र^F. **5.** (of mind) तेज़ : his master is ~ tempered उसका स्वामी तुनकमिजाज़ है; his son is very ~ minded उसका लड़का बहुत ही ≈ मस्तिष्क वाला है. **6.** (lively) सजीव : he presented a ~ description of Nature उसने प्रकृति का ≈ वर्णन प्रस्तुत किया. **7.** (sensitive) संवेदनशील [area क्षेत्र, district जिला]. **8.** ~ with child गर्भवती. **9.** (comb.) ~ **lime** अनबुझा चूना; ~ **sand** रेता, दलदली बालू; : ~ **silver** पारा. **II.** *adv.* जल्दी, झट, शीघ्र, तुरंत : be ~ or you will be late ≈ करो नहीं तो तुम्हें देर^F हो जाएगी; come ~ ≈ आओ. **quicken** क्वि'कन **I.** *v.t.* तेज़ करना : to ~ one's speed अपनी रफ्तार^F ≈. **II.** *v.i.* तेज़ होना : his speech ~ed उसका भाषण तेज़ हो गया. **quickly** क्विक्'लि *adv.* शीघ्र, जल्दी से, झट : come as ~ as possible जितना संभव हो ≈ आ जाओ; he ~ opened the door and ran out उसने ≈ दरवाज़ा खोला और तुरंत भाग गया; she turned to him ~ वह ≈ उसकी ओर मुड़ी; the police ~ put an end to the fight पुलिस^F ने शीघ्र ही लड़ाई^F का अंत कर दिया; she ~ finished the sweets उसने जल्दी-जल्दी मिठाई^F समाप्त कर दी. [*ant.* slowly].

quiet क्वाइअट **I.** *a.* **1.** (peaceful, gentle) शांत [child बच्चा, day दिन, mind मन, quarter मकान]. **2.** (silent) चुप, शांत : keep ~ ≈ रहो; be ~, father is asleep ≈ हो जाओ, पिताजी सो रहे हैं; the teacher asked the pupils to be ~ अध्यापक ने छात्रों को ≈ हो जाने को कहा; you must be ~ when one is studying जब कोई अध्ययन कर रहा हो तो तुम्हें ≈ रहना चाहिए; he remained ~ वह ≈ रहा. **3.** (motionless) शांत, निश्चल, स्थिर : ~ sea ≈ समुद्र; the lake was ~ झील ≈ थी; the car stopped ~ कार स्थिर/खड़ी हो गई. **4.** (noiseless) नीरव, निस्तब्ध, शांत : streets are ~ at night सड़कें रात^F में ≈ होती हैं; he sought relief in his ~ room

उसे अपने ≈ कमरे में राहत[F] मिली. **5.** (without ostentation) निराडंबर, आडंबरहीन : ~ shop ≈ दुकान; my friend is of very ~ nature मेरा मित्र बहुत ही ≈ स्वभाव का व्यक्ति है; ~ wedding ≈ विवाह. **6.** ~ colour हलका रंग. **7.** ~ dress सादी पोशाक[F]. **II.** *n*[u]. शांति[F], नीरवता [extreme अत्यधिक, less कम]; there was all ~ in the garden बाग में सब ≈ थी; such a ~ is necessary for relief of mind मन के आराम के लिए इतनी ≈ आवश्यक है. [*as distinct from* quite]; **quietly** क्वाइअट'लि *adv.* चुपके से, शांतिपूर्वक, आराम से : he came in ~ वह ≈ भीतर आया; speak ~, please कृपया ≈ बोलें; he wanted to leave ~ वह ≈ जाना चाहता था; sleep ~ ≈ सो जाओ; they live ~ वे ≈ रहते हैं; he does everything ~ वह सब कुछ ≈ करता है.

quilt क्विल्ट *n*[c]. रज़ाई[F] [soft नरम, warm गरम]; I prefer ~ to a blanket मैं ≈ को कम्बल से अधिक पसंद करता हूँ.

quinine क्विनीन' *n*[u]. कुनैन, क्विनीन : the taste of ~ is bitter ≈ का स्वाद कडुआ होता है; ~ is a drug for malaria ≈ मलेरिया की दवा[F] है.

quintal क्विन्'ट्ल *n.* कुतंल : a ~ is equal to 100 kilos ≈ एक सौ किलो के बराबर होता है.

quire क्वाइअर *n*[c]. दस्ता : a ~ has 24 sheets of paper एक दस्ते में कागज़ के 24 ताव होते हैं; I want three ~s of paper मैं तीन दस्ते कागज़ चाहता हूँ.

quit क्विट **I.** *a.* मुक्त : ~ prisoner ≈ कैदी; he is ~ of all troubles वह सब कष्टों से ≈ है; to be ~ of a debt कर्ज़ से मुक्त होना. **II.** *v.t.* (*p. & p.p* - tt - or quit) **1.** छोड़ देना; मुक्त कर देना; I must ~ this subject मुझे इस विषय को छोड़ ही देना चाहिए; England will not ~ Egypt इंग्लैण्ड मिस्र को मुक्त नहीं करेगा; he was forbidden to ~ the city उसे शहर छोड़ने की मनाही[F] थी; the men ~ working at six o'clock आदमियों ने छः बजे काम करना छोड़/बंद कर दिया; to ~ three months before the expiry of the term कार्यकाल पूरा होने से तीन महीने पहले ही ≈; I'll not ~ the post मैं पद नहीं छोड़ूँगा; I decided to ~ the job in the next month मैंने अगले महीने में काम छोड़ने का निश्चय किया है. **2.** जाने देना : the constable allowed the prisoner to ~ the prison कांस्टेबल ने कैदी को जेल से जाने दिया. **3.** खाली करना, छोड़ जाना : he got a notice to ~ the house उसे मकान खाली करने की सूचना[F] मिली.

quite क्वाइट *adv.* **1.** नितांत, बिल्कुल, काफ़ी : you are ~ right तुम ≈ सही हो; it has become ~ warm now अब काफ़ी गर्मी हो गई है; there were ~ a few boys वहाँ थोड़े से ही लड़के थे; we ~ forgot about it हम इसके बारे में बिल्कुल भूल गए; I am ~ ill मैं काफ़ी बीमार हूँ; he plays hockey ~ well वह हाकी अच्छी तरह खेलता है. **2.** ~ a काफ़ी : he has become ~ a good musician वह ≈ अच्छा संगीतज्ञ हो गया है; ~ a nice dress ≈ अच्छी पोशाक[F]. **3.** पूर्णतया, पूरा : it is not ~ right यह ≈ ठीक नहीं है; I am ~ sure that he will come मुझे ≈ विश्वास है कि वह आएगा; he does not feel ~ well वह ≈ स्वस्थ नहीं है. [*as distinct from* quiet]

quiver क्वि'वर **I.** *n*[c]. **1.** तरकश, तूणीर, भाथा : he kept arrows in a ~ वह बाण एक ≈ में रखता था. **2.** कंपन, स्पंदन : there is much ~ in the rod, [voice आवाज़] छड़ में बहुत ≈ है. **II.** *v.i.* थरथराना, काँपना : the bridge ~ed as the train passed over it जैसे ही रेलगाड़ी[F] पुल पर से गुजरी वह काँप गया; she was ~ing with cold वह ठंड से काँप रही थी; although he has put on a coat, yet he is ~ing यद्यपि उसने कोट पहना है फिर भी काँप रहा है; he is ~ing with fear वह डर के मारे काँप रहा है.

quiz क्विज़ **I.** *n*[c]. (*pl.* quizzes) प्रश्नोत्तरी, प्रश्नावली : it is ~ time on the radio रेडियो पर इस समय ≈ है; he participated in the ~ competition उसने ≈ प्रतियोगिता में भाग लिया; ~ master प्रश्नकर्ता. **II.** *v.t.* (-zz-) पूछताछ[F] करना, प्रश्न पूछना : he ~zed me about my health उसने मेरे स्वास्थ्य के बारे में पूछताछ की.

quorum क्वॉ'रम *n.* कोरम, गणपूर्ति[F] : without the ~ the meeting could not be held

बिना ≈ के बैठक न हो सकी.

quota क्वो'टा *n*[c]. कोटा, नियतांश : ~ of reservation in trains रेलगाड़ियों में आरक्षण का ≈; ~ in government service सरकारी नौकरी[F] का ≈; each restaurant was allotted a ~ of sugar प्रत्येक रेस्टोरेंट को चीनी[F] का ≈ दिया गया; his ~ in public charity लोक सार्वजनिक दान में उसका ≈; to contribute one's ~ अपने ≈ का अंशदान करना.

quotation क्वोटे'शन *n*[u]. **1.** उद्धरण, अवतरण : it is a ~ from Bhartendu यह ≈ भारतेन्दु से है. **2.** भाव, दर [good अच्छा, right ठीक]; he gave me his ~ for a car उसने मुझे कार[F] का अपना ≈ बताया; send me your ~ for whitewashing my house मेरे मकान की सफ़ेदी[F] कराने के लिए मुझे अपनी ≈ भेजिए.

quote क्वोट *v.t.* **1.** उद्धृत करना, उद्धरण देना : **I.** could not ~ a single line from Tulsidas मैं तुलसीदास से एक पंक्ति[F] भी उद्धृत न कर सका. **2.** भाव या कीमत[F] बताना : he has not yet ~d the price of the washing machine उसने अभी तक धुलाई मशीन[F] की कीमत[F] नहीं बताई .

q.v. *quod vide,* which see.

R, r

rabbit रै'बिट **I.** *n*[c]. ख़रगोश, शशक [long-eared लंबकना, smart फुर्तीला]; a ~ lives in holes in the ground ≈ ज़मीन के अंदर बिल में रहता है; that boy runs like a ~ वह लड़का ≈ की तरह दौड़ता है; a ~ has a short tail ≈ की छोटी पूँछ[F] होती है. **II.** *v.i.* to go ~ing ख़रगोश का शिकार करना. **2.** ख़रगोश की समूदार चमड़ी[F]; the collar of her overcoat is made of ~ उसके ओवरकोट का कालर ≈ का बना है.

rabid रै'बिड *a.* **1.** (violent) उग्र : ~ enemy ≈ शत्रु. **2.** (fanatical) कट्टर, मतांध : ~ priest ≈ पुरोहित; ~ communist ≈ साम्यवादी. **3.** (mad) पागल : ~ dog ≈ कुत्ता. **4.** बहुत जोशीला : ~ supporter ≈ समर्थक.

rabies रे'वीज़ *n*[u]. अलर्क रोग : ~ causes madness and then death ≈ से पागलपन और फिर मृत्यु हो जाती है; a victim of ~ (dog or a person) is afraid of water ≈ का शिकार (कुत्ता या व्यक्ति) पानी से डरता है.

race रेस **I.** *n*[c]. **1.** जाति[F] [Aryan आर्य, four-footed चौपायों की, human मानव]; Dravidian ~ is older than the Aryans द्रविड़ ≈ आर्यों से पुरानी है. **2.** (contest) दौड़[F] : three kilometre ~ तीन किमी० की ≈; horse ~ घुड़≈; he won the ten kilometer ~ उसने दस किमी० की ≈ जीत ली; John came first in the hundred metres ~ जॉन सौ मीटर की ≈ में प्रथम आया; they ran a ~ वे दौड़ दौड़े. ~ **course** (घुड़) दौड़ का मैदान. **3.** (course of life) जीवन-यात्रा[F] : his ~ of life was much successful उसकी ≈ बहुत सफल रही; she had almost run her ~ of life उसकी ≈ लगभग समाप्त हो गई थी. **II.** *v.i.t.* दौड़ना, दौड़[F] लगाना, दौड़ में भाग लेना : let us ~ चलो, दौड़ लगाएँ; to ~ with smb किसी के साथ ≈; Mary ~d to the door मेरी दरवाज़े की ओर दौड़ी; the children came racing बच्चे दौड़ लगाते हुए आए; she ~d for the one thousand metre race and won the prize वह एक हज़ार मीटर की दौड़ दौड़ी और पुरस्कार पा गई. *v.t.* दौड़ाना : to ~ a horse घोड़ा दौड़ाना; I'll ~ you मैं तुम्हें दौड़ाऊंगा. **racial** रे'शल *a.* जातीय, जातिगत [characteristics विशेषताएँ/लक्षण, customs प्रथाएँ, discrimination भेदभाव]; he could not ignore his ~ pride वह अपने ≈ अभिमान को भूल न सका. **racing** रे'सिङ्ग **I.** *a.* दौड़ का [car कार[F], club क्लब]. **II.** *n*[u]. घुड़दौड़; ऊंटदौड़ arms ~ हथियारों की होड़[F].

rack रैक **I.** *n*[c]. **1.** (furniture) टाँड़, रैक [big बड़ा, small छोटा, wooden लकड़ी का]; book ~ किताबें रखने का ≈; plate ~ प्लेटें रखने का ≈; a luggage ~ in the train रेलगाड़ी[F] में सामान रखने का ≈; put the things on the ~ सब चीजें ≈ पर रख दो. **2.** (for fodder) चारादान, चरही[F] : a ~ for the horses घोड़ा के लिए ≈. **II.** *v.t.* (to cause great pain) यातना देना (often pass.) : he was ~ed with pain वह दर्द के मारे बेहाल था.

racket (also racquet) रै'किट **I.** *n*[c]. **1.** (uproar) हल्ला, हुल्लड़, कोलाहल, शोरगुल [loud ज़ोर का, sharp तेज़]; to kick up a ~ हल्ला मचाना; the children are making ~ in the next room बच्चे अगले कमरे में शोर मचा रहे हैं. **2.** (tennis) रैकेट : ~ for playing tennis टेनिस खेलने के लिए ≈; the ~ has a strong frame ≈ का ढांचा मज़बूत होता है; she hit the ball with a ~ उसने गेंद[F] को ≈ से हिट लगाई **3.** गंदा व्यापार : he is in the havala ~ वह हवाला का गंदा व्यापार करता है. **II.** *v.t.* हल्ला मचाना, आमोद-प्रमोद करना.

radio रे'डिओ **I.** *n*[u]. रेडियो : ~ active विकिरणशील; ~ therapy विकिरण चिकित्सा[F]; there was some good music on the ~ रेडियो पर अच्छा-सा संगीत था; I heard it on the ~ मैंने इसे ≈ पर सुना; the news over the radio ≈ पर समाचार; he is learning French by ~ वह रेडियो से फ्रेंच सीख रहा है. **II.** *n*^c. (*pl.* radios) रेडियो : my father has bought a new radio मेरे पिताजी ने एक नया ≈ ख़रीदा है; it is a pocket ~ यह जेबी रेडियो है.

radish रै'डिश *n*^c. मूली^F [bitter कड़वी, red लाल, white सफेद]; ~ tastes hot मूली तीती होती है; the pieces of ~ are used in salad ≈ के टुकड़ों का प्रयोग सलाद में किया जाता है; ~ is eaten raw ≈ कच्ची खाई जाती है.

radius रे'डिअस *n*^c. (*pl.* radii) (usu. *sing.*) **1.** तृज्या^F, व्यासार्ध : ~ of a circle वृत की तृज्या; ~ is a straight line through the centre to the circumference तृज्या एक सीधी रेखा^F है जो केंद्र से परिधि^F तक जाती है. **2.** (region) घेरा : he lives within a ~ of two kilometres वह दो किलोमीटर के घेरे में रहता है.

rafter राफ़'टर *n*^c. कड़ी^F : ~ supports the roof ≈ छत^F को सहारा देती है; a bird has made a nest at the end of a ~ किसी पक्षी ने ≈ के सिरे पर घोंसला बनाया है.

rag रैग **I.** *n*^c. चिथड़ा, फटा-पुराना कपड़ा [cotton सूती, woollen ऊनी]; clean the basin with a ~ बेसिन को चिथड़े से साफ़ करो; he had only old rags to wear उसके पास पहनने के लिए केवल पुराने चिथड़े थे; the beggar was dressed in ~s भिखारी फटे-पुराने कपड़े पहने था. **II.** *v.t.* (-gg-) (tease) सताना, तंग करना, चिढ़ाना : the old students ~ the new ones पुराने विद्यार्थी नए विद्यार्थियों को सताते-चिढ़ाते हैं.

rage रेज **I.** *n*^u. **1.** (fury) रोष, क्रोधोन्माद : he was in ~ वह ≈ में था; he became red with ~ वह क्रोध से लाल हो गया; flew into a ~ वह क्रोध में फूट पड़ा. **2.** (fig.) ~ of storm आँधी^F का ज़ोर; ~ of a disease बीमारी^F का प्रकोप. **3.** (emotion) भावावेश : to fly into a ~ भावावेश में आना. **II.** *v.i.* **1.** प्रचण्ड होना, का प्रकोप होना [terribly भयानक रूप से, frightfully दर्दनाक ढंग से]; discord ~d again मतभेद पुनः प्रचण्ड हो गया; the fire ~d in his house उसके मकान में आग का प्रकोप था; the epidemic was raging throughout the country महामारी^F पूरे देश में ज़ोरों पर थी; a storm was raging आँधी ज़ोर से चल रही थी. **2.** (to show great anger) ग़ुस्सा झाड़ना : he ~ at his servant उसने नौकर पर ग़ुस्सा झाड़ा.

ragged रे'गिड *a.* **1.** (torn) जीर्णशीर्ण, फटा-पुराना [clothes कपड़े, shirt कमीज़^F]; the poor man's clothes were so ~ that they could not be repaired anymore गरीब आदमी के कपड़े इतने फटे-पुराने थे कि उनकी अब और मरम्मत^F नहीं हो सकती थी. **2.** (of a person) फटीचर : the boy is ~ and dirty लड़का फटेहाल और गंदा है. **3.** (uneven) ऊबड़-खाबड़ : ~ surface ≈ सतह^F; we cannot play on such a ~ground हम ऐसे ≈ मैदान में नहीं खेल सकते. **4.** their play was ~ उनका खेल रद्दी था.

raid रेड **I.** *n*^c. **1.** (attack) छापा : the police made a ~ on the gambling house पुलिस^F ने जुआघर पर ≈ मारा; the smuggler was caught in a ~ छापे में तस्कर मारा गया. **2.** (rapid visit) धावा : the boys made a ~ on the dining hall लड़कों ने भोजनालय पर ≈ बोल दिया. **II.** *v.t.* & *i.* धावा मारना, धावा करना : ~ forcibely बलपूर्वक ≈; the police ~ed the house of the thief and caught him पुलिस ने चोर के मकान पर छापा मारा और उसे पकड़ ले गई. **raider** रे'डॅर *n*^c. छापामार : Babar was a ~ and so was Mahmood Ghaznavi बाबर एक ≈ था, ऐसे ही महमूद ग़ज़नवी भी.

rail रेल **I.** *n*^c. **1.** (of railway) पटरी^F : that train went off the ~s वह गाड़ी^F ≈ से उतर गई; the ~ between these two stations is not good इन दो स्टेशनों के बीच की ≈ ठीक नहीं है; a train runs on ~s रेलगाड़ी^F ≈ पर चलती है. **2.** (railway) रेलगाड़ी^F : to go by ~ ≈ से जाना; send these goods by ~ यह माल रेलगाड़ी से भेज दो. **3.** (railing) जंगला, रेलिंग [iron लोहे का, wooden लकड़ी का]; these men cannot break the ~ ये लोग

≈ नहीं तोड़ सकते; keep your hand on the ~ when you go upstairs जब सीढ़ियों[F] से ऊपर जाओ तो ≈ पर हाथ रखे रहो. **II.** *v.i.* घोर निंदा[F] करना, बुरा-भला कहना : this man ~s against/at everybody यह व्यक्ति हर किसी की घोर निंदा करता है; he is always ~ing against at the government वह सदा सरकार[F] को बुरा-भला कहता रहता है. **railing** रे'लिङ्ग *n*[c]. रेलिंग, जंगला [big बड़ा, simple साधारण, solid ठोस]; there were ~s round the park पार्क के चारों ओर ≈ था; iron ~s kept people from falling over the steep cliff लोहे के जंगले लोगों को खड़ी चट्टान[F] पर से गिरने से बचाते थे. **railroad** रेल्'रोड (U.S.) *n*[c]. रेलवे, रेलपथ [blocked बंद, long लंबा]; he will go to Lucknow by ~ वह ≈ से लखनऊ जाएगा. **railway** रेल्'वे *a.* & *n*[c]. रेलवे,[F] रेल[F] [accident दुर्घटना[F], ticket टिकट, worker मज़दूर]; northern ~ उत्तर ≈; western ~ पश्चिम ≈; ~ line रेल पटरी[F]; ~ system रेलों का जाल; ~ crossing रेल का फाटक; ~ fare रेल का किराया; ~ mail service (R.M.S.) रेल डाक सेवा; my brother is working on the ~ मेरा भाई ≈ में काम करता है; he always travels by the ~ वह हमेशा रेल से सफ़र/यात्रा[F] करता है; I shall get down at the next ~ station मैं अगले रेलवे-स्टेशन पर उत्तर जाऊंगा; you should not cross the ~ line तुम्हें रेल की पटरी[F] नहीं पार करनी चाहिए.

rain रेन **I.** *n*[uc]. **1.** वर्षा[F], बारिश[F] [heavy भारी, light हल्की, violent प्रचण्ड]; we had enough ~ last year पिछले साल हमारे यहाँ काफी ≈ हुई थी; the first drops of ~ fell in July ≈ की पहली बूँदें[F] जुलाई में पड़ी थीं; the ~ stopped suddenly ≈ एकाएक बंद हो गई. **2.** (*pl.*) बरसात[F] : we grow paddy during ~ हम ≈ में धान उगाते हैं. **II.** *v.i.* बरसना, वर्षा होना : it is ~ing पानी बरस रहा है; Δ **it is ~ing cats and dogs** मूसलाधार वर्षा हो रही है; it is going to ~ बरसात होने वाली है; do you think that it will ~ tomorrow? क्या तुम समझते हो कि कल बारिश होगी; Δ **it never ~s but it pours** घटनाएँ अकेली घटित नहीं होतीं. **III.** *v.t.* बरसाना, बौछार करना : he ~ed bullets on him उसने उस पर गोलियों[F] की बौछार कर दी. **~bow** *n*[c]. इंद्रधनुष : attractive ~ आकर्षक ≈; ~ has a number of colours ≈ में कई रंग होते हैं; after the rains there was a ~ in the sky बरसात के बाद आकाश में ≈ था; the ~ has seven colours ≈ में सात रंग होते हैं. **~coat** *n*[c]. बरसाती कोट [black काला, tough कड़ा]; you must take your ~ when you go out ? जब बाहर जाओ तो तुम्हें अपना बरसाती कोट जरूर ले लेना चाहिए. **~fall** *n*[u]. वर्षा[F], बरसात[F] [average औसत, heavy भारी]; for the last three years we had good ~ पिछले तीन वर्ष से हमारे यहाँ अच्छी ≈ हुई है. **~ guage** *n*[c]. वर्षामापी[F] : ~ shows the quantity of rainfall ≈ बताता है कि वर्षा की मात्रा[F] कितनी हुई. [*as distinct from* reign, rein] **rainy** रे'नि *a.* वर्षा (का), बारिशी [day दिन, season ऋतु[F]]; today is a ~ day आज बारिश का दिन है. Δ **to put by for a ~ day** तंगी के दिनों के लिए बचा रखना.

raise रेज़ **I.** *v.t.* **1.** उठाना : he ~d his hands in support of my proposal उसने मेरे सुझाव के समर्थन में अपने हाथ ऊपर उठाए; the bull ~d its head साँड़ ने अपना सिर उठाया; he ~d the boy from the ground उसने लड़के को ज़मीन पर से उठा लिया; to ~ some objection कोई आपत्ति[F] ≈, to ~ several points कई बिंदु ≈; ~ a siege घेरा ≈. Δ **to ~ one's eyebrows** नाक-भौंह चढ़ाना; **to ~ one's voice** अपनी आवाज़[F] ऊंची करना. [*ant.* lower] **2.** (construct) बनाना, निर्माण करना, बनवाना : to ~ the house on the disputed land विवादग्रस्त भूमि[F] पर मकान का निर्माण करना; to ~ a statue of a former President किसी पूर्व राष्ट्रपति की मूर्ति[F] बनवाना. **3.** (rouse) उभाड़ना, भड़काना : he ~d hatred against his neighbours उसने अपने पड़ोसियों के विरुद्ध घृणा[F] भड़काई; they ~ the people against the government वे लोगों को सरकार के विरुद्ध भड़काते हैं. **4.** (increase) बढ़ाना to ~ one's income अपनी आय[F] बढ़ाना; it will certainly ~ his patience इससे उसका

धैर्य निश्चय ही बढ़ेगा; the owner ~d the rent of the house मालिक ने मकान का किराया बढ़ा दिया; the price of sugar has been ~d चीनी[F] की कीमत[F] बढ़ा दी गई है. **5.** (improve position) उन्नत करना, ऊपर उठाना : he cannot ~ his status without service बिना नौकरी[F] के वह अपना स्तर ऊपर नहीं उठा सकता. **6.** (प्रश्न) उठाना : उसे **he was not allowed to ~ the question** उसे प्रश्न उठाने की अनुमति[F] नहीं दी गई. **7. (collect)** जुटाना : **to ~ money** रुपया जुटाना; **to ~ a body of volunteers** स्वयं सेवकों का गिरोह ≈; ~ an army सेना[F] ≈. **8.** (bring up) पालन-पोषण करना : to ~ children, family बच्चों, परिवार का ≈; to ~ livestock ढोर-डंगर पालना. **9.** (grow) उगाना : to ~ fruit and vegetables फल और सब्जियाँ[F] ≈. **10.** (in context) to ~ alarm शोर मचाना; to ~ the devil or hell आफ़त मचाना; to ~ smb's spirits उत्साह बढ़ाना. **II.** *n*[u]. (rise) वृद्धि[F] : is there any ~ in your salary क्या तुम्हारे वेतन में कोई ≈ हुई है? [*as distinct from* raze]

raisin रे'ज़न *n*[c]. किशमिश : ~ is dried grape ≈ सुखाया हुआ अंगूर होता है; ~ can be preserved for months ≈ को महीनों रखा जा सकता है; ~s are often used in cakes ≈ का प्रयोग प्रायः केक में किया जाता है.

rake रेक **I.** *n*[c]. (tool) पाँचा : take the ~ by its long handle लंबे हत्थे से ≈ लो; gather hay with a ~ पाँचे से भूसा इकट्ठा करो. **II.** *v.t.* **1.** (~ up) कुरेदना : to ~ coals कोयले ≈. Δ to ~ up the post गड़े मुर्दे उखाड़ना. **2.** (~ together) इकट्ठा करना : to ~ leaves and burn them पत्ते बटोरकर उन्हें जलाना. **3.** to ~ up quarrel झगड़ा उठाना. **4.** (fire gun sat) पर गोलियाँ बरसाना : the soldiers ~ d the fort सिपाहियों ने किले पर गोलियाँ बरसाईं.

rally रै'लि **I.** *n*[c]. (*pl.* rallies) रैली[F], जमाव [political राजनैतिक, students' छात्रों की]; ~ of scheduled tribes for a fight लड़ाई के लिए अनुसूचित जन-जातियों का जमाव; this was the largest ~ till now यह अब तक की सबसे बड़ी रैली थी. **II.** *v.t.i.* **1.** (*p.* rallied) एकत्र करना या होना; जुट जाना, जुटना, जुटाना : to ~ up one's scattered troops अपनी बिखरी हुई सेना[F] को जुटाना; to ~ forces under one's banner अपने झंडे के नीचे सेनाएँ[F] एकत्र करना; to ~ one's energy for a final blow अंतिम प्रहार के लिए अपनी ऊर्जा[F] जुटाना; they rallied round their leader वे अपने नेता कि इर्द-गिर्द जुट गए. **2.** (revive) सँभल जाना, स्वास्थ्य लाभ करना : to ~ from serious illness गंभीर रोग से स्वास्थ्य-लाभ करना; at last he rallied and grew better and better अंत में वह संभल गया और पहले से बेहतर होता गया; the rupee has now rallied रुपया (मार्किट में) अब सँभल गया है.

ram रैम **I.** *n*[c]. भेड़ा, मेढ़ा : a ~ was sacrificed at the altar of the goddess एक ≈ देवी[F] की वेदी पर बलि[F] चढ़ाया गया; all his ~s have black wool उसके सब मेढ़ों का काला ऊन है. [*fem.* ewe] **2.** मूसल. **II.** *v.t.i* (-mm-) **1.** (clash) टक्कर[F] मारना : a motorcycle ~med (against) a pedestrian एक मोटरसाइकिल ने एक पैदल (चलने वाले) को टक्कर[F] मार दी. **2.** (drive down) कूट-कूट कर भरना : ~ the soil in the pit गड्ढे में मिट्टी[F] कूट-कूटकर भरो. Δ **to ~ smth down one's throat** किसी के कोई बात[F] गले उतारना (समझा देना); **to ~ the argument home** दलील[F] पर ज़ोर देना.

ramble रैम्'बल **I.** *n*[c]. भ्रमण, सैर : let us have a ~ through the woods हम जंगल में ≈ करें; he has gone on/for a ~ in the park वह पार्क में ≈ करने गया है; he never meets me, he is always on ~s वह मुझसें कभी नहीं मिलता, वह सदा सैर-सपाटे पर रहता है. **II.** *v.i.* **1.** भ्रमण या मटरगश्ती करना : I used to ~ where my feet would carry me मैं भ्रमण करने जाया करता था जहाँ मेरे पैर मुझे ले जाते; we ~d through the forest हम जंगल में भ्रमण करते रहे. **2.** (talk aimlessly) इधर-उधर की या बेसिर-पैर की बातें[F] करना : to ~ during one's speech भाषण के समय ≈; they all were rambling about their past वे सब अपने अतीत की अनाप-शनाप बातें[F] कर रहे थे.

rampart रैम'पार्ट *n*^c. परकोटा, प्राकार [long लंबा, strong मज़बूत]; a ~ round a fort defends it in every way एक किले के चारों ओर का ≈ हर तरह से इसकी रक्षा^F करता है.

ran रैन् past of 'run' *q.v.*

random रैन'डम I. *a.* 1. (haphazard) छिटपुट, बेतरतीब [talk बातचीत^F, work काम]; ~ sampling ≈ जाँच; you will find everything ~ in his room उसके कमरे में सब कुछ बेतरतीब पाओगे; to ask ~ questions ≈ सवाल करना. 3. (purposeless) निरुद्देश्य : this was his ~ shot यह उसका ≈ निशाना था. II. *n*^u. at ~ बिना मतलब, यों ही : he came here at ~ वह यहाँ ≈ चला आया; to hit at ~ बिना निशाना बाँधे मारना; to speak at ~ बिना क्रम के बोलना.

range रेंज I. *n*^c. 1. (row) पंक्ति^F : direct ~ सीधी ≈; the ~s of plants पौधों की पंक्तियाँ; a ~ of buildings भवनों की ≈. 2. (series) माला^F, श्रेणी^F : ~ of mountains पर्वत श्रेणी, पर्वतमाला; ~s of hills पहाड़ियों^F की मालाएँ श्रेणियाँ; Pamir is the longest ~ of mountains in the world पामीर संसार की सबसे लंबी पर्वत श्रेणी हैं. 3. (class) श्रेणी^F, वर्ग, प्रकार : what is the ~ of this animal यह जानवर किस वर्ग का है ? wide ~ of materials to select चुनाव करने के लिए सामग्री^F के ढेरों प्रकार. 4. (area) क्षेत्र, सीमा^F [limited सीमित, vast विशाल]; the ~of this plant covers three kilometres in every direction इस पौधे का क्षेत्र प्रत्येक दिशा^F में तीन किमी॰ तक है; ~ of knowledge, vision ज्ञान, दृष्टि^F की सीमा. 5. (distance) दूरी^F : there was nothing to be seen except water in the ~ of five kilometres पाँच किमी॰ की दूरी तक पानी के अलावा और कुछ नहीं दिखाई दिया. 6. (of gun) मार^F : the ~ of this gun is hundred metres इस बंदूक^F की ≈ सौ मीटर है; within ~ ≈ के अंदर II. *v.t.* 1. (arrange) व्यवस्थित करना, क्रमबद्ध करना : ~ everything properly सब कुछ अच्छी तरह क्रमबद्ध करो. 2. पाया जाना (befound) : the price of the motorcar ~s between Rs. 1,50,000 and 2,00,000 मोटरकार^F की कीमत^F डेढ़ लाख और दो लाख रुपए तक पाई जाती है. 3. (of gun) सीध^F बाँधना, मार^F होना : the hunter ~d the gun on the deer शिकारी ने हिरन पर बंदूक से सीध बाँधी. 4. घूमना, भ्रमण करना, विचरना : to ~ over the country देहात में घूमना-फिरना. 5. (reach) पहुँचना : to ~ over the boundless tracts असीमित प्रांत में पहुँच जाना. 6. (equal) बराबर होना : it ~s about twenty kilometres यह लगभग बीस किमी॰ के बराबर है. 7. to ~ oneself with a party किसी दल का साथ देना. 8. Kalidas and Shakespeare ~ with great dramatists कालिदास और शैक्सपीयर बड़े-बड़े नाटककारों के बराबर (समकक्ष) हैं.

rank रैङ्क I. *n*^c. 1. (class) दर्जा, कोटि^F, श्रेणी^F : he is a man of lower ~ वह निचले दर्जे का आदमी है; soldiers were drawn in ~s A, B. C. etc. सैनिक ए, बी. सी. इत्यादि वर्गों में बँटे थे; he has always been in the first ~ of fighters for peace वह शांति^F के लिए लड़ने वालों में सदा पहले दर्जे में रहा है; where do you ~ Kabir कबीर किस ≈ में आते हैं ? 2. (position) पद, पदवी^F [high ऊंची, low निम्न]; his father is an officer of the high ~ उसके पिता उच्च पद के अधिकारी हैं. 3. (queue) लाइन^F, पंक्ति^F [front अगली, rear पिछली]; to keep ~ ≈ में रहना; to break ~ ≈ तोड़ना; this is the last ~ for sugar चीनी^F के लिए यह अंतिम ≈ है. 4. (eminence) प्रतिष्ठा^F : he is the man of high ~ in the society वह समाज में बड़ी ऊंची ≈ वाला आदमी है; persons of ~ अभिजात वर्ग के लोग. 5. सेना^F, सामान्य सैनिक : they all were men of ~s वे सभी सामान्य सैनिक थे; to be the captain of the ~ सेना में कप्तान होना. 6. the ~s and file जनसाधारण, आम लोग; he joined the ~ of the unemployed वह बेरोजगार लोगों में शामिल हो गया. II. *v.t.* 1. पंक्तिबद्ध करना; वर्गीकृत करना, श्रेणीबद्ध करना : to ~ the students in their different classes छात्रों को उनकी भिन्न-भिन्न कक्षाओं^F में वर्गीकृत करना; cups and saucers were ~ed प्याले और तश्तरियाँ^F क्रम से रखी गईं. 2. से बढ़कर

होना, स्थान पाना : he ~s above his elder brother वह अपने बड़े भाई से बढ़कर है. **3.** (equal) के बराबर, समकक्ष होना; he ~s among the greatest novelists वह महानतम नाटककारों के समकक्ष है. **III.** *a.* **1.** (too much spread) **1.** अत्यधिक फैलने वाला, छितराया : ~ grass ≈ घास; ~ crop छितरायी फ़सल[F]. **2.** (in other contexts) ~ soil अत्युर्वर मिट्टी[F] ~ thoughts गँवारू विचार; ~ duffer सरासर बुद्धू; ~ injustice ≈ अन्याय.

ransack रैन'सैक *v.t.* छान डालना : ~ a place in order to steal चोरी करने के लिए कोई स्थान छान डालना; ~ one's pocket for money पैसे के लिए किसी की जेब[F] छानना; to ~ one's memory अपनी याद्दाश्त[F] कुरेदना.

ransom रैन्'सम **I.** *n*[nu]. **1.** (money) फ़िरौती[F], रक्षा-शुल्क : the militants asked for a ~ of one lakh rupees to let off the Magistrate खाड़कुओं ने मजिस्ट्रेट को मुक्त करने के लिए एक लाख रुपए की ≈ की माँग[F] की; Δ **to hold smb to** ~ किसी को फ़िरौती पाने के लिए पकड़ रखना. **2.** (act) छुड़ाई[F] : to pay someone as a ~ किसी को ≈ के लिए धन देना. Δ **it is worth a king's** ~ यह बहुत कीमती है. **II.** *v.t.* **1.** छुड़ाना : to ~ a prisoner at a heavy price कैदी को ऊंचे दामों में ≈; the police ~ed the inspector after much effort अत्यंत प्रयास के बाद पुलिस[F] ने इंस्पेक्टर को छुड़ा लिया; the hostages were ~ed बंधकों को फ़िरौती देकर छुड़ाया गया. **2.** (expiate) प्रायश्चित करना : to ~ a sin पाप का प्रायश्चित्त करना. **3.** (redeem) उद्धार करना : Buddha ~ed the mankind बुद्ध ने मानव जाति[F] का उद्धार किया.

rap रैप **I.** *n*[c]. **1.** (noise) टकटक[F], खटखट[F], खटाखट[F] loud ~ ज़ोर की ≈; a ~ with a stick छड़ी[F] से ≈; to hear a loud ~ at the door दरवाज़े पर ज़ोर की ≈ सुनना. **2.** blow टकोरा : to give someone a ~ over his head किसी के सिर पर ≈ देना या मारना. **3.** (a whit) ज़रा, लवलेश : I don't care a ~ for him मैं उसकी ज़रा-भी परवाह[F] नहीं करता. **II.** *v.i.t.* (-pp-) **1.** खटखटाना, ठकठकाना : to ~ at the door दरवाज़ा ≈; the master ~s on the desk मास्टरजी मेज़ खटखटाते हैं. **2.** (utter severely) झाड़ना, डाँटना : the magistrate ~ped the police मजिस्ट्रेट ने पुलिस[F] को डाँटा. **3.** ~ out चिल्लाकर कहना : to ~ out a message चिल्लाकर संदेश देना; to ~ out on oath चिल्लाकर शपथ[F] लेना. **4.** चोट[F] मारना : to ~ smb on/over the head किसी के सिर पर चोट करना. [*as distinct from* wrap]

rape रेप **I.** *n*[nu]. **1.** (sexual crime) बलात्कार, शीलभंग : the ~ of a woman किसी स्त्री[F] का शीलभंग, के साथ बलात्कार; he was an accused of ~ वह ≈ का अभियुक्त था. **2.** लूटमार[F] : ~ of a country किसी देश में ≈. **II.** *v.t.* बलात्कार करना : he ~d a girl उसने एक लड़की से ≈ किया.

rapid रै'पिड **I.** *a.* **1.** तेज़ [growth विकास, increase बढ़ोत्तरी[F], movement गति[F], river नदी[F]]; the bus is in ~ motion बस तेज़ गति से चल रही है. [*ant.* slow] **2.** (prompt) शीघ्र, तत्काल [answer उत्तर, speech भाषण]; the university promised ~ result विश्वविद्यालय ने ≈ परीक्षाफल निकालने का वादा किया. **3.** (steep) खड़ा : ~ slope खड़ी ढलान[F]. **rapidly** रै'पिड्लि *adv.* तेज़ी[F] से : he talks too ~ वह बहुत ही तेज़ी से बात[F] करता है; he works ~ वह तेज़ी से काम करता है; water runs down ~ from the rocks पानी चट्टानों[F] से ≈ बहता है.

rapist रे'पिस्ट *n*[c]. बलात्कारी : a ~ is guilty of rape ≈ बलात्कार का दोषी होता है.

rapt रैप्ट *a.* **1.** (enraptured) सम्मोहित, भावविभोर : ~ in thought विचारमग्न; he was ~ in deep sorrow वह गहरे शोक में भावविभोर था. **2.** (engrossed) तन्मय, तल्लीन, मग्न, लीन : we listened with ~ attention हमने मग्न होकर ध्यान से (ध्यानमग्न होकर) सुना.

rare रेअर *a.* **1.** (not dense) विरल [forest जंगल, plants पौधे]; there is no fear of wild animals in such a ~ park इतने ≈ पार्क में जंगली जानवरों का भय नहीं है. **2.** (scarce) दुर्लभ, दुष्प्राप्य [animal जानवर, metal धातु[F], phenomena घटनाएँ[F], stone पत्थर]; such a flower is very ~ in this country इस प्रकार का फूल इस देश में बहुत ही दुर्लभ है; to detect ~ stars in the cloudy sky बादलयुक्त आकाश में दुर्लभ तारों का पता लगाना; he has collected some ~ books उसने कुछ ≈ पुस्तकें[F] संग्रहीत कर रखी हैं. **3.** (unusual) असाधारण [ability योग्यता[F], stamp स्टांप, टिकट, delight हर्ष]; he is a man of ~ talent in his village वह अपने गाँव में ≈ प्रतिभा[F] वाला आदमी है; the Taj is a ~ building ताज़ एक ≈ इमारत[F] है. **4.** (infrequent) विरला, he is the ~ person to be successful वह सफल होने वाला ≈ व्यक्ति ≈ है. **rarely** रेअर'लि *adv.* विरले ही : such minerals are ~ found ऐसे खनिज ≈ पाए जाते हैं; these windows are ~ open ये खिड़कियाँ[F] ≈ खुलती हैं; only a ~ man does succeed केवल विरला आदमी ही सफल होता है.

rascal रास्'कल **I.** *n*[c]. **1.** बदमाश, धूर्त, दुर्जन : the ~ committed the crime again ≈ ने पुनः अपराध किया; politics has become a profession of ~s राजनीति बदमाशों का व्यवसाय बन चुकी है. **2.** (used in fun) नटखट बच्चा : you little ~, come here अरे नटखट बच्चे, यहाँ आओ.

rash रैश **I.** *a.* **1.** अविवेकी, अविचारी, उतावला, जल्दबाज़ [commander कमाण्डर, statesman राजनेता, youth युवा]; such a ~ man will always suffer less इतना ≈ व्यक्ति हमेशा नुकसान उठाएगा, your friend is too ~ तुम्हारा मित्र बहुत ही ≈ है. **2.** (over-bold) दुःसाहसी : don't be so ~ इतने ≈ मत बनो. **3.** (of act, etc). अविवेचित, अंधाधुँध : such a ~ driving will surely cause accident इतना ≈ गाड़ी चलाना निश्चित रूप से दुर्घटना का कारण होगा. **4.** अविचारित: ~ words ≈ शब्द; ~ decision ≈ निर्णय. **II.** *n*[u]. **1.** ददोरा : she has a ~ on her skin उसकी चमड़ी[F] पर ≈ है. **2.** (sudden appearance) आकस्मिक होना : ~ of complaints, strikes शिकायतों[F], हड़तालों[F] का आकस्मिक सिलसिला.

raspberry राज़'बरि **I.** *n*[c]. मकोय[F], रसभरी[F] : ~ is a soft red juicy fruit ≈ एक नरम लाल मीठा फल होता है, I like resperries with cream मैं मलाई[F] के साथ रसभरी पसंद करता हूँ.

rat रैट *n*[c]. **1.** चूहा, मूषक. Δ **smell a** ~ संदेह करना, दाल में काला होना : to smell a ~ in a neighbour किसी पड़ोसी पर संदेह करना. ~ **race** घोर प्रतियोगिता[F]; होड़ा-होड़ी[F]. **2.** (politics) दलत्यागी : he is a ~ of a politician वह ≈ राजनीतिज्ञ है.

rate रेट **I.** *n*[c]. **1.** दर, भाव [due उचित, high ऊंची, low निम्न]; birth ~ जन्मदर; death ~ मृत्युदर; he purchased sugar at Rs. 1,600 per quintal उसने सोलह सौ रुपए प्रति कुंतल की ≈ से चीनी[F] खरीदी; what is the ~ of fruits फलों का भाव क्या है? **2.** (speed) गति[F], रफ्तार[F] : fast ~ तेज़ ≈; population has increased at a fearful ~ आबादी खतरनाक ≈ से बढ़ गई है; he travelled at the ~ of 50 kilometres per hour उसने 50 किलोमीटर प्रति घंटा की दर से यात्रा[F] की. **3.** (class) श्रेणी[F] : he is among the high ~ lawyers वह उच्च ≈ के वकीलों में है; first ~ बढ़िया (श्रेणी का); third ~ घटिया (श्रेणी का). **4.** (tax) उप कर, उपशुल्क : municipal ≈ नगर कर; the water ~ has been increased जल कर बढ़ा दिया गया है. Δ **at any** ~ किसी भी कीमत[F] पर, हर हालत[F] में : I shall do this work at any ~ मैं इस काम को हर हालत में करूंगा. **II.** *v.t.* **1.** श्रेणी[F] में रखना : to ~ a person according to his ability किसी व्यक्ति को उसकी योग्यता[F] के अनुसार ≈. **2.** (consider) मानना, समझना : I ~ him among the most foolish persons मैं उसे सबसे मूर्ख लोगों में गिनता हूँ. **3.** (esteem) सम्मान करना : he always ~s him high वह हमेशा उसका बहुत अधिक सम्मान करता है. **4.** पर कर लगाना : my house is ~d at Rs. 500 मेरे मकान पर 500 रुपया कर लगाया गया है.

rather रा'दर *adv.* **1.** (preferably) भले ही : I would rather go than stay here मैं यहाँ ठहरने के बजाय भले ही चला जाना चाहता हूँ. **2.** (more accurately) कुछ अधिक अच्छा : he speaks Russian ~ well वह रूसी[F] कुछ अधिक अच्छी बोलता है. **3.** बल्कि : I finished it on Sunday morning~than on Saturday evening मैंने इसे इतवार सुबह^F को, ≈ शनिवार शाम को ही खत्म कर दिया था. **4.** (a little) कुछ : we came home ~ late हम ≈ विलंब से घर आए; the film is ~ interesting फिल्म कुछ-कुछ दिलचस्प है; I am ~ tired मैं कुछ-कुछ थक गया हूँ; in a ~ queer fashion कुछ विचित्र फ़ैशन में; I ~ think so मैं कुछ-कुछ ऐसा ही सोचता हूँ; it is ~ hot कुछ-कुछ गर्मी है. **5.** I would ~ speak about it मैं इस बारे में निश्चित रूप से बोलूँगा.

ratify रै'टिफाइ *v.t.* (approve) अनुसमर्थन करना, पुष्टि^F करना : to ~ a treaty, contract संधि^F, ठेके की पुष्टि करना; the agreement was ratified by the heads of the nations करार का राष्ट्राध्यक्षों द्वारा अनुसमर्थन किया गया; the company refused to ~ the acts of its agent कंपनी^F ने अपने अभिकर्ता द्वारा किए गए कार्यों की पुष्टि करने से इंकार कर दिया.

ratio रे'शिओ *n*^c. (ratios) अनुपात : in the ~ of three to five तीन और पाँच के ≈ में; the ~ of the milk and water is 5 : 3 दूध और पानी का ≈ 5 : 3 है; the ~ of 15 to 10 = 3 to 2 15 और 10 का ≈ बराबर है 3 और 2 के.

ration रै'शन **I.** *n*^c. राशन : ~ card राशन कार्ड; ~ card for kerosene मिट्टी के तेल का ≈ कार्ड; ~ was not sufficient for 30 days ≈ तीस दिनों के लिए पर्याप्त नहीं था; we get wheat, rice and sugar from the ~ shop हम ≈ की दुकान से गेहूँ, चावल और चीनी^F लेते हैं. **II.** *v.t.* राशन से देना : the sugar had to be ~ed चीनी^F राशन से देनी पड़ी; the petrol is ~ed पेट्रोल राशन से दिया जाता है.

rational रै'शॅनल *a.* **1.** विवेकशील, बुद्धिसंपन्न [boy लड़का, servant नौकर, woman स्त्री]; the student was very ~ छात्र बहुत ही ≈ था; man is a ~ animal मनुष्य एक ≈ जीव है; everyone was amazed at the ~ girl सभी लोग उस ≈ लड़की^F पर अचंभित रह गए. **2.** (based on reason) बुद्धिसंगत, युक्तिसंगत [behaviour व्यवहार, ideas विचार]; his explanation is ~ उसका स्पष्टीकरण ≈ है. [*ant.* ir~]

rattle रै'टल **I.** *v.t.* **1.** खड़खड़ाना : the child ~s coins in a tin बच्चा कनस्तर में सिक्के खड़खड़ाता है; the wind ~d the windows हवा^F ने खिड़कियों^F को खड़खड़ा दिया. **2.** (stir) उकसाना, उत्तेजित करना : the wrong reply of his ~d him उसके गलत उत्तर ने उसे उत्तेजित कर दिया. **II.** *v.i.* **1.** (utter) बकना, बड़बड़ाना : do not ~, keep quiet बड़बड़ाओ मत, शांत रहो; to ~ on/along बक-बक करते चलना. **2.** खड़खड़ाते चलना : the bullock cart ~s along the road बैलगाड़ी^F सड़क^F पर खड़खड़ाते हुए चलती है. **II.** *n*^c. **1.** खड़खड़ाहट^F [slow धीरे, suppressed दबी-दबी]; ~ of the empty bottles खाली बोतलों^F की ≈; death ~ घर्रा, घटका; ~ brain (brained), ~ head (headed) ~ pate (pated) मूढ़. **2.** toy झुनझुना [beautiful सुंदर, costly कीमती]; the baby shakes the ~ बच्चा झुनझुना हिलाता है. **3.** (uproar) शोरगुल, गुलगपाड़ा, हो हल्ला, (talk) बकवास : stop that ~ वह ≈ बंद करो.

ravage रै'विज **I.** *n*^c. (destruction) विध्वंस, विनाश [dreadful भयंकर, enormous विशाल]; the ~ caused by earthquake was terrible भूकंप द्वारा हुआ ≈ बहुत ही भयानक था. **II.** *v.t.* उजाड़ना, नष्ट करना : to ~ the enemy's territory with fire and sword आग और तलवार द्वारा शत्रुओं के प्रदेश को उजाड़ना; a human face ~d by grief दुःख से नष्ट मानव चेहरा.

raw रॉ *a.* **1.** (uncooked) कच्चा [meat मांस, potatoes आलू]; such a ~ food will not be digested इतना ≈ भोजन पचाया नहीं जाएगा. **2.** (unripe) कच्चा : she gave him a ~ apple उसने उसे एक ≈ सेब दिया. **3.** (of weather) ठंडा : ~ day ≈ दिन; ~ wind ठंडी हवा^F; such a ~ weather may harm you इतना ठंडा मौसम तुम्हें नुकसान पहुँचा सकता है. **4.** (untanned) कच्चा : ~ hide ≈ चमड़ा. **5.** (undiluted) ख़ालिस, शुद्ध : ~ juice ≈ रस; mother gave him a glass of ~ milk मां ने उसे एक गिलास ≈ दूध दिया. **6.** (inexperienced) कच्चा, अनुभवहीन : ~ hand ≈ आदमी; ~ recruit

≈ रंगरूट. **7.** (crude) अपरिष्कृत : ~ oil ≈ तेल. **8.** (unfair) अन्यायपूर्ण, अनुचित : ~ dealings ≈ व्यवहार.

ray रे n^c. (of light etc.) किरण^F, रश्मि^{F} [bright चमकीली, pale सुनहरी]; the ~s of the sun penetrated into the dark room सूर्य की किरणें अंधेरे कमरे में प्रवेश कर गईं; oblique ~s of the sun सूर्य की तिरछी किरणें; the ~s of the moon were falling on her चंद्रमा की किरणें उस पर पड़ रही थीं. (fig.) a ~ of hope आशा^{F} की किरण.

rayon रे'ऑन n^u. रेयन : ~ is artificial silk used for making clothes ≈ कपड़ा बनाने का एक कृत्रिम रेशम होता है; ~ is generally made from wood pulp ≈ सामान्यतः लकड़ी^{F} की लुगदी^{F} से बनाया जाता है.

raze रेज़ *v.t.* **1.** काटना : to ~ the big trees बड़े वृक्षों को काटना. **2.** (demolish) ढहाना : to ~ the fortifications to the ground क़िलेबंदी^{F} को ज़मीन^F पर ≈; to ~ the town to the ground शहर को नष्ट-भ्रष्ट कर देना. **3.** मिटा देना : to ~ smb's name from memory किसी का नाम याद्दाश्त^F से ≈. [*as distinct from* raise]

razor रे'ज़र n^c. उस्तरा [blunt भोथरा, sharp तेज़]; ~back hill बहुत ही ढालू पहाड़ी^{F}; ~ blade पत्ती^{F}; ~ edge (i) तेज़ धार^F, (ii) विषम परिस्थिति^{F}; I shave with an electric ~ मैं बिजली^{F} के उस्तरे से शेव करता हूँ; he has a safety ~ उसके पास एक सेफ्टी रेज़र है.

re री **I.** *prep.* (regarding) के विषय में : ~ your message तुम्हारे संदेश ≈. **II.** *prefix* पुनः, पुनर : ~-elect ≈निर्वाचित करना; ~publish ≈ प्रकाशित करना; ~start पुनरारंभ; ~purchase ≈ ख़रीदना, ~union पुनर्मिलन; ~-examination पुनः परीक्षा^{F}.

reach रीच **I.** *v.t.i.* **1.** (thrust out) फैलाना, बढ़ाना : he ~ed his hand out for the book उसने किताब के लिए अपना हाथ आगे बढ़ाया. **2.** तक पहुँचना : I was not able to ~ that place मैं उस जगह^F (तक) पहुंचने में समर्थ न हुआ; to ~ a decision, agreement किसी निश्चय, करार तक पहुँचना; he ~ed Delhi on Monday वह सोमवार को दिल्ली^{F} पहुँचा; he has ~ed the age of ninety वह नब्बे बरस की उम्र^F तक पहुँच गया है; how can I ~ you? मैं आप तक कैसे पहुँच सकता हूँ? **3.** देना, पहुँचना : please ~ me the tea-pot कृपया मुझे चायदानी पहुंचाएँ/दें. **4.** (stretch out) फैलाना : the park ~es out for 500 metres यह पार्क 500 मीटर तक फैला हुआ है. **5.** (obtain) प्राप्त करना : he ~ed his aim उसने अपना उद्देश्य प्राप्त कर लिया. **II.** n^u. **1.** (range) पहुँच^F : this place is within my ~ यह जगह^F मेरी ≈ के अंदर है; these mangoes are out of my ~ वे आम मेरी ≈ के बाहर हैं. **2.** (stretch) विस्तार : ~ of water between two bends of a river नदी के दो मोड़ों के बीच पानी का ≈.

react रिऐक्ट' *v.i.* **1.** प्रतिक्रिया^{F} लाना या दिखाना : I was angry with her but she did not ~ मैं उस पर गुस्से हुआ किंतु उस पर कोई प्रतिक्रिया नहीं हुई; when father rebuked him, the boy did not ~ at all जब बाप ने लड़के को डाँटा तो उस पर बिल्कुल कोई प्रतिक्रिया नहीं हुई; to ~ against smb or smth किसी से या किसी चीज़ से नापसंदगी दिखाना. **2.** (to be affected) प्रभाव पड़ना, प्रभावित होना : my body does not ~ to cold bath ठंडे पानी से स्नान का मेरे शरीर पर कोई असर नहीं पड़ता; our eyes ~ to light हमारी आँखों^{F} पर प्रकाश का असर पड़ता है. **3.** (milit.) जवाबी हमला करना. **reaction** रिऐक्'शन n^c. **1.** प्रतिक्रिया^{F} : what was his ~ against me? मेरे विरुद्ध उसकी क्या ≈ थी? what is your ~ to his proposal? उसके सुझाव पर तुम्हारी क्या ≈ है? ~ of the audience to smb's lecture किसी के भाषण पर श्रोताओं की ≈. **2.** (milit.) प्रत्याक्रमण, जवाबी हमला. **reactionary** रिऐक्'शनॅरि *a.* प्रतिक्रियात्मक, प्रतिक्रियाशील : ~ steps ≈ कदम. **2.** प्रतिक्रियावादी : ~ person ≈ व्यक्ति; a ~ is against change in social or political system एक ≈ सामाजिक अथवा राजनीतिक व्यवस्था में परिवर्तन के विरुद्ध होता है.

read रीड *v.t.* (*past & p.p.* read रेंड) **1.** पढ़ना [attentively ध्यानपूर्वक, loudly ज़ोर से]; to ~ a book eagerly उत्सुकता से किताब^F ≈;

he reads Chinese वह चीनी पढ़ता है. Δ **to ~ out** ऊंचे स्वर से पढ़ना; ~ over फिर पढ़ो. ~ through पूरा पढ़ जाओ. **2.** पढ़कर सुनाना : to ~ a story to a person किसी व्यक्ति को पढ़कर कहानी^{F} सुनाना; he read her letter to her उसने उसे उसका पत्र पढ़कर सुनाया. **3.** (understand) समझना, ताड़ लेना, जान लेना : I ~ the purpose of his meeting with the father मैंने पिताजी से मिलने का उसका उद्देश्य समझ/ताड़ लिया; I could not ~ his views मैं उसके विचारों को नहीं समझ सका; to ~ the future of a person किसी का भविष्य जानना. **4.** (interpret) अर्थ लगाना या निकालना : to ~ in someone's eyes किसी की निगाहों का अर्थ लगाना. Δ **to ~ between the lines** छिपा हुआ अर्थ निकालना, गूढ़ अर्थ खोजना : it was easy to ~ between the lines छिपा हुआ अर्थ निकालना आसान था. **5.** शकुन बताना : he ~ him for the successful journey उसने उसे सफल यात्रा^{F} के लिए शकुन बताया. **6.** (of instrument record) बतलाना : what does the barometer ~ वायुदाबमापी क्या बतलाता है ? **7.** (other) the book reads like a translation पुस्तक अनुवाद-सी लगती है. [*as distinct from* reed] readable री'डॅबल *a.* पठनीय, (legible) सुवाच्य, सुपाठ्य [article लेख, book किताब^{F}]; the essay was rewritten in a ~ form निबंध ≈ रूप में पुनः लिखा गया. **reader** री'डर n^{c}. पाठक [active सक्रिय, eager उत्सुक, serious गंभीर]. **2.** (reciter) (प्र) वाचक : careful ~ सावधान ≈; he is a good ~ of hymns वह मंत्रों का एक अच्छा ≈ है. **3.** (book) पाठ्यपुस्तक, पाठमाला, रीडर : have you read your prescribed ~ क्या तुमने अपनी निर्धारित पाठ्यपुस्तक पढ़ ली है ? **4.** proof ~ प्रूफ़ संशोधक.

readily रे'डिलि *adv.* **1.** (willingly) खुशी^{F} से, स्वेच्छा से, सहर्ष : he ~ agreed to help वह ≈ सहायता^{F} के लिए तैयार हो गया; he ~ gave Rs. 1000 in charity उसने स्वेच्छा से 1,000 रुपया दान में दे दिया. **2.** (quickly) तुरंत, जल्दी, शीघ्र : I could not ~ believe it मैं शीघ्र इसका विश्वास न कर सका; if you want me to help you I will ~ come यदि आप मेरी सहायता^{F} चाहते हैं तो मैं तुरंत आऊंगा. **3.** (easily) आसानी^{F} से : this machine is now ~ available यह मशीन अब ≈ उपलब्ध है. **readiness** रें'डिनिस n^{u}. **1.** तैयारी^{F} : keep the lugguage in ~ सामान तैयार रखो. **2.** (willingness) तत्परता^{F} : I have learnt everything in ~ मैंने सब कुछ ≈ से सीखा-समझा है; I appreciate Sethi's ~ मैं सेठी की ≈ को पसंद करता हूँ. **reading** री'डिङ्ग n^{u}. **1.** पठन, वाचन : third ~ of the Bill in Parliament संसद में बिल का तीसरा वाचन. **2.** (study) अध्ययन, पढ़ाई^{F} : he is fond of ~ वह पढ़ने का शौकीन है; he is busy in ~ वह पढ़ने में व्यस्त है; he is a man of wide ~ वह भारी अध्ययनशील व्यक्ति है. **3.** (learning) विद्वता^{F} : he is a man of vast ~ वह बड़ा विद्वान व्यक्ति है; no one can question his ~ उसकी ≈ के बारे में कोई भी संदेह नहीं कर सकता. **4.** (interpretation) व्याख्या^{F} : he gave him the ~ of his dream उसने उसे उसके सपने की व्याख्या बताई. **5.** (of instruments) पाठ्यांक : what is the ~ of the thermometer थर्मामीटर का ≈ क्या है ? the ~ of the thermometer is not correct तापमापी का ≈ सही नहीं है.

ready रें'डि *a* **1.** तैयार : ~ money नकद पैसा; we hurried to get everything ~ सब कुछ ≈ रखने के लिए हमने जल्दी की; they were ~ to go to school वे विद्यालय जाने के लिए ≈ थे; are you ~ for the journey क्या तुम यात्रा के लिए तैयार हो ? the dinner is ~ भोजन तैयार है; they were not ~ to help us वे हमारी सहायता^{F} करने को ≈ नहीं थे. **2.** दक्ष, निपुण : he is ~ in his work वह अपने काम में ≈ है; he is still not ~ in the art वह अभी कला^{F} में ≈ नहीं है. **3.** (prompt) शीघ्र, तत्काल, तात्कालिक : to have a ~ answer ≈ उत्तर पाना; he got his pen and ink ~ वह शीघ्र ही अपनी कलम^{F} और स्याही^{F} पा गया; he gave his ~ consent उसने तत्काल अपनी स्वीकृति^{F} दे दी. **4.** (eager) उत्सुक : she is too ~ to give advice वह सलाह^{F} देने के लिए अत्यंत ≈ रहता है. **5.** to

have a ~ wit हाज़िर-जवाब होना.
ready-made रे'डिमेड *a.* बना-बनाया, तैयार : ~ clothes सिले-सिलाए कपड़े; ~ wares बनी-बनाई वस्तुएँ[F]; he has a big shop of ~ things बनी-बनाई चीजों की उसकी एक बड़ी दुकान है.

real रिअल *a.* **1.** (genuine) वास्तविक, असली [discovery खोज[F], event घटना[F], friend मित्र, gold सोना, reason कारण, thing वस्तु[F]]; this is the story of ~ life यह ≈ जीवन की कहानी[F] है; this is not his ~ name यह उसका असली नाम नहीं है. [*ant.* unreal] (maths., phys.) वास्तविक : pick out the ~ numbers from the following निम्नलिखित में से ≈ संख्या[F] छाँटो. **3.** (of property) स्थायी : he has sold all his ~ property उसने अपनी पूरी स्थायी संपत्ति[F] बेच दी है. **reality** रिऐ'लिटि *n*[u]. **1.** वास्तविकता[F], असलियत[F] : he pretends to be a doctor but in ~ he is a quack वह डाक्टर होने का ढोंग करता है किंतु वास्तव में वह कठवैद्य है; it is a description based on ~ यह वर्णन ≈ पर आधारित है. **2.** अस्तित्व : he does not believe in the ~ of spirits उसका भूत-प्रेतों के ≈ में कोई विश्वास नहीं है.

realise रीअ'लाइज़ *v.t.* **1.** पूरा होना : his hopes were ~d उसकी आशाएँ[F] पूरी हुईं; he ~d his ambition उसकी महत्वाकांक्षा[F] पूरी हुई; she ~d her dream उसका सपना साकार हुआ. **2.** स्पष्ट अनुभव करना, अनुभूति होना, पूर्णरूप से समझना : we soon ~d that we had a difficult task before us हमने शीघ्र ही अनुभव किया कि हमारे सामने एक कठिन काम है; she ~d how much it meant to her उसने स्पष्टत: समझ लिया कि उसके लिए इसका क्या अर्थ है; he does not ~ his mistake वह अपनी गलती[F] का एहसास नहीं करता; you don't ~ how difficult it is तुम नहीं समझते कि यह कितना कठिन है. **3.** (obtain) प्राप्त करना : he ~d the order of the court उसने न्यायालय का आदेश प्राप्त किया. **4.** (collect) वसूल करना, उगाहना : the government ordered the employees to ~ the revenue at once सरकार[F] ने तुरंत लगान वसूल करने के लिए कर्मचारियों को आदेश दिया. **5.** (to convert into money) बदले में रुपये में पाना; (to sell for) में बेंच देना : I ~d Rs. 10,000 on the sale of my scooter स्कूटर बेचकर मैंने दस हज़ार रुपए पाए.

really रिअ'लि **I.** *adv.* सचमुच, वास्तव में, वस्तुत:, असल में, दरअसल : did you ~ steal his book क्या तुमने ≈ उसकी किताब चुराई थी ? tell me what ~ happened there मुझे बताओ कि वहाँ ≈ क्या हुआ; you do not ~ think about your future ≈ तुम अपने भविष्य के बारे में नहीं सोचते हो; are you ~ so old क्या तुम ≈ इतने बूढ़े हो ? I am ~ sorry मुझे ≈ दुख है; this book is ~ very useful यह पुस्तक[F] ≈ बहुत उपयोगी है; have you ~ lost my pen क्या तुमने ≈ मेरी कलम खो दी है ? he is ~ a great man ≈ वह महान् व्यक्ति है. **III.** *int.* really! सच ! सचमुच.

ream रीम *n*[c]. रीम : a ~ has twenty quires of paper, usually 500 sheets ≈ में 20 दस्ते काग़ज़ होता है, सामान्यत: 500 ताव; the press deducted 16 sheets per ~ as wastage खराब हो जाने से प्रेस ने 16 ताव प्रति ≈ काट लिए; I wrote ~s and ~s of dictionaries मैंने कई शब्दकोश लिखे.

reap रीप *v.t.* **1.** काटना : to ~ a harvest in the moonlight चाँदनी[F] में फसल[F] ≈. **2.** जुटाना : to ~ corn गल्ला जुटाना. **3.** (obtain) प्राप्त करना : to ~ large profits बहुत भारी मुनाफ़ा पाना/कमाना; to ~ the fruit of one's own labour अपने किए परिश्रम का लाभ पाना; to ~ one's reward अपना पुरस्कार ≈. Δ **you ~ as you sow** जैसा बोओ वैसा काटो.

rear रिअर **I.** *n*[u]. पिछाड़ी, पृष्ठ भाग, पीछा; पिछवाड़ा : cover the ~ पृष्ठ भाग ढँक लो; to push someone to the ~ किसी को पिछाड़ी ढकेलना; we were sitting at the ~ of our house हम अपने घर के पिछवाड़े बैठे थे; the school is in the ~ of the house विद्यालय घर के पिछवाड़े है; the enemy attacked our army in the ~ शत्रु ने हमारी सेना पर पीछे से आक्रमण कर दिया. **II.** *v.t.* **1.** खड़ा करना, ऊंचा उठाना : to ~ a pillar खंभा खड़ा करना; to ~ one's head, voice अपना सिर, अपनी

आवाज़[F] उठाना. **2.** (build) बनाना, बनवाना, निर्माण करना : he ~ed a monument in the garden उसने बग़ीचे में एक स्मारक बनवाया. **3.** (grow) उगाना : the farmers ~ many kinds of grain किसान कई प्रकार के अन्न उगाते हैं; you cannot ~ a good crop in such a land इस प्रकार की भूमि[F] में तुम अच्छी फ़सल[F] नहीं उगा सकते. **4.** (breed) पालना : that farmer ~s a special kind of sheep वह किसान एक विशेष प्रकार[F] की भेड़ें पालता है; a sheep is ~ed for wool भेड़[F] ऊन के लिए पाली जाती है; ~ poultry मुर्ग़ी[F] पालना. **5.** (bring up) पालन-पोषण करना, पढ़ाना-लिखाना : to ~ the children well बच्चों का अच्छी तरह पालन-पोषण करना. **6.** (of horse) पिछले पैर पर खड़ा होना : the horse ~ed and threw me off घोड़ा पिछले पैरों पर खड़ा हो गया और मुझे गिरा दिया. **II.** *a.* पिछला, पश्च, पृष्ठ [guard रक्षादल, part भाग, wheel पहिया]; ~ legs of an animal किसी जानवर की पिछली टाँगें[F]; ~ wheel of a bicycle साइकिल का ~ पहिया; ~ part of the house is not completely ready मकान का ≈ हिस्सा पूरी तरह तैयार नहीं है.

reason री'ज़न **I.** *n*[c]. **1.** (argument) तर्क, युक्ति[F], दलील[F] [obvious स्पष्ट, solid ठोस, special विशेष]; such a feeble ~ will not lead you to success इस प्रकार का कमज़ोर तर्क तुम्हें सफलता[F] न दिला सकेगा; to listen to ~ तर्क को मान लेना; anything within ~ कोई तर्कपूर्ण बात Δ **without rhyme or reason** बिना मतलब. **2.** (cause) कारण [important महत्त्वपूर्ण, real वास्तविक]; for many ~s I do not want to work here कई कारणों से मैं यहाँ काम नहीं करना चाहता; I have ~ to believe it इस पर विश्वास करने का मेरा ≈ है; is there any ~ why you were absent क्या कोई कारण है कि तुम अनुपस्थित रहे ? he refused to tell us the ~ उसने हमें कारण बताने से इंकार कर दिया; have you any ~ for saying such things क्या ऐसी बातें कहने का आपके पास कोई ≈ है ? **3.** (faculty) विवेक, बुद्धि[F], मति[F], धी[F] : to lose one's ~ पागल हो जाना; have ~ विवेक रखो; he lost his ~ when the thief came जब चोर आया तो उसकी मति[F] मारी गई; animals have no ~ पशुओं के ≈ नहीं होती. Δ **bring to ~** समझाना : to bring someone to ~ about the practicality of his plan किसी को उसकी योजना[F] की व्यावहारिकता के बारे में समझाना; **by ~ of** के कारण : the dog could not jump over the drain by ~ of his broken leg कुत्ता अपनी टूटी हुई टाँग[F] के कारण नाली फांद न सका; **to lose ~** मूर्खता की बात[F] करना; **to see ~** मान लेना; at last the manager saw the ~ आखिर प्रबंधक मान गया; **with ~** सकारण : he has come to me with ~ वह मेरे पास सकारण आया है. **II.** *v.t.* **1.** तर्क करना, तर्क-वितर्क करना : I ~ed that she is honest मैंने तर्क दिया कि वह ईमानदार है. **2.** (think) सोच-विचार करना : she ~s clearly वह स्पष्ट रूप से विचार करती है; to ~ about a subject किसी विषय पर ≈. **3.** समझाना, मनाना : to ~ with smb किसी को समझाना/मनाना; to ~ smb to do smth किसी को कुछ करने के लिए मनाना. **reasonable** री'जॅनबॅल *a.* **1.** (rational) विवेकी, बुद्धिसंपन्न [friend मित्र, man आदमी]. **2.** (amenable to reason) तर्कपूर्ण : ~ excuse ≈ बहाना; ~ agrument ≈ दलील[F]. [*ant.* un~] **3.** (moderate) उचित [comfort सुख, facility सुविधा[F], price कीमत[F], work काम]; it will be ~ to tell you everything तुम्हें सब कुछ बता देना ≈ होगा.

rebate रिबेट' *n*[c]. बट्टा, छूट[F], कमीशन : a ~ of 5% on house tax गृह कर पर 5% ≈; to claim a ~ of 10% on purchases ख़रीद[F] पर 10% ≈ का दावा करना; there is always some ~ for cash payment नकद अदायगी[F] पर कुछ छूट हमेशा रहती है.

rebel रेॅबल **I.** *n*[c]. विद्रोही, बाग़ी : to be a ~ against the party दल से ≈ होना; the ~s occupied the secretariat विद्रोहियों ने सचिवालय पर कब्ज़ा कर लिया. **II.** *v.t.* (-ll-) विद्रोह करना : to ~ against the government सरकार[F] के विरुद्ध ≈; they ~led against the chairman उन्होंने चेयरमैन के विरुद्ध विद्रोह कर दिया. **rebellion** रिबेॅ'ल्यन *n*[cu]. विद्रोह, बग़ावत[F] [open खुली,

uncontrollable अनियन्त्रित, violent उग्र]; to punish the people in ~ ≈ करने वाले लोगों को दण्डित करना; to suppress the ~ ≈ को दबा देना; the government put down the ~ सरकार^F ने विद्रोह को बलपूर्वक दबा दिया. **rebellious** रिबै'ल्यस a. **1.** विद्रोही [army सेना^{F}, child बच्चा]. **2.** विद्रोहात्मक : ~ **behaviour** ≈ व्यवहार; his ~ attitude will cause harm to the nation उसका ≈ रुख़/दृष्टिकोण देश को नुकसान पहुँचाएगा. **3.** (defiant) उद्धत, अक्खड़ [boy लड़का, peon चपरासी]; strike out the name of these ~ students इन ≈ छात्रों का नाम काट दो.

rebuff रि बफ़' n^c. **1.** दो टूक जवाब, अस्वीकृति : he gave a ~ to my offer उसने मेरे प्रस्ताव को नकार दिया; he will surely give the response in a ~ वह निश्चित ही तुम्हें दो टूक जवाब देगा. Δ **to meet or get a** ~ दो टूक जवाब मिलना, **2.** (snub) झिड़की^{F} : I can endure nobody's ~ मैं किसी की ≈ सहन नहीं कर सकता. **3.** हार^F, पराजय : I could never forget such a ~ मैं इस प्रकार की ≈ कभी भूल नहीं सकता. **II.** *v.t.* नकार देना : he ~ed my efforts उसने मेरे प्रयासों को नकार दिया; she did not ~ my request उसने मेरी प्रार्थना अस्वीकार नहीं की.

rebuild री बिल्ड' *v.t.* (*p.* & *p.p.* rebuilt) पुनर्निर्माण करना : they rebuilt the house destroyed by fire उन्होंने आग से नष्ट हुए मकान का पुनर्निर्माण किया.

rebuke रि ब्यूक' **I.** n^c. फटकार^F, डाँट-डपट^F [grave गहरी, stern कड़ी]; a ~ from someone can't be endured किसी की ≈ बरदाश्त नहीं की जा सकती; to give a ~ to one's son अपने बेटे को फटकारना. **II.** *v.t.* फटकारना, डाँटना-डपटना : to ~ someone for his cowardice किसी को उसकी कायरता^{F} पर ≈; mother ~d the child for his mischief माँ ने बच्चे को उसकी शरारत^F पर डाँटा.

recall रिकॉल' **I.** *v.t.* **1.** (call back) वापस बुलाना : the government ~ed the ambassador सरकार^F ने राजदूत को वापस बुला लिया; the father ~ed the children from the tea-party पिता ने बच्चों को चाय-पार्टी^{F} से वापस बुला लिया. **2.** (remember) याद करना : I don't ~ his name मैं उसका नाम याद नहीं कर पा रहा हूँ; I do not ~ how we went there मैं याद नहीं कर पा रहा कि हम वहाँ कैसे पहुँच गए. **3.** (take back) वापस लेना, वापस माँगना : I am not desirous of ~ing these things मैं इन चीज़ों^{F} को वापस लेने का इच्छुक नहीं हूँ; the company ~ed all the garments that were not well tailored कंपनी^{F} ने वे सब पोशाकें^{F} वापस मँगा लीं जो अच्छी तरह सिली नहीं थीं. **4.** (annul) रद्द करना : the principal ~ed the previous order प्रधानाचार्य ने पूर्व आदेश रद्द कर दिया. **II.** n^u. **1.** प्रत्याह्वान वापस बुलाना; the ~ of the officer incharge प्रभारी अधिकारी का ≈. **2.** अनुस्मरण : Mr. K has a good ~, he never forgets मि० क का ≈ अच्छा है, वह कभी भूलता नहीं है.

recd. received.

recede रिसीड' **1.** पीछे हटना, लौटना : what has ~d from the market गेहूँ बाज़ार से हट गया है. **2.** (withdraw) मुकर जाना : she ~d from the support of वह समर्थन से मुकर गया. **3.** (diminish) कम होना, घटना : prices are receding कीमतें^{F} घट रही हैं; the flood is receding from the fields खेतों में बाढ़^{F} कम हो रही है. **4.** पीछे छूट जाना : the bus station ~d from view बस अड्डा नज़र से ओझल हो गया.

receipt रिसीट' **I.** n^{cu}. **1.** (receiving) प्राप्ति^{F} आय^F : ~s and expenses आय और व्यय; the ~ of money धन की ≈; what are your ~s today आज तुम्हारी ≈ क्या है ? I am in ~ of your letter मुझे तुम्हारा/आपका पत्र प्राप्त हुआ. **2.** (acknowledgement) रसीद^F, पावती^{F} [duplicate दोहरी, original मूल]; please give me a ~ for the cheque कृपया चेक की ≈ दीजिए; I could not make out a ~ मैं रसीद नहीं बना सका; here is your ~ तुम्हारी ≈ यह है. **II.** रसीद^F लिखना : the merchant ~s the amount received व्यापारी पाई गई राशि^{F} की रसीद लिखता है.

receive रिसीव' *v.t.* **1.** (get) पाना, प्राप्त करना :

have you ~d all the copies of your photograph क्या आपने अपने फ़ोटो की सभी प्रतियाँ प्राप्त कर ली हैं? he ~ed shelter from his friends उसने अपने मित्रों से शरण^F प्राप्त की, उसे अपने मित्रों की शरण^F मिली : did you ~ my letter क्या तुम्हें मेरा पत्र मिला? [*ant.* give] **2.** (welcome) स्वागत करना : the headmaster stood up to ~ the visitors प्रधानाध्यापक आगंतुकों का स्वागत करने के लिए खड़े हो गए; to ~ the marriage party बारात^F का ≈. **3.** (encounter) का सामना करना : he ~d his enemies bravely उसने बहादुरी से अपने शत्रुओं का सामना किया. **4.** how did he ~ my opinion उसे मेरी राय कैसी लगी? **5.** he ~d a heavy blow on his head उसे सिर पर भारी चोट^F लगी. **receiver** रिसी'वर n^c. **1.** (of stolen goods) चोरहटिया : he is the ~ of stolen goods वह चोरी^{F} के माल का ≈ है. **2.** (law) आदाता : the court appointed Mr. B. ~ of the bankrupt's property न्यायालय ने श्री ब को दिवालिये की संपत्ति^{F} का ≈ नियुक्त किया. **3.** (of telephone) चोंगा : hold the ~ of the telephone to your ear टेलीफ़ोन का ≈ कान से लगाए रहो.

recent री'सन्ट *a.* **1.** (modern) हाल की [discovery खोज^F, event घटना^{F}, journey यात्रा^{F}]; the book is a ~ publicaton यह किताब हाल का प्रकाशन है. **2.** अभिनव, नूतन : ~ petals ≈ पंखुड़ियाँ; ~ growth of the flower पुष्प का नूतन विकास. **3.** ~ history अर्वाचीन इतिहास. **recently** री'सन्टलि हाल में : the book was ~ published यह पुस्तक हाल ही में प्रकाशित हुई थी; I met him ~ in his office मैं उसे हाल ही में कार्यालय में मिला था; she had come ~ here वह हाल ही में यहाँ आई थी; have you seen Anne ~ क्या तुमने ऐन को हाल में देखा है?

receptacle रिसें'प'टॅकल n^c. पात्र, बरतन [big बड़ा, wide चौड़ा]; this ~ holds five litres of milk इस बरतन में पाँच लीटर दूध आता है; this is a ~ for rubbish यह कूड़े का बरतन है.

reception रिसें'प'शन n^u. (from receive) **1.** (receiving) प्राप्ति^{F} : ~ of the letter पत्र की ≈; ~ of money by the boy लड़के द्वारा धन की ≈. **2.** (entrance) प्रवेश : now ~ is prohibited अब ≈ निषिद्ध है. **3.** (putting up) ठहराव : rooms for the ~ of customers ग्राहकों के ठहरने के कमरे. **4.** (welcome) स्वागत, सत्कार, स्वागत समारोह [cold उत्साहरहित, warm सस्नेह]; the visitors were given a warm ~ आगंतुकों का गर्मजोशी से स्वागत किया गया; when you go to stay in a hotel you must go to the ~ office जब तुम होटल में जाओ तो तुम्हें पहले स्वागत कक्ष में जाना चाहिए. **5.** ~ after the wedding विवाह के उपरांत का स्वागत समारोह. receptionist रिसें'प्,शॅनिस्ट n^c. स्वागती : ~ at a hotel or at a big company office होटल या किसी बड़ी कंपनी^{F} के कार्यालय में ≈.

recess रिसें'स' n^c. **1.** (rest) मध्यावकाश : we have ten minutes' ~ at school हमें विद्यालय में दस मिनट का ≈ मिलता है; ~ in a court of law न्यायालय में ≈. **2.** (niche) ताक, आला : there is a ~ in the wall दीवार^F में एक ≈ है. **3.** (of cave) भीतर : dark ~es of a cave गुफा का अंधकारमय ≈. **4.** (secret place) अंतरंग (स्थान) : it is hard to reach the ~es of a mint टकसाल^F के ≈ भागों में पहुँचना कठिन होता है; the very innermost ~es of one's heart किसी के हृदय का ≈.

recipe रें'सिपि n^c. नुस्ख़ा : good ~ अच्छा ≈; ~ for making syrup, cake शर्बत, केक बनाने का ≈; a book of ~s नुस्ख़ों की किताब^F; I know a ~ for pudding मैं पुडिंग का एक नुस्ख़ा जानता हूँ.

recipient रिसि'पिअंट n^c. पाने वाला, प्रापक : ~ of gold metal स्वर्णपदक ≈ या जीतने वाला; I was the first ~ of this news यह समाचार पाने वाला मैं पहला था.

reciprocal रिसि'प्रॅकल *a.* **1.** (mutual) आपसी, पारस्परिक [agreement समझौता, help सहायता^{F}, liking पसंद^F/चाह^F]; all this affection was ~ यह सब प्यार पारस्परिक था; there is a ~ agreement between the two parties दोनों पक्षकारों में ≈ समझौता है.

recitation रॅसिटे'शन *n*^c. पाठ, सस्वर पाठ [clear स्पष्ट, wrong गलत]; he gave a ~ of several poems उसने कई कविताओं^F का पाठ किया; she selected some passages of prose for ~ उसने कुछ गद्यांश पाठ के लिए चुने.

recite रिसाइट' *v.t.* **1.** पढ़ना, पढ़कर सुनाना : to ~ a poem to the teacher अध्यापक को कविता ≈. **2.** विवरण देना, वर्णन करना : ~ one's achievement अपनी उपलब्धियों का ≈; to ~ one's complaints अपनी शिकायतों^F का ≈.

reckless रॅक्'लिस *a.* **1.** (careless) लापरवाह चालक, [driver चालक, mechanic मेकैनिक, youth युवक]; he is too ~, he would surely miss the train वह बहुत ही ≈ है, उसकी गाड़ी^F निश्चित ही छूट जाएगी; ~ of danger खतरे से ≈; he is ~ of what might happen क्या घटित हो सकता है इस बारे में वह ≈ है. **2.** (overbold) दु:साहसी [player खिलाड़ी, soldier सैनिक]; ~ persons may cross the canal ≈ व्यक्ति नहर पार कर सकते हैं. **3.** (hasty) उतावला [conquerer विजेता, driving यान-चालन].

reckon रॅकन *v.t.* **1.** गिनती^F करना, हिसाब लगाना [quickly जल्दी से, very well बहुत अच्छी तरह]; they ~ed that this canal will be finished in three years उन्होंने हिसाब लगाया कि यह नहर^F तीन साल में समाप्त हो जाएगी; you did not ~ the number of boys present तुमने उपस्थित लड़कों की संख्या^F की गिनती^F नहीं की; his pay will be ~ed from today उसका वेतन आज से गिना जाएगा, उसके वेतन का हिसाब आज से होगा; the captain ~ed to reach the continent tomorrow कप्तान ने महाद्वीप पर कल पहुँचने का हिसाब लगाया. **2.** (consider) मानना, समझना : we ~ him the best in the team हम उसे टीम^F में सबसे अच्छा मानते हैं; I ~ him as a scholar मैं उसे विद्वान मानता हूँ; I ~ that he will fail in the examination मैं मानता हूँ कि वह परीक्षा^F में फ़ेल हो जाएगा; he is ~ed to be the best wrestler वह सबसे अच्छा पहलवान माना जाता है. Δ ~ on पर भरोसा रखना : I was ~ing on her help मैं उसकी सहायता^F पर भरोसा रख रहा था; Δ ~ with निपटना : you will have to ~ with me तुम्हें मुझसे निपटना होगा; he is a man to be ~ed with वह एक बड़ा आदमी है.

recline रिक्लाइन' **I.** *v.t.i.* **1.** (lie) लेट जाना, लेटना : he ~d on a sofa वह एक सोफ़ा पर लेट गया; he sat with head ~d on right hand वह अपना दाहिना हाथ सिर के नीचे रखकर लेट गया. **2.** का सहारा लेना, टेकना : to ~ against a wall दीवाल के सहारे टेक^F लगाना; he ~d on his stick उसने अपनी छड़ी^F का सहारा लिया. **3.** पर निर्भर रहना; पर भरोसा रखना : he is still reclining on his father वह अब भी अपने पिता पर भरोसा रखता है. **II.** *v.t.* **1.** लिटाना : she ~d the child in the bed उसने बच्चे को बिस्तर पर लिटा दिया. **2.** (lay down, rest) टिकाना : she ~ed her head on the pillow उसने तकिये पर अपना सिर टिका दिया.

recognition रॅकग्नि'शन *n.* **1.** (of an institution) मान्यता^F : the school has been given ~ since last year विद्यालय को पिछले साल से मान्यता दे दी गई है. **2.** (identification) पहचान^F : the patient is beyond ~ रोगी ≈ से बाहर है; he has changed out of all ~ वह इतना बदल गया है कि पहचानना मुश्किल है. **3.** (admission) स्वीकार, स्वीकरण, स्वीकृति^F : in ~ of your services तुम्हारी सेवाओं के स्वीकरण के रूप में. **4.** (appreciation) सम्मान : award in ~ of his good work उसके अच्छे काम के ≈ में पुरस्कार; he has a good ~ among poets कवियों में उसका अच्छा सम्मान है. **recognize** रॅकग्नाइज़ *v.t.* **1.** (of an institution) मान्यता^F प्रदान करना : the government has ~d the school सरकार^F ने विद्यालय को मान्यता प्रदान कर दी है. **2.** (know, identify) पहचानना : I could not ~ my neighbour मैं अपने पड़ोसी को नहीं पहचान सका; when he returned to the village, he could not ~ his house जब वह गाँव वापस आया तो अपना घर न पहचान सका. **3.** स्वीकार करना, मान लेना, मानना : it is not clear if his claim will be ~d यह स्पष्ट नहीं है कि उसका दावा माना जाएगा; Jogu is ~d as the best footballer in the school जोगू विद्यालय में सबसे अच्छा फुटबाल का खिलाड़ी माना जाता है; he is ~d as a great scholar वह बहुत बड़ा विद्वान माना जाता है. **4.** (appreciate) कद्र करना, सम्मान करना : he ~s its worth वह इसकी मूल्यवत्ता^{F} की कद्र करता है; you ought to ~ his qualifications तुम्हें उसकी योग्यताओं^{F} का सम्मान करना ही चाहिए; his services to the company were duly ~d कंपनी^{F} के लिए उसकी सेवाओं^{F} का यथोचित सम्मान किया गया.

recoil रिकॉइल' **I.** *v.i.* **1.** (draw back) पीछे हटना; झिझकना, ठिठकना : the child ~ed when he saw a frog बच्चे ने जब मेढक को देखा तो वह ठिठक गया; to ~ back in fear भय से पीछे हटना; the troops ~ed and then re-attacked सेना^{F} पीछे हट गई और तब पुनः आक्रमण किया. **2.** (of gun, etc.) (spring back) पीछे धक्का देना : he fired the gun and it ~ed back उसने बंदूक^F दागी और इसने पीछे को धक्का दिया. **3.** (of evil) पलट पड़ना : an evil ~s on the evil-doer बुराई^F पलटकर बुरा करने वाले के सिर पड़ती है. **II.** *n.* **1.** ठिठक she had a ~ at the sight of a snake साँप देखकर उसे ≈ महसूस हुई. **2.** झटका : the ~ of a gun after firing दागने के बाद बंदूक^F का ≈.

recollect रॆकलॆक्ट' *v.t.* **1.** (remember) याद करना, स्मरण करना : I will try to ~ his name मैं उसका नाम याद करने का प्रयास करूँगा; do you ~ that Shyam came to see us last year क्या तुम्हें स्मरण है कि श्याम हमसे मिलने पिछले साल आया था. **2.** (concentrate) एकाग्र करना, मन लगाना : he ~ed himself in hearing the poem कविता^{F} सुनने में उसने स्वयं को एकाग्रचित्त किया. **3.** फिर से जुटाना : to ~ one's courage फिर से साहस बटोरना/जुटाना. **4.** (recover oneself) सँभल जाना, होश या आपे में आना : ~ yourself otherwise you will suffer the loss सँभल जाओ नहीं तो नुकसान भुगतोगे. **recollection** रॆकलॆक्शन n^c. याद^F, स्मृति^{F}, स्मरण : ~s of one's youth जवानी^{F} की यादें^{F}; to the best of my ~ Akbar died in 1605 जहाँ तक मुझे याद है, अकबर 1605 में मरा था; I have no ~ of seeing that person before उस व्यक्ति को पहले देखा है इसकी मुझे याद^F नहीं है.

recommend रॆकमॆन्ड' *v.t.* **1.** (entrust) सौंपना, सौंप देना : I ~ this bag to you मैं यह बैग तुम्हें सौंपता हूँ. **2.** (speak favourably) सिफारिश^F करना : he ~ed his name for scholarship उसने छात्रवृत्ति^{F} के लिए उसके नाम की सिफ़ारिश की; he ~ed me for a job उसने किसी काम के लिए मेरी सिफारिश की. **3.** (advise) सलाह^F देना, परामर्श देना : I ~ you to do as the master desires मैं तुम्हें सलाह देता हूँ कि तुम वैसा ही करो जैसा तुम्हारा स्वामी चाहता है; the doctor ~ed a change of climate डॉक्टर ने जलवायु के परिवर्तन की सलाह दी; I ~ that you should consult this doctor मैं सलाह देता हूँ कि तुम इस डाक्टर से सलाह लो; he ~ed that the building be pulled down उसने सलाह दी कि इमारत^F गिरा दी जानी चाहिए; the friend ~ed me to take up this prescription मित्र ने मुझे यह नुस्खा लेने की सलाह दी. **recommendation** रॆकमेन्डे'शन n^c. **1.** सिफ़ारिश [emphatic ज़ोरदार, oral मौखिक, written लिखित]; on his ~ I was posted as head clerk उनकी सिफ़ारिश पर मैं प्रधान लिपिक के पद पर नियुक्त किया गया. **2.** सिफारिशी पत्र : I shall write a ~ to the manager मैं प्रबंधक को एक ≈ लिखूँगा.

recompense रॆकमपॆन्स **I.** n^c. **1.** (reward) इनाम, पुरस्कार, costly कीमती, prestigious सम्मानजनक]; he was given ~ of ten thousand rupees for his help उसकी सहायता^{F} के लिए उसे दस हज़ार रुपए का पुरस्कार दिया गया; I do not want any ~ for this much service मैं इतनी भर सेवा^{F} के लिए कोई ≈ नहीं चाहता. **2.** (compensation) क्षतिपूर्ति, हरजाना : who will pay the ~ for so much loss इतनी हानि^{F} की क्षतिपूर्ति कौन करेगा? **3.** (remuneration) पारिश्रमिक : the teacher was highly pleased with his work and gave him a book as ~ अध्यापक ने उसके काम से बहुत प्रसन्न होकर ≈ के रूप में उसे एक किताब दी. **II.** *v.t.* **1.** प्रतिकार

करना : to ~ smb for a loss किसी की हानि^{F} का ≈. **2.** पुरस्कार देना : to ~ smb for his help किसी को सहायता के लिए ≈.

reconcile रॅकन्साइल *v.t.i.* **1.** (make friendly) मेल-मिलाप करना/कराना all of them are now ~d उन सब में अब मेल-मिलाप हो गया है; to ~ Mr. B. with Mr. K मि० ब का मि० क के साथ ≈. **2.** (settle) निपटारा करना : they have ~d their disputes उन्होंने अब अपने झगड़े का निपटारा कर लिया है; try to ~ the matter as soon as possible जितना जल्दी संभव हो मामले का निपटारा करने का प्रयास करो. **3.** (bring into harmony) संगति^{F} स्थापित करना, मेल बिठाना : to ~ one thing with another एक वस्तु^{F} की दूसरी वस्तु से संगति स्थापित करना; he is now ~d to the new environment उसने अब नये वातावरण में सामंजस्य स्थापित कर लिया है; how do you ~ his words with his actions उसकी कथनी^{F} और करनी^{F} में तुम कैसे मेल बिठाते हो? **4.** (become content) अनुकूल बना लेना; से संतुष्ट होना : to ~ oneself to one's lot अपने भाग्य से संतुष्ट हो जाना, अपने को भाग्य के अनुकूल बनाना. **reconciliation** रॅकॅन्सिलि ए'शॅन *n*^{u}. **1.** मेल-मिलाप : ~ of parties involved संबद्ध पक्षों का ≈; after the quarrel the two men made ~ झगड़ा करने के बाद दोनों आदमियों ने स्वयं ≈ कर लिया; ~ is the best way to solve the problem समस्या^{F} का समाधान करने का सबसे अच्छा रास्ता ≈ है. **2.** मिलान : ~ of accounts लेखों का ≈. **3.** सामंजस्य : ~ between words and deeds कथनी^{F} और करनी^{F} में सामंजस्य.

reconsider रीकन्सि'डर *v.t.* पुनर्विचार करना : please ~ your opinion कृपया अपने मत पर पुनर्विचार कीजिए; I'll thoroughly ~ your offer मैं तुम्हारे प्रस्ताव पर पूरी तरह पुनर्विचार करूंगा.

record रिकॉर्ड' **I.** *v.t.* **1.** (write down) लिखना, लिपिबद्ध करना, दर्ज करना : ~ exactly ठीक-ठीक ≈; to ~ facts of the case मुकदमे के तथ्यों को ≈; I have ~ed my plans in a note-book मैंने एक नोट-बुक^F में अपनी योजनाओं^{F} को लिख रखा है; these words will remain recorded in my heart ये शब्द मेरे हृदय में अंकित रहेंगे. **2.** (show) बतलाना : what does the thermometer ~ थर्मामीटर क्या बतलाता है? **3.** (make a ~) रिकार्ड करना : the machine is ~ing your song मशीन^F तुम्हारा गाना ≈ कर रही है, मशीन से तुम्हारे गाने का ≈ बन रहा है. **II.** रॅकॉर्ड *n*^{c}. **1.** (official report) अभिलेख : real ~ वास्तविक ≈; I have brought the latest ~ मैं नवीनतम अभिलेख ले आया हूँ; he asked the officer to examine the ~ उसने अभिलेख की जाँच^F के लिए अधिकारी से कहा; historical ~ ऐतिहासिक ≈. **2.** (account) हिसाब, लेखा : he keeps a ~ of his expenses वह अपने खर्च का ≈ रखता है; a number of attempts are on ~ प्रयासों की संख्या^{F} हरिकार्ड में है. **3.** (account) वृत्त, विवरण : to keep a ~ of events घटनाओं का विवरण रखना. **4.** (recorded evidence) प्रलेख, लिखित प्रमाण : court asked him to present the ~ न्यायालय ने उसे ≈ प्रस्तुत करने के लिए कहा. **5.** लिखत : it is on ~ that. . . यह लिखित रूप में आया है कि . . .; to make/keep a ~ लिख लेना; off the ~ जो लिखने लायक न हो; for the ~ लिख लेने के लिए. **6.** (sports) रिकार्ड, कीर्तिमान : the best ~ सबसे अच्छा ≈; Tom broke the record for high jump टॉम ने ऊंची कूद^F का ≈ तोड़ दिया, the ~ made by him is still untouched उसके द्वारा बनाया गया ≈ अब भी अछूता है. **7.** (of gramophone) रेकार्ड, तवा : to play the ~ तवा बजाना. Δ **he has a** ~ वह दंडित हो चुका है.

recover रिकॅ'व़र *v.t.* **1.** बरामद करना, पुनः प्राप्त करना : I have ~ed my suitcase which I had lost in the train मैंने वह सूटकेस पुनः प्राप्त कर लिया है जो मैंने रेलगाड़ी^{F} में खो दिया था; have you ~ed the umbrella क्या तुमने छाता बरामद कर लिया है? the police ~ed all the stolen ornaments पुलिस^F ने चोरी गए सभी गहनों को बरामद कर लिया है; to ~ health पुनः स्वास्थ्य-लाभ करना. **2.** (make up for) की पूर्ति^{F} करना : to ~ damages from the railways रेलवे से

नुकसान का मुआवज़ा पाना, क्षति[F] की पूर्ति[F] कराना; I will soon ~ the loss मैं शीघ्र ही घाटे की पूर्ति[F] कर लूँगा. **3.** (reclaim) उद्धार करना : he may ~ him from the debt वह कर्ज से उसका उद्धार कर पाए. **4.** (from sickness) चंगा या स्वस्थ हो जाना : the patient has ~ed completely रोगी पूरी तरह स्वस्थ हो गया है. **5.** (in other contexts) he has ~ed his appetite उसे फिर भूख[F] लगने लगी है; he will quickly ~ from the shock वह जल्दी ही सदमे से उबर जायेगा; she ~ed slowly **from** her malady वह धीरे-धीरे रोग से मुक्त हो गई; prices are ~ing कीमतें अपने ढर्रे पर आ रही हैं; **6.** (~ oneself) होश[F] या आपे में आना : he has ~ed his sense just now वह अभी-अभी होश में आया है. **7.** सँभल जाना : he was going to fall but he ~ed himself वह गिरने लगा था, पर सँभल गया [*cf.* re-cover, cover again]. **recovery** रिकॅ'वरि *n.*[F] **1.** वसूली[F] : ~ of debt कर्ज़ की ≈. **2.** बरामदगी[F], प्रतिप्राप्ति : ~ of the lost goods खोए हुए सामान की ≈. **3.** स्वास्थ्य-लाभ : she made a quick ~ after her illness अपनी बीमारी[F] के बाद उसने बड़ी जल्दी स्वास्थ्यलाभ किया; the general was grievously wounded but without hope of ~ जनरल गंभीर रूप से घायल हुआ लेकिन पुनः स्वस्थ होने की आशा[F] नहीं थी.

recreation रॅक्रिए'शन *n*[u]. मन-बहलाव, मनोरंजन : football is a favourite ~ of boys in Bengal बंगाल में लड़कों का प्रिय ≈ फुटबाल है; I play on a Sitar just for ~ मैं सितार केवल ≈ के लिए बजाता हूँ; this artist is too busy for ~ यह कलाकर इतना व्यस्त है कि इसे ≈ के लिए समय नहीं है. [*cf.* re-creation पुनः सृजन]

recruit रिक्रूट' **I.** *n*[c]. रंगरूट [new नया, trustworthy विश्वसनीय]; there are several ~s in our party हमारी पार्टी[F] में अनेक ≈ हैं; four ~s have joined the police force चार ≈ पुलिस-बल में शामिल हुए हैं; ~ are being enlisted in the army सेना[F] में ≈ भरती[F] किए जा रहे हैं. **II.** *v.t.* **1.** भरती करना : they were ~ed in the navy this week इस सप्ताह वे नौ सेना[F] में भरती किए गए; the army ~s men and trains them सेना[F] जवानों को भरती करके प्रशिक्षण देती है. **2.** फिर भरना : to ~ supplies फिर से रसद[F] भरना. **3.** (recover) (old use) स्वास्थ्यलाभ करना : my son has gone to Shimla to ~ his health मेरा बेटा स्वास्थ्यलाभ के लिए शिमला गया है.

rectangle रॅक्'टैङ्गल *n*[c]. आयत[F] : a ~ has four equal straight angles ≈ में चार समकोण होते हैं; a ~ is longer than it is wide ≈ लंबाई[F] में चौड़ाई[F] की अपेक्षा बड़ा होता है.

rectification रॅक्टिफ़िके'शन *n*[u]. **1.** (amending) संशोधन : ~ of mistakes ग़लतियों[F] का ≈. **2.** ~ of boundary line सीमा-रेखा[F] को ठीक करना. **rectify** रॅक्टिफ़ाइ *v.t.* (*p.* rectified) **1.** सुधारना, संशोधन करना, ठीक करना : to ~ a mistake गलती[F] ≈; the frontiers between India and China have to be rectified भारत और चीन के बीच की सीमा[F] ठीक की जानी है. **2.** दूर करना : they tried to ~ their differences उन्होंने अपने मतभेद दूर करने का प्रयास किया; to ~ a grievance शिकायत[F] दूर करना.

recur रिकॅर' *v.i.* (-rr-) **1.** (return) लौटना, लौट जाना, लौट आना : it is possible that the ailment may ~ यह संभव है कि रोग लौट आए. **2.** (come up again) फिर उठना या सामने आना : such a difficulty is bound to ~ इस प्रकार की कठिनाई[F] फिर सामने अवश्य आनी है; the same problem has ~red वही समस्या[F] फिर उठी है. **3.** (occur again) फिर होना, पुनः घटित होना, की पुनरावृत्ति[F] होना : the trouble should not ~ कष्ट फिर नहीं होना चाहिए.

red रॅड **I.** *a.* **1.** लाल, सुर्ख़ [colour रंग, झंडा, flame लपट[F], flower फूल]; ~ lead सिंदूर; he was red with anger वह क्रोध से ≈ हो गया; her eyes were ~ with weeping उसकी आँखें[F] रोते रहने से ≈ हो गईं; he has a ~ gate in front of the house घर के सामने का उसका फाटक ≈ है; he has put on a ~ shirt उसने लाल कमीज़ पहनी है. **2.** (bloody) रक्तरंजित : ~ hands ≈ हाथ.

3. (revolutionary) क्रांतिवादी : ~ party ≈ दल. **4.** (communistic) साम्यवादी : ~ thinking ≈ सोच; China is a ~ country चीन एक ≈ देश है; **5.** ~ carpet (स्वागत के लिए) लाल कालीन; ~ handed रंगे हाथों, अपराध करते हुए : the police caught him ~ handed while breaking into the house पुलिस^F ने उसे घर में सेंध^F लगाते हुए रंगें हाथों पकड़ लिया; ~ hot (i) उत्तप्त : ~ iron ≈ लोहा; (ii) ~ keenness उत्तेजित उत्सुकता^{F}; a ~ letter day खुशी का दिन : Holi and Diwali are ~ letter days for Indians होली^{F} और दीवाली^{F} भारतीयों के लिए खुशी के दिन हैं; ~ rag गुस्सा दिलाने की बात^F/ चीज़^{F}; his remark was a ~ rag उसका टिप्पण गुस्सा दिलाने वाला था; ~ tapism लालफीताशाही^{F} : ~ tapism in the offices delays the action दफ्तरों में लालाफीताशाही से कार्यवाही में विलंब होता है. **II.** *n*^{u}. **1.** लाल रंग : it is all ~ in the sky आकाश में सब ≈ है; he painted the gate with ~ उसने गेट को ≈ पेंट किया; she was dressed in ~ वह लाल कपड़े पहने थी. **2.** क्रांतिकारी, साम्यवादी : Russia was ~ रूस ≈ देश था. **redden** रें'डन *v.t.i.* लाल हो जाना या कर देना : the sun ~s the cherries धूप चेरी^{F} को लाल कर देती है; his face ~ed with anger उसका चेहरा क्रोध से लाल हो गया;

redeem रिडीम' *v.t.* **1.** (set free) मुक्त करना, छोड़ना : the judge ordered that the slave has to be ~ed न्यायाधीश ने आदेश दिया कि दास को मुक्त कर देना है. **2.** (from sin) उद्धार करना, मुक्ति^{F} दिलाना : to ~ someone from sin किसी को पाप से मुक्ति दिलाना. **3.** (ransom) छुड़ाना : he has ~ed his land from the mortgagee उसने अपना खेत गिरवीदार से छुड़ा लिया है; pawned goods have been ~ed गिरवी रखे हुए सामान को छुड़ा लिया गया है. **4.** (recover) पुनः प्राप्त करना : he has ~ed his right to property उसने संपत्ति^{F} पर अपना अधिकार पुनः प्राप्त कर लिया है; she ~ed her honour उसने अपनी प्रतिष्ठा^{F} पुनः प्राप्त की है. **5.** (pay off) चुकाना : to ~ one's debt अपना ऋण चुकाना. **6.** (fulfil) पूरा करना : I think he cannot ~ his loss मैं सोचता हूँ कि वह अपना घाटा पूरा नहीं कर सकता; he should ~ his promise उसे अपना वचन पूरा करना चाहिए [*n.* redemption छुटकारा]

redirect रीडिरें'क्ट' *v.t.* अनुप्रेषित करना : ~ this letter to my new address इस पत्र को मेरे नये पते पर फिर प्रेषित करें.

redness रें'ड'निस *n.* लालपन, लाली^{F}, लालिमा^{F}, सुर्खी^{F} : ~ of eyes आँखों^{F} की लालिमा; this flower has ~ इस फूल में ≈ है; ~ of the sky in the evening शाम^F को आकाश की लालिमा; her lips shine with ~ उसके ओठ ≈ से चमकते हैं.

redress रिड्रें'स' **I.** *v.t.* **1.** (put right) फिर से ठीक कर देना, प्रतिकार करना : to ~ a wrong, injustice दोष, अन्याय का प्रतिकार करना; the doctor ~ed him from pain डॉक्टर ने उसका कष्ट ठीक कर दिया. Δ **to ~ the balance** संतुलन ठीक करना. **2.** (compensate) पूर्ति^{F} करना, हरजाना देना : he needed one thousand rupees to ~ the loss वह घाटे को पूरा करने के लिए एक हज़ार रुपए चाहता था. **3.** (correct) सुधार करना, दूर करना : to ~ a grievance शिकायत^F ≈. **II.** *n.* मुआवज़ा, क्षतिपूर्ति^{F} : to seek ~ in a law court for damages न्यायालय से क्षतिपूर्ति^{F} चाहना.

reduce रिड्यूस' *v.t.* **1.** (diminish) घटाना, कम करना : he reduced the speed to forty kilometres an hour उसने गति^{F} घटाकर 40 किलोमीटर प्रति घंटा कर दी; the prices have to be ~ed by ten percent कीमतें^{F} दस प्रतिशत घटानी हैं; now he has ~d his needs अब उसने अपनी आवश्यकताएँ^{F} कम दी हैं; his weight is ~d उसका वज़न कम हो गया है; our rent has not been ~ed हमारा किराया नहीं घटाया गया. [*ant.* increase] **2.** (degrade) दरजा घटाना, पदच्युत या पदावनत करना : to reduce a captain to lieutenant कप्तान का दरजा घटाकर लेंफ्टिनेंट कर देना; he was ~d from head-clerk वह प्रधान लिपिक से पदावनत कर दिया गया. **3.** (subdue) हराना, जीतना : the enemy was ~d very easily in the battle युद्ध में शत्रु को आसानी^{F} से हरा दिया गया; to ~ a fort by bombing बमबारी^F करके कोई किला जीत लेना. **4.** (compel) मजबूर करना, बाध्य करना : he was ~d to work in the factory उसे कारखाने में काम करने के लिए बाध्य किया गया; he was ~d to beg pardon उसे क्षमा^F माँगने के लिए बाध्य कर दिया गया; I was ~d to borrowing मैं उधार लेने को मजबूर हो गया; she was ~d to begging वह भीख^F माँगने पर मजबूर हो गई. **5.** (change into) में बदल देना, परिवर्तित करना : to ~ yards to metres गजों को मीटरों में ≈. **reduction** रिडक्'शन *n*^uc. **1.** (diminution) कमी^F, घटाव, ह्रास [ordinary साधारण, rapid तेज़; ~ in the officers' powers अधिकारियों की शक्तियों^F में कमी ~ in the prices of readymade garments बने-बनाए वस्त्रों की कीमतों^F में कमी. **2.** (amount reduced) छूट^F, बट्टा : this season there was great ~ in sale इस मौसम में बिक्री^F में भारी छूट^F थी. **3.** प्रति-लिपि^F : ~ of painting किसी चित्र की ≈.

redundant रिडन्'डन्ट *a.* **1.** (superfluous) फ़ालतू, अनावश्यक [material सामान, word शब्द, worker कर्मी]; these sentences are ~ and therefore should be omitted ये वाक्य ≈ हैं इसलिए हटा देने चाहिए. **2.** (copious) बहुत, अधिक, प्रचुर]; there is a ~ supply of water, you must not worry पानी की आपूर्ति^F बहुत है, तुम्हें चिंतित नहीं होना चाहिए. **3.** (wordy) शब्दाडंबरपूर्ण : ~ statement ≈ कथन. [*n.* redundance]

reed रीड *n*^c. **I.** (plant) नरकुल, नरकट, सरकण्डा [hollow खोखला, tall लंबा ; ~ grows in wet places ≈ सीलन वाली जगहों^F में उगता है. **2.** (flute) बाँसुरी^F, मुरली^F; blow over ~ and it will produce a sound ≈ में फूँक मारिये तो उससे ध्वनि^F पैदा होगी. Δ **broken** ~ अविश्वसनीय व्यक्ति; to lean on a ~ कमज़ोर व्यक्ति के भरोसे रहना.

reel रील **I.** *n*^c. **1.** फिरकी^F : the tailor winds thread on a ~ दरज़ी धागे को ≈ पर लपेटता है; a tape is wound on a ~ ≈ पर फीता लपेटा जाता है. **2.** (of film) रील^F [coloured रंगीन, general साधारण]; he bought the ~ to take photographs फ़ोटो लेने के लिए उसने रील खरीदी. Δ **they walked off the** ~ वे बिना रुके चलते गए. **II.** *v.t.* **1.** चरख़ी^F पर लपेटना, चरख़ी^F से उतारना : she ~ed the thread उसने चरखी पर धागा लपेटा. **2.** (stagger) लड़खड़ाना, डगमगाना : she came ~ing down the stairs वह सीढ़ियों^F से लड़खड़ाती हुई आई; I saw the drunken man ~ing on the road मैंने उस शराबी को सड़क^F पर लड़खड़ाते हुए देखा. **3.** (be in a whirl) चकराना, चक्कर खाना, घूमना : my head ~s with worry मेरा सिर चिंता^F से चकरा रहा है; the **room seemed** to ~ before my eyes कमरा मेरी आँखों^F के सामने घूमता-सा लग रहा था.

ref. reference, referee.

refer रिफ़र **I.** *v.t.* (-rr-) **1.** (direct) के पास भेजना, की राय लेना : to ~ a person to the higher officer किसी को उच्चतर अधिकारी के पास भेजना; the doctor ~red the case for an expert's advice डॉक्टर ने इस केस पर विशेषज्ञ की राय^F लेने के लिए कहा. **2.** (submit) सौंपना, सुपुर्द करना : you may ~ the documents to me तुम दस्तावेज़ मुझे सौंप सकते हो; the matter was ~red to the Panchayat मामला पंचायत के सुपुर्द किया गया. **3.** (assign to a class) के वर्ग में रखना : to ~ the paintings to Kangra style चित्रों को कांगड़ा शैली^F के वर्ग में रखना; I was ~ red to the fourth class by him मैं उसके द्वारा चतुर्थ वर्ग में रखा गया. **4.** (in other contexts) to ~ a cheque to its drawer काटने वाले को चेक लौटाना; the reader is ~red to Canto III of the Ramayana पाठक को रामायण का तीसरा कांड देखने का निर्देश देना; this rule ~s to all employees यह नियम सब कर्मचारियों पर लागू होता है. **III.** *v.i.* (~ **to**) **1.** (relate) से संबंध रखना : the story ~s to the events of the last century यह कहानी^F पिछली शती की घटनाओं से संबंध रखती है; these remarks do not ~ to you ये टिप्पण तुमसे संबंध नहीं रखते. **2.** (point to) की ओर निर्देश या संकेत करना : this ~s to your failure यह तुम्हारी असफलता^F की ओर संकेत करता है. **3.** (mention) का जिक्र करना, का उल्लेख

करना : don't ~ to him as a fool उसे मूर्ख के रूप में उल्लिखित न करो. **4.** (look at) देखना : ~ to the dictionary for correct spelling शुद्ध वर्तनी[F] के लिए शब्दकोश देखो. **referee** रें'फ़री' *n*[c]. **1.** (arbitrator) मध्यस्थ, पंच, निर्णायक [honest ईमानदार, impartial निष्पक्ष, true सच्चा]; he was appointed ~ to settle the dispute झगड़े का निपटारा करने के लिए उसे मध्यस्थ नियुक्त किया गया. **2.** (sports) रें'फ़री, खेलपंच : ~ in football or hockey फुटबाल अथवा हॉकी में ≈; the ~ checks if rules of a game are violated यदि खेल के नियमों का उल्लंघन होता है तो ≈ रोकता है; the ~ decided that it was a foul ≈ ने निर्णय किया कि यह नियम विरुद्ध खेल था. **reference** रें'फ़रन्स *n*[cu]. **1.** (connection) संबंध : with ~ to your letter I want to say. . . . . आपके पत्र के संबंध में मैं कहना चाहता हूँ . . . ; luck has little ~ to merit भाग्य का योग्यता[F] से कुछ ≈ नहीं है. **2.** (allusion) निर्देश, संकेत : ~ was made to this affair इस मामले की ओर ≈ किया गया था; ~ mark निर्देश चिह्न (* + #). **3.** (mention) उल्लेख, ज़िक्र : did you note those ~s to me क्या तुमने मेरे बारे में दिए गए उल्लेखों को नोट किया; your name came in that ~ तुम्हारे नाम का उल्लेख हुआ था. **4.** संदर्भ : ~ book ≈ ग्रंथ; ~ library ≈ पुस्तकालय; you will find ~ to this statement at p. 360 तुम्हें ३६० पृष्ठ पर इस कथन का ≈ मिलेगा; explain the para with ~ संदर्भ सहित पैरा की व्याख्या[F] करो. **5.** (authority) हवाला, प्रमाण : he presented relevant ~s in court उसने न्यायालय में सुसंगत प्रमाण प्रस्तुत किए, terms of ~ विचारार्थ विषय. **6.** (testimonial) प्रमाणपत्र : you should bring your ~s at the interview तुम्हें साक्षात्कार के समय अपने ≈ लाने चाहिए; he has some ~s from his headmaster उसके पास उसके प्रधानाध्यापक के कुछ ≈ हैं.

refine रिफ़ाइन' *v.t.i.* (purify) शुद्ध या परिष्कृत करना या हो जाना, का परिष्कार या संस्कार करना : to ~ the metal or oil धातु[F] या तेल को परिष्कृत करना; the gold was later ~d बाद में सोना परिष्कृत किया गया. Δ ~ upon सुधार करना : he has ~d upon his previous methods उसने अपने पहले के ढंग में सुधार कर लिया है. **refined** रिफ़ाइंड' *a.* **1.** परिष्कृत, परिमार्जित [language भाषा[F], oil तेल, sugar चीनी[F]]; kerosene is still not refined मिट्टी[F] का तेल अब भी परिष्कृत नहीं है. **2.** (cultured) सुसंस्कृत [person व्यक्ति, society समाज]; his family is well ~d उसका परिवार बहुत सुसंस्कृत है. **refinement** रिफ़ाइन'मन्ट *n*[u]. **1.** (refining) शोधन, परिष्करण, परिष्कार : ~ of sugar is necessary for health चीनी का ≈ स्वास्थ्य के लिए आवश्यक है; ~ of methods तरीकों का ≈. **2.** (state) सुसंस्कृति[F] : a woman of ~ सुसंस्कृत स्त्री. **3.** *n*[c]. (improvement) सुधार : new machines have many ~s नई मशीनों[F] में बहुत-से ≈ हैं.

reflect रिफ़्लें'क्ट' *v.t.i.* **1.** (think) चिंतन करना, विचार करना : to ~ upon the knotty question जटिल प्रश्न पर चिंतन करना; take time to ~ on the matter मामले पर सोचने का समय लो; he ~ed upon the problem again and again उसने समस्या[F] पर पुनः विचार किया; ~ before you act कुछ करने से पहले सोचो. **2.** (bring blame) निंदा लाना : this ~s on his honesty इससे उसकी ईमानदारी[F] निंदित होती है. **3.** (cast back) परावर्तित करना या होना : the rays of the sun ~ on the earth सूर्य की किरणें[F] पृथ्वी[F] से परावर्तित होती हैं; this floor ~s light यह फ़र्श प्रकाश को परावर्तित करता है. **4.** (mirror) प्रतिबिंबित करना या होना : the mirror ~ed her pale face शीशे में उसका पीला चेहरा प्रतिबिंबित हुआ, his image ~ed in the water उसकी छाया[F] पानी में प्रतिबिंबित हुई. **5.** (express) प्रकट या व्यक्त करना : this letter ~s your real opinion इस पत्र में तुम्हारा वास्तविक मत प्रकट होता है. **6.** (discredit) प्रतिष्ठा घटाना, बदनाम करना : the article ~ed his public image लेख ने उसकी लोक प्रतिष्ठा[F] को घटा दिया. **reflection** रिफ़्लें'क्शन *n*[u]. **1.** चिंतन-मनन : deep ~ गंभीर ≈ after ~ I found that I was wrong ≈ के बाद मैंने पाया कि मैं गलती[F] पर था. **2.** (reconsideration) अनुचिंतन,

पुनर्विचार : on ~, I have decided not to do this ≈ करने पर मैंने ऐसा न करने का निश्चय किया है. **3.** (reflecting) परावर्तन, प्रतिबिंब (न) : clear ~ स्पष्ट ≈; she saw her ~ in a mirror उसने शीशे में अपना प्रतिबिंब देखा; the dog saw its ~ in clear water कुत्ते ने साफ़ पानी में अपना प्रतिबिंब देखा. **4.** (a comment) टीका-टिप्पणी^F : to cast ~ on smb किसी व्यक्ति पर ≈ करना. **5.** (censure) निंदा^F, आलोचना^F : it is not a ~ on anybody यह किसी की ≈ नहीं है.

reform रिफ़ॉर्म' **I.** *v.t.* **1.** सुधारना, का सुधार करना : Vivekananda tried to ~ the whole society विवेकानंद ने पूरे समाज को सुधारने का प्रयास किया; the teacher ~s his pupils गुरु अपने शिष्यों का सुधार करता है; you can ~ smb's character तुम किसी का चरित्र सुधार सकते हो. **2.** (abolish) उठा लेना, दूर करना, अंत करना : to ~ the corruption in the society समाज में भ्रष्टाचार का अंत करना; to ~ an evil custom किसी बुरी रस्म^F को हटाना. **II.** *n*^c. सुधार [complete पूर्ण, financial वित्त संबंधी, political राजनैतिक, social सामाजिक; the method of teaching needs ~ अध्यापन के ढंग में सुधार की आवश्यकता^F है; educational ~ is the need of the day शैक्षिक सुधार आज की आवश्यकता^F है; Swami Dayanand introduced many ~s स्वामी दयानंद ने बहुत-से सुधार किए. [*n.* reformer सुधारक] **reformation** रेॅफ़रमे'शन *n*^cu. सुधार : the ~ of education शिक्षा में ≈; after ~ and amendments the rule is clear सुधार और संशोधन के बाद नियम स्पष्ट है; there is some ~ in his character उसके चरित्र में कुछ ≈ है; ~ of political life is very much needed राजनैतिक जीवन में सुधार की बहुत आवश्यकता^F है.

re-form री'फ़ार्म *v.t.* फिर से बनाना : to ~ a union फिर से संघ बनाना.

refrain रिफ्रेन' **I.** *n*^c. टेक^F, स्थायी^F : they sang the ~ उन्होंने टेक का गायन किया. **II.** *v.i.* (~ **from**) नहीं करना, से दूर रहना, रोकना, मना करना : to ~ from doing smth कुछ करने से दूर रहना; we should ~ from talking too much हमें बहुत बातें नहीं करनी चाहिए; to ~ from drinking wine शराब पीने से दूर रहना : I could not ~ from shedding tears at the sight of these poor creatures इन ग़रीब प्राणियों को देखने पर मैं आँसू बहाना न रोक सका : we could not ~ from laughing हम हँसना न रोक सके.

refresh रिफ्रेश' *v.t.* ताज़ा करना, प्राण डालना : even a short sleep ~ed me हल्की-सी नींद ने भी मुझे ताज़ा कर दिया; let me ~ my memory मुझे अपनी याद्दाश्त^F ताज़ा करने दो. [*a.* refreshing] **refreshment** रिफ्रेॅश'मन्ट *n.* (often *plural*) **1.** जलपान, अल्पाहार : ~ room ≈ गृह; light ~ हल्का ≈; I had some ~s from the canteen मैंने कैंटीन में कुछ जलपान किया. **2.** विश्रांति^F, ताज़गी^F : body and mind both became active after ~ ≈ के बाद शरीर और मन दोनों सक्रिय हो गए; sleep is a great ~ नींद^F एक अच्छी विश्रांति^F है.

refrigerator रेफ़्रिजॅरेटर *n*^c. (usu. fridge) फ्रिज, रेफ़्रिजरेटर, प्रशीतित्र : we keep milk and curd in our ~ हम दूध और दही अपने ≈ में रखते हैं; food can be preserved for a longer period in a ~ खाद्य पदार्थ दीर्घकाल तक ≈ में रखा जा सकता है; he will buy a ~ tomorrow वह कल एक ≈ ख़रीदेगा.

refuge रेॅफ़्यूज *n*^u. (shelter) शरण^F, आश्रय : last ~ अंतिम ≈; to seek the place of ~ शरण-स्थल खोजना; during storm we took ~ in a cave तूफ़ान के दौरान हमने एक गुफा^F में शरण ली; to take ~ under a tree एक पेड़ के नीचे शरण लेना. **refugee** रेॅफ़्यूजी'*n*^c. शरणार्थी [dirty गंदा, poor ग़रीब]; a lot of ~s came over to India after Partition विभाजन के बाद भारत में अनेकों ≈ आ गए; a colony was established for the ~s शरणार्थियों के लिए एक बस्ती^F बसाई गई. **refund** रीफ़न्ड' **I.** *v.t.* लौटाना, वापस करना : to ~ the money advanced अग्रिम दिया गया धन वापस करना; I have ~ed all that I had borrowed from the moneylender मैंने साहूकार से जितना पैसा लिया था सब वापस कर दिया; the admission fee was not ~ed प्रवेश-शुल्क वापस नहीं किया गया. **II.** री'फ़ॅन्ड *n*^u. वापसी^F, प्रत्यर्पण : to demand a ~ of one's payment अपने भुगतान की वापसी^F की माँग करना.

refusal रिफ़्यू'ज़ल *n*^u. **1.** इंकार, नकार [clear स्पष्ट, direct सीधा]; I shall help you in case of his ~ उसके इंकार करने पर मैं तुम्हारी सहायता^F करूँगा; I could not appreciate his ~ to accompany me मेरे साथ जाने से उसके इंकार को मैं ठीक न समझ सका; do not make him angry by ~ ≈ करके उसे नाराज़ न करो; he gave a flat ~ उसने साफ़ इंकार कर दिया; he will take no ~ वह न नहीं सुनेगा. **2.** (option) इंकारी^F का विकल्प : if you sell your car, let me have the first ~ यदि तुम गाड़ी^F बेचो, तो इंकारी का पहला विकल्प मुझे देना. **refuse** रिफ़्यूज़' *v.t.* **1.** (reject) नामंज़ूर करना, अस्वीकार करना : he ~d my request उसने मेरी प्रार्थना^F को नामंजूर/अस्वीकार कर दिया; she had to refuse his invitation उसे उसका निमंत्रण अस्वीकार करना था. **2.** इंकार करना : he ~d to help me उसने मेरी सहायता^F करने से इंकार कर दिया; I asked her to join us but she ~d मैंने उसे हमारे साथ शामिल होने को कहा, पर उसने इंकार कर दिया. [*ant.* grant] **3.** मना कर देना : I ~d him accommodation मैंने उसे साथ रहने से मना कर दिया. **II.** रें'फ़्यूस *n*^u. कूड़ा-करकट, कचरा : he asked his neighbour to remove the ~ उसने अपने पड़ोसी से कूड़ा-करकट हटाने के लिए कहा

refute रि फ़्यूट' *v.t.* खण्डन करना : I ~d his claim to the property मैंने संपत्ति^F पर उसके दावे का खण्डन किया; in the debate she ~d her opponents' arguments बहस में उसने अपने प्रतिद्वंद्वियों के तर्कों का खडन किया; the court ~d his statement न्यायालय ने उसके कथन का खण्डन किया.

regain रिगेन' *v.t.* दुबारा प्राप्त करना/पाना या पहुँचाना : I have ~ed my lost property मैंने अपनी खोई हुई संपत्ति^F दुबारा प्राप्त कर ली है; he is ~ing health वह फिर से स्वास्थ्यलाभ कर रहा है; he may ~ his reputation वह अपना नाम दुबारा प्राप्त कर लेगा. **2.** to ~ consciousness होश में आ जाना; they ~ed the shore वह किनारे पर वापस पहुँच गए.

regal री'गल *a.* राजसी, शाही [power शक्ति^F, splendour चमक-दमक^F]; ~ way of living रहने का ≈ ढंग, she looked ~ उसका ≈ रूप था.

regard रिगार्ड' **I.** *v.t.* **1.** (consider) मानना, समझना : I ~ him a good player मैं उसे एक अच्छा खिलाड़ी मानता हूँ; she ~ed her as her friend वह उसे अपनी सहेली^F समझती थी; I ~ him as my child मैं उसे अपने बच्चे की तरह^F मानता हूँ; he ~ed it as an insult उसने इसे अपमान मान लिया; I ~ it as a high honour मैं इसे एक उच्च सम्मान मानता हूँ; we ~ it as a sin हम इसे पाप मानते हैं. **2.** (look) ध्यानपूर्वक देखना, ताकना : what are you ~ing so curiously इतनी उत्सुकता^F से तुम क्या ताक रहे हो? he ~ed me with suspicion उसने मुझे संदेह भरी दृष्टि^F से देखा. **3.** (to take into account) का ध्यान रखना : he regards his advice very much वह उसकी सलाह^F का बहुत ध्यान रखता है. **4.** (respect) आदर करना : you ought to ~ your parents and elders तुम्हें अपने माता-पिता और बड़ों का आदर करना चाहिए; a mischievous boy does not ~ his teachers एक शरारती लड़का अपने अध्यापकों का आदर नहीं करता. [*ant.* dis~] **5.** (concern) से संबंध रखना : it does not ~ me इसका मुझसे संबंध नहीं है. *n*^cu, (mostly *singular*) **1.** (esteem) आदर, सम्मान [great/high बहुत/भारी, real वास्तविक, true सच्चा]; he has no ~ for others उसमें दूसरों के प्रति कोई ≈ नहीं है; you must have ~ for your elders तुम्हें अपने बड़ों के प्रति सम्मान होना चाहिए; to show ~ to smb किसी के प्रति सम्मान प्रदर्शित करना. **2.** (concern) संबंध : in this ~ इस ≈ में; with ~ to के विषय में या ≈ में. **3.** (*pl.*) नमस्कार : my best ~s to your mother अपनी माताजी को मेरा ≈; give one's ~ नमस्कार कहना : give my ~s to your father अपने पिताजी को मेरा नमस्कार कहना.

regardful रिगार्ड'फुल *a.* **1.** (attentive) सावधान : I am quite ~ of your sentiments मैं आपकी भावनाओं[F] के प्रति बिल्कुल ≈ हूँ. **2.** (considerate) लिहाज़ रखने वाला : be ~ of your parents' wishes अपने माता-पिता की इच्छाओं[F] का लिहाज़ रखो (आदर करो). **regarding** रि'गार'डिङ्ग *adv.* के विषय में, के बारे में : ~ Aslam I will write to you later असलम के बारे में मैं तुम्हें बाद में लिखूँगा; I spoke to him ~ this matter मैंने इस मामले के बारे में उससे बात की. **regardless** रिगार्ड'लिस *a.* **1.** लापरवाह : ~ of other's feelings दूसरों की भावनाओं के प्रति ≈; he went on ~ of our warning मेरी चेतावनी[F] की परवाह[F] न करते हुए वह चलता गया; he bought it ~ of its price कीमत[F] की परवाह[F] न करके उसने इसे खरीद लिया.

regd. registered पंजीकृत.

regime रेजीम' *n*[u]. **1.** (political) शासन-काल, शासन [ancient प्राचीन, Ashok's अशोक का, British बरतानवी]. **2.** (system) शासन प्रणाली : under the new ~ नई शासन-प्रणाली में. **3.** (social) सामाजिक व्यवस्था[F].

regiment रेॅजिमन्ट **I.** *n*[c]. रेजिमेंट, सैन्यदल [huge विशाल, large बड़ा]; a ~ is smaller than a brigade ब्रिगेड की अपेक्षा[F] ≈ छोटा होता है; a ~ of soldiers सैनिकों का ≈; a ~ is a part of an army ≈ किसी सेना[F] का एक भाग होता है; ~ is commanded by a lieutenant रेजिमेंट एक लेफ़्टिनेंट द्वारा नियंत्रित होता है; Singh served in a ~ सिंह ≈ में नौकरी[F] करता था. **II.** रे'जिमेॅन्ट *v.t.* **1.** संगठित करना. to ~ scouts बालचरों को ≈. **2.** नियंत्रित करना : boys are not well ~ed लड़के अच्छी तरह नियंत्रित नहीं हैं.

region री'जन *n*[c]. प्रदेश, इलाका, क्षेत्र [cold ठंडा, snowy बर्फ़ीला, uninhabited निर्जन, vast लंबा-चौड़ा]; this ~ of the country is hilly देश का यह इलाका पहाड़ी है; the ~ about the heart हृदय के आसपास का क्षेत्र. **regional** री'जनल *a.* प्रादेशिक, क्षेत्रीय [customs रीतिरिवाज, forest वन, language भाषा[F]]; the government established a ~ council सरकार[F] ने एक ≈ परिषद् स्थापित की.

register रेॅ'जिस्टर **I.** *n*[c]. (record) रजिस्टर, पंजी[F] [attendance हाज़िरी का, marriage शादी का, of deaths मृत्यु का, original मूल]; please see the ~ to find your name कृपया अपना नाम पाने के लिए ≈ में देखो. **II.** *v.i.t.* **1.** रजिस्टर में दर्ज करना, पंजीकृत करना [carefully सावधानी[F] से, immediately तुरंत]; election results are ~ed चुनाव परिणाम पंजीबद्ध कर लिए जाते हैं; the police ~ed the case पुलिस[F] ने मामले को रजिस्टर में दर्ज कर लिया. **2.** (by post) रजिस्ट्री[F] करना या कराना : have the letter ~ed पत्र की रजिस्ट्री कर (करा) दो. **3.** (indicate) बतलाना : the meter ~s 600 kilolitres of water consumption मीटर बताता है कि 600 किलोलीटर पानी की खपत[F] हुई है. **registered** रे'जिस्टर्ड *a.* रजिस्टर्ड, पंजीकृत [letter पत्र, number संख्या[F], parcel पार्सल]; send the letter by ~ post रजिस्टरी डाक से पत्र भेजो. **registrar** रेॅजिस्ट्रार *n*[c]. **1.** रजिस्ट्रार, पंजीयक : ~'s office ≈ का कार्यालय; ~ of births and deaths जन्म और मृत्यु का ≈. **2.** (university) कुलसचिव : one of my friends is a ~ in the university मेरा एक मित्र विश्वविद्यालय में ≈ है. **registration** रेॅजिस्ट्रेशन *n*[u]. रजिस्ट्रेशन, पंजीयन, पंजीकरण : ~ of students छात्रों का ≈; ~of marriage शादी[F] का ≈.

regret रिग्रेट' **I.** *v.t.i.* (-tt-) **1.** (repent) पश्चात्ताप करना, पछताना : to ~ the past mistakes पिछली गलतियों[F] के लिए पश्चात्ताप करना; I still ~ for the failure of the plan योजना[F] के असफल होने का मुझे अब भी पछतावा है. **2.** (be sorry) खेद होना : I ~ I cannot come मुझे खेद है कि मैं आ नहीं सकता; I ~ to say मुझे कहते हुए खेद है कि...; we ~ that हमें खेद है कि... **II.** *n*[c]. पश्चात्ताप, अनुताप [deep गहरा, extreme अत्यधिक, sincere सच्चा]. **2.** दुख, खेद : with ~ ≈ के साथ; with ~ I inform you that .... दुःख के साथ मैं आपको सूचित करता हूँ कि..; I have no ~s मुझे कोई अफ़सोस नहीं है. **3.** क्षमा, माफ़ी[F] : he expressed ~ for his misconduct उसने अपने दुराचरण की माफ़ी

माँगी. **regretful** रिग्रेट्'फुल *a.* **1.** खेदपूर्ण : it was a ~ apology यह ≈ क्षमा-याचना[F] थी. **2.** (of person) दु:खी, खिन्न. **regrettable** रिग्रे'टॅबल *a.* खेदजनक, शोचनीय [accident दुर्घटना[F], behaviour व्यवहार, loss नुकसान, refusal इनकार]: it was a ~ mistake यह एक ≈ ग़लती[F] थी.

regular रें'ग्यूलर *a.* **1.** नियमित [correspondence पत्र-व्यवहार, income आय[F], lesson पाठ, life दिनचर्या, meals भोजन, time समय]; he has no ~ work उसका कोई ≈ कार्य नहीं है. **2.** (orderly) सुव्यवस्थित, व्यवस्थित [features नयन-नक्श, teeth दाँत]; have everything ~ in life जीवन में सब कुछ ≈ रखो; we shall do it in a ~ way हम इसे ≈ ढंग से करेंगे; books were found ~ in the shelf अलमारी में पुस्तकें ≈ पाई गईं. [*ant.* irregular]. **3.** (fixed) नियत : what is the ~ time of her arrival उसके आने का ≈ समय क्या है? he keeps ~ hours वह नित्य प्रति अपने ≈ समय पर आता है. **4.** (constant) स्थायी, नियत : ~ progress ≈ विकास; ~ staff ≈ कर्मचारी वर्ग. **5.** (normal) साधारण, सामान्य : my ~ bed-time मेरे सोने का ≈ समय; this is regular day of going to cinema उसके सिनेमा जाने का यह ≈ दिन है. **6.** (in other contexts) ~ doctor पेशेवर डॉक्टर; ~player व्यवसायी खिलाड़ी. [*ant.* ir ~] **regularity** रेंग्यूलै'रिटि *n*[c]. नियमितता[F], नियमनिष्ठा[F] : I appreciate his ~ in every work प्रत्येक काम में उसकी ≈ की मैं कद्र[F] करता हूँ; there is ~ in the beating of the heart of ours हमारे हृदय की धड़कनों में ≈ है; the clock rings the time with ~ घड़ी[F] नियमित रूप से समय देती है. [*ant.* ir ~] **regularly** रें'ग्यूलर्लि *adv.* नियमित (रूप से), नियमपूर्वक : I record proceedings of the meeting ~ मैं बैठक की कार्यवाही[F] को ≈ अभिलिखित करता हूँ; you do not go to school ~ तुम विद्यालय नियमपूर्वक नहीं जाते; take the medicine ~ दवा नियमित रूप से लिया करो; **regulate** रें'ग्यूलेट *v.t.* **1.** (control) नियंत्रित करना, नियमन करना : ~ your habits अपनी आदतों[F] को नियंत्रित करो; to ~ imports and exports आयात और निर्यात का नियमन करना; ~ the function of the machine मशीन[F] के काम को नियमित करो; the prices are ~d by supply and demand आपूर्ति[F] और माँग[F] के अनुसार कीमतें[F] नियंत्रित की जाती हैं; he has ~d his diet उसने अपना आहार नियंत्रित कर रखा है. **2.** (adjust) ठीक करना, समंजित करना : to ~ one's watch अपनी घड़ी का समय ठीक कर लेना; ~ yourself according to the place स्वयं को स्थान के अनुरूप समंजित करो. **3.** to ~ speed रफ्तार घटाना-बढ़ाना. **4.** (put order in) व्यवस्थित करना : ~ the course of your life अपनी दिनचर्या व्यवस्थित करो. **regulation** रेंग्यूले'शन *n*[c]. **1.** (act) नियमन, नियंत्रण : ~ of working hours काम के समय का ≈. **2.** (rule) विनियम : ~s of an institution किसी संस्था[F] के ≈; the ~ in railways require every passenger to have a ticket रेलवे व्यवस्थापन में प्रत्येक यात्री को एक टिकट की आवश्यकता[F] होती है; ~s about licensing of guns बंदूक[F] की लाइसेंस व्यवस्था[F] के ≈. **regulator** रें'ग्यूलेटर *n*[c]. (वि)नियामक, विनियंत्रक (उपकरण) : ~ controls the speed ≈ गति[F] को नियमित करता है; ~ of the fan पंखे का ≈; ~ of the clock is not working घड़ी[F] का ≈ काम नहीं कर रहा है.

rehabilitate रीआब'लिटेट *v.t.* **1.** (reappoint) पुनर्नियुक्त करना, बहाल करना : he was ~d as manager उसे मैनेजर के रूप में पुनर्नियुक्त/बहाल किया गया. **2.** (of right) लौटाना, बहाल करना : to ~ the rights of the farmers किसानों के अधिकारों को बहाल करना. **3.** (of health) चंगा करना : he was ~d very soon by the doctor वह डॉक्टर द्वारा शीघ्र ही चंगा कर दिया गया. **4.** to ~ an old building पुरानी इमारत[F] को बहाल करना. **5.** to ~ an injured soldier किसी घायल सिपाही को नये काम पर लगाना. **6.** (re-settle) फिर से बसाना : the government ~d the refugees सरकार[F] ने शरणार्थियों को फिर से बसाया. **7.** (re-establish) पुन: स्थापित

करना, पुनः संगठित करना : he tried to ~ his gang उसने अपने गिरोह को पुनः संगठित करने का प्रयास किया. **8.** (of a criminal) पुनरुद्धार करना, सुधारना : it is not easy to ~ the criminals अपराधियों को सुधारना आसान नहीं है. **rehabilitation** रीअबिलिटे'शन *n*[u]. **1.** पुनर्वास : the ~ of the refugees was a big problem before India in 1947 शरणार्थियों का ≈ 1947 में भारत के सामने एक बड़ी समस्या[F] थी. **2.** बहाली[F] : ~ of the rights of the people लोगों के अधिकारों की बहाली. **3.** ~ of a patient किसी रोगी का पुनः स्वास्थ्य लाभ. **4.** सुधार : ~ of a criminal किसी अपराधी का ≈.

rehearsal रिहर्'सल *n*[c]. रिहर्सल, पूर्वाभ्यास : all the actors participated in the ~ before performing the drama नाटक खेलने के पहले सभी अभिनेताओं ने ≈ में भाग लिया. **rehearse** रिहर्स' *v.t.* **1.** रिहर्सल करना, पूर्वाभ्यास करना : I ~d my speech yesterday मैंने कल अपने भाषण का रिहर्सल किया; ~ a play for our annual function वार्षिकोत्सव के लिए नाटक का पूर्वाभ्यास करो. **2.** (recite) दुहराना : the teacher asked the students to ~ the poem अध्यापक ने छात्रों से कविता[F] दुहराने के लिए कहा. **3.** (tell in detail) पूरा विवरण बताना, ब्यौरेवार बताना : he ~d every event to his father उसने अपने पिताजी को प्रत्येक घटना[F] ब्योरेवार बता दी. **4.** (train) अभ्यास कराना : he ~d the actors उसने अभिनेताओं से अभ्यास कराया; he ~d his son to play cricket उसने अपने बेटे को क्रिकेट खेलने का अभ्यास कराया.

reign रेन **I.** *n*[c]. **1.** शासन, शासन काल [glorious शानदार, long लंबा, peaceful शांतिपूर्ण, short थोड़ा]; after a ~ of twenty years he died बीस साल के शासन के बाद वह मर गया; during the ~ of Ashoka अशोक के शासनकाल में. **2.** (dominance) प्राबल्य, बोलबाला : ~ of terror आतंक का ≈. **II.** *v.i.* **1.** शासन करना : Akbar ~ed for more than fifty years अकबर ने पचास साल से ज़्यादा तक शासन किया; Victoria ~ed over a vast empire विक्टोरिया बहुत बड़े साम्राज्य पर राज करती थी. **2.** प्राबल्य होना, का बोलबाला होना : he is ~ing in this society इस समाज में उसका बोलबाला है; peace ~ed over the village गाँव में शांति का प्राबल्य था.

reimburse रीइम बर्स' *v.t.* **1.** वापस लेना, अदा करना, चुकाना : to ~ smb's expenses किसी को उसका खर्च वापस अदा करना; to ~ the cost of radio to him रेडियो की कीमत[F] उसे अदा करना; the mother ~d the money the girl had spent माँ ने लड़की का पैसा जो उसने खर्च किया था, चुका दिया. **2.** (compensate) प्रतिपूर्ति[F] करना : who will ~ the loss of money पैसे के नुकसान की प्रतिपूर्ति कौन करेगा?

rein रेन **I.** *n*[c]. बागडोर[F], रास[F] : to draw the ~ ≈ कसना; (also fig.) he gave free ~ to the son उसने बेटे की बागडोर ढीली कर दी; who will hold the ~ of the horse घोड़े की ≈ कौन थामेगा? his wife holds the ~s उसकी ≈ पत्नी के हाथों में है; to assume the ~s of government शासन की बागडोर सँभालना, Δ **to keep a tight ~ on smb** किसी को नियंत्रण में रखना. **II.** *v.t.* बागडोर लगाना, लगाम खींचना : ~ the horse and go घोड़ों को लगाम लगाओ और जाओ.

reindeer रेन'डिअर *n*[c]. (*pl.* reindeer) रेन्डियर : Eskimoes keep ~s for milk, meat, skin, etc इस्कीमो दूध, मांस, चमड़ा, इत्यादि के लिए ≈ रखते हैं; a ~ has long branching antlers ≈ के कई शाखाओं में बँटे लंबे सींग होते हैं.

reinforce रीइन्फॉर्स' *v.t.* **1.** (milit.) सेना[F] बढाना, कुमुक भेजना : ~ an army by sending more soldiers अधिक सैनिकों को भेजकर सेना[F] बढ़ाना. **2.** (increase) बढ़ाना : to ~ provisions खाने-पीने की सामग्री[F] बढ़ाना. **3.** (strengthen) सुदृढ़ या पुष्ट करना : to ~ the explanation by examples उदाहरणों द्वारा व्याख्या[F] को पुष्ट करना; to ~ an argument with illustrations नज़ीरों द्वारा तर्क को ≈ करना.

reinstate रीइन् स्टेट' *v.t.* **1.** (to post) बहाल करना, फिर से नियुक्त करना : the superintendent was ~d in his former post अधीक्षक को अपने पूर्व पद पर फिर से नियुक्त किया गया; the High Court has

~d our teacher and he will join from tomorrow उच्च न्यायालय ने हमारे अध्यापक को बहाल कर दिया है और वह कल से काम शुरू कर देंगे. **2.** (re-organise) फिर से संगठित करना : he ~d his friends to face the problem समस्या^F के समाधान के लिए उसने फिर से अपने मित्रों को संगठित किया.

reject रिजें'क्ट' *v.t.* **1.** नामंज़ूर करना, अस्वीकार करना : his proposal was ~ed by the committee समिति^F द्वारा उसका प्रस्ताव अस्वीकार कर दिया गया; to ~ the good counsel अच्छी सलाह^F को अस्वीकार करना; the principal ~ed his application for admission प्राचार्य ने उसके प्रवेश की दरख़्वास्त को अस्वीकार कर दिया. [*ant.* accept] **2.** (discard) हटा/निकाल देना : to ~ old clothes पुराने कपड़े हटा देना; he was ~ed by the department वह विभाग द्वारा निकाल दिया गया; to ~ a theory किसी सिद्धांत का खंडन करना [*n.* rejection नामंज़ूरी]

rejoice रिजॉइस' **I.** *v.t.* खुश करना, प्रसन्न करना, रिझाना, हुलसाना : the news ~d all of us समाचार ने हम सब को हुलसा दिया; mother ~s the child माँ बच्चे को हुलसाती है; he ~d the son by giving him ice-cream उसने बेटे को आइसक्रीम देकर खुश कर दिया. **II.** *v.i.* आनंद मनाना, आनंदित/खुश होना; हुलसाना : they ~d at/over the news वे समाचार से आनंदित हुए; I ~ that you have passed the examination मैं बहुत आनंदित हूँ (मुझे खुशी है) कि तुमने परीक्षा उत्तीर्ण कर ली है; we ~ **in** our children's happiness हम अपने बच्चों की प्रसन्नता^F से आनंदित होते हैं. [*ant.* grieve] **rejoicing** रिजॉइ'सिङ्ग *n*^c. आमोद-प्रमोद : there was great ~ at the festival त्यौहार पर खूब ≈ था; they all participated in the ~ वे सब ≈ में सम्मिलित हुए.

rejoin रिजॉइन' *v.t.i.* (law) प्रत्युत्तर देना : he was given time to ~ the plaint उसे वाद का प्रत्युत्तर देने का समय दिया गया. **2.** फिर से जोड़ना : to ~ two pieces of wood लकड़ी^F के टुकड़ों को ≈. **3.** फिर से मिल जाना : he ~ed his regiment after two months' leave दो महीने की छुट्टी^F के बाद वह फिर से अपने रेजिमेंट में जा मिला.

relapse रिलैप्स' **I.** *v.i.* **1.** फिर से लौट आना : he ~d **into** his evil habits, crime वह अपनी बुरी आदतों^F, अपराध में फिर फँस गया. **2.** फिर से बीमार हो जाना : he was recovering, but suddenly he ~d वह ठीक हो रहा था, पर अचानक फिर बीमार हो गया. **II.** *n*^c. (of sickness) पुनरावर्तन, फिर से वही रोग : after the recovery he had a ~ of typhoid ठीक हो जाने के बाद उसे मियादी बुखार का ≈ हो गया.

relate रिलेट' *v.t.* **1.** (narrate) सुनाना, वर्णन करना : he ~d the story to his son उसने बेटे को कहानी^F सुनाई. **2.** (connect) (usu. passive) संबंध होना : are you ~d to Mr. J क्या तुम्हारा श्री ज से कोई संबंध है ? क्या मिस्टर ज तुम्हारे संबंधी हैं ? to whom the story relates कहानी किससे संबंधित है ? how is poverty ~d to crime गरीबी^F और अपराध का क्या संबंध होता है ? **related** रिले'टिड *a.* **1.** संबद्ध, संबंधित : and other ~ topics और अन्य ≈ प्रसंग; both the industries are ~ to Parle दोनों उद्योग पार्ले से संबद्ध हैं; he is ~ to me by marriage उससे मेरा शादी^F के नाते संबंध है. **2.** रिश्तेदार, संबंधी : he is not ~d to me वह मेरा संबंधी नहीं है. **relation** रिले'शन *n*^cu **1.** (connection) संबंध : the ~ of the artist to his picture कलाकार का अपने चित्र से ≈; her ~s with her neighbours have been good पड़ोसियों के साथ उसके ≈ अच्छे रहे हैं; our ~s have always been excellent हमारे ≈ हमेशा बढ़िया रहे हैं; this has no ~ to the trade इसका व्यापार से कोई ≈ नहीं है; there is no ~ between the two things दोनों चीजों में कोई ≈ नहीं है. **2.** (kinship) रिश्ता, नाता, संबंध : what ~ is he to you तुम्हारा उससे क्या ≈ है ? the ~ between the mother and the son माँ और बेटे का ≈. **3.** (kinsman) संबंधी, रिश्तेदार, नातेदार : close ~ नज़दीकी ≈; all his ~s are very gentle उसके सभी ≈ बड़े सज्जन हैं. **relationship** रिले'शनशिप *n*^c. संबंध, रिश्तेदारी^F, नातेदारी^F : what is your

~ to that gentleman उस सज्जन से तुम्हारा क्या संबंध है? the officer has good ~ with his people अधिकारी के अपने लोगों से अच्छे संबंध हैं; his ~ with his neighbour is very bad these days आजकल उसके अपने पड़ोसी से संबंध बहुत खराब हैं. **relative** रॅलॅटिव़ I. *a.* 1. (gram.) संबंधवाचक, संबंधसूचक : ~ pronoun संबंधसूचक सर्वनाम (as which, whose जो, जिसका) ; ~ adverb ≈ क्रिया-विशेषण (as when, where जब, कहाँ). 2. (relevant) प्रासंगिक, संगत : you may ask only ~ questions not others तुम केवल ≈ प्रश्न ही पूछ सकते हो, दूसरे नहीं; facts ~ to the crime अपराध से संगत प्रश्न. 3. (comparative) सापेक्ष, तुलनात्मक : ~ merits ≈ गुणदोष; the Kashmiris are living in ~ poverty कश्मीरी लोग ≈ गरीबी^{F} में जी रहे हैं. 4. (proportionate to) आनुपातिक, अनुपाती : supply should be ~ to demand आपूर्ति^{F} माँग^F के अनुपात में होनी चाहिए. II. *n*^{c}. (kinsman) संबंधी, रिश्तेदार : I have no ~s मेरे कोई ≈ नहीं हैं; he is a distant ~ of mine वह मेरा दूर का ≈ है; my uncle is my nearest ~ मेरे चाचा मेरे निकटतम ≈ हैं; is he a ~ of yours क्या वह तुम्हारा ≈ है? **relatively** रॅलॅटिव़्लि *adv.* अपेक्षाकृत : the tribesmen are ~ poor जनजातीय लोग ≈ गरीब हैं; the moon is ~ close to the earth चंद्रमा पृथ्वी^{F} के/से ≈ निकट है; it was ~ fine weather this year इस साल ≈ सुहाना मौसम था.

relax रिलैक्स' I. *v.t.* 1. ढीला या शिथिल करना या हो जाना : he ~ed his grip उसने अपनी पकड़^{F} ढीली कर दी; he ~ed the rope of the dog and it jumped away उसने कुत्ते की रस्सी^{F} ढीली कर दी और वह कूदकर भाग गया; to ~ discipline अनुशासन में ढील^F देना. 2. (soften) हल्का या नरम करना : they ~ed the regulations उन्होंने विनियमों को नरम कर दिया. 3. (abate) कम या मंद करना : medicine ~ed his pain soon दवा^{F} ने शीघ्र ही इसका दर्द कम कर दिया; to ~ one's efforts अपने प्रयास ≈. II. *v.i.* 1. (rest) विश्राम करना : after so much hard work you should now ~ इतने परिश्रम के उपरांत तुम्हें अब विश्राम करना चाहिए; doctor advised him to ~ डाक्टर ने उसे आराम करने की सलाह^F दी. 2. (in manner) नरम पड़ जाना : he is ~ed these days वह इन दिनों नरम पड़ गया है. **relaxation** रीलैक् से'शन *n*^{u} 1. (act) शिथिलन, शिथिलीकरण : ~ of control नियंत्रण का ≈ (ढीला करना). 2. (rest) विश्राम : after a day's hard work he needs ~ दिन भर के परिश्रम के बाद उसे ≈ की आवश्यकता^{F} है. 3. मनोविनोद : he plays sitar for ~ वह सितार^F ≈ के लिए बजाता है.

relay रि'ले I. *n*^{c}. 1. (of horses) डाक के घोड़ों की जोड़ी^{F}. 2. (of men) टोली : they worked in ~s in the field वे खेत में टोलियों^{F} में काम करते थे. 3. (of telecommunication) रिले, पुनःप्रसारण : ~ station ≈ केंद्र; we listened to the ~ of the speech of the President हमने राष्ट्रपति के भाषण का ≈ सुना II. *v.t.* 1. डाक का पड़ाव-पड़ाव पर प्रबंध करना. 2. (broad cast) रिले करना, पुनः प्रसारित करना : our radio station ~s programmes from Delhi हमारा रेडियो-केंद्र दिल्ली के प्रोग्राम पुनः प्रसारित करता है. 3. (send on) आगे भेजना : to ~ a message संदेश ≈.

release रिलीज़' I. *v.t.* 1. (set free) मुक्त करना, छोड़ना, रिहा करना : the thief was ~d from the jail चोर को जेल से रिहा कर दिया गया; the judge ordered to ~ the accused जज ने अभियुक्त को रिहा करने का आदेश दिया; she was ~d from her promise उसे अपने वचन से मुक्त कर दिया गया. 2. (of energy) निर्मुक्त करना : a large amount of energy is ~d after splitting of atoms परमाणु-विखंडन के बाद अत्यधिक मात्रा^{F} में ऊर्जा^{F} निर्मुक्त होती है. 3. (of book) विमोचन करना (पुस्तक का). 4. (unfasten) खोलना : we ~ the dog in the night हम रात में कुत्ते को खोल देते हैं. [*ant.* bind] 5. (of claim दावा) छोड़ देना, त्याग देना : did he ~ his right on property क्या उसने संपत्ति^{F} पर अपना अधिकार छोड़ दिया? 6. (of censor) पास करना : to ~ a film फ़िल्म पास करना. 7. (in other contexts) to ~ from pain

दर्द से मुक्ति दिलाना : to ~ news समाचार प्रकाशित करना. **II.** *n*[cu]. **1.** मोचन, रिहाई, मुक्ति, छुटकारा : his ~ from the prison is not possible जेल से उसकी रिहाई[F] संभव नहीं है. **2.** (of film, etc.) प्रकाशन, वंटन : ~ of the picture पिक्चर का ≈. **3.** (law) अभित्याग : ~ of property संपत्ति[F] का ≈.

relent रिलें'न्ट *v.t.* नरम पड़ जाना, द्रवित हो जाना : she ~ed at the sight of misery वह कष्ट देखकर द्रवित हो गई; at last the shopkeeper ~ed and gave us discount अंत में दुकानदार नरम पड़ गया और हमें छूट दे दी; the storm ~ed in the morning तूफ़ान सुबह नरम पड़ गया.

relevance रें'लॅवन्स *n*[u]. प्रासंगिकता[F], संगति[F] : it has no ~ in the present circumstances वर्तमान परिस्थितियों[F] में इसकी कोई ≈ नहीं है; your words have no ~ to our discussion तुम्हारे शब्दों की हमारी चर्चा[F] के साथ कोई ≈ नहीं है. **relevant** रें'लिवन्ट *a.* **1.** संबद्ध [document दस्तावेज़, information जानकारी[F]]. **2.** प्रासंगिक (सु)संगत : the question is not ~ प्रश्न नहीं ≈ है. [*ant.* irrelevant]

reliability रिलाइ अ बि'लिटि *n*[u]. विश्वसनीयता[F], विश्वस्तता[F] : ~ of his honesty is clear उसकी ईमानदारी[F] की ≈ स्पष्ट है; I still suspect the ~ of the purity of gold सोने की शुद्धता[F] की ≈ पर मुझे अभी संदेह है. **reliable** रिलाइ'अबल *a.* विश्वसनीय [information जानकारी[F], machine मशीन[F], person व्यक्ति, rule नियम]; the medicine I advise you is ~ जिस दवा[F] की मैं सलाह[F] देता हूँ वह ≈ है; John had ~ news जान के पास ≈ समाचार था. **reliance** रिलाइ'अन्स *n*[u]. भरोसा, विश्वास : definite ~ निश्चित ≈; you can place ~ on his decision तुम उसके निर्णय पर ≈ कर सकते हो; he advanced in ~ of your support वह तुम्हारे समर्थन के भरोसे आगे बढ़ा.

relic रें'लिक *n*[c]. (usu. *pl.*) अवशेष : the ~s of an old church पुराने गिरजाघर के ≈. **2.** स्मृतिचिह्न : ~s of ancient days प्राचीनकाल के ≈; this building is a ~ of bygone days यह इमारत[F] बीते दिनों का ≈ है.

relief रिलीफ़' *n*[u]. **1.** (from fear, pain डर, दर्द से) राहत[F], आराम [great बहुत, some कुछ]; you will get much ~ after this operation इस चीरफाड़[F] के बाद तुम बहुत आराम पाओगे; now I am feeling full ~ अब मैं पूरी राहत का अनुभव करता हूँ; the treatment gave much ~ to John इलाज से जॉन को बहुत आराम मिला; he sighed ~, he heaved a sigh of ~ उसने आराम की साँस[F] ली; tears brought her no ~ आँसू गिराने से उसे कुछ आराम न मिला. **2.** (from burden बोझ से) छुटकारा, मुक्ति[F]. **3.** राहत[F] : we sent ~ to the people in trouble हमने मुसीबत[F] में पड़े लोगों को ≈ पहुँचाई. **4.** (aid) सहायता[F], मदद[F] : it will be good ~ to him if you give him some money यदि तुम उसे कुछ पैसे दे दो तो उसकी भारी सहायता होगी; he could not get any ~ from him वह उससे कुछ सहायता न पा सका. ~ **fund** सहायता निधि[F]; ~ **train** सहायता गाड़ी[F]; ~ **works** सहायता निर्माणकार्य, **5.** (re-inforcement) इमदाद[F] : a ~ is a soldier who relieves another on duty ≈ एक सैनिक है जो दूसरे को ड्यूटी[F] से छुटकारा देता है. **relieve** रिलीव़' *v.t.* **1.** आराम देना, राहत[F] देना : to ~ pain दर्द से राहत देना; she felt ~ed उसने आराम महसूस किया; ~ the poor गरीबों को आराम दो; he was ~d to hear this यह सुनकर उसे राहत मिली. **2.** मुक्त करना, छुटकारा देना : to ~ smb **of** anxiety किसी को चिंता[F] से ≈; he will be ~d **of** pain उसे पीड़ा[F] से छुटकारा दिलाया जायेगा. **3.** भारमुक्त करना, कार्यमुक्त करना : he ~d the peon उसने चपरासी को कार्यमुक्त कर दिया; she was ~d of all duties उसे सब कर्तव्यों से छुट्टी[F] दे दी गई. **4.** कम करना, हल्का करना : medicine will ~ your pain दवा[F] तुम्हारे दर्द को कम कर देगी. **5.** to ~ smb **of** his purse किसी का पर्स उड़ा लेना.

religion रिलि'जन *n*[c]. धर्म, मज़हब : the chief ~ of Europe is Christianity यूरोप का मुख्य ≈ ईसाइयत[F] है; he was converted to some new ~ उसका किसी नए ≈ में परिवर्तन किया गया; Hinduism is the commonest ~ in India भारत में हिंदू ≈ सबसे सामान्य है.

religious रिलि'जस *a.* **1.** धार्मिक [book ग्रंथ, ceremony अनुष्ठान, custom रीतिरिवाज]; a temple is a ~ place मंदिर एक ≈ स्थान है; his mother is of a ~ nature उसकी माँ ≈ प्रकृति[F] की है. **2.** धार्मिक, धर्मनिष्ठ, धर्मपरायण : ~ person ≈ व्यक्ति. [*ant.* ir ~]

relinquish रिलिङ्'क्विश *v.t.* त्यागना, त्याग देना; (give up) छोड़ना, छोड़ देना : she has ~ed all control over her children उसने अपने बच्चों पर से सारा नियंत्रण हटा लिया है; he should ~ his claim उसे अपना दावा छोड़ देना चाहिए; when will he ~ his office? वह अपना पद कब छोड़ेगा ? he has ~ed bad habits उसने बुरी आदतें[F] छोड़ दी हैं; she should not ~ hope उसे आशा[F] नहीं छोड़नी चाहिए.

relish रॅलिश **I.** *n*[u]. **1.** (taste) स्वाद [bitter कड़ुआ, sour खट्टा, sweat मीठा]; a bit of lemon will add ~ to your drink थोड़ा-सा नीबू तुम्हारे पेय के ≈ को बढ़ा देगा; the boy took ice-cream with ~ लड़के ने आइसक्रीम[F] ≈ के साथ खाई. **2.** (liking) पसंद[F] : I have no ~ for such a dance ऐसा नाच मुझे पसंद नहीं है. **II.** *v.t.* **1.** (enjoy) स्वाद लेना, मज़ा उड़ाना, रस लेना : to ~ a feast दावत[F] का आनंद लेना; a sick person cannot ~ food बीमार आदमी खाने का स्वाद नहीं ले सकता. **2.** (like) पसंद करना, के प्रति रुचि[F] रखना : I ~ the reading of poems मुझे कविताएँ पढ़ना बहुत पसंद है; I do not ~ classical music मैं शास्त्रीय संगीत पसंद नहीं करता.

reluctance रिलक्'टन्स *n*[u]. अनिच्छा[F] : she showed great ~ to sing उसने गाना गाने से बहुत ≈ दिखाई; he agreed to help but with great ~ वह सहायता[F] करने के लिए सहमत हो गया पर बड़ी अनिच्छा से. **reluctant** रिलक्'टन्ट *a.* **1.** अनिच्छुक : he was ~ to give donation वह चंदा देने के लिए ≈ था. **2.** अनिच्छापूर्ण : he gave his ~ assent उसने अनिच्छापूर्वक अपनी अनुमति[F] दी. [*adv.* ~ly]

rely रिलाइ' *v.i.* (~ **on**) पर भरोसा रखना; पर निर्भर या आश्रित रह जाना : you can ~ **on** him तुम उस पर भरोसा रख सकते हो; I ~ on you to arrange everything मैं हर व्यवस्था[F] करने के लिए आप पर निर्भर हूँ; you may ~ on me for help तुम मुझ पर सहायता[F] के लिए भरोसा कर सकते हो; I cannot ~ on his promise मुझे उसके वादे का भरोसा नहीं है. [*adj.* reliable *q.v.*]

remain रिमेन' *v.i.* **1.** शेष या बाकी रह जाना : of his five sons three now ~ उनके पाँच बेटों में से तीन बाकी हैं. **2.** रह जाना, रहना : we all stood up but he ~ed sitting हम सब खड़े हो गए लेकिन वह बैठा रहा; he ~ed silent वह चुप रहा; he ~ed unconscious in spite of all our efforts हमारे सभी प्रयासों के बावजूद वह अचेत रहा; please ~ here for a while कृपया यहाँ कुछ समय तक रहिए; you may go if you like, I shall ~ here यदि तुम चाहो तो जा सकते हो मैं यहीं रहूँगा; the children did not ~ there for long बच्चे वहाँ देर तक नहीं रहे. **3.** बचा रहना : only one ticket ~ed केवल एक टिकट (बचा) रह गया; after the fire nothing ~ed in the house आग के बाद घर में कुछ नहीं बचा. **4.** बना रहना : my vote of no-confidence ~s मेरा अविश्वास प्रस्ताव बना (क़ायम) है. **5.** रह जाना, छूट जाना : my pen ~ed in the office मेरी कलम[F] कार्यालय में रह (छूट) गयी. **remainder** रिमेन्'डर *n*[c]. शेष, बाकी : a few children went for a walk, the ~stayed behind कुछ लड़के घूमने गए, ≈ पीछे रुक गए; divide seven by three, the ~ is one सात को तीन से भाग दो, ≈ एक बचा; the ~ of the day will be good दिन का शेष भाग अच्छा होगा. **remaining** रिमे'निङ्ग *a.* बचा-खुचा, बाकी/शेष [matter सामग्री[F]/मामला, time समय]; ~ part of his speech उसके भाषण का ≈ भाग; the ~ story will be told in the next issue of the magazine कहानी[F] का ≈ अंश पत्रिका के अगले अंक में बताया जायगा. **remains** रिमेन्ज़'*n.* (*pl.*) **1.** अवशेष : ~ of a fort of olden times पुराने समय के किले का ≈; ~ of the food भोजन का ≈ (जूठन[F]). **2.** (corpse) शव : his ~ lie in the grave उसका ≈ कब्र में है.

remark रिमार्क' **I.** *v.t.* **1.** (notice) (ध्यान से)

देखना, देख लेना : I ~ed that his hand trembled मैंने देखा कि उसका हाथ काँपता है; have you ~ed the place of accident क्या तुमने दुर्घटना-स्थल को देख लिया है? did you ~ anything special in the fair क्या मेले में तुमने कोई विशेष बात^F देखी? **2.** (say) कहना : will you like to ~ smth about his writing क्या तुम इसकी लिखावट^F के बारे में कुछ कहना चाहोगे. **3.** (comment) टिप्पणी^F करना : he ~ed that the poem was well recited उसने टिप्पणी की कि कविता^F अच्छी तरह पढ़ी गई. **II.** *n*^c. (comment) टिप्पणी^F [important महत्वपूर्ण, witty विनोदपूर्ण]; to make a ~ टिप्पणी करना; he made a few ~s उसने कुछ टिप्पणियाँ कीं. **Δ to pass ~s on/upon smb.** किसी पर फबती^F कसना. **2.** (seeing) निरीक्षण : minute ~ सूक्ष्म ≈; worthy of ~ ध्यान से देखने योग्य. **remarkable** रिमार'कॅबल *a.* **1.** (unusual) असाधारण, विशिष्ट [beauty सुंदरता^F, scientist वैज्ञानिक, speaker वक्ता]; ~ achievement ≈ उपलब्धि^F; everyone praised his ~ success उसकी विशिष्ट सफलता^F की सभी ने प्रशंसा की; she has a ~ charm उसमें ≈ आकर्षण है. **2.** (worthy of remark) दर्शनीय : can you tell me the name of a ~ place क्या तुम किसी ≈ स्थान का नाम बता सकते हो? the sunrise in Kanyakumari is most ~ कन्याकुमारी में सूर्योदय अत्यंत ≈ है. **remarkably** रिमार'कॅब्लि *adv.* विशिष्ट रूप से, विलक्षण ढंग से, असाधारण ढंग से : he has progressed ~ उसने ≈ प्रगति^F की है; she gave a ~ good programme उसने एक विशिष्ट ढंग का अच्छा कार्यक्रम प्रस्तुत किया.

remedy रॅमिडि **I.** *n*^c. (*pl.* remedies) **1.** (medicine) दवा^F, औषध [effective प्रभावशाली, new नया, remarkable अनूठा]; there is no ~ for this disease इस बीमारी की^F कोई ≈ नहीं है; the best ~ for it is ... इसकी सबसे अच्छी ≈. . . है. **2.** (treatment) चिकित्सा^F, इलाज, उपचार : a ~ for cholera हैज़ा का इलाज. **3.** (means of redress) इलाज, उपाय : successful ~ सफल ≈; is there any ~ for this problem क्या इस समस्या^F का कोई ≈ है; this evil is beyond ~ इस बुराई^F का कोई इलाज नहीं है. **II.** *v.t.* **1.** (rectify) प्रतिकार करना : to ~ the fault दोष का ≈; the evil shall be remedial instantly बुराई^F तुरंत दूर की जाएगी;

remember रिमेंम'बर *v.t.* **1.** याद करना, याद या स्मरण रखना : (usu. passive in Hindi) I shall always ~ you मैं तुम्हें सदा याद रखूँगा; as far as I ~ none of them is married जहाँ तक मुझे याद है उनमें से कोई विवाहित नहीं है; I do not ~ the exact date मुझे सही तारीख^F याद नहीं है; do you ~ Mr. John क्या मि० जॉन तुम्हें याद हैं? I could not ~ your name मैं तुम्हारा नाम याद नहीं रख सका; he ~ed his promise उसने अपना वचन याद किया; I do not ~ where I put the ticket मुझे याद नहीं है कि मैंने टिकट कहाँ रख दिया. I ~ having gone to Madurai in 1940 मुझे याद है कि मैं 1940 में मदुराई गया था. **2.** नमस्कार कहना : please ~ me to your father कृपया अपने पिताजी से मेरा ≈; perhaps you did not ~ me to your mother शायद तुमने अपनी माँ से मेरा नमस्कार नहीं कहा. [*ant.* forget] **remembrance** रिमेंम्'ब्रन्स *n*^uc. **1.** याद^F, स्मरण [good अच्छी, remarkable विशिष्ट]; to the best of my ~, it is true जहाँ तक मुझे याद है यह सही है; in the dear ~ of someone किसी की प्यारी याद में. **2.** (souvenir) निशानी^F, स्मृतिचिह्न, यादगार : I hope you will accept this ring as a small ~ of my sister मैं आशा^F करता हूँ कि इस अंगूठी^F को मेरी बहन^F के स्मृतिचिन्ह के रूप में स्वीकार करेंगे; this monument is in ~ of the king यह स्मारक राजा की यादगार है.

remind रिमाइन्ड' *v.t.* याद या स्मरण दिलाना : if I forget, please ~ me यदि मैं भूल जाऊँ तो कृपया मुझे याद दिला देना; that ~s me of a story, I once read वह मुझे एक कहानी^F की याद दिलाता है जो मैंने पढ़ी थी; he ~ed me of his father उसने मुझे अपने पिता की याद दिला दी; to ~ a person of his promise किसी व्यक्ति को उसके वायदे की याद दिलाना; I must ~ him that he is a swindler मुझे उसे याद दिलाना चाहिए कि वह धोखेबाज़ है;

this hotel ~s one of Cochin यह होटल कोचीन की याद दिलाता है; Mary often ~s me of my mother मेरी[F] मुझे बहुधा मेरी माँ की याद दिलाती है. **reminder** रिमॉइन्'डर *n*[c]. अनुस्मारक, स्मरणपत्र : gentle ~ साधारण ≈; send him a ~ to pay the bill उसे बिल के भुगतान के लिए ≈ भेजो. (*as distinct from* remainder)

remit रिमिट' *v.t.i.* (-tt-) **1.** (pardon) क्षमा करना, माफ़ करना : the governor ~ted his sentence राज्यपाल ने उसकी सज़ा[F] माफ़ कर दी; to ~ a penalty जुर्माना माफ़ करना. the principal did not ~ the student's fine प्राचार्य ने छात्र का जुरमाना माफ़ नहीं किया. **2.** (abate) कम करना या हो जाना; घटना या घटाना : the medicine will surely ~ the pain दवा[F] निश्चित रूप से दर्द को कम कर देगी; pain is ~ting दर्द कम हो रहा है. **3.** (refer) सौंपना : to ~ a case to higher authorities उच्चतर प्राधिकारियों को मामला सौंपना. **4.** (postpone) आगे बढ़ाना, स्थगित करना : to ~ the judgement till Monday सोमवार तक निर्णय स्थगित करना. **5.** (send) भेजना, प्रेषित करना : to ~ money by money order मनीआर्डर से रुपया ≈. **6.** छूट देना, छोड़ देना, का परिहार करना. **7.** (send back) लौटाना. **remittance** रिमि'टन्स *n*[u]. प्रेषित रुपया, भेजी हुई रकम[F] : I send him some ~ every month मैं प्रत्येक महीने उसे कुछ रुपया भेजता हूँ; he has received the ~ उसे ≈ मिल गई है.

remote रिमोट' *a.* **1.** (distant दूर, also in time) दूरवर्ती, दूरस्थ, दूर का [place स्थान, region प्रदेश]; he lived in a ~ corner of the city वह शहर के दूरस्थ कोने में रहता था; which is the ~st star दूरतम तारा कौन-सा है? these men have come from ~ places ये लोग दूर के स्थानों से आए हैं; I did not have the ~st idea मुझे बिल्कुल कोई विचार नहीं था. **2.** (secluded) एकांत : a ~ village ≈ गाँव; go to ~ places for a deep meditation गंभीर ध्यान के लिए एकांत स्थान पर जाओ. [*ant.* near] **3.** (reserved) अलग रहने वाला, बेमिलनसार [person व्यक्ति student छात्र]; he is the ~st man of the village वह गाँव का सबसे ≈ व्यक्ति है. **4.** दूर का : ~ relative ≈ रिश्तेदार. **5.** (different) भिन्न : this behaviour is ~ from what I had thought यह व्यवहार उससे ≈ है जो मैंने सोच रखा था. **remotely** रिमोट'लि *adv.* **1.** दूर से : he is ~ related to me वह मेरा ≈ संबंधी है. **2.** अप्रत्यक्ष रूप से : this event is ~ concerned with me यह घटना मुझसे ≈ संबंधित है.

removal रिमू'व़ल *n*[c]. **1.** स्थानांतरण : I want ~ of this furniture to another room मैं इस फर्नीचर का ≈ दूसरे कमरे में चाहता हूँ; ~ from Allahabad to Lucknow इलाहाबाद से लखनऊ ≈. **2.** (dismissal बरख़ास्तगी[F], पदच्युति[F] : his ~ from office is regrettable पद से उसकी बरख़ास्तगी खेद-जनक है. **remove** रिमूव़' **I.** *v.t.* **1.** (take away) हटा देना : he ~d the table from the room उसने कमरे से मेज़ हटा दी; to ~ stains from one's coat कोट से दाग हटाना या मिटाना; to ~ difficulties परेशानियाँ[F] हटाना; to ~ someone from his office किसी को अपने पद से हटाना. **2.** (take off) उतारना : on reaching home he ~d the coat घर पहुँचकर उसने कोट उतार दिया; you had to ~ the shoes outside the temple तुम्हें मंदिर से बाहर जूते उतार देने थे; ~ your clothes and give them to the washerman अपने कपड़े उतारो और उन्हें धोबी को दे दो. **3.** मार डालना : he ~d the dangerous animal उसने खतरनाक जानवर को मार दिया. **4.** (dismiss) निकाल देना, बरख़ास्त करना : the manager ~d the peon immediately प्रबंधक ने चपरासी को तुरंत बरख़ास्त कर दिया. **5.** स्थानांतरित करना : to ~ from Allahabad to Lucknow इलाहाबाद से लखनऊ ≈. **II.** *n*[c]. **1.** (promotion at school) कक्षोन्नति[F] : the ~ of the student छात्र की ≈. **2.** एक दरजे की दूरी[F]: his behaviour was a ~ from mischief उसका व्यवहार शरारत[F] से एक दरजा दूर था (लगभग शरारत थी.)

remuneration रिम्यूनॅ रे'शन *n*[u]. पारिश्रमिक, मेहनताना : to receive ~ for work done किए गए काम के लिए ≈ प्राप्त करना; the ~

of that person for his labour is very poor उस व्यक्ति के श्रम का पारिश्रमिक बहुत कम है. **remunerative** रिम्यू'नॅरॅटिव़ *a.* लाभकारी, लाभकर [business व्यापार, job काम, position स्थिति[F]]; it will surely be a ~ work यह निश्चित रूप से एक लाभकारी काम होगा.

rend रॅन्ड *v.t.* (*p.* & *p.p.* rent) **1.** फाड़ना : she rent her blouse उसने अपना ब्लाउज़ फाड़ दिया; you cannot ~ this cloth easily तुम आसानी से यह कपड़ा नहीं फाड़ सकते. **2.** (split) विखंडित करना : the family was rent by internal quarrels आंतरिक झगड़ों के कारण परिवार विखंडित हो गया. **3.** (take away) छीनना : to ~ the purse from a person किसी व्यक्ति से बटुआ छीनना; the terrorists rent girls from their families आतंकवादी लड़कियों को उनके परिवारों से छीन ले गए. **3.** (tear out) उखाड़ना : to ~ the plant पौधा उखाड़ना.

render रॅन्डर् *v.t.* **1.** देना, प्रस्तुत करना, पेश करना : to ~ thanks धन्यवाद देना; to ~ account हिसाब ≈; at the end I will ~ a bill for the work I have done अंत में उस काम का बिल पेश करूंगा जो मैंने किया है; two doctors ~ed help at the accident दो डाक्टरों ने दुर्घटना[F] के मौके पर सहायता[F] दी/की. **2.** (surrender) अर्पित करना, समर्पित करना : I wish to ~ you my service मैं आपको अपनी सेवा अर्पित करना चाहता हूँ. **3.** (cause to be) बना देना : age has ~ed him peevish उम्र ने उसे चिड़चिड़ा बना दिया है. **4.** प्रदर्शित करना, प्रस्तुत करना : he ~ed honour to the principal उसने प्राचार्य के प्रति सम्मान प्रदर्शित किया. **5.** (translate) (into) अनुवाद करना, दूसरे शब्दों में व्यक्त करना : you can ~ a sentence in several ways तुम किसी वाक्य को कई ढंग से व्यक्त कर सकते हो; he ~ed the poem into English उसने कविता[F] का अंग्रेजी में अनुवाद किया. **3.** पलस्तर करना : the mesons have ~ed the wall राजगीरों ने दीवार[F] पर पलस्तर कर दिया है.

renew रिन्यू' *v.t.* **1.** (fresh) नया करना, ताज़ा करना : to ~ the memory याद्दाश्त[F] ताज़ा करना; I have ~ed the coverings on these chairs मैंने उन कुर्सियों के आवरण नए कर दिए हैं. **2.** (repair) ठीक कर देना, मरम्मत कर देना : who will ~ the car, he asked उसने पूछा कि कार[F] की मरम्मत[F] कौन करेगा; they ~ed their machine themselves उन्होंने अपनी मशीन[F] को स्वयं ही ठीक कर लिया. **3.** (revive) नया जीवनप्रदान करना, जान डालना : the medicine ~ed his life दवा[F] ने उसे नया जीवन प्रदान किया; as soon as he started to play he ~ed the game ज्यों ही उसने खेलना शुरू किया खेल में जान डाल दी. **4.** (begin again) फिर शुरू करना या होना, पुनः प्रारंभ करना या हो जाना : he ~ed his work in the factory उसने कारखाने में अपना काम फिर शुरू कर दिया. **5.** (refill) और भरना : to ~ the water in a flower vase फूलदान में और पानी भरना. **6.** अवधि[F] बढ़ाना या बढ़वाना : I got my licence ~ed मैंने अपने लाइसेंस की अवधि बढ़वाई; to ~ the contract ठेका बढ़वाना. **renewal** रिन्यू'अल *n*[cu]. **1.** नयीकरण, नवीनीकरण : ~ of membership is due सदस्यता[F] का ≈ बाकी है; ~ of lease पट्टे का ≈. **2.** नव जीवन, पुनरारंभ : ~ of his life उसके जीवन का पुनरारंभ.

renounce रि नाउंस' *v.t.* **1.** त्याग देना, त्यागना, छोड़ देना; से संबंध तोड़ना : the prince ~d his father's throne राजकुमार ने अपने पिता के सिंहासन को त्याग दिया; he ~d the honour given to him by his relatives अपने संबंधियों द्वारा उसे दिए गए सम्मान को उसने त्याग दिया; they have ~d violence उन्होंने हिंसा[F] छोड़ दी है; he has ~d his relation from worldly ties उसने सांसारिक बंधनों से संबंध तोड़ लिया है; to ~ a claim दावा छोड़ देना; to ~ one's friend अपने मित्र का त्याग कर देना; to ~ the world संन्यास ले लेना. **2.** (of treaty) तोड़ना : India has ~d the political relations with Pakistan भारत ने पाकिस्तान से राजनीतिक संबंध तोड़ लिए हैं.

renown रिनाउन *n*[u]. ख्याति[F], कीर्ति[F], प्रसिद्धि[F] [great बड़ी, unlimited असीमित]; he won ~ as a journalist उसने पत्रकार के रूप में ≈

प्राप्त की; he is a man of ~ वह ख्यातिप्राप्त व्यक्ति है; Mumbai is a city of ~ मुंबई एक प्रसिद्ध नगर है. **renowned** रि नाउन्ड' *a.* विख्यात, प्रसिद्ध, मशहूर [city शहर, man आदमी, place स्थान]; Calcutta is a ~ city कलकत्ता एक ≈ नगर है; Josh was a ~ Urdu poet जोश उर्दू के ≈ शायर थे; Bose was ~ as a botanist बोस वनस्पति शास्त्री के रूप में प्रसिद्ध थे.

rent रेंन्ट **I.** *n*[c]. **1.** (tear) चीर, फटन[F] : a ~ in the cloth कपड़े की ≈. **2.** (fissure) दरार[F] : broad ~ चौड़ी ≈; repair the ~s of the house घर की ≈ को ठीक करो. **3.** (disunion) फूट[F] : ~ in the family परिवार में दरार/फूट[F]. **4.** (payment) किराया [high बड़ा, less कम, payable देय]; take the house on ~ किराए पर मकान ले लो; I could not pay last month's ~ मैं पिछले महीने का किराया नहीं दे सका; will you or will you not give the ~ today क्या तुम आज किराया दोगे या नहीं? **५.** (of fields) लगान : I pay Rs. 300 as the ~ of my fields मैं अपने खेतों का तीन सौ रुपया ≈ देता हूँ; a ~ is a sum of money payable yearly for the use or occupation of land ≈ भूमि के प्रयोग अथवा कब्ज़े के लिए दी जाने वाली वार्षिक राशि[F] है. **II.** *v.t.* **1.** किराए पर लेना : we ~ed a small house in Allahabad हमने इलाहाबाद में एक छोटा-सा मकान किराए पर लिया; I have ~ed this shop for Rs. 400 p.m. मैंने यह दुकान[F] 400 रुपया प्रति माह के किराए पर ली है. **2.** किराए पर देना/उठाना : he has ~ed a room to Mr. K. उसने श्री क को एक कमरा किराए पर दिया है. **rental** रेंन्टल *n*[c]. किराया : ~ value जमाबंदी मूल्य; the ~ of this house is Rs. 60,000 per year इस मकान का जमाबंदी मूल्य 60,000 रुपया वार्षिक है; pay the ~ for three months in advance तीन महीने का अग्रिम किराया दो.

rent रेंन्ट *v.t. past* & *p.p.* of rend *q.v.*

repaid रिपेड' *v. p.p.* of 'repay' *q.v.*

repair रि पेंअर' **I.** *v.t.* **1.** मरम्मत करना : to ~ smth partly damaged आंशिक रूप से क्षतिग्रस्त किसी चीज़ की ≈; my watch has stopped, I must get it ~ed मेरी घड़ी[F] बंद हो गई है, मुझे इसकी मरम्मत करवानी चाहिए; this road needs ~ing इस सड़क[F] की मरम्मत आवश्यक है. **2.** प्रतिकार करना : to ~ a wrong किसी दोष का ≈. **3.** पूरा करना, प्रतिपूर्ति करना : to ~ a loss घाटा पूरा करना. **4.** to ~ to जाना : we ~ed to the hotel for rest हम होटल में आराम करने चले गए. **II.** *n*[c]. मरम्मत[F] [complete पूरी, general साधारण, good अच्छी]; this house needs a lot of ~s इस मकान में बहुत कुछ ≈ की आवश्यकता[F] है; the road is still under ~ सड़क[F] की अभी ≈ चल रही है; the shop is closed for ~s दुकान[F] मरम्मत के लिए बंद है; this car needs ~s before you can use it इस कार का इस्तेमाल करने से पहले तुम्हें इसकी ≈ की आवश्यकता है; ~s are being carried out ≈ हो रही है.

repay रि पे' *v.t.* **1.** (return) लौटाना, प्रतिदान करना : I can never ~ you for your kindness मैं आपकी दयालुता[F] का प्रतिदान नहीं कर सकता; he has still not repaid my money उसने अब तक मेरा पैसा नहीं लौटाया है. **2.** (retaliate) बदला चुकाना या लेना : I'll ~ the blow, injury मैं प्रहार, चोट[F] का बदला लूँगा; he repaid his abuses by blows उसने उसकी गालियों[F] का बदला चोटों[F] से लिया. **3.** (compensate) क्षतिपूर्ति[F] करना : who will ~ my loss मेरे घाटे की क्षतिपूर्ति कौन करेगा? **repayment** रेपे'मन्ट *n*[u]. **1.** (of money) शोधन, परिशोधन, चुकौती[F] : ~ of loan कर्ज़ की चुकौती. **2.** प्रतिदान, प्रतिकार, बदला : ~ of all you have done for me आपने मेरे लिए जो कुछ किया है उस सब का ≈. **3.** क्षतिपूर्ति[F] : ~ of the loss sustained by me मैंने जो नुकसान उठाया है उसकी ≈.

repeat रिपीट' *v.t.* **1.** दोहराना : the examiner ~ed the question परीक्षक ने प्रश्न दोहराया; ~ these words after me इन शब्दों को मेरे पीछे दोहराओ; will you please ~ what you said आपने जो कहा क्या उसे कृपया दुहराएँगे? the teacher asked the student to ~ the poem अध्यापक ने छात्र को कविता[F] दुहराने के लिए कहा. **2.** (recite) सुनाना : ~ the second poem of the text-book पाठ्यपुस्तक से दूसरी कविता[F] सुनाओ.

3. (recur) फिर (घटित) होना, फिर आना : please assure me that it will not ~ कृपया मुझे आश्वस्त कीजिए कि यह पुन: घटित नहीं होगा. **repeatedly** रिपी'टड्लि *adv.* बारंबार, बार- बार : he ~ fails वह ≈ फ़ेल होता है; he made such efforts ~ उसने इस प्रकार का प्रयास ≈ किया है; he said that ~ but did not care उसने यह ≈ कहा लेकिन परवाह नहीं की; I have ~ told you to keep the door shut मैंने तुमको ≈ बताया है कि दरवाज़ा बंद रखा करो.

repel रिपे̐ल' *v.t.* (-ll-) **1.** (drive back) मार भगाना, पीछे हटा देना : he ~led me from the first moment उसने पहले क्षण ही मुझे भगा दिया; he ~led the enemies easily उसने आसानी से शत्रुओं को पीछे हटा दिया. **2.** (ward off) he ~led the attack bravely उसने बहादुरी[F] से आक्रमण रोक दिया. **3.** (refuse) इंकार करना, अस्वीकार करना : the principal ~led the students' request प्राचार्य ने छात्रों की प्रार्थना[F] को अस्वीकार कर दिया; he ~led my offer उसने मेरी पेशकश[F] को ठुकरा दिया. **4.** (be repulsive) घृणा उत्पन्न करना : his ugly appearance ~s me उसकी गंदी सूरत से मुझे घृणा होती है.

repent रिपे̐न्ट' *v.t.* पछताना, पश्चात्ताप/अनुताप करना : he ~ed (of) his sins उसने अपने पापों का प्रायश्चित किया; वह अपने पापों पर पछताया; he ~ed having disobeyed his father उसने अपने पिता की आज्ञा[F] का उल्लंघन करने पर पश्चात्ताप किया; he killed the dog and is now ~ing उसने कुत्ते को मार डाला और अब पश्चात्ताप/अनुताप कर रहा है. **repentance** रिपे̐न्'टन्स *n*[u]. पश्चात्ताप, पछतावा, अनुताप : ~ for evil दुष्कर्मों के लिए ≈; he did ~ by performing a yagya उसने यज्ञ करके ≈ किया. **repentant** रिपे̐न्'टन्ट *a.* अनुतप्त [sinner पापी, woman स्त्री]; my ~ mood मेरी ≈ चित्तवृत्ति[F]; he was not ~ वह पछता नहीं रहा था.

repetition रे̐पिटि'शन *n*[u]. (from repeat) (an occurring again) पुनरावृत्ति[F] [least कम-से-कम, much अधिक]; I want no ~ of such conduct इस प्रकार के आचरण की मैं ≈ नहीं चाहता; avoid ~ of words in writing लेखन में शब्दों की ≈ से बचो; in his novel there is ~ of a number of episodes उसके उपन्यास में बहुत-से उपकथानकों की ≈ है. **2.** पुनरुक्ति[F] : ~ of a sentence वाक्य की ≈.

replace रिप्लेस *v.t.* **1.** (put back) वापस रख देना : to ~ the cup after taking tea चाय[F] पीने के बाद प्याला वापस रख देना; they ~d a statue on its former stand उन्होंने मूर्ति[F] को उसके पहले के स्थान पर फिर रख दिया; ~ it where it was इसे वहीं रख दो जहाँ थी. **2.** (take the place of) का स्थान लेना, के स्थान पर काम करना : scooters have ~d bicycles in all the cities सारे शहरों में साइकिल का स्थान स्कूटर ने ले लिया है; Shukla will ~ Mishra in the team टीम[F] में मिश्रा के स्थान पर शुक्ला काम करेगा या खेलेगा; who will ~ you तुम्हारे स्थान पर कौन काम करेगा ? Dr. D has ~d Mr. K as lecturer in our college डॉक्टर ड श्री क के स्थान पर व्याख्याता हुए हैं. **3.** (provide a substitute for) बदलना, एक को हटाकर दूसरे को लगाना, के स्थान पर दूसरे को नियुक्त करना : Mr. L is ~d as Police Superintendent श्री ल को पुलिस अधीक्षक के रूप में हटा दिया गया है. **replacement** रिप्लेस्'मन्ट *n.*[F] **1.** (act) प्रतिस्थापन, बदल, बदलाई[F] : this broken chair needs ~ इस टूटी हुई कुर्सी को बदलने की जरूरत[F] है. I want a ~ of my old radio set मैं आपके पुराने रेडियो सेट की बदलाई चाहता हूँ; your tyre now needs ~ तुम्हारे टायर को अब बदलाई की जरूरत[F] है. **2.** (substitute) स्थानापन्न : ~ of the Captain in the team टीम[F] में कप्तान का ≈ है.

reply रिप्लाइ' **I.** *n*[c]. (replies) उत्तर, जवाव [brief संक्षिप्त, satisfactory संतोषजनक, wrong गलत]; ~ paid जवाबी; ~ postcard जवाबी पोस्टकार्ड; he made not ~ उसने कोई जवाब न दिया; in ~ to your letter तुम्हारे पत्र के ≈ में; to say smth in ~ ≈ में कुछ कहना; the messenger gave the ~ that the enemy were approaching दूत ने ≈ दिया कि शत्रु पास आ रहा है; what did he say in ~ उसने ≈ में क्या

कहा ? **II.** *v.i.t.* (p. replied) उत्तर देना, जवाब देना [boldly दिलेरी से, immediately तुरंत, quickly जल्दी से]; you did not ~ to my question तुमने मेरे प्रश्न का उत्तर नहीं दिया; I wrote to them twice but they have not still replied मैंने उन्हें दो बार लिखा, लेकिन उन्होंने अभी तक जवाब नहीं दिया है; "very well" she replied "बहुत अच्छा", उसने जवाब दिया.

report रिपॉर्ट' **I.** *v.t.* **1.** (official) रिपोर्ट (प्रतिवेदन) प्रस्तुत करना, लिखना या देना : have you ~ed your complaint to the D.M. क्या तुमने जिलाधीश को अपनी शिकायत^F कर दी है ? **2.** (give an account) विवरण देना, लिख भेजना : please ~ to the Press what you have seen here कृपया प्रेस में लिख भेजिए जो आपने यहाँ देखा है. **3.** (inform) समाचार या सूचना^F देना : scouts ~ed the presence of enemy plane स्काउटों ने शत्रु के हवाई जहाज़ के होने की सूचना दी; it is ~ed that dacoits may come into the village यह सूचना^F दी गई है (समाचार है) कि डाकू गाँव में आ सकते हैं; who has ~ed you so तुमको ऐसी सूचना किसने दी है ? **II.** *v.i.* **1.** (complain) के विरुद्ध शिकायत^F करना : Mr. Pal has ~ed against you मि० पाल ने तुम्हारे विरुद्ध शिकायत की है; she ~ed to the class-teacher उसने कक्षाध्यापक से शिकायत^F की. **2.** उपस्थित हो जाना : to ~ for duty ड्यूटी पर उपस्थित हो जाना; when and at what time have you to ~ तुम्हें कब और कितने बजे उपस्थित होना है ? **III.** *n*^c. **1.** रिपोर्ट, प्रतिवेदन (annual) वार्षिक, financial वित्तीय, interim अंतरिम]; a number of important questions were taken up in the ~ बहुत-से महत्वपूर्ण प्रश्न रिपोर्ट में लिए गए थे. **2.** विवरण : I have received a ~ of the meeting मुझे बैठक का ≈ मिला है. **3.** (press) खबर^F, सूचना^F : what is the ~ of the Reuter रायटर की क्या ख़बर है ? **4.** (to police) रपट : to make a ~, he went to the police station ≈ करने वह थाने गया; ~ must be made to the police पुलिस में ≈ की ही जानी चाहिए. **5.** अफ़वाह^F, उड़ती ख़बर^F : it was merely a ~ यह केवल एक अफ़वाह थी; the ~ goes that he has been arrested अफ़वाह है कि वह पकड़ा गया है. **6.** (repute) नाम : a man of good ~ अच्छे ≈ वाला आदमी. **7.** (noise) धड़ाका : ~ of a gun बंदूक^F का धड़ाका. **8.** weather ~ मौसम का हाल. **reporter** रिपॉर'टर *n*^c. (press) संवाददाता, रिपोर्टर [expert दक्ष, learned विद्वान]; a ~ sends the news from districts ≈ ज़िले से समाचार भेजता है; I sought employment as a ~ मैंने एक संवाददाता की नौकरी^F पाई.

represent रें'प्रिज़ें'न्ट', *v.t.* **1.** (present again) दोबारा देना या अर्पित करना : ~ immediately तुरंत ही ≈; she ~ed the money again to her husband उसने पैसा फिर पति को दे दिया; I ~ everything in the service of God ईश्वर की सेवा^F में अपना सब कुछ अर्पित करता हूँ. **2.** (of image) कल्पना^F करना : he ~ed a new world full of prosperity समृद्धता^F से पूर्ण उसने एक नए लोक की कल्पना की. **3.** (portray) चित्रित करना : this painting ~s an earthquake यह चित्र किसी भूकंप को चित्रित करता है. **4.** (describe) अंकित करना, he was ~ed as the hero of the play उसे नाटक के नायक के रूप में अंकित किया गया था; he has ~ed nature very well in his poetry उसने अपनी कविता^F में प्रकृति को भली-भाँति अंकित किया है. **5.** (explain) समझाना : to ~ the earth by globe पृथ्वी^F को ग्लोब द्वारा समझाना; he ~ed his friend not to resign from the office उसने अपने मित्र को समझाया कि पद से इस्तीफ़ा न दो. **6.** (plead) प्रस्तुत करना : he ~ed his case in the court अदालत^F में उसने उसका मामला प्रस्तुत किया. **7.** (act) अभिनय करना : he ~s a king in the drama वह नाटक में राजा का अभिनय करता है. **8.** (denote) का अर्थ रखना, द्योतित करना : how many meanings does this word ~ इस शब्द के कितने अर्थ होते हैं. **9.** (symbolize) का प्रतीक होना : the tricolour flag ~s prosperity, peace and power तिरंगा झंडा संपन्नता^F, शांति^F और शक्ति^F का प्रतीक है; what does this mark

~ यह चिह्न किसका प्रतीक है? round marks on the map ~ capitals of states मानचित्र में गोल-गोल चिह्न राज्यों की राजधानियों^F को द्योतित करते हैं. **10** (be deputy of) का प्रतिनिधि होना, प्रतिनिधित्व करना : who will ~ India in the United Nations संयुक्त राष्ट्र में भारत का नेतृत्व कौन करेगा? the President will ~ our nation in Australia आस्ट्रेलिया में राष्ट्रपति हमारे राष्ट्र का प्रतिनिधित्व करेंगे. **representation** रेप्रिज़ेंटे'शन *n*^cu. **1.** प्रतिनिधित्व : no taxation without ~ ≈ के बिना कराधान नहीं; ~ of the people's opinions लोकमत का ≈. **2.** निवेदन : we made a ~ to the Director हमने निदेशक से ≈ किया. **representative** रेंप्रिजेंन्टेटिव *n*^c. **1.** प्रतिनिधि [permanent स्थायी, special विशेष]; he has been appointed diplomatic ~ of India उसे भारत का राजनयिक ≈ नियुक्त किया गया है; we chose him our ~ हमने उसे अपना ≈ चुना; three ~s from Japan were at the Congress जापान से तीन ≈ कांग्रेस में थे; he has come as the ~ of the government वह सरकार^F के ≈ के रूप में आए हैं.

repress रिप्रें'स' *v.t.* (subdue) दबाना, दमन करना : to ~ a revolt विद्रोह दबाना; the government could not ~ the mutiny in the army सरकार^F सेना^F के विद्रोह का दमन न कर सकी; they all could not ~ their laughter वे सब अपनी हँसी को रोक/दबा न सके. **repressed** रिप्रेंस्ड *a.* दमित [desires इच्छाएँ, mob भीड़^F, orphan अनाथ]; ~ class of persons ≈ लोगों का वर्ग. **repressive** रिप्रें'सिव़ *a.* दमनकारी, दमनात्मक [acts कार्य; measure उपाय, political system राजनैतिक व्यवस्था^F]; this ~ thinking of the government will not be successful सरकार^F की यह सोच^F सफल नहीं होगी.

reprimand रेंप रिमान्ड **I.** *n*^c. फटकार^F, घुड़की^F, डाँट^F : ~ by the superiors in the office कार्यालय के वरिष्ठ लोगों द्वारा ≈; give smb a severe ~ किसी को कड़ी ≈ देना; to receive a ~ डाँट पाना. **II.** *v.t.* **1.** फटकारना, डाँटना, डपटना : to ~ a naughty boy शरारती लड़के को ≈; the aunt ~ed Ramu severely चाची ने रामू को कड़ी डाँट लगाई; the superintendent ~ed the peon सुपरिन्टेंडेंट ने चपरासी को फटकारा. **2.** (law) दोषी ठहराना : the accused was ~ed by the Court अभियुक्त को न्यायालय ने दोषी ठहराया.

reproach रिप्रोच' **I.** *v.t.* **1.** भर्त्सना^F करना : he ~ed the boy for not doing the work in time वक्त पर काम न करने पर उसने लड़के की भर्त्सना की. **2.** (rebuke) फटकारना : he ~ed the girl for being late देर से आने के लिए उसने लड़की को फटकारा. **3.** (blame) निंदा^F करना, धिक्कारना : why do you ~ yourself for no fault of yours अपनी गलती न होने के लिए तुम अपने को क्यों धिक्कारते हो? **II.** *n*^u. **1.** भर्त्सना^F, फटकार^F : the boy tried to escape ~ लड़के ने ≈ से बचने की कोशिश की. **2.** (cause of ~) कलंक : these old houses are a ~ to the city ये पुराने मकान शहर के लिए ≈ हैं; the sanitary conditions are a ~ to the Corporation सफ़ाई^F की हालत^F निगम पर कलंक है. **3.** (disrepute) बदनामी^F : this brought ~ on the family इससे परिवार की ≈ हुई.

reproduce रीप्रॅड्यूस' *v.t.* **1.** (फिर से) उत्पन्न करना, पैदा करना : taperecorder ~s sound टेपरिकार्डर फिर से ध्वनि उत्पन्न करता है; (offspring) प्रजनन करना : plants ~ through their seeds पौधे अपने बीजों से (पेड़) प्रजनन करते हैं; this crop will be ~ed in the coming year अगली साल यह फ़सल पुनः पैदा की जाएगी; how do fish ~ मछलियाँ अपने बच्चे कैसे पैदा करती हैं? **2.** प्रतिलिपि या प्रतिकृति तैयार करना : ~ this drawing इस चित्र की प्रतिकृति तैयार कीजिए; cinema picture was ~d in the magazine पत्रिका^F में सिनेमा फ़ोटो की प्रतिकृति उतारी गई; this is a painting which even an expert artist cannot ~ यह एक चित्र है जिसकी प्रतिकृति कोई दक्ष कलाकार भी नहीं तैयार कर सकता.

reptile रेंप'टाइल *n.* **1.** रेंगने वाला, सरीसृप : crocodiles and snakes are ~s मगरमच्छ

और साँप सरीसृप हैं; ~s crawl without legs or with very short legs सरीसृप बिना टाँगों के अथवा बहुत छोटी टाँगों से रेंगते हैं. **2.** (person) धोखेबाज़, पाजी [extreme अत्यंत, notorious कुख्यात]; he is a noted ~ वह जाना-पहचाना ≈ है.

republic रिपॅब्'लिक *n.* गणराज्य, गणतंत्र [democratic लोकतांत्रिक, independent स्वतंत्र]; ~ day ≈ दिवस; India is a ~ भारत एक ≈ है; which is the biggest ~ सबसे बड़ा ≈ कौन-सा है? a ~ is completely governed by the elected representatives ≈ पूरी तरह निर्वाचित प्रतिनिधियों द्वारा शासित होता है.

reputation रॅप्यूटे'शन *n.* नाम, प्रतिष्ठा[F]; (fame) ख्याति[F], कीर्ति[F], यश : good ~ नेकनामी[F], सुयश; bad ~ बदनामी[F] अपयश; he has nationwide ~ उसकी पूरे राष्ट्र में प्रतिष्ठा है; he has a ~ as a doctor डाक्टर के रूप में उसकी ≈ है; he could not establish his ~ वह नाम पैदा न कर सका; his ~ as a poet कवि के रूप में उसकी प्रसिद्धि; the general has a great ~ in the army सेना में जनरल की बहुत प्रतिष्ठा होती है. Δ **to lose one's ~** नाम डुबाना : he has tarnished the ~ of his father by his bad deeds अपने कुकर्मों द्वारा उसने अपने पिता के नाम को कलंकित कर दिया है. **repute** रिप्यूट' **I.** *n*[u]. नाम, नेकनामी[F], प्रतिष्ठा[F] : good ~ नेकनामी[F], सुख्याति[F]; bad ~ बदनामी[F], कुख्याति[F]; he is held in high ~ उसकी बहुत प्रतिष्ठा[F] है; to regard the ~ of the author लेखक की प्रतिष्ठा का आदर करना; he is a man of ~ वह प्रतिष्ठित/विख्यात व्यक्ति है. **II.** *v.t.* मानना : she is ~d to be the ablest teacher वह सबसे योग्य अध्यापिका मानी जाती है; the Americans are ~ed to be bold and enterprising अमरीकी साहसी और उद्योगी माने जाते हैं. [*ant*. dis~]

request रिक्वॅस्ट' **I.** *n*[c]. **1.** निवेदन, अनुरोध, प्रार्थना[F] : to make ~ ≈ करना; to refuse a ~ ≈ अस्वीकार करना; to grant somebody's ~ किसी का अनुरोध स्वीकार करना; we did it at your ~ हमने इसे आपके ≈ पर किया; she sang a song by/on ~ उसने फ़रमाइश[F] पर एक गीत गाया; the headmaster granted my ~ प्रधानाध्यापक ने मेरी प्रार्थना[F] स्वीकार कर ली; bus stops here on/by ~ प्रार्थना करने पर यहाँ बस खड़ी होती है. **2.** (asking) I came here at his ~ मैं उसके कहने पर यहाँ आया. **II.** *v.t.* निवेदन करना, अनुरोध करना, प्रार्थना[F] करना : to ~ smb to do smth कुछ करने के लिए किसी से प्रार्थना करना; I ~ you to do me a favour मैं आपसे निवेदन करता हूँ कि आप मुझ पर कृपा करें; the public are ~ed not to touch the objects exposed here खुली पड़ी चीजों को स्पर्श न करने के लिए जनता[F] से अनुरोध किया जाता है; I ~ you to give further information आगे की सूचना[F] देने के लिए मैं आपसे अनुरोध करता हूँ; to ~ a lady to give a song किसी औरत से गाना गाने के लिए अनुरोध करना; I ~ your attention मैं आपसे ध्यान देने का अनुरोध करता हूँ. [*ant*. command]

require रिक्वाइ'अर *v.t.* **1.** (demand) माँगना : to ~ food for the child बच्चे के लिए भोजन ≈; he ~d more time उसने और समय माँगा. **2.** (order) हुक्म देना, आदेश देना : the court ~s the police to bring the accused न्यायालय ने पुलिस को अभियुक्त को पेश करने का आदेश दिया; everyman was ~d to work सब लोगों को काम करने का आदेश दिया गया; I ~ you to go to the station मैं तुम्हें स्टेशन जाने का आदेश देता हूँ. **3.** (need) के लिए ज़रूरी/आवश्यक होना, अपेक्षा[F] रखना : this is what was ~d by my father यह है जिसकी मेरे पिता अपेक्षा रखते थे; this resolution ~s more attention इस प्रस्ताव पर और अधिक विचार करने की आवश्यकता[F] है; do you ~ anything क्या आपको किसी चीज की जरूरत है? I ~ your help मुझे तुम्हारी सहायता[F] की आवश्यकता[F] है; the matter ~s great care मामले में अत्यंत सावधानी[F] की आवश्यकता है; how much flour do you ~ तुम्हें कितने आटे की आवश्यकता[F] है? [*n*. requirement आवश्यकता]

requisite रॅक्विज़िट **I.** *a.* आवश्यक, अपेक्षित : ~ qualification ≈ योग्यता[F]; fill in the ~

form ≈ फ़ार्म भर दो; a knowledge of Latin is ~ for that post उस पद के लिए लैटिन का ज्ञान ≈ है. **II.** *n*^{c}. आवश्यक सामग्री^{F} या गुण, अपेक्षित गुण : travelling ~s यात्रा के लिए सामान; sports ~ खेलों का ज़रूरी सामान; mind to collect all the ~ for your journey अपनी यात्रा^{F} की सभी आवश्यक सामग्री इकट्ठा करने पर ध्यान रहे.

rescue रें'स्'क्यू **I.** *v.t.* **1.** बचाना : the child was ~d from the harm बच्चे को नुकसान से बचा लिया गया; the fireman ~d three women from the burning house फ़ायरमैन ने जलते मकान से तीन औरतों को बचा लिया; to ~ someone from the attack of enemies किसी को शत्रु के आक्रमण से बचाना; to ~ the poet from oblivion कवि को गुमनामी से बचाना. **2.** बचा रखना, छोड़ रखना : please ~ a corner seat for me कृपया कोने की सीट^F मेरे लिए बचा रखिएगा. **II.** *n*^{u}. **1.** बचाव, उद्धार : they went to the ~ of the three women वे उन तीन स्त्रियों के बचाव के लिए गए, **2.** to come/go for ~ सहायता^{F} करना : I could not solve the problem, Mr. C. came to my ~ मैं तो समस्या^{F} हल न कर सका, श्री क ने मेरी सहायता^{F} कर दी.

research रि सर्च' **I.** *n*^{u}. खोज^F, अनुसंधान, शोध [fresh ताज़ी/नयी, scientific वैज्ञानिक, serious गंभीर]; ~ institute शोध-संस्थान; he is doing ~ on ethics वह आचार-शास्त्र पर ≈ कर रहा है; he is still engaged in medical ~ वह अभी तक चिकित्सीय ≈ में लगा हुआ है; new ~es have been made on tropical plants उष्ण-कटिबंधीय पौधों पर नए शोध किए गए हैं. **II.** *v.i.* खोज या अनुसंधान/शोध करना : a student ~ed into the causes of Mughal downfall एक छात्र ने मुगलों के पतन के कारणों पर शोध किया. **III.** *v.t.* to ~ a subject किसी विषय की खोज करना.

resemblance रिज़ेंमे'ब्लन्स *n*^{c}. सादृश्य, साम्य, समानता^{F} : there is much ~ between the two sisters दोनों बहनों में बहुत ≈ है; they bear a strong ~ to each other वे एक दूसरे से बहुत साम्य रखते/रखती हैं; there is some ~ in the works of contemporary authors समकालीन लेखकों की कृतियों^{F} में कुछ समानता होती है. **resemble** रिज़ें'म्'बल *v.t.* (take after) पर पड़ा होना, मिलता-जुलता होना : the two brothers ~ each other दोनों भाई एक-दूसरे पर पड़े हैं; he ~s his brother वह अपने भाई से मिलता-जुलता है; he ~s his father वह अपने पिता पर गया है; she does not ~ her mother वह अपनी माँ से नहीं मिलती-जुलती.

resent रिज़ें'न्ट' *v.t.* (का या पर) बुरा मानना, अप्रसन्न या नाराज़ होना, कुढ़ना; she ~s my telling her that she is wrong मेरे यह बताने पर कि तुम गलती^{F} पर हो, वह बुरा मानती है; I ~ your malicious remark मैं तुम्हारे दुर्भावनापूर्ण टिप्पणी^{F} से नाराज़ हूँ; why do you ~ my advice तुम मेरी सलाह^F से बुरा क्यों मानते हो ? ~ interruption in my work मैं अपने काम में हस्तक्षेप को बुरा मानता हूँ. **resentment** रिज़ें'न्ट'मन्ट *n*^{u}. रोष, नाराज़गी^{F} [much बहुत, painful कष्टकर]; I bear you no ~ आपसे मेरी कोई नाराज़गी नहीं है; she felt ~ against his behaviour उसके व्यवहार से उसने रोष महसूस किया.

reservation रेज़र्वे'शन *n.* **1.** (of seat, room, etc.) आरक्षण : he asked the clerk for the ~ of a berth in 2nd class द्वितीय श्रेणी में एक सीट^F के ≈ के लिए उसने क्लर्क से कहा; I have a ~ in the hotel मैंने होटल में ~ करा रखा है. **2.** (condition) शर्त^F : to accept smth without ~ कोई बात^F बिना शर्त स्वीकार करना. **3.** (uncertainty) अनिश्चय I had ~ about his appointment मुझे उसकी नियुक्ति के बारे में ~ रहा. **reserve** रिज़र्व' **I.** *v.t.* **1.** (hold over) बचा रखना, रोक रखना : it is necessary to ~ money for the rest of the life शेष जीवन के लिए पैसा बचा रखना ज़रूरी है. **2.** (keep safe) सुरक्षित रखना, सुरक्षित कर लेना : to ~ smth for oneself alone कोई चीज़ अपने अकेले के लिए ≈ . **3.** (place, room, etc.) रिज़र्व/आरक्षित करना या कराना : it is necessary to ~ at least two berths कम-से-कम दो सीटें^{F} सुरक्षित कराना जरूरी है; these seats are ~ed for ladies ये सीटें^{F} महिलाओं के लिए

आरक्षित हैं. **II.** *n*^{c}. **1.** संचय : ~ fund, currency संचित निधि^{F}, मुद्रा^{F}; I keep some money in ~ मैं कुछ पैसा संचित रखता हूँ; the ~of money is the need of the day धन का ≈ आज की आवश्यकता^{F} है. **2.** (mili) रिज़र्व, रिज़र्व सेना^{F} या सैनिक : the ~s were called up रिज़र्व सैनिक बुला लिये गए; a country must have ~ police किसी देश के पास रिजर्व पुलिस होनी चाहिए. **3.** (sports) अतिरिक्त खिलाड़ी : every team has some ~s हर टीम के पास कुछ ≈ होते हैं. **4.** (condition) प्रतिबंध, शर्त^F : without ~ बिना ननुनच : he accepted my plea without ~ उसने बिना ननुनच मेरा तर्क मान लिया. **5.** (shyness) संकोच : she talks with ~ वह संकोच से बात करती है. **reserved** रिज़र्व्ड' *a.* **1.** बचा हुआ, बाकी, सुरक्षित, नियत, अलग किया हुआ [money धन, work काम]; you may sleep here, it is your ~ berth तुम यहाँ सो जाओ, यह तुम्हारी आरक्षित सीट^F है; he has no ~ room उसका कोई आरक्षित कमरा नहीं है; all rights ~ सर्वाधिकार सुरक्षित हैं. **2.** (self-restrained) संयमी : ~ person ≈ व्यक्ति; he is leading a ~ life वह संयत जीवन व्यतीत कर रहा है. **3.** अल्पभाषी, चुप्पा, धुन्ना, संकोची : he is too ~ वह बहुत ही ≈ है. **reservoir** रेज़र्'व्वा *n*^{c}. टंकी^{F}, हौज़, कुण्ड : this ~ supplies water to the hostel यह टंकी छात्रावास में पानी की आपूर्ति^{F} करती है. **2.** भण्डार, ख़ज़ाना : this book is a ~ of facts यह पुस्तक^F तथ्यों का ≈ है; a dictionary is a ~ of words and their meanings शब्दकोश शब्दों और उनके अर्थों का भंडार/≈ होता है.

reside रिज़ाइड' **1.** निवास करना, रहना : I ~ in Amritsar मैं अमृतसर में रहता हूँ; the prince ~s in his palace राजकुमार अपने राजमहल में रहता है; the ministers ~ in bungalows मंत्री कोठियों में रहते हैं; she ~ at 10, Gandhi Marg वह 10, गाँधी मार्ग में रहती है. **2.** (be inherent) में अंतर्निष्ट या निहित होना : the meaning ~s in it अर्थ इसी में निहित है. **3.** (be present) विद्यमान होना : such qualities ~ in him उसमें ये गुण विद्यमान हैं. **residence** रेंज़िडन्स *n*^{c}. निवास, आवास, निवास-स्थान, रिहाइश^F [comfortable आरामदायक, royal शाही]; official ~ पदावास; he is in ~ here उसकी रिहाइश (उसका निवास) यहाँ है; during our short ~ here यहाँ कम समय के निवास के दौरान; the meeting will be held at my ~ बैठक मेरे निवास-स्थान पर होगी; I have no fixed ~ मेरा कोई निश्चित निवास-स्थान नहीं है; this is the ~ of Mr. Justice...यह न्यायमूर्ति... का निवास-स्थान है. **resident** रे'जिडन्ट *a.&n*^{c}. **1.** निवासी, रहनेवाला : a ~ abroad विदेश में रहनेवाला; our teacher is a ~ of this town हमारे अध्यापक इस शहर के निवासी हैं; this hospital has a ~ doctor इस अस्पताल में एक निवासी डाक्टर है; I am even now a ~ in that hotel मैं अब भी उस होटल में रहता हूँ. **residential** रेज़िडें न्'शल *a.* निवासीय, रिहाइशी [area क्षेत्र, building इमारत^F, qualification योग्यता^{F} University विश्वविद्यालय].

resign रिज़ाइन' *v.i.* इस्तीफ़ा देना, पद-त्याग करना : the secretary has ~ed सचिव ने इस्तीफ़ा दे दिया है; he ~ed as Director उसने निदेशक का पद-त्याग दिया है; he ~ed from directorate उसने निदेशालय से पद-त्याग कर दिया है. **2.** (give up) छोड़ देना, अर्पित करना : ~ yourself to fate अपने को भाग्य पर छोड़ दो; I ~ my baby to the care of an ayah मैं अपने बच्चे को आया के हवाले छोड़ देता हूँ. **3.** (~ oneself) स्वीकार करना, सहना : to ~ oneself to smb's opinion किसी की राय पर चलना; to ~ oneself to sleep अपने को नींद के हवाले कर देना. **resignation** रेज़िग् ने'शन *n*^{c}. **1.** इस्तीफ़ा, त्यागपत्र : to give, send in one's ~ अपना इस्तीफ़ा देना, भेजना; he handed over his ~ to the president of the party उसने पार्टी के अध्यक्ष को अपना इस्तीफ़ा सौंप दिया; his ~ was not accepted उसका ≈ स्वीकार नहीं किया गया; no appointment has been made since J's ~ ज के इस्तीफ़े (पद-त्याग) के बाद किसी की नियुक्ति^{F} नहीं हुई है.

resist रि ज़िस्ट' *v.t.* **1.** (oppose) विरोध करना, प्रतिरोध करना, का सामना करना : the father did not ~ his son's wishes पिता ने अपने

बेटे की कामनाओं का विरोध नहीं किया; we did ~ the attack हमने आक्रमण का सामना अवश्य किया. **2.** (stop) रोकना, रोक देना : to ~ heat गर्मी का प्रभाव रोकना; to ~ the spread of a disease रोग का फैलाव रोकना; he could not be ~ed any longer उसे और समय तक नहीं रोका जा सकता था. **3.** (keep off) निवारण करना : to ~ a temptation प्रलोभन का ≈. **4.** (usu. negative) I can't ~ ice-cream मैं आइसक्रीम[F] लेने से इंकार नहीं कर सकता. [*ant*. tolerate]. **resistance** रिज़िस्'टन्स *n*[cu]. **1.** रोध, मुकाबला, सामना [hard कठोर, open खुला, sudden एकाएक; to put up or offer ~ विरोध करना; passive ~ सविनय अवज्ञा; there was great ~ to this Bill इस विधेयक का बहुत विरोध हुआ; line of least ~ सबसे सुगम रास्ता. **2.** (hindrance) बाधा[F], रुकावट[F] : it is not easy to remove the ~ ≈ दूर करना आसान नहीं है; they put up a strong ~ उन्होंने प्रबल बाधा डाल दी. **3.** (phys.) प्रतिरोध, प्रतिरोधशक्ति[F] : copper has less ~ to electricity than leather तांबे में चमड़े की अपेक्षा[F] बिजली[F] का प्रतिरोध करने की शक्ति कम होती है; I am weak and lack power of resistance मैं कमज़ोर हूँ इसलिए प्रतिरोध शक्ति नहीं है.

resolution रॅज़ॅल्यू'शन *n*[c]. **1.** (decision) संकल्प, निश्चय : to make a ~ निश्चय/संकल्प करना; he will not deviate from his ~ वह अपने ≈ से नहीं हटेगा. **2.** (motion) प्रस्ताव : to move a ~ in the Parliament संसद् में प्रस्ताव प्रस्तुत करना; his ~ was rejected उसका ≈ नामंज़ूर कर दिया गया; the ~ was passed प्रस्ताव पारित किया गया; he will perhaps agree to this ~ शायद वह यह प्रस्ताव मान लेगा. **3.** समाधान : ~ of a problem समस्या[F] का ≈. **resolve** रिज़ॉल्व' **I.** *v.t.* **1.** (decide) निश्चय करना, संकल्प करना : it was ~d that everyone would go to market यह निश्चय किया गया कि सभी लोग बाज़ार जाएँगे; he ~d to leave his country for ever उसने अपना देश सदा के लिए छोड़ने का निश्चय किया. **2.** (break up) विघटित करना, खंडित करना, विभेदन करना : the mixture was ~d into parts घोल कई भागों में विघटित किया गया; the chemicals were ~d रासायनिक पदार्थ विघटित कर दिए गए. **3.** (settle) तय करना : the matter was amicably ~d मामला मैत्रीपूर्वक तय हो गया. **4.** (solve) समाधान करना : to ~ one's difficulties कठिनाइयों[F] का ≈; the mystery was ~d रहस्य का समाधान कर लिया गया; to ~ a problem समस्या[F] का ≈. **5.** (remove) दूर करना : to ~ a doubt संदेह दूर करना. **II.** *n*[u]. संकल्प : it is my firm ~ यह मेरा दृढ़ ≈ है.

resort रिज़ॉर्ट' **I.** *v.t.* (~to) **1.** का आश्रय या सहारा लेना : we had to ~ to candles when electricity failed जब बिजली फ़ेल हुई तो हमें मोमबत्तियों का सहारा लेना पड़ा. **2.** (visit) जाना, जाया करना : he later decided to ~ to some other place बाद में उसने कहीं अन्यत्र जाने का फैसला किया. **3.** (use) प्रयोग करना, काम लेना : the police had to ~ to force पुलिस[F] को बल प्रयोग करना पड़ा; they then ~ed to blows तब वे हाथापाई[F] पर उतर आए. **II.** *n*[c]. **1.** आश्रय, शरण : her only ~ is T.V. उसका केवल एक ≈ है, टी० वी० **2.** (place) सैरगाह : Nainital is a popular summer ~ नैनीताल एक लोकप्रिय गर्मियों[F] का सैरगाह है; in/as the last ~ अत में : in the last ~ they decided to give up the plan अंत में उन्होंने योजना[F] छोड़ देने का निश्चय किया.

resource रिसॉर्स' *n*[cu]. **1.** संसाधन [artificial कृत्रिम, natural प्राकृतिक, sufficient पर्याप्त]; the natural ~s of a country किसी देश के प्राकृतिक ≈ Ministry of Human R~ मानव ≈ मंत्रालय. **2.** (expedient) उपाय, साधन : to be without any ~ उपाय रहित हो जाना; she thought submission was her only ~ उसने सोचा कि आत्म-समर्पण ही एकमात्र ≈ है; flight was his last ~ उड़ान[F] ही उसका अंतिम ≈ था; ~ in difficulties is the chief quality of a great organiser कठिनाई[F] में कुशलता ही अच्छे व्यवस्थापक का मुख्य गुण है. **3.** सूझ : a man of ~ ≈ वाला आदमी[F] **resourceful** रिसॉर्स'फुल *a.* उपाय कुशल, साधन संपन्न : the manager of this hotel is very ~ इस होटल का प्रबंधक बहुत ≈ है.

respect रिस्पें'क्ट' I. *n*[u]. **1.** (esteem) आदर, सम्मान : he is worthy of ~ वह सम्मान योग्य/आदरणीय है; to show ~ to someone किसी के प्रति ≈ प्रदर्शित करना; to have ~ for elders बड़ों के प्रति आदर/सम्मान होना. **2.** [*ant.* dis ~] (*pl.*) प्रणाम : give/pay my ~s to your father अपने पिताजी को मेरा ≈ देना. **3.** (reference) संबंध/विषय I want to say smth in ~ of this proposal इस सुझाव के ≈ में मैं कुछ कहना चाहता हूँ; will you like to say smth in ~ of your neighbour क्या तुम अपने पड़ोसी के ≈ में कुछ कहना चाहोगे? **4.** (aspect) पहलू, बात[F] : in some ~s कुछ बातों में; the picture is good in some ~s कुछ बातों में तस्वीर[F] अच्छी है. **II.** *v.t.* आदर करना : the children should ~ their parents बच्चों को अपने माता-पिता का सम्मान/आदर करना चाहिए; he is ~ed by everybody सभी लोग उसका सम्मान करते हैं; we all ~ him for his virtues हम सब उसके गुणों के कारण उसका सम्मान करते हैं; I very much ~ his courage मैं उसके साहस का बहुत आदर करता हूँ; to ~ oneself आत्म-सम्मान होना. [*ant.* dis ~] **respectability** रस्पें'क्टॅबि'लिटि *n*[u]. आदरणीयता[F] : ~ of a person due to his character किसी व्यक्ति की उसके चरित्र के कारण ≈. **respectable** रस्पें'क'टॅबल *a.* **1.** आदरणीय, सम्मान्य [family परिवार, member सदस्य, person व्यक्ति]; he is a ~ fellow in the village गाँव में वह सम्मानित व्यक्ति है. **2.** (having good name) प्रतिष्ठित [leader नेता, scholar विद्वान, teacher अध्यापक]. [*ant.* dis ~] **3.** (proper) उचित : it is not ~ to smoke in public सबके समाने धूम्रपान करना ≈ नहीं है. **4.** काफ़ी अच्छा [income आमदनी[F], work काम]; he is a ~ chess-player वह शतरंज का ≈ खिलाड़ी है; they made a ~ total of runs उन्होंने रनों का ≈ योग बना लिया. **5.** काफ़ी बड़ा (in number, size, etc) : a ~ number of people काफ़ी संख्या में लोग. **respected** रस्पें'क्'टिड *a.* सम्मानित, प्रतिष्ठित [member सदस्य, representative प्रतिनिधि, teacher अध्यापक]; a ~ family of the city शहर का एक ≈ परिवार. **respectful** रिस्पें'क्ट्'फुल *a.* **1.** विनीत : ~ lady ≈ महिला; the pupil is ~ to his teachers शिष्य अपने अध्यापकों के प्रति ≈ है. **2.** आदरपूर्ण [attitude रुख़, words शब्द]. **respective** रिस्पें'क्'टिव *a.* अपना-अपना [areas क्षेत्र, classes कक्षाएँ[F]]; they all returned to their ~ houses वे सब अपने-अपने घरों को लौट गए; what are the ~ qualifications of these candidates इन उम्मीदवारों की अपनी-अपनी योग्यताएँ[F] क्या हैं? **respectively** रस पें'क्टिव्लि *adv.* क्रमश: John and Jim were given 20 and 25 marks ~ जॉन और जिम को ≈ 20 और 25 अंक दिए गए.

respond रस् पॉन्ड' *v.i.* उत्तर देना, जवाब देना : he did not ~ to my offer उसने मेरे प्रस्ताव के उत्तर में कुछ नहीं कहा. **response** रस्पॉन्स' *n*[cu]. उत्तर, जवाब [ambiguous अस्पष्ट, right सही, unexpected अप्रत्याशित]; she opened the door in ~ to my knock मेरे खटखटाने के ≈ में उसने दरवाज़ा खोला; I did not get ~ to my letter मुझे पत्र का ≈ नहीं मिला; she made/gave no ~ to my question उसने मेरे प्रश्न का कोई उत्तर न दिया. **responsibility** रस्पॉन्सबि'लिटि *n*[uc]. ज़िम्मेवारी[F], (उत्तरदायित्व) [full पूरी, great भारी]; he did it on his own ~ उसने इसे अपनी ज़िम्मेवारी पर किया; it is his ~ to do this work इस काम को करने की उसकी जिम्मेवारी है; I did not take the ~ मैंने जिम्मेवारी नहीं ली; the education of children is a great ~ of mine बच्चों की शिक्षा[F] मेरी भारी ज़िम्मेवारी है. [*ant.* ir ~] **responsible** रिस्पान्'सॅबल *a.* **1.** जिम्मेवार, उत्तरदायी: [agent अभिकर्ता/एजेंट, government सरकार[F], person व्यक्ति]; who is ~ for breaking this glass pane यह शीशा तोड़ने के लिए कौन ज़िम्मेवार है? who will be ~ for the work इस काम के लिए कौन ≈ होगा; the peon is ~ for locking up the school विद्यालय में ताला बंद करने का चपरासी का ≈ है; he is ~ to the headmaster वह प्रधानाध्यापक के प्रति ≈ है. **2.** (involving responsibility) उत्तरदायित्व-पूर्ण [job काम, office पद]. [*ant.* ir ~]

rest रॅस्ट **I.** *v.i.* **1.** आराम करना, विश्राम करना, सुस्ताना : to ~ after the work काम करने के बाद आराम करना; I shall not ~ till I learn my lesson जब तक मैं अपना पाठ याद नहीं कर लेता आराम नहीं करूँगा; we ~ed for ten minutes हमने दस मिनट आराम किया; let us ~ here हम यहाँ विश्राम कर लें; he never ~ed till the work was finished उसने कभी आराम नहीं किया जब तक कि काम समाप्त नहीं हो गया. **2.** (end) समाप्त होना : the argument ~s there तर्क वहीं समाप्त हो जाता है. **3.** (lie) may his soul ~ in peace उसकी आत्मा^{F} को शांति मिले. **4.** (place on) पर रख देना, टिकाना : the dog ~ed his head on the knee of its master कुत्ते ने अपना सिर अपने मालिक के घुटने पर रख दिया. **5.** (depend on) पर निर्भर होना, पर आधारित होना : it ~s **with** you whether to go or not यह आप पर निर्भर करता है कि जाना है या नहीं; this story ~s **on** Mahabharata यह कहानी^{F} महाभारत पर आधारित है. **6.** (stop) रुकना : the ball ~ ~ed near the wall गेंद^F दीवार^F के पास (जाकर) रुक गयी. **7.** *v.t.* (to give rest) आराम देना : ~ your eyes after reading पढ़ने के बाद आँखों^{F} को आराम दें. [*as distinct from* wrest] **II.** n^u. **1.** विश्राम, आराम [complete पूरा, long लंबा, short थोड़ा-सा]; we had a few minutes' ~ हमें कुछ मिनट का ≈ मिला; he worked all the day without any ~ वह बिना ≈ के पूरे दिन काम करता रहा; he lay down for ~ वह ≈ के लिए लेट गया. **2.** (leisure) अवकाश : in school we have 10 minutes, ~ after three periods हम विद्यालय में तीन घंटे के बाद 10 मिनट का ≈ पाते हैं. **3.** (support) टेक^F, सहारा : (often in combination) arm ~ बाँह^F टिकाने का सहारा; head ~ सिर टिकाने का सहारा. **4.** (remainder) बाकी, शेष : spend twenty rupees now and keep the ~ for festival 20 रुपए अब खर्च कर लो और शेष त्यौहार के लिए रख दो; I would like to live here for the ~ of my life मैं अपने शेष जीवन तक यहाँ रहना पसंद करूंगा; to pass the ~ of the summer गर्मी^{F} का शेष मौसम व्यतीत करना; ~ of the days will also pass soon बाकी दिन भी शीघ्र ही बीत जाएँगे; the ~ of them went home बाकी सब घर चले गए.

restaurant रेस्'टॅरन्ट n^c. रेस्तरां, भोजनालय, आहारगृह [expensive महँगा, cheap सस्ता]; to have a dinner in a ~ ≈ में भोजन करना; come with me to the ~ for tea मेरे साथ चाय^F के लिए ≈ आओ; we shall eat at the Chinese ~ tonight आज रात^F हम चीनी ≈ में खायेंगे. **restful** रॅस्ट्'फुल *a.* **1.** आरामदेह, सुखप्रद : the patient spent a ~ night रोगी ने सुखप्रद रात^F बिताई. **2.** शांतिपूर्ण, शांत : ~ atmosphere ≈ वातावरण; he is leading a ~ life after retirement अवकाश ग्रहण करने के बाद वह शांतिपूर्ण जीवन बिता रहा है. **restive** रॅस्'टिव *a.* **1.** (of horse, etc.) अड़ियल : when the horse became ~ he was patted repeatedly जब घोड़ा अड़ियल हो गया तो उसे बार-बार थपथपाया गया. **2.** (restless) बेचैन : he could not answer satisfactorily because he was too ~ वह संतोषजनक उत्तर न दे सका क्योंकि वह बहुत ही ≈ था. **restless** रॅस्ट'लिस *a.* **1.** अशांत, बेचैन, अधीर [*as distinct from* मन, night रात^F, sea समुद्र], the listeners were getting ~ श्रोता बेचैन हो रहे थे; the patient had a ~ night रोगी रात में बहुत बेचैन रहा. **2.** (of activity, कार्यकलाप) अविराम, निरंतर, अनवरत. [*ant.* calm]

restoration रॅस्टॅरे'शन n^u. **1.** वापसी^{F} : ~ of a borrowed book उधार ली गई किताब^F की ≈. **2.** पुनःस्थापन : ~ of law and order after the riots दंगों के बाद विधि^{F} और व्यवस्था^{F} का ≈. **3.** मरम्मत^F, जीर्णोद्धार, पुनरुद्धार : the ~ of the building will take two years इमारत^F के जीर्णोद्धार में दो साल लगेंगे. **4.** पुनः स्वास्थ्य लाभ : I wish you speedy ~ to health मैं तुम्हारे शीघ्र ≈ की कामना^{F} करता हूँ. **restore** रस्टॉर' *v.t.* **1.** वापस करना, लौटना : ~ the book into the shelf

किताब अलमारी[F] के ख़ाने में वापस रख दो; I have ~d his cycle मैंने उसकी साइकिल वापस कर दी है; the stolen property was ~d to the owner चुराई गई संपत्ति[F] मालिक को लौटा दी गई थी. **2.** (repair) मरम्मत[F] करना, (of building, etc.) जीर्णोद्धार करना. [completely पूरी तरह[F], partly आंशिक रूप से]; who will be responsible for restoring the building इमारत[F] के जीर्णोद्धार के लिए कौन जिम्मेवार होगा ? **3.** (reinstate) पुनः प्रतिष्ठित करना : the court ~d the principal न्यायालय ने प्राचार्य को पुनः प्रतिष्ठित कर दिया; perhaps he may be ~d शायद वह पुनः प्रतिष्ठित कर दिया जाए. **4.** (re-establish) पुनः स्थापित करना : to ~ a ruined building किसी नष्ट भवन को पुनः स्थापित करना. **5.** (cure) चंगा करना : he felt himself competely ~d वह स्वयं को पूरी तरह चंगा महसूस करता था; I am glad to see you ~d to health मैं आपके स्वास्थ्य को चंगा देखकर प्रसन्न हूँ; to ~ a patient to health रोगी का स्वास्थ्य चंगा करना. **6.** फिर चालू करना : they ~ed the old custom उन्होंने पुरानी प्रथा[F] को फिर से शुरू कर दिया; the road was ~ed for the public सड़क[F] आम लोगों के लिए पुन : चालू कर दी गई; the bridge could not be ~d पुल पुनः चालू नहीं किया जा सका.

restrain रस्ट्रेन' *v.t.* **1.** (prevent) रोकना : to ~ smb from taking action किसी को कार्रवाई[F] करने से ≈; the police had to ~ demonstrators पुलिस को प्रदर्शनकारियों को रोकना पड़ा; to ~ a person from making mischief किसी को शरारत[F] करने से रोकना. **2.** (control) नियंत्रित[F] करना : now it is hard to ~ the crowd अब भीड़[F] को नियंत्रित करना कठिन है; I could hardly ~ my feelings मैं मुश्किल से ही अपनी भावनाओं[F] को नियंत्रित कर सका. **3.** (imprison) कैद करना : he was ~ed in the room for the whole day वह पूरे दिन के लिए कमरे में कैद कर दिया गया. **restraint** रस्ट्रेन्ट' *n*[c]. **1.** (act) रोक[F], प्रतिबंध, रोकथाम[F] : there is strict ~ on his moving out उसके बाहर जाने पर कड़ा प्रतिबंध है; at this time he is without ~ इस समय वह बिना रोकथाम के है; he was put under ~ उस पर प्रतिबंध लगाया गया; ~ may be imposed on him उस पर प्रतिबंध लगाया जाए. **2.** (control) नियंत्रण, संयम : he showed great ~ in dealing with the mob उसने भीड़[F] से व्यवहार करने में बहुत संयम दिखाया. **3.** कैद[F] : don't keep these birds under ~ इन पक्षियों को ≈ में मत रखो.

restrict रस्ट्रिक्ट' *v.t.* **1.** सीमित करना : ~ your expenses अपने खर्च सीमित करो; now his income is ~ed अब उसकी आय[F] सीमित हो गई है. **2.** प्रतिबंध या रोक[F] लगाना : the harmful goods must be ~ed नुकसानदायक माल पर प्रतिबंध लगा दिया जाना चाहिए; prices have been ~ed कीमतों पर रोक लगा दी गई है. **restricted** रस्ट्रिक'टिड *a.* सीमित : ~ holiday ≈ छुट्टी[F]; ~ area सीमित गति क्षेत्र; the speed of the vehicle is ~ to 40 k.m. p.h. गाड़ी[F] की चाल[F] 40 किमी० प्रति घंटा सीमित कर दी गई है; the sale of explosives has been ~ स्फोटक पदार्थों की बिक्री ≈ कर दी गयी है. **restriction** रस्ट्रिक'शन *n*[c]. **1.** रोक[F], नियंत्रण, प्रतिबंध [rigid कड़ा, unnecessary अनावश्यक]; there is no ~ on swimming here यहाँ तैरने पर कोई प्रतिबंध नहीं है; some ~s about foreigners are necessary विदेशियों पर कुछ प्रतिबंध आवश्यक हैं; you can move about without ~ तुम बिना रोकथाम[F] के घूमफिर सकते हो. **2.** (of meaning) अर्थ संकोच.

result रिज़ल्ट' **I.** *n*[c]. **1.** परिणाम, नतीजा [excellent उत्कृष्ट, poor ख़राब, surprising आश्चर्यजनक, unexpected अप्रत्याशित]; this will lead to a good ~ इसका ≈ अच्छा होगा; he was satisfied with his ~ वह अपने ≈ से संतुष्ट था; your failure is the ~ of your laziness तुम्हारी असफलता[F] तुम्हारे आलस्य का परिणाम है. **2.** as a ~ of के कारण : he fell ill as a ~ of hardwork वह परिश्रम के कारण बीमार पड़ गया. **II.** *v.i.* परिणाम होना, निकलना : I hope your efforts will ~ in brilliant success मैं आशा करता हूँ कि आपके प्रयास का परिणाम

शानदार सफलता^F होगा; his failure ~ed from laziness उसकी असफलता^F उसके आलस्य के परिणामस्वरूप थी.

resume रिज़्यूम' *v.t.* **1.** पुनः आरंभ होना या करना, दोबारा शुरू करना या होना : he ~d the discussion उसने चर्चा^F पुनः शुरू की; the journey will be ~d यात्रा^F पुनः शुरू होगी. **2.** पुनः ग्रहण करना, पुनः प्राप्त करना : why do you not ~ your place तुम अपना स्थान पुनः ग्रहण क्यों नहीं करते? **resumption** रिज़म्'शन *n*^u. **1.** पुनरारंभ : I liked the ~ of my duty after long leave लंबी छुट्टी^F के बाद मैंने अपनी ड्यूटी^F पुनः शुरू करनी चाही. **2.** पुनर्ग्रहण : ~ of office पद का ≈.

retail री'टेल **I.** *n*^u. खुदरा, परचून : retail of goods माल का ≈; to sell by ~ ≈ बेचना. [*ant.* wholesale] **II.** *a.* खुदरा, परचून, फुटकर [business व्यापार, dealer दुकानदार, prices मूल्य, sale बिक्री]. **III.** *v.t.* **1.** फुटकर बेचना : to ~ tobacco तम्बाकू फुटकर बेचना. **2.** ब्यौरेवार बता देना, सविस्तार वर्णन करना; he ~ed the customer of the prices उसने ग्राहक को कीमतें^F बता दीं. **3.** (pass on) पहुँचाना : to ~ news to neighbours पड़ोसियों तक समाचार पहुँचाना. **4.** परचून में बिकना : mangoes ~ at Rs. 16 per kilo आम 16 रु० प्रति किलो बिकते हैं. **retailer** रिटे'लर *n*^c. परचूनिया : ~s charge higher prices ≈ कुछ भारी दाम लेते हैं; ~ in woollens ऊनी माल के ≈.

retain रिटेन' *v.t.* **1.** अधिकार में रखना : I ~ed that post for several years मैंने कई वर्षों तक वह पद अपने अधिकार में रखा. **2.** रोक रखना : he could not ~ his tears वह अपने आँसू रोक न सका. **3.** रख लेना : may I ~ your book till you are back क्या मैं आपकी पुस्तक आपके लौटने तक अपने पास रख सकता हूँ? **4.** बनाए रखना : the young prince ~ed his father's ministers छोटे राजकुमार ने अपने पिता के मंत्रियों को बनाए रखा; the speaker could not ~ the interest of the audience वक्ता श्रोताओं की दिलचस्पी^F को बनाए न रख सका; he hoped to ~ his eyesight उसे अपनी दृष्टि^F को सुरक्षित रखने की आशा^F थी. **5.** (remember) याद रखना : will you ~ these things क्या तुम इन बातों^F को याद रखोगे? **6.** (hire) लगा लेना, करना : to ~ a legal adviser कानूनी सलाहकार लगा लेना.

retard रिटार्ड' **I.** *v.t.* **1.** (प्रगति^F, उन्नति^F, विकास) में बाधा^F डालना या रोकना : his illness ~ed his progress उसकी बीमारी ने उसकी प्रगति में बाधा डाली; the growth of the fruit was ~ed फल के विकास में बाधा आ गई. **2.** देरी करना या होना : my arrival was ~ed by a punctured motorcycle मोटर साइकिल पंचर होने से मुझे पहुँचने में देरी^F हुई.

retd. = retired *q.v.*

retire रिटाइअर' *v.i.* **1.** चला जाना : she ~d to her room वह अपने कमरे में चली गई; he ~d to bed at nine वह नौ बजे सोने चला गया. **2.** अलग हो जाना, to ~ from business हट जाना : व्यापार से अलग हो जाना. **3.** पीछे हटना : our armies ~d from the field हमारी सेनाएँ^F रणक्षेत्र से पीछे हटीं. (from service) अवकाश ग्रहण करना, सेवानिवृत्त होना, रिटायर होना : he ~ed at the age of 58 उसने 58 वर्ष की उम्र में अवकाश ग्रहण कर लिया; teachers ~ at 60 अध्यापक साठ साल की उम्र में सेवानिवृत्त होते हैं. **retired** रिटाइअर्ड' *a.* अवकाशप्राप्त, सेवानिवृत्त, [office अधिकारी, teacher अध्यापक]. **retirement** रिटाइअर'मन्ट *n.* **1.** सेवानिवृत्ति^F, अवकाश प्राप्ति^F : after ~ I shall write my autobiography ≈ के बाद मैं आत्मजीवनी^F लिखूंगा; his ~ from service is due next year उसकी सेवानिवृत्ति अगले वर्ष होने वाली है; they presented him a souvenir on his ~ उसकी सेवानिवृत्ति पर उन्होंने उसे एक स्मारिका^F पेश की. **2.** (seclusion एकांत, एकांतवास : he now lives in ~ अब वह एकांत में रहता है.

retort रिटॉर्ट' **I.** *n*^c. **1.** प्रत्युत्तर, मुँहतोड़ जवाब : it was a good ~ to him यह उसके लिए अच्छा ≈ था. **2.** (vessels) भभका : a ~ is a vessel used for distilling liquids ≈ एक वर्तन है जो अर्क खींचने के काम आता है. **II.** *v.t.* प्रत्युत्तर देना : "certainly not" he ~ed निश्चित रूप से नहीं, उसने प्रत्युत्तर दिया.

retrace रिट्रेस' *v.t.* **1.** (go back) लौटना : I had to ~ at once मुझे तुरंत लौटना पड़ा; to ~ one's steps वापस होना, पीछे हटना. **2.** खोज या पता लगाना : he ~d his lost cycle उसने अपनी खोई हुई साइकिल[F] का पता लगा लिया. **3.** प्रारंभ से अवलोकन करना : the police ~d the whole event पुलिस[F] ने पूरी घटना[F] का पुनरावलोकन किया. **4.** (आरंभ से) याद करना : the old man ~d past events in his mind बूढ़े आदमी ने मन में अतीत की घटनाओं[F] को याद किया. **5.** (trace over again) अनुरेखण करना : the boy could easily ~ the map लड़का आसानी से नक्शे का अनुरेखण कर सकता था.

retreat रिट्रीट' **I.** *v.i.* **1.** पीछे हटना : the enemy was ~ing दुश्मन पीछे हट रहा था; the troops had to ~ before the enemy सेना[F] की टुकड़ियों[F] को, शत्रु के सामने पीछे हटना पड़ा. **2.** (go away) चले जाना : birds from showy zones ~ to warmer places शीतकटिबंध के पक्षी कुछ गर्म जगहों[F] में चले जाते हैं. **II.** *n*[c]. **1.** (signal) वापसी का संकेत : to sound the ~ ≈ करना. **2.** (seclusion) एकांत, एकांतवास : ~ of a saint in the forest जंगल में साधु का एकांतवास; to go into ~ for some days थोड़े दिनों के लिए एकान्तवास करना. **3.** पीछे हटना : to beat a ~ पीछे हटना; to make good one's ~ सकुशल पीछे हटना. [*ant.* advance]

retrench रिट्रॅन्च' *v.t.* **1.** (reduce) कम करना, घटाना : ~ your expenses अपने ख़र्च में कमी[F] कीजिए. **2.** (delete) काटना, निकाल देना : some portions of this story must be ~ed इस कहानी[F] के कुछ भाग काट दिए जाने चाहिए. **3.** (remove) हटाना, की छँटनी[F] करना : three peons were ~ed from our office हमारे कार्यालय से तीन चपरासी हटा दिए गए (तीन चपरासियों की छँटनी की गई). **retrenchment** रिट्रॅन्च'मन्ट *n*[u]. **1.** घटाव, कटौती[F], काँट-छाँट[F] : ~ in expenses खर्च में ≈. **2.** (of workmen) छँटनी[F] : ~ in this office had become necessary इस कार्यालय में छँटनी आवश्यक हो गई थी.

retrospective रेटॅस्पॅक्'टिव़ *a.* पूर्वव्यापी, पूर्व-प्रभावी [action कार्रवाई[F], promotion प्रोन्नति[F]]; the scheme was introduced with ~ effect योजना[F] पूर्व-प्रभावी रूप में चलाई गई. **retrospectively** रेट्रस्पॅक'टिवलि *adv.* पूर्व प्रभावी रूप से : the dearness allowances will be reimbursed ~ महँगाई भत्ते ≈ चुका दिए जाएँगे; these reforms came into effect ~ from March last ये सुधार पिछले मार्च से प्रभावी हो गए.

return रिटर्न' **I.** *v.i.* **1.** लौटना, वापस आना, वापस जाना [suddenly अचानक, unexpectedly अप्रत्याशित ढंग से]; the team ~ed home टीम[F] वापस घर आ गई : you must ~ by Tuesday तुम्हें मंगलवार तक जरूर लौट आना चाहिए; she will not ~ to you again वह तुम्हारे पास फिर लौटकर नहीं आएगी; she does not want to ~ वह लौटना नहीं चाहती. **2.** (to a subject) वापस आना : we shall ~ to this question again हम इस प्रश्न पर वापस आएँगे. **3.** (to happen again) फिर आना : spring will ~ soon बहार फिर शीघ्र आएगी. **4.** (answer) उत्तर देना : No, he ~ed angrily नहीं, उसने गुस्से में उत्तर दिया. **II.** *v.t.* **1.** वापस करना, लौटाना [immediate तुरंत, within a time समय के अंदर]; I am ~ing your book मैं आपकी पुस्तक[F] वापस कर रहा हूँ; when will you ~ the money तुम पैसा कब लौटाओगे? he has still not ~ed my coat उसने अभी तक मेरा कोट वापस नहीं किया. **2.** (yield) पैदा करना : the land ~s a good crop every year यह खेत प्रतिवर्ष अच्छी फसल पैदा करता है. **3.** (elect) निर्वाचित करना : Mr. B was ~ed from our constituency श्री ब को हमारे निर्वाचन क्षेत्र से निर्वाचित किया गया. **III.** *n*[cu]. **1.** वापसी[F] [necessary आवश्यक, sudden एकदम, unexpected अप्रत्याशित]; I shall see you on my ~ from Delhi मैं दिल्ली से वापसी पर आपसे मिलूँगा. **2.** (proceeds) (usu. *pl.*) आय[F], लाभ, प्रतिफल : pure ~ शुद्ध ≈; his business gives good ~s उसे व्यवसाय से अच्छा लाभ होता है. **3.** रिपोर्ट, विवरण[F], विवरणी[F] : annual ~s वार्षिक विवरण; income-tax ~ आय-कर

≈; he has presented the ~ of the qualified students उसने सफल छात्रों की विवरणी प्रस्तुत कर दी है; in ~ बदले में : I gave him a present but he gave me nothing in ~ मैंने उसे उपहार दिया लेकिन बदले में उसने मुझे कुछ नहीं दिया. **IV.** *a.* वापसी : ~ journey, ticket ≈ यात्रा[F], टिकट.

Rev. reverend श्रद्धास्पद.

reveal रिवी़ल' *v.t.* **1.** प्रकट करना, उद्घाटित करना : to ~ a secret रहस्य प्रकट करना; to ~ itself प्रकट होना; he ~ed the facts before the magistrate उसने मजिस्ट्रेट के सामने तथ्यों को उद्घाटित किया. **2.** प्रदर्शित करना, व्यक्त करना, ज़ाहिर करना : the evidence has ~ed his innocence गवाही[F] से उसकी निर्दोषिता[F] प्रदर्शित हुई है; he was asked to ~ his views in the meeting बैठक[F] में अपने विचारों को व्यक्त करने के लिए उससे कहा गया; letters ~ that he was involved in the conspiracy पत्रों से ज़ाहिर है कि वह षड्यन्त्र में शामिल था, [*ant.* hide]

revenge रिवें न्ज' **I.** *n*[u]. बदला, प्रतिशोध : to take one's ~ on smb किसी से अपना बदला लेना : he is desirous of taking ~ वह बदला लेने को इच्छुक है; the villagers took ~ on the thieves ग्रामीणों ने चोरों से बदला ले लिया; he killed the neighbour in ~ उसने प्रतिशोध में पड़ोसी को मार डाला; he wants ~ for his son's death वह अपने बेटे की मौत[F] का ≈ चाहता है. **II.** *v.t.* **1.** बदला लेना : he ~d his father's death उसने अपने पिता की मौत[F] का बदला ले लिया. **2.** he ~d his dead father उसने मृत पिता के बदले में उसे मार डाला. **revengeful** रिवें न्ज़्'फुल *a.* प्रतिशोधात्मक [act काम, attitude रुख behaviour व्यवहार].

revenue रें विन्यू *n*[c]. **1.** (income) आय[F], आमदनी[F] [large बड़ी, unexpected अप्रत्याशित]; his ~ is more than a crore every year प्रत्येक वर्ष उसकी आमदनी एक करोड़ से ज्यादा होती है. **2.** (of Govt.) राजस्व : land ~ मालगुज़ारी[F] भू-राजस्व, लगान; the Tehsildars are responsible for collection of government ~s तहसीलदार सरकारी ≈ उगाहने के जिम्मेवार होते हैं.

reverence रें व़्रंस *n*[u]. श्रद्धा[F], भक्तिभाव : show ~ to elderly people बड़ों के प्रति श्रद्धा प्रदर्शित करो; we feel ~ for Rama हम राम के प्रति भक्तिभाव का अनुभव करते हैं; I remember him with ~ मैं उसे श्रद्धा से याद करता हूँ; I have great ~ for your father तुम्हारे पिताजी के प्रति मेरी बड़ी श्रद्धा है; I hold my teacher in ~ अपने अध्यापक के प्रति मेरी श्रद्धा है. **reverential** रें वरें न्'शल *a.* श्रद्धामय, श्रद्धापूर्ण [attitude व्यवहार, feeling भावना[F]]; to be ~ towards the elders बड़े-बूढ़ों के प्रति ≈ होना.

reverse रिवर्स **I.** *a.* उल्टा : in ~ order उलटे क्रम में; on the ~ side of the shirt कमीज़ की उल्टी तरफ़[F]. **II.** *n.* **1.** उल्टा : he did the ~ of what was expected उससे जो आशा थी उससे उलटा उसने कर दिया; he is the ~ of his brother वह अपने भाई का ≈ है. **2.** (of coin) पट : what is written on the ~ of a coin सिक्के के ≈ की तरफ़ क्या लिखा है ?. **3.** (misfortune) विपत्ति[F] (heavy भारी, unbearable असहनीय]; a terrible ~ has happened एक भयंकर विपत्ति आ पड़ी है. **4.** (defeat) हार[F], पराजय[F] : to suffer ~s ≈ पाना; he was ready to win the race but the ~ happened to him वह दौड़[F] जीतने के लिए तैयार था लेकिन उसे हार मिली; the enemy returned with new troops after several ~s कई बार पराजित होने के बाद शत्रु नई सेनाएँ[F] लेकर वापस आया. **III. 1.** उलटा करना, उलट देना, पलटना : to ~ a decision निर्णय उलट देना; the driver ~d the car चालक ने कार उलटी की; to ~ arms हथियार उलटे कर देना; he ~d the whole order उसने सारा क्रम उलट दिया. **2.** (annul) रद्द करना; who ~d the order किसने आदेश रद्द कर दिया ? **3.** प्रतिवर्तित करना : to ~ one's car कार चलाकर पीछे करना. **revert** रिव़र्ट *v.i.* (~ to) लौटना : he ~ed to his old business वह अपने पुराने धंधे पर लौट आया; this unclaimed property will ~ to the government यह लावारिस संपत्ति[F] सरकार[F] को लौट जाएगी; let me ~ to the main subject, problem now अब मैं मुख्य विषय, समस्या^{F} पर आऊं.

review रिव्यू' **I.** *n*^{cu}. **1.** (view again) पुनर्विचार : court of ~ ≈ न्यायालय; the High Court will take a ~ of the case उच्च न्यायालय इस मामले पर ≈ करेगा. **2.** (survey) सर्वेक्षण [political राजनैतिक, weekly साप्ताहिक]; the ~ about the election is published in the newspapers चुनाव का सर्वेक्षण समाचार-पत्रों में प्रकाशित किया गया है. **3.** (lit.) समीक्षा,^{F} समालोचना^{F} : he presented the true ~ an English essay उसने एक अंग्रेज़ी निबंध की सही समीक्षा प्रस्तुत की. **4.** (journal) किसी पत्रिका^{F} का नाम [half yearly षड्मासिक, quarterly त्रैमासिक]; "odern R ~" is a very good magazine about competitions प्रतियोगिताओं के बारे में 'माडर्न रिव्यू' बहुत अच्छी पत्रिका^{F} है. **II.** *v.t.* **1.** पुनरावलोकन करना : we ~ed carefully the work so far done अब तक किए गए काम का हमने सावधानी^{F} से पुनरावलोकन किया; he ~ed his past life उसने अपने अतीत जीवन का सिंहावलोकन किया; let us ~ the political situation हम राजनीतिक स्थिति^{F} का सिंहावलोकन करें. **2.** पुनर्विचार करना, पुनर्विवेचन करना : he pleaded for ~ing the case उसने मामले पर पुनर्विचार करने की अपील^{F} की. **3.** समीक्षा^{F} करना, समालोचना^{F} करना : he was asked to ~ the book उससे पुस्तक की समीक्षा करने के लिए कहा गया. **4.** (revise) दोहराना [attentively ध्यान से, lightly हल्के ढंग से]; have you ~ed the lesson for the examination क्या तुमने परीक्षा^{F} के लिए पाठ को दुहरा लिया है. **reviewer** रिव्यू'अर *n*^{c}. समीक्षक, समालोचक [good अच्छा, known जाना-माना]; the ~ wrote a ~ of my work समीक्षक ने मेरी कृति^{F} की समीक्षा लिखी; the ~ may prejudice you ≈ तुम्हें पक्षपात में डाल सकता है.

revise रिव़ाइज़' *v.t.* **1.** दोहराना : ~ your lesson lest you forget it अपने पाठ को दोहरा लो ताकि भूल न जाओ. **2.** (change) बदलना : I will have to ~ my opinion मुझे अपना मत बदलना पड़ेगा. **3.** (law) पुनर्विचार करना : to ~ a decision निर्णय पर ≈. **revised** रिवाइज़्ड' *a.* संशोधित : it is the ~ edition of my book यह मेरी किताब^{F} का ≈ संस्करण है. **revision** रिवि़'ज़न *n*^{u}. दोहराई^{F} : during the ~ of his letter he changed several words अपने पत्र की ≈ के दौरान उसने कई शब्द बदल दिए. **2.** संशोधन : the book needs ~ किताब में संशोधन की आवश्यकता^{F} है. **3.** (law) पुनर्विचार : to appeal for ~ ≈ के लिए अपील करना.

revive रिव़ाइव़' *v.i.* **1.** (come to life again) जी उठना, पुनर्जीवित होना : he has now ~d after the illness बीमारी^{F} के बाद अब वह पुनर्जीवित हो गया है; perhaps he may not ~ शायद वह पुनर्जीवित न हो. **2.** (consciousness) होश^{F} में लाना, आना : the old lady ~d after the fit दौरे के बाद बूढ़ी औरत होश में आ गई. **3.** (a custom) दोबारा प्रचलित होना या करना; फिर चालू करना : the old custom may ~ पुराने रीतिरिवाज फिर प्रचलित हो सकते हैं. **4.** (perform) पुनः खेलना : the play was ~d after a number of years खेल (नाटक) कई वर्षों बाद फिर खेला गया.

revoke रिव़ोक' *v.t.* **1.** रद्द करना : the government ~ed the Anti-copying Act सरकार^{F} ने नक़ल-निरोधक कानून को रद्द कर दिया; to ~ an order किसी आदेश को रद्द करना. **2.** (at cards) पत्ता दबा देना : to play a wrong card by revoking the right one सही पत्ता दबा रखना और ग़लत पत्ता खेलना.

revolt रिव़ोल्ट' **I.** *n*^{c}. विद्रोह [general सामान्य, terrible भयंकर]; many of them supported the ~ उनमें से अनेक ने ≈ का समर्थन किया; to hoist the flag of ~ ≈ का झंडा फहराना; the government suppressed the ~ cleverly सरकार^{F} ने ≈ को होशियारी^{F} से दबा दिया. **II.** *v.t.* **1.** विद्रोह करना : the people were inclined to ~ लोग विद्रोह करने पर तत्पर थे; the army ~ed against the government सरकार^{F} के विरुद्ध सेना ने विद्रोह कर दिया. **2.** (feel dislike) से घृणा करना : she may ~ against his behaviour इस व्यवहार के विरुद्ध उसे घृणा हो सकती है; these cruelties ~ed public opinion इन क्रूरताओं ने आम लोगों के मन में घृणा[F] उत्पन्न कर दी है.

revolution रे'वॅल्यू'शन *n*[c]. (from revolve) **1.** political change क्रांति[F] [bloodless रक्तहीन, democratic लोकतांत्रिक, social सामाजिक]; ~ is to overthrow the tyrants क्रांति अत्याचारियों को उखाड़ फेंकने के लिए है; he played a prominent part in the ~ क्रांति में उसकी महत्त्वपूर्ण भूमिका[F] रही. **2.** (of planet) परिक्रमा[F] [complete पूर्ण, regular नियमित]; ~ of the earth round the sun सूर्य के इर्द-गिर्द पृथ्वी[F] की ≈. **3.** (cycle) चक्कर, चक्र : this part makes a hundred ~s in a minute यह पुरज़ा एक मिनट में सौ ≈ लगाता है. **revolutionary** रेव़लू'शॅनरि **I.** *a.* **1.** क्रांतिकारी [methods तरीके आंदोलन, party दल, song गीत]; ~ flag was hoisted एक क्रांतिकारी झंडा फहराया गया. **2.** ~ change अमूल परिवर्तन. **II.** *n*[c]. क्रांतिकारी [courageous साहसी, political राजनीतिक, social सामाजिक]; a ~ threw a bomb on the secretariat एक ≈ ने सचिवालय पर बम फेंका. **revolve** रिव़ॉल्व' *v.i.* **1.** (move in orbit) परिक्रमा करना, घूमना : the earth ~s around the sun पृथ्वी सूर्य के चारों ओर चक्कर लगाती है (घूमती है). **2.** (rotate) चक्कर खाना, घूमना : a wheel ~s on its axle पहिया अपनी धुरी[F] पर चक्कर खाता है (घूमता है). **3.** (recur) फिर-फिर आना, लौट आना : several ideas ~d in my mind कई विचार मेरे मन में लौट-लौटकर आते रहे. **4.** (ponder over) पर विचार करना, चिंतन करना : to ~ a problem किसी समस्या[F] पर ≈. **revolver** रिव़ॉल्'व़र *n*[c]. तमंचा, रिवाल्वर [costly कीमती, genuine असली]; a ~ can fire several shots without reloading एक ≈ बिना पुनः भरे कई बार दागा जा सकता है.

reward रिवॉर्ड' **I.** *n*[c]. **1.** इनाम, पुरस्कार [great बड़ा, handsome बढ़िया]; he refused the ~ उसने पुरस्कार लेने से इंकार कर दिया; he was given a lakh of rupees as ~ ≈ के रूप में उसे एक लाख रुपए दिए गए; whoever will find out the lost purse will receive a ~ जो भी खोया हुआ पर्स/बटुआ खोज निकालेगा, ≈ पाएगा; he won the peace ~ उसे शांति के लिए ≈ मिला. **2.** (remuneration) पारिश्रमिक : he got nothing in ~ for his service सेवा[F] के बदले में उसे कुछ नहीं मिला. **II.** *v.t.* पुरस्कार/इनाम देना : to ~ smb for his work किसी को उसके काम के लिए इनाम देना; she ~ed him with a smile उसने मुस्कान[F] के साथ उसे इनाम दिया; the boy was ~ fifty rupees लड़के को पचास रुपए का पुरस्कार दिया गया; her patience was ~ed उसे अपने धैर्य का इनाम मिल गया.

rewrite रि राइट' *v.t.* (rewrote, rewritten) फिर (से) लिखना : he has rewritten the entire essay उसने पूरा निबंध फिर (से) लिखा है; you should ~ the corrected passage तुम्हें सही किए गए अनुच्छेद को पुनः लिखना चाहिए; the dialogue has been rewritten संवाद पुनः लिखा गया है.

Rgt. regiment.

rhinoceros राइनॉ'सॅरस *n*[c]. (*pl.* rhinoceroses) गैंडा : a ~ has a hard skin गैंडे का चमड़ा बहुत कड़ा होता है; you recognise a ~ by its horn on the nose तुम एक गैंडे को उसकी नाक[F] पर के सींग से पहचानते हो.

rhyme राइम **I.** *n*[c]. तुक, तुकांत : 'good' and 'wood' are ~s 'गुड' और 'वुड' ≈ हैं; what is the ~ of the poem कविता[F] का ≈ क्या है? ~ is not used in free verse अछंद कविता[F] में तुक का प्रयोग नहीं होता. **II.** *v.t.* तुक या काफ़िया मिलाना : 'mart' ~s with 'cart' मार्ट का तुक कार्ट से मिलता है; what word ~s with 'foot' 'फुट' के साथ किस शब्द का तुक मिलता है?

rhythm रि'दॅम *n*[u]. **1.** लय, ताल : ~ in music is essential संगीत में ≈ जरूरी है. **2.** (harmony) सामंजस्य : there is no ~ in his speech उसके भाषण में कोई ≈ नहीं है; it is said that there is ~ in the event of history ऐसा कहा जाता है कि इतिहास की घटनाओं[F] में ≈ होता है.

rib रिब *n*[c]. **1.** पसली[F] : our ~s protect the lungs and heart हमारी पसलियाँ फेफड़ों और हृदय की रक्षा[F] करती हैं; I fell down and broke two of my ribs मैं गिर गया और मेरी दो पसलियाँ टूट गईं. **2.** (of leaf) शिरा^{F}, नस^{F} : ~s of leaves पत्तों की शिराएँ. **3.** (of umbrella) कमानी^{F} : strong ~ मज़बूत कमानी; all the ~s of the umbrella are broken छाते की सभी कमानियाँ टूटी हुई हैं. **4.** (in cloth, knitting) धारी^{F}, लकीर^{F}, पट्टी^{F} (strip) : this shirt lacks ~s इस कमीज़ में धारियाँ नहीं हैं. **ribbed** रिब्ड *a.* लहरियादार [iron bar लोहे का छड़, kurta कुर्ता, silk रेशम].

ribbon रि'बन *n*^{c}. **1.** फ़ीता [bright चमकीला, long लंबा, silken रेशमी]; to tie with a ~ फ़ीते से बाँधना; she ties her hair with a ~ वह अपने बाल फीते से बाँधती है. **2.** (shred) धज्जी^{F}, चिथड़ा : to tear smth to ~s फाड़कर चिथड़े कर देना.

rice राइस *n*^{c}. **1.** (husked) चावल [long लंबा, polished पालिश किया हुआ]; cooked ~ भात; parched ~ खील^{F}, लाई^{F}; Bengali people eat ~ बंगाली लोग चावल खाते हैं; the main food of China is ~ चीन का मुख्य भोजन ≈ है; sometimes I take boiled ~ with milk कभी-कभी मैं दूध के साथ उबले हुए चावल खाता हूँ. **2.** (unpolished) धान : ~ grass जंगली धान; a large quantity of ~ is grown in Bengal बड़ी मात्रा^{F} में ≈ बंगाल में पैदा किया जाता है.

rich रिच *a.* (richer, richest) **1.** धनी, धनवान्, मालदार, दौलतमंद [country देश, family परिवार, man आदमी]; he is now the ~est person in the village गाँव में वह अब सबसे धनी आदमी है; none can question his being ~ उसके धनी होने के बारे में कोई संदेह नहीं कर सकता. **2.** (showing wealth) अमीराना : ~ clothes, dress ≈ कपड़े, लिबास. **3.** (abundant) प्रचुर, भरपूर [crop फ़सल^{F}, foodgrain खाद्यान्न, production उत्पादन]; a gallery ~ in paintings चित्रों से भरपूर दीर्घा^{F}. **4.** (abounding in) से भरपूर, समृद्ध : India is ~ in cereals भारत अनाज से ≈ है. [*ant.* poor] **5.** (valuable) मूल्यवान [dish तश्तरी^{F}, metal धातु^{F}]; forests are the ~est property of the world जंगल संसार की सबसे ≈ संपदाएँ^{F} हैं. **6.** (fertile) उपजाऊ, उर्वर [land भूमि^{F}, soil मिट्टी^{F}]; this part of the land is ~ in production of rice ज़मीन का यह भाग चावल के उत्पादन के लिए उर्वर है. **7.** (of food) बढ़िया, स्वादिष्ट मसालेदार **8.** (of voice) गंभीर **II.** *n.* the ~ अमीर/धनी लोग, **riches** रि'चिज *n*^{c}. धन, धनसंपत्ति^{F}, धन-दौलत^{F} : he gave away all his ~ to the poor उसने अपना सारा धन गरीबों को बाँट दिया; he will receive his ~ वह उसकी संपत्ति ग्रहण करेगा. [*ant.* poverty] **richly** रिच्'लि *adv.* पर्याप्त रूप से, खूब, पूर्णतः he ~ deserves this prize वह ≈ इस पुरस्कार के योग्य है (का हकदार है); he was ~ rewarded for his services उसे अपनी सेवाओं का ≈ पारिश्रमिक/बदला दिया गया.

rid रिड *v.t.* (*p.* & *p.p.* rid) दूर करना, मुक्त करना : to ~ a room of mice कमरे को चूहों से मुक्त करना; to ~ a person of disease किसी व्यक्ति को बीमारी^{F} से मुक्त करना; a man must rid himself of bad habits व्यक्ति को अपनी बुरी आदतों^{F} को दूर कर देना चाहिए. Δ **get ~ of** से पिण्ड छुड़ाना, से पीछा छुड़ाना : I did not know how to get ~ of him मैं नहीं जानता था कि उससे कैसे पिंड छुडाया जाय; can you easily get ~ of your cold क्या तुम आसानी^{F} से ज़ुकाम से पीछा छुड़ा सकते हो ?

riddle रि'डल **I.** *n*^{c}. **1.** पहेली^{F}, बुझौवल^{F} [complex जटिल, difficult कठिन, solved सुलझी हुई]; I think he will not be able to solve this ~ मैं समझता हूँ कि वह यह पहेली न सुलझा पाएगा. Δ **that boy has become a ~ to us** यह लड़का हमारे लिए ≈ बन गया है; **he speaks in ~s** वह पहेलियाँ बुझाता है. **2.** (enigma) रहस्य : his conduct seems to me a ~ उसका आचरण मुझे एक रहस्य जान पड़ता है; he is a ~ to me वह मेरे लिए एक पहेली/रहस्य ही है. **II.** *v.t.* (talk in ~s) पहेली^{F} बुझाना : you may ~ me तुम मुझे पहेली बुझाओ.

ride राइड **I.** *v.t.i.* (rode, ridden) **1.** चढ़ना, सवारी^{F} करना, सवार होना : can you ~ (on) a horse क्या तुम घोड़े पर चढ़ (सवारी कर) सकते हो ? to ~ in a bus, carriage बस,

गाड़ी[F] में चढ़ना (सवारी करना); I have never ridden on an elephant मैंने कभी हाथी की सवारी नहीं की; he rode my bicycle वह मेरी साइकल पर चढ़कर गया. **2.** (घोड़े पर चढ़कर) पार करना : he rode across the river on horseback वह घोड़े पर चढ़कर नदी पार गया. **3.** (float) तैरना, तिरना : the boat ~s well in the river नाव[F] नदी में अच्छी तरह तैरती है. **4.** (for ship) लंगर डाले रुकना : the ship is riding at anchor जहाज़ लंगर डाले खड़ा है. **5.** (other contexts) to ~ a long distance लंबी दूरी तय करना; a dream ~s a sleeping woman सोती हुई स्त्री को सपना तंग करता है. **II.** *n*[c]. सवारी करने की सैर : he goes every morning for a ~ वह हर सुबह सवार होकर सैर करने जाता है. **Δ to take smb** for a ~ धोखा देना, ठगना. **rider** राइ'डर *n*[c]. सवार [good अच्छा, poor कमजोर]; both the horse ~s were dead दोनों घुड़सवार मर गए, **riding** राइ'डिंग *n*[c]. घुड़सवारी[F], सवारी[F] : ~ is a good exercise (घुड़)सवारी एक अच्छा व्यायाम है; we did some ~ in the morning हमने सुबह[F] थोड़ी-सी घुड़सवारी की.

ridge रिज *n*[c]. ~ of the mountain पहाड़ की सँकरी चोटी[F], ~ of the nose बाँसा; ~ of the roof मुंडेर; ~ of the field मेंड़; he climbed the ~ of the mountain वह पर्वत की चोटी[F] पर चढ़ गया; he holds the glasses on the ~ of his nose वह अपनी नाक[F] के बाँसे पर चश्मा टिकाता है; he sat on the ~ of the roof वह मुंडेर पर बैठ गया.

ridicule रि'डिक्यूल **I.** *n*[u]. मज़ाक, उपहास, खिल्ली[F] : his conduct deserved ~ उसका आचरण ≈ के योग्य था; to delight in the ~ of our neighbours अपने पड़ोसियों के उपहास पर खुश होना. Δ to hold smb to ~ किसी का मज़ाक उड़ाना; **to lay oneself open to** ~ उपहास का पात्र बनना. **II.** *v.t.* का उपहास करना, मज़ाक/हँसी[F] उड़ाना : he ~d my suggestions उसने मेरे सुझावों का मज़ाक उड़ाया; I dislike to ~ anyone मैं किसी का उपहास करना नापसंद करता हूँ. **rediculous** रिडि'क्यूलस *a.* हास्यास्पद [behaviour व्यवहार, custom रीति-रिवाज़, question प्रश्न]; it appears ~ to run away like children बच्चों की तरह भाग जाना ≈ लगता है.

rifle राइ'फ़ल **I.** *n*[c]. राइफ़ल[F] : he was armed with a ~ वह ≈ से लैस था; ~ is a long gun राइफल एक लंबी बंदूक[F] होती है; he killed the tiger with a ~ उसने ≈ से शेर को मार डाला. **II.** *v.t.* **1.** (ransack) लूटना, खाली करना : the robbers ~d someone's pocket लुटेरों ने किसी को लूटकर उसकी जेब[F] खाली कर दी. **2.** (search) the thief ~d the drawers चोर ने दराज़ों की तलाशी ली.

rift रिफ़्ट *n*[c]. **1.** दरार[F] : there is a ~ in the wall दीवार[F] में एक ≈ है. **2.** फूट[F] : to cause ~ between brothers भाइयों में ≈ पैदा करना; there is a ~ in the ruling party सत्ताधारी दल में दरार/फूट है; a ~ was created in his family उसके परिवार में फूट/दरार पैदा कर दी गई.

right राइट **I.** *a.* **1.** (correct) सही, ठीक [answer उत्तर, sentence वाक्य, use प्रयोग]; my watch shows ~ time मेरी घड़ी[F] ≈ समय देती है; what is ~ and what is wrong क्या ≈ है और क्या गलत? you are ~ तुम ≈ कहते हो. **2.** (proper) सही, उपयुक्त : he is the ~ man for this job इस काम के लिए वह ≈ आदमी है, he is going in the ~ direction वह ≈ दिशा[F] में जा रहा है. [*ant.* wrong] **3.** (just) न्यायसंगत, न्याय, न्यायोचित [comment टिप्पणी, decision निर्णय]; what is the ~ thing to do क्या कुछ न्यायोचित होगा? he is always ready to support a ~ cause वह ≈ हेतु का समर्थन करने के लिए सदा तैयार रहता है. **4.** (of fabric) सीधा : it is the ~ side of the cloth यह कपड़े का ≈ (पक्ष) है. **5.** (sound) स्वस्थ : in his ~ mind स्वस्थचित्त होकर. **6.** (opposite to left) दाहिना, दक्षिण : ~ hand; ≈ हाथ; ~ eye दाहिनी आँख[F]: I write with my ~ hand मैं अपने दाहिने हाथ से लिखता हूँ; his ~ leg does not work properly उसकी दाहिनी टाँग[F] ठीक से काम काम नहीं करती; he hears with his ~ ear only वह केवल अपने दाहिने कान से सुनता है. [*ant.* left] **7.** (straight) सीधा, सरल : draw a ~ line कागज पर एक सीधी

रेखा^F खींचो. **8.** (comb.) ~ **angle** समकोण; ~ **arm** विश्वस्त सहायक; ~ **hand** परम सहायक; ~ **handed** दक्षिणहस्त; ~ **minded** ठीक सोचने वाला. **II.** *n*^c. **1.** अधिकार, हक [equal बराबर, political राजनीतिक]; ~ to work काम करने का ≈; ~ to vote वोट देने का ≈; now women have equal ~s स्त्रियों के अब बराबर के ≈ हैं; you have no ~ to do that तुम्हें यह करने का कोई ≈ नहीं है; they have never used their ~s उन्होंने अपने अधिकारों का उपयोग कभी नहीं किया; he is a leader in his own ~ वह अपने निजी ≈ से नेता है. **2.** (justice) न्याय : you should do the ~ तुम्हें ≈ करना चाहिए. **3.** दक्षिण, दायाँ, दाहिना : keep to the ~ दाहिने रहो; go ahead and then turn to the ~ आगे जाओ और फिर दाहिने मुड़ो. **4.** (*pl.*) वास्तविकता^F, वस्तुस्थिति^F : I do not know the ~s of the case मैं मामले की ≈ नहीं जानता. **III.** *v.t.i.* **1.** ठीक कर देना या हो जाना : his troubles ~ed in time उसके कष्ट समय पर दूर हो गए. **2.** सीधा करना : the cat fell down and soon ~ed itself बिल्ली^F गिरी और उसने तुरंत अपने को सीधा कर लिया (वह सीधी हो गई). **IV.** *adv.* **1.** सीधे : go ~, you will find the school ≈ जाओ, तुम्हें विद्यालय मिलेगा; he fell ~ on the stairs वह ≈ सीढ़ी पर गिर पड़ा. **2.** अच्छी तरह^F से : you did it ~ तुमने इसे ठीक तरह से किया. **3.** सही, ठीक : he guessed ~ उसने सही अनुमान लगाया; our office is ~ in front of a shop हमारा कार्यालय एक दुकान के ठीक सामने है; to put smth ~ किसी चीज़ को ठीक कर देना; set ~ ठीक कर देना; the doctor set his bone ~ again डाक्टर ने उसकी हड्डी पुनः ठीक करके बिठा दी; ~ turn! दाहिने मुड़ो. Δ (phrases) ~ **and left** चारों ओर : his fame spread ~ and left उसका यश चारों ओर फैल गया; ~ **away** तुरंत : the principal ordered the peon to go ~ away प्राचार्य ने चपरासी को तुरंत चले जाने का आदेश दिया. [*as distinct from* rite, write]

righteous राइ'चस *a.* (virtuous) **1.** धार्मिक, धर्मात्मा, सदाचारी, धर्म-परायण [father पिता, judge जज, person व्यक्ति]; the ~ shall go to heaven ≈ स्वर्ग को जाएँगे. **2.** (of acts) धार्मिक, नेक, ठीक : he is fighting for a ~ cause वह किसी ≈ उद्देश्य के लिए लड़ रहा है. **rightful** राइट्'फुल *a.* **1.** न्यायपूर्ण, न्यायसंगत, उचित : ~ share ≈ भाग; it is his ~ claim for the property संपत्ति के लिए उसका यह न्यायसंगत दावा है. **2.** (of persons) वैध : ~ heir ≈ उत्तराधिकारी; the ~ owner of the suitcase सूटकेस का ≈ स्वामी. **rightly** राइट्'लि *adv.* **1.** (fairly) न्यायानुसार : he has not decided the matter ~ उसने मामले का निपटारा ≈ नहीं किया. **2.** (correctly) ठीक ही : he was ~ punished वह ठीक ही दंडित किया गया; he answered the question ~ उसने प्रश्न का उत्तर ≈ दिया. **4.** (suitably) उचित रीति से : he was not ~ informed उसे ≈ सूचित नहीं किया गया. **4.** (for certain) निश्चित रूप से : it can't be ~ said whether he will come यह निश्चयपूर्वक नहीं कहा जा सकता कि वह आएगा.

rigid रिजिड *a.* **1.** (inflexible) दुर्दम्य, अनम्य : he is ~ in his opinion वह अपने मत में अनम्य है. **2.** कड़ा, सख़्त : these rules are ~ ये नियम कड़े हैं; the ~ iron breaks easily कड़ा लोहा जल्दी टूटता है; it is hard to cut the metal, it is too ~ इस धातु^F को काटना कठिन है, यह बहुत ही कड़ी है. **3.** (of a person) कड़ा, कठोर : he is a ~ examiner वह ≈ परीक्षक है.

rim रिम *n.* **1.** (edge) किनारा : the ~ of the cup प्याले का ≈. **2.** (of a wheel) नेमि, हाल (outer metal strip) : one wheel lacks the ~ एक पहिये में हाल नहीं है. **3.** (of spectacles) घेरा : she wears ~less glasses वह बिना घेरे का चश्मा पहनती है.

ring रिङ्ग **I.** *n*^c. **1.** (for finger) अंगूठी^F [costly कीमती, golden सोने की/सुनहली, silver चाँदी की]; the bridegroom gave her a ~ दूल्हा ने उसे एक ≈ दी. **2.** (circular band) छल्ला : a key in the ~ छल्ले में एक चाभी^F. **3.** घेरा, चक्कर : they stood in a ~ वे एक घेरे में खड़े हो गए; they danced in a ~ वे एक घेरे में नाचे. **4.** (of (circus) अखाड़ा : a black man came in the ~ and pierced a sharp-edged spear in his nose एक काला आदमी अखाड़े में आया और उसने एक तेज़ नोक वाला भाला उसकी नाक^F में घुसेड़ दिया. 5. (group) गुट : small ~ छोटा ≈; they formed themselves into a ~ उन्होंने एक गुट बना लिया. 6. (sound of a bell) टनटन^F, आवाज़^F, ध्वनि^F : the ~ of the bells can be heard from a distance घंटों की टनटन दूर से सुनी जा सकती है; we hear the ~ of the bell daily from the temple हम प्रतिदिन मंदिर से आती घंटे की आवाज़ सुनते हैं. **II.** *v.t.* **1.** (to put a ring in the nose of an animal) नाथना : to ~ a bull, camel बैल, ऊंट की नाक^F में नाथ डालना (को नाथना). **2.** (rang, rung), (a bell) बजाना : Shyam is ~ing the bell श्याम घंटी बजा रहा है; the peon rang the bell at four o'clock चपरासी ने चार बजे घंटी^F बजाई. **3.** to ~ the curtain down पर्दा गिराने की घंटी^F बजाना. **4.** टेलीफ़ोन करना : he asked her **to ~ (up)** his friend उसने उससे अपने मित्र को टेलीफोन करने को कहा; you may ~ me up when you are in need जब तुम्हें आवश्यकता पड़े तुम मुझे टेलीफ़ोन करना; **to ~ back** जवाब में ≈; **to ~ off** टेलीफ़ोन बंद कर देना. ~ **leader** रिङ्ग' लीडर *n*^c. गुट का नेता, मुखिया : in the last riot, this M.L.A. was the ~ पिछले दंगे में यह एम० एल० ए० ≈ था.

rinse रिन्स *v.t.* खँगालना, धोना : you should ~ your clothes in clean water तुम्हें अपने कपड़े साफ़ पानी में खँगालने चाहिए; you should have ~d out all utensils तुम्हें अपने बर्तन धो देने चाहिएँ; ~ your mouth अपना मुंह धो डालो; ~ soap out of your shirt अपनी कमीज़^F से साबुन धो डालो.

riot राइअट **I.** *n*^u. **1.** (uproar) हो-हल्ला, शोरगुल, कोलाहल, गुलगपाड़ा : the students were making ~ in the playground छात्र खेल के मैदान में ≈ मचा रहे थे. **2.** *n*^c. (public disturbance) दंगा, बलवा : the police could not control the ~ पुलिस^F दंगे पर नियंत्रण न पा सकी; the ~ started very soon ≈ बहुत जल्दी शुरू हो गया : the police put down the ~ पुलिस^F ने ≈ दबा दिया. **3.** (in other contexts) ~ of colours रंगों की भरमार; ~ of emotion भावावेश; ~ of plants पौधों की बहुत अधिक वृद्धि^F. **II.** *v.t.* दंगा करना, हल्ला करना : they were ~ing in the street वे गली में दंगा/हल्ला कर रहे थे; the mob ~ed for more pay भीड़^F ने अधिक वेतन के लिए दंगा कर दिया.

rip रिप **I.** *n*^c. **1.** (tear) चीर : I saw a ~ in the shirt मैंने कमीज़^F में एक चीर देखा; the tyre had a ~ टायर में ≈ था. **2.** (rake) लंपट या दुर्व्यसनी व्यक्ति : I have never seen such a ~ मैंने ऐसा ≈ कभी नहीं देखा. **II.** *v.t.* (-pp-) **1.** फाड़ना, चीरना : she ~ped her saree on the border उसने किनारे पर अपनी साड़ी^F फाड़ दी; he ~ped the sack with his knife उसने चाकू से बोरा फाड़ दिया. **2.** (cut) काटना : ~ this branch इस शाखा को काट दो; he ~ped the paper with a knife उसने चाकू से काग़ज़ काट डाला. **3.** (open up) खोलना : he ~ped the box and found a purse उसने संदूक खोला और एक बटुआ पाया; to ~ a wound open घाव चीरकर खोल देना. **III.** *v.i.* फटना : his shirt ~ped when he passed through a fence जब वह जंगले में से गुज़रा तो उसकी कमीज़ फट गई.

R.I.P. (RIP) (may he/she) rest in peace ईश्वर इसकी आत्मा^F को शांति प्रदान करे.

ripe राइप *a.* **1.** पका, पक्व, [apple सेब, melon तरबूज, rice धान]; the fruit is ~ फल पका हुआ है; mangoes are not ~ yet आम अभी पके नहीं हैं. **2.** (mature) प्रौढ़, विकसित : ~ person ≈ व्यक्ति; this student is ~ in his mind यह छात्र मानसिक रूप से ≈ है. **3.** (ready) तैयार [crop फसल, plan योजना^F]; land ~ for sowing बोने के लिए ≈ भूमि. **4.** ~ age वृद्धावस्था^F : ~ scholar पारंगत विद्वान; when the time is ~ जब उपयुक्त समय होगा. [*ant.* raw] **ripen** राइ'पन *v.t.i.* the sun ~s wheat धूप गेहूं को पका देती है; when the walnuts begin to ~ जब अखरोट पकने शुरू होते हैं; wheat ~s in the sun गेहूं धूप में पकता है.

ripple रि'पल **I.** *n*^c. **1.** छोटी लहर^F, लहरी^F : ~s on a tank तालाब पर की लहरियाँ. **2.** (sound) कलकल : ~ of a stream नाले

की ≈. **II.** *v.t.i.* **1.** लहराना : the water ~d as the boat proceeded जैसे ही नाव^F आगे बढ़ी पानी लहराने लगा; a breeze is rippling the water मंद समीर पानी को लहरा रही थी. **2.** कलकलाना : the brook ~d along नाला कलकल करता बह रहा था.

rise राइज़ **I.** *v.i.* (rose, risen) **1.** उठना, उठ खड़ा होना : the children rose when the teacher came in जब गुरुजी भीतर आए तो बच्चे खड़े हो गए; the aeroplane rose into the air हवाई जहाज़ हवा[F] में उठा; he rose from his chair वह अपनी कुर्सी[F] पर से उठ खड़ा हुआ. [*ant.* fall] **2.** जागना, उठना : he ~s at eight from his bed वह अपने बिस्तर से आठ बजे उठता है; she rose to welcome the cheif guest मुख्य अतिथि का स्वागत कराने के लिए वह उठी. **3.** to ~ from the dead जी उठना : after getting the medicine he rose up (again) दवा[F] खाने के बाद वह जी उठा. **4.** (rebel) विद्रोह करना : they rose against their ruler उन्होंने अपने शासक के विरुद्ध विद्रोह कर दिया. **5.** (adjourn) उठ जाना, बरख़ास्त होना : the meeting rose very soon बैठक शीघ्र ही स्थगित हो गई; the court rose for lunch अदालत[F] खाने के लिए उठ गई. उदय होना; उगना : सूर्य अदालत[F] खाने के लिए उठ गई. **6.** (of sun etc.) उदय होना, उगना : the sun rose at six o'clock सूर्य छ : बजे उदित हुआ; the moon has not ~n yet चंद्रमा अभी उदित नहीं हुआ है. **7.** the prices are rising कीमतें[F] चढ़ रही हैं; the river is rising veoer[F] चढ़ रही है. **8.** (increase) बढ़ना : the temperature is rising now अब तापमान बढ़ रहा है; sea level is rising nowadays आजकल समुद्रतल बढ़ रहा है. **9.** (socially) उठना, उन्नति[F] करना : I think he will ~ in the future मेरा ख्याल है कि वह भविष्य में उन्नति करेगा. **10.** (to come up) ऊपर उठना : the fish are rising मछलियाँ[F] ऊपर उठ रही हैं. **11.** (become stronger) तेज़ होना : storm is rising तूफ़ान तेज़ हो रहा. है. **12.** (originate) निकलना : the Ganga ~s from Gangotri गंगा गंगोत्री से निकलती है. **II.** *n*[u]. **1.** (ascent) चढ़ाई, चढ़ाव, आरोहण : the ~ on the mountain is a difficult task पर्वत पर आरोहण एक कठिन काम है. **2.** (socially) उन्नति[F] there is a great ~ in his social status सामाजिक स्तर पर उसने बहुत ≈[F] की है. **3.** (of gun, movement) उदय : what is the time of the ~ of the sun these days आजकल सूर्योदय का समय क्या है ? **4.** (increase) बढ़ती[F], बढ़ोत्तरी[F] : ~ in the cost of living निर्वाह-व्यय में ≈; ~ in prices कीमतों में बढ़ती; ~ in wages मज़दूरी की ≈. **5.** (return to life) पुनरुत्थान. **6.** (upward slope) चढ़ाई[F] : a ~ in the road सड़क[F] पर की चढ़ाई. **7.** (hill) पहाड़ी ऊँचाई[F] : **8.** (origin) उत्पत्ति[F], उद्‌गम[F] : ~ of **9.** ~ and fall उत्थान और पतन; ~ of Mughal dynasty मुग़ल वंश का उत्थान; almost everyone has a ~ and fall in his life लगभग सभी लोगों के जीवन में उतार-चढ़ाव होता है. Δ **to give ~ to** का कारण होना : dearness has given ~ to crime महँगाई[F] के कारण अपराध बढ़ा है.

rising राइ'ज़िंग **I.** *a.* **1.** आरोही, चढ़ता : ~ sequence ≈ क्रम; ~ market ≈ बाज़ार (भावों का ऊंचा होना); tell me this in its ~ order मुझे इसे आरोही क्रम में बताओ. **2.** (fig.) उदीयमान [moon चंद्रमा, sun सूर्य]; ~ youth चढ़ती जवानी[F] ~ generation नई पीढ़ी[F]. **II.** *n*[c]. **1.** उठान : till the ~ of the court न्यायालय के उठने तक. **2.** (of sun) उदय : the ~ of the sun is at 6 o'clock today आज सूर्योदय छः बजे है. **3.** (revolt) विद्रोह : there was a ~ against the government in the army सेना[F] में सरकार[F] के विरुद्ध विद्रोह हो गया था. **4.** (progress) उन्नति[F] : much ~ is possible in his business उसके व्यापार में बहुत उन्नति संभव है. **5.** boil फोड़ा, (pimple) फुंसी; the ~ on the skin pains me चमड़ी पर की फुंसी मुझे कष्ट देती है.

risk रिस्क **I.** *n*[c]. **1.** जोखिम : he was ready for any ~ वह किसी भी ≈ के लिए तैयार था; take the ~, only then you may seek the path जोखिम उठाओ, तभी तुम रास्ता पा सकते हो; the businessman cannot take ~ व्यापारी ≈ नहीं उठा सकता. **2.** (danger)

ख़तरा : to run the ~ ख़तरा मोल लेना; I do not want to run the ~ मैं ख़तरा मोल नहीं लेना चाहता; he saved the villagers at the ~ of his own life उसने अपने जीवन को ख़तरे में डालकर गाँव वालों की जान^F बचायी. **3.** दायित्व, ज़िम्मेदारी^{F} : at owner's ~ मालिक के ~ पर; I shall do it at my own ~ मैं इसे अपने ≈ पर करूंगा. **II.** *v.t.* **1.** जोखिम उठाना, जोखिम में डालना : he ~ed his life to save a child उसने बच्चे को बचाने के लिए अपनी जान^F जोखिम में डाल दी; who will ~ his life to save the drowning person डूबते व्यक्ति को बचाने के लिए कौन अपनी जान जोखिम में डालेगा ? **2.** दाँव पर रखना : he ~ed all his property for some big business किसी बड़े व्यवसाय के लिए उसने अपनी पूरी संपत्ति^{F} दाँव पर रख दी; he ~ed his honour उसने अपनी प्रतिष्ठा^{F} दाँव पर रख दी. **risky** रिस्कि *a.* **1.** जोखिमी, जोखिम भरा [adventure साहस का काम, work काम]; to mound on the Mount Everest is a ~ target माउण्ट एवरेस्ट पर चढ़ना जोखिमभरा लक्ष्य है. **2.** अभद्र, अश्लील [behaviour व्यवहार, story कहानी^{F}].

rite राइट n^c. संस्कार, रस्म : funeral ~ अन्त्येष्टि ≈. [*as distinct from* right] **ritual** रि'ट्यूअल **I.** *a.* सांस्कारिक, धार्मिक [dances नृत्य, sacrifices यज्ञ]; ~ ceremonies must be performed धार्मिक अनुष्ठान अवश्य करने चाहिएं. **II.** n^c. धार्मिक कृत्य या अनुष्ठान, कर्मकाण्ड ; ~ of marriage वैवाहिक अनुष्ठान; Hindus attach much importance to ~s in worship हिंदू पूजा^{F} में धार्मिक ≈ को बहुत महत्व देते हैं.

rival राइ'व़ल **I.** n^c. प्रतिद्वंद्वी, प्रतिस्पर्धी [dangerous ख़तरनाक, prosperous समृद्ध, serious गंभीर/भारी]; Ahmed beat his ~ in the election अहमद ने चुनाव में अपने ≈ को हरा दिया; he beat his nearest ~ by a margin of five hundred votes उसने अपने निकटतम ≈ को पाँच सौ मतों के अंतर से हराया; he is without a ~ वह बेजोड़ है; they are ~s for this prize वे इस पुरस्कार के लिए ≈ हैं. **II.** *v.t.* (-ll-) की बराबरी^{F} करना, होड़^{F} लगाना : to ~ a person to do the work first किसी से पहले काम करने की होड़ लगाना; one-day cricket match cannot ~ the test match in excitement जोश में एक-दिवसीय क्रिकेट मैच टेस्ट मैच की बराबरी नहीं कर सकता; this city ~s anyone in India यह नगर भारत के किसी नगर से होड़ कर सकता है. **rivalry** राइ'व़लरि n^{cu}. प्रतिद्वन्द्विता^{F}, प्रतिस्पर्धा [great बहुत, passionate भावुकतापूर्ण, violent उग्र]; ~ between two teams of football फुटबाल की दो टीमों के बीच ≈; there are great rivalries in politics राजनीति में बहुत प्रतिद्वंद्विता है.

river रि'व़र n^c. नदी^{F} [deep गहरी, long लंबी, narrow सँकरी]; in the middle of the two ~s दो नदियों के मध्य में; the ~ is nine hundred kilometres long ≈ नौ सौ किलोमीटर लंबी है; the children are playing on the ~ bank बच्चे नदी के किनारे खेल रहे हैं; to change the course of a ~ नदी का मार्ग बदलना; there was flood in the ~ ≈ में बाढ़^{F} थी; they bathed in the ~ उन्होंने ≈ में स्नान किया; there is an island in the ~ ≈ में एक द्वीप में है; down the ~ नदी के बहाव की ओर^F; up the ~ ≈ के चढ़ाव की ओर.

Rly. =**railway** रेलवे.

R.M.S. Railway Mail Service रेल डाक सेवा^{F}.

road रोड n^c. **1.** सड़क^F [broad चौड़ी, long लंबी]; high ~ बड़ी ≈; राजमार्ग; royal ~ सुगम मार्ग; are you going by rail or by ~ क्या तुम रेल के अथवा सड़क (के) मार्ग से जा रहे हो ? this is the shortest ~ to the station यह स्टेशन जाने की सबसे छोटी ≈ है; cross the ~ carefully ≈ सावधानी^{F} से पार करो; know the rules of the ~ ≈ के नियम जानो; the ~ is under repairs ≈ की मरम्मत^F हो रही है; the two ~s meet at the bridge दोनों सड़कें पुल पर मिलती हैं. **2.** (way, also fig.) रास्ता, मार्ग : I do not know the ~ to the village मैं नहीं जानता कि कौन-सा रास्ता गाँव जाता है; this is the right ~ to reach Ramesh's home रमेश के घर पहुंचने का यह ठीक ≈ है; this ~ will lead you to the field यह ≈ तुम्हें मैदान को

ले जाएगा; this is the ~ to success सफलता^{F} का यही मार्ग है. **3.** (comb). ~ **block** मार्गनिरोध; ~ **metal** गिट्टी^{F}, रोड़ी^{F}; ~ **roller** सड़क कूटने का इंजन; ~ **sense** गाड़ी चलाने की सूझबूझ^F; ~ **way** सड़क; ~ **ways** मोटर-गाड़ियाँ^{F}.

roam रोम *v.t.* भ्रमण करना, घूमना : ~ing ambassador पर्यटक राजदूत; to ~ about the country देहात में भ्रमण करना; he ~ed about the desert वह रेगिस्तान में घूमा; we ~ed around the village हम गाँव में इर्द-गिर्द घूमते फिरे.

roar रॉर **I.** *v.i.* **1.** (of lion etc.) गरजना, दहाड़ना; (of bull) डकारना : the tiger was ~ing शेर दहाड़ रहा था; the storm ~ed तूफ़ान गरजा. **2.** (shout) चिल्लाना : the child ~ed with pain बच्चा दर्द से चिल्लाया. **3.** (~ with laughter) ठहाका लगाना, अट्टहास करना : they all ~ed with joy उन्होंने खुश होकर ठहाका लगाया. **4.** (resound) गूँजना : his voice ~ed in the sky उसकी आवाज़ आकाश में गूंज गई; the plane ~ed past our houses विमान गूँजता हुआ हमारे घरों के ऊपर से निकल गया. **II.** *n*^{c}. **1.** गरज^F, दहाड़^{F} : terrible ~ भयंकर ≈; have you ever heard a lion's ~ क्या तुमने कभी शेर की गरज सुनी है ? **2.** चिल्लाहट^F: sharp ~ तेज़ ≈; ~ of the children, crowd बच्चों, भीड़^{F} की ≈. **3.** ठहाका [loud तेज़, slow धीमा]; ~s of laughter in the office कार्यालय में ठहाके. **roaring** रॉ'रिङ्ग **I.** *n*^{u}. गर्जन^F, दहाड़े^{F}: you may hear the ~s of the lion from here तुम यहाँ रो शेर का ≈ सुन सकते हो. **II.** *a.* **1.** (noisy) ऊधमी, कोलाहलपूर्ण [children बच्चे, student छात्र]. **2.** (brisk) तेज़ : ~ business ≈ व्यवसाय; ~ success भारी सफलता^{F}.

roast रोस्ट **I.** *v.t.* **1.** भूनना : to ~ a chicken on the fire आग पर मुर्ग़ा ≈. **2.** (heat) तपाना, (warm oneself) तापना : he sat over the fire to ~ himself वह स्वयं को तपाने/गरम करने के लिए आग के पास बैठ गया. *n*^{c}. भुना हुआ मांस : we had a ~ for dinner yesterday कल हमें खाने पर ≈ मिला; take some more ~ कुछ और ≈ लीजिए.

rob रॉब *v.t.* (-bb-)**1.** लूटना : they ~bed him in the night उन्होंने उसे रात^F में लूट लिया; yesterday the bank was ~bed in the day कल दिन में बैंक लुट गया. **2.** (deprived of) छीनना, से वंचित करना : he was ~bed of his watch by them उन्होंने इसकी घड़ी^{F} छीन ली. **robber** रॉ'बर *n*^{c}. लुटेरा [bloody खूनी, cruel क्रूर]; ~s took away all the money from him लुटेरे उससे सारा धन ले गए; the ~s escaped after the loot लुटेरे लूट के बाद निकल भागे; a ~ was caught red-handed by the police एक ≈ पुलिस^F द्वारा रंगे हाथों पकड़ लिया गया. **robbery** रॉ'बरि *n*^{c}. लूट^F, लूटपाट^F : he was accused of ~ उस पर ≈ का अभियोग था; he was not involved in the ~ वह ≈ में सम्मिलित नहीं था; they committed ~ on the main road उन्होंने बड़ी सड़क^F पर ≈ की.

robe रोब **I.** *n*^{c}. (usu. *pl.*) पद की पोशाक^F [gorgeous शानदार/भड़कीली, red लाल, silken रेशमी]; have you seen the judge's ~s क्या तुमने जज की ≈ देखी है ? to wear the ~ of others दूसरों की पोशाक पहनना. **II.** *v.t.* पोशाक^F पहनना या पहनाना : he cannot ~ himself without a helper वह बिना किसी सहायक के अपनी पोशाक नहीं पहन सकता.

robot रो'बॉट *n*^{c}. यंत्रमानव (fig.) यंत्रवत् काम करने वाला : ~ is a mechanical man that can do several household jobs ≈ एक यांत्रिकीय मानव होता है जो कई घरेलू काम कर सकता है.

robust रॅ बस्ट' *a.* हृष्ट-पुष्ट, तगड़ा, हट्टा-कट्टा : he is a ~ and well-built young man वह ≈ और गठा हुआ नवयुवक है; she looks pale but is actually ~ वह पीली दिखाई देती है लेकिन वास्तव में हृष्ट-पुष्ट है.

rock रॉक **I.** *n*^{c}. **1.** चट्टान^F [big बड़ी, hard सख़्त, steep खड़ी]; the castle was built on a ~ यह गढ़ एक चट्टान पर बना था; he sat on the ~ वह ≈ पर बैठ गया; the ship ran on a ~ and was wrecked जहाज़ एक चट्टान से टकराया और टूट-फूट गया; tell me the names of the kinds of rocks मुझे चट्टानों

के प्रकार के नाम बताओ. Δ **he is on the ~** (i) उनमें काट है; the marriage in on the ~s शादी[F] टूटने वाली है. (ii) उसका हाथ तंग है; his business is on the ~ उसका व्यवसाय फ़ेल हो रहा है **2.** (U.S.A., stone) पत्थर : they threw ~s on the police उन्होंने पुलिस[F] पर पत्थर फेंके. **II.** *v.i.* झूलना, डोलना : the child was ~ed to sleep बच्चे को झुलाकर सुला दिया गया; when I got into the boat it ~ed जब मैं नाव में चढ़ा तो वह डोल गई; he ~ed from side to side वह एक छोर से दूसरे छोर पर डोलता फिरा. **III.** *v.t.* **1.** डुलाना : the waves ~ed the boats लहरों ने नावों[F] को डुला दिया; the Prime Minister's murder ~ed the entire country प्रधानमंत्री की हत्या[F] ने सारे देश को डुला दिया. **2.** झुलाना : mother ~ed the child to sleep मां ने बच्चे को झुलाकर सुला दिया. **~bottom** *n.* निम्नतम स्तर : prices have reached the ~ after the budget बजट के बाद कीमतें[F] ≈ तक पहुँच गई हैं.

rocket रॉ'किट **I.** *n*[c]. राकेट, प्रक्षेपास्त्र : ~ was launched into the air ≈ हवा में दागा/छोड़ा गया; the ~ lifts an aircraft ≈ विमान को उठाता है; ~ is also a kind of firework ≈ एक प्रकार की आतिशबाज़ी[F] भी है. **II.** *v.i.* **1.** राकेट गिराना : the city was ~ed many times शहर पर कई बार राकेट गिराया गया. **2.** (of horse) छलाँग मारकर दौड़ जाना. **3.** (of birds) सीधे ऊपर उड़ जाना. **4.** (of prices) अचानक बहुत बढ़ना : prices have ~ed up दाम बहुत बढ़ गए हैं.

rocking रॉ'किङ्ग *a.* झूलनेवाला [chair कुर्सी[F], horse घोड़ा, stone पत्थर]. **rocky** रॉ'कि *a.* **1.** चट्टानी [plain मैदान, way रास्ता]; ~ hills ≈ पहाड़ियाँ; ~ soil पथरीली मिट्टी[F]; ~ part of the hill पहाड़ी[F] का ≈ भाग. **2.** (hard) कठोर : those ~ rules will not be successful ये कठोर नियम सफल नहीं हो सकते.

rod रॉड *n*[c]. **1.** छड़ : ~ of iron लोहे का ≈; wooden ~ लकड़ी की छड़ी[F]; the teacher has a ~ in his hand अध्यापक के हाथ में एक छड़ी थी. Δ **spare the ~ and spoil the child** छड़ी बचाओ और बच्चा बिगाड़ो. **2.** (beating) पिटाई[F] : the ~ is not allowed in this school इस विद्यालय में ≈ की आज्ञा[F] नहीं है.

rode रोड = past of ride *q.v.*

rogue रोग *n*[c]. (bad person) दुर्जन, दुष्ट, बदमाश : don't trust him, he is a ~ इस पर विश्वास मत रखो, यह ≈/ठग है.

role रोल *n.* (in play) भूमिका[F], पार्ट [historical ऐतिहासिक, successful सफल]; Satish played the ~ of Ashoka in the play सतीश ने नाटक में अशोक का पार्ट किया; she had not a good ~ in the picture सिनेमा में उसकी भूमिका अच्छी नहीं थी.

roll रोल **I.** *n*.[c] **1.** (thin ~) मुट्ठा; (cylindrical mass) गोल गड्डी[F], गट्ठा: a ~ of cloth; paper कपड़े, काग़ज़ का गट्ठा; a ~ of potato chop आलू की कटान का मुट्ठा. **2.** (of butter) टिकिया[F]. **3.** (register) रजिस्टर, पंजी[F]: ~ call हाज़िरी[F], उपस्थिति[F]; to call the ~ हाज़िरी लेना; to tell the ~ call हाज़िरी बोलना; ~ number क्रमांक. **4.** (list) (usu. capital) तालिका[F]: a ~ of candidates उम्मीदवारों की ≈; ~ of honour, सम्मानित व्यक्तियों की ≈; the teacher came with a ~ of successful students अध्यापक सफल छात्रों की ≈ लेकर आए. **II.** *v.t.* **1.** लुढ़कना : he ~ed down the hill वह पहाड़ी[F] पर से लुढ़क गया; the ball ~ed under the table गेंद मेज़ के नीचे लुढ़क गई; tears were ~ing down her cheeks आँसू उसके गालों पर से लुढ़क रहे थे. **2.** (move on wheels) चलना : the train ~ed from the station रेलगाड़ी स्टेशन से चल दी. **3.** (turn from side to side) लोटना : the dog, horse ~s on the ground कुत्ता, घोड़ा ज़मीन पर लोटता है. **4.** (elapse) धीरे बीत जाना : the days will ~ by दिन धीरे-धीरे बीत जाएँगे. **5.** (of stars, planets) घूमना, परिक्रमा[F] करना : the planets ~ about the sun ग्रह सूर्य की परिक्रमा करते हैं. **6.** (sway) झूमना, झूमकर चलना : the ship ~ed into the harbour जहाज़ झूमता हुआ बंदरगाह में आ गया; a drunken man was ~ing एक शराबी झूम रहा था. **7.** (of thunder, etc.) गड़गड़ाना, गरजना : the ~ing clouds will rain soon गड़गड़ाते बादल शीघ्र ही बरस पड़ेंगे. **II.** *v.t.* **1.** लपेटना : to ~ the wcool into a ball ऊन को लपेटकर गोला बनाना; to ~(up) paper कागज़ लपेटना; ~ the thread round a reel धागा रील में लपेटो. **2.** लुढ़काना, ढुलकाना : ~ your ball to me अपनी गेंद मेरी तरफ़ लुढ़काओ. **3.** गोल करना : ~ up your bed अपना बिस्तर गोल करो. **4.** (move) घुमाना : don't ~ your eyes अपनी आँखें मत घुमाओ. **roller** रो'लर *n*^{c}. **1.** (mech.) रोलर [metal धातु^{F} का, stone पत्थर का]; a ~ is used for crushing stone and printing paper ≈ का इस्तेमाल पत्थर का चूरा करने अथवा कागज़ छापने में होता है. **2.** (utensil) बेलना, बेलन, लोढ़ा, बट्टा [heavy भारी, light हल्का]; ~ to make a bread रोटी बनने के लिए बेलन. **rolling** रो'लिङ्ग *a.* लुढ़कता : ~ waves लुढ़कती लहरें^{F}; a ~ stone लुढ़कता पत्थर; ~ stove उठल्लू चूल्हा. Δ **a ~ stone gathers no mass** लुढ़कते पत्थर पर काई^F नहीं जमती; **a ~ stove gets no credit** उठल्लू चूल्हे की कोई साख^F नहीं होती.

romance रो मैन्स' **I.** *n*^{c}. **1.** (story) प्रेमकथा^{F}, रोमांस : a ~ about a prince and a fairy एक राजकुमार और अप्सरा^{F} की ≈. **2.** (love-affairs) प्रेम-लीला^{F}, रोमांस : how is your ~ with Jayanti जयंती से तुम्हारा रोमांस कैसा (चल रहा है) ? **3.** (happenings) रोमांचकारी घटनाएँ^{F} : his life is full of ~ उसका जीवन रोमांचकारी घटनाओं से भरा है. **romantic** रॅमैन्'टिक *a.* **1.** रोमानी : he is a man of ~ nature वह ≈ स्वभाव का आदमी है; a ~ love story एक ≈ प्रेम कथा^{F}. **2.** (fictitious) मनगढ़ंत, कल्पित : ~ stories about love and adventures प्रेम और साहसिक खोजों^{F} के बारे में मनगढ़ंत कहानियाँ^{F}. **3.** (unpractical) अव्यावहारिक [ideas विचार, thinking सोच^F]. **4.** (lit.) स्वच्छंद, स्वच्छंदतावादी : ~ poem ≈ कविता^{F}.

roof रूफ़ **I.** *n*^{c}. (*pl.* rooves) **1.** छत^F [sloping ढालू, tiled खपड़े की]; the child fell from the roof बच्चा छत पर से गिर पड़ा. **2.** (top) शिखर : to climb upto the ~ of the mountain पर्वत के ≈ के ऊपर तक चढ़ना; ~ of the world सबसे ऊंचा पर्वत, हिमालय. **3.** (of the mouth) तालू. **4.** (house) घर : all of them live under the same ~ वे सब एक ही ≈ में रहते हैं.

room रूम **I.** *n*^{c}. **1.** जगह^F, स्थान : there is enough ~ here यहाँ काफ़ी जगह है; we needed more ~ for this furniture इस फ़र्नीचर के लिए हमें और जगह की आवश्यकता^{F} थी; this table takes a little ~ यह मेज़ बहुत कम जगह लेती है; make room for smb किसी के लिए स्थान छोड़ो. **2.** (scope) गुंजाइश^F : there is no ~ for doubt, improvement संदेह सुधार की कोई ≈ नहीं है. **3.** (of house) कमरा [big बड़ा, long लंबा, small छोटा]; this ~ has two windows इस कमरे में दो खिड़कियाँ^{F} हैं; there is much light in the ~ कमरे में बहुत प्रकाश है; there are so many ~s in the house मकान में इतने कमरे हैं; the room is five metres long and four metres wide कमरा पाँच मीटर लंबा और चार मीटर चौड़ा है; we have a six-roomed house हमारे पास छह कमरों का मकान है. **roomy** रू'मि *a.* लंबा-चौड़ा, खुला [conveyance वाहन, house घर/मकान, place स्थान]; the almirah is very ~ अलमारी^{F} बहुत लंबी-चौड़ी है.

rooster रूस'टर *n*^{c}. (पालतू) मुर्ग़ा : ~ calls cock-a-doodle do ≈ कुकड़ूँ कुड़ँ बोलता है.

root रुट **I.** *n*^{c}. **1.** (of plant) जड़^{F}, मूल : the ~s of plants are in the ground पौधों की जड़ें ज़मीन^F में होती हैं; pull the plant by its ~s पौधे को इसकी ≈ समेत खींचो; the plant has taken ~ पौधे में ≈ आ गई है (जाम आयी है); to pull up by the ~ जड़ से उखाड़ देना. **2.** (edible) कंदमूल : the ~ of this plant is eaten इस पौधे का मूलकंद खाया जाता है. **3.** (of teeth, etc.) जड़, मूल : the ~s of your teeth are very week तुम्हारे दाँतों की जड़ें बहुत कमज़ोर हैं. **4.** (source) मूल, जड़ : destroy the dowry system by its ~s दहेजप्रथा को ≈ से नष्ट कर दो; the ~ of the evil बुराई^F की जड़; the ~ cause of all troubles सभी कष्टों का मूल कारण. **5.** वर्गमूल : what is the ~ of 16 सोलह का ≈ क्या है ? **6.** (gram.) धातु :

'proper' is the ~ of 'propriety' 'औचित्य' का मूल 'उचित' है. **II.** *v.t.* (of plant) जड़ पकड़ना : plants are now ~ed पौधों ने अब जड़ पकड़ ली है. Δ ~ **out** जड़ से उखाड़ना, उन्मूलन करना, मिटाना : all the evils were ~ed out from the society समाज से सब बुराइयों^F का उन्मूलन कर दिया गया. [*as distinct from* route]

rope रोप *n*^c. **1.** रस्सी^F, रज्जु; ~ dancer रज्जु नर्तक; ~ ladder कमंद; ~ way रज्जुमार्ग; ~ walker जोखिम उठाकर काम करने वाला; tie up your dog with a ~ अपने कुत्ते को ≈ से बाँध दो. **2.** (for hanging) the ~ फाँसी^F : the murderer was hanged by the ~ हत्यारा फाँसी^F से/पर लटका दिया गया. **3.** (lasso) कमंद^F, फाँसा : a ~ to catch animals पशुओं को पकड़ने का ≈. **4.** (number of objects on a string) लड़ी^F : ~ of pearls मोतियों की ≈.

rose रोज़ = past of 'rise' *q.v.*

rose रोज़ **I.** *n*^c. गुलाब, गुलाबी रंग [fragrant सुगंधित, nice सुंदर]; a bunch of ~s गुलाब के फूलों का गुच्छा; ~ plant गुलाब का पौधा; ~ bed गुलाब की क्यारी^F; ~ has pricklets गुलाब में छोटे काँटे होते हैं. Δ **bed of ~s** फूलों की सेज^F, सुखमय स्थिति^F : life is not a bed of ~s जीवन फूलों की सेज नहीं है; **there is no ~ without a thorn** जहाँ फूल वहाँ काँटा, जहाँ सुख वहाँ दुःख. **rosy** रो'ज़ि *a.* [cheeks गुलाबी गाल, lips ओंठ^F]. **2.** उज्ज्वल [life जीवन, prospects भविष्य]; all things do not look so ~ here यहाँ सब चीजें इतनी ≈ दिखाई नहीं देतीं. **3.** शुभ : ~ symptoms ≈ लक्षण.

rot रॉट **I.** *n*^u. **1.** (decay) ह्रास, क्षय : this wood is full of ~ इस लकड़ी^F में भरपूर ≈ हो गया है. **2.** (putrefaction) सड़न^F, सड़ाव, गलन^F : this medicine cannot control the ~ in his hand यह दवा^F उसके हाथ की गलन को नहीं रोक सकती; it will surely cause ~ in the chest यह निश्चित रूप से छाती^F में सड़न उत्पन्न करेगा. **3.** बकवास : don't talk ~ ≈ मत करो; this is all ~ यह सब ≈ है. **II.** *v.t.* (-tt-) **1.** क्षय हो जाना, बिगड़ जाना : too much tea will ~ your stomach इतनी अधिक चाय^F तुम्हारे पेट को बिगाड़ देगी. **2.** *v.i.* सड़ना, गलना : he is still ~ting in the prison वह अब भी जेल में सड़ रहा है; guavas do not ~ quickly अमरूद जल्दी नहीं सड़ते. your oranges are ~ting तुम्हारे संतरे सड़ रहे हैं.

rotate र'टेट *v.t.i.* **1.** (turn round the axis) घूर्णन करना, चक्कर खाना, घूमना : wheels ~ पहिए घूमते हैं. **2.** (in orbit) परिभ्रमण करना, घूमना, परिक्रमा करना : the earth ~s round the sun पृथ्वी^F सूर्य के चारों ओर परिभ्रमण करती है (घूमती है). **3.** (recur) बारी-बारी से आना : these things will ~ one by one ये चीजें^F एक-के-बाद-एक बारी-बारी से आएँगी. **4.** *v.t.* बारी-बारी करके लगाना, हेर-फेर करके लगाना : ~ the crops फसलें^F हेर-फेर से लगाइए. **rotation** रटे'शन *n*^cu. **1.** घूर्णन : ~ of wheel round the axle धुरी^F पर पहिए का ≈. **2.** (in orbit) चक्कर, परिभ्रमण, परिक्रमण^F : the ~ of the earth in a year एक साल में पृथ्वी का चक्कर या परिक्रमण. **3.** (recurrence) चक्रानुक्रम, चक्रक्रम, आवर्तन : we will answer questions in ~ हम प्रश्नों का उत्तर ≈ से देंगे. **4.** by ~ बारी-बारी से. **5.** ~ of crops फसलों^F का हेर-फेर.

rotten रॉ'टन *a.* **1.** सड़ा, गला हुआ [eggs अंडे, fruit फल, vegetables सब्जियाँ], mangoes are ~ आम सड़े हैं. **2.** गंदा : what a ~ weather! मौसम कितना गंदा है. **3.** (worthless) निकम्मा, बेकार, रद्दी : ~ fellow ≈ आदमी; he is a ~ servant वह निकम्मा नौकर है.

rouge रूज *n*^u. (cosmetic) रूज़, सुर्खी : ladies put ~ on their cheeks महिलाएँ^F अपने गालों पर ≈ लगाती हैं; ~ for colouring lips red ओठ लाल करने के लिए ≈.

rough रफ़ **I.** *a.* **1.** (of surface) खुरदरी, रूखी (सतह^F) : the surface of this table is ~ to touch इस मेज़ की सतह^F छूने में ≈ है. [*ant.* smooth] **2.** (of ground, road] ऊबड़-खाबड़, ऊंची-नीची : it is not easy to drive on a ~ road ≈ सड़क^F पर गाड़ी^F चलाना आसान नहीं है. **3.** (of food) रूखा : the poor man has to take ~ bread गरीब आदमी को रूखी रोटी खानी पड़ती

है. **4.** (of skin) रूखा[F] : in winter our skin becomes ~ सर्दियों[F] में हमारी त्वचा[F] रूखी हो जाती है. **5.** (of texture) मोटा : this blanket is ~ यह कंबल ≈ है. **6.** (unhusked) अनकूटा : ~ rice ≈ धान. **7.** (stormy) तूफ़ानी : ~ weather ≈ मौसम. **8.** (not calm) अशांत : ~ sea ≈ समुद्र. **9.** (violent) प्रचंड : the rivers were ~ during the rains बरसात[F] में नदियाँ[F] तेज़ थीं. **10.** (unfinished) कच्चा : the drawing was ~ रेखाचित्र ≈ था. **11.** (boisterous) ऊधमी : ~ boy, woman ≈ लड़का, स्त्री[F]. **12.** (in other contexts) ~ calculation मोटा हिसाब; ~ copy, draft कच्ची नकल[F], कच्चा मसौदा; ~ estimate मोटा-मोटा अनुमान; ~ life सादा जीवन; ~ luck दुर्भाग्य; ~ person अशिष्ट व्यक्ति; ~ time कष्टमय समय; ~ tongue कटु वाणी[F]; ~ words अशिष्ट भाषा[F]. Δ **to be ~ with** smb किसी से अभद्र व्यवहार करना. **II.** *n*[c]. **1.** ऊबड़-खाबड़ ज़मीन : you cannot drive your cycle on the ~ तुम ≈ पर अपनी साइकिल[F] नहीं चला सकते. **2.** (ruffian) गुण्डा : young ~s created a lot of trouble नवयुवक गुंडों ने बहुत गड़बड़ पैदा कर दी. Δ **in the ~** (i) कच्ची हालत[F] में : he left his painting in the ~ उसने अपना चित्र कच्ची हालत[F] में छोड़ दिया; (ii) मोटे तौर पर : it may be accepted in the ~ इसे मोटे तौर पर स्वीकार किया जा सकता है. **roughly** रफ़'लि *adv.* **1.** असावधानी[F] से : do not handle the glass ~ शीशे को ≈ मत बरतो. **2.** अशिष्टतापूर्वक : to treat ~ अशिष्टतापूर्वक व्यवहार करना. **3.** लगभग, मोटे तौर पर : it costs ~ two hundred rupees इसकी कीमत[F] ≈ दो सौ रुपया है; the distance is ~ ten kilometres दूरी[F] ≈ दस किलोमीटर है; ~ speaking मोटे तौर पर.

round राउन्ड **I.** *a.* **1.** (circular) गोल : it is ~ like a ball यह गेंद[F] की तरह ≈ है; all the planets are ~ सभी ग्रह ≈ हैं; the earth is not exactly ~ पृथ्वी[F] ठीक ≈ नहीं है. **2.** (chubby) गोल-मटोल : a child's ~ cheeks बच्चे के ≈ गाल. **3.** (full) पूरा, पूर्ण : ~ number पूरी संख्या[F]; a round dozen पूरा दर्जन. **4.** (in other contexts) ~ figures ऐसी संख्या जिसके अंत में 0 हो (10, 20, 30); ~ trip मुड़कर वहीं समाप्त करने की यात्रा[F]. **II.** *adv.* **1.** घूमकर, चक्कर लगाकर, फिर : he will come ~ to the city वह घूमकर फिर शहर आएगा; you should go ~ it तुम्हें घूमकर जाना चाहिए. **2.** all the year ~ साल भर : he worked all the year ~ but failed in the examination उसने सालभर मेहनत[F] की लेकिन परीक्षा में असफल हो गया. **III.** *prep.* **1.** के चारों ओर, के आस-पास : to walk ~ the town शहर के चारों ओर घूमना; the children danced ~ the table बच्चे मेज़ के आस-पास नाचे; stand ~ the table मेज़ के आसपास खड़े हो जाओ; a wall ~ the garden बगीचे के चारों ओर एक दीवार[F]; the children gathered ~ the fire बच्चे आग के चारों ओर जमा हो गए. **2.** (here and there) इधर-उधर : perhaps he will be ~ the city शायद वह शहर के ≈ होगा. **3.** (किनारे/सीमा) पर : he turned ~ the corner वह कोने पर मुड़ा. **4.** ~ about लगभग : they arrived ~ about 60' clock वे लगभग छः बजे पहुँचे. **5.** ~ the clock चौबीसों घंटे : this shop is open ~ the clock : यह दुकान[F] चौबीसों घंटे खुली रहती है. **IV.** *n*[c]. **1.** (round object) गोला : I have a ~ of cheese in my hand मेरे हाथ में पनीर का एक ≈ है. **2.** परिक्रमा[F], चक्कर : the yearly ~ of the earth पृथ्वी का वर्ष में एक चक्कर. **3.** घेरा : the children sat in a ~ on the playground बच्चे खेल के मैदान पर घेरे में बैठ गए. **4.** सैर[F] का चक्कर : to go for a ~ of the garden बाग की सैर करने (चक्कर लगाने) जाना. **5.** चक्कर, फेरा : the postman is going on his ~ डाकिया फेरा लगाने जा रहा है. **6.** the watchman is making ~s चौकीदार चक्कर/गश्त लगा रहा है. **7.** बारी[F] : a match of three तीन का मैच . **8.** दौर : a ~ of talks बातचीत का ≈; a ~ of drinks पेय/शराब का ≈. **9.** (turn) घुमाव, मोड़ : this ~ on the road is very dangerous सड़क पर का यह मोड़ बहुत खतरनाक है. **10.** गोली[F] की बौछार[F] : the police fired several ~s पुलिस[F] ने कई बार गोलियों की बौछार की. **V.** *v.t.i.* **1.** गोल बनाना : to ~ a figure किसी

आकृति^{F} को गोल बनाना; ~ your lips अपने ओठों को गोल बनाइए. **2.** (finish) पूरा करना : he could not ~ the work in time and left the train वह काम समय से पूरा न कर सका और रेलगाड़ी^{F} छोड़ दी. **3.** (turn round) to ~ a corner कोने से मुड़ना. Δ ~ **down** पूरा कर देना : the amount of Rs. 10.75 was ~ed down to Rs. 11 पौने ग्यारह की रकम को पूरे ग्यारह कर दिया गया; ~ **off** पूरा करना, समाप्त करना : they tried their best to ~ off all negotiations उन्होंने सारी बातचीत^{F} पूरी करने की भरसक कोशिश^{F} की; ~ **up** (i) एकत्र करना : see ~ down (ii) एकत्र करना : ~ up the cattle जानवरों को एकत्र करो; (iii) गिरफ्तार करना : to ~ the culprits अपराधियों को पकड़ना. **roundness** राउंड'निस n^{u}. गोलाई : ~ of a cricket ball क्रिकेट की गेंद^{F} की ≈; ~ of smb's face किसी के चेहरे की ≈; the ~ of this arch is defective इस महराब की ≈ त्रुटिपूर्ण है.

rouse राउज़ **I.** *v.t.* **1.** (wake) जगाना : mother ~d me from sleep at 7 A.M. माँ ने मुझे प्रातः सात बजे नींद से जगा दिया. **2.** (raise) उठाना : we will raise the matter in the meeting हम बैठक^{F} में मामला उठाएँगे. **3.** (excite) उत्तेजित करना, भड़काना, उकसाना : they ~d him for the quarrel उन्होंने उसे झगड़े के लिए उत्तेजित किया; to ~ smb's feelings, like anger किसी की भावनाओं^{F} जैसे गुस्से को भड़काना. **4.** (startle) चौंकाना : his presence ~d me उसकी उपस्थिति^{F} ने मुझे चौका दिया. **II.** *v.i.* (now uncommon) **1.** जागना : I ~d at 6 a.m. मैं सुबह^{F} छः बजे जाग गया. **2.** क्रियाशील हो जाना : they were all ~d at his arrival वे सभी उसके आने पर सक्रिय हो गए.

rout राउट **I** n^{c}. **1.** (complete defeat) घोर पराजय^{F} : it was the ~ of the enemy's army for the first time यह पहली बार शत्रु सेना^{F} की ≈ थी. **2.** (riot) दंगा : the child heard the ~ and cried बच्चे ने ≈ सुना और चिल्ला पड़ा. **II.** *v.t.* **1.** हरा देना : he ~ed his opponent in the first round उसने अपने प्रतिपक्षी को पहले ही दौर में हरा दिया. **2.** तितर-बितर कर देना.

route रूट **I.** n^{c}. मार्ग, रास्ता [long लंबा, shortest सबसे छोटा]; bus ~ बस मार्ग; it is a longer ~ via Saharanpur सहारनपुर के रास्ते का यात्रा-मार्ग कुछ लंबा है; the ~ to Jabalpur is through Satna जबलपुर के लिए ≈ सतना होकर है; this ~ will lead you to the chowk यह मार्ग तुम्हें चौक तक ले जाएगा. en ~ मार्ग में : I will meet him en ~ मैं उससे मार्ग में मिलूँगा. **II.** *v.t.* (के मार्ग से) भेजना : to ~ goods by way of Italy इटली के रास्ते माल भेजना.

routine रूटीन' **I.** n^{u}. नित्यक्रम, नित्यचर्या^{F}: daily ~ प्रतिदिन का नित्यकर्म, दिनचर्या^{F}; what is your ~ आपकी दिनचर्या क्या है? you should perform your daily ~ regularly तुम्हें अपनी ≈ नियमित रूप से करनी चाहिए. **II.** *a.* नेमी, नैत्यिक [exercise अभ्यास, work काम]; a ~ medical test ≈ चिकित्सीय परीक्षण.

row रो **I.** n^{c}. **1.** पंक्ति^{F}, कतार^{F} [long लंबी, straight सीधी]; a ~ of buttons बटनों की ≈; sit in the first ~ of chairs कुर्सियों^{F} की पहली पंक्ति में बैठो; reserve for me the second seat in the first ~ पहली पंक्ति में दूसरी सीट^{F} मेरे लिए सुरक्षित रखो. Δ **in a** ~ लगातार : I saw three pictures in a ~ मैंने लगातार तीन शो देखे; they raised three crops in a ~ उन्होंने लगातार तीन फसलें^{F} उगाईं. **2.** खेवाई, नौकाविहार : let us go for a ~ हम ≈ के लिए जाएँ. **3.** (commotion) हो-हल्ला, हुल्लड़, ऊधम, उपद्रव : they started a ~ उन्होंने ≈ शुरू कर दिया; the two boys were having a ~ दोनों लड़के झगड़ रहे थे; hearing the ~, all men gathered round the house ≈ सुनकर सभी लोग घर के चारों ओर इकट्ठा हो गए; the teacher could not control the ~ अध्यापक ≈ नियंत्रित न कर सके. **II.** *v.t.* **1.** (a boat) खेना, ले जाना : can you ~ a boat क्या तुम नाव खे सकते हो? they all went to ~ in the river Ganga वे सब गंगा नदी^{F} में नाव खेने के लिए गए; each boat is ~ed with four oars हर नाव चार चप्पुओं से खेई जाती है. **2.** लड़ना, झगड़ना : "stop ~ing", mother said "≈ बंद करो", माँ ने कहा. **3.** ऊधम मचाना : the children were ~ing in the classroom बच्चे कक्षा में ऊधम मचा रहे थे.

rowdy रॉउ'डि I. *n*^c. गुंडा, हुल्लड़बाज, दंगाई : he is a ~, he will surely harm you वह ≈ है, वह तुम्हें निश्चित रूप से नुकसान पहुँचाएगा. II. *a.* ऊधमी, उपद्रवी, दंगाई [neighbour पड़ोसी, person व्यक्ति]; avoid the ~ friends ≈ मित्रों से दूर रहो.

royal रॉयल I. *a.* 1. राजकीय, शाही [family परिवार, place राजमहल, wedding शादी^F]; the ~ army invaded the enemy's capital शाही सेना^F ने शत्रु की राजधानी^F पर आक्रमण कर दिया. 2. (excellent) शानदार, बढ़िया [feast दावत, reception स्वागत]; he possesses everything ~ उसकी हर चीज़ ≈ है.

R.R. railway receipt बिल्टी^F.

Rs. rupees

R.S.V.P. *repondez s'il vous plait* (please reply) उत्तर देने की कृपा करें.

rt. right

rub रब I. *v.t.* (-bb-) मलना, रगड़ना, घिसना : he ~bed his body with a towel उसने अपने शरीर को तौलिए से घिसा/रगड़ा; she ~bed the furniture with cloth उसने कपड़े से फर्नीचर रगड़ा; ~ the table with a duster मेज़ को झाड़न से रगड़ो; ~ one's hands when they are cold जब हाथ ठंडे हों तो उन्हें रगड़ो. II. *v.i.* रगड़ खाना : the tyre is ~bing टायर रगड़ खा रहा है. Δ ~ **shoulders with people** लोगों से मिलना-जुलना, लोगों के संपर्क में आना : a gentleman loves to ~ shoulders with all सज्जन आदमी सब लोगों से मिलना-जुलना पसंद करता है; ~ **in** ज़ोर से मलना : ~ in Iodex आयोडेक्स मलो; ~ (up) **the wrong way** चिढ़ाना : the children ~ up the old men wrong बच्चे बूढ़े लोगों को चिढ़ाते हैं; ~ **off** साफ़ करना : ~ off the spot from the shirt कमीज़ से दाग साफ़ करो; ~ off dust from the floor फर्श पर से गर्दा दूर करो; ~ **out** रगड़कर मिटाना : ~ out the wrong words from the letter पत्र से गलत शब्दों को मिटाओ; ~ out the stain on your coat कोट पर से दाग मिटाओ; ~ **up** दोहराना, ताज़ा करना : to ~ up the knowledge of Sanskrit संस्कृत का ज्ञान ताज़ा करना; to ~ **up one's memory** अपनी याद्दाश्त^F ताज़ी करना. **rubber** रॅ'बर *n*^uc. 1. रबर, रबड़ [artificial कृत्रिम, natural प्राकृतिक, synthetic कृत्रिम, संश्लेषित]; tyres are made of ~ टायर ≈ से बने होते हैं. 2. रबर, अपमार्जक, मिटाने वाला : rub out the pencil marks with a ~ रबर से पेंसिल के निशान मिटाओ.

rubbish रॅ'बिश *n*^u. 1. कूड़ा-करकट, काठ-कबाड़ : remove all the ~ from the room कमरे से सब ≈ हटाओ; you should put your ~ in the dustbin तुम्हें अपना कूड़ा कूड़ेदान में डालना चाहिए; burn the ~ ≈ जला दो. 2. (of a building) मलबा : a heap of ~ मलबे का ढेर. 3. (nonsense) अण्ड-बण्ड, अनाप-शनाप : don's talk ~ ≈ मत बको; that tale was ~ वह कहानी^F अनाप-शनाप थी.

ruby रू'बि I. *a.* गहरालाल : she wore a ~ colour kurta वह गहरे लाल रंग का कुर्ता पहने थी. II. *n.*^c माणिक्य [costly कीमती, real असली, synthetic नकली]; ~ is a precious stone of deep red colour ≈ गहरे लाल रंग का एक कीमती पत्थर होता है; she has a ~ in her ring उसकी अंगूठी^F में एक ≈ है.

rude रूड *a.* 1. (roughly made, in rough state) कच्चा, अपरिष्कृत [instruments उपकरण, plough हल]; the production of metal from the ~ ore कच्चे अयस्क से धातु का उत्पादन. 2. (not accurate) मोटा : ~ estimate मोटा अनुमान. 3. (uncivilized) असभ्य [behaviour व्यवहार, language भाषा^F, servant नौकर]; he is a very ~ fellow वह बहुत ही असभ्य व्यक्ति है. [*ant.* polite] 4. (boorish) गँवार : ~ youngman ≈ नवयुवक. 5. (dicourteous) अशिष्ट, अभद्र [behaviour व्यवहार, remarks टिप्पण]; he was very ~ to her वह उसके प्रति बहुत ही अशिष्ट था; he spoke in a deliberately ~ tone उसने जानबूझकर ≈ शब्द बोले; don't be ~ to your uncle अपने चाचा/ताया से अशिष्टता मत बरतो. 6. ~ voice कर्कश स्वर. 7. उग्र, प्रचंड, तेज़ : ~

shock ≈ आघात. **8.** (sudden, abrupt) आकस्मिक : her ~ arrival perplexed me उसके ≈ आने से मैं घबरा गया. **rudely** रूड'लि *adv.* **1.** अशिष्टता^F से, अभद्रता^F से : the boy spoke ~ to his mother लड़का अपनी माँ से ≈ बोला. **2.** (in a ~ way) अनगढ़ ढंग से : ~ made almirah ≈ बनी अलमारी^F. **3.** (suddenly) अचानक; I was ~ recalled मुझे ≈ वापस बुला लिया गया.

rudiment रू'डिमेन्ट *n.*^c (usu. *pl.*) **1.** मूल सिद्धान्त : ~s of grammar व्याकरण के ≈. **2.** प्रारंभिक ज्ञान : I could not learn even the ~s of music मैं संगीत का ≈ भी न सीख सका. **3.** प्रारंभिक अवस्था^F : some ~s of civilization are surely found even among the Eskimos सभ्यता^F की कुछ प्रारंभिक अवस्थाएँ निश्चित रूप से इस्कीमो लोगों में भी पाई जाती हैं.

ruffian र'फ्यून *n.*^c गुंडा, बदमाश : a band of ruffians गुंडों का गिरोह; a ~ can commit any crime ≈ कोई भी अपराध कर सकता है; a ~ is a lawless brutal person ≈ एक उच्छृंखल क्रूर व्यक्ति होता है; a ~ snatched her chain किसी गुंडे ने उसकी चेन^F छीन ली.

ruffle र'फ़ल **I.** *v.t.i.* **1.** (wrinkle) शिकन पड़ना : now her face is ~d अब उसके चेहरे पर शिकन पड़ गई है. **2.** (ripple) लहरें पैदा करना, लहराना : she ~d her hair in the air उसने हवा^F में अपने बाल लहराए. **3.** the bird ~d its feathers पक्षी ने अपने पंख फड़फड़ाए. **4** (annoy) चिढ़ाना : all the students ~ the peon सब लड़के चपरासी को चिढ़ाते हैं; he ~s very easily वह झट् चिढ़ जाता है. **5.** (shuffle) फेंटना : to ~ playcards ताश^F फेंटना. **II.** *n*^c. **1.** (wrinkle) शिकन^F : ~s on the face चेहरे पर शिकनें. **2.** (trimming) झालर : one of my curtains has a ~ around it मेरे एक पर्दे के किनारों पर झालर है. **3.** (irritation) चिढ़^F : she feels a ~ उसे चिढ़ होती है.

rug रग *n*^c. ग़लीचा, कालीन [small छोटा, thick मोटा, woollen ऊनी]; put a ~ on the floor फ़र्श पर एक ≈ रखो; I have a costly ~ मेरे पास एक कीमती कालीन है. Δ **to pull the ~ (out) from smth** किसी को भरोसा देना बंद कर देना.

rugby रग्बाइ *n*^u. रगबी (फुटबाल) : ~ is a form of football ≈ फुटबाल का एक रूप है; ~ is played by two teams of 13 to 15 players ≈ 13 या 15 खिलाड़ियों की टीम^F से खेला जाता है; ~ ball is oval in shape ≈ गेंद^F आकृति^F में अंडाकार होती है.

rugged र'गिड *a.* **1.** (of ground) ऊबड़-खाबड़ ऊंचा-नीचा, असम [coast किनारा, ground ज़मीन^F, hill पहाड़ी^F, road सड़क^F]; the land was very ~ and he could not catch the thief ज़मीन बहुत ही ऊबड़-खाबड़ थी और वह चोर को पकड़ न सका. **2.** बेडौल, भद्दा [face चेहरा, features चेहरा-मोहरा/नैन-नक्श]; his house looks ~ उसका घर भद्दा दिखता है. **3.** (wrinkled) झुर्रीदार, शिकनदार [cloth कपड़ा, face चेहरा]. **4.** (unpolished) अपरिष्कृत, अनगढ़ : this is the ~ form of the article यह उसके लेख का ≈ रूप है. **5.** (difficult) कठिन : ~ times ≈ समय. **6.** (harsh) कठोर, कड़ा : ~ life ≈ जीवन; he is ~ but helpful वह कठोर तो है लेकिन है सहायता^F करनेवाला. **7.** (of manners) रूखा, अशिष्ट, अभद्र : such a ~ behaviour will harm you इस प्रकार का ≈ व्यवहार तुम्हें नुकसान पहुँचाएगा. **8.** (stormy) तूफ़ानी : ~ weather ≈ मौसम.

ruin रू'इन **I.** *n.*^u **1.** (destruction) विनाश, विध्वंस, तबाही^F : this storm will cause great ~ to our crops यह तूफान हमारी फ़सलों^F पर भारी ≈ लाएगा; the earthquake caused ~ to the city भूकंप ने शहर में बड़ी तबाही ला दी; gambling was his ~ जुआ उसके विनाश का कारण था; to bring smth to ~ किसी चीज़ को तबाह कर देना. **2.** (moral) पतन : his reputation came to ~ उसकी प्रसिद्धि^F ≈ को प्राप्त हुई. **3.** (*pl.*) (a ruined building) खण्डहर (ancient प्राचीन, famous प्रसिद्ध); after the earthquake only ~s could be seen भूकंप के बाद केवल ≈ देखे जा सकते थे; under the ~s खंडहरों के नीचे. **4.** (*pl.*) भग्नावशेष, ध्वंसावशेष : ~s of the epic period महाकाव्य-कालीन ≈. **II.** *v.t.* **1.** (destroy) नष्ट/बरबाद करना : the hails will ~ the crop ओले फसल^F को बरबाद कर देंगे; ambition has ~ed this man महत्वाकांक्षा^{F} ने इस आदमी को बरबाद कर दिया है; he ~ed himself by gambling उसने जुआ खेलकर स्वयं को बरबाद कर लिया. **2.** (spoil) बिगाड़ देना : he has ~ed his health उसने अपना स्वास्थ्य बिगाड़ दिया है.

rule रूल **I.** *n.*^{c} **1.** नियम (general सामान्य, standing स्थायी); ~s and regulations नियम-विनियम; follow the ~s of the road सड़क के नियमों का पालन करो; don't try to break the ~s, you will be punished नियम तोड़ने का प्रयास मत करो, दण्डित किए जाओगे; as a general ~ सामान्यतया; it is against the ~s यह नियमों के विरुद्ध है. **2.** (*pl.*) नियमावली^{F} : he has a book of ~s about succession उत्तराधिकार के बारे में नियमावली की एक किताब उसके पास है. **3.** (normal state of things) नियम-विधान, दस्तूर : do it according to the ~s इसे विधान के अनुसार करो; he made it a ~ to go on a walk every morning प्रत्येक सुबह^F घूमने जाने का उसने ≈ बना लिया; he made it a ~ never to go to bed late कभी देर से बिस्तर पर (सोने) न जाने का उसने ≈ बना लिया. **4.** (government) शासन : India under foreign ~ विदेशी शासन के अधीन भारत. **5.** शासन-काल : during the ~ of Aurangzeb औरंगज़ेब के ≈ में. **6.** (ruler) पटरी^{F}, रूलर : a ~ is to draw a line ≈ लाइन^F खींचने के लिए होता है; the student lost his ~ छात्र ने अपनी ≈ खो दी. **7.** (law) आदेश : the court directed them to obey the ~ न्यायालय ने उन्हें ≈ के पालन करने का निर्देश दिया. **II.** *v.t.* **1.** (govern) शासन करना, राज्य करना : the majority party will ~ the country बहुमत पार्टी^{F} देश पर शासन करेगी; he ~d for over five years उसने पाँच वर्ष से ज्यादा शासन किया. **2.** (control) नियंत्रित करना : police could not ~ the crowd पुलिस भीड़^{F} को नियंत्रित न कर सकी. **3.** (influence) प्रभावित करना, पर प्रभाव डालना : she is ~d by sentiments वह भावुकता^{F} से प्रभावित होती है. **4.** (settle by decree) का निर्णय करना : the court ~d the case in his favour न्यायालय ने मुकदमे का निर्णय उसके पक्ष में किया. Δ ~ **out** से इंकार करना : we cannot ~ out the possibility of his coming late हम उसके विलंब से आने की संभावना^{F} से इंकार नहीं कर सकते. **ruler** रू'लर *n*^{c}. **1.** शासक (great महान्, liberal उदार, mighty शक्तिशाली, popular लोकप्रिय); he was the ~ of the country वह उस देश का शासक था; the cruel ~ was killed by the public निर्दयी शासक को जनता^{F} ने मार डाला. **2.** रूलर, पटरी^{F}: the wooden ~ for drawing lines रेखा खींचने की लकड़ी^{F} की ≈; I have a 30 centimetres ~ मेरे पास 30 सेंटीमीटर वाली ≈ है. **ruling** रू'लिङ्ग **I.** *a.* **1.** शासक, शासन करने वाला (class वर्ग, party दल); ~ clique सत्ताधारी गुट. **2.** (predominant) प्रबल, प्रभावी : ~ passion ≈ वासना^{F}. **3.** (prevalent) प्रचलित (custom रीतिरिवाज, events घटनाएँ^{F}). **II.** *n*^{c}. (decision) निर्णय, व्यवस्था^{F} : the speaker made several ~s on such matters ऐसे मामलों पर अध्यक्ष ने कई व्यवस्थाएँ दीं; the judge gave his ~ on this case जज ने इस मुकदमे में अपना निर्णय दे दिया; the president gave the ~ that it was lawful अध्यक्ष ने व्यवस्था दी कि यह विधि-सम्मत है.

rumbling रम्'ब्लिङ्ग *n*^{c}. **1.** बड़बड़ाहट^F : ~s of discontent असंतोषसूचक ≈; there has been a lot of ~ in the office today आज कार्यालय में बहुत ≈ रही है. **2.** गड़गड़ाहट^F : ~ of guns, clouds, lightning बंदूकों^{F}, बादलों, बिजली^{F} की ≈.

rumour रू'मर **I.** *n*^{c}. किंवदंती^{F}, अफ़वाह^F (bad ख़राब, grievous गंभीर, vexatious चिंताजनक); he spread the ~ उसने अफ़वाह फैलाई; the ~ spread very soon that he failed in the examination अफ़वाह बहुत जल्दी फ़ैली कि वह फ़ेल हो गया; ~ has it that the minister is going to marry again अफ़वाह है कि मंत्रीजी फिर शादी^{F} करने जा रहे हैं. **II.** *v.t.* (usu. passive) अफ़वाह उड़ाना : it was ~ed yesterday यह अफ़वाह कल उड़ाई गई थी; you are ~ed to be the author of this satirical poem तुम्हारी व्यंगात्मक कविता लिखने की अफ़वाह उड़ाई गई है.

run रन I. *v.i.* (*p.* ran; *pp.* run *pr.p.* running) **1.** दौड़ना : he ~s fast वह तेज़ दौड़ता है; the boy ran to help a girl लड़का एक लड़की की सहायता[F] करने दौड़ा; he cannot ~ वह दौड़ नहीं सकता; (fig.) an idea ran through my mind मेरे मन में एक विचार दौड़ गया. **2.** चलना : no trains are ~ning today आज कोई गाड़ियाँ नहीं चल रहीं; do any buses ~ from here to Shimla कोई बसें[F] यहाँ से शिमला तक चलती हैं क्या ? this play will ~ for several weeks यह खेल/नाटक कई हफ्ते चलेगा; the film has been ~ning since 1st January पिक्चर[F] पहली जनवरी से चल रही है; he ran into the room वह (तेज़ी-से) कमरे के अंदर चला गया; the story ~s like this कहानी[F] इस तरह चलती है; this road ~s to the sea यह सड़क समुद्र की तरफ़[F] जाती है; he ~s a shop in the village वह गाँव में दुकान[F] चलाता है; the management ~s a school प्रबंधन एक विद्यालय चलाता है; we washed clothes in ~ning water हमने चलते पानी में कपड़े धोए. **3.** (flow) बहना : tears ran down her cheeks आँसू उसके गालों के नीचे तक बह गए; his nose is ~ning उसकी नाक[F] बह रही है; the tap is still ~ning नलका अब भी बह रहा है. **4.** she ran her hand on the child's face उसने बच्चे के मुखड़े पर हाथ फेरा. **5.** (melt) पिघलना : the butter will ~ near the fire आग के पास मक्खन पिघल जाएगा. **6.** (to go) I'll ~ across to his house to fetch some sugar थोड़ी-सी चीनी[F] लाने के लिए मैं उसके घर चली जाऊँगी. **7.** (elapse) बीत जाना : time is ~ning fast समय जल्दी बीत रहा है. **8.** मुकाबला करना : he is going to ~ against Rao वह राव का मुकाबला करनेवाला है; he is ~ning for secretaryship वह सचिव पद के लिए खड़ा हो रहा है. **9.** (spread) the rumour ran through the city अफवाह नगर में फैल गई. **10.** to ~ into debt ऋणग्रस्त हो जाना . **11.** ~ the risk ख़तरा मोल लेना[F] : none was ready to ~ the risk कोई भी खतरा मोल लेने को तैयार नहीं था. **12.** ~ high बढ़ना, बढ़ जाना : the river soon ran high नदी[F] शीघ्र ही बढ़ गई. **13.** ~ short of कम रह जाना : I am ~ning short of money मेरे पास पैसा कम ही रहा है. **14.** ~dry सूख जाना : almost all the small rivers ~ dry in summer लगभग सभी नदियाँ गर्मियों[F] में सूख जाती हैं. Δ (phrases) ~ **about** इधर-उधर दौड़धूप करना : children are ~ning about all over the street सारी गली[F] में बच्चे इधर-उधर दौड़धूप कर रहे हैं; ~ **across** अचानक मुलाकात[F] हो जाना, संयोग से मिल जाना : while going to the market he ran across his friend बाज़ार जाते समय वह अचानक अपने मित्र से मिल गया; ~**after** (chase) के पीछे पड़ा रहना, पीछा करना : he ~s after women वह औरतों के पीछे पड़ा रहता है; ~**at** (attack) टूट पड़ना, आक्रमण करना : the dog ran at the boy कुत्ता लड़के पर टूट पड़ा; ~away (escape) भाग जाना : the boy ran away from the playground लड़का खेल के मैदान से भाग गया ~ **away with** चुरा ले जाना, भगा ले जाना : the boy ran away with a girl लड़का एक लड़की[F] को भगा ले गया; ~ **down** (i) गिर जाना : his health has ~ down उसका स्वास्थ्य गिर गया है; (ii) बंद हो जाना : the clock has ~ down घड़ी[F] बंद हो गई है; (iii) गिरा देना : he ran down an old lady when she was crossing the road उसने एक बूढ़ी औरत[F] को गिरा दिया जबकि वह सड़क पार कर रही थी; ~ **for** उम्मीदवार होना : to ~ for Mayorship मेयर पद का ≈; ~ **in** भिड़ जाना : both the cars ran in दोनों कारें[F] भिड़ गईं; ~ **into** (i) (collide) से टकराना : the car ran into a tree कार एक पेड़ से टकरा गई; (ii) संयोग से मुलाकात हो जाना : I ran into him at the library संयोग से पुस्तकालय में उससे मेरी मुलाकात हो गई; ~off भाग जाना : when he saw the police, he ran off जब उसने पुलिस[F] को देखा तो भाग गया; ~**out** समाप्त हो जाना : sugar is ~ing out of the store गोदाम में चीनी[F] समाप्त हो रही है; their food has ~ out उनका भोजन समाप्त हो गया है; ~**over** (i) के ऊपर से निकल जाना : the car ran over a dog कार[F] एक कुत्ते के ऊपर से निकल गई; the boy was ~ over by a truck लड़के के ऊपर से एक ट्रक निकल गया; (ii) सरसरी दृष्टि से देखना या पढ़ना : please

~ over some pages of this book कृपया इस किताब के कुछ पन्नों का सिंहावलोकन कर लीजिए; ~ **through** सरसरी तौर पर देख जाना; ~**up** (तेज़ी से) बढ़ना, तक बढ़ जाना : they ran up to catch the train वे रेलगाड़ी^{F} पकड़ने के लिए (तेज़ी से) बढ़े. **II.** *v.t.* चलाना : to ~ a machine मशीन ≈; everything is ~ning well सब कुछ ठीक चल रहा है; do you ~ the bus by mobil oil क्या तुम मोबिल आइल से बस चलाते हो ? they are ~ning special trains for Magh Mela वे माघ मेले के लिए विशेष गाड़ियाँ^{F} चला रहे हैं; can she ~your home क्या वह तुम्हारा घर चला सकती है ? who is ~ning the country देश को कौन चला रहा है ? he ~s a hotel वह एक होटल चलाता है. **III.** n^c. **1.** दौड़^{F}, धावन (long लंबी, short छोटी); to have a ~ by a bicycle साइकिल से ≈ लगाना; he could not win the ~ and lost to his friend वह दौड़ न जीत सका और अपने मित्र से हार गया; the station is only 10 minutes ~ स्टेशन केवल दस मिनट की ≈ पर है. **2.** (cricket) रन : the captain made a hundred runs कप्तान ने एक सौ रन बनाए; he took a quick single ~ उसने तेज़ी से एक रन बना लिया; who made the highest ~s सबसे ज़्यादा ≈ किसने बनाए ? **3.** (demand) (बड़ी) माँग^F : there has been a great ~ on/for kerosene oil मिट्टी के तेल के लिए बड़ी मांग^F रही है. **4.** यात्रा^{F}: this time the ~ will not be easy इस बार ≈ आसान न होगी; we had gone for a ~ by car हम कार^F से ≈ करने गए. **5.** (channel) मार्ग : the ~ of the river नदी^{F} का मार्ग. Δ **in the long** ~ अंत में, आख़िरकार, अंततोगत्वा : he succeeded in the long ~ ≈ वह सफल हो गया.

rung = past participle of ring *q.v.*

rung रंग n^c. (सीढ़ी^{F} का) डंडा : ~ of a ladder सीढ़ी का ≈. (fig.) topmost ~ of the ladder उच्चतम पद.

runner र'नर n^c. **1.** दौड़ाक, धावक [fast तेज़, strong तगड़ा]; this ~ ran a mile only यह ≈ केवल एक मील दौड़ा; there were eight ~s in the race दौड़^{F} में आठ ≈ थे. **2.** (messenger) हरकारा : there were ~s to carry news समाचार पहुँचाने के लिए हरकारे होते थे. **running** र'निङ्ग **I.** *n.* **1.** धावन, दौड़^{F} : he practised ~ every morning वह प्रत्येक सुबह^F ≈ (लगाने) का अभ्यास करता था. **2.** चालन, परिचालन : ~ of a business व्यवसाय का. Δ he is in the ~ उसके जीतने की संभावना^{F} है; **he is out of** ~ उसके जीतने की संभावना^{F} नहीं है. **II.** *a.* **1.** ~ shoes दौड़ने वाले जूते. **2.** (flowing) बहता, बहने वाला : ~ water बहता पानी. **3.** (in operation, in progress) चलता, चालू : ~ account चालू खाता; machine in ~ order चालू हालत^F में मशीन^F; ~ commentary चल विवरण; ~cost परिचालन व्यय. **4.** (continuous) निरंतर, लगातार : ~ fight with her husband पति के साथ ≈ लड़ाई. **5.** ~ hand घसीट लिखाई^F.

rupee रू पी' n^c. रुपया : a ~ has 100 paisas एक रुपए में सौ पैसे होते हैं; I bought this book for a hundred ~s मैंने इस किताब को सौ रुपए में खरीदा.

rural रूअ'रल *a.* **1.** ग्रामीण, देहाती [cottage कुटिया^{F}, custom रीतिरिवाज, dances नृत्य, life जीवन, occupation व्यवसाय, scenery दृश्य]; ~ population of India is still largely illiterate भारत की अधिकांश ग्रामीण जनता^{F} अब भी निरक्षर हैं; ~ things do not gather much importance ग्रामीण चीज़ें अधिक महत्व नहीं पाती हैं. [*ant.* urban] **2.** (agricu.) कृषि-संबंधी [occupations काम, work कार्य].

rush रॅश **I.** n^u. **1.** (*a* rushing) भीड़-भाड़^{F}, रेल-पेल^F : there is ~ in the lane to the market बाज़ार वाली गली में ≈ है. **2.** (hurry) हड़बड़ी^{F} : modern life is full of ~ वर्तमान जीवन में हड़बड़ी-ही-हड़बड़ी है. **3.** (onslaught) झपट, धावा : the intoxicated youth made a ~ at the girl मदोन्मत्त युवक लड़की^{F} पर झपटा. **4.** (demand) बड़ी माँग : there is great ~ for sugar these days इन दिनों चीनी^{F} की बहुत माँग^F है. **II.** *v.t.* **1.** (dash) झपटना, पिल पड़ना : to ~ upon the enemy शत्रु पर झपटना. **2.** वेग से चलना : he ~ed into the room वह कमरे में वेग से

घुस गया; don't ~ wildly बेतहाशा न झपटो. **3.** चला जाना या घुस पड़ना : the patient ~ed to the hospital रोगी हड़बड़ाकर अस्पताल चला गया. **4.** झटपट कर डालना : he ~ed the work without any difficulty उसने बिना कठिनाई के काम कर डाला. **5.** (charge) झपटना : he ~ed at the enemy वह शत्रु पर झपट पड़ा. **6.** तेज़ी से बहना, फैल जाना : the water ~ed into the whole field and the play was not possible पानी पूरे मैदान में फैल गया और खेल संभव नहीं था. **7.** to ~ in, to ~ through जल्दी-जल्दी करना : to ~ the bill through the House सदन में जल्दी-जल्दी बिल पास करा देना.

rust रस्ट **I.** *n.* (no *pl.*) ज़ंग, मोरचा : ~ has formed on the iron gate लोहे के दरवाज़े में मोरचा लग गया है. **II.** *v.t.* **1.** ज़ंग लगना : iron ~s easily लोहे में ज़ंग जल्दी लगता है. **2.** बेकार हो जाना : the old man has ~ed बूढ़ा बेकार हो गया है; the mind is ~ed by idleness आलस्य से मन बेकार होता है.

rustic रस्'टिक **I.** *a.* **1.** देहाती, ग्रामीण, गँवारू (life जीवन, people लोग, person व्यक्ति, work काम); ~ customs are very peculiar ~ रस्म-रिवाज बड़े अजीब होते हैं. **2.** (unsophisticated) सीधा-सादा : ~ farmer ≈ किसान; ~ fellows talk direct सीधे-सादे लोग सीधी बात^F करते हैं. **3.** (of rude workmanship) कच्चा, अनगढ़ : this is ~ work, indeed यह सचमुच अभी ≈ काम है. **II.** *n*^c. देहाती, ग्रामवासी : he is a pure ~ वह शुद्ध देहाती है. **rusticate** रॅस्'टिकेट *v.t.* अस्थायी रूप से निकाल देना : a student was ~ed for two years for cheating एक छात्र धोखा-धड़ी करने पर दो साल के लिए निकाल दिया गया.

rustle र'सल **I.** *v.i.* **1.** खड़खड़ाना : dry leaves were rustling on the tree पेड़ पर पत्ते खड़खड़ा रहे थे. **2.** साँय-साँय करना : the wind ~s हवा^F साँय-साँय करती है. **II.** *n*^u. सरसराहट^F, खड़खड़ाहट^F : ~ of paper, leaves काग़ज़ पत्तों की ≈.

rusty रस्'टि *a.* **1.** ज़ंग लगा हुआ, मोरचेदार [nail कील, sword तलवार]; my knife became ~ मेरे चाकू में ज़ंग लग गया. **2.** (antiquated) पुराना : his ideas are ~ उसके विचार पुराने पड़ गए हैं. **3.** ~ voice कर्कश स्वर, फटी-फटी आवाज़. **4.** (impaired) थका-मांदा : such a ~ fellow can do nothing इतना ≈ आदमी कुछ नहीं कर सकता.

rut रट **I.** *n*^c. **1.** लीक^F (clear स्पष्ट, narrow पतली); wheels make ~s on the kachcha road पहिए कच्ची सड़क^F पर ≈ बनाते हैं. (fig.), लीक^F, पुराना ढर्रा : he follows the ~ वह लीक (पुराने ढर्रे) का अनुसरण करता है; he still cannot get out of the ~ वह अभी ≈ के बाहर नहीं निकल पाता. **2.** (of animals) मद, मदकाल, मस्ती^F : this month is the ~ period of animals यह जानवरों की मस्ती का महीना है. **II.** *v.t.* मस्ताना, मस्ती^F आना : animals ~ in the rainy reason जानवर वर्षा-ऋतु^F में मस्ताते हैं (मस्ती में आते है).

ruthless रूथ'लिस *a.* निष्ठुर, बेरहम (dacoit डाकू, enemy शत्रु, policeman पुलिसिागा); the ~ invaders burnt even the huts of the poor people निष्ठुर आक्रमणकारियों ने गरीब लोगों की झोपड़ियाँ तक जला दीं; his treatment was ~ उसका व्यवहार निर्दयतापूर्ण था.

Ry. railway

~ry *suff.* makes nouns : chivalry, cookery, drudgery, nursery, rivalry, slavery.

S, s

S ऍस = south; s is used to make plurals एस बहुवचन बनाने के लिए प्रयुक्त किया जाता है; as boy—boys; ~ is used to make present tense 3rd person singular एस का वर्तमानकाल के अन्यपुरुष एकवचन बनाने के लिए प्रयोग किया जाता है. as make— makes.

sabotage सैबॅ'टाय़ **I.** n^{u}. तोड़-फोड़^{F}, ध्वंस : the ~ damaged even the hospital building ≈ ने यहाँ तक कि अस्पताल की इमारत को भी क्षतिग्रस्त कर दिया; they were convicted of ~ उन्हें तोड़फोड़ का अपराधी ठहराया गया. **II.** *v.t.* **1.** तोड़फोड़ करना : the enemy ~d our railway line शत्रु ने हमारी रेल लाइन को तोड़फोड़ दिया. **2.** बेकार कर देना : they ~d our plan उन्होंने हमारी योजना^{F} को बेकार कर दिया.

sack सैक **I.** n^{c}. **1.** बोरा [empty ख़ाली, large बड़ा, torn फटा हुआ]; a ~ of grain will be given to you अनाज का एक ≈ तुम्हें दिया जाएगा; the ~ is filled with potatoes बोरा आलुओं से भरा है; wheat costs Rs. 700 a ~ गेहूँ के एक बोरे के सात सौ रुपए लगते हैं. **2.** (coat) ढीला-ढाला कुर्ता : he always wears a ~ वह हमेशा ढीला-ढाला कुर्ता पहनता है. **3.** (loot) लूट-पाट^{F} : ~ of a house घर की ≈. **II.** *v.t.* **1.** बोरे में भरना या रखना : he ~ed the grains उसने बोरे में अनाज भरा. **2.** लूटमार^{F} करना : the robbers ~ed his house in the night लुटेरों ने रात में उसका घर लूट लिया. **3.** नौकरी^{F} से निकाल देना : to ~ an employee of the mill कारखाने के किसी कर्मचारी को निकाल देना. **~cloth** n^{c}. टाट : torn ~ फटा हुआ ≈; there is only one ~ in this room इस कमरे में केवल एक ≈ है; children in primary schools sit on ~ प्राथमिक विद्यालयों के बच्चे ≈ पर बैठते हैं. **~race** n^{c}. बोरे की दौड़ : competitors are tied upto their necks in ~ ≈ में प्रतियोगियों को गले तक बाँध दिया जाता है.

sacred सेक्'रिड **I.** *a.* **1.** (holy) पवित्र [book ग्रंथ, building भवन, songs गीत]; ~ music भजन-कीर्तन; cow is a ~ animal to Hindus गाय हिंदुओं के लिए एक पवित्र पशु है; the Ganga is the most ~ river of the world गंगा^{F} संसार की सबसे पवित्र नदी है; it is the only ~ place in the village गाँव में यह एक-मात्र ≈ स्थान है. **2.** (religious) धार्मिक : this ~ institution has gained much popularity इस धार्मिक संस्था^{F} ने बहुत लोकप्रियता^{F} प्राप्त कर ली है. **3.** (venerable) पूज्य, परम पावन : he put a question to ~ father उसने ≈ पादरी से एक प्रश्न किया. **4.** in the ~ memory of smb किसी की पुण्य स्मृति^{F} में. **5.** ~ oath सच्ची शपथ^{F}. **6. ~ vessels** यज्ञ पात्र; ~ thread यज्ञोपवीत, जनेऊ : most Hindus do not wear the ~ thread बहुत-से हिंदू ≈ नहीं पहनते.

sacrifice सैक्'रिफ़ाइस **I.** n^{c}. **1.** (a rite) यज्ञ [great बड़ा, sacred पवित्र]. **2.** बलिदान : Indians made many ~s to gain freedom स्वतंत्रता पाने के लिए भारतीयों ने बहुत-से ≈ किए. **3.** (a giving up) त्याग : ~ of life जीवन का त्याग; at the ~ of one's principles अपने सिद्धांतों के त्याग से; our leaders made many ~s during the struggle for freedom स्वतंत्रता के लिए संघर्ष के दौरान हमारे नेताओं ने अनेक त्याग किए. **4.** (victim) बलि^{F} : the ~ of animals has now come to its end पशुओं की ≈ अब समाप्त हो चुकी है. **5.** (offering) चढ़ावा : abundant ~s in temples मंदिरों में ढेर सारे चढ़ावे. **6.** (loss) घाटा, हानि^{F} : to sell smth at a ~ कोई वस्तु^{F} घाटे में बेचना. **II.** *v.t.* **1.** बलिदान करना : to ~ oneself in the defence of public liberty जनता^{F} की स्वतंत्रता^{F} की रक्षा के लिए अपना ≈; to ~ a goat बकरे का ≈; the soldier ~d his life सैनिक ने अपना जीवन बलिदान कर दिया. **2.** (give up) त्याग देना : to ~ a hundred pounds for the poor children ग़रीब बच्चों के लिए सौ पौंड का ≈; he ~d comfort for the service of the sick बीमार लोगों की सेवा[F] के लिए उसने अपना सुख त्याग दिया; why should I ~ my principles मैं अपने सिद्धांतों को क्यों छोड़ दूँ? **sacrificial** सैक्रिफ़ि'शल *a.* **1.** यज्ञीय [ceremony अनुष्ठान, lamp दीप, pavilion मंडप]. **2.** ~ goat बलि[F] का बकरा.

sad सैड *a.* (sadder, saddest) **1.** उदास, दु:खी : when he rose next morning, he looked ~ अगली सुबह जब वह उठा तो उदास दिखाई दिया; he was ~ because his son had fallen ill वह ≈ था क्योंकि उसका बेटा बीमार पड़ गया था; I am very ~ to know this इसे जानकर मुझे बहुत दु:ख हुआ है. **2.** (causing sorrow) दु:खद [end अंत, event घटना[F], news समाचार, story कहानी[F]]; the ~ songs will cause him more sorrow शोकमय गीत उसे और दु:खी बनाएँगे; ~der but wiser दु:ख सहते-सहते जो समझदार हो गया. **3.** (of colour) मलिन, फीका : the colour of his shirt is ~ red उसकी कमीज़ का रंग फीका लाल है. **sadden** सै'डन *v.t.i.* उदास या दु:खी होना या करना : the dog's death ~ed us कुत्ते की मौत ने हमें दु:खी कर दिया; his later life was ~ed by the death of his son उसकी बाद की ज़िंदगी[F] उसके बेटे की मृत्यु के कारण दु:खपूर्ण हो गई; he was ~ed by his behaviour वह उसके व्यवहार से दु:खी हो गया.

saddle सै'डल **I.** *n*[uc] **1.** (of horse) ज़ीन[F] : ~ on the back of the horse घोड़े की पीठ पर की ≈; he slipped from the ~ वह ≈ पर से खिसक गया; he removed the ~ and let the horse to graze उसने ≈ हटा दी और घोड़े को (घास) चरने (छोड़) दिया. **2.** (of camel) कजावा : he fitted a ~ on the camel's back उसने ऊंट की पीठ पर एक ≈ कस दिया. **3.** (of bicycle etc.) गद्दी[F], सीट[F] [comfortable आरामदायक, painful कष्टदायक]; we sit on the ~ of a bicycle हम साइकल की ≈ पर बैठते हैं. **4.** ~ of an animal जानवर की पीठ[F]; he fell down from the ~ of the camel वह ऊंट की पीठ से गिर पड़ा. **II.** *v.t.* **1.** ज़ीन[F] कसना : to ~ a horse before riding सवारी[F] करने से पहले घोड़े की ≈. **2.** (impose) पर डालना, के सिर मढ़ना, के गले मढ़ना : he ~d the burden upon him उसने सारा भार उस पर डाल दिया; he was ~d with debts कर्ज़ उस पर डाल दिया गया; to ~ a responsibility on smb किसी के सिर/गले कोई ज़िम्मेदारी[F] मढ़ना; don't ~ me with such a duty ऐसी ड्यूटी[F] मेरे सिर मत मढ़ो.

sadly सैड्'लि *adv.* **1.** उदासी[F] से : he went away ~ वह ≈ चला गया; we ~ remember this tragedy हम ≈ से इस दु:खपूर्ण घटना[F] को याद करते हैं. **2.** बुरी तरह से : I was ~ mistaken मुझे ≈ गलती[F] लग गई. **3.** दुर्भाग्यवश : ~, he totally failed in his effort ≈ वह अपने प्रयास में पूर्णतया असफल रहा. **sadness** सैड्'निस *n*[u]. उदासी[F], विषाद : at her death we were filled with ~ उसकी मृत्यु[F] पर हम विषादयुक्त थे.

safari सफ़ा'रि *n*[u]. **1.** शिकार (यात्रा[F]) : ~ park ≈ गाह[F]; ~ suit शिकारी सूट; he started for ~ in the jungle वह जंगल में शिकार के लिए रवाना हो गया. **2.** (caravan) कारवाँ : big ~ बड़ा ≈; they organized a ~ to hunt tigers शेरों के शिकार के लिए उन्होंने एक ≈ गठित किया.

safe सेफ़ **I.** *a.* (safer, safest) **1.** (uninjured) सही-सलामत, सकुशल : he came home ~ from the war युद्ध से वह ≈ घर लौट आया; now he is ~, there is no danger to his life अब वह ≈ है, उसकी जान को कोई ख़तरा नहीं है. **2.** (secure) सुरक्षित [place स्थान, thing वस्तु, way रास्ता]; your family will not be ~ here तुम्हारा परिवार यहाँ ≈ नहीं रहेगा; to be ~ against thieves चोरों से ≈ रहना; to keep a person ~ in an asylum किसी व्यक्ति को शरण में ≈ रखना. **3.** (free from danger) ख़तरे से खाली : it will not be ~ to touch a wire किसी तार को स्पर्श करना ≈ न होगा. **4.** (reliable) विश्वस्त, विश्वसनीय [guide पथप्रदर्शक,

person व्यक्ति, statesman राजनेता]; by ~ means I came to know that you will not participate in the meeting विश्वस्त सूत्रों से मैंने जाना कि आप बैठक में भाग नहीं लेंगे. **5.** it is not ~ to go into the den नाँद^F/गुफा^{F} में जाना खतरे से खाली नहीं है. **6.** it is ~ to say that. . . यह बिल्कुल सही है कि . . . **7.** (careful) सावधान : ~ driver ≈ चालक; let us be on the ~ side and take no risks हम ≈ रहें और कोई जोखिम न उठाएँ. **8.** ~ and sound सही-सलामत, कुशलपूर्वक; he reached home ~ वह ≈ घर पहुँच गया. **II.** *n*^{c}. **1.** (box) तिजोरी^{F} : secure ~ सुरक्षित ≈; he has a ~ to keep money in पैसा रखने के लिए उसके पास एक ≈ है. **2.** (for food) जालीदार आलमारी^{F} : essential ~ आवश्यक ≈; she uses a ~ to put meat and milk मांस और दूध रखने के लिए वह एक ≈ का प्रयोग करती है. **~guard I.** *n*^{c}. **1.** (self-conduct) अभयदान : he was assured of ~ by the superintendent of police पुलिस अधीक्षक ने उसे ≈ का आश्वासन दिया. **2.** (precaution) रक्षोपाय, पूर्वोपाय : you must manage ~s against risks किसी खतरे से बचने के लिए तुम्हें पूर्वोपाय करने चाहिए. **3.** (protection) रक्षा^{F}, कवच : use a tube as a ~ against drowning डूबने से बचने के लिए ≈ के रूप में ट्यूब का इस्तेमाल करो. **II.** *v.t.* बचाना, रक्षा करना : to ~ smb from harm किसी को नुकसान से बचाना; you should mind ~ing your interests तुम्हें अपने हितों की रक्षा^{F} करने की चिंता^{F} करनी चाहिए. **safely** सेफ़्'लि *adv.* सलामती^{F} से, कुशलपूर्वक : they crossed the river ~ उन्होंने ≈ नदी^{F} पार कर ली; he reached home ~ वह ≈ घर पहुँच गया; you can now ~ cross the road अब तुम ≈ सड़क^F पार कर सकते हो. **safety** सेफ़्'टि **I.** *a.* निरापद, सुरक्षा - : ~ device सुरक्षा-साधन; ~ fence बचाव जंगला; ~ lamp निरापद दीप; ~ match निरापद दियासलाई^F; ~ pin निरापद पिन/बकसुआ; ~ zone निरापद क्षेत्र; the ~ razor has its blade fitted into a holder सुरक्षा उस्तरे में पत्ती^{F} इसके होल्डर में लगी होती है. **II.** *n*^{u}. सुरक्षा^{F}, बचाव : a place of ~ सुरक्षित स्थान; he was anxious about the ~ of his children वह अपने बच्चों की सुरक्षा के लिए चिंतित था; you must do smth for the ~ of these men इन लोगों की सुरक्षा के लिए आपको कुछ करना चाहिए.

saffron सैफ़्'रन **I.** *n.* केसर, ज़ाफ़रान : the best ~ is produced in Kashmir सबसे अच्छा केसर कश्मीर से उत्पन्न किया जाता है; ~ is used for giving a special flavour to food केसर का प्रयोग भोजन में विशिष्ट सुवासित स्वाद लाने के लिए किया जाता है. **II.** *a.* केसरिया : ~ cloth ≈ कपड़ा; ~ colour is bright, orange red ≈ रंग चमकीला नारंगी लाल होता है; the colour of Hindu flags is ~ हिंदू झंडों का रंग ≈ होता है.

sage सेज **I.** *a.* **1.** (of persons) बुद्धिमान, विवेकशील [poet कवि, student छात्र]; no doubt he is a ~ person निःसंदेह वह ≈ व्यक्ति है. **2.** (wise) बुद्धिमत्तापूर्ण, विवेकपूर्ण : ~ advice ≈ उपदेश. **II.** *n*^{c}. मनीषी, ऋषि : Valmiki was a ~ वाल्मीकि एक ऋषि थे; ~s wrote many religious books ऋषियों ने कई धार्मिक ग्रंथ लिखे.

said सेड = *past & p.p.* of 'say'; कथित, उक्त.

sail सेल **I.** *n*^{c}. **1.** पाल : to hoist a ~ ≈ चढ़ाना; to lower or strike a ~ ≈ उतारना. Δ **to take the ~ out of one's intentions** किसी के मंसूबों को पहले से विफल कर देना. **2.** पाल जहाज़ : a fleet of ~s पाल जहाज़ों का बेड़ा; to set ~ for the port बंदरगाह^F तक ≈ चलाना; the ~ wrecked in the storm समुद्री तूफ़ान में ≈ टूट-फूट गया. **3.** जलयात्रा^{F} : successful ~ सफल ≈; I prohibited him from the dangerous ~ मैंने उसे खतरनाक ≈ से मना किया; it is a few hours' ~ between Mumbai and Goa मुंबई और गोआ के बीच की ≈ कुछ घंटों की है. **II.** *v.i.* **1.** रवाना होना, प्रस्थान करना : we all ~ed in the ship हम सब जहाज़ में रवाना हुए; he will ~ tomorrow वह कल प्रस्थान करेगा. **2.** (steer) चलाना [quietly चुपचाप, rapidly तेज़ी से, slowly धीरे-से]; she ~ed the boat safely उसने सुरक्षित ढंग से नाव^F चलाई; the captain ~ed the ship through a narrow passage कप्तान ने सँकरे रास्ते से जहाज़ चलाया; he ~ed close to the wind उसने हवा^{F} के प्रतिकूल जहाज़ चलाया. 3. जलयात्रा^{F} करना : ~carefully सावधानी^{F} से ≈; one day we ~ed 150 miles and another day 200 miles एक दिन हमने 150 मील की जलयात्रा की और दूसरे दिन 200 मील. 4. (glide) हवा में तैरना : the eagle ~ed through the sky उक़ाब आकाश में तैरता गया. [*as distinct from* sale] **sailor** से'लर n^c. मल्लाह, नाविक [expert कुशल, inexperienced अनुभवहीन]; his brother is a ~ with a shipping company उसका भाई एक जहाज़ी कंपनी में ≈ है; the ~ works on a ship ≈ जहाज़ पर काम करता है.

saint सेन्ट n^c. संत [ancient प्राचीन, enlightened ज्ञानी]; ~s Kabir and Mira ≈ कबीर और मीरा; he behaved like a ~ उसका व्यवहार ≈ की तरह का था; the man lived and died as a ~ वह आदमी ≈ की तरह जिया और मरा. **saintly** सेन्ट्'लि *a.* 1. संत, धर्मात्मा : ~ person ≈ आदमी. 2. (holy) संत का, पवित्र : he lived a ~ life वह ≈ जीवन जिया.

sake सेक n^u. 1. ख़ातिर, लिए : for the ~ of की ≈; for his ~ उसकी ≈; please do smth for our ~ कृपया हमारे लिए कुछ कीजिए; for the ~ of one's respect it is necessary किसी के सम्मान के ≈ यह आवश्यक है. 2. कारण : she did it for her brother's ~ उसने इसे अपने भाई के ≈ किया; he will come here for my ~ वह मेरे कारण यहाँ आएगा; for name's ~ नाम (इज़्ज़त^F) के ≈. 3. (purpose) उद्देश्य : he talks just for talking's ~ वह बस बोलने के ≈ से बोलता है.

saleable से'लॅबल *a.* विक्रेय, बिकाऊ, बिक्री योग्य [commodity वस्तुएँ^{F}, goods माल, property संपत्ति^{F}]; all the books here are ~ यहाँ की सब पुस्तकें^{F} ≈ हैं.

salad सै'लड *n.* सलाद [fresh ताज़ा, green हरा, tasty स्वादिष्ट]; a dish of ~ ≈ की प्लेट^F; he takes ~ with his meals वह अपने भोजन में ≈ खाता है.

salaried सै'लॅरिड *a.* 1. (person) वैतनिक : ~ worker ≈ कर्मी; he is a ~ employee in this institution इस संस्था में वह ≈ कर्मचारी है. 2. सवेतन : ~ post ≈ पद. **salary** सै'लॅरि n^c. वेतन, तनख़्वाह^F [attractive आकर्षक, high भारी, real वास्तविक]; average ~ औसत ≈; my father draws his ~ on the 7th of each month मेरे पिताजी प्रत्येक महीने की सात तारीख़^{F} को अपना वेतन लेते हैं; he refused to take his ~ उसने अपना वेतन लेने से इंकार कर दिया; the company pays good salaries कंपनी अच्छी तनख़्वाहें देती है.

sale सेल n^c. बिक्री^{F}, विक्रय [annual वार्षिक, heavy भारी, quick तेज़]; to make a ~ बेचना, बिक्री करना; the house was **for** ~ मकान बिकाऊ था; silk stockings are **on** ~ everywhere सिल्क के मोज़े हर जगह बिकते हैं; the book is no longer **on** ~ किताब अब बिकाऊ नहीं है; what is the daily ~ of these goods इस माल की प्रतिदिन की बिक्री^{F} कितनी है ? I bought it so cheap at a ~ मैंने यह इतना सस्ता सेल में खरीदा. (comb.) **~deed** विक्रय-पत्र; **~price** विक्रय-मूल्य; **~tax** बिक्री कर. [*as distinct from* sail] **salesman** सेल्स्'मन n^c. विक्रयकर्ता [active सतर्क, clever चतुर, wise बुद्धिमान]; he is a ~ at a cloth shop वह कपड़ों की किसी दुकान^F पर ≈ है.

salient से'लिअन्ट I. *a.* 1. (pointing outward) निकला हुआ [rod छड़, tooth दाँत]; ~ angle बहिर्गत कोण. 2. (prominent) प्रमुख, मुख्य [matter मामला, place स्थान]; ~ features in one's character किसी के चरित्र की ≈ विशेषताएँ^{F}; what were the ~ points in his lecture उसके भाषण के मुख्य बिंदु क्या थे ?

salmon सै'मन n^c. 1. सामन : ~ is a large sea fish with pink flesh ≈ गुलाबी मांस वाली एक बड़ी समुद्री मछली^{F} होती है. 2. (flesh) सामन का मांस : the ~ is very tasty ≈ बहुत स्वादु होता है. 3. गेरुआ रंग : the saree was dyed in ~ साड़ी^{F} गेरुआ रंग में रंगी थी.

salon सै'लों n^c. 1. (drawing room) बैठक^F : ~ was well furnished ≈ अच्छी तरह सजी

थी. **2.** (meeting) गोष्ठी[F] : the wealthy people held ~s on Sundays अमीर लोग इतवार के इतवार ≈ करते थे.

saloon सॅलून' *n*[c]. **1.** सैलून, कक्ष : dancing ~ नाचघर; hair-cutting ~ बाल काटने की दुकान[F]. **2.** (on ship or train) बड़ा डिब्बा. **3.** (bar) शराब-घर, मधुशाला : he went into the ~ to drink वह मधुशाला में शराब पीने गया.

salt सॉल्ट **I.** *n*[u]. **1.** नमक [common साधारण, white सफ़ेद]; ~ is used to flavour food खाने में स्वाद लाने के लिए ≈ का इस्तेमाल होता है; to put ~ in the soup सूप में ≈ डालना; there is not enough ~ in the vegetable सब्ज़ी[F] में काफ़ी नमक नहीं है; please pass the ~ कृपया ≈ इधर बढ़ाएँ. **2.** तीखापन : there was no ~ in his talk उसकी बातचीत में कोई ≈ नहीं था; his talk is full of ~ उसकी वार्ता तीखेपन से भरपूर है. **3.** (salt cellar) नमकदान : perhaps ~ is empty शायद ≈ ख़ाली है. Δ **to rub ~ into the wound** घाव पर नमक छिड़कना. (comb.) **~ cellar** नमकदानी[F]; **~ pan** लवणकुंड; **~ works** लवणनिर्माणी[F]. **II.** *a.* **1.** नमकीन, खारा the see has ~ water : the water of the sea is ~ समुद्र का जल खारा है. [*ant.* sweet] **2.** (pungent) तीखा, तीक्ष्ण : ~ taste ≈ स्वाद. **3.** (in -decent) अश्लील, फूहड़ : don't talk ~ here यहाँ अश्लील बातें[F] मत करो. **III.** *v.t.* नमक डालना : he ~ed the vegetable उसने सब्ज़ी में नमक डाला. **saltless** सॉल्ट्'लिस *a.* लवणहीन, अलोना [biscuit बिस्कुट, curry कढ़ी[F]]; the pulse is ~ and tasteless दाल अलोनी और स्वादहीन है. **saltpetre** सॉल्ट्पी'टर *n*[u]. शोरा : ~ is used in making gunpowder ≈ बारूद बनाने के काम आता है. **salty** सॉल्'टि *a.* **1.** नमकीन, खारा [biscuit बिस्कुट, water पानी]; the bread tastes ~ रोटी[F] का स्वाद नमकीन है. **2.** (amusing) मनोरंजक [story कहानी[F], talk बातचीत[F]].

salutation सैल्यूटे'शन *n*[c]. **1.** सलाम, प्रणाम, अभिवादन : hearty ~ हार्दिक ≈; to make a cordial ~ हार्दिक अभिवादन करना; he bowed down in ~ उसने झुककर प्रणाम/सलाम किया. **2.** (address) संबोधन : loud ~ ज़ोर का ≈; I could not hear his ~ मैं उसका ≈ नहीं सुन सका; his letter begins with the ~ 'dear father' उसका पत्र इस ≈ से शुरू होता है— 'प्रिय पिताजी'.

salute सॅलूट' **I.** *v.t.* **1.** (greet) सलाम/नमस्कार करना, प्रणाम करना : to ~ with a wave of the hand हाथ लहराकर ≈; the student ~d the teacher छात्र ने अध्यापक को प्रणाम किया. **2.** (mil. naval) सलामी[F] देना : the soldiers ~d the captain सैनिकों ने कप्तान को सलामी दी; to ~ the President राष्ट्रपति को सलामी देना. **II.** *n.* **1.** नमस्कार, प्रणाम : polite ~ विनम्र ≈; he did not accept his ~ उसने उसका ≈ स्वीकार नहीं किया. **2.** सलामी[F] : a twenty-one gun ~ इक्कीस तोपों[F] की ≈.

salvation सैलवे'शन *n*[u]. **1.** मुक्ति[F], छुटकारा : your ~ depends on good actions तुम्हारी मुक्ति अच्छे कर्मों पर निर्भर है; you can find ~ through Bhakti तुम्हें भक्ति[F] द्वारा मुक्ति[F] मिल सकती है; the reformers worked for ~ from slavery सुधारकों ने दासता[F] से मुक्ति के लिए काम किया; to work out one's own ~ अपने छुटकारे का आप ही उपाय करना. **2.** (saving) बचाव : ~ from danger or loss खतरे या नुकसान से ≈.

same सेम *a.* **1.** (identical) एक ही, वही : the ~ person ≈ व्यक्ति; we lived in the ~ house हम एक ही घर में रहते थे; they all reached on the ~ day वे सब एक ही (उसी) दिन पहुँचे; this is the ~ story that I had told you यह वही कहानी[F] है जो मैंने आपको सुनाई थी; just the ~ बिल्कुल वही; **at the ~ time** तो भी : I said it, but at the ~ time I warned you मैंने यह कहा परंतु साथ ही तुम्हें चेतावनी[F] दे दी. **2.** (not different, alike) वैसा ही : I met her after fifteen years but she still looks the ~ मैं उससे पंद्रह साल बाद मिला लेकिन वह अब भी वैसी ही दिखती है. **3.** (equal) समान, एक ही; we are friends of the ~ age हम सब ≈ उम्र[F] के मित्र हैं. **4.** (monotonous) एकविध, एकरस [music संगीत, story कहानी[F], talk वार्ता]. Δ (phrases) **one and the ~** बिलकुल

वही; **all the** ~ फिर भी : he worked hard, all the ~ he failed in the examination उसने कठिन परिश्रम किया फिर भी परीक्षा^F में फ़ेल हो गया; **just the** ~ वैसा ही, उसी तरह से : he will do just the ~ as you have mentioned वह ठीक वैसा ही करेगा जैसा कि तुमने कहा है. [*ant.* different] **sameness** सेम्'निस *n*^u. अभिन्नता^F, समानता^F : there is ~ in the colour of the two turbans दोनों पगड़ियों^F के रंग में समानता है.

sample साम्'पल, सैम्'पल **I.** *n*^c. बानगी^F, नमूना [fair साफ़, interesting दिलचस्प, pleasing सुखद]; a ~ of tea चाय^F की बानगी; it is a good ~ of his corruption यह उसके भ्रष्टाचार का अच्छा नमूना है. **II.** *v.t.* **1.** नमूना लेना या देना : he ~d the milk उसने दूध का नमूना लिया. **2.** (test) परखना : to ~ the mind of the boy लड़के के मन की परख^F करना. **3.** (experience) का अनुभव प्राप्त करना, का मज़ा चखना : to ~ the pleasures of rural life ग्रामीण जीवन के सुखों का ≈.

sanatorium सैनॅटॉ'रिअम *n*^c. (*pl.* sanatoriums, sanatoria) आरोग्य-निवास, आरोग्य-आश्रम, स्वास्थ्य-निवास [big बड़ा, excellent उत्कृष्ट, special विशिष्ट]; the patient was in a ~ for a month रोगी एक महीना ≈ में था; the ~ was on a high mountain आरोग्य निवास ऊंचे पर्वत पर था; he returned from the ~ after recovery पुनः स्वास्थ होकर ≈ से लौट आया.

sanctify सैन्क्'टिफ़ाइ *v.t.* **1.** (purify) पवित्र करना, शुद्ध करना : the death of a martyr sanctified this ground एक शहीद की मृत्यु^F ने इस धरती^F को पवित्र बना दिया; to ~ a place by the water of the Ganga गंगा^F के जल से किसी स्थान को पवित्र करना. **2.** (make free from sin) पापमुक्त करना : the priest sanctified the sinner पादरी ने पापी को पापमुक्त कर दिया. **3.** (make acceptable) this bad custom was later sanctified यह बुरा रिवाज बाद में अच्छा मान लिया गया.

sanction सैङ्क्'शन **I.** *n*^uc **1.** दण्ड : ~ is necessary to control crime अपराध रोकने के लिए ≈ आवश्यक है. **2.** विधान, शास्ति^F [moral नैतिक, religious धार्मिक, social सामाजिक]. **3.** (ratification) मंज़ूरी^F, अनुमति^F, स्वीकृति^F : clear ~ स्पष्ट ≈; the court's ~ was required in this matter इस मामले में न्यायालय की अनुमति आवश्यक थी; the budget needs the ~ of the Parliament बजट के लिए संसद^F की ≈ की आवश्यकता होती है; I did it with the ~ of the higher authority मैंने इसे उच्चतर प्राधिकारी की ≈ से किया. **4.** (support) समर्थन : he asked for his ~ to win the election चुनाव जीतने के लिए उसने उसका समर्थन माँगा; custom ~s this kind of marriage इस प्रकार के विवाह का रिवाज से ≈ प्राप्त है. **5.** (usu. *pl.*) प्रतिबंध : economic ~s were imposed in Iraq ईराक में आर्थिक ≈ लगाया गया. **II.** *v.t.* **1.** (accept) मंज़ूर करना : Parliament ~ed the proposal put up by the minister मंत्री द्वारा रखे गए प्रस्ताव को संसद^F ने मंज़ूर कर दिया; his leave was not ~ed उसकी छुट्टी मंज़ूर नहीं हुई. **2.** (support) समर्थन करना : this custom is ~ed by tradition यह रिवाज परंपरा से समर्थित है.

sanctity सैङ्क्'टिटि *n*^u. पवित्रता^F : ~ of a place किसी स्थान की ≈; ~ of marriage must be maintained विवाह की ≈ बनाए रखनी चाहिए; ~ of the Vedas is beyond doubt वेद की ≈ शंका^F से परे है.

sand सैन्ड **I.** *n*^u. **1.** बालू^F, रेत^F [clean साफ़, white सफ़ेद]; a grain of ~ ≈ का कण; there was a huge heap of ~ in the field मैदान में ≈ का एक बड़ा-सा ढेर था. Δ **built on** ~ अस्थिर. **2.** (*pl.*) the ~s रेती^F, रेतीली ज़मीन, (beach) बालू तट : burning ~s of the desert रेगिस्तान की तपती ज़मीन; you cannot produce anything in the ~ तुम ≈ में कुछ उत्पन्न नहीं कर सकते. (comb.) ~ **bag** बालू का बोरा; ~ **bank** रेती^F; ~ **bed** रेत की परत^F; ~ **cloud** उड़ती हुई बालू; ~ **dune** रेत का टीला; ~ **glass** बालू घड़ी^F; ~ **hill** बालू का टीला; ~ **paper** रेगमार; ~ **stone** बलुई पत्थर. **II.** *v.t.* बालू^F छिड़कना : to ~ the street गली^F में बालू छिड़कना; the roads were ~ed सड़क^F पर बालू बिछाई गई.

sandal सैन्'डल n^c. चप्पल[F] [fine अच्छी, fit फ़िट/ठीक, long लंबी]; a pair of ~s एक जोड़ा चप्पल; I wear ~s in summer गर्मियों में मैं ≈ पहनता हूँ; these ~s have rubber soles इन चप्पलों के तले रबड़ के हैं; Greeks and Romans wore ~s in ancient times प्राचीन काल में ग्रीक और रोमन लोग चप्पलें पहनते थे. ~ **wood** n^u. चंदन : ~ oil is used medicinally ≈ के तेल का प्रयोग दवा[F] के रूप में किया जाता है; trees of ~ are found in South India चंदन के पेड़ दक्षिण भारत में पाए जाते हैं.

sandwich सैन्ड्'विच **I.** n^c. सैंडविच [dry सूखा, delicious स्वादिष्ट, tastless स्वादहीन/फीका]; it was a very savoury ~ and I had too many यह बहुत ही स्वादिष्ट ≈ था और मैंने बहुत अधिक ले लिए; a packet of ~es ≈ का पैकेट. **II.** *v.t.* बीच में रखना या ठूँसना : the boy was ~ed between his parents लड़का माँ और बाप के बीच में था; an insect was ~ed in the book एक कीड़ा किताब में ही पड़ा रह गया.

sandy सैन्'डि *a.* बलुआ, रेतीला [field खेत, soil मिट्टी]; the sea-shore is ~ समुद्रतट ≈ है.

sane सेन *a.* **1.** स्वस्थचित्त, प्रकृतिस्थ [mind मन, person व्यक्ति]; only a ~ mind can study well केवल ≈ मन से अच्छी पढ़ाई[F] हो सकती है. **2.** (sensible) बुद्धिमत्तापूर्ण [advice उपदेश, view दृष्टिकोण]. [*ant.* in ~]

sang सैङ्ग = past of 'sing' *q.v.*

sanitary सै'निटॅरि *a.* **1.** स्वास्थ्य-, सफ़ाई का [condition दशा[F], laws नियम]; ~ inspector सफ़ाई का दरोगा; ~ situation of his house is very bad उसके घर की सफ़ाई की स्थिति[F] बहुत ख़राब है. **2.** स्वास्थ्यकर : it is not ~ to let flies sit on your meal खाने पर मक्खियाँ बैठने देना ≈ नहीं है. [*ant.* insanitary] **sanitation** सैनिटे'शन n^c. सफ़ाई[F] : these people do not worry about ~ in their street ये लोग अपनी गली[F] में ≈ की चिंता[F] नहीं करते; for ~ we have to take some measures ≈ के लिए हमें कुछ उपाय करने होते हैं.

sank सैङ्क = past of 'sink' *q.v.*

Sat. Saturday.

sat सैट = past of 'sit'; I ~ down on the chair मैं कुर्सी पर बैठ गया.

satchel सै'चल n^c. बस्ता [full भरा हुआ, light हल्का, small छोटा]; I keep my exercise books in a ~ मैं अपनी अभ्यास-पुस्तकें[F] बस्ते में रखता हूँ; I carry the ~ on my back मैं बस्ता अपनी पीठ[F] पर उठाता ले जाता हूँ.

satisfaction सैटिस्फ़ैक्'शन n^u. (from satisfy) **1.** संतोष [complete पूर्ण, little थोड़ा-सा, partial आंशिक]; he has the ~ of coming 5th in exam परीक्षा[F] में पाँचवाँ स्थान पाने पर उसे ≈ है; give ~ to the employees कर्मचारियों को संतुष्ट करना; their ~ with my results मेरे परिणामों से उनका ≈; to find ~ in doing smth कुछ करने का संतोष पाना; he had a feeling of ~ to settle a matter मामले के निपटारे पर उसमें संतोष की भावना थी. [*ant.* dis ~] **2.** (fulfilment) पूर्ति[F], संतुष्टि[F] : ~ of some demand किसी माँग[F] की ≈; it is solved to my full ~ मैं इस हल से पूर्णतया संतुष्ट हूँ; to take ~ संतुष्टि होना. **3.** संतोष की बात[F] : it is a great ~ यह बड़े ≈ है. **4.** (payment of debt etc.) शोधन, ऋणशोधन : in full ~ of the claim of Mr. Ch श्री च के दावे का पूरा शोधन करते हुए. **5.** (atonement) प्रायश्चित्त : ~ of the sin पाप का ≈. **6.** (reparation) क्षतिपूर्ति[F] : ~ for offence अपराध की ≈. **satisfactory** सैटिसफ़ैक्'टरि *a.* संतोषजनक, संतोषप्रद [answer उत्तर condition दशा[F], marks अंक, proof प्रमाण, result परिणाम]; the student's progress is quite ~ छात्र की प्रगति[F] पूरी तरह ≈ है; the sale is ~ बिक्री ≈ है; he could not give a ~ response वह ≈ प्रत्युत्तर न दे सका. [*ant.* unsatisfactory] **satisfied** सै'टिस्फ़ाइड *a.* संतुष्ट [customer ग्राहक, labourer मज़दूर, student छात्र]; I am ~ with your answer मैं तुम्हारे उत्तर से ≈ हूँ. **satisfy** सै'टिस्फ़ाइ *v.t.* **1.** (fulfil) पूरा करना : he tried his best to ~ the demands of food supply खाद्य आपूर्ति[F] की माँगों को पूरा करने के लिए उसने भरसक प्रयास किया; he could not ~ the condition वह शर्त[F] पूरी न कर सका. **2.** (pay) चुकाना : she satisfied all her debts उसने

अपना पूरा कर्ज़ चुकता कर दिया. **3.** (atone) प्रायश्चित करना : he is not ready to ~ his faults वह अपने दोषों का प्रायश्चित करने के लिए तैयार नहीं है. **4.** (to make up) क्षतिपूर्ति^F करना, हरजाना देना : he is not in a position to ~ his loss वह क्षतिपूर्ति करने की स्थिति में नहीं है. **5.** (give satisfaction) संतुष्ट करना, प्रसन्न करना : he could not ~ the teacher वह अध्यापक को संतुष्ट न कर सका; I am satisfied with your work मैं तुम्हारे काम से संतुष्ट हूँ; I satisfied my boss मैंने अपने बॉस को प्रसन्न कर दिया. **6.** (convince) कायल करना, मनवाना : I satisfied him that his doubts were baseless मैंने उसे कायल कर दिया कि उसकी शंकाएँ^F निराधार हैं. **7.** (hunger, appetite etc.) शांत करना, तृप्त करना : to ~ one's hunger भूख मिटाना; to ~ one's desires इच्छाओं को तृप्त करना. **8.** का समाधान करना : to ~ a doubt संदेह का ≈.

Saturday सै'टर्डे *n*^c. शनिवार : today is Friday, tomorrow it will be ~ आज शुक्रवार है, कल ≈ होगा; he left on ~ वह ≈ को चला गया.

sauce सॉस *n*^u. सॉस^F, चटनी^F [delicious स्वादिष्ट, salty नमकीन, sweet मीठी]; mint ~ पोदीने की ≈; tomato ~ टमाटर की ≈; the ~ tastes sour चटनी खट्टी है; she makes very tasty ~ वह बहुत स्वादिष्ट चटनी बनाती है. **A hunger is the best ≈** भूख^F में सबसे अच्छा स्वाद मिलता है.

saucer सॉ'सर *n*^c. तश्तरी^F : take a ~ below your cup अपने कप के नीचे एक ≈ रख लो; he uses a ~ when tea is very hot जब चाय^F बहुत गर्म हो तो वह ≈ का इस्तेमाल करता है.

saucy सॉ'सि *a.* ढीठ, गुस्ताख़, धृष्ट [child बच्चा, person व्यक्ति]; I dislike such a ~ fellow मैं ऐसे ≈ व्यक्ति को नापसंद करता हूँ.

sausage सॉ'सिज *n*^c. गुलमा, सासिज [boiled उबाला हुआ, smoked धुआँ देकर सुरक्षित]; bread and ~ रोटी^F और ≈; to fry ~ for dinner भोजन के लिए ≈ तलना; I don't take ~s, I am a vegetarian मैं ≈ नहीं खाता, मैं शाकाहारी हूँ.

savage सै'व़िज **I.** *a.* **1.** (uncivilized) असभ्य, जंगली [people लोग, tribes जनजातियाँ, villagers ग्रामवासी]. **2.** (cruel) क्रूर, बर्बर : such a ~ person must be punished इस प्रकार के ≈ व्यक्ति को दण्डित करना चाहिए. **3.** (furious) क्रुद्ध, उन्मत्त : ~ animal ≈ जानवर; you must not go near a ~ bear तुम्हें ≈ भालू के निकट नहीं जाना चाहिए; the ~ crowd will certainly kill him क्रुद्ध भीड़^F उसे निश्चित ही मार डालेगी. **4.** (fierce) घोर, भीषण [attack आक्रमण, blow प्रहार]. **II.** *n*^c. बर्बर, वहशी : ~s must be educated and reformed बर्बरों को शिक्षित करके उनका सुधार करना चाहिए; he is a perfect ~ वह पूरा वहशी है. **III.** *v.t.* **1.** (bite) काटना : the dog might ~ you हो सकता है कि कुत्ता तुम्हें काट ले. **2.** (trample) कुचलना : the car ~d the dog कार ने कुते को कुचल दिया.

save सेव़ **I.** *prep.* को छोड़कर, के सिवाय : all ~ the driver were killed in the accident ड्राइवर को छोड़कर सब दुर्घटना में मारे गए. **II.** *v.t.i.* **1.** (from danger etc.) से बचाना, रक्षा करना : ~ smth or smb **from** peril किसी चीज़ या व्यक्ति को खतरे से बचाना; to ~ someone's life **from** drowning डूबने से किसी की जान^F बचाना; ~ your goal अपना गोल बचाएँ. **2.** (economise) बचाना, बचत^F करना : he wanted to ~ time वह समय बचाना चाहता था; he ~d enough money every month वह हर महीने काफ़ी पैसा बचाता था; he never ~d anything उसने कभी कुछ नहीं बचाया; you should learn to ~ तुम्हें बचत करना सीखना चाहिए. **3.** ~ your trouble कष्ट न करें. **4.** ~ the follow-on फ़ालो-आन बचाइए; **to ~ up** बचा रखना : to ~ up money for a scooter स्कूटर के लिए पैसा बचा रखना. **saving** से'विङ्ग **I.** *a.* **1.** रक्षक : life ~ medicines are very costly जीवन ≈ दवाएँ^F बहुत महँगी होती हैं. **2.** बचत^F करने का : labour ~ device श्रम की बचत करने की युक्ति^F. **II.** *n.* (*pl.*) बचत^F : sufficient ~ पर्याप्त ≈; ~ account ≈ खाता; ~s bank ≈ बैंक; I keep my ~s in the bank मैं अपनी ≈ बैंक में रखता हूँ; he deposits his money in the ~ bank वह

अपना पैसा ≈ बैंक में रखता है; he invested all his ~s in business उसने अपनी पूरी ≈ व्यापार में लगा दी. **saviour** से'व्यर n^c. परित्राता, उद्धारक, मुक्तिदाता [political राजनैतिक, religious धार्मिक]; Buddha was a ~ of the people बुद्ध लोगों के ≈ थे.

saw सॉ **I.** n^c. **1.** (maxim) सूक्ति^{F} [short लघु, well-known सुप्रसिद्ध]; you remember the old ~ that health is wealth तुम्हें यह पुरानी ≈ याद है कि स्वास्थ्य ही धन है. **2.** (instrument) आरा, आरी^{F} [blunt भुथरा, sharp तेज़]; the teeth of a ~ आरे के दाँते; handle of a ~ आरे का हत्था; a ~ cuts wood आरा लकड़ी^{F} काटता है. **II.** *v.t.* **1.** past of 'see' *q.v.* देखा. **2.** (~ed, ~n) चीरना, आरा चलाना : he was busy ~ing the tree वह आरे से पेड़ काटने में व्यस्त था; he ~ed off a branch उसने पेड़ की शाखा^{F} काट डाली; I saw a ~ which could not ~ मैंने एक आरा देखा जो चीर नहीं सकता था; to ~ up आरे से काट डालना. **sawdust** *n.* लकड़ी^{F} का बुरादा : ~ is used for lighting fire ≈ आग जलाने के काम आता है. **sawmill** *n.* आरा मशीन^F : we took our log to a ~ हम अपना लकड़ी का लट्ठा ≈ पर ले गए. **sawn** सान *p.p.* of 'saw' चिरा हुआ.

say से **I.** *v.t.* (*p.* & *p.p.* said) **1.** कहना, बोलना : I ~ it is all right मैं कहता हूँ यह सब ठीक है; he said that he had no time उसने कहा कि मेरे पास समय नहीं है; it is hard to ~ why the order was given यह कहना कठिन है कि आदेश क्यों दिया गया; I said nothing मैंने कुछ नहीं कहा; I have not said this मैंने यह नहीं कहा है; it is said कहा जाता है; much can be said on both sides दोनों पक्षों में बहुत कुछ कहा जा सकता है. **2.** (indicate) बताना : what does your watch ~ तुम्हारी घड़ी^{F} क्या बताती है? **3.** (suppose) मान लेना : let us ~ that you will fail to go मान लो कि तुम नहीं जा पाते; there are ~ fifty candidates मान लें कि पचास उम्मीदवार हैं. **4.** it is said that..... कहते हैं कि... **5.** to ~ one's prayers प्रार्थना^{F} करना, नमाज़^{F} पढ़ना. **II.** *n.* **1.** (dictum) कहना, कथन, बात^F : I have no ~ in this affair मुझे इस मामले में कुछ नहीं कहना है; let me have my ~ मुझे अपनी बात^F कहने दीजिए. **2.** (authority) कुछ कहने का अधिकार : she had no ~ in selecting her companion उसे अपना साथी चुनने का कोई अधिकार नहीं था. **3.** that is to ~ अर्थात्. **saying** से'इङ्ग n^c. **1.** उक्ति, लोकोक्ति [popular जानी-मानी, wise बुद्धिमत्तापूर्ण]; an Indian ~ is : where there is a will there is a way भारतीय कहावत है कि जहाँ चाह^F वहाँ राह^F. **2.** it goes without ~ कहना न होगा, यह ज़ाहिर है.

S.B. Savings Bank.

S.B.I. State Bank of India.

S.C. Supreme Court.

Sc. Science.

scaffold स्कै'फ़ल्ड **I.** n^c. **1.** (for building) मचान, पाड़ : strong ~ मज़बूत ≈; they build a ~ for masons to stand on राजगीरों के खड़े होने के लिए वे ≈ बनाते हैं. **2.** (for execution) फाँसी^{F} का तख़्ता, टिकठी^{F} : blood-stained ~ ख़ून से लथपथ ≈; the murder led him to the ~ हत्या^{F} ने उसे फाँसी के तख़्ते तक पहुँचा दिया; to save smb from the ~ किसी को फाँसी से बचाना; to go to the ~ फाँसी पर लटकना.

scale स्केल **I.** n^c. **1.** (covering) छिलका, शल्क : ~ of fish, tortoise मछली^{F}, कछुए का ≈. **2.** (thin layer) पपड़ी^{F} : a ~ on the bottom of the bowl कटोरे के पेंदे की पपड़ी; a ~ of dust on the books किताबों^{F} पर धूल^F की पपड़ी/परत; a ~ on the skin त्वचा^{F} की पपड़ी. **3.** (pan) पलड़ा : a balance has two ~s काँटे के दो पलड़े होते हैं; one ~ was heavier एक ≈ भारी था. Δ **you should hold the ~s even** तुम्हें न्यायसंगत निर्णय करना चाहिए. **4.** (*pl.*) तराज़ू, तुला^{F}, काँटा [exact दुरुस्त, small छोटा]; everything will be weighed on the ~ सब कुछ तराज़ू पर तौला जाएगा. **5.** (status) दर्जा : social ~ सामाजिक ≈. **6.** (instrument) मापनी^{F}, स्केल, पैमाना : wooden ~ लकड़ी^{F} की मापनी : a ~ of 30 c.m. 30 से.मी. का स्केल; use a ~ to draw a straight line सीधी लाइन^F खींचने के लिए स्केल का इस्तेमाल करो. **7.** (standard of comparing) पैमाना, मान :

on a large ~ बड़े पैमाने पर : production on a large ~ बड़े पैमाने पर उत्पादन; ~ of pay वेतनमान; ~ of wages मज़दूरी[F] का पैमाना; ~ of map मानचित्र का मान. **II**. *v.t.* **1.** छिलका या परत[F] उतारना : you ~ the fish before cooking it मछली[F] को पकाने से पहले तुम उसका छिलका उतार देते हो; to ~ the bananas केलों का छिलका उतारना. **2.** पपड़ी उतारना : the old paint was ~d पुराना पपड़ीदार पेंट उतार दिया गया. **3.** (weigh) तौलना, वज़न होना : he asked him to ~ all the goods उसने उससे सारे माल को तौलने के लिए कहा. **4.** (climb) चढ़ना : to ~ the high peaks of the Himalayas हिमालय की ऊंची चोटियों[F] पर चढ़ना; he could not ~ even a tree वह पेड़ पर भी न चढ़ सका. **5.** पैमाने के अनुसार नक्शा या रेखाचित्र बनाना : he ~d the map of India उसने पैमाने के अनुसार भारत का नक्शा बना दिया. **6.** (measure) मापना : ~ the distance from here to the station यहाँ से स्टेशन तक की दूरी[F] मापो. **7.** ~ up (i) बढ़ाना : to ~ up wages मज़दूरी[F] बढ़ाना; to ~ up the time-limit समय-सीमा बढ़ाना; (ii) चढ़ाना : to ~ up prices कीमतें[F] चढ़ाना. **8.** ~ down घटाना, कम करना : the prices of several articles have been ~d down अनेक वस्तुओं[F] की कीमत[F] घटा दी गई है. **9.** (estimate) कूतना, आँकना : he ~d its real value उसने इसका वास्तविक मूल्य आँक दिया.

scandal स्कैन्'डल *n*[c]. **1.** (ignoring) बदनामी[F], लोकनिंदा[F] [grave गंभीर, shocking सदमापूर्ण]; ~ monger बदनामी फैलाने वाला, चुग़लख़ोर; a teacher's raping a girl was a great ~ एक अध्यापक का एक लड़की से बलात्कार बड़ी बदनामी थी; did you hear some ~ about your son क्या तुमने अपने बेटे की ≈ के बारे में कोई बदनामी सुनी ? he cannot escape from such a ~ वह इस तरह की ≈ से नहीं बच सकता; it is a ~ that slums still exist in Delhi यह एक कलंक है कि दिल्ली में गंदी बस्तियाँ अब भी हैं. **2.** (back-biting) चुग़ली[F], चुग़लख़ोरी[F] : he is always making ~s about his neighbour वह हमेशा अपने पड़ोसी के विरुद्ध ≈ करता रहता है. **3.** (public anger) रोष : there was public ~ at the conduct of the police पुलिस[F] के आचरण पर आम लोगों में ≈ था.

scant स्कैन्ट *a.* अत्यल्प, बहुत-ही थोड़ा : he paid ~ attention to my warning उसने मेरी चेतावनी[F] पर बहुत ही कम ध्यान दिया. **scanty** स्कैन्'टि *a.* अल्प, अपर्याप्त [breakfast नाश्ता, income आय[F], money पैसा]; ~ supply of water will cause disturbance पानी की ≈ आपूर्ति से अव्यवस्था फैलेगी; they had ~ means of livelihood उनके पास जीवन-निर्वाह के अपर्याप्त साधन थे. [*ant.* ample]

scape-goat स्केप्'गोट *n*[c]. बलि[F] का बकरा : Mehta was made the ~ for the fault of bankmen मेहता बैंक के लोगों की गलतियों[F] का बलि का बकरा बना; a ~ bears the blame which is not his बलि का बकरा ऐसे दोष का भागी बनता है जो उसका नहीं है.

scar स्कार *n*[c]. **1.** पपड़ी[F], क्षतचिह्न : the boy has a ~ on his chin लड़के की ठुड्डी[F] पर एक ≈ है; there are two many ~s on his face उसके चेहरे पर बहुत ज़्यादा ≈/पपड़ियाँ हैं. **2.** (mark) चिह्न, निशान : he made ~s on the table उसने मेज़ पर ≈ बनाए.

scarce स्कैंअर्स *a.* **1.** (hard to get) दुर्लभ, दुष्प्राप्य : this flower is now ~ here यह फूल अब यहाँ ≈ है; honesty is ~ these days आजकल ईमानदारी[F] ≈ है. **2.** (rare) विरला : a very ~ stamp बहुत ≈ डाक टिकट; this Mughal coin is now ~ यह मुगल सिक्का अब ≈ है. **3.** (insufficient) बहुत कम, अपर्याप्त [books किताबें[F], food भोजन]; examples are ~ उदाहरण ≈ हैं. [*ant.* plentiful] **scarcely** स्कैंअर्स'लि *adv.* **1.** (nearly not) नहीं के बराबर, बहुत ही कम : after the accident he could ~ walk दुर्घटना[F] के उपरांत वह बहुत ही कम चल पाता था; it rained ~ and it is hard to have good crops वर्षा[F] नहीं के बराबर हुई और अच्छी फसलें पाना कठिन है. **2.** (with difficulty) मुश्किल से : we could ~ see each other in the dark हम अंधकार में

एक-दूसरे को ≈ से देख सकते थे; I could ~ believe my eyes मैं ~ से अपनी आँखों पर विश्वास कर सका; I ~ understood him मैं ≈ से समझ सका; this young goat can ~ walk यह छोटा बकरा ≈ चल सकता है. **3.** (just) अभी-अभी : he had ~ come here when he fell ill वह ≈ यहाँ आया था कि बीमार पड़ गया. **4.** (surely not) शायद ही, निश्चय ही नहीं : I could ~ find such an honest man in the city मुझे इस शहर में ऐसा ईमानदार आदमी शायद ही मिलता.

scarcity स्कें'अर्'सिटि *n*[u]. (lack) कमी[F], किल्लत[F], तंगी[F] : there is no ~ of cement in Madhya Pradesh मध्य प्रदेश में सीमेंट की कोई ≈ नहीं है; after floods there was ~ of food बाढ़[F] के बाद वहाँ खाद्य पदार्थों की बहुत ≈ थी. [*ant.* abundance]

scare स्कें'अर **I.** *v.t.* **1.** (to cause fear to) डराना, भयभीत करना : the sudden noise ~d the child एकाएक शोर ने बच्चे को डरा दिया; how could you ~ me तुम मुझे कैसे भयभीत कर सकते थे ? **2.** (to drive away) भगाना, कुड़कुड़ाना : the dog barked and ~d off/away the thief कुत्ते ने भौंककर चोर को भगा दिया; to ~ off the children from here बच्चों को यहाँ से भगा दो. **II.** *v.i.* (to become fearful) डरना : this young man does not ~ easily यह नवयुवक यों डरता नहीं है. **III.** *n*[c]. **1.** (terror) आतंक : there is ~ of cholera in the village गाँव में हैज़े का ≈ है; ~ of thieves is a matter for worry चोरों का ≈ चिंता[F] का विषय है; to create ~ आतंक पैदा करना. **2.** (apprehension) आशंका[F] : there was a great ~ of storm in the night रात[F] में तूफ़ान की बहुत बड़ी ≈ थी; to give smb a ~ किसी को आशंकित करना. **~crow** *n*[c]. **1.** धूहा, पुतला, डरावा : ~ in a field scares off/away the birds खेत में का ≈ पक्षियों को डराकर भगाता है. **2.** (bugbear) हौआ, जुजू. **3.** (skinny person) हड्डियों का ढाँचा : he is now a mere ~ अब वह मात्र ≈ है.

scarf स्कार्फ़ **I.** *n*[c]. (*pl.* scarfs, scarves) **1.** बड़ा रूमाल, गुलूबंद [chequered चारख़ानेदार, silken रेशमी, thick मोटा, warm गरम, woollen ऊनी]; he always uses a long ~ in the cold वह ठंडी में सदा एक लंबा ≈ इस्तेमाल करता है; she has a long and red ~ उसके पास एक लंबा लाल और चौकोर ≈ है.

scarlet स्कार्'लिट **I.** *n*[u]. **1.** लाल रंग : he likes ~ for his poster वह अपने इश्तहार के लिए ≈ पसंद करता है. **2.** लाल कपड़ा : he wears ~ वह ≈ पहनता है. **II.** *a.* **1.** सिंदूरी, लाल [blood ख़ून, colour रंग, flower फूल]; ~ fever लोहित ज्वर; judges in England wear ~ robes इंग्लैण्ड में जज लाल लबादा पहनते हैं. **2.** (loose) बदचलन : ~ woman छिनाल ≈.

scatter स्कै'टर **I.** *v.t.* (-rr-) **1.** (strew) छितराना, बिखेरना : ~ some grains for the birds पक्षियों के लिए कुछ दाने बिखेर दो; the farmer is ~ing seeds in the field किसान खेत में बीज छितरा/बिखेर रहा है; he ~ed his clothes all over the room उसने अपने कपड़े पूरे कमरे में बिखेर दिये; to ~ leaves on the lawn घास के मैदान में पत्तियाँ[F] बिखेरना; to ~ sand on a tarred road कोलतार की हुई सड़क[F] पर बालू[F] बिखेरना. **2.** (disperse) तितर-बितर करना : to ~ a crowd of workers कामगारों की भीड़[F] को ≈. **3.** (make disappear) दूर करना, मिटा देना : to ~ smb's hopes किसी की आशाओं को मिटा देना (पर पानी फेर देना); to ~ the red scar/spot from the cloth कपड़े से लाल दाग मिटा देना. **II.** *v.i.* **1.** तितर-बितर होना : the crowd ~red भीड़[F] तितर-बितर हो गई; the boys ~ed when the headmaster came जब प्रधानाध्यापक आए तो लड़के तितर-बितर हो गए. **2.** छिन्न-भिन्न होना : the clouds ~ed बादल छिन्न-भिन्न हो गए.

scene सीन *n*[c]. **1.** (place) स्थान [peaceful शांत, pleasant सुखद, rural ग्रामीण]; I still remember the ~ of my childhood मुझे अब भी अपने बचपन के स्थानों की याद है. **2.** (place of accident) घटनास्थल : you must see the ~ of the crime to know the reality वास्तविकता[F] जानने के लिए तुम्हें अपराध के ≈ को देखना चाहिए. **3.** (division of a play) (नाटक का) दृश्य [funny विलक्षण,

interesting दिलचस्प]; it was very exciting ~ यह बहुत ही उत्तेजनात्मक ≈ था; the change of the ~ in the drama नाटक में ≈ परिवर्तन. **4.** (display of feeling) तमाशा, प्रदर्शन : it was a good ~ of their dialogue यह उनके वार्तालाप का अच्छा प्रदर्शन था. **5.** (view) दृश्य : sunrise in Kanyakumari makes a lovely ~ कन्याकुमारी में सूर्योदय का रमणीय ≈ होता है. Δ **behind the ~s** परदे के पीछे, छिपे-छिपे : he watched everything behind the ~s उसने छिपे-छिपे सब-कुछ देख लिया; **make/create a ~** तमाशा खड़ा करना : she made a ~ when I told her to go away जब मैंने उससे कहा कि चली जाओ तो उसने एक तमाशा खड़ा कर दिया. [*as distinct from* seen] **scenery** सी'नॅरि *n*ᵘ. **1.** (of nature) प्राकृतिक दृश्य, परिदृश्य [beautiful सुंदर, green हरा, mountain पहाड़ी]; the ~ of the lake was wonderful झीलᶠ का परिदृश्य आश्चर्यजनक था. **2.** (of stage) मंच-सज्जाᶠ, दृश्यबंध : to paint a ~ on the stage मंच पर दृश्यबंध करना.

scent सॅन्ट **I.** *v.t.* **1.** सूँघना, गंधᶠ लेना : to ~ a flower फूल सूँघना; the dog ~ed a rabbit कुत्ते ने खरगोश की गंध पाई. **2.** (get a hint of) भाँपना, ताड़ लेना : she ~ed his mischief उसने उसकी शरारतᶠ ताड़ ली; he ~ed danger and flew away वह खतरा भाँप गया और भाग गया; he ~ed that there was smth wrong वह ताड़/भाँप गया कि यहाँ कुछ ख़राबीᶠ है. **3.** (perfume) महकाना, सुगंधित करना, इत्र लगाना : he ~ed his clothes उसने अपने कपड़े महका दिए; the rose water has ~ed the room गुलाब जल से कमरा महक गया है; the air was ~ed with rose flowers गुलाब के फूलों से हवाᶠ सुगंधित हो गई थी. **II.** *n*ᵘ. **1.** (fragrance) सुगंधᶠ, ख़ुशबूᶠ [fresh ताज़ी, pleasant सुखद, sweet भीनी]; the ~ of a mango is sweet and refreshing आम की ≈ भीनी-भीनी और आनंददायक होती है; it is the ~ of rose यह गुलाब की सुगंध है. **2.** (smell) गंधᶠ : the dog followed the ~ of a fox कुत्ते ने लोमड़ीᶠ की ≈ का पीछा किया; I do not like such a nasty ~ मैं ऐसी दुर्गंध पसंद नहीं करता. **3.** (liquid perfume) इत्र : expensive ~ महँगा ≈; a bottle of ~ ≈ की शीशीᶠ; she put some ~ on her handkerchief उसने अपने रूमाल पर कुछ ≈ डाला; the ~ of rose flowers is very sweet गुलाब के फूलों का ≈ बहुत भीना होता है. **4.** (sense of smell) घ्राणशक्तिᶠ : Alsatian dogs have keen ~ अलसेशियन कुत्ते की ≈ तीव्र होती है; some dogs have no ~ कुछ कुत्तों की ≈ नहीं होती. **5.** (flair) सूक्ष्मदर्शिताᶠ : he is a man of strong ~ वह तीव्र ≈ का आदमी है. **5.** (trail) खोजᶠ : the dog followed the ~ of a deer कुत्ता एक हिरन की खोज के साथ-साथ चला. **6.** (clue) निर्देश : the ~ of a danger ख़तरे का ≈. **7. put off the ~** भटकाना, बहकाना : he put the police off the ~ उसने पुलिसᶠ को भटका दिया. [*as distinct from* sent]

schedule शॅ'ड्यूल **I.** *n*ᶜ. **1.** (list) अधिसूचीᶠ [complete पूर्ण, correct सही long लंबी]; the name of his caste was not found in the list उसकी जातिᶠ का नाम ≈ में नहीं मिला; it is a ~ of prices यह कीमतों की ≈ है. **2.** (table) सारणीᶠ, तालिकाᶠ : see the ~ to know the arrival of the train रेलगाड़ीᶠ के पहुँचने का समय जानने के लिए ≈ देखो. **3.** (time table) समय-सारणीᶠ : ~ of trains गाड़ियोंᶠ की ≈; ~ of flights उड़ानोंᶠ की ≈; Ramesh does not know the ~ of examination रमेश अपनी परीक्षाᶠ की ≈ नहीं जानता. **4.** (time-plan) योजनाᶠ, कार्यक्रम : it will be implemented according to the ~ इसका कार्यान्वयन ≈ के अनुसार किया जायगा. Δ **ahead of ~** निर्धारित समय से पहले; behind the ~ देर से; **on ~** समय से. **II.** *v.t.* **1.** अधिसूची में रखना : some castes were ~d later कुछ जातियों को बाद में अधिसूची में रखा गया. **2.** (fix) नियत करना : he had ~d his arrival at 10 a.m. उसने दस बजे सुबह अपने पहुँचने का समय नियत कर दिया था; he is ~d to deliver a lecture उसका व्याख्यान देने का कार्यक्रम नियत है.

scheme स्कीम **I.** *n*ᶜ. **1.** (plan) योजनाᶠ,

परियोजना^F [elaborate विस्तृत, good अच्छी, simple साधारण]; the government made a ~ for the welfare of the poor सरकार^F ने गरीबों के कल्याण के लिए एक योजना बनाई; I do not agree to your ~ मैं आपकी योजना से सहमत नहीं हूँ; I explained my ~ to him मैंने अपनी योजना उसे समझा दी. **2.** (arrangement) विन्यास : the ~ of words is excellent शब्दों का ≈ उत्कृष्ट है; the ~ of colours in a picture चित्र में का वर्णविन्यास. **3.** (plot) षड्यंत्र : successful ~ सफल ≈; the enemy's ~ was upset in time शत्रुओं के ≈ को समय पर गड़बड़ा दिया गया; they succeeded in their ~ to loot travellers वे यात्रियों को लूटने की अपनी योजना में सफल हो गए. **4.** (outline) रूपरेखा^F: the teacher explained the ~ of the essay to the students अध्यापक ने छात्रों को निबंध की ≈ बताई. **5.** (table) सारणी^F : the ~ of M.A. examinations was out today एम. ए. के परीक्षार्थियों की ≈ आज निकल गई. **II.** *v.t.* **1.** योजना^F बनाना : he has been scheming to write a book वह एक पुस्तक^F लिखने की योजना बनाता रहा है. **2.** षड्यंत्र रचना : he ~d to become the Prime Minister उसने प्रधानमंत्री बनने का षड्यंत्र रचा.

scholar स्कॉ'लर *n*^c. **1.** (learned) विद्वान्, पंडित [famous प्रसिद्ध, well-known जाना-माना]; he is a ~ of Sanskrit वह संस्कृत का ≈ है; to be a ~ and gentleman विद्वान् और सज्जन आदमी होना. **2.** (aided student) (old use) वृत्तिछात्र : a ~ is one who enjoys scholarship ≈ वह है जिसे छात्रवृत्ति मिलती है. **scholarly** स्कॉ'लर्लि *a.* **1.** (learned) विद्वान् : ~ person ≈ व्यक्ति. **2.** पांडित्यपूर्ण, विद्वतापूर्ण [essay निबंध, study अध्ययन, work कृति^F]; his ~ speech was admired by everyone उसके ≈ भाषण की सभी ने प्रशंसा^F की. **scholarship** स्कॉ'लर्शिप *n*^c. **1.** (stipend) छात्रवृत्ति^F : the student was receiving a ~ of Rs. 50 p.m. छात्र को पचास रुपए प्रतिमाह ≈ मिलती थी. **2.** पांडित्य, विद्वता : the professor was known for his ~ प्रोफ़ेसर अपनी विद्वता के लिए प्रसिद्ध था.

school स्कूल **I.** *n*^c. **1.** विद्यालय, स्कूल [commercial वाणिज्यिक, famous प्रसिद्ध, old पुराना, primary प्राथमिक, secondary माध्यमिक, technical तकनीकी]; ~book पाठ्य-पुस्तक; ~boy स्कूली-लड़का; ~days विद्यार्थी-जीवन; ~mate सहपाठी; ~mistress शिक्षिका^F; ~room कक्षा^F; they are running a ~ in the village वे गाँव में एक ≈ चला रहे हैं; when do you go to school तुम विद्यालय कब जाते हो? the pupils go to ~ at 10 a.m. छात्र विद्यालय दस बजे जाते हैं; have you admitted your son in the school क्या तुमने अपने लड़के को विद्यालय में भर्ती करा दिया है? the ~ closes at four ≈ चार बजे बंद हो जाता है. **2.** (study) पढ़ाई^F : I began ~ late in my childhood मैंने बचपन में देर से ≈ शुरू की; he finds ~ difficult उसे पढ़ाई कठिन लगती है; he has no interest in ~ उसकी ≈ में कोई दिलचस्पी^F नहीं है. **3.** (~ of thought) विचारधारा^F : I cannot support such a ~ मैं ऐसी ≈ का समर्थन नहीं कर सकता. **4.** (sect) शाखा^F, संप्रदाय : religious ~ धार्मिक ≈; there are two schools of Hindu religion in India हिंदू धर्म के भारत में दो संप्रदाय हैं. **5.** (style of art) शैली^F : Hussain and his ~ हुसैन और उसकी कलाशैली. **II.** *v.t.* **1.** (teach) शिक्षा^F देना, सिखलाना : they were ~ed well उन्हें अच्छी शिक्षा दी गई. **2.** प्रशिक्षित करना : he was ~ed by experience वह अनुभव द्वारा प्रशिक्षित हुआ; try to ~ the soldiers well सैनिकों को अच्छी तरह प्रशिक्षित करने का प्रयास करो. **3.** (discipline) पर नियंत्रण रखना, अनुशासित करना : we were ~ed by adversity हम विपत्तियों^F में अनुशासित हुए थे; he could not ~ our children वह बच्चों पर नियंत्रण न रख सका. **schooling** स्कू'लिङ्ग *n*^u. (education) शिक्षा^F : he had only four years' ~ उसे केवल चार साल शिक्षा प्राप्त हुई. **school master** *n*^c. शिक्षक, अध्यापक [gentle सीधा, learned विद्वान्]; ~s are low paid शिक्षकों को कम वेतन मिलता है; ~s in rural areas are comparatively well off ग्रामीण क्षेत्रों में अध्यापक अपेक्षाकृत अच्छी स्थिति^F में हैं. [*fem.* schoolmistress]

science साइ'अन्स *n*^c.u **1.** विज्ञान [natural प्राकृतिक, physical भौतिक, political राजनीति]; history is a ~, not an art इतिहास एक ≈ है, कला^F नहीं; study of the ~ of language भाषा-विज्ञान का अध्ययन; economics is the science of wealth अर्थशास्त्र धन का शास्त्र है; write an essay on the progress of science विज्ञान की प्रगति^F पर एक निबंध लिखिए; this is the greatest achievement of modern science यह आधुनिक विज्ञान की सबसे बड़ी उपलब्धि^F है; study of social sciences is necessary समाज विज्ञानों का अध्ययन ज़रूरी है. **2.** (skill) कौशल, हुनर : ~ of cooking खाने-पकाने का ≈. **scientific** साइअनटि'फ़िक *a.* **1.** वैज्ञानिक [definition परिभाषा^F, experiment प्रयोग, institution संस्था^F, instruments उपकरण, journal पत्रिका^F, method पद्धति^F/विधि^F]; this is the greatest ~ achievement of today यह आज की सबसे बड़ी ≈ उपलब्धि^F है; this is a new ~ discovery यह एक नई ≈ खोज^F है. **2.** (skilful) कुशल, निपुण [cook रसोइया, driver यान चालक, worker कामगार]. **scientist** साइ'अनटिस्ट *n*^c. विज्ञानी, वैज्ञानिक [famous प्रसिद्ध, great महान्, prominent प्रसिद्ध, talented प्रतिभाशाली]; he is one of the most outstanding ~s of today वह आज के उत्कृष्ट वैज्ञानिकों में से एक है; C.V. Raman was a great ~ of India सी.वी. रमन भारत के महान् ≈ थे; who does not know Homi J. Bhabha in the world of ~s वैज्ञानिकों की दुनिया^F में होमी जे. भाभा को कौन नहीं जानता !

scissors सि'ज़र्ज़ *n. pl.* कैंची^F : [blunt भुथरी, large बड़ी, sharp तेज़]; a pair of ~s कैंची^F; you will need a pair of ~ to cut cloth तुम्हें कपड़ा काटने के लिए एक कैंची की आवश्यकता^F होगी; we cut paper with ~ हम ≈ से काग़ज़ काटते हैं.

scoff स्कॉफ़ **I.** *n.* (usu. *pl.*) **1.** (taunt) ताना : to bear ~s from a mother-in-law सास का ≈ सहना. **2.** (object of ~) उपहास-पात्र : to be the common ~ of all सभी लोगों का सामान्य ≈ होना; superstitions have been the ~ of the scientists अंधविश्वास वैज्ञानिकों में उपहास बन रहे हैं. **II.** *v.i.* पर ताना मारना, का उपहास करना, (की) हँसी^F उड़ाना : to ~ **at** religion धर्म की हँसी उड़ाना; he is interested in ~ing someone's efforts किसी के प्रयासों की खिल्ली उड़ाने में उसे दिलचस्पी^F है.

scold स्कोल्ड **I.** *v.t.* डाँटना, झिड़कना : mother ~ed the child for some mischief माँ ने बच्चे को किसी शरारत^F पर डाँटा; she is always seen ~ing them वह सदा उन्हें डाँटती देखी गई है. **II.** *n*^c. कर्कशा/कलहनी स्त्री : a ~ is not liked by people ≈ को लोग अच्छा नहीं समझते.

scoop स्कूप **I.** *n*^c. **1.** (ladle) कलछी^F, कलछा : kitchen ~ for sugar चीनी^F के लिए रसोई का कलछा. **2.** (big spoon) कलछा, बड़ा चम्मच : two ~s of ice-cream दो ≈ आइसक्रीम^F, (shovel) बेलचा : ~ for digging खोदने के लिए ≈; have a ~ and throw the rubbish out बेलचा लो और कूड़ा बाहर फेंक दो. **3.** (profit) तगड़ा मुनाफ़ा : you may get a good ~ from this business इस व्यापार से तुम ≈ पा सकते हो. **4.** (new) अनूठी ख़बर^F : the *Express* usually publishes some ~s एक्सप्रेस में प्राय: अनूठी खबरें प्रकाशित होती रहती हैं. **II.** *v.t.* **1.** निकाल लेना : ~ some sugar out of the bag बैग से थोड़ी चीनी^F निकालना; she ~ed (up) flour from the tin उसने कनस्तर से आटा निकाला. **2.** उलीचकर निकालना : to ~ mud from the pond तालाब से कीचड़ ≈. **3.** (hollow out) खोखला या पोला बनाना, खोदना : to ~ out a hole in a kachcha wall कच्ची दीवार^F में सूराख़ करके खोखला बनाना.

scooter स्कू'टर *n*^c. स्कूटर : ~ is a small motor-cycle ≈ छोटा-सा मोटर साइकिल होता है; ~s have now taken the place of bicycles स्कूटरों ने अब साइकिलों का स्थान ले लिया है; ~ is driven by petrol स्कूटर पेट्रोल से चलता है.

scope स्कोप *n.* **1.** (subject) विषयक्षेत्र [big

बड़ा, wide विस्तृत]; politics is outside the ~ of my study राजनीति[F] मेरे अध्ययन के बाहर का ≈ है. **2.** (capacity) पहुँच : I cannot do so, it is beyond my ~ मैं इसे नहीं कर सकता, यह मेरी पहुँच[F] के बाहर है. **3.** (opportunity) गुँजाइश[F] : there is not much ~ in this business इस व्यवसाय में कोई बहुत ≈ नहीं है. **4.** (range) मार[F] : the ~ of the missile is above one thousand kms प्रक्षेपास्त्र की मार[F] एक हज़ार कि.मी. से ज़्यादा है.

scorch स्कॉर्च *v.t.i.* **1.** झुलसाना, (*v.i.*) झुलसना : her skin was ~ed in the sun धूप[F] में उसकी त्वचा[F]/चमड़ी[F] झुलस गई; the washerman ~ed my shirt while ironing इस्तरी[F]/लोहा करते-करते धोबी ने मेरी कमीज़[F] झुलसा दी; the hot sun ~ed her face and neck गर्म धूप[F] ने उसके चेहरे और गले को झुलसा दिया; if you leave your shoes so near the fire they will be ~ed यदि तुम अपने जूते आग[F] के इतना नज़दीक रखोगे तो वे झुलस जाएँगे; the crops ~ed in the sun फ़सलें[F] धूप[F] में झुलस गईं. **2.** (burn and destroy) जलाकर उजाड़ना : they ~ed the small huts on the roadside उन्होंने सड़क[F] के किनारे छोटी झोपड़ियों[F] को जलाकर उजाड़ दिया; meat may ~ on the fire आग पर मांस जलकर खराब हो जाए, **scorching** स्कॉर्'चिङ्ग *a.* झुलसाने वाला [day दिन, heat गर्मी[F]].

score स्कॉर **I.** *n*[c]. **1.** (scratch) खरोंच[F] : he made a ~ on the table उसने मेज़ पर ≈ लगा दी; he had some ~s of a whip on his back उसकी पीठ[F] पर चाबुक की ≈ के कुछ निशान थे; he drew a ~ on the bottom of the pot उसने बर्तन के पेंदे में एक ≈ लगाई; ~ on one's skin किसी की चमड़ी पर ≈. **2.** (account) हिसाब : heavy ~ बड़ा ≈; to pay one's ~ ≈ चुकता करना. Δ **to pay off old ~s** पुराना बदला चुकाना. **3.** (in cricket) स्कोर : the ~ of India was 250 runs against 215 in the first innings पहली पारी[F] में 215 रन के जवाब में भारत का 250 रन का ≈ था; we could not equal the ~ made by Australia हम आस्ट्रेलिया से ≈ बराबर न कर सके. **4.** (twenty) कोड़ी, बीस : they came in ~s to meet me वे बीसों की संख्या[F] में मुझसे मिलने आए; ~s of people बीसियों लोग; two ~s and one 2×20+1 इकतालीस. **5.** (point) प्राप्तांक (in play, examination) : he made a good ~ उसने अच्छे अंक प्राप्त किए; to keep the ~ अंक लिखना; what is your ~ in the examination this year इस साल परीक्षा[F] में तुम्हारे प्राप्तांक कितने हैं? they won by a ~ of two to one वे एक के मुकाबले दो अंक से जीत गए; now he is getting more ~s than her उसकी अपेक्षा इसे अब अधिक अंक मिल रहे हैं. **6.** (reason) हेतु, कारण : he was rejected on the ~ of insanity उसे पागलपन के कारण हटा दिया गया था. Δ **to settle ~ with smb** किसी से बदला निकालना. **II.** *v.t.* **1.** खरोंचना, खुरचना : the student ~d the desk with his knife विद्यार्थी ने चाकू से डेस्क खरोंचा; he ~d a line on the glass उसने गिलास पर एक रेखा[F] खरोंची. **2.** (keep account) हिसाब रखना; हिसाब में चढ़ाना : have you ~d correctly क्या तुमने सही हिसाब कर रखा है. **3.** (cancel) काटना : to ~ out a word or two in a sentence वाक्य में एक-दो शब्द काट देना. **4.** (in game) अंक बनाना; रन बनाना : to ~ a goal गोल करना; Tendulkar ~d two hundred runs in the first innings तेंदुलकर ने पहली पारी[F] में दो सौ रन बनाए; he failed to ~ वह कोई अंक नहीं बना पाया. **5.** (underline) रेखांकित करना : to ~ under नीचे रेखा लगाना. **6.** (criticize) आलोचना[F] करना, बुरा-भला कहना : ~ severely कड़ाई[F] से ≈; he was ~d by the public for his evil remarks जनता[F] ने उसको दुष्ट टिप्पणी के कारण बुरा-भला कहा.

scorn स्कॉर्न **I.** *n*[u]. **1.** (feeling) घृणा[F], तिरस्कार, अश्रद्धा[F] [bitter कड़ी, deep गहरी]; to treat a person with ~ किसी व्यक्ति से अश्रद्धापूर्वक व्यवहार करना; to laugh at someone with ~ किसी व्यक्ति पर घृणा से हँसना; he is full of ~ for the secretary उसमें सचिव के प्रति भरपूर तिरस्कार की भावना है. **2.** (subject of ~) घृणा[F] का पात्र : no one likes him, he is the ~ of his mates कोई भी उसे पसंद नहीं करता, वह अपने साथियों की ≈ है. **II.** *v.t.* **1.** का तिरस्कार करना, ठुकराना : I ~ dirty people मैं गंदे लोगों का तिरस्कार करता हूँ; he ~s others in the office वह कार्यालय में अन्य लोगों से घृणा करता है; this bachelor ~s women यह कुँआरा औरतों[F] से घृणा करता है. **2.** की उपेक्षा[F] करना : ~ smb's opinion किसी के मत ≈.

scorpion स्कॉर्'प्यन *n*[c]. बिच्छू : ~ is poisonous ≈ विषैला होता है; a ~ has its sting on the tail ≈ की पूँछ[F] पर डंक होता है; a ~ stung the boy एक बिच्छू ने लड़के को डंक मार दिया; a ~ has four pairs of legs ≈ की चार जोड़ी[F] टाँगें[F] होती हैं.

scotfree स्कॉट'फ़्री *n.* निरापद, सही-सलामत : to let a person go ~ किसी व्यक्ति को ≈ जाने देना; he got off ~ वह निरापद छूट गया.

scoundrel स्कॉउन्'ड्रल *n*[c]. बदमाश, दुर्जन, दुष्ट : a regular ~ पक्का बदमाश; what a ~ कितना ≈ है ! a ~ is not necessarily a criminal आवश्यक नहीं कि ≈ अपराधी भी हो; you cannot trust a ~ तुम बदमाश पर विश्वास नहीं कर सकते.

scour स्कॉउर **I.** *v.t.* **1.** माँजना, (रगड़कर) चमकाना : to ~ a metal pot धातु का बर्तन ≈; to ~ walls with a brush दीवारें[F] ब्रश से रगड़कर चमकाना. **2.** (cleanse) (पानी बहाकर) साफ़ करना, धोना : to ~ the drain नाली[F] ≈; ~ the clothes with soap साबुन से रगड़कर कपड़ों को साफ करो; you have not ~ed the shirt well तुमने कमीज़ ठीक से साफ़ नहीं की. **3.** (purge) पेट साफ़ करना : he needed a medicine to ~ his stomach पेट साफ़ करने के लिए उसे दवा[F] की आवश्यकता[F] थी. **4.** (get rid of) दूर करना : to ~ off a dirty spot गंदा दाग़ ≈. **5.** look for छान डालना : the police ~ed the whole village but could not find the thief पुलिस[F] ने पूरे गाँव को छान डाला लेकिन चोर का पता न लगा सकी. **II.** *n*[u]. **1.** मँजाई[F] : all the pots need ~ing सभी बर्तनों को ≈ की ज़रूरत है. **2.** (of current) कटाव : the ~ of the bank by the river नदी[F] द्वारा तट का ≈.

scourge स्कर्ज **I.** *n*[c]. **1.** (whip) कोड़ा, चाबुक : long ~ लंबा चाबुक; he was punished to get ten ~s उसे दस कोड़ों की सज़ा दी गई. **2.** (affliction) महाविपत्ति[F], आफ़त[F] [awful घोर, भारी dangerous ख़तरनाक, terrible भयंकर]; this disease is a ~ for the human beings मानवों के लिए यह बीमारी[F] एक ≈ है. **3.** (of person) लोककंटक : undoubtedly he is a ~ निःसंदेह वह ≈ है. **II.** *v.t.* **1.** कोड़े लगाना : he was ordered to ~ the thief उसे चोर को कोड़े लगाने का आदेश दिया गया. **2.** (cause pain) उत्पीड़ित करना, दुःख देना : the entire area was ~d by the epidemic महामारी[F] से पूरा क्षेत्र पीड़ित था.

scout स्काउट **I.** *n*[c]. **1.** (spy) गुप्तचर, भेदिया, जासूस [clever चतुर, experienced अनुभवी, German जर्मन]; he is a ~ from Israel वह इसरायल का ≈ है; ~s are very important for knowing the secrets of other countries दूसरे देशों के भेद जानने के लिए गुप्तचर बहुत ही महत्वपूर्ण होते हैं. **2.** (boy) बालचर, स्काउट [active सक्रिय, senior सीनियर]; a ~ wears a uniform ≈ वरदी[F] पहनता है. **II.** *v.i.* **1.** (watch) गुप्तचर्या[F] करना, पहरा देना : [stealthily चोरी-छिपे, successfully सफलतापूर्वक]. **2.** (look for) खोजना : he was ~ing about for a good place वह कोई अच्छा स्थान खोज रहा था.

scramble स्क्रैम्'बल **I.** *v.i.* **1.** छीना-झपटी[F] करना, धक्कम-धक्का करना : students were seen scrambling for seats विद्यार्थी सीटों[F] के लिए छीना-झपटी करते देखे गए; children ~d for toffees बच्चों में टाफ़ियों[F] के लिए धक्कम-धक्का हुआ. **2.** (हाथ-पैर के बल) चढ़ना : the boys ~d up the hill लड़के हाथ-पैर के बल पहाड़ी[F] पर चढ़ गए; to ~ over the rocks चट्टानों पर से चढ़कर जाना. **3.** (crawl) रेंगना : the boys were asked to ~ for twenty metres बच्चों को बीस मीटर रेंगने के लिए कहा गया. **II.** *v.t.* **1.** (scatter) बिखेरना : we ~d flowers over the bride हमने दुल्हिन[F] के ऊपर फूल बिखेरे. **2.** (eggs) मिलाकर पकाना : they ~ eggs in butter वे मक्खन में अंडे मिलाकर पकाते हैं. **III.** *n*[c]. **1.** (हाथ-पैर के बल) चढ़ाई[F] : it is a steep ~,

I shall not try to go up there यह खड़ी ≈[F] है, मैं ऊपर जाने की कोशिश[F] नहीं करूँगा. **2.** छीना-झपटी, धक्कम-धक्का : I saw a ~ at the booking counter and returned home मैंने टिकट-खिड़की पर धक्कम-धक्का देखा और घर वापस चला आया. **3.** (competition) संघर्ष, होड़[F] : a ~ for a post किसी पद के लिए ≈.

scrap स्क्रैप **I.** *n*[c]. **1.** (fragment) टुकड़ा [small छोटा, tiny छोटा, useless बेकार]; ~ of paper काग़ज़ का टुकड़ा; he has taken a ~ of wool for buying the same quality उसी प्रकार का ऊन खरीदने के लिए उसने ऊन का एक ≈ लिया है. (fig.) **there was not a ~ of truth in his statement** उसके कथन में सच्चाई[F] का कण भी नहीं था. **2.** (*pl.*) रद्दी माल : it is prohibited to throw ~ on the road सड़क[F] पर ≈ फेंकना मना है; ~ heap रद्दी चीज़ों का ढेर; ~ metal रद्दी धातु[F]. **3.** (cutting) कतरन[F] : ~s of cloth, iron sheets कपड़े, लोहे की चादरों[F] की कतरनें; ~ books कतरनें चिपकाने की कापी[F]. **4.** (rubbish) कूड़ा-करकट : you must not put ~ in the street तुम्हें गली[F] में ≈ नहीं डालना चाहिए. **II.** *v.t.* (-pp-) **1.** निकाल देना, अलग करना : to ~ off older types of utensils पुराने ढंग के बर्तनों को ≈; ~ the machine which is no longer wanted उस मशीन[F] को निकाल दो जिसकी अब आवश्यकता नहीं रह गई.

scrape स्क्रेप **I.** *v.t.i.* **1.** खुरचना : they ~d off the paint from the gate उन्होंने फाटक पर से पूरा पेंट खुरच डाला. **2.** (skin) छीलना : she ~d the skin of the potatoes उसने आलुओं का छिलका छील दिया. **3.** (rub) रगड़ना : they ~d the furniture before polishing it पालिश करने से पहले उन्होंने फ़र्नीचर को रगड़ा. **4.** (abrade) घिसना : to ~ one's chin with a razor उस्तरे से ठुड्डी[F] ≈. **5.** (remove) हटाना : to ~ dirt off one's boots अपने बूटों की धूल[F] हटाना. **6.** (dig) खोदना : to ~ a pit for water पानी के लिए गड्ढा खोदना; he is scraping a hole in the field वह खेत में एक सुराख़ खोद रहा है. **7.** (collect) बटोरना, इकट्ठा करना : they have gone to ~ reeds from the river वे नदी[F] से नरकुल इकट्ठा करने गए हैं. **8.** (economize) किफ़ायत[F] से रहना : to ~ expenses because of poor income बहुत कम आमदनी[F] होने के कारण किफायत से खर्च करना. **Δ to ~ a living** मुश्किल[F] से गुज़ारा करना. **II.** *n*[c]. **1.** खरोंच[F], रगड़[F] : a ~ on the glass गिलास पर की ≈; he got a ~ on his left leg उसकी बाईं टाँग[F] में ≈ लग गई. **2.** (sound) खड़खड़ाहट : a ~ while rubbing some surface किसी सतह[F] को रगड़ने से उत्पन्न ≈. **3.** घसीट[F] : ~ of the pen कलम[F] की ≈. **4.** (predicament) मुसीबत[F], उलझन[F]: she got into some ~ वह किसी ≈ में फँस गई.

scratch स्क्रैच **I.** *v.t.* **1.** (to rub and tear) खरोचना : to ~ smb with a nail किसी को नाखून से ≈. **2.** कुरेदना : the hen ~ed the earth for worms मुर्गी[F] ने कीड़ों के लिए ज़मीन कुरेद डाली. **3.** नोचना : the cat ~ed me with its claws बिल्ली[F] ने अपने पंजों से मुझे नोच लिया. **4.** खुरचना : the gardener ~ed the ground with a rake माली ने पाँचे से ज़मीन[F] खुरच दी; the labourers ~ed the paint off the wall मज़दूरों ने दीवारों[F] पर का पेंट खुरच दिया. **5.** (to relieve itch) खुजलाना : he ~ed the dog on its neck उसने कुत्ते को उसके गले पर खुजलाया; when I asked him a question, he began to ~ his head जब मैंने उससे प्रश्न पूछा तो वह अपना सिर खुजलाने लगा. **6.** (rub) रगड़ना : the syce ~ed the horse in the morning साइस ने सुबह घोड़े को (खरखरा किया) रगड़ा. **7.** (scribble) घसीटना : she ~ed a few words उसने कुछ शब्द घसीटे. **8.** (scrape up) बटोरना : to ~ (up) waste papers to sell them रद्दी काग़ज़ों को बेचने के लिए इकट्ठा करना. **9.** (erase) काटना, मिटाना : to ~ a few lines from the page पृष्ठ से कुछ पंक्तियों[F] को मिटा देना; his name was ~ed from the list उसका नाम सूची में से काट दिया गया. **10.** (remove) हटाना : his horse was ~ from the race घोड़े को दौड़[F] से हटा दिया गया. **II.** *n*[c]. **1.** (wound) खरोंच[F] : I did not get a ~ in the fight

मुझे लड़ाई[F] में एक ≈ भी नहीं लगी; don't mind, it's just a ~ कोई ख़ास बात[F] नहीं, थोड़ी-सी खरोंच है. **2.** खुरचन[F] : some boy made a ~ on the desk किसी लड़के ने डेस्क को खुरच दिया. **3.** (scratching) खुजलाहट[F], खुजली[F] : I had a ~ in my head मेरे सिर में ≈ थी. **4.** (sound) खड़खड़ाहट[F] : I heard a ~ in the pots मैंने बर्तनों में ≈ सुनी; this pen makes ~s on paper यह कलम[F] काग़ज़ पर खड़खड़ाती है. **5.** (writing) घसीट[F] : do not write like this, I cannot read ~ इस तरह मत लिखो मैं ≈ नहीं पढ़ सकता.

scream स्क्रीम **I.** *v.t.* **1.** चीख़ना, चीख़ मारना [loudly ज़ोर से, shrilly तीक्षणता से]; he ~ed for help वह सहायता[F] के लिए चीखा; she is ~ing with pain, fear वह दर्द, डर के मारे चीख़ रही है; stop ~ing चीख़ना बंद करो; she ~ed when she fell down जब वह गिरी तो चीख़ी; the train started ~ing, as it entered the tunnel जैसे ही गाड़ी[F] सुरंग[F] के अंदर गई, उसने कूकना/चीखना शुरू कर दिया. **2.** (with laughter) ठठाकर हँसना, ठहाका लगाना : she ~ed with delight उसने खुशी[F] से ठहाका लगाया; they all were ~ing on the occasion of his success वे सब उसकी सफलता[F] के मौके पर ठठाकर हँस रहे थे. **II.** *n*[c]. चीख[F] [dismal उदास, sharp तेज़]; did you not hear the ~s of the wounded passengers क्या तुमने घायल यात्रियों की चीख़े नहीं सुनीं ?

screech स्क्रीच **I.** *n*[c]. चीत्कार[F], चीख़[F] : ~ of the owl उल्लू की ≈; the ~ of an engine इंजन की ≈/कूक; ~ of the brakes of a car कार की ब्रेकों[F] की ≈. **II.** *v.t.* चीत्कार करना, चीख़ना : he ~ed with anger वह क्रोध से चीखा; the tyre ~ed as the car stopped suddenly जैसे ही कार[F] एकाएक रुकी, टायर से चीख़ की आवाज़[F] हुई.

screen स्क्रीन **I.** *n*[c]. **1.** (curtain) . परदा [large बड़ा, wide चौड़ा]; ~ of the television टेलीविज़न का ≈; the ~ in the theatre is excellent थिएटर का ≈ बढ़िया है; this ~ in the room has become very old now कमरे का यह ≈ बहुत पुराना हो चुका है; there is a ~ of wire net on the window खिड़की[F] पर जाली[F] का ≈ है. **2.** (of split bamboo) चिक : there is a ~ outside the manager's chamber प्रबंधक के कमरे के बाहर ≈ है. **3.** (as shelter, protection, etc.) आड़[F], ओट[F] : a ~ of creepers keeps out rain लताओं की ≈ बारिश[F] को रोकती है. **4.** (of film) चित्रपट : a new film has appeared on the ~ ≈ पर एक नई पिक्चर[F] दिखाई गई. **II.** *v.t.* **1.** (protect) आड़[F] देना, बचाना : he told a lie in order to ~ his son from punishment अपने बेटे को दंड से बचाने के लिए उसने झूठ बोला. **2.** (hide) छिपाना, परदा डालना : he tried to ~ the matter, but failed उसने मामले पर परदा डालने की कोशिश[F] की लेकिन असफल हो गया; to ~ smth from view किसी चीज़ को नज़र[F] से छिपाना. **3.** (to provide ~) जाली[F] लगाना : the windows were ~ed to keep off mosquitoes मच्छरों को दूर रखने की ख़ातिर[F] खिड़कियों[F] पर जाली लगाई गई. **4.** (test) परखना, जाँचना : the boys were ~ed properly by the principal before their admission उनके प्रवेश से पहले प्राचार्य द्वारा लड़कों को जाँचा गया. **5.** (examine) निरीक्षण करना : the police ~ed every person entering the hall पुलिस[F] ने हाल में प्रवेश करने वाले प्रत्येक व्यक्ति का निरीक्षण किया. **6.** (of a film) परदे पर दिखाना : this picture is going to be ~ed from tomorrow यह पिक्चर[F] कल से परदे पर दिखाई जाने वाली है.

screw स्क्रू **I.** *n*[c]. पेच [copper ताँबे का, exterior बाहरी, female भीतरी, metal धातु का]; a ~ is a metal with a head and thread ≈ टोपी[F] और चूड़ी[F] वाला धातु[F] का एक पिन होता है; there is a ~ loose somewhere कहीं पर ≈ ढीला है; make all the ~s tight सभी ≈ कस दो; this machine lacks a ~ इस मशीन[F] में एक ≈ की कमी[F] है. Δ **to have a ~ loose** (दिमाग़ का) ≈ ढीला होना. **II.** *v.t.* **1.** tighten कसना : ~ the cork on to the bottle बोतल[F] में ठेंठी कसो; ~ the bolt with a wrench रेंच

से बोल्ट कसो; the top of a table is ~ed to the legs मेज़ का ऊपरी तख़्ता उसकी टाँगों[F] के साथ कसा हुआ है. **2.** (oppress) सताना : to ~ the poor गरीबों को सताना. **3.** (extort) खसोटना, ज़बरदस्ती ले लेना : to ~ smth from smb किसी से कुछ ≈. **4.** (compel) बाध्य करना, मजबूर करना : he ~ed him to do the work उसने इसे काम करने के लिए बाध्य कर दिया. **~driver** *n*[c]. पेचकस [light हल्का, small छोटा, thin पतला]; a ~ is needed to tighten screws पेच कसने के लिए ≈ की आवश्यकता[F] पड़ती है; a ~ is needed also to loosen screws पेच खोलने के लिए भी ≈ की आवश्यकता[F] होती है.

scribble स्क्रि'बल **I.** *v.t.* **1.** (write) घसीटना, लिखना : to ~ a few lines hastily कुछ पंक्तियाँ[F] जल्दी से लिख डालना; to ~ one's name on something किसी चीज़ पर अपना नाम घसीट डालना; I do not pretend to be a poet, I only ~ verses for fun मैं कोई कवि होने का दिखावा नहीं करता, मैं केवल मनोरंजन के लिए कविता लिखता हूँ; the child cannot write, but she ~s बच्ची लिख नहीं सकती, घसीटती रहती है; a child defaces the wall by scribbling on it बच्चा दीवार[F] पर लिखकर इसका रूप खराब कर देता है; he earns a little by scribbling for press वह समाचार-पत्रों के लिए लिखकर कुछ कमा लेता है. **II.** *n*[c]. (usu. plural with singular meaning) घसीट[F] [illegible अपाठ्य, ugly गंदी]; I'll not read such ~s मैं ऐसी ≈ नहीं पढ़ूँगा; his writing is just a ~ उसकी लिखाई मात्र ≈ है.

scribe स्क्राइब *n*[c]. **1.** (penman) लिपिक, मुंशी [experienced अनुभवी, expert कुशल]; a ~ is a professional writer ≈ एक व्यवसायी लेखक होता है; a businessman employs ~s व्यापारी ≈ रखता है. **2.** (reporter) संवाददाता : a ~ collects and writes news for the press ≈ प्रेस के लिए समाचार इकट्ठे करके लिखता है.

script स्क्रिप्ट *n*[c]. **1.** (handwriting) हस्तलेख, लिखावट[F] [clear स्पष्ट, legible सुवाच्य, neat साफ-सुथरा]; it was written in his own ~ यह उसकी अपनी लिखावट में लिखा गया है; perhaps you will not be able to read his ~ शायद तुम उसका हस्तलेख नहीं पढ़ पाओगे. **2.** लिपि[F] [old पुरानी, original मूल]; Arabic ~ अरबी ≈; Devnagari ~ देवनागरी ≈; Roman ~ रोमन ≈; he cannot read and write the Tamil ~ वह तमिल ≈ पढ़-लिख नहीं सकता. **3.** (manuscript) हस्तलिपि[F], (author's copy) पाण्डुलिपि[F] [attractive आकर्षक, legible सुपाठ्य]; ~ of a play नाटक की ≈; the original ~ of the writer was burnt लेखक की मूल ≈ जल गई थी. **4.** (answer-book) उत्तर-पुस्तिका[F] : the examiner examined his ~ परीक्षक ने उसकी ≈ जाँची.

scripture स्क्रिप्'चर *n*[c]. धर्मग्रंथ : ancient ~ प्राचीन ≈; Muslim ~ मुसलमानों का ≈ (क़ुरआन शरीफ़); Sikh ~ is Guru Granth Sahib सिखों का ≈ गुरुग्रंथ साहिब है; Christian ~ is Bible ईसाइयों का ≈ बाइबिल है; he studies ~s regularly वह नियमित रूप से धर्मग्रंथों का अध्ययन करता है; Vedas are the holy ~ of the Aryans वेद आर्यों के पवित्र ≈ हैं.

scrub स्क्रब **I.** *n*[u]. **1.** झाड़, झंखाड़ [dense घना, scattered बिखरा हुआ]; ~ grows in poor soil ≈ ख़राब ज़मीन[F] में उगता है. **2.** (brush) कड़ा बुरुश : we use ~s to clean anything हम कोई चीज़ साफ़ करने के लिए ≈ काम में लाते हैं. **3.** (person) निकम्मा या अदना आदमी : ~ is a man of small importance ≈ मामूली महत्व का होता है. **II.** *v.t.* (-bb-) **1.** माँजना, रगड़कर साफ़ करना : ~ the floor clean फ़र्श रगड़कर साफ़ करो; ~ out the spot on the shirt कमीज़ पर से दाग़ को रगड़कर साफ़ करो. **2.** श्रम करना : he ~s hard वह कठिन श्रम करता है. **3.** (cancel) रद्द करना : we had to ~ our plans हमें अपनी योजनाएँ[F] रद्द करनी पड़ीं.

scruple स्क्रू'पल **I.** *n*[c]. (usu. *pl.*) नैतिक संकोच : he is a man with no ~s उस आदमी में कोई ≈ नहीं है; they will have no ~s in/about doing anything उन्हें कुछ भी करने में कोई ≈ न होगा; one's ~s before agreeing to a proposal किसी प्रस्ताव पर सहमत होने के पहले किसी का ≈. **II.** *v.i.*

झिझकना, हिचकना, संकोच करना : the guide ~d to assume the responsibility for the tourists गाइड पर्यटकों की ज़िम्मेदारी^{F} लेने में हिचकिचाया; he does not ~ to beg or borrow वह भीख माँगने या उधार लेने से संकोच नहीं करता. **scrupulous** स्क्रू'प्यूलस *a.* **1.** पापभीरु, धर्मभीरु [person व्यक्ति, tradesman व्यापारी, woman स्त्री]; a ~ man would pay back the money in time एक ≈ पुरुष समय पर अपना पैसा चुका देगा. **2.** (conscientious) ईमानदार, नियमनिष्ठ [servant नौकर, worker कामगार]; he is always ~ about his duty वह अपने कर्तव्य के प्रति सदा ≈ है. **3.** (thorough) (i) पूरा-पूरा : ~ attention ≈ ध्यान; ~ honesty पूरी-पूरी ईमानदारी^{F}; (ii) (of a person) अतिसावधान : he is ~ in his relations with others वह दूसरे लोगों से संबंध रखने में ≈ रहता है.

scrutinize स्क्रू'टिनाइज़ *v.t.* बारीकी^{F} से जाँच^F करना, जाँच-पड़ताल^F करना : the guard ~d all the passes गार्ड ने सभी पारपत्रों की बारीकी से जाँच की; the examiner ~d all answer-books परीक्षक ने सभी उत्तर-पुस्तिकाओं^{F} की जाँच-पड़ताल की; all the ballot papers were ~d सभी मत-पत्रों की जाँच की गई; is there anything to ~ क्या जाँच-पड़ताल के लिए कुछ बचा है? **scrutiny** स्क्रू'टिनी *n.* सूक्ष्म परीक्षण, जाँच-पड़ताल^F, छान बीन^F : he demanded a ~ of the entire matter उसने सारे मामले की जाँच-पड़ताल की माँग की; ~ of examination results परीक्षा परिणामों की जाँच-पड़ताल^F; after the ~ of the files the boss declared the clerk guilty फाइलों^{F} की जाँच-पड़ताल/ छानबीन के बाद बॉस ने लिपिक को दोषी घोषित किया; ~ of votes वोटों की दोबारा गिनती^{F}.

scuffle स्कॅ'फ़ल **I.** n^c. धक्का-मुक्की^{F}, हाथा-पाई^F : there was a ~ between the two friends दोनों मित्रों में ≈ हो गई; how did the ~ start during discussion चर्चा^{F} के दौरान ≈ कैसे शुरू हुई? **II.** *v.t.* हाथापाई^F करना, धक्का-मुक्की^{F} करना : the M.L.A.'s ~d in the Assembly विधायक विधानसभा^{F} में ≈ कर बैठे.

scythe साइद **I.** n^c. दरांती^{F}, हँसिया^{F} : they cut grass with a ~ वे हँसिया से घास काटते हैं. **II.** *v.t.* (दरांती से) काटना : they were busy scything crops वे फ़सल काटने में व्यस्त थे.

S.D.O. Sub-divisional Officer.

S.E. South-East दक्षिण-पूर्व.

sea सी n^c. समुद्र [calm शांत, dangerous ख़तरनाक, heavy ऊंची लहरों वाला, open खुला, stormy तूफ़ानी]; the ~ is very deep ≈ बहुत गहरा है; there is a cottage near the ~ ≈ के किनारे एक कुटिया^{F} है; to go to the ~ side समुद्री किनारे की तरफ़^{F} जाना. ~ **bathing** समुद्र-स्नान; ~ **board** समुद्र तट, तटवर्ती प्रदेश; ~ **coast** समुद्र तट; ~ **cow** समुद्री गाय^F; ~ **dog** (i) सील मछली; (ii) अनुभवी नाविक; ~ **farer** नाविक; ~ **faring** समुद्री-यात्रा^{F}; ~ **fight** समुद्री-युद्ध; ~ **front** तटीय-प्रदेश; ~ **god** वरुण; ~ **level** समुद्र-तल; ~ **lion** जल-सिंह; ~ **man** n^c. नाविक : he has been a ~ since 1980 वह 1980 से जहाज पर काम करता आया है; he is an expert ~ वह एक कुशल ≈ है; ~ **manship** नौ-वहन, जहाज़रानी^{F}; ~ **mile** समुद्री मील = 1852 मीटर; ~ **nymph** जल परी^{F}; ~ **plane** समुद्री जहाज़; ~ **port** n^c. पोत-पत्तन, बंदरगाह [big बड़ा, famous प्रसिद्ध]; Calcutta is one of the biggest ~ ports of India कलकत्ता भारत के बड़े-बड़े बंदरगाहों में से एक है; ~ **power** *n.* नौ-शक्ति^{F} : ~ power is total naval strength of a nation ≈ किसी राष्ट्र का सम्पूर्ण सैनिक बल होता है; ~ **quake** समुद्र कंप; ~ **rover** जल दस्यु; ~ **scape** समुद्री दृश्य; ~ **shell** शंख; ~ **shore/side** समुद्र-तट; ~ **sickness** जहाज़ी मतली^{F}; ~ **weed** समुद्री शैवाल; ~ **worthy** नौगम्य, समुद्री-यात्रा योग्य; to swim in the ~ समुद्र में तैरना; he spent his vacation by the ~ उसने अपनी छुट्टी^{F} समुद्र-तट पर बिताई; the ~ is calm समुद्र शांत है; the ~ is very deep there समुद्र वहाँ बहुत गहरा है; the ship was at a far distance in the ~ जहाज ≈ में बहुत दूर था; they went to Japan by the ~

वे जापान समुद्री मार्ग से गए. **2.** (*pl.*) (waves) लहरें^{F} : the ship ran into the heavy ~s जहाज़ भारी लहरों में फँस गया. Δ **to go to ~** नाविक बनना, मल्लाह बनना : he has gone to ~ now वह अब मल्लाह बन गया है; **to be out at the ~** समुद्रयात्रा^{F} पर चलना : the ship was out at the ~ जहाज़ समुद्रयात्रा पर चल दिया; **put to ~** यात्रा^{F} आरंभ करना; **on ~** समुद्रतट पर : there is a small town on the ~ समुद्र-तट पर एक छोटा-सा शहर है.

seal सील **I.** *n*^{c}. **1.** (fish) सील मछली^{F} : ~ is a fish-eating animal ≈ मछली खाने वाला एक जानवर है; ~ is found in the sea, not in the river ≈ समुद्र में पाई जाती है, नदी में नहीं; Eskimoes hunt ~s इस्कीमो सील मछलियों का शिकार करते हैं. **2.** (of document, etc.) मोहर^F : ~ of the university, company विश्वविद्यालय, कंपनी की ≈; I asked the peon to put the ~ on the application मैंने चपरासी से आवेदनपत्र पर ≈ लगाने को कहा; given under my hand and ~ मेरे द्वारा हस्ताक्षरित तथा मुद्रांकित; to affix one's ~ on the document for certification सत्यापन के लिए दस्तावेज़ पर ≈ लगाना. **II.** *v.t.* **1.** मोहर लगाना, मुद्रांकित करना : the warrant order was not ~ed by the clerk लिपिक ने वारंट आदेश पर मुद्रांकन नहीं किया; the principal ordered the peon to ~ the forms प्राचार्य ने चपरासी को फ़ार्मों पर मोहर लगाने का आदेश दिया. **2.** (close) मोहरबंद करना : the envelope was not ~ed properly लिफ़ाफ़ा ठीक से मोहरबंद नहीं था. **3.** बंद करना : sleep ~ed his eyes नींद^F ने उसकी आँखों^{F} को बंद कर दिया; my lips are ~d मेरे होठ बंद हैं, मैं चुप हूँ. [*ant.* open] **4.** (certify) प्रमाणित करना : to ~ the application form for concession in fees शुल्क में छूट^F के लिए आवेदन-पत्र प्रमाणित करना. **5.** (confirm) पक्का करना : they ~ed their agreement उन्होंने अपना करार पक्का कर दिया; his success is ~ed now उसकी सफलता अब पक्की है. **6.** his fate is ~ed उसके भाग्य का निपटारा हो गया है. **sealed** सील्ड *a.* मोहरबंद [envelope लिफ़ाफ़ा, tender टेंडर, tin टिन]. **sealing wax** सी'लिङ्ग वैक्स *n*^{u}. लाख^F : ~ is used for sealing envelopes, parcels, etc. ≈ लिफ़ाफ़ों, पार्सलों आदि पर मोहर लगाने के काम आती है.

search सर्च **I.** *n*^{c}. *v.t.* **1.** (go over, look through) की तलाशी^{F} लेना, छानबीन^F करना : to ~ one's pocket किसी के जेब की तलाशी लेना; the police ~ed the house but found nothing पुलिस^F ने घर की तलाशी ली लेकिन कुछ मिला नहीं. **2.** (of a person) की जामा-तलाशी लेना [carefully सावधानी^{F} से, thoroughly पूरी तरह^F]; the police ~ed the suspected person पुलिस^F ने संदिग्ध व्यक्ति की तलाशी ली. **3.** (look for) खोजना, ढूँढ़ना : I have been ~ing **for** the letter for half an hour मैं आधे घंटे से पत्र ढूँढ़ रहा हूँ; they ~ed every part of the forest but could not find the deer उन्होंने जंगल का प्रत्येक भाग खोज डाला लेकिन हिरन न मिला; to ~ **for** the little girl छोटी लड़की^{F} का पता लगाना. **4.** (penetrate) पैठना : to ~ smb's heart किसी के हृदय में पैठना; to ~ one's own heart अपना दिल टटोलना. **II.** *n*^{u}. **1.** तलाशी^{F}, छानबीन^F [careful सावधानीपूर्वक, fruitless निष्फल/बेकार, long लंबी, successful सफल]; to give up the ~ in the middle ≈ बीच में बंद कर देना; the ~ of the house proved unsuccessful मकान की तलाशी असफल साबित हुई. **2.** तलाश^F, खोज^F : to make a ~ for a missing person खोए हुए व्यक्ति की तलाश करना; to go in ~ of smb किसी की तलाश में जाना; he is in ~ of a way out वह बाहर जाने के रास्ते की ≈ में है. **3.** अन्वेषण, जाँच^F, जाँच-पड़ताल^F : the plane was sent out in ~ of enemy's camp हवाई-जहाज़ शत्रु के शिविर का अन्वेषण करने के लिए भेजा गया. **searching** सर्'चिङ्ग *n.* **1.** (thorough) पूरी [examination परीक्षा, inquiry जाँच] **2.** (penetrating) पैनी [look दृष्टि^{F}, rays किरणें^{F}]. **3.** (subtle) सूक्ष्म : ~ question ≈ प्रश्न.

season सी'ज़न **I.** *n*^{c}. **1.** (winter, etc.) ऋतु^{F}, मौसम [cold ठंडा, dry शुष्क/सूखा, hot गर्म,

wet आर्द्र]; there are four ~s in a year साल में चार ऋतुएँ होती हैं; spring is my favourite ~ वसंत मेरी प्रिय ऋतु है; spring is the most pleasant ~ in India वसंत भारत का सबसे सुहावना मौसम है; the ~ changes from day-to-day मौसम दिन-प्रतिदिन बदलता है; four ~s of a year are spring, summer, autumn and winter साल की चार ऋतुएँ हैं—वसंत, ग्रीष्म, पतझड़ और जाड़ा. **2.** (opportune moment) मौका, अवसर : a word in ~ उपयुक्त अवसर की सलाह[F]; **in ~ and out of ~** मौके-बेमौके. **3.** (period of time) अवधि[F], कुछ समय : festival ~ पर्वकाल; ~ ticket रेलवे का सावधि टिकट; fruit juice can last for a ~ फलों का रस एक अवधि या कुछ समय तक रह सकता है; the play is running for a ~ नाटक कुछ समय के लिए चल रहा है; to be in ~ मिलना : mangoes are in ~ these days इन दिनों आम मिलते हैं; to be out of ~ न मिलना : guavas are out of ~ now अब अमरूद नहीं मिलते. **II.** *v.t.* **1.** नमक-मिर्च मिलाना, छौंकना, बघारना : to ~ curry with pepper and salt पीपर और नमक से कढ़ी बघारना. **2.** (flavour) स्वादिष्ट बनाना : dishes were ~ed खाने स्वादिष्ट बनाए गए थे; she ~s meal with spices वह भोजन को गर्म मसालों के साथ स्वादिष्ट बनाती है. **3.** (add interest to) सरस या मज़ेदार बनाना : he made the conversation ~ed with humour बातचीत[F] को उसने मज़ाक के साथ सरस बना दिया. **4.** (temper) नरम करना, हल्का करना : ~ the syrup by diluting it with water पानी मिलाकर शर्बत को हल्का करो. **5.** (of wood) सिझाना : to saw and ~ the wooden planks in the sun लकड़ी के तख़्ते चीरकर धूप में सिझाना. **seasonal** सी'ज़नल *a.* मौसमी [crop फ़सल, employment रोज़गार, trade व्यापार]; ~ changes in the climate जलवायु में मौसमी परिवर्तन; ~ migration of hilly people to the plains पर्वतीय लोगों का मैदानों की ओर ≈ प्रवास.

seat सीट **I.** *n*[c]. **1.** (of cycle, chair, etc.) आसन, सीट[F], गद्दी[F] : comfortable ~ सुखदायक ≈; he could not get a ~ in the theatre उसे थिएटर में सीट नहीं मिली; he vacated his ~ in the bus for a lady उसने बस में अपनी सीट एक महिला के लिए ख़ाली कर दी; won't you take your seat क्या तुम बैठोगे नहीं? are there any seats left क्या कोई सीटें बची हैं? I have two reserved seats in the stalls स्टाल में मेरे पास दो आरक्षित सीटें हैं; his ~ is in the first row उसकी सीट पहली पंक्ति[F] में है. **2.** (buttocks) चूतड़ : take this cushion under your ~ अपने ≈ के नीचे यह गद्दी[F] ले लो. **3.** स्थान : ~s of learning विद्या के केंद्र; ~ of government राजधानी[F]; take your ~ अपना स्थान ग्रहण कर लें; keep to your ~s अपने-अपने स्थान पर बैठे रहिए; get a firm ~ जमकर बैठो. **4.** (of pants) पीछा : the ~ of a pair of trousers पाजामे का ≈. **II.** *v.t.* **1.** बैठाना, आसन देना : the principal ordered him to be seated प्राचार्य ने उसे बैठ जाने का आदेश दिया; to ~ a patient so as to cause him no pain रोगी को ऐसे बैठाना जिससे कि उसे कोई कष्ट न हो; children went to see the performance and seated themselves right in the middle of the first row बच्चे तमाशा देखने गए और पहली पंक्ति के ठीक बीचों-बीच बैठ गए; I ~ed him in an easy chair मैंने उसे एक आराम-कुर्सी में बिठाया. **2.** (elect) निर्वाचित करना : the candidate is ~ed for the Lower House this year उम्मीदवार इस वर्ष निम्न सदन के लिए निर्वाचित किया गया है; he cannot be ~ed this time इस बार वह निर्वाचित नहीं किया जा सकता. **3.** बैठने की जगह[F] होना : this hall ~s five hundred people इस हाल में पाँच सौ लोगों के बैठने की जगह है; this bus ~s 35 passengers इस बस[F] में पैंतीस मुसाफिर बैठ सकते हैं. [*ant.* unseat]

sec. second; secondary; section.

secluded सिक्लू'डिड *a.* अलग-थलग, एकान्त [life जीवन, place स्थान, retreat शरण-स्थान]; a ~ house outside the village गाँव के बाहर ≈ मकान; a ~ corner of the garden बगीचे का ≈ कोना; in some places, women are kept ~ कुछ जगहों में औरतों को अलग-थलग रखा जाता है. **seclusion** सिक्लू'यन *n*^c. **1.** एकांत : in the ~ of the park पार्क में एकांत में; he lives in ~ वह एकांत में रहता है. **2.** एकांतवास : ~ of women among certain classes कुछ जातियों^F में औरतों का ≈.

second सें'कंड **I.** *a.* **1.** दूसरा, द्वितीय [chance अवसर, day दिन, question प्रश्न]; this is the ~ month of his service यह उसकी नौकरी^F का दूसरा महीना है; he is going to travel in the ~ class वह द्वितीय श्रेणी में यात्रा^F करने जा रहा है; King Chandragupta, the S ~ राजा चंद्रगुप्त द्वितीय. **2.** he lives on the ~ floor वह तीसरी मंज़िल में रहता है. **3.** (inferior) घटिया : it was a ~ rate book यह ≈ दर्जे की किताब^F थी. **4.** (in contexts) on ~ thoughts पुनर्विचार करने पर; ~ nature अभ्यास, आदत^F; ~ hand books पुरानी किताबें^F; ~ childhood सठियापा, बुढ़ापा. **5.** (Grammar) ~ person मध्यम पुरुष as 'thou', 'you' जैसे तू, तुम. **II.** *n*^c. **1.** दूसरी तारीख^F : on the ~ of June जून की ≈ को. **2.** दूसरा : you are the ~ to say so ऐसा कहने वाले तुम दूसरे हो. **3.** (second place) द्वितीय स्थान : he got a ~ in Hindi उसने हिंदी में दूसरा स्थान प्राप्त किया. **4.** (of time) सेकंड : he will return in a ~ वह एक ≈ में लौटेगा; please wait for a ~ कृपया एक ≈ इंतज़ार कीजिए; there are sixty ~s in a minute एक मिनट में साठ ≈ होते हैं. **5.** (instant) क्षण, थोड़ी देर : in a few ~s कुछ क्षणों में; I shall be coming in a ~ मैं एक ≈ में आ रहा हूँ. **III.** *v.t.* **1.** (support) अनुमोदन करना : I ~ the resolution मैं प्रस्ताव का अनुमोदन करता हूँ. **secondary** सें'कॅन्डरि *a.* **1.** (subordinate) गौण [employment धंधा, matters मामले, meaning अर्थ]; the thing which you gave me was of ~ importance जो वस्तु तुमने मुझे दी वह गौण महत्व की थी. **2.** (of education) माध्यमिक [education शिक्षा, school विद्यालय]; there is not a single ~ school in these villages इन गाँवों में एक भी ≈ विद्यालय नहीं है. [*ant.* primary]. **secondly** सें'कन्डलि *adv.* दूसरे : firstly he is ill and ~ he is unwilling to help पहले तो वह बीमार है और ≈ वह सहायता^F करने को अनिच्छुक है.

secrecy सी'क्रिसि *n*^u. **1.** (state) रहस्य, गोपनीयता^F : there is no ~ about doing it इसे करने में कोई ≈ नहीं है; he kept the new bargain in great ~ उसने अपना नया सौदा गोपनीय रखा. **2.** (act) छिपाव : it was done with great ~ इसे बहुत छिपा-छिपाकर किया गया. **secret** सीक्'रिट **I.** *a.* (hidden) गुप्त [agreement समझौता, meeting मुलाकात^F, passage रास्ता, plan योजना, process प्रक्रिया, supply आपूर्ति]; ~ ballot ≈ मतदान; ~ parts गुप्त अंग; ~ agent गुप्तचर; ~ service गुप्तचर विभाग; he escaped through a ~ door वह एक ≈ दरवाज़े से निकल भागा; I know the ~ place where he keeps his money मैं उस गुप्त स्थान को जानता हूँ जहाँ वह अपना पैसा रखता है. **II.** *n*^c. भेद, रहस्य [great बड़ा, important महत्वपूर्ण, interesting दिलचस्प, trifling तुच्छ]; industrial ~s औद्योगिक ≈; trade ~s व्यापारिक ≈; what is the ~ of your health आपके स्वास्थ्य का ≈ क्या है ? open ~ खुला ≈; the woman cannot keep the ~ औरत^F ≈ को छिपाए नहीं रख सकती; to disclose a ~ ≈ खोलना; to tell anyone a ~ किसी को ≈ बताना; I asked him to keep the matter ~ मैंने उससे भेद बनाए रखने को कहा; to let smb into a ~ किसी को भेद की बात बता देना; this must remain a ~ between us हम दोनों में यह भेद बनाए रखना चाहिए; in the ~ = secretly *q.v.* **secretly** सीक्'रिट्लि *adv.* गुप्त रूप से, छिपे-छिपे, चोरी-चोरी : he escaped ~ from the place of accident वह दुर्घटना-स्थल से ≈ खिसक गया; they are meeting ~ वह ≈ मिलते हैं; you have known it ~ तुमने इसे ≈ जाना है.

secretariat सेक्रिटें'अ'रिअट *n*^c. सचिवालय : Central Government's ~ केंद्रीय सरकार^F का ≈; the ~ is closed today ≈ आज बंद है; he is appointed a clerk in the ~ वह ≈ में क्लर्क नियुक्त किया गया है; the ~ of the state government राज्य सरकार[F] का ≈. **secretary** सॅक्'रिटॅरी *n.* (of government) सचिव; (of organisation) मंत्री; (of a person) सेक्रेटरी [assistant सहायक, deputy उप-, personal निजी]; he has been appointed foreign ~ of India उसे भारत का विदेश सचिव नियुक्त किया गया है; the director's ~ डाइरेक्टर का सेक्रेटरी; the ~ will tell you everything you need to know सेक्रेटरी तुम्हें सब कुछ बताएगा जो तुम्हें जानने की आवश्यकता[F] है; he dictated a letter to his ~ उसने अपने सेक्रेटरी को एक पत्र लिखाया; (in USA) मंत्री : he is an experienced ~ of state वह अनुभवी मंत्री है; foreign ~ विदेश मंत्री; home ~ गृह मंत्री.

sect सॅक्ट *n.* पंथ, मत, संप्रदाय : religious ~ धार्मिक ≈; to what ~ is he concerned उसका संबंध किस ≈ से है; Arya Samaj is a ~ of Hindus आर्य समाज हिंदुओं का एक ≈ है. **sectarian** सेक्रेटेअ'रिअन *a.* सांप्रदायिक [education शिक्षा, effect प्रभाव, parties दल]; ~ differences can be seen on the surface सांप्रदायिक मतभेद सतह[F] पर देखा जा सकता हैं.

section सॅक्'शन *n*[c]. **1.** (portion) अंश, भाग, हिस्सा, टुकड़ा : to divide smth into ~s किसी चीज़ को टुकड़ों में बाँटना; a ~ of cake केक का टुकड़ा; this ~ of the land is not good for agriculture यह भूभाग कृषि के लिए अच्छा नहीं है. **2.** (division of a department or an organisation) अनुभाग, प्रशाखा[F] : a ~ of railway was closed रेलवे का एक अनुभाग बंद था; a ~ of the office कार्यालय का एक ≈; this ~ of the bank बैंक की यह प्रशाखा. **3.** (of book etc.) अनुच्छेद : the story was in many ~s कहानी कई अनुच्छेदों में थी. **4.** (of law) धारा[F], दफा[F] : he read out S ~ 20 of the code of conduct उसने आचार संहिता की धारा 20 पढ़कर सुना दी. **5.** (group) वर्ग : the people of this ~ are comparatively rich इस वर्ग के लोग अपेक्षया धनी हैं; Gandhiji's policy was liked by all ~s of society गाँधी जी की नीति[F] को समाज के सब वर्ग पसंद करते थे. **sectional** सॅक्'शॅनल *a.* **1.** अनुभागीय : ~ development ≈ विकास; ~ procedure ≈ कार्यप्रणाली[F]. **2.** वर्गीय [differences मतभेद, interests हित, quarrels झगड़े]; ~ disputes must be settled early ≈ झगड़े पहले तय किए जाने चाहिए.

sector सॅक्'टर *n*[c]. **1.** (of a circle) खंड : ~ of a circle from centre to edge केंद्र से छोर तक एक वृत्त का तृज्यखंड. **2.** (area of activity) कार्यक्षेत्र, अंचल, खंड [private ग़ैरसरकारी, public सार्वजनिक]; Sector D in Lajpat Nagar, New Delhi लाजपत नगर, नई दिल्ली, का खंड डी (द); you cannot reach this sector easily तुम आसानी से इस क्षेत्र में नहीं पहुँच सकते.

secular सॅ'क्यूलर *a.* **1.** लौकिक, ऐहिक, सांसारिक [attraction आकर्षण, objects पदार्थ]. **2.** ~ priest गृहस्थ पुरोहित. **3.** धर्म-निरपेक्ष : [education शिक्षा, parties दल, policy नीति[F], power शक्ति[F]]; this society follows ~ views यह समाज ≈ विचारों का अनुसरण करता है; India is a ~ state भारत एक ≈ राज्य है.

secure सिक्युअर' **I.** *a.* **1.** (safe) सुरक्षित [place स्थान, shelter शरणस्थल]; is your luggage ~ क्या तुम्हारा सामान ≈ है? the lock is ~ ताला ≈ है; this place is ~ from attack यह स्थान आक्रमण से ≈ है; your money will be ~ with Seth B सेठ ब के पास तुम्हारा धन ≈ रहेगा. **2.** he is always ~ and never worries वह हमेशा निश्चित रहता है और कभी चिंता[F] नहीं करता. **3.** (closed) पक्का (बंद) : keep the doors ~ दरवाज़े पक्के (बंद) रखो; the lock is ~ ताला पक्का (बंद) है; that rope is not ~ वह रस्सी[F] पक्की नहीं है. **4.** (sure) निश्चित : I have ~ belief it is ~ that he will come मुझे पक्का विश्वास है कि वह आएगा; his place in society is ~ उसका समाज में अपना स्थान ≈ है. [*ant.* insecure] **II.** *v.t.* **1.** सुरक्षित करना : he ~d the life of the priest उसने पुजारी की जान की रक्षा[F] की; to ~ the borders of the country against attacks देश की सीमाओं[F] की आक्रमण से

रक्षा[F] करना. **2.** आरक्षित कराना, पक्का कराना : I have ~d a seat for you in the theatre मैंने थिएटर में तुम्हारे लिए एक सीट आरक्षित करा ली है. **3.** (fasten and make firm) बंद करके पक्का करना : ~ the windows before leaving जाने से पहले खिड़कियाँ बंद करके पक्की कर लो. **4.** (guarantee) ज़िम्मा लेना, आश्वासन देना : he has ~d him every possible help उसने उसे हर संभव सहायता[F] का आश्वासन दिया. **5.** (obtain) पा लेना, प्राप्त कर लेना : to ~ a ticket for the first show पहले शो का टिकट पा लेना; he has ~d a good job उसने अच्छा काम प्राप्त कर लिया है. **security** सिक्युअ'रिटि *n*[cu]. **1.** (safety) सुरक्षा[F] [individual व्यक्तिगत, national राष्ट्रीय, proper उचित]; ~ forces सुरक्षा बल; the burden for the ~ of the nation lies on the military राष्ट्र की सुरक्षा[F] का भार सेना[F] पर है; the ~ of the leader was beefed up नेता जी की सुरक्षा[F] बढ़ा दी गई; the road was closed for ~ reasons सुरक्षा के विचार से सड़क[F] बंद कर दी गई. **2.** (freedom from care) निश्चिंतता[F] : such a life of ~ may harm him in his business इतनी ≈ का जीवन उसे व्यापार में नुकसान पहुँचा सकता है. **3.** *n*[c]. (guarantee) ज़मानत, प्रतिभूति[F] : she borrowed the money on the ~ of the house उसने मकान की ≈ पर रुपया उधार लिया. **4.** (person) ज़ामिन, प्रतिभू : I stand ~ for this debtor मैं इस लेनदार का ≈ हूँ.

secy. secretary.

seduce सिड्यूस *v.t.* **1.** (lead astray) बहकाना, विचलित करना : to ~ smb from his duty किसी को अपने कर्तव्य से विचलित करना; he ~d the girl to run away with him उसने अपने साथ भाग जाने के लिए लड़की को बहकाया; he was ~d to leave that job उसे वह काम छोड़ने के लिए बहका दिया गया; politicians always ~ people राजनीतिज्ञ लोगों को सदा बहकाते रहते हैं. **2.** (corrupt) भ्रष्ट करना, चरित्र बिगाड़ना : the money has ~d all the employees पैसे ने सभी कर्मचारियों को भ्रष्ट कर दिया है. **3.** (a woman) शीलभंग करना : he tried to ~ the girl but failed उसने लड़की का शील भंग करने की कोशिश[F] की लेकिन असफल रहा.

see सी *v.t.* **1.** (*p.* saw, *p.p.* seen) देखना, निहारना; to ~ the visible objects दृश्य पदार्थों को देखना; we could ~ nothing as it was dark क्योंकि अंधेरा था इसलिए हम कुछ नहीं देख सकते थे; I have not seen you for two months मैंने दो महीने से आपको नहीं देखा है; I cannot see well with my left eye मैं बाईं आँख से अच्छी तरह नहीं देख सकता; he saw that it was day light when he awoke जब वह जागा तो उसने देखा कि दिन का प्रकाश हो गया है; he went to ~ the garden in the evening वह शाम को बाग देखने गया; I saw him sleeping मैंने उसे सोते देखा; we'll ~ देख लेंगे; he has ~n a lot in his life उसने अपने जीवन में बहुत कुछ देखा है. **2.** (understand) समझना, देखना : yes, now I see हाँ, अब मैं समझा; I ~ no alternative now अब मुझे कोई विकल्प नहीं दिखाई देता; let us ~ what has been done हम देख/समझ लें कि क्या किया जा चुका है; do you ~ what I mean क्या तुम समझे कि मेरा अभिप्राय क्या है ? as far as I can ~ जहाँ तक मैं समझता हूँ; I do not ~ that मैं नहीं समझ पाता; try to ~ things my way बातों को मेरी तरह[F] समझने की कोशिश[F] कीजिए; I ~ no reason why we should despair मुझे कोई कारण समझ में नहीं आता कि हम निराश क्यों हों. **3.** (learn) मालूम करना, जान जाना : now I have seen everything, you should not worry अब मैं सब कुछ जान गया, तुम्हें चिंता[F] करने की .जरूरत[F] नहीं है. **4.** (imagine) कल्पना[F] करना, देखना : I had seen its effect in the beginning मैंने शुरू में ही इसके प्रभाव की कल्पना कर ली थी; I can ~ a bright future for this boy मैं इस लड़के के उज्ज्वल भविष्य की कल्पना कर सकता हूँ. **5.** (examine) निरीक्षण करना, जाँचना, देखना : the supervisor came to ~ the work done by them निरीक्षक उनके द्वारा किए गए काम का निरीक्षण करने आया. **6.** से मिलना, भेंट करना : he went to ~ the President yesterday कल वह राष्ट्रपति से मिलने गया; the doctor can ~ you after

8 a.m. डाक्टर तुमसे प्रात: 8 बजे के बाद मिल सकते हैं; I'll be ~ing him tomorrow मैं उससे कल मिलने वाला हूँ. **7.** (consult) से सलाह[F] लेना, देखना : he has now gone to ~ the lawyer वह अभी वकील से सलाह लेने गया है. **8.** (accompany to a place) तक छोड़ आना : may I ~ you home क्या मैं तुम्हें घर तक छोड़ आऊं; he saw her to the bus stand वह उसे बस-अड्डे तक छोड़ आया. Δ ~ **fit** उचित समझना : the manager saw it fit to dismiss the bearer प्रबंधक ने यह उचित समझा कि बैरा को निकाल दिया; ~ **eye to eye with smb** सहमत होना; ~ **life** जीवन का अनुभव प्राप्त करना : he has been to many countries and seen life वह बहुत-से देशों में रहा है और जीवन का अनुभव प्राप्त किया है; **to ~ the light of day** प्रकट होना, प्रकाश में आना : the book saw the light of day after his death उसकी मृत्यु के बाद किताब[F] प्रकाश में आई; ~ **about** (i) प्रबंध करना : he will ~ about everything वह हर चीज़ का प्रबंध करेगा; I should now ~ about my dinner मुझे अब डिनर का प्रबंध करना चाहिए; (ii) पर विचार करना : I will ~ about your proposal मैं तुम्हारे प्रस्ताव पर विचार करूँगा; ~ **after** की देखरेख[F] करना, देखभाल[F] करना : a nurse ~s after the patients एक नर्स रोगियों की ≈ करती है; ~ **into** जाँच करना : the police will see into the matter पुलिस[F] मामले की जाँच करेगी; ~ **off** विदा करना : he has gone to ~ off his friend at the bus stand बस अड्डे पर वह अपने मित्र को विदा करने गया है; ~ **through smb** (i) किसी को अच्छी तरह समझना, ताड़ जाना : now I could ~ through the whole truth अब मैं पूरी सच्चाई[F] समझ पाया; (ii) to ~ smb through किसी की आड़े वक्त में सहायता[F] करना; (iii) ~ smth through संपादित करना, पूरा करना; ~ **to** (i) का इंतज़ाम करना, की देखरेख[F] करना : get your teeth seen to by a dentist अपने दाँतों की देखभाल किसी दंतविशेषज्ञ से करा लो; (ii) ज़िम्मेवारी लेना : I'll ~ to it that you will pass मैं यह ज़िम्मेवारी लेता हूँ कि आप पास होंगे.

seed सीड **I.** *n*[cu]. **1.** बीज [healthy स्वस्थ, improved शोधित, new नया]; he has sown ~s in the field उसने खेत में बीज बो दिए हैं; plants grow from ~s पौधे बीजों से उगते हैं; why do you not sow ~s तुम बीज क्यों नहीं बोते हो ? they have gone to collect the ~s of sunflower वे सूरजमुखी के बीज इकट्ठा करने गए हैं; a fig is full of ~ अंजीर में ≈ भरे होते हैं. **2.** (origin) बीज, (मूल) कारण : main ~ मुख्य ≈; this was the ~ of discontent यह असंतोष का ≈ था; that was the ~ of all troubles यह सब कष्टों का मूल कारण था. **3.** ~ time बोने का समय. **4.** (progeny) संतान : according to the Bible, we are ~s of Adam बाइबल[F] के अनुसार हम सब आदम की संतान[F] हैं. **II.** *v.t.i.* **1.** बीज उत्पन्न होना, बीज पड़ना : a plant ~s पौधे में बीज उत्पन्न होते हैं (पड़ते हैं). **2.** बीज छितराना : farmers ~ the field with gram किसान खेत में चने के बीज छितराते हैं. **3.** बीज निकालना : to ~ a fruit फल में से बीज हटा देना. **seedling** सीड्'लिङ्ग *n.* पौध[F], नया पौधा : a ~ has grown from a seed एक नया पौधा बीज से उग आया है; this ~ needs much care इस पौध को बड़ी देखरेख[F] की आवश्यकता[F] है.

seek सीक *v.t.* (*p.* & *p.p.* sought) **1.** (look for) खोजना, ढूँढ़ना : he is still ~ing employment वह अब भी काम ढूंढ़ रहा है; he has been ~ing Mr. R since morning वह मि. आर को सुबह से ढूँढ़ रहा है; what are you ~ing तुम क्या तलाश रहे हो ? I am ~ing shelter मैं शरण[F] की तलाश[F] कर रहा हूँ; ~ and you will find जिन खोजा तिन पाया. **2.** (inquire after) पता लगाना, पूछताछ[F] करना : police is ~ing (after) him in a murder case हत्या[F] के मामले में पुलिस[F] उसका पता लगा रही है. **3.** (search, explore) छान डालना, देख मारना : he has sought every corner of the house for his watch उसने अपनी घड़ी के लिए घर का कोना-कोना छान लिया है. **4.** (resort to) जाना, के पास जाना : the cattle sought the shade of trees मवेशी पेड़ों की छाया[F] में चले गए. **5.** (desire) चाहना; (ask for) माँगना : I ~

help from you मैं तुम्हारी सहायता[F] चाहता हूँ/मैं तुमसे सहायता[F] माँगता हूँ; he sought my advice उसने मेरी सलाह[F] माँगी; this article was sought **after** इस लेख की माँग थी. **6.** (attempt) की कोशिश[F] करना, का प्रयत्न करना : he sought to catch the train but remained in the way उसने रेलगाड़ी[F] पकड़ने की कोशिश की लेकिन रास्ते में ही रह गया.

seem सीम *v.i.* प्रतीत होना, लगना, जान पड़ना : the work did not ~ difficult to me काम मुझे कठिन नहीं लगा; it ~s to me that it will rain today मुझे लगता है कि आज बारिश[F] होगी; there ~s every hope of success सफलता[F] की हर आशा[F] जान पड़ती है; if it ~s necessary to you, you may take it away यदि यह आपको आवश्यक प्रतीत होता है तो आप इसे ले जाएँ; things are different from what they ~ चीजें जैसी जान पड़ती हैं उससे भिन्न होती हैं; you do not ~ to understand anything लगता है तुम कुछ भी नहीं समझते; he ~ed tired but was showing happiness वह थका हुआ प्रतीत हुआ लेकिन वह प्रसन्न होने का दिखावा कर रहा था; it ~s to me that you are not telling the truth मुझे जान पड़ता है कि तुम सत्य नहीं बोल रहे हो. **seemingly** सी'मिङ्गलि *adv.* प्रकट रूप में, देखने में : ~ there is nothing to worry about ≈ चिंता[F] की कोई बात[F] नहीं है; ~ he is quite healthy ≈ वह पूर्णत: स्वस्थ है.

seen सीन = *p.p.* of 'see' *q.v.*

seep सीप *v.i.* रिसना : water had ~ed into our boat पानी हमारी नाव[F] में रिस गया था; the roof ~s, it needs immediate repairs छत[F] रिसती है, इसमें तुरंत मरम्मत[F] की आवश्यकता[F] है.

seesaw सी'सॉ **I.** *n*[c]. **1.** ढेंकल, ढेकी[F], सी-सा : ~ is a board balanced in the middle ≈ एक पटरा होता है जो मध्य में संतुलित रहता है; to play at a ~ ≈ पर खेलना; the boy fell off the ~ लड़का ≈ पर से गिर पड़ा. **2.** (movement) उतार-चढ़ाव : I have seen various ~s in my life मैंने अपने जीवन में बहुत-से ≈ देखे हैं. **II.** *v.i.* **1.** झूला-झूली[F] खेलना : the boys were ~ing in the field बच्चे मैदान में ≈ खेल रहे थे. **2.** ऊपर-नीचे होना, डावाँडोल होना : the boatman ~ed while taking a decision नाविक निश्चय करने में आगा-पीछा कर रहा था.

seethe सीद *v.i.* **1.** (boil) उबलना, खौलना : the milk is seething दूध उबल रहा है. **2.** (bubble) बुदबुदाना : water ~s against the rocks पानी चट्टानों से टकराकर बुदबुदाता है. **3.** (be agitated) उत्तेजित होना, आंदोलित होना : the city was seething with discontent शहर असंतोष के कारण उत्तेजित हो रहा था; the country is seething with political unrest देश राजनीतिक हलचल[F] से भरा. **4.** भरा होना : that man was seething with anger वह आदमी गुस्से से भरा था; the place was seething with people स्थान लोगों की भीड़[F] से भरा था.

segment सेग्'मन्ट **I.** *n*[c]. **1.** (part) भाग, खंड [big बड़ा, equal बराबर]; a ~ of this locality इस मुहल्ले का एक भाग; it is just a ~ of our society यह हमारे समाज का केवल एक भाग है; ~ of a circle वृत्त का ≈. **2.** (of orange, etc.) फाँक[F] : you may take a ~ of the apple तुम सेब की एक फाँक ले सकते हो. **II.** *v.t.i.* **1.** विभाजित करना या हो जाना : the building is ~ed in four parts इमारत[F] चार भागों में विभाजित है. **2.** काटना : to ~ a circle वृत्त को काटना.

segregate सेॅग्'रिगेट *v.t.i.* अलग करना या हो जाना, पृथक् करना : Jews were ~d in Germany यहूदी जर्मनी में पृथक् कर दिए गए थे; she cannot be ~d from the society उसे समाज से अलग नहीं किया जा सकता; boys and girls are ~d in high schools उच्च विद्यालयों में लड़के-लड़कियों को अलग रखा जाता है.

seize सीज़ *v.t.* **1.** (take hold of) पकड़ना; (कसकर) पकड़ना : ~ the rope to make yourself safe अपने को सुरक्षित रखने के लिए रस्सी[F] कसकर पकड़ लो; to ~ a prisoner out of campus कैम्पस के बाहर कैदी को पकड़ना; he ~d his collar and slapped him उसने उसका कालर पकड़ लिया और थप्पड़ जड़ दिया; to ~ by the throat गले से पकड़

लेना; you cannot ~ him so easily तुम इतनी आसानी से उसे नहीं पकड़ सकते; he ~d me by hand उसने मेरा हाथ पकड़ लिया; he ~d my hand and dragged me away वह मेरा हाथ पकड़कर मुझे घसीट ले गया. [*ant.* release] **2.** (snatch) झपट लेना, छीन लेना : the dog ~d the bread from the cat कुत्ते ने बिल्ली^F से रोटी^F छीन ली; the cat ~d the rat quickly बिल्ली तेज़ी से चूहे पर झपटी. **3.** (be affected) प्रभावित होना : fear ~d him वे डरे-डरे थे; he was ~d with shame उसे शर्म^F आ रही थी. **4.** (arrest) पकड़ना, गिरफ़्तार करना : police ~d a robber पुलिस ने एक लुटेरे को गिरफ़्तार कर लिया. **5.** (impound) ज़ब्त करना, कुर्क करना : the government ~d all his property सरकार^F ने उसकी सारी संपत्ति^F ज़ब्त कर ली. **6.** (understand) समझना, समझ लेना, पकड़ना : to ~ a point किसी बिंदु की पकड़^F होना; I have ~d everything told by you मैंने आपके द्वारा बताई गई सभी बातों^F को समझ लिया है. **7.** (attack of disease) आक्रांत करना : he is ~d with pain वह दर्द से आक्रांत है. **8.** (take advantage of) से लाभ उठाना : he could not ~ the opportunity वह अवसर का लाभ न उठा सका. **9.** I am ~d of the matter मुझे इस मामले की जानकारी^F है. **seizure** सी'ज़र *n*^u. **1.** गिरफ़्तारी^F : his ~ has now become necessary उसकी ≈ अब आवश्यक हो गई है. **2.** ज़ब्ती^F, अधिग्रहण, कुर्की^F : the court ordered the ~ of his property न्यायालय ने उसकी संपत्ति^F की ज़ब्ती का आदेश दिया. **3.** (of disease) दौरा, झटका, आक्रमण : he suffered from heart ~ वह दिल के दौरे से पीड़ित था.

seldom सें'ल्'डम *adv.* बिरले ही, कभी-कभार, यदा-कदा ही : ~ or never ≈ या कभी नहीं; after that we ~ heard of him उसके बाद हमने कभी-कभार ही उसके बारे में सुना; he is ~ here in the afternoon दोपहर के बाद वह ≈ यहाँ होता है; he is ~ punctual वह कभी-कभार ही समयनिष्ठ (वक्त का पाबंद) रहता है; she ~ smiles वह ≈ मुस्कराती है; it ~ rains here यहाँ ≈ बारिश^F होती है; this locality is not ~ flooded यह मुहल्ला प्रायः बाढ़ग्रस्त रहता है. [*ant.* often]

select सिलें'क्ट' **I.** *a.* **1.** (picked out) चुनिंदा [audience श्रोतागण, books किताबें^F, fruit फल]; he buys only ~ vegetables वह केवल ≈ सब्ज़ियाँ ख़रीदता है. **2.** (excellent) श्रेष्ठ, उत्कृष्ट : ~ committee प्रवर समिति; he is the ~ teacher of the school वह विद्यालय का एक ≈ अध्यापक है; he was admitted in a ~ school उसे एक ≈ विद्यालय में दाख़िल किया गया. **II.** *v.t.* चुन लेना, चयन करना, छाँटना : we ~ed the best singers हमने सबसे अच्छे गायकों का चुनाव किया; finest plants were ~ed and sent to the exhibition बढ़िया-से-बढ़िया पौधे छाँटकर प्रदर्शनी में भेजे गए; she ~ed five varieties of flowers उसने पाँच प्रकार के फूलों को चुना; has the team been ~ed क्या टीम का चयन कर लिया गया है. **selection** सिलें'क्'शन *n*^u. (act) चयन : ~ committee ≈ समिति^F; we left the ~ of players to the committee हमने खिलाड़ियों का ≈ समिति^F पर छोड़ दिया; her ~ of books is good उसका पुस्तकों^F का चयन बढ़िया है; I could not make a ~ मैं ≈ नहीं कर सका; board of ~ चयन परिषद्; a ~ of poems कविता चयन.

self सें'ल्फ़ **I.** *n*^u. **1.** (ego) अहम्, आत्मन् : knowledge of ~ आत्मज्ञान; it is only his ~ that he is speaking so यह केवल उसका ≈ है कि वह ऐसा बोल रहा है. **2.** (selfish) स्वार्थ : she always thinks of her ~ वह सदा अपने स्वार्थ के बारे में ही सोचती है. **3.** व्यक्तित्व : he must improve his ~ उसे अपने ≈ में सुधार लाना चाहिए. **II.** *pron.* स्वयं/ख़ुद : I myself मैं ≈; we ourselves हम स्वयं; he himself वह ≈; they themselves वे ≈; she herself वह स्वयं; you yourself तुम ख़ुद/आप या स्वयं; itself यह भी. **III.** *pref.* स्व-, आत्म-, स्वतः- : **~-acquired property** ख़ुद बनाई हुई या स्वार्जित संपत्ति; **~-addressed envelope** अपने पते वाला या स्वनामांकित लिफ़ाफ़ा; **~-applause** *n.* आत्म-प्रशंसा^F : his ~-applause was not appreciated by anyone उसकी ≈ को किसी ने पसंद नहीं किया; **~-appointed** *a.* आप बन बैठा, स्वयं नियुक्त

[chief प्रमुख, officer अधिकारी]; ~-appointed commander of Khalsa Force खालसा बल का ≈ कमाण्डर; **~-centred** *a.* आत्म-केंद्रित, आत्ममग्न [man आदमी, student छात्र]; I have not seen such a ~-centred woman मैंने इतनी ≈ स्त्री नहीं देखी है. **~-confidence** आत्मविश्वास : full ~ पूर्ण ≈; you should not lose ~ confidence तुम्हें ≈ नहीं खोना चाहिए; **~-confident** youngman आत्मविश्वासी युवा; **~-conscious** *a.* (i) संकोची, झेंपू : a ~ conscious person think too much of himself ≈ व्यक्ति अपने बारे में बढ़-चढ़कर बहुत सोचता है; (ii) आत्म-चेतन; **~-contained** *a.* (i) स्वतः पूर्ण [bathroom स्नानगृह, kitchen रसोईघर]; (ii) (reserved) अल्प-भाषी, चुप्पा; (iii) (~ sufficient) आत्म-निर्भर : most tribes in India are ~-contained भारत में बहुत-सी जनजातियाँ^F आत्मनिर्भर हैं; **~-control** आत्म-संयम, आत्म-नियंत्रण; **~-defence** *n.* आत्म रक्षा^F : he shot him in ~-defence उसने इसे ≈ में गोली^F मार दी; **~-denial** *a.* आत्म-त्याग, स्वार्थ-त्याग : ancient Rishis lived a life of ~ प्राचीनकाल के ऋषि ≈ का जीवन जीते थे; **~-dependent** आत्म-निर्भर, स्वावलंबी; **~-determination** *n.* आत्म-निर्णय : some people in Kashmir claim the right to ~-determination कुछ लोग कश्मीर में ≈ के अधिकार का दावा करते हैं; **~-employed** *a.* स्वनियोजित, स्वनियुक्त, अपना कारबार अपने बलबूते करने वाला : the government gives grants-in-aid to ~-employed graduates सरकार^F स्वनियोजित स्नातकों को सहायता-अनुदान देती है; **~-evident** *a.* स्वयंसिद्ध, स्वतः स्पष्ट : the falsehood of his claim is ~ -evident उसके दावे का झूठापन ≈ है; **~-examination** *n*^u. आत्म-परीक्षा^F : ~ examination will bring out your weakness ≈ तुम्हारी कमज़ोरी उजागर करेगी; **~-governing** colony स्वशासित उपनिवेश; **~-government** *n*^u. स्वायत्त शासन, स्वशासन [complete पूर्ण, partial आंशिक, responsible उत्तरदायित्वपूर्ण]; conditions of ~-government ≈ की शर्तें^F; dominions of ~-government स्वशासन के क्षेत्र; after much struggle they obtained the goal of ~-government बहुत संघर्ष के बाद उन्हें ≈ का लक्ष्य प्राप्त हुआ; the government took away the right of ~-government सरकार^F ने ≈ का अधिकार छीन लिया; there are some obstacles in the way of granting ~-government to the people of that country उस देश के लोगों को ≈ देने के रास्ते में कुछ कठिनाइयाँ^F हैं; at last they succeeded in achieving ~-government अंततः वे ≈ प्राप्त करने में सफल हो गए; **~-help** *n*^u. स्वावलंबन : ~-help for success in life जीवन में सफलता^F के लिए ≈; ~-help is the best help ≈ सबसे उत्तम सहायता^F है; **~-importance** *n.* अहंकार, अभिमान : uncontrollable ~ importance अनियंत्रित ≈; **~-interest** *n.* आत्महित, स्वार्थ : he is a good example of ~-interest वह ≈ का एक अच्छा उदाहरण (नमूना) है; **~-love** स्वार्थ; **~-made** *a.* (i) अपने बलबूते कुछ बनने वाला : a ~-made person is self-satisfied ≈ व्यक्ति आत्म-संतुष्ट रहता है; (ii) स्वनिर्मित; **~-possession** आत्म-संयम; **~-praise** आत्म-प्रशंसा^F, आत्म-श्लाघा^F; **~-reliance** आत्मनिर्भरता, स्वावलंबन : only ~ reliance will enable you to succeed in life केवल ≈ ही आपको जीवन में सफल बना सकेगी; **~-respect** *n*^u. आत्म-सम्मान, स्वाभिमान : ~-respect is the virtue of a man of character ≈ एक चरित्रवान् व्यक्ति का गुण है; **~-sacrifice** *n.* आत्म-त्याग : ~-sacrifice for the good of others दूसरे लोगों की भलाई^F के लिए ≈; **~-satisfaction** *n.* आत्मसंतोष [amazing अद्‌भुत, boundless असीमित, foolish मूर्खतापूर्ण, offensive अलाभकर]; his ~-satisfaction may lead him astray उसका ≈ उसे बहका सकता है; **~-seeking** *a.* स्वार्थ-परायण (person व्यक्ति); **~-service** स्वयं-सेवा^F; **~-sufficient** *a.* आत्मनिर्भर, स्वावलंबी : he belongs to a ~ -sufficient community वह ≈ समुदाय से संबंधित है;

~-supporting *a.* आत्म-निर्भर, स्वावलंबी [association संस्था[F], young man युवा पुरुष]; all the members of his family are ~-supporting उसके परिवार के सब सदस्य ≈ हैं. **selfish** सें'ल्'फ़िश *a.* स्वार्थी, स्वार्थ-परायण [action कार्यवाही[F], motive आशय]; don't be ~, think of others ≈ न बनो, दूसरे के बारे में सोचो.

sell सें'ल *v.t.i.* (*p.* & *p.p.* sold) **1.** बेचना : he ~s books वह किताबें[F] बेचता है; I would not ~ it at any price मैं इसे किसी कीमत[F] पर भी नहीं बेचूँगा; this house is to be sold इस मकान को बेचना है (यह मकान बिकाऊ है); he does not ~ leather goods वह चमड़े का सामान नहीं बेचता; I sold my bicycle yesterday for Rs. 500 कल मैंने अपनी साइकिल[F] पाँच सौ रुपए में बेच दी; he used to sell oranges and bananas वह संतरे और केले बेचा करता था. **2.** (be sold) बिकना : these goods are ~ing well यह माल अच्छा बिक रहा है; these socks are sold cheap here ये मोज़े यहाँ सस्ते बिकते हैं; all his property was sold उसकी पूरी संपत्ति बिक गई; this machine does not ~ यह मशीन[F] नहीं बिकती. Δ ~ **off** औने-पौने करके बेच देना : he has sold off his property because of his extreme need अत्यंत आवश्यकता[F] के कारण उसने अपनी संपत्ति औने-पौने करके बेच दी; ~ **out** all goods सारा माल बेचकर खत्म कर देना; I sold up मैंने बेच डाला. [*ant.* buy] **seller** सें'लर *n*[c]. बेचने वाला, विक्रेता [honest ईमानदार, reliable विश्वसनीय]; book-~ पुस्तक ≈; he is a ~ of pots and pans वह बर्तनों और कड़ाहियों[F] का विक्रेता है; he is a greedy ~, you should not buy anything from him वह एक लालची विक्रेता है, उससे तुम्हें कुछ नहीं ख़रीदना चाहिए.

selves = *pl.* of 'self' *q.v.*; *suffix.* themselves, ourselves : they themselves did it उन्होंने यह स्वयं किया; we ourselves sold it away हमने स्वयं इसे बेच दिया.

semi- सें'मि *pref.* **1.** अर्ध : ~ **approval** ≈ स्वीकृति[F]; **~-circle** अर्धवृत्त : chairs arranged in ~-circle ≈ में रखी कुर्सियाँ[F]; **~-colon** अर्ध-विराम (;) ; ~ **conscious** ≈ चेतन; **~-final** उपान्त्य, सेमिफ़ाइनल (match); **~literate** ≈ शिक्षित; **~-official** ≈ सरकारी; **~-patient** ≈ रोगी; **~-skilled** ≈ कुशल; in a ~ state ≈ अवस्था में. **2.** अल्प, कम : ~ precious stone ≈ कीमती पत्थर.

seminar सें'मिनार *n.* सेमिनार, अध्ययन गोष्ठी[F] : ~ classes at the university विश्वविद्यालय में अध्ययन गोष्ठियाँ; ~ period with a teacher अध्यापक के पास ≈ का समय.

send सें'न्ड **I.** *v.t.* (past & *p.p.* sent) **1.** भेजना : to ~ a parcel पार्सल भेजना; to ~ smth by post डाक[F] से कुछ भेजना; I shall ~ you the book next month मैं अगले महीने तुम्हें पुस्तक[F] भेज दूँगा; you have not yet sent his money तुमने उसका पैसा अभी तक नहीं भेजा है; I sent a messenger मैंने संदेशवाहक को भेजा; to ~ smb with message किसी को संदेश देकर भेजना; he was sent to the manager उसे मैनेजर के पास भेजा गया; to ~ word संदेश भेजना; I had sent a telegram मैंने एक तार भेजा था. **2.** (propel) चलाना, फेंकना, मारना : I sent an arrow at the deer मैंने हिरन पर तीर चला दिया. **3.** (grant) प्रदान करना, भेज देना : God, ~ us safe journey ईश्वर, हमें सुरक्षित यात्रा[F] प्रदान करें. **4.** (drive, bring into a state) बना देना : it may ~ me mad यह मुझे पागल बना दे; cricket has sent him crazy क्रिकेट ने उसे ख़ब्ती बना दिया है. Δ ~ **away** = ~ off *q.v.*; ~ **away for** आर्डर करना : I have sent away for some article from the co-operative store मैंने कुछ चीज़ें सहकारी भंडार से आर्डर की हैं; ~ **down** निकाल देना : the teacher sent him down from the class अध्यापक ने उसे कक्षा[F] से निकाल दिया; ~ **for** (i) बुला भेजना : I have sent for a doctor मैंने डॉक्टर को बुला भेजा है; (ii) मंगा भेजना : he has sent for one ticket only उसने केवल एक टिकट मँगा भेजा है; ~ **forth** छोड़ना : the trees ~ forth their fruit पेड़ फल देते हैं; ~ **in** (i) भीतर भेजना : to ~ in one's visiting card अपना मुलाकाती कार्ड

भीतर भेजना; (ii) to ~ in one's resignation अपना इस्तीफा पेश कर देना; to ~ in one's name अपना नाम दाखिल कराना; **~ off** (i) भेज देना : to ~ off a parcel पार्सल भेज देना; (ii) निकालना : the player was sent off the field खिलाड़ी को मैदान से निकाल (हटा) दिया गया; (iii) विदा करना : he sent off the doctor to the gate वह गेट तक डॉक्टर को विदा करने गया; **~ on** आगे भेजना : to ~ on one's attendants and horses अपने अनुचरों और घोड़ों को आगे भेजना; to send letters on पत्र अग्रसरित कर देना; **~ out** देना, निकालना : to ~ out an appeal एक अपील[F] निकालना : the sun ~s out light and heat सूर्य प्रकाश और गर्मी[F] देता है; ~ up (i) ऊपर फेंकना : the fire ~s up smoke आग से धुआँ ऊपर जाता है; (ii) आगे भेजना : to ~ up a boy for punishment दण्ड दिलवाने के लिए किसी लड़के को ≈; to ~ up documents to higher authorities दस्तावेज़ों को उच्चतर अधिकारियों के पास भेजना.

senior सी'न्यर् **I.** *a.* **1.** (older) ज्येष्ठ, बड़ा : he is ~ to me by two years वह मुझसे दो साल ≈ है; Hari is ~ of the two brothers हरि दोनों भाइयों में बड़ा है. **2.** (of higher rank) प्रवर, वरिष्ठ, सीनियर [officer अधिकारी, partner सहभागी]; Mr. Sharma is the ~ teacher of the college मि. शर्मा कालेज के वरिष्ठ अध्यापक हैं; ~ member of the village गाँव का वरिष्ठ सदस्य. **II.** *n*[c]. **1.** बड़ा, ज्येष्ठ : he is my ~ वह मुझसे बड़ा है. **2.** सीनियर, उच्चतर कक्षा का छात्र : the seniors were beaten by the juniors बड़े छात्रों को छोटों ने हरा दिया. [*ant.* junior]
seniority सीनिऑ'रिटि *n*[u]. ज्येष्ठता[F], प्रवरता[F], वरिष्ठता[F] : the promotions will be made on the basis of ~ प्रोन्नतियाँ ≈ के आधार पर की जाएँगी; they we seated in the order of ~ उन्हें ≈ क्रम से बिठाया गया है.

sensation सें'नसे'शन *n*[c]. **1.** एहसास, अनुभूति[F] : I feel no ~ मुझे कुछ अनुभूति नहीं हो रही है; to have ~ of hunger, pain भूख, दर्द महसूस करना. **2.** (excitement) उत्तेजना[F], सनसनी[F] [great भारी, ordinary साधारण]; the murder caused ~ हत्या[F] से ≈ पैदा हो गई; prickly heat causes ~ in the body अंभौरी/ पित्ती शरीर में ≈ पैदा करती है; a bomb blast created ~ in the market बम के धमाके ने बाज़ार में सनसनी[F] पैदा कर दी.
sensational सेनसे'शॅनल *a.* उत्तेजक, सनसनीदार [atmosphere वातावरण, murder हत्या[F], news समाचार]; on hearing the ~ speech the mob was ready to do anything उत्तेजनात्मक भाषण सुनकर भीड़[F] कुछ भी करने को तैयार हो गई.

sense सें'न्स **I.** *n.* **1.** (faculty) इंद्रिय, ज्ञानेन्द्रिय : the five ~s are of sight, hearing, smell, taste and touch पाँच इंद्रियाँ हैं दृष्टि, श्रवण, घ्राण, स्वाद और स्पर्श; pleasure of the ~s इंद्रियों का सुख; dogs have a better ~ of smell than men मनुष्यों की अपेक्षा[F] कुत्तों में घ्राणशक्ति[F] अधिक होती है. **2.** (usu. *pl.*) (consciousness) होश[F] : he often loses his ~ when he is perplexed जब वह परेशान होता है तब प्राय: ≈ खो बैठता है; he is not in his ~s वह अपनी ≈ में नहीं है; she has not yet come to her ~s वह अभी ≈ में नहीं आई है; the doctor brought him to his ~s डॉक्टर ने उसे ≈ दिलाई. **3.** (per- ception) अनुभूति[F] : ~ of pain, pleasure पीड़ा[F], सुख की ≈. **4.** (feeling) भावना : he has a strong ~ of duty उसमें कर्तव्य की ज़बरदस्त ≈ है. **5.** (discernment) समझ[F], बोध, विवेक : he has plenty of ~ उसमें भरपूर ≈ है; ~ of injustice अन्याय का बोध; inadequate ~ of direction दिशा[F] का अपर्याप्त बोध; you have ~ enough to know what is good for you तुम्हें पर्याप्त समझ है कि तुम्हारे लिए क्या अच्छा है; he is a man of ~s वह विवेकशील व्यक्ति है; use your ~s अपने विवेक से काम लो. **6.** (meaning) अर्थ, तात्पर्य, भाव : there is no ~ in it उसका कोई अर्थ नहीं है; what is the ~ of your talk तुम्हारी बात[F] का क्या ≈ है; it can make no ~ इसका कोई अर्थ नहीं है; in what ~ did you use this word तुमने किस अर्थ में इस शब्द का प्रयोग किया;

what is the ~ in learning a foreign language विदेशी भाषा^F सीखने का क्या ≈ है; talk ~ मतलब की बात^F करो; in a ~ एक अर्थ में : in a ~ she may be right एक अर्थ में वह सही हो सकती है. **II.** *v.t.* जान जाना, का बोध होना : she ~d at once what her friend was about to say उसे तुरंत बोध हो गया कि उसकी सहेली^F क्या कहने वाली थी; I ~d smth foul मुझे कुछ दाल में काला दिखाई दिया; he ~d danger उसे खतरा जान पड़ा; he ~d that she was not willing वह जान गया कि वह इच्छुक नहीं है. **senseless** सेँन्स्'-लेँस *a.* **1.** बेहोश, अचेतन, संज्ञाहीन : he lay ~ वह ≈ पड़ा था; the patient fell ~ on the ground रोगी बेहोश होकर ज़मीन पर गिर पड़ा; a man was lying ~ on the road एक व्यक्ति सड़क^F पर बेहोश पड़ा हुआ था. **2.** (foolish) मूर्ख : it is ~ to run after a train that has left उस रेलगाड़ी^F के पीछे दौड़ना नासमझी^F है जो छूट गई हो; he is so ~ that he never cares for the loss वह इतना ≈ है कि कभी हानि^F की चिंता^F नहीं करता. **3.** मूर्खतापूर्ण [action कार्यवाही^F, proposal प्रस्ताव, remark टिप्पण]; his advice was ~ उसकी सलाह^F ≈ थी. **sensibility** सेँन्सिबि'लिटि *n.* **1.** संवेदनशक्ति^F, संवेदनशीलता^F : he is a man of ~ वह संवेदनशील व्यक्ति है; ~ to the pain पीड़ा के प्रति ≈; the skin has ~ त्वचा^F में ≈ होती है. [*ant.* in ~] **sensible** सेँन्'सॅबल *a.* **1.** (wise) समझदार : ~ person ≈ व्यक्ति; it was ~ of you to have taken an umbrella आपकी समझदारी थी कि आपने छाता ले लिया; no ~ person would believe that report उस रिपोर्ट^F पर कोई भी ≈ व्यक्ति विश्वास न करेगा; was it ~ to do that क्या उसे करना समझदारी^F थी. **2.** (aware) से अवगत या परिचित, का ध्यान रखने वाला : he was ~ of danger वह खतरे से अवगत था. [*ant.* in ~] **3.** (adequate) अच्छा-ख़ासा, काफ़ी : there is ~ difference between the two brothers दोनों भाइयों में ≈ अंतर है; there is ~ improvement in his health उसके स्वास्थ्य में ≈ सुधार है; yesterday there was ~ increase in temperature कल तापमान में अच्छी-खासी वृद्धि^F थी. **4.** (simple) सादा : she wears ~ clothes वह सादा कपड़े पहनती है. **sensitive** सेँन्'सॅटिव़ *a.* **1.** (tender) कोमल/हृदय : ~ child ≈ बच्चा. **2.** (emotional) भावुक : he is such a ~ man that when scolded he weeps वह इतना ≈ पुरुष है कि डाँट दो तो रोने लगता है. **3.** संवेदनशील : to be ~ to the touch स्पर्श के प्रति ≈ होना. **4.** (touchy) चिड़चिड़ा, तुनकमिज़ाज : Mr. X is so ~ that he does not bear criticism मि. एक्स इतने तुनकमिज़ाज हैं कि आलोचना^F सहन नहीं कर पाते. **5.** (of ear, eye, etc.) संवेदी : eyes are the most ~ organs in our body हमारे शरीर में आँखें^F सबसे अधिक ≈ अंग हैं. **6.** (of instruments, films, etc.) सूक्ष्मग्राही, सुग्राही : microphone is the ~ part of the loudspeaker माइक्रोफ़ोन लाउडस्पीकर का ≈ भाग है; ~ pair of scales ≈ तराज़ू. **7.** (in contexts) ~ market अस्थिर बाज़ार (भाव); ~ areas आशंका^F वाले क्षेत्र. **sensual** सेँन्'स्यूअल *a.* **1.** (of the senses) ऐंद्रिय, विषय-संबंधी [experience अनुभव, pleasures सुख, satisfaction संतोष]; he likes to lead a ~ life वह वैषयिक जीवन व्यतीत करना चाहता है; his ~ appetite is still unfulfilled उसकी वैषयिक भूख^F अब भी पूरी नहीं हुई है. **2.** (voluptuous) विषयी, विषयासक्त, इंद्रियलोलुप, कामुक : he has been a ~ person वह एक ≈ व्यक्ति रहा है; ~ life ≈ जीवन.

sent = *p.* & *past participle* of 'send' *q.v.*

sentence सेँन्'टन्स **I.** *n*^c. **1.** (gram.) वाक्य [complex मिश्र, compound संयुक्त, correct सही, long लंबा, simple सरल]; which is the principal ~ in the following निम्नलिखित में मुख्य/प्रधान वाक्य कौन-सा है; pick out the imperative ~ in the following निम्नलिखित में आदेशात्मक वाक्य छाँटो; read this ~ loudly इस वाक्य को ऊंचा बोलो; do you understand the last ~ क्या तुम अंतिम वाक्य समझते हो? **2.** (of a court) दण्डादेश, दण्डाज्ञा^F, सज़ा^F [severe कड़ी, simple साधारण]; life ~ आजीवन कारावास, उम्र कैद^F; death ~ मौत

की सज़ा, मृत्युदंड; the court has given him ~ of ten years' imprisonment for the murder of his neighbour न्यायालय ने उसे अपने पड़ोसी की हत्या^F करने के लिए दस साल क़ैद की सज़ा दी है; he died before the completion of his ~ अपनी पूरी सज़ा भुगतने से पहले वह मर गया; he is under ~ of death उसे मौत की सज़ा हुई है. **3.** (decision) निर्णय, फ़ैसला : the judge's ~ is in his favour न्यायाधीश का ≈ उसके पक्ष में गया है; the court has not awarded the ~ न्यायालय ने अभी फ़ैसला नहीं सुनाया है. **II.** *v.t.* दण्डादेश देना : the thief was ~d to one year's imprisonment चोर को एक साल कैद का दण्डादेश दिया गया; he was ~ed to death with his companions उसे अपने साथियों के साथ मृत्युदण्ड दिया गया.

sentiment सें'न्'टिमॅन्ट *n*^c. (feeling) भाव, मनोभाव [generous उदार, honourable सम्मानजनक, noble उदात्त, strong उत्कट]; ~s of patriotism देशभक्ति के ≈; you should have regards for the ~s of a person तुम्हें किसी व्यक्ति के मनोभावों का आदर करना चाहिए; what are your ~s on this subject इस विषय पर तुम्हारे मनोभाव क्या हैं? ~ of respect towards one's parents अपने माता-पिता के प्रति सम्मानभाव. **sentimental** सें'नटिमें'न्'टल *a.* **1.** (emotional) भावुक : most poets are ~ अधिकतर कवि ≈ होते हैं; he becomes ~ when he thinks of his dead parents जब वह अपने मृत माता-पिता के बारे में सोचता है तो ≈ हो जाता है. **2.** (showing feeling) भावात्मक, भावपूर्ण [love story प्रेम कहानी^F, speech भाषण, thinking सोच^F]; for ~ reasons I cannot sell this property भावात्मक कारणों से मैं इस संपत्ति^F को नहीं बेच सकता. **3.** this ring has ~ value इस अंगूठी^F का रागात्मक महत्व है.

Sep(t). September.

separate सेपॅ'रिट **I.** *a.* **1.** अलग, पृथक् [portion भाग, provision व्यवस्था^F, question प्रश्न]; they slept in ~ rooms of the house वे घर के पृथक्-पृथक् कमरों में सोए; this is a quite ~ problem from the one you stated before जो तुमने पहले बताई, उससे यह अलग समस्या^F है; this building is divided into four ~ portions यह भवन चार अलग-अलग भागों में बँटा है; the kitchen is ~ from the main building रसोईघर मुख्य भवन से अलग है. **2.** (individual) निजी, अपना : they all have ~ interests उन सबके अपने-अपने हित हैं. **3.** (different) भिन्न : they study in ~ classes वे भिन्न-भिन्न कक्षाओं^F में पढ़ते हैं; they have ~ likings उनकी भिन्न-भिन्न रुचियाँ^F हैं. **II.** सें'पॅरेट *v.t.* अलग या पृथक् करना : ~ carefully सावधानी^F से ≈; he ~d his books from mine उसने अपनी और मेरी किताबें^F अलग-अलग कर लीं; ~ good apples from bad ones गंदे सेबों से अच्छे वाले अलग कर लो; a fence ~d cows from the goats एक जंगला गायों^F को बकरियों^F से अलग करता था. **III.** *v.i.* अलग या पृथक् होना : he did not want to ~ from his friends वह अपने मित्रों से अलग नहीं होना चाहता था; then the two boys ~d तब दोनों लड़के अलग हो गए; while I live, I'll not ~ from you जब तक मैं जीता हूँ आपसे अलग नहीं हूँगा; we ~d after three hours हम तीन घंटे बाद अलग हो गए; husband and wife have ~d पति-पत्नी अलग हो गए हैं; two parts of the town are ~d नगर के दोनों भाग अलग हो गए हैं. [*ant.* join] **separately** सें'पॅरिट्‌ल *adv.* अलग या पृथक् (रूप में) : Vimal and Henry came to the party ~ विमल और हेनरी पार्टी में अलग-अलग आए; the principal wanted to see the prefects ~ प्राचार्य प्रशासकों से अलग-अलग मिलना चाहते थे; my eldest son is living ~ मेरा बड़ा बेटा अलग रह रहा है. **separation** सें'पॅरे'शन *n*^u. **1.** (act) पृथक्करण : ~ of sexes in schools विद्यालयों में स्त्री-पुरुष भेद से ≈. **2.** (division) विभाजन : at last they agreed on the ~ of the property अंत में वे संपत्ति^F के विभाजन पर सहमत हो गए. **3.** (from bed and board) निवास-पृथक्करण, विच्छेद : judicial ~ न्यायिक पृथक्वास; the wife applied for ~ from her husband पत्नी

ने अपने पति से पृथक् निवास के लिए आवेदन किया; she claimed ~ allowance in the court उसने न्यायालय में निवास-पृथक्करण भत्ते का दावा किया. **separator** सेप'रॅटर *n*[c]. पृथक्करण, मथने का यंत्र : a ~ is a machine for separating cream from milk ≈ दूध से मक्खन अलग करने की मशीन[F] होती है.

September सॅपटॅम्'बर *n*[c]. सितम्बर : ~ comes before October ≈ अक्टूबर से पहले आता है; ~ has 30 days ≈ में तीस दिन होते हैं; the meeting will be held on ~ 23rd बैठक[F] 23 ≈ को होगी.

septic सॅप्'टिक *a.* पूतिमय, विषाक्त : ~ tank मल टैंक/कुंड; ~ wound ≈ घाव; a dirty wound becomes ~ गंदा घाव ≈ हो जाता है. [*ant.* anti ~]

sequence सी'क्वंस *n*[c]. **1.** (a succession) सिलसिला [natural स्वाभाविक, probable संभावित, usual साधारण]; ~ of misfortunes दुर्भाग्य का ≈; a ~ of successes has now started सफलताओं का ≈ अब शुरू हुआ है. **2.** (order) क्रम, पूर्वापरता, घटना-क्रम : in ~ एक के बाद दूसरा, क्रमवार : describe the events in ~ घटनाओं[F] का क्रमवार वर्णन करो; calamities fall in ~ मुसीबतें[F] एक-के-बाद दूसरी आती रहती हैं; ~ of the story is not good कहानी का कथाक्रम ठीक नहीं है; the ~ of history इतिहास का क्रम; ~ of events घटनाक्रम. **3.** (series) अनुक्रम : correct ~ सही ≈; keep the numbers in their ~ संख्याओं[F] को अपने अनुक्रम में रखो. **4.** (of film) क्रमवार दृश्य : have you seen the hilly ~ in the picture क्या पिक्चर में तुमने पहाड़ी क्रमिक दृश्य देखे हैं.

sergeant सार्'जन्ट *n*[c]. सारजेंट [brave बहादुर, courageous साहसी, expert कुशल]; in England ~ is an officer in the police or army इंग्लैण्ड में ≈ पुलिस[F] या सेना[F] का एक अधिकारी होता है.

serial सिअ'रिअल **I.** *n*[c]. (सीरियल) धारावाहिक (उपन्यास, कहानी) : have you seen any T.V. ~ this year क्या तुमने इस साल कोई दूरदर्शन पर ≈ देखा है ? **II.** *a.* **1.** क्रमिक, आनुक्रमिक, क्रम- : ~ number क्रम-संख्या : a pack of notes in ~ number क्रम-संख्या के अनुरूप बनी नोटों की गड्डी[F]; place it in ~ order इसे क्रम से रखो. **2.** (published at intervals) धारावाहिक, धारावाही : a novel was published in ~ form एक उपन्यास ≈ रूप में प्रकाशित हुआ. [*as distinct from* cereal]

series सिअ'रीज़ *n.* **1.** (of events) ताँता, सिलसिला, अनुक्रम [complete पूरा, interesting दिलचस्प, wonderful आश्चर्यजनक]; a ~ of events घटनाओं का अनुक्रम; a ~ of his crimes उसके अपराधों का सिलसिला. **2.** माला[F], श्रेणी[F], शृंखला[F] [complete पूर्ण, complicated जटिल, long लंबी, remarkable उल्लेखनीय, short छोटी]; in a ~ of 40 lessons चालीस पाठों की एक शृंखला; ~ of lectures व्याख्यान-माला[F]; ~ of books पुस्तक-माला; the Himalayan ~ goes very long हिमालय- शृंखला बहुत लंबी चली जाती है; they won a ~ of matches उन्होंने मैचों की शृंखला जीत ली.

serious सिअ'रिअस *a.* **1.** गंभीर, विचारशील [person व्यक्ति, writer लेखक]; yesterday she looked very serious कल वह बहुत ≈ दिखाई दी; I want to have a ~ talk with you मैं आपसे एक गंभीर बात[F] कहना चाहता हूँ; the matter requires ~ thought मामला गंभीर चिंतन की अपेक्षा[F] रखता है; he has ~ expression वह गंभीर मुद्रा[F] में है. **2.** (important) महत्वपूर्ण [article लेख, matter मामला, problem समस्या[F], reason कारण]; I am telling you a very ~ thing मैं आपको एक बड़ी महत्वपूर्ण बात बता रहा हूँ. **3.** (sincere, real) सच्चा, पक्का [friend मित्र, politician राजनीतिज्ञ, student छात्र]; are you ~ क्या तुम सच कह रहे हो ? he is ~ about his goal वह अपने लक्ष्य के प्रति पक्का है; I want to make you aware of the ~ reason मैं आपको वास्तविक कारण से अवगत कराना चाहता हूँ; he is my ~ rival वह मेरा पक्का प्रतिद्वंद्वी है. **4.** (critical, dangerous) चिंताजनक, चिंताकुल, गंभीर [disease बीमारी[F], problem समस्या[F]]; he looked at me with ~ eyes उसने मुझे चिंताकुल आँखों से देखा; the situation is ~ स्थिति[F]

चिंताजनक/गंभीर है. **5.** (of crime) घोर, संगीन : they fought a ~ battle उन्होंने घोर युद्ध किया. **seriously** सिअ'रिअसलि *adv.* गंभीरता^F^ से : to take smth ~ किसी बात^F^ को गंभीर मान लेना; think ~ गंभीरता से सोचो; he was ~ wounded वह गंभीर रूप से घायल था; to be successful study ~ सफल होने के लिए गंभीरता से अध्ययन करो. **seriousness** सिअ'रिअसनिस n^u. (various meanings in contexts) ~ of the situation स्थिति^F^ की गंभीरता^F^; ~ of a problem समस्या की गंभीरता^F^; ~ of smb's illness किसी की बीमारी^F^ की भयंकरता^F^; to regard the whole affair in ~ पूरे मामले को विचारशीलता से समझना; ~ of a crime किसी अपराध की घोरता^F^; he works in all ~ वह पूरे दिल से काम करता है.

sermon सर्'मन n^c. प्रवचन, उपदेश : a ~ was given by the priest एक पुरोहित द्वारा ≈ दिया गया; he gave a ~ to the congregation उसने भक्तमंडली को उपदेश दिया.

serpent सर्'पंट n^c. **1.** साँप [harmless हानिरहित, poisonous विषैला]; a ~ lives in this hole एक साँप इस बिल में रहता है; I saw a ~ yesterday in the way कल रास्ते में मैंने एक साँप देखा. Δ **to cherish a ~ in one's bosom** दूध पिलाकर साँप पालना. **2.** (fig.) धूर्त, धोखेबाज़, साँप : he is a ~, beware of him वह ≈ है, उससे खबरदार रहो.

servant सर्'वन्ट n^c. **1.** नौकर, (*fem.* नौकरानी) [domestic घरेलू, new नया, personal निजी, trustworthy विश्वासपात्र]; to engage, dismiss a ~ नौकर रखना, हटा देना; this ~ has now become dishonest अब यह नौकर बेईमान हो गया है; I have two ~s मेरे दो नौकर हैं; he employed a ~ in his office उसने अपने कार्यालय में एक नौकर नियुक्त किया. **2.** (government employee) कर्मचारी : he treats the ~s well वह कर्मचारियों से अच्छा व्यवहार करता है; ~ of a state राज्य का ≈. [*ant.* master, employer] **serve** सर्व़ *v.t.* **1.** (country, in office) सेवा^F^ करना, (कार्यालय में) नौकरी^F^ करना : "~ your country well," the teacher said, अध्यापक ने कहा, "अपने देश की अच्छी तरह सेवा करो"; he ~d in the army for over 25 years उसने सेना^F^ में 25 साल से ज़्यादा सेवा/नौकरी की. **2.** (work) काम करना : to ~ on a committee किसी समिति^F^ के सदस्य के रूप में काम करना; please ~ yourself कृपया अपना काम स्वयं करो; to ~ as chairman अध्यक्ष के रूप में काम करना. **3.** (bring food, etc.) परोसना, लगाना : ~ dinner खाना ≈; waiters are trained to ~ customers बैरों को ग्राहकों का खाना परोसने के लिए प्रशिक्षित किया जाता है; he ~d meals to guests उसने अतिथियों को भोजन परोसा. [*ant.* dis~] **4.** (be suitable) काम आना/देना : the bag is not very good but it will ~ बैग बहुत अच्छा नहीं है लेकिन यह काम दे जाएगा; the box will ~ as table बॉक्स मेज़ का काम देगा; this hut will ~ as office यह कुटिया^F^ कार्यालय का काम देगी. **5.** (undergo) भुगतना : he ~d (a sentence of) ten years in prison उसने जेल में दस साल (की सज़ा) भुगती; to ~ a sentence सज़ा^F^ भुगतना. **6.** (other contexts) to ~ one's apprenticeship प्रशिक्षण पूरा करना; to ~ one's term अपना कार्यकाल पूरा करना; to ~ a notice नोटिस की तामील^F^ करना; it ~s to show that इससे स्पष्ट होता है कि. **service** सर्'व़िस **I.** n^{uc}. **1.** (general) सेवा^F^, नौकरी^F^ [difficult कठिन, fatiguing थकाऊ, थकान देने वाली, unsatisfactory असंतोषजनक]; public ~ राज सेवा; postal ~ डाक-सेवा; bus ~ बस सेवा; he is in public ~ वह राज सेवा में है; to enter into ~ सेवा में आना; to get one's retirement after 30 years of ~ तीस साल की सेवा^F^ के बाद अवकाश प्राप्त करना; to offer one's ~s अपनी सेवा का प्रस्ताव करना; I am at your ~ मैं आपकी सेवा में हूँ; active ~ in the army सेना^F^ में सक्रिय सेवा; he took ~ with smb उसने किसी की नौकरी कर ली; I have taken a Gorkha into my ~ मैंने एक गोरखा को नौकरी में रख लिया है. **2.** (help) सहायता^F^, सेवा^F^ : to render smb a ~ किसी की ≈ कर देना; you will need a lawyer's ~ तुम्हें एक वकील के सहायता की आवश्यकता^F^ होगी; he is in the ~ of the poor वह गरीबों की ≈ में लगा है. [*ant.* dis~] **3.** (of car, etc.) सफ़ाई^F, सफ़ाई-धुलाई^F : the car needs good ~ कार^F की अच्छी ≈ होनी चाहिए. **4.** (religious) प्रार्थना^F : morning ~ प्रातःकालीन ≈. **5.** (other contexts) health ~ स्वास्थ्य सेवा; dinner ~ खाना परोसना; funeral ~ अंत्येष्टि संस्कार; ~ in tennis टेनिस की गेंद फेंकना. **II.** *v.t.* सफाई-धुलाई^F करना : I had my car ~d today मैंने आज कार^F की सफाई-धुलाई कराई; he has not ~d his motorcycle for a year उसने एक साल से पहले अपनी मोटर-साइकिल की सफाई-धुलाई नहीं की है. **serviceable** सर्'विसॅबल *a.* **1.** (useful) काम का, उपयोगी : ~ instrument ≈ उपकरण; ~ things काम की वस्तुएँ^F; the tractor is no longer ~ ट्रैक्टर अब काम का नहीं रह गया. **2.** (obliging) उपकारी : ~ employee ≈ कर्मचारी. **3.** (durable) पक्का, टिकाऊ : he has ~ shoes उसके पास टिकाऊ जूते हैं; his overcoat is ~ उसका ओवरकोट ≈ है.

servile सॅर्'व़ाइल *a.* & *n.* **1.** (flattering man) जी हज़ूरिया, चापलूस : ~ person ≈ आदमी. **2.** दासोचित [manners आचार, mentality मानसिकता, work काम]; he wants to be free from a ~ bond वह दासता के बंधन से मुक्त होना चाहता है.

session सॅ'शन *n.* **1.** (period) सत्र [annual वार्षिक, open खुला, winter जाड़े का]; ~ of parliament संसद्^F का ≈; the parliament will not be in ~ after X-mas क्रिसमस के बाद संसद् का ≈ नहीं होगा; winter ~ of a university विश्वविद्यालय का शीतकालीन ≈. **2.** बैठक^F, अधिवेशन : 2nd day's ~ of a conference सम्मेलन के दूसरे दिन का ≈. [*as distinct from* cession]

set सॅट **I.** *n*^c. **1.** (a number of things together) सेट [complete पूरा, incomplete अधूरा]; a ~ of furniture फ़र्नीचर का ≈; dinner, tea ~ खाने, चाय^F का ≈; have you a complete ~ of Jai Shanker Prasad's works क्या आपके पास जयशंकर प्रसाद की रचनाओं^F का पूरा ≈ है. **2.** (collection) संग्रह : he has a good ~ of beautiful things उसके पास अच्छी-अच्छी चीज़ों^F का सुंदर ≈ है. **3.** (of persons) गुट, दल, मण्डली^F [big बड़ा, important महत्वपूर्ण]; a small ~ of students met the Governor छात्रों का एक छोटा-सा दल राज्यपाल से मिला; can you tell me about that ~ of persons क्या तुम लोगों की उस मंडली के बारे में मुझे बता सकते हो? our team has a fine ~ of players हमारी टीम^F में खिलाड़ियों का बढ़िया दल है; a ~ of them came and complained about the mismanagement इन (लोगों) के एक दल ने आकर दुर्व्यवस्था^F के बारे में शिकायत^F की.

4. (radio, etc.) सेट : they bought a T.V. ~ yesterday उन्होंने कल एक टी.वी. ≈ खरीदा. **receiving** ~ रेडियो सेट. **5.** (drift) झुकाव, रुख़, प्रवृत्ति^F : ~ of one's mind किसी के मन का ≈; the wind has an eastern ~ हवा^F का झुकाव/रुख़ पूर्व की ओर है. **6.** (game in tennis) सेट : they played three ~s उन्होंने तीन ≈ खेले. **II.** *a.* **1.** (fixed) नियत, निर्धारित, निश्चित [cost लागत^F, price कीमत^F, time समय]; he is getting a ~ salary उसे एक नियत वेतन मिल रहा है; he studies at ~ hours वह ≈ घंटे अध्ययन करता है; wages of labourers are ~ by law मज़दूरों की मज़दूरी^F कानून द्वारा ≈ की जाती है. **2.** (immoveable) अटल, अचल : ~ property ≈ संपत्ति^F; house is a ~ property मकान एक ≈ संपत्ति^F है. **3.** (resolute) दृढ़ : ~ thinking ≈ सोच^F; he is a man of ~ motive वह ≈ आशय वाला व्यक्ति है; he is ~ on going वह चले जाने पर दृढ़ है. **4.** (prescribed) निर्धारित : syllabus ~ for examination परीक्षा^F के लिए ≈ पाठ्यक्रम. **5.** (ready) तैयार : all is ~ सब तैयार है; we are all ~ हम सब ≈ हैं; ~ speech तैयार भाषण; get ~ for the race दौड़^F के लिए तैयार हो जाओ; scouts were all ~ स्काउट बिल्कुल ≈ थे. **III.** *v.t.* (*p.* & *p.p.* set) **1.** (to put) रखना : to ~ one's foot on the threshold दहलीज़^F पर अपना कदम रखना; ~ your pen on the desk अपनी कलम डेस्क पर रख दो. **2.** (apply) लगाना : to ~ a match to waste papers रद्दी काग़ज़ों

को माचिस लगाना (जलाना). **3.** (adjust) ठीक करना : to ~ one's watch अपनी घड़ी[F] (का समय) ≈. **4.** (fix) बैठाना : to ~ a bone हड्डी बैठाना. **5.** (seat) बैठाना : they ~ the prince on the throne उन्होंने राजकुमार को तख़्त/सिंहासन पर बैठाया. **6.** (fix up) जड़ना : to ~ a gem in a ring अंगूठी[F] में एक रत्न जड़ना. **7.** to ~ fire to smth or to ~ smth on fire किसी चीज़ को आग लगाना (जलाना). **8.** to ~ one's eye on smth किसी चीज़ पर नज़र गाड़ना (देखना). **9.** to ~ a good example एक अच्छा उदाहरण स्थापित करना या प्रस्तुत करना. **10.** to ~ one's dog on smb किसी पर अपने कुत्ते को लुकारना. **11.** to ~ one's face against smb किसी का विरोध करने लगना. **12.** to ~ the razor उस्तरा तेज़ करना. **13.** to ~ a fashion एक नया फ़ैशन पेश क़रना/चलाना. **14.** to ~ one's hair अपने बाल सँवारना. **15.** to ~ one's hands on smth किसी चीज़ में हाथ लगाना (शुरू करना). **16.** to ~ one's heart on smth किसी चीज़[F] के लिए जी ललचाना. **17.** to ~ one's house in order अपने घर का सामान व्यवस्थित करना. **18.** to ~ one's mind on smth (i) किसी बात में अपना मन लगाना, (ii) किसी चीज़ के लिए मन ललचाना. **19.** to ~ the pace पहल[F] करना. **20.** to ~ a price on smb's head किसी को पकड़ने या उसकी हत्या[F] करने के लिए इनाम की घोषणा[F] करना. **21.** to ~ some friends by the ears कुछ मित्रों को आपस में लड़ा देना. **22.** to ~ sail पाल चढ़ाना या लगाना. **23.** to ~ sail समुद्र यात्रा[F] पर चल पड़ना. **24.** to ~ the Thames on fire कोई अनहोनी बात करना, कोई असाधारण काम करना. **25.** to ~ much store on smth किसी बात[F] की बहुत परवाह[F] करना. **26.** to ~ time, date समय, तारीख़[F] निर्धारित करना. **IV. 1.** (become firm) दृढ़/कड़ा हो जाना : the cement ~ after a few hours कुछ घंटे बाद सीमेंट कड़ा हो गया. **2.** (solidify) जमना : water ~s at 0° temperature पानी 0° तापमान पर जम जाता है; jelly has ~ जेली[F] जम गई है. **3.** (of sun, etc.) अस्त हो जाना : the sun will ~ within an hour सूर्य एक घंटे के अंदर अस्त हो जाएगा; the sun is ~ting सूरज डूब (अस्त हो) रहा है. **4.** (fit) लगना, बैठना : this will ~ in it, if you try a little यह इसमें लग जाएगा, यदि तुम तनिक भी प्रयास करो. ∆ (prepositional phrases) ~ **about** (i) शुरू करना, प्रारंभ करना, में लग जाना : I'll ~ about going on a journey from tomorrow मैं कल से यात्रा[F] पर जाना शुरू करूँगा; he ~ about his task वह अपने काम पर लग गया; (ii) वार करना : to ~ about smb किसी पर वार करना; ~ **against** (balance) के मुकाबले में खड़ा करना, उभारना : the war ~ about a family against a family युद्ध ने एक परिवार को दूसरे परिवार के विरुद्ध खड़ा कर दिया; ~ **apart** अलग रखना : his ability ~s him apart from others उसकी योग्यता[F] उसे दूसरों से अलग रखती है; ~ **aside** (i) अलग करना या बचा रखना : to ~ some money aside for a marriage शादी[F] के लिए कुछ पैसा ≈; (ii) (discard) निकाल देना या छोड़ देना : ~ aside the question of money पैसे का प्रश्न निकाल/छोड़ दो; (iii) (annul) रद्द करना : the judge ~ aside the judgement of the lower court जज ने निम्न न्यायालय के निर्णय को रद्द कर दिया; ~ **back** (put back) (i) पीछे करना : the bad weather has ~ back our plans ख़राब मौसम ने हमारी योजनाओं[F] को पीछे कर दिया है; (ii) (of a needle) पीछे घुमाना : to ~ the watch घड़ी ≈; (iii) बाधा[F] डालना : all our efforts have been ~ back हमारे सारे प्रयत्नों में बाधा पड़ गई है; ~ **down** (i) रख देना, उतारना : ~ down your luggage and take rest अपना सामान रखकर आराम करो; (ii) उतार देना : the driver ~ me down at the post-office ड्राइवर ने मुझे डाकघर पर उतार दिया; (iii) (write) लिख लेना : he ~ down smth in his diary उसने अपनी डायरी[F] में कुछ लिख लिया; she ~ down his name and address उसने उसका नाम और पता लिख लिया; ~ **forth** (i) बताना, प्रस्तुत करना : to ~ forth a new theory कोई नया सिद्धांत प्रस्तुत करना; to ~ forth the misery of the poor in an article किसी लेख में ग़रीबों के कष्टों को बताना; to ~ forth the advantages of exercise अभ्यास के लाभ बताना; (ii) चल पड़ना, प्रस्थान करना : they ~ forth on a journey to Calcutta वे कलकत्ता की यात्रा[F] पर चल पड़े; ~ **in** आरंभ होना : the match has now ~ in मैच अब शुरू हो गया है; rains have ~ in बरसात[F] शुरू हो गई है; winter ~s in early in the north उत्तर में जाड़ा पहले शुरू होता है; ~ **off** (i) (enhance) बढ़ाना, उभारना : a black saree ~s off a woman's beauty काली साड़ी[F] किसी स्त्री की सुंदरता[F] को उभार/बढ़ा देती है; (ii) (to begin) आरंभ करना : she ~ off on a long journey उसने लंबी यात्रा[F] आरंभ की; (iii) (make to explode) दागना : a bomb ~ off at the very touch बम छूने मात्र से दग गया; (iv) चल पड़ना : they ~ off in search of their horse वे अपने घोड़े की खोज[F] में चल पड़े; ~ **on** (i) उकसाना, उभारना : to ~ a dog on smb किसी पर कुत्ते को ≈; (ii) आक्रमण करना, टूट पड़ना : the robbers ~ on him लुटेरे उस पर टूट पड़े; (iii) ~ one's heart on बहुत चाहना : the child ~ his heart on a particular toy बच्चा एक विशेष खिलौना चाहने लगा; ~ **out** (i) रवाना होना, चल पड़ना : they all ~ out for Delhi वे सब दिल्ली[F] के लिए चल पड़े; (ii) (write in order) लिख देना : the reasons of his dismissal are ~ out in my report उसकी बरख़ास्तगी[F] के कारण मेरी रिपोर्ट[F] में लिख दिए गए हैं; (iii) (present) प्रस्तुत करना : he could not ~ out his ideas clearly वह अपने विचार स्पष्ट रूप से प्रस्तुत न कर सका; ~ **to** (begin eagerly) उत्सुकता[F] से शुरू करना; they ~ to their task उन्होंने अपना काम शुरू कर दिया; ~ **up** (i) खड़ा करना : ~ up a memorial एक स्मारक खड़ा करना; (ii) (establish) स्थापित करना : they ~ up a school उन्होंने एक विद्यालय स्थापित किया; he has ~ up a factory out of the city this year इस साल उसने शहर से बाहर एक कारखाना स्थापित किया है; (iii) (start) प्रारंभ करना, चलाना : ~ up a business कोई व्यवसाय चलाना.

setting सेॅटिङ्ग *n*[c]. **1.** (arrangement) विन्यास : ~ of jewels in a necklace कंठहार में रत्नों का ≈. **2.** (environment) वातावरण, पर्यावरण : the ~ around the house is not satisfactory घर के आस-पास का ≈ संतोषजनक नहीं है. **3.** पृष्ठभूमि[F] : the ~ of this story is a village इस कहानी[F] की ≈ एक गाँव है. **4.** (of stage) मंच-सज्जा[F], दृश्यबंध : it was a good ~ for the drama नाटक के लिए यह अच्छी मंच-सज्जा थी. **5.** सूर्यास्त : the ~ of the sun was lovely ≈ रमणीय था.

settle सेॅटल **I.** *v.t.* **1.** (to establish as residents) बसाना, टिकाना : to ~ people in a new country लोगों को नए देश में बसाना; the English ~d a new colony in the South अंग्रेज़ों ने दक्षिण में एक नया उपनिवेश बसाया; to ~ one's children in some business बच्चों को किसी व्यवसाय में स्थापित करना. **2.** (place) बैठाना, लगाना : to ~ a plant well into the ground पौधे को ठीक से ज़मीन में लगाना. **3.** (to soothe) शांत करना : he took a pill to ~ his stomach उसने अपने पेट को शांत करने के लिए गोली[F] ली. **4.** (debts, etc.) चुकाना, भुगतान करना : he has ~d all his money due to his creditor उसने लेनदार को अपना पूरा पैसा चुका दिया; the shopkeeper's account has been ~d दुकानदार का हिसाब चुका दिया गया है. **5.** (a question) सुलझाना : he has ~d his problems after much effort काफ़ी प्रयास के बाद उसने अपनी समस्याएँ[F] सुलझा ली हैं. **6.** (determine) तय करना, निर्धारित करना : prices have been ~d कीमतें तय कर दी गई हैं; there is nothing ~d अभी कुछ तय नहीं है. **7.** (fix up) to ~ a date for one's marriage किसी की शादी[F] की तारीख़ निश्चित करना. **II.** *v.i.* **1.** (to take up residence) बसना, बस जाना : we have ~d in this village हम इस गाँव में बस गए हैं; my son has ~d in America मेरा लड़का अमेरिका में बस गया. **2.** (sit) बैठ जाना : the bird ~d on a branch पक्षी शाखा[F] पर बैठ गया; dust had ~d on the furniture फर्नीचर पर धूल जम गई थी. **3.** (calm down) शांत हो जाना : noise has ~d शोर शांत हो गया है. **4.** (descend on) पर छा जाना, लग जाना :

very soon the dust ~d on the furniture बहुत जल्दी फ़र्नीचर पर धूल[F] छा गई. **5.** (subside) धँसना, बैठ जाना : the building is settling इमारत[F] धँस रही है. **6.** (in liquid) डूब जाना : the boat ~d in the river नाव[F] नदी[F] में डूब गई. **7.** (become denser) जम जाना, ठोस हो जाना : it is so cold that the water has ~d ठंड इतनी [F]ज्यादा है कि पानी जम गया है. **8.** (of liquid, become clear) निथरना, साफ़ हो जाना : the water ~s with sand and coal बालू[F] और कोयले से पानी निथरं जाता है. **9.** (reach an agreement) समझौता कर लेना : they have now ~d their dispute between themselves उन्होंने आपस में ही अपने झगड़े में समझौता कर लिया; to ~ a quarrel झगड़ा निपटाना. Δ ~ **down** बैठना : sand ~s down in the water बालू[F] पानी में बैठ जाती है; she ~d down in the chair वह कुर्सी में[F] जमकर बैठ गई; my son has ~d down मेरा बेटा जम गया है; things are settling down सब ठीक हो रहा है; ~ **up** रुपया चुकता करना : I want to ~ up with you मैं तुम्हारा पैसा चुकता कर देना चाहता हूँ. **settlement** सॅटल्'मन्ट *n*[u]. **1.** (of land) बंदोबस्त, भूमि-व्यवस्था : ~ officer ≈ अधिकारी; ~ of land has not been completed ज़मीनों का बंदोबस्त पूरा नहीं हुआ है. **2.** (of quarrel) निपटारा : ~ of differences among the friends मित्रों में मतभेदों का निपटारा; there is some hope of ~ of their dispute उनके झगड़े के निपटारे की कुछ आशा[F] है. **3.** (understanding) समझौता : the two parties have reached some ~ दोनों पक्ष किसी समझौते पर पहुँच गए हैं. **4.** (of debt) शोधन, परिशोधन, भुगतान : the money is paid in full ~ रुपए का पूरा भुगतान कर दिया गया; ~ of a loan ऋण का भुगतान. **5.** (determination) निर्धारण : wrong ~ ग़लत ≈; ~ of boundary of the land ज़मीन का सीमा-निर्धारण. **II.** *n*[c]. (colony) बस्ती[F] : he lived in a small ~ वह एक छोटी-सी ≈ में रहता था.

seven सॅ'वन *a.* & *n.* सप्त, सात : ~ fold सात गुना, सात गुणा; ~ wonders of the world संसार के सात आश्चर्य; ~ sages सप्तर्षि (तारे); the boy died at the age of ~ लड़का सात साल की उम्र[F] में मर गया; there are ~ days in a week एक सप्ताह में सात दिन होते हैं; twice ~ is fourteen सात का दो गुना चौदह होता है; they were ~ in number वे संख्या[F] में ≈ थे. **seventeen** सॅव़न'टीन *a.* & *n.* सत्रह [birds पक्षी, houses मकान, men आदमी]; she is a girl of ~ years वह ≈ वर्ष की लड़की है. **seventeenth** सेवॅन्'टीन्थ *a.* सत्रहवाँ : it was her ~ birthday यह उसका ≈ जन्मदिन था. **seventh** सॅ'वन्थ *a.* सातवाँ [boy लड़का, day दिन]; on the ~ of September सितम्बर की सातवीं तारीख को. **seventieth** सॅव़न्'टिअथ *a.* सत्तरवाँ : ~ birthday ≈ जन्म-दिन; ~ shop सत्तरवीं दुकान; there was a great function on the ~ foundation day of the school विद्यालय के सत्तरवें स्थापना-दिवस पर भारी समारोह हुआ. **seventy** सॅवन्'टी *a.* & *n.* सत्तर : ~ members of a club एक क्लब के ≈ सदस्य; an old man aged ~ एक ≈ साल की उम्र का बूढ़ा; he is ~ years old वह ≈ साल का है.

sever सॅ'व़र *v.t.* **1.** (separate) अलग करना, पृथक् करना : the canal ~s the twin cities नहर दो जुड़वाँ शहरों को अलग करती है; he ~ed them from the organisation उसने उन्हें संगठन से अलग कर दिया; to ~ two friends दो मित्रों को अलग कर देना. **2.** (divide) बाँटना, विभक्त करना : ~ these things into two parts इन चीज़ों को दो भागों में बाँट दो. **3.** (cut off) काट देना : ~ the thread with scissors धागे को कैंची[F] से काट दो; his head was ~ed उसका सिर काट दिया गया. **4.** (relation) तोड़ देना : ~ all connections with the party पार्टी[F] से अपने सारे संबंध तोड़ लो; he has ~ed his connections even from his family उसने परिवार तक से अपना नाता तोड़ लिया है; the rope had to be ~ed रस्सी[F] तोड़नी पड़ी. **5.** *v.i.* (break) टूट जाना : handle of the cup ~d when it fell down जब प्याला गिरा तो इसका हत्था टूट गया; his leg ~ed in an accident दुर्घटना[F] में उसकी टाँग[F] टूट गई.

several सेॅवॅ'रल *a.* **1.** (a few) अनेक, कई [occasions अवसर, thieves चोर, things वस्तुएँ^{F}]; he was found guilty on ~ charges वह कई अपराधों का दोषी पाया गया; ~ members of the committee were absent समिति^{F} के कई सदस्य अनुपस्थित थे; he was given ~ chances उसे कई मौके दिए गए; I told them ~ times मैंने उन्हें कई दफ़ा^{F} बताया. **2.** (separate, distinct) पृथक्-पृथक्, अलग-अलग, भिन्न-भिन्न : they have gone their ~ ways वे अपने ≈ रास्तों पर चले गए हैं; I went there and met ~ types of persons मैं वहाँ गया और तरह-तरह के लोगों से मिला. **3.** (respective) अपना-अपना : they all went to their ~ shops in the morning सुबह^F वे सब अपनी-अपनी दुकान^F पर चले गए. **4.** (individual) व्यक्तिगत : collective and ~ responsibility संयुक्त तथा ≈ उत्तरदायित्व; each has his ~ ideals हर एक के ≈ आदर्श हैं.

severe सिविअर' *a.* **1.** (harsh) कठोर, कड़ा, सख़्त [discipline अनुशासन, punishment दण्ड, test परीक्षण]; he is ~ with his students वह अपने छात्रों के प्रति कड़ा है. **2.** (violent) सख़्त, प्रचण्ड, उग्र [cold ठंडा^{F}, heat गर्मी^{F}, storm आँधी^{F}]; the river was ~ after the rains बरसात^F के बाद नदी^{F} उग्र थी. **3.** (difficult) कठिन [competition प्रतियोगिता^{F}, test परीक्षण, work काम]; the question was too ~ to be solved प्रश्न इतना ≈ था कि हल नहीं किया जा सकता. **4.** (serious) गंभीर : the patient has a ~ illness मरीज़ को कोई ≈ रोग है. **5.** ख़राब [climate जलवायु, weather मौसम]. **6.** (restrained) संयत [life जीवन, writer लेखक]; he leads a ~ life वह एक संयत जीवन बिताता है. **severely** सिविअर्'लि *adv.* सख़्ती^{F} से, कठिनाई^F से : he speaks ~ to the persons वह लोगों से सख़्ती से बोलता है. Δ **he was left ~ alone** उसकी किसी ने चिंता^{F} नहीं की.

sew सो *v.t.* (sewed, sewn) सीना, की सिलाई^F करना : to ~ a shirt कमीज़ सीना; she ~s all her children's clothes herself वह अपने बच्चों के सब कपड़े आप सीती है; she ~ed up the sleeve उसने बाँह (आस्तीन) सी दी; she ~s with needle and thread वह सुई^F (और) धागे से सिलाई^F करती है; the doctor has ~n the wound डाक्टर ने घाव सी दिया है; the tailor ~ed (on) the button दर्ज़ी ने बटन लगाया. [*as distinct from* so, sow] **sewer** सो'अर *n*^{c}. **1.** सीने वाला, दर्ज़ी : expert ~ कुशल दर्ज़ी; the ~ could not sew my coat दरज़ी मेरा कोट नहीं सिल सका. **2.** स्यू'अर *n*^{c}. मोरी^{F} [broad चौड़ी^{F}, deep गहरी^{F}]; there is a ~ from the bathroom to the manhole स्नानागार से मैनहोल तक ≈ है; this part of the city is furnished with drains and ~s शहर के इस भाग में नालियाँ^{F} और मोरियाँ हैं. **sewing** सो'इङ्ग *n*^{u}. सिलाई^F [excellent बढ़िया, fine महीन]; I do not know ~ मैं सिलाई नहीं जानता; she has learnt the art of ~ उसने सिलाई की कला^{F} सीखी है; clothes are usually made on a ~ machine कपड़े साधारणतया सिलाई की मशीन^F पर तैयार किये जाते हैं. **sewn** स्यून = *p.p.* of 'sew'; he has ~ the shirt उसने कमीज़^{F} सिल दी है.

sex सेॅक्स *n.* **1.** लिंग : female स्त्रीलिंग; male पुल्लिंग; the fair ~ नारी-जाति^{F}; the opposite ~ प्रतिजाति^{F}; the sterner ~ पुरुष जाति^{F}; both ~s स्त्री-पुरुष सब; what is your cat तुम्हारी बिल्ली^{F} का ≈ क्या है ? without the distinction of ~ बिना किसी लिंगभेद के; peculiarities of ~ ≈ की विचित्रताएँ; no consideration of ~ or creed ≈ या मत का कोई विचार नहीं; the weaker/fair ~ स्त्री जाति. **2.** (eroticism) काम (वासना^{F}) : extreme ~ अत्यंत ≈; ~ appeal कामाकर्षण ~ instinct काम प्रवृत्ति^{F}, यौन प्रवृत्ति^{F}; to have ~ with somebody किसी से कामवासना पूरी करना (यौन क्रिया करना). **3.** (in literature) सेक्स, घोर शृंगार रस : his poetry is full of ~ उसका काव्य ≈ से भरा है. **sexual** सेॅक्'शुअल *a.* (of, about sex) यौन, (having sex) लैंगिक : ~ affinity यौनाकर्षण; ~ appetite संभोग की इच्छा^{F}; ~ instruction यौन-शिक्षा^{F}; ~ intercourse मैथुन, यौनक्रिया^{F}, संभोग; ~

excitement यौन उत्तेजना^{F}; ~ organs जननेंद्रियाँ; ~ perversion यौन विकृति^{F}; ~ pleasure यौन सुख.

sgd. signed.

shabby शै'बि *a.* **1.** फटा-पुराना, जीर्ण-शीर्ण [coat कोट, curtain परदा, dress वस्त्र]; his cap looks ~ उसकी टोपी^{F} फटी-पुरानी दिखती है; you must not wear that pant again, it is too ~ तुम्हें वह पैंट^{F} पुन: नहीं पहननी चाहिए, यह बहुत ही ज़्यादा फटी-पुरानी है. **2.** (shabbily dressed) फटीचर : ~ old man एक फटीचर बूढ़ा आदमी; he was quite smart but now he is ~ वह बहुत बना-ठना था पर अब ≈ है. **3.** (dis-graceful) ओछा, कमीना, नीच : ~ behaviour ≈ व्यवहार; ~ trick ओछी चालाकी^{F}. **4.** (unfair) अनुचित [action कार्यवाही^{F}, relations संबंध, work काम]; he uses ~ methods वह अनुचित साधनों का प्रयोग करता है. [*n.* shabbiness]

shackle शै'कल *n*^{c}. (often *pl.*) **1.** (fetter) बेड़ी^{F} (handcuff) हथकड़ी^{F}; strong ~ मज़बूत ≈; ~s for prisoners कैदियों की बेड़ी-हथकड़ी; ~s are put on a prisoner's wrists and ankles बेड़ी, हथकड़ी कैदी की कलाइयों^{F} और टखनों पर डाली जाती हैं. **2.** (metal loop) कुंडा : ~ is used to shut the door कुंडा दरवाज़ा बंद करने के लिए काम में लाया जाता है. **3.** (fig.) बंधन : ~ of matrimony वैवाहिक ≈; ~s of tradition, law परंपरा, कानून का ≈.

shade शेड **I.** *n*^{cu}. **1.** छाया^{F} : he sat down under the ~ of a tree वह एक पेड़ की ≈ में बैठ गया; the ~s of the night रात की ≈; the ~s are lengthening ≈ बढ़ रही है; he remained in the ~ for an hour वह एक घंटे ≈ में रहा; to go out of the ~ into the sun छाया से बाहर धूप में जाना; there is not much ~ here यहाँ बहुत ≈ नहीं है. **2.** (nuance) सूक्ष्म-भेद, आभा-भेद (of colour) : light ~ of yellow पीले रंग की हल्की-सी आभा^{F}; varying ~s of colour रंगों की सूक्ष्म आभा-भेद; there are several ~s of the meaning of this word इस शब्द के कई सूक्ष्म-अर्थभेद हैं; there are people of various ~s of opinion विविध मतभेद वाले लोग हैं. **3.** (slight amount) किंचित्, थोड़ा-सा, लेशमात्र : there is only a ~ of difference in these things इन चीजों में ≈ अंतर है; the weather is a ~ better today मौसम आज ≈ अच्छा है. **4.** (darkness) अंधेरा : ~ of the night रात का ≈; ~ of the evening शाम का झुटपुटा. **5.** (comb.) lamp ~ लैंप की हाँडी; window ~ बारजा. **II.** *v.t.* **1.** पर छाया करना या डालना : the trees ~ the hut पेड़ झोपड़ी^{F} पर छाया^{F} करते हैं; the hut is ~d by the trees झोपड़ी पर पेड़ छाया करते हैं; they ~ over the engine to protect it from sun धूप से बचाने के लिए वे इंजन पर छाया करते हैं. **2.** (cover) ढकना : the clouds ~d the moon बादलों ने चंद्रमा को ढक लिया. **3.** (gloomy) उदास कर देना : the news of the failure of her brother ~d her उसके भाई की असफलता^{F} के समाचार ने उसे उदास कर दिया. **4.** (protect) छाया करके बचाना : to ~ smth from the sun किसी चीज़^{F} पर ≈. **5.** (change) क्रमश:/धीरे-धीरे बदल जाना : the blue ~s off into red नीला रंग लाल रंग में धीरे-धीरे बदल जाता है.

shadow शै'डो **I.** *n.* **1.** (thrown by a body) परछाईं^{F} : he looked at me when my ~ fell on him जब मेरी ≈ उस पर पड़ी तो उसने मुझे देखा; the child was afraid of his own ~ बच्चा अपनी ही ≈ से भयभीत था. **2.** छाया^{F}: the ~ of buildings falls across the road इमारतों^{F} की ≈ सड़क^{F} के पार तक पड़ रही है; may your ~ never grow less! तुम्हारी काया^{F} और माया^{F} बनी रहे ! Δ **coming events cast their ~s before** भारी घटनाओं का आभास पहले से होने लगता है. **3.** (unreal thing) छायाभास : there was nothing, it was only a ~ वहाँ कुछ नहीं था, केवल एक ≈ था. **4.** (adumbration) आभास, पूर्वाभास : it was an earlier ~ of what happened later यह उसका ≈ था जो बाद में घटित हुआ. **5.** (trace) लेशमात्र : it was without a ~ of doubt इसमें संदेह का ≈ नहीं था. **6.** (obscurity) अप्रसिद्धि^{F}, गुमनामी^{F}: he has been in ~ for several years वह कई साल तक ≈ में रहा. **7.** (shelter) शरण^{F},

छत्रछाया[F] : under the ~ of God ईश्वर की ≈ में. **8.** after the illness he was a ~ of his real self बीमारी[F] के बाद वह अपना प्रेतमात्र रह गया. **9.** (companion) साथी, शैडो : he kept a ~ with him for security सुरक्षा के विचार से वह अपने साथ एक शैडो रखता था. **10.** in the ~ of the night रात के अंधेरे में; in the photo the right side of his face was in ~ फ़ोटों में उसके चेहरे का दाहिना पक्ष अंधेरे में था. **II.** *v.t.* **1.** छाया[F] करना : a veil ~ed her face घूँघट उसके चेहरे पर छाया कर रहा था. **2.** (follow) के पीछे लगा रहना, साथ लगा फिरना : he was ~ed by the police पुलिस[F] उसके पीछे लगी रही. **3.** (made gloomy) her face was ~ed by the death of his only son उसके इकलौते बेटे की मौत से उसका चेहरा विषादमय हो गया. **shadowy** शै'डोइ *a.* **1.** (illusory) मिथ्या, भ्रामक [figure आकृति[F], form रूप]; all these things are ~, there is nothing in them ये सब वस्तुएँ[F] भ्रामक हैं इनमें कुछ भी सत्यता[F] नहीं है. **2.** (dim) धुँधला, अस्पष्ट [idea विचार, light प्रकाश].

shady शे'डि *a.* **1.** छायादार, सायेदार [spot स्थान, tree पेड़]; ~ side of the road सड़क[F] का ≈ छोर; this is a ~ corner of the garden यह बगीचे का ≈ कोना है. **2.** संदेहजनक [conduct आचरण, transaction संव्यवहार]. **3.** (disreputable) नीच, बदनाम : ~ person ≈ व्यक्ति; he is the most ~ minister in the State राज्य में वह सबसे ≈ मंत्री है; the ~ side of politics राजनीति का ≈ पक्ष.

shaggy शै'गि *a.* **1.** झबरा : ~ dog ≈ कुत्ता; ~ beard झबरी/घनी दाढ़ी[F]; he has ~ hair उसके बाल झबरे हैं. **2.** (rugged) ऊबड़-खाबड़ : the land about this hut is ~ इस झोपड़ी के आस-पास की भूमि[F] ≈ है.

shake शेक **I.** *v.i.* (*p.* shook, *p.p.* shaken) **1.** (move) हिलना, हिलना-डुलना : the branches of the trees are still shaking पेड़ की शाखाएँ[F] अब भी हिल रहीं हैं; the chair ~s कुर्सी हिलती-डुलती है; the earth shook in the earthquake भूकंप में धरती[F] हिल गई. **2.** (tremble) काँपना : she was shaking with cold वह ठंड[F] के मारे काँप रही थी; his voice shook when he began to speak उसकी आवाज़ काँपने लगी जब उसने बोलना शुरू किया; his hands were shaking उसके हाथ काँप रहे थे; when he saw the thief, he began to ~ with fear जब उसने चोर को देखा तो भय से काँपने लगा. **3.** (falter) डगमगाना, लड़खड़ाना : I saw the drunken man's feet shaking मैंने शराबी आदमी के पैर लड़खड़ाते देखे. **II.** *v.t.* **1.** (move violently) झंझोड़ना, झकझोरना : the wind ~s the trees हवा[F] वृक्षों को झकझोर देती है; when the storm came it shook huts and sheds जब तूफान आया तो उसने झोपड़ियों और छप्परों को झकझोर दिया; he shook him by the shoulders उसने उसे कंधों से झंझोड़ा. **2.** (make tremble) कँपाना : the severe cold shook him कड़ाके की सर्दी[F] ने उसे कँपा दिया. **3.** (make totter) डगमगा देना : nothing could ~ him from his path उसे अपने पथ से कोई भी चीज़ डगमगा नहीं सकती. **4.** to ~ hands हाथ मिलाना. **5.** (move with jerks) झटके से हिलाना : ~ the bottle before use इस्तेमाल करने से पहले बोतल[F] हिला लो; the earthquake shook the building भूचाल ने इमारत[F] को हिला दिया; to ~ one's head अपना सिर हिलाना; he shook his head and said "no" उसने अपना सिर हिलाकर कहा, "नहीं". **6.** (fig.) घबरा देना : they were ~en by the news वे इस समाचार से घबरा उठे. **7.** विचलित करना : nothing could ~ him from his path उसे अपने रास्ते से कुछ भी विचलित नहीं कर सका. ~ **off** (i) से पीछा छुड़ाना : he tried to ~ himself off his bad companions उसने बुरे साथियों से पीछा छुड़ाने की कोशिश[F] की; (ii) झाड़ देना : he shook off dust उसने गर्दा झाड़ दिया; ~ **out** (i) गिराकर ख़ाली करना : she shook out the bucket filled with water उसने पानी से भरी बाल्टी[F] गिराकर खाली कर दी; (ii) he shook out the mat in his courtyard उसने चटाई[F] को आँगन में झटके से झाड़ा; ~ **up** (हिलाकर) जगाना : mother shook up the child from his sleep माँ ने बच्चे को (हिलाकर) नींद से जगा दिया.

shaky शे'कि *a.* **1.** (shaking) कंपायमान [hand हाथ, ladder सीढ़ी, structure ढाँचा, table मेज़, voice आवाज़]. **2.** (unsteady) अस्थिर, डाँवाडोल : you cannot do anything with ~ mind तुम अस्थिर मन से कुछ नहीं कर सकते; this voter, customer is ~ yet यह मतदाता, ग्राहक अभी ≈ है. **3.** (not strong) कमज़ोर : his Hindi is rather ~ उसकी हिंदी कुछ ≈ है. [*ant.* firm]

shall शैल *aux. v.* of future tense गा, गी, गे **1.** I ~ go and he will come मैं जाऊंगा तो वह आएगा; what ~ we do हम क्या करेंगे ? I ~ wait for you tomorrow मैं कल आपकी प्रतीक्षा^{F} करूँगा; we ~ be very glad to see you हमें आपसे मिलकर बड़ी खुशी^{F} होगी; we shall do it next week हम इसे अगले सप्ताह करेंगे; shall I go क्या मैं जाऊं ? ~ we come back tomorrow? हम कल लौट आएँगे ना; I ~ not go to the market मैं बाज़ार नहीं जाऊंगा. **2.** (with second person or third person shows compulsion) you ~ not go to cinema today तुम आज सिनेमा नहीं (ही) जाओगे; all pupils shall attend the prayer सब छात्र प्रार्थना में उपस्थित हों.

shallow शै'लो *a.* **1.** छिछला, उथला [pool तालाब, water पानी]; ~ lake छिछली झील; ~ river छिछली नदी^{F}; ponds are very ~ these days पोखरे आजकल बहुत छिछले हैं; some plates are ~ कुछ प्लेटें उथली होती हैं. **2.** (not deep) ओछा, हल्का : ~ person ≈ व्यक्ति. **3.** सतही, ऊपरी [argument तर्क, mind मन, study अध्ययन]; ~ knowledge of any subject is dangerous किसी विषय का ≈ ज्ञान ख़तरनाक होता है. [*ant.* deep]

sham शैम **I.** *v.t.* (-mm-) का स्वाँग भरना, का बहाना करना : the boy ~med illness and did not come to school लड़के ने बीमारी^{F} का स्वाँग भरा और विद्यालय नहीं आया; the insect ~med dead कीड़े ने मरने का बहाना किया; it is evident that she is ~ming साफ़ है कि वह बहाना कर रही है. **II.** *a.* **1.** (pretended) कृत्रिम, बनावटी : ~ thinking ≈ सोच^F. **2.** (false) झूठा, मिथ्या : ~ fight झूठ-मूठ की लड़ाई^F, छद्मयुद्ध. **3.** (imitated) नकली : the diamonds are ~ ये हीरे नकली हैं. [*ant.* real]

shame शेम **I.** *n*^{u}. **1.** लज्जा^{F}, शरम^F [genuine वास्तविक, natural स्वाभाविक]; it is ~ that you ignore us यह लज्जा^{F} की बात^F है कि आप हमारी अवहेलना^{F} करते हैं; to hang one's head with ~ ≈ से अपना सिर नवा लेना; to put smb to ~ किसी को शर्मिंदा करना; ~ on you! शर्म शर्म ! what a ~! कितनी शर्म की बात है ! he was filled with ~ वह लज्जित हो गया; he felt no ~ उसे कोई शर्म महसूस नहीं हुई; have you no ~ तुम्हें शर्म नहीं आती ? **2.** (disgrace) बदनामी^{F}: great ~ बड़ी ≈; his conduct brought ~ to the entire community उसके आचरण से सारे समुदाय की ≈ हुई. **3.** (cause of blame) बदनामी^{F} का कारण : he is a ~ to family वह परिवार की ≈ है; it is a ~ to beat a child like this इस तरह बच्चे को पीटना बदनामी की बात^F है. **II.** *v.t.* **1.** लज्जित करना. **2.** बदनाम करना : he ~d his family by such a conduct इस प्रकार के आचरण से उसने परिवार की बदनामी करा दी. **3.** शर्म आना : a dog's faithfulness should ~ you कुत्ते की वफ़ादारी पर तुम्हें शर्म करनी चाहिए. **shameful** शेम्'फुल *a.* लज्जाजनक, शर्मनाक [behaviour व्यवहार, conduct आचरण, event घटना^{F}]; it is ~ that you did not help that old man यह ≈ की बात है कि तुमने उस बूढ़े आदमी की सहायता^{F} नहीं की. **shameless** शेम्'लिस *a.* निर्लज्ज, बेशरम [man आदमी, servant नौकर, woman स्त्री^{F}]; he is a ~ person, he may do any harm to you वह निर्लज्ज व्यक्ति है, वह तुम्हारा कोई भी नुकसान कर दे.

shampoo शैमपू' **I.** *n.* शैम्पू : ~ for washing hair बाल धोने के लिए ≈; some people clean their carpets with ~ कुछ लोग ≈ से अपने कालीन साफ़ करते हैं. **II.** *v.t.* (shampooed) केशमार्जन करना, शैम्पू से धोना : she ~ed her hair today उसने आज अपने बालों को शैम्पू से धोया.

shan't = shall not : I ~ return soon मैं शीघ्र वापस नहीं आऊंगा.

shape शेप **I.** *n*^{c}. **1.** (physical) आकार, शक्ल : Satan in human ~ इंसान की शक्ल में शैतान; his ~ does not resemble his brother's उसकी आकृति उसके भाई से नहीं मिलती. **2.** डील-डौल : he has a well-proportioned ~ उसका उचित आनुपातिक डील-डौल है. **3.** रूप : to take ~ रूप धारण करना; to put thoughts into ~ विचारों को रूप देना; to help smb in the ~ of money धन के ≈ में किसी की सहायता^{F} करना; in any ~ or form किसी तरह. **4.** (phantom) छाया^{F}, छायाभास : distinct ~ स्पष्ट ≈; I see some ~s in the evening मुझे शाम^F के झुटपुटे में कुछ छायाएँ दिखाई देती हैं. **5.** (orderly arrangement) व्यवस्था^{F} : it is the real ~ of the party पार्टी^{F} की यह वास्तविक ≈ है. **6.** (cast) कलबूत : ~ of, for caps टोपियों का ≈. **7.** (mould) साँचा : a ~ for jelly जेली बनाने का ≈; this will be a good ~ for bricks ईंटों के लिए यह बढ़िया साँचा होगा. **8.** (condition) दशा^{F} : she is not in good ~ वह ठीक ≈ में नहीं है. **II.** *v.t.* **1.** (make) बनाना, गढ़ना, रूप देना : to ~ one's future अपना भविष्य बनाना; his head is ~d strangely उसका सिर विचित्र ढंग से बना हुआ है; they do not ~ toys crudely वे कच्चे-कच्चे खिलौने नहीं गढ़ते/बनाते; the potter ~s earthen pots कुम्हार मिट्टी के बरतन बनाता है. **2.** (adapt) अनुकूल बनाना/करना : to ~ according to the need आवश्यकता^{F} के अनुरूप बनाना. **3.** (arrange) व्यवस्थित करना : ~ everything properly सारी चीज़ें ठीक ढंग से व्यवस्थित करो; to ~ one's life जीवन को व्यवस्थित करना. **4.** *v.i.* (take ~) रूप धारण करना : how are your plans shaping तुम्हारी योजनाएँ कैसा रूप ले रही हैं?

share शेंअर **I.** *n*^{c}. **1.** (of plough) फाल [heavy भारी, metal धातु का]; he bought a ~ but has not fixed it in the plough उसने एक ≈ खरीदा लेकिन इसे हल में लगाया नहीं है. **2.** (portion) हिस्सा [important महत्वपूर्ण, large बड़ा, small थोड़ा, unfair अनुचित]; they divided the property into equal ~s उन्होंने संपत्ति^{F} को बराबर हिस्सों में बाँट लिया; he had a big ~ in factory कारख़ाने में उसका एक बड़ा ≈ था; he has a fifty per cent ~ in the business उसका इस व्यवसाय में पचास प्रतिशत ≈ है; most of the ~s have been bought by another owner अधिकतर शेयर एक दूसरे मालिक ने ख़रीद लिए हैं; who has taken my ~ मेरा ≈ कौन ले गया? **II.** *v.t.* **1.** (apportion) बाँटना, बाँट देना/लेना : mother is sharing the sweets among the children माँ बच्चों में मिठाइयाँ बाँट रही है; we shall ~ these things equally हम इन चीज़ों को बराबर-बराबर बाँट लेंगे; he ~d the room in two parts उसने कमरे को दो भागों में बाँट दिया; they ~d their troubles and joy उन्होंने अपने कष्ट और खुशियाँ^{F} बाँट लीं. **2.** बाँटकर देना/लेना : we ~d biscuits with children हमने बच्चों के साथ बिस्कुट बाँटकर लिए; he decided to ~ the expense उसने ख़र्च बाँट लेने का निश्चय किया. **3.** साझा लगाना, (participate) में शामिल या सम्मिलित होना : I will ~ my books with you अपनी किताबों^{F} में मैं आपको भागीदार बनाऊंगा; to ~ a room with some other student किसी दूसरे विद्यार्थी के साथ कमरे में रहना. **shareholder** शेंअर्'होल्डर *n*^{c}. हिस्सेदार, अंशधारी, साझेदार : [dishonest बेईमान, respectable सम्माननीय]; this ~ has 100 shares in that company उस कंपनी में इस अंशधारी के 100 शेयर हैं . **sharer** शेंअ'रर् *n*^{c}. भागीदार, सहभागी : he is a ~ in this bargain इस सौदे में वह ≈ है.

shark शार्क *n*^{c}. **1.** हाँगर, शार्क [big बड़ा, dangerous ख़तरनाक]; a ~ has a powerful tail ≈ की एक ज़ोरदार पूँछ^F होती है. **2.** (a person) लालची ठग [dishonest बेईमान, trained प्रशिक्षित]; some people think that doctors are ~s कुछ लोगों का विचार है कि डाक्टर ≈ होते हैं.

sharp शार्प **I.** *a.* **1.** (of knife, etc.) पैना तेज़ ~ dagger ≈ ख़ंजर/छुरा; ~ sword तेज़ तलवार; ~ axe तेज़ कुल्हाड़ी^{F}. [*ant.* blunt] **2.** (pointed) नोकदार : ~ pen ≈ पेन; it is as ~ as a needle यह उतना ≈ है जितनी कि

सुई^F; he keeps a ~ weapon उसके पास एक ≈ हथियार होता है; you should not have anything ~ in your pocket तुम्हें अपनी जेब^F में कोई नुकीली चीज़^F नहीं रखनी चाहिए. **3.** (well defined) सुस्पष्ट [effect प्रभाव, outline रूपरेखा^F, temper स्वभाव]; there is nothing ambiguous in it, it is all ~ इसमें कुछ भी दुर्बोध नहीं है यह स्पष्ट है. **4.** (angular) तीखा : ~ features तीखे नयन-नक्श. **5.** (pungent) तीखा, तीक्ष्ण, चरपरा : ~ flavour ≈ स्वाद; it is too ~ to eat यह इतना तीखा है कि खाया नहीं जाता. **6.** (harsh) कटु, कड़ा, कठोर : ~ words ≈ शब्द; he speaks very ~ therefore I dislike him वह बहुत कड़वा बोलता है इसलिए मैं उसे नापसंद करता हूँ. **7.** (of person) तेज़, कुशाग्र बुद्धि : that boy is very ~ वह लड़का बहुत ≈ है. **8.** (violent) तीव्र, प्रचण्ड, तेज़ [pain कष्ट, sun धूप^F, wind हवा^F]; he felt a sudden ~ pain in his chest उसे एकदम छाती में ≈ दर्द महसूस हुआ. **8.** (crafty) धूर्त, चालाक [agent एजेंट, businessman व्यापारी]; the servant is too ~, you must not believe him नौकर बहुत ही ≈ है, तुम्हें उस पर विश्वास नहीं करना चाहिए. **9.** (in contexts) ~ bend एकदम मोड़^F; ~ look-out कड़ी निगरानी^F; ~ reproof सख़्त डाँट^F; ~ shower ज़ोर की बौछार^F; ~ tongue तेज़ ज़बान^F; ~ voice तीखा स्वर; ~ work तुरंत कार्य; ~ winds ठंडी/तेज़ हवाएँ^F. **II.** *adv.* exactly ठीक : he came at three o'clock ~ वह ठीक तीन बजे आया; the lecture begin at six ~ व्याख्यान ठीक छः बजे शुरू होता है; look ~ जल्दी करो.

sharpen शार्'पन *v.t.* **1.** धार^F रखना, सान देना, तेज़ करना : he ~ed his knife उसने अपना चाकू तेज़ किया. **2.** ~ your pencil with a knife चाकू से अपनी पेंसिल^F बना लो.

sharply शार्प'लि *adv.* **1.** (suddenly) एकाएक : the roa d turns to the left ~ सड़क^F एकाएक बाएँ को मुड़ती है; he ~ left this home and went to the city उसने एकाएक यह घर छोड़ दिया और शहर चला गया. **2.** (angrily) गुस्से में, नाराज़गी^F से : the master spoke to her ~ मालिक ने उससे ≈ बात^F की. **3.** तेज़ : the pin is ~ pointed पिन तेज़ नोकदार है.

shatter शै'टर *v.t.i.* **1.** (break to pieces) टुकड़े-टुकड़े या चकनाचूर कर देना या हो जाना, चूर-चूर करना या होना : a brickbat ~ed the glass pane एक रोड़े ने शीशा चकनाचूर कर दिया; when the engine burst, all its parts ~ed जब इंजन फटा तो उसके सारे पुर्ज़े टुकड़े-टुकड़े हो गए; the glass ~ed when it fell down जब शीशा गिरा तो टूटकर चकनाचूर हो गया. **2.** (wreck) छिन्न-भिन्न करना या हो जाना : the ship ~ed in the storm तूफ़ान में जहाज़ छिन्न-भिन्न हो गया. **3.** (to be upset) घबरा देना : he was ~ed by the news of his son's death अपने पुत्र की मृत्यु^F की ख़बर^F से वह घबरा उठा. **4.** (fig.) to ~ smb's hopes किसी की आशाओं^F पर पानी फेर देना. **5.** (spoil) बिगाड़ना, बिगड़ जाना : he has ~ed his health उसने अपना स्वास्थ्य बिगाड़ लिया है.

shave शेव **I.** *n*^c. **1.** हजामत^F : he had a ~ at 7 o'clock उसने सात बजे ≈ बनाई; he has not done his ~ for a month उसने एक महीने से ≈ नहीं बनाई है; this razor gives a good ~ इस उस्तरे से अच्छी ≈ बनती है. **2.** (narrow escape) बाल-बाल बचाव. **II.** *v.t.* (shaved, shaven) **1.** beard हजामत^F बनाना, दाढ़ी^F बनाना, (hair) मूँड़ना : he ~s early in the morning वह तड़के दाढ़ी बनाता है; the barber ~d his hair नाई ने उसके बाल मूँड़ दिए; to ~ oneself अपनी दाढ़ी बनाना. **2.** (wood, etc.) छीलना : they ~d the skin off the stem of the tree उन्होंने पेड़ के तने की छाल को छील दिया. **3.** (cut) काटना : he ~d a strip off the table उसने मेज़ पर से एक टुकड़ा काट डाला; he ~d the branches of the trees which were on the roadside उसने पेड़ की उन शाखाओं^F को काट दिया जो सड़क^F के किनारे की तरफ़^F थीं. **4.** (touch) स्पर्श करना : the car ~d past the child कार^F बच्चे को स्पर्श करते हुए निकल गई.

she शी **1.** *pron. fem.* वह : she wanted to go to the countryside in the summer ≈ गर्मियों^F में देहात जाना चाहती थी; she works hard during the examination परीक्षा^{F} के दौरान ≈ बहुत मेहनत^F करती है; she likes to play cricket ≈ क्रिकेट खेलना पसंद करती है; she has many friends उसकी कई सहेलियाँ हैं? **2.** मादा : was that wolf he or ~ वह भेड़िया नर था या मादा? **3.** (combinations) ~ ass गधी^{F}; ~ bear रीछनी^{F}; ~ calf बछिया^{F}; ~ camel ऊंटिनी^{F}; ~ devil चुड़ैल^F; ~ goat बकरी^{F}.

sheaf शीफ़ n^c. (*pl.* sheaves) (of corn stocks, etc.) पूला, पूली^{F}, (bundle) गट्ठा, पुलिंदा, [heavy भारी, light हल्का]; ~ of papers or notes काग़ज़ों या नोटों की गड्डी^{F}; he was carrying a ~ of grass on his head वह अपने सिर पर घास^F का एक पुलिंदा ले जा रहा था; he could not take the ~ of sugarcane वह गन्ने का गट्ठा न ले जा सका.

shear शिअर **I.** *v.t.* (*p.* sheared, *p.p.* shorn) कतरना : sheep are shorn once every year भेड़ें^{F} साल में एक बार कतरी जाती हैं; baby's curly hair were shorn (off) बच्चे के घुँघराले बाल कतर दिए गए. **2.** (divest) से वंचित करना : he was shorn of his paternal property उसे अपनी पैतृक संपत्ति^{F} से वंचित कर दिया गया; he was shorn of all his powers उसके सब अधिकार छिन गए. **3.** (fleece) लूटना : he was shorn of his entire money उसका सब पैसा लुट गया. **4.** (break) फट जाना, टूट जाना ; the pipe ~ed there yesterday वहाँ कल पाइप फट गया. **II.** *n.* (*pl.*) (usu. a pair of ~s) कतरनी^{F} : the gardener cuts the hedge with his ~s माली अपनी कतरनी से झाड़ियों^{F} की बाड़^{F} काटता है.

sheath शीथ n^c. (*pl.* sheaths शीद्ज़) **I.** (of sword) म्यान^F : put the sword in the ~ तलवार^F ≈ में रखो. **II.** *v.t.* खोल में रखना : ~ your knife in a case चाकू को ख़ोल में रखो. **3.** आच्छादित करना, ढक लेना : the tree has ~d the whole of the road पेड़ ने पूरी सड़क^F ढक ली है.

shed शेंड **I.** n^c. छप्पर, शेड [large बड़ा, wooden लकड़ी^{F} का]; we keep coal in a ~ हम ≈ में कोयला रखते हैं; there is a ~ for the labourers on the roadside सड़क^F के किनारे मज़दूरों के लिए एक ≈ है; the company has built a ~ for storing some cans कंपनी^{F} ने कनस्तरों के भंडारन के लिए एक ≈ बनाया है. **II.** *v.t.* (*p.* & *p.p.* shed, *pr.p.* shedding) **1.** (cause to flow) बहाना : you should not ~ tears तुम्हें आँसू नहीं बहाने चाहिए; to ~ one's blood for one's country अपने देश के लिए अपना ख़ून बहाना. **2.** झाड़ना : to ~ feathers, leaves पंख, पत्ते ≈; chickens ~ their feathers in spring चूज़े बसंत में अपने पंख झाड़ते हैं; a tree ~s its leaves पेड़ अपने पत्ते झाड़ता है. **3.** (diffuse) फैलाना, प्रसार करना : a flower ~s its petals फूल अपनी पंखुड़ियाँ^{F} फैलाता है; the moon ~ her light in the night चंद्रमा अपना प्रकाश रात^F में फैलाता है; she ~s love and mercy वह प्रेम और दया^{F} का प्रसार करती है. **3.** अलग करना, छोड़ना, छोड़ देना : a snake ~s its skin साँप अपनी केंचुली^{F} छोड़ता है.

sheep शीप n^c. *fem.* (*pl.* sheep) **1.** भेड़^{F} [black काली, fat मोटी, white सफ़ेद]; he bought a ~ for a thousand rupees उसने एक हज़ार रुपए में एक भेड़ ख़रीदी; he keeps ~ of many breeds वह अनेक नस्लों की भेड़ें रखता है; they use the flesh of ~ for food वे खाने में भेड़ों का मांस इस्तेमाल करते हैं; a flock of ~ भेड़ों का रेवड़. **~ fold** भेड़-बकरियों^{F} का बाड़ा, **~ run/walk** भेड़-बकरियों^{F} की चारागाह^F; **~ shearing** ऊन कतरना. **2.** (person) अंधानुयायी : do you think that women are all ~ क्या तुम्हारे विचार में स्त्रियाँ सब ≈ होती हैं; black ~ कुल-कलंक; this wicked boy is the black ~ of the family यह दुष्ट लड़का परिवार का कुल-कलंक है. Δ **a wolf in ~'s clothing** (भेड़िया किसी भेड़ की चमड़े पहने) मित्र के भेस में शत्रु; बगला-भगत. **sheepish** शी'पिश *a.* (shy) संकोची, झेंपू, दब्बू, [behaviour व्यवहार, smile मुस्कान^F]; that ~ boy is feeling uncomfortable वह ≈ लड़का परेशानी^{F} महसूस कर रहा है; he is too ~ to take any action वह इतना ≈ है कि कोई कार्रवाई^F नहीं कर सकता.

sheer शिअर **I.** *a.* **1.** (absolute) शुद्ध, निरा,

बिल्कुल [profit लाभ, robbery डाका/बटमारी^{F}]; such behaviour of the boys is ~ mischief लड़कों का ऐसा व्यवहार निरा/बिल्कुल शरारत^F है; it is ~ nonsense यह निरी मूर्खता^{F} है. **2.** only मात्र : he won the match by ~ luck उसने मात्र भाग्य से मैच जीत लिया; it is ~ waste of time यह समय व्यर्थ खोना मात्र है. **3.** (vertical, steep) खड़ी^{F} [ascent चढ़ाई^F, rock चट्टान^F]; a ~ ladder going upstairs मकान के ऊपर जाने वाली ≈ सीढ़ी. **4.** (of textiles) महीन, पारदर्शक : ~ silk ≈ रेशम; ~ muslin ≈ मलमल^F. **II.** *adv.* (vertically) सीधे : the land rising ~ from the sea समुद्र से सीधे उठती हुई भूमि^{F}; the bus fell ~ into the khud बस^F खड्ड में सीधे जा गिरी. **III.** *v.t.i.* (deviate) भटकना, बहक जाना : the ship ~ed in the sea जहाज़ समुद्र में भटक गया. Δ **~ off** कतराना, से जी चुराना : he ~s himself off the shopkeeper for he has not paid his money वह दुकानदार से (कतराता है) अपना जी चुराता है क्योंकि दुकानदार का पैसा चुकता नहीं किया है.

sheet शीट **I.** n^c. **1.** (cloth) चादर^F [clean साफ़, cotton सूती, thin पतली]; he has a pair of bed ~s उसके पास बिस्तर की दो चादरें हैं; his red ~ is very costly उसकी लाल ≈ बहुत महँगी है; give the ~ to the washerman ≈ धोबी को दे दो. **2.** (shroud) कफ़न : a dead body is wrapped in a ~ शव को ≈ में लपेटा जाता है. **3.** (of metal) चद्दर [aluminium ऐलुमिनियम की, iron लोहे की, thin पतली]; the rain is pattering on the ~s बारिश^F चद्दरों पर टप-टप कर रही है; this shed is made of ~s यह शेड चद्दरों का बना हुआ है. **4.** (of paper) ताव, तख़्ता : there are 500 sheets of paper in a ream एक रीम काग़ज़ में 500 ताव होते हैं; he wrapped the books in a ~ of paper उसने एक काग़ज़ के ताव में किताबें लपेटीं. **5.** (layer) परत^F : ~ of ice बरफ़ की ≈; a ~ of dust is settled on the books किताबों^{F} पर धूल^F की एक ≈ जम गई है. **II.** *v.t.* **1.** चादर^F बिछाना, चादर ओढ़ना : you should ~ the bed तुम्हें बिस्तर पर चद्दर बिछानी चाहिए. **2.** कफ़न ओढ़ाना : they ~d the dead body उन्होंने शव के ऊपर कफ़न ओढ़ा दिया. **3.** (cover) आच्छादित करना : the clouds ~ed the sky बादलों ने आकाश को आच्छादित कर दिया.

shelf शेॅल्फ़ n^c.**1.** (*pl.* shelves) टाँड़, शेल्फ़, ताक (in a wall) [empty ख़ाली, small छोटा, wide चौड़ा]; to keep smth on the ~ कोई चीज़ ≈ पर रखना; the ~ is full of books ≈ किताबों^{F} से भरा है; what is on the top ~ ऊपर के ≈ में क्या है? some shelves were put in the kitchen कुछ ≈ रसोईघर में रखे गए थे. **2.** (edge) कगार, (sand bank) रेती^{F} : don't go on the ~, it may fall कगार पर मत जाओ, यह गिर सकता है.

shell शेॅल **I.** n^c. **1.** (of fruit, etc.) छिलका [green हरा, red लाल, yellow पीला]; the ~ of an egg अण्डे का छिलका; they asked him to remove the ~ उन्होंने उससे ≈ उतारने को कहा. **2.** (of pea) छीमी^{F} (मटर की). **3.** खोपड़ी^{F} : the ~ of a coconut is very hard नारियल की ≈ बड़ी कड़ी होती है; the ~ of a tortoise is also hard कछुए की ≈ भी सख़्त होती है. **4.** (of shell fish) शंख : ~s are found in the sea ≈ समुद्र में पाये जाते हैं. **5.** (casing, cover) ख़ोल, आवरण, कोष : ~ of a cracker, cartridge पटाख़े, कारतूस का ≈. **6.** bomb ~ बम का गोला : a ~ exploded near the building भवन के पास एक ≈ फटा. **7.** (earth crust) भू-पटल : there are many kinds of rocks on the earth's ~ ≈ पर कई प्रकार की चट्टानें पाई जाती हैं; to make a study of the ~ ≈ का अध्ययन करना. **8.** (frame) ढाँचा : it is only the ~ of a building यह किसी भवन का मात्र ≈ है; the ~ of the boat was complete नाव^F का ढाँचा पूरा हो गया. Δ **to come out of one's ~** निःसंकोच मिलना-जुलना; **to retire into one's ~** एकांत में पड़े रहना. **II.** *v.t.* **1.** छिलका उतारना, छीलना, दाने निकालना : they are ~ing peanuts, peas वे मूँगफली, मटर छील रहे हैं. **2.** (bombard) गोलाबारी^{F} करना, गोले बरसाना : our army ~ed the enemy camp हमारी सेना^{F} ने शत्रु के शिविर पर गोलाबारी की या बम बरसाए. **III.** *v.i.* छिलना : this walnut will ~ easily

यह अख़रोट आसानी[F] से छिल जायगा.

shelter शॅ'ल्'टर **I.** *n*[c]. **1.** (refuge) शरण[F], आश्रय : go there, you may get some ~ वहाँ जाओ, तुम्हें कोई शरण मिले; perhaps he will take his ~ शायद वह उसकी शरण में जाएगा; he was accused of giving ~ to rebels उस पर विद्रोहियों को ≈ देने का आरोप था. **2.** (place of refuge) शरण-स्थान : there is a good ~ for the sinners पापियों के लिए वह बढ़िया ≈ है; ~ against attack, rain आक्रमण, वर्षा[F] से बचाव का ≈. **3.** *n*[u]. (protection) रक्षा[F], सुरक्षा[F] : for an army it is a good ~ from enemy's bombardment शत्रु की बमबारी[F] से सेना[F] के लिए यह बढ़िया सुरक्षा है; you can get ~ there, no one will harm you there तुम वहाँ सुरक्षा पा सकते हो, तुम्हें वहाँ कोई भी नुकसान नहीं पहुँचाएगा. **II. 1.** बचाव करना, बचाना, रक्षा करना : the house ~s us from cold and rain मकान हमें सरदी[F] और बरसात[F] से बचाता है. **2.** शरण[F] देना, आश्रय देना : to ~ a homeless person बेघर व्यक्ति को ≈; to ~ refugees शरणार्थियों को ≈; he was accused of ~ing rebels उस पर विद्रोहियों को शरण देने का आरोप था. **III.** *v.i.* शरण लेना : to ~ in a poor-house अनाथ आश्रम में ≈; I ~ed under a tree मैंने पेड़ के नीचे शरण ली.

shelve शॅल्व़ *v.t.i.* **1.** (abandon consideration) खटाई[F] में डालना : the chairman ~d the proposed plans चेयरमैन ने प्रस्तावित योजनाओं[F] को खटाई में डाल दिया. **2.** (cease to employ) निकाल देना, अलग करना : the principal ~d the peon for a year प्राचार्य ने चपरासी को एक साल के लिए निकाल दिया. **3.** (slope gently) धीरे-धीरे या थोड़ा-थोड़ा ढलवाँ होना : the road is shelving from the bridge सड़क[F] पुल पर से धीरे-धीरे ढलवाँ हो रही है.

shepherd शॅ'पर्ड **I.** *n*[c]. गड़रिया, चरवाहा [foolish मूर्ख, uncultured असभ्य]; a ~ looks after the sheep and the lambs गड़रिया भेड़ों और मेमनों की देखरेख करता है; this ~ possesses 40 sheep इस गड़रिये के पास चालीस भेड़ें[F] हैं. [*fem.* shepherdess] **II.** *v.t.i.* **1.** भेड़ें चराना, भेड़ पालना : he has gone out ~ing वह भेड़ें चराने गया है. **2.** का नेतृत्व करना (conduct) ले चलना : to ~ boys into a hall लड़कों को हाल में ले चलना; he will ~ the tourists वह पर्यटकों का मार्गदर्शन करेगा.

shield शील्ड **I.** *n*[c]. **1.** (piece of armour) ढाल[F] [metal धातु की, strong मज़बूत, wooden लकड़ी की]; he uses a ~ to protect himself against weapons हथियारों से अपनी रक्षा[F] करने के लिए वह ≈ का इस्तेमाल करता है; he carries the sword and ~ वह तलवार[F] और ≈ लिए रहता है; ~ is carried on the left arm ढाल बाईं बाँह[F] में उठाई जाती है. **Δ the other side of the ~** बात[F] का दूसरा पहलू. **2.** (protector) परिरक्षक, ढाल[F] : they used ladies as ~s to protect themselves from police firing पुलिस की गोली[F] से बचने के लिए उन्होंने स्त्रियों को अपनी ढाल बना लिया. **3.** (trophy) शील्ड : our team won the ~ in hockey हमारी टीम ने हाकी में ≈ जीती. **II.** *v.t.* रक्षा करना, बचाना : they wanted to ~ three women from a ruffian's attack वे तीन औरतों को गुंडे के आक्रमण से बचाना चाहते थे; the mother ~s her children from harm माँ अपने बच्चे को नुकसान से बचाती है.

shift शिफ़्ट **I.** *v.t.* **1.** (move) हटाना, खिसकाना : to ~ the furniture फ़र्नीचर ≈; to ~ one's glance अपनी दृष्टि[F] हटाना; he tried to ~ the burden to me उसने अपना भार मुझ पर हटाने की कोशिश[F] की. **2.** (change) बदलना : he has ~ed his position उसने अपनी स्थिति[F] बदल ली है; he was ~ed from one place to another वह एक स्थान से दूसरे स्थान पर अंतरित किया गया; to ~ one's ground अपना तर्क बदल देना; to ~ one's lodging रिहाइश[F] बदलना. **3.** (of responsibility) दूसरे पर डालना : he never does his duty but ~s it to some other person वह अपनी ड्यूटी[F] कभी नहीं करता बल्कि किसी दूसरे पर डाल देता है. **II.** *v.i.* **1.** (move) हटना, खिसकना : he will ~ very soon from here वह यहाँ से शीघ्र ही हट जाएगा या जगह बदल लेगा. **2.** (change)

बदलना, बदल जाना [rapidly तेज़ी से, very soon शीघ्र ही]; the scene ~s दृश्य बदलता है; if the wind ~s we shall have fine weather यदि हवा^{F} बदलती है तो सुहावना मौसम होगा. **III.** *n*^{c}. **1.** (of workmen) पाली^{F} [first प्रथम, long लंबी, third तीसरी]; today they are working in the night ~ आजकल वे रात^F की पाली में काम कर रहे हैं; there are three ~s in the factory फ़ैक्टरी^{F} में तीन पालियाँ चलती हैं; he works in two ~s daily वह प्रतिदिन दो पालियों में काम करता है. **2.** (expedient) उपाय, युक्ति^{F}, तरकीब^F; (dodge) चाल^F [easy आसान, important महत्वपूर्ण]; what will be the best ~ for the completion of this work इस काम को पूरा करने के लिए सबसे अच्छी तरकीब क्या है ? **3.** (transfer) स्थान बदलना : they made a ~ last week वह पिछले हफ़्ते स्थान बदल गए, **4.** (change) परिवर्तन [abrupt एकदम, necessary आवश्यक]; ~ of direction, emphasis, position दिशा^{F}, बल, स्थिति^{F} का परिवर्तन. **5.** (substitution) बदली^{F} : both of them managed a mutual ~ उन दोनों ने आपस में ≈ की व्यवस्था^{F} कर ली.

shilling शि'लिङ्ग *n*^{c}. शिलिङ्ग (मुद्रा^{F}) : ~ is no longer a current coin ≈ अब चालू सिक्का नहीं रह गया; ~ is worth five pence ≈ की कीमत पाँच पैसे है; a pound had twenty ~s एक पौण्ड में बीस शिलिङ्ग होते थे.

shilly-shally शिलि शै'लि **I.** *a.* ढुलमुल [intention इरादा, policy नीति^{F}] **II.** *n.* हिचक^F, हिचकिचाहट^F, हिचर-मिचर^F : on account of this ~ on your part we missed a valuable chance तुम्हारी इस ≈ के कारण हमने एक बहुमूल्य अवसर खो दिया. **II.** *v.t.* हिचकिचाना : stop ~ing and say frankly हिचकिचाओ मत, साफ़-साफ़ कहो.

shin शिन *n.* पिंडुली^{F} की नली^{F} : ~ bone ≈ की हड्डी^{F}; hockey players wear ~ guards हाकी के खिलाड़ी नली-रक्षक (कवच) पहनते हैं; he hit him on the ~ उसने उसे ≈ पर चोट^F लगाई; a hurt on the ~ is painful ≈ की चोट^F कष्टकर होती है; his entire ~ from the knee to the ankle was bruised घुटने से लेकर टख़ने तक उसकी पूरी ≈ पर खरोंच आ गई थी.

shine शाइन **I.** *v.t.* (*p.* & *p.p.* shone) **1.** चमकना : the stars ~ तारे चमकते हैं; the sun was shining all the day सूर्य सारा दिन चमक रहा था; his face shone with happiness उसका चेहरा खुशी^{F} से चमक उठा; she entered the hall with jewels shining in her hair वह अपने बालों में चमकते हुए आभूषण के साथ हॉल में दाख़िल हुई; her eyes shone with wonder आश्चर्य से उसकी आँखें चमक उठीं; the snow ~s in the sun बर्फ़ धूप^F में चमकती है; the light was shining in the window खिड़की^{F} में प्रकाश चमक रहा था. **2.** पालिश^F करना : Kamal likes to ~ his father's shoes कमल अपने पिता के जूतों पर पालिश करना पसंद करता है. **3.** he shone in the competition उसने प्रतियोगिता में प्रसिद्धि^{F} प्राप्त की; the boy does not ~ in Maths लड़का गणित में अच्छा नहीं है. **II.** *n*^{u}. **1.** चमक^F: put a ~ on your shoes अपने जूतों पर पालिश करके चमक ले आओ; to see the glittering ~ of gold चमचमाते सोने की चमचमाती चमक देखना. **2.** (sunshine) धूप^F.

shining शाइ'निङ्ग *a.* चमचमाता हुआ [jewel आभूषण, star तारा]; it is a ~ example of honesty ईमानदारी^{F} का यह चमकता हुआ उदाहरण है.

ship शिप **I.** *n*^{c}. जहाज़, पोत [air हवाई, fast तेज़, foreign विदेशी, special विशेष]; ~ broker जहाज़ी दलाल; ~-building पोत निर्माण; ~ canal जहाज़ी नहर; ~ fever टाइफस; ~ load पोतभार/नौभार; ~master कप्तान; ~ment नौभार; ~owner पोतधारी; ~worm नौकृमि; ~yard पोत कारख़ाना, पोत निर्माणी; he went to Japan by ~ वह जहाज़ से जापान गया; when does the next ~ leave for Calicut कालीकट के लिए अगला ≈ कब जाएगा ? the ~ owner gave him a job for a year पोतधारी ने उसे एक महीने का काम दे दिया; my friend was appointed the Captain of the ~ मेरा मित्र जहाज़ का कप्तान नियुक्त किया गया. **II.** *v.t.* **1.** (-pp-) जहाज़ पर माल लादना या चढ़ाना : to ~ the goods for export निर्यात के लिए ≈. **2.** जहाज़ से भेज देना : they ~ped coal from India to Korea उन्होंने भारत से कोरिया को कोयला जहाज़ द्वारा भेजा. **shipping** शि'पिङ्ग *a.* जहाज़रानी^F, नौ परिवहन : ~ articles नाविक करार; ~ bill लदान-पत्र; ~ crew जहाज़ के नाविक; he is engaged in ~ वह जहाज़रानी में नौकरी करता है. **~wreck** *n*^c. **1.** पोतभंग : seeing the ~ inevitable, he jumped from the ship into the sea पोतभंग अवश्यंभावी समझकर वह जहाज़ से समुद्र में कूद पड़ा. **2.** (fig.) to have a ~ of one's hopes आशाओं^F पर पानी फिर जाना.

-ship *suff.* makes nouns : authorship, friendship, hardship, membership, scholarship. shows skill : horsemanship, workmanship.

shirk शर्क *v.t.i.* से जी चुराना, टालना, मुँह मोड़ना : do not ~ your duty, work अपने कर्तव्य, काम से जी मत चुराओ; to ~ one's responsibility अपनी जिम्मेदारी^F से मुँह मोड़ लेना; he is shirking वह टाल-मटोल कर रहा है. **shirker** शर्'कर *n*^c. कामचोर : he is known as a ~ in the family वह परिवार में ≈ माना जाता है; sincere workers are never ~s सच्चे कर्मी कभी ≈ नहीं होते; never be a ~ कभी ≈ न बनो.

shirt शर्ट *n*^c, कमीज़^F [fit ठीक, white सफेद]; I wear a full-sleeve ~ मैं पूरी बाँह^F की ≈ पहनता हूँ; what colour is your ~ तुम्हारी ≈ किस रंग की है? this ~ is too small for me यह ≈ मुझे बहुत ज़्यादा छोटी है; your ~ is dirty, give it to the washerman तुम्हारी ≈ गंदी है, इसे धोबी को दे दो. **shirting** शर्'टिङ्ग *n.* कमीज़^F का कपड़ा : ~s of all varieties are available here यहाँ सब प्रकार की कमीज़ें उपलब्ध हैं.

shiver शि'व़र **I.** *v.i.* (tremble) ठिठुरना, काँपना : she was ~ing with cold वह ठंड^F से ठिठुर/काँप रही थी; she ~d at the thought of the coming exam वह परीक्षा^F आने का विचार आने पर काँप उठी; Pintoo is ~ing with fear पिंटू डर के मारे काँप रहा है; he was ~ing from head to feet वह सिर से पैर तक काँप रहा था. **II.** *n*^c. सिहरन^F, कँपकपी^F : children's ~s show that it is cold outside बच्चों की ≈ से लगता है कि बाहर सर्दी^F है.

shock शॉक **I.** *n*^c. **1.** धक्का, आघात, सदमा : ~ tactics आकस्मिक आक्रमण या कार्यवाही^F; ~ therapy आघात चिकित्सा^F; ~ wave आघाती तरंग^F; the electric ~ killed her बिजली के धक्के/आघात से वह मर गई; she never got over the ~ of her son's death वह अपने बेटे की मृत्यु^F के सदमे से कभी उबर न सकी; her refusal was a terrible ~ to him उसका इंकार उसके लिए एक भयंकर सदमा था; they were dumb-founded with ~ वह सदमे से अवाक् हो गए; he got a ~ when he touched the wire जब उसने तार छुआ तो उसे धक्का लगा. **2.** (state of ~) स्तब्धता^F, जड़ता^F, दहशत^F : the earthquake caused a great ~ to the people भूकंप से लोगों में बड़ी दहशत पैदा हो गई. **II.** *v.t.* स्तब्ध/हक्का-बक्का कर देना : I was ~ed at the sight of the patient रोगी को देखकर मैं स्तब्ध/हक्का-बक्का रह गया; everyone was ~ed by his death हर कोई उसकी मौत^F से स्तब्ध रह गया. **shocking** शॉ'किङ्ग *a.* **1.** (staggering) दहलाने वाला [accident दुर्घटना^F, behaviour व्यवहार]; I went to see the ~ scenes after the earthquake भूकंप के बाद मैं दिल दहलाने वाले दृश्य देखने गया. **2.** (revolting) वीभत्स : it was a very ~ situation there वहाँ बहुत ही ≈ स्थिति^F थी. **3.** (very bad) बहुत ख़राब [cold सरदी^F, indiscipline अनुशासनहीनता^F]; his performance this time was ~ इस बार उसका प्रदर्शन ≈ था.

shod शॉड (from shoe) *a.* **1.** (of man) जूता पहना हुआ [boy लड़का, girl लड़की]; that person was well ~ वह व्यक्ति अच्छा जूता पहने था. **2.** (of horse) नाल लगा हुआ : the horse was ~ yesterday घोड़े को कल नाल लगाया गया.

shoe शू **I.** *n*^c. **1.** जूता [black काला, cheap सस्ता, comfortable आरामदेह, expensive खर्चीला]; I want to have my ~s repaired मैं अपने जूतों की मरम्मत^F करवाना

चाहता हूँ; I like to buy a pair of black ~s मैं काले जूतों का एक जोड़ा ख़रीदना चाहता हूँ; he took off his ~s उसने अपना जूता उतार दिया. Δ **to step into smb's ~s** किसी का उत्तराधिकार ग्रहण करना. **2.** (of horse) नाल : heavy ~ भारी ≈; his horse is without ~s, so it cannot run properly on the road उसका घोड़ा बिना ≈ का है इसलिए सड़क पर ठीक तरह नहीं दौड़ सकता. **3.** (at the tip of a cane) शाम^F : my stick has no ~ मेरी छड़ी^{F} में ≈ नहीं (लगी) है. **II.** *v.t.* (*p. & p.p.* shod, shoed; *pr.p.* shoeing) **1.** जूता पहनाना : she shod the boy with a new ~ उसने लड़के को एक नया जूता पहनाया. **2.** नाल पहनाना : to ~ a horse घोड़े के नाल लगाना. **~ black** *n.* बूट पालिश^F : buy your own ~ black and do it yourself अपनी ≈ ख़रीद लो और इसे अपने-आप करो. **~ lace** *n*^{c}. तसमा [long लंबा, tight कसा हुआ]; we fasten our ~ laces हम अपने जूतों के तसमें बाँधते हैं; **~ maker** शू'मेकर : there sits a ~ on the roadside सड़क^F के किनारे एक ≈ बैठता है; a ~ also repairs shoes ≈ जूतों की मरम्मत भी करता है.

shone शोन = past of "shine"; the little boy's face ~ छोटे लड़के का चेहरा चमक गया; the sun ~ in the sky सूर्य आकाश में चमका. [*as distinct from* shown]

shook शुक = past of "shake" *q.v.*

shoot शूट **I.** *v.t.* (*p. & p.p.* shot) **1.** पर गोली^{F} चलाना या मारना : he shot the bear with his gun उसने अपनी बंदूक^F से भालू पर गोली चला दी; the hunter shot a tiger शिकारी ने एक शेर को गोली मारी; he shot into the air उसने हवा में गोली चलाई; he shot them without warning उसने उन्हें बिना चेतावनी^{F} के गोली मार दी; he was shot dead उसे गोली से मार डाला गया; the enemy was ~ing at our camp शत्रु हमारे शिविर पर गोली चला रहा था. **2.** (discharge) छोड़ना, चलाना, मारना : he shot an arrow from a bow उसने अपनी कमान^F से तीर मारा/चलाया. **3.** (wound) घायल करना, मार डालना : they shot a lion in the jungle उन्होंने जंगल में एक शेर को घायल कर दिया या मार डाला. **II.** *v.i.* **1.** (to move out swiftly) एकाएक निकलना : he shot out of the room वह कमरे से एकाएक निकला; the sun shot out सूर्य एकदम निकल आया. **2.** (of plants) कोंपल^F निकलना : trees are ~ing पेड़ों की कोपलें निकल रही हैं; buds are ~ing कलियाँ निकल रही हैं. **3.** (to shoot a photograph or film) फ़ोटो खींचना, फ़िल्म लेना. Δ (phrases) **~ ahead** आगे निकल जाना : he shot ahead of other competitors in the race वह दौड़ में दूसरे प्रतियोगियों से आगे निकल गया; **~ down** (i) मार गिराना : he shot down the lion with one bullet उसने एक गोली^{F} से शेर को मार गिराया; (ii) नीचे गिरना : prices are ~ing down कीमतें (नीचे) गिर रही हैं; **~ up** (ऊपर) चढ़ना : prices are ~ing up कीमतें^{F} चढ़ रही हैं. **III.** *n*^{c}. कोंपल^F : in spring the plants are full of ~s बसंत में पौधे कोंपलों^{F} से भर जाते हैं; goats like to eat ~s बकरियाँ^{F} कोंपलें खाना पसंद करती हैं.

shop शॉप **I.** *n*^{c}. दुकान^F [general सामान्य, large बड़ी, old-fashioned पुराने ढंग की]; ~ keeper दुकानदार; ~ lifter दुकानचोर; ~ man दुकानवाला; barber's ~ नाई की ≈; grocer's ~ पंसारी की ≈; fruit ~ फलों की ≈; the proprietor of a ~ ≈ का स्वामी; we are the customers of that particular shop हम उसी ख़ास ≈ के ग्राहक हैं; he opens his ~ at 8 o'clock वह अपनी ≈ 8 बजे खोलता है; he keeps a ~ वह ≈ करता है; the ~ is open now ≈ इस समय खुली है; this is a reliable ~ for electronic goods इलेक्ट्रानिक सामान के लिए यह विश्वसनीय ≈ है. Δ **they talk ~** वे अपने पेशे की बात^F करते रहते हैं. **II.** *v.t.* (shopped, shopping) बाज़ार करना, ख़रीददारी^{F} करना : we usually ~ in civil lines साधारणतया हम सिविल लाइंस में ख़रीददारी करते हैं; she goes ~ping every Saturday वह हर शनिवार को ख़रीददारी करने जाती है; to ~ around कई दुकानों में पूछताछ^F करना.

shore शॉर **I.** *n*^{c}. समुद्र-तट [low नीचा, sandy बलुआ, steep खड़ा]; the ~ of the Baltic sea बाल्टिक सागर का तट; we were happy to be on the ~ again हम ≈ पर पुनः आने पर प्रसन्न थे; we all walked along the ~ in the morning हम सब सुबह[F] ≈ के साथ-साथ टहलते रहे; our ship touched the ~ at 6 o'clock हमारा जहाज़ छह बजे ≈ पर आ लगा. Δ our ship is **in** ~ हमारा जहाज़ तट के पानी में है; the ship is **off** ~ जहाज़ खुले समुद्र में है. **II.** *v.t.* टेक[F] लगाना : you should ~ (up) the banana tree तुम्हें केले के पेड़ में टेक लगानी चाहिए.

shorn शॉर्न = *p.p.* of 'shear' *q.v.*; sheep have been ~ भेड़ों के बाल कतर दिए गए हैं.

short शॉर्ट **I.** *a.* **1.** (not long) छोटा : ~ hair छोटे बाल; ~ turban छोटी पगड़ी[F]; ~ cut छोटा रास्ता. **2.** (person) नाटा, ठिगना : ~ man ≈ आदमी; ~ woman नाटी/ठिगनी स्त्री; he is ~ and fat वह नाटा और मोटा है. [*ant.* long, tall] **3.** (time, distance) थोड़ा : in a short while थोड़े समय में; he lives at a ~ distance from here वह यहाँ से थोड़ी दूर पर रहता है. **4.** (brief) संक्षिप्त : ~ journey ≈ यात्रा[F]; she gave me a ~ answer उसने मुझे ≈ उत्तर दिया; he delivered a ~ lecture उसने एक ≈ भाषण दिया. **5.** (curt) रूखा : ~ temper ≈ मिज़ाज; ~ reply ≈ जवाब; he was very ~ tempered with me वह मेरे साथ रुखाई[F] से पेश आया. **6.** (not enough) कम, अपर्याप्त [means साधन, quantity मात्रा[F], supply आपूर्ति[F]]; I am ~ of hands मेरे पास कर्मी कम हैं; the supply of sugar is ~ चीनी की आपूर्ति कम है; I am ~ of 50 paise मेरे पास पचास पैसे कम हैं; ~ provisions कम या नाकाफ़ी रसद[F]. **7.** (other contexts) ~ intelligence अल्प बुद्धि[F]; ~ memory कमज़ोर याद्दाश्त[F]; ~ notice अल्पकालिक सूचना[F]; ~ story लघु कथा; ~ vowel लघु स्वर; ~ wave लघु तरंग. **II.** *n*[u]. **1.** ख़ुलासा, संक्षिप्त कथन : the long and ~ of it is this संक्षेप में ऐसा है कि. **2.** (*pl.*) घुटन्ना, जाँघिया, निकर, हाफ़ पैण्ट [coloured रंगदार, unfit बेठीक]; he wears a green pair of ~s वह हरा जाँघिया पहनता है. **III.** *adv.* **1.** अचानक, एकाएक, सहसा : he stopped ~ वह ≈ रुक गया. to **cut** ~ अचानक समाप्त करना : considering the situation unfavourable he cut ~ his speech स्थिति[F] अनुकूल न जानकर उसने अपना भाषण अचानक समाप्त कर दिया; **fall** ~ कम पड़ना : his achievement fell ~ of our hopes उसकी उपलब्धि[F] हमारी आशाओं[F] से कम पड़ी; **in** ~ संक्षेप में : the teacher said to the student, "tell me everything in ~" अध्यापक ने छात्र से कहा, "मुझे सब कुछ संक्षेप में बता दो"; **be in ~ supply** कम मिलना : sugar is in ~ supply चीनी[F] कम मिलती है; **run** ~ कम होना, कम पड़ना : the sugar ran ~ in the very first round चीनी[F] पहले चक्र में ही कम पड़ गई; **~ of** (except) के सिवाय : nothing ~ of apology will satisfy me क्षमायाचना[F] के सिवाय मुझे किसी बात[F] से संतोष नहीं होगा. **~ change** छुट्टा, रेज़गारी[F]; **~coming** *n.* कमज़ोरी[F], दोष [serious गंभीर, trifling नगण्य]; everybody has some ~s हर आदमी में कोई-न-कोई दोष होता है; to hide the past ~s पूर्व की कमज़ोरियों को छिपाना; to detect ~s in someone किसी में दोषों का पता लगाना; to win over the ~s कमज़ोरियों पर विजय पाना; **~hand** *n.* आशुलिपि[F] : ~ typist आशुलिपिक; the secretary took down in ~ what was dictated सेक्रेटरी ने जो कुछ लिखाया गया उसे ≈ में लिख लिया; **~lived** *a.* **1.** अल्पायु, अल्पजीवी [creatures प्राणी, woman स्त्री]; great men are ~ महापुरुष ≈ होते हैं. **2.** (brief) अल्पकालिक, क्षणस्थायी : ~ interest ≈ अभिरुचि[F]; our happiness was ~ हमारी खुशी[F] ≈ थी; his schemes were ~ उसकी योजनाएँ[F] ≈ थीं. **~sighted** *a.* **1.** (myopic) निकटदर्शी : I don't recognise people as I am ~ मैं लोगों को पहचानता नहीं क्योंकि मैं ≈ हूँ. **2.** (fig.) अदूरदर्शी [businessman व्यापारी, politician राजनीतिज्ञ]; he will surely suffer the loss for he is ~ वह निश्चित रूप से नुकसान उठाएगा क्योंकि वह ≈ है. **~tempered** *a.* चिड़चिड़ा, बदमिज़ाज [lady महिला[F], master मालिक, teacher अध्यापक]; she is so ~ that she beats her children every day वह इतनी बदमिज़ाज है कि अपने बच्चों को

प्रतिदिन पीटती है; her husband is also ~ उसका पति भी चिड़चिड़े मिज़ाज वाला है. **shortage** शॉर्'टिज *n.* कमी^F, अभाव : the ~ of expected amount प्रत्याशित राशि^F की कमी; there is a great ~ of water in Allahabad इलाहाबाद में पानी की भारी कमी है; ~ of food during the war युद्ध के दौरान भोजन की कमी; there is a ~ of labour these days इन दिनों श्रमिकों की कमी है. **shorten** शॉर्'टन **I.** *v.t.* कम/छोटा करना या घटाना या घटना : ~ the trousers by ten cm. पाजामा दस सेमी. कम/छोटा कर दो; the shirt will have to be ~ed कमीज़ को छोटा करना होगा; the woman is ~ing her blouse स्त्री अपना ब्लाउज़ छोटा कर रही है; to ~ a rope रस्सी^F को छोटा करना; trains have ~ed the distance गाड़ियों^F ने दूरियाँ कम कर दी हैं. **II.** *v.i.* छोटा या कम होना : the letter is ~ed पत्र छोटा हो गया है. **shortly** शार्ट'लि *adv.* **1.** (soon) अविलंब, निकट भविष्य में, थोड़ी देर बाद : I shall ~ require a secretary मुझे ≈ एक सेक्रेटरी की आवश्यकता^F है; a post of a clerk will ~ be vacant एक लिपिक का पद ≈ ख़ाली होगा; an announcement will ~ be made ≈ घोषणा^F की जाएगी; ~ before he was here अभी थोड़ी देर पहले वह यहीं था. **2.** (briefly) संक्षेप में : he explained his meaning ~ उसने आशय ≈ बताया. **3.** रुखाई^F से : he met him ~ वह उससे ≈ मिला; he welcomed his friend ~ उसने अपने मित्र का ≈ स्वागत किया.

shot शॉट **I.** *a.* रंग-बिरंगा : ~ cloth ~ कपड़ा; he wears a ~ shirt and looks like a joker वह रंग-बिरंगी कमीज़ पहनता है, और जोकर की तरह दिखता है; he has a ~ beard उसकी दाढ़ी^F रंग-बिरंगी (गंगा-जमुनी है). **II.** *n*^c. **1.** (range) (गोली^F की) पहुँच^F, मार^F [distant दूरी की, excellent उत्कृष्ट, wonderful आश्चर्यजनक]; it is beyond the ~ of the revolver यह रिवाल्वर की मार के बाहर है; these weapons may make good ~s ये हथियार अच्छी मार कर सकते हैं. **2.** (attempt) कोशिश^F, प्रयास : it was a good ~ for the aim by him उसके द्वारा यह लक्ष्य तक की अच्छी कोशिश^F थी; he had a successful ~ at doing it इसे करने में उसने सफल प्रयास किया. **3.** (guess) अनुमान, अंदाज़ा : right ~ सही ≈; it was his bad ~ or ~ in the dark यह उसका गलत ≈ था. **4.** (usu. *pl.*) (pellet) छर्रा : lead ~s सीसे के छर्रे; many ~s pierced into his body उसके शरीर में कई छर्रे धँस गए. **5.** (marksman) निशानेबाज़ : skilful ~ कुशल ≈; he is an excellent ~ वह बढ़िया ≈ है. Δ **to give smb a ~ in the arm** किसी का उत्साह बढ़ाना. he accepted my proposal like a ~ उसने मेरा सुझाव तुरंत मान लिया.

should शुड *aux. v.* (*past* of shall) **1.** चाहिए (अर्थ में) : he ~ come उसे आना चाहिए; ~ he come यदि वह आए; we ~ meet him again हमें उससे पुनः मिलना चाहिए; without you, we ~ never have gone there बिना तुम्हारे हम वहाँ कभी न जा पाते; you ~ not do that तुम्हें वह नहीं करना चाहिए; you ~ be more careful तुम्हें और सावधान रहना चाहिए; he ~ have done it long ago उसे यह बहुत पहले ही कर लेना चाहिए था; what ~ I answer मुझे क्या उत्तर देना चाहिए; you ~ not wait so long तुम्हें इतना इंतज़ार नहीं करना चाहिए; you should not go there तुम्हें वहाँ नहीं जाना चाहिए; if I had seen him yesterday, I ~ have invited him too यदि मैं कल उससे मिला होता तो उसे भी आमंत्रित कर लेता. **2.** (showing probability) ~ anything happen, ring me up कुछ हो जाए तो मुझे फोन कर देना; he ~ be in office at this time वह इस समय कार्यालय में होगा. **3.** (surprised) who ~ be there but Moti मोती के अलावा और कौन हो सकता है?

shouldn't = should not; you ~ carry your bag yourself तुम्हें अपना थैला स्वयं नहीं उठाना चाहिए.

shoulder शोल्'डर **I.** *n*^c. कंधा [broad चौड़ा, narrow सँकरा, round गोल]; ~ belt परतली^F; ~ blade अंसफलक; he felt a pain in his ~ उसे कंधे में दर्द हुआ; he put the bundle on his ~ उसने गट्ठर अपने कंधे पर रखा; he carried the child on his ~s

उसने बच्चे को अपने कंधों पर उठा लिया; he hung his camera from his ~s उसने अपने कंधे से कैमरा लटकाया. Δ **old head on young ~s** समझदार लड़का; to stand ~ to ~ कंधे-से-कंधा मिलाकर खड़े होना. **II.** *v.t.* **1.** कंधा मारना : he ~ed his way into the hall वह कंधा मारते हाल में चला गया. **2.** कंधे पर उठाना : he ~ his box and set off उसने कंधे पर अपना संदूक उठाया और चल दिया. **3.** का भार लेना : to ~ the responsibility of the child बच्चे की ज़िम्मेदारी लेना. Δ **~ to ~** कंधे-से-कंधा लगाकर, साथ-साथ : they fought ~ to ~ वे कंधे से कंधा लगाकर लड़े; **straight from the ~** (i) बिलकुल सीध[F] में : go straight from the ~ and you will reach the post-office बिलकुल सीधे चले जाओ और तुम डाकघर पहुँच जाओगे; (ii) (say frankly) स्पष्ट रूप से कहो; **give the cold ~** साथ छोड़ देना, रुखाई से पेश आना : he gave the cold ~ to his friend वह अपने मित्र के साथ रुखाई[F] से पेश आया.

shout शॉउट **I.** *v.t.* **1.** चिल्लाना, शोर मचाना : to ~ with delight, excitement ख़ुशी[F], जोश से चिल्लाना; the children ran ~ing and laughing बच्चे शोर मचाते हुए और हँसते हुए भागे; don't ~ at me मुझसे चिल्लाकर मत बोलो; he ~ed in vain वह व्यर्थ चिल्ला रहा था. [*ant.* whisper] **2.** पुकारना : he ~ed for help उसने सहायता[F] के लिए पुकारा; he ~ed, 'beware' उसने पुकारा, 'खबरदार'. **3.** he ~ed with pain वह दर्द के मारे चीख़ा. **II.** *n*[c]. **1.** चीत्कार[F], चिल्लाहट[F], चीख[F] [painful दर्दभरी, shrill तेज़, terrible भयंकर]; he gave a ~ of pain उसने दर्द से चीख़ मारी; he heard the ~ of someone at midnight उसने आधी रात[F] को किसी की ≈ सुनी. **2.** (slogan) नारा, पुकार : I heard many people making ~s on the road मैंने बहुत-से लोगों को सड़क[F] पर नारे लगाते हुए सुना. **3.** ~s of laughter could be heard from the next room हँसी के ठहाके बग़ल के कमरे से सुनाई दे सकते थे.

shove शव़ **I.** *n*[c]. ठेला, धक्का : a weak man should not go in the crowd, he may get a ~ and fall down कमज़ोर आदमी को भीड़[F] में नहीं जाना चाहिए, कहीं धक्का खाकर गिर न जाए. **II.** *v.t.* **1.** खिसकाना, सरकाना, ठेलना, ढकेलना : they ~d the boat into the river उन्होंने नाव[F] को नदी[F] में ढकेल दिया; he could not ~ the stone on the road वह सड़क[F] पर पत्थर को नहीं खिसका सका; he ~d the old man at the platform उसने प्लेटफार्म पर बूढ़े आदमी को ढकेल दिया; he ~d his way through the crowd उसने भीड़[F] में से खिसकते-सरकते अपना रास्ता बना लिया. **2.** आगे बढ़ना : they ~d ahead leaving the place of accident वे दुर्घटना-स्थान को छोड़कर आगे बढ़ गए. Δ **~ off** निकल जाना : he ~d himself off the crowd वह भीड़[F] में से निकल गया.

shovel शॅ'व़्ल **I.** *n*[c]. **1.** बेलचा : ~ is used for lifting coal, mud, etc. ≈ का प्रयोग कोयला, कीचड़ इत्यादि उठाने के लिए किया जाता है; take the ~ by its handle and throw the earth away बेलचे का हत्था पकड़ो और मिट्टी दूर फेंक दो. **2.** (shovelful) बेलचाभर : he put a ~ of mud in the pit उसने ≈ कीचड़/गारा गड्ढे में डाल दिया. **II.** *v.t.* (-ll-) बेलचे से उठाना/हटाना : he ~led stones from the path उसने बेलचे से पत्थर उठाकर रास्ते से हटा दिए.

show शो **I.** *v.t.* (showed, shown) **1.** दिखाना : to ~ an object to a person किसी व्यक्ति को कोई चीज़ ≈; he did not even ~ his face उसने अपना मुँह तक नहीं दिखाया; I ~ed him what I had found जो कुछ मैंने पाया था उसे दिखा दिया; he ~ed me a letter उसने मुझे एक पत्र दिखाया; ~ your passport अपना पासपोर्ट दिखाओ; to ~ the specimens of fruits, flowers and vegetables in the exhibition प्रदर्शनी[F] में फलों, फूलों और सब्जियों[F] के नमूने दिखाना; to ~ pity on a beggar किसी भिखारी पर दया[F] दिखाना. [*ant.* hide] **2.** बताना : to ~ smb the way किसी को रास्ता ≈; ~ cause कारण बताओ; please ~ me how to do it कृपया मुझे बताइए कि इसे कैसे करें. **3.** (manifest) व्यक्त करना, प्रकट करना : he showed neither anger nor contempt उसने न तो क्रोध प्रकट किया न घृणा[F]; he ~ed faith in him उसने उसमें विश्वास व्यक्त किया; he is ~ing great interest in our plan वह हमारी योजना^F में बहुत रुचि^F प्रकट कर रहा है. **4.** (prove) सिद्ध करना, प्रमाणित करना : it ~s honesty of the servant इससे नौकर की ईमानदारी^F सिद्ध/प्रमाणित होती है; is there any way of ~ing relationship between good and truth भलाई^F और सचाई^F में संबंध प्रमाणित/सिद्ध करने का क्या कोई तरीका है? (expound) प्रतिपादित करना : he ~ed a new theory and has got the approval of the scientists उसने एक नया सिद्धांत प्रतिपादित किया और उसे वैज्ञानिकों की मान्यता^F मिली. **6.** (make understand) समझाना : I will ~ you everything in future भविष्य में मैं तुम्हें सब कुछ समझा दूँगा; I could not ~ him that love is blind मैं उसे यह नहीं समझा सका कि प्रेम अंधा होता है. **7.** (conduct) ले जाकर दिखाना : he ~ed us round the school उसने हमें साथ ले जाकर स्कूल दिखाया. **II.** *v.i.* (appear) दिखाई देना : sprouts are beginning to ~ अंकुर दिखाई देने लगे हैं. Δ ~ **fight** लड़ने को तैयार हो जाना, न दबना : he is ready to ~ fight if you interrupt him a little यदि तुम उसे तनिक भी हानि पहुँचाओगे तो वह लड़ने को तैयार है; ~ **off** की शान^F दिखाना : he ~ed off his knowledge, wealth उसने अपने ज्ञान, धन की शान दिखाई; ~ **up** प्रकट हो जाना, दिखाई पड़ना : everything began to ~ up distinctively सब कुछ स्पष्ट रूप से दिखाई पड़ने लगा; he did not ~ up at the meeting वह बैठक में दिखाई नहीं पड़ा. **III.** *n*^c. **1.** शो, प्रदर्शन [excellent उत्कृष्ट, magnificent शानदार]; there is a new ~ at the theatre थिएटर में एक नया ≈ है; pictures are on ~ in the city नगर में सिनेमा दिखाया जा रहा है; he could not get tickets for the last ~ वह अंतिम ≈ का टिकट न पा सका; to perform an open ~ खुले में प्रदर्शन करना; to make a fine ~ अच्छा प्रदर्शन करना; to act in dumb ~ मूक-प्रदर्शन में अभिनय करना. ~ **bill** इश्तहार, विज्ञापन; ~ **business,** ~**biz,** कौतुक व्यवसाय; ~ **case** प्रदर्शन मंजूषा^F; ~ **down** बल परीक्षा^F; ~ **piece** बढ़िया नुमाइशी वस्तु^F; ~ **place** दर्शनीय स्थान. **2.** (exhibition) प्रदर्शनी^F : he went to see the flower ~ वह पुष्प ≈ देखने गया. **3.** (display) प्रदर्शन, दिखावा : ~ of strength शक्ति-प्रदर्शन; he made a ~ of illness उसने बीमारी^F का दिखावा किया; she did it for ~ उसने दिखावे के लिए यह किया. **4.** to put up a ~ at chess शतरंज में अपना करतब दिखाना.

shower शॉउअर **I.** *n*^c. **1.** (of rain) बौछार^F [heavy भारी, refreshing ताज़गी देने वाली, unexpected अप्रत्याशित]; a ~ is very pleasant in rainy season बरसात^F के मौसम में ≈ सुहावनी लगती है. **2.** (rush) बौछार, भरभार : ~ of questions, bullets प्रश्नों, गोलियों की ≈. **3.** (also ~ bath) फुहारा : we have fitted ~ in our bathroom हमने अपने स्नानघर में एक फुहारा लगा लिया है; to go for a ~ नहाने जाना. **4.** फुहारा-घर : our ~ has a tiled floor हमारे ≈ में टाइलदार फ़र्श है. **II.** *v.i.* **1.** (sprinkle) छिड़कना : to ~ water पानी छिड़कना. **2.** बरसाना : they ~ed flowers on the bride उन्होंने दुल्हिन पर फूल बरसाए. Δ **it never ~s but pours** भगवान जब देता है तो छप्पर फाड़कर देता है.

showy शो'इ *a.* **1.** (ostentatious) आडम्बरी [person व्यक्ति, work काम]; a ~ display of wealth धन का ≈ प्रदर्शन; he is so ~ that it is hard to believe him वह इतना आडंबरी है कि उस पर विश्वास करना कठिन है. **2.** (gaudy) भड़कीला [building इमारत^F, dress पोशाक^F, office कार्यालय]; she wears ~ clothes वह भड़कीले कपड़े पहनती है.

shrank श्रैङ्क *v.t. past* of "shrink" *q.v.*

shred श्रेंड **I.** *n.* **1.** धज्जी^F, कतरन^F, टुकड़ा : the shirt was torn to ~s कमीज़ के टुकड़े-टुकड़े हो गए; I tore the paper to ~s मैंने काग़ज़ को टुकड़े-टुकड़े करके फाड़ दिया; he threw all the ~s of clothes thinking them of no importance उसने कपड़े की सब कतरनों को किसी महत्व का न समझकर फेंक दिया. **2.** (fig.) लेशमात्र, रत्तीभर : there is not a ~ of doubt in it इसमें ≈ संदेह नहीं है. **II.** *v.t.* (-dd-) की धज्जियाँ^F उड़ाना : to ~ a cloth, an argument कपड़े, तर्क ≈.

shrewd श्रूड *a.* **1.** समझदार, बुद्धिमान, सयाना, चतुर [observer पर्यवेक्षक, student छात्र, woman औरत]; he is a ~ lawyer वह एक बुद्धिमान् वकील है. **2.** ~ businessman व्यवहारकुशल व्यापारी. **3.** विवेकपूर्ण [answer उत्तर, guess अनुमान, statement कथन]; to give a ~ reason for his absence उसने अपनी अनुपस्थिति[F] का ≈ कारण बताया; all his arguments were ~ उसके सारे तर्क ≈ थे. **4.** (sharp) तेज़, तीक्ष्ण [eyesight दृष्टि[F], intelligence बुद्धि[F], pain दर्द, thinking सोच]; to give a person ~ blows without a warning बिना चेतावनी[F] के किसी व्यक्ति पर ज़ोर का प्रहार करना.

shriek श्रीक **I.** *v.t.* **1.** चीख़[F] मारना, चीख़ना [loudly ज़ोर से, suddenly एकाएक]; she ~ed in fear at night वह रात[F] को भय से चीख़ उठी; they were ~ing for help but none went there वे सहायता[F] के लिए चीख़ रहे थे लेकिन कोई भी उनके पास नहीं गया. **2.** (with laughter) ठहाका लगाना : he ~ed loudly with laughter in the meeting उसने बैठक[F] में ज़ोर से ठहाका लगाया. **II.** *n*[c]. चीख़, पुकार [panicky हौलनाक, thrilling सनसनीख़ेज़]; the ~s of the dying people in the war युद्ध में मरने वाले लोगों की ≈; the ~s of an owl उल्लू की ≈.

shrill श्रिल *a.* (shriller, shrillest) **1.** ज़ोरदार, तीव्र, कर्कश [laughter हँसी[F], voice स्वर/आवाज़[F], whistle सीटी[F]]; ~ cry of a child बच्चे की ज़ोरदार चीख़[F]; a cock produces a ~ sound in the morning मुर्ग़ा सुबह[F] तीव्र आवाज़ करता है. **2.** (of a person) आग्रही, हठी.

shrine श्राइन *n*[c]. **1.** (temple) धर्म-स्थान, मंदिर, मस्जिद, चर्च, गुरुद्वारा, आदि [carved नक्काशीयुक्त, golden स्वर्ण, sacred पवित्र]; we all went to a ~ in the evening शाम को हम सब मंदिर गए; this is the oldest Muslim ~ in the city शहर में यह सबसे पुरानी मस्जिद है. **2.** (tomb) मकबरा, समाधि[F], रौज़ा [magnificent भव्य, old पुराना]; a saint lies buried in this ~ एक संत इस समाधि में गड़ा हुआ है; this is the ~ of a Sufi faqir यह एक सूफ़ी फ़क़ीर का मकबरा है. **3.** (casket) तबर्रुक़, पात्र : a ~ in Hazrat Bal (Srinagar) contains a hair of Prophet Mohammad हज़रत बल (श्रीनगर) में एक ≈ के अंदर हज़रत मोहम्मद का बाल है. [*v.* enshrine]

shrink श्रिङ्क **I.** *v.i.* (shrank, shrunk) **1.** सिकुड़ना : woollen clothes ~ in hot water ऊनी कपड़े गर्म पानी में सिकुड़ जाते हैं; my shirt shrank in the wash मेरी कमीज़ धुलाई[F] में सिकुड़ गई; his face began to ~ उसका चेहरा सिकुड़ने लगा. [*ant.* expand] **2.** (diminish) घटना : the water is ~ing in the river now नदी[F] में अब पानी घट रहा है; his business has shrunk उसका कारबार घट गया है. **3.** (recoil) झिझकना : the girl shrank away from the barking dog लड़की भौंकते कुत्ते से झिझक गई; he shrank from committing crime वह अपराध करने से झिझक गया. **4.** (drawback) पीछे हटना : on seeing the bear in the way, they shrank away रास्ते में भालू देखकर वे पीछे हट गए. **II.** *v.t.* सिकोड़ना : the tailor ~s the cloth before sewing it सीने से पहले दर्ज़ी कपड़े को सिकोड़ लेता है. **shrinkage** श्रिङ्'किज *n*[u]. **1.** सिकुड़न[F] : due to ~, the shirt has become short ≈ के कारण कमीज़ छोटी हो गई है. **2.** (depreciation) अवमूल्यन : there is a great ~ of rupee this year इस साल रुपए का काफी अवमूल्यन हुआ है. **3.** (decrease) घटती[F], कमी[F] : in summer there is a ~ of water supply गर्मियों में जल-आपूर्ति[F] की कमी हो जाती है; there has been a slight ~ in production उत्पादन में थोड़ी कमी हुई है.

shroud श्राउड **I.** *n*[c]. **1.** कफ़न : a dead body is wrapped in the ~ शव को ≈ में लपेटा जाता है. **2.** (cover) आवरण : the plain was hidden in a ~ of mist मैदान धुंध के ≈ में छिपा था; (fig.) **wrapped in a ~ of mystery** रहस्य के परदे में छिपा हुआ. **II.** *v.t.* **1.** कफ़न ओढ़ाना : to ~ the dead body शव को ≈. **2.** (cover, hide) पर परदा डालना, छिपाना : don't try to ~ the reality वास्तविकता[F] पर परदा डालने की कोशिश[F] मत

करो; you could not ~ the murder तुम हत्या^F को छिपा नहीं सके; the crime remained ~ed in mystery अपराध रहस्य के परदे में छिपा रह गया.

shrub श्रब *n.* झाड़ी^F [evergreen सदाबहार, large बड़ी, thorny काँटेदार]; he planted ~s all about the field उसने खेत के आस-पास झाड़ियाँ लगा दीं; her saree got entangled in the ~ उसकी साड़ी ≈ में उलझ गई.

shrug श्रग *v.t.i.* (shrugged, shrugging) कंधा उचकाना या झाड़ना : ~ unwillingly अनिच्छा से ≈; he ~ged his shoulders and said, "what can I do?" उसने अपना कंधा उचकाया और कहा, "मैं क्या कर सकता हूँ"? Δ ~ **off** टालना, उपेक्षा^F करना, पर ध्यान न देना : the peon ~ged off all instructions and was dismissed from his service चपरासी ने सब निर्देशों की उपेक्षा^F की और नौकरी^F से हटा दिया गया.

shrunk श्रङ्क *v.t., p.p.* of 'shrink' *q.v.*

shudder शॅडर **I.** *v.i.* **1.** काँपना, थरथराना : to ~ with severe cold कड़ाके की ठंड^F से काँप जाना; he ~ed with fear वह डर के मारे काँप/थरथरा उठा; seeing the blood she ~ed ख़ून देखकर वह काँप उठी. **2.** (feel repugnance) रोंगटे खड़े हो जाना : to ~ at the thought of such a horrible accident ऐसी भयावह दुर्घटना^F का ध्यान आने पर रोंगटे खड़े हो जाना. **II.** *n*^c. थरथराहट^F, कँपकपी^F : to give a ~ ≈ पैदा करना, कँपा देना.

shuffle शॅफ़ल *v.t.* **1.** रगड़ना, घसीटना : to ~ one's feet on the ground ज़मीन पर अपने पैर घसीटना; stop shuffling your feet पैर घसीटकर मत चलो. **2.** (cards) फेंटना : he has ~d the cards very cleverly उसने ताश^F को होशियारी से फेंटा; it is not my turn to ~ (the cards) ताश^F फेंटने की मेरी बारी^F नहीं है. **3.** (shift) खिसकाना : to ~ his responsibility on someone अपनी ज़िम्मेवारी^F किसी दूसरे पर खिसका देना. Δ ~ **off** (i) to ~ off one's clothes अपने कपड़े उतारना; (ii) खिसकाना : to ~ off responsibility on to others दूसरों पर ज़िम्मेदारी^F डाल देना. **II.** *n*^c. **1.** (change) हेर-फेर, अदल-बदल, उलट-फेर, परिवर्तन : a ~ is possible in your affair, you should be ready for that तुम्हारे मामले में उलट-फेर संभव है, तुम्हें उसके लिए तैयार रहना चाहिए. **2.** (of feet) रगड़^F, घसीट^F : to walk with a ~ घसीट के साथ चलना. **3.** (of cards) फेंट^F : the ~ of the cards was not well done ताश^F की ≈ अच्छी तरह नहीं की गई.

shun शन *v.t.* (-nn-) से दूर रहना, से बचना, से बचकर रहना : to ~ a meeting with someone किसी से मुलाकात करने ≈; to ~ the society of the drunken शराबी लोगों की संगति^F से बचना; to ~ the responsibility ज़िम्मेवारी^F से बचना; I have ~ned him like the plague मैं उससे प्लेग की तरह बचकर रहता हूँ; a quarrelsome person is ~ned by all people झगड़ालू आदमी से सब लोग बचकर रहते हैं.

shunt शन्ट *v.t.* **1.** शंट करना, बग़ल की पटरी^F पर लाना : a railway engine ~s carriages from one line to another रेलवे इंजन डिब्बों को एक पटरी से दूसरी पटरी पर लाता है. **2.** (postpone) स्थगित करना : his transfer had to be ~ed उसका स्थानांतरण स्थगित करना पड़ा. **3.** (remove) हटा देना : he was ~ed off/out from his office उसे अपने पद से हटा दिया गया. **4.** (lay aside) ताक पर रखना : the plan was ~ed (off) योजना^F ताक पर रख दी गई.

shut शॅट **I.** *a.* बंद [bag थैला, door दरवाज़ा, window खिड़की^F]; when I went there, I found all the doors ~ जब मैं वहाँ गया तो मैंने सब दरवाज़े बंद पाए. **II.** *v.t.i.* (past & *p.p.* shut; *pr.p.* shutting) बंद करना या होना : ~ the door दरवाज़ा बंद करो; this window does not ~ यह खिड़की^F बंद नहीं होती; ~ your mouth otherwise I'll beat you अपना मुँह बंद करो नहीं तो मैं तुम्हें पीट दूँगा; to ~ one's ears अपने कान बंद करना; to ~ one's eyes to smth देखने से इंकार करना; to ~ one's heart to smth सहानुभूति^F न दिखाना; some flowers ~ their petals at night कुछ फूल रात^F में अपनी पंखुड़ियाँ बंद कर लेते हैं; this door ~s easily यह दरवाज़ा आसानी^F से बंद होता है; ~ your book and come to me अपनी किताब^F बंद करके मेरे पास आओ; she ~ her eyes with fear उसने भय से अपनी आँखें^F बंद कर लीं. [*ant.* open] Δ ~ **down** (i) बंद करना : the factory has been ~ down through lack of work काम की कमी^F के कारण कारख़ाना बंद कर दिया गया है; (ii) गिरा/हरा देना : I can ~ down easily in wrestling मैं उसे कुश्ती में आसानी^F से गिरा/हरा सकता हूँ; ~ **in** (i) घर में बंद : he remained ~ in all day वह सारा दिन घर में बंद रहा; (ii) घेरना : this village is very much ~ in by the hills यह गाँव पहाड़ियों^F से बहुत घिरा है; ~ **off** बंद करना : the water should be ~ off at the main tap पानी मुख्य टोंटी^F से बंद कर दिया जाना चाहिए; to ~ off steam भाप^F ≈; ~ **out** भीतर न आने देना : to ~ a person out किसी व्यक्ति को बाहर रोकना; the new house will ~ out the way to the river नया मकान नदी^F की तरफ के रास्ते को रोक देगा; ~ **up** (i) बंद करना, कैद करना : he was ~ up in the shop वह दुकान में बंद कर दिया गया; (ii) ~ up! (your mouth) अपने मुँह में ताला लगाओ, चुप रहो. **shutter** शॅ'टर *n*^c. **1.** झिलमिली^F : he closed the ~ उसने ≈ बंद कर दी; a ~ for the window to keep out light प्रकाश बंद करने के लिए खिड़की^F की ≈. **2.** शटर, कपाट : the shopkeepers downed their ~s at 8 p.m. आठ बजे शाम^F को दुकानदारों ने अपने ≈ गिरा दिए; to put up the ~s दुकान बंद कर देना : they put up the ~s before the sunset वे सूर्यास्त से पहले दुकान^F बंद कर देते हैं.

shuttle शॅ'टल *n*^c. **1.** (in weaving) ढरकी^F, भरनी^F : a ~ carries the thread forwards and backwards भरनी तागा/धागा आगे-पीछे चलाती है. **2.** शटल गाड़ी : a ~ bus शटल बस^F; ~ train शटल गाड़ी^F; there is a ~ between Allahabad and Naini इलाहाबाद और नैनी के बीच ≈ है.

shy शाइ **I.** *a.* (shyer, shyest; shier; shiest) **1.** संकोची, शर्मीला, झेंपू, लज्जालु [child बच्चा, lady महिला^F, person व्यक्ति]; the boy felt very ~ in the presence of strangers अजनबियों की उपस्थिति^F में लड़का बहुत संकोची हो रहा था; do not be too ~, otherwise you will miss the chance इतना संकोची न बनो, नहीं तो तुम अवसर खो दोगे. Δ **to fight ~ of smth** किसी बात में संकोच करना (झिझकना). **2.** (wary) चौकन्ना, सतर्क, चौकस, सचेत [animal जानवर, bird चिड़िया^F]; he is as ~ as a crow वह इतना चौकन्ना है जितना कौआ; deer are very ~ animals हिरन बहुत ≈ जानवर होते हैं. **II.** *v.t.* (*p.* shied) **1.** (start suddenly) भड़कना, चौंकना : to ~ over the harsh words कड़े शब्दों पर भड़क उठना; the horse shied when the gun fired जब बंदूक^F दगी तो घोड़ा चौंक गया; he shied at the new resolution वह नए प्रस्ताव पर भड़क/चौंक उठा. **shyness** शाइ'निस *n*^u. संकोच, सकुचाहट^F, झेंप^F : due to her ~ she keeps aloof अपनी सकुचाहट^F के कारण वह अलग-थलग रहती है; ~ was considered a virtue in women शर्मीलापन स्त्रियों का गुण माना गया था; he could not get over his ~ वह सकुचाहट^F पर विजय^F न पा सका.

S.I. Sub-inspector.

sick सिक *a.* **1.** (ill) बीमार, अस्वस्थ [child बच्चा, person व्यक्ति, woman स्त्री]; ~ benefit रोगभत्ता; ~ call (mil.) रोग सम्मन, रोगी बुलावा; ~ room रोगी कक्ष; her husband was very ~ उसका पति बहुत बीमार था; he was an old ~ man वह एक बूढ़ा/पुराना रोगी आदमी था; a ~ man had to be taken to hospital immediately एक रोगी को तुरंत अस्पताल ले जाना पड़ा. **2.** (inclined to vomit) मतली^F आना : I feel ~ in a bus मुझे बस^F में मतली आती है; I am going to be ~ मुझे मतली आने वाली है. **3.** तंग आ जाना : I am ~ of doing that मैं यह करते-करते तंग आ गया हूँ; I am ~ of such complaints मैं ऐसी शिकायतों^F से तंग आ गया हूँ. **4.** to be ~ at heart उदास या हतोत्साह हो जाना.

sickle सि'कल *n*^c. हँसिया^F, दराँती^F [curved मुड़ी हुई, sharp तेज़]; the ~ is blunt now हँसिया अब भोथरी है; they cut grass with their ~s वे अपनी दरांतियों से घास^F काटते हैं.

sickly सिक्'लि *a.* **1.** रोगी और मरियल [child बच्चा, climate जलवायु^F]; the entire family looked ~ पूरा परिवार रोगी लगा; all his animals are ~ उसके सभी जानवर ≈ हैं. **2.** मिचली लगने वाली : ~ smell ≈ गंध; ~ climate ≈ आब-हवा^F. **sickness** सिक्'निस *n*^c. **1.** बीमारी^F, रोग [heavy भारी, long लंबी]; an attack of ~ रोग का आक्रमण; the nature of ~ बीमारी के लक्षण; these days there is ~ in the village इन दिनों गाँव में बीमारी है. [*ant.* health] **2.** (nausea) मिचली^F : I am feeling a kind of ~ मुझे ≈-सी आ रही है.

side साइड **I.** *v.i.* (~ with) का पक्ष लेना, का समर्थन करना : he ~d **with** the opposite party उसने प्रतिपक्ष का समर्थन किया; I ~d **with** him in the law-suit मुकदमे में मैंने उसका पक्ष लिया. **II.** *a.* **1.** बग़ली^F, पार्श्विक [light प्रकाश, place स्थान]; ~ collision ≈ टक्कर; ~ door ≈ दरवाज़ा. **2.** (minor) गौण : ~ effect ≈ प्रभाव; ~ line ≈ धंधा, उपजीविका^F; ~ industry उपउद्योग; ~ issue ≈ प्रश्न; he will never succeed in his ~ business वह अपने ≈ व्यापार में कभी सफल न होगा; he earns much money by his ~ work वह अपने ≈ काम से बहुत पैसा कमा लेता है. **III.** *n*^c. **1.** (of person, house) बगल, पार्श्व : right ~ दाहिना पार्श्व; both his ~s ached उसके दोनों पार्श्वों में दर्द था; a man was standing at the ~ of my house एक आदमी मेरे मकान के ≈ में खड़ा था. **2.** तरफ़^F, ओर^F : he lives on the other ~ of the street वह गली^F की दूसरी ≈ रहता है; write on both ~s of the paper काग़ज़ के दोनों तरफ़ लिखो; come this ~ इस ≈ आओ. **3.** (aspect, phase) पक्ष, पहलू : we must study the problems from all ~s हमें समस्याओं^F का सभी पहलुओं से अध्ययन करना चाहिए; it will not be beneficial from any of the ~s यह किसी एक पहलू से भी लाभदायक नहीं होगा. **4.** (of cloth, paper) तरफ़ [back पिछला, front सामना]; to write on both ~s of the sheet of paper काग़ज़ के पन्ने के दोनों तरफ लिखना; the ~s of his shirt are of different colours उसकी कमीज़ की तरफ़ें विभिन्न रंग की हैं. **5.** (surface) सतह^F [lower निम्न, upper ऊपरी]; the under ~ of the earth is rich with mineral पृथ्वी की निचली ≈ खनिजों से भरी है; a cube has six ~s घन की छः सतहें होती हैं. **6.** (or road, playground) किनारा, (margin) हाशिया [narrow सँकरा, wide चौड़ा]; ~ walk किनारे की पगडंडी^F; the ~s of the road are not easy to walk सड़क^F के किनारों पर चलना आसान नहीं है. **7.** (of river, pond) तट, तीर, किनारा : I shall meet you on that ~ of the lake मैं तुमसे झील^F के उस किनारे पर मिलूँगा; both of them jumped into the river and swam over to that ~ of it वे दोनों नदी^F में कूद पड़े और उसके उस किनारे तैरकर गए. **8.** (direction) तरफ़^F, दिशा^F [east पूर्वी, front सामने की, west पश्चिमी]; I saw him going to the north ~ मैंने उसे उत्तर दिशा में जाते देखा. **9.** (lineage) वंश, पक्ष : he is Muslim on his mother's ~ वह माँ के ≈ से मुसलमान है. Δ ~ **by** ~ पास-पास : they were walking ~ by ~ वे पास-पास चल रहे थे; **take** ~s पक्ष लेना, तरफ़दारी^F करना : you should not take ~s against any party तुम्हें किसी दल के विरुद्ध कोई पक्ष नहीं लेना चाहिए. ~**long** *adv.* तिरछा [blow प्रहार, smile मुस्कान^F]; ~ glance कनखी^F; he looked ~ at her उसने उसे तिरछी^F नज़र^F से देखा. ~**wards** *adv.* किनारे : move your typewriter ~ अपना टंकणयंत्र ≈ हटाओ. ~**ways** *adv.* (i) एक तरफ़ : he moved ~ to let a lady pass महिला चली जाए, इसलिए वह एक तरफ़ हो गया; (ii) तिरछे : a crab walks ~ केकड़ा ≈ चलता है. **siding** साइ'डिङ्ग *n*^c. बगली^F, रेलपथ : a railway ~ where wagons are parked ≈ जहाँ डिब्बे खड़े किए जाते हैं.

siege सीज *n.* घेरा, घेराबंदी : the ~ of the town by the invaders आक्रमणकारियों द्वारा शहर की घेराबंदी; the ~ of the fort lasted for many days किले की घेराबंदी कई दिनों तक चली; to lay ~ to a fort किले की घेराबंदी करना; to raise the ~ घेरा उठा देना.

siesta सिएँस्'टा *n.* दोपहर का आराम : we had

~ after lunch (दोपहर के) भोजन के बाद हम लोगों ने ≈ किया.

sieve सिव़ I. *n*[c]. छलनी[F] : a ~ has a frame with a netting ≈ में एक जालीवाला चौखटा होता है; a ~ is used for sifting grains दाने छानने के लिए ≈ से काम लिया जाता है. II. *v.t.* छानना : ~ the soup first and then drink it पहले शोरबा/सूप छानो और तब पिओ.

sift सिफ़्ट I. *v.i.* छनना : it is not ~ing well, use another sieve यह अच्छी तरह नहीं छन रहा, किसी दूसरी छननी[F] का इस्तेमाल करो. II. *v.t.* 1. छानना : ~ the flour आटा छान लो; ~ the dust from the grain अनाज से धूल छानो. 2. (examine) जाँचना, छानबीन[F] करना : to ~ the evidence, facts गवाही[F]/प्रमाण, तथ्यों की ≈.

sig. signature.

sigh साइ I. *v.i.* 1. आह[F] भरना : he only ~ed in reply उसने उत्तर में केवल आह भरी; he ~ed at her misery उसने उसके दुख पर आह भरी. 2. (of wind, etc.) साँय-साँय करना, सरसराना, सनसनाना : the wind ~ed in the trees हवा[F] पेड़ों में साँय-साँय करती थी. 3. की प्रबल इच्छा होना, तरसना, ललकना : she ~ed for meeting him उसे उससे मिलने की तीव्र इच्छा[F] हुई; the bride ~ed for her home दुल्हिन को अपने घर की ललक[F] उठी. II. *n*[c]. आह[F] : to heave a ~ of relief राहत की ≈ भरना.

sight साइट I. 1. *n*[u]. (faculty) दृष्टि[F], नज़र[F] : my ~ is decaying मेरी ≈ घट रही है; he cast his ~ on the object उसने उस वस्तु[F] पर अपनी ≈ डाली; he lost his ~ in an accident उसने किसी दुर्घटना[F] में अपनी ≈ खो दी; the blind man has no ~ अंधे आदमी की कोई दृष्टि नहीं होती; at first ~ प्रथम दृष्टि में. 2. (act) देखना, दर्शन : to catch ~ of smth कुछ देखना, दिखाई देना; to lose ~ of smth किसी चीज़ का दिखाई न देना, ओझल हो जाना; to be in ~ दिखाई देना; out of ~ आँख[F] से ओझल; the car turned a bend and was out of ~ कार[F] एक मोड़ पर मुड़ी और आँख[F] से ओझल हो गई; out of ~ out of mind आँख से ओझल दिल से ग़ायब; at the ~ of a terrorist, the police fired आतंकवादी को देखते ही पुलिस ने गोली दागी; I want to have a ~ of this great man मैं इस महापुरुष का दर्शन करना चाहता थां. 3. *n*[c]. (thing seen) दृश्य [beautiful सुंदर, sad दुखद, terrible भयानक]; there was a beautiful ~ from the top of the hill पहाड़ी[F] की चोटी[F] से बहुत सुंदर ≈ था. 4. (*pl.*) दर्शनीय स्थान : in Delhi there are many famous ~s दिल्ली[F] में बहुत-से प्रसिद्ध दर्शनीय स्थान हैं. II. *v.t.* 1. देखना, देख लेना : I had ~ed you on the road मैंने आपको सड़क[F] पर देख लिया; they ~ed the sea shore after the fourth day of voyage समुद्र यात्रा[F] के चार दिन बाद उन्होंने समुद्रतट देखा; a strange animal was ~ed by the hunters शिकारियों ने एक अजीब-सा जानवर देखा. 2. निरीक्षण करना : they all ~ed the event उन सब ने घटना का निरीक्षण किया.
sightless साइट्'लिस *a.* see blind : he has been ~ since his birth वह अपने जन्म से ही अंधा है. ~**seeing** *n.* दर्शनीय स्थानों की सैर[F] : pleasant ~ सुखद ≈; to go for ~ ≈ करने जाना.

sign साइन I. *n*[c]. 1. (gesture) इशारा, संकेत : he made a ~ to me to keep silent उसने मुझे चुप रहने का ≈ किया. 2. (indication) लक्षण : good ~s अच्छे ≈; weather shows no ~ of improving मौसम में सुधार होने के कोई ≈ नहीं हैं; there are no ~s of life in this society इस समाज में जीवन के कोई ≈ नहीं हैं. 3. (portent) शकुन : good ~s show his success in the future अच्छे ≈ भविष्य में उसकी सफलता[F] को बता रहे हैं. 4. (symbol) प्रतीक : a flag is the ~ of pride and sovereignty of a nation झण्डा किसी राष्ट्र के गर्व और उसकी प्रभुसत्ता[F] का प्रतीक होता है. 5. (maths, etc.) चिह्न : + plus is the ~ for addition, – for minus + जमा का और – घटाने का ≈ है; he made a ~ on the slate उसने स्लेट पर एक ≈ बनाया. II. *v.t.* 1. हस्ताक्षर करना, दस्तख़त करना : to ~ a document in the presence of the magistrate मजिस्ट्रेट की उपस्थिति[F] में दस्तावेज़ पर ≈; to ~ in someone else's name किसी दूसरे के नाम में

≈; ~ here यहाँ हस्ताक्षर करो; we all ~ed an agreement हम सब ने एक समझौते पर हस्ताक्षर किए, **2.** इशारा/संकेत करना : I ~ed to him to come downstairs मैंने उसे सीढ़ियों से नीचे आने का इशारा किया; he ~ed his assent उसने अपनी स्वीकृति^F का इशारा किया. Δ ~ **away** अभिलेख द्वारा दे देना : he has now ~ed away his right to property उसने अब संपत्ति पर अपना अधिकार अभिलेख द्वारा दे दिया है; ~ **in, out** नाम दर्ज करना : you have to ~ in when you come to a hotel and ~ out when you leave आपको होटल में आते समय हस्ताक्षर करने होते हैं और हस्ताक्षर करके जाना होता है; ~ **off** (i) काम बंद करना : we ~ed off earlier yesterday कल हमने समय से पहले काम बंद कर दिया था; (ii) बीमारी^F की छुट्टी^F दिलाना : the doctor ~ed me off for a month डाक्टर ने मुझे बीमारी की एक महीने की छुट्टी^F दिला दी है; (iii) we ~ed off the radio at ten p.m. हमने दस बजे रात^F रेडियो बंद कर दिया; ~ **on/up** नाम लिखना, भरती^F होना : he was ~ed on/up as sailor वह एक नाविक के रूप में भरती हुआ. **signal** सिग्'नल **I.** *n*^c. **1.** (sign) संकेत, सैन, इशारा : he gave the ~ to march forward उसने आगे बढ़ने का ≈ किया; red light is a ~ of danger लाल बत्ती^F ख़तरे का संकेत है. **2.** (occasion) अवसर : the leader's arrest was ~ for riots नेता की गिरफ़्तारी^F से फ़साद का ≈ मिल गया. **3.** (railway) सिगनल : the cabinman showed the red ~ and the train stopped कैबिनमैन ने लाल ≈ दिया और रेलगाड़ी^F रुक गई. **II.** *a.* **1.** विशिष्ट, असाधारण [service सेवा^F, work काम]; this was his ~ success यह उसकी असाधारण सफलता^F थी. **2.** (in other contexts) ~punishment कड़ा दण्ड; ~ defeat बहुत भारी पराजय^F. **III.** *v.t.i.* (-ll-) संकेत करना, संकेत भेजना : to ~ smb to advance किसी को आगे बढ़ने का संकेत करना; the teacher ~ed the boys to go out अध्यापक ने लड़कों को बाहर जाने का संकेत किया; it ~s success यह सफलता^F का संकेत है; the ship ~led its distress जहाज़ ने संकट का संकेत किया; to ~ by means of crackers पटाखों से संकेत करना; the victim ~led for help पीड़ित व्यक्ति ने सहायता के लिए संकेत किया. **signatory** सिग्'नेटरि *n*^c. हस्ताक्षरकर्ता : he was also a ~ of the agreement वह भी करार का ≈ था; all the signatories have agreed on this point सभी ≈ इस बिंदु पर सहमत हैं. **signature** सिग्'नेचर *n*^c. हस्ताक्षर, दस्तख़त, सही^F : I made a full ~ on the document मैंने दस्तावेज़ पर पूरे हस्ताक्षर किए; his ~ was identified उसके ≈ की पहचान^F की गई. ~**board** *n*^c. सूचना-पट्ट, नाम-पट्ट [beautiful सुंदर, big बड़ा]; I put up a ~ at the gate मैंने गेट पर एक छोटा ≈ लगा दिया.

significance सिगनि'फ़िकन्स *n.* **1.** (meaning) अर्थ, अभिप्राय [less कम, limited सीमित]; what was the ~ of his going there वहाँ उसके जाने का क्या अभिप्राय था? the ~ of his visit to the rural areas ग्रामीण क्षेत्रों में उसके दौरे का अभिप्राय; do you know the ~ of this symbols क्या तुम इस प्रतीक का ≈ जानते हो? what is the ~ of his black band on the arm बाँह^F पर उसके काले पट्टे का क्या अर्थ है? what is the ~ of these words इन शब्दों का ≈ क्या है? **2.** (importance) महत्व : this is a question of great ~ यह अत्यंत ≈ का प्रश्न है; the ~ of these things cannot be ignored इन बातों^F के ≈ को उपेक्षित नहीं किया जा सकता. [*ant.* in~] **significant** सिगनि'फ़िकन्ट *a.* **1.** (full of meaning) अर्थगर्भित, अर्थपूर्ण [remark टिप्पण, silence मौन]. **2.** (important) महत्वपूर्ण [contribution योगदान, event घटना^F, problem समस्या^F, question प्रश्न]; this chapter is ~ for the examination यह अध्याय परीक्षा^F के लिए ≈ है; there is nothing ~ in it इसमें कुछ भी ≈ नहीं है; these are ~ facts ये ≈ तथ्य हैं. [*ant.* in~] **signification** सिग्निफ़िके'शन *n*^c. अर्थ, अभिप्राय : clear ~ स्पष्ट ≈; ~ of a sentence, word किसी वाक्य, शब्द का अर्थ; what may be the real ~ of her arrival here यहाँ उसके आने का वास्तविक ≈ क्या है?

signify सिग्'निफ़ाइ *v.t.* (signifies, signified) **1.** (indicate) सूचित करना, बताना : a skull with two bones signifies that there is a danger खोपड़ी[F] के साथ दो हड्डियाँ यह सूचित करती हैं कि ख़तरा है; what does this mark ~ यह चिह्न क्या बताता है? **2.** (mean) अर्थ होना, अर्थ रखना : this word signifies three meanings इस शब्द के तीन अर्थ हैं; what does his silence ~ उसकी चुप्पी[F] का क्या अर्थ है? **3.** (be important) महत्व रखना : what does this event ~ for you यह घटना[F] तुम्हारे लिए क्या महत्व रखती है? it signifies nothing to me इसका मेरे लिए कोई महत्व नहीं है. **4.** (manifest) व्यक्त करना, स्पष्ट होना : this signifies that he was a coward इससे स्पष्ट होता है कि वह कायर था; he signified his willingness उसने अपनी स्वीकृति[F] व्यक्त कर दी.

silence साइ'लन्स **I.** *n*[c]. **1.** मौन, चुप्पी[F], ख़ामोशी[F] [long दीर्घ, meaningful अर्थपूर्ण, sudden एकाएक]; his speech was listened/received in ~ उसका भाषण ख़ामोशी से सुना गया; there was ~ in the hall for several minutes हाल में कई मिनट तक ख़ामोशी रही; no one could break her ~ कोई भी उसकी चुप्पी[F] को भंग न कर सका; ~ is half consent मौन अनुमतिलक्षणम्; the teacher ordered the students to keep ~ अध्यापक ने विद्यार्थियों को चुप रहने के लिए कहा. **2.** (stillness) नीरवता[F], सन्नाटा[F] [complete पूरी, deep गहरी, partial आंशिक, remarkable उल्लेखनीय]; the ~ of night was fearful रात का सन्नाटा डरनाक था. **II.** *v.t.* **1.** (make silent) मौन करा देना, चुप कराना : all the students were ~d by the teacher अध्यापक ने सही छात्रों को चुप करा दिया. **2.** निरुत्तर कर देना, का मुँह बंद कर देना : by his arguments the rival was ~d उसके तर्क से प्रतिद्वंद्वी निरुत्तर हो गया; his critics were ~d उसके आलोचकों का मुँह बंद कर दिया गया. **silent** साइ'लन्ट *a.* **1.** मौन, चुप, ख़ामोश : the prisoner remained ~ कैदी चुप रहा; why are you so ~ today तुम आज इतने ≈ क्यों हो? the children remained ~ when I was studying जब मैं अध्ययन कर रहा था तो बच्चे चुप रहे; history is ~ about it इस बारे में इतिहास ≈ है. **2.** (not talk active) चुप्पा, अल्पभाषी : ~ boy ≈ लड़का; you will not have seen such a ~ person तुमने इतना चुप्पा आदमी नहीं देखा होगा. **3.** (free from noise) नीरव : the house was empty and ~ मकान ख़ाली और ≈ था. **4.** ~ partner निष्क्रिय भागीदार. **silently** साइलॅन्ट'लि *adv.* चुपके से : they moved away ~ वे ≈ खिसक गए; she came in ~ and sat down वह चुपके से भीतर आई और बैठ गई.

silk सिल्क **I.** *n*[u]. **1.** रेशम, सिल्क[F] [artificial कृत्रिम, fine महीन, pure शुद्ध]; his shirt is made of ~ उसकी कमीज़[F] रेशम की बनी है; she had it sewn with ~ thread उसने रेशम के धागे से इसे सिलवाया था. **2.** रेशमी कपड़ा : he wears blue ~ वह नीला रेशमी कपड़ा पहनता है; she has a handwoven ~ उसके पास हाथ से बुना हुआ एक रेशमी कपड़ा है. **II.** *a.* रेशमी [cap टोपी[F], cloth कपड़ा, dress परिधान, ribbon फ़ीता, thread धागा]; ~ worm रेशमी कीड़ा : a ~ worm makes soft threads ≈ कीड़ा मुलायम धागे बनाता है. **silken, silky** सिल्'कॅन, सिल्'कि *a.* **1.** रेशमी [socks मोज़े, thread धागा]; her hair is ~ उसके बाल रेशमी हैं. **2.** (soft, smooth) मुलायम, चिकना [cloth कपड़ा, hair बाल]; shampoo makes the hair ~ शैम्पू से बाल मुलायम हो जाते हैं.

sill सिल *n.* देहली[F], दहलीज़[F] : a ~ is placed at the foot of the door or window दरवाज़े या खिड़की[F] के पादान पर ≈ रखी रहती है.

silliness सि'लिनिस *n.* मूर्खता[F] : he showed ~ by talking too loud and for too long उसने बहुत ही तेज़ और लंबी वार्ता[F] करके अपनी ≈ दर्शा दी; his ~ is no more uncertain उसकी ≈ अब अनिश्चित नहीं रह गई. **silly** सि'लि *a.* **1.** मूर्ख [child बच्चा, old man बूढ़ा आदमी, young girl युवती[F]]; don't be ~ ≈ मत बनो; he is too ~ to understand anything वह इतना ≈ है कि कुछ समझ नहीं सकता. **2.** (absurd) मूर्खतापूर्ण : it will be a completely ~ thing to say so ऐसा कहना

पूरी तरह ≈ बात[F] होगी; his act was ~ उसका कृत्य ≈ था. [*ant.* wise]

silt सिल्ट *n*[u]. गाद[F] : rivers and streams bring ~ from hills नदी-नाले पहाड़ियों[F] से ≈ ले आते हैं; ~ settles in the bed of a river ≈ नदी[F] के तल में बैठ जाती है.

silver सिल्'व़र **I.** *n*[u]. **1.** चाँदी[F] [pure शुद्ध, valuable कीमती]; this ornament is made of ~ यह ज़ेवर ≈ का बना है; a smuggler was caught with ten kilograms of ~ एक तस्कर को दस किलो ≈ के साथ पकड़ा गया; she wears ornaments of ~ वह ≈ के गहने पहनती है. **2.** (coin) चाँदी[F] का सिक्का : he has a single ~ उसके पास चाँदी का एक ही सिक्का है; he has a lot of ~ in his pocket उसकी जेब[F] में बहुत-से चाँदी के सिक्के हैं. **3.** (~ ware) चाँदी[F] के बरतन : the thief took away all our ~ चोर हमारे सारे ≈ ले गया. **II.** *a.* चाँदी का, रजत [ornaments गहने, plate प्लेट[F]]; ~ jubilee रजत-जयंती[F]; ~ screen (सिनेमा) रजत-पट; ~ standard रजत-मान; ~ wedding विवाह की रजत जयंती[F]; he has two ~ spoons उसके पास दो चाँदी के चम्मच हैं. Δ **he was born with a ~ spoon in his mouth** वह अमीर घर में पैदा हुआ था, उसका लाड़-प्यार से पालन हुआ; **every cloud has a ~ lining** प्रत्येक विपत्ति[F] का कोई उज्ज्वल या आशाजनक पक्ष होता है.

similar सि'मिलर *a.* उसी तरह/प्रकार, उस जैसा [occasion अवसर, opinion मत, things वस्तुएँ[F]]; both the cases are very ~ दोनों मामले बहुत हद तक समान हैं; your position is ~ to ours तुम्हारी स्थिति[F] हमारी तरह है; a ~ story was told by all the children उसी प्रकार की कहानी[F] सभी बच्चों ने सुनाई; I need a ~ ring मुझे उसी तरह की अंगूठी[F] की आवश्यकता[F] है; her saree is ~ to mine उसकी साड़ी[F] मेरी जैसी है; you and I have ~ tasks मेरे और आपके काम समान हैं. [*ant.* dissimilar] **similarity** सिमिलै'रिटि *n*[c]. समानता[F], समरूपता[F] : there is a great ~ between mother and daughter माँ[F] और बेटी[F] में बहुत ≈ है. **similarly** सि'मिलर्लि *adv.* वैसे ही, उसी तरह, उसी प्रकार : ~ I also wanted some relief ≈ मैं भी कुछ राहत चाहता था; he made a mistake, ~ did I उसने ग़लती[F] की, उसी तरह मैंने भी.

simple सिम्'पल **I.** *a.* **1.** (not complicated) सरल, साधारण [machine मशीन[F], personality व्यक्तित्व, question प्रश्न]; mostly he uses ~ sentences प्रायः वह सरल वाक्यों का प्रयोग करता है; this is a very ~ problem यह बहुत ही सरल समस्या[F] है. **2.** (easy) आसान : it is a quite ~ job यह बिल्कुल ≈ काम है. **3.** (not elaborate) सादा, अनलंकृत : he takes ~ diet वह सादा आहार लेता है; his style is ~ उसकी शैली अनलंकृत है; he leads a ~ life वह सादा जीवन बिताता है. **4.** (mere) निरा [crime अपराध, lie झूठ, truth सत्य]; it is ~ madness to talk like that इस तरह बात[F] करना निरी मूर्खता है. **5.** (of person) निष्कपट, सीधा-सादा, भोला-भाला [friend मित्र, master मालिक]; people in the South are generally ~ दक्षिण में लोग सामान्यतः सीधे-सादे होते हैं. **6.** (easily deceived) भोला : ~ person ≈ व्यक्ति; I am not so ~ as you think मैं इतना ≈ नहीं हूँ जितना तुम समझते हो; she is a ~ soul वह भोली-भाली है. **7.** (ordinary) साधारण, मामूली. **simpleton** सिम्'पलटन *n*[c]. बुद्धू, उल्लू : he is the only ~ in the school विद्यालय में वह अकेला गोबर-गणेश है; those ~s in accounts office know nothing लेखा कार्यालय के वे ≈ कुछ नहीं जानते. **simplicity** सिम्'प्लि'सिटि *n.* सरलता[F], सादापन, सादगी[F] : ~ of problem समस्या[F] की सरलता; ~ of childlife बच्चे के जीवन की निष्कपटता[F] या भोलापन[F]; ~ of the dress पोशाक की सादगी या स्वाभाविकता[F]; ~ of language भाषा की सरलता/सुगमता[F]. **simplification** सिमप्लिफ़िके'शन *n*[u]. सरलीकरण : ~ of process प्रक्रिया का ≈; ~ of a talk बातचीत[F] का सरलीकरण. **simplify** सिम्'प्लिफ़ाइ *v.t.* **1.** सरल बना देना, सरल करना : ~ your language a little अपनी भाषा को थोड़ा सरल कर दो; this poem has been simplified by him यह कविता[F] उसके द्वारा सरल कर दी गई; ~ your statement, please कृपया अपने कथन को सरल बना

दीजिए, **2.** ~ the question of fraction भिन्न के प्रश्न को हल करो. **simply** सिम्'प्लि *adv.* **1.** (in a ~ way) सादगी^F से : they lived ~ वे ≈ रहते थे. **2.** (only) केवल, मात्र : I do it ~ for the sake of interest मैं इसे ≈ दिलचस्पी^F के कारण करता हूँ; the servant is not ~ poor, but hungry too नौकर ग़रीब ही नहीं, भूखा भी है.

simultaneous सिमल्टे'न्यस *a.* युगपत्, समकालिक, एककालिक, एक-साथ होने वाली [events घटनाएँ^F, things बातें^F]; ~ arrival of two persons दो व्यक्तियों का एक-साथ आगमन; the ~ explosion of the two mines दो सुरंगों का एक-साथ विस्फोट; ~ publication of two books on history इतिहास की दो पुस्तकों^F का ≈ प्रकाशन. **simultaneously** सिमलटे'न्यसलि *adv.* एक-साथ, साथ-साथ : thunder and lightning happen ~ गड़गड़ाहट और बिजली की कौंध एक-साथ होती हैं; they both began to speak ~ उन दोनों ने ≈ बोलना शुरू कर दिया.

sin सिन **I.** *n*^c. पाप, गुनाह [heavy भारी, open खुला, pardonable क्षम्य]; it is a ~ to kill birds चिड़ियों^F को मारना ≈ है; he has committed the ~ of killing animals उसने पशुओं को मारने का ≈ किया; lying is a ~ झूठ बोलना ≈ है. [*ant.* virtue] **II.** *v.t.* (-nn-) पाप करना : he has ~ned against nature उसने प्रकृति^F के विरुद्ध पाप किया है; to ~ against human beings is to ~ against God मानवों के विरुद्ध ≈ करना ईश्वर के विरुद्ध ≈ करना है; forgive me, O God, for I have ~ned हे ईश्वर, मुझे क्षमा कर दो, क्योंकि मैंने पाप किया है.

since सिन्स **I.** *adv.* **1.** तब से, उस समय से अब तक : I have not seen him ~ मैंने उसे तबसे नहीं देखा है; I have been better ~ तब से मैं कुछ अच्छा हूँ; the house has ~ been demolished मकान तब से गिरा दिया गया है. **2.** (ever ~) उसके बाद : my brother left home last year and has been away ever ~ मेरा भाई पिछले साल घर छोड़ गया और उसके बाद भी बाहर है; no body has seen him ever ~ इसके बाद कभी उसे किसी ने नहीं देखा है. **II.** *prep.* से, के बाद से : they have been repairing it ~ July 10 वे दस जुलाई^F से इसकी मरम्मत^F कर रहे हैं; he has eaten nothing ~ breakfast उसने नाश्ते के बाद से कुछ नहीं खाया; I have been here ~ early morning मैं यहाँ सुबह-सवेरे से हूँ; I have lived in Moscow ~ 1968 मैं 1968 से मास्को में रहा हूँ; I have known him ~ childhood मैं उसे बचपन से जानता हूँ. **III.** *conj.* **1.** के बाद से, तबसे : what have you been doing ~ I saw you जब से मैं तुमसे मिला हूँ उसके बाद से तुम क्या करते रहे हो; he has been away ~ his accident वह अपनी दुर्घटना^F के बाद से बाहर रहा है. **2.** (because) क्योंकि : ~ you are busy I must ≈ आप व्यस्त हैं, मैं चला जा रहा हूँ; ~ you say that it is so, I believe you ≈ तुम कहते हो कि ऐसा ही है, मैं आपका विश्वास कर लेता हूँ; he will not help you ~ he has not sufficient money वह तुम्हारी मदद^F नहीं करेगा ≈ उसके पास पर्याप्त पैसा नहीं है. **3.** जब से : he did nothing ~ you came here जब से तुम यहाँ आए हो उसने कुछ भी नहीं किया; nothing has happened ~ I met you जब से मैं आपसे मिला हूँ, कुछ नहीं हुआ; ~ I left England जब से मैंने इंग्लैण्ड छोड़ा.

sincere सिनसिअर' *a.* **1.** (true) सच्चा : ~ attitude ≈ दृष्टिकोण; ~ desire सच्ची अभिलाषा^F; ~ friend ≈ मित्र; I was ~ in my efforts मैं अपने प्रयास के प्रति सच्चा था; to have ~ affection ≈ स्नेह होना; to be a ~ admirer of a man's work किसी आदमी के काम का ≈ प्रशंसक होना; he is always ~ to his goal वह अपने लक्ष्य के प्रति सदा ≈ है. **2.** ~ thanks हार्दिक धन्यवाद. **sincerely** सिनसिअर्'लि *adv.* सच्चे दिल से : I ~ hope, he will pay up your money मैं ≈ आशा^F करता हूँ कि वह तुम्हारा पैसा चुका देगा; ~ yours हृदय से आपका. **sincerity** *n.* **1.** सिनसें'रिटि *n.* **1.** सच्चाई^F, निष्कपटता^F : praiseworthy ~ प्रशंसनीय ≈; you should not doubt his ~ तुम्हें उसकी ≈ पर संदेह नहीं करना चाहिए; I say it in all ~ मैं इसे पूरी ≈ से कहता हूँ. **2.** (honesty) ईमानदारी^F : he is known for his ~ in the city वह शहर में अपनी ≈ के लिए जाना जाता है. **3.** (good faith) सद्भाव : mutual ~ आपसी ≈; there should be ~ among friends मित्रों में ≈ होना चाहिए.

sine die साइन्'डाइ *adv.* अनिश्चित काल के लिए : the meeting was adjourned ~ बैठक^F ≈ स्थगित कर दी गई.

sinful सिन्'फुल *a.* **1.** (of acts) पापमय, बुरा [deed कर्म, thinking सोच^F]; one who thinks ~ does so वह जो बुरा सोचता है बुरा करता है. **2.** (of person) पापी, गुनाहगार : a ~ man is never respected ≈ व्यक्ति कभी सम्मानित नहीं होता; a ~ man must be punished ≈ आदमी ज़रूर दण्डित किया जाना चाहिए.

sing. singular.

sing सिङ्ग *v.t.i.* (*p.* sang; *p.p.* sung) **1.** गाना : she is ~ing a song वह एक गाना गा रही है; to ~ a song in praise of someone किसी की प्रशंसा^F के गीत गाना; to ~ one's praises अपने गीत/गुण गाना; Mary sang a hymn मेरी ने एक भजन गाया; he has never sung a song उसने कभी गीत नहीं गाया; she is ~ing वह गा रही है; ~up ऊंचा गाओ. **2.** *v.i.* (of birds) चहकना, चहचहाना, गाना : the birds were ~ing in the garden चिड़ियाँ^F बगीचे में चहचहा रही थीं. **3.** (buzz) भिनभिनाना, (of insects) भिनकना : the honey bees were ~ing in the hive मधु-मक्खियाँ^F छत्ते में भिनभिना रही थीं. **4.** (whistle of wind, etc.) the wind was ~ing in the morning हवा^F सुबह सनसना रही थी. **singer** सिङ्'गर *n*^c. गायक, गवैया [famous प्रसिद्ध, humorous हास्यप्रिय]; ~ bird गायक पक्षी; Lata Mangeshkar is the best ~ लता मंगेशकर सबसे अच्छी गायिका हैं; I regret I could not become a ~ मुझे पछतावा है कि मैं गायक न बन सका.

single सिङ्'गल **I.** *n*^c. **1.** (tennis) इकहरा खेल, द्वंद्व खेल : he won the ~ tournament in open tennis ओपन टेनिस का उसने ≈ जीत लिया. **2.** (cricket) एक रन : he could not make even a ~ run in the first innings पहली पारी^F में वह एक रन भी न बना सका. **II.** *v.t.* (~ out) चुनना, चुन लेना : that boy was ~d out to receive the special prize उस लड़के को विशेष पुरस्कार पाने के लिए चुना गया. **III.** *a.* **1.** एक, एक ही, एक मात्र [eye आँख^F, reason कारण, thing वस्तु^F]; he did not utter even a ~ word वह एक शब्द भी नहीं बोला. **2.** (for one person only) एक के लिए : a ~ bed एक के लिए बिस्तर; a ~ room एक ही के लिए कमरा. **3.** (having only one part) इकहरा : for sewing, I use double thread not ~ सिलाई के लिए मैं दोहरा धागा इस्तेमाल करता हूँ, ≈ नहीं. **4.** (not married) अविवाहित : she still leads a ~ life वह अब भी ≈ जीवन बिता रही है; he is no longer ~ वह अब ≈ नहीं रहा. **5.** (separate) एक-एक : I shall not repeat every ~ word मैं एक-एक शब्द नहीं दोहराऊंगा. ~ **handed** *a.* एक-हत्था [clerk लिपिक, worker मज़दूर]; he did all this ~ handed उसने यह सब अकेले किया; ~ **handed effort** अकेले का प्रयास; ~**-minded** अनन्यमना; ~ **minded devotion** अनन्य भक्ति^F; he is a ~-minded worker वह ≈ कर्मी है; ~**-storeyed house** एकतला मकान. **singly** सिङ्'लि *adv.* alone अकेले, एक-एक करके : I made this box ~ मैंने इस संदूक को अकेले बनाया; pupils came forward ~ to get their mark sheets छात्र एक-एक करके अंकपत्र लेने आते गए; some went ~, others in groups कुछ अकेले-अकेले (एक-एक करके) गए, दूसरे लोग समूहों में.

singular सिङ्'ग्यूलर **I.** *a.* **1.** एकवचन : what is the ~ form of 'them' 'उन' का ≈ रूप क्या है? [*ant.* plural] **2.** (strange) विचित्र, अनोखा : ~ event अनोखी घटना^F; ~ instance दृष्टांत; he is a man of ~ intelligence वह अनूठी बुद्धि^F का आदमी है. **3.** (eccentric) सनकी, झक्की : perhaps he is the most ~ man in the village शायद वह गाँव में सबसे ≈ आदमी है. **4.** (unusual) असाधारण, बेजोड़ : ~ courage ≈ साहस; ~ beauty ≈ सुंदरता^F. **II.** *n*^c. एकवचन, एकवचन रूप : 'child' is the ~ of 'children' 'बच्चा', 'बच्चों' का ≈ है.

sink सिङ्क **I.** *v.i.* (*p.* sank; *p.p.* sunk) **1.** (in liquid) डूबना : the boat sank नाव[F] डूब गई. **2.** (of the sun or moon) डूबना : the sun is ~ing सूरज डूब रहा है; the moon sank behind the hill चंद्रमा पहाड़ी[F] के बीच डूब गया. **3.** (ground, building, etc.) धँसना : a part of the road is ~ing सड़क[F] का एक हिस्सा धँस रहा है. **4.** (subside) मंद पड़ना : his voice sank into a whisper उसकी आवाज़[F] मंद पड़कर फुसफुसाहट[F] में बदल गई; prices are ~ing कीमतों[F] में मंदी[F] आ रही है. **5.** (diminish) घटना : the water in the river is ~ing, you may row the boat नदी[F] में पानी घट रहा है और तुम नाव[F] चला सकते हो; the dollar is ~ing डालर का मूल्य घट रहा है. [*ant.* rise] **6.** मरने को होना : the patient is ~ing रोगी मर रहा है. **7.** (to become depressed) बैठना : my heart ~s when I worry about my future जब मैं अपने भविष्य की चिंता[F] करता हूँ तो मेरा जी बैठ जाता है. **II.** *v.t.* **1.** डुबोना, डुबाना : they decided to ~ their ship उन्होंने अपना जहाज़ डुबाने का निश्चय किया. **2.** (cause to go deep) धँसना : he sank his teeth into the apple उसने अपने दाँत सेब में धँसा दिए. **3.** खोदना : they sank a well in the field उन्होंने खेत में एक कुआँ खोदा. **4.** घटाना, कम करना : to ~ the price मूल्य ≈. **5.** (invest) लगाना : he sank Rs. 1,00,000 in his business उसने अपने व्यापार में एक लाख रुपया लगाया. **6.** (suppress) दबाना, हटाना : we should ~ our differences हमें अपने मतभेद दूर करने चाहिए. **III.** *n*[c]. **1.** (basin) कुंड : we have a ~ in the kitchen to wash utensils बरतन धोने के लिए हमारे पास रसोईघर में एक ≈ है. **2.** (sewage) मलकुंड : we have dug our own ~ for disposal of waste matter मल-मूत्र आदि के निकास के लिए हमने अपना ≈ खोद रखा है.

sinless सिन्'लिस *a.* निष्पाप, (innocent) निर्दोष [deep कर्म, saint संत]; he is ~, you must not suspect him वह ≈ है, तुम्हें उस पर शंका[F] नहीं करनी चाहिए. **sinner** सि'नर *n*[c]. पापी [condemnable निंदनीय, notorious कुख्यात, old पुराना]; black marketeers are the worst ~s of our society कालाबाज़ारी[F] करने वाले हमारे समाज के सबसे गंदे पापी हैं.

-sion *suff.* makes nouns : invasion, supervision, tension.

sip सिप **I.** *n*[u]. चुस्की[F], घूँट : he took a ~ of tea उसने चाय[F] की एक चुस्की ली. **II.** *v.t.* (-pp-) चुस्की[F] लेना, घूँट भरना : she was ~ping hot milk वह गर्म दूध की चुस्की ले रही थी; the guest ~ped (the cup of) tea अतिथि ने चाय[F] के घूँट भरे.

sir सर *n*[c]. **1.** श्रीमान्, महोदय [kind दयालु, learned विद्वान]; now ~, kindly explain why did you throw the stone अब ≈ बताइए कि आपने पत्थर क्यों फेंका; excuse me, ~ श्रीमान्/श्रीमन् क्षमा करें; dear ~ प्रिय महोदय. **2.** (title) सर : is Sir Raman dead क्या सर रामन का स्वर्गवास हो गया है ?

siren साइ'रन *n*[c]. (instrument) भोंपू : a ~ makes a loud warning sound ≈ चेतावनी[F] की तेज़ आवाज़[F] करता है; the ~ at 3 a.m. sounded that there was no danger now सुबह[F] तीन बजे का ≈ बजा कि अब कोई ख़तरा नहीं है.

sister सिस्'टर *n*[c]. **1.** बहन [elder बड़ी, unmarried अविवाहित, younger छोटी]; he always helps his ~ in her need वह अपनी बहन की आवश्यकता[F] पड़ने पर मदद[F] करता है; she has one ~ and two brothers उसकी एक बहन और दो भाई हैं; Vimla and Veena are ~s विमला और वीना बहनें हैं. **2.** (in hospitals) नर्स, सिस्टर [experienced अनुभवी, trained प्रशिक्षित]; there are ten ~s in the nursing home सेवा सदन में दस ≈ हैं; a ~ wears a white dress ≈ सफेद पोशाक पहनती है. **~-in-law** *n*[c]. (elder brother's wife) भौजाई, भाभी, भावज; (younger brother's wife) अनुज-वधू; (wife's sister) साली; (husband's ~) ननद; (wife's brother's wife) सलहज; she has two ~s-in-law उसकी दो सालियाँ या ननदें हैं; he has the only ~-in-law उसकी केवल एक साली है. [*pl.* ~s-in-law]. **sisterly** सिस्'टर्लि *a.* बहन जैसा, भगिनीवत् [affection स्नेह, relation

संबंध]; Tony has ~ behaviour with Romi टोनी का रोमी से ≈ व्यवहार है.

sit सिट *v.i.* (sat, sitting) **1.** बैठना : he ~s on a chair वह कुर्सी[F] पर बैठता है; several persons are ~ting round the fire आग के चारों ओर कई लोग बैठे हैं; he sat for an examination वह परीक्षा[F] में बैठा; let us ~ here हम यहाँ बैठें; ~ by me मेरे पास बैठो; there was a bird ~ting on the branch चिड़िया[F] पेड़ पर बैठी थी; when I am tired, I ~ in an arm-chair जब मैं थक जाता हूँ तो आराम कुर्सी[F] में बैठता हूँ; he was ~ting alone वह अकेला बैठा हुआ था. [*ant.* stand] **2.** (hatch) सेना : a hen ~s on the eggs for many days मुर्गी[F] कई दिन तक अण्डे सेती है. **3.** (have a seat) का सदस्य होना : he ~s in several committees वह कई समितियों[F] का सदस्य है. **4.** (session) का अधिवेशन होना, बैठना : the party sat the last month पार्टी[F] का अधिवेशन पिछले महीने हुआ. **5.** (be situated) स्थित होना : the Kiran theatre ~s in the chowk किरन थिएटर चौक में स्थित है. **6.** (fit) लगना, बैठना : the coat ~s well on him कोट उस पर ठीक बैठता है. **7.** will the court ~ tomorrow क्या कल कचहरी[F] होगी? Δ ~ **back** (i) यत्न छोड़ देना : he sat back in disgust अरुचि[F] हो जाने से उसने यत्न छोड़ दिया; (ii) आराम करना : he was tired and sat back in a comfortable chair वह थककर आराम कुर्सी[F] पर आराम करने लगा; ~ **down** (i) बैठ जाना : let me ~ down, I am tired मुझे बैठ जाने दो मैं थक गया हूँ; (ii) बैठा देना : he sat the baby on a carpet उसने बच्चे को दरी[F] पर बिठा दिया; ~ **for** के लिए बैठना I sat for my photo मैंने फोटो खिंचवाया; ~ **on** का सदस्य होना : he ~s on committee वह समिति[F] का सदस्य है; ~ **out** अंत तक रुकना : he sat out the function वह समारोह के अंत तक बैठा रहा; ~ **up** (i) उठ बैठना, देर तक जागना : she woke up and sat up in the bed वह जाग पड़ी और बिस्तर पर उठ बैठी; (ii) रात देर तक जागना : the children sat up after ten o'clock बच्चे रात दस बजे के बाद जागते रहे; (iii) to make smb ~ up किसी को उत्तेजित करना (भड़काना).

site साइट **I.** *n*[c]. स्थल, स्थान [convenient सुविधाजनक, fine अच्छा, splendid शानदार]; the ~ of the battle of Panipat पानीपत का युद्धस्थल; a new ~ for a hospital अस्पताल के लिए नया ≈; I do not like this ~ for a school विद्यालय के लिए मैं यह स्थान पसंद नहीं करता; this will be the most suitable ~ for our exhibition हमारी प्रदर्शनी[F] के लिए यह सबसे उपयुक्त ≈ होगा; the hilly ~s are very pleasant पहाड़ी ≈ बहुत सुहावने होते हैं. **II.** *v.t.* **1.** बनवाना, स्थापित करना : where shall we ~ our school हम अपना स्कूल कहाँ बनवाएँगे? **2.** स्थान चुनना : he ~d the place for making a big building उसने एक बड़ी इमारत[F] बनवाने के लिए स्थान चुना.

sitting सि'टिंग **I.** *n*[c]. **1.** (session) सत्र, बैठक[F] : winter ~ of the Parliament संसद[F] का शीतकालीन सत्र; after the ~ of the legislative assembly I have to go abroad विधान सभा[F] की बैठक[F] के बाद मुझे बाहर/विदेश जाना पड़ा. **2.** (period) बैठक[F] : I finished the play in one ~ मैंने एक ही बैठक में नाटक समाप्त कर दिया. **II.** *a.* **1.** बैठा हुआ : ~ member ≈/वर्तमान सदस्य. **2.** बैठने का : ~ room ≈ कमरा, बैठक[F].

situated सि'ट्यूएटिड *a.* **1.** स्थित : a house is ~ at the top of the hill एक मकान पहाड़ी[F] की चोटी[F] पर ≈ है; our office is ~ on the bank of the river Yamuna हमारा कार्यालय जमुना नदी[F] के किनारे ≈ है. **2.** how is he ~ उसकी स्थिति क्या है? **situation** सिट्यूए'शन *n*[c]. **1.** (place) स्थान [favourable उपयुक्त, pleasant सुहावना, vacant ख़ाली]; he is searching for a comfortable ~ for summer गर्मियों[F] के लिए वह कोई आरामदेह स्थान ढूँढ रहा है; it is a good ~ for a library पुस्तकालय के लिए यह अच्छा ≈ है. **2.** (position) स्थिति[F] : the ~ has now improved ≈ में अब सुधार हुआ है; this ~ is not satisfactory यह ≈ संतोषजनक नहीं है; I am in a difficult ~ मैं कठिन ≈ में हूँ. **3.** (job) काम, नौकरी[F] : ~ wanted ≈ चाहिए; ~ vacant ≈ ख़ाली है.

six सिक्स *a.* & *n.* छ: [cows गाएँ, flowers फूल, pillars खंभे]; all the ~ prisoners flew away in the night ≈ के ≈ कैदी रात[F] में भाग गए; he has ~ shops in the market बाज़ार में उसकी ≈ दुकानें हैं; he is aged ~ उसकी उम्र ≈ वर्ष है; he will be ~ in a month's time एक महीने में वह ≈ साल का हो जाएगा. Δ **at ~es and sevens** अस्त-व्यस्त : when I entered the room I found everything at ~es and sevens जब मैंने कमरे में प्रवेश किया तो सब कुछ अस्त-व्यस्त पाया. ~ **footer** छह फुटा (व्यक्ति). **sixer** सिक्'सर *n*[c]. छक्का : the batsman shot three ~s in one over बल्लेबाज़ ने एक ओवर में तीन छक्के मारे; whole of the match went without a ~ पूरे मैंच में एक भी ≈ नहीं लगा. **sixteen** सिक्सटीन' *n.* & *a.* सोलह [cycles साइकिलें, pen पेन, students छात्र]; he bought ~ pencils उसने ≈ पेंसिलें ख़रीदीं; he is ~ years old वह ≈ साल का है; his age is ~ उसकी उम्र ≈ वर्ष है. **sixteenth** सिक्सटीन्थ' सोलहवाँ : ~ day ≈ दिन; ~ row सोलहवीं पंक्ति[F]; of the sixteen boys the ~ and the last was blind सोलह लड़कों में ≈ और अंतिम लड़का अंधा था; in the ~ year of Akbar's reign अकबर के राज्य के सोलहवें वर्ष में. **sixth** सिक्स्थ *a.* छठा : ~ storey of the building इमारत[F] की छठी मंज़िल[F]; it was the ~ of August यह अगस्त की छ: तारीख[F] थी; ~ student was lame ≈ छात्र लंगड़ा था. **sixtieth** सिक्स्'टिइथ *a.* साठवाँ : ~ part ≈ भाग; ~ number साठवीं संख्या[F]; on the ~ day साठवें दिन; he celebrated his ~ birthday in Calcutta उसने अपना साठवाँ जन्मदिन कलकत्ता में मनाया. **sixty** सिक्स्'टि *a.* & *n.* साठ [runs रन, times बार]; out of one hundred only ~ were present in the class-room सौ में से केवल साठ कक्षा[F] में उपस्थित थे; a man of ~ साठ साल (की उम्र) का आदमी.

size साइज़ *n*[c]. **1.** (magnitude) आकार [huge भारी, large बड़ा, tiny छोटा]; the ~ of his body is very big उसका शारीरिक ≈ बहुत बड़ा है; it was of the ~ of a football यह फुटबाल के ≈ का था. **2.** माप [usual साधारण, wrong ग़लत]; what would be the ~ of your shoes तुम्हारे जूते का माप क्या होगा? he takes ~ 7 in shoes उसके जूते का ≈ 7 है; the ~ of my shirt is not known मेरी कमीज़ का ≈ ज्ञात नहीं है. **3.** (extent) विस्तार : the ~ of Italy is not much इटली[F] का ≈ बहुत नहीं है; what is the north-south ~ of India भारत का उत्तर-दक्षिण ≈ क्या है? **4.** (of a person) कद, साइज़ : what is the ~ of this boy इस लड़के का ≈ कितना है?

skeleton स्कें'लिटन *n*[c]. **1.** (of body) कंकाल, ठठरी[F], अस्थिपंजर : you can see the old man's ~ तुम बूढ़ा आदमी का ≈ देख सकते हो; ~ of an animal किसी जानवर का कंकाल; there is a ~ of an elephant in the museum हाथी का एक ≈ संग्रहालय में है. **2.** (framework) ढाँचा : the steel ~ of a building इमारत[F] का इस्पात का ≈. **3.** (abstract) सार-संक्षेप : now I'll give you a ~ of his talk अब मैं तुमको उसकी वार्ता[F] का ≈ दूँगा. **4.** (outline) रूपरेखा[F], ढाँचा, ख़ाका : true ~ सही ≈; it is just a ~ of my essay यह मेरे निबंध की रूपरेखा मात्र है. **5.** Δ **the patient is a ~** रोगी सूखकर काँटा हो गया है, रोगी हड्डियों का ढाँचा है.

sketch स्कॅच **I.** *n*[c]. **1.** (rough drawing) ख़ाका, कच्चा नक्शा : ~ of a building इमारत[F] का ≈. **2.** (outline) रूपरेखा[F] : suitable ~ उपयुक्त ≈; tell me the ~ of your essay मुझे अपने निबंध की ≈ बताओ; I could give a ~ of the author's life मैं लेखक की जीवनी[F] की ≈ दे सका. **3.** (literary) रेखाचित्र : it is not a story, it is a ~ of a school teacher यह कहानी[F] नहीं है, यह किसी स्कूलमास्टर का ≈ है; he has written several ~es of politicians उसने राजनीतिज्ञों के कई ≈ लिखे हैं. **II.** *v.t.* ख़ाका उतारना, रेखांकन करना : he ~es a cat उसने एक बिल्ली का ख़ाका उतारा; to ~ out main points मुख्य बिंदुओं का ≈.

skid स्किड **I.** *v.i.* (-dd-) फिसलना : the scooter ~ded on a muddy road स्कूटर कीचड़ वाली सड़क[F] पर फिसल गया; the child may ~ on the floor, you should help him बच्चा फ़र्श पर फिसल सकता है, तुम्हें उसकी सहायता^{F} करनी चाहिए. **II.** *n*^{c}. फिसलन^F : there are many ~ marks on the mud कीचड़ पर बहुत-से ≈ के निशान हैं; the car went into a ~ कार फिसल गई.

skilful (Amer. skillful) स्किल्'फ़ुल *a.* **1.** (expert) निपुण, कुशल, दक्ष [craftsman शिल्पी, potter कुम्हार [illegible] वह एक ≈ कर्मी है; [illegible] driving मोटर-चालन [illegible] the doctor is ~ a[illegible] आपरेशन करने में ≈ है. [illegible] is a very ~ manager, you cannot befool him वह बहुत ही चतुर प्रबंधक है तुम उसे मूर्ख नहीं बना सकते. **skill** स्किल *n*^{c}. (dexterity) कौशल, निपुणता^{F} [unusual असाधारण, wonderful आश्चर्यजनक]; the dance was performed with great ~ नृत्य बड़ी ≈ से प्रदर्शित किया गया; he showed his ~ in repairing उसने अपना कौशल मरम्मत^F करने में दिखाया; he has got a number of ~s उसमें अनेक कौशल हैं; this job requires ~ इस काम के लिए ≈ की आवश्यकता^{F} है; painting and writing are ~s चित्रकारी^{F} और लेखन कौशल हैं. **skilled** स्किल्ड *a.* कुशल [engineer इंजीनियर, labourer श्रमिक]; he is a ~ workman, he will finish the work before time वह ≈ कारीगर है, वह काम को समय से पहले समाप्त कर देगा; he is ~ in music वह संगीत में ≈ है.

skim स्किम *v.t.* (-mm-) **1.** (cream) मलाई उतारना : to ~ the cream off the milk दूध पर से ≈. **2.** (pass over) के ठीक ऊपर से निकल जाना : the birds ~med over the lake पक्षी झील^F के ठीक ऊपर से निकल गए. **3.** (pass along) छूते हुए निकल जाना : the aeroplane ~med the surface of the water हवाई-जहाज़ पानी की सतह^F को छूते हुए निकल गया. **4.** (read cursorily) सरसरी नज़र (या दृष्टि) से देखना : to ~ through a book when the examination is very near किताब^F को ≈, जबकि परीक्षा^{F} बहुत निकट हो.

skin स्किन **I.** *n*^{c}. **1.** चमड़ी^{F}, त्वचा^{F} [fair साफ़, pale पीली, smooth चिकनी]; ~ diseases चर्मरोग; her ~ is very soft उसकी ≈ बहुत कोमल है; the ~ of the Englishmen is white अंग्रेज़ लोगों की ≈ सफ़ेद होती है; the ~ of animals is used in making various things पशुओं की चमड़ी बहुत-सी चीजें बनाने के [illegible] **save one's** [illegible] **nly ~ and** [illegible] है; **to have** [illegible] defeat has [illegible] **hick ~** हार [illegible] है, वह मोटी खाल/चमड़ी वाला है; **~ deep** ऊपर-ऊपर का : his beauty is ~ deep उसकी सुंदरता^{F} ऊपर-ऊपर है; **to escape with the ~ of one's teeth** बाल-बाल बचना : he escaped with the ~ of his teeth in the road accident सड़क-दुर्घटना^{F} में वह बाल-बाल बच गया. **2.** (container) कुप्पा : he uses a ~ for keeping oil वह तेल रखने के लिए कुप्पे का इस्तेमाल करता है. **3.** (rind) छिलका [green हरा, hard सख़्त, yellow पीला]; ~ of a banana or potato केले या आलू का ≈; take the ~ off the orange संतरे का छिलका उतार लो; he eats the apple with its ~ वह छिलके समेत सेब खाता है. **II.** *v.t.i.* (-nn-) **1.** चमड़ा या छिलका उतारना : the butchers ~ned the goat कसाइयों ने बकरे का चमड़ा उतारा; to ~ off the mangoes आम का छिलका उतारना. **2.** चमड़ा लगाना : he asked the cobbler to ~ the shoe उसने मोची से जूते में चमड़ा लगाने को कहा. **3.** भर जाना, पपड़ी आ जाना (of a wound) : if you take the medicine regularly your wound will ~ over soon यदि तुम नियमित रूप से दवा^{F} लो तो तुम्हारा घाव शीघ्र भर जाएगा. **skinny** स्कि'नि *a.* दुबला-पतला : the child is ~ and weak बच्चा बहुत ही दुबला-पतला और कमज़ोर है; girls like to be ~ and slim लड़कियाँ दुबली-पतली और छरहरी होना पसंद करती हैं.

skip स्किप **I.** *v.t.i.* (-pp-) **1.** उछलकूद करते चलना, कूद-फाँद करते चलना, फुदकते फिरना : the children were ~ping up the field बच्चे मैदान में फुदकते चल रहे थे; frogs ~ in the rain मेंढक बरसात^{F} में फुदकते फिरते हैं. **2.** रस्सी^{F} फाँदना : two girls turn the rope and one ~s दो लड़कियाँ रस्सी^{F} घुमाती हैं और एक फाँदती है. **3.** (विषय या काम) छोड़ते चलना : the teacher has been ~ping from one lesson to another अध्यापक एक-एक पाठ छोड़कर दूसरे पर चल दिए. **4.** (omit) छोड़ देना : I kept sleeping last evening and ~ped my dinner कल शाम^{F} मैं सोता रहा और खाना छोड़ दिया (खाना छूट गया); I ~ped the second stanza of the poem मैंने कविता^{F} का दूसरा छंद छोड़ दिया. **II.** *n*^{c}. उछाल^{F} : the boy went along with little ~s लड़का छोटी-छोटी उछालें मारता चला गया. **skipper** स्कि'पर *n*^{c}. (captain) कप्तान [able योग्य, brave बहादुर, courageous साहसी]; ~ of a team टीम^{F} का कप्तान; Gavaskar was the ~ of Indian team गावस्कर भारतीय टीम^{F} के ≈ थे; ~ of a ship जहाज़ का ≈.

skirt स्कर्ट **I.** *n*^{c}. **1.** स्कर्ट, घाघरा, लहँगा [check ख़ानेदार, silken रेशमी, tight कसा हुआ]; put on your ~ अपना ≈ पहनो; she was wearing a black ~ वह काला ≈ पहने थी; the ~ is too small for me ≈ मेरे लिए बहुत ही छोटा है. **2.** (edge) पल्ला, किनारा : wide ~ चौड़ा ≈; a short ~ of a dhoti धोती^{F} का छोटा ≈; the ~ of her saree is red उसकी साड़ी^{F} का ≈ लाल है. **3.** (*pl.*) सीमांत, नगरोपांत : this wood is on the ~s of the city यह जंगल नगर के सीमांत पर है. **II.** *v.t.* के किनारे-किनारे चलना : both of them ~ed the canal in the evening शाम^{F} को वे दोनों नहर के किनारे-किनारे चले; a footpath ~s the village एक पगडंडी^{F} गाँव के किनारे-किनारे जाती है.

skit स्किट *n*^{c}. **1.** (burlesque) प्रहसन : ~ is a short humorous acted scene ≈ एक छोटा हास्यजनक अभिनीत दृश्य होता है. **2.** (satire) व्यंग्य रचना^{F} : he wrote a ~ on dowry system उसने दहेज-प्रथा^{F} पर एक व्यंग्य-रचना लिखी.

skull स्कल *n*^{c}. खोपड़ी^{F} [big बड़ी, strong मज़बूत]; ~ is the round bone of the head ≈ सिर की गोल हड्डी^{F} होती है; it will not go into your thick ~ यह तुम्हारी मोटी/स्थूल ≈ में नहीं आएगा; he got an injury in his ~ उसे ≈ में चोट^{F} लगी.

sky स्काइ **I.** *n*^{uc}. आकाश, आसमान [blue नीला, bright चमकीला, dark काला]; there were no clouds in the ~ आकाश में कोई बादल नहीं थे; the ~ was overcast with coulds ≈ में बादल छाए थे. Δ **the ~ is the limit** यह असीम है; **under the open ~** खुले में; I was amazed to see them **out of a blue ~** मैं उन्हें अकस्मात् देखकर अचंभित था. (comb.) **~ blue** आसमानी (रंग); **~ high** बहुत ऊंचा : ~ high prices बहुत ऊंची कीमतें. **II.** *v.t.* ऊंचा मारना, ऊंचा टाँगना : to ~ anything किसी चीज़ को ऊंचा टाँगना; to ~ a ball up गेंद को हवा^{F} में फेंकना. **~ light** छत पर का रोशनदान : this room has a small ~ light इस कमरे में छोटा-सा ≈ है. **~scraper** *n*^{c}. गगनचुम्बी भवन : we have now a number of sky scrapers in New Delhi नई दिल्ली^{F} में अब कई गगनचुंबी भवन हैं; one of the ~ scrapers in New York has a hundred storeys न्यूयार्क के एक ≈ में एक सौ मंज़िलें हैं.

slab स्लैब *n*^{c}. **1.** सिल्ली^{F} [small छोटी, thin पतली]; ~s of stone have been used in his house उसके मकान में पत्थर की सिल्लियों का इस्तेमाल किया गया है; that house has cement ~s उस घर में सीमेंट की सिल्लियाँ हैं. **2.** ~ of butter, cheese मक्खन, पनीर की टिकिया^{F}.

slack स्लैक **I.** *a.* **1.** (loose) ढीली [cord रस्सी^{F}, knot गाँठ^{F}, pant पैंट^{F}, rein बागडोर^{F}]; his shirt is very ~ उसकी कमीज़^{F} बहुत ढीली है; some nuts are ~ here कुछ ढिबरियाँ^{F} ≈ हैं. **2.** (dull) मंदा : ~ market ≈ बाज़ार, मंदी^{F}; the trade has been very ~ today व्यापार आज बहुत ≈ रहा है; ~ season मंदी के दिन. **3.** सुस्त, आलसी, ढीला, लापरवाह [employee कर्मचारी, person व्यक्ति, servant नौकर]; perhaps he is the ~est teacher in the school शायद वह विद्यालय का सबसे ≈ अध्यापक है; he is too ~ to pass the examination वह इतना ≈ है कि परीक्षा^{F} उत्तीर्ण नहीं कर

सकता. **4.** (of lime) बुझा हुआ. **II.** *n*[u]. **1.** (dull) मंदी[F] : too much ~ in business is harmful व्यापार में इतनी ज्यादा ≈ नुकसानदेह होती है. **2.** (*pl.*) ढीला पाजामा, स्लैक : he wears ~s of blue colour वह नीले रंग का ≈ पहनता है. **slacken** स्लै'कन **I.** *v.t.* ढीला/मंद करना : to ~ one's effort अपना प्रयास ≈; the speed was ~ed by the driver चालक ने गति[F] मंद कर दी; ~ the rope and let the dog go रस्सी[F] ढीली कर दो और कुत्ते को जाने दो; why did you ~ your efforts तुमने अपने प्रयास ढीले क्यों कर दिए? **II.** *v.i.* the train ~ed near the bridge गाड़ी[F] पुल के पास मंद हो गई; his grip ~ed उसकी पकड़ ढीली हो गई. **slackness** स्लैक्'निस *n*[u]. **1.** ढीलापन : ~ in a rope रस्सी[F] का ≈; ~ in screws पेंचों का ≈. **2.** लापरवाही[F] : ~ in one's duty अपने कर्तव्य में ≈. **3.** मंदी[F] : ~ in business धंधे में ≈.

slain स्लेन *v.t. p.p.* of 'slay'; the lion was ~ by the hunter शिकारी द्वारा शेर मारा गया; he had ~ his real brother उसने अपने सगे भाई को मार डाला था.

slake स्लेक *v.t.* **1.** बुझाना, शांत करना : he went to a hermit to ~ his thirst for knowledge ज्ञान की प्यास[F] बुझाने के लिए वह एक संन्यासी के पास गया; he ~d his anger उसने अपने गुस्से को शांत किया. **2.** to ~ lime चूना बुझाना.

slam स्लैम **I.** *v.t.* (*p.* slammed) **1.** ज़ोर से बंद करना : he ~med the window and the child woke up उसने ज़ोर से खिड़की[F] बंद की तो बच्चा जाग पड़ा. **2.** (put down) पटक देना : to ~ the cup down on the table मेज़ पर प्याला पटक देना; he ~med the glass and it cracked उसने गिलास पटक दिया और यह चटक गया. **II.** *v.i.* ज़ोर से बंद होना : he came in and the door ~med behind वह भीतर आया तो पीछे दरवाज़ा ज़ोर से बंद हो गया. **III.** *n*[u]. (noise) धम : loud ~ ज़ोर का ≈; the ~ was so powerful that we all awoke at once धमाका इतना ज़ोरदार था कि हम सब तुरंत जाग उठे.

slander स्लान्'डर **I.** *n*[c]. मिथ्यापवाद, झूठी निंदा[F] : try to avoid ~s ≈ से बचने की कोशिश[F] करो; the report was just a ~ रिपोर्ट[F] केवल ≈ था. **II.** *v.t.* मिथ्यापवाद फैलाना, झूठी निन्दा[F] करना : to ~ a friend behind his back किसी मित्र की पीठ-पीछे निंदा[F] करना; to ~ a person by inventing malicious tales दुर्भावनापूर्ण कहानियाँ गढ़ करके किसी के विरुद्ध मिथ्यापवाद फैलाना.

slang स्लैङ्ग *n.* **1.** वर्ग-बोली[F], खास बोली[F] : gamblers' ~ जुआरिओं की ≈; soldiers' ~ जवानों की ≈; this slang is spoken only in the eastern part of India यह ≈ भारत के केवल उत्तरी भाग में बोली जाती है. **2.** गँवारू बोली[F] : 'shut up' is ~ 'शट अप' (चुप रहो/मुँह बंद करो) ≈ है.

slanting स्लान्'टिङ्ग *a.* तिरछा : ~ lines तिरछी रेखाएँ[F]; ~ pole ≈ पोल/खंभा; ~ writing तिरछी लिखाई[F]; ~ rays of the sun सूर्य की तिरछी किरणें[F]; some houses have ~ roofs कुछ घरों की छतें[F] तिरछी होती हैं. [*ant.* upright]

slap स्लैप **I.** *v.t.* (slapped, slapping) थप्पड़ मारना/ लगाना, चाँटा मारना [slowly धीरे-से, violently ज़ोर से]; to ~ a naughty child शरारती बच्चे को ≈; I ~ped him on his cheek मैंने उसे गाल पर थप्पड़ मारा; I did not ~ him on his face मैंने उसके मुँह पर चाँटा/थप्पड़ नहीं मारा. Δ **~ down** पटक देना : the boy ~ped the book on the table लड़के ने किताब[F] मेज़ पर पटक दी. **II.** *n*[c]. थप्पड़, चाँटा : he gave her a ~ and she fell down fainted उसने उसे एक झापड़ मार दिया और वह बेहोश होकर गिर पड़ी. **III.** *adv.* सीधे : the car ran ~ into the wall कार ≈ दीवार से जा टकराई.

slate स्लेट **I.** *n*[c]. **1.** स्लेटी पत्थर : ~ has a dull grey colour ≈ का रंग हल्का राख-सा होता है. **2.** स्लेट[F] : a ~ with a frame is for writing चौखट लगी ≈ लिखने के लिए होती है; he lost his ~ yesterday उसने अपनी ≈ कल खो दी. Δ **to start with a clean ~** बिलकुल नया जीवन या काम शुरू करना. **II.** *a.* स्लेटी : ~ pencil ≈ पेंसिल; ~ colour ≈ रंग. **III.** *v.t.* **1.** स्लेटी पत्थर लगाना : to ~ the roof छत^F पर ≈. 2. (criticize) कटु आलोचना^{F} करना : his novel was ~d by many critics उसके उपन्यास की बहुत-से आलोचकों ने कटु आलोचना^{F} की.

slaughter स्लॉ'टर I. *n*^{c}. (killing) वध, हत्या^{F} : ~ of men नर-वध; ~ of animals पशुवध; uncounted ~s अनगिनत ≈; ~ of goats for food भोजन के लिए बकरियों^{F} की हत्या^{F}; the ~ of a cow is prohibited गाय की हत्या (गोवध) निषिद्ध है; all the ~ houses were banned by the government सरकार ने सभी कसाईख़ानों/बूचड़ख़ानों पर प्रतिबंध लगा दिया. II. *v.t.* 1. कत्ल करना, मार डालना : hundreds of goats are ~ed on Eid day ईद^F के दिन सैकड़ों बकरे-बकरियाँ मारी जाती हैं. 2. (defeat thoroughly) बुरी तरह हराना : our team ~ed the other side हमारी टीम^F ने दूसरी ओर^F की टीम^F को बुरी तरह हरा दिया.

slave स्लेव़ I. *n.* 1. दास, गुलाम, (fem.) दासी : ~ driver गुलामों से काम कराने वाला; ~ trader गुलाम फ़रोश; she is a ~ in his house वह उसके घर में दासी है; at one time ~s were auctioned एक ज़माने में गुलाम/दास नीलाम किए जाते थे; a ~ gets nothing for the work done for his master except food दास को मालिक का काम करने के लिए भोजन के अतिरिक्त कुछ नहीं मिलता; she set free the ~ in the absence of her husband उसने अपने पति की अनुपस्थिति^{F} में दास को मुक्त कर दिया. 2. (fig.) दास, गुलाम : he is a ~ of greediness, fashion वह लालच, फ़ैशन का ≈ है; we are ~s of circumstances हम परिस्थितियों^{F} के ≈ हैं. II. *v.i.* 1. कठोर परिश्रम करना : he ~s for earning livelihood वह जीविका^{F} चलाने के लिए कठोर परिश्रम करता है. 2. (drudge) काम में जुटा रहना, पिसना : the father ~ all day long while the son plays cards बाप सारा दिन काम में जुटा रहता है जबकि बेटा ताश खेलता है. **slavery** स्ले'व़रि *n*^{u}. 1. दासप्रथा^{F} : ~ prevailed for many decades ≈ कई दशकों तक रही; he was also the victim of ~ वह भी ≈ का शिकार था; ~ still exists in some islands ≈ अब भी कुछ टापुओं में है. 2. (bondage) गुलामी^{F}, दासता^{F} : boys were sold into ~ लड़के ≈ के लिए बेच दिए जाते थे; he tried his best to free the boy from ~ उन्होंने लड़के को दासता^{F} से मुक्त कराने का भरसक प्रयास किया. [*ant.* freedom] **slavish** स्ले'व़िश *a.* 1. दासोचित [mentality मनोवृत्ति^{F}, service सेवा^{F}, work काम]. 2. (base) नीच, कमीना [person व्यक्ति, worker मज़दूर]; he is a very ~ man वह बहुत ≈ आदमी है. 3. (exact) हूबहू : this building a ~ copy of our school यह इमारत हमारे स्कूल की ≈ नकल है.

slay स्ले *v.t.* (slew, slain) मार डालना, वध करना : the hero slew the enemy वीर योद्धा ने शत्रु को मार डाला; he was slain by his close relative वह अपने नज़दीकी संबंधी के हाथों मार डाला गया; the king had slain many slaves राजा ने अनेक दासों का वध किया था.

sleek स्लीक *a.* 1. (glossy) चिकना : ~ hair चिकने बाल; ~ skin चिकनी चमड़ी^{F}/त्वचा^{F}; a fur coat is ~ फ़र का कोट ≈ होता है. 2. (well-fed) मोटा-ताज़ा, हृष्ट-पुष्ट : his horse was very ~ उसका घोड़ा बहुत ≈ था. 3. (well-groomed) बना-ठना, छैल-चिकनिया; ~ youngman ≈ नवयुवक.

sleep स्लीप I. *n*^{u}. नींद^F, निद्रा^{F} [comfortable सुखप्रद, deep गहरी, light हल्की]; she talks in her ~ वह ≈ में बातें करती है; I did not get sound ~ मुझे गहरी ≈ नहीं आई; she had only three hours' ~ last night पिछली रात^F वह केवल तीन घंटे सोई; you need eight hours' ~ a day एक दिन में तुम्हें आठ घंटे ≈ की आवश्यकता^{F} होती है; I shall try to get ~ मैं नीद लाने का प्रयास करूँगा; he went to ~ at nine o'clock वह नौ बजे सो गया; put to ~ सुलाना : the mother put the child to ~ माँ ने बच्चे को सुला दिया. II. *v.i.* (*p.* slept) 1. सोना, नींद लेना [badly बुरी तरह, well ठीक से]; she is still ~ing वह अब भी सो रही है; did you ~ well क्या तुम अच्छी तरह सोए? we were so tired that we slept for twelve-hours हम इतने थक गए थे कि बारह घंटे सोए; I could not ~ even an hour मैं एक घंटा भी न सो

सका; the baby is still ~ing बच्चा अब भी सो रहा है. **2.** to ~ over some problem किसी समस्या^{F} को टाल देना. **3.** he ~s away his time वह अपना समय सोकर बिता देता है. **sleeper** स्ली'पर *n*^{c}. **1.** सोनेवाला : heavy ~ गहरी नींद^F ≈; light ~ हल्की नींद^F ≈. **2.** शयनयान a second class ~ द्वितीय श्रेणी ≈; passenger trains have no ~s सवारी गाड़ियों^{F} में ≈ नहीं होते. **3.** (beam) स्लीपर : wooden ~s for railway lines रेल की पटरी^{F} के लिए लकड़ी के ≈. **sleepless** स्लीप्'लिस *a.* निद्रारहित : he lay ~ all night वह सारी रात जागता पड़ा रहा; spent many ~ nights उसने कई निद्रारहित रातें^{F} व्यतीत कीं. **sleepy** स्ली'पि *a.* (sleepier, sleepiest) **1.** उनींदा, निद्रालु : when you feel ~, lie down जब तुम ≈ महसूस करो तो लेट जाओ; take away the ~ child to bed निद्रालु बच्चे को बिस्तर पर ले जाओ. **2.** (not alert) सुस्त, आलस्यमय : he has ~ manners उसकी आदतें ≈ हैं. **3.** (inducing ~) निद्राजनक, नींद^F लाने वाली : ~ lullaby ≈ लोरी^{F}; ~ medicine ≈ दवा^{F}.

sleeve स्लीव़ *n.* आस्तीन^F, बाँह^F [long लंबी, narrow सँकरी, wide चौड़ी]; ~ of a shirt कमीज़ की बाँह; a ~ of his coat is torn उसके कोट की एक ≈ फटी हुई है; turn up your ~s अपनी ≈ ऊपर चढ़ा लो. Δ **laugh up one's** ~ अंदर-ही-अंदर या दिल में हँसना; **he has a plan up his** ~ वह एक-न- एक युक्ति तैयार रखता है; **roll up your** ~s अपनी कमर कस लो, तैयार हो जाओ.

slender स्लें'न्'डर *a.* **1.** (thin) पतला : ~ boy ≈ लड़का; ~ legs पतली टाँगें^{F}; ~ waist पतली कमर^F; she is too ~ वह बहुत ही लंबी-पतली है; he is the most ~ student in the class वह कक्षा^{F} का सबसे ≈ लड़का है. **2.** (of persons, slim) छरहरा, इकहरा : ~ body ≈ शरीर; ~ girl छरहरी लड़की^{F}; Raman is a ~ boy and very active रामन एक ≈ लड़का है और बहुत सक्रिय. **3.** (scanty) थोड़ा, अपर्याप्त, नाकाफ़ी : ~ hope थोड़ी आशा^{F}; ~ income अपर्याप्त आय^F; it is too ~, this will not do यह बहुत ही थोड़ा है, इससे काम नहीं चलेगा. **4.** (feeble) कमज़ोर : this link in the chain is very ~ ज़ंजीर की यह कड़ी^{F} बहुत ≈ है. **5.** ~ voice बारीक आवाज़^{F}.

slept स्लें'प्ट *v.i.* past & *p.p.* of 'sleep'.

slew स्लू *v.t.* past of 'slay' *q.v.*

slice स्लाइस **I.** *n*^{c}. **1.** (piece) टुकड़ा : I got two ~s of bread मुझे ब्रेड के दो टुकड़े मिले. **2.** हिस्सा, भाग [big बड़ा, small छोटा]; ~ of property, territory संपत्ति^{F}, भूखंड का ≈; I got a big ~ of profit मुझे लाभ का बड़ा हिस्सा मिला. **II.** *v.t.* तराशना, काटना : he ~d the idols of Gods उसने देवताओं की मूर्तियां^{F} तराशीं; his entire family ~s stones whole day long उसका पूरा परिवार सारा-सारा दिन पत्थर तराशता है; he ~ the fruit उसने फल काटे; to ~ off काटकर अलग करना.

slide स्लाइड **I.** *v.i.t.* (*p.* & *p.p.* slid) **1.** सरकना, खिसकना, फिसलना : to ~ along the snow बर्फ़ पर फ़िसलते चलना; years ~ away rapidly साल तेज़ी से खिसकते हैं; a piston ~s smoothly up and down inside a cylinder पिस्टन सिलिंडर के अंदर सहज रूप में ऊपर-नीचे सरकता है. **2.** let things ~ जो होना है होने दो. **3.** the time slid by समय बीतता गया. **II.** *n*^{c}. **1.** (act) सरकन^F, फिसलन^F : let children have a ~ on the sloping mound बच्चों को ढालू भीटे पर फिसलने दो. **2.** (slide) स्लाइड^F : the pathologist took the blood on a ~ पैथालाजिस्ट ने खून स्लाइड^F पर लिया. **3.** (a photograph) स्लाइड : he showed us his wedding ~s on a screen उसने हमें परदे पर शादी की ≈ दिखाई.

slight स्लाइट **I.** *a.* (slighter, slightest) **1.** (in body) छरहरा, दुबला-पतला : he was a ~ boy, now he is so fat वह एक ≈ लड़का था, अब इतना मोटा है. **2.** (small, not great) थोड़ा, हल्का : there is a ~ difference in colour रंग में थोड़ा-सा अंतर है; I have a ~ pain in my stomach मेरे पेट में हल्का-सा दर्द है. **3.** not the ~est ज़रा भी नहीं; there is not the ~est doubt about it इस बारे में ज़राभर भी संदेह नहीं है. **II.** *v.t.* **1.** (treat as unimportant) उपेक्षा^{F} करना, तुच्छ समझना,

पर ध्यान न देना : he never ~s even his servants वह नौकरों तक की उपेक्षा नहीं करता. **2.** (treat with disrespect) अनादर करना, तिरस्कार करना : I felt ~ed मैंने अनादृत होने का अनुभव किया; he tried to ~ the teacher उसने अध्यापक का अनादर करने की कोशिश[F] की. **slightly** स्लाइट्'लि *adv.* किंचित, ज़रा-सा, कुछ-कुछ : I am ~ better today मैं आज कुछ-कुछ ठीक हूँ; she was ~ late yesterday कल वह ज़रा-सी लेट थी; the son is ~ taller than the father बेटा पिता से ≈ लंबा है; it is ~ more difficult यह ≈ अधिक कठिन है; the temperature has fallen ~ तापमान थोड़ा-सा गिर गया है; she was ~ worried वह किंचित् चिंतित थी.

slim स्लिम **I.** *a.* (slimmer, slimmest) **1.** (thin) पतला, छरहरा : she is a ~ and smart bride वह छरहरी और फुर्तीली दुल्हिन है; he has a ~ body उसका शरीर ≈ है; she tries to keep ~ वह छरहरी बनी रहने की कोशिश[F] करती है. **2.** (meagre, scant) थोड़ा-सा, कम : our chances for success are not ~ सफलता[F] के हमारे अवसर कम/थोड़े नहीं हैं. **II.** *v.i.* (-mm-) मोटापा कम या दूर करना; दुबला बनना : to ~ the body by dieting डाइटिंग करके शरीर का ≈; are you ~ming क्या तुम्हारा मोटापा कम हो रहा है ?

slime स्लाइम *n*[u] (mud) कीचड़ : there is so much ~ in the pond पोखरे में ≈ है; the ~ is slippery and sticky ≈ फिसलनदार और चिपचिपा होता है; a snail leaves ~ on the path घोंघा रास्ते पर ≈ छोड़ता है.

sling स्लिङ्ग **I.** *n*[c]. **1.** ढेलवार, गोफना, गुलेल[F] : he has taken a ~ to kill birds चिड़ियाँ मारने के लिए उसने एक ≈ लिया है; a ~ is used for hurling stones ≈ पत्थर मारने के लिए इस्तेमाल किया जाता है. **2.** (bandage) पट्टी[F], स्लिंग : to hang one's injured arm in a ~ अपनी घायल बाँह[F] पट्टी[F] में लटकाना. **II.** *v.t.* (*p.* & *p.p.* slung) **1.** (throw) फेंकना : to ~ mud at smb किसी पर कीचड़ फेंकना/उछालना; he slung a stone at the pigeon उसने कबूतर पर पत्थर फेंका; boys were ~ing stones on the frogs लड़के मेंढकों पर पत्थर फेंक रहे थे. **2.** (suspend) लटकाना : he is ~ing a bag on his shoulders वह अपने कंधों पर एक बैग लटकाए हुए है.

slink स्लिङ्क *v.i.* (*p.* & *p.p.* slunk) **1.** लुक-छिपकर आना/जाना : he slunk into the room and stole my book वह कमरे में लुक-छिपकर चला गया और मेरी किताब[F] चुरा ली; he ~s in the night to his beloved वह अपनी प्रेमिका के पास रात[F] को लुक-छिपकर जाता है. **2.** चुपके-से खिसक जाना : he slunk away from the meeting वह बैठक से चुपके से खिसक गया.

slip स्लिप **I.** *v.i.* (-pp-) **1.** (lose balance) फिसल जाना : he ~ped on the smooth floor वह चिकने फर्श पर फिसल गया; his foot ~ped and he fell down उसका पैर फिसला और वह गिर पड़ा; the mango ~ped from his hand आम उसके हाथ से फिसल गया. **2.** (drop) गिर जाना : he has ~ped in my estimation वह मेरी नज़रों में गिर गया है; I feel I am ~ping मैं अनुभव करता हूँ कि मुझमें गिरावट[F] आ रही है. **3.** (glide) सरकना : he quietly ~ped out of the room वह चुपके-से कमरे से बाहर सरक गया. **4.** (escape) से निकल जाना : the dog ~ped off its collar and ran off कुत्ता अपने पट्टे से निकलकर भाग गया; the idea ~ped my mind विचार मेरे दिमाग से निकल गया. **5.** (of time) जल्दी बीत जाना : the days of happiness ~ away easily खुशी[F] के दिन आसानी[F] से बीत जाते हैं. **6.** (put) डाल लेना : he ~ a hundred-rupee note in his pocket उसने सौ रुपए का नोट अपनी जेब[F] में डाल लिया; he ~ped a letter into the letter-box उसने एक पत्र पत्र-पेटी[F] में डाल दिया. **7.** (let go) जाने देना, छोड़ना : don't let the opportunity ~ यह मौका/अवसर मत जाने दो. Δ ~ **in** चुपके से आ जाना, घुस जाना : he ~ped into the enemy's army वह शत्रु की सेना[F] में चुपके-से घुस गया; to ~ **off** (i) जल्दी से उतारना : he had to ~ off his clothes उसे जल्दी से अपने कपड़े उतारने पड़े; (ii) चुपके से चल देना : he ~ped off from the meeting वह बैठक[F] से चुपके से चला

गया; ~ **over** छोड़ देना, उपेक्षा^{F} करना : after the elections he ~ped over his fellows चुनाव के बाद उसने अपने साथियों की उपेक्षा कर दी; **let** ~ अनजाने बता देना : he has let ~ everything to him उसने अनजाने उसे सब कुछ बता दिया. **II.** *n.* **1.** (act) फिसलना : his sprain was the result of a ~ उसकी मोच^F फिसल जाने के कारण हुई. **2.** (escape) खिसकना : he gave the police a ~ वह पुलिस के हाथों से खिसक गया. **3.** (blunder) भूल^F, चूक^F : unpardonable ~ अक्षम्य ≈; ~ of the pen लिखने में ≈; ~ of the tongue बोलने में ≈; to make a ~ in the spelling of a word शब्द की वर्तनी^{F} में भूल^F करना. **4.** (petticoat) पेटीकोट : she was wearing a nylon ~ वह नाइलान का ≈ पहने हुए थी. **slipper** स्लि'पर *n*^{c}. स्लीपर, चट्टी^{F} : in the morning I put on a gown and ~s सुबह^F मैं गाउन और स्लीपर पहन लेता हूँ; ~s are used indoors स्लीपर घर के अंदर इस्तेमाल किए जाते हैं. **slippery** स्लि'पॅरि *a.* & *n.* **1.** फिसलनी [ground ज़मीन^F, road सड़क^F, slope ढलान^F]; mind, the way is too ~ here ध्यान रहे, यहाँ रास्ता बहुत ही फिसलना है. **2.** (hard to hold) पकड़^{F} में न आने वाला : his arguments are ~ उसका तर्क पकड़ में आने वाला नहीं है. **3.** (unreliable) अविश्वसनीय : ~ customer ≈ ग्राहक; I had never expected that he would be so ~ मैंने ऐसी आशा^{F} नहीं की थी कि वह इतना ≈ होगा. **4.** (evasive) बहानेबाज़ : he was a top-class ~ वह उच्चकोटि का ≈ था.

slit स्लिट **I.** *v.t.* (*p.* slit; *pr.p.* slitting) फाड़ना, चीरना : ~ the bag with a knife and take out what you like बैग को चाकू से फाड़ लो और चीज़ें जो तुम्हें पसंद हों निकाल लो; the doctor ~ his throat डॉक्टर ने उसका गला चीर दिया; to ~ open an envelope चीरकर लिफ़ाफ़ा खोलना. **II.** *n*^{c}. दरार, चीर : long ~ लंबा ≈; your trousers have a ~ at the back तुम्हारी पतलून^F में पीछे एक चीर है; the ~ in the wall is very dangerous दीवार^F में दरार^F बहुत खतरनाक है.

slogan स्लो'गन *n*^{c}. नारा : they are asked to raise ~s उनको नारे लगाने के लिए कहा गया; 'grow more food' and 'do or die' are ~s 'अधिक अन्न उगाओ' और 'करो या मरो' नारे हैं.

slope स्लोप **I.** *n*^{c}. **1.** ढाल^F, ढलान^F : the ~ of the ground is, no doubt, very good ज़मीन की ≈ निःसंदेह बहुत अच्छी है. **2.** (upwards) चढ़ाई^F : steep ~ खड़ी ≈; the ~ of a mountain is very high पर्वत की ≈ बहुत ऊंची है. **II.** *v.t.* ढालू या तिरछा करना : (~ down the pillar a little खंभे को थोड़ा तिरछा करो; the masons ~d the wall राजगीरों ने दीवार^F को झुका दिया. **III.** *v.i.* ढलना : the land ~d down to the sea ज़मीन समुद्र तक ढलती गई.

slot स्लॉट *n.* (opening) छिद्र, छेद [dangerous ख़तरनाक, narrow सँकरा, small छोटा]; ~ for oil in a machine तेल के लिए मशीन^F का ≈; put the coins in the ~ of the cash box नकदी वाले बॉक्स के ≈ में सिक्के डाल दो.

slovenly स्लॅ'व़नलि *a.* **1.** (untidy) गंदा, मैला-कुचैला [person व्यक्ति, work काम]; ~ dress मैली-कुचैली/गंदी पोशाक^F. **2.** फूहड़ : she is the most ~ woman in the village वह गाँव में सबसे ≈ स्त्री है.

slow स्लो **I.** *a.* **1.** (in action) दीर्घ-सूत्री, धीरे काम करने वाला, सुस्त : his younger son is clever but his elder son is ~ उसका छोटा बेटा तो चुस्त है, पर बड़ा ≈ है. **2.** (~ witted) मंदबुद्धि : he is very ~, he cannot understand the rules of arithmetic वह बहुत ≈ है, अंकगणित के नियमों को नहीं समझ सकता. [*ant.* quick] **3.** (old fashioned) दकियानूसी : in the modern times too there are ~ people आजकल के समय में भी ≈ लोग हैं. **4.** (in speed) धीमा, मंद, मंथर; ~ work ≈ काम; ~ journey धीमी यात्रा^{F}; ~ motion धीमी गति^{F}; he is a ~ walker वह धीमा चलनेवाला है; the train is very ~, you may catch it रेलगाड़ी^{F} बहुत धीमी है, तुम इसे पकड़ सकते हो. **5.** (of clock) सुस्त, पीछे : my watch is five minutes ~ मेरी घड़ी^{F} पाँच मिनट ≈ है; the tower clock is always ~ घंटाघर की घड़ी सदा ≈ रहती है. **6.** (tedious) नीरस, उबाऊ : she finds life in the country rather ~ देहात का जीवन उसे कुछ ≈ लगता है. **II.** *adv.* धीरे (-धीरे) : go ~ ≈ चलो. **III.** *v.t.i.* चाल[F] कम करना या धीमा करना, मंद करना : he ~ed down at the crossing क्रासिंग पर उसने चाल कम कर दी; the road is slippery, you should ~ down सड़क[F] फिसलनदार है, तुम्हें चाल कम कर देनी चाहिए; ~ down your speed when you go into the city by motorcycle जब तुम मोटरसाइकिल से नगर के भीतर जाओ तो गति[F] धीमी कर दो; the car ~ed up the band of the road सड़क[F] के मोड़ पर कार[F] धीमी हो गई. **slowly** स्लो'लि *adv.* धीरे-धीरे, मंथर गति[F] से : please speak more ~ कृपया और धीरे बोलिए; events were developing ~ घटनाएँ धीरे-धीरे बढ़ रही थीं; he was marching to the market ~ वह धीरे-धीरे बाज़ार की ओर चल रहा था.

sluggish स्लॅ'गिश *a.* मंद, सुस्त [heartbeat धड़कन[F], mind मस्तिष्क, person व्यक्ति]; his liver is very ~ उसका जिगर बहुत ही ≈ है; ~ market is the market of the buyer मंद बाज़ार क्रेताओं का बाज़ार होता है; I feel ~ मुझे सुस्ती[F] लग रही है.

slum स्लम *n.* गंदी बस्ती[F] : in ~s, houses are closely crowded गंदी बस्तियों में मकान एक-दूसरे से मिले/सटे रहते हैं; I pity the people who are obliged to live in ~s उन लोगों पर दया[F] आती है जो गंदी बस्तियों में रहने को बाध्य हैं. [*a.* slummy]

slumber स्लम्'बर **I.** *n*[u]. नींद[F] : to be sunk in ~ ≈ में डूबा होना; he is still in deep ~ वह अब भी गहरी ≈ में है; he walks in ~ वह सोते/नींद[F] में चलता है. **II.** *v.i.* सोना [soundly गहरी नींद, peacefully शांतिपूर्वक]; to ~ like a child बच्चे की तरह सोना; he ~s all day and night on Sundays वह हर रविवार को दिन-रात सोता है; she ~s away her precious time वह अपना कीमती वक्त सोकर गँवा देता है.

slung स्लंग *v.t. p.p.* of 'sling' *q.v.*

slur स्लर **I.** *v.i.* (-rr-) **1.** छिपाना : to ~ over a fact किसी तथ्य को छिपाना. **2.** ध्यान न देना : to ~ over smb's faults किसी के दोषों पर ध्यान न देना. **3.** (pronounce indistinctly) का अस्पष्ट उच्चारण करना, मिलाकर उच्चारण करना : little boys often ~ (over words) छोटे-छोटे लड़के प्राय: (शब्दों का) अस्पष्ट उच्चारण करते हैं. **4.** (write) अस्पष्ट लिखना, मिलाकर लिखना. **II.** *n*[c]. **1.** (blot) धब्बा; (aspersion) कलंक, लांछन : a ~ on one's character किसी के चरित्र पर ≈; it is a ~ on your name तुम्हारे नाम पर यह धब्बा है; to put/cast a ~ on a person किसी व्यक्ति पर लांछन लगाना. **2.** अस्पष्ट उच्चारण; अस्पष्ट लिखावट[F] : his writing is a ~, you cannot read it उसकी लिखावट अस्पष्ट है, तुम इसे पढ़ नहीं सकते.

sly स्लाइ *a.* (slyer, slyest) **1.** (cunning) धूर्त, चालाक, मक्कार [hawker हाकर/फेरीवाला, shopkeeper दुकानदार, woman स्त्री]; he is the ~est leader वह सबसे ≈ नेता है. **2.** (mischievous) शरारतभरा : ~ smile शरारतभरी मुस्कान[F]. Δ **on the ~** छिपे-छिपे, गुप्त रूप से : on the ~ he wishes to harm you गुप्त रूप से वह आपको नुकसान पहुँचाने की इच्छा रखता है.

S.M. Station Master.

small स्मॉल **I.** *a.* (smaller, smallest) **1.** (in size) छोटा [box बॉक्स, garden बगीचा, piece टुकड़ा, town कस्बा]; ~ arms छोटे हथियार; the room is very ~ कमरा बहुत ≈ है; he lives in a ~ village वह एक छोटे-से गाँव में रहता है; your house is ~er than mine तुम्हारा मकान मेरे मकान से छोटा है; she was the ~est girl in our class वह हमारी कक्षा[F] में सबसे छोटी लड़की थी; he is too ~ to go to school वह इतना छोटा है कि विद्यालय नहीं जा सकता; the boy looks ~ for his age लड़का उम्र के हिसाब से छोटा लगता है. [*ant.* big] **2.** (in amount) थोड़ा, कम : such a small amount will not do इतनी थोड़ी/कम राशि[F] से काम नहीं चलेगा. **3.** (on a ~ scale) लघु [industry उद्योग, wave तरंग]. [*ant.* large]. **4.** (in other contexts) ~ change रेज़गारी[F]; a ~ man ओछा आदमी; in a ~ way साधारण ढंग से. **~pox** *n*[u]. माता[F], चेचक[F] : ~ is a dangerous disease ≈ एक ख़तरनाक बीमारी[F] है; ~ has left scars on her face

उसके चेहरे पर ≈ के दाग रह गए हैं.

smart स्मार्ट **I.** *a.* **1.** (sharp, intense) तीव्र, तीक्ष्ण, सख़्त, ज़ोरदार [blow प्रहार, knock खटखटाहट[F], pace रफ़्तार[F], pain दर्द]; the ~ storm caused much harm तेज़ तूफ़ान ने बहुत नुकसान पहुँचाया. **2.** (brisk) तेज़, फुरतीला : ~ boy ≈ लड़का; she looks very ~ वह बहुत ही फुरतीली दिखती है. **3.** (clever) चतुर : ~ person ≈ व्यक्ति; he is a ~ businessman वह एक ≈ व्यापारी है. **4.** (quick-witted) हाज़िरजवाब, प्रत्युत्पन्नमति [officer अधिकारी, people लोग]; his servant was a very ~ man उसका नौकर बहुत ही ≈ आदमी था. **5.** (neat) साफ़-सुथरा : ~ house ≈ मकान; you will always find him ~ except on Sundays रविवार को छोड़कर तुम उसे सदा ≈ पाओगे. **6.** (stylish) फ़ैशनेबल : ~ hotel ≈ होटल; a ~ girl एक ≈ लड़की. **II.** *v.i.t.* **1.** (cause pain) टीस[F] मारना, सालना, दर्द करना : his arm was ~ing उसकी बाँह[F] दर्द कर रही थी; that remark still ~s him वह टिप्पण उसे अब भी सालता है. **2.** (rankle) खलना, अखरना : the defeat ~s his mind यह पराजय[F] उसे अखरती है. **3.** (feel resentful) चिढ़ना, खीझना : he is ~ing under injustice वह अन्याय के कारण खीझता है; to ~ over someone किसी से ≈. **II.** *n*[u]. **1.** (active pain) टीस[F] : a ~ of wound घाव की टीस. **2.** (distress) दुःख, व्यथा[F] [great बहुत, sharp तीखा]; I still feel the ~ of his taunt मैं अब भी उसके ताने/व्यंग्य के दुःख का अनुभव करता हूँ. **3. ~ money** (compensation) मुआवज़ा, हरजाना : he has to pay ~ money for the pain caused to somebody किसी को पीड़ा[F] पहुँचाने के लिए उसे हरजाना देना पड़ा.

smash स्मैश **I.** *v.t.* **1.** (shatter) टुकड़े-टुकड़े कर देना, चकनाचूर करना : ~ the toys खिलौनों को ≈; the boy ~ed all the crockery लड़के ने चीनी मिट्टी[F] के सारे बर्तन टुकड़े-टुकड़े कर दिए; the car ~ed in the accident दुर्घटना[F] में कार[F] चकनाचूर हो गई. **2.** तितर-बितर कर देना : the army ~ed the enemies सेना ने शत्रुओं को तितर-बितर कर दिया. **3.** तोड़ना : he ~ed last year's record उसने पिछले साल का रिकार्ड तोड़ दिया. **4.** (destroy) नष्ट कर डालना, बिगाड़ना, बरबाद करना : mismanagement ~ed their plans कुप्रबंध ने उनकी योजनाओं[F] को नष्ट कर दिया. **II.** *v.i.* **1.** (break to pieces) टुकड़े-टुकड़े हो जाना : the plate fell on the floor and ~ed प्लेट फ़र्श पर गिरी और टुकड़े-टुकड़े हो गई. **2.** नष्ट हो जाना : his business ~ed उसका धंधा नष्ट हो गया. **II.** *n.* **1.** (चटाके का) प्रहार : such a ~ may cause man's death ऐसे ≈ से मनुष्य की मृत्यु[F] हो सकती है. **2.** (sound of a crash) चटाक[F], पटाक[F] : a sharp ~ produced in the road accident सड़क दुर्घटना[F] में उत्पन्न चटाक-पटाक. **3.** टक्कर[F], भिड़ंत[F] : the ~ of the bus and truck caused the death of ten persons बस और ट्रक की ≈ में 10 व्यक्ति मारे गए. **smashing** स्मै'शिङ्ग *a.* **1.** ज़ोरदार : a ~ blow ≈ प्रहार. **2.** (fig.) मुँहतोड़ : he gave a ~ answer उसने ≈ जवाब दिया. **3.** बढ़िया : ~ idea ≈ विचार.

smattering स्मै'टॅरिङ्ग *n.* & *a.* अल्प ज्ञान, ऊपरी जानकारी[F] : the student had a ~ of Sanskrit but now he knows nothing छात्र को संस्कृत[F] की अल्प जानकारी थी लेकिन अब वह कुछ नहीं जानता है; he has a ~ knowledge of German उसे जर्मन का अल्प ज्ञान है.

smear स्मिअर **I.** *v.t.* **1.** (of grease) चिकनाई[F] लीपना या पोतना : to ~ a surface with something oily सतह[F] पर तैलयुक्त वस्तु[F] पोतना; the child ~ed jelly on the table बच्चे ने मेज़ पर जेली[F] पोत दी. **2.** (of butter) चुपड़ना, लगाना : he has ~ed his face with butter उसने चेहरे पर मक्खन चुपड़/लगा लिया है. **3.** (defame) बदनाम करना, कलंक लगाना : uselessly you are ~ing him बिना मतलब तुम उसे बदनाम कर रहे हो; it is not good to ~ anyone किसी को बदनाम करना अच्छा नहीं है. **4.** to make blurred धुँधला करना : he ~ed the writing on the blackboard उसने श्यामपट्ट पर की लिखावट[F] धुँधली कर दी. to get ~ed धुँधला हो जाना : the letters on the signboard have ~ed नामपट्ट के अक्षर धुँधले हो गए हैं. **II.** *n*[c]. **1.** (stain) धब्बा,

दाग : give the shirt to the drycleaner to remove these ~s धब्बे हटाने के लिए कमीज़[F] ड्राई क्लीनर को दे दो. **2.** (on a slide) लेप : ~ of blood on the slide to test जाँच[F] के लिए स्लाइड पर खून का ≈. **3.** (defamation) कलंक, बदनामी[F] : it is not easy to be free from such a ~ इस प्रकार की बदनामी से मुक्त होना आसान नहीं है.

smell स्मॆल **I.** *n*[u]. (odour) गंध[F], बू[F], महक[F] [bad गंदी, good अच्छी, sweet भीनी]; this flower gives sufficient ~ यह फूल पर्याप्त सुगंध देता है. **2.** (bad odour) दुर्गंध[F], बदबू[F]: no one will live here in such a ~ इस प्रकार की ≈ में यहाँ कोई नहीं रहेगा. **3.** (sense) घ्राण, सूँघने की शक्ति[F] : his sense of ~ is very sharp उसकी घ्राण-इंद्रिय[F] बहुत तेज़ है. **II.** *v.i.t.* (*p.* & *p.p.* smelled/smelt) **1.** (perceive odour) सूँघना, गंध[F] लेना : the dog smelt the ground कुत्ते ने ज़मीन को सूँघा; due to cold I cannot ~ well ज़ुकाम की वजह[F] से मैं अच्छी तरह नहीं सूँघ सकता. **2.** (perceive) भाँपना, का पता लगना, पहचानना : he smelt the accident and jumped out from the running train उसने दुर्घटना[F] को भाँप लिया और चलती ट्रेन से बाहर कूद पड़ा; he did not ~ danger वह ख़तरे को भाँप न पाया. **3.** (emit odour) महकना, गंध देना; (stink) बदबू[F] करना या देना : this flower ~s very sweet फूल भीनी-भीनी सुगंध देता है; this drain is ~ing यह नाली[F] बदबू कर रही है. **4.** (hunt) सूँघकर शिकार करना : the cat ~s a rat easily बिल्ली[F] सूँघकर आसानी[F] से चूहे का शिकार कर लेती है. Δ **~ out** का पता लगाना : to ~ out the accused of the murder हत्या[F] के अभियुक्तों का पता लगाना; he could ~ out the game, secret वह शिकार, रहस्य का पता लगा सका. **smelly** स्मॆ'लि *a.* बदबूदार, गँधैला [cloth कपड़ा, dog कुत्ता]; ~ fish बदबूदार, गंधैली मछली[F]; nobody will like to live in such a ~ area कोई भी ऐसे ≈ क्षेत्र में रहना पसंद नहीं करेगा.

smelt स्मॆल्ट **I.** *v.t.i.*, *p.* & *p.p.* of 'smell' *q.v.* **II.** *v.t.* पिघलाना, गलाना : to ~ ore to separate the metal धातु अलग करने के लिए कच्चे लोहे को पिघलाना. [see 'melt']

smile स्माइल **I.** *v.i.* **1.** मुस्कराना, हँसना : she ~d at his words वह उसके शब्दों पर मुस्कराई; what makes you ~ तुम्हें क्या बात[F] हँसाती है, किस बात से हँसी आती है? why are you smiling at him तुम उस पर क्यों हँस रहे हो? **2.** (be propitious) अनुकूल होना : fortune ~d upon him भाग्य उसके अनुकूल था. **3.** *v.t.* मुस्कराकर कहना : the boss ~d his consent अफ़सर ने मुस्कराकर अपनी अनुमति[F] प्रदान कर दी. **II.** *n*[c]. मुस्कराहट[F], मुस्कान[F] [charming आकर्षक, ironical व्यंग्यपूर्ण]; she said with a ~, 'yes' उसने मुस्कराहट के साथ कहा 'हाँ'; there was a pleasant ~ on his face उसके चेहरे पर एक मधुर मुस्कान थी; a ~ appeared on her face when she heard about her success जब उसने अपनी सफलता[F] के बारे में सुना तो उसके चेहरे पर मुस्कान आ गई.

smith स्मिथ *n*[c]. (metal worker) धातुकर्मी, (black ~) लोहार, (gold ~) सुनार [dishonest बेईमान, powerful शक्तिशाली, rich धनी]; is there any ~ in your village क्या तुम्हारे गाँव में कोई ≈ है?

smoke स्मोक **I.** *n*[u]. **1.** धुआँ [black काला, thick घना, thin पतला]; ~ screen धुएँ का परदा (कृत्रिम) बादल; the ~ hurts my eyes ≈ मेरी आँखों[F] को नुकसान पहुँचता है; where there is ~, there is fire जहाँ ≈ है वहाँ आग[F] है; there is no ~ without fire बिना आग[F] के ≈ नहीं होता; ~ is coming out of the chimney चिमनी[F] से ≈ निकल रहा है; ~ poured out of the window खिड़की[F] से धुआं निकला. Δ **to end/go up in ~** बेकार जाना (as a plan). **2.** (smoking tobacco) धूम्रपान, धूमपान : we stopped for a ~ हम ≈ के लिए रुक गए; he likes to have a ~ वह ≈ करना चाहता है. **II.** *v.i.* **1.** (emit) धुआं देना : the oil lamp is smoking तेलवाला लैम्प धुआं दे रहा है; this wood is not dry, it ~s यह लकड़ी सूखी नहीं है, धुआं देती है. **2.** धूनी[F] देकर मारना : to ~ mosquitoes धूनी देकर मच्छरों को मारना या मार भगाना. **3.** (tobacco, etc.) धूम्रपान करना : you should not ~ तुम्हें धूम्रपान नहीं करना

चाहिए; do you ~ क्या तुम धूम्रपान करते हो? I have given up smoking मैंने धूम्रपान करना छोड़ दिया है; don't ~ in the room कमरे में धूम्रपान मत करो; you should not ~ among people when they dislike it तुम्हें लोगों के बीच धूम्रपान नहीं करना चाहिए, जबकि वे इसे नापसंद करते हों. **smoking** स्मो'किङ्ग n^u. धूम्रपान : no ~ ≈ मना है.

smooth स्मूद **I.** *a.* **1.** (even) समतल, बराबर [land ज़मीन, surface धरातल/सतह^F]; the field where we play is ~ वह मैदान जहाँ हम खेलते हैं ≈ है. **2.** (not rough) चिकना : ~ paper ≈ काग़ज़; ~ skin चिकनी चमड़ी^{F}/त्वचा^{F}; ~ hair चिकने बाल; the silken cloth is very ~ to touch रेशमी कपड़ा छूने में बहुत ≈ लगता है; her face was very ~ and soft उसका चेहरा बहुत चिकना और कोमल था. **3.** (of sound, taste, etc.) मधुर, मृदु : she has a ~ tongue, nobody is displeased with her उसकी बोली मीठी है, कोई उससे अप्रसन्न नहीं होता. **4.** (free from obstacles) निर्विघ्न, अबाध [motion गति^{F}, work कार्य]; ~ passage ≈ यात्रा^{F}; he could make the things ~ for me वह मेरी कठिनाइयाँ दूर कर सकता था. **5.** (calm) शांत : the sea was quite ~ समुद्र बिल्कुल शांत था. **6.** ठंडा, धीर : ~ nature ≈ स्वभाव; he is praised for his ~ behaviour even by his foes उसके धीर व्यवहार की उसके शत्रु भी प्रशंसा^{F} करते हैं. (comb.) ~ **things** चिकनी-चुपड़ी बातें^{F}; ~ **tongue** मधुरवाणी. **II.** *v.t.* **1.** समतल करना, बराबर करना : these five men are sufficient to ~ the whole of his land ये पाँच आदमी उसकी पूरी ज़मीन को बराबर करने के लिए पर्याप्त हैं. **2.** चिकनाना : the carpenter ~ed the plank बढ़ई ने तख़्ते को चिकना दिया. **3.** आसान बना देना, (बाधाएँ) दूर करना : he came and ~ed all his works वह आया और उसके सभी कामों को आसान बना दिया; to ~ the way for smb किसी के लिए रास्ता आसान बना देना; his friend may ~ his difficulties उसका मित्र उसकी कठिनाइयों^{F} को दूर कर दे. **4.** (calm) शांत करना या हो जाना : when his father came in his anger ~ed उसके पिता जब भीतर आए तो उसका क्रोध शांत हो गया. (phrases) ~ **away** दूर करना : he could easily ~ away obstacles वह आसानी से बाधाओं^{F} को दूर कर सका; ~ **down** हल होना : things have now ~ed मामले अब हल हो गये हैं.

smother स्मॅ'दर **I.** *v.t.* **1.** (suffocate) गला घोंटना, साँस^F रोकना : the cover on the baby's face will ~ him बच्चे के चेहरे के ऊपर का यह आवरण उसकी साँस रोक देगा; I was ~ed by thick smoke घने धुएँ से मेरा गला घुट गया. **2.** (overwhelm) अभिभूत करना : he ~ed him by his talks उसने अपनी बातचीत से उसे अभिभूत कर दिया. **3.** (put out) बुझाना : to ~ fire by covering it ढककर आग ≈. **4.** (cover) ढकना : ~ these things with a sheet इन चीज़ों को एक चादर से ढक दो. **5.** (suppress) दबा देना, रोकना, छिपाना : to ~ one's anger अपना गुस्सा दबा देना; to ~ some facts कुछ तथ्यों को दबा देना (छिपा लेना). **6.** complaints were ~ed शिकायतों^{F} को दूर कर दिया गया.

smoulder स्मोल्'डर *v.i.* **1.** सुलगाना : fire is ~ing, there are no flames आग सुलग रही है, उसमें लपटें नहीं हैं. **2.** (fig.) discontent was ~ing in the public जनता^{F} में असंतोष सुलग रहा था.

smuggle स्मॅ'गल *v.t.* **1.** चौकी मारना, तस्कर व्यापार करना : to ~ in चोरी का माल (देश के) अंदर लाना; to ~ चोरी का माल (देश से) बाहर ले जाना; people ~ silk, watches and foreign goods into India लोग रेशम, घड़ियाँ^{F} और विदेशी सामान की तस्करी करके भारत में लाते हैं; smuggling is a very dangerous profession तस्कर-व्यापार बड़ा खतरनाक व्यापार है. **2.** चोरी-छिपे ले जाना : the maid servant ~ed some utensils from the kitchen नौकरानी^{F} रसोईघर से कुछ बर्तन चोरी-छिपे ले गई; to ~ animals to other places जानवरों को चोरी^{F} से दूसरे स्थान पर ले जाना. **smuggler** स्मग्'लर n^c. चौकीमार, तस्कर (व्यापारी) [experienced अनुभवी, expert कुशल, influential प्रभावशाली]; a ~ imports or exports goods avoiding payments of custom duties एक

तस्कर-व्यापारी माल का सीमाशुल्क दिए बिना आयात या निर्यात करता है; ~s are heavily punished by the government सरकार[F] तस्कर-व्यापारियों को भारी दण्ड देती है. **smuggling** स्मॅग्'लिङ्ग *n.* चौकीमारी, तस्कर-व्यापार, तस्करी : ~ is a crime ≈ एक अपराध है; there are strict laws against ~ ≈ के विरुद्ध कड़े कानून हैं.

snack स्नैक *n.* (हल्का) नाश्ता, स्वल्पाहार : we have some ~s for our breakfast नाश्ते के लिए हमारे पास कुछ स्वल्पाहार हैं; go and get a ~ at tea-stall जाओ और चाय की दुकान[F] पर ≈ कर लो.

snail स्नेल *n.* **1.** (animal) घोंघा : the ~ has a small round shell on its back घोंघे की पीठ[F] पर एक छोटा-सा गोल शंख होता है; generally a ~ is found in water साधारणतया ≈ पानी में पाया जाता है. Δ **to go at ~'s pace** चींटी की चाल चलना, मंद गति से चलना. **2.** (sluggard) आलसी व्यक्ति : he is a ~ who can do nothing in his life वह एक आलसी व्यक्ति है जो अपने जीवन में कुछ नहीं कर सकता.

snake स्नेक *n*[c]. साँप, साँपिन[F] [black काला, long लंबा, poisonous विषैला]; earth ~ मटिहा साँप; rat ~ धामिन; water ~ पनिहा साँप; a young ~ सँपोला; the boys caught a dangerous ~ in the grass लड़कों ने घास[F] में एक ख़तरनाक साँप पकड़ लिया; the ~ stung his foot साँप ने उसके पैर में काट लिया; a man died of ~ bite एक व्यक्ति सर्पदंश (साँप के काटे) से मर गया. Δ **a ~ in the grass** छिपा शत्रु; **a ~ in one's bosom** कृतघ्न व्यक्ति : you still regard him your friend but he is a ~ in the grass तुम उसे अब भी अपना मित्र समझते हो लेकिन वह तो गुप्त शत्रु है. (comb.) ~ **bite**' साँप का डंक. ~**charmer** *n*[c]. सँपेरा : the ~ charmer plays on his flute and makes the snake dance सँपेरा अपनी बीन[F] बजाता है और साँप को नचाता है.

snap स्नैप **I.** *v.t.i.* (-pp-) **1.** (bite) (दाँतों से) काटना : the dog ~ped **at** his leg कुत्ते ने उसकी टाँग[F] पर काटा. **2.** (break) तोड़ना : he ~ped a stick उसने एक छड़ी तोड़ दी; the cat ~ped several cups बिल्ली[F] ने कई प्याले तोड़ डाले. Δ **to ~ one's fingers at smb** किसी की उपेक्षा[F] करना; he ~ped his fingers on his rivals उसने अपने प्रतिद्वंद्वियों की ज़रा परवाह[F] नहीं की. **3.** (break) टूटना : the stick ~ped छड़ी टूट गई. **4.** (seize) झपटकर पकड़ना : the dog ~ped at the cat कुत्ते ने बिल्ली को झपटकर पकड़ लिया. Δ ~ **at an opportunity** अवसर जाने न दो. **5.** (make sharp noise) पटाकना, खटकना : the lid ~ped shut ढक्कन पटाक से बंद हो गया; the door ~ped दरवाज़ा खटाक से बंद हो गया. **6.** (a whip) फटकारना : he ~ped a whip on the horse उसने घोड़े को एक चाबुक फटकारा; he ~ped the pistol on the lion उसने शेर पर पिस्तौल दाग दी. **7.** (speak sharply) गुर्राना, टर्राना : frogs ~ in the rain मेंढक बरसात[F] में टर्राते हैं; to ~ command ज़ोर से आदेश सुनाना. **8.** (take a ~ shot) फ़ोटो लेना : he ~ped me many times उसने मेरा कई बार फ़ोटो लिया. Δ ~ **smb's head off** फटकारना, डाँटना, टोकना; ~ **up** उत्सुकता[F] से स्वीकार कर लेना, पकड़ लेना : he ~ped up his advice उसने उत्सुकता से उसकी सलाह[F] स्वीकार कर ली. **II.** *n*[c]. (bite) **1.** दाँत काटा : surely it is the mark of a ~ निश्चित रूप से यह दाँत काटे का निशान है. **2.** (snatch) झपट्टा : the ~ of the dog at the cat कुत्ते का बिल्ली पर ≈. **3.** (breaking sound) तड़क[F], (noise) कड़क, फट, तड़ [sharp तेज़, slow धीमी]; there was a loud ~ as the stick snapped जब छड़ी[F] टूटी तो ज़ोर से चटाक की आवाज़ हुई; on hearing the sudden ~ she fell down fainted एकाएक तड़ाका सुनकर वह मूर्च्छित होकर गिर पड़ी. **4.** (angry utterance) फटकार[F] : he was the victim of the ~ of his mother for the loss of time समय नष्ट करने के लिए वह माँ की फटकार का शिकार बना. **5.** (~ shot) आशुचित्र, तुरंत खींचा गया फ़ोटो. **III.** *a.* **1.** तात्कालिक, फ़ौरी : I had to take ~ decision मुझे तत्काल निर्णय करना पड़ा. **snappy** स्नै'पि *a.* **1.** (irritable) चिड़चिड़ा, तुनकमिज़ाज [clerk लिपिक, person व्यक्ति]; no one likes his ~ nature कोई भी उसके

चिड़चिड़े स्वभाव को पसंद नहीं करता; he has become so ~ that he immediately starts abusing वह इतना चिड़चिड़ा हो गया है कि तत्काल गाली^F देने लगता है. **2.** (lively) सजीव : he presented a ~ picture of nature उसने प्रकृति^F का ≈ चित्र प्रस्तुत किया. **3.** (quick) जल्दी, शीघ्र : be ~ if you want to catch the train अगर गाड़ी^F पकड़ना चाहते हो तो जल्दी करो.

snare स्नेअर **I.** *n*^c. जाल, फंदा : the hire-purchase system is a ~ for the poor किराया-ख़रीद व्यवस्था निर्धनों के लिए एक फंदा है; he set a ~ for catching deer हिरन पकड़ने के लिए उसने एक जाल लगाया. **II.** *v.t.* फँसाना : to ~ a person in a wrong case किसी व्यक्ति को ग़लत मामले में ≈.

snatch स्नैच **I.** *v.t.* **1.** छीनना, छीन लेना : to ~ an object from someone's hand किसी के हाथ से कोई चीज़ छीन लेना; to ~ a hand bag and run off with it हाथ-झोला छीनना और इसे लेकर भाग जाना; he ~ed the rope but later missed it उसने रस्सी छीन ली लेकिन फिर इसे छोड़ दिया; death ~ed him at his prime of youth मृत्यु^F ने उसे भरी जवानी^F में ही छीन लिया. **2.** मुश्किल से पाना : to ~ an opportunity बड़ी मुश्किल से अवसर प्राप्त करना; to ~ a few minutes for a siesta दोपहर में आराम के लिए कुछ मिनट पाना. **II.** *n*^c. झपट्टा, झपट^F : the ~ of the dog was so fast that she fell down कुत्ते का झपट्टा इतना तेज़ था कि वह गिर गई; to make a ~ at smth किसी चीज़ पर झपट्टा मारना.

sneak स्नीक **I.** *v.i.* **1.** आँख बचाकर आना-जाना, चुपके से आना-जाना : he ~ed into the office वह कार्यालय में चुपके-चुपके आया. **2.** खिसकना, सरकना, छिपे-छिपे चला जाना : he ~ed away/off from the back door वह पिछले दरवाज़े से छिपे-छिपे खिसक (चला) गया. **3.** (to tell tales) चुग़ली^F करना : the monitor ~ed on two boys to the teacher मानिटर ने अध्यापक से दो लड़कों की चुग़ली की. **II.** *v.t.* (pilfer) छिपे-छिपे ले जाना या चुरा लेना : he was ~ing fruit from the garden वह छिपे-छिपे बगीचे के फल ले जा रहा था; he ~ed her books from her satchel उसके बस्ते से उसने उसकी किताबें^F चुरा लीं. **III.** *n*^c. **1.** (coward) डरपोक, गीदड़ : a ~ should not be trusted किसी ≈ पर विश्वास नहीं करना चाहिए. **2.** (a tell tale) चुगलख़ोर : that boy is a ~, he told my father that I cut the class वह लड़का ≈ है, उसने मेरे पिता जी को बताया कि मैं कक्षा से ग़ैरहाज़िर था.

sneeze स्नीज़ **I.** *v.i.* छींकना : cold made him ~ a lot वह ज़ुकाम से बहुत छींका; I ~ed several times this morning आज सुबह^F मैं कई बार झींका; put a handkerchief over your mouth, when you feel like sneezing जब तुम्हें छींक आने लगे तो अपने मुँह पर रूमाल रखो. **II.** *n*^u. छींक^F : a casual ~ is not to be worried about कभी-कभार ≈ आए तो चिंतित नहीं होना चाहिए; to give a ~ छींकना.

sniff स्निफ़ *v.i.* **1.** (नाक से) सूँ-सूँ करना : blow your nose and stop ~ing नाक सिनको और सूँ-सूँ करना बंद करो; the dog ~ed as it saw the rat जैसे ही कुत्ते ने चूहे को देखा वह सूँ-सूँ करने लगा. **2.** (smell, ~ at) सूँघना : the dog was ~ing smth कुत्ता कुछ सूँघ रहा था. **3.** (~ at, show contempt for) नाक चढ़ाना, का तिरस्कार करना : when he saw him, he ~ed जब उसने उसे देखा तो उसने अपनी नाक^F सिकोड़ी; he ~ed at the offer for help सहायता^F की पेशकश^F का उसने तिरस्कार कर दिया. **4.** (scent, detect) भाँपना, महसूस करना : he ~ed the danger and ran away from there वह खतरा भाँपकर वहाँ से भाग गया.

S. No. Serial Number.

snobbery स्नॉबॅरि *n*^u. अभिमान, दंभ [intellectual बौद्धिक, social सामाजिक]; I hate the ~ of those rich people मुझे उन धनी लोगों के दंभ से घृणा^F है; such ~ will make him hateful इस प्रकार का दंभ उसे घृणास्पद बना देगा.

snooze स्नूज़ **I.** *v.t.* **1.** झपकी^F लेना, ऊंघना : the clerk ~d in his chair लिपिक अपनी कुर्सी^F में ऊंघ रहा था; while reading he began to ~ पढ़ते-पढ़ते वह ऊंघने लगा. **2.** (idle)

अलसाना : he would have finished the work if he had not ~d यदि वह अलसाता न तो काम समाप्त कर दिया होता. **II.** *n*^{c}. झपकी^{F}, ऊंघ^F : light ~ हल्की ≈; to have a ~ in the class कक्षा^{F} में झपकी लेना; he was beaten for taking a ~ झपकी लेने पर उसे पीटा गया.

snore स्नॉर **I.** *n*^{c}. ख़र्राटा, घर्राटा : the fat man was snoring in his easy chair मोटा आदमी अपनी आराम कुर्सी^{F} में ख़र्राटे भर रहा था. **II.** *v.i.* ख़र्राटा लेना, भरना : the watchman was caught snoring चौकीदार खर्राटे भरता पकड़ा गया.

snow स्नो **I.** *n*^{u}. हिम, बर्फ़ [dazzling चुँधियानेवाली, hard सख़्त]; ~ ball ≈ का गोला; ~ bound हिमबाधित [place जगह]; ~ capped हिमावृत्त [hill पहाड़ी^{F}]; ~ drift हिमसंचय; ~ fall हिमपात; ~ line हिम रेखा^{F}; ~ storm हिम झंझावात; ~ white हिमश्वेत; to melt like ~ बर्फ़ की तरह पिघलना; her skin is as white as ~ उसकी चमड़ी^{F} बर्फ़ की तरह सफ़ेद है; there was a heavy ~ fall in Shimla शिमला में भारी हिमपात हुआ; the ground was covered with ~ ज़मीन ≈ से ढँकी थी; lay on the roofs and trees छतों और पेड़ों पर ≈ पड़ी थी; in winter ~ falls on the hills जाड़े में ≈ पहाड़ियों^{F} पर पड़ती है. **II.** *v.t.* बर्फ़ पड़ना या गिरना : it is ~ing heavily भारी बर्फ़ पड़ रही है; it began to ~ बर्फ़ पड़नी शुरू हो गई; it ~ed last night पिछली रात^F बर्फ़ पड़ी. **snowy** स्नो'इ *a.* **1.** बरफ़ानी, बर्फ़वाला, बरफ़ीला [day दिन, place स्थान, scene दृश्य, weather मौसम]; it was a ~ and dark night यह बरफ़ानी और अंधेरी रात^F थी. **2.** (~ covered) हिमाच्छादित, बर्फ़^{F} से ढकी हुई [object चीज़^{F}, roof छत^F]; the peaks of the Himalayas are ~ हिमालय की चोटियाँ^{F} बर्फ़ से ढकी हुई हैं. **3.** (white) बर्फ़^{F} जैसे सफ़ेद : her hair is ~ उसके बाल बर्फ़ जैसे सफ़ेद हैं.

snub स्नब **I.** *v.t.* (-bb-) **1.** डाँटना, झिड़कना, डपटना : I did not ~ the servant मैंने नौकर को नहीं डाँटा; he ~bed me for smoking उसने मुझे धूम्रपान करने पर डाँटा. **2.** (humiliate) झिड़ककर नीचा दिखाना, अवमानित करना : he ~bed his opponents in the open meeting खुली बैठक^F में उसने अपने विरोधियों को झिड़ककर नीचा दिखा दिया. **3.** (check) झटका देकर रोकना, रोकना : he ~bed the vehicle and fell down himself उसने झटका देकर गाड़ी^{F} रोकी और गिर पड़ा. **II.** *n*^{u}. **1.** झिड़की^{F}, डाँट^F : it was such a ~ that he left the school यह ऐसी डाँट थी कि उसने स्कूल छोड़ दिया. **2.** (insult) अवमानना^{F} : if you do not invite him, he will take it as a ~ यदि तुम उसे आमंत्रित नहीं करोगे तो वह इसे अपनी अवमानना समझेगा.

so सो **I.** *adv.* **1.** (in such a way) ऐसे, इस प्रकार (से) : only you tease me ~ केवल तुम मुझे ≈ चिढ़ाते हो; he also thinks ~ वह भी इस प्रकार सोचता है; it ~ happened that we were in the same prison during the struggle for freedom ऐसा हुआ कि स्वतंत्रता^{F} के लिए संघर्ष के दिनों में हम एक ही जेल में थे; remain sitting just ~ बिलकुल ऐसे ही बैठे रहो. **2.** (used in place of an expression stated already) ऐसा : you are thinking of going, do so तुम जाने की सोच^F रहे हो तो ऐसा ही करो (तो जाओ); I left my house at 6 o'clock, so did my wife मैं छः बजे घर से चला गया, मेरी पत्नी ने भी ऐसा ही किया; my wife has fallen ill, the servant told me ~, मेरी पत्नी बीमार पड़ गई है, ऐसा नौकर ने मुझे बताया; I have headache, ~ has my friend मुझे सिरदर्द है, मेरे मित्र को भी ऐसा ही है. **3.** (to such an extent) इतना : I am ~ pleased to meet you मैं आपसे मिलकर इतना प्रसन्न हूँ; we were ~sorry to hear of your misfortune तुम्हारे दुर्भाग्य की (बात^F) सुनकर हमें इतना दुःख हुआ; the story was ~ clear कहानी^{F} इतनी स्पष्ट थी; it was never ~ bad इतना बुरा कभी नहीं था; I have never seen ~ naughty a child मैंने इतना शैतान बच्चा कभी नहीं देखा है; my brother lives ~ very near मेरा भाई इतने करीब रहता है; I hope ~ मुझे ऐसी आशा^{F} है. ~ **much** (i) इतना : I don't need ~ much मुझे ≈ नहीं चाहिए; I could do only ~ much मैं बस इतना ही कर

सका; (ii) बहुत : thank you ~ much बहुत-बहुत धन्यवाद. ~ **many** (i) इतने : I don't want ~ many servants मुझे ≈ नौकर नहीं चाहिए; (ii) इतने अधिक : there are ~ many people inside the hall हाल के अंदर बहुत अधिक लोग हैं; ~ **well** इतना अच्छा : everything has gone ~ well सब कुछ इतना अच्छा हो गया. **II.** *conj.* **1.** (therefore) इसलिए : I was ill, ~ I did not go to school मैं बीमार था ≈ स्कूल नहीं गया; he wrote an excellent poem and ~ got a prize उसने एक बढ़िया कविता लिखी इसलिए उसे इनाम मिला. **2.** (then) तो : ~ now I see why he was angry तो अब मैं समझा कि वह गुस्से (में) क्यों था. ~ **what!** तो क्या ! (कोई परवाह नही). **3.** ~ that ताकि : I bought him a cap ~ that he would protect his head from the sun मैंने उसे टोपी[F] खरीद दी ताकि अपने सिर को धूप[F] से बचा सके. **III.** *a.* ऐसा : Bablu is very clever but Gappu is not ~ बबलू बहुत होशियार है, पर गप्पू ऐसा नहीं है; is he really ~ क्या सचमुच वह ≈ है ? Δ (phrases) **and ~ on** इत्यादि : many boys—Ram, Shyam, Harnam, Ikram and ~ on—failed बहुत-से लड़के—राम, श्याम, हरनाम, इकराम, आदि—फेल हो गए; **or ~** लगभग : it weighs 3 kilos or ~ तौल में यह लगभग तीन किलो है; **~ and ~** अमुक, फ़लाना : I told her that I would meet ~ and ~ मैंने उसे बता दिया कि मैं ≈ (व्यक्ति) से मिलूँगा; ~ **as** to ताकि : he sits in the front row ~ as to see the blackboard clearly वह अगली पंक्ति[F] में बैठता है ताकि श्यामपट्ट स्पष्टतः देख सके; **~-called** तथाकथित : your ~-called enemies have saved your life तुम्हारे ≈ शत्रुओं ने तुम्हारी जान बचाई है; many ~-called plants are living beings बहुत-से ≈ पौधे जीव हैं; **~far** यहाँ तक : ~ far it is all right ≈ तो सब ठीक है; **~ far as** जहाँ तक : ~ far as I know जहाँ तक मुझे मालूम है; ~ far as he is concerned ≈ उसका संबंध है; **~ long as** जब तक : he can stay here ~ long as he desires जब तक वह चाहे यहाँ ठहर सकता है; ~ **so** ऐसा ही, साधारण : his English is ~ उसकी अंग्रेज़ी[F] ≈ है; **~ that** ताकि : he worked hard, ~ that he should win the prize उसने कड़ा परिश्रम किया ताकि इनाम जीते; ~ **to say/speak** एक प्रकार से : our parrot is, ~ to speak a member of our family हमारा तोता एक प्रकार से हमारे परिवार का सदस्य है. [*as distinct from* sew, saw]

soc. society.

soak सोक **I.** *v.t.* **1.** (place in liquid) भिगोना : to ~ the bread in milk रोटी[F] को दूध में ≈; to ~ clothes in water कपड़ों को पानी में भिगोना. **2.** (absorb) सोख लेना, चूस लेना : the field ~s (up) water धरती[F] पानी को सोख लेती है; a sponge ~s (up) water स्पंज पानी सोख लेता है. **3.** (assimilate) समा लेना : the earth ~s everything in itself पृथ्वी[F] अपने अंदर सब कुछ समा लेती है. **II.** *v.i.* **1.** (lie steeped) भीगना, डूबा रहना : let the dirty clothes ~ in a tub गंदे कपड़े टब में डूबे/भीगे रहने दो. **2.** (penetrate) घुसना, धँसना : the dew has ~ed through the blanket ओस कंबल में धँस गई है. Δ (phrases) ~ **off** गीला करके हटा देना : to ~ off a stamp from an envelope लिफ़ाफ़े पर से टिकट को गीला करके हटा देना; ~ **out** गीला करके दूर करना : to ~ out a blot on a shirt कमीज़[F] पर का धब्बा गीला करके दूर कर देना; ~ **up** चूस लेना : a blotting paper ~s up ink स्याहीचूस काग़ज़ स्याही[F] चूस लेता है.

soap सोप **I.** *n*[uc]. साबुन [hard कड़ा, scented सुगंधित]; wash your hands with ~ अपने हाथ साबुन से धो लो; a cake of ~ साबुन की टिकिया[F]; he uses ~ once a week वह सप्ताह में एक बार साबुन का इस्तेमाल करता है. (comb.) ~ **nut** रीठा; ~ **works** साबुन का कारख़ाना. **II.** *v.t.* साबुन लगाना : we ~ clothes to wash them हम कपड़े धोने के लिए साबुन लगाते हैं.

soar सॉर *v.t.* **1.** (fly) उड़ना या मँडराना (hover) : the bird was ~ing high into the sky चिड़िया[F] आकाश में ऊंचे उड़ रही थी. **2.** (go up) (ऊंचा) चढ़ना : prices are ~ing high again कीमतें[F] फिर (ऊंचे) चढ़ रही हैं; the singer's voice ~ed गायक का स्वर चढ़ गया. **soaring** सॉ'रिङ्ग *a.* ऊंचे उठे हुए [mountains पर्वत, rents किराए].

sob सॉब **I.** *v.i.* (-bb-) **1.** सिसकना : she ~bed loudly वह ज़ोर से सिसकी; the baby ~bed herself to sleep बच्ची सिसक-सिसक कर सो गई; she is ~bing bitterly with grief वह भारी दुःख से फूट-फूट कर सिसक रही थी. **2.** (to say while weeping) सिसक-सिसक कर बोलना : "where is my mummy" ~bed the child 'मेरी माँ कहाँ है?' बच्चा सिसक-सिसक कर बोला. **II.** *n*ᶜ. सिसकीᶠ [loud ज़ोर की, slow धीमी]; she shook her head with a ~ and said "no, no" उसने सिसकी के साथ अपना सिर हिलाया और बोली "नहीं, नहीं"; she gave a ~ as soon as she saw her mother उसने अपनी माँ को देखते ही सिसकी ली.

sober सो'बर **I. 1.** (not drunk) शराब न पिए हुए, अप्रमत्त : he is ~ not drunk, you may meet him वह अप्रमत्त है, पिये हुए नहीं है, तुम उससे मिल सकते हो; a driver should be ~ एक चालक को शराब पिए हुए नहीं होना चाहिए. **2.** (temperate) संयमी, परहेज़गार [man आदमी, officer अधिकारी]; you will not find him nervous, he is ~ तुम उसे हड़बड़ाया हुआ नहीं पाओगे, वह संयमी है. **3.** (sedate) गंभीर, धीर : ~ thinking ≈ सोचᶠ; he is as ~ as a judge वह न्यायाधीश की तरह ≈ है. **4.** not showy सादा : she wears a ~ dress वह ≈ पोशाकᶠ पहनती है. **5.** ~ colour हल्का रंग, सूफ़ियाना रंग. **II.** *v.t.* शांत कर देना या हो जाना : he ~ed (down) the agitating students उसने आंदोलनकारी छात्रों को शांत कर दिया; **III.** *v.i.* he ~ed down वह शांत हो गया.

soccer सॉ'कर *n*ᶜ. फुटबाल : ~ cup ≈ कप; ~ team ≈ टीमᶠ; India has not won the ~ cup even once भारत ने ≈ कप एक बार भी नहीं जीता है.

sociable सो'शॅबल *a.* **1.** (companionable) मिलनसार, स्नेही [nature स्वभाव, person व्यक्ति]; some people are very friendly and ~ कुछ व्यक्ति बहुत ही मित्रवत् और मिलनसार होते हैं; he is very ~ to the children वह बच्चों से बड़ा ≈ है. **2.** (informal) अनौपचारिक : the meeting with the Governor was ~ राज्यपाल के साथ बैठकᶠ ≈ थी. **social** सो'शल *a.* **1.** (of society) सामाजिक [creature प्राणी, evils बुराइयाँᶠ, problems समस्याएँᶠ]; man is a ~ animal मानव एक ≈ प्राणी है; the differences between white people and negroes in the U.S.A. is a great ~ problem गोरे एवं अमरीका में नीग्रो लोगों के बीच का मतभेद एक भारी ≈ समस्याᶠ है. **2.** मिलनसार [boy लड़का, person व्यक्ति]; he is the most ~ man of his family वह अपने परिवार का सबसे ज़्यादा ≈ व्यक्ति है. **3.** (gregarious) यूथचारी : most animals are ~ बहुत-से जानवर ≈ होते हैं. (comb.) ~ **contract** सामाजिक संविदाᶠ; ~ **service** समाज सेवाᶠ; ~ **welfare** समाज कल्याण. **socialism** सो'शॅलिज़्म *n.* समाजवाद [democratic लोकतांत्रिक, scientific वैज्ञानिक]; ~ means collective ownership of capital and property ≈ का तात्पर्य है पूँजीᶠ और संपत्तिᶠ का सामूहिक स्वामित्व; India has adopted democratic ~ भारत ने लोकतांत्रिक ≈ को अपनाया है. **socialist** सो'शॅलिस्ट *a.* समाजवादी [country देश, republic गणतंत्र, system व्यवस्थाᶠ]; most of the leaders call themselves ~ अधिकांश नेता स्वयं को ≈ कहते हैं; he split the ~ party in two parts उसने समाजवादी पार्टी को दो भागों में फाड़ दिया; the ruling ~ party सत्ताधारी ≈ दल. **society** सॅसा'इटि *n.* **1.** (social community) समाज [civilized सभ्य, intellectual बौद्धिक, literary साहित्यिक, scientific वैज्ञानिक]; it is clear that they belong to cultured ~ यह स्पष्ट है कि वे सुसंस्कृत ≈ से संबंधित हैं; education is necessary for a good ~ अच्छे ≈ के लिए शिक्षाᶠ आवश्यक है; he lives in the fashionable ~ वह फ़ैशनेबल ≈ में रहता है; he is the leader of the ~ वह ≈ का अगुआ है; thieves are a danger to ~ चोर समाज के लिए ख़तरा हैं. **2.** (upper class) उच्च-वर्ग : [cultured सुसंस्कृत, educated शिक्षित, wealthy धनी]; he

उस अकेले का अधिकार है. [*as distinct from* soul] **II.** *v.t.* तल्ला लगाना : have your shoes ~d अपने जूते में तल्ला लगवाओ. **solely** सोल्'लि *adv.* अकेले, केवल, सिर्फ़, मात्र : I want ~ a cup of tea मैं मात्र एक कप चाय[F] चाहता हूँ; the railway minister is ~ responsible for this tragedy रेलमंत्री इस दुर्घटना[F] के एक मात्र ज़िम्मेदार हैं.

solemn सॉ'लम *a.* **1.** (done with ceremony) ससमारोह [feast भोज, marriage विवाह, procession जुलूस]; he celebrated his son's ~ birthday उसने अपने बेटे का ≈ जन्मदिन मनाया. **2.** (serious) गंभीर : to keep a ~ face ≈ मुद्रा[F] बनाए रखना; it is a ~ question यह एक ≈ प्रश्न है. **3.** (formal) औपचारिक, विधिवत् [ceremony उत्सव, invitation निमन्त्रण]; everything is done in a ~ way here यहाँ सब कुछ विधिवत् रीति[F] से किया जाता है. **4.** (impressive) प्रभावशाली एवं रहस्यमय [expression अभिव्यक्ति[F], silence मौन]; ~ war ठनी या घोषित लड़ाई; he made a ~ announcement उसने एक रहस्यमय उद्घोषणा की. **5.** (sacred) परम पावन : it is my ~ duty to thank you आपको धन्यवाद देने का मेरा ≈ कर्तव्य है. **6.** (slow) मंद : ~ pace ≈ गति[F]. **solemnity** सॅलें'म्'निटि *n*[c]. **1.** (celebration) समारोह, उत्सव : there was a good ~ on his marriage उसकी शादी[F] पर अच्छा ≈ था. **2.** (ceremony) धर्मानुष्ठान, धर्मक्रिया : after the ~, the priest made an announcement ≈ के उपरांत पुरोहित ने घोषणा[F] की. **3.** (ostentation) धूमधाम[F], ठाठबाट : this ought to be done with all ~ इसे पूरी धूमधाम से किया जाना चाहिए. **4.** (seriousness) गंभीरता[F] : ~ of the occasion अवसर की ≈. **5.** औपचारिकता[F] : complete all the solemnities first and then come to me पहले सारी औपचारिकताएँ पूरी कीजिए और तब मेरे पास आइए. **solemnize** सॉ'लमनाइज़ *v.t.* (observe) धूमधाम से मनाना : he ~d his son's marriage उसने अपने बेटे की शादी[F] धूमधाम से मनाई.

solicit सॅलि'सिट *v.t.* **1.** (ask) माँगना; याचना[F] करना : the poor man ~ed help ग़रीब आदमी ने सहायता[F] माँगी; to ~ someone for alms किसी से भिक्षा[F] के लिए याचना करना; I ~ your advice मैं आपकी सलाह[F] चाहता हूँ; to ~ votes वोट माँगना; I ~ that he may be granted leave मैं याचना[F]/प्रार्थना[F] करता हूँ कि उसे छुट्टी[F] प्रदान की जाए. **2.** (tempt) लुभाना, रिझाना : the prostitutes were accused of ~ing customers in public places वेश्याएँ[F] ग्राहकों को सार्वजनिक स्थलों पर लुभाने के लिए दोषी समझी गईं.

solicitous सॅलि'सिटस *a.* **1.** (concerned) ध्यान रखने वाला : he is ~ of smb's interests वह किसी के हितों का ≈ है. **2.** (worried) चिंतित, परेशान : he is most ~ about his future वह अपने भविष्य के बारे में अत्यंत ≈ है; she is ~ about her son वह अपने बेटे के बारे में ≈ है. **3.** (eager) उत्सुक, इच्छुक : he is too ~ for his result वह अपने परिणाम के लिए बहुत अधिक ≈ है; I was ~ to get a prize मैं पुरस्कार पाने को उत्सुक था.

solid सॉ'लिड *a.* **1.** (not liquid) ठोस [ice बर्फ़[F], substance पदार्थ, thing वस्तु[F]]; it contains ~ material इसमें ठोस सामग्री[F] है; frozen water is ~ जमा हुआ पानी ≈ होता है. **2.** (not hollow) ठोस : tongas and ekkas have ~ tyres टाँगों और इक्कों में ≈ टायर होते हैं. **3.** (cubic) घन : the ~ shape of a thing किसी चीज़ की घनाकृति[F]. **4.** (strongly built) मज़बूत, (lasting) टिकाऊ : this furniture will be very ~ यह फ़र्नीचर बहुत ≈ होगा; I shall make a ~ foundation मैं एक मज़बूत नींव डालूँगा. **5.** (well made) पक्का, ठोस : I have made it ~ मैंने इसे ≈ बना दिया है. **6.** (of arguments) ठोस, पुष्ट : I shall put many ~ proofs in support of my statement मैं अपने कथन के समर्थन में कई ≈ प्रमाण रखूँगा; you cannot win your case without ~ evidence बिना ≈ साक्ष्य के तुम अपना मुकदमा नहीं जीत सकते. **7.** (reliable) ठोस, पक्का, विश्वसनीय : I have come to know from

~ sources that they will attack the police-station मुझे विश्वस्त सूत्रों से जानकारी^F मिली है कि वे थाने पर आक्रमण करेंगे; he is a ~ worker वह ≈ कर्मी है; this party has a ~ majority इस दल का ≈ बहुमत है. **8.** (without break or gap) निरंतर, अटूट, अविच्छिन्न : ~ sleep ≈ निद्रा^F/नींद^F; he worked for five ~ hours उसने निरंतर पाँच घंटे काम किया. **9.** (complete) पूरा-पूरा : you will get ~ support in the assembly सभा में आपको ≈ समर्थन मिलेगा. **10.** (of gold) ख़ालिस, बेमेल : his chain is of ~ silver उसकी चेन ख़ालिस चाँदी^F की है. **11.** (uniform, homogeneous) एकरस, एकरूप, एकसमान : we need a ~ law on this subject हमें इस विषय पर एकसमान कानून की आवश्यकता^F है. **12.** (unaminous) एकमत : they all were ~ on this matter इस मामले पर वे सब ≈ थे; India is ~ in foreign policy भारत विदेशनीति^F के बारे में ≈ है. ~ **vote** सब का एकमत. **solidarity** सॉलिडै'रिटि *n*^u. **1.** (agreement) एकता^F : we should work for the ~ of the nation हमें राष्ट्र की ≈ के लिए काम करना चाहिए; ~ of the country is in danger देश की ≈ ख़तरे में है. **2.** (fellow feeling) भाई-चारा, भ्रातृभाव [real वास्तविक, showy दिखावे का]; the leader worked for the ~ of the people नेता ने लोगों में आपसी भाईचारे के लिए काम किया.

solitary सॉ'लिटॅरि **I.** *a.* **1.** (single) एक, अकेला [person व्यक्ति, soldier सैनिक, traveller यात्री, tree पेड़]; you cannot give a ~ example तुम एक भी उदाहरण नहीं दे सकते; there was not a ~ boy in the classroom कक्षा^F में एक भी लड़का नहीं था. **2.** (living alone) एकांतवासी, एकांतसेवी : he is ~, he hates an out-cry वह ≈ है, उसे चीख़-चिल्लाहट^F नापसंद है; a ~ hermit does not care for company एक ≈ साधु संग-साथ की परवाह^F नहीं करता. **3.** (uninhabited) निर्जन, सुनसान, ग़ैर-आबाद [forest जंगल, island टापू/द्वीप, place स्थान]; they selected a ~ corner for study उन्होंने अध्ययन के लिए एक ≈ कोना चुना.

solitude सॉ'लिट्यूड *n*^u. **1.** (loneliness) अकेलापन : Raman likes ~ for meditation रामन को ध्यान के लिए ≈ पसंद है. **2.** (lonely place) एकांत : hermits go to the jungle for ~ साधु-संन्यासी ≈ के लिए जंगल में चले जाते हैं; he sought ~ for penance तपस्या^F के लिए उसे एकांत चाहिए था.

solo सो'लो **I.** *n.* (*pl.* solos) एकल वादन/गायन या संगीत रचना : she sang a ~ उसने एकल संगीत रचना^F गाई. **II.** *a.* अकेला, एकल [flight उड़ान^F, game खेल, man आदमी, song गीत]; he participated in the ~ competition उसने एकल प्रतियोगिता^F में भाग लिया. **III.** *adv.* अकेले : he went ~ in the riots वह दंगे में ≈ ही चला गया.

soluble सॉ'ल्यूबल *a.* **1.** (dissolvable) घुलनशील : ~ material ≈ पदार्थ; sugar and salt are ~ substances चीनी^F और नमक ≈ पदार्थ हैं. **2.** (solvable) समाधेय : this problem, difficulty is not at all ~ यह समस्या^F, कठिनाई^F बिल्कुल ≈ नहीं है. **solution** सॅल्यू'शन *n*^cu. **1.** (liquid) घोल [strong गाढ़ा, weak पतला]; ~ of sugar and water चीनी^F और पानी का घोल. **2.** (math.) साधन (method); (result) हल [complete पूर्ण, easy आसान, probable संभावित]; I have found the ~ of this problem मैं इस समस्या^F का हल पा गया हूँ; this is a partial ~ of the question यह प्रश्न का आंशिक हल है. **3.** (of a difficulty) समाधान, हल : true ~ सही ≈; this will not be a ~ of/to the mystery इससे रहस्य का ≈ नहीं होगा; what is the ~ of this puzzle इस पहेली^F का हल क्या है ?

solve सॉल्व़ *v.t.* **1.** (a riddle or problem) हल करना [hastily जल्दी से, wrongly ग़लत ढंग से]; he ~d all the problems of mathematics उसने गणित के सभी प्रश्नों को हल कर दिया; you cannot ~ even a single difficulty तुम एक भी कठिनाई^F का समाधान नहीं कर सकते. **2.** (unravel) सुलझाना, खोलना : the mystery could not be ~d रहस्य न खोला जा सका. **3.** (of debt) चुकाना : you should ~ the debt first तुम्हें

पहले कर्ज़ चुकाना चाहिए.

some सम **I.** *a.* कोई [number संख्या^F, quantity मात्रा^F]; in ~ way किसी तरह^F; meet me ~ day किसी दिन मुझसे मिलिए; after ~ months कई महीनों बाद. **2.** कुछ : take ~ tea ≈ चाय^F ले लें; give me ~ apples मुझे ≈ सेब दो; he stayed there for ~ days वह वहाँ ≈ दिन (तक) रहा; some of my friends came to me yesterday मेरे मित्रों में से ≈ मेरे पास कल आए; will you like to eat ~ mangoes क्या तुम ≈ आम खाना पसंद करोगे ? I know ~ people there मैं वहाँ ≈ लोगों को जानता हूँ; he has ~ experience उसे ≈ अनुभव है. **II.** *adv.* कोई, लगभग : they were ~ hundred people in number संख्या^F में वे लगभग सौ लोग थे. **III.** *pron.* कुछ, कुछ लोग : ~ are born great कुछ लोग जन्मना महान् होते हैं; ~ suffer throughout their life कुछ लोग जीवनभर पीड़ित रहते हैं; ~ desired to meet him in the night कुछ (लोगों) ने रात में उससे मिलने की इच्छा व्यक्त की; ~ are good, ~ are bad ≈ अच्छे हैं, ≈ बुरे. [*as distinct from* sum; *ant.* many]; **~body, ~one** *pron.* **1.** कोई : ~ is knocking at the door ≈ दरवाज़ा खटखटा रहा है; there is ~ in the room कमरे में ≈ है; ~ has taken my pencil किसी ने मेरी पेंसिल ले ली है; ~ is waiting outside ≈ बाहर इन्तज़ार कर रहा है; I want ~ to help me मैं चाहता हूँ कि कोई मेरी सहायता करे. **2.** कोई बड़ा आदमी : he is ~ in his village गाँव में वह कोई ≈ है. **~how** *adv.* किसी तरह^F : don't worry, we'll do that ~ चिंता^F न करो, हम उसे ≈ करेंगे; we found out the address ~ हमने ≈ पता ढूँढ़ लिया; we ~ succeeded in our aim ≈ हम अपने उद्देश्य में सफल हो गए. **~thing** सम्'थिङ्ग : we must do ~ हमें ≈ करना चाहिए; give me ~ to read मुझे ≈ पढ़ने के लिए दो; ~ is better than nothing ≈ नहीं से ≈ तो अच्छा है; there is ~ in the box संदूक में ≈ है; father has brought ~ for me पिताजी मेरे लिए ≈ लाए हैं; I saw ~ in the dark मैंने अंधेरे में ≈ देखा. **~time** *adv.* किसी समय : ~ or the other कभी-न-कभी; we will meet ~ next month हम अगले महीने ≈ मिलेंगे. **~times** *adv.* कभी-कभी, यदा-कदा : I go there ~ मैं वहाँ ≈ जाता हूँ; he is ~ at home in the morning सुबह वह ≈ घर पर रहता है. **~what** *adv.* कुछ-कुछ, ज़रा-सा, किंचित् : it is ~ doubtful यह ≈ संदेहास्पद है; today is ~ cold आज ≈ ठंड^F है; he is ~ better वह ≈ चंगा है; **~where** *adv.* कहीं : they sent him ~ उन्होंने उसे ≈ भेज दिया; they went away ~ वे ≈ चले गए; I kept the books ~ मैंने किताबें ≈ रख दीं; he lives ~ near our house वह हमारे घर के पास ≈ रहता है; I have read it ~ मैंने इसे ≈ पढ़ा है.

-some *suff.* makes *adj.* : burdensome, handsome, quarrelsome, troublesome, wholesome.

son सन *n*^c. लड़का, बेटा, पुत्र [eldest सबसे बड़ा, little छोटा, married विवाहित, only अकेला, youngest सबसे छोटा]; she has two ~s and a daughter उसके दो लड़के और एक लड़की है; ~-in-law दामाद, जामाता; a ~-in-law is one's daughter's husband दामाद किसी की लड़की का पति होता है. [*fem.* daughter]

song सॉङ्ग *n*^c. **1.** गीत, गाना [beautiful सुंदर, English अंग्रेज़ी, familiar परिचित, folk लोक, new नया]; she sang three ~s in the class उसने कक्षा^F में तीन गीत गाए; I composed many ~s मैंने कई ≈ रचे; you should not sing such ~s तुम्हें ऐसे गीत नहीं गाने चाहिए. **2.** (of a bird) बोली^F, चहचहाहट^F [lively जीवंत, lovely प्यारा]; you may hear the ~s of birds in the morning सुबह^F तुम पक्षियों का चहचहाना सुन सकते हो. **songster** साङ्ग'स्टर *n*^c. **1.** गायक, गवैया : prominent ~ प्रसिद्ध ≈; Mukesh Kumar was a popular ~ of India मुकेश कुमार भारत के लोकप्रिय ≈ थे. **2.** (poet) कवि, गीतकार : Majrooh Sultanpuri is a great ~ मजरूह सुल्तानपुरी एक महान् ≈ हैं. **3.** (~ bird) गानेवाला पक्षी. [*fem.* songstress]

soon सून *adv.* **1.** (in a short time) जल्दी, शीघ्र ही, तुरंत, झट : ~ I began to understand what he meant शीघ्र ही मैं

समझने लगा कि उसका क्या मतलब है; ~ after the event I went away घटना के तुरंत बाद मैं चला गया; I want to see you again ~ मैं आपसे पुन: जल्दी मिलना चाहता हूँ; what made you come so ~ तुम्हें इतनी जल्दी क्यों आना पड़ा; in this way we shall finish the work so ~ इस तरह हम इतनी जल्दी काम समाप्त कर देंगे. **2.** too ~ (early) समय से पहले : the work will be finished too ~ काम समय से पहले समाप्त कर दिया जायगा. [*ant*. late] Δ **as ~ as** (i) ज्यों ही : as ~ as I reached the station the train left ≈ मैं स्टेशन पहुँचा गाड़ी छूट गई; (ii) जितना जल्दी : I shall see you as ~ as I can ≈ हो सका तो मैं आपसे मिलूँगा; **~er or later** कभी-न-कभी : they will meet ~er or later कभी-न-कभी वे मिलेंगे; ~er or later you will get the chance कभी-न-कभी तुम्हें अवसर मिलेगा; **no ~er than** ज्यों ही. . . त्यों ही : no ~er had they gone than. . . ज्यों ही वे चले गए त्यों ही....

soot सूट n^{u}. कालिख^{F} : smoke has left some ~ inside the chimney धुएँ ने चिमनी^{F} के अंदर कुछ ≈ छोड़ दी है.

soothe सूद *v.t.* **1.** शांत करना, प्रशमित करना : to ~ an angry man नाराज़ आदमी को ≈; mother was soothing the crying child. माँ रोते हुए बच्चे को शांत कर रही थी. **2.** (mitigate) कम करना : they needed medicine to ~ pain दर्द कम करने के लिए उन्हें दवा^{F} की आवश्यकता^{F} थी. **3.** (satisfy, flatter) खुश करना, रिझाना : he has ~d his parents by his result अपने परिणाम से उसने माता-पिता को खुश कर दिया.

soothsayer सूथ्'सेअर *n.* भविष्यवक्ता : I have no faith in the predictions of ~s मुझे भविष्यवक्ताओं की भविष्यवाणियों^{F} पर विश्वास नहीं है.

sophisticated सॅफ़िस्'टिकेटिड *a.* **1.** व्यवहार-कुशल, दुनियादार [householder गृहस्थ, person व्यक्ति, trader व्यापारी]; she has become ~ since her stay in France फ्रांस में रहने के बाद वह ≈ हो गई है. **2.** (refined) परिष्कृत [form रूप, weapons शस्त्र]; his interests are ~ उसकी रुचियाँ^{F} ≈ हैं. **3.** (well-informed) सुविज्ञ [friend मित्र, scholar विद्वान्, student छात्र]; he is the most ~ person in your family तुम्हारे परिवार में वह सबसे ≈ व्यक्ति है. **4.** (complex) जटिल [experiment प्रयोग, machine मशीन^{F}, process प्रक्रिया^{F}, technique तकनीक].

sore सॉर **I.** *a.* **1.** (painful) दुखता (हुआ) [foot पैर, throat गला]; ~ eyes दुखती आँखें; his leg is ~, he has a ~ leg उसकी टाँग^{F} दुखती है. **2.** (sad) दु:खी : he is ~er than his friend Raman वह अपने रामन से ज्यादा ≈ है; he was ~ at heart about smth वह किसी बात^{F} पर दिल से ≈ था. **3.** (causing sorrow) दु:खद : ~ point ≈ बिंदु; don't touch his ~ aspects उसके ≈ पहलुओं को मत छुओ; these are the ~st days of his life यह उसके जीवन के सबसे ≈ दिन हैं. **4.** (irritated) नाराज़ : he got ~ with his friend वह अपने मित्र से ≈ हो गया. **II.** n^{c}. **1.** फोड़ा : I have a ~ on my hand मेरे हाथ में एक ≈ है; his ~ was so painful that he did not go to school उसका ≈ इतना कष्टमय था कि वह विद्यालय नहीं गया; you must take medicine otherwise the ~ will get worse तुम्हें दवा^{F} लेनी चाहिए नहीं तो ≈ और ख़राब हो जाएगा. **2.** अप्रिय विषय, दु:खद-स्मृति^{F} : unnecessary ~ अनावश्यक ≈; don't open old ~s पुरानी दु:खद बातें/स्मृतियाँ मत खोलो.

sorrow सॉ'रो **I.** n^{c}. **1.** (distress) दु:ख, व्यथा^{F}, क्लेश [great महान्, unbearable असहनीय]; joys and ~s of life जीवन के सुख और दु:ख; he always things of the ~s of life वह हमेशा जीवन के दु:खों के बारे में सोचता रहता है. **2.** (sadness) शोक, विषाद : his heart was full of ~ उसका हृदय शोकाकुल था; when I met him he was in deep ~ जब मैं उससे मिला तो वह गहरे शोक में था; I saw the woman in ~ मैंने उस स्त्री^{F} को शोकग्रस्त देखा; he is weighed down with ~ वह ≈ से झुक गया है. [*ant.* joy] **II.** *v.t.* दु:खी होना, शोक करना या मनाना : why do you ~ for/after the bygone तुम अतीत का शोक क्यों करते हो ? we ~ed deeply when our grandfather died जब हमारे दादा/पितामह मरे तो हमने गहरा शोक मनाया. **sorrowful** सॉ'रोफुल *a.* **1.** दुःखी, उदास [boy लड़का, woman औरत]; she was ~ when the boy did not turn up till late at night लड़के के देर रात^F तक न लौटने से वह ≈ थी; the dog was as ~ as his master कुत्ता उतना ही दुःखी था जितना कि उसका मालिक. **2.** (causing sorrow) दुःखद, दुःखपूर्ण [crying चिल्लाहट^F, news समाचार, tale कहानी^F]; I heard the ~ voice in the night and came out of the house to know the reason मैंने रात^F में ≈ आवाज़ सुनी और कारण जानने के लिए घर से बाहर आ गया. **sorry** सॉ'रि *a.* **1.** दुःखी, खेदपूर्ण : I am ~ that he could not come here मुझे खेद है कि वह यहाँ नहीं आ पाया; I am ~ for the man who was hurt मुझे उस आदमी के लिए खेद है जिसे चोट^F लग गई थी; I am ~ about so much delay मुझे इतने विलंब के लिए खेद है; I am ~ to hear that you are ill मुझे यह सुनकर दुःख हुआ कि आप बीमार हैं. [*ant.* glad] **2.** (of poor quality) घटिया, बुरा : these goods are in a ~ condition यह माल बुरी हालत^F में है; he cut a ~ figure at the stage वह स्टेज पर अपना पार्ट अच्छी तरह अदा न कर सका. **3.** (pitiful) दयनीय [condition स्थिति^F, state अवस्था^F]; the hotel is in a ~ plight होटल की दशा^F दयनीय है. **4.** ~ fellow अभागा; ~ excuse असंतोषजनक बहाना.

sort सॉर्ट **I.** *n*^c. **1.** (kind) किस्म^F, प्रकार [excellent उत्कृष्ट, new नयी, ordinary साधारण]; these ~s of things resemble each other इस प्रकार की चीज़ें एक-दूसरे से मिलती हैं; what ~s of garments do you want तुम किस ≈ के पहरावे चाहते हो? different ~ of birds are found in a zoo चिड़ियाघर में विभिन्न ≈ के पक्षी पाए जाते हैं; guava is a ~ of fruit अमरूद एक ≈ का फल होता है; what ~ of plant is that वह किस ≈ का पौधा है? people of that ~ never succeed in life इस ≈ के लोग जीवन में कभी सफल नहीं होते. **2.** (in other contexts) a ~ of peace तथाकथित शांति^F; coffee of a ~ बहुत साधारण कॉफ़ी^F; in some ~s कुछ हद तक. Δ **out of ~s** अस्वस्थ, उदास, खिन्न : he is out of ~s these days आजकल वह बहुत खिन्न रहता है. **II.** *v.t.* **1.** (to separate into groups) छाँटना : they ~ letters in the post-office वे डाकघर में चिट्ठियाँ^F छाँटते हैं; mother ~ed out clothes माँ ने कपड़े छाँट लिए; he ~ed the pencils by their colour उसने पेंसिलों^F को रंग के हिसाब से छाँट दिया. **2.** (select) छाँटना, चुनना, पसंद करना : father asked me to ~ anyone of the pen पिताजी ने मुझे कोई भी पेन चुन लेने को कहा.

S.O.S. Save Our Soul.

sought सॉट *v.t. past* and *p.p.* of 'seek' *q.v.* they ~ for their dog everywhere वे अपने कुत्ते को सब जगह^F ढूँढते रहे; I ~ his help मैंने उसकी सहायता माँगी.

soul सोल *n.* **1.** आत्मा^F : ~ is invisible and immortal आत्मा अदृश्य और अमर है; ~ lives even when the body perishes शरीर के नष्ट हो जाने पर भी ≈ जीवित रहती है; his ~ lives with us उसकी ≈ हमारे संग-साथ रहती है. **2.** (person) व्यक्ति : you must not tell a ~ about it इस बारे में किसी ≈ को न बताना; not a ~ was there to be seen वहाँ एक भी व्यक्ति दिखाई न दे रहा था. **3.** (life) जान^F : thousands of ~s were destroyed in the earthquake भूकंप में हज़ारों जानें नष्ट हो गईं; he is the ~ of our party वह हमारी पार्टी की जान है; he put his heart and ~ into it उसने इस काम में जी-जान लगा दी. **4.** (embodiment) मूर्त-रूप, अवतार : he is the ~ of all virtues वे सभी गुणों के अवतार हैं. **5.** a good ~ भला आदमी; poor ~ बेचारा. [*as distinct from* sole]

sound साउंड **I.** *n*^c. **1.** (noise) ध्वनि^F, शब्द, आवाज़^F [loud ज़ोर की, musical संगीतमय, soft कोमल, strange विचित्र]; he did not alter his ~ उसने अपनी आवाज़ नहीं बदली; not a ~ came from the room कमरे से कोई आवाज़ तक नहीं आई; he cannot produce the correct ~ वह सही ध्वनि नहीं उत्पन्न कर सकता. **2.** (din) शोर, शोरगुल [slow धीमा, terrifying भयानक, unpleasant

दुःखद]; hearing the ~ hundreds of men gathered ≈ सुनकर सैकड़ों लोग इकट्ठा हो गए; you must not make ~ तुम्हें ≈ नहीं करना चाहिए. 3. (earshot) श्रवणसीमा^F : he was within the ~ of a gun वह तोप^F की ≈ के भीतर था. **II.** *a.* **1.** (healthy) स्वस्थ, तन्दुरुस्त [body शरीर, mind मन]; his constitution is ~ उसकी काठी^F ≈ है; ~ mind in a ~ body स्वस्थ शरीर में स्वस्थ मन. **2.** (free from defect) सही [arguments तर्क, judgement निर्णय, opinion मत]; I got home safe and ~ मैं अपने घर सही-सलामत पहुँच गया. **3.** (well-founded) ठोस, पक्का, युक्तियुक्त [plan योजना^F, proof प्रमाण, reason कारण, suggestion सुझाव, training प्रशिक्षण]; he made a ~ scheme to plead the case उसने मुकदमें की पैरवी के लिए ठोस योजना^F बनाई. **4.** (deep) ~ sleep गहरी नींद^F : she is a ~ sleeper वह ≈ नींद सोने वाली है. **5.** (accurate) शुद्ध, सही : my spelling is not quite ~ मेरी वर्तनी^F बिल्कुल ≈ नहीं है. **6.** (person) विश्वसनीय : he is a ~ member of his gang वह अपने/उसके गैङ्ग का ≈ सदस्य है. **7.** (thorough) खूब : ~ beating खूब पिटाई^F. **III.** *v.t.i.* **1.** (produce ~) ध्वनि^F निकालना, बजाना : ~ the bell घंटी^F बजाओ; the bell ~ed घंटी^F बजी; her voice ~ed loud in the room कमरे में उसकी ध्वनि ज़ोर से निकली; to ~ the trumpet तुरही^F बजाना. **2.** (seem) लगना, जान पड़ना, मालूम पड़ना : this ~s reasonable यह उचित जान पड़ता है; how sweet does the music ~ संगीत कितना मधुर लगता है; the idea ~ed interesting विचार दिलचस्प लगा; these worldly things ~ well ये सांसारिक चीज़ें अच्छी लगती हैं; these words ~ alike यह शब्द एक से लगते हैं; it ~s as if he will not survive लगता है, मानो वह बचेगा नहीं. **3.** (express) व्यक्त करना : they are free to ~ their opinions वे अपना मत व्यक्त करने के लिए स्वतंत्र हैं. **4.** (pronounced) उच्चारित होना : in 'knell' and 'know' K is not ~ed इन दो शब्दों में 'क' उच्चारित नहीं होता. **5.** (test the depth) थाहना, गहराई^F नापना : now it is not difficult to ~ the deep seas अब गहरे समुद्रों की गहराई नापना कठिन नहीं है. **6.** (consult smb) मन की थाह^F लेना, मन टटोलना : let me first ~ the chairman मुझे पहले अध्यक्ष के मन की थाह लेने दें.

soup सूप *n.* शोरबा, रसा, सूप [boiled उबला हुआ, cold ठंडा, hot गर्म]; a plate of ~ एक प्लेट सूप; she prepared a delicious ~ for dinner उसने शाम के खाने के लिए स्वादिष्ट ≈ बनाया; she made tomato ~ उसने टमाटर का ≈ बनाया.

sour साउअर **I.** *a.* **1.** (taste) खट्टा [fruit फल, lemon नीबू, taste स्वाद]; the milk turned ~ in the evening दूध शाम को ≈ हो गया; grapes are ~ अंगूर खट्टे हैं; some mangoes are ~ (to taste) कुछ आम (स्वाद में) खट्टे होते हैं. **2.** (embittered) कड़वी [medicine दवा^F, wine शराब^F]; it is very ~, you cannot drink it यह बहुत ही ≈ है तुम इसे पी नहीं सकते. **3.** (peevish) चिड़चिड़ा [behaviour व्यवहार, nature स्वभाव]; the boy is very ~ लड़का बहुत चिड़चिड़ा है. **4.** (in other contexts) ~ bread ख़मीरी रोटी^F; ~ soil गीली मिट्टी^F. **II.** *v.t.i.* **1.** खट्टा बनना या बनाना : to ~ the soup सूप को खट्टा बनाना; the milk has ~ed दूध खट्टा हो गया है. **2.** चिड़चिड़ा बनाना या बनना : his nature has ~ed उसका स्वभाव चिड़चिड़ा हो गया है.

source सॉर्स *n.* **1.** (origin) स्रोत, उद्गम : the ~ of the river Yamuna is Yamunotri glacier यमुना नदी का उद्गम यमुनोत्री हिमनद है; what is the ~ of this information इस जानकारी^F का ≈ क्या है ? the epics are the ~ of so many dramas महाकाव्य बहुत सारे नाटकों का स्रोत है. **2.** (primary cause) मूल कारण : to find out the ~ of dispute झगड़े के ≈ का पता लगाना; what is the ~ of trouble दिक्कत^F का ≈ क्या है ? **3.** (authority) प्रमाण, आधार : to present the ~ of one's statement in the court न्यायालय में अपने कथन का ≈ प्रस्तुत करना. **4.** (of news) सूत्र : it has come to be known from reliable ~s विश्वस्त सूत्रों से यह जाना गया.

south साउथ **I.** *n*^{u}. दक्षिण, दक्खिन : the climate of the ~ is hot ≈ की जलवायु गर्म है; Tarun lives in the extreme ~ of our school तरुण हमारे स्कूल के धुर ≈ में रहता है; the road runs north and ~ सड़क उत्तर-≈ है; the wind is running from the ~ हवा^{F} दक्षिण से आ रही है; the monsoon comes from the ~ मानसून ≈ से आता है; the South दक्षिण भारत. **II.** *a.* दक्षिण, दक्षिणी : ~ direction ≈ दिशा^{F}; ~ coast ≈ तट; ~ India ≈ भारत; ~ pole ≈ ध्रुव; ~ railway ≈ रेलवे. **~east** *n*^{u}. दक्षिण-पूर्व : in the ~-east Delhi दिल्ली के ≈ में; the ~-east is animportant part of India भारत का ≈ भाग बहुत ही महत्वपूर्ण है. **southerly** सॅ'दर्लि *n*^{c}. पुरवैया, पूर्वी हवा^{F}. **southern** सॅ'दर्न *n.* & *a.* दक्षिणी, दक्खिनी : ~ hemisphere ≈ गोलार्द्ध; the ~ Indian States are prosperous ≈ भारतीय राज्य समृद्ध हैं. **southwards** सॉउथ्'वर्डज़ *adv.* दक्षिण की ओर; I have to travel ~ मुझे ≈ की यात्रा^{F} करनी है; they proceeded ~ वे ≈ बढ़ चले. **southwest** साउथवें'स्ट *n.* दक्षिण-पश्चिम : they went to the ~ वे ≈ को गए; there is a theatre in the ~ of Calcutta कलकत्ता के ≈ में एक थिएटर है; the ~ wind is blowing ≈ हवा^{F} बह रही है.

souvenir सूवॅनिअर्' *n.* निशानी^{F}, स्मृतिचिह्न, स्मारिका^{F} : the ~ reminds me of that conference यह ≈ मुझे उस सम्मेलन की याद^{F} दिलाती है; he gave her a ring as a ~ उसने ≈ के रूप में उसे एक अंगूठी^{F} दी; this embroidery is a ~ of our visit to her house यह चिकन/कशीदा उसके घर जाने का स्मृतिचिह्न है.

sow सो **I.** *v.t.* (sowed, sown) **1.** बोना : to ~ barley जौ बोना; they ~ed the field with wheat उन्होंने खेत में गेहूँ बो दिया; have you ~n any seeds क्या तुमने कोई बीज बोए हैं; it is too early to ~ wheat गेहूँ बोने में अभी बहुत जल्दी है; the field has been ~n with gram खेत में चना बोया गया है. (fig.) **to ~ seeds of enmity, hatred** शत्रुता^{F}, घृणा^{F} के बीज बोना. Δ **as you ~ so shall you reap** जैसा बोओगे वैसा काटोगे. **2.** (implant) रोपना : to ~ paddy धान की रोपाई^{F} करना. [*ant.* reap] **II.** सॉउ *n*^{c}. सूअरी^{F}, सूकरी^{F} : the ~ has a litter of piglets ≈ के एक झोल घेंटुए/छौने होते हैं. [male pig; *as distinct from* so, sew]

S.P. Superintendent of Police.

sp. spelling.

space स्पेस **I.** *n*^{c}. **1.** (of universe) अंतरिक्ष [open खुला, unlimited असीमित, wide विस्तृत]; ~craft, ~ship ≈ यान; ~ flight ≈ उड़ान^{F}; ~ man ≈ यात्री; ~ travel ≈ यात्रा^{F}; they succeeded in going into the ~ वे ≈ में जाने में सफल रहे; planets move in the ~ ग्रह ≈ में गति करते हैं; Yuri Gagarin was the first man to go into the ~ यूरी गगारिन ≈ में जाने वाला पहला व्यक्ति था. **2.** (period of time) अवधि^{F} : much ~ बहुत ≈; it was done in the ~ of two hours इसे दो घंटे की ≈ में कर डाला गया. **3.** (room) जगह^{F}, स्थान : empty ~ ख़ाली ≈; put the chair in the ~ between the two tables कुर्सी को दो मेज़ों के बीच की जगह^{F} में रख दो, there is an open ~ in front of our house हमारे घर के सामने खुली जगह है; there is no ~ for this couch इस पलंग के लिए कोई जगह नहीं है; leave some ~ at the bottom of the page पृष्ठ के नीचे कुछ जगह छोड़ दो. **4.** ~ and time देश और काल. **II.** *v.t.* में अंतर रखना, के बीच में स्थान छोड़ना : to ~ lines, words पंक्तियों, शब्दों के बीच में ≈; ~ the chairs कुर्सियों के बीच-बीच में स्थान छोड़ दो; the pegs may be ~d to one metre apart खूँटियाँ^{F} एक-एक मीटर के अंतर पर रखी जाएँ. **spacious** स्पे'शस *a.* लंबा-चौड़ा, विस्तृत, खुला [hall हाल, plain मैदान, room कमरा]; there is a ~ playground in the school विद्यालय में एक ≈ क्रीड़ास्थल है; your dining room is quite ~ आपका भोजन-कक्ष काफ़ी ≈ है. [*as distinct from* specious बाहर से सुन्दर]

spade स्पेड **I.** *n*^{c}. **1.** (tool) फावड़ा, कुदाल : we dig with a ~ हम ≈ से खोदते हैं; a ~ is made of iron, with a long handle of wood फावड़ा लकड़ी[F] के लंबे हत्थे वाला और लोहे का बना होता है. Δ **to call a ~ a ~** साफ़-साफ़ अपनी बात[F] कहना, खरी-खरी सुनाना. **2.** (cards) हुकुम का पत्ता : a ~ is black in colour ≈ काले रंग का होता है.

span स्पैन **I.** *n*[c]. **1.** (hand ~) बित्ता, बालिश्त : what is the measure of his ~ उसके बित्ते की नाप[F] कितनी है ? an adult man's ~ is about 9 inches एक प्रौढ़ व्यक्ति का ≈ नौ इंच होता है. **2.** (width) चौड़ाई[F], फैलाव, पाट : the ~ of the bridge between two pillars is fifty metres पुल के दो खंभों का पाट पचास मीटर है. **3.** (space of time) अवधि[F] : I have learnt much in the long ~ of my life मैंने अपने जीवन की लंबी अवधि में बहुत कुछ सीखा है; he will be the chief of the factory for a ~ over three years वह तीन साल से ऊपर की अवधि तक कारखाने का प्रमुख रहेगा. **II.** *v.t.* **1.** (extend across) आर-पार फैला होना : the bridge ~s the river पुल नदी[F] के आर-पार फैला है. **2.** पार कर जाना : it is not easy to ~ the river Ganga गंगा नदी[F] को पार करना आसान नहीं है. **3.** (measure with hand) बित्ते से नापना : to ~ the wall with hand बित्ते से दीवार[F] नापना.

spare स्पेंअर **I.** *a.* **1.** (lean) दुबला-पतला : I saw an old man of ~ frame sitting in the sun मैंने धूप[F] में बैठा एक दुबली-पतली काठी वाला बूढ़ा आदमी देखा. **2.** (extra) फ़ालतू [bed बिस्तर, copy प्रति[F], pencil पेंसिल]; have you any ~ ticket क्या आपके पास कोई ≈ टिकट है ? he spent all his ~ time in playing chess उसने शतरंज खेलने में अपना सारा ≈ समय बिता दिया; I have no ~ time मेरे पास ≈ समय नहीं है; we do not have a ~ room for guests हमारे पास अतिथियों के लिए ≈ कमरा नहीं है. **II.** *n*[c]. (~ part) अतिरिक्त या फ़ालतू पुरज़ा : can you give me some ~s for my machine क्या तुम मेरी मशीन[F] के लिए कुछ अतिरिक्त पुरज़े दे सकते हो ? **III.** *v.t.* **1.** (save) बचाना, से बचना, से बचा रहना : if God ~s my life, I will make amends for all that यदि ईश्वर मेरी जान बचा ले तो मैं अपना सब सुधार करूँगा; ~ yourself the trouble of reading the whole story पूरी कहानी[F] पढ़ने के कष्ट से बचिए. **2.** (refrain from) नहीं करना, से बाज़ रहना : you should ~ yourself from such work तुम्हें ऐसा काम नहीं करना चाहिए. **3.** (be merciful) बख़्श देना, क्षमा[F] कर देना, दयावश छोड़ देना : terrorists ~d the lives of children आतंकवादियों ने बच्चों की जान[F] बख़्श दी, बच्चों को दयावश छोड़ दिया; I asked my father to ~ him मैंने अपने पिताजी से कहा कि उसे क्षमा कर दें. **4.** (dispense with) छोड़ देना, के बिना काम चलाना : I cannot ~ a single servant मैं एक भी नौकर छोड़ (दे) नहीं सकता; no one can be ~d from our office हमारे कार्यालय से किसी को छोड़ा नहीं जा सकता. **5.** (give) दे देना : we have not a minute to ~ हमारे पास एक मिनट भी देने के लिए नहीं है, हम एक मिनट भी नहीं दे सकते; will you ~ some time for me आप मुझे कुछ समय देंगे (दे सकेंगे) ?

spark स्पार्क **I.** *n*[c]. **1.** (of fire) चिनगारी[F] : the smallest ~ may flare into the biggest flame एक छोटी-से-छोटी ≈ बड़ी भारी ज्वाला[F] बनकर भड़क सकती है; ~s were rising into the air चिनगारियाँ हवा[F] में उठ रही थीं; a ~ from the joint of electric wires burnt several buildings बिजली[F] के तारों के जोड़ से (उठी) एक ≈ ने कई इमारतों को जला दिया. **2.** (wit) चुटकुला, लतीफ़ा : he presented the best ~ in the meeting उसने बैठक[F] में सबसे अच्छा ≈ प्रस्तुत (पेश) किया. **3.** (brilliance) चमक[F], दमक[F] : there was ~ on her face, his forehead उसके चेहरे, उसके माथे पर ≈ थी. **4.** (vitality) जान[F], शक्ति[F] : soul is the ~ of every being आत्मा हर प्राणी की ≈ है. **5.** (liveness) ज़िंदादिली[F] : his ~ is praiseworthy उसकी ≈ तारीफ़[F] के लायक है. **6.** (trace) लेशमात्र : he did not have a ~ of honesty उसमें ईमानदारी[F] का ≈ नहीं था. **II.** *v.i.* **1.** चिनगारियाँ[F] निकलना, छूटना : coals are

~ing कोयलों से चिनगारियाँ निकल (छूट) रही हैं. **2. ~ off** (stir) छेड़ना : the discussion ~ed off controversy परिचर्चा^{F} से विवाद छिड़ गया. **sparkle** स्पार्'कल : *v.i.* **1.** चिनगारियाँ छोड़ना : the fire was ~ling आग^F से चिनगारियाँ निकल रही थीं. **2.** (glitter) चमकना, झिलमिलाना : gems ~ in the light प्रकाश में रत्न चमकते हैं; her eyes ~ed withjoy खुशी^{F} से उसकी आँखें चमक उठीं; the moon ~s is the night चंद्रमा रात^F में चमकता है. **3.** (twinkle) टिमटिमाना : you can see the stars ~ing in the dark' night आप अंधेरी रात^F में तारे टिमटिमाते देख सकते हैं. **sparkling** स्पार्क'लिङ्ग *a.* **1.** चमकदार [metal धातु^{F}, thing वस्तु^{F}]; she has a ~ diamond in her ring उसकी अंगूठी^{F} में एक ≈/चमकता हीरा है; eye ~ with delight खुशी^{F} से चमकती आँखें^{F}. **2.** (witty) वाग्विदग्ध [student छात्र, worker मज़दूर]; he is the most ~ leader of the party वह पार्टी^{F} का सबसे ज़्यादा ≈ नेता है. **3.** (lively) ज़िंदादिल : I like ~ and jovial people मुझे ≈ और हँसमुख लोग पसंद हैं.

sparrow स्पै'रो n^c. गौरैया, चिड़ा, चिड़ी : ~ is a small brownish bird ≈ एक छोटी भूरी चिड़ियाँ है; ~s make their nests in houses ≈ घरों में अपने घोंसले बनाती हैं; a ~ eats insects ≈ कीड़े खाती है.

spat स्पैट *v. past* of 'spit'; the baby ~ out the toffee बच्चे ने टाफ़ी^{F} थूक दी.

speak स्पीक *v.i.* (*p.* spoke, *p.p.* spoken) **1.** (talk) बोलना : a dumb person cannot ~ गूँगा आदमी बोल नहीं सकता; who ~s the truth सच कौन बोलता है? ~ the truth सत्य बोलो; this actor ~s his part well यह अभिनेता अपना पार्ट अच्छी तरह बोलता है; he spoke slowly to his friend वह अपने मित्र से धीरे से बोला; she has never spoken in a public meeting before सार्वजनिक सभा^{F} में वह पहले कभी नहीं बोली थी; he ~s English वह अंग्रेजी बोलता है. **2.** (discourse) भाषण देना : who will ~ at the public meeting सार्वजनिक सभा^{F} में भाषण कौन देगा? I spoke for ten minutes मैंने दस मिनट तक भाषण दिया. **3.** (talk to) बात^F करना : can I ~ **to** you just now क्या मैं इसी समय आपसे बात कर सकता हूँ? he did not ~ about it उसने इस बारे में बात^F नहीं की; he always ~s **of** his own son वह सदा अपने बेटे की बात^F करता है; he decided to ~ to the director उसने निदेशक से बात करने का निश्चय किया. **4.** (of music) बजना, बोलना : his piano ~s very well उसका पियानो बहुत अच्छा बजता है. Δ (phrases) **to ~ for** (i) की ओर से बोलना : I am ~ing for my party मैं अपने दल की ओर से बोल रहा हूँ; I am only ~ing for myself मैं केवल निजी राय दे रहा हूँ; (ii) I spoke for the proposition मैं प्रस्ताव के पक्ष में बोला; (iii) the facts ~ for themselves तथ्य अपने में बहुत स्पष्ट हैं; **to ~ one's mind** मन की बात^F साफ़-साफ़ कह देना : I spoke my mind without hesitation मैंने बिना झिझक^F के अपना मत प्रकट कर दिया; **to ~ of/about** के बारे में चर्चा^{F} करना; he spoke of the proposal which was not discussed earlier उसने उस प्रस्ताव के बारे में चर्चा^{F} की जिस पर पहले बहस^F नहीं हुई थी; **to ~ up/out** ऊंचे स्वर में बोलना : please ~ out/up, we did not follow what you said कृपया ऊंचे स्वर से बोलिए, हम कुछ नहीं समझे कि आपने क्या कहा; **so to ~** कहने को, एक प्रकार से : he is our leader, so to ~ ≈ वह हमारा नेता है; **to ~ volumes** ज़बरदस्त प्रमाण होना : this episode ~s volumes about his character यह प्रसंग उसके चरित्र के बारे में ज़बरदस्त प्रमाण उपस्थित करता है; **to ~ well of** की प्रशंसा^{F} करना : he spoke well of my qualifications उसने मेरी योग्यताओं की प्रशंसा^{F} की. **speaker** स्पी'कर n^c. **1.** बोलने वाला, वक्ता [brilliant उत्कृष्ट, eloquent ज़ोरदार, last अंतिम]; he is a good writer but poor ~ वह एक अच्छा लेखक है लेकिन कमज़ोर वक्ता; who is the main ~ at the meeting मीटिंग में मुख्य वक्ता कौन है? **2.** (of Parliament) अध्यक्ष : he was elected ~ of the Lok Sabha for five years उसे पाँच वर्ष के लिए लोकसभा का अध्यक्ष चुना गया.

spear स्पिअर **I.** *n*^c. बरछा, भाला [rusted मोर्चाया हुआ, short छोटा]; ~ is a long thin weapon with a pointed end ≈ एक लंबा पतला नोकदार/सिरे वाला शस्त्र होता है; he was armed with a ~ and a shield वह भाले और ढाल^F से लैस था. **II.** *v.t.* भाले से मारना, भाला मारना : he ~ed the lion boldly साहस के साथ उसने शेर को भाला मार दिया; they ~ fish in the sea वह समुद्र में भाले से मछलियाँ^F मारते हैं. ~ **head I.** *n*^c. **1.** (of army) सेनामुख, हरावल^F : the general ordered the ~ to attack सेनापति ने ≈ को आक्रमण करने का आदेश दिया. **2.** (leader) अग्रणी : to work as a ~ of an organisation किसी संगठन के अग्रणी के रूप में काम करना. **II.** *v.t.* नेतृत्व करना, अगुवाई^F करना : to ~-head the movement, procession आंदोलन, जुलूस का नेतृत्व करना; the infantry ~ headed the attack पैदल सेना ने आक्रमण का नेतृत्व किया.

special स्पें'शल *a.* **1.** (particular) विशेष, ख़ास [attention ध्यान, diet आहार, interest रुचि^F, occasion अवसर]; nothing ~ happened today कोई ≈ घटना^F नहीं हुई; it is a ~ day in my life मेरे जीवन का यह ≈ दिन है; I have ~ reasons for thinking so इस प्रकार सोचने का मेरा ≈ कारण है; he was my ~ friend वह मेरा ख़ास दोस्त था. **2.** (not common) असामान्य, असाधारण [message संदेश, place स्थान], it was a ~ session of the Parliament यह संसद का ≈ सत्र था. [*ant.* general] **specialist** स्पें'शॅलिस्ट *n*^c. विशेषज्ञ [experienced अनुभवी, unknown अपरिचित, young युवा]; he is a ~ in agriculture वह कृषि^F का विशेषज्ञ है; he is a well-known eye specialist वह सुविख्यात नेत्र ≈ है; Dr. K is a heart ~ डॉ. क हृदयरोग ≈ हैं. **speciality** स्पेशिऐ'लिटि *n*^c. **1.** विशेषता^F [important महत्वपूर्ण, rare दुर्लभ]; what is the new ~ in it इसमें कौन-सी नई ≈ है? **2.** विशेष/प्रमुख विषय : he made agriculture his ~ उसने कृषि^F को अपना विशेष विषय बना लिया. **3.** विशेष-वस्तु^F/उत्पाद : ice cream is the ~ of this restaurant आइसक्रीम^F इस रेस्टोरेंट की ≈ है. **4.** विशेष गुण : music is her ~ संगीत उसका ≈ है. **specialize** स्पें'शॅलाइज़ *v.i.* विशेष अध्ययन करना, विशेषज्ञ होना : he has ~d in old people's ailments उसने बूढ़े लोगों की बीमारियों^F पर विशेष अध्ययन किया है. **specially** स्पें'शॅलि *adv.* विशेष रूप से, विशेषत: : these shoes were made ~ to order ये जूते विशेष आदेश से बनवाए गए हैं; he has ~ invited you उसने विशेष रूप से आपको आमंत्रित किया है; cake ~ made for his birthday विशेष रूप से उसके जन्मदिन के लिए बनाया गया केक; he is appointed manager ~ for this fair उसे ≈ इस मेले के लिए मैनेजर नियुक्त किया गया है.

species स्पी'शीज़ *n*^c. (*pl.* species) **1.** प्रजाति^F [new नयी, rare दुर्लभ]; there are several ~ of butterflies तितलियों^F की कई प्रजातियाँ हैं; it is a new ~ of insects यह कीड़ों की नई ≈ है; the ~ or our ~ मानव जाति^F. **3.** (sort) प्रकार, किस्म^F : improved ~ शोधित ≈; a new ~ of paddy धान की नई किस्म; this ~ of wheat is highly productive गेहूँ की यह किस्म अधिक उत्पादकता वाली है.

specific स्पें'सि'फ़िक *a.* **1.** (particular) विशिष्ट [aim ध्येय, cause कारण, language भाषा^F, purpose उद्देश्य, style शैली^F]; they are doing these things with ~ ends वे किसी ≈ प्रयोजन से ये काम कर रहे हैं; is there anything ~ to note क्या ध्यान देने लायक कोई ≈ बात^F है? **2.** (definite) निश्चित, सुस्पष्ट : ~ advice ≈ सलाह^F; ~ instructions were given to the recruits रंगरूटों को ≈ निर्देश दिए गए थे; the order was ~ आदेश ≈ था. **3.** (of species) प्रजातिगत : ~ name of a plant किसी पौधे का ≈ नाम. **specify** स्पें'सिफ़ाइ *v.t.* (specified) स्पष्ट/ब्यौरेवार उल्लेख करना : he has specified the terms of the contract उसने संविदा^F की शर्तों^F का स्पष्ट/ब्यौरेवार उल्लेख किया है; the teacher specified grammatical mistakes अध्यापक ने व्याकरणगत अशुद्धियों का स्पष्ट/ब्यौरेवार उल्लेख किया.

specimen स्पें'सिमिन *n*^c. **1.** नमूना [excellent

उत्कृष्ट, typical आदर्शभूत]; ~ paper नमूने का काग़ज़; these paintings are fine ~s of medieval art ये चित्र मध्यकालीन कला^{F} के उत्कृष्ट नमूने हैं; this ~ is unique यह ≈ अद्वितीय है; the traveller brought ~s of rocks यात्री चट्टानों^{F} के नमूने लाया; ~ of plant family वनस्पति परिवार का ≈; ~ signature हस्ताक्षर का ≈; he is a ~ of health स्वास्थ्य का वह एक ≈ है. **2.** अनोखा आदमी : what a ~! कितना ≈ है; he is an ugly looking ~ वह एक बदसूरत ≈ है.

specious स्पी'शस *a.* **1.** (seeming to be true) सत्यभासी [argument तर्क, statement कथन, tale कहानी^{F}]; all his expressions are ~ उसके सभी कथन ≈ हैं. **2.** (superficially attractive) ऊपर से आकर्षक या रमणीय : ~ appearance ≈ रूप. [*as distinct from* spacious]

spectacle स्पें'क्'टॅकल *n*^{c}. **1.** (show) प्रदर्शन [colourful रंगीला, wonderful आश्चर्यजनक]; a ~ of the unemployed in a queue बेरोज़गारों का लाइन में प्रदर्शन. **2.** समारोह : there was a good ~ on the occasion of his birthday उसके जन्मदिन के मौके पर अच्छा समारोह हुआ. **3.** (sight) दृश्य : a charming ~ from the top of the hill पहाड़ी^{F} की चोटी^{F} पर से एक आकर्षक दृश्य. **4.** तमाशा : don't make a ~ of yourself तुम एक ≈ मत बनो. **5.** (*pl.*) (also a pair of ~s) चश्मा, ऐनक^F [black काला, costly महँगा, thick मोटा]; I cannot read without ~s बिना चश्मे के मैं पढ़ नहीं सकता; he always wears ~s वह सदा चश्मा लगाता है.

spectator स्पें'क्टे'टर *n*^{c}. दर्शक : a crowd of ~s दर्शकों की भीड़^{F}; there were ninety thousand ~s watching the cricket match in Calcutta कलकत्ता में नब्बे हज़ार ≈ क्रिकेट का मैच देख रहे थे; many ~s stood on their chairs बहुत-से दर्शक अपनी कुर्सियों^{F} पर खड़े हो गए.

sped स्पें'ड *v.t. past* of 'speed' *q.v.*

speech स्पीच *n.* **1.** (faculty) वाणी^{F}, बोली^{F} [distinct स्पष्ट, harsh कर्कश, sweet मधुर]; his ~ is defective उसकी ≈ दोषपूर्ण है. **2.** (language) भाषा^{F} [easy आसान, foreign विदेशी, rural ग्रामीण]; to abandon one's native ~ अपनी मातृभाषा छोड़ देना. **3.** (discourse) भाषण, व्याख्यान [brief संक्षिप्त, inflammatory जोशीला, long लंबा]; the chairman's ~ अध्यक्ष का भाषण; his maiden ~ in the Parliament संसद् में उसका पहला भाषण; he concluded his ~ with an Urdu couplet उसने उर्दू के एक शेर से अपने भाषण को समाप्त किया; he made a very good ~ उसने बहुत अच्छा भाषण दिया; his ~ was so rapid that it was difficult to follow him उसका ≈ इतना द्रुत था कि उसे समझना कठिन था; his ~ was not very clear उसका भाषण बहुत स्पष्ट नहीं था.

speechless स्पीच्'लिस *a.* **1.** (silent) मौन, अवाक् : he remained ~ वह ≈ रह गया; I stood ~ with surprise मैं आश्चर्य से ≈ खड़ा था. **2.** (dumb) गूँगा, बेज़बान (लड़का).

speed स्पीड **I.** *n*^{cu}. **1.** गति^{F}, रफ़्तार^F [high/rapid तेज़, low/slow धीमी, moderate साधारण]; he was driving his scooter at full/top ~ वह अपना स्कूटर द्रुततम गति^{F} से चला रहा था; the ~ of the train is not so fast as that of a car रेलगाड़ी^{F} की ≈ इतनी तेज नहीं होती जितनी कार^F की; a ~ above 50 kms on this road is prohibited इस सड़क^F पर पचास किमी. से अधिक की गति^{F} की मनाही^{F} है. ~ **limit** गति-सीमा^{F} : the ~ limit on this road is 30 kms per hour इस सड़क^F पर गतिसीमा^{F} 30 किमी. प्रति घंटा है. **3.** (swiftness) तेज़ी^{F}, द्रुत गति^{F} : he does the work with ~ वह ≈ से काम करता है; he went away with ~ वह ≈ से चला गया. **II.** *v.t.* (*p.* & *p.p.* sped/speeded) तेज़ी-से चलना : cars usually ~ at 50 km per hour साधारणतया कारें^{F} पचास किमी. प्रति घंटा की गति^{F} से चलती हैं; the police asked me not to ~ on this road पुलिस ने मुझसे कहा कि इस सड़क^F पर तेज़ी-से मत चलाओ. **2.** this medicine will ~ up his recovery इस दवा^{F} से उसे जल्दी स्वास्थ्यलाभ होगा.

speedily स्पी'डिलि *adv.* शीघ्रता^{F} से, जल्दी^{F} से, द्रुत गति से : walk ~ ≈ चलो; he eats ~ वह जल्दी-जल्दी खाता है; he reached the school ~ वह ≈ स्कूल पहुँच गया. **speedometer** स्पीडॉ'मिटर *n*^c^. गतिमापी : the ~ shows that we travelled 200 kms. ≈ बता रहा है कि हम 200 किमी. चले. **speedy** स्पी'डि *a.* (rapid) तेज़, द्रुत (गामी), शीघ्र [flight उड़ान^F^, reaction प्रतिक्रिया^F^, return वापसी^F^]; he expected a ~ reply उसने शीघ्र उत्तर की आशा की थी; I wish you ~ recovery मैं तुम्हारे शीघ्र स्वास्थ्यलाभ पाने की कामना^F^ करता हूँ.

spell स्पॅ'ल **I.** *n*^c^. **1.** (magical power) माया^F^, जादू : the sorcerer put a ~ on the boy जादूगर ने लड़के पर जादू कर दिया; I do not believe in ~ मैं जादू में विश्वास नहीं करता; it may be the effect of ~ on him यह उस पर जादू का असर हो सकता है; to remove a ~ from a person किसी व्यक्ति पर से जादू हटाना; the magician broke the ~ जादूगर ने जादू ख़त्म कर दिया. **2.** (magical formula) मंत्र, मंतर : he knows every type of ~s वह प्रत्येक प्रकार के मंत्र-तंत्र जानता है; to cast a ~ over smb किसी को मंत्र-मुग्ध कर देना; she recited a ~ उसने मंत्र का उच्चारण किया. **3.** (turn) पारी^F^ : he did two ~s of digging उसने खुदाई^F^ की दो पारियाँ कीं; I did another ~ at the computer मैंने कम्प्यूटर पर एक और पारी की. **4.** (period) दौर, अल्प अवधि^F^ : ~ of cold wave शीत लहर^F^ का ≈; we stayed in the hotel for a short ~ हम थोड़ी अवधि^F^ के लिए होटल में ठहरे. **5.** (strong influence) जादू : ~ of music संगीत का ≈. **II.** *v.t.* (*p.* & *p.p.* spelt) **1.** हिज्जे करना : how do you ~ this word तुम इस शब्द के हिज्जे कैसे करते हो? I cannot ~ that word मैं उस शब्द के हिज्जे नहीं कर सकता; he can scarcely ~ his own name शायद ही वह अपने नाम के हिज्जे कर सके. **2.** (have as consequence) से परिणाम निकालना : it ~s from his arrival that he has accepted the proposal उसके आने से यह परिणाम निकलता है कि उसने प्रस्ताव स्वीकार कर लिया है. **3.** (signify) अर्थ होना, सूचित करना : what do these signals ~ ये संकेत क्या सूचित करते हैं? these things ~ disaster इन बातों से तबाही^F^ की सूचना^F^ मिलती है. ~**bound** *a.* मंत्रमुग्ध, जादू के असर में मोहित [audience श्रोतागण, youth युवक]; I was ~ by the magician's tricks मैं जादूगर की चालाकी से मंत्रमुग्ध था; we watched ~ the conjurer हम मदारी को ≈ देखते रहे. **spelling** स्पॅ'लिङ्ग *n*^cu^. वर्तनी^F^ : the American ~ of 'colour' is 'color' अमेरिकन भाषा में 'colour' की ≈ 'color' होती है; your ~ is not very good तुम्हारी ≈ बहुत अच्छी नहीं है; what is the ~ of this word इस शब्द की ≈ क्या है? her ~ has improved उसकी वर्तनी में सुधार हुआ है; you make so many mistakes in ~ तुम ≈ की इतनी गलतियाँ करते हो.

spend स्पॅन्ड *v.t.* (*past* & *p.p.* spent) **1.** (money) व्यय करना, ख़र्च करना [freely मुक्त रूप से, recklessly लापरवाही^F^ से, wisely बुद्धिमत्ता^F^ से]; he has spent all his pocket money उसने अपना सारा जेबख़र्च ख़त्म कर दिया है; I spent half of the money on my books मैंने अपनी किताबों^F^ पर आधा पैसा ख़र्च कर दिया. **2.** (consume) व्यय करना, ख़र्च कर डालना, समाप्त करना : it is better to save than to ~ ख़र्च करने से बचाना अच्छा है; I spent so many hours on it मैंने इस पर कई घंटे ख़र्च कर दिए; he ~s more units of electricity वह कुछ ज्यादा यूनिट बिजली^F^ ख़र्च करता है; our ammunition was all spent हमारा सारा बारूद ख़त्म हो गया. **3.** (time) बिताना, व्यतीत करना, गुज़ारना : I want to ~ this month in the country मैं यह महीना देहात में बिताना चाहता हूँ; he spent three hours there उसने वहाँ तीन घंटे बिताए; how do you ~ your time तुम अपना समय कैसे व्यतीत करते हो? [*ant.* save] **4.** *v.i.* ख़त्म होना : the storm will ~ itself तूफ़ान अपने-आप ख़त्म हो जाएगा.

sphere स्फ़िअर *n*^c^. **1.** (globe) गोला : small ~ छोटा ≈; earth is a ~, so also is the moon पृथ्वी एक ≈ है और चंद्रमा भी. **2.** (field) क्षेत्र, दायरा : he has knowledge of so many ~s of science उसे विज्ञान के इतने सारे क्षेत्रों का ज्ञान है; his ~ of activities is spread over two districts उसका कार्यक्षेत्र दो ज़िलों में फैला हुआ है. **3.** अधिकार-

क्षेत्र : it is beyond his ~, he cannot do anything यह उसके ≈ के बाहर है, वह कुछ नहीं कर सकता; this affair is out of my ~ यह मामला मेरे ≈ के बाहर है.

spice स्पाइस *n*ᶜ. **1.** मसाला : pungent ~ तीखा ≈; odorous ~ खुशबूदार ≈; pepper, ginger and turmeric are ~s काली मिर्च^F, सोंठ^F और हल्दी^F मसाले हैं; Kashmir ~s are very delicious कश्मीरी मसाले बहुत स्वादिष्ट होते हैं. **2.** (flavour) बू^F, गंध^F (fig.) there is not a ~ of jealousy in him उसमें ईर्ष्या^F की ≈ नहीं है; his remark has a ~ of disgust उसके टिप्पण से खीझ^F की बू आती है. **3.** (interest and excitement) जान^F, जोश : his presence added ~ to the meeting उसकी उपस्थिति^F से सभा^F में जान^F आ गई. **II.** *v.t.* **1.** छौंकना, बघारना : he ~d the pulse and it became so delicious उसने दाल^F बघारी और वह इतनी स्वादिष्ट हो गई. **2.** चटपटा/मज़ेदार बनाना : he ~s his essays with jokes उसने चुटकलों से अपने निबंध को मज़ेदार बना दिया; stories add ~ to a speech कहानियाँ भाषण को चटपटा बना देती हैं. **spicy** स्पाइ'सि *a.* **1.** (of food) मसालेदार, चटपटा : ~ vegetable ≈ सब्ज़ी^F; eastern countries like ~ food पूर्वी देशों के लोग ≈ भोजन पसंद करते हैं; ~ food is often injurious to health ≈ भोजन प्रायः स्वास्थ्य के लिए हानिकर होता है. **2.** (interesting) मनोरंजक : ~ story ≈ कहानी^F.

spider स्पाइ'डर *n*ᶜ. मकड़ी^F : a ~ has eight legs and no wings मकड़ी के आठ पैर होते हैं, पंख नहीं होते; ~s make web in the corners of walls मकड़ियाँ दीवारों^F के कोनों में जाले बनाती हैं; insects cannot escape from the ~s web कीड़े मकड़ी के जाल से बच नहीं सकते.

spike स्पाइक **I.** *n*ᶜ. **1.** (sharp point) शूल, कील : sharp ~s under the sole of a shoe जूते के तल्ले के नीचे तेज़ ≈; this railing has long ~s इस जंगले में लंबे-लंबे ≈ हैं. **2.** (pointed rod) नुकीला छड़ [heavy भारी, iron लोहे का, long लंबा]; he thrust a ~ into his stomach उसने उसके पेट में ≈ भोंक दिया. **3.** (ear of corn) बाली^F, बाल^F : the ~ of wheat गेहूँ की बाली; the ~s of corn look very beautiful अनाज की बालियाँ बहुत सुंदर लगती हैं. **II.** *v.t.* **1.** कील लगाना, जड़ना : to ~ the shoes जूतों में कील लगाना/जड़ना. **2.** (pierce) छेदित करना, छेदना : he ~d a needle in his arms उसने सुई^F से उसकी बाँहें^F छेद दीं. **3.** (make useless) बिगाड़ देना, बेकार कर देना : he tried his best to ~ our plans उसने उनकी योजनाओं^F को बिगाड़ देने का भरसक प्रयास किया.

spill स्पिल *v.t.i.* (*p.* & *p.p.* spilt or spilled) **1.** छलकना, छलकाना : to ~ a liquid from the vessel बरतन से द्रव छलकाना; he spilt all the milk from the glass उसने गिलास का सारा दूध छलका दिया; water has spilt over the table-cloth मेज़पोश पर पानी छलक गया है. Δ **no use of crying over spilt milk** अब पछताए होत क्या, जब चिड़ियाँ चुग गईं खेत. **2.** to ~ blood ख़ून बहाना/करना : a lot of blood ~ed in the battle लड़ाई^F में बहुत सारा ख़ून बहा. **3.** (make to fall) गिरा देना : the horse ~ed the rider घोड़े ने सवार को गिरा दिया; he cannot ~ him in wrestling वह उसे कुश्ती^F में नहीं गिरा सकता. **4.** छितराना : he ~ed all that was in his hand जो कुछ उसके हाथ में था उसने सब छितरा दिया.

spin स्पिन **I.** *v.t.i.* (past & *p.p.* spun; *pr.p.* spinning) **1.** (thread) कातना : a woman was ~ning wool there एक स्त्री वहाँ ऊन कात रही थी; she has not spun cotton उसने सूत नहीं काता है. **2.** (web, etc.) बुनना, बनाना : the spider ~s a web मकड़ी^F जाला बुनती है; many spiders were ~ning webs on that tree बहुत-सी मकड़ियाँ उस पेड़ पर जाले बुन रहीं थीं; a silkworm ~s threads रेशमी कीड़ा कोये बनाता है. **3.** (compose) रचना^F करना : he has spun many stories उसने कई कहानियों^F की रचना की है. **4.** (protract) बढ़ाना, लंबा करना : to ~ out a debate किसी वाद-विवाद को ≈; he spun out his story उसने अपनी कहानी^F लंबी कर दी. Δ **to ~ a yarn** कहानी को लंबा

कर देना. **5.** (tell) बताना : he could not ~ the real reason of his failure वह अपनी असफलता^{F} का सही कारण न बता सका. **6.** (whirl) घूमना, चक्कर खाना, घुमाना, फिराना : to ~ a top लट्टू घुमाना; to ~ smb round किसी को चक्कर में फिराना; my head is ~ning मेरा सिर चकरा रहा है; a wheel ~s on its axle पहिया अपने धुरे पर घूमता है; the ball came ~ning into the wicket गेंद घूमता हुआ विकेट में जा लगा. **7.** to ~ a coin सिक्का उछालना. **II.** *n*^{c}. **1.** (whirl) घुमाव : there is sufficient ~ in his ball उसकी गेंद^{F} में पर्याप्त ≈ है; ~ bowler घुमावदार गेंद फेंकने वाला खिलाड़ी. **2.** (rotative dive) चक्कर के साथ गिरना : the prices went into a ~ कीमतें^{F} चक्कर खाते हुए गिरीं. **3.** (trip) सैर : they went for a ~ in my car वे मेरी कार^{F} में सैर को गए.

spinach स्पि'निज *n.* पालक^{F} : green ~ हरी ≈; ~ has dark green leaves पालक की गाढ़ी हरी पत्तियाँ^{F} होती हैं; ~ is used as a vegetable ≈ सब्ज़ी के रूप में इस्तेमाल की जाती है; we grow ~ in our garden हम अपने बगीचे में ≈ उगाते हैं.

spine स्पाइन *n*^{c}. मेरुदण्ड : this child has a curved ~ इस बच्चे की ≈ घुमावदार है; she fell down and broke her ~ वह गिरी और उसकी रीढ़ की हड्डी टूट गई.

spinning स्पि'निङ्ग *n.* (of thread) कताई^{F} : ~ mill ≈ मिल; ~ machine ≈ मशीन, ~ wheel चरख़ा; ~ is an art ≈ एक कला^{F} है; she has taken ~ as a subject उसने कताई एक विषय के रूप में ली है.

spire स्पाइअर *n*^{c}. (steeple) मीनार का शिखर [pointed नुकीला, tall लंबा]; the ~s of this building is 100 metres high इस इमारत^{F} के शिखर की ऊंचाई^{F} 100 मीटर है; some churches have very long ~s कुछ गिरजाघरों के ≈ बहुत लंबे होते हैं.

spirit स्पि'रिट **I.** *n*^{uc}. **1.** (soul) आत्मा^{F} [immortal अमर, pure पवित्र]; the ~ is never destroyed आत्मा कभी नष्ट नहीं होती; the ~ leaves one's body and takes on another body ≈ एक शरीर छोड़ती है और दूसरा शरीर धारण करती है; I'll be with you in ~ मेरी ≈ तुम्हारे साथ रहेगी. **2.** (ghost) प्रेतात्मा^{F}, भूत-प्रेत [fierce भयंकर, harmless द्वेषरहित]; I do not believe in ~s मैं प्रेतात्माओं में विश्वास नहीं करता; he is always fearful of ~s वह भूतों से सदा डरा रहता है. **3.** (fairy, goblin) परी^{F}, बेताल : shy ~ लज्जालु ≈; ~ of the woods वन देवता, वन देवी^{F}; I met a ~ while on way to the jungle जंगल में जाते समय मुझे एक परी मिली. **4.** (nature) स्वभाव, प्रकृति^{F} : a man of unbending ~ न झुकने वाले स्वभाव का आदमी. **5.** (essential quality) आत्मा^{F}, अंतरात्मा^{F} : to enter into the ~ of a foreign language किसी विदेशी भाषा^{F} की अंतरात्मा तक पहुँचना; try to know the ~ of the constitution संविधान की आत्मा को समझने का प्रयत्न करो. **6.** (courage) जीवट, साहस, धैर्य : everyone praised his ~ in the encounter with robbers डाकुओं से मुठभेड़ में सब ने उसके ≈ की प्रशंसा^{F} की; keep up your ~s साहस बनाए रखिए; Netaji infused ~ into his men नेताजी ने अपने आदमियों में ≈ फूँक दिया. **7.** (dash, vigour) उत्साह, जोश : in high ~s पूरे ≈ के साथ; the ~ of the army सेना^{F} का उत्साह; the captain's speech roused their ~ and they won the battle कैप्टन के भाषण ने उनका ≈ बढ़ा दिया और वे युद्ध जीत गए. **8.** (tendency) प्रवृत्ति^{F}, झुकाव : ~ of the age युग की प्रवृत्ति; his ~ was not in your favour उसका झुकाव तुम्हारे पक्ष में नहीं था. **9.** (feeling) भावना^{F} : they faced the difficulties in the right ~ उन्होंने कठिनाइयों^{F} का सामना ठीक भावना के साथ किया; ~ of co-operation सहयोग की भावना. **10.** (mood, *pl.*) मिज़ाज, मनोदशा^{F} : high ~s प्रफुल्लता^{F}, खुशी^{F}; low ~s उदासी^{F}. **11.** (internal meaning) भाव : obey the ~ of law विधि के भाव का पालन करो. **12.** (alcohol) मद्यसार, स्पिरिट : inflammable ~ ज्वलनशील ≈; ~ may be made from sugarcane ≈ गन्ने (के रस) से बनाया जा सकता है; ~ is used as medicine also ≈ का प्रयोग दवा^{F} के रूप में भी होता है. **13.** अम्ल : ~ of salt लवण का

अम्ल; ~ of vitriol गंधक अम्ल. **II.** *v.t.* **1.** (~ *away/off*) उड़ा ले जाना : the wind ~ed off all his material हवा^{F} उसका सब सामान उड़ा ले गई; to ~ away smb किसी व्यक्ति को ≈. **2.** to ~ **up** उत्साह बढ़ाना, प्रोत्साहित करना : they all tried to ~ him up उन सब ने उसे प्रोत्साहित करने की कोशिश^F की. **spiritual** स्पि'रिट्यूअल *a.* **1.** (of the spirit of the soul) आत्मिक [decline ह्रास, progress उन्नति^{F}]. **2.** (of the soul in a religious sense) आध्यात्मिक [growth विकास, power शक्ति^{F}]; ~ life is very peaceful ≈ जीवन बहुत शांतिमय होता है. **3.** (not corporeal, immaterial) निराकार, अमूर्त, अभौतिक, अशारीरिक. **4.** (mental) मानसिक, बौद्धिक [growth विकास, status स्तर]; his ~ capacity is reduced very much उसकी बौद्धिक क्षमता^{F} बहुत कम हो गई है. **5.** (religious) धार्मिक [institution संस्था^{F}, song गीत, work काम]; ~ exercises धर्मचर्या^{F}, पूजापाठ; this city is the ~ centre of India यह शहर भारत का धार्मिक केंद्र है.

spit स्पिट **I.** n^c. **1.** (rod) सीख^F : a ~ is used for cooking meat on fire ≈ का इस्तेमाल मांस को आग पर भूनने के लिए होता है. **2.** (sand bank) सँकरी रेती^{F} : ~ of the sea समुद्र की ≈. **3.** (spittle) थूक^F : wipe the ~ off your lips अपने ओठों पर से थूक पोंछ लो. **4.** (spade-depth) कुदाल-भर गहराई^F : we dug a pit two ~s deep हमने दो कुदाल-भर गड्ढा खोदा. **II.** *v.t.* (*p. & p.p.* spat, spitting) **1.** सीख^F पर लगाना : he could not ~ the meat properly वह मांस को ठीक से सीख पर न लगा सका. **2.** थूकना : ~ deliberately जानबूझकर थूकना; you are not allowed to ~ at public places सार्वजनिक स्थानों पर थूकने की अनुमति^{F} नहीं है; he spat in my room उसने मेरे कमरे में थूक दिया. **3.** झींसी^{F} या फुहार^F पड़ना : it was ~ting outside and we were glad बाहर फुहार पड़ रही थी और हम सब खुश थे; the rain has not stopped, it is still ~ting बारिश^F बंद नहीं हुई है, झींसी पड़ रही है. **4.** (in other contexts) a cat ~s बिल्ली^{F} घुरघुराती है; the fire ~s आग चिनगारियाँ छोड़ती है; an angry man ~s गुस्से में आदमी बकता है; a lamp ~s लैम्प भकभक करता है; a pen ~ पेन स्याही छोड़ता है.

spite स्पाइट **I.** *n.* (malice) द्वेष, विद्वेष; (grudge) दुर्भाव, गाँठ, मैल : she did it from or out of ~ against me उसने इसे मेरे प्रति द्वेष के कारण किया. Δ **in ~ of** के होते हुए भी, के बावजूद : in ~ of someone's express prohibition he did it so किसी की स्पष्ट मनाही^{F} के बावजूद उसने इसे ऐसा कर दिया; in ~ of the fact that his first attempt has been unsuccessful . . . इस तथ्य के बावजूद कि उसका पहला प्रयास असफल हो गया था . . .; they set out in ~ of the bad weather ख़राब मौसम के बावजूद वे चल पड़े. **II.** *v.t.* परेशान करना, दिक करना, तंग करना : don't ~ your neighbours अपने पड़ोसियों को परेशान/तंग मत करो; to ~ the enemies शत्रुओं को मात कर देना. Δ **to cut off smb's nose to ~ one's face** किसी की नाक काटने के लिए अपना चेहरा ख़राब कर देना, किसी को तंग करने के लिए अपनी हानि कर देना.

spittoon स्पिटून' n^c. पीकदान, उगालदान : always spit, if you need, into a ~ जब तुम्हें आवश्यकता हो तो हमेशा ≈ में ही थूको.

spl. special.

splash स्प्लैश **I.** *v.t.* **1.** (sprinkle) छींटे डालना : to ~ water on/over smb किसी पर पानी के ≈; to ~ smb with ink किसी पर स्याही^{F} छिड़कना; the boys were ~ing about in the rain लड़के बरसात में छींटे डाल रहे थे; to ~ medicine in dirty areas गंदे क्षेत्रों में दवा^{F} का छिड़काव करना. **2.** (be scattered) से टकराकर छितरना : the milk ~ed from the bucket when he stumbled जब उसे ठोकर^F लगी तो दूध बाल्टी से छितर गया. **3.** (cause noisy agitation of a liquid) छपछपाना : do not ~ water in the bathroom स्नानागार में पानी मत छपछपाओ. **II.** n^c. **1.** (sound) छपछप^F : the child fell into the water with a ~ बच्चा ≈ के साथ पानी में गिर पड़ा. **2.** (act) छिड़काव, छिड़काई^F : ~ is necessary for the paddy धान की फ़सल^F के लिए ≈

आवश्यक है. **3.** (mark) धब्बा : a ~ of paint रोगन का ≈; a ~ of smb's skin किसी की चमड़ी^{F} पर चित्ती^{F}. Δ **make a ~** ध्यान आकर्षित करना, आकर्षण का केंद्र बनाना : she made a ~ of herself उसने स्वयं को आकर्षण का केंद्र बना लिया.

splendid स्प्लेन्'डिड *a.* **1.** (magnificent) भव्य, शानदार [building इमारत^F, palace राजप्रासाद, sight दृश्य]; that place was ~ वह स्थान ≈ था; he made a ~ house in the city उसने शहर में एक ≈ मकान बनवाया. **2.** (glorious) गौरवपूर्ण, महान् [achievement उपलब्धि^{F}, history इतिहास]. **3.** (excellent) अत्युत्तम, बढ़िया, उत्कृष्ट : it is a ~ place for a camp in this season इस मौसम में कैम्प के लिए यह बढ़िया स्थान था; it is a ~ example in support of the answer उत्तर के समर्थन में यह बढ़िया उदाहरण है.

splendour स्प्लें'न्'डर *a.* **1.** भव्यता^{F}, वैभव, शान^F : the ministers live in great ~ मंत्री बड़ी ≈ से रहते हैं; the ~ of the Taj is noteworthy ताज की शान^F उल्लेखनीय है. **2.** (glory) शोभा^{F} : I have been told about the ~ of China मुझे चीन की ≈ के बारे में बताया गया है.

split स्प्लिट **I.** *v.t.i.* **1.** (*p.* & *p.p.* spli; *pr.p.* splitting) चीरना, फाड़ना, विखंडित करना : the lightning ~ the tree in half बिजली^{F} ने पेड़ को आधा फाड़ दिया; the explosion ~ the great rock into a number of pieces विस्फोट ने बड़ी चट्टान^F को कई टुकड़ों में विखंडित कर दिया. **2.** *v.i.* फटना : this wood ~s with difficulty यह लकड़ी^{F} मुश्किल^F से फटती है; his shirt has ~ उसकी कमीज़^{F} फट गई है. **3.** (divide) विभाजित करना, बाँटना : the class was ~ up into two sections कक्षा^{F} को दो वर्गों में बाँटा गया; he ~ his property into four parts उसने अपनी संपत्ति^{F} चार भागों में बाँट दी. **4.** (become disunited) अलग हो जाना, में फूट^F पड़ना : many party members ~ and formed a new party बहुत-से सदस्य पार्टी^{F} से अलग हो गए और एक नई पार्टी बना ली; the party has ~ दल में फूट^F पड़ गई है. Δ **to ~ hairs** बाल की खाल^F खींचना या निकालना : do not ~ hairs, say briefly बाल की खाल मत खींचो, संक्षेप में कहो; **~ with laughter** हँसते-हँसते पेट में बल पड़ना या लोट-पोट होना; at his speech, all the persons ~ with laughter उसके भाषण पर सब व्यक्ति हँसते-हँसते लोट-पोट हो गए. **II.** *a.* विखंडित, विभाजित, विभक्त, अलग : this is the ~ part of the stone पत्थर का यह विखंडित भाग है; the ~ party became weak विभाजित दल कमज़ोर हो गया. **III.** *n*^{c}. (fissure) दरार^F [long लंबी, thin पतली]; the ~ in the wall will cause its fall दीवार^F की ≈ इसे गिरा देगी. **2.** (disunion) फूट^F [clear स्पष्ट, internal आंतरिक]; the ~ in the party will harm its interests पार्टी^{F} में फूट^F इसके हितों को हानि^{F} पहुँचाएगी; there is nothing like a ~ in my party मेरी पार्टी में फूट जैसी कोई चीज़ नहीं है.

spoil स्पॉइल **I.** *n*^{c}. (usu. *pl.*) **1.** (plunder, also *pl.*) लूट^F का माल : to bring home the ~s लूट के माल को घर लाना; they all divided up the ~ उन्होंने सब लूट का माल बाँट लिया. **2.** (*pl.* profit) लाभ : the M.Ps. are enjoying the ~s of their membership संसद् सदस्य अपनी सदस्यता^{F} का लाभ उठा रहे हैं. **II.** *v.t.* (spoiled/spoilt) **1.** बिगाड़ना, बिगाड़ देना, ख़राब कर देना [completely पूरी तरह^F, partly आंशिक रूप से]; it ~ed her mood fully इसने उसका मूड पूरी तरह बिगाड़ दिया; to ~ a cake by overbaking ज़्यादा पकाकर केक को ख़राब करना; the ink has ~ed my shirt स्याही^{F} ने मेरी कमीज़ ख़राब कर दी. **2.** (by over indulgence) सिर चढ़ाना, दुलारना, गुस्ताख़ बना देना : don't ~ the child बच्चे को सिर मत चढ़ाओ. **3.** (get rotten) ख़राब हो जाना, सड़-गल जाना : apples are spoilt सेब सड़ गए हैं. **4.** (become bad) ख़राब होना : the meal was ~ing in the kitchen रसोईघर में खाना ख़राब हो रहा था.

spoke स्पोक **I.** *n*^{c}. **1.** (of wheel) अरा, तीली^{F} : ~s of a bicycle wheel साइकिल के पहिए की तीलियाँ. **2.** (rung of a ladder) डंडा : one ~ of the ladder is broken सीढ़ी^{F} का एक ≈ टूटा हुआ है. Δ **to put a ~ in smb's**

wheel किसी के काम में रोड़ा अटकाना (बाधा डालना). **II.** *v.i. past* of 'speak' *q.v.*

spoken स्पो'कन **I.** *v.i. p.p.* of 'speak'. **II.** *a.* (pronounced) उच्चारित [language भाषा^{F}, word शब्द]; his ~ Hindi is good उसकी ≈ हिंदी^{F} अच्छी है.

spokesman स्पोक्स्'मॅन n^c. प्रवक्ता [able योग्य, learned विद्वान्]; he is the chief ~ of the Congress party वह कांग्रेस पार्टी^{F} के मुख्य ≈ हैं; the ~ for the government clarified the position सरकारी ≈ ने स्थिति^{F} को स्पष्ट कर दिया.

sponge स्पन्ज **I.** n^c. **1.** स्पंज : ~ is a substance for cleaning slates, baths, etc. ≈ स्लेट, बाथरूम, आदि साफ़ करने का एक पदार्थ है; ~ sucks up water ≈ पानी सोख लेता है. Δ **to throw up the** ~ प्रतियोगिता^{F} में हार मान जाना. **2.** स्पंज केक : she can make ~ with jam वह मुरब्बे वाला ≈ बना लेती है. **3.** (dough) ख़मीरी आटा : ~ is used for making cakes ≈ केक बनाने के काम आता है. **II.** *v.t.* **1.** स्पंज से साफ़ करना या पोंछना : ~ your face अपना चेहरा स्पंज से साफ़ करो; ~ your tears स्पंज से आँसू पोंछो. **2.** (absorb) सोखना : put some sand to ~ the ink on the paper काग़ज़ पर पड़ी स्याही^{F} सोखने के लिए थोड़ी बालू^{F} डाल दो. **3.** (wipe out) मिटाना : ~ the spots from the shirt कमीज़^{F} से धब्बे मिटा दो. **4.** (~ on) के टुकड़े तोड़ना : he has been ~ging on us for years वह सालों हमारे टुकड़े तोड़ता रहा है.

sponsor स्पॉन्'सर **I.** n^c. **1.** (guarantor) प्रतिभू, ज़ामिनदार : he is the ~ of his debt वह उसके ऋण का ≈ है; he refused to be his ~ उसने उसका ≈ होने से इंकार कर दिया. **2.** (supporter) समर्थक : fifty members were ~s of the proposal पचास सदस्य प्रस्ताव के समर्थक थे; he could not seek even a single ~ वह एक भी समर्थक न पा सका. **3.** प्रस्तावक : the ~ of a bill in the Parliament संसद्^{F} में बिल का ≈. **4.** ~ of programme प्रोग्राम का प्रायोजक. **5.** (adver tiser who pays) प्रवर्तक : ~ of a programme on T.V. टी. वी. पर प्रोग्राम का ≈. **II.** *v.t.* **1.** प्रवर्तित करना : he did not ~ the proposal उसने प्रस्ताव का प्रवर्तन नहीं किया; who has ~ed the bill in the Lok Sabha लोक सभा^{F} में बिल का प्रवर्तन किसने किया ? **2.** प्रायोजित करना : this feature was sponsored by Hindustan Steel यह कथाचित्र हिंदुस्तान स्टील द्वारा प्रायोजित किया गया. **3.** (support) निर्वाह चलाना : this society is ~ing several students यह सोसाइटी कई विद्यार्थियों का निर्वाह चलाती है.

spontaneous स्पॉनटे'निअस *a.* **1.** (without external cause) स्वतः [growth विकास, support समर्थन]; ~ flow of the rivers नदियों^{F} का ≈ प्रवाह. **2.** (voluntary) स्वैच्छिक [action काम, offer प्रस्ताव]; ~ desire to help the poor ग़रीबों की सहायता^{F} करने की ≈ चाह^F. **3.** स्वतः स्फूर्त : ~ reaction ≈ प्रतिक्रिया^{F}. **4.** (natural, instinctive) स्वाभाविक, सहज, नैसर्गिक [effect प्रभाव, movement गति^{F}, smile मुस्कान^F]; ~ growth of some industry किसी उद्योग का ≈ विकास; ~ cheers from the crowd भीड़^{F} से ≈ वाह-वाही^{F}; his literary style is ~ उसकी साहित्यिक शैली^{F} ≈ है. **5.** (growing naturally) जंगली, स्वतः उगने वाला [plant पौधा, trees वृक्ष]; you will see many new ~ plants in rainy season वर्षा ऋतु^{F} में तुम कई स्वतः उत्पन्न पौधे देखोगे.

spool स्पूल **I.** n^c. फिरकी^{F} [big बड़ी, cylindrical बेलनाकार, small छोटी]; this is a ~ of thread यह धागे की ≈ है; the ~ of a film is costly फिल्म^F की ≈ महँगी होती है; there is a ~ in the sewing machine सिलाई-मशीन^F में एक ≈ है. **II.** *v.t.* फिरकी^{F} पर लपेटना : ~ the thread धागे को फिरकी पर लपेटो.

spoon स्पून **I.** n^c. चम्मच [big बड़ा, metal धातु^{F} का, silver चाँदी^{F} का, wooden लकड़ी^{F} का]; tea ~ छोटा ≈; dessert ~ मझोला ≈; table ~ बड़ा चम्मच; to eat smth with a ~ कोई चीज़ चम्मच से खाना; he held the ~ in his right hand उसने अपने दायें हाथ में ≈ थामा; I take two ~s of sugar in a cup of coffee मैं कॉफ़ी के प्याले में दो ≈ चीनी^{F} लेता हूँ; take your ~ out of your cup

प्याले से अपना ≈ बाहर निकालो. Δ **he was born with a silver ~ in his mouth** वह बड़े लाड़-प्यार में पला था. **II.** *v.t.* **1.** चम्मच से उठाना, लेना या निकालना : to ~ the pulse चम्मच से दाल^{F} निकालना. **2.** चम्मच से डालना : she ~s milk into the baby's mouth वह चम्मच से बच्चे के मुँह में दूध डालती है. **spoonful** स्पून्'फुल n^{c}. चम्मचभर : I want two ~s of sugar in coffee मैं काफ़ी में दो चम्मच चीनी^{F} चाहता हूँ; a ~ of syrup ≈ सिरप; a ~ of powder एक ≈ पाउडर.

sport स्पॉर्ट **I.** n^{uc}. **1.** (amusement) मनोरंजन, मनबहलाव, मनोविनोद [childish बच्चों जैसा, good अच्छा]; they went to the cinema for ~ वे मनबहलाव के लिए सिनेमा गए; to do smth for ~ मनोविनोद के लिए कुछ करना; the children's play is a ~ for me बच्चों का खेल मेरे लिए मनबहलाव है; I cut the joke only for ~ मैंने केवल ≈ के लिए मज़ाक किया. Δ **make ~ of** की हँसी^{F} उड़ाना : do not make ~ of the handicapped विकलांगों की हँसी मत उड़ाओ. **2.** (pastime, game) खेल^{F}, क्रीड़ा^{F} (*pl.* athletics) खेलकूद [dangerous ख़तरनाक, easy आसान]; he is fond of ~s वह खेलकूद का शौकीन है; I can do the work in ~ like this इस प्रकार खेल में ही काम कर सकता हूँ; swimming is a good ≈ तैराकी^{F} एक अच्छा खेल है; he is interested in ~s of all kinds हर प्रकार के खेलों में उसकी दिलचस्पी^{F} है. **3.** (laughing stock) हँसी का पात्र : he has become a ~ to all of them वह उन सब की हँसी का पात्र बन गया है. **II.** *v.t.* **1.** (amuse oneself) मन बहलाना : the old man was ~ing with the children बूढ़ा बच्चों के साथ मन बहला रहा था. **2.** (display) दिखावा करना : the boy was ~ his colourful coat लड़का अपने रंगबिरंगे कोट का दिखावा कर रहा था. **sportsman** स्पॉर्टस्'मन n^{c}. **1.** खिलाड़ी [expert कुशल, keen उत्सुक, weak कमज़ोर]; Jeetu is a good ~ जीतू एक अच्छा ≈ है; he was a ~ in the true sense वह सच्चे अर्थ में ≈ था. **2.** (fairminded and generous person) निष्पक्ष और उदार व्यक्ति : he is a ~ who does not mind the defeat वह ≈ है जो हार^{F} की परवाह^{F} नहीं करता. **sportsmanship** स्पार्टस्'मनशिप : he showed ~ in acknowledging defeat हार कबूल करने में उसने ≈ का प्रदर्शन किया.

spot स्पॉट **I.** *n.* **1.** (patch) चित्ती^{F} : ~ of blood on the face चेहरे पर ख़ून की ≈. **2.** (pimple) फुंसी^{F} [painful कष्टकारक, small छोटी]; he had red ~s on his skin उसकी चमड़ी^{F} पर लाल फुंसियाँ थीं; a ~ has spoilt her chin एक फुंसी ने उसकी ठोड़ी^{F} को बिगाड़ दिया है. **3.** (stain) धब्बा [black काला, red लाल]; there are many ~s on his shirt उसकी कमीज़^{F} पर बहुत-से धब्बे हैं; the ~ of ink on the book पुस्तक पर स्याही^{F} का धब्बा; the ~ on his face cannot be removed उसके चेहरे पर का धब्बा मिटाया नहीं जा सकता; the deeds of his elder son are a ~ on his family उसके बड़े बेटे के कर्म उसके परिवार पर एक धब्बा है. **4.** (locality, place) स्थान, जगह^{F} [famous प्रसिद्ध, known जाना-पहचाना, right सही/ठीक]; this is the ~ where I lost my key यह वही ≈ है जहाँ मैंने अपनी चाबी^{F} खो दी; people gathered at the ~ लोग उस जगह इकट्ठे हो गए; we know an ideal ~ for summer camp गर्मियों के शिविर के लिए हम एक आदर्श स्थान जानते हैं; this is the very ~ where the accident took place यह वही ≈ है जहाँ दुर्घटना^{F} हुई. Δ **he paid the money at/on the ~** उसने उसी जगह और उसी समय (तुरंत) पैसा अदा कर दिया. **5.** (small amount) अल्प मात्रा^{F} : he had a ~ of sugar उसने थोड़ी-सी चीनी^{F} ली. **II.** *v.t.* (-tt-) **1.** धब्बा डालना : he did not ~ the shirt उसने कमीज़ पर धब्बा नहीं डाला. **2.** कलंकित करना : surely he will ~ your family's name by his activities वह अपने क्रिया-कलाप से निश्चित रूप से तुम्हारे परिवार का नाम कलंकित करेगा. **3.** (see) देख लेना : he had ~ted you while going there वहाँ जाते समय उसने तुम्हें देख लिया था; she ~ted him in a crowd उसने भीड़^{F} में उसे देख लिया. **4.** (locate) का पता लगा लेना : the police ~ted the murderer पुलिस^{F} ने हत्यारे का पता लगा लिया. **5.** (guess) का अनुमान लगा लेना, पहले

से जान लेना : I ~ted him as a Chinese मैंने जान लिया कि वह चीनी है; he had ~ted his success in the examination उसने परीक्षा^{F} में अपनी सफलता^{F} का अनुमान लगा लिया था; I ~ted that the quarrel was possible मैं पहले से जान गया कि झगड़ा संभव है. **spotless** स्पॉट्'लिस *a.* **1.** बेदाग़, साफ़-सुथरा [dress पोशाक^{F}, kitchen रसोईघर]; her clothes are always ~ उसके कपड़े हमेशा बेदाग़/साफ़-सुथरे रहते हैं. **2.** निष्कलंक, निर्मल [character चरित्र, reputation नाम]; his ~ career will be remembered for years उसका ≈ जीवनक्रम वर्षों याद किया जायगा. **spotted** स्पॉ'टिड *a.* **1.** (of animal) चित्तीदार [deer हिरन, dog कुत्ता]; cheetahs are ~ चीते ≈ होते हैं; have you seen a ~ horse क्या तुमने ≈ घोड़ा देखा है ? **2.** (stained) धब्बेदार, दाग़दार [cloth कपड़ा, underwear बनियान]; his shirt and pant both are ~ with blood उसकी कमीज़ और पैंट दोनों ख़ून से ≈ हो गई हैं.

spouse स्पॉउज़ n^{c}. पति या पत्नी^{F} : Jill is John's ~ and John is Jill's ~ जिल जान की पत्नी है और जान जिल का पति.

spout स्पॉउट **I.** n^{c}. **1.** (of tea pot) टोंटी^{F} : ~ of a kettle to pour coffee कॉफ़ी उंड़ेलने के लिए केतली^{F} की टोंटी; the ~ of the jug was broken जग की ≈ टूटी हुई थी. **2.** (of roof, etc.) पनाला : many ~s are damaged in the house मकान में कई पनाले ख़राब हो गए हैं; when it rains, water from the roof comes down through a ~ जब बारिश^{F} होती है तो छत^{F} का पानी पनाले से होकर नीचे आता है. **3.** (jet of water) धारा, फुहारा [constant लगातार, continuous लगातार, strong ज़ोरदार]. **II.** *v.t.i.* फुहारा छोड़ना : blood is ~ing from his wound उसके घाव से ख़ून का फुहारा छूट रहा है; water ~ed from the hole of a tank तालाब के सूराख़ से पानी का फुहारा फूट पड़ा.

sprain स्प्रेन **I.** n^{c}. मोच^{F} : he had a ~ in his ankle उसके टख़ने में ≈ आ गई. **II.** *v.t.* में मोच आना : he ~ed his wrist when he fell down जब वह गिरा तो उसकी कलाई^{F} में ≈ मोच आ गई.

sprang = *past* of 'spring' *q.v.*

spray स्प्रे **I.** n^{c}. **1.** (twig) टहनी^{F} : ~ of flowers फूलों वाली ≈. **2.** पुष्पगुच्छ : she was carrying a ~ of roses वह गुलाब के फूलों का गुच्छा लिए हुए थी. **3.** (of liquid) फुहार^{F} [cold ठंडी, pleasant सुखद]; the ~ of water पानी की फुहार; a shower of ~ from a fountain फव्वारे से फुहार की बौछार^{F}. **4.** (sprayer) फुहारा : he uses a ~ to water plants वह पौधों को पानी देने के लिए फुहारे का प्रयोग करता है. **II.** *v.t.* (of a liquid) फुहार^{F} देना, छिड़कना : to ~ water on a bunch of flowers फूलों के गुच्छे पर पानी की फुहार देना; to ~ paint on the wall दीवार पर पेंट की फुहार देना.

spread स्प्रेंड **I.** *v.t.i.* **1.** (*p.* & *p.p.* spread) **1.** (extend, expand) फैलाना, फैलना : the disease ~ बीमारी^{F} फैल गई; rumours ~ quickly अफवाहें^{F} जल्दी फैलती हैं; his fame ~ all over the country उसका यश सारे देश में फैल गया; the fog is ~ing कुहरा फैल रहा है; the field ~s over one square km मैदान एक कि.मी. में फैला हुआ है; this society ~s education यह सोसाइटी^{F} शिक्षा^{F} फैलाती है; the extremists are ~ing terror उग्रवादी आतंक फैला रहे हैं. **2.** (unfurl) खोलना : they ~ their sails उन्होंने अपने पाल खोल दिए; he ~ his umbrella when it began to rain जब बारिश^{F} शुरू हुई तो उसने अपना छाता खोल दिया. **3.** (of carpet, a cloth) बिछाना : to ~ cloth over a table मेज़ पर कपड़ा बिछाना; he ~ a sheet on the cot उसने चारपाई^{F} पर एक चादर^{F} बिछा दी. **4.** (of butter, etc.) लगाना : to ~ butter on a slice of bread डबल रोटी^{F} के टुकड़े पर मक्खन लगाना. **5.** (cover surface) पर लगाना; meadow ~ with flowers of every hue प्रत्येक रंग के फूलों से बिछे हुए चारागाह; she ~ the bread with jam उसने डबल रोटी पर मुरब्बा लगाया. **6.** (a table) लगाना : he was busy ~ing a table वह एक टेबल लगाने में व्यस्त था. **II.** n^{u}. **1.** (act) प्रसारण : the ~ of information सूचना का ≈. **2.** (extent) फैलाव, विस्तार, प्रसार, चौड़ाई^{F} : minimum ~ कम-से-कम ≈; what is the ~ of the field मैदान का

विस्तार कितना है ? the north-south ~ of India is 3,200 kms. भारत का उत्तर-दक्षिण विस्तार 3,200 किमी. है. **3.** (diffusion) प्रचार : the ~ of civilization सभ्यता[F] का ≈. **4.** (cover) पलंग-पोश, मेज-पोश [costly महँगा, green हरा]; the ~ on the bed is dirty बिस्तर पर का पलंगपोश गंदा है.

spring स्प्रिङ्ग **I.** *v.t.* (sprang, sprung) **1.** (jump upward) उछलना : he sprang from his place and fell down वह अपने स्थान से उछला और नीचे आ गिरा; she did not ~ into the water वह उछलकर पानी में नहीं गई. **2.** (~ forward) लपकना, झपटना : to ~ forward to a person's help किसी व्यक्ति की सहायता[F] के लिए झपटना; the cat sprang upon the mouse बिल्ली[F] चूहे पर झपटी. **3.** (झटके से) अपनी जगह पर आना : this elastic tape will ~ to its place यह लचीला फीता अपने स्थान पर आ जाएगा. **4.** (~ over) लाँघना : to ~ over a ditch in an attempt एक ही प्रयास में खाई[F] लाँघना. **5.** (arise) उठना, उठ खड़ा होना : he will not ~ up in his life वह अपने जीवन में उठ न पायेगा. **6.** उत्पन्न होना, उगना : flowers have sprung up फूल उग आए हैं; his courage sprang from patriotism उसका साहस देशभक्ति[F] से उत्पन्न हुआ. **7.** से निकलना, फूट निकलना : seeds ~ early in the rain बरसात के शुरू में बीज फूट निकलते हैं; water ~s from under the rock पानी चट्टान[F] के नीचे से फूट निकलता है. **8.** एकाएक आ जाना, टपक पड़ना : I do not know when he has sprung up here मैं नहीं जानता कि वह कब यहाँ टपक पड़ा; where have you sprung from तुम कहाँ से आ टपके ? **II.** *n*[c]. **1.** (act) उछाल[F], लपक[F], झपट[F] : the ~ of Raman is remarkable in the high jump ऊंची कूद में रामन की उछाल उल्लेखनीय है; the ~ of the dog was sufficient to catch the cat बिल्ली[F] को पकड़ने के लिए कुत्ते की ≈ पर्याप्त थी; the lion made a ~ on the deer शेर ने हिरन पर ≈ मारी/लगाई. **2.** (~ time) बसंत, बहार[F] : pleasant ~ सुहावना ≈; ~ festival बसंतोत्सव; ~ begins in March and lasts for two months बसंत मार्च में शुरू होता है और दो महीने तक रहता है; flowers come out in ~ बसंत में फूल निकल आते हैं; it was quite hot last ~ पिछले बसंत में काफ़ी गर्मी थी. **3.** (of metal) स्प्रिंग, कमानी[F] : ~ in a watch घड़ी की कमानी; there are strong ~s in this sofa इस सोफ़ा में मज़बूत स्प्रिंग हैं. **4.** (source of water) झरना, सोता, चश्मा : we went to see the ~ with all our friends अपने सभी मित्रों के साथ हम झरना देखने गए; there is a good ~ on the hill पहाड़ी[F] पर एक अच्छा सोता है. **5.** (*pl.* sources) स्रोत, उद्भव [reliable विश्वसनीय, unknown बिना जाना हुआ]; this custom had its ~ in China इस प्रथा[F] का ≈ चीन था. **6.** लोच[F], लचक[F] : he has no ~ in his muscles उसकी पेशियों में कोई ≈ नहीं है.

sprinkle स्प्रिङ्'कल **I.** *v.t.* **1.** (of water) छिड़कना : ~ water on the path रास्ते पर पानी छिड़क दो; they ~ roses with water वे गुलाब के फूलों पर पानी छिड़कते हैं. **2.** (of seeds, etc.) छितराना : ~ sugar on a cake केक पर चीनी[F] छितरा दो. **3.** (sand, etc.) बुरकना : ~ salt over the slice of bread रोटी[F] के टुकड़े पर नमक बुरक दो. **II.** *n*[c]. **1.** झींसी[F], बूँदा-बाँदी[F] : I shall not go out in the ~ मैं बूँदाबाँदी में बाहर नहीं जाऊंगा. **2.** छिड़काव : ~ of water पानी का छिड़काव. **3.** छींटा : ~ of rain बारिश[F] का ≈.

sprout स्प्राउट **I.** *v.t.i.* **1.** अंकुरित होना : seeds sown last week have ~ed पिछले सप्ताह बोए गए बीज अंकुरित हो गए हैं; potatoes are ~ing आलू अंकुरित हो रहे हैं. **2.** जल्दी बढ़ना : trees ~ in spring पेड़ वसंत में जल्दी बढ़ते हैं. **3.** (of animals) सींग निकलना या फूटना : birds are ~ing पक्षियों के पंख निकल रहे हैं. **II.** *n*[c]. अंकुर, अँखुआ : ~s of potatoes आलू के ≈; ~s have come up in the plants पौधों में अंकुर आ गए हैं; ~ in gram चने के अंकुर.

sprung स्प्रङ्ग *v. p.p.* of 'spring' *q.v.*

spun स्पन **I.** *a.* काता हुआ [thread धागा, wool ऊन]. **II.** *v.t. p.p.* of 'spin' *q.v.*

spur स्पर **I.** *n*[c]. **1.** (of horseman) एड़[F] : the horseman uses ~s on the heels of his shoes घुड़सवार अपने जूतों की एड़ियों[F] पर एड़ का इस्तेमाल करता है; he puts ~s to his horse वह घोड़े को ऐड़ लगाता है. **2.** (incentive) प्रेरणा[F] : ambition is a ~ to achievement महत्वाकांक्षा[F] उपलब्धि के लिए ≈ देती है. **3.** (ridge) पर्वत-स्कंध : Shimla is situated on a ~ शिमला एक पर्वतस्कंध पर स्थित है. Δ **gain one's ~s** नाम कमाना : it was his desire to gain his ~s उसकी नाम कमाने की इच्छा थी; he did it **on the ~ of the moment** उसने उमंग[F] में आकर इसे तत्काल कर डाला. **II.** *v.t.* (-rr-) **1.** एड़[F] लगाना या देना : I ~red the horse and came ahead of all मैंने घोड़े को एड़ लगाई और सबसे आगे हो गया. **2.** (urge) प्रेरित करना, प्रोत्साहन देना : to ~ a person to do his best भरसक प्रयास करने के लिए किसी व्यक्ति को प्रेरित करना; he ~red the student to come first in the examination उसने परीक्षा[F] में प्रथम आने के लिए छात्र को प्रेरित किया. **3.** तेज़ चलना : I can ~ on faster than you मैं तुमसे ज़्यादा तेज़ चल सकता हूँ.

sputum स्प्यू'टम *n*[u]. saliva लार[F], थूक : ~ was coming from the dog's mouth कुत्ते के मुँह से लार आ रही थी; ~ gives relief to the dog लार कुत्ते को आराम देती है; this pot is meant for ~ यह बरतन ≈ के लिए रखा है.

spy स्पाइ **I.** *n*[c]. (*pl.* spies) गुप्तचर, जासूस, भेदिया [expert कुशल, industrious मेहनती, successful सफल]; the ~ could not find out the secret information ≈ गुप्त सूचना[F] न पा सका; spies spy something hidden ≈ कुछ छिपी हुई बातों[F]/चीज़ों[F] की जासूसी करते हैं. **II.** *v.t.* (*p.* spied) **1.** गुप्तचरी[F] या जासूसी करना : several agencies ~ for different countries कई एजेंसियाँ[F] विभिन्न राष्ट्रों के लिए गुप्तचरी करती हैं. **2.** पर ताक[F] रखना : a policeman was ~ing on us पुलिस हमारी ताक में थी. **3.** (~ out) पता लगाना, ढूँढ निकालना, खोज निकालना : police will ~ out the accused sooner or later जल्दी या देर में पुलिस[F] चोर का पता लगा लेगी; I will ~ out the man who has done the wrong मैं उस आदमी को ढूँढ निकालूँगा जिसने ग़लत काम किया है; he has gone to ~ out, but he will be caught वह भेद लेने गया है, लेकिन वह पकड़ा जायगा. **4.** (watch) नज़र[F] रखना, देखते रहना, ध्यान रखना : he spied the movements of the enemy वह शत्रु की गतिविधि[F] पर नज़र[F] रखे था; father spies the children पिता बच्चों पर नज़र रखते हैं; he should be strictly spied upon उस पर कड़ी नज़र[F] रखी जानी चाहिए. **5.** (see, perceive) देखना, पहचानना : I spied him easily on the stage मैंने मंच पर उसे आसानी से पहचान लिया.

squabble स्क्वॉ'बल **I.** *n*[c]. टंटा, तू-तू-मैं-मैं[F], कहासुनी[F] : loud ~ ज़ोर-ज़ोर की; rustic people often indulge in ~s गँवार लोग अक्सर ≈ में पड़े रहते हैं. **II.** *v.t.* टंटा मचाना : children and women ~ about petty things बच्चे और औरतें छोटी-छोटी बातों पर टंटा मचाती हैं.

squad स्क्वॉड *n*[c]. **1.** (mil.) दस्ता, टुकड़ी[F] [armed सशस्त्र, fighting लड़ाकू, flying उड़ाकू]; many ~s of soldiers were sent to disturbed areas गड़बड़[F] वाले इलाकों में सैनिकों की कई टुकड़ियाँ भेजी गईं. **2.** छोटा दल, टुकड़ी[F] : a ~ of labourers repaired the road मज़दूरों के एक दल ने सड़क[F] की मरम्मत[F] की. **squadron** स्क्वॉ'ड्रन *n*[c]. स्क्वाड्रन, वायुसेना[F] की टुकड़ी[F] : he is a ~ leader in Indian Air Force वह भारतीय वायुसेना में स्क्वॉड्रन लीडर है.

squander स्क्वॉन्'डर *v.t.* **1.** उड़ा देना, का अपव्यय करना : Mr. X ~ed his talents in politics मि. एक्स ने अपनी सारी प्रतिभा[F] राजनीति[F] में गँवा दी; why do you ~ money on useless things तुम बेकार की चीज़ों[F] पर धन का अपव्यय क्यों करते हो? to ~ father's savings recklessly पिता की बचत[F] को लापरवाही[F] से ख़र्च करना. **2.** (time) गँवाना : he does not ~ his time in vain वह व्यर्थ में अपना समय नहीं गँवाता.

square स्क्वेअर् **I.** *n*[c]. **1.** (figure) वर्ग : a ~ has four equal sides ≈ की चारों भुजाएँ बराबर होती हैं; all the four angles of a ~ are right angles ≈ के चारों कोण समकोण

होते हैं. **2.** (open space in square shape) चौक : Gandhi Square गाँधी ≈; a crowd gathered on the ~ ≈ में भीड़ जमा हो गई. **3.** (of a number) वर्ग, वर्गफल [exact ठीक, wrong ग़लत]; the ~ of 4 is 16 चार का ≈ सोलह होता है. **4.** (of soldiers) वर्ग-व्यूह : the soldiers made a ~ to defeat the enemy's army शत्रु की सेना^F को हराने के लिए सैनिकों ने एक ≈ बनाया. **II.** *a.* **1.** (in shape) वर्गाकार, चौकोर [box संदूक, room कमरा, table मेज़]; cut a ~ piece of paper काग़ज़ का चौकोर टुकड़ा काटो. **2.** (rectangular) आयताकार : the field was ~ in size खेत ≈ था. [*ant.* round] **3.** (~ to) आड़ा, (परस्पर) लंब : this line is ~ on the line AB यह रेखा^F एबी रेखा पर ≈ है. **4.** बराबर, समतल, चौरस : to make the field ~ खेत को चौरस बनाना. **5.** (even) बराबर (of account leaving no balance) चुकता, बेबाक : my account with the milkman is ~ दूधवाले के साथ मेरा हिसाब बराबर है; he has made his account ~ now अब उसने अपना हिसाब बेबाक कर दिया है. **6.** (straight) सुस्पष्ट, खरा : ~ record ≈ हिसाब; none is accompanying him for he is a ~ man कोई उसका साथ नहीं देता क्योंकि वह स्पष्टवादी है. **7.** (fair) निष्पक्ष, न्यायकारी [official कर्मचारी/ पदाधिकारी, person व्यक्ति]; ~ deal खरा व्यवहार; only a few men are ~ but they are helpless केवल कुछ ही लोग न्यायप्रिय हैं, लेकिन वे असहाय हैं; you will not find a single ~ man at this place इस स्थान पर तुम एक भी ईमानदार व्यक्ति नहीं पाओगे. **8.** ~ built) चौड़ी काठी^F का : he is a man of ~ built वह चौड़ी काठीवाला व्यक्ति है; he has a ~ body उसका शरीर चौड़ी काठीवाला है. (comb.) ~ bracket गुरु कोष्ठक; ~ deal खरा सौदा; ~ meal पेटभर भोजन; ~ metre वर्गमीटर; ~ root वर्गमूल; the field measures four ~ kms. मैदान पाँच वर्गकिमी. में है. **III.** *adv.* **1.** (honestly) ईमानदारी^F से : he plays ~ वह ≈ खेलता है. **2.** (firmly) ज़ोर से : he hit him ~ on the head उसने उसके सिर पर ज़ोर से मारा. **IV.** *v.t.i.* **1.** वर्गाकार/चौकोर या समकोण बनाना या बनना : he could not ~ a paper वह काग़ज़ को चौकोर न बना सका. **2.** वर्गफल निकालना : ~ five and you get twenty five पाँच का वर्गफल निकालो तो पच्चीस हासिल होते हैं; ~ these numbers इन संख्याओं का वर्गफल निकालो; three ~d is nine तीन का वर्गफल नौ होता है. **3.** (bribe) घूस^F/रिश्वत^F देना : ~ the clerk to get your marks अपने अंक प्राप्त करने के लिए क्लर्क को घूस दो. **4.** (settle, pay) चुकाना : first ~ all your debts सबसे पहले अपना सारा कर्ज़ चुकाओ; he has not yet ~d the account with me उसने अभी तक मेरा हिसाब नहीं चुकाया. **5.** (harmonize) से मेल खाना, संगत होना : his statement does not ~ with facts उसका कथन तथ्यों से मेल नहीं खाता.

squash स्क्वॉश **I.** *v.t.* **1.** (crush) दबाना, भुरता बना देना : an orange got ~ed in the bag बैग में पड़ा एक संतरा दबकर भुरता हो गया. **2.** निचोड़ना, रस निकालना : to ~ a lemon, an orange नींबू, संतरे का रस निकालना. **3.** (suppress) कुचलना, समाप्त कर देना, दमन करना : the king ~ed all his subjects राजा अपनी सारी प्रजा^F का दमन करता था. **4.** (cram into) ठूँसना, ठसाठस भर देना : so many people were ~ed into the bus बस^F में इतने सारे लोग ठूँसकर भर दिए गए; I was ~ed into a corner where I could hardly breathe मैं कोने में ठूँस दिया गया जहाँ मैं मुश्किल^F से साँस^F ले सकता था; fifty boys were ~ed in a small room एक छोटे-से कमरे में पचास लड़के भर दिए गए. **5.** (silence) चुप करा देना, का मुँह बंद कर देना : when I tried to speak, he ~ed me जब मैंने बोलने की कोशिश^F की तो उसने मुझे चुप करा दिया (उसने मेरा मुँह बंद कर दिया); he ~ed his rivals in the meeting सभा^F में उसने अपने प्रतिद्वंद्वियों का मुँह बंद कर दिया. **6.** *v.i.* (force one's way) धकियाकर घुसना : the train was packed with passengers but he ~ed into a compartment रेलगाड़ी^F यात्रियों से भरी थी लेकिन वह धकियाकर एक डिब्बे में घुस गया. **II.** *n.* **1.** (squashed mass) भुरता, (pulp) लुगदी : the crushed tomatoes turned into a ~ टमाटर दबकर ≈ बन गए. 2. (crowded assembly) भीड़-भाड़^{F}, धक्कम-धक्का : there was uncontrollable ~ in the hall हाल में अनियंत्रित भीड़-भाड़ थी. 3. (drink) शरबत/रस : lemon ~ नीबू का ≈; orange ~ संतरे का ≈; when we were tired, we desired to drink some ~ जब हम थक गए तो कोई ≈ पीने की इच्छा^{F} हुई. 4. (gourd) कुम्हड़ा [green हरा, ripe पका हुआ]; ~ is used as a vegetable ≈ सब्ज़ी के रूप में काम में आता है.

squat स्क्वॉट *v.t.* (-tt-) **1.** उकडूँ बैठना : they generally ~ on the ground साधारणतया वे ज़मीन पर उकडूँ बैठते हैं. **2.** (Indian style) पलथी^{F} मारकर बैठना : the boy ~ted on the floor for hours लड़का फ़र्श पर घंटों पलथी मारकर बैठा रहा; she is too fat to ~ properly वह इतनी मोटी है कि ठीक से पलथी मारकर नहीं बैठ सकती. **3.** (crouch) सिमटकर बैठ जाना, दुबककर बैठना : they ~ted in a room because of fear डर से वे एक कमरे में दुबककर बैठ गए. **4.** (settle) बस जाना : at last they ~ted in a village अंत में वे एक गाँव में बस गए; they are even now ~ting in a house अब भी वे एक मकान में बस रहे हैं.

squeak स्क्वीक **I.** n^c. चूँ-चूँ^{F} : ~ of the mice may be heard every evening हर शाम^F चूहों की चूँ-चूँ सुनी जा सकती है; the ~ of a hinge की ≈. **II.** *v.t.* **1.** चूँ-चूँ करना, किकियाना : puppies ~ पिल्ले कूँ-कूँ करते हैं; mice ~ चूहे किकियाते हैं; chickens ~ चूज़े चूँ चूँ करते हैं; seeing the snake the birds began to ~ loudly साँप को देखकर पक्षी ज़ोर से चूँ-चूँ करने लगे. **2.** चरचराना, चरमराना (of boats, carts, etc.) : the hard doors ~ loudly सख्त दरवाज़े ज़ोर से चरचराते हैं; the bullock cart was ~ing बैलगाड़ी^{F} चरमरा रही थी.

squeeze स्क्वीज़ **I.** *v.t.* **1.** (compress) दबाना, भींचना : to ~ a sponge स्पंज दबाना; to ~ smb's hand gently किसी का हाथ धीरे-से दबाना. **2.** (extract moisture) निचोड़ना : to ~ lemon to get juice जूस पाने के लिए नीबू निचोड़ना; to ~ out a wet cloth गीले कपड़े को ≈. **3.** (cram into) में ठूँसना, घुसेड़ना : he ~d many things into the suitcase उसने सूटकेस में कई चीज़ें^{F} ठूँस दीं. **4.** (crush) कुचलना : he was ~d to death वह कुचलकर मर गया. **5.** (force one's way) धकियाकर घुस जाना : he ~d into the packed train वह भरी रेलगाड़ी^{F} में धकियाकर घुस गया; they tried to ~ into the bus but one of them missed it उन्होंने बस^F में धकियाकर घुसने की कोशिश^F की लेकिन उनमें से एक छूट गया. **6.** (extort) ऐंठना : he ~d money from Mr. H उसने श्री ह से गलत ढंग से पैसे ऐंठ लिए. **7.** (harass by extortion) तंग करना, विवश करना : to ~ a person to take money illegally अवैध रूप से पैसा लेने के लिए किसी व्यक्ति को तंग करना; he was ~d to leave the school विद्यालय छोड़ने के लिए उसे विवश किया गया. **II.** n^c. **1.** दबाव : you should maintain the ~ तुम्हें ≈ बनाए रखना चाहिए. **2.** निचोड़ : this is the ~ of the entire events सभी घटनाओं^{F} का ≈ यह है.

squirrel स्क्वि'रल n^c. गिलहरी^{F} [brown भूरी, small छोटी, striped धारीदार]; ~s have bushy tails गिलहरियों की पूँछें झाड़दार होती हैं.

S.R. Southern Railway.

sr. = senior.

S.S. Social Service.

st. = saint, street.

stab स्टैब **I.** *v.t.* (-bb-) (छुरा) भोंकना/घोंपना : to ~ smb with a sharp instrument किसी को धारदार उपकरण ~; to ~ an enemy in the chest शत्रु की छाती^{F} में छुरा भोंकना; he was ~bed to death उसे छुरा भोंककर मार डाला गया; he was ~bed in twenty places उसे बीस जगह^F छुरा मारा गया था; **Δ to ~ smb in the back** किसी की पीठ में छुरा भोंकना; (fig.) विश्वासघात करना. **II.** n^c. **1.** (wound) छुरे का घाव : he got a ~ on his shoulder उसे कंधे पर ≈ लगा; the ~ healed up in a fortnight ≈ एक पखवारे में भर गया. **2.** (fig.) टीस^F : she felt a ~ of conscience उसकी आत्मा^{F} को ≈ लगी.

stability स्टॅबि'लिटि n^u. **1.** स्थिरता^{F} : ~ of rupee रुपये की ≈; ~ of government is endangered सरकार^F की ≈ ख़तरे में है. **2.** मज़बूती^{F}, टिकाऊपन : there is no ~ in the foundation of his house उसके मकान की नींव^F में कोई ≈ नहीं है; the ~ of Maruti cars is doubtful मारुति कारों^{F} का टिकाऊपन संदिग्ध है. **3.** दृढ़ता^{F} : he has great ~ of character उसके चरित्र में बड़ी दृढ़ता है. [*ant.* in ~] **stabilize** स्टॅ'बिलाइज़ *v.t.i.* स्थिर करना, मज़बूत करना : now he has ~d his position उसने अब अपनी स्थिति^{F} मज़बूत कर ली है; put some piece of straw-board under the chair and it will ~ कुर्सी^{F} के नीचे दफ़्ती^{F}/गत्ते का कोई टुकड़ा लगा दो और वह स्थिर हो जाएगी. **stabilizer** स्टै'बिलाइज़र n^c. स्थिरकारी उपकरण : ~ is used in radio sets and T.V. sets रेडियो और टी.वी. सेट्स में ≈ काम आता है; ~ controls the current of electricity ≈ बिजली^{F} की धारा^{F} को नियंत्रित करता है. **stable** स्टे'बल **I.** *a.* **1.** (not likely to change) स्थिर, अचल, अटल [position स्थिति^{F}, status स्तर]; he is now ~ in his faith वह अब अपने विश्वास पर ≈ है; a man of ~ behaviour स्थिर व्यवहार वाला आदमी. **2.** (enduring) स्थायी, (of material) टिकाऊ [government सरकार^F, things वस्तुएँ^{F}, wood लकड़ी^{F}]; all the materials are ~ ये सभी पदार्थ टिकाऊ हैं; all the furniture is of ~ nature सभी फ़र्नीचर टिकाऊ किस्म का है. **3.** (firmly fixed) सुस्थिर [chair कुर्सी^{F}, desk डेस्क, person व्यक्ति]; all the tables in the hall are ~ हाल में सब मेज़ें ≈ हैं. **4.** (not easily destroyed) पक्का, मज़बूत [construction निर्माण, structure ढाँचा]; there was nothing ~ वहाँ कुछ भी मज़बूत नहीं था. **5.** (firm) पक्का, दृढ़, (resolute) दृढ़ निश्चय [attitude रुख़, faith विश्वास, resolve निश्चय]; he is a man of ~ nature वह दृढ़ स्वभाव का आदमी है. **6.** (not easily upset) धीर [officer अधिकारी, woman स्त्री]; he is praised for his ~ nature in the society समाज में उसकी धीर स्वभाव के लिए प्रशंसा^{F} होती है. [*ant.* un ~] **II.** n^c. (for horses) अस्तबल, घुड़साल^F : horses are kept in a building called ~ घोड़े एक इमारत में रखे जाते हैं जिसे ≈ कहते हैं; the horse was not in the ~ घोड़ा ≈ में नहीं था. Δ **to lock the ~ door when the horse has been stolen** हानि^{F} हो जाने के बाद सावधानी^{F} बरतना. **III.** *v.t.* अस्तबल में रखना : he ~d the mare for many days उसने कई दिन तक घोड़ी को अस्तबल में रखा.

stack स्टैक **I.** n^c. **1.** (of straw) अटाला, गाँज : the farmers were making ~s of straw किसान भूसे के अटाले बना रहे थे. **2.** (heap) ढेर, अंबार, टाल : ~ of money, work धन, काम का ≈; there were several ~s of sweets in the fair मेले में मिठाइयों के कई ≈ लगे थे. **3.** (of bricks) चट्टा : bricks were arranged in ~s outside the building इमारत^F के बाहर ईंटें चट्टे लगाकर जोड़ी गईं थीं. **4.** (of cards, notes, coins) गड्डी^{F} [small छोटी, पतली]; he has taken two ~s of notes from his cash box उसने कैश बाक्स से नोटों की दो गड्डियाँ ली थीं. **5.** (chimney) चिमनी^{F} : ~ of an engine इंजन की ≈; smoke was coming out of the ~ धुआँ चिमनी से निकल रहा था. **6.** (rack) टाँड़ : put these things on the ~ इन चीज़ों को ≈ पर रख दो. **II.** *v.t.* **1.** चट्टा, ढेर आदि लगाना : he ~ed the boxes in the shop उसने दुकान में संदूकों का ढेर लगा दिया. **2.** (cards) चालबाज़ी^{F} में फेंटना : he ~s the cards and wins the game वह चालबाज़ी से ताश^F फेंटता है और खेल जीत जाता है.

stadium स्टे'डियम (*pl.* stadia) n^c. स्टेडियम, अखाड़ा : we went to the football ~ to see the match हम मैच देखने फुटबाल ≈ गए; I went to the ~ for long jump लंबी कूद के लिए मैं अखाड़े गया; rows of seats surrounded the ~ सीटों की पंक्तियाँ^{F} स्टेडियम के चारों ओर थीं; Calcutta has the biggest ~ in India भारत में कलकत्ता का ≈ सबसे बड़ा है.

staff स्टाफ़ **I.** n^c. **1.** (strong stick) सोंटा, लट्ठ [short छोटा, straight सीधा]; a strong ~ for walking सैर के लिए एक मज़बूत ≈; he has taken a ~ वह एक ≈ लिए था.

2. (support) सहारा, आधार : this pension could be the best ~ for him यह पेंशन उसके लिए अच्छा सहारा हो सकती थी. 3. (of an institution) स्टाफ़, कर्मचारीगण : ~ room अध्यापक कक्ष; diplomatic ~ at the Embassy दूतावास में राजनयिक कर्मचारीगण; editorial ~ of a newspaper समाचार-पत्र का संपादकीय स्टाफ़; non-teaching ~ of a school स्कूल का न पढ़ाने वाला स्टाफ़; he is a member of the ~ वह स्टाफ़ का सदस्य है. 4. (of army) स्टाफ़, बलाधिकरण : he is one of the ~ of the general वह जर्नैल साहब का ≈ है. II. *v.t.* स्टाफ़/कर्मचारी रखना, अध्यापक रखना, प्राध्यापक रखना : to ~ an institution किसी संस्था^{F} में स्टाफ रखना.

stag स्टैग *n*^{c}. 1. हिरन [small छोटा, old बूढ़ा, red लाल]; cashmere ~ हंगल; ~s are of very shy nature हिरन बहुत शर्मीले स्वभाव के होते हैं; I took the photo of a running ~ मैंने एक दौड़ लगाते हुए ≈ का चित्र खींचा. 2. (castrated bull) बधिया साँड़; ~s are generally yoked to a plough ≈ प्राय: हल में जोते जाते हैं.

stage स्टेज I. *n*^{c}. 1. (platform) मंच [high ऊंचा, large बड़ा, low नीचा]; a temporary ~ was made by them उनके द्वारा एक अस्थायी ≈ बनाया गया; there were only five officers on the ~ ≈ पर केवल पाँच अधिकारी थे. 2. (of theatre) रंगमंच : ~ effect नाटकीय प्रभाव; ~ craft नाट्यकला^{F}; ~ manager सूत्रधार; our seats were near the ~ हमारी सीटें^{F} ≈ के करीब थीं; the audience moved towards the ~ श्रोतागण ≈ की ओर बढ़े; the play was acted on the ~ खेल ≈ पर खेला गया; the world is a ~ संसार एक ≈ है; for a minute there was none on the ~ एक मिनटभर ≈ पर कोई नहीं था; he is the best player of the ~ वह ≈ का सबसे अच्छा अभिनेता है. Δ **to go on the ~** अभिनेता बन जाना. 3. (scene of action) घटनास्थल, मंच [horrible भयानक, remarkable उल्लेखनीय]; this has become the ~ of politics यह राजनीति^{F} का मंच हो गया है; none was present on the ~ घटनास्थल पर कोई मौजूद नहीं था. 4. (of development) अवस्था^{F}, चरण : it will be the last ~ of his career यह उसके कार्यकाल की अंतिम ≈ होगी; the plan is in its first ~ योजना^{F} पहली अवस्था में है; now this is the second ~ of his life यह उसके जीवन की द्वितीय ≈ है; the work will complete in different ~s काम विभिन्न चरणों में पूरा होगा. 5. (of journey) मंज़िल^F, पड़ाव [last आख़िरी, temporary अस्थायी]; he completed the journey in various ~s उसने कई पड़ाव करके यात्रा^{F} पूरी की. II. *v.t.* 1. का मंचन/अभिनय करना : the play was ~d first in Calcutta इस नाटक का मंचन पहले कलकत्ता में हुआ था; all the actors ~d very well सभी अभिनेताओं ने बड़ा अच्छा अभिनय किया; a famous company ~d the play एक प्रसिद्ध कम्पनी^{F} ने नाटक का मंचन किया. 2. to ~ a demonstration against rising prices चढ़ती (हुई) कीमतों^{F} के विरुद्ध प्रदर्शन करना.

stagger स्टै'गर *v.i.t.* 1. (totter) लड़खड़ाना, डगमगाना : the babies ~ very often बच्चे प्राय: लड़खड़ाते हैं; the old man ~ed as he walked जैसे ही वह बूढ़ा आदमी चला, लड़खड़ा गया; he stood for a moment, then ~ed suddenly and fell वह एक क्षण के लिए उठा, तब एकाएक लड़खड़ा गया और गिर पड़ा. 2. (waver) हिचकना, आगापीछा करना : he ~ed before leaving his house अपना घर छोड़ने से पहले वह हिचकिचाया. 3. (startle) चौंका देना, आश्चर्यचकित करना : the news ~ed everybody समाचार ने सबको आश्चर्यचकित कर दिया; I was ~ed yesterday to hear about his death उसकी मौत^F के बारे में सुनकर मैं कल चौंक गया; this question has ~ed him इस प्रश्न ने उसे घबरा दिया है. 4. भिन्न-भिन्न समय रखना : working hours in different offices should be ~ed भिन्न-भिन्न कार्यालयों के काम के घंटे भिन्न-भिन्न रखे जाने चाहिए.

stain स्टेन I. *v.t.i.* 1. दाग़ डालना/लगाना : ~ knowingly जानबूझकर ≈; tea has ~ed her saree चाय^F ने उसकी साड़ी^{F} में दाग़ लगा दिया है; I have ~ed my fingers with ink

मैने स्याही^{F} से अपनी अंगुलियों^{F} में दाग़ डाल दिया है; white clothes ~ quickly सफ़ेद कपड़ों पर जल्दी दाग़ लग जाता है. **2.** (of reputation, etc.) कलंक लगाना : this act will ~ his character यह काम उसके चरित्र पर कलंक लगाएगा; his name was ~ed with acts of oppression अत्याचार के कामों से उसका नाम कलंकित हो गया. **II.** *n*^{c}. **1.** धब्बा, दाग़ [black काला, dirty गंदा]; ~ of ink on the floor फ़र्श पर स्याही^{F} का धब्बा; make a ~ on the shirt कमीज़ पर दाग़ डालना. **2.** दाग़, कलंक : there is no ~ on his character उसके चरित्र पर कोई ≈ नहीं है.

stainless स्टेन्'लिस *a.* **1.** दाग़रहित, बेदाग़ [cloth कपड़ा, hand हाथ]; a set of stainless plates बेदाग़ तश्तरियों^{F} का सेट. **2.** निष्कलंक, निर्दोष [person व्यक्ति, reputation कीर्ति^{F}]; he was found ~ in that case उस मामले में उसे निर्दोष पाया गया. **3.** ज़ंगरोधी : ~ metal ≈ धातु; ~ steel is washed easily ≈ इस्पात आसानी से धुल जाता है.

stair स्टेअर *n*^{c}. **1.** (usu. *pl.*) (~case, ~way) सीढ़ी^{F} : I have been running up and down the ~s मैं सीढ़ियों पर ऊपर-नीचे दौड़ता रहा हूँ; he fell down the ~s वह सीढ़ियों से नीचे आ पड़ा; the old man slipped from the ~s बूढ़ा आदमी सीढ़ियों से फिसल गया; go up the ~s सीढ़ियों से ऊपर जाओ. **2.** (single step) डंडा, सीढ़ी^{F} : he has ascended only one ~ of success वह सफलता^{F} की केवल एक सीढ़ी चढ़ा है; the top ~ is broken सबसे ऊपर का डंडा टूटा हुआ है. **~case** *n*^{c}. सीढ़ी^{F} [narrow सँकरा, spiral सर्पिल]; the large buildings have several ~s बड़ी इमारतों^{F} में कई ज़ीने होते हैं. [*as distinct from* stare]

stake स्टेक **I.** *n*^{c}. **1.** (post) खूँटा [iron लोहे का, strong मज़बूत, wooden लकड़ी^{F} का]; a ~ has one or both ends pointed खूँटे के एक या दोनों कोर नोकदार होते हैं; a ~ supports a young tree खूँटा छोटे पेड़ को सहारा देता है; barbed wires are supported by ~s काँटेदार तार खूँटों के सहारे लगाए जाते हैं. **2.** (money wagered) बाज़ी^{F} की रकम^F : some people play cards for high ~s कुछ लोग बड़ी-बड़ी रकम की बाज़ी लगाकर ताश^F खेलते हैं. **3.** (at stake) दाँव पर या बाज़ी में : he set a large amount of money at ~ उसने एक मोटी रकम^F दाँव पर लगा दी; (fig.) दाँव पर, ख़तरे में : my life, reputation is at ~ मेरी जान^F, मेरा नाम दाँव पर लगा है (ख़तरे में है). **4.** (share) साझा : to have a ~ in smth किसी बात^F में साझा या लगाव होना; he has a ~ in profit and loss लाभ-हानि में वह हिस्सेदार है. **II.** *v.t.* **1.** (wager) दाँव पर रखना, की बाज़ी लगाना : to ~ everything सब कुछ दाँव पर लगा देना; to ~ one's life जीवन दाँव पर लगा देना. **2.** खूँटे से घेरना : to ~ out/off an area किसी क्षेत्र को ≈. **3.** खूँटे का सहारा : they ~ed the new trees उन्होंने नए पेड़ों को खूँटों का सहारा दिया.

stale स्टेल **I.** *a.* **1.** (of food) बासी [bread रोटी^{F}; cake केक]; the servant was given ~ food there वहाँ नौकर को ≈ भोजन दिया जाता था. **2.** (trite) घिसा-पिटा, पुराना [joke चुटकुला, thing पदार्थ, meaning अर्थ]; the news is ~ now समाचार अब पुराना हो गया है. [*ant.* fresh] **II.** *v.t.i.* **1.** बासी या पुराना होना या कर देना : the vegetable had ~d सब्ज़ी^{F} बासी हो गई थी. **2.** घिसपिट देना/जाना : the story has ~ed कहानी घिसपिट गई है; to ~ a news by repetition बार-बार दुहराकर समाचार को घिसपिट देना.

stalk स्टॉक **I.** *n*^{c}. (of plant) डंठल, डंडी^{F} [dry सूखी, green हरी]; ~ of lily कुमुदिनी का डंठल; the ~ of any fruit किसी फल की डंडी; the ~ was broken and the plant died डंडी टूट गई और पौधा मर गया. **II.** *v.t.* **1.** (in hunting) लुक-छिपकर पीछा करना : to ~ the game, enemy शिकार, शत्रु का लुक-छिपकर पीछा करना. **2.** (stride) अकड़कर चलना, शान से चलना : the boy was ~ing and he fell down लड़का अकड़कर चल रहा था कि गिर पड़ा. **3.** फैलना : famine, plague ~s the entire region अकाल, प्लेग सारे क्षेत्र में फैला है.

stall स्टॉल **I.** *n*^{c}. **1.** (for animal) थान, (for horse) घुड़साल^F : a cow's ~ गाय का थान;

the horse was in the ~ घोड़ा घुड़साल में था. **2.** (booth) स्टाल, छोटी दुकान^F [clean साफ़, empty खाली]; a ~ on a railway station रेलवे स्टेशन पर का एक ≈; he went to a book ~ to buy a magazine एक पत्रिका^{F} ख़रीदने के लिए वह बुक स्टाल पर गया. **3.** (seats) स्टाल : ~s on the ground floor in a theatre थियेटर के पहले तले के स्टाल; we had reserved two ~s हमने दो ≈ आरक्षित कराए थे. **II.** *v.t.* **1.** थान पर रखना, बाँधे रखना : he ~s his cow all day long वह सारा-सारा दिन गाय को थान में बाँधे रखता है. **2.** (of cart) धँसना, धँस जाना : the back wheel of the car ~ed in the mud कार^F का पिछला पहिया कीचड़ में धँस गया. **3.** (of motor) बंद या ठप हो जाना, रुक जाना, बंद कर देना : the car ~ed suddenly कार^F अचानक बंद हो गई; the driver ~ed the car चालक ने कार^F बंद कर दी. **4.** (of plane) डाँवाडोल हो जाना : the plane ~ed as the pilot could not control it हवाई-जहाज़ डाँवाडोल हो गया क्योंकि पायलट उसे नियंत्रित न कर सका. **5.** (delay) टालना : the plan has been ~ed योजना^{F} टाल दी गई है; the municipal corporation is ~ing over the proposal नगर-निगम प्रस्ताव को टाल रहा है. **6.** (avoid) जान छुड़ाना : to ~ off social workers समाज सेवकों से जान छुड़ाना.

stalwart स्टॉल्'वर्ट **I.** *a.* **1.** (sturdy) हट्टा-कट्टा, तगड़ा [creature प्राणी, person व्यक्ति]; he is a ~ and well-built wrestler वह हट्टा-कट्टा और सुगठित कुश्तीबाज़ है; he is a man of ~ build वह तगड़ी काठी^{F} वाला आदमी है. **2.** (resolute) दृढ़निश्चय, पक्का : they are my ~ supporters वे मेरे पक्के समर्थक हैं. **II.** n^c. पक्का समर्थक : he is a ~ of convent education वह कान्वेन्ट शिक्षा^{F} का ≈ है; ~s of democracy लोकतंत्र के पक्के समर्थक.

stamina स्टै'मिना *n.* (endurance) दम, ऊर्जस्विता^{F} : this swimmer has great ~ इस तैराक में बड़ा दम है; his ~ is praiseworthy उसकी ऊर्जस्विता प्रशंसनीय है; you need good ~ to run a long race लंबी दौड़^{F} लगाने के लिए तुम्हें अच्छे दम की आवश्यकता होती है; he has no ~ to work so long इतने लंबे समय तक काम करने का उसमें दम नहीं है.

stammer स्टै'मर **I.** *v.i.* हकलाना : he ~s only when he is excited वह तभी हकलाता है जब वह उत्तेजित होता है; the children often ~ बच्चे प्रायः हकलाते हैं; he ~s while speaking in class कक्षा^{F} में बोलते समय वह हकलाता है; while ~ing she pronounces 'papa' as 'p-p-papa' वह हकलाते हुए 'पापा' का उच्चारण 'प-प-पापा' करती है. **II.** *n.* हकलाहट^F : to cure the ~ हकलापन का इलाज करना; he is still not cured of his ~ उसकी हकलाहट का इलाज अब भी नहीं हुआ; the child has a ~ बच्चे में ≈ है. **stammerer** स्टै'मॅरर n^c. हकला, हकलाने वाला : a ~ says k k k catch it एक ≈ कहता है इसे क क क कैच करो; he is the only ~ in the class कक्षा^{F} में वह अकेला हकला है.

stamp स्टैम्प **I.** *v.t.* **1.** (imprint) अंकित करना : to ~ one's name on a book किताब^F पर अपना नाम ≈; the cost of the book was wrongly ~ed किताब^F का मूल्य गलत अंकित हो गया था; he ~ed the date at the head of his letter उसने पत्र के सिरे पर तारीख़^{F} अंकित की. **2.** (affix ~) टिकट लगाना : to ~ an envelope लिफ़ाफ़े पर टिकट लगाना; to buy a ~ed envelope टिकट लगा हुआ लिफ़ाफ़ा खरीदना; the post card is not ~ed पोस्टकार्ड पर टिकट नहीं लगा है. **3.** (with seal) मुद्रांकन करना, मोहर लगाना : मुद्रांकित करना : the summon is issued after it is ~ed सम्मन मुद्रांकित होने के बाद जारी होता है. **4.** (impress) में बैठा देना : he ~ed some ideas in my mind उसने मेरे मन में कुछ विचार बैठा दिए, **5.** (show to be) प्रमाणित करना, सिद्ध करना : this ~s him as a coward यह उसे कायर सिद्ध करता है; you should ~ your answer with examples तुम्हें अपना उत्तर उदाहरण देकर सिद्ध करना चाहिए, **6.** (one's foot) पटकना : he ~ed his foot on an insect उसने एक कीड़े पर अपना पैर पटक दिया; she was ~ing with rage वह क्रोधावेश में अपने पैर पटक रही थी. Δ ~ **out** (i) मिटा देना, कुचल देना : the rebellion was ~ed out विद्रोह कुचल दिया गया; (ii) समाप्त कर देना : to ~ out the life of an insect कीड़े का जीवन समाप्त करना; (iii) बुझा देना : to ~ out fire आग बुझा देना. **II.** n^c. **1.** मुद्रांकन : official ~ सरकारी ≈; ~ of a letter पत्र का ≈. **2.** (object) मोहर^F, मुद्रा^{F} [forged जाली, rubber रबर की]; the ~ of the office was not with the clerk कार्यालय की मोहर लिपिक के पास नहीं थी. **3.** (imprint) टिकट, स्टांप [foreign विदेशी, Indian भारतीय, revenue रसीदी]; postage ~ डाक टिकट; he stuck a ten-rupee ~ on the parcel उसने पार्सल पर दस रुपए का ≈ लगाया; ~ collector टिकट संग्रहकर्ता; ~ duty स्टांप शुल्क; ~ paper अदालती दस्तावेज़, स्टांप पेपर. **4.** (characteristic mark) छाप^F, ठप्पा [indelible अमिट, permanent स्थायी]; all the goods had the company's ~ सारे माल पर कम्पनी^{F} का ठप्पा (लगा) था. **5.** (kind) प्रकार : various ~ विभिन्न ≈; many species of this ~ इस प्रकार की कई प्रजातियाँ^{F}; the two sisters are of different ~s दोनों बहनें भिन्न प्रकार की हैं. **6.** (of foot) पटक^F : he crushed the toy with a ~ of his foot उसने खिलौने को पैर की ≈ से कुचल दिया.

stampede स्टैमपीड' n^c. भगदड़^{F} : dangerous ~ खतरनाक ≈; ~ of animals until the fright ended जानवरों की ≈ जब तक कि भय समाप्त नहीं हुआ; several pilgrims were killed in a ~ during the fair मेले के दौरान कई तीर्थयात्री ≈ में मारे गए; at the end of the cinema show, there was a ~ at the gate सिनेमा शो के अंत में गेट पर ≈ मच गई.

stand स्टैन्ड **I.** *v.i.* (*p.* & *p.p.* stood) **1.** खड़ा होना, या रहना, खड़ा हो जाना, उठ खड़ा होना : some people are sitting, others are ~ing कुछ लोग बैठे हैं, बाकी खड़े हैं; don't trouble yourself, I can ~ अपने को कष्ट न दो, मैं खड़ा रह सकता हूँ; he was so weak that he could not ~ वह इतना कमज़ोर था कि खड़ा नहीं हो सकता था; the table cannot ~, as one of its leg is broken मेज़ खड़ी नहीं हो सकती, क्योंकि इसकी एक टाँग^F टूटी हुई है; he is ~ing as a candidate वह उम्मीदवार खड़ा है; the crop is still ~ing फ़सल अब भी खड़ी है; when the teacher came in, we stood up जब अध्यापक भीतर आएं तो हम खड़े हो गए. Δ **to ~ on one's own legs** अपने पैरों पर खड़ा होना (किसी के सहारे न रहना). **2.** (be situated) स्थित होना, होना : a fort ~s on the hill इस पहाड़ी पर एक किला (स्थित) है; our school ~s on the bank of the Yamuna हमारा स्कूल यमुना^{F} (नदी^{F}) के किनारे स्थित है. **3.** (be) रहना, होना : the same arrangement ~s today वही व्यवस्था^{F} आज भी है; a clock ~s on the wall घड़ी दीवार^F पर रहती है; a pillar stood 4 metres high एक खंभा चार मीटर ऊंचा था. **4.** (last) बना रहना, टिकना : the oil will not ~ long तेल ज़्यादा समय तक नहीं चलेगा; this rule has stood for many years यह नियम कई साल से बना रहा है; the objection still ~s आपत्ति^{F} अभी बनी है.

II. *v.t.* **1.** (place) रखना, रख देना, खड़ा कर देना : to ~ the motor-cycle on the other side मोटरसाइकिल दूसरी तरफ़^{F} खड़ा करना. **2.** (provide) (का ख़र्च) देना : who will ~ the expenditure of all सब लोगों का ख़र्च कौन देगा? **3.** (endure) सहना, बरदाश्त करना, झेलना : I cannot ~ so much insult मैं इतना अपमान नहीं सह सकता; he was able to ~ the cold in January वह जनवरी^{F} की सर्दी^{F} बरदाश्त कर सकता था. **4.** Δ **to ~ the test** परीक्षा में पूरा उतरना; **~ against** (i) के सहारे खड़ा होना : a chair is ~ing against the wall दीवार^F के सहारे एक कुर्सी^{F} खड़ी है; (ii) का विरोध करना : no one can ~ against this candidate इस उम्मीदवार के विरुद्ध कोई नहीं खड़ा हो सकता; **~ aloof** अलग रहना : he stood aloof the whole day वह पूरा दिन अलग रहा; **~ aside** किनारे (खड़े) रहना : the people stood aside to let the procession pass जुलूस निकल जाने के लिए लोग किनारे खड़ रहे; they stood aside during the quarrel झगड़े के दौरान वे किनारे खड़ रहे; **~ by** (i) का समर्थन करना, का पक्ष लेना : I ~ by his decision मैं उसके निर्णय का समर्थन करता हूँ; I can ~ by him मैं

उसका पक्ष ले सकता हूँ (साथ दे सकता हूँ); he should ~ by his master उसे अपने मालिक के प्रति निष्ठा^{F} रखनी चाहिए; (ii) चुपचाप देखते रहना : when the police was beating a woman people just stood by जब पुलिस^{F} एक स्त्री को पीट रही थी तो लोग चुपचाप देखते रहे; (iii) तैयार रहना : the volunteers stood by for help स्वयंसेवक सहायता के लिए तैयार खड़े थे; ~ **down** हट जाना : the Chairman should ~ down his seat अध्यक्ष को अपने स्थान से हट जाना चाहिए; a candidate has stood down एक उम्मीदवार हट गया है; ~ **for** (i) (signify) का अर्थ होना : U.P. ~s for Uttar Pradesh उ. प्र. का अर्थ है उत्तर प्रदेश; what does this word ~ for इस शब्द का क्या अर्थ है ?; (ii) (in election) खड़ा होना : he will ~ for Vidhan Sabha यह विधानसभा के लिए खड़ा होगा; (iii) (tolerate) बरदाश्त करना : I shall not ~ for misconduct मैं दुराचरण बरदाश्त न करूँगा; ~ **in** (i) (share cost) में साझा करना, में हिस्सा बँटाना, का स्थान लेना : to ~ in the business व्यापार में हिस्सा बँटाना; you will not ~ in the business व्यापार में तुम्हारा साझा नहीं होगा; (ii) ~ **in for** के स्थान पर काम करना : some other actor stood in for Sanjay Dutt संजय दत्त के स्थान पर किसी और अभिनेता ने काम किया; ~ **on/upon** पालन करना : why don't you ~ on the rules of the ceremony तुम इस संस्कार के नियमों का पालन क्यों नहीं करते; ~ **out** (i) प्रमुखता^{F} से दिखाई देना, प्रमुख होना : this tall man ~s out among so many people इतने लोगों में वह प्रमुखता से दिखाई देता है; (ii) (one's ground) डटे रहना : the battalion stood out as long as it could जब तक हो सका पलटन^{F} डटी रही; ~ **over** (i) स्थगित होना : the meeting stood over without any conclusion बैठक^{F} बिना किसी निष्कर्ष के स्थगित हो गई; (ii) निगरानी^{F} करना : I have to ~ over him so that he finishes his work in time मुझे उसकी निगरानी करनी पड़ती है ताकि वह समय पर अपना काम समाप्त करे; ~ **to** (i) (a promise) निभाना : to ~ to one's promise अपना वादा निभाना; (ii) (लाभ, हानि) निश्चित होना : you will ~ to profit in your business तुम्हें व्यापार में निश्चित लाभ होगा; to ~ to lose हारना/खोना निश्चित होना; (iii) तैयार रहना : the army was ordered to ~ to सेना^{F} को तैयार रहने का आदेश दिया गया; ~ **up** खड़ा हो जाना : they stood up during the meeting बैठक के दौरान वे खड़े हो गए; ~ **up for** का समर्थन करना, का पक्ष लेना : his friends stood up for him उसके मित्र उसके समर्थन में खड़े हो गए; I'll ~ for him मैं उसका पक्ष लूँगा; ~ **up to** का डटकर सामना करना : he stood up to him उसने उसका डटकर सामना किया. Δ (*other phrases*) he does not **stand a chance** to win उसके जीतने की कोई गुंजाइश नहीं है; I ~ corrected मैं अपनी ग़लती^{F} मान लूँगा; he stood fast वह डटा रहा; to ~ guarantee ज़ामिन होना, ज़िम्मा लेना; it ~s to reason यह तर्कसंगत है. **III.** *n*^{cu}. **1.** (stopping) गतिरोध : the work came to a ~ काम रुक गया, काम में गतिरोध आ गया. **2.** (resolute resistance) डटकर मुकाबला, मोरचा : to make a ~ against the enemy शत्रु का डटकर मुकाबला करना. **3.** (position) (i) खड़ा हो जाना : to take a firm ~ जमकर खड़ा होना; (ii) आधार, सहारा (in order to argue) : to take one's ~ on some principle किसी सिद्धांत का सहारा लेना. **4.** (furniture) धानी^{F} : ink ~ मसि-धानी; hat ~ हैट रखने का स्टैण्ड. **5.** (stall) स्टाल, छोटी दुकान^{F} [decorated सुसज्जित, ordinary साधारण]; they came to a ~ and drank tea वे एक स्टाल पर आए और चाय^{F} पी; everyone knows that news ~ प्रत्येक व्यक्ति वह अखबार वाला स्टाल जानता है. **6.** (for vehicles) अड्डा : bus ~ बस ≈; there are two tonga ~s near the station स्टेशन के पास टाँगों के दो अड्डे हैं; he came to the ~ to take his cycle अपनी साइकिल लेने के लिए वह अड्डे पर गया.

standard स्टैन्‌'डर्ड **I.** *n*^{c}. **1.** (flag) झण्डा, ध्वज [green हरा, red लाल]; to raise the ~ of revolt विद्रोह का झण्डा खड़ा करना; they have gone to hoist the ~ वे झण्डा

फहराते हैं; who will unfurl the ~ झण्डा कौन फहराएगा? **2.** (by which weight, measure, quality are determined) मानक, मानदण्ड : what will be the ~ of his work उसके काम का ≈ क्या होगा? metre is the ~ of length लंबाई^F का ≈ मीटर है; kilo is the ~ of weight तौल का ≈ किलो है. **3.** (degree of excellence) स्तर [general सामान्य, high ऊंचा]; to raise the ~ of living जीवन-स्तर को ऊंचा करना; his ~ is very low उसका जीवन-स्तर बड़ा नीचा है. **4.** (quality) कोटि^F, दरजा : low ~ नीचा ≈; I buy goods of high ~ मैं उच्च कोटि का सामान खरीदता हूँ. **5.** (of school) दरजा, कक्षा^F : in which ~ does he read वह किस दरजे में पढ़ता है? **II.** *a.* **1.** मानक [metre मीटर, time समय, work काम]; blades have a ~ size ब्लेडों का एक ≈ साइज़ होता है. **2.** (athoritative) प्रामाणिक : there is no ~ article on this subject इस विषय पर कोई ≈ लेख नहीं है. (comb.) ~ **author** मान्य लेखक; ~ **lamp** खंभे पर टँगा लैम्प.

standardize स्टैन्'डर्डाइज़ *v.t.* मानकित करना : no language can be fully ~d किसी भाषा को पूरे तौर पर मानकित नहीं किया जा सकता; to ~ the spelling वर्तनी^F को ≈; most cookers are ~d अधिकतर ≈ कुकर मानकित होते हैं. **standing** स्टैन्'डिङ्ग **I.** *a.* **1.** (permanent) स्थायी, पक्का [army सेना^F, order आदेश]; ~ committee स्थायी समिति^F. **2.** (erect) खड़ा : ~ **ladder** खड़ी सीढ़ी^F; ~ room केवल खड़े होने की जगह. **3.** (stagnant) खड़ा : ~ water ≈ पानी. **II.** *n*^u. **1.** (rank, position) पद [general साधारण, honourable सम्मानजनक]; an officer of high ~ उच्च पदस्थ अधिकारी; he has no ~ in the committee कमेटी^F में उसका कोई पद नहीं है. **2.** (repute) नाम, साख^F, प्रतिष्ठा^F : a person of high ~ ऊंची प्रतिष्ठा वाला आदमी; ~ of a firm किसी प्रतिष्ठान की साख. **3.** (period) अवधि^F : a teacher of long ~ चिरकालीन/पुराना अध्यापक. **standpoint** *n*^c. दृष्टिकोण [different भिन्न, new नया]; to have an entirely different ~ पूरी तरह से भिन्न ≈ रखना; he tried to know their ~ उसने उनका ≈ जानने का प्रयास किया; from my ~ everything is well-arranged मेरे ≈ से सब कुछ सुव्यवस्थित है. **standstill** *n.* ठहराव, विराम, गतिरोध : temporary ~ अस्थायी ≈; the work is now at a ~ काम में इस समय ≈ है; the machine came to a ~ मशीन^F में गतिरोध आ गया; the job came to a ~ काम रुक गया.

stank स्टैङ्क *v.t. past* of 'stink' *q.v.*

stanza स्टैन्'ज़ा *n*^c. बंद, छंद [long लंबा, short छोटा]; read ~ No. 2 of the poem इस कविता^F का दूसरा ≈ पढ़ो; she cannot explain the fourth ~ वह चौथे ≈ की व्याख्या^F नहीं कर सकती; this ~ has four lines इस छंद में चार पंक्तियाँ हैं.

staple स्टे'पल **I.** *n.* **1.** (U-shaped metal) स्टेपल : to use a ~ to fasten papers कागज़ों को बाँधने के लिए ≈ का इस्तेमाल करना. **2.** (fibre) रेशा : the ~ of this cotton is quite large इस रुई^F का रेशा काफ़ी बड़ा है. **3.** (chief articles of trade or industry) व्यापार या उद्योग का मुख्य माल या उत्पाद : paper is one of the ~s of Japan कागज़ जापान का मुख्यतम उत्पाद है. **4.** (raw material) कच्चा माल : the import of ~s from the eastern countries पूर्वी देशों से ≈ का आयात; the ~ could not reach the port ≈ बंदरगाह^F तक नहीं पहुँच सका. **5.** (element) तत्व : what are the main ~s of human body which affect it वे कौन-से तत्व हैं जो मानव शरीर को प्रभावित करते हैं? **6.** (subject-matter) विषय-वस्तु^F : ~s of discussion चर्चा^F के मुख्य विषय. **II.** *a.* **1.** (chief) मुख्य, प्रधान [food भोजन, means साधन]; this was the ~ interest of his life उसके जीवन की मुख्य रुचि^F यही थी.

star स्टार **I.** *n*^c. **1.** तारा [bright चमकीला, dim धुँधला]; shooting ~s उल्का^F, या टूटते तारे; I saw the twinkling ~s in space in the night मैंने रात में टिमटिमाते तारों को अंतरिक्ष में देखा; tell the name of the evening ~ शाम^F के तारे का नाम बताओ; the ~s in the sky guide travellers at night आकाश के तारे रात^F को यात्रियों का पथप्रदर्शन करते हैं;

have you seen the morning ~ क्या तुमने भोर का ≈ देखा है ? **2.** (famous actor or actress) सितारा, तारिका^{F} [charming आकर्षक, famous प्रसिद्ध]; who is the best film ~ in India भारत में कौन सबसे अच्छा सिने सितारा है ? she is excellent television ~ वह टी.वी. की उत्कृष्ट तारिका है. **3.** (leading performer) नायक, नायिका^{F} [known जानी-मानी, virtuous गुणी]; both of them are the ~s of the drama वे दोनों नाटक के नायक हैं. **4.** literary ~ लब्ध-प्रतिष्ठ साहित्यकार. **5.** (luck) भाग्य, सितारा : his ~ brightened in the last round of his life उसके जीवन के अंतिम चरण में उसका ≈ चमक उठा; thank your ~s अपने भाग्य की सराहना^{F} करो. **6.** तारांक : some ~s have five points कुछ तारांकों की पाँच नोकें^{F} होती हैं. **II.** *v.t.* (-rr-) **1.** (to mark with a star) तारांकित करना : ~ the correct words शुद्ध शब्दों को तारांकित करो; this is a ~red question यह एक तारांकित प्रश्न है. **2.** (to play a leading role) मुख्य भूमिका^{F} अदा करना : she ~red in several films उसने कई फ़िल्मों^{F} में मुख्य भूमिका अदा की.

starch स्टार्च *n*^{u}. स्टार्च, माड़ी^{F}, कलफ़ : ~ is found in wheat, potatoes, etc. ≈ गेहूँ, आलू, आदि में पाया जाता है; ~ makes clothes stiff स्टार्च कपड़ों को कड़ा बनाता है; ~ for stiffening collars and shirts कालर और कमीज़ों को कड़ा बनाने के लिए ≈.

stare स्टेंअर् *v.t.* **1.** (~ **at**) आँखें^{F} फाड़कर देखना, टकटकी^{F} लगाकर देखना, एक टक देखना : the children ~d at the elephant बच्चे हाथी को आँखें फाड़-फाड़कर देख रहे थे; he ~d at the newcomer. उसने नवागन्तुक को आँखें फाड़कर देखा; she ~d at me in amazement उसने आश्चर्य में मुझे एक टक देखा; why are you staring at her तुम उस पर टकटकी लगाकर क्यों देख रहे हो ? **2.** घूरना : to ~ smb **into** confusion, silence किसी को घूरकर घबरा देना, चुप करा देना. Δ **to ~ smb in the face** (i) किसी को घूरकर देखना. (ii) सामने आ जाना : facts ~d him in the face तथ्य उसके सामने आ गए.

starry स्टा'रि *a.* **1.** तारामय [night रात^F, winter sky जाड़े का आकाश]. **2.** (bright) चमकीला : ~ eyes चमकती आँखें^{F}.

start स्टार्ट **I.** *v.t.* **1.** आरंभ करना, शुरू करना : pupils ~ed writing छात्रों ने लिखना शुरू कर दिया; to ~ a quarrel झगड़ा शुरू करना; he ~ed crying उसने रोना शुरू कर दिया; we shall ~ work as soon as he returns जैसे ही वह वापस होगा हम काम शुरू कर देंगे; let us ~ our work हम अपना काम शुरू कर दें; to ~ some business कोई धंधा शुरू करना. **2.** (to make smth work) चालू करना, चलाना : to ~ an engine इंजन चलाना; he ~ed his car and left उसने अपनी कार^F चलाई और चल दिया; he came and ~ed the machine वह आया और मशीन^F चला दी. **II.** *v.i.* **1.** शुरू होना : how did the quarrel ~ झगड़ा कैसे शुरू हुआ; the show will ~ very soon शो शीघ्र ही शुरू होगा; what time does the game ~ खेल कितने बजे शुरू होता है ? **2.** (to begin a journey) रवाना होना, चल देना/पड़ना : he has ~ed on a journey वह यात्रा^{F} पर चल दिया; he ~ed for America वह अमेरिका के लिए रवाना हुआ; let us ~ back now अब वापस चलें; we shall ~ at 6 a.m. हम प्रातः छह बजे चल देंगे/पड़ेंगे. **3.** (of train) छूटना : when I reached the station, the train had ~d जब मैं स्टेशन पहुँचा तो ट्रेन^F छूट चुकी थी. **4.** (to get starled) चौंकना : the sudden noise made the child ~ अचानक शोर ने बच्चे को चौंका दिया; she ~ed up with fear वह डर के मारे चौंक उठी. Δ ~ **off** (i) शुरू करना : he ~ed off his business with great enthusiasm but was later slow उसने अपना व्यापार बड़े उत्साह से शुरू किया लेकिन बाद में धीमा हो गया; (ii) चल देना : we should ~ off at once हमें तुरंत चल देना चाहिए; ~ **out** चल देना, प्रारंभ करना : he ~ed out on a long journey वह एक लंबी यात्रा^{F} पर चल दिया; ~ **up** (i) चौंकना : hearing the noise the boy ~ed up आवाज़^{F} सुनकर लड़का चौंक पड़ा; (ii) पैदा होना : so many difficulties have ~ed up इतनी सारी कठिनाइयाँ^{F} उत्पन्न हो गई हैं; to ~ **with** (i) पहले तो, प्रारंभ से : he was slow to

~ with but later he ran fast प्रारंभ में तो वह धीमा था लेकिन बाद में तेज दौड़ा; (ii) पहले : I had a small capital to ~ with पहले मेरे पास थोड़ी पूँजी[F] थी. **II.** *n*[c]. **1.** (beginning) आरंभ : casual ~ आकस्मिक ≈; if the ~ is good, the end will also be good यदि आरंभ अच्छा है तो अंत भी अच्छा होगा; I warned him from the very ~ मैंने आरंभ से ही उसे चेतावनी[F] दे दी थी; you should make a ~ on this business तुम्हें यह धंधा आरंभ कर देना चाहिए. **2.** (of a journey) प्रस्थान : we made a ~ at a good time हमने अच्छे समय पर प्रस्थान किया. **3.** (sudden movement) चौंक[F], चिहुँक[F] : the mother could not know the reason for the ~ of the child माँ बच्चे की चौंक का कारण न समझ सकी; to wake up with a ~ चौंककर जाग उठना. **4.** (advantage conceded in races) रिआयत[F], सुविधा[F] : he got a ~ of ten metres उसे दस मीटर की ≈ मिली. Δ **by fits and ~s** कभी तरंग में आने पर, मनमौजी ढंग से : I always read by fits and ~s मैं तरंग में आने पर (रुक-रुक कर) पढ़ता हूँ.

startle स्टार्'टल *v.t.i.* चौंकना, चौंका देना : ~ suddenly एकाएक ≈; the loud noise ~d me ज़ोर के शोर ने मुझे चौंका दिया; the deer is easily ~d हिरन जल्दी चौंक जाता है; don't ~ the child बच्चे को चौंकाओ मत; the news will ~ many यह समाचार बहुतों को चौंका देगा. **startling** स्टार्ट'लिङ्ग *a.* **1.** चौंकाने वाली [events घटनाएँ[F], news ख़बर[F]. **2.** (surprising) आश्चर्यजनक : ~ resemblance between two sisters दो बहनों में ≈ समानता[F]; the medicine had a ~ effect दवा[F] का ≈ असर हुआ.

starvation स्टार्वे'शन *n*[u]. भुखमरी[F] : so many people died of ~ in Orissa उड़ीसा में इतने सारे लोग ≈ से मर गए; ~ is prevalent in most African countries बहुत-से अफ्रीकी देशों में ≈ फैली है. **starve** स्टार्व़ *v.t.i.* **1.** भूखों मरना, भूखों मारना : they ~d for want of food खाने की कमी[F] के कारण वे भूखे मर गए; to ~ someone किसी को भूखों मारना; he was ~d to death उसे भूखा मार दिया गया. **2.** बहुत भूख[F] लगना : he had been starving since one o'clock उसे एक बजे से बड़ी भूख लगी है. **3.** (long for) का भूखा होना, के लिए तरसना : he ~d for the knowledge of planets वह ग्रहों के ज्ञान के लिए तरसता था. **4.** (keep deprived of) से वंचित रखना; तरसाना : she was ~d of love वह प्यार से वंचित रही; वह प्यार की भूखी रही.

state स्टेट **I.** *n*[cu]. **1.** (condition) अवस्था[F], दशा[F], हालत[F], स्थिति[F] [deplorable शोचनीय, hopeless आशारहित, miserable दयनीय]; their kitchen was not in a good ~ उनका रसोईघर अच्छी दशा में नहीं था; what is the ~ of your health तुम्हारे स्वास्थ्य की क्या स्थिति[F]/हालत[F] है ? a ~ of excitement उत्तेजनात्मक स्थिति; try to know the ~ of the mind of your friend अपने मित्र की मनोदशा[F] जानने का प्रयास करो; what are the states of liquid द्रव की कौन-कौन अवस्थाएँ होती हैं ? **2.** (country) राज्य, राष्ट्र [prominent प्रसिद्ध, prosperous समृद्ध]; India is a welfare state भारत एक कल्याणकारी ≈ है. **3.** (province) राज्य, प्रान्त [independent स्वतंत्र, poor ग़रीब, rich समृद्ध/अमीर]; Uttar Pradesh is one of the ~ of India उत्तर प्रदेश भारत का एक ≈ है; there are twenty-five ~s in India भारत में पच्चीस राज्य हैं. **4.** (government) शासन, सरकार[F] [corrupt भ्रष्ट, fair निष्पक्ष]; industry should not be controlled by the ~ उद्योग पर शासन का नियंत्रण नहीं होना चाहिए; under this ~ you should not expect a good administration इस शासन में तुम्हें अच्छे प्रशासन की आशा[F] नहीं करनी चाहिए. **5.** (dignity) प्रतिष्ठा[F] : now he is a man of high ~ अब वह बड़ी प्रतिष्ठा वाला आदमी है. Δ **he keeps** ~ वह अपनी प्रतिष्ठा बचाए रखता है (किसी से कम मिलता है). **6.** (pomp) शान[F], ठाठ-बाट : he lives in ~ like a king वह राजा की तरह[F] ≈ से रहता है; he travels in ~ वह ≈ से यात्रा[F] करता है. Δ **lie in** ~ दर्शनार्थ रखा जाना : his body lay in ~ for people to pay their homage उसका शव लोगों द्वारा श्रद्धांजलि दिये जाने के लिए दर्शनार्थ रखा गया. **II.** *a.* **1.** राज्य-,

राज-, राजकीय, सरकारी [deficit घाटा, policy नीति^F]; ~craft शासन कला^F, राजनीति^F. **2.** ~ funeral राजकीय सम्मान के साथ अंत्येष्टि^F. **3.** ~ prisoner राजबंदी. **4.** ~ trial सरकारी मुकदमा. **5.** he is a ~ employee वह राज्य कर्मचारी है. **6.** to interfere in ~ affairs सरकारी मामलों में दख़ल देना. **III.** *v.t.* **1.** बताना : he ~ed that there was no thief उसने बताया कि वहाँ कोई चोर नहीं है; please ~ your question कृपया अपना प्रश्न बताइए; ~ your name and address अपना नाम और पता बताओ **2.** (fix) निश्चित करना, नियत करना : the principal ~d the date for admission प्राचार्य ने प्रवेश की तारीख़^F नियत कर दी; to ~ the time for duty ड्यूटी^F का समय नियत करना. **stately** स्टेट्'लि *a.* **1.** (dignified) गौरवपूर्ण, गौरवमय [condition स्थिति^F, history इतिहास]. **2.** (magnificent) भव्य, शानदार [building इमारत^F, lady महिला^F]; row of ~ palm trees नारियल के पेड़ों की भव्य-पंक्ति^F. **statement** स्टेट्'मन्ट *n*^c. **1.** कथन, वक्तव्य, बयान [confused भ्रामक, positive सकारात्मक, written लिखित]; the P.M. made a ~ in the Parliament प्रधानमंत्री ने संसद् में वक्तव्य दिया; his ~ was found true उसका कथन सही पाया गया; all his ~s are incorrect उसके सब कथन अशुद्ध हैं. **2.** (in court) बयान [brief संक्षिप्त, false झूठा, wrong ग़लत]; witness's ~ गवाह का बयान; he presented his written ~ in the court उसने न्यायालय में अपना लिखित बयान प्रस्तुत किया. **3.** विवरण : ~ of account लेखा- ≈. **statesman** स्टेट्स'मन *n*^c. (*pl.* -men) राजनेता : a ~ is a wise political leader ≈ एक बुद्धिमान राजनीतिक नेता होता है; Sardar V. B. Patel was a great ~ सरदार वल्लभ भाई पटेल एक महान् राजनेता थे; he will be remembered as a ~ उसे ≈ के रूप में याद किया जायगा.

station स्टे'शन **I.** *n*^c. **1.** (railway ~) स्टेशन [crowded भीड़-भाड़ वाला, deserted निर्जन, noisy कोलाहलयुक्त]; the train has left the ~ गाड़ी^F ≈ से छूट गई है; we went to the ~ waiting room हम ≈ के प्रतीक्षालय में गए; we reached the ~ at ten हम ≈ दस बजे पहुँचे; ~ master was found responsible for the accident स्टेशनमास्टर दुर्घटना^F के लिए ज़िम्मेदार पाया गया; the ~ is far from here ≈ यहाँ से दूर है; please tell me the way to the ~ कृपया मुझे ≈ का रास्ता बताइए. **2.** (other stations) police ~ थाना; radio ~ रेडियो स्टेशन; television ~ टी.वी. स्टेशन; bus ~ बस अड्डा; broadcasting ~ प्रसारण केंद्र; research ~ अनुसंधान केंद्र; military ~ सैनिक अड्डा/चौकी^F. **II.** *v.t.* (किसी स्थान पर) नियुक्त करना, तैनात करना : the sentry was ~ed at the gate एक संतरी फाटक पर तैनात किया गया.

stationary स्टे'शॅनरि *a.* **1.** (not mobile) अचल, निश्चल [objects पदार्थ, property संपत्ति^F]; then the bus was ~ तब बस^F (खड़ी) ≈ थी; they kept the engine ~ उन्होंने इंजन को ≈ रखा; there is nothing ~ in the world संसार में कुछ भी ≈ नहीं है; he remained ~ at the crossing वह चौराहे पर ≈ खड़ा रहा; a ~ object is easier to aim at ≈ पदार्थ को निशाना बनाना कुछ आसान होता है. **2.** (not changing) स्थिर [population जनसंख्या^F, temperature तापमान]. [*as distinct from* stationery]

stationer स्टे'शॅनर *n*^c. लेखन-सामग्री विक्रेता : a ~ sells writing papers, pens, pensils, etc. ≈ काग़ज़, कलम, पेंसिल, आदि बेचता है; I buy all my writing material from a local ~ मैं एक स्थानीय ≈ से अपनी सारी लेखन-सामग्री^F ख़रीदता हूँ; there is not a single ~ in this market इस बाज़ार में एक भी ≈ नहीं हैं. **stationery** स्टे'शॅनरि *n*^c. लेखन सामग्री^F : department of ~ ≈ का कक्ष; there is enough room for ~ in his shop उसकी दुकान^F में ≈ के लिए काफ़ी जगह है. [cf. stationary]

statue स्टे'ट्यू *n*^c. मूर्ति^F, प्रतिमा^F [ancient प्राचीन, marble संगमरमर की, wooden लकड़ी^F की]; to carve a ~ out of stone पत्थर से प्रतिमा^F की नक्काशी करना; the ~ of a girl एक लड़की^F की मूर्ति; at the crossing there is a ~ of Netaji उधर चौराहे पर नेता जी की मूर्ति है; the beautiful ~s of gods and goddesses देवताओं और देवियों की सुंदर मूर्तियाँ.

stature स्टे'चर *n*[u]. **1.** कद, डील-डौल[F] [full पूरा, short छोटा]; he was a man of high ~ वह ऊँचे ≈ का आदमी था; he has grown to full ~ वह बढ़कर पूरे कद का हो गया है; you will not find a man of his ~ in the office कार्यालय में तुम उसकी-सी डील-डौल वाला आदमी नहीं पाओगे. **2.** (moral importance) चारित्रिक महत्ता[F] : it is hard to ignore his ~ उसकी ≈ का तिरस्कार करना कठिन है.

status स्टे'टस *n*[c]. **1.** (position) स्थिति[F] : ~ quo यथावत्/पूर्ववत् ≈; his ~ in the society is very important समाज में उसकी ≈ बहुत महत्वपूर्ण है. **2.** (state of affairs) दशा[F], हालत[F] : what is the ~ of negotiations between the management and the employees प्रबंधक और कर्मचारियों के बीच बातचीत[F] की क्या ≈ है? **3.** (rank) हैसियत[F] : a man of high ~ बड़ी ≈ वाला आदमी; university teachers have higher ~ than college teachers विश्वविद्यालय के अध्यापकों की ≈ कॉलेजों के अध्यापकों से बड़ी होती है; what is his ~ among novelists उपन्यासकारों में उसकी क्या ≈ है?

staunch स्टॉन्च **I.** *v.t.* (stop) रोकना : ~ the flow of blood from his wound उसके घाव से रक्तस्राव रोकिए. **II.** *a.* **1.** (loyal) सच्चा, पक्का [ally मित्र, believer विश्वासी, supporter समर्थक]; you can rely on a ~ friend तुम एक सच्चे मित्र पर भरोसा कर सकते हो; a ~ friend is hard to find एक निष्ठावान मित्र पाना कठिन है. **2.** a ~ Muslim, Sikh, Hindu एक कट्टर मुसलमान, सिख, हिन्दू.

staves plural of 'staff' डंडा.

stay स्टे **I.** *v.t.* **1.** (remain) रहना, ठहर जाना : where did you ~ last night पिछले रात[F] तुम कहाँ रहे/ठहरे? I shall ~ at home tomorrow कल मैं घर पर रहूँगा; I ~ed with my friend for a month in America मैं अपने मित्र के साथ अमेरिका में एक महीना रहा; money does not ~ in his hand पैसा उसके हाथ में नहीं ठहरता; the mother told the child to ~ in bed माँ ने बच्चे से कहा कि बिस्तर में रहना. **2.** ठहरना, रुक जाना : ~ where you are जहाँ हो वहीं ठहर जाओ; he ~ed there for dinner वह भोजन के लिए वहाँ रुक गया; ~ here till I return मेरे लौटने तक यहीं ठहरना/रुकना. **3.** (check) रोकना, रोकथाम करना : who can ~ him from participating in the race उसे दौड़[F] में भाग लेने से कौन रोक सकता है? to ~ the construction work निर्माण-कार्य को रोक देना; to ~ smb's hand किसी का हाथ रोक देना; his progress has been ~ed उसकी प्रगति[F] रोकी गई है. **4.** (postpone) स्थगित करना : to ~ judgement निर्णय ≈; to ~ order आदेश ≈; I cannot ~ my scheme मैं अपनी योजना[F] स्थगित नहीं कर सकता. Δ ~ **away** दूर रहना : she ~ed away from the crowd वह भीड़[F] से दूर रही; to ~ **on** कुछ और दिन रह जाना; ~ **out** बाहर रहना : he is not allowed to ~ out after 9 p.m. उसे रात[F] नौ बजे के बाद बाहर रहने की इजाज़त नहीं है; ~ **up late** देर रात[F] तक जागते रहना. **II.** *n*[u]. **1.** (sojourn) ठहराव, टिकान[F] [peaceful शांतिपूर्ण, temporary अस्थायी]; it was a short ~ for all of us हम सब के लिए यह थोड़ा-सा ≈ था; we had a week's ~ in their house हम उनके मकान में एक सप्ताह ठहरे. **2.** (check) रोक[F], रोकथाम[F] : ~ on/upon smb's movement किसी की गति[F] पर ≈. **3.** (postponement) स्थगन : ~ order ≈ आदेश; the court allowed the ~ of the execution न्यायालय ने तामील/डिग्री के ≈ की अनुमति[F] दी. **4.** (support) टेक[F], सहारा : old man's ~ बूढ़े आदमी की टेक; an uncle is her only ~ एक चाचा उसका एकमात्र सहारा है.

STD subscriber trunk dialling.

stead स्टॅड *n*[u]. **1.** बजाय, के स्थान पर : in somebody's ~ किसी के स्थान पर; in my ~ मेरे बदले में, मेरे स्थान पर; Mr. Niraj will act as principal in Dr. Chawla's ~ श्री नीरज डॉ. चावला के स्थान पर प्राचार्य के रूप में काम करेंगे; in ~ of punishment he found a reward दण्ड के स्थान पर (के बजाय)

उसे पुरस्कार मिला; in ~ of studying he went to the theatre पढ़ने के बजाय वह थिएटर चला गया (अभिनेता बन गया). **2.** to stand smb in good ~ वक्त पर काम आना : these notes will ~ me in time ये नोट मुझे वक्त पर काम आएँगे. **steadfast** स्टें ड्'फ़ास्ट *a.* (firm) स्थिर, पक्का [faith विश्वास, friend मित्र, love प्रेम, supporter समर्थक]; you should be ~ in your decision तुम्हें अपने निर्णय में ≈ होना चाहिए; he is a man of ~ mind वह पक्के जी का आदमी है; the Chief Minister is ~ in his resolve not to leave the chair मुख्यमंत्री कुर्सी[F] न छोड़ने के अपने निश्चय पर दृढ़ हैं; he is a ~ follower of his teacher वह अपने गुरु का पक्का अनुगामी है. **steadily** स्टें'डिलि *adv.* स्थिर गति[F] से : drive ~ ≈ चलाओ; he progressed ~ वह ≈ प्रगति[F] करता गया. **steady** स्टें'डि **I.** *a.* **1.** (firmly fixed) स्थिर, पक्का [ladder सीढ़ी[F], table मेज़]; one of the legs of the chair is not ~ कुर्सी का एक पाया स्थिर नहीं है; to be as ~ as rock चट्टान[F] की तरह[F] अटल होना; keep ~ स्थिर रहिए; he is ~ in his principles वह अपने सिद्धांतों पर ≈ है; hold your stick ~ अपनी छड़ी[F] पक्की थामो. [*ant.* un~] **2.** (uniform) एकसमान [effect प्रभाव, law कानून]; to have a ~ wind एक समान हवा[F] होना; a ~ rule must be enforced on all the office bearers सभी पदाधिकारियों के लिए ≈ नियम होना चाहिए. **3.** (regular and even) निरंतर, एक-सा : ~ income ≈ आय[F]; he is making ~ progress वह निरंतर एक-सी प्रगति[F] कर रहा है; keep up a ~ speed बराबर एक-सी रफ़्तार[F] रखिए. **4.** (industrious) लगातार परिश्रमी : ~ player ≈ खिलाड़ी; only a ~ man can succeed in his life केवल लगातार ≈ व्यक्ति जीवन में सफलता[F] पा सकता है. **II.** *v.t.i.* स्थिर करना या होना : to ~ the table with cement सीमेंट से मेज़ को स्थिर करना; to ~ the motion of the motor मोटर की गति[F] स्थिर करना; he cannot do the work unless he steadies himself वह काम नहीं कर सकता जब तक कि स्थिर नहीं होता. **III.** *adv.* see 'steadily' above.

steal स्टील *v.t.* (stole, stolen) **1.** (to commit theft) चोरी[F] करना, चुराना : his radio was stolen उसका रेडियो चुरा लिया गया; who has stolen your watch तुम्हारी घड़ी[F] किसने चुराई है ? someone stole my purse किसी ने मेरा बटुआ चुरा लिया; if you ~ smb's money, you will be punished यदि तुम किसी का पैसा चुराओगे तो दण्डित किए जाओगे; it is a crime to ~ ≈ अपराध है. **2.** (obtain surreptitiously) मार लेना, चोरी-छिपे पा लेना : the dog tried to ~ the cat's meal कुत्ते ने बिल्ली[F] का भोजन मार लेने का प्रयास किया; to ~ a look at a pretty girl किसी सुंदर लड़की[F] को चोरी-छिपे देख लेना; she could ~ a few minutes' sleep वह लुकछिपकर कुछ क्षण सो पाई. **3.** (move silently) चुपके से आना या जाना : he stole into the room when we were discussing today's news वह कमरे में चुपके से आ गया जब हम आज के समाचार पर बहस कर रहे थे. Δ **to ~ a glance** लुक-छिपकर देखना; **~ a march on smb** किसी से आगे निकल जाना : he stole a march on his comrades within a short period वह कम समय में अपने साथियों से आगे निकल गया. [*as distinct from* steel] **stealing** स्टी'लिङ्ग *n*[u]. चोरी[F] : the boy was caught in the act of ~ and was expelled from the school लड़का चोरी[F] करते हुए पकड़ा गया और विद्यालय से निकाल दिया गया; he learnt ~ from his mother उसने चोरी अपनी माँ से सीखी. **stealth** स्टेल्थ *n*[u]. छिपाव, चोरी[F] : by ~ चोरी-छिपे; to take away smb's books by ~ किसी की किताबें[F] चोरी-छिपे ले जाना. **stealthily** स्टेल्'थिलि *adv.* छिपे-छिपे, चोरी-चोरी, चुपके से : he entered the room ~ वह कमरे में चुपके से घुस गया/आया; the mother ~ took away the child's toys माँ बच्चे के खिलौने ≈ ले गई; he came out of the meeting ~ वह सभा[F] से ≈ बाहर आ गया.

steam स्टीम **I.** *n*[u]. **1.** वाष्प[F], भाप[F] [hot गर्म, poisonous विषैली]; clouds of ~ ≈ के बादल; the machine is driven by ~ यह

मशीन^F ≈ से चलती है; the room was heated by ~ कमरा वाष्प से गर्म किया गया था. **2.** (energy) उत्साह, जोश : the ~ was so powerful that he jumped several centimetres high उत्साह इतना प्रबल था कि वह कई सेमी. ऊंचा कूद गया; he is run out of ~ उसका ≈ जाता रहा; proceed with full ~ पूरे ≈ के साथ आगे बढ़ो. Δ **let off ~** मन का गुबार निकालना : to let off ~ over smb किसी पर अपने मन का गुबार निकालना; he is **run out** of ~ उसका उत्साह भंग हो गया है. **II.** *a.* भाप का [boat नाव^F/जहाज़, engine इंजन, machine मशीन^F]. **III.** *v.t.i.* **1.** भाप छोड़ना, से भाप उठना या निकलना : now the hot water is ~ing अब गर्म पानी से भाप उठ रही है; the kettle is ~ing केतली से भाप निकल रही है; the train ~ed and left the platform रेलगाड़ी^{F} ने भाप छोड़ी और प्लेटफार्म से छूट गई. **2.** (treat with ~) भाप देना : to ~ the patient's nostrils मरीज़ के नथनों में ≈. **3.** दम देना : to ~ the potatoes आलुओं को ≈. **4.** (move) (वाष्पशक्ति से) आना, जाना, चलना : the ship ~ed up to the port जहाज वाष्पशक्ति से बंदरगाह में आ गया. Δ **~ away** चल पड़ना : the train ~d away गाड़ी^{F} चल पड़ी; **~ up** भाप से रुक जाना : my spectacles ~ed up मेरा चश्मा भाप से ढक गया; **to get ~ed up** (i) ज़ोर से चलना : our scheme is getting ~ed up हमारी योजना^{F} ज़ोर से चलने लगी है; (ii) उत्तेजित हो जाना : he got ~ed up by his taunts वह उसके तानों से उत्तेजित हो उठा.

steamer स्टी'मर n^c. अग्निबोट, स्टीमर : ~s are now getting out of use स्टीमर का प्रयोग अब कम होता जा रहा है; some ~s do run in the rivers कुछ स्टीमर नदियों^{F} में अवश्य चलते हैं.

steel स्टील **I.** *n.* **1.** इस्पात, फ़ौलाद [cast ढलुआ, stainless ज़ंगरहित]; a sword is made of ~ तलवार^F ≈ की बनी होती है; (fig.) **he has a heart of ~** उसका दिल फ़ौलाद का है. **2.** (sword, etc.) (also cold ~) तलवार^F, छुरा आदि : he has a ~ of olden times पुराने ज़माने की उसके पास एक तलवार^F है; he amply gave the enemy a taste of his ~ उसने शत्रु को अपनी तलवार^F का जौहर दिखाया. **II.** *v.t.* **1.** फ़ौलाद चढ़ाना : to ~ the spear भाले पर फ़ौलाद चढ़ाना. **2.** (harden) कड़ा करना : to ~ one's heart हृदय ≈; he ~ed himself to face the situation उसने स्थिति^{F} का सामना करने के लिए अपने को कड़ा बनाया; they ~ed themselves against any attack उन्होंने किसी भी आक्रमण के विरुद्ध अपने को कड़ा बनाया. **III.** *a.* इस्पाती, फ़ौलादी [plant कारख़ाना, weapon हथियार]. [*as distinct from* steal]

steep स्टीप **I.** *a.* **1.** खड़ी [climb चढ़ाई^F, hill पहाड़ी^{F}, path राह^F, slope ढाल^F]; it is difficult to climb on a ~ cliff ≈ चट्टान पर चढ़ना कठिन होता है; the path becomes ~er and ~er near the heights of Kedarnath केदारनाथ के पास की ऊँचाइयों^{F} पर रास्ता खड़ा होता गया है. **2.** (excessive) अत्यधिक : prices in this shop are rather ~ इस दुकान^F पर कीमतें^{F} कुछ अधिक हैं; he demands a ~ price for his car वह अपनी कार^F की अत्यधिक कीमत^F माँगता है. **II.** *v.t.* **1.** (soak) भिगोना : to ~ the clothes in water for washing धुलने के लिए कपड़े पानी में भिगोना; we ~ vegetables before cooking पकाने से पहले हम सब्ज़ियाँ^{F} धो-भिगो लेते हैं. **2.** (fill) भरना : he is ~ed in Vedic knowledge उसमें वैदिक ज्ञान भरा है; these tribes are ~ed in ignorance ये जनजातियाँ^{F} अज्ञान में डूबी हुई हैं.

steer स्टिअर **I.** n^c. मवेशी का बधिया बच्चा, जैसे cow's ~ बधिया बछड़ा; buffalo's ~ पाड़ा; in Europe they keep ~s for their meat यूरोप में मांस के लिए बधिया बछड़े पालते हैं; the cow has a ~ गाय का एक बधिया बछड़ा है. **II.** *v.t.* **1.** चलाना : he ~ed the ship carefully to the shore उसने सावधानी^{F} से समुद्र-तट की तरफ़ जहाज़ चलाया; to ~ a boat fastly तेज़ी-से नाव^F चलाना; to ~ the car into a garage गराज में कार^F चला ले जाना. *v.i.* the car ~s easily कार आसानी से चल पड़ती है. **2.** (guide) मार्ग दिखाना, ले चलना : the captain ~ed the ship कैप्टेन जहाज़ ले चला; he ~ed for them the way to success उसने उन्हें सफलता[F] का मार्ग दिखा दिया. Δ ~ **clear of smth and smb** किसी वस्तु या व्यक्ति से बचकर रहना, से दूर रहना : to ~ clear of the vices बुराइयों[F] से बचकर रहना.

stem स्टॅम **I.** *n*[c]. **1.** (of tree) तना [long लंबा, thick मोटा, thin पतला]; the ~ of a plant पौधे का तना; ~s of sunflower plants are straight and stiff सूरजमुखी पौधों के तने सीधे और कड़े होते हैं. **2.** (narrow tube) नली[F] : the ~ to the lubricator is cracked लुब्रिकेटर की ≈ फटी है. **3.** (of a verb) धातु[F] : in going and gone 'go' is the ~ जाना, जाऊं, जाता में 'जा' धातु है. **4.** (of a noun) प्रातिपादिक : in 'entitled' 'title' is the ~ 'अधिकारी' में 'कार' ≈ है. **5.** (lineage) आदि पुरखा, वंश : can you tell me his ~ क्या तुम उसका ≈ बता सकते हो ? **II.** *v.t.* (-mm-) **1.** (check) रोकना : to ~ the blood ख़ून रोकना; to ~ the flow of the stream धारा[F] का बहाव रोकना; to ~ an enemy's advance शत्रु को आगे बढ़ने से रोकना; to ~ an epidemic महामारी[F] की रोकथाम[F] करना. **2.** (dam up) बाँध बनाना : to ~ a river नदी[F] पर बाँध बनाना. **3.** के विरुद्ध आगे बढ़ना : the ship ~med the current जहाज़ धारा[F] के विरुद्ध आगे बढ़ गया. **4.** (~ from) से उत्पन्न होना : this plan ~med from joint discussion यह योजना[F] सम्मिलित परिचर्चा[F] के फलस्वरूप उत्पन्न हुई.

stench स्टॅन्च *n.* दुर्गंध[F], बदबू[F] : (of rotting) सड़ायँध[F]; (of burning flesh, fat, etc.) चिरायँध[F]; (of flesh, fish) बिसायँध[F]; (of oil) तिलौंछ[F]; (of burning cloth) कपड़गंध[F]; (of smoke) धुँआयँध[F]; there is a terrible ~ coming from leather factory चमड़े के कारखाने से भयंकर ≈ आ रही है; none can stay there for a minute because of extreme ~ अत्यंत दुर्गंध के कारण वहाँ कोई एक मिनट भी नहीं ठहर सकता.

stencil स्टॅन्'सिल *n*[c]. चरबा, स्टेंसिल : a ~ has several designs cut in it स्टेंसिल ≈ में कई चित्र कटे हैं; I made several copies of this document with the help of a ~ ≈ की सहायता[F] से इस दस्तावेज़ की मैंने कई प्रतियाँ तैयार कीं.

stengun स्टेन्'गन *n*[c]. स्टेनगन[F] : ~ is a small machine gun ≈ एक छोटी मशीनगन होती है; the murderer was caught along with his ~ हत्यारा अपनी ≈ समेत पकड़ा गया.

steno, stenographer स्टॅनॉ', स्टॅनॉ'ग्राफ़र *n*[c]. आशुलिपिक [experienced अनुभवी, expert दक्ष]; ~s know shorthand writing ≈ आशुलिपि में लिखना जानते हैं; this novelist has employed a ~ इस उपन्यासकार ने एक ≈ रख लिया है.

step स्टॅप **I.** *pref.* सौतेला : ~ brother सौतेला भाई; ~ child ≈ बच्चा; ~ daughter सौतेली बेटी; ~ father कठबाप, सौतेला बाप; ~ mother सौतेली माँ; ~ sister सौतेली बहन; he is his ~ son वह उसका ≈ बेटा है. **II.** *n*[c]. **1.** (distance by foot) कदम : the office is a few ~s from here यहाँ से कार्यालय कुछ ≈ पर है; to take two ~s forward दो ≈ आगे बढ़ना; the horse cannot go a ~ ahead from here घोड़ा यहाँ से एक ≈ आगे नहीं बढ़ सकता; as he went a ~ forward suddenly he fell down जैसे ही वह एक ≈ आगे गया कि एकाएक गिर पड़ा. Δ **to be in ~ with smb** किसी से कदम मिलाकर चलना; ~ **by** ~ कदम-पे-कदम, धीरे-धीरे : he is improving ~ by ~ उसमें धीरे-धीरे सुधार हो रहा है. **2.** (sound) पदध्वनि[F], आहट[F] [light हल्की, loud भारी, slow धीमी]; I heard his ~s at midnight and woke up मैंने अर्द्धरात्रि[F] में उसकी ≈ सुनी और जाग गया; the sound of his ~ was coming nearer and nearer उसकी ≈ की आवाज़ निकट ही निकट आती रही थी; I was hearing the ~s of the passers-by मैं राह चलते लोगों की ~ सुनता रहा; blind persons recognise people by their (foot) ~s अंधे आदमी लोगों को उनकी ≈ से पहचान लेते हैं. **3.** (foot-prints) पदचिह्न : distinctly these are the ~s of your friend स्पष्ट रूप से ये ≈ तुम्हारे मित्र के हैं; the police tallied his ~s पुलिस[F] ने उसके पदचिह्नों का मिलान किया. **4.** (measure taken) उपाय, कार्रवाई[F] : he had to take a decisive ~ at last अंत में उसे निर्णायक कार्रवाई करनी पड़ी; the ~

taken by him failed उसके द्वारा की गई कार्रवाई असफल हो गई; take ~s to suppress the rebellion विद्रोह को दबाने के लिए कदम उठाना या उपाय करना; before taking a ~ think for a minute कोई कदम उठाने के पहले एक मिनट सोचो. **5.** (stage of progress) चरण, सोपान [first प्रथम, last अंतिम]; it is the second ~ of my success मेरी सफलता^{F} का यह दूसरा ≈ है. **6.** (of stairs, etc.) ज़ीना, सीढ़ी^{F} : he fell down from the top ~ वह ज़ीने के सिरे से नीचे गिर पड़ा. **7.** (rung of a ladder) डंडा : she sat on the bottom ~ of the stairs वह सीढ़ी^{F} के निचले डंडे पर बैठ गई; one ~ in theadder is weak सीढ़ी का एक डंडा कमज़ोर है. Δ **to break ~** कदम मिलाकर न चलना; **keep ~** कदम मिलाना : the soldiers kept ~s in their march सिपाही कदम मिलाकर मार्च कर रहे थे; **take ~s** कदम उठाना, कार्यवाही करना (see No. 4 above); **~ by ~** धीरे-धीरे, क्रमशः : we all will succeed ~ by ~ हम सब ≈ सफल होंगे. **II.** *v.t.* (-pp-) **1.** चलना, जाना, आना, डग भरना, कदम रखना : he ~ped forward उसने आगे कदम रखा; when I ~ped on the boat, the batsman started it जैसे ही मैंने नाव में कदम रखा, नाविक ने इसे चला दिया. **3.** (tread) पर पैर रखना : sorry! did I ~ on your feet खेद है ! क्या मैंने तुम्हारे पैर पर पैर रख दिया ? she ~ped over a cat उसने बिल्ली पर पैर रख दिया. Δ **~ aside** हटना, स्थान छोड़ना : I am willing to ~ aside in his favour मैं उसके पक्ष में हटने को राज़ी हूँ; **~ down** हट जाना; **~ in** (i) अंदर जाना या आना : the students ~ped into the chamber of the principal छात्र प्राचार्य के कमरे के अंदर आ गए; (ii) बीच में आ पड़ना : when two persons quarrel, you need not ~ in जब दो व्यक्ति लड़ें तो तुम्हें बीच में आ पड़ने की ज़रूरत नहीं है; I ~ped in to make a compromise between them मैं उन दोनों में समझौता कराने के लिए बीच में पड़ गया; **~ off** नीचे उतर चलना : she ~ped off the bus वह बस^F से नीचे उतर आई; **~ on it** जल्दी करो; **~ out** जल्दी कदम बढ़ाना : when the captain ordered the soldiers, they ~ped out to reach the cantonment जब कप्तान ने सिपाहियों को आदेश दिया तो वे सैनिक छावनी^{F} पहुँचने के लिए आगे बढ़े; **~ up** (i) ऊपर बढ़ना : five students in the school ~ped up their class विद्यालय में पाँच लड़के एक कक्षा^{F} ऊपर चढ़ गए; (ii) बढ़ाना : the mill has ~ped up its output of cloth कारख़ाने ने कपड़े का उत्पाद बढ़ा दिया है.

stereotype स्टिअ'रिअटाइप *n*^{c}. **1.** (in printing) तख़्ती, मुद्रणफलक : you print by using ~s आप ≈ से छपाई^F करते हैं. **2.** (true copy) हूबहू नकल : she is the ~ of a queen वह रानी की ≈ है. **3.** नमूना : he is the ~ of a lawyer वह एक वकील का ≈ है, एक नमूने का वकील है; she is not the ~ of a modern woman वह आधुनिक स्त्री का ≈ नहीं है. **stereotyped** स्टिअ'रिअ'टाइप्ड *a.* **1.** घिसा-पिटा, रस्मी [idiom मुहावरा, view विचार]; he is a man of ~ thinking वह पुरानी सोच^F का आदमी है; she is a ~ woman वह दकियानूसी औरत^F है; he gave the same ~ answer उसने वही ≈ जवाब दिया.

sterile स्टॅ'राइल *a.* **1.** बाँझ : ~ woman ≈ स्त्री; a mule is a ~ animal खच्चर एक ≈ जानवर है. **2.** (of land) बंजर, ऊसर, अनुर्वर, अनुपजाऊ : he sold all his ~ land for a nominal price उसने अपनी पूरी ≈ ज़मीन^F नाममात्र कीमत^F पर बेच दी; many acres of land in India is ~ भारत में कई एकड़ ज़मीन ≈ है. **3.** (of plant) फलहीन, अफल [lemon नीबू, mango आम]; many trees in the garden are ~ बाग में कई पेड़ ≈ हैं. **4.** (of instruments) कीटाणुरहित : the doctor uses ~ instruments डाक्टर ≈ उपकरण इस्तेमाल करता है. **5.** (of effort) निष्फल, व्यर्थ : the talk about Kashmir was ~ कश्मीर के बारे में बातचीत^F ≈ हो गई. **6.** (of life) थोथा : ~ speech, idea ≈ भाषण, विचार; the lawyer's arguments were ~ वकील के तर्क थोथे थे.

stern स्टर्न **I.** *n*^{c}. **1.** (of ship) दुम्बाल, पिछला सिरा : the ~ of the boat नाव^F का ≈; the ship was split from stem to ~ जहाज़ मन्दान से दुम्बाल तक टूट गया; (fig.) एक सिरे से दूसरे सिरे तक : to stand at the ~ दुम्बाल पर खड़ा होना. 2. (rump) पुट्ठा, चूतड़ : strong ~ of the bull बैल का मज़बूत पुट्ठा; ~ is that part of the body on which one sits ≈ शरीर का वह अंग है जिस पर हर कोई बैठता है. **II.** *a.* **1.** (strict) कड़ा, सख़्त [discipline अनुशासन, punishment दण्ड]; it is the ~ order of the chief यह प्रमुख का कड़ा आदेश है. **2.** (harsh) कठोर, निर्दय [decision निर्णय, fellow व्यक्ति, teacher अध्यापक, treatment व्यवहार]; he is a ~ master वह ≈ स्वामी है; his ~ parents will give him nothing उसके ≈ माता-पिता उसे कुछ न देंगे. [*ant.* lenient] **sternly** स्टर्न'लि *adv.* सख़्ती^F से, कड़ाई^F से : the captain ~ ordered the soldiers to go from there कप्तान ने सैनिकों को वहाँ से चले जाने के लिए सख़्ती से हुक्म दिया; the mother treated the boy ~ माँ ने लड़के के साथ ≈ बरताव किया.

stethoscope स्टॅ'थॅस्कोप *n.* स्टेथास्कोप, परिश्रावक : a doctor hears the heart beats with a ~ डाक्टर हृदय की धड़कनों^F को ≈ की सहायता^F से सुनता है; most of the doctors do not know the proper use of ~ अधिकतर डॉक्टर ≈ का सही प्रयोग नहीं जानते.

stew स्ट्यू **I.** *v.t.* सिझाना, उबालकर पकाना : to ~ fruit in water and sugar on a cooker कुकर पर पानी और चीनी^F में फल ≈. **II.** *v.i.* **1.** सीझना, उबलते पकना : mutton will not ~ in this way इस तरह बकरे का मांस न सीझेगा. **2.** उमस^F से परेशान होना : everyone ~ed in summer when the supply of electricity was damaged जैसे ही बिजली की आपूर्ति^F खराब हुई सभी लोग उमस से परेशान हो गए. Δ **he is ~ing in his own juice** वह अपने किए का फल पा रहा है. **III.** *n.* (dish) दमपुख़्त : I like the ~ of vegetables very much मैं सब्ज़ी का ≈ बेहद पसंद करता हूँ.

stick स्टिक **I.** *v.t.* & *v.i.* (*p.* & *p.p.* stuck) **1.** (thrust into) चुभाना, घुसेड़ना, भोंकना, गड़ाना : to ~ a knife cleverly चतुराई^F से चाकू घुसेड़ देना; he stuck a pin in the cushion उसने गद्दी^F में पिन घुसेड़ दिया; to ~ a spade in the ground ज़मीन में फावड़ा मारना; he stuck the sword into his chest उसने उसके सीने में तलवार^F भोंक दी. **2.** (fix on) लगाना, लगा देना : he stuck a rose in the buttonhole of his coat उसने अपने कोट के काज में गुलाब का फूल लगा लिया. **3.** *v.i.* (to be fixed by point) चुभना, चुभ जाना : the pin stuck in his finger पिन उसकी उंगली^F में चुभ गई. **4.** *v.i.* चिपकना : the stamp has stuck on the envelope टिकट लिफ़ाफ़े पर चिपक गया है; the pages of this register are ~ together इसके पन्ने आपस में चिपक (जुड़) गए हैं. **5.** *v.t.* चिपकाना : to ~ a sheet of paper on the drawing board ड्राइंग बोर्ड पर काग़ज़ का एक ताव चिपकाना; to ~ a stamp on the letter पत्र पर टिकट ≈; the peon stick the notice on the notice board चपरासी ने सूचनापट्ट पर सूचना^F चिपका दी; to ~ a label on one's luggage अपने सामान पर लेबल ≈. **6.** (put) रख देना, रख लेना, लगाना; (inset) खोंसना : the captain was sitting there with a small pipe stuck into his mouth कप्तान एक छोटी-सी चिलम मुँह में रखे हुए बैठा था; she stuck a flower in her hair उसने अपने बालों में एक फूल खोंस लिया. **7.** बाहर की ओर निकाल रखना : to ~ one's head **out** of the window अपना सिर खिड़की से बाहर निकाल रखना; don't ~ your hand **out** of the running train चलती रेलगाड़ी^F से अपना हाथ बाहर मत निकाल रखो. **8.** (lose power of motion) अटक जाना, रुकना : he stuck in the middle of his speech वह अपने भाषण के मध्य में अटक गया; he often ~s in the mid of his statement प्राय: वह अपने कथन के बीच में रुक जाता है; the car stuck in the mud and could not move again कार^F कीचड़ में अटक गई और फिर न चल/हिल सकी; the fish-bone stuck in his mouth मछली^F की हड्डी^F उसके मुँह में अटक गई. **9.** (support with stick) लकड़ी^F लगाना, टेक^F लगाना : to ~ the thatch छप्पर में टेक लगाना; to ~ the banana, so that it may not fall केले के पेड़ में टेक लगाना, जिससे वह

गिर न सके. Δ (prepositional phrases) **to ~ around** आस-पास रहना : he still ~s around here वह अब भी यहीं कहीं आस-पास रहता है; **~ at** (i) हिचकना : he ~s at nothing to achieve his end अपना उल्लू सीधा करने के लिए वह किसी बात से नहीं हिचकता; (ii) he is ~ing (at) the service of his master वह अपने मालिक की सेवा[F] में लगा हुआ है; **~ down** (i) चिपकाकर बंद करना : to ~ the envelope with glue गोंद से लिफ़ाफ़ा चिपकाना; (ii) रख देना : ~ down your coat अपना कोट रख दो; **~ in one's throat** (i) गले के नीचे न उतरना : his statement did not ~ in my throat उसका बयान मेरे गले नहीं उतरा; (ii) ज़ुबान पर अटक जाना : my words stuck in my throat मेरे शब्द गले में अटक गए; **~ on** बने रहना : how can you ~ on a job for months तुम एक ही काम पर महीनों कैसे बने रह सकते हो ? **~ out** (i) के बाहर निकला हुआ होना : his teeth are ~ing out उसके दाँत बाहर निकले हुए हैं; (ii) बाहर निकालना : don't ~ your head out of the window अपना सिर खिड़की[F] के बाहर मत निकालो; **~ out for** की माँग[F] पर डटे रहना : the union leaders stuck out for their demand यूनियन के नेता अपनी माँग पर डटे रहे; she has at last stuck out for the job अंततः वह अपने काम में डट गई है; **~ to** नहीं छोड़ना, करते रहना, में लगा रहना : to ~ to a friend in his need मित्र की मुसीबत[F] में उसका साथ देते रहना; he did not ~ to his promise उसने अपना वादा पूरा नहीं किया; he is still ~ing to his plans वह अब भी अपनी योजनाओं में लगा हुआ है; **~ together** (i) साथ निभाना, एक-दूसरे के प्रति निष्ठावान् होना : those friends always ~ together वे मित्र एक-दूसरे के प्रति सदा निष्ठावान रहते हैं, एक-दूसरे का साथ निभाते हैं; (ii) the papers are stuck together काग़ज़ आपस में जुड़े हैं; **~ up** (i) लगाना : we stuck up bills हमने इश्तहार लगाए; (ii) आतंक फैलाकर लूटना : the robbers stuck up the whole village डकैतों ने आतंक फैलाकर पूरा गाँव लूट लिया; **~ up for** (i) का पक्ष लेना, के पक्ष में बोलना : he stuck up for his friend before the principal प्राचार्य के सम्मुख वह अपने मित्र के पक्ष में बोला; (ii) बचाव करना : to ~ up yourself against an attack किसी आक्रमण से अपना बचाव करना; **~ up to** डटकर सामना करना : he stuck up to his opponents उसने अपने शत्रुओं का डटकर सामना किया; **~ with** के प्रति निष्ठावान् रहना, साथ निभाना : the peon stuck with the officer चपरासी अधिकारी के प्रति निष्ठावान् रहा. **II.** *n*[c]. **1.** (piece of wood) लकड़ी[F] [heavy भारी, knotted गाँठदार]; they took away all the ~s to make fire वे आग जलाने के लिए सारी लकड़ियाँ उठा ले गए. **2.** (club) लाठी[F], डण्डा; (walking ~) छड़ी[F] [heavy भारी, straight सीधी, thin पतली]; he beat the boy with a ~ उसने लड़के को छड़ी से पीटा; he was leaning on the ~ वह लकड़ी के सहारे टेक लगाए था; the old man uses a ~ when he goes out बूढ़ा आदमी जब बाहर जाता है तो लाठी[F] से काम लेता है. **3.** (of chalk, sealing wax, etc.) चाक या लाख की बत्ती[F]. **4.** (a person) रूखा आदमी : all the four persons are dull ~s वे चारों व्यक्ति रूखे हैं. **sticker** स्टि'कर *n*[c]. स्टिकर [beautiful सुन्दर, coloured रंगीन, green हरा]; his shelf is covered with ~s उसका शेल्फ़ स्टिकरों से ढका हुआ है. **sticky** स्टि'कि *a.* (stickier, stickiest) **1.** चिपचिपा, लसलसा : ~ material ≈ पदार्थ; ~ sweet चिपचिपी मिठाई[F]; glue is a ~ substance सरेस चिपचिपा पदार्थ है; his hands are ~ with jam उसके हाथ मुरब्बे से लसलसे हो गए हैं. **2.** (troublesome) टेढ़ा, हुज्जती : he is the stickiest person in this family इस परिवार में वह सबसे ≈ व्यक्ति है. **3.** घोर, भीषण [crime अपराध, insult अपमान, situation स्थिति[F]]; such a ~ fire will ruin the whole village इस प्रकार की भीषण अग्नि पूरे गाँव को तबाह कर देगी. **4.** it came to a ~ end उसका अंत दुखद था.

stiff स्टिफ़ *a.* **1.** (rigid) कड़ा, सख़्त : ~ rules कड़े नियम; ~ tradition कड़ी परम्परा[F]; ~ collar कड़ा कालर; a ~ piece of paper काग़ज़ का कड़ा टुकड़ा; the joint is very ~

जोड़ बहुत कड़ा है. **2.** (inflexible) कड़ा, दुर्नम्य, अनम्य : ~ leg कड़ी टाँग; the Constitution of India is neither too rigid nor too lenient भारत का संविधान न तो बहुत कड़ा है न बहुत नम्य; the wire is very ~ यह तार बहुत अनम्य है. **3.** (of muscle पेशी^F) कड़ी, सख़्त : he is very ~ in his physique वह अपने शारीरिक गठन में बहुत ही कड़ा है. **4.** (of gear, wheel, lock) कड़ा, जाम : the lock will not open easily, it is too ~ ताला आसानी^F से नहीं खुलेगा यह बहुत ही जाम हो गया है. **5.** (~-necked) (i) हठीला, हठधर्मी : I found the manager very ~ मैंने मैनेजर को बहुत ≈ पाया; (ii) (haughty) घमण्डी : ~ woman ≈ औरत^F; he is a ~-necked fellow, he will not even talk to you वह एक ≈ व्यक्ति है वह तुमसे बात^F तक नहीं करेगा. **6.** (difficult to do) कठिन, दुसाध्य [climb चढ़ाई^F, examination परीक्षा^F]; the job is ~, you must take care काम कठिन है तुम्हें सावधानी^F बरतनी चाहिए; ~ question ≈ प्रश्न. **7.** (in contexts) ~ price भारी कीमत^F; ~ breeze तेज़ हवा^F; ~ smile कोरी मुस्कान^F. **stiffen** स्टि'फ़न *v.t.i.* **1.** सख़्त/कड़ा बनाना या होना : starch ~s a cloth माँड़ी^F/स्टार्च कपड़े को कड़ा बनाती है; his resolve ~ed उसका निश्चय कड़ा होता गया. **2.** ऐंठ जाना, अकड़ जाना : joints ~ in old age बुढ़ापे में जोड़ अकड़ जाते हैं; (fig.) he ~s very easily वह बड़ी जल्दी अकड़ जाता है. **stiffness** स्टिफ़्'निस *n.* कड़ापन : the ~ of leather चमड़े का ≈; ~ of his attitude उसके रुख़ का ≈.

stifle स्टाइ'फ़ल **I.** *v.t.* **1.** दम घोंटना : why do you ~ the hens by closing them in a small box छोटे से बॉक्स में बंद करके तुम मुर्गियों^F का दम क्यों घोंटते हो ? the children felt ~d by smoke बच्चों का धुएँ से दम घुँटने लगा; he was ~d to death उसका गला घोंटकर उसे मार डाला गया. **2.** (holdback) रोकना : he was ~d in the way उसे रास्ते में रोक लिया गया. **3.** (suppress) दबाना : the rebellion was ~d विद्रोह दबा दिया गया; we had to ~ our laughter हमें अपनी हँसी^F दबा लेनी पड़ी. **4.** (extinguish) बुझाना : they failed to ~ flames वे आग बुझाने में असफल रहे. **II.** *v.i.* गला घुटना : I shall be ~d if I hide in that cupboard यदि मैं उस अलमारी में छिप जाऊं तो मेरा गला घुट जायगा; I am stifling in this stuffy room इस बंद-बंद कमरे में मेरा दम घुट रहा है. **stifling** स्टाइफ़्'लिङ्ग *a.* दमघोंटू, गला घोंटू [atmosphere वातावरण, heat गरमी^F, smoke धुआँ]; the air in this room is ~ इस कमरे की हवा^F दमघोंटू है; the calf died because of a ~ disease गलाघोंटू बीमारी^F से बछड़ा मर गया.

still स्टिल **I.** *a.* **1.** (motionless) निश्चल, स्थिर [lake झील^F, picture चित्र, waters जलाशय]; here the water is still यहाँ पानी ≈ है; everything is ~ and calm after storm तूफ़ान के बाद यहाँ सब कुछ निश्चल और शांत है. **2.** (not talking) चुप, मौन, ख़ामोश : why are you so ~ today आज तुम इतने ख़ामोश क्यों हो ? everyone was sitting ~ there when I was delivering my lecture जब मैं अपना भाषण दे रहा था तो सब लोग वहाँ ≈ बैठे रहे. **3.** (no noise) शांत, नीरव [environment पर्यावरण, night रात^F]; it was all ~ in the night रात्रि^F में पूरी शांति थी; the forest was ~ जंगल नीरव था; how ~ everything is! सब कुछ कितना शांत है ! deep waters are ~ गहरे जलाशय शांत होते हैं. **4.** (not perturbed) शांत : ~ mind ≈ मन. **II.** *n*^c. **1.** (apparatus) भभका : a ~ is used for distilling whiskey from barley ह्विस्की चुआने के लिए भभके से काम लिया जाता है. **2.** (silence) नीरवता^F, सन्नाटा : the ~ of the forest जंगल का ≈; it was total ~ in the hall हाल में पूरा सन्नाटा था; he was the lone man reading in the ~ of that evening उस शाम के सन्नाटे में पढ़ने वाला वह अकेला व्यक्ति था. **3.** (photo) अचल चित्र : he showed some ~s of a film उसने पिक्चर के कुछ ≈ दिखाए; I have some ~s of forest life मेरे पास वन्य-जीवन (जीव-जंतुओं) के कुछ ≈ हैं. **III.** *v.t.* **1.** शांत करना : he could not still his fears वह अपना भय शांत न कर सका; the teacher ~ed all the students अध्यापक ने सभी

छात्रों को शांत कर दिया; a toffee ~ed the baby's cries एक टाफ़ी[F] से बच्चे का रोना शांत हो गया. **2.** (distil) चुआना : to ~ wine from grapes अंगूरों से शराब[F] चुआना. **IV.** *adv.* **1.** अब भी : are you ~ ill क्या तुम अब भी बीमार हो ? he is ~ working वह अब भी काम कर रहा है; he is ~ there वह अब भी वहीं हैं; he is ~ not better वह अब भी अच्छा नहीं हुआ; he is ~ busy वह अभी भी व्यस्त है; he ~ makes mistakes वह अब भी ग़लतियाँ[F] करता है. **2.** फिर भी : he ~ gave another excuse उसने फिर भी एक दूसरा बहाना बना लिया. **V.** *conj.* तो भी, तथापि : she hates me ~ I love her वह मुझसे घृणा[F] करती है, ≈ मैं उसे प्यार करता हूँ; the pain was bad, ~ he did not complain कष्ट ज़्यादा था फिर भी उसने शिकायत[F] नहीं की.

stimulant स्टि'म्यूलन्ट *a.* & *n.* **1.** उत्तेजक : his statements were ~ उसके बयान ≈ थे. **2.** (med.) उद्दीपक, नशीली (चीज़[F]) : ~ tablet ≈ टिकिया[F]; opium is a ~ अफ़ीम[F] ≈ होती है; never take a ~ ≈ कभी न लेना; the athlete took a ~ खिलाड़ी[F] ने ≈ लिया; a ~ is a strong drink or drug as brandy ब्रांडी[F] की तरह उद्दीपक एक तेज़ पेय अथवा औषधि[F] होती है. **stimulate** स्टि'म्यूलेट *v.t.* **1.** (rouse) प्रेरित करना, प्रेरणा देना, प्रोत्साहित करना : his presence ~d her for the unusual gaiety उसकी उपस्थिति[F] ने उसे असाधारण मौज-मस्ती[F] के लिए प्रेरित किया; to do smth with the intention of stimulating industry उद्योग को प्रोत्साहित करने के इरादे से कुछ करना; exercise ~s व्यायाम उत्साह बढ़ाता है; to ~ a person to action किसी व्यक्ति को काम के लिए प्रेरित करना. **2.** (excite) उत्तेजित करना : the fresh breeze ~ the blood ताज़ा हवा[F] खून को उत्तेजित करती है; her statements have ~d him to work harder उसके कथनों ने उसे और परिश्रम करने के लिए उत्तेजित कर दिया है. **3.** (med.) नशा पैदा करना : the medicine which he has taken will surely ~ him जो दवा[F] उसने ली है वह उसे नशा लाएगी. **4.** to ~ liver जिगर को सक्रिय बनाना. **stimulating** स्टि'म्यूलेटिङ्ग *a.* उत्तेजक, उद्दीपक [drink पेय, drug औषधि[F], lecture भाषण]; this is a ~ substance यह ≈ पदार्थ है; exercise is ~ व्यायाम ≈ होता है. **stimulus** स्टि'म्यूलस *n*[c]. (*pl.* stimuli) **1.** (incentive) प्रेरणा[F], प्रोत्साहन, बढ़ावा : his courage gave a great ~ to his business उसकी हिम्मत[F] ने उसके व्यापार को बड़ा बढ़ावा दिया; competition always acts as a ~ प्रतियोगिता[F] हमेशा प्रेरणा[F] के रूप में काम करती है; the increment in pay proved a ~ to the employees वेतन में वृद्धि कर्मचारियों के लिए ≈ साबित हुई. **2.** उद्दीपक : light is a ~ in the growth of plants पौधों की वृद्धि[F] में प्रकाश एक ≈ है.

sting स्टिङ्ग **I.** *v.t.* (*p.* & *p.p.* stung) **1.** (wound with a ~) डंक मारना, काटना, डसना : smth has stung the child बच्चे को किसी चीज़[F] ने डंक मार दिया है; a bee stung him on the hand मधुमक्खी[F] ने उसे हाथ पर डंक मार दिया; did a scorpion ever ~ you क्या तुम्हें कभी किसी बिच्छू ने काटा (डंक मारा) है. **2.** (of plant) जलन पैदा करना : pepper ~s the tongue and throat काली मिर्च जीभ[F] और गले में जलन पैदा करती है. **3.** (give mental pain) (also sting to quick) दुःख पहुँचाना, सालना, व्यथित करना : I was stung by his sarcastic remarks उसके व्यंग्यपूर्ण टिप्पणों ने मुझे साल दिया; the accusation of theft stung him very much चोरी[F] के आरोप ने उसे बहुत व्यथित कर दिया. **4.** (passive) be cheated ठगा जाना : I have been stung by that shopkeeper मुझे उस दुकानदार ने ठग लिया. **II.** *v.i.* दुखना, जलना : his eye is ~ing उसकी आँख[F] दुःख रही है. **III.** *n*[c]. **1.** (organ) डंक [pointed नुकीला, small छोटा]; I have a bee's ~ in my face मेरे मुँह पर मधुमक्खी[F] का डंक है; the ~ of a scorpion बिच्छू का ≈; she has a wasp's ~ on her finger उसकी उंगली[F] पर बर्रे का ≈ है. **2.** (pain) दर्द, टीस[F] : there is a ~ in my neck मेरी गर्दन[F] में ≈ है; ~ of hunger भूख[F] की वेदना[F]. **3.** चुभन[F] : there is ~ in his tongue उसकी जबान[F] में ≈ है. **stingy** स्टिन'जि *a.* **1.** कंजूस, मक्खीचूस : ~ person ≈ व्यक्ति; she is extremely ~ with money वह पैसे की बहुत ही कंजूस है; such a ~ father is hard to find इस प्रकार का ≈ पिता पाना मुश्किल है. **2.** डंकदार, दंशक [insect कीड़ा, reptile रेंगने वाला प्राणी]. **3.** ~ meal हीन भोजन.

stink स्टिङ्क **I.** *n*[u]. दुर्गंध[F], बदबू[F] : the ~ of stale fish, sweat बासी मछली[F], पसीने की ≈; the ~ bomb ≈ फैलाने वाला बम; there was a horrible ~ of rotten fruit in the room कमरे में गले-सड़े फलों की बेहद बू[F] थी; why is there so much ~ in dark rooms अंधेरे कमरों में इतनी ≈ क्यों होती है ? **II.** *v.i.* (stank, stunk) **1.** बदबू[F] करना या देना, से बदबू[F] आना या निकलना : his shirt stank of sweat उसकी कमीज़ से पसीने की बू आती थी; this pond is ~ing यह पोखरा बदबू कर रहा है; the rubbish ~s all about the street, you should not live here कूड़ा गली[F] में सर्वत्र बदबू कर रहा है तुम्हें यहाँ नहीं रहना चाहिए. **2.** गंदा हो जाना : (fig.) his plan ~s उसकी योजना[F] गंदी हो गई है; his name ~s उसका नाम गंदा हो गया है. **stinking** स्टिङ्'किङ्ग *a.* **1.** बदबूदार [drain नाली[F], smell गंध[F]]; the ~ material must be removed from here ≈ पदार्थ यहाँ से हटा देना चाहिए. **2.** (fig.) गंदा : ~ idea ≈ विचार.

stipend स्टाइ'पॅन्ड *n.* वृत्ति[F], वज़ीफ़ा : a ~ was given to a priest एक पादरी को वृत्ति दी गई; the student received a ~ of Rs. 100 p.m. छात्र को सौ रुपए प्रति माह वज़ीफ़ा मिला.

stir स्टर **I.** *v.t.* (stirred, stirring) **1.** (a liquid) चलाना : to ~ tea with a spoon चम्मच से चाय[F] चलाना; ~ the pulse with the ladle करछुल से दाल[F] चला दो. **2.** (move) हिलना, हिलना-डुलना : to ~ about इधर-उधर चलना-फिरना; if you ~, I'll shoot you हिलोगे तो तुम्हें गोली[F] मार दूँगा; nobody was ~ring from his house कोई अपने घर से नहीं हिल-डुल रहा था; he did not ~ from his place वह अपने स्थान से नहीं हिला; the story ~red the boys' curiosity कहानी[F] से लड़कों का कौतूहल उत्तेजित हुआ (जागा); to do some act without ~ring a foot बिना पैर हिलाए कोई काम करना. **3.** (move) हिलाना : there was not a breath of wind to ~ the leaves पत्तों को हिलाने के लिए हवा[F] का एक झोंका भी न था. **4.** उत्तेजित करना, जगाना : his sympathy was ~red by the appeal अपील[F] से उसमें सहानुभूति[F] जगी. **5.** (the fire) तेज़ करना : to ~ the fire आग तेज़ करना; the wind was so strong that it ~red the fire हवा[F] इतनी ज़ोरदार थी कि इसने आग को तेज़ कर दिया. **6.** (displace) खिसकाना : can you ~ the stone from here क्या तुम यहाँ से पत्थर खिसका सकते हो. Δ ~ **in** मिलाना : ~ sugar in the milk दूध में चीनी[F] मिलाओ; ~ **up** (i) उत्तेजित करना, भड़काना : he ~red up the crowd by his speech उसने अपने भाषण से भीड़[F] को उत्तेजित कर दिया; to ~ up trouble झगड़ा भड़काना; (ii) अनुप्राणित करना : to ~ the dead association मृत सभा[F] को अनुप्राणित करना; (iii) to ~ up tea चाय[F] चलाना. **II.** *n*[u]. **1.** (bustle) हलचल[F], सनसनी[F], खलबली[F] [disturbing परेशान करने वाली, much बहुत]; when he saw some ~ in the market, he returned जब उसने बाज़ार में कुछ खलबली[F] देखी तो वह लौट आया; the news caused a ~ समाचार से ≈ पैदा हो गई. **2.** (tumult) हुल्लड़, कोलाहल, गुलगपाड़ा : fast ~ तेज़ ≈; why is there so much ~ outside बाहर इतना कोलाहल क्यों है ? his action caused a great ~ in the city उसके कार्य ने शहर में बड़ा हुल्लड़ पैदा कर दिया. **stirring** स्टॅ'रिङ्ग *a.* **1.** भावोद्दीपक, भावोत्तेजक [event घटना[F], song गीत, story कहानी[F]]; he gave a ~ speech उसने एक ≈ भाषण दिया. **2.** (exciting) उत्तेजक : ~ statement ≈ कथन; ~ events ≈ घटनाएँ.

stitch स्टिच **I.** *n*[c]. **1.** (in sewing) टाँका, तोपा [loose ढीला, tight मज़बूत]; dress has small ~es पोशाक में छोटे टाँके हैं; put a ~ in your snirt कमीज़ में ≈ लगा दो. **2.** Δ **a ~ in time saves nine** वक्त पर लगाया गया टाँका नौ टाँकों का बचाव करता है. **3.** (in knitting) घर : don't drop any ~ in knitting बुनाई करते समय कोई घर न गिरा देना. **4.** (of wound) टाँका : he had to have fine ~es on the wound उसे घाव पर पाँच टाँके लगवाने पड़े; the surgeon is taking out ~es today सर्जन आज टाँके निकाल रहा है. **4.** (pain) दर्द, (पार्श्व) शूल : I feel a ~ in my side मेरे पहलू में ≈ है. **II.** *v.t.* **1.** टाँका लगाना, टाँकना, सीना : the surgeon ~es his wounds after the operation आपरेशन के बाद सर्जन उसके घावों में टाँका लगाता है. **2.** (sew) सीना, सिलाई^F करना : she can ~ this cloth within an hour वह यह कपड़ा एक घंटे में सी सकती है; she is now ~ing a blouse वह अब ब्लाउज़ सी रही है; I had a button ~ed on my shirt मैंने अपनी कमीज़ पर बटन लगाया. **stitching** स्टि'चिङ्ग n^u. सिलाई^F : double ~ बख़िया; ~ of this shirt is very poor इस कमीज़ की सिलाई^F बहुत रद्दी है.

stn. station.

S.T.O. Sales Tax Officer.

stock स्टॉक **I.** n^c. **1.** (goods) माल, बिक्री^{F} का माल, स्टॉक [old पुराना, ready तैयार, valuable कीमती]; they have large ~s of flour in the shop उनके पास दुकान^F में आटे का बड़ा स्टॉक है; now this is the new ~ अब यह नया माल है; the whole ~ of his ready-made clothes was burnt in the fire उसके सिले-सिलाए कपड़ों का पूरा स्टॉक आग^F में जल गया; he is selling all of his ~ वह अपना सारा ≈ बेच रहा है. **2.** (ready supply, provision) भंडार, संचय, संग्रह : large ~ बड़ा ≈; a large amount of his ~ was destroyed in water उसके ≈ का एक बड़ा भाग पानी में नष्ट हो गया; have you children's chappals in ~ क्या आपके स्टॉक में बच्चों की चप्पलें हैं? sorry, they are out of ~ खेद है, उनका स्टॉक ख़त्म हो गया है; she has a good ~ of novels उसके पास उपन्यासों का अच्छा संग्रह है. **3.** (livestock) पशुधन : to pile up straw for the ~ पशुधन के लिए भूसे का ढेर करना; he purchased ~ from the cattle fair उसने पशु-मेला से पशु खरीदे. **4.** (butt, handle) कुंदा, मूँठ^F : he hit him with the ~ of his whip, rifle उसने उसे चाबुक की मूठ, राइफ़ल के कुंदे से मारा. **5.** (family) वंश, कुल : he is related to the Kayastha ~ वह कायस्थ ≈ से संबंधित है; she comes of the Rajput ~ वह राजपूत कुल की है. **6.** (of a company) पूँजी^{F}, शेयरों का कुल धन, मूलधन : ~ broker शेयर दलाल; ~ holder शेयरधारी; ~ exchange शेयर बाज़ार; he has put all his money in ~ उसने अपना सारा धन शेयरों में लगा दिया है. Δ **take ~** (i) मालसूची तैयार करना, स्टाक की जाँच^F करना : he took ~ of books in his shop उसने दुकान में पड़ी पुस्तकों^{F} की सूची^{F} तैयार की; to take ~ of the ready products of the factory कारख़ाने के तैयार उत्पादों की जाँच^F करना; (ii) to take ~ of the situation स्थिति^{F} का जायज़ा लेना; (iii) take ~ of somebody किसी की योग्यता^{F} की जाँच^F करना. **II.** *a.* **1.** आम, सामान्य : he wears a ~ size of shoes वह जूतों का आम साइज़ पहनता है, आम साइज़ के जूते पहनता है. **2.** (trite) घिसा-पिटा [idea विचार, joke मज़ाक]; ~ comparison घिसी-पिटी तुलना^{F}; theme of his stories is ~one the उसकी कहानियों^{F} की कथावस्तु^{F} घिसी-पिटी है. **III.** *v.t.* **1.** (बिक्री के लिए भर रखना) : they ~ a good variety of shoes वे जूतों की अच्छी बानगियाँ^{F} रखते हैं; he has ~ed all sorts of things for sale उसने बिक्री^{F} के लिए सब प्रकार की चीज़ें रखी हैं. **2.** (gather) जमा करना, संचित करना, संग्रह करना, भरना, इकट्ठा करना : they are ~ing corn in their huts वे अपने झोपड़ों में गल्ला जमा कर रहे हैं; this library is ~ed with books on various subjects इस पुस्तकालय में विविध विषयों की पुस्तकें^{F} भरी रहती हैं; she has ~ed much money since she started business जब से उसने व्यापार शुरू किया उसने अच्छा पैसा इकट्ठा कर लिया है. **3.** (provide with) लगाना, से सज्जित करना, से भर देना : to ~ the shop with various types of goods विभिन्न प्रकार के सामान से दुकान^F को सज्जित करना; to ~ the farm with milchcows फार्म में दुधारू गायें भर देना. **stocking** स्टॉ'किङ्ग n^c. (pair of ~s) लंबा मोज़ा, लंबी जुर्राब^F [costly कीमती, soft कोमल, thin पतला, woollen ऊनी]; ~s reach upto the knees मोज़ा घुटनों तक पहुँचता है; he wears cotton ~s वह सूती मोज़े पहनता है; take off your ~s and lie down on the bed अपने मोज़े उतार दो और बिस्तर पर लेट जाओ; most women wear ~s अधिकतर औरतें[F] मोज़े पहनती हैं; ~s cover the feet and legs मोज़े पैर और टाँगें ढँक लेते हैं; there is a hole in his ~s उसके मोज़े में एक छिद्र है; one of his ~s is spoiled उसका एक मोज़ा खराब हो गया है.

stole *v.t. past* of 'steal' *q.v.*

stolen स्टोलन **I.** *v.t.* past participle of 'steal' *q.v.* : the thieves have ~ all his goods चोरों ने उसका सारा सामान चुरा लिया है. **II.** *a.* चोरी[F] का [goods माल, jewellery ज़ेवर].

stomach स्टॅ'मक **I.** *n*[c]. **1.** मेदा, आमाशय, पक्वाशय : food is digested in the ~ भोजन मेदे में पचता है; his ~ is damaged उसका ≈ खराब हो गया है. **2.** (abdomen) पेट, उदर, जठर [empty ख़ाली, full भरा हुआ]; take this medicine on empty ~ यह दवा[F] ख़ाली पेट लेना; at present my ~ is full फ़िलहाल मेरा पेट भरा है; he has a ~-ache उसे पेटदर्द है; to have pain in one's ~ पेट में दर्द होना; his ~ is out of order उसका पेट ख़राब है. **3.** (appetite) भूख[F] : his ~ is still not satisfied उसकी ≈ अभी मिटी नहीं है; I have no ~ for food मुझे कुछ खाने की ≈ नहीं है. **4.** (liking, wish) रुचि[F], इच्छा[F] : he has no ~ for good work उसमें अच्छा काम करने की ≈ नहीं है; I had no ~ for a quarrel लड़ने की मेरी कोई ≈ नहीं थी. **II.** *v.t.* बरदाश्त करना : I cannot ~ such an insult मैं ऐसा अपमान बरदाश्त नहीं कर सकता.

stone स्टोन **I.** *n*[c]. **1.** पत्थर [big बड़ा, small छोटा]; he lifted a ~ and threw it on them उसने एक ≈ उठाया और उन पर फेंक दिया; there are many ~s on the road सड़क[F] पर बहुत ≈ हैं; he bought a black ~ उसने एक काला ≈ ख़रीदा है; he is as hard as ~ वह उतना सख़्त है जितना कि ≈; he was given to identify the sand ~ उसे बलुआ पत्थर पहचानने को दिया गया; he was sitting on a big ~ वह एक बड़े पत्थर पर बैठा हुआ था. Δ **to leave no ~ unturned** कुछ उठा न रखना : he left no ~ unturned to win the match मैच जीतने के लिए उसने कुछ उठा नहीं रखा; **~'s throw** पत्थर फेंकने तक की दूरी[F], थोड़ी दूरी[F] : the school is not very far off, it is a ~'s throw स्कूल बहुत दूर नहीं है, यह थोड़ी दूरी[F] पर है; his house is within a ~'s throw from here उसका मकान यहाँ से थोड़ी दूर पर है; he has a heart of ~ वह पत्थरदिल है. **2.** (gem) पत्थर, रत्न [artificial कृत्रिम, precious कीमती]; to use ~s in the ring अंगूठी में ≈ का इस्तेमाल करना. **3.** (of fruit) गुठली[F] : he ate the mango and threw away the ~ उसने आम खाया और गुठली फेंक दी; ~ fruit गुठलीदार फल. **4.** (in kidney, etc.) पथरी[F] : ~ is no longer a dangerous disease ≈ अब ख़तरनाक बीमारी[F] नहीं रह गई. **5.** (hailstorm) ओला : ~s in early summer गरमी के शुरू के ओले. **6.** (weight) = 14 पाउंड = 6.35 किलोग्राम : ~ is still used as a unit weight in England स्टोन का बाट के रूप में अब भी इंग्लैण्ड में चलन है. **II.** *a.* पत्थर का [article वस्तु[F], house मकान]; ~ blind एकदम अंधा, सूरदास; ~ cold एकदम ठंडा; ~ dead एकदम मुरदा; ~ deaf वज्र बधिर; ~ hearted पत्थरदिल. **III.** *v.t.* **1.** पत्थर मारना : the agitators ~d a jeep आंदोलनकारियों ने जीप पर पत्थर मारे; to ~ someone to death किसी को पत्थर मार-मारकर मार डालना; the thief was ~d to death चोर को पत्थर मार-मारकर मार डाला गया. **2.** पत्थर बैठाना या लगाना : five persons were engaged to ~ the road पाँच लोग सड़क पर पत्थर बैठाने के लिए लगा दिए गए. **3.** गुठली[F] निकालना : she ~d the peaches उसने आडुओं की गुठलियाँ निकाल दीं. **stony** स्टो'नि *a.* **1.** (full of stones) पथरीला : ~ ground पथरीली ज़मीन; ~ footpath ≈ पगडंडी[F]; the pedestrians should walk on the side of the ~ way पैदल चलने वालों को पथरीले रास्ते के किनारे चलना चाहिए; it is hard to produce any crop in the ~ land पथरीले खेत में कुछ भी पैदा करना कठिन है. **2.** (hard) कड़ा : ~ cricket ball कड़ी क्रिकेट गेंद[F]; ~ heart पत्थर का कलेजा. **3.** पाषाणहृदय, कठोर, संगदिल : ~ woman ≈ औरत[F]; the principal is ~, he will not give you any relief प्राचार्य पाषाणहृदय हैं, वे तुम्हें कोई राहत[F] नहीं देंगे. **4.** भावशून्य [look दृष्टि[F], situation स्थिति[F]]; I found him ~ when I met him जब मैं उससे मिला तो उसे ≈ पाया.

stood स्टुड *v.i. past* of 'stand'; he ~ on the side of the road वह सड़क के किनारे खड़ा हो गया; a hut ~ on the edge of a field खेत के किनारे एक झोपड़ी[F] स्थित थी.

stool स्टूल *n*[c]. **1.** स्टूल [iron लोहे का, wooden लकड़ी[F] का]; ~ is a seat without a back ≈ बिना पीठ की चौकी[F] होती है; the cook has a ~ in the kitchen रसोईघर में रसोइए के पास एक ≈ है; while reading he sits on the ~ पढ़ते समय वह ≈ पर बैठता है; one leg of the ~ is broken स्टूल की एक टाँग[F] टूटी हुई है; he fell down from the ~ वह ≈ पर से गिर पड़ा. Δ **to fall between two ~s** दो नावों[F] में पैर रखने पर डूबना. **2.** (footstool) पायदान : a ~ is attached to this chair इस कुर्सी[F] के साथ एक ≈ लगा है. **3.** (privy) (old use) पाख़ाना, शौचघर, शौचालय : there is not a single ~ in this area इस क्षेत्र में एक भी ≈ नहीं है. **4.** (evacuation) (oft. *pl.*) मलत्याग, पाख़ाना : he has constipation, he did not pass ~ today उसे कब्ज़ है, उसने आज मलत्याग नहीं किया; his ~ was tested उसके पाख़ाने का परीक्षण किया गया.

stoop स्टूप **I.** (~ **to**) *v.i.* **1.** झुकना : he ~ed to pick up smth कुछ उठाने के लिए वह झुका; the old man has to ~ (down) to take the glass गिलास लेने के लिए बूढ़े आदमी को झुकना पड़ा; you ~ to get into a car तुम कार[F] के अंदर जाने के लिए झुकते हो. **2.** (lower oneself) नीचता[F] का काम करना, पतित होना : he belongs to a very bad family, he will ~ to do anything वह बहुत ख़राब परिवार से संबंधित है, वह कोई भी नीचता[F] का काम कर लेगा; have we ~ed so low क्या हम इतने पतित हो गए हैं ? to ~ to beg भीख[F] माँगने के लिए पतित होना; I do not believe that he ~ed to cheating मैं विश्वास नहीं करता कि उसने ठगी का नीच काम किया. **3.** (swoop) झपटना, झपट्टा मारना : a falcon ~ed to catch a bird एक बाज़ एक चिड़िया[F] को पकड़ने के लिए झपटा. **II.** *v.t.* (incline) झुकाना : to ~ one's head, neck अपना सिर, अपनी गरदन[F] ≈. **III.** *n*[c]. (often *pl.*) **1.** झुकाव [essential आवश्यक, unexpected अप्रत्याशित]; he walks with a ~ वह झुककर चलता है **2.** (platform) चबूतरा : high ~ ऊंचा ≈; he was sitting on the ~ in the morning सुबह[F] वह चौहरे पर बैठा हुआ था. **3.** (porch) ड्योढ़ी[F] : the ~ of the house was made of wood घर की ≈ लकड़ी[F] की बनी थी.

stop स्टॉप **I.** *v.t.* (-pp-) **1.** (stop movement or progress) रोकना, रोक देना : to stop a person from going anywhere किसी व्यक्ति को कहीं जाने से रोक देना; he ~ped the ball from going to the boundary उसने गेंद[F] को सीमा[F] पर जाने से रोक दिया; he did not ~ the bus उसने बस[F] नहीं रोकी. **2.** (discontinue, cease) बंद करना : he has ~ped gambling उसने जुआ खेलना बंद कर दिया है; ~ talking बातें[F] बंद करो[F]; ~ writing, time is over लिखना बंद करो, समय (समाप्त) हो गया है; to ~ the road by putting stems of trees पेड़ों के तने रखकर रास्ता बंद करना; to ~ a cloth mill कपड़े का कारखाना बंद करना; he ~ped the payment उसने भुगतान रोक दिया; how can you ~ smb's mouth तुम किसी का मुँह कैसे बंद कर सकते हो ? something is ~ping the pipe कोई चीज़[F] पाइप में रुकावट[F] पैदा कर रही है. **3.** (fill) भरना, भर देना : the dentist ~ped someone's tooth दाँत डाक्टर ने किसी का दाँत भर दिया; to ~ a hole with mud गारे से सूराख भर देना. **II.** *v.i.* **1.** (~ moving) रुकना, रुक जाना, ठहरना : he ~ped under a shed when he found that it was raining जब उसने देखा कि वर्षा[F] हो रही है तो वह एक छप्पर के नीचे रुक गया; suddenly the bus ~ped एकाएक बस[F] रुक गई; you may ~ here for an hour तुम यहाँ एक घंटा रुक/ठहर सकते हो; the peon ~ped dead/short चपरासी एकदम रुक गया. **2.** (stop functioning) बंद हो जाना : the watch has ~ped घड़ी[F] बंद हो गई है; the supply of gas ~ped now गैस[F] की

आपूर्ति^{F} अब बंद हो गई है; the production is totally ~ped उत्पादन पूरी तरह बंद हो गया है. **3.** (stay) ठहरना : where did he ~ yesterday कल वह कहाँ ठहरा था? I'll ~ with you today मैं आज तुम्हारे साथ ठहरूँगा. **4.** (cease) खत्म होना : the dispute did not ~ there झगड़ा वहीं खत्म नहीं हुआ. Δ ~ **dead/short** अचानक रुक जाना : the scooter ~ped dead/short स्कूटर अचानक रुक गया; ~ **off, over** रुक जाना : we ~ped at Kanpur हम कानपुर रुक गए; the bus ~ped over the hill because the driver could not see anything बस^{F} पहाड़ी पर कुछ रुक गई क्योंकि ड्राइवर कुछ देख नहीं सकता था; ~ **up late** (i) देर^{F} तक जागना : he ~ped up late at night and is now sleeping वह रात्रि^{F} में देर^{F} तक जागता रहा और अब सो रहा है; (ii) (block) बन्द होना : my nose is ~ped up मेरी नाक^{F} बंद हो गई है. **II.** *n*^{c}. **1.** (halt) स्टाप, रुकावट, ठहराव : the bus came to a ~ बस एकाएक रुक गई; the bus for Agra is available from this stop आगरा के लिए बस^{F} इस ≈ से उपलब्ध है; the watch came to a full ~ घड़ी^{F} बिल्कुल बंद हो गई; he went to Moscow from New Delhi without a ~ वह नई दिल्ली से मास्को बिना रुके गया. **2.** (place) अड्डा, स्टाप : we shall get off at the next ~ हम अगले स्टाप पर उतर जाएँगे. **3.** (punctuation) विरामचिह्न : put a ~ here, where I have marked with red ink यहाँ ≈ लगाओ, जहाँ मैंने लाल स्याही का निशान लगाया है. **3.** (of window, etc.) अड़ानी^{F} : there is a ~ in the lower corner of the window frame खिड़की^{F} की चौखट^{F} के निचले कोने में एक ≈ है. (phonetics) स्पर्श ध्वनि^{F} : k t p are ~s in English अंग्रेज़ी में क ट प स्पर्श ध्वनियाँ हैं. Δ **come to a (full)** ~ (एक दम) बंद हो जाना : very soon his business will come to a ~ जल्दी ही उसका व्यापार बंद हो जाएगा. **stopcock** *n*^{c}. रोधनी, टोंटी^{F} : ~ controls the flow of water in a pipe ≈ पाइप में पानी के बहाव को नियंत्रित करती है. **stopgap I.** *n*^{u}. **1.** (person) स्थानापन्न : ~ clerk ≈ लिपिक; he is only a ~ until the permanent appointment is made स्थायी-नियुक्ति^{F} होने तक वह केवल ≈ है. **2.** कामचलाऊ वस्तु^{F} या उपाय : such a ~ will not serve the purpose इस प्रकार की कामचलाऊ चीज़ से काम नहीं बनेगा (उद्देश्य पूरा न होगा). **II.** *a.* स्थानापन्न, कामचलाऊ [arrangement व्यवस्था^{F}, measures उपाय]; it is a mere ~ thing यह मात्र/केवल कामचलाऊ चीज़^{F} है; he is appointed as a ~ teacher only वह केवल कामचलाऊ अध्यापक नियुक्त किया गया है. **stoppage** स्टॉ'पिज *n*^{c}. **1.** (action) रोक, रोधन : the ~ of pay, leave by an employer एक मालिक द्वारा वेतन, छुट्टी^{F} का रोधन. **2.** (state) रुकाव, विराम, ठहराव : only two minutes' ~ केवल दो मिनट का रुकाव, ठहराव; the ~ of water must be cleared पानी का रुकाव निश्चित रूप से साफ़ किया जाना चाहिए. **3.** (obstruction) अवरोध : twenty men were employed to remove the ~ from the road सड़क पर से अवरोध हटाने के लिए बीस लोग लगा दिए गए; cold causes ~ in the nose ज़ुकाम से नाक^{F} में अवरोध पैदा हो जाता है. **stopper** स्टॉ'पर **I.** *n*^{c}. **1.** रोक^{F} : to put a ~ on smb's actions किसी के कार्यों पर ≈ लगाना. **2.** (plug) डाट, डट्टा, काग : a ~ closes the mouth of a bottle ≈ बोतल^{F} के मुँह को बंद करता है; this bottle needs a ~ इस बोतल^{F} में एक ≈ की ज़रूरत है; put a ~ in it इसमें एक ≈ लगा दो. **II.** *v.t.* डाट^{F} लगाना, बंद करना : ~ the bottle soon, for its smell may spread in the whole room बोतल^{F} में शीघ्र ही डाट लगा दो क्योंकि इसकी गंध^{F} पूरे कमरे में फैल जाएगी. **stop-press** स्टॉप्'प्रें'स *a.* छपते-छपते : ~ is the last news ≈ अंतिम समाचार होता है; see this news in the ~ column on the front page इस समाचार को मुख्य पृष्ठ पर छपते-छपते कालम में देखिए; India's victory was given in box in the ~ column भारत की विजय^{F} ≈ कालम में बाक्स में दी गई थी. **stopwatch** *n*^{c}. रोक घड़ी^{F}, विराम घड़ी : you can stop and restart a ~ whenever you desire आप ≈ को जब चाहो रोक सकते हो, फिर चालू कर सकते हो; ~ is used in races ≈ से दौड़ों^{F} में काम लिया जाता है.

storage स्टॉ'रिज n^{u}. **1.** संग्रहण, भंडारण : ~ of foodstuffs खाद्य-पदार्थों का ≈; ~ of beautiful things सुन्दर वस्तुओं^{F} का ≈ **2.** (place) गोदाम, भण्डार [huge विशाल, new नया]; we keep some furniture in a ~ हम ≈ में कुछ फर्नीचर रखते हैं; cold ~ शीत संग्रहागार; he owns two cold ~s in this city इस शहर में उसके दो शीत संग्रहागार हैं. Δ **to put the proposal in cold ~** किसी प्रस्ताव को अनिश्चित काल के लिए टाल देना. **3.** (fee) : गोदाम-भाड़ा : he spent twenty thousand rupees as ~ उसने गोदाम भाड़े के बीस हज़ार रुपए खर्च किए.

store स्टॉर **I.** n^{c}. **1.** (place) भंडार, गोदाम : vast ~ लंबा-चौड़ा ≈; ~ house भण्डार, भंडार घर; ~ room ≈ गृह; ~ keeper भंडारी; the library is a ~ house of information पुस्तकालय जानकारी^{F} का ≈ होता है; there is a ~ behind the shop दुकान^{F} के पीछे गोदाम है; a ~ of food material खाद्य पदार्थों का भण्डार; he spends thousands of rupees on the maintenance of the ~ गोदाम के रखरखाव पर वह हज़ारों रुपया खर्च करता है; his head is a ~ of knowledge उसका दिमाग़ ज्ञान का भंडार है; put a keeper in the ~ गोदाम में एक भंडारी बिठा दीजिए. **2.** (supplies) (*pl.*) सामान, भंडार : he has good woollen ~s उसके पास बढ़िया ऊनी ≈ है; provision ~s खाने-पीने का ≈; military ~s फ़ौजी सामान. **3.** (shop) दुकान^{F}, भंडार : book ~ पुस्तक भंडार; drug ~ औषध भंडार; cosmetic ~ सौंदर्य प्रसाधन का भण्डार; to have good books in the ~ भंडार में अच्छी-अच्छी किताबें^{F} रखना; there is a good ~ in the next village अगले गाँव में एक अच्छी दुकान है; we went to a ~ to buy a shirt कमीज़^{F} खरीदने के लिए हम एक दुकान पर गए. **II.** *v.t.* **1.** संचय करना, संग्रह करना, जमा करना : the things were ~d in a large box चीज़ें एक बड़े बाक्स में भर दी गईं; all the facts were ~d in his memory सारे तथ्य उसकी याददाश्त^{F} में जमा थे; mother has ~d potatoes माँ ने आलू जमा कर रखे हैं; I'll ~ every type of currencies मैं प्रत्येक प्रकार की मुद्राओं^{F} का संग्रह करूँगा. **2.** (pass.) the library is stored with books on philosophy पुस्तकालय दर्शनशास्त्र संबंधी पुस्तकों^{F} से भरा है.

storey स्टॉ'रि n^{c}. तल्ला, मंज़िल, खण्ड : he lives on the third ~ of that building वह इस इमारत^{F} के तीसरे तल्ले पर रहता है; this is a two ~ (ed) house यह दो मंज़िला मकान है. **the upper ~** दिमाग़, मस्तिष्क : he is weak in the upper ~ इसका दिमाग़ कमज़ोर है. [*as distinct from* story] **storeyed** स्टॉ'रिड *a.* मंज़िला, तल्ला : three ~ तिमंज़िला/तितल्ला; five-~ पँचमंज़िला; you will see multi-~ buildings in Mumbai मुंबई में तुम बहुमंज़िला इमारतें देखोगे.

stork स्टॉर्क n^{c}. (adjutant) लकलक : a ~ has long legs and a long beak ≈ की लंबी टाँगें और एक लंबी चोंच होती है; the ~ eats (up) small fish and insects ≈ छोटी मछलियों और कीड़ों को खा जाता है.

storm स्टार्म **I.** n^{c}. **1.** झंझावत, तूफ़ान, (dusty) आंधी^{F}, अंधड़ [dangerous खतरनाक, fierce भयंकर, violent उग्र]; rain ~ वर्षा तूफ़ान; thunder ~ गरज के साथ ≈, the ~ was so furious that it swept away all' the huts ≈ इतना भीषण था कि वह सभी झोपड़ियों^{F} को बहा ले गया; the ship wrecked in the ~ in the sea जहाज़ समुद्र के अंदर ≈ में नष्ट हो गया; the ~ had come before we reached the house हमारे घर पहुँचने से पहले ≈ आ गया था; the calm before the ~ ≈ के पहले की शांति^{F}; the ~ caused little damage ≈ से कोई बहुत नुकसान नहीं हुआ; the ship sank in the ~ जहाज़ ≈ में डूब गया; many trees fell down in the heavy ~ भारी ≈ में कई पेड़ गिर गए. **2.** (upheaval) हलचल^{F}, उथल-पुथल^{F} [grievous गंभीर, unexpected अप्रत्याशित]; we could not understand anything from this ~ in the market बाज़ार में इस ≈ से हम कुछ न समझ सके; his speech caused a ~ among the listeners उसके भाषण से श्रोताओं में ≈ मच गई. **3.** (tumult) हुल्लड़, हो हल्ला : loud ~ ज़ोर का ≈; the boys made such a ~ that everyone left his place

लड़कों ने इतना ≈ मचाया कि सभी लोगों ने अपना स्थान छोड़ दिया; he raised a ~ of cries उसने चीख-चिल्लाहट^F करके ≈ मचा दी. **4.** (shower) बौछार^F : ~ of abuses गालियों^{F} की ≈; a ~ of applause तालियों^{F} की ≈. **5.** (assault) धावा, हमला, चढ़ाई^F : we took the fortress by ~ हमने धावा बोलकर गढ़ी^{F} जीत ली. Δ ~ **in a tea cup** तूम्बी में तूफान, नाहक का हो-हल्ला : there was nothing serious, it was a ~ in a tea cup कोई गंभीर बात नहीं थी, यह ≈ था. no harm has been done there, why is then this ~ in a tea cup कोई नुकसान नहीं हुआ है तो फिर यह ≈ क्यों ? **II.** *v.t. & v.i.* **1.** प्रचण्ड होना, तेज़ हो जाना : the wind ~ed about the house हवा^{F} मकान के पास प्रचण्ड हो गई थी; you should not go to school today, the rain is storming तुम्हें आज विद्यालय नहीं जाना चाहिए, तेज़ बारिश^F हो रही है. **2.** (show violent anger) झल्लाना, गरजना : his father ~ed at him उसके पिता उस पर बहुत झल्लाए; a member ~ed out of the meeting एक सदस्य झल्लाकर बैठक से बाहर चला गया. **3.** (attack suddenly) धावा बोल देना : the enemy ~ed the fort शत्रु ने किले पर धावा बोल दिया. **stormy** स्टॉर्'मि *a.* **1.** तूफ़ानी [sea समुद्र, weather मौसम, winds हवाएँ^{F}]; it was a ~ night yesterday कल ≈ रात^F थी. **2.** [violent] प्रचण्ड, तीव्र, तेज़ [discussion परिचर्चा, mood सनक^F, quarrel विवाद]; none was willing to come out of the house in the ~ cold प्रचण्ड ठंडी में कोई अपने घर से बाहर नहीं आना चाहता था. **3.** उत्तेजनापूर्ण [debate वादविवाद, joke मज़ाक, meeting सभा^{F}, situation स्थिति^{F}]; he had a ~ discussion on the question इस प्रश्न पर उसकी उत्तेजनात्मक बहस हुई.

story स्टॉ'रि *n*^{c}. (*pl.* stories) **1.** (tale) कहानी^{F} [dull नीरस, imaginary काल्पनिक, interesting दिलचस्प]; stories of olden times पुराने ज़माने की कहानियाँ; they all tell the same old ~ but I will tell you a new one वे सब वही राम कहानी सुनाते हैं लेकिन मैं तुम्हें कोई नयी ≈ सुनाऊँगा; mother used to tell moral stories माँ चारित्रिक कहानियाँ सुनाया करती थी; it is a ~ about two animals यह दो जानवरों की ≈ है; he told me a thrilling ~ about ghosts उसने मुझे भूतों के बारे में रोमांचकारी ≈ सुनाई. **2.** (plot) कथानक : ~ of the play नाटक का ≈; the ~ of the drama is excellent नाटक का ≈ उत्कृष्ट है. **3.** (history) इतिवृत्त, इतिहास : can you tell me the real ~ of the Mughals क्या तुम मुग़लों का सही इतिहास बता सकते हो ? Δ **the ~ goes that** कहा जाता है कि . . . ; **make a long ~ short** लंबा-चौड़ा ब्यौरा न देकर संक्षेप में कहो. [*as distinct from* storey]

stout स्टॉउट *a.* **1.** (strong) मज़बूत, पक्का [cloth कपड़ा toy खिलौना]; ~ stick मज़बूत/पक्की छड़ी^{F}; his old house was made of ~ bricks उसका पुराना मकान पक्की ईंटों^{F} का बना हुआ था; he is my ~ supporter वह मेरा पक्का समर्थक है. **2.** (strong in body) तगड़ा, हृष्ट-पुष्ट, हट्टा-कट्टा [boy लड़का, worker मज़दूर, wrestler पहलवान]; Batra is ~ and brave बत्रा तगड़ा और बहादुर है; she is the only ~ lady in the family परिवार में वह अकेली हट्टी-कट्टी महिला^{F} है; the guard you have engaged is a ~ fellow गार्ड जिसे तुमने रखा है एक ≈ आदमी है. **3.** (corpulent) स्थूलकाय : pythons are ~ snakes अजगर ≈ साँप होते हैं; the elephant is a very ~ animal हाथी ≈ जानवर है. **4.** (forceful) ज़ोरदार, प्रबल, तीव्र : I had never expected that he would make such ~ opposition मैंने कभी आशा^{F} नहीं^{F} की थी कि वह इतना ≈ विरोध करेगा. **5.** (in other contexts) ~-hearted दिलेर; ~ opponents कट्टर विरोधी; ~ resistance कड़ा विरोध.

stove स्टोव़ *n.* स्टोव, चूल्हा [electric बिजली का, gas गैस वाला, hot गर्म, large बड़ा]; a ~ is used for cooking ≈ खाना पकाने के काम आता है; to light the ~ ≈ जलाना; put smth on the ~ ≈ पर कुछ रखो; she prepares food on the oil ~ वह तेल वाले स्टोव़ पर भोजन बनाती है; suddenly his ~

burst उसका स्टोव एकाएक फट गया.

straight स्ट्रेट **I**. *a*. **1**. (not bent or crooked) सीधा, ऋजु [corridor गलियारा, hair बाल]; ~ line सीधी रेखा^{F}; ~ stick सीधी छड़ी; ~ poles सीधे खंभे; this road goes ~ from here to Calcutta यह सड़क^F यहाँ से कलकत्ता तक सीधी जाती है; draw a ~ line on the paper काग़ज़ पर एक सीधी रेखा खींचो; this is the ~ way to go to school यह विद्यालय जाने का सीधा रास्ता है; that picture on the wall is not ~ दीवार^F पर की वह तस्वीर^F सीधी नहीं है. [*ant.* crooked] **2**. (direct, unqualified, of answer) सीधा : he gave a ~ answer to his friend उसने मित्र को सीधा जवाब दे दिया. **3**. (honest) सीधा, सच्चा, निष्कपट, ईमानदार [behaviour व्यवहार, student छात्र]; you should be ~ with me तुम्हें मेरे प्रति निष्कपट रहना चाहिए; he is ~ in his dealings वह अपने व्यवहार में ≈ है. **4**. (upright) सीधा : the pole is not ~ खंभा ≈ नहीं है. **5**. (outspoken) स्पष्टवादी : the principal is ~ in his decision प्राचार्य अपने निर्णय में ≈ है; you must seek a ~ friend तुम्हें कोई ≈ मित्र ढूँढना चाहिए. **6**. (in proper order) ठीक-ठाक व्यवस्थित : I put my room ~ मैंने अपना कमरा ≈ कर दिया; to put things ~ चीजों को ≈ करके रखना. **7**. (logical) तर्कसंगत [decision निर्णय], your statements are not ~ तुम्हारे वक्तव्य ≈ नहीं हैं **8**. (in other contexts) ~ angle ऋजु कोण (180°) **II**. *adv*. **1**. सीधे : sit up ~ ≈ बैठो; he went ~ to the school वह ≈ स्कूल चला गया; the road leads ~ to the village सड़क^F ≈ गाँव को जाती है; he came home ~ from the market वह बाज़ार से ≈ घर आया; the post office is ~ ahead डाकघर ≈ आगे है. **2**. ईमानदारी^{F} से : tell me ~ मुझे साफ़-साफ़ बता दो; you are not playing ~ तुम ≈ नहीं खेल रहे. Δ ~ **away/off** तुरंत : he returned ~ away from the market वह बाज़ार से तुरंत लौटा : he could not answer ~ off वह तुरंत उत्तर न दे सका. **straighten** स्ट्रे'टन *v.t.i.* **1**. सीधा करना या होना : to ~ one's arms बाँहों को सीधा करना; ~ the painting on the wall दीवार पर का चित्र ठीक/सीधा करो; I could not ~ the bent iron bar लोहे के मुड़े हुए छड़ को मैं सीधा न कर सका; the road has been ~ed सड़क को सीधा कर दिया गया है. **2**. (to put it right) ठीक कर देना : to ~ the matter मामला ठीक कर देना. **3**. ठीक हो जाना : things will ~ out मामले ठीक हो जाएँगे. Δ ~ **out** सुलझाना : ~ your problems out अपनी समस्याएँ^{F} सुलझा लो; ~ **up** (i) सीधे खड़ा होना; (ii) सीधा कहना : ~ up your ideas अपने विचार सीधे कह डालो. **straightforward** *a*. **1**. निष्कपट, सीधा, सच्चा [friend मित्र, person व्यक्ति]; he is ~ and simple वह ≈ और सरल है. **2**. (direct) सीधा : he gave a ~ answer उसने ≈ जवाब दे दिया. **3**. (easy) सीधा, सरल, सीधा-सादा : it is a ~ case of cheating यह छल का ≈ मामला है. **straightness** स्ट्रेट'निस n^u. सीधापन; आजीवन : he is famous for his ~ वह अपने ≈ के लिए प्रसिद्ध है; his extreme ~ is the cause of his failure उसका अत्यन्त ≈ ही उसकी असफलता^{F} का कारण है.

strain स्ट्रेन **I**. *v.t.* **1**. (stretch) कसकर तानना : the wire was ~ed between poles तार खंभों के बीच में कसकर ताना गया; he ~ed the rubber उसने रबर को कसकर तान दिया. **2**. ज़ोर लगाकर देखना/सुनना : don't ~ your eyes अपनी आँखों पर ज़ोर मत डालो; he ~ed his ears to listen सुनने के लिए उसने कानों पर ज़ोर दिया. Δ to ~ every nerve पूरा ज़ोर लगाना; he ~ed every muscle to lift the box बॉक्स उठाने के लिए उसने अपना पूरा ज़ोर लगाया. **3**. (one's authority) की सीमा का उल्लंघन करना : he ~ed his rights many times उसने कई बार अपने अधिकारों का उल्लंघन किया; you were ~ing your authority by giving such an order ऐसा आदेश देकर तुम अपने प्राधिकार का अतिक्रमण कर रहे थे. **4**. (a text) खींचखाँच कर अर्थ लगाना : he has ~ed my words उसने मेरे शब्दों को खींच-तानकर और का और अर्थ लगा लिया. **5**. (try hard) भरसक प्रयत्न करना : he ~ed to pass the examination उसने

परीक्षा^{F} उत्तीर्ण करने के लिए भरसक प्रयत्न किया, जी-तोड़ कोशिश^F की. **6**. (injure) क्षति^{F} पहुंचाना, चोट^F लगा लेना : he has ~ed his muscle उसकी पेशी^{F} खिंच गई है. **7**. (hug) (old use) कसकर गले लगाना : he ~ed his friends, when they met him for the first time, after a gap उसने अपने मित्रों को कसकर गले लगाया, जब वे एक अन्तराल के बाद उससे पहली बार मिला. **8**. (filter) छानना : to ~ the oil with a filter फिल्टर से तेल ≈; she ~s coffee वह कॉफ़ी छानकर बनाती है. Δ **~ after** के लिए प्रयास करना : he ~ed after success उसने सफलता^{F} पाने का प्रयास किया; **~ at smth** पाने की बहुत कोशिश करना; **~ at a goat and swallow a camel** गुड़ खाना, गुलगुलों से घिनाना (परहेज़ करना). **II**. *n*^{uc}. **1**. (tension) तनाव, खिंचाव : light ~ कम ≈; it was a great ~ on the nerves नसों पर बड़ा तनाव था; the rope broke under ~ तनाव से रस्सी^{F} टूट गई. **2**. (great effort) घोर परिश्रम, प्रयास : the need of great ~ for success सफलता^{F} के लिए घोर परिश्रम की आवश्यकता^{F}. **3**. (fatigue) थकावट^F : she is suffering from ~ वह ≈ से परेशान है. **4**. (injury) चोट^F; (sprain) मोच^F : ~ in the legs टाँगों में चोट; there is ~ in his hand उसके हाथ में मोच है. **5**. (demand upon) दबाव : this delay is a great ~ on our patience यह देर^F हमारे धैर्य पर बड़ा भारी दबाव है. **6**. (tone) लहज़ा : he went on talking in the same ~ वह उसी लहज़े में बात^F करता चला गया. **7**. (style) शैली^{F} : ~ of writing a letter पत्र लिखने की ≈. **8**. (tendency) प्रवृत्ति^{F} : ~ of an animal किसी पशु की ≈. **9**. *a*. family वंश, कुल : ~ of a tribe किसी जनजाति^{F} का कुल. **strainer** स्ट्रे'नर *n*^{c}. (colander) चलनी^{F}, छलनी^{F} : use a ~ to clean the grains दानों को साफ़ करने के लिए ≈ का इस्तेमाल करो; you should pour tea into a cup through the ~ तुम्हें चाय^F कप में ≈ से उड़ेलनी चाहिए.

strange स्ट्रेन्ज *a*. **1**. (not known) अजनबी [citizen नागरिक, people लोग, person व्यक्ति]; he lived among ~ people वह ≈ लोगों में रहता था. **2**. (unfamiliar) ग़ैर, अपरिचित [place स्थान, work काम]; he saw many ~ faces around him उसने अपने चारों ओर कई ≈ चेहरे देखे; the boy was not ~ to him लड़का उसके लिए ≈ नहीं था; that street was ~ to him वह गली^{F} उसके लिए ≈ थी. **3**. (odd, unusual) अनोखा, अजीब, अनूठा, निराला [idea विचार, question प्रश्न, story कहानी^{F}]; she speaks some ~ language वह कोई अजीब भाषा^{F} बोलती है; I heard a ~ voice in the next room मैंने बग़ल के कमरे में अजीब आवाज़^{F} सुनी; what a ~ thing it is ! कितनी अजीब बात^F है. it seems ~ but it is true यह अजीब लगता है, लेकिन है सत्य; there is nothing ~ about it इसमें कुछ भी अजीब/निराला नहीं है. **4**. (eccentric) सनकी, झक्की : that ~ person is not reliable वह ≈ व्यक्ति विश्वसनीय नहीं है. **strangely** स्ट्रेन्ज'लि *adv*. अजीब ढंग से : he is behaving ~ वह ≈ व्यवहार कर रहा है; ~ you have never seen a stengun अजीब बात^F है कि तुमने कभी स्टेनगन^F नहीं देखी है. **stranger** स्ट्रेन्'जर *n*^{c}. **1**. (outsider) बाहरी आदमी; (not one's own) पराया : we are not ~ here हम यहाँ बाहरी आदमी नहीं है; he is the only ~ वह अकेला बाहरी व्यक्ति है; they have become ~ to that family वे उस परिवार के लिए बाहरी हो गए हैं. **2**. (unknown) अपरिचित, अजनबी : a ~ came to the door एक ≈ दरवाज़े पर आया; he is a ~ to me वह मेरे लिए ≈ है; I am a ~ here, can you tell me the way to the post office मैं यहाँ ≈ हूँ, क्या आप मुझे डाकघर का रास्ता बता सकते हैं? **3**. (novice) नौसिखिया : I am a ~ to this kind of job मैं ऐसे काम के लिए ≈ हूँ.

strangle स्ट्रेङ्'गल *v.t.* **1**. गला घोंटना, गला घोंटकर मार डालना : the robbers ~d him by pressing his throat डकैतों ने उसका गला दबाकर घोंट दिया; two persons were ~d yesterday कल दो व्यक्तियों का गला घोंटकर उन्हें मार डाला गया. **2**. (suppress) दबाना : wrong economic policy is strangling our progress ग़लत आर्थिक नीति^{F} ने हमारी

प्रगति[F] अवरुद्ध कर रखी है.

strap स्ट्रैप **I.** *n*[c]. **1.** (of leather) पट्टा, तस्मा : he uses ~s in his shoes वह अपने जूतों में तस्मे लगाता है; I need a ~ for my watch मुझे अपनी घड़ी[F] के लिए एक पट्टा चाहिए. **2.** (of hat) बद्धी[F] : the ~ of his hat is very loose उसके हैट की ≈ बहुत ढीली है. **3.** (of cloth) फ़ीता : women use ~s to bind their hair स्त्रियाँ अपने बालों को बांधने के लिए फ़ीतों का इस्तेमाल करती हैं. **4.** (of metal) पट्टी[F] [small छोटी, thin पतली]. **5.** (a razor strap) चमोटा : the barbers use ~s to sharpen their razors नाई अपने छुरे को तेज़ करने के लिए चमोटों का प्रयोग करते हैं. **II.** *v.t.* (-pp-) **1.** पट्टे से मारना : he is ~ping the dog वह कुत्ते को पट्टे से मारता है. **2.** तस्मा बाँधना : ~ your shoes अपने जूतों के तस्मे बाँध दो; the boy ~ped his books to his bicycle लड़के ने साइकिल पर अपनी पुस्तकें[F] बाँध लीं. **3.** चमोटे पर तेज़ करना : the barber should ~ the razor first नाई को सर्वप्रथम उस्तरे को चमोटे पर तेज़ करना चाहिए.

straw स्ट्रॉ *n*[u]. **1.** पयाल, पुआल : the cattle lie on ~ मवेशी ≈ पर लेटते हैं. **2.** भूसा : all the cattle were given ~ to eat सभी जानवरों को खाने के लिए ≈ दिया गया. **3.** (a single ~) तिनका, तृण : I do not care a ~ for him मैं उसकी एक ≈ परवाह[F] नहीं करता. **4.** (trifle) घास, भूसा, घास-फूस : her hut was made of ~ and bamboo उसकी झोपड़ी[F] घास-फूस और बाँस की बनी थी. **5.** (tube) स्ट्रा ~ for sipping cold drink शीत पेय घूँट-घूँट पीने के लिए ≈. Δ **a man of ~** घास-फूस का पुतला : they placed a man of ~ in the field उन्होंने खेत में एक घास-फूस का पुतला रख दिया; **catch at a ~** तिनके का सहारा लेना: a man tries to catch at a ~ when he is drowning एक व्यक्ति जब डूब रहा होता है तो तिनके का सहारा लेने का प्रयास करता है; **a ~ in the wind** आने वाली घटना[F] का संकेत. ~ **berry** *n*[c]. शतावरी, हिसालू : ~ is a plant and a small red and sweet fruit ≈ एक पौधा और छोटा-सा लाल और मीठा फल होता है; ~ berries are delicious शताबरियाँ स्वादु होती हैं.

stray स्ट्रे **I.** *v.i.* **1.** (roam) बेकार घूमना : he ~ed the whole day while his examination was near जब कि उसकी परीक्षा[F] निकट थी वह पूरा दिन बेकार घूमता-फिरता रहा; his dog had ~ed away उसका कुत्ता घूमता-फिरता कहीं चला गया. **2.** (deviate) पथ से विचलित या भ्रष्ट होना : he ~ed from the path of virtue वह शुद्धाचार के मार्ग से विचलित हो गया; politicians have mostly ~ed from their ideals राजनीतिज्ञ अपने आदर्शों से सबसे ज़्यादा पथभ्रष्ट हो गए हैं. **3.** (lose one's way) रास्ता भूल जाना, भटक जाना : the cattle ~ed from the field खेत से मवेशी भटक जाते हैं; he went to the forest and ~ed there वह जंगल में गया और वहाँ रास्ता भूल गया. **4.** (of thoughts, etc.) भटकना : his thoughts ~ed from the real subject उसके विचार वास्तविक विषय से भटक गए; we are ~ing from our culture हम अपनी संस्कृति[F] से भटकते जा रहे हैं. **II.** *a.* **1.** भटका, भूला-भटका, पथभ्रष्ट, गुमराह [cattle मवेशी, children बच्चे, passerby राही, poet कवि]; ~ people should be shown the path भटके हुए लोगों को रास्ता दिखाया जाना चाहिए; officers are greatly ~ अधिकारी बहुत ही पथभ्रष्ट हैं; to persuade the ~ youth of Kashmir कश्मीर के गुमराह लोगों को मनाना. **2.** छुट-पुट : ~ events are still happening ≈ घटनाएं[F] अब भी घटित हो रही हैं; this is a ~ example of honesty ईमानदारी[F] का यह ≈ उदाहरण है. **3.** (occasio nal, rare) विरला : ~ showers विरली बौछार[F]; only ~ persons can do this work इस काम को केवल विरले लोग ही कर सकते हैं. **4.** (casual) आकस्मिक : ~ accident ≈ दुर्घटना.

streak स्ट्रीक **I.** *n*[c]. **1.** (stripe) धारी[F] [golden सुनहरी, small छोटी, red लाल]; a ~ of white in her black hair उसके काले बालों में सफ़ेद ≈. **2.** layer परत[F] : there are many ~s of colour on the chair कुर्सी पर रंगों की कई परतें हैं. **3.** (strain) झुकाव, प्रवृत्ति[F] : try to know his mental ~ उसकी मानसिक प्रवृत्ति[F] जानने का प्रयास करें; she has a ~ of selfishness, cruelty उसमें स्वार्थपरता,

अत्याचार की प्रवृत्ति है. **4.** (element) पुट : there is a ~ of sarcasm in his writing उसके लेखन में व्यंग्य का ≈ है. **5.** ~ of lightning कौंध^F; something happened like a ~ of lightning बिजली^{F} की तरह कुछ कौंध गया. **II.** *v.t.* धारियाँ^{F} डालना या लगाना : this wall is ~ed with paint इस दीवार^F पर रोगन की धारियाँ पड़ी हैं; to ~ the cloth कपड़े पर धारियाँ डालना; her dark hair is ~ed with grey उसके काले बालों में सफेद धारियाँ हैं. **III.** *v.i.* तेज़ दौड़ लगाना : the runners ~ed from the starting point धावकों ने आरंभ स्थल से तेज़ दौड़ लगाई; the cat ~ed across the courtyard बिल्ली^{F} आँगन के पार तेज़ी-से दौड़ गई.

stream स्ट्रीम **I.** *n*^{c}. **1.** नाला [swift तेज़, wide चौड़ा]; ~let छोटा नाला; a small ~ runs by the side of the road सड़क के किनारे-किनारे एक छोटा-सा ≈ बहता है; we crossed several ~s on the way रास्ते में हमने कई नाले पार किए. **2.** (flow of anything) धारा^{F}, प्रवाह : a ~ of air हवा^{F} का प्रवाह; a ~ of tears अश्रुधारा^{F}; the ~ of water is very fast here यहाँ पानी का बहाव बहुत तेज़ है; ~ of blood, tears खून, आँसुओं की ≈; he was swimming up ~, down ~ वह बहाव के ऊपर की ओर, नीचे की ओर, तैर रहा था. Δ **to go with the (main) stream** मुख्य धारा^{F} के साथ चलना. **3.** (continuous series) तांता : a ~ of abuses गालियों^{F} की बौछार^F; a ~ of people following the dead body शव के पीछे लोगों का ताँता. **4.** (class, rank) श्रेणी^{F} : this boy is in the top ~ यह लड़का उच्च ≈ में है. **II.** *v.i.* **1.** बहना : sweat ~ed down his face उसके चेहरे पर से पसीना बह रहा था; tears were ~ing from her eyes उसकी आँखों से आँसू बह रहे थे; water ~ed on to the floor पानी फर्श पर बह गया. **2.** (wave) लहराना : flags were ~ing on the Independence Day स्वतंत्रता दिवस पर झण्डे लहरा रहे थे; she was ~ing her hair in the air वह हवा^{F} में अपने बाल लहरा रही थी.

street स्ट्रीट *n*^{c}. सड़क^F, गली^{F} [quiet शांत, wide चौड़ी]; ~ arab छोकरा; she lives across the ~ वह सड़क के उस पार रहती है; on the other side of the ~ सड़क की दूसरी तरफ; the name of the ~ is Netaji Street सड़क का नाम नेताजी स्ट्रीट है; I forgot the name of the ~ where she stays मैं उस गली का नाम भूल गया, जहाँ वह ठहरती है; this is the main ~ in this town इस कस्बे में यह मुख्य ≈ है; I met him in the ~ मैं उससे गली में मिला/मिली; the man in the ~ साधारण व्यक्ति.

strength स्ट्रॆङ्ग्थ *n*^{u}. **1.** (bodily शारीरिक, muscular पेशीय) बल, शक्ति^{F}, ताकत^F [exceptional अपवादात्मक, unusual असाधारण]; the ~ of a horse घोड़े की शक्ति^{F}; after his illness, he recovered his ~ बीमारी^{F} के बाद उसने अपनी ताकत पुनः प्राप्त कर ली; I hope you will soon be restored to health and ~ मैं आशा^{F} करता हूँ कि तुम शीघ्र ही स्वास्थ्य और बल प्राप्त कर लोगे; don't underestimate the ~ of your enemy अपने शत्रु की शक्ति का अनुमान कम न लगाएँ. **2.** (moral) बल; (of mind) मनोबल; (of character) चरित्र बल [appropriate उचित, sufficient पर्याप्त]; ~ of mind must be restored मनोबल फिर से बहाल होना चाहिए; moral ~ is lacking in him उसमें नैतिक बल की कमी^{F} है. **3.** (capacity to produce an effect) शक्ति^{F}, सामर्थ्य^F, क्षमता^{F} [extraordinary असाधारण, great बड़ी]; to increase the ~ of the company कंपनी^{F} की क्षमता बढ़ाना; women's ~ is their patience स्त्रियों की शक्ति उनके धैर्य में है; our ~ lies in our unity हमारी शक्ति हमारी एकता^{F} में निहित है. **4.** (firmness) दृढ़ता^{F} : ~ of chain, rope, building ज़ंजीर^F, रस्सी^{F}, इमारत^F की ≈; the ~ of her love is beyond suspicion उसके प्रेम (प्यार) की ≈ संदेह से परे है; his ~ is the cause of his success उसकी ≈ ही उसकी सफलता^{F} का कारण है. *ant.* weakness] **5.** (number) कुल संख्या^{F} : what is the ~ of students in your school तुम्हारे विद्यालय में छात्रों की ≈ कितनी है? they were present in great ~ वह

भारी संख्या में उपस्थित थे. Δ **on the ~ of** के बल पर, के भरोसे : I did so on the ~ of your advice मैंने ऐसा तुम्हारी सलाह[F] के भरोसे किया. **strengthen** स्ट्रॅन्ग्'थन *v.t.i.* ताकत मज़बूत करना, बढ़ना, बढ़ाना, ज़ोर पकड़ना : the wind has ~ed हवा[F] ज़ोर पकड़ गई है (बढ़ गई है); the wall was ~ed with concrete दीवार[F] कंकरीट से मज़बूत बनाई गई; if you cannot ~ yourself you cannot win the race यदि तुम अपनी शक्ति[F] नहीं बढ़ा सकते तो तुम दौड़[F] नहीं जीत सकते; he enlisted five more members to ~ the party उसने पार्टी को मज़बूत बनाने के लिए पाँच और सदस्य भर्ती कर लिए; to ~ hands समर्थन देकर किसी का बल बढ़ाना; the rain ~ed over the night रात को बारिश[F] ज़ोर पकड़ गई.

strenuous स्ट्रॅ'न्यूअस *a* **1.** सख़्त, कड़ा [effort प्रयास, labour परिश्रम]; farming is ~ work खेती[F] करना एक ≈ काम है; ~ supporters of women's rights स्त्रियों के अधिकारों के कड़े समर्थक; he was tired after ~ work कड़े परिश्रम के बाद वह थक गया; to lead a ~ life कड़ी ज़िंदगी[F] व्यतीत करना; after ~ attempt he succeeded कड़े प्रयास के बाद वह सफल हो गया. **2.** (of person) कर्मठ, उद्योगी, अध्यवसायी, मेहनती [engineer इंजीनियर, student छात्र]; he is ~ in all his activities वह अपने सभी क्रियाकलापों में ≈ है; he is the most ~ person in his family वह अपने परिवार में सबसे ≈ व्यक्ति है.

stress स्ट्रॅस **I.** *n.* **1.** (pressure) दबाव, दाब[F] [great बड़ा, slight कम/हल्का]; he was puzzled by the ~ of work वह काम के ≈ से परेशान था; he was under the ~ of his chief वह अपने प्रमुख के दबाव में था; he did it under great ~ उसने भारी दबाव में यह किया. **2.** (tension) तनाव : too much ~ on one's mind किसी के मन पर अत्यंत तनाव; ~ of city life शहरी जीवन का ≈. **3.** (emphasis) बल, ज़ोर : why are you laying so much ~ on this statement इस कथन पर तुम इतना ज़ोर क्यों दे रहे हो ? he laid ~ on the need for caution उसने सावधानी[F] की आवश्यकता[F] पर बल दिया. **4.** (phonetics) बलाघात : ~ on the first syllable पहले अक्षर पर ≈; ~ on a particular word विशेष शब्द पर ≈; that dictionary does not give ~ marks, therefore pronunciation will not be correct इस शब्दकोश में ≈ का निशान नहीं लगा है, इसलिए उच्चारण सही नहीं होगा. **II.** *v.t.* **1.** पर बल देना : he ~ed the points of his failure उसने अपनी असफलता[F] के बिंदुओं पर बल दिया; he ~ed the importance of punctuality उसने समय की पाबंदी[F] के महत्व पर बल दिया. **2.** बलाघात करना : to ~ a particular syllable in a word शब्द में किसी विशिष्ट अक्षर पर ≈ .

stretch स्ट्रॅच **I.** *v.t.* **1.** तानना, खींचकर बढ़ाना : to ~ the elastic to its fullest extent लचीली पट्टी[F] को इसके पूरे विस्तार तक ≈; he ~ed the wire between the two trees उसने दो पेड़ों के बीच में तार तान दिया; while ~ing the rope it broke रस्सी[F] तानते समय टूट गई; to ~ one's legs अपनी टाँगें सीधी करना. [*ant.* contract] **2.** फैलाना/पसारना : to ~ out one's hand अपना हाथ पसारना/फैलाना. **3.** (~ beyond legitimate extent) की सीमा[F] का अतिक्रमण या उल्लंघन करना : to ~ one's authority अपने अधिकार का अतिक्रमण करना, he has ~ed the limit of his power उसने अपनी शक्ति[F] की सीमा का अतिक्रमण किया है. **4.** (other contexts) ~ a muscle पेशी[F] मुड़काना : Mr. X has ~ed his hand मि० एक्स ने अपना हाथ मुड़का दिया; to ~ a point नियम ढीला करना, ढिलाई करना; ~ the truth सच की अतिरंजना करना, झूठ बोलना. **II.** *v.i.* **1.** तनना : my sweater has ~ed मेरा स्वेटर तन गया है; the rope will not ~ any further रस्सी और आगे नहीं तनेगी. **2.** फैलाना : the plain ~ed for miles मैदान मीलों तक फैला था. **3.** (~ the limbs) अंगड़ाई[F] लेना : when I awoke, I ~ जब मैं जागा तो अंगड़ाई ली. **III.** *n*[c]. **1.** तनाव, खिंचाव : ~ of the rope रस्सी[F] का ≈; the ~ in his mind still puzzles him उसके मन का तनाव उसे अब भी परेशान करता है. **2.** अंगड़ाई[F] : he stood up and had a ~

वह खड़ा हुआ और ≈ ली. **3.** (expanse) फैलाव, विस्तार : vast ~ विशाल ≈; ~ of the sea समुद्र का ≈; the lake has a ~ of 5 square kilometres झील^F का ≈ पाँच वर्ग किलोमीटर में है; ~ of a road सड़क का ≈. **4.** (distance) दूरी^F, फासला : long ~ लंबी ≈; he stood at a ~ of 50 metres for hours in front of the theatre थिएटर के सामने वह पचास मीटर की दूरी पर घंटों खड़ा रहा. **5.** (spell) अवधि^F : you will know nothing about him in this short ~ of time इस कम अवधि में तुम उसके बारे में कुछ नहीं जान पाओगे. Δ **at a** ~ लगातार : I have been working daily for eight hours at a ~ मैं प्रतिदिन लगातार आठ घंटे काम करता रहा हूँ. **stretcher** स्ट्रेच़र *n*^c. स्ट्रेचर : they carried the patient on a ~ from the operation theatre आपरेशन थिएटर से वे रोगी को ≈ पर ले गए; he was lying on the ~ वह ≈ पर पड़ा हुआ था.

strew स्ट्रू *v.t.i.* (*p.* strewed, *p.p.* strewn) बिखेरना, छितराना : he ~ed grains for the pigeons उसने कबूतरों के लिए दाने छितराए; papers were ~n all round काग़ज़ चौतरफा छितरा दिए गए; the mad man ~ed all the currency notes he had पागल आदमी ने अपने सब नोट छितरा दिये जो उसके पास थे; they ~ flowers on the idol वे मूर्ति पर फूल चढ़ाते हैं; they had ~n the idol with flowers उन्होंने मूर्ति पर फूल चढ़ाए.

strict स्ट्रिक्ट *a.* **1.** (stern) कठोर, कड़ा discipline अनुशासन, order आदेश, ruler शासक, teacher अध्यापक]; she is very ~ with her children वह बच्चों के प्रति बड़ी कड़ी है; he is very ~ about it वह इस बारे में कहुत ही कड़ा है; these are very ~ instructions, you cannot ignore them ये बड़े कड़े निर्देश हैं तुम इनकी उपेक्षा^F नहीं कर सकते. [*ant.* lenient] **2.** (punctilious) अतिनियमनिष्ठ [manager प्रबंधक, principal प्राचार्य]; she is always ~ about her duties वह अपने कर्तव्यों के प्रति बहुत ही नियमनिष्ठ है; he is very ~ with his students वह अपने छात्रों का लिहाज़ नहीं करता. **3.** (accurate) सही, यथातथ्य : the ~ interpretation of the rules नियमों की सही व्याख्या; in the ~ sense of the word शब्द के सही अर्थ में. **4.** (clearly defined) सुनिश्चित, पक्का [method तरीका/विधि^F, plan योजना^F]; tell me the ~ truth मुझे पक्का/सचसच बता दो. **5.** (perfect, absolute) पूर्ण, पूरा, पक्का : ~ confidence ≈ विश्वास; he is a ~ vegetarian वह ≈ शाकाहारी है; she told her mother in ~ secrecy उसने अपनी माँ को ≈ गोपनीयता के साथ बता दिया; you must have ~ faith in him तुम्हें उस पर पूर्ण विश्वास होना चाहिए. **strictly** स्ट्रिक्ट'लि *adv.* **1.** कड़ाई से : follow the rules ~ नियमों का ≈ पालन करो. **2.** (~ speaking) सही अर्थ में, असल में; सच पूछिए तो : it is not ~ so good असल में इतना अच्छा नहीं है; ~ speaking I do not think so असल में मैं ऐसा नहीं सोचता. **3.** एकदम : smoking is ~ prohibited धूम्रपान ≈ मना है. **4.** पूरी तरह : he was never ~ truthful वह कभी ≈ सच्चा नहीं था. **strictness** स्ट्रिक्ट'निस *a.* कड़ाई^F, सख़्ती^F : ~ in discipline अनुशासन में ≈; you do not know the ~ of the rules तुम नियमों की ≈ नहीं जानते हो .

stride स्ट्राइड **I.** *v.t.* (strode, stridden) **1.** (walk along) लंबे डग या कदम भरना : he strode away/off to reach the school in time समय पर विद्यालय पहुँचने के लिए वह लंबे डग भरता गया. **2.** (cross) कदमों से पार करना, लाँघना : to ~ over to stream कदमों से नाला लाँघना; we saw him striding across the road हमने उसे कदम-कदम सड़क पार करते देखा; he could easily ~ the obstacles वह आसानी से बाधाएं^F पार कर सकता था; she cannot ~ the brook वह नाला नहीं लाँघ सकती. **II.** *n*^c. **1.** कदम, डग [long लंबे short छोटे]; his house is a few ~s from his office उसका घर उसके कार्यालय से कुछ कदम पर है; she was going with ~s वह धीमे कदमों से जा रही थी; she crossed the road in a few ~s उसने कुछ कदमों से सड़क पार कर ली. **2.** (*pl.*) प्रगति^F : remarkable ~ उल्लेखनीय ≈; India has made great ~ towards economic growth आर्थिक विकास में भारत ने बड़ी ≈ की है.

strife स्ट्राइफ *n*^{c}. **1.** (conflict) संघर्ष [industrial औद्योगिक, political राजनैतिक]; **2.** (discord) अनबन^F, फूट^F : mutual ~ आपसी ≈; the ~ between the husband and the wife may ruin the whole family पति-पत्नी के बीच की ≈ पूरे परिवार को नष्ट कर सकती है; there were frequent ~s between the two groups दो गुटों में प्रायः ≈ रहती थी; the party was torn by internal ~ दल में आंतरिक अनबन के कारण फूट^F पड़ गई. **3.** (quarrel) झगड़ा, कलह : family ~ पारिवारिक ≈; he is at ~ with his neighbours उसका पड़ोसियों से झगड़ा रहता है.

strike स्ट्राइक **I**. *n*^{c}. **1.** स्ट्राइक^F, हड़ताल^F [general आम/साधारण, long लंबी, token सांकेतिक]; hunger ~ भूख ≈; partial ~ आंशिक ≈; clerks' ~ लिपिकों की ≈; postal ~ डाकवालों की ≈; they sat down on ~ वे ≈ पर बैठ गए; the workers are on ~ मज़दूर ≈ पर हैं; there is a ~ in the university विश्वविद्यालय में ≈ है; the labourer went on ~ मज़दूरों ने ≈ कर दी; the government declared the ~ illegal सरकार^F ने ≈ को ग़ैर-कानूनी घोषित कर दिया; teachers are not coming due to ~ अध्यापक ≈ के कारण नहीं आ रहे हैं; the fourth grade employees have also joined the ~ चतुर्थ श्रेणी के कर्मचारी भी हड़ताल में शामिल हो गए हैं. **2.** (attack) आक्रमण [successful सफल, weak कमज़ोर]; they made a united ~ on the enemy उन्होंने शत्रु पर संयुक्त ≈ किया. **3.** (आकस्मिक) सफलता^{F} : he should not be proud of his casual ~ उसे अपनी आकस्मिक ≈ पर घमण्ड नहीं करना चाहिए; they had a lucky ~ of oil, gold भाग्य से उन्हें तेल, सोना पाने में सफलता^{F} मिली. **II.** *v.t.i.* (*p.* struck, *p.p.* struck)1. (hit) मारना, प्रहार करना: to ~ a person with a stick किसी व्यक्ति को छड़ी^{F} से ≈; he struck him with his foot on the chest से उसने उसकी छाती^{F} पर पैर/लात^F से प्रहार किया; why did he ~ him उसने उस पर क्यों प्रहार किया? he struck a blow on his head उसने उसके सिर पर प्रहार किया. **2.** (bring down) पटक देना, दे मारना : he struck him down the train उसने उसे रेलगाड़ी^{F} से नीचे पटक दिया; it is not easy to ~ down that fat man उस मोटे आदमी को पटकना आसान नहीं है. **3.** (a knife) भोंकना, घुसेड़ना : suddenly he struck a knife into his stomach एकाएक उसने पेट में चाकू भोंक/घुसेड़ दिया. **4.** (attack) आक्रमण करना, झपटना : the enemy struck him in the way शत्रु ने रास्ते में ही उस पर आक्रमण कर दिया. **5.** (collide with) से टकराना, टक्कर खाना, भिड़ना : both the trains struck each other दोनों रेलगाड़ियाँ^{F} एक-दूसरे से टकरा गईं; a car struck against a truck एक कार^F ट्रक से टकरा गई. **6.** (of lightning sound) पड़ जाना, लग जाना : the voice struck his ears and he awoke ज़ोर की आवाज़^{F} उसके कान में पड़ी और वह जाग पड़ा; the lightning ~ a tree बिजली पेड़ पर गिरी.

7. (appear) दिखाई देना, लगना : he struck me as honest वह मुझे ईमानदार दिखाई दिया; how does this room ~ you तुम्हें यह कमरा कैसा लगता है? **8.** to light जलाओ : ~ a match माचिस जलाना. **9.** (produce) उत्पन्न करना, पैदा करना, फैलाना : to ~ terror आतंक ≈. **10.** बजाना, बजना, टनटनाना : the clock struck twelve घड़ी ने बारह बजाए. **11.** (occurs to the mind of) मन में आना, को सूझना : a new idea suddenly struck me and I left the school एकाएक मेरे मन में एक नया विचार आया और मैंने विद्यालय छोड़ दिया; what had struck him that he resigned from his service उसे क्या सूझी थी कि उसने नौकरी छोड़ दी? **12.** (attract attention) (ध्यान) आकर्षित करना; प्रभाव डालना : her beauty struck me उसकी सुंदरता^{F} ने मेरा ध्यान आकर्षित कर लिया; he was struck by her beauty वह उसकी सुंदरता^{F} से प्रभावित हो गया. **13.** (cease work) हड़ताल^F करना : all the employees struck their work सब कर्मचारियों ने हड़ताल^F कर दी. **14** (in other contexts) to ~ a bargain सौदा पटाना; to ~ home

निशाने पर लगाना; to ~ a deal सौदा करना; ~ a coin सिक्का बनाना; to ~ a light बत्ती जलाना; to ~ dumb मौन हो जाना. Δ **to ~ against** टकराना; **to ~ back** जवाबी वार करना; **to ~ down** मार गिराना : he was struck down by a disease बीमारी^{F} ने उसे मार गिराया; to ~ **out** काट देना; to ~ **roots** जड़ पकड़ना. **striker** स्ट्राइ'कर n^{c}. **1.** हड़ताली [employee कर्मचारी, people लोग]; all the ~s were dismissed from their jobs सब हड़तालियों को उनके कामों से हटा दिया गया; the ~s called off their strike हड़तालियों ने अपनी हड़ताल^{F} समाप्त कर दी. **2.** (hitter) आघातक : the ~ of the tennis ball टेनिस बाल का ≈. **striking** स्ट्राइ'किंग *a.* **1.** हड़ताली : they are ~ people वे ≈ लोग हैं. **2.** बजने वाला : ~ bell बजने वाली घंटी^{F}. **3.** (remarkable) आश्चर्यजनक, असाधारण [ability योग्यता^{F}, idea विचार, result परिणाम]; it is ~ that she has passed the exam in first class यह आश्चर्यजनक है कि उसने परीक्षा प्रथम श्रेणी में पास कर ली है; there is ~ resemblance between the two brothers दोनों भाइयों में ≈ समानता है. **4.** (impressive) प्रभावशाली [change परिवर्तन, example उदाहरण]; she was tall and ~ वह लंबी और ≈ थी; he has a ~ personality उसका ≈ व्यक्तित्व है; his character is mainly ~ उसका चरित्र मुख्य रूप से ≈ है. **5.** (attractive) आकर्षक : she wears ~ clothes वह वस्त्र पहनती है.

string स्ट्रिङ्ग **I.** n^{c}. **1.** सुतली^{F}, डोरी^{F}, रस्सी^{F} [knotted गाँठदार, nylon नायलान की, strong मज़बूत]; the parcel was tied with a ~ पार्सल रस्सी^{F} से बँधा हुआ था; I want some ~ to tie (up) these books मैं इन किताबों^{F} को बाँधने के लिए कोई रस्सी चाहता हूँ; tie the cow with a ~ गाय^{F} को एक रस्सी से बाँध दो. **2.** (of leather) तस्मा : tie up your shoes with a ~ अपने जूते तस्मे से बाँध लो. **3.** (ribbon) फ़ीता [green हरा, लंबा]; she uses nylon ~ to tie up her hair अपने बाल बाँधने के लिए वह नायलॉन के फ़ीते का इस्तेमाल करती है. **4.** (of pyjamas, etc.) इज़ारबंद; नाड़ा (of skirt) : the ~ of his pyjamas is very loose उसके पायजामे का ≈ बहुत ढीला है. **5.** (of a musical instrument) तंत्री^{F}, तार, ताँत^{F} : thin ~ पतला ≈; sitar has ~s सितार में तंत्रियाँ होती हैं; violins have ~s वायलिन में तार होते हैं. **6.** (of puppet) डोरा, तार : puppets are tied with a very thin ~s कठपुतलियाँ^{F} बहुत महीन डोरे से बँधी होती हैं. **7.** (fibre) रेशा : thin ~ पतला ≈; the ~s of jute are very rough सन के रेशे बहुत खुरदरे होते हैं; mixed use of the ~ of cotton and nylon सूती और नायलॉन 'रेशों का मिश्रित प्रयोग. **8.** लड़ी^{F}, माला^{F} : ~ of beads मनकों की ≈. **9.** (series in succession) तांता, सिलसिला : ~ of complaints शिकायतों^{F} का ≈; I was amazed to see the ~ of persons going to the fair मेला जाते हुए लोगों का ताँता देखकर मैं आश्चर्यचकित था. Δ **on a ~** असहाय, पराधीन : I found him on a ~ yesterday कल मैंने उसे असहाय पाया; to **pull the ~** किसी को कठपुतली^{F} की तरह नचाना; to **harp on the same ~** उसी विषय की बार-बार चर्चा^{F} करना; to attach no ~s कोई शर्त^{F} न रखना. **II.** *v.t.* (strung) **1.** (put a ~ on) तस्मा/फ़ीता या डोरी/तार लगाना : ~ up the shoes hastily जूतों के तस्मे जल्दी बाँध दो; the boy cannot ~ the bow लड़का धनुष नहीं चढ़ा सकता. **2.** (to thread) पिरोना, गूँथना : to ~ flowers in wreath माला^{F} में फूल पिरोना; she was ~ing beads, pearls वह मनके, मोती पिरो रही थी. **3.** (tie) बाँधना : ~ the dog with a peg कुत्ते को खूँटे से बाँध दो; he did not ~ the goat, she is still grazing in the field उसने बकरी^{F} को नहीं बाँधा, वह अब भी खेत में चर रही है. **4.** (tighten) कसना : ~ the ribbon फीता कस लो. **5.** (excite) उत्तेजित करना : highly strung person बहुत उत्तेजित व्यक्ति. ~ **up** (i) फाँसी^{F} देना : the convict was strung up अपराधी को फाँसी दे दी गई (ii) to ~ smb up to do smth किसी को कुछ करने के लिए उत्तेजित करना.

stringent स्ट्रिन्'जन्ट *a.* **1.** (of rules, etc.) कड़ा, सख़्त, कठोर [measures उपाय/कदम, orders आदेश, rules नियम]; ~ rules against mass copying in exams परीक्षाओं^F में सामूहिक नकल^F के विरुद्ध कड़े नियम. **2.** (of arguments) अकाट्य, युक्तियुक्त, प्रत्यायक : all his objections are ~ उसकी सब आपत्तियाँ^F ≈ हैं. **3.** (of market) मंद : ~ supplies ≈ आपूर्ति^F .

strip स्ट्रिप **I.** *v.t.* (-pp-) **1.** (take off) उतारना : to ~ the clothes of a person किसी व्यक्ति के कपड़े ≈; he did not ~ his shirt उसने अपनी कमीज़ नहीं उतारी; they ~ paint from the wall उन्होंने दीवार^F पर से रंग उतार दिया; to ~ off paper from the wall दीवार^F पर से काग़ज़ उतारना. **2.** (denude) उघाड़ना, नंगा करना या हो जाना : to ~ a baby बच्चे को नंगा करना; the woman was ~ped by them and was beaten bitterly स्त्री उन लोगों द्वारा नंगी कर दी गई और बुरी तरह^F पीटी गई; he was ~ped to the waist उसे कमर तक नंगा कर दिया गया. **3.** (deprive of) से वंचित करना, ले लेना, छीनना, निचोड़ना : to ~ a person of his honours किसी व्यक्ति को उसके सम्मान से वंचित करना; the robbers ~ped all his money and goods डाकुओं ने उसका सारा पैसा और सामान छीन लिया; he was ~ped of his rights उसे अपने अधिकारों से वंचित कर दिया गया. **4.** (of house, etc.) एकदम ख़ाली करना, साज-सामान निकालना : according to the court order he has to ~ the house न्यायालय के आदेश के अनुसार उसे घर खाली करना है; the room was ~ped of its furniture कमरे से फर्नीचर निकाल दिया गया. **5.** (other contexts) to ~ an engine इंजन के पुर्ज़े खोल-खाल देना; ~ a cow गाय का पूरा थन निचोड़ लेना. **II.** *n*^c. **1.** (of cloth, paper) पट्टी^F, धज्जी^F (कपड़े, काग़ज़ की) [green हरी, thin पतली]; he had ten ~s on the back of his shirt उसकी कमीज़ के पीछे दस पट्टियाँ थीं; a ~ of cotton on the wound घाव पर एक कॉटन की पट्टी. **2.** टुकड़ा : ~ of land ज़मीन का ≈.

stripe स्ट्राइप *n*^c. **1.** धारी^F [broad चौड़ी, white सफ़ेद]; the ~s of zebra ज़ेब्रा की धारियाँ; tigers have ~s शेर की धारियाँ होती हैं. **2.** (badge or band) फीती^F, फीता : ~s show the rank of a military officer फीतियाँ सैनिक अधिकारी का पद दिखाती हैं; a policeman with three ~s तीन फीती वाला पुलिस सिपाही; two more ~s on the shoulder of a soldier सैनिक के कंधे पर दो और फीतियाँ. Δ **to get a ~** पदोन्नति^F होना. **3.** (blow of whip) कोड़े की मार^F, कशाघात : the mark of ~s are seen on his back उसकी पीठ^F पर कोड़े की मार के निशान दिखाई देते हैं. **striped** स्ट्राइप्ड *a.* धारीदार [animal जानवर, cloth कपड़ा, tie टाई]; he wears a ~ shirt वह कमीज़^F ≈ पहनता है; the ~ squirrel looks good ≈ गिलहरी^F अच्छी दिखती है; tiger's skin is ~ शेर की चमड़ी^F ≈ होती है.

strive स्ट्राइव *v.t.* (*p.* strove, *p.p.* striven, *pr. p.* striving) **1.** (के लिए, का) प्रयास करना, मेहनत^F करना : they are striving to win वे जीतने के लिए कड़ी मेहनत कर रहे हैं; he strove to strip off his bad habit उसने अपनी बुरी आदत छोड़ने का प्रयास किया; the old man strove to lift himself from the ground but he fell down again बूढ़े ने ज़मीन से उठने का प्रयास किया लेकिन फिर गिर पड़ा; he had to ~ for long to achieve this goal इस लक्ष्य को पाने के लिए उसे लंबे समय तक प्रयास करना पड़ा. **2.** (with, against) से संघर्ष करना : he has been striving against injustice वह अन्याय के विरुद्ध संघर्ष करता रहा है; it is not easy to ~ against him this way इस प्रकार से उससे संघर्ष करना आसान नहीं है. **3.** (vie) से होड़^F करना, प्रतिस्पर्धा^F करना : they all strove with each other उन्होंने आपस में प्रतिस्पर्धा की.

strode स्ट्रोड *v.t.* past of 'stride' *q.v.*

stroke स्ट्रोक **I.** *n*^c. **1.** (caressing) सहलाना, (हल्का) स्पर्श [light हल्का, rapid तेज़]; her ~ was sufficient to remove his ailment उसका मात्र स्पर्श ही उसकी बीमारी^F को दूर करने के लिए पर्याप्त था. **2.** (blow) चोट^F, आघात [fatal घातक, heavy भारी]; ~ of a whip चाबुक का आघात; ~ of lightning वज्रपात; ~ of illness दौरा; he could not bear the five ~s of a stick

वह एक छड़ी[F] की पाँच चोटें सहन न कर सका; the ~ was so powerful that he fell down at once प्रहार इतना शक्तिशाली था कि वह तुरंत गिर पड़ा; he felled a tree with one ~ उसने एक चोट[F] से एक पेड़ गिरा दिया. **3.** (shock) धक्का : mental ~ मानसिक ≈; the ~ of the death of his friend perturbed him very much उसके मित्र की मृत्यु[F] का ≈ उसे बहुत ही बेचैन कर गया. **4.** (other contexts) heat ~ लू लगना; sun ~ गर्मी का आघात; ~ of a clock टन-टन; he arrived on the ~ of eight वह ठीक आठ बजे पहुँच गया; ~ of pen or brush घसीट[F] : a few ~s and the caricature was ready थोड़ी-सी घसीटों से व्यंग्य चित्र तैयार हो गया; master ~ उस्तादी चाल[F]; clever ~ चतुराई[F]; ~ of luck सौभाग्य. **II.** *v.t.* सहलाना, हाथ फेरना : the child ~d the cat बच्चे ने बिल्ली[F] पर हाथ फेरा; to ~ smb's hair किसी के बाल सहलाना. Δ ~ **one down** (क्रोध) शांत करना, ठंडा करना : first ~ him down, then talk to him पहले उसका क्रोध शांत करो, फिर उससे बात[F] करो; ~ **the wrong way** चिढ़ाना : don't ~ an old man wrong way किसी बुड्ढे आदमी को मत चिढ़ाओ.

stroll स्ट्रोल **I.** *v.i.* टहलना : to ~ in a garden बगीचे में ≈; we ~ed about outside during the interval मध्यावकाश के दौरान हम इधर-उधर टहलते रहे; the principal was ~ing in the park before the closing of the school विद्यालय बंद होने से पहले प्राचार्य पार्क में टहल रहे थे. **II.** *n*[c]. चहलकदमी[F], मटरगश्ती[F], सैर[F] [aimless उद्देश्यरहित, pleasant सुखद]; to go for a ~ ≈ के लिए जाना; let us take a ~ in the garden हम बाग में टहलें.

strong स्ट्रॉङ्ग *a.* (stronger, strongest) **1.** हृष्ट-पुष्ट, हट्टा-कट्टा, तगड़ा [opponent विरोधी, person व्यक्ति, player खिलाड़ी]; she is ~er than her sister वह अपनी बहन की अपेक्षा[F] हट्टी-कट्टी है; he is ~est of all his brothers वह अपने भाइयों में सबसे तगड़ा है. **2.** (healthy, hale) स्वस्थ, तन्दुरुस्त [animal जानवर, child बच्चा]; he is ~ after his illness वह बीमारी[F] के बाद अब ≈ है; now that his is ~ enough, he may start his work अब जबकि वह काफी स्वस्थ है, अपना काम शुरू कर दे. **3.** (powerful, having resources) ओजस्वी, शक्तिशाली, प्रभावशाली [party दल, personality व्यक्तित्व]; he delivered a ~ speech उसने एक ओजस्वी भाषण दिया; his ~ character is the cause of his success उसका प्रभावशाली चरित्र ही उसकी सफलता[F] का कारण है. [*ant.* weak] **4.** in number संख्या में; our army is a million ~ हमारी सेना[F] में दस लाख सैनिक हैं. **5.** (in a subject) तेज़, तगड़ा : she is very ~ in mathematics वह गणित में बहुत तेज़ है; her maths is ~ उसका गणित ≈ है. **6.** (resolute) दृढ़, पक्का [character चरित्र, conviction आस्था[F]]; he is a man of ~ will वह दृढ़ इच्छा वाला आदमी है; we have a ~ faith in our leader हमें अपने नेता पर ≈ विश्वास है. **7.** (not easily broken, solid) मज़बूत, पक्का; टिकाऊ : ~ box ≈ संदूक; ~ shoes पक्के/मज़बूत जूते; ~ wall पक्की दीवार[F]; he lives in a ~ fort वह एक मजबूत किले में रहता है. **8.** (general meaning) तेज़ : ~ coffee, tea, medicine कड़क/≈ कॉफ़ी[F], चाय[F], दवा[F]; ~ light, wind ≈ रोशनी[F], हवा[F]; ~ smell ≈ गंध[F]. **9.** (other contexts) ~ argument सशक्त तर्क; ~ arm बल; ~ box तिजोरी; ~ desire प्रबल इच्छा; ~ drink शराब, मदिरा[F]; ~ friendship गहरी मित्रता[F]; ~hold गढ़; ~ language गाली-गलौज़; ~ love प्रगाढ़ प्रेम; ~ man लौह पुरुष; ~ market चढ़ता बाज़ार; ~ minded दृढ़चेता; ~ point महत्वपूर्ण बात[F], विशिष्टता[F]; ~room सुदृढ़ कक्ष; ~ voice ऊँची आवाज़[F]; going ~ फलता-फूलता : he is going ~ वह फल-फूल रहा है.

strove स्ट्रोव़ *v.t. past* of 'strive' *q.v.*

struck स्ट्रक *v.t. past* and *p.p.* of 'strike'; he tried to get the name ~ off उसने नाम कटवाने की कोशिश[F] की.

struggle स्ट्रॅगल **I.** *v.t.i.* **1.** (make violent movement) हाथ-पैर मारना, जूझना : people were struggling to get him out लोग

उसको बाहर निकालने के लिए जूझ रहे थे; he ~d very hard to find the job in the factory उसने फैक्टरी[F] में काम पाने के लिए बहुत हाथ-पैर मारे; the bird ~d out of the net पक्षी जूझते-जूझते जाल से बाहर निकल गया; we had to ~ against difficulties हमें कठिनाइयों[F] से जूझना था; she ~d long against poverty वह बहुत समय गरीबी[F] से जूझती रही. **2.** (contend with) से संघर्ष करना, का मुकाबला करना : we had to ~ for life under difficulties हमें कठिनाइयों[F] में जीवन-संघर्ष करना पड़ा; he ~d through the stream in the river for an hour उसे नदी[F] की धारा[F] में एक घंटा संघर्ष करना पड़ा. **II.** *n*[c]. **1.** संघर्ष [hard कड़ा, political राजनैतिक]; at last he gave up the ~ अंत में उसने ≈ छोड़ दिया; he continued the ~ and achieved success उसने ≈ जारी रखा और सफलता[F] पा ली; it is continuous ~ for existence on the earth पृथ्वी[F] पर लगातार जीवन ≈ है; the ~ between two parties दोनों दलों के बीच में ≈; our ~ for independence स्वतंत्रता[F] के लिए हमारा ≈. **2.** (tussle) लड़ाई-झगड़ा : fierce ~ भयंकर ≈; the ~ started between the supporters of both the sides दोनों तरफ के समर्थकों में ≈ शुरू हो गया; one person was beaten bitterly during the ~ एक व्यक्ति लड़ाई-झगड़े के दौरान बुरी तरह[F] पीटा गया.

strung स्ट्रङ्ग **I.** *v.t. past & p.p.* of 'string' *q.v.* **II.** *a.* उत्तेजित : person ≈ व्यक्ति; the students were ~ at the murder of a fellow student छात्र एक साथी छात्र की हत्या[F] पर ≈ थे.

strut स्ट्रट **I.** *v.i.* **1.** (stalk) इठलाना, अकड़कर या ऐंठकर चलना : the boy was ~ting about/along the street लड़का गली में इठलाकर चल रहा था. **2.** फुदकना : a male bird was ~ting in front of the female bird नरपक्षी मादा पक्षी के सामने फुदक रहा था. **II.** *n*[c]. इठलाहट[F], अकड़[F] की चाल[F] : ~ of a cock मुर्गे की अकड़वीं चाल[F]; his ≈ has become a matter of common talk उसकी अकड़[F] की चाल साधारण वार्ता का विषय बन चुकी है.

stub स्टब **I.** *n*[c]. **1.** टोंटा, टुर्रा : ~ of a cigarette or cigar सिगरेट या सिगार का ≈; many ~s have filled the ash tray बहुत-से टोंटों से राखदानी[F] भर गई है. **2.** (of pencil) टुकड़ा, सिरा : the boy has many ~s of pencil but it is hard to write with any of them लड़के के पास कई पेंसिल के सिरे/टुकड़े हैं लेकिन उनमें किसी से लिखना कठिन है. **3.** (of tree, etc.) ठूँठ : the trunk of the tree is cut off, only the ~ is left पेड़ का तना कट गया है, केवल ठूँठ बचा है. **4.** (counterfoil) मुसन्ना, प्रतिपर्ण : ~ of a cheque चेक का ≈; keep the ~s in your cheque book safe अपनी चेक बुक प्रतिपर्ण सुरक्षित रखें; the entry in the ~ does not agree प्रतिपर्ण की प्रविष्टि[F] मेल नहीं खाती.

stubborn स्टॅ'बर्न *a.* **1.** हठी, ज़िद्दी [child बच्चा, people लोग]; don't be too ~ इतने ≈ मत बनो; small boys are very ~, they do not obey their mothers छोटे लड़के बहुत ही ≈ होते हैं; वे अपनी माताओं का कहना नहीं मानते; donkey is the most ~ animal गधा सबसे ज्यादा ≈ जानवर है. **2.** सख्त, कड़ा [opposition विरोध, resistance विरोध, struggle संघर्ष]; there was a ~ fight among them उनमें कड़ी लड़ाई हुई. **stubbornly** स्टॅ'बर्नलि *adv.* डटकर : I resisted ~ मैंने ≈ विरोध किया; the soldiers fought ~ सैनिक ≈ लड़े.

stuck स्टक **I.** *v.t. past* of stick *q.v.*; the fish bone ~ in his throat मछली[F] की हड्डी[F] उसके गले में अटक गई.

stud स्टड **I.** *n*[c]. **1.** (button) दुहरा बटन : silver ~ चाँदी[F] का ≈; he has ~s in the cuffs of his shirt उसकी कमीज़[F] के कफ़ में ≈ हैं. **2.** (nail) गुलमेख[F], फुलिया. **3.** (horses) साँड़ (घोड़ा) [strong तगड़ा white सफ़ेद]; ~ farm पशुजनशाला; ~ bull साँड़ (बैल) ; he keeps two ~s for breeding वह नस्ल पैदा करने के लिए दो ≈ रखता है. **II.** *v.t.* (-dd-) जड़ना : to ~ a diamond in the ring अंगूठी[F] में हीरा जड़ना; the goldsmith has not ~ded gems in the pendant सुनार ने पेंडंट (लटकन) में रत्न नहीं जड़े हैं; a window ~ded with nails कीलें[F] जड़ी हुई खिड़की[F].

student स्ट्यू'डन्ट *n*[c]. **1.** छात्र, विद्यार्थी, (girl) छात्रा[F] [industrious मेहनती, lazy सुस्त]; there are sixty ~s in our class हमारी कक्षा[F] में साठ ≈ हैं; what is the strength of ~s in your school तुम्हारे विद्यालय में छात्रों की संख्या[F] कितनी है? the principal expelled five ~s from the school for their misconduct against a teacher अध्यापक के विरुद्ध दुराचरण के कारण प्राचार्य ने पाँच छात्रों को स्कूल से निकाल दिया. **2.** (one who studies) अध्येता : he is ~ of history वह इतिहास का ≈ है.

studio स्ट्यू'डिओ *n*[c]. चित्रशाला[F], स्टुडियो (of painter); प्रसारण-कक्ष (in radio centre, a room where programmes are broadcast); शिल्पशाला (of artist) : he has gone to the ~ to have a photo वह फोटो खिंचवाने स्टुडियो गया है; ~ to prepare pictures पिक्चर तैयार करने के लिए स्टुडियो.

studious स्ट्यू'डिअस *a*. **1.** अध्ययनशील, (diligent) अध्यवसायी [person व्यक्ति, scholar विद्वान]; he is a ~ student वह ≈ छात्र है; ten out of twenty boys are ~ बीस में से दस लड़के ही ≈ हैं. **2.** (eager) सावधान, सतर्क, उत्सुक [audience श्रोतागण, clerk लिपिक, player खिलाड़ी]; many peons in the office are not ~ कार्यालय में बहुत-से चपरासी ≈ नहीं हैं. **study** स्टॅ'डि **I.** *v.t.* (studied) **1.** पढ़ना, अध्ययन करना : they always ~ together वे हमेशा साथ-साथ पढ़ते हैं; she is ~ing to be a physician वह चिकित्सक होने के लिए अध्ययन कर रही है; he has gone to America to ~ some branch of physics वह भौतिकी[F] की किसी शाखा[F] का अध्ययन करने के लिए अमरीका गया है; he has started ~ing music now अब उसने संगीत का अध्ययन करना शुरू किया है; I have studied this book मैंने यह पुस्तक[F] पढ़ ली है; he studies Hindi वह हिन्दी[F] पढ़ता है. **2.** (examine carefully) ध्यान से देखना, का अध्ययन करना, की जाँच[F] करना : put the documents here, I shall ~ them later दस्तावेज़ यहाँ रख दो, मैं बाद में इनकी जाँच[F] करूंगा; have you not studied my papers क्या तुमने मेरे काग़ज़ों की जाँच नहीं की है? he studied her face उसने उसके चेहरे का अध्ययन किया. **3.** (show concern) ध्यान रखना : don't worry, I shall ~ your convenience चिंता मत करो, मैं तुम्हारी सुविधा[F] का ध्यान रखूंगा; she studies the needs of her pupils वह अपने शिष्यों की आवश्यकताओं[F] का ध्यान रखती है; he studies his own interests वह अपने हितों का ध्यान रखता है. **II.** *n*[c]. (*pl.* studies) **1.** अध्ययन, पढ़ाई[F], अनुशीलन [careful सावधानीपूर्ण, regular नियमित]; she has completed her studies उसने अपनी पढ़ाई पूरी कर ली है; he has gone to America for higher studies ऊंची पढ़ाई के लिए वह अमरीका गया है; I have not started my ~ now अभी मैंने अपनी पढ़ाई शुरू नहीं की है; he is making a ~ of geography वह भूगोल का अध्ययन कर रहा है; he does not give enough time to studies वह पढ़ाई में काफी समय नहीं लगाता. **2.** (examination) जाँच[F], परीक्षण : the ~ of this material is important इस सामग्री[F] की जाँच महत्वपूर्ण है; during the ~ of his answer-books, I found many mistakes उसकी उत्तर-पुस्तिकाओं[F] की जाँच करते समय मुझे बहुत गलतियाँ[F] मिलीं. **3.** (room) अध्ययन-कक्ष [decorated सुसज्जित, vast बड़ा]; she is working in her ~ वह अपने ≈ में काम कर रही है; he reads in the drawing room because he has no ~ वह ड्राइंग रूम में पढ़ता हैं क्योंकि उसके पास कोई ≈ नहीं है.

stuff स्टफ़ **I.** *n*[c]. **1.** (material) माल, सामग्री[F] : रद्दी ≈; this ~s have been imported from Indonesia यह माल इन्डोनेशिया से आयात किया गया है; the supply of ~s by the government authorities सरकारी अधिकारियों द्वारा की जानेवाली माल की आपूर्ति[F]; Oxford books are good ~ ऑक्सफोर्ड की पुस्तकें[F] अच्छा माल होती हैं. **2.** गुण : he has a good ~ in him उसमें एक अच्छा ≈ है; he knows his ~ very well वह जानता है कि वह अपने काम में कितना निपुण

है. 3. (rubbish) रद्दी माल, कूड़ा : he writes all ~ वह सारा ≈ लिखता है. 4. (in contexts) doctor's ~ दवाई^F; garden ~ सब्ज़ी, तरकारी^F; sorry ~ बेकार चीजें; woollen ~ ऊनी कपड़ा. **II.** *v.t.* **1.** (cram *with*) ठूँसकर भरना : the quilt is ~ed with cotton रज़ाई^F में रुई^F ठूँसकर भरी जाती है; he has ~ed the bag with fruits उसने फलों से अपना थैला भर लिया है; his head is ~ed with romantic ideas उसका दिमाग़ रोमांचकारी विचारों से भरा हुआ है; she ~ed her basket with flowers उसने अपनी टोकरी^F फूलों से भर ली; he has ~ed himself उसने अपना पेट ठूँसकर भर लिया है. **2.** (cram into) ठूँसना, घुसेड़ना : she ~ed all her clothes in the suit-case उसने सारे कपड़े सूटकेस में ठूँसकर भर दिए; don't ~ anything more in the bag, it will burst झोले में और कुछ मत घुसेड़ो, यह फट जाएगा. **3.** to ~ a child with cakes बच्चे को ठूँस-ठूँसकर केक खिलाना. **4.** में मसाला भरना : to ~ potatoes with chillies आलुओं में मिरचें भरना, **stuffiness** स्टॅ'फिनॅस *n*^c. घुटन^F, दमघोंटूपन : ~ of air हवा^F का दमघोंटूपन; I feel ~ in this room मुझे इस कमरे में घुटन लगती है. **stuffy** स्टॅ'फ़ि *a.* (stuffier, stuffiest) **1.** badly ventilated घुटनभरा [atmosphere वातावरण, weather मौसम]; it is ~ in this small room यह छोटा कमरा ≈ है; it is so ~ here that I feel a headache यहाँ इतनी घुटन है कि मुझे सिरदर्द महसूस होता है. **2.** ~ nose रेंट से भरी (बंद) नाक^F. **3.** ~ person उदास और अरसिक व्यक्ति.

stumble स्टॅम्'बल *v.i.* ठोकर खाना या लगना : she ~d in the street and fell down उसे गली^F में ठोकर लगी और वह गिर गई; walk carefully lest you should ~ सँभलकर चलो ऐसा न हो कि तुम्हें ठोकर लग जाय. **2.** (~ along लड़खड़ाना : the old man ~d along the street बूढ़ा आदमी गली^F में लड़खड़ा गया; she ~d over a stone वह एक पत्थर पर से लड़खड़ाकर गिर पड़ी. **3.** (blunder) भूल^F करना : we ~d here हमने यहाँ भूल की; she ~s at/over long words वह लंबे-लंबे शब्दों (के प्रयोग) में भूल करती है. **4.** (stutter) लड़खड़ाकर (हकलाकर) बोलना या पढ़ना : the boy is twelve years old, even then he ~s लड़का बारह साल का है, फिर भी वह लड़खड़ाकर बोलता है. Δ ~ **upon, across** संयोग से मिल जाना, हाथ लगना : while going to the market he ~d upon an old friend बाज़ार जाते समय संयोग से उसकी एक पुराने दोस्त से भेंट^F हो गई; I ~d upon this book in a second hand dealer's shop यह किताब^F मुझे एक कबाड़िए की दुकान^F में अचानक मिल गई. **stumbling block** *n*^c. **1.** ठोकर^F : there are many ~s on this road, you should drive slowly इस सड़क^F पर कई ठोकरें हैं तुम्हें धीमी गाड़ी^F चलानी चाहिए. **2.** (hindrance) बाधा^F, अड़ंगा : red-tapism is a great ~ in speedy justice लाल-फीताशाही^F त्वरित न्याय के लिए सबसे बड़ी बाधा^F है; there are many ~s in this work इस काम में कई बाधाएँ हैं; the cost is a ~ in this scheme इस योजना^F में पैसे की लागत^F एक बाधा^F है.

stump स्टम्प **I.** *n*^c. **1.** (of tree, limbs, etc.) ठूँठ [big बड़ा, dry सूखा]; there is a ~ in the field खेत में एक ≈ है; you should remove the ~s from the playing ground तुम्हें खेल के मैदान से ≈ हटा देने चाहिएं; in an accident she lost half of her arm and only the ~ was left एक दुर्घटना^F में उसकी आधी बाँह^F जाती रही और केवल ≈ रह गया. **2.** (of cigarette) टोटा, टुर्रा : he has collected many ~s in his pocket उसने अपनी जेब^F में कई टुर्रे इकट्ठे किए हैं. **3.** (of pencil) सिरा, टुकड़ा : these ~s of pencils are useless पेंसिलों के ये सिरे बेकार हैं. **4.** (cricket) डंडा, स्टंप : there are three ~s in each side हर तरफ़ तीन स्टंप होते हैं; one of his ~s fell down from his own bat उसका एक स्टंप अपने ही बल्ले से गिर गया; a bowler aims at the ~s गेंदबाज़ का निशाना ≈ होते हैं. **II.** *v.t.* **1.** पैर पटक कर चलना : he often ~s over the floor वह प्रायः फ़र्श पर पैर पटककर चलता है; she ~ed angrily out of the class वह कक्षा^F से गुस्से में पैर पटकती चली गई. **2.** भाषण देते फिरना :

they ~ed the whole country before the election चुनाव के पहले वे पूरे देश में भाषण झाड़ते फिरे. **3.** (baffle) चकरा देना : the question ~s me यह प्रश्न मुझे चकरा देता है. **4.** (स्टम्प से गेंद छूकर) आउट कर देना : the wicket-keeper has ~ed the batsman विकेट कीपर ने बल्लेबाज को आउट कर दिया.

stun स्टन *v.t.* (-nn-) **1.** (knock senseless) अचेत कर देना : the fatal blow ~ned him at once घातक प्रहार ने उसे तुरंत अचेत कर दिया. **2.** (shock) धक्का देना : the news ~ned him इस समाचार से उसे धक्का लगा; he was ~ned by the news contained in the telegram टेलीग्राम के समाचार ने उसे धक्का दे दिया; his failure ~ned me heavily उसकी असफलता^F ने मुझे भारी धक्का दिया. **3.** (bewilder) हक्का-बक्का या भौंचक्का कर देना : he sat ~ned for minutes वह मिनटों भौचक्का बैठा रहा. **4.** (deafen) बहरा कर देना : the loud noise ~ed her तेज़ शोर ने उसे बहरा कर दिया.

stung स्टङ्ग *v.t. past* and *p.p.* of 'sting' *q.v.*

stunk स्टङ्क *v.i. pp.* of 'stink' *q.v.*

stunning स्टँ'निङ्ग *a.* **1.** (amazing) विलक्षण, ग़ज़ब की [ability योग्यता^F, intellect बुद्धि^F]; everyone praised his ~ mind सब लोगों ने उसके विलक्षण मस्तिष्क की प्रशंसा की. **2.** होश उड़ा देने वाला : ~ new's ≈ समाचार

stunt स्टंन्ट **I.** *n*^c. **1.** कलाबाज़ी^F [dangerous खतरनाक, excellent उत्कृष्ट]; that picture is just a ~ वह सिनेमा मात्र एक ≈ है. **2.** (in advertising) इश्तहारबाज़ी^F : these ~s in newspapers will not help your election समाचार-पत्रों में ये इश्तहारबाज़ियाँ. चुनाव में तुम्हारी सहायता^F नहीं करेंगी. **II.** *v.t.* विकास या वृद्धि^F रोकना, बढ़ने न देना : hard work ~s a boy's growth कठिन परिश्रम लड़के के विकास को रोक देता है; lack of manure ~s the growth of a tree खाद^F की कमी^F पेड़ के विकास को रोक देती है.

stupid स्ट्यू'पिड *a.* **1.** (slow-witted) मूर्ख, मंदबुद्धि , जड़मति [person व्यक्ति, student छात्र]; he is so ~ that he cannot even count numbers वह इतना है ≈ कि संख्याएँ^F भी नहीं गिन सकता. **2.** (foolish) मूर्खतापूर्ण [idea विचार, joke दिल्लगी^F, mistake गलती^F]; that was ~ of him यह उसकी मूर्खता थी. **3.** (uninteresting) नीरस, बेमज़ा [festival त्यौहार, place स्थान, talk बात^F]; don't make the function ~ जलसे को ≈ न बनाओ. **stupidity** स्ट्यूपि'डिटि *n.* बुद्धिहीनता^F, नासमझी^F, मूर्खता^F : it was an act of ~ यह मूर्खतापूर्ण कार्य था; his reply was just an example of his ~ उसका उत्तर उसकी ≈ का एक उदाहरण मात्र था; he will be remembered for his ~ वह अपनी ≈ के लिए याद किया जायगा.

sturdiness स्टर्'डिनिस *n* मज़बूती^F, दृढ़ता^F, तगड़ापन : incredible ~ अविश्वसनीय ≈; he opposed the resolution with all his ~ उसने प्रस्ताव का अपनी पूरी दृढ़ता से विरोध किया; you can see the ~ of his muscles तुम उसकी पेशियों^F की ≈ देख सकते हो. **sturdy** स्टर'डि *a.* **1.** (robust) तगड़ा, हट्टा-कट्टा [boy लड़का, fellow व्यक्ति]; he is a ~ baby वह ≈ बच्चा है; only a ~ person can fight him केवल कोई ≈ व्यक्ति ही उससे लड़ सकता है. **2.** (of things) मज़बूत [frame ढाँचा, legs टाँगें^F, oak ओक]; all the furniture should be ~ सारा फ़र्नीचर मज़बूत होना चाहिए. **3.** (firm) दृढ़, प्रबल, ज़ोरदार : ~ defence ज़ोरदार बचाव; a ~ opposition to the resolution प्रस्ताव का प्रबल विरोध; he has a ~ faith उसका विश्वास दृढ़ है; we shall give them a ~ resistance हम उनका प्रबल विरोध करेंगे.

stutter स्ट'टर **I.** *v.t.* हकलाना : he still ~s although he is grown up वह अब भी हकलाता है यद्यपि वह बड़ा हो गया है; children often ~ बच्चे प्रायः हकलाते हैं. **II.** *n*^c. हकलाहट^F, हकलापन : he has a ~ उसमें ≈ है; ~ is a fault in one's speech ≈ किसी की वाणी का एक दोष है; he takes exercises to cure his ~ वह अपनी ≈ का इलाज करने के लिए व्यायाम करता है.

style स्टाइल *n*^c. **1.** शैली [linguistic भाषागत, literary साहित्यिक, modern अद्यतन]; I like your ~ of writing मैं तुम्हारी लेखन ≈ पसंद करता हूँ; he had adopted an ironical ~

उसने व्यंगात्मक ≈ को अपनाया था; his ~ differs from that of the ancient writers उसकी ≈ प्राचीन काल के लेखकों की ≈ से भिन्न है; you should write in lofty ~ तुम्हें उदात्त शैली में लिखना चाहिए; his lambent ~ has been appreciated by every reader उसकी विविधापूर्ण ≈ सभी पाठकों द्वारा पसंद की गई है. **2.** (way, manner) ढंग, तरीका, रीति^F, रंगढंग, पद्धति^F [grand शानदार, original मौलिक]; a strange ~ of walking चलने का एक अजीब ढंग; all of you should adopt a new ~ of playing cricket तुम्हें क्रिकेट खेलने का नया तरीका अपनाना चाहिए; the ~ of his work is peculiar उसके काम का ढंग अजीब है. **3.** (kind, sort) प्रकार : various ~s विभिन्न ≈; same ~ वही ≈; it is a new ~ of shoes जूतों का यह एक नया ≈ है. the ~s of chairs कुर्सियों के ≈; there are all sizes and ~s of things वहाँ सब आकार-प्रकार की वस्तुएँ हैं. **4.** (fashion) फैशन [modern अद्यतन, old पुराना]; I like the ~ of your new sweater मुझे आपके नये स्वीटर का ≈ पसंद है; she is a woman of new ~ वह नये ≈ की स्त्री है; this hat is of the latest ~ यह हैट नवीनतम ≈ का है; she changes the ~ of her hair every week वह हर हफ्ते अपने बालों का ≈ बदल देती है. **5.** (other contexts) he lives in ~ वह शान^F से रहता है; she has a ~ उसमें एक नज़ाकत^F है. **II.** *v.t.* **1.** (name, call) की संज्ञा^F देना, कहलाना : a student was ~ed monitor एक छात्र को मानीटर की संज्ञा दी गई; he ~s himself 'prince' वह अपने को 'प्रिंस' कहलाता है; he is ~d captain उसे कप्तान कहा जाता है. **2.** (design) बनाना, रूप देना : he ~d his house in the Chinese manner उसने अपना मकान चीनी ढंग का बनवाया.

sub- सब *prefix* **1.** उप- : ~ tenant उपकिराएदार; ~ editor उप-संपादक; ~ urban उप-नगरीय. **2.** नीचे : ~ soil नीचे की मिट्टी^F; ~ zero शून्य से ≈. **3.** अन्तः ~ plot अंतःकथा^F. इसी प्रकार ~-agent, ~ committee, ~-continent, ~-heading, ~-judge.

sub-conscious सब् कॉन्'शस *a.* अवचेतन [desire इच्छा^F, mind मन, reasoning तर्क]; when the teacher was teaching, he was in ~ condition जब अध्यापक पढ़ा रहे थे तो वह ≈ अवस्था^F में था.

sub-continent सब् कॉन्'टिनन्ट *n*^c. उपमहाद्वीप : Indian ~ includes India, Pakistan, Myanmar, Bangladesh and Sri Lanka भारतीय ≈ के अंतर्गत भारत, पाकिस्तान, म्यांमार, बंगलादेश और श्रीलंका हैं.

sub-divide सबडिवाइड' *v.t.* प्रविभाजित करना : a class is ~d into sections कक्षा^F वर्गों में बाँटी जाती है (प्रविभाजित की जाती है); to ~ a house into many portions मकान को कई भागों में प्रविभाजित करना; India is ~d into States भारत राज्यों में प्रविभाजित है. **sub-division** सबडिवि'ज़न *n*^c. अनुमंडल, तहसील^F [developed विकसित, large बड़ा]; ~ of a district ज़िले का अनुमंडल; a district is divided into many ~s ज़िला कई तहसीलों में बँटा होता है;

subdue सब्ड्यू' *v.t.* **1.** वश में लाना या रखना : he kept them ~d for months and then let them go उसने उन्हें महीनों वश में रखा और फिर उन्हें छोड़ दिया; to ~ one's passions, fears अपनी वासनाओं^F, अपने भय को वश में रखना. **2.** अधीन करना, हरा देना : the country was ~d by the enemy देश शत्रु द्वारा अपने अधीन कर लिया गया; to ~ a rebel tribe किसी विद्रोही जनजाति^F को हराना. **3.** मंद/धीमा करना : he spoke in a ~d voice वह मंद स्वर में बोला; all colours are ~d here यहाँ सारे ढंग मंद हैं; the speed of the vehicle ~d on the elevated road गाड़ी^F की गति^F ऊंचाई^F पर धीमी पड़ गई.

subject सब्'जेक्ट **I.** *a.* **1.** (not independent) परतंत्र, पराधीन : ~ races ≈ जातियाँ^F; now they are not ~ to British Empire अब वे ब्रिटिश साम्राज्य के अधीन नहीं हैं; there are many ~ countries on the map of the world संसार के मानचित्र पर कई पराधीन देश हैं. **2.** (ruled by) अधीन : ~ to these rules इन नियमों के ≈. **3.** (likely to have) संभाव्य : he is ~ to ill-health उसकी अस्वस्थता^F ≈ रहती है. **II.** *n*^c. **1.** (*pl.*) प्रजा^F : the people of this island are the ~s of the Queen of Britain इस द्वीप के लोग ब्रिटेन की रानी की प्रजा हैं; we were British ~s before 1947 हम 1947 से पहले ब्रिटिश लोगों की ≈ थे. **2.** (theme) विषय-वस्तु[F] : ~-matter विषय-वस्तु[F]; ~ of a story कहानी[F] की ≈. **3.** (branch of knowledge) विषय : what are your ~s in B.A. बी० ए० में तुम्हारे कौन-कौन से विषय हैं? what ~s are you studying तुम कौन-से ≈ पढ़ रहे हो? he has written a book on this ~ उसने इस विषय पर एक पुस्तक[F] लिखी है. **4.** (smth for consideration) विषय : he has wandered from his ~ वह अपने ≈ से भटक गया है; we have different opinions on that ~ उस ≈ पर हमारे विचार भिन्न-भिन्न हैं. **5.** (gram.) कर्ता, उद्देश्य : ~ and object कर्ता और कर्म; ~ and predicate उद्देश्य और विधेय; pick out the ~ and predicate in this sentence इस वाक्य में उद्देश्य और विधेय छाँटो; the ≈ of a verb किसी क्रिया का कर्ता. **III.** *v.t.* **1.** (subdue) अधीन करना : he ~d many states under him उसने कई राज्यों को अपने अधीन कर लिया. **2.** (expose to) का विषय बनाना : he ~ed himself to criticism उसने अपने को आलोचना[F] का विषय बना लिया. **3.** के प्रभाव में लाना : to ~ smth to heat, light किसी वस्तु[F] को गरमी[F], रोशनी[F] के प्रभाव में लाना. Δ ~ **to** (i) संभाव्य होना : he is ~ to error वह गलती[F] कर सकता है; it is ~ to change यह बदल सकता है; (ii) की शर्त[F] पर होना : the arrangement is made ~ to your approval व्यवस्था आपकी स्वीकृति[F] की शर्त पर की गई है; he will be admitted ~ to your consent उसे आपकी अनुमति[F] से ही प्रवेश दिया जायेगा.

sub-judice सब्-जू'डिस *phr.* अदालत के विचाराधीन : the case is ~, I should say, write nothing about it मामला न्यायालय के विचाराधीन है मुझे इसके बारे में कुछ नहीं कहना, लिखना चाहिए.

subjugate सब'जुगेट *v.t.* अधीन करना, वशीभूत करना, वश में करना: he ~d his will उसने अपनी इच्छा[F] को वश में कर लिया; to ~ the opposition विरोधियों को वशीभूत करना; to ~ the opponents by one's speech अपने भाषण सें विरोधियों को वशीभूत करना; to ~ the other country दूसरे देश को अधीन करना. [*n.* subjugation]

sublet सब् लैट' *v.t.* शिकमी देना, दुबारा किराये पर देना : the tenant ~ the house to a friend किरायेदार ने मकान को अपने एक मित्र को शिकमी दे दिया; his house has been ~ many times उसका मकान कई बार[F] शिकमी दे दिया गया.

sublime सब् लाइम' *a.* **1.** (exalted) लोकोत्तर, उदात्त, [critic आलोचक, poetry काव्य, truth सत्य]; Wordsworth is a ~ poet of the natural sceneries वर्ड्सवर्थ प्राकृतिक दृश्यों के ≈ कवि हैं. **2.** (grandiose) भव्य, शानदार : the view from the hill was ~ पहाड़ी[F] पर ये दृश्य ≈ था; the people will remember him for his ~ deeds लोग उसे उसके शानदार कामों के लिए याद करेंगे.

submarine सब'मरीन **I.** *a.* . अंतःसागरी, अंतःसमुद्री [cable केबल, life जीवन]; can you tell me the name of any ~ plant क्या तुम किसी अंतःसमुद्री पौधे का नाम बता सकते हो? **II.** *n*[c]. पनडुब्बी : the ~ was in the Indian Ocean for many days कई दिनों तक ≈ हिन्द महासागर में रही; India is making ~s these days to safeguard its coastline भारत आजकल अपनी तटरेखा[F] के बचाव के लिए पनडुब्बियाँ बना रहा है.

submerge सब् मर्ज' *v.t.* **1.** (inundate) जलमग्न पर देना या हो जाना, डुबा देना, डूब, जाना : the whole countryside was ~d in the floods बाढ़[F] में पूरा ग्रामीण क्षेत्र जलमग्न हो गया; the house will be ~ in the water मकान पानी में डूब जाएगा. **2.** डुबकी[F] या गोता लगाना : I saw a crocodile submerging मैंने एक मगरमच्छ को डुबकी लगाते देखा; two submariners ~d in the sea to attack the enemies शत्रुओं पर आक्रमण करने के लिए दो पनडुब्बियों ने गोता लगाया.

submission सब् मि'शन *n.* **1.** अधीनता-स्वीकरण, आत्म-समर्पण, आत्म-निवेदन; अधीनता[F], परवशता[F] : ~ to an authority किसी प्राधिकारी की अधीनता; ~ of a state किसी राज्य का आत्म-समर्पण; we forced the enemy to ~ हमने शत्रु को आत्म-समर्पण करने के लिए मजबूर कर दिया. **2.** (obedience) आज्ञाकारिता[F] : she accepted all that with ~ उसने ≈ के साथ सब कुछ स्वीकार कर लिया. **3.** (for consideration) विचारार्थ/निर्णयार्थ प्रस्तुत करना : ~ of books पुस्तकें[F] ≈; the date for ~ of the thesis शोध प्रबंध प्रस्तुत करने की तारीख[F]. **4.** (plea) निवेदन, विनती[F], अनुरोध : the court has accepted his ~ न्यायालय ने उसका अनुरोध स्वीकार कर लिया है; my ~ is. . . मेरी विनती है कि . . ., मेरा अनुरोध है कि . . . **submit** सब्मिट' *v.t.* (-tt-) **1.** (make submission to) की अधीनता[F] स्वीकार करना, का अधिकार मानना; (surrender) आत्म-समर्पण करना, हार मानना : we must ~ or we will die हमें आत्म-समर्पण कर देना चाहिए नहीं तो हम मर जाएँगे; he ~ted to the enemy उसने शत्रु की अधीनता स्वीकार कर ली; the enemy made him ~ शत्रु ने उसे आत्म-समर्पण कराया; the people refused to ~ **to** his rule लोगों ने उसका शासन स्वीकार करने से इंकार कर दिया; he will ~ you वह तुम्हारी आज्ञा[F] मानेगा. **2.** हार मानना : the strikers were asked to ~ हड़तालियों से हार[F] मानने को कहा गया; he would never ~ **to** his cruelty वह उसके अत्याचार से कभी हार नहीं मानेगा. [*ant.* resist] **3.** (for consideration) प्रस्तुत करना, पेश करना : he ~ted his proposal उसने अपना प्रस्ताव प्रस्तुत किया; he ~ted the application to the principal उसने प्राचार्य को आवेदनपत्र प्रस्तुत किया. **3.** (plead) निवेदन करना : he ~s that he is not guilty उसने निवेदन किया कि मैं दोषी नहीं हूँ.

subordinate सॅ बॉर्'डिनिट **I.** *a.* **1.** (inferior) अधीनस्थ, अवर, मातहत, अधीन [employee कर्मचारी, job काम, officer अधिकारी]; a police inspector is ~ to the superintendent पुलिस निरीक्षक अधीक्षक के मातहत/अधीन होता है; he is ~ to my authority वह मेरे अधिकार के मातहत है; he holds a ~ post in the office कार्यालय में उसका अधीनस्थ पद है. **3.** (gram.) आश्रित : ~ sentence ≈ वाक्य; which is the ~ clause in this sentence इस वाक्य में ≈ उपवाक्य कौन-सा है? **II.** *n*[c]. अधीनस्थ कर्मचारी : he called all his ~s to a conference उसने सब अधीनस्थ कर्मचारियों को मीटिंग में बुलाया.

subscribe सब्स्क्राइब' *v.t.* **1.** (sign) हस्ताक्षर करना : he ~d his name on the paper उसने काग़ज़ पर अपने नाम के हस्ताक्षर किए; you have not ~d on the attendance sheet तुमने उपस्थिति-पत्र पर हस्ताक्षर नहीं किए; he ~d himself उसने अपने हस्ताक्षर किए. **2.** (~ to, support) का समर्थन करना, अनुमोदन करना : no one ~d to his opinion किसी ने उसके मत का समर्थन नहीं किया; I ~d to his resolution मैंने उसके प्रस्ताव का अनुमोदन किया. **3.** (to a periodical) ग्राहक बनना : he ~d **to** the 'India Today' magazine वह 'इण्डिया टुडे' पत्रिका का ग्राहक बन गया. **4.** (contribute to) चंदा देना, अंशदान करना : he ~s Rs. 50 per month to our club वह हमारे क्लब को पचास रुपए महीना अंशदान करता है; the boy ~d hundred rupees to the earthquake fund लड़के ने भूकंप निधि[F] में सौ रुपया चंदा दिया. **subscription** सब्स्क्रिप'शन *n*[uc]. (money given) चंदा : have you paid some ~ to them क्या तुमने उन्हें कुछ ≈ दिया है? I have paid my ~ for the magazine मैंने पत्रिका[F] के लिए अपना चंदा दे दिया है.

subsequent सब्'सिक्वन्ट *a.* बाद का, उत्तरवर्ती, उत्तरकालीन [events घटनाएँ[F], result परिणाम, thinking सोच[F]]; ~ difficulties obliged us to give up our plans बाद की कठिनाइयों[F] ने हमें अपनी योजनाओं[F] को छोड़ देने पर मजबूर कर दिया.

subside सब्साइड' *v.t.i.* **1.** (of water) उतर जाना, घट जाना : the flood water has ~d बाढ़[F] का पानी उतर गया है. **2.** (of building, ground) धँसना : they say that the Taj Mahal is subsiding कहते हैं कि ताजमहल धँस रहा है; rocks ~d at many places during the earthquake भूकंप के दौरान कई जगह[F] चट्टानें[F] धँस गईं. **3.** (become lower, quieter) शांत हो जाना, हल्का या कम हो जाना : her anger quickly ~d उसका क्रोध

शीघ्र ही शांत हो गया; the storm has ~d तूफ़ान हल्का/कम हो गया है; his fever is subsiding उसका बुखार हल्का हो रहा है.

subsidize सब्'सिडाइज़ *v.t.* आर्थिक सहायता^{F} देना : the government ~s manure in order to help farmers किसानों की मदद^{F} के लिए सरकार^{F} खाद में आर्थिक सहायता देती है; meals are ~d in many schools बहुत से स्कूलों में खाने में आर्थिक सहायता दी जाती है. **subsidy** सब्'सिडि n^{c}. आर्थिक सहायता^{F} : ~ was given to keep prices low कीमतें^{F} कम करने के लिए ≈ दी गई; some industries are supported by ~ कुछ उद्योगों का समर्थन ≈ से होता है; he has started a new business so he needs ~ उसने नया व्यापार शुरू किया है इसलिए उसे आर्थिक सहायता की आवश्यकता है.

subsistence सब् सिस्'टन्स *n.* जीविका^{F}, जीवन-निर्वाह : means of ~ ≈ का साधन; ~ crop निर्वाहार्थ फसल; ~ money निर्वाह-भत्ता; ~ is not possible without such help इतनी सहायता^{F} के बिना ≈ संभव नहीं है; he is not earning even for his ~ वह अपनी जीविका के लिए भी नहीं कमा रहा है.

substance सब्'स्टन्स *n.* **1.** (important part of qualities) तत्व : there was no ~ in his lecture उसके व्याख्यान में कोई ≈ नहीं था. **2.** (material) पदार्थ [flexible नम्य/लचीला, hard सख्त, white सफ़ेद]; sugar is a useful ~ चीनी^{F} एक उपयोगी ≈ है; a small number of ~s make up the world थोड़े-थोड़े ≈ मिलकर संसार का निर्माण करते हैं; oil is a greasy ~ तेल एक चिकना ≈ है. **3.** (essential meaning) भावार्थ, सार, सारांश : the ~ of this subject इस विषय का सार; what is the ~ of this poem इस कविता^{F} का ≈ क्या है ? I agree with you in ~ सार रूप में मैं आपसे सहमत हूँ; I can tell you the ~ of his remarks उसके टिप्पणों का ≈ मैं आपको बता सकता हूँ. **4.** (solidity) ठोसपन : there is not much ~ in his argument उसके तर्क में कोई ठोसपन नहीं है. **substantial** सब्स्टैन्'शल *a.* **1.** (important) महत्वपूर्ण, पर्याप्त [matter मामला, progress प्रगति^{F}, reason कारण]; they made ~ changes in their plans उन्होंने अपनी योजनाओं^{F} में ≈ परिवर्तन किए; he got a ~ amount to start his business अपना धंधा शुरू करने के लिए उसे ≈ धन मिला. **2.** (of arguments तर्क) सारगर्भित, सारवान, पुष्ट, ठोस : the supreme court will interfere only if there is a ~ error उच्चतम न्यायालय तभी हस्तक्षेप करेगा जब कोई सारवान गलती^{F} हो. **3.** (solidly made) मज़बूत, ठोस [bridge पुल, building इमारत^{F}, furniture फर्नीचर]; the boundary wall was made very ~ सीमा^{F} की दीवार^{F} बहुत मज़बूत बनाई गई थी. **4.** (well-to-do) धनी, समृद्ध, सम्पन्न, ठोस : ~ person ≈ व्यक्ति; this is the most ~ area of the district यह ज़िले का सबसे ≈ क्षेत्र है.

substitute सब्'स्टिट्यूट **I.** *v.t.i.* के स्थान पर रखना, प्रतिस्थापित करना : to ~ smth for something else किसी वस्तु^{F} के स्थान पर कोई और वस्तु रखना; I ~d your name for mine मैंने अपने नाम की जगह^{F} तुम्हारा नाम रख दिया. **2.** (a person) स्थानापन्न करना, का स्थान लेना : Mary ~d for John who was ill मेरी ने जान का स्थान लिया जो बीमार था; if you cannot attend, get smb to ~ for you यदि तुम उपस्थित नहीं हो सकते, तो अपने स्थान पर किसी को लो. **II.** n^{c}. **1.** (person) स्थानापन्न व्यक्ति, एवज़ी [clerk लिपिक, officer अधिकारी]; he is a ~ for that officer : वह उस अधिकारी का अस्थायी ≈ है; Ramesh will be the principal's ~ रमेश प्राचार्य का ≈ होगा; my ~ has just arrived मेरा ≈ अभी-अभी आया है; when you go on leave who will be your ~ जब तुम छुट्टी^{F} पर जाओगे तो तुम्हारा एवज़ी कौन होगा. **2.** (thing) बदले की नकली चीज़^{F} : ~ of rubber नकली रबड़; sacharin is a good ~ for sugar सैकरिन चीनी^{F} का अच्छा बदल है.

subtle सब्'टल *a.* **1.** सूक्ष्म [distinction अंतर, flavour स्वाद, significance अभिप्राय]; his ~ expressions are not easy to understand उसकी ≈ अभिव्यक्तियों^{F} को समझना आसान नहीं है. **2.** चालाकी^{F} वाला : they used ~ methods to compel him

उसे मजबूर करने के लिए उन्होंने चालाकी वाले तरीके अपनाए; he has a ~ mind उसका मन चालाकी भरा है; he got it by ~ means उसने इसे चालाकी भरे साधनों से पा लिया.

subtract सब्ट्रैक्ट' *v.t.* घटाना : if you ~ five from eight, you will get three यदि तुम आठ में से पाँच घटाओ तो तीन पाओगे; you had not ~ed that amount, so the result is wrong तुमने उस राशि[F] को घटाया नहीं था इसलिए फल ग़लत है. [*ant.* add] **subtraction** सब्ट्रैक'शन *n.* व्यवकलन, घटाना : problems of ~ व्यवकलन के सवाल; ~ of a smaller figure from a bigger one छोटी संख्या[F] का बड़ी संख्या से ≈; he is very weak in ~ वह ≈ में बहुत कमज़ोर है; he knows addition and ~ वह जमा करना और ≈ जानता है.

suburb स'बर्ब *n*[c]. (usu. *pl.*) उपनगर, परिनगर : they come from ~s by buses वे बसों[F] द्वारा उपनगरों से आते हैं; they live in ~s and work in Mumbai वे उपनगरों में रहते हैं और मुम्बई में काम करते हैं. **suburban** स बर्'बन **I.** *a.* उपनगरीय [area क्षेत्र, train रेलगाड़ी[F]]; that is a ~ colony वह एक ≈ बस्ती है; he does not like ~ life उसे ≈ जीवन पसंद नहीं है. **II.** *n*[c]. (suburbanite) उपनगरवासी : ~s are not in a better position ≈ कोई अच्छी स्थिति[F] में नहीं हैं.

subway सब्' वे *n*[c]. सुरंगपथ, तलमार्ग : there is a ~ for pedestrians under the road सड़क[F] के नीचे पैदल यात्रियों के लिए ≈ है; it is safer to go across by ~ ≈ से पार जाना अधिक सुरक्षापूर्ण होता है.

succeed सक्सीड' *v. i.* **1.** (have success) सफलता प्राप्त करना, कामयाब होना : we finally ~ed in reaching the shore अंत में हम तट पर पहुँचने में सफल हो गए; he ~ed **in** getting what he wanted जो वह चाहता था उसे पाने में सफल हो गया; they ~ed **in** overcoming all the difficulties वे सारी कठिनाइयों[F] पर विजय पाने में सफल हो गए; I hope you will ~ in your efforts मैं आशा[F] करता हूँ कि तुम अपने प्रयत्नों में सफल रहोगे; the attack ~ed आक्रमण कामयाब रहा; he ~ed in achieving his aim वह अपना लक्ष्य पाने में सफल रहा; she will surely ~ in the examination वह निश्चय ही परीक्षा[F] में सफल हो जाएगा. [*ant.* fail] **2.** (to follow next in order) के स्थान पर काम करना, का स्थान लेना : he ~ed Mr. Raman as principal वह मि० रामन के स्थान पर प्राचार्य बना; who will ~ him उसका स्थान कौन लेगा? **3.** (by inheritance) उत्तराधिकारी या दायाधिकारी होना : Elizabeth ~ed Mary मैरी के बाद एलिज़ाबेथ उत्तराधिकारी बनीं; the prince ~ed the king राजकुमार राजा का उत्तराधिकारी बना; he ~ed his father as manager वह पिता के बाद प्रबंधक बना. **4.** (come after) के बाद आना : happiness ~ed these years of war युद्ध के इतने वर्षों बाद सुख मिला; these things ~ed later ये चीज़ें बाद में घटित हुईं.

success सक् सें'स' *n*[c]. **1.** सफलता[F], कामयाबी[F] [desired इच्छित, great भारी, unexpected अप्रत्याशित]; I'll achieve complete ~ मैं पूरी स्वतंत्रता[F] प्राप्त करुंगा; we have little hope of ~ हमें ≈ की बहुत कम आशा है; our team had several ~es in matches हमारी टीम[F] को मैचों में कई सफलताएँ मिलीं; he desired to get ~ वह सफलता पाने को इच्छुक था; she achieved ~ by hard work उसे कठिन परिश्रम से सफलता मिली; I tried to please him but without ~ मैंने उसे प्रसन्न करना चाहा पर सफलता नहीं मिली. [*ant.* failure] **2.** (person or thing) his novel was a great ~ उसका उपन्यास बहुत सफल रहा; she is a great ~ as a teacher अध्यापिका[F] के रूप में वह बहुत सफल है. **successful** सक्सें'स'फ़ुल *a.* **1.** सफल [attempt प्रयास, plan योजना[F], work काम]; his effort was ~ उसका प्रयत्न ≈ रहा; the film show was less ~ फिल्म का प्रदर्शन कम ≈ रहा; the operation to curb terrorism was ~ आतंकवाद का दमन करने के लिए यह अभियान ≈ रहा; the treatment by this doctor is always ~ इस डाक्टर का इलाज हमेशा ≈ रहता है. **2.** (of a person) सफल, कामयाब [boy लड़का, businessman व्यापारी, candidate उम्मीदवार, novelist उपन्यासकार, student छात्र]; she is the only ~

candidate वह अकेली ≈ अभ्यर्थिनी है; he was the ~ competitor वह ≈ प्रतियोगी था. [*ant.* un ~] **succession** सक्सेॅशन *n.* **1.** (in following order) अनुक्रम : in ~ लगातार उत्तरोत्तर : the events came in ~ घटनाएँ ≈ आती गईं. **2.** (series) अनुक्रम, सिलसिला, ताँता : a long ~ of cars कारोंF का एक लंबा ताँता; the ~ of events घटनाओं का सिलसिला; ~ of victories, failures विजयों, असफलताओं का सिलसिला. **3.** (in succeeding) राज्यारोहण, पदारोहण, पदप्राप्तिF: his ~ as principal is sure उसका प्राचार्य का पद पाना निश्चित है; Prince Charles claimed the ~ प्रिंस चार्ल्स ने राज्यप्राप्ति का दावा किया. **4.** (to property) दायप्राप्तिF : he was excluded from the ~ उसे ≈ से हटा दिया गया. **5.** (right to succeed) उत्तराधिकार, दायाधिकार : all the sons have equal ~ to the father's property पिता की संपत्तिF में सभी बेटों का बराबर का ≈ होता है; he recieved the property in ~ उसने ≈ में संपत्तिF प्राप्त की. **successive** सक् सें 'सिव़ *a.* लगातार, निरंतर : it rained on three ~ days तीन दिन तक ≈ बारिशF हुई; I missed the train on two ~ occasions ≈ दो अवसरों पर मेरी रेलगाड़ीF छूट गई; they won four ~ matches उन्होंने ≈ तीन मैच जीते. **successor** सक् सेंसर *n*c. उत्तराधिकारी [legal वैध, pretending छली, true सच्चा]; Humayun was Babar's ~ or ~ to Babar हुमायूँ बाबर का ≈ था; after the death of the manager, it was difficult to find his ~ प्रबंधक की मृत्यु के बाद उसका ≈ खोज पाना मुश्किल हो गया.

succumb स कम' *v.t.* **1.** (be overcome by) वशीभूत होना : he ~ed to temptation वह लालच के वशीभूत हो गया; he ~ed **to** his enemies later बाद में वह अपने शत्रुओं के वशीभूत हो गया; the widow ~ed **to** grief विधवा दु:ख के वशीभूत हो गई. **2.** (die) मर जाना : he ~ed to injuries वह घावों के कारण मर गया.

such सच **I.** *a.* **1.** ऐसा, इस प्रकार का, इस तरह का : ~ a boy ऐसा लड़का; all ~ boys ऐसे सब लड़के; many ~ boys ऐसे बहुत-से लड़के; some ~ girls ऐसी कुछ लड़कियाँF; ~ a book ऐसी कोई पुस्तकF; persons ~ as you तुम्हारी तरहF के लोग; ~ persons as you ऐसे लोग जैसे तुम; poets ~ as Tulsidas and Kalidas कवि जैसे तुलसीदास और कालिदास; ~ people are always very boring इस प्रकार के लोग बहुत ही उबाऊ होते हैं; I never said ~ things मैंने ऐसी बातें कभी नहीं कहीं; I like ~ films मैं इस प्रकार की फ़िल्मोंF को पसंद करता हूँ; we heard many ~ things about him हमने उसके बारे में कई ऐसी बातें सुनीं; they had never seen ~ a storm उन्होंने ऐसा तूफ़ान कभी नहीं देखा था. **2.** (so much, so very) इतना : ~ a bad weather इतना खराब मौसम; I cannot eat ~ a sour fruit मैं इतना खट्टा फल नहीं खा सकता; she had ~ a fright उसे इतना डर लगा; perhaps you have not seen ~ a huge building शायद तुमने इतनी बड़ी इमारतF नहीं देखी है; she is ~ a good teacher वह इतनी अच्छी अध्यापिकाF है. **3.** ~ **as** (i) जैसा : ~ a man as he उस जैसा आदमी; (ii) जैसा कि : furniture ~ as chairs, tables फ़र्नीचर जैसा कि कुर्सियाँF, मेज़. **4.** ~ and ~ अमुक, फ़लाना : ~ and ~ place फ़लानी जगहF; ~ and ~ people अमुक लोग. **II.** *pron.* ऐसा, वह : I am not ~ मैं ऐसा नहीं हूँ; his help was ~ that I felt secure उसकी सहायताF ऐसी थी कि मुझे सुरक्षाF लगने लगी.

suck सक *v.t.* **1.** चूसना : ~ deliberately जानबूझकर ≈; baby was ~ing its thumb बच्चा अपना अंगूठा चूस रहा था; she was ~ing a toffee वह एक टॉफ़ी चूस रही थी; this insect may ~ your flood यह कीड़ा तुम्हारा खून चूस ले. **2.** (milk from the breast) स्तन-पान करना, स्तन का दूध पीना : baby ~s mother's milk बच्चा माँ का दूध पीता है; he has ~ed for five years वह पाँच वर्ष से स्तन का दूध पीता रहा है. **3.** (~ up, absorb) सोखना, सोख लेना : trees ~ up rain water पेड़ बारिशF का पानी सोखते हैं; sponge ~s up water स्पंज पानी सोखता है. **suckle** स'कल *v.t.* स्तन पिलाना, (स्तन का) दूध पिलाना : the tigress was suckling her cubs शेरनी अपने बच्चों को (स्तन) दूध पिला रही थी.

sudden स'डन *a.* **1.** एकाएक, आकस्मिक [death मृत्यु[F], departure प्रस्थान, need आवश्यकता[F]]; the car crashed at a ~ bend of the road कार[F] सड़क[F] के मोड़ पर दुर्घटनाग्रस्त हो गई; there was a ~ change in the weather मौसम में एकाएक परिवर्तन हुआ; there was ~ fall in his life उसके जीवन में एकाएक उतार आया; he made a ~ turn of the wrist and drew out his purse उसने फुर्ती से अपनी कलाई[F] घुमायी और उसका पर्स निकाल लिया; all of a ~ अचानक, एकदम : he died all of a ~ वह अचानक मर गया. **suddenly** स'डन्लि *adv.* अचानक, एकाएक, सहसा : the train stopped ~ before the station रेलगाड़ी[F] स्टेशन से पहले ही ≈ रुक गई; he ~stood up and left the room वह ≈ खड़ा हुआ और कमरा छोड़ दिया; all this happened so ~ that we had no time to think यह सब इतना ≈ हुआ कि हमारे पास सोचने का मौका नहीं था; ~ he stopped and turned back ≈ वह रुका और पीछे मुड़ा; he ~heard a strange voice उसने ≈ एक विचित्र आवाज़[F] सुनी.

sue सू *v.t.* **1.** (prosecute) (पर) मुकदमा चलाना या दायर करना, नालिश[F] करना : for damages you can be ~ed in the court हरजाने के लिए तुम पर न्यायालय में मुकदमा चलाया जा सकता है; I have ~d him **for** a share in the factory कारखाने में भागीदारी[F] के लिए मैंने उस पर मुकदमा चला दिया है; you should ~ him for your loss तुम्हें अपनी क्षति[F] के लिए उस पर मुकदमा चलाना चाहिए. **2.** (entreat) से अनुनय-विनय[F] करना, दरखास्त[F] करना, निवेदन करना : the enemy ~d for peace शत्रु ने शांति[F] के लिए निवेदन किया; he ~ her for marriage उसने उससे विवाह के लिए निवेदन किया; she is suing for divorce वह तलाक के लिए दरखास्त कर रही है; I ~d for pardon मैंने क्षमा-याचना[F] की.

suffer स'फ़र **I.** *v.i.* (undergo) भुगतना, भोगना, झेलना; feel pain) कष्ट पाना, दुख भोगना; (~ from) पीड़ित होना : if you don't mend your ways, you will ~ यदि तुम अपना तौर-तरीका सही नहीं करते तो भोगोगे; she has ~ed a lot in her life उसने अपनी जिन्दगी[F] में बहुत-कुछ भोगा है; she suffers from frequent headaches वह सिरदर्द से प्रायः पीड़ित रहती है; he was ~ing from bad cold वह जुकाम से कष्ट पा रहा था; he ~ed terribly when his father died जब उसका बाप मरा तो उसने बहुत दुःख भोगा; she has been ~ing from fever since Monday वह सोमवार से बुख़ार से पीड़ित है. **II.** *v.i.* **1.** (undergo loss) हानि उठाना, को क्षति पहुँचाना : she ~d greatly in her business उसने अपने व्यापार में काफी हानि[F] उठाई; my business has ~ed a lot मेरे धंधे की बहुत हानि हुई; their army ~ed defeat उनकी सेना[F] को पराजय[F] उठानी पड़ी; don't let your work ~ अपने काम का नुकसान मत होने दो. **2.** (allow) होने (रहने, करने) देना : to ~ somebody to do something किसी व्यक्ति को कुछ करने देना. **3.** (tolerate) बरदाश्त करना, सहना : I can't ~ his insolence मैं उसकी धृष्टता[F] सहन/बरदाश्त नहीं कर सकता; I shall ~ no joke मैं कोई मज़ाक सहन नहीं करूंगा. **sufferer** स'फ़ॅरर *n*[c]. पीड़ित व्यक्ति, हानि उठाने वाला, कष्ट पानेवाला : we sent medicines for the ~s of the earthquake भूकंप से कष्ट पाने वाले लोगों (भूकंप-पीड़ितों) के लिए हमने दवाएँ[F] भेजीं; the backward classes were ~s in the competition प्रतियोगिता में पिछड़े वर्ग बहुत हानि उठाने वाले थे. **suffering** स'फ़ॅरिङ्ग **I.** *n*[c]. दुःख भोग, (bodily pain) पीड़ा, कष्ट, दर्द; (mental pain) दुःख : all this caused him great ~ इस सबसे उसे बहुत दुःख पहुँचा; the ~s of a dying person मरते पुरुष का दुःखभोग; she told me about her ~s उसने अपने दुःखों के बारे में मुझे बताया; thier ~s during the war were terrible युद्ध के दौरान उनके दुःख भयंकर थे; she often has to bear great ~ उसे प्रायः बहुत दुख उठाना पड़ता है; how would you relieve the ~s of others तुम दूसरे के दुःखों को कैसे दूर करोगे ? **II.** *a.* दुःखी, पीड़ित : ~ humanity दुःखी मानवता[F]; people ~ from famine अकाल से पीड़ित लोग.

suffice स फ़ाइस' *v. i.* **1.** (be enough) काफ़ी/पर्याप्त होना : a kurta will not ~ in old weather ठंडे मौसम में कुरता काफ़ी नहीं होगा; twenty grams of butter will ~ बीस ग्राम मक्खन ≈ होगा; your presence will ~ to serve the purpose आपकी उपस्थिति उद्देश्य की पूर्ति के लिए काफ़ी होगी. **2.** (satisfy) तृप्त करना, आवश्यकता^F पूरी करना, संतुष्ट करना : his arguments ~d me completely उसके तर्कों ने मुझे पूरी तरह^F संतुष्ट कर दिया; perhaps it may not ~ his need शायद यह उसकी आवश्यकता^F पूरी न कर सके; the sweet will not ~ his hunger मिठाई^F उसके भूख^F की तृप्ति^F न कर पायेगी. Δ ~ **it to say** इतना कहना काफी है. **sufficiency** स फ़ि'शन्सि *n.* **1.** पर्याप्ति^F : ~ of time for the examination परीक्षा^F के लिए समय की पर्याप्ति. **2.** (adequate quantity) पर्याप्त मात्रा^F [essential आवश्यक, much बहुत/बड़ी, कम]; ~ of food in the hostel छात्रावास में भोजन की ≈; of money पैसे की ≈. **sufficient** स फ़ि'शन्ट *a.* पर्याप्त [experience अनुभव, quantity मात्रा^F, supply आपूर्ति^F]; this will be ~ for all of you यह तुम सब के लिए ≈ होगा; have you ~ money क्या तुम्हारे पास ≈ धन है ? he had not ~ courage उसमें ≈ साहस नहीं था; the bread I have will be ~ for my need ब्रेड जो मेरे पास है मेरी आवश्यकता^F के लिए ≈ होगी; I made ~ preparation मैंने ≈ तैयारी^F कर ली; he has ~ knowledge of his subject उसे अपने विषय का ≈ ज्ञान है. **sufficiently** सफ़ि'शन्टलि *adv.* पर्याप्त मात्रा में : he was ~ lacking in spirits उसमें ≈ जोश की कमी^F थी; I was ~ provided with means मुझे ≈ में साधन मुहैया कराये गये थे.

suffix स'फ़िक्स *n*^c. (*pl.* ~es) प्रत्यय [important महत्वपूर्ण, Hindi हिंदी]; -ly in sufficiently, -ness in oneness, and -ish in selfish are ~es लि, निस, इश ≈ हैं.

suffocate सॅ'फ़ॅकेट *v.t.i.* **1.** दम घोंटना, गला दबाना, साँस रोकना : he was ~d by the fumes धुएँ से उसका दम घुट गया; in a closed room boys were ~d by the smoke धुएँ से बंद कमरे में लड़कों का दम घुट रहा था. **2.** दम घोंटकर मार डालना : he ~d a sleeping person उसने एक सोते व्यक्ति को उसका दम घोंटकर मार डाला. **3.** दम घुटना : it is suffocating here in the closed room यहाँ इस बंद कमरे में दम घुट रहा है.

sugar शु'गर *n.* चीनी^F, शक्कर^F [raw कच्ची, sweet मीठी, white सफ़ेद]; unrefined ~ खाँड; ~ apple सीताफल; ~ bean मोठ; ~ beat चुकन्दर; ~ candy मिसरी; ~ cane गन्ना, ईख, ऊख; ~ coated चीनी लगा; to put more ~ in one's tea उसकी चाय में और चीनी डालना; he needed hundred kg. of ~ उसे एक सौ किलो ≈ की आवश्यकता थी; Uttar Pradesh in India is the main producer of ~ भारत में उत्तर प्रदेश चीनी का मुख्य उत्पादक है.

suggest स जें'स्ट' *v.t.* **1.** (propose) सुझाव देना, प्रस्ताव करना या रखना; (bring into smb's mind) सुझाना, जताना : he has ~ed an idea, you should implement that उसने तुम्हें एक विचार सुझाया है, तुम्हें उस पर अमल करना चाहिए; he ~ed that I should engage a tutor उसने सुझाव दिया कि मुझे एक अनुशिक्षक रखना चाहिए; I ~ that the movement be stopped मेरा सुझाव है कि आन्दोलन बंद कर दिया जाए. **2.** (hint) संकेत देना, सूचित करना : his dress ~s that he is a wealthy man उसकी पोशाक^F संकेतित/सूचित करती है कि वह धनी आदमी है; somebody ~ed to me that the Prime Minister has come किसी ने मुझे सूचित किया कि प्रधानमंत्री आ गए हैं; her face ~ed that she was satisfied उसके चेहरे से संकेत मिलता था कि वह संतुष्ट है. **3.** (come into mind) मन में आना, सूझना : an idea ~ed itself एक विचार सूझा. **suggestion** सॅजें'स्'चन *n*^c. **1.** सुझाव : I can give a ~ for making the programme successful कार्यक्रम को सफल बनाने के लिए मैं एक ≈ दे सकता हूँ; Vikram's ~ was accepted विक्रम का ≈ स्वीकार कर लिया गया; it was a good ~ यह एक अच्छा ≈ था; he made the ~ that we should separate उसने ≈ दिया कि हम अलग हो जाएँ. **2.** (hint) संकेत : distinct ~ स्पष्ट ≈; a ~ of dissatisfaction was evident from his face, his face held a ~ of dissatisfaction उसके चेहरे पर असंतोष प्रकट हो रहा था.

suicidal स्यू साइ'डल *a.* आत्मघातक, आत्मघाती [result परिणाम, work काम]; this policy will prove ~ यह नीति[F] ≈ सिद्ध होगी; you should not accept such ~ measures तुम्हें ऐसे आत्मघाती उपायों को स्वीकार नहीं करना चाहिए. **suicide** स्यू'साइड *n*[c]. **1.** आत्म-हत्या[F], आत्मघात, ख़ुदकुशी[F] : he committed ~ उसने आत्महत्या कर ली; she attempted ~ उसने ≈ का प्रयास किया; attempt to ~ now is not a punishable crime ≈ का प्रयास अब दण्डनीय अपराध नहीं है; the number of ~s is increasing आत्महत्याओं की संख्या[F] बढ़ रही है.

suit स्यूट **I.** *n*[c]. **1.** (of clothes) सूट, जोड़ा [expensive महँगा, loose खुला, tight तंग, warm गर्म, woolen ऊनी]; he bought a light-colour ~ for the child उसने बच्चे के लिए हल्के रंग का एक ≈ ख़रीदा; put on your ~ and come to me अपना ≈ पहनो और मेरे पास आओ; this ~ fits me well यह सूट मुझे अच्छा जँचता है. **2.** (for marriage) विवाह-प्रस्ताव : a ~ for a girl's hand किसी लड़की[F] से विवाह का प्रस्ताव; she accepted his ~ उसने उसके विवाह के प्रस्ताव को स्वीकार कर लिया. **3.** (also law ~) मुकदमा, दावा [civil व्यवहार/दीवानी, criminal फ़ौजदारी/आपराधिक]; he brought a ~ against us in the court उसने न्यायालय में हमारे विरुद्ध मुकदमा चला दिया; I brought a ~ against him for compensation for damages मैं नुकसान की भरपाई/क्षतिपूर्ति के लिए उसके विरुद्ध मुकदमा ले आया. **4.** (of cards) रंग : in a pack of cards, there are four ~s ताश की एक गड्डी में चार रंग होते हैं. Δ to **follow** ~ (i) एक रंग खेलना; (ii) (imitate) देखादेखी करना; अनुसरण करना : the mother went to bed and the daughters followed ~ माँ सोने गई तो बेटियाँ भी पीछे-पीछे सोने चली गईं. **II.** *v.t.* **1.** अनुकूल या उपयुक्त बनाना या होना : this time, climate ~s me best यह समय, जलवायु मेरे बहुत अनुकूल है; these things will not ~ her ये चीज़ें उसके अनुकूल न होंगी; this work will not ~ you यह काम तुम्हारे अनुकूल न होगा. **2.** (go well with) से मेल खाना, के लिए उपयुक्त होना : this shirt will ~ the pant यह कमीज़ पैन्ट से अच्छी तरह मेल खायेगी, **3.** (befit) फबना, सजना : long hair ~ Mary लंबे बाल मैरी को सजते हैं; this cap ~s him very much यह टोपी[F] उस पर बहुत फबती है. **suitability** सूटॅबि'लिटि *n*[c]. **1.** उपयुक्तता[F]; ~ of occasion अवसर की ≈; ~ of words in this context इस प्रसंग में शब्दों की ≈; ~ of dress for an occasion किसी मौके पर पोशाक[F] की ≈; ~ of conditions शर्तों[F] की ≈. **2.** (qualification) योग्यता[F] ~ of a candidate for the post : किसी पद के लिए उम्मीदवार की ≈. **suitbale** सू'टॅबल *a.* **1.** (appropriate) उपयुक्त [place स्थान, qualifications योग्यताएँ[F], time समय]; do you think that this present is ~ for this little boy क्या तुम सोचते हो कि इस छोटे लड़के के लिए यह उपहार ≈ है ? this book is not ~ for children यह पुस्तक बच्चों के लिए ≈ नहीं है; he is ~ for this post वह इस पद के लिए ≈ (के योग्य) है; I have no ~ clothes for the party मेरे पास पार्टी के लिए ≈ कपड़े नहीं हैं, **2.** (convenient) सुविधाजनक, अनुकूल [measures उपाय, time समय, work काम]; this will be the most ~ way to the post office डाकघर के लिए यह सबसे ≈ रास्ता होगा; that date is not ~ to me वह तारीख़[F] मेरे लिए ≈ नहीं है. [*ant.* un ~]

suite स्वीट *n*[c]. **1.** (of attendants) परिचर, परिजन, नौकर-चाकर : ~ s surrounding the king राजा को घेरे हुए ≈. **2.** (set) सेट : suitable ~ सुविधाजनक ≈; he bought a ~ of furniture उसने फ़र्नीचर का सेट खरीदा. **3.** (of rooms कमरों का) सेट : big ~ बड़ा ≈; he has booked a ~ of three rooms in the hotel उसने होटल में तीन कमरों का सेट रुकवा रखा है.

sullen स'लन *a.* **1.** रुखा : he is a ~ person वह एक ≈ आदमी है; yesterday when I met him I found him ~ कल जब मैं उससे मिला तो उसे ≈ पाया; the child was so ~ that I could not make him smile बच्चा

इतना ≈ था कि मैं उसे हँसा न सका. **2.** (sad) उदास : I had never been so ~ as today मैं इतना ≈ कभी नहीं था जितना कि आज. **3.** (dismal) निरानंद [day दिन, sound आवाज़^{F}, weather मौसम]; hers was the most ~ look उसका चेहरा बेहद ≈ था.

sulphur सल्'फ़र n^u. गंधक^F : when ~ burns it causes choking feeling जब ≈ जलती है तो दम घुटने का एहसास देती है; ~ is used in chemical and paper industries ≈ का प्रयोग रासायनिक और काग़ज़ उद्योगों में होता है.

sultriness सल्'ट्रिनिस n^u. **1.** उमस^F : there is ~ in the weather today आज मौसम में ≈ है. **2.** तीव्रता^{F} : ~ of climate जलवायु की ≈. **3.** (of lust) काम वासना^{F} की उग्रता^{F} : ~ in a newly married woman नवविवाहिता में ≈. **sultry** सल्'ट्रि *a.* **1.** (of weather) उमसदार : on a ~ day the air is hot and still उमसवाले दिन हवा^{F} गर्म और शांत होती है; the night was so ~ that we could not sleep रात इतनी ≈ थी कि हम सो न सके. **2.** (vehement) तीव्र, ज़ोरदार [storm तूफान, wind हवा^{F}]; you cannot drive your car well in the ~ wind तीव्र हवा^{F} में तुम अपनी गाड़ी^{F} ठीक से नहीं चला सकते. **3.** (alluring) कामोत्तेजक : she wears ~ garments वह ≈ वस्त्र पहनती है; she is a ~ girl वह एक कामुक लड़की^{F} है.

sum सम **I.** n^c. **1.** (~ total) जोड़, योग, योगफल : exact ~ सही ≈, the ~ of the two and three is five दो और तीन का योग पाँच होता है. **2.** (amount of money) रकम^F, धन-राशि^{F} [definite निश्चित, small थोड़ी]; he was given a certain ~ of money उसे एक निश्चित ≈ दी गई; he needs a ~ of hundred rupees उसे सौ रुपये की ≈ की आवश्यकता^{F} है. **3.** (gist) सार, सारांश : the ~ total of his experiences is given in an article उसके अनुभवों का ≈ एक लेख में दिया गया है; this is the ~ and substance of what he said जो कुछ उसने कहा यह उसका ≈ है; the ~ of his story उसकी कहानी का ≈. **4.** (problem) गणित का सवाल [difficult कठिन, easy आसान]; she is very good at ~s वह सवालों में बहुत अच्छी है; he cannot do the ~s of arithmetic वह अंकगणित के प्रश्न हल नहीं कर सकता. **II.** *v.t.* (-mm-) (~ up) **1.** (summarize) सारांश या सार प्रस्तुत करना^{F}, संक्षेप में दुहराना : he ~med up the discussion in a few words उसने परिचर्चा^{F} का सारांश थोड़े-से शब्दों में प्रस्तुत कर दिया. **2.** (form a judgement on) समझ लेना, समझना : the judge ~med up the evidence and delivered the judgement जज ने साक्ष्य को समझ लिया और निर्णय दे दिया; the boss soon ~med him up अफ़सर ने उसे तुरंत समझ लिया; to ~ up all the points सारे बिन्दु समझ लेना. [*as distinct from* some] **summarize** स'मॅराइज़ *v.t.* संक्षिप्त करना, सार प्रस्तुत करना : ~ easily आसानी से ≈; ~ this essay इस निबंध को संक्षिप्त करो; this long paragraph was ~d into ten lines इस लंबे अनुच्छेद का सार दस पंक्तियों में प्रस्तुत किया गया; perhaps he may not ~ the speech correctly शायद वह भाषण का सही-सही संक्षेपण न कर सके. **summary** स'मरि **I.** *a.* **1.** (brief) संक्षिप्त [description वर्णन, statement कथन]; give a ~ account of what happened जो कुछ हुआ उसका ≈ वर्णन करो; what is the ~ method of it इसका ≈ तरीका क्या है? the clerk is facing ~ dismissal क्लर्क तुरंत बरख़ास्त होने वाला है. **2.** (of trial, etc.) सरसरी : ~ trial सरसरी तौर पर सुनवाई^F; all of them were taken to the court for the ~ trial सरसरी सुनवाई के लिए वे सब न्यायालय ले जाए गए. **II.** n^c. संक्षेप, सार, संक्षिप्त विवरण, सारांश : ~ of the report is not known to me रिपोर्ट^F का ≈ मैं नहीं जानता; write the ~ of the essay निबंध का सारांश लिखिए; he was given highest marks for the ~ उसे सारांश के अधिकतम अंक मिले.

summer स'मर **I.** *n.* **1.** ग्रीष्म, गर्मी, ग्रीष्मकाल, ग्रीष्मऋतु^{F} [dry शुष्क, hot गर्म]; I have not decided where to go in ~ मैंने निश्चित नहीं किया है कि गर्मियों में कहाँ जाना है; we went to Dehradun last ~ हम पिछली गर्मियों में देहरादून गए; can you tell me your programme during the next ~

vacation क्या मुझे तुम अगली गर्मियों की छुट्टियों[F] का अपना प्रोगाम बता सकते हो ? now it is the beginning of ~ अब यह ≈ का आरंभ है; spend the ~ in the country ≈ देहात में बिताओ. **2.** (lit.) स्वर्ण युग : that was the high ~ of Sanskrit literature वह संस्कृत साहित्य का ≈ था. **3.** (usu. *pl.*) वर्ष : he lived seventy ~s वह सत्तर साल जिया. **II.** *a.* ग्रीष्मकालीन, गर्मी का [day दिन, holidays छुट्टियाँ[F], work काम]; ~ camp ≈ शिविर; ~ time ग्रीष्मकालीन ऋतु; we will go on a tour of Kashmir in the ~ vacation ग्रीष्म-अवकाश में हम कश्मीर का भ्रमण करने जाएँगे.

summit स'मिट *n*[c]. **1.** चोटी[F], शिखर [high ऊंची, icy बर्फ़ीली]; Everest is the highest ~ of the Himalayas एवरेस्ट हिमालय की सबसे ऊंची चोटी है. **2.** (highest level of negotiations) शिखरवार्ता : ~ conference शिखर सम्मेलन; the Prime Minister will participate in the Non-Aligned Movement's ~ meeting प्रधानमंत्री गुटनिरपेक्ष आन्दोलन के शिखर सम्मेलन में भाग लेंगे. **3.** (acme) पराकाष्ठा[F], चरमबिन्दु : at forty he was at the ~ of his fame चालीस साल की उम्र[F] में वह अपने यश की पराकाष्ठा पर पहुंच गया था; she was at the ~ of her prosperity वह अपनी समृद्धता[F] की पराकाष्ठा पर थी.

summon स'मन *v.t.* **1.** (convene) बुलाना : the Prime Minister has ~ed a meeting tomorrow प्रधानमंत्री ने कल एक बैठक बुलाई है; the President ~ed the Parliament राष्ट्रपति ने संसद का अधिवेशन बुलाया. **2.** (send for) बुला भेजना, बुलाना : if you are in difficulty ~ a policeman जब तुम कष्ट में हो तो पुलिस[F] को बुलाओ; he ~ed the two servants उसने दो नौकरों को बुला भेजा. **3.** (the court) सम्मन देना : the defendant was ~ed to appear before the court न्यायालय में प्रस्तुत होने के लिए प्रतिवादी को सम्मन दिया गया. **4.** (call upon to) का आह्वान करना : the general ~ed the enemy to surrender जनरल ने शत्रु को आत्मसमर्पण करने का आह्वान किया. **5.** (~ up) बटोरना, इकट्ठा करना : he ~ed up courage उसने साहस बटोरा. **summons** स'मन्ज़ *n*[c]. **1.** (*pl.* ~es). आह्वान, बुलावा : on the ~ of the Prime Minister प्रधान मंत्री के आह्वान पर; you should send ~ for his presence उसकी उपस्थिति[F] के लिए तुम्हें बुलावा भेजना चाहिए. **2.** (of law court) समन तलबाना : they served a ~ on him उन्होंने उसके विरुद्ध ≈ की तामील कराई, I have recieved a ~ from the court to appear on the 31st January 31 जनवरी को उपस्थित हो जाने के लिए मुझे न्यायालय से ≈ मिला है.

sun सन *n*[cu]. **1.** सूर्य, सूरज : the ~ is about 15 crore kilometres from the earth ≈ पृथ्वी[F] से लगभग पंद्रह करोड़ किलोमीटर (दूर) है; the ~ rises in the east and sets in the west ≈ पूरब में निकलता है और पश्चिम में डूबता/छिपता है; the ~ is shining ≈ चमक रहा है; the ~ appeared from behind the clouds ≈ बादलों के पीछे से निकला : the ~ is bright today ≈ आज चमक रहा है. Δ **a cloud of dust cannot hide the ~** धूल[F] डालने से ≈ नहीं छिपता; **under the ~** सारी दुनियाँ[F] में, कहीं : I have been to all the countries under the ~ मैं सारी दुनियाँ[F] के सभी देशों में हो आया हूँ; it cannot be found under the ~ इसे ≈ नहीं पाया जा सकता. **2.** (sunshine) (the ~) धूप[F] [burning जलती-जलाती, scorching झुलसती/चिलचिलाती]; I feel the ~ मुझे ≈ लग रही है; the ~ came through the window खिड़की[F] से ≈ आ गई; he lay in the ~ for two hours वह दो घंटे ≈ में लेटा रहा; she is sitting in the ~ वह ≈ में बैठी है; the ~ has faded the colour of my shirt ≈ से मेरी कमीज़[F] का रंग फीका पड़ गया है. (comb.) ~ beam सूर्य की किरण[F] : I see the first ~ from my window मैं सूरज की पहली ≈ अपनी खिड़की[F] से देखा करता हूँ; ~ **burn** धूप[F] की झुलसन[F] : you can see skins of farmers affected by ~ आप ≈ से प्रभावित किसानों की चमड़ी[F] देख सकते हैं; ~dial धूपघड़ी[F]; we have a ~ in the school field हमारे स्कूल के मैदान में एक ≈ है;

~ **flower** सूरजमुखी[F] : we get oil from ~s हमें सूरजमुखी से तेल मिलता है; ~ glasses धूप[F] का चश्मा : I wear ~ when I go out in the sun जब मैं धूप[F] में बाहर जाता हूँ तो ≈ लगा लेता हूँ; ~ protect the eyes from sunlight ≈ धूप[F] से आँखों की रक्षा[F] करता है; ~ light धूप[F]; the ~ was quite bright today आज ≈ खूब चमकदार थी; this room gets enough ~ इस कमरे में काफ़ी ≈ आती है; ~ **lit** धूपवाला [courtyard आँगन, room कमरा]; ~ **rise** सूर्योदय : she rises up before ~ वह ≈ से पहले जग जाती है; I leave my house at ~ मैं ≈ होने पर अपने घर से चला जाता हूँ : farmers go to their fields much before ~ किसान ≈ से बहुत पहले अपने खेतों पर चले जाते हैं; ~ **set** सूर्यास्त; they worked until ~ वे ≈ होने तक काम करते रहे; it is ~ at 6 o' clock in November नवंबर में छः बजे ≈ हो जाता है; the farmers return before ~ किसान ≈ से पहले आ जाते हैं; ~ **shade** (at a window झाँव[F] : the width of the ~s outside our windows is about 36 cms हमारी खिड़कियों[F] के बाहर लगी झावों की चौड़ाई[F] लगभग छत्तीस सेंटीमीटर है; a ~ protects from rain shower ≈ बारिश[F] की बौछाड़[F] से रक्षा करती है; ~ **shine** = sunlight : children are basking in the ~ बच्चे धूप[F] खा रहे हैं; children should avoid the ~ in summer बच्चों को गर्मियों में धूप से बचना चाहिए, (fig.) उल्लास : Raju's baby has brought ample ~ into our family राजू के शिशु ने परिवार में ढेर सारा उल्लास ला दिया है. ~ **stroke** लू लगने का रोग, धूप-आघात : ~ is caused by violent sunshine or hot air ≈ बहुत तेज़ धूप या गर्म हवा से हो जाता है; ~ can be killing if it is not cured in time यदि समय पर इसका इलाज न हो तो ≈ जानलेवा हो सकता है; ~ **worship** सूर्योपासना[F] : ~ is prevalent among many races ≈ अनेक जातियों[F] में प्रचलित है. **II.** *v.t.* **1.** (sunned, sunning) धूप[F] में रखना, धूप[F] दिखाना : we ~ ned our bedding after the rains हमने अपने बिस्तर बरसात[F] के बाद धूप[F] में रखे : they always ~ their woollen clothes once during summer वे सदा गर्मियों[F] के दौरान एक बार अपने ऊनी कपड़ों को धूप दिखाते हैं. **2.** *v. refl.* धूप खाना : children are ~ning themselves on the roof of this house बच्चे अपने मकान की छत[F] पर धूप खा रहे हैं; let she ~ herself उसे धूप खाने दो. **sunny** स'नि *a.* (sunnier, sunniest) **1.** (bright) उजला, उज्ज्वल : he always sees the ~ side of life वह सदा जीवन का ≈ पक्ष देखा करता है; the picture has two sides — dark and ~ इस विषय/दृश्य के दो पक्ष हैं— अंधकारमय और उज्ज्वल [*ant.* dark] **2.** (cheerful and happy) खुश-खुश this girl has ~ disposition इस लड़की का स्वभाव ≈ है. **3.** हँसमुख this child is very ~ यह बच्चा बहुत ≈ है. **4.** धूपवाला [day दिन, room कमरा, weather मौसम].

Sunday सन्'डि *n*[c]. इतवार, रविवार : I have not seen him since ~ मैंने उसे ≈ से नहीं देखा है; it is a holiday on ~ ≈ को छुट्टी है; the work will begin from next ~ काम अगले ≈ से शुरू होगा; he could not arrive on ~ वह ≈ को नहीं पहुँच पाया; she sleeps late on ~s वह हर ≈ को देर तक सोती है.

sundry सन्'ड्रि *a.* नानाविध, विविध [things वस्तुएँ[F], treatment उपचार]; I bought books, pens and other ~ articles from the market मैंने बाज़ार से पुस्तकें[F], कलमें[F] और दूसरी ≈ वस्तुएँ[F] खरीदीं; I have other ~ points to discuss मुझे ≈ अन्य बिंदुओं पर चर्चा[F] करनी है. **all and ~** सब लोग : they came all and ~ to the meeting बैठक में वे सब लोग आए.

sung सङ्ग *v.t. p.p.* of 'sing' *q.v.*

sunk सङ्क *v.t. p.p.* of 'sink' *q.v.* he has ~ his fortune in unlucky ventures उसने दुर्भाग्यपूर्ण उद्यमों से अपना भाग्य डुबो दिया है.

sunken सन्'कन **I.** *v.t. p.p.* of 'sink' *q.v.* **II.** *a.* **1.** जलमग्न, डूबा हुआ [pillar खम्भा, ship जहाज़, tree पेड़]; we went to see houses ~ in the Ganga हम गंगा में डूबे हुए मकान देखने गए; whole of the village was seen ~ after the rains बरसात के बाद पूरा गाँव ≈ दिखाई दे रहा था. **2.** धँसा हुआ : ~

eyes धँसी हुई आँखें^F; ~ cheeks धँसे हुए गाल.

sup सप **I.** *n*^c. घूँट, चुस्की^F : she took a ~ of tea उसने चाय^F की चुस्की ली. **II.** *v.t.i.* (-pp-) (take up in ~s) खाना : he ~ped bread and butter उसने डबलरोटी-मक्खन खाया; haven't you ~ped yet तुमने क्या अभी तक खाना नहीं खाया ?

super स्यू'पर *pref.* **1.** (above, from above, upper) अधि-, उपरि- : ~-tax अधिकर; ~ficial ऊपर-ऊपर का, सतही. **2.** (more, to higher degree) अति : ~ -heated अतितप्त; ~ -human अतिमानवीय. **3.** (superior) उच्च-, महा-, परम- : ~ quality उच्च गुणवत्ता; ~ power महाशक्ति^F; Pakistan is the ~ enemy of India पाकिस्तान भारत का परम शत्रु है. For more examples, see below.

superb सुपर्ब' *a.* **1.** (grand) भव्य, आलीशान, शानदार [building भवन, display प्रदर्शन, food भोजन, house मकान]; Taj is famous for its ~ architect ताज़ अपनी ≈ वास्तुकला के लिए प्रसिद्ध है. **2.** (impressive) प्रभावशाली [show प्रदर्शन, thinking सोच^F, views विचार]; his ~ personality is the main factor in his success as a leader नेता के रूप में उसका ≈ व्यक्तित्व उसकी सफलता^F का मुख्य कारक है. **3.** (excellent) उत्कृष्ट [beauty सुंदरता^F, courage साहस, picture चित्र, specimen नमूना]; the dinner was of ~ quality भोजन उच्चकोटि^F का था.

superficial स्यूपर फि'शल *a.* **1.** (on or of the surface) सतही [knowledge ज्ञान, resemblance सादृश्य]. **2.** (of person) सामान्य, मामूली : I think she is a ~ woman मेरे विचार में वह एक ≈ स्त्री है; he is a man of ~ ability वह ≈ योग्यता^F वाला आदमी है; this teacher is ~ वह अध्यापक मामूली है. **3.** (cursory) सरसरी [look दृष्टि^F, study अध्ययन]; I have not read it seriously but just in a ~ way मैंने इसका गंभीर अध्ययन नहीं किया है बस सरसरी तौर पर.

superficially स्यूपर फि'शलि *adv.* सरसरी तौर पर, सामान्य ढंग से : I studied the case ~ मैंने मामले का अध्ययन सरसरी तौर पर किया.

superfine स्यूपर'फ़ाइन *a.* **1.** (excellent) अत्युत्तम, बहुत बढ़िया [cloth कपड़ा, flour आटा]; he bought the ~ quality of sugar उसने ≈ कोटि^F की चीनी^F खरीदी; his views are ~ उसके विचार ≈ हैं. **2.** (subtle) अतिसूक्ष्म : ~ distinction ≈ अंतर; the threads of this cloth are ~ इस कपड़े के धागे ≈ हैं.

superfluous स्यूपर'फ़्लुअस *a.* (excessive) फ़ालतू [money पैसा, number संख्या^F]; why have you bought these things, they are ~ तुमने ये चीजें क्यों खरीदी हैं, ये ≈ हैं; he saves some ~ things for future needs वह भविष्य की आवश्यकताओं के लिए कुछ ≈ चीजें बचा रखता है; don't make ~ comment अनावश्यक टिप्पणी^F न करो.

superhuman स्यूपर ह्यू'मन *a.* अतिमानवीय [act काम, attempt प्रयास, power शक्ति^F]; he is filled with ~ virtues उसमें अतिमानवीय गुण भरे हैं; he is a man of ~ strength, ability वह ≈ बल, योग्यता^F वाला आदमी है.

superintendent स्यूपरिनटें'नडन्ट *n*^c. अधीक्षक [able योग्य, expert कुशल]; office ~ कार्यालय ≈; ~ of police पुलिस ≈; he is a ~ in the railways वह रेलवे में ≈ है; can you tell me the name of the ~ of the hostel क्या तुम मुझे इस छात्रावास के ≈ का नाम बता सकते हो ? the peon went to the ~ for the grant of leave चपरासी छुट्टी^F की स्वीकृति^F के लिए ≈ के पास गया.

superior स्यूपिअ'रिअर **I.** *a.* **1.** (in rank) उच्च, प्रवर, वरिष्ठ [classes जातियाँ, clerk लिपिक, officer अधिकारी]; he is ~ teacher of the school वह विद्यालय का वरिष्ठ अध्यापक है. **2.** (in quality) श्रेष्ठ, बढ़कर, बेहतर ~ education ≈ शिक्षा^F; she is ~ to her younger sister वह अपनी छोटी बहन से ≈ है; he is not ~ to his father वह अपने पिता से ≈ नहीं है. **3.** (of good quality) बढ़िया, उत्तम [articles वस्तुएँ^F, shoe जूता]; this cloth is of ~ quality यह कपड़ा बढ़िया क़िस्म^F का है; the purse is made from ~ leather पर्स बढ़िया चमड़े का बना है; he wears a ~ suit वह बढ़िया सूट पहनता है. **4.** (upper, high) उच्चतर, ऊपरी : ~ court ≈ न्यायालय; ~

office ≈ कार्यालय; the ~ part of the river Ganga गंगा नदी[F] का ऊपरी भाग; ~ limbs such as shoulders ≈ अंग, जैसे कंधे. **5.** to rise ~ to से ऊपर उठना : he has risen ~ to temptation or flattery वह प्रलोभन या खुशामद[F] से ऊपर उठ गया है. [*ant.* inferior] **II.** *n*[c]. (*pl.*) बड़े लोग, गुरुजन : I have some ~s yet alive मेरे कुछ गुरुजन हैं जो अभी जीवित हैं. **superiority** स्यूपिअरिऑ'रिटि वरिष्ठता[F] : ~ complex श्रेष्ठता-मनोग्रंथि[F]; he is second in ~ वह ≈ में दूसरे नंबर पर है; his ~ in the department was challenged विभाग में उसकी ≈ को चुनौती[F] दी गई; ~ should be determined by merit ≈ का निर्धारण गुण (पात्रता) के आधार पर होना चाहिए.

superlative स्यूपर'लटिव **I.** *a.* (excelling) अत्युत्तम, सर्वोत्तम [beauty सौंदर्य, power शक्ति[F]]; it is of a ~ quality यह ≈ किस्म[F] का है; he is a man of ~ wisdom वह ≈ समझदारी[F] वाला आदमी है. **3.** (gram.) उत्तमता[F] सूचक : ~ degree उत्तम अवस्था[F]. **II.** *n*[c]. (~ degree) उत्तमावस्था[F] : what will be the ~ (degree) of the adjective 'easy' इंज़ि (सरल) की ≈ क्या होगी? 'easiest' is the ~ of 'easy' 'सरलतम' सरल की ≈ है; he praised him in the ~ उसने उसकी शब्द की ≈ में प्रशंसा की.

superman स्यू'पर्मन *n*[c]. अतिमानव : only a ~ can lift this rock केवल एक अतिमानव ही इस चट्टान को उठा सकता है.

supermarket स्यू'परमार्किट *n*[c]. सुपरबाज़ार : you can get almost all things from the ~ at cheaper prices तुम ≈ से लगभग सब वस्तुएँ सस्ते दामों में पा सकते हो.

supernatural स्यूपनैं'चॅरल *a.* **1.** अलौकिक, अधिदैविक, लोकोत्तर, लोकातीत [event घटना[F], power शक्ति]; some Yogis have ~ powers कुछ योगियों में ≈ शक्ति होती है; what can you say about these ~ miracles तुम इन अलौकिक चमत्कारों के बारे में क्या कह सकते हो? **2.** (preter-natural) अतिप्राकृतिक : ~ happenings are taking place ≈ घटनाएँ घटित हो रही हैं

superstition स्यूपर्‌स्टि'शन *n.* अंधविश्वास : people have a ~ that Tuesday is not a good day for journey to the north लोगों में ≈ है कि उत्तर की ओर यात्रा करने के लिए मंगलवार अच्छा दिन नहीं होता; there is a ~ about No. 13 'तेरह' संख्या के बारे में ≈ है; the life of rural people is full of ~s ग्रामीण लोगों का जीवन अंधविश्वासों से भरा है; I do not believe in ~s मैं अंधविश्वासों में विश्वास नहीं करता; isn't religion a form of ~ क्या धर्म ≈ का एक रूप नहीं है? **superstitious** स्यूपरस्टि'शस *n*[c]. अंधविश्वासी : many people are extremely ~ बहुत-से लोग अत्यंत ≈ होते हैं; the most primitive people are the most ~ आदिम जातियाँ सबसे ज़्यादा अंधविश्वासी होती हैं.

supervise सू'पर्वाइज़ *v.t.* पर्यवेक्षण करना, देखरेख[F] करना : a senior teacher ~s the examinees एक वरिष्ठ अध्यापक परीक्षार्थियों का पर्यवेक्षण करता है; the mate ~d the work of labourers मेट ने मज़दूरों के काम का पर्यवेक्षण किया, my mother has been supervising my home work मेरी माँ मेरे गृहकार्य का पर्यवेक्षण करती रही है; the foreman ~s the motormen's work फ़ोरमैन मोटरमैनों के काम की देखरेख करता है; he cannot ~ them properly वह उनका ठीक से पर्यवेक्षण नहीं कर सकता. **superviser, -sor** स्यूपर्‌वाइ'ज़र *n*[c]. पर्यवेक्षक [health स्वास्थ्य, railway रेलवे]; he is a ~ in the irrigation department वह सिंचाई विभाग में ≈ है; he is a newly appointed ~ वह नवनियुक्त ≈ है; the ~ was found guilty of corruption ≈ को भ्रष्टाचार का दोषी पाया गया; you may appoint him ~ in your factory तुस उसे अपने कारखाने में ≈ नियुक्त कर सकते हो; the ~ has now retired ≈ अब रिटायर हो गया है. **supervision** स्यूपर्‌वि'ज़न *n*[u]. पर्यवेक्षण, निगरानी[F] [minute सूक्ष्म, personal व्यक्तिगत]; they worked under the ~ of the monitor वे मानीटर की निगरानी में काम करते थे; you should appoint him for the ~ of your works तुम्हें अपने कारखाने के ≈ के लिए उसे नियुक्त करना चाहिए; children should have more

~ बच्चों की और अधिक निगरानी होनी चाहिए.

supper स'पर n^c. रात का खाना, ब्यालू [excellent बढ़िया, tasty स्वादिष्ट]; ~ is the last meal of the day ब्यालू दिन का अंतिम खाना होता है; ~ is ready now ≈ अब तैयार है; ~ is on the table ≈ मेज़ पर रखा है; it is the time for ~ यह ≈ का समय है; he has taken his ~ earlier उसने अपना ≈ समय से पहले खा लिया है; after ~ walk a mile and go to bed ≈ के बाद एक मील चलो और फिर सोने जाओ; we invited him to ~ हमने उसे रात के खाने पर आमंत्रित किया; what time do you have your ~ तुम ≈ कितने समय खाते/लेते हो ? have you had your ~ क्या तुमने अपना ≈ ले/खा लिया है ? they had ~ in a restaurant उन्होंने ≈ एक रेस्टोरेंट में खाया; he did not stay for ~ वह ≈ के लिए नहीं रुका.

supplement सप्'लिमन्ट **I.** n^c. (of book, etc.) परिशिष्ट [full पूरा, new नया, significant महत्वपूर्ण]; you should see the ~ at the end of this dictionary तुम्हें इस शब्दकोश के अंत में ≈ देखना चाहिए; a ~ to the encyclopedia has been published विश्वकोश का एक ≈ प्रकाशित हो गया है. **II.** सप्लिमेंन्ट' *v.t.* (कमी) पूरा करना, जोड़ देना, बढ़ाना : you can ~ your food with more fruit तुम अपना भोजन और अधिक फल से पूरा कर सकते हो, milk is sufficient to ~ any deficiency दूध किसी भी कमी को पूरा करने के लिए पर्याप्त है; I work more to ~ my income मैं अपनी आय बढ़ाने के लिए और ज्यादा काम करता हूँ. **supplementary** सप्लि मेंन्'टरि *a.* **1.** पूरक, अनुपूरक [examination परीक्षा[F], question प्रश्न]; this is my ~ benefit यह मेरा ≈ लाभ है. **2.** (additional) अतिरिक्त : ~ water supply ≈ जलापूर्ति[F]; the baby needs ~ feeds of milk बच्चों को दूध की ≈ खुराक चाहिए. **3.** (angle) संपूरक : can you tell me the definition of ~ angle क्या तुम मुझे ≈ कोण की परिभाषा[F] बता सकते हो ? ~ angle is one that makes up 180° with the other ≈ कोण वह होता है जो किसी दूसरे कोण से मिलकर 180° बनता है; 120° angle and 60° angle are ~ angles 120° कोण और 60° कोण ≈ कोण हैं.

supplier स प्लाइ'अर n^c. माल देने वाला, संभरक : ~ of domestic articles घरेलू वस्तुओं का संभरक; he is an old and credible ~ of military uniforms वह फौजी वर्दियों[F] का पुराना और विश्वसनीय संभरक है. **supply** स्पलाइ' **I.** *v.t.* **1.** (provide) सप्लाई[F] करना, आपूर्ति[F] करना, संभरण करना : this factory supplies surgical instruments यह कारख़ाना चीरफाड़[F] के उपकरणों की आपूर्ति करता है; we supplied them with money and cloth हमने उन्हें पैसे और कपड़े की आपूर्ति की; Australia supplies England with food आस्ट्रेलिया इंग्लैण्ड को खाद्य पदार्थों की आपूर्ति करता है; the Corporation supplies water and electricity to the city निगम शहर में पानी और बिजली[F] की सप्लाई करता है. [*ant.* consume] **2.** (make available) मुहैया कराना, उपलब्ध कराना : the government should ~ every essential thing to the citizens सरकार[F] को आवश्यक वस्तु[F] नागरिकों को मुहैया करानी चाहिए. **3.** की कमी[F] पूरी करना : these things will ~ the need ये चीजें आवश्यकता को पूरा कर देंगी. **II.** n^{uc}. **1.** सप्लाई[F], आपूर्ति[F] [proper उचित, sufficient पर्याप्त]; to increase the ~ of foodstuffs to neighbouring countries पड़ोसी देशों के लिए खाद्य-पदार्थों की ≈ बढ़ाना; he looks after the hostel's supplies of eatables वह छात्रावास के लिए खाद्य पदार्थों की ≈ करता है. **2.** (stock, store) भंडार [large बड़ा, limited सीमित, small छोटा]; this shop has a good ~ of household goods इस दुकान में घरेलू वस्तुओं[F] का अच्छा ≈ है; they had a big ~ of coal, food and medicines उनके पास कोयला, खाद्य/भोजन और दवाओं[F] का विशाल ≈ था. ∆ **in short** ~ कम : cauliflowers are in short ~ these days इन दिनों गोभी[F] के फूल कम मिलते हैं.

support स पॉर्ट' **I.** *v.t.* **1.** (hold up, keep from falling) थाम रखना, सँभालना [strongly मज़बूती से, well अच्छी तरह]; the pillar ~s the roof खंभा छत[F] को थामता है; you should ~ him, otherwise he will fell down तुम्हें उसे सँभालना चाहिए नहीं तो वह गिर जाएगा; the chair could not ~ the weight of that fat man कुर्सी उस मोटे आदमी का भार न सँभाल सकी. **2.** (help, give strength to) सहारा देना, बल देना : he had to be ~ed by his friends उसे अपने मित्रों द्वारा सहारा दिया जाना था; she is ~ed by her son उसे अपने बेटे का सहारा है; your approval ~ed me तुम्हारे अनुमोदन से मुझे बल मिला; no one ~ed him in his need, trouble उसे संकट, कष्ट में किसी ने सहारा नहीं दिया. **3.** (supply with necessaries) भरण-पोषण करना, पालना : he cannot ~ so many children वह इतने सारे बच्चों का भरण-पोषण नहीं कर सकता; she ~s her family वह अपने परिवार का भरण-पोषण करती है. **4.** (endure) सहना, बरदाश्त करना : I have been ~ing you so much, but it is now beyond limit मैं तुम्हें इतना बरदाश्त करता रहा हूँ पर अब यह सीमा के बाहर है; I cannot ~ such an insult, a situation मैं ऐसा अपमान, ऐसी स्थिति[F] बरदाश्त नहीं कर सकता. **5.** (defend, back up) समर्थन करना : to ~ a policy, resolution किसी नीति[F] प्रस्ताव का ≈; I am ~ed by good conscience शुद्ध अन्तरात्मा[F] मुझे समर्थन देती है; he was the only man to ~ him in the meeting बैठक में उसका समर्थन करने वाला वह अकेला व्यक्ति था. **6.** (bear out, vindicate) की पुष्टि[F] करना, सिद्ध करना : to ~ a theory किसी सिद्धान्त की पुष्टि करना; his guilt was not ~ed clearly and he was set free उसका अपराध स्पष्ट रूप से सिद्ध नहीं हुआ और उसे मुक्त कर दिया गया; can you ~ your previous statement क्या तुम अपने पूर्व कथन को सिद्ध/पुष्ट कर सकते हो ? ~ oneself गुज़र करना : it is difficult to ~ himself with such limited means इतने सीमित साधनों से अपना गुज़र करना कठिन है. **II.** *n*[c]. **1.** (a prop) टेक[F] [long लंबी, strong मज़बूत]; give the proper ~ to the thatch छप्पर में ठीक टेक दो; the ~ under the portico is very weak ड्योढ़ी[F] के नीचे की ≈ बहुत कमज़ोर है; the bridge has strong ~s पुल की टेकें मज़बूत हैं. **2.** (help) सहारा [chief मुख्य, firm पक्का]; old man's ~ बूढ़े आदमी का ≈ he did not give much ~ उसने बहुत ≈ नहीं दिया; he is the only ~ of his family वह अपने परिवार का अकेला ≈ है; should I depend on your ~ क्या मैं तुम्हारे सहारे पर विश्वास रखूँ ? **3.** (backing up) समर्थन : moral ~ नैतिक ≈; ~ price समर्थन मूल्य; I hope to have your ~ मुझे तुम्हारे समर्थन की आशा है; he did not give me full ~ उसने मुझे पूरा समर्थन नहीं दिया; he spoke in ~ of his resolution वह उसके प्रस्ताव के समर्थन में बोला. **supporter** स पॉर'टर *n*[c]. समर्थक : strong ~ तगड़ा ≈; how many ~s are there in favour of your plan तुम्हारी योजना[F] के पक्ष में कितने ≈ हैं ? you must have at least ten ~s in the meeting बैठक में तुम्हारे (पास) कम-से-कम दस ≈ होने चाहिए.

suppose स पोज़' *v.t.* **1.** (assume) मान लेना, कल्पना करना : ~ I give you some money मान लो कि मैं तुम्हें कुछ पैसा देता हूँ; ~ I were a king मान लो, मैं राजा होता. **2.** (presuppose, require) की अपेक्षा[F] रखना, के लिए अनावश्यक होना : he is ~d to do all this उससे यह सब कुछ करने की अपेक्षा की जाती है; motorcyclists are ~d to wear helmets मोटरसाइकिल चालकों को हेलमेट पहनना आवश्यक है; he had ~d your help till yesterday वह कल तक तुम्हारी सहायता की अपेक्षा करता था; we ~d that they would meet at the post office हमने अपेक्षा की थी कि वे डाकघर में मिलेंगे. **3.** (presume, think) ख्याल करना, समझना : I ~ he is dead मेरा ख्याल है कि वह मर गया है; I do not ~ that he would return before twelve मेरा ख्याल नहीं है कि वह बारह बजे से पहले लौट आएगा. **4.** (allow) you are not ~d to write on this wall तुम्हें इस दीवार पर लिखने की अनुमति[F] नहीं है; boys are not ~ to make noise in the class लड़कों को कक्षा[F] में शोर मचाने की इजाज़त[F] नहीं है. **supposed** स पोज़्ड' *a.* कल्पित, माना गया,

तथाकथित : ~ thief ≈ चोर; ~ laziness ≈ आलस्य; her ~ wealth is meagre उसका जो धन कल्पित किया गया है, वह थोड़ा है; everybody is ~ to know it इसे सब लोगों से जानने की अपेक्षा[F] की जाती है; we are not ~ to go there हमें वहां जाने की अनुमति[F] नहीं है. **supposition** स पॅज़ि'शन *n*[c]. कल्पना[F]; (conjecture) अनुमान [false मिथ्या, true सत्य]; my ~ is that he has taken your books मेरा अनुमान है कि उसने तुम्हारी किताबें[F] ली हैं; this tale is based on ~ यह कहानी[F] कल्पना पर आधारित हैं; come up with facts, no ~s तथ्य लाइए, कल्पना नहीं; I did it on the ~ that... मैंने इसे यह मानकर किया कि...

suppress स प्रॅ'स'*v.t.* **1.** (crush) दमन करना, कुचलना, दबाना : the military ~ed the rebellion मिलिटरी ने विद्रोह को दबा दिया; he ~ed his feelings उसने अपनी भावनाओं[F] को दबा दिया; he ~ed his enemies so much that they will not raise their heads for long उसने अपने शत्रुओं को इतना कुचल दिया कि वे अब देर तक सिर नहीं उठाएँगे. **2.** (abolish) उन्मूलन करना, समाप्त करना : the piracy is now ~d समुद्री चोरी[F] का अब उन्मूलन कर दिया गया है; it is not easy to ~ the dacoities डकैतियों का उन्मूलन करना आसान नहीं है; he could not ~ such an evil वह इस प्रकार की बुराई[F] का उन्मूलन न कर सका. **3.** (check) रोकना, निग्रह करना, दबाना : he should not be ~ed in the way उसे रास्ते में नहीं रोकना चाहिए; ~ your desires अपनी इच्छाओं को दबाओ. **4.** (keep secret) दबा लेना, छिपाना : ~ the truth सच्चाई[F] पर परदा डालना; the evidence was ~ed in that political trial उस राजनीतिक विचारण में साक्ष्य छिपा लिया गया; he is ~ing the real facts वह वास्तविक तथ्यों को छिपा रहा है; the newspaper ~ed the name of the culprit समाचार पत्र ने अपराधी का नाम दबा रखा. **suppression** स प्रॅ'शन *n*[u] दमन, उन्मूलन, गोपन : ~ of rebels विद्रोहियों का दमन; the government tried its best for the ~ of crime सरकार[F] ने अपराध के उन्मूलन के लिए भरसक प्रयास किया; ~ of thoughts विचारों का दमन; he was blamed for ~ of facts उस पर तथ्यों को छिपाने का दोष लगाया गया.

supreme स्यूप्रीम', सुप्रीम' *a.* **1.** (in authority or rank) सर्वोच्च [assistant सहायक, command कमान, court न्यायालय, officer अधिकारी]; the President is the ~ ruler राष्ट्रपति ≈ शासक होता है. **2.** (extreme) परम, चरम, सर्वोपरि : ~ authority परम सत्ता[F], परमाधिकार; ~ Being परमात्मा; ~ good परम कल्याण; ~ power परम शक्ति[F]; God is ~ ईश्वर सर्वोपरि है; this country stands ~ as sea power समुद्री शक्ति के रूप में यह देश सर्वोपरि है; he showed ~ courage उसने परम साहस का प्रदर्शन किया; you can succeed by ~ effort अत्यधिक प्रयास द्वारा आप सफल हो सकते हैं.

Supt. Superintendent.

sur. surgeon

sur- *pref.* अधि-, परा-, अति-, see 'super'.

surcharge सर्'चार्ज **I.** *n*[c]. **1.** (payment (demanded) अधिशुल्क, (rent) अधिभार, (price, also on stamp) अधिमूल्य; (tax) अधिकर, अतिरिक्त कर : he had to pay ~ on the parcel उसे पार्सल पर अधिशुल्क देना पड़ा; this ~ must be refunded यह अधिकर वापस किया जाना चाहिए; the government takes ~ from his salary सरकार[F] उसके वेतन से अधिकर लेती है. **2.** (load) अधिभार : the ~ amounts to five hundred tons ≈ पाँच हज़ार टन है; he has not given the ~ उसने ≈ नहीं दिया है. **II.** *v.t.* (make an extra charge) अधिक मूल्य लेना, ज्यादा दाम लगा लेना : this hotel ~d us for food इस होटल ने हमारे खाने का अधिक मूल्य ले लिया; he was ~d on the registered parcel रजिस्टरी पार्सल पर उससे अधिक डाक-व्यय लिया गया.

sure शुअर *a.* **1.** (convinced) निश्चय : I am ~ that she will come first मुझे निश्चय है कि वह प्रथम आएगी; now he is ~ about your sincerity अब उसे तुम्हारी सच्चाई[F] का निश्चय है; he is not ~ of success उसे सफलता[F] का निश्चय नहीं था; I am not ~ where he stays in Delhi मुझे इसका निश्चय

नहीं है कि दिल्ली में वह कहाँ ठहरता है; are you ~ of/about these facts क्या तुम्हें इन तथ्यों का निश्चय है ? he is ~ to come वह निश्चय ही आएगा; he was never ~ of victory उसे विजय^F का कभी निश्चय नहीं था. **2.** (reliable) विश्वसनीय, निश्चित : I know a ~ cure for bad cold मैं ज़ुकाम का ≈ इलाज जानता हूँ. **3.** (safe) सुरक्षित, निरापद : keep it in a ~ place इसे किसी ≈ स्थान पर रख दो. **4.** (unfailing), unerring) अचूक, अमोघ : it is a ~ remedy for skin diseases यह चर्मरोगों की ≈ औषधि^{F} है. **5.** (of a marksman, etc). अचूक : he is a ~ gunman वह ≈ बंदूकधारी है. **6.** (true) असंदिग्ध, निश्चित : it is ~ that he had fired first of all यह ≈ है कि उसने सबसे पहले गोली^{F} दागी; death is ~, no one can prevent it मृत्यु^{F} अवश्यंभावी है, इसे कोई रोक नहीं सकता. **surely** शुअर्'लि *adv.* अवश्य, निश्चय ही, निःसंदेह, बेशक : do you know her ? ~ ! क्या तुम उसे ≈ जानते हो ? ≈; they will ~ win वे अवश्य जीतेंगे; ~ I have met you before ≈ मैं तुमसे पहले मिल चुका हूँ; we can ~ do something to help him हम ≈ उसकी सहायता^{F} के लिए कुछ कर सकते हैं; ~ you will succeed if you do not go astray तुम ≈ सफल होगे यदि तुम अपने मार्ग से विचलित नहीं होते; may I have your pen ~ आपका पेन ले लूँ ? ≈. **surety** शुअर्'टि *n*^{c}. **1.** (person) ज़मानतदार, ज़ामिनदार : professional ~ व्यावसायिक ≈; to stand ~ for a friend मित्र के लिए ≈ होना; he needed at least two sureties उसे कम-से-कम दो जमानतदारों की आवश्यकता^{F} थी. **2.** ज़मानत^F प्रतिभूति^{F} : I borrowed a book and paid a ~ of Rs. 40 मैंने चालीस रुपए की जमानत^F देकर एक किताब^F उधार में ली; he was released from a jail on the ~ of fifty thousand rupees उसे पचास हज़ार रुपए की जमानत पर जेल से रिहा किया गया. **3.** (certainty) (old use) निश्चय, असंदिग्धता : there is no ~ about the job काम के बारे में कोई ≈ नहीं है.

surface सर्'फ़िस **I.** *n*^{uc}. **1.** (of an object) सतह^F, बाहरी हिस्सा, (top of the ground) सतह^F, ऊपरी परत^F या तल; (of a liquid) सतह^F [flat चपटी, rough खुरदरी, smooth चिकनी]; the ~ of the earth is not level here पृथ्वी की सतह यहाँ समतल नहीं है; the table had a smooth ~ मेज़ की पीठ^F चिकनी है; he dived below the ~ of the water उसने पानी की सतह से नीचे डुबकी^{F} लगाई; this mountain is 7,000 metres above the ~ of the sea यह पर्वत समुद्र की सतह से 7,000 मीटर ऊंचा है. **2.** (outward appearance) बाहर, बाहरी रंग-ढंग : on the ~ he was angry ≈ से वह क्रुद्ध था; he is serious only on the ~ वह केवल ऊपर-ऊपर गंभीर है. **II.** *v.i.* **1.** (come to the ~) ऊपर आना : he dived and then ~d उसने डुबकी^{F} लगाई और फिर ऊपर आया; he ~d in the sea after five minutes वह समुद्र में पाँच मिनट बाद ऊपर आया; old arguments have ~d again पुराने तर्क पुनः ऊपर आ गए हैं. **2.** (polish) चमकाना : ask him to ~ the table and chair both उससे मेज़ और कुर्सी दोनों चमकाने के लिए कहो. **3.** (cover the ~) तह^F जमाना : he ~d the wall with plaster उसने दीवार^F पर पलस्तर की तह जमाई. **4.** (level) चौरस बनाना : ten labourers can ~ this part of land दस मज़दूर ज़मीन के इस भाग को चौरस बना सकते हैं. **III.** *a.* **1.** पृष्ठीय : ~ tension ≈ तनाव; ~ water भूपृष्ठ जल. **2.** (superficial) सतही; (not sincere) ऊपरी : ~ impressions ≈ प्रभाव; I'll tell you only the ~ meaning of it मैं तुम्हें इसका केवल सतही अर्थ बताऊंगा. **3.** ~ mail स्थल डाक.

surgeon सर्'जन *n*^{c}. सर्जन, शल्यकार, शल्यचिकित्सक [able योग्य, skilful कुशल]; house ~ आवासी ≈ ; Mr. Raman is a dental surgeon श्री रामन दंत सर्जन हैं; for operation you should consult a ~ चीरफाड़ के लिए तुम्हें सर्जन से मशविरा करना चाहिए; he is an experienced ~ वह एक अनुभवी ≈ है; this ~ had operated on my brother इस ≈ ने मेरे भाई का आपरेशन किया था. **surgery** सर्'जरि *n*^{c} **1.** शल्य-चिकित्सा^{F}, शल्यक्रिया^{F} : that doctor is expert in ~ वह डाक्टर ≈ में कुशल है; he has specialised in ~ उसने ≈ में विशेषज्ञता प्राप्त कर रखी है; the disease needs ~ इस बीमारी[F] के लिए ≈ की आवश्यकता[F] है. **2.** (science) शल्यविज्ञान, शल्यशास्त्र : now you should take admission in ~ अब तुम्हें ≈ में प्रवेश लेना चाहिए. **3.** (operating room) शल्य कक्ष : this hospital has a separate ~ department इस अस्पताल में अलग शल्य-विभाग है. **surgical** सर्'जिकल *a.* शल्य [case रोगी, instrument उपकरण, operation आपरेशन]; he has not taken ~ training उसने ≈ प्रशिक्षण प्राप्त नहीं किया; ~ treatment is mostly successful शल्य उपचार अधिकतर सफल होता है.

surly सर'लि *a.* (rude) रूखा, बदमिज़ाज : ~ nature ≈ स्वभाव; that woman is ~ and quarrelsome वह स्त्री ≈ और झगड़ालू है; he gave a ~ reply उसने रूखा जवाब दिया. [*n.* surliness]

surmount सर माउन्ट' *v.t.* **1.** (overcome) पार करना, पर विजय पाना : to ~ abstacles बाधाएँ[F] पार करना; now he has ~ed the difficulties अब उसने कठिनाइयों[F] पर विजय पा ली है; the horse could not ~ the fence घोड़ा जंगल पार न कर सका. **2.** (be on the top of) के ऊपर होना : a chimney ~s the house मकान के ऊपर एक चिमनी[F] (धुआँकश) है. **3.** (cover) आच्छादित करना : the hill was ~ed by snow पहाड़ी[F] बर्फ[F] से आच्छादित/ढँकी थी; the clouds ~ed the whole sky बादलों ने सारे आकाश को आच्छादित कर रखा था.

surname सर्'नेम *n*[c]. **1.** उपनाम : charming ~ प्यारा ≈; Vijay's ~ is Raju विजय का ≈ राजू है; what is your ~ तुम्हारा ≈ क्या है ? he bears no ~ उसका कोई ≈ नहीं है. **2.** कुलनाम : Sethi is the ~ of Ram Nath Sethi सेठी रामनाथ सेठी का ≈ है.

surpass सर्पास' *v.t.* **1.** से बढ़कर या श्रेष्ठ होना : Jane was clever, but Mary ~ed her जेन चतुर थी लेकिन मेरी उससे बढ़कर थी; his achievements ~ed my hopes उसकी उपलब्धियाँ[F] मेरी आशाओं[F] से बढ़ कर निकलीं; **2.** (outdo) मात कर देना, से आगे बढ़ना : Ritu ~es Rolu in sports खेल में रीतू रोलू से आगे बढ़ जाती है (को मात कर देती है); he has ~ed himself वह स्वयं से आगे बढ़ गया है; to ~ the previous record पूर्व के रिकार्ड से आगे बढ़ना.

surplus सर्'प्लस **I.** *n*[u]. **1.** बेशी[F], आधिक्य : money is in ~ पैसा बेशी है, पैसे का आधिक्य है; these things are in ~ in his share यह चीजें[F] उसके हिस्से में बेशी हैं. **2.** (of receipts over spending) बचत[F] : the budget shows ~ बजट में ≈ दिखाई गई है. [*ant.* deficit] **II.** *a.* (superfluous) फालतू [goods सामान, money धन, wheat गेहूँ]; he has ~ foodstuffs उसके पास ≈ खाद्य-सामग्री[F] है; you should shed off ~ fat तुम्हें फ़ालतू चरबी[F] कम करनी चाहिए.

surprise सर् प्राइज़' **I.** *n.* **1.** (astonishment) आश्चर्य, हैरत[F] [great महान, little थोड़ा]; she looked at him with ~ उसने आश्चर्य से उसे देखा; she did not show much ~ at the sight of him उसको दिखने पर उसे अधिक आश्चर्य नहीं हुआ; he gave him great ~ when he spoke nothing in the meeting उसने उसे भारी आश्चर्य में डाल दिया जब वह बैठक में कुछ नहीं बोला; to my ~.. मुझे आश्चर्य हुआ कि . . . **2.** आश्चर्य की बात[F] : his success was a great ~ उसकी सफलता[F] बड़े आश्चर्य की बात थी; your letter was a pleasant ~ तुम्हारे पत्र से सुखद आश्चर्य हुआ; really it is a ~ that he has passed the exam सचमुच यह आश्चर्य की बात है कि वह परीक्षा[F] में पास हो गया है. **3.** ~ attack आकस्मिक आक्रमण : to take smb by ~ किसी को अचानक जा पकड़ना; the police took the culprit by ~ पुलिस[F] ने अपराधी को अचानक जा पकड़ा. **II.** *v.t.* **1.** (astonish) चकित करना, अचम्भे में डालना, आश्चर्यचकित या विस्मित कर देना, हैरत में डालना : her surly reply ~d me उसके रूखे उत्तर ने मुझे हैरत में डाल दिया; the news ~d me greatly समाचार ने मुझे बड़े आश्चर्य में डाल दिया; we ~d the enemies हमने शत्रुओं को हैरत में डाल दिया; you will be ~ed to hear that तुम यह सुनकर आश्चर्य में पड़ जाओगे कि . .; I am ~d at his behaviour मुझे उसके व्यवहार पर आश्चर्य है.

2. (capture by ~) अचानक हमले (आकस्मिक आक्रमण) द्वारा जीतना : he could only be ~d by sudden attack उसे केवल आकस्मिक आक्रमण से जीता जा सकता था. **3.** (attack unawares) पर सहसा आक्रमण करना, अकस्मात् टूट पड़ना : the enemy ~d us at dawn शत्रु ने हमारे ऊपर प्रभात में सहसा आक्रमण कर दिया. **4.** (come upon unawares) बेमौके या असमय पहुँच जाना, अचानक पहुँचना; चौंका देना : he ~d everyone by his sudden arrival उसने एकाएक पहुँचकर सब लोगों को चौंका दिया. **surprised** सर् प्राइज़्ड' *a.* चकित, आश्चर्यचकित, हैरान [face चेहरा, look दृष्टि[F]]; the news made him ~ समाचार से वह विस्मित था; he was ~ to meet us वह हमसे मिलकर हैरान था; he was so ~ that he could not say even a word वह इतना ≈ था कि एक शब्द भी न बोल सका. **surprising** सर्प्राइ'ज़िङ्ग *a.* आश्चर्यजनक : his result is ~ उसका परिणाम आश्चर्यजनक है; it is ~ that he failed यह ≈ है कि वह फ़ेल हो गया.

surrender स रें'न्'डर **I.** *v.t.* **1.** (submit after defeat) आत्म-समर्पण करना, हार मानना : the enemy ~ed very soon शत्रु ने बड़ी जल्दी आत्म-समर्पण कर दिया; we shall never ~ to the enemy हम शत्रु से कभी हार न मानेंगे; at last the thief ~ed अंततः चोर ने आत्म-समर्पण कर दिया. **2.** (hand over) सुपुर्द/समर्पित करना : to ~ one's ticket at the gate फाटक पर टिकट सुपुर्द करना; he ~ed my rifle **to** the police उसने अपनी राइफल[F] पुलिस[F] के सुपुर्द कर दी; they ~ed the thief to the D.S.P. उन्होंने चोर को डी० एस० पी० के सुपुर्द कर दिया. **3.** (abandon, give up) छोड़ देना, त्याग देना : to ~ one's claim to the property संपत्ति पर अपना दावा छोड़ देना. **4.** (yield) झुक जाना : he had to ~ to pressure उसे दबाव में आकर झुकना पड़ा. **5.** to ~ one's insurance policy अपनी बीमा-पालिसी[F] लौटा देना. **II.** *n*[u]. **1.** आत्म-समर्पण; the battalion was forced into ~ पलटन[F] को आत्म-समर्पण करने पर विवश किया गया. **2.** परित्याग, त्याग : the ~ of one's right to property संपत्ति में अपने अधिकार का त्याग.

surround सॅ राउन्ड' *v.t.* **1.** के चारों ओर होना; घेर लेना से घेरना : mango trees ~ the house आम के पेड़ मकान को चारों ओर से घेरे हुए हैं, the house is ~ed by the garden मकान चारों ओर बगीचे से घिरा है; the enemy ~ed the village शत्रु ने गाँव को घेर लिया; the old teacher was ~ed by the pupil पुराना अध्यापक शिष्यों से घिरा था; (milit.) घेरा डालना : the soldiers ~ed the whole सैनिकों ने पूरे शहर का घेरा डाल दिया. **surrounding** स राउन्'डिङ्ग *a.* आस-पास का, पास-पड़ोस का, प्रतिवेशी : ~ area ≈ क्षेत्र; ~ people here are not cultured यहाँ आस-पास के लोग सुसंस्कृत नहीं हैं; the place ~ your house is good तुम्हारे घर के आसपास का स्थान अच्छा है. **surroundings** सरॉउन'डिग्ज़ *n. pl.* पास-पड़ोस : ~s of your house are beautiful तुम्हारे घर का ≈ सुदंर है; ~s have an effect on a child's development पास-पड़ोस का प्रभाव बच्चे के विकास पर पड़ता है.

survey सर्वे' **I.** *v.t.* **1.** चारों ओर देखना, पर्यवलोकन करना : we ~ed the plains from the top of a hill हमने पहाड़ी[F] की चोटी से मैदान का पर्यवलोकन किया. **2.** (measure) सर्वेक्षण करना, पैमाइश[F] करना[F] : the estate was ~ed for assessment of tax जागीर[F] का कर निर्धारण करने के लिए सर्वेक्षण किया गया; you should ~ the land carefully तुम्हें ज़मीन का सावधानी से सर्वेक्षण करना चाहिए (ज़मीन की पैमाइश करनी चाहिए). **3.** (inspect) निरीक्षण करना, जाँचना : the police was ~ing all the statements पुलिस[F] सब बयानों का निरीक्षण कर रही थी. **II.** सर्'वे *n*[c]. **1.** (general view) पर्यवलोकन : a ~ of the damage नुकसान का ≈ ; ~ of scenery दृश्यों का ≈ . **2.** सर्वेक्षण : this village is under ~ गाँव का ≈ हो रहा है; ~ of India भारत का ≈ . **3.** ~ of the work done निरीक्षण किए हुए काम का ≈.

survival सर्वाइ'व़ल *n.* **1.** उत्तरजीविता[F], उत्तरजीवन, बच रहना, जीता रहना : ~ of the fittest योग्यता की उत्तरजीविता; the patient's ~ was unexpected रोगी का ≈ अप्रत्याशित था; we need air and water for ~ हमें जीवित रहने के लिए हवा और पानी की आवश्यकता^F है; we have every hope of the ~ of the victims हमें पीड़ितों के बच जाने की पूरी आशा^F है. **2.** (remainder) अवशेष : that old man is a ~ of the past वह बूढ़ा आदमी अतीत का ≈ है. **survive** सर्वाइव' *v.t.* **1.** continue to live or be) जीवित रह जाना, बचा रहना : you cannot ~ without air and water तुम बिना हवा और पानी के जीते नहीं रह सकते; the lady was very ill but she ~d वह महिला बहुत बीमार थी लेकिन बच गई; he did not ~ long after the accident दुर्घटना^F के बाद वह बहुत दिन नहीं जिया. **2.** (live longer than) किसी की मृत्यु के बाद जीवित रहना : he ~d his son वह बेटे की मृत्यु के बाद जीवित रहा; he was ~d by his wife and two sons उसकी मृत्यु के बाद उसकी पत्नी और दो बच्चे (लड़के) जीवित थे; he ~d the accident वह दुर्घटना^F के बाद भी जीवित रहा; he who will ~ her, will get the property जो उसके बाद जीवित रहेगा वह संपत्ति^F प्राप्त करेगा; to ~ others who have died जो लोग मर गए उनके बाद जीवित रहना; he is the only man to ~ in the family परिवार में वह अकेला आदमी जीता रह गया है. **3.** बना रहना, बाकी रहना : such customs still ~ in India ऐसे रीतिरिवाज अब भी भारत में बच रहे हैं/बाकी हैं. **survivor** सर व़ाइ'व़र *n*^c. उत्तरजीवी, उत्तरजीवित : ~s of an accident दुर्घटना^F में बचे व्यक्ति; the sole ~ of that family was Vikram विक्रम उस परिवार का अकेला उत्तरजीवी था; the list of ~s in the earthquake was incomplete भूकम्प में उत्तरजीवियों की सूची अपूर्ण थी.

susceptible स सें'प्'टिबल *a.* **1.** (emotional) भावप्रवण, भावुक [lady औरत, person व्यक्ति]; he is a very ~ poet वह बहुत ही भावुक कवि है; girls are more ~ than woman स्त्रियों की अपेक्षा^F लड़कियाँ^F अधिक ≈ होती हैं. **2.** (sensitive) अतिसंवेदनशील : to be ~ to danger खतरे के प्रति ≈ होना. **3.** (likely to get) हो सकना : I am easily ~ to cold मुझे ज़ुकाम जल्दी लग जाता है; this couple is ~ of two meanings इस दोहे के दो अर्थ हो सकते हैं; this document is not ~ of change इस दस्तावेज़ में कोई परिवर्तन नहीं हो सकता; he is ~ to error वह गलती^F कर सकता है.

suspect सस् पें'क्ट' **I.** *v.t.* **1.** (feel, imagine) लगना, सोचना : I ~ that he willl not catch the train मुझे लगता है कि वह रेलगाड़ी^F नहीं पकड़ पाएगा; I ~ed that it was she who had done it मुझे लगा कि यह वही स्त्री है जिसने इसे किया था; I ~ danger मुझे खतरा लग रहा है. **2.** (पर) संदेह करना : he ~ed my statement उसे मेरे कथन पर संदेह हुआ; he was ~ed of theft उस पर चोरी^F का संदेह किया गया था; I ~ he is a liar मुझे उस पर झूठा होने का संदेह है; the police ~ed him for murder पुलिस^F को उस पर हत्या^F करने का संदेह था; I did not ~ anyone मैंने किसी पर संदेह नहीं किया; I ~ his intention मुझे उसकी नीयत^F पर संदेह है. **II.** सस्'पें'क्ट *n*^c. संदिग्ध व्यक्ति : he is the only ~ in this crime इस अपराध में वह अकेला ≈ है; the police held up all the ~s पुलिस^F ने सारे संदिग्ध व्यक्तियों को पकड़ रखा. **III.** *a.* संदिग्ध [matter मामला, situation स्थिति^F]; his intention/reason is ~ उसका आशय^F, तर्क ≈ है; his evidence is ~ उसकी गवाही^F ≈ है.

suspend सस् पें'न्ड' *v.t.* **1.** (hang up) लटकाना, टाँगना : the picture is ~ing by the cord तस्वीर^F डोरे से लटक रही थी; to ~ a rope from the tree पेड़ पर से रस्सी^F लटकाना; you ~ balloons from the ceiling तुम छत से गुब्बारे लटकाते हो. **2.** (postpone) आस्थगित करना : the judge ~ed the judgement for the time being जज ने फिलहाल निर्णय को आस्थगित कर दिया; the rules were ~ed in emergency आपातकाल में नियम आस्थगित कर दिए गए थे; the punishment had to be ~ed सज़ा^F आस्थगित करनी पड़ी. **3.** (stop for a time) बंद करना : ~ the construction work soon निर्माण कार्य शीघ्र बंद करो; the payment was ~ed भुगतान बंद कर दिया

गया; they had to ~ all work उन्हें सारा काम बंद करना पड़ा. **4.** (from office) निलंबित करना : Henry has been ~ed from his post हेनरी को अपने पद से निलंबित कर दिया गया है; a bishop can ~ a priest from the office बिशप किसी पादरी को पद से निलंबित कर सकता है.

suspicion सस् पि'शन *n.* **1.** संदेह, शक [true सच्चा, wrong ग़लत]; I had a ~ मुझे ≈ था; my ~ was right that he was a thief मेरा संदेह ठीक था कि वह चोर है; his manner of talking aroused ~ उसके बात करने के ढंग से ≈ उत्पन्न हो गया; he always treated us with ~ उसने हमसे सदा संदेह का व्यवहार किया; this incident will strengthen his ~ यह घटना^F उसके संदेह को पुष्ट करेगी; I'll remove his ~ मैं उसका संदेह दूर कर दूँगा; he was arrested on ~ उसे शक पर गिरफ़्तार किया गया; he is under ~ उस पर ≈ है. (*ant.* trust.) **2.** संकेत : there is a ~ of tears in his eyes उसकी आँखों में आंसुओं के ≈ है; you could see a ~ of surprise on his face तुम उसके चेहरे पर आश्चर्य का ≈ देख सकते थे. **suspicious** सस् पि'शस *a.* **1.** (arousing suspicion) संदेहजनक, संदिग्ध [character चरित्र, condition दशा^F, man व्यक्ति]; his behaviour was ~ उसका व्यवहार ≈ था; under the ~ circumstances he was caught by the police ≈ परिस्थितियों में पुलिस^F ने उसे पकड़ लिया. **2.** (mistrustful) शक्की, संदेही, संशयालु : she is a woman of ~ nature वह शक्की मिज़ाज औरत है; I am ~ of that boy मुझे उस लड़के पर संदेह रहता है.

sustain सस्टेन' *v.t.* **1.** (support from below) थाम रखना, सँभालना : why are you giving so much weight, he cannot ~ it तुम उस पर इतना भार क्यों डाल रहे हो, वह इसे नहीं सँभाल सकता; a rafter ~s the roof शहतीर/कड़ी^F छत को थामे रखती है. **2.** (keep going) बनाए रखना, कायम रखना, जारी रखना : it is necessary that we should ~ the same spirit यह जरूरी है कि हम उसी प्रकार की भावना^F बनाए रखें; they could not ~ their independence वे अपनी स्वतंत्रता^F कायम नहीं रख रखे; you should ~ your claim to the property तुम्हें संपत्ति^F पर अपना दावा बनाये रखना चाहिए; to ~ an effort प्रयत्न जारी रखना. **3.** (give sustenance) पोषण करना : food ~s body भोजन शरीर का पोषण करता है; this much breakfast will not ~ the young boy इतना भर नाश्ता इस नवयुवक लड़के का पोषण नहीं करेगा. **4.** (support) समर्थन/पुष्टि करना : these facts will ~ your statement ये तथ्य तुम्हारे कथन की पुष्टि करेंगे; the judge ~ed my plea न्याय ने मेरे अभिवचन का समर्थन किया. **5.** (supply with necessaries) भरण-पोषण करना, रोटी-कपड़ा देना, खर्च चलाना : I have to ~ a family of six members मुझे छः सदस्यों के परिवार का भरण-पोषण करना है; he is not ~ing his wife वह अपनी पत्नी का खर्च नहीं चला रहा है. **6.** (help, strengthen) सहारा या ढाढस^F देना, बल प्रदान करना : your presence will ~ him much तुम्हारी उपस्थिति^F उसको बहुत सहारा देगी. **7.** (other contexts) to ~ loss हानि उठाना; to ~ defeat हार खाना; to ~ injury चोट लगना; to ~ life जीवित रहना.

S.W. = South West, South Western दक्षिणोत्तर.

swallow स्वा'लो **I.** *n*^c. **1.** (a bird) अबाबील : ~s fly high, if the weather is fine ≈ ऊँचे उड़ते हैं यदि मौसम अच्छा हो तो; ~ is a small bird with pointed wings ≈ एक छोटा नोकदार पंखों वाला पक्षी है. **2.** (swallowing) निगलना; (amount swallowed) घूंट, कौर, ग्रास (of food) : she drank the milk at a single ~ वह एक ही घूँट में दूध पी गई; have a ~ of food एक कौर भोजन कर लो. **II.** *v.t.* **1.** (food, drink) लीलना, निगलना : ~ hurriedly जल्दी से ≈; you should ~ the pill तुम्हें गोली^F निगल लेनी चाहिए; ~ your food soon अपना भोजन शीघ्र ही लील लो. **2.** (consume utterly) खा जाना, समाप्त करना, लील जाना : your scooter ~s so much petrol तुम्हारा स्कूटर इतना पेट्रोल खा जाता है. **3.** (~ up, engulf) निगलना, निगल जाना, समा लेना : it will ~ everything all that you have यह

सब कुछ समा लेगा जो कुछ तुम्हारे पास है. **4.** (accept credulously) आँख मूंदकर विश्वास करना, झट मान लेना : although you stress this point so much, yet I cannot ~ it यद्यपि तुम इस बिंदु पर इतना बल दे रहे हो तो भी मैं इस पर आँख मूदकर विश्वास नहीं कर सकता (वह मेरे गले नही उतरता). **5.** बरदाश्त करना, सहना, पी जाना : to ~ an insult अपमान बरदाश्त करना. **6.** वापस लेना : if he is pressed, he will ~ his words यदि उस पर दबाव डाला जाता है, तो वह अपने शब्द वापस ले लेगा.

swam = *past* of 'swim' *q.v.*

swan स्वॉन *n*^c. **1** राजहंस, हंस [beautiful सुंदर, young बच्चा]; ~ is a white long-necked bird ≈ एक लंबी गर्दन वाला सफेद पक्षी होता है; ~s are swimming in the lake ≈ झील में तैर रहे हैं. Δ **a crow in the assembly of ~s** हंसों की सभा^F में कौआ. **2.** (poet) कवि, महाकवि : known ~ जाना-माना ≈; Kalidas was a famous ~ of India कालिदास भारत के प्रसिद्ध कवि थे; ~ song कवि की अंतिम कृति^F.

swarm स्वार्म **I.** *n*^c. (of insects, animals, men) झुण्ड, दल : a ~ of bees followed him मक्खियों के एक दल ने उसका पीछा किया; a ~ of animals grazed all his crop जानवरों का एक झुण्ड उसकी पूरी फ़सल चर गया; ~ of people लोगों की भीड़^F; ~ of stars सितारों का पुंज. **II.** *v.t.* **1.** (to follow in a swarm) झुण्ड बनाकर जाना : the bees ~ the queen मधुमक्खियाँ^F झुण्ड बनाकर रानी के पीछे-पीछे जाती हैं. **2.** (assemble in large numbers) भीड़^F बनाकर इकट्ठा होना : a large crowd ~ed in the stadium स्टेडियम में बड़ी संख्या में लोग इकट्ठा हो गए. **3.** (of places) (भीड़ से) भर जाना, रेल-पेल होना : the whole of the stadium was ~ed with spectators पूरा स्टेडियम दर्शकों से भर गया.

sway स्वे **I.** *v.t.* **1.** (influence) प्रभावित करना, अभिभूत करना : the speaker ~ed the audience वक्ता ने भीड़^F को अभिभूत कर दिया. **2.** (divert from) विचलित करना : don't be ~ed by false promises झूठे वादों से विचलित न होइए : झुकाना : the wind ~ed the trees हवा ने पेड़ों को झुका दिया. **II.** *v.i.* **1.** (swing) झूलना, डोलना : ~ wantonly मौज-मस्ती में ≈; trees are ~ing in the wind पेड़ हवा^F में डोल/झूल रहे हैं; monkeys were ~ing from the branches of a tree बंदर पेड़ की शाखाओं^F से झूल रहे थे. **2.** झूमना : dancers are ~ing नर्तक झूम रहे हैं. **3.** (incline) झुकना : she ~ed and fell down वह झुकी और गिर पड़ी. **4.** the drunkard ~ed about in the street शराबी गली^F में डगमगाता चला गया. **5.** (rule) शासन करना, शासित करना, नियंत्रित करना : the British ~ed over India till 1947 अंग्रेजों ने 1947 तक भारत में शासन किया. **III.** *n*^u. **1.** (influence) प्रभाव [deep गहरा, permanent स्थायी]; there was a normal ~ of his speech over the audiences उसके भाषण का श्रोताओं पर सामान्य प्रभाव पड़ा. **2.** (rule) शासन : Sri Lanka was also under the British ~ श्रीलंका भी ब्रिटिश ≈ के अंतर्गत था. **3.** (movement) झुलाव : I could feel the ~ of the hanging bridge मैं झूलते पुल का ≈ महसूस कर सकता था.

swear स्वेअर *v.i.* (swore, sworn) **1.** (take an oath) शपथ^F खाना, कसम^F खाना : he swore to tell the truth उसने सच-सच कह देने की कसम/शपथ खाई; will you ~ on the Gita क्या तुम गीता^F/ की कसम खाओगे ? I ~ by God, I love you and nobody else मैं ईश्वर की शपथ खाता हूँ कि मैं तुम्हें प्यार करता हूँ और किसी से नहीं; the minister was sworn in मंत्री को शपथ दिलाई गई; I ~ that I will not reveal the secret to anybody मैं शपथ खाता हूँ कि मैं किसी से भेद नहीं खोलूंगा; the boy swore that he would never call names again लड़के ने शपथ खाई कि फिर कभी गाली^F नहीं दूंगा. **2.** दृढ़तापूर्वक कहना : if it is true you should ~ it firmly यदि यह सही है तो तुम्हें इसे दृढ़तापूर्वक कहना चाहिए; I believe it is true but I cannot ~ to it मुझे विश्वास है कि यह सही है लेकिन मैं इसे दृढ़तापूर्वक नहीं कह

सका. **3.** *v.t.* (administer oath) शपथ दिलाना : the P.M. was sworn in by the President प्रधानमंत्री को राष्ट्रपति ने शपथ दिलाई; the judge swore the witness जज़ ने गवाह को कसम दिलाई; he was sworn to secrecy उसे गोपनीयता[F] की शपथ दिलाई गई. **4.** (curse) गाली[F] बकना, कोसना : he was ~ing at his neighbours वह अपने पड़ोसियों को गाली बक (कोस) रहा था; you should not ~ in the presence of ladies तुम्हें महिलाओं की उपस्थिति में गाली नहीं बकनी चाहिए. Δ ~ by (i) की शपथ खाना : he ~s by his parents वह अपने माता-पिता की कसम खाता हैं; (ii) पर भरोसा रखना : he ~s by Chyavanprash for all diseases वह सब बीमारियों[F] के लिए च्यवनप्राश पर भरोसा रखता है; ~ **off** शपथ पूर्वक छोड़ देना : I have ~ off smoking मैंने शपथपूर्वक धूम्रपान छोड़ दिया है.

sweat स्वेॅट **I.** *n*[uc]. **1.** पसीना : ~ poured down his cheeks उसके गालों से ≈ ढल गया; his shirt was wet with ~ उसकी कमीज़[F] पसीने से तर थी; he is all (in) a ~ वह पसीने-पसीने हो गया है; the patient had sudden ~s रोगी को अचानक पसीने आने लगे. **2.** (moisture) पसीना, नमी : hot cake leaves ~ in a closed box गरम केक से बंद डिब्बे में पसीना छूटता है. **3.** (hard work) कठिन परिश्रम, घोर परिश्रम : he is successful only by his ~ वह केवल अपने ≈ से सफल है. **4.** (drudgery) नीरस परिश्रम : learning formulas is sheer ~ सूत्र याद करना महज़ ≈ है. Δ **by the ~ of one's brow** पसीना बहाकर, बड़े परिश्रम से : he succeeded by the ~ of his brow वह पसीना बहाकर सफल हुआ. **II.** *v.i.* **1.** (perspire) पसीना बहाना, पसीना आना/निकलना : exercise makes one ~ व्यायाम करने से पसीना आता है; to ~ with fear भय से पसीना आना; I am ~ing मेरा पसीना बह रहा है; we ~ in summer हमें गर्मियों में पसीना आता है; we ~ed in the sultry weather उमसदार मौसम में हमारा पसीना बहता था. **2.** (exude moisture) नमी/पसीना छोड़ना cheese ~s in a box डब्बे में पनीर नमी/पसीना छोड़ता है. **3.** (exploit) का शोषण करना, खून चूसना : don't ~ the labourers मज़दूरों का शोषण मत करो (का खून मत चूसो). **sweater** *n*[c]. स्वेटर [green हरा, woollen ऊनी]; his ~ is torn उसका ≈ फटा हुआ है; a ~ worn in winter ≈ जाड़े में पहना जाता है; he bought a ~ for one thousand rupees उसने एक हज़ार रुपए में एक ≈ खरीदा.

sweaty स्वेॅ'टि *a.* **1.** पसीनेदार [body शरीर, clothes कपड़े, feet पैर, under garment बनियान]; the towel is ~ तौलिया ≈ है. **2.** (causing ~) पसीना लानेवाला : it was a ~ exercise यह व्यायाम ≈ था.

sweep स्वीप **I.** *v.t. & i.* (*p. & p.p.* swept) **1.** (clean) झाडू देना, बुहारना : ~ away the dust धूल[F] बुहार दो; the floor becomes clean when you ~ it फर्श साफ हो जाता है जब तुम इसे बुहारते हो; she swept the room clean उसने कमरा बुहारकर (में झाडू देकर) साफ़ कर दिया; they are ~ing the rubbish वे कूड़ा बुहार रहे हैं. **2.** (gather up) बटोर लेना, समेट लेना : she ~ useful things in the rubbish उसने कूड़े में से उपयोगी वस्तुओं[F] को समेट लिया; ~ up the dust गरदा बटोर लो; to ~ everything into one's net सब कुछ अपने पास समेट लेना. **3.** (carry away) बहा ले जाना : the river swept away all the huts नदी[F] सारे झोपड़े बहा ले गई. **4.** (abolish) समाप्त करना, अंत कर देना, उन्मूलन करना : to ~ away dowry system दहेज प्रथा[F] को समाप्त कर देना; the government swept away several diseases सरकार[F] ने कई रोगों का उन्मूलन कर दिया; the epidemic swept off a thousand villages महामारी[F] ने एक हज़ार गाँवों को नष्ट कर दिया. **5.** (move swifly over) तेज़ी[F] से फैलना : the disease is ~ing the region बीमारी[F] क्षेत्र में फैल रही है; a storm swept across the plain तूफ़ान तेज़ी से मैदान में फैल गया. **6.** (reject) नकारना : he swept aside all objections उसने सब आपत्तियों[F] को नकार दिया. **7.** (traverse) तेज़ी से पार करना : the train swept the bridge soon रेलगाड़ी शीघ्र ही पुल को पार कर गई. **8.** (pass eye quickly along) पर नज़र[F] दौड़ाना : the batsman swept over the field मैदान पर बल्लेबाज़ ने नज़र दौड़ाई; he swept over the papers lying on the table उसने मेज़ पर पड़े कागज़ों पर निगाह दौड़ाई. **II.** *n*[u]. **1.** झाड़-बुहार, सफाई : the whole house needs ~ पूरे घर में ≈ अपेक्षित है; she gave the room a ~ उसने सारे कमरे को बुहार दिया. **2.** चिमनी[F] साफ करने वाला : ~ (labourer) ≈ मज़दूर; the ~ is expert in cleaning chimneys चिमनी[F] साफ करने वाला चिमनियाँ (धुएँकश) साफ़ करने में कुशल होता है. **3.** (motion) घुमाव; प्रसारण; (curve) घुमाव, मोड़ [blind अंधा, fast तेज़]; they rowed the boat with sweep of their oars उन्होंने नाव को चप्पूओं के घुमाव से खेया; with a ~ of his arm बाँह घुमाते हुए; with a ~ of his eye चारों ओर दृष्टि[F] घुमाते हुए. **4.** (expanse) फैलाव, विस्तार : we can see the fine ~ of grass in the countryside हम देहात की तरफ घास का विस्तार देख सकते हैं. **5.** (range) मार[F] (of a weapon); पहुँच; these things are beyond the ~ of human knowledge ये बातें मानवीय ज्ञान की पहुँच के बाहर हैं; the ~ of this gun is hundred metres इस तोप[F] की मार सौ मीटर है. Δ **to make a clean ~** (i) सब हटा देना : he made a clean ~ of old furniture उसने सारा पुराना फ़र्नीचर हटा दिया; (ii) सब समेट लेना : the gambler made a clean ~ of money जुएबाज़ ने सारा पैसा समेट लिया. **sweeper** स्वी'पर *n*[c]. **1.** झाड़ूकश, मेहतर [domestic घरेलू, sincere सच्चा]; ~ sweeps the streets clean ≈ सड़कों[F] को बुहार कर साफ़ कर देता है; a ~ is now called a sanitary worker ≈ को अब सफाई कर्मचारी कहा जाता है. **2.** (device) सफ़ाई मशीन[F], अपमार्जक : they have ~s to clean carpets उनके पास दरियाँ[F] साफ़ करने के लिए सफ़ाई मशीनें[F] हैं. **sweeping** स्वीपिङ्ग *a.* **1.** (far-reaching) व्यापक : ~ statement ≈ वक्तव्य या कथन; there was a ~ reaction to his speech उसके भाषण की ≈ प्रतिक्रिया[F] हुई. **2.** (radical) आमूल चूल, (very great) भारी [changes परिवर्तन, destruction विनाश, reforms सुधार]; the society needs a ~ improvement समाज में भारी सुधार की आवश्यकता[F] है. **3.** (complete) पूर्ण : ~ victory ≈ विजय[F]; there was a ~ effect of medicine upon him उस पर दवा[F] का पूरा असर था. **sweepings** स्वी'पिङ्ग़ज़ *n.* (*pl.*) कूड़ा : ~ from the room should be put in a bin कमरे का ≈ कूड़ेदान में रखना चाहिए.

sweet स्वीट **I.** *a.* **1.** मीठा, मधुर [apple सेब, cake केक, mango आम, taste स्वाद]; he bought ~ cherries उसने मीठी चेरी खरीदीं; the juice was very ~ रस बहुत मीठा था; I like ~ coffee मुझे मीठी (चीनी वाली) कॉफ़ी[F] पसंद है; the water of this well is ~ इस कुएँ का जल मीठा है. [*ant.* sour] **2.** (melodious) श्रुतिमधुर, सुरीला, मधुर [music संगीत, song गीत]; ~ sound सुरीली/मधुर ध्वनि[F]; his ~ words are the cause of his success उसके मधुर शब्द उसकी सफलता[F] का कारण हैं. **3.** (other contexts) ~ baby प्यारा बच्चा; ~ face सुदंर मुखड़ा; ~ potato शकरकंद, ~ smell भीनी-भीनी सुगंध, ~ stuff मिठाइयाँ[F]; ~ temper सौम्य स्वभाव; ~ will स्वेच्छा[F]; **to have a ~ tooth** मीठी चीजों[F] का चस्का या शौक होना; **~ and bitter** सुख-दुख. **II.** *n*[c]. **1.** मिठाई[F] [delicious स्वादिष्ठ, expensive महँगी]; please buy a kilo of ~s कृपया एक किलो मिठाई खरीदिए; is their any ~ shop here क्या यहाँ कोई मिठाई की दुकान[F] है? he had taken a box of ~s उसने मिठाइयों का एक डिब्बा लिया था. **2.** (darling) प्यारा, प्रेम-पात्र : my ~ प्रिये, प्रिय. **3.** (*pl.*) सुख, सुख-चैन, ऐश-आराम : now he has abandoned the ~s of life for others अब उसने जीवन का सुख-चैन दूसरों के लिए लगा दिया. **sweeten** स्वी'टन *v.t.i.* मीठा/मधुर बनना या बनाना : honey ~s milk शहद दूध को मीठा कर देता है; put sugar in tea to ~ it चाय[F] को मीठा बनाने के लिए इसमें चीनी[F] डालो; oranges ~ as they become ripe संतरे जब पकते हैं तो मीठे हो जाते हैं; entertainment ~s life मनोरंजन जीवन को मधुर बनाता है. **sweetheart** *n*[c]. प्रेमी, प्रेमिका[F] : Jill is Jack's ~ जिल जैक की

प्रेमिका है; she has no ~ उसका कोई प्रेमी नहीं है. **sweetly** स्वीट'लि *adv.* मधुरता से : she speaks ~ वह मधुर बोली^F बोलती है; Lata sings ~ लता मधुर गाना गाती है. **sweetmeat** *n.* मिठाई^F : do taste some ~ थोड़ी-सी ≈ का स्वाद तो लो; I like Bengali ~ मैं बंगाली ≈ पसंद करता हूँ. **sweetness** स्वीट्'निस *n*^u. मीठापन, मिठास^F, माधुर्य : ~ of sugar चीनी^F की मिठास; she speaks with perfect ~ वह भरपूर मिठास से बोलती है; there is ~ in her voice उसकी आवाज़^F में मिठास है.

swell स्वेॅल **I.** *v.i.* (*p.* swelled; *p.p.* swollen, swelled) **1.** (expand) फूलना : how can balloon ~ so much गुब्बारा इतना कैसे फूल सकता है ? **2.** (as bruised limb) सूजना : my face is swellen मेरा चेहरा सूजा हुआ है; his head ~ed with insect bites उसका सिर कीड़ों के काटने से सूज गया है; my thumb is ~ing up मेरा अंगूठा सूज रहा है; the sting of the wasp made her hand ~ बर्रे के डंक ने उसका हाथ सुजा दिया है. **3.** (increase in size, force) बढ़ना, उभरना : the river ~ed after the rains बरसात^F के बाद नदी^F बढ़ गई; now your purse is ~ed अब तुम्हारा पर्स उभरा हुआ है; the crowd at the fair is ~ing मेले में भीड़^F बढ़ती जा रही है. **4.** (be elated) फूलना, फूले अंग न समाना : when he heard about his success his heart ~ed with joy जब उसने अपनी सफलता^F के बारे में सुना तो खुशी से फूला न समा रहा था. **5.** (become proud) फूल जाना : he was ~ with pride वह घमंड से फूल गया; he has a ~ed head उसमें बड़ा घमण्ड है. **6.** (increase within one) उठना, उमड़ना : his love ~ed over her उसका प्रेम उसमें उमड़ पड़ा; his feelings now have ~ed उसकी भावनाएँ अब उमड़ पड़ी हैं. **II.** *v.t.* फुलाना, बढ़ाना : ~ carefully सावधानी से हाल ही में उसने अपनी आमदनी^F बढ़ा ली है; he ~ed his chest in measurement उसने माप में अपना सीना फुलाया. **III.** *n*^u. **1.** फुलाव ~ of a balloon गुब्बारे का ≈. **2.** उभार : ~ of the land जमीन का उभार; there is smth of a ~ on his forehead उसके माथे पर कुछ उभार-सा है. **3.** (increase) वृद्धि, बढ़ती^F [easy आसान, unexpected अप्रत्याशित]; a ~ of sound ध्वनि^F में ≈. **4.** ~ of the sea लहर^F, महातरंग^F. **swelling** स्वेॅ'लिङ्ग *n.* **1.** (act) फुलाव, बढ़ाव : ~ in the river has now crossed the danger mark नदी^F का ≈ अब ख़तरे के निशान को पार कर गया है. **2.** (body) सूजन^F : there is ~ on my hand मेरे हाथ में ≈ है. **3.** (increase) वृद्धि^F, बढ़ाव : it was an unexpected ~ in his height उसके क़द में अप्रत्याशित वृद्धि हुई.

swept स्वेॅप्ट *v.t. past* of sweep *q.v.;* the rain ~ away everything नदी^F सब कुछ बहा ले गई.

swift स्विफ़्ट *a.* **1.** (in movement) तेज़ [deer हिरन, horse घोड़ा, river नदी^F, runner धावक, running दौड़^F]; hilly streams are very ~ in the rains बरसात^F में पहाड़ी नाले बहुत तेज़ होते हैं. **2.** (undelayed) झट, तत्काल [effect असर reply उत्तर, work काम]; he is ~ to anger वह झट नाराज़ हो जाता है; she is ~ to hear वह तत्काल सुन लेती है; there was ~ impression of his statements upon her उसके कथनों का उस पर तत्काल प्रभाव पड़ा. **swiftly** स्विफट्'लि *adv.* तेज़ी^F से, फुरती^F से, तुरंत, झटपट : he came ~ from the market वह बाजार से तुरंत आया; she moved away ~ वह फुरती से चली गई.

swim स्विम **I.** *v.t.i.* (swam, swum, swimming) **1.** तैरना : ~ carefully सावधानी^F से ≈; he has gone to learn to ~ वह तैरना सीखने गया है; he can ~ across the canal वह नहर^F के पास तैरकर जा सकता है; she swam the river वह नदी तैरकर पार कर गई; he swam over a mile वह एक मील से ज्यादा तैरा; it is safe to bathe here if you do not know how to ~ यदि तुम तैरना नहीं जानते तो तुम्हें यहाँ स्नान करना ठीक है; he ~s like a fish वह मछली^F की तरह तैरता है. Δ **to ~ with the tide** बहाव के साथ चलना, आम लोगों की तरह^F व्यवहार करना. **2.** (float) तिरना, तैरना, (drift) बहना, बह जाना : a dead body was ~ming in the river एक शव नदी^F में बहता जा रहा था. leaves ~ over the water पानी पर पत्ते

तैरते हैं. **3.** (cause to ~) तैराना : to ~ a dog कुत्ते को ≈. **4.** (drench) तर-बतर होना : to ~ with perfumed water सुगंधित जल से तर-बतर होना. **5.** (overflow) छलकना : उमड़ना, से भर जाना : his eyes swam with tears उसकी आँखों में आँसू भर/छलक आए. **6.** (feel dizzy) चक्कर आना : my head is ~ming with pain दर्द के मारे मेरा सिर चकरा रहा है. **II.** n^u. तैराकी^{F}, तैराई^F : he had gone to have a ~ in the tank वह तालाब में तैराकी करने गया था. Δ **be in the** ~ (i) दुनिया भर की खबर^F रखना; (ii) सामाजिक जीवन में भाग लेना. **swimmer** n^c. स्वि'मर n^c. तैराक, पैराक [courageous हिम्मती, expert कुशल]; he is a strong ~ who can swim across the river वह एक तगड़ा तैराक है जो नदी को तैरकर पार जा सकता है; a ~ was caught in the whirlpool एक ≈ भँवर में फँस/पड़ गया. **swimming** स्वि'मिङ्ग n^c. **1.** तैराई^F, तैराकी^{F}: he is good at ~ वह ≈ में अच्छा है; he has gone with him for ~ वह तैरने/≈ के लिए उसके साथ गया है. **2.** (dizziness) चक्कर, घुमड़ी^{F} : ~ of head सिर चकराना.

swindle स्विन'डल *v.t.* **1.** (a person) धोखा देना, ठगना : the shopkeeper has ~d you दुकानदार ने तुम्हें ठग लिया है; he ~d his grandmother too उसने अपनी दादी^{F} को भी ठग लिया. **2.** (got by fraud) ऐंठ लेना, ऐंठना : he ~d me of fifty rupees उसने मुझसे पचास रुपए ऐंठ लिए. **swindler** स्विन्ड'लर n^c. झाँसिया, ठग : notorious ~ कुख्यात ≈; a ~ was caught by the police एक ≈ को पुलिस^F ने पकड़ लिया.

swine स्वाइन n^c. **1.** सुअर : ~s eat dirty things ≈ गंदी चीजें खाते हैं; he is a~herd वह पासी है. **2.** सुअर, गंदा आदमी : you ~! अरे सुअर ! the ~s killed that boy गंदे लोगों (सुअरों) ने उस लड़के को मार डाला.

swing स्विङ्ग **I.** *v.i.* (*p.p* & *p.* swung) **1.** (to and fro) झूलना, डोलना, झूमना (as branches) : Veena ~s in the swing वीना^{F} झूले में झूलती है; the door ~s on its hinges दरवाज़ा चूलों पर झूलता है; the flowers were ~ing in the wind फल हवा^{F} में झूल रहे थे; children were ~ing on a rope बच्चे रस्सी^{F} पर झूल रहे थे. **2.** (to walk with strides) लंबे डग भरना : he swung happily on the road वह सड़क पर खुशी-खुशी डग भरता जा रहा था. **3.** (hang) लटकना : he swing on the gallows वह फांसी पर झूल/लटक गया. **4.** (revolve, turn) घूमना, फिरना : the car swung round गाड़ी^{F} घूम/मुड़ गई. **II.** *v.t.* **1.** झुलाना, डुलाना : who was ~ing the child ~ बच्चे को कौन झुला रहा था ? we ~ our arms in walking चलने में हम अपनी बाहें झुलाते हैं. **2.** लटकाना : he has swung the rope from the branch of tree पेड़ की शाखा^{F} से उसने रस्सी^{F} लटका दी. **3.** घुमाना, फिराना : ~ carelessly लापरवाही^{F} से ≈; he was ~ing a rod वह एक छड़ घुमा रहा था; you should not ~ a stick on the road तुम्हें सड़क^F पर छड़ी^{F} न घुमानी चाहिए. **III.** n^c. **1.** (hanging seat) झूला [high ऊंचा, long लंबा]; there is a ~ hanging from the branch of a tree पेड़ की शाखा^{F} से एक लटकता हुआ ≈ है, he has never climbed up a ~ वह झूले पर कभी नहीं चढ़ा है. **2.** (its compass) पेंग^F : she was having a ~ on the rope वह रस्सी^{F} पर ≈ ले रही है. **3.** (oscillation) डोलन : there was a big ~ in public opinion जनमत में भारी डोलन हुआ. **4.** (rhythm) लय : his poetry suffers from lack of ~ इसकी कविता^{F} में ≈ की कमी^{F} है; music is always played with~s संगीत तो सदा लय के साथ गाया/बजाया जाता है.

switch स्विच **I.** n^c. **1.** स्विच, बटन : a ~ for turning on the fan पंखा चलाने के लिए ≈; the ~ should be down ≈ नीचे होना चाहिए. **2.** (change) बदलाव, परिवर्तन : ~ from electricity to gas बिजली^{F} से गैस में ≈; ~ of direction दिशा-परिवर्तन. **3.** (of hair) कृत्रिम बालों की लट : she uses a ~ over her head वह अपने सिर पर ≈ लगाती है. **II.** *v.t.* **1.** (a train) दूसरी^{F} पटरी पर लाना; लाइन बदलना : a cabinman is appointed to ~ the line लाइन बदलने के लिए एक कैबिनमेन नियुक्त किया जाता है. **2.** (~ off,

~ on) (स्विच) बंद करना; (स्विच) खोलना : please ~ off the light कृपया बिजली बंद कर दो; can you ~ on the radio क्या तुम रेडियो चला सकते हो? **3.** (change) बदल देना : he ~ed his position उसने अपनी स्थिति[F] बदल ली; he has ~ed the labourers to other works उसने मज़दूरों को दूसरे कारखाने में लगा दिया; he ~ed his attention to other matters उसने अपना ध्यान हटाकर दूसरे मामलों में लगा दिया. **4.** (whip) बेंत लगाना : the teacher asked the monitor to ~ every student अध्यापक ने मानीटर से प्रत्येक छात्र को बेंत लगाने को कहा. **5.** (snatch) छीन लेना : the dog ~ed the bread out of the child's hand कुत्ते ने बच्चे के हाथ से रोटी[F] छीन ली. **6.** (twich) झटके से हटा लेना : she ~d her hand away उसने झटके से अपना हाथ हटा लिया.

swollen स्वो'लन **I.** *a.* (*past p.* of swell) फूला हुआ, सूजा हुआ [foot पैर, hand हाथ]; I saw his ~ face and was amazed मैंने उसका फूला/सूजा हुआ चेहरा देखा और आश्चर्यचकित रह गया; the boy had a very swollen face लड़के का चेहरा बहुत फूला हुआ था. ~ **head** बददिमाग, घमंडी.

swoon स्वून **I.** *v.t.* बेहोश हो जाना, मूर्च्छित होना : the girl ~ed when she saw the lion in the circus लड़की[F] ने जब सरकस में शेर को देखा तो मूर्छित हो गई; on hearing the news he ~ed समाचार सुनकर वह मूर्छित/बेहोश हो गया. **II.** *n*[u]. बेहोशी[F], मूर्छा[F] : he was lying in a ~ वह बेहोशी में पड़ा हुआ था; hearing the sad news she sank in a ~ दुखद समाचार सुनकर वह मूर्छा में डूब गई.

sword सॉर्ड *n*[c]. **1.** तलवार[F] [bloody खूनी, small छोटी]; long ago soldiers used to fight with ~s बहुत पहले सैनिक तलवारों से लड़ा करते थे; the pen is mightier than the ~ कलम[F] ≈[F] से अधिक बलशाली होती है; he was given the ~ of honour उसे सम्मान सूचक ≈ दी गई; he drew his ~ उसने अपनी ≈ खींच/तान ली; to put smb to the ~ ≈ के घाट उतारना. ~ **arm** तलवारी या दाहिनी भुजा; ~**blade** ≈ का फल; ~ **law** सैनिक शासन; ~ **play** पटेबाज़ी[F].

swore *v.i.* = *past* of 'swear' *q.v.*

sworn स्वॉर्न **I.** *v.i.* *p.p.* of 'swear' *q.v.* **II.** *a.* **1.** सशपथ : ~ statement ≈ कथन; the court needs ~ evidence न्यायालय को ≈ साक्ष्य की आवश्यकता होती है. **2.** (of enemies) घोर, जानी : he is your ~ enemy, you must beware वह जानी दुश्मन है तुम्हें खबरदार रहना चाहिए.

swum *p.p.* of 'swim' *q.v.*

swung *p.p.* of 'swing' *q.v.*; she ~ very high at the fair मेले में बहुत ऊंचे झूली.

syll. syllable, syllabus.

syllable सि'लॅबल *n*[c]. अक्षर [first प्रथम, stressed बलाघातयुक्त]; the baby cannot utter a ~ बच्चा किसी अक्षर का उच्चारण नहीं कर सकता; marriage has two is 'ma' and 'ridge' मैरिज में 'मैं' औ 'रिज' दो ≈ हैं;

syllabus सि'लॅबस *n*[c]. (*pl.* syllabuses, syllabi) **1.** (of studies) पाठ्यक्रम, पाठ्यचर्या, पाठ्यविवरण : complete ~ पूर्ण ≈; what is the ~ in Geography for post-graduate classes परास्नातक कक्षाओं[F] के लिए भूगोल का ≈ क्या है; this ~ gives full information about studies in B.A. यह ≈ बी० ए० की पढ़ाई[F] के बारे में पूरी जानकारी[F] देता है. **2.** (list) तालिका[F], सूची[F] : first see the ~ of lectures पहले व्याख्यानों की तालिका देखो.

sym. symbol, symptom

symbol सिम्'बल *n.* **1.** प्रतीक : white colour is the ~ of peace सफेद रंग शांति[F] का ≈ है. **2.** (in science, music) संकेताक्षर, चिह्न : the ~ = means equal to = चिन्ह का अर्थ है 'के बराबर'; H_2O is the ~ for water H_2O पानी का संकेताक्षर है.

sympathetic सिम्पॅथें'टिक *a.* सहानुभूतिपूर्ण, हमदर्द, सहृदय; अनुकूल [friend मित्र, person व्यक्ति, words शब्द]; he was ~ to me वह मेरे प्रति सहानुभूतिपूर्ण था; she is your ~ neighbour वह तुम्हारी हमदर्द पड़ोसिन है; to be ~ with those who are in trouble उनसे ≈ होना जो कष्ट में हैं. **sympathize** सिम'पॅथाइज़ *v.t.* **1.** सहानुभूति[F] प्रकट करना, सहानुभूति[F] रखना : to ~ **with** a lady in grief दु:ख में किसी औरत से सहानुभूति रखना; he has been sympathizing **with** the poor वह गरीबों के प्रति सहानुभूति^F रखता आया है; I can ~ **with** you but I cannot help you मुझे तुम्हारे साथ सहानुभूति^F हो सकती है लेकिन मैं तुम्हारी सहायता^F नहीं कर सकता. **2.** (agree) से सहमत होना : ~ completely पूरी तरह ≈; I fully ~ with your point of view तुम्हारे दृष्टिकोण से पूरी तरह^F सहमत हूँ. **sympathy** स्मि'पथि *n.* **1.** (feeling, expression) सहानुभूति^F, संवेदना^F, हमदर्दी^F [boundless बेहद, cordial हार्दिक/दिली, deep गहरी]; I have no ~ with such people ऐसे लोगों के साथ मेरी कोई ≈ नहीं है; he had great ~ with him उसके प्रति उसकी भारी ≈ थी; he sent him a letter of ~ उसने उसको हमदर्दी का एक पत्र भेजा. [*ant.* antipathy] (compassion) दया^F, अनुकंपा^F : he requested him for ~ उसने दया के लिए उससे प्रार्थना^F की. **3.** (agreement) सहमति^F [full पूर्ण, true सच्ची]; I am in ~ with you and your views मैं तुमसे और तुम्हारे विचारों से सहमत हूँ.

symptom सिम्'टम *n*^c. लक्षण [clean स्पष्ट, usual साधारण]; he knew very soon the ~s of the coming disease बीमारी^F होने का लक्षण वह बहुत जल्दी जान गया; he has ~s of gout उसमें गाउट के लक्षण हैं; can you describe the ~s of malaria to me क्या तुम मुझे मलेरिया के लक्षण बता सकते हो ? the country has all the ~s of a trade depression देश में व्यापार की मंदी^F के सभी ≈ हैं; there are ~s of his success उसकी सफलता^F के ≈ हैं.

syn., synonym सि नॅ'निम *n*^c. पर्याय, समानार्थक शब्द [full पूर्ण, partial आंशिक]; glad and happy are ~s खुश और प्रसन्न ≈ हैं; penniless is a ~ of poor निर्धन गरीब का ≈ है.

synthesis सिन्'थिसिस *n*^c. **1.** संश्लेषण, समन्वय : ~ of sentences वाक्यों का संश्लेषण. **2.** मेल-मिलावट : ~ of chemical substances रासायनिक पदार्थों की ≈. [*ant.* analysis] **synthetic** सिन् थें'टिक *a.* **1.** (produced by ~) संश्लिष्ट, कृत्रिम [rubber रबड़, wool ऊन, yarn धागा]; nylon is a ~ material नाइलान ≈ कपड़ा होता है. **2.** (insincere) बनावटी, कृत्रिम : ~ smile ≈ मुस्कान^F; ~ sympathy ≈ सहानुभूति^F.

syringe सि'रिंज **I.** *n*^c. **1.** पिचकारी^F. **2.** hypodermic ~ सुई^F : the compounder injected some liquid into my body with a ~ कम्पाउन्डर ने मेरे शरीर में ≈ से कुछ द्रव डाला; a ~ penetrates the skin ≈ चमड़ी^F में घुस जाती है. **II.** *v.t.* (medical) पिचकारी^F देना; पिचकारी^F से साफ़ करना : to ~ the wounds घाव को पिचकारी से साफ़ करना; he has his ears ~d उसने अपने कान पिचकारी से साफ कराए.

syrup सि'रप *n.* (no *pl.*) सिरप, शीरा, शरबत [bitter कड़आ, sweet मीठा]; he bought cough ~ उसने खाँसी^F के लिए ≈ खरीदा; ~ of orange संतरे का शरबत.

system सिए'टम *n.* **1.** (procedure) प्रणाली^F, पद्धति^F [new नई, postal डाक]; the old ~ of education शिक्षा^F की पुरानी ≈; the good ~ of teaching Russian रूसी पढ़ाने की अच्छी पद्धति; the democratic ~ of government सरकार^F की लोकतंत्रीय ≈. **2.** (order) व्यवस्था^F : his work lacks ~ उसके कार्य में कोई ≈ नहीं है. [*ant.* chaos] **3.** (plan) योजना^F, : your ~ cannot be implemented तुम्हारी योजना का कार्यान्वयन नहीं किया जा सकता. **4.** (other meanings) **canal** ~ नहरों^F का जाल; **digestive** ~ पाचनतंत्र; **human** ~ शरीर; **nervous** ~ तंत्रिका-तंत्र; **railway** ~ रेलों का जाल; **solar** ~ सौर परिवार. **systematic** सिस्टॅमै'टिक *a.* **1.** (ordered) (सु)व्यवस्थित, क्रमबद्ध [classification वर्गीकरण, study अध्ययन]. **2.** (planned) योजनाबद्ध : you should do the work in a ~ way तुम्हें काम को तरीके से करना चाहिए. **3.** hs is ~ वह विधिपूर्वक काम करने वाला है. **systematically** सिस्टिमै'टिकलि *adv.* ठीक ढंग से, यथाविधि : the work was ~ accomplished काम ठीक ढंग से संपन्न हो गया; he studied music ~ उसने संगीत का ≈ अध्ययन किया.

T, t

T. A. = Travelling Allowance यात्रा भत्ता; he received two hundred rupees as ~ उसे दो सौ रुपए ≈ मिला.

tab. tablet.

table टे'बल **I.** *n*^{c}. **1.** (furniture) मेज़^{F}, टेबल [round गोल, wooden लकड़ी की]; ~ cloth मेज़पोश; ~ spoon बड़ा चम्मच; ~ tennis टेबल टेनिस; पिङ्ग-पाङ्ग; dining ~ खाने की ≈; he has a broken ~ in his room उसके कमरे में एक टूटी हुई ≈ है; put all the plates on the ~ सब प्लेटें^{F} मेज़ पर रख दो; the dog was lying under the ~ कुत्ता ≈ के नीचे लेटा हुआ था; sit at the ~ and take your food मेज़ पर बैठो और भोजन करो; a lamp hung above the ~ एक लैंप ≈ के ऊपर लटका था. Δ **to turn the ~s on smb** किसी को मात देना, किसी का पाँसा पलट देना. **2.** (food) भोजन : at ~ भोजन करते समय; he keeps a good ~ उसके यहाँ अच्छा भोजन मिलता है; the ~ was laid for four persons भोजन चार लोगों के लिए रखा/परोसा गया था. ~ **talk** खाने पर की गई गपशप^F. **3.** (also multiplication ~) पहाड़ा : to learn the ~s पहाड़े याद करना. **4.** (list) सूची^{F} : his name was not included in thc ~ उसका नाम सूची में सम्मिलित नहीं था; ~ of contents विषय ≈; the shopkeeper had not put up the ~ before his shop दुकानदार ने अपनी दुकान के आगे माल सूची नहीं लगा रखी थी. **II.** *v.t.* **1.** सारणीबद्ध करना : the results were ~d परीक्षाफल सारणीबद्ध कर दिए गए थे; to ~ facts and figures तथ्य और आँकड़े ≈. **2.** (put up) पेश करना : to ~ a resolution in the meeting सभा^{F} में प्रस्ताव पेश करना.

tablet टेब्'लिट *n*^{c}. **1.** (pill) टिकिया^{F} [large बड़ी, light हल्की]; a cough ~ खाँसी^{F} की ≈; I need a ~of soap मुझे साबुन की एक ≈ की आवश्यकता है; the doctor has given me ~s for headache डाक्टर ने मुझे सिर दर्द के लिए ≈ है. **2.** फलक : there is a stone ~in memory of Rajiv राजीव की स्मृति में एक ≈ है.

taboo टॅ बू' **I.** *a.* वर्जित, निषिद्ध [act कार्य, words शब्द]. **II.** *n*^{c}. वर्जना^{F}, वर्जित कर्म : a ~ against child marriage बाल विवाह के विरुद्ध वर्जना; there are many ~s among tribes जनजातियों में कई वर्जनाएँ (निषिद्ध बातें) हैं; bad language in our society is a ~ गाली^{F} हमारे समाज में निषिद्ध बात^F है.

tabulate टै'ब्युलेट *v.t.* सारणीबद्ध करना, तालिंकाबद्ध करना : the clerk has ~d all statements लिपिक ने सब बयान सारणीबद्ध कर लिए हैं; ~ the examination marks परीक्षा^{F} के अंकों को तालिकाबद्ध करो; ~all the facts सभी तथ्यों को सारणीबद्ध^F करो.

tackle टै'कल *v.t.* **1.** (deal with) हाथ में लेना, जुट जाना : I should ~ the task at once मुझे काम में तुरंत जुट जाना चाहिए. **2.** (deal with) निपटाना, सुलझाना : how to ~ a difficult question कठिन प्रश्न को कैसे सुलझाया जाय; I can easily ~ this problem मैं इस समस्या^{F} का निपटारा आसानी^{F} से कर सकता हूँ; to ~ a thief किसी चोर से निपटना. **3.** किसी से साफ़-साफ़ बात^F करना : he ~ d the teacher about his son's work उसने अपने बेटे के काम के बारे में अध्यापक से साफ़-साफ़ बात की.

tact टैक्ट *n*^{c}. व्यवहार-कौशल, चतुराई^F : this minister lacks ~ इस मंत्री में ≈ की कमी^{F} है; use ~ in dealing with the police पुलिस से व्यवहार करने में ≈ का प्रयोग करो. **tactful** टैक्ट्'फुल *a.* व्यवहारकुशल, चतुर [behaviour व्यवहार, person व्यक्ति]; father was ~ in dealing with our quarrelsome neighbours हमारे झगड़ालू पड़ोसियों से निपटने में पिताजी कुशल थे; it wasn't ~ of you to ask such a question वैसा सवाल करने में तुम्हारी व्यवहार-कुशलता नहीं थी.

tag टैग **I.** *n*^c^. **1.** (metal point of shoe lace) घुंडी^F^; (loop at the back of a boot) बूट के पीछे लगी पट्टी^F^; (for garments) टँगनी [strong मज़बूत, white सफ़ेद]. **2.** (label) लेबल : there is a price ~ on this sweater इस स्वेटर पर कीमत^F^ का ≈ है; put ~s on the pieces of luggage सामान के सारे नगों पर ≈ लगा दो. **3.** (hackneyed saying) (घिसी-पिटी) सूक्ति, घिसा-पिटा उद्धरण : there are so many ~s in Sanskrit संस्कृत में इतनी सारी घिसी-पिटी सूक्तियाँ हैं. **4.** (of play) भरत वाक्य, छुआछूत. **II.** *v.t.* (-gg-) **1.** लेबल लगाना : the tailor ~ged all the clothes दर्ज़ी ने सब कपड़ों पर लेबल लगाए; to ~ label on to smb's luggage किसी के सामान पर लेबल लगाना. **2.** (join) जोड़ना, नत्थी करना : ~ your answerbook carefully अपनी उत्तरपुस्तिका^F^ को सावधानी से नत्थी कर दो; he ~ged a request at the end of his letter उसने अपने पत्र के अंत में एक प्रार्थना^F^ नत्थी कर दी. **3.** (follow closely) पीछे-पीछे चलना : to ~ a person upto the bus stand बस अड्डे तक किसी के ≈ ; to ~ on/after smb किसी के पीछे-पीछे चलना.

tail टेल **I.** *n*^c^. **1.** पूँछ^F^ [long लंबी, short छोटी]; ~ of a horse घोड़े की ≈; the dog was wagging its ~ कुत्ता अपनी पूँछ हिला रहा था; the ~ of a bird चिड़िया^F^ की पूँछ. Δ **keep your ~ up** हिम्मत^F^ बनाए रखो. **2.** (of comet) पूँछ : the ~ of stars तारों की ≈. **3.** (of a kite) पतंग का पुछल्ला, पूँछ. **4.** (of procession जुलूस का) पिछला सिरा. **5.** (of coin) पट्ट : ~ I win and head you lose पट भी मेरा चित भी मेरा. [*ant.* head] **6.** ~ of the class कक्षा^F^ का सबसे पिछड़ा छात्र. Δ **turn ~** भाग जाना : when the thief saw the police, he turned his ~ जब चोर ने पुलिस को देखा तो भाग गया; I **cannot make head or ~ of it** मुझे इसका कुछ भी समझ में नहीं आता. ~ **end** अंतिम भाग : we could watch the ~ of the game हम खेल का अंतिम भाग देख सके. **II.** *a.* पिछला : ~part ≈ हिस्सा; ~ light पिछली बत्ती^F^. **III.** *v.t.* **1.** पुछल्ला लगाना : to ~ smth on to smth किसी चीज़ पर ≈; to ~ the kite पतंग में ≈. **2.** (shadow) पीछे लगा रहना : the police ~ed the thief पुलिस^F^ चोर के पीछे लगी थी. [*as distinct from* tale]

tailor टे'लर **I.** *n*^c^. दरज़ी [cheap सस्ता, expensive महँगा]; ~ shop ≈ की दुकान^F^; a ~ makes suits ≈ सूट बनाता है; there is a gent's ~ on the crossing चौराहे पर मरदाना कपड़े सीने वाला एक ≈ है. **II.** *v.t.* **1.** सिलाई^F^ करना, सीना : to ~ the coat कोट की सिलाई करना. **2.** (fig.) काट-छाँट कर ठीक/दुरुस्त करना : to ~ smb's needs किसी की आवश्यकताएँ^F^ पूरी कर देना. **tailoring** टे'लरिङ्ग *n.* सिलाई^F^ : excellent ~ बढ़िया ≈; ~ of men's garments पुरुषों की पोशाक^F^ की ≈; his ~ is satisfactory उसकी ≈ संतोषजनक है; he had learnt ~ in his childhood उसने ≈ बचपन में ही सीख ली थी.

take टेक *v.t.* (took, taken) **1.** (get hold of, catch) पकड़ना, पकड़ लेना, थामना, हाथ में लेना : to ~ smb's hand किसी का हाथ पकड़ना/थामना. [*ant.* give] **2.** (seize) छीनना : (capture, win, gain) जीतना, जीत लेना : (arrest) गिरफ़्तार करना : the enemy took the city शत्रु ने शहर जीत लिया; he was taken by surprise वह अचानक पकड़ा गया. **3.** (earn) कमाना; प्रभाव डालना, ज़ोर पकड़ना : he is taking much money these days वह आज कल बहुत पैसा कमा रहा है. **4.** लेना [advice परामर्श, interest रुचि^F^ lesson शिक्षा^F^]; to ~ legal advice वकील की सलाह^F^ लेना; who took my pen मेरी कलम^F^ किसने ली ? he always took our side उसने सदा हमारा पक्ष लिया; this work will ~ two hours यह काम दो घंटे लेगा; he took his words back उसने अपने शब्द वापस ले लिए; ~ this book यह किताब^F^ लो; I have taken the medicine मैंने दवा^F^ ले ली है; he took her in his arms उसने उसे अपनी बाँहों^F^ में ले लिया; he took a biscuit with tea उसने चाय के साथ बिस्कुट लिया; he took the responsibility उसने ज़िम्मेवारी^F^ ली; this line is taken from Kalidas यह पंक्ति^F^ कालिदास से ली गई है. **5.** प्राप्त करना, पा लेना, को मिलना : he has taken a good education उसने अच्छी शिक्षा^{F} प्राप्त की है; he took a prize उसने पुरस्कार प्राप्त किया; she took a degree उसने डिग्री प्राप्त की. **6.** ले जाना, पहुँचाना : I took a book to the library मैं एक किताब लाइब्रेरी ले गया; this bus will ~ you to the railway station यह बस तुम्हें रेलवे स्टेशन तक पहुँचा देगी (ले जाएगी); will you ~ me to the fair क्या तुम मुझे अपने साथ मेले ले चलोगे? please take me home कृपया मुझे घर ले चलो; ~ the letter to the post-office यह पत्र डाकघर ले जाओ; ~ some money with you अपने साथ कुछ पैसा ले जाओ. **7.** समझना, मानना : I ~ it as such मैं इसे ऐसा ही मान लेता हूँ; he took me for a stranger उसने मुझे अजनबी समझा. **8.** लगना, लग जाना : the journey ~s two full days यात्रा में पूरे दो दिन लगते हैं; it took me two hours to finish the work काम को समाप्त करने में मुझे दो घंटे लग गए; how long does it ~ to go to London by plane हवाई जहाज़ से लंदन जाने में कितना समय लगता है? it ~s me ten minutes to get to my office मुझे अपने कार्यालय पहुँचने में दस मिनट लग जाते हैं. **9.** अनुभव करना : to ~ pride, pleasure गर्व, प्रसन्नता^{F}. **10.** (other contexts) to ~ an exam परीक्षा देना; to ~ bath नहाना, स्नान करना; to ~ tea चाय पीना; to ~ meals खाना खाना; to ~ oath कसम खाना; to ~ a photograph फ़ोटो खींचना; to ~ smb at his word किसी की बात^F पर विश्वास कर लेना; to ~ smth badly किसी बात^F से बुरा मानना. Δ ~ **care** सावधान होना, सतर्क रहना, ध्यान रखना : you should ~ care of the child तुम्हें बच्चे का ध्यान रखना चाहिए; ~ **the chair** सभापति बनाना : he had ~n the chair in that meeting उस सभा^{F} में वे सभापति बने थे; ~ **effect** लागू होना, अमल में आना : when will the Act ~ effect अधिनियम कब से लागू होगा? ~ **exception** आपत्ति^{F} उठाना, ऐतराज़ करना : he took ~ at his remarks उसने उसके टिप्पण पर ऐतराज़ किया; ~ **one's life in one's hand** हथेली^{F} पर जान^F लेना; जीवन दाँव पर रखना; ~ **part** भाग लेना : to ~ part in a debate वादविवाद में भाग लेना; ~ **place** घटित होना, होना : when did the event ~ place यह घटना^{F} कब घटित हुई थी? ~ **prisoner** बंदी बनाना; ~ **the place of** smb किसी की जगह^F काम करना : who took the place of the captain in his absence कप्तान की अनुपस्थिति^{F} में उसकी जगह किसने काम किया? **to ~ to task** जवाब तलब करना : the servant was taken to task for coming late विलंब से आने के लिए चपरासी से जवाब तलब किया गया; ~ **to heart** बुरा मानना : don't ~ my joke to heart मेरे मज़ाक का बुरा मत मानना; ~ **the initiative** पहल करना : he should ~ the initiative in this matter इस मामले में उसे पहल करनी चाहिए; (prepositional phrases) ~ **aback** चौंका देना : he took everyone aback उसने सबको चौंका दिया; the price tag took me aback कीमत वाले लेबल ने मुझे चौंका दिया; ~ **after** (बाप पर) पड़ा होना : the boy ~s after his father लड़का अपने पिता पर पड़ा/गया है; ~ **apart** पुरज़े खोलना : he has ~n apart the watch but cannot repair it उसने घड़ी^{F} के पुरज़े खोल दिये लेकिन वह इसकी मरम्मत^F न कर सका; ~ **aside** एक ओर (किनारे) ले जाना : he took me aside and said smth वह मुझे एक तरफ़^{F} ले गया और कुछ कहा; ~ **away** (i) ले जाना : ~ him away from here उसे यहाँ से ले जाओ; you have not ~n away the furniture तुम यहाँ से फ़र्नीचर नहीं ले गए; (ii) हटा देना : ~ these papers away इन काग़ज़ों को हटा दो; he took the ball away from the child वह बच्चे से गेंद^F हटा ले गया; ~ **back** (i) वापस लेना : you must ~ back your words तुम्हें अपने शब्द ज़रूर वापस ले लेने चाहिए; (ii) वापस ले जाना : he took me back to my house वह मुझे वापस मेरे घर ले गया; ~ **down** लिख देना : ~down what he says जो कुछ वह कहता है, उसे लिख लो; ~ **for** समझना, मानना, जानना : I took him for a stranger मैंने उसे कोई अजनबी समझा; ~ **from** घटाना, कम करना : ~ eight from sixteen सोलह से आठ कम करो; the boy could not ~ three from eleven लड़का ग्यारह में से तीन न घटा सका; **~ in** (i) लेना : ~ in smb as a member किसी को सदस्य के रूप में लेना; to ~ in the risk ख़तरा मोल लेना; (ii) धोखा देना : I was ~n in by his sweet words मैं उसके मीठे शब्दों से धोखा खा गया; (iii) (understand) समझना : it took me sometime to ~ in what you said तुमने जो कुछ कहा उसे समझने में मुझे कुछ समय लगा; **~ into** रखना : **~ into one's head** विचार करना; **to ~ into account** ध्यान रखना; **~ off** (i) उतारना : he took off his coat उसने अपना कोट उतारा; (ii) to ~ a day off छुट्टी लेना; (iii) the plane took off हवाई जहाज़ उड़ा ; **~ on** (i) ग्रहण करना, हाथ में लेना : he has ~n on a new work but he will not succeed उसने नया काम हाथ में ले लिया है लेकिन वह सफल नहीं होगा; to ~ on oneself a responsibility अपने ऊपर कोई ज़िम्मेदारी^F लेना; (ii) नौकर रखना, काम में लगाना : the school has ~n on more teachers विद्यालय में और अध्यापक नौकरी में रख लिए गए हैं; **~ out** (i) ले जाना : he took me out to a fair वह मुझे मेले पर ले गया; (ii) निकालना : he took out his shirt from the box उसने संदूक से अपनी कमीज़^F निकाली; I had my tooth ~n out मैंने अपना दाँत निकलवा दिया; to ~ out a procession जुलूस निकालना ; (iii) to ~ out a stain धब्बा दूर करना; (iv) to ~ out insurance बीमा कराना; **~ over** का भार लेना, अधिकार करना; पद सँभालना; who will ~ over the business when you retire? जब तुम सेवा निवृत्त होगे तो इस व्यवसाय का भार कौन सँभालेगा? to ~ over from somebody किसी से चार्ज लेना; **~ to** (i) निकल पड़ना : they took to streets वह गलियों^F में निकल पड़े; (ii) आदत डालना : he took to gambling last year उसने जुए की आदत^F पिछले साल डाली; (iii) प्यार हो जाना : I took to her as soon as I saw her जैसे ही मैंने उसे देखा, उससे प्यार हो गया; (iv) Rama took to the forest राम वन में चला गया; he took to flight वह भाग गया; (v) हिल जाना : children ~ to their guests immediately। बच्चे अतिथियों के साथ तुरंत हिल जाते हैं; **~ up** (i) उठाना : to up responsibility ज़िम्मेवारी^F उठाना; (ii) सोख लेना : plants are taking up water पौधे पानी सोख रहे हैं; (iii) continue जारी रखना : ~ up the story from where you left it कहानी जारी रखो जहाँ से तुमने इसे छोड़ा था; (iv) अपनाना : to ~ up a profession कोई व्यवसाय अपनाना (v) Jogu took up Chemistry in B.Sc. जोगू ने बी०एससी० में रसायन विज्ञान लिया; (vi) cooking gas ~s up too much time खाना बनाने वाली गैस^F बहुत समय लेती है; **to be ~n up with** व्यस्त होना : he is very much ~n up with his new job वह अपने नए काम में बहुत व्यस्त है. [*ant.* give, reject]

tale टेल *n*^c. **1.** (fable) कहानी, किस्सा [amusing मनोरंजक, long लंबी, true सच्ची]; fairy ~s परियों की कहानियाँ; children like ~s very much बच्चे किस्से-कहानियाँ बेहद पसंद करते हैं; I can tell you some ~s of heroes मैं तुमको वीरों की कुछ कहानियाँ सुना सकता हूँ; he narrated the ~ of his sufferings उसने अपने दुखों की कहानी सुनाई. **2.** (lie, rumour) अफ़वाह^F : what he told me was just a ~ उसने जो कुछ मुझे बताया वह बस झूठ था; there are all sorts of ~s afloat कई तरह की अफवाहें उड़ रही हैं; ~ of a tub झूठी कहानी, गप, (मन)गढ़न्त। **~ bearer** *n*^c. चुग़लख़ोर; ~ boy ≈ लड़का. [*as distinct from* tail]

talent टै'लन्ट *n*^cu. **1.** (ability, skill) योग्यता^F, प्रवीणता^F [great भारी, outstanding असाधारण]; ~ for art, music कला^F, संगीत में ≈; he is a man of excellent ~ वह उत्कृष्ट ≈ का आदमी है; he showed his ~ in every sphere उसने सभी क्षेत्रों में अपनी ≈ का प्रदर्शन किया; none can question his ~ उसकी ≈ पर कोई प्रश्नचिन्ह नहीं लगा सकता. **2.** (high mental ability) प्रतिभा^F : she is enriched with extraordinary ~ वह असाधारण प्रतिभा की धनी है. **3.** (person) प्रतिभाशाली व्यक्ति : all the ~ of our country हमारे देश के सब ≈ विद्वान. **talented** टै लन्'टिड *a.* प्रतिभासंपन्न, प्रतिभाशाली [actor अभिनेता, artist कलाकार,

scientist वैज्ञानिक]; he is a ~ writer of U.P. वह उत्तर प्रदेश का एक ≈ लेखक है; the musician is most ~ संगीतकार सबसे अधिक ≈ है; that ~ student will win the first prize वह प्रतिभाशाली छात्र प्रथम पुरस्कार पाएगा.

talk टॉक **I.** *n*^{c}. **1.** (negotiation, conversation) बातचीत^{F}, वार्तालाप : interesting ~ रोचक ≈; we had a long ~ with the other party दूसरे दल से हमारी लंबी बातचीत हुई; there had been too much ~ about him उसके बारे में बहुत अधिक विचार-विमर्श हो चुका है. **2.** (lecture) व्याख्यान : he gave a ~ on germs उसने कीटाणुओं पर ≈ दिया; (on radio) वार्ता : a series of ~s वार्ताओं का सिलसिला. **3.** (rumour) अफवाह^{F}, उड़ती ख़बर^{F}, गप^{F} : there is nothing in it except ~ इसमें ≈ के सिवाय कुछ भी नहीं. **4.** (theme of gossip) चर्चा^{F} (का विषय) : what is the topic of ~ in the village these days आजकल गाँव में चर्चा का विषय क्या है ? it is ~ of the town यह आम चर्चा का विषय है. **II.** *v.t.* **1.** (converse) बात(चीत^{F}) करना, बोलना : animals cannot ~ पशु नहीं बोल सकते; she was ~ing to her friend over the telephone वह टेलीफोन पर अपनी सहेली से बातचीत कर रही थी; please stop ~ing कृपया बोलना बंद कर दें; he ~ed for a long time वह लंबे समय तक बोला; she can ~ Hindi fluently वह हिन्दी धाराप्रवाह बोल सकती है; the child is learning to ~ बच्चा बोलना सीख रहा है; he ~s too much वह बहुत ज़्यादा बोलता है; to ~ with/to smb किसी से बात करना; ~ sense अक्ल की बात करो. **2.** (discuss) (to speak about) के बारे में बातचीत^{F} करना, पर चर्चा करना : we were ~ing philosophy, politics हम दर्शन, राजनीति के बारे में चर्चा कर रहे थे. Δ (phrases) ~ **about** (i) पर विचार-विमर्श करना, परामर्श करना : what were you ~ing about तुम क्या विचार-विमर्श कर रहे थे ? (ii) के बारे में बात^{F} करना : we have ~ed about him हमने उसके बारे में बात कर ली है; ~ **at** smb किसी पर व्यंग्य करना; ~ **away** गपबाज़ी^{F} में समय बिताना : he is ~ing away all these days वह इन दिनों सारा समय गपबाज़ी में बिता रहा है; ~ **back** अशिष्टता से जवाब देना : he ~ed back to his father उसने अपने पिता को अशिष्टता से जवाब दिया; ~ **big/tall** डींग हाँकना/मारना : he ~s big about his family वह अपने कुल के बारे में डींग मारता है; ~ **down** (i) मौन कर देना, मुँह बंद कर देना : if he comes, she will ~ him down यदि वह आया, तो वह उसका मुँह बंद कर देगी; (ii) ~ down to smb किसी से अकड़कर बात करना; ~ **of** की चर्चा करना, पर विचार-विमर्श करना : he often ~s of his friends वह प्राय: अपने मित्रों की चर्चा करता है; ~ **out** बात करके समाप्त करना : you should ~ out your differences तुम्हें आपस में बात-चीत करके अपने मतभेद दूर कर देने चाहिए; ~ **over** विचार-विमर्श करना : we shall ~ it over हम इस पर विचार-विमर्श करेंगे; I have an important matter to ~ over with you मुझे तुमसे एक महत्वपूर्ण विषय पर विचार-विमर्श करना है; ~ **round** बातचीत^{F} ही किए जाना, पर निश्चय न कर पाना : we ~ed round the problem हम इस समस्या^{F} पर बातचीत ही करते रह गए; ~ a person round किसी को बातों से मना लेना, राज़ी कर लेना; ~ **to** बात कर लेना. (i) I shall ~ to him मैं उससे बात कर लूँगा; (ii) फटकारना, डाँटना, डपटना : you should not ~ to the children तुम्हें बच्चों को डपटना नहीं चाहिए; ~ **shop** अपने काम की बात करना; ~ **turkey** खरी बात कहना, साफ़-साफ़ कहना : he can ~ turkey to him and no one else वह उससे खरी बात कह सकता है और किसी से नहीं. **talkative** टॉ'कटिव़ *a.* बातूनी : extremely ~ बेहद ≈; Neena is very ~ नीना बहुत ≈ है; some people do not like ~ persons कुछ लोग ≈ लोगों को पसंद नहीं करते. [*ant.* reserved, silent] **talker** टॉ'कर *n*^{c}. बोलने वाला, वक्ता [bad ख़राब, rapid तेज़]; parrot is a ~ तोता बोल लेता है; he is a good ~ वह एक अच्छा वक्ता है.

tall टाल *a.* (taller, tallest) **1.** लंबा : ~ boy ≈ लड़का ; ~ building ऊँची इमारत^{F}; she is comparatively ~ वह अपेक्षाकृत लंबी है;

how ~ are you तुम कितने लंबे हो ? I am a metre and a half ~ मैं डेढ़ मीटर ≈ हूँ; I am ~er than my brother मैं अपने भाई से लंबा हूँ; he is the ~est boy in the class वह कक्षा[F] में सबसे ≈ छात्र है. [*ant.* ~ short] **2.** ~ **story** अविश्वसनीय बात[F]; ~ **talk** डींग[F]; to talk ~ डींग मारना. **3.** this work is a ~ order यह काम बहुत कठिन है.

tally टै'लि **I.** *v.i.* से मेल खाना : your total does not ~ with mine तुम्हारा कुल योग मेरे जोड़ से मेल नहीं खाता; the books issued should ~ with this list निर्गत की गई किताबें इस सूची से मिलनी चाहिए; your story tallies with mine तुम्हारी कहानी[F] मेरी कहानी से मेल खाती है. **II.** *v.t.* मिलाना : now you should ~ the account अब तुम्हें खाते को मिला लेना चाहिए.

tame टेम **I.** *a.* **1.** (domestic) पालतू [bird पक्षी, deer हिरन]; he kept a ~ bear वह एक पालतू भालू रखता था; ~ elephants in a circus सरकस के पालतू हाथी; cow is a ~ animal गाय एक ≈ जानवर है. [*ant.* wild] **2.** (not fierce) शांत, अक्रूर [duck बत्तख, lion सिंह]. **3.** (of person) (submission) दब्बू; (gentle) विनीत : (Tunnu is a ~ boy टुन्नू एक दब्बू लड़का है. **4.** (dull) नीरस [play खेल, scene दृश्य, story कहानी[F]]; the drama was too ~ नाटक बहुत ही ≈ था. **II.** *v.t.* **1.** पालतू बनाना : to ~ a wild animal किसी जंगली जानवर को ≈, you cannot ~ all animals तुम सब जानवरोंको ≈ नहीं बना सकते. **2.** (break) सिधाना : to ~ a horse घोड़े को ≈ **3.** (subdue) वश में करना या रखना, दमन करना : scientists are taming nature वैज्ञानिक प्रकृति[F] का दमन कर रहे हैं; to ~ the tribes जनजातियों[F] का दमन करना; he could not ~ his wife वह अपनी पत्नी को वश में न रख सका. (fig.) to ~ smb's spirits किसी का उत्साह ठंडा करना. [*ant.* wild, untamed]

tamper टैम्'पर *v.i.* **1.** गड़बड़ करना : don't ~ **with** this machine इस मशीन में गड़बड़ मत करो; you should be careful he may ~ **with** the list तुम्हें सावधान रहना चाहिए, वह सूची[F] में गड़बड़ कर सकता है. **2.** बेईमानी से रद्दोबदल करना : the car was ~ed **with** गाड़ी[F] में कुछ रद्दोबदल कर दिया गया था.

tan टैन **I.** *n*[u]. **1.** (brown) भूरा रंग : deep ~ गहरा/गाढ़ा ≈; his shirt has light ~ उसकी कमीज़ हल्के भूरे रंग की है. **2.** (sun tan) ताम्र रंग की चमड़ी[F] : the tourists returned from India with ~s पर्यटक भारत से ≈ लेकर लौटे. **II.** *a.* भूरा रंग : ~ colour ≈ रंग; tourist from India went back with ~ skin भारत से पर्यटक भूरी चमड़ी[F] लेकर वापस गए. **III.** *v.t.* (-nn-) **1.** (leather) सिझाना, कमाना : cobbler ~s the hide of the animal मोची जानवर की खाल[F] को कमाता/सिझाता है. **2.** भूरा/ताम्रवर्ण बनाना या कर लेना : hot sun will ~ your skin गर्म धूप तुम्हारी चमड़ी[F] को ताम्रवर्ण बना देगी; the Russian girl ~ned in sunny plains रूसी लड़की धूप वाले मैदानों में भूरे रंग की हो गई; she was ~ned by the sun धूप ने उसका रंग भूरा कर दिया.

tangible टैन्'जॅबल *a.* **1.** (touchable) स्पृश्य, स्पर्शनीय [material पदार्थ, thing वस्तु]; virtues are not ~ गुण स्पर्शनीय नहीं हैं. **2.** (material, real) मूर्त, ठोस, सुनिश्चित : ~ difference ≈ अंतर; ~ proof ≈ प्रमाण; ~ result ≈ फल; ~ effect ठोस प्रभाव; there is no ~ proof of it इसका कोई प्रमाण नहीं है; I do not find any ~ ground of complaint मुझे शिकायत[F] के लिए कोई ठोस आधार नहीं मिल रहा है. [*ant.* in ~]

tangle टैङ्'गल **I.** *n*[c]. (of thread, etc.) गुत्थी[F], उलझन[F] : the rope was in a ~ रस्सी[F] उलझी हुई थी; unnecessary ~ अनावश्यक ≈; a sadhu's hair had many ~s साधु के बालों में बहुत उलझनें थीं; my son had a ~ with his friend मेरे बेटे की उसके मित्र से उलझन हो गई (मित्र से उलझ गया). (fig.) there is a ~ of opinions मतों में उलझन है. **II.** *v.t.i.* **1.** उलझना, उलझाना : don't ~ my wool मेरा ऊन उलझा न देना; this thread ~s easily यह धागा आसानी से उलझ जाता है; do your hair ~? क्या तुम्हारे बाल उलझते हैं ? the rope is ~d by him रस्सी उसने उलझा दी है; his ideas are ~d उसके विचार उलझे हुए हैं. **2.** (ensnare) फँसाना : the child ~d its mother in a useless work बच्चे ने

अपनी माँ को व्यर्थ के काम में फँसा दिया. 3. (complicate) जटिल बनाना, उलझाना : he has ~d the affair उसने मामले को जटिल बना दिया (उलझा दिया) है.

tank टैङ्क n^c. 1. (mil) टैंक : powerful ~ शक्तिशाली ≈; ~s are used in war ≈ युद्ध में काम देते हैं; ~ carries a big gun ≈ बड़ी तोप[F] उठा ले जाता है. 2. (reservoir) टंकी, हौज़ [milk दूध की, oil तेल की, water पानी की]; that ~ holds 40 litres of oil उस टंकी में चालीस लिटर तेल आता है. 3. (pond) तालाब : we bathed in a big ~ हमने एक बड़े ≈ में स्नान किया; there is a ~ on the roof of my house मेरे घर की छत पर एक ≈ है. **tanker** टैङ्'कर n^c. टंकी जहाज़, तेल-पोत, टैंकर : a ~ carries gas or oil ≈ तेल या गैस ले जाता है; the ~ caught fire ≈ में आग[F] लग गई.

tan'talize टैन्'टॅलाइज़ *v.t.* तरसाना, ललचाना : children ~ monkeys बच्चे बंदरों को ललचाते हैं; why do you ~ them by giving them false hope झूठी आशा[F] बँधाकर तुम उन्हें क्यों तरसाते हो? some parents ~ their children with promises कुछ माता-पिता अपने बच्चों को वादे करके ललचाते/तरसाते हैं; you should not ~ a dog with a bone तुम्हें कुत्ते को हड्डी से तरसाना/ललचाना नहीं चाहिए.

tap टैप **I.** n^c. 1. टोंटी[F] : a ~ controls the flow of gas or liquid ≈ गैस या द्रव के बहाव का नियंत्रण करती है; turn on the ~ to get water पानी लेने के लिए ≈ घुमा/खोल दो; turn off the ~ ≈ बंद कर दो; ~ water नल का पानी. 2. (pat थपकी[F] : he gave a ~ on his shoulder उसने उसके कंधे पर थपकी दी. **II.** *v.t.* (-pp-) 1. टोंटी[F] लगाना : why has he not ~ped the barrel उसने पीपे में टोंटी क्यों नहीं लगाई. 2. खटखटांना : somebody is ~ping on the door कोई दरवाज़ा खटखटा रहा है; the visitor ~ped the door आगंतुक ने दरवाज़े पर दस्तक[F] दी. 3. थपथपाना : father ~ped me on my shoulder पिता ने मेरे कंधे पर थपकी दी, कंधा थपथपाया. 4. to ~ smb's telephone चोरी से टेलीफोन सुन लेना. 5. to ~ smb for money, donation किसी से पैसा, दान माँगना. 6. so many resources have not yet been ~ped अभी तक इतने सारे प्रशासन अछूते पड़े हैं.

tape टेप n^c. टेप, फ़ीता [green हरा, red लाल]; ~ for recording रिकार्डिंग के लिए फीता; I had some ~s of his songs उसके गीतों के मेरे पास कुछ टेप थे; we had ~s for fastening files फाइलें[F] बाँधने के लिए हमारे पास फीते थे; I had a ~ for measuring cloth ≈ कपड़ा नापने के लिए मेरे पास ≈ था.

tapering टे'पॅरिङ्ग *a.* शुण्डाकार, गावदुम : the cow has a ~ tail गाय[F] की शुण्डाकार पूँछ होती है; she has ~ fingers उसकी उंगलियाँ[F] ≈ हैं.

tar टार **I.** n^u. डामर, तारकोल, अलकतरा [black काला, sticky चिपचिपा, thick गाढ़ा]; there is ~ on the road सड़क[F] पर डामर है; the iron bars were painted with ~ लोहे की सरिया[F] डामर से रंग दी गई; to paint smb's face with ~ किसी का चेहरा तारकोल से रंगना. **II.** *v.t.* (-rr-) डामर/तारकोल या अलकतरा बिछाना : he was given the contract to ~ the street उसे सड़क[F] पर तारकोल बिछाने का ठेका दिया गया. Δ **they are ~red with the same brush** वे एक ही थैली के चट्टे-बट्टे हैं.

tardy टार्' डि *a.* (tardier, tardiest) 1. (slow) धीमा, मंद [motion गति[F], reform सुधार]; he was driving the vehicle with ~ speed वह बड़ी मंद गति[F] से गाड़ी[F] चला रहा था. 2. (sluggish) ढिल्लड़, सुस्त, आलसी [person व्यक्ति, student छात्र]; he is often ~ at school वह विद्यालय में प्रायः सुस्त रहता है; Raman is the tardiest student रामन सबसे आलसी छात्र है. [*n.* tardiness]

target टार्'गिट n^c. लक्ष्य, निशाना : the ~ in production for this year was 20% more इस साल उत्पादन का लक्ष्य 20% ज़्यादा था; to hit the ~ लक्ष्य भेदना; the hunter's ~ was a tiger शिकारी का निशाना एक चीता था; I have a ~ of saving 200 rupees a month मेरे पास दो सौ रुपए प्रतिमाह बचाने का लक्ष्य है; the minister is the next ~ of the terrorists मंत्री आतंकवादियों का अगला ≈ है; the writer became a ~ of severe criticism लेखक कड़ी आलोचना[F] का निशाना बना.

tariff टै'रिफ़ *n*[c]. 1. सीमा-शुल्क, आयात-निर्यात कर : ~ reform सीमा-शुल्क या आयात-निर्यातकर संबंधी सुधार; you cannot import goods without paying ~s बिना सीमा-शुल्क चुकाए तुम माल का आयात नहीं कर सकते; the ~ has now been reduced सीमा-शुल्क अब घटा दिया गया है; the ~ on cars has been raised कारों पर ≈ बढ़ा दिया गया है. 2. (rate) शुल्क, दर-सूची[F] : every hotel has a ~ of food, etc. हर होटल में भोजन आदि की दर-सूची होती है, a copy of the ~ is placed in each bed room ≈ की एक प्रति[F] हर सोने वाले कमरे में रखी जाती है.

tarnish टार्'निश **I.** *v.t.i.* 1. बदरंग करना या होना : paper ~es in the sun धूप में काग़ज़ बदरंग हो जाता है. 2. (sully) धब्बा लग जाना या लगाना : copper and brass ~ easily ताँबे और पीतल पर जल्दी धब्बा लग जाता है; to ~ a shining surface चमकती हुई सतह[F] पर धब्बा/दाग़ लगाना; the silver plate is now ~ed चाँदी की तश्तरी में अब धब्बे लग गए हैं; (fig.) never try to ~ anybody's name किसी के नाम पर कलंक/धब्बा लगाने का प्रयास मत करो. **II.** *n.* बदरंगी[F] : धब्बा, बट्टा, परत : what is the cause of ~ on cloth कपड़े की बदरंगी का क्या कारण है; remove the ~ on all these plates इन सभी प्लेटों[F] के दाग़ हटा दो.

task टास्क *n.* काम, (नियत) कार्य [difficult कठिन, easy आसान]; ~ master कठोर अधिकारी; the ~ remained undone काम बिना किए रह गया; my mother has set me a ~ मेरी माँ ने मुझे एक काम सौंपा है; undertake the ~ of convincing him उसे आश्वस्त करने की ज़िम्मेवारी लो; give home ~ to the pupil शिष्य को घर का काम दे दो. Δ **to take to** ~ डाँटना, फटकारना : if he does like this, he will be taken to ~ यदि वह ऐसा करेगा तो उसे डाँटा-फटकारा जाएगा.

taste टेस्ट **I.** *n*[c]. 1. स्वाद [bitter कड़ुआ, pleasant सुखद, sour खट्टा, sweet मीठा]; this apple has a sour ~ इस सेब का ≈ खट्टा है; the food has no ~ भोजन में कोई ≈ नहीं है; I like the ~ of mango very much मुझे आम का ≈ बेहद पसंद है; ice-cream has a sweet ~ आइसक्रीम का ≈ मीठा होता है. 2. (liking, preference) पसंद[F], रुचि[F] : good ~ अच्छी ≈; she has a ~ for gaudy clothes उसकी ≈ भड़कीले कपड़ों की है; it is merely a matter of ~ यह मात्र ≈ की बात[F] है; it is not at all to my ~ यह बिल्कुल मेरी ≈ का नहीं है; ~s differ रुचियाँ भिन्न-भिन्न होती हैं. 3. नमूना : he gave us a ~ of his temper उसने अपने मिज़ाज का ≈ हमें दिया; have a ~ of this cake इस केक का ≈ चखकर देखिए. **II.** *v.t.i.* 1. चखना, स्वाद लेना या होना : quinine ~s bitter कुनैन का स्वाद कड़ुआ होता है; may I ~ this sweet क्या मैं इस मिठाई का स्वाद ले सकता हूँ? the apple ~s good सेब का स्वाद अच्छा लगता है; it ~s sour इसका स्वाद खट्टा है; please ~ this icecream कृपया इस आइसक्रीम[F] का स्वाद लें. 2. (experience) चस्का लेना, अनुभव करना : they ~ed defeat in the match वे मैच में हार[F] खा गए; now he has ~d the fruit of his labour अब उसने अपने परिश्रम का फल चख लिया है; we have ~d freedom of speech हमने वाणी[F] की स्वतंत्रता[F] का चस्का लिया है. **tasteful** टेस्ट'फुल *a.* 1. स्वादिष्ट [drink पेय, meals भोजन, sweets मिठाइयाँ]; he bought a kilo of ~ fruits उसने एक किलो ≈ फल खरीदे. 2. सुरुचिपूर्ण : the arrangement at the dinner party was ~ भोज में ≈ व्यवस्था[F] थी. [*ant.* dis~] **tasteless** टेस्ट'लिस *a.* 1. (of food) निःस्वाद, स्वादहीन, फीकी [curry कढ़ी, pulse दाल, vegetable सब्ज़ी]; pure water is ~ शुद्ध जल स्वादहीन होता है; she prepared ~ food उसने स्वादहीन भोजन बनाया. 2. (not in a good taste) भद्दा; बेढंगा, कुरूप : ~ colour scheme ≈ वर्णविन्यास; ~ writing भद्दी लिखावट[F].

tasty 1. टेस्'टि *a.* 1. स्वादिष्ट, ज़ायकेदार [ice-cream आइसक्रीम[F], meal भोजन, sweet मिठाई[F]]; mother made us a ~ cake माँ ने हमारे लिए एक ≈ केक बनाया; the drink is very ~ पेय बहुत ≈ है. 2. (interesting) मज़ेदार, रोचक : ~

news, gossip ≈ समाचार, गपशप^F.

ta-ta टा-टा *interj.* good-bye विदा : say ~ to mummy ममी से 'विदा' कह दो.

tattered टै'टर्ड *a.* **1.** चिथड़ा, फटा-पुराना [clothes कपड़े, shoe जूता]; ~ book फटी-पुरानी पुस्तक; he wore a ~ cap वह एक चिथड़ी टोपी पहने था. **2.** (of person) फटीचर : he was the most ~ person of that family वह परिवार का सबसे फटीचर व्यक्ति था.

tattoo टॅ टू' **I.** *n*^c. (*pl.* tattoos) (on skin) गोदना : the soldier had a red-coloured ~ of ऊँ on his arm सैनिक की बाँह पर ऊँ का गोदना था; he was identified by the ~ on his hand उसे अपने हाथ पर के गोदने से पहचाना गया. **II.** *v.t.* (tattooed) गोदना गोदना या बनाना : women like the names of their husbands ~ed on their arms औरतें अपनी बाँहों पर अपने अपने पति का नाम गोदवाना पसंद करती हैं; their arms were ~ed उनकी बाँहें गोदी हुई थीं.

taught टॉट *v.t. past & p.p.* of 'teach' *q.v.*

taunt टॉन्ट **I.** *n*^c. (often *pl.*) ताना, कटाक्ष, बोली-ठोली^F : she could not endure the ~s of her neighbour वह अपने पड़ोसी के ताने/कटाक्ष बरदाश्त न कर सकी; he made a cruel ~ about her lame leg उसकी लँगड़ी टाँग^F पर उसने कड़ा ताना मारा; his ~ ashamed her उसके कटाक्ष ने उसे लज्जित कर दिया; I don't bother about ~s मैं तानों-कटाक्षों की चिंता^F नहीं करता. **II.** *v.t.* ताना मारना, कटाक्ष करना : the boys ~ed Hari for his being unable to ride a bicycle हरी के साईकिल की सवारी न कर पाने के लिए लड़कों ने उसे ताने मारे.

tax टैक्स **I.** *n*^c. **1.** कर, टैक्स [heavy भारी, small थोड़ा]; to collect ~es ≈ इकट्ठा करना; ~ is deducted from everybody's pay ≈ सब लोगों के वेतन से ≈ काट लिया जाता है; you cannot refuse to pay income ~ तुम आयकर देने से इंकार नहीं कर सकते; he has not paid the ~ for these goods उसने इस माल का कर चुकता नहीं किया है; the house ~ has been increased by 5% गृहकर 5% बढ़ा दिया गया है. ~ **collector** ~ कर समाहर्ता; ~ **-evader** कर चोर; ~**-free** कर-मुक्त; ~**payer** करदाता. **2.** (burden) बोझ, भार : this worry is a ~ on my mind यह चिंता^F मेरे मन पर एक ≈ है. **II.** *v.t.* **1.** पर कर लगाना : we are heavily ~ed हम पर भारी कर लगाया गया है; government ~es the people to run the administration सरकार^F प्रशासन चलाने के लिए लोगों पर कर/टैक्स लगाती है; cigarettes have been ~ed heavily सिगरेटों^F पर भारी/टैक्स लगा दिया गया. **2.** (burden) बोझ/भार डालना : to ~ one's resources अपने संसाधनों पर ≈; to ~ smb's patience किसी के धैर्य को थका देना. **3.** (~ with) का आरोप (दोष, अभियोग) लगाना : he was ~ed with disobedience उस पर अनाज्ञाकारिता^F का आरोप/दोष लगाया गया. **taxation** टैक् से'शन *n*^c. कराधान [direct प्रत्यक्ष, indirect अप्रत्यक्ष]; every year the rate of ~ is increased in India प्रतिवर्ष भारत में ≈ की दर^F बढ़ा दी जाती है; no ~ without representation प्रतिनिधित्व नहीं है तो ≈ नहीं होगा.

taxi टैक्'सि *n*^c. टैक्सी^F : hire a ~ किराए पर ≈ लो; pay for the ~ ≈ का किराया दो; this ~ plies between railway station and bus stand यह ≈ रेलवे स्टेशन और बस अड्डे के बीच चलती है; he drives a ~ वह ≈ चलाता है; I took a ~ for Pragati Maidan मैंने प्रगति मैदान के लिए ≈ ली; a metre in the ~ shows the cost of the journey ≈ में का मीटर यात्रा^F की लागत^F बताता है.

TB tuberculosis तपेदिक, यक्ष्मा^F.

TC Transfer Certificate अंतरण प्रमाण-पत्र.

T.D.R. Term Deposit Receipt सावधि जमा रसीद.

tea टी *n*^c. **1.** चाय^F [cold ठंडी, fresh ताज़ा, hot गर्म]; he drinks strong ~ वह तेज़ ≈ पीता है; to pour ~ into a cup प्याले में ≈ उड़ेलना; invite smb to किसी को चाय पर आमंत्रित करना; I do not take sugar with ~ मैं चाय के साथ चीनी^F नहीं लेता; we have ~ in the morning at breakfast हम सुबह^F नाश्ते पर चाय लेते/पीते हैं; she made a pot of ~ उसने एक चायदान भर चाय बनाई. **2.** चाय का प्याला : three ~s, please! चाय के तीन प्याले लाएँ. Δ **storm in a ~ cup** सीमित या छोटे से क्षेत्र में गड़बड़, छोटी-सी बात के लिए उपद्रव : why have you raised a storm in the tea-cup छोटी-सी बात के लिए तुमने क्यों उपद्रव खड़ा कर दिया है ? (comb). ~ **caddy** चाय का डिब्बा; ~**chest** चाय की पेटी[F]; ~ **garden** चाय बागान; ~ **party** चाय-पान; ~**pot** चायदानी[F]; ~**spoon** छोटा चम्मच. **teaspoonful** टी'स्पूनफुल *n*[c]. छोटा चम्मच भर : I take two ~s of syrup मैं दो चम्मच भर सिरप लेता हूँ; put one ~ sugar in my cup मेरे कप में एक ≈ चीनी डालो.

teach टीच *v.t.* (*p.* & *p.p.*, taught) **1.** पढ़ाना : who taught you physics last year तुम्हें पिछले साल भौतिकी[F] किसने पढ़ाई थी ? I teach university students मैं विश्वविद्यालय के विद्यार्थियों को पढ़ाता हूँ. **2.** सिखाना : she taught them to speak French उसने उन्हें फ्रेंच बोलना सिखलाया; he could not ~ him driving the car वह उसे कार चलाना नहीं सिखला पाया; he taught the boy how to fly a kite उसने लड़के को सिखाया कि पतंग कैसे उड़ाई जाय; who taught you to speak तुम्हें बोलना किसने सिखाया; I taught him cricket मैंने उसे क्रिकेट खेलना सिखाया. [*ant.* learn] Δ **to ~ smb a lesson** किसी को सबक पढ़ाना या शिक्षा[F] देना [*ant.* learn]**teacher** टी'चर *n*[c]. शिक्षक, अध्यापक, (fem.) शिक्षिका, अध्यापिका [favourite प्रिय, learned विद्वान, strict सख़्त]; he is an excellent ~ वह बढ़िया अध्यापक है; she is a history teacher वह इतिहास की अध्यापिका है; he wants to become a teacher वह (एक) अध्यापक बनना चाहता है; who is your ~ तुम्हारा शिक्षक कौन है ? he was appointed a ~ in our school उसे हमारे विद्यालय में अध्यापक नियुक्त किया गया. [*ant.* pupil, learner] **teaching** टी'चिङ्ग *n*[u]. **1.** अध्यापन (कार्य) : he likes ~ very much उसे ≈ बेहद पसंद है. **2.** (profession) अध्यापकी[F] : ~ is a noble profession ≈ एक आदर्श व्यवसाय है. **3.** *n*[c]. शिक्षा[F], उपदेश : follow the ~s of Buddha बुद्ध की शिक्षाओं/उपदेशों का पालन करो.

team टीम **I.** *n*[c]. **1.** (sports) टीम[F] : strong ~ मज़बूत ≈; ~ **work** संगठित सहयोग, मिल-जुल कर किया गया काम; India has sent its volleyball ~ for the World Cup भारत ने विश्व कप के लिए अपनी वालीबाल ≈ भेजी; who is the captain of the cricket ~ क्रिकेट ≈ का कप्तान कौन है ? he is a member of the football ~ वह फुटबाल ≈ का एक सदस्य है. **2.** (group) दल, टोली[F] : a ~ of students came to me yesterday छात्रों का एक दल कल मुझसे मिलने आया. **3.** (of animals) जोड़ी[F] : a ~ of bullocks pulls the cart बैलों की एक ≈ गाड़ी खींचती है; a ~ of horses pulls a buggy घोड़ों की एक जोड़ी बग्घी[F] खींचती है. **II.** *v.t.* (animals) साथ जोतना : to ~ bullocks बैलों को साथ में जोतना.

tear टिअर **I.** *n*[c]. **1.** आँसू [bitter कड़ुआ, hot गर्म]; ~s of joy, खुशी[F] के आँसू; ~ bomb अश्रुगोला; ~ gas अश्रुगैस; ~ gland अश्रुग्रंथि[F]; ~s rolled down her cheeks आँसू उसके गालों पर से लुढ़क गए; her eyes were filled with ~ s उसकी आँखें आँसुओं से भर गई थीं; his story moved me to ~s उसकी कहानी ने मेरी आँखों में आँसू ला दिए. Δ **to shed crocodile tears** घड़ियाली आँसू बहाना : when she went to see the bereaved family, she shed crocodile ~s and returned जब वह संतप्त परिवार से मिलने गई तो उसने घड़ियाली आँसू बहाए और वापस आ गई : he burst into ~s at the sight of the dead शव देखकर वह फूट-फूटकर आँसू बहाने (रोने) लगी; the girl was in ~s लड़की आँसू बहा रही थी, रो रही थी. **2.** फटन[F], चीर : there was a ~ on his shirt उसकी कमीज़ में एक ≈ थी; you should give your trousers to the tailor to mend this ~ इस ≈ की मरम्मत[F] के लिए अपनी पैंट तुम्हें दर्ज़ी को देनी चाहिए. **II.** *v.t.* (tore, torn) **1.** (pull apart) फाड़ना : he tore (up) the paper उसने कागज़ फाड़ दिया; my shirt was torn मेरी कमीज़ फटी हुई थी; Mary tore her dress मेरी ने अपनी

पोशाक फाड़ दी; it was torn to pieces यह टुकड़े-टुकड़े हो गई थी; he tore up the letter उसने पत्र फाड़ डाला; be careful, don't ~ your photograph सावधान रहो, अपना फोटो मत फाड़ो; a boy tore down/off the notice किसी लड़के ने नोटिस फाड़ डाला. **2.** (cause dissension) फूट[F] डालना : the party was torn by quarrels झगड़ों से दल में फूट पड़ गई. **3.** *v.i.* (rush) भागकर जाना : he tore (off) after the bus वह बस के पीछे भागकर गया. **4.** (~out) खसोटना, नोचना : someone has torn (out) the flowers किसी ने फूलों को नोच लिया है; to ~ one's hair अपने बाल नोचना; the police tore his eyes out पुलिस ने उसकी आँखें नोंच/निकाल लीं. **5.** (destroy) नष्ट करना, बिगाड़ना : don't give the copy to the child, he will ~it बच्चे को कापी मत दो वह इसे नष्ट कर देगा. **6.** *v.i.* (become torn) फटना, चिरना : paper ~s easily काग़ज़ आसानी से फटता है; how did it ~ so soon? यह कैसे इतनी जल्दी फट गया. (phrases) Δ **to ~ smth away** किसी चीज़ को बलपूर्वक अलग कर लेना; he tore himself away वह हट गया; **~ down** a letter पत्र फाड़ देना; **to ~ off a** page from the book किताब से पन्ना फाड़ लेना; **~out** smb's eye किसी की आँखें निकाल लेना.

tearful टिअर्'फुल *a.* अश्रुपूर्ण [farewell विदाई[F], young girl युवती[F]]; he made a ~ departure उसने ≈ प्रस्थान किया; she met her sister with ~ eyes वह अपनी बहन से अश्रुपूर्ण नेत्रों से मिली. [*as distinct from* tier]

tease टीज़ *v.t.* **1** चिढ़ाना, छेड़ना : don't ~ your younger brother अपने छोटे भाई को मत चिढ़ाओ; little boys often ~ their sisters छोटे लड़के प्रायः अपनी बहनों को चिढ़ाते हैं. **2.** (annoy) तंग करना, परेशान करना : yesterday the boy ~d his teacher very much कल लड़के ने अपने अध्यापक को बहुत तंग/परेशान किया; you should not ~ the elders तुम्हें बड़ों को तंग/परेशान नहीं करना चाहिए.

tech. टेंक = technical *q.v.*

technical टेक्'निकल *a.* **1.** (of particular art, science, craft, mechanical art) प्राविधिक, तकनीकी, यांत्रिक [adviser सलाहकार, education शिक्षा[F], knowledge ज्ञान]; Germany will provide ~ co-operation to India जर्मनी भारत से तकनीकी सहयोग करेगा; now he has gained ~ expertise अब उसने तकनीकी दक्षता[F] प्राप्त कर ली है; it was just a ~ error यह केवल तकनीकी भूलचूक[F] थी; a ~ mission went to South Africa एक तकनीकी मिशन दक्षिण अफ्रीका गया. **2.** (of terminology) पारिभाषिक : ~ terms पारिभाषिक शब्दावली; I am studying ~ terms now मैं अब ≈ शब्दावलियों का अध्ययन कर रहा हूँ. **3.** (such in the eyes of law) कानूनी, विधिक [advice सलाह[F], difficulty कठिनाई[F], discussion बहस[F]].

technique टेक् नीक' *n*[c]. **1.** तकनीक[F], शिल्पविधि[F], प्रविधि[F] [perfect पूर्ण, specialised विशिष्ट]; the motorist has learnt the ~ मोटरकार वाले ने ≈ सीख ली है. **2.** (way of doing) तरीका, ढंग : I have a ~ of doing it easily इसे आसानी से कर लेने की मेरे पास ≈ है. **3.** (expertness) कौशल, निपुणता[F] : you cannot question his ~ of settling the matter मामले को हल/तै कर लेने के उसके कौशल पर तुम संदेह नहीं कर सकते.

technology टेंक् नॉ'लजि *n*[u]. **1.** शिल्पविज्ञान, प्रौद्योगिकी[F] : college of science and ~ विज्ञान तथा प्रविधि महाविद्यालय; the ~ of a machine मशीन की प्रौद्योगिकी; the ~ of industrial art औद्योगिक शिल्प विज्ञान; India has made great progress in ~ भारत ने ≈ में बहुत प्रगति[F] कर ली है.

tedious टी'डिअस *a.* **1.** (wearisome) थकाने वाला, थकाऊ [journey यात्रा[F], table पहाड़ा, work काम]; I had never imagined that the climbing would be so ~ मैंने कभी कल्पना नहीं की थी कि चढ़ाई[F] इतनी कठिन होगी. **2.** (boring) उबाऊ, (uninteresting) नीरस [book किताब[F], drama नाटक, speaker वक्ता]; it was a very ~ speech indeed यह वास्तव में बड़ा ≈ भाषण था; I don't like such a ~ job मैं ऐसा ≈ काम पसंद नहीं करता/करती.

teenage टी'नेज *a. & n*[u]. (from thirteen to

nineteen) किशोरवय [boy लड़का, fashions फैशन]; now he has attained the ~ अब उसने किशोरावस्था[F] को प्राप्त कर लिया है; he likes to play with ~ groups वह किशोरावस्था वाले ग्रुप के साथ खेलना पसंद करता है. **teenager** टी'नेजर *n*[c]. किशोर, किशोरी [attractive आकर्षण, handsome सुंदर]; a boy of 13 to 19 years old is a ~ 13 से 19 वर्ष का लड़का किशोर होता है; a girl is a ~ when she is above twelve and below twenty बारह से अधिक और बीस से कम उम्र की कोई लड़की किशोरी होती है. **teens** टीन्स *n*[c]. **1.** कैशोर्य, किशोर-अवस्था : the boy is in his ~s लड़का किशोरावस्था का है; this girl is now out of her ~ यह लड़की अब किशोरावस्था पार कर गई है. **2.** (the numbers 13 to 19) 13 से 19 की संख्याएँ : the number of his house is in ~ उसका मकान नं. 13 से 19 के बीच में है.

teeth टीथ *n.* (*pl.* of tooth) दाँत. see 'tooth'. **teethe** टीद *v.i.* दाँत निकालना : the baby is now teething बच्चे के अब दाँत निकल रहे हैं.

tel. telegram, telephone.

telegram टें'लिग्रैम *n*[c]. तार, टेलीग्राम [general साधारण, urgent तुरंत]; he received a ~ from his parents उसे अपने माता-पिता का ≈ मिला; this was a very important ~ यह बहुत ही महत्वपूर्ण ≈ था; I sent a message by ~ मैंने ≈ द्वारा संदेश भेजा; I sent a ~ of congratulations मैंने बधाई[F] का ≈ दिया.

telegraph टें'लिग्राफ़ **I.** *n.* तारयंत्र, टेलीग्राफ़ : ~ pole तार का खंभा; ~ wire तार; he has gone to ~ office वह तारघर गया है; send your message on ~ तार से संदेश भेज दो. **II.** *v.t.* तार देना, तार भेजना : he ~ed from London उसने लंदन से तार दिया; I ~ed her a message मैंने उसे तार से एक संदेश भेजा. **telegraphic** टें[F]लि ग्रै'फ़िक *a.* तार का [address पता, language भाषा, message संदेश]; what is your ~ address तुम्हारा ≈ पता क्या है ?

telephone टें'लिफ़ोन **I.** *n*[c]. टेलीफ़ोन, दूरभाष : ~ exchange ≈ एक्सचेंज, मिलान-केंद्र; ~ booth ≈ कोष्ठ; ~ number ≈ नंबर; the ~ rang ≈ की घंटी[F] बजी; ~ is out of order ≈ खराब है; he sent the message by/on ~ उसने ≈ से संदेश भेजा; someone is waiting on the ~ ≈ पर कोई इंतज़ार कर रहा है; when the ~ rings, go and pick up the receiver जब ≈ की घंटी[F] बजे, तो जाओ और रिसीवर (चोंगा) उठाओ; are you on ~ क्या तुम्हारे यहाँ ≈ है ? क्या आप ≈ पर मिल सकते हैं ? contact me on ~ ≈ पर मुझसे संपर्क करें; he spoke to me on ~ उसने ≈ पर मुझसे बात[F] की. **II.** *v.t.* टेलीफ़ोन करना : he ~d his wife at nine o'clock उसने नौ बजे अपनी पत्नी को फ़ोन किया; he ~d her the sad news उसने दुखद समाचार का ≈ किया; ~ your reply अपना उत्तर टेलीफोन से देना. **telephonic** टें'लि फ़ॉ'निक *a.* टेलीफ़ोन का, दूरभाषिक [fault ग़लती[F], message समाचार].

telescope टें'लिस्कोप **I.** *n.* दूरबीन, टेलीस्कोप, दूरदर्शी [military सैन्य, powerful शक्तिशाली]; ~ is an instrument through which objects appear closer ≈ एक यंत्र है जिससे पदार्थ और निकट दिखाई देते हैं; ~s are much in need in laboratories and at sea ≈ की प्रयोगशालाओं और समुद्रों में बहुत आवश्यकता[F] रहती है; he looked at the scenery through his ~ वह दृश्यों को ≈ से देखता था.

television टें'लिविज़न (T.V.) *n*[c]. टेलीविज़न [excellent बढ़िया, new नया]; he has bought a new colour ~ उसने एक नया रंगीन ≈ खरीदा; we watched the match on the ~ हमने ≈ पर मैच देखा.

tell टें'ल *v.t.* (*p.* & *p.p.* told) **1.** (relate) सुनाना, कहना : little by little he told us the whole story थोड़ी-थोड़ी करके उसने हमें पूरी कहानी[F] सुना दी ; she told me to come at once उसने मुझे तुरंत आने को कहा; ~ her to come on Monday उससे सोमवार को आने के लिए कहो. **2.** (announce, make known) बताना : I told them everything I knew जो कुछ मैं जानता था मैंने उन्हें सब कुछ बता दिया; he believed everything his friend told him उसके मित्र ने उसे जो कुछ बताया उसने सब कुछ पर विश्वास कर लिया; this film tells us about rural life यह

पिक्चर[F] हमें ग्रामीण जीवन के बारे में बताती है; ~ me all about it मुझे इसके बारे में सब कुछ बताओ. **3.** (give information) बताना, जताना, सूचना देना : to ~ the time समय बताना; he did not ~ the secret उसने भेद नहीं बताया; ~ her that she should not go to office tomorrow उसे बता दो कि कल वह कार्यालय न जाए; she told me where to go उसने मुझे बताया कि कहाँ जाना है; you please don't ~ him anything about it कृपया इसके बारे में उसे कुछ न बताना; tell me the time मुझे समय बताइए. **4.** (describe) वर्णन करना : ~ thoroughly पूरी तरह ≈. **5.** (determine) जानना, निश्चय करना : how will you ~ which is which तुम कैसे निश्चय करोगे कि कोई चीज़ क्या है? **6.** (distinguish) अंतर जानना : to ~ him from his brother उसके भाई की अपेक्षा उसका अंतर जानना. **7.** असर डालना, प्रभाव डालना : hard work will ~ on your health कठिन परिश्रम तुम्हारे स्वास्थ्य पर बुरा असर डालेगा. **8.** गिनना : he cannot ~ all the articles वह सभी वस्तुएँ नहीं गिन सकता; he tells his money daily वह हर रोज़ अपना पैसा गिनता है; to ~ votes मतगणना करना. Δ **~ of** का प्रमाण होना : it will ~ of as good evidence of his character यह उसके चरित्र का अच्छा प्रमाण होगा; **~ on/upon** थकाना, थका देना, का दोष प्रकट करना : if you go on foot, it will ~ on you यदि तुम पैदल जाओगे तो थक जाओगे; **to ~ tales** चुग़लख़ोरी करना : you should never ~ tales तुम्हें कभी चुग़लख़ोरी नहीं करनी चाहिए. **~ tale** *n*[c]. चुग़लख़ोर : a ~tale is a dangerous person एक ≈ ख़तरनाक व्यक्ति होता है; your friend Ramu is a ~tale तुम्हारा मित्र रामू ≈ है.

tel. no. telephone number.

temper टॅम्'पर **I.** *n*[u]. (no *pl.*) **1.** (mood) मिज़ाज, तबीयत[F], मनोदशा[F], मनःस्थिति[F] : he was in a very bad ~ उसकी मनोदशा बहुत ख़राब थी; we found him in good ~ हमने उसे बहुत अच्छी मनःस्थिति में पाया. **2.** (temperament) स्वभाव, प्रकृति[F], मिज़ाज : he is a man of good ~ वह बहुत अच्छे स्वभाव का आदमी है. **3.** (anger) क्रोध, गुस्सा, क्रोधावेश : he was in ~ when I went to him जब मैं उसके पास गया तो वह क्रोधावेश में था. Δ **lose one's ~** गुस्सा करना, झल्लाना : don't lose your ~ over her उस पर गुस्सा मत करो; **keep one's ~** शांत रहना : when the quarrel started he kept his ~ जब झगड़ा शुरू हुआ तो वह शांत रहा; **out of ~** क्रुद्ध, कुपित : he was out of ~ yesterday कल वह कुपित था. **II.** *v.t.* **1.** (mitigate) मंद करना, कम करना, नरम करना : a judge should do justice ~ed with mercy न्यायाधीश को दया से नरम किया हुआ न्याय करना चाहिए; she ~ed her anger with a smile उसने अपना गुस्सा मुस्कान[F] के साथ हल्का कर दिया. **2.** to ~ steel इस्पात पर पानी चढ़ाना.

temperament टॅम्'परॅमन्ट *n.* **1.** स्वभाव, प्रकृति[F], मिज़ाज [bad ख़राब, generous उदार, irritable चिड़चिड़ा]; he has such a good ~ वह इतने अच्छे स्वभाव का है; he is a man of sentimental ~ वह भावुक प्रकृति का आदमी है; he is very shy by ~ वह स्वभाव से बहुत लज्जाशील है; we both have similar ~ हम दोनों का ≈ एक-सा है. **2.** (capricious nature) तुनकमिज़ाजी[F] : he is known for his ~ वह अपनी ≈ के लिए प्रसिद्ध है.

temperate टेम्'परिट *a.* **1.** संयमी, मिताचारी, मिताहारी, संतुलित [man आदमी, student छात्र]; Mr. S is ~ in his habits श्री स अपनी आदत[F] से ≈ है. **2.** संयत : ~ language ≈ भाषा[F]; ~ behaviour ≈ व्यवहार. **3.** समशीतोष्ण : ~ climate ≈ जलवायु; ~ region or zone प्रदेश या कटिबंध; ~ areas lie on the north and south of the tropics ≈ क्षेत्र कर्क रेखा के उत्तर और दक्षिण में हैं. [*ant.* intemperate]

temperature टॅम्'प्रिचर *n*[c]. तापमान, टेम्परेचर [high बढ़ा हुआ, low निम्न]; yesterday there was sudden change in ~ कल ≈ में अचानक परिवर्तन हो गया; the average ~ of the day was below 30° centigrade दिन का औसत ≈ 30° सेंग्रे. से कम था; he is ill, he has high ~ वह बीमार है, उसका ≈ बढ़ा हुआ है/उसे ज्यादा बुख़ार है; to take somebody's ~ किसी का ≈ लेना; she was running ~ उसे ताप/बुख़ार हो रहा था.

temple टॅम्'पल *n*[c]. **1.** मंदिर [ancient प्राचीन, shattered टूटा-फूटा]; we went to the holy ~ of Goddess Kali हम काली देवी के पवित्र ≈ में गए; there is a Hindu ~ in London लंदन में एक हिंदू ≈ है. **2.** (sides of the forehead) कनपटी[F] : right ~ दायीं ≈; he hit the boy on the ~ उसने लड़के को ≈ पर मारा; never hit the children on their ~s बच्चों को ≈ पर कभी न मारना.

temporarily टेम्'परॅरिलि *adv.* अस्थायी रूप से, थोड़े ही समय के लिए : to rent the house ~ थोड़े समय के लिए मकान किराए पर लेना; the telephone is out of order ~ टेलीफोन अस्थायी रूप से खराब है; I was ~ delayed by them मैं उनके द्वारा थोड़े समय के लिए रोक लिया गया ; he has been ~ appointed उसे ≈ नियुक्त किया गया है. **temporary** टॅम्'परॅरि **I.** *a.* (transient) अस्थायी, अल्पकालिक [employment रोज़गार, officer अधिकारी, success सफलता[F]]; he has achieved a ~ job उसे ≈ काम मिल गया है; this is a ~ arrangement यह ≈ व्यवस्था[F] है; all this is of course ~ वास्तव में यह सब ≈ है; the newly appointed teacher is ~ नवनियुक्त अध्यापक ≈ है; it is a ~ solution to the problem समस्या[F] का यह ≈ हल है. [*ant.* permanent]

tempt टॅम्प्ट *v.t.* **1.** (entice) लुभाना, प्रलोभन देना, बहकाना : evil persons ~ children with sweets दुष्ट लोग बच्चों को मिठाइयाँ[F] देकर बहकाते हैं. **2.** (induce) प्रेरित करना, उकसाना : he ~ed him to do the wrong उसने उसे गलत काम करने के लिए उकसाया (प्रेरित किया). **3.** प्रवृत्त करना : I was ~ed to steal a watch मैं एक घड़ी[F] चुराने में प्रवृत्त हो गया. **4.** (attract) आकर्षित करना, ललचाना : I was ~ed by the sweet smell of the flower मैं फूल की सुगंध[F] से आकर्षित हो गया; the sunshine ~ed us to go out धूप ने हमें बाहर जाने को ललचाया. **temptation** टॅम् टे'शन *n*[c]. प्रलोभन, लोभ, लालच : there are many ~s in a big city बड़े शहर में बहुत से ≈ हैं; young men are often allured by ~ युवा लोग प्राय: ≈ में आ जाते हैं; the patient could not resist ~ रोगी लालच न रोक सका; he did not yield to ~ वह ≈ में नहीं आया. **tempting** टॅम्'टिङ्ग *a.* लुभाने वाला, बहकाने वाला; (attractive) लुभावना, मोहक, आकर्षक [beauty सौंदर्य, meat मांस]; ~ offer लुभावनी पेशकश[F]; this cake is ~ यह केक लुभाने वाला है.

ten टॅन् **I.** *a.* दस [days दिन, men आदमी]; they are ~ in number वे संख्या[F]/गिनती[F] में ≈ हैं; it is ~ times bigger than that thing यह उस वस्तु[F] से ≈ गुना बड़ा है; he lived there for ~ years वह वहाँ ≈ साल रहा; it is ~ o'clock now अब ≈ बजे हैं; there are only ~ students in the class कक्षा में केवल ≈ लड़के हैं; he is aged ~ वह ≈ साल का है; he is the owner of ~ trucks वह ≈ ट्रकों का मालिक है. **II.** *n.* (of card) दहला : ~ of spade हुक्म का ≈.

tenacious ट ने'शस *a.* **1.** दृढ़ : [grip पकड़, student छात्र]; he is ~ in his opinions, principles वह अपने विचारों, सिद्धांतों पर दृढ़ है. **2.** (obstinate) दुराग्रही, हठी, ज़िद्दी, अड़ियल [enemy शत्रु, neighbour पड़ोसी]; he is quite ~ to marry the same girl वह उसी लड़की से शादी[F] करने के लिए बहुत जिद्द[F] करता है. **3.** (of memory) तीक्ष्ण, तीव्र : he was the man of ~ intelligence वह ≈ बुद्धि वाला व्यक्ति था.

tenant टॅ'नन्ट **I.** *n*[c]. **1.** (leaseholder) काश्तकार, पट्टेदार : permanent ~ स्थायी ≈; the relation between the ~ and the landlord ≈ और ज़मींदार (भूस्वामी) (के बीच) का संबंध; he is ~ of a big farm वह एक बड़े फार्म का ≈ है; ~ farmer ≈ किसान. **2.** (of a house) किरायेदार : dishonest ~ बेईमान ≈; do you have a ~ क्या तुमने ≈ रखा हुआ है ? Mr. Raman is a new ~ of ours मि० रमन हमारे नये किरायेदार हैं; his ~ pays a heavy rent उसका ≈ भारी किराया देता है. **II.** *v.t.* (occupy as ~) पट्टे पर लेना, किराए पर लेना : this house is ~ed by my father यह घर मेरे पिताजी ने किराए पर लिया; you have a big house of your own, then why did you ~ this house? तुम्हारे पास तो अपना एक बड़ा-सा मकान है तब-तुमने

यह मकान किराए पर क्यों ≈ ले लिया है; I have ~ed that land मैंने वह ज़मीन[F] पट्टे पर ली है.

tend टॆन्ड **I.** *v.i.* **1.** (move) चलना, अग्रसर होना : he now ~s to the right path अब वह सही रास्ते की ओर[F] अग्रसर है; his scooter ~ed to/towards the left उसका स्कूटर बायीं ओर[F] चला. **2.** (have a tendency) झुकाव होना : he ~s (himself) to study अध्ययन की ओर उसका झुकाव है; he ~s to speak too quickly उसका झुकाव जल्दी-जल्दी बोलने का है; his wall ~s towards the left उसकी दीवार[F] बायीं ओर[F] झुकी है. **3.** (lead, conduce) की ओर ले जाना : this road ~s towards the aerodrome यह सड़क हवाई अड्डे की ओर जाती है. **4.** be likely हो जाया करना : silken clothes ~ to shrink रेशमी कपड़े सिकुड़ जाया करते हैं. **II.** *v.t.* (look after) देखभाल[F] करना, परिचर्या[F] करना : the farmer ~s his cattle किसान अपने मवेशियों की देखभाल करता है; a nurse ~s sick people नर्स रोगी व्यक्तियों की परिचर्या करती है; he is the only man to ~ the whole family पूरे परिवार की देखभाल करने वाला वह अकेला व्यक्ति है; he ~ed his old mother well उसने अपनी बूढ़ी माँ की खूब सेवा-सुश्रूषा[F] की. **tendency** टॆन्'डन्सि *n.* झुकाव, प्रवृत्ति[F] : slight ~ थोड़ा झुकाव; he has a ~ to get fat उसका मोटा होने की ओर[F] झुकाव है; she has a ~ to forget things उसकी प्रवृत्ति बातों[F] को भूल जाने की है; there is ~ towards improvement in the relations between the two countries दो देशों के संबंधों में सुधार की ओर झुकाव है.

tender टॆन्'डर **I.** *n*[c]. **1.** टहलुआ, परिचारक (of the sick) : he has appointed a personal ~ उसने एक निजी ≈ नियुक्त किया है. **2.** (of flock) चरवाहा : some shepherds keep ~s for their livestock कुछ गडरिए भेड़-बकरियों के लिए चरवाहे रखते हैं. **3.** टेंडर, निविदा[F] : invite ~s for supply of stationery स्टेशनरी[F] की आपूर्ति[F] के लिए ≈ मँगवाओ; he has put in his ~ उसने अपना ≈ भर दिया है; he tried his best to get the ~ ≈ पाने की उसने भरसक कोशिश[F] की. **3.** legal tender मान्य सिक्का : anna is no longer a ~ इकन्नी अब ≈ नहीं रह गया. **II.** *v.t.* **1.** पेश करना, प्रस्तुत करना, देना : (offer) अर्पित करना : now ~ your bill अब अपना बिल प्रस्तुत करो (दे दो); the Finance Minister ~ed his resignation वित्त मंत्री ने अपना इस्तीफ़ा दे दिया; the P.M. ~ed his homage to Netaji प्रधानमंत्री ने नेताजी को अपनी श्रद्धांजलि[F] अर्पित की. **2.** निविदा[F] देना : he ~ed for the supply of furniture उसने फर्नीचर की आपूर्ति[F] के लिए ≈ दी. **III.** *a.* **1.** (sensitive) संवेदनशील [feelings भावनाएँ, heart हृदय]; ~ words स्नेहपूर्ण शब्द; he was very ~ to her वह उसके प्रति बहुत ही स्नेहशील था; his parents were very ~ to him उसके माता-पिता उसके प्रति बहुत ही स्नेहमय थे; the boy is of a ~ heart लड़का नरम दिल वाला है; ~age कच्ची[F] उम्र; a child of ~ years कच्ची उम्र का बच्चा. **2.** (soft) कोमल, मुलायम, नरम; he had ~ chicken for dinner उसे भोजन में कोमल चूज़े मिले; these plants are very ~ ये पौधे बहुत ही कोमल हैं. [*ant.* hard]

tenfold टेन्'फ़ोल्ड *a. & adv.* दस गुना : the production of foodgrains will be ~ in the next two years अगले दो सालों में खाद्यान्न का उत्पादन ≈ हो जायेगा; he is ~ rich than you वह तुमसे ≈ अधिक धनी है; prices have increased ~ कीमतें ≈ बढ़ गईं हैं.

tenner टॆ'नर *n*[c]. दस का नोट [counterfeit जाली, mutilated कटा-फटा, real वास्तविक]; I gave a ~ to the salesman and got Rs. 3 back मैंने विक्रेता को ≈ दिया और तीन रुपये वापस लिये.

tennis टॆ'निस *n*[c]. टेनिस : ~ ball ≈ की गेंद; ~ court ≈ का मैदान; I very much like to play ~ मैं ≈ खेलना बहुत पसंद करता हूँ; let us play a game of ~ हम ≈ का खेल खेलें; he lost the game of ~ वह ≈ का खेल हार गया; ~ is played between two or four players ≈ दो या चार खिलाड़ियों में खेला जाता है.

tense टॆन्स **I.** *a.* **1.** (stretched, tight) कसी हुई, तनी हुई [nerve तंत्रिका[F], rope रस्सी[F]];

his muscle was ~ उसकी मांसपेशी[F] तनी हुई थी; the cord was not ~ completely रस्सी[F] पूरी तरह नहीं कसी थी. **2.** तनावपूर्ण [silence मौन, situation स्थिति[F]]; I was very ~ last night कल रात[F] मुझे बहुत तनाव था. **3.** (uneasy) बेचैन [boy लड़का, mind मन, student छात्र]; everyone was ~ due to heat गर्मी से हर कोई ≈ था; the crowd was ~ with excitement भीड़ उत्तेजना[F] से ≈ थी. **4.** (excited) क्षुब्ध, उत्तेजित : I was ~ and nervous मैं ≈ और घबराया हुआ था. **II.** *v.t.* कसना, खींचना : ~ the rope to fasten it इसे बाँधने के लिए रस्सी[F] कस दो. **III.** *n.* (Grammar) काल [future भविष्यत्, past भूत, present वर्तमान]; count the names of the three ~s तीन कालों के नाम गिनाओ; he 'said' is past ~ उसने 'कहा' भूतकाल है; he 'says' is present ~ वह 'कहता है' वर्तमान काल है. **tension** टेंन्'शन *n.* **1.** (act) तनाव, खिंचाव : ~ in the rope रस्सी[F] में का ≈. **2.** (mental) तनाव [local स्थानीय, national राष्ट्रीय, political राजनीतिक]; there is ~ in the city but the situation is under control शहर में तनाव है, परंतु स्थिति[F] नियंत्रण में है; both of them are suffering from ~ दोनों तनाव से पीड़ित हैं. **3.** (uneasiness) बेचैनी[F] : I am feeling much ~ today आज मुझे बड़ी ≈ हो रही है.

tent टेंन्ट **I.** *n*[c]. **1.** तम्बू, ख़ेमा [big बड़ा, military सैन्य]; we see some ~s in a camp हम एक शिविर में कुछ ख़ेमे देखते हैं; they put up a ~ near the canal नहर[F] के समीप उन्होंने तंबू लगा (गाड़) दिया; they pitched their ~ near the river उन्होंने नदी[F] के समीप अपना ≈ गाड़ दिया. **II.** *v.t.* तंबू में रहना : the soldiers ~ed during the war युद्ध के दौरान सैनिक तंबुओं में रहे.

tenth टेंन्थ *a.* दसवाँ, दशम : ~ part ≈ भाग; he is in ~ class वह दसवीं कक्षा[F] में है; it will not be more than one ~ of the total money यह कुल धन के एक दसवें से अधिक न होगा; ~-rate article बहुत घटिया चीज़[F].

tenure टें'न्युअर *n.* **1.** (act or right of holding land) काश्तकारी[F] : what are the conditions of ~ काश्तकारी की शर्तें[F] क्या हैं? **2.** भोगाधिकार, धारण अधिकार : he has the ~ of the land उसके पास भूमि[F] का ≈ है; she had legal ~ of the property उसके पास सम्पत्ति का वैध ≈ था. **3.** (period of office) कार्यकाल, पदावधि[F] : he was removed from the office before the completion of his ~ उसका ≈ पूरा होने से पहले ही उसे पद से हटा दिया गया; the ~ of the President in India is five years and it is four years in America भारत में राष्ट्रपति का कार्यकाल पाँच साल है और अमेरिका में चार साल.

term टर्म **I.** *n.* **1.** (limited period) अवधि[F], मीयाद[F] [long दीर्घ/लंबी, short अल्प]; ~ of an agreement समझौते की अवधि; he was made manager for a ~ of three years उसे तीन वर्ष की अवधि के लिए प्रबंधक बनाया गया; members are elected for a ~ of three years सदस्य तीन वर्ष के लिए निर्वाचित किए जाते हैं; during the ~ of office, he has done so much good work अपनी पदावधि में उसने इतना अच्छा काम किया है; ~ of imprisonment कैद की मीआद; short ~ insurance scheme अल्पवधि बीमा योजना[F]. **2.** (school year) सत्र [late विलम्बित, new नया, third तीसरा]; the examinations will be held at the end of this ~ परीक्षाएँ[F] इस ≈ के अंत में होंगी; winter ~ in a University विश्वविद्यालय का शीतकालीन ≈. **3.** (word) शब्द [difficult कठिन, easy सरल]; technical ~ पारिभाषिक ≈; he could not define many a ~ वह कई शब्दों की परिभाषा[F] न बता सका; 'jaundice' is a medical ~ 'पाण्डुरोग' एक चिकित्साशास्त्रीय ≈ है. **4.** (condition) शर्त[F] [acceptable स्वीकार्य, difficult कठिन, impractical अव्यावहारिक]; I'll do it on any ~s मैं इसे किन्हीं शर्तों पर कर दूँगा; they should accept our ~s उन्हें हमारी शर्तें मान लेनी चाहिए; according to the ~s, you should pay a hundred rupees to me शर्तों के अनुसार तुम्हें मुझे एक सौ रुपए देने चाहिए; what are your ~s तुम्हारी शर्तें क्या हैं? he accepted the ~s of service उसने सेवा[F] की शर्तें

स्वीकार कर लीं. 5. (relations) संबंध : he is on good ~s with his neighbours उसका अपने पड़ोसियों के साथ अच्छा ≈ है. ∆ **I am not on speaking ~s with him** मेरी उससे बोलचाल[F] नहीं है.

terminal टर्'मिनल **I.** *a.* **1.** सात्रिक, त्रैमासिक [accounts लेखे, examination परीक्षा[F], payment भुगतान]; this was a ~ test in the institution of ours हमारी संस्था[F] की यह सत्र के अंत की परीक्षा थी. **2.** (last) अंतिम, अंत्य, आख़िरी : ~ station ≈ स्टेशन; ~ leave सेवांत अवकाश. **3.** (at the tip) अग्रस्थ, सिरे का; अंतस्थ, सीमावर्ती : ~ tax सीमाकर. **4.** (fatal) घातक : this section of hospital is for ~ cases अस्पताल का यह अनुभाग ≈ रोगों के लिए है. **II.** *n*[c]. अंतिम स्टेशन : buses are easily available there at the ~ वहाँ ≈ पर बसें आसानी से उपलब्ध हैं.

terminate टर्'मिनेट *v.t.i.* समाप्त हो जाना या करना, अंत करना या हो जाना : the second term in the school ~d in December विद्यालय में दूसरा सत्र दिसम्बर में समाप्त हो गया; the meeting ~d at 8 p.m. बैठक आठ बजे सायं समाप्त हो गई; they have ~d the contract उन्होंने ठेका खत्म कर दिया है. the scheme will ~ on 1st July यह योजना[F] पहली जुलाई को खत्म हो जाएगी; your employment has been ~d तुम्हारी नौकरी[F] समाप्त कर दी गई है.

terminology टर् मि नॉ'लॅजि *n*[c]. (पारिभाषिक) शब्दावली[F] [geographical भौगोलिक, scientific वैज्ञानिक]; to have knowledge about administrative terminologies प्रशासनिक शब्दावलियों के बारे में जानकारी रखना.

terminus टर्'मिनस *n*[c]. (*pl.* termini, terminuses) **1.** (station) अंतिम स्टेशन, टर्मिनस : Howrah is the ~ of the Eastern Railway हावड़ा पूर्वी रेलवे का अंतिम स्टेशन है. **2.** (goal) लक्ष्य : ~ *a quem*। लक्ष्यबिन्दु; ~ *a quo* आरंभ बिंदु; I'll attain my ~ surely निश्चित रूप से मैं अपना ≈ प्राप्त कर लूँगा/लूँगी.

terrace टॅं'रस *n*[c]. **1.** (high bank) किनारा : we had gone to the ~ of the river in the morning सुबह[F] हम नदी[F] के किनारे पर गए थे. **2.** (mound) टीला; ~s of sand in the desert रेगिस्तान में बालू के टीले. **3.** (platform) चबूतरा : they were sitting on the ~ वे सब चबूतरे पर बैठे हुए थे. **4.** (in front of a room) बारजा, छज्जा : she was standing on the ~ वह छज्जे पर खड़ी थी. **5.** खुली छत : we sit in the sun on the ~ हम धूप में ≈ पर बैठते हैं. **6.** (level cut from a slope) सीढ़ीदार खेत : ~ cultivation सीढ़ीदार खेती; there are ~s on the hills पहाड़ियों पर सीढ़ीदार खेत होते हैं.

terrible टॅं'रॅबल *a.* **1.** (causing fear) भयानक, भयंकर, डरावना [accident दुर्घटना, war युद्ध]; I advised him not to come out in the ~ storm मैंने भयंकर तूफान में उसे न निकलने की सलाह[F] दी; he was suffering from a ~ disease वह किसी ≈ रोग से ग्रस्त था; I was telling him about the ~ accident मैं उसे उस भयंकर दुर्घटना[F] के बारे में बता रहा था. **2.** (excessive) बेहद [crowd भीड़[F], heat गर्मी[F], noise शोर]. **3.** (very bad) बहुत ख़राब : we had a ~ cricket this time इस बार क्रिकेट ≈ था; your writing is ~, no one can read it तुम्हारी लिखावट[F] ≈ है, इसे कोई नहीं पढ़ सकता. **4.** causing great pain घोर : ~ darkness ≈ अंधकार; she is a ~ gossip वह ≈ गपबाज़ है; there was a ~ enmity between them उन दोनों में ≈ शत्रुता[F] थी. **terribly** टॅं'रॅबलि *adv.* **1.** बेहद, भारी : I am ~ sorry मुझे ≈ दु:ख/खेद है; it is ~ hot today आज ≈ गर्मी[F] है; father was ~ worried about me पिताजी मेरे बारे में बेहद चिंतित थे; we were ~ lucky हम बेहद भाग्यवान थे; the injury pains me ~ चोट[F] में मुझे बेहद दर्द है; he has ~ failed in his effort वह अपने प्रयास में बुरी तरह असफल रहा है. **2.** (badly) ख़राब : the team played ~ टीम ने ≈ खेल खेला; the ship was ~ wrecked जलयान बुरी तरह क्षतिग्रस्त हो गया था.

terrific टॅरि'फ़िक *a.* **1.** (frightening) भयानक, डरावना [fire आग[F], storm तूफ़ान]; she was terrified on seeing the ~ scene in the cinema सिनेमा में वह ≈ दृश्य देखकर डर गई.

2. (too much) बेहद : ~ noise ≈ शोर; he drives with ~ speed वह ≈ तेज़ गति^F से चलाता है. **3.** (very good) बहुत अच्छा : he had a ~ lunch उसने ≈ खाना खाया. **terrify** टें'रिफ़ाई *v.t.* (terrified, terrifying) भयभीत करना, डराना, दहलाना : our dog terrifies cats हमारा कुत्ता बिल्लियों को भयभीत करता है; the girl was terrified when she thought she might be left all alone लड़की भयभीत हो गई जब उसने सोचा कि मैं अकेली रह जाऊंगी; he was very much terrified in the dark वह अंधेरे में बहुत भयभीत था; why do you ~ small children तुम छोटे-छोटे बच्चों को क्यों डराते हो ?

territorial टेंरि टॉ'रिअल *a.* (of territory) क्षेत्रीय [army सेना^F, claim दावा, right अधिकार]; ~ water extends up to twelve miles जलक्षेत्र 12 मील तक फैला है; they worked for ~ integrity वे ≈ अखण्डता^F के लिए काम करते थे. **territory** टें'रिटॅरि *n*^c. **1.** क्षेत्र [developed विकसित, foreign विदेशी, large बड़ा]; a large part of the ~ in Rajasthan is covered with desert राजस्थान में एक बड़ा ≈ मरुस्थल से ढका है. **2.** (ruler's) राज्यक्षेत्र : before 1960 Goa was a ~ of the Portugese 1960 से पहले गोवा पुर्तगालियों का ≈ था. **3.** the agent's ~ एजेंट का कार्यक्षेत्र.

terror टे'रर *n*^u. **1.** डर, आतंक, दहशत^F : ~ of war युद्ध का आतंक; the boy fled in ~ लड़का दहशत से भागा; I have never felt such ~ in my life मैंने अपने जीवन में इतना ≈ कभी महसूस नहीं किया; he was filled with ~ वह आतंकयुक्त था; she screamed with ~ उसने ≈ से चीख़^F मारी; I have a ~ of mad dogs मुझे पागल कुत्तों से डर लगता है; ~ stricken आतंकित; he is in ~ of his life उसकी जान को डर है. **2.** (of person) आफ़त, उपद्रवी : he is a ~ in the locality वह मुहल्ले में एक आफ़त है. **terrorism** टें'रॅरिज़्म *n*^u. आतंकवाद : ~ has been nipped in the bud ≈ शुरू में ही दबा दिया गया; ~ grips western regions of the country ≈ देश के पश्चिमी क्षेत्रों को गिरफ़्त^F में लिये है. **terrorist** टें'रॅरिस्ट *n*^c. आतंकवादी [fierce भयंकर, international अंतर्राष्ट्रीय]; ~s exploded a bomb in the law court आतंकवादियों ने न्यायालय में बम-विस्फोट किया; two ~s have been shot dead दो ≈ मार दिए गए हैं; ~s kidnapped a minister's daughter ≈ किसी मंत्री की लड़की^F को उठा ले गए. **terrorize** टें'रॅराइज़ *v.t.* आतंकित करना, दहलाना : this mischievous boy ~s younger boys यह दुष्ट लड़का छोटे लड़कों को आतंकित करता है.

test टेंस्ट **I.** *n*^c. **1.** (trial, also scientific) परीक्षण, जाँच^F, परख^F [easy सरल, severe कठिन]; ~ of this machine is necessary इस मशीन^F की ≈ जरूरी है; to put smb or smth to ~ किसी व्यक्ति या बात^F/चीज़^F को आज़माना; the ~ of one's fidelity किसी की वफ़ादारी की परख^F. **2.** (examination) परीक्षण [annual वार्षिक, first प्रथम]; an eye ~ आँख का ≈; blood ~ खून का ≈; he stood the ~ well वह परीक्षण में पूरा उतरा; I have passed my ~ in the first division मैंने प्रथम श्रेणी^F में अपनी परीक्षा पास कर ली है. ~ **flight** परीक्षण उड़ान^F; ~ tube परीक्षण-नली^F; ~ in a laboratory प्रयोगशाला^F में ≈. **3.** (criterion) कसौटी^F, मापदण्ड [easy आसान, real वास्तविक]; he was true to the ~ वह ≈ पर खरा उतरा; this judgement will serve as a ~ यह निर्णय ≈ का काम देगा; there is no ~ of ability now अब योग्यता^F का कोई मापदण्ड नहीं है. **II.** *v.t.* परीक्षण करना : परीक्षा^F लेना : I had my eyes ~ed मैंने अपनी आँखों का परीक्षण कराया; the teacher ~ed students before their admission उनके प्रवेश से पहले अध्यापक ने छात्रों की परीक्षा ली. **testify** टेंस्'टिफ़ाइ *v.t.i.* (testified) **1.** साक्ष्य देना, गवाही^F देना : the witness testified in the law court साक्षी ने न्यायालय में गवाही दी; he testified against the plaintiff उसने वादी के विरुद्ध गवाही दी. **2.** प्रमाणित करना : he could not ~ the source of his statement वह अपने कथन के स्रोत को प्रमाणित न कर सका; I testified the fact मैंने इस तथ्य को प्रमाणित किया. **3.** (profess) प्रकट करना : to ~ one's faith अपना विश्वास

प्रकट करना. **4.** (to serve as a proof) प्रमाण होना : his silence testified his guilt उसका मौन उसके अपराध का प्रमाण है.

testimonial टॅस्टि मो'न्यल *n*[c]. **1.** प्रमाणपत्र, शंसापत्र, सिफारिशनामा, सिफारिशी चिट्ठी[F] : the candidate brought a good number of ~s from his teachers उम्मीदवार अपने अध्यापकों से कई सिफारिशी चिट्ठियाँ लाया; he presented many ~s at the interview उसने साक्षात्कार के समय कई प्रमाणपत्र प्रस्तुत किए. **2.** (gifts) उपहार : he was given many ~s on his 60th birthday उसे उसके साठवें जन्मदिवस पर कई ≈ दिये गए; they gave her electrical goods as ~ उन्होंने उपहार-स्वरूप उसे बिजली का सामान दिया.

text टॅक्स्ट *n*[c]. **1.** (मूल) पाठ : ~book पाठ्यपुस्तक; we shall see the ~ of his lecture हम उसके व्याख्यान का ≈ देखेंगे; first read the ~ of the subject पहले विषय का ≈ पढ़ो; a ~ prescribed by the university विश्वविद्यालय द्वारा निर्धारित किया गया पाठ; he could not find the ~ of that book वह उस किताब का ≈ नहीं पा सका. **2.** (quotation) उद्धरण, अवतरण : he has given many ~s in his explanation उसने अपनी व्याख्या[F] में कई उद्धरण दिये हैं.

textile टॅक्स' टाइल **I.** *n*[c]. कपड़ा, वस्त्र [cotton सूती, silk रेशमी]; he bought woollen ~s for making a coat and trousers उसने कोट और पैन्ट बनवाने के लिए ऊनी कपड़ा खरीदा; we should produce more ~s हमें और अधिक कपड़ा पैदा करना चाहिए. **II.** *a.* **1.** वस्त्र [industry उद्योग, mill मिल]; ~ industry is flourishing well in India वस्त्र उद्योग भारत में अच्छी तरह पनप रहा है. **2.** (woven) बुना हुआ [clothes कपड़े, fabrics वस्त्र].

texture टॅक्स्'चर *n.* **1.** (of colth) बुनावट[F] [close घनी, coarse भद्दी, fine महीन, loose ढीली]; the ~ of silken cloth is very smooth रेशमी कपड़े की ≈ चिकनी है. **2.** (structure) गठन[F], संरचना[F], बनावट[F] : a delicate ~ of our body हमारे शरीर की कोमल संरचना.

Th. Thursday; *suff.* 4th, 7th चौथा, सातवाँ.

than दैन *conj.* **1.** से, की अपेक्षा : you could do it better ~ anyone else तुम इसे किसी ≈ भी अच्छी तरह से कर सकते थे; you know him better ~ I तुम उसे मुझसे ज़्यादा अच्छी तरह जानते हो; he is taller than his sister वह अपनी बहन ≈ लंबा है; this room is bigger ~ the other one यह कमरा दूसरे कमरे से बड़ा है; no sooner ~ he left the home, it began to rain जैसे ही वह घर से गया बरसात[F] शुरू हो गई. **2.** *prep.* (सिवाय) : any boy other ~ Vijay विजय के सिवाय कोई और लड़का; more often ~ not प्रायः ; ~ nothing more or less ~ बस इतना : I expected nothing more ~ this मैं इससे अधिक की आशा[F] नहीं रखता था.

thank थैङ्क **I.** *v.t.* **1** धन्यवाद देना : ~ you for the present आपका उपहार के लिए धन्यवाद; ~ you very much आपका बहुत-बहुत धन्यवाद; I ~ed him for his trouble मैंने उसे कष्ट के लिए धन्यवाद दिया; I heartily ~ you for helping him उसकी सहायता[F] करने के लिए मैं आपको हार्दिक धन्यवाद देता हूँ; I forgot to ~ him मैं उसे धन्यवाद देना भूल गया. **2.** he has to ~ himself यह उसका अपना दोष है. **II.** thanks : many thanks बहुत धन्यवाद. **thankful** थैङ्क'फुल *a.* **1.** आभारी, कृतज्ञ : I am ~ to you for this kindness इस कृपा[F] के लिए मैं आपका ≈ हूँ; he will always be ~ to you if you do the work यदि तुम काम कर दो तो वह तुम्हारा सदा ≈ रहेगा; you should be ~ that you have recovered तुम्हें कृतज्ञता[F] प्रकट करनी चाहिए कि तुम अच्छे हो गए. **2.** कृतज्ञतापूर्ण [heart हृदय, look दृष्टि[F]]. [*ant* un~] **thankfully** थैङ्क'फुलि *adv.* कृतज्ञतापूर्वक : I accepted his gift ~ मैंने उसका उपहार ≈ स्वीकार किया. **thankless** थैङ्क'लिस *a.* **1.** कृतघ्न, नमक-हराम : ~ person ≈ व्यक्ति; ~ neighbour ≈ पड़ोसी. **2.** (profitless) व्यर्थ, बेकार [effort प्रयास, job काम]; don't trouble him, it will be a ~ attempt उसे परेशान न करो, यह व्यर्थ प्रयास होगा. **3.** (unappreciated) उपेक्षित [talk बात[F], task काम, work काम] **thanks** थैङ्क्स *n. pl.* (also interjection) धन्यवाद : many ~ for this pen इस कलम के लिए बहुत-बहुत ≈; give ~ to God ईश्वर को ≈ दो; he returned the books with ~ उसने ≈ के साथ किताबें[F] लौटा दीं; he expressed ~s to Mr. X उसने मि० एक्स के प्रति कृतज्ञता[F] प्रकट की; will you take smth? no, ~ आप कुछ लेंगे? नहीं, ≈. Δ ~to के कारण : ~ to your help, I have reached so high आपकी सहायता[F] के कारण मैं इतने ऊँचे पहुँचा हूँ.

that दैट **I.** *conj.* **1.** कि : I know that you were there मैं जानता हूँ कि तुम वहाँ थे; he said that he would come उसने कहा कि मैं आऊँगा; that he was ill, is a fact यह कि वह बीमार था, सच है; the night was so dark ~ I could not make out anything रात[F] इतनी अंधेरी थी कि मैं कुछ न समझ सका. **2.** (so that) ताकि : come here ~ I can whisper into your ears यहाँ आओ ≈ मैं तुम्हारे कान में कह सकूँ. **II.** *a.* (*pl.* those) यह, वह, उस, इस (before post position) [boy लड़का, statement कथन, table मेज़]; who is ~ fellow वह आदमी कौन है? who are those strangers वे अजनबी लोग कौन हैं? do you see the house at the end of that street क्या तुम उस गली के छोर पर मकान देखते हो? I do not like this tie, give me that one मुझे यह टाई[F] पसंद नहीं है, वह दो; your coat is lying in that room तुम्हारा कोट उस कमरे में पड़ा है; do you know ~ man क्या तुम उस आदमी को जानते हो? the harvest was rich ~ year उस साल फसल[F] अच्छी थी; look at ~ woman उस औरत को देखो. **III.** *adv.* (so) इतना : his play is not ~ good उसका नाटक ≈ अच्छा नहीं है. **IV.** *pron.* (*pl.* those) (demonstrative) वह; यह : who is ~ in the garden बगीचे में वह कौन है? ~ happened long ago वह बहुत पहले (घटित) हुआ था; ~ is a very good picture यह बहुत अच्छी तस्वीर है; ~ is the most authentic book in Russian रूसी में वह सबसे प्रमाणिक पुस्तक है; have you finished all ~ क्या तुमने वह सब (कुछ) समाप्त कर दिया? who told you ~ तुम्हें वह किसने बताया? I cannot do it like ~ मैं इसे उस तरह नहीं कर सकता; ~'s all बस; ~'s it ठीक है, यह बात[F] है. **V.** (relative pron.) जो, जिसे this is the best story ~ I have ever heard यह कहानी उन सबमें सबसे अच्छी है जो मैंने अब तक सुनी हैं; this is the man ~ lives here यह वही आदमी है जो यहाँ रहता है; ~ is अर्थात्. यानी : his relative ~ is his uncle उसके रिश्तेदार यानी उसके चाचा; *so* ~ जिससे कि, ताकि : work hard so ~ you may pass कठिन परिश्रम करो ताकि पास हो जाओ.

thatch थैच **I.** *n*[c]. छप्पर : a ~ hut caught fire छप्पर वाली झोपड़ी[F] में आग[F] लग गई; the ~ protects them from rain and sun ≈ उन्हें बरसात[F] और धूप[F] से बचाता है. **II.** *v.t.* छप्पर छाना/डालना : to ~ a house with straw, reeds, etc. घास-फूस, नरकुल आदि का ≈; they are ~ing their cottages वे अपनी झोपड़ियों पर छप्पर डाल रहे हैं.

the दि, द **I.** *article a.* **1.** (no translation in Hindi) ~ people of India भारत के लोग; I have a cow and a buffalo, ~ cow is white, ~ buffalo is black मेरे पास एक गाय[F] और एक भैंस[F] है, गाय सफेद है और भैंस काली; ~ geography of India भारत का भूगोल; ~ Ganga is a holy river गंगा[F] भारत की एक पवित्र नदी है; take this parcel to ~ railway station यह पार्सल रेलवे स्टेशन ले जाओ; the Himalayas are ~ highest mountains हिमालय सबसे ऊंचा पर्वत है; ~ Indians are hardworking भारतीय मेहनती होते हैं; ~ socialists are in majority समाजवादी बहुसंख्यक हैं; ~ moon, ~ sun shines brightly चाँद, सूरज खूब चमकता है; this is ~ most beautiful building यह सबसे सुंदर भवन है; he is ~ loveliest child वह सबसे प्यारा बच्चा है; help ~ poor गरीबों की सहायता[F] करो; ~ sky is blue आकाश नीला है; ~ sea is deep समुद्र गहरा है; he belongs to ~ South वह दक्षिण का रहनेवाला है. **2.** वह, वही : this is ~ book which I had given to you यह वही किताब[F] है जो मैंने तुमको दी थी; that is ~ man whom I met yesterday यह वही आदमी है जिससे मैं कल मिला था; I want ~ room मैं

वही कमरा चाहता हूँ. **II.** *adv.* ~ sooner ~ better जितना जल्दी हो, उतना ही अच्छा; the sooner is done, ~ better जितना जल्दी हो जाए अच्छा; ~ more, ~ happier जितना अधिक (धन) उतना अधिक खुश.

theatre (U.S. theater) थीअ'टर *n*[c]. **1.** थियेटर, रंगशाला[F], नाट्यशाला[F] [famous प्रसिद्ध, favourite प्रिय]; I was at the ~ yesterday मैं कल ≈ गया था; they have returned from the first show at the ~ वे ≈ के पहले शो से लौटे हैं; plays are performed at the ~ नाटक ≈ में खेले जाते हैं. **2.** कक्ष, हॉल : chemistry ~ रसायन ≈; operation ~ आपरेशन ≈. **3.** (scene) क्षेत्र : ~ of war युद्ध-क्षेत्र, युद्ध-भूमि[F]; Panipat was the ~ of many battles पानीपत बहुत-सी लड़ाइयों का रणक्षेत्र था. **theatrical** थि ऐ'ट्रिकल *a.* **1.** (of theatre) नाटकीय [company कम्पनी[F], performance प्रदर्शन]. **2.** (dramatic) नाटकीय-प्रभावशाली [effect प्रभाव/असर, event घटना[F]]. **3.** (emotional) भावुकतापूर्ण : ~ speech ≈ भाषण. **4.** आडंबरी, कृत्रिम, दिखावटी [behaviour व्यवहार, manner रीति].

thee दी *pron.* (old use) तुझे : I pray ~ O God, be merciful हे भगवान्, मैं तुझसे प्रार्थना करता हूँ, दया करो; I saw ~ going मैंने ≈ जाते देखा.

theft थॅफ़्ट *n*[c]. चोरी[F] : ~ of a watch घड़ी[F] की ≈; he was sentenced to three years' imprisonment for ~ उसे चोरी के लिए तीन साल की कैद[F] हुई; he was guilty of ~ वह ≈ का दोषी पाया गया; the judge acquitted him of ~ जज ने उसे ≈ से बरी कर दिया; she was jailed for ~ उसे चोरी के लिए जेल भेज दिया गया.

their दॅअर *pron.* (*pl.* of his, her, its) उनका, इनका [family परिवार, house मकान, right अधिकार]; those are ~ books not ours वे उनकी किताबें हैं; हमारी नहीं; write down ~ names उनके नाम लिख लो; I took ~ ticket by mistake मैंने भूल से उनका टिकट ले लिया; she is ~ sister वह उनकी बहन है; they finished ~ work उन्होंने अपना काम समाप्त कर दिया; they have a car of ~ own उनके पास अपनी कार है. [*as distinct from* there] **theirs** दॅअर्ज़ *pron. pl.* (predicative) उनका, इनका : I met a friend of ~ yesterday कल मैं उनके एक मित्र से मिला; are these magazines yours or ~ ये पत्रिकाएँ तुम्हारी हैं या उनकी; they came to my house, but I did not go to ~ वे मेरे घर आए लेकिन मैं उनके घर नहीं गया; this box is ~ यह संदूक उनका है.

them दॅम *pron.* (from 'they') उनको, उन्हें, इन्हें, इनको : I put ~ on the tabel मैंने उन्हें मेज़ पर रख दिया; I explained to ~ everything मैंने उन्हें सब कुछ बता दिया; let ~ do it themselves उन्हें यह स्वयं करने दो; I am surprised at ~ मुझे उन पर आश्चर्य है; we were invited by ~ हम उनके द्वारा आमंत्रित थे; I did not notice ~ मैंने उन पर ध्यान नहीं दिया; don't laugh at ~ उन पर मत हँसो; do not think about ~ उनके बारे में मत सोचो; I bought it for ~ मैंने यह उनके लिए खरीदा. **themselves** दॅम्'सेल्व़्ज़ *emphatic pron.* आप, स्वयं, अपने से : they saw it ~ उन्होंने इसे स्वयं देखा; they were able to go there ~ वह वहाँ स्वयं जाने में समर्थ थे; children do not go out by ~ बच्चे अपने-आप बाहर नहीं जाते; they dressed ~ quickly उन्होंने स्वयं जल्दी से अपनी पोशाकें[F] पहन लीं; they like to wash ~ with cold water वे (स्वयं को) ठंडे पानी से नहाना-धोना पसंद करते हैं; they wrote all this by ~ उन्होंने यह सब स्वयं लिखा; these measures were important in ~ ये उपाय स्वयं में महत्वपूर्ण थे.

theme थीम *n*[c]. विषय, विषय-वस्तु[F] : original ~ मूल विषय; the ~ of his talk was patriotism उनकी वार्ता[F] का विषय था देश-प्रेम; what is the ~ of this drama, essay इस नाटक, निबंध की विषय-वस्तु क्या है ?

then दॅन **I.** *adv.* **1.** (at that time) तब, उस समय : he was ≈ a student तब वह छात्र था; he lived in the village ~ वह ≈ गाँव में रहता था, ~ you should have said so तब तुम्हें ऐसा कह देना चाहिए था, he was ~ little known as a writer लेखक के रूप में तब वह

बहुत कम जाना जाता था; he got the cash *then and there* उसे तब और वहीं (तत्काल) नकदी[F] मिली. [*ant.* now] **2.** (afterwards) तब, फिर, उसके बाद, तत्पश्चात् : stick a stamp and ~ post it टिकट चिपकाओ और ≈ इसे डाक में डाल दो; I will ~ come to the party मैं इसके बाद पार्टी[F] पर/में आऊंगा; ~ he began to tell me about it फिर वह इसके बारे में मुझे बताने लगा; in the procession there were elephants and ~ came horses जलूस में हाथी थे और ≈ आए घोड़े; I went to Delhi and ~ to America मैं दिल्ली गया और ≈ अमेरिका. **3.** (besides) इसके अतिरिक्त : I am busy and ~ I know nothing about it मैं व्यस्त हूँ और ≈ इसके बारे में मैं कुछ नहीं जानता; I have two brothers and ~ a sister मेरे दो भाई हैं और उसके अतिरिक्त एक बहन. **II.** *conj.* **1.** तो : if he does not come, ~ I shall send for him यदि वह नहीं आता तो मैं उसे बुला भेजूँगा ; if you like to stay, ~ do यदि तुम ठहरना चाहते हो तो ठहरो. **2.** इसलिए, अतः a = 4, and b = 5, ~ab = 20 अ = 4, और ब = 5, इसलिए अ ब = 20; **III.** *a.* तत्कालीन, उस समय का : last year I met the ~ chairman मैं पिछले साल तत्कालीन चेयरमैन से मिला था; Calcutta, the ~ capital of India कलकत्ता भारत की तत्कालीन राजधानी[F]. **IV.** *n.* वह समय : by ~ उस समय तक : he will come back by ~ वह उस समय तक वापस आ जाएगा; from ~ तब से, उस समय से; since ~ तब से : he has been absent since ~ तब से वह अनुपस्थित है; till ~ तब तक : you shall have to wait till ~ तुम्हें तब तक इंतजार करना होगा. **thence** दें'न्स **I.** *adv.*, वहाँ से, उस जगह से : he set out ~ वह ≈ से चल दिया; we went to Agra and ~ to Delhi हम आगरा गए और वहाँ से दिल्ली; a year ~ I was transferred एक साल बाद मैं वहाँ से स्थानांतरित कर दिया गया. [*ant.* hence, whence] **II.** *conj.* इस से, इसलिए : he kept silent, ~ we thought that he was guilty वह चुप रहा, इससे हमने सोचा कि वह दोषी है. **thenceforth** दें'न्स' फ़ोर्थ, **thenceforward** *adv.* तब से, उस समय से : ~ he has been ill तब से वह बीमार रहा है.

theoretical थीअ रें'टिकल *a.* सिद्धांतसंबंधी, सैद्धान्तिक [discussion चर्चा[F], knowledge ज्ञान]; the ~ music ≈ संगीत; ~ physics शुद्ध भौतकी[F]. **theory** थीअ'रि *n*[c]. (*pl.* theories) सिद्धांत [scientific वैज्ञानिक, well-known जाना हुआ]; ~ of evolution विकासवाद का ≈; there are many theories about the origin of language भाषा के उद्‌भव के बारे में बहुत-से ≈ हैं; the difference between ~ and practice ≈ और व्यवहार में अंतर; this is the original ~ यह मूल ≈ है; his ~ was confirmed उसके ≈ की पुष्टि[F] कर दी गई; he presented his ~ on democracy उसने लोकतंत्र पर अपना ≈ प्रस्तुत किया; your idea is all right in ~ तुम्हारा विचार सिद्धांतरूप में बिल्कुल सही है; I have learnt Darwin's ~ मैंने डार्विन का सिद्धांत जान लिया है; your plan is acceptable in ~ तुम्हारी योजना[F] सिद्धांततः स्वीकार्य है. [*ant.* practice]

there देअर *adv.* **1.** वहाँ, उस स्थान पर, उसमें : there was nobody ~ वहाँ कोई नहीं था; how many speakers will ~ be वहाँ कितने वक्ता होंगे? I hope to go ~ next summer मैं अगली गर्मियों[F] में वहाँ जाने की आशा[F] रखता हूँ; is ~ any particular thing क्या वहाँ कोई विशेष बात[F] है? ~ and then वहीं पर और तभी : they will meet ~ and then वह वहीं पर और तभी मिलेंगे. [*ant.* here] **2.** (no translation, merely introductory) ~ are no students here यहाँ कोई छात्र नहीं हैं? ~ is a dog in your room तुम्हारे कमरे में एक कुत्ता है; was ~ anything about me in the letter क्या पत्र में मेरे बारे में कुछ था? ~ cannot be more than two hotels in this town इस कस्बे में दो से अधिक होटल नहीं हो सकते; are there any other questions क्या और कोई प्रश्न हैं? ~ was a garden behind the house घर के पीछे एक बगीचा था; there is only one window in the room कमरे में केवल एक खिड़की[F] है. **3.** ~ you are यह लीजिए; ~ goes your bus वह जा रही है तुम्हारी बस.

~about *adv.* **1.** वहाँ-कहीं : the book must be somewhere ~about पुस्तक वहीं-कहीं अवश्य होगी. **2.** लगभग, करीब-करीब : I shall come back at 6 o' clock or ~about मैं छह बजे या इसके लगभग वापस आ जाऊंगा; a thousand people or ~ एक हज़ार या इसके लगभग लोग. **~abouts** *adv.* के आस-पास : he lives on Mahatma Gandhi Road or ~abouts वह महात्मा गाँधी रोड या उसके आस-पास रहता है; this luggage is 20 kg. or ~abouts यह सामान 20 किलो या उसके लगभग है. **~after** *adv. con.* तब, उसके बाद; ~ after he was taken to the police station ≈ उसे थाने ले जाया गया; I reached home at 5 o' clock, my wife came ~after मैं पाँच बजे घर पहुँचा और मेरी पत्नी उसके बाद आई. **~at** *conj.* इस पर : I warned him, ~at he became angry मैंने उसे चेतावनी[F] दी, इस पर वह नाराज़ हो गया. **~by** देअ़र बाइ' *adv.* इससे, उसके द्वारा : I gave him good advice and hope that he will profit ~by मैंने उसे अच्छी सलाह[F] दी और आशा[F] करता हूँ कि इससे उसे लाभ होगा; he is now eighteen years old, ~ by he can vote अब वह अठारह साल का है इसलिए वह वोट दे सकता है; he was absent without leave and ~by was sacked वह बिना छुट्टी लिए अनुपस्थित था और इसलिए उसकी छुट्टी हो गई. **~fore** *conj.* इसलिए : he had a licence, ~fore he could sell opium उसके पास लाइसेंस था इसलिए वह अफ़ीम बेच सकता था; the weather was very bad ~fore he could not come मौसम बहुत ख़राब था, ≈ वह नहीं आ सका; we may ~fore believe it ≈ हम इस पर विश्वास कर लें; there is ~fore little doubt about it ≈ उसके बारे में कुछ संदेह नहीं ही है; it would ~fore be a mistake to think so ऐसा सोचना ≈ गलती[F] होगी. [*ant.* because] **~from** *adv.* वहाँ से : he was in his office, I do not know where he has gone ~from वह अपने कार्यालय में था, मैं नही जानता कि वह वहाँ से कहाँ चला गया. **~in** *adv.* इसमें, उसमें : all the terms are contained ~in इसमें सभी शर्तें[F] आ गई हैं; he is still a bachelor, ~in lies the cause of his unhappiness वह अभी तक कुँआरा है, यही कारण है उसके अप्रसन्न रहने का. **~on** *adv.* उस पर : I read the report and wrote remarks ~on मैंने रिपोर्ट[F] पढ़ी और अपनी टिप्पणी[F] उस पर लिख दी. **~to** *adv.* उसके साथ : no terms are attached ~to इसके साथ कोई शर्तें[F] नत्थी[F] नहीं हैं. **~under** *adv.* इसके अंदर : the mine with minerals found ~ under उन खनिजों वाली खान[F] जो उसके अंदर पाए गए, **~upon** *adv.* उस पर, तब, तदनंतर : ~upon she started abusing him ≈ उसने उसे गाली[F] देना शुरू कर दिया; I left the place ~upon ≈ मैंने वह स्थान छोड़ दिया. [*as distinct from* their]

thermometer थर् मॉ'मिटर n^c. तापमापी, थर्मामीटर : I put the ~ in his mouth to test his temperature उसका ताप जाँचने के लिए मैंने ≈ उसके मुँह में रखा; the ~ shows that he has 100° fever ≈ बताता है कि उसका बुख़ार 100° है; the nurse had taken his temperature with a ~ नर्स ने ≈ से उसका तापमान लिया था.

thermos थर्'मस (also thermos flask) n^c. थर्मस [medium-sized मध्यम आकार का, small छोटा]; ~bottle ≈ बोतल; yesterday he bought a ~ for two hundred rupees कल उसने दो सौ रुपए में एक ≈ ख़रीदा; the tea is in the ~ चाय ≈ में है.

these दीज़ **I.** *dem. pron.* (*pl.* of this) ये, इन्हें, इन : 'these' is plural of 'this' 'ये' 'यह' का बहुवचन है; ~ are my friends ये मेरे मित्र हैं; ~ are my books ये मेरी किताबें[F] हैं. **II.** *a.* ये, इन : ~ books are his ये किताबें[F] उसकी हैं; I like ~ flowers मैं इन फूलों को पसंद करता हूँ; I shall take ~ three magazines मैं ये तीन पत्रिकाएँ[F] लूँगा; take one of ~ shirts इन कमीज़ों[F] में से एक ले लो; he is living outside ~ days इन दिनों वह बाहर रह रहा है.

thesis थी'सिस n^c. (*pl.* theses) **1.** (treatise) शोध-प्रबंध, थीसिस : he submitted his ~ on Tulsi's philosophy उसने तुलसी दर्शन पर अपना ≈ प्रस्तुत किया; she was awarded the degree when her ~ was accepted उसका ≈ स्वीकृत होने पर उसे उपाधि[F] दी गई.

2. (proposition) सिद्धांत, मत, धारणा[F] : he pressed his ~ in the meeting उसने बैठक[F] में अपना सिद्धांत बलपूर्वक रखा; his ~ may prove wrong उसकी धारणा ग़लत सिद्ध हो सकती है.

they दे *pron.* (*pl.* of he, she, it) वे, ये : ~ are here वे यहाँ हैं; ~ are good friends वे अच्छे मित्र हैं; ~ will come tomorrow वे कल आएँगे; ~ all speak Russian very well वे सब रूसी अच्छी तरह बोलते हैं; ~ wanted to go there वे वहाँ जाना चाहते थे; ~ thought that it would be easy उन्होंने सोचा कि यह आसान होगा; ~ are the students of high school वे सब हाई स्कूल के विद्यार्थी हैं; ~they're (~ are) playing वे सब खेल रहे हैं; ~'ll come back tonight वे आज रात वापस आएँगे; **~'d** (i) = ~ had, (ii) ~ would; **~'ll** = ~ will; ~'re = ~ are; ~'ve = ~ have.

thick थिक **I.** *a.* (thicker, thickest) **1.** मोटा [cloth कपड़ा, paper काग़ज़, wire तार]; ~ wall मोटी दीवार[F]; ~ layers मोटी परतें; the snow lay two metres ~ दो मीटर मोटी बर्फ़[F] पड़ी; he bought a ~ cotton sheet उसने एक मोटी सूती चादर ख़रीदी; the pages of this book are very ~ and smooth इस किताब के पन्ने बहुत मोटे और चिकने हैं. **2.** (of line रेखा, lens लेंस) मोटा : the ~ glass of the spectacles चश्मे का मोटा शीशा. **3.** (dense) घना : ~ forest ≈ जंगल; ~ hair घने बाल; ~fog ≈ कोहरा ≈. **4.** (of liquid) गाढ़ा [juice रस, milk दूध, soup सूप]. [*ant.* thin] **5.** (voice) अस्पष्ट, भर्राया हुआ : I could not understand his ~ speech मैं उसका ≈ भाषण नहीं समझ सका. **6.** (dull) मंदबुद्धि, जड़मति : he has a ~ head, he is ~ -headed वह बुद्धू है; ~ pupils worry me ≈ शिष्यों की मुझे चिंता[F] रहती है. **7.** (intimate) घनिष्ठ, गहरा : these friends are ~ ये गहरे मित्र हैं. **Δ to have a ~skin** मोटी चमड़ी[F] होना : he is never offended, he has a ~skin वह कभी बुरा नहीं मानता, उसकी चमड़ी मोटी है. [*ant.* thin] **II.** *adv.* **1.** ज़ोर से, तड़ातड़, लगातार, अंधाधुंध : they began to fire ~ उन्होंने ≈ फ़ायर करना शुरू कर दिया. **2.** मोटा-मोटा : spread the butter ~ मक्खन ≈ लगाओ. **III.** *n*[u]. **1.** in the ~ of the battle लड़ाई के ठीक बीच में. **2.** through ~ and thin हर तरह के सुख-दुख में : you will find him indifferent in ~ and thin तुम उसे ≈ तटस्थ पाओगे. [*ant.* thin] **thicken** थि'कन *v.t.i.* गाढ़ा (घना, मोटा) बनाना या बनना : mother ~ed the custard by adding corn flour माँ ने मक्की का आटा मिलाकर कस्टर्ड गाढ़ा बना दिया; smoke is ~ing धुँआ घना हो रहा है; crowd is ~ing भीड़ बढ़ रही है. **thickly** थिक्'लि *adv.* सघन, घना, मोटे/संघटित रूप में : a ~ populated city घना बसा हुआ नगर; the hills in Shimla were ~covered with snow शिमला की पहाड़ियाँ बर्फ की मोटी परत से आच्छादित थीं. **thickness** थिक्'निस *n.* मोटाई[f], गाढ़ापन : what is the ~ of this wall इस दीवार[f] की मोटाई क्या है? what is the ~ of this cardboard इस कार्डबोर्ड की मोटाई कितनी है? today milk has less ~ आज के दूध में कम गाढ़ापन है. **thick-skinned** *a.* मोटी चमड़ी वाला : ~ people never worry about ill-fame मोटी चमड़ी वाले लोग कभी बदनामी[F] की चिंता[F] नहीं करते.

thief थीफ़ *n*[c]. (*pl.* thieves) चोर : petty ~ उचक्का, चोट्टा, उठाईगीर : a ~ entered the house and got away with my watch एक ≈ घर में घुस आया और मेरी घड़ी[f] चुरा ले गया, the police arrested a ~ yesterday पुलिस ने कल एक ≈ को पकड़ा; the ~ ran away with his cycle चोर उसकी साइकिल लेकर भाग गया. **thieve** थीव़ *v.t.* चोरी करना, चुराना : he did not ~ your watch उसने तुम्हारी घड़ी[F] नहीं चुराई; you should give up thieving तुम्हें चोरी करना छोड़ देना चाहिए.

thigh थाइ *n*[c]. जाँघ[F] : he was hit on his ~ उसकी ≈ पर प्रहार हुआ (चोट[F] आई); she had a fall and her ~ bone fractured वह गिर पड़ी और उसकी जाँघ की हड्डी[F] टूट गई.

thin थिन **I.** *a.* (thinner, thinnest) **1.** पतला, बारीक, महीन [cloth कपड़ा, paper काग़ज़, thread धागा, wire तार]; ~ rope पतली रस्सी; I want some ~ner papers मैं इनसे

कुछ पतले काग़ज़ चाहता हूँ; he bought a ~ blanket उसने एक पतला-सा कंबल खरीदा; this glass is very ~ यह शीशा बहुत पतला है; he often wears a ~ shirt प्रायः वह एक पतली कमीज़ पहनता है. [*ant.* thick] **2.** (lean) दुबला-पतला : she looks ~ वह दुबली-पतली लगती है.; he has been very ~ since his childhood वह अपने बचपन से ही बहुत ≈ है; her illness left her ~ उसकी बीमारी^F ने उसे दुबला बना दिया. [*ant.* fat] **3.** (sparse) विरल, कम : ~ crowd ≈ भीड़^F; ~ population ≈ आबादी^F; the audiences was very ~ श्रोताओं की संख्या^F बहुत कम थी; his hair is getting ~ उसके बाल विरल/पतले होते जा रहे हैं. **4.** (of liquid) पतला : a ~ mixture ≈ घोल. **5.** (of voice) बारीक : he speaks in a ~ voice वह बहुत ≈ आवाज़^F में बोलता है. **II.** *v.t.* पतला/महीन या बारीक बनना या बनाना : to ~ the syrup with water पानी से शरबत को पतला करना; the mist will ~ soon कुहरा शीघ्र ही छँट जाएगा; the patient is ~ning रोगी पतला हो रहा है. **thinly** थिन्'लि *adv.* **1.** थोड़ा, कम : it is a ~ populated area यह कम जनसंख्या^F वाला क्षेत्र है. **2.** पतला-पतला : spread butter on your toast ~ अपने टोस्ट पर मक्खन ≈ लगाओ. **thinness** थिन्'निस *n*^u. **1.** पतलापन : ~ of syrup सिरप का ≈; ~ of paper काग़ज़ का ≈. **2.** दुबलापन : the disease has reduced her to ~ बीमारी^F ने उसे दुबला बना दिया है.

thine दाइन *pron.* (old use) तेरा : ~ is the power and grace, O' God हे ईश्वर, तेरी ही शक्ति^F और कृपा^F है; I live on ~ help, O' God हे ईश्वर, मैं तेरे सहारे जीवित हूँ.

thing थिङ्ग *n*^c. **1.** वस्तु^F, चीज़^F, पदार्थ [old पुरानी, useless बेकार, valuable कीमती]; what do you call this ~ तुम इस ≈ को क्या कहते हो? all the ~s in the room are very attractive कमरे की सब चीज़ें बहुत ही आकर्षक हैं; he has many ~s in his bag उसके झोले में बहुत-सी चीज़ें हैं; put the ~s in order इन वस्तुओं को क्रम से रखो; where are my ~s मेरी चीज़ें कहाँ हैं? **2.** (matter, item) बात^F : for one ~ पहली ≈ यह है; it is another ~ यह दूसरी ≈ है; you took those ~s seriously तुमने उन बातों को गंभीरता^F से ले लिया; you should not say such ~s तुम्हें ऐसी बातें नहीं कहनी चाहिए; I have one ~ more to say मुझे एक बात और कहनी है; there are many ~s worrying me बहुत-सी बातें हैं जो मुझे चिंतित कर रही हैं. **3.** (event) घटना^F : I know nothing about that thing मैं उस ≈ के बारे में कुछ नहीं जानता; this riot was a terrible ~ यह फ़साद एक ख़तरनाक ≈ थी. **4.** (subject) विषय : this ~ has never come in my talks यह ≈ मेरी वार्ताओं^F में कभी नहीं आया. **5.** (matter) मामला : that was the most complicated ~ वह सबसे जटिल ≈ था. **6.** (act) काम, कार्य [dangerous ख़तरनाक, important महत्वपूर्ण]; it is a very difficult ~ to do इस काम को करना बहुत कठिन है; I have many ~s to do मुझे बहुत से काम करने हैं; I shall do it first ~ मेरा यह पहला काम होगा. **7.** (*pl.* belongings) सामान : he has taken general ~s for his tour उसने अपने दौरे के लिए साधारण-सा ≈ ले लिया है. **make a good ~ of** से लाभ उठाना : he is now making a good ~ of my weakness वह अब मेरी कमज़ोरी^F से लाभ उठा रहा है. ~ to make a ~ of अत्यधिक महत्त्व देना; you unnecessarily make a ~ of his simplicity तुम अनावश्यक रूप से उसकी सरलता को अत्यधिक महत्त्व देते हो.

think थिङ्क *v.t.* (*p. & p.p.* thought) **1.** (reflect, ponder about) विचार करना, सोचना, चिंतन करना : let me ~ मुझे सोच लेने दो; you ~ in Hindi, then render it into English तुम हिंदी में सोचते हो और फिर इसका अनुवाद अंग्रेज़ी में कर देते हो; you have no reason to ~ like that तुम्हें ऐसा सोचने का कोई कारण नहीं है; I ~ so मैं ऐसा सोचता हूँ; I can't ~ what his name is मैं नहीं सोच सकता कि उसका क्या नाम है; ~ before you speak बोलने से पहले सोचो; ~ before you take action कार्यवाही^F करने से पहले विचार करो; I am ~ing of going मैं जाने की सोच रहा हूँ; I could not ~ at that time उस समय मैं नहीं सोच सका. **2.** (understand)

समझना : I ~ he is right मैं समझता हूँ कि वह सही है; I thought her very clever मैंने उसे बहुत चालाक समझा. Δ ~ **better of** छोड़ देना, मन बदलना : he intended to go, but later thought better of it उसने जाने का इरादा किया पर बाद में विचार बदल दिया; ~ **fit** पसंद करना, ठीक समझना : which thing do you ~ fit तुम कौन-सी चीज़ ठीक समझते हो ? **to ~ highly of smb** किसी के बारे में अच्छी राय रखना : ~ **much of** की बहुत कद्र[F] करना : I always ~ much of your time मैं आपके समय की हमेशा बहुत कद्र करता हूँ; ~ **nothing of** तुच्छ समझना : she ~s nothing of his ability वह उसकी योग्यता[F] को तुच्छ समझती है; ~ **aloud** मन में उठते हुए विचारों को कहते जाना : he was ~ing aloud that he should go to the fair वह मन में उठते विचारों को कहते जा रहा था कि मुझे मेले जाना चाहिए; ~ **smth over** विचार कर लेना : he thought it over and said 'no' उसने इस पर विचार करके कहा कि 'नहीं'; they thought **up** a plan उन्होंने एक योजना[F] सोच निकाली. **thinker** थिङ्'कर **I.** *n*[c]. विचारक [clever चतुर, great महान्, solid ठोस] : he is supposed to be a ~ वह एक गंभीर ≈ माने जाते हैं. **thinking** थिङ'किङ्ग *n*[u]. चिंतन, सोच-विचार : he did a lot of ~ उसने बहुत अधिक ≈ किया; nothing is good or bad, only ~ makes it so कुछ भी अच्छा या बुरा नहीं होता, केवल सोच-विचार ही इसे ऐसा-वैसा बनाता है; his ~ is not good उसका ≈ ठीक नहीं है. **II.** *a.* विचारशील : (rational) विवेकी [people लोग, student छात्र, teacher अध्यापक]; he is a good ~ man वह बहुत ≈ व्यक्ति है.

third थर्ड **I.** *a.* **1.** तीसरा, तृतीय [class दर्जा, week सप्ताह, year वर्ष]; he has come here ~ time वह यहाँ तीसारी बार आया है; he lives on the ~ floor वह तीसरी मंज़िल[F] पर रहता है. **2.** (gram.) ~ person अन्य पुरुष : he, she and it are ~ person pronouns यह, वह अन्य पुरुष सर्वनाम हैं; ~ class, ~ rate घटिया : he is a ~ class/rate teacher वह एक घटिया अध्यापक है; she bought a ~ class machine उसने एक घटिया मशीन[F] खरीदी. **II.** *n*[c]. **1.** तिहाई [one एक, two दो]. **2.** तीसरी तारीख : he will return on the ~ of the next month वह अगले महीने की ≈ को लौटेगा. **III.** *adv.* तीसरा : he came ~ in race दौड़[F] में वह ≈ आया. **thirdly** थर्ड'लि *adv.* तीसरे : first he is a moneyed man, secondly, he was not there, and ~, he is an honest man therefore he is not a thief एक तो यह कि वह पैसेवाला आदमी है, दूसरे वह वहाँ नहीं था और ≈ वह ईमानदार व्यक्ति है, इसलिए चोर नहीं है.

thirst थर्स्ट **I.** *n*[u]. प्यास[F] : I was suffering from ~ मुझे ≈ लगी थी; ~ for knowledge ज्ञान की ≈; a camel driver died of ~ in Rajasthan एक ऊंटहरा राजस्थान में ≈ से मर गया; now you can quench your ~ अब तुम अपनी ≈ बुझा सकते हो. **II.** *v.t.* **1.** प्यासा लगना, प्यासा होना : to ~ for knowledge ज्ञान की ≈. **2.** तरसना : he is ~ing for money वह पैसे के लिए तरस रहा है. **thirsty** थर्स'टि *a.* (thirstier, thirstiest) **1.** प्यास : I am very ~ and want water मैं बहुत ≈ हूँ और पानी चाहता हूँ; they were hungry and ~ वे भूखे और प्यासे थे; he is ~ for name and fame वह नाम और कीर्ति[F] पाने को प्यासा है. **2.** (of land) सूखा : fields are ~ for rain खेत बरसात[F] के बिना सूखे हैं.

thirteen थर्'टीन' *n.* तेरह : some people have superstition about number ~ कुछ लोगों में ≈ संख्या[F] के बारे में अंध-विश्वास है; he is aged ~ वह ≈ साल का है; they are ~ in number वे संख्या[F] में ≈ हैं. **thirteenth** थर्टीन्थ' *a.* तेरहवाँ, त्रयोदश : I was born on the ~ of April मैं तेरह अप्रैल को पैदा हुआ था; he will get only the ~ part of it उसे इसका केवल ≈ भाग मिलेगा; he came ~ in the race वह दौड़ में ≈ आया. **thirtieth** थर'टीअथ *a.* तीसवाँ : on the ~ January तीस जनवरी को; he is ~ in his class वह अपनी कक्षा[F] में ≈ है; in the ~ year of his life अपने जीवन के ≈ साल. **thirty** थर्'टि' *n*[c]. तीस, त्रिंशत् : April has ~ days अप्रैल में ≈ दिन होते हैं; she was about ~one years वह लगभग इकतीस साल की थी; she is ~ years old वह ≈ साल की है, उसकी उम्र^F तीस साल है; she will not be above ~ years वह ≈ साल से ज्यादा की नहीं होगी; I had then ~ rupees मेरे पास तब ≈ रुपए थे.

this दिस **I.** *pron.* (*pl.* these) यह : I know ~मैं ≈ जानता हूँ; I do not like ~मैं यह पसंद नहीं करता; ~ is my pen and that one is yours ≈ मेरी कलम है और वह तुम्हारी; what is ~? ≈ क्या है ~ is my own scooter ≈ 'मेरा अपना स्कूटर है; yes, he had said like ~ हाँ उसने ऐसा कहा था; ~ afternoon, evening, morning आज बाद दोपहर, शाम^F, सुबह^F; ~ day, week, month इस दिन, हफ़्ते, महीने. **II.** *a.* यह [place स्थान, work काम]; ~ house, question ≈ घर, प्रश्न; she lives in ~ house वह इस घर में रहती है; you came late ~ time तुम इस बार देर से आए हो; ~ city is very dirty ≈ शहर बहुत गंदा है; ~ way is the best ≈ रास्ता सबसे अच्छा है; these books are not mine ये किताबें मेरी नहीं हैं. **III.** *adv.* ~ much इतना : I want ~ much milk मैं इतना दूध चाहता हूँ.

thither दि'दर *adv.* उधर : go ~ and find your books there ≈ जाओ और वहाँ अपनी किताब ले लो; they walked hither and ~ वे इधर-उधर चलते रहे.

thorn थार्न *n*^c. **1.** काँटा : this plant has ~ s इस पौधे में काँटे हैं; ~s on a tree किसी पेड़ के काँटे; a ~ caused the puncture in his bicycle tyre एक काँटे ने उसकी साइकिल के टायर में पंक्चर कर दिया; a ~ pricks काँटा चुभता है. there is no rose without a ~ बिना काँटों के गुलाब नहीं होता, बिना दुःख के सुख नहीं. Δ **to sit on** ~s कष्ट में होना; **~apple** धतूरा. **2.** (nuisance) कंटक : this will be a ~ to the roadusers सड़क पर जाने वालों के लिए यह ≈ है. **thorny** थार्'नि. **1.** कँटीला, काँटेदार [bush झाड़ी, path रास्ता]; this way is very ~, you should wear shoes यह रास्ता बहुत ही ≈ है तुम्हें जूते पहन लेने चाहिए. **2.** पेचीदा, जटिल [problem समस्या^F, subject विषय, work काम].

thorough थ'रॅ, थ'रो *a.* **1.** (complete) पूरा, पूर्ण, सम्पूर्ण [knowledge ज्ञान, search खोज^F, test जाँच^F]; now the administration needs ~ reformation अब प्रशासन में पूर्ण सुधार की आवश्यकता^F है; it was a ~ waste of time यह समय की पूरी बरबादी थी; he has ~ knowledge of his subject उसे अपने विषय का पूरा ज्ञान है. **2.** (out and out) सच्चा, पक्का : ~ gentleman, nationalist ≈ भद्र पुरुष, राष्ट्रवादी; he is a ~ scoundrel वह ≈ बदमाश है. **~fare** *n*^c. आम रास्ता : there is no ~ from this gate इस गेट से कोई ≈ नहीं है; why don't you go by the ~ तुम ≈ से क्यों नहीं जाते? **thoroughly**. थ'रॅलि *adv.* पूर्ण रूप से, पूरी/अच्छी तरह से : the doctor examined me ~ डाक्टर ने अच्छी तरह से मेरा परीक्षण किया : she cleaned the furniture ~ उसने फर्नीचर अच्छी तरह से साफ किया; let your clothes ~ dry अपने कपड़े पूरी तरह से सूख जाने दो; I feel ~ broken down मैं पूर्णतया चूर हो गया हूँ; he is ~ foolish वह पूरा मूर्ख है.

those दोज़ *a. & pron.* (third person ; *pl.* of 'that') वे [books किताबें^F, ideas विचार, people लोग]; ~ are my children वे मेरे बच्चे हैं; ~ are great friends वे बड़े/भारी मित्र हैं; ~ are there ≈ वहाँ हैं; ~ were not my words वे मेरे शब्द नहीं थे; can you see ~ boats on the river क्या तुम नदी में उन नावों को देख सकते हो? will you bring ~ dishes on the table क्या तुम उन थालियों को मेज़ पर लाओगे? ~ are exceptions ≈ सब अपवाद हैं.

thou दाउ *pron.* (old use) (second person) तू : ~ art a young man ≈ एक युवा व्यक्ति है; ~ shalt not harm others तुझे दूसरों को नुकसान नहीं पहुँचाना चाहिए; ~ canst do it ≈ यह कर सकता है.

though दो *conj.* यद्यपि, हालाँकि, भले ही : he finished first, ~ he began last उसने पहले समाप्त कर दिया ≈ शुरू अंत में किया था; ~ he did not help me, I could finish the work ≈ उसने मेरी सहायता^F नहीं की (फिर भी) मैं काम पूरा कर सका; she is an experienced worker, ~ she is still quite young वह एक अनुभवी कार्यकर्त्री है, ≈ वह अभी बहुत छोटी है; it is a tedious task, I like it ~ यह काम है तो कड़ा ≈ मुझे पसंद है; ~ he worked hard yet he failed in the examination यद्यपि उसने कठिन परिश्रम किया, (फिर भी) परीक्षा^F में असफल हो गया; as ~ (as if) मानो, जैसे : you walk as ~ you are ill तुम ऐसे चलते हो ≈ बीमार हो.

thought थॉट *n*^c. **1.** विचार, ख़्याल [clear स्पष्ट, complicated जटिल, evil बुरा]; I had such ~s मेरे ऐसे ≈ थे; she sat in deep ~ वह गहरे ≈ में बैठी थी; after a long ~ he came to the conclusion लंबे सोच-विचार के बाद वह इस निष्कर्ष पर पहुँचा; such a ~ never entered my mind ऐसा विचार मेरे मन में कभी नहीं आया; he was lost in ~s when I went to see him जब मैं उससे मिलने गया तो वह विचारों में खोया था. **2.** (usu. *pl.*) (body of opinions) विचार-धारा^F: recent philosophical ~ आधुनिक दार्शनिक ≈; ~s of great men महान लोगों की ≈; have you studied the ~s of Tagore क्या तुमने टैगोर की ≈ का अध्ययन किया है? I know your ~s on this subject मैं इस विषय पर आपकी ≈ से परिचित हूँ. **3.** (intention) इरादा, विचार : I had no ~ of offending you तुम्हें नाराज़ करने का मेरा कोई इरादा नहीं था. **II.** *v.t past* of 'think' *q.v.*; I have never ~ so even in my dream मैंने ऐसा सपने में भी कभी नहीं सोचा था. **thoughtful** *a.* **1.** विचारमग्न, ध्यानमग्न [philosopher दार्शनिक, saint संत/संन्यासी]; she became ~ for a moment वह एक क्षण के लिए ≈ हो गई. **2.** (by nature) विचारशील, गंभीर : Tirath is a ~ boy तीरथ एक ≈ लड़का है. **3.** (considerate) ख़्याल करने वाला : he is ~ of others' comforts वह दूसरों की सुविधा का ख़्याल रखता है. **3.** (of book) विचारपूर्ण : he has written many ~ essays उसने कई ≈ निबंध लिखे हैं. [*ant.* un ~]

thousand थॉउ'ज़न्ड **I.** *n.* हज़ार, सहस्त्र [one एक, two दो]; ~s of people went there हज़ारों लोग वहाँ गए; the number of students in my school is five ~ and one hundred मेरे विद्यालय में छात्रों की संख्या^F पाँच हजार एक सौ है; he is one in a ~ वह हज़ार में एक है. **II.** *a.* हज़ार, सहस्त्र [boys लड़के, people लोग]; several ~ people gathered there soon शीघ्र ही वहाँ कई हज़ार लोग इकट्ठे हो गए; one ~ kilometres of distance एक हज़ार किमी. की दूरी; he gave me four ~ rupees उसने मुझे चार हज़ार रुपए दिए. **thousandth** थॉउ'ज़न्ड्थ *a.* हज़ारवाँ, सहस्त्रतम : one gram is a ~ part of a kilogram एक ग्राम किलोग्राम का ≈ भाग होता है.

thrash थ्रैश *v.t.* **1.** (beat) खूब पीटना, कोड़े लगाना : the police ~ed the culprit पुलिस ने अपराधी को खूब पीटा; Chandrashekhar Azad was ~ed many times for the freedom of India भारत की आज़ादी^F के लिए चन्द्रशेखर आज़ाद को कई बार कोड़े लगाए गए. **2.** (defeat) मात कर देना, हराना : he has ~ed all his enemies उसने अपने सारे शत्रुओं को मात कर दिया है; our team was ~ed 18-0 हमारी टीम 18 के मुकाबले शून्य से हार गई. **3.** (thresh) गाहना : to ~ the grain दाना गाहना; to ~ the paddy धान ≈. **~ about** छटपटाना : the fish were ~ing about in the net मछलियाँ^F जाल में छटपटा रही थीं; **~ out** विचार-विमर्श द्वारा सुलझाना : we could not ~ out the problem हम समस्या^F नहीं सुलझा सके. [*cf.* thresh] **thrashing** थ्रै'शिङ्ग *n.* **1.** (beating) पिटाई^F : terrible ~ भयंकर ≈; he needs a sound ~ उसकी ख़ूब ≈ होनी चाहिए; the police gave the criminal a good ~ with canes पुलिस ने अपराधी की बेंतों से अच्छी ≈ की. **2.** (defeat) पराजय^F, हार^F : we gave them a ~ at football हमने उन्हें फुटबाल में हरा दिया.

thread थ्रे^Fड **I.** *n*^c. **1.** तागा, धागा [cotton सूती, silk रेशमी, woollen ऊनी]; to sew the cloth with ~ तागे से कपड़ा सीना; I want a ~ and needle मुझे ≈ और सुई चाहिए. **2.** (filament) तंतु : ~ of a plant पौधे का ≈; ~ of the bulb बल्ब का ≈. **3.** (sequence) क्रम, सिलसिला, तार, ताँता : the ~ of the story कहानी का ≈; to lose the ~ of the event घटना^F का ≈

टूटना; I have lost the ~ of my argument मैंने अपनी बहस^{F} का ≈ छोड़ दिया है; to take up the ~ वही ≈ पकड़ लेना. **4.** चूड़ी^{F}: of the screw, bolt is worn पेच, बोल्ट की ≈ घिट-पिट गई है. Δ **hang by a** ~ खतरनाक हालत^{F} में होना, कच्चे धागे में लटका होना : the old man's life hangs by a ~ बूढ़े की जान कच्चे धागे से लटक रही है; **to resume or take up the ~ of speech** भाषण जहाँ से छोड़ा था वहीं से फिर शुरू करना, सूत्र उठा लेना. *v.t.* **1.** पिरोना, डालना : to ~ the needle सुई में धागा ≈; he was ~ing pearls, beads वह मोती, मनके पिरो रहा था. **2.** (pass through) में से पार होना he could not ~ his way through the crowd वह भीड़^{F} में से अपना रास्ता नहीं बना पा रहा था. ~**bare** *a.* **1.** (of clothes) फटा-पुराना, जीर्ण : ~ shirt ≈ कमीज़^{F}; the beggar's clothes were ~ भिखारी के कपड़े फटे हुए थे. **2.** घिसा-पिटा, पुराना : ~ stories घिसी-पिटी कहानियाँ^{F}; ~ jokes घिसे-पिटे चुटकुले; ~ argument ≈ तर्क; I do not like such a ~ joke मैं इस तरह का ≈ मज़ाक पसंद नहीं करता.

threat थ्रॅट n^{c}. **1.** धमकी^{F} : hollow ~ गीदड़ भबकी^{F}; it was a mere ~ यह मात्र ≈ थी; ~ of punishment दण्ड देने की ≈; he was making ~s against the Principal वह प्राचार्य को ≈ दे रहा था; to yield to ~ धमकी में आना : he will not yield to your ~s वह तुम्हारी धमकियों में नहीं आएगा. **2.** (warning) चेतावनी^{F} : clouds give a ~ of rain बादल बारिश^{F} आने की ≈ देते हैं. **3.** (source of danger) ख़तरा : his membership is a ~ to our reputation उसकी सदस्यता^{F} हमारी ख्याति^{F} के लिए ≈ है. **threaten** थ्रॅ'टन *v.t.* **1.** धमकी^{F} देना, धमकाना : they ~ed to kill him उन्होंने उसे मार डालने की धमकी दी; they ~ed him with death उन्होंने उसे मृत्यु की धमकी दी. **2** जोख़िम में डालना : they did not realise the danger that ~ed him वे उस ख़तरे को नहीं भाँप पाए, जो उन्हें जोखिम में डाल रहा था. **3.** आशंका^{F} होना : a hailstorm is ~ing आँधी और ओलों की आशंका है; the flood ~ed our house बाढ़^{F} से हमारे मकान को डर था. **threatening** थ्रॅ'टनिङ्ग *a.* धमकाने वाला, धमकी भरा [attitude दृष्टिकोण, clouds बादल, letter पत्र]; it is clear that he has used ~ language यह स्पष्ट है कि उसने धमकाने वाली भाषा का प्रयोग किया है.

three थ्री **I.** *a. & n.* **1.** तीन [sisters बहनें^{F}, weeks सप्ताह, windows खिड़कियाँ^{F}]; he has returned after ~ months वह ≈ महीने बाद लौटा है; two and ~ make five दो और (जमा) तीन पाँच होते हैं. **3.** तिक्का, तिक्की^{F} : ~ of spade हुकुम की तिक्की^{F}; ~ cornered त्रिकोण, तिकोना (contest मुकाबला; ~ legged race त्रिटंगी दौड़^{F}; ~ quarters पौन, तीन-चौथाई; ~r's =reading, writing and arithmetic तीन 'आर' - रीडिंग, राइटिंग और रिथमैटिक. **II.** *n.* the age of ~ तीन साल की उम्र; ~ o'clock तीन बजे. ~**fold** *a. & adv.* तीन गुणा : his income is now ~ fold उसकी आमदनी^{F} अब ≈ है.

thresh थ्रॅश *v.t.* गाहना : see 'thrash'; to ~ grain from wheat stalks गेहूँ के डंठलों से दाने गाहना. [*cf.* thrash] **threshing floor** n^{c}. खलिहान : corn was collected at the ~ and threshed गल्ला ≈ में इकट्ठा किया गया और गाहा गया. **threshold** थ्रॅ'शोल्ड n^{c}. **1.** देहली^{F}, दहलीज़^{F} : he stood on the ~ before moving into the room वह कमरे के भीतर जाने से पहले ≈ पर खड़ा रहा; we stand at the ~ of the 21st century हम 21वीं शताब्दी के ≈ पर खड़े हैं. **2.** (beginning) प्रारंभ : ~ of war युद्ध का ≈.

threw = *past* of 'throw' *q.v.*

thrice थ्राइस *adv.* **1.** तीन बार : I went to your house ~ मैं आपके घर ≈ गया. **2.** (threefold) तिगुना : he spends ~ the amount he gets as pay वह जितना वेतन पाता है उससे ≈ ख़र्च कर देता है; ~ four is twelve चार का ≈ बारह होता है.

thrift थ्रिफ़्ट *n.* मितव्ययिता^{F}, कमख़र्ची^{F} : use your earnings with ~ अपनी कमाई^{F} को ≈ से खर्च करो; she could save a few thousand rupees by her ~ वह अपनी ≈ से कुछ हज़ार रुपया बचा सकी. [*ant.* extravagant] **thrifty** थ्रिफ़्'टि *a.* मितव्ययी, कमख़र्चीला : ~ lady ≈ महिला; ~

householder ≈ गृहस्थ; you should be ~, not miserly तुम्हें ≈ होना चाहिए, कंजूस नहीं. [*ant.* un ~]

thrill थ्रिल **I.** *v.t.* रोमांचित कर देना : the story ~ed us कहानी[F] ने हमें रोमांचित कर दिया; the new singer ~ed the audience नए गायक ने श्रोताओं को रोमांचित कर दिया; we were ~ed when we saw the puppet show जब हमने पुतलियों[F] का खेल देखा तो रोमांचित हो गए. **II.** *n*[c]. रोमांच, सिहरन[F] : the story gave us a ~ कहानी[F] ने हमें रोमाचिंत कर दिया; this accident gave me a ~ इस दुर्घटना ने मुझमें ≈ ला दी; I felt a ~ of joy मुझमें खुशी[F] की एक लहर[F] दौड़ गई. **thrilling** थ्रि'लिङ्ग *a.* रोमांचकारी [event घटना[F], experience अनुभव, moment क्षण]; the story was ~ कहानी[F] ≈ थी; he delivered a ~ speech उसने ≈ भाषण दिया.

thrive थ्राइव़ *v.i.* throve/thrived & *p.p.* thrived/thriven **1.** (prosper) फलना-फूलना, बढ़ना : his business ~d last year पिछले साल उसका व्यापार फला-फूला. **2.** (of plants) पनपना : plants ~ fast in the rain पौधे बरसात में तेज़ी[F] से पनपते हैं. **3.** (develop healthily) खूब बढ़ना : babies ~ on milk बच्चे दूध से खूब बढ़ते हैं; all the chickens are thriving सभी चूज़े बढ़ रहे हैं. **thriving** थ्राइ'व़िङ्ग *a.* फलता-फूलता : my son has a ~ business मेरे लड़के का ≈ व्यापार है.

thro = through *q.v.*

throat थ्रोट *n*[c]. गला : sore throat गलशोथ; disease of the ~ गले की बीमारी[F]; the assassin cut his ~ हत्यारे ने उसका गला काट दिया; I have smth stuck in my ~ मेरे गले में कुछ अटक गया है; he seized him by the ~ उसने उसे गले से पकड़ लिया; this proposal sticks in my ~ यह सुझाव मेरे गले नहीं उतरता. Δ **take smb by the ~** किसी का गला दबाना या घोंटना : he took him by the ~ उसने उसका गला दबा दिया; to **run down one's ~** ≈ किसी के गले बाँधना/मढ़ना : to run down one's ~ upon someone अपना आरोप किसी पर मढ़ना.

throb थ्रॉब **I.** *v.t.* (throbbed, throbbing) **1.** (palpitate) धड़कना, धकधक करना : his heart ~s after the race दौड़[F] के बाद उसका दिल धड़कता है; her heart ceased to ~ उसके हृदय का धड़कना बंद हो गया; his heart ~s with fear उसका दिल डर के मारे धकधक करता है; the engine was ~bing इंजन धड़-धड़ कर रहा था; her heart ~s with joy उसका हृदय खुशी[F] से उछलता है. **2.** (quiver) काँपना : he was ~bing with cold वह सरदी से काँप रहा था. **II.** *n*[c]. धड़कन[F], धुकधुकी[F] : on seeing the accident, the ~ of his heart increased दुर्घटना[F] देखकर उसके दिल की ≈ बढ़ गई.

throne थ्रोन *n*[c]. सिंहासन, तख़्त [lofty ऊंचा, stately भव्य]; his ~ is ancestral उसका सिंहासन पैतृक है; he came to the ~ in 1656 A.D. वह सन् 1656 में ≈ पर बैठा; he had to give up his ~ उसे अपना ≈ छोड़ना पड़ा; Akbar was only 14 when he ascended the ~ अकबर केवल 14 साल का था जब वह ≈ पर बैठा.

throng थ्राङ्ग **I.** *n*[c]. भीड़[F], जनसमूह, जमघट [huge विशाल, innumerable असंख्य]; there were ~s of people there वहाँ पर लोगों के जमघट थे. **II.** *v.i.t.* **1.** भीड़[F] लगाना : they ~ed the streets उन्होंने गलियों[F] में भीड़ लगा दी; the streets were ~ed with crowds गलियाँ भीड़ से भरी थीं. **2.** घेर लेना : the people ~ed round the palace लोगों ने महल को चारों ओर से घेर लिया.

throttle थ्रॉ'टल *v.t.* **1.** गला घोंटना, गला दबाना, गला घोंटकर मारना : to ~ by squeezing one's windpipe किसी को उसकी श्वासनली[F] दबाकर मार डालना; a woman ~d him एक स्त्री ने गला घोंटकर उसे मार डाला. **2.** बंद कर देना : to ~ the debate बहस[F] बंद कर देना; go soon and ~ the engine शीघ्र जाओ और इंजन को बंद कर दो. Δ **~ down** गति[F] कम करना : ask him to ~ down the car उससे कार की गति कम करने के लिए कहो.

through थ्रू **I.** *a.* **1.** (unobstructed खुला [passage रास्ता, place स्थान]. **2.** (direct) सीधा : ~ bogie सीधी बोगी[F], यात्रा के अंत तक जाने वाली बोगी; ~ carriage ≈ डिब्बा;

~ booking सीधी बुकिंग, सीधा टिकट : ~ traffic सीधा यातायात; ~ train सीधी गाड़ी[F]. **II.** *adv.* **1.** पूरा, आद्योपांत; (~ and ~) पूरा-पूरा : read it ~ and ~ इसे ≈ पढ़ जाओ; I have read this book ~ and ~ मैंने इस किताब[F] को ≈ पढ़ लिया है; he is a gentleman ~ and ~ वह पूरा पक्का भद्र पुरुष है. **2.** सीधे : does this bus go ~ इस बस से जाएँ तो रास्ते में बदलना तो नहीं पड़ेगा ? the train runs ~ to Amritsar गाड़ी अमृतसर तक सीधे जाती है. **3.** let smb ~ किसी को निकलने दो. **4.** can I get ~ by this way क्या मैं इस रास्ते पार जा सकता हूँ ? **5.** please put me ~ to No. 600299 कृपया मुझे 600299 से बात[F] करा दें. **III.** *prep.* **1.** में से : we passed ~ a tunnel हम एक सुरंग ≈ पार हुए; water flows ~ a pipe पानी पाइप ≈ बहता है. **2.** के द्वारा, से : we smell ~ our nose हम अपनी नाक से सूँघते हैं; I got this book ~ a friend मुझे यह पुस्तक[F] एक मित्र के द्वारा मिली; we taste ~ tongue हम जीभ से स्वाद लेते हैं; go ~ this door इस दरवाज़े से होकर जाओ; this train goes ~ Delhi यह रेलगाड़ी दिल्ली से होकर जाती है. **3.** के पार : we cannot see ~ the fog हम कुहरे से आर-पार नहीं देख सकते; he walked ~ the forest वह जंगल ≈ चलकर गया. **4.** (because of) के कारण, की वजह से, से : I got this job ~ an advertisement मैंने यह काम विज्ञापन की वजह से प्राप्त किया है; the team lost the match ~ bad fielding टीम[F] ख़राब क्षेत्ररक्षण ≈ मैंच हार गई; the accident came about ~ his negligence दुर्घटना[F] उसकी लापरवाही[F] ≈ हुई; it happened ~ no fault of mine यह मेरी गलती[F] से नहीं हुआ. **5.** आद्यंत : she read this book ~ उसने इस किताब[F] को ≈ पढ़ा. **~-out I.** *adv.* **1.** पूरा : the room was cleaned ~out कमरा ≈ साफ़ कर दिया गया. **2.** अंत तक : the minister remained loyal ~ out मंत्री ≈ वफादार रहा; have you read the book ~ out क्या तुमने किताब[F] को ≈ पढ़ लिया है ? **II.** *prep.* सारे, पूरे, भर : ~ the country सारे देश में; ~ the century, day शताब्दी[F], दिन भर; ~ his life जीवन भर; ~ the year वर्ष भर; he travelled ~ Europe उसने पूरे यूरोप में भ्रमण किया; it rained ~ the day दिन भर बारिश[F] हुई; he searched ~ the house उसने घर भर में तलाश[F] की; she kept grumbling ~ the journey वह पूरी यात्रा में शिकायतें[F] करती रही.

throve = *past* of 'thrive' *q.v.*

throw थ्रो **I.** *n*[c]. **1.** फेंक[F], उछाल[F] : he stood first in disc ~ वह डिस्क ≈ में प्रथम आया. **2.** (in cricket) थ्रो : that was a good ~ यह अच्छा ≈ था. Δ **at a stone's ~** थोड़ी दूरी पर : he lives here at a stone's ~ वह यहीं थोड़ी दूरी पर रहता है. **II.** *v.t.* (threw, thrown) **1.** फेंकना : please ~ the ball to me, कृपया गेंद[F] मेरी ओर फेंक दो; ~ it a way इसे परे/दूर फेंको; don't ~ stones at beggars भिखारियों पर पत्थर मत फेंको; he threw the ball out of the stadium उसने स्टेडियम से बाहर गेंद फेंक दिया; he threw the dice उसने पाँसा फेंका; they were ~ing stones at the post-office वे डाकघर पर पत्थर मार रहे थे. **2.** पटकना, पछाड़ना : I can ~ him easily मैं उसे आसानी से पटक सकता हूँ. **3.** (light प्रकाश, net जाल) डालना [deliberately जानबूझकर, quickly जल्दी-से]; he threw the bone to the dog उसने हड्डी[F] कुत्ते को डाल दी; she threw a glance at the picture उसने तस्वीर[F] पर एक दृष्टि[F] डाली. **4.** (other contexts) the horse threw me घोड़े ने मुझे गिरा दिया; the potter ~s pots कुम्हार बर्तन गढ़ता है; he was ~n by your questions तुम्हारे प्रश्नों से वह घबरा गया; the army threw a bridge hurriedly सेना ने जल्दी में पुल बना दिया. Δ **~ doubt on** पर संदेह करना : new discoveries ~ doubt on our ideas about solar eclipse नई खोजें सूर्यग्रहण के बारे में हमारे विचारों पर संदेह करती हैं; **~ a fit** मूर्च्छा खाना : she threw a fit in the sun वह धूप में मूर्च्छा[F] खा गई; **~ a party** पार्टी[F] देना : he threw a party at his home उसने अपने घर पर पार्टी दी; **~ cold water on** नापसंद करना, से असम्मति[F] प्रकट करना : he threw cold water on his proposal उसने उसके प्रस्ताव से असम्मति[F] प्रकट की; **~ dust into one's eyes** किसी की आँख[F] में धूल[F] झोंकना : he knows very well how to ~ dust into the eyes of others and cheat them वह दूसरों की आँखों में धूल झोंकना और उन्हें ठग लेना अच्छी जानता हैं; **~ one's weight about** अनुचित रूप से प्रभाव डालना; your friend Kamal is ~ing his weight about this matter तुम्हारा मित्र कमल इस मामले में अनुचित रूप से प्रभाव डाल रहा है; **~ oneself on** अपने को हवाले करना : to ~ oneself upon the mercy of the judge अपने-आप को जज की दया पर छोड़ देना; **~ away** (i) खो बैठना, गँवा देना : to ~ away a chance अवसर ≈; (ii) दूर फेंक देना : he threw away the ball into the pond उसने गेंद^F तालाब में फेंक दी; **~ off** (i) हटा देना : he at once threw off his burning clothes उसने तुरंत अपने जलते हुए कपड़े उतारकर फेंक दिये; now he has ~n off his post अब उसने अपने पद से इस्तीफ़ा दे दिया है; (ii) छुटकारा पाना : she could not ~ off her cold वह ज़ुकाम से छुटकारा न पा सकी; **~ on** जल्दी-जल्दी पहनना : he threw on a sweater and disappeared उसने जल्दी-जल्दी स्वीटर पहना और ओझल हो गया; **~ open** पूरा खोल देना : the museum is ~n open for the people संग्रहालय जनता^F के लिए खोल दिया गया है; the exhibition was ~n open प्रदर्शनी^F खुल गई; she threw open the door उसने पूरा दरवाज़ा खोल दिया; **~ over** (i) डालना, ढँकना : to ~ a sheet over smth किसी चीज़^F पर चादर^F ≈; (ii) छोड़ देना : she threw him over and married a younger man उसने उसे छोड़कर उससे कम उम्र वाले के साथ शादी^F कर ली; **~ up** (i) इस्तीफ़ा देना : he threw up his job उसने अपने काम से इस्तीफ़ा दे दिया; (ii) जल्दी-जल्दी उठा लेना : they threw up a wall overnight उन्होंने रातों-रात जल्दी से एक दीवार^F उठा दी; he threw up his hands उसने अपने हाथ उठाए.

thrown = *past participle* of verb 'throw' *q.v.*

thrust थ्रस्ट **I.** *v.t.* (thrust, thrust) **1.** (push forcefully) धकेलना, ढकेलना, धक्का देना : ~ deliberately जानबूझकर ≈; he ~ the boy out of the room उसने लड़के को कमरे के बाहर धकेल दिया; when they began to ~ in the fair, the police started lathicharging जब उन्होंने मेले में ढकेलना शुरू किया तो पुलिस ने लाठीचार्ज शुरू कर दिया; he was ~ back उसे पीछे ढकेल दिया गया; she is being ~ forward उसे आगे धकेल दिया जा रहा है; we ~ ourselves through the crowd हम भीड़ से धक्के से निकल गए. **2.** (pierce, stab) भोंकना, घुसेड़ना, घोंपना : he ~ the sword into the enemy's body उसने शत्रु के शरीर में तलवार^F भोंक दी; to ~ the spear into the lion's mouth courageously शेर के मुँह में साहसपूर्वक भाला ≈; to ~ one's hand into one's bag अपने झोले में अपना हाथ घुसेड़ना. ∆ **~ on** थोपना : no decision should be ~ on us हम पर कोई निर्णय थोपा न जाना चाहिए.

thud थड *n.* धम, धमाका : he fell down with a ~ वह धम से गिर पड़ा; he heard a ~ outside उसने बाहर धमाका सुना.

thumb थम *n*^c. अंगूठा : we have four fingers and one ~ on each hand हमारे प्रत्येक हाथ में चार उंगलियाँ और एक ≈ होता है; to suck the ~ ≈ चूसना; ~s up वाह-वाह ! शाबाश ! ∆ **under the ~ of** की मुट्ठी में, के वश में : why are you worried, it is under the ~ of my brother क्यों चिंता करते हैं, यह तो मेरे भाई के वश में है. **~ mark/print** अंगूठे का निशान.

thump थम्प **I.** *n*^c. **1.** (blow) प्रहार, आघात : I gave him a heavy ~ with my fist मैंने उस पर मुक्के से ज़ोर का प्रहार किया. **2.** थपकी^F, थप-थप : my teacher gave me an affectionate ~ on my back मेरे अध्यापक ने मेरी पीठ पर प्यार भरी थपकी दी. **II.** *v.t.* **1.** पीठ^F ठोंकना : father was pleased with me and ~ed on my back पिताजी ने मुझसे प्रसन्न होकर मेरी पीठ ठोंकी. **2.** (beat) पीटना : I'll ~ you if you tease me मुझे तंग करोगे तो तुम्हें पीट दूँगा. **3.** (with fist) मुकियाना : he ~ed the boy on the nose उसने लड़के को नाक पर मुकिया दिया (मुक्का मारा). **III.** *v.i.* he ~ed on/at the table and said, 'listen' उसने मेज़ पर मुक्का मारा और कहा, 'सुनो'.

thunder थन्'डर **I.** *n*[u]. गरज[F], गड़गड़ाहट[F], गर्जन : to be afraid of the ~ ≈ से भयभीत होना ; ~ of guns तोपों[F] की गड़गड़ाहट; did you hear the ~ when it rained क्या तुमने ≈ सुनी जब बरसात[F] हुई; the child startled when the ~ started जब गरज शुरू हुई तो बच्चा चौंक गया; ~ came after the lightning बिजली के बाद ≈ हुई; ~ of applause तालियों की गड़गडाहट. **II.** *v.i.* गरजना, गड़गड़ाना : the guns ~ed in the distance दूर कहीं तोपें[F] गड़गड़ा रही थीं; tanks ~ed over the bridge पुल पर (चलते) टैंक गड़गड़ाते थे; it is raining and ~ing today आज गड़गड़ाहट/गरज के साथ बारिश[F] हो रही है. **~bolt** *n.* वज्रपात : the lightning was accompanied by ~ बिजली[F] की चमक[F] के साथ ≈ हुआ; (fig.) the news came as a ~ समाचार भारी ≈ के रूप में था. **~cloud** गरजने/ गड़गड़ाने वाला बादल. **~shower** गरज के साथ बौछार **~-storm** *n*[c]. गरज के साथ तूफ़ान [heavy भारी, terrible भयंकर]; he has to take shelter due to ~ के कारण उसे शरण[F] लेनी पड़ी. **~struck** *n.* **1.** वज्राहत, बिजलीमारा : a tree was ~ एक पेड़ पर बिजली[F]/गाज[F] गिरी. **2.** (fig.) हक्का-बक्का : he was ~ at the sight of his dead friend अपने मित्र के शव को देखकर वह ≈ रह गया.

Thursday थर्स'डे *n*[c]. बृहस्पतिवार, गुरुवार : ~ comes after Wednesday ≈ बुधवार के बाद आता है; he will return on ~ वह ≈ को लौट आएगा; I am confine to my house on ~s मैं हर ≈ को अपने घर पर ही पड़ा रहता हूँ.

thus दस *adv.* **1.** ऐसे, इस प्रकार : ~ he reached the station at night इस प्रकार वह रात[F] में स्टेशन पहुँच गया; ~ said the Lord भगवान् ने ऐसे कहा था; ~, he confessed his fault ≈ उसने अपना दोष स्वीकार कर लिया; he told me ~ उसने मुझे ऐसे बताया. **2.** (therefore) इसलिए, अत: there is no rain this year, ~ there will be a famine इस साल कोई बरसात[F] नहीं हो रही हैं ≈ अकाल पड़ेगा. ~ **far** यहाँ तक : ~ far and no further यहाँ तक, बस और आगे नहीं; everything is all right ~ far यहाँ तक सब ठीक-ठाक है.

thwart थ्वार्ट *v.t.* **1.** (frustrate) व्यर्थ कर देना, विफल करना, निष्फल करना : he ~ed our plan by throwing obstacles उसने बाधाएँ डालकर हमारी योजना[F] विफल कर दी; to ~ smb's efforts किसी के प्रयास को निष्फल बना देना. **2.** (prevent) रोकना : he could not be ~ed उसे रोका नहीं जा सका.

thy दाइ *pron.* (archaic) तेरा : ~ father ≈ बाप; what is ~ name ≈ नाम क्या है? O God, ~ name is the only shelter हे भगवान, तेरे नाम का एक मात्र सहारा है. see 'thou, thine, thee'.

tick टिक **I.** *n*[c]. **1.** (parasite) किलनी[F] : he will leave you as a ~ वह तुम्हें ≈ जैसे छोड़ देगा; our dog has ~s हमारे कुत्ते के किलनियाँ हैं. **2.** (mark) (√), टिक : the teacher put a ~ (√) against the correct answer अध्यापक ने सही उत्तर पर ≈ लगाया. **3.** टिक-टिक की आवाज़[F] : the clock says ~-~ घड़ी[F] ≈ करती है. **4.** (moment) क्षण : I'll be ready in a ~ मैं एक ≈ में तैयार हो जाऊँगा; wait a ~ एक मिनट ठहरो; on the ~ ठीक समय पर; you have come on the ~, I shall, of course, help you तुम ठीक समय पर आए हो, मैं तुम्हारी सहायता[F] अवश्य करूँगा. **II.** *v.t.* **1.** टिक-टिक करना : the watch has stopped ~ing now घड़ी[F] ने अब ≈ बंद कर दिया है. **2.** (mark) ~ (off) सही का निशान लगाना, टिक करना : correct answers have been ~ed सही उत्तरों पर निशान लगा दिया गया है; he ~ed the name of candidates present उसने उपस्थित उम्मीदवारों के नाम के आगे सही का निशान लगा दिया है.

ticket टि'किट *n*[c]. टिकट [expensive महँगा, one-way एक-तरफ़ा, return वापसी]; we had taken two ~s for the first show पहले शो के लिए हमने दो टिकट लिए थे; ~s are free of cost ≈ शुल्कमुक्त हैं; we buy ~s at the booking office हम टिकट घर से ≈ खरीदते हैं; you should not travel without a ~ तुम्हें ≈ के बिना यात्रा[F] नहीं करनी चाहिए; how much does a ~ cost

एक ≈ की कीमत कितनी है (एक टिकट पर कितना पैसा लगता है ?.

tickle टि'कल **I.** *v.t.* **1.** गुदगुदाना : you ~ a person under his arms तुम किसी व्यक्ति को उसकी बाँह के नीचे गुदगुदाते हो; when you ~ a baby's feet, it laughs जब तुम किसी बच्चे के पैरों में गुदगुदाओ तो वह हँसता है; smb is tickling the sole of my foot कोई मेरे पैर के तलवे में गुदगुदा रहा है. **2.** (amuse) रिझाना : his recitation ~d me उसके सस्वर पाठ ने मुझे रिझा दिया. **ticklish** टिक'लिश *a.* **1.** (of problem समस्या) टेढ़ा, नाज़ुक [job काम, question प्रश्न, subject विषय]; he was in a very ~ situation वह बड़ी नाज़ुक स्थिति^{F} में था. **2.** गुदगुदिया : he is a very ~ man वह बहुत ही ≈ (झट नाराज़ हो जाने वाला) आदमी है.

tide टाइड **I.** *n*^{c}. **1.** (of sea) ज्वार-भाटा [slow धीमा, strong तगड़ा]; flood/high ~ ज्वार; ebb/low ~ भाटा; spring ~ पूर्ण ज्वार; high ~ is dangerous ज्वार ख़तरनाक होता है; ~s endanger the boatmen ज्वार मल्लाहों को ख़तरे में डाल देते हैं. **2.** (trend) प्रवाह, बहाव : let us go with the ~ ≈ के साथ चलें; ~ of public opinion लोकमत का ≈; you should not go against the ~ तुम्हें ≈ के विरुद्ध नहीं चलना चाहिए. **3.** the ~ turned भाग्य बदला. **II.** *v.t.* (flow) बहना, प्रवाहित होना : the water ~s here from north to south यहाँ पानी उत्तर से दक्षिण की ओर बहता है. Δ **~over a difficulty** कठिनाई^F को पार करना : so much money should ~ over us for the moment फिलहाल इस धन से हमारा काम हो जाएगा.

tidiness टाइ'डिनिस *n*^{u}. **1.** सुव्यवस्था^{F} : ~ at the marriage of Raman was praiseworthy रामन की शादी^{F} पर ≈ प्रशंसनीय थी. **2.** साफ़-सुथरापन : ~ of clothes is very necessary कपड़ों का ≈ बहुत आवश्यक है. **tidy** टाइ'डि **I.** *a.* (tidier, tidiest) **1.** ठीक-ठाक, साफ़-सुथरा, सुव्यवस्थित [room कमरा, thoughts विचार]; his hair are never ~ उसके बाल कभी ≈ नहीं होते. **2.** व्यवस्थाप्रिय : he is a ~ fellow वह ≈ व्यक्ति है. **3.** (fairly large) काफ़ी बड़ा : ~ income काफ़ी बड़ी आमदनी^{F}; he has left a ~ sum on death वह मरने पर काफ़ी बड़ी रकम^F छोड़ गया है. [*ant.* untidy] **II.** *v.t.* (*p. tidied*) सजाना, ठीक-ठाक करना : she tidied (up) the room उसने कमरे को सजा दिया; she tidied her hair उसने अपने बाल सँवारे.

tie टाइ **I.** *v.t.* (tied, tying) बाँधना : ~ the cow to a peg गाय^F को खूँटी^{F} से बाँध दो; ~ (up) this parcel with a string इस पार्सल को रस्सी^{F} से बाँधो; she ~d both the ends of the string उसने डोरी^{F}/रस्सी^{F} के दोनों सिरों को बाँध दिया; to ~smb up किसी के हाथ-पैर बाँध देना. [*ant.* untie] **II.** *v.i.* **1.** (of competitors) बराबर रहना : our team ~d with theirs in football हमारी टीम^F फुटबाल में उनकी टीम^F के बराबर रही. **2.** व्यस्त होना : I am ~d up tomorrow कल मैं बहुत व्यस्त हूँ; he is ~d to his work वह अपने काम में व्यस्त है. **3.** बँधना : the shoelaces have been ~d जूते के फ़ीते बँध गए हैं. **4.** (other contexts) ~ smb's tongue किसी को चुप करा देना; to ~ smb to (down to) a condition किसी को किसी शर्त^F का पाबंद करना. **III.** *n*^{c}. **1.** (neck tie) टाई [blue नीली, nice सुंदर, silken रेशमी]; he was wearing a black ~ उसने एक काली ≈ बाँध रखी थी. **2.** (bond) बंधन [legal वैधानिक, moral नैतिक]; family ~s पारिवारिक ≈; ~s of friendship मित्रता^{F} के ≈; this naughty boy is a ~ यह शरारती लड़का एक ≈ है. **3.** (sport) बराबर का खेल, बराबरी^{F} : the result of the game was a ~ खेल का परिणाम बराबर रहा; the result of election was a ~ चुनाव का परिणाम बराबरी का रहा.

tier टिअर *n*^{c}. **1.** सीढ़ीनुमा सीट^F : ~s of seats in a theatre थियेटर में सीढ़ीनुमा सीटें. **2.** पंक्ति^{F}, कतार^F : we had a berth in a 3- ~ coach हमें तीन कतारी कोच में सीट मिली. [*as distinct from* tear]

tiffin टि'फ़िन *n*^{c}. टिफ़िन, दोपहर का जलपान : we had bread and vegetable in our ~ today आज हमारे टिफ़िन में रोटी^{F}/ब्रेड^F और सब्ज़ी^{F} थी.

tiger टाइ'गर *n*^{c}. बाघ, शेर [furious उग्र, spotted चित्तीदार]; the ~ roars ≈ दहाड़ता

है; the ~ has eaten the goat बाघ बकरी को खा गया है; he works like a ~ वह बहुत ज़ोर-शोर से मेहनत^F करता है; you are a paper ~ तुम काग़ज़ी शेर हो.

tight टाइट **I.** *n.* (*pl.*) लचीले चुस्त कपड़े : artists in a circus wear ~s सरकस के कलाकार ≈ पहनते हैं. **II.** *a.* **1.** (fixed or knotted closely) कसकर बँधा हुआ, दृढ़, मज़बूत [knot गाँठ^F, shoelaces जूते के तस्मे]; the rope was ~ रस्सी^F कसकर बँधी थी. **2.** (close-fitting) तंग [shirt कमीज़, shoe जूता]; he was wearing an old coat that was now too ~ वह एक पुराना कोट पहने था जो अब उसे बहुत ही तंग था. [*ant.* loose] **3.** (entirely filled) ठसा-ठस भरा हुआ : the hall was fully ~ हाल पूरी तरह ठसकर भरा हुआ था. **4.** (not leaking) अछिद्र : ~ container ≈ बरतन; ~ tube ≈ ट्यूब. **5.** (in contexts) air- ~ वायुरोधी [room कमरा]; water- ~ जलरोधी (bottle); to be in ~ corner कठिन परिस्थिति^F में पड़ा होना; ~ money दुर्लभ धन; ~ programme अति व्यस्त कार्यक्रम; ~ -fisted person कंजूस आदमी : he is a very ~- fisted person, he will give you nothing वह बहुत ही मक्खीचूस है, वह तुम्हें कुछ नहीं देगा. Δ **to sit ~** टस-से-मस न होना, डटे रहना : he requested him so much but he was sitting ~ उसने उससे बहुत निवेदन किया, लेकिन वह टस-से-मस न हुआ. **III.** *adv.* **1.** कसकर, दृढ़ता से : hold it ~ इसे कसकर पकड़ो; tie it as ~ as possible इसे उतना कसकर बाँधो जितना संभव हो. **2.** he sat ~ वह जमकर बैठ गया. **tighten** टाइ'टन *v.t.* कसना, जकड़ना, कसकर बाँधना : to ~ a belt पेटी^F कसकर बाँधना; he ~ed the rope उसने रस्सी^F कसकर बाँध दी; you must ~ all the screws तुम्हें सब पेच कस देने चाहिए; you should ~ the bucket with a string तुम्हें बाल्टी^F को रस्सी से कसकर बाँधना चाहिए; ~ *up* the security arrangements सुरक्षा व्यवस्था^F या सुरक्षा-प्रबंध को कड़ा करना. **tightly** टाइट्'लि *adv.* कसकर, दृढ़ता^F से : press it ~ इसे कसकर दबाओ; you should tie it ~ तुम्हें इसे कसकर बाँधना चाहिए; she held the mother's hand ~ उसने माँ का हाथ दृढ़ता से पकड़ रखा था.

tigress टाइ'ग्रिस *n*^c. शेरनी^F, बाघिन^F : see tiger *q.v.*; a ~ is more ferocious than a tiger ≈ शेर की अपेक्षा^F अधिक खूँखार होती है.

till टिल **I.** *prep.* तब तक, उस समय तक : he had not gone to Russia ~ then वह ≈ रूस नहीं गया था; ~ then I knew nothing about it तब तक मैं इसके बारे में कुछ नहीं जानता था; from three ~ five I shall be there तीन से पाँच बजे तक मैं वहाँ रहूँगा; we'll stay there ~ Monday हम वहाँ सोमवार तक रहेंगे; I kept waiting ~ four o'clock मैंने चार बजे तक इंतजार किया; he did not come ~ today वह आज तक नहीं आया. **II.** *conj.* जब तक न : go on ~ you reach the bus station चले चलो जब तक बस-अड्डे न पहुँच जाओ; wait here ~ I come back यहाँ इंतज़ार करो जब तक कि मैं वापस न आ जाऊँ. **III.** *v.t.* जोतना, हल चलाना : he was ~ing his land yesterday कल वह अपने खेत की जुताई^F कर रहा था. **tiller** टि'लर *n*^c. किसान, खेतिहर : he is the ~ of five acres of land वह पाँच एकड़ ज़मीन का ≈ है.

timber टिम्'बर *n*^c. इमारती लकड़ी^F [costly कीमती, hard कड़ी]; Maynmar exports ~ मायनमार ≈ का निर्यात करता है; ~ is used in buildings ≈ का प्रयोग इमारतों में होता है; ~ has great commercial value ≈ का बहुत वाणिज्यिक महत्व है.

time टाइम **I.** *n*^uc. **1.** समय, वक्त [enough काफ़ी, short थोड़ा]; mean ~ माध्य ≈; standard ~ मानक ≈; it is dinner ~ यह खाने का ≈ है; ~ immemorial बहुत प्राचीन ≈; ~ lag ≈ का अंतर; ~ limit समय-सीमा^F, समय की अवधि^F; ~ scale of pay वेतन का समय मान; ~ table समय सारणी^F; I have no ~ मेरे पास कोई ≈ नहीं है; it will save ~ इससे ≈ की बचत^F होगी; if I find ~, I shall come यदि मुझे ≈ मिला तो आऊंगा; now is the ~ to return अब लौटने का ≈ है; this watch keeps good ~ यह घड़ी^F ठीक ≈ देती है; you could not come at good ~ तुम ठीक/उचित ≈ पर नहीं आ सके; at this ~ इस ≈; what was the ~ when she came जब वह आई तो क्या ≈ था? he has been ill for a long ~ वह लंबे ≈ तक बीमार रहा है; he is available at all ~s वह हर ≈ उपलब्ध है, मिलता है; I saw him some ~ back मैंने उसे कुछ ≈ पहले देखा था; it will take you a long ~ to finish your work काम खत्म करने में तुम्हें बहुत ≈ लगेगा; he works all the ~ वह सारा ≈ काम करता रहता है; it does not take much ~ इस पर बहुत ≈ नहीं लगता है; morning is the ~ for writing सुबह[F] लिखने का ≈ होता है; ~ is over/up ≈ हो गया है; I could not get/find ~ to reply to your letter मुझे तुम्हारे पत्र का उत्तर देने का ≈ नहीं मिल सका; ~ never stands still ≈ कभी नहीं रुकता; he came before ~ वह ≈ से पहले आ गया; he finished the work in ~ उसने ≈ के अंदर काम समाप्त कर दिया; he came on ~ वह ठीक ≈ पर आया. **2.** (age, period) युग, काल [ancient प्राचीन, modern वर्तमान]; the ~ of Samudra Gupta was the golden age of India समुद्रगुप्त का ≈ भारत का स्वर्णयुग था; we know very little about pre-historical ~s हम प्रागैतिहासिक युग के बारे में बहुत कम जानते हैं; Mughal ~s मुग़ल काल. **3.** (*pl.* multiplication) गुणा, गुना : three ~s four is twelve चार का तीन गुना बारह होता है, चार तीयां बारह; five ~s two is ten दो पंजे दस. **4.** (occasion) बार, दफ़ा, मर्तबा : I went to your house five ~s मैं तुम्हारे घर पाँच ≈ गया; ask him to come next ~ उससे अगली बार आने को कहो; many a ~, it so happened that .... कई ≈ ऐसा हुआ कि . . . .; ~ and ~ again you missed the train बार-बार तुम्हारी गाड़ी[F] छूट गई; please excuse me this ~ कृपया इस ≈ मुझे क्षमा कर दें. **5.** (other contexts) after a long ~ बड़ी देर[F] में; after a short ~ थोड़ी देर[F] में; all the ~ लगातार; to bide ~ अवसर की प्रतीक्षा[F] करना; to have a bad ~ कष्ट पाना; to have a good ~ मौज करना; to mark ~ प्रगति न करना, वहीं बने रहना; out of ~ बेमौक़े; take your ~ जल्दी मत करो; what is the ~ कितना या क्या बजा है? Δ **against** ~ जी-जान से, पूरी शक्ति[F] से : he does his work against ~ वह अपना काम ≈ करता है; **ahead of** ~ समय से पहले : he always expects everything ahead of ~ वह हर चीज़ की ≈ आशा[F] करता है; all **in good** ~ कोई जल्दी नहीं है; have you cleaned the room? all in good ~ क्या तुमने कमरा साफ़ कर लिया है? कोई जल्दी नहीं; **at a** ~ बारी-बारी : come two by two at a ~ दो-दो करके ≈ आओ; at **no** ~ कभी नहीं, कदापि नहीं : he will come at no ~ from tomorrow वह कल से ≈ आएगा; **at one** ~ पहले किसी समय, कभी : at one ~ he was the most powerful man in the village किसी समय वह गाँव का सबसे शक्तिशाली व्यक्ति था; **at the same** ~ एक साथ : he has held two posts at the same ~ एक ही समय वह दो पदों पर था; **at ~s** कभी-कभी : at ~s I forget names ≈ मैं नाम भूल जाता हूँ; **behind** ~ विलंब से : he arrived behind ~ वह विलंब से पहुँचा; the train is behind ~ गाड़ी[F] देर से आ रही है; **by this** ~ अब तक : he has not come by this time वह ≈ नहीं आया है; **for the being** फिलहाल : I am going no where for the ~ being मैं ≈ कहीं नहीं जा रहा; **from ~ to ~** कभी-कभी, जब-तब : he has been coming from ~ to ~ वह ≈ आता रहा है; **in no** ~ तुरंत, झटपट : don't worry, I shall do the work in no ~ चिंता[F] मत करो मैं ≈ काम कर दूँगा; **in** ~ समय के अंदर : you have come in ~ for the first time तुम पहली बार समय से पहले आये हो; **on** ~ ठीक समय पर, ऐन वक्त पर : you are on ~ तुम समय पर आए हो. **timely** टाइम्'लि *a.* सामयिक, समय पर; यथासमय, मौक़े पर [arrival पहुँच[F], help सहायता[F], warning चेतावनी[F]]. [*ant.* late]

timid टि'मिड *a.* डरपोक, कायर : a mouse is ~ चूहा ≈ होता है; he is as ~ as hare वह इतना ≈ है जितना ख़रगोश; he is not ~ habitually वह आदतन कायर नहीं है. [*n.* timidity; *ant.* bold]

tin टिन **I.** *n*[u]. **1.** राँगा, टिन : ~ foil टिन की पन्नी[F], रांगे का पतला पलस्तर; ~ hat इस्पात की टोपी[F]; this box is made of ~, not steel यह संदूक ≈ का बना है, इस्पात का नहीं. **2.** n^c. टीन, डिब्बा, कनस्तर : three ~s of biscuits बिस्कुटों के तीन टीन; I opened the ~ of vegetable oil मैंने वनस्पति तेल का डिब्बा खोला. **II.** *v.t.* (-nn-) **1.** रांगा चढ़ाना, कलई^F करना : to ~ the utensils बर्तनों पर कलई करना. **2.** डिब्बे में बंद करना : he did not ~ the guavas yesterday कल उसने डिब्बे में अमरूद बंद नहीं किए.

tinned टिन्ड *a.* **1.** डिब्बाबंद [fish मछली^{F}, fruit फल]; are the apricots fresh or ~ खुबानियाँ^{F} ताज़ा हैं या ≈. **2.** कलईदार : ~ware ≈ बर्तन.

tinge टिन्ज n^c. **1.** आभा^{F}, झलक^F, रंगत^F : his face has a pale ~ उसके चेहरे पर पीली झलक है; this colour is yellow with a ~ of red यह रंग लाल ≈ लिए पीला है. **2.** (trace) पुट, गंध^F : honesty with a ~ of devotion भक्ति^{F} का पुट लिए ईमानदारी^{F}.

tinkle टिङ्'कल **I.** *v.t. & i.* टनटनाना : bells ~ on the neck of our cow हमारी गाय के गले में घंटियाँ^{F} टनटनाती हैं; the plates, glasses ~ in the tray प्लेटें, गिलास ट्रे में टनटनाते हैं; he ~s the coins वह सिक्कों को टनटनाता है. **II.** n^c. टनटन^F : I hear the ~ of coins all the day here मुझे यहाँ सारा दिन सिक्कों की ≈ सुनाई देती है.

tiny टाइ'नि *a.* (tinier, tiniest) **1.** छोटा-सा : the flea is a ~ insect पिस्सू एक ≈ कीड़ा है; a ~ piece of smth किसी चीज़ का ≈ टुकड़ा. **2.** (of children) नन्हा-मुन्ना : she is a ~ little girl वह एक नन्हीं मुन्नी लड़की है. [*ant.* big]

-tion *suff.* makes nouns: action, addition, exhaustion, introduction, invitation, opposition.

tip टिप **I.** n^c. **1.** (point) नोक^F : ~ of a leaf पत्ती^{F} की ≈ ; the ~ of the pencil is not sharp पेंसिल की ≈ तेज़ नहीं है. **2.** (thin end) सिरा, अग्रभाग : ~ of tongue, finger जीभ^F, ऊँगली^{F} का ≈; the ~ of one's nose किसी की नाक^F का ≈; the ~ of the rope is very long रस्सी^{F} का ≈ बहुत लंबा है; it measures twenty metres from ~ to ~ यह नाप^F में एक सिरे से दूसरे सिरे तक बीस मीटर है. **3.** बख़्शीश^F, इनाम : I gave a ~ of two rupees to the waiter मैंने बैरा को दो रुपए का इनाम दिया. **4.** (hint) संकेत, सुझाव : he gave me some good ~s उसने मुझे अच्छे ≈ दिए. **II.** *v.t.* (-pp-) **1.** तिरछाना, झुकाना : ~ the pillar a bit खंभा थोड़ा-सा झुका दो; he keeps his hat ~ped वह अपना हैट तिरछा रखता है. **2.** उलटना, उलटाना, उलट देना : don't ~ the table मेज़ को मत उलटो; I ~ped the bottle and it emptied मैंने बोतल^F उलट दी और वह खाली हो गई. **3.** (inform) ~ off सूचित करना : somebody ~ped off the police किसी ने पुलिस^F को सूचना^{F} दे दी. **4.** इनाम/बख़्शीश^F देना : I ~ped the servant मैंने नौकर को बख़्शीश दी. **5.** (remove) ~ the rubbish to the dustbin कूड़ा कूड़ेदान में डालो. **II.** *v.i.* तिरछा होना, झुकना : the boat ~ped to one side नाव^F एक ओर झुक गई. **~toe I.** n^c. पंजा : he has a strong ~ उसका मज़बूत ≈ है; on the ~ (i) पंजों के बल; (ii) (eager) उत्सुक, उत्तेजित : she was on ~ on the eve of the examination परीक्षा^{F} की संध्या^{F} में वह बहुत ≈ थी; try to work on the ~ if the patient is taking rest यदि रोगी आराम कर रहा हो तो उत्सुकता से काम कर डालने की कोशिश करो. **II.** *v.t.* पंजों के बल चलना : he can ~ easily वह आसानी^{F} से पंजों के बल चल सकता है; he ~d past his father's bedroom वह पंजों के बल पिता के बेडरूम से होकर चला गया. **III.** *adv.* पंजों के बल : he was standing ~ वह पंजों के बल खड़ा था.

tire टाइअर **I.** *n.* see 'tyre' . **II.** *v.t.* **1.** थक जाना, थकना : I was ~d after the day's work दिन भर के काम के बाद मैं थक गया; I soon ~ मैं जल्दी थक जाता हूँ; old men ~ quickly बूढ़े आदमी जल्दी थक जाते हैं. Δ ~ **out** थककर चूर होना : I was ~d out after the journey यात्रा^{F} के बाद मैं थक कर चूर हो गया. **2.** (become bored) ऊब जाना : the meeting ~d me बैठक ने मुझे ऊबा दिया; I was ~d of doing the same thing वही चीज़ करते-करते मैं ऊब गया. **tired** टाइअर्ड *a.* **1.** थका हुआ, थका-माँदा [child बच्चा, traveller यात्री]; ~ legs थकी-थकी टाँगें; she looks quite ~ वह बिल्कुल थकी हुई दिखाई देती है; he came home ~ वह ≈ घर आया; I was very ~ yesterday कल मैं बहुत थका हुआ था [*ant.* un ~] **2.** (bored) ऊबा हुआ, उचाट, उकताया हुआ : I am ~ of your complaints मैं तुम्हारी शिकायतों^F से उकता गया हूँ; I am ~d of sitting idle मैं सुस्त बैठे-बैठे ऊब गया हूँ. **tireless** टाइअर्'लिस *a.* अथक [energy ऊर्जा^F, person व्यक्ति, worker मज़दूर]; his ~ labour will succeed at last अंत में उसका ≈ परिश्रम सफल होगा. **tiresome** टाइअर्'सम *a.* थकाऊ, उबाऊ [lecture भाषण, work काम]; I do not like such a ~ speech मैं इस प्रकार का ≈ भाषण पसंद नहीं करता; it's a ~ child यह उबाऊ बच्चा है. **tiring** टाइअ'रिङ्ग *n.* थकाऊ, उबाऊ [illness बीमारी^F, job काम]; these things are very ~ ये चीज़ें बहुत ही ≈ हैं; this duty is very ~ यह ड्यूटी बहुत ≈ है.

titbit टिट्'बिट *n*^c. **1.** मज़ेदार बात^F/वस्तु : we liked the joker's ~s very much हमने जोकर की मज़ेदार बातें खूब पसंद की; ~ of a cake मज़ेदार केक; ~ of news मज़ेदार समाचार **2.** (jokes) चुटकुले : he told some interesting ~s उसने कुछ मज़ेदार चुटकुले सुनाए

title टाइ'टल *n*^c. **1.** (of a book, etc.) शीर्षक : exact ~ ≈ सही ≈; ~ page मुखपृष्ठ; the ~ of this book is 'Touch me Not' इस पुस्तक^F का ≈ है 'छुई-मुई'; what is the ~ of your essay तुम्हारे निबंध का ≈ क्या है? **2.** (appellation) उपाधि^F, पदवी^F, ख़िताब ~ of honour मानोपाधि; ~ holder उपाधिधारी; he had the ~ of 'Diwan' उसके पास दीवान का ख़िताब था; he was adorned with several ~s वह कई उपाधियों से अलंकृत किया गया; Captain, Doctor, Lord, Professor, Sir, are ~s कप्तान, डाक्टर, लार्ड, प्रोफ़ेसर, सर ख़िताब हैं. **3.** (right of ownership) स्वत्वाधिकार, स्वामित्व, स्वत्व : clear ~ निर्विवाद अधिकार; he has the ~ to this property उसे इस संपत्ति^F का ≈ है; now he possesses the ~ of this house अब इस मकान का ≈ उसके पास है; he could not prove his ~ to the property वह संपत्ति^F पर अपना स्वत्वाधिकार सिद्ध न कर सका; I have a ~ deed of this bungalow मेरे पास इस बंगले का अधिकार पत्र है.

T.M.O. Telegraphic Money Order.

T.O. Telegraph Office; Treasury Officer.

to टॅ, टु *prep.* **1.** (को, but not translated) : I went ~ Mumbai मैं मुंबई गया; this road goes ~ Calcutta यह सड़क^F कलकत्ता जाती है; turn ~ the right दाएँ मुड़ो; listen ~ me मेरी बात सुनो. **2.** को : give it ~ me इसे मुझको/मुझे दे दो; send your article ~ him अपना लेख उसको भेज दो. **3.** की ओर : he ran ~ me for help वह सहायता^F के लिए मेरी ओर दौड़ आया; throw the ball ~ her गेंद, उसको (उसकी ओर) फेंको. **4.** से : she said it ~ me उसने मुझसे यह कहा; I did not like ~ talk ~ her मैंने उससे बात करना पसंद नहीं किया. **5.** से, की अपेक्षा : I prefer tea ~ coffee मैं कॉफ़ी^F ≈ चाय^F पसंद करता हूँ; he is junior, senior ~ me वह ≈ छोटा, बड़ा है. **6.** की तुलना में, मुकाबले में : we won the match by 5 ~ 3 हमने तीन के मुकाबले पाँच से मैच जीता. **7.** के लिए : it is good ~ all यह सब ≈ अच्छा है; it does not matter ~ him उस ≈ यह कोई बात नहीं है; don't open the door ~ anyone किसी ≈ /को दरवाज़ा मत खोलो. **8.** का, के, की : I am grateful ~ you मैं आपका आभारी हूँ; on the way ~ the museum अजायब-घर के रास्ते में; he did not reply ~ my letter उसने मेरे पत्र का उत्तर नहीं दिया; a message ~ this effect इस आशय का संदेश; I want a new key ~ the lock मैं ताले की नयी चाबी^F चाहता हूँ; what is he ~ me उससे मेरा क्या संबंध. **9.** के बारे में : what did he say ~ my request उसने मेरी प्रार्थना^F ≈ क्या कहा? **10.** के साथ : will you have an egg ~ your tea क्या आप चाय ≈ अण्डा लेंगे.; it happened ~ him last year ऐसा उसके साथ पिछले साल (घटित) हुआ. **II.** के पास : children are going ~ their grandmother बच्चे अपनी दादी/नानी के पास जा रहे हैं. **12** तक : from morning ~ evening सुबह से शाम ≈; from Delhi ~

Agra दिल्ली से आगरा ≈; from top ~ bottom चोटी^F से एड़ी^F ≈; ~ such an extent इस हद ≈; water rose ~ our chest पानी हमारी छाती^F ≈ चढ़ आया; they were killed ~ to the last man अंतिम व्यक्ति ≈ सब मारे गए. 13. के प्रति : she is kind ~ animals वह जानवरों ≈ दयालु है. **14.** में : to come ~ senses होश^F में आना; it is ten minutes ~ five पाँच बजने में दस मिनट हैं; the paper stuck ~ the wall काग़ज़ दीवार^F में चिपक गया; add 3 ~ 5 पाँच में तीन जोड़ो. **15.** (infinitives are also rendered likewise) it is difficult ~ do इसे करना कठिन है; I want ~ go मैं जाना चाहता हूँ; they came ~ see me वे मुझसे मिलने आए; he asked me ~ come उसने मुझे आने को कहा; he is ready ~ go वह जाने को तैयार है. Δ **~ and fro** लड़के इधर-उधर, आगे-पीछे : the boys were running ~ and fro लड़के इधर-उधर दौड़ रहे थे; **~ all appearance** देखने में : ~ all appearance she was dead ≈ वह मर गयी थी; **~ let** किराए के लिए : this house is ~ let मकान ≈ ख़ाली है; **~ my knowledge** मेरी जानकारी^F में : ~ my knowledge he died in September 1993 जहाँ तक मुझे ज्ञात है वह सितंबर 1993 में मरा; **~ my mind** मेरी राय^F में : ~ my mind he is a good artist मेरी राय में वह एक अच्छा कलाकार है; **~ no purpose** बेकार : his attempt was ~ no purpose उसका प्रयास ≈ हो गया; ~ the last मृत्यु^F पर्यन्त : he was loyal ~ the last वह मृत्युपर्यन्त वफ़ादार रहा; **~ the point** (relevant) सुसंगत, एकदम ठीक : your remarks were all ~ the point तुम्हारे सभी टिप्पण ≈ थे. [*as distinct from* too, two; *ant.* from]

toady टो'डि *n*^c. खुशामदी टट्टू : he is the minister's ~ वह मंत्री का ≈ है.

toast टोस्ट **I.** *n*^c. **1.** टोस्ट : I like ~ and butter for breakfast मैं नाश्ते में ≈ और मक्खन पसंद करता हूँ; I have not eaten ~ today मैंने आज ≈ नहीं खाए. **2.** किसी की सलामती^F का जाम : they drank a ~ to the President उन्होंने राष्ट्रपति की सलामती का जाम पिया; to propose a ~ to smb किसी को शुभकामनाएँ^F देना. **II.** *v.t.* सेंकना (warm at fire) तापना : she is ~ing slices of bread for tea वह चाय^F के लिए डबल रोटी^F के कतले सेंक रही है. **toaster**टोस्'टर *n*^c. टोस्टर, सेंकने वाला, चूल्हा [electric बिजली का, gas गैस का]; he has bought a new ~ today उसने आज एक नया ≈ खरीदा है.

tobacco ट बै'को *n*^c. तम्बाकू [spiced and perfumed मसालेदार और सुगंधित, strong तेज़]; he smoked ~ from his pipe उसने अपनी चिलम^F से ≈ पिया; he has a store of ~ उसके पास ≈ का भण्डार है; ~ is bad for health ≈ स्वास्थ्य के लिए ख़राब है.

today टू डे' *adv. & n.* **1.** आज : ~ is Friday, it is Friday ~ ≈ शुक्रवार है; I have seen him just ~ मैंने उसे ≈ ही देखा है; ~ we shall go to theatre ≈ हम थिएटर जाएँगे; what is the date ~ ≈ क्या तारीख^F है ? it is very cold ~ ≈ बहुत ठंड^F है; ~ is the tenth of June आज जून की दसवीं तारीख^F है; we are going ~ हम आज जा रहे हैं; here is ~'s paper यह है ≈ का पत्र. **2.** (the present time) आजकल, आज : problems of ~ ≈ की समस्याएँ^F; people of ~ ≈ के लोग.

toe टो *n*^c. पैर की उंगलियाँ, पंजा : big ~ पैर का अंगूठा; don't trample on my ~ मेरा पंजा मत कुचलो; ~ of my shoes मेरे जूते का पंजा. Δ **from top to ~** एड़ी^F से चोटी^F तक, सिर से पैर तक : she was adorned from top to ~ वह सिर से पैर तक सुसज्जित थी; **on one's ~s** सचेत, चौकस, सजग : now he is on his ~s for/about his future अब वह अपने भविष्य के बारे में ≈ है; our army is on its ~s हमारी सेना^F ≈ है; **tread on smb's ~s** किसी को नाराज़ करना, किसी का जी दुखाना : don't tread on my ~s, I am already in trouble मेरा जी न दुखाओ, मैं पहले से कष्ट में हूँ.

toffee टॉ'फ़ि *n*^c. टॉफ़ी^F [delicious स्वादिष्ट, sweet मीठी]; a ~ contains sugar and butter ≈ में चीनी^F और मक्खन होता है; children like ~s very much बच्चे टॉफियाँ बेहद पसंद करते हैं; he bought fifteen ~s for five rupees उसने पांच रुपए में पंद्रह टाफियाँ ख़रीदीं.

together ट गें'दर *adv.* इकट्ठे, एक साथ, साथ-साथ : live ~ ≈ रहना; they gathered ~ वे ≈ हो गए; they came ~ वे ≈ आए; the children sat ~ बच्चे एक साथ बैठ गए; tie the dogs ~ कुत्तों को ≈ बाँध दो; they were talking ~ वे सब आपस में बात कर रहे थे; they played ~ वे साथ-साथ खेले; troubles sometimes come ~ मुसीबतें^{F} कभी-कभी ≈ आ जाती हैं. Δ **for days ~** कई दिन लगातार : it rained for days ~ ≈ बारिश^F हुई; **~ with** साथ ही : my purse ~ with his was lost मेरा बटुआ, ≈ उसका खो गया था.

toil टॉइल *v.t.* कड़ी मेहनत^F करना : labourers ~ all day in the field मज़दूर खेत में कड़ी मेहनत करते हैं; you will have to ~ for success सफलता^{F} के लिए तुम्हें कड़ी मेहनत करनी पड़ेगी; she was ~ing at her work वह अपना काम मेहनत^F से कर रही थी. Δ **~ up** मुश्किल^F से चढ़ना : he ~ed up the hill वह पहाड़ी^{F} पर बड़ी मुश्किल से चढ़ गया. **toiling** टाइ'लिङ्ग *a.* मेहनती, परिश्रमी, थकाऊ, उबाऊ [labourers मज़दूर, masses लोग]; she was a ~ housewife वह एक मेहनती गृहिणी थी. **toilsome** *a.* श्रमसाध्य, थकाऊ : ~ job ≈ काम; the voyage is ~ समुद्री यात्रा^{F} ≈ होती है.

toilet टॉइ'लिट *n.* **1.** (dressing up) प्रसाधन, शृंगार : ladies' ~ महिलाओं का ≈; gents' ~ पुरुषों का ≈; to make one's ~ बनना-सँवरना; she spends an hour on her ~ वह अपने प्रसाधन में एक घंटा लगाती है; she has done her ~ उसने अपना शृंगार कर लिया है. **2.** (lavatory) शौचघर : the ~ was not clean ≈ साफ़ नहीं था; there was no ~ at the station स्टेशन पर कोई ≈ नहीं था; she has gone to the ~ वह ≈ गई है. **~ paper** शौच काग़ज़; **~ soap** नहाने का साबुन; ~ table सिंगार मेज़.

token टो'कन **I.** *n*^{c}. **1.** (symbol) प्रतीक : this is the ~ of his first success यह उसकी पहली सफलता^{F} का ≈ है; we sent him a bouquet as a ~ of love हमने प्रेम/स्नेह के ≈ स्वरूप उसे गुलदस्ता भेजा; in ~ of प्रमाण-स्वरूप. **2.** (keepsake) निशानी^{F}, स्मृतिचिह्न, यादगार^F: this watch is a ~ of his affection यह घड़ी^{F} उसके स्नेह की निशानी है; this gift is the ~ of love यह उपहार प्यार की निशानी है. **3.** (of bank) टोकन : I presented a cheque and the clerk gave me a ~ मैंने चेक पेश किया और क्लर्क ने मुझे ≈ दिया. **II.** *a.* सांकेतिक : ~ coin/money संकेत-मुद्रा^{F}; ~ grant ≈ अनुदान; ~ payment साई^F, बयानां; ~ strike ≈ हड़ताल^F; ~ vote ≈ मतदान.

told टोल्ड *v.t. past & p.p.* of 'tell' *q.v.*

tolerable टॉ'लरॅबल *a.* **1.** (endurable) सहनीय, सह्य, सहने लायक [cold ठंड^F, pain पीड़ा^{F}]; heat today is ~ गरमी^{F} आज ≈ है; your mischief will not be ~ तुम्हारी शरारत^F ≈ नहीं होगी. **2.** (fairly good) काफ़ी-अच्छा, काम-चलाऊ [food खाना, health स्वास्थ्य, situation स्थिति^{F}]; today the weather is a bit ~ आज मौसम कुछ अच्छा है; his progress was ~ now उसकी प्रगति^{F} अब काफ़ी अच्छी थी. **tolerance** टॉ'लरॅन्स *n*^{u}. सहनशीलता^{F}, सहिष्णुता [less कम, religious धार्मिक, sufficient पर्याप्त]; old people have little ~ in their temper बूढ़े लोगों के मिज़ाज में ≈ कम ही होती है; people praise his ~ लोग उसकी ≈ की प्रशंसा^{F} करते हैं; you should show ~ to other people तुम्हें दूसरों के प्रति ≈ दिखानी चाहिए. **tolerate** टॉ'लॅरैट *v.t.* सहना, बरदाश्त करना : ~ suffering दुःख सहना; I cannot ~ noise मैं शोर बरदाश्त नहीं कर सकता; to ~ the presence of someone किसी की उपस्थिति^{F} को बरदाश्त करना; why should I ~ interference, misbehaviour of any kind मैं किसी प्रकार का भी हस्तक्षेप, दुर्व्यवहार क्यों सहन करूँ ? he ~s naughty children वह दुष्ट बच्चों को सहन कर लेता है. **toleration** टॉल रे'शन *n*^{u}. सहिष्णुता^{F} [personal व्यक्तिगत, religious धार्मिक]; I appreciate his ~ मैं उसकी ≈ की प्रशंसा^{F} करता हूँ; his ~ is the cause of his popularity उसकी ≈ ही उसकी लोकप्रियता^{F} का कारण है.

toll टोल **I.** *n*^c. **1.** (tax) राहदारी^F, महसूल, मार्गकर : we paid ~s twice on the G.T. Road जी.टी. रोड पर हमने दो बार मार्गकर दिया; the ~ charged by this municipality is heavy इस नगरपालिका^F द्वारा लिया जाने वाला मार्गकर/महसूल भारी है. **2.** (of bell) घंटानाद : I heard the ~ at 11 o'clock मैंने 11 बजे ≈ सुना. **3.** (loss) क्षति^F, हानि^F (विशेषत: जान-माल की) : the ~ of malaria मलेरिया से जान^F की ≈; death मौत^F की घटना^F; to take ~ of हानि^F/क्षति पहुँचाना : the war has taken a heavy ~ of life युद्ध से जान^F की भारी क्षति हुई; floods take their ~ of standing crops बाढ़^F से खड़ी फ़सलों^F का नुकसान होता है. **II.** *v.t.* घंटा बजाना : the bell ~ed six घंटे ने छह बजाए; to ~ smb's death घंटा बजाकर किसी की मृत्यु^F की सूचना^F देना.

tomato ट मा'टो *n*^c. (*pl.* tomatoes) टमाटर [red लाल, ripe पका]; ~ is eaten raw or cooked ≈ कच्चा या पकाया हुआ खाया जाता है; buy some ~es for salad सलाद के लिए कुछ ≈ ख़रीद लो; to use ~es in the vegetable सब्ज़ी^F में टमाटर का इस्तेमाल करना.

tomcat टॉम्'कैट *n*^c. (male cat) बिलार, बिल्ला, बिलाव, बिडाल : ~ is a he-cat ≈ एक नर-बिलाव होता है.

tomorrow टमॉ'रो **I.** *n*^u. **1.** कल : a brighter ~ पहले से उज्ज्वल ≈; you will know the results ~ तुम ≈ परिणाम जान लोगे; ~ will be Monday ≈ सोमवार होगा : it is a holiday ~, ~ is holiday ≈ छुट्टी^F है. **2.** (future) ~'s world कल का संसार. **II.** *adv.* कल : I shall come ~ मैं ≈ आऊंगा; we are leaving ~ हम ≈ चले जा रहे हैं.

ton टन *n*^c. **1.** टन [many कई, three तीन]; he needs a ~ of sugar उसे एक ≈ चीनी^F की ज़रूरत^F है; a ~ is =2,240 lbs. ≈ 2,240 पौण्ड का होता है; this luggage weighs a ~ and a half यह सामान वज़न में ड्रेढ़ ≈ है. **2.** the batsman struck a ~ बल्लेबाज़ ने शतक मार लिया.

tone टोन **I.** *n*^c. **1.** (sound) स्वर, आवाज़, लहजा [clear स्पष्ट, high ऊंचा]; he spoke in an angry tone वह क्रोधपूर्ण स्वर/लहजे में बोला; his ~ is very low उसका ≈ बहुत धीमा है; she could not identify his ~ वह उसकी आवाज़ पहचान न सकी; I don't like your ~ मुझे तुम्हारा लहजा पसंद नहीं है. **2.** (of music) सुर, तान. **3.** (of colour) झलक^F, छाया^F : the bright ~s of a painting चित्र की चमकती ≈; this picture has various ~s of red इस चित्र में लाल रंग की कई झलकियाँ हैं. **4.** (in contexts) ~ of body शारीरिक स्वास्थ्य; ~ of the market बाज़ार की स्थिति^F; ~ of the nation राष्ट्र का नैतिक स्तर. **II.** *v.t.* **1.** (of an instrument) (वाद्ययंत्र का) सुर ठीक कर देना, सुर मिलाना. **2.** (of a painting चित्र का) रंग ठीक करना. **3.** (harmonise) मेल खाना, समन्वय स्थापित करना. Δ ~ **down** हलका करना : to ~ down the colour of a painting चित्र का रंग ≈; ~ **up** (i) स्वर चढ़ाना, तीव्र करना, बढ़ाना : ~ up the loudspeaker a bit लाउडस्पीकर की आवाज़ थोड़ी बढ़ा दो; (ii) स्वास्थ्य बढ़ाना : he has ~d up his body उसने अपने शरीर का स्वास्थ्य बढ़ा लिया है. [*as distinct from* tune]

tongs टॉंग्ज़ *n. pl.* (a pair of tongs) चिमटा, सँड़सी^F [iron लोहे की, long लंबी]; ~ are used to pick up frying pans and kettles सँड़सी से तवे और केतलियाँ^F उठाने का काम लिया जाता है; ~ for lifting coal कोयला उठाने के लिए ≈.

tongue टङ्ग *n*^c. **1.** जीभ^F, ज़बान^F [red लाल, swollen सूजी हुई]; the doctor said, "put out your ~," डाक्टर, ने कहा, "अपनी ≈ निकालो"; the doctor looked at his ~ डॉक्टर ने उसकी ≈ देखी; hold your ~ अपनी ≈ बंद करो, चुप रहो; bridle your ~ अपनी ≈ को लगाम दो, संयम से बोलो. **2.** (language) भाषा^F, ज़बान^F, बोली^F [clear स्पष्ट, correct शुद्ध/सही, wrong ग़लत]; mother ~ मातृभाषा; ~-tied मुँहबंद, मुँहसिला (व्यक्ति) ; Hindi is our national ~ हिंदी^F हमारी राष्ट्रभाषा^F है. **3.** (in contexts) ~ of fire अग्निजिह्वा^F; of a shoe जूते की जीभी^F; ~ of a bell घंटी^F का

लोलक. Δ **with ~ in one's cheek** (i) व्यंग्य से : if you talk to him, he will talk with ~ in his cheek यदि तुम उससे बात करो तो वह ≈ बात करेगा. (ii) (insincerely) झूठमूठ.

tonic टॉनिक *a.* & *n.* (invigorating medicine) बलवर्धक, पुष्टिकारक औषध, टॉनिक : take some ~ if you feel weak यदि तुम कमज़ोरी^F महसूस करो तो कोई ≈ ले लो; he needs ~ उसे ≈ की आवश्यकता^F है.

tonight टॅ नाइट' **I.** *n*^u. आज की रात^F : here is ~'s weather report यह है आज रात के मौसम/की रिपोर्ट^F; ~ was very cold ≈ बड़ी ठंड^F थी. **II.** *adv.* आज रात (को) : he is leaving home ~ वह ≈ घर से चला जा रहा है; he will go to work ~ वह ≈ काम पर जाएगा.

tonne टॅान *n*^c. मीटरी टन : one ~ is equal to 1,000 kilos एक ≈ एक हज़ार किलो के बराबर होता है; he has bought many ~s of potatoes उसने कई ≈ आलू ख़रीदे हैं.

too टू *adv.* **1.** (excessively) बहुत ही ज़्यादा, अत्यधिक, नितांत : it is ~ early यह ≈ जल्दी है; this hat is ~ large for me यह हैट मेरे लिए बहुत ही बड़ा है; he has gone ~ far वह ≈ ही दूर चला गया है; these boys are ~ expensive ये खिलौने ≈ महँगे हैं. **2.** (also) भी : I ~ will not go मैं भी नहीं जाऊंगा; I spoke to others ~ मैंने अन्य लोगों से ≈ कहा; she plays the piano and sings ~ वह पियानो बजाती है और गाती ≈ है; he ~ sang a song उसने ≈ एक गीत गाया ; he was tired and hungry वह थका और भूखा था ≈; I ~ like it मैं ≈ इसे पसंद करता हूँ. **3.** इतना अधिक.... कि न : he is ~ busy to go to the circus वह इतना ज़्यादा व्यस्त है कि सरकस नहीं जा सकता. [*as distinct from* to, two]

took टुक *v.t. past* of 'take' *q.v.*

tool टूल *n*^c. **1.** (implement) औज़ार, उपकरण, (apparatus) यंत्र [excellent उत्कृष्ट, weak कमज़ोर]; machine ~s मशीनी औज़ार; hammers, saws, etc. are ~s हथौड़े, आरे आदि ≈ हैं; carpenter has forgotten to bring a special ~ with him बढ़ई अपने साथ एक विशेष ≈ लाना भूल गया है; his ~s are words शब्द ही उसके औज़ार हैं; he has ~s of his work उसके पास अपने काम के बहुत-से उपकरण हैं. **2.** (a person, a puppet) कठपुतली^F : now he has become a ~ in his hand अब वह उसके हाथ की कठपुतली बन गया है; he was a mere ~ in his hands वह उसके हाथों में मात्र ≈ था. **3.** (means) साधन, सामग्री^F : the ~s of one's trade अपने पेशे की ≈.

tooth टूथ *n*^c. (*pl.* teeth) **1.** दाँत [sharp तेज़, strong मज़बूत, ugly गंदा]; ~ache ≈ दर्द; ~paste दूथपेस्ट; wolf ~ चोर ≈; his teeth are long उसके ≈ लंबे हैं; her teeth are artificial, not original उसके दाँत असली नहीं, बनावटी हैं : I must have my ~ pulled out मुझे अपना ≈ उखड़वा देना चाहिए; brush your teeth अपने दाँत (ब्रश से) साफ़ करो. **2.** दाँता : ~ of a saw आरी^F का ≈; the teeth of this comb are not smooth इस कंघे के दाँते चिकने नहीं हैं. Δ **~and nail** पूरी शक्ति^F से, तन-मन से, जी-जान से : he fought ~ and nail वह ≈ लड़ा; **armed to the teeth** पूर्णतया अस्त्र-सज्जित : both the parties were armed to the teeth दोनों दल पूर्णतया शस्त्र-सज्जित थे; **have a sweet ~** मीठा पसंद करना : he is the man to have a sweet ~ वह मीठा पसंद करने वाला व्यक्ति है; he remained firm in the **teeth of opposition** वह विरोध की परवाह^F न करते हुए डटा रहा. **toothless** टूथ'लिस *a.* दंतहीन, पोपला [mouth मुँह, person व्यक्ति]; the old man has become ~ now बूढ़ा आदमी अब ≈ हो गया है; he cannot eat hard things for he is ~ वह कड़ी चीज़ें नहीं खा सकता क्योंकि वह ≈ है.

top टॉप **I.** *n*^c. **1.** (summit) शिखर, चोटी^F : ~ of the mountain पर्वत की चोटी; he was standing at the ~ of the hill वह पहाड़ी^F की चोटी पर खड़ा था; [*ant.* foot] you cannot reach the ~ of that tree तुम उस पेड़ की चोटी पर नहीं पहुँच सकते from ~ to toe चोटी से एड़ी^F तक. **2.** ऊपरी सिरा : ~ of the page पन्ने का ≈; from ~ to bottom ऊपर से नीचे तक; to cut the ~ of a tree

किसी पेड़ का ऊपरी सिरा काटना. [*ant.* bottom] **3.** (lid) ढक्कन, ढकना : ~ of the kettle केतली^{F} का ≈; take the ~ off this tin इस टीन का ढकना निकालो/उतारो; ~ of a bottle बोतल का ≈. **4.** (highest rank, place) शिखर, चोटी^{F}, सर्वोच्च पद : he has reached the ~ of his rank वह अपने दर्जे के शिखर/सर्वोच्च पद पर पहुँच गया है; she is at the ~ of her class वह अपनी कक्षा^{F} में सर्वोच्च स्थान पर (प्रथम) है; he was at one time at the ~ of his profession वह, कभी अपने पेशे में शिखर पर था. **5.** (toy) लट्टू : Sarla likes to spin her ~ सरला को अपना ≈ नचाना अच्छा लगता है. **II.** *a.* (~ most) **1.** (on top) सबसे उपरला : he lives on the ~ floor वह सबसे उपरले तल्ले पर रहता है; the book is on the ~ shelf किताब सब से उपरले शेल्फ पर है. **2.** सबसे अधिक : he got ~ marks in Hindi उसे हिंदी में ≈ अंक मिले; he drives at the ~ of his speed वह सर्वाधिक गति^{F} से गाड़ी चलाता है; she shouted at the ~ of her voice वह बहुत ज़ोर से चिल्लाई. **III.** *v.t.* (*p.p.*) **1.** (put on) ढकना (as a lid) : she ~ped the cake with cream उसने केक को क्रीम से ढंक दिया; to ~ the bucket बाल्टी ढंकना. **2.** (prune) छाँटना : to ~ plants पौधे को ≈. **3.** (reach the top) शिखर पर पहुँचना : they ~ped the hill वे पहाड़ी^{F} के शिखर पर पहुँच गए, **4.** (be first) सर्वप्रथम : he ~ped the list of successful candidates वह सफल उम्मीदवारों में प्रथम स्थान पर आया. **5.** से ऊंचा होना : this building ~s all others यह भवन और सब से ऊंचा है. **~heavy** *a.* बहुत भारी, बोझिल [administration प्रशासन, expenditure खर्च, weight वज़न]; this parcel is ~ यह पार्सल बहुत भारी है; he cannot do such ~ official work वह इतना भारी सरकारी काम नहीं कर सकता. **~most** *a.* सर्वोच्च, उच्चतम [peak चोटी^{F}, place स्थान, position स्थिति^{F}]; the books are lying on the ~ shelf पुस्तकें सर्वोच्च शेल्फ़ में पड़ी हैं.

topic टॉ'पिक *n*^{c}. विषय, प्रसंग, प्रकरण [complex जटिल, easy आसान]; weather and latest news are common ~s of conversation मौसम और ताज़ा समाचार बातचीत^F के सामान्य ≈ होते हैं; what will be the ~ for the debate today आज वाद-विवाद का विषय क्या होगा? ~ of the radio talk of the रेडियो की वार्ता^{F} का विषय; the ~ of his lecture was religion उसके भाषण का विषय धर्म था.

topple टॉ'पल **I.** *v.i.* (down, over) गिर पड़ना, लुढ़कना : the pile of books ~d down from the vehicle गाड़ी^{F} से किताबों का एक ढेर गिर पड़ा; child ~d over बच्चा गिर पड़ा; many cups in the tray ~d ट्रे^{F} में बहुत से कप लुढ़क गए; he ~d on the road वह सड़क पर लुढ़क गया; the building ~d down इमारत^F गिर गई. **II.** *v.t.* the army ~d the government सेना^{F} ने सरकार^F का तख़्ता पलट दिया.

topsy-turvy टॉप्सि'-टर्वि *a. & adv.* **1.** औंधा, सिर के बल : the plates on the table are all ~ मेज़ पर की तश्तरियाँ^{F} सब औंधी हैं. **2.** बेतरतीब, अस्त-व्यस्त : the mob scattered ~ भीड़ बेतरतीब ढंग से तितर-बितर हो गई; everything is ~ सब कुछ ≈ है; the affairs of his family are ~ परिवार के मामले अस्त-व्यस्त हैं.

torch टॉर्च *n*^{c}. **1.** टार्च^F [bright चमकीला, electric बिजली का]; ~ light ≈ का प्रकाश; there is no battery in your ~ तुम्हारी ≈ में बैटरी^{F} नहीं है; you should take a ~ with you तुम्हें अपने पास एक ≈ रख लेनी चाहिए, **2.** मशाल^F : a ~ soaked in oil तेल में तर ≈; ~ -bearer मशालची; (fig). ~ of learning विद्या^{F} की ≈; ~ of liberty स्वतंत्रता^{F} की ≈.

tore = *past* of 'tear' *q.v.*

torment टॉर्'मन्ट **I.** *n*^{c}. **1.** पीड़ा^{F}, यातना^{F} : the wounded soldier was in ~ घायल सिपाही को अत्यंत पीड़ा थी; ~s were inflicted on the culprits अपराधियों को यातनाएँ दी गईं. **2.** मुसीबत^F, कष्ट : I am in great ~ मैं बहुत ≈ में हूँ. **3.** (fig.) this boy is a ~ to his mother यह लड़का अपनी माँ के लिए एक मुसीबत^F है. **II.** टॉर्'मेन्ट *v.t.* **1.** यातना^{F} देना, उत्पीड़ित करना : she was ~ed by backache वह पीठ के दर्द से उत्पीड़ित थी. **2.** तंग कर देना : to ~ smb with questions किसी को प्रश्न कर-करके तंग कर देना; don't ~ me मुझे तंग मत करो.

torn टॉर्न **I.** *v.t.* past participle of 'tear' *q.v.* **II.** *a.* फटा हुआ, जीर्ण [cloth कपड़ा, shirt कमीज़ᶠ]; that man was wearing a ~ coat yesterday वह व्यक्ति कल एक ≈ कोट पहने था.

torrent टॉ'रन्ट *n*ᶜ. **1.** प्रचण्ड धाराᶠ या बहाव : ~ of water पानी की ≈ ; ~ of rain मूसलाधार वर्षाᶠ; it rained in ~s मूसलाधार वर्षा हुई; a ~ of tears आँसू का प्रवाह. **2.** बौछारᶠ, झड़ीᶠ: ~ of tears आँसुओं की झड़ीᶠ; ~ of abuses गालियोंᶠ की बौछार. **3.** तेज़ नाला : we could not cross the ~ on foot हम पैदल नाला पार न कर सके.

tortoise टॉर्'टस *n*ᶜ. कछुआ : land ~ स्थल ≈; green/sea ~ हरा/समुद्री ≈; the slow and steady ~ won the race धीमा परंतु दृढ़ ≈ दौड़ जीत गया; the ~ has a hard and round shell कछुए का मज़बूत और गोल शल्क/घोंघा होता है; there is a ~ in the well कुएँ में एक ≈ है; a bird cannot harm the ~ चिड़िया ≈ को नुकसान नहीं पहुँचा सकती.

torture टॉर्'चर **I.** *n*ᶜ. उत्पीड़न, यातनाᶠ [mental मानसिक, physical शारीरिक]; the police put the thief to so much ~ पुलिस ने चोर को इतनी यातना दी; the conversation was ~ to her वार्तालाप उसे उत्पीड़न लगा; every day brought him new ~s प्रतिदिन उस पर नयी यातनाएँ आ पड़ी. **II.** *v.t.* **1.** उत्पीड़न करना, यातनाᶠ देना : he was badly ~d by the dacoits डकैतों ने उसे बहुत उत्पीड़ित किया; the police ~s criminals पुलिस अपराधियों को यातनाएँ देती है; she is ~d by headache, jealousy वह सिरदर्द, ईर्ष्या से उत्पीड़ित है. **2.** सताना : heat ~d us very much गर्मी ने हमें बहुत सताया.

toss टॉस **I.** *n*ᶜ. **1.** (throw up) उछालना : to ~ (up) a coin सिक्का ≈; the players ~ed the ball hither and thither खिलाड़ी गेंद को इधर-उधर उछालते रहे. **2.** (throw) फेंक देना, डाल देना : I ~ed him a magazine मैंने उसकी ओर पत्रिकाᶠ फेंकी. **3.** (drop) गिराना : he was ~ed by a horse, scooter उसे घोड़े, स्कूटर ने गिरा दिया; the truck ~ed a man on the way ट्रक ने रास्ते में एक व्यक्ति को गिरा दिया. **4.** (jerk) झटका देना : the horse ~ed his head घोड़े ने अपना सिर झटका. **5.** हिलाना-डुलाना : he ~ed the boy but he did not get up उसने लड़के को हिलाया-डुलाया लेकिन वह उठा नहीं. **II.** *n*ᶜ. **1.** (swing of branches) झूमना : the flower plants are ~ing about in the wind फूलों के पौधे हवाᶠ में झूम रहे हैं. **2.** (roll about restlessly) करवटेंᶠ बदलते रहना : he ~ed about all the night in the bed with pain वह दर्द से रात भर करवटें बदलता रहा. **III.** *n*ᶜ. **1.** उछाल : a ~ of waves लहरों का ≈; ~ of coin सिक्के का उछाल/टॉस. **2.** टॉस : we won the ~ हम ≈ जीत गए; they lost the ~ वे ≈ हार गए. **3.** झटका : he gave a ~ to his head उसने अपने सिर का ≈ दिया; he had a ~ from his horse उसे अपने घोड़े से झटका लगा.

total टो'टल **I.** *a.* **1.** (complete) पूरा, सारा, कुल [destruction विनाश, income आयᶠ, wages मज़दूरीᶠ]; he has taken the ~ sum of money उसने पूरी धनराशिᶠ ले ली है; the ~ population of India was 980 millions in 1991 भारत की संपूर्ण जनसंख्याᶠ 1991 में 98 करोड़ थी; his ~ expenditure in this month was above ten thousand rupees उसका इस महीने का कुल ख़र्च दस हज़ार रुपए से ऊपर था. **2.** (absolute) निरा, नितांत, निपट [allegiance निष्ठाᶠ, necessity आवश्यकताᶠ, peace शांतिᶠ]; ~ stranger ≈ अजनबी; this year it will be a ~ eclipse of the sun इस साल पूर्ण सूर्यग्रहण होगा; what will be the ~ loss कुल हानिᶠ कितनी होगी ? **II.** *n*ᶜ. जोड़, योग [easy आसान, grand कुल]; what is the ~ of 40 +30 चालीस जमा तीस का योग कितना होता है ? the ~ of five and six is eleven पाँच और छह का योग ग्यारह है; there were ten thousand people in ~ वहाँ कुल दस हज़ार लोग थे. **III.** *v.t.* (-ll-) जोड़ होना : your loan ~s Rs. 3,557 तुम्हारे उधार का जोड़ तीन

हज़ार पाँच सौ सत्तावन (3,557) रु० होता है; the students present today ~ed 50 आज उपस्थित छात्रों का कुल जोड़ पचास था. **totally** टो'टॅलि *adv.* बिलकुल, पूरी तरह^F, एकदम : he is ~ deaf वह ≈ बहरा है; you are ~ changed तुम ≈ बदल गए हो; he was ~ wrong वह ≈ ग़लती^F पर था; she was ~ misfit वह ≈ अनुपयुक्त थी; I ~ agree with you मैं आपसे ≈ सहमत हूँ. [*ant.* partly]

totter टॉ'टर *v.i.* **1.** लड़खड़ाना, डगमगाना : the lame boy ~ed and fell down लँगड़ा लड़का लड़खड़ाया और गिर पड़ा; he was ~ing after drinking पीने के बाद वह लड़खड़ा/डगमगा रहा था. **2.** (be unsteady) डावाँडोल होना : the government is ~ing सरकार^F डावाँडोल हो रही है; he is economically ~ed now वह अब आर्थिक रूप से डावाँडोल हो गया है. **3.** कगार पर खड़ा होना : the company is ~ing on the edge of ruin कंपनी विनाश के कगार पर खड़ी है.

touch टच **I.** *v.t.* **1.** (of physical contact) स्पर्श करना, छूना : as soon as he ~ed the boy, he woke up जैसे ही उसने लड़के को छुआ, वह जाग उठा; he ~ed me on the shoulder उसने मुझे कंधे पर स्पर्श किया; he did not even ~ the cake उसने केक को छुआ तक नहीं; don't ~ me मुझे मत छुओ; to touch smth with the hand हाथ से किसी चीज़ को छूना. **2.** (of string of musical instrument) छेड़ना : as he ~ed the string of the sitar , it started producing sweet sound जैसे ही उसने सितार के तार छेड़े वह मधुर ध्वनि देने लगा. **3.** (reach) तक पहुँचना : the ship ~ed the land जहाज़ धरती^F पर पहुँच गया. **4.** की बराबरी^F करना : no one ~s Gandhi गांधी की बराबरी कोई नहीं करता; I think he is far behind of him, he cannot ~ him in chess मेरे विचार में वह बहुत पीछे है, वह शतरंज में उसकी बराबरी नहीं कर सकता. **5.** (impress, affect) छूना, प्रभावित करना : the story ~ed us deeply कहानी^F ने हमें गहराई में जा छुआ या प्रभावित किया; I was ~ed by his kindness मुझे उसकी कृपालुता^F ने छू लिया; he ~ed the heart of the audience उसने श्रोताओं के हृदय को छू लिया. **6.** (concern) से संबंध होना, से वास्ता रखना : this question does not ~ me at all इस प्रश्न का मुझसे बिलकुल कोई संबंध/वास्ता नहीं है. **7.** क्षति^F पहुँचाना, बिगाड़ करना : the law cannot ~ him कानून उसका कुछ नहीं बिगाड़ सकता. **8.** (deal with) (i) चर्चा^F करना : he ~ed on a number of problems उसने कई समस्याओं^F की चर्चा की; (ii) निपटाना, सुलझाना : I can ~ this matter very easily मैं इस मामले को आसानी^F से निपटा/सुलझा सकता हूँ. **9.** to ~ up a picture चित्र को ठीक-ठाक करना. Δ **to ~ at the port** बंदरगाह^F पर जा लगना; the aeroplane ~ed down at 6 p. m. विमान शाम^F छ : बजे धरती^F पर उतरा. **II.** *n*^c. **1.** (fact of touching) स्पर्श : a light ~ हल्का ≈; I felt a ~ on my shoulder मुझे कंधे पर किसी का ≈ महसूस हुआ; his ~ on my head astounded me मेरे सिर पर उसके स्पर्श ने मुझे चौंका दिया. **2.** (trace) पुट, हलकापन, अल्पमात्रा : a ~ of cold, fever हल्का सा जुकाम, बुख़ार; ~ of salt in vegetable सब्ज़ी में थोड़ा-सा नमक. **3.** संपर्क : mutual ~ आपसी ≈; are you in ~ with Mr. Raman क्या तुम मि. रामन के ≈ में हो ? have you lost ~ with him क्या उससे आपका ≈ खत्म हो गया है ? I am out of ~ with my subject मेरा अपने विषय से संपर्क छूट गया है. Δ **keep in ~ with** him तुम्हें उससे संपर्क बनाये रखना चाहिए; **at a ~** स्पर्श मात्र से : he got up even at a ~ of her वह उसके स्पर्श मात्र से ही उठ बैठा. **touching** टॅ'चिङ्ग **I.** *a.* मर्मस्पर्शी, हृदयस्पर्शी, (pathetic) कारुणिक [letter पत्र, scene दृश्य, speech भाषण]; he told a ~ story of his life उसने अपने जीवन की ≈ कहानी^F सुनाई. **II.** *prep.* के विषय में : he told me nothing ~ my subject उसने मेरे विषय ≈ कुछ नहीं बताया. **touchy** टॅ'चि *a.* **1.** (irritable) चिड़चिड़ा, तुनकमिज़ाज : he has become very ~ these days आजकल वह बहुत ≈ हो गया है. **2.** (over-sensitive) अतिसंवेदनशील, भावुक [fellow व्यक्ति, mood मनःस्थिति^F, woman स्त्री^F]; his younger son is too ~ उसका

छोटा बेटा बहुत ही भावुक है. **3.** (delicate) नाज़ुक : ~ state of affairs ≈ वर्तमान स्थिति^{F}.

tough टफ़ *a.* **1.** (difficult to cut) चीमड़ [cloth कपड़ा, meat मांस, plastic प्लास्टिक, shoe जूता]; as ~ as leather उतना ≈ जितना चमड़ा. **2.** (strongly made) मज़बूत : पक्का : the body of the car is very ~ गाड़ी^{F} का ढाँचा बहुत ≈ है. **3.** (robust) तगड़ा, हट्टा-कट्टा : he is a very ~ man वह बहुत ≈ व्यक्ति है. **4.** (rough, brutal, violent) उद्दण्ड, उजड्डु : there are some ~ boys in this locality इस मुहल्ले में कुछ ≈ लड़के हैं. **5.** (stubborn) हठीला, ज़िद्दी [criminal अपराधी, nature स्वभाव]; this customer of mine is ~ मेरा यह ग्राहक ≈ है; why have you adopted a ~ attitude तुमने इतना ≈ रुख़ क्यों अपना लिया है ? **6.** (hard) कठिन : ~ problem ≈ समस्या^{F}; it was a ~ competition यह ≈ प्रतियोगिता^{F} थी. **7.** (difficult to do) दुष्कर : that work is not so ~ as you say वह काम ऐसा ≈ नहीं है जैसा कि तुम कहते हो. **8.** (strict) कठोर : he is ~ with his servant वह अपने नौकर से ≈ व्यवहार करता है.

tour टुअर **I.** n^{c}. **1.** (official or formal) दौरा : ~ allowance यात्रा-भत्ता; the ~ of South African team दक्षिणी अफ्रीका की टीम^{F} का ≈; The Prime Minister has gone on a ~ of Punjab प्रधानमंत्री पंजाब के दौरे पर गए हैं. **2.** (as a tourist) पर्यटन : a ~ of Taj Mahal ताज महल का ≈. **3.** (ramble) सैर, भ्रमण : I went on a ~ of eastern districts मैं पूर्वी ज़िलों में भ्रमण के लिए गया. **4.** (visit around) चक्कर लगाना : he took us on a ~ of his house वह हमें अपने मकान का चक्कर लगाने ले गया. **II.** *v.t.i.* **1.** दौरा करना; the District Magistrate ~ed some parts of the district ज़िलाधीश ने ज़िले के कुछ हिस्सों का दौरा किया. **2.** सैर या भ्रमण करना : we'll ~ (round) Australia this year इस साल हम आस्ट्रेलिया का भ्रमण करेंगे; you have not ~ed (through) the Kashmir Valley तुमने कश्मीर घाटी^{F} का भ्रमण नहीं किया है.

tourist टुअ'रिस्ट **I.** n^{c}. पर्यटक, यात्री : foreign ~ विदेशी ≈; a group of ~s visited Varanasi पर्यटकों का एक दल वाराणसी देखने गया; he has gone there as a ~ not as an active member वह वहाँ पर्यटक के रूप में गया है, न कि सक्रिय सदस्य के रूप में; Kashmir attracts most of the ~s कश्मीर बहुत-से पर्यटकों को आकर्षित करता है. **II.** *a.* **1.** पर्यटकों के लिए : ~ hotel, car ≈ होटल, कार. **2.** कुछ सस्ता : ~ class, bogie टूरिस्ट श्रेणी^{F}, बोगी^{F}.

tournament टुअर'नॅमन्ट *n.* खेल-प्रतियोगिता^{F}: popular ~ लोकप्रिय ≈; he will participate in the tennis ~ वह टेनिस प्रतियोगिता में भाग लेगा; the world chess ~ will be held in India this year इस साल विश्व शतरंज ≈ भारत में होगी.

toward, towards (usu.) टु वार्ड्(ज़)' *prep.* **1.** की ओर^{F}, की दिशा^{F} में : she turned ~ her teacher वह अपनी अध्यापिका^{F} की ओर मुड़ी; he ran ~ the village वह गाँव की ओर भागा; a step ahead ~ the reconciliation समझौते की ओर एक कदम और आगे. **2.** (for the purpose of) के लिए, के हेतु : he saved money ~ his daughter's marriage उसने अपनी बेटी की शादी^{F} ≈ पैसा बचाया; I gave him Rs. 50 ~ the cost of an umbrella मैंने उसे छाते की कीमत^{F} ≈ पचास रुपए दिए; he has done nothing ~ that purpose उस उद्देश्य ≈ उसने कुछ नहीं किया. **3.** (near) के लगभग, के आस-पास, के निकट : we are coming ~ the end of our journey हम अपनी यात्रा^{F} के अंत के पास पहुँच रहे हैं; he will reach there ~ 4 p.m. वह शाम चार बजे ≈ वहाँ पहुँच जायगा; ~ the end of the 20th century 20वीं शताब्दी^{F} के अंत के निकट; ~ evening लगभग शाम को. **4.** के प्रति : he was very kind ~ her वह उसके प्रति बहुत दयालु था; his attitude ~ his wife अपनी पत्नी ≈ उसका रुख़.

towel टॉउ'अल n^{c}. तौलिया : after bath you wipe your body with a towel नहाने के बाद तुम अपना शरीर ≈ से पोंछते हो; why did you not buy a new ~ तुमने एक नया ≈ क्यों नहीं ख़रीदा ?

town टॉउन *n*^{c}. **1.** शहर, नगर [industrial औद्योगिक, quiet शांत]; ~ area नगर क्षेत्र; ~ council नगर-पालिका^{F}; ~ hall टाउन हाल, नगर भवन; ~ planning नगर आयोजन; ~ship नगर-क्षेत्र; ~man शहरी; a ~ is bigger than a village ≈ गाँव से बड़ा होता है; this is a well-known ~ in the world यह संसार में एक जाना-माना ≈ है; which is the nearest ~ from here यहाँ से सबसे निकट शहर कौन-सा है ? the P.M. is out of ~ प्रधानमंत्री ≈ से बाहर हैं; he is not in ~ now अब वे ≈ में नहीं हैं. **2.** (shopping centre) चौक : we went to the ~ for some purchases हम ख़रीद^{F} के लिए ≈ गए, **3.** नगर के लोग : it is the talk of the ~ यह नगर के लोगों की चर्चा का विषय है; the whole ~ is sympathetic शहर के सारे लोग सहानुभूतिपूर्ण/हमदर्द हैं.

toy टॉइ **I.** *n*^{c}. खिलौना [cheap सस्ता, expensive महँगा, plastic प्लास्टिक का]; he has gone to buy ~s for children वह बच्चों के लिए खिलौने खरीदने गया है; this boy still plays with ~s यह लड़का अब भी खिलौनों से खेलता है; there is a big ~ shop in the town शहर में खिलौने की एक बड़ी दुकान^{F} है; he is a mere ~ soldier वह बस नाम का सिपाही है. **II.** *v.t.* **1.** खेलना, खिलवाड़^{F} करना : why do you ~ with your keys तुम चाबियों से क्यों खिलवाड़ करते हो ? he was ~ing with his pencil वह अपनी पेंसिल से खेल रहा था. **2.** (fondle) पर हाथ फेरना : he ~ed the dog उसने कुत्ते पर हाथ फेरा. **3.** (with a subject) ऊपरी तौर से दिलचस्पी लेना. Δ **to ~ with an idea** सोच-विचार करना, ऊहापोह करना.

tr. transitive, translation, transfer.

trace ट्रेस **I.** *n*^{c}. **1.** (sign, mark) चिह्न, निशान, संकेत : clear ~ स्पष्ट ≈; there was not the slightest ~ of fear on her face उसके चेहरे पर तनिक भी भय का ≈ नहीं था; the ~s of his footsteps उसके पैरों के ≈. **2.** (vestige) नाम-निशान : (track) खोज : I could not find any ~ of my dog मुझे अपने कुत्ते का कोई नाम-निशान नहीं मिला. **3.** (small quantity) अल्प मात्रा^{F}, लेश, लवलेश : there were ~s of blood on his shirt उसकी कमीज़ पर थोड़ा-सा खून लगा था; there are no ~s of silver in this mine इस खान^{F} में चाँदी^{F} की अल्पमात्रा^{F} भी नहीं है. Δ **keep ~ of** खोज^{F} बराबर लेता रहना : you should keep ~ of your son तुम्हें अपने बेटे की खोज-खबर^{F} लेते रहना चाहिए; **lose ~ of** ध्यान से उतरना : I lost ~ of your talk तुम्हारी बात^{F} मेरे ध्यान से उतर गई. **II.** *v.t.* **1.** (sketch) खाका उतारना/खींचना : ~ (out) a map from an atlas मानचित्रावली से मानचित्र का ≈. **2.** रूपरेखा^{F} तैयार करना : (fig) to ~ (out) a policy नीति^{F} की ≈. **3.** (on a transparent paper) उतारना, का अनुरेखण करना : to ~ a picture चित्र ≈. **4.** (find out) का पता लगाना, खोज निकालना : we could not ~ our dog हम अपने कुत्ते का पता नहीं लगा सके; the police ~d the criminals पुलिस ने अपराधियों का पता लगा लिया; we could not ~ our lost luggage हम अपने खोए हुए सामान का अता-पता नहीं पा सके; in his research paper he ~d the history of this tribe उसने अपने शोधपत्र में इस कबीले का इतिहास खोज निकाला. **5.** (write) लिखना : he ~ his name on the first page उसने अपना नाम मुखपृष्ठ पर लिखा.

track ट्रैक **I.** *n*^{c}. **1.** (path) मार्ग, रास्ता : he is going by the same ~ वह उसी रास्ते से जा रहा है; to put smb on the right ~ किसी को सीधे रास्ते पर लगाना; he has gone off the ~ वह गलत रास्ते पर पड़ गया है; you can go to my village by this ~ तुम इस रास्ते से मेरे गाँव जा सकते हो. **2.** (course) पगडंडी^{F}, लीक^{F} : ~s made by a bullock cart बैलगाड़ी^{F} से बनी ≈; a hilly ~ पहाड़ी ≈. **3.** (trail) खोज^{F}, पदांक : the hunter followed the ~ of a tiger शिकारी शेर की खोज (के पदांक) का पीछा करते चला; the police are on the criminals' ~ पुलिस^{F} अपराधियों की खोज़ में है; the dog followed the thief's ~ कुत्ते ने चोर के पदांकों का पीछा किया; to keep ~ of events घटनाक्रम की ख़बर^{F} रखना. **4.** (of railway) पटरी^{F}, रेलपथ : the trains run on the ~

रेलगाड़ियाँ^F ≈ पर चलती हैं. Δ **to be on smb's** ~ किसी का पीछा करना : the police is on the thief's ~ पुलिस चोर का पीछा कर रही है; **to keep ~ of smb** किसी को अपनी निगाह में रखना; he has a one-~ mind उसका दिमाग़ एक ही लीक पर दौड़ता है; he covers (up) his ~s वह अपनी गतिविधि को गुप्त रखता है. **II.** *v.t.*. **1.** का पता लगाना : try to ~ the accused person दोषी व्यक्ति का पता लगाने का प्रयास करो. **2.** पीछा करना : the police ~ed the thief to his house पुलिस ने चोर का उसके घर तक पीछा किया.

tract ट्रैक्ट *n*^c. **1.** (region) भू-भाग, इलाका [deserted निर्जन, green हरा, sandy रेतीला]; that is a hilly ~ where they all live जहाँ वे सब रहते हैं, वह पहाड़ी ≈ है. **2.** (anatomy) digestive ~ पाचन क्षेत्र. **3.** (printed booklet) पुस्तिका^F : this ~ deals with the principles of Arya Samaj इस ≈ में आर्यसमाज के नियमों का विवेचन हुआ है.

tractor ट्रैक्'टर *n*^c. ट्रैक्टर, हलयंत्र [big बड़ा, heavy भारी]; ~ is used mostly for pulling heavy loads ≈ का अधिकतर इस्तेमाल भारी बोझ खींचने के लिए किया जाता है; he can drive a ~ वह ≈ चला सकता है; he has bought a new ~ this year इस साल उसने एक नया ≈ खरीदा.

trade ट्रेड **I.** *v.t.* **1.** व्यापार करना : India ~s with Japan भारत जापान से व्यापार करता है; he ~s in electric goods वह बिजली^F के सामान का व्यापार करता है. **2.** (exchange) लेन-देन : he never ~s with others वह दूसरों से कभी लेन-देन नहीं करता; he ~d his old scooter for a moped उसने अपने स्कूटर का मोपेड से लेनदेन कर लिया. Δ **~on/upon** से अनुचित लाभ उठाना : he is such a mean fellow that he always ~s on his friend's ignorance वह इतना नीच आदमी है कि अपने मित्र के अज्ञान से भी हमेशा अनुचित लाभ उठाता है. **II.** *n*^u. **1.** (commerce) व्यापार [expensive महँगा, flourishing फलता-फूलता, foreign विदेशी]; ~ agreement ≈ संविदा^F; ~ balance आयात-निर्यात का अंतर; ~ barrier व्यापारिक प्रतिबंध; ~ mark ≈ चिन्ह; ~ name व्यापारिक नाम; ~ price व्यापारी या थोक भाव; ~ secret व्यापारिक रहस्य, व्यापारी गुर; ~ union ≈ संघ, मज़दूर संघ, ~ unionist व्यापार संघी; freedom of ~ व्यापार की स्वतंत्रता^F; my son's ~ मेरे लड़के का व्यापार; the ~ union resolved to go on the matter with ≈ संघ ने मामले को चलाए रखने का निश्चय किया; he is doing good ~ in cassettes वह कैसटों का अच्छा व्यापार कर रहा है. **2.** (occupation) धंधा, व्यवसाय, पेशा : he is an ironsmith by ~ वह धंधे/पेशे से लोहार है; what is your ~ तुम्हारा धंधा/पेशा क्या है ? he has never suffered loss in his ~ उसे अपने धंधे में कभी नुकसान नहीं हुआ. **tradesman** *n*^c. व्यापारी, दुकानदार [honest ईमानदार, prosperous समृद्ध, shrew समझदार/बुद्धिमान]; tradesmen usually have shops व्यापारियों की प्राय : दुकानें होती हैं; this ~ is engaged in retail trade यह व्यापारी फुटकर व्यवसाय में लगा हुआ है; there is no ~ in our village हमारे गाँव में कोई भी ≈ नहीं है. **trader** ट्रे'डर *n*^c. सौदागर, व्यापारी [dishonest बेईमान, reliable विश्वसनीय, rich अमीर]; he is a very cunning ~ वह बहुत ही मक्कार ≈ है; the ~s are on strike today ≈ आज हड़ताल^F पर हैं.

tradition ट्र डि'शन *n*^c. परम्परा^F [ancient प्राचीन, new नयी, old पुरानी]; keep up the (family) ~ (कुल) ≈ को बनाए रखो; according to ~ Chandragupta Maurya was the son of a low caste woman ≈ के अनुसार चंद्रगुप्त मौर्य एक नीच जाति^F की स्त्री का बेटा था; it has become a ~ in this family इस परिवार में यह ≈ बन गई है : I do not know many of the ~s of our country मैं अपने देश की अनेक परंपराओं को नहीं जानता. **traditional** ट्र डि'शनल *a.* पारंपरिक, परंपरागत [arts कलाएँ, custom प्रथा^F, song गीत]; ~ handicrafts ≈ हस्तशिल्प; only ~ questions are expected to be asked केवल ≈ प्रश्न पूछे जाना संभावित है.

traffic ट्रै'फ़िक **I.** *v.t.* (trafficking) क्रय-विक्रय करना; (अवैध) व्यापार करना : to ~ in women औरतों का ≈; to ~ in opium अफ़ीम का व्यापार करना; they were trafficking in smuggled goods वे

तस्करी माल का व्यापार कर रहे थे. **II.** *n*ᵘ. **1.**(movement ofvehicles) यातायात [busy व्यस्त, easy आसान]; ~ of goods माल का ≈, माल की ढुलाई^F; passenger ~ यात्री ≈; ~ in arms. ग़ैर-कानूनी ढंग से हथियारों की खरीद-बिक्री^F; there is a heavy ~ on roads at office time कार्यालय के समय सड़कों^F पर ≈ बहुत होता है; it is risky to go on bicycle in such ~ इस प्रकार के ≈ में साइकिल पर जाना जोखिम भरा होता है; ~ jam ≈ अवरोध, रास्ता जाम. **2.** (trade) व्यापार : there is (unlawful) ~ in drugs दवाओं^F का अवैध ≈ हो रहा है.

tragedy ट्रै'जिडि *n*ᶜ. **1.** त्रासदी^F, दुःखांत नाटक, दुःखान्तिकी^F : Shakespeare's 'King Lear' is a well-known ~ शेक्सपियर का 'किंग लियर' एक सुप्रसिद्ध ≈ है. **2.** (calamity) दुःखद घटना^F, दारुण विपत्ति^F : his father's death was a great ~ उसके पिता की मृत्यु^F एक महाविपदा^F थी; their picnic was marred by a ~ एक ≈ के कारण उनका पिकनिक खराब हो गया. [*ant.* comedy. **tragic** ट्रै'जिक *a.* **1.** (of play) दुःखांत : 'Hamlet' is one of the ~ plays of Shakespeare 'हैमलेट' शैक्सपियर के ≈ नाटकों में एक है. **2.** (tale, scene, etc.) कारुणिक, दुःखद [accident दुर्घटना^F, scene दृश्य, story कहानी^F]; the ~ death of one's relative किसी के संबंधी की ≈ मृत्यु^F; on seeing his ~ condition the minister began to weep उसकी कारुणिक दशा^F देखकर मंत्री रोने लगा. **3.** he made a ~ mistake उसने दुर्भाग्यपूर्ण भूल^F की.

trail ट्रेल **I.** *n*ᶜ. **1.** पूँछ^F, पुछल्ला : ~ of a meteor उल्का का पुछल्ला. **2.** (track) खोज^F, पद-चिह्न : on the ~ of a deer हिरन के पदचिह्नों पर; he followed the ~of the camel and found it at a mile's distance वह ऊंट के पदचिह्नों के पीछे-पीछे चला और इसे एक मील की दूरी पर पा गया; he is in ~ of his dog वह अपने कुत्ते की खोज में है. **3.** (path) पगडंडी^F [broad चौड़ी, narrow सँकरी, mountain पहाड़ी]. **4.** (line) लीक^F : the cart left a ~ गाड़ी^F ने एक ≈ बना दी. **II.** *v.t.* **1.** (to follow the track) खोज का पीछा करना : the police is still ~ing the criminal to his hiding place पुलिस^F अब भी अपराधी का उसके छिपने के स्थान तक पीछा कर रही है; the boy was ~ing a toy-cart behind him लड़का खिलौना-गाड़ी^F को अपने पीछे घसीट रहा था. **2.** घसीटा जाना, घसीटना : her saree ~s on the ground उसकी साड़ी जमीन पर घिसटती है. **3.** (walk slowly) घिसटते चलना : the child ~ed behind its mother बच्चा माँ के पीछे-पीछे घिसटता चल रहा था; the old man ~ed himself to the market बूढ़ा बाज़ार तक घिसटता चला.

train ट्रेन **I.** *v.t.* **1.** (teach) प्रशिक्षित करना : he alone will ~ the boys वह अकेला लड़कों को प्रशिक्षित करेगा; all the soldiers will be ~ed here सब सैनिकों को यहाँ प्रशिक्षित किया जाएगा; she was ~ed as a teacher उसे अध्यापिका के रूप में प्रशिक्षित किया गया. **2.** (other contexts) to ~ a horse घोड़े को सिधाना; to ~ a plant पौधे को एक दिशा में बढ़ाना; to ~ a gun on smth बंदूक^F को एक निशाने की सीध^F में लाना. **II.** *n*ᶜ. **1.** रेलगाड़ी^F, ट्रेन^F, गाड़ी [fast तेज़, long लंबी]; when does the ~ start ≈ कितने बजे छूटती है ? catch the five o'clock ~ पाँच बजे की ≈ पकड़ो; there is no direct ~ from here to Delhi यहाँ से दिल्ली के लिए कोई सीधी ≈ नहीं है; the ~ reaches Hyderabad at five o'clock ≈ हैदराबाद पाँच बजे पहुँचती है. **2.** (other contexts) (a group in line) ताँता, कारवाँ : a ~ of followers अनुयायियों का ≈; the candidate was accompanied by a long ~ of his supporters उम्मीदवार के साथ समर्थकों की एक लंबी कतार^F थी; a ~ of ideas विचार-शृंखला^F. **trained** ट्रेन्ड *a.* **1.** प्रशिक्षित : ~ teacher ≈ अध्यापक; nurses are ~ in training centres नर्सें^F प्रशिक्षण विद्यालयों में प्रशिक्षित की जाती हैं. **2.** सिधाया हुआ [dog कुत्ता, horse घोड़ा] . [*ant.* untrained] **trainee** ट्रे नी' *n*ᶜ. प्रशिक्षार्थी : ~ mechanic ≈ मिकैनिक; some ~s in the institute have completed their training संस्थान के कुछ प्रशिक्षार्थियों ने अपना प्रशिक्षण पूरा कर लिया है; he is still a ~ in a mill वह अब भी

एक मिल में ≈ है. **training** ट्रे'निङ्ग n^u. प्रशिक्षण [military सैनिक, physical शारीरिक]; ~ camp ≈ शिविर; ~ college ≈ महाविद्यालय; he has taken a special ~ उसने एक विशिष्ट ≈ प्राप्त किया है.

traitor ट्रे'टर n^c. ग़द्दार, विश्वासघाती, देशद्रोही : he turned a ~ वह ≈ हो गया; my dearest friend proved a ~ मेरा सबसे प्यारा दोस्त गद्दार/विश्वासघाती साबित हुआ; he is a ~ to his country वह देशद्रोही है; a policeman became a ~ and joined the militants एक पुलिसिया देशद्रोही हो गया और खाड़कुओं से मिल गया; the court sentenced the ~ to life imprisonment न्यायालय ने देशद्रोही को आजीवन कारावास की सज़ा^{F} दी.

trample ट्रैम्'पल *v.t.i.* कुचलना, रौंदना : don't ~ on upon flowers फूलों को मत कुचलो; the cattle ~d over the crops मवेशियों ने फ़सल^F को रौंद डाला; school children should not ~ on the grass स्कूली बच्चों को घास न कुचलना चाहिए; the mahaut was ~d to death by his own elephant महावत को उसके ही हाथी ने कुचलकर मार डाला. (fig.) (injure) to ~ on smb's feeling किसी की भावनाओं को ठेस पहुँचाना.

trans- *pref.* के पार, उस पार का : as in : ~ Siberian ; ~ Atlantic; ~ continental.

transact ट्रान् सैक्ट' *v.t.* (carry out) पूरा करना, निपटाना : they had ~ed all their business yesterday उन्होंने कल अपना सारा काम पूरा कर लिया; to ~ negotiations बातचीत^F निपटाना. **transaction** ट्रैन् ज़ैक्'शन n^{uc}. **1.** कारोबार, लेनदेन : ~s of a business establishment किसी व्यापारिक प्रतिष्ठान का ≈; a millionare is engaged in various ~s एक करोड़पति बहुतसे कारोबार में लगा हुआ है. **2.** (*pl.*) records : ~s of a club किसी क्लब का कार्य विवरण.

transcribe ट्रान्स्/ट्रैन्स्' क्राइब *v.t.* **1.** (write out) लिपिबद्ध करना : the conversation was ~d बातचीत^F को लिपिबद्ध कर दिया गया; the speech was first recorded and then ~d भाषण को पहले रिकार्ड कर लिया गया और फिर लिपिबद्ध. **2.** (in another alphabet) लिप्यन्तरण करना : the pamphlet was ~d from Bangla into Nagari चौपन्ना बंगला^{F} से देवनागरी^{F} में लिप्यंतरित किया गया. **3.** (copy) प्रतिलिपि तैयार करना : I have ~d that document from the original मैंने उस दस्तावेज़ को मूल से प्रतिलिपि किया है. **transcription** ट्रान्स्/ट्रैन् स्क्रिप'शन n^c. **1.** (act) प्रतिलेखन : in the ~ of that passage, there were several omissions उस गद्यांश के प्रतिलेखन में बहुत-सी त्रुटियाँ^{F} थीं. **2.** (copy) प्रतिलिपि^{F} : he cannot prepare the true ~ of this document वह इस दस्तावेज़ की सहीं प्रतिलिपि तैयार नहीं कर सकता.

transfer ट्रान्स/ट्रैन्स् फ़र' **I.** *v.t.* (-rr-) **1.** (to a place) स्थानांतरित करना, तबादला करना : to ~ a magistrate to another district किसी मजिस्ट्रेट को दूसरे ज़िले में ≈; this office has been ~red to 6, Mall Road यह कार्यालय 6, माल रोड पर स्थानांतरित कर दिया गया है; the manager is ~ring me to another branch प्रबंधक मुझे दूसरी शाखा^{F} में स्थानांतरित कर रहा है. **2.** (to a person) हस्तांतरित करना : the property was ~red in the name of Gopal संपत्ति^{F} गोपाल के नाम हस्तांतरित कर दी गई. **3.** (change) अंतरण करना : smth was ~red किसी चीज़ को अंतरित किया गया; at Delhi we ~red from the train to a bus दिल्ली में हमने गाड़ी^{F} बदलकर बस^F ली. **II.** n^c. ट्रान्स्'फ़र **1.** स्थानान्तरण, तबादला : the officer was on ~ to Agra अधिकारी का ≈ आगरा हुआ था; the clerk wanted his ~ to some city लिपिक किसी शहर में अपना स्थानान्तरण चाहता था. **2.** अंतरण : ~ of anything किसी वस्तु^{F} का ≈. **transferable** ट्रान्स/ट्रैन्स्' फ़रॅबल *a.* **1.** स्थानांतरणीय : ~ property ≈ संपत्ति^{F}. **2.** हस्तांतरणीय [rights अधिकार, ticket टिकट]. **3.** अंतरणीय : his post is not ~ उसका पद ≈ नहीं है.

transform ट्रान्स/ट्रैन्सफ़ॉर्म' *v.t.* (रूप) बदलना, रूपांतरित करना : the magician ~ed a girl into a goat जादूगर ने एक लड़की को बकरी के रूप में बदल दिया; a temple in Pakistan has been ~ed into an office एक मंदिर पाकिस्तान में कार्यालय में बदल दिया गया है; **his**

stay abroad has ~ed him विदेश में उसके निवास ने उसका रूप ही बदल दिया है; to ~ liquid into solid द्रव को ठोस में बदलना.

transgress ट्रान्स/ट्रैन्स् ग्रे'स *v.t.i.* अतिक्रमण करना, उल्लंघन करना, भंग करना : to ~ the law कानून का अतिक्रमण करना; he has ~ed against law उसने कानून का उल्लंघन किया है; I never ~ed the limitations of the contract मैंने संविदा^F की सीमाओं^F का कभी उल्लंघन नहीं किया.

transistor ट्रान्/ट्रैन् सिस्'टर *n*^c. ट्रांज़िस्टर : ~ is a small portable radio ≈ एक छोटा उठाऊ रेडियो होता है; you can carry your ~ anywhere तुम अपना ≈ कहीं उठा ले जा सकते हो; I have bought this ~ for five hundred rupees मैंने पाँच सौ रुपए में यह ≈ ख़रीदा.

transitive ट्रान्/ट्रैन्'सिटिव़ *a.* सकर्मक :a ~ verb needs an object as 'ate' in 'I ate fruit' ≈ क्रिया^F को कर्म की अपेक्षा^F होती है जैसे— 'मैंने फल खाया' में 'खाया'; see, write, read, drink are ~ verbs देखना, लिखना, पढ़ना, पीना ≈ क्रियाएँ^F हैं.

translate ट्रान्स/ट्रैन्स् लेट' *v.t.* **1.** अनुवाद करना : to ~ with difficulty कठिनाई से ≈; I have ~d it correctly मैंने इसका ठीक-ठीक अनुवाद किया है; ~ these sentences from English into Hindi इन वाक्यों का अंग्रेज़ी^F से हिंदी^F में अनुवाद करो; to ~ a novel from a foreign language into one's own किसी विदेशी भाषा^F के उपन्यास का अपनी भाषा^F में अनुवाद करना. **2.** समझाना : to ~ a dumb person's gestures to a guest गूँगे आदमी के इशारे किसी मेहमान को ≈. **3.** बदलना : to ~one's words into deeds अपने शब्दों को कार्यरूप में ≈/परिणत करना. **translation** ट्रैन्स ले'शन *n*^c. अनुवाद : literal ~ शाब्दिक ≈; machine ~ मशीनी ≈; I have read the Hindi ~ of the Hamlet मैंने हैमलेट का हिंदी ≈ पढ़ा है; first of all you should know the rules of ~ सबसे पहले तुम्हें ≈ के नियम जानने चाहिए; he has a ~ of Ishopanishad उसके पास ईशोपनिषद का ≈ है. **translator** ट्रैन्स ले'टर *n*^c. अनुवादक [best श्रेष्ठ, experienced अनुभवी, old पुराना]; ~ of the works of Kalidas कालिदास की कृतियों^F का ≈; he was appointed ~ last year पिछले साल वह ≈ नियुक्त हुआ था.

transmit ट्रैन्ज़'मिट *v.t.* **1.** (communicate) पहुँचाना : he will ~ every secret to Mr. X वह मि. एक्स को प्रत्येक गुप्त बात^F पहुँचा देगा; I'll ~ your message, don't worry चिंता^F मत करो मैं तुम्हारा संदेश पहुँचा दूँगा. **2.** (broadcast) प्रसारित करना : to ~ a talk on radio/T.V. रेडियो/टी. वी. पर वार्ता^F प्रसारित करना; the news will be ~ted now अब समाचार प्रसारित किए जाएँगे. **3.** (hand on) अंतरित करना : diseases are ~ted by infection बीमारियाँ^F छूत^F से अंतरित होती हैं. **4.** (to allow to pass smth) संचारित करना : glass ~s light शीशा प्रकाश को संचारित करता है; wood does not ~ electricity लकड़ी^F बिजली^F को संचारित नहीं करती.

transparent ट्रान्स/ट्रैन्स्पे'अ'रन्ट *a.* **1.** पारदर्शी: glass, silk is ~ शीशा, सिल्क ≈ होता है; her blouse was almost ~ उसका ब्लाउज़ थोड़ा ≈ था. **2.** (clear, obvious) सुस्पष्ट, साफ़ : it is a ~ lie यह साफ़ झूठ है; your pretext is too ~ तुम्हारा बहाना अत्यन्त ≈ है. [*ant.* opaque]

transpire ट्रान्स/ट्रैन्स् पाइअर' *v.t.* **1.** भाप छोड़ना : a leaf ~s पत्ता भाप छोड़ता है. **2.** (to become known) प्रकट/मालूम हो जाना, खुल जाना : it ~d that the officer was absent without leave यह बात^F खुल गई कि अधिकारी बिना छुट्टी^F के अनुपस्थित था. **3.** (happen) (घटित) होना : many events ~d but were not noted बहुत-सी घटनाएँ^F हुई लेकिन उन पर ध्यान नहीं दिया गया; what ~d at your meeting तुम्हारी मीटिंग^F में क्या कुछ हुआ ?

transport ट्रैन्स् पॉर्ट' **I.** *v.t.* **1.** (convey) ले जाना, ढोना, वहन करना : ships ~ goods to another country जहाज़ किसी दूसरे देश को माल ले जाते हैं; a bus ~ed us to the airport बस^F हमें हवाई अड्डे तक ले गई. **2.** (~ a criminal) देश निकाला देना : to ~ the convict for life अपराधी को जीवन-पर्यंत ≈. **3.** (enrapture) भावविह्वल कर देना, आनंदविभोर करना : he ~ed the audiences by his song उसने अपने गीतों से श्रोताओं को भावविह्वल या आनंदविभोर कर दिया. **II.** ट्रान्स्/ट्रैन्स्'पॉर्ट n^u. **1.** परिवहन [air हवाई, public सार्वजनिक, road सड़क]; ~ by air is costly वायुमार्ग द्वारा ≈ महँगा है; there are several means of ~ these days इन दिनों परिवहन के कई साधन हैं. **2.** (vehicle) वाहन : I have no ~ to carry these goods यह माल ले जाने के लिए मेरे पास कोई ≈ नहीं है; do you require some ~ to your office कार्यालय तक के लिए तुम्हें क्या कोई ≈ चाहिए?

trap ट्रैप **I.** n^c. **1.** (to catch animals) फंदा, जाल : the lion was caught in the ~ शेर जाल में पकड़ लिया गया; that cat is in the ~ बिल्ली^{F} फंदे में है. **2.** (fig.) the police set a ~ to catch the thief चोर को पकड़ने के लिए पुलिस^F ने जाल लगा दिया; he fell straight into the ~ वह सीधा फंदे में आ/जा पड़ा. **II.** *v.t.i.* (-pp-) फँस जाना, फँसाना : a rat was ~ped एक चूहा फँस गया; he could not ~ a single mouse वह एक भी चूहा नहीं फँसा सका; we were ~ped by a cheat हमें एक ठग ने फँसा लिया; he earns by ~ping parrots वह तोते फँसाकर रोज़ी कमाता है; children were ~ped in flames बच्चे आग में घिर/फँस गए.

travel ट्रै'व़्ल **I.** *v.t.* (-ll-) **1.** यात्रा^{F} करना, सफ़र/भ्रमण करना : they ~ every year वे प्रतिवर्ष यात्रा करते हैं; he has ~led over many foreign countries उसने कई देशों में भ्रमण किया है; some people ~in their cars कुछ लोग अपनी कारों^{F} में सफ़र करते हैं; he ~led round the world उसने दुनिया^{F} की सैर की है; I'll not ~ on foot मैं पैदल यात्रा नहीं करूँगा. **2.** (go, move) जाना, चलना : a bad news ~s fast बुरी ख़बरें^{F} तेज़ी से चली जाती है; my car ~s about a thousand kilometres every month मेरी कार^F हर महीने लगभग एक हजार किलोमीटर चलती है; he could ~ only twenty km in a day वह दिन में केवल बीस किमी० चल पाया; his son ~s for an industrial concern उसका बेटा औद्योगिक कार्य के लिए आता-जाता है. **II.** n^c. **1.** यात्रा^{F}, सफ़र, भ्रमण, पर्यटन : they were on a long ~ वे लंबी यात्रा^{F} पर थे; I have been fond of ~ since my childhood मुझे बचपन से ही यात्रा^{F} करने का शौक रहा है; he has returned after a ~ to the South वह दक्षिण की यात्रा^{F} से लौट आया; it was his first ~ to America अमेरिका की उसकी यह पहली यात्रा थी.

traveller ट्रै'व़्लर n^c. **1.** यात्री, मुसाफ़िर : Columbus was a great ~ कोलम्बस एक महान् यात्री था; I met many ~s on the way मैं रास्ते में कई यात्रियों से मिला; many ~s were looted on this road इस सड़क पर कई मुसाफ़िर लूट लिए गए. **2.** (commercial traveller) व्यापार-यात्री, सफ़री-विक्रेता, यात्री एजेंट : this ~ represents a company यह ≈ किसी कंपनी का प्रतिनिधित्व करता है.

tray ट्रे n^c. ट्रे^{F} [metal धात्विक, oval अण्डाकार, tea चाय की]; this is a wooden ~ यह लकड़ी की ≈ है; the ~ with saucers and cups on it ≈ जिस पर तश्तरियाँ^{F} और प्याले रखे हैं.

treacherous ट्रे'चॅरस *a.* **1.** विश्वासघाती [person व्यक्ति, servant नौकर]; your friend cannot be ~ तुम्हारा मित्र ≈ नहीं हो सकता; I had never expected that he would be so ~ मैंने कभी आशा^{F} नहीं की थी कि वह इतना ≈ होगा. **2.** (not reliable) अविश्वसनीय [action कृत्य, bear भालू, memory स्मरणशक्ति^{F}]. **3.** (dangerous) ख़तरनाक; ~ storm, current ≈ तूफ़ान, लहर^F; roads are ~ in rains बरसात^F में सड़कें^{F} ≈ होती हैं.

tread ट्रेंड **I.** *v.i.* (trod, trodden) **1.** (पर) पैर रखना : she trod on his foot उसने उसके पैर पर पैर रख दिया. **2.** (पैदल) चलना : he has trodden several times on the path वह इस रास्ते पर कई बार चला; do not ~ on this grass इस घास पर मत चलो. **3.** (crush under feet) रौंदना, कुचलना : to ~ grapes for wine शराब बनाने के लिए अंगूर ≈; he trod a dog under his car उसने अपनी

कार^F के नीचे कुत्ते को कुचल दिया. Δ ~ **on air** फूले-फूले फिरना : on getting service he was ~ing on air नौकरी^{F} पाने पर वह फूले-फूले फिर रहा था; to ~ **on** somebody's **corns or toes** किसी का दिल दुखाना; to ~ **out** a revolt विद्रोह दबा देना. **II.** *n*^{c}. **1.** (manner of walking) चाल^F : his ~ differs from others' उसकी ≈ और लोगों से भिन्न है. **2.** (top surface) ऊपरी तल : these tyres have good ~s इन टायरों का ≈ अच्छा है.

treasure ट्रॅ'ज़र **I.** *n*^{c}. **1.** कोष, ख़ज़ाना [big बड़ा, empty ख़ाली]; ~ house ख़ज़ाना, कोषगृह; ~ trove गुप्त कोष, भू-निधि^{F}; ~ buried in the ground ज़मीन में गड़ा हुआ ख़ज़ाना; they found ~s of gold from a mine उन्हें खदान^F में सोने के ख़ज़ाने मिले; Mr. B is a ~ of information श्री ब जानकारी का ≈ है. **2.** बहुमूल्य वस्तु^{F} : this Ayah is a ~ यह आया ≈ है. **II.** *v.t.* **1.** सँजोए रखना, जमा करना : I shall ~ your gift all my life मैं आपका उपहार जीवनपर्यंत सँजोए रखूँगा; he has ~d (up) several curios उसने कई अद्‌भुत कलाकृतियाँ^{F} जमा (संजो) रखी हैं. **2.** बहुमूल्य समझना : I ~ your words मैं आपके शब्दों को बहुमूल्य समझता हूँ; he ~s his books वह अपनी पुस्तकों^{F} को बहुमूल्य समझता है. **treasurer** ट्रॅ'ज़रर *n*^{c}. कोषाध्यक्ष, ख़ज़ांची, कोषपाल [honest ईमानदार, strict सख़्त]; ~ of a club क्लब का ≈; the ~ of a hotel manages the finances होटल का ≈ वित्त की आर्थिक व्यवस्था^{F} करता है; (fig.) ~ house of information जानकारी^{F} का भंडार. **treasury** ट्रॅ'ज़रि *n*^{c}. राजकोष, ख़जाना, कोषागार [district ज़िला, main मुख्य/प्रधान]; ~ note सरकारी नोट; ~ officer कोषाधिकारी; the government ~ here is located near the civil court सरकारी ≈ यहाँ दीवानी कचहरी^{F} के पास में स्थित है; (fig.) this book is a ~ of information, knowledge यह पुस्तक^F जानकारी^{F}, ज्ञान का भंडार है.

treat ट्रीट **I.** *v.t.* **1.** बरताव करना, व्यवहार करना : she ~ed her mother badly वह अपनी माँ से बुरा बरताव करता थी; he will never ~ you well वह तुम्हारे साथ कभी अच्छा बरताव न करेगा. [*ant.* mal~] **2.** चिकित्सा^{F} करना, इलाज करना : he ~ed him for sunstroke उसने उसका लू का इलाज़ किया; the doctor has ~ed his cough डाक्टर ने उसकी खाँसी का इलाज कर दिया है. **3.** विवेचन करना, निरूपण करना : the lecturer ~d the subject in detail व्याख्याता ने विषय का विस्तृत विवेचन/निरूपण किया; this essay ~s **of** economy यह निबंध अर्थव्यवस्था^{F} का विवेचन करता है. **4.** (regard) मानना, समझना : the manager ~ed our request as a joke प्रबंधक ने हमारे निवेदन को मज़ाक समझा; ~ my house as your own मेरे घर को अपना घर समझो. **5.** (other contexts) to ~ the voters to a party मतदाताओं को पार्टी^{F} खिलाना-पिलाना; this book ~s memory इस पुस्तक^F में स्मरणशक्ति^{F} के विषय का निरूपण किया गया है; the manager refused to ~ **with** the labourers प्रबंधक ने मज़दूरों से समझौते की बात^F करने से इंकार कर दिया. **II.** *n*^{c}. **1.** मनोरंजन, आनंद : his music is a real ~ उसका संगीत सचमुच एक ≈ है it was a ~ to meet them उनसे मुलाकात^F करने से आनंद आ गया. **2.** (meal) दावत^F : this meal was a real ~ यह खाना सचमुच ≈ थी. **treatment** ट्रीट्'मन्ट *n.* **1.** (way of dealing) व्यवहार, बर्ताव [favourable अनुकूल, kind दयालुतापूर्ण, rough अभद्र]; we have no complaint about their ~ हमें उनके ≈ के बारे में कोई शिकायत^F नहीं है; he was annoyed with the ~ of his friend वह अपने मित्र के ≈ से नाराज़ था. **2.** (of a subject) निरूपण, विवेचन : the professor's ~ of the subject was superb प्रोफ़ेसर का विषय ≈ उत्कृष्ट था. **3.** (medical attention) चिकित्सा^{F}, उपचार, इलाज [effective प्रभावशाली, long लंबा]; a new ~ for pneumonia निमोनिया का नया इलाज; he is under Dr. Paul's ~ डॉ. पाल उसका इलाज कर रहे हैं.

treble ट्रॅ'बल **I.** *v.t.* तिगुना करना : he ~d his income उसने अपनी आमदनी^{F} तिगुनी कर ली; ~ five and you get fifteen पाँच का तिगुना करो, तुम्हें पंद्रह मिलते हैं. **II.** *v.i.* तिगुना होना :

our expenses have now ~d अब हमारे खर्चे तिगुने हो गए हैं. **III.** *adv.* (three times as much) तीन गुणा : he earns ~ my income वह मेरी आय^F से तिगुना कमाता है. [also see triple]

tree ट्री *n*^{c}. **1.** पेड़, वृक्ष [high ऊंचा, tall लंबा]; the trunk of a ~ पेड़ का तना; banyan ~ बरगद का पेड़, वट वृक्ष; some ~s give us fruit कुछ ≈ हमें फल देते हैं; he climbed down from the ~ वह ≈ से नीचे उतरा; most ~s lose their leaves in winter अधिकतर ≈ जाड़े में अपनी पत्तियाँ^{F} छोड़ देते हैं; you cannot climb up this ~ तुम इस ≈ पर नहीं चढ़ सकते. **2.** family ~ वंशवृक्ष, वंशावली^{F} : the Panda has got our family ~ पंडा के पास हमारी ≈ है; Δ **it does not grow on ~s** यह इतना सुलभ नहीं है.

tremble ट्रॆम्'बल *v.i.* (shake) काँपना, थरथराना : his hands ~ उसके हाथ काँपते हैं; she was trembling with cold, fear वह ठंड^F/डर से काँप रही थी; her voice was trembling with anger उसकी आवाज़^{F} क्रोध से थरथरा रही थी; at the sight of that old man she began to ~ उस अजीब आदमी को देखकर वह काँपने लगी; I ~ to think of that accident मैं उस घटना^{F} का ध्यान करके काँप जाता हूँ.

tremendous ट्रि मॆंन्'डस *a.* **1.** (terrifying) भयंकर : there was a ~ explosion in the hall हाल में एक ≈ विस्फोट हुआ. **2.** (enormous) बहुत भारी [effort प्रयास, factory कारख़ाना, quantity मात्रा^{F}]; the difference between them was ~ उनमें ≈ अंतर था. **3.** ~ talker बहुत बातूनी.

trend ट्रॆन्ड **I.** *n.* **1.** प्रवृत्ति^{F}, झुकाव, रुझान : there is a ~ towards rising prices कीमतों का रुझान चढ़ाई^F की ओर है; a new ~ of learning more languages अधिक भाषाएँ^{F} सीखने की नयी प्रवृत्ति; did you watch the ~ of public opinion क्या तुमने लोकमत के झुकाव/रुझान का निरीक्षण किया. **2.** (fashion) फ़ैशन : ~ in ladies garments महिलाओं के वस्त्रों का ≈; to set a ~ फैशन चलाना. **3.** प्रवाह : ~ of a river नदी^{F} का ≈; ~ of a road सड़क की दिशा^{F}. **II.** *v.i.* **1.** (have a tendency) का झुकाव होना : he ~s towards socialism उसका रुझान/झुकाव समाजवाद की ओर है. **2.** (की) दिशा^{F} में मुड़ना : the river, road ~s towards the east नदी^{F}, सड़क^F पूर्व की ओर मुड़ जाती है.

trespass ट्रॆस्'पास **I.** *v.i.* **1.** अनधिकार प्रवेश/दख़ल करना : you should not ~ *on/upon* others' land तुम्हें दूसरों की ज़मीन में अनधिकार दख़ल/प्रवेश नहीं करना चाहिए. **2.** अतिक्रमण/उल्लंघन करना : you dare not ~ **on** others' rights तुम्हें दूसरों के अधिकारों का अतिक्रमण करने का हौसला नहीं करना चाहिए. **3.** का अत्यंत लाभ उठाना : he is always ~ing upon my kindness वह सदा मेरी कृपालुता^{F} का अत्यंत लाभ उठाता रहता है; you should not ~ **on** one's weaknesses तुम्हें किसी की कमज़ोरी का लाभ नहीं उठाना चाहिए. **II.** *n*^{u}. अनधिकार प्रवेश : no ~ इधर ≈ नहीं हो सकता; the police charged him with ~ पुलिस^F ने उस पर ≈ का आरोप लगाया; ~ is prohibited ≈ निषिद्ध है.

tri- ट्राइ *pref.* त्रि-, ति- : as triangle, tricycle, tricolour, tripartite.

trial ट्राइअल **I.** *n*^{c}. **1.** (testing) परीक्षण, आज़माइश^F : ~ of strength शक्ति-परीक्षण; he promised to give me a ~ उसने मेरा ≈ करने का वचन दिया; he was employed on ~ उसे ≈ पर रखा गया; he is working for ~ period वह ≈ काल तक काम कर रहा है; ~ of one's honesty किसी की ईमानदारी^{F} की परीक्षा^{F}; I took the car on ~ मैंने परख^F करने के लिए कार ली. **2.** (law) विचारण : at the ~, the accused was found guilty ≈ में अपराधी दोषी पाया गया; to put smb on ~ किसी पर मुकदमा चलाना; he stood ~ for murder उस पर हत्या का मुकदमा चला था. **3.** (attempt) प्रयास : he succeeded on his second ~ वह दूसरे ≈ में सफल हो गया. **4.** (nuisance, hardship) मुसीबत^F, विपत्ति^{F}: he has to suffer many ~s in old age उसे बुढ़ापे में बहुत मुसीबतें झेलनी पड़ीं; this child is a ~ to me यह बच्चा मेरे लिए एक मुसीबत है. **II.** *a.* **1.** आज़माइशी, परीक्षात्मक :

~ flight ≈ उड़ान^{F}. **2.** ~ court विचारण न्यायालय.

triangle ट्राइ'ऐङ्गल n^{c}. त्रिभुज, त्रिकोण [acute न्यून, equilateral समभुज, obtuse-angled अधिककोण]; a ~ has three sides and three angles ≈ के तीन कोण और तीन भुजाएँ^{F} होती हैं. **triangular** ट्राइ ऐङ्'ग्यूलर *a.* त्रिभुजाकार, तिकोना [agreement समझौता, contest मुकाबला, fight युद्ध]; the competition has now become ~ प्रतियोगिता^{F} अब त्रिकोणीय हो गई है; the shape of his field is ~ उसके खेत का आकार ≈ है.

tribal ट्राइ'बल *a.* जनजातीय, कबीली [chief प्रधान, customs रीति-रिवाज़/रूढ़ियाँ, dance नृत्य]; he was appointed sub-inspector in ~ areas उसे ≈ क्षेत्रों में उपनिरीक्षक नियुक्त किया गया; ~ people badly need education ≈ लोगों को शिक्षा की अतीव आवश्यकता^{F} है. **tribe** ट्राइब n^{c}. **1.** जनजाति^{F}, आदिम जाति^{F}, कबीला [ancient प्राचीन, backward पिछड़ा हुआ, poor गरीब]; there are hundreds of ~s in Africa अफ्रीका में सैंकड़ों जनजातियाँ हैं; Kols, Bhils, etc. are ~s in India कोल, भील, इत्यादि भारत में आदिम जातियाँ हैं. **2.** वर्ग, समुदाय the whole ~ of teachers and lawyers अध्यापकों और वकीलों का कुल समुदाय.

tributary ट्रि'ब्युटरि n^{c}. सहायक नदी^{F} : Gandak and Koshi are tributaries of the river Ganga गंडक^{F} और कोशी^{F} गंगा^{F} नदी की सहायक नदियाँ हैं.

tribute ट्रि'ब्यूट n^{c}. **1.** (praise) श्रद्धांजलि [hearty हार्दिक, true सच्ची]; the meeting paid ~s to the departed leader बैठक में दिवंगत नेता को ≈ अर्पित की गई; pay a floral ~ पुष्पांजलि अर्पित करना. **2.** श्रद्धा^{F} : ~s of flowers were laid on his dead body उसके शव पर ≈ के फूल डाले गए.

trick ट्रिक *n.* **1.** चाल^{F}, चालाकी^{F}, दाँव-पेच, छल-बल : he won the game by ~s उसने ≈ से खेल जीता; I want to show you a ~ मैं एक ≈ तुम्हें दिखाना चाहता हूँ; to play a ~ on smb किसी से छल-कपट/चालाकी करना; he knows the ~s of his trade वह अपने धंधे के दाँव-पेच जानता है. **2.** (feat of skill) करतब, हाथ की सफ़ाई^{F} : who taught you this ~ तुम्हें यह ≈ किसने सिखाया? we were surprised to see his ~ हम उसकी हाथ की सफ़ाई देखकर चकित हो गए; if you want to see a magician's ~s, you should go to Mr. Sarkar's show यदि तुम किसी जादूगर के हाथ की सफाई देखना चाहते हो तो मि. सरकार के शो पर जाओ. **3.** शरारत^{F}, नटखटी^{F}. **tricky** ट्रि'कि *a.* **1.** कपटपूर्ण, मायावी [figure आकृति^{F}, power शक्ति^{F}]; he is a ~ person वह ≈ आदमी है; you could know nothing about his ~ activities तुम उसके ≈ कृत्यों के बारे में कुछ न जान सके. **2.** (difficult) जटिल : a ~ question, problem ≈ प्रश्न, समस्या^{F}.

trickle ट्रि'कल **I.** *v.t.* **1.** टपकना, चूना, बूँद-बूँद गिरना : water is trickling slowly from the tap टोंटी^{F} से पानी धीरे-धीरे टपक रहा है; blood ~d from the cut घाव से ख़ून बूँद-बूँद गिर रहा था; tears ~d down her face उसके चेहरे पर से आँसू टपक पड़े. **2.** (fig.) थोड़ा-थोड़ा करके निकलना, या पहुँचना : the information ~d out सूचना^{F} थोड़ी-थोड़ी करके बाहर निकल गई; the students ~d into the hall विद्यार्थी थोड़े-थोड़े करके हाल में पहुँच गए. **II.** n^{c}. थोड़ी मात्रा^{F} : ~ of water पानी की ≈ बूँद-बूँद; ~ of people लोगों की थोड़ी संख्या^{F}.

tricolour ट्राइ'कलर *n.* तिरंगा [French फ्रांसीसी, Indian भारतीय]; the ~ flag is one of our national emblems ≈ हमारा एक राष्ट्रीय प्रतीक है; he wears a ~ shirt वह तिरंगी कमीज़^{F} पहनता है.

tricycle ट्राइ'सिकल n^{c}. ट्राइसिकल^{F}, तिपहिया साइकिल^{F} [broken टूटी, new नयी]; this two-year old boy has a ~ इस दो वर्ष के लड़के के पास ≈ है; the ~ is now out of fashion except by children बच्चों को छोड़ अब कोई ≈ इस्तेमाल में नहीं लाता; father will buy you a ~ this month इस महीने पिताजी तुम्हें एक ≈ ख़रीद देंगे.

tried = *past* & *p.p.* of 'try'.

trifle ट्राइ'फ़ल **I.** n^{c}. तुच्छ वस्तु^{F}, ज़रा-सी चीज़^{F} या बात^{F} : he is never upset by such ~s

ऐसी ज़रा-ज़रा-सी बातों से वह कभी नहीं घबराता; don't quarrel about ~s ज़रा-सी बातों पर झगड़ा मत करो; you have been squandering money on ~s तुम तुच्छ वस्तुओं पर व्यर्थ पैसा खर्च करते रहे हो; the old bicycle was sold for a ~ पुरानी साइकिल थोड़ से पैसे में बेच दी गई. **II.** *v.t.* (~ **with**) खिलवाड़^F करना, मज़ाक करना : why are you trifling with your future तुम अपने भविष्य से क्यों खिलवाड़ कर रहे हो ? don't ~ with fierce animals खूँखार जानवरों के साथ खिलवाड़ मत करो. Δ ~ **away** नष्ट कर देना, बेकार गँवाना : he ~d away all his efforts उसने अपने सारे प्रयास बेकार कर दिए; he ~s away his precious time वह अपना कीमती वक्त बेकार गँवा देता है.

trillion ट्रि'लिअन *n.* **1.** दस शंख, एक करोड़ खरब 10^{18} (1,000,000,000,000,000,000): ~ is expressed by a unit and eighteen zeroes दस शंख को इकाई और अठारह शून्य से दिखाया जाता है. **2.** (American) 10^{12} = (1,000,000,000,000).

trim ट्रिम **I.** *n*^u. ठीक दशा^F, दुरुस्ती^F; the car is in ~ condition कार ठीक-ठीक हालत^F में है; the cricket team was in (good) ~ क्रिकेट टीम^F अच्छी दशा में थी; that young man is in ~ shape वह नवयुवक टीप-टाप हालत^F में है. **II.** *a.* **1.** ठीक-ठाक, दुरुस्त : everything is in ~ condition हर चीज़ ≈ हालत^F में है. **2.** साफ़-सुथरा : she always looks neat and ~ वह सदा साफ़-सुथरी दिखाई देती है; he is ~ वह सजा हुआ है. **III.** *v.t.* (-mm-) **1.** ठीक-ठाक करना, सँवारना, दुरुस्त करना : she ~med her clothes before going to the party पार्टी^F में जाने से पहले उसने अपने कपड़ों को ठीक-ठाक किया (सजाया-सँवारा); have your hair ~med अपने बाल ठीक-ठाक करवा लो (सँवरवा लो); to ~ oneself बनना-सँवरना. **2.** (prune) छाँटना; (clip) कतरना : to ~ the grass घास^F ~; the barber ~med her hair नाई ने उसके बालों को छाँट दिया; the children ~med the plant बच्चों ने पौधों को छाँट दिया; to ~ an essay निबंध को काटना-छाँटना. **3.** (reduce) घटाना : ~ your expenses अपना व्यय घटाओ.

trip ट्रिप **I.** *v.i.* (*-pp-*) **1.** (walk with light tread) फुदकना, कुदकना : the children were ~ping in the courtyard बच्चे आँगन में फुदक रहे थे; she cannot ~ for she is fat वह कुदक नहीं सकती, क्योंकि वह मोटी है. **2.** (stumble) ठोकर खाकर गिर पड़ना : he ~ped on/over a stone and hurt his foot वह एक पत्थर से ठोकर खाकर गिरा और पैर पर चोट खा गया. **3.** (cause to stumble) अड़ंगा लगाना, अंटी^F मारना : the boy ~ped another boy लड़के ने दूसरे लड़के को अंटी मार दी; he extended his foot to ~ her उसने अड़ंगा लगाने के लिए अपना पैर बढ़ाया. **4.** (make a mistake) ग़लती^F करना : he ~ped while pronouncing the word 'triangular' 'ट्राएंगुलर' शब्द का उच्चारण करते हुए वह गलती कर गया. **5.** (to fail) फेल हो जाना : a unit of the powerhouse has ~ped बिजली-घर का एक एकांश फ़ेल हो गया है. **II.** *n*^c. **1.** (journey) यात्रा^F [long लंबी, pleasant सुखद]; they are on a dangerous ~ for a month वे एक महीने से ख़तरनाक यात्रा पर हैं; to go on a ~ सैर पर जाना. **2.** (error) भूल^F, ग़लती^F : a ~ of tongue ज़बान की ≈.

triple ट्रि'पल **I.** *a.* **1.** (three times) तिगुना : ~ benefit ≈ लाभ; now he has ~d his property ~ अब उसने अपनी संपत्ति^F तिगुनी कर ली है; he charged me ~ the actual price उसने मुझसे असली कीमत से तिगुनी ले ली. **2.** विपक्षीय, त्रिविध : ~ alliance, agreement ≈ संधि, करार. **II.** *v.t.* तिगुना करना या हो जाना, तिगुणित करना : the businessman ~d his income this year व्यापारी ने इस साल अपनी आमदनी^F तिगुनी कर ली; the Indian population ~d in forty years भारत की जनसंख्या^F चालीस साल में तिगुनी हो गई.

triumph ट्राइ'अम्फ़ **I.** *n*^c. **1.** (victory) विजय^F, जीत^F : this was their greatest ~ यह उनकी सबसे भारी विजय थी; our team returned in ~ हमारी टीम^F जीत कर वापस आई; the ~ of good over evil बुराई^F पर अच्छाई^F की जीत. **2.** (success) अपूर्व

सफलता^{F}, कामयाबी^{F} : last year he achieved a great ~ पिछले साल उसे बड़ी सफलता मिली. **3.** (achievement) उपलब्धि^{F}: for him it was an unexpected ~ उसके लिए यह अप्रत्याशित ≈ थी. **II.** *v.t.* (gain victory) जीतना, विजय^F प्राप्त करना : the Indians ~ed **over** the ~ enemies भारतीयों ने शत्रुओं पर विजय प्राप्त की; the truth will ~ **over** the false सत्य की झूठ पर विजय होगी; the good always ~s **over** evil अच्छाई की बुराई पर हमेशा जीत होती है.

trivial ट्रि'विअल *a.* **1.** तुच्छ, मामूली [complaint शिकायत^F, offence अपराध, thing वस्तु^{F}/बात^F]; don't mind such ~ matters इस प्रकार के छोटे-मोटे मामलों पर ध्यान मत दो. **2.** ओछा, छिछोरा : ~ person ≈ आदमी.

trod = *past* of 'tread' *q.v.*

trodden = *p.p.* of 'tread' *q.v.*

trolley ट्रॉ'लि n^c. (push cart) ठेला, ट्राली^{F} : a ~ is pushed by hand ठेला हाथ से धकेला जाता है; a railway ~ for moving heavy objects भारी चीज़ों को ढोने के लिए रेलवे ट्राली.

troop ट्रप **I.** n^c. **1.** (in *pl.*) सेना^{F}, फ़ौज^F, सैन्यदल : powerful ~s शक्तिशाली ≈; the enemy's ~s fled away from the battlefield शत्रु सेना युद्ध के मैदान से भाग खड़ी हुई. **2.** झुंड : a ~ of people, monkeys लोगों, बंदरों का ≈; a ~ of children came to me बच्चों का एक ≈ मेरे पास आया. **II.** *v.t.* **1.** झुंड बनाकर चलना : they ~ed into the pandal वे झुंड बनाकर पंडाल में चले आए/गए. **2.** दल बाँधकर चलना : the scouts ~ed along the streets स्काउट दल बाँधकर गलियों में चले जा रहे थे.

trophy ट्रॉ'फ़ि n^c. (*pl.* trophies) **1.** विजयोपहार, ट्राफ़ी^{F} [attractive आकर्षण, costly कीमती, silver चाँदी का]; the team won the match and received the ~ टीम^F ने मैच जीत लिया और ट्राफी प्राप्त की. **2.** (memento) निशानी^{F} : I keep that watch as a ~ मैं उस घड़ी^{F} को ≈ के तौर पर रखता हूँ.

trot ट्रॉट **I.** n^u. (of horse) दुलकी चाल^F, (of person) तेज़ चाल^F : my uncle went on with a ~ मेरे चाचा तेज़ चाल से चले गए; my horse goes at a ~ मेरा घोड़ा दुलकी चाल से जाता है. **II.** *v.i.* (-tt-) दुलकी/तेज़ चाल से चलना : the scouts ~ted along the road स्काउट सड़क पर तेज़ चाल से चलते गए; the horse was ~ting down the road घोड़ा सड़क पर दुलकी चाल चल रहा था. **III.** *v.t.* दुलकी चाल चलाना : the rider ~ted the horse सवार ने घोड़े को दुलकी चाल से चलाया.

trouble ट्र'बल **I.** *v.t.i.* **1.** कष्ट या तकलीफ़^{F} देना/करना : my wound is troubling me मेरा घाव मुझे तकलीफ़/कष्ट दे रहा है; don't ~, I shall do it myself तुम कष्ट मत करो, मैं इसे स्वयं कर लूँगा; what is troubling you तुम्हें क्या तकलीफ़ है? may I ~ you for a match क्या एक दियासलाई के लिए मैं आपको तकलीफ़ दे सकता हूँ? please, don't ~ (yourself) कृपया कष्ट न करें; don't ~ your mother अपनी माँ को तकलीफ़ न दो; may I ~ you to shut the door क्या मैं दरवाज़ा बंद करने के लिए आपको कष्ट दे सकता हूँ? don't ~ to come आने का कष्ट न करना. **2.** (to cause worry) चिंतित/परेशान करना : he was ~d about his son's behaviour वह अपने लड़के के व्यवहार से परेशान/चिंतित था; don't ~ him उसे परेशान मत करो; don't ~ about it इस बारे में परेशान न हो. **II.** n^c. **1.** कठिनाई^F, मुश्किल^F : we are really in ~ हम सचमुच कठिनाई में हैं. **2.** विपत्ति^{F}, मुसीबत^F: his son is a great ~ to him उसका लड़का उसके लिए एक बड़ी ≈ है; she had many ~s since her husband's death पति की मृत्यु के बाद से उसे कई विपत्तियाँ आ गई थीं; bad boys get into ~ बुरे लड़के मुसीबत में पड़ते हैं; ask for ~, look for ~ मुसीबत मोल लेना, झगड़े में पड़ना : why do you ask for ~ in vain तुम व्यर्थ में मुसीबत क्यों मोल लेते हो? **3.** कष्ट, तकलीफ़^{F} : thank you for the ~ कष्ट के लिए आपका धन्यवाद; he did not take the ~ to read my letter उसने मेरा पत्र पढ़ने का कष्ट नहीं किया; I don't want to give you any ~ मैं आपको कोई ≈ नहीं देना चाहता; **4.** (botheration) परेशानी : you would not have any ~ with the child

बच्चे से आपको कोई ≈ नहीं होगी. **5.** (illness) रोग, तकलीफ़[F] : kidney ~, heart ~ गुर्दे का रोग; दिल की तकलीफ, हृदय रोग. **6.** (disturbance) गड़बड़[F] : there was some ~ in Aligarh अलीगढ़ में कोई ≈ थी. **7.** (fault) दोष : the ~ with you is that you are too good तुम्हारा ≈ यह है कि तुम हद से ज्यादा अच्छे हो. **troublesome** ट्र'बलसम *a.* **1.** दुःखदायी : his acts have become ~ to me उसके काम मेरे लिए ≈ हो गए हैं. **2.** कष्टप्रद [cough खाँसी[F], tooth दाँत]; this is a ~ matter, task यह ≈ मामला, काम है. **3.** ऊधमी, उपद्रवी, उत्पाती : this is the most ~ boy यह सबसे ≈ लड़का है.

trough ट्रफ़ *n*[c]. (container) नाँद[F] : this ~ was filled with fodder for the cattle यह ≈ जानवरों के चारे से भरी थी.

trousers ट्रॉउ'ज़र्स *n.* (*pl.*) पतलून [old पुरानी, worn फटी]; he was wearing (a pair of) wrinkled ~ वह एक सिकुड़नदार ≈ पहने था; these ~ are too small to wear यह ≈ इतनी छोटी है कि इसे पहना नहीं जा सकता; give the ~ to be pressed ≈ प्रेस होने के लिए दे दो.

truant ट्रु'अन्ट *n*[c]. *a.* नाग़ा करने वाला : the boy was reprimanded by the teacher for playing ~ लड़के को नाग़ा करने के लिए अध्यापक द्वारा डाँटा गया; we persuade the ~s (~ students) to go back to their classes हम बिना छुट्टी[F] अनुपस्थित रहने वालों को अपनी-अपनी कक्षाओं में लौट जाने की सलाह[F] देते हैं.

truck ट्रक *n*[c]. **1.** ट्रक, लारी[F] [full भरा हुआ, unloaded ख़ाली]; ~s carry heavy goods ≈ भारी सामान ले जाते हैं; he bought a ~ for two lakh rupees उसने दो लाख रुपए में एक ट्रक खरीदा. **2.** (dealings) लेन-देन, संबंध, वास्ता : there is no ~ between them these days आजकल उनमें कोई ≈ नहीं है; have no ~ with such people ऐसे लोगों से कोई ≈ मत रखो.

trudge ट्रज **I.** *v.t.i.* घिसटकर चलना : the old man ~s along with difficulty बूढ़ा आदमी कठिनाई से घिसटता चलता है; he ~s and is tired वह घसीटकर चलता है और थक जाता है; he ~d (for) several kilometres वह कई किलोमीटर घिसटते-घिसटते चला गया. **II.** *n*[u]. घिस्सू चाल[F] : his ~ has become a matter of talk उसकी ≈ चर्चा[F] का विषय बन गई है; you cannot go uphill with this ~ इस ≈ से तुम पहाड़ी[F] के ऊपर तक नहीं जा सकते.

true ट्रु **I.** *a.* **1.** (truer, truest) सच : is it ~ क्या यह ≈ है ? it is not ~ यह ≈ नहीं है; your dream came ~ तुम्हारा सपना ≈ निकला; it is ~ that he was absent yesterday यह ≈ है कि वह कल अनुपस्थित था. [*ant.* false] **2.** (accurate) सही, ठीक : [context प्रसंग, copy नक़ल[F], statement कथन]; he has presented a ~ picture of life उसने जीवन का ≈ चित्रण किया है; I don't have the ~ idea मुझे ठीक ख़्याल नहीं है. **3.** (genuine, not spurious) विशुद्ध, सच्चा, असली [coin सिक्का, friendship मित्रता[F]]; he has ~ love for his wife उसका अपनी पत्नी से ≈ प्यार है. **4.** (real) वास्तविक, यथार्थ, असली : ~ heir ≈ वारिस; can you tell me the ~ condition of the patient क्या तुम मुझे रोगी की ≈ स्थिति[F] बता सकते हो ? at last they caught the ~ thief अंततः उन्होंने ≈ चोर को पकड़ लिया. **5.** (loyal, faithful) सच्चा, निष्ठावान, पक्का [comrade साथी, friend दोस्त, lover प्रेमी]; the new servant was not ~ to his master नया नौकर अपने मालिक के प्रति निष्ठावान नहीं था. Δ **come ~** सच निकलना : what I am saying will come ~ one day जो मैं कह रहा हूँ एक दिन सच निकलेगा. [*ant.* untrue, false] **truly** ट्रु'लि *adv.* **1.** (really) सचमुच : I am ~ grateful मैं ≈ आभारी हूँ. **2.** (faithfully) वफ़ादारी से : he served his master ~ उसने ≈ मालिक की सेवा[F] की. [*n.* truth.]

trumpet ट्रम्'पिट **I.** *n.* **1.** तुरही[F] : speaking ~ भोंपू; ~ call तुरही या बिगुल की आवाज़[F]; blow the ~ ≈ बजाना; he played the ~ उसने ≈ बजाई. Δ **to blow one's own ~** आत्म प्रशंसा करना, अपने मुँह मियाँ मिट्ठू बनना. **2.** चिंघाड़[F] : the elephant gave a loud ~ हाथी ज़ोर से चिंघाड़ा. **II.** *v.t.* **1.** घोषित करना, ढिंढोरा पीटना : he always ~s the intelligence of his pupils वह अपने शिष्यों की प्रशंसा करता रहता है; he ~ed his victory over them उसने उन पर अपनी विजय[F] का ढिंढोरा पीट दिया. **2.** the elephant ~ed हाथी चिंघाड़ा.

trunk ट्रङ्क *n*[c]. **1.** (of a tree or plant) तना [hollow खोखला, thick मोटा]; the ~ of a tree was lying on the road किसी पेड़ का ≈ सड़क पर पड़ा हुआ था. **2.** (of body) धड़, रुण्ड : only the ~ of the dead body could be found out by the police पुलिस[F] द्वारा केवल शव के धड़ का पता लगाया जा सका. **3.** (of elephant) सूँड़[F] : the elephant took the child on his ~ हाथी ने बच्चे को अपनी ≈ पर ले लिया. **4.** (box) बक्स, संदूक : a ~ has hinged lid ≈ में कब्ज़ेदार ढकना होता है; put these things in your ~ इन चीज़ों को अपने ≈ में रख दो. ~call टेलीफोन द्वारा एक शहर से दूसरे शहर से बात[F] : I had a ~ call from Calcutta मुझे कलकत्ता से ट्रंक काल आया था.

trust ट्रस्ट **I.** *n* [c]. **1.** (faith) विश्वास, आस्था[F] [complete पूर्ण, firm दृढ़]; to put one's ~ in smb किसी पर विश्वास करना; she has no ~ in him उसका उस पर कोई विश्वास नहीं है; he will have to suffer for this breach of ~ इस विश्वासघात के लिए उसे भुगतना होगा; place no ~ in a superstition अंधविश्वास में आस्था[F] मत रखो. **2.** (reliance) भरोसा, आसरा : I do not have ~ in him मेरा उस पर ≈ नहीं है. **3.** (commercial credit) साख[F], उधार : in the beginning he started his business on ~ शुरू में उसने अपना व्यापार ≈ से शुरू किया : to take goods on ~ ≈ माल लेना. [*ant.* mis~.] **4.** (something in ~) धरोहर[F], थाती[F] : it is his ~, I shall preserve it till he returns यह उसकी ≈ है, जब तक वह वापस नहीं आता मैं इसे सँजोकर रखूँगा; he holds our ornament in ~ वह हमारे ज़ेवर ≈ रखे हुए है; you can commit anything to the ~ of this banker इस महाजन के पास कोई चीज़ ≈ रख सकते हो. **5.** (legal) न्यास : he set up a ~ to educate orphans उसने अनाथों को शिक्षा देने के लिए एक ≈ की स्थापना[F] की. **6.** (care) देखभाल : after the death of his father, the child was put in grandfather's ~ अपने पिता की मृत्यु के बाद बच्चा दादा की ≈ में रखा गया. **7.** (responsibility) ज़िम्मेदारी[F] : he did not fulfil his ~ उसने अपनी ≈ पूरी नहीं की. [*ant.* distrust] **II.** *v.t.* **1.** पर विश्वास करना, पर आस्था[F] रखना : he does not ~ his servant वह अपने नौकर पर विश्वास नहीं करता; I do not ~ him at all because he tells lies मैं उस पर तनिक भी विश्वास नहीं करता क्योंकि वह झूठ बोलता है; I ~ him more than I ~ his brother मैं उस पर उसके भाई से ज्यादा विश्वास करता हूँ; trust **in** God ईश्वर पर भरोसा रखो; he ~ed **in** his honesty उसे उसकी ईमानदारी[F] hej DeemLee Leer. **2.** (entertain hope) आशा[F] करना : can I ~ for your return क्या मैं आपके लौटने की आशा कर सकता हूँ ? I ~ you are keeping quite well आशा है कि आप पूर्णतया स्वस्थ हैं. **3.** (place reliance on) पर भरोसा रखना : I do not ~ that he will help you in need मुझे भरोसा नहीं है कि वह तुम्हारी मुसीबत[F] में काम आएगा; he is not a man to be ~ed वह भरोसा करने लायक व्यक्ति नहीं है. **4.** (entrust) सौंपना, सुपुर्द करना to ~ smb with smth किसी को कोई चीज[F] ≈; I cannot ~ him with this specific work यह विशिष्ट कार्य मैं उसे नहीं सौंप सकता; he has ~ed to him everything he has उसके पास जो कुछ था उसने सब सौंप दिया. **5.** (allow credit) उधार देना : I would never ~ him with money मैं उसे कभी पैसा उधार न दूँगा; the shopkeeper ~s me for any articles यह दुकानदार हमें हर चीज़ उधार पर देता है. **trustful** ट्रस्ट्'फुल *a.* भरोसेमंद, विश्वसनीय [boy लड़का, nature स्वभाव, source सूत्र]; he is the most ~ fellow in your town वह तुम्हारे शहर में सबसे अधिक ≈ व्यक्ति है. **trustworthy** ट्रस्ट्'वर्दि *a* **1.** विश्वसनीय [servant नौकर, statement कथन, witness गवाह]; Ramu is the only ~ fellow रामू अकेला ≈ व्यक्ति है. **2.** भरोसे लायक़ : [evidence गवाही[F], information जानकारी[F]]. [*ant.* un~]

truth ट्रुथ *n*[c]. **1.** सत्य, सच्चाई[F], सच : bitter ~

कड़ुआ सच; I shall tell you only the ~ मैं आपसे केवल सच-सच कहूँगा; there is some ~ in his statement उसके कथन में कुछ सच्चाई है; he always speaks ~ वह सदा सच बोलता है; I have told you the whole ~ मैंने आपको पूरी सच्चाई बता दी है; really, you do not know what the ~ is वास्तव में तुम नहीं जानते कि सच्चाई क्या है ? the ~ is this सच यह है; the ~ will out सच्चाई छिपी नहीं रहेगी; the police tried to find out the ~ but failed पुलिस[F] ने सच्चाई का पता लगाने का प्रयास किया लेकिन असफल रही. [*ant.* falsehood] **2.** सच्ची बात[F] : I told you some ~s about his nature मैंने उसके स्वभाव की कुछ सच्ची बातें[F] तुम्हें बता दीं; but that's the ~ लेकिन ≈ यही है. **3.** (honesty) ईमानदारी[F] : it is his ~ that you received your money यह उसकी ≈ थी कि तुम्हें अपना पैसा मिल गया. **truthful** ट्रुथ्'फुल *a.* **1.** सत्यवादी, सत्यनिष्ठ, सच्चा : ~ boy ≈ लड़का; this businessman is not at all ~ यह व्यापारी बिल्कुल ≈ नहीं है. **2.** (true) सही, सच्चा [account लेखा, statement कथन]; these are ~ things ये सच्ची बातें[F] हैं.

try ट्राइ **I.** *n*[c]. **1.** कोशिश[F], प्रयत्न : I should have a ~ at this मुझे इसकी कोशिश करनी चाहिए; he did not make a ~ for it उसने इसके लिए प्रयास नहीं किया. **2.** (test) आज़माइश[F] : give it a ~ and see इसे आज़माकर देखें. **II.** *v.i.* (attempt) कोशिश करना, प्रयास करना : he tried to do it but failed उसने इसे करने की कोशिश की, पर असफल रहा; he will ~ to help you वह तुम्हारी सहायता[F] करने का प्रयास करेगा; I shall also ~ मैं भी कोशिश करूँगा; that old man tried to stand up उस बूढ़े आदमी ने खड़ा होने का प्रयास किया. **III.** *v.t.* **1.** (test) परीक्षण करना, जाँचना, आज़माना, परीक्षा[F] लेना : ~ another piece of cake दूसरा केक लेकर देखो; ~ another question कोई दूसरा सवाल करके देखो; I have tried everything and none is good enough मैंने हर चीज़[F] का परीक्षण कर लिया है और कोई भी ठीक नहीं है; this machine was tried in the factory इस मशीन का कारख़ाने में परीक्षण कर लिया गया था; I tried him मैंने उसे आज़मा लिया; have you tried the new variety of soap क्या तुमने नये प्रकार का साबुन जाँच करके देखा है ? **2.** (put a strain on) पर अधिक बोझ डालना : this print tries my eyes इस छापे से मेरी आँखों पर बोझ पड़ता है. **3.** (judicially) (usu. passive) न्यायिक जाँच[F] करना, मुकदमा चलाना : he was tried for theft and punished उसकी न्यायिक जाँच[F] की गई (उस पर मुकदमा चलाया गया) और उसे सज़ा[F] दी गई; the case was tried in camera उस पर बंद कमरे में मुकदमा चला.

T.T. Time Table.

Tu. Tuesday.

T.T.E. = Travellers' Ticket Examiner टिकट चेक करने वाला बाबू.

tub टब *n*[c]. टब [deep गहरा, huge बड़ा, metal धातु[F] का]; I filled the ~ with water मैंने ≈ को पानी से भर दिया; a ~ for washing clothes कपड़े धोने का ≈.

tube टयूब *n*[c]. **1.** नली[F] : plastic ~ प्लास्टिक की ≈; bronchial ~ श्वास ≈. animals and plants also breathe through their bronchial ~s जानवर और पौधे भी ≈ से साँस लेते है. **2.** (of tyre, of tooth paste) ट्यूब : the back wheel of your cycle needs a new ~ आपकी साइकिल[F] के पिछले पहिए में नयी ≈ की आवश्यकता[F] है.

tuberculosis ट्यूबर् क्यु लो'सिस *n*[c]. तपेदिक, यक्ष्मा[F], क्षयरोग [curable इलाज योग्य, dangerous खतरनाक, fatal घातक]; ~ is an infectious disease, affecting lungs especially ≈ एक सांक्रामिक रोग है, विशेषतया फेफड़े का; he has ~ उसे ≈ है.

tubewell ट्यूब'वेॅल *n.* नलकूप : the government has a scheme to provide farmers with ~s सरकार[F] की किसानों को ≈ देने की योजना[F] है; he badly needed a ~ for irrigation उसे सिंचाई[F] के लिए एक ≈ की अतीव आवश्यकता[F] थी.

Tuesday ट्यूज़'डे *n*[c]. मंगलवार : after Monday comes ~ सोमवार के बाद ≈ आता है; on ~s he goes to the Hanuman temple with offerings हर ≈ को वह चढ़ावा लेकर हनुमान मंदिर जाता है; it is ~ today आज ≈ है; he will arrive ~ next वह अगले ≈ पहुँचेगा.

tuft टफ़्ट *n.* **1.** गुच्छा : a ~ of feather's grass एक ≈ पंख, घास^F. **2.** झोंटा : catch somebody by the ~ of his hair किसी व्यक्ति को उसके बालों के झोंटे से पकड़ना. **3.** लच्छा : ~ of threads, wool धागों, ऊन का ≈.

tug टग **I.** *v.t.i.* (tugged, tugging) **1.** (pull sharply) झटके से खींचना : he ~ged the door and came in उसने दरवाज़ा झटके से खींचा और अन्दर आ गया; the boy ~ged (out) my hand and took me to the playground लड़के ने मेरा हाथ झटके से खींचा और मुझे खेल के मैदान में ले गया. **2.** (drag) घसीटना, घसीट लाना : he ~ged her away वह उसे घसीट ले गया; the boy ~ged (at) the table लड़का मेज़ घसीटकर ले गया. **II.** *n*^c. **1.** झटका : strong ~ ज़ोर का ≈; I pulled out the loose tooth with a ~ मैंने ढीले दाँत को झटके से खींच लिया. **2.** ~ of war रस्साकशी^F; a ~ of war tests the strength of two teams ≈ दो टीमों की शक्ति का परीक्षण करती है.

tuition ट्यूइ'शन *n*^c. अनुशिक्षण, अनुशिक्षा^F : regular ~ नियमित ~; ~ fee ≈ शुल्क; ~ is free in this school इस विद्यालय में ≈ निःशुल्क दी जाती है; the boy needs ~ at home लड़के को घर पर ≈ की आवश्यकता^F है; he gives ~ to a couple of boys वह दो लड़कों को ≈ देता है.

tumble टम्'बल **I.** *n*^u. **1.** (fall) गिराव, गिरावट^F: ~ in the price of things वस्तुओं^F के मूल्यों में ≈; she took a ~ on the stairs वह सीढ़ियों से नीचे आ गिरी. **2.** गड़बड़ी^F : everything was in a ~ सब कुछ गड़बड़ था. **II.** *v.t.* **1.** धड़ाम से गिरना : she ~d down the hill and broke her arm वह पहाड़ी^F पर से गिरी और बाँह तोड़ ली; a hut ~d down in the storm एक झोंपड़ी^F तूफान में गिर गई. **2.** (make untidy) गड़बड़ा देना : the wind ~d her hair हवा से उसके बाल गड़बड़ हो गए. **3.** (move hastily) हड़बड़ाकर चलना : the boy came tumbling along लड़का हड़बड़ाते हुए आया. **4.** (get to know) जान लेना : how could he ~ (to) our plans वह हमारी योजनाएँ^F कैसे जान सकता.

tumbler टम्'ब्लर *n*^c. गिलास : ~ for drinking water पानी पीने के लिए ≈.

tummy ट'मि *n*^c. (stomach) पेट [empty ख़ाली , full भरा हुआ]; ~ ache ≈ दर्द; he suffers from some trouble in the ~ वह पेट में किसी कष्ट से पीड़ित है.

tumult ट्यू'मल्ट *n*^c. **1.** हो-हल्ला, शोरगुल, हुल्लड़ : there is ~ outside, you should not go there बाहर ≈ हो रहा है, तुम्हें वहाँ नहीं जाना चाहिए; on hearing the ~, the child woke up ≈ सुनकर बच्चा जाग पड़ा. **2.** (confusion) खलबली^F, हलचल^F, बेचैनी^F: there is ~ in my mind मेरे मन में ≈ है.

tune ट्यून **I.** *n*^c. **1.** (melody) सुर^F, धुन^F [lively जीवंत, popular लोकप्रिय]; ~ of a song गीत की ≈; can you play in many ~s क्या तुम कई धुनें बजा या गा सकते हो ? she was not singing in ~ वह सुर मिलाकर नहीं गा रही थी; he sings out of ~ वह बेसुरा गाता है. **2.** (harmony) सामंजस्य, मेल : their ideas are not quite in ~ with ours उसके विचार हमारे विचारों से मेल नहीं खाते. **II.** *v.t.* **1.** (~up) सुर मिलाना, तार मिलाना : ~ your instrument before you play on it अपने यंत्र को बजाने से पहले तार मिला लो. **2.** (of radio) to ~ in, out a station केंद्र मिलान, काट देना; the radio was ~d to another station रेडियो एक-दूसरे केंद्र से मिलाया गया (जोड़ा गया).

tunnel ट'नल **I.** *n*^c. सुरंग^F, टनल [long लंबा, narrow सँकरा]; a ~ through a hill पहाड़ी^F से होकर ≈; there is a ~ under the river नदी^F के नीचे एक ≈ है, they dug a ~ from their cell and escaped उन्होंने अपनी कोठरी^F से एक सुरंग खोद ली और भाग निकले. **II.** *v.t.i.* (-ll-) सुरंग^F बनाना, रास्ता बना लेना : to ~ under the canal नहर के नीचे ≈; they ~led the hill उन्होंने पहाड़ी^F से सुरंग बनाई.

turban टर्'बन *n*^c. साफ़ा, पगड़ी^F [long लंबी, Rajasthani राजस्थानी, white सफ़ेद]; can you tie a ~ क्या तुम ≈ बाँध सकते हो ? he wears a black ~ round his head वह अपने सिर पर काली पगड़ी पहनता है.

-ture = suffix संज्ञा बनाने वाला प्रत्यय; as in furniture, mixture, gesture.

turmoil टर्‌ मॉ'इल *n*[u]. (commotion of crowd) खलबली[F], बेचैनी[F] [loud ज़ोर की, sharp तेज़]; there was ~ outside बाहर बहुत ≈ थी; the village was in ~ गाँव में ≈ थी; his mind is in ~ उसका मन बेचैन है.

turn टर्न **I.** *n*[c]. **1.** मोड़ना, घुमाना : ~ the car to the left कार को बाएँ मोड़ो; ~ the wheel to the right पहिए को दाहिने घुमाओ; he ~ed the handle and the engine started उसने हैंडल/हत्था घुमाया और इंजन चालू हो गया; ~ your face towards the east अपना मुँह पूर्व की ओर मोड़ो. **2.** खरादना, खराद पर चढ़ाना, गढ़ना : ~ the pipe on a lathe पाइप खराद पर खरादो. **3.** (page, earth) पलटना, उलटना : she ~ed the first page of the book and looked at the price उसने पुस्तक[F] का पहला पन्ना उलटा और मूल्य देखा; to ~ the earth with a spade फावड़े से मिट्टी ≈; to ~ upside down औंधा करना, उलट देना. **4.** *v.t.i.* बदलना : you can ~ blue into black तुम नीले को काले रंग में बदल सकते हो; his hatred ~ed into love उसकी घृणा[F] प्रेम में बदल गई; the magician ~ed the girl into a sheep जादूगर ने लड़की को बदलकर भेड़ बना दिया. **5.** (cause to be) बना/कर देना : the shock ~ed his hair white सदमें ने उसके बाल सफ़ेद कर दिए हैं; he has ~ed him into an actor उसने उसे अभिनेता बना दिया है. **6.** (exchange for) में अंदला-बदली[F] करना : both of them have ~ed their position उन दोनों ने अपनी-अपनी स्थिति बदल ली है. **7.** (translate) रूपांतर करना, अनुवाद करना : ~ the following sentences into Hindi निम्नलिखित वाक्यों का रूपांतर/अनुवाद हिन्दी में करो. **II.** *v.t.* **1.** घूमना, चक्कर खाना, घूर्णन करना, फिरना : the wheel stopped ~ing पहिये ने घूमना बंद कर दिया; the earth ~s round the Sun पृथ्वी[F] सूर्य के चारों ओर घूमती है. **2.** (change direction) मुड़ना : she ~ed toward me वह मेरी ओर मुड़ी; our bus ~ed to the right हमारी बस[F] दाहिने मुड़ी; he ~ed away without saying a word वह बिना एक शब्द कहे मुड़ गया; when he heard the noise, he ~ed back जब उसने शोर सुना तो पीछे मुड़ गया; ~ right and then left दाहिने मुड़ो और फिर बाएँ. **3.** बदलना : he has not ~ed yet अभी तक उसने अपना स्वभाव नहीं बदला है; his luck has ~ed उसका भाग्य बदला है; leaves are ~ing colour पत्ते रंग बदल रहे हैं; his face ~ed pale उसका मुँह फ़क हो गया. **4.** (turn sour) खट्टा हो जाना, बिगड़ जाना : the milk has ~ed दूध फट गया है. **5.** it has ~ed 6 o'clock छः बज गए हैं; his son has ~ twelve उसका लड़का 12 साल का हो गया है. Δ **to ~ a blind eye** अनदेखी[F] करना : the mother ~s a blind eye on his mischiefs माँ उसकी शरारतों[F] की अनदेखी कर देती है; **to ~ a deaf ear** अनसुनी[F] कर देना : she turned a deaf ear to my request उसने मेरी प्रार्थना[F] अनसुनी कर दी; **to ~ a new leaf** सुधर जाना : now he has ~ed a new leaf अब वह सुधर गया है; **~ corner** बच जाना : he has ~ed the moral corner वह नैतिक पतन से बच गया है; **~ to ashes** भस्म कर देना : the fire ~ed the cloth store into ashes आग से वस्त्र भंडार भस्म हो गया। Δ (propositional phrase) ~ **about** घूम जाना : the boy ~ed about and replied लड़के ने घूम/मुड़कर उत्तर दिया; ~ **against** के विरुद्ध हो जाना : the blind man ~ed aside and passed on अंधा आदमी दूसरी तरफ़ चला और आगे निकल गया; ~ **away** हट जाना, हटा देना : he applied for that post but was ~ed away उसने उस पद के लिए आवेदन किया लेकिन हटा दिया गया; many people ~ed away from the fair बहुत से लोग मेले से हट गए; the police ~ed away the crowd पुलिस[F] ने भीड़[F] को हटा दिया; ~ **back** लौटना, लौटाना, वापस करना : he was ~ed back from the physical test उसे शारीरिक परीक्षण से लौटा दिया गया; he was ~ed back from the walk वह सैर से लौट आया; ~ **down** ठुकरा देना : the manager ~ed down their request मैनेजर ने उसकी प्रार्थना^F ठुकरा दी; ~ **in** (i) लौटाना : he ~ed in all my books उसने मेरी सारी पुस्तकें^F लौटा दीं; (ii) देना : he ~ed in poor quality of work उसने बड़ा रद्दी काम किया; ~ **into** (i) बदलना, अनुवाद करना : ~ this paragraph into English इस अनुच्छेद का अंग्रेज़ी^F में अनुवाद करो she turned the garage into a kitchen उसने गाड़ीघर को बदलकर रसोई घर बना लिया; (ii) प्रवेश करना : he ~ed into a narrow street उसने सँकरी गली^F में प्रवेश किया; (iii) बन जाना : the water ~ed into ice पानी बर्फ़ बन गया; ~ **off** (i) (stop the flow) बंद करना : please ~ the gas off कृपया गैस बंद कर दो; ~ off the switch स्विच बंद कर दो; (ii) (dismiss) निकाल देना : he ~ed me off उसने मुझे निकाल दिया; ~ **on** (i) पर निर्भर होना : he is still ~ing on has father वह अब भी अपने पिता पर निर्भर है; (ii) (स्विच) कर देना, खोल देना : ~ on the light बत्ती जला दो; (iii) (turn and attach) the lion ~ed on the hunter सिंह शिकारी पर मुड़कर झपटा; ~ **out** (i) निकाल बाहर करना : he was ~ed out from service वह नौकरी से निकाल दिया गया; (ii) बाहर निकलना : crowds ~ed out to protest भीड़^F विरोध करने के लिए बाहर निकल आई; his information ~ ed out to be false उसकी जानकारी^F झूठी निकली; (iii) (put out) बंद करना : ~ out the gas, light गैस^F, बत्ती^F बंद कर दो; (iv) बनाना : the factory ~s out 5,000 metres of cloth every day कारखाना प्रतिदिन 5,000 मीटर कपड़ा बनाता है; ~ **over** (i) उलटा करना, उलटना : the boat ~ed over नाव^F उलट गई; she ~ed over the pages of the book hurriedly उसने जल्दी से किताब^F के पन्ने उलटे; (ii) सौंपना, हवाले करना : he ~ed the box over to the police उसने संदूक पुलिस^F के हवाले कर दिया; ~ **round** घुमाना (देखिए *v.t.* **1.**) ~ **to** लग जाना : he ~ed to his work at once वह तुरंत अपने काम में लग गया; ~ **up** (i) आना : he ~ed up when the period was over जब घंटा समाप्त हो गया तब वह आया; he ~ed up late in the night वह रात देर से आया; (ii) होना : smth good is sure to ~ up कुछ भला अवश्य होने वाला है. **II.** *n*^c. **1.** घुमाव, फेरा, चक्कर, मोड़ : we came to a ~ on the road हम सड़क^F के मोड़ पर आ गए; the road made a sudden ~ there सड़क वहाँ एकाएक मुड़ी/घूमी; the wheel made a full ~ पहिया पूरे चक्कर से घूमा; the matter took unexpected ~ मामले ने अप्रत्याशित मोड़ ले लिया; he asked him to stop on the ~ उसने उसे मोड़ पर रुकने के लिए कहा; he gave the handle a ~ उसने हत्था घुमाया; his life took a new ~ उसके जीवन ने नया मोड़ लिया, उसके जीवन में नया मोड़ आया. **2.** (tendency) रुझान : he has got a religious ~ उसका ≈ धर्म की ओर है. **3.** परिवर्तन, फेर, पल्टा : it is the ~ of fate that he is suffering भाग्य का फेर है कि वह दुःख पा रहा है. **4.** बारी^F : it is your ~ now अब तुम्हारी ≈ है; whose ~ is next अगली ≈ किसकी है ? wait for your ~ अपनी ≈ की प्रतीक्षा^F करो; it is my ~ to bowl गेंदबाज़ी^F करने की मेरी ≈ है; the boys spoke *in* ~ लड़के बारी-बारी से बोले; he reached the booking office out of ~ वह बिना बारी टिकट-खिड़की^F पर पहुँच गया; you have missed your ~ तुमने अपनी ≈ खो दी है. **5.** (purpose) उद्देश्य, मतलब : this will serve your ~ इससे आपका ≈ पूरा हो जाएगा. Δ **in** ~ बारी^F से : I shall do it in ~ मैं इसे अपनी बारी से करूँगा; **out of** ~ बेसिलसिले : these documents are out of ~ ये दस्तावेज़ ≈ हैं. **~coat** *n*^c. अवसरवादी : a ~ changes his principle एक ≈ अपने सिद्धांतों को बदल देता है; a ~ is not at all reliable एक ≈ बिल्कुल विश्वसनीय नहीं होता; a ~ always seeks chances ≈ सदा मौके की तलाश में रहता है.

turning टर'निङ्ग *n*^c. घुमाव, मोड़ : take the first ~ to go to the station स्टेशन जाने के लिए पहले मोड़ से जाओ; she came to a ~ on the road वह सड़क^F के मोड़ पर आई. ~ **point** मोड़ : ~ point in one's life किसी के जीवन का मोड़.

turnip टर्'निप *n*^c. शलगम [red लाल, white

सफेद]; a field of ~s ≈ का खेत; ~ is cooked and eaten as a vegetable ≈ पकाया जाता है और सब्ज़ी[F] के रूप में खाया जाता है.

turret ट'रिट *n*[c]. (small tower) कंगूरा, बुर्ज : there are ~s on the four corners of a mosque मस्जिद के चारों कोनों में कंगूरे हैं; a fort also has ~s किले में भी कंगूरे/बुर्ज होते हैं.

tusk टस्क *n*[c]. हाथी का दाँत : elephants have two ~s हाथी के दो दाँत होते हैं; an elephant's ~s project from his mouth हाथी के दाँत उसके मुँह के बाहर निकले रहते हैं.

tussle ट'सल *n*[c]. हाथापाई[F], लड़ाई : the boys had a ~ with the shopkeeper over the price of trousers पतलून की कीमत पर लड़कों और दुकानदार में ≈ हो गई; I prevented them from ~ मैंने उन्हें ≈ से रोक दिया.

tutor ट्यू'टर *n*[c]. अनुशिक्षक, निजी शिक्षक : my ~ teaches me English मेरे ≈ मुझे अंग्रेज़ी[F] पढ़ाते हैं; he needs a ~ in all subjects उसे सभी विषयों के ≈ की आवश्यकता[F] है.

T.V. = television दूरदर्शन, टी. वी.

'twas = it was यह था.

'tween = between बीच/मध्य में.

twelfth ट्वें ल्फ़्थ *a.* बारहवाँ : his position in the merit list was ~ योग्यता-सूची[F] में उसका स्थान ≈ था; on the ~ day he recovered from malaria बारहवें दिन वह मलेरिया से ठीक हुआ; he reads in ~ class वह बारहवीं कक्षा[F] में पढ़ता है. **twelve** ट्वें ल्व़ *a. & n*[c]. बारह : there are ~ months in a year एक साल में ≈ महीने होते हैं; there are ~ rooms in my school मेरे विद्यालय में ≈ कमरे हैं.

twentieth ट्वें न्'टिइथ *a.* बीसवाँ : on the ~ day of this month इस महीने के बीसवें दिन; she is in her ~ year वह अपने बीसवें साल में है. **twenty** ट्वेन्'टि *a. & n.* बीस : she was about ~ (years old) वह लगभग बीस (साल की उम्र) की थी; there are ~five students in this class इस कक्षा में पच्चीस छात्र हैं; count up to ~ ≈ तक गिनो.

'twere = it were

twice ट्वाइस *adv.* **1.** दो बार : I read this book ~ मैंने इस किताब[F] को ≈ पढ़ा; I went there ~ मैं वहाँ ≈ गया; I saw her once or ~ मैंने उसे एक या ≈ देखा था; the moneylender has come ~ earlier too साहूकार पहले भी ≈ आ चुका है. **2.** दुगुना : I need ~ of it मुझे इसके दुगुने की आवश्यकता[F] है; it is ~ as big यह दुगुना बड़ा है; it is ~ as good as that यह उससे दो गुना अच्छा है. **3.** दोबारा : count ~ ≈ गिनो.

twig ट्विग *n*[c]. छोटी टहनी[F] [broken टूटी हुई, long लंबी]; ~ of a mango tree आम के पेड़ की ≈; why have you plucked these ~s तुमने इन टहनियों को क्यों तोड़ दिया है? he has collected ~s of trees and bamboo for making thatch छप्पर बनाने के लिए उसने टहनियाँ और बाँस इकट्ठे किए हैं.

twilight ट्वाइ'लाइट *n*[u]. झुटपुटा, सांध्य प्रकाश : he came in the ~ वह ≈ में आया; the cattle come back home at ~ मवेशी झुटपुटे के वक्त घर लौट आते हैं; it is now ~, you should put on the light अब ≈ हो गया है तुम्हें बत्ती[F] जला देनी चाहिए; (fig.) the ~ of one's life जीवन की संध्या[F]/शाम[F].

'twill = it will.

twin टिवन *a. & n*[c]. (born at the same time) जुड़वाँ [brother भाई, children बच्चे]; she gave birth to ~s उसने ≈ (बच्चों) को जन्म दिया; they are ~ sisters वे ≈ बहनें हैं; Bablu and Gaplu are ~s बबलू और गपलू ≈ हैं; Hyderabad and Secunderabad are ~ cities हैदराबाद और सिंकदराबाद ≈ शहर हैं.

twine ट्वाइन **I.** *n*[c]. **1.** सुतली, डोरा : to tie a parcel with a ~ ≈ से पार्सल बाँधना. **2.** (coil) कुण्डल, कुण्डली[F] : ~ of a snake साँप की कुंडली. **II.** *v.t.i.* **1.** गूँथना : to ~ a wreath माला ≈. **2.** (wind around) लपेटना : she ~d her arms round her उसने उसे अपनी बाँहों[F] में लपेट लिया; a creeper ~s itself round a tree लता[F] पेड़ के चारों ओर लिपटती है. **3.** (meander) टेढ़े-मेढ़े आगे बढ़ना : the river ~s नदी टेढ़े-मेढ़े रास्ते से जाती है.

twinkle टिवङ्'कल **I.** *v.i.* **1.** टिमटिमाना :

stars ~ at night तारे रात^F में टिमटिमाते हैं. **2.** blink one's eyes आँखें मिचकाना. **3.** when the children's feet ~, it looks wery beautiful जब लड़कों के पैर थिरकते हैं तो बहुत अच्छा लगता है. **II.** *n.* **1.** टिमटिमाहट^F, झिलमिलाहट^F : see the ~ of stars at night रात^F में तारों की ≈ देखो. **2.** (of eyes) (i) चमक^F : there is a ~ in her eyes उसकी आँखों^{F} में ≈ है; (ii) झपक^F : there was a ~ in his eyes when he could not see the light उसकी आँखों में झपक थी जब वह प्रकाश देख पाया. **3.** (of feet) थिरक^F, थिरकन^F : ~ of dancers' feet नचवैयों/नर्तकों के पैर की ≈. **twinkling** टिवङ्'क्लिङ्ग *n.* टिमटिमाहट^F : I could see the ~ of stars मैं तारों की ≈ देख सकता था; in ~ light. टिमटिमाते प्रकाश में. Δ **in the ~ of an eye** पलक मारते, पलक झपकते, पल भर में : he disappeared in the ~ of an eye पलक झपते ही वह औझल हो गया.

twist टिवस्ट **I.** *v.t.* **1.** ऐंठना, मरोड़ना : he ~ed my arm उसने मेरी बाँह मरोड़ दी; you should not ~ his ear तुम्हें उसके कान नहीं ऐंठने चाहिए; the police ~ed his words पुलिस ने उसके शब्दों को तोड़-मरोड़ दिया. **2.** घुमाना, मोड़ना : ~ the handle to open the container बर्तन खोलने के लिए उसका ढक्कन घुमाओ; ~ the knob to the right मूठ को दाएँ मोड़ो. **3.** मोच^F आना : the boy ~ed his foot when he fell जब वह गिरा तो लड़के के पैर में मोच आ गई. **4.** बटना : to ~ a thread धागा ≈. **II.** n^c. **1.** मरोड़, ऐंठन^F : he gave my arm a ~ उसने मेरी बाँह को मरोड़ दिया; the press gave a ~ to my words प्रेस ने मेरे शब्दों को मरोड़ दिया; there is too much ~ in the rope रस्सी^{F} में बहुत ज्यादा ≈ है. **2.** घुमाव, मोड़ [dangerous ख़तरनाक, easy आसान]; a road with a lot of ~s बहुत अधिक घुमाव वाली सड़क^F.

two टू *n. & a.* दो : ~ -handed sword दुहत्थी तलवार^F; ~ and ~ make four ≈ और ≈ चार होते हैं; there are ~ hours to finish the job काम समाप्त करने के लिए ≈ घंटे हैं; there are only two rooms in the house, leaving the kitchen उसके घर में रसोईघर के अलावा केवल ≈ कमरे हैं; he will go away at 2 o'clock वह ≈ बजे चला जाएगा; divide the property into ~ parts संपत्ति^{F} को ≈ भागों में बाँट दो; they are ~ brothers and a sister वे ≈ भाई और एक बहन हैं; he will come in a day or two वह एक-दो दिन में आ जायेगा; he is ~ years old वह ≈ साल का है, उसकी उम्र^F दो साल है. **~pence** पॅन्स' *n.* दो पाई : I care ~ for it मैं इसके लिए ≈ परवाह^F करता हूँ, कुछ परवाह^F नहीं करता. [*as distinct from* to, too]

-ty = as in beauty, property, chastity, density, frailty, nicety, safety, novelty.

type टाइप **I.** n^c. **1.** (kind) प्रकार, किस्म^F [general साधारण, special विशिष्ट]; a person of that ~ came here yesterday उस ≈ का एक व्यक्ति यहाँ आया था; there are several ~s of pens in this shop इस दुकान^F में कई प्रकार की कलमें^{F} हैं; ours is a new ~ of dictionary हमारा नये प्रकार का शब्दकोश है. **2.** (specimen, model) आदर्श, नमूना : he is not an ordinary person, he is a ~ in himself वह साधारण व्यक्ति नहीं है वह अपने में एक ≈ है. **3.** (printing) टाइप : they use lead ~s for printing वे छपाई^F में सीसे का ≈ इस्तेमाल करते हैं; I cannot read this ~ मैं यह ≈ नहीं पढ़ सकता ; the heading of this essay is given in bold ~ इस निबंध का शीर्षक मोटे ≈ में दिया गया है. **II.** *v.t.* **1.** टाइप करना, टंकित करना : can you ~ it within an hour क्या तुम एक घंटे में इसे टाइप/टंकित कर सकते हो ? I ~d a letter मैंने एक पत्र टाइप किया. **2.** वर्गीकरण करना : they could not ~ the disease वे इस रोग को किसी वर्ग में न रख सके. **3.** (consider) समझना : I was always ~d as a stiff examiner मुझे सदा एक कड़ा परीक्षक समझा गया. **~writer** n^c. टाइप मशीन^F, टाइपराइटर [new नया, portable उठाऊ]; it is better to print with ~ than to write with hand हाथ से लिखने की अपेक्षा^{F} ≈ से छापना अच्छा है; he bought a ~ yesterday उसने कल एक ≈ खरीदा. **~written** *a.* टाइप लिखा हुआ [application

आवेदन पत्र, letter पत्र]; he presented a ~ document उसने एक ≈ दस्तावेज़ प्रस्तुत किया.

typhoid टाइ'फ़ॉइड *n*[u]. आंत्रज्वर, टाइफ़ाइड, मियादी बुख़ार [curable उपचारणीय, dangerous ख़तरनाक]; ~ is conveyed by infected milk or food ≈ संक्रामक दूध या भोजन द्वारा पहुँचता है; ~ often attacks the bowels and causes fever ≈ आँतों[F] पर आक्रमण करता है और बुखार ला देता है; ~ is also called enteric fever ≈ को आन्त्रज्वर भी कहा जाता है; he died of ~ वह ≈ से मर गया.

typical टि'पिकल *a.* प्रतीक स्वरूप, आदर्श [character पात्र, example उदाहरण]; that is ~ of him यह उसका आदर्श रूप है; he is a ~ Bengali वह आदर्श बंगाली है; it is a ~ Tamil pronunciation यह आदर्श/शुद्ध तमिल उच्चारण है.

typist टाइ'पिस्ट *n*[c]. टाइपिस्ट, टंकक : expert ~ कुशल ≈; he is a ~ in our office वह हमारे दफ़्तर में ≈ है; he is a ~ -cum-clerk वह ≈ और साथ ही क्लर्क है.

tyrannical टि रै'निकल *a.* अत्याचारी, क्रूर, नृशंस [father पिता, policy नीति[F], ruler शासक]; your master is ~, he will not help you तुम्हारा मालिक ≈ है, वह तुम्हारी सहायता[F] नहीं करेगा; he was the most ~ king in India वह भारत का सबसे ≈ शासक था. **~tyrannize** टि'रॅनाइज़ *v.t.i.* अत्याचार करना, ज़ुल्म करना : Akbar the Great never ~d (over) his subjects अकबर महान् अपनी प्रजा[F] पर कभी अत्याचार नहीं करता था; some mill owners brutally ~d the workers कुछ मिल-मालिकों ने बर्बरता[F] से श्रमिकों पर अत्याचार किया. **tyranny** टि'रॅनि *n*[c]. (of ruler) तानाशाही[F], निरंकुश शासन, निरंकुशता[F], (oppression) अत्याचार : the people suffered from the rulers' ~ लोग शासकों की तानाशाही से पीड़ित थे; people still remember the tyrannies of Nadir Shah लोग अब भी नादिरशाह के अत्याचारों को याद करते हैं. **tyrant** टाइ'रन्ट *n*[c]. अत्याचारी, आततायी [extreme अत्यधिक, foreign विदेशी]; Changez Khan was a ~ invader चंगेज़ खाँ एक ≈ आक्रांता था; a ~ can never be great एक ≈ कभी महान् नहीं हो सकता; there is a long history of ~s आतताइयों का एक लंबा इतिहास है.

tyre टाइअर *n*[c]. टायर : ~s are normally made of rubber ≈ साधारणतया रबर के बने होते हैं; a bicycle has two ~s साइकिल में दो टायर होते हैं; one of the ~s in his car is now damaged उसकी कार[F] का एक टायर अब ख़राब हो गया है; you need all the four ~s तुम्हें चारों टायरों की आवश्यकता[F] है.

U, u

u. = union; upper.

U.A.E United Arab Emirates.

U.D.C. upper division clerk.

U.G.C. University Grants Commission.

ugh उह *n.* (disgust) छिः, छिः, छिः, ओफ़; ~, this medicine is so bitter! ≈ ! यह दवा इतनी कड़वी है.

ugliness अग्'लिनस *n*[u]. **1.** कुरूपता[F], बदसूरती[F]: ~ is the cause of her failure ≈ ही उसकी असफलता[F] का कारण है. **2.** गंदगी[F] : extreme ~ अत्यंत ≈; just note the ~ in this room ज़रा इस कमरे की ≈ पर ध्यान दो. **ugly** अग्'लि *a.* **1.** (unpleasant) गंदा [house मकान, man आदमी, weather मौसम]; I hate ~ creatures मैं गंदे प्राणियों से घृणा[F] करता हूँ; how ~ he is! वह कितना ≈ है ! this building is so ~ यह भवन इतना ≈ है. **2.** (unpleasant to look at) बदसूरत, कुरूप : she looks ~ in that dress उस पोशाक में वह बहुत ही ≈ दिखती है. [*ant.* pretty] **3.** (dangerous) भयंकर : ~ situation ≈ स्थिति[F]. **4.** (hideous) जघन्य [crime अपराध, vice दुर्व्यसन]. **5.** (ill-tempered) बदमिजाज़, चिड़चिड़ा : ~ customer ≈ ग्राहक.

U.K. = United Kingdom ब्रिटेन.

ulcer अल्'सर *n*[c]. **1.** फोड़ा, नासूर : he is suffering from ~ in his stomach वह पेट के फोड़े/नासूर से पीड़ित है; ~ produces pus फोड़े/नासूर से पीप[F] निकलती रहती है; his arm is covered with ~s उसकी बाँह[F] फोड़ों से भरी है; ~s are very painful फोड़े बहुत पीड़ाकारी होते हैं. **2.** (fig.) this thing will be your ~ यह बात[F] तुम्हारे लिए नासूर/ख़राबी[F] हो जाएगी. [*a.* ulcerous]

ult. अल्ट-, (=ultimo, last) पिछला : on the 12th ~ पिछले महीने की 12 को; I wrote to you on the 16th ~ मैंने तुम्हें पिछली सोलह तारीख़ को लिखा था; received your letter of the 15th ~ तुम्हारा पिछले महीने की पंद्रह तारीख़ का पत्र मिला.

ultimate अल्'टिमट *a.* **1.** (last) अंतिम, आखिरी : ~ result ≈ परिणाम; ~ point of smth किसी चीज़ का ≈ बिंदु; it is my ~ decision, now there is no possibility of change in it यह मेरा ≈ निर्णय है, अब इसमें परिवर्तन संभव नहीं है. **2.** (utmost) परम : ~ goal ≈ लक्ष्य; ~ truth ≈ सत्य. **3.** (basic) मूलभूत, आधारभूत [facts तथ्य, need आवश्यकता[F], principles सिद्धांत]; air and water are the ~ requirements of every creature वायु और पानी हर प्राणी की ≈ आवश्यकताएँ हैं. **ultimately** अल्'टिमट्लि *adv.* अंततः अंततोगत्वा : he tried thrice but ~ failed उसने तीन बार प्रयास किया पर ≈ असफल हो गया; ~ he had to accept his fault ≈ उसे अपनी ग़लती स्वीकार करनी पड़ी; we decided ~ to buy some other car अंतत : हमने कोई दूसरी कार खरीदने का निश्चय किया. **ultimatum** अल्टि मे'टम *n.* अल्टीमेटम, अंतिम चेतावनी[F] : he was given ~ to vacate the premises उसे भवन खाली करने को ≈ दे दी गई; India issued an ~ to Pakistan to withdraw troops भारत ने पाकिस्तान को सेना पीछे हटा लेने की ≈ दी; the ~ was rejected by the other party दूसरे पक्ष ने अल्टीमेटम अस्वीकार कर दिया.

ultra अल्'ट्रा **I.** *adv. prefix* परे, अति : ~ cautious अति सावधान; ~ modern अत्याधुनिक; ~ sound अल्ट्रासाउंड; ~ vires अधिकारातीत; ~ marine गहरा नीला रंग; ~ high अति उच्च; ~ violet अति बैंगनी रंग; he is an ~ conservative fellow वह अत्यधिक रूढ़िवादी व्यक्ति है; Arjun is an ~ critical essayist अर्जुन अत्यधिक छिद्रान्वेषी निबंधकार है. **II.** *n*[c]. अतिवादी, चरमपंथी : ~s are dominating in Kashmir ≈ कश्मीर में प्रभावशाली हैं; a group of ~s attacked him चरमपंथियों के एक दल ने उस पर आक्रमण कर दिया.

umbrella अम् ब्रें'ला *n*[c]. **1.** छाता, छतरी : you can open, shut an ~ तुम ≈ खोल, बंद कर सकते हो; come under the ~ छाते के नीचे आ जाओ; I do not like to walk about with an ~ मैं ≈ लेकर घूमना पसंद नहीं करता; take an ~ with you as it is going to rain अपने साथ एक ≈ ले लो क्योंकि बारिश[F] होने जा रही है. **2.** (authority, protection) प्राधिकार : this subject comes under the ~ of state government यह विषय राज्य सरकार के ≈ में (आता) है.

umpire अम्'पाइअर **I.** *n*[c]. मध्यस्थ, अम्पायर [impartial निष्पक्ष, vigilant सतर्क]; an ~ sees that the rules of the game are followed ≈ देखता है कि खेल के नियमों का अनुपालन हो रहा है; ~'s decision is final ≈ का निर्णय अंतिम होता है; the ~ controls the game ≈ खेल को नियंत्रित करता है; he was appointed the ~ for the first cricket match पहले क्रिकेट मैच के लिए उसे ≈ नियुक्त किया गया; the ~ settled their industrial dispute easily ≈ ने उनके औद्योगिक झगड़े को आसानी से निपटा दिया. **II.** *v.t.i.* मध्यस्थ होना, खेल-पंच होना : will you ~ in our match क्या आप हमारे खेल में पंच होंगे ?

un- अन् *prefix* अ, अन्, न as unable अयोग्य, unhappy नाखुश/अप्रसन्न, untrained अप्रशिक्षित, until जब तक, unlock खोलना, unfair अनुचित, uncover नंगा करना, अनावृत्त करना. [note · see such words in the following pages इस प्रकार के शब्दों को अगले पृष्ठों में देखो]

U.N. United Nations.

unable अने'बल *a.* अशक्त, असमर्थ, अयोग्य : ~ fellow ≈ व्यक्ति; he was ~ to stand वह खड़ा होने में ≈ था; she was ~ to do anything वह कुछ भी करने में ≈ थी; are you ~ to get out of bed बिस्तर से उठने में क्या तुम ≈ हो; I am ~ to say anything मैं कुछ कहने में असमर्थ हूँ; I am ~ to follow you मैं तुम्हारा अनुसरण करने में ≈ हूँ; he is ~ to be appointed on this post वह इस पद पर नियुक्त किए जाने के अयोग्य है.

unabridged अ. नें ब्रिज्ड' *a.* असंक्षिप्त, पूरा [edition संस्करण, essay निबंध, statement कथन]; I have told you the ~ story मैंने तुमको पूरी कहानी[F] सुना दी है.

unaccountable अनॅ कॉउन्'टॅबल *a.* **1.** (unexplicable) अबोधगम्य : for some ~ reasons he could not come today कुछ ≈ कारणों से वह आज नहीं आ सका; this mistake is ~ यह गलती ≈ है; he showed an ~ interest in my work उसने मेरे काम में ≈ रुचि[F] दिखाई. **2.** (not responsible) अनुत्तरदायी, ग़ैरज़िम्मेदार : ~ person ≈ व्यक्ति : his ~ deeds have caused so much loss उसके ग़ैरज़िम्मेदाराना कामों से इतना नुकसान हुआ.

unaccustomed अनॅ कस्'टम्ड *a.* **1.** अनभ्यस्त : I am ~ to such conduct मैं इस प्रकार के आचरण से ≈ हूँ; he is ~ to hot climate वह गर्म जलवायु से ≈ है; she has been ~ to public speaking वह सार्वजनिक भाषण देने में ≈ है. **2.** (unusual) असाधारण : they do not know what to do with their ~ wealth वे नहीं जानते कि अपने ≈ धन का क्या करें.

unacquainted अनक् क्वेन्'टिड *a.* (with) **1.** (से) अनभिज्ञ [person व्यक्ति, villager ग्रामवासी]; she is ~ with Geology वह भूविज्ञान से ≈ है. **2.** (not knowing each other) अपरिचित : he was ~ with the city शहर में वह ≈ था.

unadopted अनॅ डॉप्'टिड *a.* अनंगीकृत [boy लड़का, thing वस्त्र]; he was ~ by the appellant वह अपीलार्थी द्वारा ≈ किया गया.

unaffected अनॅ फ़ेक्'टिड *a.* **1.** (sincere) निष्कपट : she is an ~ girl वह ≈ लड़की है. **2.** (not influenced) अप्रभावित : the judge was ~ by his appeal जज उसकी अपील से ≈ रहा; the rain was scanty and the fields remained ~ वर्षा कम हुई और खेत ≈ रहे. **3.** (natural) स्वाभाविक : ~ behaviour ≈ आचरण; ~ smile of a child बच्चे की ≈ मुस्कान[F]

unanimous यू नै'निमस *a.* **1.** (of people) एकमत : they were ~ in the approval अनुमोदन में वे ≈ थे; the meeting was ~ in rejecting the offer प्रस्ताव को अस्वीकार करने में सभा[F] ≈ थी. **2.** (of resolution) सर्वसम्मत [decision निर्णय, thinking सोच[F]]; a ~ vote of confidence विश्वास का ≈ मत.

unanswerable अन् आन्स'रॅबल *a.* **1.** अनुत्तरीय : ~ question ≈ प्रश्न. **2.** अकाट्य : ~ argument ≈ तर्क/दलील[F].

unarmed अन् आर्म्ड' *a.* निरस्त्र [fighting युद्ध, policeman पुलिसिया]; the leader went ~ to face the mob नेता भीड़[F] का सामना करने ≈ चला गया; Roshan was ~ when he was attacked रोशन निहत्था था जब उस पर आक्रमण किया गया.

unasked अन् आस्क्ड' *a.* **1.** (of person, uninvited) अनिमंत्रित, बिन-बुलाया : he went ~ to the party पार्टी में वह ≈ गया. **2.** (of a thing) बेमाँगा, अयाचित, अप्रार्थित : ~ present ≈ उपहार; he helped me ~ उसने मेरी अप्रार्थित सहायता की; your opinion was ~ for आपकी राय[F] अप्रार्थित थी.

unattached अनॅ टैच्ड' *a.* **1.** (not connected) असंबद्ध : ~ school ≈ विद्यालय; ~ company ≈ कंपनी[F]; ~ member ≈ सदस्य; four M.L.A's were declared ~ in the Assembly चार एम. एल. ए. विधान सभा में ≈ घोषित किए गए. **2.** (loose) असंलग्न : ~ papers ≈ काग़ज़ात. **3.** (unmarried) अविवाहित, कुँआरी : ~ young girl ≈ युवा लड़की.

unauthorized अन् आ'थॅराइज़्ड *a.* अप्राधिकृत, अनधिकृत, अवैध [colonies बस्तियाँ[F], person व्यक्ति, trade व्यापार, use उपयोग]; your ~ building will be demolished तुम्हारी ≈ इमारत[F] गिरा दी जाएगी.

unavailable अनॅ अवे'लॅबल *a.* अप्राप्य, अनुपलब्ध : textbooks are ~ at present इस समय पाठ्य-पुस्तकें ≈ हैं; the director is ~ today निदेशक आज नहीं मिलेंगे.

unavoidable अनॅ व़ाइ'डॅबल *a.* अवश्यंभावी, अपरिहार्य, अनिवार्य [circumstances परिस्थितियाँ[F], delay विलंब, difficulty दिक्कत[F]/परेशानी[F]]; this risk was ~ यह जोखिम ≈ था; death is ~ मृत्यु ≈ है.

unaware अनॅ अवेॅअर' *a.* अनभिज्ञ, बेख़बर : I was ~ *of* that matter उस मामले से मैं ≈ था; he was quite ~ that he had failed वह नितांत ≈ था कि वह फ़ेल हो गया है. **unawares** अनॅ अवेअर्ज़' *adv.* **1.** अनजाने : why did you speak ~ to a stranger तुमने एक अजनबी से ≈ क्यों बात की; she hurt the child ~ उसने ≈ में बच्चे को चोट[F] लगाई. **2.** अचानक, अकस्मात् : he attacked us ~ उसने हम पर ≈ आक्रमण किया. **3.** चोरी-छिपे : he comes here ~ वह यहाँ ≈ आता है. Δ **take smb ~** किसी को हैरान कर देना.

unbalanced अन् बै'लन्स्ड *a.* **1.** असंतुलित [decision निर्णय, diet भोजन, person व्यक्ति]; the seat on the horse is ~ घोड़े पर की ज़ीन[F]/सीट[F] ≈ है; he has an ~ mind उसका मन ≈ है. **2.** (not quite sane) विक्षिप्त : the culprit was quite ~ अपराधी पूर्णतया ≈ था.

unbearable अन् बेॅअ'रॅबल *a.* असह्य, दुस्सह [heat गर्मी[F], rudeness अशिष्टता[F], toothache दाँत दर्द]; injustice is ~ अन्याय ≈ होता है; the ~ noise ≈ शोरगुल.

unbecoming अन् बिक'मिङ्ग *a.* अशोभनीय [act कार्य, fashion फ़ैशन, speech भाषण, style ढंग]; ~ conduct towards an old man बूढ़े आदमी के प्रति ≈ आचरण; it is ~ for/to you to accept bribes तुम्हें घूस[F] लेना शोभा नहीं देता.

unbelievable अन् बि ली'व़्बल *a.* अविश्वसनीय [event घटना[F], progress प्रगति[F], tale कहानी[F]]; his good luck is ~ उसका सौभाग्य ≈ है; the witness is still ~ गवाह अब भी ≈ है. **unbeliever** अन् बि ली'व़र *n*[c]. नास्तिक : ~ fellow ≈ व्यक्ति; he is a Muslim and yet ~ वह मुसलमान है, फिर भी नास्तिक/काफ़िर है.

unbiased अन बाइअस्ड' *a.* निष्पक्ष, अपक्षपाती [examiner परीक्षक, judgement निर्णय]; a judge always remains ~ जज हमेशा ≈ रहता है; an arbitrator should be ~ एक

पंच को ≈ होना चाहिए.

unbounded अन् बाउन्'डिड *a.* असीम, अपार [courage साहस, love प्रेम, ocean समुद्र]; he is a man of ~ wealth वह ≈ धन का मालिक है; he has ~ confidence उसमें ≈ विश्वास है; no man can fulfil his ~ desires कोई व्यक्ति अपनी असीम इच्छाओं को पूरा नहीं कर सकता.

unbroken अन् ब्रो'कन *a.* **1.** निरंतर, अविच्छिन्न [attention ध्यान, happiness प्रसन्नता^{F}, meditation ध्यान, peace शांति^{F}, sleep निद्रा^{F}]; ~ series of hills पहाड़ियों की ≈ शृंखला. **2.** (not broken) अखण्डित, अटूट [plank तख्ता, table मेज़]; ~ chairs in the hall हाल में अनटूटी कुर्सियाँ^{F}; his record is still ~ उसका रिकार्ड अभी नहीं टूटा. **3.** अनसधाया : he rides an ~ horse वह बेसधाए घोड़े पर सवारी करता है.

unburden अन् बर्'डन *v.t.* **1.** (भार) हल्का करना : I ~ed him of his load मैंने उसका भार हल्का कर दिया. **2.** बात करके भारमुक्त होना he ~ed his heart/mind to a friend उसने एक मित्र से बात करके अपना मन हल्का कर लिया; did you not ~ your troubles to your father क्या तुम अपने पिता से बात करके परेशानियों से मुक्त नहीं हुए?

unbutton अन् बॅ'टन *v.t.* (बटन) खोलना : ~ your coat अपने कोट के बटन खोल दो.

uncalled (for) अन् कॉल्ड *a.* अवांछित, अनावश्यक : ~ for goods ≈ सामान; ~ for trouble ≈ कष्ट; now comments are ~ for टिप्पणियाँ अब अनावश्यक और अवांछित हैं; this kind of criticism is ~ for इस प्रकार की आलोचना^{F} अवांछित है.

unceremonious अन् सेॅरि मो'निअस *a.* **1.** (informal) अनौपचारिक, ग़ैर-रस्मी [farewell विदाई^F, welcome स्वागत]; it is an ~ gathering यह ≈ सभा^{F} है; it was an ~ talk between the two leaders दोनों नेताओं में यह ≈ बातचीत^F थी. **2.** (uncivil) अशिष्ट : he talked to me in an ~ way उसने मुझसे ≈ ढंग से बातचीत^F की.

uncertain अन् सर्'टन *a.* (doubtful) अनिश्चित, संदिग्ध [future भविष्य, period कालावधि^{F}, plan योजना^{F}, weather मौसम]; I am ~ whether I should attend the meeting or not मैं निश्चित नहीं हूँ कि मीटिंग में शामिल होऊं या नहीं; he is ~ about his date of birth वह अपनी जन्मतिथि^{F} के बारे में ≈ है. **uncertainty** अन् सर्'टन्टि n^c. **1.** अनिश्चय : ~ of life जीवन के बारे में ≈; when the train will come, there is ~ रेलगाड़ी कब आएगी, ≈ है. **2.** दुविधा^{F} : I am in a state of ~ मैं ≈ की स्थिति^{F} में हूँ; he lives in ~ वह ≈ में जीता है.

uncivilized अन् सि'विलाइज़्ड *a.* असभ्य [community समुदाय, person व्यक्ति]; I cannot tolerate his ~ conduct मैं उसके ≈ आचरण को बरदाश्त नहीं कर सकता/सका; there are many ~ races in the islands द्वीपों में कई ≈ प्रजातियाँ हैं.

uncle अङ्'कल n^c. father's younger brother चाचा; father's elder brother ताया; father's sister's husband फूफा; mother's brother मामा; mother's sister's husband मौसा. [*fem.* aunt]

uncomfortable अन् कम्'फ़टॅबल *a.* (feeling discomfort) बेआराम, बेचैन : I am feeling ~ in this chair इस कुर्सी में मुझे बेचैनी^{F} है; I feel ~ in this company इस समूह में मुझे बेचैनी^{F} है. **2.** (causing discomfort) असुविधाजनक [seat आसन, situation स्थिति^{F}]; the chair is very ~ कुर्सी बहुत ही ≈ है.

uncommon अन् कॉ'मन *a.* असाधारण, असामान्य [rights अधिकार, session सत्र, situation स्थिति]; he is a man of ~ intellect वह ≈ प्रतिभा का धनी है; she has ~ charms उसमें ≈ आकर्षण है; the animal you see is becoming ~ जो जानवर तुम देख रहे हो, असामान्य होता जा रहा है.

uncompromising अन् कॉम्'प्रमाइज़िङ्ग *a.* (stubborn) हठधर्मी, कड़ा, सख्त : ~ attitude न झुकने या समझौता न करने की प्रवृत्ति, सख्त रवैया; he is too ~ to excuse the pupils' mistakes वह इतना कड़ा है कि शिष्यों की ग़लतियों को माफ़ नहीं कर सकता.

unconditional अन् कन् डि'शॅनल *a.* बिनाशर्त [agreement करार, freedom स्वतंत्रता^{F}, surrender आत्मसमर्पण]; this was an ~

promise by him उसका यह ≈ वादा था; the party has given ~ support दल ने ≈ समर्थन दिया है.

unconscious अन् कॉन्'शस *a.* **1.** बेहोश, बेसुध, अचेत : she lay ~ for two hours वह दो घंटे ≈ पड़ी रही; in an ~ state बेसुध स्थिति^F में. **2.** बेख़बर : she is ~ of her duty वह अपने कर्तव्य के प्रति ≈ है; I was ~ of such things मैं ऐसी बातों से ≈ था; he was ~ of any danger before this इससे पहले वह किसी भी खतरे से ≈ था.

unconstitutional अन् कान् स्टि ट्यू'शॅनल' *a.* असंवैधानिक [order आदेश, procedure प्रक्रिया^F, rules नियम]; the Supreme Court has declared Section 309 of I.P.C. ~ उच्चतम न्यायालय ने भारतीय दण्ड संहिता की धारा 309 को ≈ घोषित कर दिया है.

uncontested अन् कन् टॅस्'टिड *a.* **1.** निर्विरोध [election चुनाव, victory विजय]; he was returned ~ वह पुनः ≈ चुना गया. **2.** निर्विवाद : this is an ~ fact यह ≈ तथ्य है; why do you entangle the ~ matter तुम ≈ मामले को क्यों उलझाते हो ?

uncouth अन् कूथ' *a.* & *n^c*. अशिष्ट, भद्दा [behaviour व्यवहार, language भाषा^F, man व्यक्ति]; he is a man of ~ manners वह ≈ आचार-व्यवहार वाला आदमी है.

uncover अन् कॅवर' *v.t.* **1.** नंगा करना : to ~ one's face अपना चेहरा ≈. **2.** (ढक्कन) उतारना : to ~ a lid ढकना उतारना. **3.** पता लगाना : his criminal activities were ~ed उसके आपराधिक कृत्यों का पता लग गया; the police ~d a conspiracy पुलिस ने षड्यंत्र का पता लगा लिया.

undaunted अन् डान्'टिड *a.* **1.** (fearless) निडर, निर्भीक [boy लड़का, people लोग, warrior योद्धा]; they were ~ by the danger वे ख़तरे के प्रति निडर थे. **2.** (not discouraged) हिम्मत^F न हारने वाला : to be ~ by the failure असफलता से हिम्मत न हारना.

undecided अन्डि साइ'डिड *a.* **1.** अनिर्णीत : the match remained ~ मैच ≈ रहा. **2.** अनिश्चित : the date is still ~ तारीख^F अब भी ≈ है; I am ~ whether to go or not मैं अनिश्चय में हूँ कि जाना है या नहीं; he was never ~ about this matter इस मामले में वह कभी अनिश्चय में नहीं रहा.

under- अन्'डर *pref.* **I.** (in comb.) **1.** नीचे, अध : जैसे ~-lined अधोरेखित. **2.** कम : ~ value ≈ मूल्य आँकना. **3.** (in rank) अवर : ~ secretary ≈ सचिव; also ~ armed ~graduate, ~ground, ~growth , ~signed, ~ weight. [see the words below] **II.** *prep.* **1.** के नीचे, के तले : it is on the floor ~ the bed यह फ़र्श पर पलंग के नीचे है; water is kept ~ the table पानी मेज़ के नीचे रखा है; he appeared from ~ the water वह पानी के नीचे से प्रकट हुआ. **2.** (less than) से कम : the boy is ~ seven years of age लड़का सात साल ≈ उम्र का है; you cannot buy such a coat ~ one thousand rupees तुम एक हज़ार रुपए से कम में ऐसा कोट नहीं खरीद सकते; ~ 100 boys were present सौ से कम लड़के उपस्थित थे. [*ant.* over] **3.** (subordinate) के अंतर्गत, के अधीन : ~ the articles of law विधि की धाराओं के अधीन; ~ the agreement समझौते के ≈; he has twenty clerks ~ him उसके अधीन बीस क्लर्क हैं; the proposal is ~ consideration प्रस्ताव विचाराधीन है; ~ the heading of के शीर्षक के अंतर्गत. **4.** में : ~ his guidance उसकी देखरेख में; ~ the water पानी में (डूबा हुआ); ~ control नियंत्रण; ~ the auspices of के तत्वावधान में; ~ the thumb of के अधिकार/वश में : a henpecked husband is ~ the thumb of his wife एक स्त्रैण पति अपनी पत्नी के अधिकार में रहता है; ~ the cover of की आड़^F में; the militants escaped ~ the cover of darkness उग्रवादी अंधेरे की आड़ में भाग गए. **5.** (beneath the weight of) से दबकर : the car collapsed ~ the heavy luggage भारी सामान से दबकर कार^F टूट गई. **6.** (other contexts) ~ protest आपत्ति^F के साथ; he writes ~ the name of someone else वह किसी दूसरे के नाम से लिखता है; ~ the pretence of helping her उसकी सहायता करने के बहाने. **III.** *a.* निचला : ~ jaw ≈

जबड़ा; ~ portion ≈ भाग; there are only ten ~ officers in this department इस विभाग में केवल दस अवर (निचले दर्जे के) अधिकारी हैं. **IV.** *adv.* नीचे : he was lying ~ वह ≈ पड़ा हुआ था; the swimmer came up and then went ~ तैराक ऊपर आया और फिर नीचे चला गया.

underage अन्'डर्एज *a.* अवयस्क, अल्पवयस्क, नाबालिग़, कमउम्र [boy लड़का, student छात्र]; he is only 17, he is yet ~ वह केवल सत्रह वर्ष का है, वह अभी ≈ है.

undercharge अन् डर् चार्ज' *v.t.* कम दाम लेना : he ~d me in the bus उसने बस में मुझसे कम दाम लिया; he ~s everybody by one rupee वह हर आदमी से एक रुपया कम लेता है; I was ~d on the bill इस बिल पर मुझसे कम दाम लिया गया.

underclothes अन्'डरक्लोंद्ज़ *n.* कच्छा-बनियान, जाँघिया-बनियान : some people do not wear any particular ~ कुछ लोग कोई ख़ास ≈ नहीं पहनते.

underdeveloped अन्डर डिवे़'लप्ड *a.* अल्प-विकसित [body शरीर, countries देश, region क्षेत्र]; this boy has an ~ brain इस लड़के का दिमाग़ ≈ है; there are many ~ nations in Africa and Asia अफ़्रीका और एशिया में बहुतसी ≈ जातियाँ हैं.

underdog अन्'डरडॉग *n*[c]. (पद) दलित (व्यक्ति), निर्बल : he was the champion of the ~s वह निर्बलों का सहायक था; we have great sympathy for the ~s हमारी पददलितों के प्रति बड़ी सहानुभूति[F] है; he is an ~ in his class वह अपनी कक्षा में ≈ है.

underestimate अन्डर् ऍस्'टिमेट *v.t.* कम महत्व देना, कम आँकना या समझना : to ~ one's power किसी की शक्ति[F] को ≈; he ~d my qualifications उसने मेरी योग्यताओं[F] को कम आँका; to ~ the cost of building इमारत की कीमत[F] कम आँकना; never ~ your enemy अपने शत्रु को कभी कम मत समझो.

undergo अन्डरगो' *v.t.* (underwent, undergone) **1.** पाना : to ~ an experience अनुभव ≈. **2.** कराना : she underwent an operation उसने आपरेशन कराया; the house is ~ing repairs मकान में मरम्मत की जा रही है; to ~ a thorough check-up पूरी-जाँच कराना. **3.** भोगना, झेलना : they had undergone many hardships उन्होंने बहुत कष्ट झेले.

undergraduate अन्डर् ग्रै'ड्युअट *n*[c]. & *a.* स्नातकपूर्व : he is an ~ student of the university वह विश्वविद्यालय का ≈ विद्यार्थी है; all are ~s in this hostel इस छात्रावास में सब पूर्वस्नातक हैं.

underground अन्डर ग्रॉउन्ड' **I.** *a.* **1.** भूमिगत, अंतर्भौम [cable तार, passage रास्ता, railway रेलवे]; it takes me fifteen minutes to get there by the ~ train ≈ रेलगाड़ी से मुझे वहाँ पहुँचने में पंद्रह मिनट लगते हैं. **2.** गुप्त, खुफ़िया : ~ activity ≈ कार्यकलाप. **3.** (secret) ~ movement गुप्त आन्दोलन. **4.** Δ **to go** ~ कहीं छिप जाना. **II.** *adv.* चोरी-छिपे : the workers of the party disappeared ~ दल के कार्यकर्ता ≈ ग़ायब हो गए.

undergrowth अन्'डरग्रोथ *n.* झाड़-झंखाड़ : ~ in the forest जंगल में का ≈; ~ beneath the trees पेड़ों के नीचे का ≈.

underhand अन्'डरहैन्ड *a.* छलपूर्ण [action कार्यवाही[F], methods ढंग]; he adopted ~ means for his success उसने अपनी सफलता[F] के लिए ≈ साधन अपनाए.

underlie अन् डर लाइ' *v.t.* (*p.* underlay, underlain, underlying) **1.** मूल में होना : underlying causes of dispute झगड़े के मूल कारण; cowardness ~s in him कायरता उसके मूल में है. **2.** का आधार होना : his will ~s his success उसकी इच्छा[F] (शक्ति[F]) उसकी सफलता[F] का आधार है.

underline अन् डर् लाइन' **I.** *v.t.* **1.** रेखांकित करना : ~ all the nouns in this paragraph इस पैराग्राफ़ की सब संज्ञाओं को रेखांकित करो; ~ the difficult words in your lesson अपने पाठ में कठिन शब्दों को रेखांकित करो. **2.** (emphasize) बल या महत्व देना : to ~ some points कुछ मुद्दों पर बल देना. **II.** अन्'डरलाइन *n*[c]. अधोरेखा[F] : there is not a single ~ in these words इन शब्दों में एक भी ≈ नहीं है.

undermentioned अन्डर मेंन्'शन्ड *a.* निम्न-

लिखित, निम्नांकित [facts तथ्य, names नाम]; firstly read the ~ details पहले ≈ विवरणों को पढ़ लो; supply the ~ articles just today ≈ वस्तुओं की ठीक आज ही आपूर्ति करो; perhaps you have not read the ~ instructions शायद तुमने निम्नांकित निर्देशों को नहीं पढ़ा है.

undermine अन् डर् माइन' *v.t.* **1.** क्षति[F] पहुँचाना : to ~ smb's reputation किसी की ख्याति[F] को ≈; you will ~ your health by this इससे तुम अपने स्वास्थ्य को क्षति पहुँचाओगे; undernourishment has ~d his strength अल्पपोषण ने उसकी शक्ति[F] को क्षति पहुँचाई है. **2.** नष्ट करना : the foundation has been ~d नींव नष्ट हो चुकी है. **3.** काटना : the banks are ~d by the river नदी से किनारे कट गए हैं.

underneath अन्डर् नीथ' **I.** *adv. & prep.* (के) नीचे : the cat is ~ a table बिल्ली मेज़ के नीचे है; there is cushion ~ this bed-sheet इस चादर के नीचे एक गद्दा है; a river flows ~ this bridge इस पुल के नीचे नदी बहती है; the pen was ~ the pillow कलम तकिये के नीचे थी; she has a vest ~ उसने एक बनियान नीचे पहन रखी है. [*ant.* over, above] **II.** *n*[c]. तल, तला/पेंदा : ~ of a bowl कटोरे का ≈.

undersigned अन्डर साइन्ड' *a.* अधोहस्ताक्षरी : the ~d members of a club क्लब के ≈ सदस्य; all ~ candidates were present in the office सब ≈ अभ्यार्थी कार्यालय में उपस्थित थे; we the ~ request you नीचे हस्ताक्षर करने वाले हम आपसे निवेदन करते हैं.

understand अन्डर स्टैण्ड' *v.t.* (understood) **1.** (comprehend, grasp) समझना : I ~ Bengali मैं बंगला समझता हूँ; he ~s what I mean मेरे मतलब को वह समझता है; as far as I ~, it is true जहाँ तक मैं समझता हूँ, यह सही है; you ~ my difficulty तुम मेरी कठिनाई समझते हो; we ~ each other हम एक-दूसरे (की समस्याओं) को समझते हैं. **2.** (have knowledge of) जानना, मालूम होना : I am given to ~ मुझे मालूम हुआ है; excuse me, I did not ~ you माफ कीजिए; I did not ~ that she was so ill मैं नहीं जानता था कि वह इतनी बीमार है. **understanding** अन्डर स्टैन्'डिङ्ग **I.** *a.* (sensible) समझदार : you should be a bit ~ तुम्हें कुछ ≈ होना चाहिए; an ~ person never indulges in such dispute एक ≈ व्यक्ति कभी ऐसे झगड़े में नहीं पड़ता. **II.** *n*[u]. **1.** समझ[F] : he is a man of great ~ वह बड़ी ≈ वाला आदमी है; it is beyond my ~ यह मेरी ≈ के बाहर है; a clear ~ of the problem समस्या[F] की स्पष्ट ≈. **2.** (agreement) समझौता, करार [certain निश्चित, clear स्पष्ट]; he has an ~ with me उसका मेरे साथ एक ≈ है; they had an ~ that they would spend this Sunday together उनमें एक ≈ हुआ था कि वे यह रविवार एक साथ बिताएँगे; to come to an ~ ≈ करना; there was a secret ~ between them उन दोनों में गुप्त ≈ हुआ था; I lent him money on this ~ मैंने उसे इस करार पर पैसा उधार दिया था. **3.** (condition) शर्त[F] : he agreed on the ~ that no harm would be done to him वह इस ≈ पर मान गया कि उसे कोई क्षति[F] नहीं पहुँचेगी. **4.** (relationship) संबंध : we should develop better ~ with our neighbours हमें अपने पड़ोसियों से अच्छे संबंध बढ़ाने चाहिएँ. **understood** अन्डर स्टुड' *a.* ज्ञात, समझा हुआ [fact तथ्य, matter मामला]; it is well ~ यह अच्छी तरह ≈ है; it is ~ that यह मान लिया गया कि; in 'I came but he didn't' 'come' at the end is ~ 'मैं तो आया पर वह नहीं' इस वाक्य में 'आया' मान लिया गया है.

undertake अन्डर टेक' *v.t.* (undertook, undertaken) **1.** हाथ में लेना, सँभालना, ज़िम्मे लेना : to ~ some work, responsibility कोई काम, ज़िम्मेदारी[F] ≈; he has ~n to clean the house उसने मकान को साफ करने का ज़िम्मा लिया. **2.** (pledge) वचन देना, वादा करना : I cannot ~ to help you मैं तुम्हें सहायता देने का वचन नहीं दे सकता. **3.** (assure) विश्वास दिलाना : I ~ that you will benefit by it मैं तुम्हें विश्वास दिलाता हूँ कि इससे तुम लाभ में रहोगे. **undertaking** अन्डर् टे'किङ्ग *n*[uc]. **1.** उत्तरदायित्व, ज़िम्मेवारी[F] [difficult कठिन,

moral नैतिक]; it is quite an ~ यह बिल्कुल ≈ का काम है. **2.** आश्वासन : to give smb an ~ to pay the debts by Monday किसी को सोमवार तक ऋण चुकता कर देने का ≈ देना. **3.** वचन : he made an ~ that he would accept that much pay उसने ≈ दिया कि मैं इतना वेतन स्वीकार कर लूँगा. **4.** (enterprise) प्रक्रम, उद्यम, धंधा : electricity ~ विद्युत ≈; to start a steel plant is a great ~ लोहे का कारखाना चलाना एक भारी ≈ है.

underwent = past of 'undergo' *q.v.*

underworld अन्'डरवल्ड *n.* अपराधी वर्ग : he is the king of all the gamblers, thieves and dacoits, the ~ of this city वह इस शहर के सब जुएबाज़ों, चोरों और डकैतों, अपराधी वर्गों का सरगना है : he is a member of the ~ वह ≈ का सदस्य है (अपराधी है).

undesirable अन्डि ज़ाइअ'रॅबल *a.* अवांछनीय [delay विलंब, friend मित्र, language भाषा^F, person व्यक्ति]; all his manners are ~ उसके सब रंग-ढंग ≈ हैं.

undo अन् डू' *v.t.* (undid, undone) **1.** खोलना: he undid the parcel उसने पार्सल खोला; I cannot ~ that button मैं वह बटन नहीं खोल सकता; ~ the strings रस्सियों को खोल दो. **2.** (reverse) अन्यथा कर देना : you cannot ~ what your father has done जो तुम्हारे पिता ने किया है उसे तुम अन्यथा नहीं कर सकते; the river has undone many areas this year इस साल नदी^F ने कई क्षेत्रों को तबाह कर दिया है. **3.** ठीक करना : you cannot ~ the mistake तुम अपनी गलती ठीक नहीं कर सकते. **undone** अन् डन' *a.* **1.** न किया हुआ : I left this work ~ मैंने इस काम को बिना सम्पन्न किए छोड़ दिया. **2.** (ruined) बरबाद : I am ~ मैं ≈ हो गया. **3.** (reverse) अन्यथा किया हुआ : what is done cannot be ~ जो किया जा चुका है उसे अन्यथा नहीं किया जा सकता.

undoubtedly अन् डॉउ'टिड्लि *adv.* निःसंदेह, बेशक : you are ~ rich तुम ≈ धनी हो; it is true, ~ ≈ यह सही है; he is ~ the best player वह ≈ सबसे अच्छा खिलाड़ी है; is he quite well now ~ क्या वह अब बिल्कुल अच्छा हो गया है ? ≈ .

undress अन् ड्रॅस' *v.t.i.* कपड़े उतारना, नंगा करना : she ~ed the baby and put it on the bed उसने बच्चे के कपड़े उतार दिए और उसे बिस्तर पर लिटा दिया; he ~ed himself and went for bath उसने अपने कपड़े उतार दिए और स्नान करने चला गया.

undue अन्'ड्यू *a.* **1.** (improper) अनुचित : he wants to take ~ gain from him वह उससे ≈ लाभ उठाना चाहता है. **2.** (excessive) अत्यधिक, बेहद [amount राशि^F, delay देरी^F]; you show ~ caution in such affairs ऐसे मामलों में तुम ≈ सावधानी^F दिखाते हो.

undying अन् डाइ'इङ्ग *a.* अनंत, अमिट [faith विश्वास, fame यश, gratitude कृतज्ञता^F]; ~ love for the nation राष्ट्र के प्रति ≈ प्रेम; his ~ friendship will be remembered उसकी ≈ मित्रता^F याद रहेगी.

unearth अन् अर्थ' *v.t.* **1.** (discover) खोज निकालना, का पता लगाना : the police ~ed a conspiracy पुलिस ने एक षड्यंत्र का पता लगाया. **2.** खोद कर निकालना : to ~ a hidden treasure दबा हुआ ख़ज़ाना खोद निकालना.

uneasy अन् ई'ज़ि *a.* **1.** बेचैन, अशांत : my mother was ~ when sister had a fracture जब बहन का अस्थिभंग हुआ, तो माँ बेचैन हो गई; he spent an ~ day उसने बेचैनी^F में दिन बिताया; the boy is ~ in his tight clothes लड़का अपने तंग कपड़ों में ≈ है; I feel ~ here मुझे यहाँ बेचैनी^F है. **2.** (worried) चिंतित, आशंकित, don't be ~ about the future भविष्य के बारे में ≈ न होओ.

unemployed अनिम् प्लाइड' **I.** *a.* बेरोज़गार, बेकार [labourer मज़दूर, youth युवक]; the number of ~ persons is increasing fast ≈ लोगों की संख्या^F तेज़ी से बढ़ रही है; he is still ~, though he is 32 years old वह अब भी ≈ है जबकि वह 32 वर्ष का हो गया है. **II.** *n. pl.* बेरोज़गार लोग : there is a news for the ~ बेरोज़गारों के लिए एक ख़बर है. **unemployment** अनिम् प्लाइ'मंट *n.* बेकारी^F, बेरोज़गारी^F [general सामान्य, permanent स्थायी]; ~ insurance ≈ बीमा; benefit ~

≈ भत्ता; ~ is increasing ≈ बढ़ रही है; ~ has been completely eliminated in that country उस देश में ≈ पूरी तरह समाप्त कर दी गई है; government is still not serious about the problem of ~ सरकार[F] अब भी ≈ की समस्या[F] के बारे में गंभीर नहीं है; he was thrown into ~ वह बेरोज़गार हो गया.

unequal अन् ई'क्वल *a.* **1.** असमान [amount राशि[F], division बँटवारा, lengths लम्बाइयाँ]; ~ sides ≈ पक्ष; things are ~ in weight वस्तुएँ वज़न में ≈ होती हैं. **2.** असमर्थ, अयोग्य : he is ~ to this task वह इस काम के अयोग्य है.

UNESCO United Nations Educational, Scientific and Cultural Organisation संयुक्त राष्ट्र शैक्षिक, वैज्ञानिक तथा सांस्कृतिक संगठन.

uneven अन् ई'व़न *a.* **1.** (not smooth) असमतल, ऊबड़-खाबड़, ऊंचा-नीचा [ground मैदान, road सड़क[F]]; the surface of this table is ~ इस मेज़ की सतह[F] असमतल है; it is an ~ place, you should not lie here यह ≈ स्थान है तुम्हें यहाँ नहीं लेटना चाहिए. **2.** असमान : his work is ~ (in quality) उसका काम (गुणवत्ता[F] में) ≈ है. **3.** ~ flow घटता-बढ़ता प्रवाह/बहाव.

unexpected अनिक्स पेक्'टिड *a.* अप्रत्याशित, अनपेक्षित [death मृत्यु[F], failure असफलता[F], guests अतिथि, promotion प्रोन्नति[F]]; his refusal was quite ~ उसका इंकार नितांत ≈ था; I was surprised at the ~ results ≈ परिणाम से मैं चकित हो गया; it was his ~ arrival यह उसका ≈ आगगन था.

unfailing अन् फ़े'लिङ्ग *a.* **1.** (never ceasing) अनंत : her ~ cheerfulness उसकी ≈ प्रसन्नचित्तता[F]; ~ courage अनंत साहस; ~ supply of water पानी की अविरत आपूर्ति; his ~ enthusiasm is praiseworthy उसका ≈ उत्साह सराहनीय है. **2.** (infallible) अमोघ, अचूक, : it is an ~ remedy यह एक ≈ दवा[F] है. **3.** (reliable) विश्वसनीय : ~ friend ≈ मित्र.

unfair अन् फ़ेअर' *a.* अनुचित [advantage लाभ, criticism आलोचना[F], treatment व्यवहार]; he has adopted many ~ means for his success उसने अपनी सफलता[F] के लिए कई ≈ साधनों का इस्तेमाल किया.

unfamiliar अन् फ़ॅ मि'ल्यर *a.* **1.** (not known) अपरिचित, अनजान [face चेहरा, language भाषा[F], work काम]; I was totally ~ to that place उस स्थान के लिए मैं पूरी तरह अपरिचित था. **2.** (not knowing) अनभिज्ञ, अनाड़ी : he is quite ~ with the customs of this community वह इस समुदाय के रिवाजों से पूरी तरह अनभिज्ञ है; he was ~ to this job वह इस काम के लिए अनाड़ी था.

unfasten अन् फ़ा'सन *v.t.* खोलना, ढीला करना : to ~ a rope रस्सी खोलना; will you ~ my tie कृपया मेरी टाई खोल दें; ~ your buttons अपने बटन खोल दो.

unfavourable अन् फ़ेव़'रॅबल *a.* **1.** प्रतिकूल [circumstances परिस्थितियाँ[F], weather मौसम, wind हवा[F]]; the report has gone ~ to you रिपोर्ट तुम्हारे ≈ गई है; he can never be ~ to me वह मेरे प्रतिकूल कभी नहीं हो सकता. **2.** अलाभकर : ~ terms ≈ शर्तें[F]

unfit अन् फिट' *a.* & *n.* **1.** (not good enough) अनुपयुक्त : he is ~ for the job वह इस काम के लिए ≈ है; this house is ~ for living यह मकान रहने के लिए ≈ है. **2.** (in bad health) अस्वस्थ : smoking has made him ~ धूम्रपान ने उसे ≈ बना दिया है.

unfold अन्फ़ोल्ड' *v.t.* **1.** खोलना : he ~ed the letter, newspaper उसने पत्र, समाचार-पत्र खोला; he ~ed the magazine on page 56 उसने पृष्ठ 56 पर पत्रिका[F] खोली. **2.** (reveal) प्रकट करना, बता देना, (relate) बतलाना, वर्णन करना : to ~ a tale कहानी बताना; the story itself ~s the secrets कहानी स्वयं ही रहस्यों को प्रकट करती है; he has not ~ed his plan to me उसने अपनी योजना[F] मुझे नहीं बताई.

unfortunate अन्फ़ॉर्'चनिट *a.* **1.** बदनसीब, अभागा : ~ man ≈ आदमी; the ~ parents could do nothing to help their child अभागे माता-पिता अपने बच्चे की सहायता के लिए कुछ न कर सके. **2.** खेदजनक,

दुर्भाग्यपूर्ण : ~ incident ≈ घटना^F; ~ day ≈ दिन; ~ mistake ≈ भूल; the scene in the state assembly was ~ राज्य विधान-सभा का दृश्य बड़ा ≈ था. **unfortunately** अन्‌फ़ॉर'चनॅटलि *adv.* दुर्भाग्यवश : ~, we received the news late ≈ हमें समाचार देर से मिला; I was delayed ~ ≈ मुझे देर हो गई; ~ the weather was very bad ≈ मौसम बहुत खराब हो गया था.

unfounded अन्‌फ़ॉउन्'डिड *a.* निराधार, निर्मूल [accusation आरोप, fear भय, rumour अफ़वाह^F, statement कथन]; all the charges against him were ~ उसके विरुद्ध सारे आरोप ≈ थे.

ungrateful अन् ग्रेट'फ़ुल *a.* अकृतज्ञ, कृतघ्न [person व्यक्ति, servant नौकर]; he is the only ~ member in the family परिवार का वह अकेला ≈ सदस्य है.

unhappy अन् है'पि *a.* **1.** अप्रसन्न, दुखी [days दिन, life जीवन]; she looks ~ today वह आज ≈ दिखती है. **2.** (in contexts) ~ hour अशुभ घड़ी^F; ~ statement दुर्भाग्यपूर्ण/अनुचित वक्तव्य.

unhealthy अन् हॅल्'थि *a.* **1.** अस्वास्थ्यकर, दूषित [climate जलवायु, place स्थान, water पानी]; the air here has become ~ for all the creatures सब प्राणियों के लिए यहाँ की हवा^F दूषित हो गई है; you should not live in such ~ atmosphere तुम्हें ऐसे ≈ वातावरण में नहीं रहना चाहिए. **2.** अस्वस्थ : ~ children, plants ≈ बच्चे, पौधे. **3.** बुरा : ~ habits बुरी आदतें^F.

UNICEF United Nations International Children's Emergency Fund.

unidentified अन् आइडेन्' टिफ़ाइड *a.* **1.** लावारिस [bag बैग, luggage सामान]. **2.** अनपहचाना : two men killed in the accident were ~ दुर्घटना में मारे गए दो आदमियों की पहचान नहीं हुई.

uniform यू' निफ़ॉर्म **I.** *n*^c. वरदी^F [Khaki खाकी, school स्कूल की, white सफ़ेद]; soldiers wear ~ सिपाही ≈ पहनते हैं; police ~ पुलिस ≈; the policeman was in ~ when he came to me पुलिसवाला जब मेरे पास आया तो वह ≈ में था; he wore the ~ of a lieutenant वह लेफ्टिनेण्ट की ≈ पहने था. **II.** *a.* एक समान, एक-सा, एकरूप [colour रंग, law कानून]; the temperature has been ~ throughout तापमान सर्वत्र एक-सा रहा है; eggs are ~ in size अंडे एक-समान आकार के हैं. **uniformity** यूनिफ़ॉर्'मिटि *n*^u. एक समानता^F, एकरूपता^F : ~ in dress पोशाक^F में ≈; there should ~ in systems व्यवस्थाओं में ≈ होनी चाहिए; the shops have no ~ of design दुकानों की बनावट^F में कोई ≈ नहीं है.

unify यू'निफ़ाइ *v.t.* एकता लाना, एक कर देना : he desired to ~ the party उसने दल में एकता लानी चाही; he could not ~ them वह उन्हें एक न कर सका.

unimportant अनिम् पॉर्'टंट *a.* महत्वहीन, नगण्य, तुच्छ [lecture भाषण, programme कार्यक्रम, work काम]; that was an ~ advice वह एक ≈ सलाह^F थी; why should I bother about such an ~ matter मैं इस प्रकार के ≈ मामले के बारे में चिंता क्यों करूँ ? this para is ~ in your essay तुम्हारे निबंध में यह पैरा ≈ है.

unintelligible अनिन् टॅ'लिजॅबल *a.* अबोधगम्य, दुरूह [language भाषा^F, talk वार्ता^F, words शब्द]; his letter was very ~ उसका पत्र बहुत ही ≈ था.

union यू'नियन *n.* **1.** (agreement) मेल-मिलाप : they lived in perfect ~ वे पूर्णतया ≈ से रहते थे. **2.** संघ : U ~ Public Service Commission ≈ लोक सेवा आयोग; ~ of states राज्यों का ≈; you can be a member of the ~ तुम ≈ के सदस्य हो सकते हो. **3.** (state of being joint) एकता^F : ~ of political parties राजनीतिक दलों की ≈; ~ is strength ≈ में ही शक्ति^F है. **4.** marriage bond विवाह-बंधन; they were joined in ~ वे ≈ में बँध गए.

unique यु नीक' *a.* **1.** (sole) एकमात्र, अकेला this photo of Swamiji is ~ स्वामी जी का यह ≈ फोटो है; this painting is considered ~ यह कलाकृति ≈ मानी जाती है. **2.** (unequalled) अद्वितीय, बेजोड़, अनुपम : there are ~ buildings in Mumbai मुम्बई

में बेजोड़ इमारतें हैं; his style is ~ उसकी शैली ≈ है; he is a man of ~ intellect वह ≈ प्रतिभा का धनी है. **3.** (unusual) अनोखी, निराली : ~ event ≈ घटना[F]; ~ position, success ≈ स्थिति[F], सफलता[F].

unit यू'निट *n*[c]. **1.** इकाई[F] : the ~ of length in our country is metre हमारे देश में लंबाई की ≈ मीटर है; kilo is the ~ of weight किलो वजन की ≈ है; rupee is the ~ of currency in India भारत में रुपया मुद्रा की ≈ है. **2.** (of electrical energy) यूनिट : we consume 200 ~s of electricity every month हम हर महीने दो सौ यूनिट बिजली खर्च करते हैं. **3.** (mil.) टुकड़ी[F], दस्ता : division is regarded as a ~ of an army डिवीज़न को सेना की एक टुकड़ी माना जाता है.

unite यू नाइट' **I.** *v.t.* **1.** जोड़ना, मिलाना, एक कर देना : his marriage has ~d the two families उसकी शादी[F] ने दो परिवारों को मिला दिया है; workers of the world ~ संसार के मज़दूरो, एक हो जाओ; England and Scotland ~d in 1706 इंग्लैण्ड और स्कॉटलैण्ड 1706 में एक हो गए; we were ~d in our struggle for peace हम शांति के लिए संघर्ष करने में एक हो गए, **2.** (in marriage) गठजोड़ करना : they were ~d by a Pandit पंडितजी ने उनका गठजोड़ कर दिया. **II.** *v.i.* मिलना : they ~d to form a club क्लब बनाने के लिए वे मिल गए; we should ~ against the enemy हमें शत्रु के विरुद्ध एक हो जाना चाहिए, **united** यू नाइ'टिड *a.* **1.** संयुक्त [efforts प्रयास, family परिवार, front मोर्चा]; United Nations Educational, Scientific and Cultural Organisation ≈ राष्ट्र शैक्षिक, वैज्ञानिक और सांस्कृतिक संगठन; U ~ Nations General Assembly संयुक्त राष्ट्र महासभा[F]. **2.** (in alliance) संगठित : ~ we stand, divided we fall ≈ होने से हम खड़े रहते हैं, बँट जाने पर गिरते हैं. **unity** यू'निटि *n.* **1.** एकता[F] [cultural सांस्कृतिक, national राष्ट्रीय, political राजनैतिक]; he worked all his life for social ~ उसने सामाजिक ≈ के लिए जीवन भर काम किया; ~ and integrity of the country is endangered देश की ≈ और अखण्डता ख़तरे में है. **2.** (alliance) मेल-मिलाप : they lived together in ~ वे साथ-साथ ≈ में रहते थे; keep in ~ with all people सभी लोगों के साथ ≈ से बने रहो.

universal यूनि व़र्'सल *a.* **1.** (involving all) ~ opinion सर्वसम्मति; ~ suffrage सर्वमताधिकार; fridge has ~ use फ्रिज का सार्विक प्रयोग होता है. **2.** (widespread) व्यापक : the famine was ~ अकाल ≈ था; there is a ~ desire for peace शांति[F] की ≈ चाह है. **3.** (all-sided) सर्वतोमुखी [interest हित, practice अभ्यास, rule नियम]. **4.** (in all parts of the world) सार्वदेशिक, विश्व, सार्वभौमिक : U ~ Postal Union विश्व डाक संगठन; it is ~ truth that earth moves round the sun यह सार्वभौमिक सत्य है कि पृथ्वी[F] सूर्य के चारों ओर घूमती है. **universe** यू'निवर्स *n*[u]. विश्व, ब्रह्माण्ड : God made the ~ ईश्वर ने ≈ बनाया; the whole system of suns, planets, etc, form the ~ सम्पूर्ण सूर्यों, ग्रहों, इत्यादि का मण्डल ≈ है; he is the only Controller of the ~ ≈ का वह अकेला नियंता है.

univ. university यूनि व़र्' 'सिटि *n*[c]. विश्वविद्यालय, यूनिवर्सिटी [famous प्रसिद्ध, recognised मान्यताप्राप्त]; this college is affiliated to Agra ~ यह कॉलेज आगरा ≈ से संबद्ध है; he has been expelled from the ~ उसे ≈ से निकाल दिया गया है; the ~ is closed for summer vacation ≈ गर्मी की छुट्टी के लिए बंद है; all the graduates from Allahabad ~ इलाहाबाद विश्वविद्यालय के सभी स्नातक.

unjust अन् जस्ट' *a.* **1.** (of person) अन्यायी, बेइंसाफ़ [officer अधिकारी, umpire निर्णायक]; really he is ~ सचमुच वह ≈ है. **2.** अन्यायपूर्ण, न्यायविरुद्ध, अनुचित [law कानून, taxes कर]; it is ~ to punish an innocent person किसी निर्दोष व्यक्ति को दण्ड देना न्यायविरुद्ध है. **3.** अनुचित : ~ criticism ≈ आलोचना[F].

unkind अन् काइन्ड' *a.* **1.** निर्दय, दयारहित, कठोर [person व्यक्ति, treatment बरताव]; don't be so ~ इतना निर्दय मत बनो; he is always ~ to his children वह अपने बच्चों के प्रति

हमेशा कठोर रहता है. **2.** ख़राब : ~ weather ≈ मौसम.

unknown अन् नोन' *a.* **1.** अज्ञात [cause कारण, writer लेखक]; the letter was in an ~ handwriting पत्र किसी ≈ हस्तलिपि में था; the election results are still ~ चुनाव परिणाम अब भी ≈ हैं; the message was addressed to an ~ person संदेह किसी ≈ व्यक्ति के नाम था; what happened afterward is ~ बाद में क्या हुआ यह ज्ञात नहीं है. **2.** अजनबी : I am not ~ to the city मैं शहर में ≈ नहीं हूँ.

unlawful अन् लॉ'फुल *a.* विधिविरुद्ध, अवैध, ग़ैर-कानूनी [act काम, possession अधिकार, strike हड़ताल]; they were punished for holding an ~ assembly विधिविरुद्ध जमाव के लिए उन्हें दण्डित किया गया.

unless अन् लें'स' *conj.* **1.** यदि. . . नहीं : we shall go there tomorrow, ~ it rains हम वहाँ कल जाएँगे यदि बारिश[F] न हो. **2.** जब तक कि. . . न; सिवाय, नहीं. . . तो : you will not succeed ~ you work hard यदि (जब तक) तुम कठिन परिश्रम नहीं करते तो तुम सफल नहीं होगे; do not move out ~ you are advised जब तक तुम्हें सलाह[F] न दी जाय तुम बाहर मत आओ. ∆ ~ **and until** तब तक. . . तब तक कि I shall not have a talk with you ~ and until you give up your bad habits मैं तुमसे तब तक बात नहीं करूँगा जब तक कि तुम अपनी बुरी आदतें छोड़ नहीं देते.

unlikely अन् लाइक्'लि *a.* असंभाव्य : they are ~ to marry, meet उनका शादी करना, मिलना ≈ है; they may return today but it is very ~ वे आज लौट सकते हैं लेकिन यह बहुत ही ≈ है; it is ~ that he will go there यह संभव नहीं कि वह वहाँ जाए.

unmannerly अन् मै'नर्लि *a.* अशिष्ट, बदतमीज़ [behaviour व्यवहार, person व्यक्ति, treatment बरताव]; it is ~ on your part not to reply उत्तर न देना तुम्हारी अशिष्टता[F] है.

unmoved अन् मूव्ड' *a.* **1.** अप्रभावित : the father appeared ~ by the tragedy पिता इस त्रासदी से ≈ लगे. **2.** (calm) शांत : he sat still and remained ~ वह चुपचाप बैठ गया और ≈ रहा.

unnatural अन् नै'चॅरल *a.* अप्राकृतिक, अस्वाभाविक [death मृत्यु[F], growth विकास, reaction प्रतिक्रिया[F]]; it is ~ not to love one's own children अपने ही बच्चों को प्यार न करना ≈ है; the world is facing many ~ calamities संसार बहुत-सी अप्राकृतिक आपदाओं को झेल रहा है.

unnecessary अन् नें'सॅसरि *a.* अनावश्यक [furniture फ़र्नीचर, remark टिप्पण, work काम]; I dislike such ~ interruptions in any matter किसी भी मामले में मैं ≈ व्यवधान नापसंद करता हूँ; that leave was ~ वह छुट्टी ≈ थी; it is ~ to talk to him about all this उसे यह सब कुछ बताना ≈ है.

UNO United Nations Organization संयुक्त राष्ट्र संगठन.

unpack अन् पैक' *v.t.* खोलना, सामान निकालना : to ~ one's suitcase अपना सूटकेस खोलना; *v.i.* he ~ed on arrival at home घर पहुँचने पर उसने अपना सामान खोल दिया.

unpleasant अन् प्लें'ज़ंट *a.* **1.** गंदा, अप्रीतिकर [question प्रश्न, taste स्वाद, weather मौसम]; the place was too ~ to live there वह स्थान इतना ≈ था कि वहाँ रहा नहीं जा सकता; the smell from that factory was ~ उस कारखाने की बू[F] गंदी थी. **2.** ~ experience कटु अनुभव.

unqualified अन् क्वा'लिफ़ाइड *a.* **1.** (downright) पक्का : he gave his ~ approval उसने अपनी पक्की मंज़ूरी[F] दे दी. **2.** अयोग्य, अनर्ह [candidate उम्मीदवार, nurse परिचारिका[F], teacher अध्यापक]; he is ~ to teach वह पढ़ाने के लिए ≈ है; the recruitment board found him ~ for the post भर्ती बोर्ड ने उसे उस पद के लिए अयोग्य पाया.

unquestionable अन् क्वें'श्'चनॅबल *a.* निश्चित, अविवाद्य [fact तथ्य, statement कथन]; his appointment is ~ उसकी नियुक्ति ≈ है ; his right to property is ~ संपत्ति[F] में उसका अधिकार अविवाद्य है.

unreasonable अन् री'ज़नॅबल *a.* **1.** अनुचित [claim दावा, demand माँग[F]]; it is ~ to invite him उसे आमंत्रित करना ≈ है; his conduct was ~ उसका आचरण ≈ था.

2. (of person) नासमझ [boy लड़का, clerk लिपिक]; he was found ~ उसे ≈ पाया गया.

unrest अन् रॆस्ट' *n*^{u}. गड़बड़^{F}, अशांति^{F} [industrial औद्योगिक, political राजनैतिक, social सामाजिक]; ~ among the students छात्रों में अशांति; there is ~ in the university विश्वविद्यालय में अशांति है; there is some ~ in the village गाँव में कुछ गड़बड़ है.

unruly अन् रू'लि *a.* (uncontrolled) बेकाबू, बेलगाम, अनियंत्रित [children बच्चे, mob भीड़^{F}]; the police tried to control the ~ agitators पुलिस ने ≈ आंदोलनकारियों को नियंत्रित करने का प्रयास किया.

unscrupulous अन् स्क्रू'प्युलस *a.* बेअसूल, बेईमान : ~ person ≈ व्यक्ति; such ~ men are seen with suspicious eyes इस प्रकार के ≈ आदमियों को शंका^{F} की दृष्टि^{F} से देखा जाता है; she is ambitious and ~ वह महत्वाकांक्षी और ≈ है.

unseat अन् सीट' *v.t.* हटा देना : an M.L.A. was ~ed by the court न्यायालय द्वारा एक एम.एल.ए. को हटा दिया गया; he was ~ed in the last election उसे पिछले चुनाव में हटा दिया गया.

unseen अन् सीन' *a.* अनदेखा [danger ख़तरा, passage रास्ता/अनुच्छेद]; there were many ~ people वहाँ कई अनदेखे लोग थे; he came in ~ वह बिना दिखे अंदर आ गया.

unskilled अन् स्किल्ड' *a.* अकुशल [job काम, labourer मज़दूर] all of them are ~ workers वे सब ≈ कार्यकर्ता हैं.

unsound अन् साउन्ड' *a.* **1.** (unhealthy) अस्वस्थ : of ~ mind विक्षिप्त, अस्वस्थ मस्तिष्क वाला; you should not come out, you are ~ तुम्हें बाहर नहीं आना चाहिए, तुम अस्वस्थ हो. **2.** (not reasonable) तर्कविरुद्ध, अयुक्तियुक्त : all your arguments are ~ तुम्हारे सभी तर्क ≈ हैं; his opinion is ~ उसका मत ≈ है. **3.** (faulty) दोषपूर्ण : your schemes are thoroughly ~ तुम्हारी योजनाएँ^{F} पूरी तरह ≈ हैं; this building is ~ यह भवन ठीक नहीं है. **4.** (rotten) सड़ा हुआ, ख़राब [food भोजन, fruit फल]; the mangoes were ~ आम सड़े हुए थे.

unspeakable अन् स्पी'कॅबल *a.* अकथ्य, अकथनीय [cruelty अत्याचार, delight प्रसन्नता^{F}, pain पीड़ा^{F}]; he was in ~ misery वह ≈ कष्ट में था; her behaviour was ~ उसका व्यवहार ≈ था.

untie अन् टाइ' *v.t.* खोलना : ~ the shoe-laces जूते के तस्मे खोल दो; I could not ~ the rope मैं रस्सी नहीं खोल सका.

until अन् टिल' **I.** *conj.* जब तक, तब तक. . . न : wait here ~ I return जब तक मैं वापस नहीं आता यहाँ इंतज़ार करो; we played in the garden ~ mother called us जब तक माता जी ने हमें नहीं बुलाया, हम बाग में खेलते रहे. **II.** *prep.* तक : he was here ~ yesterday वह यहाँ कल ≈ था; I remained there ~ the end मैं अंत तक वहाँ रहा; he is here ~ the 21st of the next month वह अगले महीने की 21 तारीख तक यहाँ रहेगा; he did not return ~ 6 o'clock वह छ: बजे तक नहीं लौटा.

untimely अन् टाइम्'लि *a.* **1.** असामयिक, अकाल [death मृत्यु^{F}, help सहायता^{F}, step कदम]; the young man's death was ~ युवक की मृत्यु ≈ थी. **2.** (not suitable) बेमौका [action कार्रवाई, interference हस्तक्षेप].

untiring अन् टाइअ' रिङ्ग *a.* अथक [effort प्रयास, energy ऊर्जा^{F}; labour परिश्रम]; I met such an ~ man for the first time मैं पहली बार ऐसे ≈ व्यक्ति से मिला.

untold अन् टोल्ड' *a.* **1.** अनकहा, अकथ : ~ tale अनकही कहानी^{F}; her story remained ~ उसकी कहानी^{F} अनकही रह गई. **2.** बेहद : ~ wealth ≈ धन; he is a man of ~ riches वह ≈ धन वाला व्यक्ति है.

untouchability अन्टचॅ बि'लिटि *n.* अस्पृश्यता^{F}, छुआछूत^{F} : ~ is a curse on Indian society ≈ भारतीय समाज के लिए एक अभिशाप है; Raja Ram Mohan Roy worked a lot for the abolition of ~ राजा राम मोहन राय ने ≈ के उन्मूलन के लिए बहुत काम किए. **untouchable** अन् ट'चॅबल *a.* अस्पृश्य, अछूत : ~ castes ≈ जातियाँ.

untoward अनटॅ वर्ड' *a.* (unfortunate) दुर्भाग्यपूर्ण [circumstances परिस्थितियाँ^{F}, events घटनाएँ].

untrue अन् टू' *a.* असत्य, झूठा, मिथ्या

[allegations आरोप, description वर्णन, statement कथन]; what he says is not at all ~ वह जो कुछ कहता है बिल्कुल ≈ नहीं है; he was proved ~ in the court उसे न्यायालय में झूठा सिद्ध किया गया.

unusual अन् यू'ज़ुअल *a.* **1.** (exceptional) असाधारण, असामान्य, ग़ैर-मामूली [beauty सुंदरता[F], strength शक्ति[F]]; it was an ~ day for us all हम सब के लिए यह ≈ दिन था; it is ~ for a child of eight years to drive a car एक आठ वर्ष के बच्चे के लिए कार चलाना ≈ है; there was nothing ~ in his appearance उसके रूप-रंग में कुछ भी ≈ नहीं था. **2.** ~ weather अजीब मौसम.

unwell अन् वॅ'ल' *a.* अस्वस्थ [servant नौकर, student छात्र]; Sarla is ~ today सरला आज ≈ है; I'll not go to school for I feel ~ मैं विद्यालय नहीं जाऊंगा क्योंकि मैं ≈ महसूस कर रहा हूँ.

unwillingly अन् वि'लिङ्गलि *adv.* अनिच्छा-पूर्वक : he agreed very ~ to his proposal वह उसके प्रस्ताव से ≈ सहमत हुआ. **unwillingness** अन् वि'लिङ्गनिस *n*[u]. अनिच्छा[F]: he expressed his ~ to join the party उसने पार्टी में शामिल होने की ≈ ज़ाहिर की.

unworthy अन् वर्'दि *a.* **1.** अयोग्य, नालायक [boy लड़का, person व्यक्ति]; ~ son of a worthy father योग्य बाप का ≈ बेटा; he is not ~ of this post वह इस पद के लिए ≈ नहीं है. **2.** (not as good) अनुचित : ~ conduct ≈ आचरण.

U.P. Uttar Pradesh.

up- अप **I.** *prefix* ऊपर, उच्च, ऊर्ध्व : as in upgrade, uplift, upset, uproot, uphill, upright, upstairs. **II. up** *n*[c]. चढ़ाव : ~s and downs of life जीवन का उतार- ≈. **II.** *prep.* पर, के ऊपर : he went ~ the hill वह पहाड़ी पर चढ़ गया : to go ~ the stream धारा के विपरीत ऊपर जाना; he climbed up the stairs वह सीढ़ियों के ऊपर चढ़ गया; his eyes moved up and down the theatre उसकी आँखें थियेटर के ऊपर-नीचे घूम गईं; they walked ~ the street वे गली में ऊपर की ओर चले गए. **III.** *v.t.* उठ खड़ा होना : he ~ped from the meeting and left वह मीटिंग से उठ खड़ा हुआ और चला गया; they ~ped the prices उन्होंने कीमतें ऊपर उठा दीं. **IV.** *a.* (upper, uppermost) **1.** ऊपर वाला : he lives in the upper room वह ऊपर वाले कमरे में रहता है. **2.** अप : I have to go by the ~ train मुझे ≈ गाड़ी से जाना है. **3.** (rendered into verbal forms in Hindi) the time is ~ समय समाप्त हो गया है; the temperature is ~ तापमान बढ़ गया है; the sun is ~ now सूरज अब चढ़ आया है; no one was ~ even at 6 a.m. कोई भी सुबह आठ बजे तक नहीं उठा था. [*ant.* down] **V.** *adv.* **1.** ऊपर : put the photograph ~ फ़ोटो ≈ लगा दो; he looked ~ and saw the plane उसने ≈ नज़र[F] की और हवाई जहाज़ देखा; carry it ~ इसे ≈ उठा ले जाओ; we went ~ to the third floor हम ≈ तीसरी मंज़िल पर गए; he climed ~ वह ऊपर चढ़ गया; the sun came ~ सूरज ऊपर आ गया. **2.** ~ to तक : ~ to ten o'clock दस बजे तक; count ~ to ten दस ≈ गिनो. **3.** (for emphasis usu. rendered into compound verb in Hindi) he got ~ वह उठ बैठा; stand ~ खड़े हो जाओ; he is ~ वह उठ गया है; he drank ~ all the coffee वह सारी कॉफ़ी पी गया; have you tied ~ the luggage तुमने सामान बाँध लिया है न; he was ~ all night वह सारी रात जागता रहा; hurry ~ जल्दी करो; the money was all used ~ सारा रुपया खर्च हो गया था; the meeting was ~ when I reached there जब मैं वहाँ पहुँचा तब सभा[F] उठ गई थी; the clothes were dried ~ कपड़े सूख गए थे; the sponge will dry ~ the water स्पंज पानी सोख लेगा; he spoke ~ in the meeting वह बैठक में ज़ोर से बोला (बोल पड़ा); we shall be ~ against a strong team हम एक ज़बरदस्त टीम से मुकाबला करेंगे; leave it ~ to me यह मुझ पर (मेरी ज़िम्मेदारी[F] पर) छोड़ दो.

upbringing अप् ब्रिङ्'गिङ्ग *n*[u]. (rearing) पालन-पोषण : excellent ~ उत्कृष्ट ≈; ~ of children बच्चों का ≈; his mental weakness is due to his ~ उसकी मानसिक दुर्बलता[F] उसके ≈ के कारण है; his loose character is the result of bad ~ उसका

भ्रष्ट चरित्र उसके खराब ≈ का परिणाम है.

uphill अप्'हिल **I.** *a.* **1.** (ascending) चढ़ाऊ, चढ़ावदार : ~ road ≈ सड़क[F]; it is ~ all the way to Vaishno Devi वैष्णो देवी तक सारा रास्ता चढ़ाई है. **2.** (difficult) कठिन, कड़ा : ~ task ~ कार्य; ~ struggle ≈ संघर्ष; to learn a new language is an ~ task नई भाषा सीखना एक कठिन काम है. **II.** *adv.* ऊपर, ऊपर की ओर : they walked ~ वे ≈ चलते गए; to ride a bicycle ~ साइकिल चलाकर उसे ऊपर की ओर ले चलना; they went ~ to the 3rd floor वे तीसरी मंज़िल[F] की ओर चले गए.

uphold अप् होल्ड' *v.t.* (upheld) **1.** (support, defend) समर्थन करना : to ~ decision निर्णय का समर्थन करना; shopkeepers ~ his decision दुकानदार उसके निर्णय का समर्थन करते हैं; I cannot ~ your viewpoint मैं तुम्हारे दृष्टिकोण का समर्थन नहीं कर सकता. **2.** (confirm) अनुमोदन करना, परिपुष्ट करना; कायम रखना : the judge upheld the lower court's decision जज ने अवर न्यायालय के निर्णय का अनुमोदन किया; to ~ a practice किसी रिवाज का अनुमोदन करना.

upkeep अप्'कीप *n.* देखभाल[F], सँभाल[F] : ~ of the garden, house is necessary now बगीचे, मकान की ≈ अब ज़रूरी है.

uplift अप् लिफ़्ट' **I.** *v.t.* **1.** (ऊपर) उठाना : to ~ one's eye, eyebrows, voice आँख, भौंहें, आवाज़ उठाना. **2.** सुधारना : I have tried to ~ their condition मैंने उनकी दशा[F] सुधारने का प्रयास किया है. **II.** *n*[u]. सुधार, उद्धार [complete पूर्ण, moral नैतिक, rural ग्रामीण]; the reformer pleaded for the ~ of the poor people सुधारक ने ग़रीब लोगों के ≈ की वकालत[F] की; ~ of the depressed classes दबे-कुचले (दलित) वर्गों का ≈.

upon अ पॉन' *prep* = on (*q.v.*) पर, के ऊपर : once upon a time एक समय; he leapt ~ the enemy वह शत्रु पर झपटा; there is no chair here to sit ~ बैठने के लिए यहाँ कोई कुर्सी नहीं है; there is picture ~ the wall दीवार पर एक चित्र है; the child was sitting ~ the floor बच्चा फर्श पर बैठा था. [also see 'on']

upper अ'पर **I.** *a.* **1.** (uppermost) ऊपरी, ऊपरला : ~ storey ऊपरी मंज़िल[F]; ~ layer उपरली परत[F]; ~ jaw, lip ऊपरी जबड़ा, होठ; ~ limit ऊपरी सीमा[F]; ~ class उच्च वर्ग; ~ house उच्च सदन; write your name on the ~ line ऊपरी पंक्ति पर[F] अपना नाम लिखो. [*ant.* lower] the ~ of a shoe जूते का ऊपरी साज़. **~most** *a.* **1.** (highest) उच्चतम, सर्वोच्च [position स्थिति[F], storey मंज़िल[F]]; the ~ branch of the tree पेड़ की उच्चतम शाखा[F]; he still holds ~ position वह अब भी सर्वोच्च स्थान पर है. **2.** (predominant) प्रमुख : this is the ~ thing in my mind मेरे मन में यही ≈ बात है.

upright अप् राइट' *a.+adv.* **1.** खड़ा, सीधा, ऊर्ध्वाधर : ~ pole ≈ खंभा; ~ lines खड़ी पंक्तियाँ; the cadets were standing ~ कैडेट सीधे खड़े थे; she got up and stood ~ वह उठी और सीधी खड़ी हो गई; after the rains the plants were not ~ बारिश[F] के बाद पौधे सीधे नहीं थे. **2.** (just and honest) ईमानदार, सच्चा, खरा [children बच्चे, citizen नागरिक, person व्यक्ति]; he has been ~ in his dealings वह व्यवहार में ≈ रहा है; his conduct is ~ उसका आचरण खरा है.

uprising अप्' राइज़िङ्ग *n*[c]. विद्रोह, बग़ावत [open खुला, uncontrolled अनियंत्रित]; there was an ~ in the police lines पुलिस लाइन में विद्रोह हो गया; the ~ was suppressed विद्रोह दबा दिया गया.

uproar अप्'रॉर *n*[uc]. हो-हल्ला, शोरगुल : there was ~ in the class room when the teacher was out जब अध्यापक बाहर था तो कमरे में शोर था; to raise an ~ ≈ मचाना/करना; the legislative assembly was in (an) ~ विधान सभा में ≈ हुआ.

uproot अप् रूट' *v.t.* (जड़ से) उखाड़ना, उन्मूलन करना : many trees were ~ed in the storm तूफ़ान में बहुत-से पेड़ (जड़ से) उखड़ गए; he tried to ~ the whole family उसने पूरे परिवार को जड़ से उखाड़ने का प्रयास किया; who has ~ed this plant इस पौधे को किसने उखाड़ा है ?

U.P.S.C. Union Public Service Commission.

upset अप् सेॅट' **I.** *v.t.i.* (*p.* & *p.p.* upset)

1. उलट देना : the boat will not ~ नाव^F नहीं उलटेगी; the cup was ~ by the child प्याले को बच्चे ने उलट दिया था; to ~ the chair कुर्सी उलट देना. **2.** गड़बड़ कर देना : it ~ all my plans इसने मेरी सब योजनाओं को गड़बड़ा दिया; the rain ~ our game बारिश^F ने हमारा खेल गड़बड़ा दिया; the heavy food ~ his stomach गरिष्ठ भोजन ने उसके पेट में गड़बड़ कर दी. **3.** घबराना : they were very ~ वे बहुत घबराए हुए थे; the news will ~ her father समाचार उसके पिता को घबरा देगा.

upside-down अप् साइड्-डाउन' *a.* अस्त-व्यस्त; उल्टा, औंधा, ऊपर का नीचे, गड़बड़ : ~ books अस्त-व्यस्त किताबें; ~ cups उलटे प्याले; everything is ~ in this room इस कमरे में सब कुछ अस्तव्यस्त है; turn the bag ~ झोले को उल्टा कर दो; a picture is hanging ~ चित्र उलटा टँगा है.

upstairs अप् स्टेअर्ज़' **I.** *n*^{c}. ऊपरी मंजिल या तल्ला : go ~ ऊपरी मंज़िल पर जाओ; he lives ~ वह ऊपरी मंज़िल पर रहता है. **II.** *a.* ऊपरी (मंज़िल का) : there are three rooms ~ in his house उसके मकान में ऊपर तीन कमरे हैं; he lives in the ~ flat वह ऊपर फ़्लैट में रहता है. **III.** *adv.* ऊपर : your should go ~ to the third floor तुम्हें तीसरी मंज़िल पर ऊपर जाना चाहिए; her bedroom is ~ उसका सोने का कमरा ऊपर है.

up-to-date अप्'टुडेट *a.* अद्यतन, आधुनिक [dress पोशाक^F, fashion फ़ैशन, information जानकारी^{F}]; Rita is an ~ lady रीता ≈ महिला है; I have completed my work ~ मैंने अपना कार्य अद्यतन पूरा कर लिया है.

upward अप्'वर्ड *a.* **1.** ऊपर का : they followed the ~ path वे ऊपर के रास्ते चले गए, **2.** बढ़ने वाला : ~ trend of the prices कीमतों की बढती तेज़ी^{F} (बढ़ता रुझान). **upwards** अप्'वर्ड्ज़ *adv.* ऊपर की ओर : trees go ~ पेड़ ≈ बढ़ते हैं; the monkey is trying to go ~ बंदर ≈ जाने की कोशिश कर रहा है; he can jump two metres ~ वह दो मीटर ≈ कूद सकता है; this road goes ~ to the temple यह सड़क ऊपर मंदिर की ओर जाती है.

urban अर्'बन *a.* नगरीय, शहरी [administration प्रशासन, area क्षेत्र, life जीवन]; the ~ population is increasing fast ≈ जनसंख्या^{F} तेज़ी^{F} से बढ़ रही है; he likes ~ culture वह ≈ संस्कृति पसंद करता है.

-ure *suffix* = as in legislature, capture, sculpture , failure, moisture

urge अर्ज **I.** *v.t.* **1.** उकसाना, बढ़ावा देना, प्रेरित करना : everyone ~d her to agree सभी ने मान लेने के लिए उसे प्रेरित किया. **2.** अनुरोध करना : I am urging you to apply for this post मैं तुमसे इस पद के लिए प्रार्थनापत्र भेजने का अनुरोध कर रहा हूँ. **3.** हाँकना : he ~d the horse with a whip उसने घोड़े को चाबुक से हाँका. **4.** आग्रह करना, बलपूर्वक कहना : they ~d the government to withdraw the Bill उन्होंने सरकार^F से विधेयक को वापस लेने का आग्रह किया; he ~d the importance of economy उसने मितव्ययिता^{F} के महत्व पर बल दिया. **II.** *n*^{u}. **1.** (yearning) ललक^F, लालसा^{F}: I had an ~ to do my best इसे करने की मेरी भारी ≈ थी. **2.** (inner compulsion) आवेग : he had a sudden ~ to cry उसे रो देने का अचानक ≈ आ गया.

urgency अर्'जन्सि. *n*^{u}. अत्यावश्यकता^{F}, महत्व : it is a matter of ~ यह अत्यावश्यक मामला है; the ~ of work काम की अत्यावश्यकता^{F} **urgent** अर्'जंट *a.* अत्यावश्यक [call बुलावा, letter पत्र, message संदेश]; I sent an ~ telegram to him मैंने उसे एक बहुत ज़रूरी तार भेजा; there is ~ need for help सहायता^{F} की तत्काल आवश्यकता है.

urinal युअ'रिनल *n*^{c}. पेशाबघर, मूत्रालय : ~ near the bedroom बेडरूम के पास का ≈ ; gent's ~ पुरुषों का ≈; ladies '~ महिलाओं का ≈. **urinate** युअ'रिनेट *v.t.* पेशाब करना : you should ~ in the urinal तुम्हें पेशाबघर में पेशाब करना चाहिए; he has gone to ~ वह पेशाब करने गया है. **urine** यू'रिन *n*^{u}. पेशाब : he has some ~ trouble उसे ≈ की शिकायत^F है.

U.S. United States.

us अस *pron.* (objective) **1.** हमें, हमको : he gave it to ~ उसने यह ≈ दिया; he does not know ~ वह ≈ नहीं जानता; he gave ~ two tickets उसने ≈ दो टिकट दिए, **2.** (in other contexts) हमारा, आदि : she was running towards ~ वह हमारी तरफ़ दौड़ रही थी; you can help ~ तुम हमारी सहायता कर सकते हो; she said to ~ उसने हमसे कहा; he did not notice us उसने हमारी तरफ ध्यान नहीं दिया; will you go with ~ क्या तुम हमारे साथ जाओगे; we'll take her with ~ हम उसे अपने साथ ले जाएँगे; you can easily do it without ~ तुम इसे बिना हमारे आसानी से कर सकते हो; mosquitoes are flying over ~ मच्छर हमारे ऊपर उड़ रहे हैं.

U.S.A. United States of America संयुक्त राज्य अमरीका.

usage यू'ज़िज n^c. **1.** प्रयोग, इस्तेमाल [common आम, known जाना-पहचाना]; you have spoilt this thing by rough ~ ग़लत इस्तेमाल करके तुमने इस चीज़ को खराब कर दिया है; modern Hindi ~ आधुनिक हिन्दी प्रयोग. **2.** चलन, रिवाज़ : he does not know the ~s of rural people वह ग्रामीण लोगों के रिवाज़ नहीं जानता; such dresses were not in ~ then ऐसी पोशाकें तब चलन में नहीं थीं.

use 1 यूज़ n^c. **1.** इस्तेमाल, प्रयोग, उपयोग [constant लगातार, daily दैनिक]; be in ~ प्रयोग में होना; this plate is now out of ~ इस प्लेट का अब इस्तेमाल नहीं होता; he made good ~ of his time उसने अपने समय का अच्छा इस्तेमाल किया; this word came into ~ some years back यह शब्द कुछ वर्ष पहले ≈ में आया; ~ of the electricity बिजली का प्रयोग; what is the ~ of this tool इस उपकरण का क्या ≈ है; let me have the ~ of your pen मैं आपके पेन का इस्तेमाल कर लूँ. **2.** काम, उपयोगिता^{F} : can I be of any ~ to you क्या मैं आपके किसी काम आ सकता हूँ? it was of much ~ to him यह उसके बहुत काम का था; it is of no ~ यह किसी काम का नहीं है; a pair of scissors has many ~s कैंची^{F} के बहुत-से काम हैं. **3.** (advantage) लाभ, फ़ायदा : what is the ~ of going there now अब वहाँ जाने का क्या लाभ है? is there any ~ of buying such things क्या इस प्रकार की वस्तुएँ खरीदने का कोई लाभ है? make ~ of this opportunity इस अवसर का लाभ उठा लो. **II.** *v.t.* **1.** (put to use) इस्तेमाल करना, काम में लाना : can I ~ your telephone क्या मैं आपका टेलीफोन इस्तेमाल कर सकता हूँ? the police had to ~ force पुलिस को बलप्रयोग करना पड़ा. **2.** (treat) के साथ (अच्छा, बुरा) व्यवहार करना : he was badly ~d उसके साथ बुरा व्यवहार किया गया; do you know how to ~ him? क्या तुम जानते हो कि उससे कैसा बर्ताव करना है. **3.** अभ्यास होना : he ~d to come here वह यहाँ आया करता था; he ~d to sit talking for hours वह बैठा घंटों बातें करता रहता था. **4** (finish) समाप्त/खत्म कर देना : how did you ~ all the ink तुमने सारी स्याही^{F} कैसे खत्म कर दी? I have ~d up all my money मैंने अपना सारा पैसा खर्च कर दिया है. **used** यूज़्ड *a.* **1.** प्रयुक्त, काम में लाया हुआ, व्यवहृत [instrument उपकरण, things वस्तुएँ^{F}, towel तौलिया]; he has given you ~ furniture उसने तुम्हें (पुराना) काम में लाया हुआ फर्नीचर दिया है. **2.** (worn) पुराना : to wear ~ clothes पुराने कपड़े पहनना. **3.** अभ्यस्त : I am not ~ to this kind of conduct मुझे ऐसे आचरण का अभ्यास नहीं रहा. **useful** यूज़'फुल *a.* उपयोगी, लाभदायक, फ़ायदेमंद [advice सलाह, animal जानवर, thing वस्तु^{F}]; this book is useful for students यह पुस्तक^F छात्रों के लिए उपयोगी है; it is ~ to remember इसे याद रखना ≈ है; money is always ~ पैसा हमेशा उपयोगी होता है; the knowledge of Hindi was very ~ हिन्दी का ज्ञान बहुत उपयोगी था; he may be ~ to you वह तुम्हारे काम आए; a ~ person काम का आदमी. **usefulness** यूस्' फुलनिस n^u. उपयोगिता^{F} : it has now lost its ~ इसने अपनी ≈ खो दी है; ~ of money is undoubtful पैसे की ≈ असंदिग्ध है; he still does not know the ~ of a dictionary वह अब भी शब्दकोश की ≈ नहीं जानता. **useless** यूस्'लिस *a.* बेकार [effort

प्रयास, labour परिश्रम, work काम]; it was ~ to talk to him उससे बात करना ≈ था; do not waste your time in such ~ things ऐसी बेकार की बातों में अपना समय न गँवाओ; this old watch is quite ~ to him यह पुरानी घड़ी उसके लिए बिल्कुल ≈ है; he is a ~ fellow वह ≈ का व्यक्ति है.

usu. usually.

usual यू'ज़ुअल *a.* **1.** सामान्य, साधारण [answer उत्तर, result परिणाम, way ढंग]; I got up at my ~ time मैं अपने ≈ समय पर उठा. **2.** पहले जैसा : he did it with his ~ skill उसने अपने पहले जैसे कौशल से इसे कर दिया. **3.** अपनी आम आदत के अनुसार : he came very late as ~ ≈ वह बहुत देर से आया. [*ant.* un- ~]

usually यू'ज़ुअलि *adv.* प्रायः, अक्सर, सामान्यतः, साधारणतया, आम तौर पर : it is ~ hot in July जुलाई में ≈ गर्मी रहती है; ~ I am not so late ≈ मुझे देरी[F] नहीं होती; she is here in the evening ~ वह शाम को ≈ यहाँ रहती है; he gets up at 7 o'clock ~ वह ≈ सात बजे उठ जाता है.

usurp यू ज़र्प' *v.t.* **1.** (अधिकार) छीन लेना : the raja's brother ~ed his throne राजा के भाई ने उसका राजसिंहासन छीन लिया. **2.** (seize) छीन लेना, हड़पना : did you ~ his property क्या तुमने उसकी संपत्ति[F] हड़प ली? he dare not ~ my authority उसमें मेरा अधिकार छीनने की हिम्मत नहीं है.

utensil यू टेंन्'सिल n^c. बरतन [cooking पकाने के, household घर के]; plates, jugs and pans are ~s प्लेटें, जग और कड़ाहियाँ ≈ हैं; the robbers took away all their ~s लुटेरे उनके सब ≈ उठा ले गए.

utility यू टि'लिटि n^u. **1.** उपयोगिता[F] : the ball pen has its ~ बाल पेन की अपनी ≈ है; that tool has no ~ उस उपकरण की कोई ≈ नहीं है. **2.** works of public ~ लोकहित के निर्माण-कार्य. **utilization** यूटिलाइ ज़े'शन n^u. उपयोग : adequate ~ of funds निधि[F] का उचित ≈; proper ~ of resources संसाधनों का सही ≈. **utilize** यू'टिलाइज़ *v.t.* **1.** उपयोग/उपभोग करना, काम में लाना, से लाभ उठाना : to ~ resources संसाधनों का उपभोग करना; ~ the grant-in-aid सहायता-अनुदान का उपयोग करना; he has not ~d his abilities उसने अपनी योग्यता[F] का लाभ नहीं उठाया; money was ~d in our business हमारे धंधे में रुपए का उपयोग किया गया.

utmost अट्'मोस्ट *a.* **1.** अधिक-से-अधिक [speed गति[F], utility उपयोगिता[F]]; I'll do it to the ~ limit मैं इसे अंतिम सीमा तक (भरसक) करूँगा; I'll do my ~ to help you मैं आपकी सहायता करने का भरसक प्रयास करूँगा; take ~ care अधिक-से-अधिक सावधानी[F] बरतो; he has used his ~ strength उसने अपनी अधिकतम शक्ति[F] का प्रयोग किया; it is of ~ importance यह ≈ महत्व का है. **2.** दूरतम : ~ ends of the earth धरती के ≈ किनारे.

utter अ'टर **I.** *a.* बिलकुल, अत्यंत, नितांत [disregard उपेक्षा[F] या अवहेलना[F], poverty ग़रीबी[F]]; an ~ stranger to this place इस स्थान के लिए ≈ अजनबी; it is ~ nonsense यह ≈ बकवास है; you are an ~ fool तुम ≈ मूर्ख हो. **II.** *v.t.* कहना, बोलना : he went away without ~ing a word वह बिना एक भी शब्द बोले चला गया. **utterance** अ'टॅरंस n^{uc}. **1.** उच्चारण : his ~ is faulty उसका शब्दोच्चारण दोषपूर्ण है. **2.** वाणी[F] : give ~ to your feelings अपनी भावनाओं[F] को ≈ दो. **utterly** अ'टर्लि *adv.* बिलकुल, नितांत, सर्वथा [poor ग़रीब, wrong ग़लत]; the shop was ~ ruined दुकान ≈ नष्ट हो गई; he is ~ stupid वह निरा बुद्धू है.

V, v

v. velocity, value, verb, victory, volt.; (number) five (5).

vacancy वे'केन्सि *n.* (vacancies) रिक्ति[F], रिक्त स्थान, ख़ाली जगह[F] : ~ caused by a death मृत्यु से हुई रिक्ति; there is no ~ in this office इस कार्यालय में कोई ख़ाली जगह नहीं है; we have two vacancies for typists to be filled हमें टाइपिस्ट की दो जगहें भरनी हैं; the ~ remained unfilled रिक्ति अनभरी रह गई.

vacant वे'कन्ट *a.* **1.** (not occupied) ख़ाली, रिक्त [chair कुर्सी, land भूमि[F], space स्थान]; some rooms are ~ now अब कुछ कमरे ख़ाली हैं; ~ seats in the cinema hall सिनेमा हाल में ख़ाली सीटें; two posts are ~ दो पद ख़ाली हैं. [*ant.* occupied] **2.** (non-working) ख़ाली [hours घंटे, time समय]. **3.** भावशून्य [expression अभिव्यक्ति[F], look दृष्टि[F]]. **vacate** व़ केट' *v.t.* **1.** ख़ाली करना : you should ~ the house by tomorrow तुम्हें कल तक मकान ख़ाली कर देना चाहिए; ~ a seat beside yourself अपने बगल की एक सीट ख़ाली कर दो. **2.** छोड़ देना, उठा देना : to ~ the aggression आक्रमण उठा देना, आक्रमण की हुई जगह[F] को छोड़ देना. **3.** त्याग देना : to ~ one's office अपना पद त्याग देना. **vacation** व़ के'शन *n*[c]. अवकाश, लंबी छुट्टी[F] : annual ~ वार्षिक ≈; summer ~ गर्मी[F] की छुट्टियाँ; during the winter ~ I'll not be here जाड़े की छुट्टियों के दौरान मैं यहाँ नहीं आऊंगा; half of the ~ is over आधी छुट्टियाँ समाप्त हो गई हैं; he is on ~ वह लंबी छुट्टी पर है.

vaccinate वैक्'सिनेट *v.t.* टीका लगाना : ~ against smallpox चेचक का ≈; the doctor ~d all the members of our family डॉक्टर ने परिवार के सभी लोगों को टीका लगाया; when were you ~d तुम्हें टीका कब लगा था? **vaccination** वैक्सिने'शन *n*[c]. टीका : ~ is given to prevent small-pox ≈ चेचक रोकने के लिए लगाया जाता है; ~ is preventive ≈ अवरोधी होता है; I shall have ~ tomorrow मुझे कल ≈ लगना है.

vacuum वै'क्यूअम *n*[u]. **1.** शून्य स्थान, शून्यता[F] : his death left a ~ in her life उसकी मृत्यु ने इसके जीवन में शून्यता ला दी; this ~ is difficult to fill इस ≈ को भरना कठिन है. **2.** निर्वातता[F] : ~ flask for keeping the tea hot चाय को गर्म रखने के लिए वायु-रहित फ़्लास्क; a ~ cleaner draws up dirt from the floor निर्वातक मशीन[F] फ़र्श पर से कूड़ा खींच लेती है.

vagabond वै'गॅबान्ड *n*[c]. *a.* आवारा : doubtlessly that young man is a ~ नि:संदेह वह युवक ≈ है; you should give up your ~ habits तुम्हें अपनी आवारा आदतें[F] छोड़ देनी चाहिए; he is leading a ~ life वह ≈ जीवन बिता रहा है.

vague वेग *a.* (vaguer, vaguest) अस्पष्ट, धुँधला [description वर्णन, reply उत्तर]; ~ outline अस्पष्ट रूपरेखा[F]; she is always ~ in her expression वह अपनी अभिव्यक्ति में सदा अस्पष्ट रहती है; I have a ~ idea मेरा धुँधला-सा ख्याल है; I could see ~ shapes in the mist मैं कुहरे में अस्पष्ट आकृतियाँ[F] देख पा रहा था; he gave a ~ account of his experience उसने अपने अनुभव का एक ≈ लेखा-जोखा दिया; his plans are ~ उसकी योजनाएँ[F] अस्पष्ट हैं. [*ant.* clear] **vagueness** वेग'निस *n.* अस्पष्टता[F], धुंधलापन : ~ of language भाषा[F] की अस्पष्टता; I could understand nothing due to the ~ of his speech उसके भाषण की अस्पष्टता के कारण मैं कुछ न समझ सका; ~ of a view दृश्य का धुँधलापन.

vain वेन *a.* **1.** व्यर्थ, बेकार [argument तर्क, hope आशा[F], threat धमकी[F]]; everything was in ~ सब कुछ ≈ हो गया. **2.** (unsuccessful) निष्फल : all his efforts were in

~ उसके सब प्रयत्न ≈ हो गए; he made a ~ attempt उसने ≈ प्रयास किया. **3.** (conceited) दंभी, गर्वीला [man आदमी, merchant व्यापारी]; ~ lady गर्वीली महिला; he is a ~ person always talking about his wealth वह एक ≈ व्यक्ति है जो सदा अपने धन की बात^F करता रहता है.

valiant वै'ल्यन्ट *a.* **1.** शूरवीर, दिलेर, बहादुर [soldier सैनिक, warrior योद्धा]; all the ~ soldiers were given promotion सब ≈ जवानों को प्रोन्नति^{F} दी गई. **2.** वीरोचित : ~ deeds of our heroes हमारे वीरों के ≈ कारनामे.

valid वै'लिड *a.* **1.** मान्य, प्रामाणिक [document दस्तावेज़, passport पारपत्र]; this ticket is ~ for two months यह टिकट दो महीने के लिए मान्य है. **2.** युक्तियुक्त : ~ argument ≈ तर्क; ~ excuse ≈ बहाना; your objection is not ~ तुम्हारी आपत्ति ≈ नहीं है. **3.** (correct in law) वैध : he has a ~ claim to the property उसका संपत्ति^{F} में ≈ दावा है; their marriage was declared ~ उसका विवाह ≈ घोषित किया गया.

valley वै'लि *n*^{c}. घाटी^{F} [beautiful सुंदर, fertile उर्वर, narrow सँकरी]; the ~ bounded by high mountains ऊंचे पहाड़ों से घिरी हुई ≈; to live in the Kashmir ~ कश्मीर ≈ में रहना.

valuable वै'ल्युअबल *a.* कीमती, मूल्यवान् [information सूचना^{F}, metal धातु^{F}, property संपत्ति^{F}]; mother's diamond ring is ~ माँ जी की हीरे की अंगूठी^{F} ≈ है; his opinion is very ~ to me उसकी राय मेरे लिए बहुत उपयोगी है; all these stones are ~ ये सबं पत्थर ≈ हैं; he made a ~ suggestion उसने एक ≈ सुझाव दिया. **valuables** वै'ल्युअबल्ज़ *n. pl.* बहुमूल्य वस्तुएँ^{F} : ornaments, woollen clothes and other ~ गहने, ऊनी कपड़े और अन्य ≈; your ~ are safe in the bank तुम्हारी ≈ बैंक में सुरक्षित हैं. **value** वैल्यु **I.** *n*^{cu}. **1.** मूल्य, कीमत^F [great बहुत, maximum अधिकतम]; his work is of considerable ~ उसका काम बड़ी ≈ का है; you don't know the ~ of time तुम समय का ≈ नहीं जानते; it is of no ~ at all यह किसी ≈ का नहीं है; the ~ of this golden ring is three thousand rupees इस सोने की अंगूठी^{F} की कीमत तीन हजार रुपए है; the ~ of a dollar was Rs. 35 in 1995 एक डालर की ≈ 1995 में पैंतीस रुपए थी; the ~ of house property in Delhi has increased दिल्ली में गृहीय संपत्ति^{F} का मूल्य बढ़ गया है; the ~s of life in Indian culture भारतीय संस्कृति में जीवन मूल्य; at par ~ सम मूल्य पर, मूल्य-भाव से; below par ~ मूल्य-भाव से कम कीमत पर; घाटे पर; above par ~ अधिक मूल्य पर; our cultural ~s have changed हमारे सांस्कृतिक मूल्य परिवर्तित हो गए हैं. **2.** उपयोगिता^{F}, महत्व^F : the book will be of great ~ for the history students इतिहास के छात्रों के लिए यह किताब^F बहुत उपयोगी होगी; I know the ~ of time मैं समय का महत्व जानता हूँ. **II.** *v.t.* **1.** मूल्यांकन करना, मूल्य लगाना या निर्धारित करना : have your house ~d अपने मकान का मूल्यांकन कराओ; the house has been ~d at 16 lakh rupees मकान की कीमत 16 लाख रुपये निर्धारित की (आँकी) गई है; he ~d all the goods at Rs. 2,000 उसने सारे माल की कीमत दो हज़ार रुपए लगाई. **2.** (value highly) कद्र करना, महत्व देना; आदर देना; I (highly) ~ your friendship मैं आपकी मित्रता^{F} को बहुत महत्व देता हूँ; I (highly) ~ your advice मैं आपकी सलाह^F की कद्र करता हूँ.

valve वैल्व *n*^{c}. वाल्व, कपाट : safety ~ सुरक्षा कपाट; put air into the tube through the ~ वाल्व से ट्यूब में हवा भरो.

van वैन *n*^{c}. **1.** (also luggage ~) मालगाड़ी^{F} का डिब्बा : police ~ पुलिस वैन; luggage ~ is at the end of the train माल गाड़ी का डिब्बा रेलगाड़ी^{F} के अंत में है; guard's ~ is ahead of it गार्ड का डिब्बा उससे आगे है. **2.** बंद गाड़ी^{F}, वैन^F : he drives a businessman's ~ वह एक व्यापारी की ≈ चलाता है; our ~ is used to carry goods to and from the railway station हमारी वैन का इस्तेमाल रेलवे स्टेशन से माल को लाने व ले जाने में होता है.

vanish वै'निश *v.i.* **1.** (disappear) ओझल हो

जाना, अदृश्य हो जाना : the thief ~ed in the dark चोर अंधेरे में ≈ हो गया; many kinds of animals have ~d from the earth बहुत-से जानवर पृथ्वी से ग़ायब हो गए हैं. [*ant*. appear] (fade away) जाता रहना : every trace of fatigue immediately ~d from her face थकान[F] के सभी लक्षण उसके चेहरे से तुरंत जाते रहे. **3.** (come to an end) मिट जाना : my hope has ~ed मेरी आशा मिट गई है.

vanity वै'निटि *n*[u]. **1.** गर्व, दंभ, घमंड : a beautiful woman is often a victim of ~ सुंदर स्त्री प्रायः ≈ का शिकार हो जाती है; do not injure the ~ of any person किसी व्यक्ति के दंभ को चोट न पहुँचाओ. **2.** (futility) असारता[F], खोखलापन : ~ of amassing wealth धन जोड़ने का खोखलापन; earthly possessions, fame, power, wealth etc., all is ~ भौतिक प्राप्तियाँ, यश, शक्ति[F], धन आदि सब कुछ में खोखलापन है; ~ of human life मनुष्य जीवन की असारता[F].

vapour वे'पर *n*[c]. वाष्पकण : water ~s पानी के ≈; ~s arise from a damp ground ≈ गीली ज़मीन से उठते हैं; cloud is a mass of ~s बादल वाष्पकणों के पुंज होते हैं.

variation वेअरिए'शन *n*. **1.** (modification) रूपभेद, विभिन्न रूप : many ~s of same articles उन्हीं चीज़ों के ≈; there are several ~s of this episode इस कथा[F] के कई ≈ हैं. **2.** उतार-चढ़ाव : there is a rapid ~ in temperature तापमान में बहुत तेज़ ≈ है; there is a slight ~ in prices कीमतों[F] में मामूली ≈ है.

varied वेअ'रिड *a*. विविध, विभिन्न : the story is ~ कहानी भिन्न-भिन्न है.

variegated वेअ'रिगेटिड *a*. **1.** रंगबिरंगा : they put on ~ clothes on the occasion of Diwali दीवाली के अवसर पर वे रंगबिरंगे कपड़े पहनते हैं. **2.** भाँति-भाँति का [career जीवन, colours रंग, plants पौधे] .

variety व़राइ'इटि *n*. **1.** (diversity) विविधता[F], अनेकरूपता[F] : he likes ~ in eatables वह खाद्य पदार्थों में विविधता पसंद करता है; there is no ~ in their behaviour उन लोगों के व्यवहारों में कोई विविधता नहीं है; life in a university has a lot of ~ विश्वविद्यालयीय जीवन में बहुत विविधता है; there is a great ~ of the absentees अनुपस्थितों में बड़ी ≈ है; everyone had a ~ of reasons हर एक के पास विविध कारण थे. **2.** (~ entertainment) विविध मनोरंजन : ~ programme रंगारंग प्रोग्राम, विविध मनोरंजन कार्यक्रम; ~ theatre बहुत प्रकार के तमाशे दिखाने वाली रंगशाला[F]. **3.** (kinds) प्रकार : there are several varieties of dogs here यहाँ कई प्रकार के कुत्ते हैं; his failure was due to a ~ of causes उसकी असफलता[F] कई प्रकार के कारणों से थी; the different varieties of plants विभिन्न प्रकार के पौधे.

various व़ेअ'रिअस *a*. (from vary) **1.** (several) अनेक, कई ~ people saw the solar eclipse ≈ लोगों ने सूर्यग्रहण देखा; ~ people came on his birthday कई लोग उसके जन्मदिन पर आए; we saw ~ programmes on the T.V. हमने टी. वी. पर कई प्रोग्राम देखे. **2.** (different) विविध, नानाविध, विभिन्न [flowers फूल, things वस्तुएँ[F], subjects विषय]; for ~ reasons I cannot do so विभिन्न कारणों से मैं ऐसा नहीं कर सकता]; there are ~ opinions on this subject इस विषय में तरह-तरह के मत हैं; there are ~ ways of solving this question इस प्रश्न को हल करने[F] के ≈ ढंग हैं.

varnish व़ार'निश **I.** *n*[u]. वारनिश : a tin of ~ ≈ का डिब्बा[F]; to lay ~ on smth किसी चीज पर ≈ लगाना; thin ~ पतला ≈; this ~ is not used on the furniture फर्नीचर पर इस ≈ का प्रयोग नहीं किया जाता. **2.** (superficial attractiveness) चिकनाई[F], (whitewash) लीपा-पोती. **II.** *v.t.* **1.** वार्निश करना, रोगन लगाना, वार्निश से चिकनाना : to ~ the doors and windows दरवाज़ों और खिड़कियों[F] को चिकनाना; get the table ~ed मेज़ पर वार्निश करवाओ. **2.** लीपा-पोती करना, छिपाना : why are you trying to ~ the facts तुम तथ्यों पर लीपापोती करने की कोशिश क्यों कर रहे हो ?

vary वेअ'रि **I.** *v.t.* (*p.* varied) बदलना, हेरफेर करना : you should ~ your programme from time to time तुम्हें अपने कार्यक्रम को समय-समय पर बदलते रहना चाहिए. **II.** *v.t.*

(be different) भिन्न होना, बदलना : the temperature varies from place to place स्थान-स्थान पर तापमान भिन्न होता है; opinions on this problem ~ इस समस्या[F] के बारे में मत भिन्न-भिन्न हैं; these houses ~ in height ये मकान ऊंचाई[F] में भिन्न-भिन्न हैं; his daily programme never varies उसका प्रतिदिन का कार्यक्रम कभी नहीं बदलता.

vase व़ाज़ *n*[c]. पात्र [beautiful सुंदर, small छोटा]; flower ~ फूलदान; this ~ is made of clay यह पात्र मिट्टी का बना हुआ है; ~s of various shapes विभिन्न प्रकार के ≈; he has bought many ~s from the fair मेले में उसने कई फूलदान ख़रीदे.

vast व़ास्ट *a.* विशाल, बहुत बड़ा, लंबा-चौड़ा [continent महाद्वीप, desert रेगिस्तान, plains मैदान]; a ~ sum of money अपार धनराशि[F]; there is a ~ difference between the two states दोनों राज्यों में बहुत बड़ा अंतर है; on seeing the ~ crowd he could speak nothing बहुत बड़ी भीड़ देखकर वह कुछ न बोल सका; this company has ~ resources इस कंपनी के बहुत संसाधन हैं. **vastness** व़ास्ट'निस *n.* विस्तार, विशालता[F]: unlimited ~ असीमित ≈; the stadium is famous because of its ~ स्टेडियम अपनी विशालता के कारण प्रसिद्ध है.

V.C. Vice-Chancellor.

veg. व़ेज = vegetarian शाकाहारी; vegetable सब्ज़ी.

vegetable वे'जिटॅबल *n*[c]. साग-सब्ज़ी[F], तरकारी[F] [cooked पकी; fresh ताज़ी]; we should eat ~s to keep us healthy हमें स्वस्थ रहने के लिए सब्ज़ियाँ खानी चाहिएँ; you should clean the ~ well before use इस्तेमाल करने से पहले तुम्हें सब्ज़ी अच्छी तरह साफ़ करनी चाहिए; in the ~ kingdom वनस्पति जगत् में; he buys ~s daily वह प्रतिदिन सब्ज़ियाँ खरीदता है; is cucumber a ~ or a fruit खीरा सब्ज़ी है या फल? **vegetarian** वे जिटेअ'रिअन **I.** *a.* **1.** निरामिष : ~ diet ≈ आहार; a ~ restaurant ≈ रेस्टोरेन्ट. **2.** (of person) शाकाहारी : he is a ~ वह ≈ है.

vehicle व़ी'इकल *n*[c]. **1.** गाड़ी[F], वाहन, सवारी[F] : car, cart, bicycle, bus or railway carriage is a ~ कार, गाड़ी[F], साइकिल, बस, रेलवे बोगी वाहन हैं. **2.** (medium) माध्यम, वाहक : air is the ~ of sound हवा ध्वनि की वाहक है; ~ of diseases बीमारियों के वाहक; milk is often a ~ of infection दूध प्रायः संक्रमण का वाहक होता है. **3.** (means) साधन : T.V. is a ~ for propaganda टी. वी. प्रचार का एक ≈ है.

veil व़ेल **I.** *n*[c]. परदा, घूँघट, नकाब [black काला, silken रेशमी]; many women in India wear ~s भारत में बहुत-सी औरतें ≈ करती हैं; draw a ~ over something किसी चीज़ पर परदा डालना; to cover the head with a ~ ≈ से सिर ढकना. (fig.) ~ of secrecy रहस्य का परदा. **II.** *v.t.* (hide) छिपाना : she ~ed her face उसने अपना चेहरा छिपा लिया.

ven. venerable.

vender, -dor वे न्'डर *n*[c]. विक्रेता, बेचने वाला; दुकानदार [clever चालाक, gentle सज्जन]; ~ of fruit, fruit ~ फल ≈; the real ~ of the property संपत्ति का वास्तविक ≈; the relationship between the ~ and purchaser विक्रेता और क्रेता के बीच का संबंध.

venerable वे 'नॅरबल *a.* पूज्य, पूजनीय [old man बूढ़ा, priest पादरी/पुरोहित]; today I have to write a letter to my ~ father आज मुझे ≈ पिताजी को पत्र लिखना है.

vengeance वे न्'जन्स *n.* बदला : to take/wreak ~ upon/on someone किसी से बदला लेना; he was ready for ~ upon his enemy वह अपने शत्रु से बदला लेने के लिए तैयार था; he could not get an opportunity for ~ उसे बदला लेने का अवसर नहीं मिल सका. Δ **with a** ~ बड़े ज़ोर से, अच्छी तरह : the winds were blowing with a ~ हवाएँ[F] खूब ज़ोर से बह रही थीं; he opposed the resolution with a ~ उसने प्रस्ताव का अच्छी तरह विरोध किया.

ventilate वे न्'टिलेट *v.t.* **1.** हवादार बनाना : he will ~ his room वह अपने कमरे को हवादार बनाएगा. **2.** खुले आम चर्चा[F] करना : to ~ one's grievances अपनी शिकायतों[F] की ≈; I cannot ~ such a matter मैं ऐसे मामले की खुले आम चर्चा नहीं कर सकता; the subject should be ~d इस विषय पर खुले आम चर्चा होनी चाहिए. **ventilation** वेन्टिले'शन *n.* **1.** हवादारी^F, वायु-संचार : the ~ of the coal-mine broke down कोयले के खदान^F का वायु-संचार बिगड़ गया; the ~ of the crowded room was very poor ख़ूब भरे हुए कमरे का वायु-संचार ख़राब था. **2.** आम चर्चा^F : open ~ खुली ≈; the proper ~ of one's grievance अपनी शिकायत की उचित खुली चर्चा; they wanted to be allowed full ~ of their difficulties वे अपनी कठिनाइयों^F की पूरी चर्चा करने-कराने की अनुमति चाहते थे. **ventilator** वेन्'टिलेटर *n*^c. झरोखा, रोशनदान : ~ with bars छड़दार ≈; the cool air is coming through the ~ ≈ से ठंडी हवा^F आ रही है; there is not a ~ in his room उसके कमरे में एक भी ≈ नहीं है.

venture वेन्'चर **I.** *n*^c. **1.** जोखिम, साहसिक कार्य : what ~ can you undertake तुम कौन-सा जोखिम ले सकते हो? you should be ready for any ~ तुम्हें कोई भी जोखिम उठाने के लिए तैयार रहना चाहिए; it was a risky ~ यह एक खतरनाक साहसिक काम था; I cannot take such a ~ मैं इस प्रकार का जोखिम नहीं उठा सकता. **2.** (business venture) सट्टा : this new ~ has made him rich इस नए सट्टे में वह धनी हो गया है. **II.** *v.i.* हिम्मत^F करना, साहस करना, जोखिम उठाना : only few people ~d to go there कुछ ही लोग वहाँ जाने की हिम्मत कर सके; I could not ~ out of doors earlier मैं घर के बाहर आने का जोखिम पहले नहीं उठा सकता था; to ~ on/into an unknown place किसी अज्ञात स्थान पर जाने का साहस करना; I ~ to say this मैं यह कहने का साहस करता हूँ. Δ **nothing ~d, nothing gained** कुछ जोखिम न उठाया तो कुछ न पाया.

verandah वरैन्'डा *n*^c. बरामदा [large बड़ा, open खुला]; a window opens on to our ~ खिड़की^F हमारे बरामदे की ओर खुलती है; there is a ~ outside the sitting room बैठक के बाहर एक ≈ है.

verb वर्ब *n*^c. क्रिया^F : the ~ is at the end of a sentence in Hindi हिंदी में क्रिया वाक्य के अंत में होती है; he does not know the past tense of many ~s वह बहुत-सी क्रियाओं का भूतकाल नहीं जानता. **verbal** वर्'वल *a.* **1.** शाब्दिक : ~ translation ≈ अनुवाद. **2.** (oral) मौखिक, ज़बानी [discussion परिचर्चा^F, message संदेश, warning चेतावनी^F]; ~ evidence ज़बानी गवाही^F; ~ statement मौखिक कथन, ज़बानी बात^F; there will be ~ questions for the admission test प्रवेश परीक्षा के लिए केवल मौखिक प्रश्न होंगे. [*ant.* written]

verge व़र्ज *n*^c. **1.** (edge) किनारा, सिरा, छोर : he lives on the ~ of a forest वह एक जंगल के छोर/सिरे पर रहता है; my father is on the ~ of retirement मेरे पिता सेवानिवृत्ति^F के छोर पर हैं. **2.** (other contexts) the country is on the ~ of war देश युद्ध के कगार पर खड़ा है; he reached the ~ of poverty वह ग़रीबी^F के निकट तक पहुँच गया; she is on the ~ of thirty वह तीस साल की हो चली है.

verification व़ेरिफि के'शन *n*^u. सत्यापन, प्रमाणन : official ~ आधिकारिक ≈; ~ of details विवरणों का ≈; ~ of the claim दावे का ≈. **verify** वे'रिफ़ाइ *v.t.* (verified) **1.** प्रमाणित करना, पुष्टि^F करना : the police verified my statements पुलिस ने मेरे कथनों की पुष्टि कर दी; I could not ~ the facts मैं तथ्यों की पुष्टि न कर सका; to ~ the bonafides of a candidate किसी प्रत्याशी की नेकनीयती^F को प्रमाणित करना. **2.** (tally) मिलान करना : to ~ the figures, account अंकों, हिसाब का ≈; let me ~ the spelling मैं वर्तनी^F मिला लूँ.

versatile व़र'सॅटाइल *a.* **1.** (of person, talent, etc). बहुमुखी सर्वतोमुखी [artist कलाकार, author लेखक, cricketer क्रिकेट खिलाड़ी]; he has ~ talents वह बहुमुखी प्रतिभा का धनी है. **2.** बहुउपयोगी : ~ machine, tool ≈ मशीन^F, उपकरण.

verse वर्स *n.* **1.** पद : this poem has five ~s इस कविता में पाँच पद हैं. **2.** श्लोक : ~s from the Gita गीता के ≈. **3.** (of Bible, Koran) आयतें. **4.** कविता^F : read a few ~s from Shelley शेली की कुछ कविताएँ पढ़ो. **5.** पद्य : this story is written in ~ यह कहानी^F पद्य

में लिखी गई है. [*as distinct from* worse].

vertical व़र्'टिकल *a.* (upright) खड़ा, सीधा : ~ line खड़ी रेखा[F]; ~ wall खड़ी दीवार; ~ rod खड़ा छड़; ~ poles set in the ground ज़मीन में गड़े हुए खड़े/सीधे लट्ठे.

very वे'रि **I.** *a.* **1.** वही : you are the ~ man whom I wanted to meet तुम वही व्यक्ति हो जिससे मैं मिलना चाहता था; at that ~ moment उसी क्षण. **2.** ही : the ~ thought of going there frightens me वहाँ जाने का विचार ही मुझे भयभीत करता है; that ~ day I was also there उसी दिन मैं भी वहाँ था. **3.** बिलकुल, ठीक : at the ~ end of the meeting बैठक के ≈ अंत में; at the ~ top of the hill पहाड़ी की ≈ चोटी[F] पर. **II.** *adv.* **1.** (extremely) बहुत, अत्यन्त : he was ~ angry वह ≈ नाराज़ था; I am ~ glad to meet you मुझे आपसे मिलकर ≈ खुशी हुई; I am ~ much afraid मैं ≈ भयभीत हूँ; I do not follow you ~ well मैं आपको अच्छी तरह नहीं समझ पा रहा हूँ; I am ~ sorry मुझे ≈ खेद है; he was ~ badly injured उसे ≈ बुरी तरह चोट आई थी; thank you ~ much आपका ≈-बहुत धन्यवाद. **2.** (absolutely) बिलकुल : the ~ same thing ≈ वही चीज़. **3.** अति : ~ best ≈ श्रेष्ठ.

vessel वे'सल *n*[c]. **1.** (utensil) पात्र, बरतन [bronze पीतल का, earthen मिट्टी का]; ~ for water पानी के लिए ≈; a drinking ~ पानी पीने का ≈. **2.** (ship) जहाज़ : there are ~s of all kinds at the port बन्दरगाह पर सब प्रकार के ≈ हैं.

vest व़ेस्ट **I.** *n.* **1.** (undergarment) बनियान[F] he has given his ~ to the washerman उसने अपनी ≈ धोबी को दे रखी है; he wears a ~ under his shirt वह अपनी कमीज़ के नीचे ≈ पहनता है. **2.** (American) waistcoat वास्कट[F], जैकिट[F]. **II.** *v.t.* **1.** (confer) देना, प्रदान करना : to ~ property in a person किसी व्यक्ति को संपत्ति[F] देना; to ~ smb with authority किसी को अधिकार देना; authority is ~ed in the people अधिकार जनता को प्राप्त है; the government has ~ed the proctors with magisterial powers सरकार ने (विश्वविद्यालय के) प्राक्टरों को मजस्ट्रेटी अधिकार दे रखे हैं. **2.** (furnish with) से संपन्न करना. **3.** निहित करना, होना : ~ interest निहित स्वार्थ; ~ rights निहित या स्थायी अधिकार.

vet. veterinary.

veto व़ी'टो **I.** *n*[c]. वीटो, (*pl.* vetoes) वीटो, निषेधाधिकार : the Speaker's ~ संसद अध्यक्ष का ≈; the President used his ~ राष्ट्रपति ने अपने ≈ का प्रयोग किया; he can exercise his ~ वह अपने ≈ का प्रयोग कर सकता है. **II.** (vetoed) निषेध करना, मना करना; (reject) अस्वीकार करना : to ~ a Bill बिल अस्वीकार करना; to ~ a resolution plan किसी प्रस्ताव, योजना का निषेध करना; he has ~ed your suggestion उसने तुम्हारे सुझाव का निषेध कर दिया है.

vex व़ेक्स *v.t.* **1.** (irritate) चिढ़ाना, खिझाना : you should not ~ your elder sister तुम्हें अपनी बड़ी बहन को ≈ नहीं चाहिए. **2.** (annoy) तंग/परेशान करना : this problem ~es me यह समस्या[F] मुझे परेशान कर रही है; people in some cities are ~ed by mosquitoes कुछ शहरों में लोग मच्छरों से परेशान हैं. **3.** (unhappy) नाराज़ : he is ~ed with me वह मुझसे ≈ है.

v. i. = verb intransitive अकर्मक क्रिया.

via वाइअॅ **I.** *prep.* **1.** से होकर, के रास्ते से : we went to Mumbai ~ Allahabad हम इलाहाबाद होकर मुम्बई गए. **2.** के द्वारा, के माध्यम से : I sent a message ~ my servant मैंने नौकर ≈ समाचार भेजा; I read Kalidas ~ its Hindi translation मैंने हिंदी अनुवाद ≈ कालिदास पढ़ा. **II.** *n.*[u] मार्ग : easy ~ आसान ≈; ~ media बीच का रास्ता, मध्यम मार्ग.

vice व़ाइस **I.** *prefix* उप, वाइस- [chairman सभापति, President राष्ट्रपति]; V~ Chancellor कुलपति; Sachin Tendulkar was appointed the ~ captain of Indian cricket team सचिन तेंदुलकर को भारतीय क्रिकेट टीम का उप-कप्तान नियुक्त किया गया था. **II.** *n.*[c] (moral fault, bad habit) दुर्गुण, दुर्व्यसन : his laziness is a great ~ उसकी निष्क्रियता[F] बड़ा ≈ है;

drinking is a ~ शराब पीना ≈ है; there are all kinds of ~s in our society हमारे समाज में सब प्रकार के ≈ हैं. [*ant*. virtue]

vicinity विसि'निटि *n.*[c] (vicinities) **1.** पड़ोस, अड़ोस-पड़ोस : there is a restaurant in the ~ of our school हमारे स्कूल के पड़ोस में एक रेस्टोरेन्ट है; are there no shops in this ~ क्या इस पास-पड़ोस में कोई दुकानें[F] नहीं है ? our ~ is not at all clean हमारा पास-पड़ोस बिल्कुल साफ़ नहीं है. **2.** के आस-पास : his income is in the ~ of one lakh rupees per year उसकी आमदनी[F] प्रतिवर्ष एक लाख रुपए ≈ है.

vicious वि'शस *a.* **1.** (of habits आदतें, life जीवन etc.) भ्रष्ट, बुरा. **2.** (of person) चरित्रहीन, दुष्ट : he is ~ and roguish वह ≈ और बदमाश है; it was a mere ~ circle of luck यह केवल भाग्य का दुष्चक्र था. **3.** (of animal) दुर्दम्य : lion is a ~ animal शेर एक ≈ जानवर है. **4.** (dangerous) खतरनाक : your dog has a ~ bite तुम्हारे कुत्ते का काटा ≈ है.

victim विक्'टिम *n*[c]. **1.** (prey) शिकार : he fell ~ to disease वह बीमारी का ≈ हो गया; he has become a ~ of his own folly वह अपनी ही मूर्खता[F] का ≈ हो गया है; all the ~s of accident were admitted in various hospitals दुर्घटना[F] के शिकार सभी लोगों को भिन्न-भिन्न अस्पतालों में भर्ती करा दिया गया; the ~s of his oppression उसके अत्याचार के ≈. **2.** (of flood, etc.) पीड़ित : some ~s of the earthquake have been rescued भूकंप के पीड़ितों में से कुछ को बचा लिया गया है. **victimize** विक'टिमाइज़ *v.t.* **1.** शिकार बनाना : he was ~d by rogues वह दुष्ट लोगों का शिकार हो गया. **2.** (make suffer) सताना, उत्पीड़ित करना : a clerk was ~ed by striking workers हड़ताली कार्यकर्ताओं द्वारा एक क्लर्क को उत्पीड़ित किया गया. **3.** दण्डित करना : the officers ~d the strikers अधिकारियों ने हड़तालियों को दण्डित किया. **4.** उल्लू बनाना : some cheats ~d him कुछ धोखेबाज़ों ने उसे उल्लू बनाया.

victor विक्'टर *n*[c]. विजेता : the ~ entered the city ≈ ने शहर में प्रवेश किया; he was declared ~ in the chess competition उसे शतरंज प्रतियोगिता[F] में ≈ घोषित किया गया. **victorious** विक् टॉ'रिअस *a.* विजयी [team टीम[F], troops सेनाएँ[F]]; our soldiers were ~ in two battles हमारे सैनिक दो लड़ाइयों[F] में ≈ हुए; to be ~ over the rivals प्रतिपक्षियों पर ≈ होना; who was ~ in the long race लंबी दौड़ में कौन ≈ हुआ ? **victory** विक्'टरि *n.* जीत[F], विजय[F] [glorious शानदार, great महान्]; gain a ~ over the enemy शत्रु पर ≈ प्राप्त करना; he is sure of his ~ in the election उसे चुनाव में अपनी ≈ का विश्वास है; he achieved an easy ~ उसे आसानी[F] से ≈ मिली; the tortoise gained ~ in the race कछुए की दौड़[F] में ≈ हुई. [*ant*. defeat]

view व्यू **I.** *v.t.* **1.** (inspect) निरीक्षण करना, जाँचना : he has assured me to ~ the matter again उसने मुझे मामले की पुन: जाँच करने का आश्वासन दिया है. **2.** देखना : we ~ed the river from the train मैंने रेलगाड़ी[F] से नदी[F] को देखा; ladies came to ~ the bride महिलाएँ दुल्हिन को देखने आईं. **3.** (consider) विचार करना : he ~ed the matter thoroughly उसने मामले पर पूरी तरह विचार किया. **II.** *n*[c]. **1.** (inspection) जाँच[F], निरीक्षण [clear स्पष्ट, exact सही]; the responsibility of the ~ in this matter lies on him इस मामले की जाँच की ज़िम्मेदारी[F] उस पर है. **2.** (act of seeing) दृष्टि[F], नज़र[F], निगाह[F] : at first ~ पहली ≈ में; some huts are hidden from our ~ कुछ झोंपड़े हमारी ≈ से ओझल हैं; you are blocking my ~ of the stage तुम मंच पर मेरी ≈ रोक रहे हो; it came into ~ यह ≈ में आया; they had a ~ of the exhibition उन्होंने प्रदर्शनी[F] देखी[F]. **3.** (scene) दृश्य : the ~ of nice flowers सुंदर फूलों का ≈; you get a beautiful ~ of the hills from here तुम्हें यहाँ से पहाड़ियों[F] का सुंदर ≈ मिलता है. **4.** (opinion) मत, राय, विचार [different भिन्न, religious धार्मिक]; in my ~ मेरी राय में; what are your ~s on this subject इस विषय पर आपके क्या विचार हैं ? his political ~s are still relevant

उसके राजनीतिक विचार आज भी संगत हैं. **5.** (purpose) उद्देश्य, अभिप्राय : he is going home with a ~ to bring some money वह कुछ पैसा लाने के ≈ से घर जा रहा है; his ~ was not known to me उसका ≈ मुझे मालूम न था. Δ **have in ~** ध्यान में रखना : I'll have your suggestions in ~ मैं आपके सुझावों को ध्यान में रखूँगा; **in ~** विचाराधीन : he has no particular work in ~ उसके विचाराधीन कोई विशेष काम नहीं है; **in ~ of** देखते हुए, ध्यान में रखते हुए, के विचार से : in ~ of his youth, he was forgiven उसकी युवावस्था^F को देखते हुए उसे क्षमा कर दिया गया; **on ~** दिखाने के लिए : this picture is on ~ यह चित्र दिखाने के लिए है; **point of ~** दृष्टिकोण : from my point of ~ he will never come to your help मेरे दृष्टिकोण से वह तुम्हारी सहायता^F करने कभी नहीं आएगा.

vigilance वि'जिलन्स *n*^u. सतर्कता^F, चौकसी^F, निगरानी^F : ~ committee निगरानी समिति^F; ~ about law and order कानून और व्यवस्था की ≈; ~ on the part of the police can control crime पुलिस की ≈ अपराध को नियंत्रित कर सकती है; ~ about household गृह कार्यों की ≈; to keep ~ over the neighbouring country पड़ोसी देश पर निगरानी रखना.

vigorous विगॅरस *a.* **1.** हृष्ट-पुष्ट, बलवान, तगड़ा, हट्टा-कट्टा : he is healthy and ~ वह स्वस्थ और ≈ है; he is more ~ than his elder brother वह अपने बड़े भाई से ज़्यादा ≈ है. **2.** (forceful) ओजस्वी, ज़ोरदार [attack आक्रमण, effort प्रयास]; his ~ speech was very impressive उसका ओजस्वी भाषण बड़ा प्रभावशाली रहा. **vigour** वि'गर *n*^u. बल, ज़ोर, ओजस्विता^F [mental मानसिक, physical शारीरिक]; he was digging with ~ वह ज़ोर से खुदाई कर रहा था; he started his business with ~ उसने ज़ोर से अपना धंधा शुरू किया; there is ~ in his writing उसके लेखन में ओज है.

vile व़ाइल *a.* (viler, vilest) **1.** (depraved, morally bad), भ्रष्ट, चरित्रहीन [boy लड़का, person व्यक्ति, woman स्त्री]; I never believed that you are so ~ मैंने कभी नहीं विश्वास किया कि तुम इतने ≈ हो. **2.** (disgusting) ख़राब, रद्दी [programme प्रोगाम, weather मौसम]; there is some very ~ smell कुछ बहुत ख़राब गंध है; you should not take such a ~ food तुम्हें इस प्रकार का रद्दी भोजन नहीं करना चाहिए; he was in a ~ temper उसका मिज़ाज ख़राब था.

villa वि'ला *n*^c. देहाती बंगला, उपनगरीय निवास [comfortable आरामदेह, pleasant सुखद]; I rented a ~ for summer vacation गर्मी की छुट्टी के लिए मैंने एक ≈ किराये पर लिया; it is a large ~ with a beautiful garden यह एक सुंदर बगीचे वाला ≈ है; he has built a ~ outside Delhi उसने दिल्ली के बाहर एक ≈ बनवाया है.

village वि'लिज *n*^c. **1.** गांव [backward पिछड़ा हुआ, peaceful शांत]; there is poverty in every ~ हर ≈ में ग़रीबी है; the neighbouring ~ has greatly changed पड़ोस का ≈ बहुत बदल गया है; he was born in a village but lives in the city now वह ≈ में पैदा हुआ था लेकिन अब शहर में रहता है; this road leads to the ~ यह सड़क ≈ को जाती है. **2.** गाँव के लोग : the whole ~ has gone to the fair सारा गाँव मेले गया है. **II.** *a.* ग्रामीण : ~ life ≈ जीवन. **villager** वि'लिजर *n*^c. ग्रामीण, ग्रामवासी, देहाती [poor ग़रीब, prosperous सम्पन्न, simple सरल, सादा]; ~s are generally illiterate ≈ प्रायः अनपढ़ होते हैं; the life of a ~ is generally hard एक ≈ का जीवन प्रायः कड़ा होता है.

vindicate विन्'डिकेट *v.t.* **1.** निर्दोष या उचित सिद्ध करना : the report ~d him and declared his action proper रिपोर्ट में उसे निर्दोष ठहराया गया और उसके काम को उचित बताया गया; my decision was ~d by the result मेरा निर्णय परिणाम के द्वारा उचित सिद्ध हुआ; the treatment ~d my faith in the doctor इलाज ने डाक्टर के प्रति मेरे विश्वास को उचित सिद्ध कर दिया. **2.** की रक्षा करना : to ~ one's rights अपने अधिकारों ≈.

vinegar वि'निगर *n*^c. सिरका : ~ has extreme acidity सिरके में बेहद अम्लता^F होती है; ~ is used in salad ≈ सलाद में इस्तेमाल किया जाता है; ~ makes the pickle sour ≈

अचार को खट्टा बना देता है.

violate वाइअ'लेट *v.t.* **1.** (transgress) उल्लंघन करना, भंग करना, तोड़ना : to ~ the law, rules कानून, नियम तोड़ना; the company has ~d the agreement कंपनी ने समझौते का उल्लंघन कर दिया है; you should not ~ the rules of the road तुम्हें सड़क के नियमों को नहीं तोड़ना चाहिए; to ~ the chastity of a woman किसी स्त्री का सतीत्व भंग करना. **2.** (profane) अपवित्र करना : to ~ a temple मंदिर को ≈.

violence वाइअ'लेन्स *n.* **1.** हिंसा^F : Mahatma Gandhi was against ~ of any kind महात्मा गाँधी किसी प्रकार की ≈ के विरुद्ध थे. **2.** बल प्रयोग : they had to resort to ~ to turn him out of the house उसको घर से बाहर निकालने के लिए उन्हें ≈ करना पड़ा; the police used ~ on the crowd पुलिस ने भीड़^F पर ≈ किया. **3.** an outbreak of ~ दंगा-फ़साद, मार-पीट^F; more than five hundred people killed in ~ मारपीट में पाँच सौ से अधिक लोग मारे गए. **4.** (other contexts) ~ against women स्त्रियों के साथ दुर्व्यवहार; ~ of the wind हवा का ज़ोर. **violent** व़ाइअ'लन्ट *a.* **1.** हिंसापूर्ण : the mad man was in ~ temper पागल आदमी ≈ भावावेश में था; ~ death ≈ मृत्यु^F. **2.** ज़ोर का [blow प्रहार, pain दर्द, quarrel झगड़ा, speech भाषण storm तूफ़ान]; he was suffering from a ~ toothache वह ज़ोर के दाँतदर्द से पीड़ित था.

violet व़ाइअ'लिट **I.** *a.* (colour) बैंगनी, जामनी [cloth कपड़ा, colour रंग]; he wears a ~ shirt वह ≈ (रंग की) कमीज़ पहनता है. **II.** *n*^c. नील पुष्प : ~ is a flower generally found in woods ≈ एक फूल है जो प्रायः जंगलों में पाया जाता है.

violin वाइअ लिन' *n*^c. वायलिन, बेला : ~ is a stringed musical instrument ≈ तारवाला वाद्य यंत्र होता है; to play the ~ ≈ बजाना; ~ has four strings ≈ में चार तार होते हैं; ~ is played with a bow ≈ गज़ से बजाया जाता है.

V.I.P. Very Important Person अति महत्वपूर्ण व्यक्ति.

virgin वर्'जिन *a.* & *n.* कुंआरी, क्वाँरी : Mary, the V ~ was the mother of Christ ≈ मेरी ईसा की माँ थी; she is still (a) ~ वह अभी कुंआरी है. **2.** बिना जोती हुई : ~ soil ≈ ज़मीन.

virtual व़र्'ट्यूअल *a.* यथार्थ, वास्तविक : ~ Chairman ≈ अध्यक्ष; ~ downfall of government सरकार का ≈ पतन; Prime Minister is the ~ ruler of our country प्रधानमंत्री हमारे देश का ≈ शासक है; the king was weak, the army was the ~ ruler राजा कमज़ोर था, सेना^F ≈ शासक थी. **virtually** व़र्'ट्यूअलि *adv.* वस्तुतः he ~ agreed to do it ≈ वह इसे करने के लिए सहमत हो गया; he was ~ insane ≈ वह पागल था; the language of Lucknow is ~ the same as that of Delhi लखनऊ की भाषा^F ≈ वही है जो दिल्ली की. **virtue** व़र'ट्यू *n*^c. **1.** गुण, अच्छाई^F : patience is a ~ धैर्य एक ≈ है; honesty is the best ~ ईमानदारी सबसे अच्छा गुण है; you should not suspect his ~s तुम्हें उसके गुणों पर शंका^F नहीं करनी चाहिए; our house is small, but it has some ~s हमारा मकान छोटा है पर इसमें कुछ अच्छाइयाँ हैं. **2.** (goodness of character) सदाचार : he is a man of ~ वह एक सदाचारी व्यक्ति है. **3.** (benefit) लाभ : what is the ~ of having so many books इतनी सारी पुस्तकें रखने का क्या ≈. **4.** (chastity) सतीत्व : woman of ~ सती; she has lost her ~ उसने अपना ≈ खो दिया है.

visa व़ी'ज़ा *n*^c. वीज़ा, प्रवेशपत्र [duplicate वैसा दूसरा, legal वैध]; I did have the passport but I needed a ~ to go to London मेरे पास पासपोर्ट तो था लेकिन मुझे लंदन जाने के लिए ≈ की अपेक्षा थी.

visible विज़ॅबल *a.* **1.** (able to be seen) दिखाई देने वाला [sign निशान, things वस्तुएँ]; full moon was ~ last night पिछली रात पूरा चन्द्रमा दिखाई दिया था; stars are not ~ during the day दिन में तारे दिखाई नहीं देते. **2.** (obvious) सुस्पष्ट, प्रकट : it serves no ~ purpose इससे कोई ≈ उद्देश्य पूरा नहीं होता; no change is ~ in his character

उसके चरित्र में कोई परिवर्तन प्रकट नहीं है. [*ant*. invisible]

vision वि'ज़न *n*[c]. **1.** (act of seeing) दृष्टि[F], नज़र[F] : you will damage your ~ तुम अपनी ≈ खराब कर लोगे; his ~ is weak उसकी ≈ कमज़ोर है; the test shows that my ~ is perfect जाँच से पता चलता है कि मेरी ≈ ठीक है; glasses have improved my ~ ऐनक/चश्मे से मेरी ≈ में सुधार हुआ है. **2.** (imagination or dream) कल्पना[F], स्वप्न : he is a man of ~ वह कल्पनाशील व्यक्ति है; he has a clear ~ of his prospects उसे अपने भविष्य की स्पष्ट कल्पना है; Gandhiji had a ~ of Ram Rajya गाँधीजी का रामराज्य का सपना था.

visit वि'ज़िट **I.** *v.t.* **1.** से भेंट[F] करना, से मुलाकात[F] करना, से मिलने जाना या आना : I was just going to ~ Mr. K मैं अभी-अभी मि० क से मुलाकात/भेंट करने जा रहा था; he ~ed me several times while I was ill जब मैं बीमार था तो वह मुझसे कई बार मिलने आया. **2.** (to go to see) देखने जाना : he has not ~ed the Taj yet उसने अभी तक ताज नहीं देखा है; she would ~ the patients वह मरीज़ों को देखने जाया करती थी; the doctor ~ed the patient डाक्टर ने रोगी को देखा. **3.** (disease, afflict) पीड़ित करना : the whole village was ~ed by the plague सारा गाँव प्लेग से पीड़ित था. **4.** निरीक्षण करना : the inspector ~ed our school निरीक्षक ने हमारे स्कूल का निरीक्षण किया. **II.** *n*[c]. **1.** भेंट[F], मुलाकात[F] : to pay a ~ to smb किसी से ≈ करने जाना; I was on a ~ to my uncle's मैं अपने चाचा के घर मुलाकात करने गया था. **2.** निरीक्षण : the director was on a ~ of the office निदेशक कार्यालय का ≈ कर रहा था. **3.** doctor's ~ डाक्टर का (मरीज को) देखना. **visitor** वि'ज़िटर *n*[c]. **1.** अभ्यागत, अतिथि : we had a ~ yesterday कल हमारे यहाँ एक ≈ आया था. **2.** दर्शक : ~s to the zoo are not allowed to take photographs चिड़ियाघर के दर्शकों को चित्र खींचने की अनुमति[F] नहीं है. **3.** सैलानी : they are ~s from Europe and America वे यूरोप और अमरीका के ≈ हैं.

visual वि'युअल *a.* आँख का, चाक्षुष, दृष्टि : ~ defect ≈ दोष; ~ disturbance आँख की गड़बड़[F]; ~ organ दर्शनांग (आँख); ~ education चित्र और फिल्म आदि, कला-दृश्य (साधनों) द्वारा शिक्षा[F]; ~ publicity दृश्य प्रचार; ~ arts are painting and dancing चित्रकारी और नृत्य दृश्य कलाएँ[F] हैं; ~ aids are pictures and charts चित्र और चार्ट चाक्षुष साधन हैं. **visualize** वि'युअलाइज़ *v.t.* रूप की कल्पना[F] करना : shut your eyes and ~ the scenes of your childhood अपनी आँखें बंद करो और अपने बचपन के दृश्यों की कल्पना करो; I know his name but cannot ~ him मैं उसका नाम तो जानता हूँ पर उसके रूप की कल्पना नहीं कर पाता; can you ~ the fierce storm क्या तुम भयंकर तूफ़ान की कल्पना कर सकते हो? I ~ him as a tall, healthy man मैं उसकी कल्पना एक लंबे, स्वस्थ व्यक्ति के रूप में करता हूँ.

vital वाइ'टल **I.** *n*[c]. (also ~ parts) मर्मस्थल : heart, lungs and brain are the ~s of our body हमारे शरीर में दिल, फेफड़े और दिमाग़ ≈ हैं. **II.** *a.* **1.** (essential, important) महत्वपूर्ण, अत्यावश्यक : your co-operation is ~ to my success आपका सहयोग मेरी सफलता[F] के लिए ≈ है; ~ information ≈ जानकारी[F]; the heart is a ~ organ हृदय ≈ अंग है; your support is ~ for my plans मेरी योजनाओं के लिए तुम्हारा समर्थन ≈ है. **2.** (necessary for life) जीवनप्रद, प्राणमूलक : ~ air प्राण वायु; ~ power जीवनी शक्ति[F]; ~ force or principle प्राण-शक्ति. **3.** (other contexts) ~ leader कर्मठ नेता; ~ parts मर्मस्थल (दिल, दिमाग़, फेफड़े). **vitality** व़ाइ टै'लिटि *n*[u]. (energy) तेज, ओज : she has wonderful ~ उसमें आश्चर्यजनक ≈ है; the dancer lacks ~ नर्तक में ओज की कमी[F] है; fever has weakened her ~ बुख़ार ने उसके ओज को कम कर दिया है; ~ is reduced in old age वृद्धावस्था[F] में ओज कम हो जाता है.

vitamin विटॅमिन *n*[c]. विटामिन : ~ pills विटामिन की गोलियाँ[F]; this bread contains ~s इस ब्रेड में ≈ हैं; milk and eggs contain ~ A दूध और अण्डे में ≈ ए होता है; vegetables are rich in ~s सब्ज़ियों[F] में

बहुत ≈ होते है; A, B, C, D, E, G, H, K and P are types of ~ ए, बी, सी, डी, ई ,जी, एच, के और पी ≈ के प्रकार हैं.

viva, viva-voce व़ाइ'व़ा, व़ाइ' व़ा' वोसि *n*[c]. मौखिक परीक्षा[F] written examination is over, ~ will be held next week लिखित परीक्षा समाप्त हो गई है, ≈ अगले सप्ताह होगी; no date is fixed for the ~ yet ≈ के लिए अभी कोई तारीख़[F] निश्चित नहीं की गई है.

vivid वि'विड *a.* **1.** विशद, साफ़, सजीव : ~ style ≈ शैली[F]; ~ painting सजीव चित्र; ~ memory साफ़ याद्दाश्त[F]; she gave a ~ description of her journey उसने अपनी यात्रा[F] का विशद/सजीव चित्रण किया. **2.** भड़कीला, तेज़, चमकीला : ~ colour चटकीला रंग; ~ light तेज़ रोशनी.

viz. = see videlicet, namely अर्थात्.

vocabulary व़ कै'ब्युलॅरि *n*[c]. **1.** (list of words) शब्दावली, शब्द-संग्रह : he has a scientific ~ उसके पास वैज्ञानिक ≈ है; he gives a ~ at the end of the book वह पुस्तक के अंत में ≈ देता है. **2.** (total number of words) शब्द-भंडार [large विशाल, limited सीमित]; a baby of one year has a ~ of 200 words एक साल के बच्चे के पास दो सौ शब्दों का ≈ होता है.

vocal व़ो'कल *a.* **1.** वाक्[F] या वाणी[F] संबंधी, स्वर का : ~ cords वाक्तंतु[F], स्वर तन्त्री[F]; ~ music कंठ संगीत; ~ organs वागिन्द्रियाँ[F]; there is no ~ defect in him उसमें वाणी संबंधी कोई दोष नहीं है. **2.** some people are very ~ in their demands कुछ लोग अपनी माँगें[F] रखने में बहुत मुखर होते हैं.

vogue व़ोग *n.* (prevailing fashion) फ़ैशन, प्रचलन : it has come into ~ यह ≈ में आ गया है; now it has gone out of ~ अब यह ≈ में नहीं रह गया; skirts are not in ~ these days इन दिनों स्कर्ट ≈ में नहीं है; jeans are the ~ among ladies these days जीन्स आजकल औरतों का फ़ैशन है.

voice व़ॉइस **I.** *n*[c]. **1.** स्वर, वाणी[F], आवाज़[F] [loud ऊंची, quiet शांत, sad दुखद]; he speaks in a low ~ वह धीमी आवाज़ में बोलता है; she said it in a cheerful ~ उसने इसे प्रसन्न आवाज़ में कहा; to talk at the top of one's ~ बहुत ज़ोर से बात करना; she heard her father's ~ and returned उसने अपने पिता की ≈ सुनी और लौट पड़ी; I did not recognise your ~ मैं आपकी ≈ पहचान नहीं पाया; he raised his ~ against the new taxes उसने नए करों के विरुद्ध अपनी ≈ बुलंद की (उठाई); I could hear ~s in that room मैं उस कमरे की आवाज़ें सुन सकता था; she has a good ~ उसका स्वर अच्छा है; they were all of one ~ उन सब की एक आवाज़ थी. **2.** (बोलने का) अधिकार : I have no ~ in these affairs इस मामलों में मेरा कोई ≈ नहीं है. **3.** (gram.) वाच्य : active ~ कर्तृवाच्य; impersonal ~ भाव ≈; passive ~ कर्म ≈; he was given ~ उसे ≈ दिया गया is in passive ~ कर्मवाच्य में है. Δ **at the top of one's ~** (loudly) ज़ोर से : he shouted at the top of his ~ वह ज़ोर से चिल्लाया; **to give ~ to** व्यक्त करना : I requested him to give ~ to his feelings मैंने उससे अपनी भावनाओं को व्यक्त करने के लिए प्रार्थना[F] की. **in good ~** अच्छे स्वर के साथ : she sang in good ~ उसने अच्छे गले के साथ गाया; **raise one's ~** आवाज़ बुलंद करना : they raised their ~ in favour of the resolution उन्होंने प्रस्ताव के पक्ष में आवाज़ बुलंद की; **with one ~** एक मत होकर, एक स्वर से : they decided to support him with one ~ उन्होंने एक मत से उसका समर्थन करने का निर्णय किया. **II.** *v.t.* व्यक्त करना, कहना : ~ your grievances अपनी शिकायतों[F] को व्यक्त करो. **voiceless** वाइस्'लिस *a.* **1.** (dumb) गूँगा, मूक : he was sitting ~ वह मूक बैठा रहा; he is ~ since his birth वह जन्म से ही गूँगा है. **2.** (phon.) अघोष : p, t, k are ~ consonants प, ट/त क ≈ व्यंजन हैं.

vol. -volume परिमाण.

volcano व़ॉल् कैनो' *n.* (volcanoes) **1.** ज्वालामुखी : active ~ सक्रिय ≈; dangerous ~ ख़तरनाक ≈; dead ~ मृत/शांत ≈; dormant ~ प्रसुप्त ≈; the ~ has erupted ≈ फट गया है; smoke and lava is coming out of this ~ इस ≈ से धुआँ और लावा निकल रहा है; Mount Etna in Italy was a destructive ~ इटली का माउंट एटना विनाशकारी ≈ था. 2. (fig.) स्फोटक स्थिति^F : we are sitting on a ~ हम ≈ में हैं.

volley व़ॉ'लि n^c. बौछार^F, झड़ी^F : ~ of stones at the mad man पागल आदमी पर पत्थरों की बौछार; the students made a ~ of questions छात्रों ने प्रश्नों की ≈ लगा दी. ~ **ball** *n*. वालीबाल : they have gone to play ~ match वे ≈ मैंच खेलने गए हैं; I am fond of playing ~ मैं ≈ खेलने का शौकीन हूँ.

volume व़ॉ'ल्यूम n^c. **1.** (book) पुस्तक^F, किताब^F, ग्रंथ : this library has 20,000 ~s इस पुस्तकालय में बीस हज़ार पुस्तकें हैं. **2.** (separate ~s) भाग, जिल्द^F : this book is in two ~s यह पुस्तक दो जिल्दों में है; the works of Kalidas in three ~s तीन जिल्दों में कालिदास की कृतियाँ^F. **3.** (loudness) प्रबलता^F : the ~ of radio sound रेडियो की आवाज़ की ≈; his voice lacks ~ उसकी आवाज में ≈ की कमी^F है. **4.** (measured size) आयतन : the ~ of this box is 3^3 इस संदूक का ≈ 3^3 है. **5.** मात्रा^F : ~ of smoke, work धुएँ, काम की ≈; ~ of consumption खपत^F की ≈; you should lessen the ~ of consumption of these things तुम्हें इन चीज़ों की खपत की मात्रा कम करनी चाहिए. **voluminous** व़ ल्यु'मिनस **1.** बहुत बड़ा [bag बैग, correspondence पत्राचार]; elephant is a ~ animal हाथी एक ≈ जानवर है; she wears a ~ salwar वह बहुत बड़ी सलवार^F पहनती है. **2.** he is a ~ and famous writer वह बहुत लिखने वाला और प्रसिद्ध लेखक है.

voluntarily व़ॉ'लन्टॅरलि *adv*. स्वेच्छा^F से, ख़ुशी^F से : he served them ~ उसने ≈ उनकी सेवा^F की; he gave the promise ~ उसने ≈ वचन दिया. **voluntary** वॉ'लन्टरि *a*. **1.** (done freely) ऐच्छिक, स्वैच्छिक, खुशी-खुशी किया गया : ~ action ≈ कर्म; ~ movement स्वैच्छिक गति^F; he was ever ready for ~ service वह स्वैच्छिक सेवा के लिए सदा तैयार था. **2.** (one willingly and freely doing service) स्वयंसेवी [action क्रिया, helper सहायक, worker काम करने वाला]; he wanted to co-operate in the ~ society वह ≈ समाज में सहयोग करने का इच्छुक था; many ~ institutions are running these days इन दिनों बहुत-सी ≈ संस्थाएँ^F चल रही हैं. **volunteer** व़ॉलन्'टिअर **I.** n^c. स्वयं-सेवक : this construction was made by ~s इस इमारत का निर्माण स्वयंसेवकों द्वारा हुआ था; many ~s offered to help the victims of famine बहुत-से स्वयंसेवकों ने अकालपीड़ित लोगों की सहायता^F करने का प्रस्ताव किया; ~s were called for relief work ≈ राहत कार्य के लिए बुलाए गए थे. **II.** *v.t.* (offer voluntarily) स्वेच्छा से (अर्पित) करना, अपने-आप (को) पेश करना : will anyone ~ himself to do this job क्या स्वेच्छा से कोई इस काम को करेगा ? she ~ed to help us उसने मेरी सहायता करने के लिए अपने-आप को पेश किया; he ~ed his services उसने अपनी सेवाएँ अर्पित की.

vomit व़ॉ'मिट **I.** *v.t.* **1.** क़ै^F/उल्टी^F करना : the patient was ~ting रोगी ≈ कर रहा था; he ~ted blood and fainted उसने ख़ून की उल्टी की और बेहोश हो गया. [*ant*. swallow] **2.** (cast out, eject) बाहर निकालना, उगलना : the volcano ~s hot ashes ज्वालामुखी गरम राख^F उगलता या बाहर निकालता है. **II.** n^{uc}. उल्टी^F, क़ै^F : after many ~s he suffered from dehydration कई उल्टियाँ करने के बाद वह निर्जलीकरण से पीड़ित हो गया.

vote व़ोट **I.** *v.t.* **1.** (to cast ~) वोट या मत देना : they ~d against his proposal उन्होंने उसके प्रस्ताव के विरुद्ध मत दिया; you should ~ in my favour तुम्हें मेरे पक्ष में मत देना चाहिए; he always ~s Socialist Party वह सदा समाजवादी दल को वोट देता है. **2.** स्वीकार करना : to ~ a resolution प्रस्ताव स्वीकार करना; they ~d the budget उन्होंने बजट स्वीकार कर लिया. **II.** n^c. **1.** मत, वोट [casting निर्णायक, valuable मूल्यवान]; give one's ~ to somebody किसी को अपना ≈ देना; to put a Bill to ~ बिल पर मत/वोट लेना; he received the majority of ~s उसे बहुमत मिला. **2.** (right to ~) मताधिकार : now he possesses the ~ अब

उसे ≈ प्राप्त है; he has no ~ उसे ≈ प्राप्त नहीं है. **3.** मतपत्र : put your ~s in the box अपने ≈ डिब्बे में डालो. **4.** प्रस्ताव : ~ of censure अविश्वास प्रस्ताव; ~ of thanks धन्यवाद ≈; ~ of confidence विश्वास ≈. **5.** मतदान : ~ by ballot गुप्त ≈; ~ by proxy मतदाता के प्रतिनिधि या स्थानापन्न व्यक्ति द्वारा ≈. **voter** व़ो'टर *n*[c]. मतदाता, वोटर [conscious सजग, legal वैध]; ~s are at the polling station ≈ मतदान केंद्र में हैं.

vow व़ॉउ **I.** *n*[c]. व्रत, प्रण, प्रतिज्ञा : the ~ of secrecy गोपनीयता की शपथ[F]; marriage ~s विवाह के समय की प्रतिज्ञाएँ; to make ~ of charity दान देने का व्रत लेना; to fulfil one's ~ अपना प्रण निभाना/पूरा करना; why did he break his ~ उसने अपना प्रण क्यों तोड़ा? he took a ~ of silence उसने मौन व्रत रखने का निश्चय किया. **II.** *v.t.* व्रत लेना, प्रतिज्ञा[F] करना : they ~ed to remain faithful उन्होंने वफ़ादार बने रहने का व्रत लिया; he ~ed to kill his father's assassin उसने अपने पिता के हत्यारे को मार डालने की प्रतिज्ञा की; he ~ed that he would remain a bachelor all his life उसने व्रत लिया कि वह जीवनभर कुआँरा रहेगा. [*ant.* dis ~]

vowel व़ाउ'अल *n*[c]. स्वर : a, e, i, o, u are ~s अ, ए, इ, ओ, ऊ ≈ हैं; there are long ~s in bag, beat and boot and short ~s in rug, hit and foot बैग, बीट और बूट में दीर्घ ≈ होते हैं और रग, हिट तथा फुट में ह्रस्व.

voyage व़ॉइ'इज **I.** *n*[c]. समुद्रयात्रा[F] [dangerous ख़तरनाक, long लंबी, pleasant सुखद]; we are going on a sea ~ हम ≈ पर जा रहे हैं; a ~ from London to Paris लंदन से पेरिस तक की ≈; I am taking/making a ~ to South Africa मैं दक्षिण अफ्रीका की यात्रा करने वाला हूँ. **II.** *v.t.* जलयात्रा करना : he ~d to Australia वह आस्ट्रेलिया की जलयात्रा पर गया.

V.P.P. Value Payable Parcel मूल्य देय पार्सल.

vs. = versus बनाम : the match India ~ Pakistan will start tomorrow भारत बनाम पाकिस्तान का मैच कल शुरू होगा.

v.t. = verb transitive सकर्मक क्रिया.

vulgar व़ल्'गर *a.* **1.** ग्राम्य, अशिष्ट, असभ्य [joke मज़ाक, language भाषा[F], taste रुचि[F], woman औरत[F]]; ~ way of speaking बोलने का अशिष्ट ढंग; his behaviour was considered ~ उसका व्यवहार ≈ समझा गया. **2.** भद्दा : ~ display of one's wealth अपने धन का ≈ प्रदर्शन.

vulture व़ल्'चर *n*[c]. **1.** गिद्ध : white-backed चमर ≈; king ~ राज ≈; scavenger ~ गोबर ≈; ~ is a large bird of prey ≈ एक शिकार करने वाला बड़ा पक्षी है; ~s feed on dead bodies गीध मुरदार खाते हैं. **2.** लुटेरा : moneylenders are often ~s साहूकार आमतौर पर लुटेरे होते हैं.

v.v. vice versa.

vvip. very very important person बहुत अधिक महत्वपूर्ण व्यक्ति.

W, w

w west, watt.

WAC Women's Army Corps.

wade वेड *v.t.i.* **1.** (पानी, बालू, आदि में) कठिनाई से चलकर जाना या गुज़रना : he had to ~ (through) the canal उसे नहर से होकर जाना था; children love to ~ across shallow water बच्चे छिछले पानी से चलकर जाना पसंद करते हैं; he ~d in and rescued the drowning child उसने (पानी के) अंदर आकर डूबते हुए बच्चे को बचा लिया. **2.** (fig.) he ~d through a dull novel उसने एक नीरस उपन्यास जैसे-तैसे पढ़ डाला.

wag वैग **I.** ***n***^c. ठट्ठेबाज़, दिल्लगीबाज़ मसख़रा : the ~'s tales are very funny ≈ की कहानियाँ बहुत मज़ेदार होती हैं; we laughed at the ~'s jokes हम ठट्ठेबाज़ के चुटकुलों पर हँसे. **II.** *v.t.i.* (-gg-) **1.** हिलना, हिलाना, घुमाना, डोलना, डुलाना : the dog ~ged its tail before its master कुत्ते ने अपने मालिक के सामने अपनी पूँछ हिलाई; dog's tail is ~ging कुत्ते की पूंछ हिल रही है. **2.** (in contexts) to ~ **one's finger** डराना-धमकाना; to ~ **one's head** सिर हिलाकर हाँ-ना करना; to ~ **one's tongue** बक-बक करते रहना; this woman's tongue is always ~ging इस स्त्री की जीभ सदा बक-बक करती रहती है.

wage वेज **I.** ***n***[c]. (usu. plural) **1.** मज़दूरी (esp. of a workman) : daily ~ दिहाड़ी; living ~ गुज़ारे लायक मज़दूरी[F]; we get our ~s on Mondays हम अपनी ≈ सोमवार के सोमवार पाते हैं; what is your daily ~ तुम्हारी दिहाड़ी कितनी है ? she earns a good ~ वह अच्छी कमाई कर लेती है; to cut down the ~s ≈ में कटौती करना; they paid him his ~s उन्होंने उसे उसकी ≈ दे दी. **2.** फल, परिणाम : the ~ of sin is misery पाप का ≈ दुःख है. **II.** *v.t.* छेड़ देना : to ~ war against some country किसी देश के विरुद्ध युद्ध ≈; they ~d a campaign against untouchability उन्होंने अस्पृश्यता के विरुद्ध अभियान छेड़ दिया.

wager वे'जर **I.** ***n***[c]. बाज़ी[F], शर्त[F], : to lay/make a ~ शर्त लगाना; he lost everything in ~ ≈ में वह सब कुछ हार गया. **II.** *v.t.* शर्त[F]/बाज़ी लगाना; (stake) दाँव पर रखना या लगाना : I'll ~ Rs. 50 that our team would win मैं पचास रुपए की ≈ लगाऊंगा कि हमारी टीम जीतेगी; do not ~ your reputation अपनी प्रतिष्ठा दाव पर न लगा देना.

waggon, wagon वै'गन ***n***[c]. **1.** माल ढोने की गाड़ी[F] [heavy भारी, strong मज़बूत]; our ~ plies between our factory and the railway station हमारी ≈ हमारे कारखाने और रेलवे स्टेशन के बीच आती-जाती है. **2.** (railway) माल-डिब्बा : the engine pulled many ~s इंजन कई माल-डिब्बों को खींच ले गया; the ~ was loaded with coal ≈ कोयला से भरा था.

wail वेल **I.** ***n***[c]. विलाप : the widow's ~s were touching विधवा का ≈ हृदयस्पर्शी था; I was moved by her ~s मैं उसके ≈ से द्रवित हो गया. **II.** *v.t.* बिलखना, रोना-धोना, विलाप करना : the orphan was ~ing that he was lonely अनाथ बच्चा रो रहा था कि मैं अकेला हूँ; to ~ with sorrow दुःख से विलाप करना; don't ~ over your misfortunes अपने दुर्भाग्य पर शोक न करो; she ~ed for her dead child वह अपने मृत बच्चे के लिए रो-धो रही थी. [*ant.* rejoice]

waist वेस्ट ***n***[c]. कमर[F] : ~ band कमर-बंद; she wrapped the saree round her ~ उसने अपनी ≈ में साड़ी लपेट ली; the water in the canal is upto the ~ नहर में पानी ≈ तक है. **~coat** ***n***[c]. वास्कट[F], जाकेट[F] [black काली, tight तंग, कसी हुई]; ~ is a short coat without sleeves ≈ बिना बाँह का एक छोटा कोट होता है. [*as distinct from* waste]

wait वेट **I.** *v.i.* **1.** प्रतीक्षा[F]/इंतज़ार करना : I ~ed (for) a long time मैंने लंबे समय तक इंतज़ार किया; he ~ed for the bus उसने बस^F का इंतज़ार किया; ~ until I am ready मेरे तैयार होने तक इंतज़ार करो; please ~ a minute कृपया एक मिनट प्रतीक्षा करो; I'll ~ downstairs मैं आपके मकान के नीचे इंतज़ार करूंगा; I told the driver to ~ मैंने ड्राइवर को इंतज़ार करने को कहा; how long have you been ~ing तुम कितने समय से इंतज़ार कर रहे हो; excuse me for keeping you ~ing माफ कीजिए, मैंने आपको इंतज़ार कराया; don't keep him ~ing उससे इंतज़ार मत कराओ. *v.t.* ~ your turn अपनी बारी का इंतजार करो; she is ~ing her opportunity वह अवसर की प्रतीक्षा कर रही है. Δ ~ **at** the table खाना खिलाने का काम करना; ~ **in attendance** उपस्थित रहना, हाज़िरी^F में रहना; he was ~ing in attendance upon smb yesterday कल वह किसी की हाज़िरी में था; ~ **on** (upon) सेवा में उपस्थित रहना, साथ रहना : I ~ed on him at his office उसके कार्यालय में मैं उसकी सेवा में उपस्थित रहा. **3.** (other contexts) well, that can ~ तो इसे बाद में देखेंगे; ~ and see देखिए, क्या होता है. **II.** *n*^u. इन्तज़ार^F, प्रतीक्षा^F : a long ~ for the bus बस की देर तक ≈. Δ **lie in** ~ घात^F/ताक^F में रहना : they lay in ~ for the enemy वह शत्रु की घात में (बैठे) रहे. [*as distinct from* weight] **waiter** वे'टर *n*^c. (in restaurant, etc.) बैरा : he called the ~ to serve meal उसने ≈ को खाना परोसने के लिए बुलाया; a ~ waits at the table ≈ परोसता है; the ~ brought the soup ≈ सूप लाया. [*fem*. waitress] **waiting-list** *n.* प्रत्याशी सूची : his name was found in the ~ उसका नाम ≈ में था. **waiting room** *n.* प्रतीक्षालय [general सामान्य, higher class उच्च श्रेणी का]; the ~ was crowded ≈ भरा हुआ था; the doctor's ~ डाक्टर का ≈.

waive वेव *v.t.* **1.** छोड़ना, त्याग देना : to ~ one's claim, right अपना दावा, हक ≈. **2.** (put aside) हटा देना : to ~ restrictions प्रतिबंध ≈; we cannot ~ this condition only for your sake हम केवल तुम्हारी ख़ातिर इस शर्त^F को नहीं हटा सकते. [*as distinct from* wave]

wake वेक *v.t. & i.* (*past* woke/waked, *p.p.* woken/waked) **1.** जगाना, जागना : she has just woken up वह अभी-अभी जागी है; noise woke me up शोर ने मुझे जगा दिया; you will ~ the baby तुम बच्चे को जगा दोगे; please ~ me up after half an hour कृपया आधे घंटे बाद मुझे जगा देना; he usually ~s at seven o'clock वह साधारणतया सात बजे जागता है; is she sleeping or waking वह सो रही है या जाग रही है? **2.** सचेत होना या करना. **3.** (in contexts) to ~ up to the real situation वस्तुस्थिति के प्रति जागरूक होना; citizens' self-respect woke नागरिकों का आत्माभिमान जागा; his speech woke up pity उसके भाषण ने दया जगा दी. Δ **in the ~ of** के ठीक पीछे, बाद ही : the car left clouds of dust in its ~ कार ने अपने पीछे धूल के बादल छोड़ दिए. **wakeful** वेक्'फुल *a.* **1.** जागता हुआ : ~ child ≈ बच्चा; girls are ~ लड़कियाँ जाग रही हैं. [*ant.* asleep] **2.** जागरूक : he has been ~ since his childhood : वह अपने बचपन से ≈ ही रहा है. **3.** चौकस : the sentry should be ~ and alert संतरी को ≈ और होशियार रहना चाहिए. **4.** (sleepless) ~ night जागते बीती रात^F. **waken** वे'कन **I.** *v.t.* जगाना : ~ me at four a.m. चार बजे प्रातः मुझे जगा देना; why did he not ~ you उसने तुम्हें क्यों नहीं जगाया? **II.** *v.i.* जागना : he ~ed late at nine o'clock वह देर से नौ बजे जागा.

walk वॉक **I.** *n*^uc. **1.** चाल^F, गति^F [lazy सुस्त, slow धीमी^F]; I know him by his ~ मैं उसे उसकी ≈ से जान जाता हूँ. **2.** पैदल सैर^F, हवा ख़ोरी^F [morning सुबह की, pleasant सुखद]; we go for a ~ daily हम प्रतिदिन सैर को जाते हैं; take smb for a ~ किसी को सैर कराने ले जाना; we had a five miles' ~ हम पाँच मील पैदल चले. **3.** सैर का रास्ता, पैदल सड़क [long लंबा, narrow सँकरा]; there are good ~s in the park पार्क में सैर के अच्छे रास्ते बने हैं. **5.** पैदल दूरी : the school is ten minutes' ~ from here स्कूल यहाँ से

दस मिनट की ≈ पर है. ~ **of life** व्यवसाय, धंधा, पेशा : he is successful in every ~ of life वह प्रत्येक धंधे में सफल है; people from all ~s of life attended his marriage सब काम-धंधे वाले लोग उसकी शादी[F] में सम्मिलित हुए. **II.** *v.i.* चलना, घूमना, टहलना : we ~ed in the park हम पार्क में घूमे; he ~ed on till he found the river नदी को पाने तक वह चलता गया; he ~ed about the streets वह गलियों में चलता रहा; he was ~ing up and down वह ऊपर-नीचे टहलता रहा था. Δ ~ **about** घूमना-फिरना : he ~ed about all day long वह सारा दिन घूमता-फिरता रहा; ~ **away with** (i) आसानी से जीत जाना : the Indian team ~ed away with the trophy भारतीय टीम[F] आसानी से पुरस्कार जीत गई; (ii) उठाकर चल देना : he ~ed away/off with all the articles वह सब चीज़ें उठाकर चलता बना; ~ **in** अंदर आना : please ~ in पधारिए; ~ **into** घुस जाना या आना, जा पड़ना, जा निकलना : he has ~ed forcibly into your compound तुम्हारे अहाते में वह जबरन घुस गया है; he ~ed into the trap वह फंदे में आ पड़ा; ~ **off with** see 'walk away with'; ~ **-out** हड़ताल[F] करना : all the members have ~ed out सब सदस्यों ने हड़ताल कर दी है, to ~ **up to smb** किसी के पास जाना, ~**-out** *n.* सभात्याग, सदन-त्याग : sudden ~ एकाएक ≈; the reason of their ~-out is not clear उनके ≈ का कारण स्पष्ट नहीं है.

wall वॉल *n.* **1.** दीवार[F] [blank सपाट, long लंबी, thick मोटी]; the ~s of this house are whitewashed इस मकान की दीवारें सफ़ेदी से पुती हुई हैं; there is a picture on the ~ ≈ पर एक तस्वीर है; hang the picture on the ~ तस्वीर ≈ पर लटका दो; they climbed over the ~ वे दीवार पर चढ़ गए. Δ **even the ~s have ears** ≈ के भी कान होते हैं; **to bang one's head against a** ~ से अपना सिर टकराना; drive to the ~ हटा देना, पराजित करना : he has easily driven him to the ~ in the match उसने उसे मैच में आसानी से हरा दिया है; **go to the** ~ परास्त होना : the weakest will surely go to the ~ जो सबसे ज्यादा कमज़ोर हैं, वे निश्चित रूप से परास्त होंगे; to **push smb to the** ~ लाचार कर देना : our army pushed the enemy to the ~ हमारी सेना ने शत्रु को लाचार कर दिया.

walnut वॉल्'नट *n*[c]. अख़रोट (पेड़ और फल) : the wood of the ~ tree is used to make furniture ≈ की लकड़ी फर्नीचर बनाने के काम आती है; this table is made of ~ यह मेज़ ≈ की लकड़ी का बना हुआ है; five ~ trees in his garden उसके बगीचे में ≈ के पाँच पेड़; ~ is not sweet to eat ≈ खाने में मीठा नहीं होता.

wand वॉन्ड *n*[c]. छड़ी[F] [light हल्की, short छोटी]; the magician waved his magic ~ and the frog turned into a pigeon जादूगर ने अपनी जादू की ≈ घुमाई और मेंढक कबूतर बन गया.

wander वॉन्'डर *v.t.i.* **1.** घूमते फिरना, मटरगश्ती करना : he ~ed the forest वह जंगल में घूमता-फिरता रहा; he has been ~ing through Kashmir वह कश्मीर में घूमता फिरता रहा है. **2.** (stray) भटक जाना, बहक जाना : he ~s in his talk वह बात करते हुए बहक जाता है; he ~ed off the right path वह सही रास्ते से भटक गया; don't ~ from the subject विषय से मत भटको; his mind was ~ing उसका मन भटक रहा था; his attention ~ed उसका ध्यान भटक गया; some sheep ~ed away कुछ भेड़ें भटक गईं.

want वॉन्ट **I.** *v.t.* **1.** (desire) चाहना : when do you ~ him to come तुम कब चाहते हो कि वह आए? what do you ~ तुम क्या चाहते हो? I ~ money मैं पैसा चाहता हूँ; I ~ to see the principal मैं प्राचार्य से मिलना चाहता था; I do not ~ to wait मैं इंतज़ार नहीं करना चाहता; we ~ed to be friends हम मित्र बनना चाहते थे; I ~ed you to help me मैं चाहता था कि आप मेरी सहायता करते. **2.** (need) की अपेक्षा[F]/आवश्यकता[F] होना : you are ~ed on the telephone टेलीफोन पर तुम्हारी अपेक्षा है; she was ~ed in the office उसकी कार्यालय में आवश्यकता थी; the room ~s cleaning कमरे में सफ़ाई अपेक्षित है; the servants will not be ~ed tomorrow नौकरों की कल आवश्यकता नहीं होगी. **3.** (lack) कमी होना : his behaviour ~s politeness उसके व्यवहार में शिष्टता^F की कमी है. **4.** (to look for) तलाश करना : he is ~ed by the police पुलिस को उसकी तलाश है. **II.** *n*^c. **1.** अभाव, कमी^F : his children are starving from/for ~ of food खाने की ≈ के कारण उसके बच्चे भूखे हैं; there is a ~ of politeness in him उसमें नम्रता^F की कमी है; for ~ of key, I could not open the door चाबी के अभाव में, मैं दरवाज़ा न खोल सका; the crops are dying from ~ of rain बारिश के अभाव में फ़सलें सूख रही हैं; ~ of confidence in him उसमें आत्मविश्वास का अभाव. **2.** ज़रूरत, आवश्यकता, अपेक्षा : his ~s were many उसकी आवश्यकताएँ/माँगें बहुत थीं; are you in ~ of money क्या तुम्हें पैसे की आवश्यकता है. **3.** चाह^F, इच्छा^F : you should curtail your ~s तुम्हें अपनी इच्छाओं को कम करना चाहिए. **4.** ग़रीबी^F : ~ makes life miserable ≈ जीवन को दुखमय बना देती है.

wanting वान्'टिङ्ग **I.** *a.* अभावग्रस्त, कम : he is ~ in intelligence उसमें समझ की कमी है, समझ कम है; I did not find him ~ **in** courage साहस में उसे मैंने कम नहीं पाया. **II.** *prep.* (without) के बिना : an envelope ~ a stamp बिना टिकट लगा लिफ़ाफ़ा.

wanton वॉन्'टन *a.* **1.** (unrestricted) अनियंत्रित : ~ student ≈ विद्यार्थी. **2.** (extravagant) अत्यधिक : ~ waste of money पैसे की ≈ बरबादी; ~ growth of plants पौधों का ≈ विकास. **3.** (unchaste) लम्पट, व्यभिचारी : his wife is ~ उसकी पत्नी व्यभिचारिणी है. **4.** (senseless) निरर्थक : ~ mischief ≈ शरारत^F. **5.** (motiveless) निरुद्देश्य : ~ destruction of public property लोक संपत्ति का ≈ विनाश.

war वॉर *n*^c. **1.** युद्ध [long लंबा, terrible भयंकर]; civil ~ गृह युद्ध; cold ~ शीत युद्ध; open ~ खुला संघर्ष; ~ of nerves आतंक-युद्ध; ~ of words वाग्युद्ध; sinews of ~ ≈ के साधन; world ~ विश्वयुद्ध; he was killed in the war वह ≈ में मारा गया; all the ~ prisoners were released सभी ≈ बंदियों को रिहा कर दिया गया; to take part in a ~ ≈ में भाग लेना; the ~ broke out between the two countries दोनों देशों में ≈ छिड़ गया; India and Pakistan were at ~ in 1970-71 भारत और पाकिस्तान में 1970-71 में ≈ हुआ; Pakistan declared ~ against India पाकिस्तान ने भारत पर ≈ का ऐलान कर दिया; India won the ~ भारत ≈ जीत गया; to make/wage ~, to go to ~ ≈ छेड़ देना; man-of ~ जंगी जहाज़, युद्ध-पोत : the country needs more men-of ~ देश को और युद्ध-पोतों की ज़रूरत है. [*ant.* peace] **2.** (any fight) लड़ाई^F : ~ against poverty, terrorism ग़रीबी, आतंकवाद के विरुद्ध ≈.

ward वॉर्ड **I.** *n*^c. **1.** (minor) प्रतिपाल्य, आश्रित : court of ~s अभिभावक मंडल; when his father died, the boy became the ~ of his uncle जब लड़के का पिता मरा तो वह अपने चाचा के आश्रित हो गया; ~ and his/her guardian प्रतिपाल्य और उसका प्रतिपालक. **2.** (of a town) वार्ड, हलक़ा : this corporator represents ~ No. 16 यह सभासद ~ सं० 16 का प्रतिनिधित्व करता है. **3.** (of hospital) वार्ड, रोगी कक्ष : your patient is in general ~ आपका मरीज़ सामान्य ≈ में है. **II.** *v.t.* रक्षा करना : keep watch and ~ over him उस पर निगाह रखो (और उसकी रक्षा करो). Δ **to ~ off** हटा देना, रोकना : slowly he ~ed off his attack धीरे से उसने उसके आक्रमण को रोक दिया; to ~ off a blow प्रहार रोकना.

-ward, -wards वर्ड, वर्ड्ज़ suffix की ओर : backward पीछे की ओर; downward नीचे की ओर; forward आगे की ओर; onward आगे; northward उत्तर की ओर, also upward.

warden वॉर्'डन *n*^c. वार्डन, संरक्षक [active सक्रिय, cautious सावधान]; I reported to the ~ of the hostel मैंने छात्रावास के ≈ से रिपोर्ट कर दी; he is the ~ of this locality वह इस मुहल्ले का संरक्षक है.

wardrobe वार्ड'रोब *n*^c. **1.** (closet) अलमारी [convenient सुविधाजनक, locked बंद]; open the ~ and hang these clothes therein ≈ खोलो और उसमें ये कपड़े लटका दो. **2.** (stock of clothes) कपड़ों का संग्रह : she bought a new ~ of clothes उसने कपड़ों का नया संग्रह ख़रीदा.

ware वेअर *n*^c. (in combinations) **1.** माल, असबाब [glass शीशे का, iron लोहे का, tin टीन का]; he could not sell his ~s in the fair मेले में वह अपना माल न बेच सका. **2.** बरतन : earthen ~ मिट्टी के ≈.

warfare वार्'फ़ेंअर *n.* युद्ध : fierce ~ भीषण ≈; it would be a destructive ~ this time इस बार विनाशकारी ≈ होगा. [see 'war'].

warm वॉर्म **I.** *a.* (warmer, warmest) **1.** गरम [climate जलवायु, day दिन]; I enjoy living in such a ~ country मुझे ऐसे ≈ देश में रहने में आनंद आता है; the hot tea made her ~ गर्म चाय ने उसे ≈ कर दिया; he made himself ~ by the heater उसने हीटर से स्वयं को ≈ किया; put on ~ clothes ≈ कपड़े पहन लो; Mumbai is ~er than Calcutta मुंबई कलकत्ता से अधिक ≈ है; it is ~ in the sun धूप में बहुत ≈ है; it was much ~er yesterday कल ज़्यादा ≈ था. **2.** (lukewarm) कुनकुना, गुनगुना [milk दूध, water पानी]. **3.** (affectionate) स्नेहपूर्ण, हार्दिक : they gave us a ~ welcome/reception उन्होंने हमारा ≈ स्वागत किया. [*ant.* cold] **4.** (heated) गरम, उत्तेजनापूर्ण : ~ debate ≈ वादविवाद/बहस^F; ~ dispute गरम तक़रार. **II.** *v.t. & i.* **1.** गरम करना, गरमाना : to ~ up an engine इंजन ≈; he was ~ing his hands at the fire वह आग पर अपने हाथ गरम कर रहा था; please, ~ the milk कृपया दूध गरम कर दें; he went into the house to ~ himself in the bed वह स्वयं को बिस्तर में गरम करने के लिए मकान के अंदर चला गया; the tea has ~ed her चाय ने उसको गरम कर दिया; *v.i.* गरम होना : the food was ~ing near the fire आग के पास खाना गरम हो रहा था; my hands ~ed up near the heater हीटर के पास मेरे हाथ गर्म हो गए. **2.** (cheer) प्रसन्न करना, आनंदित करना : he has ~ed everyone by his presence उसने अपनी उपस्थिति से सबको आनंदित कर दिया है. **3.** में उत्साह भरना : he has ~ed all the audience by his speech उसने अपने भाषण से सब श्रोताओं में उत्साह भर दिया. ~ **hearted** *a.* **1.** (of person) स्नेही [friend मित्र, man आदमी. **2.** (of emotion) स्नेहपूर्ण, हार्दिक, दिली, मुहब्बतभरा : ~ reception ≈ स्वागत. **warmth** वार्म्थ *n*^u. **1.** गरमी^F, गरमाहट^F : ~ of the sun सूर्य की ≈; ~ of the fire आग की ≈; ~ of his feelings उसकी भावनाओं की ≈. **2.** उत्साह, जोश : ~ of one's welcome किसी के स्वागत का ≈.

warn वॉर्न **I.** *v.t.* **1.** चेतावनी^F देना : I have ~ed him of the danger मैंने उसे ख़तरे की चेतावनी दे दी; he ~ed me not to go there उसने मुझे चेतावनी दी कि वहाँ न जाओ. **2.** (caution) सावधान करना, ख़बरदार करना : I ~ed him about/against gambling मैंने उसे जुआ खेलने से ख़बरदार कर दिया; ~ the police when you go out of station जब शहर से बाहर जाओ तो पुलिस को ख़बरदार कर दो. Δ ~ **away/off** चेतावनी देकर हटा देना : the police were ~ing everybody off पुलिस^F सबको चेतावनी देकर हटा रही थी. **warning** वॉर'निङ्ग *n*^c. **1.** चेतावनी [clear स्पष्ट, strict कड़ी]; he was let off with a ~ उसे ≈ देकर छोड़ दिया गया; this is a ~ to you यह तुम्हें ≈ है; he paid no attention to my ~s उसने मेरी ≈ पर कोई ध्यान नहीं दिया; take it as a ~ इसे ≈ समझो. **2.** (premonition) पूर्व-सूचना^F: he did it without any ~ उसने इसे बिना किसी ≈ के किया; the servant was given a month's ~ to leave नौकर को चले जाने के लिए एक महीने की ≈ दी गई.

warrant वा'रंट **I.** *n*^c. **1.** वारंट, परवाना : you cannot search my house without a ~ बिना ≈ के तुम मेरे घर की तलाशी^F नहीं ले सकते. **2.** अधिकार : the police had ~ to fire पुलिस को गोली चलाने का ≈ था. **3.** गिरफ़्तारी-वारण्ट : the police brought a ~ of arrest पुलिस एक ≈ लाई. **II.** *v.t.* **1.** (justify) उचित ठहराना : no one can ~ such conduct ऐसे आचरण को कोई उचित नहीं ठहरा सकता; his health does not ~ so much hard work उसके स्वास्थ्य के लिए

इतना परिश्रम उचित नहीं है. **2.** (assure) विश्वास दिलाना : I ~ that he is dead मैं विश्वास दिलाता हूँ कि वह मर गया है.

warrior वॉ'रिअर *n*^c^. योद्धा, सैनिक, सिपाही, फ़ौजी आदमी [coward डरपोक, great महान]; the unknown ~ died fighting अज्ञात ≈ लड़ते-लड़ते मारा गया; the prince gathered the ~s राजकुमार ने योद्धाओं को जमा किया.

wary वेअ'रि *a.* चौकन्ना, चौकस, सावधान, ख़बरदार, सतर्क [guard रक्षक, soldier सैनिक]; ~ eye कड़ी नज़र^F^; bees are generally very ~ of dangers मधु-मक्खियाँ खतरों से प्राय: बहुत ≈ रहती हैं; wild elephants were ~ of traps जंगली हाथी फंदों से ≈ रहते थे; even ~ people fall in the trap ≈ लोग भी फंदे में पड़ जाते हैं; be ~ of your neighbour अपने पड़ोसी से ≈ रहो. [*ant.* un ~]

was वॉज़ *v.i.* (*pl.* were) (past tense of 'is', 'be') था : he ~ there वह वहाँ ≈; I ~ going home मैं घर जा रहा था; she was quiet yesterday कल वह शांत थी; ~ there any hope क्या कोई आशा थी?

wash वॉश **I.** *v.t.* **1.** (clothes, hands, etc.) धोना : he ~ed his scooter today उसने आज अपना स्कूटर धोया; she was ~ing her hair वह अपने बाल धो रही थी. **2.** (cleanse oneself) नहा-धो लेना : I must ~ myself before dinner मुझे भोजन से पहले नहा-धो लेना चाहिए. **3.** *v.i.* बह जाना : the wave ~ed (over) the shore एक लहर^F^ तट पर बह गई. **4.** सफ़ेदी करना : to ~ the walls दीवारों पर सफ़ेदी करना. Δ **~ one's hands (of)** (की) जिम्मेवारी^F^ लेने से इंकार करना : he ~ed his hands of that child उसने उस बच्चे की ज़िम्मेवारी लेने से इंकार कर दिया. **II.** *v.i.* धुलना this kind of cloth ~es well इस तरह का कपड़ा अच्छी तरह धुलता है. Δ **~ away** बहा देना : the bridge was ~ed away in the flood बाढ़ में पुल बह गया; **~ out/off** मिटा देना : I cannot ~ out the stains from the shirt मैं कमीज़ पर से धब्बे नहीं मिटा सकता. **II.** *n*^uc^. **1.** (act of cleansing) धुलाई^F^ : your clothes need a good ~ तुम्हारे कपड़ों की अच्छी ≈ होने की आवश्यकता है. **2.** (bath) नहाना-धोना : did you have a ~ क्या तुमने नहा-धो लिया? **3.** (clothes) धुलाई^F^ के कपड़े : you gave a lot of ~ to the washerman तुमने धोबी को ढेर से धुलाई के कपड़े दिये. **washable** वॉ'शॅबल *a.* धुलाई-सह [clothes वस्त्र, shirt कमीज़]; a ~ cotton kurta ≈ सूती कुर्ता; is this colour ~ क्या यह रंग ≈ है? **washer** वॉ'शर *n*^c^. **1.** (person) धोने वाला : our room-~ did not come last Sunday हमारे कमरे ≈ पिछले इतवार नहीं आया. **2.** (machine) धुलाई की मशीन^F^ : I bought a dish ~ मैंने प्लेटें धोने वाली मशीन^F^ ख़रीदी. **3.** (steel ring) वाशर, छल्ला : the tap needs a new ~ पम्प में नए ≈ की आवश्यकता है. **washerman** *n*^c^. धोबी [clever होशियार, dishonest बेईमान, old पुराना]; the ~ was employed to do household washing ≈ को घर के कपड़े धोने के लिए लगाया गया था; I have given your shirt to the ~ मैंने तुम्हारी कमीज़^F^ ≈ को दे दी है. [fem. washerwoman] **washing** वॉ'शिङ्ग *n*^u^. **1.** धुलाई^F^ : so many clothes for ~ ≈ के लिए इतने सारे कपड़े; ~ charges at this laundry are moderate इस लांडरी^F^/धुलाई घर में ≈ के दाम कुछ कम हैं; I have bought a ~ machine today मैंने आज ≈ की मशीन^F^ ख़रीदी है. **2.** (clothes) धुलाई के कपड़े : I had a lot of ~ today आज ≈ ढेर थे; hang the ~ out to dry धुले कपड़ों को सूखने के लिए बाहर लटका दो.

wasn't वॉ'ज़न्ट *v.* = was not नहीं था : he ~ at home वह घर पर नहीं था; it ~ raining बरसात नहीं हो रही थी.

wasp वॉस्प *n*^c^. भिड़, बर्रे [black काली, buzzing भिनभिनाती हुई, poisonous विषैली, yellow पीली]; a ~ stings like a bee ≈ मधुमक्खी की तरह डंक मारती है; do not touch the wasps' nest भिड़ों का छत्ता मत छुओ.

wastage वेस्'टिज *n*^c^. **1.** अपव्यय : ~ of money धन,का ≈; there is too much ~ of food भोजन का इतना ≈ है; I cannot bear such ~ of time मैं समय का इतना ≈ बरदाश्त नहीं कर सकता हूँ. **2.** छीजन^F^, कटन^F^ : ~ of 15% was unavoidable पंद्रह प्रतिशत

≈ अपरिहार्य था; in printing they allow 5% ~ of paper छपाई में पाँच प्रतिशत कटन मिलती है. **waste** वेस्ट **I.** *a.* **1.** (of field) अकृष्ट, बंजर : ~ field पड़ती, अकृष्ट भूमि^F; ~ land बंजर भूमि^F; (of a place) ग़ैर-आबाद, वीरान, उजाड़ : he laid ~ the entire town उसने सारा शहर उजाड़ दिया. **2.** रद्दी, कूड़ाकचरा : ~ paper रद्दी^F काग़ज़; ~ matter कूड़ा, रद्दी पदार्थ; there is so much ~ from factories कारखानों का इतना कूड़ा-कचरा आता है. **II.** *n*^uc. **1.** उजाड़/निर्जन स्थान : the ~s of the Rajasthan desert राजस्थान के रेगिस्तान के ≈. **3.** (material) कूड़ा-कचरा : ~s of papermill काग़ज़ की मिल का ≈; ~ of food भोजन का जूठन; you should not throw away the ~ here तुम्हें यहाँ ≈ नहीं फेंकना चाहिए. **III.** *v.t.* **1.** (ravage) उजाड़ना; तबाह करना, बरबाद करना : the river has ~d many villages नदी^F ने कई गाँवों को उजाड़ दिया है; the earthquake ~d the whole city भूकंप ने पूरे शहर को तबाह कर दिया. **2.** अपव्यय करना, नष्ट करना : don't ~ time समय नष्ट मत करो; he ~d his money on sweets उसने अपना पैसा मिठाई पर नष्ट कर दिया; he ~d all his property in gambling उसने अपनी सारी संपत्ति^F जुए में नष्ट कर दी. Δ ~ **away** (i) दुर्बल या क्षीण हो जाना : my mother is slowly ~ting away मेरी माँ धीरे-धीरे दुर्बल होती जा रही है; (ii) बेकार ख़र्च करना : he ~d away his money उसने अपना पैसा बेकार ख़र्च कर दिया. [*as distinct from* waist] **wasteful** वेस्ट'फुल *a.* **1.** (person) फ़िज़ूलख़र्च, अपव्ययी, उड़ाऊ : young boys are generally ~ these days आजकल नवयुवा लड़के ≈ हैं. **2.** (causing waste) ख़र्चीला : ~ habits ख़र्चीली आदतें^F; ~ process ख़र्चीली प्रक्रिया^F.

watch वॉच **I.** *n*^c. **1.** (timepiece) घड़ी, जेब घड़ी^F [golden सुनहरी, expensive महँगी]; the ~ is on his wrist घड़ी उसकी कलाई^F पर है; it is two o'clock by my ~ मेरी ≈ में दो बजे हैं; my watch has stopped मेरी ≈ बंद हो गई है; I must have my ~ repaired मुझे अपनी ≈ की मरम्मत करा लेनी चाहिए; your ~ is ten minutes slow तुम्हारी घड़ी दस मिनट पीछे/सुस्त है. **2.** *n*^u. चौकसी^F, सतर्कता^F, पहरा, निगरानी^F : the guard kept ~ at the gate रक्षक/गार्ड दरवाज़े पर ≈ करता रहा; the police were on the ~ पुलिस ≈/पहरे पर थी; a man was left behind for the ~ of the equipment एक व्यक्ति को सामान की निगरानी^F के लिए पीछे छोड़ दिया गया; to set a ~ on a place किसी जगह पहरा बिठाना. **3.** पहरेदार, चौकीदार, प्रहरी [cautious सावधान, expert कुशल]; the night ~ रात का ≈; I have appointed him a ~ on the gate मैंने उसे फाटक पर ≈ नियुक्त किया है. **II.** *v.t.* **1.** (ध्यान से) देखना : we were ~ing the match हम मैच देख रहे थे; we ~ed the sunset from the balcony हमने छज्जे पर से सूर्यास्त देखा; to ~ the T.V. टीवी देखना. **2.** पहरा देना, ध्यान देना, निगरानी^F करना [anxiously उत्सुकता से, carefully सावधानी से]; ~ it इसका ध्यान रहे; ~ the prisoner कैदी का ध्यान रखो; ~ my luggage मेरे सामान का ध्यान रखना; ~ the child बच्चे का ध्यान रखना; dogs ~ well कुत्ते अच्छी चौकीदारी^F करते हैं. **3.** he was ~ing for an opportunity वह अवसर की प्रतीक्षा में था. ≈ **~ over** निगरानी^F रखना, देखभाल^F करना : ~ over the sheep भेड़ों की निगरानी रखो. ~ **maker** *n*^c. घड़ीसाज़ : leave your watch with the ~ for repairs घड़ी^F ≈ के पास मरम्मत^F के लिए छोड़ दो. ~ **man** *n*^c. चौकीदार, पहरेदार [new नया, old वृद्ध, retired अवकाशप्राप्त]; he is a ~ in our building वह हमारी इमारत में ≈ है; all the watchmen were sleeping when I went into the house जब मैं घर के अंदर गया तो सब ≈ सो रहे थे; the robbers first killed the ~ लुटेरों ने पहले ~ को मार डाला. ~**word** *n.* (of party) आदर्श वाक्य : the ~ of their party was 'do or die' उनके दल का ≈ था' 'करो या मरो'.

water वॉ'टर **I.** *n*^u. **1.** पानी, जल [boiled उबला/पका, cold ठंडा, fresh ताज़ा, hot गरम, warm कुनकुना]; he asked for a glass of ~ उसने एक गिलास ≈ माँगा; give me some ~ to drink मुझे पीने को थोड़ा पानी दो;

pour ~ in the bucket बाल्टी में पानी उड़ेलो. **2.** (usu. in *pl.*) जलाशय समुद्र, तालाब, झील[F], नदी[F]) : save him, he has fallen into the ~ उसे बचाओ, वह नदी में गिर गया है. **high** ~ ज्वार; **low** ~ भाटा. Δ **in deep** ~ मुसीबत में, संकट में : they were in deep ~ when their passports were lost जब उनके पारपत्र खो गए तो वे मुसीबत[F] में पड़ गए; **in smooth** ~ सुखपूर्वक : he is living in smooth ~ today आज वह सुखपूर्वक रह रहा है; by ~ जलमार्ग से : we went to Patna by ~ हम जलमार्ग से पटना गए; to **keep one's head above** ~ ऋण या दिवाले से बचना : businessmen learn to keep their head above ~ व्यापारी दिवाले से बचना जान जाते हैं; **above** ~ निश्चिंत, संकट-मुक्त : now he is above ~ in his business अपने धंधे में अब वह संकटमुक्त है; to make/pass ~ पेशाब करना; **of the first** ~ पक्का, उत्कृष्ट कोटि का : he is a scientist of the first ~ वह उत्कृष्ट कोटि का वैज्ञानिक है. **on land and** ~ जल-थल में; **spend like** ~ पानी की तरह बहाना : he spends money like ~ वह पानी की तरह पैसा बहाता है; **throw cold** ~ **on** नापसंद करना, से असहमति प्रकट करना : he threw cold ~ on that proposal उसने प्रस्ताव से असहमति प्रकट की; **written in** ~ (i) क्षणभंगुर, पानी का बुलबुला : life is written in ~ जीवन पानी का बुलबुला है; (ii) the message was written in ~ यह संदेश जल्दी भुला दिया गया. ~ **borne** जल परिवाहित : ~ goods जल परिवाहित माल; ~ borne diseases जल संक्रमित रोग. ~ **fall** *n*[c]. जल-प्रपात, प्रपात : this ~ fall flows down from a height of 43 metres यह ≈ 43 मीटर की ऊंचाई से गिरता है; there are several ~ falls in the Himalaya हिमालय में कई ≈ हैं. ~ **man** *n.* पानीवाला [careless लापरवाह, ready तैयार]; there is a ~ man in the office कार्यालय में एक ≈ है. ~ **mark** *n*[c]. जलांक, पानी की छाप[F] : there is ~ mark in every currency note हर नोट में ≈ रहती है; ~ mark in judicial papers न्यायिक कागजात में जलांक. ~ **melon** *n*[c]. तरबूज़ : a ~ melon has green skin and red flash ≈ का छिलका हरा और गूदा लाल होता है. ~ **power** *n*[u]. जलविद्युत : they set up a plant to produce ~ power उन्होंने ≈ पैदा करने के लिए एक कारख़ाना लगाया है. ~ **proof** *a. & n.* (i) बरसाती : put on your ~ proof coat अपना ≈ कोट पहन लो. (ii) जलसह, जलरोक : this cloth is ~ proof यह कपड़ा ≈ है. ~ **tight** *a.* (i) जलरोधी [box संदूक, roof छत]; ~ tight compartments अलग-अलग खाने या भाग; (ii) (flawless) त्रुटिरहित : ~ excuse ≈ बहाना . ~ **way** *n.* जलमार्ग : a boat can go up the ~ way नाव इस ≈ से ऊपर जा सकती है. ~ **works** *n. & pl.* वॉटर वर्क्स, जलकल विभाग : to get a job at ~ works ≈ विभाग में काम पाना. **II.** *v.t.i.* **1.** (irrigate) सींचना : ~ the plants पौधों को सींचो. **2.** (of animals) पानी दिखाना, पानी पिलाना : ~ your horse अपने घोड़े को पानी पिला दो. **3.** पानी छिड़कना : to ~ the road सड़क पर ≈. **4.** मुंह में पानी भर आना : my mouth began to ~ मेरे मुंह में पानी भर आया.
watery वॉ'टरि *a.* **1.** जलीय, पनीला, पतला : ~ soup ≈ सूप; ~ coffee पनीली कॉफी[F]; the solution was so ~ घोल बहुत ही ≈ था. **2.** (of clouds) वर्षा सूचक. **3.** (of colour) फीका.

watt वॉट *n*[c]. वाट : a kilowatt = 1000 ~s; I needed a hundred ~ electric bulb मुझे सौ ≈ के बिजली के बल्ब की आवश्यकता थी.

wave वेव़ **I.** *n*[c]. **1.** लहर[F] [high ऊँची, huge विशाल]; cold ~ शीत ≈; heat ~ लू; we watched the ~s in the lake हमने झील[F] में लहरें देखीं; ~ of enthusiasm has overwhelmed him उत्साह की लहर ने उसे अभिभूत कर दिया है; the ~s rolled over the deck लहरें डेक तक लुढ़कती आईं; the rising ~s were looking very beautiful उठती हुई लहरें बहुत सुंदर दिख रही थीं; ~ of anger, depression, violence क्रोध, उदासी[F], हिंसा[F] की ≈. **2.** तरंग : ~ length तरंगायाम; ~ of sound, electricity ध्वनि, विद्युत ≈. **3.** (of hand) संकेत, इशारा : I could not understand his hand's ~ मैं उसके हाथ का ≈ न समझ सका/सकी. **4.** (of hair) घूँघर : her hair have ~s उसके बालों में ≈ हैं. **II.** *v.t.* **1.** लहराना, फहराना : the principal ~d the flag on the occassion of the Independence Day स्वतंत्रता दिवस के अवसर पर प्राचार्य ने झण्डा फहराया. **2.** झुलाना : to ~ one's handkerchief अपना रूमाल झुलाना-हिलाना. **3.** इशारा/संकेत करना : she ~d her hand उसने अपने हाथ से इशारा किया; to ~ smb away किसी को चले जाने का इशारा करना. **4.** घूंघर बनाना : she had her hair ~d उसने अपने बाल घुँघराले/लहरियादार बनवाए. **III.** *v.i.* **1.** लहराना, फहराना : flags were waving in the wind झंड़े हवा में लहरा रहे थे; her hair ~ उसके बाल लहराते हैं. **2.** झूमना : trees ~d in the wind पेड़ हवा में झूमते थे. **3.** they ~d goodbye उन्होंने विदाई नमस्कार किया. [*as distinct from* waive]

waver वे'व़र *v.t.* **1.** डगमगाना, डोलना : the young man ~d नवयुवक डगमगाया. **2.** हिचकिचाना, झिझकना : I once ~ed about taking the examination एक बार मैं परीक्षा देने में हिचकिचाया; they ~ed between agreeing and disagreeing वे सहमति और असहमति के बीच में हिचकिचाते थे. **3.** हिलना-डुलना : her eyes ~ed when she looked at him जब उसने उस पर निगाह डाली तो उसकी आँखें हिलने-डुलने लगीं. **4.** the light is ~ing बत्ती घट-बढ़ रही है.

wax वैक्स **I.** *n*[u]. मोम [prepared तैयार किया हुआ, purified शुद्ध]; ~ work ≈ का काम; ≈ के पदार्थ या मूर्तियाँ आदि; sealing ~ लाख; ear ~ खूंट मैल; the candles are made of ~ मोमबत्तियाँ[F] ≈ की बनी होती हैं; to mould smb like ~ किसी को ≈ की तरह ढालना. **II.** *v.t.* **1.** (increase) बढ़ना, वृद्धि करना : the moon is ~ing day by day चंद्रमा दिन-प्रतिदिन बढ़ रहा है. [*ant.* wane] **2.** (become) हो जाना : he ~ed angry वह गुस्से हो गया; she has ~ed fat वह मोटी हो गई है.

way वे *n*[c]. **1.** मार्ग, रास्ता [direct सीधा, easy आसान, zigzag टेढ़ा-मेढ़ा]; Milky Way आकाश-गंगा; on the ~ to the village गाँव के रास्ते पर; can you tell me the ~ to the exhibition क्या आप मुझे प्रदर्शनी का ≈ बता सकते हैं? which is the ~ to go to the station स्टेशन जाने का कौन सा रास्ता है? there is no shorter ~ to the town उस कस्बे के लिए इससे छोटा रास्ता नहीं है; get out of the ~ रास्ते से हट जाओ; that house is out of the ~ वह मकान रास्ते से दूर है. **2.** (method) तरीका, ढंग [new नया, simple साधारण]; in what ~ can I help you मैं किस तरीके (तरह) से तुम्हारी सहायता कर सकता हूँ? there is no other ~ to solve it इसे हल करने का कोई और ≈ नहीं है; there is a ~ to help anybody किसी की सहायता[F] करने का एक ≈ होता है; this is not the ~ यह कोई ≈ नहीं है. **3.** दूरी[F], फ़ासला : a little ~ थोड़ी दूरी; a long ~ बहुत दूर; it is a long ~ from here to the station, यहाँ से स्टेशन की दूरी बहुत है. **4.** (direction) दिशा[F], तरफ़[F], ओर[F] : look both ~s before you cross the road सड़क पार करने से पहले दोनों तरफ़ देखो; this ~, please कृपया इस तरफ से आइए. **5.** आदत[F] : he has some funny ~s उसकी कुछ अजीब आदतें हैं; I do not like his ~s मुझे उसकी आदतें पसंद नहीं हैं; this is his ~ of doing it उसकी इस तरह करने की ≈ है. **6.** (other contexts) to get/have one's own ~ मनमानी करना, अपना चाहा करना; this house is good in several ~s यह मकान कई लिहाज़ से अच्छा है; he is in a bad ~ उसकी दशा[F] खराब है; he lives in a big ~ वह शान से रहता है. Δ **across the** ~ रास्ते के पार, सामने; **anyway** बहरहाल; **to be in smb's** ~ किसी के रास्ते में रोड़ा होना; **to be on one's** ~ जानेवाला होना : I am on my ~ home मैं घर जाने वाला हूँ; **by the** ~ प्रसंगवश by the ~ if he meets you, ask him to come : प्रसंगवश, यदि वह तुमसे मिल जाए तो उससे आने को कहना; **by ~ of** (i) के अभिप्राय से : by ~ of finding the truth सच्चाई[F] पाने के अभिप्राय से; he has come by ~ of his business वह अपने व्यवसाय के अभिप्राय से आया है; (ii) के रास्ते : we reached Ambala by ~ of Meerut हम मेरठ के रास्ते अम्बाला पहुंचे; **to come to one's** ~ प्राप्त हो जाना : many honours came the poet's ~ कवि को बहुत सम्मान मिलते रहे; **to get into the** ~ आदी होना : he has got into the ~ to going to bed late at night वह देर रात सोने का आदी हो गया है; to get under the ~ आगे बढ़ना : the plan did not get under the ~ योजना[F] आगे नहीं बढ़ी; **give way** (i) उखड़ जाना, टूट जाना : the chair gave ~ under his weight उसके भार से कुर्सी टूट गई; (ii) मान लेना, हार जाना : I can never give ~ so easily मैं इतनी आसानी से कभी (हार) नहीं मान सकता; **go one's** ~ अपनी राह लेना; अपनी राह चलना : don't trouble me, go your own ~ मुझे परेशान मत करो, अपने रास्ते जाओ; **to go out of one's** ~ नियम/आदत के प्रतिकूल करना : he went out of his ~ to help me उसने अपनी आदत के प्रतिकूल मेरी सहायता[F] की; to **have one's own** ~ अपनी मरज़ी या इच्छा के अनुसार चलना, अपना चाहा करना : he does not listen, he has his own ~ वह नहीं सुनता, अपनी करता है; **to be in family** ~ (pregnant) गर्भवती होना; **lead the** ~ रास्ता दिखाना, पथ-प्रदर्शन करना : he led the ~ to his children उसने अपने बच्चों का पथ-प्रदर्शन किया; **make one's** ~ बीच से निकलना : he made his ~ into the crowd उसने भीड़[F] में से अपना रास्ता निकाल लिया; **to mend one's ~s** अपना तौर-तरीका सुधारना; **once in a** ~ बहुत कम, कभी-कभार, भूले-भटके, यदा-कदा : he comes here once in a ~ वह यहाँ भूले-भटके आ जाता है; **one ~ or the other** (somehow) किसी न किसी तरह : he passed the exam one ~ or the other वह किसी न किसी तरह परीक्षा उत्तीर्ण कर गया; **out of the** ~ रास्ते से हटकर, परे : do nothing out of the ~ रास्ते से हटकर कुछ मत करो; I keep him out of the ~ because he is not a desirable man मैंने उसे अपने से दूर रखा क्योंकि वह एक वांछित व्यक्ति नहीं है; **pave the** ~ रास्ता तैयार करना, मार्ग प्रशस्त करना : Ramesh paved the ~ for my successful ascent to the peak रमेश ने चोटी तक मेरी सफल चढ़ाई के लिए रास्ता तैयार कर दिया; to **put smb out of the** ~ किसी को मारकर अपना रास्ता साफ करना, **take one's** ~ चला जाना : take your ~ and never try to come back here अपने रास्ते जाओ और यहाँ लौट आने का प्रयास मत करना; in my ~ of thinking, this plan is defective मेरे विचार में यह योजना त्रुटिपूर्ण है. **~bill** *n.* मालसूची, रवन्ना, चालान : he presented the ~ to the transport company उसने मालसूची परिवहन कंपनी को दे दी. [*as distinct from* weigh] **~lay** *v.t.* (*p.* ~laid) रास्ता रोक लेना : she ~laid me and asked why I was late उसने मुझे रास्ते में रोका और पूछा कि तुम्हें देरी क्यों हुई. (ii) रास्ते में लूटना : highwaymen used to ~ travellers when there was a forest here जब यहाँ जंगल था तब बटमार यात्रियों को लूट लिया करते थे. **~ward** *a. & n.* **1.** (self- willed) हठधर्मी, जिद्दी, हठी : most children are ~ बहुत से बच्चे ≈ होते हैं. **2.** (capricious) मनमोजी : he has been a man of ~ behaviour since his boyhood वह अपने बचपन से ही ≈ स्वभाव का व्यक्ति रहा है.

W.B. = West Bengal पश्चिमी बंगाल.

W.C. = water closet पाखाना, टट्टी[F]

we वी *pron.* (*pl.* of I) हम : ~ know him very well ≈ उसे बहुत अच्छी तरह जानते हैं; ~ two are great friends ≈ दोनों अच्छे मित्र हैं; ~ shall be back here at three o'clock ≈ यहाँ तीन बजे वापस होंगे/होंगी. ~ all want to see her हम सब उसे देखना (उससे मिलाना) चाहते हैं.

weak वीक *a.* दुर्बल, कमज़ोर [body शरीर, child बच्चा, heart दिल]; ~ eyed मंददृष्टि; ~ headed अल्पबुद्धि, मंदबुद्धि; ~ minded मूढ़, बेवकूफ़, कमअक्ल; ~ market मंदा बाज़ार; ~ sighted जिसकी नजर कमज़ोर हो, दुर्बलदृष्टि; ~ spirited कमहिम्मत, डरपोक; he was too ~ to stand वह इतना कमज़ोर था कि खड़ा नहीं हो सकता था; due to his ~ health, he cannot go anywhere अपने ≈ स्वास्थ्य के कारण वह कहीं नहीं जा सकता; he is ~ in English वह अंग्रेज़ी में कमज़ोर है; Mary was very ~ मेरी बहुत कमज़ोर थी. [*ant.* strong]. **2.** क्षीण, धीमा : she said smth in a very ~ voice उसने कुछ बड़ी धीमी आवाज़ में कहा.

3. हल्का, पतला : coffee is ~ कॉफी पतली है; the drink was very ~ पेय बहुत पतला था; ~ solution ≈ घोल. **4.** (of style) ओजरहित, फीका : his style of writing is ~ उसकी लेखनशैली ओजरहित है. **5.** मंद [eyes दृष्टि^F, light प्रकाश]. **6.** somebody's ~ point किसी की कमजोरी^F [*as distinct from* week]. **weaken** वी'कन *v.t.i.* दुर्बल/कमज़ोर कर देना या होना : his heart has ~ed उसका दिल कमज़ोर हो गया है; his strength has ~ed उसकी शक्ति क्षीण (ताकत कमजोर) हो गई है; this tragedy has ~ed him, his heart इस त्रासदी ने उसे, उसके हृदय को दुर्बल बना दिया है; she ~ed further as illness grew जैसे ही बीमारी बढ़ गई, वह और दुर्बल होती गई; you should not ~ his courage तुम्हें उसके साहस को क्षीण नहीं करना चाहिए, [*ant.* strengthen]. **weakling** वी'क्लिङ्ग कमज़ोर या दुर्बल व्यक्ति : a ~ since his birth जन्म से ही ≈; he married a ~ उसने एक कमज़ोर (लड़की) से शादी^F की. **weakness** वीक्'निस *n.* (*pl.* ~es) **1.** दुर्बलता^F, कमजोरी^F : ~ of mind मन की ≈; smoking is the cause of his ~ धूमपान ही उसकी ≈ का कारण है. [*ant.* strength] **2.** (defect) दोष, दुर्गुण, ऐब [grave गंभीर, great भारी]; this is the only ~ in our society हमारे समाज में यही एक ≈ है; smoking is his ~ धूम्रपान उसका ≈ है. **3.** (fondness) चस्का, अभिरुचि^F : a child's ~ for ice-cream आइसक्रीम के लिए बच्चे की अभिरुचि; his ~ towards the girls is clear लड़कियों के प्रति उसकी अभिरुचि स्पष्ट है.

wealth वेल्थ *n*^u. **1.** धन, दौलत^F, अमीरी^F [considerable काफी, immense बहुत अधिक]; he is a man of ~ वह धनी आदमी है; she has a lot of ~ उसके पास बहुत ≈ है; she had inherited great ~ उसे बहुत-सा ≈ बपौती में मिला; preserve the national ~ राष्ट्रीय संपत्ति का संरक्षण करो. **2.** (abundance) बहुतायत^F, प्राचुर्य : ~ of details प्रचुर ब्यौरा; he gave a ~ of examples उसने प्रचुर उदाहरण दिए. **wealthy** वेल्'थि *a.* (wealthier, wealthiest) धनी, धनवान, धनाढ्य [family परिवार, person व्यक्ति]; she is a ~ woman वह ≈ स्त्री है; there lived a ~ businessman in the market बाजार में एक ≈ व्यापारी रहता था.

weapon वे'पन *n*^c. **1.** शस्त्र, हथियार [dangerous ख़तरनाक, modern आधुनिक, powerful शक्तिशाली]; rifle is a ~ राइफ़ल ≈ एक है; he has collected many ~s उसने बहुत-से ≈ इकट्ठे किए हैं; use of nuclear ~s in the war युद्ध में परमाण्वीय शस्त्रों का प्रयोग. **2.** (fig.) हथियार, साधन : a good brain is his precious ~ अच्छा दिमाग़ उसका मूल्यवान ≈ है.

wear वेअर **I.** *v.t. & i.* (*p.* wore, *p.p.* worn). **1.** पहनना, पहन लेना : to ~ cap, pants, socks, ring टोपी, पैंट, मोज़े, अंगूठी ≈; to ~ shoes जूते पहनना; to ~ glasses ऐनक/चश्मा लगाना; she ~s ornaments वह गहने पहनती है; he wore a winter coat उसने जाड़े का एक कोट पहना; I have no shoes to ~ मेरे पास पहनने को जूते नहीं हैं; which dress are you going to ~ today तुम आज कौन-सी पोशाक पहनने जा रहे हो? she was ~ing a saree वह एक साड़ी पहने थी. **2.** (of hair) रखना : she ~s her hair short वह अपने बाल छोटे रखती है; I ~ long hair मैं लंबे बाल रखता हूँ. **3.** (exhibit) प्रदर्शित करना, प्रकट करना : he ~s a sad look उसके चेहरे से उदासी झलकती है; she ~s a smile उसके चेहरे पर मुस्कराहट^F रहती है. **4.** (rub) घिसना, घिस जाना : his shirt is worn उसकी कमीज़^F घिस गई है; the water has worn the rocks पानी ने चट्टानों को घिसा दिया है; the shoe will ~ soon जूता जल्दी घिस जाएगा. **5.** (enduring use) टिकाऊ होना, बहुत चलना : this material ~s well यह माल बहुत चलता है; this cloth will ~ for years यह कपड़ा वर्षों चलेगा; leather ~s better than cloth कपड़े की अपेक्षा चमड़ा ज़्यादा दिन चलता है (ज़्यादा टिकाऊ होता है); this dress ~s long यह पोशाक बहुत टिकाऊ है. **6.** थक जाना, थकाना : he is worn with hard work कठिन परिश्रम से वह थक गया है; don't ~ the child बच्चे को मत थकाओ. Δ ~ **away** (i) जीर्ण हो जाना : his coat has worn away उसका कोट जीर्ण हो गया है.

(ii) जीर्ण कर देना : the waves have worn the rocks लहरों ने चट्टानों को जीर्ण कर दिया है; ~ **down** जीर्ण कर देना : the illness has worn him down बीमारी^F ने उसे जीर्ण कर दिया है; ~ **off** धीरे-धीरे समाप्त या लुप्त हो जाना : now the pain is ~ing off अब दर्द धीरे-धीरे समाप्त हो रहा है; the polish on your shoes is ~ing off तुम्हारे जूतों पर की पालिश लुप्त हो रही है; ~ **on** किसी-न-किसी तरह या धीरे-धीरे बीत जाना : these days will also ~ on ये दिन भी किसी-न-किसी तरह बीत जायेंगे; ~ **out** (i) थकाना : he is worn out with toil घोर परिश्रम करते वह थक गया है; poverty wore him out before time ग़रीबी ने उसे वक्त से पहले थका दिया; (ii) घिस जाना : her shoes ~ out quickly उसके जूते तेज़ी से घिस जाते हैं; (ii) समाप्त हो जाना : his patience is worn out उसका धैर्य समाप्त हो चुका है. **II.** *n*^u. **1.** (clothes) पहनावा, पोशाक^F : I use this suit as common ~ मैं इस सूट का आम पोशाक की तरह इस्तेमाल करता हूँ. **2.** (damage) छीजन, घिसावट : ~ of tyres by rough roads खुरदरी सड़कों से टायरों का घिसाव; who will bear the cost of ~s ≈ की लागत^F कौन देगा? Δ ~ **and tear** टूट-फूट^F keep 10% for the ~ and tear of your machine अपनी मशीन की टूट-फूट के लिए 10% रखें. **3.** foot ~ जूते आदि; underwear कच्छा-बनियान.

weariness विअ'रिनिस *n.* थकावट^F [mental मानसिक, physical शारीरिक]; I could not come to you because of ~ ≈ के कारण मैं आपके पास नहीं आ सका. **wearisome** विअ'रिसम *a.* उबाऊ, थकाने वाला [child बच्चा, day दिन, journey सफ़र]; you have given a ~ job to me तुमने मुझे ≈ काम दिया है; the ceremony was ~ यह रस्म^F ≈ थी; a ~ poem ≈ कविता^F. **weary** विअ'रि **I.** *a.* **1.** (tired) थका-माँदा, तंग : I felt much ~ after work काम के बाद मैं बहुत थक गया था. **2.** (causing exhaustion) थकाऊ : I have never seen such a 'drama' मैंने इतना ≈ नाटक कभी नहीं देखा है. **3.** (tedious) उबाऊ : ~ lesson, lecture ≈ पाठ, भाषण; I am ~ of excuses मैं बहानों से ऊब गया हूँ. **II.** *v.t.i.* **1.** (tire) थकाना : I do not like to ~ you with details मैं विस्तृत विवरण से आपको थकाना नहीं चाहता; the long journey wearied us लंबी यात्रा^F ने हमें थका दिया. **2.** (bore) उबाना, उकता देना : you ~ me with arguments तुम मुझे तर्क देकर उबा देते हो; I wearied myself of listening to his repeated grievances मैं उसकी बार-बार की शिकायतों से ऊब गया.

weather वे'दर **I.** *n*^u. मौसम [cloudy मेघिल, dry शुष्क, pleasant सुहावना]; bad ~ ख़राब ≈; fair ~ अच्छा ≈; foul ~ आँधी-पानी; ~ chart मौसम संबंधी ब्योरे का नक्शा; ~ cock वायु की दिशा^F बताने वाला पंखा; ~ forecast ≈ पूर्वानुमान; ~ proof ऋतुसह, वर्षासह; ~ pundit ≈ विशेषज्ञ; ~ report ≈ वार्ता^F; ~ station ≈ कार्यालय; we had good ~ the whole month पूरे महीने अच्छा ≈ रहा; what was the ~ like ≈ कैसा था? it is very fine ~ today आज बड़ा सुहावना ≈ है. ~ turned cold ≈ ठंडा हो गया; a ~ cock moves and shows which way the wind is blowing वातसूचक घूमता है और दर्शाता है कि हवा^F किस तरफ़^F बह रही है. **II.** *v.t.* **1.** खुली हवा^F लगवाना : to ~ wooden planks लकड़ी के तख़्तों को ≈. **2.** (come safely through) से बचकर निकलना : the ship ~ed a storm जहाज़ तूफ़ान से बचकर निकल आया. **3.** (disintegrate by exposure) का अपक्षय हो जाना : the rocks ~ in the stormy seas तूफ़ानी समुद्रों में चट्टानों का अपक्षय होता है [*as distinct from* whether]

weave वीव़ *v.t.* (wove, woven) **1.** बुनना : a weaver ~s cloth जुलाहा कपड़ा बुनता है; to ~ a mat चटाई^F बुनना; she knows how to ~ a carpet वह ग़लीचा बुनना जानती है; I have woven a sweater for you मैंने आपके लिए एक स्वेटर बुना है. **2.** गूंथना : to ~ threads together धागों को एक साथ ≈; to ~ a garland of flowers फूलमाला^F ≈. **3.** (introduce) जोड़ना, रचना : he has woven many sub-stories in it उसने इसमें कई उप-कथाओं को जोड़ दिया है. **4.** he wove his way through the crowd वह भीड़^F में इधर-उधर चलते हुए चला गया. **weaver** वी'वर

n^c. जुलाहा, बुनकर [expert दक्ष, hardworking मेहनती, poor ग़रीब]; ~s of Murshidabad were once very famous for their workmanship एक समय मुर्शिदाबाद के ≈ अपनी कामगीरी^{F} के लिए प्रसिद्ध थे. **weaving** वी'विङ्ग n^u. बुनाई^F : he is good at ~ ≈ में वह अच्छा है; yarn for ~ ≈ के लिए धागे; he has sold his ~ implements उसने अपनी ≈ के उपकरणों को बेच दिया है.

web वेब, **cob** ~ n^c. **1.** जाला : spider's ~ मकड़ी^{F} का ≈; the spider spins its own ~ मकड़ी अपना ≈ स्वयं बुनती है. **2.** (trap) जाल : a ~ of his trick उसकी चाल^F का ≈. **3.** झिल्ली^{F} : ~ of a duck's toes बत्तख के पैरों की ≈.

wed वेड *v.t.i.* (wedded)/wed **1.** से विवाह करना, शादी^{F} करना : he ~ded her in Calcutta उसने उससे कलकत्ता में शादी की; they were ~ded in July last पिछली जुलाई^F में उनकी शादी हुई थी, he is going to ~ on Wednesday वह बुधवार को शादी करने जा रहा है. **2.** (join the couple in marriage) विवाह-संस्कार संपन्न करना : the priest ~ded Gokul and Nidhi पुरोहित ने गोकुल और निधि की शादी कराई.

Wed. = Wednesday बुधवार

we'd = we should/would/we had.

wedding वेडिङ्ग *n.* विवाह, शादी^{F} : ~ day ≈ का दिन; ~ card ≈ का कार्ड; ~ring ≈ की अँगूठी^{F}; ~ cake ≈ का केक; be present at the ~ ≈ में उपस्थित होना; his ~ took place on Thursday उसका विवाह बृहस्पतिवार को संपन्न हुआ; I will attend the ~ मैं ≈ में शामिल हूँगा; I have invited him to attend the ~ मैंने उसे ≈ में आने के लिए आमंत्रित किया है.

wedge वेज **I.** n^c. पच्चर^F, खूँटी^{F} : put a ~ under the door to keep it steady दरवाज़े को स्थिर रखने के लिए उसके नीचे पच्चर लगाओ. **2.** (fig.) thin end of a ~ थोड़ी-सी शुरुआत^F, सूत्रपात : this order is a thin end of the ~ only, they will give more orders यह आर्डर तो केवल ≈ है, वे और आर्डर देंगे. Δ **to drive a ~ between two friends** मित्रों में फूट^F डालना. **II.** *v.t.i.* फँस जाना; घुसना : his foot ~d in the hole उसका पैर सूराख में फँस गया; the boy ~d himself between his parents लड़का माँ और बाप के बीच में फँस गया.

Wednesday वेन्ज़'डि n^c. बुधवार : he died on ~ last वह पिछले ≈ को मरा : it is Monday today and it will be ~ a day after tomorrow आज सोमवार है और परसों ≈ होगा; she will be here next ~ वह अगले बुध को यहाँ होगी.

weed वीड **I.** n^c. खर-पतवार, घास-पात, घास-फूस : ~ grows in cultivated land ≈ कृष्ट भूमि^{F} में उगते हैं; his garden was full of ~s उसका बग़ीचा ≈ से भरा था. **II.** *v.t.* निराना, साफ़ करना : it took me so much time to ~ the garden मुझे बग़ीचा निराने में इतना सारा समय लगा; I spent the day in ~ing the grass मैंने पूरा दिन घासफूस निराने में बिताया; they all ~ed the paddy वे सब धान निराते थे. Δ **~ out** निकाल देना, छाँट देना : he ~ed out all useless papers उसने सब बेकार काग़ज़ छाँटकर निकाल दिए; they had to ~ out some candidates उन्हें कुछ उम्मीदवार छाँट देने थे.

week वीक n^c. सप्ताह, हफ़्ता [next अगला, previous पिछला]; first ~ of the month महीने का पहला ≈; what day of the ~ is it यह हफ़्ते का कौन-सा दिन है ? they pay me 60 rupees per ~ वे प्रति ≈ मुझे साठ रुपए देते हैं; he will return within a ~ वह एक ≈ के अंदर वापस लौट आएगा; for the last three ~s I have been living in the village पिछले तीन ≈ से मैं गाँव में रह रहा हूँ; take this medicine three times a ~ यह दवा^{F} हफ्ते में तीन बार लो; there are seven days in a ~ एक हफ्ते में सात दिन होते हैं; at the begining of the first ~ पहले हफ्ते के शुरू में. [*as distinct from* weak] **weekdays** *n.* **1.** रविवार को छोड़कर सब दिन : the office is open on all ~ कार्यालय ≈ खुला रहता है. **2.** काम के दिन : Monday to Friday are ~ in Central Government offices केंद्रीय सरकार^F के कार्यालयों में सोम से शुक्र तक ≈ होते हैं. **weekend** n^c. सप्ताहांत :

the offices are closed at the ~ कार्यालय ≈ में बंद रहते हैं; spend the ~ in the country ≈ देहात में बिताओ. **weekly** वीक्'लि **I.** *adv.* प्रति सप्ताह, हफ़्तेवार : he takes his wages ~ वह अपनी मज़दूरी[F] ≈ लेता है; I get my money ~ मैं अपना पैसा ≈ लेता हूँ; the magazine is published ~ पत्रिका[F] ≈ प्रकाशित होती है. **II.** *n. & a.* साप्ताहिक [paper पत्र, report रिपोर्ट[F], visit भेंट[F]]; what is my ~ instalment मेरी ≈ क़िस्त[F] क्या है? I have not seen the ~ programme on the T.V. मैंने टी. वी. पर ≈ कार्यक्रम नहीं देखा. साप्ताहिक पत्र : have you received your ~ क्या आपको अपना ≈ मिल गया है?

weep वीप *v.t.* (*p. & p.p.* wept) **1.** रोना, आँसू बहाना; (lament) पर विलाप करना : the boy is ~ing लड़का रो रहा है; he did not ~ at all वह बिल्कुल नहीं रोया; she wept herself to sleep वह रोते-रोते सो गई; his sister wept on receiving this news यह समाचार पाने पर उसकी बहन रोई; she wept tears of happiness उसने खुशी[F] के आँसू बहाए; he was ~ing like a child वह बच्चे की तरह रो रहा था; to ~ for somebody किसी के लिए रोना, विलाप करना; she ~s bitterly वह फूट-फूट कर रोती है. **2.** (exude moisture) रिसना : trees ~ पेड़ रिसते हैं.

weigh वे **I.** *v.t.* **1.** तोलना, वज़न करना : we ~ed sugar and flour हमने चीनी[F] और आटा तोला; have you ~ed yourself क्या तुमने अपना वज़न किया है? **2.** (consider) विचार करना : to weigh the facts तथ्यों पर ≈; to ~ the consequences परिणाम पर ≈; the judge ~ed all the arguments न्यायाधीश ने सब तर्कों पर विचार कर लिया. **3.** (have importance) वज़न होना, महत्व रखना : his statement ~s heavily उसके कथन का भारी महत्व है. **II.** *v.i.* **1.** तुलना, वजन होना : how much do you ~ तुम्हारा वज़न कितना है? it ~ed 2 kilos इसका वज़न दो किलो था. **2.** बोझ होना : his debt is ~ing on his mind उसके मन पर ऋण का बोझ है. Δ ~ **down** (i) झुकाना : the heavy fruits have ~ed down the branches भारी फलों ने शाखाओं[F] को झुका दिया है; (ii) (depress) उदास करना : he is ~ed down by grief वह दुख से उदास है; ~**in** शामिल होना : he ~ed in with his arguments वह अपने तर्कों के साथ बहस[F] में शामिल हो गया; ~ **out** तौल डालना : I ~ed out 50 kg. of potatoes मैंने पचास किलो आलू तौल डाले; ~ **with smb** प्रभावित करना, प्रभाव डालना : he ~s with the principal इसका प्रिंसिपल पर प्रभाव है. **weight** वेट n^{uc}. **1.** तौल, भार वज़न [great बहुत, heavy भारी, light हल्का]; net ~ शुद्ध भार; dead ~ निरा बोझ; ~ of responsibility ज़िम्मेदारी[F] का बोझ/भार; ~s and measures तौल और माप; what is the ~ of this box इस संदूक का वज़न कितना है? my ~ is 50 kilograms मेरा ≈ पचास किलोग्राम है; he has put on some ~ उसका वज़न कुछ बढ़ गया है; the patient lost ~ रोगी का वज़न कम हो गया. **2.** (piece of metal, etc.) तौल, वाट : put a ~ of three kilos on the scale पलड़े पर तीन किलो वाट रखो. **3.** (importance) वज़न, महत्व : his opinion is of some ~ उसकी राय में कुछ वज़न है/राय का महत्व है; his words were given much ~ उसके शब्दों को बहुत महत्व दिया गया. **4.** (influence) प्रभाव : a man of great ~ अत्यंत प्रभावशाली व्यक्ति; he has lost a lot of ~ with the people उसने लोगों में अपना अधिकांश ≈ खो दिया है. [*as distinct from* wait] **weighty** वे'टि **1.** भारी, वज़नी, [box संदूक, luggage सामान, stone पत्थर]; I cannot lift such a ~ thing मैं ऐसी ≈ चीज़[F] नहीं उठा सकता. **2.** (important) महत्वपूर्ण, वज़नदार : his arguments are ~ उसके तर्क ≈ हैं; to solve the ~ problems ≈ समस्याओं को हल करना. **3.** (influential) प्रभावशाली : he gave very ~ statements in the court उसने न्यायालय में ≈ वक्तव्य दिये. [*ant.* light]

welcome वेल्'कम **I.** n^{u}. स्वागत to bid smb ~ किसी का ≈ करना; they gave us a hearty ~ उन्होंने हमारा हार्दिक ≈ किया; I'll never forget his friendly ~ मैं उसके मैत्रीपूर्ण ≈ को कभी नहीं भूलूँगा. **II.** *a.* **1.** शुभ, सुखद [day दिन, visit भेंट]. **2.** स्वागत : we all participated in the ~ ceremony हम सब ने ≈ समारोह में भाग लिया; did you read the President's ~ address क्या तुमने राष्ट्रपति का ~ भाषण पढ़ा? you are ~ (i) आपका ≈ है; (ii) (धन्यवाद का उत्तर) कोई बात^F नहीं; you are ~ to make any suggestion कोई सुझाव देने के लिए आपका ≈ है; he is always ~ to my house मेरे घर में उसका सदा ≈ है. [*ant*. un~] **III**. *v.t.* का स्वागत करना [happily खुशी-खुशी, heartily हार्दिक]; they ~d my idea उन्होंने मेरे विचार का स्वागत किया; they ~d me warmly उन्होंने मेरा गर्मजोशी से स्वागत किया; the delegation was ~d by the President प्रतिनिधिमंडल का राष्ट्रपति ने स्वागत किया; all the teachers ~d the newly appointed principal सभी अध्यापकों ने नवनियुक्त प्राचार्य का स्वागत किया.

weld वेल्ड **I.** n^c. जोड़, टाँका [general साधारण, strong मज़बूत]; there is a ~ in your bicycle तुम्हारी साइकिल में ≈ है; this rod needs ~ इस छड़ में जोड़ की ज़रूरत है; there are many ~s in the machine मशीन^F में कई जोड़/टाँके हैं. **II.** *v.t.* **1.** टाँका लगाना, जोड़ना : to ~ the broken axle टूटे हुए धुरे में टाँका/जोड़ लगाना; ~ when the iron is hot जब लोहा गरम हो तो टाँका/जोड़ लगाओ; the pieces of metal were ~ed together धातुओं के टुकड़े एक साथ जोड़ दिए गए. **2.** (fig.) the various socialist parties were ~ed together विभिन्न समाजवादी दल जुड़ (एक हो) गए.

welfare वेल्'फ़ेंअर *n.* भला, कल्याण [physical भौतिक, social सामाजिक, spiritual आध्यात्मिक]; ~ centre कल्याण केंद्र; ~ state ≈ राज्य; ~ work ≈ कार्य; I have his ~ in mind उसका ≈ मेरे ध्यान में है; he is doing much for the ~ of the society वह समाज के कल्याण/भले के लिए बहुत कुछ कर रहा है; to inquire about smb's ~ किसी के कल्याण/कुशलक्षेम की पूछ-ताछ^F करना; he has drawn money from the ~ fund उसने कल्याण निधि से पैसा निकाला है.

well वेल **I.** n^c. **1.** कुआँ [deep गहरा, narrow सँकरा]; oil ~ तेल का ≈; there is a ~ beside his house उसके मकान के बगल में एक ≈ है; we get water from a nearby ~ हम एक करीब के कुएँ से पानी लेते हैं. **2.** भंडार : ~ of knowledge ज्ञान का ≈. **3.** (good) कल्याण : now he is doing service for the ~ of the society अब वह समाज के ≈ के लिए सेवा^{F} कर रहा है. **II.** *a.* (better, best) **1.** (in good health) ठीक, स्वस्थ, तंदुरुस्त : I hope you will be/get ~ soon मैं आशा^{F} करता हूँ कि तुम शीघ्र ही ≈ हो जाओगे; you don't look ~ तुम स्वस्थ नहीं लगते. **2.** (right, advisable) अच्छा, ठीक, ठीक-ठाक : all is ~ at home घर पर सब ≈ है; I am quite ~ here मैं यहाँ बिल्कुल ≈ हूँ; it is ~ that you have come अच्छा है कि तुम आ गए. [*ant*. un~] **III.** *adv.* **1.** अच्छी तरह से, भली-भाँति : he is ~ known वह सुख्यात है; did you sleep ~ tonight क्या तुम आज रात अच्छी तरह सोए; he did ~ in the examination उसने परीक्षा^{F} में अच्छा किया; I did not understand very ~ मैं बहुत ≈ नहीं समझा; I don't know Russian ~ मैं रूसी ≈ नहीं जानता. **2.** ठीक : I hope everything will go ~ मैं आशा^{F} करता हूँ कि सब कुछ ≈ से हो जाएगा. **3.** he speaks ~ of you वह तुम्हारी प्रशंसा^{F} करता है. **IV.** (*interj*). astonishment अच्छा !, अस्तु !, खैर !, अच्छा फिर , : ~ ! it is so ≈, ऐसा ही क्या ? go there very ~ वहाँ जाओ बहुत अच्छा ! V. *conj.* (as ~ as) और; भी : adults as ~ as children were enjoying the performance प्रौढ़ और बच्चे भी प्रदर्शन का आनंद ले रहे थे; she can read Russian as ~ as English वह रूसी पढ़ सकती है और अंग्रेज़ी भी.

well- वेल *prefix.* सु : **well-advised** *a.* समझदार [person व्यक्ति, society समाज]; you will be ~ to go just now तुम्हारी समझदारी^{F} इसमें होगी कि अभी चले जाओ; you have adopted a ~ step तुमने समझदारी^{F} का कदम उठाया है. **well-appointed** *a.* सुसज्जित [hotel होटल, house मकान, residence निवास-स्थान]; you will find everything ~ in the hall तुम्हें हाल में हर चीज़ ≈ मिलेगी. **wellbalanced** *a.*

1. संतुलित : his diet is ~ उसका आहार ≈ होता है; his mind is not yet ~ उसका मस्तिष्क अभी ≈ नहीं है. 2. (sane) समझदार : ~ person ≈ व्यक्ति. **well-behaved** *a.* शिष्ट, सुशील [fellow व्यक्ति, friend मित्र, student विद्यार्थी]; she is a ~ girl वह ≈ लड़की है. **well-being** *n.* कल्याण, भलाई^F : he has done much for the ~ of the society उसने समाज के कल्याण के लिए बहुत कुछ किया है; I am concerned about your ~ मुझे तुम्हारी भलाई की चिंता^F है. **well-born** *a.* अच्छे कुल या घराने का, कुलीन [leader नेता, woman औरत^F, youth युवक;] she is a ~ girl वह अच्छे घराने की लड़की है. **well-bred** *a.* सुशील, विनम्र, शिष्ट : the boy is too ~ to be haughty लड़का इतना ≈ है कि धृष्ट न होगा; ~ horse अच्छी नस्ल का घोड़ा. **well-connected** *a.* कुलीन [bridegroom दूल्हा, family परिवार, people लोग]. **well-defined** *a.* सुस्पष्ट, सुनिश्चित [image छवि^F, limits सीमाएँ^F, statement कथन]; everything is ~ in the research paper शोधपत्र में सब कुछ ≈ है. **well-earned** *a.* स्वर्जित [holiday छुट्टी^F, income आय^F, rest विश्राम]. **well-established** *a.* सुप्रतिष्ठित [business व्यवसाय, principles सिद्धान्त]; it is the ~ law of the land यह इस देश का ≈ क़ानून है. **well-founded** *a.* पक्का [belief विश्वास, suggestion सुझाव, suspicion संदेह]; according to our ~ practice it is allowed हमारे पक्के रिवाज के अनुसार यह उचित माना जाता है. **well-grounded** *a.* साधार : ~ proposal ≈ प्रस्ताव; the sources of Indian culture are ~ भारतीय संस्कृति^F के स्रोतों का आधार पक्का है; he is ~ in Maths गणित में उसका आधार पक्का है. **well-informed** *a.* बहुत कुछ जानने वाला, जानकार [director निदेशक, guide पथ-प्रदर्शक]; he was ~ about it इस बारे में उसको ठीक जानकारी^F थी. **well-knit** *a.* सुगठित [body शरीर, group समूह, society समाज]; all his organs are ~ उसके सभी अंग ≈ हैं. **well-known** *a.* सुप्रसिद्ध [facts तथ्य, sayings सूक्तियाँ, scholar विद्वान]; it is a ~ statement of Swami Vivekananda स्वामी विवेकानन्द का यह ≈ कथन है. **well-off** *a.* धनी, संपन्न [family परिवार, person व्यक्ति, widow विधवा^F]; there lived a ~ businessman in this village इस गाँव में एक ≈ व्यापारी रहता था; he is very ~ वह बहुत ≈ है. **well-ordered** *a.* सुव्यवस्थित [books किताबें^F, furniture फर्नीचर, utensils बरतन]; I found everything ~ in his house उसके घर में मुझे सब ≈ रखा हुआ मिला. **well-read** *a.* 1. बहुपठित, बहुश्रुत : ~ scholar ≈ विद्वान. 2. समझदार : she is very ~ वह बहुत ≈ है. **well-spoken** *a.* मधुरभाषी [leader नेता, receptionist स्वागताधिकारी]; he is courteous and ~ वह शिष्ट और ≈ है; the girl at the telephone is ~ टेलीफोन पर नियुक्त लड़की ≈ है. **well-timed** *a.* यथासमय, समयोचित [action कार्रवाई^F, advice सलाह^F, arrival पहुंच]. **well-to-do** *a.* संपन्न, धनी [lady महिला, nation राष्ट्र, person व्यक्ति]; Rama belongs to a ~ family रमा एक ≈ परिवार से है. **well-tried** *a.* अच्छी तरह परखा हुआ : ~ method ≈ तरीका. **well-up** *a.* कुशल, पूरा जानकार [artist कलाकार, worker कर्मी]; he is ~ in painting वह चित्रकला^F में कुशल है; she is ~ in Geography वह भूगोल की अच्छी जानकार है. **well-wisher** *n.* हितैषी, शुभचिंतक : no ~ came to help him कोई भी ≈ उसकी सहायता^F करने नहीं आया; I received congratulations from an unknown ~ मुझे एक अज्ञात ≈ से बधाई^F मिली. **well-worn** *a.* फटा-पुराना, घिसा-पिटा [luggage सामान, suit सूट]; he wore ~ clothes वह फटे-पुराने कपड़े पहने था; his shoes are now ~ उसके जूते अब फट-फटा गए हैं.

we'll = we shall, we will

went वेन्ट = *past tense* of 'go' *q.v.* गया : he ~ away yesterday वह कल चला गया; she ~ home वह घर गई.

wept वेप्ट *v.* past & *p.p.* of 'weep' *q.v.*; she ~ bitterly at the death of her husband वह अपने पति की मृत्यु पर फूट-फूट कर रोई.

were वर = *pl.* of 'was' *q.v.* थे, थी : they, we, you ~ not there वे, हम, तुम वहां नहीं थे;

they ~ fast friends वे पक्के मित्र थे.

we're = we are हम हैं.

weren't were not नहीं थे : they, we, you ~ absent वे, हम, तुम अनुपस्थित नहीं थे.

west वेस्ट *a.* & *n*[u]. पश्चिम : the sun sets in the ~ सूर्य ≈ में छिपता/डूबता है; I live in a village ~ of Lucknow मैं लखनऊ से ≈ एक गाँव में रहता हूँ; this man comes from the ~ यह आदमी ≈ से आता है; he travelled ~ उसने ≈ की यात्रा[F] की; he sat facing ~ and watching the sunset वह ≈ की ओर मुँह करके सूर्यास्त देखने बैठ गया. Δ **to go** ~ बेकार हो जाना : this coat has now gone ~ यह कोट अब बेकार हो गया है. **western** वेस्'टर्न *a.* पश्चिमी [culture संस्कृति[F], Europe यूरोप, nations राष्ट्र]; the ~ part of our country is much developed हमारे देश का ≈ भाग बहुत विकसित है; the rivers of ~ India पश्चिमी भारत की नदियाँ[F]. **westward** I. *a.* पश्चिमाभिमुख : in the ~ direction ≈ दिशा[F]. II. (~s) *adv.* पश्चिम की ओर : they have gone ~ वे ≈ गए हैं; he travelled ~ उसने पश्चिम की यात्रा की.

wet वेट I. *a.* (wetter, wettest) गीला, तर, भीगा, तर-बतर [hair बाल, shoes जूते]; ~ clothes, feet गीले कपड़े, पांव; we got ~ in the rain हम बारिश[F] में भीग गए; ~ nurse दूध पिलाने वाली धाय, दाई; did you get ~ क्या तुम भीग गए हो? I was ~ through and through मैं पूरा तर-बतर था; his vest was ~ with sweat उसकी बनियान[F] पसीने से तर थी. **2.** (rainy) बरसाती : ~ day ≈ दिन; ~ weather ≈ मौसम; it was ~ yesterday कल मौसम ≈ था. [*ant.* dry] **3.** (spiritless) बेहिम्मत : such a ~ person इतना ≈ आदमी. **II.** *v.t.* (*p.* & *p.p.* wet or wetted) **1.** भिगोना, गीला करना : the rain has ~ted you बरसात[F] ने तुम्हें तर-बतर कर दिया; you should not ~ your clothes because the day is not fair तुम्हें अपने कपड़े भिगोने नहीं चाहिए क्योंकि दिन खुला नहीं है. तर-बतर करना : the child had ~ted the bed बच्चे ने बिस्तर तर/गीला कर दिया. [*as distinct from* whet]

we've = we have : ~ reached home safely हम कुशलतापूर्वक घर पहुंच गए हैं.

what वॉट **I.** *a.* (pron.) क्या : ~ is this यह ≈ है? ~ is your name तुम्हारा नाम ≈ है? ~ are you doing तुम ≈ कर रहे हो? ~ did he say उसने क्या कहा? ~ do you mean तुम्हारा मतलब ≈ है? ~ does he want वह ≈ चाहता है? ~ is that to me इसका मुझसे क्या सरोकार? ~ are you looking at तुम क्या देख रहे हो? ~ has happened to you तुम्हें ≈ हो गया है? ~ is it made of यह किस चीज़ का बना है? so ~ तो क्या; ~ of his son उसके बेटे का क्या हाल है? ~ is he वह क्या (काम करता) है? **II.** *a.* कौन, कौन-सा : ~ dictionaries do you have तुम्हारे पास कौन से शब्दकोश हैं? I do not know ~ train he will go by मैं नहीं जानता कि वह किस गाड़ी[F] से जाएगा? ~ kind of person is he वह किस तरह[F] का आदमी है? ~ day is it today आज कौन सा दिन है? ~ news क्या समाचार! **III.** (*relative pron.*) जो : come ~ may जो भी हो; give the hens what is left जो बचा ही मुर्गियों[F] को दे दो; ~ he does is wrong जो वह करता है गलत है; you say ~ is true जो सच है, कह दो; do ~ you like जो चाहो करो. **IV.** *conj.* कि, क्या : I'll tell you ~ to do मैं तुम्हें बताऊंगा कि क्या करना है; he knows very well ~ your intention is वह भली-भाँति जानता है कि तुम्हारा इरादा क्या है. Δ (*phrases*) ~ about कैसा, क्या हाल : ~ about a cup of tea एक प्याला चाय कैसा रहेगा (लेंगे ना); ~ about your exam तुम्हारी परीक्षा[F] का क्या हुआ? ~ about your fever तुम्हारा बुखार कैसा है? ~ about going for a walk सैर को चलें तो कैसा रहेगा? ~ for किसलिए? ~ is this utensil for यह बर्तन किसलिए है (क्या काम आएगा)? **whatever** वॉ टे'वर *conj.* जो कुछ, जो भी, कुछ भी : ~ you say is true जो कुछ तुम कह रहे हो, सही है; he was successful in ~ he undertook to do जो भी करने की जिम्मेवारी[F] उसने ली वह उसमें सफल रहा; do ~ you like तुम जो भी चाहो करो; has he any chance ~ क्या उसे कुछ भी आशा है? don't change your mind ~ happens जो

भी हो तुम अपना मन मत बदलो; they eat ~ food they find जो भी भोजन वे पाते हैं, खाते हैं; we are going out on picnic ~ the weather हम पिकनिक पर जा रहे हैं, मौसम चाहे जैसा हो; I will give you ~ money you require तुम जितना पैसा चाहते हो, मैं दूंगा. **whatsoever** वाट् सो ए वर' *conj.* see whatever.

wheat वीट *n.* (no *pl.*) गेहूँ : a field of ~ गेहूँ का खेत; ~ is now ripe ≈ अब पक गया है; harvest the ~ ≈ की कटाई[F] करना, our bread is usually made of ~ हमारी रोटी[F] साधारणत: ≈ की बनी होती है; ~ is ground into flour ≈ पीसकर आटा बनाया जाता है.

wheel व्हील **I.** *n*[c]. **1.** पहिया, चक्का [broken टूटा हुआ, front अगला]; a car has four ~s कार में चार पहिए होते हैं; carts, cars and trains run on ~s गाड़ियाँ[F], कारें[F] और रेलगाड़ियाँ[F] पहियों पर चलती हैं; the back ~ of his bicycle needs repairing उसकी साइकिल के पिछले पहिए में मरम्मत[F] की आवश्यकता[F] है. **2.** (other contexts) fortune's ~ भाग्य-चक्र; potter's ~ चाक; spinning ~ चरखा; tread ~ पाँव चक्की[F]; ~ barrow ठेला; ~ of government सरकारी तंत्र, शासन तंत्र. **II.** *v.i.* (of troops, etc.) **1.** घूमना : the scouts ~ed around the fair स्काउट मेले के आस-पास घूमते रहे. **2.** (change direction) मुड़ना : he ~ed to the right वह दाहिने मुड़ा. **3.** (of birds) चक्कर काटना : kites are ~ing about चील चक्कर काट रही हैं. **II.** *v.t.* **1.** घुमाना : to ~ round one's chair अपनी कुर्सी घुमा देना. **2.** चलाना : he ~ed his bicycle to the hill वह अपनी साइकिल[F] चलाकर पहाड़ी पर ले गया. **3.** they ~ed him away to the hospital वे उसे गाड़ी[F] में बिठाकर अस्पताल ले गए.

when वेन **I.** *adv.* **1.** कब, किस समय : ~ can you get here तुम यहाँ कब पहुंच सकते हो ? ~ did you see him last तुमने उसे पिछली बार कब देखा था ? when will you come next तुम अगली बार कब आओगे. **2.** (relative) जब, जब . . .तब/तो (whenever) : he was busy ~I went there जब मैं वहाँ गया तो वह व्यस्त था. we were young we used to play here जब हम छोटे थे तो यहाँ खेला करते थे; inform me ~ he returns जब वह लौटे तो मुझे सूचित करो. **II.** *conj.* **1.** कब : I can't say ~ he will be available मैं कह नहीं सकता कि वे कब मिल पाएँगे; I do not know ~ he will return मैं नहीं जानता कि वह कब लौटेगा. **2.** जब : tell him about me ~ you see him जब तुम उससे मिलो तो उसे मेरे बारे में बताना; I'll come ~ you call me जब तुम मुझे बुलाओगे, मैं आ जाऊंगा. **3.** जबकि : why are you here ~ you should be in your office तुम यहाँ क्यों हो जबकि तुम्हें अपने कार्यालय में होना चाहिए ? **since** ~ कब से : since ~ are you putting up here तुम ≈ यहाँ रह रहे हो ? **till** ~ कब तक : till ~ is the post office open डाकघर कब तक खुला रहता है ? **whence** वेन्स **I.** *adv.* (old use) better from where or where from) कहाँ से : ~ comes the river Ganga गंगा नदी[F] ≈ निकलती है ? ~ did this situation arise यह स्थिति[F] ≈ उठ खड़ी हुई ? **II.** *conj* कहाँ से, जहाँ से : I know ~ they are coming मैं जानता हूँ कि वे कहाँ से आ रहे हैं; he went back ~ he had come वह जहाँ से आया था वहीं लौट गया. **whenever** वे नेवर *conj.* जब-जब, जब कभी : ~ she quarrels, she gets tired ≈ वह लड़ती है, थक जाती है; come ~ you can जब कभी तुम आ सको आओ; you must rest ~ you find time ≈ तुम्हें समय मिले तुम्हें आराम करना चाहिए.

where वेअर **I.** *adv.* **1.** (interro.) कहाँ, किस जगह : ~ are you going तुम ≈ जा रहे हो ? ~ can I put this bag मैं इस बैग को ≈ रख सकता हूँ; ~ shall we start from हम ≈ से शुरू करें; ~ is my watch मेरी घड़ी[F] ≈ है ? where do you stay in Allahabad तुम इलाहाबाद में कहाँ रुकते हो ? **2.** (direction) किधर : ~ are going ≈ जा रहे हो ? **II.** (relative *adv.*) जहाँ, कि कहाँ : go ~ you like जहाँ चाहो, जाओ; I can see it from ~ I am मैं इसे वहीं से देख सकता हूँ जहाँ मैं हूँ; I do not know ~ I have put my ticket मैं नहीं जानता कि मैंने अपना टिकट कहाँ रख दिया है; stay ~ you are रुके रहो

जहाँ तुम हो. **III.** (relative *pron*). जहाँ : this is the place ~ we found that bag यह वह जगह^F है जहाँ हमें बैग मिला था; this is the house ~ I used to live यह वही मकान है जहाँ मैं रहा करता था. **~abouts** *n. pl.* पता-ठिकाना, अता-पता : I do not know his ~ मैं उसका ≈ नहीं जानता; the police has found his ~ पुलिस^F को उसका ≈/सुराग़ मिल गया है. **~as** *conj*. जबकि : they used a bigger house ~ we prefer living here उन्हें ज़्यादा बड़े घर की ज़रूरत थी ≈ हम यहाँ रहना पसंद करते हैं; one finger is small ~ the other is big एक अंगुली^{F} छोटी है ≈ दूसरी बड़ी है; I was first ~ he was second मैं प्रथम आया ≈ वह द्वितीय. **~at** *conj*. जहाँ पर, जिस पर : the place ~ he works is far off वह स्थान ≈ वह काम करता है, बहुत दूर है. **~by** *conj*. जिससे, कैसे, किस तरह, किस प्रकार : there is a law ~ children cannot be engaged in a factory एक कानून है जिससे कि बच्चे कारखानों में काम पर नहीं लगाए जा सकते; I do not know ~ we were saved मैं नहीं जानता कि हम कैसे बचा लिए गए. **~from** कहाँ से : ~ are you coming तुम कहाँ से आ रहे हो ? where shall we start from हम कहाँ से शुरू करेंगे ? **~in** **I.** *conj*. किस (बात) में : let us see ~ lies the mistake देखें कि गलती^{F} किसमें है. **II.** (relative) जिसमें : there are the points ~in they differ ये वे बिंदु हैं जिनमें उनका मतभेद है. **~upon** *conj*. जिस पर : he offered me a cup of tea ~ I thanked him उसने मुझे चाय^F का कप पेश किया ≈, मैंने उसे धन्यवाद दिया ; I rebuked him ~ he kept silent मैंने उसे फटकारा तो इस पर वह चुप रह गया. **~ver** *conj*. जहाँ कहीं : ~ he went people welcomed him ≈ वह गया लोगों ने उसका स्वागत किया. you can stay ~ you like ≈ तुम चाहो ठहर सकते हो, ~ he is, he must meet me ≈ वह है उसे मुझसे ज़रूर मिलना चाहिए. **~with** *rel. pron.* जिसके साथ : I know the man ~ she has relations मैं उस व्यक्ति को जानता हूँ ≈ उसके संबंध हैं.

whet वेट *v.t.* (-tt-) **1.** तेज़/पैना करना, सान देना : ~ the knife on a stone पत्थर पर चाकू तेज़ करो; to ~ a blade ब्लेड (की धार) तेज़ करना. **2.** (stimulate) बढ़ाना, तीव्र करना : the tonic ~s one's appetite टानिक भूख^F को तेज़ करता (बढ़ाता) है. [*as distinct from* wet]

whether वेदर *conj*. **1.** कि : I doubt ~ he will manage everything in time मुझे संदेह है कि वह हर चीज़^{F} की व्यवस्था^{F} वक्त पर कर लेगा; I can't tell ~ he will return or not मैं नहीं बता सकता कि वह लौटेगा या नहीं; I do not know ~ to go or stay मैं नहीं जानता कि मुझे जाना है या कि रुकना है; I don't know ~ he is ill or not मैं नहीं जानता कि वह बीमार है या नहीं; it does not matter ~ he goes or not इसका कोई महत्व नहीं है कि वह जाए या न. **2.** यदि : I wonder ~ there'll be many people there मुझे आश्चर्य होगा (शक है) ≈ वहाँ बहुत-से लोग होंगे. **3.** चाहे, भले ही : I shall go ~ you like it or not मैं तो जाऊंगा तुम ≈ इसे पसंद करो या न; ~ it rains or snows, we must go to school चाहे बरसात^F हो या बर्फ़^{F} पड़े हमें विद्यालय ज़रूर जाना चाहिए; ~ we go or stay, it makes no difference हम चाहे जायें या रहें, कोई अंतर नहीं पड़ता.

which विच **I.** *a.* कौन, कौन-सा : ~ bag do you like most तुम्हें कौन-सा बैग सबसे ज़्यादा पसंद है ? ~ room are they in वे किस कमरे में हैं ? ~ book is your's कौन-सी किताब^F तुम्हारी है ? **II.** *pron.* जो, कौन, कौन-सा : ~ of them is Alka उनमें से अलका^{F} कौन है ? ~ is the right road ठीक सड़क^F कौन-सी है ? ~ one of you is going with us तुममें से कौन हमारे साथ जा रहा है ? **III.** (*relative pron.*) जो : the house in ~ he lives was mine जिस घर में वह रहता है, मेरा था; this is the poem of ~ I was speaking यह वही कविता^{F} है जिसके बारे में मैं बता रहा था; I need the book ~ he gave you मुझे उस किताब^F की आवश्यकता है जो तुम्हें उसने दी थी; he may go in ~ case he is at liberty वह जाए, इस मामले में वह आज़ाद है. **whichever** *adj.* जो भी, जो कोई, चाहे जो : ~ you want is yours ≈ तुम चाहो तुम्हारी है; take ~ you like जो भी पसंद हो ले लो; I will take ~ piece of cake you offer चाहे जो भी केक का टुकड़ा दो, मैं ले लूंगा; ~ proposal I gave, they rejected it जो भी सुझाव मैंने दिया उन्होंने नामंज़ूर कर दिया.

whichsoever *adv.* see 'whichever'.

whiff विफ़ **I.** *n*[c]. **1.** (of air, of wind) झोंका : a ~ of sea-breeze समुद्री हवा[F] का ≈. **2.** (of odour) गंध[F] : ~ of onion प्याज़ की ≈. **3.** (inhalation of tobacoo) कश : take one more ~ एक ≈ और ले लो. **II.** *v.t.* **1.** फूंकना, का कश लगा लेना : to ~ a cigarette सिगरेट[F] ≈. **2.** हलकी बंदबू[F] करना : the fisht is ~ing मछली[F] हलकी बदबू कर रही है. **3.** ~ **off** फूँक से उड़ाना : to ~ off the dust धूल को फूँक से उड़ाना.

while वा'इल **I.** *n*[u]. समय : we shall wait a ~ हम थोड़ा समय इंतज़ार करेंगे; he stopped writing after a ~ कुछ समय बाद उसने लिखना बंद कर दिया; for a ~ she felt quite well कुछ समय तक वह बिल्कुल ठीक रही; he comes to see us once in a ~ कभी-कभार वह हमसे मिलने आता है; in a little ~ जल्दी, थोड़ी-सी देर[F] में; a long ~ ago बहुत पहले; for a long ~ बहुत समय से : he has not been seen here for a long ~ वह लंबे समय से यहाँ दिखाई नहीं दिया; Δ *it is worth one's* ~ यह लाभदायक है. **II.** *conj.* **1.** जब तक : finish the work ~ there is light काम समाप्त कर दो ≈ कि प्रकाश है; ~ there is life, there is hope ≈ साँस[F] तब तक आस[F]; ~ she was here, she remained busy ≈ वह यहाँ थी व्यस्त रही. **2.** जब : he came in ~ we were playing cards ≈ हम ताश[F] खेल रहे थे, (तब) वह भीतर आया; they did nothing ~ I was away जब मैं बाहर था, उन्होंने कुछ नहीं किया. **3.** (whereas) जबकि : he decided to go to the police station ~ I went to the fire station उसने थाने जाने का निश्चय किया जबकि मैं दमकल स्टेशन गया; I like football ~ he likes hockey मुझे फुटबाल पसंद है, ≈ उसे हॉकी. **III.** *v.t.* बिताना, काटना : they all ~ away their whole time in vain वे अपना सारा समय व्यर्थ ही बिता देते हैं; she ~d away the time in chatting उसने गप-शप[F] में समय बिताया.

whim विम *n*[c]. सनक[F], मन की मौज[F] : it all depends on the Director's ~ यह सब निदेशक के मन की मौज पर निर्भर है; your thought is just a ~ तुम्हारे विचार बिल्कुल सनक हैं; I am fed up with this boy's ~ मैं इस लड़के की सनक से तंग आ गया हूँ.

whine वाइन **I.** *v.t.* **1.** कूँ-कूँ[F] करना, रिरियाना : the baby ~s while grumbling बच्चा शिकायत[F] करते समय रिरियाता है; the dog is whining at the door कुत्ता दरवाज़े पर रिरिया रहा है. **2.** रोना : she is always seen whining her complaints वह सदा अपनी शिकायतों का रोना रोती दिखाई देती है. **II.** *n*[c]. **1.** कूँ-कूँ[F] : loud ~ ज़ोर की ≈; the ~ of the dog कुत्ते की ≈. **2.** चीख़[F] : the ~ of the wounded persons घायल लोगों की चीख़[F].

whip विप **I.** *n*[c]. **1.** चाबुक, कोड़ा : he beat the servant with a ~ उसने नौकर को ≈ से पीटा; he could not bear a ~ and fell down वह एक भी ≈ न सहन कर पाया और गिर पड़ा. **2.** (of political party) सचेतक : according to the order of the ~ ≈ के आदेशानुसार; he is the ~ of this party वह इस दल का ≈ है. **3.** दल का आदेश : a ~ was issued to all the partymen दल के सभी सदस्यों को ≈ जारी किया गया. **II.** *v.t.* (-pp-) **1.** चाबुक मारना, कोड़े लगाना, पीटना : he does not ~ the horse वह घोड़े को चाबुक नहीं लगाता; the driver ~s the pony कोचवान टट्टू को कोड़े लगाता है; his father ~ped him for misbehaviour उसके पिता ने उसे दुर्व्यवहार के लिए पीटा. **2.** फेंटना : ~ the cream properly क्रीम को अच्छी तरह फेंटो. Δ ~ **off** छीन लेना, झपट लेना, पी डालना : the dog ~ped off the bread from child's hand कुत्ता बच्चे के हाथ से रोटी छीन ले गया; ~ **on** चाबुक से हाँकना : to ~ on a horse घोड़े को चाबुक से हाँकना; ~ **out** (i) झटके से निकालना : the thief ~ped out a knife चोर ने झटके से चाकू निकाल लिया (ii) जल्दी से निकल जाना : he ~ped out into the street वह जल्दी से गली[F] में निकल गया; ~ **round** झटके से मुड़ना, she ~ped round to see me मुझे देखने के लिए झटके से मुड़ी;

~ **up** (i) प्रेरित करना : to ~ up students to study छात्रों के अध्ययन के लिए प्रेरित करना; (ii) to ~ up interest रुचि[F] बढ़ाना, (iii) (beat), फेंटना : I am ~ping up eggs मैं अंडे फेंट रहा हूँ.

whirl वर्ल **I.** *v.t.i.* **1.** (spin round) तेज़ी-से घूमना या घुमाना : the dancers ~ round and round नर्तक तेज़ी-से घूम-घूम कर नाचते हैं. **2.** तेज़ी-से चलना या चला जाना : to ~ along तेज़ी-से जाना; a paper ~ed into the air एक क़ागज़ हवा[F] में तेज़ी-से उड़ चला; the wind ~ed my cap हवा[F] मेरी टोपी[F] उड़ा ले गई. **3.** (be giddy) वेग से चक्कर खाना : my head is ~ing मेरा सिर चकरा रहा है. **II.** n^c. चक्कर : my head is in a ~ मेरे सिर में ≈ आता है; his thoughts are in a ~ उसके विचार चक्करदार हैं. **~pool** n^c. भंवर [dangerous ख़तरनाक, rapid तेज़, violent उग्र]; the swimmer could not come out of the ~ तैराक ≈ से बाहर न आ सका. **~wind** n^c. बवंडर : swift ~ तेज़ ≈; his cottage was destroyed by the ~ बवंडर से उसकी झोपड़ी[F] नष्ट हो गई. Δ **sow the ~ and reap the storm** बुरे काम का फल उससे भी बुरा.

whisper विस्'पर **I.** n^c. **1.** खुसुर-फुसुर[F] [gentle हल्की, subdued दबी-दबी]; he speaks in a ~ वह ≈ बोलता है. **2.** (rustling) सरसराहट[F]: ~ of leaves पत्तों की ≈; ~ of the wind हवा[F] की ≈. **3.** (rumour) अफ़वाह[F] : I heard a ~ that the minister had resigned मैंने ≈ सुनी है कि मंत्री ने त्यागपत्र दे दिया; there is a ~ that she is dead ≈ है कि वह मर गई है. **II.** *v.t.i.* **1.** कानाफूसी[F] करना : he ~ed to his friend उसने अपने मित्र से कानाफूसी की; don't ~, speak loudly कानाफूसी (फुस-फुस) मत करो, ज़ोर से बोलो; "I am afraid" she ~ed "मैं भयभीत हूँ" वह फुसफुसाई; come here and ~ your words in my ear यहाँ आओ और अपने शब्द मेरे कान में कहो. [*ant.* shout] **2.** it is ~ed that... अफ़वाह[F] है कि....

whistle वि'सल **I.** *v.i.* सीटी[F] बजाना [loudly ज़ोर से, merrily खुशी[F] से]; the engine ~s इंजन सीटी बजाता है; he ~d to his dog उसने अपने कुत्ते को सीटी बजाई; Raju can ~ through his lips राजू अपने ओठों से सीटी बजा सकता है; to ~ for a taxi टैक्सी[F] के लिए ≈; some birds ~ कुछ पक्षी सीटी बजाते हैं. **II.** *v.t.* सीटी देकर बुलाना : the policeman ~d me to stop पुलिसवाले ने मुझे सीटी दी कि रुको; I ~d a waiter मैंने बैरा को सीटी देकर बुलाया. **III.** n^c. सीटी[F] : blow (through) a ~ सीटी बजाना; to give a ~ सीटी देना; I do not know who has given the ~ मैं नहीं जानता कि किसने ≈ दी.

white वाइट **I.** n^c. **1.** (colour) सफ़ेद रंग : you mix ~ with some good colour तुम ≈ को किसी अच्छे रंग में मिला दो. **2.** (person) गोरा : he is ~, not black वह ≈ है काला नहीं; many ~s live in Africa अफ्रीका में बहुत-से गोरे रहते हैं. **3.** (dress) सफ़ेद लिबास : she was dressed in ~ वह सफ़ेद पोशाक में थी; ~ of an egg अंडे की सफेदी[F]. **4.** सफ़ेदा (पेंट) : I want some ~ for my almirah मुझे अपनी अलमारी[F] के लिए ≈ चाहिए. **5.** in black and ~ (i) लिखित : send this proposal in black and ~ यह प्रस्ताव लिखित रूप में भेज दो; (ii) a picture in black and ~ काला-सफेद (सादा) चित्र. **II.** *a.* **1.** सफ़ेद [colour रंग, horse घोड़ा, suit सूट]; she was wearing ~ clothes वह ≈ कपड़े पहने थी; to be as ~ as snow बर्फ़ की तरह ≈ होना; that woman with ~ hair वह ≈ बालों वाली औरत[F]; the milk is ~ दूध ≈ होता है; the oldman has a long ~ beard बूढ़े आदमी की लंबी ≈ दाढ़ी[F] है. **2.** (of paper) कोरा : she sent a ~ paper to her husband उसने अपने पति को कोरा काग़ज़ भेजा. **3.** गोरा : the complexion of his face is ~ उसका चेहरा ≈ है; ~ peoples गोरी जातियाँ. **4.** (pure) शुद्ध, पवित्र : he met me with a ~ soul वह ≈ भावना[F] से मुझसे मिला. ~ alloy नकली चाँदी[F]; ~ ant दीमक; ~ bear सफ़ेद भालू; ~ coal जलशक्ति; ~ coffee दूधवाली कॉफी; ~ collar सफेद-पोश (व्यक्ति); ~ elephant सफ़ेद हाथी; ~ flag (सुलह का) सफ़ेद झंडा : ~ flag is a symbol of surrender सफ़ेद झंडा समर्पण का प्रतीक

होता है; ~ hands निर्दोषिता^F, ईमानदारी^F ; ~ job नौकरी/धंधा; ~ lie सफ़ेद झूठ. Δ **show the ~ feather** डर जाना : seeing the enemy all the persons showed the ~ feather शत्रु को देखकर सभी लोग डर गए, ~ **wash I.** *n*^u. **1.** चूना, सफ़ेदी^F, कलई^F : now the house needs ~ अब मकान में सफ़ेदी होनी चाहिए; bring a bucket of ~ एक बाल्टी ≈ लाओ. **2.** the whole of the affair was a ~ सारा मामला एक सरसरी कार्यवाही^F है, लीपा-पोती है. **II.** *v.t.* **1.** पुताई^F करना : ~ the entire house पूरे मकान की पुताई कराओ. **2.** पर लीपा-पोती^F करना : why do you ~ the whole matter पूरे मामले पर तुम क्यों लीपा-पोती कर रहे हो ?

whither वि'दर **I.** *adv.* किधर : ~ are you going तुम किधर जा रहे हो ? **II.** *rel. adv.* जिधर, जहाँ : that should be the place ~ he went यह वही स्थान होना चाहिए ≈ वह गया है; let him go ~ he likes जहाँ वह चाहता है उसे जाने दो. [see hither, thither]

who हू **I.** *pron.* (*interrog.*) कौन : ~ are you तुम ≈ हो ? ~ else went with you तुम्हारे साथ और ≈ गया था ? ~ wrote this letter यह पत्र किसने लिखा ? ~ did that उसे किसने किया ? ~ is that man वह व्यक्ति ≈ है ? ~ is there in the room कमरे में ≈ है ? ~ was talking to you तुमसे ≈ बात कर रहा था ? I know ~ is ~ मैं हर व्यक्ति को जानता-पहचानता हूं. **II.** (*rel. pron.*) जो : the man ~ came to you is my uncle वह व्यक्ति जो आपके पास आया मेरा चाचा है; anybody ~ thinks so is mistaken कोई भी व्यक्ति जो ऐसा सोचता है ग़लती पर है; do you know ~ was there क्या तुम जानते हो कि वहाँ कौन था ? [see whom, whose also] **whoever** *adv.* जो कोई, जो भी : ~ wants may leave now जो कोई चाहता है अब चला जाए; ~ said that, was wrong जिसने भी वह कहा, ग़लत था; ~ comes is welcome जो कोई आता है उसका स्वागत है; ~ came to the exhibition, liked it जो भी प्रदर्शनी^F में आया उसने इसे पसंद किया; ~ it is, I don't have time to see anybody जो भी हो, मुझे किसी से मिलने का समय नहीं है.

W.H.O. World Health Organisation विश्व स्वास्थ्य संगठन.

whole होल **I.** *n*^u. (in Hindi usually translated into an adjective) कुल, सारा, पूरा : the ~ of the school सारा स्कूल : I shall take the ~ of this money मैं यह सारा पैसा ले लूंगा; ~ of one week was wasted पूरा एक सप्ताह नष्ट हो गया; let us talk the plan as a ~ हम पूरी योजना^F पर बात^F करें; on the ~ कुल मिलाकर : on the ~ we enjoyed the discussion कुल मिलाकर हमें परिचर्चा^F का आनंद आ गया. [*ant.* part] **II.** *a.* **1.** (entire) पूरा, कुल, सारा [evidence साक्ष्य/प्रमाण, world संसार]; ~ truth सारी सच्चाई^F]; the ~ year सारा साल; he spoke for three ~ hours वह तीन घंटे पूरे बोला; he told the policeman the ~ story उसने पुलिसवाले को पूरा वृत्तांत सुना दिया; I have eaten the ~ cake मैंने पूरा केक खाया है; he fixed his ~ attention उसने अपना पूरा ध्यान लगा दिया; he had to wait the ~ day उसे पूरा दिन इंतज़ार करना पड़ा. [*ant.* part] **2.** तंदुरुस्त, भला-चंगा : he was ~ after the illness बीमारी^F के बाद वह ≈ था. (comb.) ~ cloth पूरा थान; ~ holiday पूरे दिन की छुट्टी; ~ meal चोकर समेत आटा; ~ number पूर्णांक . ~ **hearted** *a.* पूरे दिल से, पूरा-पूरा : I have his ~ sympathy मुझे उसकी पूरी-पूरी हमदर्दी^F प्राप्त है; he gave his ~ attention, support उसने अपना पूरा-पूरा ध्यान, समर्थन दिया. **~sale I.** *a.* **1.** थोक [business व्यापार, market बाज़ार, price क़ीमत^F, shopkeeper दुकानदार]; he is the only ~ dealer of cement वह सीमेंट का एकमात्र ≈ विक्रेता है. **2.** (indiscriminate) अंधाधुंध : ~ slaughter ≈ जनसंहार; the robbers started ~ firing on the villagers डकैतों ने गाँववालों पर ≈ गोलियाँ^F चलाना^F शुरू कर दिया. **II.** *adv.* थोक-भाव से : he sells ~ वह ≈ बेचता है; you can buy ~ here आप ≈ ख़रीद सकते हैं. [*ant.* retail] **~some** *a.* (salubrious) स्वास्थ्यवर्द्धक [air हवा^F, climate जलवायु, food भोजन]. **2.** (beneficial) हितकर : ~ advice ≈ सलाह^F; such films are not ~ for children इस प्रकार की फिल्में बच्चों के लिए ≈ नहीं हैं. **3.** (healthy) स्वस्थ : he is a ~ young man वह एक ≈ नवयुवक है. **~time** होल'टाइम *a.* पूर्णकालिक : ~ job, process ≈ काम, प्रक्रिया; ~ labourer पूरे समय काम करने वाला मज़दूर. [*as distinct from* hole]

wholly हो'लि *adv.* पूर्णतया, सरासर : ~ or partly पूर्णतया या अंशत: I ~ agree with you मैं आपसे ≈ सहमत हूँ; your suggestion is ~ sound तुम्हारा सुझाव ≈ दोषरहित है; some men in the village are ~ dishonest गाँव में कुछ लोग ≈ बेईमान हैं; he is ~ responsible for this loss इस नुकसान के लिए वह ≈ ज़िम्मेवार है; he was not ~ convinced वह पूर्णतया आश्वस्त नहीं हुआ. [*ant.* partly]

whom हूम **I.** (*interrog. pro.*) किसे, किसको : ~ did you show that letter तुमने वह पत्र ≈ दिखाया? ~do you want to see तुम किससे मिलना चाहते हो? ~ were you laughing it तुम किस पर हँस रहे थे? ~ are you waiting for तुम किसकी प्रतीक्षा^F कर रहे हो? with ~ were you at the theatre तुम किसके साथ थिएटर गए थे? **II.** (relative pron.) जिसे, जिसको : this is the man ~ we spoke about you यह वही व्यक्ति है जिसके बारे में हमने तुमसे कहा था; the girl about ~ I told you has come here जिस लड़की के बारे में मैंने तुम्हें बताया था, आ गई है; this is the boy ~ we saw yesterday यह वही लड़का है जिसे हमने कल देखा था.

whooping cough हू'पिङ्ग कॉफ़ *n*^u. कुकुरखाँसी^F: is an infectious disease ≈ एक संक्रामक रोग होता है; he is suffering from ~ वह ≈ से पीड़ित है, उसे ≈ है.

whose हूज़ **I.** *interrog. pron.* किसका, किसकी : ~ house is that, ~ is that house वह मकान किसका है? ~ car is this यह कार^F किसकी है? ~ pen did you take तुमने किसकी कलम^F ली थी? ~ work are you talking about तुम किसके काम के बारे में बात कर रहे हो? in ~ house किसके घर में. **II.** (*relative pron.*) जिसका : this is the boy ~ father is dead यह वही लड़का है जिसके पिताजी मर गए हैं; this is the girl ~ brother was here yesterday यह वही लड़की है जिसका भाई कल यहाँ आया था; this is the box ~ owner is not yet traced यह वह संदूक है जिसके मालिक का अभी तक पता नहीं चला है.

whoso, whosoever हू सो, हू सो ए'वर *pron.* जो कोई, जो भी : ~ likes to go may do so with pleasure जो जाना चाहता है वह खुशी से जा सकता है (खुशी से जाए).

why वाइ **I.** *adv.* क्यों : ~ did you not come yesterday कल तुम ≈ नहीं आए? did you come late ~ तुम देर से आए थे ना? क्यों ? ~ did he do it उसने यह क्यों किया? **II.** *conj.* कि..... क्यों : this is the reason ~ I am so late यही कारण है कि मैं इतना लेट क्यों हूँ; I do not know ~ he is so unwilling मैं नहीं जानता कि वह इतना अनिच्छुक क्यों है; I cannot understand ~ he is angry मैं नहीं समझ सकता कि वह गुस्से में क्यों है. **III.** *interj.* क्यों ! why not ! क्यों नही.

wicked वि'किड *a.* **1.** दुष्ट : I despise his ~ nature मैं उसके ≈ स्वभाव से घृणा^F करता हूँ; she has been a ~ woman since her childhood वह अपने बचपन से ही ≈ औरत है. **2.** शरारती, नटखट [behaviour व्यवहार, man आदमी]; antelopes are ~ tempered animal बारहसिंगे ≈ स्वभाव वाले जानवर होते हैं. **3.** बहुत बुरा [accident दुर्घटना^F, weather मौसम]; it is ~ to harm other दूसरों को क्षति^F पहुंचाना बहुत बुरा है. **wickedness** वि'किडनिस *n.* **1.** दुष्टता^F I was a victim of the ~ of a ruffian मैं किसी गुंडे की ≈ का शिकार हो गया था. **2.** शरारत^F, नटखटपन : the ~ of these children is not excusable इन बच्चों की शरारत क्षम्य नहीं है.

wicket वि'किट *n.* (cricket) **1.** विकेट : there are three ~s on each side of a pitch पिच के प्रत्येक छोर पर तीन ≈ होते हैं; India lost two ~ in the first over भारत ने पहले ओवर में दो ≈ खो दिए; Australia won the first test match by five ~s आस्ट्रेलिया पहला टेस्ट मैच पाँच ≈ से जीत गया.

2. (ground) क्रिकेट का मैदान : the ~ was wet ~ गीला था. Δ **to be at the ~** बल्लेबाज़ी करना; **to keep the ~** विकेट के पीछे क्षेत्ररक्षण करना; **to take the ~** किसी को आउट करना.

wide वाइड **I.** *a.* (wider, widest) **1.** चौड़ा [bridge पुल, margin हाशिया]; ~ roads चौड़ी सड़कें^{F}; this table is one metre ~ यह मेज़^{F} एक मीटर चौड़ी है; how ~ is the room कमरा कितना ≈ है? **2.** खुला : the coat is too ~ on the shoulders कोट कंधों पर बहुत ही ≈ है; ~ eyes खुली आँखें^{F}; the ~ world ≈ संसार **3.** बड़ा : there is a ~ difference ≈ अंतर है; he has ~ experience उसे बड़ा अनुभव है. [*n.* width; *ant.* narrow] **II.** *adv.* **1.** खूब, पूरा : her eyes were ~ open उसकी आँखें^{F} पूरी खुली थीं; the door was ~ open in the night रात में दरवाज़ा पूरा खुला रहा; open your mouth ~ अपना मुँह खूब खोलो. **2.** दूर : ~ of the mark लक्ष्य से ≈. Δ **far and ~** दूर-दूर तक : the rain was far and ~ बारिश^F दूर-दूर तक हुई. **widely** वाइड् 'लि *adv.* **1.** बहुत अधिक, व्यापक रूप से : ~ known सुप्रसिद्ध; he is ~ known as a doctor वह डाक्टर के रूप में सुप्रसिद्ध है; he is a ~ read scholar वह ≈ पढ़ा विद्वान है; he is ~ different from his brother वह अपने भाई से ≈ भिन्न है. **2.** दूर तक : he has travelled ~ उसने दूर-दूर यात्रा की है; the clothes were ~ scattered कपड़े दूर-दूर तक बिखरे हुए थे. **widen** वाइ'डन *v.t.i.* **1.** चौड़ा करना, बढ़ाना : they ~d the road last year पिछले साल उन्होंने सड़क^F चौड़ी कर दी; the ditch has been ~ed खाई^F चौड़ी कर दी गई है. **2.** चौड़ा हो जाना : her eyes ~ed in surprise उसकी आँखें^{F} आश्चर्य से फैल गईं; the street ~s at the end सिरे पर गली^{F} चौड़ी हो जाती है. **~spread** *a.* व्यापक, दूर तक फैला हुआ [disease रोग, famine अकाल, superstitions अंधविश्वास]; the ~ plains in India are very rich दूर तक फैले भारत के मैदान बहुत समृद्ध हैं; a ~ part of Kashmir is illegally occupied by Pakistan कश्मीर का एक व्यापक भाग पाकिस्तान द्वारा अवैध रूप से अधिगृहीत है; rain this year was ~ इस वर्ष वर्षा^{F} व्यापक थी.

widow वि'डो n^c. विधवा : she became a ~ in her early years वह बहुत कम उम्र में ≈ हो गई; the condition of some ~s is pitiable कुछ विधवाओं की दशा^{F} दयनीय है; his ~ married again उसकी ≈ ने फिर शादी कर ली; all the ~s have been granted pension for life सभी विधवाओं को आजीवन पेन्शन^F दी गई है; she is Rao's ~ वह राव की ≈ है. [*masc.*] **widower** वि'डोअर n^c. विधुर : he is living the life of a ~ वह एक ≈ का जीवन जी रहा है; his wife died and he became a ~ उसकी पत्नी^{F} मर गई और वह ≈ हो गया.

width विड्थ *n.* (from 'wide') **1.** चौड़ाई^F : ~ of the river नदी^{F} की ≈; this room is 450 centimetres in ~ यह कमरा ≈ में साढ़े चार सौ सेमी० है; the ~ of the bed sheet is not sufficient बिस्तर की इस चादर^F की ≈ पर्याप्त नहीं है. **2.** (size) अर्ज़ : what is the ~ of this cloth इस कपड़े का ≈ कितना है? **3.** उदारता^{F} : ~ of mind, views मन, विचारों की ≈.

wife वाइफ़ n^c. (*pl.* wives) पत्नी [beautiful सुंदर, faithful वफ़ादार, homely सीधी-सादी]; she is the ~ of a doctor वह एक डॉक्टर की ≈ है; some people have more than one ~ कुछ लोगों की एक-से-अधिक पत्नियाँ होती हैं. Δ **to take as ~** से शादी^{F} करना : he wanted to take that girl as wife वह इस लड़की से शादी करना चाहता था. [*masc.* husband]

wild वाइल्ड *a.* **1.** (not domesticated) जंगली [beast जानवर, birds पक्षी]; lion is a ~ animal शेर एक ≈ जानवर है; some animals are ~ and some tamed कुछ जानवर ≈ होते हैं; कुछ पालतू; many of the ~ plants are useful as medicines बहुत-से ≈ पौधे दवा^{F} के रूप में उपयोगी होते हैं. **2.** (of people, tribes, etc.) हब्शी, जंगली [classes जातियाँ^{F}, man आदमी]; the ~ tribes are uncultured ≈ जनजातियाँ असभ्य हैं; these ~ people killed an innocent foreigner

इन ≈ लोगों ने एक निर्दोष विदेशी को मार डाला. **3.** ~ land अनजुती भूमि^F. (stormy, violent तूफानी, प्रचंड : ~ winter ≈ सरदी^F; ~ wind ≈ हवा^F; the weather this fortnight has been ~ इस पखवारे मौसम ≈ रहा है. **4.** (mad, crazy) पागल : she is ~ about dancing वह नृत्य की दीवानी है; to be ~ for something किसी चीज़ की सनक^F होना; she was ~ with anxiety वह चिंता^F से विक्षिप्त हो रही थी; she went ~ with anger वह गुस्से से ≈ हो गई. **5.** (comb.) ~ fire जंगल की आग^F : the news spread like ~ fire ख़बर जंगल की आग की तरह फैल गई; ~ life जंगली जीव : the study of ~ life is interesting जंगली जीवों का अध्ययन रोचक होता है. **wilderness** विल'डर्निस *n*^uc. उजाड़^F, निर्जन प्रदेश : Buddha went into the ~ to meditate बुद्ध चिंतन-मनन करने ≈ में चले गए; the hunter was lost somewhere in the ~ शिकारी ≈ में कहीं खो गया; he has a house in the ~ उसका ≈ में एक मकान है. Δ **a cry in the ~** अरण्यरोदन : it is foolishness to cry in the ~ अरण्यरोदन करना मूर्खता^F है. **wildly** वाइल्ड'लि *adv.* **1.** जंगली हालत^F में : roses were growing ~ गुलाब ≈ उग रहे थे. **2.** अंधाधुंध, बेतहाशा : the students destroyed the college property ~ छात्रों ने विद्यालय की संपत्ति^F को ≈ नष्ट कर दिया. **3.** बहुत बड़े क्षेत्र में, दूर-दूर : he has travelled ~ वह ≈ घूमा-फिरा है; he is ~ known वह ≈ जाना-माना गया है. **4.** (other contexts) don't talk ~ ऊटपटांग मत बको; he replied ~ उसने बिना सोचे-समझे उत्तर दिया.

wilful विल्'फुल *a.* **1.** (obstinate) ज़िद्दी, हठीला [child बच्चा, nature स्वभाव]. **2.** (premeditated) जान-बूझकर किया हुआ [murder हत्या^F, negligence उपेक्षा]; this shows that the damage was ~ इससे लगता है कि नुकसान जानबूझकर किया गया था.

will विल **I.** *v.* (*past* would) **1.** (auxiliary) गा, गे, गी (आग्रह, संकल्प, अभिप्राय या आदत सूचित कर सकता है) : what ~ you be doing tomorrow कल तुम क्या कर रहे हो ? he will help you in need आवश्यकता^F पड़ने पर वह तुम्हारी सहायता^F करेगा; ~he come here क्या वह यहाँ आएगा ? you ~ be happy to know that. . . तुम यह जानकर प्रसन्न होगे कि . . .; tomorrow ~ be Friday कल शुक्रवार होगा; they ~ be glad to see you वे तुम्हें देखकर खुश होंगे; dinner ~ be ready in half an hour भोजन आधे घंटे में तैयार हो जाएगा; she ~ meet you at the station वह तुम्हें स्टेशन पर मिलेगी; what ~ you do with it तुम इससे क्या करोगे ? that ~ do इससे काम हो जाएगा, यह काफ़ी है; would I were a flower काश, मैं एक फूल होता; he said that he would not go उसने कहा कि मैं नहीं जाऊंगा. **2.** (*past* willed) चाहना : come when you ~ जब चाहो आ जाओ; I had not ~ed it so मैंने ऐसा नहीं चाहा था. **3.** (bequeath by will) वसीयत^F करना, वसीयत^F में देना : he ~ed his nephew a portion of his house उसने अपने मकान का एक हिस्सा भतीजे को वसीयत में दे दिया; he desires to ~ the property to his youngest son वह अपने कनिष्ठ पुत्र को सम्पत्ति^F की वसीयत करना चाहता था. **II.** *n*^c. **1.** (power of willing) इच्छाशक्ति^F, संकल्पशक्ति^F [firm दृढ़, strong प्रबल]; good ~ सद्भाव; ill ~ दुर्भाव; ~ power इच्छाशक्ति^F; Sardar Patel was a man of iron ~ सरदार पटेल दृढ़संकल्पी व्यक्ति थे; he has no ~ of his own उसकी कोई अपनी इच्छा^F नहीं है; she did it against her mother's ~ उसने इसे अपनी माँ की इच्छा के विरुद्ध किया; it was against my ~ यह मेरी इच्छा के विरुद्ध था. **2.** (testament) वसीयत^F : he left everything to his wife in his ~ उसने अपनी ≈ में पत्नी के लिए सब कुछ छोड़ दिया; according to the ~ he got only half the property ≈ के अनुसार उसे सम्पत्ति^F का केवल आधा मिला; he has made a ~ उसने ≈ कर दी है. Δ **do one's ~** मनमानी^F करना, जो चाहना सो करना : he does his own ~ in the office कार्यालय में वह अपनी मनमानी करता है; **with a ~** मन लगाकर, दिल से : if you like to do the work, do it with a ~ यदि तुम इस काम को करना चाहते हो, (तो) जी लगाकर करो. **willing**

वि'लिङ्ग *a.* **1.** रज़ामंद, इच्छुक, उत्सुक : ~ help, service सहर्ष की गई सहायता^F, सेवा^F; he is ~ to go with you वह तुम्हारे साथ जाने को रज़ामंद है; everyone was ~ to help you हर कोई आपकी सहायता^F करने को उत्सुक था; are you ~ that he should go क्या आप ≈ हैं कि वह जाए ? **2.** (ready) तत्पर, तैयार : I am ~ to believe that you have done your best मैं यह मानने के लिए ≈ हूँ कि तुमने भरसक प्रयास किया. **willingly** वि'लिङ्गलि *adv.* खुशी से, सहर्ष, स्वेच्छा से, स्वेच्छया : I shall ~ help you मैं ≈ तुम्हारी सहायता^F करूँगा; I assure you that he will do it ~ मैं आपको आश्वस्त करता हूँ कि वह इसे स्वेच्छा^F/खुशी से करेगा; he has come here ~ वह यहाँ अपनी इच्छा^F से आया है.

win विन **I.** *n*^c. विजय^F, जीत^F [easy आसान, interesting दिलचस्प]; it is the ~ of the party यह पार्टी की ≈ है; this was the first ~ against that country उस देश के विरुद्ध यह पहली ≈ थी; the team had two ~s and two defeats टीम^F को दो बार ≈ और दो बार पराजय मिली. **II.** *v.t.* (won, won, winning) **1.** जीतना, जीत लेना, विजय पाना, विजयी होना : we won the bet हम शर्त जीत गए; who won the match मैच किसने जीता ? Som won the race सोम ने दौड़^F जीती; their team has won the cup उनकी टीम^F ने कप जीता. **2.** (obtain) प्राप्त करना, पाना : he won respect from his colleagues उसने अपने सहयोगियों से सम्मान प्राप्त किया; he has won the first place उसने प्रथम स्थान प्राप्त किया है; he won his goal by his effort उसने प्रयास करके अपना लक्ष्य पा लिया; they won a victory उन्होंने विजय^F प्राप्त की; she won a prize उसने पुरस्कार प्राप्त किया. [*ant.* lose] **3.** (persuade ~ over) मना लेना, राज़ी कर लेना : don't worry about him, I'll ~ him over उसके बारे में चिंता^F मत करो, मैं उसे मना लूंगा. **4.** (attract) मोह लेना, मोहित करना : to ~ one's heart किसी को ≈. Δ **to ~ one's way** आगे बढ़ जाना.

wind विन्ड **I.** *n*^c. **1.** हवा^F [cold ठंडी, fresh ताज़ी, strong तेज़]; the ~ has changed ≈ बदल गई है; Δ **see how the ~ blows** देखो हवा का रुख़ क्या है; देखें ऊंट किस करवट बैठता है; the gust of ~ may cause harm to his hut ≈ का झोंका उसकी झोपड़ी^F को नुकसान पहुंचा सकता है; there is not much ~ today आज ज़्यादा ≈ नहीं है. **2.** (breath) साँस^F: while racing he felt difficulty in the ~ दौड़^F लगाते हुए उसे साँस की तकलीफ़^F हुई. **3.** गैस^F, बाई^F : the old man is suffering from ~ बूढ़ा आदमी ≈ से पीड़ित है; he has ~ in his stomach उसके पेट में ≈ है; to break ~ गैस/पाद छोड़ना, पादना. **4.** (indication) गंध^F, संकेत, भनक^F : he got the ~ of your mischief उसे तुम्हारी शरारत^F की भनक लग गई. Δ **there is smth in the ~** कुछ होने वाला है; **sow the ~ and reap the whirlwind** बुरे कर्म का उससे भी बुरा फल; throw your worries **to the ~s** अपनी चिंताएँ बिल्कुल छोड़ दो. **II.** वाइन्ड *v. & i.* (*p. & p.p.* wound) **1.** बजाना : to ~ a bugle, horn बिगुल; सिंघा बजाना. **2.** दम फुलाना : he is quite wound (up) by toil श्रम से उसका दम फूल गया है. **3.** (turn) घूमना : this path ~s through the jungle यह रास्ता जंगल में से घूमता हुआ जाता है; the road ~s here सड़क^F यहाँ घूमती है; ~ the handle हैंडल घुमाओ. ^F **4.** लिपटना, लपेटना : the creepers ~ round the tree लताएँ^F पेड़ के इर्द-गिर्द लिपटती हैं; he ~s a rope around his waist वह अपनी कमर^F में रस्सी^F लपेटता है; he wound the wire around the pole उसने तार को खम्भे के चारों ओर लपेटा; to ~ a shawl round the baby बच्चे को शाल लपेटना; he forgot to ~ thread on a reel वह रील^F पर धागा लपेटना भूल गया. **5.** to ~ a watch घड़ी में चाबी^F देना. [*ant.* un ~] Δ **to ~ up a speech** भाषण समाप्त करते हुए कहना. **windfall** *n.* अकस्मात् धनप्राप्ति^F : ~ of money from a near relative निकट के संबंधी से ≈; he won the lottery, that was a ~ उसने लाटरी^F जीत ली, यह ≈ थी. **winding** वाइन्'डिङ्ग *a.* चक्करदार, घुमावदार [path रास्ता, stairs सीढ़ियाँ]; you will have to go by a

~ road to that place उस स्थान के लिए तुमको ≈ सड़क[F] से जाना पड़ेगा. **windmill** *n*[c]. पवन-चक्की[F] : ~s are not many on this hill इस पहाड़ी[F] पर पवनचक्कियाँ बहुत नहीं हैं; we get our corn ground in a ~ हम ≈ में अपना ग़ल्ला पिसाते हैं. **windpipe** *n.* श्वास-नली[F] : our breath passes through the ~ हमारी साँस[F] ≈ से होकर आती-जाती है; the ~ goes from the throat to the lungs ≈ गले से फेफड़ों तक जाती है.

window विन्'डो *n*[c]. खिड़की[F] [clean साफ़, wide चौड़ी]; to climb down through the ~ ≈ में से नीचे उतर जाना; look out of the ~ ≈ से बाहर देखो; the ~s were shut down खिड़कियाँ बंद थीं; open the ~ to let air (come) in हवा[F] आने के लिए ≈ खोल दो; the room has two ~ कमरे में दो खिड़कियाँ हैं. **~dressing** *n.* खिड़की में माल की सजावट[F] : this shop is best in ~dressing इस दुकान की ≈ सबसे अच्छी है.

wine वाइन *n.* (अंगूरी) शराब[F] [light हल्की, pure शुद्ध, white सफेद]; he drank a full bottle of ~ वह ≈ की पूरी बोतल[F] पी गया; he was under the influence of ~ ≈ उस पर ≈ का प्रभाव था; he is addicted to ~ उसे ≈ की लत[F] है Δ **new ~ in old bottles** नयी बात[F] को पुराने ढंग से प्रस्तुत करना.

wing विङ्ग **I.** *n*[c]. **1.** पंख : the birds flap their ~s चिड़ियाँ[F] अपने ≈ फड़फड़ाती हैं; butterflies have beautiful ~s तितलियों[F] के ≈ सुंदर होते हैं. **2.** खंड : ~ of a hospital अस्पताल का एक ≈. **3.** (politics) दल, पक्ष : right ~ रूढ़िवादी ≈; left ~ सुधारवादी ≈. Δ **to clip one's ~s** किसी का ख़र्च काट देना; to **lend ~s to smb** तेज़ चलाना; **on the ~** उड़ता हुआ : he hunted the bird on the ~ उसने उड़ते हुए पक्षी का शिकार किया; to **take ~s** उड़ जाना : the bird took ~s and disappeared पक्षी उड़ा और ओझल हो गया; to **take under one's ~s** आश्रय देना, अपने संरक्षण में लेना : the captain has taken an enemy under his ~ कप्तान ने एक शत्रु को अपना आश्रय दिया है. **II.** *v.i.* (fly) उड़ना : birds ~ in the air पक्षी हवा[F] में उड़ते हैं; they ~ed towards the east वे पूर्व की ओर उड़ चले. **III.** *v.t.* उड़ाना : the boy was ~ing a kite लड़का पतंग उड़ा रहा था.

wink विङ्क **I.** *n*[c]. **1.** झपकी[F] : I did not sleep a ~ मैं एक ≈ भी न सोया; I could not have a ~ in the night रात[F] में हमें एक ≈ भी न आ सकी. **2.** ~ of the eyes आँखें मिचकाना, आँख का इशारा : 'don't tell them', he said this with a ~ 'उन्हें न बताना', यह उसने आँख के इशारे से कहा. **II.** *v.t.* **1.** झपकाना, पलक मारना : the doctor asked me to ~ my eyes डाक्टर ने मुझे आँख झपकाने को कहा. **2.** (आँख से) इशारा करना : the teacher ~ed **at** me to keep quiet अध्यापक ने शांत रहने के लिए मेरी ओर इशारा किया. **3.** **~at** अनदेखी[F] करना : the officer ~s at his weakness अधिकारी उसकी कमज़ोरी[F] की अनदेखी कर देता है. **4.** टिमटिमाना : you can see lights ~ing तुम बत्तियों[F] को टिमटिमाते देख सकते हो.

winner वि'नर *n*[c]. **1.** विजेता, विजयी : ~ of a game खेल में ≈; he is the ~ of the Arjuna Award वह अर्जुन अवार्ड विजेता है; I will surely be the ~ in this competition, race इस प्रतियोगिता[F], दौड़[F] में मैं निश्चित रूप से विजयी हूंगा. **2.** his new novel is a ~ उसका नया उपन्यास चल निकला है.

winter विन्'टर *n*[uc]. जाड़ा, शीतकाल [cold ठंडा, severe कड़ा]; ~ starts in December≈ दिसम्बर में शुरू होता है; ~ lasts three months ≈ तीन महीने तक चलता है; during the ~ we did not go on tour जाड़े में हम दौरे पर नहीं गए; spend your ~ in some warm place अपना ≈ किसी गर्म जगह[F] में बिताओ; we put on woollens in ~ जाड़े में हम ऊनी कपड़े पहनते हैं. **II.** *a.* शीतकालीन [fruit फल, sports खेल]; have you bought ~ clothes क्या तुमने ≈ कपड़े खरीदे हैं? ~ holidays have ended जाड़े की छुट्टियाँ समाप्त हो गई हैं. **III.** *v.t.* जाड़ा बिताना : he had to pass the ~ in the plains उसे ≈ मैदानी स्थानों में बिताना था. **wintry** विन्'ट्रि *a.* **1.** (cold) ठंडा, शीत [clouds

बादल, sky आकाश, weather मौसम]; nights are ~ these days आजकल रातें ठंडी हैं. **2.** (cheerless) रूखा-सूखा [reception स्वागत, smile मुस्कान^F]; his father gave them a ~ welcome उसके पिता ने उनका ≈ स्वागत किया.

wipe वाइप **I.** *n*^c. पोंछना : give the table a ~ मेज़ पोंछ दीजिए. **II.** *v.t.* **1.** पोंछना : use your own towel to ~ your hands and mouth हाथ-मुंह पोंछने के लिए अपने तौलिये का इस्तेमाल करो; ~ the floor dry पोंछकर फ़र्श सुखा दो. **2.** पोंछकर साफ करना : ~ your slate अपनी स्लेट पोंछकर साफ कर दो; ~ that writing on the blackboard श्यामपट्ट पर की लिखावट^F पोंछकर मिटा दो. Δ ~ **away** पोंछ डालना : ~ away tears from your cheeks अपने गालों पर से आँसू पोंछ डालो; ~ away the dust from the sandal सैंडल से धूल^F पोंछ डालो; ~ **off** चुका देना : I have ~d off my debt मैंने अपना ऋण चुका दिया है; ~ **out** मिटा देना : the enemy ~d out the whole village शत्रु ने पूरे गाँव को मिटा दिया; illiteracy has now been ~d out from the country only on paper भारत में निरक्षरता^F केवल काग़ज़ पर मिटा दी गई है.

wire वाइअर **I.** *n*^c. **1.** तार : live ~ (i) गरम या विद्युत्मय तार; (ii) सक्रिय व्यक्ति; use the copper ~ ताँबे के ≈ का इस्तेमाल करो; your fan has some loose ~ तुम्हारे पंखे में कोई ≈ ढीला है. **2.** (telegram) तार : he received a ~ उसे एक ≈ मिला. **3.** (telegraph) तार : I received your message over the ~ मुझे ≈ द्वारा तुम्हारा संदेश मिला. **II.** *v.t.* **1.** तार लगाना : he has ~d (up) the whole compound उसने सारे अहाते में तार लगा दिया है. **2.** (to send by telegram) तार देना : he ~d us from London for more money उसने और पैसे के लिए हमें लंदन से तार दिया; you should have ~d immediately तुम्हें तुरंत तार दे देना चाहिए था. **wireless** वाइअर'लिस *n*^u. & *a.* **1.** बेतार का तार, वायरलेस [operator ऑपरेटर, station केंद्र]; we talked on the ~ हमने ≈ पर बात^F की; to send a message by ~ ≈ से संदेश भेजना. **2.** (radio) रेडियो : he has bought a new ~ this year इस साल उसने नया ≈ खरीदा है; a ~ programme ≈ प्रोगाम.

wisdom विज़'डम *n*^u. विवेक, बुद्धिमत्ता^F : ~ is better than valour शक्ति^F से विवेक अधिक अच्छा है; the ~ of the old people बूढ़ों की बुद्धिमत्ता^F; the lady showed great ~ उस महिला ने बड़ी बुद्धिमत्ता दिखायी. ~ **tooth** *n.* अकिलदाढ़^F : I cut my ~-tooth at the age of twenty बीस साल की उम्र में मेरी ≈ निकली. [*ant.* folly] **wise** वाइज़ **I.** *a.* (wiser, wisest) **1.** बुद्धिमान, समझदार, अक्लमंद : ~ counsel ≈ सलाहकार; ~ guy लालबुझक्कड़; ~ man जादूगर; some people are ~, some are otherwise कुछ लोग ≈ होते हैं और कुछ अन्यथा; he was ~r after the event उस घटना^F के बाद वह और समझदार हो गया. **2.** बुद्धिमत्तापूर्ण [action कार्यवाही^F, decision निश्चय, remark टिप्पण]; it would be ~ to agree in the matter इस मामले में सहमत होना बुद्धिमत्ता होगी; is it ~ to go there alone क्या वहाँ अकेले जाना ≈ है ? I don't think that would be ~ मैं नहीं समझता कि यह ≈ होगी. [*ant.* foolish], **wise** *adv. suff.* तरह as, is crosswise आड़े, तिरछे; lengthwise लंबान में; likewise इसी तरह; clockwise घड़ी की चाल^F की तरह. also otherwise, sidewise. **wisely** वाइज़'लि *adv.* बुद्धिमत्तापूर्वक^F, चतुराई^F से : you acted ~ तुमने ≈ काम किया; he ~ settled the dispute उसने ≈ विवाद का फैसला कर दिया; he has put everything ~ उसने सब कुछ ≈ रखा है. [*ant.* un~, foolishly].

wish विश **I.** *v.t.i.* चाहना, कामना या इच्छा होना : he ~ed to see me वह मुझसे मिलना चाहता था; I had not ~ed to go to cinema मेरी सिनेमा जाने की इच्छा^F नहीं हुई; what do you ~ me to do तुम मुझसे क्या करने की इच्छा^F रखते हो ? I ~ed that I had gone earlier मेरी इच्छा^F थी कि मैं पहले ही चला जाता; she ~ed him success उसने उसकी सफलता^F की कामना^F की; I ~ you good luck मैं कामना^F करता हूँ आपका भाग्य अच्छा हो; do you ~ to stay with me क्या तुम मेरे साथ रुकना चाहते

हो ?I don't ~ for any more मैं कुछ और की इच्छा[F] नहीं रखता; I ~ **for** a chance मैं अवसर की चाह[F] रखता हूँ. **III.** *n*[c]. इच्छा[F], चाह[F] अभिलाषा[F], कामना[F] : he has a great ~ to travel उसकी यात्रा[F] करने की उत्कट इच्छा है; my best ~es to your family आपके परिवार को मेरी शुभकामनाएँ; his ~es have come true उसकी अभिलाषाएँ सत्य साबित हुई हैं. **wishful** विश्'फुल *a.* इच्छुक, अभिलाषी, आकांक्षी : ~ thinking मनचाही धारणा[F]; that poverty will be eradicated, is ~ thinking यह एक मनचाही धारणा[F] है कि गरीबी[F] का उन्मूलन हो जाएगा.

wit विट **I.** *n*[c]. **1.** (intelligence) बुद्धि[F], समझ[F] [quick तीव्र, slow मंद]; use your ~s अपनी ≈ से काम लो; he has not the ~ to appreciate it उसमें इसका आदर करने की समझ नहीं है. **2.** (intelligent humour) वाग्वैदग्ध्य, हाज़िरजवाबी[F]; his talk was full of ~ उसकी वार्ता[F] वाग्विदग्धतापूर्ण थी; the play is full of ~ and humour नाटक हाज़िर-जवाबी और मज़ाक से भरा है; he had the ready ~ to answer all the questions उसमें सभी प्रश्नों का उत्तर देने की प्रत्युत्पन्न मति[F] थी; to have a ready ~ हाज़िर-जवाब होना. **3.** (person) वाग्विदग्ध, हाज़िर-जवाब व्यक्ति : he is a well-known ~ in the village गाँव में वह प्रसिद्ध ≈ है. Δ at **one's ~s end** किंकर्तव्यविमूढ़ : he was at his ~s end when the police suddenly raided his shop जब पुलिस ने अचानक उसकी दूकान[F] पर छापा डाला तो वह ≈ हो गया; **out of one's ~s** पागल : he has been out of his ~s since he saw the murder जब से उसने हत्या[F] देखी है वह पागल हो गया है.

witch विच *n*[c]. **1.** (sorceress) डाइन[F], जादूगरनी[F] : ~es have magical powers डाइनों में जादुई शक्तियाँ होती हैं; the ~es are said to be under the influence of spirits बताया जाता है कि जादूगरनियाँ भूतों के प्रभाव में रहती हैं; I do not believe that there are ~es मैं नहीं विश्वास करता कि डाइनें होती हैं. **2.** (a lewd woman) डायन, चुड़ैल, बदमाश औरत.

with विद *prep.* **1.** के साथ : he went ~ his father वह अपने पिता ≈ गया; I stayed ~ a friend मैं एक मित्र ≈ ठहरा; come and spend an evening ~ us आओ और एक शाम[F] हमारे साथ बिताओ; I shall bring my sister ~ me too मैं उपने साथ अपनी बहन[F] को भी लाऊंगा; Jim has gone ~ Jack जिम जैक ≈ गया है; will you take tea ~ me आप मेरे साथ चाय[F] पियें; mix sugar ~ flour आटे ≈ चीनी[F] मिला दो; he takes biscuits with tea वह चाय[F] ≈ बिस्कुट लेता है. **2.** (possessing) वाला : ~ child गर्भवती, बच्चेवाली; now she is ~ a child अब वह गर्भवती है; who is this man ~ a turban वह पगड़ीवाला आदमी कौन है ? **3.** से : field wet ~ rain बारिश[F] ≈ तर भूमि; a glass filled ~ water पानी ≈ भरा गिलास; I saw it ~ my own eyes मैंने इसे अपनी आँखों[F] ≈ देखा; he was shivering ~ cold वह ठंड ≈ कांप रहा था; write ~ your own pen अपनी ही कलम[F] ≈ लिखो; he cried ~ pain वह दर्द ≈ चिल्लाया; fill the cup ~ tea प्याला चाय ≈ भर दो; I do not agree ~ you मैं तुमसे सहमत नहीं हूँ; I shall come ~ pleasure मैं खुशी[F] ≈ आऊंगा; I was satisfied ~ his work मैं उसके काम से संतुष्ट था; his eyes were wet ~ tears उसकी आँखें[F] आँसुओं ≈ तर थीं. **4.** (by means of) के द्वारा; से : cut the cloth ~ scissors कपड़ा कैंची[F] से काट लो; he beat me ~ a stick उसने मुझे छड़ी से पीटा. **5.** (comparative 'than') से : this bag is better than that वह बैग उससे अच्छा है.

6. के विरुद्ध, के विरोध में, से : I did not fight/quarrel ~ him मैं उसके विरुद्ध (से) नहीं लड़ा; he did not compete ~ me उसने मुझसे मुकाबला नहीं किया. **7.** (because of) से, के कारण : he is down ~ malaria वह मलेरिया ≈ पड़ा है; he was shivering ~ fear वह डर ~ (के मारे) काँप रहा था. **8.** (in spite of) के बावजूद, के होते भी : ~ all his money, he is unhappy इतने धन ≈ वह अप्रसन्न है; ~ all his faults I like him उसमें सब दोषों के रहते मैं उसे पसंद करता हूँ. **9.** (other contexts) leave your luggage

~ me अपना सामान मेरे पास छोड़ दो; he is dying ~ thirst वह प्यास से मर रहा है; don't interfere ~ my work मेरे काम में दखल मत दो; compare this ~ that इसकी उससे तुलना करो.

with विद *prefix* प्रति : ~draw वापस लेना; ~hold रोक रखना, छिपाना; ~stand सहना.

withdraw विद्ड्रॉ' **I**. *v.t.* (withdrew, withdrawn) *v.t.* **1.** हटा/खींच लेना, हटाना : now you should ~ your hands from that affair उस मामले से तुमको अपना हाथ अब खींच लेना चाहिए; India withdrew its troops from Pakistan भारत ने अपनी सेनाएँ[F] पाकिस्तान से हटा लीं; the curtain was ~n परदा हटा दिया गया. **2.** वापस लेना : I ~ my words मैं अपने शब्द वापस लेता हूँ; he has ~n his name from the team उसने टीम[F] से अपना नाम वापस ले लिया है; the order was ~n आदेश वापस लिया गया. **3.** (take away) हटा लेना, निकाल लेना : the parents are going to ~ their child from school बच्चे के माता-पिता अपने बच्चे को स्कूल से निकालने जा रहे हैं; ~ one thousand rupees from the bank बैंक से एक हज़ार रुपए निकालो. **II**. *v.i.* (retire from) हट जाना : the army withdrew from the front सेना[F] मोर्चे से हट गयी; he is going to ~ from the contest वह प्रतियोगिता[F] से हटने जा रहा है. **withdrawal** विद्ड्रॉल' *n*[c]. **1.** निकासी[F] : ~ of money from the bank बैंक से पैसे की ≈; ~ of books from the library पुस्तकालय से किताबों[F] की ≈. **2.** वापसी : what was the reason fot the ~ of his candidature उसका अपनी उम्मीदवारी[F] से नाम वापस लेने का क्या कारण था? ~ of motion had become necessary प्रस्ताव वापस लेना जरूरी हो गया था. **3.** पीछे हटना : ~ of troops सेना[F] का पीछे हटना.

wither वि'दर *v.i.t.* **1.** (of plants) कुम्हलाना, मुरझाना : all the flowers have ~ed सभी फूल मुरझा गए हैं; the sun has ~ed these plants धूप[F] ने इन पौधों को कुम्हला (सुखा) दिया है; the cold ~ed the leaves सरदी[F] ने पत्तियों[F] को मुरझा दिया है. [*ant*. bloom]. **2.** शिथिल पड़ जाना : after his failure he has ~ed अपनी असफलता[F] के बाद वह शिथिल पड़ गया है. **3.** मलीन हो जाना : her beauty is ~ing उसकी सुंदरता[F] मलीन हो रही है.

withhold विद्होल्ड' *v.t.* (*p.* withheld) **1.** (keep back) रोक रखना, दबा रखना : he withheld his consent उसने अपनी स्वीकृति[F] रोक रखी; to ~ the information सूचना रोक रखना; will his salary be withheld क्या उसका वेतन रोक लिया जाएगा? ~ smb from doing smth किसी को कुछ करने से रोकना. **2.** छिपाना : to ~ the secret from smb किसी से भेद ≈.

within वि दिन' **I**. *adv.* **1.** (indoors) भीतर, अंदर : let us go ~ ≈ चलें; is he ~ क्या वे ≈ हैं? **2.** (inwardly) भीतर ही भीतर, मन ही मन : he was happy ~ वह ≈ खुश था. **II**. *prep.* के भीतर/अंदर : I'll come back ~ fifteen minutes मैं पंद्रह मिनट के अंदर वापस आऊंगा; it is not ~ your reach यह तुम्हारी पहुँच[F] के अंदर नहीं है; ~ the cave गुफा ≈; I was ~ the city yesterday कल मैं शहर की सीमा ≈ ही था; keep ~ doors घर के अंदर रहो; there was noise from ~ that room शोर उस कमरे ≈ से था; it is ~ your power यह आपके अधिकार ≈ है; to live ~ one's means अपनी औकात[F] ≈ गुजारा करना.

without वि दाउट' **I**. *adv.* बाहर : he was left ~ उसे बाहर छोड़ दिया गया; Δ **a saint ~, but a rogue within** बाहर से संत, भीतर से बदमाश. **II**. *prep.* के बिना : I'll do it ~ delay मैं इसे अविलम्ब कर दूँगा; ~ doubt बिनाशक, निःसंदेह; you can jump five metres ~ doubt निःसंदेह तुम पाँच मीटर कूद सकते हो; you cannot do anything ~ money तुम बिना पैसे के कुछ नहीं कर सकते; he was caught travelling ~ ticket वह बिना टिकट यात्रा[F] करता पकड़ा गया; no life ~ wife बिना पत्नी के कोई जीवन नहीं; he went away ~ thanking you तुम्हें बिना धन्यवाद दिए चला गया; ~ end अनंत : the sky is ~ an end आकाश अनंत है; ~ fail अवश्य ही, निश्चय ही : I'll come to you ~ fail मैं निश्चय ही तुम्हारे पास आऊँगा; ~

hindrance बिना अड़चन^F के, निर्विघ्न : Raj finished the work ~ hindrance राज ने अपना काम निर्विघ्न समाप्त कर दिया है.

withstand विद् स्टैण्ड' *v.t.* (withstood) **1.** सामना करना, मुकाबला करना; to ~ an attack bravely आक्रमण का बहादुरी^{F} से ≈. **2.** रोकना : I could not ~ the temptation मैं प्रलोभन रोक न पाया. **3.** सहना, बरदाश्त करना : ~ pain पीड़ा^{F} सहना; the thief withstood kicks and blows चोर लात-घूँसे बरदाश्त करता रहा.

witness विट्'निस **I.** n^c. गवाह, साक्षी [impartial निष्पक्ष, reliable विश्वसनीय]; is there any ~ of this accident क्या इस दुर्घटना^{F} का कोई साक्षी है; only God is my ~ ईश्वर मेरा एक मात्र साक्षी है; the court ordered the plaintiff to bring two ~es न्यायालय ने वादी को दो ≈ लाने का आदेश दिया; to be the ~ of prosecution अभियोग पक्ष का ≈ होना. Δ **bear** ~ गवाही^{F} देना, साबित करना/प्रमाणित करना : he will bear ~ to his statement वह उसके कथन का गवाह होगा. **II.** *v.t.* **1.** गवाही देना : my neighbour ~ed that I was ill मेरे पड़ोसी ने गवाही दी कि मैं बीमार था; to ~ smb's signature किसी के हस्ताक्षर की ≈. **2.** (see) देखना : I ~ed that scene, accident मैंने वह दृश्य देखा, दुर्घटना^{F} देखी. **~-box** n^c. गवाहों का कटघरा : come in the ~-box and give evidence कटघरे में आओ और गवाही^{F} दो.

witty वि'टि *a.* **1.** (of person) विनोदी : she is ~ and therefore popular वह ≈ है, इसलिए सर्वप्रिय भी. **2.** (of remark, etc.) ~ conversation ≈ वार्तालाप.

wives = *pl.* of 'wife' *q.v.*

woe वो n^c. दुःख : he told a tale of ~s उसने अपनी दुःखभरी कहानी^{F} सुनाई; his heart was full of ~ उसका दिल ≈ से भरा था; his life is full of ~s उसका जीवन दुःखों से भरा है; she narrated all her ~s to me उसने मुझे अपने सारे दुखड़े सुना दिए. [*ant.* joy] **woeful** वो'फुल *a.* **1.** दुःखी : they are ~ these days वे आजकल ≈ हैं. **2.** दुःखपूर्ण : ~ condition ≈ दशा^{F}; she has a ~ look उसका चेहरा ≈ है; ~ cries of a widow विधवा का ≈ रोदन.

woke = *past tense* of 'wake' *q.v.*

woken = *p.p.* of 'wake' *q.v.*

wolf वुल्फ n^c. (*pl.* wolves) **1.** भेड़िया [cunning मक्कार, hungry भूखा]; the ~ was gray ≈ भूरा था; wolves howl भेड़िये चीखते हैं. **2.** कामी : never believe him, he is a ~ उस पर विश्वास मत करो, वह ≈ है. Δ **cry ~ too often** झूठा डर दिखाना; **a ~ in sheep's clothing** पाखण्डी, बगुला-भगत, भेड़ की खाल में भेड़िया; **to keep the ~ from the door** फ़ाक़ों से बचना, पेट भरना.

woman वु'मन n^c. (*pl.* women विमिन) **1.** औरत^F, स्त्री^{F} [beautiful सुंदर, lonely अकेली, married विवाहिता]; an old ~ met him in the way एक बूढ़ी ≈ उससे रास्ते में मिली; that ~ was wearing a coat वह ≈ एक कोट पहने थी; women are mostly illiterate in India भारत में अधिकतर स्त्रियाँ निरक्षर हैं; Rama is an attractive ~ रमा एक आकर्षक है; she is a ~ with a past वह एक कलंकित ≈ है. **2.** (wife) पत्नी^{F}: the prince and his ~ राजकुमार और उसकी ≈. [*masc.* man] **womanhood** वु'मनहुड n^u. स्त्रीत्व, नारीत्व : the girl has now attained ~ लड़की ने अब ≈ प्राप्त कर लिया है; she has grown to ~ वह अब जवान (औरत) हो गई है; ~ is a blessed condition ≈ सौभाग्यशाली स्थिति^{F} है. **womanly** वु'मन्लि *a.* स्त्रियोचित : [characteristics विशेषताएँ^{F}, charm आकर्षण, feelings भावनाएँ^{F}]; he has achieved ~ virtues उसमें ≈ गुण आ गए हैं; he behaves ~ वह ≈ व्यवहार करता है. she showed ~ affection for an orphan उसने एक अनाथ के प्रति ≈ स्नेह दिखाया.

won = *past* & *p.p.* of 'win' *q.v.*

wonder वन्'डर **I.** n^c. **1.** (emotion) अचरज, आश्चर्य : he was filled with ~ वह आश्चर्ययुक्त था; he looked at me with ~ उसने मुझे ≈ से देखा; it is a ~ that he could not recognise me यह आश्चर्य है कि वह मुझे नहीं पहचान पाया; no ~ कोई अजब नहीं. **2.** (a marvel) अजूबा, अद्भुत वस्तु^{F}: this child is a ~ यह बच्चा एक अजूबा है;

television is one of the ~s of modern science टी. वी. अद्यतन विज्ञान का एक अजूबा है. **3.** (miracle) चमत्कार : he works ~s वह ≈ कर दिखाता है. Δ **nine days'** ~ चार दिन की चाँदनी[F] : salary has become now only a nine days' ~ वेतन अब केवल चार दिन की चाँदनी रह गया है. **II.** *v.i.* **1.** आश्चर्यचकित होना, विस्मित होना : I ~ whether it is so accurate मुझे आश्चर्य है कि यह इतना सही है; he ~s what his son is doing वह आश्चर्यचकित है कि उसका बेटा क्या कर रहा है; I do not ~ **at** his attitude मुझे उसके रुख़ से आश्चर्य नहीं है; I should not ~ if ... मुझे कोई आश्चर्य न होगा यदि... **2.** I ~ whether he will come मुझे संदेह है कि वह आएगा. **wonderful** वन'डर्फुल *a.* **1.** (amazing) आश्चर्यजनक, अद्‌भुत : [idea विचार, news समाचार, performance प्रदर्शन]; the most ~ thing in the world संसार में सबसे ≈ वस्तु[F]; we went to see the ~ scenes of Kashmir हम कश्मीर के ≈ दृश्य देखने गए; this is a ~ machine to diagnose any disease किसी रोग का निदान करने वाली यह ≈ मशीन[F] है. **2.** (excellent) बहुत बढ़िया, उत्कृष्ट, अत्युत्तम : he gave a ~ present उसने एक बढ़िया उपहार दिया. **3.** (remarkable) असाधारण : my son is a ~ singer मेरा बेटा एक ≈ गवैया है; you look ~ today तुम आज बहुत ही ≈ लगते हो.

won't वोन्ट = would not,

woo वू *v.t.* (*p.* wooed) **1.** प्रणय निवेदन करना, प्रेम जताना : he ~ed the daughter of a minister वह किसी मंत्री की बेटी से अपना प्रेम जतलाता रहा. **2.** (coax) फुसलाना, लुभाना : they ~ed the voters before the election चुनाव के पहले वे मतदाताओं को लुभाते थे; this company is ~ing some agents of other companies यह कंपनी दूसरी कंपनियों के एजेंटों को फुसला रही है. **3.** चाह[F] या आकांक्षा रखना : to ~ sleep नींद[F] की चाह होना; to ~ fame यश की आकांक्षा रखना.

wood वुड *n.* **1.** लकड़ी[F] [costly कीमती, damp गीली]; ~**man** लकड़हारा; ~ **pulp** लकड़ी की लुगदी[F] (for making paper); ~**sman** वनवासी; put some ~ on the fire कुछ ≈ आग पर रखो; we have not much ~ left हमारे पास बहुत ≈ नहीं बची है; he gathered dry ~ from the forest उसने जंगल से ≈ इक्ट्ठी की; this huge box is made of ~ यह विशाल संदूक ≈ का बना है. **2.** (usu. *pl.*) वन, जंगल [thick घना, wide विशाल]; he forgot his way in the ~s ≈ में वह अपना रास्ता भूल गया; they live in the ~s वे ≈ में रहते हैं. **woodcutter** *n.* लकड़हारा : a ~ works in the woods ≈ जंगल में काम करता है; ~'s job is to cut down trees लकड़हारे का काम है पेड़ काट देना. **wooden** वु'डन *a.* **1.** लकड़ी का [box संदूक, house मकान, table मेज़]; they were sitting on a ~ bench वे लकड़ी की बेंच पर बैठे थे; we have to go through a ~ bridge हमें लकड़ी के पुल से होकर जाना है; its handle must be ~ इसका हत्था ≈ का होना चाहिए. **2.** (dull) निर्जीव, नीरस : she gave a ~ performance उसने ≈ प्रदर्शन किया : she is a bit ~ in front of her teacher वह अपनी अध्यापिका[F] के सामने निर्जीव-सी होती है. **woodpecker** *n*[c]. कठफोड़ा : the ~ picks up bugs to eat ≈ खाने के लिए छोटे-छोटे कीड़े पकड़ता है; a ~ lives in the holes of trees ≈ पेड़ों के बिलों में रहता है; a ~ has a long beak कठफोड़े की चोंच[F] लंबी होती है.

wool वुल *n*[u]. **1.** ऊन : pure ~ शुद्ध ≈; ~ grows on sheep ≈ भेड़ों से मिलता है; my socks are made of ~ मेरे मोज़े ≈ के बने हुए हैं; the ~ of your sweater is artificial तुम्हारे स्वेटर का ≈ कृत्रिम है. **2.** ऊनी कपड़ा : he wears ~ even in October वह अक्तूबर में भी ऊनी कपड़े पहनता है. Δ **much cry and little** ~ खोदा पहाड़ और निकली चुहिया[F]; **to pull the ~ on smb's eyes** किसी की आँखों में धूल झोंकना. **woollen** वु'लन **I.** *a.* ऊनी [textile वस्त्र, yarn धागा]; he has bought a ~ suit this year इस साल उसने एक ≈ सूट ख़रीदा है; the shawl is purely ~ शाल शुद्ध ≈ है; what is the cost of this ~ blanket इस ≈ कम्बल की कीमत क्या है ?

II. *n. pl.* ऊनी कपड़े : mixed ~ मिलावटी ≈; ~s should be washed at home ऊनी कपड़ों को घर में धोना चाहिए; we wear ~s in winter हम ~ जाड़े में पहनते हैं.

word वर्ड **I.** *v.t.* शब्दों में व्यक्त करना : tell me how to ~ this telegram मुझे बताओ कि इस तार को शब्दों में कैसे व्यक्त किया जाय; you should ~ your idea तुम्हें अपने विचारों को अपने शब्दों में व्यक्त करना चाहिए; your request is well ~ed तुम्हारी प्रार्थना^{F} अच्छे शब्दों में व्यक्त हुई है. **II.** n^c. **1.** (unit of language) शब्द [clear स्पष्ट, difficult कठिन, easy आसान]; how many Hindi ~s do you know तुम हिन्दी के कितने ≈ जानते हो? I want to add a new ~ in the sentence मैं वाक्य में एक नया ≈ जोड़ना चाहता हूँ; what is the meaning of this ~ इस ≈ का अर्थ क्या है? use common ~s in your letters अपने पत्रों में सामान्य शब्दों का प्रयोग किया करो; what were his parting ~s उसके विदायी शब्द क्या थे? I remember his ~s मुझे उसके ≈ याद हैं; in a ~ संक्षेप में; in other ~s दूसरे शब्दों में, ~s fail me मुझे ≈ नहीं सूझते. **2.** (speech) बात^F, कथनी^{F} : mere ~s will not be enough केवल कथनी से काम न चलेगा; you will always find difference in his ~ and deed उसकी कथनी और करनी^{F} में तुम हमेशा अंतर पाओगे; I had a ~ with him उससे मेरी बात^F हुई; may I have a ~ with you क्या मैं आपसे बात^F कर सकता हूँ? I'll always remember his ~s मैं उसका कथन सदा याद रखूँगा; a man of few ~s अल्पभाषी; a man of many ~s बातूनी. Δ **to eat one's ~** कही बात^F को वापस लेना, बात से पलट जाना : he has eaten his ~s previously uttered वह अपनी पहले कही हुई बातों से पलट गया है; in thought, ~ and deed सोच^F कथनी और करनी^{F} में, मनसा, वाचा, कर्मणा. **3.** संदेश : send ~ when you reach there safely जब वहाँ कुशलपूर्वक पहुँच जाओ, तो ≈ भेजना; I received a ~ of his arrival मुझे उसके पहुँचने का ≈ मिला. **4.** n^u. (rumour) अफ़वाह^F : the ~ is that he has been transferred ≈ है कि उसका तबादला/स्थानान्तरण हो गया है. **5.** n^u. (promise) वचन, वादा [false झूठा, true सच्चा]; ~ of honour सशपथ वचन/वादा; keep your ~ अपना ≈ पूरा करो; don't break your ~ अपना ≈ मत तोड़ो; I have never given him such a ~ मैंने उसे ऐसा ≈ कभी नहीं दिया है; I give you my ~ मैं वादा करता हूँ; he is a man of ~s वह अपने वादे का पक्का आदमी है; he is as good as his ~ वह वादे का पक्का है. Δ **by ~ of mouth** मौखिक रूप से, ज़बानी : he promised by ~ of mouth उसने मौखिक रूप से वादा किया; **god's ~** धर्मग्रंथ : (of Christians) बाइबिल^F; (of Hindus) वेद; (of Muslims) क़ुरआन शरीफ़; **in a ~** संक्षेप में : in a ~, I hate him संक्षेप में, मुझे उससे घृणा^{F} है; in a ~, it was not fair संक्षेप में, यह उचित नहीं था; **say a ~ for smb** किसी की सिफ़ारिश^F करना; to take smb at his ~ किसी की बात^F पर विश्वास कर लेना : I took him by his ~ but was deceived मैंने उसकी बात^F पर विश्वास कर लिया, पर धोखा खाया; **~ for ~** शब्दशः, अक्षरशः the teacher asked him to translate ~ for ~ अध्यापक ने उसे अक्षरशः अनुवाद करने के लिए कहा; what did he say, tell me ~ for ~ उसने क्या कहा, मुझे अक्षरशः बताओ; **to waste ~s** बकवास करना, बकना : don't waste ~s, go away from here बकवास मत करो, यहाँ से चले जाओ

wore = *past tense* of 'wear' *q.v.*

work वर्क **I.** n^{uu}. **1.** (activity) कार्य, काम [easy आसान, private निजी, social सामाजिक]; good ~ सत्कर्म; bad ~ दुष्कर्म; meritorious ~s पुण्यकर्म; ~ of mercy दया^{F} का ≈; ~ of god प्रकृति^{F}; he is at ~ वह काम में लगा है; he is set to ~ वह काम करने लगा है; he will be remembered for his ~ for the good of poor sections उसे ग़रीब वर्गों के लोगों के भले के लिए याद किया जाएगा; this machine does the ~ of six men यह मशीन^F छः आदमियों का काम करती है; nowadays he is interested in religious ~s आजकल उसकी धार्मिक कामों में दिलचस्पी^{F} है; go and do your ~ जाओ और अपना काम करो. **2.** (employment)

काम, नौकरी^F, रोज़गार [permanent स्थायी, private निजी]; he is out of ~ वह बेरोज़गार है. **3.** (task) काम : he brings office ~ here वह दफ़्तर का ≈ यहाँ ले आता है. **4.** (product of artistic activity) रचना^F, कृति^F [famous प्रसिद्ध, poetical काव्यात्मक]; artistic ~ कलाकृति^F; the ~s of Shakespeare शेक्सपियर, की रचनाएँ^F; Ramcharit Manas is a popular ~ of Tulsidas रामचरितमानस तुलसीदास की लोकप्रिय ≈ है; 'Paradise Lost' is a great ~ of John Milton 'पैराडाइज़ लॉस्ट' मिल्टन की महान ≈ है. **5.** (*pl.*) निर्माण-कार्य : public ~s सार्वजनिक ≈. **6.** (*pl.*) कारखाना : steel ~s इस्पात का ≈; the ~s is closed ≈ बंद है. **7.** (*comb.*) ~load कार्यभार : I have heavy ~ load these days इन दिनों मेरे ऊपर बहुत कार्यभार है; ~man कारीगर : a bad ~man quarrels with his tools नाच न जाने आँगन टेढ़ा; ~shop कार्यशाला^F, कार्यगोष्ठी^F. **II.** *v.t.* **1.** काम करना : she ~s in some office वह किसी दफ्तर में काम करती है; how long have you been ~ing here तुम यहाँ कितने समय से काम कर रहे हो? he is not ~ing these days वह आजकल काम नहीं कर रहा है; he ~s in the new factory वह नई फ़ैक्टरी^F में काम करता है. **2.** चलना, चालू होना : if my scheme ~s यदि मेरी योजना^F चल जाए; this machine does not ~ properly यह मशीन^F ठीक से नहीं चलती. **3.** (take effect) असर करना, कारगर होना [efficiently अच्छी तरह^F, quickly तेज़ी-से]; the drug did not ~ दवा^F का कोई असर/प्रभाव नहीं हुआ. **4.** (other contexts) can you ~ this problem क्या तुम इस समस्या^F का हल निकाल सकते हो? it has ~ed wonders इससे चमत्कार हुआ है; to ~ mischief फूट डालना; to ~ a sum सवाल का जवाब निकालना; the ornament has been ~ed in gold यह ज़ेवर सोने का बना है. Δ ~ **off** चलता करना, रफ़ा-दफ़ा करना : she ~ed off her sadness by reciting mantras उसने मंत्र बोलकर अपनी उदासी^F रफ़ा-दफ़ा कर दी; ~ **out** हिसाब लगाना : they ~ed out the expenditure on that occasion उन्होंने उस अवसर पर किए गए खर्च का हिसाब लगाया; I cannot ~ out how many times he came here मैं इसका हिसाब नहीं लगा सकता कि वह यहाँ कितनी बार^F आया; ~ **up** उकसाना, भड़काना : they have ~ed him up to revolt against the state उन्होंने उसे राज्य के विरुद्ध विद्रोह के लिए भड़काया. **workable** वर्'कॅबल *a.* (practicable) व्यवहार्य, संचालनीय [arrangement व्यवस्था^F, plan योजना^F]; you should take the responsibility of only ~ jobs तुम्हें केवल संचालनीय कामों की ज़िम्मेवारी^F लेनी चाहिए; this engine ~s easily यह इंजन आसानी^F से संचालनीय है.

worker वर्'कर *n*^c. **1.** श्रमिक, मज़दूर : factory ~ कारखाने का ≈; ~s demand more wages ≈ और मज़दूरी माँगते हैं. **2.** कार्यकर्ता [excellent बढ़िया, experienced अनुभवी]; he is a social ~ वह सामाजिक ≈ (समाज सेवक) है; I do not want to be a ~ of any political party मैं किसी राजनैतिक पार्टी^F का ≈ नहीं बनना चाहता. **3.** कर्मचारी : office ~ दफ़्तर का ≈; he was appointed as a ~ and now he is a clerk वह ≈ के रूप में नियुक्त किया गया था, (लेकिन) अब वह लिपिक है. **working** वर्'किङ् **I.** *n*^c. **4.** कार्यप्रणाली^F. I can say nothing about the ~ of this organisation मैं इस संगठन की ≈ के बारे में कुछ नहीं कह सकता; he has a different way of ~ उसकी ≈ भिन्न प्रकार की है. **II.** *a.* काम का [day दिन; hours समय]; ~ captial व्यवसाय चलाने के लिए पूंजी^F; ~ committee कार्यसमिति^F; ~ class श्रमिक वर्ग; ~ drawing ≈ नक्शा; ~ knowledge व्यावहारिक ज्ञान; ~ man मज़दूर, श्रमिक; in ~ order चालू हालत^F में; ~ party निरीक्षण समिति^F; जाँच समिति^F; ~ profit शुद्ध लाभ; what will be the ~ method काम का ढंग क्या होगा? you should not interfere during the ~ period काम के समय में तुम्हें दख़ल नहीं देना चाहिए. **workman**वर्क'मैन *n*^c. (*pl.* workmen) **1.** मज़दूर, श्रमिक : tell the workmen to come tomorrow मज़दूरों से कहो कि कल आएँ. **2.** (craftsman) कारीगर, शिल्पी [clever होशियार, industrious परिश्रमी, poor ग़रीब]; a bad ~ quarrels with his tools नाच न जाने आँगन टेढ़ा. **workshop** *n.* कारखाना, वर्कशाप : there are fifty workers in his ~ उसके कारखाने में पचास कर्मचारी हैं; the car is in the ~ कार ≈ में है.

world वर्ल्ड *n*[c]. **1.** (the earth) धरती[F], संसार, दुनिया[F] : the other ~ परलोक; the New World अमेरिका; this ~ इहलोक, संसार; ~ of dreams स्वप्नलोक; there are several countries in this ~ इस ≈ में कई देश हैं; this is the way of the ~ दुनिया का यही ढंग है; the ~ is full of misery संसार दुःखमय है; Asia is the biggest continent in the ~ एशिया संसार में सबसे बड़ा महाद्वीप है. Δ **to bring into the** ~ जन्म देना; to come into the ~ जन्म लेना. **2.** (universe) विश्व, ब्रह्माण्ड : there have been two ~ wars दो विश्वयुद्ध हुए हैं. **3.** आम लोग : all the ~ knows it सब लोग जानते हैं; half the ~ lives below the poverty line दुनिया[F] के आधे लोग ग़रीबी रेखा[F] से नीचे जीते हैं. **4.** संसारी : he gave up the ~ उसने ≈ का त्याग कर दिया. **5.** बहुत कुछ : it makes a ~ of difference इससे बहुत कुछ अंतर पड़ता है. **6.** जगत् : the ~ of books, animal पुस्तक, पशु ≈. Δ **for all the** ~ कुछ भी हो, किसी कीमत[F] पर : I shall do this work for all the ~ मैं इस काम को किसी कीमत[F] पर करूँगा; **a man of the** ~ दुनियादार या अनुभवी व्यक्ति : he is not a philosopher, he is a man of the ~ वह दार्शनिक नहीं है, ≈ है. **worldly** वर्ल्ड' लि *a.* सांसारिक, लौकिक, दुनियावी [pleasures सुख, possessions संपत्ति[F]; ~ goods धन-सम्पत्ति[F]] ~ wisdom दुनियादारी[F]; it is not easy to be free from ~ engagements ≈ जंजाल से मुक्त होना आसान नहीं है; in my ~ life I have done everything अपने ≈ जीवन में मैंने सब कुछ किया है; monks are not ~ भिक्षु दुनियादार नहीं होते· [*ant.* spiritual]

worm वर्म *n*[c]. 1. कृमि, कीड़ा : earth ~ केंचुआ; round ~ केंचुआ; silk ~ रेशमी कीड़ा; tape ~ फीता-कृमि; birds eat ~ चिड़ियाँ[F] कीड़े खाती हैं; the wheat was eaten by ~s गेहूँ में घुन लग गया था. **2.** कृमिरोग : your friend suffers from ~s तुम्हारा मित्र ≈ से पीड़ित है. **3.** (person) कीड़ा, कमीना आदमी, नीच : he is a ~ who divorced such a noble wife वह ≈ है जिसने ऐसी भद्र पत्नी को तलाक दे दिया.

worn वर्न = *p.p.* of wear *q.v.* ~**out** *a.* **1.** (exhausted) थका-माँदा [labourer मज़दूर, runner धावक, दौड़ाक]; the ~ travellers sat down under tree थके-माँदे यात्री पेड़ के नीचे बैठ गए. **2.** (of clothes) फटा-पुराना, घिसा-पिटा [paper काग़ज़ towel तौलिया]; he was wearing ~ shoes वह फटे-पुराने जूते पहने था.

worried व'रिड *a.* चिन्तित, परेशान [face चेहरा, father पिता, principal प्राचार्य]; I am ~ about mother मैं माँ के बारे में ≈ हूँ; she looked very ~ वह बहुत ≈ दिखायी देती थी. **worry** व'रि **I.** *v.i.* चिन्ता[F] करना : don't ~ about your son अपने बेटे के बारे में चिंता मत करो; she is very worried about her daughter's health वह अपनी बेटी के स्वास्थ्य के बारे में बहुत चिन्तित है; there is no reason to ~ for such things इस प्रकार की चीज़ों की चिंता करने का कोई कारण नहीं है. **II.** *v.t.* **1.** (to make anxious) चिंतित/चिंताग्रस्त कर देना : children's future worries me बच्चों का भविष्य मुझे चिंतित कर देता है. **2.** (harass, pester) परेशान/तंग करना : she worried her husband to buy a saree उसने साड़ी खरीदने के लिए अपने पति को परेशान कर दिया; who is ~ing you तुम्हें कौन परेशान कर रहा है? do not ~ him with such foolish questions इस प्रकार के मूर्खतापूर्ण प्रश्नों से उसे परेशान/तंग न करो. **III.** *n*[c]. (*pl.* worries) चिंता[F], फिक्र : he has a lot of ~ for his son उसे अपने बेटे की बहुत चिंता है; money is our greatest ~ पैसा हमारी सबसे बड़ी ≈ है; all your worries will come to an end after four months चार महीने बाद तुम्हारी सब चिंताएँ[F] समाप्त हो जाएँगी; that boy is a ~ to his parents वह लड़का माँ-बाप के लिए चिंता का विषय है.

worse वर्स **I.** *a.* (*comp.* of bad, ill) **1.** बदतर, और बुरा, और ख़राब [condition हालत[F], day दिन, habits आदतें[F]]; this suit is ~ than the other one यह सूट दूसरे वाले से ख़राब है; the weather grew ~ मौसम और ख़राब हो गया; you will only make things ~ तुम मामले को बदतर ही बनाओगे; his health became ~ उसका स्वास्थ्य और ख़राब हो गया. **2.** ख़राब हालत^F में : he has become ~ since yesterday उसकी हालत^F कल की अपेक्षा ख़राब है; he is getting ~ उसकी हालत^F ख़राब हो रही है. [*ant.* better] **II.** *adv.* और बुरी तरह^F से : you are playing ~ than ever तुम अब तक खेले गए खेल से और बुरी तरह खेल रहे हो; he sings such ~ than he did before वह जैसे गाता था उससे बहुत ज्यादा बुरी तरह गाता है; he is ~ off than before वह पहले से अधिक बुरी हालत^F में है. **III.** *n*^{c}. और बुरी बात^F : the ~ will not be tolerable इससे बुरी बात^F असहनीय होगी; ~ was yet to come ≈ अभी होने को थी. Δ **have the** ~ हार जाना : I can definitely say that he will have the ~ मैं यह निश्चित कर सकता हूँ कि वह हारेगा; conditions have gone/become from **bad to** ~ हालात बद-से-बदतर हो गए हैं. [*as distinct from* verse]

worship वर्'शिप **I.** *n*^{u}. पूजा^{F} [hard कठिन, true सच्ची]; they attended the ~ वे ≈ में शामिल हुए; to go to the temple for ~ ≈ के लिए मंदिर जाना; a temple or mosque is a place of ~ मंदिर या मस्जिद^F ≈ का स्थान है; some persons do not like idol ~ कुछ लोग मूर्तिपूजा^{F} पसंद नहीं करते. **II.** *v.t.* (-pp-) **1.** पूजा^{F} करना, पूजना : the Ganga is ~ped on Sankranti संक्रान्ति पर गंगा की पूजा होती है; they have gone to ~ Lord Shiva वे भगवान शिव की पूजा करने गए हैं. **2.** (revere) पर श्रद्धा^{F} रखना : youngers should ~ their elders छोटों को अपने बड़ों पर श्रद्धा रखनी चाहिए. **~per** वर्'शिपर *n*^{c}. उपासक [blind अंध, devoted श्रद्धालु, sincere सच्चा]; they are the ~s of Lord Krishna वे भगवान कृष्ण के ≈ हैं.

worst वर्स्ट **I.** *a.* (*superl.* of bad, ill) सबसे बुरा, सबसे ख़राब [accident दुर्घटना^{F}, condition हालत^F, result परिणाम]; that was the ~ thing that could have happened वह सबसे बुरी बात^F थी जो हो सकती थी; the ~ thing is that we don't know where he lives सबसे ख़राब बात (यह) है कि हम नहीं जानते वह कहाँ रहता है; I have never expected such ~ consequences मैंने इस प्रकार के बुरे-से-बुरे परिणाम की आशा^{F} नहीं की थी. **II.** *adv.* सबसे ख़राब/बुरी तरह से : he played ~ of all वह सबसे बुरी तरह खेला; that evening he sang ~ उस शाम उसने सबसे ख़राब गाया; the poor people suffer ~ ग़रीब लोग सबसे बुरी तरह कष्ट पाते हैं. **III.** *n*^{c}. सबसे बुरी बात : he expected the ~ उसने ≈ की आशा^{F} की थी; the ~ of it is, we cannot get in touch with them सबसे ख़राब बात यह है कि हम उनके संपर्क में नहीं आ सकते; the ~ happened ≈ हो गई; now you should be ready for the ~ अब तुम्हें ≈ के लिए तैयार रहना चाहिए; I saw him at his ~ मैंने उसे सबसे बुरी हालत^F में देखा था; do your ~ बुरा से बुरा कर लो; if ~ comes to the ~ यदि बुरे से बुरी बात हो जाए. [*ant.* best]

worth वर्थ *n*^{u}. **1.** मूल्य, कीमत^F : this thing is of little ~ यह वस्तु बहुत कम कीमत की है; my watch is ~ rupees eight hundred मेरी घड़ी^{F} आठ सौ रुपए ≈ की है; it is ~ nothing यह बेकार है; the watch is not of much ~ घड़ी अधिक कीमत की नहीं है; if you do not know its ~ यदि तुम इसकी कीमत नहीं जानते. **2.** (deserving) लायक, के योग्य : is the play ~ seeing क्या नाटक देखने लायक है? the book is not ~ reading किताब पढ़ने लायक नहीं है. **3.** (possessed of) का मालिक, स्वामी : he is ~ a million वह लाखों का मालिक है, वह लखपति है. **worthless** वर्थ'लिस *a.* निकम्मा, बेकार [fellow व्यक्ति, member सदस्य, worker कार्यकर्ता]; these goods are ~ यह माल बेकार है; your article was completely ~ तुम्हारा लेख पूरी तरह^F से बेकार था; such ~ persons are never believable इस प्रकार के निकम्मे व्यक्ति कभी विश्वसनीय नहीं होते. **worthwhile** *a.* उचित, लाभप्रद : it is not a ~ job यह ≈ काम नहीं है; it will be ~ trying प्रयास करना ≈ होगा; it is not ~

going there वहाँ जाना उचित नहीं है; the whole thing is not ~ सारी चीज़ बेकार है.
worthy वर'दि **I.** *a.* (worthier, worthiest) **1.** आदरणीय : ~ teacher ≈ अध्यापक; he is ~ of respect from all of them वह इन सब के लिए ≈ है. **2.** (deserving) अच्छा, सुयोग्य, के योग्य : ~ son of a ~ father योग्य बाप का योग्य बेटा; she was not ~ of praise वह प्रशंसा के योग्य न थी. [*ant.* un ~] **II.** n^c. श्रेष्ठ व्यक्ति : worthies of the town नगर के श्रेष्ठ पुरुष.

would वुड *aux. v.* **1.** *past* of 'will'; I said I ~ do it मैंने कहा कि मैं इसे करूँगा; if she knew his address, she ~ write to him यदि वह उसका पता जानती तो उसे लिखती; they ~ help you if they had time यदि उनके पास समय होता तो वे तुम्हारी सहायता करते; he ~ not move वह नहीं हिलेगा; he ~ sit motionless for hours there वह वहाँ बिना हिले घंटों बैठा रहता; he ~ be going वह जा रहा होगा; she ~ have gone वह चली गई होगी; if he had gone he ~ have met him यदि वह गया होता तो उससे मिल लिया होता. **2. would-be** होने वाला : ~ father-in-law ≈ ससुर.

wouldn't = would not.

wound वून्ड **I.** n^c. घाव, ज़ख़्म [deep गहरा, mortal घातक, serious गंभीर]; he received dangerous ~s in the fight उसे लड़ाई^F में ख़तरनाक ≈ लगे; he died of ~s he received जो घाव उसे लगे उनसे वह मर गया; the ~ is healing up ≈ ठीक हो रहा है. **II.** वाउन्ड *v.t.* **1.** past tense of 'wind' *q.v.* **2.** वुन्ड *v.t.* घायल करना, ज़ख़्मी करना : who has ~ed my dog मेरे कुत्ते को किसने घायल किया है? **3.** ठेस^F/चोट^F पहुंचाना : to ~ smb's feelings किसी की भावनाओं^{F} को ≈; his pride was ~ed उसके स्वाभिमान को ठेस लगी. **wounded** वुन'डिड **I.** *a.* **1.** घायल, ज़ख़्मी [bird पक्षी, dog कुत्ता, soldier सैनिक]; the ~ people were taken to the hospital ≈ लोगों को अस्पताल ले जाया गया; he is ~ not dead वह ≈ हुआ है, मरा नहीं; he was ~ in the arm उसे बाँह^F में घाव लगा. **2.** (fig.) ठेस^F लगना : he was ~ by his words उसके शब्दों से उसे ठेस लगी. **II.** *n. pl.* घायल : the ~ were taken to the hospital घायलों को अस्पताल ले जाया गया.

wove वोव = *past tense* of 'weave' *q.v.*

woven वो'व़न **I.** *v.t.* *p.p.* of 'weave' *q.v.* **II.** *a.* बुना हुआ ~ cloth ≈ कपड़ा; he was wearing a hand ~ sweater वह हाथ से बुना एक स्वेटर पहने था.

w.p.b. = waste paper basket.

wrangle रैङ्गल **I.** n^c. लड़ाई-झगड़ा [heated गरम, legal कानूनी, noisy शोर वाला]; don't meddle in their ~ उनके ≈ में मत पड़ो; to start a ~ is to invite destruction ≈ करना विनाश को बुलावा देना है. **II.** *v.t.* झगड़ना : children were wrangling over a toy बच्चे एक खिलौने पर झगड़ रहे थे.

wrap रैप **I.** *n.* आवरण (जैसे शाल, कम्बल) : she has covered her head with a ~ उसने शाल/दुपट्टे से अपना सिर ढँक लिया है. **II.** *v.t.* (wrapped, wrapping) लपेटना, ओढ़ना : he ~ped the books (up) in a paper उसने किताबों को एक काग़ज़ में लपेटा; ~ a child in a quilt बच्चे को रज़ाई^F ओढ़ाना; she ~ped a scarf round her head उसने सिर पर दुपट्टा ओढ़ लिया; he ~ped the shirt in a piece of paper उसने काग़ज़ के एक टुकड़े में कमीज़ लपेट ली. [*as distinct from* rap] **wrapping** रै'पिङ्ग *n.* (often *pl.*) बेठन^F, लपेटन^F (also ~ paper) : it is not easy to open the parcel because of the ~ over it पार्सल पर के ≈ के कारण उसको खोलना आसान नहीं है.

wrath रॉथ n^u. रोष, कोप, क्रोध [deep गहरा, intense तीव्र, violent ज़ोर का]; he has to bear the ~ of God उसे ईश्वर का ≈ सहना है; there was so much ~ among the people against the Government लोगों में सरकार^F के विरुद्ध इतना ≈ था; the minister had to return because of the ~ of villagers ग्रामवासियों के ≈ के कारण मंत्री को लौटना पड़ा; Mr. Ch. is slow to ~ मि० च जल्दी गुस्से में नहीं आते.

wreath रीथ n^c. **1.** (of flowers) माला^{F}, हार : the widow put a ~ of flowers on her husband's dead body विधवा ने अपने पति के शव पर फूल-माला चढ़ाई; he was garlanded with ~s in the meeting बैठक में उसे मालाएँ^{F} पहनाई गईं. 2. (of smoke) छल्ला : we could see ~s of smoke rising into the sky हम आकाश में उठते हुए धुएं के छल्ले देख सके.

wreathe रीद *v.t.* 1. गूंथना : she ~d a garland उसने एक हार गूँथा. 2. छल्ला बनाते हुए ऊपर उठना : the smoke ~d धुआं छल्ले बनाता हुआ उठा. 3. लपेटना : to ~ one's arms round smb किसी को अपनी बाहों में लपेटना. 4. (cover) ढंक देना : they ~d the idol with flowers उन्होंने मूर्ति को फूलों से ढँक दिया.

wreck रेक I. *n*^{c}. 1. (shipwreck) पोतभंग : several persons were killed in the ~ ≈ से कई लोग मारे गए; the ship suffered a ~ ≈ हो गया. 2. विध्वंस, सत्यानाश : ~ of a car in an accident किसी दुर्घटना^{F} में कार^F का ≈; they saved the ship from ~ उन्होंने जहाज़ को विध्वंस होने से बचा लिया. 3. (fig.) नाश : ~ of one's hopes, plans किसी की आशाओं^{F}, योजनाओं का ≈. 4. (of person) he is a physical ~ वह अस्थिमात्र रह गया है. II. *v.t.i.* 1. नष्ट करना : the ship/car was completely ~ed जहाज़/कार पूरी तरह नष्ट हो गई. 2. (fig.) बरबाद : his hopes were ~ed after the failure असफलता^{F} के बाद उसकी आशाओं^{F} पर पानी फिर गया; who ~ed your plans तुम्हारी योजनाएँ^{F} किसने ढहा दीं ? the huge building ~ed in the rain विशाल इमारत^F बारिश में ढह गई. **wreckage** रे'किज *n.* मलबा, भग्नावशेष : the ~ of the broken car has been removed टूटी हुई कार^F का ≈ हटा दिया गया है; the ~ of the aeroplane was found scattered over the hill हवाई जहाज़ का ≈ पहाड़ी^{F} पर बिखरा हुआ पाया गया; this is the ~ of a building ruined in an earthquake भूकम्प में नष्ट इमारत^F का यह ≈ है.

wrench रेन्च I. *n*^{c}. 1. (tool) रिन्च : pull out his tooth with a ~ ≈ से उसका दाँत निकाल लो; ~ is used to turn nuts and bolts ≈ का इस्तेमाल नट, बोल्ट कसने में किया जाता है. 2. (sprain) मरोड़, मोच^F : strong ~ तगड़ा ≈; the doctor gave my foot a painful ~ डाक्टर ने मेरे पैर में पीड़ाजनक मरोड़ लगाया. 3. (a pull) झटका : he gave a ~ at the door and it opened : उसने दरवाजे पर एक ≈ दिया और वह खुल गया. 4. पीड़ा^{F}, दुःख leaving home is a ~ indeed घर छोड़ने में सचमुच दुःख होता है. II. *v.t.* 1. (twist) मरोड़ना, ऐंठना, मुड़काना : he ~ed the baby's arm उसने बच्चे की बाँह^F मरोड़/ऐंठ दी. 2. (snatch) झटके से छीन लेना : he ~ed the revolver from my hands उसने मेरे हाथों से रिवाल्वर छीन लिया.

wrestle रे'सल *v.t.* 1. कुश्ती^{F} लड़ना, मल्लयुद्ध करना : two young men are wrestling दो नवयुवक कुश्ती लड़ रहे हैं; the policeman ~d with the criminal and then handcuffed him पुलिसवाला अपराधी के साथ कुश्ती लड़ा और फिर उसे हथकड़ी^{F} लगा दी. **wrestler** रॆस्'लर *n*^{c}. पहलवान, कुश्तीबाज़ [brave वीर, sturdy शक्तिशाली, trained प्रशिक्षित]; hundreds of ~s participated in the wrestling match दंगल में सैकड़ों पहलवानों ने भाग लिया; the champion ~ was awarded a cash prize of Rs. 50,000 चैम्पियन पहलवान को पचास हज़ार रुपए का नकद पुरस्कार दिया गया.

wretch रेच *n*^{c}. 1. (unfortunate) अभागा आदमी : this poor ~ has no money इस बेचारे अभागे आदमी के पास पैसा नहीं है. 2. (contemptible) कमीना, नीच : ~ farmer, father ≈ किसान, पिता; poor and hateful ~ ग़रीब और घृणित, नीच; you ~ ! you are again late तुम कमीने ! पुनः विलम्ब से आए हो; that ~ stole my purse इस कमीने ने मेरा बटुआ चुराया. **wretched** रॆ'चिड *a.* 1. (miserable) दुःखी : he looks ~ वह ≈ दिखायी देता है; I feel ~ मैं ≈ हूँ; he had to lead a ~ life उसे दुःखी जीवन व्यतीत करना पड़ा. 2. (unfortunate) अभागा, बदकिस्मत [man आदमी, servant नौकर]; he is the only ~ student in the school that failed विद्यालय में वही अकेला ≈ छात्र था जो फेल हो गया. 3. घटिया, घृणित, गंदा

[place स्थान, weather मौसम]; they live in a ~ house वे एक ≈ मकान में रहते हैं.

wriggle रि'गल *v.i.* **1.** लोटना : the patient is wriggling on his bed रोगी अपने बिस्तर पर लोट रहा है; the children ~d in the sun बच्चे धूप में लोटते थे. **2.** (move along) रेंगना : the snake ~d through the grass साँप घास में होकर रेंगता गया; to ~ through a hole बिल से रेंगकर जाना. **3.** (evade) टाल-मटोल करना, बहानेबाज़ी करना : he is expert in wriggling टाल-मटोल करने में वह कुशल है; how did you ~ out of this difficulty तुम बहाना करके कठिनाई^F से कैसे उबरे.

wring रिङ्ग *v.t.* (wrung) **1.** मरोड़ना, ऐंठना : he ~ed the hen's neck उसने मुर्गी^{F} की गर्दन^F मरोड़ डाली; to ~ smb's hand किसी का हाथ ≈; to ~ money from smb किसी से पैसा ऐंठना. **2.** निचोड़ना : she wrung the towel and let it dry उसने तौलिया निचोड़कर सूखने के लिए डाल दिया : to ~ water out of a towel तौलिये से पानी निचोड़ना; to ~ blood out of a stone पत्थर से खून निचोड़ना, बालू से तेल निकालना. **3.** ग़लत अर्थ लगाना : you should not ~ his words तुम्हें उसके शब्दों का ग़लत अर्थ नहीं लगाना चाहिए.

wrinkle रिङ्ग'कल **I.** n^c. **1.** झुर्री^{F}, शिकन^F : to have ~s on the forehead माथे पर झुर्रियाँ^{F} आना; ~s on his face indicate that he is getting old उसके चेहरे पर की झुर्रियों से पता चलता है कि वह बूढ़ा हो रहा है; his face is now covered with ~s उसका चेहरा झुर्रियों से भर गया है. **2.** (of cloth) सिलवट^F : to iron ~s in a shirt : कमीज की सिलवटों पर लोहा/इस्तरी करना. **II.** *v.t.i.* झुर्री/सिकुड़न पड़ना या डालना : why did you ~ your nose तुमने नाक क्यों सिकोड़ा? old man's face was ~d बूढ़े के चेहरे पर झुर्रियाँ आ गई थीं. **wrinkled** रिङ्ग'कल्ड *a.* झुर्रीदार, शिकनदार [face चेहरा, forehead माथा]; look at his ~ hand उसके ≈ हाथों को देखो; he was wearing a ~ shirt वह एक सिलवटदार कमीज़ पहने था; he is ~ with age बुढ़ापे के कारण उसके झुर्रियाँ आ/पड़ गई हैं.

wrist रिस्ट n^c. कलाई^F [left बाईं, soft कोमल]; the police put handcuffs on the thief's ~ पुलिस^F ने चोर की ≈ पर हथकड़ी^{F} डाल दी; I wear a watch on my right ~ मैं अपनी दाहिनी ≈ पर घड़ी^{F} बाँधता हूँ; my ~ was dislocated मेरी ≈ का जोड़ उखड़ गया था.

writ रिट n^c. **1.** (official paper) आदेश-पत्र, हुक्मनामा, परमादेश : ~ of *habeas corpus* बन्दी प्रत्यक्षीकरण ≈; ~ of *mandamus* परमादेश, उच्च न्यायालय द्वारा निम्न न्यायालयों को दिया गया आदेश; ~ of petition समादेश याचिका^{F}; ~ of prohibition प्रतिषेध लेख; ~ of *quo warranto* अधिकार-पृच्छा लेख. **2.** याचिका^{F}, रिट^F : file a ~ in the High Court उच्च न्यायालय में ≈ दायर करना; the court dismissed his ~ न्यायालय ने उसकी ≈ ख़ारिज कर दी.

write राइट *v.t.i.* (wrote, written, writing) लिखना [quickly जल्दी से, slowly धीमे से]; I cannot ~ so fast मैं इतना तेज़ नहीं लिख सकता^{F}; write a letter to your father अपने पिता को एक पत्र लिखो; he has written a book about children उसने बच्चों के बारे में एक पुस्तक^F लिखी है; ~ it down, please कृपया, लिख लें; he wrote a very urgent letter to me उसने मुझे एक अत्यावश्यक पत्र लिखा; don't forget to ~ a letter to him/her उसे पत्र लिखना न भूलना; I'll ~ to you as soon as I reach Moscow जैसे ही मैं मास्को पहुँचूँगा, तुम्हें (पत्र) लिखूँगा; he can read and ~ वह पढ़-लिख सकता है; ~ with a pencil पेंसिल से लिखो; how is this word written यह शब्द कैसे लिखा जाता है? he ~s good poems वह अच्छी कविताएँ^{F} लिखता है. Δ ~ **back** उत्तर देना : please ~ back at your earliest कृपया उत्तर जल्दी-से-जल्दी दीजिए; ~ **down** लिख लेना : I have written down everything मैंने सब कुछ लिख लिया है; ~ **in** लिखकर जोड़ना : I wrote in all his suggestions मैंने उसके सब सुझाव लिखकर रख लिए हैं; ~ **off** (i) लिख भेजना : to ~ off an article एक लेख लिख भेजना; (ii) बट्टे-खाते में डालना : to ~ off debt कर्ज़ बट्टे में डालना, (iii) to ~ off the arrangement व्यवस्था छोड़ देना; ~ **out** पूरा-पूरा लिख डालना : ~ out the whole essay सारा निबंध पूरा-पूरा लिख डालो. **~-off** *n.* कुल हानि[F] : he demanded compensation for the ~ off उसने ≈ के लिए क्षतिपूर्ति[F] की माँग[F] की. [*as distinct from* right, rite] **writer** राइ'टर *n*[c]. लेखक, रचयिता [excellent उत्कृष्ट, prominent प्रसिद्ध]; who is your favourite ~ तुम्हारा प्रिय ≈ कौन है ? he wants to be a ~ वह लेखक होना चाहता है; all the ~s participated in the conference सभी लेखकों ने सम्मेलन में भाग लिया; the ~s of 19th century 19वीं सदी के लेखक; Kalidas is the ~ of the 'Abhigyan Shakuntalam' कालिदास 'अभिज्ञान शाकुंतलम' के रचयिता[F] हैं. **writing** राइ'टिङ्ग *n.* (act) लेखन, लिखाई[F]; लिखावट[F] [beautiful सुंदर, clear स्पष्ट]; ~ material लेखन-सामग्री[F]; ~ pad पत्रावली; ~ paper पत्रादि का काग़ज़; she did a little ~ उसने थोड़ी लिखाई की; I cannot read his ~ मैं उसकी लिखावट नहीं पढ़ सकता; Bengalis use a different kind of ~ बंगाली एक भिन्न प्रकार की लिखावट का व्यवहार करते हैं. ∆ **~ on the wall** भावी अनिष्ट का संकेत. **written** रि'टन **I.** *v.t.* *p.p.* of 'write' *q.v.* **II.** *a.* लिखित [apology क्षमा[F], guarantee गारंटी[F], permission अनुमति[F]]; ask anything in ~ कोई चीज़ लिखकर माँगो; he has given a ~ reply उसने ≈ उत्तर दिया है; it is the ~ order of the principal प्राचार्य का यह ≈ आदेश है; I have received the ~ notice मुझे ≈ सूचना मिल गयी है.

wrong रॉङ्ग **I.** *a.* **1.** ग़लत [answer जवाब, calculation गणना[F], idea विचार, word शब्द]; your watch is ~ तुम्हारी घड़ी[F] ≈ चल रही है; he has given a ~ statement in the court उसने न्यायालय में ग़लत बयान दिया; you are ~ तुम ग़लती[F] पर हो; he is a ~ person for this job इस काम के लिए वह ≈ आदमी है; you are on the ~ road तुम ≈ रास्ते पर हो; he was going in the ~ direction वह ≈ दिशा[F] में जा रहा था; he has come at the ~ time वह ≈ समय पर आया है. [*ant.* right] **2.** खराब, बुरा : telling lies is ~ झूठ बोलना बुरा है; it is ~ to steal चोरी[F] करना[F] बुरा है. **3.** (other contexts) ~ conduct अनुचित आचरण; ~ document अवैध दस्तावेज़; something is ~ with that boy उस लड़के में कुछ गड़बड़ है; smth is ~ with the engine इंजन में कुछ गड़बड़ी[F] है; what is ~ with your arm तुम्हारी बाँह में क्या हो गया है ? **II.** *adv.* ग़लत ढंग से : you have done this sum ~ तुमने यह सवाल ग़लत किया है; go ~ भूल[F] करना, ग़लती[F] करना; I do not know where I went ~ मैं नहीं जानता कि मैंने कहाँ ग़लती की. **III.** *n*[c]. ग़लती[F] : the king does not do any ~ राजा कोई ≈ नहीं करता; you are on the ~ आपकी ≈ है. **IV.** *v.t.* (injure) क्षति[F]/हानि[F] पहुँचाना : they wanted to ~ him वे उसे हानि पहुँचाना चाहते थे. **wrongdoer** *n*[c]. कुकर्मी, पापी, अपराधी : the police could not arrest the real ~ पुलिस[F] वास्तविक अपराधी को गिरफ्तार नहीं कर सकी. ~s are punished ≈ दंड पाते हैं. **wrongful** रॉङ्ग'फुल *a.* **1.** न्यायविरुद्ध, अवैध [act काम, detention बन्दीकरण]; ~ dismissal from the job नौकरी से ≈ बरख़ास्तगी[F]. **2.** अन्यायपूर्ण, बुरा, अनुचित : society will punish him for his ~ deeds समाज उसे उसके बुरे/अनुचित कामों के लिए दण्डित करेगा. **wrongly** रॉङ्गलि *adv.* ग़लती[F] से : my letter was ~ sent to another address मेरा पत्र ≈ किसी दूसरे पते पर भेज दिया गया.

wrote = *past tense* of 'write' *q.v.*

wrung = *past* and *p.p.* of 'wring' *q.v.*

w.t. = without ticket बिना टिकट.

wt. = weight वज़न, भार.

X, x

x ऍक्स **1.** -क्स as in box बॉक्स. **2.** (रोमन-अंक पद्धति में) दस, xi ग्यारह, ix नौ, xii बारह. **3.** (बीजगणित में) क (राशि).

X-mas क्रिसमस *n*[u]. short form of Christmas (दे०).

X-ray ऍक्स' रे **I.** *n*[c]. **1.** एक्स-किरण : the ~ passes through the body ≈ शरीर के पार निकल जाती है; ~s cure some diseases एक्स किरणें कुछ बीमारियों का इलाज कर देती हैं. **2.** एक्स-रे मशीन : the ~ is placed in a separate room of the hospital ≈ अस्पताल के एक अलग कमरे में रखी है. **3.** एक्स-रे परीक्षण : I had gone to the hospital for an ~. **4.** एक्स-रे फोटो : the physician saw the ~ चिकित्सक ने ≈ देखा. **II.** *v.t.* एक्स-रे फोटो लेना : the doctor ~ed my lungs डाक्टर ने मेरे फेफड़ों का एक्स-रे फोटो लिया.

xylograph ज़ाइलॅग्राफ़ *n*[c]. काष्ठचित्र : the engraver made a ~ उकेरने वाले ने एक ≈ बनाया.

xylographer ज़ाइलॅग्राफ़र *n*[c]. काष्ठ-चित्रकार : ~ is an artist ≈ कलाकार होता है.

Y, y

y- = y-shaped.

-y = suffix making nouns as dirty, rainy, frosty, thorny, hairy, primary, milky, baby, daddy.

yak यैक *n*ᶜ. सुरागाय, याक [domestic पालतू, wild जंगली]; ~ is a long-haired type of an ox found in Tibet ≈ लंबे बालों वाला और तिब्बत में पाया जाने वाला एक प्रकार का बैल है; ~ is the main beast of burden in Tibet ≈ तिब्बत का मुख्य भारवाही पशु है.

yard यार्ड *n*ᶜ. **1.** (unit of length) गज़ : the length of this verandah is about five ~s इस बरामदे की लम्बाई^F लगभग पाँच ≈ है; a ~ is a unit of length equal to 3 ft. or .9144 metre ≈ लंबाई^F की इकाई है जो तीन फुट या .9144 मीटर के बराबर होती है. **2.** (enclosed area) अहाता, बाड़ा [large बड़ा, small छोटा]; churchyard गिरजे का कब्रिस्तान; courtyard आँगन; the ~ is fenced around अहाते के चारों ओर जंगला लगा है; the children play in the ~ बच्चे आँगन/अहाते में खेलते हैं; he will meet you in the back ~ वह तुम्हें पिछवाड़े के आँगन में मिलेगा; there are many beautiful flowers in the ~ आँगन/अहाते में बहुत-से सुंदर फूल हैं.

yarn यार्न *n*ᶜ. सूत, धागा [cotton सूती, knitting बुनाई का, silken रेशमी]; the cloth is made of fine ~ कपड़ा महीन धागों का बना है.

yawn यॉन **I.** *n*ᶜ. जंभाई^F : often it is drowsiness that causes a ~ ≈ प्राय: नींद आने के कारण आती है; she gave a ~ and went to bed उसने ≈ ली और सोने चला गया. **II.** *v.i.* **1.** जँभाई^F लेना, अंगड़ाई^F लेना : we ~ when we feel exhausted जब हम थकान महसूस करते हैं तो हमें अंगड़ाई आती है. **2.** ऊंघना : he ~ed during the sermon प्रवचन के दौरान वह ऊंघता रहा. **3.** (to become wide open) और खुल जाना : the hole ~ed before Sita सीता के सामने सुराख और खुला हो गया.

year यिअर *n*ᶜ. **1.** बरस, वर्ष, साल : new ~ नया साल, नव वर्ष; calender ~, from Ist January to 31st December पत्री^F वर्ष, in the ~ 1996 सन् 1996 में; fiscal/financial ~ from Ist April to 31st March वित्तीय वर्ष; leap ~ 29 days of February; ≈ अधिवर्ष; light ~ प्रकाश वर्ष; lunar ~ चान्द्र वर्ष; ~ after ~ प्रतिवर्ष; a ~ has 12 months or 365 days एक साल में 12 महीने या 365 दिन होते हैं; his son was born four ~s ago उसका लड़का चार साल पहले पैदा हुआ था; you have done a great deal in a ~ तुमने एक साल में बहुत कुछ किया है; for the first time in a ~ साल में पहली बार; the happiest ~ in his life उसके जीवन का सबसे सुखद ≈; I have not seen him for several ~s मैंने उसे कई साल से नहीं देखा है; he came after ~s वह सालों बाद आया; he was away all the ~ round वह सारा साल बाहर रहा. **2.** (*pl.*, age) अवस्था^F, उम्र^F : from his earliest ~s उसकी बिल्कुल छोटी ≈ से; he looks young for his ~s अपनी उम्र के हिसाब से वह छोटा लगता है; he is twenty ~s old उसकी ≈ बीस साल है; advance ~s बुढ़ापा **yearly** यिअर्'लि **I.** *adv.* प्रतिवर्ष : his salary increases ~ उसका वेतन ≈ बढ़ जाता है; this paper is issued ~ यह पत्र ≈ निकलता है. **II.** *a.* वार्षिक, सालाना [audit लेखा-परीक्षा^F, examination परीक्षा^F]; ~ accounting of the office कार्यालय का ≈ लेखा-जोखा; during his ~ tour he'll go to Goa अपनी ≈ यात्रा^F पर वह गोआ आएगा.

yearn यर्न *v.i.* (to long) ललकना, तरसना, लालायित होना : she ~ed for a new car उसे नयी कार^F की ललक थी; the soldier ~s for home सिपाही घर के लिए लालायित है; he ~ed to return home वह घर लौट आने के लिए लालायित था. **yearning** यर्'निङ्ग *n.* ललक^{F}, लालसा^{F} : he had the ~ for a guitar उसकी एक गिटार के लिए ≈ थी.

yell येल **I.** *n^{c}*. चिल्लाहट^{F}, चीख़^{F} : a ~ of pain दर्द के मारे ≈; his ~s could be heard at a distance उसकी चीख़ें दूर से सुनी जा सकती हैं; he gave a loud ~ उसने ज़ोर की चीख़ मारी. **II.** *v.i.* चिल्लाना, चीख़ना : the boys ~ed when their team won जब उनकी टीम^{F} जीत गई तो लड़के चीख़ने-चिल्लाने लगे; she ~ed with pain वह दर्द से चिल्लाई; they ~ed with laughter वे ठहाका मारकर चिल्लाए.

yellow ये'लो **I.** *a.* **1.** पीला [colour रंग, flower फूल, ribbon फ़ीता]; ~ fever पीत ज्वर : he was wearing a ~ shirt वह एक पीली कमीज़ पहने था; you should buy ~ paint तुम्हें ≈ पेंट ख़रीदना चाहिए. **2.** डरपोक, कायर, नीच [fellow व्यक्ति, traitor देशद्रोही]. **II.** *n^{c}*. पीला रंग : she was dressed in ~ उसने पीले रंग की पोशाक पहन रखी थी.

yes येस **I.** *interj.* हाँ : ~, you can go ≈, तुम जा सकते हो; can you swim? ~, I can क्या तुम तैर सकते हो, हाँ, मैं तैर सकता हूँ. [*ant.* no] **II.** *n.* हाँ, हामी^{F} : has he said ' ~' क्या उसने हामी भर ली? I am in favour of ~ मैं ≈ (वालों) के पक्ष में हूँ. **yesman** येस्'मन *n^{c}*. जी-हुज़ूर, हाँ में हाँ मिलाने वाला : the Prime Minister is surrounded by yesmen प्रधानमंत्री जी-हज़ूरियों से घिरा रहता है; some members of the party are only ~ men पार्टी में कुछ सदस्य हाँ में हाँ मिलाने वाले हैं.

yesterday येस्'टरडे **I.** *n^{uc}*. (बीता) कल : did you see ~'s newspaper क्या तुमने कल का समाचार-पत्र देखा; what day was it ~ ≈ कौन-सा दिन था? today is Monday, ~ was Sunday आज सोमवार है, कल रविवार था; the day before ~ परसों; ~ evening कल शाम^{F}; ~ morning कल सुबह^{F}. **II.** *adv.* कल : I was very busy ~ ≈ मैं बहुत व्यस्त था; I saw him the day before ~ मैं उससे परसों मिला था; he did not come ~ वह ≈ नहीं आया.

yet येट **I.** *adv.* **1.** अब तक, अभी (तक) : I know nothing about it ~ ≈ मैं इसके बारे में कुछ नहीं जानता हूँ; I am not ~ ready मैं अभी (तक) तैयार नहीं हूँ; has he not come ~ क्या वह ≈ नहीं आया? have you not finished your work ~ क्या तुमने ≈ अपना काम समाप्त नहीं किया है? he had not arrived ~ वह तब तक नहीं पहुँचा था; she is not completely well ~ वह अभी पूरी तरह ठीक नहीं है; there is enough time ~ अभी काफ़ी समय है. **2.** (another, more) एक और भी : this is ~ another complaint against him इसके विरुद्ध एक और शिकायत^{F} भी है. **3.** (even) और भी : this is ~ bigger, better यह और भी बड़ा, अच्छा है. **II.** *conj.* फिर भी, तो भी : he did not promise, ~ I think he'll do it उसने वचन नहीं दिया, ≈ मेरा विचार है कि वह इसे करेगा; he went to bed, ~ he could not sleep वह बिस्तर पर गया, ≈ सो न सका; I did not work hard, ~ I passed मैंने मेहनत^{F} नहीं की थी, ≈ मैं पास हो गया.

yield यील्ड **I.** *v.t.* उत्पन्न करना, पैदा करना : trees ~ fruit वृक्ष फल देता है; cows ~ milk गायें^{F} दूध देती हैं; his business ~ed good profit उसके व्यापार ने अच्छा लाभ दिया; it will ~ good crop this year इस साल अच्छी फ़सल पैदा होगी; his house ~ed us shelter उसके मकान में हमें शरण^{F} मिली. **II.** *v.i.* (~to) आत्मसमर्पण करना, के हवाले करना : the thief ~ed himself to the police चोर ने स्वयं को पुलिस के हवाले कर दिया. **III.** *n^{u}*. (produce) उपज^{F}, पैदावार^{F} : ~ of milk दूध की ≈^{F}; ~ of wheat गेहूँ की ≈; we expected a good ~ this year इस साल हमें अच्छी उपज की आशा थी.

Y.M.C.A. Young Men's Christian Association.

yoghurt, yogurt यॉगर्ट *n.* (no *pl.*) दही : ~ is very good for health ≈ स्वास्थ्य के लिए बहुत अच्छी होती है; take ~ every morning हर सुबह^{F} दही खाया (लिया) करो.

yoke योक I. *n*^c. 1. (of animals) जुआ : they put a ~ on the shoulders of oxen उन्होंने बैलों के कंधों पर एक ≈ रख दिया. 2. (pair) जोड़ी^F : six ~s of oxen बैलों की छ: ≈. 3. (fig.)जुआ, गुलामी^F, बंधन : the subjects were not ready to accept the ~ of the tyrant प्रजा^F अत्याचारी की गुलामी स्वीकार करने को तैयार न थी; India threw off the ~ of slavery भारत ने गुलामी^F का जुआ उतार फेंका. II. *v.t.* 1. जुए में जोड़ना, जुआ डालना : ~ the oxen together बैलों को एक साथ जुआ डाल दो. 2. जोतना : he ~d the oxen to the plough उसने बैलों को हल के साथ जोत दिया. [*as distinct from* yolk]

yolk योक *n*^u. ज़र्दी^F : ~ is yellow ≈ पीली होती है; I need ~, not white of the egg मुझे अंडे की ≈ चाहिए, सफ़ेदी^F नहीं. [*as distinct from* yoke]

you यू *pron.* (IInd person) तुम, (honorific) आप : we hope to meet ~ again हमें आपसे पुन: मिलने की आशा है; he is very pleased with ~ वह तुमसे बहुत प्रसन्न है; ~ can see it yourself आप इसे स्वयं देख सकते हैं; ~ never knew what he is thinking of तुम कभी नहीं समझ पाये कि वह किस बात की सोच^F में है; it would not be difficult for ~ यह आपके लिए कठिन न होगा; I did not see ~ there मैंने वहाँ तुम्हें/ आपको नहीं देखा; he will go with ~ वह तुम्हारे साथ जाएगा; I shall take it from ~ मैं इसे तुमसे ले लूंगा; I give ~ five minutes मैं तुमको/तुम्हें पाँच मिनट देता हूँ; I am doing it for ~ मैं इसे आपके/ तुम्हारे लिए कर रहा हूँ; ~ and I must help them तुम्हें और मुझे उनकी सहायता^F करनी चाहिए.

you'd यू'ड = you would.

you'll यू'ल = you will.

young यंग I. *a.* (younger, youngest) 1. छोटा, कमउम्र : she looks very ~ वह बहुत ही कमउम्र दिखती है; he is the ~er brother of Rajesh वह राजेश का छोटा भाई है; he was ~ when he was in London जब वह लंदन में था तब छोटा था; she is the ~est child in the family परिवार में वह सबसे छोटी बच्ची है. 2. तरुण, किशोर नवयुवक : ~ girl किशोरी, नवयुवती; now they are ~, you should not scold them अब वे ≈ हैं, तुम्हें इनको डाँटना नहीं चाहिए; the new teacher is ~ नया अध्यापक ≈ है; in my ~ days बचपन में; in his ~ days he was healthy अपने बचपन में वह स्वस्थ था. [*ant.* old] II. *n.* 1. बच्चा, बच्चे : ~ of an animal looks very beautiful जानवर का बच्चा बड़ा सुंदर दिखता है; a ~ of the sheep is lamb भेड़^F का बच्चा मेमना होता है. 2. the ~ and the old छोटे-बड़े.

your युअर *pron.* तुम्हारा; (honorific) आपका; (refl.) अपना : this is ~ notebook यह तुम्हारी नोटबुक^F है; put on ~ black dress अपना काला ड्रेस पहनो; you may leave ~ things here तुम अपनी चीज़ें यहाँ छोड़ सकते हो; how old is ~ sister तुम्हारी बहन^F कितने वर्ष की है; all ~ things are on the table तुम्हारी सब चीज़ें^F मेज़ पर हैं; I took ~ bag by mistake मैंने भूल^F से आपका बैग ले लिया; is this ~ own car क्या यह आपकी अपनी कार^F है? where is ~ passport आपका पासपोर्ट कहाँ है? put it in ~ pocket इसे अपने जेब में रख लो. **yours** युअर्ज़ *pron.* तुम्हारा; (honorific) आपका; अपना : I have broken my pencil, give me ~ मैंने अपनी पेंसिल तोड़ ली है, कृपया अपनी दीजिए; is this coat ~ क्या यह कोट तुम्हारा है? I met a friend of ~ मैं आपके एक मित्र से मिला; are these magazines ~ क्या ये पत्रिकाएँ^F तुम्हारी/आपकी हैं? ~ truly, sincerely आपका, भवदीय. **yourself** युअर् सेल्फ़' *emph. pron.* (*pl.* yourselves) तुम/आप, स्वयं, तुम/आप/खुद/अपने-आप : why are you not satisfied with ~ तुम स्वयं से संतुष्ट क्यों नहीं हो? do not talk so much about ~ तुम खुद के बारे में इतना कुछ मत बोलो; you forget ~ तुम खुद को भूल जाओ; by ~ अकेला; you boys should behave ~ तुम्हें अपना व्यवहार ठीक करना चाहिए; will you do it by ~ क्या इसे अकेले (अपने-आप) करोगे? why are you sitting by ~ तुम अकेले क्यों बैठे हो?

you're = you are.

youth यूथ **I.** *n*^{u}. (adolescence) जवानी^{F}, यौवन : in his ~ अपनी जवानी में; he spent his ~ in India उसने अपनी जवानी भारत में बितायी; he was a good player in the prime of his ~ वह भरी जवानी में अच्छा खिलाड़ी था. **II.** *n*^{c}. (young man) जवान, युवक : many ~s participated in the movement बहुत-से युवकों ने आन्दोलन में भाग लिया; he loves to be surrounded by ~s वह युवाओं के बीच में घिरा रहना पसंद करता है. **youthful** यूथ'फुल *a.* युवा, जवान, तरुण : ~ bride ≈ दुल्हन; he is a ~ player वह ≈ खिलाड़ी है; he looks ~ वह ≈ दिखाई देता है. [*ant*. aged]

you've यू'व़ = you have.

yr. year.

Z, z

z. zone.

zeal ज़ील *n.* उत्साह, जोश [excessive बहुत, intense तीव्र]; she works with ~ वह ≈ से काम करती है; he is always full of ~ वह सदा उत्साहपूर्ण रहता है; he showed great ~ for music उसने संगीत के प्रति बड़ा जोश दिखाया; he is in ~ वह उत्साह में है.

zealous ज़े 'लस *a.* (of a person) उत्साही, उत्साहपूर्ण, लगन से काम करने वाला [follower अनुयायी, supporter समर्थक, volunteer स्वयंसेवक]; Kapil was a ~ player कपिल एक ≈ खिलाड़ी था.

zebra ज़े ब'रा n^c. ज़ेबरा : ~ is found wild in Africa ≈ अफ्रीका के जंगलों में पाया जाता है; a ~ has white stripes on its body ≈ के शरीर पर सफ़ेद धारियाँ[F] होती हैं.

zero ज़िअ'रो n^c. (*pl.* zeroes, zeros) शून्य : ~ hour परीक्षा[F] की घड़ी[F], कड़ा वक्त; from ~ to one hundred ≈ से सौ तक; there are three ~es in 1000, 1000 में तीन ≈ हैं; the teacher put a ~ mark on his copy book अध्यापक ने उसकी कापी[F] पर शून्य अंक दिया; the temperature fell to ~ तापमान गिरकर ≈ तक आ गया.

zest ज़ेस्ट n^u. **1.** उत्साह, उमंग[F] : he took up this job with ~ उसने उमंग से यह काम लिया; she entered into politics with great ~ वह बड़ी उमंग से राजनीति[F] में आयी. **2.** स्वाद : he eats with ~ वह ≈ लेकर खाता है; add the ~ of lemon to tea चाय[F] में नीबू का ≈ बढ़ा दो.

zigzag ज़िग्'ज़ैग *a.* टेढ़ा-मेढ़ा [line पंक्ति[F], path पथ/रास्ता]; to go in a ~ way टेढ़े-मेढ़े रास्ते/ढंग से जाना; there are ~ roads on the way to Kashmir कश्मीर के रास्ते में टेढ़ी-मेढ़ी सड़कें हैं.

zinc ज़िन्क *n.* & *a.* जस्ता, जस्ते का : ~ is a bluish, white metal used in industry ≈ नीली, सफेद धातु है जो उद्योग में इस्तेमाल की जाती है.

zip ज़िप **I.** n^c. **1.** (sound) ज़िप, सनसनाहट[F] : ~ of a bullet गोली की सनसनाहट. **2.** *a.* ~ fastener ज़िप : a ~ sewn on the bag झोले में सिला हुआ ≈. **II.** *v.t.* (zipped, zipping) **1.** ज़िप बंद करना : he ~ped up his sweater उसने अपना स्वेटर ज़िप से बंद कर दिया. **2.** सन्न करके निकल जाना : a bullet ~ped past his ears एक गोली[F] सनसनाती हुई उसके कानों के पास से निकल गई.

zone ज़ोन n^c. **1.** क्षेत्र, मंडल [dangerous खतरनाक, northern उत्तरी, warm गर्म]; to divide into two ~s दो मंडलों में विभाजित करना. **2.** कटिबंध : frigid ~ शीत ≈, torrid ~ उष्ण ≈; temperate ~ सम शीतोष्ण ≈.

zoo ज़ू *n.* (zoological garden) चिड़ियाघर [famous प्रसिद्ध, large बड़ा]; we were at the ~ yesterday कल हम ≈ में थे; there are many rare animals in the ~ ≈ में बहुत-से दुर्लभ जानवर हैं.

zool. zoology ज़ुऑ'लॉजि *n.* प्राणिविज्ञान, जंतु विज्ञान : ~ is a study of animals ≈ जीवविज्ञान की एक शाखा[F] है; a study of ~ helps students of veterinary science ≈ का अध्ययन पशु शास्त्र/चिकित्सा के छात्रों के काम आता है.

Appendices

परिशिष्ट

I.Suffixes प्रत्यय

A word or a verbal element placed at the end of a word to form a derivative (e.g. -ness, -fy, -ly, -ful)

एक शब्दखंड जो किसी शब्द के बाद जुड़कर एक व्युत्पन्न शब्द की रचना कर देता है, जैसे हिन्दी में -इक (धार्मिक), -क (लेखक), -नीय (पूजनीय), प्रत्यय।

Below are given only important and prolific suffixes.

1. Suffixes forming nouns संज्ञा बनाने वाले प्रत्यय

–**ance** (with verbs), as

abound	→	abundance
accept	→	acceptance
appear	→	appearance
assist	→	assistance
disturb	→	disturbance
forbear	→	forbearance
hinder	→	hindrance
resemble	→	resemblance
resist	→	resistance
signify	→	siginificance
utter	→	utterance
convey	→	conveyance
vary	→	variance
maintain	→	maintenance
assure	→	assurance
attend	→	attendance
comply	→	compliance
defy	→	defiance
ignore	→	ignorance
rely	→	reliance

-**ance** (also in place of some adjectives), as

brilliant	→	brilliance
distant	→	distance
relevant	→	relevance
variant	→	variance
extravagant	→	extravagance
significant	→	significance

—**ence** (from verbs), as

correspond	→	correspondence
depend	→	dependence
differ	→	difference
excel	→	excellence
obey	→	obedience
prefer	→	preference
pretend	→	pretence
cohere	→	coherence
coincide	→	coincidence
reside	→	residence
precede	→	precedence
occur	→	occurence
revere	→	reverence
persist	→	persistence

—**ence** (with adjectives), as

evident	→	evidence
present	→	presence
prudent	→	prudence
silent	→	silence
absent	→	absence
impatient	→	impatience
eminent	→	eminence
efficient	→	efficience
excellent	→	excellence
independent	→	independence
vehement	→	vehemence

–ation

Verbs ending in –ise/–ize

authorise → authorisation
centralise → centralisation
civilise → civilisation
colonise → colonisation
generalise → generalisation
memorise → memorisation
mesmerise → mesmerisation
nationalise → nationalisation
organize → organization
popularise → popularisation
realise → realisation
specialise → specialisation

–cation

Verbs ending in –fy

beautify → beautification
clarify → clarification
certify → certification
electrify → electrification
examplify → examplification
horrify → horrification
justify → justification
modify → modification
signify → signification
verify → verification

–ar

(very few)

beg → beggar
burgle → burglar
circle → circular

–ion

(i) Verbs ending in –de

decide → decision
divide → division
conclude → conclusion
collide → collision
exclude → exclusion

(ii) Verbs ending in –ise

incise → incision
revise → revision

–er (doer, agent)

(generally of English origin)

advice→ adviser
buy → buyer
consume → consumer
debate → debater
engrave → engraver
fight → fighter
sell → seller
survive → survivor
talk → talker
admire → admirer
bake → baker
hunt → hunter
manage → manager
organize → organizer
paint → painter
reform → reformer
settle → settler
write → writer

–or (doer, agent)

(generally of Latin origin)

act → actor
administrate → administrator
agitate → agitator
calculate → calculator
compete → competitor
collect → collector
contract → contractor
conduct → conductor
conquer → conqueror
elect → elector
govern → governor
inspect → inspector
invigilate → invigilator
invent → inventor
legislate → legislator
prosecute → prosecutor
ventilate → ventilator
sail → sailor
supervise → supervisor

[note that most of such verbs end in –t or –te]

–ity

(note the change in stress accent which in the derived form is before -ity)

able	→	ability
active	→	activity
dense	→	density
extreme	→	extremity
familiar	→	familiarity
grave	→	gravity
long	→	longevity
major	→	majority
minor	→	minority
noble	→	nobility
partial	→	partiality
peculiar	→	peculiarity
readable	→	readability
simple	→	simplicity
timid	→	timidity
visible	→	visibility

–ty (both with adjectives)

beau	→	beauty
certain	→	certainty
dei	→	deity
due	→	duty
frail	→	frailty
loyal	→	loyalty
nice	→	nicety
novel	→	novelty
royal	→	royalty
safe	→	safety
sovereign	→	sovereignty
sure	→	surety
surzerain	→	suzerain

–ment (with verbs)

–ness (with adjectives)

(both are very productive)

(Note that there is no change in spelling and stress accent)

achieve	→	achievement
advance	→	advancement
advertise	→	advertisement
allot	→	allotment
allure	→	allurement
announce	→	announcement
argue	→	argument
arrange	→	arrangement
attach	→	attachment
develop	→	development
enjoy	→	enjoyment
excite	→	excitement
fulfil	→	fulfilment
govern	→	government
harass	→	harassment
judge	→	judgement
manage	→	management
merry	→	merriment
refresh	→	refreshment
require	→	requirement
settle	→	settlement
treat	→	treatment
sweet	→	sweetness
weak	→	weakness

airy	→	airiness
blind	→	blindness
calm	→	calmness
cheap	→	cheapness
damp	→	dampness
dreamless	→	dreamlessness
exact	→	exactness
fair	→	fairness
good	→	goodness
great	→	greatness
giddy	→	giddiness
holy	→	holiness
idle	→	idleness
ill	→	illness
kind	→	kindness
mad	→	madness
one	→	oneness
prompt	→	promptness
rough	→	roughness
round	→	roundness
rude	→	rudeness
smooth	→	smoothness
useless	→	uselessness

2. *Suffixes forming Adjectives* विशेषण बनानेवाले प्रत्यय

–able ← compare →	**–ible**
acceptable, adaptable	accessible
adorable, advisable	admissible
admirable, agreeable	audible
avoidable, believable	comprehensible
breakable, changeable	contemptible
chargeable, charitable	convertible
comfortable, commendable	credible
comparable, considerable	digestible
conceivable, creditable	divisible
definable, deplorable	feasible
desirable, detestable	flexible
durable, eatable	forcible
excusable, fashionable	horrible
favourable, hospitable	imperceptible
honourable, imaginable	impossible
immovable, improbable	incorrigible
incurable, indispensable	indefensible
inevitable, innumerable	indelible
inseparable, intolerable	indestructible
irreparable, lovable	inexhaustible
manageable, movable	inexpressible
notable, noticeable	legible
peaceable, perishable	negligible
practicable, preferable	perceptible
presentable, profitable	permissible
questionable, reasonable	responsible
reliable, respectable	sensible
separable, serviceable	susceptible
suitable, tolerable	tangible
traceable, transferable	terrible
unaviodable, unbearable	visible
unspeakable, valuable	venerable

—**al** (with nouns) accidental, emotional, national, natural, original

—**ary** (with nouns) arbitrary, complimentary, disciplinary, momentary, probationary, subsidiary, supplementary, unitary

—**ful** (with nouns) beautiful, cheerful, dutiful, faithful, fearful, forceful, handful, merciful, peaceful, playful, shameful, spoonful, tasteful, useful

—**ic,—ical** (double suffix —ic + al) artistic, domestic, dramatic, electric, electrical, energetic, economic, economical, geographical, historical, philosophical, phonetic, physical, political, systematic, symmetrical, tragic, chemical

–ish (somehow like) boyish, childish, clayish, devilish, feverish, foolish, greenish, selfish, sheepish

–ive (with verbs) abusive, affirmative, apprehensive, attractive, creative, expensive, protective, talkative

–less (with nouns) artless, countless, dauntless, faithless. formless, hopeless, lifeless, limitless, matchless, numberless, penniless, priceless, restless, shameless, thankless, tireless, useless

–like childlke, godlike, ladylike, owllike, sportsmanlike

–ly (chiefly with nouns) brotherly, costly, cowardly, daily, deadly, fatherly, friendly, heavenly, kingly, lovely, mainly, manly, monthly, motherly, princely, scholarly, sickly, weekly, worldly

–ous (with nouns) advantageous, adventurous, ceremonious, courageous, dangerous, desirous, envious, famous, furious, glorious, humorous, nervous, specious, victorious

–some (with nouns) burdensome, handsome, quarrelsome, tiresome, troublesome, wholesome

–y (with nouns) airy, bloody, bony, bulky, bushy, cloudy, crazy, dewy, dirty, faulty, fiery, foggy, grassy, greasy, greedy, hairy, hazy, only, sandy, showy

3. Suffixes forming Verbs क्रिया बनाने वाले प्रत्यय

–ate associate, circulate, facilitate, officiate, originate

–en cheapen, deepen, fasten, fallen, harden, hasten, lengthen, lessen, lighten, moisten, quicken, shorten, strengthen, thicken, widen

–fy, –ify beautify, certify, clarify, electrify, exemplify, horrify, justify, liquefy, modify, satisfy, signify, verify

–ise, –ize apologise, authorise, centralise, civilise, colonise, criticise, familiarise, generalise, memorise, mesmerise, nationalise, patronise, popularise, realize, specialize (Americans prefer –z to –s)

4. Suffixes forming Adverbs क्रियाविशेषण बनाने वाले प्रत्यय

–ly (most important) (from adjectives) alarmingly, beautifully, calmly, clearly, dramatically, dutifully, easily, emotionally, faithfully, frankly, glady, happily, hurriedly, internally, kindly, lastly, leniently, modestly, monthly, neatly, notably, purely, rarely, recklessly, shamelessly, smilingly, shortly, surely, sweetly, tactfully, tastefully, usually, vaguely, etc.

–wards eastwards, forwards, towards, westwards, backwards

–wise clockwise, lengthwise, likewise, otherwise, sidewise

II. Prefixes उपसर्ग

A verbal element placed at the beginning of a word to adjust or qualify its meaning (e.g. pre-, re-, un-)

शब्दांश जो किसी शब्द के आरंभ में जुड़कर उसके अर्थ को बदल देता है (जैसे उप-, अनु-, सु-)

ante– (before) antedated, antenuptial, ante-reformation, anteroom

anti– (against) antiaircraft, anti-climax, antidate, anti-India, antipathy, antiseptic, antisocial

auto– (self) autobiography, autograph, auto-infection, auto-intoxication, auto-suggestion

bi– (two) bilinear, bimonthly, bisexual, biweekly

co– (together) co-education, co-examiner, co-exist, co-heir, co-operate, [co- takes four forms: col-, com-, con- and cor- before words beginning with l, m, p, n and others respectively] collateral, colleague, colloquial; commemorate, commend, commission, compact, compassion, compose, compress; concentrate, concord, condense, confirm, conjoin, consent, consign, contribute, convex, convocation

counter– (against, opposed to) counteract, counter-attack, counter-balance, countercharge, counterclaim, counterplot, countersign

de– (unto) decode, decolour, decontrol, deforest, demerit, demoralize, denationalize, depopulate, dethrone

dis– (negation or deprivation) disadvantage, disagree, disappear, disarm, disbelieve, disconnect, discontinue, discourage, dishonour, disinfect, dislike, disobedient, disorder, displease, disregard, dissatisfied, distrust

em-, en- (forming verbs) emplane; encage, encumber, encrust, endanger, enlarge, enfeeble, enlighten, enjoy, enthrone

ex– (out) excavate, exclaim, exclude, exhale, explode, explore, ex-king, ex-serviceman

extra– (outside) extra-judicial, extra-marital, extra-ordinary, extra-territorial

fore– (before, in front) forearm, forecast, forefathers, forefinger, foreground, forehead, foreman, forenoon, foresee, foresight, foretaste, foretell, foreword

im– (not) imbalance, immature, impartial, impossible, improper, impure, [im- takes several froms il-, in-, ir-] illegal, illegible, illiterate; inability, incomplete, inconsistent, indecent, indistinct, inexpensive, inhuman, injustice, insincere, insolvent, involuntary; irrecoverable, irregular, irrelevant, irresponsible

inter– (among) interact, interchange, inter-marriage, intermingle, international, inter-relation, interweave

mis– (wrong) misadvise, misapply, misbehave, misconduct, misdeed, misfire, misfortune, misguide, misinform, misinterpret, mislead, mismanage, misprint, misreport, misrule, misspend, mistrust, misuse

non– (negation) non-aggression, non-commissioned, non-existent, non-living, non-stop, non-vegetarian

over– (excessively) overact, overawe, overburden, overcharge, overcrowd, overdraw, overdue, overflow, overhaul, overload, overpay, over-rule, overspend, overstay, overwork

post– (after) post-dated, post-entry, post-graduate, post-natal, post-nuptial, post-war

pre– (before) prearrangement, predated, pre-existent, premature, prepay, pre-war

re– (again) readdress, rearrange, rebirth, rebuild, reclaim, recommend, reconsider, recount, re-elect, refill, reform, remarry, rename, replant, retouch, rewrite

semi– (half) semi-circle, semi-civilised, semi-final, semi-monthly, semi-official

sub– (under) sub-agent, sub-committee, sub-conscious, sub-continent, subdivision, sub-editor, sub-heading, sub-judge, sublet, submarine, subnormal, sub-region, sub-section, subtenant, subtitle, subway

un– (not) unaccountable, unbending, unbutton, unconscious, undress, undue, unemployment, unkind, unrest, untrue, unwell

under– (below) underarmed, undercoat, under-current, undergraduate, underground, undergrowth, undersell, undersigned, undertake, undervest, underweight

up– (high) upbringing, upgrade, upheaval, upkeep, uplift, upright, uproad, upset, upstairs

Prefixes forming Verbs

be– becalm, befool, befriend, behead, belittle, benumb, bewail

em– embitter, embody, embolden, emplane

en – encage, encamp, encircle, encourage, endanger, endear, enfeeble, engirdle, enjoy, enkindle, enlarge, enrich, enslave, ensnare, ensure, enthrone

III. Compounds समास

A. Nouns

(a) *Noun + Noun*

air-rail, arm-chair, bee-hive, daybook, goldsmith, headache, housekeeper, innkeeper, ironsmith, ironware, maid-servant, newspaper, oil-lamp, rainbow, station-master, sunrise, sunworship, warehouse, wash-basin, water-bearer, water-level

(b) *Possessive form of noun + noun*

bird's nest, child's play, lady's maid

(c) *Noun + Preposition*

looker-on, passer-by, runner-up

(d) *Noun + Preposition + Noun*

father-in-law, maid-of-all-work, mother-of-pearls, part-of-speech

(e) *Adjective + Noun*

black-board, easychair, freemason, freetrade, highbrow, public school, shorthand, smallpox, strong-room, whitewash

(f) *Verb + Noun*

cut-throat, drawbridge, grindstone, holdall, make-shift, pick-pocket, playground, turncoat

(g) *Gerund + Noun*

drawing room, knitting wool, looking glass, drinking water, rolling stock

(h) *Preposition + Noun*

after-thought, bypass, outpost, out-turn, overcoat, under-garment

(i) *Preposition + Verb*

downpour, income, input, offshoot, outbreak, outburst, outcast, outfall, outlet, underwear, upkeep

(j) *Verb + Preposition*

breakdown, break-in, break-out, breakthrough, break-up, go-between, layout, lookout, make-up, make-over, run-down, run-in, run-off, run-out, runaway, set-back, set-up, sit-in, situp, turn-off, turn-on, turn-over, turn-round

B. Adjectives

(a) *Adjective + Adjective*

dark blue, light red, dead slow, red hot

(b) *Noun + Adjective*

blood red, blood-thirsty, carefree, kneedeep, lifelong, seasick, work-shy, worldwide

(c) *Noun + Participle*

handmade, pockmarked, self-taught, wonderstruck

(d) *Preposition + Noun*

overhead, overground, under-ground

(e) *Preposition + Adjective*

over-ripe, overbaked, overlaid, over-populated, undercooked, upgraded

(e) *Preposition + Gerund*

incoming, oncoming, ongoing, out-going, outlying, outstanding

C. Verbs

Preposition + Verb

forgive, indent, infix, inhale, inset, outbid, outdo, outcome, overlook, overwork, underestimate, undergo, understand, undertake, uphold, upset

IV Abbreviations

संकेताक्षर

(in common use)

A shortened form of a word or phrase

A. (chem.) adult, acre.
a. adjective; ante (before), area.
A1 or **A one** first rate, first class.
a.a.r. against all risks.
Abbr. or **abbrev.** abbreviation, abbreviated.
abr. abridged, abridgement.
abs. absent.
ac. account, acre.
a/c or A/C account
Ac. or **A.C.** Alternating Current.
actg. acting
A.D. In the year of the lord (anno domini); acknowledgememt due; Assistant Director.
ad hoc. For this purpose.
adj. adjective.
A.D.M. or **Adm** Additional District Magistrate.
admr. administrator.
adv. adverb.
A.G. Accountant General.
agr. agriculture.
Agt. Agent.
A.I.R. All India Radio.
Alt. Altitude.
A.M., a.m. before noon (Ante-Meridiem).
amt. amount.
anon. anonymous.
ans. answer.
ant. antonym (s).
Ap. April.
archeal. Archeaology.
arith. arithmetic (al).
arr. arrival.
assn. association.
asst. or Asst. Assistant.
aud. auditor.
Aug. August.
av. or Av. avenue.
B.A. Bachelor of Arts (Bacclaureus Artium).
B.Agr. or **B.Ag.** Bachelor of Agriculture.
B.A.(Hons.) Bachelor of Arts (with Honours).
BBC or **B.B.C.** British Broadcasting Corporation.
B.C. Before Christ
B.Com. **B.Comm.** Bachelor of Commerce.
B.D.S. Bachelor of Dental Surgery.
B.Ed. Bachelor of Education.
B.F.A. Bachelor of Fine Arts.
biog. biography
biol. biology
bkg. banking.
B.L. Bachelor of Laws.
bldg. building.
bot. botany.
Brig. (Mil.) Brigade, Brigadier.
bro. (pl. bros.) brother.
B.Sc. Bachelor of Science.
B.T. Bachelor of Teachers Training, book transfer.
B.Tech. Bachelor of Technology.
bul. bulletin.
C (chem.) carbon.
C.A. Chartered Accountant.
cal. calendar.
cap. capital.
C.B.I. Central Bureau of Investigation.
C.D. Civil Defence.
C.E. Chief Engineer.
Cen. Central.
cert. or certif. certificate.
cf. compare (L Confer).
chem. chemistry.
chm. chairman.
ch.r. character roll.
C.I.D. Criminal Investigation Department.

C.J. Chief Justice.
C.M. Chief Minister
c.m. centimetre
C.M.O. Chief Medical Officer.
C.O. Commanding Officer.
c/o or c.o. care of, carried over.
Co or **co.** company.
C.O.D. or **c.o.d.** cash on delivery.
Col. Colonel.
Coll. College, Colleague.
Colloq. Colloquial.
Collr. Collector.
Com. Commission
Cong. Congress.
Conj. conjunction.
Contd. Continued.
Contemp. Contemporary.
Co-op. or **Coop** co-operative (store, society).
Corp. or **Corpn.** Corporation.
C.T.O. Central Telegraph Office.
Cur. Currency.
D/- dated.
D.A. Daily Allowance.
dbl. double.
D.C. Deputy Commissioner.
D.D. or **D/D** Demand Draft.
D.D.O. Dairy Development Officer.
D.D.T. Dichloro-diphenyl-trichlooe-thane.
Dec. December.
dep. or dept. department.
D.F. Dean of Faculty.
D.G. Director General.
diag. diagram.
dict. dictionary.
dist. district.
div. division.
D.Lit. or **D.Litt.** Doctor of Letters or Literature (L Doctor Lit(t)erarum.)
D.M. District Magistrate.
D.O. demi official.
do. the same (ditto).
doc. document.
doz. or doz dozen(s).
D.P.I. Director of Public Instruction.
dpt. department.
Dr. Doctor.
D.Sc. or **D.S.** Doctor of Science.
D.S.O. District Supply Officer.
dup. or dupl. duplicate
Dy. Deputy.
E. East.
E.&O.E. or **e. and o.e.** errors and omissions excepted.
E.C. Executive Council.
ECG Electro-Cardiogram.
econ. economics.
Ed. Editor.
ed. edition.
e.e. error excepted.
e.g. or ex.gr. for example (exempli gratia).
E.I.R. East Indian Railway.
Ency. or **Encyc.** or **Encycl** Encyclopaedia.
Eng. English.
eng.(r). engineer.
E.O. Enquiry Office(r).
eq. equal
esp. or espec. especially.
Esqr. or **Esq** Esquire.
estab. established.
etc.&c. and the others, and so forth (etceteri or cetera).
exam. examination.
exc. except.
exp. expenses.
F.A. or **FA (Mil.)** Fine Arts, Financial Adviser.
F'cap. foolscap.
F.D. Finance Department, Forest Department.
Feb. February.
fem. feminine.
fig. figure(s).
fin. at the end (ad finem), financial.
F.I.R. First Information Report.
F.M. Field Marshal.
F.R. Financial Rules.
Fr. French, Friday.
Fri. Friday.
ft. foot.
fut. future.
G. or g. gallon.
gaz. gazette.

g.c.f. great common factor.
gen. gender.
gent. gentleman (men).
geog. geography.
geol. geology.
geom. geometry.
Ger. German.
gm. gram(s).
G.M. General Manager.
G.O. Government Order, Gazetted Officer.
G.O.C. General Officer Commanding.
Govt. or **govt.** Government.
G.P.F. General Provident Fund.
GPO or **G.P.O.** General Post Office.
gr. grade, gram(s), grammar.
Gr. Greek.
guar. guaranteed.
gym. gymnasium.
H. (Chem.) Hydrogen.
H.C.F. or **h.c.f.** Highest Common Factor.
hdqrs. headquarters.
H.E. His (or Her) Excellency.
hf. half.
hist. history.
H.M.T. Hindustan Machine Tools.
H.O. Head Office.
hon. honorary.
Hon. Honourable.
hort. or hortic. horticulture.
hosp. hospital
H.P. or **HP** Himachal Pradesh.
h.p. or hp. horse power.
hr. (pl. hrs.) hour.
H.S. High School.
H.V. or **h.v.** High Voltage.
hy(g) hygiene.
I.A. Indian Army.
I.A.F. Indian Air Force.
I.A.S. Indian Administrative Service.
ib. or ibid. in the same place (L ibidem).
I/C or i/c incharge.
i.e. that is (id est).
I.F.S. Indian Foreign Service.
I.G. or **IG** Inspector General (of Police).
IIA Indian Institue of Administration.
IIT Indian Institute of Technology.
ill. illustration.
impf. imperfect.
I.M.S. Indian Medical Service.
incl. including.
incog. unknown, avoiding publicity (incognito).
ind. independent
indus. industrial
indef. indefinite.
inorg. inorganic.
inst. instant (this month)
Inst. Institute.
int. interest, interjection.
inter. intermediate.
intr. intransitive.
I.O.U. I owe you.
I.P. Inspector of Police.
I.P.C. Indian Penal Code.
I.P.S. Indian Police Service.
Is. Island(s).
ISI Indian Standards Institution.
I.S.T. Indian Standard Time.
I.T. Income-Tax.
J. Judge, Journal.
Jan. January.
J&K Jammu and Kashmir.
J.D. Joint Director.
Je. June.
jour. journal.
J.P. Justice of the Peace.
Jr. or **jr.** or **jun.** or **junr.** junior.
jt. joint.
Jul. July.
junc. junction.
jurisp. jurisprudence.
juv. juvenile.
Kg. Kilogram(s).
km. kilometer(s).
L. Latin.
l. litre.
lab. laboratory.
lang. language.
Lat. Latin.
lat. latitude.
lb. pound (libra).
l.b.w. leg before wicket (in cricket).
l.c. (printing) lower case, in the place cited

(ico citato).
lec. or lect. lecture.
legis. legislature.
L.G. Local Government.
L.I. Light Infantry.
lib. library.
LIC Life Insurance Corporation (of India).
Lieut. or **Lt.** lieutenant.
ling. linguistics.
lit. literal(ly).
L.L.B. Bachelor of Laws. (Legum Baccalaureus).
L.L.D. Doctor of Laws (Legum Doctor).
L.L.M. Master of Laws (Legum Magister).
L.O. Labour Office(r).
lon. or long. longitude.
l.p. low pressure.
L.R. Legal Remembrancer.
L.T. Low Tension. Licentiate in Teaching
Lt. Col. Lieutenant Colonel.
Ltd. Limited.
Lt. Gen. Lieutenant-General.
L.W.P. Leave without Pay.
M. or **M** Monday.
M. or **m.** Male.
M.A. Master or Arts. (magister artium), Military Academy.
Mag. Magistrate.
Maj. major.
Maj. Gen. Major-General.
Mar. March.
mas. or masc. masculine.
math. or maths. mathematics.
Matric. Matriculation.
max. maximum.
M.B. Bachelor of Medicine (Medicinal Baccalaureus).
M.B.A. Master of Business Administration.
M.B.B.S. Bachelor of Medicine and Bachelor of Surgery.
M.C. Managing Committee, Municipal Committee.
M.Com(m). Master of Commerce.
M.D. Doctor of Medicine (Medicinae Doctor).
M.E. Most Excellent.
med. medical, medieval.
M.Ed. Master of Education.
mem., memo. memorandum.
M.E.S. Military Engineering Service.
mfg. manufacturing.
M.Food Minister of Food.
Mgr. Manager.
mil. or milit. military.
Min. or **min.** Minimum.
MISA Maintenance of Internal Security Act.
misc. miscellaneous.
mkt. market.
M.L.C. Member of Legislative Council.
mm. millimetre(s).
M.O. Money Order.
mod. modern
M.O.I. Ministry of Information
Mon. Monday.
MOPED Motorised Pedal Bicycle.
M.P. Member of Parliament, Madhya Pradesh.
m.p.h. or mph miles per hour.
Mr. Mister.
Mrs. Mistress.
M.S. Master of Surgery, Ministry of Supplies.
MS Manuscript.
M.Sc. Master of Science.
MSS manuscripts.
Mt. mountain.
M.U. Motor Union.
M.V. Market Value.
N. (Chem). Nitrogen.
N. or **N** North.
N.A.C. Notified Area Committee.
Nat. or **Natl.** Nationalist, Natural.
N.A.T.O. North Atlantic Treaty Organization.
naut. nautical.
nav. naval, navy, navigator.
N.B. or **n.b.** note well or take notice (nota bene).
N.C.C. National Cadet Corps.
NCO Non-Commissioned Officer.
N.D.A. National Defence Academy.
N.E. or **NE** North-East.

neg. negative (ly).
neut. neuter.
N.G.O. Non-Gazetted Officer.
N.L. North Latitude.
N.N.E. or **NNE** North-North-East.
N.N.W or **NNW** North-North-West.
No. Number (also **no.**).
NOC No Objection Certificate.
nom. or nomin. nominative.
non com. non commissioned (officer).
Nos. or **nos.** Numbers.
Nov. November.
nov. novelist.
n.p.t. normal pressure and temperature.
n.s. not specified.
N.T. New Testament.
NTPC National Thermal Power Corporation.
nt.wt. net weight.
N.W. or **NW** North-West, North-Western.
O (Chem.) Oxygen.
o/a. on account of.
obdt. obedient.
Obit. Obituary.
Obj. Object, Objection.
O.C. Officer Commanding.
Oct. October.
off. official, office.
offg. officiating.
O.I.G.S. On India Govt. Service.
O.K. All Correct (perh. a humorous spelling of this or into oll korrect, Red Indian, Okeh, so be it.).
o.p. out of print.
O.P.D. Out-Patients Dept.
Opp. opposed, opposite.
O.R. or **OR** Other Ranks.
Ord., Ordn. Ordnance.
Orig. original(ly).
o.s.p. died without issue (obit sine prole).
P. Page.
P.A. Personal Assistant.
p.a. per annum (yearly).
P.A.C. Police Auxiliary Corps.
Pac. Pacific.
PAK Pakistan.
pam. pamphlet.
pa.p. past participle.
par. paragraph.
Parl. Parliament(ary).
pa.t. past tense.
Pb (Chem.) lead (plumbum), Punjab.
P.CO. S.A. Application for a permit in respect of one or more Service Contract Carriage.
P.C.S. Provincial Civil Service.
pd. paid.
pd. period.
per. person.
per an. per year (per annum)
perm. permanent.
pert. pertaining.
P.F. Provident Fund.
pg. page.
Ph.D. Doctor of Philosophy (Philosophiae Doctor).
P.H.D. Public Health Department.
Phil. Philosophy.
phot. photography.
phr. phrase.
phys. physics.
pkg. package(s).
pkt. packet.
P.L. Privilege Leave.
pl. or plur. plural.
plff. plaintiff.
q.l. as much as you please (quantum libet).
ql. quintal.
Q.M. Quarter-master.
Q.M.G. Quarter Master General.
qr. quarter(ly), quire.
qt. quantity, quart(s).
q.v. which see (quod vide), as much as you will (quantum vis).
RADAR Radio Detection and Range.
RBI Reserve Bank of India.
R.C. Registration Certificate.
rcd. received.
R.D. Revenue Department.
Rd. Road.
re. relating.
recd. received.
ref. referee, reference.
Reg. Registrar, Regional, register.

regt. regiment.
res. research.
retd. retired.
r.h. right hand.
r.h.b. right half back.
R.K. Record Keeper.
Rly. or rly. Railway.
R.M.S. Railway Mail Service.
R.O. Rationing Officer.
R.P. Reply Paid.
r.p.m. revolutions per minute.
r.p.s. revolutions per second.
R.R. Railway Receipt.
Rs. Rupees.
R.S.V.P. reply, if you please (Repondez Sil Vous Plait).
rt. right.
Rt. Hon. Right Honourable.
R.T.O. Regional Traffic (or Transport) Officer.
Ry. Railway.
S. South, Saturday.
S.A. Salvation Army; Sex Appeal; South Africa; South America; South Australia; Society Auditor; Statistics Authority; Subsistence Allowance.
Sat. Saturday.
S.B. Savings Bank.
S.B.I. State Bank of India.
S.C. Supreme Court.
s.c. (Printing) Small Capitals.
S.D. Security Deposit.
S.D.M. Sub-Divisional Magistrate.
S.D.O. Sub-Divisional Office(r).
S.E. South-East, Superintending Engineer.
sec. second, section.
Sec. or secy. Secretary.
sect. Section.
Secy. Secretary.
Sen. Senator, Senior.
Sep. or **Sept.** September.
seq. the following (sequens)
sd. signed.
S.I. Sub-Inspector.
sig. signature.
sing. singular.
S.I.R. Scientific and Industrial Research, Southern Indian Railway.
S.K. Storekeeper.
Skt. Sanskrit (also **Skr.**).
S.L. South Latitude, Sub-Lieutenant, the place of the seal (sigilli loco).
S.Lat. South Latitude.
S.M. Station Master.
s.m.p. without male issue (sine mascula prole).
S.No. Serial Number.
S.O. Settlement Officer, Station Officer, Standing Order, Signal Officer.
soc. society, socialist.
Sol.Gen. Solicitor General.
S.O.S. Save our Souls (wireless signal of distress at sea).
sp. spelling.
S.P.C.A. Society for the Prevention of Cruelty to Animals.
sp. gr. specific gravity.
Sq. or **sq.** square.
Sqn. squadron.
Squn. Ldr. Squadron Leader.
S.R. Southern Railway, Special Report.
Sr. senior.
S.S. Social Service, Station Superintendent, Stock Supervisor.
S.S.W. or **SSW** South-South West.
St. Saint, Strait, Street.
S.T.D. or **STD** Subscriber Trunk Dialling.
Stn. station.
S.T.O. Sales Tax Officer, Sub-Treasury Officer.
suf. or suff. suffix.
Sun. Sunday.
sup. above (supra), superior.
supp. or suppl. supplement, supplementary.
Supt. Superintendent.
surg. surgeon, surgery.
surv. survey, surveyor.
S.W. or **SW** South-West.
syl. or syll. syllable, syllabus.
syn. synonym.
synop. synopsis.
T. or **T** (Chem.) Tantalum, Tuesday.
T.A. Travelling Allowance.
tab. table(s)

T.B. Tuberculosis.
tbs. or tbsp. tablespoon(s).
T.C. Transfer Certificate.
T.D. Treasury Department.
T.D.R. Treasury Deposit Receipt, Time Deposit Receipt.
tech. technical.
technol. technology.
tel. (or telg.) telegram, telephone.
Tel.No. Telephone Number.
temp. temporary, temperature.
Th. Thursday.
theat. theatre, theatrical.
T.I. Traffic Inspector, Trains Inspector.
T.M.O. Telegraphic Money Order.
T.O. Treasury Officer.
tr. transitive.
trfd. transferred.
tripl. 'triplicate.
T.T. Time Table, Table Tennis.
T.T.C. Travelling Ticket Checker.
T.T.E. Travelling Ticket Examiner.
T.U. Trade Union.
Tu. Tuesday.
TV Television.
U. University.
U.G.C. Unversity Grants Commission.
Ult. last (ultimo), ultimate(ly).
U.N. or **UN** United Nations.
UNESCO United Nations Educational, Scientific and Cultural Organization.
Univ. University.
UNO United Nations Organization.
U.P. Uttar Pradesh (prev. United Provinces).
U.P.C. Under Postal Certificate.
U.P.S.C. Union Public Service Commission.
U/S Under Section.
U.S.A. United States of America.
usu. usually.
v. volt.
v. verb, versus, vice-.
vb. verb, verbal.
V.C. Vice-Chancellor.
V.D. Venereal disease(s).
veg. vegetable(s).
ven. venerable.
Vet. or **Veter.** or **Vety** Veterinary.
Vet.Surg. Veterinary Surgeon.
v.h.c. very highly commended.
V.H.F. or **v.h.f.** very high frequency.
v.h.p. very high pressure.
Vice-Pres. Vice-President.
v.i. see below (vide infra), verb intransitive.
V.I.P. Very Important Person.
viz. namely (videlicet)
vocab. vocabulary.
vol. volcano, volume.
Vol. Volunteer.
V.P.L. Value Payable Letter.
V.P.P. Value Payable Parcel.
Vs. Versus (against).
v.t. verb transitive.
W or **W.** West, (Electr.) Watt(s).
W.B. West Bengal.
W.C. Works Committee.
W.D. War Department.
Wed. Wednesday.
w.f. wrong fount (Printing).
W.H.O. or **WHO** World Health Organization.
wk. week.
wmk. watermark.
W.N.W. or **WNW** West-North-West.
W.P. Working Plan.
w.p. weather permitting.
w.p.b. waste paper basket.
W.S.W. West-South-West.
wt. weight.
X.En. Executive Engineer.
Xm or **Xms.** Christmas.
Xn. or **Xtian.** Christianity.
x-ref. cross-reference.
yr. year, younger.
Z or **z.** Zone.
Z.hr. Zero hour.
Zool. Zoology.
& and.
&c. etc., et ce tera, and other, and so forth

V. How to tell Numbers
संख्या ज्ञान

1. Cardinals गणन संख्या

1 one एक
2 two दो
3 three तीन
4 four चार
5 five पाँच
6 six छः
7 seven सात
8 eight आठ
9 nine नौ
10 ten दस
11 eleven ग्यारह
12 twelve बारह
13 thirteen तेरह
14 fourteen चौदह
15 fifteen पंद्रह
16 sixteen सोलह
17 seventeen सत्रह
18 eighteen अठारह
19 nineteen उन्नीस
20 twenty बीस
21 twenty one इक्कीस
22 twenty two बाइस
23 twenty three तेइस
24 twenty four चौबीस
25 twenty five पच्चीस
26 twenty six छब्बीस
27 twenty seven सत्ताइस
28 twenty eight अठ्ठाईस
29 twenty nine उन्तीस
30 thirty तीस
31 thirty one इकतीस
32 thirty two बत्तीस
33 thirty three तैंतीस
34 thirty four चौंतीस
35 thirty five पैंतीस
36 thirty six छत्तीस
37 thirty seven सैंतीस
38 thirty eight अड़तीस
39 thirty nine उनतालीस
40 forty चालीस
41 forty one इकतालीस
42 forty two बयालीस
43 forty three तैंतालीस
44 forty four चौवालीस
45 forty five पैंतालीस
46 forty six छियालीस
47 forty seven सैंतालीस
48 forty eight अड़तालीस
49 forty nine उनचास
50 fifty पचास
51 fifty one इक्यावन
52 fifty two बावन
53 fifty three तिरपन
54 fifty four चौवन
55 fifty five पचपन
56 fifty six छप्पन
57 fifty seven सत्तावन
58 fifty eight अठ्ठावन
59 fifty nine उनसठ
60 sixty साठ
61 sixty one इकसठ
62 sixty two बासठ
63 sixty three तिरसठ
64 sixty four चौसठ
65 sixty five पैंसठ
66 sixty six छाछठ, छियासंठ
67 sixty seven सड़सठ
68 sixty eight अड़सठ
69 sixty nine उनहत्तर
70 seventy सत्तर
71 seventy one इकहत्तर
72 seventy two बहत्तर
73 seventy three तिहत्तर
74 seventy four चौहत्तर
75 seventy five पचहत्तर

76 seventy six छिहत्तर

77 seventy seven सतहत्तर, सतत्तर

78 seventy eight अठहत्तर

79 seventy nine उनासी

80 eighty अस्सी

81 eighty one इक्यासी

82 eighty two बयासी

83 eighty three तिरासी

84 eighty four चौरासी

85 eighty five पचासी

86 eighty six छियासी

87 eighty seven सत्तासी

88 eighty eight अट्ठासी

89 eighty nine नवासी

90 ninety नब्बे

91 ninety one इक्यानवे

92 ninety two बानवे

93 ninety three तिरानवे

94 ninety four चौरानवे

95 ninety five पँचानवे

96 ninety six छियानवे

97 ninety seven सत्तानवे

98 ninety eight अट्ठानवे

99 ninety nine निन्यानवे

100 hundred सौ

101 hundred and one एक सौ एक

102 hundred and two एक सौ दो

125 one hundred and twenty five एक सौ पच्चीस, सवा सौ

150 one (hundred) fifty एक सौ पचास, डेढ़ सौ

175 one (hundred) (and) seventy five, एक सौ पचहत्तर, पौने दो सौ

180 one (hundred) (and) eighty, एक सौ अस्सी

200 two hundred दो सौ

225 two (hundred and) twenty five, दो सौ पच्चीस, सवा दो सौ

250 two (hundred and) fifty, दो सौ पचास, ढाई सौ

275 two (hundred and) sevety five, दो सौ पचहत्तर, पौने तीन सौ

350 three (hundred and) fifty, तीन सौ पचास, साढ़े तीन सौ

Note : सवा quarter plus, डेढ़ one and a half, ढाई two and a half, साढ़े half plus, पौने quarter to (less).

1000 one thousand हज़ार

1101 one thousand one hundred and one एक हज़ार एक सौ एक

10,000 ten thousand दस हज़ार

1,00,000 one hundred thousand or one lac लाख

10,00,000 million दस लाख

3,253,872 (as it should be written in English) three million, two hundred and fifty three thousand eight hundred and seventy two

1,00,00,000 ten million करोड़

10,00,00,000 hundred million दस करोड़

1,00,00,00,000 billion अरब

10,00,00,00,000 ten billion दस अरब

1,00,00,00,00,000 hundred billion खरब

10,00,00,00,00,000 (Am.) Trillion दस खरब

1,00,00,00,00,00,000 ten trillion शंख

10,00,00,00,00,00,000 hundred trillion दस शंख

1,00,00,00,00,00,00,000 one thousand trillion नीलम

10,00,00,00,00,00,00,000 ten thousand trillion दस नीलम

1,00,00,00,00,00,00,00,000 (Br.) trillion पदम

2 Ordinals क्रम संख्या

1st, first पहला, प्रथम

2nd, second दूसरा, द्वितीय

3rd, third तीसरा, तृतीय

4th, fourth चौथा, चतुर्थ

5th, fifth पाँचवाँ, पंचम

6th, sixth छठा, षष्ठ

9th, nineth नौवाँ, नवम्

12th, twelfth बारहवाँ

20th, twentieth बीसवाँ

25th, twenty-fifth पच्चीसवाँ
30th, thirtieth तीसवाँ
40th, fortieth चालीसवाँ
50th, fiftieth पचासवाँ
100th, hundredth सौवाँ
Note— th in English beyond six
— वाँ in Hindi beyond सात

3. Fractions भिन्न

$\frac{1}{4}$ quarter, one-fourth, (एक) चौथाई
$\frac{1}{2}$ half, one-half, आधा
$\frac{1}{3}$ third, one-third, एक तिहाई, तिहाई
$\frac{3}{4}$ three fourth, पौना
$\frac{5}{7}$ five seventh, पाँच बटे सात
$1\frac{1}{4}$ one and a quarter, सवा
$1\frac{1}{2}$ one and a half, डेढ़
$1\frac{3}{4}$ one and three-quarters, पौने दो
$\frac{1}{5}$ one upon five, one fifth, एक बटे पाँच
$1\frac{5}{8}$one five upon eight, एक सही पाँच बटे आठ
$2\frac{1}{4}$two and a quarter, सवा दो
$2\frac{1}{2}$ two and a half, ढाई
$2\frac{3}{4}$ two and three quarters, पौने तीन
$3\frac{1}{2}$ three and a half साढ़े तीन
$\frac{29}{7}$twenty nine over seven, उनतीस बटे सात
Note— in Hindi सवा, साढ़े and पौने beyond 1, 2, 3 as सवा तीन $3\frac{1}{4}$, साढ़े तीन $3\frac{1}{2}$, पौने चार $3\frac{3}{4}$, $4\frac{1}{4}$, $4\frac{1}{2}$, $4\frac{3}{4}$ etc.

4. Tables तालिका

$1 \times 1 = 1$ one one is one एक एकम एक
$1 \times 2 = 2$ one twos are two एक दूने दो
$2 \times 3 = 6$ two threes are six दो तियाँ छः
$4 \times 4 = 16$ four fours are sixteen चार चौके सोलह
$5 \times 6 = 30$ five sixes are thirty पाँच छक्के तीस
$6 \times 9 = 54$ six nines are fifty four छह नौमे चौवन
$7 \times 13 = 91$ seven thirteens are ninety one सात तेरहे इक्यावन

5 Time काल

12.00 twelve, twelve o'clock, twelve a.m./p.m., midday, midnight, noon, twelve noon, बारह, बारह बजे, दोपहर, आधी रात
01.00 one o'clock एक बजा, adv. एक बजे
01.15 quarter past one, one fifteen, एक बजकर पंद्रह मिनट, सवा बजा
01.25 one twenty five, एक बजकर पच्चीस मिनट
01.30 one thirty, half past one, एक बजकर तीस मिनट, डेढ़ बजा adv. डेढ़ बजे
01.35 one thirty five, twenty five minutes to two, एक बजकर पैंतीस मिनट, दो बजने में पच्चीस मिनट
01.45 quarter to two, पौने दो
02.15 quarter past two, सवा दो
02.30 half past two, two thirty ढाई बजे, दो बजकर तीस मिनट
02.05 five minutes past two दो बजकर पाँच मिनट
02.57 three minutes to three तीन बजने में तीन मिनट

6. Roman figures रोमन अंक

I	1	XIII	13
II	2	XIV	14
III	3	XV	15
IV	4	XIX	19
V	5	XX	20
VI	6	XXIX	29
VII	7	XXX	30
VIII	8	XXXI	31
IX	9	IXL	39
X	10	XL	40
XI	11	L	50
XII	12	LX	60

LXI	61	D	500
LXV	65	DCC	700
XC	90	DCCX	710
XCIV	94	CM	900
C	100	M	1000
CCC	300	MD	1500
CD	400	MCM	1900
		MM	2000

Note— The smaller figure on the left is to be subtracted from the bigger one on the right. The smaller figure on the right has to be added. Thus CD = —100 500 = 400, DC = 500 + 100 = 600.

7. Telephone numbers फोन नंबर

My number is 623150 six two three one five 0/zero छह दो तीन एक पाँच शून्य

662300 double six two three double 0/zero डबल छह दो तीन डबल शून्य

666333 triple six triple three तीन छह तीन शून्य

8. Dates तिथियाँ

6th Nov. 1998; Nov. 6, 1998; 6 Nov. 1998; 6.11.1998; 6.11.98; 6/11/98

(spoken)—

November six or sixth, nineteen ninety eight

Sixth November, nineteen ninety eight

9. Twenty-four hour time चौबीस घंटोंवाली काल-गणना

(used in railway time tables and military orders, etc.)

0700 (oh) seven hundred hours सात बजे

1100 eleven hundred hours ग्यारह बजे

1200 twelve hundred hours बारह बजे दोपहर

1535 fifteen thirty five तीन बजकर पैंतीस मिनट अपराह्न

2105 twenty one o five hour नौ बजकर पाँच मिनट

2400 twenty four hundred hours रात बारह बजे

10. Numerals used in sports खेलों में प्रयुक्त संख्याएं

(i) Cricket

India beat Australia by two wickets

Pakistan lost by 17 runs

The score is seventy seven for three

They were all out for a hundred and seventy runs

(ii) Football

The score is two all (2-2)

They won by three goals to two or three two (3-2)

They won three nil (3-0)

They lost one three (1-3)

(iii) Tennis

The score is fifteen love (15-0), thirty love (30-0), thirty fifteen (30-15), thirty all (30-30), forty thirty (40-30), deuce (40-40)

Temperature

Patient's temperature is normal

The fever is 39.4^{O}

Today's maximum was 26° and minimum 15.4^{O}

Last night the temperature was 2^{O} below zero in Amritsar (-2^{O})

Water freezes at zero degree centigrade.

Money

I bought this suitcase for five hundred rupees.

I paid six hundred and fifty rupees for this transistor.

It cost me three hundred only.

That will cost you eighty dollors fifty ($ 80.50).

VI. Measures & Weights

माप तथा भार

A. Measures of Length

12 inches = 1 foot

3 feet = 1 yard (गज़)

$5\frac{1}{2}$ yards = 1 pole/rod

40 poles = 1 furlong

1760 yards = 1 mile

Note– The hand (हाथ) is used to measure horses, the fathom for measurement of depth of water and mines, and the link and chain (जरीब).

B. Square (वर्ग) or Land Measure

144 sq. inches = 1 square foot

9 sq. feet = 1 square yard (गज़)

4840 sq. yards = 1 acre

C. Cubic (घन) or solid Measure

1728 cubic inches = 1 cubic foot

27 cubic feet = 1 cubic yard

C. Measures for fluids

8 drachms = 1 ounce

20 ounce = 1 pint

8 pints = 1 gallon

and

1 teaspoonful = 1 drachm

1 dessert spoonful = 2 drachms

1 tablespoonful = 4 drachms

1 tablecupful = 3 ounces

D. Paper Sizes (in inches)

Crown 15 × 20

Crown double 20 × 30

Crown quad 30 × 40

demy 18 × 22

Foolscap $13\frac{1}{2} \times 17$

Imperial 22 × 30

Royal 20 × 25

Super Royal $20\frac{1}{2} \times 27\frac{1}{2}$

E. Money

100 pence = 1 pound

2 shillings = 1 florin (fl.)

5 shillings = 1 crown (cr.)

21 shillings = 1 guinea (g.)

and

100 paise = 1 rupee

F. Avoirdupois weight

16 drams = 1 ounce

16 ounces = 1 pound

14 pounds = 1 stone

28 pounds = 1 quarter

4 quarters = 1 hundred-weight

20 hundred-weights = 1 ton

G. Metric System

(Decimal system)

(i) Measure of Length

10 millimetres = 1 centimetre

100 centimetres = 1 metre

1000 metres = 1 Kilometre

(ii) Measure of Weight

10 milligrammes = 1 centigramme

100 centigrammes = 1 gramme

1000 grammes = 1 Kilogramme (Kg.)

100 Kilogrammes = 1 quintal

10 quintals = 1 metric tonne

(iii) Measure of Capacity

10 millilitres = 1 centilitre

100 centilitres = 1 litre

1000 litres = 1 Kilolitre

H. Conversion Table

1 centimetre = 0.39 inch

1 foot = 0.3048 metre

1 yard = 0.9144 metre

1 mile = 1.6093 Kilometres

VII. Proverbs : लोकोक्तियाँ

After clouds comes fair weather पतझड़ के बाद तो बहार आएगी ही

After death comes the doctor मरने के बाद वावेला

All are not saints that go to the church तिलक लगाने से कोई सन्त नहीं हो जाता

All between the cradle and the coffin is uncertain जीवन क्षणभंगुर है

All feet tread not in one shoe भिन्नरुचिर्हि लोकः

All is for the best सब मंगलार्थ होता है

All that glitters is not gold हाथी के दाँत खाने के और, दिखाने के और

All lay load on a willing horse जो सहता है, सब भार उसी पर पड़ता है

All one's geese are swans लोग अपने राँगा को सोना मानते हैं, ग्वालिन अपने दही को खट्टा नहीं कहती

As the King, so are the subjects यथा राजा तथा प्रजा

As you sow, so shall you reap जैसा बोओ वैसा काटो

Avarice is the root of all evils लालच बुरी बला है

A bad workman quarrels with his tools नाच न जाने आँगन टेढ़ा

Barefooted men should not tread on thorns बिच्छू का मन्त्र न जाने, साँप के बिल में उँगली डाले

Barking dogs seldom bite जो गरजते हैं सो बरसते नहीं

Beggars should not be choosers दान की बछिया के दाँत नहीं गिने जाते

Beauty is but skin-deep रूप-सौन्दर्य असार पदार्थ है

Beneath the rose lies a serpent सुख के साथ दुःख लगा है

Between the devil and the deep sea इधर कुआँ उधर खाई

Between two stools दो नावों में (पैर रखना)

A bird in hand is better than two in the bush/nest नौ नगद न तेरह उधार

Birds of a feather flock together चोर-चोर मौसेरे भाई, चोर का साथी गिरहकट

Black will take no other hue सूरदास की काली कमलिया चढ़े न दूजो रंग, कोयला धोने से उजला नहीं हो जाता

Blood is thicker than water सगे सगे ही होते हैं, अपना सो अपना

To break hard and buy a plaster for it चूहा मारकर गोबर सुँघाना

A burnt child dreads the fire दूध का जला छाछ भी फूँक-फूँक कर पीता है

Carrying coals to Newcastle उलटे बाँस बरेली को

Casting pearls before swines भैंस के आगे बीन बजाना, बंदर क्या जाने अदरक का स्वाद

Charity begins at home घर में दीया जलाकर मंदिर में जलाया जाता है

Child is the father of man होनहार बिरवान के होत चीकने पात

Chips of the same block एक ही थैली के चट्टे-बट्टे

Contentment is the greatest happines सन्तोष ही परम सुख है

Count chickens before they are hatched घर घोड़ा, नख़ास मोल

Crows are never the whiter for washing नीम न मीठी होय सींचो गुड़ घी से

Cut your coat according to your cloth ताते पाँव पसारिये जेती लम्बी सौर

Death is the grand leveller जब तक प्रान तब तक मान, मरने पर छोटे-बड़े एक समान

Deep river move with silent majesty अधजल गगरी छलकत जाय, भरी गगरिया चुप्पे जाय

A diamond cuts a diamond लोहे को लोहा

काटता है

Do evil and look for like कर बुरा होगा बुरा

Do good and cast it into the river नेकी कर दरिया में डाल

Do in Rome as the Romans do जैसा देश वैसा भेष

A drop in the ocean ऊँट के मुँह में जीरा

A drowning man catches at a straw डूबते को तिनके का सहारा

An eagle does not hawk at flies बड़े लोग हीन कार्य नहीं करते

Eaten bread is forgotten काम हो गया, आदमी बिसर गया

Empty vessels make much noise थोथा चना बाजे घना, अधजल गगरी छलकत जाय

Even death cannot be had for asking मुँह-माँगी मौत नहीं मिलती

Every dog has his day कभी कोढ़ी के भी दिन फिरते हैं

Every man has his price हर आदमी खरीदा जा सकता है

Everyone thinks his own geese as swans ग्वालिन अपने दही को खट्टा नहीं कहती

Every potter praises his pot हर कोई अपने दही को सराहता है, अपना पूत सभी को प्यारा

Every shoe fits not every foot जिसका काज उसी को साजे

Everything looks yellow to a jaundiced eye सावन के अन्धे को हरा ही हरा दिखाई देता है

Example is better than precept एक नज़ीर सौ नसीहत

Exception proves the rule अपवाद से नियम सिद्ध होता है

Excess of every thing is bad अति सर्वत्र वर्जयेत

Fair words butter no parsnips मीठी-मीठी बातों से पेट नहीं भरता

Figure among cyphers अन्धों में काना राजा

First deserve and then desire पहले कर्तव्य फिर अधिकार

Fish and visitors smell in three days एक दिन मेहमान, दूसरे दिन मेहमान, तीसरे दिन बेईमान

Flow of words is no proof of wisdom शब्दाडम्बर बुद्धिमत्ता का प्रमाण नहीं है

Fog cannot be dispelled by a fan ओस चाटे प्यास नहीं बुझती

Fools rush in where angels fear to tread मूर्ख हर जगह दखल देते हैं

Fool to others, to himself a sage अपने मुँह मियाँ मिट्ठू

Forbidden fruit is sweet indeed चोरी का गुड़ मीठा, निषिद्धद्रव्यं अतिसुन्दरम्

Forced labour is better than idleness बेकार से बेगार भली

Fortune favours the brave उद्योगिन: पुरुषसिंहमुपैति लक्ष्मी

Fortune knocks once at every man's gate एक-न-एक बार सबका अपना-अपना समय आता है

A friend in need is a friend indeed दोस्त वह है जो ज़रूरत के वक्त काम आये, बिपत पड़े जो कर गहे, सोई साँचो मीत

The game is not worth the candle इस पर श्रम करना व्यर्थ है

Gather thistles and expect pickles बोवे पेड़ बबूल का आम कहाँ से होय

A gift horse is not to be looked in the teeth दान की बछिया के दाँत नही देखे जाते

Give me roast meat and beat me with the stick दुधारू गाय की लात भी अच्छी

God cures and the doctor gets the credit भगवान बचाये प्राण, वैद्य पाये मान

God never sends mouth but sends meal जिसने दाँत दिये क्या अन्न न देगा ?

God's mill grinds slow but sure ईश्वर के दरबार में देर है पर अन्धेर नहीं

God's will be done ईश्वरेच्छा बलीयसी

Good cow may have an ill calf विद्वान् का बेटा मूर्ख हो सकता है

A good Jack makes a good Jill पति अच्छा हो तो पत्नी अच्छी हो जाती है

A good marksman may miss the mark गिरते हैं शहसवार ही मैदाने जंग में

Good mind good find आप भला तो जग भला

A good name is better than riches धन की अपेक्षा सुनाम अच्छा

Go out for wool and come home shorn गये नमाज़ छुड़ाने गले पड़े रोज़े, चौबे गए छब्बे होने, दुबे होकर आए

Great cry little wool ऊँची दुकान फीका पकवान

Great many words fill not the purse बड़ी-बड़ी बातों से पेट नहीं भरता

Guilty conscience is always suspicious पापी का मन सदा सशंकित रहता है, चोर की दाढ़ी में तिनका

Guilty conscience needs no accuser पापी के मन में सदा भय रहता है

Half a loaf is better than no loaf कुछ नहीं से थोड़ी भली

The hand that rocks the cradle rules the world माता भाग्य का निर्माण करती है

Handsome is what handsome does सुन्दर काम करने वाला ही सुन्दर है, काम प्यारा है चाम प्यारा नहीं

Haste makes waste उतावला सो बावला, हड़बड़ काम शैतान का

Health is the best wealth तंदुरुस्ती हज़ार नियामत है

He breaks his wife's head and then buys a plaster चुहिया मारकर गोबर सुँघाना

He jests at scars who never felt a wound जाके पाँव न फटी बिवाई वह क्या जाने पीर पराई

He who blows in the dust fills his own eyes जो आकाश पर थूकता है, थूक उसी के मुँह पर पड़ती है

He who sows well, reaps well अच्छा बोओ अच्छा काटो, अच्छे का अच्छा फल

High winds blow on high hills बड़ों की बड़ी बातें

His wits are gone a-wool-gathering उसकी अक्ल मारी गई है

Honey in tongue and heart of gall मुँह में राम, बगल में छुरी

Hunger is the best sauce भूख में सब कुछ रुचिकर, भूख में किवाड़ पापड़

If the sky falls, we shall catch larks नौ मन तेल होगा तो राधा नाचेगी

If you want a thing well done, do it yourself अपना हाथ जगन्नाथ, आप मरे तो स्वर्ग जाय

If you will enjoy the fire you must put up with the smoke सुविधा के साथ असुविधा सहनी पड़ती है

Ignorance of law is no excuse कानून की जानकारी न होने का बहाना नहीं चलेगा

Ill got, ill spent पाप की कमाई कुत्ते-बिल्लियों ने खाई, चोरी का धन मोरी में जाता है

Ill-gotten goods seldom prosper चोरी का धन मोरी में जाता है

The innocent have nothing to fear साँच को आँच नहीं

It is better to do well than to say well कथनी से करनी भली

It is no use crying over spilt milk बीती ताहि बिसारि दे, आगे की सुधि लेय

It is not the hood that makes the monk गेरुए कपड़े पहनने से कोई साधु नहीं हो जाता

It is work that makes a workman काम काम को सिखाता है

It never rains but it pours भगवान धन देता है तो छप्पर फाड़कर देता है

It takes two to make a quarrel एक हाथ से ताली नहीं बजती

Jack of all trades and master of none हरफ़न मौला, लाल बुझक्कड़

Killing two birds with one stone एक पन्थ दो काज

Lend, and lose a friend उधार प्यार की कैंची है

Let bygones be bygones बीती ताहि बिसारि दे

Let sleeping dogs lie भूले को अब याद मत करो

Let the dead past bury its dead बीती सो बीती

Light gains make a heavy purse बूँद-बूँद से तालाब भरता है

Like cures like विषस्य विषमौषधम्

Like draws like जैसे को तैसा मिल ही जाता है

Like father, like son जैसा बाप वैसा बेटा

A little leak will sink a great ship छिद्रेषु अनर्था बहुली भवन्ति

Little learning is a dangerous thing नीम हकीम जान का खतरा

To live in Rome and quarrel with Pope जल में रहकर मगर से बैर

Lock the stable when the steed is stolen का वर्षा जब कृषि सुखानी, आग लगने पर कुआँ खोदना

Look before you leap बिना विचारे जो करे सो पाछे पछताय

Love is blind प्रेम अन्धा होता है

Love is love's reward प्रेम ही प्रेम का पुरस्कार

Love me love my dog मुझसे प्यार करो, पर मेरे कुते से पहले प्यार करो

Love of money is the root of all evil अर्थलाभ अनर्थ की जड़

Make hay while the sun shines बहती गंगा में हाथ धो लो

Making a mountain out of a molehill तिल का ताड़ बनाना, राई का पर्वत करना

Man proposes, God disposes मेरे मन कछु और है, साईं के कछु और

Many a little make a mickle बूँद-बूँद से घड़ा भरता है

Many men, many minds मुण्डे-मुण्डे मतिर्भिन्ना, जितने मुँह उतनी बातें, जितने लोग उतनी बुद्धि, नाना मुनि नाना मत

Many a slip between the cup and the lip ब्याहा तब ही जानिये जब डोला आवे

Might is right जिसकी लाठी उसी की भैंस

Money begets money माया को माया मिले कर-कर लम्बे हाथ, धन से धन कमाया जाता है

Money makes the mare go दाम सँवारे सारे काम

More is meant than meets the eye इसमें कुछ और अर्थ छिपा है

Much cry and little wool ऊँची दुकान फीका पकवान

Nearer the church, farther from God दीये तले अँधेरा

Necessity is the mother of invention आवश्यकता आविष्कार की जननी है

Neither fish nor fowl आधा तीतर आधा बटेर

A new broom sweeps clean नया-नया नौकर बढ़िया काम करता है

Nine days' wonder चार दिन की चाँदनी, फिर अँधरी रात

No one has seen tomorrow कल नाम काल का है, कल किसने देखा है

No one knows the weight of another's burden जाके पाँव न फटी बिवाई, वह क्या जाने पीर पराई

No pains, no gains बिन सेवा नहीं मेवा

No sweat, no sweet बिना परिश्रम के सुख लाभ नहीं

Nothing venture, nothing gain साहस बिना कोई लाभ नहीं, नहि सुप्तस्य सिंहस्य प्रविशन्ति मुखे मृगाः

Old dogs learn no tricks बुड्ढे तोते नहीं पढ़ा करते

One beats the bush, another has the hare कमाये कोई, उड़ाये कोई

One flower makes not a garland एक फूल से माला नहीं बनती

One man's meat is another man's poison कोई चीज़ किसी के लिए अमृत, किसी के लिए विष

One nail drives another काँटे से काँटा निकाला जाता है

One swallow does not make a summer एक कोकिलनादेन कार्तिकः किं मधुर्भवेत

Out of sight, out of mind आँख से ओझल, दिल से दूर

Out of the frying pan into the fire खजूर से गिरा भाड़ में अटका

Patience is the best remedy धैर्य सर्वोत्तम ओषधि है

Penny saved is a penny gained जो बच जाय वही लाभ

Penny wise pound foolish अशर्फियाँ लुटें, कोयलों पर मोहर

Plenty is the mother of want प्राचुर्य अभाव की जननी है

The pot calls the kettle black अपने दोप न जाने, दूसरे के दोष निकाले

Poverty breeds strife निर्धनता कलह की जड़ है

Practice makes a man perfect काम को काम सिखाता है, करत करत अभ्यास के जड़मति होत सुजान

Prevention is better than cure एक परहेज सौ इलाज

Pride shall have a fall घमण्डी का सिर नीचा, अतिदर्पे हता लंका

Quit not certainty for hope आधी छोड़ सारी को धावे, आधी रहे न सारी पावे

Respect yourself and you will be respected अपनी इज्जत अपने हाथ

Riches have wings माया आनी-जानी है; लक्ष्मी का नाम चंचला

Rich folk have a row of friends पैसे के सब यार हैं

Rob Peter and pay John मोहन की पगड़ी सोहन के सिर पर

Rome was not built in a day हथेली पर सरसों नहीं जमती, कारज धीरे होत है काहे होत अधीर

Rotten apple injures the whole एक गन्दी मछली सारे तालाब को गन्दा कर देती है; गेहूँ के साथ घुन पिस जाता है

Rotten sheep infects the flock एक गन्दी मछली सारे तालाब को गन्दा कर देती है

Sad hours seem long दु:ख की घड़ियाँ लम्बी होती हैं

Second thoughts are best पुनर्विचार कर लेना अच्छा होता है

Self-praise is no recommendation अपने मुँह मियाँ मिट्ठू

Silence is golden सबसे भली चुप

Silence is half consent मौनं सम्मति लक्षणम्

Some have the hap, some stick in the gap किसी का घर जले, कोई तापे

Some hold with the hare and some run with the hound चोर को कहें चोरी कर, साह को कहें खबरदार रहना

Something is better than nothing नहीं से थोड़ी भली

Sorrow is soon enough when it comes दु:ख आता है तो घोड़े की दौड़ से

Sow well, reap well अच्छा करो, अच्छा पाओ

Steal a goose and give giblets in alms निहाई की चोरी और सुई का दान

Strain at a goat and swallow a camel गुड़ खाय गुलगुला से परहेज

Strike the iron when it is hot अवसर चूकने न दो

There is many a slip between the cup and the lip कानी के ब्याह के नौ सौ जोखिम

Time past is forever gone गया वक्त फिर हाथ आता नहीं

Tit for tat अदले का बदला, जैसे को तैसा

Tomorrow never comes कल किसने देखा है

Too many cooks spoil the broth बहुत से जोगी मठ उजाड़

Too much courtesy, too much craft मधुरी बानी कपटी की निशानी

Too much of everything is bad अति सर्वत्र वर्जयेत्

A tree is known for its fruit फलेन परिनीयत वृक्ष:

Two heads are better than one एक एक दो ग्यारह

Two of a trade cannot agree एक म्यान में दो तलवारें नहीं समातीं

Uneasy lies the head that wears the crown जितना बड़ा सिर, उतना बड़ा सिरदर्द

Union is strength एकता में बल है

Virtue is its own reward पुण्य अपने में पुरस्कार है

The wearer knows where the shoe pinches जाके पाँव न फटे बिवाई, सो क्या जाने पीर पराई

Where there is life, there is hope जब तक साँस, तब तक आस

Where there is smoke, there is fire कारण के बिना कार्य नहीं होता

Where there is a will, there is a way जहाँ चाह, वहाँ राह

Wolf in lamb's clothing शक्ल से मोमिन करतूत से काफिर; मुँह में राम बगल में छुरी

Wolves may lose their teeth but not their nature चोर चोरी से गया तो क्या हेराफेरी से भी गया

Young whore, an old saint वृद्ध वेश्या तपस्विनी

VIII. Words generally confused

भ्रम में डालनेवाले शब्द

[because they look almost alike or are pronounced alike]

accept स्वीकार करना ; except सिवाय
access पहुँच ; excess अति, अधिकता
adapt अनुकूल बनाना ; adept निपुण ; adopt गोद लेना
advice सलाह ; advise सलाह देना
allowed करने दिया ; aloud ऊंचे, जोर से
already अभी तक ; all ready सब तैयार
amiable प्यारा ; amicable मैत्रीपूर्ण
anybody कोई भी ; any body कोई शरीर
anyone कोई भी ; any one कोई एक
apposite यथायोग्य ; opposite विपरीत
ascent चढ़ाई ; assent मंजूरी
aught कुछ भी ; ought चाहिए
backward पिछड़ा ; backwards पीछे की ओर
bail जमानत ; bale कपड़े का गट्ठ
bear भालू ; bare नंगा
beat पीटना ; beet चुकंदर
berry बेर जैसा कोई फल ; bury दफनाना
berth (गाड़ी में) शायिका ; birth जन्म
beside पास ; besides के अलावा
boar सुअर ; bore छिद्र
bough डाल ; bow धनुष
brake ब्रेक, रोक ; break तोड़ना
bread रोटी ; bred पाला हुआ
breach भंग ; breech जाँघिया
bridal वैवाहिक ; bridle लगाम
but लेकिन ; butt कुंदा (बंदूक का)
by से, द्वारा ; bye नमस्ते ; buy खरीदना
cannon तोप ; canon कानून
cast डालना ; caste जाति
cell कोठरी, बैटरी ; sell बेचना
cent सौ ; scent सुगंध, इत्र
cereal अनाज़ ; serial धारावाहिक
check रोक ; cheque चेक
choir नारियल की जटा ; quire (काग़ज का) दस्ता
coarse मोटा, खुरदरा ; course गति, मार्ग
colonel करनल ; kernel गरी
complement पूरक ; compliment अभिनन्दन
council परिषद ; counsel परामर्श
creak किरकिराहट ; creek सँकरी खाड़ी
cymbal मंजीरा ; symbol प्रतीक
dam बाँध ; damn धिक्कारना
dear प्यारा ; deer हिरन
deceased मृत, स्वर्गीय ; diseased रुग्ण
desert रेगिस्तान ; dessert भोजनांत फलाहार
device युक्ति ; devise युक्ति निकालना
dew ओस ; due देय, प्राप्य
doe हिरनी ; dough गुँधा आटा
downward अधोगामी ; downwards नीचे की ओर
draft खाक़ा, हुंडी ; draught घूँट
dying मरता ; dyeing रंगना
everyone प्रत्येक ; every one हर कोई
everything प्रत्येक वस्तु ; every thing सब कुछ
extant वर्तमान ; extent सीमा
fair मेला ; fare किराया
fallow परती भूमि; fellow साथी, आदमी
fate भाग्य ; fete मेला
feat कमाल ; feet पैर
farther और दूर ; further आगे
flour आटा ; flower फूल
farmer किसान ; former भूतपूर्व
forth सामने ; fourth चौथा
foul गंदा ; fowl मुर्गा
gait चाल ; gate फाटक
groan कराह, आह ; grown उगा हुआ
hail स्वागत करना ; hale स्वस्थ
hair बाल ; hare खरगोश ; heir उत्तराधिकारी
hangar विमान घर ; hanger जल्लाद
heal चंगा कर देना ; heel एड़ी
heard सुना ; herd झुंड
him उसको ; hymn भजन

hoard जमा करना ; horde गिरोह
hole छेद ; whole पूरा
human मानवीय ; humane दयालु
idle सुस्त ; idol मूर्ति, देवमूर्ति
imminent सन्निकट ; eminent प्रतिष्ठित
its उसका ; it's वह है
knead गूंधना ; need आवश्यकता
later कुछ बाद में ; latter पिछला
led ले जाया गया ; lead सीसा
lessen कम करना ; lesson पाठ
liar झूठा ; lawyer वकील
lightening प्रदीप्त करना ; lightning बिजली
loose खुला ; lose खो देना
maid कुमारी ; made बनाया
mail डाक ; male नर
main मुख्य ; mane (घोड़े के) अयाल
mare घोड़ी ; mayor नगर प्रमुख
meat मांस, गोश्त ; meet मिलना
miner खनक ; minor छोटा
naval नौसैनिक ; navel नाभि, ढोंढ़ी
o अरे ; oh आह !
ordinance अध्यादेश ; ordnance तोपखाना
outward बाहरी ; outwards बाहर की ओर
pail बाल्टी ; pale पीला, फीका
pain दर्द, पीड़ा; pane शीशा
pair जोड़ा ; pare छाँटना
peace शांति ; piece टुकड़ा
pedal पैर से चलाना ; peddle फेरी लगाकर बेचना
persecute सताना ; prosecute मुकदमा चलाना
personal व्यक्तिगत ; personnel कार्मिक
plain मैदान ; plane रंदा
pore रोमकूप ; pour उंड़ेलना
practice अभ्यास ; practise अभ्यास करना
pray प्रार्थना करना ; prey शिकार
precede पहले होना ; proceed आगे बढ़ाना
principal प्राचार्य (प्रिंसिपल) ; principle सिद्धांत
prophecy भविष्यवाणी ; prophesy भविष्य बताना
prophet नबी ; profit लाभ
propose सुझाव देना ; purpose उद्देश्य
proposition समस्या ; preposition पूर्वसर्ग जैसे in, on
quarry खदान ; query प्रश्न, संदेह
quiet चुप ; quite बिलकुल
rain बारिश ; reign शासनकाल
raise उठाना ; raze ढहाना
read पढ़ना ; reed नरकुल (घास)
recover पुन: प्राप्त करना ; re-cover फिर ढक देना
recreation मनोरंजन ; re-creation पुन: सृष्टि
rest आराम करना ; wrest ऐंठना
right दाहिना, ठीक ; rite रस्म ; write लिखना
ring (घंटी) बजाना ; wring मरोड़ना
root जड़ ; route रास्ता
sail पाल ; sale बिक्री
scene दृश्य ; seen देखा गया
shone चमका ; shown दिखाया गया
so तो ; sow बीज बोना ; sew सीना
sole तलवा ; soul आत्मा
some कुछ ; sum धनराशि
stair सीढ़ी ; stare एकटक देखना
stationary निश्चल ; stationery लेखन सामग्री
steal चुराना ; steel इस्पात (लोहा)
story कहानी ; storey मंज़िल, तला
son बेटा ; sun सूरज
tail पूंछ ; tale कहानी
tear आँसू ; tier पंक्ति
their उनका ; there वहाँ
to को ; too भी ; two दो
troop टोली ; troupe संगीत मंडली
vain बेकार ; vein नस
verse पद्य ; worse बदतर
waist कमर ; waste रद्दी
wait प्रतीक्षा करना ; weight तौल
waive छोड़ देना ; wave लहर
way रास्ता, तरीका ; weigh तौलना
weather मौसम ; whether कि
weak कमज़ोर ; week सप्ताह
wet गीला ; whet सान देना
wood लकड़ी ; would गा, गे, गी
yoke जुआ ; yolk (अंडे की) ज़रदी

IX. Words often written wrongly

ग़लत लिखे जाने वाले शब्द

(Correct forms)

all right
any time
by and by
bye the bye
by the way
each other
en route
every day
every time
ex officio
in fact
in order
in order to
in spite of
no one
on the other hand
per cent
some day
some way

(b) Words written as one word

(Correct forms)

although
altogether
anybody
anyone
anything
anyway
anywhere
beforehand
downhill
downright
downward
everybody
everyone
everywhere
extraordinary
furthermore
herself
himself
inasmuchas
indoors
itself
likewise
moreover
myself
nevertheless
nobody
none
nothing
notwithstanding
nowadays
oneself
ourselves
overboard
overcrowded
overcome
overdraw
overhead
overlook
overnight
percentage
somebody
somehow
someone
something
sometimes
somewhat
steadfast
themselves
thereat
therefrom
thereafter
thereon
thereupon
throughout
together
twofold
upright
upstairs
upward
whatever
wherever
whereas
whereupon
wherewith
whichever
whoever
whosoever
yourself
yourselves

X. Grammatical formations
व्याकरण-प्रभावित शब्द

A. Gender

Feminine nouns are formed in the following ways—

(1) By the suffix -ess, es

actor — actress
ambassador — ambassadress
author — authoress
director — directress
duke — duchess
emperor — empress
god — goddess
heir — heiress
host — hostess
hunter — huntress
instructor — instructress
lion — lioness
mister — mistress
mayor — mayoress
murderer — murderess
negro — negress
prince — princess
shepherd — shepherdess
waiter — waiteress

Note the change in the spelling of some of them. Official designations — director, mayor etc. are used for men as well as for women.

(2) By prefixing gender—distinguishing word, as

he-bear — she-bear
he-camel — she-camel
he-goat — she-goat
man-servant — maid-servant
doctor — lady-doctor
male child — female child
dog-wolf — bitch-wolf
tom-cat — she-cat
jack-ass — jummy-ass
billy-goat — nanny-goat

(3) By using different words, as

bachelor — maid, virgin
boar — sow
boy — girl
bridegroom — bride
brother — sister
buck — doe
cock — hen
colt — filly
drake — duck
father — mother
fox — vixen
gentleman — lady
grandfather — grandmother
horse — mare
husband — wife
king — queen
lad — lass
landlord — landlady
lord— lady
man — woman
master — miss
monk — nun
papa — mummy
ram — ewe
sir — madam
son — daughter
uncle — aunt
wizard — witch

B. Number

(1) Plurals are generally formed by adding -s to the singular, as

arms, books, boys, cups, cows, days, doors, elephants, fans, girls, hens, jokes, kites, letters, lines, motors, noses, oats, pens, quires, roses, rats, sisters, shops, tears, uses, voices, walls, years, zebras.

(2) By adding -es, when the singular nouns end in ch, s, sh, x, as

branches, buses, bushes, dishes, axes, boxes.

(3) When the singluar noun ends in -f or -fe, it changes its -f or -fe to -v and then -s is added at the end, as

calf — calves
loaf — loaves
thief — thieves
wolf — wolves
knife — knives
life — lives
wife — wives

Exceptions — chief, dwarf, gulf, hoofs, proofs, roofs, strifes.

(4) Singular nouns ending in -o, preceded by a vowel add -s to form plurals, as

bamboos, cuckoos, curios, studios.

(5) Singular nouns ending in -o preceded by a consonant add -es in plural, as

buffalo — buffaloes
hero — heroes
mango — mangoes
negro — negroes
potato — potatoes
tomato — tomatoes

Exception — mosquitos, photos, pianos.

(6) Singular nouns ending in -y preceded by a vowel takes -s, as

bays, boys, chimneys, days, journeys, keys, monkeys, plays, rays, storeys, toys, valleys ways.

(7) Singular nouns ending in -y preceded by a consonant changes -y to -ie and adds -s,

army — armies
body — bodies
balcony — balconies
cry — cries
city — cities
copy — copies
family — families
fly — flies
lady — ladies
library — libraries
lily — lilies
pony — ponies
ruby — rubies
story — stories
variety — varieties

(8) Irregular and foreign formations, as

court-marshal — courts-marshal
looker-on — lookers-on
son-in-law — sons-in-law
analysis — analyses
basis — bases
crisis — crises
step-mother — step-mothers
pick-pocket — pick-pockets
datum — data
oasis — oases
thesis — theses

2. Adjectives

Adjectives change in degrees of comparison.

(1) Adjectives of one syllable and some of two syllables take -er for comparative and -est for superlative degree. Examples—

black, blacker, blackest
bloody, bloodier, bloodiest
dark, darker, darkest
easy, easier, easiest
large, larger, largest
mighty, mightier, mightiest
nice, nicer, nicest
safe, safer, safest
small, smaller, smallest
strong, stronger, strongest
sweet, sweeter, sweetest
tall, taller, tallest

(2) Adjectives of more than two syllables, and many of two syllables, are preceded by 'more' for comparative and by 'most' for superlatives, as

more beautiful, most beautiful
more cultured, most cultured
more dangerous, most dangerous
more practical, most practical
more difficult, most difficult
more agreeable, most agreeable
more lenient, most lenient

(3) Certain adjectives have irregular forms, such as—

bad, worse, worst
evil, worse, worst
far, farther, farthest
good, better, best
ill, worse, worst
in, inner, innermost
late, later, latest and latter, last
little, less, least
many, more, most
much, more, most
old, older, oldest
elder, eldest
out, outer/utter, utmost
up, upper, upmost/uppermost
well, better, best

(4) The following are in comparative form, but they are used as positives. They are not followed by 'than'

former, taller, inner, outer, utter; exterior, interior, major, minor, ulterior.

3. Pronouns

Pronouns take the following forms in number and case—

Number		Case	
Sing.	**Pl.**	**Objective**	**Possessive**
I	we	me, us	my, our; mine*, ours*
thou	you	thee, you	they, thine*
you	you	you	your, yours*
he	they	him, them	his, their, theirs*
she	they	her, them	her, their, theirs*
it	they	it, them	its, their
who	who	whom	whose
which	which	which	whose, of which
this	these	this, these	of .....
that	those	that, those	of .....

(* now obsolete)

4. Verbs

(1) Ordinarily a verb takes the following forms—

Stem	write, do
Imperative	write, do
Infinitive	(to) write, (to) do
Gerund and Present Participle	writing, doing
Past tense	wrote, did
Past participle	written, done
Number (sing., third person, present tense)	writes, does

(2) Uses of auxiliaries for inflection—

(i) The stem is used after the following:

can, could; shall, should; will, would; may, might, must;

can write, could write; shall do, would do; may write, etc.

does, did (emphatic) also take stem

he does write, he did do it.

dare and need [in negative] take stem

dare not do, need not write

(ii) Gerundial or -ing form is used after the following—

am, is, are, was, were

shall be, should be, will be, would be, must be, may be, might be

has been, have been, had been, shall/will have been, should/would have been

(iii) The infinitive is used after ought (to) and used (to)

(iv) The following verbs are followed by either infinitive or gerund (-ing)—

advise, attempt, begin, continue, desire, have, hope, intend, like, love, need, permit, prefer, recommend, regret, remember, require, want.

(v) The following auxiliaries are followed by past participial forms of verbs—

am, is, are, were (in passive)— is done, are written

has, have

shall/will have, should/would have

has been, had been (in passive)

having done, having written

XI·The family and nearest relatives
परिवार तथा संबंधी

Mother, mom, mum, mummy मां, माता, अम्मा, मम्मी

father, dad, daddy, papa पिता, बाप, डैडी, पापा, बाबू

parents माता-पिता, वालदैन

son पुत्र, बेटा, लड़का

daughter पुत्री, बेटी, लड़की

brother भाई, भ्राता

sister बहन

uncle चाचा (father's younger brother)
ताया (father's elder brother)
मामा (mother's brother)

aunt चाची (father's younger brother's wife)
ताई (father's elder brother's wife)
मामी (mother's brother's wife)

nephew भतीजा (brother's son)
भान्जा (sister's son)

niece भतीजी (brother's daughter)
भान्जी (sister's daughter)

husband पति, घरवाला

wife पत्नी, घरवाली

grandparents दादा-दादी, नाना-नानी

grandfather दादा, नाना

grandmother दादी, नानी

grand-children पोते-पोतियां

grandson पोता, पौत्र (son's son)
दोहता, नाती (daughter's son)

grand-daughter पोती, पौत्री (son's daughter)
दोहती, नातिन (daughter's daughter)

cousins

1st cousin चचेरा भाई

2nd cousin फुफेरा भाई

cross cousins चचेरे-फुफेरे

parents-in-law ससुराल

father-in-law ससुर

mother-in-law सास

son-in-law दामाद

daughter-in-law पुत्रवधू, पतोहू, बहू

brother-in-law साला (wife's brother)
बहनोई (sister's husband)

sister-in-law साली (wife's sister)
ननद (husband's sister)

great grandfather परदादा, परनाना

great grandmother परदादी, परनानी

great grandchildren परपोता, प्रपौत्र

great grandson परपोता, प्रपौत्र

great grand-daughter परपोती, प्रपौत्री

stepfather सौतेला बाप

stepmother सौतेली मां

stepson सौतेला बेटा

stepdaughter सौतेली बेटी

stepbrother सौतेला भाई

stepsister सौतेली बहन

elder uncle ताया

elder aunt ताई

XII. Common personal names

सामान्य नाम

(with correct spelling and pronunciation)

Men

Abraham	ए' ब्रहैम
Adam	ए' डम
Allen	ए' लन
Albert	एल' बर्ट
Alexander	ए लिक्' जान्डर
Alfred	ऐल्' फ्रिड
Andrew	ऐन्' ड्रु
Anthony	ऐन्' टनि
Aristotle	ऐ' रिस्टॉटल
Arnold	आर' नल्ड
Arthur	आर्' थर
Augustine	आ' गस्टिन
Barry	बै' रि
Basil	बै' ज़िल
Benjamin	बैन्' जॅमिन
Bernard	बर' नर्ड
Brian	ब्राइ' अन
Bruce	ब्रूस
Cecil	सॅसिल
Charles	चार्ल्ज़
Christ	क्राइस्ट
Christian	क्रिस्' टिअन
Christopher	क्रिस्' टॅफर
Clifford	क्लि' फर्ड
Clive	क्लाइव
Colin	कॉ'लिन
Cyril	सि' रिल
Daniel	डै' निअल
David	डे' विड
Dennis	डे' निस
Donald	डॉ' नल्ड
Douglas	डग' लस
Duncan	डन्' कन
Edgar	ऍड' गर
Edmond	ऍड' मन्ड
Edward	ऍड' वर्ड
Edwin	ऍड' विन
Eric	ऍ' रिक
Ernest	अर्' निस्ट
Ferdinand	फर्डि' नैन्ड
Francis	फ्रां' सिस
Frank	फ्रैङ्क
Frederick	फ्रॅड्' रिक
Gary	गै' रि
Geoffrey	जे' फ्रि
George	जॉर्ज
Gilbert	गिल' बर्ट
Gordon	गॉर' डन
Graham	ग्रे'' अम
Gregory	ग्रे' गरी
Harold	है' रल्ड
Henry	हेन्' रि
Herbert	हर' बर्ट
Hugh	ह्यू
Hugo	ह्यू' गो
Humphery	हम' फ्रि
Issac	आइ' ज़क
Jack	जैक
Jacob	जे' कब
James	जेइ' म्ज़
Jeffrey	जै' फ्रि
Jerome	जें' रोम
John	जॉन
Jonathan	जॉ' नॅथन
Joseph	जो' ज़िफ़
Julian	जू' लिअन
Keith	कीथ
Kenneth	के' निथ
Lawrence	लॉ' रन्स
Leonard	ले' नर्ड
Levis	लू' इस
Luke	लूक
Malcom	मैल' कम
Mark	मार्क
Martin	मार' टिन
Matthew	मै' थ्यू
Maurice	मॉ' रिस
Michael	माइ' कल
Neil	नील
Nevil(le)	ने' विल
Nicholas	नि' कॅलस
Oliver	ऑ' लिवर
Owen	ओ' इन
Patrick	पै' ट्रिक
Paul	पॉल
Percival	पर' सिवल
Peter	पी' टर
Philip	फि' लिप
Ralph	रैल्फ
Reginald	रे' जिनल्ड
Rhys	रीज़
Richard	रि' चर्ड
Robert	रा' बर्ट
Robin	रॉ' बिन
Roderick	रॉ' डॅरिक
Rodger	रॉ' जर
Ronard	रॉ' नर्ड
Rudolph	रु' डल्फ
Samuel	सै' मुअल
Sidney	सिड' नि
Simon	साइ' मन
Solomon	सॉ' लॉमन
Stanley	स्टैन्' लि
Stephan	स्टी'फन
Stewart	स्टीयू' अर्ट
Steven	स्टी' वन
Stuart	स्टयू' अर्ट
Thomas	टॉमस
Timothy	टि' मॅथि
Vaughan	वॉन
Victor	विक्' टर
Vincent	विन्' संट
Vivian	वि' विअन
Walter	वालटर
Wilfred	विल' फ्रिड
William	वि' लिअम

Women

Ada	ए' डा
Agnes	ऐग' निस
Alice	ऐ' लिस
Alison	ऐ' लिसन
Amelia	अमी' लिआ
Andrea	ऐन्' ड्रिअ
Angela	ऐन' जॅला
Anna	ऐ' ना
Ann(e)	ऐन
Barbara	बार' बरा
Beatrice	बिअ' ट्रिस
Bertha	बर' था
Beryl	बें' रिल
Carol	कै' रल
Caroline	कै' रॅलाइन
Catherine	कै' थॅरिन
Charlotte	शार' लट
Christina	क्रिस' टीना
Christine	क्रिस्' टीन
Cla(e)re	क्लै' अर
Constance	कॉन्' स्टन्स
Cynthia	सिन्' थिअ
Daphne	डैफ' नि
Deirdre	डिआ' ड्रि
Denise	डॅ' नीज़
Diana	डाइ' ऐना
Dora	डॉ' रा
Doreen	डॉ' रीन
Doris	डॉ' रिस
Dorothy	डॉ' रॅथि
Edith	ई' डिथ
Edna	ऍड्' ना
Eileen	आइ' लीन
Elaine	इ' लेन
Elena	ऍ'लिना
Elizabeth	इ' लिजॅबथ
Elsie	ऍल्' सि
Emily	ऍ' मिलि
Emma	ए' मा
Ethel	ए' थल
Eve	ईव
Freda	फॅ' रीदा
Fiona	फ़ि' ओना
Florence	फ़्लॉरन्स
Frances	फ़्रां' सिस
Gillian	जि' लिअन
Gladys	ग्लै' डिस
Grace	ग्रेस
Harriet	हरि' अट
Hazel	हे' ज़ल
Heather	है' दर
Helen	हें' लिन
Henrieta	हेंनरि' ऍटा
Irene	आइ'रीन,आइरीनी
Isabel	इज़' बेंल
Jacqueline	जै' कॅलीन
Jane	जेन
Janet	जै' निट
Janice	जै' निस
Jean	जीन
Jennifer	जै' निफर
Joan	जोन
Joanna	जो' ऐना
Josephine	जो' ज़ॅफीन
Joy	जॉइ
Joyce	जॉइस
Judith	जू' डिथ
Julia	जू' लिया
Julie	जू' लि
Juliet	जू' लिएॅट
June	जून
Katherine	कै' थॅरिन
Kay	के
Laura	लॉरा
Lesley	लेंज़' लि
Lilian	लि' लिअन
Linda	लिन्' डा
Louisa	लू' ईज़ा
Louise	लू' इज़
Lucy	लू' सि
Lyn(n)	लिन
Margaret	मार' ग्रेंट
Margot	मार' गो
Marion	मै' रिअन
Marjorie	मार्' जरि
Marilyn	मै' रिलिन
Martha	मार' था
Mary	मैअ' रि
Maud	मॉड
Maureen	मॉ' रीन
Miriam	मि' रिअम
Moira	मॉ' इरा
Monica	मॉ' निका
Muriel	म्युअ' रिअल
Nancy	नैन्' सि
Nora	नो' रा
Norma	नॉर' मा
Pamela	पै' मॅला
Patricia	पट्रि' शा
Pauline	पॉ' लिन
Phyllis	फ़ि' लिस
Polly	पॉ' लि
Rachel	रे' चल
Rebecca	रे' बेंकॉ
Rose	रोज़
Rosemary	रोज़' मरि
Ruth	रुथ
Sandra	सान्' ड्रा
Sheila	शी' ला
Shirley	शर्' लि
Sonia	सॉ' निअ
Susan	सू' ज़न
Sylvia	सिल्' विआ
Teresa	टॅ' रीज़ा
Theresa	थ' रीज़ा
Valerie	वै' लॅरि
Victoria	विक' टॉरिआ
Virginia	वर' जिनिआ
Zoe	ज़ोइ

XIII. Famous personalities of Europe & America

यूरोप-अमेरिका के प्रसिद्ध व्यक्ति

Aesop (c. 620–560 B.C.) Greek fabulist, *Aesop's Fables.*

Alcott, Louisa May (1832–88) American novelist. *Little Women* (1868).

Alexander the Great (356–323 B.C.) King of Macedon, son of Philip. Destroyed the Persian Empire. One of the greatest commanders the world has ever seen.

Antony, Marcus or Mark Antony (c. 83–30 B.C.) Roman politician, friend of Julius Caesar, one of the triumvirate in Rome. He allied himself with Cleopatra, Queen of Egypt, and challenged Octavian. He died defeated and disgraced.

Attlee, Clement R. (1883–1967) Labour Party leader and Prime Minister of Britain (1945–1951). India gained freedom during his premiership.

Augustus (Octavius) (63 B.C.–A.D. 14) The first Roman Emperor, nephew of Julius Caesar, under whom Rome enjoyed the golden years of her history.

Austen, Jane (1775–1817) English novelist. *Emma, Pride and Prejudice.*

Bach, Johann Sebastian (1685–1750) German composer, one of the greatest in history, regarded as the Father of Western Music.

Bacon, Francis (1561–1626) English essayist and philosopher. *New Atlantis, Novum Organum.*

Baden Powell, Lord (1857–1941) English general and founder of the organisations of Boy Scouts and Girl Guides.

Beethoven, Ludvig Van (1770–1827). German composer, one of the world's greatest composers. He produced his masterpieces, after he became deaf, at the age of thirty. His symphonies (9 in number) are among the greatest ever composed.

Bismarck, Prince, Otto Edward Leopold von (1815–1898) German Chancellor, man of blood and iron, who made Germany an imperial power.

Bolivar, Simon (1783–1830) South American leader and liberator of many south American States from Spanish rule. Bolivia is named after him.

Booth, William (1829–1912) English religious leader and founder of the Salvation Army.

Boswell, James (1740–1795) English biographer. *Life of Dr. Johnson.*

Browning, Robert (1812–89) English poet, *Fra Lippo Lippi, Grammarian's Funeral, The Ring and the Book.*

Buck, Pearl S. (1892–1972) American novelist, *Good Earth.*

Burke, Edmund (1729–1797) British parliamentarian and celebrated orator. He led the impeachment of Warren Hastings, *Speeches.*

Byron, Lord (George Gordon) (1788–1824) English poet. *Don Juan, Childe Harold's Pilgrimage.*

Caesar, Julius (c. 101–44 B.C.) Roman general and statesman. One of the world's greatest generals. Was assassinated by his politcal rivals, Brutus and others.

Catherine the Great (1729–96) German born Princess, Empress (Tsarina) of Russia. One of the greatest rulers of Europe.

Chaucer, Geoffrey (c. 1343–1400) English poet, Father of English poetry. *Canterbury Tales.*

Chekhov, Anton (1860–1904) Russian playwright and short story writter. *The Cherry Orchard, The Three Sisters, The Sea Gull.*

Churchill, Sir Winston (Leonard Spen-

cer) (1874–1965) British Prime Minister and writer. He was awarded the Nobel Prize for Literature in 1953. He led Britain to victory in the Second World War.

Columbus, Christopher (c. 1446–1506) A Genoese navigator, who with the aid of the Spanish King, discovered the New World.

Constantine the Great (c. 272–337) Byzantine (Eastern Roman) emperor, who founded the city of Constantinople. He summoned the first Christian ecumenical synod at Nicaea (A.D. 325).

Cromwell, Oliver (1599–1658) English leader who led the revolt against Charles I and had him beheaded. He was Lord Protector of Britain (1653–58).

Dante Alighieri (1265–1321) Italian poet. *Divine Comedy, Vision.*

De Gaulle, Charles (1890–1970) French-General who formed a government in exile after the Nazi occupation of France. Founder and President of the Fifth (French) Republic (1959–69).

Descartes, Rene (1569–1650) French philosopher and mathematician. *Treatise on Man.*

Dickens, Charles (John Huffam) (1812–70) English novelist. *David Copperfield, A Tale of Two Cities, Oliver Twist. Pickwick Papers, etc.*

Diogenes, (412–323 B.C.) Greek philosopher, founder of Cynic philosophy.

Dostoyevsky, Feodor Mikhailovitch (1821–81) Russian novelist. *The Idiot, Crime and Punishment, Brothers Karamazov.*

Doyle, Sir Arthur Conan (1859–1930) English detective writer, creator of Sherlock Holmes. *Adventures of Sherlock Holmes.*

Drake, Sir Francis (1540–96) English admiral who circumnavigated the earth (1577–80).

Dumas, Alexandre (1802–70) French novelist. *Three Musketeers, Count of Monte-Cristo.*

Eiffel, Alexandre Gustav (1832–1923) Famous French architect, designer of the Eiffel Tower in Paris.

Eisenhover, Dwight David (1850–1969) Supreme Commander of Allied armies, World War II. President of USA (1952–60).

Eliot, T. S. (1888–1965) American-born English poet. *The Wasteland, Hollow Men* (poetry), *Confidential Clerk, Cocktail Party* (drama).

Elizabeth I (1533–1603) Queen of England who made Britain a world power.

Ferdinand, V (1452–1516) King of Aragon, married Isabella, queen of Castile. This marriage united Spain into a single monarchy. Ferdinand drove out the Moors from Spain, equipped Columbus for his epic voyage of discovery, conquered Granada and started the Inquisition. Spain became a European power under him.

Ford, Henry (1863–1947) American millionaire and pioneer of large scale automobile production.

Franklin, Benjamin (1706–90) American politician, scientist and author.

Freobel, Friedrich Wilhelm August (1792–1852) German educationist. Founder of the Kindergarten system of schooling.

Freud, Sigmund (1856–1939) Austrian psychoanalyst. *Interpretation of Dreams.*

Gagarin Yuri (1934–1968) First Russian cosmonaut to orbit the Earth in Vostok I (12-04-1961). Killed in an air accident.

Gama, Vasco da (c. 1460–1524) Portuguese navigator, the first sailor to find a sea-route to India, via Cape of Good Hope.

Goethe, Johann Wolfgang Von (1749–1832) German poet and novelist. *Faust, Wilhelm Meister, The Sorrows of Young Werther.*

Goldsmith, Oliver (1728–1774) English poet, essayist and novelist. *Deserted Village, Traveller* (poetry), *Vicar of Wakefield* (novel), *She Stoops to Conquer* (drama).

Gorky, Maxim (Alexey Maximovich Peshkov) (1868–1936) Russian novelist. *Mother, The Lower Depths.*

Hardy, Thomas (1840–1928) English novelist. *Far from the Madding Crowd, Obscure, Mayor of Casterbridge.*

Hedin, Sven Anders (1875–1952) Swedish traveller and explorer, the first to explore Tibet (the Forbidden Land) and trace the sources of the Sutlej and the Brahmaputra.

Helen Keller (1880–1968) American deaf and blind lady, whose work for the welfare of the deaf and the blind won her world acclaim.

Hemingway, Ernest (1899–1961) American novelist and short story writer. *The Torrents of Spring, A Farewell to Arms, For Whom the Bell Tolls.*

Herodotus (c. 485–425 B.C.) Greek historian. *History of the Persian Invasion of Greece.*

Hitler, Adolf (1889–1945) Leader of the Nazi party, dictator of Germany, who started the Second World War. He lost the war and committed suicide, *Mein Kampf* (My Struggle).

Homer (c. 700 B.C.) Greek epic poet. *Iliad, Odyssey.*

Hugo, Victor Marie (1802–85) French novelist. *Les Miserables, Notre Dame.*

Ivan, the Great (1440–1505) King of Russia who liberated Russia from Mongol suzerainty.

Ivan, the Terrible (1530–1584) So-called because of his insane cruelties. He was the first King of Russia to assume the title 'Tsar (Caesar) of the Russians'.

Joan of Arc, St. (1412–31) The inspired French maid who led the French to victory in many battles with the British. She was captured by the British and burnt at the stake as a witch, but was canonised as a Saint later.

Justinian I (Flavius Anicius Justinianus) (A.D. 483–565) Byzantine (Eastern Roman) Emperor who codified the law. He built the great St. Sophia Cathedral at Constantinople (A.D. 532).

Kant, Immanuel (1724–1804) German philosopher. *The Critique of Pure Reason, The Critique of Judgement, The Critique of Practical Reason.*

Lenin, Vladimir Ilyich Ulyanov (1870–1924) Leader of the Russian Revolution and founder of USSR.

Leonardo da Vinci (1452–1519) Italian genius whose versatility remains unequalled in history. He was a painter, an architect, a philosopher, poet, composer, sculptor, mathematician, inventor, anatomist and an exceptionally handsome athlete to boot. His writings on various subjects were contained in his note books, much of which is lost. His output as painter is small, but great—*Mona Lisa* and *The Last Supper*.

Lincoln, Abraham (1809–1865) Sixteenth President of USA. He fought the secessionists, abolished slavery, and maintained the territorial integrity of USA.

Livingstone, David (1813–73) Scottish missionary and African explorer. He discovered the Zambezi river, Victoria Falls, etc.

Longfellow, Henry Wadsworth (1807–82) American poet. *Hiawatha, Psalm of*

Life, Evangeline.

Louis XIV, King of France (1638–1715) Reputed as the Grand Monarch, he was one of the longest reigning monarchs of Europe (72 years). Under him France reached the pinnacle of her glory.

Machiavelli, Nicolo (1469–1527) Italian political writer. *The Prince.*

Mari Theresa (1717–80) Empress of Austria-Hungary, one of the ablest woman rulers of Europe.

Marlowe, Christopher (1564–93) English poet and dramatist. *Tamburlaine, Dr. Faustus.*

Marx, Heinrich Karl (1818–83) German social reformer, Father of communism. *Das Capital.*

Maupassant, Henri Rene Albert Guy de (1850–93) French novelist and short story writer, the greatest of all European short story writers, *Des Vers, Boule de Suif.*

Mazzini, Guiseppe (1805–72) Italian leader who initiated the movement for the unification of Italy.

Milton, John (1608–74) English epic poet. *Paradise Lost, Paradise Regained, Lycidas.*

Moore, Sir Thomas (1779–1852) The greatest poet of Ireland. *Irish Melodies, Lalla Rookh,* etc.

Montessori, Maria, Madame (1869–1952) Italian educationist who founded a new method in education—Montessori method.

Mussolini, Benito (Il Duce) (1883–1945) Fascist dictator of Italy (1922–45) and Hitler's ally in World War II. He was executed by a mob.

Napoleon Bonaparte (Napoleon I) (1769–1821) Corsica-born military leader, nicknamed 'Little Corporal'. Emperor of France (1804–15). Victor of many battles, he was finally defeated at Waterloo and exiled to St. Helena.

Nietzsche, Friedrich Wilhelm (1844–1900) German philosopher. *The Genealogy of Morals, The Twilight of Idols, Thus Spake Zarathustra.*

Nightingale, Florence (1820–1910) Famous English nurse, during the Crimean war, who pioneered the development of modern nursing.

Nobel, Alfred Bernard (1833–95) Swedish inventor of the dynamite and millionaire, who instituted the Nobel Prizes.

Peter the Great (1672–1725) Tsar of Russia, the builder of Petrograd (now Leningrad), the Kremlin and Peterhof, the Versailles of Moscow.

Picasso, Pablo Ruiz (1881–1973) Spanish painter, pioneer of Cubist painting. He has diverted modern painting into new channels. His painting *Guernica,* representing the bombing of Guernica during the Spanish civil war, is the most celebrated painting of the century.

Pliny the Elder (A.D. 23–79) Latin philosopher. His *Natural History* is an encyclopaedia of all scientific knowledge available at the time.

Poe, Edgar Allen (1809–49) American poet and short-story writer. *Raven, The Bells, Tales of Mystery* (prose).

Polo, Marco (1256–1323) Venetian traveller (favourite at the court of Kublai Khan) who wrote a vivid account of his experiences in Asia and the East.

Rolland, Romain (1866–1944) French novelist. *Jean Christophe.*

Roosevelt, Franklin Delano (1882–1945) Four times President of USA, he was first elected to office on March 4, 1933. He could not complete his fourth term which began on Jan. 20, 1945 because he died on April 12, 1945. One of the greatest Presidents of USA. He is also one of the founders of the United Nations Organisation.

Rousseau, Jean Jackues (1712–1778) French political philosopher, *Le Contrat Social, Confessions.*

San Martin, General, Jose de (1778–1850) Spanish leader of Argentina who organised the liberation of three countries, Argentina, Chile and Peru from Spanish rule.

Schiller, Johan Christoph Friedrich (1759–1805) German dramatist and poet. *William Tell, The Maid of Orleans, Mary Stuart* (dramas).

Shakespeare, William (1564–1616) The greatest English dramatist. *Hamlet, Othello, King Lear, Macbeth* (tragedies), *As You Like It, Twelfth Night, Midsummer Night's Dream, Comedy of Errors* (comedies), *Julius Caesar* (historical drama), etc.

Shaw, George Bernard (1856–1950) English dramatist. *Man & Superman, Doctor's Dilemma, Arms and the Man, Mrs. Warren's Profession.*

Socrates (470–399 B.C.) Greek philosopher, mentor of Plato, condemned to death by the Athenian government.

Stalin, Joseph Vissarionovich (1879–1953) Russian communist dictator and successor of Lenin. He established a completely totalitarian regime in Russia.

Swift, Dean Jonathan (1667–1745) English satirist, *Gulliver's Travels, A Tale of a Tub, The Battle of the Books.*

Tolstoy, Leo, Count (1828–1910) Russian novelist. *Anna Karenina, War and Peace, Resurrection.*

Toynbee, Arnold (1899–1975) English historian. professor of International History, London University. *A Study of History* (12 Vols.).

Trotsky, Leon (Lev Davidovich Bronstein) (1879–1940) Russian revolutionary and commander of the Red Army. He was Lenin's right-hand man, but on Stalin's capturing power, he was exiled and ultimately assassinated in Mexico.

Tussaud, Marie (1760–1850) Daughter of a Swiss couple, she learned wax modelling from her uncle. In 1794 she married Francois Tussaud, a French engineer and set up a wax museum in Paris. It was a failure.. Madam Tussaud moved on her own to London where she became famous with her first exhibition at Lyceum Theatre. The museum in London is still going with new wax models added every year.

Verne, Jules (1828–1905) French novelist, the first science fiction writer. *Around the World in Eighty Days, Five Weeks in a Balloon, Twenty Thousand Leagues Under the Sea, From the Earth to the Moon.*

Voltaire, Francois–Marie Arouet de (1694–1778) French philosopher and writer. *Dictionnaire Philosophique, Candide.*

Washington, George (1732–1799) Leader of the War of American Independence and the first President of USA.

Wellington, Arthur Wellesly, Duke of (1769–1852) One of the greatest generals of Britain. Defeated Napoleon at the battle of Waterloo, 1815. Prime Minister of England 1827–30.

Wilhelm II, the Kaiser (1859–1941) Emperor of Germany who started the First World War. Being defeated, he abdicated and sought refuge in Holland, where he died in exile.

Wordsworth, William (1770–1850) English poet. *Tintern Abbey, Michael, Ode on Intimations of Immortality.*

Zola, Emile (1840–1902) French novelist. *Therese, Raquin, Nana.*

XIV. Countries of the world, their capitals, currency & language देश, राजधानी, मुद्रा, भाषा

Afghanistan, Kabul, Afghani, Pakhto & Persian

Albania, Tirana, Lek, Albanian

Algeria, Algiers, Dinar, Fr. & Arabic

Argentina, Buenos Aires, Peso, Spanish

Australia, Canberra, Dollar, English

Austria, Vienna, Shilling, German

Bangladesh, Dacca, Taka, Bengali

Belgium, Brussels, Franc, Flemish

Brazil, Brazilia, Cruziero, Portugese

Bulgaria, Sofia, Leo, Bulgarian

Canada, Ottawa, Dollar, Eng. & Fr.

Chile, Santiago, Peso, Spanish

China, Beijing, Yuan, Chinese

Columbia, Bogota, Peso, Spanish

Congo, Brazzaville, Franc, Fr. & Kongo

Costa Rica, San Jose, Colon, Spanish

Cyprus, Nicosia, Pound, Greek & Turkish

Czechoslovakia, Prague, Koruna, Czech & Slovak

Denmark, Copenhagen, Krone, Danish

Egypt, Cairo, Pound, Arabic

Fiji, Suva, Dollar, English

Finland, Helsinki, Markka, Finnish & Swedish

France, Paris, Franc, French

Germany, Berlin, Mark, German

Greece, Athens, Drachma, Greek

Hong Kong, Victoria, English & Chinese

Hungary, Budapest, Forient, Magyar

Iceland, Reykjavik, Krone, Icelandic

India, Delhi, Rupee, Hindi

Indonesia, Djakarta, Rupiah, Bahasa

Iran, Teheran, Rial, Persian

Iraq, Baghdad, Dinar, Arabic

Ireland, Dublin, Pound, Irish & English

Israel, Jerusalem, Pound, Hebrew

Italy, Rome, Lira, Italian

Jamaica, Kingston, Dollar, English

Japan, Tokyo, Yen, Japanese

Jordan, Amman, Dinar, Arabic

Kenya, Nairobi, Shilling, Swahili

Korea (North), Pyongyang, Korean

Korea (South), Seoul, Won, Korean

Kuwait, Kuwait, Dinar, Arabic & Eng.

Lebanon, Beirut, Pound, Arabic

Malaysia, Kuala Lumpur, Ringitt, Malay

Mauritius, Port Louis, Rupee, Eng. & Fr.

Myanmar, Yangon, Kyat, Myanmarese

Mexico, Mexico, Peso, Spanish

Mongolia, Ulan Bator, Tughrik, Mongolian

Mozambique, Lourenco Marques, Escudo, Portugese.

Nepal, Kathmandu, Rupee, Nepali

Netherlands, Amsterdam, Guilder, Dutch

New Zealand, Wellington, Dollar, English

Norway, Oslo, Krone, Norwegian

Oman, Muscat, Rial, Arabic

Pakistan, Islamabad, Rupee, Urdu

Panama, Panama, Balboa, Spanish

Paraguay, Asuncion, Guarani, Spanish

Philippines, Manila, Peso, Philippino

Poland, Warsaw, Zioty, Polish

Portugal, Lisbon, Escudo, Portugese

Romania, Bucharest, Leu, Romanian

Saudi Arabia, Jeddah, Rial, Arabic

Singapore, Singapore, Dollar, Malay & Chinese

South Africa, Pretoria, Eng. & Afrikkans

Spain, Madrid, Peseta, Spanish

Sri Lanka, Colombo, Rupee, Sinhalese & Tamil

Sudan, Khartoum, Pound, Arabic & Sudanese

Sweden, Stockholm, Krona, Swedish

Switzerland, Berne, Franc, German & Fr.

Thailand, Bangkok, Baht, Thai

Trinidad & Tobago, Port of Spain, Dollar, English

